THEOLOGISCHES WÖRTERBUCH ZUM ALTEN TESTAMENT

THEOLOGISCHES WÖRTERBUCH ZUM ALTEN TESTAMENT

In Verbindung mit
George W. Anderson, Henri Cazelles,
David N. Freedman,
Shemarjahu Talmon und Gerhard Wallis

herausgegeben von
G. Johannes Botterweck und Helmer Ringgren

Band I

אב - גלה

VERLAG W. KOHLHAMMER
STUTTGART · BERLIN · KÖLN · MAINZ

Verlag W. Kohlhammer GmbH
Stuttgart Berlin Köln Mainz
Verlagsort: Stuttgart
Gesamtherstellung W. Kohlhammer GmbH
Grafischer Großbetrieb Stuttgart
Printed in Germany
ISBN 3-17-001209-6

Vorwort

Ein theologisches Wörterbuch zum Alten Testament ist zu jeder Zeit ein Wagnis. Niemals wird man behaupten dürfen, die Wissenschaft habe eine so endgültige Position erreicht, daß die Ergebnisse für alle Zeit gültig sind. Trotzdem darf man gerade heute die Hoffnung hegen, daß der Zeitpunkt nicht unglücklich gewählt ist. Die form- und überlieferungsgeschichtlichen Methoden sind jetzt so verfeinert worden, daß man einigermaßen sichere Ergebnisse erwarten darf. Der Fortschritt der Hilfswissenschaften macht es möglich, das akkadische und ägyptische Material mit größerer Sicherheit und das ugaritische mit gewisser Vorsicht auszuwerten. Schließlich hat die semantische Forschung innerhalb der allgemeinen Sprachwissenschaft, auch wenn sie vielleicht noch nicht zu einem allgemeinen Konsensus gekommen ist, unseren Blick für die Probleme so weit geschärft, daß wir auch von dieser Seite her wertvolle Hilfe erwarten können.

Es kann nicht Aufgabe dieses Wörterbuches sein, in die Methodendiskussion der Semantik zwischen der paradigmatischen, syntagmatischen oder generativen Forschungsrichtung einzugreifen oder einer bestimmten Wortfeldtheorie das Wort zu reden. Dennoch sollen einige Grundlinien skizziert werden: Mit aller Vorsicht werden Etymologien erforscht, Wortfamilien bestimmt und Wortentlehnungen oder Bedeutungsübertragungen festgestellt. Ein Wortbereich wird durch die Inhaltsbeziehung von Synonyma und Antonyma aufgebaut und abgegrenzt. Neben der paradigmatischen Untersuchung muß dann eine gründliche syntaktische Analyse Lexemmerkmale, Oppositionspaare u.a. aufzeigen. Neben Bedeutungserweiterungen bzw. -verengungen zeigen sich ferner feste Wortverbindungen, die sich als feste Topoi zu Formeln und Schemata fügen können. Eine Strukturanalyse ist von Wichtigkeit, da im Text begegnende Signale, Wort- und Tempusmetaphern nur aus dem Kontext erfahrbar sind. Schließlich bringt der Situationskontext uns Raum und Zeit als Umweltreferenten näher. So wird bei einer umfassenden Analyse im einzelnen Wort ein Stück Geschichte, Kultur, Religion, Gemeinschaft und menschliches Selbstverständnis sichtbar.

Was aber heißt in diesem Zusammenhang „theologisch“? Wir wollen, da ja das Alte Testament zweifelsohne „von Gott redet“, die religiösen Aussagen mit allen zugänglichen Hilfsmitteln analysieren und in ihrer Eigenart darstellen, so daß die inhaltlichen Zusammenhänge von Text, Überlieferung und Institution so klar wie möglich zutage treten. „Theologie“ wird also zunächst im deskriptiven Sinn verstanden, etwa so wie man von der Theologie Augustins oder der Theologie Luthers spricht.

Es versteht sich von selbst, daß eine solche Aufgabe nicht von einem Mann, auch nicht von einer kleinen Gruppe von Gelehrten gelöst werden kann. Zwar würde eine kleine Gruppe ein wesentlich einheitlicheres Werk schaffen können, aber das würde auf Kosten der Vollständigkeit und Zuverlässigkeit geschehen. Nur durch Zusammenarbeit ist eine allseitige Beleuchtung der Probleme zu erzielen.

Die heutige alttestamentliche Wissenschaft ist international gesehen nicht gerade durch Einheitlichkeit charakterisiert. Es wäre eine Verengung des Gesichtskreises, wollte man sich in dieser Lage auf eine einzige exegetische Schule beschränken. Wenn man statt dessen ein theologisches Wörterbuch auf internationaler und interkonfessioneller Basis aufbaut, kann man eine vielseitigere Behandlung der Fragen erwarten. Erfreulicherweise hat sich in unserer Wissenschaft eine Zusammenarbeit über die nationalen und konfessionellen Grenzen hinaus angebahnt, so daß ein solches Unternehmen jetzt möglich geworden ist. Es ist die Hoffnung der Redaktion, daß dadurch sowohl die Objektivität der Arbeit gefördert als auch eine umfassendere Auswertung des Stoffes ermöglicht werden. Was man bei diesem Verfahren an Einheitlichkeit verliert, wird hoffentlich durch die Verschiedenheit der Gesichtspunkte an Vielseitigkeit wiedergewonnen.

Die konsequente Beschränkung auf das alttestamentliche Material ist einerseits durch den Gebrauch der hebräischen Sprache als Grundlage des Wörterbuchs gegeben. Andererseits hat der interkonfessionelle Aufbau des Werkes eine Rücksichtnahme auf die Septuaginta nötig gemacht. Die Qumrantexte werden – soweit möglich – kurz berücksichtigt, aber die pseudepigraphische Literatur läßt sich nur schwer unter hebräische Vokabeln einordnen. Auch auf das rabbinische Schrifttum haben wir verzichten müssen, da die untere Grenze im Judentum nur schwer zu ziehen ist. Entsprechend fällt die neutestamentliche Nachgeschichte der alttestamentlichen Begriffe außerhalb unseres Gebietes. Für die beiden letzteren Kategorien steht ja auch das Theologische Wörterbuch zum Neuen Testament zur Verfügung.

Das Alte Testament läßt sich aber nicht ohne einen Vergleich mit der außerbiblischen Umwelt völlig verstehen. Zwar kann dieser Vergleich so weit getrieben werden, daß der alttestamentliche Glaube nur noch als eine Sonderform des altorientalischen Denkens erscheint. Andererseits kann aber das Vergleichsmaterial auch dazu dienen, die Eigenart des alttestamentlichen Glaubens, wie er sich in Credo, Kult und Recht ausgeprägt hat, schärfer hervortreten zu lassen und dadurch das Verständnis der Begriffe erheblich zu fördern. In diesem letzteren Sinn haben wir uns der Mühe nicht entziehen wollen, das außerbiblische Material so vollständig wie es im engen Rahmen eines Wörterbuches möglich ist, aufzuarbeiten. Dabei geht es nicht nur um die etymologisch verwandten Wörter, sondern vor allem um Begriffe und Ideen, auch wenn ein etymologisch entsprechendes Wort nicht vorliegt.

Auf die semantische Analyse der Wörter wird großer Wert gelegt. Im Mittelpunkt aller Bemühungen steht jedoch die Erschließung des jeweiligen Begriffsinhaltes sowie die dabei sichtbar werdenden Traditionszusammenhänge und Bedeutungsverschiebungen. In diesem Sinne werden die lexikalischen Beiträge dann als Bausteine einer Theologie des Alten Testaments wertvolle Dienste leisten können.

Der Abschluß des ersten Bandes veranlaßt uns allen zu danken, die am Zustandekommen und Gelingen des Theologischen Wörterbuches zum Alten Testament beigetragen haben: Den Initiatoren Christel Matthias Schröder und Kardinal Augustinus Bea (†), die den Verlag zu diesem Werk ermuntert haben, den Fachberatern Dozent J. Bergman (Uppsala) für Ägyptologie, Prof. O. Loretz (Münster) für Ugaritologie und Prof. W. Frhr. von Soden (Münster) für den Alten Orient, die mit ihrem Fachwissen den Forschungsstand der angrenzenden Disziplinen verbürgen, unseren wissenschaftlichen Assistenten Gunnel André (Uppsala), H. Madl, B. Beck und vor allem H.-J. Fabry (Bonn), die an der Überprüfung der Literatur, der Stellenangaben und beim Lesen der Korrekturen tatkräftig geholfen haben, schließlich dem Verleger und den Herren A. Rütters, J. Halbe und J. Schneider, die das Werk verlegerisch so gut betreut haben. Ganz besonderen Dank schulden wir den Autoren für ihre wertvolle Mitarbeit am Theologischen Wörterbuch zum Alten Testament. Verlag und Herausgeber hoffen, das Werk möge sich nicht nur für die exegetische Forschung, sondern auch für die pastorale Arbeit als brauchbares Hilfsmittel erweisen.

Bonn/Uppsala, im Mai 1973 G. Johannes Botterweck/Helmer Ringgren

Die Autoren der Artikel von Band I

Herausgeber

Botterweck, G. J., Professor Dr. Dr.,
Bonn, Am Eichkamp 5

Ringgren, H., Professor Dr.,
Dekanhuset, Box 511, 75120 Uppsala, Schweden

Mitarbeiter

Aalen, S., Professor Dr.,
Nadderudvn. 119 D, 1343 Eiksmarka, Norwegen

Ahlström, G. W., Professor Dr.,
The University of Chicago, The Divinity School, Chicago, Ill. 60637, USA

Barth, Ch., Professor Dr.,
Mainz, Auf der Steig 4

Baumann, A., Pastor,
Hannover, Haarstr. 6

Beck, B.,
Bonn, Newmanhaus, Adenauerallee 63–69

Bergman, J., Dozent,
Pumpg. 2, Linköping, Schweden

Bernhardt, K.-H., Professor Dr.,
1043 Berlin, PSF 634, DDR

Bratsiotis, N. P., Professor Dr.,
Apostolou Pavlou 5, Agia Paraskevi-Attikis, Griechenland

Cazelles, H., Professor Dr.,
21, rue d'Assas, Paris 6e, Frankreich

Clements, R. E., Rev. Dr., Lecturer in Divinity,
8 Brookfield Road, Coton, Cambridge, Großbritannien

Cross, F. M., Professor Dr.,
Harvard University, Cambridge, Mass., USA

De Moor, J. C., Professor Dr.,
Seerattstraat 5, Kampen, Holland

Dommershausen, W., Professor Dr. Dr.,
Trier-Olewig, St. Annastr. 33

Eising, H., Professor Dr.,
Münster (Westf.), Besselweg 12

Eißfeldt, O., Professor Dr. (†),
402 Halle/S., Steffens-Str. 7, DDR

Erlandsson, S., Dozent Dr.,
Regins väg 5, 75440 Uppsala, Schweden

Fabry, H.-J.,
Bonn, Am alten Friedhof 13

Freedman, D. N., Professor Dr.,
1520 Broadway, Ann Arbor, Mich. 48104, USA

Fuhs, H. F., Akad. Rat Dr. Dr.,
Köln 51, Mathiaskirchplatz 7

Gamberoni, J., Professor Dr.,
Paderborn, Kamp 6

Görg, M., Dozent Dr.,
Bochum, Biermannsweg 25

Haag, H., Professor Dr.,
Tübingen, Denzenberghalde 16

Haldar, A., Dozent Dr.,
Walling 1, Uppsala, Schweden

Hamp, V., Professor Dr.,
München 23, Karl-Theodor-Str. 47/I

Heintz, Jean-G., Dr.,
18, route de Mittelhausbergen, 67-Dingsheim, Frankreich

Helfmeyer, F. J., Dr.,
Bonn, Adenauerallee 19,

Hentschke, R., Professor Dr.,
Berlin 38, Teutonenstr. 18

Hoffner, H. A., Professor Dr.,
61 Church Lane, Madison, Conn. 06443, USA

Jepsen, A., Professor Dr.,
22 Greifswald, Billrothstr. 9, DDR

Johnson, Elsie, Lic. theol.,
Järnåkravägen 3 A 304, Lund, Schweden

Kapelrud, A. S., Professor Dr.,
Rektorhaugen 15, Oslo 8, Norwegen

Kellermann, D., Dr.,
Tübingen, Hasenbühlsteige 21

Koch, K., Professor Dr.,
Hamburg 66, Diekbarg 13a

Kosmala, H., Dr.,
Long House, Compton Abdale, Cheltenham GL 54 4 DR, Großbritannien

Krecher, J., Professor Dr.,
Münster (Westf.), Hollandtstr. 42

Lohfink SJ, N., Professor Dr.,
Frankfurt/Main 70, Offenbacher Landstr. 224

Lundbom, J., Studies in Religion,
University of Michigan, Ann Arbor, Michigan 48104, USA

Maass, F., Professor Dr.,
Mainz, Am Gonsenheimer Spieß 8 V
Mayer, G., Professor Dr.,
Mainz, Am Südhang 11
Mosis, R., Dozent Dr.,
Freiburg, Reinhold-Schneider-Str. 37
Mulder, M. J., Professor Dr.,
Ampèrestr. 48, Badhoevedorp, Holland
Münderlein, G.,
Kiel, Projensdorfer Str. 100b
Ottosson, M., Dozent Dr.,
S:t Johannesgatan 4 A, 75221 Uppsala, Schweden
Otzen, B., Professor Dr.,
Institut for Gammel Testamente, Aarhus Universitetet, Aarhus, Dänemark
Plöger, J. G., Pfarrer Dr.,
Bonn, Kaiser-Karl-Ring 6
Preuß, H. D., Professor Dr.,
Weende, Föhrenweg 1
Scharbert, J., Professor Dr.,
München 70, Pählstr. 7
Schilling, O., Professor Dr. (†),
Bochum
Schreiner, J., Professor Dr.,
Seminar für Alttestamentliche Exegese, Würzburg, Sanderring 2
Schunck, K.-D., Professor Dr.,
25 Rostock, Kösterbecker Weg 5, DDR
Schüpphaus, J., Dr.,
Troisdorf, Reichensteinstr. 70
Seebaß, H., Professor Dr.,
Gimbte, Grevener Str. 8
Tsevat, M., Professor Dr.,
764 Red Bud Avenue, Cincinnati, Ohio 45229, USA
Wagner, S., Professor Dr.,
703 Leipzig, Meusdorfer Str. 5, DDR
Wallis, G., Professor Dr.,
401 Halle/S., Henriettenstr. 22, DDR
Weinfeld, M., Professor Dr.,
Hebrew University, Jerusalem, Israel
Zobel, H.-J., Dozent Dr.,
401 Halle/S., Tulpenstr. 15, DDR

Inhalt von Band I

Band I

Lieferung 1 (Spalte 1-128)

THEOLOGISCHES WÖRTERBUCH ZUM ALTEN TESTAMENT

In Verbindung mit
George W. Anderson, Henri Cazelles,
David N. Freedman,
Shemarjahu Talmon und Gerhard Wallis
herausgegeben von
G. Johannes Botterweck und Helmer Ringgren

wk

VERLAG W. KOHLHAMMER GMBH
STUTTGART · BERLIN · KÖLN · MAINZ

Inhalt von Band I, Lieferung 1

Band I wird etwa 12 Lieferungen umfassen. Der Subskriptionspreis für jede Lieferung von vier Bogen beträgt DM 16,—. Einzellieferungen werden nicht abgegeben.
Hörern der an diesem Werk beteiligten Verfasser wird bei Vorlage eines vom Autor unterzeichneten Hörerscheins ein Nachlaß von 20% auf den Ladenpreis gewährt. Die Ermäßigung gilt nur für die bis dahin erschienenen Teile des Werkes und den gerade im Erscheinen begriffenen Band. Der Hörernachweis muß für die erste Lieferung jedes weiter erscheinenden Bandes ggf. neu erbracht werden.

Verlagsort Stuttgart. Umschlag: hace. Gesamtherstellung: W. Kohlhammer GmbH, Graphischer Großbetrieb Stuttgart 1970. Printed in Germany. 71200

Verzeichnis der wichtigsten Abkürzungen in dieser Lieferung

AHw	W. von Soden, Akkadisches Handwörterbuch
AnBibl	Analecta Biblica
ANEP	The Ancient Near East in Pictures, hrsg. von J. B. Pritchard, Princeton 1954
ANET	J. B. Pritchard, Ancient Near Eastern Texts related to the Old Testament, ^{2}1955
AOT	Altorientalische Texte zum Alten Testament, hrsg. von H. Gressmann, ^{2}1926
APNM	H. B. Huffmon, Amorite Personal Names in the Mari Texts, Baltimore 1965
ATA	Alttestamentliche Abhandlungen
ATD	Das Alte Testament Deutsch
AThANT	Abhandlungen zur Theologie des Alten und Neuen Testaments
AuS	s. Dalman
BA	The Biblical Archaeologist
BBB	Bonner Biblische Beiträge
BHHW	Biblisch Historisches Handwörterbuch, hrsg. von L. Rost und B. Reicke, 1962ff.
BiblRes	Biblical Research (Chicago)
BK	Biblischer Kommentar, hrsg. von M. Noth † und H.W. Wolff
BLe	H. Bauer–P. Leander, Historische Grammatik der hebräischen Sprache, 1922
BRL	K. Galling, Biblisches Reallexikon, 1937
Brockelmann Lex Syr	C. Brockelmann, Lexicon Syriacum, ^{2}1928
Brockelmann Synt	C. Brockelmann, Hebräische Syntax, 1956
Brockelmann VG	C. Brockelmann, Grundriß der vergleichenden Grammatik der semitischen Sprachen, 1908–1913
BSt	Biblische Studien
BWANT	Beiträge zur Wissenschaft vom Alten und Neuen Testament
BWL	G. Lambert, Babylonian Wisdom Literature, Oxford 1960
BZ	Biblische Zeitschrift
BZAW	Beihefte zur Zeitschrift für die alttestamentliche Wissenschaft
BZfr	Biblische Zeitfragen
CAD	The Assyrian Dictionary of the Oriental Institute of the University of Chicago, 1956ff.
CBQ	The Catholic Biblical Quarterly
CH	Codex Hammurabi
CML	G. R. Driver, Canaanite myths and legends, Edinburgh 1956
CT	Cuneiform Texts from Babylonian Tablets in the British Museum, London 1896ff.
CTA	A. Herdner, Corpus des Tablettes en Cunéiformes Alphabétiques Découvertes à Ras Shamra-Ugarit, I/II, Paris 1963
Dalman, AuS	G. Dalman, Arbeit und Sitte in Palästina, 1928–1942
DBS	Dictionnaire de la Bible, Supplément, hrsg. von L. Pirot, A. Robert, H. Cazelles und A. Feuillet, 1928ff.
DISO	Ch. F. Jean–J. Hoftijzer, Dictionnaire des Inscriptions Sémitiques de l'Ouest, Leiden 1965
Driver, CML	s. CML
EvTh	Evangelische Theologie
ExpT	The Expository Times
FRLANT	Forschungen zur Religion und Literatur des Alten und Neuen Testaments
GesB	W. Gesenius–F. Buhl, Hebräisches und aramäisches Handwörterbuch, ^{17}1921
GHK	Hand-Kommentar zum Alten Testament, hrsg. von W. Nowack (Göttingen)
Gilg	Gilgameš-Epos
GKa	W. Gesenius–E. Kautzsch, Hebräische Grammatik, ^{28}1909
GLECS	Comptes rendus du Groupe Linguistique d'Études Chamito-Sémitiques, Paris
HAT	Handbuch zum Alten Testament, hrsg. von O. Eißfeldt
HThR	The Harvard Theological Review
HUCA	Hebrew Union College Annual
IDB	The Interpreter's Dictionary of the Bible, hrsg. von G. A. Buttrick, I—IV, New York 1962
IPN	M. Noth, Die israelitischen Personennamen (BWANT 3,10), 1928
JBL	Journal of Biblical Literature
JBR	Journal of Bible and Religion
JJSt	Journal of Jewish Studies
JNES	Journal of Near Eastern Studies
JPOS	Journal of the Palestine Oriental Society
JSS	Journal of Semitic Studies
KAI	H. Donner–W. Röllig, Kanaanäische und aramäische Inschriften, I ^{2}1966, II ^{2}1968, III 1964
KAR	E. Ebeling, Keilinschriften aus Assur religiösen Inhalts, 1915–1919
KAT	Kommentar zum Alten Testament, hrsg. von E. Sellin, fortgeführt von J. Herrmann
KBL^{2}	L. Koehler–W. Baumgartner, Lexicon in Veteris Testamenti Libros, ^{2}1958
KBL^{3}	Hebräisches und Aramäisches Lexikon zum Alten Testament von L. Koehler–W. Baumgartner.

	3. Aufl., neu bearbeitet von W. Baumgartner, 1967 ff.
KHC	Kurzer Handcommentar zum Alten Testament, hrsg. von C. Marti
KlSchr	Kleine Schriften (A. Alt, 1953, bzw. O. Eißfeldt, 1962)
Levy, WTM	J. Levy, Wörterbuch über die Talmudim und Midraschim, ^{2}1924
Lisowsky	Konkordanz zum hebräischen AT, ^{2}1967
LXX	Septuaginta
MVÄG	Mitteilungen der Vorderasiatisch-Ägyptischen Gesellschaft
NKZ	Neue Kirchliche Zeitschrift
NRTh	Nouvelle Revue Théologique
OLZ	Orientalistische Literaturzeitung
Or	Orientalia, Commentarii periodici Pontificii Instituti Biblici
OTS	Oudtestamentische Studien
PN	s. Ranke
PNU	F. Gröndahl, Personennamen aus Ugarit, Rom 1967
PRU	Palais Royal d'Ugarit, hrsg. von Cl. Schaeffer
PW	A. Pauly–G. Wissowa, Real-Encyclopädie der classischen Altertumswissenschaft, NB 1894 ff.
Pyr	Pyramidentexte
RAC	Reallexikon für Antike und Christentum, hrsg. von Th. Klauser, 1941 ff.
RÄR	H. Bonnet, Reallexikon der ägyptischen Religionsgeschichte, 1953
Ranke, PN	H. Ranke, Die ägyptischen Personennamen, 1935–1952
RB	Revue Biblique
RevBibl	Revista Biblica
RGG	Die Religion in Geschichte und Gegenwart, ^{3}1957 ff.
RoB	Religion och Bibel. Nathan Söderblom-Sällskapets Årsbok
RScR	Revue des Sciences Religieuses
RSPhTh	Revue des Sciences Philosophique et Théologique
RThPh	Revue de Théologie et Philosophie
SAT	Die Schriften des Alten Testaments in Auswahl. Übersetzt und erklärt von H. Gunkel u.a.
SBS	Stuttgarter Bibel-Studien
SEÅ	Svensk Exegetisk Årsbok
Seux	J. M. Seux, Epithètes royales akkadiennes et sumériennes, Paris 1968
SSAW	Sitzungsberichte der Sächsischen Akademie der Wissenschaften zu Leipzig
StOr	Studia Orientalia (Helsinki)
StTh	Studia Theologica
Syr	Syria
TCL	Textes Cunéiformes du Musée du Louvre
ThAT	Theologie des Alten Testaments (mit Verfassernamen)
ThB	Theologische Bücherei
ThLZ	Theologische Literaturzeitung
ThR	Theologische Revue
ThRu	Theologische Rundschau
ThSt	Theologische Studien
ThWNT	Theologisches Wörterbuch zum Neuen Testament, begr. von G. Kittel, hrsg. von G. Friedrich, 1932 ff.
ThZ	Theologische Zeitschrift
UT	C. R. Gordon, Ugaritic Textbook, Rom 1965
VAB	Vorderasiatische Bibliothek
VG	s. Brockelmann
VT	Vetus Testamentum
VTS	Supplements to Vetus Testamentum
WbÄS	A. Erman und H. Grapow, Wörterbuch der ägyptischen Sprache, I—V, 1926–1931
WMANT	Wissenschaftliche Monographien zum Alten und Neuen Testament
WTM	s. Levy
WUS	J. Aistleitner, Wörterbuch der ugaritischen Sprache, ^{3}1967
ZA	Zeitschrift für Assyriologie
ZAW	Zeitschrift für die Alttestamentliche Wissenschaft
ZDMG	Zeitschrift der Deutschen Morgenländischen Gesellschaft
ZDPV	Zeitschrift des Deutschen Palästinavereins
ZRGG	Zeitschrift für Religions- und Geistesgeschichte
ZThK	Zeitschrift für Theologie und Kirche

Die Abkürzungen der biblischen Bücher, außer kanonischen Schriften

Gen Ex Lev Num Deut Jos Ri 1Sam 2Sam 1Kön 2Kön Jes (DtJes, TrJes) Jer Ez Hos Jo Am Ob Jon Mi Nah Hab Zeph Hag Sach Mal Ps Hi Spr Ruth HL Pred Kl Esth Dan Esr Neh 1Chr 2Chr 1–4Makk Tob Judith Bar Sir Weish Jub MartJes AscJes PsSal Sib äthHen slHen AssMos 4Esr syrBarApk grBarApk XII Patr

Mt Mk Lk Joh Apg Röm 1Kor 2Kor Gal Eph Phil Kol 1Thess 2Thess 1Tim 2Tim Tit Phlm Hebr 1Joh 2Joh 3Joh Pt Jud Apk

Für die Qumran-Texte werden die Sigla von Kuhns Konkordanz gebraucht.

אָב

I. Das Wort – II. „Vater“ in der Umwelt des AT – 1. Ägypten – 2. Mesopotamien – 3. Westsemiten – III. AT – 1. Sprachgebrauch – 2. Rolle des Vaters (einschl. *bēt ʾāb*) – 3. Theologisch – a) „Sich zu seinen Vätern legen“ – b) Der Gott der Väter – c) Landverheißung an die Väter – d) Heilstaten Gottes an den Vätern – e) Unterricht und Beispiel der Väter – f) Die Sünden der Väter – g) Die Väter in der Königsdynastie – h) Gesinnungsgemeinschaft mit den Vätern – i) Bekenntnis der Sünden der Väter – 4. Gott als Vater – a) Personennamen – b) JHWH als Vater des Volkes – c) JHWH als Vater des Königs – d) Jes 9, 5.

Lit.: *G. Ahlström*, Psalm 89, Lund 1959. – *B. Alfrink*, L'expression *šākab ʿim ʾᵃbōtāw* (OTS 2, 1943, 106–118). – *A. Alt*, Der Gott der Väter (BWANT III 12), 1929 = KlSchr I 1–78. – *B. Colless*, Dio la Patro (Biblia Revuo 4:4, 1968, 5–19). – *F. M. Cross*, Yahweh and the God of the Patriarchs (HThR 55, 1962, 225–259). – *L. Dürr*, Das Erziehungswesen im AT und im antiken alten Orient (MVAG 36/2), 1932. – *J. W. Gaspar*, Social Ideas in the Wisdom Literature of the OT, Washington, 1947. – *J. Hempel*, Gott und Mensch im AT (BWANT III 2), 1926. – *J. P. Hyatt*, Yahweh as „the God of my Father“ (VT 5, 1955, 130–136). – *R. Knierim*, Die Hauptbegriffe für Sünde im AT, 1965. – *M. J. Lagrange*, La paternité de Dieu dans l'AT (RB 5, 1908, 481–499). – *H. G. May*, The God of my Father – a Study of Patriarchal Religion (JBR 9, 1941, 155–158). – *M. Noth*, Die israelitischen Personennamen (BWANT III 10), 1928. – *J. Pedersen*, Israel its Life and Culture, I–II, III–IV, London 1926–1940. – *J. G. Plöger*, Literarkritische, formgeschichtliche und stilkritische Untersuchungen zum Deuteronomium (BBB 26), 1967. – *J. R. Porter*, The Extended Family in the OT, London 1967. – *J. Scharbert*, Solidarität in Segen und Fluch im AT und in seiner Umwelt (BBB 14), 1958. – *R. de Vaux*, Das AT und seine Lebensordnungen, I, ^{2}1964. – *J. N. M. Wijngaards*, The Dramatization of Salvific History in the Deuteronomic Schools (OTS 16), 1969.
Speziallit. zu II: *A. Erman-H. Ranke*, Ägypten und ägyptisches Leben im Altertum, 1923. – *H. Grapow*, Die bildlichen Ausdrücke des Ägyptischen, 1924. – *F. Gröndahl*, Die Personennamen der Texte aus Ugarit, Rom 1967. – *J. Klima*, Gesellschaft und Kultur des alten Mesopotamiens, Prag 1964. – *R. Labat*, Le caractère religieux de la royauté assyro-babylonienne, Paris 1959. – *H. Ranke*, Die ägyptischen Personennamen I–II, 1935–1952. – *J. Sainste-Fare Garnot*, L'hommage aux dieux ... d'après les textes des pyramides, Paris 1954. – *A. van Selms*, Marriage and Family Life in Ugaritic Literature, London 1954. – *J. J. Stamm*, Die akkadische Namengebung (MVAG 44), 1939. – *K. Tallqvist*, Akkadische Götterepitheta (StOr 7), 1938. – *J. Zandee*, De Hymne aan Amon van Pap. Leiden I 350, Leiden 1947.

I. Das Wort *ʾab(u)* findet sich mit geringen Variationen in allen semit. Sprachen. Alle Versuche, das Wort aus einer triliteralen Wurzel abzuleiten, müssen als gescheitert betrachtet werden. Statt dessen ist es mit Köhler als Lallwort zu verstehen (ZAW 55, 1937, 169ff.).

II. 1. Ägyptisch heißt 'Vater' *it* (WbÄS I 141f.), in den meisten Fällen mit Bezug auf den leiblichen Vater gebraucht (auch von Tieren WbÄS I 14/15). Daneben wird das Wort im weiteren Sinne von 'Ahnherr, Vorfahr', oft auch im Plur., verwendet.
Bildlich wird das Wort gebraucht in Ausdrücken wie „ich war ein Vater für das Kind“, er war „ein Vater der Waisen, ein Gatte der Witwe“, oder der Beamte war „ein guter Vater für seine Leute“; so ist auch der König „Vater der beiden Länder“ oder „der gute Wasserträger, der seine Truppen am Leben erhält, Vater und Mutter für alle Menschen“ (Grapow 132f.). Dabei ist deutlich, daß der Vergleich vor allem auf die väterliche Fürsorge abzielt.
Es ist auffällig, daß sich die ägyptischen Verwandtschaftsbezeichnungen auf die engste Familie (Vater, Mutter, Sohn, Tochter, Bruder, Schwester) beschränken. Daraus hat man gefolgert, daß nur die engere Familie im Gesellschaftsleben eine Rolle gespielt hat, was sich auch in der Staatsverwaltung auswirkte, in der anfänglich die höchsten Staatsämter von königlichen Prinzen bekleidet wurden (Helck-Otto, Kleines Wörterbuch der Ägyptologie 96f.).
Im Familienleben tritt vor allem die Pietät des Sohnes gegenüber dem Vater hervor: Er ist für die Bestattung seines Vaters und für die Grabopfer verantwortlich. So rühmt sich der Gaufürst Chnumhotep: „Ich habe den Namen meines Vaters wachsen lassen und habe die Stätte des Totenkultes und das dazugehörige Gut ausgestattet“ (Erman-Ranke 184). Aber auch im allgemeinen wird häufig eingeschärft, daß man den Eltern Liebe, Dankbarkeit und Achtung zeigen soll.
Die Erziehung der Kinder ist Pflicht des Vaters, was auch darin zum Ausdruck kommt, daß viele Weisheitsbücher als Lehre eines Vaters für seinen Sohn gelten wollen (Dürr 15). Es wird betont, daß es gut ist, wenn der Sohn auf seinen Vater hört (Dürr 32f.).
Da in der ägyptischen Mythologie die Götterfamilien und Göttergenealogien einen wichtigen Platz einnehmen, wird 'Vater' als Gottesepitheton häufig verwendet. So ist vor allem Osiris als der Vater des Horus bekannt; z.B. Pyr. 650b „Vater des Horus, der ihn erzeugte“ (Sainte-Fare Garnot 120ff.), und Horus als „derjenige, der für seinen Vater eingreift“ (*nḏ it.f*; Sainte-Fare Garnot 135ff.). Als „Vater der Götter“ (*it nṯr.w*) sind mehrere Götter bekannt, u.a. Atum, Re, Nun, Geb, Ptah (Zandee 93f.). Andererseits wird der Urgott und Schöpfer gerühmt, daß er „ohne Vater und Mutter“ war, oder daß er „Stier seiner Mutter“ (Kamutef) ist, d.h. sich selbst erzeugt hat (vor allem Amon und Min, RÄR 364). Auch 'Vater der Väter, Mutter der Mütter', d.h. Urvater und Urmutter, kommt als Gottes-

epitheton vor. Merkwürdigerweise kann ein und derselbe Gott als Vater und Mutter erscheinen; so Ptah, Osiris, Amon (Zandee 93; Kees, Göttерglaube 162). Amon heißt oft „Vater und Mutter (oder nur Vater) der Menschen", was besonders seine Schöpferfunktion hervorhebt (vgl. Aton als „Mutter und Vater dessen, was er gemacht hat"; der Sonnengott als „Mutter für die Erde, Vater der Menschen"; Grapow 133).
Von der ersten Zwischenzeit an gibt es auch Personennamen, die den Betreffenden als Sohn eines Gottes bezeichnen, was im Alten Reich nur bei Königen denkbar war. Die sozialen Unruhen der Zwischenzeit haben hier eine Demokratisierung bewirkt. Im Neuen Reich kommen dazu noch Namen wie 'Amon ist mein Vater', 'Chons ist mein Vater' usw., was nach Ranke von einer vertieften Frömmigkeit zeugt (PN II 233f. 238; vgl. 226. 243).
Endlich wird der König als 'Vater des Kindes, Amme der Kleinen' bezeichnet (Grapow 133; der Königstitel *itj* hängt wohl auch mit *it* zusammen; s. Kees, Totenglauben 217). Der Priestertitel *it nṯr* 'Gottesvater', der einen der höchsten Grade bezeichnet, ist nicht einwandfrei erklärt worden (urspr. Vater von Töchtern, die sich im Harem des Gottes befinden? RÄR 256).
2. a) Das Sumerische besitzt, wie M. Lambert nachgewiesen hat (GLECS 9, 1960–1963, 52f.), wenigstens drei verschiedene Ausdrücke für 'Vater': *a*, später *a–a*, Vater = Erzeuger, *ab-ba*, Vater = Hausherr, und *ad-da*, das nur in Nippur belegt ist und mit dem elamischen Wort für Vater zusammenhängt. Der Unterschied zwischen den beiden ersten tritt z.B. in zwei Epitheta Enlils zutage: er ist *ab-ba dingir-dingir-e-ne* 'Vater aller Götter', d.h. der Pater familias der Götterwelt, und *a-a-kalam-ma* 'Vater des Landes', d.h. Erzeuger oder Schöpfer der Welt.
b) Das Akkadische hat, wie die anderen sem. Sprachen, nur ein Wort *abu(m)*, das für beide Nuancen steht. Als Bezeichnung des leiblichen Vaters steht es oft zusammen oder gleichbedeutend mit *bānû* 'Erzeuger'. Gelegentlich wird durch *ālidānu* 'der leibliche Vater' im Gegensatz zum 'Stief- oder Pflegevater' ausgezeichnet (Driver-Miles, Assyrian Laws 223). Als *abu* werden aber auch andere Menschen bezeichnet: Könige sprechen von ihren Vorgängern auf dem Thron als 'meine Väter' (der Plural bedeutet auch sonst 'Vorfahren'); ein König oder ein Beschützer wird als 'mein Vater und Herr' (*abī bēlī* o.ä.) angeredet (bes. in Bitten); vgl. TCL 14,13: 27 „Du bist mein Vater und mein Herr, ich habe keinen anderen Vater als dich". Die Scheiche der Halbnomaden werden *abu* genannt, besonders in Mari, aber auch später. In einigen Fällen steht *abu* auch für 'Beamter, Vorsteher' oder 'Meister'; besonders interessant ist *abu ummāni kalāma* 'ein Meister jedes Handwerks' (BWL 158:11).

Die mesopotamische Familie war grundsätzlich patriarchalisch, aber die Gewalt des Vaters über die Kinder war nicht ganz unbeschränkt. Zwar konnte er ein Kind aussetzen lassen, aber im übrigen hatte er nicht das Recht über Leben und Tod seiner Kinder. Nach sumerischen Gesetzen wurde ein Sohn, der seinen Vater verleugnet hatte, in die Sklaverei verkauft. Das Gesetz Hammurabis bestraft den Sohn, der seinen Vater geschlagen hat (CH § 195), und rechnet damit, daß der Vater einen Sohn verstoßen oder seine Kinder in Schuldknechtschaft geben kann (Klíma 190f.).
Wie in Ägypten erscheint die Erziehung der Kinder als Pflicht des Vaters; so heißt es z.B. im EnEl VII 147: „Der Vater erzähle sie (die Schöpfung) und lehre sie seinen Sohn" (Dürr 67). Die Söhne sollten den Ahnenkult besorgen, obwohl das nicht gesetzlich geregelt, sondern in uralter Gewohnheit begründet war. Nur in Urkunden, die sich auf die Teilung des väterlichen Erbes beziehen, werden die Erben oft zur Aufrechterhaltung des Ahnenkults verpflichtet (Klíma 191).
Ebenfalls Pflicht des Vaters ist es, die Familie zu ernähren und zu beschützen. Aus Vergleichen und anderen Wendungen (Belege, s. CAD) lernen wir die Eigenschaften kennen, die einem guten Vater beigelegt werden, z.B.: „Der König hat seine Knechte so behandelt wie ein Vater seine Söhne", „laß mich durch dies erfahren, ob du mich liebst wie ein Vater". Es ist unnormal, wenn „Vater und Mutter den Sohn verlassen" (BWL 70:11, Theodizee). Umgekehrt ist etwas nicht in Ordnung, wenn „Söhne ihren Vater schmähen" oder „Sohn und Vater aufeinander zürnen".
Von der Zusammengehörigkeit der Generationen zeugt z.B. die Unheilsaussage im Erra-Epos: „Der Sohn wird nicht nach der Gesundheit seines Vaters fragen, noch der Vater nach der des Sohnes"; ferner die Hinweise der Beschwörungstexte auf „Bann durch Vater oder Mutter", was wohl aber nicht im Sinne einer Familienhaftung zu verstehen ist (Scharbert 53ff.); oder indirekt die unbilligenden Hinweise auf Königssöhne, die gegen ihre Väter Aufruhr machen oder sie töten (CAD 1a Ende).
Besonders häufig werden Götter als *abu* bezeichnet. Das ist teilweise wörtlich aus der Vorstellung von Göttergenealogien zu verstehen. Aber der Titel kommt auch ohne solche genealogische Beziehungen vor. Anu, Enlil, Sin, Aššur u.a. werden *abu ilāni* 'Vater der Götter' genannt. Besonders oft wird Nanna-Sin als Vater schlechthin bezeichnet, aber er ist auch *abu kibrāti* 'Vater der Weltregionen', und *abu ṣalmāt qaqqadi*, 'Vater der Schwarzköpfigen' (d.h. der Menschen). Anu ist *abu ša ilāni bānū kalāma* 'Vater der Götter, Schöpfer von Allen' und *abu šamê ū erṣetim*

'Vater des Himmels und der Erde' (Tallqvist 1f.). 'Vater' ist hier offenbar teils mit Schöpfer oder Urheber gleichbedeutend, teils ein Ausdruck der Macht und Autorität.

Verschiedentlich wird das Verhältnis zwischen Gott und Mensch als ein Vater-Kind-Verhältnis bezeichnet. So wird festgestellt, daß sich der betreffende Gott wie ein Vater erbarmt hat, oder daß er wie ein Vater vergibt. „Man spricht von Marduk als wäre er Vater und Mutter", heißt es. Dadurch wird vor allem die Güte und Fürsorge der Gottheit zum Ausdruck gebracht. Der Schutzgott des Menschen wird folgerichtig mit *abī* 'mein Vater' angeredet (Stamm 54f.).

Ein besonderes Problem ist mit den Aussagen verbunden, in denen ein König beteuert, er habe keinen anderen Vater und keine andere Mutter als eine bestimmte Gottheit (Labat 57; Engnell, Studies in Divine Kingship, Uppsala 1943, 16). Es ist umstritten, ob dadurch die Vorstellung von leiblicher Zeugung oder nur die Idee vom besonderen Beschütztsein des Königs zum Ausdruck gebracht werden soll (Sjöberg, RoB 20, 1961, 14–29).

Die Frage kann vielleicht durch einen Hinweis auf den Gebrauch von *abu* in Personennamen geklärt werden. Einige wenige, wie *dAnum-ki-i-a-bi-ia* 'Anu ist wie mein Vater', sprechen nur einen Vergleich des Verhaltens aus. Andere, wie Šamaš-abī 'Šamaš ist mein Vater', *Sin-abūšu* 'Sin ist sein Vater' usw., bezeugen unzweideutig, daß der betreffende Gott als der Vater des Menschen betrachtet worden ist. Stamm versteht diese Namen als „Äußerungen prospektiven Vertrauens"; sie haben ihr Gegenstück in den Namen, die den Menschen als Sohn der Gottheit bzw. als von ihr erzeugt bezeichnen (Stamm 208f., vgl. 222). Hier liegt sicher keine Mythologie vor, sondern der Mensch wird einfach als unter besonderem göttlichen Schutz stehend bezeichnet (Dhorme, 196f.). Unsicher dagegen sind Namen, bei denen *abī* o.ä. als Ersatz für einen Gottesnamen zu stehen scheint: *Abī-nāṣir* 'mein Vater schützt', *Abī-iddina* 'mein Vater hat gegeben' usw. Noth (IPN 66ff.) betrachtet *abu* als theophores Element, was in manchen Fällen sicher zutrifft (bes. vom Schutzgott, Stamm 54f.), aber in anderen Fällen vielleicht doch nach Stamm den leiblichen Vater bezeichnet.

3. Der westsemitische Befund unterscheidet sich wenig vom Akkadischen (DISO). Die meisten Belege beziehen sich auf den leiblichen Vater; so sprechen z.B. Meša' (Z. 2), Aḥiram (KAI 1, 1), Barrakib (KAI 215, 18) und Panammuwa (KAI 214, 8f.) von ihren Vätern im wörtlichen Sinn. In den ugar. Texten werden Krt und Danel als Väter erwähnt. Der Plural bezieht sich auf die Vorfahren (KAI 215, 16; vgl. DISO 5), der Ausdruck בית אב auf die Familie oder die Dynastie (DISO 3; KAI 24, 5; 214, 9; 215, 2f.). In den ugar. Texten wird ein „*Hrgb* Vater der Adler (Geier)" (CTA 19 [I D], 121) neben „*Ṣml*, der Mutter der Adler" genannt (ib. 135) – offenbar ein mythologisches Paar als Repräsentanten des Adlergeschlechts. Das Ugaritische hat außerdem das Wort *ḥtk*, das – wahrscheinlich mit verschiedener Vokalisation – teils 'Vater', teils 'Abkommen' bedeutet (van Selms 94; vgl. auch UF 1, 1969, 179, Anm. 4).

Metaphorisch ist אב mehrmals belegt: Kilamuwa sagt: „Ich war dem einen Vater und dem andern Mutter und dem dritten Bruder" (KAI 24, 10f.), und in der Karatepe-Inschrift heißt es: „Ba'al machte mich den Danuna zum Vater und zur Mutter" (KAI 26 I 3); wobei es sich offenbar um den König als Beschützer und Ernährer seines Volkes handelt. Wenn Aḥiqar als 'Vater von ganz Assyrien' bezeichnet wird (55), so bedeutet das Ratgeber, da das Land vom Ratgeber wie von einem Vater abhängig ist.

In den ugar. Texten nennt Danel El seinen Vater „O Stier El, mein Vater" (CTA 17 [II D], I 24). Ob damit die Gottessohnschaft des Königs gemeint ist, ist nicht eindeutig klar; dieselbe Anrede begegnet sonst im Munde Ba'als (CTA 2 [III AB], III 19), oder es wird vom Stier El gesagt, er sei Ba'als Vater (CTA 2 [III AB], I 16f.; 6 [I AB], VI 27 usw.). Als Gottesepitheton wird *'b* dem El zugelegt: Er heißt *'b bn 'il* 'Vater der Göttersöhne' (des Pantheons, CTA 32, 25), *'b 'dm* 'Vater der Menschen' (der Menschheit, 14 [I K], I 37, 43 usw.) und *'b šnm* (CTA 6 [I AB], I 8; 4 [II AB], IV 24; 17 [II D], VI 49), ein Epitheton, das noch nicht eindeutig erklärt worden ist; die zuerst angenommene Bedeutung 'Vater der Jahre' (so noch Driver) wird jetzt von vielen bezweifelt und man denkt bei *šnm* an einen Ortsnamen, an den Sohn Els (UT Glossar) oder an seine himmlische Wohnung (Aistleitner).

Interessant ist die Angabe in einigen aram. Inschriften, daß ein König wegen der Gerechtigkeit (oder Loyalität, צדק, s. zu KAI 215, 11) seines Vaters auf den Thron gesetzt worden ist (KAI 215, 19f.; 216, 4f.; 219, 4; vgl. 215, 1f., wo nur der Vater genannt wird). Einige Pflichten des Sohnes gegenüber dem Vater werden im Aqhat-Epos beschrieben; es scheint vor allem um kultischen Beistand zu gehen (CTA 17 [II D] I 27—34; Koch, ZA, NF 24, 1947, 214ff.; ähnlich schon Engnell, Studies in divine kingship, Uppsala 1943, 136f.).

In Personennamen kommt אב mehrmals als theophores Element vor, teils in Namen, bei denen אב den Gottesnamen ersetzt, wie *'brm*, *abi-rāmi* 'der Vater ist erhaben', *'brp'*, *abi-rapi* 'der Vater heilt' (oder 'Rapi' ist der Vater'?), teils in Namen, bei denen ein Gott ausdrücklich als Vater bezeichnet wird, z.B. *'bmlk*, *abimilku* (Gröndahl 315, 360), אבבעל (KAI 5, 1: 184, 4), *'ṯr'b*, *aš-tar-a-bi* (Gröndahl 323. 378), *rašap-abi*, *ršp'b*, *'bršp* (Gröndahl 349. 361. 408f.; Huffmon, APNM 154).

Noth (IPN 66ff.) hat festgestellt, daß die Namenbildung mit אב und אח eine allgemein nordsemitische Erscheinung ist, die also zu einer Zeit entstanden ist, „in der das Nordsemitentum noch eine in sich geschlossene Größe war". Mit der Zeit wird der Namentyp bei den einzelnen Völkern seltener, obwohl auch Neubildungen vorkommen. Ferner ist zu beachten, daß neben אבידע auch אלידע, neben אבכרב auch אלכרב vorkommt, so daß alle Wahrscheinlichkeit dafür spricht, daß אב wirklich ein theophores Element ist (Stamm 53 äußert Bedenken für gewisse akkadische Namen). Nach Noth findet diese Tatsache eine Erklärung darin, daß in der alten nordwestsemitischen Stammesreligion der Stammesgott als Vater (bzw. Bruder) des Stammes betrachtet wurde. Als diese Vorstellung allmählich verschwand, blieb jedoch eine Anzahl Personennamen, die diese alte Vorstellung spiegelten. „Als Stammesahn war aber die Gottheit nicht nur Erzeuger des Stammes, sondern auch Haupt, Führer und Schützer" (Noth 75). Ob das Hauptgewicht auf der physischen Abstammung oder auf dem beschützenden und fürsorgenden Charakter des Gottes lag, ist nicht zu entscheiden. Wahrscheinlich trat das letztere immer mehr in den Vordergrund.

III. 1. Als אב werden im AT außer dem leiblichen Vater bezeichnet: a) der Großvater (Gen 28,13; vielleicht auch 49, 29); b) der Ur- oder Ahnvater (David, 1 Kön 15,11, 2 Kön 14, 3; 18, 3), besonders eines Stammes oder Volkes (Sem, Gen 10,21; Abraham, Gen 17, 4f., Jes 51, 2; Moab und Ben-Ammi, Gen 19, 37f.; Esau, Gen 36, 9. 43; Jakob, Deut 26, 5; Jes 43, 27; die Erzväter, Deut 1, 8; 6,10; 9, 5; 29,12; 30, 20; 1 Chr 29,18); sehr oft wird von den Vätern im Sinne der ersten oder der früheren Generationen des Volkes, der Vorfahren, gesprochen (z.B. Ex 3,15; 20, 5; Num 20,15; 1 Kön 14,15; Jes 51, 2; Jer 7, 22; 16,11f.; Ps 22, 5; 44, 2; 106,7); c) der Begründer eines Berufs oder einer Lebensweise (Jabal als Vater der Viehzüchter, Jubal als Vater der Musikanten, Gen 4, 20f.; Jonadab ben Rekab als Vater, d.h. Gründer der rekabitischen Bewegung, Jer 35, 6. 8; vgl. 1 Makk 2, 54) – dies hängt wahrscheinlich mit der Betrachtungsweise zusammen, nach der Priester-, Sänger- und Propheten-Gilden ihre Existenz auf einen Ahnvater zurückführen (vgl. A. Haldar, Associations of cult prophets, Uppsala 1945, 36ff. – anders Quell, ThWNT V 960: „Patron"; Scharbert 61: „Das AT geht hier andere Wege als die phönizische Mythologie bei Philo Byblius, wo verschiedene Götter als Erfinder der Berufe und Künste gelten"); d) ein besonders zu ehrender Mann, z.B. ein Älterer (1 Sam 24,12), ein Lehrer oder Prophetenmeister (2 Kön 2,12; 6, 21; 13,14), ein Priester (Ri 17,10; 18,19; vgl. → בני als Anrede des Schülers durch den Weisheitslehrer); e) ein Beschützer, der gewissermaßen an die Stelle eines Vaters tritt (Ps 68, 6, „ein Vater der Waisen", so auch Sir 4,10; Hi 29,16, „ein Vater der Armen"; Jes 22, 21 „ein Vater für die Einwohner Jerusalems"; f) ein Ratgeber (Gen 45, 8; 1 Makk 2, 65; 11, 33; s. de Boer, VTS 3, 57ff.; nach Brunner, ZÄS 86, 1961, 99 liegt an der ersteren Stelle eine Wiedergabe von äg. *it ntr* im Sinne von 'Erzieher des Kronprinzen' vor); g) der Urheber (des Regens, Hi 38, 28).

Die Erklärung dieses Befunds liegt wahrscheinlich in der Tatsache, daß das Semitische ursprünglich nur die Generationsverschiedenheit, nicht aber die genauen Verwandtschaftsbeziehungen bezeichnete. Demnach ist also jeder Vertreter der älteren Generation ein אב und jeder jüngere ein → בן. Daraus erklärt sich auch der Gebrauch von אב als Ehrentitel. In den meisten Fällen deckt sich jedoch der hebr. Sprachgebrauch mit dem unsrigen.

2. Das Gesellschaftsleben Israels steht insofern den semitischen Nomadenvölkern näher als den Stadtkulturen des alten Orients, als Sippe und Stamm, nicht Dorf, Stadt und Distrikt die maßgebenden sozialen Gebilde ausmachten. Wie bei den Beduinen war ein vollwertiges Leben nur in der Gemeinschaft des Stammes denkbar (Scharbert 76ff.). Daraus folgt das große Gewicht der Abstammung und der Genealogie. Daraus folgt auch die Bedeutung des Stammvaters oder Urahns in der Ideologie. Noch bei DtJes erscheint „Abraham euer Vater" (51, 2) als ein Beispiel aus dem man lernen und Mut fassen kann.

In der Familie hat der Vater fast unbegrenzte Autorität. Er ist der Herr des Hauses; die Kinder sollen ihn ehren und fürchten (Mal 1, 6). Er verfügt über die Glieder der Familie wie der Töpfer über den Ton (Jes 64,7). Aber „er ist nicht ein isolierter Despot, sondern der Mittelpunkt, von dem Kraft und Wille ausströmen in die ganze Sphäre, die ihm gehört und der er gehört. Im Wort 'Vater' liegt beides, die Verwandtschaft und die Autorität. Letzteres hört der Israelit immer im Wort. Deshalb wird Naaman von seinen Knechten 'Vater' genannt (2 Kön 5,13), der Priester von der Kultgemeinde als Vater begrüßt (Ri 18,19) und Elia von seinen Jüngern 'Vater' genannt (2 Kön 2,12). Um den Mann gruppiert sich das Haus; es bildet eine seelische Gemeinschaft, die von ihm geprägt wird. Frauen, Kinder, Sklaven, Eigentum gehen völlig in diese Einheit auf" (Pedersen I 62f.). „Von Vater (und Mutter) verlassen zu werden ist arges Geschick (Ps 27,10), keinen Vater zu haben, Grund zum Klagen (Kl 5, 3)" (Hempel 133).

Demnach ist es natürlich, daß 'Familie' normalerweise 'Vaterhaus' (בית אב) heißt (ähnlich akk. *bīt abi*). Leider ist die Terminologie wenig fest. בית אב kann außer 'Familie' (Ex 12, 3; 1 Chr 7, 2) auch eine Unterabteilung der Sippe, die sich aus mehreren Familien zusammensetzt (Num 3, 24; 34, 14), ja sogar den Stamm (Num 17, 17, Jos 22, 14) oder eine andersartige Gruppe (Ex 6, 14; Num 1, 2) bezeichnen (Wolf, JBL 65, 1946, 48). Wie Elliger (ZAW 67, 1955, 1–25) nachgewiesen hat, spiegelt Lev 18 eine altisraelitische Großfamilie („Vaterhaus"), „in der im Normalfall vier Generationen zusammenleben" (HAT 4, 239, vgl. Porter 6f.).

Die meisten Belege für den Ausdruck בית אב finden sich in Listen o.ä. und sind im Blick auf die „Gefühlswerte" der Familie wenig aufschlußreich. Ganz deutlich ist aber Gen 12, wo Abraham den Befehl erhält, sein Land, seine Verwandtschaft (מולדת) und seine Familie (בית אב) zu verlassen, um das verheißene Land zu suchen. Das Unerhörte in dem von ihm verlangten Bruch mit der naturgegebenen Gemeinschaft kommt hier gut zum Ausdruck (vgl. Gen 20, 13; 24, 7). Entsprechend bedeutet das Verlassen von Vater und Mutter in Gen 2, 24 den Bruch mit der alten Familie und das Aufbauen einer neuen, in der der Mann nun seinerseits der Hausvater ist.

Die Rechte des Vaters kommen in den Gesetzen nur bruchstückhaft zum Vorschein. So erfahren wir z.B., daß der Hausvater eine Tochter als Sklavin verkaufen konnte (Ex 21, 7). Ältere Erzählungen zeigen, daß der Vater einem Sohn das Erstgeburtsrecht entziehen konnte (Gen 49, 3; 1 Kön 1, 11ff.), aber das dtn Gesetz erhebt Einspruch dagegen (Deut 21, 15–17). Auch sonst vertritt das Deut eine jüngere Phase der rechtlichen Entwicklung. In Gen 38, 24 verhängt Juda über seine Schwiegertochter das Todesurteil, nach Deut 21, 18–21 wird die Bestrafung eines widerspenstigen Sohns der Ältestenversammlung überlassen.

Schon aus Deut 21, 18 geht indirekt die Gehorsamspflicht der Kinder hervor. Tiefer geht das 4. (5.) Gebot des Dekalogs: „Ehre (כבד) deinen Vater und deine Mutter" (die Begründung ist späterer Zusatz). Hier werden aber nicht nur die Kinder, sondern auch und vor allem die Erwachsenen angeredet, und hier wird nicht in erster Linie Gehorsam, sondern eine ehrfurchtsvolle Haltung den Eltern gegenüber gefordert.

Häufiger äußern sich in dieser Frage die Weisheitsbücher, in denen in erster Linie die gegenseitigen Pflichten von Eltern und Kindern erörtert werden (Gaspar 29ff.). Die Autorität des Vaters ist unbestritten; so ist es eine Schande, wenn ein Sohn seine Eltern mißhandelt (Spr 19, 26) oder ihnen flucht (Spr 20, 20, vgl. auch 28, 24). Die Verantwortung des Vaters aber geht indirekt aus Hi 5, 4 hervor: Die Kinder eines Toren haben keinen Beschützer. Der Vater soll vor allem Gottesfurcht haben; dann wird er seinen Kindern eine Zuflucht sein (Spr 14, 26). Im Mittelpunkt des Interesses steht die Erziehung der Kinder: Man muß den Sohn zurechtweisen, sonst verdirbt man ihn (Spr 19, 18); man muß ihn den richtigen Weg lehren (Spr 22, 6); wer seinem Sohn Weisheit beigebracht hat, gewinnt Freude daraus (Spr 10, 1; 23, 24). Daß körperliche Züchtigung dabei eine große Rolle spielt, geht aus mehreren Stellen hervor (Spr 3, 12; 4, 3f.; 6, 20–27; 13, 1. 24; 29, 17f.; vgl. Dürr 114f.).

Demgegenüber ist es die Pflicht der Kinder, auf den Vater zu hören (Spr 23, 22) und also ihren Eltern Freude zu bereiten (Spr 15, 20; 23, 22. 25; vgl. Gaspar 102f.).

3. In vielen Wendungen mit אב(ות) tritt ein starkes Gefühl der Verbundenheit der Generationen zutage.

a) Am unmittelbarsten ist vielleicht der Ausdruck שכב עם אבותיו 'er legte sich mit seinen Vätern hin', d.h. er starb (Gen 47, 30; Deut 31, 16; 2 Sam 7, 12 und 35mal in 1–2 Kön und 2 Chr). Der Ausdruck bezieht sich, wie Alfrink gezeigt hat, fast ausschließlich auf Könige, und zwar nur in den Fällen, in denen es sich um einen natürlichen Tod handelt. Mit ähnlicher Bedeutung steht – nur im Pentateuch! – נאסף אל עמיו 'er wurde zu seinen Verwandten versammelt' (→ עם), aber auch נאסף אל אבותיו (Ri 2, 10; 2 Kön 22, 20 = 2 Chr 34, 28). Nach Pedersen liegt den beiden Ausdrücken das Begrabenwerden im Familiengrab zugrunde (Israel II 480f.). Dagegen scheint zu sprechen, daß das Begrabenwerden meistens besonders erwähnt wird (jedoch aus 1 Kön 11, 21 geht klar hervor, daß *šākab* usw. synonym zu מות steht; David „legt sich hin mit den Vätern", und Joab „stirbt"). Ebenso paßt die Verwendung der Formel nicht immer zum tatsächlichen Bestattungsort (Alfrink 118). Trotzdem muß der grundlegende Gedanke der sein, daß der Verstorbene im Tode mit den schon früher verstorbenen Vätern oder Verwandten vereinigt wird (→ שאול). Die Formel ist dann stereotyp geworden und nicht immer folgerichtig gebraucht worden.

b) In den Exodusüberlieferungen tritt JHWH einigemal als „der Gott der Väter" hervor, z.B. Ex 3, 15 (E): „JHWH, der Gott ihrer Väter, der Gott Abrahams, Isaaks und Jakobs, hat mich zu euch gesandt" (vgl. 3, 6 „Ich bin der Gott deiner Väter, der Gott Abrahams, Isaaks und Jakobs"). In der Jetztgestalt des Textes wird hier die Kontinuität zwischen dem Gott, der sich dem Mose offenbart, und dem Gott, der die Erzväter geführt hat, betont. In den Patriarchenerzählungen bewahren die alten Pentateuchquellen Erinnerungen daran, daß „Gott der Väter" eine alte Gottesbezeichnung gewesen ist (Gen 26, 24 J; 28, 13 J; 31, 5. 29. 42 E), die ursprünglich den persönlichen Schutz- und Familiengott der Erzvätergestalten bezeichnet hat. Solche persönlichen Götter finden sich bei den Sumerern, wo „der Gott des Menschen“ als sein besonderer Beschützer und persönlicher Fürsprecher erscheint (S.N. Kramer, The Sumerians, Chicago 1963, 126). In altassyr. Urkunden finden sich Hinweise auf „Assur und den Gott deines Vaters“ als Zeugen und in Mari ein Schwur „bei dem Gott meines Vaters“ (Hyatt 131f.). Endlich werden, wie Alt nachgewiesen hat, bei den Nabatäern in der Zeit um den Beginn unserer Zeitrechnung Götter eines Einzelnen im Laufe der Zeit mit den großen Göttern des Pantheons identifiziert, vgl. Alt, May, Cross).

Später spielt die Formel „Gott der Väter“ eine gewisse Rolle im Deut (Deut 1,11. 21; 4,1; 6, 3; 12,1; 26,7; 27, 3; 29, 24), um die religiöse Zusammengehörigkeit der Generation des Verfassers mit den Generationen der israelitischen Vorzeit hervorzuheben (s.u. IIIc, d), sowie bei dem Chronisten (1 Chr 12,17; 2 Chr 20, 33; 24,18. 24; 29,5; 30,7; 36,15; Esr 7,27), wo sie in einigen Fällen die Unerhörtheit des Abfalls („den Gott ihrer Väter verlassen“ o.ä., z.B. 2 Chr 34, 33) oder das Lobenswerte der Rückkehr zu ihm (2 Chr 19, 4; 30, 22; 34, 32) unterstreichen will, aber im ganzen recht formelhaft steht und mit „JHWH euer/unser Gott“ wechselt (2 Chr 13,12 [11]; 28, 9 [10]; 29, 5 [6]; 30,7 [8]; 34, 30). Die feierliche Formel will den Zusammenhang mit der alten Geschichte und mit dem Glauben der Vorfahren betonen (Scharbert 201).

c) In der dtn Verkündigung wird sehr oft auf Gottes Heilshandeln an den Vätern zurückgegriffen. JHWH hat die Väter geliebt und erwählt (Deut 4, 37; 10,15), aber der Bund, den er mit ihnen geschlossen hat, ist eigentlich ein Bund mit der gegenwärtigen Generation, die den Bundesschluß jetzt kultisch wiedererlebt (5, 3). Meist wird die Fiktion aufrechterhalten, daß die Angeredeten selbst den Auszug erlebt haben, und das Interesse konzentriert sich auf die Landverheißung. Ohne sich auf eine festgeprägte Formel zu beschränken, wiederholt der dtn Verkünder in mannigfachen Variationen die Behauptung, daß JHWH den Vätern das Land zugeschworen hat (נשבע): 1, 8. 35; 6,10.18.23; 7,13; 8,1; 9, 5; 10,11; 11, 9. 21; 19,8; 26,3; 28,11; 30,20; 31,7; vgl. noch Jos 1, 6; 5, 6; 21, 43; Ri 2,1; 1 Kön 8, 40 (Plöger 63ff.; Wijngaards 73ff., 77ff.). Die Variation der Ausdrucksweise unterstreicht bei der vielfachen Wiederholung des Themas mit ständig neuen Worten die Wichtigkeit der Aussage. Der Ausdruck korrespondiert mit dem 23mal vorkommenden Satz „das Land, das JHWH, dein Gott, dir geben (נתן) will“ (Wijngaards 77f.). Hier wird die göttliche Zusage des Landesbesitzes als grundlegend für die Existenz des Volkes im kultischen Jetzt vergegenwärtigt (was aber nicht, wie Wijngaards annimmt, eine besondere Landnahmefeier voraussetzt). Daneben wird der Ausdruck נשבע לאבות mit Bezug auf den Bund (Deut 4, 31; 7,12) und andere Verheißungen (7, 8; 13,18) gebraucht. Außerdem findet er sich Ex 13, 5.11 und Num 14, 23, alles Abschnitte, die als dtr Zusätze zu beurteilen sind (auch Num 11,12b dürfte Zusatz sein).

d) An zwei Stellen im dtr Geschichtswerk wird wiederholt auf Gottes Taten an den Vätern Bezug genommen, in Jos 24 (Landtag zu Sichem) und 1 Kön 8 (Tempelweihe). An der ersten Stelle erinnert Josua an die Tatsache, daß die Väter einst jenseits des Stromes wohnten (24, 2), daß JHWH sie aus Ägypten hinausführte (24, 6.17), daß sie aber trotzdem anderen (→ אחר) Göttern dienten und bestraft wurden (24,14f.). An der zweiten Stelle erinnert Salomo zuerst an den Bund, den JHWH durch den Exodus mit den Vätern geschlossen hat (1 Kön 8, 21), bittet dann, daß Gott, was er seinem Vater David versprochen hat, erfüllen möge (8, 23–26), erinnert noch einmal an die Herausführung der Väter aus Ägypten (8, 53) und äußert den Wunsch, daß „JHWH mit uns sein möge wie mit unseren Vätern ... so daß wir die Gesetze halten, die er unseren Vätern gegeben hat“ (8, 57f.). Das einstige Heilshandeln Gottes wird also zu einer Art Garantie für kommende Heilstaten: JHWH wird mit der heutigen Generation so handeln wie einst mit den Vätern. In der kultischen Begehung wird das den Vätern Geschehene wieder gegenwärtig: „nicht mit unseren Vätern, sondern mit uns“ (Deut 5, 2).

Die Heilstaten JHWHs gegen die Väter sind ein Schatz der Frommen, aus dem sie Mut und Vertrauen holen können. Was JHWH den Vätern getan hat und was die Väter erzählt haben (Ps 44, 2), dient dem Verfasser des nationalen Klagepsalms als Ausgangspunkt seiner Bitte: Damals hat JHWH Sieg verliehen, so möge er uns auch jetzt helfen. „Zu dir riefen unsere Väter und du antwortetest ihnen“, heißt es in dem (königlichen?) Klagepsalm 22 (v. 5); das gibt letzten Endes auch dem Psalmisten Hoffnung (vgl. auch Ri 6,13). Auch der mehr didaktische Ps 78 schöpft Belehrung aus der Heilsgeschichte: Was unsere Väter uns erzählt haben, wollen wir kommenden Generationen weitererzählen (v. 3f.), nämlich, daß Gott den Vätern ein Gesetz gab, das den Kindern bekanntgemacht werden soll (v. 5), auf daß sie ihr Leben danach einrichten können. Ferner wird auf das Exoduswunder Bezug genommen (v. 12) und der Ungehorsam des Volkes gerügt (vgl. auch Ps 106,7). Die Geschichte der Väter ist also ein lebendiges Erbe, aus dem man sowohl Mut und Glauben schöpfen als auch Warnung ablesen kann.

e) Das Deut betont die Pflicht der Väter, die Unterweisung und die Gottesliebe den Kindern einzuschärfen (Deut 6,7). Bestimmte Psalmen verlegen diesen Unterricht in einen kultischen Zusammenhang, z.B. Jes 38,19 (Hiskia-Psalm): „der Vater macht den Söhnen deine Treue kund", ähnlich Ps 22, 31. In beiden Fällen handelt es sich um die Errettung des Betenden aus dem „Tode", die auch „in der großen Gemeinde" verkündet werden soll (Ps 22, 23. 26; vgl. Ringgren, Isr. Rel. 216). Von einer kultischen Überlieferung ist auch Jos 4, 21 die Rede: Wenn die Kinder ihre Väter fragen: „Was bedeuten diese Steine", soll die Geschichte vom Jordanübergang erzählt werden. Ähnlich soll die Exodusüberlieferung beim Passah-Fest den Kindern dargelegt werden (Ex 12, 24ff.; 13, 8). Das Deut betont die Weitergabe der Gebote vom Vater an die Kinder (6,7; vgl. auch 32,7. 46). In Ps 78, 5f. geht es um Gottes Heilstaten im allgemeinen, die von Geschlecht zu Geschlecht überliefert werden, in Gen 18,19 um das gerechte Leben, das Abraham als Vater seine Kinder und Nachkommen lehren soll (hierzu Dürr 107f.).

So entsteht ein Zusammenhang der Generationen, in dem die Väter Unterricht geben und ein Beispiel liefern. Daß Kinder dem Beispiel der Väter folgen, kann sowohl gut als auch schlecht sein. Mehrmals wird davor gewarnt, dem schlechten Beispiel der Väter zu folgen (Ps 78, 8. 57; Ez 20,18; Sach 1, 4; 2 Chr 30,7f.; vgl. Jer 9,13; 23, 27; implizit auch Am 2, 4). Ein Bruch der guten Tradition wird Deut 32,17 erwähnt: Sie opferten den Göttern, die von ihren Vätern nicht gefürchtet wurden.

f) Ein Sonderfall der Verbundenheit der Generationen tritt in einer alten Bekenntnisformel hervor, die teils als nach dem Bilderverbot eingefügter Kommentar zum Eingottgebot des Dekalogs (Ex 20, 5f. = Deut 5, 9f.), teils in der Erzählung von Mose vor JHWH auf dem Sinai (Ex 34, 6) und teils in einer Fürbitte des Mose (Num 14,18) bewahrt ist. Dort heißt es, daß JHWH, der eifernde Gott, „die Sünden der Väter an den Söhnen, den Enkeln und den Urenkeln heimsucht" (Scharbert 127f.; Knierim 205). Im Dekalog wird diese Aussage durch die Feststellung ergänzt, daß er „Huld übt an Tausenden" (von Generationen?), wenn man die Gebote hält. Dadurch wird in erster Linie der Gedanke zum Ausdruck gebracht, daß die Huld und Treue Gottes unendlich viel wirksamer ist als die notwendige Folge des Vergehens gegenüber seiner Eiferheiligkeit (→ קנאה). Aber zugleich wird die Solidarität der Generationen im Tun und Ergehen anerkannt und unterstrichen. Die Ahndung der Sünde erstreckt sich über eine Großfamilie von vier Generationen, die Gnade sogar in die tausendste Generation (etwas anders Scharbert 128. 180, der die Formel aus dem alten Fluch- und Segensschema erklärt: Der Fluch wirkt sich spätestens in der vierten Generation aus, der Segen ist unvergleichlich reicher).

Im abschließenden Teil des Heiligkeitsgesetzes wird dasselbe Prinzip auf den Fall angewandt, daß das Volk in der Sünde verharrt und in die Verbannung gehen muß: dann werden die Übriggebliebenen „ob ihrer eigenen Schuld ... dahinschwinden, und auch um der Sünden der Väter willen werden sie mit ihnen dahinschwinden" (Lev 26, 39 – genauso klagen tatsächlich die Zurückgebliebenen in Juda, Kl 5,7: „unsere Väter haben gesündigt, wir müssen ihre Schuld tragen"; vgl. auch Jes 65,7). Die Söhne sind hier nicht ohne Schuld, sie haben ihre Väter nachgeahmt; „Väter und Söhne gelten ... als eine Gesinnungseinheit, die gemeinsam dem Untergang anheimfällt" (Scharbert 202). Lev 26, 40 enthält übrigens das in der nachexilischen Zeit übliche Bekenntnis der eigenen Sünden neben denen der Väter (s.u. III i).

Eine erstarrte Auffassung desselben Prinzips erscheint in dem von Jer (31, 29) und Ez (18, 2) angeführten Sprichwort: „Die Väter haben saure Trauben gegessen, und den Kindern wurden die Zähne stumpf." An beiden Stellen wird das Sprichwort als falsch zurückgewiesen. Bei Jer wird eine neue Zeit gesehen, in der die alten Regeln nicht mehr gültig sind; bei Ez steht das Sprichwort im Zusammenhang mit der Frage der individuellen Verantwortung: Umkehr ist nicht bereits deswegen zwecklos, weil die Strafe schon durch die Sünden der Väter feststeht. Ein gewisser Widerspruch zwischen individueller Verantwortung und Kollektivhaftung der Generationen liegt Jer 32, 18f. vor; dieser Widerspruch wird im AT eigentlich nie ausgeglichen: Einerseits besteht die Solidarität der Generationen, andererseits die Verantwortlichkeit des Einzelnen (wenn Deut 24,16 festgestellt wird, daß die Kinder nicht wegen der Schuld der Väter getötet werden sollen [ausdrücklich zitiert 2 Kön 14, 6], so handelt es sich um bürgerliches Strafgesetz, nicht um göttliche Vergeltung).

g) Auch die dtr Geschichtsschreiber bringen das widersprüchliche Verhältnis von Vätern und Nachkommen in den Erzählungen über die davidische Dynastie wiederholt zum Ausdruck: Einerseits bleibt Gott seiner Verheißung an David treu, so daß immer ein Nachkomme Davids auf dem Thron sitzen soll, ja, sogar gottlosen Nachkommen läßt JHWH „eine Leuchte in Jerusalem ... weil David getan hatte, was JHWH gefiel" (1 Kön 15, 4, Scharbert 197), andererseits aber ist das Ergehen der Könige von ihrer eigenen religiösen Einstellung abhängig. Wenn ein König „wie sein Vater [David]" handelt, gilt seine Zeit als eine Segenszeit (1 Kön 15,11; 22, 43; 2 Kön 14, 3; 15, 3. 34; 18,1–7; 22, 2; 23, 25). Tut er dagegen was JHWH mißfällt, „wie sein Vater", „wie seine Väter" o.ä. (hier also die frevelhaften Väter), wird er getadelt und ist seine Regierungszeit eine Unheilszeit

(1 Kön 15, 3; 2 Kön 21, 19ff.; 24, 19 bzw. 2 Kön 23, 21. 36). „Durch die religiöse Haltung der einzelnen Könige entsteht eine gesinnungsmäßige Solidarität entweder mit David und solchen Vätern, die treu zum Jahwe-Bund standen, oder mit solchen Vätern die den Bund brachen" (Scharbert 197).

h) Bei den vorexilischen Propheten wird auf die Verheißungen an die Erzväter nie Bezug genommen. Dagegen ist von Zeit zu Zeit von einer anderen Gesinnungsgemeinschaft mit den Vätern die Rede. Die Väter haben gesündigt, sogar der Stammvater Jakob war ein Betrüger (Hos 12, 3), die heutigen Israeliten sind den Vätern gleich (Hos 9, 10; Am 2, 4). Die Generationen sind sich gleich im Abfall: „Sohn und Vater gehen zur Dirne" (Am 2, 7). „Die göttlichen Strafgerichte kommen nicht wegen der Sünden der Väter, sondern weil die gegenwärtige Generation wie die Väter gesündigt hat. Zwischen Vätern und Söhnen besteht eine Solidarität der gottwidrigen Einstellung" (Scharbert 211).

Auch Jeremia weiß von dieser Verbundenheit im Abfall. Schon die Väter haben JHWH verlassen: „Was fanden eure Väter Unrechtes an mir, daß sie sich von mir trennten?" (Jer 2, 5). Aber ebenso handeln die Söhne, d.h. die gegenwärtige Generation. Sie sind steifnackig, ärger als ihre Väter (7, 26), sie folgen den Baʿalen ebenso wie ihre Väter (9, 12f.; 23, 26), sie sind zu den Sünden der Väter zurückgekehrt (11, 10) und opfern der Himmelskönigin wie die Väter (44, 17). Das Beispiel der Väter wirkt sich in der religiösen Haltung der gegenwärtigen Generation aus und bringt Strafe über sie; diese wird Väter und Söhne in gleicher Weise treffen (6, 21; 13, 14; 16, 3f.; vgl. 6, 11. 13; vgl. Scharbert 214ff.). Hinweise auf die Verheißungen an die Väter und den Bund mit ihnen dienen nur dazu, den Abfall hervorzuheben (7, 22; 11, 3. 7). Aber der Bund mit den Vätern wird nach 31, 32 vom neuen Bund überboten, indem die innere Neuschöpfung der Menschen die Bundestreue garantiert. In diesen Zusammenhang gehört auch die Verheißung der Rückkehr des Volkes in das den Vätern gegebene Land (30, 3); auch das Bleiben im Land der Väter wird 25, 5 unter Bedingung der Umkehr zugesagt. Dagegen sind wohl 3, 18 und 16, 15 (Rückkehr der Verbannten ins Land) spätere Zusätze.

Auch Ezechiel kennt die Gesinnungsgemeinschaft im Abfall, z.B. 2, 3: „sie wie ihre Väter sind abtrünnig geworden"; 20, 24: „ihre Augen hingen an den Götzen ihrer Väter"; vgl. 16, 44: „wie die Mutter, so die Tochter". Alle Generationen werden von der Strafe getroffen (9, 6), ja Väter und Kinder werden einander sogar aufessen (5, 10). Andererseits weiß Ez aber auch von einer künftigen Wiederherstellung, wobei das Volk wieder im Land, in dem ihre Väter (die Erzväter) gewohnt haben, mit Kindern und Kindeskindern weilen darf (37, 25). Die Rückkehr in das Land, das JHWH den Vätern gegeben hat, bedeutet gleichzeitig die Erneuerung des Bundes (36, 28; Bundesformel!) sowie die Anerkennung der Macht und des Wesens JHWHs (20, 42). Das den Vätern verheißene Land soll wieder das Erbteil Israels werden (47, 14). Die Wiederherstellung bedeutet also ein Zurückgreifen auf das alte Verhältnis zwischen JHWH und den Vätern.

Deuterojesaja kennt einerseits die prophetische Überlieferung, daß die Väter gesündigt haben (Jes 43, 27; vgl. 48, 8), andererseits steht er in der Tradition der Psalmendichtung, die die Väter positiv betrachtet: „Blickt auf Abraham unseren Vater" (51, 2). Sonst heben die nachexilischen Propheten hervor, daß Väter und Söhne solidarisch in der Sünde sind (Sach 1, 2f.; 8, 14f.; Mal 3, 6f.): Darum wird JHWH „eure Schuld und die Schuld eurer Väter insgesamt" heimzahlen (Jes 65, 6f.).

i) Das Gefühl der Solidarität in der Sünde kommt auch positiv zum Ausdruck im Sündenbekenntnis: „Wir haben gesündigt samt unseren Vätern" (Ps 106, 6; ähnlich Jer 3, 25; 14, 20). Ein konkretes Beispiel liefert 2 Kön 22, 13: „Groß ist der Zorn JHWHs, weil unsere Väter auf die Worte dieses Buches nicht gehört haben" – hier ist jedoch nicht von „unseren" Sünden die Rede. Lev 26, 40 (H; nachexilische Redaktion?) sagt voraus, daß die verstreuten Israeliten ihre und ihrer Väter Sünden bekennen werden. Als liturgische Formel finden wir solches Bekenntnis im Bußgebet der nachexilischen Gemeinde (Esr 9, 6f.; Neh 1, 6; Dan 9, 16; Tob 3, 3; vgl. Bar 1, 16f.; 3, 4ff.; Scharbert 202, 247). Inwieweit die Formel schon in vorexilischer Zeit entstanden ist, läßt sich schwer entscheiden, da das Alter der meisten relevanten Stellen nicht feststeht. Jer 3, 25 kann liturgische Erweiterung sein, aber Jer 14, 20 beweist doch, daß „die Verpflichtung, mit dem eigenen *ʿāwōn* auch den der Väter zu bekennen, schon im vorexilischen jerusalemischen Kult praktiziert wurde" (Knierim 208). Bemerkenswert ist, daß der erste sichere Beleg eben bei Jeremia, dem großen „Individualisten" zu finden ist.

4. a) Eine Anzahl at.licher Personennamen enthalten als Bestandteil **אב**. Es ist zu beachten, daß in den meisten Fällen **אב** dabei als theophores Element dient: **אביאסף** '(mein) Vater hat aufgenommen', **אביגיל** '(mein) Vater hat sich gefreut' (?), **אבידן** 'mein Vater hat gerichtet', **אבידע** 'der Vater hat (mich) erkannt', **אביהוד** '(mein) Vater ist Herrlichkeit' (oder 'möge gepriesen werden'), **אביהיל** '(mein) Vater ist Schrecken', **אביחיל** '(mein) Vater ist Stärke', **אביטוב** 'mein Vater ist Güte', **אביטל** 'mein Vater ist Tau', **אבינדב** 'mein Vater hat sich freigiebig

gezeigt', אב(י)נר 'der Vater ist Leuchte', אבינעם 'mein Vater ist Huld' (oder Tammuz-Epithet?), אביסף 'Vater hat hinzugefügt', אביעזר 'mein Vater ist Hilfe', אבירם '(mein) Vater ist hoch' (vgl. → אברהם), אבישג (unsicherer Bedeutung), אבישוע 'Vater ist Hilfe', אבישור '(mein) Vater ist (schützende) Mauer', אביתר 'Vater ist/gibt reichlich'. Es handelt sich teilweise um alte Namen, die die Vorstellung von der Stammesgottheit als Ahnvater der Stammesmitglieder spiegeln, aber es ist zweifelhaft, inwieweit dieser Gedanke im biblischen Israel noch lebendig war. In einigen Fällen werden vielleicht bestimmte Götter als 'Vater' bezeichnet, so wohl אביאל '(mein) Vater ist El (1 Sam 9,1; 14, 51; Großvater Sauls); vgl. aber אליאב 'mein Gott ist Vater'; ferner אבימלך 'mein Vater ist Milk' (oder 'König') und אבשלום, entweder 'der Vater ist (der Gott) Šālōm' oder 'der Vater ist Friede'. Hierher könnten auch אביטל und אבינעם gehören, falls Ṭal ein Gott des Taus und נעם 'der Liebliche' ein Baʻal- oder Tammuz-Epitheton wären. Endlich werden in יואב und אביהו JHWH als Vater bezeichnet, wahrscheinlich im Sinne von 'Beschützer'. Unsicher ist אבים, das zwar als Abījā(hū) gedeutet worden ist (1 Kön 14, 31; 15, 1–7), aber wahrscheinlich anders zu verstehen ist ('mein Vater ist wahrhaftig [*mi*] x'? so KBL³).

b) Sonst wird JHWH sehr selten im AT als Vater bezeichnet (Lagrange; Hempel 131ff.; Colless). Gelegentlich wird er mit einem Vater verglichen: Er erbarmt sich wie ein Vater über seine Kinder (Ps 103,13); er züchtigt den Menschen, den er liebt, wie ein Vater seinen Sohn zu seinem Besten züchtigt (Spr 3,12). Diese Stellen sind vor allem deshalb interessant, weil sie zeigen, welche Eigenschaften man bei einem Vater am höchsten schätzte. Dasselbe gilt mutatis mutandis von Num 11,12, wo Mose vorwurfsvoll fragt, ob er denn das Volk empfangen und geboren habe, und dadurch indirekt andeutet, daß JHWH die für das Volk verantwortliche Mutter (!) des Volkes ist. Die Pointe ist die Fürsorge und die Verantwortung.

JHWH wird auch als der Vater des Volkes Israel bezeichnet. Schon in Ex 4, 22 (J) nennt JHWH Israel seinen erstgeborenen Sohn und fordert seine Loslassung, damit es ihm diene. Damit drückt JHWH seinen Anspruch auf die Israeliten aus und begründet sein Eintreten für sie. Im Moselied, Deut 32, finden sich zwei weitere Belege. In v. 6 heißt es: „Ist er nicht dein Vater, der dich schuf (→ קנה), der dich gemacht und bereitet hat." Der Hinweis auf JHWH als den Schöpfer und Urheber seines Volkes will seinen Anspruch auf Dankbarkeit begründen. „Machen" und „bereiten" gehören der gewöhnlichen Schöpfungsterminologie an. קנה ist umstritten und kann jedenfalls sowohl von Schöpfung (Spr 8, 22) als auch von Kindergebären (Gen 4,1) gebraucht werden. Von physischer Zeugung kann in diesem Zusammenhang nicht die Rede sein. Das liegt näher in v. 18, wo vom „Felsen, der dich gezeugt (ילד) hat", und vom „Gott der dich geboren (חולל) hat" gesprochen wird. Aber auch hier ist wohl nicht von einer mythologischen Zeugung durch einen Felsengott die Rede; denn צור wird im Lied sonst in seiner gewöhnlichen bildlichen Anwendung im Sinne von Zuflucht gebraucht (v. 15. 37). Ebensowenig läßt sich Jer 2, 27 für die Annahme eines Mythus von einer Geburt aus dem Felsen verwenden, denn hier werden nur die gerügt, „die zum Baume sagen: du bist mein Vater, und zum Stein: du hast mich geboren". Sowohl → עץ als → אבן gehören zum normalen Bestand der Polemik gegen die Götzen. Der Vers besagt also nur, daß sich die Betreffenden an Götzen als Schöpfer und Beschützer wenden.

Hosea gebraucht das Vaterbild in 11,1f., obwohl das Wort אב nicht vorkommt: JHWH hat Israel als seinen Sohn aus Ägypten gerufen, hat es als ein guter Vater erzogen und seine Fürsorge an ihn verschwendet. Ähnlich sagt JHWH Jes 1, 2, daß er Kinder erzogen hat, die sich gegen ihn aufgelehnt haben. In beiden Fällen kommt die enttäuschte Hoffnung auf eine Gegenleistung zur Sprache, ebenso wie Jer 3,19: „Ich meinte, du würdest mich Vater nennen und dich nicht von mir abwenden"; das Kind hält sich zum Vater, aber Israel hat seinen Gott verlassen. In einer anderen Jer-Stelle (31, 9) wird die väterliche Liebe und Fürsorge hervorgehoben: JHWH wird die Heimkehrenden beschützen, „denn ich bin ein Vater geworden für Israel, Efraim ist mein Erstgeborener". Die Sprache knüpft ein wenig an die Ex-Stelle an.

Die übrigen relevanten Stellen heben besonders die Autorität des göttlichen Vaters hervor. Besonders charakteristisch ist Jes 45, 9–11, wo das Vaterbild mit dem des Töpfers verbunden wird: Wie der Vater den Kindern keine Rechenschaft abgeben muß und der Töpfer über den Ton frei verfügt, so verfügt JHWH, der Schöpfer, über sein Volk und handelt mit ihm nach seinem Willen, mit ihm darf man nicht hadern. Derselbe Gedanke kommt Jes 64,7 zum Ausdruck: „Du bist unser Vater; wir sind der Ton, du unser Bildner, wir alle deiner Hände Werk"; hier in einer Bitte um väterliches Erbarmen. Die Macht des himmlischen Vaters zu helfen und zu erlösen, wird in Jes 63,16 betont: Israel fühlt sich von seinen leiblichen Vätern abgeschnitten; nun ist JHWH der einzige Vater, der helfen kann, „der Erlöser (→ גאל) seit alters". Schließlich spricht Maleachi einmal vom Vater und Schöpfer: „Haben wir nicht alle einen Vater, hat uns nicht *ein* Gott geschaffen (→ ברא); warum handeln wir denn treulos aneinander und brechen den Bund unserer Väter“ (2,10); die Feststellung der Sohnschaft Israels unterstreicht also seine Sohnespflichten. Ein anderes Mal betont er die gekränkte Autorität JHWHs: Einen Vater soll man ehren und fürchten, Israel aber ehrt und fürchtet seinen göttlichen Vater nicht (1, 6).

Aus alledem geht hervor, daß der Gedanke von Gott als Vater des Eigentumsvolks keine zentrale Stellung im Glauben Israels einnimmt. Es ist nur eines von vielen Bildern, womit das Verhältnis zwischen JHWH und Israel beschrieben wird. Die Bilder scheinen meist ad hoc geschaffen zu sein; mythologische Wurzeln sind kaum festzustellen.

c) Fester geprägt, aber auch nicht häufig belegt, ist die Vorstellung vom König als Sohn Gottes. Der klassische Beleg ist Ps 2,7: „Du bist mein Sohn, heute habe ich dich geboren“, was offenbar eine Art Adoptionsformel darstellt. Diese Aussage wird in der Nathanweissagung folgendermaßen ergänzt: „Ich will ihm ein Vater sein, und er soll mir ein Sohn sein“ (2 Sam 7,14; vgl. 1 Chr 28, 6). Etwas ausführlicher sagt Ps 89, 27f., daß der König JHWH „Vater, Gott und Fels seiner Hilfe“ nennen soll und JHWH ihn zum Erstgeborenen und als den höchsten der Könige einsetzen will.

Die eigentliche Bedeutung dieser Aussagen ist umstritten. Die Vorstellung einer physischen Zeugung scheint wenig wahrscheinlich; eher wäre an ein Adoptionsverhältnis zu denken (Ahlström 111f.; Kraus, BK XV 19). Ps 2,7 kann als eine Adoptionsformel verstanden werden. Bemerkenswert ist, daß sich sowohl Ps 2 als auch Ps 89 in einer Situation auf Gott als Vater berufen, in der die Autorität des Königs bedroht wird. Die Sohnschaft des Königs gilt also als göttliche Garantie seiner Macht und Autorität. Es handelt sich um die göttliche Vollmacht, die Königsmacht auszuüben.

d) In der Titulatur des nach Jes 9 erwarteten Königs (der in v. 5 ‘Sohn’ genannt wird), findet sich das Epitheton אבי־עד. Die Bedeutung des Ausdrucks ist dunkel. עד kann ‘Beute’ heißen, und wenn ‘Beutevater’ im Sinne von „einem der Beute nimmt“ aufgefaßt werden könnte, würde das gut zum Kontext des ganzen Stücks passen. Diese Übersetzung ist aber zweifelhaft, da אב sonst nicht in solcher Verwendung belegt ist. Nimmt man עד im Sinne von ‘Ewigkeit’, ergibt sich ein Königsepitheton ‘Vater der Ewigkeit’, d.h. Vater (Beschützer usw.) für alle Zukunft, was gut zu פלא יועץ passen würde und an und für sich nicht im Widerspruch zu den anderen Thronnamen steht (vgl. Kaiser, ATD z.St.; zur Verbindung des Begriffs „ewig“ mit dem König s. Ps 21, 5.7).

Ringgren

אָבַד אֲבֵדָה, אָבְדָן, אֲבַדּוֹן

I. Etymologie, Belege – II. ‘umherirren’ – III. 1. *Hiph* und *pi* mit göttlichem Subjekt – 2. *Qal* vom gottgewollten Zugrundegehen – IV. 1. *Hiph* und *pi* in allgemeinem Gebrauch – 2. *Qal* in allgemeinem Gebrauch – V. ’*ᵃbaddōn* = Totenreich.

Lit.: *M.A. Beek*, Das Problem des aramäischen Stammvaters (Deut. XXVI 5) (OTS 8, 1951, 193–212). – *E.Jenni*, Faktitiv und Kausativ von אבד „zugrunde gehen“ (Hebräische Wortforschung. Festschr. W.Baumgartner, VTS 16, 1967, 143–157). – *J.Lewy*, Grammatical and Lexicographical Studies (Or N.S. 29, 1960, 20–45; bes. 22–27). – *A.Oepke*, ἀπόλλυμι usw., (ThWNT I 393–396). – *D.Yellin*, Some Fresh Meanings of Hebrew Roots (JPOS 1, 1920, 10f.).

I. In den nord-west-semitischen Sprachen hat אבד überwiegend die Bedeutung ‘zugrunde gehen’ (s. DISO, die Wbb. zum Hebr., Aram., Syr., Ugar. usw.; vgl. auch Jenni 151). Vereinzelt tritt auch die Bedeutung ‘umherirren, weglaufen’, besonders von Tieren auf, z.B. 1 Sam 9, 3. 20; das Sabbat-Ostrakon Z. 3 (A. Dupont-Sommer, Sémitica 2, 1949, 31); im Ugaritischen vielleicht von Menschen (CTA 2 [III AB] IV 3) und in der unklaren kanaanäischen Glosse in Pap. Anastasi I 23 (s. aber ANET 477). In den anderen semitischen Sprachen ist diese Bedeutung verbreiteter (Arab., Äth. usw.).

Demnach könnte sich seine Grundbedeutung ‘weglaufen’ zu der Bedeutung ‘zugrunde gehen’ entwickelt haben, wie etwa ein Tier, das sich von der Herde weg verirrt, normalerweise verlorengeht. So wird der Sachverhalt gewöhnlich auch im hebräischen Bereich beurteilt (Jenni 148f. mit weiterer Lit. und die at.lichen Wbb., bes. König).

Vom Akk. her sieht das Problem komplizierter aus. Die neueren akk. Wbb. gehen davon aus, daß es zwei Wurzeln *’bt* gibt: I. ‘vernichten’ (pass. ‘vernichtet werden, zerfallen’) und II. ‘fliehen, weglaufen’ (nur von Menschen, z.B. Sklaven und Kriegern) (CAD I/1 41–47; AHw I 5 *abātu(m)*; die zweite Bedeutung führt von Soden unter *nābutu(m)* an, weil es nur im N-Stamm vorkomme; anders CAD. Lewy 22–29 nimmt für *’bt* II eine transitive Bedeutung ‘verlassen’ o.ä. an). Es muß deshalb ernstlich erwogen werden, ob nicht auch in den anderen semitischen Sprachen zwei ursprünglich selbständige, homonyme Wurzeln zusammengelaufen sind (über die ursprüngliche Verschiedenheit im Bedeutungsinhalt siehe Brockelmann, VG II 137). Es kann jedoch keine endgültige Antwort auf die etymologische Frage gegeben werden.

Belegt ist das Verbum im AT im *qal* mehr als 100mal, im *pi* etwa 40mal und im *hiph* etwa 25mal. Dazu kommen die Nomina ’*ᵃbēdāh*, ’*abdān*, ’*ŏbdān* und ’*ᵃbaddōn*. Eine Wurzel אבד

II 'dauern' und das davon abgeleitete Nomen *'ōbēd* „Dauer" ist אבד I gegenüber selbständig (s. Yellin).

II. Nur im *qal* kommen beide Hauptbedeutungen im AT, 'zugrunde gehen' und 'umherirren', vor. 1 Sam 9, 3. 20 wird das Verbum im konkreten Sinn von Tieren, die von der Herde weggelaufen sind, benutzt. Häufiger ist aber der bildliche Gebrauch: Israel ist wie Vieh, das von seinen Hirten (Königen und anderen Verantwortlichen in der Gesellschaft) verlassen und vernachlässigt worden ist und deshalb umherirrt (Jer 50, 6; Ez 34, 4. 16) oder das sich von seinem Hirten (JHWH) verlassen fühlt (Ps 119, 176).
Bedeutsam ist der Gebrauch von אבד Deut 26, 5: ארמי אבד אבי 'ein umherstreifender (*'ōbēd*) Aramäer war mein Vater' oder – wie es von vielen wiedergegeben wird – 'ein dem Untergang naher Aramäer' (Beek 199–201. 211f. gibt andere Übersetzungsmöglichkeiten an; s. auch König, KAT III z. St.). Albright (Von der Steinzeit zum Christentum, 1949, 239) wählt offenbar eine dritte Bedeutung, die sich akk. *abātu* II nähert: 'ein flüchtiger (fugitive) Aramäer'. Mit dieser Wiedergabe des Wortes, die sonst im AT nicht belegt ist, wird speziell auf die Jakobgeschichte Bezug genommen (Jakob flieht vor Esau). Die Übersetzung 'umherstreifend', die übrigens ihre Parallele im Akkadischen hat (Taylor-Prism V 22f.; s. Mazar, BA 25, 1962, 101), empfiehlt sich mehr, weil so auf die gesamte Vätergeschichte Rücksicht genommen wird, wobei die Verbindung der frühen israelitischen Stämme mit den nomadisierenden Aramäern betont wird.

III. 1. Häufiger ist die Bedeutung 'zugrunde gehen' (*qal*) und 'umkommen lassen, vernichten, ausrotten' (*pi* und *hiph*). Um eine Übersicht über Subjekt und Objekt des Verbums zu bekommen, und damit die Bedeutung näher zu bestimmen, empfiehlt es sich, zunächst die kausativen Formen *pi* und *hiph* zu untersuchen. Die Frage ist, ob es zwischen *pi* und *hiph* von אבד überhaupt einen Unterschied gibt. Nach der Untersuchung von Jenni hat *pi* primär faktitive (zielt auf einen Zustand), *hiph* dagegen kausative Bedeutung (zielt auf eine Handlung). Deshalb hat *hiph* meist Personen als Objekt, *pi* aber sowohl Personen als auch Sachen. *hiph* gibt häufiger das Futurische an, *pi* dagegen das Präsentische oder Zeitlose. Diese Unterscheidungen sind im großen ganzen sinnvoll; Jenni betont aber selbst, daß es eine Reihe von Ausnahmefällen gibt. Theologische Bedeutung hat diese Unterscheidung kaum.
Überblickt man die etwa 65 Belege für die transitiven Formen *pi* und *hiph*, dann fallen zwei Dinge auf: An beinahe der Hälfte dieser Stellen tritt JHWH als Subjekt auf (Jenni 152, und an mehr als der Hälfte der Stellen handelt es sich um kriegerisch-politische Verhältnisse. Also kann es nicht verwundern, daß an vielen Stellen JHWH als „Krieger" hervortritt, der sich zerstörend und vernichtend gegen die Völker wendet, z.B. gegen die Feinde beim Exodus und bei der Landnahme (Deut 8, 20; 11, 4). Besonders bei den Propheten begegnet man oft dem Gedanken, JHWH werde „am Ende der Tage" die Heiden zerstören. Auffallenderweise wird dabei das Verbum אבד nur bei den Propheten des 7. und 6. Jh. – gegen Assur, Babel, Ägypten, Ammon usw. – verwendet: Zeph 2, 5.13; Jer 49, 38; 51, 55; Ez 25, 7.16; 28, 16; 30, 13; Ob 8. Allgemeiner wird bei Jeremia von der Zerstörungsmacht JHWHs und seines Propheten gesprochen (1,10; 12,17; 18,7; immer in Verbindung mit den charakteristischen jeremianischen Worten „einreißen" und „ausreißen".
In der prophetischen Verkündigung werden ähnliche Drohungen auch gegen Israel gerichtet: JHWH wird Israel durch die Heiden zerstören (Jer 15, 7; 25, 10; vgl. Deut 28, 63; Jer 31, 28). Die Auffassung von JHWH als dem im Kriege Zerstörenden hat wohl zwei Wurzeln: 1. das altisraelitische Bild von JHWH als Kriegsgott (vgl. H. Fredriksson, Jahwe als Krieger, Lund 1945; G. von Rad, Der heilige Krieg, [4]1965) und 2. die kultisch-mythische Vorstellung vom „Völkerkampf" im Neujahrsfest (s. vor allem S. Mowinckel, Psalmenstudien II, 1922, 57–65. 254–276). Aber nicht nur als Krieger ist JHWH tätig. Alle gottwidrigen Mächte in Volk und Gemeinschaft müssen weichen: JHWH vernichtet den Gesetzesübertreter (Lev 23, 30; Deut 7, 10), den Lügner (Ps 5, 7), den Bedrücker des Gerechten (Ps 143, 12). Diese Auffassung hat ihren Ursprung sicher im kultischen Sakralrecht (s. z.B. G. von Rad, Ges. Studien, 1958, 225–247; H.-J. Kraus, Die prophetische Verkündigung des Rechts, 1957) und läßt sich mit der Vorstellung von JHWH als dem Zerstörer des heidnischen Kultes (Ez 6, 3; vgl. Mi 5, 9) in Verbindung bringen.
Manchmal wird das Verbum אבד in *pi* und *hiph* in kriegerischen Zusammenhängen so verwendet, daß Israel die heidnischen Völker vernichtet oder letztere Israel. In Wirklichkeit ist der Unterschied zwischen diesen und den früher angeführten Stellen, an denen JHWH Urheber der Zerstörung war, nicht groß; für die at.liche Auffassung ist unter allen Umständen JHWH der Lenker der geschichtlichen Ereignisse, er steht also dahinter, wenn Israel seine Feinde ausrottet (Deut 7, 24; 9, 3; vgl. Num 24, 19; Esth 9, 6. 12), oder wenn die Heiden als JHWHs Werkzeug Israel zerstören (Jos 7, 7; 2 Kön 13, 7; 24, 2; Deut 28, 51; Kl 2, 9 u.ö.).
2. Die intransitive Form des Verbums אבד (*qal*) ergänzt das oben gezeichnete Bild. Obwohl nicht

direkt gesagt, ist es in vielen Fällen ganz offenbar, daß JHWH der Urheber des geschilderten Untergangs ist: Ägypten (Ex 10,7), Kanaanäer (Deut 7, 20), Philister (Am 1, 8; Sach 9, 5), Moab (Num 21, 29f.; Jer 48, 8. 46), Tyrus (Ez 26, 17), Israels Feinde überhaupt (Ri 5, 31; Ps 2, 12; 9, 4; 10, 16; 80, 17; 83, 18; Jes 41, 11; 60, 12) – alle werden sie dem Gottesgericht anheimfallen und untergehen, auch Israel wegen seines Ungehorsams gegen das Gesetz (Lev 26, 38; Deut 28, 20. 22; Jer 9, 11) oder wegen seines Götzendienstes (Deut 4, 26; 8, 19f.; 11, 17; 30, 18; Jos 23, 13. 16). Ganz typisch heißt es an den meisten der letztgenannten Stellen: אבדתם מעל הארץ o.ä. 'Ihr sollt zugrunde gehen vom Lande weg ...'. In diesen Texten also, in denen es um den Erwerb des Landes geht, besteht die göttliche Strafe in der Vertreibung aus dem Lande. Andere Stellen sagen noch direkter aus, daß das Volk im Exil zugrunde gehen soll (Jer 27, 10. 15; Ob 12; vgl. Jes 27, 13).

In der Weisheitsliteratur und in den damit verwandten Psalmen klingt der sakralrechtliche Gebrauch von אבד im *qal* an: Wer in der Gemeinde gottlos handelt, soll zugrunde gehen (Ps 1, 6; 37, 20; 73, 27; Hi 4, 9; 18, 17; 20, 7; Spr. 11, 10; 28, 28 – überwiegend ist das Subjekt → רשע 'der Gottlose, der Frevler'); vgl. auch die Anspielungen 4QpPs 37 III 4. 8), ebenso der Lügner (Spr 19, 9; 21, 28). Konkreter heißt es vom Hause Ahab und von den am Korah-Aufruhr Beteiligten, daß sie zugrunde gehen sollen (2 Kön 9, 8; Num 16, 33; vgl. Esth 4, 14).

IV. 1. An den bisher behandelten Stellen ging es mehr oder weniger deutlich um die gottgewollte Zerstörung. Das Wort wird ferner im *pi* und *hihp* allgemeiner gebraucht für Zerstörung der Gegner bei politischen und religiösen Wirren (2 Kön 10, 19; 11, 1; 19, 18; Jer 46, 8; vgl. 40, 15 und die Meša'-Stele, KAI 181, 7), Mißhandlung des Volkes durch Könige und Fürsten (Jer 23, 1; Ez 22, 27), Beseitigung von Götzenbildern (Num 33, 52; Deut 12, 2f.; 2 Kön 21, 3 – alle *pi*; vgl. *qal* Jer 10, 15 und aram. *pe'al* 10, 11). In der Weisheitsliteratur bezeichnet das Wort mehrmals das Zerstörungswerk des Toren, des Gottlosen oder der menschlichen Laster (immer *pi*: Spr 1, 32; 29, 3; Pred 7, 7; 9, 18; vgl. Ps 119, 95; Pred 3, 6 [?] und 1QS VII 6; s. Jenni 152).

2. Endlich weist אבד *qal* eine große Vielfalt von Nuancen auf: Ein Dutzend Stellen beziehen sich auf Dinge und Personen, die verschwinden oder zugrunde gehen (Waffen: 2 Sam 1, 27; Eigentum: Deut 22, 3, vgl. CD IX 10; Karawanen: Hi 6, 18 usw.). Theologisch interessanter ist die Verwendung in prophetischen Texten, wo das Verbum beschreibt, wie in kritischen Zeiten, wenn die Bosheit wächst, gute Eigenschaften und positive Begriffe schwinden (Treue: Jer 7, 28; Gesetzeskenntnis: Jer 18, 18; Ez 7, 26; Weisheit und guter Rat: Jes 29, 14; Jer 18, 18; 49, 7; Ez 7, 26; vgl. Ps 146, 4; Deut 32, 28 und CD V 17; Gerechtigkeit: Mi 7, 2; Mut: Jer 4, 9 u.a.). Hierher gehören auch die beiden offenbar festen Ausdrücke 'die Zufluchtstätte (מנוס) geht verloren', d.h. man kann nirgendwo hinfliehen (Am 2, 14; Jer 25, 35; vgl. Ps 142, 5; Hi 11, 20), und 'die Hoffnung (→ תקוה) schwindet' (Ez 19, 5; 37, 11; vgl. Ps 9, 19; Hi 8, 13; Sir 41, 2; 11QPs[a] 22, 8 usw.). Leicht verständlich entwickeln sich prägnante Bedeutungen von אבד: So bezeichnet das Partizip *'ōbēd* mehrmals den Notleidenden (Hi 29, 13; 31, 19; Spr 31, 6; vgl. Sir 11, 12). Besonders häufig aber bedeutet *qal* einfach 'sterben' (z.B. Num 17, 27; Jes 57, 1; Ps 41, 6; 49, 11; Hi 4, 7. 11. 20; Pred 7, 15; Jon 1, 6. 14; vgl. den Murabba'āt-Brief 45, 7 und 11QPs[a] 22, 9). Diese Bedeutung klingt jedoch an vielen der früher genannten Stellen mit (s. J.L. Palache, Sinai en Paran, 1959, 108 und vgl. die *pi*-Formen Ps 9, 6; 21, 11; Esth 3, 9. 13; 4, 7; 7, 4; 8, 5; 9, 24 und die aram. *haph*-Form Dan 2, 12. 18. 24, die einfach 'hinrichten' bedeuten (Jenni 150f. 155). Eine ähnliche Bedeutung findet sich in aramäischen Inschriften, s. KAI 223B, 7; 225, 11; 226, 10; vgl. Jenni 151).

V. Mit dieser letztgenannten Bedeutungsnuance von אבד gelangt man zum wichtigsten Nomen dieser Wurzel אבדון (*'abaddōn*, Nebenform: אבדה *'abaddōh*). Das Wort hat selten die Bedeutung 'Untergang' (Hi 31, 12; s. aber Yellin 11; vielleicht auch 1QM fragm. 9, 3), häufiger dagegen im AT und vor allem in der Weisheitsliteratur bezeichnet es den 'Ort des Untergangs', d.h. das Totenreich (an drei Stellen parallel mit → שאול: Hi 26, 6; Spr 15, 11; 27, 20, einmal mit → קבר: Ps 88, 12, und einmal mit → מות: Hi 28, 22). An der letzten Stelle wird אבדון redend eingeführt als eine Personifizierung des Todes (vgl. Apk 9, 11 und ThWNT 1, 4). Auch in apokalyptisch geprägten, spätjüdischen Texten spielt der Begriff eine Rolle (1QH 3, 16. 19. 32 und aram. 1QGenApoc 12, 17; vgl. P. Wernberg-Møller, Textus 4, 1964, 153f.). Über die rabbinische Benutzung s. Volz, Eschatologie, 1934, 328f.; Ginzberg, Legends of the Jews I 10. 15; Strack-Billerbeck, Komm., 3, 810.

Otzen

אָבָה

I. 1. Etymologie, Belege – 2. Bedeutung – II. Der alttestamentliche Textbestand – 1. Allgemein – 2. Mit *šāma'* – III. Das speziell Theologische – 1. Gott als Subjekt – 2. Verstockung – 3. *'ābā* als Haltung Gott gegenüber.

Lit.: *J. Barth*, Wurzeluntersuchungen, 1902, 3–4. – *G. Garbini*, Note semitiche (Ricerche Linguistiche 5, 1962, 179–181). – *F. Hesse*, Das Verstockungsproblem im AT (BZAW 74, 1955). – *A.M. Honeyman*, Some developments of the semitic root *'by* (JAOS 64, 1944, 81–82). – *L. Köhler*, Ein verkannter hebräischer irrealer Bedingungssatz (ZS 4, 1926, 196–197). – *Th. Nöldeke*, Beiträge zur semitischen Sprachwissenschaft, 1904.

I. 1. Die Wurzel אבה (*'bj*) liegt in fast allen semitischen Sprachen vor – nur im Akk. fehlt sie, da angebliches *abū/ītu*, 'Wunsch' nicht existiert (AHw I, 89f.). Auffallend ist, daß *'bj* in verschiedenen Sprachen entgegengesetzte Bedeutungen aufweist: Der Bedeutung 'wollen, sich willig zeigen' im Hebr., Äg.-Aram., Jüd.-Aram. (der Targume) und auch im Äg. (*ꜣbj*) stehen arab. *'abā* und äth. *'abaja* 'nicht wollen' sowie das altsüdarab. *t'bj* 'Verweigerung' (KBL[3]) gegenüber.
Das Verbum liegt im AT nur im *qal* vor. Die Belegstellen gehören der klassischen Sprache, dem Pentateuch und vor allem dem dtr Geschichtswerk an. Auch Jes und Ez geben eine Reihe von Beispielen. Außerdem findet sich das Wort in Ps 81,12; Hi 39, 9; Spr 1,10. 25. 30; 6, 35 und in der Chronik, wo die Belegstellen wörtliche Wiederholungen aus Sam – Kön sind. Nur 1 Chr 19,19 hat לא אבה ארם, wo 2 Sam 10,19 die Lesart ויראו ארם aufweist. Die Lesart in der Chronik kann aber die ältere sein. Dazu findet sich das Wort im hebr. Text zu Sir 6, 33. In den Qumrantexten treten andere Synonyme an die Stelle von אבה, vor allem רצה (das auch im modernen Hebr. das gewöhnliche Verbum für 'wollen' wurde).
2. Honeyman nimmt für אבה und → אביון eine gemeinsame Grundbedeutung 'mangeln, bedürftig sein' an; Barth und andere dagegen setzen verschiedene Wurzeln an; vgl die Lit. bei אביון. Ähnliche Bedeutungen haben auch → אוה sowie die verwandten יאב und תאב in Ps 119 (s. Garbini). – Eine Grundbedeutung 'Intention in eine bestimmte Richtung zeigen' paßt am besten mit allen alttestamentlichen Belegstellen zusammen. Es handelt sich nicht nur um den Willen als psychologischen Faktor im Inneren des Menschen (vgl. אוה, regelmäßig mit נפש als Subjekt!), sondern das Schwergewicht liegt auf den ersten Gebärden und Maßnahmen, in denen sich der Wille manifestiert.
אבה ist im AT fast durchgehend negiert. Die Negation ist לא (אין Ez 3,7; אל Spr 1,10). Ohne Negation steht das Verbum Jes 1,19; Hi 39, 9; Sir 6, 33. Da das Verbum im Arab. und Äth. die negative Bedeutung 'nicht wollen' hat (es gibt jedoch auch im Arab. Ausnahmen, Brockelmann, Synt. § 52b ζ), hat Nöldeke (66) die negative Bedeutung als ursprünglich angesehen. Die Negation wäre dann im Hebr. nur als Verstärkung des negativen Sinnes zu fassen. Diese Annahme wird mit Recht von Honeyman und Brockelmann (s. auch § 165c) abgewiesen. Es läßt sich leicht erklären, wie die oben formulierte Grundbedeutung 'Intention in eine bestimmte Richtung zeigen' in verschiedenen Sprachen überwiegend für eine positive bzw. negative Reaktion verwendet wurde.

II. 1. In den meisten Fällen folgt auf אבה ein Infinitiv nach dem Muster „er zeigte sich (nicht) willig, das oder das zu tun", z.B. Gen 24, 8 „und wenn das Weib dir nicht folgen will"; Ri 19,10 „und der Mann wollte nicht übernachten"; Hi 39, 9 „wird dir der Wildstier dienen wollen?" Der häufigste Infinitiv nach אבה ist → שמע 'nicht hören wollen' (s. u.).
Da אבה im Hebräischen kein Hilfsverb ist, ist es nicht angebracht, nach dem Vorbild moderner Sprachen einen Infinitiv in den Fällen zu ergänzen, wo אבה absolut gebraucht wird. In 1 Sam 31, 4 will der Waffenträger den König Saul nicht töten. Das ist so zu verstehen, daß der Waffenträger vor Schrecken und Ehrfurcht nicht imstande ist, den Befehl des Königs in einer positiven Reaktion zu befolgen (vgl. auch 1 Kön 22, 50; Spr 1,10).
Die Person oder Sache, der gegenüber die positive Reaktion nicht gezeigt wird, wird mit ל eingeführt (Deut 13, 9; Spr 1, 30).
Parallel zu לא אבה stehen → מאן 'sich weigern' (Deut 25,7), פרע 'nicht beachten' (Spr 1, 25), → נאץ 'verachten, verwerfen', (Spr 1, 30).
2. אבה steht oft mit שמע zusammen. Häufig ist die Konstruktion לא אבה (ל)שמוע 'er war nicht willig zu hören'. Daß אבה hier nicht als bloßes Hilfsverb zu betrachten ist, geht aus den Fällen hervor, wo אבה parallel zu שמע steht, z.B. Ri 11,17: „Der König von Edom erhörte (שמע) sie nicht ... Der König von Moab wollte (אבה) auch nicht." Die Bedeutung von אבה und שמע ist nicht identisch. Der Unterschied scheint darin zu bestehen, daß אבה die ersten Anfänge einer positiven Reaktion bezeichnet, während שמע den vollständigen Gehorsam bedeutet. So kann die Aufeinanderfolge dieser beiden Verben eine Steigerung ausdrücken: Deut 13, 9: „Sei ihm nicht zu Willen (אבה), und höre (שמע) nicht auf ihn; dein Auge soll seiner nicht schonen...". In 1 Kön 20, 8 ist die Bedeutung „Du sollst nicht gehorchen (שמע) und sogar kein Entgegenkommen zeigen (אבה)". Vgl. auch Jes 1,19; Ps 81,12.
Im synonymen Parallelismus zur ganzen Wendung (לא) אבה לשמוע findet sich die negative Wendung אם תלכו עמי קרי, 'wenn ihr mir entgegen wandert' (Lev 26, 21) und אם תמאנו ומריתם, 'wenn ihr euch weigert und wider-

spenstig seid' (Jes 1, 20), sowie die positive Parallele אם תטה אזנך, 'wenn du dein Ohr neigst' (Sir 6, 33).

III. 1. Gott als Subjekt von אבה kommt in den spezifisch dtr Reden vor: „JHWH wollte nicht verderben", Deut 10,10; 2 Kön 8,19; 13, 23; „JHWH wollte nicht auf Bileam hören", Deut 23, 6; Jos 24,10; „JHWH wollte nicht verzeihen", Deut 29,19; 2 Kön 24, 4. Auch hier treten אבה und שמע zusammen auf und deuten auf die Bundessituation (Wildberger, BK X zu Jes 1,19). Gottes Handeln ist vom Bunde her zu verstehen. Im Rahmen des Bundes wird vom Volk die „positive Reaktion" verlangt.

2. Als Herr des Bundes lenkt Gott auch die Aktivität der Feinde seines Volkes. Der Herr verstockte das Herz Pharaos, so daß er das Volk nicht lassen wollte (Ex 10, 27) und ebenso das Herz Sihons (Deut 2, 30). Subjekt der Rebellion ist aber oft das Bundesvolk selbst. Das לא אבה des Volkes wird dann ein Terminus der Verstockung, der mit → מרה (Deut 1, 26; Jes 30, 9; Ez 20, 8) und anderen charakteristischen Ausdrücken der Verstockung in Parallele steht (Lev 26, 21; Jes 1,19f.; 30, 9; Ez 3,7; vgl. auch den Kontext von Jes 28,12). Das Versagen des Volkes wird in den Worten zusammengefaßt: „Ihr aber habt nicht gewollt" (Deut 1, 26; Jes 30,15; vgl. Mt 23, 37).

3. אבה ist die positive Reaktion gegenüber Gott, die Antwort, die der Mensch seinem Herrn gibt. Wie שמע sowohl 'hören' als auch 'Gehorsam leisten' bedeutet, so ist der Sinn von אבה nicht nur, einen Willen zu haben, sondern auch diesen Willen zu zeigen. Diese beiden Aspekte lassen sich nicht voneinander trennen. Deshalb steht אבה neben anderen Ausdrücken für Glauben, Vertrauen und Zuversicht als Ausdruck für die Gotteszugewandtheit, die die richtige Haltung des Menschen im Bund Gott gegenüber ist. אבה findet sich oft in einer Wahlsituation, wie sie in Jes 30,15 dargestellt ist. JHWH, der Heilige Israels, hat Heil und Rettung angeboten: „Durch Umkehr und Ruhehalten werdet ihr gerettet werden; im Stillesein und Vertrauen besteht eure Kraft." Aber das Volk lehnt ab (לא אביתם) und will lieber auf die Kraft der Rosse vertrauen als auf Gott (Jes 30,16). In Jes 1,19 kommt es darauf an, daß das Volk den positiven Willen gegenüber Gott zeigt. Die andere Möglichkeit wird durch die charakteristischen Verstockungstermini מאן und מרה ausgedrückt (Jes 1, 20).

In den Belegstellen der Weisheitsliteratur ist אבה nicht direkt auf Gott gerichtet, sondern auf die Weisheit, ihre Zurechtweisung (Spr 1, 25), ihre Ratschläge (Spr 1,30) oder ganz allgemein auf die Mahnsprüche an den Sohn (Sir 6, 33).

B. Johnson

אֶבְיוֹן

I. 1. Etymologie – 2. Belege – 3. Wortfeld „arm" – 4. Wortverbindungen – 5. LXX – II. Materielle und rechtliche Bedürftigkeit nach Unterstützung – 1. Soziologischer Wandel des *'æbjōn* in Sabbat-, Erlaß- und Jobeljahr – 2. Verbot der Rechtsbeugung im Bundesbuch – 3. Schuldknechtschaft und Bedrückung des *'æbjōn* und *ṣaddīq* bei Amos – 4. *'æbjōn* als Stammesbruder im Deut – 5. *dīn 'ānī we'æbjōn* als „Gotteserkenntnis" bei Jer – 6. Bedrückung des *'æbjōn* als *'āwæn* und *tō'ēbāh* bei Ez – 7. Der König als Anwalt des *'æbjōn* – III. *'æbjōn* in der weisheitlichen Schöpfungsordnung – IV. Der *'æbjōn* in Erwartung göttlicher Hilfe – 1. Die Feinde des *'æbjōn* – 2. Bedrängnis, Krankheit, Einsamkeit, Todesnähe – 3. Religiöse Einordnung des *'æbjōn* – 4. JHWH Retter der *'æbjōnīm* – 5. *'æbjōn* in spätprophetischer Heilsankündigung – V. Qumran.

Lit.: *S. W. Baron*, Histoire d'Israël I, Paris 1956. – *C. Barth*, Die Errettung vom Tode in den individuellen Klage- und Dankliedern des Alten Testaments, Zollikon 1947. – *W. Baudissin*, Die alttestamentliche Religion und die Armen (Preußische Jahrbücher 1912, 209–224). – *J. Begrich*, Die Vertrauensäußerungen im israelitischen Klagelied des Einzelnen und in seinem babylonischen Gegenstück (ZAW 46, 1928, 221–260 = ThB 21, 168–216). – *P. van den Berghe*, 'Ani et 'Anaw dans les Psaumes (Le Psautier, hrsg. R. de Langhe, Louvain 1962, 273–295). – *W. Beyerlin*, Die Rettung der Bedrängten in den Feindpsalmen der Einzelnen auf institutionelle Zusammenhänge untersucht (FRLANT 99, 1970). – *H. Birkeland*, 'Anī und 'ānāw in den Psalmen (SNVAO 1932, 4) 1933. – *Ders.*, Die Feinde des Individuums in der israelitischen Psalmenliteratur, Oslo 1933. – *Ders.*, The Evildoers in the Book of Psalms, ANVAO 1955, 2. – *H. Bruppacher*, Die Beurteilung der Armut im Alten Testament, 1924. – *F. Buhl*, Die socialen Verhältnisse der Israeliten, 1899. – *A. Causse*, Du groupe ethnique à la communauté religieuse, Paris 1937. – *Ders.*, Les »pauvres« d'Israël, Paris-Strasbourg 1922. – *L. Delekat*, Asylie und Schutzorakel am Zionheiligtum. Eine Untersuchung zu den privaten Feindpsalmen, Leiden 1967. – *Ders.*, Zum hebräischen Wörterbuch (VT 14, 1964, 7–66, bes. 35–49). – *J. Didiot*, Le pauvre dans la Bible, Paris 1903. – *F. C. Fensham*, Widow, Orphan and the Poor in Ancient Near Eastern Legal and Wisdom Literature (JNES 21, 1962, 129–139). – *A. Gamper*, Gott als Richter in Mesopotamien und im Alten Testament. Zum Verständnis einer Gebetsbitte, Innsbruck 1966. – *R. A. Gauthier*, Magnanimité: L'idéal de l'humilité dans la philosophie païenne et dans la théologie chrétienne, Paris 1951, 375–404. – *A. Gelin*, Les Pauvres de Yahvé, Paris [3]1956, deutsche Ausg.: Die Armen – Sein Volk, [3]1956. – *B. Gemser*, The rîb- or controversy-pattern in Hebrew mentality (VTS 3, 1960, 120–137). – *A. George*, Pauvre (DBS 7, 1966, 387–406). – *H. Graetz*, Kritischer Kommentar zu den Psalmen I, 1882, II 1883. – *H. Gunkel–J. Begrich*, Einleitung in die Psalmen, 1933. – *E. Hammershaimb*, On the Ethics of the O.T. Prophets (VTS 7, 1960, 75–101). – *F. Hauck*, πένης, πενιχρός (ThWNT 4, 1954, 37–40). – *F. Hauck–E. Bammel*, πτωχός (ThWNT 6, 1959, 885–915). – *C. Hauret*, Les ennemis – sorciers dans les supplications individuelles

(Rech. Bibliques 8, Bruges-Paris 1967, 129–138). – *P. Humbert*, Le mot biblique 'ebyôn (RHPhR 1952, 1–6). – *A.S. Kapelrud*, New Ideas in Amos (VTS 15, 1966, 193–206). – *O. Keel*, Feinde und Gottesleugner. Studien zum Image der Widersacher in den Individualpsalmen (SBM 7, 1969). – *R. Kittel*, Die Psalmen, Exkurs 8: Die Armen und Elenden, [6]1929, 284–288. – *H.-J. Kraus*, Psalmen I, Exkurs 3: 'Ani und 'Anāw (BK XV 1, [3]1966, 82–83). – *A. Kuschke*, Arm und reich im Alten Testament mit besonderer Berücksichtigung der nachexilischen Zeit (ZAW 57, 1939, 31–57). – *E. Kutsch*, *'anāwāh* „Demut", ein Beitrag zum Thema „Gott und Mensch im AT" (maschinenschr. Habilitationsschr.) 1960. – *C. van Leeuwen*, Le développement du sens social en Israël avant l'ère chrétienne (Studia Semitica Neerlandica 1955). – *J. Loeb*, La littérature des pauvres dans la Bible, Paris 1892. – *J. Maier*, Die Armenfrömmigkeit (Texte vom Toten Meer 2, 1960, 83–87). – *G. Marschall*, Die „Gottlosen" des ersten Psalmenbuches, 1929. – *S. Mowinckel*, Psalmenstudien I, Awän und die individuellen Klagepsalmen, Kristiana 1921, 113–122. – *P.A. Munch*, Einige Bemerkungen zu den 'anijjim und den reša'im in den Psalmen (MO 1936, 13–26). – *Ders.*, Das Problem des Reichtums in den Psalmen 37, 49, 73 (ZAW 55, 1937, 36–45). – *J. Pedersen*, Israel, its Life and Culture, I–II 1926 = 1946, III–IV 1940 = 1947. – *J. van der Ploeg*, Les pauvres d'Israël et leur piété (OTS 7, 1950, 236–270). – *A. Rahlfs*, 'Ani und 'anaw in den Psalmen, 1892. – *E. Renan*, Histoire du peuple d'Israël III, Paris 1891, 37–50. – *N.H. Ridderbos*, De Werkers der Ongerechtigkeit in de individueele Psalmen, Kampen 1939. – *H. Schmidt*, Das Gebet des Angeklagten im Alten Testament (BZAW 49, 1928). – *K. Schwarzwäller*, Die Feinde des Individuums in den Psalmen (maschinenschr. Diss.) 1963. – *W. Staerk*, Die Gottlosen in den Psalmen. Ein Beitrag zur alttestamentlichen Religionsgeschichte (ThStKr 70, 1897, 449–488). – *J.J. Stamm*, Das Leiden der Unschuldigen in Babylon und Israel, AThANT 10, 1946. – *H. Steiner*, Die Gē'im in den Psalmen (Maschinenschr. Diss.) Bern-Lausanne 1925. – *R. de Vaux*, Das AT und seine Lebensordnungen, [2]1964, I 121–124. – *C. Westermann*, Das Loben Gottes in den Psalmen, [3]1963. – *Ders.*, Struktur und Geschichte der Klage im Alten Testament (ZAW 66, 1954, 44–80 = ThB 24, 1964, 266–305). – *H.W. Wolff*, Amos' geistige Heimat (WMANT 18, 1964).

I. 1. Die Etymologie von אביון ist nach wie vor unsicher. Neben einer semitischen Ableitung wird auch eine ägyptische Entlehnung vertreten. a) Meist wird אביון von einer Wurzel → אבה mit einer gemeinsamen Grundbedeutung 'mangeln, bedürftig sein' abgeleitet. Hebräisch אבה 'willfahren, wollen, willig sein' (KBL[3]) stehen gegenüber: arabisch *'abā*, äthiopisch und tigrēisch *'abaja* 'nicht wollen, verweigern' (W. Leslau, Ethiopic and South Arabic Contribution to the Hebr. Lexicon, 1958, 9; Wb 378b) und altsüdarabisch *t'bj* 'Verweigerung' (W.W. Müller, Die Wurzeln Mediae und Tertiae Y/W im Altsüdarabischen 1962, 25). Auffallend ist das Fehlen akkadischer Belege. Eine innersemitische Ableitung ist also nur über eine erschlossene gemeinsame Grundbedeutung möglich: Ein אביון ist ein Mensch, der eine Sache wünscht, die er nicht besitzt, also ein Mensch, der bedürftig und arm ist. Demgegenüber betont Humbert 2, אביון habe keinen ausschließlich privaten oder negativen Sinn. „Le sens est donc à la fois privatif et positif: c'est le pauvre sans doute, mais en tant qu'il manifeste un désir, un vœu, autrement dit en tant qu'il demande la charité, l'aumône ... Le mot n'exprime pas qu'un deficit, mais aussi une attente et une requête." – Ugar. *'bjnt* (CTA 17 [II D] I 17) 'wretchedness, misery' (Gordon, UT Glossar Nr. 24) steht parallel zu *'nḫ*; *'bjnm* (UT 313, 6) werden Leute aus der Stadt *ʔll* genannt. Ugar. *'bjnt* und *'bjnm* wurden von Baumgartner, Aistleitner, Gordon, Humbert u.a. mit hebr. *'æbjōn* in Verbindung gebracht. W. von Soden (Zur Herkunft von hebr. 'eḇjon „arm", MIO 15, 2, 1969, 322–326) hat auf die Klage *a-bi-ia-na-ku* 'ich bin eine arme Frau' in den Frauenbriefen aus Mari an den König Zimrilim hingewiesen (ARM 10 = TL 31, 1967, Nr. 37, 23; 44, 10); *abijānum* 'arm' mit dem Nebensinn 'bekümmert, elend' sei ebenso wie ugarit. *'bjn* und hebr. *'æbjōn* ein „altamoritisches" Wort, das von einer Wurzel *'bī* 'arm, bedürftig' mit affiziertem *-n* gebildet sei. – b) Für eine Ableitung aus dem Ägyptischen ist zuletzt wieder Th.O. Lambdin (Egyptian Loan Words in the OT, JAOS 73, 1953, 145–155, hier 145f.) eingetreten. *bjn* ist nach Erman-Grapow (WbÄS I 442f.) seit dem Ende des AR belegt: Bei Personen bedeutet *bjn* 'nichtsnutzig, träge, in elender Lage sein, übel', bei bösen Tieren 'bösartig, schädlich', von Abstrakten 'böse, schlimm, unheilvoll'; 'der Böse', 'das Böse', Pl. 'böse Taten', 'Unheil'. Nach Lambdin gehören zur Wurzel *bjn* auch kopt. *bōōn* 'schlecht' (fem. *boone*) und *ebjēn* 'elend, unglücklich'. Mit W.F. Albright (Vocalization of the Egyptian Syllabic Orthography, 1934, 18) nimmt er eine phonetische Entwicklung *(e)būne(w)* *'ĕbjūne* (> hebr. *'æbjōn*) *'ebjēn*. Wegen des Vokalwechsels ū > ē im Spätägyptischen und des o-Vokals in hebr. *'æbjōn* kann die Entlehnung nicht später als im 12. Jh. erfolgt sein. *'æbjōn* sei mit einer herabwürdigenden Bedeutung auf eine bestimmte Klasse von semitischen (kanaanäischen) Arbeitern übertragen worden, „very possibly in connection with shipping and shipping crews" (146). Andere Koptologen wie W. Spiegelberg (Koptisches Handwörterbuch, 1921, 23, Anm. 12), W. Westendorf (Koptisches Handwörterbuch, 1965, 24f.) u.a. trennen *ebjēn* etymologisch von *bōōn* und erklären *ebjēn* als entlehnt aus hebr. *'æbjōn*; W. von Soden (MIO 15, 2, 1969, 323) schließt sich dieser Meinung an.

2. אביון ist im hebr. AT 61mal belegt: Ex 23, 6. 11 (Bundesbuch) 2mal; Deut 7mal; 1 Sam 2, 8 Loblied der Hanna; Esth 9, 22; Am 5mal; Jes

5mal (14, 30; – 24,14; 25, 4; 29,19; 32,7; – 41,17); Jer 4mal; Ez 3mal; Ps 23mal (nicht 33mal); Spr 4mal; Hi 6mal. Es fällt auf, daß אביון zwar im Bundesbuch, nicht jedoch in den Überlieferungen von J und E und nicht im dtr Geschichtswerk (außer im Loblied der Hanna 1 Sam 2, 8) belegt ist; ebenso auffallend ist das Fehlen in der Priesterschrift. Bemerkenswert ist auch der gelegentliche Gebrauch bei den Propheten (17mal) gegenüber den 23 Belegen in den Psalmen.

3. Zum Wortfeld „arm" gehören außer אביון noch → דל 48mal, דלל 6mal, דלה - דלת in Verbindung mit עם bzw. ארץ 5mal; מסכן 6mal (4mal Pred; 2mal Sir); → עני 74mal, ענו 20mal, עני 'Elend, gedrückte Lage' 36mal, ענוה 'Demut' 4mal; ענות 1mal; רש 21mal, רוש 3mal, ריש 8mal (7mal Spr; 1mal Sir); חזר 'abnehmen, entbehren' 23mal, *ḥāsēr* 'einer, der zu wenig hat' 17mal, → *ḥœsœr* 2mal, *ḥōsœr* 3mal, חסרון 1mal, מחסור 13mal.

4. אביון steht oft in der geprägten Formel עני ואביון 'elend und bedürftig': Deut 24,14; Jer 22,16; Ez 16, 49; 18,12; 22, 29; Ps (35,10 cj. del.); 37,14; 40,18; 70, 6; 74, 21; 86,1; 109,16. 22; Spr 31, 9; Hi 24,14. Hervorgehoben sei das Erhörungsmotiv (כי) ואני עני ואביון Ps 40,18; 70, 6; 86,1; 109, 22. – Außerdem steht אביון im Parallelismus zu עני: Am 8, 4; Deut 15,11; Jes 29,19; 32,7; 41,17; Ps 9,19; 12, 6; 72, 4.12; 140,13; Spr 30,14; Hi 24, 4.

Die Verbindung דל ואביון findet sich Ps 72,13; 82, 4. In Parallelismus stehen דל und אביון Am 4,1; 8, 6; Jes 14, 30; 25, 4; 1 Sam 2, 8; Ps 72,12; 113, 3; Spr 14, 31; Hi 5,15.

Nur einmal begegnet רש im weiteren Kontext mit אביון Ps 82, 3f.: „Richtet den Hilflosen (דל; oder ist wegen 4a דך 'Bedrückter' zu lesen?) und Verwaisten יתום, dem Elenden und Armen עני ורש laßt Recht widerfahren! Befreit den דל ואביון, aus der Gewalt der Frevler errettet ihn!"

5. In der LXX wird אביון wie folgt übersetzt: πένες 29mal, πτωχός 10mal, ἐνδεής 5mal, ἀδύνατος 4mal, ταπεινός 2mal, ἀσθενής einmal, sowie durch δεῖσθαι 3mal.

II. 1. In den Bestimmungen des Bundesbuches zum Sabbatjahr wird der אביון deutlich den Landbesitzern gegenübergestellt: Während letztere im siebten Jahr der Brache vom Ertrag der vorausgegangenen Jahre leben können, soll der אביון im Sabbatjahr den Wildwuchs der Brache verzehren können (Ex 23,11), da er ja selbst ohne Landbesitz und Ertrag ist. Diese Kennzeichnung des אביון ist unabhängig von der Frage, ob die soziale Zweckbestimmung mit der Vorstellung einer periodischen Wiederherstellung des ursprünglichen Zustandes (restitutio in integrum) von Anfang an fest verknüpft war (Jepsen, Cazelles) oder nicht. Infolge der gewandelten Wirtschaftsordnung tritt dann Deut 15, 2 in einer Legalinterpretation an die Stelle der agrarischen Brache ein „Erlaß" (שמטה) im Schuldwesen, wonach jeder Gläubiger den zur Einlösung seiner Schuld persönlich verpfändeten Nächsten freigeben soll (vgl. H. M. Weil, Gage et cautionnement dans la Bible, in: Archives d'Histoire du Droit Oriental 2 (1938) 171–240, hier 189; de Vaux, Lebensordnungen I 277. 280. Im Jobeljahr (Lev 25) werden die Volksgenossen verpflichtet, einem in wirtschaftliche Schwierigkeiten geratenen → אח durch zinsloses Geld und aufschlagfreie Nahrungsmittel zu helfen (v. 36f.); wenn er aber in Schuldknechtschaft geraten ist, soll er wenigstens wie ein Lohnarbeiter (שכיר) oder Beisasse (→ תושב) dienen und nicht wie ein → עבד, bis er im Jobeljahr frei wird (v. 39–43). Nach Deut 24,14 darf man einen elenden und bedürftigen Tagelöhner nicht bedrücken לא־תעשק שכיר עני ואביון, er muß vielmehr am gleichen Tag seinen Lohn erhalten, da er elend (עני) ist und darnach sehnsüchtig verlangt (v. 15).

2. Das Bundesbuch verbietet Ex 23, 6 ausdrücklich, das Recht des Bedürftigen zu beugen לא תטה משפט אבינך בריבו. Möglicherweise liegt der Reihe 23,1–9, die das Verhalten der Richter und der führenden Kreise im Rechtsprechungswesen anspricht, eine Prohibitiv-Reihe 23,1. 6. 8. 9 zugrunde (vgl. auch W. Richter, Recht und Ethos, 1966, 123); die Kurzform „du sollst das Recht nicht beugen" (v. 6) wäre dann durch Hinzufügung von אבינך sozial ausgeformt und durch ein Begünstigungsverbot für den Mächtigen (v. 3; lies גדל) erweitert worden. Neben dem Schutz des אביון vor Rechtsbeugung sind im Kontext weitere Verbote enthalten, den נקי וצדיק zu töten (v. 7b) oder einen → גר zu bedrücken (v. 9a).

3. In der Prophetie des Amos spielt der Schutz der „Armen" vor Rechtsbeugung und Ausbeutung eine besondere Rolle; er verwendet אביון 2,6; 4,1; 5,12; 8, 4. 6; דל 2,7; 4,1; 5,11; 8, 6; ענוים 2,7; 8, 4. Von besonderer Bedeutung ist der Parallelismus von אביון und צדיק 2, 6; 5,12; צדיק und אביון sind die Opfer von Rechtsvergehen (5,12). Man bedrängt die Schuldlosen צדיק, nimmt Bestechungs- oder Schweigegeld an und unterdrückt die Bedürftigen אביונים bei der Rechtsprechung im Tore (Am 5,12); infolge der Bestechlichkeit der Richter werden die Unschuldigen schuldig und die Bedürftigen in ihrem Recht gebeugt. Vgl. Kapelrud 203f.: „They who should represent justice and righteousness, who should be צדיקים par excellence, did so no more... Others had taken their place: ענוים, אביונים, דלים, the poor, needy people, who were trampled down by the mighty, they were the real צדיקים. They were entitled to have their rights in the Israelite society ... their

condition and their position in society were an integrated part of their צדקה.“ Dieser Parallelismus von צדיק und אביון liegt auch in der Scheltrede gegen Israel vor: Israel verkauft den Schuldlosen um Silber und den אביון wegen der geringen Schuld von einem Paar Schuhe in die Schuldknechtschaft (2, 6b). Manche (Cripps, Sellin, Robinson) beziehen den Verkauf des צדיק um Geld auf die Bestechlichkeit der Richter, dagegen den Verkauf des אביון wegen einer minimalen Schuld von einem Paar Schuhe auf die Geldgier der Gläubiger. Es geht dem Propheten nicht um die Ablehnung des kasuistischen Rechtsinstituts der Schuldknechtschaft (gegen R. Bach, Gottesrecht und weltliches Recht in der Verkündigung des Propheten Amos, Festschrift G. Dehn, 1957, 23–34, hier 28f.), sondern um die Einschränkung der ungerechten und skrupellosen Schuldknechtschaft auf eine wirkliche und schwerwiegende Schuldhaftung. Am 2,7a wird – neben dem Verkauf des צדיק und אביון in die Schuldknechtschaft 2, 6b – als zweites Verbrechen Israels die Unterdrückung der דלים und ענוים genannt. Der Schutz des Unschuldigen und sozial Schwachen gehört zur Lebensordnung Israels und findet daher in Geboten, Verboten und weisheitlichen Mahnungen für die Stammesbrüder, insbesondere für die einflußreichen und besitzenden Kreise, seine sozialethische Ausformung. Der Parallelismus von צדיק und אביון ist in dem ungerechtfertigten Verkauf in die Schuldsklaverei begründet. Am 8, 6 werden die Wucherer gescholten, die um Silber die Hilflosen דלים und den Bedürftigen אביון um ein Paar Schuhe in Schuldknechtschaft kaufen; hier ist צדיק von 2, 6b durch דלים ersetzt, während אביון an beiden Stellen gleich ist. Am 4,1 werden die genußsüchtigen Frauen Samarias beschuldigt, Hilflose zu unterdrücken (העשקות דלים) und Bedürftige zu mißhandeln (הרצצות אביונים), indem sie ihre Männer auffordern, Getränke zum Zechen zu besorgen, was offensichtlich durch Bedrückung der Hilflosen und Mißhandlung der Bedürftigen geschah. Vgl. auch 8,4 שאף אביון und השבית עניי־ארץ.

4. Im Anschluß an die soziale Forderung des Bundesbuches und in Weiterführung der prophetischen Sozialkritik sucht das Deut bei seiner Reform und Restauration Israels eine ideale Gemeinschaft von Stammesbrüdern (אח) aufzubauen, in der u.a. der besondere Anteil des אביון an der נחלה durch zahlreiche Bestimmungen garantiert wird; E. Renan (Geschichte des Volkes Israel III, 1894, 226) hat daher im Deut ein Garantiersystem für die Armen auf Kosten der Reichen sehen wollen. Die Predigt zum Erlaßjahr Deut 15, 3–11 schärft den besitzenden Kreisen die Armenfürsorge besonders ein: Dem אביון soll man sein Herz nicht verschließen (v. 7), sondern die Hand weit auftun und gerne leihen für seinen Bedarf, was immer ihm fehlt (v. 8); Geiz gegenüber dem bedürftigen Stammesbruder ist Schuld (חטא) vor JHWH (v. 9), den reichlich und ohne Herzensverdruß ולא־ירע לבבך Schenkenden segnet JHWH (v. 10). Bedeutsam ist die realistische Schlußbemerkung v. 11, daß der אביון nicht aus dem Lande verschwinden werde; daher gebietet JHWH, dem elenden (עני) und bedürftigen (אביון) Stammesbruder die Hand weit zu öffnen. In der Umdeutung Deut 15, 4–6 wird das Ende der Armut mit dem verheißenen göttlichen Segen verbunden; Voraussetzung des Segens, des Erbbesitzes und des Fehlens von Bedürftigen (אביון) ist das Hören auf seine Stimme. Wie konkret dieser Segen verstanden wird, zeigt v. 6: Israel kann „vielen Völkern ausleihen, ohne selbst leihen zu müssen, und über viele Völker herrschen, ohne daß sie herrschen“ über Israel. Bei diesem realen und materiellen Verständnis der Segnung muß auch der אביון konkret als Mensch ohne diese materiellen Möglichkeiten verstanden werden. Im Rückgriff auf die Legalinterpretation v. 2 zum Erlaßjahrgebot ist der אביון dann Darlehensschuldner in der „Hand“ des Gläubigers, der ihn mit Rückforderung oder Zwangseintreibung des Darlehens bedrängt (נגש; vgl. לא־יגש). Auffallend ist die „negative und ganz unasketische Beurteilung der Armut ..., wie sie für das ältere Israel charakteristisch war. Sie ist ein Übel, dem man keine Werte abgewinnen kann“ (G. von Rad, ATD 8 z.St.).

5. Bei Jeremia meint אביון, ähnlich wie bei Amos, den sozial Bedürftigen, der nach 5, 28 unter den fetten und feisten Reichen zu leiden hat, weil sie das Recht der Waise nicht richten und die Rechtssache der Bedürftigen nicht entscheiden. Dagegen wird König Josia 22,16 gelobt: דן דין־עני ואביון; diese gerechte und soziale Rechtsprechung nennt der Prophet wahre Gotteserkenntnis (דעת אתי; vgl. G.J. Botterweck, Gott erkennen, BBB 2, 1951; ders., in: J.B. Bauer, Bibeltheologisches Wb I, [3]1967, 320ff.). Vgl. Jer 2, 34 die unsichere Formulierung דם נפשות אביונים נקיים.

Wenn der Prophet Jer 20,13 am Ende eines Klageliedes über seine persönlichen Kämpfe seine Zuversicht bekennt, daß JHWH das Leben des אביון aus der Gewalt der Frevler errettet (הציל), und sich selbst als אביון bezeichnet, so erhält hier אביון den religiösen Sinn wie in den individuellen Klageliedern. Vgl. George 393 „Il designe ainsi sa faiblesse devant leur puissance redoutable, mais aussi l’abandon absolu qui lui a permis d’être sauvé (I 17–19; XV 19–21; XXVI 20–24).“ Die Echtheit des Lobpreises v. 13 ist umstritten (vgl. W. Rudolph HAT I 12 z. St.).

6. Ez 18,12 wird die Bedrückung der Elenden

und Bedürftigen (הונה עני ואביון) bei den todeswürdigen Greueln (תועבות) eines gewalttätigen Sohnes (בן־עריץ) aufgeführt; dazu gehören ferner Raub (vgl. Lev 19,13), Rückgabeverweigerung von Pfandgut (vgl. Ex 22, 25f.; Deut 24,10–13.17) sowie Zins- und Zuschlagnehmen (vgl. Ez 22,12; Ex 22, 24; Deut 23, 20f.; Lev 25, 36f.). Der Sozialkatalog der Werke des Gerechten Ez 18, 6–8 enthält noch Speisung der Hungrigen, Kleidung der Nackten und unparteiisches Gericht (vgl. Ex 23, 6–8; Deut 16,18–20). Nach der Ständepredigt 22, 25–30 (aus der Zeit nach 587; W. Zimmerli, BK XIII/1, 523) verübt der Landadel von Juda v. 29 Gewalttat (עשק), Raub, Bedrückung (הונו) der Elenden und Bedürftigen und widerrechtliche Vergewaltigung (עשק) des Fremdlings. Vgl. auch die Verschuldung (עון) Sodoms 16, 49: Hochmut, Überfluß an Brot, sorglose Ruhe und mangelnde Handreichung für den Elenden und Bedürftigen. Auch bei Ezechiel ist der אביון (wie auch der עני) ein sozial und rechtlich fürsorgebedürftiger Mensch, dessen materielle oder rechtliche Unterdrückung vom Propheten als עון (16, 49) oder תועבה (18, 22; 16, 49?) gebrandmarkt wird.

7. Der ideale König ist nach Ps 72 ausgestattet mit JHWHs Gerechtigkeit, damit er JHWHs Volk in Gerechtigkeit regiere (v. 1f.). Als Anwalt und letzte Appellationsinstanz „soll er den עניי־עם Recht verschaffen, den בני אביון Hilfe bringen (יושיע) und den Bedrücker niedertreten" (v. 4). Die Weltherrschaft des Königs (v. 8–11) ist der Lohn für sein gerechtes und soziales Regiment (v. 13f.). Das Eintreten für אביון, עני und דל findet seinen Ausdruck in den Verben הציל, חוס, הושיע, גאל. Vgl. Jes. 11, 4f.; Spr. 29, 4.

III. Im Buche der Sprüche ist אביון nur in der Sammlung II (14, 31), VI (30,14) und VII (31, 9. 20) belegt, dafür überwiegen דל (15mal) und רש (14mal) neben עני und ענו (9mal); von den 42 Belegstellen stammen 33 aus den sicher vorexilischen Spruchsammlungen II und V. In der Sammlung II (10–22,16) ist die Einschätzung von Armut und Reichtum nicht durchweg „neutral" (B. Gemser HAT I/16, 1937, 51f.), sondern „zwiespältig" (U. Skladny, Die ältesten Spruchsammlungen, 1962, 20) oder besser differenziert: Armut erscheint als etwas Selbstverschuldetes und wird auf Faulheit bzw. Nachlässigkeit (10, 4a; 14, 23b; 14, 4a; 19,15; 20, 4b. 13a; 21,17. 20b) oder auf Zuchtlosigkeit (13,18a; vgl. 13, 8b) zurückgeführt. Der Arme ist verhaßt (10,15b; 14, 20a; 15,15a; 19,7a) und von den Reichen beherrscht (19,7a). Demgegenüber bewertet der Mahnspruch 14, 31 (vgl. W. Richter, Recht und Ethos 118. 149. 151) die Bedrückung der Hilflosen (עשק דל; nach 17, 5 die Verspottung des רש) als Schmähung des Schöpfers, das Erbarmen gegen den Bedürftigen (חנן אביון; vgl. 19,17 חנן דל) als Ehrung des Schöpfers; offensichtlich steht der „unverschuldet Arme" (אביון) unter JHWHs Schutz (vgl. Skladny 20. 38f.). Die Wohltätigkeit für den אביון und עני wird auch im Lob der tüchtigen Frau gelobt (Spr 31, 20). Die Weisen in Israel stehen in dieser Sammlung II auf seiten der Elenden und Hilflosen (14, 21 ענוים; 21,13 דל; 22,16 דל) und geben dafür religiöse Motive (14, 31 אביון; 17, 5 רש; 19,17 דל; vgl. Gemser 53). Der Wohltäter erfährt die Wohltat von JHWH zurück (19,17) und wird gesegnet (22, 9).

In den Worten Agurs wird Spr 30,14 die Vernichtung (→ אכל) der אביונים und ענוים neben Verleumdung, Elternverfluchung, Hochmut u.a. als fluchwürdiges Vergehen aufgeführt. Lemuel erfährt Spr 31, 9 die Mahnung, in Gerechtigkeit zu richten und dem עני ואביון Recht zu schaffen. Dem Elenden und Bedürftigen entsprechen v. 8 stumme und verlassene Kinder. Rauschtrank ist nach v. 6ff. für Untergehende (→ אבד) und Verbitterte (מרי נפש), damit sie Armut (ריש) und Mühsal (→ עמל) vergessen können.

In der weisheitlichen Problematik vom Tun-Ergehen-Zusammenhang stößt Hiob an die Grenze der „Weisheit": Er vermag weder für sich noch für das Geschehen auf der Welt die Weisheit „kein Leiden ohne Schuld" zu akzeptieren. So bringt er u.a. auch das Los der אביונים und ענוים zur Sprache (Hi 24,1–24; die Worte v. 4.14): Sie sind betrogen um Ackerland und Herden, ja um den einzigen Esel und das einzige Rind; verdrängt von der Straße, leben sie verborgen. Als Tagelöhner, hungrig und durstig, schneiden sie Korn, lesen Trauben usw. Nackend oder notdürftig bekleidet sind sie der Kälte und dem Regen ausgesetzt und leiden Hunger. Die אביונים und ענוים erscheinen ferner neben der Witwe (→ אלמנה) und den Waisen (→ יתום). N. Peters (Das Buch Job, EHAT 21, 1928, 260) spricht vom jammervollen Schicksal versklavter Proletarier durch gottlose Reiche. – Hi 24,14 ist vom Totschläger (רוצח) die Rede, der den אביון und עני tötet.

Er betont seine Hilfe für die Elenden und Armen (Hi 29,12ff.): er rettete (מלט) den Elenden (עני) und die Waise, gab Freude den Verlorenen (אובד) und Witwen, half Blinden und Lahmen und war den אביונים (v. 16) ein Vater; den Rechtsstreit unbekannter Leute untersuchte er gewissenhaft und entriß den Übeltätern (עול) die Beute – d.h. die Habe der Armen. In einem Reinigungseid betont er seine Hilfe an אובד und אביון (31,19). Da er mit denen geweint, die einen Unglückstag (קשה־יום) hatten, und den אביונים Mitgefühl erwiesen, glaubt er 30, 25, ein Recht auf Erhörung und Mitleid zu haben. Der אביון erscheint zur Gruppe עני, יתום, אלמנה,

דל אובד, פסח, עול. Eliphas löst die Theodizee-Problematik nach der traditionellen Anschauung und sucht in Vertrauen und Zuversicht die Aporie zu überwinden: Gott rettet den אביון aus der Gewalt des Starken (חזק) und gibt dem דל neue Hoffnung (5,15f.; vgl. auch 34,19. 28; 36,6.15). In Ps 37, einem Akrostichon der späten Weisheitsliteratur, geht es um das Geschick der Frommen und der Gottlosen: עני, תמים, צדיק, אביון erfahren in Zeiten der Not JHWHs Hilfe und Rettung (פלט, עזר, מעוז, תשועה, סמך), während die רשעים verdorren, verwelken, umkommen und ausgerottet werden. 37,14 stehen עני und אביון in Parallele zu den redlich Wandelnden (ישרי דרך). Die Gottlosen suchen den Elenden und Bedürftigen zu Fall zu bringen und die Redlichen zu töten. Die אביון und עני werden zur Gruppe der צדיק, תמים, ישר דרך und חסיד gerechnet. Für die weisheitliche Denkart ist es bezeichnend, daß der רשע letztlich entsprechend dem Tun-Ergehen-Zusammenhang keinen Bestand haben kann, während in den Bitt- und Klagepsalmen Gott gegen die Gottlosen angerufen wird. Im Lehrgedicht Ps 49 erscheint der אביון v. 3 als Gegensatz zum עשיר; da die Nichtigkeit des Reichtums angesichts des Todes weder ethisch noch religiös begründet wird und der עשיר auch nicht mit dem Gottlosen identifiziert wird, muß auch der אביון im ökonomischen Sinne „arm, bedürftig" verstanden werden. Im Weisheitslied Ps 112 werden unter den Tugenden des gottesfürchtigen Mannes auch seine reichlichen Wohltaten an den אביונים (v. 9; vgl. auch v. 4b. 5a) erwähnt.

IV. 1. Die Feinde des אביון (vgl. H. Birkeland, Feinde 87–94; ders., Evildoers 59–87; Keel 95–230) bieten ein besonderes Problem (→ איב). Die „Hilfsbedürftigkeit" des אביון in den individuellen Klagepsalmen ist wesentlich gekennzeichnet durch Feinde אויב (Ps 9, 4.7; 35,19; 69, 5.19) צורר (69, 20), Frevler oder Gottlose (→ רשע 9, 6.17f.; 10, 4; 12, 9; 140, 5.9), Hasser (שונא 9,19; 35,10; 69, 5.15; 86,17, שונא צדיק 37,12. 14; vgl. 112,10), Verfolger (רודף 35, 3; 109,16), Gewalttätige (עריץ 86,14; vgl. 37, 35), gewalttätige Leute (איש חמסים 140, 2. 5), Räuber (גוזל 35,10), Plünderer (בזז 109,11), Wucherer (נושה 109,11). Sie bekämpfen (לחם 35,1) den Bedürftigen oder trachten ihm nach dem Leben (מבקש נפש 35, 4; vgl. 70, 3; 86,14) mit Netz (10, 9; 35,7f.; 140, 6), Fanggrube (35,7f.) oder Fangholz (140, 6). Wie Löwen (ארי 35,17), Schlangen (נחש) und Vipern (עכשוב 140, 4) sind sie gefährlich. Hochmütig (גאה 140, 6), großtuerisch (מגדיל עלי 35, 26) und stark (חזק 35,10) begegnen sie dem אביון. Als böse Menschen (אדם רע 140, 2) sinnen sie auf Unheil (חושב רעתי 35, 4; vgl. 35, 20), freuen sich (שמח 35, 26) darüber und haben Gefallen daran (חפץ 140,15). Sie schmähen (חורף 69,10; vgl. 69, 3. 10f. 20f.; 109, 25; vgl. auch 74,10.18. 22), geben sich als Maulheld (איש לשון 12, 4) mit geschärfter (140, 4) oder glatter Zunge (12, 3), unter der Unheil und Tücke steckt (10,7) und die sogar gleich der Schlange Gift spritzt (140, 4); ihr Mund ist voll Fluch (10,7). Schließlich suchen gewalttätige Zeugen (עד חמס 35,11), Rechtsgegner (ריב 35,1) und Verurteiler (שופט 109, 31) den unschuldigen אביון zu überführen. Die Charakterisierung der „Feinde" stammt aus dem mitmenschlichen Bereich, dem Rechtsleben, den Vorstellungen des Krieges, der Jagd, des Chaos und der Unterwelt.

Die *'æbjōnīm*-Zeugnisse der individuellen Klagepsalmen reichen nicht aus, die alte und neue Kontroverse über die „Feinde" zu lösen: Das Feind-Kolorit ist zu vielfältig, als daß es sich generell auf staatsgefährdende äußere oder innere Feinde (Birkeland), auf eine bestimmte Gruppe oder Partei gegen die Frommen (Hupfeld, Graetz, Causse, R. Smend, Duhm) oder auf Zauberer, Dämonen u.a. (Mowinckel, Pedersen, Nikolski, Brock-Utne) festlegen ließe (so auch Schwarzwäller, Keel, H. Goeke). Ebenso schwierig und kaum zu beantworten ist die Frage, ob die Anfeindung der Feinde das auslösende Moment der notvollen Lage des klagenden Beters ist, oder ob die Anfeindung lediglich die Folge einer anderen und tieferen Notlage ist, die dem Beter als Zeichen des göttlichen Zornes und der Gottesverlassenheit erscheint, dem Widersacher aber Anlaß bieten zu Anfeindung, Spott, Hohn, übler Nachrede u.a. Der Beter schreibt Gott die Ursache seiner Not wie seiner Rettung zu. Vgl. Ps 69, 27: „Den du geschlagen, verfolgen sie, und mehren den Schmerz dessen, den du getroffen."

2. Die Hilfsbedürftigkeit des אביון ist aus dem Gesamttenor der einschlägigen Psalmen zu erschließen; sie zeigt sich in Bedrängnis, Krankheit, Einsamkeit und Todesnähe: So ist der Fromme in Angst und Not (69,18); am Tag der Not (יום צרתי) ruft er Gott an (86,7; vgl. 10,1), wie Israel dies in der Feindesnot getan hat. Bei diesem Tag der Not (צר) klingt auch die prophetische Vorstellung vom Gerichtstag mit (Am 5,18–20; Jes 2,12; 13, 6–9 u.ö.), so daß der Fromme sich in Not (צר) und Unheil (עמל) unter dem Gericht Gottes wähnt. Leiden (רעות) ohne Zahl (40,13) umgeben den Beter. עמל, רעה, צרה dringen wie eine feindliche Macht auf ihn ein; sie werden wie Krankheiten und Unwohlsein empfunden. Sein Herz krampft sich zusammen (109, 22), er glaubt wie ein Schatten dahinzufahren und wie Heuschrecken zu verenden (109, 23); er fühlt sich am Ende (69, 4. 21). Flehen (תחנונה 86, 6), Seufzen (אנקה 12, 6), Rufen (קרא 69, 4) und Schreien (צעקה 9,13) kennzeichnen seine notvolle und hilflose Lage. Besonders eindrücklich wird die Elendsschilderung in 69, 2: die Wasser gehen ihm bis an die Kehle, er ist in tiefen Schlamm und in Wasser-

tiefen gesunken, die Flut kommt über ihn (vgl. 69,15.16). Sturzregen und chaotische Fluten bringen ihn an den Rand des Verderbens, er wähnt sich im Totenreich (9,14 שערי מות) oder in der שאול (86,13), aus der nur JHWH retten kann. Freunde und Feinde bedecken ihn mit Schmach, Schande und Hohn (35,16. 21; 40,16; 69,10f. 20f. 34; 109, 25). Vergeblich hofft er auf Mitleid und Tröstung 69, 21. Einsam (יחיד 25,16) und selbst den eigenen Brüdern entfremdet (מוזר, נכרי 69, 6), ist er von der Lebensgemeinschaft und damit vom Lebensglück ausgeschlossen. Dies alles begreift der Leidende aber letztlich als von Gott verhängtes Leid, als „Störung eines Heilseins oder Ganzseins" (C. Westermann, Der Psalter, 1967, 53).

3. Die religiöse Einordnung des אביון läßt sich anhand des Erhörungsmotivs ([כי] ואני עני ואבון 40,18 = 70, 6; 86,1; 109, 22) für die Bitte um göttliche Hilfe vornehmen; sie erfährt im Kontext weitere Erhellung: 40,17 = 70,5 werden genannt 'die nach dir fragen' (מבקשיך) und 'die deine Hilfe begehren' (אהבי תשועתך). 86,1 findet אני עני ואביון die Fortsetzung 'denn ich bin fromm' (כי חסיד אני); vgl. den Knecht (עבד v. 2. 4.16; vgl. auch 109, 28), der 'vertraut' (v. 2). Ein verwandtes Erhörungsmotiv ואני עני וכואב findet sich 69, 30; vgl. dazu 'die auf dich hoffen' (קויך), 'die nach dir fragenden' (מבקשיך v. 7) und 'die seinen Namen liebenden' (אהבי שמו v. 37); nach der Vertrauensäußerung v. 34 'hört' JHWH auf den אביון und 'verschmäht nicht seine Gefangenen' (אסיריו). In der Erhörungsgewißheit 35,10 errettet JHWH den עני vor dem 'Starken' (חזק) und den אביון vor 'seinen Räubern' (מגזלו); nach v. 20 leiden die 'Stillen im Lande' unter den Reden der Hasser. Auf die Klage vom Ende der Frommen (חסיד) und der Treuen (אמונים 12, 4) gibt JHWH seine Heilszusage 'wegen der Bedrückung der Elenden' (משד עניים) 'ob des Seufzens der Bedürftigen' (מאנקת אביונים v. 6). Wenn nach der Erhörungsgewißheit 140,13 JHWH die 'Sache des Elenden' (דין עני) und das 'Recht der Bedürftigen' (משפט אביונים) führt, dann werden die צדיקים für die Rechtshilfe danken und die ישרים vor Gottes Antlitz wohnen (v. 14). – In 9,18 bekundet der Beter sein Vertrauen, daß der אביון nicht für immer vergessen wird und die 'Hoffnung der Elenden' (תקות ענוים) nicht auf ewig entschwindet; nach v. 11 'vertrauen auf dich' (יבטחו בך), 'die deinen Namen kennen', denn du wirst nicht verlassen, 'die dich suchen' (דרשיך); die Erhörung des Begehrens der ענוים (10,17) steht in Verbindung mit dem Rechtschaffen für 'Waise und Bedrückte' (יתום ודך v. 18).

Der אביון der individuellen Klagepsalmen gehört also nach der Charakteristik im Parallelismus membrorum und im weiteren Kontext ebenso wie der עני bzw. ענו zur Gruppe derer, die als עבד (86, 2; 109, 28) חסיד (12, 4; 86,1), אמונים (12, 4), צדיקים (140,14), ישרים (140,16) oder 'Stille im Lande' (רגעי ארץ) bezeichnet werden. Sie fragen nach JHWH (בקש 40,17 = 70, 5; 69,7; דרש 9,11), begehren (אהב) seine Hilfe (40,17 = 70, 5), vertrauen ihm (9,11; 86, 2), hoffen (קוה) auf ihn (69,7), kennen seinen Namen (9,11) oder lieben ihn (69, 37).

4. JHWH ist der Retter der אביונים. In den Klagepsalmen des Einzelnen ist die gläubige Hoffnung und Erhörungsgewißheit von der göttlichen Rettung ausgesprochen: JHWH ist die Hoffnung der Elenden (ענוים), der die אביונים nicht vergißt (9,13.19); er ist eine Burg der Bedrängten (משגב לדך 9,10) und ein Hort der Rettung (עז ישועתי 140, 8). Vgl. auch מעוז לדל bzw. לאביון Jes 25, 4. Als Verben des göttlichen Retters (vgl. J.J. Stamm, Erlösen und Vergeben, 1940; Chr. Barth, Die Errettung vom Tode, 124–146) erscheinen in Bittruf und Errettungsgewißheit: גאל (69,19); ישע *hiph* (12, 2; 69, 36; 86, 2.16; 109, 26. 31) vor Frevler oder Richter bzw. ישע, ישועה (12, 6; 35, 3. 9; 69, 30; 140, 8); נצל *hiph* (35,10; 69,15; 70, 2; 40,14; 86,13; 140, 2); פלט *pi* (70, 6; 40,18). Vgl. auch Ps 82, 8. Der bedrängte Beter bittet um Schutz: שגב (69,30); שמר (86,1; 140, 5); נצר (140, 5). JHWH ist Helfer und Hilfe (עזר bzw. עזרה 10,14; 35, 2; 70, 2. 6; 40,14.18; 86,17; 109, 22); er steht dem Bedürftigen zur Rechten (עמד לימין 109, 31), reicht seine Kraft (נתן עז 86,17), macht das Herz fest (כון 10,17), beschirmt sein Haupt (סכה 140, 8), rettet sein Leben (השיב 35,17) und gibt ihm Leben (86,17). Diese Hoffnung und Zuversicht gründet im Gottesglauben des אביון: JHWH ist gütig (86, 5), gnädig (חנן 9,14; 86, 3. 15.16), reich an Huld (חסד 69,14.17; 86, 5.13. 15) und Treue (86,15), langmütig (86,15) und voll Erbarmen (רחמים 69,17; 86,15) und trotz Fehler und Schuld (69, 6) bereit zu vergeben (סלח 86, 5) und zu trösten (נחם 86,17). JHWH hat Wohlgefallen am Heil seines Knechtes (35, 27) und segnet den Frommen (109, 26).

In seiner Not ruft der אביון immer wieder emphatisch JHWH als אלוהי (35, 23; 70, 6; 40,18) an. Der „Arme" vertraut darauf, daß JHWH sein Flehen vernimmt (האזין 86, 6; 140,7; הקשיב 10,17; שמע 10,17; ענה 69,14.17.18; 86,7; אוזן 69, 34) und sich ihm zuwendet (פנה אלי 69,17). So fleht er, JHWH möge nicht schweigen, fern sein (35, 22 vgl. 10,1; 70, 6; 40,18), sein Antlitz verbergen (69,18) und die nicht verlassen, welche ihn suchen (9,11), sondern wegen der Bedrückung oder des Seufzens der Elenden und Bedürftigen sich erheben (קומה, העירה 10,12; 12, 6; 35, 2. 23), wie ein Krieger streiten (ריב, לחם 35,1f.) und die Gegner vernichten (vgl. 9, 4–6; 10,14; 70, 3 = 40,15; 35, 4–8; 69, 23–29; 109, 6–19; 140,11f. Vgl. auch Ps 74,19–21.

JHWH hat seinen Thron zum Gericht aufgeschlagen (9, 8) und waltet als gerechter Richter (9, 5); er richtet die Erde in Gerechtigkeit (9, 9), schafft Recht (9,17) und ahndet die Blutschuld der Völker (דרש דמים 9,13), so daß sie straucheln und vergehen (9, 4. 6). So bittet der אביון, JHWH möge über sein Recht wachen und ihm Recht schaffen nach seiner göttlichen Gerechtigkeit (35, 23. 24) und die Rechtssache des Elenden (דין עני) und das Recht der Bedürftigen (משפט אביונים) führen (140, 3.13; vgl. 10,18).

Für die Rettungsaussagen der individuellen Feindpsalmen sind verschiedene Hypothesen von einer kultisch-sakralen Rechtshilfe entwickelt worden. So hat H. Schmidt (Das Gebet der Angeklagten im AT, BZAW 49, 1928; ders. HAT 1,15, 1934) an ein sakrales Gerichtsverfahren gedacht, das einem unschuldig Angeklagten während einer Untersuchungshaft im Tempel den rettenden Freispruch brachte. Vielleicht ist in Ps 35 und 69 an ein solches Untersuchungsverfahren zu denken (so O. Eißfeldt, Einleitung ³160). – Einen anderen Erklärungsversuch hat L. Delekat (Asylie und Schutzorakel am Zionheiligtum. Eine Untersuchung zu den privaten Feindpsalmen 1967) unternommen, indem er von der Asylinstitution ausgeht: Die bedrängten Beter suchen am Heiligtum Schutz vor ihren Gläubigern und persönlichen Feinden. So liegen nach ihm u.a. in 86,14–27 und 86,1–3 Bitten in Erwartung eines Schutzorakels gegenüber den Gewalttätigkeiten der Gläubiger vor, in Ps 9–10; 35; 40 bitten des Diebstahls Verdächtige um ein Schutzorakel; mit diesem Schutzspruch, der eine Art Bürgschaft für die Gläubiger darstellt, konnte man das Heiligtum wieder verlassen. Möglicherweise liegt in den Termini משגב, מחסה, עז bzw. מעוז noch die Erinnerung an Asylheiligtümer vor, die später zur Vorstellung einer geistlichen Gemeinschaft mit JHWH am Zionsheiligtum spiritualisiert wurde. – Neuerdings hat Beyerlin für die Rettungsaussagen eine Institution der Rechtsprechung mit Hilfe von Ordal, Eid als Beweismittel postuliert. In den institutionsbezogenen Rettungsaussagen Ps 3; 4; 5; 7; 11; 17; 23; 26; 27; 57; 63 kommt אביון nicht vor; kein Bezug oder kein sicherer Bezug zur sakralrechtlichen Institution liegt nach Beyerlin in den Ps 9–10; 12; 86; 140. – Auch wenn man keine bestimmte Rechtsinstitution eindeutig aufzeigen kann, so läßt sich doch für unsere Klagepsalmen des Einzelnen feststellen, daß sie im JHWH-Heiligtum auf dem Zion gesprochen wurden. Hier erflehte der Bedrängte neben göttlicher Zuwendung, Hilfe und Rettung auch Rechtshilfe und ein gerechtes Gericht (vgl. 9, 6–9. 16f. 18–21; 10,12–15. 16–18; 35, 23f.; 140,13).

Im Lobpsalm 113 und im Loblied der Hanna 1 Sam 2,1–10 beschreibt (vgl. Westermann, Loben 291ff.) der Psalmist, daß JHWH den דל aus dem Staub aufgerichtet und den אביון aus dem Schmutz erhoben, um sie mit Fürsten sitzen und einen Ehrenthron (כסא כבוד) erben zu lassen. Nach dem Kontext gehören die דל und אביון zur Gruppe der Wankenden, Hungernden, Armen und Frommen; JHWH hat sie erhöht. Vgl. Lk 1, 46–55 par.

5. Die Heilsankündigung für die ענוים (und אביונים; Jes 41,17–20) die bei einer Dürre vergebens Wasser suchen und Durst leiden müssen, bringt JHWHs Zusage, er werde sie erhören und nicht verlassen; v. 18f. bringt die Situation mit dem wunderbaren Exodus in Verbindung, bei der JHWH der Wüste reichlich Wasser spenden wird (vgl. noch Jes 43, 20; 48, 21; 49,10; Ex 17,1–7; Num 20, 2–13) Auch hier sind die ענוים und אביונים göttlicher Hilfe und Rettung bedürftig. Nach dem Orakel über die Philister Jes 14, 28–32, das mit B. Duhm wohl nach der Schlacht von Issos und vor der Einnahme von Tyros und Gaza durch Alexander anzusetzen ist, werden nach dem Einfall der Feinde in Philistäa die דלים auf JHWHs Aue (lies בכרי statt בכורי 'Erstlinge') weiden und die אביונים in Sicherheit lagern; nach 14, 32b fühlen sich die 'Elenden seines Volkes' in dem von JHWH gegründeten Zion geborgen. Hier wird wohl das Volk JHWHs als דלים und אביונים bzw. עניי עמו bezeichnet. Die דלים, אביונים und ענוים sind besonders auf JHWH ausgerichtet, sie genießen seine besondere Fürsorge.

In der (sekundären) Verheißung Jes 29,17–24 werden nach v. 19 die ענוים und אביונים sich freuen und frohlocken, denn mit der kosmischen Umwandlung sind die Gewalttätigen (עריץ), Spötter und Unheil-Lauerer (שקדי און) dahin; letztere erklären nach v. 21 Menschen durch Worte als Sünder, legen dem Schlichter im Tor Schlingen und bedrängen den צדיק durch Nichtiges. Die ענוים und אביונים werden jubeln, da sie von Gewalttat, Unheil, Rechtsverdrehung und Rechtsbehinderung erlöst sind. Es handelt sich aber nicht nur um materiell oder rechtlich Bedrängte, vielmehr sind sie – noch unter der Verheißung – ganz auf die Einlösung der Verheißung durch JHWH, auf sein Heil orientiert.

V. In Qumran werden in die at.lichen Vorstellungen von עני und אביון aufgenommen und weitergeführt. In der Kriegsrolle scheinen ענוים und אביונים denen der Pss und des DtJes verwandt. Während 1QM 14, 2ff. die Söhne des Lichtes als ענוי רוח (vgl. Jes 66, 2) und תמימי דרך die Gottesrache vollzogen und „alle Völker des Frevels vertilgt" (1QM 14,7) haben, fallen nach 1QM 11, 9 die Scharen Belials durch die Bedürftigen der Erlösung אביוני פדות[כה; nach 11,3 liefert Gott die Feinde „in die Hand der אביונים und in die Hand derer, die im Staube knien" כורעי עפר. – In den Hodajot rettet Gott bald das Leben des Elenden נפש עני 1QH 5,13, bald die נפש עני ורש (5,14), bald die נפש אביון (5,18, vgl. 2, 32; 3,25). Nach 1QH 15, 21 führt Gott alle Bedürftigen der Gnade אביוני חסד aus dem Getümmel empor. Diese Bedürftigkeit ist eine Bedürftigkeit nach erbarmender Huld und Gnadengemeinschaft; vgl. den Hinweis von J. Maier

II 68. 86f. auf die Paradoxie von Unterwürfigkeit und Erwählung. – In 1 QpH 12, 3. 6.10 werden die אביונים, die vom Frevelpriester vernichtet bzw. ausgeplündert werden, den Erwählten בחירים gleichgestellt. In 4 QpPs 37 1, 9 wird der Ps-Text קואי יהוה durch die Gemeinde seiner Erwählten עדת בחיריו ersetzt. Bedeutsam ist die Deutung von Ps 37, 21f. auf die Gemeinde der Bedürftigen עדת אביונים 4 QpPs 37 1,10, sowie die Ersetzung von ענוים Ps 37,11 durch אביונים 4 QpPs 37 1, 9.

Obwohl im Sektenkanon eine bedingte oder absolute Gütergemeinschaft (vgl. Bammel 898) vorgeschrieben ist, fehlt in 1 QS die Selbstbezeichnung עני, ענוים, אביונים vollständig; die Demut ענוה ist 8mal belegt. Offensichtlich haben die termini ענוים und אביונים keinen ökonomischen oder sozialen Aspekt, so daß sie für diese genossenschaftliche Wirtschafts- und Lebensform keine Relevanz haben. Ob es sich bei der Gütergemeinschaft um ein kultisch-rituelles Streben nach Reinheit, d.h. Freiheit vom verunreinigenden Besitz handelt oder aber um eine „Abbildung der Lebensform . . ., die Gott mit dem kommenden Zeitalter heraufführt" (Bammel 898), läßt sich nicht entscheiden. Vgl. auch Maier II 13 (zu 1 QS 1,11).

→ עני mit Exkurs „Armut".

Botterweck

אָבִיר אַבִּיר

I. 1. Etymologie, Belege – 2. Bedeutung – II. Profaner Gebrauch – III. Übertragene, religiöse Bedeutung 1. Gottes Scharen – 2. Gottesbezeichnung.

Lit.: *A. Alt*, Der Gott der Väter, 1929 (BWANT III 12 = Kl. Schr. I 1–78). *W. Caspari*, Hebr. *abīr* als dynamistischer Ausdruck (ZS 6, 1928, 71–75). – *J. Debus*, Die Sünde Jerobeams, 1967. – *O. Eißfeldt*, Lade und Stierbild (ZAW 70, 1940/41, 190–215). – *E. Otto*, Beiträge zur Geschichte der Stierkulte in Ägypten, 1938 (Untersuchungen zur Geschichte und Altertumskunde Ägyptens 13). – *J. A. Soggin*, Der offiziell geförderte Synkretismus in Israel während des 10. Jahrhunderts (ZAW 78, 1966, 129–204). – *H. Torczyner*, אביר kein Stierbild (ZAW 39, 1921, 296–300). – *M. Weippert*, Gott und Stier (ZDPV 77, 1961, 93–117).

I. 1. Die Wurzel אבר ist im Akk., Ugar. und Aram. belegt. Im Akk. findet sich *abāru*, 'Kraft, Stärke', z.B. *abāru u dunnu*, 'Stärke und Macht'; als Grundbedeutung nimmt CAD 'Stärke' an, während AHw mit der Grundbedeutung 'Klammer' rechnet. Das Adj. *abru* 'stark' (AHw) ist unsicher (CAD I/1, 63a). Personen und Bauwerke können 'stark sein'; der Stier kommt hier gewöhnlich nicht vor. *abāru* bezeichnet also Stärke, ohne daß man diese im Stier besonders symbolisiert sah. Anders scheint die Sache im Ugar. zu liegen. Dort bedeutet *ʾbr* ein starkes Tier und wird mit 'Stier' oder 'Wildrind' übersetzt, was sich aus dem Kontext ergibt; „wie ein Wildstier inmitten einer Fallgrube", CTA 12 (BH) II 56. Im alten Ugarit lebten verschiedene Volksgruppen, und Aistleitner hat in einzelnen Personennamen, die mit *ʾbr* zusammengesetzt sind, Reste von alten Strata sehen wollen (WUS 5) und deutet das ugar. *ʾbr* als hurr. *ʾwr* 'Herr' (s. auch OLZ 62, 1967, 535).

Im AT finden sich zwei Formen von אביר, mit und ohne *dāgēš* im zweiten Radikal. Nach weit verbreiteter Auffassung ist dies eine künstliche Differenzierung, mit der die Masoreten in Verbindungen wie אביר יעקב und אביר ישראל jeden Verdacht vermeiden wollten, daß JHWH mit dem Stier identifiziert wird. Nur fünfmal ist die Form ohne *dāgēš* belegt: אביר יעקב in Gen 49, 24; Jes 49, 26; 60,16; Ps 132, 2. 5; אביר ישראל in Jes 1, 24. Es ist bedeutsam, daß die dagešierte Form nur selten, vielleicht nur dreioder viermal „Stier" bedeutet, und auch in diesen Fällen ist das Wort dichterisch gebraucht. Die dagešierte Form ist insgesamt etwa 17mal belegt, und zwar in verschiedener Bedeutung. Aus der Art wie die Masoreten ihre Scheidung zwischen dagešierter und nicht-dagešierter Form an einem reinen Konsonantentext durchgeführt haben, kann man schließen, daß sie im Worte אביר deutlich den Begriff 'Stier' gehört haben.

2. Der Gebrauch des Wortes im Akk. und Ugar. deutet eine doppelte Anwendung an, die sich aber vielleicht auf einen gemeinsamen Nenner bringen läßt. אביר wird im AT von starken Tieren benutzt, und zwar nicht nur von Stieren oder Wildochsen, sondern auch von Hengsten und Streitrossen. Im Debora-Lied steht אביר parallel zu סוס 'Pferd' und könnte dann 'Hengst' bedeuten (Ri 5, 22). Aber wahrscheinlich bezeichnet אביר hier 'stark, kräftig', und das Wort ist dann auf Hengste spezifiziert worden. In dem wahrscheinlich sehr alten Ps 68 wird in v. 31 von עדת אבירים, wohl „Schar der Starken", gesprochen. Ob אביר hier ein bestimmtes Tier bezeichnet oder eine Schar von Feinden, läßt sich nicht entscheiden, weshalb die Übersetzung 'stark' vorzuziehen ist. In Ps 22,13 deutet der Parallelismus mit פרים an, daß אבירי בשן 'die Stiere von Basan' bedeutet; jedoch wird hier wie in Ri 5, 22 der Ausdruck im Parallelismus bildlich auf die Feinde angewandt sein. Auch bei Ps 50,13 legt ein Vergleich mit v. 9 die Bedeutung 'Stiere' nahe, obwohl אבירים hier allerlei starke Tiere meinen kann. In Jer 8,16; 47, 3; 50,11 legt der Kontext, wie im Deboralied, die Bedeutung 'Hengste' nahe. Dies zeigt deutlich, daß mit אביר nicht unbedingt die Vorstellung 'Stier' verbunden war. Nur Jer 46,15 heißt אבירים ganz allgemein 'Starke', enthält aber auch zugleich eine Anspielung auf Ochsen (den Apis der Ägypter).

II. Daneben kann אביר auch von starken Menschen benutzt werden: 'Anführer der Hirten' (1 Sam 21, 8); 'Held' oder 'Tyrann' (Jes 10,13); 'der Mächtige' (Hi 24, 22; 34, 20). Ähnlich bezeichnet כל־אבירי in Kl 1,15 die Mächtigen in Juda. In diesem Liede des 6. Jh. hat das Wort offenbar keinen Nebenklang 'Stier'. Das gilt wohl auch von dem Ausdruck אבירי לב 'die Starkherzigen, die starken Herzens sind' (Ps 76, 6; Jes 46,12).

III. 1. In der Bedeutung 'die Starken, die Mächtigen' bezeichnet אבירים 'himmlische Mächte'. Schon Gunkel hat in Ps 68, 31 die Bedeutung 'Schar der Götter' oder 'Schar der Engel' angenommen, aber sie ist in diesem Falle nicht wahrscheinlich. Ein solcher Sinn des Wortes ist aber in Ps 78, 25 nachweisbar, wo das dem Volk gegebene לחם אבירים, 'Brot der Starken' oder 'Engelbrot', das Manna meint, vgl. LXX. Neben לחם אבירים wird das Manna in v. 24b 'Himmelsgetreide' דגן שמים genannt; vgl. Ps 105, 40 'Himmelsbrot' (לחם שמים).

2. Nur in fünf Fällen, wo אביר von Gott gebraucht wird, hielten die Masoreten es für notwendig, das Wort ohne *dāgēš* zu schreiben; so wollten sie die Bedeutung 'Stier' ausgeschlossen wissen. Vielleicht haben sie besonders an die Verhältnisse zur Zeit Jerobeams I. gedacht, als der nordisraelitische König die Verehrung der zwei goldenen Kälber in Bethel und Dan eingesetzt hatte (1 Kön 12, 25–33). Ob sie auch an den kanaanäischen Ba'al-Kult gedacht haben, läßt sich nicht entscheiden; wahrscheinlich ist es jedoch nicht.

אביר יעקב ist nach Ausweis von Gen 49, 24 eine alte nordisraelitische Bezeichnung, die im sogenannten Jakobssegen mit Josef verknüpft wird. Auch in dem alten Tempelpsalm (Ps 132), wo David und seine Nachkommen mit der Lade und dem Bunde in enger Verbindung stehen und Aussagen aus dem alten nordisraelitischen Kultbereich bewahrt sind, ist 'der Starke Jakobs' erwähnt (v. 2 und 5). Der Psalm zeugt von der durch David erfolgten Verschmelzung von nordisraelitischen und judäischen Kulttraditionen.

Wenn sich dieser Gottesname aus vorliterarischer Überlieferung (Alt) als eine Bezeichnung des Gottes der Väter erhalten hat, hängt es damit zusammen, daß „Jakob", wie so oft in der Poesie, als gleichbedeutend mit „Israel" aufgefaßt wurde und 'der Starke Jakobs' demgemäß als Bezeichnung des Gottes Israels galt. In Jes 1, 24 ist der Ausdruck geradezu in אביר ישראל abgewandelt (Alt).

Jes 49, 26 und 60,16 (von 49, 26 abhängig) steht אביר יעקב in einem JHWH-Orakel mit גאל zusammen und dient hier, wie *gō'ēl*, als festes Gottesepitheton. Die ursprüngliche Bezeichnung des Gottes der Väter ist hier zum Epitheton des universal verstandenen JHWH geworden.

Weiteres zu 'Stier' und Stiergöttern → עגל, שור.

Kapelrud

אָבַל אֵבֶל, אָבֵל

I. 1. Etymologie, Umwelt – 2. Synonyma, Bedeutung, Belege – II. Verwendung im Bereich der Trauer um Tote – III. Verwendung im Bereich der Gerichtsverkündigung – 1. Allgemein bzw. von Menschen – 2. Von Natur und Vegetation.

Lit.: *R. Bultmann*, πένθος, πενθέω (ThWNT VI 41f.). – *G.R. Driver*, Confused Hebrew Roots (Gaster Anniversary Volume, London 1936, 73–75). – *R. Guillaume*, Hebrew and Arabic Lexicography (Abr-Nahrain 1, 1959/60, 6. 17f). – *A.S. Kapelrud*, Joel Studies (UUÅ 1948). – *E. Kutsch*, „Trauerbräuche" und „Selbstminderungsriten" im AT (ThSt 78, 1965). – *W. Leslau*, Ethiopic and South Arabic Contributions to the Hebrew Lexicon (UCP 1958, 9). – *N. Lohfink*, Enthielten die im AT bezeugten Klageriten eine Phase des Schweigens? (VT 12, 1962, 267f. 275). – *V. Maag*, Text, Wortschatz und Begriffswelt des Buches Amos, 1951, 115–117. – *H. Graf Reventlow*, Liturgie und prophetisches Ich bei Jer, 1963, 154ff. – *J. Scharbert*, Der Schmerz im AT (BBB 8, 1955), 47ff. – *R. de Vaux*, Lebensordnungen 1, 103–107. – *M. Weiss*, Methodologisches über die Behandlung der Metapher, dargelegt an Am 1, 2 (ThZ 23, 1967, 16ff.).

I. 1. Die Wurzel אבל begegnet in mehreren semitischen Sprachen, doch jeweils mit anderer Bedeutung: Dem akk. *abālu* '(aus)trocknen' (AHw) stehen im arab. Sprachbereich Wörter dieser Wurzel gegenüber, die mit 'Trauer' und 'Krankheit' zusammenhängen, während die Bedeutung 'trocknen' nicht belegt ist (Leslau, Guillaume; Drivers Übersetzung von *'abalatun* mit 'getrocknete Feigen' ist von G. als unzutreffend erwiesen). In Ugarit gibt es keinen eindeutigen Beleg. Syr.-aram.-späthebr. Belege sind vom AT beeinflußt. Unter diesen Umständen ist die Feststellung einer gemeinsemitischen Grundbedeutung der Wurzel sehr erschwert; man wird vom biblischen Sprachgebrauch ausgehen müssen. → ספד, ילל.

2. אבל steht parallel oder synonym mit יבש (z.B. Jer 12, 4; 23,10; Jo 1,10; Am 1, 2), אמלל (Jes 19, 8; 24, 4.7; 33, 9; Jer 14, 2; Kl 2, 8; Hos 4, 3; Jo 1,10), קדר (Ps 35,14; Jer 4, 28; 14, 2; Ez 31,15), → בכה (2 Sam 19, 2; Neh 1, 4; 8, 9; Esth 4, 3), → ספד (z.B. Am 5,16; Mi 1, 8). Beide in der semitischen Umwelt begegnenden Hauptbedeutungen kehren also auch im AT wieder. Das hat seit Driver zur Aufteilung der Belege auf zwei homonyme Wurzeln I אבל 'trauern' und II אבל 'vertrocknen' geführt

(KBL, Maag). Dabei fällt auf, daß *hitp*, Ptz. und Subst. nur bei I vorkommen sollen, während *qal* und *hiph* – in recht unterschiedlicher Weise (vgl. KBL[1], KBL[3] und Kutsch 35) – auf beide Wurzeln verteilt werden. Wahrscheinlicher ist doch, daß es sich um Bedeutungsvarianten derselben Wurzel handelt, deren innerer Zusammenhang allerdings nur schwer zu erkennen ist. (Die Einführung einer Wurzel III אבל 'verschließen' für Ez 31,15 (GesB nach Zimmern) hat mit Recht kaum Nachfolger gefunden).

II. Ein deutlich umschriebener Verwendungsbereich von אבל ist die Trauer um Tote. Dabei geht es nicht, jedenfalls nicht in erster Linie, um die Gemütsverfassung des Trauernden, sondern um sein äußeres Verhalten. Dieses ist bestimmt durch feststehende Trauerbräuche (vgl. de Vaux), die gelegentlich neben אבל noch ausdrücklich erwähnt werden (vgl. Gen 37, 34; 2 Sam 13, 31–37). Dazu gehört vor allem das Anlegen des שק, das Bestreuen des Kopfes mit Staub oder Asche, das Sitzen auf der Erde, das Scheren von Bart und Kopfhaar. אבל ist offenbar terminus technicus für die Gesamtheit dieser Bräuche, die bei einem Todesfall zu beobachten sind. Von → ספד und → בכה unterscheidet es sich dadurch, daß es weniger direkt auf die Totenklage während des Begräbnisses bezogen ist, sondern auf die gesamte Trauerzeit, auch über das Begräbnis hinaus. Dem entspricht es, wenn אבל häufig mit Fristangaben verbunden ist: Die Trauer dauert sieben Tage (Gen 50,10), 30 Tage (Deut 34, 8), viele Tage (ימים רבים oder ימים: Gen 37, 34; 2 Sam 13, 37; 14, 2; 1 Chr 7, 22; vgl. Gen 27, 41; nach 2 Sam 13, 38 kann sie drei Jahre, nach Gen 27, 35 bis zum Tode des Trauernden dauern). Das Aufhören der Trauer ist deutlich markiert (ויתמו ימי בכי אבל Deut 34, 8; ויעבר האבל 2 Sam 11, 27; שלמו ימי אבל Jes 60, 20), die Trauer wird 'vollzogen' (עשה אבל Gen 50,10; Jer 6, 26; Ez 24,17). Die äußere Erkennbarkeit der Trauer zeigt sich auch an Ausdrücken wie 'Trauerkleid' (בגדו־אבל 2 Sam 14, 2; אבל מעטה Jes 61, 3), 'Trauerbrot' (לחם על־אבל Jer16,7?), 'Trauerhaus' (בית־אבל Pred 7, 2. 4). Besondere Intensität der Beobachtung von Trauerbräuchen wird bezeichnet durch Zusätze wie 'groß' (אבל גדול Esth 4, 3), 'ehrenvoll' (אבל כבד Gen 50,11), 'um den einzigen Sohn' (אבל יחיד Jer 6, 26; Am 8,10), 'um die Mutter' (אבל אם Ps 35,14?); die Intensität kommt auch in der Menge der Betroffenen zum Ausdruck: meist einzelne, aber auch das ganze Volk (z.B. 1 Sam 6,19; 2 Sam 19, 3; 2 Chr 35, 24). Wie sehr es bei alledem auf die Einhaltung äußerer Gebräuche ankommt, zeigt 2 Sam 14, 2, wo vorgetäuschtes Trauern einfach mit אבל bezeichnet wird. So wird man אבל im Zusammenhang der Totentrauer am besten wiedergeben mit 'in Trauer sein', d.h. die Trauerzeit mit den dazugehörigen Bräuchen einhalten. Die Gemütsverfassung ist keineswegs ausgeschlossen; Hi 29, 25 ist vom Trost für Trauernde die Rede.

III. 1. Wenn אבל im Zusammenhang mit Unglücksfällen begegnet (1 Sam 6,19), ließe sich das noch als Trauer über die dabei Umgekommenen begreifen. Das geht nicht, wo bei dem Unglück keine Toten zu betrauern sind (Neh 1, 4), wenn es sich um einen Vorgang in der Natur handelt (Jes 33, 9) oder das Unglück erst für die Zukunft angekündigt ist (Esth 4, 3). Dieser Verwendungsbereich von אבל ist deutlich von der Totentrauer unterschieden. Auch dabei kommt es nicht so sehr auf die traurige Stimmung als auf das äußere Verhalten an: Die von der Totentrauer her bekannten Bräuche werden auch hier neben אבל erwähnt (שק und Fasten Jo 1,10ff.; auf der Erde Sitzen Jes 3, 26; Trauerglatze Am 8,10; in Esr 10, 6; Neh 1, 4; Esth 4, 3; Ps 35,13f.; Jer 6, 26; Mi 1, 8 finden sich mehr oder weniger vollständige Aufzählungen), auch Fristangaben kommen vor (Neh 1, 4; drei Wochen: Dan 10, 2). אבל begegnet hier in Stellen, die in den Umkreis der Gerichtsverkündigung gehören, als Reaktion auf schon vollzogenes bzw. sich vollziehendes Gericht (1 Sam 6,19; Neh 1, 4; Jes 3, 26; 19, 8; 24, 4.7; 33, 9; Jer 4, 28; 14, 2; Kl 1, 4; 2, 8; Hos 10, 5; Jo 1, 9f.) oder auf die Gerichtsdrohung (Ex 33, 4; Num 14, 39; 1 Sam 15, 35; 16,1; Esr 10, 6; Esth 4, 3; 6,12; Hi 14, 22; Ps 35,14; Jer 6, 26; 12, 4.11; 23,10; Ez 7,12. 27; 31,15; Am 1, 2; 5,16; 8, 8; 9, 5; Mi 1, 8). Der Reaktionscharakter wird betont durch Einführungsformeln wie כשמעי (Neh 1, 4; 8, 9; vgl. Ex 33, 4) oder אל־זאת (Jer 4, 28; Am 8, 8; Mi 1, 8; vgl. Hos 4, 3).

Der Unterschied gegenüber der Totentrauer läßt sich an 2 Sam 12,15ff. ablesen, obwohl אבל darin nicht vorkommt: Während der Krankheit des Kindes übt David alle Bräuche aus, die sonst mit אבל zusammengefaßt werden; nachdem das Kind aber tot ist, hört er damit auf. Er begründet sein Verhalten damit, daß er – solange das Kind lebte – vielleicht Gott hätte zum Erbarmen bewegen können, nicht aber nach dem Tode (v. 22f.). Im Bereich des Gerichts bzw. der Gerichtsdrohung wird אבל immer im Hinblick auf eine mögliche Wendung der Dinge vollzogen. Selten ist dies so deutlich ausgesprochen wie in 2 Sam 12, 22f. – doch erinnert die Ps 35,13f. beschriebene Haltung stark an Davids Verhalten während der Krankheit des Kindes. Oft steht die Klage so sehr im Vordergrund, daß die Hoffnung sich nicht recht hervorwagt (z.B. Jer 4, 28; 14, 2; Kl 1, 4; 2, 8; Jo 1, 9f.); an vielen Stellen liegt aber sichtlich die stille Erwartung zugrunde, auf die Ausübung der Bräuche werde eine Wendung folgen (Num 14, 39 – allerdings vergeblich; Esr 10, 6; Neh 1, 4; Esth 4, 3; auch 1 Sam 15, 35; 16, 1 wird von hier aus zu verstehen sein). In Dan 10, 2 bezeichnet אבל geradezu die Vorbereitung auf den Empfang der Offenbarung, die dann die Wende ankündigt. Daher kann wohl auch die Wendung zum Heil häufig einfach als Umschlag von אבל zur Freude, zum Festjubel beschrieben werden (Neh 8, 9; Esth 9, 22; Jes 57, 18f.; 60, 20; 61, 2f.; 66, 10; Jer 31, 13), wie umgekehrt das Hereinbrechen des Gerichts als Umschlag von Freude zu אבל (Hi 30, 31; Kl 5, 15; Am 8, 10; vgl. Jes 24, 7f.); אבל wird hier zur Bezeichnung der Gerichtszeit überhaupt. Es liegt auf der Hand, daß im Bereich der Gerichtsverkündigung אבל nicht einfach mit 'trauern' wiedergegeben werden kann. Es geht um den Ausdruck des Gebeugt- und Gedemütigtseins unter dem erfahrenen oder angedrohten Gericht, zugleich aber auch um das Sich-Selbst-Demütigen im Blick auf die erwartete Wendung. Gerade der letztere Gesichtspunkt tritt in den späteren Texten hervor, verbunden mit dem Gedanken der Buße und Umkehr zu Gott (vgl. die Stellen in Esr, Neh, Esth, aber auch etwa 1 Makk 3, 47–51; 4, 38–40 usw.).

2. Ein besonderes Problem bieten die Stellen, wo אבל nicht von Menschen, sondern von Natur und Vegetation ausgesagt ist (הארץ Jes 24, 4; 33, 9; Jer 4, 28; 12, 4.11; 23, 10; Hos 4, 3; אדמה Jo 1, 10; נאות Am 1, 2; Juda: Jer 14, 2; Tore: Jes 3, 26; Most: Jes 24, 17). Da gerade hier אבל häufig parallel zu יבש und אמלל steht, wurde eine besondere Wurzel II אבל 'vertrocknen' postuliert. Ihre Ausgrenzung will aber nicht recht gelingen: Die Übergänge zwischen der Verwendung von אבל für Menschen und für die Vegetation sind fließend (vgl. die Parallele יושב בה — הארץ in Hos 4, 3; Am 8, 8; 9, 5 oder die Parallele אבל — אמלל in Anwendung auf Menschen Jes 19, 8; Jer 14, 2; Kl 2, 8). Es ist zwar denkbar, daß eine Bedeutung 'vertrocknen' bei Anwendung von אבל auf die Natur mitschwingt, wie andererseits bei den „Natur"-Stellen kaum etwas von den einzelnen Bräuchen begegnet (doch vgl. Jo 1, 13f. mit Jo 1, 9ff.) – zur Abgrenzung einer zweiten Wurzel ist kein ausreichender Anlaß. Auszugehen ist jedenfalls auch bei diesen Stellen davon, daß sie in den Bereich der Gerichtsverkündigung gehören, meist als Klage über das hereingebrochene Gericht. Damit soll die Totalität, Umfassendheit des Gerichts ausgesprochen werden: Auch die Natur nimmt teil an der Gebeugtheit, „Minderung" (Kutsch) des vom Gericht betroffenen Volkes.

Es hat nicht an Versuchen gefehlt, den inneren Zusammenhang der verschiedenen Bedeutungen von אבל aufzuweisen; Driver selbst hielt beide Wurzeln im Grunde für das gleiche Wort (75). Scharbert sieht die Gemeinsamkeit aller Bedeutungen im Verlust an Lebenskraft, der in äußerer Verwahrlosung zum Ausdruck kommt (51, 54). Dabei fehlt jedoch der Gesichtspunkt des Sich-Selbst-Demütigens, weshalb Kutsch als Oberbegriff den der „Minderung" vorschlägt, der sowohl „Gemindertsein" durch Todesfall, Unglück oder Vertrocknen, wie „Selbstminderung" im Hinblick auf Erfüllung von Wünschen bzw. im Sinne von Umkehr und Buße umfaßt (vgl. bes. 35ff.). Was den Ursprung der Anwendung von אבל auf die Natur angeht, so hat Kapelrud – im Gefolge von Hvidberg – dies auf Vegetationsklagen im kanaanäischen Kult zurückführen wollen, was im Sinne einer formalen Übernahme denkbar ist (Reventlow 158).

Baumann

אֶבֶן

I. 1. Belege – 2. Bedeutung – II. Übertragene, religiöse Bedeutung.

Lit.: *G. Beer*, Steinverehrung bei den Israeliten, 1921. – *M. Dahood*, Is 'Eben Yiśrā'ēl a Divine Title (Gn 49, 24)? Bibl 40, 1959, 1002–1007. – *K. Galling*, Serubbabel und der Wiederaufbau des Tempels in Jerusalem. Festschr. W. Rudolph, 1961, 67–96. – *J. Jeremias*, Golgotha, 1926. – *G. van der Leeuw*, Phänomenologie der Religion, ^{2}1955, 5, 2. – *H. Ringgren*, Israelitische Religion, 1963, 20–23. – *A. Schwarzenbach*, Die geographische Terminologie im Hebr. des AT.s, Leiden 1954, 118–122. – *W. Robertson Smith*, The Religion of the Semites, London, ^{3}1927. – *R. de Vaux*, Lebensordnungen I, ^{2}1964.

I. 1. Die Wurzel אבן für 'Stein' ist in allen semitischen Sprachen mit Ausnahme des Arabischen belegt (akk. *abnu*, ugar. *'bn*, syr. *'abnā*, äth. *'ĕbn*). Im AT hat אבן verschiedene Bedeutungen, jedoch ist in allen das Element 'Stein' enthalten.

Schon in ältesten Zeiten kannte man den Stein als Baumaterial, und man wunderte sich sogar darüber, daß in Mesopotamien andere Baumittel für große Gebäude benutzt wurden (Gen 11, 3). Im heiligen Land gab es so reichlich Steine, daß man sie natürlich für viele Zwecke verwendete, nicht nur zum Bauen. Man wälzte Steine über die Öffnungen der Brunnen, um sie zu schützen (Gen 29, 2ff.). Der müde Wanderer benutzte einen Stein als Kopfkissen (Gen 28, 11). Denselben Stein konnte er als Malstein aufstellen und mit Öl salben (Gen 28, 18; 35, 14; vgl. unten, → מצבה). Wegen seiner Beständigkeit konnte der Stein leicht als Malzeichen und Zeuge dienen (Gen 31, 45f.; 1 Sam 7, 12). Steine und Erde (ungebrannte Ziegel) verwandten die Israeliten zum Altarbau, auch große Steinblöcke konnten einfach als Altar dienen (1 Sam 6, 14; 14, 33). Die Aufschüttung von Steinen zu einer Würfelform wird wohl das Normale gewesen sein. Die

Zahl der Steine ist ungewiß. 1 Kön 18, 31–32a spricht von zwölf Steinen, welche die zwölf Stämme Israels symbolisieren, doch ist dies vermutlich eine von Ex 24, 4; Jos 4, 1–9 beeinflußte Glosse.

Das Altargesetz Ex 20, 25 (Deut 27, 5; Jos 8, 30f.: Ausführung) verbietet das Behauen der Altarsteine mit dem Meißel, da dann die Gefahr des Entweihens besteht. Zum Gottesdienst dürfen nämlich nur Dinge in ihrem Naturzustand verwendet werden. Möglicherweise geht dieses Verbot aber auch auf eine Vorstellung zurück, die in den Steinen den Sitz von Numina sah.

Daß man Steine warf, war selbstverständlich (Ex 21, 18; 2 Sam 16, 6). Auch als Schleudersteine verwendete man sie (1 Sam 17, 40; 1 Chr 12, 2). Steinigung als Todesstrafe wird mehrmals erwähnt (רגם באבן Lev 20, 2. 27; 24, 23; Deut 21, 21; סקל באבנים Deut 13, 11; 17, 5; 22, 21; de Vaux 256f.). Die Mehrzahl der mit der Strafe der Steinigung belegten Verbrechen sind theologischer Art. So erscheinen Jahweabfall (Deut 13, 11 = 17, 5), Gotteslästerung (Lev 24, 14. 16. 23; 1 Kön 21, 10–14 vgl. 2 Chr 24, 21), Sabbatschändung (Num 15, 35f.), Molochopfer (Lev 20, 2), Zauberei und Wahrsagerei (Lev 20, 27) sowie Übertretung eines Tabugebotes (Ex 19, 13; Jos 7, 25). Die zweite, kleinere Vergehensgruppe sind Sünden in der Sexualsphäre, vor allem Ehebruch (Deut 22, 21; Ex 16, 40; 23, 47). Hierher gehört auch die Steinigung eines verlobten Mädchens, das in der Ortschaft vergewaltigt wurde und nicht um Hilfe gerufen hatte (Deut 22, 23). Aus dem Sippenethos begegnet die Steinigung eines ungehorsamen und störrischen Sohnes, der trotz wiederholter Mahnungen und Züchtigungen nicht gehorcht (Deut 21, 18–21), im Zusammenhang mit Fragen der Körperverletzung die Steinigung eines stößigen Rindes (Ex 21, 28–32) und schließlich aus dem politischen Bereich die Steinigung des Fronvogtes Rehabeam (1 Kön 12, 18 = 2 Chr 10, 18).

Die Steine des Feldes waren allen bekannt (Hi 5, 23). Auch Hagel wurde als Stein, von JHWH geschleudert, angesehen.

Hi 5, 23 scheint zu besagen, daß der Bauer mit den Schädlingen seines Ackers in Frieden lebt; aber möglicherweise ist der Text korrumpiert. Vorgeschlagene Lesarten sind אדני השדה 'Erdenherren' oder 'Erdenmännchen' oder בני השדה (ZAW 35, 63f., HUCA 24, 102).

Man findet אבן als Erzstein (Hi 28, 2; Deut 8, 9; Glueck, AASOR 15, 1935, 47ff.), und in vielen Verbindungen, wo von Edelsteinen gesprochen wird, z.B. Schohamstein (אבן השהם, Gen 2, 12; Ex 28, 9ff.; 35, 27; Ez 1, 26). Edelsteine wurden auch kollektiv als אבן יקרה 'kostbare Steine' bezeichnet (2 Sam 12, 30; 1 Kön 10, 2; Ez 28, 13), aber diese Bezeichnung ist nicht eindeutig, da sie auch von edlen Bausteinen gebraucht werden kann (1 Kön 5, 31; 7, 9–11; 2 Chr 3, 6; vgl. Jes 28, 16; Jer 51, 26).

Steine spielten im alten Orient auch im Gewichtsystem eine wichtige Rolle, weil die Gewichte oft aus Stein gemacht wurden (de Vaux 327, vgl. Dahood, Bibl 44, 1963, 291). 'Die Steine im Beutel' (Spr 16, 11) sind Gewichtsteine. אבן המלך heißt königliches Normalgewicht (2 Sam 14, 26). Richtige Gewichte sind אבני־צדק (Lev 19, 36, vgl. Deut 25, 15 אבן שלמה וצדק, Spr 11, 1 אבן שלמה); das Gegenteil ist אבני מרמה 'Steine des Trugs', d.h. falsches Gewicht (Mi 6, 11). Zweierlei Gewichte sind JHWH ein Greuel (Spr 20, 10. 23; Deut 25, 13). Außerdem gab es vielleicht unbearbeitete Steine als Rechenbehelf, worauf Eissfeldt (BSAW 105, 6, 1960) in 1 Sam 25, 29 ('der Beutel der Lebendigen') eine Anspielung findet; nach Galling (ZThK 58, 1961, 7ff.) spielt auch Pred 3, 5 ('Steine werfen und Steine sammeln') hierauf an. Zur Beschneidung verwandte man nach Ex 4, 25; Jos 5, 2f. ein Steinmesser (*ṣōr*), was auf den archaischen Charakter der Beschneidung schließen läßt.

Was in moderner Sprache Senkblei genannt wird, war im alten Israel kein Blei, sondern ein Stein. Deshalb konnte Jesaja von אבני בהו 'Steine der Verwüstung' sprechen (Jes 34, 11; die Meßschnur und die Steine der Setzwaage werden auch beim Niederreißen der Bauten gebraucht, vgl. positiv Sach 4, 10, wo aber Galling, 89f., האבן הבדיל als 'Stein der Entscheidung' deutet). אבן wird auch direkt mit עופרת 'Blei' verknüpft (Sach 5, 8, wo es um einen schweren bleiernen Deckel geht; 'Stein' ist wohl mit 'Deckel' identisch).

2. אבן wird fast immer von wirklichem Stein benutzt. Jedoch muß man beachten, daß der Begriff Stein im Hebr. umfassender war als in modernen Sprachen. Die Verschiedenheiten im Gebrauch, ersieht man aus den oben unter I. 1 angeführten Beispielen. Wenn von Hagel, Gewichten oder Edelsteinen gesprochen wird, ist die nahe Verbindung mit dem wirklichen Stein leicht einzusehen. Als gemeinsame Eigenschaft gilt die Härte und Festigkeit (vgl. Hi 6, 12 „Kraft wie die des Steins"). Der Stein ist starr (Hab 2, 19); vor Schrecken wird der Mensch wie Stein (Ex 15, 16). Ein steinernes Herz (Ez 11, 19; 36, 26) ist ein hartes, unvernünftiges und unbotmäßiges Herz, das nur Gott verwandeln kann.

II. Wie oben erwähnt, konnten Steine als Malzeichen, Symbole und Zeugen dienen (Gen 31, 45f.; Jos 4, 6. 7 usw.; 1 Sam 7, 12, אבן העזר). Die Erzählung von Jakob in Bethel, wo er den Stein mit Öl salbt (Gen 28, 18; 35, 14) zeigt, daß der Stein einen zentralen Platz im religiösen Kultus hatte. Hinter der Erzählung in Gen 28 steht die alte Vorstellung, daß der auf dem Kultplatz aufgerichtete Stein ein Symbol des Gottes ist. Wie sich ein Gott El-Bethel oder überhaupt → בית־אל zu diesem Stein verhält, läßt sich nicht leicht aufklären. Vielleicht wirft aber das Gottesepitheton אבן ישראל 'Stein Israels' Licht auf diese Bezeichnungen. Dieser Ausdruck wird Gen 49, 24 von JHWH gebraucht, zusammen mit der alten Bezeichnung → אביר יעקב 'der Starke Jakobs'. Der Stein konnte, wie die alten Erzählungen zeigen, als Symbol des Gottes dienen. Der Kampf der Propheten gegen die alten Götter Kanaans und andere Götter der Nachbarvölker machte aber später diesen Gedanken in Israel unmöglich. Die prophetische Polemik gegen den Götzendienst wendet sich bisweilen ironisch gegen die Anbetung von Stein und Holz (Jer 2, 27; 3, 9; Ez 20, 32; Dan 5, 4. 23; vgl. Jes 37,19 und das Verbot von Kultsteinen Lev 26,1). Wenn man später von 'heiligen Steinen' (אנשי־קדש) spricht (Kl 4,1), handelt es sich um Steine aus dem zerstörten Heiligtum auf dem Zion.

Das Gottesepitheton *'œbœn jiśrā'ēl* wird meistens durch einen Hinweis auf צור 'Fels' als Gottesbezeichnung erklärt. Dahood findet aber diese nicht ganz vergleichbar und entfernt durch eine Textänderung das Epitheton völlig aus dem Text.

Nach Jes 8,14f. wird JHWH zum Stein des Anstoßes und zum Felsen des Strauchelns für Israel werden – es handelt sich wohl trotz der Jagdbilder um die Tatsache, daß der Wanderer in der Nacht leicht über Steine stolpert und fällt (vgl. Ps 91,12). Ein Hebestein, an dem die jungen Leute ihre Kraft erproben, wird Sach 12, 3 bildlich erwähnt. Eine sprichwörtliche Redensart liegt wohl hinter Ps 118, 22 „Der Stein, den die Bauleute verwarfen, ist ein Eckstein geworden", d.h. der Verachtete ist durch Erniedrigung und Schmach zur Ehre gekommen. Jes 28,16 spricht von einem Grundstein, der als → אבן בחן bezeichnet wird, der dem Glaubenden Vertrauen schenkt. Der Vers wird, wie übrigens Ps 118,22 im NT auf den Messias gedeutet.

Galling (72f.) findet in Jes 28,16 eine bildliche Anwendung des bautechnischen Begriffs Eckstein oder Eckgefüge, während nach Jeremias (73) die Vorstellung vom Grundstein des Tempels (אבן שתיה), der das Wasser der Sintflut zurückhält, zugrunde liegt (so auch Bentzen, Komm. z. St.). Die Frage ist nur, ob diese Vorstellung, die erst im rabbinischen Schrifttum belegt ist, schon zur Zeit Jesajas bekannt war. Jedenfalls fügt sich die Stelle in die jesajanische Betonung der Zionstraditionen gut ein.

Kapelrud

אַבְרָהָם

I. Die Bedeutung des Namens – II. Geschichte – 1. Allgemein – 2. Erzvater – 3. Kultgründer – 4. Bundespartner – III. Theologische Entwicklung – 1. J. E. – 2. Deuteronomium – 3. Psalmen und Propheten – 4. Die P-Urkunde und der Chronist.

Lit.: *W.F. Albright*, The Names Shaddai and Abram (JBL 54, 1935, 173–204). – *Ders.*, Yahweh and the Gods of Canaan, London 1968, 47–95. – *A.Alt*, Der Gott der Väter (KlSchr I 1953, 1–78). – *K. T. Andersen*, Der Gott meines Vaters (StTh 16, 1962, 170–188). – *H. Cazelles*, Patriarches (DBS VII 81–156). – *R.E. Clements*, Abraham and David. Genesis XV and its Meaning for Israelite Tradition (SBT, N.S. 5), London 1967. – *G.Cornfeld*, *G.J. Botterweck* (Hrsg.), Die Bibel und ihre Welt, 1969, Art. Patriarchen, Geschichte und Religion, 1135–1147. 1147–1153. – *F.M. Cross*, Yahweh and the God of the Patriarchs (HThR 55, 1962, 225–259). – *O. Eißfeldt*, El und Jahwe (JSS 1, 1956, 25–37 = KlSchr III 1966, 386–397). – *Ders.*, Jahwe, der Gott der Väter (ThLZ 88, 1963, 481–490 = KlSchr IV 1968, 19–81). – *K. Galling*, Die Erwählungstraditionen Israels (BZAW 48), 1928. – *C.H. Gordon*, Abraham and the Merchants of Ura (JNES 17, 1958, 28–31). – *Ders.*, Geschichtliche Grundlagen des AT., ^{2}1961, 108–128. – *Ders.*, Hebrew Origins in the Light of Recent Discovery, in: A. Altmann (Hrsg.), Biblical and other Studies, London 1963, 3–14. – *H. Gunkel*, Abraham (RGG^2 I 65–68). – *M. Haran*, The Religion of the Patriarchs (ASTI 4, 1965, 30–55). – *J. Hoftijzer*, Die Verheißungen an die drei Erzväter, Leiden 1956. – *J.M. Holt*, The Patriarchs of Israel, Nashville 1964. – *A. Jepsen*, Zur Überlieferungsgeschichte der Vätergestalten (WZ Leipzig 3, 1953/54, 265–281). – *A.S. Kapelrud*, Hvem var Abraham? (NoTT 64, 1963, 163–174). – *R. Kilian*, Die vorpriesterlichen Abrahamsüberlieferungen (BBB 24), 1966. – *N. Lohfink*, Die Landverheißung als Eid (SBS 28), 1967. – *Ders.*, Die Religion der Patriarchen und die Konsequenzen für eine Theologie der nichtchristlichen Religionen (Bibelauslegung im Wandel, 1967, 107–128). – *L. Rost*, Die Gottesverehrung der Patriarchen im Lichte der Pentateuchquellen (VTS 7, 1960, 346–359). – *H.H. Rowley*, Recent Discovery and the Patriarchal Age, in: The Servant of the Lord, Oxford ^{2}1965, 281–318. – *R. de Vaux*, Die hebräischen Patriarchen und die modernen Entdeckungen, 1961. – *Ders.*, Die Patriarchenerzählungen und die Geschichte (SBS 3), 1965. – *M. Weidmann*, Die Patriarchen und ihre Religion (FRLANT 94), 1968. – *A. Weiser*, Abraham (RGG^3 I 68–71). – *W. Zimmerli*, Sinaibund und Abrahambund, Gottes Offenbarung (Gesammelte Aufsätze, 1963, 205–216).

I. אברהם wird in Gen 17, 5 volksetymologisch aus אב + המון 'Vater einer Menge' erklärt. Dies wird außerdem mit der Namensänderung, bei der *'abrām* zu *'abrāhām* wird, verbunden. Doch keine der Interpretationen wird der wirklichen Sprachgeschichte des Namens gerecht. Die Einführung des Konsonanten ה stellt nur eine abweichende Rechtschreibung des Namens unter Dialekteinfluß dar (H. Bauer, ZAW 48,75; J.A. Montgomery, JBL 46,144). Es gibt drei mögliche Etymologien: Eine Verbindung mit dem akkadischen *Abam-rāmā* (Stamm, AN 103. 291f.) 'liebet den Vater' würde eine Aufforderung an das neugeborene Kind und seine Geschwister bedeuten. Es ist jedoch wahrscheinlicher, *rām* in der Bedeutung 'ist erhaben' zu verstehen, was aber nicht akkadischen, sondern westsemitischen Ursprung anzeigt. Deshalb interpretiert Albright (JBL 54, 193ff.) 'er ist erhaben (Stativ) betreffs des Vaters' (adverbialer Akkusativ), d.h. 'er ist von guter Herkunft' (vgl. auch de Vaux, Patriarchen 3). Wahrscheinlicher ist jedoch mit Noth (IPN 67ff. 145) ein theophorer Name anzunehmen: 'der (göttliche) Vater ist erhaben' (vgl. auch Festschrift Alt, 143f.). Dafür spricht auch ugar. *'brm* (zwei Belege) vgl. *a-bi-ra-mi* (Gröndahl, PNU 44. 46. 315. 360; anders OLZ 62, 1967, 535, wo die Aufteilung *'br-m* erwogen wird). Ist der Name theophor zu erklären, dann wird so das Verhältnis der Gottheit zum Namensträger in der Weise menschlicher Verwandtschaft wiedergegeben (→ אב), was für das Wesen der Religion der Patriarchenzeit bedeutsam wäre.

II. Der historische Kern der Abrahamüberlieferungen war und ist Gegenstand lebhafter Debatten infolge der Bemühungen, die biblischen Überlieferungen im Lichte zeitgenössischer oder fast zeitgenössischer archäologischer Quellen zu erläutern und zu interpretieren (Albright, Gordon, de Vaux, Rowley u.a.). Die Nuzu-Urkunden, die westsemitischen Personennamen aus Mari und die amoritischen Beziehungen und Bewegungen zwischen Kanaan und Mesopotamien wurden herangezogen, um Abrahams historischen und kulturellen Hintergrund im mesopotamischen Ur der ersten Hälfte des 2. Jt.s zu rekonstruieren (de Vaux 1850 v.Chr.; Albright, Moscati 1700; Rasco 1650; Bright 20–16. Jh.). C.H. Gordon trat für eine spätere Datierung im dritten Viertel des 2. Jt.s ein, indem er eine Verbindung zwischen Abraham und dem hethitischen Ura in Kleinasien annahm und Abraham als einen Karawanenhändler auffaßte (vgl. W.F. Albright, Yahweh 56ff.). H. Cazelles (Sp. 141) nimmt für die Patriarchenzeit eine erste „mehr semitisch-amoritische" Welle und eine zweite „mehr aramäische" Welle an. Daß Abraham Hebräer genannt wird (Gen 14, 13), wird von manchen als ein Hinweis darauf verstanden, daß Abraham zu den Ḫapiru gehörte (→ עברי; vgl. den Überblick bei Cazelles 142–156 und Weidmann passim). Solche archäologischen Zeugnisse können zur Lösung nur beitragen, wenn sie mit einer strengen traditionsgeschichtlichen Untersuchung der Vätererzählungen verbunden werden.

1. Die Vätererzählungen stellen Abraham als den Vater Isaaks und den Großvater von Jakob-Israel dar. Dadurch wird er zum großen Ahnherrn ganz Israels. Dieses künstliche Schema ist zum erstenmal bei J belegt, war aber sicher bereits ein vorgegebenes Überlieferungselement, als die J-Erzählung zusammengestellt wurde. Innerhalb dieser J-Überlieferung können wir eine enge Verbindung Abrahams mit Hebron wahrnehmen (Gen 13, 18 J; 18, 1–15 J; vgl. 23, 1–10 P) und besonders mit dem Heiligtum zu Mamre. Diese territoriale Bindung weist auf Abraham als einen Ahnherrn der in der Nachbarschaft Hebrons angesiedelten judäischen Stämme, besonders der Kalebiter (vgl. Jos 15, 13ff.). Die Erhebung Abrahams zum Ahnherrn ganz Israels kann erst zur Zeit einer engeren Verbindung zwischen Juda und Israel stattgefunden haben, wobei Juda der dominierende Teil war. Dies weist dann auf Davids Königtum und auf die Periode des davidisch-salomonischen Reiches hin.

Als der Ahnherr ganz Israels tritt Abraham als Militärführer auf (Gen 14, 14), als priesterlicher Fürsprecher seines Volkes (Gen 18, 22–23 J), als Prophet (Gen 20, 7 E) und als ein Beispiel menschlicher Frömmigkeit und menschlichen Gehorsams gegenüber Gott (Gen 22 J). Es ist bemerkenswert, wie die Gestalt des Abrahams in den Väterüberlieferungen dominiert und teilweise die Gestalt des Isaaks verdrängt hat.

2. In Verbindung mit seiner Rolle als der große Ahnherr des Volkes Israel wird Abraham vornehmlich als Kultgründer dargestellt. Es wird von ihm gesagt, daß er abgesehen vom Altar in Mamre (Gen 13, 18; 18, 1ff. J) auch einen in Sichem (Gen 12, 6 J), in Bethel (Gen 12, 8 J) und in Beerseba (Gen 21, 33 J) gebaut habe. Die letztgenannte Altargründung war eigentlich ein Bestandteil der Isaaküberlieferung (vgl. Gen 26, 25 J), der auf Abraham übertragen worden ist (Alt 54; Jepsen 276ff.). Die Überlieferungen der Altargründungen in Sichem und Bethel waren ursprünglich mit Jakob verknüpft (Gen 28, 19 E; 33, 19–20 E) und wurden sekundär Abraham zugeschrieben, als man begann, ihn als den großen Ahnherrn ganz Israels zu betrachten (Jepsen). Abrahams Rolle als Kultgründer muß daher primär mit Hebron-Mamre in Verbindung gebracht werden.

Die Frage nach dem Wesen der Väterreligion ist noch immer Gegenstand wissenschaftlicher Diskussion. Alt interpretierte die Väterreligion primär als eine Stammesreligion, in der die Gottheiten nach dem Eponym benannt wurden, dem sie sich zuerst offenbart hatten. Der 'Gott (oder der 'Schild', Gen 15, 1) Abrahams' war also die Gottheit, die im Abrahamstamm verehrt wurde. Es war wesentlich die Religion einer Nomadenfamilie ohne direkte Verbindung mit einem bestimmten, festen Heiligtum. Sie gehörte zur nomadischen Sphäre außerhalb des bebauten Landes. Die Überlieferung, daß Abraham den Altar in Mamre gegründet habe, entstand erst unter Abrahams Nachkommen, als sie in das bebaute Land zogen. Mit einer kleinen Abänderung des oben Genannten haben sich H.G. May und K.T.

Andersen für einen Kult „des Gottes meines Vaters" eingesetzt. Dieser Kult zeigt im großen und ganzen dieselben Merkmale, eben nur nicht die direkte Einführung des Namens des Patriarchen in den Götternamen. O. Eißfeldt hebt die von den Patriarchen in Mesopotamien verehrten Götter (Gen 35,1–7; Jos 24, 2. 14–15) streng von den El-Gottheiten ab, welche immer an das Land Kanaan gebunden seien. Auffallend sei das Auseinanderklaffen religiös-kultischer und stämmisch-völkischer Belange bei den in Kanaan eingewanderten Patriarchen. Während bei den Frauen der Patriarchen Wert auf ihre mesopotamische oder aramäische Abstammung gelegt wird, ist in religiös-kultischer Hinsicht Israels Stellung zu Kanaan durchaus positiv. In den Kulttraditionen der Patriarchenerzählungen offenbaren sich überall El-Gottheiten. E und P sprechen eindeutig davon, daß Abraham mit dem Gott, der sich später dem Moses als JHWH offenbart hat, erst in Kanaan in Verbindung gekommen ist. Nach L und P geschah die erste Verheißung dieser Gottheit an Abraham in Hebron, nach E in Beerseba. Eißfeldt stimmt mit Alt in der Bestimmung des Typus jener Vätergottheiten überein, seiner Meinung nach sind jedoch die verschiedenen El-Gottheiten als Hypostasen oder Offenbarungsformen des einen El zu denken. Die Zusammenfassung zu dem einen Gott der Väter, der wiederum in JHWH aufging, wäre in die Zeit der Landnahme zu datieren. Die Gleichsetzung JHWH mit dem Gott der Väter mochte um so leichter vor sich gehen, als die Verheißung der Befreiung aus Ägypten und die Landverheißung auch den Inhalt des Glaubens an den Vätergott tangieren (Gen 15,19–21; 12,1–3.7; 17, 2–8; 18,18 u.ö.). Auch M. Haran hebt besonders die Verbindung der Landnahme und des Landbesitzes mit den Verheißungen an die Patriarchen hervor; im Weiterleben der Gottesbezeichnungen sowie einiger Institutionen und Bräuche der mosaischen Zeit sieht er das Erbe der proto-israelitischen Religion. Im Gegensatz zu diesen Rekonstruktionen einer nomadischen Stammesreligion hat Cross, im Anschluß an die frühere Auffassung Gressmanns, die Meinung vertreten, daß Abrahams Werk als Kultgründer eine Verbindung mit Kanaans El-Religion anzeigt. Dies wird durch die Verbindung mit Mamre unterstützt, wo einmal eine El-Gottheit (El-Šaddai?) verehrt worden ist, und stimmt mit dem biblischen Zeugnis überein, das Abraham als den Führer einer Stammeswanderung in das besiedelte Land direkt mit diesem verbindet. Cazelles betont vor allem das Moment des persönlichen Gottes, der zum Menschen spricht, ihm Befehle erteilt, Verheißungen gibt, das Schicksal seiner Nachkommen voraussagt usw. Dieser Väter-Gott ist erst in zweiter Linie Stammesgott, er weist auch nicht die Züge eines Fruchtbarkeits- und Wettergottes auf. Diese Vorstellung eines persönlichen Gottes war aber auch den Mesopotamiern der ersten Hälfte des 2. Jt.s nicht völlig fremd, wie Gebete an Šamaš, Ea, Ištar oder Marduk oder auch die ugarit. Texte des Keret und Danel-Epos zeigen, freilich ist dies nicht der vorherrschende Zug dieser Gottesvorstellungen.

3. Ein dritter Grundzug der Abrahamerzählungen ist die Überlieferung von einem göttlichen Bund mit Abraham (Gen 15 J + E). Da keine Ortsangabe erfolgt, versteht Alt diese Begebenheit als eine Kultgründungslegende der Religion der Stämme, die von Abraham abstammen. Es ist jedoch wahrscheinlicher, diese Begebenheit mit Hebron (vgl. Gen 13,18 J) und Abrahams Leitung der Ansiedlung im dortigen Gebiet zu verbinden. Der primäre Inhalt des Bundes ist ein göttlicher Eid, der Abraham und seinen Nachkommen Landbesitz zusagt (Gen 15,18–21). Daran wurde dann die Verheißung zahlreicher Nachkommen sekundär angehängt (15,5). Die Bundesüberlieferung zeigt also, zusammen mit Abrahams Rolle als Erzvater und Kultgründer, daß Abraham die Ansiedlung von amoritischen Halbnomaden in der Gegend von Hebron leitete. Hier gründete er aufs neue den ehemaligen Kult zu Mamre und berief sich auf einen göttlichen Eid oder Bund, den der El des Heiligtums mit ihm geschlossen hatte, und in dem ihm und seinen Nachkommen das Land verliehen wurde. Es gibt keine klaren Hinweise auf das Datum dieser Wanderung Abrahams in die Gegend von Hebron, aber wir dürfen annehmen, daß es entweder kurz vor oder beinahe gleichzeitig mit der Amarnaperiode des 14. Jh.s war (anders de Vaux, Albright, Cazelles, Bright u. a.).

III. 1. Eine Anzahl Abrahamüberlieferungen war bereits zu einem Zyklus vereint, bevor J sie in seine epische Geschichte über Israels Ursprung aufnahm. Schon in einem Vorstadium dieses Zyklus muß Abraham mit Isaak und Jakob verknüpft worden sein, um eine durchgehende Familiengeschichte zu bilden. Dieses Stadium spiegelt starken judäischen Einfluß wider und entstand, als die alten Abrahamüberlieferungen von Hebron-Mamre durch kalebitische Siedler nach Juda gebracht wurden. Diese Kalebiten waren JHWH-Verehrer und sind als solche für die Identifizierung des Gottes Abrahams mit JHWH verantwortlich. In der J-Geschichte ist die Gestalt des Abraham in ein theologisches System von Verheißung und Erfüllung eingefügt, das das Grundthema des Werkes bildet. JHWH hat Abraham ein dreifaches Versprechen gegeben: daß seine Nachkommen ein Volk werden, das Land Kanaan in Besitz nehmen und ein Segen für die Völker sein werden (Gen 12,1–3; 15,7–12. 17. 18abc). Dieser Eid wird den nachfolgenden Erzvätern Isaak und Jakob nochmals versichert (Gen 26, 2–5; 28,13–15). Diese dreifache Verheißung hat ihren Mittelpunkt im göttlichen Bund mit Abraham (Gen 15, 5.7), und ist zweifelsohne aus einer früheren Überlieferung eines solchen Bundes mit ursprünglich mehr lokaler Bedeutung entstanden. Der göttliche Urheber des Bundes wird jetzt klar als JHWH vorgestellt, und der Landbesitz, der Abrahams Nachkommen versprochen wird, erstreckt sich „vom Strom Ägyptens bis zum großen Fluß, dem Fluß Euphrat" (Gen 15,18b). Der J-Bericht über diesen Bund wurde später erweitert (Gen 15,13–16, 18bβ, 20f.), und mit einer abweichenden Überlieferung verbunden (Gen 15,1f. 4–6), die häufig, wenn auch heute vielfach angezweifelt, E zugeschrieben wird. J sah die Erfüllung des Bundes im davidisch-salomonischen Reich mit dem davidischen Monarchen als der Quelle seines Segens an der Spitze (Gen 12, 3; vgl. Ps 72,17). JHWHs Bund mit Abraham war eine Vorwegnahme und eine Verheißung seines späteren Bundes mit David (2 Sam 7). Cazelles dagegen stellt die Verheißung an Abraham bei J in den Rahmen der altorientalischen Umwelt der ersten Hälfte des 2. Jt.s und betont, die J-Überlieferung hänge nicht am König als solchen, sondern am Erben der göttlichen Verheißung. Für den Glauben Abrahams, der sich zwischen Ägypten und Mesopotamien entwickelt habe, sollte sein Gott, wenn schon nicht ihm selbst, so doch wenigstens seiner Nachkommenschaft das verleihen, womit etwa Marduk Hammurapi begabte. Eine religiöse Hoffnung auf Schutz und Heil wäre nur dann sinnvoll, wenn sie der Schutzgottheit analoge universale Macht zuschrieb. Die Gottheit ist gegenwärtig im Stamm und sichert den Zusammenhang seiner Nachkommen. Im Unterschied dazu weckten die Verheißungen der anderen Götter Mesopotamiens an deren Verehrer, wie etwa Gudea, Išme Dagan von Isin, Lipit Ištar, Sin-Iqišam von Larsa und etwa auch an den ugaritischen König Keret und den Helden Danel Hoffnungen, die dem eigenen Ruhm und Erfolg galten.

In der E-Überlieferung läßt sich keine klare theologische Entwicklung der Gestalt des Abraham finden. Die Verheißung des Landes wird in Gen 50, 24 erwähnt, eine Stelle, die möglicherweise von E stammt (vgl. auch Deut 31, 23 – E?).

2. Die Gestalt des Abraham spielt eine bedeutende Rolle in den einleitenden Paränesen des Deuteronomiums. JHWHs Bund mit Abraham erhält eine zentrale Stellung im Gesamtkomplex der Väterüberlieferungen. Er wird einseitig als ein von Gott geschworener Eid interpretiert, obwohl das Wort ברית ebenfalls vorkommt (Deut 7,12; 8,18; vgl. 4, 31). Der Bund mit Abraham wird auf die drei Erzväter ausgedehnt (Deut 1, 8; 6,10; 7,12; 8,18; 9, 5; 11, 9). Außerdem finden sich keine Hinweise mehr auf das davidische Reich und der Bund wird zu einer Verheißung der künftigen Erwählung Israels, die sich im Horebbund verwirklicht (Deut 5, 3ff.). Angesichts des Ungehorsams Israels (Deut 9, 27) rechtfertigt er die Berufung auf JHWHs Gnade, und in einem späteren exilischen Zusatz wird er verwendet, um die Beständigkeit der göttlichen Erwählung Israels trotz des Verlusts des Landes und der nationalen Zusammengehörigkeit zu bestätigen (Deut 4, 30f.). Dieser Gebrauch der Gestalt des Abraham, das ausdauernde Wesen des durch ihn mit Israel geschlossenen Bundes zu bestätigen, läßt sich auch im dtr Geschichtswerk in 2 Kön 13, 23 finden, einer Stelle, die von der Situation, die durch Judas Niederlage entstand, und von der Erfahrung des Exils beeinflußt ist (vgl. auch 1 Kön 18, 36).

3. In den Psalmen wird Abraham auffallend selten erwähnt. In Ps 47,10, einem Thronbesteigungspsalm vorexilischen Ursprungs, wird Israel „das Volk des Gottes Abrahams" genannt, was den Gebrauch der Abrahamüberlieferung im jerusalemischen, königlichen Kult widerspiegelt. Das stimmt mit der schon genannten Beobachtung überein, daß zwischen dem Abrahams- und dem Davidsbund eine Verbindung bestand, wie sie etwa in der J-Überlieferung vorliegt. In Ps 105, 6 wird Israel mit „der Sproß Abrahams" angeredet, und in Ps 105, 8ff. (= 1 Chr 16,15ff.) beruft man sich auf den Bund mit Abraham als einen „Ewigkeitsbund". Dieser Bund, auf Isaak und Jakob ausgeweitet, beinhaltet die Verheißung des Besitzes des Landes Kanaan. Der Psalm ist sicher von der nachexilischen Ausgestaltung der Abrahamüberlieferung in P abhängig.

Bei den vorexilischen Propheten gibt es keinen echten Hinweis auf die Abrahamüberlieferungen. Mi 7, 20 ist ein nachexilisches Orakel, und dasselbe gilt wahrscheinlich auch von Jes 29, 22. Bei den Propheten des Exils, Ezechiel und Deuterojesaja, erscheint eine neue theologische Wertschätzung Abrahams. Ez 33, 24 zeigt, daß die, die in Juda nach 586 überlebten, von der Überlieferung von dem göttlichen Eid, daß Abraham das Land besitzen werde, Gebrauch machten, um ihren Anspruch zu stützen, der göttlich erwählte Rest Israels zu sein. Ezechiel wies diesen Anspruch ab (Ez 33, 27ff.). DtJes dagegen beruft sich auf die Gestalt des Abraham (Jes 41, 8; 51, 2), weil er in ihm eine Versicherung für die göttliche Absicht findet, Israel wieder herzustellen. Die Tatsache, daß das Interesse an Abraham im exilischen und nachexilischen Zeitalter aufs neue erwachte, spiegelt die Krisenstimmung wider, die durch den Verlust des Landes und durch den Fall der davidischen Monarchie verursacht wurde. Es war natürlich, daß man sich auf die Bundesüberlieferung berief, die Israel den Besitz des Landes durch einen göttlichen Eid versicherte. Da die Abrahamüberlieferung dem höfischen Kreis in Jerusalem besonders wichtig war, verursachte das Versagen der Monarchie ein erneutes Fragen und ein erneutes Zurückgreifen auf Abraham als den Empfänger des Eides, der Israels königliche Macht und Größe bestätigte. Während der Sinai-Horebbund für Israels zukünftige Erlösung ein Fragezeichen setzte, da ja Israel die Gesetze übertreten hatte (vgl. Jer 31, 31–34; Ez 36, 26–28), erlangte der Abrahamsbund neue Bedeutung als ein einseitiger, göttlicher Eid, mit einer Zusage der Volkwerdung und des Landbesitzes.

4. Die bedeutsamste Entfaltung der priesterlichen Abrahamüberlieferung ist die Neuinterpretation des göttlichen Bundes mit Abraham in Gen 17. Die Gottheit, die den Bund schließt, trägt hier den Namen El-Šaddai; denn es gehört zum festen Schema des P, daß El-Šaddai der von Abraham bis Mose in Gebrauch stehende Gottesname war. Der Bund wird als ein ברית עולם beschrieben, eine Bezeichnung, die früher zur Überlieferung vom Davidsbund gehörte (2 Sam 23, 5; vgl. Jes 55, 3). Das verstärkt noch mehr die J-Darstellung, nach der der Bund ein einseitiger, göttlicher Eid ist. In die Bedingungen des Bundes wird jetzt ausdrücklich die Errichtung der Monarchie eingeschlossen, während sie früher nur stillschweigend einbegriffen war. Auch das dreifache Versprechen hat sich etwas verändert: Abraham soll der Vater einer Vielzahl von Völkern werden; seine Nachkommen sollen das ganze Land Kanaan als ewigen Besitz bekommen, und El-Šaddai soll ihr Gott werden (Gen 17, 4–8). Die letzte Verheißung muß kultisch verstanden werden, nämlich als ein Hinweis auf die göttliche כבוד, die in Israels Mitte wohnt. Dieses Versprechen beschreibt P als verwirklicht durch die Errichtung der Stiftshütte nach der Offenbarung am Sinai. Für P ist der Bund mit Abraham der alles überdauernde Bund, durch den Israel lebt. Das Sinaiereignis richtet keinen neuen Bund auf, sondern eröffnet die Erfüllung der Verheißungen, die Abraham gemacht worden sind.

Das Zeichen dieses Bundes ist der Ritus der Beschneidung, der eher ein deutlich religiöser als ein sozialer Ritus ist (Gen 17, 10–14). Die Bedeutung des Bundesschlusses wird weiter dadurch unterstrichen, daß er mit den Namensänderungen Abram – Abraham und Sarai – Sara verbunden wird (Gen 17, 5.15). In P wird die Gestalt des Abraham zum historischen Anknüpfungspunkt für die Lehre, daß das jüdische Volk der Gegenstand einer ewigen Erwählung Gottes ist. Diese Erwählung erhielt ihr Zeichen in der Praxis des Beschneidungsritus und konnte durch keine Übertretung des Sinaigesetzes von seiten Israels außer Kraft gesetzt werden.

Im Werk des Chronisten wird die Gestalt des Abraham in Übereinstimmung mit der P-Überlieferung als ein Hinweis darauf, daß JHWH Israel erwählt und ihm das Land gegeben hat, dargestellt. Im Mittelpunkt steht die Verheißung des Landes (2 Chr 20, 7). In einem vom Chronisten übernommenen Psalm wird diese Verheißung als den beiden andern Erzvätern Isaak und Jakob bestätigt betrachtet (1 Chr 16, 15ff.). Der Hinweis auf JHWH als den „Gott Abrahams Isaaks und Jakobs" (1 Chr 29, 18; 2 Chr 30, 6) spiegelt zweifelsohne diese Verheißung wider. Esras Gebet in Neh 9, 6–37 spielt auf den Abrahamsbund an (9, 7ff.), und zwar auf eine Weise, die auf Vertrautheit mit dem J- und dem P-Bericht schließen läßt (Abrahams Namensänderung Gen 17, 5 [P] und die Liste über die kanaanäischen Einwohner, die dem J-Bericht Gen 15, 20f. hinzugefügt worden ist).

Clements

אָדוֹן אֲדֹנָי

I. אדון 1. Etymologie – 2. Außerbiblisches Material – 3. AT – II. אדני 1. Gebrauch – 2. Endung *āj* – 3. Dalmans Auffassung – 4. Baudissins Standpunkt – 5. Ugaritische Parallelen – 6. Entstehungszeit – 7. Zusammenfassung.

Lit.: *W. W. Graf Baudissin*, Kyrios als Gottesname im Judentum und seine Stelle in der Religionsgeschichte I–IV, 1929. – *L. Cerfaux*, Le nom divin Kyrios dans la Bible grecque (RScPhTh 1931, 27–51). – *Ders.* Adonai et Kyrios, ebd. 415–452). – *G.H. Dalman*, Studien zur Biblischen Theologie. Der Gottesname Adonaj und seine Geschichte, 1889. – *O. Eißfeldt*, Adonis und Adonaj (SSAW 115, 4) 1970. – *W. Foerster* und *G. Quell*, κύριος, ThWNT III 1038–1098.

I. 1. *'ādōn* oder *'adān* 'Herr' und sein Femininum *'adat* sind nicht allgemein-semitisch, sondern kommen außer im Hebräischen des AT nur im „Amoritischen", im Kanaanäischen, im Phönizischen, im Punischen und – jedenfalls *'adat* – im Palmyrenischen vor, während *'ᵃdōnāj* sich nur im AT und in dem von diesem beeinflußten Schrifttum findet. Weiter darf hier daran erinnert werden, daß, wie sein Kult, so auch der Name des griechischen Ἄδωνις sicher einen semitischen, wahrscheinlich phönizischen Vorgänger namens *'ādōn* gehabt hat und daß dieser durch eine Inschrift ebenso überraschend zutage kommen kann, wie die in Dura-Europos 1922–1923 geschehene Ausgrabung eines Adonis-Tempels frühere Vorstellungen von diesem Gott als einer bloßen Weltanschauungs-Figur zu berichtigen und ihn als richtige Kultgestalt zu betrachten genötigt hat. Nach Ausweis der oben genannten Literatur sind für das Wort sehr viele etymologische Erklärungen vorgeschlagen worden. So hat Albright (JBL 69, 1950, 385–393: Rezension von H. Gordon, Ugaritic Handbook) die

Herleitung des Wortes אדון von dem ägyptischen *idnw* 'Verwalter', wie sie S. Yeivin 1936 vorgeschlagen hatte, erneuert, wobei er dieses ägyptische Lehnwort im 3. Jt. a. ansetzte, also in einer Zeit, in der der gegenseitige Austausch zwischen Ägypten und Kanaan sehr rege war, während H. Bauer und P. Leander (BLe § 28t, 61iα) אדון oder richtiger – denn אדון halten sie für eine sekundäre Verkürzung unseres Wortes – אדני zu dem für Syrien-Palästina anzunehmenden vorsemitischen Substrat rechnen zu müssen glaubten. Am wahrscheinlichsten bleibt die von H. L. Ginsberg (OLZ 37, 1934, 473–475) und doch wohl auch von Andrée Herdner, Les noms de parenté en ugaritique (GLECS 6, 1951–1954, 67–68) vorgeschlagene Erklärung von *'ad* (*'adān*) und *'adat* als Lallnamen für 'Vater' und 'Mutter', eine Erklärung, die durch die ugaritischen Texte CTA 23 (SS) und CTA 24 (NK) gestützt wird. Der erste bietet in 32–33 *hlh tṣḥ 'd 'd whlh tṣḥ ỉm ỉm* „Siehe, sie schreit: ‚Vater, Vater', und siehe, sie schreit: ‚Mutter, Mutter'", der zweite in 33–35 *'dnh jšt mṣb mznm ỉmh kp mznm* „Ihr Vater bereitet das Waage-Gestell, ihre Mutter die Waagschalen". Die Entwicklung der Bedeutung von *'ad*, *'adān* 'Vater' zu 'Herr' und von *'adāt* 'Mutter' zu 'Herrin' ist ja ohne weiteres begreiflich. Was das sprachliche Verhältnis von *'adāt* zu *'ad* und *'adān* (> *'ādōn*) angeht, so wären wohl zwei Möglichkeiten in Rechnung zu stellen. Entweder ist das feminine *-at* an *'ad* herangetreten oder *'adān* hat die Hinzufügung eines *-t* erfahren, wobei der letztere Fall die Assimilierung des *'adān* schließenden *n* an die Feminin-Endung *-t* voraussetzt. (Weitere Diskussion zur Etymologie bei Gröndahl, PNU 89, Huffmon, APNM 159, vgl. auch KBL³.)

2. Im außerbiblischen Bereich wird *'adān* oder *'ādōn* ebenso von menschlichen und göttlichen Herren gebraucht wie im AT. Die ältesten Belege für unser Wort, die in amor. oder kanaan. beeinflußten akk. Briefen aus Mari (*Aduna-Adad*, Huffmon, APNM 20, 159) und aus Amarna (*Aduna*, Knudtzon, EA, 1556) vorkommen, finden sich in Personennamen, die von diesem oder jenem Gott bezeugen, daß er der Herr des Namensträgers ist, oder Kurzformen solch theophorer Personennamen darstellen. Die Texte aus Ugarit, und zwar sowohl die silbenschriftlichen als auch die keilalphabetischen, weisen ebenfalls *'dn* als Bestandteil theophorer Personennamen oder als Kurzform von solchen auf. Anwendung von *'dn* auf einen Gott findet sich in CTA 1 (VI AB), IV 17, wo das Haupt des ugaritischen Pantheons, der Gott El, zu einem anderen – offenbar jüngeren – Gott sagt: *'t 'dn tpʿr*, „Du sollst ‚Herr' genannt werden!" Leider ist der Zusammenhang dieses Ausspruches so fragmentarisch, daß sich nicht sicher ausmachen läßt, welchem jugendlichen Gott hier der Name *'dn* 'Herr' beigelegt wird. Sehr wahrscheinlich ist es Al'ijan Baʿal, der Gott der schnell aufblühenden, aber ebenso schnell verwelkenden Frühlingsvegetation. Dann hätten wir hier eine Spur des semitischen jugendlichen Gottes, der dem griechischen Ἄδωνις zugrunde liegen muß, aber merkwürdigerweise bisher nirgends nachgewiesen werden konnte, eine Spur, die durch die bei dem alexandrinischen Lexikographen des 6. Jh. p. Hesychius unter Ἄδωνις erhaltene Angabe Ἄδωνις δεσπότης ὑπὸ Φοινίκων καὶ Βόλου ὄνομα, „Adonis bedeutet ‚Herr' bei den Phöniziern und ist Baʿals Name" bestätigt wird. Neben der Anwendung von *'dn* auf Götter findet sich in Ugarit sein Gebrauch für Menschen, was von *'dt* 'Herrin' ebenfalls gilt. So wird in CTA 6 (I AB) VI 56 Niqmad neben *mlk ỉgrt* 'König von Ugarit' und *bʿl ṯrmn* 'Besitzer von *ṯrmn*' auch *'dn jrgb* 'Herr von *jrgb*' genannt, und in CTA 52 redet *tlmjn* die Königin-Mutter als *'dtj* 'meine Herrin' an, während dieser sich als ihren Knecht (*ʿbd*) bezeichnet. In den phönizischen Inschriften häufen sich die Belege für אדן und für אדת, wobei beide sowohl auf Gottheiten als auch auf Menschen angewendet werden. In einer Inschrift aus Umm el-ʿAwāmīd vom Jahre 132 a. kommt אדן mehrfach vor, einmal in der Wendung לאדן לבעל שמם 'dem Herrn, dem Baʿalšamem', sodann in der Verbindung לאדן מלכם, wobei mit 'Herr der Könige' der damalige Seleukiden-König gemeint ist. Was aber אדת angeht, so wird vom 10. Jh. a. ab die Baʿalat Gebal, also die Hauptgöttin von Byblos, von den Stiftern der Inschriften oder der in ihnen genannten Weihungen mehrfach als אדתו 'seine Herrin' prädiziert. Benennung einer menschlichen Frau als אדת 'Herrin' findet sich etwa in der in Syria 17, 1936, 354–355 von J. Cantineau veröffentlichten palmyrenischen Inschrift aus dem Jahre 142–143 p., nach der ein Mann namens Māle dieses Grab „für sich, für seine Gattin (לאדתה), für seine Söhne, für seine Töchter und für seine Enkel" angelegt hat. Im Punischen beginnen Tausende von Inschriften mit לרבת לתנית פן בעל ולאדן לבעל חמן, sind also außer dem als 'Herr' prädizierten Baʿal Ḫammon, der meistens an zweiter Stelle steht, der 'Herrin, der Tinit, dem Angesicht Baʿals', deren Würde als Herrin hier nicht durch אדת, sondern durch רבת ausgedrückt wird, geweiht. Von dem punischen אדן sind uns auch Transkriptionen ins Griech. und ins Lat. erhalten. In einer mit griechischen Buchstaben geschriebenen punischen Inschrift von dem Hügel El-Hofra bei dem algerischen Constantine aus dem 2. Jh. a. (J. Friedrich, ZDMG 107, 1957, 282–290) findet sich λ-αδουν, das punisches לאדן wiedergibt, und in den Versen 998–1001 des von Plautus um 200 a. verfaßten „Poenulus" findet sich *donni*, das dem um sein Anfangs-*a* gekürzten punischen *adoni* 'mein Herr' entspricht. Dabei bezieht sich

αδουν auf einen Gott, nämlich auf Βαλ Αμουν, dem ʻunsere Herrin Tinit, Angesicht Baʻals' (ρυβαθων Θινιθ Φανε Βαλ) hier nachgestellt erscheint, während sich die Anrede *donni* = אדני ʻmein Herr' an einen Menschen richtet.

3. Im AT wird אדון über 300mal auf einen irdischen und bei Nicht-Berücksichtigung von *'^{a}dōnāj* etwa 30mal auf einen göttlichen Herrn bezogen. Dabei enthält 2 Sam 3, 4, wonach der dem David von der Haggith geborene Sohn אדניה oder – so sein Name an anderen Stellen – אדניהו ʻMein Herr ist JHWH' genannt wurde, den sicher datierbaren ältesten Beleg dafür, daß Israel den Begriff אדון verwendet hat. Möglicherweise hat Israel schon vorher seinen himmlischen oder einen menschlichen Herrn als אדון bezeichnet. Aber die Stellen, die das für ältere Zeiten voraussetzen, wie Gen 42, 10, wo die Brüder des von ihnen nicht erkannten Joseph ihn mit ʻmein Herr' (*'^{a}dōnī*) anreden, während sie sich ihm gegenüber ʻdeine Knechte' (עבדיך) nennen, oder Ex 23, 17, wo Gott am Sinai allen Männern Israels befiehlt, dreimal im Jahr ʻvor dem Herrn JHWH' (אל־פני האדון יהוה) zu erscheinen, können späteren Gebrauch in ältere Zeit zurücktragen. Was irdische Herren angeht, so finden sich im AT solche über Ehefrauen (Gen 18, 12), Länder (Gen 42, 30), Häuser (Gen 45, 8), Gebiete (1 Kön 16, 24) und dergleichen mehr. Sehr oft wird der König אדון genannt, und Jer 22, 18; 34, 5 erscheint als Klage über den toten König הוי אדון. Der Plural unseres Wortes, אדונים, kommt als wirklicher Plural vor, bezeichnet aber nicht selten als pluralis majestaticus einen irdischen einzelnen Herrn. Das geschieht etwa in 1 Kön 16, 24, wo von dem Herrn eines Berges (אדני ההר) die Rede ist, und in Jes 19, 4, wo der Prophet dem Lande Ägypten androht, daß es in die Hand eines ʻharten Herrn' (אדנים קשה) fallen werde, im zweiten Falle also das Substantivum im Plural steht, während für das appositionelle Adjektiv der Singular gebraucht wird. Im allgemeinen scheint אדון „den Herrn als den Gebieter" zu bezeichnen (Köhler, ThAT, ^{3}1953, 12), während → בעל den Besitzer meint (vgl. Ps 105, 21, wo Joseph als אדון über das Haus des Pharao gebietet und „Herrscher (משל) seines ganzen Besitzes" ist).

Das zu oder von einem Menschen gesagte „Mein Herr" (*'^{a}dōnī*, gegebenenfalls *'^{a}dōnāj*) ist des öfteren bloßer Höflichkeitsstil, nämlich Ersatz für das Du der Anrede oder für die Bezugnahme auf eine Person mit Er. Beispiele dafür sind etwa die nach Gen 31, 35 von der Rahel ihrem Vater Laban vorgetragene Bitte: „Es sei doch nicht böse mein Herr!" (אל־יחר בעיני אדני) und das Gen 24, 27 stehende Gebet des Majordomus Abrahams: „Gepriesen sei JHWH, der Gott meines Herrn (*'^{a}dōnī*) Abraham, der seine Huld und seine Treue meinem Herrn (*'^{a}dōnī*) nicht entzogen hat." Von den – bei Nicht-Berücksichtigung von *'^{a}dōnāj* – auf JHWH angewendeten Bezeichnungen ʻHerr' (אדון, האדון oder – pluralis majestaticus! – אדנים) seien in der Folge der biblischen Bücher hier die Fälle genannt, in denen außer אדון noch andere Prädizierungen JHWHs gebraucht werden, die seine Macht hervorheben und dem אדון größeren Nachdruck verleihen; es sind die folgenden: Ex 34, 23 האדן יהוה אלהי ישראל ʻDer Herr JHWH, der Gott Israels'; Deut 10, 17 יהוה אלהיכם הוא אלהי האלהים ואדני האדנים ʻJHWH, euer Gott, er ist der Gott der Götter und Herr der Herren' (vgl. äg. *nb nbw* mit derselben Bedeutung; s. dazu unter בעל); Jos 3, 13 יהוה אדון כל־הארץ ʻJHWH, der Herr der ganzen Erde'; Jes 1, 24 נאם האדון יהוה צבאות אביר ישראל ʻAusspruch des Herrn JHWH Zebaoth, des Starken Israels'; Jes 3, 1; Jes 10, 16 und Jes 10, 33 האדון יהוה צבאות ʻDer Herr JHWH Zebaoth'; Jes 19, 4 נאם האדון יהוה צבאות ʻAusspruch des Herrn JHWH Zebaoth'; Mi 4, 13 ליהוה בצעם וחילם לאדון כל־הארץ ʻDem JHWH ihr Gewinn und ihre Beute dem Herrn der ganzen Erde'; Sach 6, 5 und Ps 97, 5 אדון כל־הארץ ʻder Herr der ganzen Erde'; Ps 114, 7 מלפני אדון חולי ארץ מלפני אלוה יעקב ʻvor dem Herrn erbeb, o Erde, vor dem Gott Jakobs!'; Ps 135, 5 גדול יהוה ואדנינו מכל־אלהים ʻgroß ist JHWH und unser Herr größer als alle Götter' und Ps 136, 1–3 הודו ליהוה ... לאלהי האלהים ... לאדני האדנים ʻdanket JHWH, ... dem Gott der Götter ..., dem Herrn der Herren!' Für die Bestimmung der Bedeutung von *'^{a}dōnāj* sind die eben behandelten Stellen insofern sehr wichtig, als sie den, wie wir sehen werden, von אדני selbst gemachten Eindruck, daß es die sich über alle Welt erstreckende Herrschaft JHWHs prädizieren will, nachdrücklich bestätigen und so für אדני eine ähnliche Bestimmung nahelegen.

II. 1. Im AT kommt *'^{a}dōnāj* 449mal vor, davon 134mal alleinstehend und 315mal in Verbindung mit יהוה, und zwar in der Weise, daß es 310mal אדני יהוה und 5mal יהוה אדני heißt. In den älteren Geschichtsbüchern Gen – 2 Kön ist אדני verhältnismäßig selten, nämlich nur in 21 Fällen vertreten. In den Prophetenbüchern nimmt der Gebrauch des – alleinstehenden oder mit יהוה verbundenen – אדני sehr stark zu, steigt nämlich auf 230, wobei das Buch Ezechiel allein 217 Belege aufweist. Den Hauptanteil an dieser großen Zahl hat dabei die Verwendung von אדני für die Einleitungen in die Prophetensprüche כה־אמר und für deren Schlußformeln נאם, also z. B. Jes 10, 24 כה־אמר אדני יהוה צבאות einerseits und Jes 3, 15 נאם אדני יהוה צבאות andererseits. In den Psalmen findet sich אדני 55mal und in den Klageliedern 14mal. In Reden und Gebete paßt also offenbar אדני und אדני יהוה

oder יהוה אדני besser hinein als in Erzählungen, Gesetze und Weisheitssprüche.

2. Bei dem Wort אדני kommt alles auf die Erklärung seiner Endung *-āj* an, nämlich darauf, ob diese Endung ein – welchen Zwecken auch immer dienendes – Substantiv-Afformativ ist oder aber das an den Plural אדנים gehängte Possessiv-Pronominal-Suffix der 1. Person des Singulars darstellt, ob also – unter der Voraussetzung, daß das Afformativ *-āj* eine Steigerung des Stammwortes bedeutet – אדני mit 'der Allherr' oder aber mit 'mein Herr' zu übersetzen sei, wobei im letzteren Fall angesichts der Fülle ähnlicher, etwa bei Monsieur, Madame, Madonna und dergleichen vorliegenden Parallelen immer noch die Möglichkeit offenzuhalten ist, daß auch in *'ᵃdōnāj* Erstarrung einer Anredeform zu einer Aussageform vorliegt. Während Dalman (13) noch feststellen konnte: „Insgemein wird nun behauptet, אדני sei schon innerhalb der alttestamentlichen Litteratur in der Bedeutung 'der Herr', 'der Allherr' eine selbständige Gottesbezeichnung ähnlich אלהים bez. האלהים gewesen", erfreut sich in der Gegenwart die gegenteilige Auffassung so gut wie allgemeiner Anerkennung. Das ist vor allem durch die „Studien" Dalmans und das durch sie beeinflußte Kyrios-Werk Baudissins veranlaßt, von dem sein Verfasser (II 18) sagt, daß es an Dalmans „Studien" anzuknüpfen habe. Neuere Äußerungen zu unserer Frage veranschaulichen, daß die Auffassung der Endung von אדני als Possessiv-Suffix zur Zeit in der Tat das Feld beherrscht. In seinem Artikel κύριος im ThWNT sagt G. Quell, nachdem er sich für die pronominale Natur des Suffixes *āj* von אדני ausgesprochen hat, dieses: „Aber andererseits steht אדני auch in Wir-Texten (z. B. Ps 44, 24), so daß die Deutung als Possessivform 'mein Herr' in den biblischen Texten nicht durchführbar ist, ohne daß formelhafte Erstarrung eines ursprünglich gemeinten Vokativs zum Nominativ vorausgesetzt wird. Diese Voraussetzung zugegeben, dürfte wohl ... angenommen werden, daß אדני als Gottesbezeichnung aus einer privaten Gebetsanrede hervorgegangen ist ... Die Dehnung des *a* wird auf das Bemühen der Masoreten zurückzuführen sein, durch ein kleines äußerliches Mittel das Wort als heiliges zu markieren." Dabei beruft er sich (Anm. 109) für den von ihm angenommenen Übergang des Vokativs אדני in andere Kasusfunktionen ausdrücklich auf Baudissin (II 35ff.), der als Parallelen zu אדני das späthebräische רבי, das syrische מרי und auch das akkadische *bēlti* angeführt hatte. Bei L. Köhler (ThAT, ³1953, 11) finden sich diese Sätze: „Über 6700mal findet sich im AT der Gottesname Jahwe. Das Judentum spricht statt seiner אדני 'meine Herren' im Sinn von 'meine Herrschaft', und dieser Ausdruck ist so gänzlich gebrauchsstarr geworden, daß man ihn am besten und am richtigsten mit 'der Herr' wiedergibt. Das ist das κύριος der Septuaginta. Gott heißt im AT der Herr." H. Ringgren (Israelitische Religion, 1963, 59–60) sagt: „Der wirkliche Eigenname des israelitischen Gottes aber heißt *Jahwe* ... Die Septuaginta übersetzt ihn einfach mit *Kyrios*, 'der Herr', weil der Gottesname zu jener Zeit vor lauter Scheu nicht mehr ausgesprochen und durch *'ădōnāj*, 'der (mein) Herr', ersetzt wurde." Bei Th. C. Vriezen (Hoofdlijnen der Theologie van het Oude Testament, ³1966, 373) heißt es, wieder mit Hinweis auf Baudissin: „Ook de samenstelling *'Adonai Jahwe*, mijn Heer Jahwe ... komt voor, vaak als vocatief, maar ook in het algemeen als Godsaanduiding; bij Ezechiël komt ze verreweg het meest voor, hoewel ook Jahwe alleen wordt gebruikt." Schließlich stellt H. J. van Dijk (Ezekiel's Prophecy on Tyre [Ez 26,1–28,19], 1968, 8–9) das in Jer und Kl vorkommende *bat ʿammî* unserem אדני an die Seite und führt aus: „Still, it is equally possible that the suffix of *ʿammî* in *bat ʿammî* has lost its proper character as is the case of *'ădōnāy* in 1 Kg 3,10 and Ez 13, 9, 'the Lord', as noted by GB p. 9, and the LXX already renders *'ădōnāy* as *Kyrios*. The same possibility obtains in the Ugaritic proper name *bn adty*, 'Son of the Lady' (= a goddess). See UT 2039: 4 and 2097: 7" (= PRU V, S. 53 bzw. 120). Weil es einer genaueren Darlegung des Problems, ob die Endung *āj* von אדני ein Pronominal-Suffix oder aber ein die Bedeutung des Stammwortes verstärkendes Afformativ ist, dient, empfiehlt sich eine ausführlichere, mit Hervorhebung ihrer Verschiedenheiten verbundene Wiedergabe der Bücher Dalmans und Baudissins.

3. Nach Dalman ist die Ersetzung der Anredeformen *'ᵃdōnaj* und *'ᵃdōnī*, die bis dahin ohne Anstoß auch für Gott gebraucht wurden, durch *'ᵃdōnāj* erst von nachalttestamentlichen Schriftgelehrten vorgenommen worden. Dabei behielt die Endung *-āj* dieselbe Bedeutung wie *-ī* und *-aj*, blieb also Pronominalsuffix der 1. Pers. Sing. und setzte eine persönliche Beziehung des Sprechers zu Gott voraus. Dalman findet diese persönliche Beziehung des öfteren auch da, wo das einen gekünstelten und gezwungenen Eindruck macht. So sagt er von dem אדני in Ex 15,17 מכון לשבתך פעלת יהוה מקדש אדני כוננו ידיך „die Stätte, die du zu deinem Sitz gemacht hast, JHWH, das Heiligtum, das, Adonāj, verfertigt haben deine Hände", daß es „vom Standpunkt des Sängers zu erklären ist, welcher v. 2. Gott als אלי bezeichnet, oder nach dem Zeugnis des samaritanischen Pentateuch und Targum zu streichen" (Dalman 26). Zum Gebrauch von אדני durch die Propheten aber sagt er: „Es ist eine auffallende Thatsache, daß grade die Propheten, welche von einer ihnen persönlich zuge-

kommenen Beauftragung bez. Berufung Gottes berichten, d.h. Jesaja I (6, 9), Amos (7,15), Jeremia (1, 10), Ezechiel (2, 3), Jesaja II (48, 16. 50, 4) mit Vorliebe אדני anwenden, wofür kein anderer Grund sich angeben läßt, als daß ihr Dienstverhältnis zu Jahwe ein besonders persönliches war. Dann war das Suffix von אדני aber sicherlich nicht bedeutungslos" (Dalman 34). Über die Verwendung von אדני durch die Propheten sagt Dalman weiter, indem er zunächst die „Einführungen prophetischer Rede" ins Auge faßt: „אדני ist da völlig am Platz; denn der Prophet redet im Namen dessen, der ihn gesendet und darum im besondern Sinne sein Herr ist. Außerdem kennt Jesaja sehr wohl das bloße האדון, das er 5mal verwendet. Von dem Gebrauch von אדני innerhalb der prophetischen Rede gilt dasselbe", nämlich, daß es das besondere Verhältnis des Propheten zu JHWH, seinem Herrn, zum Ausdruck bringt. „Besonderer Nachdruck dürfte auf dem Suffix besonders in Kap. 50, 4. 5. 7. 9 liegen, wo die Häufung des Gottesnamens sich eben dann im Zusammenhang sehr wohl erklärt. Der Prophet beruft sich darauf, daß sein Gott, der ihn für die Rede inspiriert, auch gegen seine Feinde verteidigen wird" (Dalman 30). Auch darum, weil in ihm die Streichung von Ez 13, 9; 23, 49; 24, 24; 28, 24; Hi 28, 28 einerseits und von 1 Kön 2, 26; 22, 6; 2 Kön 19, 23 anderseits zu rechtfertigen versucht wird, sei hier noch ein zweiter Absatz von Dalman mitgeteilt: „Von einer wirklichen Geschichte des Gebrauchs von אדני in der von den alttestamentlichen Büchern (ausgenommen Daniel) umspannten Zeit kann nach dem schriftlich vorliegenden Material kaum geredet werden, am wenigsten davon, daß man von einer bewußten Anwendung des Suffixes zu einem bedeutungslosen Gebrauch desselben fortgeschritten sei. Wenn es gestattet ist, davon auszugehen, daß der jetzt überwiegende Gebrauch für das ursprünglich Maßgebende zu halten ist, so haben wir das Recht, die wenigen Stellen, wo אדני im Munde Gottes (4mal bei Ezechiel, 1mal bei Hiob) und in gewöhnlicher Geschichtserzählung (3mal im Königsbuch) vorkommt, zu streichen, und es bleibt übrig, wenn wir das Danielbuch unberücksichtigt lassen, ein Gebrauch von אדני in der Rede von Menschen zu Gott oder von Gott, welcher dem Gebrauch des profanen *'ᵃdōnī* entspricht, mag auch auf das Suffix stellenweise mehr oder weniger Nachdruck fallen" (Dalman 33). Das den Schluß des letzten Zitats bildende Zugeständnis der Abschwächung des Suffixes von אדני wird S. 74 wieder aufgenommen: „אדני wurde auch dadurch als Ersatz für יהוה empfohlen, daß es im AT so oft als Einführung dieses Namens erscheint ... Zu gleicher Zeit wird angenommen werden müssen, daß die Bedeutung des Suffixes im Schwinden begriffen war, nicht, weil man sie nicht gekannt hätte, sondern weil das Interesse nicht bestand, der persönlichen Beziehung zu Gott, sondern dem Glauben an seine Herrenstellung einen Ausdruck zu geben. Nicht seinen Herrn wollte man benennen, sondern 'den HErrn'."

Diese Zitate aus Dalmans „Studien" sind von ihm als Stützen seiner These gedacht, die Endung *āj* sei ein Possessiv-Suffix und das mit ihm versehene *'ᵃdōnāj* setze immer ein persönliches Verhältnis zwischen dem Sprecher und JHWH voraus. Aber die Streichungen oder Änderungen von Ex 15,17; Ez 13, 9; 23, 49; 24, 24; 28, 24; Hi 28, 28 einerseits und von 1 Kön 2, 26; 22, 6; 2 Kön 19, 23 andererseits sind ein Willkürakt, der bei Auffassung von *'ᵃdōnāj* als ein das Substantiv-Afformativ *āj* tragendes Nomen mit der Bedeutung 'der Allherr' nicht nötig wäre. Was das besondere Dienstverhältnis der Propheten Jesaja I, Amos, Jeremia, Ezechiel und Jesaja II zu JHWH und die Erklärung des häufigen Gebrauchs von *'ᵃdōnāj* bei ihnen angeht, so ließe sich mit demselben oder mit größerem Recht darauf hinweisen, daß die Mehrheit dieser Propheten mehr als andere an JHWH die erhabene Majestät hervorheben und daß ihre Verwendung von *'ᵃdōnāj* im Sinne von 'der Allherr' dazu gut passen würde. Der im zweiten Zitat (Dalman 30) gegebene Hinweis darauf, daß Jesaja neben אדני 5mal das bloße האדון verwende, und die Bemerkung (Dalman 74), das bloße האדון hätte vielleicht demselben Zweck dienen können wie אדני, legt den Gedanken, אדני bedeute etwa dasselbe wie האדון, nämlich der Herr im Sinne von Allherr, außerordentlich nahe. Das letzte Zitat (Dalman 74) schließlich redet in eindeutigen Worten davon, daß die Bedeutung des Suffixes von אדני im Schwinden begriffen war und daß man mit אדני nicht seinen Herrn benennen wollte, sondern 'den Herrn'. Dalman hat ohne Zweifel recht, wenn er aus *'ᵃdōnāj* an einigen Stellen seines Vorkommens die Bedeutung 'der Allherr' heraushört. Nur setzt er das Aufkommen dieser Bedeutung von *'ᵃdōnāj* viel zu spät an. In Wahrheit liegt sie nicht am Ende der Geschichte des Wortes *'ᵃdōnāj*, sondern an ihrem Anfang.

4. Wie Dalman spricht auch Baudissin die Form *'ᵃdōnāj* den Autoren der alttestamentlichen Bücher ab und schreibt sie späteren Schriftgelehrten zu, die dadurch eine Scheidung zwischen der sakralen und der profanen Sphäre herbeiführen wollten, daß sie die Formen *'ᵃdōnī* und *'ᵃdōnaj*, die bisher auch auf Gott angewendet wurden, auf den profanen Bereich beschränkten und für die Benennung JHWHs als 'Herr' oder 'Allherr' eine besondere Wortform, eben *'ᵃdōnāj*, einführten, die sie noch dazu an vielen Stellen, namentlich des Ezechiel-Buches, von sich aus hinzugefügt haben. Dabei unterscheidet sich Baudissin von Dalman insofern, als er das aus

’ᵃdōnī oder *’ᵃdōnaj* korrigierte *’ᵃdōnāj* nur da, wo es in der Anrede an Gott vorkommt, also vokativisch ist, für „ursprünglich" hält, während er in den anderen Fällen des Gebrauchs von *’ᵃdōnāj* es ablehnt, in der Endung *āj* von *’ᵃdōnāj* noch ein Possessiv-Suffix zu suchen und damit *’ᵃdōnāj* als ‘mein Herr’ zu verstehen, und diese Belege für *’ᵃdōnāj* ganz späten Text-Überlieferern zuschreibt. Er sagt: „Die Fragen müssen zunächst unberührt bleiben, ob die Aussprache *ădonāj* ursprünglich und wie darin die Endung *āj* zu verstehen ist. Es wird sich uns später (II Teil, III Kap., II) als wahrscheinlich ergeben, daß diese Form sehr jung ist und eine ältere Aussprache *ădonī* voraussetzt ... Die Endung *āj* kann wohl nur entweder Pronominalsuffix 1. Pers. singul. sein oder eine Nominalendung, die aber anscheinend später – jedenfalls zum Teil von den Septuaginta – als Pronominalsuffix verstanden worden wäre" (Baudissin I 482f.), und ein anderes Mal unterstreicht er das mit diesen Worten: „Da wir bei den Hebräern und Phöniziern das Gottesepitheton *ādōn* mit zum Teil deutlichen Pronominalsuffixen gebraucht finden und auch die Endung *āj* ein derartiges Suffix sein kann, so scheint mir alles dafür zu sprechen, daß die Endung nichts anderes ist als eben dies. Fest steht aber zunächst das e i n e, daß eine Wandlung der Bedeutung der Form *ădonāj* stattgefunden hat. Diese für alle Fälle einheitlich aufzufassen, wie es Dalman versucht hat, ist nicht möglich. Entweder ist die Endung eine Nominalendung, die später als Pronominalsuffix verstanden wurde, oder das Umgekehrte ist der Fall" (Baudissin II 31). Dementsprechend prüft er die Versuche Dalmans, *’ᵃdōnāj* die Bedeutung ‘mein Herr’ abzuzwingen, oder, wo das schlechterdings unmöglich ist, diese Belege für *’ᵃdōnāj* als sekundär zu streichen, und lehnt sie entschieden ab. So heißt es: „Die Bedeutung ‘mein Herr’ paßt für *ădonāj* außerhalb des Pentateuchs, der es mit vielleicht einer Ausnahme nur in der Anrede gebraucht, in den meisten Fällen nicht, jedenfalls nicht in allen. Nur in der Anrede ist selbstverständlich die Bedeutung ‘mein Herr’ überall angebracht. In den wenigsten der anderen Anwendungen handelt es sich bei dem Gebrauch dieser Gottesbenennung um das persönliche Verhältnis des Redenden zu Jahwe. Dalman ... hat sich, ausgehend von der Annahme, daß in *ădonāj* die Endung nichts anderes sein könne als das Pronominalsuffix, bemüht, für fast alle Stellen die Möglichkeit der Auffassung ‘mein Herr’ nachzuweisen" (II 18) und: „In dem Sinne ‘mein Herr’ paßt *ădonāj* bei den Propheten nur etwa an einzelnen Stellen, dagegen in dem Wert eines Eigennamens mit der Bedeutung ‘der Herr’ überall. Ähnlich wie bei den Propheten liegt es in den Psalmen" (II 22) sowie: „Dalmans Ausscheidungen reichen nicht entfernt aus, um die von ihm als allein möglich beurteilte Deutung des Namens überall zur Geltung zu bringen. In der weit überwiegenden Zahl der Stellen ist es meines Erachtens notwendig, *ădonāj* aufzufassen als einen Eigennamen mit der Bedeutung ‘der Herr’, nämlich der Herr schlechthin, so daß die Endung entweder nicht Pronominalsuffix ist oder ihre Bedeutung als solches verloren hat... IV Rg 19, 23 (= Jes 37, 24) will Jesaja mit dem *ădonāj* des vorliegenden Textes schwerlich hervorheben, daß der Assyrer seinen, des Jesaja, Herrn geschmäht habe, sondern nach der feierlichen Hinweisung des vorhergehenden Textes auf den ‘Heiligen Israels’ als den von Sanherib Geschmähten soll vielmehr betont werden, daß er dies dem Allherrn angetan habe" (Baudissin II 19f.).

5. Wie die ugaritischen Texte andere lexikographische und grammatikalische Phänomene des AT in neues Licht gerückt haben, so scheint das auch bei der gewiß mit einem langen *ā* ausgesprochenen ugar. Wortendung *-āj* der Fall zu sein, die eine Verstärkung des um sie vermehrten Grundwortes zum Ausdruck bringt. Diese ugaritische Wortendung *-āj* läßt sich der Endung von *’ᵃdōnāj* an die Seite stellen und verspricht, zur Erklärung von *’ᵃdōnāj* einen wichtigen Beitrag zu liefern. Nur zwei Fälle seien genannt. In dem von einem erbitterten Kampf zwischen den Göttern Baʿal und Jam handelnden Text CTA 2 (III AB), IV heißt es Z. 5: *lʾrṣ jpl ỉlnj wlʿpr ʿẓmnj*, „Zur Erde fällt der Vollmächtige und in den Staub der Vollstarke". Der zweite ugaritische Text, CTA 51, der die Endung *āj* aufweisende Wörter enthält, ist ein von Talmajan und der Achatmelech an ihre Mutter, ihre Herrin *(lỉmj ʾdtnj)* gerichteter, 18 Zeilen umfassender Brief, der nach den üblichen Ergebenheits- und Wunschformeln (Z. 1–9) in Z. 10–18 fortfährt: *hnnj ʿmnj kll mỉd šlm wʾp ʾnk nḫt ṯmnj ʿm ʾdtnj mnm šlm rgm ṯṯb lʿbdk* „Allhier, bei uns alles sehr wohl, und ich erfreue mich der Ruhe. Alldort bei unserer Herrin alles wohl? Antworte deinem Knecht!" Beide Texte weisen die eine Verstärkung des Grundwortes mit sich bringende Endung *-āj* auf, CTA 2 in *ỉlnj* und *ʿẓmnj*, die offenbar so etwas wie ‘vollmächtig’ und ‘vollstark’ bedeuten, CTA 51 in *hnnj* und *ṯmnj*, die den Bereich, für den die Absender des Briefes bei den Empfängern Interesse voraussetzen, und den Personenkreis, nach dessen Ergehen sie sich erkundigen, als möglichst umfassend hinstellen, also etwa mit ‘allhier’ oder ‘hierselbst’ und ‘alldort’ oder ‘dortselbst’ wiederzugeben wären. (Ähnlich L. Delekat, Asylie ... 1967, 369, A. 6)

Wie das Wort-Afformativ *-āj* in den eben angeführten ugaritischen Texten eine Verstärkung der Bedeutung des Grundwortes mit sich bringt und mit einem Possessiv-Suffix gar nichts zu tun hat, so ist es auch mit der Endung von *’ᵃdōnāj*:

von Haus stellt sie ein Nominal-Afformativ dar, das die Bedeutung des Grundwortes *ʾādōn* verstärken und aus dessen Sinn ‘Herr’ soviel wie ‘Allherr’ machen will. Wohl aber ist mit der von Dalman, Baudissin und anderen vertretenen Möglichkeit zu rechnen, daß in manchen Stellen, die jetzt *ʾᵃdōnāj* als Anrede an JHWH aufweisen, ursprünglich *ʾᵃdōnī* oder – pluralis majestaticus! – *ʾᵃdōnaj* gestanden hat, etwa in Gen 15, 2, wo Abraham JHWH fragt: „Mein Herr JHWH, was willst du mir geben?“ (אדני יהוה מה־תתן־לי) oder Ex 4,10, wo Mose dem JHWH erklärt: „Bitte, mein Herr, ich bin kein Mann der Worte“ (בי אדני לא איש דברים אנכי) und daß die auf Gott angewendeten Formen *ʾᵃdōnī* und *ʾᵃdōnaj*, ‘mein Herr’ im Zuge der Tendenz, sie nur im profanen Bereich zu gebrauchen und für JHWH ausschließlich *ʾᵃdōnāj* ‘der Allherr’ zu verwenden, sekundär in *ʾᵃdōnāj* umgeändert worden sind. Denn selbst von dem אדני אלהי in Ps 38,16, wo אלהי ‘mein Gott’ unmittelbar auf אדני ‘Allherr’ folgt und für dieses die Deutung seiner Endung *-āj* als Possessiv-Suffix und damit seine Übersetzung als „mein Herr“ nahezulegen scheint, kann *ʾᵃdōnāj* ‘Allherr’ ohne weiteres als ‘mein Allherr’ verstanden werden. Die besondere Beziehung des Beters zu Gott braucht durch dessen Prädizierung als ‘Allherr’ also nicht verlorenzugehen. In der von einem Menschen an Gott gerichteten Anrede ‘Allherr’ ist also seine enge Verbindung mit Gott mitgesetzt, wie denn die LXX-Übersetzer häufig *ʾᵃdōnāj* nicht mit κύριός μου, sondern mit einfachem κύριος wiedergeben, also in der Anrede Gottes als ‘Herr’ auch das ausgedrückt finden, daß Gott des Beters Herr ist. Immerhin wird man angesichts der Tatsache, daß das überlieferte *ʾᵃdōnāj* des öfteren ein betontes Verständnis als ‘mein Herr’ zu erfordern scheint, es in diesen Fällen doch als sekundär aus *ʾᵃdōnī* oder *ʾᵃdōnaj* in *ʾᵃdōnāj* korrigiert auffassen müssen. Daß die überwiegende Zahl der Belege für dieses Wort sein Verständnis als eigennamartiges ‘Allherr’ fordert, bleibt trotzdem bestehen. Baudissin hat also in seinen oben angeführten Sätzen (II 31) Dalman gegenüber recht, wenn er die mit der Korrektur von *ʾᵃdōnī* oder *ʾᵃdōnaj* ‘mein Herr’ verbundene Wandlung der Bedeutung von *ʾᵃdōnāj* zu ‘Allherr’ feststellt, was, wie wir oben Sp. 70 sahen, Dalman für eine späte, nur zu späte Zeit auch selbst zugibt.

Noch ein anderes Phänomen der ugaritischen Texte vermag einen Beitrag zur Beantwortung der Frage nach der Bedeutung und nach der Entstehungszeit des Gottesnamens *ʾᵃdōnāj* zu liefern. Wie nämlich die Namen JHWH und Adōnāj als *ʾᵃdōnāj* JHWH oder – so viel seltener – als JHWH *ʾᵃdōnāj* gewöhnlich beieinander stehen, gelegentlich aber auf zwei parallele Stichen verteilt werden, so findet sich das auch bei ugaritischen Gottheiten, die Doppelnamen tragen. Zwei Beispiele dafür sollen hier vorgeführt werden. Die beiden Glieder des Doppelnamens des „Hephaistos von Ugarit“, *kṯr wḫss* ‘Geschickt und Gescheit’ stehen meistens in der eben gezeigten Weise beieinander, so in CTA 17 (II D) V 25–26, wo es heißt: *ʾḫr jmǵj kṯr wḫss* ‘Danach kam *kṯr wḫss*’, während in Z. 10–11 derselben Kolumne dieses Textes *kṯr wḫss* auf zwei Parallelstichen aufgeteilt sind, so daß hier von Dan’il erzählt wird: *hlk kṯr kjʿn wjʿn tdrq ḫss* „Das Kommen des *kṯr* sieht er fürwahr, und er sieht das Herbeieilen des *ḫss*“. Ähnlich steht es bei der doppelnamigen Mondgöttin von Ugarit. Während in CTA 166, 47–48 ihre beiden Namen, und zwar in der Folge *ȝb nkl* beieinander stehen und CTA 24 (NK) 1 mit *nkl wȝb* die umgekehrte Folge der beiden auch hier zusammenstehenden Namen innehält, erscheinen in Z. 17–18 des letztgenannten Textes, wo es heißt: *tn nkl jrḫ jtrḫ ȝb* ‘Gib *nkl*, *jrḫ* will die *ȝb* kaufen’, die beiden Namen der Göttin als Glieder zweier Parallelstichen. Der Verteilung der je zwei Namen der Göttin auf je zwei Stichen entspricht es, wenn, wie der oben Sp. 68 mitgeteilte Wortlaut des Verses zeigt, in Ex 15,17 יהוה und אדני in zwei parallelen Stichen erscheinen. Nun gehört das in Ex 15,1–19 überlieferte Lied Moses auf den Untergang der Ägypter im Meer gewiß zu den ältesten Stücken des AT. Mag es auch vielleicht nicht mit W.F. Albright (Yahweh and the Gods of Canaan, 1968, 10. 23. 29. 38) dem 13. Jh. a. zuzuweisen, sondern in der ersten Hälfte des 10. Jh. a. anzusetzen sein, so beweist es doch jedenfalls, daß die Benennung JHWHs als *ʾᵃdōnāj* ‘Allherr’ – denn ‘mein Herr’ würde hier nicht am Platze sein – sehr alt ist. Weder die für seine Meinung von Dalman ins Feld geführte Tatsache, daß viele hebräische Handschriften und der Samaritanus יהוה statt אדני aufweisen, noch seine Behauptung, אדני sei in unserer Stelle nicht ursprünglich, vermögen seine Echtheit in Frage zu stellen. Das ist um so weniger der Fall, als die beiden – auch von Dalman für sehr alt gehaltenen, mit Ex 15,17 etwa gleichzeitigen – Stellen Ex 23,17 und 34, 23, die allen israelitischen Männern vorschreiben, dreimal im Jahre vor dem Herrn JHWH (האדון יהוה) zu erscheinen, das Epitheton האדון ‘der Herr’ auf JHWH anwenden, ein Epitheton, das JHWHs Benennung als אדני ‘der Allherr’ gleichrangig ist, nur daß האדון den determinierenden Artikel *hā-* vorn trägt, אדני aber hinten mit dem einen status emphaticus ausdrückenden *-āj* versehen ist. Außer Ex 15,17 weisen die folgenden Stellen אדני und יהוה in Parallelstichen auf: Jes 3,17 שפח אדני קדקד בנות ציון ויהוה פתהן יערה „Grindig macht Adonāj den Schädel der Töchter Zions, und JHWH entblößt ihre Scham“; Jes 49,14 ותאמר ציון עזבני יהוה ואדני שכחני „Und Zion sprach:

JHWH verließ mich, und Adonāj vergaß mich"; Mi 1, 2, wo das erste אדני wohl zu streichen ist, ויהי יהוה בכם לעד אדני מהיכל קדשו „Und JHWH sei gegen euch Zeuge, Adonāj von seinem heiligen Tempel aus"; Ps 30, 9 אליך יהוה אקרא ואל־אדני אתחנן „Zu dir, JHWH, schreie ich, und zu Adonāj flehe ich"; Ps 35, 22 ראיתה יהוה אל־תחרש אדני אל־תרחק ממני „Du sahst es, JHWH, schweig nicht, Adonāj, sei mir nicht fern"; Ps 38, 16, wo אדני weder zu streichen noch in יהוה zu ändern ist: כי־לך יהוה הוחלתי אתה תענה אדני אלהי „Denn auf dich, JHWH, harre ich, du erhörst mich Adonāj, mein Gott"; Ps 130, 1–2 ממעמקים קראתיך יהוה אדני שמעה בקולי „Aus der Tiefe rufe ich dich an, JHWH, Adonāj, höre meine Stimme"; Ps 130, 3 אם־עונות תשמר־ יה אדני מי יעמד „Wenn du Sünden bewahrst, Jah, Adonāj, wer kann bestehen?".

Daß das in den eben behandelten Stellen vorkommende אדני durch den Parallelismus membrorum, zu dem es gehört, als echt erwiesen ist, versteht sich von selbst. Aber auch das dürfte gesichert sein, daß wenigstens in den meisten von ihnen אדני nicht 'mein Herr', sondern 'der Allherr' bedeutet. Damit wird für אדני = 'der Allherr' in Bestätigung des aus Ex 15, 17 gezogenen Schlusses ein ziemlich früher Zeitpunkt gewonnen. Denn von den eben vorgeführten Stellen reichen die aus den Prophetenbüchern stammenden bis ins 8. Jh. a. zurück, und die den Psalmen entnommenen können wohl wenigstens teilweise mit ihnen gleichzeitig oder gar noch älter als sie sein.

6. Daß das ihrer Meinung nach von Haus aus 'mein Herr' bedeutende *'adōnāj* allmählich die Funktion seiner Endung *-āj* als Pronominal-Suffix verloren hat, erkennen Dalman und Baudissin an. Nur setzen sie, wie wir sahen, die Änderung von *'adōnī* und *'adōnaj* in *'adōnāj* und damit den Übergang von 'mein Herr' zu 'der Allherr' sehr spät an, gar in die Zeit, in der die Bücher des AT schon abgeschlossen waren und spätere „Schriftgelehrte" oder „Masoreten" nur noch kleine Änderungen, wie die Korrektur von *'adōnī* oder *'adōnaj* in *'adōnāj* vornehmen konnten. In Wahrheit ist das *-āj* von *'adōnāj* niemals ein Pronominal-Suffix gewesen. Vielmehr war es von Anfang an ein Nominal-Afformativ, das sein Grundwort in einen status emphaticus erhob und *'adōnāj* die Bedeutung 'der Allherr' verlieh. So steht der Annahme, *'adōnāj* 'der Allherr' sei so alt wie die Übernahme des JHWH-Kultes durch Israel, kein unüberwindliches Hindernis im Wege. Denn das etwa Ex 34, 14 von JHWH dem Volk Israel auferlegte Verbot, keinen anderen Gott zu verehren, und seine Begründung, JHWH sei ein eifersüchtiger Gott, sind der Sache nach in Moses Zeit durchaus denkbar. Sonst könnte man für die Einführung von *'adōnāj* 'der Allherr' etwa an das Ende des 13. Jh. a. denken, in dem das Heiligtum Silo eine ganz große kultisch-religiöse Bedeutung gehabt und die – etwa dasselbe wie *'adōnāj* bedeutende – Prädizierung JHWHs als יהוה צבאות ישב על־הכרבים „JHWH Zebaoth, der über den Keruben thront" (→ צבאות) geschaffen hat oder an das drei bis vier Jahrhunderte später anzusetzende Auftreten Elias, der nach 1 Kön 18, 21 Israel vor die Alternative stellte: „Wenn JHWH Gott ist, folgt ihm, wenn aber der Ba'al, so ihm!" und damit wiederum von seinem Volke eine der Auffassung JHWHs als 'Allherr' entsprechende Haltung verlangt hat. Wie viele Schriftpropheten, Amos an der Spitze, mit ihrer Verkündigung der Benennung ihres JHWH als 'der Allherr' Nachdruck verliehen haben, so könnten auch ältere kultische Reformen auf Adonāj zurückgegriffen haben.

7. Der Versuch, eine kurze Geschichte der Verwendung des Gottesnamens Adonāj im AT zu geben, würde etwa so aussehen: Durch das Mose-Lied Ex 15, 1–19 und durch andere Belege ist Adonāj für die erste Hälfte des 10. Jh. a. oder für eine noch ältere Zeit bezeugt. Dann taucht sicher datierbares Adonāj im letzten Drittel des 8. Jh. a. in Parallelstellung mit JHWH bei Jes 3, 1 und Mi 1, 2 wieder auf sowie in den vorhin genannten Psalmen, die wenigstens teilweise mit Jesaja und Micha gleichzeitig oder gar noch älter als diese sind. Ein Teil der Schriftpropheten gebraucht Adonāj häufig, besonders in den Einleitungen zu den Gottessprüchen, wie „So spricht Adonāj JHWH" (Am 3, 11 כה־אמר אדני יהוה), oder in den Schlußformeln zu ihnen, wie Jes 3, 15 „Spruch des Adonāj JHWH Zebaoth" (נאם אדני יהוה צבאות). Dabei ist beachtenswert, daß dieses Adonāj häufig von Prädizierungen wie „Zebaoth" begleitet ist, welche die überragende Würde dieses Allherrn noch besonders hervorheben und ihr damit Nachdruck verleihen. Weiter verdient Beachtung, daß Amos, Jesaja und Ezechiel, deren Verkündigung die majestätische Erhabenheit ihres Gottes besonders in den Vordergrund stellt, Adonāj samt solchen Prädizierungen seiner Allmacht häufiger als andere gebrauchen. Standen bis etwa 300 a. die Gottesnamen JHWH und Adonāj trotz des gewaltigen Unterschiedes in der Zahl der Belege für sie – im jetzigen AT für יהוה über 6700, für *'adōnāj* rund 450! – wenigstens einigermaßen gleichberechtigt nebeneinander, so beginnt von diesem Zeitpunkt an, Adonāj den Gottesnamen JHWH zu überflügeln, um ihn jedenfalls aus der Aussprache ganz zu verdrängen: Das Konsonanten-Tetragramm יהוה wird *'adōnāj* oder wenn dem יהוה ein *'adōnāj* vorangeht, *'ælōhīm* ausgesprochen und יְהוָה oder יְהֹוִה geschrieben. Damals ersetzt das Chronikbuch das יהוה des weithin seine Vorlage bildenden Königsbuches vielfach durch אלהים, wie

das ähnlich in Ps 42–87 geschieht. Das Estherbuch enthält keinen Gottesnamen, sondern umschreibt ihn 4,14 mit 'anderer Ort' (מקום אחר). Der Prediger gebraucht nur אלהים, während das Daniel-Buch – abgesehen von אדני 1, 2 und von mehreren יהוה und אדני in dem größtenteils unechten Kap. 9 – nur אלהים und das ihm entsprechende aramäische אלהא verwendet. Nach Dalman hätte die Unterdrückung des JHWH-Namens um 300 a. begonnen, und im 2. Jh. a. wäre die Vertauschung von יהוה mit אדני oder אלהים abgeschlossen gewesen, während Baudissin meint, daß der Enkel des Jesus Sirach um 132 a. den Ersatz von JHWH durch Adonāj noch nicht gekannt habe. Ist, wie das im Vorangegangenen zu zeigen versucht worden ist, der Gebrauch des Gottesnamens Adonāj (אדני) für JHWH sehr alt und jedenfalls schon für die erste Hälfte des 10. Jh. a. bezeugt, so wird auch die viel behandelte Frage, ob das κύριός (μου) der LXX-Übersetzer durch Adonāj (אדני) veranlaßt sei oder aber seinerseits das Vorbild für die Aussprache des Tetragramms יהוה als Adonāj darstelle, im Sinne des ersteren entschieden, mag auch die Wahl des κύριος dadurch begünstigt und erleichtert worden sein, daß κύριος im Hellenismus überhaupt und im orientalischen Hellenismus im besonderen eine weitverbreitete Götter-Prädizierung gewesen ist. Daß Dominus, Lord, Seigneur, Herr und die ihnen entsprechenden anderen Bezeichnungen des biblischen Gottes unmittelbar oder mittelbar von Adonāj abhängig sind, steht fest. Es ist also keinesfalls so, daß die Belege für אדני oder auch nur ihre Mehrheit nicht von den Autoren der biblischen Bücher herrührten, sondern ganz späten Schriftgelehrten zugeschrieben werden müßten. Ihre Mehrheit geht vielmehr auf die Zeit der Entstehung der biblischen Bücher zurück, und nur bei einer Minderheit von ihnen, nämlich – abgesehen von Hinzufügungen von אדני zu bereits im Text stehenden anderen Prädizierungen JHWHs – vornehmlich bei denen, die eine Anrede an JHWH enthielten und in dieser JHWH ursprünglich mit *'adōnī* oder mit *'adōnaj*, 'mein Herr' anredeten, darf die Möglichkeit erwogen werden, daß sie dem Wunsche später Text-Überlieferer entstammten, die Formen *'adōnī* und *'adōnaj* niemals mit JHWH in Verbindung zu bringen und sie durch das ihnen in der Bedeutung 'Allherr' aus vielen alten Bibelstellen wohl vertraute *'adōnāj* zu ersetzen. Die Neigung, nomina sacra durch eine besondere Aussprache oder Schreibart von profanen Benennungen zu unterscheiden, ist ja auch sonst zu beobachten, und zwar bis in unsere unmittelbare Gegenwart hinein.

Wann die Änderung der an JHWH gerichteten Anreden *'adōnī* und *'adōnaj*, 'mein Herr' in *'adōnāj*, 'Allherr', und die Hinzufügung von אדני in den dafür geeignet erscheinenden Zusammenhängen – wenn damit überhaupt zu rechnen ist und *'adōnāj* hier nicht für ursprünglich gehalten werden muß – stattgefunden hat, läßt sich kaum ausmachen, um so weniger, als die LXX und die anderen alten Übersetzungen des AT zur Beantwortung dieser Fragen nichts beitragen können. Nur das läßt sich vermuten, daß diese Vorgänge mit der um 300 a. einsetzenden Verdrängung der Aussprache des Tetragramms יהוה durch *'adōnāj* in Zusammenhang stehen. Jedenfalls ist die damals aufkommende Abneigung gegen die Aussprache des Gottesnamens JHWH und seinen Gebrauch überhaupt und die – angesichts des Unterschiedes zwischen den hebräischen Konsonanten *jōd* und *'ālæp*, von denen das *jōd* zwar ein *šewā* mobile tragen kann, das *'ālæp* aber statt dessen mit einem *ḥāṭēp pataḥ* versehen werden muß, eine Ausnahme erforderlich machende: אֲדֹנָי einerseits, יְהוָה anderseits – Ausstattung seines Konsonanten-Bestandes יהוה mit den Vokalen von אדני der Hochschätzung und dem Gebrauch des Gottesnamens אדני sehr zugute gekommen. Kein Wunder, daß er sich auf Kosten JHWHs größter Beliebtheit zu erfreuen begann. So wurde er wahrscheinlich in den Bibelstellen, die ohnedies von der Majestät Gottes zeugende Aussagen enthielten, etwa in den prophetischen Einführungs- und Schlußformeln כה־אמר und נאם, hinzugefügt, und ebenso ist mit der Möglichkeit zu rechnen, daß man die bisher üblichen Anreden an JHWH *'adōnī* und *'adōnaj* 'mein Herr' zugunsten von *'adōnāj* 'Allherr' aufgab, um so mehr, als man damit der damaligen Neigung, zwischen dem sakralen und dem profanen Bereich streng zu unterscheiden, entgegenkam. Mehr als Vermutungen lassen sich über die soeben berührten Vorgänge kaum äußern, aber angesichts der Tatsache, daß das Gottesepitheton oder der Gottesname אדני in weit größerem Maße, als man annahm, als echt und alt gelten darf, büßen derartige Fragen viel von der ihnen früher beigelegten Bedeutung ein. Aus ihren ohne überzeugendes Ergebnis gebliebenen eifrigen Erörterungen wird aber die Lehre zu ziehen sein, daß man die Prädizierung JHWHs als אדני 'Allherr' nicht weiter mit der Verdrängung JHWHs durch Adonāj vermischt. Denn jene ist mindestens ein halbes Jahrtausend älter als diese, die erst um 300 a. oder noch später eingesetzt hat.

Eißfeldt

אַדִּיר אַדֶּרֶת

I. Allgemein – II. AT

Lit.: *G. Ahlström*, אדר, VT 17, 1967, 1–7.

I. Soweit man es beurteilen kann, ist die Wurzel אדר westsemitischen Ursprungs mit der Grundbedeutung 'weit sein, mächtig sein'. In phönizischen Inschriften kommt das Verbum in der Bedeutung 'groß, mächtig sein' (Subjekt 'Volk') oder 'herrschen' (mit על) vor; im *pi* hat es die Bedeutung 'groß machen, verherrlichen' (vom König, von Göttern; DISO, KAI). Das Adjektiv mit der Bedeutung 'groß, mächtig' ist sowohl in phönizischen als auch in punischen Inschriften belegt, und zwar mit Bezug auf Götter, Könige, Länder, Kraft, Regen usw., oder als term. techn. für verschiedene Machthaber. Als Adjektiv ist die Wurzel auch im Ugaritischen belegt, und zwar von den verschiedenen Stoffen in Aqhats Bogen (CTA 17 [II D], VI 20–22), von einem weiten Gebiet (CTA 16 [II K], I 8; II 108) und einmal für Machthaber (CTA 17 [II D], V 7 'die *'drm* auf der Tenne'; so Greenfield, ZAW 73, 1961, 227f.; nach anderen 'Kornhaufen oder Zedern'). Im Femininum wird *'drt* von einer 'vornehmen' Frau (d.h. keiner Konkubine) und einmal vielleicht von Astarte gebraucht.

II. Im Hebräischen ist die Wurzel אדר als Verbum nur selten belegt. In Ex 15, 11 wird JHWH als נאדר בקדש 'mächtig, (ver)herrlich(t) in Heiligkeit (oder im Heiligtum)' bezeichnet; der Zusammenhang zeigt, daß JHWH hier als der unvergleichbare, allermächtigste Gott dargestellt werden soll. JHWHs Arm ist 'herrlich in Kraft' (נאדרי בכח, Ex 15, 6), offenbar mit Bezug auf seine Macht und Stärke überhaupt. Gott ist herrlich (נאדר) an Pracht (Sir 43, 11; im Zusammenhang mit den von ihm geschaffenen Regenbogen gesagt). Aber auch vom Andenken an jemanden kann gesagt werden, daß es 'verherrlicht' werden bzw. 'in Ehren' sein soll (יאדר, Sir 49, 13). Das *hiph* ist zweimal belegt, Jes 42, 21: JHWH will seine Thora 'groß machen' (יגדיל) und 'verherrlichen' ('als herrlich erweisen'; nach Westermann ATD 19 z. St. Zusatz); Sir 36, 7, wo es in bezug auf JHWHs Hand und Arm parallel mit 'stark' steht, also JHWHs mächtiges Wirken bezeichnet.

Das Substantiv *'addœrœt* läßt sich zum einen mit 'Macht, Herrlichkeit, Ehre' wiedergeben: Ez 17, 8 (vom Weinstock als Sinnbild Israels), Sach 11, 3 (par. zu → גאון von der herrlichen Vegetation, die verödet wird); es kann aber auch einen Mantel bezeichnen (Jos 7, 21. 24), besonders einen kostbaren oder Königsmantel, wie z.B. Jon 3, 6, oder einen Prophetenmantel (1 Kön 19, 13. 19; 2 Kön 2, 8. 13; Sach 13, 4). Hinter diesem Gebrauch steht vielleicht nicht nur der Gedanke des Mächtigen und Kraftvollen, sondern auch die Tatsache, daß der Mantel weit und umfassend ist.

Das Adjektiv *'addīr* ist an keinen bestimmten Bereich gebunden. Das Wasser des Schilfmeeres, in dem die Ägypter umkommen, ist אדיר (Ex 15, 10); ebenso das Meer mit seinen Brandungen, das vom König JHWH bezwungen wird (Ps 93, 4). In beiden Fällen wird auf die Gewalt des Chaosmeeres angespielt. Ähnliche Assoziationen liegen auch Jes 33, 21 (die großen Schiffe, die das Meer befahren) nahe. In anderen Fällen schwingt die Vorstellung von Pracht und Herrlichkeit mit; so wenn eine große Zeder אדיר genannt wird (Ez 17, 23; vgl. auch Sach 11, 2 von prachtvollen Bäumen). In Ez 32, 18 scheint אדירים auch für 'Völker' zu stehen, wenn man der masoretischen Vokalisation folgt: die mächtigen Völker müssen in die Unterwelt fahren.

Macht und Glanz kommen aber auch Menschen zu, die eine gewisse Position gewonnen haben. So heißen z.B. die von JHWH besiegten 'großen' Könige אדירים (Ps 136, 18), und 'sein Machthaber' (אדיר) ist Jer 30, 21 Bezeichnung des kommenden Retterkönigs (par. מושל 'Herrscher'). Ferner werden die Fürsten oder Adligen als אדיר bezeichnet, Jer 14, 3; 25, 34ff.; vgl. Ri 5, 13. 25; Nah 2, 6; Neh 3, 5; 10, 30; 2 Chr 23, 20. In diesem Zusammenhang kann אדיר parallel zu גבור stehen (Ri 5, 13).

Macht und Glanz sind aber vor allem Kennzeichen der Götterwelt. So kommt auch אדיר vor allem mit Bezug auf Gott vor. Ps 16, 3 bezieht sich auf die „Heiligen"; es ist jedoch umstritten, ob es sich dabei um menschliche Wesen handelt. Wenn es sich auf Götter (andere als JHWH) bezieht, muß der Text so geändert werden, daß der Psalmist nicht „Gefallen", sondern „kein Gefallen" an ihnen hat. Da aber קדוש vorwiegend mit Gott verbunden wird, ist diese Auffassung sehr wahrscheinlich (s. die Komm.). Ferner kommt אדיר als Attribut in 1 Sam 4, 8 vor, wo die Philister erschrocken rufen: „Wer kann uns aus der Hand dieser mächtigen Götter (אלהים אדירים) retten?" Der Plural drückt in Analogie zum polytheistischen Verständnis der Philister das Unbekannte in der furchtbaren „Götterwelt Israels" aus. JHWH ist der Mächtige (אדיר), mächtiger als „der Berg des Raubs" (Ps 76, 5; vgl. die Komm.) oder mächtiger als die gewaltigen Brandungen des Wassers (Ps 93, 4). Er kann mit seinem Atem die lebensdrohende Macht des Meeres bändigen (Ex 15, 10). אדיר steht hier in enger Verbindung mit Schöpfung und Errettung (Chaosmeer). Ähnliche Motive liegen in Jes 33, 21 vor, wo die rettende Kraft JHWHs mit starken Strömen verglichen wird. Ferner ist JHWH der Gewaltige (אדיר), der die Wälder des Libanon fällt (Jes 10, 34). Was von JHWH gilt, gilt auch von seinem Namen, der nach Ps 8, 2. 10 אדיר über die ganze Erde ist, was sich im Zusammenhang wieder auf seine Schöpfermächtigkeit bezieht.

Meistens findet sich also אדיר in Zusammenhängen, in denen es um JHWHs kosmologische oder auch sonst übermenschliche Taten geht. Von daher wird auch die Nebenbedeutung 'herrlich, prächtig' verständlich (par. נאור 'glanzvoll' Ps 76, 5).

Ahlström

אָדָם

I. Bedeutung, Umwelt, Etymologie – II. Der at.liche Textbestand – III. Anthropologische und theologische Aussage.

Lit.: *M. Bič*, The Theology of the Biblical Creation Epic (SEÅ 28–29, 1963/64, 9–38). – *N.P. Bratsiotis*, נפש – ψυχή, ein Beitrag zur Erforschung der Sprache und Theologie der Septuaginta (VTS 15, 1965, 58–89). – *Ders.*, 'Ανθρωπολογία τῆς Παλ. Διαθήκης I, Athen 1967. – *J.S. Croatto*, Nota de antropologia biblica (Rev Bibl 25, 1963, 29–30). – *W. Eichrodt*, Das Menschenverständnis des AT (AThANT 4) 1947. – *J. de Fraine*, Adam und seine Nachkommen, 1962. – *K. Galling*, Das Bild vom Menschen in biblischer Sicht, 1947. – *A.Gelin*, L'homme selon la Bible, Paris 1962, London 1968. – *H. Goeke*, Das Menschenbild der individuellen Klagelieder. Ein Beitrag zur alttestamentlichen Anthropologie, Diss. masch. Bonn 1970. – *F.C. Grant*, Psychological Study of the Bible (SNumen 14, 1968, 107–124). – *J. Hempel*, Gott und Mensch im AT (BWANT III 2) 1926, ²1936. – *Ders.*, Das Ethos des Alten Testaments, ²1964. – *A.R. Johnson*, The Vitality of the Individual in the Thought of Ancient Israel, Cardiff ²1964. – *C. Keller*, Leib, Seele, Geist: eine Skizze der bibl. Psychologie (Beitr. zur Psychiatrie und Seelsorge 9, 1968, 2–7). – *L. Köhler*, Der hebräische Mensch, 1953. – *H. Lamparter*, Das biblische Menschenbild, 1956. – *C. Lattey*, Vicarious Solidarity in the Old Testament (VT 1, 1951, 267–274). – *O. Loretz*, Die Gottebenbildlichkeit des Menschen, 1967; Anhang: *E. Hornung*, Der Mensch als „Bild Gottes" in Ägypten, 123–156. – *O. Loretz*, Schöpfung und Mythos . . ., 1968. – *E. Lussier*, Adam in Gen 1, 1–4, 24 (CBQ 18, 1956, 137–139). – *H.-P. Müller*, Mann und Frau im Wandel der Wirklichkeitserfahrung Israels (ZRGG 17, 1965, 1–19). – *H. van Oyen*, Ethik des Alten Testamentes, 1967. – *J. Pedersen*, Israel I–II, 1926, ³1954. – *N. Perrin*, The Son of Man in Ancient Judaism and Primitive Christianity (Bibl Res 11, 1966, 17–28). – *G. Pidoux*, L'homme dans l'AT, Neuchâtel, Paris 1953. – *J.R. Porter*, The Legal Aspects of the Concept of „Corporate Personality" in the OT (VT 15, 1965, 361–380). – *H.W. Robinson*, The Hebrew Conception of Corporate Personality (BZAW 66, 1936, 49–62). – *A.Safran*, La conception juive de l'homme (RThPh 98, 193–207). – *O. Sander*, Leib-Seele-Dualismus im AT? (ZAW 77, 1965, 329–332). – *J. Scharbert*, Solidarität in Segen und Fluch im AT und seiner Umwelt (BBB 14, 1958). – *W. Schmidt*, Anthropologische Begriffe im AT (Ev Th 24, 1964, 374–388). – *Ders.*, Gott und Mensch in Psalm 130 (ThZ 22, 1966, 241–253). – *Ders.*, Gott und Mensch in Psalm 8 (ThZ 25, 1969, 1–15). – *F.J. Stendebach*, Theologische Anthropologie des Jahwisten, Diss. masch. Bonn 1970. – *F.Stier*, Adam (Hdb. theol. Grundbegriffe, hrsg. v. H. Fries, I, 1962, 13–25). – *F. Vattioni*, L'albero della vita (Augustinianum 7, 1967, 133–144). – *L. Wächter*, Der Tod im AT, 1967. – *Ders.*, Erfüllung des Lebens nach dem AT (ZZ 22, 1968, 284–292). – *G. Whitfield*, God and Man in the OT, London 1949. – *H. Wildberger*, Das Abbild Gottes, Gen 1, 26–30 (ThZ 21, 1965, 245–259. 481–501). – *W. Zimmerli*, Das Menschenbild des AT, 1949. – *Ders.*, Was ist der Mensch? (Gött. Univ.reden 44, 1964). – *Ders.*, Der Mensch und seine Hoffnung nach den Aussagen des AT (Studia Bibl. et Sem., Festschr. Vriezen, 1966, 389–403). – *Ders.*, Der Mensch und seine Hoffnung, 1968.

Zu I 2–4: *F.M.Th. de Liagre Böhl*, Das Menschenbild in babylonischer Schau (SNumen 2, 1955, 28–48). – *P. Dhorme*, La religion assyro-babylonienne, Paris 1910, 180–206. – *S. Morenz*, Ägyptische Religion, 1960, 49–52, 192. – *Ders.*, Gott und Mensch im alten Ägypten, 1964. – *E. Otto*, Gott und Mensch, (AHAW 1964, 1) – *J. Sainte-Fare Garnot*, L'anthropologie de l'Egypte ancienne (SNumen 2, 1955, 14–27).

Lit. speziell zur Gottebenbildlichkeit s. Sp. 91f.

I. 1. אדם 'Mensch' und n.pr. Adam (Gen 4, 25; 5, 1–5; 1 Chr 1, 1; GK § 125f.), in Prosatexten meist mit, in poetischen ohne Artikel (GK § 126h); ganz überwiegend Gattungsbezeichnung als kollektiver Sing. (wie im Deutschen 'der Mensch', GK § 126 m), deshalb auch mit 'Menschheit' oder mit dem Plur. übersetzbar; nicht selten jedoch auch von einzelnen (z.B. in Makarismen wie Ps 32, 2, in Ez 27, 13; Spr 28, 17; Pred 5, 18) und in adjektivischer ('menschlich') oder indefiniter ('jemand') Funktion (GK § 139d); niemals im Plur., niemals im constr.

2. In der Bedeutung 'Mensch, Menschheit' fehlt das Wort im Akk., obwohl es mit *adamātu* 'dunkle, rote Erde' und *adamu* 'rotes Blut' (vgl. hebr. דם, nachbibl. *'ᵃdām*) oder 'rotes Gewand' die Äquivalente für *'ᵃdāmāh* und *'ādōm* aufweist (CAD I/1, 94f.; AHw 10). Dem hebr. אדם entspricht im Akk. *awīlum*, sp. *amī(ē)lu*, das als Fremdwort auch im Heth. (neben heth. *antuḫša*) vorkommt (J. Friedrich, Heth. Elementarbuch II 82.112). Das Wort bezeichnet im Akk. den einzelnen Menschen wie den Repräsentanten der Art (daneben *awīlūtum*, *amī(ē)lūtu*, 'Menschheit'), den Menschen im Gegensatz zu Göttern und Tieren, die Bürger oder Bewohner eines Gebietes, den König („Mensch von Ešnunna", bes. in Mari) wie den Sklaven (bes. Nuzi). Eine Bedeutungsverschiebung 'Edelmann' – 'Vollbürger' – 'Mensch', sogar 'Sklave', läßt sich feststellen (Böhl 29f.). Häufiger als im bibl. Hebr. ist die Anwendung als Indefinitum (CAD 1/2, 48–62, AHw 90f.). Das alte poetische Wort für 'Mensch', *ṣalmāt qaqqadi*, 'Schwarzköpfige', ist zunächst ausschließlich Bezeichnung der Einheimischen (CAD 16, 75f.).

Die Überlieferungen vom Ursprung des Menschen sind nicht ganz einheitlich. Die verbreitetste Version läßt die Menschheit aus dem Blut eines getöteten Gottes erschaffen werden (des Lamga, KAR 4 = AOT 135; des „Rebellen"

Kingu in EnEl VI 10–27). Nach dem altbabyl. Atraḫasīs-Mythus wird das Blut eines Gottes, „der Verstand hat", mit Lehm vermischt (Lambert-Millard, Atra-ḫasīs, 1969, 56ff.). Merkwürdigerweise wird auf diesen halb göttlichen Ursprung des Menschen sonst kaum Bezug genommen (Böhl 34f.). Andere Aussagen erwähnen nur die Erschaffung aus Ton (z.B. die sog. Theodizee § 26, AOT 291). Das Leben oder der Odem *(šāru)* wird von den Göttern geschenkt (Dhorme 186f.).

Über die Aufgabe des Menschen herrscht völlige Einigkeit: er soll den Göttern dienen und für sie arbeiten (EnEl VI 27f.; AOT 135; Atraḫasis-Epos I 1ff.).

Ein erster Mensch wird nicht mit Namen genannt. Adapa, der wegen der Namensähnlichkeit oft mit Adam zusammengestellt wurde, ist „Sohn Eas" und ein weiser König; er wird aber nicht als erster bezeichnet. Dagegen ist er insofern „der typische Mensch" (Böhl 33), als er der Unsterblichkeit verlustig geht. Dasselbe trifft auf Gilgameš zu. Daß die Götter das (ewige) Leben haben, während der Mensch sterblich ist, steht als Grundsatz fest (Gilg. Fragm., AOT 194; XI 202ff.; Etana-Mythus).

Die Überlegenheit des Menschen über die Tierwelt wird in der Gestalt des Enkidu (Gilg. II) anschaulich gemacht (Kleider, Kultur, Z. 102–107). Eine dunkle Stelle in der Theodizee spricht von der Gabe des (zweideutigen) Redens (§ 26; AOT 291). Andererseits kommt jedoch auch die Unzulänglichkeit des Menschen gegenüber den Göttern zum Ausdruck. Die Götter bestimmen das Schicksal des Menschen, und „den Rat des Gottes der Wassertiefe, wer kennt ihn" (Ludlul bēl nēmeqi II 37; AOT 275; MDOG 96, 51).

3. Im Nordwestsemitischen wird אדם bereits im Sinn des bibl. Hebr. gebraucht, und zwar auch im st.cstr. (DISO 4). Nach Dahood (Qoh and Northwest Sem. Phil., 1962, 34f.) ist אדם im Phön. viel häufiger als איש 'Mann', was als eine typisch nördliche Spracheigenheit gilt.

In den Ras Šamra-Texten ist El *'b 'dm* 'der Vater der Menschheit' (CTA 14 [I K] 36. 43. 136 u.ö.). In CTA 3 (V AB) B, 8 ist von *'dm ṣ't špš* 'Menschen des Ostens' die Rede (WUS 7). Die Stellung des Menschen geht aus einer Stelle im Aqhat-Epos hervor, wo Aqhat das Angebot 'Anats unter Hinweis auf die Tatsache zurückweist, daß Menschen und Götter deshalb verschieden sind, weil die ersteren sterblich sind (CTA 19 [I D] VI 35f.).

Im Arab. tritt nur das n.pr. *'ādama*, Adam, auf (*banū 'ādama* 'die Menschen'); außerdem heißt *'adam(a)* 'Haut', wie nach einigen auch Hos 11,1 (KBL אדם III; Blachère-Chouémi I 63f.; H. Wehr, Arab. Wb., [3]1958, 9).

4. Das Äg. hat mehrere Wörter für 'Mensch', 'Menschheit' (s. A. Gardiner, Ancient Eg. Onomastica I, 1947, 98ff.): u.a. *p'.t* 'Menschheit', urspr. die Ureinwohner Ägyptens, *rḫj.t* 'Leute', das oft für Völker in untergeordneter Stellung steht, und vor allem *rmṯ*, das anfangs nur die Ägypter als 'wahre Menschen' bezeichnete, aber dann seit dem mittleren Reich als Gattungsbezeichnung 'Mensch' dient (Morenz, Äg. Rel. 50f.; ders., Gott und Mensch 17). *Rmṯ*, wie auch *p'.t*, heißen die Menschen im Unterschied zu Göttern und Tieren.

Seit dem mittleren Reich begegnet oft die Aussage, daß die Menschen aus den Tränen des Schöpfergottes entstanden, was offenbar auf ein Wortspiel mit *rmṯ* 'Mensch' und *rmj.t* 'Tränen' beruht. Da die Menschen also vor der Erzeugung der Götter entstanden sind, werden sie auch bei Aufzählungen vor ihnen genannt (so schon Pyr. 1466 b/d „ehe Himmel, Erde, Menschen, Götter entstanden"; vgl. S. Sauneron–J. Yoyotte, Naissance du monde, Paris 1959, 74f.). Ein erster Mensch oder Urmensch ist dagegen nicht bekannt. Neben dem Urgott als Schöpfer gibt es keinen Platz für einen anderen „Ersten" (→ אחד).

Der Mensch ist ein Kompositum, das nicht ohne den Körper existieren kann; deshalb bemüht man sich, den Körper durch Balsamierung zu bewahren. Die „Seelen"-Elemente, Ka, Ba und Ach, haben die Menschen mit den Göttern gemeinsam. Es besteht in dieser Hinsicht kein grundsätzlicher Unterschied zwischen Göttern und Menschen; die Götter sind nur mächtiger (Sainte-Fare Garnot 24). Merikare 132 (AOT 35) heißt es sogar, daß die Menschen „aus seinen (des Gottes) Gliedern hervorgegangen sind".

Sowohl Götter als auch Menschen sind vom höchsten Gott abhängig. Er (Re, Amun) spendet ihnen Licht (→ אור) und Leben, er sorgt für die Menschen, die nach der bekannten Stelle Merikare 130f. (AOT 35) als „Vieh Gottes", d.h. vom göttlichen Hirten versorgt, bezeichnet werden. Himmel und Erde mit allem, was lebt, sind für sie gemacht worden. Andererseits heißt es Amenemope 18 (AOT 43f.) „Gott ist in seiner Vortrefflichkeit, der Mensch in seiner Mangelhaftigkeit"; der Mensch „weiß nicht, wie es morgen sein wird". Eigennamen betonen die Hilfe der Götter oder bezeichnen den Träger als „Mann" des Gottes, d.h. ihm zugehörig. In der XVIII. Dynastie gibt es sogar einen „Bruder der (Göttin) Mut" (Sainte-Fare Garnot 24).

5. אדם ist etymologisch nicht sicher zu erklären. F. Delitzsch dachte an eine semit. Wurzel *adāmu* 'bauen', auf die er sowohl *admānu* 'Gebäude' wie *admu* 'Kind' zurückführte (Prolegomena eines neuen hebr.-aram. Wb. zum AT, 1886, 103f.), aber die betr. Wörter werden heute *watmānu, watmu* gelesen. Eine Reihe anderer früherer Erklärungsversuche zählt A. Dillmann (Gen., [6]1892, 53f.) auf. Sayce versuchte אדם von Adapa

(ExpT 14, 416f.; vgl. aber oben I 2), Nöldeke von arab. *'anām* (ZDMG 40, 1886, 722) abzuleiten. Walker (ZAW 74, 1962, 66–68) führt sum. *adda-mu* an und übersetzt mit 'father of man', 'father of mankind'; 'mein Vater' heißt jedoch *a-a-mu*. H. Bauer nimmt als urspr. Bedeutung 'Haut' an (ZA 28, 1913, 310f.). Die Kombination mit *'ādōm*, 'rot sein', legt sich nahe; sie ist u.a. von C. Brokkelmann (Synt. 11) und J. Pedersen vertreten worden („... die normale menschliche Farbe, welche nach Waschung hervortritt, also eben die rotbraune..."; Berytus 6, 1939/41, 72). Auch der Zusammenhang mit *'ᵃdāmāh* 'Erdboden' ist naheliegend und schon Gen 2,7; 3,19 angenommen. Jedoch spricht gegen diese Herleitungen, daß das Wort im Akk. zwar im Sinn von 'rot' und 'rote Erde', aber nicht von 'Mensch' vorkommt.

II. 1. אדם kommt im AT 562mal vor. In den ältesten Überlieferungen des Pentateuchs (J, E) sind 48 Belege zu zählen, davon allein 24 in Gen 2. 3 (außer in 2, 5 stets mit Artikel; 2, 20b; 3,17. 21 zu ändern): JHWH bildet den Menschen aus Erde, macht ihn zu einem lebendigen Wesen, נפש חיה, indem er ihm den Lebensodem, נשמת חיים, einhaucht, erteilt ihm Auftrag und Verbot, läßt ihn die Tiere benennen, erschafft aus seiner Rippe die Frau und bestraft ihn nach seiner Übertretung. Gen 6, 3 setzt voraus, daß JHWHs רוח im Menschen wohnt; 6, 5; 8, 21 wird das „Dichten und Trachten" des menschlichen Herzens böse genannt, und Num 16, 29 das Todesschicksal aller Menschen angesprochen. Zur Konfrontation Mensch–Gott kommt es Ex 33, 20 (kein Mensch kann JHWH sehen und am Leben bleiben) und Num 23,19 (Gott ist in seiner Wahrhaftigkeit und Beständigkeit von allem Menschenwesen verschieden).

Mehrfach erscheint אדם in constr.-Verbindungen (Menschensöhne oder -töchter; Herz, Bosheit, Erstgeborener des Menschen und in *pæræ' 'ādām*, Gen 16,12; s. GK § 128 l).

2. P (mit H) weist אדם in Gen 5, 1–5 als n.pr. und außerdem noch 49mal auf, davon 14mal in der Verbindung Menschen–Tiere.

Der universale Aspekt ist Gen 1, 26f., in der Sintfluterzählung, den noachitischen Geboten Gen 9, 5f. (vgl. Lev 24,17. 21) deutlich; ebenso Num 19,11.13 (Verunreinigung durch Tote).

Wiederholt gebraucht P das Wort wie ein indefinites Pronomen in der Konstruktion *'ādām kî* 'wenn jemand' (Lev 1, 2; 13, 2).

3. In Deut und Dtr ist der theologische Akzent bei der Anwendung von אדם (20mal) bes. augenfällig. Deut 4, 32; 32, 8 erinnern an die Erschaffung und Sonderung der Menschen durch Gott; 5, 24 an die Erfahrung am Gottesberg, nach der Gott mit dem Menschen reden kann, ohne daß dieser sterben muß; in 8, 3 wird verkündigt, daß der Mensch nicht vom Brot allein, sondern vom Wort Gottes lebt; 16, 7, daß der Mensch nur das Augenfällige, JHWH aber das Herz sieht; 1 Kön 8, 38f., daß Gott den Menschen kennt und sein Gebet erhört, und nach der Parenthese 1 Kön 8, 46 gibt es keinen Menschen, der nicht sündigte; 1 Sam 15, 29 wiederholt den Gedanken von Num 23, 19.

Sonst gebraucht diese Lit. אדם im Banngesetz (Tötung der Menschen, Jos 11,14), in der Polemik gegen fremde Kulte, deren Götter Machwerk von Menschenhand sind (Deut 4, 28; vgl. 2 Kön 19,18; Jes 37,19) und in den Worten über die Beseitigung der Menschengebeine (1 Kön 13, 2; 23,14. 20).

Problematisch ist *hā-'ādām* in Deut 20,19 („... denn die Menschen sind die Bäume des Feldes..."); jedenfalls ist ein Interrogativum (*hœ-*) in den Artikel verlesen worden (s. LXX S), so daß, was nach dem vorliegenden Text behauptet wird, ursprünglich gerade verneint werden sollte.

4. Die nicht-dtr Teile der Geschichtsbücher Jos, Ri, Sam, Kön enthalten keine theologisch belangvollen *'ādām*-Zeugnisse. Arba war der größte Mensch unter den Enakitern (Jos 14,15), Simson wird nach dem Verlust seiner Haare schwach wie alle anderen Menschen oder wie irgendein anderer (Ri 16,7.11.17; vgl. 1 Sam 25, 29), die Bewohner von Lais hatten nichts mit Menschen zu tun (Ri 18,7. 28; *'ādām* wohl in *'ᵃrām* zu ändern, s. LXX I S). David will nicht in die Hand der Menschen fallen (2 Sam 24,14), und Salomo war klüger als alle Menschen (1 Kön 5,11). 2 Sam 7,14 sind „menschliche Schläge" angedroht, 1 Sam 24,10 und 26,19 werden die Quertreibereien und das Gerede der Menschen angeprangert.

Zu ändern sind wohl „Herz (Mut) des Menschen" (1 Sam 17, 32) und das kaum verständliche *tôrat hā'ādām* 'menschliche Anweisung' 2 Sam 7,19 (s. Hertzberg, ATD 10, zu beiden Stellen).

5. In Jes 1–39 erscheint das Wort 17mal. Jes 31, 3 wird der Abstand zwischen Gott und dem Menschen am entschiedensten formuliert: „Die Ägypter sind Menschen, nicht Gott, ihre Rosse Fleisch, nicht Geist"; in derselben Perikope ist vorausgesagt, daß Assur durch einen 'Nicht-Menschen', לא־אדם, gefällt wird (31, 8). Im übrigen stehen die Drohungen im Vordergrund: Die Verlorenheit des Menschen am JHWH-Tag (2, 9.11.17. 20. 22; 5,15; vgl. 13,12; 17,7) und die Menschenleere des Landes (6,11.12); nur die 'Armen der Menschen', אביוני אדם, werden jubeln (29,19). Hiskia beklagt in seinem Gebet, daß er in der Unterwelt keine Menschen mehr sehen werde (38,11).

6. Von den 10 *'ādām*-Stellen des DtJes finden sich drei in der Götzen-Polemik 44,11–15. Das Schöpfungsmotiv ist 45,12 aufgenommen. Vor

dem sterblichen Menschen soll Israel sich nicht fürchten (51,12); der עבד ist unansehnlicher als andere Menschen (52,14). Jes 56, 2 preist den Menschen, der den Sabbat hält und nichts Böses tut, und 58, 5 fordert die Selbstdemütigung des Menschen als das rechte Fasten.

Unsicher sind 43, 4 („Ich habe Menschen für dich gegeben..." wohl in *'adāmōt* zu ändern; Volz: *'alāfīm*) und 47, 3 (in *'āmar* zu ändern? s. Volz, KAT IX, 36. 82).

7. Jeremias Votum über den Menschen konzentriert sich in dem Weisheitsspruch von 17, 5 („Verflucht der Mann, der auf Menschen vertraut..."; zur Echtheit s. Rudolph, HAT I 12, ³1968, 115) und dem Gebetswort 10, 23 („Der Weg des Menschen steht nicht in seiner Macht"..., Rudolph 77).

Sonst steht אדם im Buch Jer (im ganzen 29mal) 9mal (meist in Drohungen) neben → בהמה (7, 20; 21, 6; 27, 5; 31, 27; 33,10.12; 36, 29; 50, 3; 51, 62); 7mal in Worten über menschenleeres Gebiet (2, 6; 4, 25; 32, 43; 49,18. 33; 50, 40; 51, 43; von der Menschenfülle in Babel: 51,14), 3mal von Götzenbild-Verfertigern (10,14; 16, 20; 51,17), 2mal von den Menschenleichen, die das Land füllen werden (9, 21; 33, 5) und 2mal in Worten über anderes unheilvolles Menschenschicksal (47, 2; 49,15). Nach allgemeinem Urteil nicht von Jer selbst stammen die Aussagen über die persönliche Haftung (31, 30) und die dtr Wendungen in 32,19f.

8. Das Buch Ezechiel enthält rund ein Viertel aller at.lichen Belege. 93mal wird der Prophet als Vertreter der Kreatur mit בן־אדם angeredet; das ist korrektes Hebräisch und weder aus babyl. noch aram. Sprachgebrauch zu erklären (Zimmerli, BK XIII 70f. → בן). Die Verwandtschaft mit H zeigt sich 20,11.13.21: Durch die Befolgung des JHWH-Gebotes lebt der Mensch (vgl. Lev 18, 5). Der Abstand des Menschen von Gott ist im Tyrus-Gedicht betont (28, 2. 9; 34, 31 ist אדם wohl Nachtrag; vgl. Zimmerli 832). In meist eschatologischen Texten wird Menschenfülle (23, 42; 36,10.11.12. 37. 38; vgl. 31,14) wie Menschenleere (29,11; 32,13) angekündigt. In der Berufungsvision werden menschengestaltige Tiere (1, 5. 26) mit Menschenhänden (1, 8 vgl. 10, 8. 21) und Menschengesichtern (1,10 vgl. 10,14; 41,19) geschildert; 19, 3. 6 (vgl. 36,13f.) ist vom menschenfressenden Löwen, 4,12.15 von Menschenkot die Rede. Verkaufte Sklaven werden als *næfæš 'ādām* (27,13), Totengebeine als *'æṣæm 'ādām* (39,15), Leichen als *mēt 'ādām* (44, 25) bezeichnet. 7mal ist die Wendung אדם ובהמה gebraucht, meist in der Androhung der Ausrottung (14,13.17.19. 21; 25,13; 29, 8; 36,11; vgl. 38, 20).

9. Zwölf-Prophetenbuch (28mal). Im Buch Amos erscheint das Wort nur in der Doxologie 4,13: „... der dem Menschen verkündigt, was sein Sinnen ist" (?, s. H.W. Wolff, BK XIV 249. 254–256. 264).

Im Buch Hosea wird in dem problematischen *ke-'ādām* (6,7) heute meist eine Ortsangabe gesehen (Wolff, BK XIV 134. 154; Rudolph, KAT XIII 141f.); doch sind die Deutungen „wie Menschen" oder „wie Adam" nicht ausgeschlossen. Auch 13, 2 (gegen Götzendienst) ist strittig (Wolff 286. 292f.; Rudolph 237f. 242). 9,12 (Kinderlosigkeit) und 11, 4 („menschliche Seile" oder „Lederseile") stehen in Kontakt mit der Auszugstradition.

Micha 6, 8 gibt das Soll alles Menschentums an. Die anderen *'ādām*-Zeugnisse des Buches Micha: 2,12; 5, 6 (künftige Menschenfülle); 5, 4 (Streiter gegen Assur) und 7, 2 (kein Rechtschaffener unter den Menschen).

Habakuk beklagt das durch den Chaldäer verursachte menschliche Elend (Unfreiheit, Blutvergießen 1,14; 2, 8.17), bei Zephanja steht אדם in Drohworten (1, 3.17), bei Joel im Aufruf zur Klage (1,12), bei Jona in der Schilderung der Buße von Menschen und Tieren (3,7. 8) und in dem Schlußwort über die große Zahl der Unmündigen in Ninive (4,11). Für Haggai und Sacharja sind die Entbehrungen, unter denen Menschen und Tiere leiden, durch die Vernachlässigung des Tempelbaus verursacht (Hag 1,11; Sach 8,10 [bis]); das 3. Nachtgesicht offenbart den künftigen Reichtum Jerusalems an Menschen und Vieh (2, 8). In Sach 11, 6 steht אדם in Parallele mit „Erdbewohner"; die Doxologie 12,1 preist den, der die Erde gegründet und den Geist des Menschen gebildet hat. (Wahrscheinlich zu ändern ist *'ādām* in 9,1 und 13, 5; s. Horst, HAT I 14, 244. 256.)

10. In den Psalmen kommt אדם 62mal vor. Bezeichnend ist das stets universalistische בני־אדם (s. Kraus, BK XV 106f. 264): Gott hat alle Menschen geschaffen (89, 48), ihnen die Erde gegeben (115,16), blickt vom Himmel auf sie herab (14, 2; 33,13; 53, 3), ist mit seinem Tun furchtbar über ihnen (66, 5), muß für seine Wunder an den Menschen gepriesen werden (107 passim; 145,12); er zeigt den Seinen vor den Menschen seine Güte (31, 20); sie bergen sich unter dem Schatten seiner Flügel (36, 8); die Menschen werden über ihre Sterblichkeit belehrt (49, 3, dazu Kraus, 365); Gott läßt sie zurückkehren (90, 3). Im gleichen Sinn steht אדם (meist ohne Artikel) oder בן אדם → בן: JHWH ernährt den Menschen (104,14), lehrt ihn Erkenntnis und kennt seine Gedanken (94,10.11); aber: Was ist der Mensch (8, 5 בן אדם, 144, 3); nur ein Hauch (39, 6.12), sterblich (49,13. 21; 82,7); seine Hilfe ist eitel (56,12; 60,13; 108,13); er ist nicht vertrauenswürdig (118, 8; 146, 3), ein Lügner (116,11). Dreimal ist *'ādām* mit → *'ašrê* verbunden (32, 2; 84, 6.13), wie sonst → *'îš*,

→ *gæbær* oder andere Nomina und Sätze. Die Götzen sind Werk von Menschenhänden (115, 4; 135,15). Ps 105,14 hat *'ādām* die Funktion eines indefiniten Pronomens.

11. Alle 27 *'ādām*-Stellen des Buches Hiob stehen im Zusammenhang der Gottesbegegnung und des allgemeinen Menschenschicksals (בני־אדם fehlt). Gott ist der Hüter der Menschen (7, 20), achtet auf Volk und Mensch(-heit), vergilt dem Menschen sein Tun (34,11. 29f.), führt ihn zur Erkenntnis (37,7; 28, 28), entscheidet zwischen den Menschen (16, 21; 21, 4), und alle schauen auf sein Werk (36, 25); der Mensch ist vom Weib (14,1) und zum Elend (5,7) geboren; er kann keine Erinnerung an die Urzeit haben (15,7; 20, 4), ist wie Made und Wurm (25, 6), verheimlicht seine Schuld (31, 33); aber das Los der Gottlosen ist Elend (20, 29; 27,13). In Parallele zu → אנוש steht das Wort 25, 6; 36, 25 (und wahrscheinlich auch 37,7; s. Fohrer, KAT XVI 481).

12. Die 44 Belege in den Sprüchen verteilen sich gleichmäßig auf die einzelnen Sammlungen. Meist sind es Mahnsprüche oder Denksprüche über den weisen und törichten Menschen, über ihr richtiges und falsches Verhalten (3,13; 8, 34; 12, 23. 27; 19,11. 22; 28, 2. 14. 23 bzw. 6,12; 11,7; 15, 30; 17,18; 19, 3; 20, 25; 21,16. 20; 24, 30; 27, 20; 28,17; 29, 23. 25). Wichtig ist das Ansehen, das man bei den Menschen genießt (3, 4). Von Israel oder den Israeliten ist nirgends die Rede. Doch ist die Gottesbeziehung auch hier betont: Der Mensch erdenkt sich seinen Weg, aber JHWH lenkt die dem Menschen oft unverständlichen Geschicke und übt Vergeltung (12,14; 16,1. 9; 20, 24. 27; 24,12; vgl. Ringgren, ATD XVI/1, 10f.). Dreimal steht אדם in Makarismen (3,13; 8, 34; 28,14), zweimal in dem Verdikt *kᵉsīl 'ādām* 'Tor von einem Menschen' (15, 20; 21, 20, s. zu Gen 16,12).

13. Qohelet bekundet in seinen 49 *'ādām*-Worten (darunter 10 mal *bᵉnē-'ādām*) vor allem die totale Abhängigkeit des M. (vgl. Zimmerli, ATD XVI/1, 134–142): Sein Geschick ist im voraus festgelegt, er hat keine Einspruchsmöglichkeit dagegen (6,10; 3,19). Fleiß und Klugheit sind empfehlenswert, können den Erfolg aber nicht garantieren und sind deshalb vergeblich (1, 3; 2, 21f.; 6,11; 10,14). Der Tod wird bewußt anvisiert (7, 2. 14; 12, 5). Das Leben ist unergründlich (3,11; 6,12; 8,17; 9,1. 12) und mühselig (1,13; 6,7; 8, 6; 9,12), das Herz des Menschen voll Bosheit (9, 3; vgl. 8, 9. 11). Und doch soll der Mensch das Leben genießen und sich an allem, was Gott schenkt, freuen (3,13. 22; 11, 8). Die „Summe“ des Ganzen: Jedem Menschen gebührt es, Gott zu fürchten und seine Gebote zu halten (12,13).

14. Im Buch Daniel (viermal אדם) ist der Engel der Menschen-ähnliche (10,16. 18), der den Seher mit Menschenstimme (8,16) als *bæn-'ādām* anredet (8,17); s. zu אנוש.

15. Zweimal kommt das Wort in den Klageliedern vor: Gott achtet auf die Sache des Unterdrückten (3, 36, par. *gæbær*); dessen ständiges Seufzen ist unberechtigt (3, 39).

16. Nehemia gebraucht אדם dreimal als Indefinitum (2,10. 12; 9, 29). In den Büchern der Chronik (10 mal אדם) wird 1 Chr 29,1 und 2 Chr 19, 6 der Blick vom Menschen weg auf Gott gelenkt. 2 Chr 6,18 enthält die 1 Kön 8, 27 fehlenden Worte *'ᵆt-'ādām* („Sollte Gott wirklich bei den Menschen auf Erden wohnen“). 1 Chr 21,13 und 2 Chr 6, 36. 29. 30 wiederholen 2 Sam 24,14 und 1 Kön 8, 46. 38. 39. 1 Chr 5, 21 sind נפש אדם Gefangene. 2 Chr 32,19 werden die Heidengötter Werk von Menschenhänden genannt, und 1 Chr 17,17 hat (wie 2 Sam 7,19) einen unsicheren Text (vielleicht: „Du hast mich besser als Menschen ergründen können“; so Rudolph, HAT I/21, 130f.).

III. Die Anwendung des Wortes אדם im AT gehört zu den stärksten Bekundungen des altisraelitischen Universalismus. In den meisten *'ādām*-Worten bereits der ältesten Texte ist eindeutig nicht speziell an Israeliten, sondern an alle Menschen gedacht. Nach Zahl und Gewicht der Aussagen steht die Gottesbeziehung des Menschen an erster Stelle; und nirgends ist zu bezweifeln, daß der at.liche Verfasser vom Gott Israels spricht; aber das ist kein Anzeichen partikularistischer Enge: es ist der Herr und Hüter aller Menschen, den Israel allein und ausschließlich bekennen will. Was wesentlich über den Menschen ausgesagt wird, ist durch die Gottesbegegnung und Gottesbeziehung bestimmt. Daß dieser Gott als Person redet und handelt, hat die wache Reflektion und Aktion des Menschen zur Folge; daß es der einzige Gott ist, daß er hinter allen Fügungen des Lebens und Geschikkes steht, läßt den Menschen stets mit diesem Gott konfrontiert sein und unterbindet alle Ausflüchte, die in der Welt des Polytheismus und der Naturgläubigkeit ergriffen werden können. Das heißt jedoch nicht, daß die israelitische Einschätzung des Menschen sich aus mystischer Jenseitsspekulation ergäbe. Israels Zeugnis über den Menschen ist aus Lebenserfahrung und Einsicht gewonnen und im Leben bewährt worden. Auch was von Gott und seinem Handeln am Menschen objektiv ausgesagt wird, ist als Erscheinung des menschlichen Bereichs zu erheben und zu definieren. Selbst wo mythische Traditionen der Umwelt in die Darstellung einfließen, wie in der Urgeschichte der Gen, sind sie der Intention der israelitischen Menschenbeurteilung dienstbar gemacht worden.

Einer Überprüfung und Differenzierung bedürfen die oft wiederholten Behauptungen, daß im

AT nicht die Absicht walte, allgemeingültige Lehren über den Menschen zu erteilen, und daß die at.lichen Menschenzeugnisse widerspruchsvoll und nicht zur Deckung zu bringen seien. Die Absicht einer Belehrung über Möglichkeiten und Grenzen des Menschen ist in den Weisheitsschriften mit Händen zu greifen; aber auch die Ps, die Propheten, P und Deut wollen darüber aufklären und belehren, wie es sich mit dem Menschen in Wahrheit verhält; sie wollen mit dieser Auskunft vernommen werden und haben gemeint, damit für alle und für immer Gültiges zu sagen. Daß der Weg des Menschen nicht in seiner Macht steht, daß er nicht vom Brot allein, sondern vom Wort Gottes lebt, daß Gott Liebe und Demut fordert, gilt nicht nur für die Situation und den Augenblick. Es ist ausgeschlossen, daß der JHWH-gläubige Zeuge zu anderer Zeit und in anderer Situation grundsätzlich anders votiert hätte. In den wesentlichen Zeugnissen über den Menschen stimmen die at.lichen Schriften überein. Daß die Sprache einer im Lauf eines Jahrtausends entstandenen Literatur einem Wandel unterworfen ist und sich nicht immer gleichbleibt, ist eine Selbstverständlichkeit; daß die Anthropologie der ältesten wie der späten Schriften des AT in so weitgehendem Konsens steht, ist ein geistesgeschichtliches Phänomen.

Die folgenden Einzelzüge treten am stärksten hervor.

a) Der Mensch nimmt unter den Geschöpfen eine Ausnahmestellung ein. Nur ihm wird der göttliche Lebensodem eingehaucht, nur ihm Gebot und Verbot Gottes auferlegt; er hat die Tiere zu benennen, d.h. er ist ihr Herr (Gen 2). Er hat nahezu göttlichen Rang, die Erde mit allen Geschöpfen ist ihm unterworfen (Ps 8); Gott hat ihn nach seinem Bild (→ צלם) geschaffen und ihm die Herrschaft übertragen (Gen 1, 26–28).

Das Wort von der Gottebenbildlichkeit des Menschen ist nicht mehr sicher zu deuten. Überwiegend wird sie gegenwärtig als Herrschaft des Menschen über die außermenschliche Welt interpretiert (Zimmerli, Menschenbild, 20; ders., Was ist der Mensch, 11; Galling 12; H. Gross, Die Gottebenbildlichkeit des Menschen [Lex tua veritas, Junker-Festschrift, 1961, 89–111; 98]; Wildberger 259; Safran 195). Wie I. Engnell (VTS 3, 1955, 103–119) erschließt Wildberger dies Verständnis aus der Königsideologie. Hornung zeigt allerdings, daß in Ägypten die Gottebenbildlichkeit aller Menschen vor der des Pharao zu belegen ist (136.147). J.J. Stamm, Die Imago-Lehre von K. Barth u. d. at.liche Wissenschaft („Antwort“, Festschr. für K. Barth, 1956, 84–98, 96–98) und Loretz (Gottebenbildlichkeit 92) betonen das enge verwandtschaftliche Verhältnis zwischen Gott und Menschen, analog dem zwischen Vater und Sohn (Gen 5, 3). Daß eine Ähnlichkeit in der äußeren Gestalt gemeint sein müsse, haben in neuerer Zeit besonders P. Humbert (Études sur le récit du paradis ..., 1940, 153–175) und L. Köhler (ThZ 4, 1948, 16–22; ders., ThAT, [3]1953, Anm. 109a; ders., Der hebr. Mensch 23: „aufrechte Gestalt“) vertreten. Doch verbietet sich eine solche Deutung aus der Beachtung des Gotteszeugnisses von P. Theologisch überinterpretiert ist das Wort von der Gottebenbildlichkeit, wenn in ihm „der das Wort Gottes hörende, der im Gebet mit ihm redende und der im Dienst ihm gehorchende Mensch ... beschrieben“ gefunden wird (F. Horst, Der Mensch als Ebenbild Gottes, Gottes Recht, 1961, 222. 234; vgl. Interpretation 4, 1950, 259–270). Sicher ist nur, daß dem Menschen hier eine exzeptionelle Stellung zugeschrieben wird. Er ist die „große Ausnahme“ unter den Lebewesen; sein Sonderrang wird in einer ihm allein eigenen Beziehung zu Gott gesehen.

Die Ausnahmestellung des Menschen ist jedoch aus den wenigen oft nur aus traditionellen Gründen immer wieder hervorgehobenen „Kardinalstellen“ weniger sicher zu erheben als aus dem in sich geschlossenen Gesamtvotum des AT, nach dem Gottes Anspruch und Gebot nur dem Menschen gelten, nur ihn die Gottesoffenbarung trifft, nur er die Verantwortung seiner Entscheidung trägt und nur er Sünder oder „Gerechter“ sein kann.

Zur Gottebenbildlichkeit vgl. weiter:
D. Barthélemy, Dieu et son Image. Ébauche d'une théologie biblique, Paris 1963. – *Ders.*, Gott mit seinem Ebenbild. Umrisse einer biblischen Theologie (Lectio spiritualis 2, Einsiedeln 1966). – *J. Jervell*, Imago Dei. Gen 1, 26f. im Spätjudentum, in der Gnosis und in den paulinischen Briefen (FRLANT 76, 1960). – *F. Michaeli*, Dieu à l'image de l'homme. Étude de la notion anthropomorphique de Dieu dans l'Ancien Testament, 1950. – *E. Osterloh*, Die Gottebenbildlichkeit des Menschen. Eine exegetisch-systematische Untersuchung zu Gen 1, 27 (ThViat, 1939, 9–32). – *M. Rehm*, Das Bild Gottes im Alten Testament, 1951. – *L. Scheffczyk*, Der Mensch als Bild Gottes, 1969. – *E. Schlink*, Die biblische Lehre vom Ebenbild Gottes (Pro Veritate. Festgabe für L. Jaeger und W. Stählin; hrsg. v. E. Schlink und H. Volk, 1963, 1–23). – *W.H. Schmidt*, Die Schöpfungsgeschichte der Priesterschrift. Zur Überlieferungsgeschichte von Gen 1, 1–2, 4a (WMANT 17, 1964, 127ff.). – *J. Schreiner*, Die Gottebenbildlichkeit des Menschen in der alttestamentlichen Exegese (Das Personenverständnis in der Pädagogik und ihren Nachbarwissenschaften, hrsg. von J. Speck, 1967, 50–65). – *R. Smith*, The Bible doctrine of Man, London 1951. – *G. Söhngen*, Die biblische Lehre von der Gottebenbildlichkeit des Menschen (Münchener Theol. Zeitschrift 2, 1951, 52–76).

b) Der Sachverhalt der totalen Abhängigkeit des Menschen wird im AT mit großer Wachheit realisiert. Der Mensch ist Gottes Kreatur aus Fleisch, Seele, Geist (→ בשר, נפש, רוח; vgl. bes. D. Lys: Nephesh ..., 1959; Ruach ..., 1962; Bâsâr ..., 1967). Im Unterschied zum Menschen unserer Zeit ist es dem alten Israeliten Gegenstand staunender Reflektion, daß er in einem geheimnisvollen embryonalen Prozeß ohne eigenes Wollen und Zutun entstanden und unter Bedingungen, die von einer fremden Instanz verfügt sind, bei denen er kein Mitspracherecht und gegen die er kein Einspruchsrecht hat, in das Leben gestellt wurde. Die Begrenzung des Lebens durch Geburt und Tod wird intensiv beachtet. Aber nicht nur im Blick auf die Grundstruktur der menschlichen Existenz, sondern auch in den Möglichkeiten, die das Leben bietet und versagt, weiß der Mensch sich abhängig; er ist ohnmächtig und hilflos. Er will dem Schicksal weder in den Rachen greifen noch wähnt er den Ertrag des Lebens durch seine Anstrengung und Leistung garantiert. Das Leben hat seine eigene Gesetzlichkeit und eine undurchschaubare Abgründigkeit. Es wird dennoch nicht als Aneinanderreihung sinnloser Zufälle, sondern im Glauben an eine gottbestimmte Sinnerfülltheit erlebt.

c) Im AT ist das Bewußtsein der Abhängigkeit nicht von dem der Verantwortlichkeit zu trennen. Der Schöpfer hat einen, jedes andere Recht umfassenden oder ausschließenden Anspruch auf das Geschöpf. Die Bejahung des Ebed-Verhältnisses zu Gott bedeutet die Übernahme der totalen Verantwortlichkeit vor ihm, nicht nur einer teilweisen Verantwortung vor Sippe und Volk. Es ist richtig, daß der alte Israelit sich als Glied des Kollektivs verstand (vgl. die Arbeiten zum Begriff der corporate personality, bes. J. de Fraine); aber damit gab er sein Persönlichkeitsbewußtsein nicht auf. Dem Satz: „Ein Mensch ist kein Mensch..." (Köhler, ThAT 114) muß widersprochen werden. Eine Revision solcher, den Individualismus im alten Israel praktisch negierender Behauptungen ist zumindest für den juridischen Bereich im Gange (s. Porter). Das Leben des einzelnen ist eine Erprobung. Gott kennt und beurteilt jede getroffene Entscheidung. Diese Genauigkeit gehört für den Israeliten wesentlich zum Leben; in diesem Verständnis kommt er zur letzten Ausschöpfung und Erfüllung des Lebens. Er weiß sich zum Gehorsam verpflichtet und ist bereit, sich dem Gericht dessen zu unterwerfen, der in alle Winkel seines Denkens und Empfindens sieht und der ihn zu totaler Rechenschaft ziehen kann. Es ist auffällig, wie übereinstimmend die verschiedenen Texte diese Denk- und Verhaltensweise bezeugen. Die Quellen der ältesten Zeit urteilen hierin nicht anders als die späten Gesetzesschriften, die Propheten, die den Opferkult verwerfen, nicht anders als die Psalmisten oder als der Chronist, der in der kultischen Ordnung lebt, die israelitisierte Weisheit nicht anders als die Apokalyptik.

d) Der Mensch ist „sündig", er genügt der totalen Verpflichtung nicht, sondern versagt unablässig. Die Belege dafür unter den *'ādām*-Worten bes. von J und Dtr sind unmißverständlich. Die Sünde ist von irrationaler Macht und Tiefe. Wird der Mensch daneben → צדיק genannt, wie in Ps, Spr, Hi, so bedeutet das nicht, daß er sündlos wäre; gerade diese Bücher enthalten auch eindeutige Zeugnisse über die allgemeine Sündhaftigkeit (Ps 51,7; 130,3; 143,2; Spr 20,9; Hi 14,4; 15,15f.; 25,4–6). Das Unheil wird auf eigenes Verschulden zurückgeführt, wie in der Paradiesgeschichte der Verlust des Paradieses auf die Übertretung. Mag die Frage, was J mit dem Bild vom Essen der Frucht meint, noch unentschieden sein; daß er die Schwere des menschlichen Geschickes mit menschlicher Verschuldung erklärt, ist dem Text zu entnehmen. Er hat also an den Menschen ein Grundübel wahrgenommen, das sie nach seinem Urteil von Gott entfernt. Der Wandel, der sich in der salomonischen Zeit vollzog (Assimilation an die religiöse Umwelt, Übernahme kanaanäischer Technik und Zivilisation), muß dieses Urteil beeinflußt haben: Der „Sündenfall" ist das Heraustreten aus dem alten Gehorsams- und Kindesverhältnis zu JHWH; vgl. unter den neueren Arbeiten U. Bianchi, Péché original et péché „antécédent" (RHR 170, 1966, 117–126); A.M. Dubarle, Le péché original dans l'Écriture, [2]1967; M. Guerra Gómez, La narración del pecado original... (Burgense 8, 1967, 9–64); K. Condon, The Biblical Doctrine of Original Sin (Irish Theol. Qu. 34, 1967, 20–36); P. Grelot, Reflexions sur le problème du péché original (NRTh 89, 1967, 337–375. 449–484); J. Groß, Entstehungsgeschichte des Erbsündendogmas, 1960/63, 2 Bde; H. Haag, Biblische Schöpfungslehre und kirchliche Erbsündenlehre (SBS 10, [3]1967); K.R. Joines, The Serpent in the OT (Diss. South. Bapt. Theol. Sem., 1967); L. Ligier, Péché d'Adam et péché du monde, 1960/61, 2 Bde; N. Lohfink, Gn 2f. als „geschichtliche Ätiologie" (Scholastik 38, 1961, 321–334); S. Lyonnet, Péché Original (DBS VII 509–563); G. Quell, Die Sünde im AT (ThWNT I 267–288); J. Scharbert, Prolegomena eines Alttestamentlers zur Erbsündenlehre (Quaestiones Disputatae 37, 1968); W. Vollborn, Das Problem des Todes in Genesis 2 und 3, (ThLZ 77, 1952, 709–714).

e) Der Mensch bleibt auch nach der Vertreibung aus dem Paradies in göttlicher Obhut. Gott verhält sich zum Menschen wie der Vater zu seinem Kind (s. bes. oben II. 10; → אב). Damit ist eine bewußte Bejahung des Lebens und Geschickes vollzogen. Es muß genau beachtet werden, daß hierin ein Votum Israels über das eigene Geschick liegt: Der es gefügt hat, ist „gnädig, barmherzig und von großer Güte". Die geschichtlichen Erfahrungen seit dem 9. Jh. a. und besonders in der exilischen Epoche waren nicht geeignet, dies Bekenntnis zu erhärten, im Gegenteil, es sind Jahrhunderte unermeßlichen Leides. Israel hat dennoch den Glauben durchgehalten, daß sich der Wille des barmherzigen Gottes in der Geschichte des Volkes und im Leben jedes einzelnen durchsetzt.

Maass

אֲדָמָה

I. 1. Etymologie – 2. Belege – II. Der at.liche Textbestand. *'adāmāh* als 1. Stoffbegriff – 2. Ackerland – 3. Grundbesitz – 4. Wohngebiet – III. Das spezifisch Theologische – 1. Kultischer Aspekt – 2. Theologisch-anthropologische Bedeutung – 3. Israels Land.

Lit.: *A. Amsler*, Adam le terreux dans Genèse 2–4 (RThPh 38, 1958, 107–112). – *G. Dalman*, AuS 2, 1932. – *A. Dieterich*, Mutter Erde, [3]1925. – *R. Gradwohl*, Die Farben im AT. Eine terminologische Studie (BZAW 83, 1963). – *A. de Guglielmo*, The fertility of the land in the messianic prophecies (CBQ 19, 1957, 306–311). – *J. Kelso*, The Ceramic Vocabulary of the OT, New Haven 1948. – *A. Lefèvre*, Genèse 2, 4b–3, 24 est-il composite? (RScR 36, 1949, 465–480). – *J.G. Plöger*, Literarkritische, formgeschichtliche und stilkritische Untersuchungen zum Deuteronomium (BBB 26, 1967, 60–129). – *G. von Rad*, Verheißenes Land und Jahwes Land im Hexateuch (ZDPV 66, 1943, 191–204; Neudruck: ThB 8, [2]1961, 81–100). – *L. Rost*, Die Bezeichnungen für Land und Volk im AT (Festschr. Procksch, 1934, 125–148; Neudruck: Das kleine Credo und andere Studien zum AT, 1965, 76–101). – *A. W. Schwarzenbach*, Die geographische Terminologie im Hebräischen des AT, Leiden 1954. – *H. Wildberger*, Israel und sein Land (EvTh 16, 1956, 404–422).

I. 1. אדמה, syr. *'adamtā*, arab. *'adamat*, nab. אדמתה ist von der auch im ugar. *'dm* (? so WUS, Gordon, Driver), arab. *'adima*, äth. *'adma*, akk. *adammu* und äg. *idmj* ('rotes Leinen') belegten Wurzel אדם 'rot sein' abzuleiten (wobei die mögliche etymologische Herkunft von דם 'Blut' nicht sicher zu erweisen ist; Gradwohl 4–5), so daß die *'adāmāh* als 'rotes, gepflügtes Land' (KBL[3] 15), 'rote Erde' (Schwarzenbach 133), 'eisenhaltig rötlich schimmernder Ackerboden' (Galling, BRL 151; Levy, WTM 1, 29) nach dem optischen Eindruck benannt ist (AuS 1, 233; 2, 26–28). Auch Gestein wurde „mehr der Farbe als der Zusammensetzung nach unterschieden" (Philby, Das geheimnisvolle Arabien 1, 1925, 42; vgl. Josephus, Ant. I 1, 2; *'ōdæm* 'Rubin' Ex 28,17; Ez 28,13). E. König (Hebr. u. aram. Wb. z. AT, 1910, 5) erwog die Ableitung von arab. *'ádama*, iunxit, addidit. Danach wäre *'adāmāh* die bedeckende Schicht; ähnlich ('Haut') BLe § 61n III. LXX übersetzt fast durchweg γῆ, die Tg. *'ar'ā* und *'admetā* (5mal), der Syr. meistens *'ar'ā*, aber auch *'atrā* 'Ort', *'adamtā* und *qeṭmā* 'Asche' (Schwarzenbach 136).

2. Belegt ist אדמה 221mal (Lisowsky 24–25). Der Plural אדמות steht nur Ps 49,12. Hierzu sind 6, teils unsichere, Konjekturen zu beachten: Jes 43, 4; Ps 76,11; Spr 30,14 (אדמה/ת statt אדם); Mi 5, 4 (בארמנתינו statt באדמתנו); Sach 13, 5 (אדם הקנני statt אדמה קניני) und Jer 32, 20 (LXX καὶ ἐν τοῖς γηγενέσι[ν]). Jes 15, 9 ist der Text unklar; lies mit Driver (Festschr. W. Rudolph, 1961, 135) אימה.

Jos 19, 36 bezeichnet *'adāmāh* einen zum Stamm Naphtali gehörenden Ort, vermutlich mit dem heutigen *ḥağar ed-damm* 'Blut-Stein' identisch. Dagegen ist in 1 Kön 7, 46; 2 Chr 4,17 die Gleichsetzung von *'adāmāh* mit *'ādām (tell ed-dāmije)* (Jos 3,16) wenig wahrscheinlich, so daß die Grundbedeutung von *'adāmāh* 'in (den) Erdgruben' bzw. 'in (den) irdenen Gußformen' (Noth, BK 9,164) beizubehalten sein wird (vgl. BRL 379–381; BHHW 1, 570–571, Ottosson, Gilead, Lund 1969, 209f.).

Die begriffliche Näherbestimmung von *'adāmāh* ergibt sich neben Etymologie, Kontext, Parallelismus und gegensätzlichen Ausdrücken durch die Adjektiva טובה (Jos 23,13.15; 1 Kön 14,15), טמאה (Am 7,17), שמנה (Neh 9, 25), durch das pron. demonstr. (Gen 28,15; Jos 23,13.15; 1 Kön 14,15), durch Possessivsuffixe, durch Genitiv-Verbindungen, in denen *'adāmāh* als n.regens zu Ägypten (Gen 47, 20. 26), Israel (nur Ez, 17mal), Juda (Jes 19,17), קדש (Ex 3, 5), הקדש (Sach 2,16), JHWH (Jes 14, 2), עמי (Jes 32,13), הכהנים (Gen 47, 22. 26), נכר (Ps 137, 4) und עפר (Dan 12, 2) oder als n.rectum von עבדי (Jes 30, 24), פרי (Gen 4, 3; Deut 7,13 u.ö.), פני (Gen 4,14; 6,1.7 u.ö.), רמש (Gen 6, 20; Hos 2, 20), איש (Gen 9, 20), מעשר (Neh 10, 38), עבדת (1 Chr 27, 26), כל משפחת (Gen 12, 3; 28,14; Am 3, 2), צמח (Gen 19, 25), מזבח (Ex 20, 24), בכורי (Ex 23,19; 34, 26; Neh 10, 36), שארית (Jes 15, 9), מלכי (Jes 24, 21), תבואת (Jes 30, 23), חרשי (Jes 45, 9) fungiert und durch Relativsätze, die in dtn-dtr Texten besonders häufig sind (Deut 4, 40; 5,16; 7,13; 11, 9. 21; 21,1. 23 u.a.).

Häufig ist *'adāmāh* mit den Präp. על (48mal), אל (19mal), מעל (17mal) verbunden (dazu vgl. על־פני ה׳ 18mal, und מעל פני ה׳ 13mal), selten dagegen mit מן (9mal), ל (4mal), ב (2mal) und בעבור (1mal).

II. Von der Grundbedeutung ausgehend (I.1), hat *'adāmāh* mannigfache Bedeutungsnuancen erfahren.

1. a) Als Stoffbegriff meint *'adāmāh* die rotbraune, zeitweise trockene, aber wasseraufnahmefähige (Gen 2, 6), von 'Steinen' (אבנים, Ex 20, 24–25; vgl. 2 Kön 3,19–25; Jes 5, 2) und begrifflich von → עפר (108mal, davon par. zu *'adāmāh* Gen 3,19; Hi 5, 6; vgl. Jes 29, 4; Hi 14, 8; sachlich ist עפר häufig *'adāmāh* gleich, G. Fohrer, KAT 16, 319–320) unterschiedene *lose Erde* (Humus). Wie Staub (Jos 7, 6; Ez 27, 30; Kl 2,10; vgl. Hi 2,12; 16,15) und Asche (2 Sam 13,19; Esth 4,1) streut man *'adāmāh* (1 Sam 4,12; 2 Sam 1, 2; 15, 32; Neh 9,1) zum Zeichen der Trauer, der Selbstminderung und des Gemindertseins (E. Kutsch, „Trauerbräuche" und „Selbstminderungsriten" im AT [ThSt 78, 1965, 25–42]) auf das Haupt. Der ursprünglich apotropäische

(Schutz vor Dämonen durch Entstellung) und magische (Vereinigung mit dem Los des Toten) Ritus wird im überkommenen Brauch aufgehoben, bewahrt und beseitigt zugleich. Den Israeliten konnte er an die eigene Nichtigkeit (Staub und Asche! Gen 2,7; 3,19; 18, 27; Sir 10, 9; Jes 26,19; Hi 20,11; 21, 26; Ps 22, 30) erinnern und ein Zeichen sein für die demütige Unterwerfung in die göttliche Fügung (P. Heinisch, Die Trauergebräuche bei den Israeliten, BZfr 13, 7/8, 1931, bes. § 3, 33–39).

b) Ohne Bedeutungsunterschied zu Ton als Werkstoff (vgl. Jes 30,14; Ps 22,16; Spr 26, 23; Hi 2, 8; 41, 22) wird *'adāmāh* als trockener Lehm (Kelso § 2) zur Herstellung irdener Gefäße (Jes 45, 9) und Gußformen zur Metallverarbeitung (1 Kön 7, 46; 2 Chr 4,17) verwandt.

Zu Ex 20, 24, Altar aus *'adāmāh*, s. III. 1. c).

c) Die *'adāmāh* bildet eine zusammenhängende, tragfähige *Oberfläche*. Von ihr springt das Klappnetz auf (Am 3, 5), auf ihr stehen die Wasser der Sündflut (Gen 8, 8.13). Sie öffnet ihren Mund (Gen 4,11; Num 16, 30) wie ein wildes Tier, 'spaltet sich' (בקע), 'verschlingt' (→ בלע) die Rotte Korah und schließt sich wieder (Num 16, 30–34; par. ארץ).

Das Blut des unschuldig Erschlagenen schreit vom Erdboden auf (Gen 4,10), bis es mit Erde zugedeckt wird (Gen 37, 26; Jes 26, 21; Ez 24,7–8; Hi 16,18), oder bis die Rache vollzogen ist (vgl. E. Merz, Die Blutrache bei den Israeliten, 1916, 50).

d) Zu *'adāmāh* als Materie bei der Erschaffung s. III. 2.

2. a) Als fruchtbarer Humus ist *'adāmāh* das vom → אדם zu bebauende (→ עבד, Gen 2, 5; 3, 23; 4, 2.12; 9, 20; 47, 23; 2 Sam 9,10; Sach 13, 5; 1 Chr 27, 26), mit שדה sinnverwandte (Gen 47, 20–24; Deut 21,1; vgl. Jo 1,10 mit 2, 21), von → מדבר und → שממה als Land ohne Saat und Bewohner (Jes 1,7; 6,11; Jer 2, 2. 6) unterschiedene *Ackerland* (Kulturland), das → כח (Gen 4,12), → צמח (Gen 19, 25), → פרי (Gen 4, 3; Deut 7,13; 26, 2.10; 28, 4.11.18. 33. 42. 51; 30, 9; Jer 7, 20; Mal 3,11; Ps 105, 35), יבול (Lev 26, 4. 20; Deut 11,17) und תבואה (Jes 30, 23), in dtn Formelsprache als 'Korn, Most und Olivensaft' gereiht, gibt (נתן) oder hervorgehen läßt (יצא *hiph*, Hag 1,11 vgl. צמח Hi 5, 6). Nach Gen 2, 9 enthält die *'adāmāh* die von JHWH aktivierte potentielle Kraft, כל־עץ hervorsprießen zu lassen. Einzelelemente alter und weitverbreiteter chthonischer Mythen von der 'Mutter Erde' werden zwar tradierend bewahrt, aber durch die Rezeption des JHWH-Glaubens zugleich neu interpretiert.

b) Im Unterschied zum Hirten (רעה) ist der Bauer (עבד אדמה, Gen 4, 2, איש האדמה, Gen 9, 20, איש־עבד אדמה, Sach 13, 5) dem Ackerland aufs engste verbunden.

c) Zur Bewirtschaftung des Ackerlandes (AuS 2,130–218; J. Aro, Gemeinsemitische Ackerbauterminologie, ZDMG 113, 1963/64, 471–480) gehört auch der Anbau des Weinstocks (Gen 9, 20). Eine detaillierte Schilderung der Feldbestellung bietet Jes 28, 24; s. ferner Gen 47, 23; Jes 30, 23. Düngung war nicht unbekannt (vgl. Jer 8, 2; 9, 21; 16, 4; 25, 33; Ps 83,11). Bei der Arbeit auf der *'adāmāh* helfen fremde und eigene Kräfte (Gen 5, 29; 2 Sam 9,10), Rinder und Esel (Jes 30, 24).

d) Es entspricht der praktischen Lebenserfahrung, daß Fleiß zu Wohlstand führt. „Wer seinen Acker bebaut, hat Brot in Fülle" (Spr 12,11; 28,19; vgl. Spr 24, 27. 30–34); doch müssen zum Fleiß und zur Güte des Ackers (שמנה, Neh 9, 25, vgl. טובה, Jos 23,13.15; 1 Kön 14,15) rechtzeitige und ausreichende Bewässerung durch Tau (vgl. 2 Sam 17,12) und Regen (1 Kön 17,14; 18,1; Jes 30. 23) sowie der Segen JHWHs (Deut 7,13; 11,17; 28, 4.11; 30, 9) zur Steigerung und Mehrung der Lebenskraft hinzukommen. Fällt kein Regen, ist der Bauer in Angst wegen der *'adāmāh* (Jer 14, 4).

e) 'Erdbeben' (הפך, Gen 19, 25), 'Dürre' (Hag 1,11), feindliche Eroberer (Jes 1,7; Deut 28, 33. 51), Schädlinge (Deut 28, 42; Ps 105, 35; vgl. Mal 3,11), JHWHs Fluch (Deut 28,18) und Zorn (Jer 7, 20) vernichten die Frucht der *'adāmāh*, so daß der Acker brachliegt wie eine Wüste (Jes 6,11) und nur Dornen und Disteln (Jes 32,13; vgl. Gen 3,18) bringt. Ausgedörrt 'trauert' (→ אבל, Jo 1,10; vgl. Jes 24, 4; 33, 9; Jer 12, 4; 23,10; Hos 4, 3; Am 1, 2) die *'adāmāh*, d.h. das Land liegt verwahrlost und verwüstet da. An eine Personifikation der *'adāmāh* ist nicht gedacht (J. Scharbert, Der Schmerz im AT, BBB 8, 1955, 50). Umgekehrt 'freut sich' (→ שמח, → גיל, Jo 2, 21) die *'adāmāh* über von Gott geschenkte reiche Ernte.

3. Obwohl das die Existenz sichernde Kulturland als „eine sich über die Grenzen der Völker erstreckende Einheit" (Rost 78) zu verstehen ist (vgl. die Ausdrücke 'כל משפחות הא', Gen 12, 3; 28,14, und 'כל־העם (l. העמים) אשר על־פני הא', Ex 33,16, Deut 7, 6; 14, 2; ähnlich Jes 23,17; 24, 21; Jer 25, 26), kann *'adāmāh* partiell zu Einzelnen, zu Gruppen oder zu einem Volk in einem besonderen Beziehungsverhältnis stehen (Rost 94, Anm. 27–29). Für weite Teile der Bevölkerung ist Agrarbesitz das Fundament der ökonomischen Existenz. Wie dem Nomaden der Viehbesitz eigentümlich ist (Gen 13, 2; 30, 43; 46, 32; Deut 3,19; Hi 1, 3), ist es dem Kulturlandbewohner der Grundbesitz (vgl. → נחלה, Num 35, 2; 1 Kön 21, 3; חלקת השדה, Ruth 4, 3).

'adāmāh ist der Grundbesitz, der in Notzeiten vom 'Volk Ägyptens' (→ עם im Sinne von 'Besitzer', Gen 47, 21. 23; vgl. 23,7.11.13; 2 Sam

16,18; 2 Kön 11,18–20; 14, 21; 23, 30–35) 'verkauft' (מכר, Gen 47, 20) und von Josef für den Pharao 'gekauft' (→ קנה, Gen 47,19. 20. 23) werden konnte, wobei der priesterliche Grundbesitz ausgenommen blieb (Gen 47, 22. 26; vgl. Diodor 1,73; Herodot 2,168). Eigentumsübertragung durch Schenkung ist zur Zeit Antiochus IV., der *'adāmāh* an seine Günstlinge 'verteilt' (→ חלק, Dan 11, 39; vgl. 11, 24), belegt. Ein Rechtsakt der Übereignung ist das Ausrufen des Namens über die Ländereien (Ps 49,12; vgl. 2 Sam 12, 28; Jes 4,1; dazu K. Galling, Die Ausrufung des Namens als Rechtsakt in Israel, ThLZ, 1956, 65–70). Am 7,17 spricht von der Zuteilung des Grundbesitzes mit der Meßschnur. 1 Chr 27, 26. 31 werden Verwalter des kgl. Landbesitzes zur Zeit Davids erwähnt (de Vaux, Lebensordnungen 1, 201–205). Vgl. auch cj. Sach 13, 5. Die Rekabiter dagegen sind als Fremdlinge auf der *'adāmāh* landlos (Jer 35,7; zum Gedanken vgl. 1 Chr 29,15; Ps 39,13; 119,19).

'adāmāh als *Grundbesitz* ist somit der verfügbare, umgrenzte (vgl. die Mahnungen gegen Grenzverrückung Deut 19,14; 27, 27; Spr 22, 28; Hi 24, 2; Hos 5,10), durch Kauf, Schenkung oder militärische Eroberung (Vererbung, Rückkauf, Latifundienwirtschaft, Jobeljahr, Sabbatjahr u.a. wird im Zusammenhang mit *'adāmāh* nicht ausdrücklich angeführt) erworbene oder durch Ausrufen des Namens zu rechtlichem Besitz erklärte Anteil an dem gesamten, von der Wüste unterschiedenen Kulturland. → ארץ, חבל, חלק, נחלה, ירש, סגלה, קנין.

Die Deutung von Hi 31,38, wonach die *'adāmāh* den anklagenden Zeterschrei ausstößt (*zā'aq*), ist umstritten. Die Klage des Ackers wird von manchen Auslegern von einem am Grundbesitz haftenden Verbrechen, nämlich der Ausbeutung der Landarbeiter, unrechtmäßigem Erwerb oder gar Tötung des früheren Besitzers verstanden. G. Fohrer (KAT 16, 1963, 411) denkt „an Raubbau und Ausbeutung des Ackers im eigenen Interesse". Bei dieser Interpretation „zeigt die Bezeichnung *'adāmāh*, daß sein gesamtes Ackerland und nicht nur ein Teil davon gemeint ist".

4. a) Das fruchtbare Kulturland ist das *Wohngebiet der Menschen*. Während die Wüste, „wo kein Mensch wohnt" (Jer 2, 6; Hi 38, 26; vgl. Jes 6,11; Jer 9,1.11) nur durchzogen und das Weideland in bestimmtem zeitlichen Rhythmus gewechselt wird (L. Rost, Weidewechsel und altisraelitischer Festkalender, ZDPV 66, 1943, 205–215; AuS 6, 1939, 204–213), bietet die *'adāmāh* die Existenzgrundlage zu ständigem Aufenthalt.

Auf ihr wohnen 'alle Menschen' (Gen 6,1.7; Num 12, 3), 'alle Völker' (כל העמים, Deut 7, 6; 14, 2; Ex 33,16 sing. in der Bedeutung 'alles Volk, alle Leute'; LXX S V ebenfalls עמים), 'alle Stämme' (כל משפחות, Gen 12, 3; 28,14; Am 3, 2), 'alle Könige' (Jes 24, 21) und 'Königreiche' (Jes 23,17; Jer 25, 26) sowie alle Nachbarn Israels (Jer 12,14). Mit dem Wohngebiet 'aller Völker' ist nicht die ganze Welt, sondern das Land in Israels Gesichtskreis gemeint (H. Wildberger, JHWHs Eigentumsvolk, AThANT 37, 1960, 77).

b) Obwohl *'adāmāh* durch Genitiv-Verbindungen, Possessivsuffixe oder Relativsätze (s. I. 2. e) in nähere Beziehung zu einem Volk oder zu mehreren Stämmen gesetzt wird, ist sie dennoch niemals *politischer Begriff*; denn die Staatsterritorien können Teilgebiete der Wüste und der *'adāmāh* umfassen, während *'adāmāh* nur das ertragsfähige Kulturland eines Staates meint. Wohl kommt *'adāmāh* häufig dem emotional gefüllten Begriff 'Heimat' nahe (Rost, 78–80).

Im einzelnen: Gn 47, 20. 26 ist 'Land Ägyptens' Grundbesitz. אדמת ישראל wie הרי ישראל nur Ez belegt (17mal; אדמת יהודה Jes 19,17), bedeutet mehr als ein geographisch-politisches Territorium. Ezechiels Zukunftsbild ist „nicht das eines politischen Reiches, sondern einer religiösen Gemeinde" (Rost 78). 'Land Israels' summiert in einem Ausdruck die besonders im Deut herausgestellte Qualifikation des unvergleichlichen, von JHWH geschenkten Landes (→ ארץ; vgl. Zimmerli, BK 13,146–148. 168–169). Jes 32,13 ist 'Land meines Volkes' der Ackerboden. *'adāmāh* mit suff. steht im Pentateuch (Ex 23,19; 34, 26; Deut 7,13; 28, 4.11.18. 33. 42. 51; 30, 9; dazu Jos 7,1; Ps 105, 35) bis auf Deut 12,19; 29, 27; 32, 43 immer in Beziehung zur 'Frucht des Ackerbodens'. Die Stellen, in denen die *'adāmāh* mit Bezug auf Gesamtisrael (Deut 12,19; 29, 27; 32, 43), Juda (2 Kön 25, 21 = Jer 52, 27; Jes 1,7; Jer 27,10; 42,12; Ez 36, 24; 37,14; Jon 4, 2), Israel (2 Kön 17, 23; Am 5, 2, 7,11.17; 9,15), Israel = Juda (Jes 14,1; Jer 16,15; 23, 8; Ez 28, 25; 34,13. 27; 36,17; 37, 21; 39, 26. 28), die Gemeinde nach dem Exil (Neh 10, 36. 38), Ägypten (Ps 105, 35), Kanaanäer (Lev 20, 24), Nachbarvölker Israels (Jer 12,14), Seleukidenreich (Dan 11, 9), jedes unterwürfige Volk (Jer 27,11) durch poss. suff. determiniert wird, sind vom heimatlichen Boden (Vaterland) zu verstehen. Auch die Näherbestimmung der *'adāmāh* durch Relativsätze, die bis auf Ex 8,17 (Land Ägypten), Jes 7,16 (Land der Könige von Aram und Nordisrael; nach R. Kilian, Die Verheißung Immanuels Jes 7,14 [SBS 35, 1968, 41–46] sekundärer Zusatz) und Jer 35,7 (Rekabiter) immer auf Gesamtisrael bezogen ist, beschreibt das Land als Existenzgrundlage, nicht als Staatsgebiet.

c) Vom Wohngebiet weg 'verflucht' (→ ארר, Gen 4,11) und 'vertrieben' (→ גרש) zu werden, kommt der Trennung von der menschlichen Gemeinschaft gleich (Gen 4,14). Gunkel weist darauf hin, „daß, wer vom Ackerboden fortgeht, damit auch aus JHWHs Gegenwart scheidet" (GHK 1,1, [7]1966, 45), weil außerhalb Kanaans andere Mächte herrschen (1 Sam 26,19; Jon 1, 3; 1 Kön 20, 23; 2 Kön 17, 26; bes. Lev 16,7–10; 2 Kön 5,17–18).

Von (מעל) der *'adāmāh* vertilgt zu werden (מחה, Gen 6,7; 7, 4. 23; השמיד, 1 Sam 20,15; 2 Sam 14,7; 1 Kön 13, 34; שלח, Jer 28,16; אסף, Zeph 1, 2; כרת, Zeph 1, 3) bedeutet Tod und völlige Ausrottung. Dagegen heißt auf der *'adāmāh* sein 'Leben' (Ex 20,12; Deut 4, 40; 30, 20).

d) Wie das Wohngebiet des Menschen, ist die *'adāmāh* der *Lebensbereich der Tiere.*

Im Zusammenhang mit *'adāmāh* werden genannt: Die Kleinfauna (רמש, Gen 1, 25; 6, 20; 7, 8; 9, 2; Lev 20, 25; Deut 4,18; Ez 38, 20; Hos 2, 20), Stechfliegen (Ex 8,17; 10, 6), Heuschrecken (Deut 28, 42; Mal 3,11; Ps 105, 35), Klein- (Deut 7,13) und Großvieh (Jer 7, 20), Rinder und Esel (Deut 7,13; Jes 30, 24) und Maultiere (2 Kön 5,17).

e) Die Toten schlafen in der → אדמת עפר (Dan 12, 2; bab. *bīt epri*, K. Tallqvist, Sum.-akk. Namen der Totenwelt, 1934, 37), was entweder die 'Unterwelt' (N.H. Ridderbos, OTS 5, 1948, 177) oder die Erde als den Stoff, in den der Tote gebettet wird (Fohrer, KAT 16, 319–320), bezeichnet.

III. 1. a) In kultischer Hinsicht wird 'das heilige Land' (אדמת [ה]קדש, Ex 3, 5; Sach 2,16; vgl. Jos 5,15) vom 'unreinen' (אדמה טמאה, Am 7,17) unterschieden. Die kultische Reinheit wird durch einen nicht begrabenen Hingerichteten (Deut 21, 28; Plöger 97–100) bedroht und durch verkehrten Lebenswandel zunichte gemacht (Ez 36,17; vgl. Lev 18, 28). Dem unreinen Land ist die Fremde (→ אדמת נכר, Ps 137, 4) gleich. In ihr werden keine heimatlichen Kultlieder gesungen. Heilig ist nur 'JHWHs Land' (Jes 14, 2).

b) Naaman bittet um *'adāmāh* aus Israel, um auf ihr in seiner Heimat JHWH opfern zu können (2 Kön 5,17), weil nach seiner Anschauung der Einfluß eines Gottes sich auf sein Land beschränkt (vgl. 1 Sam 26,19; 1 Kön 20, 23; 2 Kön 17, 26), so daß JHWH nur auf israelitischem Boden verehrt werden könne. Doch vgl. Jer 29,7–14.

c) Ex 20, 24 dient *'adāmāh* (luftgetrocknete Erdballen) als Material zum Altarbau (im Unterschied von מזבח אבנים, Ex 20, 25). Eine Deutung der alten, halbnomadische oder (wegen *'adāmāh*) seßhafte Lebensweise voraussetzende, im Bundesbuch überlieferten Vorschrift, wird in biblischen Texten nirgends gegeben und bleibt somit hypothetisch. E. Robertson (The altar of earth [JJSt 1, 1948, 12–21]) sieht darin einen Hinweis auf die kurze Haltbarkeit des Altars, I. Opelt (RAC 5,1116) auf die Wertschätzung der Erde, H. Holzinger (KHC 2, 80) auf die solidarische Verbundenheit der Gottheit mit dem Boden, auf dem sie verehrt wird. Ein Zusammenhang mit dem Kult chthonischer Numina ist möglich, aber nicht sicher zu erweisen. Zum Erdaltar von Sichem s. Galling (BRL 14; RAC 1, 331); zu außerhalb Israels belegten Erdaltären (arae gramineae oder cespitiae der Italiker, die sich bei den Römern insbesondere im Dienst ländlicher Gottheiten erhalten haben) s. Reisch, PW 1, 2, 1894, 1670–1671; Ziehen, RAC 1, 310–311.

d) Entsprechend dem Zusammenhang von Kult und Kultur opfert der Landmann von der Frucht des Ackerbodens (Gen 4, 3).

Dankbare Anerkennung der von JHWH, nicht von Ba'al, geschenkten Fruchtbarkeit durch Darbringung der → ראשית, → בכורים bzw. ראשית בכורים (Ex 23,19; 34, 26; Deut 26,1–15; vgl. Lev 19, 24; 23, 9–14. 15–20; Num 15,17–21; 18,12–13; Neh 10, 36) unter Verdrängung des vermutlich urspr. magischen Sinns des Erstlingsopfers durch die neue Sinngebung des Dankes (Wildberger 411), Bitte um Segen für das Land (Deut 26,15) neben strikter Gesetzeserfüllung sichern den Lohn aller Mühe.

2. a) Mensch und Tier (Gen 2,7.19; vgl. Jes 64,7; Hi 4,19; 10, 9; 33, 6), zusammengefaßt כל־היקום (Gen 7, 4. 23; vgl. Deut 11, 6), sind von JHWH aus der *'adāmāh* konkret gebildet (יצר). עפר par. אדמה in Gen 2,7 deutet literargeschichtlich auf urspr. verschiedene Schichten der Paradieserzählung hin (Gunkel, GHK I/1, [7]1966, 6. 26; J. Begrich, ThB 21, 1964, 19; W. Fuß, Die sog. Paradieserzählung, 1968, 25 u.a.), inhaltlich auf die Hinfälligkeit des Menschen (Gen 3,19; 18, 27; Ps 103,14; Hi 30,19).

b) Ursprung, Leben und Bestimmung verbinden den → אדם (Amsler 108–109; E. Lussier, Adam in Gen 1,1–4. 24, CBQ 18, 1956, 137–139) mit der *'adāmāh*; doch wird sie um der Sünde des Menschen willen verflucht (Gen 3,17–19), so daß die urspr. Solidarität einer Entfremdung zwischen dem Menschen und dem elementaren Fundament seiner Existenz weicht (G. v. Rad, ATD, 2/4, 76). Die nach einer jahwistischen Version urspr. leichte Arbeit (vgl. Gen 2,7.15 mit 3, 23) wird zu einem harten Ringen um Nahrung. Das Land hat seine „original fertility" verloren (Guglielmo 308). Dornen und Disteln erschweren die Nutzung (Gen 3,18). Nach den Mühen des Lebens kehrt der אדם zur אדמה, von der er genommen ist (לקח), zurück (שוב); denn er ist → עפר (Gen 3,19; Ps 104, 29; vgl. Dan 12, 2). Dasselbe Los trifft auch den Mächtigsten (Ps 146, 4; Pred 3, 20).

c) Schwerer als den אדם das Strafwort Gen 3,17–19, trifft den Brudermörder die Vertreibung vom fruchtbaren Kulturland, das seinen Mund auftat, um Bruderblut (→ אח) zu trinken (Gen 4,11–12). Ihm versagt die *'adāmāh* vollends ihre Kraft (Gen 4,12). Die wachsende Bosheit der Menschen (s. dazu 2, 4b–3, 24; 4,1–16. 17–24; 6,1–4) führt zu dem anthropopathisch formulierten Entschluß JHWHs, alles Geschaffene außer Noah von der *'adāmāh* zu vernichten (Gen 6, 5–8). In der neuen Periode der Heilsgeschichte wird dagegen JHWH aus Nachsicht mit der sittlichen Schwäche des Menschen seine strafende Heiligkeit selbst beschränken (Gen 8, 21). Die Mühsal der Arbeit wird gemildert durch Noah (Gen 5, 29), indem er als איש האדמה mit dem Weinbau beginnt (Gen 9, 20).

3. a) Außer der Urgeschichte ist das *'adāmāh*-Motiv für die dtr Konzeption einer theologischen Geschichtspragmatik, verbunden mit der Erwähltradition, von erheblicher Relevanz. Israel besitzt die *'adāmāh* nicht kraft geschichtlicher Erbfolge als Naturgegebenheit. Während andere Völker sich ihres ständigen Landbesitzes rühmen (Meša'inschrift, KAI 181,10: „Die Leute von Gad wohnten im Lande Aṭārōth seit Ewigkeit"), verdankt Israel sein Land JHWH, dessen heilsgeschichtliche Führung in der Landgabe gipfelt (Am 2,10; 3, 2). Vor allem Deut – Dtr wiederholen den Gedanken unermüdlich (zur dtr Redaktion von Am 2,10–12 s. W.H. Schmidt, ZAW 77, 1965, 178–183). Vor der Seßhaftwerdung waren Israels Sippen und Stämme weithin landlos (Deut 26, 5); aber JHWH hat den Vätern die *'adāmāh* als Lebensraum und Existenzgrundlage 'zugeschworen' (→ נשבע Num 11,12; 32,11; Deut 11, 9. 21; 28,11; 31,10; Plöger 63–79; N.Lohfink, Die Landverheißung als Eid [SBS 28, 1967]). Zur Zeit der Landnahme 'schenkt' (→ נתן Ex 20,12; Lev 20, 24; Deut 11, 9; 21,1; 26,15; 1 Kön 9,7 = 2 Chr 7, 20; 1 Kön 14,15; 2 Kön 21, 8; Jer 24,10; 25, 5; 35,15; Ez 28, 25; vgl. 2 Chr 33, 8) JHWH als der alleinige Besitzer ('JHWHs Land' nur Jes 14, 2 vgl. 2 Chr 7, 20; der unklare Text Deut 32, 43 legt eine ähnliche Deutung nahe; vgl. Lev 25, 23) das Land in ungeschuldeter, freier Huld, damit Israel es als sein Land (Deut 7,13; 21, 23) und als Erbbesitz (→ נחלה) nach der gottgewirkten Vertreibung der Einwohner in Besitz nehme (→ ירש, Lev 20, 23–25; Deut 30,18; 31,13; 32, 47), wobei in gemeinsamer Initiative JHWH in das Land hineinbringt (Deut 31, 20) und das Volk über den Jordan hineinkommt (Deut 31,13; 32, 47). Dort soll Israel die Segnungen des fetten (Neh 9, 25) und guten (Jos 23,13. 15; 1 Kön 14,15) Landes genießen, so daß Deut 31, 20 sogar von der *'adāmāh*, wo Milch und Honig fließt (sonst nur ארץ; jedoch auch Deut 31, 20 von einigen Hss. ergänzt; zu den festgeprägten Formulierungen mit ארץ und אדמה s. Plöger 124–126) sprechen kann. An der Einlösung des Väterschwurs erfährt Israel JHWHs Treue zum eidlich gegebenen Wort (Jos 21, 45). Durch Verkündigung in Kult und Familie wird die eschatologische Heilsgabe für die je gegenwärtige Generation aktualisiert; vgl. besonders das Gebet bei der Abgabe der Erstlingsfrüchte Deut 26, 3: „Ich bezeuge *heute* JHWH, deinem Gott, daß *ich* in das Land gekommen bin."

b) Die ursprünglich absolut gegebene Landverheißung wird in der dtr Geschichtstheologie konditional verstanden, um die zeitweise ausstehende Erfüllung bei Verlust des Heimatlandes und die bleibende Hoffnung, es nach Umkehr zu Gott wieder zu erlangen, geschichtstheologisch zu interpretieren. Landverheißung und Landgabe stehen in innerer Korrespondenz zu Gehorsam bzw. Ungehorsam gegen JHWHs Rechtswillen. Darum bekommen alle, die auf dem Wüstenzug nicht vollen Gehorsam geleistet haben, das Land nicht zu sehen (Num 32,11). Während JHWH die Landgabe 'für immer' (כל־הימים, Deut 4, 40; vgl. Jer 25, 5) intendiert, ist die Realisierung langen und glücklichen Lebens auf der *'adāmāh* (ארך ימים, Deut 4, 40; 5,16; 11, 9; 25,15; 30,18. 20; 32, 47; רבה ימים, Deut 11, 21) gebunden an ständigen Gehorsam („alle Tage, die ihr auf der *'adāmāh* lebt", Deut 4,10; 12,1; 31,13; ähnlich Deut 12,19; vgl. 1 Kön 8, 40; 2 Chr 6, 31) aller („auch eure Söhne", Deut 31,13) gegen alle Gebote (Lev 26). Die umfassende Gehorsamsforderung wird in paränetischer Ausweitung speziell beim Elterngebot (Ex 20,12; Deut 5,16) und beim Gesetz über rechtes Maß und Gewicht (Deut 25,13–16) durch die *'adāmāh*-Verheißung motiviert (s. auch Deut 21, 22–23; 26,1–11). Der Wahl des 'Lebens' ist langdauerndes Wohnen im Lande zugesagt (Deut 30, 20). In bestimmter geschichtlicher Situation kann Unterwerfung unter einen fremden Eroberer Verbleiben in der Heimat bewirken, während Auflehnung den Verlust der *'adāmāh* zur Folge hat (Jer 27,10. 11).

Die häufigen Mahnungen zur Erfüllung des Gesetzes und dringenden Warnungen vor jeglicher Form seiner Übertretung entspringen der Sorge um die Bewahrung des – bei noch fehlender Auferstehungshoffnung – höchsten Heilsgutes Land.

Auf Untreue und Ungehorsam, namentlich auf den Abfall zu fremden Göttern, reagiert JHWH durch Vertilgen von der *'adāmāh* (→ אבד, Jos 23,13; → גלה, 2 Kön 17, 23; 25, 21; Jer 52, 27; Am 7,11.17; השמיד, Deut 6,15; Jos 23,15; 1 Kön 13, 34; Am 9, 8; → כלה, Ex 32,12; Deut 28, 21; → כרת, 1 Kön 9,7; → נוד, 2 Kön 21, 8; נסח, Deut 28, 63; Sir 48,15; נתש, Deut 29, 27; 1 Kön 14,15; Jer 12,14–15; 2 Chr 7, 20; → סור, 2 Chr 33, 8; → תמם, Jer 24,10).

Die Unheilsdrohungen werden erfüllt durch Verwüstung des Landes (Jes 6,11; Joel 1,10) und Exilierung eines Teils der Bevölkerung (Am 7,11. 17; Jer 35,15–17), die neben dem Verlust von Heimat und Besitz vom legitimen JHWH-Kult getrennt ist (Ps 137, 4).

Dennoch bleibt die eidlich bekräftigte Landverheißung in Kraft und erfüllt sich wieder im neuen Exodus. JHWH wird sein Volk in die *'adāmāh* 'zurückbringen' (בוא *hiph*, Jer 23, 8; Ez 20, 42; 34,13; 36, 24; 37,12. 21; vgl. Jer 16,15; 31, 23–28), es in die Heimat 'versetzen' (הניח על, Ez 37,14), es wieder im Lande einpflanzen (Am 9,15; vgl. Jer 24, 6; 32, 41; 42,10), und es auf heimatlichem Boden 'sammeln' (כנס, Ez 39, 28; vgl. Ps 147, 2). Dort wird es auf eigener Scholle in Sicherheit (Ez 28, 25. 26; 34, 27; 39, 26) und paradiesischer Fülle (Am 9,13–15) wohnen und reichen Segen für Saat und Frucht des Ackers erhalten (Jes 30, 23–26; Deut 30, 9). JHWH erhört die reumütige Bitte des Volkes um Rückkehr (1 Kön 8, 34 = 2 Chr 6, 25). Er gewährt ihm Ruhe (Jes 14,1 → ארץ, מנוחה) auf der *'adāmāh* und nimmt es als sein Erbteil wieder in Besitz 'auf heiligem Land' (Sach 2,16).

J.G. Plöger

אָהַב אהב, אַהֲבָה, אַהַב

I. Liebe außerbiblisch – 1. Ägypten – 2. Mesopotamien – II.1. Belege, Etymologie – 2. Bedeutung – 3. Begriffsfeld – III. Profaner Gebrauch – 1. Liebe der Geschlechter – 2. Vorliebe (der Eltern), Zuneigung (unter Freunden) – 3. Sozial-ethisches Verhalten (der Gemeinschaft) – 4. Nächsten-, Feindesliebe – IV. Theologischer Gebrauch – 1. Theologisch-kritische Botschaft der Propheten – 2. Paränese des Deuteronomisten – 3. Gottesliebe im Kult – 4. Qumran.

Lit.: *F. Buck*, Die Liebe Gottes beim Propheten Osee, 1953. – *J. Deák*, Die Gottesliebe in den alten semitischen Religionen (Phil. Diss. Basel, 1914, 81–83). – *F. Hesse*, Liebe 1. AT (BHHW II 1083–1084). – *H. W. Huppenbauer*, Liebe 2. Judentum (BHHW II 1084–1085). – *E. Kalt*, ²Biblisches Reallexikon II 56–71. – *F. Maass*, Die Selbstliebe nach Leviticus 19,18 (Friedrich Baumgärtel zum 70. Geburtstag. Erlanger Forschungen, R. A: Geisteswissenschaften Bd. 10, 1959, 109–113). – *O. Michel*, Das Gebot der Nächstenliebe in der Verkündigung Jesu (Zur sozialen Entscheidung 1947, 53–101). – *W.L. Moran*, The Ancient Near Eastern Background of the Love of God in Deuteronomy (CBQ 25, 1963, 77–87). – *G. Nagel*, Crainte et amour de Dieu dans l'AT (RThPh 33, 1945, 175–186). – *J. Nikel*, Das AT und die Nächstenliebe (BZfr VI 11/12, 1913). – *A. Nygren*, Eros und Agape, 1930. – *J. Pedersen*, Israel. Its Life and Culture, 1926. – *G. Quell* und *E. Stauffer*, ἀγαπάω (ThWNT I 20–55). – *O. Schilling*, Die alttestamentliche Auffassung von Gerechtigkeit und Liebe (Worte des Lebens. Festschr. für M. Meinertz, 1951, 9–27). – *C. Spicq*, Agapé dans le Nouveau Testament, Analyse des Textes, 3 Bde, Paris 1957/59. – *D. W. Thomas*, The root אהב 'love' in Hebrew (ZAW 57, 1939, 57–64). – *V. Warnach*, Agape. Die Liebe als Grundmotiv der neutestamentlichen Theologie, 1951. – *Ders.*, Liebe (Bibeltheologisches Wörterbuch, hrsg. von J.B. Bauer, ³1967, 927–965). – *C. Wiéner*, Recherches sur l'amour pour Dieu dans l'AT, 1957. – *J. Ziegler*, Die Liebe Gottes bei den Propheten (ATA 11/3, 1930). – *W. Zimmerli*, Liebe II. Im AT (³RGG IV 363–364).

Zu I: *E. Drioton*, Pages d'égyptologie, Kairo 1957. – *Ders.*, Maximes relatives à l'amour pour les dieux (AnBibl 12, 1959, 57–68). – *A. Hermann*, Altäg. Liebesdichtung, 1959. – *S. Morenz*, Die Erwählung zwischen Gott und König in Ägypten (Festschr. Wedemeyer, 1956, 118–137). – *E. Otto*, Die biographischen Inschriften der äg. Spätzeit, 1954. – *Ders.*, Gott und Mensch ..., 1964.

I. 1. Das allgemeine äg. Wort für 'lieben' ist *mrj* (WbÄS II 98ff.). Es tritt häufig in den pass. Ptz.-Formen *mrj* und *mrr* 'ein Geliebter (von ...)' auf. Das Subst. *mrw.t* heißt sowohl 'Liebe' als 'Beliebtheit'. *Mrj* stellt den Gegensatz zu *mśḏj* 'hassen' dar, z.B. in Zusammenhängen wie: „einer der das Leben (bzw. das Gute) liebt und den Tod (bzw. das Böse) haßt". In parallelen Aussagen kommt neben *mrj* oft, besonders in den Grabformeln, *ḥsj* vor, das normalerweise mit 'loben' übersetzt wird. Die beiden Verben sind dabei austauschbar und bezeichnen sowohl die innere Haltung wie die entsprechende äußere Handlungsweise. Die Liebe wird gewöhnlich im 'Herzen' (*ib*) – oder vager im 'Leib' (*ẖ.t*) – als Sitz der persönlichen Lebensvermögen lokalisiert.

Mrj kann mit einem Inf. als Obj. konstruiert werden und somit etwa als Hilfsverbum im Sinn von 'wollen, wünschen' dienen. Weit häufiger kommt es aber mit persönlichem Obj. vor und wird vor allem von den liebevollen Beziehungen zwischen Eheleuten und verschiedenen Familiengliedern, zwischen König und Untertanen bzw. Herrn und Dienern, zwischen Gott und Menschen gebraucht.

Wenn *mrj* von der ehelichen Liebe verwendet wird, handelt es sich offenbar meist um die geschlechtliche Liebe. In der Großzahl der Grabdarstellungen wird an der Seite des Besitzers 'seine geliebte Frau' – wie auch 'sein geliebter Sohn' usw. – abgebildet. Seit ältester Zeit (vgl. Pyr. 2192) bis in die Zauberpapyri der Spätzeit gilt die Liebe der Isis zu ihrem Bruder-Gatten Osiris in ihrer Doppelrolle als Schwester-Gattin als paradigmatisch.

Von der Liebe zwischen Eltern und Kindern zeugen mehrere Personennamen der Art *Mr.t it.ś (mwt.ś)*, 'eine von ihrem Vater (ihrer Mutter) Geliebte' (Ranke, PN I 135ff.). Die autobiographischen Texte reden gern von den liebevollen Beziehungen zwischen Familiengliedern und zeigen Formeln wie „ein Geliebter seines Vaters, ein Gelobter (*ḥsj*) seiner Mutter, ein Geliebter seiner Brüder und Schwestern usw." auf (Otto, Biogr. Inschr. 168, 172, 174 usw.). Besonders im

Grabkontext tritt 'der geliebte' Sohn als der ideale Opferer seines Vaters auf.
Die Liebe stellt das ideale Verhältnis zwischen König und Untertanen dar. Mancher König stellt stolz fest: „Die Menschen lieben mich." Sinuhe preist den neuen König mit den Worten: „Ein Herr der Beliebtheit ist er, groß an Süßigkeit, er ist ein Eroberer durch die Liebe (*mrw.t*). Die Einwohner seiner Stadt lieben ihn mehr als sie sich selbst lieben..." (Sinuhe B 66). Noch wichtiger ist aber die göttliche Liebe, die dem Pharao die einzigartige Stellung als 'der Geliebte' und 'der Erwählte' zusichert. Eine ganze Reihe von Königsnamen verkündigen den Besitzer als 'den Geliebten des Re'. Oft wird das göttliche Handeln zugunsten des Pharao durch ein 'gemäß meiner Liebe zu dir' begründet (z.B. Urk. IV 579). Es ist aber zu beachten, daß wir es hier oft mit einer gegenseitigen Liebe (Erwählung) zwischen Gott und König zu tun haben (Morenz). Die schon früh als Eigenname auftretende Formel *mrr nṯr mrr św*, 'Gott liebt denjenigen, der ihn liebt', stammt wohl (so Morenz) aus der Königsideologie, wird aber auch auf Privatleute bezogen und kommt besonders häufig auf Skarabäen vor (Drioton 1957, 121ff.; 1958, 57ff.). Andererseits betonen vor allem die späten Tempelinschriften die erwählende göttliche Liebe (Otto, Gott und Mensch 46f.). Nach den Skarabäen gibt Gott Liebe, Leben usw. demjenigen, der ihn liebt, nach den Tempelinschriften eher demjenigen, den er liebt.

Bergman

2. Das gewöhnliche sumer. Wort für 'lieben' ist *ki-ág*, ein Kompositum unbekannter Grundbedeutung. Der König wird als der von der Gottheit Geliebte bezeichnet, und als eine Folge dieser göttlichen Liebe erscheint die Erwählung zum Königtum. Eannatum sagt z.B., daß ihm Inanna, die ihn liebt, das *ensi*-tum von Lagaš und die Königswürde von Kiš gegeben hat (VAB I/1, 23). Auch die eheliche Liebe und die Liebe zwischen Freunden werden mit *ki-ág* bezeichnet, z.B. *dam-ki-ág*, 'der geliebte Gatte', *ku-li-ki-ág*, 'der geliebte Freund' (SAK 18, VI 8 und 6). Der Tempel ist der geliebte Platz der Gottheit; Ausdrücke wie 'sein geliebter Tempel' u.ä. sind häufig.
Entsprechend wird das akk. *rāmu* (→ רחם) gebraucht. Es bezeichnet das Verhältnis zwischen Eltern und Kindern. Assurbanipal sagt, daß sein Vater ihn besonders lieb hatte (VAB VII/2, 259). Nach CH soll die Mutter ihre Erbschaft ihrem Sohn, den sie liebt, geben (§ 150). *rāmu* wird auch von ehelicher Liebe gebraucht. Bemerkenswert ist Ištars Angebot an Gilgameš, ihr Gatte zu werden, das dieser ablehnt unter Hinweis auf all die anderen, die sie geliebt hat (Tammuz usw.; Gilg. VI 46ff.).
Besonders interessant ist die Verwendung des Begriffs im politischen Leben. Aus den Amarna-Briefen geht hervor, daß die Fürsten einander 'lieben', daß die Vasallen den Pharao 'lieben' und daß Pharao sie 'liebt', ferner daß die Untertanen ihren König 'lieben' sollen. Diese 'Liebe' umfaßt vor allem Loyalität, Treue und Gehorsam (Moran 79f.; auch in Mari, vgl. ARM 10, 7, 13).
Die normale Haltung der Menschen gegenüber den Göttern ist Furcht: Der König sagt oft, daß er 'einer der die Gottheit fürchtet' (*pāliḫ*) ist, während es kaum Belege für sein Lieben der Gottheit gibt. Dagegen ist der König (bzw. der Mensch) der von den Göttern 'Geliebte' (*narāmu*, Seux 189ff.). Die Götter lieben die Heiligtümer; ebenso sagt Hammurapi, daß er den Esagila liebt, und Nebuchadrezzar spricht von „Babylon, das ich liebe". Von den Göttern heißt es, daß sie die Kultausübung des Königs (z.B. *niš qātīja* 'Handerhebung') lieben; ebenso kann ein Mensch den Kult der Götter lieben (s. Muss-Arnolt, Hwb. 966f.). Ferner ist es fast ein stehender Ausdruck, daß die Götter (Tallqvist, Götterepitheta 167) oder die Könige das 'Recht' und die 'Gerechtigkeit' (*kettu*, *mēšaru*) lieben (Seux 236f.).

Haldar

II. 1. Die Wurzel אהב und ihre Derivate finden sich nicht nur in at.lichen und außer- wie nach-at.lichen hebr. Texten, sondern auch in denen verwandter semitischer Dialekte; dort jedoch wesentlich seltener. Belege für das Ugaritische s. WUS 9 (s. auch u. III. 1); in den aramäischen Papyri von Elephantine findet sich אהב nur in Namenbildungen (A.E. Cowley, AP I, Z. 4; XXII, Z. 107; Noth, IPN 223. 251; Nr. 924. 937). Das Auftreten von אהב in Cowley, AP LXXV, Z. 3 ist unsicher (vgl. DISO 6). Im Punischen begegnet אהב einmal (DISO 6). Zu samaritanischen Belegen s. D.W. Thomas, 59, Nr. 5.
Im AT ist die Wurzel אהב in allen Literaturgattungen nachweisbar und ist zu allen Zeiten, wenn auch unter vielfältiger Wandlung der speziellen Bedeutung, in Gebrauch gewesen. Die Tatsache, daß das AT die in den übrigen semitischen Dialekten selten erscheinende Wurzel sehr häufig, nie aber wie dort für Namenbildungen heranzieht, läßt bereits vermuten, daß אהב vom bibl.-hebr. Sprachgebrauch aus sachlichen und theologischen Gründen eigenständig ausgestaltet worden ist. Das Verbum begegnet im AT 140mal im qal, 36mal als Ptz. akt. *qal*, meist in der Bedeutung 'Freund', einmal als Ptz. *niph*, 16mal als Ptz. *pi*, in der Bedeutung 'Buhle'. Unter den Nominalbildungen findet sich אהבה 50mal, *'áhab*, zweimal, *'ōhab* zweimal.
Die Etymologie von אהב kann nicht als gesichert betrachtet werden und gibt somit über die urspr.

Bedeutung dieser Wurzel nur unzulängliche Auskunft. D. W. Thomas (61) erneuert unter Voraussetzung einer biliteralen Wurzel הב die schon von A. Schultens im Jahre 1748 vorgeschlagene Deutung in Zusammenhang mit arab. *habba* 'heftig atmen, erregt sein' (vgl. J. J. Gluck, VT 14, 1964, 367f.). Die dafür beigebrachten – übrigens textlich umstrittenen – at.lichen Belege (Spr 30,15 [s. Gluck]; Ps 55, 23; Hos 8,13) – können auch bei Berücksichtigung der alten Übersetzungen schwerlich eine verschollene Wurzel הב nachweisen (vgl. H.S. Nyberg, ZAW 52, 1934, 252; E.W. Nicholson, VT 16, 1966, 355ff.). Demgegenüber haben G.R. Driver (JBL 55, 1936, 111; JThSt 39, 1938, 160f.) und offenbar unabhängig von ihm H.H. Hirschberg (VT 11, 1961, 373) die Wurzel אהב mit arab. *'ihāb* 'Haut, Leder' in Beziehung gesetzt (vgl. HL 3,10; Hos 11, 4 ist gegen Driver und Hirschberg nicht heranzuziehen). Damit ist die Kennzeichnung einer leiblichen Empfindung im Bereich der Körperoberfläche auf deren auslösende seelische Erregtheit angewandt worden. Ist diese Vermutung richtig, so bildet das emotionale Erleben die Keimzelle der Entfaltung des Begriffs אהב.

2. Letztere Feststellung scheint zumindest dadurch gestützt zu werden, daß dieser aus empfangenen Eindrücken herrührenden Gefühlsbewegung antithetisch die des Hasses → שנא gegenübergestellt wird (Deut 5,9.10; 21,15; Ri 14,16; 2 Sam 19,7; Jes 61, 8; Am 5,15; Mi 3, 2; Mal 1, 2; Ps 45, 8; 97,10; 109, 5; Spr 9, 8; 10,12; 12,1; 13, 24; 14, 20; 15,17; 15, 9 ant. → תועבה; s.a. 1QS 1, 3–9; 9,16. 21; 1QH 14,10.19 ant. → מאס), ja, Liebe kann unvermittelt in Haß umschlagen (2 Sam 13,15). Verwerflich ist der Undank, der empfangene Liebe mit dem Gegenteil, mit Anfeindung (→ שטן) entgilt (Ps 109, 4).

Die Parallelität der Aussagen bzw. Begriffe im Hebräischen erläutern hilfreich die Abstufungen von אהב(ה). Wer jemanden oder etwas liebt, der hängt ihm an (→ דבק, Deut 11, 22; 30, 20; Spr 18, 24; vgl. 1 Kön 11, 2), jagt ihm nach (רדף, Jes 1, 23), geht ihm nach (→ הלך אחרי, Jer 2, 25b), sucht (שחר, Spr 8,17 [Q]; → בקש Ps 4, 3; 40,17 = 70, 5), zieht zu sich in Treue (→ משך בחסד, Jer 31, 3; vgl. Hos 11, 4). Dieses Sehnen nach äußerer Nähe wird auf innere Vorgänge zurückgeführt: man ist von Herzen verbunden (נקשרה בנפש, 1 Sam 18,1), herzliches Verlangen treibt (→ חפץ, Ps 34,13; → רצון, Spr 16,13), der Liebende erwählt (→ בחר, Deut 7, 7f.; 10,15; Jes 41, 8; Ps 78, 68), der Erwählte ist liebreich (→ נעם, 2 Sam 1, 23), kostbar (→ יקר, Jes 43, 4) oder wertgeschätzt (→ נכבד, Jes 43, 4; Ps 87, 2. 3). Nach diesen deutenden Parallelen ist Liebe(n) das leidenschaftliche Verlangen, dem Menschen, dem man sich aus Zuneigung verbunden fühlt, nicht allein innerlich, sondern auch äußerlich nahe, fest in allen Lebensbeziehungen mit ihm verbunden zu sein (Gen 2, 23f.).

Es ist interessant, daß die Wurzel → רחם 'erbarmend lieben', die in Namengebungen als Ausdruck für Gottes Liebe zum Namenträger (bzw. -geber) häufig begegnet, als Parallele zu אהב nicht zu finden ist, während die Wurzel → דוד bezeichnenderweise nur in HL 1, 3. 4 neben אהב hergeht. Darf diese Feststellung auch nicht überbewertet werden, so mag sie doch zeigen, daß die Wurzel אהב im AT einen von רחם, wohl auch von דוד scharf zu trennenden Bedeutungsgehalt besitzt, der seinerseits die Verbindung mit einem Gottesnamen oder -appellativ in Personennamen ausschließt. Demnach hat das Hebr. des AT den Begriff אהב(ה) mit einem ganz eigenständigen Inhalt gefüllt.

Für diese Annahme spricht auch die Tatsache, daß die LXX in der erdrückenden Mehrzahl der Fälle als Übersetzung für אהב das Verbum ἀγαπάω verwendet. Dieses ist im vorbiblischen Griechisch in seiner Bedeutung gegenüber ἐράω, φιλέω blaß und schwankend (s. Stauffer, ThWNT I 36). Es beinhaltet eigentlich nur 'sich mit etwas zufriedengeben'. Für das Nomen אהבה benutzt LXX dementsprechend das Wort ἀγάπη (2 Sam 13,15; Jer 2, 2; HL 2, 4. 5. 7; 3, 5. 10(?); 5, 8; 7, 7; 8, 4. 7; Pred 9, 1) oder ἀγάπησις (2 Sam 1, 26; Ps 109, 5; Jer 2, 33; 31 (LXX 38), 3; Hos 11, 4; Zeph 3,17). Mit der bevorzugten Wiedergabe des hebr. אהב durch Formen des ursprünglich uncharakteristischen griech. Wortes ἀγαπάω wird recht deutlich, daß dieses erst durch die Übersetzung aus dem Hebr. seinen klassischen Bedeutungsgehalt gewonnen hat. Dies beweist rückwirkend für die hebr. Wurzel, daß sie weder durch ἐράω noch durch φιλέω ohne weiteres ausgedrückt werden konnte, weil sie deren Wesensgehalt nicht entsprach. So konnte die Wurzel φιλέω nur in ganz besonderen Fällen als Übersetzung von אהב verwandt werden, dort nämlich, wo es sich um die innere Gebundenheit an eine Sache, nicht aber an eine Person handelt: Gen 27, 9 (vgl. v 14) an Leckerbissen; Jes 56,10 an Schlaf; Spr 8,17; 29, 3 an die – zwar personifizierte – Weisheit. In diesem Sinne hat LXX die denominative Bildung von φιλία: φιλιάζω verwendet: der Ungerechtigkeit im Gericht freund sein (2 Chr 19, 2). Die Komposita von φιλέω sprechen ebenfalls dafür, daß es sich hier um Verlangen nach Dingen oder Sachverhalten handelt: φιλαμαρτήμων 'sündverfallen' (Spr 17,19), φιλογύναιος 'der Vielweiberei hingegeben' (1 Kön 11,1), φιλογέωργος 'Landwirtschaft liebend' (2 Chr 26,10), φιλονεικεῖν 'Streit lieben' (Spr 10,12). Das Ptz. akt. *qal* wird jeweils dort mit φίλος übersetzt, wo es sich um freundschaftliche Beziehungen zwischen Männern handelt (Jer 20, 4. 6; Ps 38,12; 88,19;

Spr 14, 20; 17,17; 21,17; 27, 6; Est 5,10.14; 6,13). Desgleichen wird אהבה mit φιλία als Wiedergabe des Verlangens nach Sachen angewandt (Spr 15,17; 17, 9; 27, 5). Vereinzelte Übersetzungen von אהב sind ἀντέχεσθαι 'sich an jemand halten' (Spr 4, 6), ἐπιθυμητής εἶναι 'begierig sein' (Spr 1, 22), ζητέω 'suchen' (Mi 3, 2), ἐράω 'lieben' (Est 2,17), ἐρωτίς (Spr 7,18 für *'ōhab*). Es sei darauf hingewiesen, daß ἐράω und ἐρωτίς jeweils nur einmal als Übersetzung von אהבה bzw. *'ōhab* verwendet werden, nämlich da, wo die eigentlichen griech. Bezeichnungen der geschlechtlichen Liebe sachentsprechender waren. Damit kann ἀγαπάω als das klassische Äquivalent für אהב gelten, wenngleich es darüber hinaus auch die Wiedergabe für רצה, חפץ רחם sein kann (Quell 20f. 21[2]).

3. Das Begriffsfeld lieben/Liebe ist im at.lichen Idiom sehr weit gespannt und reicht von der Zuneigung der Geschlechter zueinander (Isaak–Rebekka, Gen 24, 67; Jakob–Rahel, Gen 29,18. 30; Lea–Jakob, Gen 29, 32; Sichem–Dina, Gen 34, 3; Simson–Philisterin, Ri 14,16; Simson–Delila, Ri 16,4.15; Elkana–Hanna, 1 Sam 1,5; Mikal–David, 1 Sam 18,20; Amnon–Thamar, 2 Sam 13,1. 4) oder gar der Kennzeichnung der ehelichen Gemeinschaft (Hos 3,1) über die familiären Bindungen des Vaters an den (Lieblings-) Sohn (Gen 22, 2; 25, 28; 37, 3; 44, 20; Spr 13, 24) oder der Mutter an ihr bevorzugtes Kind (Gen 25, 28), Schwiegertochter–Schwiegermutter (Ri 4,15), über die freundschaftliche Verbundenheit zwischen Männern wie Saul–David (1 Sam 16, 21); Jonathan–David (1 Sam 18,1–3; 20,17; 2 Sam 1, 26), Lehrer und Schüler (Spr 9, 8), Knecht und Herrn (Ex 21, 5; Deut 15,16) bis hin zur engen Verbundenheit zwischen Volk und Heerführer (1 Sam 18,16. 22). In letzterem Sinne sind dann auch die Nächstenliebe als ein entgegenkommendes, freundschaftlich-hilfsbereites Verhalten zum Volksgenossen (Lev 19,18) und auch die Aufgeschlossenheit gegenüber dem Fremdling zu verstehen (Lev 19, 34; Deut 10,18. 19). Pedersen (309f., 341f., 353, 414) betont mit Recht den gemeinschaftsbezogenen Charakter des Begriffs der Liebe und Freundschaft im AT (Weiteres s.u.).

Schließlich aber ist die Wurzel אהב auch auf das Verhältnis zwischen JHWH und Israel oder seinen Frommen übertragen worden (Deut 10,12; 11,13. 22; 19, 9; 30, 6; Jos 22, 5; 23,11; Jer 2, 2) und bezeichnet zugleich die totale und alle Kräfte beanspruchende Form der Liebe. Teilweise wird diese Haltung des Menschen Gott gegenüber vergegenständlicht in der Liebe zu Jerusalem, JHWHs Heiligtum, Zion (Jes 66,10; Kl 1, 2; Ps 122, 6) oder zu Gottes Namen (Ps 5,12; 69, 37; 119,132). All dies jedoch beruht darauf, daß JHWH selbst sein Volk Israel liebt und aus Liebe zu diesem strafend und rettend handelt (Hos 11, 4 [9,15]; Jer 31, 3; Jes 43, 4; 63, 9; Zeph 3,17; Mal 1, 2; Deut 7, 8.13; 10,15; 23, 6; 2 Chr 2,10; 9, 8).

Aus dem eben gegebenen Überblick dürfen jedoch noch keine voreiligen Schlüsse über den speziellen Charakter des Begriffs Liebe während der einzelnen Zeitperioden oder in den Literaturgattungen des AT gezogen werden, zumal die literarischen Formen auch an bestimmte Inhalte gebunden und demgemäß an ganz unterschiedlichen Seiten des Liebesbegriffes interessiert sind. So wenden sich die erzählenden Quellen mehr dem Verhältnis der Menschen untereinander zu, während die lehrhaft-sozialethischen Interessen der Weisheitsliteratur den gleichen Gegenstand unter entsprechendem Vorzeichen sehen, die meditativen Glaubensäußerungen der Psalmen oder die dem Liebesthema eigens gewidmeten Töne des Hohenliedes eine andere Prägung aufweisen als die kult- und sozialkritischen Worte der Propheten. Letztere sind stärker dem aus der Liebe JHWHs geborenen Heilshandeln an seinem Volk und der versagten Gegenliebe Israels in Gestalt von Untreue und Lieblosigkeit zugewandt. Ganz eigene, in sich geschlossene Erwägungen haben das Deut und die von ihm abhängige Literatur über das Liebesverhältnis zwischen Gott und Volk angestellt. Ohne Zweifel hat der Liebesbegriff in den einzelnen Gattungen im Laufe der Zeit eine erhebliche Ausweitung und Vertiefung erfahren, insbesondere durch die Einbeziehung der Erkenntnis von der Liebe Gottes und der Gottesliebe.

Der Ausdruck אהב und dessen Ableitungen weisen im AT einen auffällig pragmatischen Zug auf. Liebe setzt nicht nur eine konkrete innere Disposition voraus, die durch Erfahrungen oder Erlebnisse aufgebaut wird, sondern sie schließt von sich aus ein bewußtes Handeln um des geliebten Menschen oder der bevorzugten Sache willen ein. In diesem Sinne ist Liebe schließlich soziologisch, ja sogar sozial-ethisch bestimmt (vgl. Pedersen). Die eindrücklichste Darstellung dieses pragmatischen Charakters von אהב findet sich wohl in 1 Sam 18,1–4: „Jonathan schloß mit David einen Bund, denn er war ihm zugetan wie sich selbst (באהבתו אתו כנפשו), und Jonathan streifte seinen Mantel ab, welchen er trug, und gab ihn David, und auch seine Rüstung, bis hin zu seinem Schwert und zu seinem Bogen und zu seinem Gürtel." Die zwischen den beiden Recken geschlossene Freundschaft schlägt sich also in einer → ברית 'Bund' nieder, die zu freundschaftsgemäßem Verhalten verpflichtete. Später bekräftigte Jonathan nochmals seine freundschaftliche Verbundenheit mit David durch seinen Schwur, daß er ihm helfen wolle gegen die Nachstellungen seines Vaters Saul (1 Sam 20,17ff.). Jonathan hat dann auch diesem Eide treu seinem Busenfreunde gegenüber gehandelt. Einst hatte auch Saul David seine Zuneigung geschenkt und ihn darum zu seinem Waffenträger gemacht (1 Sam 16, 21); indessen haben Davids Waffenerfolge und Popularität dieses Gefühl in das krasse Gegenteil verkehrt (1 Sam 18, 8). Das Bild des liebesgemäßen Verhaltens zeichnen auch die Pentateuch-Quellen: „Da liebte Jakob Rahel und sprach: ‚Ich will sieben Jahre um deine jüngere Tochter Rahel dienen'" (Gen 29,18). „Und er liebte Rahel mehr als Lea und er diente ihm (Laban) sieben weitere Jahre" (Gen 29, 30). „Israel liebte Joseph mehr als alle seine Söhne ... und er (ließ) ihm einen Rock mit Ärmeln machen" (Gen 37, 3f.). Auch das Bundesbuch gibt diese Bedeutung des Begriffs deutlich zu erkennen: „Wenn der Knecht aber erklärt: ‚Ich habe meinen Herrn lieb, meine Frau und meine Söhne, ich will nicht in die Freiheit entlassen werden ...'" (Ex 21, 5; vgl. Deut 15,16). Die innere Verbundenheit mit dem Herrn und die Liebe zu Frau und Kindern gebieten diesen Verzicht auf die persönliche Freisetzung. Die Sprüche fassen ihrerseits diese praktische Konsequenz des Liebens zusammen wie: „Haß ruft Streit hervor, Liebe deckt alle Vergehen zu" (10,12). „Wer Liebe nachgeht, deckt Fehler zu, wer eine Sache weitererzählt, vertreibt den Vertrauten" (17, 9). Ja, Liebe, die kein entsprechendes Verhalten zeigt, wird verworfen: „Besser offen ausgesprochener Tadel als Liebe, die schweigt" (27, 5). Im Sinne des Handelns will wohl auch HL 8, 6b verstanden sein: „Stark wie der Tod ist die Liebe." Liebe ist nicht passiv, sondern im höchsten, leidenschaftlichen Maße aktiv.

Wer sein Herz verlangend an etwas Schlechtes hängt, der handelt dementsprechend auch schlecht: „Deine Anführer sind Aufrührer und Diebsgesellen, sie alle lieben Bestechung und jagen Geschenken nach; der Waise helfen sie nicht und die Sache der Witwe kommt nicht vor sie" (Jes 1, 23f.). Selbst Nichtisraeliten, die JHWH tätig folgen, sind nach dem Tritojesaja-Buch solchen Anführern vorzuziehen, so z.B. „Fremdlinge, die JHWH anhangen, um ihm zu dienen und JHWHs Namen zu lieben, um seine Knechte zu sein ... und die an meinem Bunde festhalten" (Jes 56, 6). So gibt sich die Liebe zu JHWH klar und deutlich an der Haltung zu erkennen. Das JHWH liebende Israel folgte ihm in Gehorsam: „Ich gedenke der Treue deiner Jugend, der Liebe deiner Brautzeit, als du mir in der Wüste nachwandeltest, im saatlosen Lande" (Jer 2, 2). Auf gleiche Weise erklärt sich JHWHs Handeln aus der Liebe zu seinem Volk: „Mit ewiger Liebe habe ich dich geliebt, darum habe ich dich zu mir gezogen aus Treue" (→ חסד, Jer 31, 3; vgl. Hos 11, 4). Nur um seiner Liebe und seines Erbarmens willen hat er selbst sie erlöst, er hob sie empor und trug sie alle Tage der Vorzeit; dies wird dann besonders zum Thema der dtn Predigt: „Um JHWHs Liebe zu euch willen und weil er seinen Eid hält, den er euren Vätern geschworen hat, hat JHWH euch mit starker Hand herausgeführt und hat dich aus dem Diensthaus und aus der Hand Pharaos, des Königs von Ägypten, freigekauft" (Deut 7, 8). „Nur deinen Vätern hing JHWH an, sie zu lieben; und euch, ihre Nachkommenschaft nach ihnen, erwählte er aus allen Völkern, wie es heute der Fall ist" (Deut 10,15).

So kann von Liebe sogar die Rede sein, ohne daß dieser Begriff selbst verwandt, sondern lediglich das liebesgemäße Verhalten gekennzeichnet oder auch vorgeschrieben wird. In dieser Weise kann im AT selbst von der Liebe zum Feind gesprochen werden: „Wenn deinen Feind hungert, so speise ihn; wenn ihn dürstet, so gib ihm Wasser zu trinken" (Spr 25, 21). „Wenn du auf das Rind deines Feindes oder seinen Esel triffst, ⟨die⟩ sich verirrt ⟨haben⟩, so sollst du ⟨sie⟩ ihm zurückführen! Wenn du siehst, daß der Esel dessen, der dich haßt, unter seiner Last zusammenbricht, so laß ihn nicht ohne Hilfe, sondern hilf ihm auf!" (Ex 23, 4–5).

Gerade in solchem liebesgemäßen Handeln kann das Gebot zum Lieben ihren Niederschlag finden, so nämlich, daß ein derartiges Verhalten selbst zur Norm gemacht wird. Dies ist dann nicht nur eine Anweisung aus Humanität, sondern fußt auf dem göttlichen Liebesgebot. Auf dem Glauben an Gottes tätige Liebe beruhen wiederum der Sinn der Liebe zu Gott und das Gebet: „Ich liebe JHWH, denn er erhört mein flehentliches Rufen" (Ps 116,1, berichtigter Text).

Durch einen stilistischen Kunstgriff kann dann das aus innerem Antrieb geborene Handeln durch die begehrte Sache selbst angedeutet werden. Man beschreibt nicht das Vorgehen, sondern das durch dieses Handeln angestrebte Ziel selbst, d.h., grammatikalisch gesehen, man verbindet das Verb אהב mit einem sachlichen Objekt, das einen ethisch-religiösen Wert oder eine bestimmte Verhaltenssweise bezeichnet. Liebe zum Ackerbau kennzeichnet den umsichtig und klug wirtschaftenden König (2 Chr 26,10), Zurechtweisung liebt man, wenn man nach Erkenntnis strebt (Spr 12,1); wer dagegen nicht zur Einsicht gelangen möchte, der liebt auch die Erziehung nicht (Spr 15,12); wer jedoch in Glück leben möchte, liebt die Einsicht (Spr 19, 8); wer einen wahren Schatz sucht, liebt die Weisheit (Spr 8,17); wer Gott tätig dient, der liebt seine Gebote, Satzungen, Weisungen (Ps 119 passim). Wer indessen Bestechungsgeschenke liebt, führt notwendigerweise ein ungerechtes Gericht (Jes 1, 23f.); Gold und Reichtum liebt nur, wer zu seinem eigenen Schaden seinen Vorteil sucht (Pred 5, 9); Wein und Öl liebt, wer sich verderblicher Völlerei ergeben hat (Spr 21,17); wer indessen gar nicht handelt, sträflich nachlässig ist, der liebt den Schlaf (Jes 56,10; Spr 20,13); und Zank liebt, wer Frevel anzustiften gedenkt (Spr 17,19). Auf diese Weise drückt Verlangen nach einer Sache das dementsprechende Verhalten aus. Lieben und Handeln sind die beiden Seiten der gleichen Münze.

III. 1. Quells Behauptung (22), daß die ursprüngliche Verwendung des Begriffs אהב in den Bereich der geschlechtlichen Liebe, des sinnlichen Verlangens, der Lust, ja der Wollust (vgl. Kalt 56) gehöre, mag unter anderem aus der Verwendung dieser Wurzel im Ugar. begründet werden (vgl. H.H. Hirschberg, VT 11, 1961, 373; A.D. Tushingham, JNES 12, 1953, 151): CTA 4 (II AB) IV–V 38–39: „Fürwahr, das Glied des Königs El wird dich begatten, die Liebe des Stiers dich erregen." CTA 3 (V AB) C 3–4: „(Der Gegenstand der) Zuneigung der Pdrj, der Tochter der Lichtgöttin, die Liebe der Ṭlj, der Tochter der Regengöttin ...." CTA 5 (I* AB) V 18: „Alijan Ba'al gewann eine Ferse lieb auf der Trift und eine Kuh auf dem Felde des Löwen Mametu." (Gordon, UT 1002 [PRU II 8–11], 46 ist unsicher). Kann man zwar aus diesem Gebrauch in den uns überkommenen ugar. Texten nicht auf die gesamte Begriffsbreite dieser Wurzel in diesem Idiom schließen, so wird doch in diesen kanaanäisch-mythologischen Darstellungen *'hb* bewußt auf Sexualität angewandt.

Im AT wird diese Wurzel ebenfalls als Bezeichnung der geschlechtlichen Liebe, der ehelichen Verbundenheit als schöpfungsgegeben im positiven Sinne angewandt, wenngleich für den Akt der geschlechtlichen Verbindung selbst eine andere Wurzel (→ ידע; s. E.Baumann, ZAW 28, 1908, 22ff.) herangezogen wird. Die durch אהב gemachte Aussage liegt also nicht eigentlich auf der rein sexuellen, sondern stärker auf der Ebene des Liebesempfindens und -verlangens (vgl. Tushingham, JNES 12,151). Isaak gewinnt Rebekka lieb (Gen 24, 67), Jakob Rahel (Gen 29,18. 20. 30), Simson eine Philisterin (Ri 14,16) und Delila (Ri 16, 4.15). Pred 9, 9 weiß daher nichts besseres zu empfehlen als die Zeit mit der Frau zu genießen, die man liebt. Spr 5,18f. preist sogar das Gefühl der ehelichen Zugetanheit mit den Worten: „Deine Quelle sei gesegnet, ja freue dich an der Frau deiner Jugend. Die liebliche (*'ahab*) Hinde und anmutige Gemse, ihre Brüste mögen dich allezeit berauschen, und in ihrer Liebe mögest du taumeln immerdar." Im Grunde wird die durch die Liebe ausgelöste Macht als ein Wunder angesehen: „Drei Dinge sind mir zu wunderbar; ja vier sind es, die ich nicht verstehe: der Weg des Adlers am Himmel, der Weg der Schlange auf dem Felsen, der Weg des Schiffes mitten im Meer, der Weg des Mannes zur jungen Frau" (Spr 30,18f.). Ja, vom HL wird die Geschlechterliebe im Überschwang des Erlebens ohne Überschattung als geradezu überirdische Triebkraft besungen. So kann in der Tat ein Mensch vor ungestillter Sehnsucht schier krank sein (HL 2, 5; 5, 8). Die Liebe ist stärker als Wassermassen, ja stark wie der Tod (HL 8, 6f.). Diese Liebe ist heilig, tabu: „Stört nicht die Liebe auf, ehe es ihr selbst gefällt!" (HL 2,7; 3, 5; 8, 4). In derart vollen und bewegten Tönen vermag das HL die Liebe zu besingen. Was es meint, ist nicht eigentlich Sexualität, sondern Erotik, sinnliches Erleben. Diese Liebe beruht auf voller Gegenseitigkeit. Auch das junge Mädchen liebt ihren Erwählten innig und heiß (HL 1, 3), will ihm nahe sein (HL 1,7), sucht ihn nächtlicherweise auf ihrem Lager, doch findet ihn nicht (HL 3,1), möchte aufstehen, um ihn zu dieser Stunde auf den Straßen und Plätzen der Stadt zu finden (3, 2), um ihn nach langem Fragen und Suchen endlich zu entdecken und heimzuführen in das Haus ihrer Mutter (3, 4). Das Liebeserleben ist eine Wonne, geboren aus erfüllter Sehnsucht, und ist in ihren Tiefen zu durchkosten. Begegnet uns diese Schau auch erst in der späten Schrift des HL, so dürfte es doch wohl keinem Zweifel unterliegen, daß zu allen Zeiten diese allgemein menschliche Regung der Liebe ähnliche literarische Blüten getrieben hat.

An diesen Ausführungen ändert sich wenig, wenn man die kultische Deutung des HL bevorzugt (W. Wittekindt, Das HL und seine Beziehungen zum Ištarkult, 1926; M. Haller, HAT I 18; H. Schmökel, Heilige Hochzeit und HL, 1956; H. Ringgren, ATD 16). Es handelt sich immerhin um geschlechtliche Liebe, nur daß sie dann eine übertragene, symbolische Bedeutung angenommen hat.

Unheilvoll wird Liebesverlangen erst dort, wo es nicht zuchtvoll gebändigt wird, sondern in triebhaft-schwüler Leidenschaft dem echten Liebeshandeln zuwiderläuft, an dem geliebten Menschen schuldig wird und gegen die Gebote der Keuschheit verstößt. So überwältigt Amnon, von heißer Wollust gepackt, seine ahnungslose, ihn wohlmeinend pflegende Halbschwester Thamar, um sie, nachdem er sie entehrt hat, von sich zu stoßen und nicht zu ehelichen (2 Sam 13,1–19). Damit hatte er gegen die sittliche Ordnung in Israel verstoßen (V 12f.). Auch diese menschlichen Beziehungen zueinander unterlagen einer von der Gesellschaft gehüteten Ordnung. Solch ein hemmungsloses Verhalten, das nicht auf echte tätige Gemeinsamkeit, sondern auf das Subjekt gerichtet ist, muß schließlich in die entgegengesetzten Emotionen umschlagen, sich in Zorn und Haß verwandeln. Amnons Schandtat mußte demzufolge auch eine verhängnisvolle Entwicklung der Familiengeschichte – in diesem Falle der Regelung der Thronnachfolge Davids – heraufbeschwören. Aus diesem Grunde hat die

Geschichtsschreibung dieses Vorkommnis wohl auch in die Überlieferung aufgenommen. Selbst David wird von einer solchen Schuld nicht freigesprochen. Sein brünstiges Verlangen nach Bathseba (2 Sam 11) führt ihn auf den Weg des Ehebruchs und später zur hinterhältigen Beseitigung eines seiner tapfersten und ihm zutiefst ergebenen Offiziere, des Hethiters Uria, dem Bathseba angetraut war. Der Hofprophet Nathan hatte dieses Vorgehen streng zu rügen (2 Sam 12). Schließlich hat auch dieses Vergehen die Thronnachfolge entscheidend, vielleicht nicht einmal in Davids eigenem Sinne, beeinflußt (1 Kön 1,11–40). Liebe, die sich der echten Tragweite des Handelns nicht bewußt bleibt, sondern sich nur selbst hemmungslos auszuleben bestrebt ist, muß unweigerlich zu Komplikationen führen und ist zu verwerfen. Selbst dort, wo dies nicht ausgesprochen wird, zeigt sich diese ethische Bewertung der Liebe im AT unverkennbar deutlich, so in der echten ehelichen Liebe und Treue gerade zur unfruchtbaren Frau (s.u.). Die Gegenüberstellung echter Liebe und des unzüchtigen Umgangs mit der Dirne führt endlich Spr 5–7 lehrhaft und plastisch aus (nach Ringgren, ATD 16, 27ff., vielleicht allegorisch zu fassen → זור).

Zum Leid muß Liebe führen, wo mehrere rivalisierende Frauen einem Manne zugehören, deren eine sich besonderer Vorliebe des Gemahls erfreuen darf (2 Chr 11, 21). Dies könnte nicht zuletzt dadurch bedingt sein, daß eine Frau mit einem größeren Kindersegen beschenkt war. Umso mehr hebt das AT die Fälle hervor, in denen Männer ihre Frauen trotz ihrer Kinderlosigkeit herzlich lieben. So ist Elkana seiner Frau Hanna innig zugetan (1 Sam 1, 5), obwohl sie ihm noch keinen Sohn geboren hatte, zieht er sie seiner anderen Frau Peninna vor und ist rührend bemüht, die betrübte Hanna zu trösten. Man bedenke auch das Verhältnis zwischen Lea und der unfruchtbaren Rahel, welche Jakob dennoch inniger liebt als die Kinderreiche (Gen 30,1). Bezeichnend ist ebenfalls die Spannung zwischen Sara und Hagar, welche sich nach Ismaels Geburt gegenüber ihrer Herrin herausfordernd verhält (Gen 16; 21, 9–14).

Altorientalische wie at.liche Gesetzgeber sahen sich andererseits genötigt, erbrechtliche Anweisungen über die Kinder der weniger geliebten Frau zu fixieren (Deut 21,15–17). Offenbar hat hier menschliches Mißverhalten zu Härten gegenüber dem unschuldigen Kinde geführt. Ein Fall von Bevorzugung eines Sohnes der geliebten Frau ist auch die Behandlung Josephs durch seinen Vater Jakob (Gen 37, 3f.).

2. Dieser stark emotionale Zug des Liebesbegriffes wird entschieden umgeprägt, wo es sich um das Verhältnis zwischen den Generationen, zwischen Herrn und Knecht wie auch die freundschaftlichen Beziehungen zwischen männlichen Personen handelt. Diese Empfindungen mögen sich zwar noch im Bereich der ursprünglichen Regungen von Liebe und Freundschaft bewegen, ist doch auch hier die Gefahr des Umschlags in das Gegenteil, den Haß, durchaus gegeben. Saul findet Wohlgefallen an David und macht ihn zu seinem Feldhauptmann (1 Sam 16, 21). Seine Vorliebe für ihn schwindet jedoch mit dem Maße des Erfolgs und der Beliebtheit Davids beim Kriegsvolk (1 Sam 18, 8–9) und wandelt sich in neidischen Ingrimm. Jonathans Freundschaft zu David ist dagegen von größerer Beständigkeit; er ist in dieser Situation dazu bereit, dem von seinem Vater argwöhnisch Verfolgten seine Hilfe zu leisten (1 Sam 20,17; vgl. 18, 3). David selbst hat dieser Freundschaft in seinem Klagelied über Saul und Jonathan ein rührendes Denkmal gesetzt (2 Sam 1, 26). Das persönliche Verhältnis zwischen Herrn und Knecht (Ex 21, 5; Deut 15,16) mag darauf beruhen, daß letzterer von seinem Herrn eine Frau erhalten hat, die ebenfalls Magd war. In diesem Falle hätte der in die Freiheit zurückkehrende Knecht Frau und Kinder verlassen müssen. So ist die Ergebenheit dem Herrn gegenüber zumindest von der Liebe zur Frau und zu den Kindern gestützt.

Die Liebe zwischen den Generationen war mitunter dadurch bedingt, daß die Kinder der bevorzugten Frau sich größerer väterlicher Gunst erfreuen durften. Dennoch sind auch andere Motive im Spiel. Abraham liebt Isaak, den einzigen und spätgeborenen Sohn, der zugleich Erbe und Verheißungsträger ist, besonders innig. Auch Jakob liebt den ihm in seinem Alter geborenen Sohn (Gen 37, 3). Wesentlich natürlicher wird Isaaks Vorliebe für Esau dadurch begründet, daß Isaak den Leckerbissen des Wildbrets, das Esau erjagte, besonders liebte, während Rebekka der gesittete Jakob näherstand (Gen 25, 27. 28). Von einer Gegenliebe der Söhne wird im AT direkt jedoch nicht gesprochen. Nur von Ruth wird berichtet, daß sie ihre Schwiegermutter liebgehabt habe (Ruth 4,15).

3. Ähnlich wie die Liebe zwischen den Generationen kann auch die freundschaftliche Verbundenheit zum Problem werden. Bevorzugungen und Eifersucht sind die feindlichen Brüder der Liebe. Diese erfreut sich daher nicht in allen Fällen der Beständigkeit. Diese Ambivalenz hat wohl der Prediger deutlich erkannt: „Lieben hat seine Zeit, Hassen hat seine Zeit; der Krieg hat seine Zeit und der Frieden hat seine Zeit" (Pred 3, 8). Ja, der Prediger betrachtet das Wesen von Liebe und Haß überhaupt als relativ: „Weder Liebe noch Haß erkennt der Mensch; alles, was vor ihm liegt ⟨ist nichtig⟩" (Pred 9,1b). Ob Liebe wirklich erfreut und Haß trifft, weiß niemand. Emotionen sind subjektiv und wechselvoll; was sie ausrichten, kann kaum jemand er-

messen. Die Wirkung kann der Absicht zuwiderlaufen. Die mangelnde Beherrschtheit und Beherrschbarkeit der Liebe haben die Weisen Israels schmerzlich empfunden. Sie empfehlen daher, auch den geliebten Sohn zu züchtigen (Spr 13, 24), den Weisen zurechtzuweisen, um damit seine Freundschaft zu gewinnen (Spr 9, 8); so hat ein weiser König den lieb, der Wahrhaftigkeit übt (Spr 16,13), auch wenn sie den Herrscher kritisiert. Echte Liebe und Freundschaft bewährt sich überhaupt erst in der Stunde der Not (Spr 17,17), durch die Opferbereitschaft. Wirkliche Verbundenheit ist demzufolge nicht am äußeren Schein abzulesen, sondern zeigt sich in der Substanz. „Ein kärgliches Mahl, mit Liebe aufgetischt, ist einem üppigen, aber mit Haß dargebotenen vorzuziehen" (Spr 15,17). Man muß also einen klaren Kopf und einen scharfen Blick haben, um zwischen echter und uneigennütziger Liebe und eigensüchtiger, falscher Liebedienerei unterscheiden zu können. Liebe kann hohl und verlogen sein. Liebe und liebesgemäßes Verhalten sind nicht von Gefühlen zu trennen, sollen jedoch nicht von ihnen abhängig sein, sondern bedürfen weiser Erwägung.

Damit bewegt sich das Lieben nicht mehr allein auf der Ebene der Emotionen, sondern auf der der ethischen Verantwortlichkeit des Handelns, die dem subjektiven Ausleben des Empfindens und Begehrens feste Schranken setzt. In solchen Zusammenhängen bezeichnet אהב das positive Verhältnis zu einer bestimmten – guten oder bösen – Handlungsweise. So gilt die Vorliebe des Weisen der Zucht (Spr 12,1), so macht, wer Weisheit liebt, seinem Vater Freude (Spr 29, 3; vgl. 19, 8), der Spötter jedoch liebt Zucht und Weisheit nicht (Spr 15,12), sondern bevorzugt den Streit oder Spott (Spr 1, 22; 17,19). Wer seine Zunge 'liebt', der ißt ihre Frucht, d.h. erntet die schlimmen Folgen seiner Geschwätzigkeit (Spr 18, 21; vgl. Ps 34,13f.). Wer die Weisheit 'liebt', den behütet sie (Spr 4, 6; 8,17 [Q]), wer jedoch die Weisheit haßt, der liebt den Tod (Spr 8, 36). Die Liebe des Weisen gilt im Grunde vor allem der Weisheit selbst, die ihn auch in den anderen Bereichen der Liebe recht leitet. Solch sittliches, gemeinschaftsförderndes Handeln geht danach über ethisch-rechtliche Kategorien hinaus und gipfelt eigentlich in der Rechtsliebe, die in Gott ihren Grund hat (Ps 33, 5; 37, 28), und die von ihm als König zu erwarten ist (Ps 99, 4; vom irdischen König Ps 45, 8). Der Tyrann (גבור) liebt hingegen die Bosheit und die Lüge (Ps 52, 5–6), was Gott jedoch bestrafen wird; wer Bedrückung liebt, den haßt JHWH, der den Gerechten wie den Ungerechten prüft (Ps 11, 5). Damit tragen gerade die Psalmen die Erwägungen über die Liebe unter den Menschen in den theologisch-ethischen Bereich hinein. Die irdische Gemeinschaft ist keine menschliche Konvention, sondern eine von Gott gesetzte und gewollte Ordnung.

4. In diesem Sinne ist ein Handeln aus Nächstenliebe nicht Humanität, sondern ein Verhalten, das Gottes Ordnung gebietet (Lev 19,18). Die Nächstenliebe ist auch auf den Fremdling im eigenen Lande (→ גר) auszudehnen (Lev 19, 34; Deut 10,18f.), nicht jedoch auf den נכרי. Schilling (21f.) weist jedoch mit Recht darauf hin, daß die Feindesliebe, wie sie in der Weisheitsliteratur zum Ausdruck kommt (s.o.), unter den religiösen Spannungen mit den heidnischen Nichtisraeliten leidet. „Die Vereinbarkeit von dogmatischer Intoleranz und bürgerlicher bzw. zwischenvölkischer Toleranz hat der at.liche Mensch noch nicht gesehen" (Schilling 21f.). Der Feind und der Widersacher war eben ein Mensch aus dem eigenen Volk. So verschonte David den Gesalbten Saul, obwohl er ihn bekämpfte (1 Sam 24,7; 26,11). Die Feindesliebe ist demnach nur im bürgerlich-rechtlichen, nicht im nationalen Sinne zu verstehen. Gerät der Widersacher in Not, so soll man ihm seine Hilfe nicht vorenthalten. Im Gefolge des Angebots göttlicher Liebe für die Erfüllung der Pflichten der Nächstenliebe gewinnt dieses Gebot einen pädagogisch-paränetischen Zug: „Liebe deinen Nächsten wie dich selbst" (Lev 19,18). Buber übersetzt: „Liebe deinen Nächsten, dir gleich", d.h. „verhalte dich darin, als gelte es dir selbst" (M. Buber, Zwei Glaubensweisen, 1950; Neudruck: Werke I, 1962, 701). Schon Hillel hat die „Goldene Regel" interpretiert: „Was dir unliebsam ist, das tue auch deinem Nächsten nicht!" (Sab. 31a, ähnlich Targum Jerušalmi I; vgl. Michel 62f.; Buber 704). Beide formulieren das Gebot zwar negativ, haben es inhaltlich aber richtig erfaßt und motiviert. Ganz offensichtlich hat das AT die „Inobhutnahme" (H. v. Oyen, Ethik des AT, 1967, 101f.) des eigenen Lebens und Besitzes wie die der Existenz der eigenen Familie und Sippe als gegeben angesehen und wenn auch nicht gerade anempfohlen, so doch auch nicht verworfen (s. dagegen Maass). Damit vermochte es, dieses Selbsterhaltungsstreben als Maßstab für die Nächstenliebe anzulegen. Drückt das Gefühl der Liebe eine echte, tief verankerte Bindung des Menschen überhaupt aus, so müßte dies natürlicherweise auch konkret auf die Belange der eigenen Person anzuwenden sein. Wird demnach im AT keine Selbstentäußerung, kein Altruismus gefordert, so doch ein Verhalten, nach dem das Wohlbefinden des Nächsten dem Selbstbehauptungswillen entspricht. Keinesfalls dürfen eigennützige Interessen zuungunsten der Güter des Nächsten ausschlagen.

Der Ruf zu einem der Liebe gerecht werdenden Handeln hat verständlicherweise auch die Propheten getrieben. Allerdings haben sie den Begriff (ה)אהב 'Liebe' in diesem Zusammenhang nicht direkt verwandt, sondern stets liebesgemäßes Verhalten gegenüber den personae miserae (Witwen, Waisen und Fremdlinge) als solches verlangt. Dabei wird wieder אהב mit einer Handlungsweise als Objekt benutzt. Man soll das Gute lieben, das Böse hassen, das Recht im Tor wiederherstellen (Am 5,15). Demzufolge haben Propheten unrechtes Handeln geradezu als Liebe zum Bösen brandmarken müssen (Hos 12,8; Mi 3,2 [Q]). Lügenhafte Eide soll man nicht leisten, denn dies haßt JHWH (Sach 8,17), während Wahrheit, Wohltat und Frieden lieben dem gottesdienstlichen Handeln vorzuziehen ist (Sach 8,19; Jes 58, 6f.). Haben sich die Propheten also nicht wörtlich zu Fürsprechern der Nächstenliebe gemacht, so waren sie jeglicher Eigenliebe und Selbstsucht feind und haben das Recht der Armen und Bedrückten mit Temperament vertreten. Über allem jedoch wird in ihren Reden ganz deutlich, daß Unterstützung des Armen zur Maxime der festen und zum Handeln zwingenden Bindung zwischen Gott und seinem Volk, dem Volk und seinem Gott wird.

Das AT ist zu dieser Übertragung des Liebesgedankens auf die Gemeinschaft des Volkes mit Gott erst spät vorgestoßen, was sich recht gut daraus erklärt, daß dem Begriff אהב zunächst der Gedanke an rein gefühlsbetonte, teilweise im erotischen Sinne gemeinte Liebe eigen war. Diese Bindung vermochte das Verhältnis zwischen Gott und Volk nicht zu bezeichnen, da Gott und Volk sich als Herr und Geschöpf gegenüberstehen, Gott als Herrscher der Geschichte und das Volk als von ihm in dieser Geschichte geschaffenes.

IV. 1. Es ist also nicht vom Ursprung her selbstverständlich, daß der Liebesbegriff auf Gottes Handeln an seinem Volke bezogen wird. Dabei muß wohl zwischen Gottes Verhalten gegenüber dem Einzelnen und dem Volk als ganzem sauber unterschieden werden. Das Verhältnis zwischen Gott und Volk war wohl seinem Herkommen nach anders ausgerichtet als seine Liebe zu dem Einzelnen. Erst der von Gott selbst herbeigeführte Bund schließt diesen mit dem Volk zusammen. Vom Wesen her bleiben sie voneinander unterschieden. Nach dem Bundesschluß verbindet sie beide die → חסד miteinander. Die Beziehung Gottes zu dem Einzelnen scheint ebenfalls nicht ursächlich als Liebesbande empfunden zu sein. Dies mag schon daraus ersichtlich sein, daß in der hebr. Namenbildung das Verbum אהב als Aussage über Gottes Haltung gegenüber, dem Namensträger (oder -geber) keine Verwendung gefunden hat. Dennoch mag das Gefühl der Geborgenheit in JHWHs Führung vom Einzelnen her im Sinne seiner väterlichen Liebe verständlich sein (Ps 103,13 רחם; 2 Sam 7,14). Aber auch die Aussage, daß Gott den Frommen oder den Gerechten mit Liebe umfängt, ist verhältnismäßig spät nachweisbar. Vorwiegend hat der Deuteronomist JHWHs Handeln an den Ahnvätern (Deut 4, 37) als Liebeswerk betrachtet (vgl. Jes 41, 8, wo das Verb בחר mit Abraham als Gottes *'ōhēb* 'Freund' verbunden wird). So findet sich dieser Gedanke schließlich auch in den im dtn Geist überarbeiteten Schriften (2 Sam 12, 24, JHWH liebt Salomo; vgl. dagegen v. 25 *Jedidjah* → ידיד). Die Liebe JHWHs zu den Ahnvätern enthält zugleich seine Liebe zu deren Nachkommenschaft, zu Israel. Daß dieses auserwählende Lieben jedoch nicht auf Israel beschränkt bleibt, zeigt JHWHs Verhalten gegenüber Kyros (Jes 48,14). Seine Bevorzugung soll betont den gehorsamen Vollstrecker des Willens JHWHs, den erwählten Vermittler des göttlichen Entschlusses hervorheben. Aber auch die Aussagen Ps 146,8; Spr 3,12; 8,17. 21 und vollends Neh 13, 26 weisen in spätere Zeit hinein. Die Aussage von Spr 15, 9 ,,Wer aber der Gerechtigkeit nachgeht, den hat er lieb" mag zwar vorexilisch sein, beweist aber für eine frühe Entstehung des Gedankens an JHWHs Liebe zum einzelnen Gerechten oder Frommen wenig.

Auf diesem Hintergrund mag vollends deutlich werden, wie verwegen, ja geradezu anstoßerregend Hoseas Unterfangen auf seine Zeitgenossen gewirkt haben muß, das Verhältnis JHWHs zu seinem Volk durch das Bild seiner eigenen Ehe darzustellen. In diesem Zusammenhang kann auf die Problematik der Kapitel Hos 1. 3 (vgl. dazu Th.H. Robinson, ³HAT 14, 2f.; H.W. Wolff, Hosea [BK XIV/1] und die übrigen Kommentare z.St.) im einzelnen nicht eingegangen werden, dennoch dürfte klar sein, daß der Prophet dem Verhalten Gottes zu seinem Volk und dessen Antwort auf sein Handeln ein neues Verständnis abgerungen hat. Es ist nicht mit Sicherheit nachweisbar, daß der Prophet für diese Interpretation schon Vorgänger gehabt (vgl. Ziegler 64f.) hat. Vielleicht hat gerade der Gedanke an JHWHs Bund mit dem Volk Israel (Ziegler 73-77) den Keim zu der Interpretation einer Ehebindung zwischen JHWH und seinem Volk geboten. Ist doch die Eheschließung auch als Bund (→ ברית) verstanden worden (Mal 2,14). Dieser Begriff ist hier nicht sakral, sondern zivilrechtlich verstanden (de Vaux, Lebensordnungen I 66). Beachtlich ist, daß die Anwendung des Liebesbegriffes auf das Gottesverständnis des Propheten gerade bei der ursprünglichen Sinngebung des Wortes אהב, bei der Liebe zwischen den Ehegatten, einsetzt. Schwerlich kann dieses Bild vom kanaanäischen Kult- und Gottesverständnis einleuchtend hergeleitet werden. Es hat eher apologetisch mitgewirkt, indem Hosea, ebenso Jeremia, bewußt auf den Gedanken der ehelichen Treue, nicht jedoch auf die Befriedigung der geschlechtlichen Lust hin orientiert. Damit wird deutlich, daß das Lieben sich in einem Handeln des Liebenden zur geliebten Person ausdrückt. Hosea muß sich auf JHWHs Weisung eine Dirne zur Frau nehmen, erhält sogar den Befehl, diese Frau, die einem anderen Manne nachgeht, zu lieben. Beide Vorkommnisse werden als symbolische Aussagen über JHWHs Liebe zu seinem ungetreuen Volk gedeutet. Die Belastung dieser Ehe wird dadurch hervorgerufen, daß die Frau ihrem Eheherrn die Treue nicht bewahrt, sich nicht liebesgemäß verhält, sondern den Buhlen (Ptz. *pi* מאהב 2,7. 9.12.14.15) nachläuft. Schon in Peor ließ Israel seine Treulosigkeit erkennen (9,10 *'ōhab*), nach der Siedlung im Kulturland sieht es die Gaben des Bodens nicht als Geschenke JHWHs, sondern des Ba'al an (2,10) und huldigt diesem. Damit wird versagte Gegenliebe oder falsch ausgerichtete Liebe zum Ausdruck der inneren Entfremdung (8, 9); Israel erniedrigt sich zur Dirne, wendet sich den Fremden zu. Verständlicherweise muß dies den Eheherrn zum Zorn reizen. Seine Liebe schlägt in Abneigung um. Er verstößt seine Ehefrau. Diese Reaktion ist durchaus im at.lichen Liebes- und Eheverständnis beheimatet. Dennoch besiegt JHWHs Liebe den Zorn über sein Volk (14, 5; vgl. 11, 9a), er zieht es mit Banden der Liebe (11, 4; s.o. II.1) wieder zu sich.

Unter den nachfolgenden Propheten hat besonders Jeremia dieses Bild der ehelichen Liebe aufgegriffen. Er unterscheidet jedoch zwischen der ersten Liebe Israels, der Brautzeit (2, 2), als es seinem Herrn in Treue durch die Wüste folgte, und Israels Wandel nach der Niederlassung im Kulturland. Da wandte sich Israel anderen Verlockungen zu, was der Prophet als eheliche Untreue brandmarkt. Hierbei wendet er besonders das Bild der zu seiner Zeit wohl weit verbreiteten Hierodulie an, die die Liebschaft mit der Fruchtbarkeitsgottheit bezeichnet; Israel geht den Buhlen nach (2, 20. 22; 30,14). Echte Liebe und Treue zu JHWH schließt jedoch den sakralen Geschlechtsgenuß aus. Der Prophet stellt dieses Gebaren in einer Fülle von Bildern dar: sich hinstrecken auf jedem Hügel und unter jedem grünen Baum (2, 20; 3, 6.13) bis hin zum Bild der brünstigen Kamelstute (2, 23f.). An die Stelle des dankbaren Gehorsams und der Liebe zu JHWH war sinnliches Verlangen nach der Welt der Fruchtbarkeitsgottheiten getreten. Israels Afterliebe gilt auch dem Gestirnkult (8, 2), der Verehrung der Himmelskönigin (7,18; 19,13; 44,17). Damit beschwört Israel seine eigene Katastrophe herauf. Aber JHWH kann seinem Volk nicht ewig zürnen. So zieht er Ephraim doch wieder in Liebe zu sich. Die Treue gebietet ihm, Gnade vor Recht ergehen zu lassen (31, 3f.).

Von Hosea und Jeremia hat Ezechiel das Bild der Bindung zwischen JHWH und seinem untreuen Volk in der Gestalt der Ehe übernommen und in scharfen, ja krassen Zügen herausgearbeitet (Ez 16; 23), wobei nicht allein an das Volk von Juda und Israel, sondern in besonderem Sinne auch an die Städte Jerusalem und Samaria als deren Häupter gedacht ist. JHWH hat Jerusalem bzw. Jerusalem und Samaria von Ägypten her auserkoren, gerettet und reich ausgestattet. Sie jedoch haben sich von ihm gewandt, haben es an der reinen ehelichen Liebe zu ihrem Herrn JHWH fehlen lassen, haben den Buhlen (16, 33. 36. 37; 23, 5. 9. 22) angehangen und sind so zur Dirne geworden. Dafür trifft sie JHWHs Strafe. Das Bild der Ehe findet schließlich auch im DtJes-Buch noch einen Anklang (43, 4; 49,14ff.; 51,17ff. Mutterliebe). Hier jedoch wie im Tritojesaja-Buch (62,4f.; 63, 9) ist JHWH am Werke, alles Verlorene wiederzubringen und ein rechtes, von Liebe und Erbarmen bestimmtes Verhältnis zwischen sich und seinem Volk bzw. der Stadt Jerusalem wiederherzustellen. In der späteren Prophetie begegnet dieses Bild der Liebe verschiedentlich, ohne jedoch den Charakter der *ehelichen* Zuneigung noch deutlich zu erkennen zu geben. JHWH wird sich seines Volkes wieder freuen (Zeph 3,17); JHWH liebt Jakob, aber haßt Edom (Mal 1, 2; 2,11). Das chronistische Geschichtswerk sieht die Ausstattung Israels mit einem König als Liebeswerk Gottes an (2 Chr 2,10; 9, 8); vielleicht ist von daher auch 1 Kön 10, 9 zu interpretieren.

2. Vom Begriff einer echten, vom Bilde der Ehe gelösten Liebe hat bereits die dtn Paränese lebhaften Gebrauch gemacht und diese Aussage theologisch-ethisch ausgebaut (Deut 7, 8. 13; 23, 6; 30,16. 20). Was Israel besitzt, ist JHWHs Geschenk, hat JHWH ihm um der Liebe willen zugeeignet. Er hat schon die Vorfahren gerettet von den Zeiten der Ahnväter an, und zwar um seines Eides willen, hat das Volk aus Ägypten geführt, ihm das Land verheißen und es zahlreich werden lassen. JHWHs Liebe ist Handeln zugunsten seines erwählten Volkes. Hier ist das Verständnis der Liebe aus dem Bereich der ursprünglichen Aussage der Sinnlichkeit herausgelöst und die theologische Kennzeichnung des Urgrundes für JHWHs segenspendendes Tun an seinem Volk geworden, obwohl dieses Volk sich in der Gegenliebe als schwach, als ohnmächtig erwiesen hat. JHWHs Liebe ist das Urbild der Liebe überhaupt. Er schenkt aus eigenem Antrieb, will jedoch das geliebte Volk fest an sich allein binden. Bei den Beziehungen, die zwischen Hosea und dem Deut zu erkennen sind, ist diese Übernahme des Bildes vom Propheten durchaus möglich. Der Deuteronomist hat seiner Intention entsprechend den Hintergrund der geschlechtlichen Liebe und Ehe also vom Begriff der Liebe abgehoben und damit seinerseits einen beachtlichen Schritt in der Gotteserkenntnis getan.

Die Absicht des Deut mag vielleicht darin gelegen haben, pädagogisch Israel seinerseits die Pflichten der Gegenliebe zu lehren, nicht im ursprünglichen Sinne der sinnlichen Emotion, sondern in der Gestalt echten Gehorsams und reiner Ergebenheit (vgl. Jer 2, 2). Hat Deut schon das Verhältnis Gottes zu seinem Volke und dessen Vätern mit dem von ihm theologisch gefestigten Liebesbegriff definiert, so kann er nicht anders, als die für Israel einzig mögliche Haltung in der konsequenten Gegenliebe, Treue und Ergebenheit anraten: „Du sollst JHWH, deinen Gott, lieben von ganzem Herzen, von ganzer Seele und aller deiner Kraft“ (6, 5). Es ist die Frage aufgeworfen worden, in welchem Sinne solche Liebe überhaupt gefordert, zum Gebot gemacht werden kann. Ist aber Lieben nicht allein eine gefühlsbedingte Entscheidung für einen Menschen oder für eine Sache, sondern schließt sie ein der Liebe entsprechendes Verhalten zwingend ein, so kann Deut liebesgemäßes Handeln selbst zum Gebot erheben. Der Deuteronomist ist kein Prophet, der auf göttliche Eingebung hin Kritik am Handeln in einer ganz bestimmten Situation vortragen muß, sondern ein Lehrer, der solche Kritik in verbindliche, zeitunabhängige Weisungen ummünzen will, nach der Israel in allein JHWH wohlgefälliger Gestalt ein von ihm gesegnetes Dasein in seinem Lande führen darf. In diesem Sinne bedeutet JHWH lieben, sich in seinen Geboten aus Liebe zu ihm üben, sich ihm gehorsam unterwerfen (vgl. den politischen Liebesbegriff oben I. 2). Man hält seine *miṣwōt* (5,10; 7, 9; vgl. Ps 119, 47. 48. 97. 113. 119. 127. 140. 159. 163. 165. 167), dient ihm (10,12; 11,13), hört seine Stimme (30, 20), wandelt auf seinen Wegen und hängt ihm an (11,13. 22; 19,9). Diese Liebe zum rechten und gehorsamen Handeln ist um so unausweichlicher, als JHWH selbst Recht und Gerechtigkeit walten läßt (vgl. auch Ps 33, 5; 37, 28). Der Israelit wird damit in die Entscheidung gestellt: „Siehe, ich habe dir heute vorgelegt das Leben und das Glück und den Tod und das Unglück; wenn du die Gebote JHWHs, deines Gottes, bewahrst, welche ich dir auferlege, indem du JHWH, deinen Gott, liebst, auf seinen Wegen wandelst und seine Gebote, Satzungen und Rechte beobachtest, so wirst du am Leben bleiben und dich vermehren, und JHWH, dein Gott, wird dich segnen in dem Lande, in das du gekommen bist, um es in Besitz zu nehmen“ (Deut 30,15f.). Der Deuteronomist hat mit der Aufnahme des ihm vom Propheten zugereichten Gedankens der Liebe seinem Volke paränetisch den Begriff der Raison, des Vasallengehorsams gegenüber dem Bundesherren nahebringen wollen (s. o. I. 2). Nun steht jedoch auch der Deuteronomist unter dem erschütternden Eindruck des nationalen Niedergangs seines Volkes. Ist damit die göttliche Zusage des Beistandes endgültig hinfällig geworden? Der Untergang des Reiches Israel und die akute Bedrohung des Reiches Juda beruhen zwar auf dem Ungehorsam der Könige beider Reiche. JHWH aber ist zu einem neuen Anfang bereit. Er will wiederum aus seiner Gunst schenken: „Und JHWH, dein Gott, wird dir dein Herz beschneiden und das Herz deiner Nachkommenschaft, JHWH, deinen Gott, zu lieben mit deinem ganzen Herzen, und mit deiner ganzen Seele um deines Lebens willen“ (30, 6). Hier verflechten sich JHWHs Liebe zu seinem Volk und Israels Liebe zu seinem Gott miteinander. JHWH aber bleibt der in der Liebe stets Anfangende, Israel hat sie tätig zu erwidern. JHWHs Anfang bedeutet für Israel die Verpflichtung. Lieblosigkeit und Ungehorsam ziehen den Fluch nach sich. In diesem Sinne ist wohl auch die Erweiterung im Bilderverbot des Dekalogs (Ex 20, 5; Deut 5, 9f.) zu verstehen, daß sich JHWHs Gnade erweisen wird bis ins tausendste Glied an den Kindern derer, die ihn lieben und seine Gebote halten. Wenn sich Israel jedoch anderen Völkern zuwendet und sich mit ihnen verbindet, so zerreißt dieses Band der Liebe (Jos 23, 11–13) und Israel wird an diese Völker dahingegeben. Umgekehrt bedeutet dies jedoch für den Deuteronomisten, daß Gebote und Satzungen für Israel nicht eigentlich eine Last bedeuten, sondern um der Liebe willen gehalten werden müßten, wofür JHWH seinen Lohn in Aussicht stellt. Er ist nicht ein düsterer Gesetzgeber, sondern ein liebender Gott, der sein Volk in seine Obhut nehmen möchte, dessen Treue und Ergebenheit er dann aber erwartet. Das muß sich an der gesamten Lebenshaltung erweisen; das müssen dann auch die anderen Völker erkennen. Nach dem wohl dtr Vers Ri 5, 31aβ müssen die, „die ihn lieben, sein wie die Sonne aufgeht in ihrer Macht“. Der Deuteronomist und seine Schule haben also eine Systematik der Liebe Gottes und der Liebe zu Gott entworfen. Neh 1, 5 wendet dies von seiner Warte aus auf die Geschichte an: JHWH „bewahrt seinen Gnadenbund denen, die ihn lieben und seine Gebote halten“. In ihrem Interesse verhält sich JHWH gegen die Feinde seines Volkes, aber auch gegen die Bundesbrüchigen grausam hart. In diesem Sinne steht wiederum dem Liebesbegriff der des Zornes (→ אנף) JHWHs und der des Fürchtens (→ ירא) gegenüber (vgl. Nagel).

3. Das Leben in der Liebe JHWHs und das Bemühen, dieser gnädigen Zuwendung in der entsprechenden Weise zu begegnen, hat natürlich auch *kultischen* Ausdruck gefunden. In seinem Heiligtum wurde man seiner Liebe inne, und in diesem seinem einzigen Heiligtum zu Jerusalem sollte man diese Gegenliebe gestalten. Darauf fußt nicht allein die Forderung der Kultzentralisation und Kultreinheit, sondern dies findet

seine Konkretisierung auch in der Freude an seinen Gottesdiensten (Ps 27, 4), in der Liebe zu seinem Heiligtum in Jerusalem (Kl 1, 2; Jes 66,10; Ps 26, 8; 122, 6) oder in der Liebe zu seinem Namen (Ps 5,12; 69, 37; Jes 56, 6). Im Heiligtum, dort wo man gemeinsam seinen Namen anruft, verdichten sich die Gegenwart JHWHs und die Liebe zu ihm. Diese Liebe zum Heiligtum trifft sich mit JHWHs Liebe zu den Toren Jerusalems (Ps 51,21; 87, 2). Damit hat die Liebe zu JHWH eine Vergegenständlichung erfahren. Zu einer Nächstenliebe, dem Bruder, dem Fremden oder gar dem Feinde zugewandter Aufgeschlossenheit hat diese kultische JHWH-Liebe nicht vorstoßen können. Die Bindung des Frommen oder der frommen Gemeinde war vornehmlich einerseits auf die Anbetung JHWHs ausgerichtet und bleibt andererseits weithin selbstbezogen. Bei einer Vereinseitigung dieser Frömmigkeit war einst die prophetische Kritik am Kult und der dort geübten Gottesliebe durchaus verständlich und notwendig. Im Kult wird Gott durch sein Heiligtum und das Ritual gegenwärtig. Darum ist diese Form der Gottesliebe stets in Gefahr, die echte Bruderliebe zu vergessen. Dieser Gottesdienst verführt dazu, die Nächstenliebe eng auf den Kreis der Glaubensgenossen zu beschränken (vgl. 1 QS 1, 9 „die Brüder des Lichts lieben und die Söhne der Finsternis hassen"). Bei aller Ehrlichkeit dieser Frömmigkeit ist solch ein Pathos von der Gefahr der Introvertiertheit und Selbstbestätigung im Liebesverhältnis Gott–Mensch, Mensch–Gott beständig bedroht.

4. Diese Gottesliebe hat später in der Qumran-Gemeinde ihre Frucht getragen. Gott handelt nach der Damaskusschrift getreu an denen, die ihn lieben (CD 20, 21), ja er hat schon Israels Vorfahren geliebt (CD 8,15.16; 19, 29. 20), denn Abraham ist nicht in die Irre gegangen wie die anderen Söhne Noahs und wurde zum Freund gemacht (CD 3, 2), und seine Söhne wurden ebenfalls als Gottes Freunde aufgeschrieben (CD 3, 3). Gott liebt neben diesen Gewesenen auch die Kommenden (CD 8,17; 19, 30) um des Bundes willen (vgl. Deut 7, 8; 10,15). Er liebt nämlich den Geist (des Lichts) (1 QS 3, 26) und hat an dessen Taten Wohlgefallen.

So werden auch die Angehörigen der Gemeinde ihn lieben aus freiem Willen (1 QH 14, 26), nach seinem Willen handeln, indem sie lieben, was er erwählt hat (1 QS 1, 3), was er liebt (1 QH 14,10 [?]; 15, 9.10), und hassen, was er verabscheut. In dieser Liebe sind die Glieder der Gemeinde untereinander zusammengeschlossen (1 QS 1, 9), gehören zueinander in der Liebe zur Treue, sie denken gerecht und pflegen die heilige Gemeinschaft (1 QS 2, 24, vgl. 5, 4. 25; 8, 2), lieben sich untereinander nach der Größe ihres Erbteils (1 QH 14,19). Über die Aufnahme in die Gemeinschaft entscheidet überhaupt erst die Einsicht in die Offenbarung, aus der das Lieben der einen, jedoch das Hassen der anderen folgen können (1 QS 9,16) oder müssen (1 QS 9, 21). Eingang in die Gemeinde findet nur derjenige, der die Züchtigungen Gottes liebt (1 QH 2,14).

Dieser Begriff der Liebe Gottes zu seiner Gemeinde ist entsprechend dem Deut aus der Liebe zu den Ahnvätern begründet; diese fordert die Gegenliebe der Auserwählten heraus, ebenso wie die Nächstenliebe. Diese ist aber nur in dem Kreis der Gemeinde selbst verbindlich, nicht Zugehörige werden abgelehnt, gehaßt. Konkrete Gebote des liebesgemäßen Handelns im theologischen wie im ethisch-sozialen Sinn finden sich nicht. Liebe ist zur umfassenden Chiffre des Verbundenheitsgefühls Gott–Gemeinde–Gemeindeglieder, zur Bezeichnung des Selbstverständnisses des Konventikels geworden. Der Liebesgedanke als Ausdruck menschlicher Gemeinschaft hat in der Gemeinde von Qumran den Zusammenhang mit dem Ursprung des Begriffs und seiner Dynamik eingebüßt. Über die Wege, die das rabbinische und das hellenistische Judentum und das Neue Testament in der Auffassung der Liebe gegangen sind, berichtet ThWNT I 38–55.

Wallis

אֹהֶל אֹהֶל

I. Grammatik und Etymologie – 1. Wortbildung und Häufigkeit – 2. Bedeutung in andern semit. Sprachen – II. Das Zelt in Alltag und Fest – 1. Das Nomadenzelt – 2. Gebrauch durch den Kulturlandbewohner – 3. *'ōhæl* als feierlicher Ausdruck – 4. *'ōhæl* mit sittlichen Prädikaten – III. Das Himmelszelt – IV. Zeltheiligtümer – 1. Altorientalisches – 2. Arabisches – 3. *'ōhæl (mō'ēd)* in den vorpriesterschriftlichen Schichten des Pentateuch – 4. Zeltheiligtum und -überlieferung nach der Seßhaftwerdung – 5. Das Zelt JHWHs in Jerusalem – 6. Das priesterschriftliche *'ōhæl mō'ēd*. – 7. Nachelitisches.

Lit.: *A. Alt*, Zelte und Hütten (At.liche Studien F. Nötscher ... gewidmet, BBB 1, 1950, 16–25 = Alt, Kl. Schr. III 233–242; danach zitiert). – *G. Cornfeld* und *G. J. Botterweck*, Hrsg., Stiftshütte und Bundeslade (Die Bibel und ihre Welt, Bd. II 1969, 1381–1389). – *F. M. Cross*, The Tabernacle (BA 10, 1947, 45–68). – *G. Dalman*, AuS VI 1–145. – *G. H. Davies*, Tabernacle, IDB IV, 498–506. – *J. Dus*, Gibeon – eine Kultstätte des Šmš und die Stadt des benjaminitischen Schicksals (VT 10, 1960, 353–374). – *Ders.*, Der Brauch der Ladewanderung im alten Israel (ThZ 17, 1961, 1–16). – *Ders.*, Noch zum Brauch der Ladewanderung (VT 13, 1963, 126–132). – *Ders.*, Die Erzählung über den Verlust der Lade 1 Sam 4 (VT 13, 1963, 333–337). – *Ders.*, Die Thron-

Index der deutschen Stichwörter

Umschrifttabelle

א	ʼ	כ	k	שׂ	ś	וּ	ū
ב	b	ל	l	שׁ	š	◌ֻ	u
ג	g	מ	m	ת	t	◌ֶ	ǣ, æ
ד	d (ḏ)	נ	n			◌ְ	e
ה	h	ס	s			◌ֳ	o
ו	w	ע	ʻ	◌ָ	ā, ŏ	◌ֲ	a
ז	z	פ	p	◌ַ	a	◌ֱ	æ
ח	ḥ (ḫ)	צ	ṣ	◌ֵ	ē, e	ugar. a	ʼ
ט	ṭ	ק	q	◌ִ	ī, i	ugar. i	ỉ
י	j	ר	r	◌ֹ	ō, o	ugar. u	ủ

Zum Geleit

Ein theologisches Wörterbuch zum Alten Testament ist zu jeder Zeit ein Wagnis. Niemals wird man behaupten dürfen, die Wissenschaft habe eine so endgültige Position erreicht, daß die Ergebnisse für alle Zeit gültig sind. Trotzdem darf man gerade heute die Hoffnung hegen, daß der Zeitpunkt nicht unglücklich gewählt ist. Die form- und überlieferungsgeschichtlichen Methoden sind jetzt so verfeinert worden, daß man einigermaßen sichere Ergebnisse erwarten darf. Der Fortschritt der Hilfswissenschaften macht es möglich, das akkadische und ägyptische Material mit größerer Sicherheit und das ugaritische mit gewisser Vorsicht auszuwerten. Schließlich hat die semantische Forschung innerhalb der allgemeinen Sprachwissenschaft, auch wenn sie vielleicht noch nicht zu einem allgemeinen Konsensus gekommen ist, unseren Blick für die Probleme so weit geschärft, daß wir auch von dieser Seite her wertvolle Hilfe erwarten können.

Was aber heißt in diesem Zusammenhang „theologisch"? Wir wollen, da ja das Alte Testament zweifelsohne „von Gott redet", die religiösen Aussagen mit allen zugänglichen Hilfsmitteln analysieren und in ihrer Eigenart darstellen, so daß die inhaltlichen Zusammenhänge von Text, Überlieferung und Institution so klar wie möglich zutage treten. „Theologie" wird also zunächst im deskriptiven Sinn verstanden, etwa so wie man von der Theologie Augustins oder der Theologie Luthers spricht.

Es versteht sich von selbst, daß eine solche Aufgabe nicht von einem Mann, auch nicht von einer kleinen Gruppe von Gelehrten gelöst werden kann. Zwar würde eine kleine Gruppe ein wesentlich einheitlicheres Werk schaffen können, aber das würde auf Kosten der Vollständigkeit und Zuverlässigkeit geschehen. Nur durch Zusammenarbeit ist eine allseitige Beleuchtung der Probleme zu erzielen.

Die heutige alttestamentliche Wissenschaft ist international gesehen nicht gerade durch Einheitlichkeit charakterisiert. Es wäre eine Verengung des Gesichtskreises, wollte man sich in dieser Lage auf eine einzige exegetische Schule beschränken. Wenn man statt dessen ein theologisches Wörterbuch auf internationaler und interkonfessioneller Basis aufbaut, kann man eine vielseitigere Behandlung der Fragen erwarten. Erfreulicherweise hat sich in unserer Wissenschaft eine Zusammenarbeit über die nationalen und konfessionellen Grenzen hinaus angebahnt, so daß ein solches Unternehmen jetzt möglich geworden ist. Es ist die Hoffnung der Redaktion, daß dadurch sowohl die Objektivität der Arbeit gefördert als auch eine umfassendere Auswertung des Stoffes ermöglicht werden. Was man bei diesem Verfahren an Einheitlichkeit verliert, wird hoffentlich durch die Verschiedenheit der Gesichtspunkte an Vielseitigkeit wiedergewonnen.

Die konsequente Beschränkung auf das alttestamentliche Material ist einerseits durch den Gebrauch der hebräischen Sprache als Grundlage des Wörterbuchs gegeben. Andererseits hat der interkonfessionelle Aufbau des Werkes eine Rücksichtnahme auf die Septuaginta nötig gemacht. Die Qumrantexte werden – soweit möglich – kurz berücksichtigt, aber die pseudepigraphische Literatur läßt sich nur schwer unter hebräische Vokabeln einordnen. Auch auf das rabbinische Schrifttum haben wir verzichten müssen, da die untere Grenze im Judentum nur schwer zu ziehen ist. Entsprechend fällt die neutestamentliche Nachgeschichte der alttestamentlichen Begriffe außerhalb unseres Gebietes. Für die beiden letzteren Kategorien steht ja auch das Theologische Wörterbuch zum Neuen Testament zur Verfügung.

Das Alte Testament läßt sich aber nicht ohne einen Vergleich mit der außerbiblischen Umwelt völlig verstehen. Zwar kann dieser Vergleich so weit getrieben werden, daß der alttestamentliche Glaube nur noch als eine Sonderform des altorientalischen Denkens erscheint. Andererseits kann aber das Vergleichsmaterial auch dazu dienen, die Eigenart des alttestamentlichen Glaubens, wie er sich in Credo, Kult und Recht ausgeprägt hat, schärfer hervortreten zu lassen und dadurch das Verständnis der Begriffe erheblich zu fördern. In diesem letzteren Sinn haben wir uns der Mühe nicht entziehen wollen, das außerbiblische Material so vollständig wie es im engen Rahmen eines Wörterbuches möglich ist, aufzuarbeiten. Dabei geht es nicht nur um die etymologisch verwandten Wörter, sondern vor allem um Begriffe und Ideen, auch wenn ein etymologisch entsprechendes Wort nicht vorliegt.

Auf die semantische Analyse der Wörter wird großer Wert gelegt. Im Mittelpunkt aller Bemühungen steht jedoch die Erschließung des jeweiligen Begriffsinhaltes sowie die dabei sichtbar werdenden Traditionszusammenhänge und Bedeutungsverschiebungen. In diesem Sinne werden die lexikalischen Beiträge dann als Bausteine einer Theologie des Alten Testaments wertvolle Dienste leisten können.

G. Johannes Botterweck / Helmer Ringgren

Band I Lieferung 2 (Spalte 129-256)

THEOLOGISCHES WÖRTERBUCH ZUM ALTEN TESTAMENT

In Verbindung mit
George W. Anderson, Henri Cazelles,
David N. Freedman,
Shemarjahu Talmon und Gerhard Wallis
herausgegeben von
G. Johannes Botterweck und Helmer Ringgren

VERLAG W. KOHLHAMMER GMBH
STUTTGART · BERLIN · KÖLN · MAINZ

Inhalt von Band I, Lieferung 2

Band I wird etwa 12 Lieferungen umfassen. Der Subskriptionspreis für jede Lieferung von vier Bogen beträgt DM 16,—. Einzellieferungen werden nicht abgegeben.
Hörern der an diesem Werk beteiligten Verfasser wird bei Vorlage eines vom Autor unterzeichneten Hörerscheins ein Nachlaß von 20% auf den Ladenpreis gewährt. Die Ermäßigung gilt nur für die bis dahin erschienenen Teile des Werkes und den gerade im Erscheinen begriffenen Band. Der Hörernachweis muß für die erste Lieferung jedes weiter erscheinenden Bandes ggf. neu erbracht werden.

Verlagsort Stuttgart. Umschlag: hace. Gesamtherstellung: W. Kohlhammer GmbH, Graphischer Großbetrieb Stuttgart 1971. Printed in Germany. 71201 und Bundeslade (ThZ 20, 1964, 241–251). – *D. W. Gooding*, The Account of the Tabernacle, 1959. – *M. Görg*, Das Zelt der Begegnung. Untersuchungen zur Gestalt der sakralen Zelttraditionen Altisraels (BBB 27), 1967. – *M. Haran*, 'Oṭfe, maḥmal and ḳubbe. Notes on the Study of the Origins of Biblical Cult Forms: The Problem of Arabic Parallels (D. Neiger Memorial Vol., 1959, 215–221). – *Ders.*, The Nature of the "Ōhel Mô'ēdh' in Pentateuchal Sources (JSS 5, 1960, 50–65). – *Ders.*, The Complex of Ritual Acts Performed Insides the Tabernacle (Scr Hier 8, 1961, 272–302). – *Ders.*, Shiloh and Jerusalem (JBL 81, 1962, 14–24). – *R. Hartmann*, Zelt und Lade (ZAW 37, 1917/18, 209–244). – *K. Koch*, Die Priesterschrift ... (FRLANT 71), 1959. – *Ders.*, Die Eigenart der priesterschriftlichen Sinaigesetzgebung (ZThK, 1958, 36–51). – *Ders.*, Stiftshütte (BHHW III, 1871–1875). – *A. Kuschke*, Die Lagervorstellung der priesterschriftlichen Erzählung (ZAW 63, 1951, 74–105). – *E. Kutsch*, Zelt ([3]RGG 6, 1893f.). – *S. Lehming*, Erwägungen zur Zelttradition (Gottes Wort und Gottes Land. H. W. Hertzberg ... dargebracht, 1965, 110–132). – *W. Michaelis*, σκηνή (ThWNT VII 370–374). – *J. Morgenstern*, The Ark, the Ephod and the 'Tent of Meeting' (HUCA 17, 1942/43, 153–266 und 18, 1944, 1–52 – danach unten zitiert. 1945 selbständ. veröffentlicht). – *M. Noth*, Das zweite Buch Mose/Exodus (ATD 5, 1959, 171–174). – *G. v. Rad*, Zelt und Lade (NKZ 42, 1931, 476–498 = Ges.Stud. 109–129). – *L. Randellini*, La tenda e l'arca nella tradizione del V. T., Stud. Bibl. Franciscani, L. A. 13, 1962f., 163–189. – *V. W. Rabe*, The Identity of the Priestly Tabernacle (JNES 25, 1966, 132–134). – *L. Rost*, Die Wohnstätte des Zeugnisses (Festschr. F. Baumgärtel, 1959, 158–165). – *R. de Vaux*, Lebensordnungen 2, 114–117.

I. 1. Das segolate *Nomen* אהל taucht 340mal im AT auf (KBL). Von der Wurzel wird auch ein (denominiertes?) Verb gebildet, das zweimal im *qal*, einmal im *pi* erscheint im Sinn von 'zelten', so vielleicht auch ugar. (Driver, CML 133); dagegen leitet Rabin (Scr Hier 8, 1961, 384–386) das Verb vom arab. 'Weiderecht erhalten' her. Im Mischna-Hebr. bekommen *pi* und *hiph* die Bedeutung 'sich zeltartig ausbreiten' bei der Verunreinigung durch Leichen (Levy, WTM I 35; Jastrow, Dictionary I 20).

2. Die Wurzel אהל findet sich in fast allen semitischen Sprachen und meint vermutlich von Anfang an sowohl das Zelt als Behausung wie als Inbegriff der Zeltbewohner. Dieser Doppelsinn taucht jedenfalls im Hebr. auf („Zeltbewohner" z.B. 1 Chr 4, 41) und wohl auch ugar. (CTA 17 [II D] V 30f.; vgl. m. CTA 19 [I D] IV 59f.). Der veränderten Kulturstufe entsprechend, heißt akk. *ālu(m)* < **ahlum* 'Stadt' und 'Stadtbehörde' (AHw 39). Das äg. Lehnwort *ỉhr* bezeichnet hingegen nur die Behausung der Nomaden (WbÄS I 119), syr. *jahlā* (Brockelmann, vgl. Gramm. I 242) und arab. *'ahl* nur 'Leute, Familie' (Brockelmann ebd. I 194), was ins Akk. als Lehnwort *a'lu* aufgenommen wurde (AHw 39).

II. 1. Das Nomadenzelt, wie es das AT voraussetzt, ist aus mehreren Planen (*jᵉrī'ōt*) von Ziegenfellen zusammengesetzt und deshalb schwarz (HL 1, 5). Am Pflock (*jāṯēd*) wird es mit Seilen (*mētārīm, ḥᵃbālīm, jᵉtārīm*) befestigt. Im Unterschied zum heute bei arab. Nomaden üblichen Langzelt (AuS VI 1–59) ist im syr.-arab. Altertum wahrscheinlich das von einer Holzstange (*'ammûd*) in der Mitte gestützte Spitzzelt vorauszusetzen. Dafür spricht der mit einem Vorhang verhängte Eingang (*pœtaḥ*) Gen 18, 9f. Wer ein Zelt errichtet, spannt es aus (meist נטה *qal* oder *hiph*, aber auch פרש, מתח) oder schlägt es ein (תקע). Bei Ortswechsel reißt man es aus (נסע *qal* und *pi*) und packt es zusammen (צען). Gewöhnlich stehen mehrere Zelte zusammen, vorübergehend in einem Lager (*maḥᵃnœh*) oder auf Dauer in einem durch Steinwall gesicherten Zeltdorf (*ṭīrāh*). Vermögende Frauen besitzen ihr eigenes Zelt (Gen 24, 67; 31, 33; Ri 4, 17).

Bekannte Zeltbewohner sind die nicht seßhaften Stämme des Ostens und Südens (Ri 6, 3. 5; Jer 49, 28f.; Hab 3, 7; Ps 120, 5). Jeder Israelit weiß, daß die Urväter der Menschheit überhaupt (Gen 4, 20; 9, 21. 27) wie auch die Erzväter Israels (Gen 12, 8; 13, 3 usw.) nur in Zelten lebten. Das Zelt ist Inbegriff der nomadischen Lebensweise. Wo sie in Treue zum Brauch der Ahnen festgehalten wird wie bei den Rechabiten, bleibt das Zelt die gegebene Behausung (Jer 35, 7–10).

2. Auch der Kulturlandbewohner benutzt gelegentlich Zelte als Stallung für das Vieh (2 Chr 14, 14) oder für sich selbst bei festlichem Anlaß (2 Sam 16, 22) auf dem Dach seines Hauses. Gebräuchlicher als vorübergehende Wohngelegenheit scheint aber die aus Laubzweigen oder Matten gefertigte Hütte (→ סכה, → חפה) gewesen zu sein (sie entspricht ägypt. *ỉm3w/ỉ3mw* Alt 238f.; vgl. WbÄS s.v.).

Zelte und Hütten spielen auch beim Kriegszug eine Rolle. Während David 1 Sam 17, 54 ein Zelt mit sich führt, lagern 2 Sam 11, 11 die Lade, Israel und Juda in Hütten. Die aramäischen Soldaten nächtigen in *'ōhālīm* 2 Kön 7, 8. 10; ihre Könige 1 Kön 20, 12. 16 in *sukkōt*. Zelte benutzen auch die chaldäischen Truppen Jer 37, 10. Wahrscheinlich ist schon für die Kriege der Königszeit der spätere assyrische Brauch (Alt 237) vorauszusetzen, daß der Feldherr in einer Hütte (ANEP 374), die Soldaten in Zelten (ANEP 170f.) kampieren. In hellenistischer Zeit besitzt der König ein Prachtzelt (Dan 11, 45; vgl. Judith 10, 17–22; 14, 14f.).

3. Die Wohnung der als grundlegend betrachteten nomadischen Urzeit wird zum feierlichen Ausdruck für den „heimatlichen Herd". Ein Krieg wird beendet mit der Flucht zum eigenen „Zelt" oder dem geordneten Ruf „jeder zu seinen Zelten" (Ri 7, 8; 20, 8; 1 Sam 4, 10; 13, 2; 2 Sam 18, 17; 19, 9; 20, 1. 22; 1 Kön 12, 16;

2 Kön 8, 21; 13, 5; 14,12; 2 Chr 10,16; 25, 22). Nach empfangenem Segen am Kultort kehrt der Kultgenosse zu seinem *'ōhæl* zurück (Deut 16,7; Jos 22, 4. 6–8; 1 Kön 8, 66; 2 Chr 7,10). Der Gastgeber verabschiedet den (levitischen) Gast zu seinem Zelt (Ri 19, 9); ist das Abschiedsformel oder wohnen damals Leviten noch in Zelten?

Abgesehen von solchem formelhaften Gebrauch wird selten die Wohnung eines Einzelnen אהל genannt und nur dann, wenn der Gedanke an אהל als Zeltfamilie anklingt. So Ps 52,7: wo JHWH den Tod kommen läßt, reißt er den Menschen aus seinem אהל heraus. Oder Hi 19,12: Gott läßt große Scharen anrücken gegen das Zelt eines Menschen, dem er zürnt (vgl. Hi 20, 26). Das Zeltheiligtum JHWHs mag an einigen Stellen die Bezeichnung der menschlichen Wohnung als Zelt hervorgerufen haben. Nach Ps 132, 2–5 kehrte David zum אהל seines Hauses erst zurück, nachdem er Wohnstätten (משכנות – ein beliebter Parallelausdruck für אהל) für den Gott Jakobs gefunden hatte (vgl. Jes 16, 5). Ps 84 werden die *miškānōt* JHWHs gepriesen (v. 2), das Verweilen an ihrer Schwelle gilt weit mehr als Aufenthalt in Zelten des Frevels (רשע).

Häufiger werden die Wohnstätten eines ganzen Volkes unter der Rede von seinen אהלים zusammengefaßt, nicht nur eines nomadischen wie Kedar (HL 1, 5) und Edom (Ps 83,7), sondern auch Jakobs (Jer 30,18; Mal 2,12) und Judas (Sach 12,7; vgl. Jer 4, 20; Hos 9, 6; Ps 78, 55; Kl 2, 4).

4. Weil Zelt und Bewohnerschaft eine Einheit bilden, kann ein Zelt mit guten oder bösen Kräften gefüllt sein und im Zusammenhang der schicksalwirkenden Tatsphäre ein entsprechendes Ergehen an jeden applizieren, der in es einkehrt. Den Übergang zu solchen Vorstellungen bilden Aussagen wie die, daß das Licht des Frevlers dunkel wird in seinem Zelt (Hi 18, 6) – oder daß es unbegreiflicherweise in dessen Zelten sorglos zugeht (Hi 12, 6). In glücklichen Tagen 'beschirmt' Gott das Zelt (Hi 29, 4 LXX). Deutlicher wird der Gedanke, wo die Zelte der Rechtschaffenen, צדיקים (Ps 118,15) oder ישרים (Spr 14,11), gelobt, die der Frevler (רשעים) dagegen bedauert werden (Hi 8, 22; 21, 28). Ein Zelt kann geradezu Wohlfahrt (שלום) selbst verkörpern (Hi 5, 24); doch kann auch Untat (עולה) in ihm wohnen (Hi 11,14; 22, 23); es handelt sich dann um Zelte des Frevels (אהלי רשע Ps 84,11) oder der Bestechung (שחד Hi 15, 34). Da die Tat eines Menschen als Quelle seines künftigen Schicksals in seiner Behausung lokalisiert ist, birgt das אהל für ihn Zuversicht und Sicherheit (מבטח Hi 18,14).

Da der sittlich gefärbte Gebrauch von אהל vor allem in Hiob zutage tritt, wird man ihn nicht verallgemeinern dürfen. Der häufige Gebrauch des Wortes gerade in diesem Buch erklärt sich wohl daraus, daß Hiob und seine Freunde den Söhnen des Ostens (→ קדם) zugezählt werden, die üblicherweise in Zelten hausen, obwohl der reiche Hiob und seine Familie Häuser besitzen (1, 4.13.18f.).

Die Verwendung von אהל im Sinn von „Wohnung überhaupt" ist also auf einige wenige Sprachbereiche beschränkt. אהל wird keineswegs für „Wohnung jeder Art" gebraucht (AuS VI 9; vgl. Michaelis 371, A.10).

III. Der einzige vorexilische Beleg für den Gebrauch von אהל für das Himmelszelt ist Ps 104, 2. Der mit dem Lichtkleid umgebene JHWH wird hymnisch gefeiert:

„der ausstreckt (נטה) den Himmel wie eine Zeltplane,/ der bälkt in den (oberen) Wassern sein Sondergemach,/ der Wolken zu seinem Gefährt macht,/ der umherwandert auf Flügeln des Windes (רוח)."

Leider ist die Vorstellung nicht mehr durchsichtig. Drückt der Psalmist nur bildlich seine Verwunderung aus, daß Gott das schwere Himmelsgewölbe leicht wie ein Zelttuch ausgespannt hat (Duhm, KHC)? Oder werden zwei verschiedene Auffassungen unausgeglichen nebeneinandergestellt, eine beduinische vom Himmel als riesigem Zelt und eine bäuerliche von einem massiven zweistöckigen Gebäude, in dem sogar Gewässer sich befinden, auf denen Fahrzeuge schwimmen (Gunkel, GHK)? Dem so geschilderten Himmel entspricht v. 5 die fest gegründete (יסד) Erde.

Eine wichtige Rolle spielt der Himmel als אהל bei DtJes, und zwar in hymnischen Partien, deren Wortschatz fest geprägt ist. Stets steht der massiv gefertigten (רקע, יסד, עשה) Erde der mit einem Stoff leicht wie *doq* (Schleier? Flor? KBL) ausgespannte (נטה) Himmel gegenüber als Wohnzelt für die Menschheit (40, 21f.; vgl. 42, 5; 44, 24; 45,12; 51,13; vgl. 16 nach S). Von der sonst im AT vorherrschenden Auffassung einer Himmelsfeste (→ רקיע) weiß DtJes anscheinend nicht. Im Zusammenhang mit dem Himmelszelt ist vom göttlichen Handeln an Königen und Völkerfürsten die Rede (40, 23; 42, 5; 44, 24–28; 45,13), auch von der Erteilung zuverlässiger Orakel (40, 21f.; 42, 9; 45,11; 51,16) oder dem Zunichtemachen heidnischer Orakel (44, 25). Die Verbindung mit Orakeln erinnert an das vorpriesterschriftliche Zeltheiligtum (s.u.); vgl. auch die *rū^{a}ḥ*-Spende 42, 5 mit Num 11,16ff.

Im gleichen Gedankenkreis bewegen sich die späteren Stellen Jer 10,12 = 51,15; Sach 12,1; Hi 9, 8, die ebenfalls dem ausgespannten Himmel die festgegründete Erde gegenüberstellen (in Hi 9: v. 6) und vielleicht nicht von ungefähr im weiteren Zusammenhang auf die *rū^{a}ḥ* verweisen (Jer 10,13f.; 51,16f.; Sach 12,1).

IV. 1. Die Nomaden des Alten Orients werden ihre heiligen Gegenstände, sofern sie sie besonders schützen wollten, unter einem Zeltdach geborgen haben. Leider gibt es davon keine direkten Nachrichten. Doch findet sich bei seßhaft gewordenen Semiten noch die Auffassung, daß Götter (bei bestimmten Gelegenheiten) in Zelten wohnen. Am deutlichsten ist das in ugaritischen Mythen und Epen ausgesprochen, wo Götter aus ihrem *'hl*, das auch *mšknt (miškanatu)* heißt, gehen (CTA 17 [II D] V 30f.; CTA 15 [III K] III 18). Die Karthager führten nach Diod XX 65, 1 bei der Schlacht ein heiliges Zelt mit (Smith-Stübe, Religion 25). Andere Belege sind weniger eindeutig. Ein Halbrelief am Beltempel in Palmyra läßt so etwas wie ein rotes Zelt auf einem Kamel erkennen, dahinter drei weibliche Figuren, vielleicht Göttinnen (Syr 15, 1934, pl. XIX), ein ähnliches Motiv findet sich auf einer syrischen Terakotta (Cumont, Ét. Syr. 273–276). Sicher nicht hierher gehört die Rundhütte für den Gott Min in Koptos (RÄR 462. 467; Lacau, ChrEg 28, 1953, 13–22).

Über die Rolle des Zeltes als heilige Stätte geben Personennamen aus dem syrisch-arabischen Raum mittelbar Auskunft. Im israelitischen Raum ist Oholiab ein sagenhafter Werkmeister der „Stiftshütte" aus dem Stamm Dan (Ex 31, 6; 35, 34; 38, 23). Die Abkürzung Ohel ist belegt bei einem Sohn Serubabels (1 Chr 3, 20). Belegt sind weiter edomitisch Oholibama als Frauen- und Sippennamen (Gen 36, 2. 5. 14. 18. 25. 41; 1 Chr 1, 52); phönikisch אהלבעל (CIS I 54) und אהלמלך (CIS I 50, 2), thamudisch אהלן und lihjanisch אהלבן (z. beiden Moritz, ZAW 44, 1926, 87), sabäisch אהלאל (J. Halévy, Inscriptions sabéennes, 1872, 46, 2). Die Deutung der Namen ist strittig. BDB 14 setzen eine constr.-Verbindung voraus: 'Zelt des NN', ähnlich Kerber, Die rel.-gesch. Bedeutung der hebräischen Eigennamen des AT, 1897: 'Zeltgenosse des (Gottes) NN'. Noth dagegen (IPN 159) stößt sich daran, daß אב sonst nie in Wortnamen in einer constr.-Verbindung vorkommt und bevorzugt einen Nominalsatznamen 'ein Zelt (bildlich: Schutz) ist die Gottheit NN'. Das widerspricht allerdings den üblichen Nominalsatznamen, bei denen das prädikative Element *hinter* dem Subjekt steht.

2. Wie die Num 25, 8 erwähnte *qubbāh* ein rituelles Zelt gewesen zu sein scheint („Hochzeitszelt", Morgenstern 260), so war unter den vorislamischen Arabern die *qubbe* in Gebrauch, ein kleines Zelt aus rotem Leder (vgl. Ex 26, 14), in dem sich zwei Steinidole befanden. Bei Prozession, Weideplatzsuche und Schlacht wird sie von einem Kamel getragen. Ein Seher (*kāhin*) hat für sie zu sorgen, auch sind ihr Mädchen zugeordnet (vgl. 2 Sam 2, 22). Verfolgten dient sie als Asyl (vgl. 1 Kön 2, 28ff.). Die *qubbe* ist eine echte Parallele zum at.lichen *'ōhæl mō'ēd* (s.u.) (Näheres bei Morgenstern 208–221).

Was sonst aus dem arabischen Raum angeführt wird, hat mit dem israelitischen Zeltheiligtum wenig gemein. Das gilt vom *maḥmal*, einem Pavillon aus schwarzer Seide, unter dem der Koran nach Medina geführt wird (Morgenstern 196f.), oder der *'oṭfe* bzw. dem *merkeb* der jüngeren Vergangenheit, einer standartenartigen Sänfte, die bei Wanderungen und Kämpfen von einem Kamel aus Richtungszeichen gibt (Morgenstern 157–193, Abb. BHH III 1871).

3. Mehr als die Hälfte der at.lichen אהל-Belege, nämlich 182 (wovon allerdings 140 der P-Schicht zugehören) bezeichnen ein JHWH geweihtes heiliges Zelt. 133 Stellen (davon 120 in P; 6 chron.) nennen es *'ōhæl mō'ēd* (Kuschke 82). Meist übersetzt man 'Zelt der Begegnung' (zwischen JHWH und Mose oder JHWH und Israel); doch wird auch 'Zelt der Versammlung' göttlicher Wesen (Gressmann, Mose, und Beer, HAT I/3 zu Ex 33, 7ff.; vgl. Jes 14, 13 und ugar. *m'd*) oder 'Zelt der Versammlung zum Fest' (Wilson, JNES 4, 1945, 245 vgl. Cross 65) vorgeschlagen. Luther übersetzte „Stiftshütte" in Anlehnung an die mittelalterliche Unterscheidung zwischen Pfarr- und Stiftskirchen. Vom *'ōhæl (mō'ed)* ist Ex 33, 7–11; Num 11, 16–29; 12 und Deut 33, 14f. in Abschnitten die Rede, die locker in den Zusammenhang eingefügt sind und sich durch ihren „problemgeladenen" Inhalt von den üblichen Pentateuchsagen unterscheiden. Das Attribut *mō'ēd* ist an allen Stellen sekundärer Entstehung verdächtig, da stets daneben einfaches *ha'ōhæl* erscheint. (Erst für P ist also die Verbindung von *'ōhæl* und *mō'ēd* sicher nachweisbar.)

Ex 33, 7–11 gehört zum Sinaikomplex und gibt Mose durch eine Folge von *waw*-perf.-Sätzen (Ritualstil s. K. Koch, Die Priesterschrift ... 1959, 96f.) die Anweisung (so Baentsch, GHK, gegen die neueren Kommentare, die hier eine iterative Erzählung finden), ein Zelt außerhalb des israelitischen Lagers aufzuschlagen und *'ōhæl (mō'ēd)* zu nennen (nach LXX u. S. ist es Moses eigenes Zelt, das jetzt sakrale Weihe erhält; vgl. Görg 155). JHWH wird dort im Bedarfsfall in einer Wolkensäule erscheinen und die für das Volk lebenswichtigen Fragen mit Mose „von Angesicht zu Angesicht" bereden. Im jetzigen Zusammenhang zielt der Abschnitt auf Einrichtung einer Offenbarungsstätte, in der sich der Verkehr mit dem Gott des Sinai fortsetzt, sobald das Volk sich aus dessen Umgebung entfernt.

Num 11, 16–29 erscheint JHWH kurz nach dem Aufbruch vom Sinai und nach einem Murren des Volks am *'ōhæl (mō'ēd)* nimmt er 70 Anteile von der *rûaḥ* Moses und verteilt sie auf die Ältesten Israels, die darauf zu weissagen beginnen. Im Anschluß an diese Geschichte murren Num 12

Mirjam und Aaron wegen der ausländischen Frau Moses und seiner Sonderstellung vor JHWH. Sie werden von JHWH, der am Zelt erscheint, über den Unterschied zwischen Propheten und dem Gottesknecht Mose belehrt und Mirjam mit Aussatz bestraft. Nur durch Moses Fürbitte wird die Erkrankung wieder von ihr genommen.

Deut 31,14f. handelt vom Ende der Wüstenwanderung Israels, als Moses Tod unmittelbar bevorsteht. Er wird beauftragt, seinen Nachfolger Josua am *(mōʿēd)*-Zelt zu bestallen, das die Israeliten demnach bis dahin mit sich geführt haben.

Die Ähnlichkeit der Vorstellungen und der Wortwahl in den vier Abschnitten fällt auf. Über die Konstruktion des Zeltes wird zwar nichts erkenntlich. Doch sind eine Reihe von Bezügen deutlich: a) Mose besitzt ein einzigartiges Privileg für den Umgang mit Gott am Zelt; er spricht mit ihm „von Angesicht zu Angesicht" (Ex 33,11), „von Mund zu Mund" und schaut seine → *tᵉmūnāh* (ein Gottesbild?) (Num 12, 8). b) Das Zelt befindet sich außerhalb des Lagers, zu ihm geht man hinaus (יצא Ex 33,7f.; Num 11, 26; 12, 4), doch die Lagerzelte sind sämtlich auf das heilige Zelt ausgerichtet (Ex 33, 8). c) Beim oder im Zelt stellt man sich in bestimmter Weise auf (התיצב Num 11,16; Deut 31,14 bis; vgl. Ex 33, 8). d) In der Wolkensäule fährt JHWH herab (ירד Ex 33, 9; Num 11,17. 25; 12, 5) und wird dem Volk sichtbar (Deut 31,15; vgl. Ex 33,10), indem sich die Säule am Eingang des Zeltes aufstellt (עמד Ex 33, 9f.; Num 12, 5; Deut 31,15). e) Allein Josua als Diener ist außer Mose mit dem Zelt verbunden (Ex 33,11; Num 11, 28; Deut 31,14f.). Die Übereinstimmungen legen nahe, den gleichen Verfasserkreis vorauszusetzen. Häufig wird an E gedacht, da Propheten erwähnt werden, was nur dieser Pentateuchquelle eigen ist (zuletzt Haran, JSS 52; Görg 138–170). Noth dachte an sekundäre Einschiebsel in J (ATD zu Ex 33,7ff.; Num 11,16ff.; 12) und für Deut 31,14f. an eine sekundäre dtr. Hand (Überlief.-gesch. d. Pent. 35, A. 126).

Von Opfern und Riten verlautet nichts, abgesehen vom doppelten Aufstehn und Niederwerfen des Volks (Ex 33, 8.10), sobald Mose am Heiligtum amtiert. Eine Zweckbestimmung gibt nur Ex 33,7, wonach jeder, der JHWH suchen will (*mᵉbaqqēš*), sich zum Zelt wendet. Demnach scheint das Zelt vornehmlich Orakelstätte zu sein, wie auch die Nähe zur prophetischen Aufgabe Num 11f. nahelegt. Doch kann בקש auch die Wallfahrt zu dem am Fest „epiphanen JHWH" meinen (Beyerlin, Sinaitraditionen 141f.).

Umstritten ist, ob bereits ein Zusammenhang zwischen *mōʿēd*-Zelt und Lade vorauszusetzen ist. Einziger Anhaltspunkt ist der Befehl Ex 33,7 ונטה־לו מחוץ למחנה. Hier läßt sich das Wörtchen *lō* a) mit LXX streichen, b) auf Mose selbst beziehen („für sich", Baentsch, GHK, Noth, ATD; Haran, JSS 53), c) auf JHWH wenden (Greßmann, SAT; Beer, HAT), endlich d) auf die Lade, deren Erwähnung im vorangehenden Text ausgefallen wäre (Holzinger, KHC; Eißfeldt, Hexateuch 274*; Beyerlin, Sinaitraditionen 131).

Wenn dieses Zelt – historisch gesehen – tatsächlich in die Zeit vor der Landnahme Israels zurückreicht, wird es von der Person des Mose nicht zu lösen sein.

4. Meist wird angenommen, daß die Erzählungen über das *'ōhœl (mōʿēd)* auf ein Wanderheiligtum der nachmaligen israelitischen Stämme während ihrer Nomadenzeit zurückgeht, ein Heiligtum, das bald nach der Landnahme überflüssig wurde und verschwunden ist. Doch bleibt unklar, in welcher Gegend und bei welchem Verband es zuletzt eine Rolle spielte. a) Nach de Vaux (117) ist ihr letzter historischer Ort bei Baal Peor im Ostjordanland gewesen (Num 25, 6). b) Da 2 Sam 7,1–6 der Jerusalemer Prophet Nathan den Tempelbauplänen des Königs David entgegentritt mit dem Hinweis, daß JHWH seit dem Auszug aus Ägypten „in Zelt und Wohnstatt" innerhalb Israels umhergewandert ist, schließt man auf eine altjudäische Erscheinungstheologie, „die sich mit der Vorstellung von der Gebundenheit Jahwes an einen Ort nicht befreunden konnte" (v. Rad, ThAT[1] I 237 A. 108; Kuschke 103). Demnach wäre das Zelt in Juda heimisch gewesen, „vielleicht als das Heiligtum der alten Sechser-Amphiktyonie in oder bei Hebron?" (v. Rad, Deuteronomium-Studien, FRLANT 58, 1947, 29). Unter Berufung auf ein muslimisches Zeltfest in der Nähe von Jaffa geht Kraus noch einen Schritt weiter und denkt an ein großes Herbstfest in der südlichen (oder östlichen) Wüste, wo der israelitische Stämmeverband „sich in einem Zeltlager um das nomadische Heiligtum des אהל מועד versammelte" (Gottesdienst in Israel [2]1962, 155). Ein wichtiger Beleg ist für ihn Hos 12,10 „Ich, JHWH, dein Gott vom Lande Ägypten her, will dich wieder in Zelten wohnen lassen wie in den Tagen des Festes" (מועד; die Deutung abgelehnt von H.W. Wolff, Hosea, BK XIV 1, 279); auch Num 24,1f. wird herangezogen, wo Bileam nach der Wüste blickt und „Israel, nach Stämmen gelagert" vor sich sieht. Ebenso ist Deut 33,18 von Interesse, wo von Zelten bei einem Opferfest Issachars und Sebulons gesprochen wird. Doch führen solche Hinweise weit über den judäischen Bereich hinaus. c) Andere Vorschläge verbinden das Zeltheiligtum mit einem der großen Kultorte Mittelpalästinas. In Frage kommt Silo, da dort nach (den allerdings jungen Stellen) Jos 18,1; 19, 51 am (Eingang des) *'ōhœl mōʿēd* die Stämme sich

versammeln, am gleichen Eingang die Söhne Elis sich zu den dort beschäftigten Frauen legen 1 Sam 2, 22, dort schließlich nach Ps 78, 60 JHWHs Wohnstatt und Zelt war, in denen er unter den Menschen weilte (so Beyerlin, Sinaitraditionen 137; Haran, JBL 81, 20). Gegen diese Lokalisierung spricht, daß andernorts von einem festen Haus als Tempel von Silo die Rede ist (1 Sam 1, 24). d) Eine weitere Möglichkeit ist Gibeon, wo nach 1 Chr 16, 39; 21, 29; 2 Chr 1, 3 das Zelt untergekommen ist (so E. Auerbach, Moses 159). Mit dem Heiligtum in Gibeon möchte Görg Nob zusammenbringen, wo er ebenfalls das Zelt eine Zeitlang stehen sieht (127–136).

Auf Grund dieser spärlichen Notizen ist kaum eine sichere Lokalisierung möglich. Weiterzukommen ist höchstens durch überlieferungsgeschichtliche Untersuchungen zum Haftpunkt der Zeltüberlieferungen, die noch ausstehen. Zu suchen wäre nach Kreisen, denen an der engen Kontinuität Mose–Josua liegt, die die Institution der 70 Ältesten hochschätzen und eine bestimmte Form des Prophetentums, das aber mit den großen Schriftpropheten noch nichts gemein hat und über den Nabis einen einzigartigen Gottesknecht kennt (Kraus, Gottesdienst 126–133 postuliert von Num 12 her ein Amt, „das vom Gottesrecht über die Fürbitte und das Opfer alle mittlerischen und leitenden Funktionen in sich schloß, die zwischen Jahwe und seinem Volk erforderlich waren"). Das Problem erübrigt sich selbstredend dort, wo man das Zelt Davids in Jerusalem zum Ausgang nimmt für die Tradition vom *mō'ēd*-Zelt überhaupt (so Rabe 132–134).

5. Nach der (redaktionellen) Notiz 1 Kön 8, 4 hat Salomo bei der Tempelweihe nicht nur die Lade JHWHs, sondern auch das *'ōhæl mō'ēd* in das neuerrichtete Heiligtum überführt. Der Chronist setzt 2 Chr 5, 5 voraus, daß das *mō'ēd*-Zelt zu diesem Zeitpunkt erst von Gibeon geholt wurde, während der Zusammenhang der Samuel-Königs-Bücher nahelegt, an jenes Zelt zu denken, das David einige Jahrzehnte früher in seiner Hauptstadt als Schutz für die eben dahin überführte Lade hatte aufschlagen lassen (2 Sam 6, 17). Erst von diesem Zeitpunkt an ist übrigens eine Verbindung zwischen Lade und Zelt sicher belegt.

Das von David errichtete Zelt in Jerusalem heißt nicht *'ōhæl mō'ēd*, sondern *'ōhæl JHWH*. Es muß verhältnismäßig großräumig gewesen sein, da dort nicht nur das Salböl aufbewahrt wird, das der Priester Zadok zur Salbung Salomos benötigt (1 Kön 1, 39), sondern drinnen auch ein Hörneraltar untergebracht ist, bei dem der Heerführer Joab (1 Kön 2, 28–34) Schutz sucht, ohne jedoch seinem Rivalen Benaja zu entgehen. An dieser Stelle taucht zum erstenmal der Asylgedanke beim Zelt auf, scheint aber noch stärker mit dem Altar als mit dem Zelt verbunden zu sein.

Will man dem Gespräch zwischen David und Nathan 2 Sam 7, 1–7 einen historischen Kern beilegen, hat Nathan im Jerusalemer Zelt einen Nachfolger des einstigen *(mō'ēd)*-Zeltes gesehen (v. Rad s.o.; Kuschke 95f.). Von ihm wird vorausgesetzt, daß es je auf einen Spruch JHWHs hin von Stamm zu Stamm gewandert war, um dem betroffenen Stamm die Führungsrolle über Israel zu vermitteln: „Ich war umherwandernd in Zelt und Wohnstatt./ Bei allem, wohin ich wanderte unter allen Israeliten,/ habe ich je den Satz gesprochen bei einem einzigen der Stämme Israels, / den ich gesetzt hatte, mein Volk Israel zu weiden:/ Warum baut ihr mir kein Zedernhaus?" (2 Sam 7, 6f.) Einerlei, ob das davidische Zelt JHWHs in den salomonischen Tempel eingebracht und in einer Kammer (zusammengefaltet) aufbewahrt wurde oder nicht, die Zeltterminologie geht jedenfalls in die Tempelsprache ein. Die Psalmen rühmen den Tempel als Zelt, besonders in Verbindung mit dem Asylgedanken (27, 5; 61, 5; vgl. 15, 1; 78, 60 und Jes 33, 20f.). Der Gedanke des Führerzeltes scheint – vermutlich über Jerusalemer Tradition – der allegorischen Geschichtsdarstellung Ez 23 zugrunde zu liegen, wo die beiden Frauen JHWHs *'ŏhᵒlā* = Samaria (Feminbildung? oder lies *'ŏhᵒlāh*, „die ein Zelt-Heiligtum hat" GB, KBL?) und *'ŏhᵒlībāh* = Jerusalem „(m)ein Kultzelt ist in ihr" in ihrem Versagen dargestellt werden (zur Deutung Zimmerli, BK XIII 1 541f.). Gemeint dürfte in beiden Fällen ein Besitz JHWHs sein, dessen beide Ehefrauen mit dem eigenen Zelt ihren eigenen Herrschaftsbereich erhalten.

6. Nirgends im AT wird dem heiligen Zelt ein solches Gewicht beigemessen wie in der Sinaigesetzgebung von P Ex 25–Num 10. Das *mō'ēd*-Zelt, das P noch lieber → משכן nennt, hat Mose als Modell (→ תבנית) auf dem Berg Sinai geschaut (Ex 25, 9), danach es gebaut und während der Wüstenwanderung als einziges Heiligtum benutzt. In der Beschreibung bestehen überraschende Berührungen mit dem Baubericht des salomonischen Tempels (1 Kön 6f.). Früher hat man dem Wüstenheiligtum selbstverständlich die Priorität zugeschrieben. Die wirklichkeitsfremde und steife Art von P im Unterschied zum realistischen Tempelbaubericht hat jedoch Wellhausen zum Urteil veranlaßt, die „Stiftshütte" bei P sei „in Wahrheit nicht das Urbild, sondern die Kopie des jerusalemischen Tempels" (Prolegomena ... ⁶36). Der Fortgang der Forschung hat dieses Urteil als einseitig erwiesen. Neben den Zügen, in denen der P-Entwurf mit dem salomonischen Tempel übereinstimmt wie Lade mit Keruben (Ex 25, 10–22; vgl. 1 Kön 8, 6–8, freilich bei andrer Zuordnung, → כפרת), Schaubrottisch (Ex 25, 23–30; vgl. Ez 41, 22), Brandopferaltar (Ex 27, 1–8; vgl. Ez 43, 18–27), aber auch dem Ehernen Meer (Ex 30, 17–21; vgl.

1 Kön 7, 23–26) und wohl auch dem Räucheraltar (Ex 30,1–10; vgl. 1 Kön 7, 48), finden sich Züge, die das Material des ortsfesten Steinbaus für die Wüstenwanderung verändern und Bretterwände statt Steinmauern (Ex 26,15–30), Vorhänge statt Türen (Ex 26, 31–37) und statt Außenmauern (Ex 27, 9ff.) vorsehen. Darüber hinaus zeigen sich aber auch tiefe Unterschiede. Sie zeigen sich vor allem bei den riesigen Decken, die vierfach übereinander über das Heiligtum gebreitet werden und von denen die größte, aus 11 Ziegenhaarplanen von je 30 × 4 Ellen zusammengesetzt, den Namen אהל trägt. Für diese Einrichtung und die beiden dazugehörigen Schutzdecken aus rötlichem Widderfell und Fischhaut (Ex 26,7–14) gibt es am salomonischen Tempel keinen Anhaltspunkt. Fremd ist Jerusalemer Brauch aber auch die alle überragende Stellung des Mose, der als einziger von Gott die Befehle für das Heiligtum erhält und autoritativ über der Ausführung wacht. Das von P projektierte Wüstenheiligtum wäre auch ohne diese Decken wohleingerichtet und funktionsfähig, wie umgekehrt die *'ōhæl*-Decke (mit Stützstangen) ohne das Blockhaus für einen heiligen Raum genügt. Das führt zu dem Schluß, daß neben dem salomonischen Tempel noch ein anderes, von Jerusalem geschiedenes, Zeltheiligtum Vorbild gewesen ist.

Wie beide Anschauungen zusammengewachsen sind, läßt sich entweder literarkritisch oder überlieferungsgeschichtlich erklären. Galling (HAT 3) vermutet hinter Ex 25ff. zwei selbständige P-Quellen. Der älteren, P^A, schwebt ein reines Langzelt vor (Abb. S.135). Die jüngere, P^B, läßt unter die Ziegenhaarplanen eine zweite Garnitur kostbarer Teppiche aufhängen, versucht zudem, das Zelt nach Art des Tempels zu einem genau umgrenzten Kultraum umzugestalten, kommt aber zu keiner klaren Lösung.

Klarer wird die Lösung für alle Textstufen, wenn man von einer Stilanalyse ausgeht und die in Ex 25ff. leicht herauslösbaren *waw*-perf.-Sätze als älteren, P vorgegebenen Grundstock eines (Quasi-)Rituals ansieht, wie es Koch, Priesterschrift, und Görg versucht haben. Vorgegeben war dann ein Zeltheiligtum ohne senkrechte Wände, aber mit Lade, Schaubrottisch, einem Leuchter und einer aaronitischen Priesterschaft. Den Beinamen (*'ōhæl*) *mōʿēd* hat es noch nicht getragen. Leider ist weder die zeitliche noch die örtliche Herkunft dieser Kultsatzungen auszumachen.

P schildert die „Stiftshütte" der Mosezeit in der Zeit nach der Zerstörung des salomonischen Tempels als Programm für den erhofften Neubau in Jerusalem. Deshalb wird in das Kultzelt, das als mosaisch gilt, eine verkleinerte Fassung des einstigen Tempels eingefügt; um die Länge des Zeltheiligtums nicht zu sprengen, werden die Maße des Jerusalemer Tempels auf die Hälfte reduziert und die Vorhalle gestrichen. In das alte Zelt wird ein Holzunterbau aus senkrecht stehenden, miteinander verklammerten Holzbohlen in Form eines Blockhauses von 30 Ellen Länge, 10 Ellen Breite und 10 Ellen Höhe eingebaut. Er bleibt ohne feste Decke. An deren Stelle tritt eine mit Keruben verzierte Prachtdecke, die an den Außenseiten der Bretterwände herunterhängt und משכן heißt (26,1–6). Darüber werden die Planen des überlieferten Zeltheiligtums und die beiden Schutzdecken wohl nicht einfach gelegt, sondern seitlich an Pflöcken ausgespannt (Abb. BHHW III 1873f.).

Aus Jerusalem wird die Scheidung von Heiligem und (kubischem) Allerheiligsten im Grundriß übernommen, aber auch die Theophanie des göttlichen → כבוד, die aber nicht mehr anläßlich der großen Jahresfeste ihren Ort hat, sondern bei außergewöhnlichen Notlagen unerwartet hereinbricht (Num 14,10; 16,19; 17,7; 20, 6). Von dort werden auch die großen Opferhandlungen übernommen, die aber der strengen Auffassung von P gemäß vornehmlich der Sühne (→ כפר) und Sündenbeseitigung dienen. Vom Zelt als Orakelstätte ist nichts mehr zu merken. Statt dessen schiebt sich die Sehnsucht nach kultischer Heiligkeit inmitten des Volkes in den Vordergrund. Vom Allerheiligsten aus, wo vermutlich die Lade – wie der Brandopferaltar im Vorhof (Lageplan BHHW III 1875) – einen Brennpunkt der Anlage des heiligen Bezirkes bildet, strahlt Heiligkeit in konzentrischen Ringen und genau abgestuften Graden aus (Koch, ZThK 41–45). Darauf abgestimmt ist die sorgsam überlegte Verwendung von Gold, Silber oder Erz, von violettpurpurnen, rotpurpurnen, karmesinroten oder weißen Stoffen, die Dienstleistungen von Hohenpriester (= Aaron), Priester und Leviten. Um der Heiligkeitswirkung willen wird das Zeltheiligtum mitten ins Lager gerückt, wo dann die einzelnen Stämme nach genauem Plan sich darum lagern sollen (Num 2).

Das so eingerichtete, Segen und Sühne beschaffende Heiligtum ist das Ziel der Wege Gottes mit Israel, ja mit der Schöpfung. Mit seiner Vollendung wird Israel wirklich zum Volk, JHWH wahrhaft zum Gott. Dabei wird die statische Heiligkeitsauffassung mit einer dynamischen Vorstellung von der je und je unerwartet hereinbrechenden Begegnung Gottes mit seinem Volk verbunden, die mit dem Attribut *mōʿēd* verkoppelt wird. Wie in den alten Erzählungen spielt dabei der Eingang des Zeltes eine wichtige Rolle: „Ich werde euch dort begegnen, um mit dir (Mose) da zu reden. / Ich werde dort den Israeliten begegnen. / Und es wird geheiligt in meiner Herrlichkeit. / Ich werde heiligen das *mōʿēd*-Zelt und den Altar, / und Aaron und seine Söhne werde ich heiligen zum Priesteramt für mich. / Ich werde inmitten der Israeliten weilen / und werde ihnen zum Gott werden. / Sie werden erkennen, daß ich JHWH, ihr Gott, bin, / der sie herausgeführt hat aus dem Land Ägypten, / um in ihrer Mitte zu weilen. / Ich bin JHWH, ihr Gott" (Ex 29, 42–46).

7. Das Verschwinden des heiligen Zeltes im salomonischen Tempel hat in nachexilischer Zeit zu der Legende geführt, daß Jeremia vor der Zerstörung das *'ōhæl* aus dem Tempel herausgeholt und an unbekanntem Ort versteckt habe, wo es im Eschaton wieder entdeckt werde (2 Makk 2, 4–8). Die Samaritaner erzählen, daß Josua das Zelt in der Synagoge auf dem Garizim verborgen habe (J. Bowman: Samaritanische Probleme, F. Delitzsch – Vorlesungen [1957] 1967, 23). Solche Spekulationen um das Zelt Gottes werden dazu beigetragen haben, daß in der Septuaginta die Rede vom Zelt einen viel breiteren Raum einnimmt als im NT (s. ThWNT).

Koch

אוב

I. 1. Rechtschreibung – 2. Etymologie – II. Der altorientalische Hintergrund – III. Gebrauch im AT.

Lit.: *W. F. Albright*, Yahweh and the Gods of Canaan, London 1968. – *Gadd*, Ideas of Divine Rule in the Ancient East, London 1948. – *H. A. Hoffner*, Second Millennium Antecedents to the Hebrew *'ōb* (JBL 86, 1967, 385–401). – *H. Schmidt*, אוב, Festschrift Marti (BZAW 41, 1925, 253–261). – *F. Schmidtke*, Träume, Orakel und Totengeister als Künder der Zukunft in Israel und Babylonien (BZ 11, 1967, 240–246). – *M. Vieyra*, Les noms du 'mundus' en hittite et en assyrien et la pythonisse d'Endor (RHA 69, 1961, 47–55).

I. 1. Das Wort wird im Singular *plene* (אוב), im Plural aber *defective* (אבות, *'ōbōt*) geschrieben (GKa § 81). Die *scriptio defectiva* im Plural ermöglicht die Verwechslung mit dem Wort „Väter" *('ābōt)*, wenn auch die Verbesserung von *'*^{a}*bōtām* in *'ōbōt* Hi 8, 8 vielleicht eher geistreich als überzeugend ist (Albright 142[85]).

2. Mindestens drei Auffassungen über die Etymologie von אוב sind gängig: Nach der ersten ist es dasselbe Wort, das in Hi 32, 19 einen „Schlauch aus Häuten" bezeichnet, der Wein enthält (Nöldeke, ZDMG 28, 1874, 667; Zimmern, GGA 1898, 817; Tur-Sinai, EMiqr I 135–137. Dadurch wäre die Technik der Geisterbeschwörer als Bauchreden angezeigt. LXX gebraucht ἐγγαστρίμυθος an allen Stellen außer Jes 29, 4, wo אוב מארץ mit οἱ φωνοῦντες ἐκ τῆς γῆς wiedergegeben wird. Die Vulgata liest zuweilen *magus* (1 Sam 28, 3; Lev 19, 31; 20, 6), zuweilen *python* (Jes 8, 19; 29, 4; 2 Kön 21, 6; 23, 24; Deut 18, 11; Lev 20, 27). Die zweite Auffassung besagt, daß es aus der semitischen Verbwurzel stammt, die dem arabischen Verb *'āba* 'zurückkehren' zugrunde liegt (Gesenius, Thesaurus s. v.; Hitzig und König, Offenbarungsbegriff 2, 150). Dieser Theorie steht die Beobachtung entgegen, daß diese Verbwurzel in den älteren semitischen Sprachen wie Akk., Ugar., Hebr., Phön. und Aram. nicht gebraucht wird. Schließlich wird noch gesagt, es sei ein nichtsemitisches Wanderwort, das im Sum. (*ab* 'Öffnung'), Akk. (*aptu*, Neuassyr. *apu*; nicht in Wbb.), Hurr. und Heth. (*a-a-bi*, normalisiert *ajabi*), Ugar. (*'ēb* < *'ajb*) und Hebr. (אוב) angetroffen wird und in allen diesen Sprachen *mundus* oder 'Opfergrube' bedeutet (Hoffner 385 ff.). Das Wort ist alt; es geht über das 2. Jt. hinaus. Es ist auch im Namen der Wüstenstation אבות enthalten (Num 21, 10–11; 33, 43–44) und deutet das Vorhandensein von Wasserlöchern in der Nähe an. Albright (122 f., 146 n. 43) vergleicht den obermesopotamischen Stammesnamen *Ubrapi'* mit den byblischen Personennamen *Ibdâdî* und *Ib-addî* aus dem frühen 2. Jt. (AfO 19, 120). Der letztere muß aber wegen des ähnlichen Namens der männlichen Mondgottheit *'Ib/'Eb* in den ugar. Texten mit Vorsicht behandelt werden (UT 348, Nr. 10). Der Göttername *Ub* kann auch in einem luwischen Personennamen gefunden werden ^{m}*Ú-ba-*LÚ*-iš* (KUB XXII 70 rev. 82); vgl. andere luwische Namen vom Typ Göttername + *zitiš* ('Mann des Gottes ...'): ^{md}*IŠTAR-LÚ*, ^{m}*Yarra-zitiš*, ^{m}*Šanta-zitiš*, ^{m}*Tarḫunda-zitiš*. Als Beispiel für die Kombination mit einem verstorbenen Ahnen in einem solchen Namen siehe ^{m}Ḫuḫḫa-zitiš (KBo V 7 rev. 9; *ḫuḫḫa-* „Ahne").

II. Die ältesten Hinweise auf *ab* 'Grube' im Zusammenhang mit dem Opfer sind in der sumerischen Version des Gilgamešepos zu finden (BE XXI No. 35 obv 16–17), wo wir erfahren, daß Gilgameš in der Erde eine Grube aushob (*ab-làl-kur-ri gál-mu-na-ab-tag*$_4$) und daraus den Geist (*lìl*) seines verstorbenen Kameraden Enkidu hervorrief. Die akk. Version (Gilg XII 83–84) gebraucht für eine solche Grube den Ausdruck *takkap erṣeti* ('Loch in der Erde') und für den Geist *zaqīqu* (CAD 21, 60; Hoffner 398). Die ganze Episode erinnert an 1 Sam 28 (vgl. Gadd, Ideas of Divine Rule 88 f.). Aus der Zeit vom 15. Jh. bis zum Ende des 13. Jh.s stammen die Belege in den heth. Ritualen (Hoffner 385 ff.; Vieyra 47 ff.). In diesen Ritualen wurden in der Erde Opfergruben (*ḫatteššar*, *patteššar*, *a-a-bi*, akk. *ašru*, Sumerogramme TÚL, BÙR) an einem Ort gegraben (*kinu-*, *padda-*), der durch göttliche Befragung bestimmt worden war. In diese Grube wurden Speiseopfer (Brotlaibe, Käse,

Butter, Honigmilch, Öl, Honig, Wein, Bier und Opferblut) hinabgelassen, kostbare Silbergaben (Modelle des menschlichen Ohres, Brustschmuck, eine Miniaturleiter) und oft sogar das Opfertier, das man dann unten in der Grube schlachtete. Zwei der hinabgelassenen Gegenstände symbolisierten die zweifache Absicht des Verfahrens. Das Silbermodell eines Ohres zeigte den Wunsch des Opfernden an, zu „hören" und vom Bewohner der Unterwelt zu lernen. Die Silberleiter oder -treppe drückte das Verlangen aus, daß der Geist zur Oberwelt hinaufsteigen möge. Die völlig chthonische Orientierung des Verfahrens und des Zubehörs zeigt sich deutlich in der Vorliebe für die Nacht als Zeitpunkt der Verrichtungen, für Silber (anstatt Gold, Kupfer usw.) als Metall der Gaben und für schwarze Opfertiere (besonders Schweine und Hunde).

Von besonderem Interesse ist die Personifizierung der Grube als Gottheit *ᴰA-a-bi*, die der Gegenstand eines besonderen Beschwörungsrituals ist (KUB VII 41; ZA 54, 1961, 131f.; andere Belege von *ᴰA-a-bi* in KUB X 63 I 18, 20, 24, 26; KUB XXXIV 96, 6; KUB XXIV 49 III 31; KBo X 45, II 19, III 22; Bo 2072, III 13, 16, 19). Er ist der Gott der Unterwelt und sitzt dort einem Gericht vor, in dem eine Waage (sum. *giš.rín zi.ba.na*, KUB VII 41 III 19–20) verwendet wird. *ᴰA-a-bi* seinerseits gehört zu derselben Klasse von Unterweltgottheiten wie der chthonische Geist *tarpiš* (siehe H. Hoffner JNES 27, 1968, 61–68; betreffs babyl. *šēdu* als „external soul", A.L. Oppenheim, Ancient Mesopotamia, 1964, 198–201). Es ist sehr wahrscheinlich, daß *tarpiš* dasselbe alte Wanderwort wie das hebr. *tᵉrāpīm* vertritt (siehe Hoffner a.a.O.). Sowohl אוב als auch *tᵉrāpīm* sind also als mantische Requisiten der Unterwelt zu identifizieren, in denen man die Quelle wahrer Kenntnis zu finden glaubte (→ ידעני). Auch der Ausdruck → רפאים 'Totengeister' wird im 2.Jt. mit *'ōb* verbunden, wenn der Stammesname Ub-rapi' der Maritexte wirklich so gedeutet werden kann. Auch in den alphabetischen Texten aus dem alten Ugarit kann man eine Form dieses alten Wanderwortes finden: *'ēb* (aus **'ajb*), zusammengesetzt mit *'il* in *ʾilʾib* 'angestammter Geist' (UT 358 Nr. 165; Hoffner JBL 86, 386f.; Astour, JAOS 86, 279. 281). Albright (141[80]) verbessert Jes 14,19 und findet dort אלאב. Es muß nochmals betont werden (vgl. Hoffner 1967, 387), daß *ʾilʾib* selbst nicht ein Denkmal oder eine Stele ist. In dem Ausdruck *skn ʾilʾib* ist es *skn*, das das Denkmal bezeichnet; *ʾilʾib* ist der Geist oder die Seele des Toten, dessen man durch den *skn* (Denkmal) gedenkt. Auch sollte man die syllabische Schreibung *il-abi* (JAOS 86, 279[25]) nicht fälschlich als 'Gott des Vaters' deuten, da *abu/apu* in späteren assyrischen Texten als ein Wort für die Grube in der Erde bekannt ist (CAD I/2 201a). Daß diese Gottheit sowohl unter *ʾib* als auch unter *ʾilʾib* bekannt ist, stimmt genau mit der zweifachen Schreibweise eines Götternamens in heth. Texten überein: *ᴰKuniršа* (kanaan. קן ארץ) und *ᴰElkunirša* (kanaan. אל קן ארץ; Otten, MIO 1, 1953, 125ff.; Hoffner, RHA 76, 1965, 5ff.).

III. Das AT gebraucht den Ausdruck in drei verschiedenen Bedeutungen: 1. Die ausgehobene Grube, mittels der die Geister der Toten angerufen werden (1 Sam 28,7–8); 2. der Geist oder die Geister der Toten, die beschworen werden (Jes 29, 4; Robertson-Smith, JoPh 14,127f.) und 3. der Geisterbeschwörer, der dem Kunden die Geister hervorruft (Lev 19, 31; 20, 6. 27; Deut 18,11; 1 Sam 28, 3. 9; 2 Kön 21, 6; 2 Chr 33, 6; 23, 24; Jes 8,19). Wie die Grube hergerichtet wird, ist im AT nicht beschrieben. Aber das soll kein Einwand gegen diese Interpretation erheben. Der Geist steigt von der Erde auf (עלה 1 Sam 28, 8; 11,13–14) und ist zweifelsohne aus einer zugerichteten Öffnung hervorgekommen. Obwohl die Sprache vielleicht etwas übertragen ist, können wir in den höhnischen Worten von Jes 29, 4 außerdem einen Eindruck von der Art und Weise des Anrufs erhalten: „Dann sollst du tief unten aus der Erde reden, von unten im Staub sollen deine Worte kommen; deine Stimme soll aus der Erde wie die Stimme eines Geistes kommen, und deine Rede soll aus dem Staub flüstern." Die Propheten JHWHs beschrieben die hörbaren Manifestationen des אוב als „Geflüster" oder „Gezirp" (צפצף), ein Ausdruck, der den Ruf gewisser Vögel (Jes 10,14) oder das Rauschen der Blätter des Weidenbaums bezeichnet (vgl. den Namen eines Baumes *ṣapṣāpāh* Ez 17, 5). Die verschiedenen Verben, die mit אוב verbunden sind, geben uns nur an, daß es hier um die Quelle geheimer Kenntnis ging: man „wandte sich an" (תפנו אל Lev 19,31), „suchte" (דרש אל Jes 8,19; דרש ב 1 Sam 28,7), „gebrauchte" (עשה) oder „konsultierte" (שאל ב 1 Chr 10,13) den Geisterbeschwörer, der seinerseits den Geist oder die Geister, die aus der Grube emporkamen, um Rat fragte (שאל אל Deut 18,11) oder „durch" sie „weissagte" (קסם ב 1 Sam 28, 8).

Für das Verständnis von אוב ist 1 Sam 28 das ertragreichste und wahrscheinlich auch das älteste Zeugnis im AT. Wir erfahren dort, daß die Krise, die zur Konsultation Anlaß gab, eine schwere militärische Bedrohung war (v. 4–5). Natürlich wurden die erprobten Wege, auf denen man JHWH um Rat fragen konnte, zuerst ausgeschöpft (חלמות, אורים, נביאים), aber JHWH antwortete (ענה) nicht (v. 6). Erst daraufhin gab Saul aus Verzweiflung seinen Offizieren den Befehl, ihm eine Frau mit Zugang zu einem אוב ausfindig zu machen. Saul begab sich während der Nacht zu ihr, teils um seine Identität zu verheimlichen, teils weil die nächtliche Stunde von solchen Geisterbeschwörern vorgezogen wurde (s. o. II). Er hatte eine zweifache Bitte: 1. „Weissage (קסם) mir durch den אוב" und 2. „bringe mir den herauf (העלי), den ich dir nennen werde" (v. 8). Nachdem die Frau von ihrem Kunden ein Versprechen des Schutzes erhalten hatte (v. 10), wurde ihr der Name der verstorbenen Person genannt, die heraufgebracht werden sollte (v. 11). Die Stelle sagt nichts über das Verfahren aus, durch das die Frau Samuels Geist hervorlockte. Als er erschien, hatte nur sie ein Visionserlebnis (v. 12–13), denn Saul mußte fragen: „Was siehst du?" Das Visionserlebnis gab der Frau größere Verstehensmöglichkeiten; denn plötzlich erkannte sie die wahre Identität ihres verkleideten Kunden (v. 12). Die Erscheinung in der Vision beschrieb sie als „Geister (→ אלהים), die aus der (Öffnung in der) Erde aufstiegen" (v. 13) und als „einen alten Mann (איש זקן) ..., der in einen Mantel (מעיל) gehüllt war" (v. 14). Der Bericht über Sauls nächtlichen Besuch bei der בעלת אוב wird in kunstvollem literarischen Stil wiedergegeben. Deswegen muß man jedoch nicht daran zweifeln, daß dieses Dokument durchaus die Praxis der Geisterbeschwörung im alten Israel widerspiegelt.

Eine teilweise andere Erklärung gibt Schmidtke, der den אוב mit dem babylon. *eṭemmu* 'Totengeist' gleichsetzt. Er weist auf die Hervorrufung des Enkidu durch Gilgameš hin und betont die Rolle der babylonischen Totengeister beim Orakelgeben.

Hoffner

אָוָה אַוָּה (הַוָּה), תַּאֲוָה, מַאֲוַיִּים

I. 1. Etymologie, Belege – 2. Bedeutung – II. Profaner Gebrauch – 1. Allgemein – 2. Weisheit – 3. Ermächtigungsformel – III. Religiöse Bedeutung – 1. Gottes Begehren – 2. Vergeltungslehre – 3. Das zehnte Gebot – 4. Bei J.

Lit.: *F. Büchsel*, ἐπιθυμία, ἐπιθυμέω (ThWNT III, 168–173). – *J. Herrmann*, Das zehnte Gebot (Festschrift E. Sellin, 1927, 69–82). – *E. Nielsen*, Die zehn Gebote, Eine traditionsgeschichtliche Skizze (Acta Theologica Danica VIII, Kopenhagen 1965). – *J.L. Palache*, Semantic Notes on the Hebrew Lexicon, Leiden 1959. – *J. Reider*, Etymological Studies in Biblical Hebrew (VT 2, 1952, 113–130). – *H. Graf Reventlow*, Gebot und Predigt im Dekalog, 1962. – *J.J. Stamm*, Der Dekalog im Lichte der neueren Forschung, Bern–Stuttgart ²1962.

I. 1. Offenbar gehört die Wurzel אוה nur dem westsemitischen Sprachraum an. Außer im Hebr. findet sie sich im Arab. (*'awā*), Jüd.-Aram. (אוי), Syr. (*'wā*) und Mand. (*awa* I). Als Ausgangspunkt nimmt Palache (2) die Bedeutung 'übereinstimmen' an, kann sich dabei allerdings nur auf das syr. Ptz. *pᵉʿal* stützen. Alle übrigen überlieferten Formen lassen sich zwei Bedeutungskreisen zuordnen: a) 'sich zuwenden', b) 'sich aufhalten' (vgl. Lane und Blachère-Chouémi; Brockelmann, LexSyr; Drower-Macuch, MandDict). Das Verbum kommt im *pi* und *hitp* vor. Darüber hinaus faßt Palache נאוו, נאוה in Jes 52,7; HL 1,10; Ps 93,5 als *niph* von אוה auf (2; ebenso KBL). Von אוה abgeleitet sind die Subst. תאוה (vgl. auch den Ortsnamen Kibrot – Hattaawa; Num 11, 34f.; 33,16f.; Deut 9, 22), מאויים, אוה. Möglicherweise gehört auch das Subst. הוה (Mi 7, 3; Spr 10, 3; 11, 6) hierher, das sich semantisch von אוה nicht trennen läßt. Zum Übergang von א zu ה vgl. איך mit היך. Ein etymologischer Zusammenhang von הוה mit arab. *hawija* 'lieben' läßt sich allerdings nicht von der Hand weisen. Vgl. auch arab. *'wj* 'sich begeben zu' (KBL³). In Hos 10,10 ist באתי statt באותי zu lesen (s. BHK), in Spr 18,1 תאנה statt תאוה (BHK).

2. אוה ist synonym zu חמד. Das geht nicht nur aus dem Parallelismus Gen 3, 6 hervor. Beweiskräftiger sind noch Spr 6, 25 und Ps 68,17, wo חמד in demselben Zusammenhang erscheint wie אוה in Ps 45,12 und 132,13f. Auch der Sprachgebrauch der Tannaiten, der die Verben parallel setzt (Abot 6, 5), läßt darauf schließen, daß beide Begriffe als Synonyme verstanden wurden. Die Bedeutung 'aus sein auf' erschöpft sich nicht in einer bloßen Willensregung. Das Streben ist zutiefst in der menschlichen Existenz verwurzelt. Abgesehen von Ps 132,13f. verbindet sich אוה *pi* stets mit *næfæš* als Subjekt; ebenso finden sich *'awwāh, hawwāh* nur in Verbindung mit *næfæš*. Die *ta'ᵃwāh* wird durch *næfæš* (Jes 26, 8; Ps 10, 3), *leb* (Ps 21, 3), *'ādām* (Spr 19, 22) bestimmt. Die Anwendung auf Gott (Ps 132,13f.; Hi 23,13) und auf das Tier (Jer 2, 24) ist übertragener Sprachgebrauch. In Gen 49, 26; Num 34,7f. 10 bedeutet אוה, תאוה (bzw. תאה) 'Aufenthalt' bzw. 'sich aufhalten' (Reider 113).

II. 1. Wie das Begehren zur menschlichen Existenz gehört, so auch dessen Ziel: Es richtet sich auf Grundbedürfnisse wie Essen (Mi 7,1; Hi 33, 20), Trinken (2 Sam 23,15 = 1 Chr 11,17) und auf das andere Geschlecht (Ps 45,12; vgl. Jer 2, 24).

2. Die von der Sprache angezeigte Verbindung zwischen menschlicher Existenz und dem mit אוה bezeichneten Streben wird in der Weisheit lehrhaft beschrieben. Das erfüllte Begehren steigert das Selbstgefühl (Spr 13,12.19; 19, 22), die ausgebliebene Erfüllung stellt das Leben selbst in Frage (Pred 6, 2). Vor einem

Begehren, das zu einer Beeinträchtigung des Selbst führt, ist darum zu warnen (Spr 23, 3. 6; 24,1). Das Schema der Vergeltungslehre macht Erfolg bzw. Mißerfolg von der persönlichen Qualität abhängig (Spr 13, 4; 21, 25f.).

3. Während Micha beklagt, daß der Mächtige tue und lasse, was ihm beliebe (7, 3), gehört es für Dtr offenbar wesensgemäß zum Amt des Königs, daß der Durchführung seiner Absichten durch kein Gesetz irgendwelche Grenzen gesetzt sind. Der Hinweis auf die unumschränkte Macht ist ein wichtiger Bestandteil des Formulars beim Angebot der Herrschaft (2 Sam 3, 21; 1 Kön 11, 37). Im Umgang mit dem König gebietet das höfische Zeremoniell, sich der Formel „ganz nach deinem Belieben" zu bedienen (1 Sam 23, 20). Dieser formelhafte Gebrauch von *'awwāh* und *'iwwāh* erscheint in den Teilen des Deut, die sich mit der Kultzentralisation befassen, immer dann, wenn dem einzelnen die Freizügigkeit zugesprochen werden soll (12,13–19. 20–28; 14, 22–27; 18,1–8). Ein Anklang an diesen Gebrauch liegt 1 Sam 2,16 vor.

III. 1. Sofern Gott Subjekt zu *'iwwāh* ist, steht es par. zu *bāḥar* (Ps 132,13f.; Hi 23,13, wo *bāḥar* statt באחד zu lesen ist, vgl. BHK). Das Wort steht somit für die allumfassende Entscheidungsfreiheit Gottes, und zwar nicht in dem Sinn, daß sie ihm als Möglichkeit offensteht, sondern daß er sie tatsächlich in Anspruch nimmt. Es geht um die Freiheit, die er sich nimmt.

2. In der Vergeltungslehre ist der Umschlag vom profanen Gebrauch in den religiösen am besten zu beobachten, ist doch nur das Paar faul-fleißig durch das des Gerechten und des Gottlosen zu ersetzen (Spr 10, 24; 11, 23; Ps 112,10). Von der Vergeltungslehre geprägt ist der Wortgebrauch in den Bitt- und Klageliedern. Das Böse, nach dem der Gottlose trachtet (Spr 21,10), ist der Untergang des Gerechten (Ps 140, 9). Demgegenüber richtet sich das Sehnen des Frommen auf Gottes Hilfe (Ps 10,17), die Recht schafft (Ps 10,18; 140,13; Jes 26, 8f.). Im Mund des Frommen nimmt *ta'ᵃwāh* geradezu die Bedeutung 'Bittgebet' an, dem für den Gerechten die Erhörungsgewißheit eignet (Ps 10,17; 38,10; 140,13; vgl. Ps 21, 3). Die Hilfe geschieht an einem bestimmten Tag, der von den Bedrängten im Gebet herbeigesehnt wird (Jes 26; Jer 17,16; Am 5,18). Freilich kann es geschehen, daß Gottes Eingreifen die bisherigen Maßstäbe umkehrt (Am 5,18–20).

3. Aus dem bisher Gesagten geht hervor, daß die dtn Erweiterung des Dekalogs, Deut 5, 21, weder als „Verwässerung" (Nielsen 39) noch als Vergeistigung zu verstehen ist (Stamm 59). Vielmehr ist sie das Ergebnis der Aneignung des Dekalogs durch Deut, das Resultat der Predigt (Reventlow 87). Die formale Verwandtschaft zwischen ולא תתאוה בית רעך und אל־תתאו למטעמותיו (Spr 23, 3. 6) läßt dabei den Einfluß der Weisheit vermuten, zumal sie mit Deut das lehrhafte Bemühen und die Vorliebe für den Stamm אוה gemeinsam hat. Trifft diese Vermutung zu, so bedeutet das, daß der apodiktische Rechtssatz von Deut in eine Lebensregel umgegossen worden ist.

4. Das Verständnis von אוה *hitp* und תאוה bei J ist davon grundsätzlich zu unterscheiden. Konstitutiv ist die Ätiologie Num 11, 4–35. Das Volk Israel mißtraut der Führung Gottes und versucht, seinen eigenen Willen durchzusetzen. Im Empfang der Wachteln scheint ihm dieses Vorhaben auch zu gelingen. „Als sie aber das Fleisch noch unter den Zähnen hatten, noch ehe es verzehrt war, entbrannte der Zorn JHWHs wider das Volk, und JHWH schlug das Volk mit einer schrecklichen Plage" (11, 33). Die *ta'ᵃwāh* ist Ausdruck der Selbstverwirklichung des Menschen. Sie entpuppt sich als schuldhafte Rebellion gegen Gott, die geahndet werden muß. Der gleiche Zusammenhang mit dem Kreis Ungehorsam, Schuld, Strafe liegt Gen 3, 6 vor. Indem Eva sich auf die „Augenweide" (von Rad, ATD 2/4, 72) einläßt, tritt sie aus dem Gehorsam gegenüber Gott heraus. Ps 78, 29f.; 106,14 nehmen Num 11 auf.

Mayer

אוֹי → הוי

אֱוִיל אִוֶּלֶת

I. Ursprung des Ausdruckes – II. Vorkommen in der vorbiblischen Weisheit – III. Theologische Bedeutung.

Lit.: *T. Donald*, The Semantic Field of "Folly" (VT 13, 1963, 285–292). – *W.O.E. Oesterley*, The Book of Proverbs, London 1929, LXXXVIf.

I. Das Wort אויל wird im Deutschen mit 'Tor' (Gemser, Zimmerli), im Englischen mit 'fool' (Toy, Scott) und im Französischen mit 'fou', 'sot' oder 'insensé' (Barucq, Duessberg) wiedergegeben. Es steht in den Weisheitsbüchern (19mal in Spr, dazu 22mal אולת, 5mal bei den Propheten und 3mal in Ps) im Gegensatz zu חכם (9mal) 'weise' und anderen Ausdrücken wie ישר oder שכל. Seine Etymologie ist unsicher. Man sieht nicht so recht, in welchem Verhältnis es zu dem südarab. *'wl* 'zurückführen' steht (Jamme, Sabaean Inscriptions, Baltimore 1962, Index S. 427ff.); Leslau, der für אויל nur im äth. Belege findet (Ethiopic and South Arabic Contributions to the Hebrew Lexicon, Berkeley 1958, 10), vermutet Infiltration der biblischen Sprache. In der späteren Sprache bildet sich aus אויל ein Adj. אוילי (Sach 11,15), das eigentlich ein Substantiv ist und zuweilen im Plural, aber nie im Femininum angewandt wird. Ferner wird eine Ableitung אולת nach der ziemlich seltenen (GKa § 84a, o; BLe 477z) Form *qiṭṭælæt*, die Mängel des Körpers und des Geistes beschreibt (GK § 84b, c.d.) und eine Wurzel *'wl* voraussetzt, gebildet. Es ist jedoch kaum möglich, diese Wurzel mit dem aram. *'wlt* 'Sklave' in CIS II 64,1 in Verbindung zu bringen, das von dem akk. *awēlū(tu)* (Baumgartner, BiOr 19, 1962, 134) kommt; vgl. auch das mit antibabylonischer Vokalisation geschriebene Ewil Merodach 2 Kön 25, 27 (von Awēl Marduk 'Mardukmensch'). אויל ist mit *kesīl* zusammen zu sehen, das große Verwandtschaft in der Bedeutung aufweist; אולת ist eine Eigenschaft des *kesīl* (Spr 12, 23; 26, 5 u.a.).

Der erste datierbare Text mit אויל ist Hos 9,7. Der Ausdruck gehört also nicht zu den älteren Bestandteilen der Sprache. Sein häufiges Vorkommen in den ältesten Sammlungen der Spr (12mal אויל und 16mal אולת Spr 10–22, 2mal אויל und 4mal אולת Spr 25–29) führt zu der Annahme, daß der Ausdruck in den Kreisen der Weisheit benutzt wurde, bevor ihn die Propheten aufnahmen.

Die verwandte Wurzel יאל, die nur im *niph* vorkommt und die Bedeutung 'töricht handeln', 'sich als Tor erweisen' hat, weist einige ältere Belege auf. Num 12,11, wo es zusammen mit חטא 'sündigen' steht, ist wohl E; Jes 19,13 steht es mit נשא 'betrogen sein' parallel und mit התעה 'irreführen' zusammen. Jer 5, 4 heißt es, daß die Armen (דל) töricht sind, weil sie den Weg JHWHs nicht kennen. Weitere Belege sind Jer 50, 36 und Sir 47, 23.

II. In den alten Sammlungen Spr 10–22; 25–29 impliziert der Ausdruck negatives Reden (אויל 10, 8.14. 21; 12,16; 14, 3. 9; 17, 28; 20, 3; 24,7; 29, 9; אולת 12, 23; 13,16; 15, 2.14; 24, 9). Nun ist es aber so, daß in der ägyptischen Weisheit seit Ptahhotep (z.B. 37,148,152) über Ani (VII 7) und vor allem Amenemope, der nur das eine Ziel kannte, die richtige Antwort auf eine Rede zu lernen (vgl. Spr 18,13), bis zu Anchscheschonq (z.B. 8, 3) die Beherrschung im Gespräch und das Lob des Schweigsamen die gemeinsamen Themen waren. Folglich ist Spr 17, 28 klar: „Sogar der אויל, der schweigt, wird für weise gehalten." In 14, 29 und 17,12 ist er genauso leicht reizbar wie der Tor Amenemopes. Die babylonische Weisheit gibt entsprechende Ratschläge (W. Lambert, BWL 99,101 wie Spr 20, 3 um Streitigkeiten zu vermeiden; S.105 Z.127–134).

Keiner der Texte bietet eine außerbiblische Entsprechung von אויל. Spr 10, 8 kann jedoch weiterhelfen, zumal nach Jes 19,11 „nur Toren (אולים) die Fürsten von Zoan sind"; Spr 10, 8 spricht vom „אויל der Lippen", eine zusammengesetzte Form ägyptischen Typs, in der der Redselige '*š3 r* oder '*š3 ḫrw* 'reich an Mund' oder 'an Worten', d.h. geschwätzig (WbÄS I 228,17 und 18) genannt wird; wir haben auch Zusammensetzungen mit *ḥrj*, 'Oberster' oder 'Erster'. Das hebr. אול bedeutet 'erster' oder 'stark'. Daraus könnte man dann zur Zeit der Monarchie einen Spottnamen für den anspruchsvollen oder taktlosen Schwätzer der Weisheitsschulen gemacht haben. In diesem Stadium hat die „Torheit" des אויל keine anderen religiösen Verbindungen und Voraussetzungen als die der internationalen Weisheit, die zu dieser Zeit am Hof zu Jerusalem Eingang gefunden hat. In der Tat wird, abgesehen von dem parallel gebauten Vers Spr 19, 3 nirgends in den salomonischen Sammlungen mit אויל / אול auf JHWH oder das Gesetz angespielt. Der Tor handelt nicht zur rechten Zeit (13,16), d.h., daß er versagt im Leben oder in seiner Arbeit (10,14. 21; 14,17; 16, 22). Er wird Sklave des Weisen (11, 29). Er ist ein junger, unvernünftiger Mann (22,15), der nicht auf seinen Vater hört (15, 5), zu seinem „Erbrochenen" zurückkehrt (26,11), und dessen „Dummheit" im höchsten Grade an seinem Wesen hängt (27, 22).

III. Hosea schätzt die *ḥokmāh* und wirft Israel vor, ein Kind zu sein, dem sie fehlt (13,13). Es ist nicht verwunderlich, daß er den Wortschatz der Weisen gegen die berechnenden Bündnisse der Könige des Nordreiches angewandt hat. In 9, 6 sieht er den Verfall voraus, in 9,7 die Strafe: Israel soll es erfahren („erkennen"), denn „der Prophet ist ein אויל und ein Mann unter dem Geist des Wahnsinns" (משגע, vgl. Deut 28, 34); vgl. dazu Wolff, BK XIV/3, 201f. Die Wurzel bezieht sich immer noch auf die Art des Redens und zwar in herabsetzender Bedeutung. Ähnlich bei Jesaja: „Die Fürsten von Tanis sind אוילים, Pharaos weise Ratgeber" (19,11). Dasselbe läßt sich bei Jeremia, dem Jünger Hoseas finden, der diesen Wortschatz der Weisheit in 4, 22 bewahrt. Israels „Kenntnis" ist hier aber theologischer Art: Die Judäer sind אוילים, weil sie JHWH nicht „kennen"; bei Jeremia (22,16) heißt 'JHWH erkennen' für einen König, sich der Sache der Witwen und Waisen anzunehmen.

Diese theologische Bedeutung, nach der jemand אויל ist, wenn er JHWHs Gerechtigkeit nicht kennen will, findet sich in den Äußerungen der Weisen: Spr 24, 9 sündigt der אויל; 14, 8 wird seine אולת zum Verrat (מרמה); noch deutlicher in der ersten (nachexilischen) Sammlung der Sprüche 7, 22: der Böse, der von seiner Sünde festgehalten wird, wird aus Mangel an Zurechtweisung (מוסר) von seiner אולת hingerafft. Der feierliche Prolog sagt schließlich, daß die אוילים die Zurechtweisung verachten, während die Gottesfurcht ein Grundprinzip der Weisheit ist. Dreimal spiegeln die Psalmen, und zwar aus nachexilischer Zeit, diese theologische Auffassung wider. Gott kennt die אולת des Psalmisten, denn seine Verstöße sind ihm nicht verborgen (69, 6). Wegen ihrer Sünden werden die אוילים gedemütigt (107,17), woraus sich ihr kläglicher Zustand ableitet (38, 6). Eliphas erinnert Hiob an diesen Lehrsatz (5, 2f.): „Der Zorn (Gottes; anders Horst BK XVI z. St.) verzehrt den אויל." Diese theologische Bedeutung ist schließlich in zwei späteren prophetischen Texten zu finden. „Auf diesem heiligen Weg der Rückkehr werden sich die אוילים nicht verlaufen" (Jes 35, 8; Text unsicher). Der „schlechte Hirte" des Deuterosacharja (11,15) ist ein Hirte, dem Gott in seinem Unmut seine Schafe übergibt, nachdem er das Band zwischen Juda und Israel aufgelöst hat.

Dieser Ausdruck jedoch, der dazu gedient hat, die Identifizierung der wahren, menschlichen Weisheit mit der Furcht vor Gott und dem Gehorsam gegen seine Gesetze zu bestimmen, gerät allmählich in Vergessenheit, da er den neuen Problemen nicht mehr entspricht. Pred wendet ihn nie an. Ben Sira, der sehr traditionsgebunden ist, gebraucht ihn 4mal in sehr allgemeiner Bedeutung. Der törichte Sohn des weisen Salomo ist ein Tor; aber es wird höher bewertet, seine אולת als seine Weisheit zu verschweigen (41,15; 47, 23; siehe auch in den als hebräisch erkannten Abschnitten 8,15 und 20, 24). Der Ausdruck ist so abgeschwächt, daß LXX אויל mit 13 und אולת mit 11 verschiedenen griechischen Ausdrücken übersetzt; dazu kommt ἄπειρος in Sach 11,15; im großen und ganzen genießt aber ἄφρων ein gewisses Vorzugsrecht. Der Ausdruck אויל fehlt auch in der Sprache der Mischna und der Midraschim. Er war nichts weiter als der Widerschein des Erbes der Weisheit.

Cazelles

אָוֶן פֹּעֲלֵי אָוֶן

I. Etymologie, Grundbedeutung – II. Der alttestamentliche Textbestand – 1. Belege – 2. Parallel- und Gegenbegriffe – III. 1. Prophetischer Sprachgebrauch der vorexilischen Zeit – 2. Spätere Anwendung außerhalb des Psalters – 3. *'āwæn* und *pō'alē 'āwæn* im Psalter.

Lit.: *H. Birkeland*, Die Feinde des Individuums in der israelitischen Psalmenliteratur, Oslo 1933. – *Ders.*, The Evildoers in the Book of Psalms, ANVAO 1955, 2. – *H. Cazelles*, Sur un rituel du Deutéronome XXVI 14 (RB 55, 1948, 54–71). – *J. Hempel*, Die israelitischen Anschauungen von Segen und Fluch im Lichte altorientalischer Parallelen (ZDMG 79, 1925, 20–110; vgl. besonders 82–85). – *H.-J. Kraus*, BK 15, 40–43. – *G. Marschall*, Die ‚Gottlosen' des ersten Psalmenbuches, 1929. – *S. Mowinckel*, Psalmenstudien 1, 1921; 5, 1924. – *Ders.*, Fiendene i de individuelle klagesalmer (NoTT, 35, 1934, 1–39). – *Ders.*, The Psalms in Israels Worship, Oxford 1962, II, 1ff. – *Ders.*, Religion und Kultus, 1953, 26f. – *N. Nicolsky*, Spuren magischer Formeln in den Psalmen, BZAW 46, 1927. – *J. Pedersen*, Israel 1/2, 431. – *A.F. Puukko*, Der Feind in den alttestamentlichen Psalmen (OTS 8, 1950, 47–65). – *N. H. Ridderbos*, De 'werkers der ongerechtigheid' in de individueele Psalmen, Kampen 1939.

I. Das Nomen *'āwæn* und die daraus zu erschließende Wurzel און, die aber im AT durch Verbalformen nicht belegt ist, haben in anderen altvorderasiatischen Sprachen keine Entsprechung. Das ugaritische *ʾn* sollte nicht mit dem hebräischen *'āwæn* in Verbindung gebracht werden (gegen WUS 295). Es entspricht vielmehr dem alttestamentlichen אוני 'Trauer', das von einer Wurzel אנה abzuleiten ist. KBL ¹1953, 20, schied freilich nicht zwischen און und אנה (vgl. auch schon Cazelles 54ff.); doch trennt jetzt KBL ³1967, 22 bzw. 67, exakt beide Nomen und beide Wurzeln.

Schwierigkeiten bei der Exegese können in einigen Fällen dadurch entstehen, daß im unvokalisierten Konsonantenbestand *'āwæn* von *'ōn* ('Kraft', 'Reichtum') äußerlich nicht zu unterscheiden ist. Durch die eigentümliche Vokalisierung mit *Ḳāmeṣ* und *Segōl* ist von den Masoreten jedoch im stat. abs. sg. (90% der Belege) eine Verwechslung unmöglich gemacht worden. Im seltenen Plural und in den wenigen suffigierten Formen lauten dagegen beide Nomen auch im vokalisierten Text gleich (*'ōnīm* usw.), so daß sie nur nach ihrer Bedeutung im Kontext zu unterscheiden sind.

Vermutlich gehen *'āwæn* und *'ōn* auf die gleiche Wurzel zurück (vielleicht ursprünglich *'aun*). Die früher öfters diskutierte Möglichkeit zweier verschiedener Wurzeln ist wenig wahrscheinlich (vgl. E. König, Hebräisches und Aramäisches Wörterbuch, 1910, 16). Ist die gleiche Wurzel als Grundlage anzunehmen, dann wäre am ehesten für diese gemeinsame Wurzel an eine wertungsmäßig neutrale Grundbedeutung im Sinne von 'Macht' zu denken, die sowohl einen positiven wie einen negativen Aspekt wiedergeben kann (so Mowinckel, Psalmenstudien 6, 1924, 17³; Psalms I, 193ff.; II, 1ff.; Religion, 26f.). Tatsächlich lassen sich jene Belege für *'āwæn*, bei denen die im Kontext vorausgesetzte Situation genau zu ermitteln ist, unter dem Gesichtspunkt der gegenüber einer Gemeinschaft oder gegenüber einem Individuum mit negativer Wirkung oder Absicht gebrauchten Macht zusammenfassen.

II. 1. Infolge der Doppelbedeutung von און sind zumindest zwei der im Höchstfalle 80 at.lichen Belege für *'āwæn* (ohne *'āwæn* in Ortsnamen) umstritten. Läßt man diese unsicheren Belege (Hi 18,7.12) nebst einigen durch notwendige Textänderungen zu streichenden bzw. in unklaren Textzusammenhängen anzutreffenden (Jes 41, 29; Ez 30,17; Hos 12,12; Hab 3,7; Ps 56, 8; Spr 11,7) außer acht, dann bleiben insgesamt 72 Stellen. Diese Belege finden sich ausschließlich in prophetischen, kultischen und weisheitlichen Texten. Am häufigsten begegnet *'āwæn* im Psalter (39%), bei Hiob (18%), Jesaja I–III (15%) und in den Proverbien (12,5%). Von den beiden einzigen Beispielen in den erzählenden Überlieferungen des ATs steht ebenfalls das eine im Kontext eines Prophetenspruches (Num 23, 21), während das andere als späte Interpolation aus prophetischer Tradition anzusehen ist (1 Sam 15, 23). Es fällt auf, daß *'āwæn* keinen Eingang in Rechtstexte gefunden hat. Es gehört weder zum Sprachgebrauch der Priesterschrift, noch ist es im deuteronomistischen Geschichtswerk nachweisbar. Nur ein kleiner Teil der Belege stammt aus vorexilischer Zeit. Sieht man von den in ihrer Datierung umstrittenen Psalmenstellen ab, so sind folgende Belege, die mit Sicherheit noch aus dem 8.Jh. a. stammen, als die ältesten anzusehen: Jes 10,1; 31,2; Hos 6, 8; 10, 8; Am 5, 5 und Mi 2,1. Hinzu kommen noch aus spätvorexilischer Zeit Jer 4,14.15 und Hab 1, 3.

2. Die vor allem in den metrisch gestalteten Texten in enger Verbindung zu *'āwæn* stehenden Parallelbegriffe verhelfen angesichts ihrer Mannigfaltigkeit nur in beschränktem Umfang zu einer genaueren Festlegung der Bedeutung. Den negativen Aspekt von *'āwæn* als einer Handlung zum Schaden anderer Personen macht besonders der parallele Gebrauch von → חמס 'Gewalttat' deutlich (Jes 59, 6; Hab 1, 3; vgl. ferner Ps 55,10f.). Ähnliche Parallelen zu *'āwæn* bieten u.a. תך (Ps 10,7), שד (Hab 1, 3) und איש דמים für *pō'alē 'āwæn* (Ps 5, 6f.; 59, 3). Auch → אלה 'Fluch' gehört in diesen Zusammenhang (Ps 10,7). Diese Begriffe passen durchaus zu der oben angenommenen Grundbedeutung von *'āwæn*.

Daneben begegnen aber auch solche Begriffe als Entsprechung für *'āwæn*, die zur Bezeichnung von 'Täuschung' oder 'Lüge' dienen. Es handelt sich um → שוא (Jes 59, 4; Sach 10, 2; vgl. Ps 41, 7; von den מתי שוא, die *'āwæn* hervorbringen, spricht Hi 11,11), → שקר (Sach 10, 2; Ps 7,15; vgl. Spr 17, 4) und → מרמה (Ps 10, 7; 36, 4; Hi 15, 35; vgl. Ps 5, 6f.). Die Gleichsetzung von *pō'alē 'āwæn* mit אדם בליעל (Spr 6,12) weist ebenfalls in diese Richtung. Die Mehrzahl dieser Belege meint die aktiv durch den Übeltäter zum Schaden anderer ausgeübte 'Täuschung'. Doch läßt der Kontext in einigen Fällen (Sach 10, 2; wohl auch Ps 7,15; Hi 15, 35) ein Verständnis im Sinne von 'Selbsttäuschung' oder 'Erfolglosigkeit' erwarten. Dies leitet über zu selteneren Parallelbegriffen, die für *'āwæn* die Bedeutung 'Nichtigkeit' nahelegen: → הבל (Sach 10, 2), → שוא (Jes 1,13) und → תהו (Jes 59, 4). Als besonders oft anzutreffende Entsprechung zu *'āwæn* umfaßt schließlich → עמל (Num 23, 21; Jes 10, 1; 59, 4; Hab 1, 3; Ps 7, 15; 10, 7; 55, 11; 90, 10; Hi 4, 8; 5, 6; 15, 35) die beiden semantischen Hauptaspekte von *'āwæn*: Einerseits die dritten Personen zugefügte Mühsal oder Plage, andererseits die „Nichtigkeit der Sünde" (E. Sellin, Theologie des ATs, [2]1936, 70). Die enge Verbindung zwischen *'āmāl* und *'āwæn* wird besonders deutlich in der bildhaften Wendung „mit *'āmāl* schwanger gehen und *'āwæn* gebären" (Jes 59, 4; Hi 15, 35; ähnlich Ps 7, 15; vgl. ferner Hi 4, 8: „*'āwæn* pflügen und *'āmāl* säen").

Es zeigt sich also, daß *'āwæn* nach Ausweis der Parallelbegriffe nicht nur den Schaden und Verderben bringenden Mißbrauch von Macht bedeutet, sondern auch die Nichtigkeit derartigen Frevels bezeichnen kann. Wenn 'Täuschung' oder 'Lüge' als Parallelen oder in sonstiger besonders enger Beziehung zu *'āwæn* auftreten, so verweist dies entweder ebenfalls auf die Nichtigkeit der *'āwen*-Taten oder aber auf die besondere Art und Weise des Vorgehens der *pō'alē 'āwæn*.

Einen charakteristischen Gegenbegriff zu *'āwæn* oder zu *pō'alē 'āwæn* gibt es nicht. Am häufigsten begegnet צדיק (nach Ps 92, 8ff. sind die *pō'alē āwæn* wie Gras; der *ṣaddīq* aber wie ein Palmbaum oder eine Libanonzeder. Weitere Belege: Ps 94; Hi 34, 36; 36,10; Spr 21,15). Öfters vorzufinden sind weiterhin עני (Ps 14, 4–6; aber 53, 4 anders; Hi 36, 21) und משפט (Jes 59, 7ff.; Hab 1, 3f.; Spr 19, 28; 21, 15). Immerhin läßt dieser Sachverhalt erkennen, daß der Gebrauch von *'āwæn* nicht an frevelhafte Handlungen ganz spezieller Art gebunden ist, sondern ebenso wie die Gegenbegriffe eine den Menschen insgesamt prägende grundsätzliche religiös-ethische Verhaltensweise kennzeichnet.

III. 1. Bereits im frühen prophetischen Sprachgebrauch des 8.Jh. a. zeigt *'āwæn* eine beachtliche Bedeutungsbreite: Jes 10,1 werden mit „*'āwæn*-Vorschriften" solche Dokumente bezeichnet, die zur Benachteiligung von rechtlich unselbständigen Personen führen. Entsprechend nennt Mi 2,1 das Bestreben reicher Leute, auf unlautere Weise ihr Vermögen noch zu vermehren, *'āwæn*. Der Begriff dient danach also zur Kennzeichnung von unerlaubten Rechtsmanipulationen und überhaupt von sozialem Unrecht. Einen dritten Beleg für diesen Anwendungsbereich liefert aus spätvorexilischer Zeit Hab 1, 3.

Daneben steht die Verwendung zur Charakterisierung kultischer Fehlhandlungen verschiedener Art: Hos 10,8 spricht polemisch von „*'āwæn*'s-Höhen", wendet sich also gegen kanaanäische Kultbräuche in Israel. Am 5, 5 spielt auf den *'āwæn*-Charakter des Kults von Beth-El an.
Auf einen dritten Anwendungsbereich läßt Hos 6, 8 schließen. Der Kontext legt es an sich nahe, auch hier unter den *pō'ᵃlē 'āwæn* Menschen zu verstehen, die sich kultischer Verfehlungen schuldig gemacht haben. Allerdings paßt dazu v. 8b („voller Blutspuren") nicht recht, so daß möglicherweise an eine der von Gilead ausgegangenen Rebellionen (2 Kön 15,10.14. 25) zu denken ist (so W. Rudolph, KAT XIII 1, 145f.; ähnlich H.-W. Wolff, BK XIV 1, 155, der aber auch eine kultische Deutung – „Blutspuren könnten dann an Kinderopfer erinnern" – nicht ausschließt). Der Zusammenhang von v. 5–11, der verschiedene kultische und nichtkultische Verfehlungen vor allem von Priestern aufführt, bliebe gewahrt, wenn man eine Beteiligung der Priesterschaft von Gilead an jenen politischen Umstürzen annähme. Eindeutig Frevler auf politischem Gebiet sind Jes 31, 2 mit den *pō'ᵃlē 'āwæn* gemeint. Es handelt sich um Vertreter der mit Ägypten sympathisierenden Partei, die vom Propheten bekämpft wird.
Diese sicher in das 8. Jh. a. gehörenden Belege ergeben insgesamt folgendes Bild:
a) *'Āwæn* ist ein Wertungsbegriff. Er kann deshalb auf unterschiedlichen Gebieten zur Verurteilung menschlichen Handelns oder Verhaltens herangezogen werden.
b) Die erwähnten prophetischen Texte bezeugen als *'āwæn* bewertete Handlungen und Verhaltensweisen auf den wichtigsten Gebieten der prophetischen Kritik: Soziales Unrecht, kultische Fehler, falsche Politik. Es wird dabei deutlich, daß *'āwæn* ein Handeln oder ein Verhalten bezeichnet, das nach Auffassung der Propheten dem Willen JHWHs widerspricht.
c) In allen Fällen trifft die Anklage der Propheten Personen, die jeweils in ihrem Lebensbereich oder in ihrem Beruf über besondere Macht verfügen, diese aber mißbrauchen. Dabei ist vorrangig nicht an Gewalttaten von brutaler Offenheit zu denken, sondern an mehr oder weniger unauffälligen Frevel, der mit List und Täuschung, durch unredliche Gesetzesinterpretation bzw. trügerische kultische oder politische Propaganda ins Werk gesetzt wird, und den z. T. überhaupt erst die scharfe prophetische Kritik als letztlich gegen JHWH gerichteten Frevel erkennt. Wichtig ist in diesem Zusammenhang die Beobachtung, daß sich die *'āwæn*-Täter vornehmlich des Wortes als Mittel zur Durchsetzung ihrer Pläne bedienen.
d) Es drückt sich in den prophetischen Texten die feste Überzeugung aus, daß *'āwæn*-Taten gegenüber JHWHs Willen stets wirkungslos, 'nichtig' bleiben, wenn sie auch im zwischenmenschlichen Bereich zunächst Verheerung anrichten können. Das göttliche Strafgericht folgt unbedingt. Am 5, 5 begegnet bereits der Gedanke, daß JHWHs Gericht für die Frevler nun auch seinerseits *'āwæn* bewirkt. Deutlicher wird dieser Aspekt in dem wesentlich späteren Text Jer 4, 14f. Hier kennzeichnet *'āwæn* zusammenfassend die Verfehlungen Jerusalems gegenüber JHWH, zugleich aber auch das Strafgericht, das Gott in Gestalt einer militärischen Invasion aus dem Norden über Juda hereinbrechen läßt.
2. In den späterer Zeit entstammenden prophetischen und weisheitlichen Texten wird dieser Rahmen in der Hauptsache nicht überschritten, wenngleich eine zunehmende Tendenz zur Verallgemeinerung nicht zu verkennen ist. Unsoziales Verhalten, insbesondere Unredlichkeit im Rechtsleben, wird Jes 58, 9; 59, 4; Ez 11, 2; Spr 17, 4f.; 19, 28; 21,15, wohl auch Hi 34, 22 (Kontext!) und Spr 6,18 als *'āwæn* bezeichnet. In der späteren prophetischen Kultkritik kennzeichnet *'āwæn* den Opferkult überhaupt (1 Sam 15, 22f.; Jes 1,13; 66, 3), illegitime Kultbräuche, die falsche Weisung vermitteln (Sach 10, 2) oder als Lug und Trug sonst schädlich sind (Jes 32, 6; vgl. Spr 6,18; unter „Finger ausstrecken" in Jes 58, 9 und Spr 6,12f. ist wohl nicht eine magische Handlung zu verstehen; vgl. G. Fohrer, Jesaja III, 1964, 211). Wie in den älteren Texten dient auch in der Exilszeit *'āwæn* zur Charakterisierung der Gegner des vom Propheten verkündeten politisch-geschichtlichen Willens JHWHs (Jes 41, 29). Die Bestrafung durch JHWH als unausbleibliche Folge für alle, die in irgendeiner Hinsicht *'āwæn* bewirkt haben, ist insbesondere Thema der Weisheitsliteratur (Hi 21,19; 31, 3): Die *pō'ᵃlē 'āwæn* können sich nicht vor Gott verbergen (Hi 11,11; 34, 22), plötzlich werden sie zerschmettert (Spr 6,12). Wer *'āwæn*-Taten übt, der erntet auch das, was er gesäet hat (Hi 4, 8). Umgekehrt ist derjenige offensichtlich nicht 'gerecht', der unter *'āwæn* – als Strafe JHWHs verstanden – zu leiden hat (Spr 12, 21; 30, 20). Deshalb fehlt es auch nicht an Ermahnungen, alles zu vermeiden, was von JHWH als *'āwæn* gerügt und mit *'āwæn* gestraft werden könnte (Hi 34, 8; 36,10). Von einer möglichen, unter eschatologischem Aspekt stehenden Umkehr des *'āwæn*-Täters redet nur die prophetische Verkündigung in Jes 55,7; 58, 9 und 59, 4ff. Allerdings handelt es sich dabei nicht um einzelne Frevler oder Gruppen, sondern um das Gottesvolk insgesamt.
3. Die Anwendung von *'āwæn* bzw. *pō'ᵃlē 'āwæn* in nachexilischen Hymnen und Lehrgedichten des Psalters unterscheidet sich nicht vom weisheitlichen Sprachgebrauch. So befaßt

sich Ps 92 allgemein mit dem Geschick verschiedener Übeltäter, die als JHWHs Feinde untergehen müssen, im Vergleich zum gesicherten Dasein des Gerechten. Ähnliche Zusammenhänge liegen Ps 66,18; 119,133 und 125, 5 vor, z.T. verknüpft mit moralischer Ermahnung. (Nach dem vorexilischen Ps 101, 8 gehört die Vertilgung der *pōʿalē 'āwæn* zu den Pflichten des Königs.) Ps 90,10 schließlich sieht in *'āwæn* die von Gott dem Menschen überhaupt bestimmte, letztlich nichtige Mühsal des Lebens.

Eine eigentümliche Anwendung, die sich vom sonstigen Sprachgebrauch abzuheben scheint, findet *'āwæn* in einigen individuellen Klagepsalmen, in denen die Feinde des Beters als *pōʿalē 'āwæn* gekennzeichnet werden (Ps 5; 28; 36; 59; 64; 94; 141; in 59, 6 als בגדי און). Diese Bezeichnung begegnet auch schon in älteren prophetischen Texten (Jes 31, 2; Hos 6, 8); aber in den erwähnten Psalmen werden die *pōʿalē 'āwæn* in ihrem verderbenbringenden Wirken genauer geschildert: In der Regel treten sie in Gruppen auf. Sie rotten sich zusammen, schreien und toben (Ps 59, 4; 64, 3; 94, 4). Sie streifen durch die Straßen und heulen in der Abenddämmerung unheimlich wie hungrige Hunde (59,7. 15f.). Dem gerechten Beter trachten sie nach dem Leben (59, 4; 94, 21). Daneben werden sie aber auch als Unheilstifter dargestellt, die ihre Pläne in der Stille auf ihrem Lager ausdenken (36, 5), sorgfältig verbergen (64,7) und freundliche Worte gebrauchen, im Herzen aber Arges beabsichtigen (28, 3; vgl. auch das Königslied 101,4). Aus dem Verborgenen schießen sie plötzlich ihre giftigen Worte wie einen Pfeil auf den Frommen ab (64, 4). Das Wort ist überhaupt die Waffe, deren sie sich bedienen. Ihre Zunge schärfen sie wie ein Schwert (64,4); ihre Kehle ist einem offenen Grab zu vergleichen (5,10). Sie reden Lügenworte (5, 6f.; 36, 4f.; 59,13; vgl. 101, 5–7) und Schmähungen (59, 8). Da sich die Handlungen dieser Feinde gegen den Frommen richten, sind sie auch JHWHs Feinde (59, 6). Die Strafe des Gottesgerichtes trifft sie unvermeidlich (94,16f. 23), oft mit den gleichen Waffen, die sie gegen den Frommen gebrauchen (64, 8). Sie fallen selbst in die von ihnen aufgestellten Netze (141,10).

Allerdings deckt sich diese Reaktion JHWHs auf das Wirken der *pōʿalē 'āwæn* in den individuellen Klagepsalmen mit den Schilderungen des göttlichen Strafgerichtes über den *'āwæn*-Täter in prophetischen und weisheitlichen Texten. Entsprechend meinen Ps 14, 4 und 53, 5 nicht irgendwelche geheimnisvollen Feinde, die mit Flüchen oder Lügen den Frommen vernichten wollen, sondern hier sind die *pōʿalē 'āwæn* – wie öfters in der prophetischen Überlieferung – Leute, die rechtlich in ungesicherter Position befindliche Personen zu ihren Gunsten schädigen. Auch einige der mit typischen Feindesschilderungen versehenen Psalmen lassen erkennen, daß eine bestimmte soziale Schicht oder Berufsgruppe gemeint ist, wie schon in der älteren prophetischen Anwendung von *'āwæn*. So sind die *pōʿalē 'āwæn* in Ps 94 Angehörige des Richterstandes, die Witwe, Waise und Fremdling bedrücken und das Recht des Armen beugen.

Aber auch zwischen der speziellen Ausmalung der *pōʿalē 'āwæn* als tückische Feinde des Beters in den individuellen Klagepsalmen und der Anwendung von *'āwen* in der prophetischen Überlieferung bestehen Gemeinsamkeiten. Das Motiv des Ersinnens (חשב) von *'āwæn*-Anschlägen durch den Frevler in der Nacht auf seiner Ruhestätte und die Ausführung des bösen Planes gleich am frühen Morgen findet sich schon Mi 2,1; ähnlich auch Jer 4,14 und vor allem in exilischen und nachexilischen Texten (Jes 59,7; Ez 11, 2; ferner Jes 32, 6; 55,7. V. Maag findet „das Unheimliche, Grauenerregende" schon Am 5, 5 ausgedrückt (Text, Wortschatz und Begriffswelt des Buches Amos, 1951, 64). Das Motiv des Lauerns (Jes 29, 20) und des unheilwirkenden Redens (Jes 58, 9; 59, 4) ist ebenfalls vertreten, wie auch bereits die älteren prophetischen Belege voraussetzen, daß der *'āwæn*-Täter sich vornehmlich des Wortes zur Ausführung seines Frevels bedient (vgl. oben III.1. c).

Der Gebrauch von *'āwæn* oder *pōʿalē 'āwæn* in den individuellen Klagepsalmen unterscheidet sich also grundsätzlich nicht von der Anwendung außerhalb des Psalters. Zugleich wird deutlich, daß die *pōʿalē 'āwæn* in den individuellen Klagepsalmen über kein einheitliches Erscheinungsbild verfügen. Deshalb ist auch ihre Deutung speziell als 'Zauberer', die sich magischer Mittel zur Erreichung ihrer üblen Ziele bedienen (Mowinckel, Psalmenstudien 1; Nicolsky, Pedersen) nur in wenigen Fällen durchführbar.

Bei der näheren Bestimmung dieser *pōʿalē 'āwæn* ist weiterhin noch folgendes zu berücksichtigen:

a) Die oben skizzierte typische Schilderung vom Wirken der Feinde des Beters ist keineswegs stets mit der Bezeichnung der Täter als *pōʿalē 'āwæn* verknüpft. So gibt es einige individuelle Klagen, in denen zwar von Handlungen die Rede ist, die als *'āwæn* qualifiziert werden, aber die Ausführenden werden als → רשע (Ps 7; 10; 55), → אויב (7; 41; 55), → צורר (7) oder → רע (10) vorgestellt. Auch diese nicht *pōʿalē 'āwæn* genannten Feinde werden in ihrem Auftreten ganz wie *pōʿalē 'āwæn* gezeichnet: In Gruppen schweifen sie umher (55, 4. 11f.), freveln durch Wort, Fluch und Lüge (10,7; 41, 6. 8; 55, 22), geben sich heuchlerisch als vertraute Freunde des Beters (41,10; 55,13f. 21ff.).

b) Die Mehrzahl der individuellen Klagepsalmen mit entsprechenden Feindesschilderungen (29 von 40) erwähnt weder die *pōʿalē 'āwæn* noch *'āwæn*. Diese Psalmen bieten aber z.T. noch wesentlich ausführlichere und plastischere Darstellungen vom Wirken der Feinde als die elf *'āwæn*-Psalmen (vgl. besonders Ps 31; 35; 37; 69; 73; 109; 140). Es besteht also kein Anlaß zu der Annahme, daß das Bild vom lauernden, fluchenden, verleumdenden und zumeist in Gruppen auftretenden Feind an den Begriff *pōʿᵃlē 'āwæn* besonders eng gebunden ist.

Diese Beobachtungen zeigen, daß die *pōʿᵃlē 'āwæn* unter den Feinden in den individuellen Klagepsalmen keine genau abgrenzbare Gruppe bilden. Die nähere Ausmalung ihres Auftretens unterscheidet sie nicht von den אויבים, מרעים רשעים und anders bezeichneten Feinden, die ja z.T. auch außerhalb des Psalters als Parallele zu *pōʿᵃlē 'āwæn* auftreten (vgl. Jes 31,2; 55,7 u.ö.). Deshalb hat man auch versucht, die Feinde in den individuellen Klagepsalmen – mit welchen Begriffen sie auch bezeichnet werden – insgesamt einheitlich zu deuten als Wesen voller „Frevelmacht" (Mowinckel, Religion, 26), insbesondere als Zauberer und Dämonen (Mowinckel, Psalmenstudien 1,121; Fiendene, 3; G. Widengren, The Accadian and Hebrew Psalms of Lamentation, 1936, 197ff.), als auswärtige Feinde des Königs (Birkeland) oder als persönliche Gegner eines unschuldig angeklagten oder aus anderen Gründen verfolgten bzw. leidenden Individuums (Gunkel/Begrich, Einleitung, 176ff.; Marschall; Puukko, 56ff.; Ridderbos; H. Schmidt, HAT I 15, 1934, VIf.). Allerdings treffen diese Deutungen immer nur auf einen mehr oder weniger großen Teil der Belege zu. Besonders gilt dies von der Deutung auf auswärtige Feinde des Königs, auf die die Feindesschilderungen ebenso wie die Angaben über die Situation des Beters in den individuellen Klagen am wenigsten passen (selbst in Ps 59, 6, wo → גוים in Parallele zu בגדי און erscheint, ist nicht an äußere Feinde zu denken). Viel wahrscheinlicher ist die Deutung auf persönliche Feinde eines 'privaten' Beters, die ihn durch den Mißbrauch ihrer Macht, vor allem durch Verleumdung, Fluch, falsche Aussagen und andere 'Wortsünden' schädigen wollen. Dies erklärt auch die Qualifizierung ihres Wirkens u. a. als *'āwæn* in Übereinstimmung speziell mit dem prophetischen Sprachgebrauch von *'āwæn*. Die Besonderheiten bei der Schilderung des Auftretens der *pōʿᵃlē 'āwæn* in den individuellen Klagen gegenüber den prophetischen Aussagen verstehen sich aus der unterschiedlichen Perspektive der Texte: Der Prophet wertet im Auftrage JHWHs eine Handlung oder eine Verhaltensweise als *'āwen*, als durch Mißbrauch von Macht verursachten Frevel, während in den Klagepsalmen der unmittelbar Betroffene selbst sein Leiden schildert, wobei er insbesondere das hinterlistige Vorgehen seiner Feinde durch typische Bilder zu umschreiben versucht.

Bernhardt

אור

I. 1. Etymologie, Belege, Synonyme – 2. Religionsgeschichtlicher Hintergrund – II. Das natürliche Licht – 1. Die physische Grundlage – a) Licht des Tages und Licht der Gestirne – b) Anbruch des Tages – c) Abend – d) Verdunkelung der Gestirne – e) Die Bahnen der Gestirne; Monat; Jahr – f) Licht und Finsternis als kosmische Substanzen – 2. Licht und Finsternis in der Existenz der Menschen – a) Einordnung der Finsternis – b) Licht und Leben; Licht der Augen – c) Finsternis im Totenreich – d) Die Nacht – e) Morgen als Rettung – f) Eschatologische Beseitigung der Finsternis – 3. Leuchte – 4. Der Blitz – III. Bildliche Anwendung – 1. Licht als Wohlergehen, Heil – a) Allgemeines – b) Gott, das Licht des Menschen – c) Gottes Licht als Heil, Glück – d) Licht des Angesichtes Gottes – 2. Wandeln und Weg – a) Gelingen und Mißlingen – b) Das Licht des Gesetzes und der Weisheit – 3. Licht und Finsternis in ethischem Zusammenhang – a) Die Sünder und das Licht – b) Momente eines ethischen Dualismus – c) Licht und Recht; der Knecht des Herrn – IV. Gott und Licht in Theophanietexten – 1. Grundsätzliches – 2. Termini – 3. Ps 104,2 – 4. Menschen des göttlichen Lichtes teilhaftig – 5. Solare Elemente im Gottesbild? – 6. Theophanie und Heilseingreifen; Jes 60,1–3 etc. – V. Qumrantexte.

Lit.: *S. Aalen*, Die Begriffe 'Licht' und 'Finsternis' im AT, im Spätjudentum und im Rabbinismus (SNVAO) 1951. – *F. Asensio*, El Dios de la Luz, 1958. – *R. Bultmann*, Zur Geschichte der Lichtsymbolik im Altertum, 1948 (= Exegetica 1967, 323–355). – *C. Colpe*, Lichtsymbolik im alten Iran und antiken Judentum (StudGen 18, 1965, 116–133). – *A.M. Gierlich*, Der Lichtgedanke in den Psalmen (FreibThSt 56), 1940. – *J. Hempel*, Die Lichtsymbolik im AT (StudGen 13, 1960, 352–368). – *E. Hornung*, Licht und Finsternis in der Vorstellungswelt Altägyptens (StudGen 18, 1965, 73–83). – *P. Humbert*, Le thème vétérotestamentaire de la lumière (RThPh 99, 1966, 1–6). – *S.N. Kramer*, The Sumerians, their History, Culture and Character, 1963. – *L. Koehler*, Die Morgenröthe im AT (ZAW 44, 1926, 56–59). – *H. Lesètre*, Lumière (DB IV, 1908, 415ff.). – *H. G. May*, Some Aspects of Solar Worship at Jerusalem (ZAW 55, 1937, 269–281). – *Ders.*, The Creation of Light in Gen. 1, 3–5 (JBL 58, 1939, 203–211). – *Fr. Nötscher*, „Das Angesicht Gottes schauen" nach bibl. und babylon. Auffassung, 1924. – *Ders.*, Zur theol. Terminologie der Qumran-Texte, 1956, 92–148. – *G. Nagel*, Le culte du soleil dans l'ancienne Egypte (Eranos-Jahrb. 10, 1943, 9–55; hier auch andere Artikel). – *A. Oepke*, λάμπω (ThWNT IV, 17–28). – *H. Ringgren*, Light and Darkness in Ancient Egyptian Religion (Liber Amicorum, Festschr. C.J. Bleeker, 1969, 140–150). – *W.H. Schmidt*, Die Schöpfungsgeschichte der Priesterschrift (WMANT 17), ²1967. – *W. v. Soden*, Licht und Finsternis in der sumer. und babylon. Religion (StudGen 13, 1960, 647–653). – *P. Wernberg-Møller*, A Reconsideration of the Two Spirits in the Rule of the Community (RQu 3, 1961/62, 413–441).

I. 1. Die hebr. Wurzel אור (Subst. und Verb) entspricht dem ugar. *'r* 'hell sein, beleuchten',

akk. *urru* 'Tag'. Eine seltene Nebenform ist das Subst. אורה (Ps 139,12), Plur. אורת (*'ōrōt,* Jes 26,19). Derivat ist מאור, Plur. מאורים und מאורות 'Lichtkörper, Leuchte, Licht'. Mit der Aussprache *'ūr* bedeutet אור im AT 'Feuer'; entsprechend kann das Verb im *hiph.* die Bedeutung 'anzünden' haben. Ursprünglich war das Feuer des Herdes zugleich Lichtquelle.
Das Verb ist im AT im *qal* und *niph* spärlich vertreten, im *hiph* häufiger, insgesamt ca. 45 mal. Die Grundbedeutung ist 'hell sein', *hiph* 'Licht verbreiten, hell machen'. Das Subst. אור kommt ca. 150 mal vor und bedeutet 'Helligkeit, Schein, Tageslicht'. Für מאור finden sich ca. 20 Belege, meistens in der Bedeutung 'Leuchte', selten 'Licht'.
Eine nahestehende hebr. Wurzel ist → נור, im AT durch die Derivate נר/ניר 'Leuchte' und מנורה 'Leuchter' vertreten. Sie entspricht ugar. *njr/nr* 'leuchten, Licht, Lampe' (WbUS 214); vgl. akk. *nūru* 'Licht' (AHw 805). Von der aram. Wurzel נהר findet sich im hebr. AT einmal das Verb נהר 'leuchten' und einmal das Subst. נהרה 'Tageslicht', in den aram. Teilen des AT außerdem נהיר/נהור 'Licht' und נהירו 'Erleuchtung'. – Wichtige in diesem Artikel herangezogene Synonyme anderer Wurzeln sind → נגה 'leuchten, heller Schein, Glanz' und → יפע im *hiph* 'strahlend sichtbar werden'. Von Bedeutung ist auch *šaḥar* 'Morgendämmerung'. → כוכב, ירח, שמש, זהר, הלל, יום, חשך.
2. a) In den ugaritischen Texten spielen die Begriffe Licht und Finsternis keine bedeutende Rolle. Im Vordergrund stehen der Fruchtbarkeitskultus und der Wechsel der Jahreszeiten. Morgen- und Abenddämmerung sind die ersten Söhne des Schöpfergottes, und der Wechsel von Tag und Nacht bildet somit ein Urdatum der Weltschöpfung. Die Sonne tritt gegenüber dem Monde, dem „Beleuchter des Himmels" zurück. Der Mond wird mit der Fruchtbarkeit des Bodens verknüpft. Das Licht wird mit Tau und Regen zusammengestellt, wobei es wohl als eine Gattin des Gottes der Atmosphäre zu verstehen ist (WUS). Die Sonne hat die Funktion des Aufdeckens; sie ist „die Leuchte" der Götter und Zeuge der Wahrheit. Die sengende Sommersonne kennzeichnet die trockene Jahreszeit und ist mit dem Gott der Unterwelt verbunden. Von Interesse ist die Wendung: *pn špš nr bj* (UT 1015, 9f.) „Das Angesicht der Sonne leuchtet auf mich" = Ich genieße die Gunst des (hethitischen) Königs (vgl. CRAI 1952, 232).
Auch bei den Sumerern nehmen die astralen Götter einen untergeordneten Platz ein. Die Hauptgötter sind die Götter des Luftraums, des Himmels, des Grundwasserozeans und die Göttin der Erde. Der helläugige Luftgott, Vater der Götter und Schöpfergott, trennte bei der Schöpfung Himmel und Erde. Er läßt den Tag hervorgehen (Kramer 119). Sein Licht „steigt auf", er „macht seine Embleme leuchtend" (v. Soden 648). Außer den astralen Göttern hat also der Luftgott Beziehungen zum Licht und steht rangmäßig über diesen. Der Mondgott, Sohn des Luftgottes, hat als Vater des Sonnengottes Vorrang vor diesem. Der Mond gilt als das größte der Himmelslichter. Sein Licht repräsentiert die Weisheit. Der Sonnengott ist der Aufdecker, ist Richter und betreut die moralische Ordnung der Welt. Die Götter wohnen im hellen und seligen Lande, wo die Sonne aufgeht. Als Beispiel der bildlichen Anwendung von Licht und Finsternis sei angeführt: „Mein Gott, der Tag scheint hell über dem Land, für mich ist der Tag schwarz" (Der Mensch und sein Gott 68, ANET Suppl. 154).
Bei den Babyloniern hat sich das Bild in wesentlicher Hinsicht verschoben. Marduk ('Sonnenkalb, Sonnenkind'), von Haus aus ein Gott der Frühlingssonne, hat im Pantheon den Platz des sumerischen Luftgottes eingenommen, wodurch das triadische Schema der alten Naturreligion (Himmel, Luftraum, Erde bzw. Tiefe) in Verfall kommt und von den Astralgöttern, vor allem der Trias Sonne, Mond und Venus, verdrängt wird. Durch ihre Bahnen regieren diese Schicksal und Geschichte. Man weiß jetzt, daß es die Sonne ist, die die Welt hell macht, daß sie die Tage verkürzt und die Nächte verlängert und so die Jahreszeiten regiert. Ihre Bedeutung ist umfassend. Der Sonnengott ist der kosmische Aufseher, damit Schützer der Gesetze und Schirmer der Schwachen und verbindet mit sich didaktische und moralisierende Züge. Das Licht der astralen Götter wird natürlich des öfteren erwähnt. In der finsteren Unterwelt herrscht Nergal, der hinter den Schrecken des Fiebers, des Pestes und des Todes steht, aber zugleich als Vertreter der sengenden Mittagssonne gedeutet wird. In der Nacht hausen die Dämonen. – Ein Dualismus zwischen Licht und Finsternis liegt in der babylon. Auffassung der Weltschöpfung nicht vor. Verfinsterung der Gestirne ist ein Kennzeichen der Fluchzeit.
In der ägyptischen Religion hat die Sonne sehr früh eine überragende Stellung gewonnen. Die ersten Götter kommen aus dem Urwasser. Das Ei, aus dem die Sonne und damit das Licht hervorkommt, wird von den acht Urgöttern, von denen zwei Personifikationen der Finsternis sind, hervorgebracht (Hermopolis). Die Identifizierung des Sonnengottes Rēʿ mit dem Urgott Atum (Heliopolis) ist wohl sekundär. In Heliopolis läßt sich auch eine Kosmogonie erkennen, nach der die Sonne von der Himmelsgöttin, deren Gatte die Erde ist, geboren wird. Neben diesen beiden Göttern steht noch der Gott des Luftraums, der bei der Schöpfung Erde und Himmel voneinander trennt. Hier bilden also

Luftraum, Erde und Himmelsfeste eine Stufe zwischen Urwasser/Urgott und Sonne. Diese weniger monistische, der empirischen Beobachtung näherstehende Auffassung wird eine sehr alte sein, in der man wohl ein ähnliches „präsolares“ Religionsschema wie das bei den Sumerern festgestellte erblicken darf.
Mit der vordringenden Stellung der Sonne erhält der Sonnengott bei den Ägyptern die Rolle des Schöpfers und wird Urheber alles Lebens und Wohlergehens. Das Leben ist ein Geschenk der Sonne. Licht und Leben gehören zusammen. Wenn die Sonne untergeht, „sterben“ die Menschen gewissermaßen, sie schlafen wie Tote. Aber zugleich birgt die Nacht, die auch zur Schöpfungswelt gehört und zudem ein Ausfluß der Urfinsternis ist, erneuernde Kräfte in sich. Jeder Sonnenaufgang ist eine Wiederholung der Weltschöpfung, ganz besonders aber am Morgen des Neujahrstages. Die Sonne bestimmt die Jahreszeiten; ein Sonnenkalender ist bekannt. Die Kraft der Sonne erstreckt sich bis auf die Gebiete der Erkenntnis und der moralischen wie auch der politischen Ordnung der Welt. Ein dualistisches Motiv liegt in der Vorstellung des morgendlichen Kampfes des Sonnengottes mit der Schlange Apophis vor, die wohl die Finsternis der Nacht personifiziert. Das Urwasser und die Urfinsternis sind jedoch nicht als Gegner der Weltschöpfung dargestellt. Verdunklung der Sonne und Verfinsterung der Erde werden mythische Bilder für politischen Umsturz und Interregnum. – Auch die Ägypter kennen den bildlichen Gebrauch der Begriffe Licht und Finsternis: „Die Sonne dessen, der dich nicht kannte, ist untergegangen, Amon; aber der dich kennt, der leuchtet. Der Vorhof dessen, der dich angriff, liegt im Dunkel, während die ganze Erde in der Sonne liegt“ (Erman, LitÄg 382).
b) Der religionsgeschichtliche Hintergrund des at.lichen Lichtbegriffes ist in dem „präsolaren“ Stadium zu suchen, das in Ugarit, bei den Sumerern und in einer alten Schicht der ägyptischen Religion sichtbar ist (vgl. auch den babylon. Schöpfungsbericht des Berossos). Für dieses Schema kennzeichnend ist die untergeordnete Rolle der Himmelskörper und vermutlich eine Verknüpfung des kosmischen Lichts mit dem Luftraum. Licht ist primär Tageslicht. Ein weiteres Charakteristikum ist der Vorrang des Mondes vor der Sonne. Dieses Schema ist geeignet, wichtige Seiten der at.lichen Lichtvorstellung zu erhellen, z.B. die Abfolge bei der Weltschöpfung nach Gen 1, die geringe, grundsätzlich mit dem Monde parallelisierende Bewertung der Sonne wie auch die vorherrschende Rolle des Tag-Nacht-Komplexes (zum Unterschied vom Sonnenjahre) im Zeitbewußtsein der Israeliten und im metaphorischen Gebrauch des Lichts.

Andererseits hebt sich das Besondere der at.lichen Lichtvorstellung ab. Das natürliche Licht wird nach at.licher Denkweise streng von der Person Gottes abgegrenzt, was in den Naturreligionen nicht möglich ist. Das Licht ist im AT ein Ausfluß des göttlichen Schöpfungsplanes. Es geht deshalb auch nicht wie nach kosmogonischem Denken aus der Finsternis hervor.

II. 1. a) Im AT kommt noch nicht die Einsicht zum Ausdruck, daß die Helligkeit des Tages von der Sonne herrührt. Für das richtige Verständnis des at.lichen Lichtbegriffes ist überhaupt die Unterscheidung zwischen Licht und Sonne wichtig (Aalen 14). Zwar leuchtet die Sonne am Tage, aber dasselbe tun der Mond und die Sterne nachts, ohne daß die Nacht deshalb wirklich hell wird. Ein leuchtender Körper am Himmel bewirkt also an sich keine Helligkeit. Die Sonne wird im AT grundsätzlich als eines von mehreren Lichtern der Himmelsfeste verstanden. Sowohl die Sonne als auch die Gestirne der Nacht werden als *'ōrīm* (Ps 136,7) oder *me'ōrīm* (Ez 32, 8) bzw. *me'ōrōt* (Gen 1,14–16) bezeichnet (wohl auch *'ōrōt*, Jes 26,19). Überall, wo ausdrücklich vom Leuchten (אור, *hiph*) oder vom Licht (אור) der Sonne die Rede ist (Gen 1,14–16; Jes 30,26; 60,19; Jer 31,35; Ez 32,8; Ps 136,7–9), bezieht sich der Zusammenhang immer zugleich auf das Licht des Mondes bzw. auch der Sterne (Aalen 19f.). Bei der kosmischen Verfinsterung, die in gleicher Weise die Sonne und die nächtlichen Gestirne umfaßt (s.u. II 1d; 2f), fällt es sogar auf, daß das Leuchten der Sonne gegenüber dem von Mond und Sternen zurücktritt (Jes 13,10; Ez 32,7f.). In Texten, in denen die Sonne Gegenstand besonderer Betrachtung ist, fehlt auffallenderweise eine Erwähnung ihres Leuchtens (Ps 19, 2–7; 104,19–23; Ri 5, 31; in 2 Sam 23, 4 bezieht sich das Wort אור auf den Morgen, nicht auf die Sonne). Das Wort → נגה 'Glanz' wird nirgends von der Sonne gebraucht (auch nicht eindeutig 2 Sam 23, 4; in Spr 4,18 handelt es sich um die Morgendämmerung, nicht um die aufgehende Sonne), dagegen vom Monde (Jes 60,19; vgl. das Verb נגה, *hiph.* in 13,10) und den Sternen (Jo 2,10; 4,15). Der Mond trägt auch den Namen *lebānāh* 'die strahlend Weiße', während die Sonne keinen entsprechenden Namen hat, obwohl sie freilich das „größere Licht“ gegenüber dem Monde ist (Gen 1,16). Im Verb → זרח, das (neben יצא) term. techn. für den Aufgang der Sonne ist (in Verbindung mit Mond oder Sternen nicht gebraucht), scheint die Lichtvorstellung ganz verblaßt zu sein, wenn sie überhaupt noch vorhanden ist (Aalen 39f.). Eine andere Wiedergabe dieses Wortes als die traditionelle („aufgehen“; vgl. LXX: ἀνατέλλω) ist nicht am Platze, auch nicht 2 Kön 3, 22.

Eine engere Beziehung zwischen Licht und Sonne würde sich allerdings ergeben, wenn es zutrifft, daß אור an bestimmten Stellen mit 'Sonne' oder 'Sonnenschein' wiederzugeben sei (s. die Wbb.). Von diesen Stellen scheidet aber Hab 3, 4 sofort aus, weil die Sonne wenige Verse später (v.11) unter anderem Gesichtspunkt vorkommt. In Hi 37, 21 ist das Licht allgemein das Licht des hellen Himmels, d.h. des Tages, oder auch der Blitz. Auch in Jes 18, 4 genügt es, an das helle Tageslicht zu denken, obwohl gewiß ein Tag mit Sonnenschein vorausgesetzt ist. In Hi 31, 26 könnte wegen des Parallelismus zum Mond die Wiedergabe mit 'Sonne' naheliegen. Aber notwendig ist sie auch hier nicht. Man muß überall die selbständige Stellung im Auge behalten, die das Licht des Tages nach at.licher Anschauung gegenüber dem Licht der Sonne innehat.

Das, was die Sonne im Vergleich zu den nächtlichen Gestirnen auszeichnet, ist nicht ihr Licht, sondern ihre Hitze (Ex 16, 21; 1 Sam 11, 9; Jes 49,10; Jon 4, 8; Ps 121, 6 (vgl. II, 1e und das Wort *ḥammāh* für Sonne). Unter dem Gesichtspunkt des Lichtes ist die Sonne ein Licht unter anderen an der Feste des Himmels – analog zu Mond und Sternen. Überhaupt sind die Gestirne nicht selbständig, sondern dem Rhythmus von Tag und Nacht zu- und untergeordnet (Aalen 19f.).

Die unreflektierte empirische Beobachtung führt also zunächst nicht zu der Erkenntnis, daß das Licht des Tages von der Sonne herrührt. Bei wolkigem Wetter ist ja die Sonne nicht sichtbar, der Tag ist aber trotzdem hell. Daneben machte man die Beobachtung, daß das Hellwerden des Morgens geraume Zeit vor Sonnenaufgang ansetzt (s.u. II. 1b). Das Licht des Tages oder des Morgens wird deshalb als etwas gegenüber der Sonne Selbständiges aufgefaßt.

Deutlich liegt diese Vorstellungsweise dem Schöpfungsbericht in Gen 1 zugrunde. Das Licht wird hier ausdrücklich als das Licht des Tages bezeichnet (v. 5); es existiert schon, ehe die Lichter des Himmels gebildet werden (v.14ff.; Aalen 14f.). Ebenso ist die Finsternis schon vorher vorhanden und der Wechsel von Tag und Nacht im Gange (v. 5ff.). Sonne und Mond werden in gleicher Weise als „große Lichter" bezeichnet, welche die Aufgabe haben, auf die Erde zu scheinen (v.15). Sie konstituieren nicht Tag und Nacht, sondern sie sind Attribute und Kennzeichen des Tages und der Nacht. Sie „scheiden Tag und Nacht" (v.14), d.h. sie scheiden die Lichtzeit der Tag- und Nacht-Einheit von der Zeit der Finsternis innerhalb der gleichen Einheit, und zwar beide dadurch, daß sie leuchten (v.14ff.). Die gleiche Anschauung liegt in Jer 31, 35; Ps 136, 7–9 vor.

Diese Betrachtungsweise ist, wie aus anderen Schöpfungstexten des AT ersichtlich, für das AT charakteristisch. Nach Ps 74,13–17 ist das Ergebnis von Gottes Abrechnung mit den Chaosmächten das Zustandekommen des rhythmischen Wechsels von Tag und Nacht, wobei Mond (מאור) und Sonne als Attribute von Tag und Nacht dargestellt werden: „Dein ist der Tag, dein ist die Nacht, du hast Leuchte und Sonne aufgestellt" (v.16). Eine ähnliche Anschauung liegt in Ps 65,7–9 vor, und zwar ohne Erwähnung der Himmelskörper. In Hi 38, 4ff. wird der urzeitliche Morgen als Anfang der Weltschöpfung dargestellt (v.12; vgl. die Morgensterne v.7). Die Sonne bleibt unerwähnt, was nur verständlich ist, wenn sie nicht als Quelle des Lichts in Betracht kommt (Aalen 17; vgl. auch Am 5, 8).

Infolge dieser Selbständigkeit des Tageslichts gegenüber der Sonne wird das Licht (אור) an einer Reihe von Stellen ausdrücklich in Beziehung zu Morgen, Morgendämmerung oder Tag gebracht, und zwar ohne Erwähnung der Sonne (Gen 44, 3; Ri 16, 2; 19, 26; 1 Sam 14, 36; 25, 34. 36; 29,10; 2 Sam 17, 22; 2 Kön 7, 9; Jes 58, 8; Hos 6, 3. 5; Am 5, 20; Mi 2,1; Zeph 3, 5; Sach 14, 6f.; Ps 139,11f.; Hi 3, 3–9 [v. 4: *nehārāh*]; 17,12; 38,19; Neh 8, 3). Bisweilen läßt sich eine ausdrückliche oder vermutete Unterscheidung zwischen dem Licht des Tages und dem der Sonne beobachten. In Jes 30, 26 wird das Licht der Sonne am Licht des Tages gemessen. In Pred 12, 2 steht das Wort *'ōr*, wohl im Sinne von Tageslicht, neben Sonne, Mond und Sternen. In 2 Sam 23, 4 werden die aufgehende Sonne und das „Licht des Morgens" (dazu s.u. II. 1b) nebeneinander genannt (vgl. auch Am 8, 9).

b) Diese ganze Konzeption bestätigt sich durch eine Untersuchung des Vorganges des Tagesanbruches. Eine gute Stunde vor Sonnenaufgang erscheint in Palästina die Morgendämmerung (→ שחר, traditionell, aber irreleitend als 'Morgenröte' wiedergegeben). Noch früher, 1½ bis 2 Stunden vor Sonnenaufgang, wird am östlichen Horizont ein schwacher Schein sichtbar, der sich allmählich zu einem Lichtstreifen den ganzen Horizont entlang erweitert. Dieser Streifen ist der *šaḥar* (Dalman, AuS I 600; Koehler; Aalen 37 Anm. 3). Dieser Vorstellung entspricht der Vergleich der Morgendämmerung mit Augenlidern (Hi 3, 9; vgl. 41,10) oder mit Flügeln (Ps 139, 9). Die beim *šaḥar* zugrunde liegende Vorstellung ist die des noch fernen (Ps 139, 9), des hervorblickenden (HL 6,10), des aus einem Auge (Hi 3, 9; 41,10; HL 6,10) oder aus einer Spalte (Jes 58, 8) aufsteigenden Lichts. Ferner ist für den *šaḥar* das allmähliche Hellwerden charakteristisch (Spr 4,18), von einem Zustand des Dunkels (Jo 2, 2) bis zum völligen „Feststehen" des Lichts (Hos 6, 3. 5). Noch zur Nacht gehört das der Morgendämmerung vorausgehende Zwielicht oder besser Halbdunkel, *næšæf* (1 Sam 30,17; 2 Kön 7, 5. 7; Hi 7, 4; Ps 119,147),

bei dem die Sterne noch sichtbar sind (Hi 3, 9; vgl. 38,7). Während der Morgendämmerung verblassen diese, nur der Morgenstern, Venus, bleibt sichtbar (Jes 14,12).
Aus Hi 38,12–15 ersieht man, daß der Morgen der übergeordnete Begriff ist, während die Morgendämmerung zur näheren Beschreibung des Anbrechens des Morgens gehört. Die Morgendämmerung ist als ein gigantischer Griff vorgestellt, der am Horizont vom Norden bis Süden die Erde erfaßt. Während der Morgendämmerung verwandelt sich durch das kommende Licht die Erde; sie nimmt Gestalt an, das wird mit dem Aufdrücken eines Siegels verglichen (v. 14); ihre Züge „befestigen sich" (התיצב v. 14b). Ri 19, 25ff. zeigt ein ähnliches Bild der Abfolge. Mit dem Aufgehen der Morgendämmerung ist die Nacht vorüber, und der Morgen bricht an (v. 25). Bald erfolgt die „Wende des Morgens", und dann tritt das volle Hellsein ein (v. 26). Wie in Hi 38, 4–15 bleibt die Sonne auch hier unerwähnt. Aus Gen 19,15. 23 ist ersichtlich, daß zwischen Morgendämmerung und Sonnenaufgang eine ansehnliche Zeit verläuft (vgl. 32, 25. 27. 32). Mit dem aufsteigenden *šaḥar* ist die Nacht vorbei (Gen 32, 25. 27; Jos 6,15). Es ist jetzt hell genug geworden für das Antreten einer Reise (Gen 19,15. 23; 44, 3; 1 Sam 9, 26; 29,10).
Die genaue zeitliche Ansetzung des mehrmals erwähnten „Lichts des Morgens" ist wohl nicht immer möglich. Jedoch hört mit dem Licht des Morgens die Nacht auf, und man überblickt, was während der Nacht ausgeführt oder verübt wurde (1 Sam 14, 36; 25, 34. 36; 2 Sam 17, 22). Das für den neuen Tag Geplante wird jetzt begonnen (Ri 16, 2; 1 Sam 25, 36; 2 Kön 7, 9; Mi 2, 1; vgl. Hi 24, 14). Nur ausnahmsweise wird in solchen Texten und Situationen der Aufgang der Sonne erwähnt (Ri 9, 33), sonst ist überall nur vom Licht des Morgens die Rede oder auch nur vom Licht (Ri 19, 26; Hi 24,14; Neh 8, 3) oder dem Hellwerden (1 Sam 29,10; 2 Sam 2, 32) schlechthin.
Überhaupt ergibt sich, daß für den Begriff des morgendlichen Lichts der Sonnenaufgang im Bewußtsein der Israeliten keineswegs bestimmend ist. Vielmehr verknüpft man das Licht mit dem Morgen und der Morgendämmerung.
c) Nach israelitischer Vorstellungsweise fällt also die Grenze zwischen Nacht und Tag nicht mit dem Sonnenaufgang zusammen. Was dagegen Sonnenuntergang und Abend betrifft, so ist das Bild nicht so eindeutig. Wenn die Sonne untergeht, ist der Tag vorbei (Ri 14,18; 2 Sam 3, 35; Dan 6,15; Ps 104,19f.). Nirgends kommt jedoch der Gedanke zum Ausdruck, daß der Untergang der Sonne das Eintreten von Nacht und Finsternis bewirke (auch nicht Ps 104,19f.). Für eine Unterscheidung zwischen Sonnenuntergang und Einbruch der Nacht spricht der Ausdruck „zwischen den beiden Abenden" (בין הערבים), nach dessen wahrscheinlichster Deutung (s. bes. Ex 12, 6; Nu 9,11; vgl. Deut 16, 6) der Abend auch die Zeit zwischen Sonnenuntergang und dem völligen Dunkelwerden umfaßt.

Gegen eine Differenzierung zwischen Sonnenuntergang und Aufhören des Tages darf man kaum Stellen wie Am 8, 9; Mi 3, 6; Jer 15, 9 ins Feld führen. Die genauen Parallelen zu diesen Stellen aus sum. und äg. Texten (s.o. I, 2a) zeigen wohl, daß das „Eingehen" der Sonne nicht den Tag als solchen zum Abschluß bringt. Vgl. besonders Jer 15, 9 und ferner Hi 5,14. Vielleicht wirkt das Vorbild einer Sonnenfinsternis (so wohl Am 8, 9) oder einfach das Bewölktwerden des Himmels ein (vgl. das Wort *qādar*, Mi 3, 6, in diesem Sinne Ez 32,7; 1 Kön 18, 45).

d) Höchstens läßt sich aus den genannten Stellen (Am 8, 9; Mi 3, 6; Jer 15, 9) herleiten, daß die Sonne, wenn sie scheint, nach israelitischer Anschauung eine mitwirkende Lichtquelle des Tages ist (vgl. 2 Sam 23, 4). Die oben befürwortete Unterscheidung zwischen Tageslicht und Sonne widerspricht diesem Gedanken nicht. Nur muß sofort hinzugefügt werden: In gleicher Weise sind Mond und Sterne Quellen des nächtlichen Lichts. Der Tag ist als solcher hell, wie die Nacht als solche dunkel ist. Aber beide sind mit einem kosmischen Lichtkörper ausgestattet. Bezeichnend ist, daß das Motiv der kosmischen Verfinsterung der Gestirne (s. dazu u. II, 2f) regelmäßig die Sonne und die nächtlichen Gestirne zugleich betrifft. Daß das Licht der Himmelskörper erlischt, bedeutet aber nicht, daß Tag und Nacht aufhören. Zwar verbreitet sich infolge der Verfinsterung Dunkelheit über das Land (Am 8, 9; Jes 5, 30; Ez 32,8; vgl. Jo 2, 2). Aber nach Jes 5, 30; Ez 32,7; Zeph 1,15; Jo 2, 2 wird diese durch die Wolken bewirkt. Es handelt sich ja um das Kommen eines Tages, des Tages des Herrn, der freilich ein Tag der Finsternis ist (Am 5,18; Zeph 1,15; Jo 2, 2). So widerstreiten diese Stellen nicht einer Unterscheidung zwischen Tageslicht und Sonne: Mond und Sterne bewirken nicht die Nacht, ebensowenig konstituiert oder bewirkt die Sonne den Tag. Die Sonne steht in keinem anderen Verhältnis zum Tage als Mond und Sterne zur Nacht. Tag und Nacht bilden den übergeordneten Funktionsrahmen für Sonne wie auch für Mond und Sterne.
e) Daß Sonne und Mond nach at.licher Anschauung Attribute zu Tag und Nacht sind, heißt jedoch nicht, daß sie bloß als zufällige Akzidenzien aufzufassen wären. Ihre regelmäßigen und rhythmisch wechselnden Bewegungen verbinden sie vielmehr fest mit dem Weltgefüge und dem Zeitverlauf. Die Bahnen der Himmelslichter gehören zu den Ordnungen der Welt und haben ihren Grund in Gesetzen, die ihnen vom Schöpfer vorgeschrieben sind (Jer 31, 35f.; Ps 148, 3–

6; Hi 38, 33; Ps 104,19; 19, 6f.). Damit wird die Priorität von Tag und Nacht gegenüber den Gestirnen nicht in Frage gestellt, denn der Bund, den Gott gemacht hat, gilt primär Tag und Nacht (Jer 31, 35; 33, 25; Gen 8, 22; Ps 19, 3; 74,16). Doch die Bewegungen der Sonne und die der Gestirne der Nacht haben im rhythmischen Wechsel von Tag und Nacht ihren Ort, freilich ohne diesen Wechsel zu bewirken.

Die Bahnen und Bewegungen der Gestirne sind nun wichtiger als ihre lichtspendende Funktion. Das Licht von Sonne, Mond und Sternen wird im AT überhaupt nur an Stellen ausdrücklich genannt, wo sie zusammen, und das heißt im Rahmen der Tag-Nacht-Einheit, vorkommen (Gen 1,14–16; Jer 31, 35; Ps 136,7; 148, 3; Jes 13,10; 30, 26; 60,19; Ez 32,7f.; Jo 2,10; 4,15). Der Mond wird fast nicht erwähnt außer in Zusammenhang mit der Sonne bzw. auch den Sternen (die Ausnahmen bilden Ps 8, 4; Hi 25, 5). Was die Beziehung der Bahnen der Gestirne zu Monat und Jahr betrifft, so spielten natürlich die Mondphasen eine grundlegende Rolle im Kalenderwesen – der Kalender war ja ein Mondkalender – und damit für die Bestimmung der Feste (Gen 1,14; Ps 104,19). Freilich bleiben die eigentlichen Mondphasen, sofern man an das Zu- und Abnehmen des Mondlichtes denkt, fast unerwähnt (Jes 60, 20). Nicht das Licht des Mondes interessierte also primär, sondern der Anfang bzw. die Mitte des neuen Monats. Die Bewegungen des Mondes dienen dem Zeitverlauf, dem Wechsel von Tag und Nacht und dann auch der Folge der Monate (s. Gen 1,14; Ps 72, 5.7; 89, 37f.).

Wichtiger noch ist die Beobachtung, daß die Texte keinen mit der Sonnenbahn zusammenhängenden Unterschied einer hellen und einer dunklen Jahreszeit kennen. Nach Pred 12, 2 hat die (relative) Dunkelheit der Winterzeit ihren Grund im bewölkten Himmel, nicht in der niedrigeren Sonnenbahn. Die Israeliten hatten wahrscheinlich keine klare Vorstellung über ihren Einfluß auf den Wechsel der Jahreszeiten (s. Dalman, AuS I, 42f.). Natürlich war man sich der starken Hitze der Sonne während des Sommers bewußt (Ex 16, 21; Jes 49,10; Jon 4, 8; Ps 32, 4; Neh 7, 3), aber diese ließ sich schon aus der Sommerzeit als der wolkenfreien Zeit erklären. Auch setzte man das Reifen des Sommerobstes mit der Sonne in Verbindung (Deut 33,14; vgl. Jes 18, 4f.). Aber nirgends ist im AT die Jahresbahn der Sonne Gegenstand des Interesses. Der Kontext der Sonne ist durchgehend Tag und Nacht, nur selten die Jahreszeit und dann gewöhnlich im Blick auf die Hitze der Sommerzeit.

Danach erscheint es als unmöglich, im alten Israel Kultbräuche oder Feste anzunehmen, die das zu- und abnehmende Sonnenlicht im Rahmen der Jahreszeiten als Anlaß haben. Man setzt hier eine solare Welt- und Zeitauffassung voraus, wie sie z.B. in Babylon vorlag, die aber in Israel noch keinen Eingang gefunden hatte (vgl. o. I, 2). Auch gibt es bei dieser Sachlage keinen Anlaß für die vermutete Verknüpfung von Herbstfest und Äquinoktialsonne (J. Morgenstern, HUCA 22, 1949, 388) oder für eine Erklärung der Ostrichtung des Tempels von der Herbst-Tagundnachtgleiche her (F.S. Hollis, in: Myth and Ritual, hrsg. von S.H. Hooke, London 1933, 91ff., und schon C.V.L. Charlier, ZDMG 58, 1904, 386ff.). Nach der wahrscheinlichen Orientierung des zweiten Tempels zu urteilen, die parallel zu der Südmauer des herodianischen Tempelbezirkes gewesen sein wird, lag der Tempel nicht genau gegen Osten, sondern etwas nach Norden gewendet. Das paßt eher zu einer Orientierung an der Morgendämmerung als am Sonnenaufgang (Aalen 83, Anm. 23).

f) Ist nun das Licht als Licht des Tages gegenüber der Sonne selbständig, liegt die Frage nahe, ob das Licht und entsprechend die Finsternis als im kosmischen Raume befindliche Substanzen aufgefaßt wurden. Ansätze dazu liegen besonders bei Hiob vor. Hier wird nach „dem Wege dahin" gefragt, „wo das Licht wohnt", und nach „der Stätte der Finsternis" (38,19f.). Wie für Schnee und Hagel (v. 22), so wird auch für Licht und Finsternis ein „Lagerort" irgendwo im Kosmos angenommen. Zur Stätte der Finsternis führen Tore (v. 17). Auch die Morgendämmerung hat einen „Ort", wo sie sich befindet, wenn sie nicht in Funktion ist (v. 12). In 26,10 scheint der Sinn der zu sein, daß der Horizont die Grenze zwischen Licht und Finsternis bildet, und zwar wohl so, daß Licht und Finsternis diese Grenze abwechselnd jeden Morgen und jeden Abend überschreiten.

Nicht so nahe liegt die Substanz-Vorstellung in Gen 1. Es ist kaum die Absicht des Erzählers in v. 3 von der „Entstehung des Lichts" zu berichten. Das Subst. אור kann tatsächlich in Verbindung mit dem Verb היה adjektivische Bedeutung haben; so Ex 10,23; Sach 14,7, vielleicht auch (ohne היה) in Gen 44, 3; 1 Sam 29,10 (wo es allerdings auch als Verb aufgefaßt werden kann). Ist dies adjektivische Verständnis in Gen 1, 3 richtig, ergibt sich die Übersetzung: „Es werde licht (hell)!" Die „Erschaffung des Lichts" wäre dann nichts anderes als das Hellwerden des ersten Morgens oder Tages, was der Darstellung der Schöpfung in Hi 38,7.12 entspricht. Eher wäre die Finsternis in Gen 1, 2 als eine Art Substanz aufzufassen, da sie schon vor der ersten Nacht existiert. Doch der Erzähler denkt wohl eher existentiell-theologisch als physikalisch.

2. a) Trotz der Zuordnung der Finsternis zum Chaos in Gen 1, 2 ist die Finsternis nicht als eine gottfeindliche Macht gedacht. Von einem Kampf oder Dualismus zwischen Licht und Finsternis kann im AT nicht die Rede sein. Weder das Ur-

meer noch die Finsternis sind hier chaotische Mächte im Sinne mythischer Widersacher Gottes. Das Vorgehen Gottes gegen das Meer bezweckt nicht seine Vernichtung, sondern nur seine Bändigung hinter bestimmten Grenzen, wo es eine positive Aufgabe im Haushalt der Welt hat. In Analogie dazu ist die Rolle der Finsternis zu verstehen. Zwar ist sie dem Chaoszustand zugeordnet (Gen 1, 2; Jer 4, 23) und wird sporadisch auch zum Meeresungeheuer oder dem Meere in Beziehung gesetzt (Hi 3, 8f.; 26,13; Jes 5, 30; Hi 22,11). Aber dann ist immer an die überhandnehmende oder grenzüberschreitende Finsternis gedacht. Mit der Weltschöpfung wurden der Finsternis Grenzen gesetzt. Obwohl sie gegenüber dem Licht niederen Ranges ist, wurde sie durch die Schöpfung in die Weltordnung, nämlich in den von Gott gesetzten rhythmischen Wechsel von Tag und Nacht eingebaut. Sie ist „geordnete Chaosmacht" (Aalen 10ff.; ähnlich nach ägypt. Anschauung; Hornung 74; 78ff.). Gott ist Schöpfer sowohl des Lichts als auch der Finsternis (Jes 45,7). Seine Macht und Güte überbrückt den Gegensatz von Licht und Finsternis (Ps 139,12). Er „verwandelt die Finsternis in Morgen und verfinstert den Tag in Dunkelheit" (Am 5, 8). Bei der Schöpfung hat er diesen Wechsel von Tag und Nacht in Gang gebracht. Dieser Wechsel konstituiert die Zeit und begründet die Welt mit (Gen 8, 22; Ps 74,13–16; 65,7–9; Jer 33, 25; Hi 38, 4–15; s. weiter H. Ringgren, Psalmen, 1970, 122f. zu Ps 104,19–23).

Diese Einordnung der Finsternis in die Weltordnung und damit in das Leben der Menschen ist jedoch spannungsvoll. Der gute Wille Gottes ist mit dem Licht verbunden. Nur das Licht erhält das Prädikat „gut" (Gen 1, 4), nicht aber die Finsternis. Eine monistisch, kosmogonisch oder sonstwie vorgestellte Ableitung des Lichts aus der Finsternis (s. o. I. 2) hat, ebensowenig wie die Idee eines gemeinsamen Ursprungs aus dem göttlichen Urgrund, hier einen Raum.

Die Inferiorität der Finsternis zeigt sich in verschiedener Hinsicht: in der Zuordnung von Licht und Leben (s. u. 2 b), von Finsternis und Totenreich (s. u. 2 c), von Finsternis und bösen Menschen (u. III. 3a), ferner in der bildlichen Anwendung von Licht im Sinne von Glück, Heil und Finsternis im Sinne von Unglück und Untergang (s.u. III. 1), in der Vorstellung von der Finsternis als potentieller Chaosmacht (s.u.) und endlich in der Erwartung einer Beseitigung der Finsternis in dem eschatologischen Heilszustande (s.u. II. 2f).

So lange der letzte Vollendungszustand nicht eingetreten ist, repräsentiert die Finsternis eine potentielle Chaosmöglichkeit, und zwar als ein Mittel in Gottes Hand. Die Finsternis weist auf das Spannungsvolle und Vorläufige dieser Welt und Weltordnung hin. Wie die anderen „Chaosmächte" (Meer, Wüste), so läßt auch die Finsternis die fehlende Stabilität der Welt gewahr werden und führt die Möglichkeit ihrer Chaotisierung vor Augen. Als Weltschöpfer hat Gott die Möglichkeit in seiner Hand, durch die Chaosmächte die Schöpfung rückgängig zu machen. Das regelwidrige und allumfassende Einbrechen der Finsternis führt die Welt zum Chaos zurück (Jer 4, 23f.; vgl. u. 2f). So lange jedoch die Finsternis im Rahmen ihrer mit der Schöpfung gesetzten Grenzen auftritt, ist sie keine Chaosmacht.

Die ältere Forschung war geneigt, nach dem Vorbild von Marduks Kampf mit dem Chaosungeheuer im babylon. Schöpfungsmythus einen dualistischen Widerstreit zwischen Licht und Finsternis in Gen zu finden (s. H. Gunkel, Schöpfung und Chaos, 1895; ²1921; A. Jeremias, ATAO, ⁴1930, 42). Eine nuanciertere Auffassung des Gegensatzes Licht–Finsternis bietet J. Pedersen, Israel I–II, 464ff.

b) Der Vorrang des Lichts äußert sich u.a. in der Verknüpfung von Licht und Leben. Zunächst ist dabei an das natürliche Licht zu denken. Nur im Licht der Schöpfung kann man Leben haben. „Das Licht sehen" bedeutet 'leben' (Hi 33, 28; 3, 20). Totgeborene Kinder haben das Licht (Hi 3,16) oder die Sonne (Ps 58, 9; Pred 6, 4f.) nicht geschaut. Die Toten sehen das Licht nicht mehr (Ps 49, 20; Hi 33, 28). Diese Synonymität von Licht und Leben hat in der Formel אור החיים einen prägnanten Ausdruck gefunden (Ps 56,14; Hi 33, 30), ob man ihn nun mit Symm. Ps 56,14 „Licht des Lebens" oder mit LXX „Licht der Lebendigen" übersetzt (Aalen 64). Auch in Ps 36,10 stehen Licht und Leben zusammen: „Bei dir ist die Quelle des Lebens, in deinem Licht sehen wir Licht." Wahrscheinlich heißt aber Licht hier eher 'Heil, Weg, Orientierung' (s.u. III. 2).

Das Licht des Tages spiegelt sich im Licht der Augen (Spr 29,13). Eine Steigerung dieses Lichts bedeutet erhöhte Lebenskraft und Freude (Esr 9, 8; Spr 15, 30; 1 Sam 14, 27. 29; Aalen 64). In diesem Sinn wird auch die Verbalform האיר (*hiph*) gebraucht (Esr 9, 8; Spr 29,13; Ps 13, 4; 19, 9; vgl. Pred 8,1). Wenn das Licht der Augen versagt, nähert sich der Tod (Ps 38,11; 13, 4).

c) Im Totenreich (→ שאול) gibt es keinen Wechsel von Tag und Nacht; es ist ein Land „ohne Ordnung, und wenn es hell (d.h. Morgen) wird, so ist es wie Finsternis" (Hi 10, 22).

d) Die Bewertung der Nacht (→ לילה, חשך) ist doppeldeutig. Die Nacht ist die Zeit für Gottes strafendes Eingreifen (Ex 11,4; 12,29f.; 2 Kön 19, 35; Hi 34, 20; vgl. Gen 32, 25ff.), andererseits aber eine kultisch geregelte und normalisierte Zeit (Jes 30, 29; Ps 134,1), eine Zeit für Nachsinnen und Danksagung (Ps 16,7; 63,7; 92, 3; 119, 55. 62).

e) Trotz dieser positiven Züge fehlt der Nacht das Entscheidende, nämlich das göttliche Heilseingreifen. Dies gehört zum Morgen (Ps 5, 4; 46, 6; 88,14; 119,147; 130, 6; 143, 8; Jes 8, 20; 58, 8; Hos 6, 3 → בקר). Gottes barmherzige Taten sind „alle Morgen neu" (Kl 3, 22f.). Das Heilseingreifen am Morgen bedeutet nach Ps 46, 3ff. eine Restitution der Schöpfung, die von Chaosmächten bedroht ist. Hi 38, 4–15 ist wohl so zu verstehen, daß nicht nur der urzeitliche Morgen, sondern jeder Morgen eine Erneuerung der Schöpfung bedeutet. Die Gestalt der Erde wird sichtbar (v.14), und die Bösen werden von der Erde entfernt (v.13.15). Nicht wie nach ägyptischer Vorstellung mit dem Sonnenaufgang (Ringgren 144f.) wird diese tägliche Erneuerung der Schöpfung verknüpft (s.o. I 2), sondern mit dem Morgen. Diese Bewertung des Morgens mag mit Erfahrungen in der Not des Krieges zusammenhängen (2 Kön 7, 5ff.; 19, 34ff.; Ps 46, 6ff.). Beigetragen hat außerdem sicher die Sitte, am Morgen Gericht zu halten und so dem Gerechten die wirkungsvolle Hilfe des Rechtes zu leisten (Ps 101, 8; 2 Sam 15, 2; Jer 21,12; Hi 7,18; vgl. Ps 73,14). Von hier aus wird die Stelle Hos 6, 3b. 5 verständlich: „Fest aufgerichtet wie die Morgendämmerung ist sein (Gottes) Ausgang, und er wird zu uns kommen..." (v. 3b). „Und dein (Gottes) Recht soll hervorgehen wie ein Licht" (v. 5b). Die Stelle läßt vermuten, daß der Rechtsspruch schon in der Morgendämmerung fiel (vgl. 2 Sam 15, 2). Wichtige Parallelen sind Zeph 3, 5; Ps 37, 6; s.u. III. 3c.

f) Zum Zukunftbild der prophetischen Predigt gehört die Verfinsterung der Gestirne (s.o. II. 1d). Andererseits begegnet der Gedanke, daß die Finsternis selbst ein Ende finden und Gottes Licht allein leuchten wird. Die Drohungen richten sich allgemein gegen das Licht des Himmels (Jer 4, 23; vgl. Jes 5, 30) oder ausdrücklich gegen die Gestirne, und zwar gegen Sonne, Mond und Sterne in gleicher Weise (Jes 13,10; Ez 32,7f.; Jo 2,10; 3, 4; 4,15). Sie werden schwarz und geben kein Licht mehr. Nur in Am 8, 9 wird die Sonne allein genannt. Es handelt sich um eine Erschütterung oder sogar eine Chaotisierung der Welt (Jes 5, 30; 13, 9; Zeph 1,15; Jo 2,10), aber nur für die Sünder (Jes 13, 9; Zeph 1,16f.; Jo 2,11ff.). Das eigentliche Thema ist der kommende Tag des Herrn (Am 5,18. 20; Jes 13, 9; Zeph 1,14f.; Jo 2,1; 3, 4; 4,14 →יום). Dieser Tag ist für die Sünder ein Tag der Finsternis (Am 5,18. 20; Zeph 1,15; Jo 2, 2).

Die Erschütterung der Gestirne bezieht sich auf ihr Licht, vor allem aber auf ihre geordneten Bahnen. Wenn Gott erscheint, soll das „Heer der Höhe" heimgesucht werden (Jes 24, 21–23). Die alte Weltordnung steht im Begriff, sich aufzulösen. Nach Jes 60,19 sollen Sonne und Mond von Gottes ewigem Licht abgelöst werden. Umgekehrt kann gesagt werden, daß das Licht von Sonne und Mond in der Heilszeit vielfältig verstärkt werden soll (Jes 30, 26). Wahrscheinlich ist schon hier mehr oder weniger klar der Gedanke gefaßt, daß ein ewiger Tag anbrechen soll. Deutlich kommt dieser Gedanke in Sach 14,7 zum Ausdruck. In der Heilszeit gibt es „nicht Tag und nicht Nacht, und zur Zeit des Abends wird es licht sein". Der Rhythmus von Tag und Nacht hat aufgehört, d.h. die jetzige Weltzeit ist zu Ende. Der „geordnete Dualismus" von Licht und Finsternis, der mit dem Rhythmus von Tag und Nacht und den Bewegungen der Gestirne gegeben war und zum Wesen der jetzigen Schöpfung gehörte, ist von einem Zustand abgelöst, wo nur Tag und Licht herrschen.

3. Als künstliches Licht diente vor allem die Leuchte oder Lampe (*nīr* oder *nēr*; Hi 18, 5f.; Jer 25,10 usw.). Leuchten sind im Heiligtum aufgestellt, wobei ungeklärt bleibt, ob sie auch tagsüber brennen (Ex 25, 31ff.; Lev 24, 2; 1 Kön 7,49; 2 Chr 13,11). Eine Kombination von 1 Sam 3, 3 mit 4, 21 läßt vielleicht vermuten, daß die Lampe des Heiligtums als eine Art Repräsentation Gottes aufgefaßt wurde (vgl. den in Sach 4, 2 erwähnten Leuchter).

Die Illuminationen, die nach jüdischen Quellen beim Laubhüttenfest auf dem Tempelplatz stattfanden, hat man unter Hinweis auf die an Stellen wie Ps 134,1; Jes 30, 29 vorausgesetzten Vigilien in at.liche Zeit zurückzudatieren versucht. Bei jeder nächtlicher Feier im Heiligtum ist natürlich schon aus praktischen Gründen eine künstliche Beleuchtung naheliegend. Jede symbolische Deutung wird sekundär sein, und die zahlreichen Vorschläge der Forscher bleiben unsicher (Aalen 58, Anm. 3).

III. 1a) Die metaphorische Anwendung von Licht und Finsternis weist im AT ein reich variiertes Bild auf. Einen breiten Raum nimmt das Licht als Bild für Glück und Wohlergehen ein (Am 5,18. 20; Hi 17,12; 18, 5f.; 22, 28; Spr 13, 9; Kl 3, 2; Esth 8,16). Entsprechend steht Finsternis für Leiden und Unglück (Jes 8, 22; Jer 23,12; Am 5,18. 20; Ps 23, 4; Hi 17,12; 29, 3; Kl 3, 2). In religiös orientierten Texten wird das Licht ein Symbol für das von Gott geschenkte Heil (Jes 9,1; 58, 8; Ps 18, 29; 36,10; 43, 3; 97,11; Hi 29, 3). Auch ein Verb für 'leuchten', dessen Subjekt dabei Gott ist, kann im gleichen Sinne stehen (Ps 18, 29; 118, 27; Hi 10, 3). Seltener dient die Sonne als ein Symbol des Wohlergehens und Heils (Ri 5, 31; Jer 15, 9; Mal 3, 20 → שמש). Manchmal wird 'Licht' durch die Lampe ersetzt, die ebenfalls ein Bild für Glück und Heil ist (Ps 18, 29; 2 Sam 22, 29; Spr 13, 9; 24, 20; Hi 18, 6; 21,17; 29, 3

→ נר). Die im Hause aufgestellte Lampe wurde ein Symbol für das Gedeihen und den Wohlstand der Familie (Jer 25,10; Spr 31,18).

Wahrscheinlich liegt hier der Ausgangspunkt für die symbolische Anwendung der Leuchte als Metapher für den Fortbestand des Königshauses (1 Kön 11,36; 15,4; 2 Kön 8,19; Ps 132,17; vgl. 2 Sam 21,17). Andere wollen in der für den „Gesalbten" zugerichteten Leuchte in Jerusalem (Ps 132,17; 1 Kön 11,36) einen kultischen Symbolbegriff sehen oder sie vom „sakralen Königtum" her direkt mit der Leuchte des Heiligtums gleichsetzen (s.o. II. 3).

b) An einigen Stellen wird Gott selbst als das Licht oder die Leuchte des Menschen bzw. Israels bezeichnet (Ps 27,1: „mein Licht"; 2 Sam 22,29: „meine Leuchte"; Jes 10,17: „Israels Licht"; 60,1: „dein Licht"; Mi 7,8: „ein Licht für mich"). Es wäre verfehlt, in solchen Wendungen eine Wesensbezeichnung Gottes zu sehen. Gemeint ist ausschließlich die Bedeutung, die Gott für den Menschen im Sinne von Heil und Hilfe hat. Sachlich liegt in Ps 18, 29 gegenüber 2 Sam 22, 29 kein Unterschied vor, wenn dort gesagt wird, daß Gott „meine Leuchte hell macht" oder „meine Finsternis erleuchtet". Zu Jes 60,1 s.u. IV. 6.

c) Nicht anders liegt die Sache, wenn von „JHWHs Licht" (Jes 2, 5), von „seinem [Gottes] Licht" oder „Leuchte" (Hi 29, 3) oder im selben Sinne von „deinem Licht" (Ps 36,10; 43, 3) die Rede ist. Auch hier geht es nicht um ein Licht, das mit Gottes Person zu verbinden wäre, sondern um das Heil, das Gott schenkt. Ebenso auch in Ps 36,10, wo die Vorstellung vom Schauen des Lichts nicht dazu berechtigt, einen mystischen Klang zu vernehmen. 'Das Licht sehen' heißt einfach das Heil oder die Rettung erfahren (Jes 9,1; 53,11 LXX und 1 Q Jes).

d) Etwas für sich steht der Ausdruck „Licht des Angesichtes" Gottes, der etwa 'Gottes Gunst und Huld' bedeutet (Ps 4,7; 44, 4). Dieser Sprachgebrauch findet sich schon im profanen Bereich (Spr 16,15; Hi 29, 24) und ist auch aus ugar. und babyl. Texten bekannt (s.o. I. 2). Der gleiche Gedanke kann verbal ausgedrückt sein: Gott „läßt sein Angesicht leuchten" (Num 6, 25; Ps 31,17; 67,2; 80, 4. 8. 20; 119,135; Dan 9,17). Eine „mystische" Deutung ist auch bei diesem Ausdruck nicht am Platze; ein Wort für „schauen" fehlt hier.

2. a) Die Metapher des Wandelns oder des Weges ist der at.lichen Einsicht entsprungen, daß das Leben nicht seinen Schwerpunkt in der theoretischen Betrachtung hat, sondern im praktischen Lebensvollzug. Diese Symbolik klingt schon mit in den oben genannten Stellen, in denen von 'Gottes Licht' die Rede ist (o. 1c). 'In Gottes Licht wandeln' z.B. heißt nach Jes 2, 5 'auf seinem Wege wandeln' (v. 3), d.h. nach seinen Weisungen leben. Doch der übergreifende Gedanke ist der, daß der Mensch einen Weg des Wohlergehens und Heils findet. Das Licht, das Gott dabei schenkt, steht für seine behütende und bewahrende Führung (Ps 43, 3; Spr 4,18; Hi 22, 28; 29, 2f.; Jes 9,1; 42,16).

Umgekehrt bezeichnet die Finsternis in ähnlichem Zusammenhang den Weg des Gottlosen, der zum Straucheln, d.h. zum Untergang führt (Deut 28, 28f.; Jer 13,16; 23,12; Hi 12, 24f.; 5,13f.; Spr 4,19). Aber auch der Fromme (bzw. Israel) wird nicht davor verschont, in Finsternis zu wandeln (oder zu sitzen, Mi 7, 8), um dann allerdings nachher das Licht sehen zu dürfen (Jes 9,1; 50,10; 53,11 1Q Jes, LXX), oder, wenn es sein soll, Gottes Licht in der Finsternis zu haben (Hi 29, 3).

Das Wandeln im Licht kann geradezu eine umfassende Existenzbestimmung werden. Das 'Wandeln vor Gottes Angesicht im Licht des Lebens' ist Ziel und Bestimmung des Lebens, während das Straucheln in der Finsternis den Tod meint (Ps 56,14; vgl. auch Ps 89,16). Die Symbolik konnte auch auf das Volk übertragen werden, wobei die Erinnerung an die Wüstenwanderung im Hintergrunde stehen konnte, bei der Israel von dem Licht der Feuersäule geleitet wurde (Ex 13, 21f.; Ps 78,14; 105, 39; Jes 42,16; 58, 8; Neh 9,12.19). Eines Tages wird aber das Licht des Morgens über Israel aufgehen (Jes 60,1f.; s.u. IV. 6).

b) Dem Motiv des Wandelns nahe steht die Vorstellung vom Gesetz oder der Weisheit als lichtspendendem Wegweiser. Ohne dieses Licht über dem Wege tappt der Mensch im Dunkeln (Spr 6, 23; Ps 119,105; Pred 2,13f.). Allmählich macht sich hier eine abstraktere Betrachtungsweise bemerkbar. Die Erkenntnis und Deutung des Gesetzes wird als Aufklärung und Weisheit empfunden. Ein Anzeichen dafür ist, daß das Wort „erleuchten" (האיר, *hiph*), das sonst überall 'leuchten, hell machen' bedeutet, die Bedeutung 'aufklären, Einsicht verleihen' annimmt (Ps 119,130, wo allerdings auch die Bedeutung „Licht über den Weg geben" möglich ist). Licht wird Parallelbegriff zu Weisheit oder Einsicht, Finsternis zu Torheit (Pred 2,13f.; Dan 5,11. 14; vgl. auch Hi 37,19. 21; 38, 2; 22,11–14; Mi 3, 6). Das Licht in diesem Sinne ist eigentlich Gott vorbehalten (Hi 12, 22; 28,11; Dan 2, 22), aber Gott offenbart dem Menschen „was tief und verborgen ist" (Dan 2, 21f.). Nicht in diesen Zusammenhang gehört der Gedanke, daß das Gesetz oder die Weisheit die Augen, bzw. das Angesicht „erleuchtet" (האיר, *hiph*, Ps 19, 9; Pred 8,1). Die Erleuchtung geht hier auf die Stärkung der Lebenskraft zurück.

3. a) Zwischen Licht und Sünder besteht ein Gegensatz. In der Umwelt des AT bildete die Sonne den Ausgangspunkt für diesen Gedanken (s.o. I. 2; ein Ansatz in dieser Richtung liegt im

AT vielleicht in 2 Sam 12,11f. vor; vgl. auch Num 25, 4). Das AT spricht in diesem Falle von Licht. Sünder, Nacht und Finsternis gehören zusammen. Sie „kennen das Licht nicht", d.h. sie scheuen den Tag (Hi 24,16) und „empören sich gegen das Licht" (v.13). Nachts entwerfen sie ihre Pläne (v.14; Mi 2,1) oder vollbringen ihre Taten; die Finsternis ist ihr Morgen; denn sie „sind mit den Schrecken der Finsternis vertraut" (Hi 24,17). Sie halten sich an finstere Orte, von wo aus sie ihre Anschläge gegen die Gerechten richten (Ps 11, 2; 74, 20).

Wichtig für das Verständnis dieser Stellen ist die Behauptung der Sünder, daß sie von niemandem beobachtet werden (Hi 24,15), auch nicht, wie sie meinen, von Gott (22,13f.; Ps 10, 8.11). Aber für Gott „gibt es keine Finsternis und kein Dunkel, wo sich die Übeltäter verbergen könnten" (Hi 34, 21f.; vgl. Zeph 1,12; Ps 139,11f.). „Unsere verborgenen [Sünden] stellst du ... ins Licht deines Angesichts" (Ps 90, 8).

b) Nur andeutungsweise findet sich im AT die dem Judentum so geläufige symbolische Deutung der Finsternis auf die Taten der Bösen. Am nächsten kommt Spr 2,13, wo „die Wege der Finsternis", auf denen die Bösen wandeln, ihr Verhalten symbolisieren. Ebensowenig findet sich das Licht als Symbol für die persönliche ethische Reinheit (s. jedoch Hi 25, 5). Nur in Jes 5, 20 scheinen Licht und Finsternis als Inbegriffe des in objektivem Sinne Guten bzw. Bösen aufgefaßt zu sein. Überhaupt werden die Begriffe Licht und Finsternis im AT noch nicht in übertragenem Sinne als religiös-ethische Qualitäten verwendet, die die Natur oder das Verhalten von Personen auszeichnen. Mit dieser Vorstellungsweise verwandt ist allerdings der Gedanke, daß die Nacht und die Finsternis das Element der Sünder sind (s.o. 3a, und vgl. Ps 10, 8f.; Spr 7, 9f.; Jes 29,15). Im AT ist jedoch vor allem der Gedanke leitend, daß die Finsternis ein Versteck der Bösen und eine Verhüllung ihrer Sünden ist, wogegen das Licht enthüllend und überführend die bösen Taten an den Tag bringt. Daß sich der „ethische Dualismus" des Judentums (vgl. Qumran, s. u. V) mit einer gewissen Verschiebung des Schwergewichtes, daraus entwickeln konnte, ist leicht verständlich.

c) Hierher gehört auch die Verknüpfung des Rechtes (*mišpāṭ*) mit dem Licht und dem Morgen (s.o. II. 2e zu Hos 6, 3. 5, vgl. Zeph 3, 5; Mi 7, 9; Ps 37, 6). Bestimmend ist der Gedanke, daß das Recht ans Licht gebracht wird oder wie das Licht hervorgeht. Das benutzte Verb ist יצא, *hiph* הוציא. Wichtig, allerdings umstritten, ist die Auslegung von Jes 42,1–3 und 51, 4f., wo diese Terminologie ebenfalls vorliegt. Aber das Verb יוציא (bzw. תצא) läßt sich hier kaum in der Bedeutung „(zu den Völkern) herausführen oder -bringen" verstehen (so noch Aalen 90). Der Sinn wird vielmehr der sein, daß der Knecht das Recht an den Tag, zum Vorschein kommen läßt, und zwar zum Besten der Völker. Wird beim Verbum יצא ein Ziel angegeben, dann ist es das Licht selbst, d.h. das Sichtbarwerden (s. z.B. Hi 12, 22; 28,11). So ist die Konstruktion in Mi 7, 9 und Zeph 3, 5 zu verstehen.

Nach Mi 7, 8f. befindet sich der Mensch selbst in der Finsternis und Gott bringt ihn an das Licht. Das entspricht der in Jes 42, 6f. (vgl. 49, 9) gezeichneten Lage. Licht ist also in diesen Texten nicht allein das Offenbarwerden des Rechtes, sondern zugleich die dadurch erzielte Rettung des Bedrängten. Das Licht ist das an den Tag tretende Heil (vgl. dieses Wort Jes 49, 6; 51, 5), das durch das Recht herbeigeführt wird. Sofern nun das Recht seine Quelle in der Tora hat (42, 4; 51, 4), wird auch diese gewissermaßen ein Licht für diejenigen, die gerettet werden. Wenn ferner der Knecht des Herrn selbst als ein „Licht der Völker" (42, 6; 49, 6; vgl. 51, 4) dargestellt wird, dann liegt darin, daß er das Licht, d.h. das heilbringende Recht (und wohl auch die Tora) vermittelt. Die Genitiv-Verbindung ist ein gen. object., analog etwa zu der Wendung „das Licht Israels" (Jes 10,17; s.o. III. 1b).

IV. 1. In den bisher behandelten Texten war das Licht an keiner Stelle ein persönliches Attribut Gottes, sondern überall das natürliche Licht der geschaffenen Welt oder auch das künstliche, von den Menschen hergestellte Licht. Diese strenge Unterscheidung des natürlichen Lichts von der Person Gottes (die im Judentum nicht festgehalten wird), ist für den at.lichen Schöpfungsgedanken bezeichnend. Eine theogonische Entstehung des Lichts ist hier ausgeschlossen.

2. Die Verbindung von Licht und Finsternis mit der Person Gottes ist in der Hauptsache auf den Theophaniegedanken begrenzt und liegt somit auf einer dynamischen Ebene. Um diese These zu erhellen, empfiehlt sich kaum eine Analyse des Begriffes → כבוד 'Herrlichkeit', dessen Grundbedeutung wohl nicht 'Glanz' ist, sondern 'Gewicht' (Aalen 73ff.). Tatsächlich findet eine deutliche Verknüpfung von *kābōd* und Lichtvorstellungen erst bei Ezechiel statt (1, 26–28; 10, 4: *nōgah*; 43, 2), was eine vorgerücktere Stufe der Entwicklung widerspiegeln wird. In den älteren Texten sind eher Feuererscheinungen für den Begriff *kābōd* kennzeichnend (z.B. Ex 24,16f.; Lev 9, 23f.). Im Pentateuch kommt Licht als göttliches Attribut nur in Verbindung mit der leuchtenden Feuersäule in der Wüste vor (Ex 13, 21; 14, 20).

Ein Theophanie-Terminus des Lichts ist das Verb → הופיע (Deut 33, 2; Ps 50, 2; vgl. Ps 80, 2; 94,1). In der gleichen Rolle erscheint das schon erwähnte Wort → נגה (so Hab 3, 4, mit *'ōr* zusammen; Ps 18,13 = 2 Sam 22,13). Von einem himmlischen Licht ist an diesen Stellen nicht die Rede. (Erst im Judentum wird Gott im Himmel Gegenstand der Schilderungen.) Im AT geht es überall um Gott in seiner Theophanie. Auch für Ex 24,10, wo die Lichtvorstellung übrigens nur sehr leise anklingt, wird diese Regel gelten. Nur Ezechiel bewegt sich vielleicht am Rande dieser Abgrenzung, wenn er außer Gott auch andere, vom Himmel her kommende Wesen (Engel) durch Lichtattribute kennzeichnet (8, 2).

3. Schwierigkeiten bereitet allerdings die Deutung von Ps 104, 2, eine Stelle, nach der Gott „sich in Licht hüllt wie in einen Mantel". Da eine Theophanie hier nicht angenommen werden kann, liegt es nahe, an ein dauerndes Attribut Gottes zu denken. Ist das richtig, nimmt die Stelle eine Sonderstellung im AT ein. Auch die Frage erhebt sich, ob das Licht, mit dem Gott sich deckt, ein kosmisches Licht ist (so nach der Auslegung der Rabbinen). Der Mantel erinnert an die Vorstellung vom Himmel als Mantel der Gottheit, die aus der Religionsgeschichte bekannt ist (R. Eisler, Weltenmantel und Himmelszelt, 1910, I, 51ff.). Die Rabbinen fanden in dieser Stelle einen Beleg für ihre Theorie vom himmlischen Ursprung des natürlichen Lichts der Schöpfung. Doch v. 2a ist zum Vorhergehenden zu ziehen; das Licht steht parallel zu „Pracht und Hoheit". Gott transzendiert den physischen Himmel (vgl. Ps 102, 26f.).

4. Im AT werden Menschen im allgemeinen nicht als des göttlichen Lichts teilhaftig vorgestellt. Die Ausnahme bildet Moses, dessen Haut nach der Begegnung mit dem Herrn Strahlen aussendet (Verb קרן) (Ex 34, 29f. 35). Daß die Strahlen von Gott herrühren, wird nicht ausdrücklich gesagt, aber wohl vorausgesetzt (vgl. das Wort *kābōd* in 33,18. Zur Frage der Teilnahme Israels an Gottes Licht nach Jes 60,1. 3; 62, 2 s.u. 6).

5. Eine frühere Forschergeneration befaßte sich viel mit der Frage, inwiefern die Lichtprädikate, die Gott im AT beigelegt werden, einen solaren Einfluß verraten. Ein bildlicher Gebrauch der Sonne zur Bezeichnung Gottes oder seines Heilseingreifens ist aber im AT auffallend selten. Die einzige Stelle, die zu nennen ist, ist Mal 3, 20. (In Ps 84,12 bedeutet *šœmœš* nicht 'Sonne', sondern 'Burg, Wehr'; vgl. den Parallelismus und s. Jes 54,12). → זרח ist in Jes 60,1f.; Deut 33, 2 nicht solar zu verstehen (s.u. 6). Die Verknüpfung der Sonne mit Recht und Moral, die der religiösen Umwelt so geläufig ist, ist im AT kaum zu belegen (s.o. III. 3a). Der im alten Orient so beliebte Vergleich des Königs mit der Sonne hat dagegen im AT Spuren hinterlassen (2 Sam 23, 4; vgl. Spr 16,15; Ri 5, 31). Eine Abhängigkeit der Wagenvision in Ez 1 von babylonischen Darstellungen des Sonnengottes ist oft vermutet worden (z.B. A. Jeremias, HAOG, ²1929, 363; Aalen 82, Anm. 6). Zur Ostrichtung des Tempels und der Frage nach Tempel und Äquinoktialsonne s.o. II. 1e. Der Ausdruck „Licht des Angesichtes Gottes" (s.o. III. 1d) hat in Ugarit insofern einen solaren Hintergrund, als der König im Zusammenhang damit „Sonne" heißt (s.o. I 2). In babylon. Texten scheint dieser Hintergrund nicht greifbar zu sein (s. Nötscher, Angesicht 140ff.), und er kommt auch im AT nicht zum Vorschein. Für den Theophanie-Terminus *hōpīa'* ist der Hintergrund eher in der Morgendämmerung als im Aufgang der Sonne zu suchen (vgl. Hi 3, 4. 9; 10, 22). F. Schnutenhaus (Das Kommen und Erscheinen Gottes, ZAW 76, 1964, 9) möchte dagegen die Theophanie-Termini *jāṣā'*, *hōpīa'* und *zāraḥ* als Übertragungen des Erscheinens des babyl. Sonnengottes auf JHWH erklären.

6. Der Zweck der Theophanie Gottes ist vor allem die Rettung und das Heil des Volkes oder des Einzelnen. Dieser Gedanke muß zu einer Verknüpfung der Theophanievorstellung mit der Lichtsymbolik des Heils führen. Ein Anzeichen dieser Verknüpfung ist die Verwendung des Wortes „kommen" (→ בוא; oder synonymer Termini) für Gottes Erscheinen, verbunden mit der Lichtsymbolik der Theophanie und zusammen mit Lichtsymbolen des Heils. Diese drei Momente liegen in Deut 33, 2 vor, aber vor allem in Jes 60,1–3. An dieser wichtigen, eschatologischen Stelle stehen „Gottes *kābōd*" und wohl auch das Wort *zāraḥ* (v. 1–2; vgl. Deut 33, 2) an Stelle einer Theophanie, während *zāraḥ* zugleich das Morgen-Heil-Motiv angibt. Das letztere liegt auch in dem Ausdruck „dein Licht" beschlossen: das 'Licht Jerusalems' heißt das Heil, das ihm zuteil wird (s.o. III. 1a), oder, wenn man den Ausdruck auf Gott bezieht, Gott als Bringer dieses Heils (s.o. III. 1b).

Nicht der Aufgang der Sonne dient dabei als Hintergrund des Bildes, sondern der Vorgang der Morgendämmerung, wie aus der Erwähnung dieser in Jes 58, 8 (vgl. *zāraḥ* 58,10) und des Zwielichtes in 59,10 zu ersehen ist. In 62,1 begegnet das mit dem in der Morgendämmerung stattfindenden Rechtsspruch verknüpfte Verb יצא (Hos 6, 3. 5; Ps 37, 6; Mi 8, 9; Jes 42,1. 3; 51, 4f.; s.o. II. 2e, III. 3c). Auch die in 62,1 genannte Fackel weist auf die Morgendämmerung (zum Unterschied vom Sonnenaufgang) hin (vgl. Hi 41,10f.).

Im Hintergrunde des ganzen Abschnittes steht ferner die Erinnerung an die nächtliche Wüstenwanderung (vgl. Jes 42,16; 52,12; s.o. III. 2a). Eigentümlich für unsere Verse ist die Vorstellung, daß Israel durch das Erscheinen von Gottes Licht selbst des Lichts teilhaftig wird (60,1. 3), ja, nach 62, 2 sogar des *kābōd*. Damit ist allerdings kaum gemeint, daß Israel göttlichen Wesens teilhaftig wird (vgl. o. IV. 4). Im Vorder-

grund steht nicht, was Gott seinem Wesen nach ist, sondern was er seinem Volke schenkt, nämlich den vollkommenen Zustand der Erlösung und des Sieges (62,2), was es allerdings in die Nähe Gottes erhebt.
Die in Jes 60, 2 geschilderte Finsternis, die das Erdreich und die Völker bedeckt, bezeichnet demnach sowohl die Negation des Heils wie auch die der Nähe Gottes. Das Licht ist nur in Israel vorhanden, und nur als Prädikate Israels kommen die angebrochene Heilszeit wie auch die Nähe Gottes den Heiden zum Bewußtsein (60, 3; 62, 2). Von dieser Tatsache leitete das spätere Judentum die Theorie ab, Jerusalem sei das kultische Zentrum der ganzen Welt auch für die eschatologische Zeit. In Jes 60,1–3; 62,1–2 hat auch der jüdische und nt.liche Gedanke der eschatologischen „Verherrlichung" der Welt und der Gerechten seinen Ausgangspunkt. Eine Parallele zu den genannten Jes.-Versen findet sich Ez 43, 2. 5, wo der Osten das Heil des Morgens und das Wort *kābōd* die Theophanie vertreten. In den folgenden Kapiteln wird die Heilszeit, die ihr kultisches Zentrum im neuen Tempel hat, geschildert.

V. In Qumran finden sich als Termini für Licht אור, מאור, האיר, הופיע und (einmal) נוגה. In der liturgischen Tradition des Judentums behält das Licht des Tages in at.licher Weise seine Selbständigkeit gegenüber der Sonne (1 QS 10, 1–3. 10; 1 QH 12, 4–7; 1 QM 14,13f.; vgl. Aalen 106f., 237ff.). Andererseits wird die Sonne als „Ordnungsprinzip der Welt" bewertet (1 Q 27, 6f.), was dem AT gegenüber etwas Neues darstellt (vgl. den Sonnenkalender). Dem Licht der Gestirne wird in jüdischer Weise ein himmlischer Ursprung zugeschrieben (1 QS 10, 2f.). – Licht als Wohlergehen und Finsternis als Unglück werden auf das Heil (als Verherrlichung) im ewigen Licht des Jenseits (1 QS 4,7f.), bzw. auf das ewige Verderben (1 QS 2, 8; 4,13) bezogen. – Vorherrschend ist ein ethischer Dualismus von Licht und Finsternis, der sich in der Anschauung äußert, daß zwei Lager, die Söhne und Geister des Lichts und die der Finsternis, einander gegenüberstehen (1 QS 1, 9f.; 3, 3–26; 1 QM 1,1–17; 13, 2–16). – Quelle des heilbringenden Lichts ist Gott (1 QS 11, 3–5; 1 QH 7, 25; 9, 26f.; 18,1–6), der das Licht dem Menschen aufstrahlen läßt (1 QH 9, 26f.) und ihm damit Heil (1 QH 9, 26–29) und vor allem Erleuchtung (1 QS 2, 3; 4, 2; 11, 5) schenkt. Diese Erleuchtung bedeutet nicht eine substantielle Verwandlung des Menschen (so könnte man höchstens 1 QH 7, 24 verstehen). Die Zugehörigkeit zum Bereich des Lichts liegt in der neuen Erkenntnis und im rechten Wandel. – Die überführende und aufdeckende Rolle des Lichts ist zurückgetreten. Doch wird Gottes Licht oder Glanz als ein Feuer aufgefaßt, das die Sünder verzehrt (1 QH 6, 18f.; 1 QM 14, 17f.). Im übrigen wird das Licht nicht mit Gottes Person in Verbindung gebracht im Sinne eines göttlichen Attributes.

Aalen

אורים → גורל

אות

I. 1. Etymologie – 2. Statistische Übersicht – 3. Synonyme – II. Profaner Sprachgebrauch – III. Theologische Verwendung – 1. Die Gegenstände der Zeichen und ihre Orte – 2. Die Funktionen der Zeichen – a) Erkenntniszeichen – b) Schutzzeichen – c) Glaubenszeichen – d) Erinnerungszeichen – e) Bundeszeichen – f) Bestätigungszeichen – g) Symbolische Zeichen (Zeichenhandlungen) – 3. Ergebnis

Lit. (außer den Kommentaren): *O. Bächli*, Israel und die Völker (AThANT 41), 1962. – *K. Baltzer*, Das Bundesformular (WMANT 4), ²1964. – *W. Eichrodt*, Der Sabbat bei Hesekiel. Ein Beitrag zur Nachgeschichte des Prophetentextes, in: Lex tua veritas: Festschr. H. Junker, 1961, 65–74. – *O. Eißfeldt*, Hexateuchsynopse, 1962. – *Ders.*, Einleitung in das Alte Testament, ³1964. – *V. Hamp*, Genus litterarium in Wunderberichten (Estudios Eclesiásticos 34, 1960, 361–366). – *J. Haspecker*, Wunder im Alten Testament (Theologische Akademie II, 1965, 29–56). – *F.J. Helfmeyer*, Die Nachfolge Gottes im Alten Testament (BBB 29), 1968. – *A.R. Johnson*, The Cultic Prophet in Ancient Israel, Cardiff ²1962. – *C.A. Keller*, Das Wort OTH als „Offenbarungszeichen Gottes". Eine philologisch-theologische Begriffsuntersuchung zum Alten Testament, 1946. – *R. Kilian*, Die Verheißung Immanuels Jes 7,14 (SBS 35), 1968. – *H.J. Kraus*, Gottesdienst in Israel, ²1962. – *N. Lohfink*, Der Bundesschluß im Lande Moab, Redaktionsgeschichtliches zu Dt 28, 69–32, 4 (BZ N.F. 6, 1962, 32–56). – *D.J. McCarthy*, Treaty and Covenant. A Study in Form in the Ancient Oriental Documents and in the OT (AnBibl 21), 1963. – *M. Noth*, Überlieferungsgeschichte des Pentateuch, ²1948. – *H.D. Preuß*, „... ich will mit dir sein!" (ZAW 80, 1968, 139–173). – *G. Quell*, Das Phänomen des Wunders im Alten Testament (Verbannung und Heimkehr. Festschr. W. Rudolph, 1961, 253–300). – *G. v. Rad*, Das formgeschichtliche Problem des Hexateuch (ThB 8, ³1965, 9–86). – *K.H. Rengstorf*, σημεῖον (ThWNT VII, 1964, 199–268). – *W. Richter*, Traditionsgeschichtliche Untersuchungen zum Richterbuch (BBB 18), 1966. – *Ders.*, Die sogenannten vorprophetischen Berufungsberichte (FRLANT 101), 1970. – *L. Rost*, Weidewechsel und altisraelitischer Festkalender (Das kleine Credo und andere Studien zum Alten Testament, 1965, 101–112). – *J. Scharbert*, Was versteht das Alte Testament unter Wunder? (Bibel und Kirche 22, 1967, 37–42). – *G. Schmitt*, Der Landtag von Sichem (AThANT I, 15), 1964. – *C. Westermann*, Das Loben

Gottes in den Psalmen, [2]1963. – *Ders.*, Grundformen prophetischer Rede (BEvTh 31), [2]1964. – *W. Zimmerli*, Erkenntnis Gottes nach dem Buche Ezechiel (ThB 19, 1963, 41–119). – *Ders.*, Ich bin Jahwe, ebd., 11–40. – *Ders.*, ThZ 5 (1949), 374–376.

I. 1. Die Etymologie von אות ist völlig unsicher (Keller 146; Rengstorf, ThWNT VII 207). Wenn ת als ursprüngliche Femininendung betrachtet werden kann (Keller 146), liegt möglicherweise √אוה zugrunde, was jedoch 'wünschen, begehren' bedeutet (KBL[3] 20f.; vgl. aber J.L. Palache, Semantic Notes on the Hebrew Lexicon, Leiden 1959, 3f.; ThWNT VII 207, Anm. 51 'festsetzen, bezeichnen'?). Die Verbindung mit akk. *ittu* (CAD 7, 304–310; AHW 405f.), das gelegentlich das Orakelzeichen bezeichnet, führt auch nicht weiter (ThWNT VII 207; Keller 148f.).

2. Im AT kommt das Wort אות 78mal vor; in 75 Fällen gibt LXX das Wort mit σημεῖον wieder (Hatch-Redpath, Concordance II 1954, 1263f.). Da σημεῖον in LXX überhaupt nur 125mal vorkommt, ist deutlich, daß es vor allem zur Übersetzung von אות dient.

3. Neben אות treten viele Synonyme auf, die die Funktion des Zeichens oder seine Eigenart kennzeichnen. Das meistverwendete Synonym zu אות ist → מופת (in Verbindung mit אות: Ex 7,3; Deut 4,34; 6,22; 7,19; 13,2.3; 26,8; 28,46; 29,2; 34,11; Jes 8,18; 20,3; Jer 32,20.21; Ps 78,43; 105,27; 135,9; Neh 9,10); es erscheint in dieser Verbindung fast ausschließlich in der deut-dtr Literatur und bezeichnet, auch unabhängig von אות, Bestätigungs-, Warn-, Schreckens und Vorzeichen. מופת wird vor allem verwendet zur Darstellung der Exodusereignisse. „Apokalyptische Töne" (Keller 61) lassen sich nicht feststellen.

Die Funktion von אות erhellt das Synonym → זכרון (mit אות verbunden Ex 13, 9; zu Jos 4, 6 vgl. v. 7), insofern es auf die Gedenkfunktion des Zeichens hinweist. Zweck des זכרון ist, „eine der Überlieferung würdige Sache vor dem Vergessen zu bewahren und immer wieder aktuell zu machen" (Keller 64); deshalb liegt die Wiedergabe des Wortes mit 'Erinnerndes, Vergegenwärtigendes' (Keller 65) nahe (vgl. P.A.H. de Boer, Gedenken und Gedächtnis in der Welt des ATs, 1962, 19. 38f.; W. Schottroff, „Gedenken" im Alten Orient und im AT. Die Wurzel zākar im semitischen Sprachkreis (WMANT 15, 1964, 299–328). Der Charakter der Öffentlichkeit von *zākar* ergibt sich aus der in Rechtsgattungen nachweisbaren Bedeutung des Wortes im Sinne von 'bekanntmachen, im Rechtsverfahren zur Sprache bringen' (Wolff, BK XIV/1[2], 186; dort weitere Lit.).

Eine dem Wort זכרון verwandte Bedeutung hat vermutlich → טוטפות (mit אות verbunden Ex 13,16; Deut 11,18), das die Funktion von אות als Erinnerungszeichen hervorhebt (vgl. Keller 65f.).

Ebenfalls eine Funktion von אות kennzeichnet das Synonym עד, nämlich die des Zeugen (mit אות verbunden Jes 19, 20; vgl. Ex 4, 8).

מסות 'Prüfungen' (mit אות verbunden Deut 4, 34; 7,19; 29, 2) meint die Zeichen, mit denen JHWH den Pharao „geprüft" hat. Auf die Probe hat er ihn und vielleicht auch die Israeliten gestellt, um herauszubekommen, ob sie ihn erkennen und anerkennen (vgl. Quell 288). Eine ähnliche Funktion scheint das Synonym מוסר 'Zucht, Erziehung' dem Wort אות beizulegen (mit אות verbunden; zu Deut 11, 3 vgl. v. 2).

Andere Synonyme betonen mehr die göttliche Größe und Macht, die sich in den „Zeichen", vor allem im Zusammenhang mit dem Exodus, offenbart, so גדלה 'Größe' (Jos 24,17), יד חזקה 'starke Hand' (Deut 4, 34; zu 6, 22 vgl. v. 21; 7,19; zu 11, 3 vgl. v. 2; 26, 8; zu 34,11 vgl. v.12; Jer 32, 21), זרוע נטויה 'ausgestreckter Arm' (Deut 4, 34; 7,19; zu 11, 3 vgl. v. 2; 26, 8; Jer 32, 21), מרא גדל 'großes Schrecknis' (Deut 4, 34; 26, 8; zu 34,11 vgl. v.12; Jer 32, 21), מלחמה 'Krieg' (Deut 4, 34), כבוד 'Herrlichkeit' (Num 14, 22), שפטים גדלים 'große Strafgerichte' (zu Ex 7, 3 vgl. v. 4), מעשים 'Taten' (Deut 11, 3). „Für אות ist besonders aufschlußreich die Synonymität mit דגל 'Standarte', das, was man sieht und beachtet" (Quell 292; mit אות verbunden Num 2, 2).

II. Im Wesen des „Zeichens" liegt es eingeschlossen, daß es auf etwas hinweist. Bereits aus dieser Feststellung erhellt, daß die primäre Lokalisierung des Wortes אות im theologischen Bereich (so Keller 14 u.ö.) zumindest unwahrscheinlich ist. Sie trifft denn auch tatsächlich nicht zu, wenn im 4. Lachisbrief Z. 10 (vgl. KAI 194,10; ThWNT VII 208) Feuerzeichen (משאת) neben את Z. 11 genannt werden, die der Weitergabe von militärischen Nachrichten dienen. In ähnliche militärische Zusammenhänge verweisen die Familienzeichen (Num 2, 2 P; ähnlich Ps 74, 4), nach denen geordnet die Israeliten lagern; dieser Lagerordnung liegt die „Kriegslagervorstellung" zugrunde (vgl. A. Kuschke ZAW 63, 1951, 74–105; Noth, ATD 7, 24), und die Familienzeichen sind Fahnen oder Standarten, die sich – aufgrund der Zuordnung zum Begegnungszelt – nicht theologisch umfunktionieren lassen zu einem „Sicherungszeichen, das die Gnadenordnung garantiert" (Keller 144). In eine Kriegssituation führt auch Jos 2,12.18, wenn auch das von Rahab erbetene und von den Kundschaftern gegebene Zeichen, eine geflochtene Purpurschnur als Unterpfand, eher eine rechtliche Situation widerspiegelt, in der das Zeichen als Vertrags- und Garantiezeichen fungiert. Hiob weist 21, 29 auf Zeichen im Sinne von „Beweisen" oder „Beispielen" (ThWNT VII 211) hin, die gegen die Gültigkeit des Vergeltungsdogmas sprechen, und appelliert damit an die Erfahrungsweisheit, der das Verständnis von *'ōt* als Offenbarungszeichen fremd ist (gegen Keller 47).

Die profansprachliche Verwendung des Wortes *'ōt* im militärischen Bereich zur Bezeichnung von Nachrichten- und Kennzeichen, im rechtlichen Bereich zur Bezeichnung von Vertrags- und Garantiezeichen, im Bereich der Erfahrungsweisheit zur Bezeichnung von Beweisen und Beispielen, von Zeichenarten, die auch im theologischen Sprachgebrauch wiederkehren, macht die ursprüngliche Beheimatung des Wortes im profanen Sprachgebrauch deutlich (so auch Quell 292; ThWNT VII 211 Anm. 78; Zimmerli, ThZ 5, 374–376) und eine gleichlaufende oder sekundäre Übernahme in den theologischen Sprachgebrauch wahrscheinlich.

III. 1. „אות 'Zeichen' ist eine Sache, ein Vorgang, ein Ereignis, woran man etwas erkennen, lernen, im Gedächtnis behalten oder die Glaubwürdigkeit einer Sache einsehen soll." Diese von H. Gunkel (Genesis[7] 150) vorgetragene Definition betont m. R. den Funktionscharakter des Zeichens. Denn nicht der Gegenstand des Zeichens ist entscheidend für seine Beurteilung, sondern seine Funktion, nicht sein Vollzug, sondern seine Mitteilung. Die Gegenstände der Zeichen sind bunt wie die Welt, in der sie geschehen.

'ōt kennt, geht man von seinem *Gegenstand* aus, verschiedene *Orte*: die Schöpfung, die Geschichte und kultische Institutionen, wobei der erst- und letztgenannte Ort, israelitischer Tendenz zur Historisierung entsprechend, des öfteren mit geschichtlichen Ereignissen verbunden werden.

Zeichen in der Schöpfungsordnung oder Natur sind etwa die Leuchten am Firmament des Himmels (Gen 1,14), der Regenbogen (Gen 9,12.13. 17), agrarischer Nachwuchs, Wildwuchs, Saat und Ernte (Jes 37, 30), wunderbares Wachstum (Jes 55,13), Erscheinungen an den Gestirnen (Jer 10, 2), Gründung der Berge und Beruhigung des Meeresbrausens (zu Ps 65, 9 vgl. v. 7. 8). – Als Zeichen in der Geschichte kommen vor allem die ägyptischen Plagen und überhaupt die Herausführungsereignisse zur Sprache (Ex 7, 3; Deut 4, 34; 6, 22; 7,19 u. ö.). – Im Rahmen kultischer Institutionen gelten als Zeichen die Beschneidung (Gen 17,11), das Blut des Passalammes (Ex 12,13), das Mazzotessen (Ex 13, 9), die Weihe der Erstgeburt (Ex 13,16), der Sabbat (Ex 31,13.17; Ez 20,12. 20), die Gestirne (Gen 1,14) und der Altarüberzug (Num 17, 3).

2. Was hier in Schöpfung, Geschichte und Institution vorhanden ist bzw. geschieht, hat aufgrund des ihm zugelegten Zeichencharakters einen Aussagewert über den Gegenstand und das Geschehen hinaus. Diese Bedeutung bedarf zu ihrer Erhellung der Deutung. Daraus stellt sich die Frage nach der *Funktion* des Zeichens.

Wie aus dem Gegenstand des Zeichens, so geht auch aus seiner Funktion hervor, daß nicht sein wunderbarer, aufsehenerregender Charakter im Mittelpunkt steht. Denn Absicht des Zeichens ist es nicht, seine Zuschauer zu erschrecken, sondern eine Erkenntnis zu vermitteln oder zu einer Verhaltensweise zu bewegen. Wenn Mose auf Gottes Geheiß Zeichen wirkt (Ex 3,12; 4, 8. 9. 28. 30), dienen sie seiner Legitimierung, sollen jedoch nicht die Israeliten lediglich in Erstaunen versetzen. In diesem Fall hätten die Zeichen ihren Sinn verfehlt. Auch wirkt Mose die Zeichen nicht zu „seiner größeren Ehre", wenngleich sie ihn legitimieren. Sie legitimieren ihn aber als Gottgesandten und verbürgen gleichzeitig die Zuverlässigkeit der Botschaft, mit der er zu den Israeliten gesandt ist. Ähnlich verfolgen die von Gott in Ägypten gewirkten Zeichen letztlich nicht den Zweck, den Pharao und seine Leute zu erschrecken, sondern ihn zu der Erkenntnis zu führen, „daß ich, JHWH, bin (zu Ex 7, 3 vgl. v. 5) oder „daß ich, JHWH, inmitten des Landes herrsche" (zu Ex 8,19 vgl. v. 18). Dieselbe Wirkung sollen die Zeichen, die Gott im Zusammenhang mit der Herausführung gewirkt hat, bei den Israeliten hervorrufen: die Erkenntnis und Anerkennung JHWHs als des einzigen Gottes (zu Deut 4, 34 vgl. v. 35; vgl. Ex 10, 2). Daher rührt auch die Klage, daß Israel trotz der erfahrenen Zeichen kein Herz hat und keine Einsicht, keine Augen, die sehen, keine Ohren, die hören (zu Deut 29, 2 vgl. v. 3). Dahinter steht die mit der Zeichensetzung verknüpfte Erwartung, daß die Zeichen im Gefolge der Erkenntnis Glauben wecken (Num 14,11) und die Bereitschaft fördern, auf JHWHs Stimme zu hören (Num 14, 22), seine Worte ernst zu nehmen (Jer 44, 29), am Schicksal des Götzendieners Gottes Wirken zu erkennen (Ez 14, 8) und das Eintreten Gottes für die Seinen anzuerkennen (Ps 86,17).

a) Diese zunächst nur deskriptive Übersicht ermöglicht eine erste Systematisierung der Zeichen aufgrund ihrer Funktion. Hier handelt es sich um *Erkenntniszeichen*, die in einen größeren Zusammenhang gestellt werden müssen, wenn ihre Hintergründe sichtbar werden sollen.

Wie Gottes Wirken überhaupt, so bezwecken auch seine Zeichen Erkenntnis, daher die „imperative Komponente der Erkenntnisaussage" (Zimmerli, Erkenntnis 67). Die Verbindung von Erkenntnis und Zeichen ist so eng, daß – im Zusammenhang der Erkenntnisaussage – Erkennen soviel bedeutet, wie „sich durch ein Zeichen die Gewißheit einer Sache geben lassen" (Zimmerli, Erkenntnis 93; vgl. ThWNT VII 211–214), und die Erkenntnisaussage „von

Hause aus in den Bereich des Zeichengeschehnisses" (Zimmerli, Erkenntnis 95) gehört, näherhin in den Bereich des Beweiszeichens (Zimmerli, Erkenntnis 98).

Die Feststellung der Erkenntnisaussage bereits in der vorpriesterlichen (J) Mosetradition (Zimmerli, Erkenntnis 66) führt zu der Frage nach der Quellenzugehörigkeit der „Zeichen", zunächst soweit es sich um ausgesprochene „Erkenntniszeichen" handelt. Die hinsichtlich der Erkenntnisaussage von Zimmerli (Erkenntnis 58; 61 zu Ex 7, 5; 8, 18; 10, 2) getroffene Entscheidung wird durch die Zuordnung von Ex 7, 3. 5 zu P durch Eißfeldt (Hexateuchsynopse 119*) und von Ex 8,18.19; 10, 2 zu J (Eißfeldt, Hexateuchsynopse 122*; 126*) bestätigt. Demnach läßt sich die Verwendung von *'ōt* im Sinne des Erkenntniszeichens bis in die frühere Königszeit zurückverfolgen. Der Gebrauch von *'ōt* in der genannten Bedeutung entspricht der Eigenart von J, dem es um die „Durchsetzung der Gottesherrschaft gegenüber den Feinden des Volkes und Israel selbst" geht (Sellin-Fohrer, Einleitung[10] 162). Der bei J feststellbare universale Gedanke (Sellin-Fohrer, Einleitung[10] 163) wird ausgesprochen in Ex 8, 18. 19, wonach der Pharao an dem Zeichen erkennen soll, daß JHWH inmitten des Landes herrscht. Wenn für J die theozentrische Geschichtsauffassung typisch ist, der entsprechend „Gott als der eigentliche Gestalter aller Geschichte" gilt (Weiser, Einleitung[6] 95), ist mit der Möglichkeit zu rechnen, daß sich diese Eigenart auch in der jahwistischen Verwendung von *'ōt* als Erkenntniszeichen feststellen läßt. Diese Möglichkeit trifft zu: Die Erkenntnis folgt dem Tun JHWHs, das als notwendige Voraussetzung der Erkenntnis zu betrachten ist (vgl. Zimmerli, Erkenntnis 80; s. später zu I Sam 10, 9).

Überlieferungsgeschichtlich stellt die Plagengeschichte, zu der Ex 7, 3 (5); 8 (18).19; 10, 2 gehören, nichts anderes dar als eine im Zuge der Historisierung des Passaritus und der Tötung der ägyptischen Erstgeburt hinzugekommene Auffüllung des Hauptthemas „Herausführung aus Ägypten" mit Erzählungsstoffen, die durch ihren „jüngeren 'ausgeführten' Sagenstil" auffallen (Noth ÜPt 70; vgl. 70–77). Demnach gehören die Plagengeschichte und die in ihr enthaltene Verwendung von *'ōt* als Erkenntniszeichen nicht zu den überlieferungsgeschichtlich alten Themen des Pentateuch. Diese Feststellung ändert jedoch nichts daran, daß die Verwandtschaft mit dem Hauptthema insofern besteht, als es sich hier um eine erzählerische Ausgestaltung des Hauptthemas handelt, dementsprechend die an der Herausführung Beteiligten die Hilfe ihres Gottes im Gegensatz zu den gegenläufigen Versuchen der Ägypter am Schilfmeer erfahren haben. Dieses Ereignis, nicht der Passaritus (so Noth ÜPt 72; 207), mag die Ausgestaltung des Hauptthemas durch die Plagengeschichte veranlaßt haben (vgl. Haspecker 53). In diesem Zusammenhang erscheinen die Plagen als Zeichen, an denen Israel in seiner Ohnmacht vor den Großen dieser Welt die Macht und Hilfe seines Gottes „erkennen" kann. Die Notwendigkeit der Erinnerung daran war in der Geschichte Israels oft genug gegeben; dafür kommt die Zeit kriegerischer Landnahme ebenso in Frage wie die Zeit philistäischer und assyrischer Bedrückung. Daß die Zeichen, die JHWH in Ägypten gewirkt hat, vor allem im Deut genannt werden, legt die Vermutung nahe, daß besonders die assyrische Bedrückung als Zeit der Erinnerung an die ägyptischen Zeichen in Frage kommt. Das sagt selbstverständlich nichts aus über die mögliche Entstehungszeit der Plagengeschichte und der in ihr genannten Zeichen. Im Gegenteil, ihre Entstehung spiegelt eine Zeit wider, in der sich JHWH gegenüber den Mächtigen der Welt als der Mächtigere erwies. Diese Erfahrung machten israelitische Stämme zur Zeit der kriegerischen Landnahme im Rahmen des JHWH-Krieges (vgl. Quell 261), und den unter David geeinten Stämmen war diese Erfahrung beschieden in der erfolgreichen Auseinandersetzung mit den Nachbarvölkern. Das deckt sich in etwa mit der Entstehungszeit von J, dem demnach – auch aufgrund überlieferungsgeschichtlicher und historischer Überlegungen – die Entfaltung der Plagenzeichen zuzutrauen ist. Dafür spricht auch die allgemein angenommene Lokalisierung von J im Südreich (Juda), das für das ägyptische Kolorit der Plagenzeichen (vgl. Noth 74f.) am ehesten verantwortlich gemacht werden kann.

Die formgeschichtliche Bestimmung geht zweckmäßigerweise aus von der Frage nach dem Sitz im Leben für die Erkenntnisaussage, die in „Gebeten, in erzählenden Berichten, in nachträglichen bekenntnisartigen Konstatierungen, aber auch in paränetischer Rede" erscheint (Zimmerli, Erkenntnis 79). Ihr ursprünglicher Sitz mag im Rahmen der Gottesbefragung vermutet werden (vgl. Zimmerli, Erkenntnis 98 mit Hinweis auf 1 Sam 6). Da aber die Erkenntnisaussage selbst wieder eine zusammengesetzte Redeform ist, in die die Formel der göttlichen Selbstvorstellung „Ich bin JHWH" eingeschmolzen ist (vgl. Zimmerli, Erkenntnis 103), steht die Frage auch nach dem Sitz der Selbstvorstellungsformel an. W. Zimmerli (Ich bin Jahwe 18; 24; 25–27) hat als Sitz für die Selbstvorstellungsformel die Gesetzesrede im Rahmen eines gottesdienstlichen Vorgangs und die Theophanierede samt der damit verbundenen gottesdienstlichen Form des Erhörungsorakels festgestellt. Die Erweiterung der Selbstvorstellungsformel zur Erkenntnisaussage vermutet Zimmerli (Erkenntnis 103) im gottesdienstlichen Bereich oder im Rahmen der Proklamation des Gottesrechts. In diesen Zusammenhang ist nun die Frage nach dem Sitz der „Erkenntniszeichen" einzuordnen. Am leichtesten läßt sich diese Frage beantworten für Ex 10, 2, ein Text, der die sogenannte „Kinderfrage" voraussetzt, wie sie etwa in Ex 13, 8 implizit enthalten, in Ex 13,14 und Deut 6, 20 ausgedrückt ist, wobei in allen genannten Texten von den „Zeichen" im Zusammenhang mit der Herausführung die Rede ist. Die Antwort auf die „Kinderfrage" entspricht dem, was Zimmerli (Erkenntnis 79) als nachträgliche bekenntnisartige Konstatierung bezeichnet hat.

In Deut 1–4, 40 lassen sich zwar Spuren des sogenannten Bundesformulars feststellen (vgl. Baltzer, Bundesformular² 41–43), wobei die in 4, 32–39 entwickelte Theologie „in ihrem Aufbau ... dem Ablauf einer Vorgeschichte" folgt (Baltzer 43). Aber die Feststellung von Elementen des Bundesformulars machen noch nicht das Formular. Deshalb liegt es näher, als möglichen Sitz für Deut 4, 32–38 (40) die Gesetzespredigt anzunehmen, der es um die Motivierung der ausschließlichen Anerkennung JHWHs geht (anders v. Rad, ATD 8², 37: Trostpredigt für Exulanten); daher die Verwendung der Erkenntnisaussage im Zusammenhang paränetischer Geschichtsrückblicke (Zimmerli, Erkenntnis 66). Derselbe Sitz ist Deut 29, 2. 3 zu vermuten; auch hier handelt es sich im Zusammenhang von 29,1–7 um einen paränetischen Geschichtsrückblick, der die Motive für die Bewahrung des Bundes und für die Erfüllung der Bundespflichten bereitstellt, nicht aber um die Vorgeschichte des Bundesformulars (gegen Baltzer 44; McCarthy, Treaty 138; v. Rad, ATD 8²,128), die schon formal nicht einheitlich ist (so auch Baltzer 44). Möglicherweise liegt in 29,1–6a ein ursprünglich kultischer Text vor (so Lohfink, Bundesschluß 38), der in der Gesetzesproklamation seinen Ort hat.

Die paränetische Funktion erhält die vierte Plagengeschichte (Ex 8,16–28) durch die Erkenntnisaussage (v.18), wenngleich es sich hier nicht um einen paränetischen Text handelt, eher um einen erzählenden Bericht (s.o. Zimmerli, Erkenntnis 79), dessen Sitz sich nicht mehr ermitteln läßt. Hier wird nicht die Bremsenplage als solche Zeichen genannt, sondern die Verschonung des Gottesvolkes, ein Motiv, das auch in anderen Plagengeschichten wiederkehrt (Ex 9, 4. 26; 10, 23; 11,7) und den möglichen Ausgangspunkt der Plagengeschichten insgesamt darstellt. Um die Darstellung der Verschonung oder „Befreiung" (Ex 8,19) Israels geht es; insofern liegt – trotz der erzählenden Umgebung – die Bestimmung von wenigstens Ex 8,18f. als Paränese nahe.

Ähnliches gilt für Ex 7, 3. 5, insofern die Verbindung der Zeichen mit der Erkenntnisaussage eine deutliche theologische Sprache spricht, die, wenn auch in einen erzählenden Kontext gestellt, Paränese ist.

Jer 44, 29 ist Bestandteil einer Gerichtsankündigung (zur Form vgl. Westermann, Grundformen² 120ff.). V. 25 nennt das Vergehen, v. 27 die Gerichtsankündigung, v. 28. 29 die Folge des göttlichen Eingreifens: die Erkenntnis der Geltung des göttlichen Wortes (vgl. das Schema bei Westermann 122). Wenn die Gerichtsankündigung an Einzelne in ihrer vorliterarischen Form den „Elementen des ordentlichen Gerichtsvorganges" noch sehr nahesteht, aus dem sie wahrscheinlich entstanden ist (Westermann 122), wird die Funktion des Zeichens in Jer 44, 29 als Zeuge (Jes 19, 20; vgl. Ex. 4, 8) verständlich. Der vorausgehende Kontext, vor allem v.15–20, macht deutlich, daß die Gerichtsankündigung mit einem Disputationswort verbunden ist. Dann aber geht der Ankündigung des Zeichens vermutlich eine entsprechende Frage der Angesprochenen nach der Geltung der göttlichen Gerichtsankündigung voraus.

In Ez 14,1–11 liegt eine Formenmischung von Scheltrede und der Redeweise des Gesetzes vor (Zimmerli, BK XIII/1, 302); letztere kommt vor allem in v. 8 zur Sprache, da Androhung der Abwendung des Angesichts und Banndrohung der Rechtssprache entstammen (Zimmerli, BK XIII/1, 311). Durch Zufügung der Erkenntnisaussage wandelt sich das „Rechtswort zum prophetischen Erweiswort" (Zimmerli, BK XIII/1, 312), wobei allerdings die Verbindung der beiden Formen „so wirst du erkennen, daß ..." und „Ich bin JHWH" ihre Herkunft aus dem gesetzlichen Bereich nicht leugnen kann (vgl. Zimmerli, BK XIII/1, 56. 57). Dem Zeichen kommt in diesem Zusammenhang die Funktion des Beweis- oder Wahrheitszeichens im rechtlichen Sinn zu.

Ps 86 wird allgemein als Klagelied des einzelnen bezeichnet (Kraus, BK XV³ 596), in dem der Beter um „ein Zeichen zum Heil" (v.17) bittet. Wenn das Lied auch im Kult beheimatet ist, bietet sich das Verständnis des Zeichens als Erhörungsorakel nicht als einzig mögliches an (vgl. Kraus, BK XV³ 599).

Aus den für die von „Erkenntniszeichen" handelnden Texte ermittelten Gattungen, unter denen die Paränese überwiegt, ergeben sich Konsequenzen für die Funktion der genannten Zeichen. Paränese will nicht erzählen, sondern motivieren und zu etwas bewegen. Im Rahmen des paränetischen Geschichtsrückblicks motiviert der Hinweis auf die Zeichen die ausschließliche Anerkennung und Verehrung JHWHs (Deut 4, 34f.) bzw. die Bundestreue (Deut 29, 2f.). Das Zeichen soll zur Einsicht in die

Ernsthaftigkeit göttlicher Gerichtsankündigung verhelfen und gewinnt so die Funktion eines Beweiszeichens, das im rechtlichen Bereich beheimatet ist (vgl. Jer 44, 29; Ez 14, 8); auch hier dient das Zeichen zur Motivierung des Glaubens. Auch für Ex 8, 18f. hat sich – u. a. aufgrund der Erkenntnisaussage – die paränetische Absicht ergeben. Das Schwergewicht dieses Zeichens liegt auf der Verschonung des Gottesvolkes; deshalb will auch dieses Zeichen etwas motivieren: das Vertrauen Israels zu JHWH. Demgegenüber begründen die in Ex 7, 3 genannten Zeichen die Erkenntnis JHWHs durch die Ägypter (7, 5) nicht im Sinne des Glaubens und Vertrauens, sondern im Sinne der Anerkennung der überlegenen Macht JHWHs; die motivierende Funktion fehlt also auch hier nicht. Die Funktion des Zeichens in dem individuellen Klagelied Ps 86 (vgl. v. 17) schließlich macht aufmerksam auf die Situation des Zeichens. Klage setzt Not voraus, in der der Mensch mit seinen eigenen Möglichkeiten an eine Grenze gerät, die nur Gott mit einem Zeichen überschreiten kann (zur Verbindung von Zeichen und Krisensituation vgl. Scharbert, Bibel und Kirche 22, 1967, 40–42). Auch hier will das Zeichen etwas begründen, nicht nur den Glauben des Beters an das hilfreiche Eingreifen Gottes, sondern ebenso die für die Feinde beschämende Einsicht, „daß du, JHWH, mir hilfst und mich tröstest" (Ps 86, 17).

Das Zeichen hat demnach verschiedene Gesichter; mit dem einen schaut der es setzende Gott den Menschen an, mit dem anderen erkennt der Mensch den nahen und wirkenden Gott. Insofern wird im Erkenntniszeichen das für die Heilsgeschichte typische Wechselspiel von göttlichem Wort und menschlicher Antwort, von göttlicher Tat und menschlicher Reaktion offenbar.

b) Zeichen sollen Erkenntnis vermitteln; so erkennen diejenigen, die Kain begegnen, an dem Zeichen, das er trägt, seine Unantastbarkeit (Gen 4, 15 J). Das Zeichen bewirkt Schutz und ist wahrscheinlich als Tätowierung, vielleicht als Stammeszeichen zu verstehen (Gunkel, Genesis[7] 46f.; v. Rad, ATD 2/4[7], 87f.), ob darüber hinaus auch als Zeichen der JHWH-Zugehörigkeit der Keniter (v. Rad, ATD 2/4[7], 88), bleibt zu fragen. Jedenfalls handelt es sich hier um eine besondere Art des Erkenntniszeichens, um ein *Schutzzeichen*, nicht aber um ein „Offenbarungsschutzzeichen" (Keller 75), da es hier nicht um eine Erkenntnis Gottes, sondern Kains geht (ThWNT VII 213). Das in Ex 12, 13 (P) genannte Zeichen ist ebenfalls ein Schutzzeichen, an dem JHWH oder der „Verderber" die Häuser der Israeliten erkennt und deshalb „vorübergeht". Das im Blutritus gesetzte Zeichen dient als „Schutzmittel" (Rost, Weidewechsel 104), ursprünglich – im Sinne eines apotropäischen Ritus vor dem Weidewechsel – wahrscheinlich vor dem „Verderber" (vgl. auch Noth, ATD 5[3], 69. 71).

c) Mit den Erkenntniszeichen verwandt sind die Zeichen, die nicht ausdrücklich die Erkenntnis JHWHs, aber den Glauben an JHWH und seine Verehrung motivieren und deshalb *Glaubenszeichen* genannt werden sollen, im Sinne der Glauben begründenden Zeichen.

Diese Funktion der Zeichen scheint vor allem in der deut-dtr Literatur beheimatet zu sein. Num 14, 11b ff. ist „stark mit deuteronomistischen Redewendungen und Anschauungen durchsetzt" und erscheint als späterer Zusatz zur im Kern jahwistischen Kundschaftergeschichte (Noth, ATD 7, 96). Ebenso ist das Urteil JHWHs in Num 14, 22. 23a deuteronomistisch formuliert (Noth, ATD 7, 97). Die beiden Hinweise auf die Zeichen in der Kundschafter- bzw. Kalebgeschichte (Num 14, 11b. 22) erscheinen im Zusammenhang als Strafbegründung und verfolgen den paränetischen Zweck, vor dem Unglauben trotz der erfahrenen Zeichen zu warnen oder zum Glauben zu bewegen. Denn die Zeichen hätten Israel zu „einem unbedingten Vertrauen auf seinen Gott" führen müssen (Noth, ATD 7, 96). Das geht auch aus der Kalebgeschichte in Deut 1, 22–46 hervor; auch hier wird auf die Taten JHWHs in Ägypten und in der Wüste (1, 31f.) und auf das fehlende Vertrauen Israels zu JHWH (1, 32) verwiesen. Über die augenblickliche Setzung und Wirkung des Zeichens hinaus gewinnt das Zeichen eine andauernde Wirkung durch seine Glauben begründende Funktion. Im Zusammenhang der Kalebgeschichte, die überlieferungsgeschichtlich zur Auffüllung der pentateuchischen Hauptthemen gehört und bei der Einordnung in den Pentateuch dem Hauptthema „Führung in der Wüste" zugeordnet wurde (Noth, ÜPt 144–149), scheinen die in Num 14, 11. 22 erwähnten Zeichen ihre Wirkung auf Kaleb nicht verfehlt zu haben; er folgt JHWH nach (Num 14, 24; 32, 12; Deut 1, 36; Jos 14, 8. 9. 14; Sir 46, 10; zur Terminologie vgl. Helfmeyer, BBB 29, 95–103 → אחרי).

Paränetische Absicht verfolgt auch die Erwähnung der von JHWH in Ägypten gesetzten Zeichen in Deut 11, 3, die Israel zur Gottesliebe und zur Beobachtung der göttlichen Gebote bewegen sollen (vgl. v. 1). Wenn Deut 10, 12–11, 31 auch Formelemente des Bundesformulars enthält und 11, 2–7 der Vorgeschichte dieses Formulars gleicht (v. Rad, ATD 8, 59), so muß doch auffallen, daß „die Unterteile des Formulars ... hier nicht in ihrer traditionellen Reihenfolge" erscheinen und in „paränetischer Stilisierung" auftreten (v. Rad, ATD 8, 59). Nicht um das Bundesformular handelt es sich hier, sondern um Paränese, die in dem geschichtlichen Rückblick aufgrund ihrer Stilisierung und Formulierung eine gewisse „Anlehnung an den Hymnus“ verrät (so m.R. v. Rad, ATD 8, 60). Deut 13, 2. 3 erscheint in einem Rechtsfall kasuistischer Form, dessen Kern in den v. 2. 3. 6a zu suchen ist (vgl. Helfmeyer, BBB 29, 77–79). Durch die Verbindung mit paränetischen Zusätzen in den v. 4b. 5. 6b wird der ursprüngliche Gesetzestext in eine Gesetzesparänese umgewandelt, die vor antijahwistischen Propheten warnen will. Diese Propheten wollen mit den Zeichen, die sie ankündigen und die möglicherweise auch eintreffen, zur Nachfolge der Götter bewegen. Das Zeichen soll ihre Aufforderung glaubwürdig machen und erscheint so als eine „mit den Sinnen wahrnehmbare, sichtlich von der Gottheit gewirkte Bestätigung der prophetischen Weisung“ (v. Rad, ATD 8, 69). Damit rückt das Zeichen in die Nähe des Bestätigungszeichens, das sich von dem Glaubenszeichen nicht deutlich unterscheiden läßt. Der Text legt jedoch näher, daß in diesem Fall das Zeichen eher die Nachfolge der Götter motivieren, nicht so sehr die Richtigkeit der prophetischen Worte bestätigen will. Daß mit dem möglichen Eintreffen des angekündigten Zeichens gerechnet wird (v. 3), wirft ein Licht auf die Beurteilung der Zeichen durch Israel. Nicht das Zeichen als solches darf Glauben motivieren; entscheidend ist vielmehr das Wort, das zum Zeichen hinzutritt. Dieses Wort sagt, zum Glauben an wen oder was das Zeichen veranlassen soll. Demnach gibt es keine Zeichenoffenbarung ohne entsprechende, das Zeichen interpretierende Wortoffenbarung (vgl. Quell 283).

Diese deutende Wortoffenbarung ist bei den Deut 26, 8 erwähnten Herausführungszeichen vorauszusetzen. Die Zeichen gehen der Hineinführung ins Land voraus und motivieren zusammen mit dieser die Darbringung der Erstlingsfrüchte. Durch Darbringung und Geschichtsrezitation (Deut 26, 5b–9), dem sogenannten kleinen geschichtlichen Credo (v. Rad, ThB ^{3}8, 11–16), bekennt der Israelit seinen Glauben an JHWH, der ihn aus Ägypten in dieses Land geführt hat. Die Erwähnung der Herausführungszeichen geschieht hier in einem agendarischen Formular (v. Rad, ThB ^{3}8, 11), das in „typisch deut-paränetische Stilform gekleidet ist“ (v. Rad, ATD 8, 112f.) und dem vielleicht das Schema des Dankliedes des einzelnen zugrunde liegt (v. Rad, ThB 8, 12; ders., ATD 8, 114). Für die letztgenannte Vermutung spricht die Darstellung der Situation, in der JHWH seine Zeichen setzte und die eine ausgesprochene Notsituation war (vgl. v. 6. 7).

Diese Situation wird auch in Jos 24, 17 vorausgesetzt. Die Exoduszeichen motivieren die Entscheidung der von Josua Angesprochenen für die Verehrung JHWHs (v. 16). Wenn Jos 24 auch als vordeuteronomistisch bezeichnet werden kann (Schmitt, Landtag 23), so weisen doch die Berührungen u.a. von v. 16. 17b mit der dtr Literatur (Schmitt, Landtag 16f.) und die zumindest formale Herkunft aus der Predigt (Schmitt, Landtag 17. 20) auf eine Verwandtschaft mit der dtr Literatur hin, der Schmitt (Landtag 21) Rechnung trägt, indem er aus stilistischen Gründen Jos 24 z.T. für „eine Vorstufe der deuteronomistischen Predigt und Literatur“ hält. In v. 17. 18 liegt ein Bekenntnis vor, das möglicherweise dem Kult entstammt (Schmitt, Landtag 64).

Glauben wecken soll auch das Zeichen, das Jesaja dem Ahas anbietet (Jes 7, 11; Scharbert 37: Bekräftigung des prophetischen Wortes). Es soll Ahas zur Furchtlosigkeit (v. 4) und zum Glauben (v. 9) bewegen (vgl. Kaiser, ATD 17^{2}, 78; Kilian, SBS 35, 32) und steht in enger Beziehung zum vorausgehenden Kontext, da es den Angesprochenen des zugesagten göttlichen Beistandes vergewissern und die Glaubensentscheidung erleichtern will (Kilian 31). Deshalb hat das Zeichenangebot seinen Ort in einer Heilsankündigung, auf die sich Ahas jedoch nicht einläßt mit der Begründung, daß er nicht fordern und JHWH nicht versuchen wolle (v. 12). Demnach „versucht“ der JHWH, der ein Zeichen fordert (vgl. Deut 6, 16; Ex 17, 2). Diese Bemerkung, mag sie im Kontext auch als aus vermeintlich realpolitischen Überlegungen entstandene Ausrede gewertet werden müssen (Kilian 33f.), drückt eine in Israel beheimatete Beurteilung der Zeichenforderung aus, die eindeutig negativer Natur ist, da sie einen Mangel an Vertrauen verrät. Wenn eine entsprechende Erfahrung göttlicher Wirksamkeit in Geschichte und Verheißung (Erhaltung der Daviddynastie) vorliegt, bedeutet die Zeichenforderung eine Versuchung JHWHs. Glaube in einer bestimmten gefährlichen Situation müßte auch ohne Zeichen möglich sein. Hier aber geht es nicht um eine Zeichen*forderung*, sondern um ein Zeichen*angebot*, das den Glauben erleichtern soll. Deshalb ist die Ablehnung des Angebots schuldhaft und hat ein Zeichen zur Folge (v. 14), das für Ahas Unheil bedeutet, eingeleitet durch לכן, mit dem gewöhnlich prophetische Drohworte eingeleitet werden (Kilian, 35). Dieses Zeichen soll nicht des Ahas Glauben wecken, sondern seinen Unglauben offenbaren. Die in Ps 65, 9 genannten Zeichen dagegen motivieren Furcht und Jubel, die „Reaktion der Weltbewohner auf die Großtaten des Schöpfers und Chaosüberwinders“ (v. 7. 8, Kraus, BK XV^{3} 452). Die Zeichen der Schöpfung (Gründung der Berge) und der Welterhaltung (Beruhigung des Meeresbrausens) sind nicht nur „Großtaten“ JHWHs, sondern offenbaren seine Macht und führen zur „Proskynese vor dem Weltschöpfer und Weltkönig“ (Kraus, BK XV^{3} 450), die hier in dem stark hymnisch geformten (Gunkel, Psalmen[5] 272; Kraus, BK XV[3] 449) Danklied des Volkes (Gunkel, Psalmen[5] 272; anders Kraus, BK XV[3] 449) ihren Ausdruck findet. Als Ort dieses Dankliedes kommt der Kult in Frage (Kraus, BK XV[3] 450).

Ob Ps 78, der in v. 43 Gottes Zeichen in Ägypten erwähnt, ebenfalls im Kult beheimatet ist, läßt sich wegen der „Verschmelzung der Gattungen" (Gunkel, Psalmen[5] 342) nicht feststellen. Deutlich tritt die paränetisch lehrhafte Tendenz des Psalmes zutage (Kraus, BK XV[3] 539), der die Geschichte beurteilt nach den „Prinzipien der deuteronomistischen Geschichtsschreibung" (Kraus, BK XV[3] 539) mit ihrem Wechsel von göttlichem Heilshandeln, Israels Schuld, göttlicher Strafe, Bekehrung und Vergebung. In diesem Zusammenhang handeln v. 43. 42 von den beiden ersten Stufen des genannten Wechsels. Gott konnte erwarten, daß seine Zeichen in Ägypten den Glauben und die Treue Israels motivierten, aber das Gegenteil traf ein: „Sie gedachten nicht mehr seiner Hand" (v. 42), d.h. sie zogen nicht die Konsequenzen aus den Zeichen Gottes, sie erkannten nicht die andauernde Funktion jener Zeichen, das „Gedenken seiner Hand" zu begründen und sicherzustellen. So wurde „im Lichte der Wunder JHWHs ... die Schuld des Volkes offenbar" (Kraus, BK XV[3] 548).

d) Eng verbunden mit den Glaubenszeichen sind, wie der letztgenannte Text zeigt, die *Erinnerungszeichen*, insofern sie Israel im Glauben erhalten bzw. seinen Glauben zum Ausdruck bringen.

Der Brauch des Mazzotessens soll für Israel sein ein Zeichen auf der Hand und ein Erinnerungsmal (*zikkārōn*) zwischen den Augen, denn er weist hin auf die Herausführung aus Ägypten (Ex 13, 9). Dasselbe gilt für die Weihe der Erstgeburt (Ex 13,16). Die Verbindung mit der Herausführung setzt die Historisierung des ursprünglichen Ackerbaufestes voraus (vgl. Noth ÜPt 51; Kraus, Gottesdienst[2] 65, vgl. Schottroff, WMANT 15, 95. 299. 313. 317). Erst diese Verbindung verleiht dem Brauch den Charakter des Erinnerungszeichens oder des „Memento an den Auszugstag" (Beer, HAT I/3,72). Wenn die Formulierungen „Zeichen auf der Hand" und „Gedenkzeichen zwischen den Augen" ursprünglich Tätowierungen und Kopfschmuckanhänger meinen und als „Zugehörigkeitszeichen zu bestimmten Kulten" zu betrachten sind (Noth, ATD 5[3],79), läßt sich der Brauch des Mazzotessens als „eine Zeichenpredigt für die Zugehörigkeit der Israeliten zu JHWH" verstehen (Beer, HAT I/3,73).

An der Erinnerung, d.h. Vergegenwärtigung heilsgeschichtlicher Ereignisse ist vor allem dem Deuteronomium gelegen (Bächli, AThANT 41,70–74). Deshalb verwundert es nicht, daß in Ex 13,1–16 – auch aufgrund des Stils – ein dtr Abschnitt vorliegt (Noth ÜPt 32 Anm.106; 51, Ders. ATD 5[3], 72. 79). Dem entspricht auch der paränetische Charakter des Textes, der auch durch die Gestaltung der Anordnung als Kinderfrage zutage tritt (13, 8. 14).

Wie in Ex 13,16 die Weihe der Erstgeburt als Zeichen und Merkmal (טוטפת) Israel an die Herausführung erinnern soll, so dienen auch die Aussage über die Einzigkeit JHWHs samt der Aufforderung zur Gottesliebe (Deut 6, 4. 5) und seine Mahnung zum Gehorsam (Deut 11,13. 22) als Zeichen und Merkmal (Deut 6, 8; 11,18). Diese Worte, in 6, 4–9 „eine Kette eindringlichster Imperative" (v. Rad, ATD 8, 45), in 11,18–21 eine – im Zusammenhang vielleicht nicht ursprüngliche – Mahnung (v. Rad, ATD 8, 61), erinnern Israel an die Einzigkeit JHWHs und an die Verpflichtung zur Gottesliebe und zum Gehorsam. Die Aufforderung zu diesem Zeichen hat ihren Sitz in der Gesetzespredigt, vielleicht, wenn 6, 8 mit 6, 4 ursprünglich verbunden ist, im Kult, da der Aufruf „Höre, Israel!" in alten Zeiten die Kultversammlung eröffnete (v. Rad, ATD 8, 45). Deshalb ist es fraglich, ob die Bezeichnung dieser Worte als Zeichen und Merkmal lediglich „bildliche Ausdrucksweise" ist (v. Rad, ATD 8, 46). Ein Zeichen muß mit den Sinnen wahrnehmbar sein, andernfalls ist es kein Zeichen. Nicht die stumme Existenz dieser Worte kann das Zeichen sein, sondern das in der Predigt verkündete oder im Bekenntnis ausgesprochene Wort.

Sinnlich wahrnehmbar ist auch das Zeichen, das Josua nach dem wunderbaren Jordanübergang in Gilgal setzen läßt (Jos 4, 3. 8. 20). Die zwölf Steine sollen als Zeichen (v. 6) und Denkmal (v.7 *zikkārōn*) daran erinnern, „daß das Wasser des Jordan versiegte vor der Lade des Bundes JHWHs, als sie den Jordan durchzog" (v.7). Daß die Deutung des Zeichens in die Form der Antwort auf eine Kinderfrage gekleidet ist (v. 6b), verrät die paränetische Absicht des Textes, dem es u.a. um eine ätiologische Erklärung der zwölf Steine geht (Noth, HAT I/7[2], 31). Ob dabei die mit der Gilgalversion konkurrierende Jordanversion (v. 9) überlieferungsgeschichtlich primär ist (so Noth, HAT I/7[2], 27), läßt sich nicht mit Sicherheit ausmachen. Als Ort der Überlieferung kommt am ehesten das Heiligtum zu Gilgal in Frage, an dem diese Tradition möglicherweise als „Festlegende" gepflegt wurde (so Hertzberg, ATD 9[2], 31). Von dieser Tradition hält Noth (HAT I/7[2], 37) v. 6.7 wegen ihrer Deut 6, 20. 21 gleichlautenden Formulierung für deuteronomistisch. Daraus und aus dem bisher Festgestellten erhellt die paränetische Funktion des Zeichens, das die Erinnerung an den Jordanübergang, vielleicht im Rahmen einer immer wieder verlesenen „Festlegende" wachhält. Zum Zeichen tritt auch hier das deutende Wort.

Wie irgendwelche Steine ohne das erklärende Wort und ihren geschichtlichen Bezug keinen Zeichenwert haben, ebensowenig kann der aus Räucherpfannen hergestellte Altarüberzug ohne die Beziehung auf ein geschichtliches Ereignis und das deutende Wort als Zeichen dienen (Num 17, 3). Da es sich aber handelt um die Räucherpfannen „dieser Sünder, die mit ihrem Leben büßten" (v. 3), weil sie sich gegen Moses und Aaron empörten (Num 16,1–3), und damit gegen JHWH (16,11), kann der Altarüberzug Zeichen (17, 3) und Denkmal (17, 5 *zikkārōn*) sein; denn mit den Räucherpfannen haben sie gesündigt, wie aus 17, 5 hervorzugehen scheint (vgl. Noth, ATD 7,114).

In diesen, die Rechte der Aaroniden verteidigenden Zusammenhang ordnet sich die Geschichte vom Aaronsstab (Num 17,16–26) thematisch ein und ist mit Num 17,1–6 als Anhang zur priesterschriftlichen Levitenrezension zu verstehen (Noth, ATD 7,108). Wie der Altarüberzug, so dient auch der Aaronsstab als mahnendes Zeichen, das die „Widerspenstigen" (17, 25) an die gottverliehenen Vorrechte der Aaroniden erinnern will. Daß diese Überlieferungen in priesterlichen Kreisen gepflegt oder sogar entstanden sind, liegt auf der Hand. Der Tendenz nach wollen sie an die Unantastbarkeit priesterlicher Rechte warnend erinnern. Insofern nähern sich die Erinnerungszeichen hier den Warnzeichen.

e) Erinnerungszeichen besonderer Art sind die *Bundeszeichen*, als deren Gegenstand der Regenbogen (Gen 9,12.13.17), die Beschneidung (Gen 17,11) und der Sabbat (Ex 31,13.17; Ez 20,12.20) genannt werden. Diese Zeichen stehen in einer unterschiedlichen Art zum Bund. Während der Regenbogen Gott selbst an den Bund, näherhin an seine Bundeszusage (Gen 9,11 u.ö.), erinnert (9,15.16 → זכר), erscheinen Beschneidung und Sabbat auf den ersten Blick als Bundespflichten, von deren Erfüllung die heilvolle Zugehörigkeit zum Bund zwischen JHWH und Israel abhängt. Insofern diese Zeichen Israel an den zwischen ihm und JHWH bestehenden Bund erinnern, läßt sich eine Verwandtschaft zwischen ihnen und den Erinnerungszeichen feststellen.

Über J hinausgehend, spricht P (Gen 9,1–17) vom Bund (v. Rad, ATD 2/4[7],110) und setzt damit den Anfang der drei über die heilsgeschichtliche Darstellung verteilten Bundesschließungen, denen jeweils ein besonderes Zeichen beigegeben wird: dem Noahbund der Regenbogen, dem Abrahambund die Beschneidung, dem Mosebund der Sabbat. Deshalb kennzeichnet Procksch (KAT I[2.3], 483) die Theologie von P als eine „theologia foederis". Da es nun, vor allem in vorliterarischer Zeit, üblich ist, „bei feierlichen Gelübden, Versprechungen und sonstigen 'Bundesschließungen', ein 'Zeichen' festzusetzen, das die Parteien zur rechten Zeit an den Bund erinnern . . . sollte" (Gunkel, Genesis[7] 150), kennt auch der Noahbund ein Erinnerungszeichen, den Regenbogen. Er dient als „Zeichen für JHWH selbst . . ., damit er seines gegebenen Wortes nicht vergesse" (Gunkel, Genesis[7] 150). Der Bogen selbst erscheint sonst im AT als Kriegsbogen JHWHs (Kl 2, 4; 3,12), die Blitze sind seine Pfeile (Ps 77,18f.; vgl. Hab 3, 9–11). Das Erscheinen des Regenbogens mag dann bedeuten, daß Gott seinen Bogen beiseite gestellt hat (Procksch, KAT I[2.3] 481; v. Rad, ATD 2/4[7],111).

Der priesterschriftlichen Schematisierung der Heilsgeschichte entsprechend, folgt in Gen 17 der Bund JHWHs mit Abraham. v.1–8 enthalten Verheißungen, v. 9–14 nennen die Bundesverpflichtung, mit der das Bundeszeichen (v.11) identisch ist. Die Beschneidung gilt in ihrem Verbreitungsgebiet als „Stammes- und Kultuszeichen" (Gunkel, Genesis[7] 269); in Israel sind die „Träger des Zeichens . . . Teilhaber des Gottesbundes" (Procksch, KAT I[2.3] 520). Wer dieses Zeichen annimmt und trägt, eignet sich den von JHWH aufgerichteten Bund an und bekennt sich zu ihm (vgl. v. Rad, ATD 2/4[7],170f.); so wird das Bundeszeichen der Beschneidung zum Bekenntniszeichen und im Exil neben dem Sabbat zum einzigen „status confessionis" (v. Rad, ATD 2/4[7],170). Als Unterscheidungszeichen dient dieses Bundeszeichen, insofern der Unbeschnittene als volksfremd und unrein gilt (Jes 52,1); innerhalb Israels trifft ihn der Bann (Gen 17,14). Daß darüber hinaus diesem Bundeszeichen die Funktion der „Bundesgarantie" eigen ist (Procksch, KAT I[2.3] 519), wird im Text nicht gesagt. Der Text (ab v.10) ist im „Stil des 'Gesetzes'" (Gunkel, Genesis[7] 270) formuliert in der Abfolge von Verpflichtung (v.10.11), verpflichteter Personenkreis (v.12.13) und Sanktion (v.14).

Dem Aufbau eines Gesetzestextes folgt auch die Anordnung des Sabbats (Ex 31,12–17) in der Abfolge von Verpflichtung (v.13.14aα) und Sanktion (v.14aβ. bβ); v.15–17 sind als sekundärer Zusatz zu betrachten (Noth, ATD 5[5],198). Der Sabbat (→ שבת) wird zwar nicht ausdrücklich als „Bundes"-Zeichen bezeichnet, diese Funktion ist ihm jedoch eigen aufgrund seiner Bestimmung als „Zeichen zwischen mir und euch" (v.13) bzw. als „Zeichen zwischen mir und Israel" (v.17) und aufgrund der priesterschriftlichen Periodisierung der Geschichte, bei der auf den Abrahambund der Mosebund folgt, der wie jener auch ein Bundeszeichen hat. Durch die wahrscheinlich auf Ez 20,12 zurückgehende Formulierung „damit man erkenne, daß ich,

JHWH, es bin, der euch heiligt" (v.13) erhält dieses Bundeszeichen auch den Charakter des Erkenntniszeichens (vgl. Botterweck, BBB 2, 1951, 87f. Gotteserkenntnis und Sabbatheiligung; Ders., TüThQ 134, 1954, 134–147. 448–457, bes. 144f.). An diesem Zeichen, das wie die Beschneidung ebenfalls Bekenntniszeichen und Unterscheidungsmerkmal ist, erkennt Israel und alle Welt, daß JHWH Israel „heiligt" (v.13), d.h. aus den Völkern ausgesondert und für sich in Beschlag genommen und unter seinen Schutz gestellt hat.

Formal und inhaltlich mit Ex 31,13 stimmt Ez 20,12 überein. Diese Übereinstimmung spricht weniger für die nachträgliche priesterliche Bearbeitung dieses Prophetentextes (so Eichrodt, Sabbat 71; Ders., ATD 22/2,171), als vielmehr für die „Herkunft Ez's aus der priesterlichen Rechtstradition" (Zimmerli, BK XIII 447), da der Sabbat fest im Text von Ez 20 verankert zu sein scheint (v.12.13.16. 20. 21. 24). Im Zusammenhang einer geschichtstheologischen Scheltrede erscheint der Sabbat als Erkenntniszeichen (v.12. 20) für die göttliche Erwählung Israels (v.12) und für den zwischen JHWH und Israel bestehenden Bund (v. 20), von seiten Israels als „Bekenntniszeichen für den JHWH-Bund" (Zimmerli, BK XIII 447), nicht so sehr als „Garantiezeichen für das Verhältnis JHWHs zu seinem Volk" (Eichrodt, Sabbat 65), da, wie aus dem Kontext (v.14.17. 22) hervorgeht, das Bestehen des Bundes nicht abhängt von der Erfüllung der Sabbatpflicht. Wohl aber erinnert sich Israel bei der Sabbatfeier seiner durch Erwählung und Bund begründeten JHWH-Zugehörigkeit; insofern gewinnt dieses Bundeszeichen die Bedeutung eines sakramentalen Zeichens (Eichrodt, Sabbat 66. 69). Die Sabbatfeier ist in diesem Zusammenhang das „äußere Zeichen", Erwählung und Bund die „innere Gnade", auf die das Zeichen hinweist und die es gegenwärtig setzt.

f) Nicht auf das Zeichen an sich kommt es an, sondern auf seine Funktion; deshalb hat das Zeichen eine dienende Funktion, da es auf etwas aufmerksam macht, etwas bestätigt oder bekräftigt, wie es bei den *Bestätigungszeichen* der Fall ist, die sich bisweilen mit den Erkenntnis- und Glaubenszeichen überschneiden.

Ex 3,12 (E) kündigt Gott dem Mose ein Zeichen an zur Bekräftigung der Sendung und der Beistandzusage (vgl. par Ri 6,17). Seltsamerweise trifft das Zeichen nicht sogleich ein, sondern wird in die Zukunft verlegt und besteht darin, daß Gott den Israeliten ebenda erscheinen wird, wo er jetzt dem Mose erscheint (Beer, HAT I/3, 29). Der Zukunftscharakter dieses Zeichens hat Noth (ATD 5³, 29) zu der Annahme veranlaßt, daß v.12 „offensichtlich bruchstückhaft überliefert" sei, da der Text das dem Mose verheißene Zeichen nicht nenne. Nun kann aber auch sonst ein erst künftig eintreffendes Zeichen zur Bestätigung oder Bekräftigung einer göttlichen Botschaft dienen, wie sich aus 1 Sam 2,34 (Tod der Elisöhne an *einem* Tag als Zeichen); 1 Sam 10,2–9 (Begegnungen Sauls als Zeichen) und Jer 44,29. 30 (Überlieferung des Pharao Hophra an seine Feinde als Zeichen) ergibt, so daß keine begründete Veranlassung besteht, das in Ex 3,12 dem Mose angekündigte Zeichen zu vermissen und hier eine Lücke zu vermuten. Ein solches, erst künftig eintreffendes Zeichen appelliert selbstverständlich in einem viel stärkeren Maß als das sogleich eintreffende an den Glauben, hier an die göttliche Sendung und Beistandszusage.

Die in Ex 4, 8. 9 (und Kontext; J) genannten Zeichen, deren Charakter auch als Glaubenszeichen aus dem Text (v.1) deutlich hervorgeht, treffen demgegenüber sofort ein. Hier (v. 2–5. 6–7. 9) handelt es sich um Wunder, näherhin um „Verwandlungswunder" (Beer, HAT I/3, 34), die der Beglaubigung des Mose und seiner Botschaft dienen. Da Mose sie tatsächlich vor den Israeliten als „Zeichen" ausführt (v. 30. 31), und da v. 27. 28. 30. 31 aufgrund der sekundären Einführung Aarons nicht insgesamt als sekundär zu beurteilen sind (Noth ÜPt 32; Ders., ATD 5³, 36f.), liegen für eine positive Antwort auf die Frage Noth's (ATD 5³, 32: „Sollte... J in 4,1ff. nur das ihm vorschwebende Bild des Gottesboten Mose abgerundet haben?") keine Gründe vor. Aus der Situation ergibt sich zwanglos die Legitimierung des Mose und seiner Botschaft.

Wie in Ex 3f. ist von einem Bestätigungszeichen (Hertzberg, ATD 9²,192 Erprobungszeichen) auch in Ri 6,17 im Rahmen des Schemas der Berufung (Richter, BBB 18²,153) die Rede. Gideon bittet um ein Zeichen, an dem er erkennen kann, ob JHWH mit ihm gesprochen hat. Ebenso dient das Zeichen zur Bestätigung dessen, *was* der מלאך gesagt hat, also der Sendung (v.14) und der Beistandszusage (v.16; vgl. v.12; vgl. Preuß, ZAW 80,139–173). Da der Vollzug des Zeichens (v.19–21) mit einer Altartradition (v. 24) verbunden ist, ist zu fragen, ob die Berufungsgeschichte den so berichteten Vollzug des Zeichens gekannt hat (vgl. Richter, BBB 18²,154). Daß für den Verfasser von Ri 6,11–24 die Berufung Gideons wichtig ist, nicht aber die Errichtung eines JHWH-Heiligtums (so Hertzberg, ATD 9²,191), hat Richter (BBB 18²,153–155) nachgewiesen. Da in den von Richter (153) angeführten Berufungsschemata Ex 3f.; 1 Sam 9–10,16 Bestätigungszeichen beheimatet sind, andererseits in Altartraditionen von Zeichen nicht die Rede ist, liegt es nahe, das von Gideon erbetene Bestätigungszeichen in der Berufungsgeschichte zu lokalisieren.

Dasselbe gilt für die Berufungsgeschichte 1 Sam 9–10,16. Von Zeichen ist die Rede in 10,1 (LXX V). 7. 9; worin sie bestehen, ist dargestellt in 10, 2 (Begegnung mit zwei Männern am Rahelgrab), 10, 3. 4 (Begegnung mit drei Männern an der Taboreiche), 10, 5. 6 (Begegnung mit einer ekstatischen Prophetenschar in Gibeat Elohim). Durch das Eintreffen dieser von Samuel angekündigten Zeichen erfährt Saul die Bestätigung, daß JHWH ihn zum Fürsten gesalbt hat über sein Erbe (10,1 LXX V). An sich alltägliche Ereignisse werden durch den Zusammenhang, in den sie hineingestellt werden, zu Zeichen, „an denen Saul die Wahrheit des Geschehenen ersehen kann" (Hertzberg, ATD 10^2, 66). Daß aber die Zeichen ihre Funktion auch tatsächlich erfüllen, ist weder Samuels noch Sauls Sache, sondern Gottes, denn „Gott wandelte sein (sc. Sauls) Herz in ein anderes um, und alle jene Zeichen trafen noch am gleichen Tag ein" (10, 9). Die Verbindung dieser beiden Aussagen ist schwierig; deshalb verknüpft Hertzberg (ATD 10^2, 60 Anm. 5; vgl. 67) die „Umwandlung des Herzens" mit Sauls Ekstase und verlegt sie an das Ende von v. 10. Diese Umstellung ist jedoch nicht notwendig, wenn z.B. Deut 29, 2. 3 und Ex 7, 3 zur Erklärung herangezogen werden. Die eigentliche Funktion der Zeichen ist nur dann gewährleistet, wenn JHWH denen, die die Zeichen erfahren, ein „einsichtiges Herz" gibt (Deut 29, 2. 3). Die Zeichen geschehen zwar auch im gegenteiligen Fall, erfüllen jedoch nicht ihre eigentliche und nachhaltige Absicht, zur Erkenntnis JHWHs und zum Glauben an ihn zu führen. Deshalb erkennt auch der Pharao die Zeichen in ihrer wesentlichen Funktion nicht, da JHWH sein Herz verhärtet (Ex 7, 3), wie denn auch erst das gottgeschenkte „neue Herz" zum Gehorsam fähig macht (Ez 36, 26. 27; vgl. Jer 31, 33. 34). Nicht nur die Setzung der Zeichen geht auf Gott zurück, sondern auch die Vermittlung des rechten Verständnisses der Zeichen. In diesem Fall (1 Sam 10, 9) wandelt er Sauls Herz um, „und jene Zeichen treffen *so* ein", wie Gott sie beabsichtigt hat, d.h. mit der den Glauben Sauls begründenden Funktion. Sie verfehlen ihre Wirkung als Bestätigungszeichen nicht, weil Gott Sauls „Herz umwandelt".

Von einem Bestätigungszeichen ist die Rede auch in 1 Sam 2, 34, das, wie das Ex 3,12 angekündigte Zeichen, erst in der Zukunft geschieht. An dem Tod seiner beiden Söhne an *einem* Tag kann Eli die Richtigkeit der prophetischen Gerichtsankündigung (Kern: v. 31. 32) erkennen. Deshalb bedeutet der Ausdruck „Und das soll das Zeichen sein" soviel wie „Und daran wirst du erkennen die Wahrheit meines Wortes". Dieses Zeichen wird in einem Text genannt, der das sündhafte Treiben der Elisöhne darstellt (2,12–17. 22–25) und dann – in der prophetischen Gerichtsankündigung – theologisch beurteilt, eine Eigenart dtr redigierter Texte (Hertzberg, ATD 10^2, 26).

Bestätigungszeichen können alltäglicher und wunderbarer Art sein. Wunderbarer Art ist das Zeichen, das Hiskia zur Bestätigung der Verheißung seiner Heilung (2 Kön 20, 5) erbittet (v. 8). Vor die Wahl gestellt, ob der Schatten zehn Stufen vorwärts oder rückwärts gehen soll (v. 9), entscheidet er sich verständlicherweise für das Zurückgehen des Schattens (v. 10), und das Zeichen trifft ein, nachdem Jesaja zu JHWH gerufen hat (v. 11; par Jes 38, 22. 7 und Kontext). Durch die Anrufung JHWHs wird dem wunderbaren Zeichenvorgang die Möglichkeit magischer Deutung entzogen.

g) Am ehesten verwandt mit den Bekräftigungszeichen sind die Zeichen, die Propheten im Rahmen ihrer sogenannten symbolischen Handlungen oder *Zeichenhandlungen* setzen (Jes 8,18; 20, 3; Ez 4, 3). Diese Zeichen fallen nicht auf wegen ihrer wunderbaren Natur, sondern wegen ihrer sonderlichen Art (Quell 293 „Der Anblick des Zeichens wirbt um Anteilnahme für Absurdes und Herausforderndes"). Ohne entsprechende Deutung bleiben sie weitgehend unverständlich. Zeichenhandlung und deutendes Wort gehören zusammen, und aus dem Hintereinander von Zeichensetzung und Deutung in den einschlägigen Texten läßt sich keine zeitliche und sachliche Trennung schließen und daraus folgern, diese Zeichen hätten nicht die Funktion, ein Prophetenwort zu verdeutlichen (gegen Keller 99).

So sollen die Namen der Jesajasöhne „Ein Rest kehrt um" (vgl. Jes 7, 3) und „Eile Beute, raube bald" (vgl. Jes 8,1–3) entsprechende Prophetenworte verdeutlichen oder bekräftigen (zu Jes 7, 3 vgl. 10, 21. 22; zu 8,1–3 vgl. 8, 4, auch 7,7–9). Ihre Namen und der Name Jesajas selbst, der „JHWH ist (wirkt) Heil" bedeutet, sind Zeichen und Vorbedeutungen in Israel (Jes 8,18). Auch der Name des Propheten selbst bekräftigt entsprechende Worte, deutlich die in Jes 12, 2. 3 überlieferten, wo von Gottes „Heil" die Rede ist (vgl. Kaiser, ATD 17^2,135).

'ōt und *mōfēt* ist auch das entblößte und barfüßige Umhergehen Jesajas (Jes 20, 3), das das Geschick der Ägypter und Kuschiten, wie es in v. 4 angekündigt wird, bekräftigt und verdeutlicht. Auch diese Zeichenhandlung steht in einem größeren Zusammenhang und dient der Bekräftigung des in 19,1–25 Ägypten angedrohten Unheils (vgl. vor allem 19, 4).

Wie von den das Unheil androhenden Prophetenworten (Ez 5, 5–15) gilt, daß sie das angekündigte Geschehen – im Wort – vorwegnehmen, so bilden die entsprechenden Zeichenhandlungen (Ez 4,1–5, 4) das Geschehen – im Zeichen – ab (vgl. Zimmerli, BK XIII 103). Solche Zeichen intensivieren das zugehörige Wort, provozieren es vielleicht, da ihr auffälliger Vollzug bei den Zuschauern die Frage nach dem Sinn weckt, sind also keineswegs „selbständige Mittel der Verkündigung" (Eichrodt, ATD 22/1², 26; ähnlich ThWNT VII 215f., vgl. aber die Einschränkung 216), da sie ein deutlich erkennbares Gefälle zum Wort hin verraten. Die Zeichenhandlung von der Belagerung der Stadt (Ez 4,1–3) stellt das dar, was in der Deutung 5, 5–15 ausgesagt wird. Ob die Zeichenhandlung mit der Pfanne, die ausdrücklich als ein „Zeichen für das Haus Israel" bezeichnet wird (4, 3), im Kontext ursprünglich oder „nachträgliche Erweiterung" ist (so Zimmerli, BK XIII 113, vgl. den Nachweis 101f.), ändert nichts an dem Zeichencharakter der Handlung, die wahrscheinlich auf Ezechiel zurückgeht, wenn auch von ihm vielleicht erst nachträglich hinzugefügt (Zimmerli, BK XIII 113).

3. Die Verwendung von *'ōt* in einer bestimmten literarischen Schicht oder in einem bestimmten traditionsgeschichtlichen Stadium zu lokalisieren, ist nicht möglich, wohl aber ihre Beheimatung in einer bestimmten Gattung, wenn auch nicht ausschließlich, so doch überwiegend in paränetischen Texten. Mag sein, daß die Paränetiker bei der barocken Aufzählung von „Zeichen und Wundern" u.ä. (vgl. Synonyme) auf den Hymnus zurückgreifen (Quell 289; ThWNT VII 214), es überwiegt jedoch die lehrhafte Tendenz, wie sie in den Gesetzespredigten, paränetischen Geschichtsrückblicken und bekenntnisartigen Konstatierungen zum Ausdruck kommt. Als ihr Ort kommt am ehesten der Kult in Frage.

Aus dieser gattungsgeschichtlichen Bestimmung geht hervor, daß es in diesem paränetischen Zusammenhang weniger um den Geschehenscharakter, als vielmehr um den Funktionscharakter des Zeichens geht, wie er in der Darstellung von *'ōt* als Erkenntnis-, Schutz-, Glaubens-, Erinnerungs-, Bundes-, Bestätigungs- und Symbolzeichen zutage tritt. Die Bedeutung dieses Funktionscharakters macht auch deutlich, daß das Wort *'ōt*, unabhängig von dem Zusammenhang, in dem es erscheint, also unabhängig von seiner Funktion, ein „Formalbegriff" ist (ThWNT VII 211. 217).

Einen festen Platz hat das Wort *'ōt* in den Berufungsgeschichten (vgl. Ex 3,12; 4, 8f.; 1 Sam 10,(1).7. 9), in denen es vor allem nach Auftrag, Einwand und Beistandszusage der Beglaubigung des Beauftragten vor anderen (Ex 3,12; 4, 8f.) oder der persönlichen Vergewisserung (Ri 6,17; 1 Sam 10,1.7. 9) dient (vgl. die Übersicht bei Richter, FRLANT 101, 97.139). Da in den genannten Schemata der Berufung nur dieses Wort Verwendung findet, liegt – in diesem Zusammenhang – seine Bedeutung als Bestätigungs- oder Beglaubigungszeichen auf der Hand. Sie macht gleichzeitig darauf aufmerksam, in welche Situation das „Zeichen" gehört. Es handelt sich, wie öfters, um Krisensituationen, die zur göttlichen Beauftragung von „Rettern" führen. Auftrag und Beistandszusage ziehen den Einwand des Beauftragten nach sich, „den JHWH überwindet ... durch Zeichen" (Richter, FRLANT 101, 95). Während sich für Ex 3f. ein außerhalb der Literatur möglicher Sitz nicht oder kaum ausmachen läßt (vgl. Richter, FRLANT 101,100.117), lassen sich für 1 Sam 9,1–10,16 prophetische Kreise als Sitz wahrscheinlich machen (Richter, FRLANT 101, 56).

Wenn neben (oder mit) paränetischen auch prophetische Kreise als Sitz auch des Wortes *'ōt* in Frage kommen, ergibt sich auch daraus der betont funktionelle Charakter des „Zeichens", das letztlich Glauben begründen will, im Rahmen des Schemas der Berufung den Glauben an die göttliche Beauftragung und die damit verbundene Beistandszusage.

Als möglicher Ausgangspunkt für die Verwendung von *'ōt* in den Schemata der Berufung kommt im profanen Sprachgebrauch die Forderung Rahabs nach einem Garantiezeichen in Frage (Jos 2,12.18).

Die Lokalisierung des Wortes in einer bestimmten literarischen Schicht ist nur möglich für die „Bundeszeichen", die sämtlich in der Priesterschrift und bei dem mit ihr verbundenen Ezechiel erscheinen. Diese Feststellung macht m.E. den Nachweis einer geschichtlichen Entwicklung des Wortes möglich, wenigstens für P und Ez. Da *'ōt* auch in seiner profansprachlichen Verwendung als Garantiezeichen für einen Eid oder eine Abmachung dient (Jos 2,13.18), liegt es nahe, daß P und Ez an diese Verwendungsweise des Wortes anknüpfen und es – zur Bezeichnung der Bundeszeichen – auf den theologischen Sprachgebrauch übertragen.

Für die Verwendung des Wortes vor allem in der deut-dtr Literatur läßt sich ein ähnlicher Vorgang vermuten, aber nicht nachweisen. Vor allem in diesem Literaturkreis fällt die mit אות verbundene paränetische Funktion auf, mit der den Zuschauern der Zeichen und ihren Hörern das Handeln Gottes vor Augen geführt wird: Er setzt die Zeichen, *er* bewirkt es auch, daß seine Zeichen verstanden werden in ihrer die Erkenntnis Gottes und den Glauben begründenden Funktion, indem er „das Herz in ein anderes umwandelt" (1 Sam 10, 9). Das bedeutet jedoch nicht, daß die biblischen Autoren ausschließlich „das Tun Gottes und den passiven Menschen" im Blick halten (Quell 256). An der Zeichensetzung ist der Mensch – außer im Auftrag Gottes – zwar nicht beteiligt, wohl aber ist er an der Einsicht in die Funktionen der Zeichen mitbeteiligt, andernfalls wäre die Verweigerung von

Erkenntnis, Glaube und Gehorsam nicht schuldhaft.

Helfmeyer

אָח אָחוֹת

I. Umwelt – II. Belege, Bedeutung – III. Rechtlich – IV. Theologisch – V. Personennamen.

Lit.: *C.H. Gordon*, Fratriarchy in the O.T. (JBL 54, 1935, 223–231). – *A. Herrmann*, Altägyptische Liebesdichtung, 1959, 59. 75ff. – *H. Jahnow*, Das hebr. Leichenlied (BZAW 36, 1923, 61ff.). – *P. Koschaker*, Fratriarchat, Hausgemeinschaft und Mutterrecht in Keilschriftrechten (ZA, N.F. 7, 1933, 1–89). – *J. Pedersen*, Israel, I–II, 57ff. – *G. Ryckmans*, Les noms de parenté en Safaitique (RB 58, 1951, 377–392, 'ḫ 382–384). – *A. van Selms*, Marriage and family life in Ugaritic literature, London 1954. – *A. Skaist*, The authority of the brother at Arrapha and Nuzi (JAOS 89, 1969, 10–17). – *E.A. Speiser*, The Wife-Sister Motif in the Patriarchal Narratives, in: A. Altmann, Biblical and Other Studies, 1963, 15–28. – *R. de Vaux*, Lebensordnungen, I 45ff., 72ff., 96ff.

I. Der Stamm *'aḫ* ist gemeinsemitisch; er bezeichnet in erster Linie den leiblichen Bruder, aber auch im weiteren Sinne den Verwandten, den Landsmann, den Genossen usw. So wird z.B. akk. *aḫu* als Anrede an Gleichgestellte (bes. in Briefen, auch unter Königen), ferner von Berufskollegen, Bundespartnern und von Stammesgenossen (Mari-Urkunden) gebraucht; auch die Götter werden mitunter zusammenfassend als 'Brüder' bezeichnet. In akk. Personennamen bezeichnet *aḫu* meist den leiblichen Bruder, z.B. *Sin-aḫa-iddinam* 'Sin hat einen Bruder gegeben' (Stamm, AN 43ff.); daneben wird aber auch ein Gott als Bruder bezeichnet, z.B. *Aḫu-dūr-enši* 'der Bruder ist eine Mauer für den Schwachen' (Stamm 55f.), *Aḫu-ilum* 'der Bruder ist Gott' (Stamm 297f.) und in Vertrauensnamen wie *Ilī-aḫi* 'mein Gott ist mein Bruder', *Ilī-kī-aḫ* 'mein Gott ist wie der Bruder' (Stamm 300). Grundsätzliches hierzu → אב.

Das ugar. *'ḫ* wird sowohl von menschlichen Brüdern, z.B. CTA 14 (I K) 9 („der König hatte sieben Brüder") als auch von göttlichen Wesen, z.B. ʿAnat-Luṭpan, CTA 18 (III D) IV 24, ʿAnat-Baʿal, CTA 2 (III AB) II 11, gebraucht (WUS 11f.). Außerdem gibt es ein typisch ugar. Wort *'rj* 'Verwandter' (WUS 35). Über Liebe zwischen Bruder und Schwester vgl. van Selms 119f. In westsemitischen Inschriften liegt derselbe Befund wie im Akk. vor, und zwar wird אח gebraucht: von Verwandten (KAI 214, 27ff., geschrieben איח), im Briefstil zwischen Gleichgestellten, von Berufskollegen (vgl. אחי מלכיא 'meine Brüder die Könige', KAI 216,14), von einem König, der seine Untertanen schützt (KAI 24,11). Im Nabatäischen ist אח מלכא Titel des vornehmsten Ministers; אחת מלכא ist die Königin (DISO 8f.).

Bei äg. *śn* liegen die Dinge ähnlich: Das Wort, das mit *śnw* 'zwei' wurzelverwandt ist, bezeichnet sowohl den leiblichen Bruder (oft im weiteren Sinn einen Verwandten) als auch übertragen den Genossen (vgl. auch *śn.k im* 'dein Bruder hier' = 'ich' in Briefen) und – was typisch ägyptisch ist – den Geliebten (in der Liebespoesie, nicht auf eine Geschwisterehe zurückzuführen; Herrmann 75f.). Letzterer Gebrauch korrespondiert mit der häufigen Bezeichnung der Geliebten und der Ehefrau als *śn.t* 'Schwester'. Zu beachten ist auch das Wort *śnw* 'zweiter, Genosse, Partner', oft im Ausdruck *nn śnw.f* 'er hat nicht seinesgleichen'. Besonders reich sind die Belege für Osiris als Bruder von Isis und Nephthys, für Horus und Seth oder Seth und Thoth als „die beiden Brüder" sowie für Isis und Nephthys als „die beiden Schwestern" (WbÄS IV 151,15).

II. Mit אח bezeichnet man im Hebr. zunächst den leiblichen Bruder, z.B. Gen 4, 8–11 (Kain und Abel); 25, 26 (Esau und Jakob, vgl. Hos 12, 4); 37, 2. 4ff.; 42, 3f. 7 (Joseph und seine Brüder); Ex 4, 14 (Aaron, der Bruder des Mose); Ri 9, 5 (Abimelech tötet seine Brüder). Wie aus Ex 4, 14 hervorgeht, unterscheidet man nicht streng zwischen Bruder und Halbbruder; so auch 2 Sam 13, 4 (Absalom und Amnon). Die Vollbruderschaft wird mitunter durch den Zusatz „Sohn (derselben) Mutter" hervorgehoben (Deut 13, 7; Ri 8, 19; Ps 50, 20; übertragen Gen 27, 29).

Ferner bezeichnet אח den Verwandten, z.B. Gen 14, 14. 16 (Abrahams Neffe Lot; vgl. 13, 8 „wir sind Brüder"); auch im weiteren Sinn den Stammes- oder Volksgenossen, z.B. Gen 31, 32 (Jakob zu Laban: „vor unseren Brüdern", d.h. Verwandten); Ex 2, 11; 4, 18 (die Hebräer sind die „Brüder" Moses); Lev 10, 4 (Söhne des Vetters); 25, 25 (der גאל-Pflichtige); Num 20, 3 („unsere Brüder" = die Israeliten); Jos 1, 14f. (die anderen Israeliten im Verhältnis zu den Rubenitern und Gaditern); Ri 9, 18 (Abimelech ist der Bruder, d.h. Stammesgenosse der Bürger von Sichem). Grundlage des letztgenannten Sprachgebrauchs ist die Vorstellung, daß die Stämme und das Volk von einem gemeinsamen Vater abstammen (vgl. Pedersen 57f.). Darum stehen oft „deine (unsere usw.) Brüder" und „Kinder Israels" gleichbedeutend nebeneinander (Lev 25, 46; Deut 3, 18; 24, 7; Ri 20, 13; vgl. Num 25, 6). An mehreren Stellen kommt diese genealogische Geschichtsauffassung darin zum Ausdruck, daß der Einzelne als Repräsentant eines Stammes oder Volkes steht, und die Beziehungen zwischen Stämmen in Verwandtschaftskategorien beschrieben werden: Kanaan soll Knecht seiner Brüder (d.h. der Israeliten) werden (Gen 9, 25); Ismael wird ein Gegner seiner Brüder (d.h. anderer Stämme) sein (Gen 16,12; 25,18); Simeon und Levi werden im Jakobsegen als Brüder angesprochen (Gen 49, 5); die Stämme Juda und Simeon werden bei der Eroberung des Landes als Brüder beschrieben (Ri 1, 3.17), die sogar miteinander sprechen; die Israeliten fragen das Orakel: „Soll ich gegen meinen Bruder Benjamin (d.h. den Stamm) kämpfen?" (Ri 20, 23. 28). Besonders häufig findet sich diese Ausdrucksweise mit Bezug auf Jakob und Esau bzw. Israel und Edom: Isaak segnet seine Söhne und verspricht, daß Esau seinem Bruder dienen wird (Gen 27, 29. 40); gegen Ende der Wüstenwanderung schicken die Israeliten Boten an Edom: „So sagt Israel, dein Bruder" (Num 20,14); ähnlich werden die Edomiter Deut 2,4.8 als „eure Brüder, die Kinder Esaus" bezeichnet. Auf dieses Bruderverhältnis nimmt Deut 23, 8 Bezug: „Den Edomiter sollst du nicht verabscheuen, denn er ist dein Bruder"; Amos rügt Edom, weil er „seinen Bruder mit dem Schwert verfolgt hat" (Am 1,11); Ob 10,12, Mal 1, 2ff. finden sich Hinweise auf die schändliche Behandlung des israelitischen Brudervolkes durch Edom.

Sehr oft wird אח von Landsleuten oder Volksgenossen gebraucht. Das Königsgesetz des Deut verbietet den Israeliten, einen Ausländer (→ נכרי) zum König zu machen („du sollst aus deinen Brüdern einen zum König machen", Deut 17,15). Mit der gleichen Betonung gegen Ausländer sollen die Propheten „aus euren Brüdern" erweckt werden (Deut 18,15). In Deut 23, 20f. wird zwar erlaubt, vom נכרי Zinsen zu nehmen, dagegen aber verboten, sie vom אח zu fordern. Deut 24,14 unterscheidet den אח vom → גר, obwohl gegenüber beiden hier die gleichen Pflichten bestehen (vgl. in Deut 23, 8 Israels גר-Beziehung zu den Ägyptern). Neh 5, 8 spricht von „unseren jüdischen Brüdern". Von den israelitischen Brüdern in der Zerstreuung und von ihrer Rückkehr ist Jes 66, 20; Mi 5,7 (vgl. Jer 29,16) die Rede.

Als → רע 'Nächster, Mitmensch', wird in der Regel nur der Volksgenosse betrachtet. Ausdrücklich parallel oder gleichbedeutend mit רע (bzw. מרע) findet sich אח Lev 19,17; 2 Sam 3, 6; Jer 9, 3; Ps 35, 4; 122, 8; Hi 6,15 (vgl. auch 30, 29); Spr 17,17; 19,7. Anstelle von רע (Mitmensch) wird אח im Heiligkeitsgesetz (Lev 19,17; 25, 26. 46) und im Deut (15,7. 9.12; 19,18f.; 22,1–4), wahrscheinlich auch Hi 22, 6, gebraucht. Die P-Gesetze ziehen רע vor. Vom Mitmenschen im allgemeinen Sinne wird אח gebraucht Ps 49, 8 „seinen Bruder kann niemand erlösen" (wohl auch Spr 18,19). In Ps 22, 23 sind „deine Brüder" offenbar mit → קהל, d.h. der Kultgemeinde, identisch; dasselbe gilt vielleicht von Ps 122, 8.

Ferner wird אח zuweilen als höfliche Anrede an Unbekannte gebraucht (Gen 19,17; 29, 4; Ri 19, 23), ebenso im diplomatischen Verkehr zwischen Verbündeten wie vielleicht Num 29,14 und sicher 1 Kön 9,13 (Salomo zu Hiram); 20, 32 (Ahab von Ben-Hadad) – vielleicht gehört auch der nur hier belegte „Bruder-Bund" ברית אחים Am 1, 9 hierher, den manche auf die Beziehung zwischen Tyrus und Israel beziehen, andere jedoch auf die Stammverwandtschaft Israel–Edom.

Allgemeine Vertrautheit wird durch אח angedeutet in Hi 30, 20 („ein Bruder der Schakale und ein רע der Strauße": jemand, der ihr Leben in der Wüste teilt). Ähnlich ist „Bruder der Räuber" (Spr 18, 9) einer, der mit jenen gemeinsame Sache macht.

Ganz ähnlich liegen die Dinge bei אחות 'Schwester'. Das Wort bezeichnet zunächst die leibliche Schwester (Gen 4,22; 20,12; Lev 18, 9.11 usw.), ferner eine weibliche Verwandte (Gen 24, 60) und wird im erweiterten Sinn von Nationen und Städten gebraucht (Jer 3,7: Israel ist Judas Schwester; Ez 16, 46: Jerusalem und Samaria sind Schwestern). Wie אח bezeichnet es auch Vertrautheit (Hi 17,14 vom Gewürm; vgl. Spr 7, 4 von der Weisheit, s.u.). Im HL wird die Geliebte (nach äg. Vorbild?) öfter „Schwester" genannt (4, 9–12; 5,1f.; vgl. 8, 8). Dasselbe Liebesmotiv wird dann auch auf die Weisheit angewandt (Spr 7, 4; vgl. Ringgren, Word and Wisdom 106,111f.).

Schließlich werden sowohl אח als auch אחות in der Totenklage gebraucht (1 Kön 13, 30; Jer 22,18; Jahnow 61ff.). Wahrscheinlich wird dadurch die enge Verbundenheit mit dem Verschiedenen zum Ausdruck gebracht. Auch wird in der Tammuzklage der Gott mitunter als „Bruder" bezeichnet.

III. Innerhalb der Gesetze werden keine besonderen Rechte des Bruders erwähnt. In der Regel sind die Söhne erbberechtigt; der älteste von ihnen erhält dabei einen doppelten Anteil (Deut 21,17). Wenn die Töchter Hiobs ein Erbteil „unter ihren Brüdern" erhalten, gilt das als etwas ganz Besonderes (Hi 42,15, vgl. Spr 17, 2). Schwester und Frau des Bruders werden zu den nächsten Verwandten gezählt, mit denen sexueller Umgang verboten ist (Lev 18, 9.16; 20,17. 21; Deut 27, 22). Ebenso gehören Bruder und Schwester zu den Verwandten, mit deren Leiche sich ein Priester verunreinigen darf (Lev 21, 2f. P; Ez 44, 25). Deut 25, 5–9 (vgl. Gen 38, 8ff. → יבם) wird der Bruder eines Verstorbenen verpflichtet, seine Schwägerin zur Frau zu nehmen. Ferner obliegt dem Bruder die *g*^{e}*'ullāh*-Verpflichtung Lev 25, 25 (→ גאל).

Bei Hethitern, Hurritern und Elamitern hat man Reste eines Familiensystems, das von der

Brudergewalt beherrscht war, nachweisen wollen: der Bruder gibt die Schwester dem Manne „zur Schwesterschaft" (Koschaker 14. 28f.), man kann einen anderen als Bruder adoptieren (a.a.O. 37ff.) usw. Nach Skaist gilt dies aber nur in Ausnahmefällen, z.B. wenn der Vater gestorben ist. Die Versuche, Spuren ähnlicher Verhältnisse in Israel nachzuweisen (Gordon), sind unsicher (doch vgl. Speiser, The Wife-Sister Motif in the Patriarchal Narratives).

IV. Die starke Familiensolidarität der Israeliten schließt auch das Verhältnis von Brüdern und Schwestern untereinander ein. Wer weder Bruder noch רע hat, ist schutzlos (2 Sam 3, 6, vgl. Pred 4, 8). Typisch ist die Kaingeschichte (Gen 4), in der Kain die einfachste Pflicht gegenüber Abel verletzt und dann Gottes Anklage mit den Worten abtut: „Bin ich denn meines Bruders Hüter" (4, 9); dadurch leugnet er eine sonst selbstverständliche Verantwortlichkeit. So wird auch besonders betont, daß das Blut des Bruders zu Gott um Rache schreit (→ צעק). Andererseits ist es ein besonderes Verdienst der Leviten, daß sie sogar Söhne und Brüder wegen Abgötterei bestraften (Ex 32, 39): dadurch setzten sie die Loyalität gegen Gott über die Familiensolidarität.

Mit der Erweiterung des Bruderbegriffs auf alle Stammes- und Volksgenossen erweitert sich auch die Forderung der Solidarität. In H und Deut finden sich zahlreiche Hinweise auf Pflichten gegenüber dem Bruder. Da alle Israeliten Brüder sind, soll man jedem helfen, der verarmt (Lev 25, 35f.). Besonders das Deut betont diese Pflicht (15,7. 9.11f.), dehnt sie sogar auf die Haustiere des Bruders aus (22,1–4). Gegen den Bruder soll man nicht falsches Zeugnis ablegen (19,18f. – Ex 20,16 heißt es רע).

Jeremia wird von seinen Brüdern und vom Haus seines Vaters treulos behandelt (Jer 12, 5); er warnt davor, sich auf Bruder und Nächsten zu verlassen, da sie alle trügerisch sind (9, 3). Ebenso klagt Hiob, daß seine Brüder und Freunde (רע) ihn betrogen haben (Hi 6,11). Seinen „Bruder" (fehlt in LXX) zu berauben und einem Volksgenossen Böses zu tun, verdient den Tod (Ez 18,18); Jes 66, 5 wird den JHWH-Getreuen verheißen: „Eure Brüder, die euch hassen, ... werden zuschanden werden." Wenn in den Leidensschilderungen der Klagelieder, in denen der Beter sagt, er sei von Brüdern und Freunden (Bekannten) verlassen worden (Ps 69, 9; Ps 88, 9 spricht nur von „Bekannten", dagegen Hi 19,13 sowohl von אח als auch ידע) so wird dadurch ein Bruch der Gemeinschaft bezeichnet.

In den Aussagen der Weisheitsliteratur kommt dieselbe Anschauung von Brudersolidarität zum Ausdruck; trotzdem können gute Freunde besser als Brüder sein (Spr 18, 24; 27,10; vgl. 17,17, wo Freund und Bruder gleichgestellt werden). Vom Bruch der brüderlichen Gemeinschaft ist Spr 18,19; 19,7 die Rede; Spr 6,19 rechnet den, „der Streit unter Brüdern anstiftet", zu den sieben Greueln und Ps 133,1 betont, wie lieblich es ist, „wenn Brüder einträchtig zusammen wohnen".

V. Schließlich kommt אח als Bestandteil von Personennamen vor. In eindeutig theophoren Namen wie אחיה und יואח 'JHWH ist (mein) Bruder' oder אחיאל 'mein Bruder ist El' wird nach altwestsemitischer Art die Gottheit als Verwandter bezeichnet (→ אב; Noth, IPN 66ff., vgl. Huffmon, APNM 160f., Gröndahl, PNU 91). In אחימלך muß wohl מלך Gottesbezeichnung sein. In anderen Namen wie אחירם 'mein Bruder ist erhaben' könnte vielleicht auch ein leiblicher Bruder gemeint sein; wahrscheinlich ist aber auch hier ursprünglich der göttliche Bruder gemeint, obwohl diese Vorstellung bald in Vergessenheit geraten ist.

Ringgren

אֶחָד

I. Allgemein – II. *Ein* Gott – 1. Umwelt – 2. *Ein* JHWH – 3. *Ein* Schöpfer – 4. Pred 12,11 – III. Geschöpflicher Bereich – 1. Einmaligkeit durch Erwählung – 2. Ursprüngliche oder zukünftige Einheit des Zerspaltenen – 3. Alleinsein als Unwert – 4. Gleichheit des Geschicks – IV. Theologisch relevante Redewendungen mit אחד.

Lit.: *P.R. Ackroyd*, Two Hebrew Notes (ASTI 5, 1966–1967, 82–86). – *W.F. Bade*, Der Monojahwismus des Dtn (ZAW 30, 1910, 81–90). – *E. Jacob*, Ce que la Bible dit de l'unité et diversité des peuples (RevPsychPeuples 16, 118–133). – *G.A.F. Knight*, The Lord is One (ExpT 79, 1967/68, 8–10). – *C.A. Labuschagne*, The Incomparability of Yahweh in the OT, Leiden 1966, 137f. – *B. Otzen*, Studien über Deuterosacharja, Kopenhagen 1964, 205–208. – *F. Perles*, Was bedeutet יהוה אחד Deut. 6, 4? (OLZ 2, 1899, 537f.). – *G. Quell*, κύριος (ThWNT III, 1079f.). Zu II. 1a) *J. Bergman*, Ich bin Isis. Studien zum memphitischen Hintergrund der griechischen Isisaretalogien, 1968. – *R.O. Faulkner*, Some Notes on the God Shu (JEOL 18, 1964, 266–270). – *E. Otto*, Gott und Mensch nach den äg. Tempelinschriften der griech.-röm. Zeit, 1964. – *T. Säve-Söderbergh*, The Solitary Victor, in: Pharaohs and Mortals, 1961, 159–170. – *K. Sethe*, Amun und die acht Urgötter von Hermopolis, 1929. – *J. Zandee*, De hymnen aan Amon van Papyrus Leiden I 350, Leiden 1947.

I. Das Zahlwort אחד 'eins' eröffnet die Reihe der natürlichen Zahlen. Es ist Adjektiv. Es kann als Kardinal-, Ordinal- und Distributivzahl gebraucht werden. Schon in der Prosa der Salomo-zeit erscheint es als unbestimmter Artikel. Als Zahladjektiv und -adverb übernimmt es Bedeutungen wie 'einzig', 'einmalig, hervorragend', 'allein', 'gleich, einheitlich', 'ganz, ungeteilt'. Als Element in Redewendungen trägt es zu einem weiteren Kreis von Aussagen bei (z.B. im Deutschen „wie *ein* Mann" = ohne Ausnahme). Nahestehende, teilweise austauschbare Wörter sind: → בדד 'allein', יחד 'Vereinigung, miteinander', → יחיד 'einzig, allein, einsam', לבד 'allein', ראשון 'der erste'. Zu einem theologischen Programmwort ist אחד im hebr. AT noch nicht geworden. Von *Monotheismus* ist daher im Folgenden nicht zu handeln. Doch steht אחד in verschiedenen wichtigen religiösen und theologischen Aussagen, die untereinander z.T. disparat sind.

II. 1. Trotz ihres Polytheismus kann auch Israels Umwelt von einem „einen" Gott sprechen.
a) Ägypten. Das Wort *wꜥ* tritt nicht selten substantivisch als Gottesepitheton, 'der Eine, der Einzige', auf (WbÄS I 275, 10). Bezeichnend für die äg. Gottesvorstellung ist, daß diese Bestimmung einer ganzen Reihe von Göttern zuerkannt wird. So läßt sich *wꜥ* z.B. für Atum, Re, Amun, Ptah, Aton, Thoth, Geb, Horus, Haroëris, Chnum und Chonsu belegen (Zandee 70 gibt einige Hinweise). Oft tritt dabei als Verstärkung in der Art einer figura etymologica ein *wꜥw* hinzu (WbÄS I 275, 15–16; 277, 9; vgl. die seltenere Verbindung *wꜥ wꜥtj* 279, 1), etwa 'der Allereinigste'. Als nähere Bestimmung der Einzigartigkeit dient *ḥr ḫw.f* 'nach seiner Art'. Noch öfter wird aber *wꜥ* durch eine negative Ergänzung hervorgehoben, vor allem *nn kjj ḥr ḫw.f* 'es gibt keinen anderen nach seiner Art'; *nn śnnw.f* 'es gibt nicht seinen Zweiten' (Otto 11ff. gibt mehrere Varianten an; seine große Belegsammlung betrifft einige dreißig Götter und Göttinnen).
Wenn man die Zusammenhänge, in denen diese Einzigartigkeit des Gottes hervorgehoben wird, näher betrachtet, ist es augenfällig, wie oft auf die Schöpfung, „das erste Mal" (*sp tpj*) angespielt wird. Das Alleinsein des Urgottes vor der Schöpfung ist ein beliebtes Thema (z.B. Totenb. 17 = Urk V 6ff.). So ist Amun der Einzige in der Vorzeit, „der Große und Älteste, der der Urzeit angehört" (Urk IV 111, 9). Die Einzigartigkeit seines Wesens wird natürlich dadurch begründet, daß er der zuerst Entstandene ist, der das Entstehen anfing, was oft in langen Formeln, die an Joh 1, 2 erinnern, seinen Ausdruck findet (s. etwa Zandee 72ff.). Als Allschöpfer wird er auch *nb wꜥ* 'Einherr' genannt und ist *wꜥ ỉr nt.t ḳmꜣ wn.t* „der Einzige, der, was ist, gemacht hat und, was existiert, erschaffen hat" (Urk IV 495, 4). Die gewöhnliche Prägung *nṯr wꜥ ỉr św m ḥḥw* „der einzige Gott, der sich zu Millionen gemacht hat", hebt die äußerst enge Verbindung der unendlich gegliederten Welt mit dem „Einherr der Schöpfung" hervor und zeugt von einer tiefen pantheistischen Betrachtungsweise (Otto 58f., 106). Überhaupt kommen Wendungen mit *wꜥ* und *ḥḥw* oft vor, wobei die Zusammenstellung des Gottes *Ḥḥ* mit Schu, der ersten Emanation des Urgottes Atum, mehrere sinnvolle Auslegungen ermöglicht. Auch Göttinnen treten oft, besonders in der Spätzeit, als *wꜥ.t(t)* vor, bisweilen als 'das Einzelauge' oder die Uräusschlange gedeutet (WbÄS I 278, 6; 279, 11). Vor allem heißen so Hathor (Dendera ist „das Haus 'der Einzigen'" WbÄS I 278, 7) und Isis (Θιουιν < *tꜣ wꜥ.t* als wahrer Isisname in einem Hymnus aus Medinet Madi, Bergman 225, 280ff.).
Wichtig und für die äg. Königsideologie bezeichnend ist, daß auch der König gern als 'der Einzige' auftritt. Diese Bezeichnung kommt ihm anscheinend in seiner Rolle als der Vertreter des Schöpfergottes auf Erden zu (so wird Thutmosis I. „der vollkommene Gott des Ersten Males" genannt, Urk IV 83, 11; Säve-Söderbergh 159ff.). Besonders oft wird diese Einzigartigkeit des Königs in kriegerischen Kontexten von Urkunden des NR unterstrichen. Er besiegt die feindlichen, chaotischen Mächte und erhält die Ordnung. Die Bezeichnung Hatschepsuts als *wꜥ.t.t Ḥr* (Urk IV 390) stellt eine Parallelerscheinung zu der erwähnten Göttinnenbenennung dar.
b) Mesopotamien. Im Sum. gibt es mehrere Wörter für 'eins', deren Gebrauchsverschiedenheit noch nie untersucht wurde. Gottheiten werden oft als 'einzigartig' oder 'einmalig' bezeichnet. Im Akk. finden sich *ištēn*, 'eins' (vgl. hebr. עשתי עשר 11) und *(w)ēdu*, 'einzig', 'allein' (→ יחד), s. CAD 7, 275ff., bzw. 4, 36ff. In manchen Ausdrücken wechseln *ištēn* und *ēdu* ohne Bedeutungsunterschied, z.B. *pâ ištēn/ēda iššaknū*, 'sie verabredeten sich'. Auch für das Akk. fehlt eine eingehende Untersuchung über theologische Implikationen.
ištēn 'eins, einer' kann bei göttlichen Wesen und Königen die Bedeutung 'einmalig, besonders' haben (CAD 7, 287a). So in einem altassyrischen Beschwörungstext für die Dämonin Lamaštum (BIN 4, 126, 1; v. Soden Or N.S. 25, 1951, 141ff.) und im Agušaja-Lied für die kämpferische Göttin Ištar (VAS 10, 214 III 4; r VI 21; RA 15, 1918, 178 r. VI 8; zum Lied: H. Ringgren, Word and Wisdom, 1947, 69ff.).
c) Ugarit. In einem mythologischen Text erklärt der Gott Baal nach Vollendung seines Palastbaus, er allein (*'ḥdj*) sei König über die Götter (CTA 4 [II AB] VII 49–52). Die Betonung des „Allein" läßt die ständige Bedrohung der Herrschaft Baals durch den Dürregott Mut ahnen. Baals Königsherrschaft ist dem friedlichen Königtum des Schöpfergottes Ilu koexistent (W.H. Schmidt, BZAW 80[2], 1966, 64ff.).
2. Das יהוה אלהינו יהוה אחד von Deut 6, 4 wird

in der sonst gern wiederholenden dtn/dtr Sprache nicht zu einem wiederkehrenden Stichwort. Häufig repetiert wird dagegen das zugehörige Liebesgebot aus 6, 5. Auf dieses scheint es der dtn/dtr Theologie anzukommen, während die im Zusammenhang mit ihm gebrachten JHWH-Prädikationen nie gleichbleiben (vgl. Deut 5, 9; 7, 9; 10,14f. 17f. 21f.; 11, 2–7; 13, 6; 30, 20; Jos 23, 3). Die Liebesforderung selbst ist eine der verschiedenen Formulierungen der Grundforderung an Israel, JHWH allein, keine anderen Götter zu verehren (N. Lohfink, Das Hauptgebot, 1963, 73ff. → אהב). Wahrscheinlich besteht ein Zusammenhang mit dem Liebesmotiv in altorientalischen Verträgen und Königsbriefen (W.L. Moran, CBQ 25, 1963, 77ff.). In Deut 6 wird bis etwa v. 19 der Dekaloganfang kommentierend umschrieben. Deut 6, 4f. ist in diesem Zusammenhang wohl als Wiederaufnahme des Liebesmotivs von 5,10 gedacht. Daher ist der Sinn des אחד von 6, 4 vom Grundgebot des Deut im allgemeinen und vom Dekaloganfang im besonderen her zu bestimmen. Es sagt dann aus, daß JHWH für *Israel* der *eine* und *einzige* Gott ist. Die nächste Sachparallele ist Deut 32,12: „JHWH allein (בדד) hat es (Israel in der Wüste) geleitet, kein fremder Gott war mit ihm." Die Existenz anderer Götter wird nicht geleugnet. JHWH ist אחד im Hinblick auf das angeredete „Israel". Vermutlich nahm für das Ohr des Zeitgenossen אחד hier in unmittelbarem Zusammenhang mit dem Liebesmotiv den emotionalen Beiklang an, den das Wort in der Liebeslyrik haben kann, wenn es die Geliebte als die „einzige" bezeichnet: vgl. HL 8, 6f. (dazu G. Gerleman BK XVIII). Als der von Israel geliebte Gott ist JHWH Israels *Einziger* und *Einzigartiger*. – Der späte, verschiedenste Traditionen aufnehmende eschatologische Text Sach 14 verwendet im Zentrum (14, 9) Deut 6, 4. Nach dem eschatologischen Kampf wird JHWH in Jerusalem als König der Schöpfung thronen, und dann „wird JHWH einzig sein und sein Name wird einzig sein". Die Aussage von Deut 6, 4 gilt nun also universal (vgl. 14,16). אחד ist mit dem Gott-Königs-Motiv (vgl. Ps 93; 97; 99, aber auch Deut 10,17f.) vereint, wie früher einmal in Ugarit; s. II. 1c. JHWHs „Name" ist im Sinn der dtr Theorie von der Präsenz JHWHs im Jerusalemer Tempel (1 Kön 8, 27–29) zu verstehen. Weiteres zu Sach 14 s. III. 2c.

Hi 23,13 scheidet als Beleg für „einen" Gott aus. Der Zusammenhang verlangt ein Verb, vgl. Hi 9,12. Lies *bæ' æḥōd* (Inf. von I אחז in Dialektvariante mit ד): „Er, wenn er zugreift – wer kann ihm wehren?" Deut 6, 4 יהוה אלהינו יהוה אחד kann als Folge von zwei Nominalsätzen oder als einziger Nominalsatz mit drei verschiedenen Möglichkeiten der Grenzziehung zwischen Subjekt und Prädikat aufgefaßt werden. Im Raum dtn/dtr Sprache ist אלהינו als Apposition zu יהוה zu betrachten, da prädikatives אלהים hinter יהוה stets eigens kenntlich gemacht wird (Deut 4, 35; 7, 9; Jos 24,18; 1 Kön 8, 60). Auch Pap Nash 24, der am Ende הוא hinzufügt, hat so empfunden, ebenfalls die LXX. Ob das zweite יהוה eine Wiederaufnahme des Subjekts nach der Apposition ist oder schon zum Prädikat gehört, muß offen bleiben. Die oben gegebene Deutung des Satzes ist bei beiden syntaktischen Lösungen möglich. – Oft wird vorgeschlagen, in Deut 6, 4 eine „monojahwistische" Aussage zu sehen: eine Spitze gegen die Auflösung JHWHs in viele lokale Einzel-JHWHs. Man verweist auf die Vielfalt der Baalsgestalten und auf die dtr Kultzentralisation (Deut 12). Aber die Analogie zu der Vielheit Baals ist nicht mehr im früher angenommenen Ausmaß aufrecht zu erhalten; das Deut verrät sonst nirgends die Abwehr eines „Polyjahwismus". Deut 6, 4f. könnte auch älter sein als die im Deut relativ späte Zentralisationsforderung. – Auch eine Deutung im Sinne des theoretischen Monotheismus kommt nicht in Frage. Bis in Spätschichten (z.B. 4,19) rechnet das Deut noch mit der Existenz anderer Götter. – Ebenso liegt dem dtn Zusammenhang die Deutung von Labuschagne fern, JHWH werde hier als „Alleinstehender" bezeichnet, als ein Gott ohne weibliche Gefährtin und ohne Hofstaat. – Es ist möglich, daß Deut 6, 4f. bei der Abfassung von Deut 6 schon eine vorgegebene Einheit war: 6, 3 ist eine mühsame Hinführung; 6, 6ff. springt übergangslos auf eine andere Thematik über. Ferner folgt 6, 4f. einer Kleinform (Aufforderung zum Hören – Anrede „Israel" – Feststellungssatz – Forderung an Israel), die auch in 20, 2ff. und 27, 9f. belegt ist. Dort wird als Sitz im Leben die Versammlung Israels zum Krieg oder im Kult erkennbar. Die Sprecher sind Priester. Man könnte also auch für 6, 4 mit einer älteren kultischen Formel rechnen. Ihre Aussage wird aber die gleiche gewesen sein wie jetzt im dtn Zusammenhang.

3. In Hi 31,15 und Mal 2,10 wird im Zusammenhang von Aussagen über die Gleichheit der Menschen der Schöpfer (in Mal auch der *Vater*; vgl. Mal 1, 6) als *einer* bezeichnet. Dies meint: *ein und derselbe* hat alle geschaffen. Ob ein älteres Schöpferattribut (vgl. II. 1a) aufgenommen wird, ist schwer auszumachen.

4. In Pred 12,11 sagt der Herausgeber dieser Lehre, die „Worte der Weisen" und die „(Worte der) Teilnehmer an den Versammlungen" gingen zurück auf „einen *einzigen* Hirten". Der Vers ist schwierig und umstritten. Ein Teil der Ausleger sieht im „einzigen Hirten" Gott als die Quelle aller Weisheitslehre.

III. 1. *Erwählung* durch JHWH verleiht Einmaligkeit und Glanz des Besonderen.

a) Nach 2 Sam 7, 23 = 1 Chr 17, 21 ist Israel ein „*einzigartiges* Volk auf Erden" wegen der Befreiung aus Ägypten und wegen des Bundesverhältnisses. Nach neuerdings (von Noth, Labuschagne, Kutsch, Seybold) bezweifelter Auffassung (begründet durch L. Rost, Die Überlieferung von der Thronnachfolge Davids, 1926, 49) ist 2 Sam 7, 22–24 dtr Zusatz zur alten Erzählung vom Nathanorakel. Zur Verwendung des Motivs in Ez 37, 22 s.u. III 2b.

אחד in 2 Sam 7, 23 darf nicht nach LXX zu אחר korrigiert werden. Eine Wortgruppe גוי אחר בארץ müßte direkt hinter ומי stehen, da in מי-Fragen mit Vergleichen die Wörter hinter מי und die Wörter hinter dem mit כ eingeleiteten Vergleich verschiedene Funktion haben (vgl. Mi 7, 18, wo beide Positionen besetzt sind).

b) DtJes nimmt in 51, 2 die Formulierung von Abraham, dem אחד, die von den Überlebenden der Katastrophe Jerusalems 587 fehlinterpretiert und deshalb in Ez 33, 24 zurückgewiesen worden war, als Motiv der Heilshoffnung wieder auf.

c) Erst in der Chronik erscheint אחד auch in Aussagen über die Erwählung der Davididen und Jerusalems: 1 Chr 29, 1 (Eigengut: von Salomo) und 2 Chr 32, 12 (Änderung gegenüber 2 Kön 18, 22 Altar in Jerusalem).

d) Ein Flüchtiger, der in den Dienst des Heiligtums aufgenommen wurde (L. Delekat, Asylie und Schutzorakel am Zionheiligtum, 1967, 198), berichtet in Ps 27, 4 über seine Asylbitte: „*Eines* erbat ich 'hundertmal' (lies *mēʾāt*: M. Dahood AB z.St.), JHWH, das wünschte ich mir: / zu wohnen im JHWH-Haus / alle Zeit meines Lebens ..."

2. Aus der Erfahrung der Zerrissenheit wird das Bild der *Einheit und Ganzheit* entweder für den Ursprung der Geschichte oder für die Zukunft entworfen.

a) Der *Jahwist* denkt von einer ursprünglichen Einheit her. In Gen 2, 21–24 reproduziert er eine ihm schon vorgegebene Ätiologie für den Drang der Geschlechter zueinander. Sie gipfelt im Ausdruck בשר אחד von 2, 24, das im vorjahwistischen Sinn in Mal 2, 15 und Sir 25, 26 wieder anklingt. Durch Gen 2, 25 („sie schämten sich nicht voreinander") funktioniert J diese Erzählung für den umfassenderen Erzählungsrahmen zur Aussage von der ursprünglichen Einheit um. Sie ist in 3, 7 zerbrochen, wenn die Nacktheit erkannt wird. – Das Motiv „Einheit – Zerspaltung" wiederholt sich nach der Sintflut beim Beginn der eigentlichen Geschichte in Gen 11, 1–9. Die bisher nomadische Menschheit, die „*eine* Lippe und *gleiche* Worte" besitzt (11, 1; zu vergleichen wäre die im sum. Enmerkar-Epos 146 vorhandene Vorstellung von einer Urzeit, wo alle Enlil „mit einer Zunge" priesen, dazu zuletzt Å. Sjöberg, Der Mondgott Nanna-Suen, Uppsala 1960, 144–146), begibt sich an den Bau einer Stadt mit Tempelturm oder Stadtburg (so O.E. Ravn, ZDMG 91, 1937, 358ff.) und strebt Reichsbildung („Namen", Verhinderung der „Zerstreuung", „*ein* Volk": 11, 4. 6) an. Da dies offenbar Eigenmächtigkeit ist, verwirrt JHWH die Sprache und zerstreut die Menschheit über die Erde. – Die aus dieser Zerspaltung auf die künftige Möglichkeit neuen Einswerdens weisende Aussage von J findet sich 12, 1–3. Abraham wird ein großes Volk werden und einen großen Namen erlangen. Allerdings wird nicht eine Einheit aller Menschen erzwungen werden, sondern bei bleibender Differenzierung werden sich alle Sippen des Fruchtlands „in Abraham" Segen bereiten. Die Vätererzählungen zeigen, daß der Segen durch Fürbittgebet, Friedensbereitschaft und Hilfe vermittelt wird. Der durch Macht eine größere Einheit erstrebenden davidisch-salomonischen Großreichpolitik scheint J kritisch gegenüberzustehen (H.W. Wolff, EvTh 24, 1964, 73ff.). – Falls neuere traditionsgeschichtliche Theorien (S. Lehming, ZAW 70, 1958, 228ff.; A. de Pury, RB 76, 1969, 5ff.) gegenüber der älteren Quellenscheidung im Recht sind, fand J das Problem der Einheit zwischen Israeliten und Kanaanäern schon in der von ihm aufgenommenen Erzählung vom Überfall der Jakobssöhne auf Sichem (Gen 34) vor: In den dort geschilderten Konnubiumsverhandlungen ist es das Ziel der Sichemiten, auf das die Jakobssöhne zum Schein eingehen, daß beide Gruppen durch Konnubium zu „*einem* Volk" werden (34, 16. 22). Die alte Erzählung erinnerte durch Anspielung daran, daß in Israel das Konnubium verboten war (vgl. Gen 34, 9 mit Ex 34, 16 J). Damit – wie durch die Schändung Dinas – war der Überfall auf Sichem moralisch gerechtfertigt. Doch für J muß diese Sicht des Verhältnisses zu den Kanaanäern zu wenig differenziert gewesen sein. Er nahm die Erzählung auf: JHWH hatte also das Konnubium tatsächlich verhindert. In Anlehnung an Gen 49, 5–7 fügte J aber Zusätze in 34, 25. 30 ein: Die Tat selbst wurde dadurch zur Schuld, die ihre Strafe finden würde, und damit war sie für den Leser von J des Vorbildcharakters beraubt.

b) Zu der *prophetischen* Verkündigung neuen Heils nach dem Gericht gehört das Motiv der neuen Einheit von Nord- und Südreich. Dabei kann auch von einem *einzigen* Herrscher und einem *einzigen* Volk der Zukunft gesprochen werden. Der älteste Beleg ist Hos 2, 2 (קבץ; ראש אחד). In Ez 37, 15–28 wird אחד zum literarischen Leitmotiv (11 mal in 37, 15–24). Nachdem das doppelte Exil eingetreten ist, muß das קבץ als Aufsammeln aus allen Völkern und Heimführung aus dem Exil verstanden werden. Es entsteht dann „*ein* Volk im Land" (Rückgriff auf 2 Sam 7, 23; s. III. 1a) mit einem *einzigen* König, „meinem Knecht David", einem „*einzigen* Hirten für sie alle". Auch der רעה אחד in Ez 34, 23 – wieder „mein Knecht David" – ist als Reflex des Einheitsthemas von Ez 37, 15–28 zu verstehen (vgl. den Plural in der Vorlage Jer 23, 4; W. Zimmerli, BK XIII 841. 917). – Der äußeren Einheit wird die innere Einheit entsprechen: Jer 32, 39 לב אחד ודרך אחד (in Ez 11, 19 dagegen ist mit LXX אחר zu lesen). Die Chronik verlegt diese Zukunftsaussage schon in die idealisierte Vergangenheit zurück: 1 Chr 12, 39; 2 Chr 30, 12.

c) Aus der *Jerusalemer Kulttradition* der Herrschaft Gottes vom Zion entwickelte sich auch das Motiv der in Zion gestifteten Einheit der Schöpfung: Zeph 3, 9 – die Völker (nicht zu עמי zu emendieren; vgl. G. Gerleman, Zephanja, 1942, 58) dienen JHWH שכם אחד 'Schulter an Schulter'; Jes 65, 25 – Wolf und Lamm weiden כאחד 'beieinander' (vgl. schon Jes 11, 6 יחדו); Sach 14, 7 – bei der eschatologischen Aufhebung der Differenzen dieser Welt wird nicht mehr Tag und Nacht sein, sondern nur noch יום־אחד (s. II. 2 zu Sach 14, 9). Zeph 3, 9 spielt auf Gen 11, 1–9 J und Sach 14, 6–8 auf Gen 8, 22 J an: die Endzeit soll also die Urzeit wiederherstellen.

3. Wenn אחד den *Einzelnen* im Gegensatz zu mehreren oder zur Gruppe meint, hat es meist negativen Klang. Bei bestimmten Prozessen hat die Aussage eines einzigen Zeugen keine Beweiskraft: Num 35, 30; Deut 17, 6; 19, 15. Dem Haus David bleibt nur noch einer aus zwölf Stämmen (1 Kön 11, 13. 32. 36). In Pred 4, 7–12 wird das Thema „alleinstehender Mensch" zum Teil in typischer Koheletformulierung, zum Teil in traditionellen Sprüchen ausführlich abgehandelt (zur Parallele zu 4, 12 im Gilgameš-Epos vgl. B. Landsberger, RA 62, 1968, 109).

4. אחד dient in Ex 12, 49; Num 9, 14; 15, 15. 16. 29; Esth 4, 11 dazu, für bestimmte Bereiche die *Gleichheit aller* vor dem Gesetz auszudrücken. Ez 48 bedient sich leitmotivartig des Wortes, um von der Gleichheit aller Stämme Israels in ihrem Erbanteil nach der Heimkehr aus dem Exil zu sprechen. Negativ wird das Thema der Gleichheit aller als Aussage über das Dasein im Pred. Alle Menschen haben מקרה אחד 'gleiches Geschick' (Pred 2, 14–16; 9, 2f.). Selbst Mensch und Vieh haben „gleiches Geschick" und רוח אחד 'gleichen Atem' (3, 19–21). Denn alle enden am „gleichen Ort" (3, 20; 6, 6), in der Unterwelt. Nur für ihr aufgerissenes Maul müht man sich letztlich ab (6, 7, vgl. Ackroyd). Deshalb ist alles הבל 'Windhauch' (2, 15. 17; 3, 19; 6, 4. 9). Dem Menschen bleibt nur eines: sich jetzt seines Lebens zu freuen (2, 24; 3, 22; 9, 7–10). Dieser Gedankengang ist auch aus der ägyptischen und mesopotamischen Literatur gut belegbar.

IV. אחד ist Einzelelement in bestimmten *Redewendungen*, die als ganze theologischen Aussagen dienstbar werden.

a) „Wie *ein* Mann" kann die Einheit Israels ausdrücken: Num 14, 15 (Einheit in der Vernichtung); Ri 6, 16; 20, 1. 8. 11; 1 Sam 11, 7; 2 Sam 19, 15; Esr 3, 1; Neh 8, 1.

b) „Mit *einer* Stimme" bringt in Ex 24, 3 die Einmütigkeit Israels beim Bundesschluß zum Ausdruck (vgl. Ex 19, 8 יחדו).

c) „Nicht *ein einziger*" dient oft dazu, die Restlosigkeit des Gotteswirkens zu unterstreichen: Ex 8, 27; 9, 6. 7; 10, 19; 14, 28; Jos 23, 14; Ri 4, 16; 1 Kön 8, 56; Jes 27, 12; Jer 3, 14; Ps 34, 21; 106, 11.

d) „an *einem einzigen* Tag" bringt die Schnelligkeit von JHWHs Handeln zum Ausdruck: Jes 9, 13; 10, 17; 47, 9; 66, 8; Sach 3, 9; 2 Chr 28, 6.

Lohfink | Bergman (II 1a)

אַחֵר

I. Belege, Bedeutung – II. Der Ausdruck „andere Götter"

Lit.: *Fr. J. Helfmeyer*, Die Nachfolge Gottes im AT (BBB 29, 1968, 130–182). – *C. Lindhagen*, The Servant Motif in the Old Testament, Uppsala 1950, 120–142.

I. Das Wort אחר kommt im AT 161 mal vor, davon 62 mal in der Kombination אלהים אחרים, vorwiegend in Deut und Jer.

אחר ist ein Verhältniswort und heißt 'anderer' im Verhältnis zu etwas früher Erwähntem oder Vorausgesetztem. Die Art des Verhältnisses bestimmt die genaue Bedeutung des Wortes. a) Das Verhältnis kann so sein, daß zu früher Genanntem etwas hinzukommt; man kann es am besten durch 'noch' wiedergeben, z. B. זרע אחר 'ein anderer Sohn' = 'noch ein Sohn' (Gen 4, 25); שבעת ימים אחרים 'sieben weitere Tage' (Gen 8, 10. 12); אהל אחר 'ein anderes Zelt' = 'noch ein Zelt' (2 Kön 7, 8); כלי אחר 'noch ein Gefäß' (Jer 18, 4); מגלת אחרת 'noch eine, eine weitere Buchrolle' (Jer 36, 28. 32). Diese Bedeutung kann durch den Zusatz von עוד oder יסף hervorgehoben werden, z. B. Gen 29, 27. 30; 30, 24; 37, 9. b) אחר steht auch, wenn etwas früher Genanntes oder Gebrauchtes ersetzt wird. So heißt z. B. בגדים אחרים (Lev 6, 4; 1 Sam 28, 8; Ez 42, 14; 44, 19) 'andere Kleider', statt der früher gebrauchten; כסף אחר (Gen 43, 22) 'anderes Geld', als Ersatz des früher genannten. c) Mit dem bestimmten Art. drückt אחר ein direktes Verhältnis zum ersten aus und heißt dann 'anderer' = 'zweiter': חצר האחרת 'der zweite Vorhof' (1 Kön 7, 8); הכנף האחרת 'der andere, zweite Flügel' (2 Chr 3, 12); bei einer Zeitbestimmung nimmt es die Bedeutung 'folgender, nächster' an, z. B. בשנה האחרת 'im folgenden, nächsten Jahr' (Gen 17, 21); ביום האחר 'am folgenden Tag' (2 Kön 6, 29). In Zeitausdrücken ohne den bestimmten Art. heißt es 'künftig', z. B. דור אחר 'ein künftiges Geschlecht' (Ri 2, 10; Jo 1, 3). d) In einigen Fällen wird durch אחר die Andersartigkeit wiedergegeben: רוח אחרת 'ein anderer (d. h. andersartiger) Geist' (Num 14, 24); איש אחר ein Mann, der anders ist und sich anders benimmt (1 Sam 10, 6); לב אחר 'ein anderes

Herz' (1 Sam 10, 9). Wenn die Andersartigkeit negativ beurteilt wird, ist אחר mit 'fremd(-artig)' gleichbedeutend: בלשון אחרת 'mit anderer Zunge', d.h. in fremder Sprache (Jes 28,11); לעם אחר 'zu einem fremden Volk' (Deut 28, 32); בן־אשה אחרת 'der Sohn einer fremden Frau' (Ri 11, 2).

II. Die Wendung אלהים אחרים 'andere Götter' findet sich in Texten, die vom Bundesgedanken beherrscht sind, vor allem in Deut (18mal), Jer (18mal) und in Texten wie Jos 23–24 (3mal) und 2 Kön 17 (4mal).

אחר hat in diesem Ausdruck zunächst die Bedeutung 'zusätzlich', wie es auch aus dem grundlegenden Gebot hervorgeht: „Du sollst keine anderen (zusätzlichen) Götter haben neben mir" (Ex 20, 3; Deut 5,7). אלהים אחרים schließt also alle denkbaren Götter ein, die Israel eventuell verehren will. Manchmal klingen aber auch die Nuancen 'andersartig' und 'fremd' mit, wenn von „anderen Göttern" die Rede ist, d.h. also von Göttern, die dem Bundesverhältnis mit JHWH fremd sind. Dreimal (Deut 31,18.16; Jos 24, 2. 23; Ri 10,13.16) steht אלהים אחרים offenbar parallel zu אלהי הנכר 'die fremden Götter', ohne daß 'fremd' hier ausschließlich national (= ausländisch) zu verstehen ist. In 1 Sam 7, 3f. werden die *be'ālīm* und die *'aštārōt* als Beispiele der אלהי הנכר genannt. Dagegen scheint אל זר (Ps 44, 21; 81, 20) nur 'ausländische' Götter zu bezeichnen.

עבד אלהים אחרים ist der gebräuchlichste Ausdruck für den Götzendienst des Volkes. Er kommt im AT 34mal mit Israel als Subj. vor. Oft ist das illegitime עבד Israels mit השתחוה ל, das das kultische Sich-Niederwerfen vor dem Gottesbild bezeichnet, verbunden (vgl. Zimmerli, ThB 19, 1963, 237ff.). Häufig steht auch הלך אחרי mit den fremden Göttern als Obj.; es könnte ursprünglich das Gehen in einer Kultprozession hinter dem Gottesbild bezeichnet haben, wird aber jetzt als allgemeiner Terminus für Götzenverehrung gebraucht (vgl. Helfmeyer 130–151 → אחרי).

Andere Verben, die mit אלהים אחרים stehen, sind פנה 'sich zu anderen Göttern wenden' (Deut 30,17; 31,18. 20); הזכיר בשם 'im Kult den Namen anderer Götter nennen' (Ex 23,13; Jos 23,7); ירא 'andere Götter fürchten' (2 Kön 17, 35. 37f.); זנה 'mit anderen Göttern huren' (Ri 2,17; vgl. Ex 34,15f.; Deut 31,16). Das letztgenannte Verb hat in diesem Vorstellungshorizont die für den Bund gebrauchte Ehesymbolik zur Voraussetzung: Die Verehrung anderer Götter bricht die vom eifersüchtigen Gott (אל קנא) geforderte eheliche Treue und ist deshalb Hurerei.

Parallel mit den Ausdrücken für die Verehrung anderer Götter stehen oft solche, die die Folgen des Götzendienstes für das Verhältnis zu JHWH und seinem Bund beschreiben. Wenn man anderen Göttern dient, vergißt man (שכח) JHWH (Deut 8,19; Ri 3,7), wendet sich von ihm (שוב מאחרי 1 Kön 9, 6; Jos 22,16), verläßt (עזב Deut 29, 24f.; Jer 22, 9), übertritt (עבר Deut 17, 2f.; Jos 23,16), bricht (הפר Gen 17,14; Deut 31,16. 20; Jer 11,10) oder verwirft (מאס 2 Kön 17,15f.) den Bund. Vgl. die Synonyme zur Götternachfolge bei Helfmeyer 152–182.

Alle diese Ausdrücke sind in der Bundesvorstellung beheimatet. Das Verbot, anderen Göttern zu dienen, hat den Bund zur Voraussetzung: JHWH hat Israel aus Ägypten befreit und hat es durch den Bundesschluß zu seinem Eigentumsvolk (עם סגלה) und zu einem ihm geheiligten Volk (עם ... קדוש ליהוה) gemacht (Ex 19, 5f.; Deut 7, 6). Die Existenz des Volkes hängt von JHWH allein ab; so hat er einen totalen Anspruch auf Loyalität und Verehrung. Wenn Israel anderen Göttern dient, bricht es diesen nach der Rettung aus Ägypten geschlossenen Bund (Deut 29, 25ff.; 31, 20). Die Folge ist Fluch und Tod (Deut 30,19); deshalb soll der nicht-jahwistische Kult mit all seinen Kennzeichen ausgerottet werden (Deut 7, 5), und wer zu Götzendienst verleitet, wird mit Steinigung bestraft (Deut 13, 6ff.; 17, 2ff.). Es ist auch folgerichtig, wenn 2 Kön 17 den Untergang des Nordreichs dadurch begründet sieht, daß die Bevölkerung andere Götter gefürchtet (v. 7), nach den Sitten der Kanaanäer gelebt und den Götzen gedient hat (v. 8.12). Der eine Bundesgott schließt die 'anderen Götter' aus; jene sind ihm und seinem Bund wesensfremd.

Erlandsson

אַחֲרֵי

I. Profaner Sprachgebrauch – 1. Temporale Bedeutung – 2. Ausschließlich lokale Bedeutung – 3. Lokale Bedeutung zur Bezeichnung einer Verhältnisbestimmung – 4. Herkunft – II. Theologischer Sprachgebrauch – 1. Inhalt – 2. Mit אחרי gebildete Synonyme zu הלך אחרי – 3. Nachfolge der Götter – 4. Herkunft – 5. Nachfolge und Nachahmung

Lit.: *M. Buber*, Nachahmung Gottes. Werke II, 1964, 1053–1065. – *E.G. Gulin*, Die Nachfolge Gottes. Festschr. K. Tallquist (StOr I, 1925, 34–50). – *F.J. Helfmeyer*, Die Nachfolge Gottes im Alten Testament (BBB 29) 1968. – *Ders.*, „Gott nachfolgen" in den Qumrantexten (RQ 7, 1969, 81–104). – *G. Kittel*, ἀκολουθέω (ThWNT I, 210–216). – *H. Kosmala*, Nachfolge und Nachahmung Gottes II: im jüdischen Denken (ASTI 3, 1964, 65–110). – *J.M. Nielen*, Die Kultsprache (Nachfolge und Nachahmung) im neutestamentlichen Schrifttum (BiLe 6, 1965, 1–16). – *H.J. Schoeps*, Von der imitatio Dei zur Nachfolge Christi, in: Aus frühchristlicher Zeit, 1950, 286–301. –

A. Schulz, Nachfolgen und Nachahmen (StANT VI) 1962.

I. 1. Mit der Präposition אחר wird eine zeitliche Folge ausgedrückt, ohne eine konkrete Beziehung zwischen dem zeitlich Vorausgehenden und Folgenden zu implizieren (Gen 9, 28; 10, 1. 32; Lev 14, 43; Num 6, 19; Jer 40, 1; Hos 3, 5 u.ö.). Eine Ausnahme bildet der Ausdruck זרע אחרי, der eine über die ausschließlich naturhafte und zeitliche Folge hinausgehende Beziehung zwischen dem Stamm- bzw. Ahnvater und seiner Nachkommenschaft ausdrückt. Der Ausdruck erscheint vorwiegend in Bundestexten, die von dem göttlichen Bund mit Noah, Abraham und David handeln (Gen 9, 9; 17, 7. 9. 10. 19; 35, 12; 48, 4; Deut 1, 8; 2 Sam 7, 12 = 1 Chr 17, 11). Zeitliche Nachfolge begründet hier nicht nur eine Blutsverwandtschaft, sondern eine Art Schicksalsgemeinschaft, in der Rechte und Pflichten des Vorgängers auf den Nachfolger übergehen.

2. Ohne nähere Angabe der Beziehung zwischen dem Vorausgehenden und dem Nachfolgenden bezeichnet אחרי ein räumliches Hintereinander (Gen 37, 17; 1 Sam 17, 35; 2 Kön 4, 30; 2 Chr 26, 17; Ez 9, 5; Ruth 2, 9 u.ö.): In der Anordnung des Heeres folgt eine Abteilung der anderen (Ex 14, 23. 28; 1 Kön 20, 19); im Reigentanz (Ex 15, 20), in der Prozession (Neh 12, 38; Ps 68, 26) und im Leichenzug (2 Sam 3, 31) geht einer hinter dem anderen her.

3. Durch אחרי, verbunden mit הלך u.ä., werden verschiedenartige Verhältnisbestimmungen bezeichnet: das Verhältnis zwischen dem Knecht und seinem Herrn (Jes 45, 14; Ps 45, 15; 49, 18), dem Kriegsheer und seinem Feldherrn (Ri 3, 28; 4, 14; 9, 4; 1 Sam 11, 7; 17, 13f.; 25, 13), dem Parteigänger und seinem Kandidaten (Ex 23, 2; 2 Sam 2, 10; 15, 13; 20, 2. 11. 13. 14; 1 Kön 1, 35. 40; 2, 28; 12, 20; 16, 21f.; 2 Kön 9, 18f.; 11, 15; 2 Chr 11, 16; Ps 94, 15), dem Jünger und seinem Meister (1 Kön 19, 20f.), der Frau und dem Mann (Gen 24, 5. 8. 39. 61; 1 Sam 25, 42; Ruth 3, 10; HL 1, 4). In allen Fällen handelt es sich um ein Abhängigkeits- oder Eigentumsverhältnis, in dem der Nachfolgende dem Vorausgehenden Gehorsam schuldet. Diese Bedeutung von אחרי läßt sich ebenfalls in den einschlägigen altorientalischen Texten feststellen, die *alāku (w)arki* (AHw 32 sub 12; CAD I, 320) zur Bezeichnung derselben Verhältnisbestimmungen verwenden (CH § 135; Lex Ešnunna bei A. Götze, AASOR 31, 1956, § 59; EA 136, 11; 191, 15f.; vgl. ugar. *'ḫr mǵj 'l3jn b'l* 'danach kam Alijan Baal' im Baal-'Anat-Mythus CTA 4 [II AB] III 23f. u.a.).

4. Der Begriff der Nachfolge erscheint innerhalb der Verhältnisbestimmung „Kriegsheer–Feldherr" vor allem in Kriegspredigten, die sich in der Institution des JHWH-Krieges lokalisieren lassen (G. v. Rad, Der heilige Krieg, [4]1965; R. Smend, Jahwekrieg, FRLANT 84, 1963). Die in den Kriegspredigten festgestellten Elemente, die Übereignisformel (Ri 3, 28; 4, 7. 14) und der Hinweis, daß JHWH an der Spitze der Stämme in den Kampf zieht (Ri 4, 14) und daß sein Schrecken auf die Feinde fällt (Ri 4, 15), kehren in den von der Nachfolge im JHWH-Krieg handelnden Texten wieder.

Im Sinne der Parteiergreifung, des politischen Anschlusses und der politischen Zugehörigkeit wird אחרי (הלך) in der auf Hofannalen basierenden Geschichtsschreibung verwendet. Dem entspricht der Gebrauch entsprechender Ausdrücke in den Amarnabriefen, in den Annalen des Muršiliš (A. Götze, MVAG 38/6, 1933, 58: 28f.; 68: 16–18) und in den hethitischen Staatsverträgen (J. Friedrich, MVAG 31/1, 1926, 122: 8). In diesem Kontext erhält der Begriff einen amtlichen Charakter. Er hat demnach seinen Ort in der Amtssprache, die ihn zur Darstellung fest umrissener politischer Ereignisse und zur Bestimmung völkerrechtlicher Beziehungen verwendet.

II. 1. Die Eigenart der durch אחרי gekennzeichneten Verhältnisbestimmungen, vor allem der Verhältnisse „Kriegsheer–Feldherr" und „Parteigänger–Kandidat" begründet die Übertragung des Begriffes auf den theologischen Sprachgebrauch.

Von der Nachfolge JHWHs (הלך אחרי יהוה) ist die Rede in Deut 13, 5; 1 Kön 14, 8; 18, 21; 23, 3; 2 Chr 34, 31; Jer 2, 2; Hos 11, 10. Die Nachfolge JHWHs entspricht dem zwischen Israel und JHWH bestehenden Eigentumsverhältnis, das durch die Erwählung (Deut 13, 5; zu Jer 2, 2 vgl. 2, 3), durch die Herausführung aus Ägypten (Deut 13, 5), durch den Bund (2 Kön 23, 3 = 2 Chr 34, 31; Jer 2, 2) und durch das Eintreffen eines angekündigten Zeichens (1 Kön 18, 21) begründet bzw. ausgedrückt wird. Die Ausschließlichkeit der Nachfolge JHWHs kommt zum Ausdruck durch die Nachfolge „mit ungeteiltem Herzen" (1 Kön 14, 8), durch die Kontrastierung mit der Götterverehrung (1 Kön 14, 8; 18, 21; Kontext von 2 Kön 23, 3; Kontext von Hos 11, 10) und durch ihren Affront gegen jede Form von Synkretismus (vor allem 1 Kön 18, 21). Von daher ist ein gewisser polemisch-militanter Charakter für den Begriff typisch.

2. Die für הלך אחרי ermittelte Bedeutung gilt auch für die Begriffe היה אחרי (1 Sam 12, 14: ausschließliche Verehrung JHWHs, begründet durch den Hinweis auf die צדקות יהוה 12, 7ff.), מלא אחרי ('etwas erfüllen oder ausführen in der Nachfolge JHWHs', Num 14, 24; 32, 12; Deut 1, 36; Jos 14, 8f. 14; Sir 46, 6. 10: Nachfolge als Ausdruck des Vertrauens Kalebs und Josuas in

seine Verheißung; 1 Kön 11, 6: Nachfolge als Ausdruck der ausschließlichen Anerkennung JHWHs) und דבק אחרי (Ps 63, 9: Nachfolge als Anerkennung des durch die Erwählung begründeten Eigentumsverhältnisses).

3. Im Gegensatz zur Nachfolge JHWHs steht die Nachfolge der Götter (Deut 4, 3; 6, 14 u.ö., Stellenmaterial bei Helfmeyer 131–152), die sich vorwiegend in der kultischen Verehrung ausdrückt. Sie bedeutet die Verletzung der mit dem ersten Gebot verbundenen Ausschließlichkeitsforderung JHWHs, den Verstoß gegen das durch den Bund begründete Eigentumsverhältnis zwischen JHWH und Israel. Daher wird die Polemik gegen die Götternachfolge verständlich, in der die mit dem JHWH-Krieg verbundene Terminologie und Jurisdiktion auf den Kampf gegen die Götter und ihre Verehrung übertragen wird (→ אחר).

4. Vor allem die Elemente des JHWH-Krieges im Kontext des Begriffes legen für den theologischen Sprachgebrauch seine Herkunft aus der Verhältnisbestimmung „Kriegsheer–Feldherr" nahe. Dann aber rückt der Begriff in die Nähe der Gottesbezeichnungen יהוה צבאות und מלך, die wiederum eng mit der Bundeslade verbunden sind. So mag die Nachfolge JHWHs ursprünglich eine Nachfolge der Lade als Führersymbol, Kriegspalladium, Thron JHWHs und Prozessionsheiligtum gewesen sein. Die Aufbewahrung der Gesetzestafeln in der Lade hat möglicherweise zur Verknüpfung der Nachfolge JHWHs mit der Gesetzeserfüllung geführt, wenn auch hier die Anerkennung des Eigentumsverhältnisses im Mittelpunkt steht.

Als literarische Urheber des Begriffes kommen aufgrund des Vorkommens im dtn/dtr Literaturkreis, des für diesen Kreis typischen kriegerischen Geistes und der paränetischen Diktion levitische Kreise in Frage.

5. Für die Verbindung von Nachfolge und Nachahmung lassen sich nur Ansatzpunkte feststellen, die vor allem in der Wegterminologie zu suchen sind, zu der auch der Begriff der Nachfolge gehört. „Auf dem Weg jemandes wandeln" bedeutet „jemandes Handeln nachahmen", „so handeln wie jemand" (F. Nötscher, Gotteswege und Menschenwege in der Bibel und in Qumran, BBB 15, 1958, 43).

Die Bedeutung der Nachfolge im Sinne der – allerdings im Rahmen der Götterverehrung nur kultischen – Nachahmung wird nahegelegt durch Lev 20, 2ff. (זנה אחרי); Deut 4, 3 im Zusammenhang mit Hos 9, 10; Deut 12, 30; 2 Kön 17, 15a; Jer 2, 5; Jes 66, 17. In keinem Fall ist von der Nachahmung JHWHs die Rede.

Allerdings bieten die Heiligkeitsforderung (Lev 19, 2) und die Motivierung der vor allem sozialethischen Gebote mit dem Hinweis auf das entsprechende „vorbildliche" Handeln Gottes (Deut 10, 18f.; 15, 15 u.ö.) Ansatzpunkte sachlicher – nicht begrifflicher – Art für die Vorstellung von der Nachahmung JHWHs; mit dem Begriff der Nachfolge sind sie jedoch nicht verbunden.

Helfmeyer

אַחֲרִית

I. Das Wort – II. 1. Zeitliches Danach – 2. Logisches Danach – 3. Zukunft – 4. Nachkommenschaft, Rest – 5. Ende – III. 'Ende der Tage' – 1. Folgezeit – 2. Endzeit.

I. אחרית von אחר 'später, danach' abgeleitet – wie שארית von שאר und ראשית von ראש (BLe § 61 mι) – ist ein Abstraktnomen, das man am besten neutral mit 'das Danach' übersetzt (cf. W. Zimmerli, BK XIII, Textanm. zu Ez 23, 25), nicht aber mit 'Ende, Ausgang' (so neuestens KBL³), die sich als abgeleitete Bedeutungen erweisen lassen. אחרית ist sowohl das, was ohne weitere Sachlogik das Danach bildet, als auch das, was bei einer Sache, einem Weg etc. herauskommt. Daraus ergeben sich Modifizierungen wie 'Zukunft, Nachkommenschaft, Rest, Ende, das Letzte' (aber nicht 'Hinterteil' s.u. 4). Was אחרית jeweils bedeutet, muß der Kontext zeigen; in sich ist es nicht exakt bestimmt und daher nuancenreich, so daß man über das exakt Gemeinte gelegentlich uneins sein kann. Da altorientalisches Vergleichsmaterial fehlt, geht man am besten von den sicher deutbaren Belegen aus.

II. 1. Die Grundbedeutung zeigen Stellen wie Deut 8, 16; Hi 42, 12; Spr 29, 21 und Sir 38, 20. Deut 8, 16 heißt es von JHWH „der dich das Man in der Wüste essen ließ, ... um dich unter widrige Umstände zu setzen und zu prüfen, damit er dir in deinem Danach wohltäte". אחרית ist die Zeit nach der Wüstenzeit, nicht das Ende (Ausgang). Ähnlich Hi 42, 12: „JHWH segnete das Danach Hiobs mehr als seinen Anfang ..., (16) und Hiob wurde nach diesem 140 Jahre alt und sah seine Söhne und Enkel in vier Generationen." אחרית ist die (lange) Zeit nach der Prüfung. Sie setzt wie in Deut 8 einen entscheidenden Wandel der Verhältnisse voraus. So auch Sir 38, 20: „Wende das Herz nicht zu ihm (dem Toten) zurück. Reiß ab dein Gedenken und denk an das Danach." Den Übergang zum Danach als logischer Folge früherer Zustände zeigt Spr 29, 21: „Wer von Jugend an seinen Knecht verzärtelt, dessen Danach wird elend (?) sein." In dem Moment, wo der Herr seinen Knecht braucht, hat er nichts von ihm.

2. אחרית als das logische Danach findet sich häufig (s. auch 5!): Spr 23, 32 sagt, daß die Nachwirkungen (אחרית) des Weins wie eine Schlange

beißen. Wer bei einer fremden Frau schlief, für den wird ihr Danach bitter wie Wermut (5, 4). Er selbst wird in seinem Danach stöhnen, weil Fremde sein Hab und Gut verzehren (5,11). Ähnlich 20, 21: „Ein Erbe, das am Anfang hastig erworben wurde, wird in seinem אחרית nicht gesegnet sein." Zum Grundsatz erhoben heißt das dann (14,12 = 16, 25): „Es kann sein, daß ein Weg in den Augen eines Menschen gut ist; aber sein אחרית sind Wege des Todes." Jer 5, 31 sagt über das Geschick des Volkes: „Die Propheten weissagen mit Lügen, die Priester treten nieder, und mein Volk liebt es so; aber was tut ihr im Blick auf die Konsequenzen (לאחריתה)?"

Ebenso Kl 1, 9; Jes 47,7. Diese Texte erschließen das umstrittene Jer 12, 4. Mit W. Baumgartner, Die Klagegedichte Jer (1917) z. St. lasse ich 4a am Ort, lese jedoch 4b als Fortsetzung (man lese nicht mit LXX ארחותנו, da 4b dann umgestellt werden muß). Es ergibt sich folgender Sinn: Anläßlich einer Dürre (4a) klagt Jer JHWH an, daß er die Übeltäter fett werden lasse (1. 2). Das Volk müßte jene verachten, tut es aber nicht – darin besteht seine Bosheit (4a). Es kommt jedoch zu seiner Bosheit, weil es denkt: JHWH kümmert sich nicht um das, was bei uns herauskommt (אחריתנו), wenn die Übeltäter gedeihen (4b). So kommt die Dürre zwar wegen der Bosheit der Landesbewohner; aber JHWH könnte diese Bosheit durch Nichtsegnen der Bösen verhindern (anders Reventlow, Liturgie, 1963, 241ff.).

3. In einigen Texten heißt אחרית soviel wie Zukunft. „Nicht möge dein Herz auf die Sünde eifersüchtig sein, sondern den ganzen Tag in Gottesfurcht; denn wenn du sie beachtest, gibt es Zukunft, und deine Hoffnung wird nicht abgeschnitten sein" (Spr 23,17f.); ähnlich 24,14. Dazu kommt Jes 46,10: „Gedenkt der Frühzeit seit je; denn ... es ist keiner wie ich, der ich von Anfang die Zukunft verkündet habe und von vornherein, was nicht getan war ..." (In Jes 41, 22 ist mit 1QJes[a] אחרונות) zu lesen. Deutlich spricht auch Jer 29,11: „Ich weiß meine Gedanken ..., Gedanken des *šālōm* und nicht zum Bösen, euch zu geben Zukunft und Hoffnung." Aber die Unbestimmtheit der Grundbedeutung zeigt hier wieder – wie in 2. – Übergänge. So läßt sich nicht sicher ausmachen, ob man in Ps 37, 37 besser 'Zukunft' oder 'Nachkommenschaft' übersetzt, und noch schillernder wird אחרית im folgenden v. 38 (Zukunft, Nachkommenschaft, Rest?): „Aber die sich (gegen JHWH) erheben, werden zusammen vernichtet, und die אחרית der Gottlosen wird ausgerottet."

4. Das Danach zeigt damit zwei weitere Nuancen: Nachkommenschaft und Rest. Eindeutige Belege für die Bedeutung 'Nachkommenschaft' sind wohl Ps 109,13; Dan 11, 4; Sir 16, 3 (anders Rudolph, s.u.).

Ps 109,13 heißt es: „Möge seine *'aḥ^arīt* zur Ausrottung bestimmt sein; im nächsten Geschlecht sei ihr (!) Name weggewischt." Der Kontext (9–12) redet von der allmählichen Entwurzelung der Söhne des Verfluchten, aber nicht von ihrem Tod, so daß die Voraussetzungen für die Bedeutung 'Rest' fehlen, während die Bedeutung 'Zukunft' wegen des Pl.-Suffixes in 13b ausscheidet. Sir 16, 3 lautet nach der rekonstruierbaren LXX-Vorlage: „Besser ein (Gottesfürchtiger) als 1000, und kinderlos sterben als eine *'aḥ^arīt* der Vermessenheit (hebr. „als einer, der viele Söhne hat 'in Verächtlichkeit' [l. בזלה], und als eine *'aḥ^arīt* der Vermessenheit"). *'aḥ^arīt* kann hier nicht 'Ende', sondern nur 'Nachkommenschaft' heißen, da ein „Ende der Vermessenheit" gegenüber der für einen Israeliten entsetzlichen Kinderlosigkeit zu subjektiv und gewichtslos bliebe. – Damit ist wohl auch der Sinn von Dan 11, 4 klar: „Wenn er auftritt, wird sein Königreich zerbrechen und sich nach den vier Himmelsrichtungen verteilen und nicht seinem *'aḥ^arīt* gehören ..." – Schließlich gehört hierher Ez 23, 25a. Während die gefangene Oholiba an Nase und Ohren verstümmelt wird, „soll deine *'aḥ^arīt* durchs Schwert fallen". Die Parabel redet von Oholiba und ihren Kindern (vgl. Zimmerli, BK z. St.).

Eindeutige Belege für die Bedeutung „Rest" sind Am 9,1; Num 24, 20; Am 4, 2 und Ez 23, 25b. Zu Am 9,1 vgl. H. Gese, VT 12, 236f.

In einem Anhang zu den Bileam-Sagen heißt es Num 24, 20: „Erstling der Völker war Amalek; aber seine *'aḥ^arīt* ist bis hin zu einem Zugrundegehenden" (lies nicht *'^abod* mit M. Noth, Komm. z. St.). Da der Spruch auf dem Gegensatz von *rē'šīt* und *'aḥ^arīt* aufgebaut ist, kann *'aḥ^arīt* nur den kümmerlichen Rest nach großartigem Anfang meinen. – Am 4, 2b lautet: „... man wird euch (Basankühe) fortschleppen mit Fischhaken und euren Rest mit Harpunen." (Zur Begründung der Übersetzung im einzelnen vgl. W. Rudolph, Komm. Textkritik z. St.) Die Bedeutung 'Nachkommenschaft', deren Existenz Rudolph grundsätzlich bestreitet, paßt hier nicht, da der Spruch ausschließlich die Basankühe anredet. Die Übersetzung 'Hinterteil' ist ohne jeden Anhalt im Text (Rudolph: „reine Phantasie") und läßt sich aus der Grundbedeutung nicht herleiten. Nach Gese (a.a.O.) besteht der Rest aus denen, die beim Fortschleppen zurückblieben. – Singulär ist Ez 23, 25b (materielle Hinterlassenschaft): „Jene werden deine Söhne und Töchter nehmen, aber deine *'aḥ^arīt* wird vom Feuer verzehrt." – Auf der Grenze zwischen Rest und Nachkommenschaft steht Jer 31,17: „Hoffnung gibt es für deine (Rahels) *'aḥ^arīt* ..., und Söhne werden in ihr Gebiet zurückkehren."

5. Das Danach kann schließlich einen Vorgang beenden (s. auch 2). Es ist dann nicht das chronologische Ende, sondern das Ergebnis (vgl. Boman, Denken[4] 129). So mahnt Spr 25, 8: „Geh

nicht rasch zum Prozeß; was willst du bei seinem Ende tun, wenn dein Genosse dich beschämt?" Die אחרית der vier Weltreiche von Dan 8 wird sein, daß die Frevler überwiegen (23). Besonders bezeichnend aber sind Sprüche wie „Ein hartes Herz macht böse sein Ende", Sir 3, 26; „Vor dem Tod preise man niemand glücklich; denn an seinem *Ende* erkennt man den Menschen", 11, 28; „Sterben möge meine Seele den Tod der Gerechten, und mein *Ende* sei wie (das) jener!" Ähnliches besagen Jer 17,11; Hi 8,13 cj; Spr 1,19 cj; vgl. auch Ps 73,17f. sowie das nur hebr. bezeugte Wort Sir 11, 25: „Die Güte des Tages macht das Böse vergessen und das Böse das Gute, und das *Ende* eines Menschen kommt über ihn." Deut 32, 20 überträgt das auf das Volk: „Ich (JHWH) will mein Antlitz vor ihnen verbergen, sehen will ich, welches ihr Ende ist." *'aḥarīt* ist hier nicht das punktuelle Ende, sondern das prozeßhafte Ergebnis der Schuld des Volkes, s. auch 29. Dazu gehört Am 8,10: Wenn JHWH die Feste in Trauer und die Lieder in Totenklage verwandelt, so ist *das* wie die Trauer um den Einzigen und sein *Ergebnis* wie ein schwarzer Tag. Daher ist die *'aḥarīt* eines Jahres sein Ergebnis (Deut 11,12). In Dan 12, 8 fragt der Seher nach dem *Ergebnis* von all den vorher erwähnten Wundern. Pred 7, 8 preist das Ergebnis einer Sache höher als ihren Anfang; vgl. 10,13. Ganz bemerkenswert ist schließlich Ps 139, 9: „Nähme ich Flügel der Morgenröte und setzte mich ans Ende des Meeres ..." Das Ende des Meeres ist der Westen, d.h. nicht der Rand der Welt, sondern das, was zu ihr als ihr Äußerstes gehört.

III. 1. אחרית הימים ist im AT nur in fester Verbindung mit der Präp. ב gebräuchlich (anders Qumran). Wörtlich übersetzt heißt der Ausdruck „im Danach der Tage, in der Folgezeit"; vgl. akk. *ina aḫrât ūmi* (AHw 21). Vor allem in Num 24, 14 läßt sich zeigen, daß an eine begrenzte Folgezeit gedacht ist (M. Noth, ATD z.St.; ebenso zu Ez 38, 8 W. Zimmerli, BK z.St. für die Wendung אחרית השנים). Dann besteht kein Grund, in Gen 49,1; Deut 4, 30; 31, 29 von dieser Bedeutung abzuweichen (so mit Recht v. Rad, ATD 4 zu 49,1). Aber auch in Jer 49, 39 liegt (Rudolph HAT I/12 z.St.) das eschatologische Verständnis nicht nahe. Der Vers scheint seine Erklärung dadurch zu finden, daß Elam im Perserreich seit Darius I. eine neue Blüte erlebte, sein Geschick sich also wandte (Rietzschel, Urrolle 77f. unter Voraussetzung der Unechtheit). Jer 48, 47 fehlt in LXX, wohl weil Moab z.Z. der Übersetzung nicht mehr existierte und sein Geschick sich nicht mehr wenden konnte. Obwohl über die nachexilische Geschichte Moabs nichts Sicheres bekannt ist, wird man daher mit Rudolph eher das nichteschatologische Verständnis als eine bei Jer kaum belegbare Enderwartung zugrunde legen. Auf der Grenze zwischen Zukunft und Eschaton steht Jer 23, 20b = 30, 24b. באחרית הימים wird das Volk erkennen, daß JHWHs Zorn nicht abgelassen hat, den Kopf der Gottlosen zu treffen. M.E. liegt auch hier das nichteschatologische Verständnis näher.

2. Demgegenüber sind sechs Stellen anders zu beurteilen. Unter ihnen zeichnen sich Jes 2, 2 = Mi 4,1 dadurch aus, daß die Wendung באחרית הימים noch ganz unterminologisch auftritt. Dagegen scheint sich in Hos 3, 5; Ez 38,16 die Entwicklung zu einem term.techn. anzubahnen, der Dan 2, 28; 10,14 voll entwickelt ist. So steht באחרית הימים am Ende von Hos 3, 5 als offenkundiger Zusatz, der die erhoffte Rückkehr Nordisraels zu JHWH ans Ende der Tage verlegt. Ebenso deutlich steht die Wendung in einem Zusatz zu Ez 38,16, das selbst wieder Zusatz zum Grundtext ist (Zimmerli, BK z.St.): „Darum weissage, Menschensohn, und sprich zu Gog (v.14): ... du wirst heraufziehen gegen mein Volk Israel wie eine Wolke, die das Land bedeckt. Am Ende der Tage wird das geschehen. Ich will dich aber dazu über mein Land kommen lassen, damit die Heiden mich erkennen, wenn ich an dir, Gog, vor ihren Augen zeige, daß ich heilig bin (v.16)." Klar als term.techn. steht die Wendung in Dan 2, 28 (aram.); 10,14. An beiden Stellen ist die Übersetzung 'künftige Zeiten' möglich und doch nicht gemeint. „(Gott im Himmel) hat den König Nebukadnezar wissen lassen, was am אחרית der Tage sein wird" (2,28): Die Pointe der Vision besteht nicht im Ablauf der Zukunftsereignisse, sondern im Zerstören des Kolosses und dem Kommen eines unzerstörbaren Reiches (v. 44). Gemeint ist also das Ergebnis der Zukunft, nicht diese überhaupt. Ähnlich 10,14b: „Ich (der erscheinende Engel) bin gekommen, dich über das in Kenntnis zu setzen, was am אחרית der Tage begegnen wird; denn noch ist das Gesicht für (lange) Zeit." Da es im Folgenden um Stationen der Geschichte von Kyros bis Antiochus IV. geht, läßt sich die Bedeutung „Zukunft" nicht ausschließen; aber die Vision will zeigen, worin die Geschichte kulminiert, also ihr Ergebnis. Gemeint ist daher das Ende, nicht die bloße Zukunft.

Seebaß

אָיַב אוֹיֵב אֵיבָה

I. Umwelt – 1. Ugarit – 2. Mesopotamien – 3. Ägypten – II. Das AT im allgemeinen – 1. Die Wörter – 2. *'ōjēb*, Bedeutung und Synonyme – 3. Theologisch – 4. Persönliche Feinde – 5. Gott als Feind – III. Das Feindesproblem in den Psalmen – 1. Nationale Psalmen und Königspsalmen – 2. Individuelle Psalmen – 3. Stand der Diskussion.

Lit.: *G. W. Anderson*, Enemies and Evildoers in the Book of Psalms, BJRL 48 (1965–1966, 18–29). – *E. Balla*, Das Ich der Psalmen (FRLANT 16), 1912. – *H. Birkeland*, Die Feinde des Individuums in der israelitischen Psalmenliteratur, Oslo 1933. – *Ders.*, The Evildoers in the Psalms (ANVAO 1955, 2). – H. *Gunkel–J. Begrich*, Einleitung in die Psalmen (GHK, Erg.-Bd.), 1933. – *S. Mowinckel*, Psalmenstudien I. Åwän und die individuellen Klagepsalmen (SNVAO 1921, 4). – *Ders.*, The Psalms in Israels Worship, Oxford 1962. – *H. Ringgren*, The Faith of the Psalmists, Philadelphia 1963. – *G. Widengren*, The Accadian and Hebrew Psalms of Lamentation as Religious Documents, Uppsala 1936. – Weitere Literatur bei *O. Keel*, Feinde und Gottesleugner (SBM 7, 1969, 234–245).
Zu I: *E. Hornung*, Geschichte als Fest, 1966. – *R. Labat*, Le caractère religieux de la royauté assyrio-babylonienne, Paris 1939. – *E. Otto*, Gott und Mensch nach den äg. Tempelinschriften der griech.-röm. Zeit (AHAW 1964, 1). – *M.-J. Seux*, Epithètes royales akkadiennes et sumériennes, Paris 1967. – *J. Zandee*, Death as an enemy (SNumen 5), Leiden 1960.

I. 1. Außerhalb des Hebr. ist der Stamm איב im Ugar. (*ʾib*) und Akk. (*ajjābu*) belegt; daneben als kanaan. Glosse (*ibi*) in den Amarna-Tafeln (EA 129, 96; 252, 28). Ugar. *ʾib* kommt teils in Briefen mit Bezug auf kriegerische Verhältnisse (UT 1012, 10. 17. 29; 2060, 31), teils in den mythologischen Texten vor. In letzteren geht es um die Feinde Baʿals: CTA 2 (III AB) I 8, CTA 3 (V AB) III 52, par. *ṣrt* 'Feind', CTA 4 (II AB) VII 36, par. *šnʾ* 'Hasser'; CTA 10 (IV AB) II 24, par. *qm* 'Gegner'. Es ist bemerkenswert, daß hier genau dieselben Synonyme wie im Hebr. auftauchen.

2. Akk. *ajjābu* kommt sowohl in historischen und religiösen Texten als auch in der Briefliteratur vor und bezeichnet persönliche und nationale Gegner. Oft wird es durch *lemnu* 'böse' bestimmt oder mit demselben Wort im Sinne von 'Widersacher' verbunden: *ajjābu ū lemnu*. Als Synonyma treten vor allem *nakru* 'Feind, feindlich' (sowohl von Personen als auch Ländern und Völkern) oder *zā'iru* 'Feind' auf; ebenso wie *lemnu* wird *raggu* 'böse' gebraucht, während Adjektive wie *damqu*, *ṭābu* 'gut' als gegensätzliche Begriffe häufig sind.

Theologisch interessant sind die Belege, in denen der König sich rühmt, im Auftrag der Götter die Feinde des Landes vernichtet zu haben (Labat 253ff.); dabei kann entweder ein allgemeines Wort oder der Name des feindlichen Volkes zur Verwendung kommen. Eine Reihe königlicher Epitheta weist auf diese Funktion des Königs hin (Seux 24), z.B. *kāšid ajjābēšu* 'der seine Feinde besiegt' (Seux 137f.); *mukabbis kišād ajjābēšu* 'der den Nacken seiner Feinde niedertritt' (Seux 123); *mušamqit māt nakirīšu* 'der das Land seiner Feinde niederwirft' (Seux 158) usw. In den Klagepsalmen können die Feinde entweder nationale Gegner, persönliche Widersacher, Zauberer oder Dämonen sein; ihr Wirken wird aber oft in so allgemeinen Wendungen beschrieben, daß eine genaue Bestimmung schwierig oder sogar unmöglich ist (Widengren 233ff.; vgl. Mowinckel 81ff.; Birkeland, Feinde 350ff.).

3. Im Äg. ist das gebräuchlichste Wort für 'Feind' sowohl persönlich als auch national *ḫftj*, eig. 'der sich gegenüber Befindende'; aber daneben finden sich vor allem in späten Texten eine ganze Reihe von synonymen Ausdrücken. Religiös interessant sind auch hier die Hinweise auf den König als Besieger der Feinde, vor allem deshalb, weil er dabei als Gott handelt und wie der Schöpfergott allein seine Feinde niederschlägt (Schlacht bei Kades, Erman, LitÄg 331. 335; Hornung 146. → אחד). Als Vertreter des Gottes hält er dadurch die Weltordnung (*maʿat*) aufrecht (Hornung 18). Das Vernichten der Feinde wird auch kultisch vollzogen (Hornung 17). „Zwischen mythischen Götterfeinden und irdischen, also politischen wie auch kriminellen Übeltätern, macht der Ägypter keinen grundsätzlichen Unterschied, beide sind in seiner Sprache 'Feinde' schlechthin" (Hornung 17). In den Tempelinschriften der Spätzeit wird die religiös-ethische Seite mehr betont, so daß die Feinde hauptsächlich „die Übeltäter", „die Gewalttätigen" usw. sind (Otto 24f. 36f.). Der König wird vor allem Vernichter der *isf.t* 'Sünde, Falschheit' (Otto 83ff.). „Daneben stehen nicht selten die alten Bezeichnungen für 'Feinde' Gottes oder des Königs – *btnw*, *ḫʾkw-ib*, *rkjw* ... wieweit sie im Einzelfalle von einer mythischen Ebene auf eine echt religiöse übertragen worden sind, bleibt eine offene Frage" (Otto 45).

Ganz anderer Art sind die zahlreichen Stellen in der Totenliteratur, in denen von den Feinden des Verstorbenen die Rede ist (Zandee 217ff.). Es handelt sich dabei vor allem um Dämonen oder feindliche Götter, die zugleich Feinde des Osiris oder des Sonnengottes sind und den Verstorbenen auf verschiedene Weise Schaden zufügen wollen.

II. 1. Im Hebr. kommt das Verbum איב 'befeinden' einmal vor (Ex 23, 22 „Ich werde deine Feinde befeinden und deine Bedränger bedrängen"); daneben hat das Ptz. verbale Funktion in 1 Sam 18, 29: „Saul wurde dem David feind (ויהי שאול איב את־דוד) für alle Zeit". In allen anderen Belegen ist אויב Subst. 'Feind'. Außerdem kommt 5mal das Nomen איבה 'Feindschaft' vor: Gen 3, 15 (zwischen dem Weib und der Schlange) Ez 25, 15; 35, 5 (die Philister bzw. die Edomiter gegen Israel); Num 35, 21f. (Totschlag mit bzw. ohne feindliche Gesinnung).

2. אויב ist entweder ein persönlicher Feind (wie z.B. Saul und David, 1 Sam 18, 29; 19, 17; 24, 5. 20; Elia nach dem Urteil Ahabs, 1 Kön 21, 20;

Is-Boseth und David, 2 Sam 4, 8) oder ein feindliches Volk, das die eigene Nation angreift, wie in der überwiegenden Mehrzahl der Belege, wobei auch ein Einzelner als Führer des feindlichen Volkes als איב des ganzen Volkes bezeichnet werden kann („Simson, unser Feind", Ri 16, 23f.; Haman, Esth 7, 6). Das eigene Volk bzw. der Held der Erzählung werden nie als איב bezeichnet; der Feind ist immer der von außen her kommende Angreifer. So heißt es häufig, daß Israel gegen seine Feinde kämpft, während es nie selbst als איב vorgestellt wird. In den historischen Texten werden die Feinde natürlich meist mit Namen genannt; die unbestimmte Bezeichnung איב kommt meist vor in allgemein formulierten Abschnitten wie in den paränetischen Stücken des Deut, im Schlußabschnitt des H, im Tempelweihgebet Salomos (1 Kön 8, 33. 44) sowie in Kl und Ps. Manchmal tritt Gott als Feind seines Volkes auf (s.u. II 5). Menschen werden als Feinde Gottes bezeichnet 1 Sam 30, 26; 2 Sam 12, 54; Nah 1, 2; an den beiden ersten Stellen handelt es sich zugleich um Israels Feinde. Hiob sagt 13, 24; 33,10, daß Gott ihn wie einen Feind behandelt.

Als mehr oder weniger synonyme Parallelwörter zu איב finden sich: צרר (*ṣōrēr, ṣar*), eig. 'Bedränger' (oder einfach: 'Feind' KBL²) (Ex 23, 22; Num 10, 9; Deut 32, 27; Jes 1, 24; 9,10; 59,18; Mi 5, 8; Ps 27, 2; 74,10; 81,15; 89, 23f. 43; Kl 1, 5; 2, 4; 4,12; Esth 7, 6; שנא (*śōnē', meśannē'*) 'Hasser' (Ex 23, 4f., Deut 30,7 [mit רדף 'Verfolger']; Ps 10, 6.10; 18,18. 41; 21, 9; 35,19; 38, 20; 69, 5; 83,3; 89, 23f.); Formen von קום: *qām* Ps 18, 49; *mitqōmēm* Hi 27,7; Ps 59, 2, *qūm 'al* Deut 28,7; 2 Sam 18, 31 (vgl. v.19); מתנקם 'rachgierig' Ps 8, 3; 44, 17. Interessant ist auch בני נכר 'Ausländer' Jes 62, 8. Fast wie eine Definition klingen die Parallelausdrücke נלחם ב 'streiten gegen' (Jes 63,10, von Gott) und מבקש רעה 'Böses erstrebend' (Num 35, 23; vgl. יחשבו רעה לי Ps 41, 6. 8). Als Gegensatz erscheint אהב (Ri 5, 31), אלוף מידע 'vertrauter Freund' (Ps 55,14), *rēa'*, 'Nächster' (Kl 1, 2).

Eine weitere Begriffsbestimmung liefern die Verben, die das Wirken des איב beschreiben, z.B. הציק 'bedrängen' (Deut 28, 53. 55. 57), צרר 'bedrängen' oder 'befeinden' (1 Kön 8, 37 u.a.), נגף 'schlagen, stoßen' (Lev 26,17; Num 14, 42; Deut 14, 2; 1 Kön 8, 33 = 2 Chr 6, 24), נכה *hiph* 'schlagen' (Jer 30,14), רדף 'verfolgen' (Hos 8, 3; Ps 31,16; 143, 3), בגד 'betrügen' (Kl 1, 2). Ferner wird häufig das hochmütige Benehmen der Feinde erwähnt: Sie erheben sich (Ps 13, 3), tun groß (Kl 1, 9), höhnen und schmähen (Ps 74,10. 18; Kl 1, 21; Ez 36, 2), sie freuen sich (Kl 2,17), sperren den Mund auf (Kl 2,16; 3, 46), knirschen mit den Zähnen (Kl 2,16) usw.

3. In theologischer Sicht (vor allem dtr) sind die Angriffe der Feinde Manifestationen der göttlichen Strafe für Israels Abfall. Gott gibt die Israeliten in die Hand ihrer Feinde (Num 26, 25; Jer 21,7; 34, 20f.); sie werden von ihren Feinden geschlagen (Lev 26,7; Deut 14, 2; 1 Kön 8, 33); sie müssen sogar in das Land ihrer Feinde gehen (1 Kön 8, 46), ja dem Feind in seinem Land dienen (Jer 17, 4).

Andererseits kann JHWH für Israel kämpfen und die Feinde verjagen (Deut 6,19; 33, 27). Wenn Gott aufsteht, zerstieben seine Feinde, heißt es im Ladespruch Num 10, 38; vgl. Ps 68, 2. Mehrmals ist von der Rache Israels oder Gottes an den Feinden die Rede (Jos 10,13; Ri 11, 36; 1 Sam 14, 24; 18, 25; Jes 1, 24). Gott rettet (ישע, הציל) vom Feind (Ri 2,18; 8, 34; 1 Sam 12,10; 2 Sam 3, 28; 22,1; 2 Kön 17, 39; vgl. auch Num 10, 9). Dereinst wird er die zerstreuten Israeliten aus dem Land der Feinde zurückholen (Jer 31,16; Ez 39, 27). Das Ideal besteht nach dtr Sicht darin, daß Israel vor seinen Feinden Ruhe (→ מנוחה) hat (Deut 12,10; 25,19; Jos 23,1; 2 Sam 7,1.11; vgl. 1 Chr 22, 9).

4. Einige Stellen sprechen vom Verhältnis zu persönlichen Feinden. Wenn man den Ochsen oder Esel seines Feindes verirrt oder müde antrifft, soll man ihnen helfen (Ex 23, 4f.). Die Vorschriften über Totschlag in Num 35,16–34 unterscheiden Totschlag in feindlicher Absicht („um ihm *rā'āh* zuzufügen" par. „aus Haß" שנאה, v. 20f.) und ohne diese Absicht, „ohne Feindschaft" und „ohne daß er gegen ihn feindlich auftritt" (והוא לא אויב לו v. 22f.). Spr 24,17 heißt es: „Freue dich nicht, wenn dein Feind fällt", aber dieser Spruch steht im AT ziemlich vereinzelt da.

5. Die Feinde Israels sind zugleich Feinde seines Gottes (1 Sam 30, 20; 2 Sam 12,14); JHWH greift ein, um sie zu bekämpfen. Demgemäß verspricht Gott in Ex 23, 22 Israel, wenn es auf ihn hört, Feind seiner Feinde und Bedränger seiner Bedränger zu sein.

Unerhört ist es, wenn Gott in Kl 2, 4f. angeklagt wird, daß er gegen sein Volk als Feind aufgetreten ist: „Er spannte seinen Bogen wie ein Feind ... und tötete wie ein Gegner ... JHWH wurde wie ein Feind und vertilgte Israel." Ebenso sagt TrJes, Gott sei wegen des Ungehorsams des Volkes zum Feind geworden (Jes 63,10).

III. Ein teilweise anderes, jedenfalls viel komplexeres Bild ergibt sich aus den Psalmen. Hier finden sich Hinweise auf die Feinde vor allem in den Klage- und Dankliedern, in denen über das Wirken der Feinde geklagt bzw. für ihre Überwindung gedankt wird. In Psalmen, deren Subjekt das Volk ist, handelt es sich dabei ziemlich natürlich um äußere, nationale Feinde, während in den individuellen Psalmen die Identifikation der Feinde erhebliche Schwierigkeiten bereitet. Es empfiehlt sich, die nationalen und die individuellen Psalmen gesondert zu behandeln.

1. Was die nationalen Feinde betrifft (Birkeland, Feinde 23–66), besteht kein grundsätzlicher Unterschied zwischen den Psalmen, deren Subjekt ein „Wir" ist und denen, wo der König im Namen des Volkes spricht. Für אויב kommen dann die folgenden Belege in Frage: Ps 18, 4. 18. 38. 41. 49; 21, 9; 61, 4; 89, 23. 43; 110, 2; 132, 18 (Königspsalmen) bzw. 44, 17; 74, 3. 10. 18; 80, 7 (nationale Klagepsalmen); dazu kommt 1 Sam 2, 10 im Loblied Hannas. Als Synonyma (vgl. Birkeland, Feinde 60–62) finden sich (מ)שנא Ps 21, 9; 44, 8. 11; 89, 24; צר 44, 6. 8. 11; קם 18, 40, 49, מתנקם 44, 17. Als Feinde werden in mehreren Fällen ausdrücklich Ausländer bezeichnet: גוים 18, 44; 79, 1. 6. 10; עמים 18, 48; בני נכר 18, 45f.; 144, 7. 11.

Oft heißt es, daß die nationalen Feinde JHWH nicht suchen oder verehren (14, 1f. 4; 28, 5; 44, 17; 58, 4; 74, 10. 18; 79, 6. 10. 12), weswegen sie Feinde JHWHs sind (74, 4. 18. 22f.; 83, 3. 6; 89, 52; 1 Sam 2, 10). Sie werden durch ihren Hochmut gekennzeichnet, der besonders in anmaßenden Worten (Ps 12, 4f.; 18, 28; 1 Sam 2, 3) und Lästerungen (44, 17; 74, 10. 18; 79, 10. 12; 89, 52) Ausdruck findet. Ihre Verderbtheit wird mit Bezeichnungen wie רשעים (28, 3; 58, 4; 125, 3; 1 Sam 2, 9), פעלי־און (14, 4; 28, 3; 125, 5), אנשי חמס (18, 49), בן־עולה (89, 23), דברי־כזב (58, 4) beschrieben. Die 'Feinde des Volkes' werden also theologisch als 'Feinde Gottes' beurteilt. Deshalb bittet man um Hilfe gegen sie, deshalb erhält der König die Zusage, daß er über sie triumphieren soll.

2. In den individuellen Psalmen finden sich folgende Belege für אויב: 3, 8; 6, 11; 7, 6; 9, 4. 7; 13, 3. 5; 17, 9; 25, 2. 19; 27, 2. 6; 30, 2; 31, 9. 16; 35, 19; 38, 20; 41, 3. 6. 12; 42, 10; 43, 2; 54, 9; 55, 4. 13; 56, 10; 59, 2; 64, 2; 69, 5. 19; 71, 10; 102, 9; 119, 98; 138, 7; 143, 3. 9. 12. Als Synonyma kommen vor allem צר (צרר) (3, 2; 6, 8; 7, 7; 13, 5; 27, 2. 12; 31, 12; 42, 11; 69, 20; 119, 139. 157), (מ)שנא (9, 14; 35, 19; 38, 20; 41, 8; 69, 5. 15) vor; daneben auch קם (3, 2); מתקוממ (59, 2); שורר 'Verleumder' (?) (5, 9; 27, 11; 54, 7; 56, 3; 59, 11), sowie Formen des Stamms רדף (7, 2. 6; 31, 16; 35, 3; 69, 27; 71, 11; 119, 84. 86. 157. 161; 143, 3). Mit dem letzteren Wort wird also ihr Wirken als ein 'Verfolgen' oder 'Nachsetzen' beschrieben. Außerdem werden sie vor allem durch ihre überheblichen Worte und ihr feindliches Planen gekennzeichnet (Birkeland, Feinde 78); ferner werden sie רשעים genannt (3, 8; 7, 10; 9, 6; 17, 9. 13; 55, 4; 71, 4; 119, 53. 61. 95. 110. 155), d.h. sie lehnen sich stolz gegen Gott auf. Sie werden auch פעלי־און (6, 9; 59, 3; 64, 3), מרעים 'Übeltäter' (22, 17; 27, 2; 64, 3), *'îš dāmîm* (55, 24; 59, 3) *'îš mirmāh* (43, 1; 55, 24) und *bōgēd* (25, 3; 59, 6; 119, 158) genannt. Gelegentlich werden sie mit Löwen (3, 8; 7, 3; 10, 9; 17, 12; 22, 14; 35, 17) oder anderen starken oder wilden Tieren (22, 13. 17. 21; 59, 7. 15) verglichen. Ihr Hochmut tritt vor allem in ihren höhnischen oder prahlenden Worten zutage (Birkeland, Feinde 66ff.). Besonders wird hervorgehoben, daß sie dem Beter ohne Grund feind sind (חנם 69, 5, שקר 35, 19).

Bei alledem ist die Leidensschilderung dieser Psalmen entweder sehr allgemein gehalten oder sie weist gelegentlich auf Krankheit hin. Eine einheitliche Bestimmung der Identität der Feinde läßt sich unter solchen Umständen kaum durchführen. In einigen Psalmen werden die Feinde gleichzeitig als גוים (59, 6. 9; 9, 6. 16. 18. 20f.; 10, 16; vielleicht auch גוי לא חסיד 43, 1), עמים (7, 8f.; 56, 8), לאמים (7, 8f.), זרים (54, 5) bezeichnet (Birkeland, Feinde 144ff.), oder es wird auf Krieg, Streit o.ä. Bezug genommen (Birkeland 173ff.); es könnte also von Kriegsnot oder dgl. die Rede sein. Andere Psalmen scheinen ganz deutlich von Krankheit zu reden: 6; 30; 38; 41; 102, was u.a. aus dem Gebrauch des Verbs → רפא 'heilen', hervorgeht (Ps 6, 3; 30, 3; 41, 5); aber es wird nicht immer klar, ob die Feinde die Krankheit des Beters verursacht haben oder sich nur über sein Unglück freuen. In anderen Fällen wird auf einen Rechtsstreit angespielt: falsche Zeugen (Ps 27, 12; 35, 11), ריב (35, 1. 23), 'richten' (35, 23f.), vielleicht שאל (35, 11).

Die einfachste Lösung des Problems ist wahrscheinlich die Annahme einer gewissen „Stereotypisierung" der Feindbeschreibung, indem Feinde des Volkes als Tiere und Dämonen beschrieben werden und dadurch eine theologische Interpretation als Wirker von Widergöttlichem erfahren, während umgekehrt persönliche Gegner oder sogar Zauberer und Dämonen in denselben Kategorien wie äußere Feinde dargestellt werden können. Das Wesentliche ist nicht die genaue Beschreibung der Feinde, sondern die theologische Einordnung ihres Wirkens als widergöttlich und chaotisch. Darüber hinaus besteht in einigen Fällen die Möglichkeit, daß der Beter ein König ist, auf dem das Schicksal des Landes ruht.

3. Die Feinde in den individuellen Klagepsalmen sind sehr verschieden interpretiert worden. Duhm (KHC 14, ^{2}1922) und zum Teil Kittel (KAT 13, $^{3-4}$1922) dachten an politische und religiöse Gegner der Frommen in der Makkabäerzeit; ihnen folgt noch Puukko (OTS 8, 1950, 47–65). Balla äußert sich nur kurz zum Feindproblem (19ff. 125f.); da er aber die These vom individuellem Ich der Psalmen verteidigt, identifiziert auch er die Feinde als die persönlichen Gegner des Beters, sie mögen vielleicht Gottlose sein, die zugleich Feinde Gottes sind und Feinde des Frommen, der noch an Gott glaubt (26). Gunkel-Begrich treten für eine weit nuanciertere Deutung ein (196–211).

Mowinckel meinte, die Feinde seien vor allem Zauberer (*pō'alē 'āwæn* → און), die dem Beter durch ihre Künste nachstellten und ihm zu schaden suchten. Birkeland behauptete dagegen, die Feinde müßten, da sie in den individuellen Klagepsalmen mit denselben Worten beschrieben werden wie in den „nationalen“ Psalmen, überall äußere, nationale Feinde sein: in den individuellen Psalmen könnte es um den König als Beter oder um die Kriegsnot eines Einzelnen gehen. Widengren betont unter Vergleich mit den akk. Klagepsalmen, daß dieselben Ausdrücke in verschiedenen Zusammenhängen gebraucht werden können und daß die festen Wendungen keineswegs eine verallgemeinernde Erklärung der Feinde zulassen; vielmehr müsse man in jedem einzelnen Fall an Hand von anderen Kriterien untersuchen, worauf sich die stereotypisierenden Feindesausdrücke beziehen.

Ringgren

אֵימָה אֵים, *אֵימְתָן

I. Belege, Etymologie – II. Alttestamentlicher Befund – 1. Profaner Gebrauch – 2. Religiöse Bedeutung – III. Theologisches.

Lit.: *Th.H. Gaster*, Dtn 32, 25 (ExpT 49, 1937/38, 525). – *S.D. Goitein*, Ajummā Kannidgālōt (JSSt 10, 1965, 218–219). – *G. v. Rad*, Der Heilige Krieg im alten Israel, Zürich 1951, Göttingen [4]1965, 10–11. – *F. Schwally*, Über einige palästinische Völkernamen (ZAW 18, 1898, 126–148. 135–137: II. Die Emim).

I. Das Nomen אימה kommt außer im Bibl.-Hebr. (einschließlich der Qumran-Literatur) noch im Jüd.-Aram. und im Mittelhebr. vor. Belege aus der Umwelt des AT sind bisher nicht bekannt. Daraus wird deutlich, daß das Nomen eine ausschließlich hebräische Wortbildung zu sein scheint.

Das gleiche gilt für die mit אימה verwandten Wörter: die Adj. אים (AT; 1QH 15, 23?) und *אימתן (Dan 7,7) sowie die denom. Wurzel אים im Mittelhebr. Ob zu diesen Ableitungen auch das nom. propr. אימים 'Emiter' zu zählen ist (Schwally), kann nicht mit Sicherheit ausgemacht werden (KBL).

Aus alledem folgt, daß die Grundbedeutung von אימה, für die man dank den alten Übersetzungen 'Schrecken' annimmt, etymologisch nicht abzusichern ist. Der Versuch Gasters, unser Wort zumindest in Deut 32, 25 dem arab. *'jm* an die Seite zu stellen und es mit 'Witwenschaft' zu übersetzen, hat keine Zustimmung gefunden.

II. 1. Schrecken kann von Tier (Hi 39, 20; 41, 6: Pferd, Krokodil; Dan 7,7: Tier) und Mensch (Spr 20, 2: König) ausgehen. HL 6, 4.10 wird die Schönheit der Freundin u.a. mit dem Vergleich אימה כנדגלות beschrieben. Letzteres meint nach Rudolph (KAT 17,162) und Goitein 'Gestirne', und das Adj. deutet Goitein hier im volkstümlichen Sinn als 'ausgezeichnet, prächtig'. Übertragen bezeichnet אימה Jes 33,18 eine 'Schreckenszeit' unter feindlicher Bedrückung; in Jer 50, 38 steht אימים parallel zu פסלים und meint die Götzen, die für einen gläubigen Israeliten nichts anderes als 'Schreckbilder' oder 'Schreckgestalten' sind (Rudolph, HAT I 12[3], 304). Insgesamt entstammen diese Belege literarisch jungen Schichten des AT und hinterlassen einen blassen, untypischen Eindruck vom Gehalt der אימה.

2. Der Gehalt von אימה wird in Hab 1,7 sichtbar. Zwar sind es die Chaldäer, die den Schrecken verbreiten. Aber wenn nach v. 6 JHWH diese erstehen läßt und in v. 5 den Israeliten zugerufen wird: 'starrt euch an, erstarrt' (→ תמה *hitp, qal*), so wird deutlich, daß JHWH im Zuge eines kriegerischen Geschehens den Schrecken wirkt, der sich in Verwunderung und Erstarrung ausdrückt. Ähnliches zeigt Deut 32, 25. Über sein Volk ergrimmt, stößt JHWH es in Kriegsnöte (v. 19–24), die v. 25 zusammenfaßt: „draußen mordet das Schwert und drinnen der Schrecken“. Wiederum ist JHWH der Handelnde, die Szene kriegerisch bestimmt und die אימה gleichsam eine tödliche Waffe. Die hier zu beobachtende Personifizierung des Schreckens findet sich noch in Ps 88,16; Hi 9, 34; 13, 21; 33,7, am deutlichsten in Ex 23, 27 (J). JHWH entläßt sein Volk mit der Verheißung: „meinen Schrecken will ich vor dir her schicken“. Wie der 'Engel' (v. 20) und die 'Angst' (v. 28), so tritt hier der Schrecken als eigenständige Größe auf. Sie handelt in JHWHs Auftrag, bewirkt die Verwirrung und die Flucht der Feinde Israels (v. 27) und umschreibt somit die helfende Nähe und schützende Gegenwart JHWHs für sein Volk.

Inhaltlich gleich, doch formal davon unterschieden ist die in Ex 15,16; Jos 2, 9 (J); Gen 15,12 (J) vorliegende Redeweise. Nicht ausdrücklich auf JHWH bezogen und mit נפל על konstruiert, überfällt nach Ex 15 'Schrecken und Angst' (→ אימתה ופחד; so auch 1QpH 3, 4; 4,7; 1QS 1,17; 10,15) die Edomiter, Moabiter und Kanaaniter (v.15) und bewirkt, daß sie nicht nur 'zittern' (v.14), 'bestürzt' und 'verzagt' sind (v.15), sondern sogar 'starr werden wie Stein' (v.16). Das Verzagtsein der Kanaaniter vor Israel geht auch in Jos 2 auf den Schrecken zurück. Er überfällt Abraham (Gen 15), womit die Theophanie samt Verheißung (v.17–18) vorbereitet wird. Daß hier ebenfalls JHWH handelt und daß die אימה „in Bangen und Betäubung“ (v. Rad, ATD 3,157) oder in Furcht, Verwirrung und Erstarrung besteht, verbindet Gen 15,12 mit den anderen Belegen. Abweichend von diesen ist nun die Szene unkriegerisch, und der Schrecken fällt nicht auf Israels Gegner, sondern auf den Israeliten Abraham.

Das rückt den hier vorliegenden Wortgebrauch in die Nähe von Ps 55, 5; 88,16; Hiob 9, 34; 13, 21; 20, 25; 33, 7, wo ebenfalls ein einzelner Israelit davon betroffen wird. Der Beter der beiden individuellen Klagelieder beschreibt seine Not damit, daß „tödliche Schrecken ihn überfielen", 'Furcht' (→ יראה) und 'Zittern' ihn überkam (Ps 55, 5–6) und er JHWHs Schrecken trägt (Ps 88,16). Hiob wünscht 9, 34; 13,21, Gott möge das körperliche Leid von ihm nehmen, 'sein Schrecken' solle ihn nicht 'überfallen' (בעת *pi*); Zophar kleidet die Überzeugung vom drohenden Gericht über den Frevler 20, 25 u.a. in die Feststellung 'über ihm Schrecken', und Elihu erwidert Hiob in Anspielung auf dessen Worte: „Siehe, der Schrecken vor mir wird dich nicht überfallen" (33,7).

In Ez 42,16 liest man besser mit Q מאות und in Esr 3, 3 באיבה. Verschiedentlich wurde vorgeschlagen, in Ps 89, 9 für 'deine Treue' (אמונתך) 'dein Schrecken' (אימתך) und in Ps 104, 26 für 'Schiffe' (אניות) 'Seeungetüme' (אימות) zu lesen. Doch vgl. dazu die Komm.

III. Die ursprünglichste Verwendung von אימה liegt in Ex 15 und Jos 2 sowie in Ex 23 vor. Zunächst noch ganz zurückhaltend und nur andeutend, dann aber expressis verbis wird davon geredet, daß JHWH mit Hilfe eines geheimnisvollen Schreckens Israels Feinde entmutigt, ihre Kraft lähmt und sie in die Flucht treibt, so daß sein Volk das ihm von seinem Gott verheißene Land in Besitz nehmen kann. JHWH ist es, der hier handelt. Seine Aktivität ist entscheidend. Die enge Verbindung dieser Vorstellung mit dem verheißenen Besitz des Kulturlandes und deren Bezeugung in der Rede JHWHs zur Entlassung Israels vom Sinai machen es wahrscheinlich, daß das Erleben der schützenden Nähe JHWHs während des Exodus-Geschehens die Vorstellung vom JHWH-Schrecken hat entstehen lassen.

Damit stimmt im großen und ganzen überein, daß nach v. Rad der Schrecken im Gedankenkreis des JHWH-Krieges wurzelt. So erklärt sich vollends, warum nicht der profane, sondern der religiöse Gebrauch von אימה am Anfang der Geschichte des Begriffs steht und wir aus der Umwelt Israels keine Belege besitzen: Die Vorstellung vom JHWH-Schrecken ist typisch israelitisch.

Offenbar unter prophetischem Einfluß hat wie der Vorstellungskreis des JHWH-Krieges (v. Rad, ThAT II [5]1968, 129–133) so auch der des JHWH-Schreckens eine Uminterpretation erfahren. Über seine Sünde erzürnt, läßt JHWH fremde Völker gegen Israel zu Felde ziehen; sein Schrecken trifft somit sein eigenes Volk (Deut 32; Hab 1). Daneben scheint noch eine andere Begriffswandlung erfolgt zu sein, nämlich die der Individualisierung. War anfangs stets ein Volk das Objekt des JHWH-Schreckens, so ist es jetzt der einzelne. Bei Abraham kündet sich auf diese Weise die bevorstehende Theophanie an (Gen 15), und bei den Betern der Psalmen 55 und 88 und bei Hiob ist es schließlich schweres körperliches Leid und seelische Not, worin sich der Schrecken JHWHs widerspiegelt.

Zobel

אִשָּׁה אִישׁ

I. 1. Etymologie, Belege – 2. Anwendung – II. Profaner Gebrauch – 1. איש – 2. אשה – III. Theologisch – 1. Anthropologisches – 2. Spezifisch Theologisches – 3. Als Offenbarungsmittler.

Lit.: *P.J. Bratsiotis*, 'Η γυνή ἐν τῇ Βίβλῳ, Athen[2] 1940, 13–25. – *N.P. Bratsiotis*, 'Ανθρωπολογία τῆς Παλαιᾶς Διαθήκης I, Athen 1967, 24–39, 49–52, 140–151. – *A. Gonzáles*, Hombre de Dios (Cultura Biblica 120/21, 1954, 143–148). – *A. Haldar*, Associations of Cult Prophets among the Ancient Semites, Uppsala 1945, 126–128. – *R. Hallevy*, Man of God (JNES 17, 1958, 237–244). – *J. Hempel*, Gott, Mensch und Tier im AT (BZAW 81, 1961, 1–29). – *G. Hölscher*, Die Propheten, 1914, 127. – *H. Junker*, Prophet und Seher in Israel, 1927, 77f. – *Ders.*, Genesis, EB I 28f. – *W.C. Klein*, The Model of a Hebrew Man. The Standards of Manhood in Hebrew Culture (BiblRes 4, 1960, 1–7). – *E. König*, Genesis, 2–3, 1925, 217–220. – *J. Lindblom*, Prophecy in Ancient Israel, Oxford 1962, 60ff. – *N. W. Porteous*, Man, Nature of, in the OT (IDB 3, 242–246). – *O. Procksch*, KAT[2-3] 1, 28f. – *R. Rendtorff*, Προφήτης, B. נביא im AT (ThWNT VI, 796–813). – *J. Scharbert*, Heilsmittler im AT und im A. Orient (Quaestiones disputatae 23/24, 1964, 138f., 280ff.). – *H. V. Schwarz*, Das Gottesbild des Propheten Oseas (BiLi 35, 1961/62, 274–279). – *A. van Selms*, Die uitdrukking 'Man van God' in die Bybel (Hervormde Teologiese Studies 15, 1959, 133–149). – *R. de Vaux*, Lebensordnungen I [2]1964. – *C. Westermann*, Propheten (BHHW 3, 1496–1512). – *H. W. Wolff*, Hosea, BK[2] XIV 1.

I. 1a) Die Etymologie von איש ist ungewiß: die angenommene Wurzel איש, אוש 'stark sein' (KBL[1]) ist unbelegt und die ebenfalls angenommene Wurzel אנש (KBL[2]) ist von ungeklärter Bedeutung (ar. *a<u>t</u>ta*, 'üppig sprossen'? Baumg.). Elliger (Festschr. Alt, 1953, 100f.) leitet das Nomen „von der im Habakuk-Kommentar vom Toten Meer (VI 11) ans Licht gekommenen Wurzel אשש" ab (dabei bedeutet התאשש 'sich ermannen' (Jes 46, 8; vgl. 1 Sam 4, 9) von איש denominiert). Erwähnenswert ist altsüdarabisch *'js*, *'s* 'Mann, einer, jeder' (Müller, ZAW 75, 1963, 306) und vor allem ugar. *'š* (vgl. OLZ 62, 1967, 537; Gröndahl, PNU 102). Wahrscheinlich ist איש ein Primärnomen ohne zugrunde liegende Verbalwurzel. Im AT ist das Wort, das nach

KBL 2160mal vorkommt, im Sing. und Plur. belegt.
b) Unsicher ist auch die Etymologie von אשה, das gewöhnlich von der Wurzel אנש 'krank, schwach sein' abgeleitet wird; wahrscheinlich handelt es sich auch hier um ein Primärnomen. Der Zusammenhang von אשה und איש in Gen 2, 23 ist wohl als Volksetymologie aufzufassen, da אשה sicher mit ar. *'unṯā* verwandt ist (vgl. ugar. *'ṯt* 'Frau' und *tɜnṯt*, BiOr 23, 1966, 132). Das nach KBL 775mal vorkommende אשה ist im Sing. wie im Plur. (נשים) belegt.
2. Das Wort איש, das bezeichnenderweise nicht nur in bezug auf Menschen, sondern auch auf Gott und sogar auf Tiere angewendet wird, begegnet in allen Bereichen des menschlichen Lebens, wobei meist der profane und nur selten der theologische Gebrauch in Erscheinung tritt. Im Vergleich zu seinen jeweiligen Parallelbegriffen zeigt sich איש nuancenreicher. Als Hauptbedeutungen sind 'Mann', 'Ehemann' und 'Mensch' zu nennen.
Die Mannigfaltigkeit an Bedeutungen tritt auch dort in Erscheinung, wo sich איש als Parallele oder eventuell sogar als Synonym anderer Begriffe erweist (s.u.), so etwa vor allem bei → אדם, → אנוש und → גבר, wie auch bei → זכר und → בעל. Da איש sowohl im at.lichen Schrifttum (einschl. Sirach) als auch in den althebr. Inschriften fast gleichmäßig vorkommt, darf man grundsätzlich nicht von einem älteren oder jüngeren Wortgebrauch sprechen, wie es wohl bei manchen Wortverbindungen (s.u.) der Fall ist. Das gleiche gilt auch für אשה (Weiteres dazu s. u.).

II. 1. Die verschiedenen Belege von איש kommen vorwiegend aus dem profanen Bereich. Ein anschauliches Bild davon bieten die folgenden Verbindungen: a) 'Mann': erstens als Geschlechtsbezeichnung im Gegensatz zu אשה 'Frau' für den Erzeuger Pred 6, 3; für ein neugeborenes männliches Kind Gen 4,1; zweitens als Altersbezeichnung für erwachsene Männer im Gegensatz zu ילד, Gen 4,23; oder zu נער, 1 Sam 17,33; aber auch im Gegensatz zu → זקן, 1 Sam 2, 32f.; drittens als Bezeichnung für männliche Eigenschaften, wie Mannhaftigkeit als Gegensatz zu אשה, und zwar parallel zu גבר, Jer 22,30; 23,9 oder Tapferkeit, 1 Sam 4,9; 1 Kön 2,2; vgl. 1 Sam 26,15. Physische oder geistige Eigenschaften werden oft durch den constr. ausgedrückt, z.B. איש שער im Gegensatz zu איש חלק, Gen 27,11; אנשי מדות, Num 13,32; איש תאר, 1 Sam 16,18; איש חסד, Spr 11,17; איש שלום, Ps 37,37; איש תבונה, Spr 17,27; אנשי אמת, Ex 18,21; Neh 7,2; viertens als Amts-, Berufs- und Standesbezeichnung für Männer: איש כהן, Lev 21,9; איש שר, Ex 2,14; איש סריס, Jer 38,7; איש שדה, Gen 25,27; אנשי מקנה, Gen 46,32; איש מלחמה, Jos 17,1; vgl. Num 31,49; Deut 2,14; Jos 5,6; Jo 2,7; איש חיל, Ri 3,29; 1 Sam 31,12, 2 Sam 24,9, 1 Kön 1,42; fünftens als Bezeichnung von Angehörigen eines Volkes: איש מצרי, Gen 39,1; איש עברי, Ex 2,11 oder eines Stammes: איש לוי, Ri 19,1; איש אפרים, Ri 8,1; Bewohnern eines Landes: אנשי הארץ, Lev 18,27; einer Stadt: אנשי העיר, Ri 19,22; eines Hauses: אנשי בית, Gen 39,14; sechstens in der Bedeutung von 'jemand, man' Gen 13,16; 'jeder' Gen 40,5.
b) 'Ehemann': Gen 29,32; Num 30,7ff.; 1 Sam 1,8; 25,19; Jer 29,6; Ez 16,45; Spr 7,19; als Gegensatz zu אשה 'Ehefrau', Gen 16,3; Lev 21,7; Num 30,7ff.; Ri 13,6; und als Parallele zu → בעל, 2 Sam 11,26; vgl. Deut 24,3f.
c) 'Mensch' (besonders Ri 9,49b, wo איש 'Mensch' (Plur.), neben איש 'Mann' und אשה 'Frau', steht): als Bezeichnung der Gattung 'Mensch', die 'Mann' und 'Frau' umfaßt, sowohl in profanem als auch religiösem Bereich; so אנשי קדש, Ex 22,30; ארץ לא־איש (als Parallele zu מדבר), Hi 38,26. Weiter als Parallele zu אנוש und als Synonym zu אדם, Jes 2,9.11.17; 31,8; Jer 2,6; Spr 6,12; vgl. Ps 22,7; Spr 30,2, oder zu בן־אדם, Num 23,19; Jes 52,14; vgl. 1 Sam 4,17, wie auch בן־איש zu בן־אדם, Jer 49,18. 33; 50,40; Ps 62,10; dabei ist noch fraglich, ob בני־איש in Ps 4,3; 49,3; Kl 3,33 als Parallele oder als Gegensatz zu בני־אדם gebraucht wird. Schließlich in der Bedeutung 'menschlich' (אמת איש, Deut 3,11) oder 'gewöhnlich' (שבט אנשים, 2 Sam 7,14).
2. Die verschiedenen Anwendungen von אשה verteilen sich auf die zwei Hauptbedeutungen 'Frau' und 'Ehefrau' (vgl. o. II. 1 a, b).
a) 'Frau' im Gegensatz zu איש 'Mann' (s.o. II. 1 a), und zwar: erstens אשה, Pred 7,26 (das weibliche Geschlecht); ארח כנשים, Gen 18,11; דרך נשים, Gen 31,35, אהבת נשים, 2 Sam 1,26; zweitens mit Adj. oder constr. als Bezeichnung für Stand und Eigenschaften: אשה גדולה, 2 Kön 4,8; אשה זונה, Jos 2,1; 6,22; Jer 3,3; אשת זנונים, Hos 1,2; אשה זרה, Spr 2,16; 5,3. 20; 7,5; אשת חיל, Ruth 3,11; Spr 12,4; 31,10; drittens in der Bedeutung von 'jede' (Ruth 1,8. 9).
b) 'Ehefrau' im Gegensatz zu איש 'Ehemann'. Hierzu gehören folgende Ausdrücke, die die Mann-Frau-Beziehung, zumeist in sexueller Hinsicht, betreffen: אשה 'Verlobte', Deut 22,24, oder 'Braut' Gen 29,21; נתן לו לאשה Gen 30,4. 9; לקח לו אשה, Gen 4,19; 6,2, vgl. Ex 21,10; ותהי לו לאשה, 1 Sam 25,43; אשה בעלת־בעל, Deut 22,22; אשת איש, Spr 6,26; אשת נעורים, Jes 54,6, Spr 5,18; אשה עזובה, Jes 54,6.
c) Bemerkenswert ist, daß furchtsame oder feige Männer als 'Frauen' charakterisiert wurden (Jer 51,30; 50,37; Jes 19,16; Nah 3,13). Aber auch der Tod eines Mannes wurde als ehrlos betrachtet, wenn ihn eine Frau verursacht hatte. Daher bat der schwer verwundete Abimelech seinen

Waffenträger, ihn zu töten, damit man nicht sagen könnte: „Ein Weib hat ihn getötet" (Ri 9, 54; vgl. auch 4, 9).

III. 1. Im anthropologischen Sinn lassen sich einige Stellen hervorheben, wo איש als Synonym von אדם und אנוש erscheint und wo eine Abgrenzung der menschlichen Natur angedeutet wird.

a) Zunächst wird der Mensch von Gott unterschieden; das zeigt sich im Gebrauch von איש (Plur.) im Gegensatz zu → אלהים (Gen 32, 29), aber auch zu → יהוה (Jes 2,11.17; vgl. Sir 10,7). Die Beziehung des Menschen zu Gott, sowie die Abgrenzung der menschlichen Natur Gott gegenüber, werden einerseits bestimmt durch die Erschaffung des Menschen von Gott und andererseits durch die im AT vertretene Überzeugung, daß „in seiner Hand" das ganze menschliche Wesen liegt (בידו ··· ורוח כל־בשר־איש, Hi 12,10). Über einige zwischen Menschen und Gott streng unterscheidende Stellen s.u. (III. 2a). Der Mensch ist sich der unermeßlichen Überlegenheit Gottes bewußt. Vor der Erhabenheit Gottes wird der Hochmut des Menschen erniedrigt (Jes 2,11.17). So erhebt sich auch die Frage „Wer ermißt den Geist JHWHs, und wer ist sein Berater?" (איש עצתו, Jes 40,13).

b) Genauso aber unterscheidet sich der Mensch auch vom Tier, was besonders da betont wird, wo איש als Gegensatz zu → בהמה steht (so in Ex 11,7; 19,13; Lev 20,15; vgl. Ps 22,7). An solchen Stellen äußert sich der Glaube des AT an die trotz mancher Verwandtschaften (vgl. Gen 2,19a mit Gen 2,7a) bestehende klare Unterscheidung zwischen der menschlichen und der tierischen Natur. Das wird noch deutlicher an den Stellen, die für das Vergehen des geschlechtlichen Verkehrs (Ex 22,18) zwischen איש (Lev 20,15) bzw. אשה (Lev 18, 22; 20,16) und בהמה die Todesstrafe verhängen. Eine theologische Begründung hierfür liegt in der alten Erzählung von der Erschaffung des Menschen (Gen 2,7), sowohl des Mannes als auch der Frau (Gen 2,18. 20bff.) und der Tiere (Gen 2,19f.). Die Erschaffung der letzteren unterbricht anscheinend den Gesamtprozeß der Erschaffung des Menschen. Dadurch aber wird der Unterschied zwischen Mensch und Tier sowie die Herrscherstellung des Menschen dem Tier gegenüber (Gen 2, 20; vgl. v.19) hervorgehoben. Das Tier füllt (Gen 2, 20) den von Gott selbst festgestellten Mangel des Menschen an einem Partner nicht aus (Gen 2,18. 20b), und kann seine Vereinzelung nicht beheben. Daher „baut" (→ בנה) Gott die Frau. So unterscheidet sich die Natur des Menschen vom Tier, das dem Menschen nicht zur Seite stehen kann (Gen 2, 21f.), sondern „unter seine Füße gestellt" wird (Ps 8,7ff.; vgl. Gen 2,18f.; 1, 26. 28). Alles, was eine solche Beziehung des Menschen zum Tier verkehrt, wird zurückgewiesen. Daraus versteht sich die Widernatürlichkeit der Unzucht mit Tieren (Lev 18,23), die sich der von Gott bei der Schöpfung des Menschen bestimmten Ordnung widersetzt, und den Sinn der Existenz des Mitmenschen und insbesondere der Frau (vgl. Gen 2,18. 20b) verfehlt.

c) Außer der erwähnten Unterscheidung des Menschen nach außen hin (Abgrenzung von Gott und Tier) spricht das AT auch von einer Unterscheidung nach innen hin, die aber nur das rein Geschlechtliche von איש und אשה betrifft. Darüber spricht Gen 2,18. 20b ff. Die wohldurchdachte Wortwahl (vgl. in Gen 2,7a מן־האדמה – אדם; v. 23b אשה – מאיש) der ganzen Erzählung (Gen 2, 4b ff.) muß bei der theologischen Exegese ausgewertet werden. So ist Gen 2, 23 von grundlegender Bedeutung, weil einerseits איש zum erstenmal gebraucht wird, andererseits aber אשה erklärt, ja man darf sagen, definiert wird. In Gen 2, 23 kommen, aller Wahrscheinlichkeit nach absichtlich, איש und אשה nur einmal vor, und zwar werden beide Wörter vom אדם selbst gesprochen. Nach dem von Gott veranlaßten „tiefen Schlaf" (תרדמה) begegnet אדם zum erstenmal der Frau, die Gott ihm vorführt (Gen 2, 22), und wird sich zum erstenmal beim Gegenüberstehen des wesensgleichen, aber geschlechtlich verschiedenen Mitmenschen, nicht nur der Wesensgleichheit (Gen 2, 23a) bewußt – so wie er früher (Gen 2,19f.) beim Anblick der Tiere die Wesensverschiedenheit zum Tier erkannte und sich dabei seines Menschseins inne wurde, sondern er erfährt auch die Geschlechtsverschiedenheit (אשה) und somit die Eigenart seines Mannseins (מאיש). Daher ist er איש 'Mann', wie sie אשה 'Männin' ist. Genauer ausgedrückt bezeichnet אדם nach Gen 2, 23a das Wesen, das vor ihm steht, als זאת, um anschließend die Blutsverwandtschaft festzustellen und damit die Wesensgleichheit hervorzuheben, d.h. in זאת erkennt er den Mitmenschen. Jetzt wird für ihn זאת zu אשה. Zugleich aber erkennt er auch die wechselseitige Beziehung (אשה מאיש), sowie die Stellung beider in der Schöpfung. Auffallenderweise werden daher nicht wie in Gen 1, 27 זכר 'männlich' und נקבה 'weiblich', die nur als Geschlechtsbezeichnung dienen, sondern איש und אשה gebraucht; indem sie zugleich 'Ehemann' bzw. 'Ehefrau' bedeuten, bezeichnen sie ihre Stellung so gut wie ihre Beziehung zu- und miteinander. So scheint der Erzähler beim Gebrauch von אשה מאיש durch die auffallende Ähnlichkeit zwischen den beiden Wörtern die Wesensgleichheit und „Gleichwertigkeit" von Mann und Frau (Junker, EB I 28f.) hervorheben zu wollen.

d) Streng genommen, tritt אשה sowie איש nicht als eigentliche Benennung auf, אשה dient nur für eine Weile zur Bezeichnung des einzigen weiblichen Mitmenschen, weil die Frau erst nach dem Sündenfall einen Eigennamen bekommt (Gen 3, 20). Nach der Feststellung, daß es einen Mitmenschen gibt, gebraucht der Erzähler אדם nur noch als Eigennamen des Mannes (so Gen 2, 25 האדם ואשתו, vgl. Gen 3, 8.12; hierzu vgl. Gen 16, 3 אברם אישה). Durch das Erscheinen der Frau, ist er nicht mehr der einzige אדם 'Mensch', sondern nur noch der den Eigennamen אדם tragende männliche Mensch und Ehemann, d.h. er ist איש des weiblichen Mitmenschen und der Ehefrau. Erst nach dem Erscheinen der אשה wurde er funktionell zum איש. Sowohl die Erschaffung des Menschen in Gen 2, 7, als auch seine Geschlechtsdifferenzierung in Gen 2, 21f. werden also auf Gott zurückgeführt. Dabei bestimmt er nicht nur die Stellung des Menschen innerhalb der Schöpfung im allgemeinen und dessen Beziehung zu Gott sowie zu den übrigen Geschöpfen (Gen 2, 7; vgl. 2, 19f.), sondern auch die gleichwertige Stellung von Mann und Frau und deren enge Beziehung zueinander (Gen 2, 21ff.), die eine Ich-Du-Beziehung ist. Diese Geschlechtsdifferenzierung trägt daher auch einen ausgeprägten sozialen Charakter (vgl. Gen 2, 18, wo עזר im Gegensatz zu לבד steht; vgl. auch Gen 2, 20b), wie das im Gebrauch von → ידע für die geschlechtliche Beziehung in Erscheinung tritt. Damit ist aber nicht gesagt, daß der Schwerpunkt nur auf dem Geschlechtlichen liegt, weil איש und אשה über das Geschlechtliche hinaus ebenbürtige Partner, Mitmenschen, σύζυγοι, sind. Wenn die אשה מן־האדם und מאיש ist, so ist der איש auch מן־האדמה (Gen 2, 7); der Primat des איש gegenüber der אשה gleicht nicht dem Primat des Menschen gegenüber dem ihm unterstehenden Tier (Gen 2, 19f.), sondern ist bloß Altersprimat, das aber keine natürliche oder ethische Überlegenheit der אשה gegenüber bedeuten kann, weil die אשה von Gott selbst in seine nächste Nähe, ja an dessen Seite (Gen 2, 21f. צלע, das auch 'Seite' bedeutet) gestellt wird. Das Vorführen der אשה durch Gott in der Art des Brautführers (→ בוא wird auch sonst für Brautführung gebraucht; vgl. Ri 12, 9) deutet auf die Gründung der Ehe durch Gott selbst. Vor ihm und angesichts der Frau anerkennt der Mann (darauf deutet in Gen 2, 23 → אמר und → קרא) die von Gott festgesetzte Ebenbürtigkeit in Partnerschaft zwischen איש und אשה, und schließt mit der Frau vor Gott (vgl. Gen 2, 22b; 3, 12 und die Verwendung von → נתן) einen Bund, der somit ein 'Gottesbund' ist (ברית אלהים heißt es ausdrücklich in Spr 2, 17). In einer Art „Eheformel" (vgl. dazu de Vaux 66ff.) spricht er die Anerkennung der Frau als 'seine Ehefrau', d.h. אשתו (vgl. Gen 2, 24; vgl. auch Ez 16, 8b) aus, was „auf die Einehe als Grundlage des gesamten Menschengeschlechts hindeutet" (Procksch 29). Infolgedessen stellt er sie neben sich an den ihr gebührenden Platz, für den sie von Gott bestimmt worden ist (vgl. schon Gen 2, 18). Also wird sie nunmehr für ihn אשת חיקו (Deut 28, 54; vgl. 13, 7), genauso wie er für sie איש חיקה (Deut 28, 56). Das in Gen 2, 24 vor Gott Gesagte betrifft eindeutig den geschlechtlichen Verkehr, der auch Gen 1, 28 (vgl. 4, 1) mit Gottes Segen in Zusammenhang gebracht und als einer der Zwecke der Ehe betrachtet wird (vgl. Gen 2, 24; vgl. Gen 2, 18. 20b). Das dadurch gezeugte Wesen vereinigt so in sich wieder איש und אשה. Hier darf man eine theologische Begründung für das Verbot der homosexuellen Beziehung (Lev 20, 13; vgl. 18, 22) suchen, die als „Greuel" (תועבה) und todeswürdiges Vergehen betrachtet wird, da sie sich gegen die Geschlechtsdifferenzierung und gegen die darauf fußende Ehe wendet (anders Elliger, Leviticus, HAT I/4, 1966, 241. 275). Aus demselben Grund wird der Transvestismus verboten (Deut 22, 5), da die für beide Geschlechter unterschiedliche Bekleidung auch als auffallendes Kennzeichen der Geschlechtsdifferenzierung dient.

Bei der in Gen 2, 22f. angedeuteten Eheschließung steht Gott selbst als Zeuge. Das wird auch ausdrücklich Mal 2, 14f. gesagt, eine Stelle, die wahrscheinlich auf Gen 2, 22f. hinweist; denn hier heißt es, daß Gott als Zeuge zwischen איש und אשה erscheint (→ עוד). Dort wird auch die אשה als die κοινωνός (so LXX für חברת in Mal 2, 14) des איש und als אשת ברית bezeichnet. Diese ursprüngliche enge Beziehung, zwischen Mann und Frau verändert sich nach dem Sündenfall, in dem die אשה eine Hauptrolle spielt. Sie erscheint sozusagen als treulos, da sie sich von ihrem איש entfernt oder wenigstens ohne ihn handelt (so Gen 3, 1–6b). An diesem Punkt der Distanzierung der אשה von ihrem איש (vgl. hingegen Gen 2, 23b) setzt der Sündenfall ein. Die darauffolgende Gefährdung der bisherigen איש–אשה-Beziehung (s.o.) drückt sich vielleicht dadurch aus, daß der Mann von seiner Frau bloß als האשה (Gen 3, 12, im Gegensatz zu אשתו in Gen 2, 24) spricht. Diese Ausdrucksweise erinnert an die Formel, die der Mann bei der Trennung der Ehe ausspricht (vgl. היא לא אשתי ואנכי לא אישה in Hos 2, 4b; s.u. III. 2c). Der Mann widerruft gewissermaßen vor Gott das, was er für sie anfangs, als er sie von Gott erhielt, empfunden hat (so Gen 3, 12; s. dagegen das sog. Minnelied in Gen 2, 23f.). So entsteht ein andersartiges Verhältnis von Mann zu Frau, das sozusagen rechtskräftig wird durch das, was Gott in prophetischer Redeform zur Frau sagt (Gen 3, 16 im Gegensatz zu dem ebenso in prophetischer Redeform Gesagten in Gen 2, 24). Damit wird die Frau unter die Herrschaft des Mannes gestellt (in Gen 2, 24 איש ··· ודבק באשתו; dagegen in Gen 3, 6 „die Frau ... sah ... nahm ... aß" und in Gen 3,16 ואל־אישך תשוקתך; mit Gen 3,16c והוא ימשל־בך; vgl. Gen 3, 6b „*sie* gab"; vgl. v. 6a). Dieser neue Zustand fängt wohl damit an, daß der Mann nun der Frau den bis dahin noch fehlenden Eigennamen gibt (ויקרא האדם שם in Gen 3, 20 im Gegensatz zu Gen 2, 23b). Dadurch wird der איש der אשה gegenüber zum → בעל (vgl. aber Hos 2,18; s.u. III. 3c) und → אדון, eine Standesbezeichnung, die in Gen 2,18. 20b. 23f. nicht einmal angedeutet wird.

Über die Stellung von Mann und Frau im AT sei hier nur erwähnt, daß beide wohl vor Gott gleichgestellt sind, nicht aber im Sozialleben (vgl. hierzu P. J. Bratsiotis; de Vaux).

2. Die Belegstellen für איש in spezifisch theologischem Sinn lassen sich in drei Gruppen einteilen:

a) in der ersten Gruppe wird איש in der Bedeutung „Mensch" (s.o. II.1c), d.h. als Synonym von אדם, אנוש gebraucht, wodurch scharf zwischen Mensch und Gott unterschieden wird. Zwischen Gott und Mensch läßt sich aber noch anders unterscheiden. Dort wird der Schwerpunkt auf den Menschen gelegt, hier hingegen auf Gott. Im ersten Fall ist der Grundgedanke איש לא אל, hier dagegen heißt es: אל לא איש. Bald legt Gott selbst darüber Zeugnis ab, bald kommt der Mensch zu dieser Erkenntnis. Von den Selbstzeugnissen ist sehr charakteristisch Hos 11, 9: כי אל אנכי ולא איש. Gott ist nicht Mensch, er ist der heilige Gott, der sich von jeglichem menschlichen Pathos und Tun ausdrücklich distanziert. Gott ist allgegenwärtig und allsehend. „Kann sich ein Mensch so heimlich verbergen, daß ich ihn nicht sehe?" fragt Gott selbst Jer 23, 24. Da er alles durchschaut, erkennt er als unecht, was ihm Menschen als wahre Verehrung vorbringen, was aber letztlich nur מצות אנשים מלמדה 'angelernte Menschensatzung' ist, und so sein Volk von ihm fernhält (Jes 29,13). Von einer derartigen Unterscheidung zeugt auch der zweite Bileam-Spruch: לא איש אל ויכזב 'Gott ist kein Mensch, daß er lüge' (Num 23,19), der gleich wie Hos 11, 9 den wahrhaftigen Gott von jeglicher Schwäche und Fehlbarkeit unterscheidet. So sieht der Mensch ein, warum er nicht mit Gott rechten kann: כי לא איש כמוני (Hi 9, 32). Der Mensch soll wissen, daß vor Gott nichts verborgen bleibt: כי נכח עיני יהוה דרכי־איש (Spr 5, 21), und daß sich kein Mensch der Allmacht Gottes widersetzen kann, יסגר על־איש ולא יפתח (Hi 12,14); das, was die menschliche Kraft überschreitet, ist Gott möglich: אל ידפנו לא־איש (Hi 32,13). Er hilft seinem Volk, das daher keinen Menschen zu fürchten braucht (Jes 41,11–13). Gott züchtigt aber auch בשבט אנשים 'mit menschlicher Rute' (2 Sam 7,14) oder בחרב לא־איש 'durch das Schwert, doch nicht eines Menschen' (Jes 31, 8), und er handelt dabei ohne menschliche Hilfe: לבדי ומעמים אין איש אתי (Jes 63, 3).

b) In der zweiten Gruppe wird JHWH – auf den ersten Blick im Widerspruch zu Deut 4,12. 15ff. u.ä. und zu den ebenerwähnten Stellen – als איש 'Mann' dargestellt, z.B. als Kriegsmann, איש מלחמות (Jes 42,13; vgl. כגבור in Jer 20,11). Dadurch wird aber Gott dem Menschen nicht gleichgestellt; denn Gott bleibt Gott יהוה איש מלחמה יהוה שמו (Ex 15, 3), vielmehr wird dadurch eine typische Eigenschaft Gottes hervorgehoben. Wenn er hier als איש מלחמה nach der immer schon in Israel bestehenden Auffassung (vgl. Ex 14,14. 25; Deut 3, 22; 32, 30a; Jos 23,10) jeden Feind seines Volkes bekämpft, dann wird so seine Allmacht betont; zugleich wird er als Kriegsherr und Kriegsgott dargestellt, der durch sein dynamisches Eingreifen in die Geschichte für sein Volk als Herr der Weltgeschichte anerkannt wird. Dieser Metapher scheint zunächst Jer 14, 9 „warum bist du wie ein erschrockener Mann" (נדהם hapax legomenon) zu widersprechen; die Frageform bringt indirekt die Überzeugung von der Allmacht Gottes zum Ausdruck.

c) In der dritten Gruppe wird איש und אשה in der Bedeutung 'Ehemann' bzw. 'Ehefrau' auf das Verhältnis zwischen Gott und seinem Volk (bzw. Zion) übertragen; dies geschieht entweder durch den Gebrauch beider Substantive zugleich (Hos 2, 4) oder nur eines zusammen mit einem Ersatzwort (Hos 2, 9; Jes 54, 6f.; Jer 3, 3; Ez 23, 2) oder schließlich gar durch den Ersatz beider (Hos 2,10; Jes 50,1; Jer 2, 2; 3,1.4.7f.; Ez 16, 8ff.; 23, 4ff.). Diese Metapher verwendet vor allem Hos (2, 4ff.); sie findet sich aber auch bei DtJes (50,1; 54,5f.), Jer (2, 2; 3,1ff.) und Ez (16; 23). Es sei bemerkt, daß allein bei Hosea איש für Gott sogar als Selbstbezeichnung (Hos 9,18; über Jes 54, 5 s.u.) sowie das Wort אשה für das Gottesvolk (Hos 2, 4b) erscheint, wohingegen die anderen Propheten nur אשה in der übertragenen Bedeutung benützen (Jes 54, 5f.; Jer 3, 3; vgl. 3,1. 20; Ez 23, 2, vgl. 16, 32). Diese eheliche Beziehung (Bundesschließung) wird durch Ehebruch und Verlassen seitens der אשה gestört, so daß der איש (Gott) nunmehr die אשה (das Volk) nicht mehr als seine Ehefrau anerkennt und sie verstößt. Bei ihrer Rückkehr zu ihrem langmütigen איש versichert er, daß er die so unterbrochene eheliche Beziehung durch einen neuen Bund wiederherstellen will. Diese drei Stadien, d.h. Ehe – Bruch – neuer Bund, treten besonders bei Hosea (2, 4ff. 9ff. 18ff.) in Erscheinung. In Hos 2, 4 redet Gott als איש die Kinder der אשה an, die aber nicht seine eigenen, sondern außereheliche Kinder (בני זנונים Hos 2, 6) sind. Allein Ezechiel, der auch sonst ein gewagtes Bild der Ehebeziehung JHWHs zu seinem Volk gibt (Ez 23, 2–4: Ehe mit zwei Schwestern, sogar Prostituierten), erwähnt eheliche Kinder und läßt sogar JHWH sagen: בניהן אשר ילדו־לי (Ez 23, 37; vgl. 23, 4). In Hos 2, 4ff. spricht der איש (Gott) von der אשה (Volk) in der 3. Person so lange, bis er ihr die Wiederherstellung der Beziehung verheißt (Hos 2, 21f.). Die indirekte Anredeform, die die Gefühlskälte des Mannes der Frau gegenüber zum Ausdruck bringt, wird auch noch dadurch bezeugt, daß der Mann den Gebrauch des Wortes אשה vermeidet (s.u.). Eine Anrede des Mannes nur an die Kinder der Frau findet sich auch in Jes 50,1, wo aber das Wort אשה gar nicht verwendet wird; dort aber spricht der Mann von einem 'Scheidebrief' (Jes 50,1; vgl. Jer 3, 8); in Hos 2, 4 hingegen benützt der Ehemann in Anwesenheit der außerehelichen Kinder die Scheidungsformel: כי־היא לא אשתי ואנכי לא אישה (zum zweimal vorkommenden לא vgl. die mit לא zusammengesetzten zwei Kindernamen in Hos 1, 6. 9). Dabei wird das Wort אשה nur in der Scheidungsformel verwendet; als אשתי 'meine Frau' (s.o. III. 1d) erinnert es an die frühere Zeit der Treue und Liebe (vgl. Hos 2,17b und ferner Jer 2, 2; 3, 4, wo אב ähnlich verstanden werden muß). Damit ist die Zeit der ehelichen Beziehung abgebrochen; nach Ez 16, 8 hatte Gott selbst als Ehemann der Frau 'geschworen' (→ שבע) und war mit ihr einen 'Bund' (ברית) eingegangen. An dem Bruch dieses Bundes ist ausschließlich die „Frau“ durch wiederholten Ehebruch (vgl. Hos 2,7) mit verschiedenen „Buhlern“ schuld (Hos 2, 4ff.), die nach Ez 16, 59 „den Eid verachtet und den Bund bricht“ (vgl. auch Jes 50,1; Jer 3,20, vgl. 3,1; Ez 16, 32; vielleicht auch Jes 54, 6f.). Also zieht der Mann die rechtlichen Konsequenzen aus dem wiederholten Ehebruch und löst die Ehe auf, indem er die Scheidungsformel ausspricht. In Hos 2,7ff. spricht der Mann von dem unzüchtigen Verhalten der Frau, das sich in ihrem Äußeren widerspiegelt (vgl. Hos 2, 4b; vgl. Jer 3, 3, Ez 23, 40b. 42b) und kündigt daraufhin Maßnahmen gegen sie an. Jedoch scheint er nicht den Entschluß zu einer unwiderruflichen Auflösung der Ehe gefaßt zu haben, sondern läßt sie an eine Rückkehr (→ שוב, was auf ein Weglaufen der Frau anspielt) denken (Hos 2, 9), und zeigt somit, daß er sie eigentlich immer noch liebt. Ihre Rückkehr läßt er sie dadurch begründen, daß sie einsieht und zugesteht, es gehe ihr bei ihrem ersten Mann besser (Hos 2, 9, wo er sie bezeichnenderweise nicht איש, sondern אישי sagen läßt). Diese Rückkehr ist nicht rechtswidrig (vgl. Deut 24,1–4), wie ausdrücklich in Jer 3,1 gesagt wird, da die Frau – trotz der ausgesprochenen Scheidungsformel (Hos 2, 4b) und trotz des Hinweises auf eine zweite Ehe durch die Verwendung von ראשון (Hos 2, 9b) – nur von Liebhabern (מאהב in Hos 2, 9a; vgl. v.7. 12.15) spricht; vgl. aber H.W. Wolff, BK z.St. Um die Rückkehr der Frau zu bewirken, greift er zu Verlockungen (→ פתה, Hos 2,16), wobei er überzeugt ist, daß sie ihm willig folgt (vgl. Hos 2,17b f.). Doch wird die Rückkehr der Frau als ein zukünftiges Ereignis betrachtet, wie man aus der Formel והיה ביום ההוא (Hos 2,18a) schließen darf. Wenn sie aber zurückgekehrt ist, wird sie nunmehr als Bestätigung ihres festen Entschlusses die Anrede אישי (im Gegensatz zu der Scheidungsformel in Hos 2, 4b) und nicht mehr בעלי verwenden (Hos 2,18b). Hier findet sich außerdem eine klare Unterscheidung zwischen איש und dem zweideutigen בעל, das zugleich den Götzendienst und den Eheherrn meinen kann. Es kann nicht übersehen werden, daß damit ein neues Verhältnis von Mann und Frau im Gesellschaftsleben angekündigt wird, wobei der Mann nicht mehr als בעל 'Eheherr' der Frau gegenübersteht, sondern, wie vor dem Sündenfall, als der ihr von Gott gleichgestellte Mann. Doch scheint diese Unterscheidung noch mehr zu bedeuten, denn einerseits bringt der איש (Hos 2,10.15) den בעל wiederholt mit den Buhlern in Zusammenhang, andererseits bezeichnet בעל auch in Hos 2,10 die Götzen. Ferner erklärt sich der איש in Hos 2,19 bereit, dynamisch einzugreifen, so daß die Frau die בעלים nicht mehr erwähnt und nicht mehr an sie denkt. Man wird zur Annahme berechtigt sein, daß Hos 2,18b ebenso wie אישי als Bezeichnung des Ehemannes (Gottes) auch בעלי zur Bezeichnung seines Rivalen, des 'Buhlers', d.h. des Götzen verwendet wird. So wird die Frau vom איש streng ermahnt (ולא־תקרא), nunmehr nicht nur jede Beziehung zum בעל abzubrechen, sondern auch alles, was die eheliche Treue gefährden kann, völlig zu meiden. Die bloße Erwähnung des zweideutigen בעלי erinnert die Frau an ihre Untreue und der Gebrauch des zweideutigen בעלי enthüllt den dahintersteckenden baalitischen Synkretismus.

Nach alldem erscheint Jes 54, 5 auf den ersten Blick sonderbar, wo JHWH zu dem als seine אשה bezeichneten Jerusalem sagt: כי בעליך עשיך יהוה צבאות שמו. Für die Deutung der Metapher muß man darauf achten, was in Hos 2, 20ff. über die zukünftige Wiederherstellung der Gott-Volk-Beziehung ausgesagt wird. Dort wiederholt der איש (Gott), der nunmehr die אשה (Volk) in der 2. Person anredet, dreimal die Verheißung „ich will dich verloben“ (ארש Hos 2, 21f.); vgl. das dreimalige „ich richte meinen Bund mit dir (sc. Jerusalem) auf“ Ez 16, 60. Andererseits wird die Verheißung der Adoption der außerehelichen Kinder der Frau ausgesprochen (Hos 2, 24f.). So geht die eheliche Gott-Volk-Beziehung in ein Adoptionsverhältnis über.

d) Die zwei letzten Stellengruppen zeigen, daß man sich Gott im AT nicht nur anthropomorph, sondern auch andromorph, d.h. als Mann, vorstellt. Das gilt auch für seine Engel (s.u. III. 3a). Ferner sind seine Diener überwiegend Männer; zwar gibt es in der JHWH-Religion einige Prophetinnen, aber keine Priesterinnen. Aber diese andromorphe Gottesvorstellung darf nicht rein geschlechtlich verstanden werden, da für eine solche Deutung jegliche Indizien fehlen. Jedoch wird diese Gottesvorstellung durch die allgemeine Auffassung im AT über den Mann, und zwar seine physischen und psychischen Eigenschaften, die ihn von der Frau und ihren Eigenschaften unterscheiden (vgl. II. 2c), verdeutlicht. Die allgemeine Gottesvorstellung des AT unterscheidet sich auch in dieser Hinsicht von der altorientalischen. Dabei bleiben die tiefere theologische Bedeutung dieser at.lichen Vorstellung als Theologumenon und ihre religionsgeschichtliche Auswertung noch offen.

3. איש ist auch an einer Reihe von Stellen zu finden, die von Gottesboten oder Offenbarungsmittlern handeln.

a) So erscheint der Engel JHWHs (→ מלאך) oft in der Gestalt eines איש. Entweder werden für Engel beide Bezeichnungen abwechselnd gebraucht (vgl. Gen 18, 2.16. 22; 19, 5. 8.10.12. 16: אנשים und Gen 19,1.15 מלאכים; auch Ri 13, 3.9.12.15.16.17ff.: מלאך und 13,11 איש), oder die anfangs nur als Männer erschienenen Engel sprechen nachher mit göttlicher Autorität (Gen 19,12ff.; Ri 13, 3ff.; Jos 5,15) oder sogar wie Gott selbst (Gen 18, 9ff.), oder sie handeln an Stelle Gottes (Gen 19,10f.; Ri 13, 20). In den betreffenden Erzählungen kommt die Unsicherheit der Menschen angesichts eines Engels (vgl. Ri 13,16b), indem sie anfänglich die Engel für wirkliche Männer halten, deutlich zum Ausdruck (vgl. Gen 18, 2ff.; 19,1ff.; Jos 5,13). Diese Unsicherheit wird daran deutlich, daß die Menschen zur Bezeichnung des andromorphen Engels abwechselnd איש (Ri 13,10.11) und איש האלהים (Ri 13, 6. 8) oder sogar אלהים (Ri 13, 22) verwenden. Nicht selten aber stellt ihm der Mensch eine unmittelbare (Jos 5,13f.) oder mittelbare Frage (Ri 13,17f.), oder es offenbart sich der Engel nach einer Weile (Gen 19,12f.). Auch bei den Propheten erscheint der Engel Gottes in der Gestalt eines איש. So spricht Sacharja von einem reitenden איש (Sach 1, 8ff.), den er aber später als Engel JHWHs versteht (Sach 1,11). Von der Erscheinung eines איש spricht auch Daniel (10, 5ff.; 12, 5f.), ohne aber dabei zu sagen, daß es sich um Engel handelt. So redet er von einem איש גבריאל (Dan 9, 21), den er fliegen sieht; da das Wort מלאך im hebräischen Teil des Dan fehlt, darf man dies eventuell mit 'Engel Gabriel' wiedergeben.

b) Sowohl איש als אשה werden in Verbindung mit → נביא und נביאה gebraucht; איש נביא bzw. אשה נביאה (Ri 6,8; 4,4). Diese Wortverbindungen werden nur je einmal im Richterbuch gebraucht, wo übrigens auch die Wörter נביא und נביאה auch nur in dieser Verbindung vorkommen.

c) Bezeichnenderweise begegnet איש auch im Zusammenhang mit → רוח bzw. רוח אלהים. Damit ist die göttliche Kraft gemeint, die den איש als ihren Träger von den anderen Menschen absondert und dessen jeweilig spezielles Charisma hervorhebt (Joseph, Gen 41, 38; Josua, Num 27,18; die siebzig Ältesten, Num 11, 25). So heißt der wahre Prophet auch איש הרוח (Hos 9,7). Sehr charakteristisch ist dabei, daß, wie ausdrücklich gesagt wird (1 Sam 10, 6), der Mann, auf den der Geist Gottes fällt, „sich völlig verwandelt" (→ הפך), so daß aus ihm „ein anderer Mann wird" (לאיש אחר), der als ein „rasender Mann" (איש משגע) bezeichnet wird (Jer 29, 26; vgl. 2 Kön 9,11; Hos 9,7).

Die Wortverbindung איש [ה]אלהים kommt im ganzen ca. 75mal vor, verteilt auf folgende Schriften: Deut (33,1), Jos (14, 6), Ri (13, 6. 8), 1 Sam (5mal), 1 Kön (19mal), 2 Kön (37mal), Jer (35, 4), Ps (90,1), Esr (3,1), Neh (12, 24. 36), 1 Chr (23,14) und 2 Chr (5mal), also vorwiegend im dtr Schrifttum.

Als איש [ה]אלהים werden mit Namen genannt nur Mose (Deut 33,1; Jos 14, 6; Ps 90,1; Esr 3, 2; 1 Chr 23,14; 2 Chr 30,16), Samuel (1 Sam 9, 6ff. 10), David (Neh 12, 24. 36; 2 Chr 8,14), Elia (1 Kön 17,18. 24; 2 Kön 1, 9–13), Elisa (2 Kön 4,7–13.19), Semaja (1 Kön 12, 22; 2 Chr 11, 2) und Jigdalja (Jer 35, 4). In einer Reihe von Stellen betrifft die Bezeichnung Männer, die anonym bleiben (1 Sam 2, 27, 1 Kön 13,1–31, 2 Kön 23,16f., 1 Kön 20, 28; 2 Chr 25,79). Alle sind Charismatiker, die Gott nahestehen, aber deren Amt und Aufgabe verschieden ist. Von einem solchen 'Gottesmann' ist außer seinem Namen nichts Näheres berichtet (Jer 35, 4). Auch scheitert jeder Versuch, mit Sicherheit die geographische Heimat des Begriffes zu bestimmen (die Elia- und Elisa-Geschichten könnten für das Nordreich sprechen; vgl. aber 1 Kön 12, 22; 13,1ff. besonders v.18; 2 Kön 23,16f.; Jer 35, 4). Dabei erheben sich einige Fragen, auf die es keine erschöpfende Antwort gibt. So bleibt z.B. unbeantwortet, warum Mose und David zugleich mit Semaja oder sogar Jigdalja als 'Gottesmänner' charakterisiert werden. Und weiter: Ist es zufällig, daß beim Gebrauch der Bezeichnung nicht nur die prophetischen Bücher, sondern auch die Schriftpropheten selbst oder andere bekannte Charismatiker (über Ahia als 'Gottesmann' spricht nur LXX 1 Kön 12,15; vgl. 14, 3) ausgeschlossen sind, obwohl das Buch Jeremia (35, 4) den Begriff kennt? Warum kommt im AT auffallenderweise niemals ein

איש יהוה vor, wie z.B. מלאך יהוה neben מלאך אלהים steht? Obwohl schon Elia mit Eifer für die Durchsetzung des JHWH-Glaubens gekämpft hat, wird er ausdrücklich nur als איש האלהים bezeichnet. Das zur Verfügung stehende Vergleichsmaterial aus der Umwelt (vgl. schon Dhorme RB 40, 1931, 36) ist weder ausreichend noch sicher. Man darf auch nicht איש האלהים unbegründet mit Dämonen in Zusammenhang bringen (so Hölscher 127, Anm. 2, dagegen schon Junker, Proph. 77f. → אלהים).

Hölscher vergleicht die Bezeichnung איש אלהים mit arab. *ḏū 'ilāhin* 'Besitzer eines *'ilāh*, d.h. eines göttlichen Wesens oder Dämons', der auch ein *kāhin* 'Wahrsager' sein kann. Dann würde אלהים hier nicht JHWH meinen, sondern „den Dämon", und der Ausdruck wäre mit בעלת אוב (1 Sam 28,7) und איש הרוח (Hos 9,7) vergleichbar und hätte ursprünglich einen von Gott Besessenen bezeichnet. Haldar (29f., 126f.) zieht sum. *lu-dingir-ra*, akk. *amēl ili* 'Gottesmensch' heran und deutet den Ausdruck als „Mann, der dem (kultischen) Dienst eines Gottes gewidmet ist". Diese „Gottesmenschen" treten oft als Wahrsagepriester auf. Lindblom (60f.) versteht איש אלהים als einen Mann, der Gott nahe steht und an göttlichen Eigenschaften und Kräften teilhat und somit besonders gut als Gottesbote (→ מלאך) geeignet ist (vgl. Hag 1,13; Mal 2,7; Haldar 128).

Angesichts all dieser Tatsachen muß man bei der Erklärung des Begriffes sehr vorsichtig vorgehen, und nur von gesicherten Tatsachen ausgehen. Bezeichnenderweise findet sich im AT neben איש האלהים keine אשת האלהים, obwohl es eine אשה נביאה (Ri 4, 4) gibt und auch sonst neben נביא eine נביאה steht. Zu beachten ist ferner, daß der Begriff 'Gottesmann' an vielen Stellen als besonders ehrende Bezeichnung gebraucht wird (1 Kön 17,24; 2 Kön 4,9); so ist es erklärlich, daß man in späterer Zeit diese Bezeichnung auf Mose und David übertrug. So nennen auch Manoah und seine Frau den noch unerkannten Engel, an dessen Gesicht sie aber etwas Übernatürliches ahnen, einen Gottesmann (Ri 13, 6. 8). Charakteristisch ist, daß der Engel mit einem bestimmten Wortauftrag von Gott kommt. Auch sonst setzt sich die Bezeichnung איש האלהים im Volksmund durch (1 Sam 9, 6ff.; 1 Kön 17,18. 24; 2 Kön 1, 9.11.13; 4, 9.16. 25. 40; 23,17). Aber auch der Erzähler (1 Sam 2, 27; 1 Kön 12, 22; 13,1. 4ff.; 20, 28; 2 Kön 4, 21; 5, 8.14; 23,16) oder ein Prophet (1 Kön 13,14. 26) macht davon Gebrauch. Häufig wendet sich der 'Gottesmann' mit einer Wortverkündigung an Einzelne (1 Sam 2,27ff.; 1 Kön 17,14; 2 Kön 4, 3 u.ö.), an den König ebenso wie an das Volk (1 Kön 12, 22ff.; 13,1ff.; 17,1f.; 20,28; 2 Kön 1,16). Er ist der von Gott Beauftragte (ausdrücklich 1 Kön 12, 22ff.; 17, 2ff. 8f.; 2 Kön 1,15, vgl. auch 1 Sam 2,27; 1 Kön 13,1f.; 20,28; 2 Kön 3,17f.), der so wie ein Engel (Ri 13, 3ff.) plötzlich erscheint und verschwindet (1 Sam 2, 27; 1 Kön 20, 28), aber auch bleiben kann (1 Sam 9, 6ff., 1 Kön 12, 22; 13,1ff.; 17,17ff.; 2 Kön 4, 9ff.). Die Bezeichnung 'Gottesmann' kommt auch nicht selten zusammen mit נביא vor (vgl. 1 Sam 9, 6ff. mit v. 8, wo ראה und נביא steht; 1 Kön 17,18. 24 mit 19,16, wo נביא steht); dadurch wird der 'Gottesmann' mit den 'Propheten' gleichgesetzt (1 Kön 13, 8; vgl. aber 1 Kön 20, 28, wo der 'Gottesmann' neben einem נביא in 20,13. 22 und einem der נביאים in 20, 35 auftritt). 1 Kön 19,16f. 19ff. ist die Rede von der Berufung eines Mannes, der eine Zeitlang als Jünger eines „Gottesmannes" dient, um nachher selbst „Gottesmann" zu werden (1 Kön 19, 20f.; 2 Kön 2, 2ff.). Dennoch handelt es sich bei den „Gottesmännern" nicht selten um Propheten (dieselbe Gleichsetzung nach 1 Kön 19,16; 18, 22). Dazu kommt, daß der „Gottesmann" in Zusammenhang mit רוח erscheint (2 Kön 2, 9f.) und als „Heiliger" (→ קדוש, 2 Kön 4, 9) anerkannt wird. Ferner wird berichtet, daß die „Gottesmänner" jedes Geschenk für eine Heilung u.ä. streng ablehnen (1 Kön 13,7ff.; 2 Kön 5,15ff.; vgl. Ri 13,7ff.; anders 1 Sam 9,7f.10). Manchmal scheint er sich bewußt zu sein, daß er ein איש האלהים ist (Selbstbezeichnung 2 Kön 1,10.12; vgl. 1 Kön 13,14); so versteht man den Mut, mit dem sie vor dem König erscheinen. Der „Gottesmann" tritt oft als Wundertäter auf und zwar entweder im ausdrücklichen Auftrag Gottes (1 Kön 17,14ff.; 2 Kön 2, 21f.; 4, 43f., vgl. 1 Kön 13, 4) oder scheinbar aus eigener Kraft (2 Kön 2, 8.14; 4,16f.); dann übt er seine Wundertätigkeit mit Gottes Kraft aus (1 Kön 13, 6; 17, 20ff.; 2 Kön 4, 33ff.) oder auch einfach durch Voraussage (2 Kön 1,10.12; 2,10; 4, 4ff.; 5,10ff.). Der Fluch eines „Gottesmannes" verursacht unheilbare Krankheit (2 Kön 5, 27), ja sogar Tod (2 Kön 2, 24f.).

N.P. Bratsiotis

אָכַל אֹכֶל, אָכְלָה, אֲכִילָה, מַאֲכָל, מַאֲכֶלֶת, מַאֲכֹלֶת

I. Umwelt – II. 1. Bedeutung und Belege – 2. Nominalbildungen – 3. Metaphorischer Gebrauch – III. Theologisches – 1. Gott gibt zu essen – 2. Speisevorschriften.

Lit.: *J. Gnilka*, Das Gemeinschaftsmahl der Essener (BZ N.F. 5, 1961, 39–55). – *W. Herrmann*, Götterspeise und Göttertrank in Ugarit und Israel (ZAW 72, 1960, 205–216). – *L. Koehler*, Problems in the Study of the Language of the OT (JSS 1, 1956, 20–22). – *F. Nötscher*, Sakrale Mahlzeiten von Qumran, Festschrift H. Junker, Trier 1961, 145–174. – *M. Ottosson*,

Gilead, Tradition and History, Lund 1969. – *J. Pedersen*, Israel I–IV, London 1926–1940. – *J. van der Ploeg*, The Meals of the Essener (JSS 2, 1957, 163–175). – *R. Rendtorff*, Studien zur Geschichte des Opfers (WMANT 24), 1967. – *Y. Rosengarten*, Le concept sumérien de consommation dans la vie économique et religieuse, Paris 1960. – *R. Schmid*, Das Bundesopfer in Israel. Wesen, Ursprung und Bedeutung der at.lichen Schelamim, 1964. – *R. de Vaux*, Lebensordnungen. – *J. Zandee*, Death as an Enemy (SNumen 5), 1960.

I. Das äg. Verbum *wnm* 'essen' wird sowohl von Menschen als auch von Tieren gebraucht und steht meist in konkreter Bedeutung, oft zusammen mit *swr/swj* 'trinken'. Bildlich bedeutet es 'das Nutzungsrecht (an einem Besitz) haben' oder 'etwas in sich aufnehmen' (z.B. Zauber, Seelenkraft, Hunger). Es steht auch von Dämonen (Zandee 158–160), Flammen, Krankheiten usw., die etwas 'verzehren'.

Im Sum. heißt 'essen' *kú* mit der Grundbedeutung 'verbrauchen'; es kommt auch in der Bedeutung 'opfern' vor (Rosengarten). – Im Akk. wird *akālu* sehr oft in übertragener Bedeutung verwandt: Geld 'verbrauchen', Dinge für sich 'verwenden', Anteil für sich 'nehmen', ein Feld 'nutznießen', etwas 'aufbrauchen', ferner vom 'Verzehren' oder 'Zerstören' durch Feinde, Schwert, Feuer, Pest, u.a. (CAD I/1, 245–259; AHw I 26f.). Besonders interessant ist der Gebrauch von *akālu* mit *ikkibu* oder *asakku* im Sinne von 'ein Tabu brechen' (urspr. also 'Verbotenes essen'; s. ZA 41, 1933, 218f., RA 38, 1941, 41ff.).

II. 1. Die Wurzel אכל ist in allen semitischen Sprachen mit derselben Grundbedeutung sowohl von Menschen als auch von Tieren belegt. Im Hebr. sind die Formen *qal, niph, pu* (wohl eig. passives qal, BLe § 42q) und *hiph* belegt. אכל steht oft mit שתה 'trinken' zusammen als Ausdruck lebensnotwendiger Funktionen oder Zeichen des Wohlbefindens und der Freude (Gen 25, 34; 26, 30; Ex 24, 11; Ri 9, 27; 19, 4. 21; 1 Sam 30, 16; 2 Sam 11, 11. 13; 1 Kön 1, 25; 4, 20; 13, 18; 19, 6. 8; 2 Kön 6, 22f.; 9, 34; Jes 21, 5; 22, 13; Jer 15, 16; 22, 15; Hi 1, 4; Spr 23, 7; Ruth 3, 3; Pred 3, 13; 5, 17; 8, 15; 9, 7; Esth 4, 16; Dan 1, 12; 1 Chr 12, 40; 29, 22).

Häufig ist die Zusammenstellung אכל לחם 'Brot essen', die nicht mehr als einfach 'essen, sich ernähren' bedeutet (z.B. Gen 3, 19; 37, 25; 43, 32; Jer 41, 1; 52, 33; Ps 14, 4; Am 7, 12). Die normale Folge des Essens ist das Sattwerden (שבע, bes. oft Deut: 6, 11; 8, 10. 12; 11, 15; 14, 29; 26, 12; 31, 20, sonst Jer 46, 10; Jo 2, 26; Ps 22, 27; 78, 29; Ruth 2, 14; Neh 9, 25; 2 Chr 31, 10.

2. Das Hebr. hat 6 Nominalbindungen von der Wurzel אכל (vgl. Koehler, JSS, 1956, 20–22): a) *'ōkæl*, meist 'Speise, Nahrung' aber auch 'Raub' für Tiere (Hi 9, 26; 38, 41; 39, 29; Ps 104, 21); in gewissen Fällen kann es auch Getreide bezeichnen (Gen 14, 11; 41, 35 usw.; Jo 1, 16; Hab 3, 17; vielleicht auch Deut 2, 6. 28). Vgl. ugar. *'kl*, 'Getreide, Mehl' (Hillers, BASOR 173, 1964, 49) oder 'Ernte' (Dahood, Gregorianum 43, 1962, 72, der dieselbe Bedeutung in *'ōkēl* Jes 55, 10 findet). b) *'oklāh*, bedeutet allgemein 'Speise, Nahrung' (Gen 1, 29. 30; 9, 3; Ex 16, 15; Lev 11, 39; 25, 6, alle P), steht aber meist in übertragener Bedeutung; z.B. Ez 15, 4. 6 (der Weinstock wird dem Feuer zur 'Speise' gegeben); 21, 37 (Juda wird dem Feuer zum 'Fraß'); ferner Jer 12, 9; Ez 23, 37; 29, 5; 34, 5. 8. 10; 35, 12; 39, 4. c) *'akīlāh*, nur 1 Kön 19, 8, beinhaltet Brot und Wasser. d) *ma'akāl* wird für Speisen aller Art gebraucht, wie z.B. 1 Chr 12, 41, wo es Mehl, Feigenkuchen, Traubenkuchen, Wein, Öl, Rindvieh und Kleinvieh umfaßt. Es wird auch bildlich gebraucht (Ps 44, 12; 74, 14; 79, 2; Jer 7, 33; 16, 4; 19, 7; 34, 20; Hab 1, 16). e) *ma'akōlæt* kommt nur Jes 9, 4. 18 („Fraß dem Feuer") vor; als Nebenform findet sich 1 Kön 5, 25 *makkōlæt*. f) *ma'akælæt* heißt „Messer" (Gen 22, 6. 10; Ri 19, 29; bildlich Spr 30, 14).

3. Metaphorisch wird אכל oft in Wendungen gebraucht, in denen die Bedeutungen 'vernichten, aufbrauchen' spürbar sind. Darin schließt sich das Hebr. näher an den akk. (Sum.) Sprachgebrauch als den äg. an. So wird אכל gebraucht, um zerstörende oder andere feindliche Handlungen auszudrücken (so auch im Akk., vgl. oben und CAD I 256).

Das Unterdrücken der Feinde durch Israel kann somit als ein „Fressen" beschrieben werden (Deut 7, 16; Ez 19, 3. 6; 36, 13; Sach 12, 6). Die Bileamsprüche verwenden das Bild von einem Löwen oder einem Wildstier, der die Feinde 'frißt' (Num 23, 24; 24, 8). Ebenso 'verzehren' oder 'fressen' andere Völker Israel und sein Land (Jes 1, 7; Jer 8, 16; 10, 25; 50, 7; Ps 79, 7) oder „die Kraft Ephraims" (Hos 7, 9). „Einen Armen (דל) essen" kann eine feindliche Absicht (Hab 3, 14) oder eine soziale Ungerechtigkeit (Spr 30, 14) bezeichnen. Der König von Assur hat Israel „gefressen" (im Bilde eines irrenden Schafes, Jer 50, 17), ebenso Nebuchadrezzar (Jer 51, 34). Bei der Wiederherstellung Israels werden jedoch die Feinde durch JHWHs Eingreifen ihrerseits von Israel „gefressen" werden (Jer 30, 16) oder sie werden „ihr eigenes Fleisch essen" (Jes 49, 26, ein Ausdruck völliger Hilflosigkeit, vgl. die Kilamuwa-Inschrift KAI Nr. 24, 6f., wo der König seinen Bart und seine Hand ißt; Dahood, CBQ 22, 1960, 404ff.). Denn Israel ist heilig, und die es „fressen", ziehen Schuld auf sich (Jer 2, 3). Im bibl. Aram. (wie im Akk. CAD I 255f.) heißt „die Stücke jemandes

essen" (אכל קרצוהי) soviel wie ihn verleumden (Dan 3, 8; 6, 25).
In dem pessimistischen Späherbericht Num 13, 32 heißt es, Kanaan sei ein Land „das seine Einwohner frißt" (vgl. CAD I 249 „The country will eat wood and stones"); auch in der Schilderung des Abfalls wird dasselbe Bild benutzt: „das Land eurer Feinde wird euch fressen" (Lev 26, 38; vgl. Lev 26,16; Deut 28, 51). Die Verzehrenden sind natürlich meistens feindliche Kriegsheere; aber einmal heißt es, daß die „Pferde JHWHs" das Land verzehren werden (Jer 8, 16), und ein andermal tritt sogar JHWH selbst als der verzehrende Feind auf (Hos 13, 8, von LXX gemildert!).
Die Folge des Abfalls von JHWH ist innere Auflösung, was oft als ein אכל beschrieben wird. So rügt Micha die Fürsten, daß sie das Fleisch des Volkes verzehren (Mi 3, 3), und Ez 22, 25 sagt, daß die Propheten die Lebendigen 'fressen'; andererseits heißt es Hos 7, 7, daß das Volk des Nordreiches seine Richter 'verzehrt'. Auch in den Psalmen ist dieses Motiv belegt: die Übeltäter „verschlingen mein Volk wie man Brot ißt" (Ps 14, 4; 53, 5; mit sing. Obj. Ps 27, 2). Als eine der Folgen des Bundesbruchs wird schwere Hungersnot erwähnt, wobei man das Fleisch seiner Söhne und Töchter essen muß (Lev 26, 29; Deut 28, 53ff.), ein Thema, das in 2 Kön 6, 28f. historische Aktualität erhält und das von den Propheten als Zeichen des Untergangs aufgenommen wird (Jer 19, 9; Ez 5,10; 36,13f., vgl. Kl 4,10). Dieser Zug hat akk. Parallelen (CAD 1, 250, *akālu* 1b).
Wie im Akk. kann in ähnlichen at.lichen Kontexten das Schwert als Subj. des Verbums אכל stehen. Das Schwert JHWHs frißt die Feinde (Deut 32, 42; Jer 46,10.14), aber es kann auch gegen sein eigenes Volk gerichtet werden (Jes 1, 20; Jer 12,12; Hos 11, 6; Nah 2,14). In der Kriegsterminologie ist der Ausdruck 'das Schwert frißt' beheimatet (2 Sam 2, 26; 11, 25, sowie 2 Sam 18, 8, wo der Ausdruck „der Wald fraß mehr unter dem Volk als das Schwert" den Sinn des Verbums in diesem Zusammenhang beleuchtet und zugleich einen interessanten taktischen Hinweis enthält. Das Schwert kann auch innerhalb des Volkes wirken, vgl. Jer 2, 30 „euer Schwert hat eure Propheten gefressen".
Ferner steht אש 'Feuer' oft als Subjekt von אכל. JHWH wird mit einem „verzehrenden Feuer" (אש אכלת) verglichen (Ex 24,17; Deut 4, 24; 9, 3; 'verzehrendes Feuer' geht aus seiner Nase (Deut 32,22) oder seinem Mund (Ps 18,9) hervor oder geht vor ihm her (Ps 50, 3) – alles wohlbekannte Theophanie-Elemente. Das Wort JHWHs ist ein Feuer, welches das Volk wie Holz verbrennt (Jer 5,14). Das Feuer JHWHs verzehrt das Opfer (Lev 9, 24; 1 Kön 18, 38; 2 Chr 7,1). In prophetischen Gerichtsaussagen gegen Fremdvölker wird oft angekündigt, JHWH wolle ein verzehrendes Feuer anzünden oder senden (Am 1,4.7.10.12.14; 2,2.5; Jes 10,17; 30, 30; Jer 49, 27; 50, 32; Ez 28,18). Es kann aber auch als Strafmittel gegen das eigene Volk dienen: Ez 15,7; Zeph 1,18; gegen Jakob Am 7, 4 (s. Hillers, CBQ 26, 1964, 229ff.); Kl 2, 3; gegen Juda Jer 21,14; Ez 21, 3; Hos 8,14; gegen Jerusalem Jes 29, 6; Jer 17, 27; Kl 4,11. Das Feuer Gottes fraß direkt die Söhne Aarons (Lev 10, 2) in Tabeera (Num 11, 3), die Rotte Korah (Num 16, 35; 26,10), die Gesandtschaft Ahasjas (2 Kön 1,10.12.14), den Besitz Hiobs (Hi 1,16). Wie im Akk. (CAD I/1, 254 *akālu* 5b) kommt das verzehrende Feuer auch in Kriegskontexten vor, Num 21, 28 verzehrt Feuer die Städte (?) von Moab und die Höhen am Arnon (Ottosson 64) und in Jo 2, 3 in einer Beschreibung vom Tag JHWHs hat es einen fast mythologischen Klang (Einschlag der Theophanieschilderung). Nach Ob 18 wird das Haus Jakob zum Feuer werden, das die Berge Esaus verzehren wird.
Auch abstrakte Substantive können als Subj. von אכל dienen. Die Hitze verzehrt (Gen 31, 40); die Schande hat den Erwerb unserer Väter verzehrt (Jer 3, 24); Eifer für das Haus Gottes verzehrt den Psalmisten (Ps 69,10); Fluch frißt das Land (Jes 24, 6); Hunger und Pest ebenso (Ez 7,15); Krankheit frißt die Glieder des Gottlosen (Hi 18,13, Bildad).
An einigen Stellen kommt אכל (wie im Akk.) in der Bedeutung 'genießen' vor. Man kann die Frucht des Betrugs genießen (Hos 10,13), ebenso die Frucht seines Weges, d.h. seiner Handlungsweise (Spr 1, 31). Man kann Reichtum (Pred 5,10), die Schätze der Völker (חיל גוים Jes 61, 6), die Beute der Feinde (Deut 20,14) genießen (dagegen heißt אכל mit כסף Gen 31,15 'Geld aufbrauchen'; vgl. in Nuzu *akālu kaspa*, Gordon, RB 44, 1935, 36). Gen 3,17 „mit Mühsal sollst du sie (die Erde) genießen" bietet eine Parallele zu akk. *eqlam īkalu* (v. Soden, AHw 27); Hi 31, 39 „habe ich seine (des Ackers) Kraft (כח, Ertrag) unbezahlt genossen?"
JHWH ist Subjekt des Essens nur Hos 13, 8 (s. o.). Andere Götter verzehrten Opfer (Deut 32, 38), aber eine solche Auffassung von JHWH wird abgewiesen Ps 50,13 (Herrmann 213ff.).

III. 1. Die Speise des Menschen ist Gottesgabe. Bei der Schöpfung werden ihm alles Kraut und alle Baumfrüchte als Nahrung geschenkt (Gen 1, 29 P). Durch den Sündenfall (der übrigens durch ein Essen zustande kommt!) wird die Beschaffung der Nahrung erschwert; sie kostet nun große Mühe (Gen 3,17–19 J). Der Bund mit Noah bringt insofern eine neue Ordnung, als nun auch Tierfleisch gegessen werden darf (Gen 9, 3 P); nur Fleisch, das Blut enthält, soll man

Index der deutschen Stichwörter

Zusätzliche Abkürzungen in dieser Lieferung

AHAW	Abhandlungen der Heidelberger Akademie der Wissenschaften
ANVAO	Avhandligar utgitt ar det Norske Videnskabs-Akademi
ASTI	Annual of the Swedish Theological Institute in Jerusalem
ATAO	A. Jeremias, Das Alte Testament im Lichte des Alten Orients, [4]1930
BHK	Biblia Hebraica, hrsg. v. R. Kittel
BiLe	Bibel und Leben
BiLi	Bibel und Liturgie
BJRL	The Bulletin of the John Rylands Library, Manchester
CRAI	Comtes-rendus de l'Académie des Inscriptions et Belles-Lettres
EchtB	Echter Bibel
EMiqr	Entsiqlopēdiā Miqrā'īt – Encyclopaedia Biblica, Jerusalem
GGA	Göttingische Gelehrte Anzeigen
HAOG	A. Jeremias, Handbuch der altorientalischen Geisteskultur, [2]1929
KBo	Keilschriftentexte aus Boghazköi
KUB	Keilschriftenurkunden aus Boghazköi
NTT	Norsk Teologisk Tidsskrift
RA	Revue d'Assyriologie
SBM	Stuttgarter Biblische Monographien
SNVAO	Skrifter utgitt ar Det Norske Videnskamps-Akademi i Oslo
StudGen	Studium Generale

Band I Lieferung 3 (Spalte 257-384)

THEOLOGISCHES WÖRTERBUCH ZUM ALTEN TESTAMENT

In Verbindung mit
George W. Anderson, Henri Cazelles,
David N. Freedman,
Shemarjahu Talmon und Gerhard Wallis
herausgegeben von
G. Johannes Botterweck und Helmer Ringgren

VERLAG W. KOHLHAMMER GMBH
STUTTGART · BERLIN · KÖLN · MAINZ

Inhalt von Band I, Lieferung 3

Band I wird etwa 12 Lieferungen umfassen. Der Subskriptionspreis für jede Lieferung von vier Bogen beträgt DM 16,—. Einzellieferungen werden nicht abgegeben.
Hörern der an diesem Werk beteiligten Verfasser wird bei Vorlage eines vom Autor unterzeichneten Hörerscheins ein Nachlaß von 20% auf den Ladenpreis gewährt. Die Ermäßigung gilt nur für die bis dahin erschienenen Teile des Werkes und den gerade im Erscheinen begriffenen Band. Der Hörernachweis muß für die erste Lieferung jedes weiter erscheinenden Bandes ggf. neu erbracht werden.

Verlagsort Stuttgart. Umschlag: hace. Gesamtherstellung W. Kohlhammer GmbH. Graphischer Großbetrieb Stuttgart 1971. Printed in Germany. 71202 nicht essen (9, 4 → נפש, דם). Es gehört zu JHWHs göttlicher Fürsorge, daß er seinen Geschöpfen „Speise (אכל) gibt zur rechten Zeit" (Ps 104, 27), so daß sie satt werden (v. 28). Daß Gott den Menschen zu essen gibt, wird mehrmals hervorgehoben (Deut 12,15f.; 32,13; Hos 11, 4; Pred 2, 24; 3,13). Als Bundesgott nimmt es JHWH auf sich, das Volk in der Wüste zu versorgen (Ex 16, 4ff.); dabei wird aber hervorgehoben, daß er einem jeden die richtige Menge gibt. Das Manna ist eine ganz besondere Äußerung der göttlichen Fürsorge (Deut 8,16; Ps 78, 25. 29). Nach Deut 12,15 darf das Volk „je nach dem Segen JHWHs" essen. An der Grenze Kanaans hört das Manna auf, und das Volk ißt danach die Ernte des Landes (Jos 5,12). Deut betont die Pflicht, den Ertrag des Landes in Dankbarkeit gegen Gott zu genießen (6,11; 8,10ff.). Im richtigen Bundesverhältnis gibt das Land ausreichende Ernten, so daß die Israeliten „genug zu essen haben" (Lev 25,19; 26, 3–5) und auch für die Armen sorgen können (Lev 19, 9f.; 23, 22; 25, 2–22; Deut 24,19f.). Es herrscht eine vollkommene Harmonie, die sich auch in der Versorgung mit Speise auswirkt. Aber die Güte Gottes darf nicht zu Schwelgerei verleiten (Jes 22,13; Am 6, 4. 6); den Bedürftigen soll man speisen und kleiden (Jes 58,7.10). In der kommenden Heilszeit wird jeder die Frucht seines Feigenbaums essen dürfen (Mi 4, 4; Sach 3,10); dasselbe verspricht Rabsake als guter Herrscher (2 Kön 18, 31; Jes 36,16), aber die Falschheit seiner Worte wird 2 Kön 19, 29; Jes 37, 30 erwiesen. Nach der positiven Auslegung der Immanuelsaussage wird ein jeder, der übrigbleibt im Lande Dickmilch und Honig essen (Jes 7, 22 – wie v.15 Immanuel dasselbe als Götterspeise genießt; vgl. Herrmann, anders Stamm, Die Immanuel-Weissagung und die Eschatologie des Jesaja [ThZ 16, 1960, 439–455, bes. 447]; R. Kilian, Die Verheißung Immanuels Jes 7,14 [SB 35, 1968, 64]; H. Wildberger, Jesaja [BK X 4, 1969, 262–264 [Lit.]. 295f. 306f.]). Auch Jes 55,1f. wird die Heilszeit im Bild der reichlichen Versorgung beschrieben (vgl. auch Jes 25, 6 das Gastmahl auf dem Zion).

Wie Reichtum an Speise ein richtiges Verhältnis zu JHWH anzeigt, wirkt sich sein Strafgericht in Mangel an Nahrung aus (Deut 28,17f.; 23. 31. 33 u.a.) oder dadurch, daß man ißt, ohne satt zu werden (Lev 26, 26; Jes 9,19; Hos 4,10; Mi 6,14; Hag 1, 6; vgl. Spr 13, 25). Essen und Freude gehören zusammen, vor allem wenn man die Zehnten „vor JHWHs Angesicht" ißt (Deut 12,17f.; 14, 23). Deut 12,11f.; 27,7 spricht von der Freude bei Opfermahlzeiten (s. dazu Pedersen III–IV 334ff.). Opfermahlzeiten werden bei besonderen Gelegenheiten erwähnt, z.B. beim Bundesschluß (Gen 31,46. 54; Ex 18,12) und bei der Königswahl (1 Kön 1, 25). Die Teilnahme an Opfermahlzeiten im Dienst anderer Götter war verboten (Ex 34,15), ebenso „das Essen auf den Bergen" (Ez 18, 6.11; 22, 9), das offenbar eine kanaanäische Kultpraxis meint. Wenn man in Trauer ist, enthält man sich der Speise (Deut 26,14; 1 Sam 1, 8), eine Sitte, die David bricht (2 Sam 12, 21). In einer ähnlichen Situation erhält Ezechiel den Befehl, „Menschenbrot (לחם אנשים) nicht zu essen (Ez 24,17. 22). Hosea spricht von לחם אונים 'Schmerzens- oder Trauerbrot', das unrein macht (Hos 9, 4). Das Essen gibt Leben und stärkt die „Seele". Wenn das Essen in irgendeiner Form von Gemeinschaft, mit Familie, Verwandten oder Bundespartnern, eingenommen wird, bewirkt es göttliche Kraft, die die Einheit stärkt. Die Mahlzeit bestätigt die Harmonie, die die Bedingung alles gemeinsamen Lebens ist. Eine solche Gemeinschaft zu brechen, war ein schweres Verbrechen (Ps 41,10). Mit Feinden zu essen war undenkbar (Pedersen I–II, 305f.).

2. Das Essen war durch zahlreiche Speisevorschriften genau geregelt. Die weite Formulierung Gen 9, 3 wird durch die Unterscheidung von reinen und unreinen (→ טמא) Tieren (Lev 11,1ff.; Deut 14, 3ff.) eingeschränkt. Das Essen vom Aas verendeter Tiere verursachte Unreinheit (Lev 11, 40), ebenso ist es ein Greuel, zerrissene Tiere zu essen (Ex 22, 30; Ez 4,14). Kein Fleisch, das „sein Blut (→ דם) in sich hat", durfte gegessen werden (Gen 9, 4; Ex 12,7; Lev 3,17; Lev 3,17; 7, 23. 26; 17,14; Deut 12,16. 23f.); Blut war überhaupt verbotene Speise (Lev 7, 26f.; 17,10ff.; 1 Sam 14, 32ff.; Ez 33, 25).

Für Nasiräer, Kriegsleute, Leviten und Priester gab es besondere Regeln, da ihr Beruf sie in heilige Abgesondertheit versetzte. Der Nasiräer mußte sich von Traubensaft enthalten und durfte überhaupt keine Trauben essen, Num 6, 3f.; daß er keine unreine Speise essen durfte (Ri 13, 4), war selbstverständlich. Auch die künftige Mutter eines Nasiräers beobachtete die Nasiratsregeln (Ri 13,7.14). Nach den Worten Urias an David 2 Sam 11,11 verzichteten die Krieger im Heerbann auf die Genüsse des zivilen Lebens („essen, trinken und bei meiner Frau schlafen"); dagegen konnten David und seine Leute das heilige Schaubrot essen, da sie sich im Zustand des heiligen Krieges befanden (1 Sam 21,1–6); vgl. Pedersen III–IV, 10ff., de Vaux, Lebensordnungen II 70ff. Die levitischen Priester, die keinen eigenen Erbbesitz erhalten hatten, sollten „die Feueropfer JHWHs und was ihm zufällt (נחלה) essen" (Deut 18,1; vgl. Gen 47, 22 von den Priestern Ägyptens, die „ihren חק essen", d.h. sich von dem ihnen zugewiesenen Einkommen ernähren); sie sollten also von ihrem Anteil an den Opfern und anderen Abgaben leben. Vom Zehnten zur Speisung von Priestern, Fremdlingen, Witwen und Waisen ist Deut 14, 27ff. die Rede; außerdem durften die Priester das Speiseopfer, das von den Feueropfern JHWHs übrigblieb (Lev 10,12f.), die Webebrust und die Hebekeule (Lev 10,14) essen. Ebenso wurde das Sündopfer von den Priestern gegessen, aber nur an heiliger Stätte (Lev 10,17f.; Hos 4, 8). Die Leviten aßen das Festopfer (מועד 2 Chr 30, 22). Der Priester und sein Haus aßen von den heiligen Weihgaben (קדשים), jedoch nicht in unreinem Zustand (Lev 22,1ff.); kein Fremder und keine mit einem Fremden verheiratete Frau durfte aber Geweihtes essen (Ex 29,33, Lev 22,10.12).

Ottosson

אֵל

I. ʾēl in den semit. Sprachen – 1. Als Appellativum – 2. Als Eigenname – 3. Etymologie – II. Charakter und Funktion des Gottes El in kanaanäischen und verwandten Texten – 1. Die Götterlisten – 2. Die Epitheta – 3. Im kanaanäischen Mythus – 4. El der göttliche Urvater. – III. Im AT – 1. Als Eigenname – 2. Als Appellativum – 3. Ein Sonderfall.

Lit.: *W.F. Albright*, Yahweh and the Gods of Canaan, London 1968. – *C. Clemen*, Die phönikische Religion nach Philo von Byblos, 1939. – *F.M. Cross*, Yahweh and the God of the Patriarchs (HThR 55, 1962, 225–259). – *Ders.*, The Origin and Early Evolution of the Alphabet, Eretz Israel 8, 1967, 12. – *O. Eißfeldt*, Ras Schamra und Sanchunjaton, 1939. – *Ders.*, El im ugaritischen Pantheon, 1951. – *Ders.*, Sanchunjaton von Berut und Ilumilku von Ugarit, 1952. – *Ders.*, El and Yahweh (JSS 1, 1956, 25–37). – *I.J. Gelb*, Old Akkadian Writing and Grammar, Chicago ²1961. – *P. Miller*, El the Warrior (HThR 60, 1967, 411–431). – *A. Murtonen*, A Philological and Literary Treatise on the Divine Names אל, אלוה, אלהים, and יהוה, Helsinki 1952. – *U. Oldenburg*, The Conflict between ʾEl and Baʿl in Canaanite Religion, Leiden 1969. – *M. Pope*, El in the Ugaritic Texts (SVT 2), Leiden 1955. – Hier noch nicht benutzt: *R. de Vaux*, El et Baal, le dieu des pères et Yahweh, Ugaritica VI, 1969, 501–518. – *J.C. de Moor*, The Semitic Pantheon of Ugarit, UF 2, 1970.

I. 1. Das Wort ʾēl < ʾil(u) scheint in den frühen Stufen aller wichtigeren semit. Sprachen die allgemein appellativische Bedeutung 'Gott, Gottheit' gehabt zu haben. Im Ostsemitischen ist diese Bedeutung gut belegt vom Altakk. (*ilum*, Fem. *iltu*, Plur. *ilū*) und dessen Tochterdialekten in vorsargonischer Zeit (vor 2360 v. Chr.) bis ins Spätbabylonische. Der appellativische Gebrauch erscheint auch im Nordwestsemitischen: amorit. ʾ*ilu*[*m*] (zu ʾ*ila* s.u.); ugar. *ỉl*, Fem. *ỉlt*, Plur. *ỉlm*, Fem. Plur. *ỉlht* mit den seltenen Nebenformen *ỉlh*, Plur. *ỉlhm*; hebr. (s.u. III. 2) und phön. אל (meist durch Plur. אלם mit singul. Bedeutung ersetzt; zum Sing. אל vgl. F.M. Cross–R.J. Saley, BASOR 197, 1970, 42–49; die Form אלי ist Plur. mit Suff. 3 Mask. Sing.). Im Südsemitischen ist das appellativische ʾ*l* (Plur. ʾ*lʾlt*) gebräuchlich in den altsüdarab. Dialekten, selten dagegen im Nordarab., wo es durch ʾ*ilāh* ersetzt wird.

2. Die Entdeckung der ugar. Texte hat jeden Zweifel darüber beseitigt, daß ʾIl der Eigenname des Gottes par excellence, des Hauptes des kanaanäischen Pantheons war. Obwohl *ỉl* auch appellativisch gebraucht werden kann, z.B. *ỉl hd* 'der Gott Haddu (Hadad)', ist dieser Gebrauch außerordentlich selten. In mythologischen und epischen Texten, Götterlisten und Tempelurkunden ist *ỉl* normalerweise Eigenname (Eißfeldt, El). Daß El der Name eines besonderen Gottes war, geht auch aus der in Eusebius, *Praeparatio evangelica* fragmentarisch erhaltenen „Phönizischen Theologie" des Sanchunjaton hervor (Text bei K. Mras, Eusebius Werke 8/1, 1954; dazu Clemen; Eißfeldt, Ras Schamra und S.; Ders., Sanchunjaton).

Auch im Ostsemitischen finden sich sehr alte Belege für ʾIl als Gottesname. In den ältesten altakk. Quellen findet sich ʾIl oft ohne Kasusendung, was bei nicht-prädikativen Formen unzweideutig einen Eigennamen vertritt (I.J. Gelb, Glossary of Old Akkadian, Chicago 1957, 26–36, bes. 28; Ders., Old Akk. Writing 139–142, 145. 148). Die Formen *Ilu* und *Ilum* ebenso wie ideographisch mit *DINGIR* geschriebene Formen sind zweideutig, sind aber doch in vielen Fällen ohne Zweifel Gottesname. So kommt z.B. der Typus GN-i_3-*lum* nicht vor, dagegen sind Verwandtschaftsnamen (Abuilum, Aḫu-ilum usw.) und ähnliche Typen (Ilumbānī 'Gott/El ist mein Schöpfer', Ilum-qurād 'Gott/El ist Krieger') häufig und ergeben dasselbe Bild vom Gott als Schutzherrn, Schöpfer und „Gott des Vaters" (Cross, Yahweh and the God...) wie in den unzweideutigen Namen. Es gibt auch Namen wie *I-li-DINGIR-lum*/ *Ilī-ilum* 'mein Gott ist Il[um]'. Gelb sagt sogar, daß der häufige Gebrauch von ʾIl in akk. theophoren Namen darauf hinzuweisen scheint, daß der Gott ʾIl (später El) die Hauptgottheit der mesopotamischen Semiten in der vorsargonischen Periode gewesen ist (Old Akk. Writing 6).

In der amorit. Namengebung des 18. Jh. spielt der Gott ʾIl eine wichtige Rolle (Huffmon, APNM 162f.). Gelegentlich wird der Gottesname *ila* geschrieben, was viele Forscher als ʾ*ilāh* aufgefaßt haben (APNM 165), aber vielleicht doch eher ein amorit. und altakk. Prädikativmorphem *-a* enthält (Gelb 146f., Atti Lincei VIII/13, 1958, 55f. 154).

Zu den interessantesten amorit. Namen gehören diejenigen, die mit *sumu* 'Name', *sumuhu* 'sein Name' oder *sumuna* 'unser Name' und einem Gottesnamen oder -epitheton gebildet sind. Das Element *sum-* bezieht sich auf den Namen des Familien- oder Sippengottes, den das Mitglied anruft und bei dem es schwört. Häufig steht dieses Element in Zusammensetzungen mit *Il* oder *Ilu*: *su-mu-la-AN/sumu(hu)-la-il* 'sein Gott ist fürwahr Il', *sa-mu-u-i-la/Samuhu-Ila, su-mu-AN/sumu-il* usw. Dieselbe Bildung findet sich in hebr. שמואל (< šimuhu-'El) und in altsüdarab. *śm'l*. Solche Hypostasierung des Namens liegt hinter der dtr Namenstheologie.

Ein häufiger amorit. Namenstypus ist auch die Zusammensetzung eines Verwandtschaftsworts mit *'Il*: *Abum-ilu* 'Il ist der (göttliche) Vater', *Adī-ilu* 'Il ist mein (göttlicher) Vater' (→ אב), *Aḫum-ma-Il* 'Il ist der (göttliche) Bruder' (→ אח), *Ḫali-ma-Ilu*, *'Ammu-Ilu* und *Ḫatni-Ilu*, alle: 'Il ist mein (göttlicher) Verwandter'.

Der Gottesname 'Il kommt auch häufig im Altsüdarab. vor (G. Ryckmans, Les noms propres sud-sémitiques, Louvain 1934, I 1; II 2f.). Wie schon bemerkt finden sich einige der amorit. Namenstypen mit El auch im Südarab.

Da Il also in den frühesten Sprachschichten des Ost-, Nordwest- und Südsemitischen als Eigenname erscheint, darf man schließen, daß dieser Gebrauch – vielleicht zusammen mit dem appellativischen – schon dem Ursemitischen angehört. Den einen oder anderen Gebrauch als älter oder ursprünglich zu behaupten, ist belanglose Spekulation im Dunkel einer ursemitischen Sprache.

3. Von den vielen vorgeschlagenen etymologischen Erklärungen von *'ēl* (Pope 16–21) werden wahrscheinlich zwei überleben. Nach der einen ist *'ēl* von einer Wurzel *'wl* 'stark sein' oder 'Vorrang haben' abzuleiten, wobei die Form *'ēl* mit dem Typus des stativischen Ptz. der schwachen Wurzel übereinstimmt; vgl. *mēt* von מות, *'ēd* von עוד, ugar. *ȝb* von איב. Diese Etymologie würde die verschiedenen Ableitungen, besonders im Hebr. und Arab., erklären. Vorsicht ist aber geboten, da keine der Ableitungen der angenommenen Wurzel in den verschiedenen semit. Sprachen in Form oder Bedeutung zusammenfallen.

Ein alternativer Vorschlag betrachtet die Verbalwurzel als Denominativ von einem ursprünglichen Subst. *'il* wie *'im* 'Mutter' oder *šim* 'Name'. Das würde eine bessere Erklärung der ugar. Formen *ȝlht* (fem. plur.) und *ȝlhtm* (Fem. Dual.) bieten, die dann mit aram. *šemāhīn*, *šemāhāt* 'Namen' oder *'emāhē* 'Mütter' zu vergleichen wären. In diesem Fall wäre *'ilāh* (> אלוה) eine aus den Pluralformen abgeleitete, sekundäre Bildung, die eine Neuerung des Westsemitischen (Ugar., Hebr., Aram., Arab.) darstellt.

Beachtung verdienen auch die Ableitungen *ȝlnjm* 'Gottheiten' in der Umgebung Els in Ugarit und phön. אלנם, von Plautus *alonim* vokalisiert.

II. 1. In den drei in Ugarit aufgefundenen Götterlisten (CTA 29; Ugaritica V Nr. 18 S. 42–64; die dritte ebenda 63f. erwähnt) erscheinen zuerst *ȝlȝb* (akk. *DINGIR-a-bi*) und *ȝl* (akk. *ilum*); dann folgt Dagnu (Dagan) mit Haddu-Ba'al-Ṣapān als dritter (vgl. die hurrit. Götterliste Ugaritica V 518–527). Der Ausdruck *ȝl-ȝb*, hurrit. *en atn*, bezeichnet offenbar eine besondere Art von Göttern, vielleicht die göttlichen Ahnen (Gese, RdM 10/2, 104f.; anders → אוב). Jedenfalls fängt die Reihe der wirkenden, im Kult verehrten Götter mit El an.

2. a) Mehrere Epitheta zeigen El als Vater und Schöpfer. Er heißt *ṯr ȝl 'bh ȝl mlk d jknnh* 'der Stier El, sein Vater, König El, der ihn schuf' (CTA 3 [V AB] V 43; 4 [II AB] I 5; IV 47 usw.). Obwohl Ba'al in diesen Texten regelmäßig Sohn Dagans genannt wird, ist El hier sein Vater und Erzeuger. Es handelt sich aber um eine feste mündliche Formel, die von jedem Sohn Els, d.h. von jedem Gott, gebraucht werden konnte (in Praep. evang. I 10, 26 heißt es einfach, daß Ba'al dem El geboren wurde). Das Epitheton 'Stier' ist beachtenswert, da sowohl in kanaanäischer als auch in hebr. Tradition Edelleuten und Kriegern die Namen verschiedener männlicher Tiere gegeben wurden, vgl. das Gottesepitheton 'Stier Jakobs' (→ אביר).

Ähnliche Epitheta sind *bnj bnwt* 'Schöpfer der Geschöpfe' (CTA 6 [I AB] III 5.10; 4 [II AB] III 31 usw.) und *'b 'dm* 'Vater der Menschen' (CTA 14 [IK] I 36; III 150; VI 296 usw. Ferner heißt es in CTA 10 (IV AB) ... *k qnjn 'lm/kdrd⟨r⟩ d jknnn* 'ja, unser Schöpfer ist ewig, ja, zeitlos der uns gebildet hat' (CTA 10 III 6 nach Ginsberg, Or 7, 1938, 1–11; vgl. auch *qnjt ȝlm* 'Schöpferin der Götter' von Els Gattin Ašera-Elat, CTA 4 III 30; IV 32; I 23 usw.). Ein weiteres Epitheton ist *ḥtkk* 'dein Ahnvater' (CTA 1 [VI AB] II 18; III 6, vgl. zu *ḥtk* Cross, BASOR 190, 1968, 45 Anm. 24). In späteren Texten findet sich auch der liturgische Name *'ēl qōnē 'arṣ*, heth. Ilkunirsa, 'El, Schöpfer der Erde' (KAI 26 A III 18; 129, 1, s. Cross, Yahweh ... 241–244).

b) Eine andere Reihe von Epitheta beschreibt El als 'den Alten' oder 'Ewigen' mit grauem Bart und entsprechender Weisheit. So spricht z.B. Ašera von einem Entschluß Els folgendermaßen *ṯḥmk ȝl ḥkm/ḥkm 'm 'lm/ḥjt ḥẓt ṯḥmk* 'Dein Entschluß, o El, ist weise, deine Weisheit ist ewig; ein Leben des Glücks ist dein Entschluß' (CTA 4 [II AB] IV 41; 3 [V AB] V 38).

In Ugaritica V wird ein neuer Text veröffentlicht, der auf El das bekannte biblische Epithe-

ton מלך עולם 'ewiger König' verwendet (Text 2,1, Verso 4. 5(?). 6, vgl. Jer 10,10, s. schon Cross, Yahweh ... 236). Ein ähnliches Epitheton ist *mlk ʾb šnm* 'der König, Vater der Jahre' (CTA 6 [I AB] I 36; 17 [II D] VI 49 usw.), das an das biblische אבי עד 'ewiger Vater' und עתיק יומין 'der Hochbetagte' erinnert (Jes 9, 5; Dan 7, 9; vgl. Jes 40, 28).
In den protosinaitischen Texten findet sich der Titel *ʾēl ḏū ʿōlam* (Cross, Yahweh ... 238) und auf der Arslan Taş-Tafel einfaches עלם 'der Ewige' (Cross, BASOR 197, 1970, 45; KAI anders).
c) Eine dritte Gruppe von Epitheta zeigt El als barmherzig und gnädig: *lṭpn ʾl dpʾd* 'der Wohlwollende, El der Mitleidsvolle'. In Serābīṭ el-Ḫādem findet sich der Titel *ḏ-ṭb* 'barmherzig' (W.F. Albright, The Proto-Sinaitic inscriptions, Cambridge 1966, 44 und Nr. 360, 361).
3. a) In einem neuveröffentlichten Text (Ugaritica V Nr. 2) präsidiert El unter dem Namen *rpʾ mlk ʿlm* 'der Gesunde (ein göttliches Attribut, das semantisch קדש 'heilig' nahesteht und auch von Gestorbenen und Heroen gebraucht wird), der ewige König' bei einem Gastmahl:

> El thront mit ʿAštart ⟨des Feldes⟩
> El richtet mit Hadd dem Hirten,
> der singt und die Leier spielt.

In dieser lieblichen Szene sitzt also der alte König mit Pomp, während der Hirt Hadd singt, so wie David am Hof des alten Sauls sang. Offenbar sitzt Baʿal an der rechten, ʿAštart an der linken Seite des Vatergottes. Die Szene paßt gut zu der Notiz bei Sanchunjaton „Astarte, die größte Göttin, und ... Adodos, der König der Götter, regierten das Land mit der Zustimmung des Kronos (El)" (Praep. evang. I 10, 31).
Der Schluß des Textes ist ein wenig abrupt und reizt die Neugier:

> Möge Rapi', der ewige König, in Kraft [richten]
> möge [Rapi'], der ewige König, in Macht [richten],
> ja, möge er [regieren] seine Nachkommen in [Gnaden,
> um deine Macht auf Erden zu erhöhen (?),
> deine Kraft vor uns (?), deinen Nachkommen,
> deine Gnade inmitten von Ugarit,
> so lange wie die Tage der Sonne und des Mondes,
> wie die Anmut der Jahre Els.

Man merkt, wie sich die Rolle des „alten Königs" von den früher gezeichneten Bildern von El als einem zurückgezogenen *deus otiosus* stark abhebt.
b) Bemerkenswerterweise erzählt der wichtigste ugar. Text, der als Hieros-gamos-Text bezeichnet werden kann, von El (nicht Baʿal) und seinen zwei Gattinnen und von der Geburt seiner Söhne Morgenröte und Abenddämmerung (Šaḥar und Šalim; CTA 23 [SS] 31–53). Der Text ist das „Libretto" eines kultischen Dramas. Er ist aber wegen seines impressionistischen und wiederholenden Stils sehr mißverstanden worden. Bruchstücke der Handlung, die Jagd und das Schmausen Els, das Schreien seiner Frauen beim Verführtwerden, ihre Kurmacherei und die Geburt der Götter folgen aufeinander, aber nicht in der erwarteten Abfolge, sondern bald vorwegnehmend, bald schon Erzähltes wiederholend. So werden z.B. die Liebesszenen und die Geburt erzählt, und darauf folgt wieder eine Beschreibung von Liebesszenen und Geburt. Die Wiederholung ist ein literarischer oder mimischer Kunstgriff, nicht eine Darstellung zweier verschiedener Vorgänge.
Nach einem fragmentarischen Textstück beginnt das Drama mit der Beschreibung von Els Vorbereitungen einer Mahlzeit in seiner Wohnung am Meer.

> [31]El nimmt zwei Gießlöffel,
> zwei Gießlöffel, die eine Kanne füllen.
> [32]Siehe die eine: sie beugt sich nieder,
> siehe die andere: sie erhebt sich.
> Siehe die eine schreit: Vater! Vater!
> [33]Siehe die andere schreit: Mutter! Mutter!
> Die Kraft Els ist groß wie die des Meeres,
> [34]die Kraft Els ist wie die der Flut.
> Lang ist Els Glied wie das des Meeres,
> [35]das Glied Els wie das der Flut.
> El nimmt zwei Gießlöffel,
> [36]zwei Gießlöffel, die eine Kanne füllen,
> er nimmt (es), er trinkt in seinem Haus.
> [37]El spannt seinen Bogen,
> ⟨er⟩ zieht seinen starken Pfeil,
> er erhebt (ihn), [38]er schießt gen Himmel,
> er schießt einen Vogel im Himmel,
> er rupft (ihn), er setzt (ihn) [39]auf Kohlen.
> El verführt fürwahr seine Frauen.
> [40]Siehe, die beiden Frauen rufen:
> O Mann, Mann! Gespannt ist dein Bogen,
> gezogen dein starker Pfeil.
> [41]Sieh, der Vogel ist gebraten,
> auf Kohlen geröstet.
> [42]Die Frauen sind (jetzt) Els Frauen,
> Els Frauen auf ewig.

Nach Wiederholungen mit feinen Variationen heißt es dann:

> [49]Er neigt sich, er küßt ihre Lippen,
> [50]sieh, ihre Lippen sind süß,
> süß wie Trauben.
> [51]Beim Küssen empfangen sie,
> beim Umarmen werden sie schwanger.
> [52]Sie kreischen und gebären
> (die Götter) Morgenröte und Abenddämmerung.

In diesem Text entspricht El seinem Ruf bei Sanchunjaton, ein kraftvoller und ungeheuer rüstiger alter Mann zu sein, wie es dem Urerzeuger und Urahn geziemt.

Die obige Übersetzung ist im historischen Präsens gehalten, da auf diese Weise die Bewegung hin und her am besten ausgedrückt wird. – Z. 32: Die beiden Frauen springen auf und nieder in Verlegenheit und Aufregung. – Z. 33ff.: Die Doppelsinnigkeit ist dadurch zum Ausdruck gebracht, daß die identischen Zeilen verschieden übersetzt wurden. Zum Ausdruck 'lang an Hand' = groß in Stärke; vgl. hebr. קצרי יד oder היד־יהוה תקצר (Num 11, 23). Natürlich kann *'rk jd ꜣl* auch heißen: „Els Penis war lang." – Z. 37 *ḫṭ* heißt hier Bogenholz; vgl. CTA 19 (I D) I 14, wo es mit *qšt* 'Bogen' und *qṣ't* 'Pfeile' parallel steht. נחת קשת 'den Bogen spannen' kommt Ps 18, 35 vor. Z. 37. *mjmmn* ist denominiert von ימין, also: 'den Bogen mit der rechten Hand spannen', genau wie מימינים ... בחצים בקשת 1 Chr 12, 2. – *mṭ*: hebr. מטה heißt 'Pfeil' Hab 3, 9.14; auch CTA 3 (V AB) II 15f. stehen *mṭm* und *qšth* parallel.

c) Schon 1948 bemerkte B. Landsberger, daß sich „eine gewisse Wahrscheinlichkeit für die Gleichung Ba'al-ḥammān = El ergibt ... aus dem Vergleich der Aufzählung der Hauptgötter (Ba'al-ṣemed, Ba'al-ḥammān, Rakkab-El) [KAI 24, 15f.] mit der Reihe Hadad, El, Rakkab-El [KAI 214, 2.11.18; 215, 22]. Die Variante El-ḥammān findet sich in späten phönizischen Inschriften" (Sam'al, Ankara 1948, 47). W.F. Albright führte die Diskussion weiter, indem er beobachtete, daß der Hauptgott Karthagos Ba'al-Ḥammon mit Saturn und Kronos und seine Gemahlin Tannit (deren Name Drachenfrau heißt und die mit Elat-Ašera identifiziert werden muß; Cross, Eretz Israel 8, 1967, 12) mit Juno identifiziert wurden. Ferner erkannte er, daß die Popularität des Kinderopfers in Karthago von einem Elkult abhängig war. El opfert tatsächlich als einziger unter den Göttern seine eigenen Kinder, Jadid und Mot – ein Thema, das von Sanchunjaton dreimal wiederholt wird (Praep. evang. I 10, 21. 34. 44). Albright faßte sein Epitheton als 'Herr der Feuerpfanne' (Yahweh and the Gods ... 203).
Es gibt jetzt jedoch neues Material. Aus Ugarit stammen mehrere Namen mit dem theophoren Element *ḫa-ma-nu* (syllabisch) oder *ḫmn* (alphabetisch), u.a. *abdi-ḫa-ma-nu* und *'bdḫmn* (PRU III 240 bzw. II 223; Gröndahl, PNU 104f.). In CTA 172 findet sich hurrit. *ꜣn ḫmnd* 'zu dem Göttlichen (Berge) Haman'. Von da aus wird jede Verbindung mit dem Feuerfaß oder Räucherbecken (*ḥammān*) unmöglich.
Alles spricht jetzt für die Gleichsetzung von *ḫaman* mit dem Berg Amanus (Cross, Origin 12; nach Gröndahl, PNU 135, dagegen handelt es sich um den hurrit. Wettergott). In Keilschriften findet sich *KUR Ḫa-ma-nu* 'Hamanus' und dergl. Diese Gleichung löst alle sprachlichen Probleme. Sie wird von weiteren Tatsachen gestützt. In Ugaritica V 510–516 veröffentlicht Laroche einen Hymnus auf El (RS 24. 278), wo er Z. 9f. *ꜣl pbnḫwn/ḫmn* 'El vom Berge/Haman' genannt wird. Wenn man erkennt, daß Els Wohnsitz im fernen Norden ist, lösen sich mehrere Probleme. Jes 14,13 („Ich will thronen auf dem Versammlungsberg im äußersten Norden") bietet einen Hinweis auf den Berg Saphon (Ḫazzi) unmittelbar südlich des Orontes, dem traditionellen Wohnsitz des Ba'al Saphon. Tatsächlich bezieht sich der Ausdruck ירכתי צפון auf das Amanusgebiet (Ez 38, 6.15; 39, 2; vgl. Ps 48, 3, wo Zion mit dem Berg im Norden identifiziert wird!).
d) Die Beschreibungen von Els Wohnsitz und Ratsversammlung in den ugar. Texten sind ausgiebig und von sehr verschiedenen Standpunkten aus erörtert worden. Eines der am häufigsten wiederholten Themen ist das folgende (CTA 4 [II AB] IV 20–26, vgl. 2 [III AB] III 4–6, 1 [VI AB] III 23, 17 [II D] VI 46–51, 5 [I* AB] VI 1, 3 [V AB] V 15):

> Dann richtete sie (Elat) ihr Gesicht
> gegen El an den Quellen der beiden Flüsse,
> inmitten der Quellen der Doppeltiefe.
> Sie kam zum Kuppelzelt Els und trat ein,
> zur Hütte des Königs, des Vaters der Jahre.
> Vor El verbeugte sie sich und fiel nieder,
> sie warf sich zum Boden und ehrte ihn.

In der Fortsetzung erfahren wir wie El Ašera empfängt:

> Sobald El sie erblickte,
> löste er seine Scheide und lachte,
> seine Füße setzte er u f den Schemel
> und wackelte mit den Zehen.

Er bot ihr Essen und Getränk und sein eheliches Bett an, bevor er ihre Bitte um einen Tempel für Ba'al hörte.
Eine andere Stelle erzählt, wie zwei Boten Jamms in die Ratsversammlung Els kommen:

> Dann richteten die beiden ihre Gesichter
> gegen den Berg Els,
> gegen den versammelten Rat.
> Die Götter saßen fürwahr zu Tisch,
> die Söhne der Qudšu (Elat) beim Mahl,
> Ba'al steht (dem thronenden) El zu Diensten
> (*qm 'l*, vgl. hebr. קום על)

In diesen beiden Abschnitten ist der Wohnsitz Els auf dem kosmischen Versammlungsberg im Norden, an dessen Fuß die kosmischen Wasser aufquellen und auf dem die Ratsversammlung Els in seinem Versammlungszelt (אהל מועד) am Meeresstrand (vgl. Ez 28, 2) zusammenkommt. Diese Beschreibung paßt auf den Amanus, der sich sogar über den Mons Casius erhebt. Sie stimmt auch mit der biblischen Beschreibung von „Eden, dem Gottesgarten auf dem Gottesberg, von den Cheruben geschützt" (Ez 28, 2.13f.16) überein. Das mythische Motiv, das den kosmischen Fluß mit dem Götterberg (dem Ort wo die Tore des Himmels und der Hölle sind) vereinigt, wird in der Bibel auf Zion übertragen, wie z.B. Ez 47,1–12; Jo 4,18; Sach 14, 8; Jes 33, 20–22. Umgestaltet spiegelt sich das Motiv auch in Gen 2,10, wo sich die von Eden ausgehenden Wasser in vier Ströme spalten, von denen einer Gihon heißt. Die auffal-

lendste Identifizierung des Zion mit dem kosmischen Versammlungsberg ist vielleicht Ps 43, 8, wo Zion, JHWHs heiliger Berg ירכתי צפון 'der äußerste Norden' genannt wird.
Eine dritte Abwandlung des Motivs erscheint nur in fragmentarischen Stellen (CTA 1 [VI AB] III 21–25, vgl. III 11f., II 23):

> Dann richtete er sein Gesicht
> gegen Luṭpan El, den Barmherzigen,
> gegen den Berg [...
> gegen] den Berg *Ks* ...
> Er kam zum Kuppelzelt Els,
> er trat ein in die Hütte des Königs, Vaters der [Jahre.

Dies bestätigt nur den bergigen Charakter des Wohnsitzes; es fällt auf, daß das Lehnwort *ḫuršān* parallel zum kanaan. *ġr* gebraucht wird. Es fragt sich, welche Nebenbedeutung außer 'Berg' das Wort trägt. Kann es sich auf den Ort des Flußordals beziehen (vgl. akk. *ḫuršānu*)?
e) In einem anderen neuveröffentlichten Text finden wir El schmausend in seinem *mrzḥ*, d.h. θίασος oder Kultgelage (Ugaritica V Nr.1). Die zum Festmahl eingeladenen Götter bereiten Essen und Getränk für El, und seine Lakaien ermahnen die Götter, wohl für den Göttervater zu sorgen, so daß er betrunken wird und schließlich umsinkt, nachdem ihm ein gewisser Hubbai „mit Hörnern und Schwanz", von dem wir gern mehr wissen möchten, entweder entgegengetreten ist oder beigestanden hat.
f) Els Machtausübung über seine Ratsversammlung legt es nahe, daß seine Rolle eher die eines Patriarchen oder eines Richters im Rat eines Stammesverbands als die eines Götter-Königs ist. In dieser Hinsicht ist es verwunderlich, im obengenannten hurrit. Elhymnus (Ugaritica V 510ff.) zwei noch nicht erörterte Epitheta Els zu entdecken, nämlich *ʾl brt* und *ʾl dn*. Laroche übersetzt 'El der Quellen, El des Gerichts', aber da 'Quellen' *bʾrt* heißen sollte, ist eher *El Beᵉrīt* und *El dān* zu lesen, d.h. 'Gott des Bundes' (dessen Kult in Sichem wohlbekannt ist) und 'El der Richter' (vgl. den Namen *Šapaṭa-Il* 'El hat gerichtet' in Mari).
Geht man von den Verfügungen Els aus, so erscheint er als starker, aber nicht absoluter Herrscher. In CTA 2 (III AB) scheint El z.B. den Wünschen des Fürsten Jamm (Meer) nachzugeben, indem er Baʿal dem Jamm ausliefert. Baʿal ist der einzige im göttlichen Rat, der nicht eingeschüchtert wird. Er steht am Thron Els und führt am Hof das große Wort. Trotzdem wird er dem Mot als ständiger Sklave übergeben und hat offenbar nicht Kraft genug, um Els Entscheidung zu bestreiten. In CTA 6 (I AB) kämpft Mot, „der Liebling Els", wie er hier und bei Sanchunjaton heißt, gegen Baʿal. Šapšu warnt Mot, daß, wenn El von seinem Streit mit Baʿal Nachricht bekommt, er „deinen königlichen Thron umstürzen, das Szepter deines Richtertums zerbrechen" wird. Mot fürchtet El genug, um den Streit aufzugeben und Versöhnung zu suchen. In CTA 4 (II AB) schließlich wünscht Baʿal einen eigenen Tempel. Ašera-Elat geht zu El, um ihn zugunsten Baʿals zu beeinflussen, und gewinnt durch Schmeichelei seine zögernde Zustimmung.
g) Schließlich muß Els Gebaren als göttlicher Krieger (*ʾēl gibbōr*) beachtet werden. Miller (411ff.) beschreibt El als den Schutzherrn Krtʿs, „des Sohnes Els". In einer Inkubation beauftragt er Krt, einen „heiligen Krieg" zu führen, um sich eine Braut zu beschaffen. Während die großen kosmogonischen Kämpfe ausgefochten wurden, blieb El – in den mythischen Texten aus Ugarit – wie ein alternder David zu Hause und verführte Göttinnen; bei Sanchunjaton dagegen ist er ein starker Kriegsheld. Seine Kämpfe gehören aber nicht so sehr in den Kontext der kosmogonischen, sondern der theogonischen Mythen, der Geschichte der alten Götter, der Paare der Natur wie Himmel und Erde, die „hinter dem Pantheon stehen". In den typologisch entwickelteren kosmogonischen Mythen dient die Theogonie der alten Götterpaare oft als eine Einleitung, die dem komplexen Mythus einen zeitlichen Ort gibt. Das ist der Fall im Enūma eliš und in der Kosmogonienreihe bei Sanchunjaton. Theogonische Reihen werden auch in einer anderen Funktion mit den großen Göttern verbunden, nämlich als Zeugen eines Vertrags oder Bundes, wie z.B. in der Sefire-Inschrift (KAI 222, 8–12). Nachdem die wichtigsten Schutzgottheiten der beiden vertragsschließenden Parteien verzeichnet worden sind, nennt der Text urzeitliche Paare: El und ʿEljon, Himmel und Erde, Abgrund und Quellen, Tag und Nacht. Ähnliche Hinweise sind in heth. Verträgen üblich. Es ist zu bemerken, daß in der Zeugenliste die theogonische Reihenfolge umgekehrt wird, indem sie sich über die wirkenden Gottheiten auf mehr grundlegende Strukturen hin, die sogar die Götter binden, bewegt. Dieser besondere Gebrauch der Urgötter lebt im AT in den Bundesrechtsstreitorakeln weiter, in denen der Himmel oder Himmel und Erde oder Himmel und Berge als Zeugen aufgerufen werden, um die Anklage des göttlichen Lehnsherrn gegen den rebellischen Vasallen zu hören. Tatsächlich steht El wie Enlil am Übergangspunkt zwischen den Urgöttern und den Kultgöttern. Anders ausgedrückt, El spiegelt in vielen Mythen die patriarchalischen Gesellschaftsstrukturen, in seinen Titeln und Funktionen die organisierten Institutionen des Königtums wider. Er kann ein Staatsgott oder ein „Gott des Vaters" sein.
Die Kriege Els haben den Zweck, seine Führung in der Familie der Götter zu festigen. Sie

richten sich gegen seinen Vater Šamēm (Himmel) um seiner gekränkten Mutter 'Arṣ (Erde) willen – die beiden sind das letzte theogonische Paar. El nimmt seine Schwestern als Gattinnen und entmannt seinen Vater. Die Parallelen mit Hesiods Theogonie sind eng: Ge (Erde) gebar mit ihrem Erstgeborenen Uranos (Himmel) die großen Götter, darunter Rhea und Kronos. Zeus, der Sohn von Rhea und Kronos, eröffnet einen Kampf gegen Kronos und besiegt ihn und wirft ihn in die Unterwelt (Hesiod, Theog. 165–180, 455–490, 650–730). Auf ähnliche Weise entmannt im Kumarbi-Mythus Kumarbi seinen Vater Anu (Himmel), der zu seiner Zeit seinen Vater Alalu in die Unterwelt geworfen hatte. Die merkwürdigste Überlieferung eines solchen Patrizidium-Inzest-Motivs findet sich in einer neuveröffentlichten akk. Theogonie (CT 46, 39; s. Lambert und Wolcot, Kadmos 4, 1965, 64–72; Albright 81 ff.). Durch sechs Generationen theogonischer Paare wird die Macht durch Vatermord und Inzest weitergetragen. In der zweiten Generation tötet der junge Gott Sumuqan seinen Vater (dessen Identität unsicher ist), heiratet seine Mutter Erde und seine Schwester Meer. Meer tötet auch ihre Mutter und Rivalin Erde. In der dritten bis zur sechsten Generation ermordet der junge Gott den Vater (zweimal auch seine Mutter) und heiratet seine Schwester (in der dritten Generation auch seine Mutter). In der siebten Generation hält der junge Gott seinen Vater gefangen. In den folgenden, abgebrochenen Zeilen finden wir die großen Götter des Pantheons, Enlil und seine Zwillingssöhne Nusku und Ninurta, die offenbar freundlich zusammen regieren.

Das Vorkommen dieser „barocken" Form des Patrizidium- und Inzest-Motivs macht deutlich, daß die Erbfolge der Götter Šamēm-El-Ba'al-Haddu usw. nicht in einer geschichtlichen Reihenfolge von Kulten in der kanaanäischen (bzw. mesopotamischen oder hurritischen) Religion wurzelt. Das Gewaltmotiv in den Generationen der alten Götter endet beim Übergang zu den großen Kultgöttern, die endgültig einen unsicheren, aber erträglichen Frieden errichten. In Griechenland erstreckt sich der Übergang über zwei Generationen, indem Zeus, „der Vater der Götter und Menschen", seinen alten Vater in den Tartarus verbannt. In der kanaanäischen Religion etabliert sich El beim Übergang von den alten Göttern zum geordneten kosmischen Zustand als Vater der Götter, indem er seinen Sohn (oder Neffen) mit sich in seine Weltregierung aufnimmt.

Die Mythen von El stellen statische oder ewige Strukturen dar, die den Kosmos in der Natur und die unsichere Ordnung einer patriarchalischen Gesellschaft begründen. Sie wollen nicht den Aufgang und Niedergang im Kult eines Gottes erklären. In der kosmischen Götterfamilie steht der Patriarch immer zwischen dem alten (oder gestorbenen) Gott und seinem kräftigen und ehrgeizigen Sohn. Der Mythus beschreibt diese Urstruktur. Die älteren theogonischen Paare müssen zumindest in den ersten Anfängen unvermeidlich inzestuös sein. Außerdem schafft die patriarchalische Gesellschaft Voraussetzungen für die Versuchung zu Inzest einerseits und Aufruhr gegen den Vater andererseits, wodurch der Frieden bedroht wird.

In der Hofgeschichte Davids treten diese Kräfte dramatisch hervor. Die Vergewaltigung von Absaloms Schwester Thamar durch Amnon, einem anderen Sohn Davids, leitete einen Konflikt ein, der einen Brudermord und schließlich Absaloms Aufruhr gegen David umfaßte. Die Übertragung der Macht wurde durch Absaloms Vergewaltigung des Harems seines Vaters angekündigt, und die Episode endete in einer Waffenprobe, in der Absalom fiel. Auch die Nachfolge Davids durch den von ihm in seinen letzten Tagen eingesetzten Salomo war gekennzeichnet von brudermörderischen Konflikten und Haremsintrigen.

4. Man kann El nicht als Himmelsgott (wie Anu), als Sturmgott (wie Enlil oder Zeus), als chthonischen Gott (wie Nergal) oder als Korngott (wie Dagan) beschreiben. Das einzige Bild von El, das alle seine Mythen zusammenfassen kann, ist das des Patriarchen. Er ist der Urvater von Göttern und Menschen, bisweilen streng, oft mitleidsvoll, immer weise in seinem Richten.

Obwohl er königliche Vorrechte und Epitheta übernommen hat, steht er dem die Ratsversammlung der Götter beherrschenden, patriarchalischen Richter am nächsten. Er ist zugleich Vater der Götterfamilie und Herrscher, Funktionen, die in der Menschenwelt nur in den Gesellschaften vereinigt worden sind, die als Stammesverbände oder als Königreiche mit der Verwandtschaft als fortlebender gestaltender Kraft organisiert sind. In den meisten Mythen ist er ein Zeltbewohner. Sein Zelt auf dem Versammlungsberg im fernen Norden ist der Ort der kosmischen Entscheidungen. Es gibt aber auch Mythen von Gelagen, in denen er in einem Palast zu wohnen und wie ein König zu leben scheint. Solche unebenen Überlieferungsschichten sollten in mündlicher Dichtung nicht wundernehmen.

El ist der Schöpfer, der Alte, dessen außerordentliche Zeugungskräfte Himmel und Erde bevölkert haben, und es gibt wenig Anzeichen für das Nachlassen seiner Kräfte. Freilich ruht er jetzt von den alten Kämpfen aus, in denen er seine patriarchale Autorität gewann; Waffenkämpfe werden „jetzt" von den jüngeren Göttern, besonders Ba'al, ausgefochten. Letzterer teilt auch die Regierung mit El. Seine alte Gemahlin, die Mutter der Götter, ist mit Familienintrigen beschäftigt. El scheint sie zu lieben; aber die Hieros-gamos-Texte zeigen, daß er sich oft jüngeren Frauen zuwendet. Seine drei wichtigsten Gemahlinnen sind seine Schwestern, ʿAnat, Ašera (die Hauptgemahlin) und Astarte. Auch Baʿal nimmt ʿAnat als Frau, und El begünstigt besonders Astarte, die göttliche Kurtisane.

In der akk. und amorit. Religion, wie in der kanaanäischen, spielt er oft die Rolle des „Vater-Gottes", des „sozialen" Gottes, der den Stamm oder den Verband beherrscht, dessen Wanderungen leitet, dessen Kriege lenkt, dessen Recht aufrechterhält und oft durch Verwandtschaft oder Bund mit dem Verband oder mit dem König verbunden ist.

Seine charakteristische Erscheinungsweise ist die Vision oder Audition, oft in Träumen im Gegensatz zur Theophanie der Sturmgottes, dessen Stimme der Donner ist, der auf den Wolken in den Streit reitet und die Berge mit dem Hauch seiner Nase und mit seinen Feuerblitzen erschüttert.

III. 1. Selten, wenn überhaupt, wird אל im AT als Eigenname einer nichtisraelitischen, kanaanäischen Gottheit gebraucht im vollen Bewußtsein eines Unterschieds zwischen El und JHWH. In Ez 28, 2 beschreibt der Prophet den kanaanäischen El in so übermäßig mythologischen Termini, daß man den Eindruck gewinnt, er singe bewußt vom kanaanäischen Gott: „Weil dein Herz stolz war, sagtest du: ‚Ich bin El (אל אני), auf dem Sitz des אלהים throne ich mitten im Meer'." Der Wohnsitz Els wird hier auf kanaanäische Weise beschrieben. Dennoch bleiben Fragen: Parallel mit אל gebraucht Ez hier אלהים, während er in v. 14 und 16 vom Berg Els als הר אלהים spricht; in v. 2 gebraucht er אל in seinem ziemlich häufigen appellativischen Sinn. Man ist geneigt, anzunehmen, daß der Prophet den Ursprung seiner Ausdrucksweise kannte. Im Ausdruck „Du bist ein Mensch/menschlich und nicht göttlich/El" scheint er mit dem doppelten Sinn des Wortes אל zu spielen: ʿeine Gottheit/der Gott Elʾ. Ebenso ist er sich vielleicht, wenn er die Ausdrücke גן אלהים und הר אלהים (vgl. *hr ʾl* CTA 4 [II AB] II 36) gebraucht, dessen bewußt, daß אלהים mit einem doppelten Sinn gebraucht werden konnte, nämlich als „Manifestationsplural" eines Gottesnamens (wie *beʿālīm* von Baʿal) und als einfacher Plural „Götter". Diese Fragen sind auf Grund des Materials nicht eindeutig zu beantworten.

In Ri 9, 46 ist vom Tempel des *ʾEl berīt* in Sichem die Rede. Wie oben gezeigt wurde, scheint das ein besonderes Epitheton des kanaanäischen El gewesen zu sein. Aber auch hier muß man fragen, wie das Epitheton in der biblischen Überlieferung aufgefaßt wurde. Angesichts des parallelen Titels *Baʿal berīt* wurde der Gott offenbar als eine heidnische Gottheit empfunden.

Einige wollen den Ausdruck עדת אל in Ps 82, 1 als die Ratsversammlung Els auffassen und das Gedicht so verstehen, daß JHWH (im Elohim-Psalter in אלהים geändert) im Rate Els stand. Das ist zweifelhaft; eher gehört die Stelle der frühen Poesie an, wo El deutlich als Eigenname JHWHs betrachtet wird (s. u.). Dagegen ist nicht zu bezweifeln, daß der Ausdruck עדת אל in der kanaanäischen Mythologie seinen Ursprung hat; er erscheint in Ugarit in der Form *ʿdt ʾlm* (CTA 15 [III K] II 7.11).

Ein ähnlicher erstarrter archaischer Ausdruck, der seinen Ursprung in der kanaanäischen Mythologie hat, ist כוכבי אל ʿdie Sterne Elsʾ; er ist jetzt in der Pyrgi-Inschrift in der Form הככבם אל belegt (vgl. M. Dahood, Or 34, 1965, 170–177, J.A. Fitzmyer, JAOS 86, 1966, 285–297).

Zu derselben Kategorie gehören wahrscheinlich die Ausdrücke ארזי אל (Ps 80, 11) und הררי אל (Ps 36, 7, vgl. 50, 10). Die gewöhnliche Erklärung, daß אל hier ʿhervorragendʾ oder ʿgroßʾ bedeutet, ist fraglich, besonders angesichts der Tatsache, daß El auf ʿden Zedernbergen des Amanusʾ – um die babyl. Bezeichnung zu gebrauchen – wohnt. Es ist aber unwahrscheinlich, daß der ursprüngliche Sinn dieser Archaismen in Israel fortlebte, nachdem JHWH nicht mehr ein Epitheton Els war.

Der Gebrauch von אלים, das normalerweise als Plural angesehen wird, muß besonders erörtert werden. Dabei scheiden zunächst die Belege אלי גבורים Ez 32, 21 und אלים Hi 41, 17 aus, da sie einfach orthographische Varianten von אילי und אילים ʿWidderʾ (im übertragenen Sinn) sind. Abgesehen davon kommt אלים 4mal vor, davon 3mal in frühen poetischen Texten (Ex 15, 11; dazu Cross, JThC 5, 1968, 1–25; Ps 29, 1; 89, 7). Der Ausdruck bezog sich ursprünglich auf die Familie Els oder die Mitglieder seiner Ratsversammlung. In späteren apokalyptischen Texten taucht das Wort wieder in appellativischer Bedeutung mit Bezug auf Engelwesen im Hofstaat JHWHs auf (Dan 11, 36; 1 QM 1, 10; 14, 6). Die beiden einzigen Belege für בני אלים, beide in archaischen Texten, von denen der eine offenbar ein entlehnter Baʿalhymnus ist (Cross, BASOR 117, 1950, 19ff.), verdienen angesichts des kanaanäischen Materials besondere Beachtung. In den ugar. Texten heißt die Götterversammlung *dr bn ʾl*, *mpḫrt bn ʾl* oder *pḫr bn ʾlm*. El wird *ʾb bn ʾl* genannt. Einzelne Mitglieder der göttlichen Familie heißen u. a. *bn ʾl* und *bn ʾlm*. Das spricht dafür, daß *ʾlm* hier ein Sing. mit enklitischem *-m* ist. In späteren phön. Texten findet sich בן אלם z. B. כל בן אלם auf der Arslan-Taṣ-Tafel (KAI 27, 11) aus dem 7. Jh. Wie die biblischen Belege erscheint es in archaisierendem Zusammenhang und ist also zweideutig: Es kann entweder als Sing. mit enklitischem *-m*, als Plur. mit Bezug auf einen einzigen Gott oder als Plur. des Appellativums aufgefaßt werden. Das alles legt es nahe, daß es sich bei אלים in den beiden hebr. Stellen um den Eigennamen אל mit enklitischem *-m* handelt, ein Sprachgebrauch der im Hebr. schon lange ausgestorben war, als die Apokalyptiker den Gebrauch von אל und אלים wiederbelebten, indem sie letzteres als eine Pluralform des Appellativums auffaßten. Ex 15,11 ist das einzige biblische Beispiel für den lebendigen Gebrauch der Pluralform אלים als Appellativum vor der späten Apokalyptik (Dan 11, 36).

b) In den Erzvätererzählungen der Gen findet sich eine Reihe mit אל zusammengesetzter Gottesnamen oder -Bezeichnungen, u.a. אל עלם (Gen 21, 33; יהוה ist hier sekundär), אל עליון (Gen 14,18ff.; in v. 22 ist יהוה mit LXX und S zu streichen; → עליון), אל שדי (Gen 17,1; 28, 3; 35,11; 43,14; 48, 3, Ex 6, 3, alle P, daneben einmal in archaisch-poetischem Zusammenhang, Gen 49, 22 LXX, par. mit אל אביך, was zeigt daß P alte Überlieferung verwertet; → שדי), אל אלהי ישראל und אל ראי (Gen 16,13). Diese Epitheta sind mit besonderen erzväterlichen Heiligtümern oder Altären verbunden: El ʿOlam mit Beer-Seba, El ʿEljon mit Jerusalem, El Elohe Israel mit Sichem und El Roʾi mit Beer-Lahai-Roʾi. El Šaddai ist dagegen nicht fest in der Überlieferung verwurzelt, obwohl P es mit Bethel verbindet (Gen 48, 3).

Bei El ʿOlam, El ʿEljon, El Šaddai und El Roʾi ist das Epitheton philologisch mehrdeutig. Das Element *ʾēl* kann das Appellativum 'Gott' mit dem Gottesnamen als Apposition, mit einem Subst. in Gen.-Verbindung oder mit einem attributiven Adj. oder Ptz. sein. Alternativ kann das erste Glied als der Eigenname El aufgefaßt werden, wobei das zweite Element ein Adj. oder Subst. als Apposition aus einer liturgischen Formel oder einem mythischen Epitheton entstanden ist. Z.B. kann El ʿOlam auf zweierlei Weise verstanden werden: entweder als 'der Gott ʿOlam'' oder als 'der Gott der Ewigkeit', was ein El-Epitheton sein kann oder nicht; ebenso kann El ʿEljon entweder 'der Gott ʿEljon'' oder 'El der Höchste' sein. Wir haben oben Beispiele ugaritischer Epitheta angeführt, die diesem Muster folgen.

Es gibt aber Belege dafür, daß die meisten ugaritischen Götterepitheta aus einem Eigennamen mit einem Attribut (in einer der oben genannten syntaktischen Verbindungen) bestehen. Der Typus *ʾl hd* 'der Gott Hadd' ist selten.

Es muß aber hervorgehoben werden, daß diese Epitheta in der sie bewahrenden Überlieferung als Namen JHWHs gedeutet wurden. Zugleich bewahrte die E-Überlieferung in Ex 3,13–15 und die P-Überlieferung in Ex 6, 2f. die Erinnerung, daß der Name JHWH erst in der mosaischen Zeit offenbart wurde. Diese Texte behaupten die Kontinuität zwischen der Religion der Väter und dem jahwistischen Glauben des späteren Israel. Zugleich zeigen die Texte eben durch ihr Bestehen darauf, daß JHWH mit dem Gott der Väter identifiziert werden soll, daß die alte Religion und die mosaische Religion historisch getrennte Größen oder jedenfalls zwei verschiedene Stufen einer historischen Entwicklung waren.

Es ist sicher nicht zu bezweifeln, daß *ʾēl ʿōlām* 'der ewige (alte) Gott' heißt und das normale Epitheton des göttlichen Patriarchen El ist. Das ugar. Material, der Gebrauch von *ʿōlām* in poetischem Parallelismus zu Ašera in der Beschwörung aus Arslan Taş und vor allem das archaische Epitheton *ʾEl ḏū ʿōlami* 'El der alte' aus Sinai (Cross, Yahweh and the God ... 236–241) scheinen in diese Richtung zu zeigen.

Im Falle von *ʾēl ʿœljōn qōnēh šāmajim wāʾārœṣ* ist 'El der Höchste, Schöpfer des Himmels und der Erde' vorzuziehen. Das verbreitete El-Attribut *ʾEl qōnē ʾarṣ*, das ja auch in heth. Versionen kanaanäischer Mythen vorkommt, gibt den Ausschlag. Fraglich bleibt das Epitheton *ʿœljōn*. Bei Sanchunjaton ist Elioun ein alter Gott, Vater von Himmel und Erde. In Sefire erscheint das Paar אל ועלין am Übergang zwischen den Schutzgöttern und den alten Paaren der Natur. Das Paar kann als ein Hendiadyoin oder eher als Doppelname einer Gottheit (wie oft in Ugarit) aufgefaßt werden. Doppelnamen entstehen jedoch aus festen formelhaften Paaren, die in poetischem Parallelismus gebraucht werden. Die Frage kann nicht als geklärt angesehen werden. Am wahrscheinlichsten ist es, daß ʿEljon als Epitheton Els dient und nicht ein zusätzliches Element in der Formel ist (es kommt auch in einem frühen biblischen Text vor, Ps 78, 35). Solche Epitheta werden in mündlich überlieferter Poesie erweitert und gekürzt je nach den Forderungen des Versbaus (A. Lord, The singer of tales, Cambridge 1966, 30–67). Auf jeden Fall werden ʿEljon und ʿEli (so zu lesen 2 Sam 23,1 wo MT על hat) zu JHWH-Epitheta (Albright 50.164).

ʾEl šaddaj ist das häufigste und das rätselvollste dieser Epitheta. Das Element *šaddaj* gehört einem gewöhnlichen Typus von Götterepitheta an, die aus einem Naturelement mit Adj.-Suff. bestehen (so wie z.B. die Frauen Baʿals ʾArṣaj 'die Erdhafte', Ṭallaj 'die Tauhafte' und Pidraj 'die Nebelhafte'. Von den vielen vorgeschlagenen Etymologien empfiehlt sich die Herleitung aus *ṯdw/j* 'Brust, Berg' (Albright; Cross, Yahweh 244–250). Neue ugar. Belege bestätigen das Vorhandensein eines kanaanäischen *ṯdj* mit der Bedeutung 'Berg', das nicht mit *šd* 'Feld' zu verwechseln ist (Rainey). So gehört der Personenname *šdjn* mit ideographisch geschriebenem ^{m}A.ŠÀ-ia-nu (d.h. *šadjānu,* das mit 'Feld' zusammenhängt) zusammen, während *ṯdj ṯdjn* mit ^{m}ša-du-ia und ^{m}KUR^{du}-ia zusammenhängt und das Element 'Berg' beinhaltet (vgl. Gröndahl, PNU 191f., 417). Šaddaj ist also 'der des Berges'. Es ist aber noch unmöglich zu entscheiden, ob El Šaddaj 1. Baʿal-Hadad auf dem Saphon, 2. ein Epitheton Els wie die anderen oben erwähnten oder 3. ein alter amorit. Berggott, der von den Vätern früh mit dem kanaanäischen El identifiziert wurde, war. Der Berg Els hat eine solche Bedeutung, daß 2. oder 3. als wahrscheinlich erscheinen; möglich wäre auch eine Kombination, wonach der amoritische El mit dem kanaanäischen identifiziert wurde.

Zusammenfassend läßt sich also sagen, daß die Epitheta El ʿOlam, *'El qōnēh 'æræṣ, 'El 'ælōhē jiśrā'ēl* aus der Erzväterüberlieferung übernommene El-Epitheta sind. Zu diesen kommt wahrscheinlich auch El ʿEljon, und es ist zumindest möglich, daß Šaddaj ebenfalls ein El-Epitheton ist. Dazu kommen *El b^{e}rīt* und *Baʿal b^{e}rīt* oder die wahrscheinliche, ungekürzte Form *'El baʿal b^{e}rīt.*

c) Das Wort אל wird auch im altisraelitischen Kult gebraucht, um JHWH-Epitheta zu bilden. Einigen von diesen bleiben im Gebrauch bis in die Spätzeit. In der Qumran-Literatur findet eine Wiederbelebung der Epithetabildung nach dem alten Typus אל + Subst., Adj. oder Verbaladj. statt. Im archaischen liturgischen Stoff, der in der epischen Quelle Ex 34, 6 erhalten ist, sagt der Gott Israels seine Namen hervor: יהוה אל רחום וחנון usw. Soll das nun 'El, der Barmherzige und Gnädige' oder 'der barmherzige und gnädige Gott' heißen? Die Epitheta erinnern an diejenigen Els und drücken dasselbe Wohlwollen aus; dieser Teil des langen liturgischen Namens kann vorjahwistisch sein. Auf jeden Fall findet sich dieses archaische Epitheton mit geringen Variationen in späterer Überlieferung (Deut 4, 31; Jona 4, 2; Ps 86,15 (wahrscheinlich enthält auch אל נשא Ps 99, 8 die Erinnerung an eine längere Formel mit נשא עון).

Eine ähnliche Formel ist אל קנא, die sowohl in der jahwistischen (Ez 34,14) und elohistischen (Ex 20, 5; Jos 24,19) als auch in der späteren Überlieferung (Deut 4, 24; 5, 9; 6,15; Nah 1, 2) vorkommt. Es gibt offenbar im kanaanäischen Polytheismus keine Parallelen zum exklusiven Loyalitätsanspruch JHWHs im Bund. Dieses Epitheton könnte sehr früh im israelitischen Kult entstanden sein, nach den Typen der lebendigen liturgischen Sprache der Zeit gebildet.

In Ps 29, 3 findet sich das Epitheton אל כבוד (Artikel sekundär). Es bedeutet wohl ursprünglich nicht 'Gott der Herrlichkeit' oder 'El der Herrliche', sondern 'Gott der Gewitterwolke', des *ʿānān kābēd* (vgl. Ex 19,16), ursprünglich ein Baʿalepitheton. Die auf JHWH angewandte Sprache der Gewittertheophanie ist ja zum großen Teil den Baʿalepitheta entnommen.

Eine andere Gruppe von Epitheta verbindet אל mit einem fem. Plural: *'ēl dēʿōt* (1 Sam 2, 3, Loblied Hannas), *ʿēl n^{e}qāmōt* (Ps 94,1, vgl. 2 Sam 22, 48), *'ēl g^{e}mūlōt* (Jer 51, 56); daneben möchte man gern hinter אל ישועתי (Jes 12, 2) und האל ישועתנו (Ps 68, 20) ein ursprüngliches *'ēl j^{e}šūʿōt* sehen. Ein wahrscheinlich vorjahwistisches Epitheton ist אל גבור, das wohl im ursprünglichen Text von Ex 15 stand; es kommt auch Jes 9, 5; 10, 21 und umgewandelt Ps 77,15 vor.

In Ps 68 taucht ein anderes altes Epitheton auf, nämlich אל ישראל das mit dem obengenannten אל אלהי ישראל zusammengestellt werden muß und wahrscheinlich in אל יעקב (Ps 146, 5) nachgeahmt wurde.

Ein populäres Epitheton war אל גדול ונורא 'der große und furchtbare Gott'. Es erscheint in seiner ursprünglichsten Form Deut 7, 21, ferner in Jer 32,18; Dan 9, 4; Neh 1, 5; 9, 32; Deut 10,17; Ps 97, 3. Keiner der Belege steht in einem alten Zusammenhang, und die Formel kann kaum den Anspruch erheben, alt und liturgisch zu sein. Ferner muß das Epitheton *'ēl ḥaj* 'der lebendige Gott' (Jos 3,10; Hos 2,1; Ps 84, 3; 42, 3. 9) erwähnt werden. An der erstgenannten Stelle steht es in einem Kontext des heiligen Krieges; im späteren Sprachgebrauch scheint es im Gegensatz zu heidnischen Göttern, besonders toten Götterbildern, zu stehen. Es gibt Anlaß zu bezweifeln, daß das der Ursprung des Ausdrucks ist; wahrscheinlich war es einmal das Epitheton eines sterbenden und auferstehenden Gottes, d.h. Baʿals; vgl. z.B. den ugar. Mythus von der Rückkehr Baʿals aus dem Tode, wo der Höhepunkt der Ausruf ist: *whm ḥj 'lʾjn bʿl/whm ʾṯ zbl bʿl 'rṣ* „Und siehe, der mächtige Baʿal lebt, siehe der Fürst, der Herr der Erde existiert (CTA 6 [I AB] III 3f.; vgl. schon G. Widengren, Sakrales Königtum 73).

Es gibt mehrere andere Epitheta, die nach ähnlichem Typus gebildet sind (Jes 45, 2; Ps 57, 3). Hier soll nur noch auf eines hingewiesen werden, das in priesterlicher Überlieferung vorkommt, nämlich אל אלהי רוחת לכל בשר 'El der Gott der Geister allen Fleisches' (Num 16, 22; vgl. 27,16). Es ist schwer zu entscheiden, ob es sich hier um eine späte priesterliche Neuschöpfung oder um eine Erweiterung eines älteren, kürzeren Epithetons, etwa אל אלהי רוחת, handelt. רוחת ist eine passende alte Bezeichnung für die Mitglieder des Göttlichen Rates (vgl. 1 Kön 22,19–23, wo ein Ratsmitglied הרוח und die Versammlung צבא השמים heißt); dann würde אל אלהי רוחת eine nahe semantische Parallele zu יהוה צבאות darstellen.

d) In der biblischen Überlieferung wird אל oft einfach als ein Name JHWHs gebraucht. Die Streuung von אל als mit JHWH gleichbedeutender Eigenname ist höchst unregelmäßig und darum bedeutungsvoll. In der frühisraelitischen Poesie ist der Gebrauch von אל häufig. In den Bileamsprüchen kommt אל als Bezeichnung des Gottes Israels 6mal vor, einmal parallel mit JHWH (Num 23, 8), einmal mit עליון (24,16), einmal mit שדי (24, 4), einmal im Gegensatz zu אדם (23,19; außerdem 23,19. 22; 24, 8). Auf ähnliche Weise findet es sich auch 2 Sam 23, 5 (Davids letzte Worte) und Ps 89, 8.

Im Buche Hiob wird אל ungefähr 50mal als Eigenname des Gottes Israels, davon 12mal mit שדי parallel, gebraucht. Die Gottesnamen des Hiob-Buches verdienten eine besondere Untersuchung. JHWH wird nie im Dialog gebraucht (in 12, 9 schwankt die Textüberlieferung zwischen אלוה und יהוה), dagegen regelmäßig im Prolog und Epilog und in den Überschriften der JHWH-Reden, also nur in den Prosastücken. Entweder gehört der Dichter des Dialogs einer anderen Tradition an, oder er archaisiert, oder beides. (Auch im Gebrauch von → אלוה weicht Hi ab.)

Die nächsten Parallelen zu Hiobs Gebrauch von אל finden sich außer in den Bileamsprüchen in einigen Stellen bei E (Gen 35,1. 3; 46, 3; Num 12,13) und im sog. Elohim-Psalter. Ungefähr 15mal in Ps 43–83 wird El als Eigenname Gottes gebraucht, häufiger in diesen 42 Psalmen als in den übrigen 108 Psalmen aus anderen Sammlungen.

Diese Tatsachen machen einen nördlichen oder nicht-judäischen Ursprung des Hiobbuches wahrscheinlich.

Es ist zu bemerken, daß El als Gottesname vorwiegend in der frühen Poesie, besonders in den frühen Psalmen des Elohim-Psalters (z.B. hat Ps 78 sechs Belege für אל) und in ziemlich späten Psalmen vorkommt. Dieser späte Gebrauch von אל ist wahrscheinlich Zeichen einer Wiederbelebung des alten Gottesnamens, die in Qumran und der zeitgenössischen jüdischen Literatur weit entwickelt ist.

Die israelitische Namengebung ist hier nicht behandelt worden (s. Noth, IPN 82–101). Einige allgemeine Bemerkungen sind aber am Platz. Der Gebrauch von אל sowohl als Eigenname als auch als Appellativum in Personennamen ist am häufigsten in der frühesten Periode und in der nachexilischen Zeit. In der dazwischenliegenden Periode des ersten Tempels wird אל durch יהוה bzw. אלהים ersetzt. In nachexilischer Zeit haben die zunehmende Scheu vor der Heiligkeit des JHWH-Namens und der bewußte Universalismus zusammengewirkt, um die Wiederbelebung von El als Gottesbezeichnung zu fördern. In der Literatur der Spätzeit gebraucht außer Hiob auch DtJes אל als Eigennamen für Israels Gott (z.B. 40,18; 43,10.12; 45,14). Diese Erscheinung findet ihre Erklärung teils in der Verwertung alter liturgischer Formeln durch den Verfasser (Cross, JThC 6, 1969, 161–165), teils in seiner allgemein archaisierenden Tendenz, die viele Ähnlichkeit mit Hiob aufweist.

e) Die Tatsache, daß אל als Eigenname für Israels Gott gebraucht wurde, hat gewisse Konsequenzen für die Religionsgeschichte. Eißfeldt hat mit Nachdruck betont, daß der freie Gebrauch von El-Epitheta für Israels Gott einerseits und die Abneigung des Jahwismus gegenüber den Ba'al-Hadad-Epitheta andererseits eine Erklärung fordert, wenn man den Ursprung des Jahwismus verstehen will (JSS 1, 1956).

Die weitgehende Übereinstimmung in Attributen, Epitheta und Namen zwischen JHWH und El erweckt den Eindruck, daß JHWH als eine El-Gestalt entstand, die sich vom alten Gott abtrennte, als sich Israels Kult von seiner polytheistischen Umwelt losriß. Das Ausbleiben jeder Polemik gegen El und der freie Gebrauch seiner Gestalt als Urvater in der Götterversammlung stützen diese Annahme. Wie an anderer Stelle ausgeführt wurde (HThR 55, 1962, 250–259), könnte der Name JHWH entstanden sein als ein Kosename aus einem liturgischen Titel Els von dem in amoritischen und kanaanäischen Gottesbezeichnungen gewöhnlichen Typus, der mit einem verbalen Element anfängt (Cross a.a.O.). Eine solche liturgische Formel könnte *'El dū jahwæh ṣebā'ōt* o.ä. gelautet haben: 'El der die himmlischen Heerscharen ins Dasein ruft', was ein passendes El-Attribut wäre (vgl. *ʒl mlk d jknn*, oben).

2. Als Appellativum wird אל im Hebr. ziemlich selten gebraucht, wenn es nicht als Bezeichnung einer fremden Gottheit dient. Die Belege dafür sind meistens entweder recht alt oder ziemlich spät. In der J-Form des Dekalogs findet sich in Ex 34,14 אל אחר 'ein fremder Gott', in Ex 20 und im dtr Sprachgebrauch wird statt dessen אלהים אחרים gesagt (→ אחר).

Zu den frühen Belegen gehören die folgenden: אל נכר (Deut 32,12; vgl. 3, 24; Mi 7,18; Kl 3, 41; s. später אל נכר Mal 2,11, אל זר Ps 81,10; Ex 15,11 ist der einzige Beleg für den Plur.). לא אל (Deut 32, 21), מי אל מבלעדי יהוה (2 Sam 22, 32) und אל ישורון 'der Gott Jesuruns' (Deut 33, 26). Die Form אלי 'mein Gott' ist ziemlich oft belegt in frühen Texten: זה אלי (Ex 15, 2), אלי צורי (Ps 18, 3 – 2 Sam 22, 3 durch אלהי ersetzt – 89, 27), אלי מלכי (Ps 68, 25, vgl. 22, 2; 102, 25). Weit verbreitet ist der Satz אלי אתה (Jes 44,17; Ps 22,11; 63, 2; 118, 28; 140,7), ebenso die Gegenüberstellung von Gott und Mensch אדם ולא אל (Hos 11, 9; Ez 28, 9; Jes 31, 3). DtJes gebraucht oft אל von fremden Göttern, die keine Götter sind (Jes 44,10.15; 46, 6; 44,17; 45, 2; vgl. 45,15. 22; 46, 9).

3. Es gibt eine Reihe von Stellen (Gen 31, 29; Deut 28, 32; Mi 2,1; Spr 3, 27; Neh 5, 5), an

denen sich der Ausdruck *'ēn/ješ l^e'ēl jādī* o.ä. 'es steht (nicht) in meiner Macht' findet. Obwohl der Sinn unzweideutig aus dem Zusammenhang hervorgeht, ist bisher keine befriedigende Erklärung dieses Ausdrucks gefunden worden. M. E. ist der Ausdruck durch eine Umstellung der Worte zu erklären: אין לא לידי 'meine Hand hat keine Macht', wobei לא von der Wurzel לאי 'stark sein' abzuleiten ist (vgl. Dahood, AB, Psalms I 46).

Cross

אָלָה אָלָה, תַּאֲלָה

I. 1. Etymologie, Bedeutung – 2. Verwandte Begriffe in der Umwelt – II. Anwendung im Rechtswesen – 1. Eigentumsschutz – 2. Klärung der Schuldfrage – 3. Durchsetzung autoritärer Anordnungen – 4. Sanktion von Verträgen – III. Anwendung im religiösen Bereich, Bundessanktion – IV. Metonymischer Gebrauch – V. Theologische Beurteilung – VI. Qumran, LXX.

Lit.: *Sh.H. Blank*, The Curse, the Blasphemy, the Spell and the Oath (HUCA 23, 1950/51, 73–95). – *H.Ch. Brichto*, The Problem of „Curse" in the Hebrew Bible (JBL Monograph Ser. XIII, Philadelphia 1963, 22–76). – *T. Canaan*, The Curse in Palestinian Folklore (JPOS 15, 1935, 235–279). – *Ders.*, Flüche unter den Arabern Jordaniens (Stud. Bibl. Franc. Liber Annuus XIII, 1962/63, 110–135). – *J. Hempel*, Die israelitischen Anschauungen von Segen und Fluch im Lichte der altorientalischen Parallelen (ZDMG 79, 1925, 20–110). – *F. Horst*, Der Diebstahl im AT (Festschr. P.Kahle, 1935, 19–28). – *Ders.*, Der Eid im AT (EvTh 17, 1957, 366–384; beide jetzt in: Gottes Recht = ThB 12, 1961, 167–175, 292–314). – *S. Mowinckel*, Segen und Fluch in Israels Kult und Psalmendichtung (Psalmenstudien V, 1924, 61–135). – *J. Pedersen*, Der Eid bei den Semiten, 1914, 64–118. – *J. Scharbert*, „Fluchen" und „Segnen" im AT (Bibl 39, 1958, 1–26, bes. 2–5). – Weitere Lit. → ארר.

I. 1. Die Wurzel אלה ist außerhalb des AT nachweisbar in arab. *'lw* IV und V 'schwören', *'alwe* 'Schwur' und phön. stat. constr. אלת, nur in KAI 27, 9.13–15 in der Bedeutung 'Fluch' und 'Zusage' (כרת אלת עלם). Im AT ist das Verb im *qal* (Ri 17, 2; Hos 4, 2; 10, 4), im *hiph* (1 Sam 14, 24: *wajjō'æl*; 1 Kön 8, 31 = 2 Chr 6, 22: *l^eha'^alōtō*) und das Nomen (36mal) belegt. Wahrscheinlich ist auch das Nomen תאלה Kl 3, 65 davon abzuleiten. Bei der Übersetzung der verschiedenen Formen ist immer von der Bedeutung 'einen bedingten Fluch aussprechen' auszugehen.

2. Der hebr. Sprachgebrauch entspricht annähernd dem phön. אלת in KAI 27 (s. 1.), das dem Zusammenhang nach ebenfalls zunächst einen bedingten Fluch, und zwar zur Sanktion einer Zusage, bedeutet, dann aber durch Metonymie die verbindliche Zusage, den „Bund" (von Gottheiten mit einem Menschen) meinen und darum Objekt zu *krt* sein kann (vgl. *F.M.Cross–R.J.Saley* in: BASOR 19, 1970, 42–49). Im Akk. entspricht annähernd *māmītu*, das bald in der Bedeutung 'Bann' (bes. in den Beschwörungsserien), bald in der Bedeutung 'Eid' (bei Gericht, als Vertragssanktion, bei Treueversprechen) vorkommt (vgl. AHw 599f.; Pedersen 2f.; Brichto 71–76). Daneben wäre *arratu/erretu* (→ ארר) zu vergleichen.

II. אלה bezeichnet nicht Flüche und Verwünschungen schlechthin, sondern nur bedingte Flüche, die man über andere oder sich selbst ausspricht, um Rechtsgüter oder religiös-sittliche Ordnungen zu schützen.

1. Die Funktion derartiger Flüche zum Schutz von Eigentum ergibt sich klar aus Ri 17, 2: Micha erstattet seiner Mutter den gestohlenen Geldbetrag zurück, weil sie einen Fluch über den Dieb ausgesprochen hat und er fürchten muß, daß ihn dann Unheil trifft. Als die Mutter erfährt, daß ihr Sohn der Dieb war, macht sie den Fluch unwirksam, indem sie über Micha einen Segen spricht. Leider ist nur der Wortlaut des Segens, nicht aber der des Fluches mitgeteilt. Er dürfte aber eine ähnliche Form gehabt haben, wie er in solchen Fällen noch heute bei Beduinen üblich ist. Wenn ein Beduine etwas verliert, läßt er im eigenen Stamm und in benachbarten Stämmen ausrufen: „Ich lege diese Sache auf den Finder. Wer den Gegenstand behält, dem soll Allah das Eigentum und die Familie abschneiden!" Dann wagt es niemand, die gefundene Sache zu behalten; man gibt sie schleunigst zurück, um dem Fluch zu entgehen (Canaan JPOS 15, 240; weitere Beispiele Hempel 38f.). Von daher versteht man am ehesten Lev 5, 1: „Wenn eine Person sich vergeht, indem sie, obwohl sie den lauten Fluch (קול אלה) gehört hat oder Augenzeuge war oder darum weiß, keine Anzeige erstattet, dann muß sie ihre Schuld tragen." Der „laute Fluch" ist die bedingte Verwünschung, die der Geschädigte über den Dieb, den Hehler oder den unredlichen Finder ausgesprochen hat. Nach Spr 29, 24 „haßt" der Hehler „sein eigenes Leben", wenn er den Fluch gehört hat und dennoch mit dem Dieb die Beute teilt. In diesen Fällen spricht die Verwünschungen eine Privatperson legal aus, sobald sie den Eigentumsverlust festgestellt hat, um den Dieb oder Finder zur Zurückgabe zu veranlassen. Der Fluch ist also nur bedingt wirksam, nämlich dann, wenn der Dieb oder Finder die Sache nicht zurückgibt. Außerdem ist für die Wirksamkeit des Fluches erforderlich, daß er laut ausgesprochen oder öffentlich bekanntgemacht wurde (vgl. Horst, Diebstahl 169f.).

2. Eine אלה dient in einem Gerichtsverfahren zur Klärung der Schuldfrage nach Art eines Ordals. Dabei stellt der Richter oder der Ankläger den Angeklagten unter einen Fluch, der sich erfüllen soll, falls der Angeklagte schuldig ist. Das Verfahren wird anschaulich in Num 5, 21–28 beschrieben. Der als Richter fungierende Priester 'beschwört' (והשביע) eine vom Ehemann des Ehebruchs bezichtigte Frau 'mit der Fluchbeschwörung' (בשבעת האלה): „Jahwe mache dich zum Fluch (לאלה) und zum Schwur mitten unter deinem Volk, indem er deine Hüfte verfallen läßt und deinen Bauch auftreibt ..." Dabei gibt er ihr das Fluchwasser zu trinken, in das die auf ein Blatt geschriebene Fluchformel gewischt wurde. Die Frau muß diesen Fluch durch das zweimalige *'āmēn* anerkennen. v. 27f. stellt fest, daß der Fluch nur dann wirkt, wenn die Frau wirklich schuldig ist. Ähnlich ist 1 Kön 8, 31 = 2 Chr 6, 22 zu verstehen: „Wenn sich einer gegen seinen Nächsten vergeht und ihm einen Fluch auferlegt, um ihn unter den Fluch zu stellen (ונשא־בו אלה להאלתו; zur Korr. von MT *wenāšā* zu *wenāśā* s. M. Noth BK und Brichto 52–55) und der nun unter dem Fluch (l. ובא באלה) vor deinen Altar in diesen Tempel kommt ..." Hier ist אלה der Fluch, den ein Ankläger gegen den zu Unrecht angeklagten Mitmenschen ausspricht, um ein Gottesurteil zu erzwingen. In beiden Fällen findet das Verfahren an heiliger Stätte statt. Hiob beteuert in 31, 30, daß er durch einen derartigen Fluch nicht einmal den Tod eines Feindes gefordert habe. Um einen derartigen Fluch bei ungerechter oder leichtfertiger Anklage eines anderen handelt es sich auch in Ps 10,7 und 59,13 (beidemal das Nomen) sowie Hos 4, 2 (Inf. *qal*). Derartige Flüche sind wohl immer, wie Num 5, 21 zeigt, Bitten an JHWH, den Angeklagten als Schuldigen zu erweisen. Das Verbot Ex 20,7 richtet sich wohl in erster Linie gegen solche leichtfertigen, mit ungerechtfertigten Anklagen verbundenen Ordal-Flüche (Brichto 40–67; anders noch Scharbert 4).

3. אלה ist ferner der bedingte Fluch, mit dem eine Autorität die Untergebenen zur Beobachtung einer Anordnung zwingt. Nach 1 Sam 14, 24 „stellt Saul das Volk unter einen Fluch" (*hiph* ויאל), damit er seiner Anordnung, niemand dürfe bis zum Abend sich durch Einnehmen einer Mahlzeit von der Verfolgung der Feinde abhalten lassen, Nachdruck verleiht. Der Wortlaut des Fluches ist mitgeteilt: „Verflucht (ארור), wer bis zum Abend Speise zu sich nimmt!" Auch in Gen 24, 41 dürfte 'mein Fluch' (אלתי), von dem Abraham seinen Knecht im Falle, daß er in Mesopotamien keine Frau für Isaak findet, entbindet, nicht der Eid sein, den der Knecht ihm geleistet hat, sondern die Fluchbeschwörung, mit der Abraham den Knecht zu seiner Aufgabe verpflichtet. Davon war allerdings am Anfang der Erzählung nicht die Rede.

4. Eine אלה garantiert die Vertragstreue. Beide Partner oder nur der schwächere, der zu dem Vertrag gezwungen wird, leisten einen Eid, wobei sie einen Fluch über den etwaigen Vertragsbrecher aussprechen. Dann „steht zwischen ihnen ein Fluch", wie es nach Gen 26, 28 beim Vertrag zwischen Abraham und dem König von Gerar der Fall ist. Nach Ez 17,13 hat der König von Babel den König von Juda 'in den Fluch eintreten lassen' (ויבא אתו באלה); nach 16, 59; 17,16.18 aber hat der König von Juda den dem Großkönig geleisteten 'Eidfluch' (אלתו) und den Vertrag „mißachtet". Es ist allerdings nicht ganz eindeutig, ob den Fluch der Vasall über sich selbst oder der Großkönig über den Vasallen für den Fall der Vertragsuntreue ausgesprochen hat. Wenn aber in 17,19 JHWH den Fluch „meinen Fluch" (אלתי), d.h. offenbar „Fluch unter Anrufung meines Namens" nennt, ist es wenig wahrscheinlich, daß der heidnische Großkönig den JHWH-Namen angerufen hat; ihn hat wohl nur der König von Juda in seinem Eidfluch genannt. Zu Ez 17 vgl. M. Tsevat, The Neo-Assyrian and Neo-Babylonian Vasall Oaths and the Prophet Ezekiel (JBL 78, 1959, 199–204). In Hos 10, 4 dürfte die Wendung אלות שוא (wahrscheinlich Inf.) auch ein Beeiden von Verträgen unter einer bedingten Selbstverfluchung sein, diesmal aber in der hinterhältigen Absicht, den Vertrag bald wieder zu brechen (Scharbert 4; anders Brichto 39f.).

III. Da im AT der Bund zwischen JHWH und Israel nach Analogie zu einem Vertrag aufgefaßt wird, gilt auch der Bund als durch אלה sanktioniert. Dabei ist in der Regel die Fluchsanktion gemeint, mit der JHWH den bundesbrüchigen Partner bedroht hat (Deut 29,18. 20; 30,7; Jes 24, 6; Jer 23,10; Ez 16, 59; Dan 9,11; 2 Chr 34, 24). Nach Deut, Dan und 2 Chr sind entsprechende Flüche schriftlich in der Bundesurkunde festgehalten. Die gleiche Vorstellung spiegelt Sach 5, 3 wider: Der Prophet sieht eine fliegende Buchrolle, die ihm gedeutet wird als die אלה, die über die ganze Erde ausgeht. אלה ist hier zugleich der schriftlich von Gott festgelegte Fluch, der alle Übeltäter bedroht, und die Unheilsmacht, die bereits durch die Übeltaten ausgelöst ist. Ähnlich sind auch in Deut 29,19f.; 30,7 und Dan 9,11 schriftlich fixierte Fluchformeln und ausgelöste Unheilsmacht nicht deutlich unterschieden. In Neh 10, 30 dagegen „tritt das Volk in Fluch und Eid ein" (ובאים באלה ובשבועה), wohl indem es selbst einen Fluch über sich spricht für den Fall, daß es das Gesetz nicht halten sollte. Weil derartige Flüche fester Bestandteil des Rituals des Bundesschlusses sind, kann אלה fast als Synonym von ברית oder mit diesem zusammen als Hendiadyoin gebraucht werden in den Wendungen 'sich in Bund und Fluch begeben' (עבר בברית ובאלה Deut 29,11) und 'Bund und Fluch schneiden' (כרת את־הברית ואת־האלה Deut 29,13; vgl. dazu KAI 27, 8f., s. I.). – Das Nomen תאלה in Kl 3, 65 ist das ganze Unheil, das auf Grund der alle Übeltäter bedrohenden, das Bundesgesetz schützenden אלה über die Bösen hereinbricht.

IV. אלה als Nomen kann metonymisch gebraucht werden für solche Personen, an denen sich die Flüche, die in den oben erwähnten Zusammenhängen ausgesprochen wurden, als verheerendes Unheil auswirken. So sind zu verstehen die Wendungen 'jemanden zum Fluch machen' (נתן לאלה Num 5, 21; Jer 29,18) und 'zum Fluch werden' (היה לאלה Num 5, 27; Jer 42,18; 44,12). Damit ist gemeint, die betreffende Person solle durch den Fluch in eine so schreckliche Lage versetzt werden, daß man, wenn man andere verfluchen will, auf das Schicksal jener Person verweist. Wie solche Verwünschungen aussehen, zeigen Jer 29, 22 und Ps 83,12: „JHWH mache dich wie N. N.!" o.ä. Ähnlich werden → שבועה und → קללה gebraucht (vgl. Scharbert 11f.).

V. אלה überschneidet sich im Bedeutungsfeld mit ארר und קלל, aber auch mit שבועה 'Eid'. Deshalb sind manche theologische Fragen, die der Gebrauch von אלה aufwirft, erst unter jenen Stichwörtern zu behandeln. Auch auf ברך und דבר ist zu verweisen, insofern אלה Beziehungen zur Wortmagie aufweist, die dem gesprochenen und geschriebenen Wort die Macht zuschreibt, das damit Bezeichnete, das Gute oder Böse, wirklich herbeizuführen. Solchen magischen Vorstellungen stehen manche Stellen im AT, die אלה erwähnen, noch nahe. So etwa 1 Sam 14, 24. Der Erzähler ist hier überzeugt, daß der Fluch wirksam wird, wenn er nur öffentlich ausgesprochen ist, sogar an solchen Übertretern der durch den Fluch sanktionierten Anordnung, die davon gar nichts wußten. Das Eintreten der Wirkung sieht er im Ausbleiben des Orakelbescheids (v. 37). Dennoch ist das magische Element hier bereits durch den JHWH-Glauben aufgefangen und weitgehend neutralisiert. Nach v. 45 genügt eine gegenteilige Beteuerung unter Anrufung des JHWH-Namens, durch die das Volk den vom Fluch Bedrohten unter seinen Schutz stellt, um den Fluch sogar des Königs unwirksam zu machen. In dem Fluch Sauls war der JHWH-Name nicht genannt; auch darin kommt die Nähe zur Magie zum Ausdruck. In der Regel waren aber wohl die als אלה bezeichneten Flüche im AT bereits Bitten an JHWH, er möge über den Übeltäter Unheil bringen und ihn so zur Rechenschaft ziehen. Das dürfte auch für Ri 17, 2 gelten, auch wenn wir hier den Wortlaut des Fluches nicht kennen. Analog zum Segen, mit dem die Mutter den Fluch aufhebt, wird auch der Fluch den JHWH-Namen enthalten haben. In Ez 17,19 bekennt sich JHWH ausdrücklich zu seiner Aufgabe, einen Vertrag, der unter einem Flucheid bei seinem Namen geschlossen wurde, zu garantieren, obwohl der Großkönig, dem der König von Juda den Eid geleistet hat, Heide ist. Wenn man einen Angeklagten an heiliger Stätte unter einen Fluch stellte, war die Anrufung JHWHs gewiß selbstverständlich. In Num 5, 21 ist der Fluch, den der Priester über die des Ehebruchs bezichtigte Frau spricht, ausdrücklich als Bitte an JHWH formuliert, er möge der Frau im Fall der Schuld Unheil zufügen. Man war zwar überzeugt, daß JHWH dieser Bitte nachkommen wird und somit der Fluch seine Wirkung nicht verfehlt. Diese Wirkung sollte noch verstärkt werden dadurch, daß die Frau während des Fluchrituals die Opfergabe in der Hand zu halten hat. Die Worte des Priesters lassen aber keinen Zweifel daran, daß man sich bewußt war, JHWH nicht durch Worte und Ritus zwingen zu können. Noch deutlicher kommt dieses Wissen in 1 Kön 8, 31 = 2 Chr 6, 22 zur Geltung. Der Deuteronomist, dem wahrscheinlich das Tempelweihgebet Salomos zuzuschreiben ist, weiß, daß der Fluch auch bei einem Schuldigen nicht zwangsläufig wirkt. Man muß Gott darum bitten, den Fluch in Kraft zu setzen und so die Schuldfrage zu klären. Offenbar rechnet man von vornherein damit, daß ein Fluch, den man über einen Beschuldigten spricht, nicht in jedem Fall und sofort wirkt und damit die Schuldfrage eindeutig klärt. Deswegen konnte ein derartiger Fluch auch mißbraucht werden zu ungerechtfertigten Anklagen. War die Anklage erhoben und der Ordalfluch gesprochen, so blieb die Sache zunächst in der Schwebe, weil ja der Fluch erst nach längerer Zeit als Krankheit oder sonstiges Unglück an dem Beschuldigten in Erscheinung treten konnte. Somit blieb der Betreffende auf jeden Fall in der Öffentlichkeit mit einem Makel gezeichnet, wenn seine Unschuld nicht auf der Hand lag. Darum spricht viel für die Vermutung Brichto's (59–67. 70f.), daß das Verbot Ex 20,7 und die Tempeleinlaßliturgie in Ps 24, 4 gerade einem solchen Mißbrauch einer אלה mit Anrufung des JHWH-Namens einen Riegel vorschieben will. Solchen Mißbrauch prangert Hosea (4, 2) an, und der Fromme erwartet, daß eine solche אלה auf den ungerechten Ankläger selbst zurückfällt, indem ihn JHWH zur Rechenschaft zieht (Ps 10,7; 59,13). Nur weil אלה nicht mehr dinglich-magisch verstanden wurde, konnte sie mit der Bundesvorstellung verknüpft werden. Der Fluch, mit dem JHWH selbst seinen Bund mit Israel sanktioniert hat, bedroht zwar ständig das bundesbrüchige Volk;

aber auch die schriftlich fixierten Fluchformeln, die dem Bundesgesetz beigefügt sind, wirken nicht magisch, sondern nur deshalb, weil JHWH selbst den Fluch jeweils in Kraft setzt. Wenn aber JHWH über den Fluch verfügt, ist er auch frei, den Fluch auszusetzen oder zu widerrufen. Weil aber die אלה ein sehr wirkungsvolles Werkzeug im Strafhandeln Gottes ist, kann der Fromme auch hinter dem furchtbaren Geschehen, das das Volk in seiner Geschichte trifft, einen Sinn sehen und Gottes Macht erkennen.

VI. In der Qumran-Gemeinde spricht man bei der Aufnahme eines neuen Mitglieds neben einem Segen für die Treuen auch Flüche über diejenigen, die der als Bund (ברית) bezeichneten Gemeindeordnung wieder untreu werden sollten. Diese Flüche werden in 1QS II 16 und V 12 'Bundesflüche' (אלות [ה]ברית) genannt. In der Damaskusschrift dagegen sind offenbar die „Bundesflüche" die Flüche, die das mosaische Gesetz sanktionieren (I 17; XV 2f.). In IX 12 wird zur Klärung eines Diebstahls eine ähnliche 'Fluchbeschwörung' (שבועת האלה) verlangt wie in Lev 5,1. – LXX gibt אלה in Gen 24, 41 (nur das zweite Mal, offenbar um in der Wortwahl abzuwechseln) und Lev 5,1 mit ὁρκισμός, in Spr 29, 24 mit ὅρκος, in Ez 17,18f. mit ὁρκωμοσία wieder, was ganz dem Sinn entspricht. Einigemal fehlt eine entsprechende Wiedergabe (Jer 23,10; 29,18; Ez 16,59; 2 Chr 34, 24). Sonst dienen zur Wiedergabe für das Nomen ἀρά und κατάρα, für das Verbum ἀρᾶσθαι. Eine auffallende Bedeutungsverschiebung ist in LXX nicht erfolgt.

Scharbert

אֱלֹהִים

I. Gottesvorstellungen in der Umwelt – 1. Ägypten – 2. a) Sumerer – b) Babylonier und Assyrer – 3. Die Westsemiten – II. 1. Die drei Vokabeln – 2. Etymologie – III. Definition – 1. Negation – 2. Adjektive und Verben – IV. אלהים als Appellativum – 1. Die Götter anderer Völker – 2. Der Gott Israels – 3. Der Gott eines Einzelnen – 4. 'Mein Gott', 'dein Gott' – 5. Einfaches אלהים – 6. Götterbilder – 7. Abweichende Verwendung – V. Unvergleichbarkeitsaussagen – VI. אלהים als Bezeichnung JHWHs.

Lit.: *F. Baumgärtel*, Elohim außerhalb des Pentateuch (BWAT 19), 1914. – *U. Cassuto*, Il nome divino *'El* nell'antico Israele (SMSR 8, 1932, 125–145). – *Ders.*, Gottesnamen in der Bibel (EJ VII 1931, 551–559). – *Ders.*, The Documentary Hypothesis and the Composition of the Pentateuch, Jerusalem 1961. – *O. Eißfeldt*, „Mein Gott" im AT (ZAW 61, 1945–1948, 3–16 = KlSchr III 35–47). – *J. Hehn*, Die biblische und die babylonische Gottesidee, 1913. – *C. Steuernagel*, Jahwe, der Gott Israels (BZAW 27, 1914, 329–349).
Zu I: *J. Černý*, Ancient Egyptian Religion, London 1952. – *J. van Dijk–W. G. Lambert*, Gott (RLA III 532–546). – *H. Frankfort*, Ancient Egyptian Religion, New York 1948. – *E. Hornung*, Der Eine und die Vielen, 1971, 20–55. – *S.N. Kramer*, The Sumerians, Chicago 1963. – *A.L. Oppenheim*, Ancient Mesopotamia, Chicago 1964. – *E. Otto*, Gott und Mensch (AHAW 1964, 1).

I. 1. Das allgemeine äg. Wort für 'Gott', *nṯr* (kopt. *noute*), läßt sich nicht sicher herleiten. Die Zusammenstellung mit *nṯr* 'Natron' (als Reinigungsmittel gebraucht, also: 'rein'), zuletzt von v. Bissing verteidigt (SBAW 1951, 2), läßt sich nicht beweisen (Morenz, RdM 8,19). Das hieroglyphische Zeichen für *nṯr* wurde lange als eine Axt aufgefaßt und als ein Symbol der Kraft gedeutet, aber es ist jetzt nachgewiesen, daß es einen Pfahl mit einer Flagge oder dgl. darstellt und wahrscheinlich den heiligen Bezirk symbolisiert (Goldammer, Tribus 4/5, 1956, 13ff.). Sucht man statt dessen das Wortfeld mit Hilfe der Synonyma zu umreißen, bieten sich zunächst Wörter an wie *śḫm* 'Kraft, Macht', *ꜣḫ* 'Geist, Verklärter', und *bꜣ* 'Seele' oder nach neuesten Forschungen 'Gestaltfähigkeit' (E.M. Wolf-Brinkmann, Versuch einer Deutung des Begriffes *bꜣ*, 1968). Aufschlußreich ist eine Aussage in einem Totentext: „Ich wurde rein (heilig, *wꜥb*), ich wurde *ꜣḫ*, ich wurde stark (*wśr*), ich wurde *bꜣ*" (E.W. Budge, Chapter of coming forth by day 174,15). Die meisten dieser Begriffe können auch auf Menschen (jedenfalls Verstorbene) bezogen werden, die also in die göttliche Sphäre versetzt werden. Wenn auch die Grenze fließend ist, zeigt jedoch die häufige Gegenüberstellung von „Göttern und Menschen", daß man sich gleichzeitig des Unterschieds bewußt ist. Den verschiedenen Synonyma für 'Gott' und 'göttlich' gemeinsam ist jedenfalls der Begriff der Stärke oder des Vermögens. Die einem Gott eigene Kraft heißt oft *ḥkꜣ*, oft mit 'Magie' übersetzt (Černý 56f., vgl. Ringgren, Word and Wisdom, Lund 1947, 27f.).

Aus den Personennamen des AR leitet Černý die folgenden, für einen Gott kennzeichnenden Eigenschaften her: Er 'bleibt' und 'erscheint' (wie die Sonne), er 'lebt', ist 'groß', 'mächtig' und 'stark', ferner 'gut' (*nfr* „schön"), 'barmherzig', 'erhaben' und 'gerecht'. Wie der Mensch haben die Götter einen oder mehrere *ka*, die auch mächtig, gut, rein, groß, erhaben und bleibend sind. Ihre *ba* (äußeren Manifestationen) 'erscheinen' und sind groß und gut, sie schenken ein Kind, beschützen es, erhalten es am Leben, begünstigen es usw. (vgl. auch H. Junker, Pyramidenzeit, 1949, 26–49; J. Sainte-Fare Garnot, L'hommage aux dieux, Paris 1954, 171–184). Im MR kommen einige weitere Attribute hinzu, wie z.B.

'süß' und 'angenehm', und Menschen werden hier 'Söhne' oder 'Töchter' der Gottheit genannt (Černý 54f.).

In den Texten der Spätzeit findet Otto u.a. die folgenden Kennzeichen eines Gottes: Er ist einzigartig („es gibt nicht seinesgleichen"), allmächtig („was er sagt, das geschieht"), allwissend („der erkennt, was in den Herzen ist"), unerforschlich („nicht kennt man sein Wesen bzw. seine Gestalt", „verborgen ist sein Wesen") und gerecht, mit der *maꜥat* verbunden, ferner hilft er und erhört Gebete (Otto 11–31). Otto hebt auch „die Lichthaftigkeit des Göttlichen" (47) wie auch die Zusammengehörigkeit von Licht und Leben (→ אור) hervor. Hier spielt gewiß die Herrscherstellung der Sonnenreligion hinein. Zusammenfassend betont Otto, „wie stark hier ein anthropomorphes Gottesbild gezeichnet wird", d.h. den Göttern werden menschliche Eigenschaften in höherer Potenz zugeschrieben, eine Tatsache, die jedoch keineswegs mit der Tiergestalt der meisten Götter in Gegensatz steht. Im übrigen wird *nṯr* nicht nur von Göttern im eigentlichen Sinn gebraucht, sondern auch von vergöttlichten Toten (Pyr. 25; 394; 754; 2097; 2108; TR XI 55; Totenb. 101, 10) und vom König, der u.a. *nṯr pn* 'dieser Gott', *nṯr ꜥꜣ* 'der große Gott' und *nṯr nfr* 'der gute (schöne) Gott' genannt wird.

Die äg. Religion ist grundsätzlich polytheistisch. Gewisse Götter erhalten aus verschiedenen Gründen eine führende Stellung, wobei dann andere Götter mit ihnen identifiziert werden, was wohl so zu verstehen ist, daß der große Gott in ihnen Gestalt nimmt oder sich in ihnen manifestiert (vgl. H. Frankfort, Ancient Egyptian Religion 20). Unter diesen Verhältnissen ist es bemerkenswert, daß die Weisheitsbücher oft von 'Gott' bzw. 'dem Gott' (*nṯr*, *pꜣ nṯr*) reden. Diese Tatsache ist verschieden gedeutet worden. E. Drioton fand hier eine monotheistische Tendenz (Cahiers d'histoire égyptienne 1, 149–168), einen Glauben an einen einzigen Gott, allmächtig, Herr der Ereignisse, Vorsehung der Menschen, Richter und Vergelter von guten und bösen Taten (161). Die meisten anderen bestreiten diese Auffassung; Frankfort z.B. übersetzt einfach „der betreffende Gott" (Frankfort 67). Denkbar wäre eine Vorstellung des Göttlichen im allgemeinen, das sich in den verschiedenen Gottheiten manifestiert.

Das Verhältnis zwischen dem Gott und seinem Bild wird schon in der memphitischen Theologie berücksichtigt: „die Götter gingen in ihre Körper aus allerlei Holz, Stein, Lehm usw. hinein". Genauer gesagt, manifestieren sich die *ba* der Götter in den Bildern.

Die Beziehung der Götter zu den Menschen kommt in Genetivverbindungen wie 'der Gott der Stadt', 'der Gott seiner Stadt' zum Ausdruck. Suffixformen sind besonders häufig in der Verbindung 'der Mensch und sein Gott', aber es gibt auch andere Beispiele (Urk IV, 114 'Vorsteher der Bildhauer, den sein Gott lobte'; *pꜣj.k nṯr* 'dieser dein Gott', Sethe, Lesestücke 76, 20; *nṯr.j ỉmn* 'mein Gott Amun', 'Upuaut, euer beliebter Gott'). Im großen ganzen sind die Belege jedoch recht sparsam.

2. a) Sum. *dingir* 'Gott' wird mit dem Zeichen eines Sterns, das auch *an* 'Himmel' gelesen werden kann, geschrieben.

„Gott ist das Objekt religiöser Scheu" (van Dijk 532). Diese Scheu wird hervorgerufen durch die numinose Kraft *me*, die der Gott besitzt und die in *me-lám* 'göttlichem, schreckenerregendem Glanz' ausstrahlt. Andererseits ist *me* eine zusammenfassende Bezeichnung für eine große Anzahl von Kräften und Vermögen (Ordnungsprinzipien), die die verschiedenen Erscheinungen der Welt regieren, über die der Gott verfügt und die er verteilt (Kramer, The Sumerians 115ff.). Wenn Ḫuwawa seine 7 *ní-te* ('Furchtbarkeiten') oder *me-lem* verliert, ist er ein hilfloser Mensch (Cah TD I 70, 52ff.). Wenn der göttliche Gilgameš auf die Mauer von Uruk steigt, stürzen die Feinde vor seinem *me-lám* zu Boden (Gilgameš und Agga, AJA 52, 1949, 8f. 84ff.; vgl. EnEl I 138).

Die Götter werden als Personen aufgefaßt, und das gilt auch für Naturerscheinungen: *en-ki*, Herr Erde. Die Personifizierung impliziert Anthropomorphismus; es ist aber nach van Dijk zweifelhaft, ob man mit Jacobsen (Proceedings of the American Philos. Society 107, 1963, 473ff.) eine ältere Anschauung voraussetzen darf, in der die Naturerscheinung als solche Gott ist, wobei der Anthropomorphismus eine spätere Stufe verträte.

Charakteristisch ist die schöpferische Macht des göttlichen Worts; alles was der Gott ausspricht, geschieht, analog dazu, wie das Wort eines Königs ausgeführt wird (Kramer 115). Damit hängt zusammen, daß der Gott „das Schicksal bestimmt", was jedoch nicht im Sinne einer Prädestination zu verstehen ist, sondern eher als „die Zuteilung von Lebenskraft" (van Dijk 541). Die Götter werden in der Regel als unsterblich betrachtet; nur vereinzelt findet man die Vorstellung von einem sterbenden Gott (vor allem Dumu-zi, Kramer 117). Das Pantheon wird wie eine Volksversammlung mit dem König an der Spitze aufgefaßt (Kramer 114f.). Dämonen werden im allgemeinen nicht als Götter bezeichnet, doch treten sie bisweilen in den Götterlisten auf. Außer den großen Göttern spielt auch „der persönliche Gott des Individuums" eine wichtige Rolle. Es handelt sich meist um Familien- und Dynastiegötter oder persönliche Schutzgötter. Ein Mensch, der in Not ist, wendet sich zunächst an „seinen Gott", der dann, wenn es nötig ist, bei dem betreffenden großen Gott Fürbitte einlegen kann. Eine andere Bindung zwischen Gott und Menschen kommt im Terminus 'Gott des Landes' oder 'der Gott seines Landes' zum Ausdruck. Die Anrede 'mein Gott' kommt gelegentlich vor (Der Mensch und sein Gott 68. 96.104, ANET[3] 590).

b) Im Akk. heißt 'Gott' *ilu*, gewöhnlich mit *AN* geschrieben wie im Sum. Vereinzelt kommt der Plural mit Bezug auf *einen* Gott vor. Im Plur. ist oft von 'Göttern und Göttinnen' (*ilāni u ištarāti*) die Rede (CAD 7, 97).

Nach Lambert (RLA) umfaßt *ilu* alle übermenschlichen Wesen und Kräfte: 1. Götter im Stadt- oder Staatspantheon, 2. den persönlichen Gott des Individuums, von dem leider wenig bekannt ist, 3. Dämonen, die gelegentlich als Götter bezeichnet werden. Vergöttlichte Menschen sind selten; außer Gilgameš und Tammuz (der wohl fraglich ist) gibt es nur ein paar Beispiele von geringer Bedeutung.

Eine Art Definition könnte man aus EnEl I 138; II 24 herleiten: *melammē uštaššâ iliš umtaššil* 'sie (Tiamat) begabte sie mit Glanz und machte sie Göttern gleich'. Ein Gott hat also *melammū* (vgl. sum.). Ein anderes Kennzeichen wird in Gilg. XI 194 angedeutet: „bisher war Utnapištim menschlich, jetzt werden er und seine Frau (unsterblich) wie wir Götter werden" (*lū emû kī ilāni nāši*). Die Götter sind also unsterblich. In der sog. Theodizee heißt es: „Das Herz der Götter ist wie das Innere des Himmels entfernt", d.h. sie sind unerforschlich und verborgen (BWL 86, 256). Mit Gilg. V 4, 12 („wenn ein Gott nicht vorbeigegangen ist, warum schaudert es mich an den Gliedern?") ist die biblische Vorstellung, daß man nicht „Gott sehen und leben" kann, zu vergleichen. Ferner sind die Götter gnädig und gütig, wie aus VAS 1, 37 III 41 hervorgeht: „Der König hat ihn gnädig angesehen mit strahlendem Gesicht wie ein Gott." Wenn aber zu Enkidu gesagt wird „Du bist schön, du bist wie ein Gott" (Gilg. I 4, 34), ist es zweifelhaft, ob die Schönheit als ein Merkmal der Götter bezeichnet werden soll, es kann sich um allgemeine Vortrefflichkeit handeln.

Wichtig ist auch die Aussage in Ludlul bēl nēmeqi II (BWL 40–45): „wenn (die Menschen) satt sind, fühlen sie sich Gott gleich" d.h. sie überschreiten die zwischen Gott und Menschen gesetzte Grenze und leben auf eigene Faust (*ina ramānišu*, G. Widengren, Psalms of Lamentation 141f. 162). Die Beziehung des Gottes zum Menschen wird CT XVI 12, I 44f. so ausgedrückt: „Der Gott ist der Hirt der Menschen, der der Menschheit Weide sucht" (CAD 7, 95).

Eine nähere Wesensbestimmung eines Gottes kann dadurch erzielt werden, daß er mit einem Wohnort oder einer Funktion verbunden wird; so gibt es „Götter des Himmels" (*ilāni ša šamê*), „Götter und Göttinnen des Landes" (CAD 92f.), „Götter von Amurru", „Gott oder Götter der Stadt", Götter bestimmter Tempel usw. Dabei ist bemerkenswert, daß die Götter eines Landes oder einer Stadt ihren Wohnort verlassen können und dorthin zurückkehren (Beispiele CAD 7, 92f.). Es gibt ferner einen 'Gott der Träume', 'Götter des Kampfes', 'Götter der Nacht', d.h. Sterne (CAD 94f.). Auch verschiedene Beziehungen zu Menschen werden zum Ausdruck gebracht, z.B. 'Götter des Königs', 'der Gott des Menschen' (*il amēli*, vgl. o.), 'der Gott meines Vaters' (→ אב). Suffixformen ('mein, dein, sein, unser, ihr Gott') kommen ziemlich häufig vor, um die besondere Bindung zwischen Menschen und Gott auszudrücken; vgl. besonders „ein Mann redet unter Tränen seinen Gott für den Freund an", „sein Gott steht ihm nicht bei", „ich will meinem Gott opfern", „mein (sein) Gott zürnt auf mich (ihn)", „ich war bemüht, meinen Gott und meine Göttin zu preisen" (CAD 7, 95f.). Die Anrede „mein Gott" ist in gewissen Klagepsalmen belegt (SAHG Nr. 79; IV R 10, ANET 391f.). Erfolg und Glück werden übernatürlichen Kräften, die den Körper des Menschen füllen oder ihn bewahren, zugeschrieben. Diese können *lamassu* oder *šēdu* (Schutzgötter) genannt werden, können aber auch einfach *ilu* heißen. „Ein Mann, der einen Gott hat", ist somit ein erfolgreicher und glücklicher Mann. In solchen Fällen wird *ilu* eine Art geistige Begabung, die das gute Schicksal des Menschen bewirkt (Oppenheim 199f., 206).

Die sumerischen Götter waren zahlreicher als die semitischen, die sozusagen „mehr Macht beanspruchten" (von Soden). Die babylonischen Theologen haben deshalb schon früh eine Gleichsetzungstheologie geschaffen, die „die Mehrzahl der sumerischen Götter zu bloßen Namen und Hypostasen einer kleineren Zahl von Göttern verflüchtigte". So hat z.B. Marduk seine 50 Namen erhalten. Später (nach etwa 1200) hat man auch die „großen Götter" miteinander gleichgesetzt oder sie als personifizierte Eigenschaften oder Körperteile *eines* Gottes erklärt (z.B. SAHG 301f. 258f.; vgl. W. von Soden, MDOG 96, 1965, 45f.).

3. Im Ugar. ist *ʾl* mit dem Plur. *ʾlm* das normale Wort für 'Gott'; der Sing. ist daneben Eigenname, El (→ אל). Es gibt auch eine fem. Form *ʾlt*, plur. *ʾlht*. Auf eine Nebenform *ʾlh*, die mit hebr. אלהים übereinstimmen würde, ist vielleicht an einigen beschädigten Stellen zu schließen (Pope 7); die entsprechende Pluralform *ʾlhm* ist selten und ihre genaue Bedeutung umstritten (*gdlt ʾlhm*, 'Gotteskuh' d.h. Prachtkuh, oder 'den Göttern gehörige Kuh'? vgl. Pope 7f.). Im Phön. ist אל mit dem Plur. אלם oder אלנם (lateinisch als *allonim* umschrieben; auch einige Mal im Ugar. belegt) und fem. אלת das ge-

bräuchliche Wort; die aram. Inschriften verwenden אלה, fem. אלהת (DISO 13f.).
Weder die ugar. Texte noch die Inschriften sind besonders ergiebig, was die Eigenschaften des Göttlichen betrifft. Sowohl im Ugar. als auch im Phön. kommt קדש 'heilig' als Gottesepitheton vor; es ist wohl anzunehmen, daß der Sinn des Wortes nicht weit vom Hebr. abliegt. Theophorische Eigennamen bezeichnen die Gottheit als 'mächtig', 'erhaben' und 'gerecht', aber auch als einen, der 'gibt', 'hilft', 'befreit', 'schützt', stützt', 'segnet' und 'gnädig ist'. Damit ist ein allgemeines Bild der Gottesidee gegeben (F. Jeremias, in: Chantepie de la Saussaye, Lehrbuch der Religionsgeschichte I, [2]1925, 635).
Einen weiteren Zug fügt das Aqhat-Epos hinzu. Als die Göttin Anat Aqhat im Austausch für seinen Bogen Unsterblichkeit anbietet, weist sie dieser zurück unter Hinweis darauf, daß er als Mensch doch sterben muß (CTA 17 [IID] VI 25–35). Daraus ersieht man, daß Unsterblichkeit ein göttliches Vorrecht ist. Derselbe Gedanke steckt hinter der Frage an Keret: „Sollst du denn sterben wie Männer" (CTA 16 [IIK] I 17f.).

II. 1. Das AT gebraucht für 'Gott' drei verschiedene Vokabeln, nämlich אל, אלוה und אלהים. Die drei Wörter sind im allgemeinen untereinander austauschbar, wie aus den folgenden Beispielen hervorgeht: In Ps 29,1; 89,7 steht בני אלים, in Gen 6,2; Hi 1,6; 2,1; 38,7 בני אלהים mit derselben Bedeutung. Es gibt sowohl אל חי als auch אלהים חיים und אלהים חי, ebenso wie אל נכר und אלהי נכר (s.u.). Ex 34,14 heißt es אל אחר, sonst אלהים אחרים (→ אחר). Ps 18,32 bietet „Wer ist אלוה außer JHWH?" das parallele 2 Sam 22,32 „Wer ist אל außer JHWH?". Ex 15,11 hat „Wer ist wie du באלים?", während Ps 86, 8 denselben Gedanken so ausdrückt: „Es gibt keinen wie du באלהים". In Deut 32 heißt es v. 17 לא אלוה 'Nicht-Gott', und in v. 21 לא אל. Eine eindeutige Regel ist nicht zu erkennen, doch kommt אל vorwiegend in poetischen und archaischen oder archaisierenden Texten vor (→ אל).
Von 57 Belegen von אלוה finden sich 41 in Hi, und zwar im Dialog, wo Hiob und seine Freunde, die ja keine Israeliten sind und also den Gott Israels nicht kennen, ausschließlich andere Gottesbezeichnungen als JHWH verwenden (außer אלוה 55mal אל, 4mal אלהים, 31mal שדי). Als Appellativum wird אלוה selten gebraucht (nur Deut 32,17; Jes 44, 8; Ps 18, 32; Dan 11, 38; 2 Chr 32,15), nur einmal mit Suffix (Hab 1,11), einmal in der Verbindung 'Gott Jakobs' (Ps 114,7) und einmal im Ausdruck 'Gott der Vergebung' (אלוה סליחות Neh 9,17).
Die Form אלהים kommt insgesamt 2570mal vor, und zwar sowohl mit pluraler ('Götter') als auch mit singularer Bedeutung ('ein Gott', 'Gott'). Verba und Adjektive richten sich in der Regel nach der Bedeutung, nur selten kommen Ausnahmen vor. Warum die Pluralform für 'Gott' gebraucht wird, ist noch nicht befriedigend erklärt worden. Vielleicht hat der Plur. auch oder sogar ursprünglich nicht eine Mehrheit, sondern eine Steigerung bezeichnet; dann wäre אלהים soviel wie der 'große', 'höchste' und schließlich 'einzige' Gott, d.h. Gott überhaupt (vgl. GKa § 124 e, g).
2. Auch etymologisch bietet אלהים ein schwieriges Problem. Eine genaue Entsprechung findet sich nur im Aram. ([א]אלה) und im Arab. (*'ilāh*). Von aram. אלה gibt es nur sekundäre Ableitungen (wie אלהותא); dasselbe gilt von arab. *'ilāh* (Verbum *ta'allaha* 'sich frommen Übungen hingeben' u.ä.). Eine Verbalwurzel ist also nicht anzunehmen. Dagegen ist אל gemeinsemitisch (mit Ausnahme des Äth. und vielleicht des klass. Arab.) und kommt teils als Eigenname, teils als Appellativum vor (→ אל). Es könnte von der Wurzel אול abgeleitet werden und würde somit entweder Macht oder Erstrangigkeit (vgl. arab. *'awwal* 'erster') bezeichnen. Die beiden Bedeutungen könnten ursprünglich zusammengehören (vgl. Ringgren RdM 26, 59). Gewöhnlich wird ein Zusammenhang zwischen אל und אלהים angenommen, und zwar könnte letzteres eine mit ה erweiterte Pluralform von אל sein. Solche Erweiterungen kommen auch sonst im Hebr. und Aram. vor (vgl. BLe § 78f.: Vokativ?). אלוה wäre dann eine sekundäre, aus אלהים abgeleitete Singularform. Diese Annahme ist jedoch nicht ganz ohne Schwierigkeiten. Denn erstens sind die mit ה erweiterten Pluralbildungen gewöhnlich aus ursprünglich zweikonsonantischen Stämmen abgeleitet, was nicht mit der Herleitung von אל aus אול zusammenstimmen würde, und zweitens spricht das arab. *'ilāh* gegen die Annahme einer hebr.-aram. Sonderentwicklung. Vielleicht handelt es sich um zwei Wurzeln, zwischen denen jedoch (wegen der Lautähnlichkeit?) ein Zusammenhang empfunden wurde. Dagegen widerspricht nichts im vorliegenden Sprachgebrauch der Annahme einer Grundbedeutung 'Macht, Kraft'.

Zimmermanns Herleitung aus der Wurzel אלל (VT 12, 1962, 190–195) ist vor allem deshalb unwahrscheinlich, weil keine Form mit doppeltem ל in irgendeiner semitischen Sprache zu belegen ist.

III. 1. Um eine jedenfalls annähernde Definition des Begriffs 'Gott' zu erzielen, ist von den Stellen auszugehen, an denen אלהים (bzw. אל) im Gegensatz zu etwas anderem steht oder wo das Gottsein eines Wesens verneint wird.
Als gegensätzlicher Begriff erscheint vor allem 'Mensch'. „Gott (אל) ist nicht ein Mann (→ איש), so daß er lügen könnte, noch ein Mensch

(→ בן־אדם), so daß er sich ändern (→ יתנחם) könnte" (Num 23,19, Bileamsprüche E), d.h. was ein Gott gesagt hat, steht auf immer fest, während Menschenworte betrügerisch und abänderlich sind (vgl. v. 20). „Die Ägypter sind Mensch(en) (אדם) und nicht Gott (אל); ihre Rosse sind Fleisch und nicht Geist" (Jes 31, 3); also besteht derselbe Gegensatz zwischen Gott und Menschen wie zwischen Geist und Fleisch (→ בשר). Der Zusammenhang zeigt, daß es um die Macht und Stärke Gottes und die Wehrlosigkeit der menschlichen Feinde geht. Ez 28, 2 sagt der König von Tyrus: „Ich bin ein Gott (אל אני) und sitze auf dem Göttersitz" (מושב אלהים ישבתי). Wenn aber die Feinde kommen, wird es ihm nichts helfen, zu behaupten, er sei ein Gott, „da du ja doch ein Mensch und kein Gott bist" (ואתה אדם ולא אל v. 9). Die Hybris des Königs steht also im Gegensatz zu seiner tatsächlichen Hilflosigkeit als Mensch. Ferner sagt JHWH Hos 11, 9: „Ich bin אל und kein Mensch (איש), heilig in eurer Mitte". Es geht hervor, daß sich die Heiligkeit Gottes hier nicht in strafendem Zorn, sondern in Erbarmen und Vergeben manifestiert – ein typisch hoseanischer Gedanke.

Bemerkenswerterweise steht an allen diesen Stellen אל, nicht אלהים. Dagegen zeigen die Stellen, die das Gottsein leugnen, eine größere Variation des Ausdrucks.

In Deut 32,15–21 wird der Götzendienst der Israeliten gerügt. Es heißt, daß sie den *šēdīm* (→ שד) geopfert haben, die לא אלוה sind (v.17), und die Eifersucht JHWHs erweckt haben „durch das, was nicht Gott ist" (לא אל). Aus dem Zusammenhang geht hervor, daß sie den Gott (אלוה bzw. אל), der sie gemacht (עשה v.15) und geboren (חולל v.18) hat, verlassen haben. Sie haben fremden [Göttern] (→ זרים v.16) oder „neuen Göttern", die ihre Väter nicht kannten (v.17), gedient; diese Götter werden schließlich als → הבלים 'Nichtse' bezeichnet (v. 21). Es ist bedeutsam, daß die fremden Götter nicht nur als nichtsnutzig bezeichnet werden, sondern auch als solche, die keine frühere Beziehung zu Israel hatten. Im Gegensatz dazu ist JHWH wirklich Gott und ist mit Israel in Beziehung getreten.

Bei Jer kommt diese Fragestellung mehrmals zum Ausdruck. Die Israeliten haben JHWH verlassen und „bei Nichtgöttern" (בלא אלהים) geschworen, obwohl er sie gespeist hat (5,7). Sie haben ihren Gott gegen Nichtsnutziges (בלא יועיל) vertauscht, so wie kein anderes Volk seine Götter vertauscht hat, „obwohl diese keine Götter sind" (והמה לא אלהים 2,11). Die Götzen, die sie sich gemacht haben, können sie nicht retten (יושיע 2, 27f.). Daraus ergibt sich, daß ein Gott, der mit Recht אלהים heißt, auch helfen und erretten kann (vgl. noch v.13 „rissige Brunnen" gegenüber JHWH als der Quelle mit frischem Wasser und 16, 20, wo dasselbe Thema aufgegriffen wird).

Hos 8, 6 stellt fest, daß die Kalbbilder von Samarien keine Götter (לא אלהים) sind, sondern nur Werke von Menschenhänden. Wahrscheinlich klingt derselbe Gedanke nach in 2 Chr 13, 9, wo es heißt, daß die Priester des Nordreichs den לא אלהים geweiht werden, während „JHWH *unser* (des Südreichs) Gott ist und wir ihn nicht verlassen haben". Aus Gen 3, 5 ersieht man, ob man nun יודעי טוב ורע direkt mit אלהים verbindet oder mit den „wie Gott" gewordenen Menschen, daß ein Gott ein besonderes Wissen hat, das dem Menschen nicht zukommt (→ ידע, טוב; vgl. die Komm.). Ähnlich besagt Hi 32,13, daß nur Gott und nicht ein Mensch Hiob in Weisheit übertreffen kann. Dreimal betont das Buch Hiob, daß kein Mensch gegen Gott Recht behalten kann (האנוש יצדק עם אל 4,17; 9, 2; 25, 4). Nach 1 Kön 8, 27 wohnt אלהים normalerweise nicht auf Erden („mit den Menschen" 2 Chr 6,18); trotzdem will er im Tempel gegenwärtig sein (vgl. auch Ps 115, 3 „Unser Gott ist im Himmel, er tut alles was er will", wo noch die Allmacht hinzukommt).

2 Kön 5,7 deutet an, daß ein Gott über Leben und Tod verfügt („Bin ich ein Gott, um zu beleben und zu töten?"; Gen 50,19 zeigt in ähnlicher Form, daß es Gott vorbehalten ist, die Menschen zu richten). Schließlich gilt es als selbstverständlich, daß man nicht „Gott sehen und leben" kann (Ex 33, 20; Ri 13, 22; vgl. Gen 16,13), d.h. daß er so völlig anders ist, daß ein Mensch seinen Anblick nicht ertragen kann (vgl. o. I 2a). Dasselbe gilt Ex 20,19; Deut 5, 24 vom Hören seiner Stimme.

2. Eine weitere Begriffsbestimmung erhält man durch die Untersuchung der Wortverbindungen, in denen אלהים vorkommt, z.B. die Adjektive, die damit verbunden werden, die Verben, deren Subjekt es sein kann usw.

Es ist auffallend, wie verhältnismäßig selten die attributiven Verbindungen von 'Gott' mit einem Adj. sind. Bemerkenswert ist auch, daß die Verbindungen mit אל viel zahlreicher sind als die mit אלהים. Vielleicht hat man letzteres vermieden, weil es entweder eine Pluralform des Adj. oder eine grammatische Inkongruenz (wie אלהים חי) ergeben würde (Cassuto, SMSR 132).

Hier kann nur eine einfache Aufzählung der Adj.-verbindungen geboten werden; für eine nähere Erklärung sei auf die verschiedenen Stichworte verwiesen.

Mit אלהים sind die folgenden Verbindungen belegt: אלהים קדושים 'heiliger Gott' (Jos 24,19), אלהים צדיק 'gerechter Gott' (Ps 7,10), אלהים [חיים] 'lebendiger Gott' (Deut 5, 26; 1 Sam 17, 26. 36; Jer 23, 36; 10,10; 2 Kön 19, 4. 16 = Jes 37, 4.17), אלהים קרבים 'ein Gott, der nahe ist' (Deut 4,7). Mit אל werden die folgenden Adj. attributiv verbunden: קדוש (Jos 5,16), צדיק ומושיע (Jes 45, 21), חי (Jos 3,10; Hos 2,1; Ps 42, 3; 84, 3), קנא 'eifersüchtig' (Ex 20, 5; 34, 14; Deut 4, 24; 5, 9; 6,15; Jos 24,19; Nah 1, 2 – an der letzteren Stelle auch נקם), זעם 'zürnend' (Ps 7,12), רחום 'barmherzig' (Deut 4, 31), רחום וחנון 'barmherzig und gnädig' (Ex 34, 6; Ps 86,15; Jon 4, 2; Neh 9, 31), גדול 'groß' (Ps 77,14; 95, 3; Jer 32,18), גדול ונורא 'groß und furchtbar' (Deut 7, 21; 10,17; Neh 1, 5; 9, 32; Dan 9, 4; auch mit גבור 'mächtig' (Deut 10,17; Jer 32,18; Neh 9, 32), גבור (Jes 9, 5[?]; 10, 21), נאמן 'treu' (Deut 7, 9), נשא 'vergebend' (Ps 99, 8) und מסתתר 'sich verbergend' (Jes 45,15).

Dazu kommen eine Reihe Konstruktverbindungen, die Funktionen oder Eigenschaften Gottes ausdrücken. Auch diese sind aber ziemlich selten. Auch hier finden sich sowohl אל als auch אלהים. Den beiden Gruppen gemeinsam ist die Verbindung mit ישועה oder Varianten (ישועתי, ישעי, ישועתנו): *'ēl jᵉšû'ātî* Jes 12,2 (vgl. *hā'ēl jᵉšû'ātēnû* Ps 68, 20); *'ælōhē jᵉšû'āh* (bzw. *jᵉšû'ātî, jᵉšû'ātēnû, jiš'î*) 13mal. Nur mit אל finden sich אל הכבוד Ps 29, 3; אל אמונה Deut 32, 4; אל אמת Ps 31, 6 (vgl. auch 2 Chr 15, 3); אל דעות 1 Sam 2, 3; אל גמולות Jer 51, 56; אל נקמות Ps 94,1; אל שמחת גילי Ps 43, 4, mit אלהים: אלהי צדקי Ps 4, 2; אלהי מעוזי Ps 43, 2; אלהי משפט Jes 30,18; Mal 2,17; אלהי תהלתי Ps 109,1; אלהי אמן Jes 65,16; vgl. auch אלהי מקרוב und לא אלהי מרחוק Jer 23, 23.

Andere Konstruktverbindungen deuten das Gebiet an, wo Gott wohnt oder seine Macht ausübt, z.B. 'Gott des Himmels' (Gen 24,7; Jon 1, 9; 2 Chr 36, 23; Esr 1, 2; Neh 1, 4. 5; 2, 4. 20 – vorwiegend späte Stellen!), 'Gott der Höhe' (מרום Mi 6, 6), 'Gott des Himmels und der Erde' (Gen 24, 3), 'Gott der Erde' (Jes 54, 5) bzw. 'des Landes' (2 Kön 17, 26f.; Zeph 2,11), 'Gott allen Fleisches' (Jer 32, 27), 'Gott der Geister allen Fleisches' (Num 16, 22; 27,16) und schließlich 'Gott der Götter', d.h. der höchste Gott (Deut 10,17; Ps 136, 2). Versucht man, auch die Verben, mit denen אלהים in Verbindung tritt, zu analysieren, zeigt sich ein so mannigfaltiges Bild, daß sich eine ganze Theologie entwickelt. Bemerkenswert ist aber, daß die Verben sämtlich persönliche Aktivitäten bezeichnen, m.a.W. die Wirksamkeit Gottes wird ganz in persönlichen Kategorien dargestellt. Außerdem ist zu bemerken, daß eine gewisse Verbindung mit 'Licht' besteht (vgl. z.B. Ps 118, 27 אל יהוה ויאר לנו). Siehe weiter unter אור.

IV. 1. אלהים ist zunächst ein Appellativum und wird häufig als Plur. mit Bezug auf die Götter verschiedener Völker gebraucht. So ist z.B. von den Göttern Ägyptens (Ex 12,12), den Göttern der Amoriter (Jos 24,15; Ri 6,10) sowie den Göttern von Aram, Sidon, Moab, der Ammoniter und der Philistäer (Ri 10, 6) die Rede. In anderen Fällen hat das Wort sing. Bedeutung, z.B. Baalzebub, der Gott von Ekron (2 Kön 1, 2f. 6.16), Aštoret, die Gottheit (Göttin – auch hier אלהים!) der Sidonier, Kemos, der Gott Moabs und Milkom, der Gott der Ammoniter (1 Kön 11, 33).

Solche Ausdrücke sind im Munde eines Nicht-Israeliten natürlich und selbstverständlich. So spricht der König von Assur verächtlich von „den Göttern der Völker", die er besiegt hat (2 Kön 18, 33f.); die Philistäer reden vom „Gott Israels" als etwas Selbstverständlichem (1 Sam 5,7f. 10f.) usw. Aber auch die ältere israelitische Überlieferung setzt einfach voraus, daß jedes Volk seinen Gott (oder seine Götter) hat (Mi 4, 5; Jon 1, 5; vgl. 2 Kön 17, 29, wo es sich aber um Götterbilder handelt).

Dieselbe Anschauung liegt auch der Formulierung des dekalogischen Hauptgebots zugrunde: „Du sollst keine anderen Götter haben neben (usw. s. die Komm.) mir" (Ex 20, 3). Dieser Gedanke wird dann in dtn/dtr Aussagen über den Dienst anderer Götter (→ אחר) weiterentwickelt. Die Israeliten sollen den Göttern der rings um sie wohnenden Völker nicht dienen (Deut 6,14; 13, 7f.; 29, 17; 31, 16; Ri 2, 2; vgl. auch Ex 23, 32f.). Die heidnischen Völker im Lande sollen vertilgt werden, und Israel soll ihren Göttern nicht dienen (Deut 7,16), sondern die Stätten, an denen diese verehrt worden sind, zerstören (12, 2f.). Die Übertretung des Verbots wird z.B. Ri 3, 5 als Tatsache berichtet: „sie wohnten unter den Kanaanäern... und dienten ihren Göttern". Denselben Zweck haben die Warnungen vor den fremden Göttern (→ אלהי נכר Deut 31,16; Jos 24, 20. 23; Ri 10,16; 1 Sam 7, 3; Jer 5,19; 2 Chr 33,15). Mit keinem Wort wird die Existenz dieser Götter in Frage gestellt; sie wird einfach als Tatsache hingenommen.

2. Demgegenüber ist JHWH der Gott Israels, was sprachlich teils in der Verbindung אלהי ישראל, teils in suffigierten Formen wie „dein Gott", „euer Gott", „unser Gott" zum Ausdruck kommt.

Der Ausgangspunkt wird in Deut 32, 8 angegeben: „Als Eljon den Völkern ihr Erbe gab... setzte er fest die Gebiete der Völker nach der Zahl der *bᵉnē 'ēl* (so mit LXX zu lesen statt בני ישראל); aber der Anteil JHWHs ist sein Volk." Ein jeder der „Gottessöhne" hat sein Volk erhalten; JHWHs Anteil ist Israel. Hier leuchtet eine uralte Überlieferung durch, die im AT ziemlich vereinzelt dasteht. Gewöhnlich heißt es, daß JHWH selbst Israel erwählt hat und sein Gott geworden ist. Deut 4 (nach N. Lohfink, Höre Israel, 1965, 72ff., die späteste Ausgestaltung der homiletischen Auslegung des Hauptgebots) läßt JHWH, „dein Gott", den Völkern der Erde den Dienst von Sonne und Mond und Sternen zuteilen, während er Israel als sein Eigentumsvolk erwählt (4, 19f.). Kein anderer Gott hat je versucht, sich auf diese Weise ein Volk herauszuführen, wie es JHWH in Ägypten tat (4, 34); auch hat kein Gott zu einem Volk so geredet und seinen Willen kundgetan wie JHWH (4, 33).

Das Ergebnis ist der Bund, der u.a. in der Formel „Ich werde ihnen Gott sein, und sie werden mir ein Volk sein" beschrieben werden kann. Die Formel ist in verschiedenen Varianten an rund 25 Stellen belegt. Sie besagt, daß JHWH zu Israel in die besondere Beziehung getreten ist, die zwischen einem Volk und seinem Gott und umgekehrt bestehen soll. Die Formel liegt in verschiedenen Ausgestaltungen vor: einfach in Ex 6, 7; Lev 26, 12, ausgeweitet in Deut 26, 17f., modifiziert in Deut 29, 12, ferner 2 Sam 7, 24; Jer 11, 4b; 30, 22; 31, 33; 32, 38; Ez 11, 20; 14, 11; 36, 28; 37, 23. 27. In Lev 11, 45; 22, 33; 25, 38; Num 15, 41 wird nur festgestellt, daß JHWH Israel aus Ägypten herausgeführt hat, um sein Gott zu werden – vom Volk ist nicht besonders die Rede. In Ex 29, 45; Lev 26, 12; Ez 37, 27 wird hervorgehoben, daß JHWH im Volk wohnen und so ihr Gott sein wird. Gen 17, 7f. wird die Zusage vom Gottsein mit der Landverheißung verbunden. Bei Jer und Ez handelt es sich um die Erneuerung des Bundes. Auch der Ausdruck „mit dem Volk sein" (→ את) kommt in diesem Zusammenhang vor. So wird ein recht eindeutiges Bild des Gottseins entworfen: Es geht teils um ein aktives Eingreifen zugunsten des Volkes, teils um ein fortgesetztes Zugegensein inmitten des Volkes, also um eine ziemlich intime und aktive Beziehung.

Die Folgen dieser Beziehung können jedenfalls teilweise in Stellen, die die Formen 'unser, euer, dein Gott' gebrauchen, abgelesen werden. Ein guter Teil dieser Aussagen findet sich im Deut ('unser Gott' 23mal, 'dein Gott' 218mal, 'euer Gott' 44mal). 'JHWH, dein (euer, unser) Gott' wird mehr oder weniger eine stehende Formel, und eine Analyse dieser Stellen wird fast dasselbe wie eine Analyse der dtn. Gedanken über Gott/JHWH im allgemeinen. Es handelt sich um einen Gott der 'einer' ist (6, 4), der einen Bund schließt (5, 2), der Gebote und Befehle gibt (11, 1 usw.), der Israel das Land gibt (4, 21. 40; 5, 16; 7, 16; 13, 13; 15, 4), ferner um einen Gott, den man fürchten (6, 2.13; 10, 20) und lieben soll (6, 5; 11, 1) und dem Israel ein heiliges Volk ist (7, 6; 14, 2. 21). Auch außerhalb des dtr Schrifttums begegnen ähnliche Ausdrucksweisen, z.B. Ex 20, 2 „Ich bin JHWH dein Gott, der dich aus Ägypten herausgeführt hat"; Ex 20, 12 „das Land, das JHWH dein Gott dir gegeben hat"; Hos 12, 10; 13, 4 „Ich bin dein Gott von Ägypten her"; Ps 50, 7 „Gott, dein Gott bin ich" (Bundesfestpsalm); Ps 95, 7 „er ist unser Gott und wir sind das Volk seiner Weide"; Jes 26, 13 „JHWH, unser Gott, andere Herren haben uns beherrscht; dich allein kennen wir, deinen Namen preisen wir"; Jer 14, 22 „Sind unter den Götzen der Heiden auch solche die Regen spenden? Bist du es nicht, JHWH unser Gott, und müssen wir nicht auf dich hoffen?" Andere Motive, die sich mit אלהינו verbinden, sind Vertrauen (2 Kön 18, 22; Jes 36, 7), Hilfe, Heil (Jes 37, 20; 52, 10; Ps 106, 47), Vergebung (Jes 55, 3), 'ist mit uns' (1 Kön 8, 57), 'kämpft für uns' (Neh 4, 14).

Obwohl das alles allgemeine Aussagen über JHWH sein können, ist es im Kontext wesentlich, daß die Beziehung durch das Suff. ausgedrückt wird und im Bewußtsein als etwas Gegebenes und Natürliches erscheint.

Aus dem Bund erklärt sich auch die Bezeichnung אלהי ישראל, die nicht nur dann gebraucht wird, wenn Heiden vom Gott Israels sprechen (1 Sam 5, 7f. 10f.; 6, 3. 5) oder wenn einem Heiden gegenüber der nationale Charakter JHWHs gekennzeichnet werden soll (Ex 5, 1; vgl. Jos 24, 2). Steuernagel (345f.) sah in dieser Gottesbezeichnung ein altes in Sichem beheimatetes kultisches Epitheton, das den Gott der Israel genannten Stammesgruppe bezeichnete, wie aus Gen 33, 20, Jos 8, 30 hervorgeht. Diese Theorie läßt sich wohl kaum beweisen, jedenfalls erklärt sie nicht alle Stellen, an denen das Epitheton vorkommt. Von besonderem Interesse ist die Feststellung, daß einige der wichtigsten Belege in Überlieferungen des heiligen Krieges (Jos 7, 13; 10, 40. 42; 14, 14; Ri 4, 6; 5, 3. 5; 6, 8; 11, 21. 23 usw.) oder im Zusammenhang mit der Bundeslade (1 Sam 5, 7f. 10f.; 6, 3. 5) vorkommen. Es gibt auch die Variante אל ישראל Ps 68, 36 „Furchtbar ist Gott in seinem Heiligtum, der Gott Israels, er gibt Kraft und Stärke seinem Volke". Hier treten sowohl die nationale Bindung als auch – durch den Kontext des Psalms – der Zusammenhang mit Krieg und Lade klar hervor. Die Mehrzahl der übrigen Belege findet sich, wie Steuernagel nachgewiesen hat (333f.) in Rahmenworten in der prophetischen Literatur („So sagt JHWH, der Gott Israels"), vor allem bei Jer und Ez. Er meint, Ez habe den Sprachgebrauch aus priesterlichen Kreisen übernommen und bei Jer sei er einem Redaktor (dtr?) zuzuschreiben. Belege in den historischen Büchern weisen darauf hin, daß dadurch der jerusalemische JHWH „im Sinne des genuin israelitischen Jahwe und im Unterschied von dem auf den Höhen verehrten ethnisierten Jahwe" bezeichnet wurde (Steuernagel 339). – Bemerkenswert ist der häufige Gebrauch von אל ישראל in der Kriegsrolle von Qumran (P. von der Osten-Sacken, Gott und Belial, 1969, 38).

3. Andere Konstruktverbindungen bezeichnen einen Gott als den Gott eines Einzelnen. Hierher

gehören die Bezeichnungen 'der Gott Abrahams' (Gen 24,12. 27. 42. 48; 26, 24; 31, 42), 'der Gott Abrahams und Isaaks' (Gen 28,13; 32,10), 'der Gott Abrahams, Isaaks und Jakobs' (Ex 3, 6.15; 4, 5; 1 Kön 18, 36), 'der Gott deines Vaters' (Gen 46, 3; 50,17; vgl. 31, 42; Ex 3, 6) u.ä. Diese Epitheta, die besonders in den Erzvätererzählungen vorkommen, könnten die Erinnerung einer mit der sumerischen Vorstellung vom „Gott des Menschen" vergleichbaren Gottesglaubens enthalten (Ringgren, RdM 26,17f.). Zugleich liegt hier der Ausgangspunkt für Alts Erwägungen über „den Gott der Väter", wobei er das Material über die Familiengötter der Nabatäer der hellenistischen Zeit verwertet hat. Der Schluß, daß die Patriarchenzeit einen „Gott des Einzelnen" oder „Gott der Familie" gekannt hat, liegt nahe.

Vor allem in den Geschichtsbüchern ist „der Gott der Väter" ein Ausdruck der (oft gebrochenen) Kontinuität im israelitischen Gottesglauben (→ אב).

An anderen Stellen ist vor allem „der Gott Jakobs" mit 'dem Gott Israels' gleichbedeutend (2 Sam 23,1; Jes 2, 3; Mi 4, 2; Ps 20, 2; 75,10; 76,7; 81, 2. 5; 84, 9; 94,7). Andere Hinweise auf den Gott eines Einzelnen sind selten, vgl. jedoch „der Gott Sems" (Gen 9, 26), „der Gott Elias" (2 Kön 2,14), „der Gott Davids" (2 Kön 20, 5).

4. Der Ausdruck „mein Gott" (אלהי oder אלי – übrigens die einzige Suffixform von אל), wird, wie Eißfeldt hervorhebt, mit verschiedenen Bedeutungsnuancen gebraucht. „Mein Gott" kann im Gegensatz zu anderen Göttern treten, z.B. Num 22, 18, wo Bileam sagt „JHWH, mein Gott", 2 Sam 24, 24, wo David zu Arauna von „JHWH, meinem Gott" spricht, 1 Kön 5,18f., wo Salomo denselben Ausdruck in einer Botschaft an Hiram gebraucht (hier ist die Beziehung zwischen Salomo und seinem Gott zu bemerken: JHWH hat ihm Ruhe gegeben und er will ihm ein Haus bauen). Besonders interessant ist Ruth 1,16, wo Ruth zu Noomi sagt: „Dein Volk soll mein Volk sein, und dein Gott mein Gott", d.h. sie sagt sich von ihrer ethnischen und religiösen Gemeinschaft los und akzeptiert die Nationalität und die Religion ihrer Schwiegermutter.

Häufig hat die Wendung „mein Gott" keine besondere Bedeutung. In einigen Psalmen aber wird sie Ausdruck einer persönlichen Beziehung zwischen dem Betenden und dem Gott, den er als 'seinen Gott' betrachtet. In diesen Gebeten (wie auch in einigen anderen Beispielen) unterstreicht die Wendung „mein Gott", daß der Beter überzeugt ist, daß sein Gott bereit ist, sein Gebet zu erhören. So heißt es z.B. in Ps 38, 22f. „Mein Gott, sei nicht fern von mir, eile mir zu helfen, mein Herr, mein Heil (אדני תשועתי)". Ein eindrucksvolles Beispiel liefert auch Ps 22 mit der Einleitung „Mein Gott, mein Gott, warum hast du mich verlassen?" im Vergleich mit v.12 „sei nicht fern von mir, denn Not ist nahe, niemand ist, der helfe" – der vorhergehende Vers enthält das Bekenntnis „vom Mutterleib an bist du mein Gott". Auch Ps 31,15 ist zu erwähnen: „Ich vertraue auf dich, JHWH, ich sage: Du bist mein Gott", vgl. v. 6 „In deine Hand befehle ich meinen Geist, du erlösest mich, du getreuer Gott".

Die Ausdrücke mit dem Suff. *-kā* sind ein wenig andersartig, wenn sie sich nicht auf das Volk beziehen. Zunächst sind die angeredeten Menschen, von denen man normalerweise erwartet, daß sie in einer besonders nahen Beziehung zu Gott stehen, wie Könige und Propheten (vgl. o. IV 3 Gott Davids und Elias). So sagt z.B. das Volk zu Samuel: „Bete für deine Knechte zu JHWH, deinem Gott, daß wir nicht sterben" (1 Sam 12,19). Saul spricht Samuel gegenüber (1 Sam 15, 21) von „JHWH, deinem Gott", dem geopfert werden soll. Das Weib aus Tekoa sagt zu David: „Der König gedenke doch JHWHs, seines Gottes" (2 Sam 14,11) und v.17: „JHWH, dein Gott, sei mit dir". König Jerobeam redet einen Gottesmann an: „Begütige doch JHWH, deinen Gott, und bete für mich" (1 Kön 13, 6); ähnlich sagt Hiskia zu Jesaja 2 Kön 19, 4 (= Jes 37, 4): „Vielleicht hört JHWH, dein Gott". Vgl. auch Ps 45, 8 „Gott, dein Gott, hat dich gesalbt". Hier wird also die besondere Beziehung des Betreffenden zu Gott hervorgehoben, und es wird erwartet, daß sich ihre Wirkungen zu denen, die mit ihnen in Berührung kommen, verbreiten. Hier ist auch die Frage „Wo ist dein Gott" (איה אלהיך) zu erwähnen. Sie wird den Feinden der Psalmisten in den Mund gelegt, die triumphierend fragen: Wo ist der Gott, mit dem du in Beziehung stehst und von dem du Hilfe erwartest (Ps 42, 4.11; vgl. Mi 7,10, in dritter Person Ps 79,10; 115, 2, Deut 32, 37; Jo 2,17). Die Frage deutet höhnisch an, daß Gott seine Funktion als Gott des Betreffenden nicht erfüllt: „Was für einen nutzlosen Gott du hast". (Vgl. auch die Worte Rabsakes: „Wo sind die Götter von Hamat und Arpad? ... Keiner der Götter hat sein Land retten können" [2 Kön 18, 34].)

5. Einfaches אלהים steht oft mit appellativischer Bedeutung: 'ein Gott', 'eine Gottheit'. Baumgärtel ist in seiner Untersuchung über Elohim außerhalb des Pentateuchs diesen Beispielen nachgegangen und meint nachweisen zu können, daß alle oder fast alle Belege außerhalb der Pentateuchquellen E und P und des Elohim-Psalters diese Bedeutung haben. Obwohl viele der von ihm herangezogenen Stellen auch anders interpretiert werden können, verdienen die folgenden Fälle besondere Beachtung.

Wenn die Gottesleugner Ps 14,1 sagen אין אלהים „handelt es sich nicht um Jahwe, sondern um den Gottesgedanken ganz im allgemeinen" (Baumgärtel 24). Ähnlich sagen die Zweifler, Mal 3,14f. 18, daß es sich nicht lohnt, אלהים zu dienen; es handelt sich hier nicht um JHWH, sondern um Gott im allgemeinen. Dagegen ist es wohl zweifelhaft, ob in דעת אלהים (Hos 4,1; 6, 6; Spr 2, 5) Jahwe ganz hinwegzudenken ist (gegen Baumgärtel 27). In den oben unter II. behandelten Gegensatzstellen geht es wohl wieder um Gott im allgemeinen.

Baumgärtel rechnet hierher auch die Stellen, wo von einem Suchen (דרש) oder Befragen (שאל) Gottes die Rede ist. Wenn es 2 Sam 12,16 heißt ויבקש דוד את האלהים, bedeutet das nach Baumgärtel: Da suchte David das Heiligtum auf. Es ist aber kaum anzunehmen, daß hier ein anderer Gott als JHWH oder 'Gott im allgemeinen' gemeint sei. Ebenso zeigt im Falle von Ri 18, 5 שאל־נא באלהים der folgende Vers, daß JHWH gemeint ist. Baumgärtel könnte aber soweit recht behalten, daß der Ausdruck als solcher ein Terminus technicus des Gottsuchens und -Befragens im allgemeinen war.

Bei אלהים → מלאך (7mal) liegt ein Wechsel mit מלאך יהוה vor (Baumgärtel 52f.). Dagegen ist איש אלהים eindeutig, denn איש יהוה kommt nie vor; ein 'Gottesmann' ist ein Mann, der mit einem Gott bzw. mit dem Göttlichen in naher Verbindung steht. Ebenso ist מראות אלהים (Ez 1,1; 8, 3; 40, 2) eine Gottesvision im allgemeinen, דבר אלהים (Ri 3, 20; 1 Sam 9, 27; 2 Sam 16, 23; 1 Kön 12,12) 'Gotteswort' im allgemeinen, 'Orakelspruch', und מענה אלהים (Mi 3,7) eine Gottesantwort ohne Beziehung zu einem bestimmten Gott.

Dem Ausdruck מהפכת אלהים את־סדם ואת־עמורה (Jes 13,19; Jer 50, 40; Am 4,11) liegt wohl eine alte erstarrte Formel zugrunde; daß an der Amosstelle daneben יהוה vorkommt, zeigt nicht, daß der Prophet zwischen יהוה und אלהים unterscheidet, sondern nur, daß er die eingebürgerte Formel verwendet.

Ferner kommt אלהים in Verbindungen vor, die das Gewaltige und Übermenschliche ausdrücken. So heißt עיר גדולה לאלהים Jon 3, 3 sicher 'eine unmenschlich große Stadt'. Aber auch חרדת אלהים könnte ein 'Gottesschrecken' in der Bedeutung 'gewaltiger Schrecken' sein, z.B. 1 Sam 14,15. Daneben kommt aber auch פחד יהוה vor (Baumgärtel 29ff.). Ebenso ist חכמת אלהים 1 Kön 3, 28 am ehesten 'übermenschlich große Weisheit'. Die Deutung von רוח אלהים in Gen 1, 2 als 'gewaltiger Wind' schließt an diese Beobachtung an (Westermann, BK I mit Lit.). Auch אל kommt in dieser Bedeutung vor, z.B. ארזי אל 'gewaltige Zedern' (vgl. Smith).

6. In einigen Fällen wird אלהים mit Bezug auf Gottesbilder gebraucht. So wird Ex 20, 23 das Machen von „silbernen und goldenen Göttern" verboten; das goldene Kalb wird als ein 'Gott aus Gold' (אלהי זהב Ex 32, 31) bezeichnet (vgl. ferner Lev 19, 4; Deut 4, 28; Jos 24,14; 2 Kön 17, 29; 19,18. 37). Jes 42,17 sagen die Götzenanbeter von ihrem Bild: „Dies ist unser Gott". Jer 16, 20 heißt es: „Wie kann ein Mensch sich Götter machen; die sind ja nicht Gott."

7. Schließlich seien einige Stellen genannt, an denen אלהים einen etwas abweichenden Sinn hat. 1 Sam 28,13 nennt die Geistesbeschwörerin in Endor den heraufsteigenden Geist Samuels einen אלהים, d.h. ein nicht menschliches oder „übernatürliches" Wesen. Dieselbe Bedeutung liegt Jes 8,19 vor: „Soll nicht ein Volk seine(n) אלהים fragen, die Toten für die Lebendigen?" In Ps 8, 6 („Du machtest ihn [den Menschen] wenig geringer als אלהים") liegt wohl die Bedeutung 'göttliches Wesen' am nächsten (vgl. LXX παρ' ἀγγέλοις); das Entscheidende ist die Ähnlichkeit mit dem Göttlichen im allgemeinen. Ganz anderer Art ist Ps 45,7, wo der König anscheinend als אלהים angeredet wird. Wenn man daraus nicht den Schluß ziehen will, daß der König wenigstens in gewissen Kreisen als 'göttlich' (also irgendwie in die übermenschliche Sphäre erhoben) betrachtet wurde, muß man entweder אלהים auf כסאך beziehen („dein göttlicher Thron"), was grammatisch hart ist, oder אלהים als elohistischen Ersatz für יהוה betrachten und dieses als Fehlschreibung für יהיה erklären: כסאך יהיה אולם ועד „dein Thron wird auf immer und ewig bestehen". Die erste Erklärung scheint die einfachste zu sein.

V. Die Forderungen an ein Wesen, das mit Recht 'Gott' heißen darf, können aber auch erhöht werden. In der Tat ist es eine der Grundfragen der hebr. Religion, wer wirklich Gott ist.

Eine alte Formel, die schon in der akk. (und teilweise äg.) Hymnenliteratur Parallelen hat, findet sich Ex 15,11: „Wer ist wie du unter den Göttern (מי כמכה באלים)? Wer ist wie du, herrlich (נאדר) im Heiligtum, furchtbar im Lobgesang, der Wunder (פלא) macht?" Solche Fragen haben einen logischen Sinn in einem polytheistischen Kontext wie in der babyl.-assyr. Religion, wo sogar mehrere Götter als unvergleichbar dargestellt werden. In Israel kann JHWH mit den Göttern anderer Völker verglichen werden – und das ist wohl in Ex 15 der Fall –, aber je länger, desto mehr verstärkt sich die Überzeugung, daß JHWH eigentlich der einzige ist, der mit Recht die Attribute 'herrlich', 'heilig', 'furchtbar' usw. trägt, d.h. wirklich Gott ist.

Eine ähnliche Aussage findet sich Ps 89,7 „Wer in den Wolken darf sich neben JHWH stellen (ערך), wer ist JHWH gleich unter den *b^e nē 'ēlīm*?" Der Vergleich bezieht sich hier deutlich auf die anderen göttlichen oder himmlischen Wesen, die israelitischen Nachkommen der ka-

naanäischen Götterversammlung. Vgl. auch Ps 113, 5f. „Wer ist wie JHWH unser Gott ... im Himmel und auf Erden?"
Diese Stellen deuten darauf hin, daß der Ursprung der Unvergleichbarkeitsaussage in der Hymnenliteratur zu suchen ist. Der Gedanke wird dann weiter ausgearbeitet im Deut und im dtr Geschichtswerk, wie aus den folgenden Zitaten hervorgeht: Deut 3, 24: „Wo ist ein Gott im Himmel und auf Erden, der es dir gleichtun könnte an Werken und gewaltigen Taten?"; 4, 7: „Wo wäre ein großes Volk, das einen Gott hätte, der ihm so nahe wäre, wie uns JHWH unser Gott ist?"; 4, 34f.: „Hat je ein Gott versucht, herzukommen und sich ein Volk herauszuholen ...? JHWH ist Gott: es gibt keinen neben ihm" (יהוה הוא האלהים אין עוד מלבדו); 4, 39: „JHWH ist Gott im Himmel droben und auf der Erde drunten, und keiner sonst." Das Hauptgewicht fällt hier auf Gottes Walten in der Geschichte, die Erwählung Israels und seine Befreiung aus Ägypten, aber man merkt die Tendenz, zu leugnen, daß es überhaupt einen anderen Gott als JHWH gibt. Im Zusammenhang geht es aber um den einzigen Gott Israels, dessen Gebote Israel halten soll.
2 Sam 7, 22 geht der Vergleich in die Feststellung der Einzigkeit JHWHs über: „Keiner ist dir gleich, und kein Gott ist außer dir (אין כמוך ואין אלהים זולתך). Die Fortsetzung ist interessant, da sie zeigt, daß die Hauptsache weder die Überlegenheit JHWHs noch die Israels ist, sondern die einzigartige geschichtliche Beziehung zwischen JHWH und Israel. Ein ähnlicher Satz findet sich in Salomos Tempelweihgebet, 1 Kön 8, 23: „Kein Gott, weder droben im Himmel, noch unten auf Erden, ist dir gleich" (אין כמוך אלהים בשמים ממעל ועל הארץ מתחת). Auch hier zeigt die Fortsetzung, daß die Unvergleichlichkeit JHWHs mit seinem Verhältnis zu Israel zu tun hat: „der du den Bund und den *ḥæsæd* deinen Knechten bewahrst, die von ganzem Herzen vor dir wandeln". Offenbar hat aber die dtr Überlieferung eine Art monotheistischer Formel (oder vielleicht eher eine Formel der Unvergleichlichkeit) entwickelt, die sich auf die hymnische Formel מי כמוך stützt.
Es gibt natürlich auch andere Ausdrücke für diesen Gedanken, z.B. Deut 10, 17: „JHWH, euer Gott, ist der Gott der Götter und der Herr der Herren", d.h. der höchste Gott und der mächtigste Herr. Wieder hebt aber der Kontext hervor, daß der Gott, der Herr des Weltalls ist (v. 14), Israel geliebt und erwählt hat (v. 15), so daß Israel seine Gebote halten soll (v. 13).
Zu diesem theoretisch formulierten Grundsatz paßt es gut, daß das dtr Geschichtswerk von zwei Zusammenstößen von JHWH und Baal erzählt, wo es um die Frage geht, wer wirklich Gott ist. Das erste Mal wird die Frage nur gestreift, nämlich in Ri 6, 31, wo es heißt: „Ist Baal ein Gott, d.h. hat er wirklich göttliche Macht, so streite er für sich selbst." Viel deutlicher wird das Problem gestellt bei der Begegnung Elias mit den Baalspropheten auf dem Karmel (1 Kön 18). Denn hier geht es ja ausdrücklich darum, wer Gott sei, JHWH oder Baal, aber das heißt wiederum, wer von ihnen das Recht auf die Verehrung Israels hat. Als JHWH seine Macht durch das Anzünden des Opfers gezeigt hat, ruft das Volk: „JHWH ist Gott. JHWH ist Gott."
Ihren Höhepunkt erreichen die Unvergleichbarkeitsaussagen in DtJes. Obwohl der Prophet ganz deutlich von der hymnischen Tradition abhängig ist, entwickelt er das Motiv selbständig. Die Frageform der Hymnen findet sich noch Jes 44, 7: „Wer ist wie ich?" (מי כמוני). Der Kontext spricht vom Vorausverkünden dessen, was geschehen soll – niemand hat das wie JHWH getan –, aber dann wird der Schluß gezogen: „Gibt es einen Gott außer mir?" (היש אלוה מבלעדי). Die Frageform wird auch sonst beibehalten, aber der Wortlaut ist verschieden. 40, 18: „Wem wollt ihr Gott (אל) vergleichen und was als Ebenbild ihm an die Seite stellen?"; 40, 25: „Wem wollt ihr mich vergleichen, daß ich wäre wie er?"; 46, 5: „Wen wollt ihr mir zur Seite stellen, wem mich vergleichen?" Nur an der letzten Stelle wird eine Antwort gegeben: „Ich bin Gott und es gibt keine andere Gottheit, es gibt nicht meinesgleichen" (כי אנכי אל ואין עוד אלהים ואפס כמוני; 46, 9). Noch ausführlicher ist 43, 10–13: „Vor mir ist kein Gott gewesen, und nach mir wird keiner sein. Ich bin JHWH und außer mir ist kein Helfer. Ich habe Heil verkündet und es geschaffen, habe es hören lassen, und kein fremder (Gott) war unter euch ... Ich bin Gott, auch hinfort bin ich derselbe, und niemand rettet aus meiner Hand." Der Wortlaut von v. 11 scheint anzudeuten, daß „Helfer" (מושיע) und „Gott" mehr oder weniger gleichbedeutend sind, was von 45, 21f. bestätigt wird. Das Gottsein ist also nicht statisch und abstrakt gemeint, sondern ist zugleich und vor allem ein Helfersein, ein Eingreifen zugunsten derer, mit denen er in Beziehung steht. Es ist folgerichtig, daß DtJes mehrere Aussagen mit Suffixformen enthält: 'dein Gott' 41, 10. 13; 43, 3; 48, 17; 51, 15; 'euer Gott' 40, 1. 9; 'unser Gott' 40, 3. 8; 52, 10; 55, 7.

VI. Schließlich ist אלהים einfach zur Bezeichnung JHWHs geworden, wodurch er als der Gott schlechthin bezeichnet wird. Der Gebrauch von אלהים in diesem Sinn ist aber merkwürdigerweise auf bestimmte Teile des AT beschränkt, vor allem die Pentateuchquellen E und P sowie die elohistischen Partien des Psalmenbuchs. Baumgärtel meint sogar, daß alle Belege von einfachem אלהים außerhalb des Pentateuchs und des E-Psalters appellativisch zu verstehen sind.

Gegner der literarkritischen Quellenscheidung wie Cassuto und Engnell leugnen die Gültigkeit des Gottesnamens als Kriterium für verschiedene Quellenschriften. Cassuto meint in dem Wechsel des Gottesnamens eine theologische Bedeutung zu finden. יהוה wird nach ihm gebraucht, wenn von der israelitischen Gottesidee und von Gottes Walten in der Geschichte Israels die Rede ist, אלהים dagegen, wenn die abstrakte Vorstellung von der Gottheit, vom universalen Gott und vom Schöpfer der Welt gemeint ist. יהוה wird gebraucht, wenn die Attribute der Gottheit klar und konkret erscheinen, אלהים, wenn die Darstellung mehr abstrakt und dunkel ist. יהוה bezeichnet Gott als persönlich und in direkter Beziehung zu Volk und Natur, אלהים deutet auf das transzendente Wesen Gottes hin (Documentary Hypothesis 31, SMSR 8, 1932, 125–145).

Ohne Zweifel stimmt diese Unterscheidung in einer Reihe von Fällen ganz gut. Aber sie läßt sich nicht an allen Einzelstellen konsequent durchführen. Dagegen ist es möglich, daß gewisse Kreise aus theologischen Gründen, die jedenfalls zum Teil mit Cassutos Ausführungen übereinstimmen, die Gottesbezeichnung אלהים vorgezogen haben. Vergleichbar, aber nicht notwendigerweise inhaltsmäßig identisch, wäre die Neigung der äg. Weisheitsliteratur zum Gebrauch von *nṯr* statt der individuellen Gottesnamen.

Einerseits liegt im Gebrauch von אלהים als Ersatz des Gottesnamens eine Abstraktion: Der konkret persönliche, anthropomorph aufgefaßte JHWH wird mit der Gottheit schlechthin gleichgesetzt, was eine abstraktere Gottesauffassung nahelegt. Andererseits liegt diese Identifikation in einer Linie mit der monotheistischen Auffassung: Nur wenn es nur einen Gott gibt und geben kann, wird es völlig sinnvoll, den eigenen Gott als Gott schlechthin (אלהים) zu bezeichnen.

Ringgren

אֱלִיל

I. Belege – II. Etymologie – III. Verwendungsbereich

Lit.: *W.W. Graf Baudissin*, Die Anschauung des AT von den Göttern des Heidentums (Studien zur semitischen Religionsgeschichte I, 1876, 102f.). – *R.H. Pfeiffer*, The polemic against idolatry in the OT (JBL 43, 1924, 229–240). – *H.D. Preuß*, Verspottung fremder Religionen im AT (BWANT 92), 1971, 58. 136f., 139, 173, 240, 248–250, 281. – *H. Wildberger* (BK X 102f. mit weiterer Lit. zur Etymologie). – Außerdem die Kommentare, vor allem zu Jes 2, 8 und Ps 96, 5.

I. Das nur in Jes 10,10 (lies dort האלה? Der Vers ist wahrscheinlich späterer Einschub) und Sach 11,17 (lies האוילי?) im Singular, sonst (Lev 19, 4; 26,1; Jes 2, 8.18. 20; 10,11; 19,1. 3; 31,7; Ez 30,13 – lies hier אילים; vgl. LXX; – Hab 2,18; Ps 96, 5; 97,7; 1 Chr 16, 26; vgl. auch Sir 30,19) stets im Plural begegnende Substantiv gehört zum Wortfeld der Götzenverspottung im AT. Die LXX gibt es mit βδελύγματα, εἴδωλα, δαιμόνια, χειροποίητα und in Jes 19, 3 sogar mit θεούς wieder. Auch die Qumrantexte kennen den Begriff (vgl. zu 1 QM 14,1: Jes 19,1). Zum Adj. s. u. II.

II. Da אליל an allen Belegstellen in depotenzierender Absicht und mit verspottendem Unterton verwendet wird, scheint es eigens zu diesem Zweck gebildet worden zu sein. In gewisser Analogie zu den gleichfalls dem Wortfeld der Götzenverspottung angehörenden → גלולים 'Mistdinger, Mistkugeln', → שקוצים 'Scheusale' und vielleicht auch → תרפים 'die Faulenden'?, 'alte Lumpen, Fetzen'? (vgl. ugarit. *'ll* 'Kleidungsstück'?), die wohl auch in bewußter Kakophonie zu אלהים stehen, wurde אליל (aramaisierend? Vgl. כסיל und ל als Deminutivendung; dazu R. Meyer, Hebräische Grammatik II³, 1969, 28. 40) als verächtlichmachendes Wortspiel und Deminutivum von אל oder אלהים (Ps 96,7!) gebildet („Göttlein, Gottchen"). Hierbei konnte ein bewußter Gegensatz zu אל 'der Starke' unterstützend wirken, und auch beabsichtigter Anklang an das Adj. אליל 'schwach, unbedeutend, nichtig' ist wahrscheinlich, welches auch mit verachtendem Beiton begegnet (Hi 13, 4; Jer 14,14; vgl. Sach 11,17; auch Sir 11, 3). Außerdem sind zu vergleichen akk. *ulālu*, 'kraftlos', ugar. *ʒll*, 'Vernichtung' (so Driver, CML aber zweifelhaft), syr. *'allîl*, 'schwach' und arab. *'alāl*, 'Nutzloses'. Unwahrscheinlich sind Ableitungen vom südarabischen *'l'lwt* sowie dem babyl. Gott Ellil (s. Wildberger 102). Alle sprachlichen Ableitungsversuche aus der Umwelt Israels bereiten aber insofern Schwierigkeiten, als es dort eine grundsätzliche, das Gottsein völlig bestreitende spottende Götterpolemik nicht gibt. Hingegen kann die Negation אל von Einfluß auf die Bildung אליל gewesen sein.

Nach einer anderen Erklärung ist אליל als eine *quṭail*-Form mit deminutiv-pejorativer Bedeutung zu fassen, wobei entweder *'ēl* oder *'al* als Grundlage denkbar ist.

III. Älteste Belege sind Jes 2, 8 (18?); 10,11; 19,1. 3, während 2, (18?) 20 als Zusätze in 2, 6–

22, sowie 10,10 und 31,7 kaum von Jes hergeleitet werden können, jedoch die weitere Verwendung im Götzenspott verdeutlichen. Zuweilen wird vermutet, daß אליל sogar ein von Jes selbst geschaffenes Wort sei. Auch die späteren Texte zeigen Abhängigkeit von Jes und überwiegende Verhaftung an Jerusalemer Tradition (Wildberger).
Innerhalb der Worte vom kommenden Tag JHWHs (Jes 2, 6–22) bildet der Hinweis auf den Abfall zu nichtigen Götzen eine der Gerichtsmotivierungen (v. 8). Daß Götzen nur Menschenwerk sind, ist dabei ein innerhalb der Götzenverspottung des AT schon vor Jes geläufiger Topos. Das Sein der Götzen wird höhnend verneint; sie sind nur menschliche Machwerke. Jes, der nicht oft auf Götzen zu sprechen kommt, nennt sie Göttlein, Schwächlinge, Nichtse. Nach Jes 10,11 versucht der Assyrer (vgl. 2 Kön 19,10–13), Götzen und JHWH gleichzusetzen, wofür ihn JHWHs Strafe als Gegenbeweis treffen wird. Nach 19,1–15, wo nur v. 5–10 Zusatz sind, bringt JHWHs Kommen zum Gericht auch die Vernichtung der Götzen (19,1. 3; vgl. 2, 8.18). Sie können in der Not nicht helfen, was der Zusatz 2, 20f. ausmalend unterstreicht. Wie stets in götzenverspottenden Texten des AT werden hierbei die Götzen mit ihren Bildern identifiziert. Der abschließende Redaktor von Jes 2, 6–22 sah in der Herausstellung der Götzenohnmacht und in ihrem Sturz den eigentlichen Skopus des Abschnitts.
Dieses trifft analog auf Hab 2,18f. zu, welche Verse innerhalb der Weherufe (2, 6b–20) wegen Form, Funktion, Inhalt, sowie fehlender Strafandrohung deutlich Zusatz sind, der Jer und DtJes, aber auch Jes 57,12f. voraussetzt. Die Verse sollen jetzt mit der JHWH-Aussage (v. 20) bewußt kontrastieren und den Frevel der Angeredeten konkretisieren. Die אלילים werden außerdem noch als stumm (אלמים, so nur hier) bezeichnet, was aber kaum auf ursprüngliches אלים zurückgeht (so A. Geiger, Urschrift und Übersetzungen der Bibel, [2]1928, 293), sondern ein – später häufiger – Topos der Götzenverspottung ist.
Ps 96,5 und 97,7 (sowie der Ps 96 entnommene Text 1 Chr 16, 26) setzen hier wie auch sonst DtJes voraus. Der Götzenspott ist dem JHWH-Hymnus komplementär. Der Nichtigkeitserweis der Götzen, der auch durch den Schöpfungsglauben gestützt wird, ist Bestandteil der Eschatologie, d.h. der endgültigen Selbstdurchsetzung JHWHs. Die Verse fügen sich dem Zusammenhang gut ein. Zur bewußt hart nebeneinander gestellten Kontrastierung von אלילים und אלהים in Ps 96, 5, welche die beabsichtigte Verspottung bewirken bzw. verstärken soll, vgl. Ps 97,7 und ähnlich Lev 19, 4; 26,1. In Ps 97,7 hat diese Gegenüberstellung, welche von JHWH möglichst hoch reden wollte, jenen „Nichtsen“ sogar zu neuem Leben verholfen.
אליל dient damit kontrastierender Herausstellung der Macht und Größe JHWHs im Gegenüber zur Ohnmacht und Nichtigkeit der Götzen. Es steht als Kontrastmotiv im Jahwe-Königshymnus (Ps 96,5; 97,7; vgl. 1 Chr 16, 26), wie im Wort vom kommenden Tag JHWHs (Jes 2, 6–22), da JHWHs Kommen auch das Ende der Götzen bringen wird (Jes 19,1. 3), wie die Erkenntnis von deren Ohnmacht bei ihren Verehrern. Da die polemische Götzenverspottung des AT überwiegend spottende Götzen*bild*polemik ist, taucht אליל auch innerhalb dieses Motivfeldes auf (Lev 19, 4; 26,1; vgl. Ps 97,7), denn Verbot der Götzenverehrung und Verbot von Götzenbildern sind notwendig verbunden. Die Texte aus dem Heiligkeitsgesetz (Lev 19, 4; 26,1) verwenden אליל wiederum kontrastierend zum andersartigen Ich JHWHs innerhalb apodiktischer Prohibitive, die dem Dekalog nahestehen, wenn sie auch in Lev mit pluralischer Anrede formuliert sind und unterschiedliche Negationen gebrauchen.
Hoseas Klassifizierung der Götzen als Nicht-Gott (8, 6) bildet eine Voraussetzung zur Entstehung und Verwendung von אליל, während Jeremias Benennung der Fremdgottheiten als → הבל (2, 5; 8,19; 14, 22; 16,19f., sowie davon abhängige Texte) diese Linie weiter verfolgt.

Preuß

אַלְמָנָה אַלְמָנוּת

I. 1. Etymologie und verwandte Ausdrücke – 2. Sumerisch-akkadisch – 3. Ägyptisch – 4. Hethitisch – 5. Ugaritisch und phönizisch – II. Stellung der Witwe – 1. Vorhandensein oder Nichtvorhandensein von Kindern – 2. Wiederverheiratung – 3. Eigentumsrecht – 4. Gelübde – 5. Als Beispiel frommer Hingebung – III. Schutz und Versorgung der Witwe – IV. Bildliche Anwendung des Wortes.

Lit.: *H. Donner*, Die soziale Botschaft der Propheten (OrAnt 2, 1963, 229–245). – *G.R. Driver–J.C. Miles*, Assyrian Laws, Oxford 1935, 212–250. – *A. Erman–H. Ranke*, Ägypten und ägyptisches Leben, [2]1923, 129. – *F. C. Fensham*, Widow, Orphan and the Poor . . . (JNES 21, 1962, 129–139). – *H. Grapow*, Die bildlichen Ausdrücke des Ägyptischen, 1924, 134f. – *T. Mayer-Maly*, vidua (PW II 8; 2, 2098–2107). – *B. Meissner*, Babylonien und Assyrien I 172. 423. – *A.F. Rainey*, A Social Structure of Ugarit (hebr.), 1967, 28f. 42. 98f. 101. 106f. – *R. de Vaux*, Lebensordnungen[2] I 75–77. 98. 240.

I. 1. Das Wort für ʻverwitwetʼ (urspr. Adj., nicht primär Subst., wie aus Konstruktionen wie אשה אלמנה hervorgeht) enthält in den meisten alten semit. Sprachen das Konsonantengerippe *'lmn*: hebr. *'almānāh*, akk. *almattum* (< *'almantum*), ugar. *'lmnt* (*'almanatu*), phön. *'lmt* (< *'almant*), möglicherweise auch arab. *'armalatun* (< *'almanatun*?). Es ist sicher, daß -(*a*)*t* die Femininendung ist, möglich (aber nicht sicher), daß das *'a*- auch das Präformativ einer adjektivischen *'aqtal*-Bildung ist. Dann wäre die Wurzel *lmn* (vgl. akk. *lemnu* 'schlecht', wenn aber *lemnu* < *lā imnu* ist, besagt das nicht viel). Andere altorientalische Ausdrücke für 'Witwe' sind sum. *nu-mu-(un-)su* (Nebenform *na-ma-su*) und *nu-kúš-ù* („die nicht zur Ruhe kommt"), äg. *ḫ3r.t*, heth. *wannumiyaš* SAL-*za*, griech. χήρα. In allen diesen Fällen, vielleicht mit Ausnahme des Sum., ist der entscheidende Terminus ein Adj., wobei das Subst. 'Weib' oft mit einbegriffen ist.

Im bibl. Hebr. hat das Wort אלמנה eine völlig negative Nuance. Es bezeichnet eine Frau, die ihrer männlicher Beschützer (Ehemann, Söhne, oft auch Brüder) beraubt worden ist. Als eine Person ohne lebende Verwandte, Geld oder Einfluß wird die Witwe oft zusammen mit der Waise (→ יתום Hi 22, 5f.; 24, 3; Jes 10, 2; Hi 31,17; Ps 94, 6; Mal 3, 5), dem Fremdling (→ גר Ps 94, 6; Mal 3, 5; Sach 7,10), dem Tagelöhner (שכיר Mal 3, 5), dem Armen (→ דל Jes 10, 2; Hi 31,16; → עני Jes 10, 2; Hi 24, 4. 9; Sach 7,10; → אביון Hi 24, 4; 31,19) und dem Leviten (Deut 14, 29) erwähnt.

2. Wie im AT sind Witwen, Waisen und andere Personen, die die normale Beschützung und Versorgung entbehren, in den Gesetzen des alten Mesopotamien ein besonderes Anliegen. Aber diese Fürsorge, deren sich der Gesetzgeber offen rühmt (F.Thureau-Dangin, Die sumerischen und akkadischen Königsinschriften 52 XII 23–25, Gudeastatue B VII 42f., Gudeazylinder B XVIII 6f., CH XL 61), kommt oft nicht zu einem entsprechenden Ausdruck im tatsächlichen Wortlaut der Gesetze. Trotzdem ist es die ausgesprochene Absicht des Gesetzgebers, die machtlosen Klassen – die Schwachen (*enšu*), die Mädchen ohne Familie (*ekūtu*) und die Witwen (*almattu*) zu verteidigen. In diesem Streben nimmt der menschliche Amtsträger nur die göttlichen Beschützer solcher hilflosen Personen zum Vorbild: Marduk (L.W. King, Babylonian Magic and Sorcery 12,13) und Nanše (E.I. Gordon, Sumerian Proverbs 197). „Obwohl *almattu* gewöhnlich dem modernen Wort 'Witwe' entspricht, bezeichnet es nicht einfach eine Frau, deren Mann gestorben ist, sondern eine verheiratete Frau, die keine finanzielle Unterstützung von einem männlichen Mitglied ihrer Familie – Ehemann, erwachsenem Sohn oder Schwiegervater – genießt und also einerseits rechtlichen Schutz nötig hat und andererseits über sich selbst frei verfügen kann, entweder durch das Eingehen einer zweiten Ehe oder durch das Einschlagen eines Berufs" (CAD I/1, 364).

3. Aus dem pharaonischen Ägypten liegen zwar keine formalen Gesetzesurkunden vor, aber die Rechtsverwaltung lag regelmäßig in den Händen der Nomarchen, und diese – besonders im MR – rühmen sich in Grabinschriften, daß sie sich um den Schutz der Hilflosen gekümmert hätten. So sagt z.B. Ameni, Gaufürst des 16. Gaues unter Sesostris I.: „Es gab keine Tochter eines Bürgers, die ich mißhandelte, keine Witwe, der ich Gewalt antat ... es gab keinen Armen ... und keinen Hungrigen zu meiner Zeit ... Ich gab der Witwe ebenso wie der, die einen Gatten hatte und zog beim Geben nie den Großen dem Kleinen vor" (Ameni 20; Urk VII 16; Erman-Ranke 105). Der beredte Bauer schmeichelt seinem Richter Rensi wie folgt: „Du bist der Vater der Waise, der Gatte der Witwe, der Bruder der Geschiedenen (B 1, 63; ANET 408). Dasselbe Wort *ḫ3r.t* 'verwitwet' wird metaphorisch von Ländern gebraucht (Israelstele 27).

4. In den heth. Texten werden Witwen nicht häufig erwähnt. Einmal nennt sich die Gemahlin des äg. Königs Nebhururija (Tutanchamun), die im heth. Text nur mit ihrem äg. Titel *taḫamunzu* 'Gemahlin des Königs' erwähnt wird, 'Witwe' (*wannumiyaš*). Ein anderer Text, der über die Verwaltung eines großen (königlichen?) Gutes berichtet, enthält eine Weisung an den Major domus, die Witwen mit Arbeit zu versorgen, so daß sie ihren Unterhalt verdienen können (1966/c, Z.7, ArOr 33, 1965, 337f.). Eine Sammlung von Vorschriften des heth. Herrschers für die Kommandanten der Provinzgarnisonen enthält u.a. die folgende Weisung: Wenn der Kommandant auf seiner Rundfahrt in eine Stadt kommt, soll er alle, die Rechtsansprüche haben, rufen und sie am Stadttor versammeln; dann soll er den Fall eines jeden zur Zufriedenheit der Klagenden behandeln. Besonders muß er Sorge tragen, drei Klassen zufriedenzustellen, nämlich den Sklaven, die Sklavin und die Witwe (KUB XIII 2 III 29f.).

5. In den ugar. Epen begegnen wir als wesentliche Funktion des Königs das Richten (d.h. Verteidigen) der Sache der Witwe. Im Aqhatepos (CTA 17 [II D] V 7–9) sitzt König Danel am Stadttor *jdn dn 'lmnt jṯpṭ ṯpṭ jtm* „er richtet das Recht der Witwe, er fällt das Urteil der Waise". Wie wichtig diese königliche Funktion ist, ersieht man aus der Anklage des jungen Prinzen Jaṣib, der seinen königlichen Vater tadelt und sagt: „Du richtest nicht das Recht der Witwe und fällst nicht das Urteil des Bedrückten (?) ... also steige von deinem Königtum nieder, daß ich König werde" (CTA 16 [II K] VI 33–34. 37). Phön. Texte aus späteren Jahrhunderten bezeugen nicht ausdrücklich diese Königsfunktion. König Ešmunʿazar von

Sidon nennt sich in seiner Sarginschrift „Waise, Sohn einer Witwe" (יתם בן אלמת אנך KAI 14, 3. 13), d.h. er wurde nach dem Tod seines Vaters geboren.

II. 1. Wie oben gesagt, wurde als Witwe die Frau bezeichnet, die keine finanzielle Stütze von einem erwachsenen männlichen Mitglied ihrer Familie (Mann oder erwachsenen Sohn) hatte. Wenn der Mann einer verheirateten Frau starb, wurde sie אלמנה und ihre Kinder יתומים (Ex 22, 23). Solange eine Frau ihre Söhne hatte, war sie auch als Witwe nicht ganz mittellos. Deshalb war die Aussicht, ihre Söhne zu verlieren, für eine Witwe besonders bitter (2 Sam 14, 5; 1 Kön 17, 20). Die Witwe, die durch Wiederverheiratung oder Selbstversorgung ihre Söhne zum Mannesalter brachte, wurde oft dadurch geehrt, daß mit dem Namen ihres Sohnes ihr Name statt des väterlichen Namens genannt wurde. Zeruah war die verwitwete Mutter Jerobeams, des ersten Königs von Israel (1 Kön 11, 26). Hiram, der Vorsteher der tyrischen Bauleute an Salomos Tempel, war der Sohn einer Witwe aus dem Stamm Naphtali, die einen Mann aus Tyrus geheiratet hatte (1 Kön 7, 14). Beispiele von Witwen ohne lebende Kinder sind Naemi, Ruth und Tamar (Judas Schwiegertochter, Gen 38, 11). Vgl. im NT 1 Tim 5, 5.

2. Wenn der Mann einer Frau starb, standen ihr drei Wege offen. Sie konnte wieder heiraten, wenn sie jung war oder eine reichliche Mitgift hatte. Sie konnte unverheiratet bleiben und sich selbst durch einen Beruf ernähren. Oder sie konnte ins Haus ihres Vaters zurückkehren. Eine Witwe, die noch keinen Sohn geboren hatte, wurde oft mit einem Bruder ihres Ehemanns in einer sog. Leviratsehe (→ יבמה) verheiratet. Die Leviratsehe wurde auch in priesterlichen Familien praktiziert (Ez 44, 22), obwohl es laut der allgemeinen Regel einem Priester untersagt war, eine Witwe, eine Geschiedene oder eine Dirne zu heiraten (Lev 21, 7. 14).

3. Witwen, die keine erwachsene Söhne hatten, wurde das Eigentum ihres verstorbenen Mannes anvertraut. Wenn eine Witwe einen jungen Sohn hatte, übernahm er, sobald er volljährig war, das Besitzrecht des väterlichen Eigentums und die Pflicht, seine Mutter zu versorgen. Hatte sie keinen Sohn, kaufte ihr der Bruder ihres Mannes (→ גאל) das Gut des Verstorbenen ab und nahm sie gleichzeitig als Frau. Der erstgeborene Sohn dieser Vereinigung wurde als Sohn des verstorbenen Mannes betrachtet und erbte sein Eigentum (Ruth 4). Daß die nicht wiederverheiratete Witwe Eigentum besitzen konnte, und auch besaß, wird impliziert, wenn davor gewarnt wird, das Land einer Witwe zu begehren oder sie in Zivilsachen zu betrügen (Deut 10, 18; 27, 19; Jes 1, 17. 23; Jer 7, 6; 22, 3 usw.). Gott nahm es auf sich, die Grenzen einer Witwe zu schützen (Spr 15, 25). Witwen ohne Besitz kehrten entweder ins Haus ihres Vaters zurück oder konnten sich als Prophetinnen Gott weihen (vgl. Hanna, Lk 2, 36ff.).

4. Solange der Ehemann einer Frau lebte und wenn sie es nach seinem Tode vorzog, ins Haus ihres Vaters zurückzukehren, hatte sie kein Recht, über Familienbesitz zu verfügen und konnte diesen also nicht ohne die Zustimmung ihres Vaters oder Ehemanns zur Erfüllung eines Gelübdes Gott weihen. Wenn sie aber als Witwe auf dem Grundstück ihres Mannes lebte, ohne dem Veto ihres Mannes oder Vaters unterworfen zu sein, konnte sie Teile ihres Eigentums in Erfüllung eines Gelübdes dem Tempel weihen (Num 30, 10).

5. Sowohl im Alten als auch im Neuen Testament werden Witwen, da sie gewöhnlich arm sind, oft wegen ihrer Freigiebigkeit und Frömmigkeit gelobt (1 Kön 17, 9f.; Mk 12, 42ff.; Lk 21, 1ff.).

III. Zweierlei bedurfte eine Witwe: Schutz gegen Ausbeutung und Unterstützung in der Not. Diese Pflichten der Frau gegenüber, die unter normalen Umständen dem Mann oder dem Vater oblagen, wurden, wenn beide fehlten, von der Gesellschaft im allgemeinen übernommen. Religiös ausgedrückt hieß es aber, daß Gott diese Verantwortung übernahm und sie der Gesellschaft auferlegte. Er war der Hüter der Witwe und der Vater ihrer Kinder (Ps 68, 6). Sie war vor ihren Gläubigern und vor denen ihres verstorbenen Mannes geschützt; sie durften kein Pfand von ihr nehmen (Deut 24, 17; Hi 24, 3) und weder sie noch ihr Eigentum als Beute (שלל) betrachten (Jes 10, 2). Das Recht des Zweifels stand ihr bei jedem Zivilprozeß zu (Ex 22, 21; Deut 10, 18; 27, 19; Jes 1, 17. 23; 10, 2; Jer 7, 6; 22, 3; Sach 7, 10; Mal 3, 5). Außer dem Schutz vor Ausbeutung genoß die Witwe gewisse Vergünstigungen, die eine Art Sozialversicherung darstellten. Jedes dritte Jahr sollten die Zehnten der Landwirtschaftsprodukte den Witwen, den Waisen, den Leviten und den Fremdlingen (גר) zufallen (Deut 14, 28f.; 26, 12f.). Am Wochenfest (Deut 16, 11) und am Laubhüttenfest (Deut 16, 14) erhielten die Witwen und andere verarmte und abhängige Leute Speise- und Weinportionen bei den feiernden Familien. Alljährlich wurden bei der Weizen- und Gerstenernte und bei dem Einsammeln von Trauben, Oliven und anderen Früchten die Nachlese der Äcker, Weingärten und Obstbäume den Armen, einschließlich der Witwen, gelassen (Lev 19, 9; Deut 24, 19–21; Ruth 2).

IV. Der bildliche Gebrauch des Worts 'Witwe' ist in allen altorientalischen Literaturen häufig. Auf der Israelstele (Z. 27) wird das Wort *ẖ3r.t* gebraucht, um geplünderte feindliche Länder zu beschreiben. In Stymphalos wurde die Göttin Hera, entsprechend ihrem alten Charakter einer Naturgottheit, im Frühling παῖς (oder παρθένος), im Sommer τελεία, im Winter χήρα (Witwe) genannt (Pausanias VIII 22, 2). Wenn Gott sein Volk Israel und dessen Land verläßt, kann es auch als אלמנה 'Witwe' (Jes 47, 8) und seine Lage als אלמנות (Jes 54, 4) bezeichnet werden.

Hoffner

אָמַן אֱמֶת, אָמֵן, אֱמוּנָה

I. Etymologie – II. Ableitungen – III. *Qal* – IV. *Niph* – 1. Formen – 2. Profaner Gebrauch des Part. und Perf. – 3. Theologischer Gebrauch des Part. – 4. Imperfekt – 5. Bedeutung – V. *Hiph* – 1. Problem – 2. Diskussion – 3. Streuung – 4. Rein menschlicher Gebrauch – 5. Theologischer Gebrauch – 6. Zusammenfassung – 7. Geschichte – VI. אמת – 1. Form – 2. Streuung – 3. Problem – 4. Rein menschlicher Gebrauch – 5. Gottes אמת – VII. אמונה in Anwendung – 1. auf den Menschen – 2. auf Gott – VIII. אמן – IX. Zusammenfassung.

Lit.: *J. Alfaro*, Fides in terminologia biblica (Gregorianum 42, 1961, 463–505). – *P. Antoine*, Foi (DBS III 1938 276–291). – *J. Barr*, The Semantics of Biblical language, 1961, deutsch: Bibelexegese und moderne Semantik, 1965, bes. 164ff. – *Fr. Baumgärtel*, Glaube II, Im AT (RGG³ II 1588–1590). – *M. Buber*, Zwei Glaubensweisen, 1950. – *J.C.C. van Drossen*, De derivate van den stam אמן in het Hebreeuwsch van het OT, Amsterdam 1951. – *G. Ebeling*, Jesus und Glaube (ZThK 55, 1958, 64–110 = Wort und Glaube, 1960, 203–254). – *A. Gelin*, La foi dans l'Ancien Testament (Lumière et Vie 22, 1955, 431–442). – *A. G. Hebert*, „Faithfulness" and „Faith" (Theology 58, 1955, 373–379). – *M.-L. Henry*, Glaubenskrise und Glaubensbewährung in den Dichtungen der Jesajaapokalypse (BWANT V 6) 1967. – *P. Michalon*, La foi, rencontre de Dieu et engagement envers Dieu, selon l'Ancien Testament (NRTh 85, 1953, 587–600). – *A. Schlatter*, Der Glaube im Neuen Testament, ⁴1927, 557ff. – *G. Segalla*, La fede come opzione fondamentale in Isaia e Giov. (Studia Patavina 15, 1968, 355–381). – *T.F. Torrance*, One Aspect of the Biblical Conception of Faith (ET 68, 1956/57, 111–114 = Conflict and Agreement II 74–82). – *S. Virgulin*, La „Fede" nella profezia d'Isaia (BiOr 2, 1961). – *Ders.*, Isaian and Postisaian Faith (Euntes Docete, Rom 16, 1963, 522–535; 17, 1964, 109–122). – *Th.C. Vriezen*, Geloven en Vertrouwen, Nijkerk 1957. – *A. Weiser*, Glaube und Geschichte im Alten Testament (BWANT IV 4), 1931.

Zu V.: *L. Bach*, Der Glaube nach der Anschauung des Alten Testaments (BFChTh IV/6, 1900, 1–96). – *J. Boehmer*, Der Glaube und Jesaja (ZAW 41, 1923, 84–93). – *H. W. Heidland*, Die Anrechnung des Glaubens zur Gerechtigkeit (BWANT IV 18), 1936. – *C.A. Keller*, Das quietistische Element in der Botschaft des Jesaja (ThZ 11, 1955, 81–97). – *J. Pedersen*, Israel, its life and culture I–II, Kopenhagen 1926, 336ff. – *E. Pfeiffer*, Glaube im Alten Testament (ZAW 71, 1959, 151–164). – *R. Smend*, Zur Geschichte von האמין (Hebräische Wortforschung, Festschrift W. Baumgartner, VT Suppl. XIV 284–290). – *A. Weiser*, Glauben im Alten Testament (Festschrift G. Beer, 1935, 88–99). – *Ders.*, Der Stamm אמן und verwandte Ausdrücke (ThWNT VI 182–197). – *H. Wildberger*, Erwägungen zu האמין (Hebräische Wortforschung, Festschrift W. Baumgartner, VT Suppl. XIV 372–386). – *Ders.*, „Glauben" im Alten Testament (ZThK 65, 1968, 129–159). – *E. Würthwein*, Jesaja 7, 1–9 (Theologie als Glaubenswagnis, Festschrift K. Heim, 1954, 47–63).

Zu VI: *R. Bultmann*, Der Begriff der Wahrheit im Alten Testament und unter alttestamentlichem Einfluß (ZNW 27, 1928, 113–134). – *W.A. Irwin*, Truth in Ancient Israel (JR 9, 1929, 357–388). – *L.J. Kuyper*, Grace and Truth (The Reformed Review 16/1, 1962, 1–16). – *D. Michel*, 'Ämät. Untersuchung über „Wahrheit" im Hebr. (Archiv für Begriffsgeschichte 12, 1968, 30–57). – *E. Th. Ramsdell*, The Old Testament Understanding of Truth (JPOS XXXI 1951, 264–273).

Zu VII: *M.A. Klopfenstein*, Die Lüge nach dem Alten Testament, 1964. – *E. Perry*, The Meaning of ᵉmuna in the Old Testament (JBR 21, 1953, 252–256). – *S. Virgulin*, La אמונה in Abacuc 2, 4 b (Divus Thomas 99, 1969, 92–97).

Zu VIII: *G. Dalman*, Die Worte Jesu, 1898, 185–187. – *H.W. Hogg*, Amen (JQR IX 1897, 1ff.). – *A.R. Hulst*, Het woord „Amen" in het Oude Testament (Kerk en Eredienst VIII, 1953, 50–68). – *I. Lande*, Formelhafte Wendungen der Umgangssprache im Alten Testament, 1954. – *E. Pfeiffer*, Der alttestamentliche Hintergrund der liturgischen Formel „Amen" (KuD IV 129–141).

I. Von den verwandten semitischen Sprachen her läßt sich für die hebräische Wurzel אמן kaum ein besseres Verständnis erzielen. Sie ist bisher weder im Akk. noch im Ugar. bzw. Kanaan.-Phön. mit Sicherheit nachzuweisen; die hebr. Belege sind also z.Z. die ältesten. Die *Hiphil*-Form des Hebr. ist dann wohl vom Syr. und Arab. übernommen worden, wahrscheinlich auch vom Äth. Doch hat das Aram.-Syrische die Wurzel auch unabhängig vom Hebr., aber, wie es scheint, vor allem zur Bezeichnung zeitlicher Dauer; vgl. die Übersetzungen bei Brockelmann, Lex Syr² 25: für *'t'mn* perseveravit, für *'mjn'* constans, semper, continuo. Danach ist wohl auch der älteste aramäische Beleg (KAI 266, 3) besser zu übersetzen: „Wie die Tage des Himmels *beständig* (sei der Pharao oder sein Thron)." Für das arabische Verb gibt Wehr an: 'treu, zuverlässig sein, bzw. in Sicherheit sein'; dementsprechend bedeuten die abgeleiteten Nomina: 'Sicherheit, Ruhe, Frieden oder Zuverlässigkeit, Treue'.

Es ist bei diesem Befund schwierig, von den (gemessen am Beginn ihrer Literatur) so sehr viel jüngeren Sprachen des Aram. und Arab. her Schlüsse auf eine „Grundbedeutung" der Wurzel zu ziehen; wenn sie überhaupt noch faßbar ist, müßte sie dem Hebr. eher zu entnehmen sein als dem Syr. oder Arab. Gewiß können auch in später bezeugten Sprachen alte Bedeutungen sich erhalten. Aber ob in diesem Fall das Arab. mit „treu" und „sicher" oder das Syr. mit „dauernd" der Grundbedeutung näher steht, wird sich schwer entscheiden lassen. Im übrigen kann man nicht einmal aus der eindeutigen Grundbedeutung eines Wortes den in der Sprachgeschichte gewachsenen Sinn mit Sicherheit ableiten. So läßt sich der Sinn der von der Wurzel אמן abgeleiteten Worte schwerlich aus einer Grundbedeutung erklären. Denn einmal kennen wir diese nicht und zum anderen kann die Entwicklung der Worte weit von ihr abführen. Der Sinn der Worte erschließt sich nicht von der (mehr oder weniger sicheren) Etymologie her, sondern nur durch die genaue Beobachtung des Sprachgebrauchs (das wird auch von Pfeiffer, KuD 131 im Anschluß an Albright und Delitzsch betont, wenn in ZAW auch nicht praktiziert).

II. Die Wurzel אמן taucht in folgenden Formen auf:
1. als Verbum im *qal*, *niph* und *hiph*. Es wird allerdings diskutiert, ob die *qal*-Formen wirklich zu der hier zu behandelnden Wurzel gehören. So nimmt im Gegensatz zu GesB und KBL² Baumgartner in KBL³ zwei verschiedene Wurzeln an;
2. als Nomen a) in der Form *'æmæt*, wohl aus *'amint* (Näheres s.u. VI), b) in *qaṭūl*- bzw. *qᵉṭūl*-Bildungen: *'æmūnāh*, *'ēmūn*, *'æmūnīm*, *'æmūnē* (s.u. VII), c) in einer Segolatbildung nach *quṭl*: *'ŏmæn*, dazu fem *'ŏmnāh*; mit adverbialer Endung *'ŏmnām*, *'umnām*, d) in der Form *'ᵃmānāh*;
3. als ursprüngliche Adjektivform nach *qaṭil*: *'āmēn* (s.u. VIII).
Wieweit diese verschiedenen Ableitungen einen ähnlichen Sinn haben, oder ob sie jeweils eine eigene Bedeutung erhalten haben, kann sich auch wieder nur aus dem Sprachgebrauch ergeben.

III. Das *qal* des Verbums kommt eindeutig zunächst nur im Part. akt. vor, als Mask. Num 11,12; dann 2 Kön 10,1. 5; Esth 2,7; Jes 49, 23; als Fem. 2 Sam 4, 4; Ruth 4,16. Gemeint sind Männer und Frauen, die mit der Fürsorge für unmündige Kinder betraut sind oder sie auf sich nehmen. In 2 Kön 10 muß es sich um einen amtlichen Auftrag handeln; Vormünder dürften die *'ōmᵉnīm* kaum gewesen sein, wohl aber die mit der Führung und Erziehung verantwortlich Betrauten. Auch Mordechai vertritt nach Esth 2,7 (vgl. 20) an Esther Vater- und Mutterstelle; ob man ihn nun als Vormund bezeichnen will oder nicht, jedenfalls ist er für Esther mehr als ein fürsorglicher Wärter. Dasselbe dürfte auch für die Frauen gelten. Aller Wahrscheinlichkeit nach hat weder die *'ōmænæt* des fünfjährigen Meribaal als seine Amme fungiert noch hat Naemi den Obed als Amme versorgt. Vielmehr ist im ersten (und wohl auch im zweiten) Fall anzunehmen, daß es sich um die verantwortliche Betreuerin handelt, der das Kind „zu treuen Händen" übergeben ist, oder die, wie Naemi, die Betreuung verantwortlich übernimmt.
Eben einen solchen Auftrag, wie ihn ein *'ōmēn* hat, lehnt Mose ab, Num 11,12; aber gerade Könige werden solchen Auftrag übernehmen müssen, Israel bei seiner Heimkehr zu „betreuen" Jes 49, 23.
Zu der Bedeutung 'Betreuer, Betreuerin' paßt אמנה „Betreuung", Esth 2, 20. Ist damit aber der Sinn des Part. *qal* getroffen, so braucht man diese Formen nicht von den übrigen Formen der Wurzel אמן zu trennen. Das Part. *qal* hat wohl einen speziellen Sinn bekommen, den des verantwortlichen Betreuers, dessen Zusammenhang mit den übrigen Formen aber durchaus erkennbar ist.

Der Vorschlag von Albright, BASOR 94,18²⁸, dem Baumgartner zuzustimmen scheint, *'ōmᵉnim* von dem akk. *ummānu* abzuleiten, ist weder von der Form noch von dem Sinn her zu rechtfertigen. Damit fällt aber der für Baumgartner entscheidende Grund dahin, für die *qal*-Formen eine eigene Wurzel anzunehmen.

IV. 1. Das *niph* der Wurzel אמן taucht überwiegend im Ptz. auf, 32mal, dagegen im Perf. nur 5mal, im Impf. 8mal. Von diesen Stellen scheiden Hos 5, 9; 12,1 als unverständlich, bzw. verderbt aus; vgl. Rudolph, KAT I/21 z.St.; ebenso wohl auch 1 Chr 17, 24, wozu ebenfalls Rudolph, HAT z.St. zu vergleichen ist. So empfiehlt es sich, zunächst nach dem Sinn des Part. zu fragen; da sich aber zeigt, daß das Perf. in der gleichen Bedeutung gebraucht wird, werden die Perf.-Formen mit dem Ptz. zusammen behandelt.
Das Ptz. נאמן wird durchweg im nominalen, d.h. im adjektivischen Sinn gebraucht. Es ist daher nicht angebracht, von der verbalen Ableitung auszugehen; denn diese scheint kaum mehr bewußt zu sein.
2. a) In der verhältnismäßig seltenen Anwendung auf „Sachen" bedeutet *næ'æmān* 'andauernd, beständig, fest'. So Deut 28, 59 von Schlägen und Krankheiten, die nicht aufhören; Jes 33,16; Jer 15,18 vom Wasser, das beständig fließen soll oder eben nicht mehr fließt; Jes 22, 23. 25 von einem festen Ort, an dem ein Pflock so eingeschlagen wird, daß er hält.
b) Was *næ'æmān* in der Anwendung auf Personen meint, zeigen Spr 25,13; Jes 8, 2; Jer 42, 5; Neh 13,13; 1 Sam 22,14. An allen Stellen sind Menschen gemeint, die verläßlich sind: so der Bote, auf den sein Herr sich verlassen kann; der Zeuge, dessen Aussage zuverlässig ist (Jer 42, 5

wird Gott selbst als „zuverlässiger Zeuge“ benannt); die Priester, die die ihnen gestellte Aufgabe zuverlässig ausführen; endlich David, denn auf welchen unter den Knechten Sauls sollte man sich verlassen können, wenn nicht auf ihn? Dabei scheint an allen Stellen der Ton darauf zu liegen, daß solche Zuverlässigkeit keine Selbstverständlichkeit ist; sie soll daher besonders herausgestellt werden.

c) Das klingt auch an den wenigen Stellen an, an denen, vor allem in der Weisheit, von den *nœ'œmānīm* im allgemeinen gesprochen wird. So Spr 11,13: „Wer verläßlichen Geistes (נאמן־רוח) ist, deckt Geheimnisse zu“; Spr 27, 6: „Im Gegensatz zu den Küssen des Hassers ist der Freund verläßlich, selbst wenn er schlägt.“ Solchen Verläßlichen gilt daher das besondere Wohlgefallen des Königs (Ps 101, 6). Es ist aber ein Zeichen göttlicher Allgewalt, daß Gott selbst den Zuverlässigen die Sprache entzieht (Hi 12, 20).

3. Im eigentlich theologischen Gebrauch taucht das Wort in verschiedenen Zusammenhängen auf.

a) Auf Gott selbst wird es selten angewandt; vgl. dagegen unten zu אמת. Nur Jes 49,7 wird JHWH נאמן genannt und Deut 7, 9 als האל הנאמן bezeichnet, als der Gott, auf den man sich verlassen kann, der zu seiner Verheißung steht. Jer 42, 5 wird Jahwe als der wahrhaftige und zuverlässige Zeuge angerufen, als wäre er der einzige, der als solcher gelten kann. Einige Male, Ps 19, 8; 93, 5; 111,7, werden Gottes Satzungen und Gebote נאמן genannt, als solche, auf deren Gültigkeit man sich verlassen kann, weil sie teilhaben an Gottes Zuverlässigkeit. Man wird schwerlich hier die Sachbedeutung annehmen, also „dauerhaft“ übersetzen dürfen.

b) Auf das Verhältnis einzelner Menschen zu Gott wird נאמן nur einige Male bezogen, wieder wohl ein Hinweis darauf, daß diese in besonderer Weise herausgehoben werden sollen. Das geschieht bei Abraham, Neh 9, 8, wo es in dem Gebet der Gemeinde heißt: „Du fandest sein Herz נאמן vor dir“, d.h. doch wohl: Unbedingt dir zugewandt. Ob dabei an den Glauben Abrahams, Gen 15, 6, oder an sein Verhalten nach Gen 22 gedacht ist, mag unsicher sein. Für das letzte könnte Sir 44, 20 sprechen, wo es heißt: בניסוי נמצא נאמן „In seiner Versuchung ward er als *nœ'œmān* erfunden“, d.h. als beständig, treu, verläßlich. (Der Wortlaut ist auch 1 Makk 2, 52 vorausgesetzt, wo πιστός steht.) Da solches Verhalten als נאמן für Priester nicht selbstverständlich ist, muß Gott sich einen Priester erwecken, auf den er sich verlassen kann (1 Sam 2, 35). Es bedarf der Läuterung Gottes, wenn eine Bürgerschaft (קריה, „Stadt“), die einstmals Gott gegenüber fest, treu und verläßlich war, es wieder werden soll (Jes 1, 21. 26). Daß auch hier ein personaler Bezug vorliegt, ist wohl deutlich.

Zwei weitere, hierher gehörende Aussagen sind in ihrer genauen Übersetzung umstritten, die Worte über Mose und Samuel, Num 12,7 und 1 Sam 3, 20. Die eine Möglichkeit ist, נאמן wie oben als 'verläßlich' zu verstehen. Dann würde es von Mose heißen: Im Gegensatz zu Aaron und Mirjam ist er in meinem ganzen Hause zuverlässig und treu; und von Samuel: Ganz Israel erkannte, daß Samuel verläßlich war als Prophet für JHWH. Doch beide Aussagen fügen sich dem Zusammenhang nur schwer ein. So hat man erwogen, die Partizipialform hier mehr verbal zu verstehen als: „betraut, bevollmächtigt“. Dann würde Num 12,7 bedeuten: „In meinem ganzen Haus ist er (allein) bevollmächtigt“ und 1 Sam 3, 20: „. . ., daß Samuel berufen war als Prophet JHWHs“ (so nach Älteren; vgl. schon Calmet z.St., Klostermann, Hertzberg, GesB, KBL³ u.a.). Gegen einen solchen verbalen Sinn ist an sich nichts einzuwenden, aber die Ableitung von אמן macht doch Schwierigkeiten. In beiden Fällen aber ist deutlich, daß von Mose und Samuel eine Aussage gemacht werden soll, die ein einmaliges Verhältnis zur Gottheit, ja, ein besonderes Urteil Gottes über die beiden zum Ausdruck bringt. (Zu den Schwierigkeiten des Textzusammenhangs in 1 Sam 3,19–21 vgl. die Kommentare, besonders Klostermann, Budde, Caspari.)

c) Häufiger taucht נאמן auf, wo es um die Zusage für die Dynastie Davids geht. Das geschieht in verschiedener Weise. 2 Sam 7,16 und 1 Sam 25, 28 heißt es, daß sein Haus נאמן sein soll; Ps 89, 38 ist es seine Nachkommenschaft, Ps 89, 29 Gottes ברית = 'Verheißung', und Jes 55,3 sind es die Hulderweise an David. Daß hier nur Übersetzungen wie 'beständig, dauernd, fortwährend' angebracht sind, ist deutlich, wird außerdem durch das parallele עולם an den drei letzten Stellen gesichert. Von dieser Verheißung für das Davidshaus ist wohl erst die für das Haus des von Gott erweckten Priesters (1 Sam 2, 35) und die für das Haus Jerobeams (1 Kön 11, 38) abgeleitet. In allen drei Fällen ist vorausgesetzt, daß die Dauer eines Hauses nichts Natürliches ist, sondern durch eine Zusage Gottes gewährleistet wird. Solche Zusagen Gottes haben ebenfalls Dauer und Bestand (s.u. zu Jes 7, 9).

d) Im Gegensatz zum Verhalten Gottes steht das Israels, wie es im Ps 78, 8. 37 dargestellt wird. Auch hier, wie an den drei anderen Perfektstellen, dürfte die Bedeutung: '*nœ'œmān*-sein' am nächsten liegen. Da beide Male in Parallele steht: „Ihr (sein) Herz war nicht fest (נכון)“, liegt eine Übersetzung wie: „Sie waren nicht beständig“ wohl nahe. v. 37 würde dann heißen: „Ihr Herz war nicht fest bei ihm und sie waren nicht beständig an seiner Verheißung.“ Auch v. 8 könnte sich diesem Verständnis einfügen mit seiner Aussage über das widerspenstige und trotzige Geschlecht: „Ein Geschlecht, dessen Herz nicht fest war und dessen Geist nicht beständig war mit Gott."

4. Die sieben Formen des Imperfekt *niph* teilen sich in zwei Gruppen. An fünf Stellen wird das Imperfekt mit *dābār* verbunden. So zunächst Gen 42, 20; hier geht es darum, daß das Wort der Brüder sich Joseph gegenüber als „wahr, zuverlässig" erweist, daß man sich also auf ihr Wort verlassen kann. An den anderen Stellen wird vom Gotteswort gesprochen. Zuerst 1 Kön 8, 26, wo Salomo darum bittet, daß Gottes Verheißung an David sich als ein zuverlässiges Wort erweise. Der Chronist übernimmt diese Stelle, 2 Chr 6, 17, und fügt die gleiche Formulierung in seine Wiedergabe von 1 Kön 3,6 : 2 Chr 1,9, und in die von 2 Sam 7, 25: 1 Chr 17, 23, ein. Es scheint, daß gerade der Chronist besonderen Wert darauf legt, daß Gottes Wort, seine Verheißung, sich erfülle und damit sich als zuverlässig erweise. „Sich als zuverlässig erweisen" wäre dann wohl die beste Umschreibung dieser Formulierung. Es bleibt noch die Stelle Jes 7, 9 und deren Wiedergabe in 2 Chr 20, 20. Sie können erst im Zusammenhang mit den *hiph'il*-Formen behandelt werden.

5. Die Beobachtung des Sprachgebrauchs hat ergeben, daß die *niph'al*-Formen von אמן ganz überwiegend von Gott und Menschen, bzw. ihren Äußerungen gebraucht werden, während die Sachbezüge stark zurücktreten. Es ist daher doch wohl eine *petitio principii*, wenn Weiser von den Sachbezügen ausgeht, aus ihnen einen Formalbegriff entwickelt und diesen dann auf die personalen Bezüge überträgt. So kommt dann, im Anschluß an Weiser, Ebeling für נאמן zu der Deutung, „daß etwas dem entspricht, was es zu sein verspricht" (Ebeling 71 = 211). Demgegenüber läßt sich zunächst nur feststellen, daß in Beziehung auf Sachen eine Bedeutung wie 'andauernd, beständig' anzunehmen ist, in Beziehung auf Personen aber, 'zuverlässig'. In keinem Fall ist eine spezifische Eigenschaft gemeint, etwas, was es zu sein verspricht. Weder Krankheiten und Plagen, noch Wasser oder gar eine Dynastie versprechen dauernd zu sein; eher könnte man sagen, es solle in Verheißung („Haus") und Drohung („Plagen") das nicht Spezifische, ja geradezu Unerwartete ausgesagt werden, daß nämlich eine Dynastie Bestand hat, oder daß eine Seuche nicht aufhört. Noch weniger umschreibt der personale Gebrauch etwas Spezifisches; daß die Priester Nehemias zuverlässig sind, gehört nicht zu ihrem Priestertum, sondern zu ihrer Person, das gleiche gilt für andere genannte Personen und Personengruppen. Durchweg ist mit der Aussage des נאמן etwas Besonderes, nicht selbstverständlich zu Erwartendes angedeutet.

Wollte man im Deutschen eine Übersetzung suchen, die die verschiedenen Bedeutungen zusammenfaßte, läge wohl 'beständig' am nächsten, das sowohl die Dauer von Sachen, wie die Festigkeit und Zuverlässigkeit von Personen umschreiben kann. Solches „sich als beständig erweisen" hat zur Folge, daß man darauf bauen und damit rechnen kann.

V. 1. Das Problem der *hiph'īl*-Form wird deutlich durch die verschiedenen Übersetzungen und Erklärungen, die für das Wort vorgeschlagen werden. Eine Auswahl aus den versuchten Umschreibungen mag das anschaulich machen.

Pedersen (347) bemerkt: „To make a man true, *hæ'æmīn*, means the same, as to rely on him. It implies in his having the will and power to maintain the claims of the covenant ... The weaker members of the covenant help to uphold the stronger by their confidence. They *make* him 'true', i.e. firm, sure and strong"; „to consider a soul firm and thus to contribute to it firmness, that is to 'make true', to believe in it" (vgl. auch 348).

Eichrodt (ThAT II[5] 190) sagt: „Zur Bezeichnung dieser (positiven) Beziehung taucht an mehreren Stellen das Wort האמין auf, 'für fest, zuverlässig halten, Zuverlässigkeit finden bei', womit der Nerv des wagenden Verhaltens Gott gegenüber aufs glücklichste erfaßt ist." Dazu Anm. 40: „Da als die Grundbedeutung des Stammes אמן im Arab. 'sicher, ungefährdet sein' anzusehen ist, könnte man für האמין auch die Übersetzung 'als gesichert ansehen, Sicherheit finden bei' zur Wahl stellen."

Weiser (ThWNT) umschreibt: „Zu etwas Amen sagen mit allen Konsequenzen für Objekt und Subjekt", und bemerkt dazu: „Der אמן-Begriff bezieht die Gesamtheit der menschlichen Lebensäußerungen in das Gottesverhältnis mit ein." Ebeling (212) schließt daraus: „Das Hiphil האמין hat kausativ, bzw. deklarativ die Bedeutung: etwas נאמן sein lassen, bzw. für נאמן erklären, also gelten lassen, bzw. ihm das zusprechen, daß es dem entspricht, was es verspricht."

Dagegen heißt es bei v. Rad (ThAT I[5] 185): „Glauben heißt im Hebräischen 'sich fest machen in Jahwe' (daher die Präposition ב nach האמין). Der Gegenstand, auf den hin Abraham seinen Glauben nach Gen 15, 6 ausgerichtet hat, ist aber – wie meist im AT – etwas Künftiges."

O. Procksch übersetzt (ThAT 604) האמין als „bewährt werden, treu werden". Bei A. Schlatter (Glaube[3] 560) liest man: „Den Gegensatz zu diesen unbefestigten Zuständen der Seele, die Betätigung der innerlichen Festigkeit durch Zuversicht und Vertrauen, in der die Erhaltung der Gemeinschaft ebenfalls eine wesentliche Bedingung hat, nennt man האמין." Ähnlich bei Wildberger (385): „Der ursprüngliche, durchaus noch konkrete Sinn der Wurzel אמן ist 'fest, zuverlässig', die Bedeutung des hi. demnach 'fest sein (oder werden), Festigkeit haben oder gewinnen'."

Diese Beispiele müssen genügen, um die ganze Variationsbreite der Auslegungsmöglichkeiten anzudeuten, von einer Aussage über den, den man fest macht, bis zu der über den, der selbst Festigkeit hat. Diese verschiedenen Deutungen sind gewonnen 1. auf dem Wege der Etymologie, indem man den Sinn des Verbums aus dem ursprünglichen Sinn der Wurzel אמן abzuleiten versucht; vgl. z.B. Eichrodt und Wildberger; 2. durch Besinnung auf die Bedeutung des *hiph*, die aber sehr verschieden verstanden wird und daher zu verschiedenen Deutungen Anlaß gibt; vgl. z.B. Pedersen und Ebeling; 3. durch eine unterschiedliche Beurteilung des alt- und neutestamentlichen Glaubensbegriffs. Während Schlatter die Wurzel אמן nur anhangsweise zu der neutestamentlichen Darstellung behandelt, ist bei Weiser und ihm folgend bei Ebeling die at.liche Vorstellung vom Glauben die unmittelbare Vorstufe der nt.lichen Glaubensaussage.

2. Die Tragfähigkeit dieser Überlegungen ist zunächst zu prüfen. Was die Ableitung vom Sinn der Wurzel אמן angeht, ist dazu oben das Nötige gesagt. Näher liegt es, von der Bedeutung des *hiph* auszugehen. Aber, wenn man ansieht, was die Grammatiken (etwa GKa[28] § 53c–g, oder Brockelmann, Synt 36) zur Bedeutung des *hiph* sagen, wird dieser Weg alsbald sehr fraglich, denn es wird eine große Mannigfaltigkeit in der Verwendung des *hiph* konstatiert. Seine Beziehung zur Bedeutung der Wurzel ist nicht nur kausativ („veranlassen, daß etwas geschieht" oder „jemanden zu etwas machen"), sondern muß in der verschiedensten Weise umschrieben werden, wenn der jeweilige Sinnzusammenhang recht verstanden werden soll. Wenn Brockelmann außer der kausativen Bedeutung sechs weitere Möglichkeiten angibt (für gerecht *erklären*; fett *werden*; töricht *handeln*; Hörner *bekommen*; in Jubel *ausbrechen*; = *qal*), so zeigt das, daß die Einordnung in eine bestimmte Bedeutungskategorie des *hiph* erst aus dem Sprachgebrauch sich erheben läßt, daß man also nicht von einer solchen Einordnung ausgehen kann. Die ganze Diskussion um das Verständnis des *hiph* von אמן, die darauf gerichtet ist, zuerst zu klären, ob das *hiph* hier kausativ, deklarativ, innerlich transitiv zu verstehen ist (vgl. etwa Pfeiffer und Wildberger), kann nicht zum Ziel führen. Zuerst muß geklärt werden, wie das Wort gebraucht wird; dann kann vielleicht sich ergeben, in welche Kategorie das *hiph hæ'æmīn* gehört. Theoretisch wäre sogar denkbar, daß dieses *hiph* eine besondere Kategorie darstellt, die von den sonst beobachteten sich noch unterschiede. Die Frage nach der grammatischen Einordnung dieses *hiph* kann daher erst am Ende gestellt werden.

Was den dritten Punkt angeht, so wird der Unterschied an dem Gegenüber von Schlatter und Ebeling anschaulich. Beide wollen dem Sinn des האמין nachgehen. Aber Schlatter behandelt das alttestamentliche Wort in einem Anhang; er kann den Sinn des Glaubens im NT darstellen, ohne zuvor das alttestamentliche Wort zu behandeln. Ja, er scheint bewußt auf einen solchen Vorspann verzichtet zu haben, um das eigentliche der nt.lichen Aussagen herauszuheben. Ebeling greift bewußt auf at.liche Gedanken zurück, um eine Wurzel des nt.lichen Glaubensbegriffs aufzudecken. Aber was er dann darstellt, ist nicht nur Auslegung des האמין, sondern Entwicklung der at.lichen Gottesaussagen in ihrer Gesamtheit. Das ist im Blick auf sein Ziel durchaus richtig; was at.licher Gottesglaube als Voraussetzung des nt.lichen Glaubens bedeutet, ergibt sich nur aus der Gesamtheit des AT (vgl. etwa seine Aussagen: „Gott und Glaube gehören zusammen"; der Glaubensbegriff hängt damit zusammen, „daß der Gott Israels der Gott der Geschichte ist", sowie sein Schluß aus Deut 6). Aber all das geht weit über das hinaus, was aus dem Sprachgebrauch des האמין zu erschließen ist. Darum aber geht es, festzustellen, in welcher Bedeutung diese Form im AT gebraucht wird. Ob diese dann eine Beziehung, und wenn ja, welche sie zu den nt.lichen Aussagen vom Glauben hat, kann erst später festgestellt werden.

3. האמין findet sich in folgenden Konstruktionen: Mit ב: Gen 15, 6; Ex 14, 31; 19, 9; Num 14,11; 20,12; Deut 1, 32; 28, 66; 1 Sam 27,12; 2 Kön 17,14; Jer 12, 6; Jon 3, 5; Mi 7, 5; Ps 78, 22. 32; 106,12; 119, 66; Spr 26, 25; Hi 4,18; 15,15. 31; 24, 22; 39,12; 2 Chr 20, 20. Mit ל: Gen 45, 26; Ex 4,1. 8². 9; Deut 9, 23; 1 Kön 10,7; 2 Chr 9, 6; Jes 43,10; 53,1; Jer 40,15; Ps 106, 24; Spr 14,15; 2 Chr 32,15. Mit Inf.: Ps 27,13; Hi 15, 22. Mit כי-Satz: Ex 4, 5; Hi 9,16; 39,12; Kl 4,12. Absolut: Ex 4, 31; Jes 7, 9; 28,16; Hab 1, 5; Ps 116,10; Hi 29, 24; 39, 24.

Ri 11, 20 und Jes 30, 21 ist der Text sehr wahrscheinlich zu ändern, zumindest so unsicher, daß aus dem Vorkommen des *hæ'æmīn* hier keine Schlüsse gezogen werden können; doch vgl. zu Ri 11, 20 Fohrer zu Hi 24, 22.

Ebenso wichtig ist die Aufgliederung nach den Gattungen: In erzählenden Zusammenhängen findet sich האמין 24 mal, dazu in vier Psalmenstellen; in prophetischen Sprüchen 7 mal; in sonstigen Psalmen 4 mal; in der Weisheit 11 mal. Diese (sehr grobe) Einteilung zeigt immerhin so viel, daß das Wort in der Prophetie und in den Psalmen nicht besonders häufig ist, wohl aber in den Erzählungen von Israels Frühzeit und in der Weisheit mehrfach auftritt. Da in der ersten Gruppe der theologische Bezug vorherrscht, in der Weisheit der profane, wird es sich empfehlen, von letzterer auszugehen.

4. In den beiden Stellen Spr 14,15; 26, 25 hat האמין einen deutlich negativen Klang; es ist das Zeichen eines Toren, wenn er jedem Worte traut, wenn er alles glaubt. Erst recht ist Vorsicht geboten, wenn ein Schmeichler redet, ja gerade, wenn er freundlich spricht: Verlaß dich nicht auf ihn. Wenn es darum geht, auf jemanden oder

etwas zu bauen und sich auf etwas zu verlassen, dann ist das immer riskant. Auf wen kann man sich schon verlassen?

Derselbe Klang scheint auch den Wortgebrauch in Hiob zu bestimmen; jedenfalls ist festzustellen, daß an allen neun Stellen das Wort mit einer Negation verbunden ist (in 39,12 liegt der negative Sinn in der Frage). Man wird daher auch nicht ohne zwingenden Grund eine dieser Negationen streichen dürfen.

Gott kann sich nicht einmal auf seine Diener, seine Heiligen verlassen (4,18; 15,15), geschweige denn auf Menschen. Keiner ist so rein und zuverlässig, daß Gott ihm trauen dürfte. Diese Sätze handeln wohl von Gott, meinen aber ein Urteil über den Menschen, der eben nicht vertrauenswürdig ist. So wenig wie auf Menschen kann man sich auf den Wildstier verlassen, von dem also wie von einem Menschen gesprochen wird (39,12): Kannst du dich auf ihn verlassen, daß er wirklich ...? Seine Kraft ist zu ungebärdig, als daß sie zu zähmen wäre, als daß man ihr trauen könnte.

Eine auch Deut 28, 66 verwendete Redensart steht Hi 24, 22, wo von dem Machthaber die Rede ist, der durch Gottes Beistand wieder ersteht, selbst wenn er „auf sein Leben sich nicht mehr verlassen kann", also am Leben verzweifelt. Der Sinn des Ausdrucks steht fest, auch wenn der Zusammenhang im Hiobbuch zweifelhaft ist; denn auch Deut 28, 66 kann es nur heißen: Du wirst am Leben verzweifeln.

Der Zweifel am Gegenüber wird auch 9,16 deutlich; hier ist Gott es, auf den sich Hiobs Zweifel bezieht: „Wenn ich riefe und er mir Antwort gäbe, kann ich mich doch nicht darauf verlassen, daß er meine Stimme wirklich hört." Die übliche Übersetzung: „Ich glaube nicht, daß ..." schwächt die Aussage ab, vgl. Budde, Komm. z. St.

Derselbe Sinn ist auch 15, 22 zu erkennen. Der Frevler „kann sich nicht darauf verlassen, kann nicht damit rechnen, daß er umkehre aus der Finsternis, daß er ihr entkomme", vielmehr ist er dem Schwert ausgeliefert.

In allen diesen Stellen wird האמין gebraucht, wenn es darum geht auszusagen, daß man sich auf das jeweilige Gegenüber eben nicht verlassen kann. Es wäre in diesen Fällen fast ein leichtfertiges, törichtes Unterfangen, vor dem gewarnt wird.

Die drei letzten Hiobstellen sind nach Text und Zusammenhang schwierig, so daß sie kaum zur Klärung der Wortbedeutung beitragen können. 15, 31 fügt sich freilich dem bisherigen Ergebnis ein: „Er (der Frevler) verlasse sich nicht auf Nichtiges"; nur paßt diese Aufforderung nicht in die Darstellung des Frevlers und seines Schicksals. Sie wird daher meist als Glosse angesehen; vgl. Beer, Duhm, Budde, Fohrer u.a. z. St. 29, 24a ist syntaktisch schwierig und wird daher sehr verschieden ausgelegt; oft wird das לא gestrichen, doch dagegen siehe oben. Mit van Doorsen, Pfeiffer, Wildberger kann man das לא יאמינו als abgekürzten Relativsatz fassen: „Ich lächelte ihnen zu, wenn sie verzweifelten", d.h. wenn sie nichts hatten, worauf sie sich noch verlassen konnten. 39, 24 hat mannigfache Deutungen erfahren. Wenn man nicht, mit Duhm u.a. יימין konjizieren will (was Jes 30, 21 immerhin nahelegen könnte), muß man feststellen, daß האמין nur hier ein Tier als Subjekt hat; doch wäre das in solchem Zusammenhang wohl nicht ausgeschlossen. Schwieriger ist der syntaktische Aufbau; כי קול שופר ist kaum sinnvoll zu konstruieren. Für das לא יאמין wird die Bedeutung: „Es hält nicht stand" angenommen, ohne daß diese Aussage wirklich anschaulich gemacht wird. Möglich wäre vielleicht, daß hier ein term. techn. der Reitersprache vorliegt, dessen genaue Interpretation unbekannt ist. Jedenfalls kann diese unklare Stelle kaum Ausgangspunkt für die Bedeutung der Wurzel אמן, bzw. der *hiph*-Form sein.

Im ganzen scheint der Gebrauch des האמין in der Weisheit von einer gewissen Skepsis begleitet zu sein. Die Warnungen in den Sprüchen und die Negation in Hiob machen doch wohl deutlich, daß das „sich nicht verlassen" meistens näher liegt als ein zu rasches Vertrauen.

Dieser Eindruck verstärkt sich bei den weiteren Stellen, an denen האמין im profanen Sinn gebraucht wird. So Jer 12, 6 in der Warnung an Jeremia vor seinen Brüdern: „Verlaß dich nicht auf sie, wenn sie freundlich mit dir reden", und Mi 7, 5 in der Schilderung der kommenden Schreckenszeit: „Verlaßt euch dann nicht auf den Nächsten und traut auch dem Freunde nicht!" Nur einmal wird das Wort in einer positiven Aussage verwandt, 1 Sam 27,12: „Akisch aber verließ sich auf David, indem er dachte: er hat sich bei seinem Volke stinkend gemacht und wird daher für immer mein Knecht sein." Aber der Erzähler läßt durchblicken: Er hätte besser nicht so vertrauensselig sein sollen, doch er wußte ja nicht, wie er von David hinters Licht geführt wurde.

Wenn האמין mit ל konstruiert wird, geht es um das Verhalten einem Boten oder einer Botschaft gegenüber: „Einem Boten Vertrauen entgegenbringen, einer Botschaft glauben." Aber auch an diesen Stellen wird das Wort immer mit לא verbunden. Man kann eben nicht vorsichtig genug sein, wenn es sich um eine unglaubwürdige Botschaft handelt. Wie soll denn Jakob glauben, daß Joseph noch lebt und Macht hat über ganz Ägyptenland (Gen 45, 26)? Wie soll man denn glauben, was von der märchenhaften Weisheit und Hofhaltung Salomos berichtet wird? (1 Kön 10,7: „Ich habe es nicht glauben wollen.") So wollte auch Gedalja nicht glauben, daß ein Davidide sich als Mörder habe anwerben lassen (Jer 40,14). Nicht anders ist das zu beurteilen, was Hiskia den Judäern von der kommenden Hilfe JHWHs erzählt: Unglaublich! Daher:

Glaubt ihm nur ja nicht! (2 Chr 32,15). Und dem Sinne nach ebenso die Frage in Jes 53,1: „Und wer glaubt dem, was uns verkündet wurde?" Diese Botschaft vom Gottesknecht, der da leidet, ist etwas so Unglaubhaftes; es verwundert nicht, daß sie keinen Glauben findet. Dabei waren in all diesen Fällen die Botschaften im Recht; sie hätten Glauben finden sollen und fanden doch keinen Glauben. Denn auf wen kann man sich schon verlassen?

האמין heißt hier also soviel wie: 'einen Bericht für vertrauenswürdig oder zuverlässig, für wahr oder für möglich halten'.

Nicht ganz so klar sind die beiden Stellen, an denen auf האמין ein כי folgt. Kl 4,12 weist der Nachsatz auf den Tatbestand hin, daß Jerusalem erobert ist. Diesen Tatbestand aber hat alle Welt für unglaublich, ja für unmöglich gehalten, und doch ist er furchtbare Wirklichkeit. Damit schließt sich diese Stelle den eben besprochenen an. In Hab 1, 5 ist die Konstruktion insofern eine andere, als der *kī*-Satz nicht den Inhalt des האמין angibt, sondern von einer Botschaft spricht. Zwei Übersetzungen werden vorgeschlagen. Einmal: „Ihr glaubt es nicht, wenn es berichtet wird." Dann würde sich der Satz auch auf das Fürwahrhalten einer Botschaft beziehen und sich damit gut den zuletzt besprochenen Belegen anschließen. Doch hat Wildberger dagegen Einspruch erhoben mit dem Hinweis darauf, daß man dann ein „es" als Akkusativobjekt ergänzen müsse, was aber sonst nirgends vorkäme. Er schlägt daher vor, האמין absolut zu nehmen und zu übersetzen: „Ihr werdet nicht standzuhalten vermögen" oder „ihr werdet alle Zuversicht verlieren, wenn es erzählt wird". Da sich für Jes 7, 9 (s.u.) eine ähnliche Übersetzung ergeben wird, ist Wildbergers Übersetzung wohl vorzuziehen.

So ist in allem profanen Gebrauch האמין mit einem negativen Klang verbunden; es gibt allzuviel Menschen und Verhältnisse, auf die man sich nicht verlassen, Botschaften, die man nicht für wahr halten kann. Es ist wohl kein Zufall, daß häufiger ein → בטח in Parallele zu האמין steht (Mi 7, 5; Hi 39,11); auch בטח wird oft von einer falschen Sicherheit gebraucht. Es ist verständlich, wenn man Menschen oder Botschaften gegenüber sich Zurückhaltung auferlegt, also nicht sofort alles „glaubt", solange man sich nicht von der Zuverlässigkeit oder Wahrheit überzeugt hat. Allzuleicht kann man mit seinem guten „Glauben" zuschanden werden, wie es dem Akisch geschah.

5. Von daher wird es wohl verständlich, wenn auch Mose als Gottesbote eine solche Skepsis des Volkes seiner Botschaft gegenüber befürchtet: „Und wenn sie mir nun nicht glauben und nicht auf meine Stimme hören, wenn sie sagen: Nicht ist dir der Herr erschienen?" (Ex 4,1). Kann nicht jeder kommen und behaupten, er habe eine Gotteserscheinung gehabt? Der Zweifel des Volkes wird im Grunde als folgerichtig angesehen. Denn JHWH gibt nun dem Mose Vollmacht, zwei Zeichen zu tun, die ihn beglaubigen, „damit sie glauben, daß dir der Herr erschienen ist" (v. 5). Wenn sie dann dem einen Zeichen nicht glauben, werden sie dem anderen glauben (v. 8), ja es wird noch ein drittes Zeichen dem Mose an die Hand gegeben (v. 9). Und wirklich, als die Zeichen geschehen, da „glaubt" das Volk (v. 30. 31). In diesem Zusammenhang ist die Komposition des Abschnitts nicht wichtig; deutlich ist, daß der Unglaube des Volks als etwas durchaus Wahrscheinliches auch von Gott anerkannt wird; daher die Zeichen, auf Grund derer das Volk bereit ist, die Botschaft des Mose als von Gott stammend aufzunehmen (→ אות III. 1). Auf den durch Zeichen beglaubigten Gottesboten kann man sich verlassen und soll man sich verlassen. Insofern hat diese Erzählung schon einen etwas anderen Klang: Gottes Zeichen und Taten führen dazu, daß seine Worte gehört und seine Verheißungen ernst genommen werden. „Das Volk gewann Zutrauen", nämlich zu dem, was Mose sagte. Eine ähnliche Beglaubigung des Mose zur Überwindung des Zweifels ist auch Ex 19, 9 gemeint; wenn das Volk hört, daß JHWH mit Mose redet, dann wird es für immer zu Mose Zutrauen gewinnen. Solches Zutrauen zu einem Menschen bedarf eben einer besonderen Begründung.

Nur noch einmal wird diese positive Aussage von Israel gemacht, Ex 14, 31 (wiederholt in Ps 106,12). Nach dem Durchzug durchs Meer und dem Untergang der Ägypter gewann Israel Zutrauen zu JHWH und zu seinem Knecht Mose; denn JHWHs Zusagen durch Mose hatten sich erfüllt. Gottes Taten, seine Zeichen und Wunder führten zum „Glauben" und ließen keinen Raum mehr für Zweifel.

Dennoch werden gerade von dem Israel der Wüstenzeit und selbst von Mose und Aaron Unglaube und Zweifel häufiger ausgesagt. So Num 14,11, als nach der Rückkehr der Kundschafter das Volk sich weigert, gegen Kanaan zu ziehen: „Wie lange will dieses Volk mich verwerfen und wie lange will es nicht auf mich sich verlassen, bei all den Zeichen, die ich in seiner Mitte getan habe?" War anfangs der Zweifel noch erklärlich, jetzt ist es Schuld, wenn Israel es Gott nicht zutraut, daß er es ins verheißene Land führen kann. Gerade auf dieses Geschehen wird als Zeichen des „Unglaubens" mehrfach zurückgegriffen. So in der Moserede Deut 1, 32: „Trotzdem verließet ihr euch nicht auf JHWH, euren Gott" und ebenso Deut 9, 23; ferner Ps 78, 32; 106, 24. Damit wird an diesem Ereignis deutlich, worum es geht: Das Volk hätte sich völlig auf seinen Gott und dessen Zusage verlassen sollen;

wenn es solche Zuversicht nicht aufbrachte, verfiel es dem Gericht, war seine Existenz bedroht. Auf eine andere, aber analoge Situation bezieht sich Ps 78, 22; allgemein gehalten ist die Aussage 2 Kön 17,14 über die Väter, die sich nicht auf den Herrn, ihren Gott, verließen.

Die Versuchung zum Unglauben ist so groß, daß auch Mose und Aaron ihr erliegen. Sie trauten es Gott nicht zu, daß er ohne ihre Mithilfe, ohne den Schlag gegen den Felsen, dem Volk Wasser verschaffen könnte. Aber eben das, was Menschen gegenüber möglich, ja vielleicht sogar geboten scheint, wird für Mose und Aaron zur Schuld, wenn es um das Verhalten Gott gegenüber geht, einer Schuld, die nur ein Gericht, das des vorzeitigen Todes, zur Folge haben kann. Wie die Generation, die Gott das Zutrauen versagte, das gelobte Land nicht betreten durfte, so auch Mose und Aaron nicht. Wer nicht bereit ist, Gottes Zusage ernst zu nehmen, vergeht.

Wo das Vertrauen auf Menschen oft zweifelhaft und das auf Gottes schier unglaubliche Zusagen so schwer ist, ist es zu begreifen, daß positive Aussagen so selten sind. Wenn der Dichter von Ps 119 in v. 66 versichert: „Lehre mich Einsicht und Erkenntnis, denn auf deine Gebote verlasse ich mich", so ist bezeichnend, daß dieser Dichter, der doch gern die gleichen Worte wiederholt, dieses האמין nur einmal zu gebrauchen wagt. Hat das Wort für ihn noch den Klang des Unsicheren? Oder, was vielleicht eher anzunehmen ist, ist die Versicherung des Zutrauens etwas so Ungewöhnliches, daß er sie nicht noch einmal aussprechen kann? Jedenfalls haftet dieser positiven Aussage etwas Unbedingtes an.

Zwei weitere Psalmstellen, an denen das האמנתי positiv gebraucht wird, sind in ihrem Sinn so unsicher, daß Schlüsse aus ihnen nicht zu ziehen sind: 27,13; 116,10. Ps 116,10 kann etwa übersetzt werden (vgl. Wildberger 376): „Ich habe das Vertrauen bewahrt, auch wenn ich sprechen mußte: Ich bin tief gebeugt"; aber vgl. damit die vorsichtigen Formulierungen Kittels z. St. Auch Ps 27,13 ist kaum verständlicher: „Wenn ich nicht darauf mich verlassen hätte, zu schauen ..." In beiden Fällen kann man allenfalls vom sonstigen Gebrauch des האמין her Schlüsse auf den Sinn dieser Stellen ziehen. Um so erstaunlicher ist das, was der Verfasser des Jonabuches von den Niniviten sagt. Als Jona ihnen predigt: „Noch drei Tage (so mit LXX zu lesen, vgl. Duhm z. St.), dann wird Ninive zerstört", da taten die Männer von Ninive das, was Israel, selbst Mose und Aaron nicht vermocht hatten: Sie verließen sich auf Gott, und zwar ohne, daß Wunder und Zeichen geschehen wären, wie sie den Aussagen von Ex 4, 31; 14, 31 vorausgingen, sondern nur auf das Wort des Jona hin. Eine Übersetzung: „Sie glaubten an Gott" schwächt noch etwas ab; zu umschreiben wäre etwa: Sie nahmen diese Botschaft ernst, als eine Botschaft, die wirklich von Gott kam, obgleich in der Jonarede von Gott nichts gesagt wurde. Dazu gehört auch, daß die Folgerungen gezogen werden, das Fasten, das Anlegen der Bußgewänder und (v. 10) die Abkehr von den bösen Wegen. Das gibt es also nach der Meinung dieses Erzählers, daß eine Weltstadt (3, 3), deren Unrecht so groß ist, daß Gott sie vernichten will (1, 2), daß eine solche Weltstadt das ihr gepredigte Gotteswort annimmt, für wahr hält und bereit ist, alle Folgerungen zu ziehen. Es ist fast, als ob der Erzähler sagen wollte: Solchen Glauben habe ich in Israel nicht gefunden; und nicht ohne Grund wird Mt 12, 41 auf dieses Verhalten der Niniviten zurückgegriffen. Eine dritte positive Aussage findet sich Gen 15, 6: והאמין ביהוה ויחשבה לו צדקה. Dieser Satz ist Grundlage für die Wertung Abrahams im Judentum und Christentum (vgl. ThWNT s.v. Αβρααμ). Er bildet den Abschluß einer kurzen Verheißung Jahwes an Abraham, daß seine Nachkommenschaft so zahlreich sein solle, wie die Sterne am Himmel. Für die historische Einordnung dieser Glaubensaussage wäre eine genaue Quellenzuweisung dieses Abschnitts von Bedeutung. Doch ist eine solche gerade hier fast unmöglich. Die Zuweisung an E, die vielfach vorgenommen wird, entbehrt jeder wirklichen Begründung. Es ist wahrscheinlicher, den Abschnitt als jüngeren, schon stark theologisch geprägten Einsatz anzusehen (vgl. etwa O. Kaiser, ZAW 70,101ff.). So ist nur möglich, nach dem Sinn dieser Aussage zu fragen, unabhängig von ihrer historischen Einordnung.

Dieser aber ist deutlich: Auf die Zusage JHWHs und seinen Hinweis auf die Sterne reagiert Abraham damit, daß er diese Zusage Gottes ernst nimmt, daß er sich auf sie verläßt, genauer noch, daß er sich auf Gott verläßt und ihm die Erfüllung seiner Verheißung zutraut. So wenig es oft angebracht ist, Menschen zu trauen, Gott darf man trauen. Das ist das einzig mögliche, rechte Verhalten Gott gegenüber; und darum wird es auch als solches von Gott anerkannt. So wird an dieser Stelle deutlich, was im Sinne dieser Erzählung das rechte Verhalten (צדקה) Gott gegenüber ist: das Zutrauen zu ihm, das Sich-Verlassen auf seine Verheißung, ohne Zweifel, ja gegen allen Augenschein. Was es mit solchem „Glauben" auf sich hat, hat im Gespräch mit dieser Stelle Juden und Christen immer wieder beschäftigt (vgl. im NT Röm 4, 3; Jak 2, 23).

Die besondere Gewichtigkeit solch seltener Aussagen vom Glauben wird auch daran deutlich, daß unter den Propheten nur Jesaja es zweimal wagt, das Wort האמין in seine Verkündigung aufzunehmen (7, 9; 28,16). Beide Stellen sind freilich in ihrer genauen Auslegung sehr umstritten. Das liegt zunächst daran, daß das Wort beidemal absolut gebraucht wird, so daß man fragen muß, ob etwas wie „an Gott“ zu ergänzen ist, oder gerade der absolute Gebrauch sinnvoll ist. Da dieser auch sonst, wenn auch selten, belegt ist, wird man zuerst von diesen Stellen auszugehen haben. Ex 4, 31 hieß es: Das Volk gewann Zutrauen; Hi 29, 24: Ich lächelte ihnen zu, wenn sie verzweifelten. So läßt sich auch hier übersetzen: „Wenn ihr nicht Zutrauen gewinnt“ oder: „Wenn ihr zweifeln, verzweifeln wollt“; eine Ergänzung ist dann in der Tat nicht notwendig.

Das genauere Verständnis hat Würthwein gefördert, vor allem mit dem Hinweis darauf, daß hier das Haus Davids angeredet ist und die Aussage sich auf die Verheißung zurückbezieht, die dem Davidshause Bestand zusagt (vgl. oben zum *niph*). Die Situation ist deutlich: Die verbündeten Aramäer und Israeliten ziehen gegen Juda und Jerusalem heran; sie wollen, aus welchen Gründen immer, das Davidshaus entthronen und einen anderen zum König über Jerusalem machen. Es geht also wirklich um die Existenz des Davidshauses, mehr noch um den Bestand der Verheißung. So wird man auch den Nachsatz im Anschluß an die Verheißung für das Davidshaus übersetzen müssen: Ihr werdet nicht נאמן sein. Im ganzen also: „Gewinnt ihr nicht Beständigkeit, so habt ihr keinen Bestand.“ Die Existenz des Davidshauses hängt ebenso wie der Bestand der Verheißung davon ab, daß ihr, das Davidshaus, Zutrauen gewinnt, nicht zweifelt an der Zusage Gottes. Um diese geht es also. האמין ist hier das Ernstnehmen eines ganz konkreten Gotteswortes; an diesem Ernstnehmen hängt die Existenz.

Was schließt das hier ein? Für die Niniviten bedeutete das Glauben: Fasten, Buße tun, Umkehr von den bösen Wegen. Was will Jesaja von Ahas? Die Antworten auf diese Fragen sind verschieden: Jesaja will dem König das Bündnis mit Assur untersagen, oder auch jede Rüstung, oder gar jede Verteidigungsmaßnahme wie die Inspektion der Wasservorräte. Jede dieser Antworten schließt ein, daß Jesaja in das verantwortliche politische Handeln des Königs eingreift, so daß dann das Verhältnis von Prophet und Politik zum Problem wird. Daraus ergibt sich die weitere Frage, ob Jesajas Auftreten, etwa gegen das Bündnis mit Assur, rein utopisch war, oder ob sich nicht gerade darin politische Einsicht zeigt. Aber kann man all diese Fragen so stellen? Der Text sagt nichts von konkreten Anweisungen Jesajas nach der einen oder anderen Richtung hin. Das einzige, was er bringt, ist die Warnung vor jeglicher Furcht und Unruhe. Für sie ist auch kein Grund, weil Gottes Zusage besteht. Das Davidshaus hat Bestand, solange es sich an diese Zusage hält, und aus dieser Gewißheit heraus handelt. Jesaja sagt dem König nicht, was in diesem Augenblick das Vernünftige ist; er will ihm mehr geben: Das Geborgen-sein in der Verheißung seines Gottes. Nur aus diesem „Glauben“ heraus soll Ahas entscheiden, was in diesem Augenblick das politisch Richtige ist.

Eine frühe Auslegung dieser Stelle findet sich 2 Chr 20, 20, wo der Chronist dem König Josaphat die Anrede an das Kriegsvolk in den Mund legt: „Glaubt an JHWH, euren Gott, so habt ihr Bestand; glaubt an seine Propheten, so habt ihr Erfolg.“ Was hier unter 'Glaube' verstanden wird, zeigt der Fortgang der Erzählung. Israel tut gar nichts; die Feinde vernichten auf JHWHs Veranlassung sich untereinander, und Israel heimst nur die Beute ein. Hier dürfte Jesajas Mahnung doch sehr einseitig ausgelegt sein (vgl. Wildberger, BK X 285, der von einer „tiefgehenden Uminterpretation des Glaubensbegriffs“ spricht), im Sinne eines Nichts-tuns, das Gott allein alles überläßt. Bezeichnend auch, daß hier der Glaube an das Prophetenwort unmittelbar neben den Glauben an Gott tritt, als sei das Wort des Propheten in sich mächtig. Spricht hier eine Zeit, die sich selbst aller Machtmittel beraubt sieht, und wirklich nur im blinden Vertrauen auf JHWH ihre Existenz begründet sieht?

Die zweite Stelle (28,16), an der Jesaja das Wort האמין verwendet, ist in sich so schwierig, daß sie zur Klärung des Begriffs kaum beitragen kann. Denn erstens ist die Einordnung des Sätzchens in den Zusammenhang, der vom 'Eckstein' (→ אבן) handelt, kaum eindeutig zu vollziehen. Zum anderen ist die Aussage, die vom האמין gemacht wird, umstritten; bedeutet: לא יחיש „er braucht nicht wegzueilen“ (so Lindblom), oder: „Er braucht sich nicht zu sorgen“ (Ellermeyer, ZAW 75, 213f. nach Driver, JThSt 32, 253f.) oder muß man ändern, etwa nach LXX in יבוש (so Procksch, Komm.) oder anders? Aber alle Konjekturen beruhen auf der Voraussetzung, daß man schon weiß, was vom *ma'ᵃmīn* gesagt werden soll. So bleibt es bei der Deutung des überlieferten Wortlauts, und eben diese ist schwierig. Die von Ellermeyer besprochenen akk. Parallelen mögen immerhin die Richtung angeben, in der der Sinn gesucht werden muß: „Der *ma'ᵃmīn* soll sich nicht sorgen.“ Damit ist aber nichts über den *ma'ᵃmīn* selbst gesagt. Es bleibt nur die Möglichkeit, von Jes 7, 9 her anzunehmen, daß der *ma'ᵃmīn* der ist, der dieser Gottesverheißung von der kommenden Gründung Zutrauen entgegenbringt. Gottes Wort weist in die Zukunft, und wer es ernst nimmt, braucht sich nicht zu sorgen.

Nur einmal braucht DtJes die Form האמין. Das Verb gehört also nicht zu den für seine Theologie bezeichnenden Worte. In 43,10 dient es mit zur Zielsetzung der Erwählung Israels: „Ihr seid meine Zeugen, spricht JHWH, / und mein Knecht, den ich erwählt, // daß ihr erkennt und daher mir vertraut, / einseht, daß ich allein es bin. // Vor mir ward kein Gott gebildet / und nach mir wird keiner sein. //" Die beiden mittleren Halbverse stehen parallel zueinander: Die Einsicht besteht darin, daß JHWH allein Gott ist, die Erkenntnis darin, daß dieser Gott allein Zutrauen verdient. Mit diesem Zeugnis soll Israel unter die Völker treten. Gibt es für Israel – und damit für die Welt – nur einen Gott, so auch nur einen, dem es ganz vertrauen kann.

6. Nach dieser Überschau lassen sich einige zusammenfassende Feststellungen treffen: האמין enthält zunächst eine Aussage über das Subjekt, das Zutrauen gewinnt, und zwar zumeist im Blick auf eine Person oder eine Botschaft. Der, wenn auch nicht häufige, absolute Gebrauch läßt immerhin erkennen, daß die Beziehung auf einen anderen auch fehlen kann, also wirklich vom Subjekt etwas ausgesagt werden soll. Zumeist ist allerdings ausgesprochen, auf wen oder was sich das Zutrauen richtet. Das Wort schließt dann also ein Urteil über den ein, der Zutrauen verdient oder nicht verdient. Die für האמין gebrauchten Umschreibungen sind etwa: „Beständigkeit gewinnen, sich verlassen auf jemanden, einer Botschaft Glauben schenken, oder sie für wahr halten, jemandem vertrauen."

7. Was die Geschichte des Wortes angeht, so sind die Belege viel zu spärlich, als daß man eine solche wagen könnte. Nur einzelne Beobachtungen lassen sich machen.

a) In der Anwendung auf Menschen und ihre Äußerungen scheint האמין etwas zu sein, was man besser nicht täte; daher die Warnungen vor einem leichtsinnigen Vertrauen oder die Aussagen, man habe nicht glauben wollen. Menschen und ihre Worte sind nicht immer vertrauenswürdig.

b) Damit mag es zusammenhängen, daß האמין auf das Verhalten Gott gegenüber verhältnismäßig selten angewandt wird. Auch dann ist häufig die Aussage, das Volk habe nicht geglaubt. Was aber Menschen gegenüber gebotene Vorsicht ist, wird Gott gegenüber zur Schuld. Nur selten findet sich die positive Aussage des Glaubens: Gen 15, 6; Ex 4, 31; 14, 31; Ps 106, 12; Jon 3, 5; Ps 119, 66; (116, 10; 27, 13). Dazu kommen die Verheißungen, die dem האמין gegeben sind: Jes 7, 9 (danach 2 Chr 20, 20); 28, 16; und das האמין als Ziel göttlichen Handelns Ex 19, 9; Jes 43, 10.

c) Man wird danach schwerlich behaupten können, daß האמין ein Grundwort at.licher Theologie sei. Vielleicht hat der negative Akzent, der mit dem menschlichen האמין verbunden war, verhindert, daß das Wort für ein Verhalten Gott gegenüber im positiven Sinn verwendet wurde. Immerhin läßt sich wohl soviel sagen: Wo von האמין als menschlichem Verhalten Gott gegenüber gesprochen wird, gründet es sich auf Gottes Zeichen Ex 4, 31, Wundertat Ex 14, 31; Ps 106, 12, und Wort Gen 15, 6; Jon 3, 5. Nur diese Reaktion des Menschen ist צדקה, rechtes Verhalten. Der 'Unglaube', der Zweifel an Gottes Zusage führt die Wüstengeneration, ebenso wie Mose und Aaron in den Tod; das Sich-verlassen auf Gottes Wort hat mit Existenz zu tun. Daher die Verheißung an das Davidshaus: Euer Bestand hängt daran, daß ihr eure Zuversicht behaltet.

d) Ob Jesaja der erste war, der es wagte, das etwas belastete Wort in die religiöse Sprache einzuführen, wissen wir nicht, da wir Stellen wie Gen 15, 6; Ex 4, 31; 14, 31, auch Num 14, 11 nicht genau datieren können. Aber möglich wäre folgende Entwicklung:

Zuerst wurde das allgemein menschliche 'Nichtglauben' auf die Wüstengeneration übertragen: Nicht einmal Gott brachten sie Vertrauen entgegen, als ob er ein Mensch wäre, und gingen daran zugrunde.

Jesaja übernimmt die Formulierung, wendet sie aber positiv: „Wenn ihr (auch) nicht Vertrauen haben wollt zu der euch zuteil gewordenen Verheißung, dann werdet ihr (auch) nicht Bestand haben." Das bedeutet dann positiv: „Euer Bestand hängt daran, daß ihr Gottes Zusage ernst nehmt." In Jesajas Nachfolge haben es dann einige Erzähler und Sänger unternommen, האמין in positiver Aussage zu verwenden.

e) Ein „Sitz im Leben" läßt sich für diesen Gebrauch des האמין schwerlich ausmachen. Der „heilige Krieg" ist als solcher Sitz sicher nicht anzusehen. Erstens sind die Belege viel zu spät und zu spärlich; zweitens stehen sie fast nie in Beziehung zum Krieg; einzige Ausnahme wäre Jes 7, und diese Stelle reicht schwerlich für eine solche These aus. Drittens widerspricht der überwiegend negative Gebrauch der Vermutung, daß Israel im heiligen Krieg das האמין gelernt habe.

f) Aber trotz der verhältnismäßig seltenen Anwendung des האמין auf das Verhalten des Menschen Gott gegenüber, tritt damit eine gewichtige Aussage in den Kreis der Worte, die sonst dieses Verhalten umreißen. Es ist die von einem unbedingten Zutrauen zu Gott und seinem Wort, wie man es Menschen eben so leicht nicht entgegenbringt, ein Zutrauen, an dem irgendwie die Existenz des Menschen hängt.

g) Bei diesem Befund ist es nicht ganz leicht, die unmittelbare Bedeutung der at.lichen Aussagen für die Entwicklung des „Glaubens" im NT richtig einzuschätzen. Es dürfte kaum möglich sein, die ganze Fülle at.licher Gotteserfahrung aus einer Exegese des האמין zu entwickeln. Wohl aber hat האמין im Zusammenhang mit anderen at.lichen Worten im Rabbinat eine erhebliche

Bedeutung gehabt. In der Auseinandersetzung mit diesem dürfte „glauben", vor allem bei Paulus und Johannes, seine besondere Prägung gewonnen haben.

h) Anhangsweise mag die Frage nach der Bedeutung des *hiph* noch einmal aufgegriffen werden. Nach dem beobachteten Sprachgebrauch liegt es nun wohl am nächsten, האמין als ein 'beständig werden' zu verstehen, analog also zum השמין 'fett werden'. Von hier aus dürften die verschiedenen Bedeutungsnuancen am ehesten begreiflich werden, ohne daß damit jede einzelne Sinnverschiebung ihre logische Erklärung finden soll. Mit einer kausativen, bzw. deklarativen Bedeutung des *hiph* wird man dem Sinn des האמין schwerlich gerecht.

VI. 1. Von den nominalen Ableitungen der Wurzel אמן ist אמת am häufigsten zu belegen, 126mal, nach Abzug der Dubletten 121mal.

Die Ableitung von אמן dürfte durch Suffixformen wie *'^{a}mittō* gesichert sein, da diese Aussprache wohl nur von einer Grundform *'^{a}mintō* aus verständlich wird. Umstritten ist die Erklärung der masoretischen Punktation *'æmæt*. BLe muß annehmen, daß an Stelle der lautgesetzlichen Entwicklung, die von *'amintu* > *'amittu* > *'amatt* > *āmat* hätte führen müssen, erstens die constr. Form *'^{a}mat* an die Stelle der abs. Form getreten sei, wofür es sonst kaum eindeutige Belege gibt, zweitens diese constr. Form, da mit *'^{a}mat* 'Magd' gleichlautend, absichtlich in *'æmæt* umgestaltet sei, und drittens dann das *s^{e}gōl* bei der Tonverschiebung vor den Suffixen zu *pataḥ* verschoben sei. Im ganzen ist das wohl ein Eingeständnis, daß eine lautgesetzliche Ableitung nicht möglich ist. Auch Brønnos Vorschlag (157), als Grundform statt *'amitt* ein *'imitt* anzunehmen, hilft nur wenig weiter. Gewiß fänden damit die hexaplarischen Formen ημεϑ: εμεϑϑαχ eine bessere Erklärung; aber die masoretische Punktation ist auch dann noch nicht verständlich. So bleibt es einstweilen bei der Feststellung, daß אמת von der Wurzel אמן abzuleiten ist, was auch durch die Bedeutung nahegelegt wird, ohne daß Endgültiges über die Form gesagt werden könnte.

2. Eigentümlich ist die Streuung des Wortes. Es ist belegt: Ps 37mal; Jes 12mal; Jer 11mal; Spr 11mal; Sach und Dan je 6mal. In den übrigen Büchern verstreut je 1–6mal. Dagegen fehlt das Wort in Lev und Num völlig, ebenso in den P-Stücken der Gen. Da auch Ez das Wort nur 2mal in einem Zusammenhang hat (18, 8. 9), scheint es in der eigentlich priesterlichen Sprache kaum Anwendung gefunden zu haben. Auffälliger ist noch, daß der Hiobdichter davon keinen Gebrauch macht. Gibt es nichts, worauf er sich verlassen kann? Oder ist gerade Gottes *'æmæt* ihm so zweifelhaft geworden, daß er lieber davon schweigt? Auch in der älteren Prophetie vor Jeremia ist das Wort sicher nur Hos 4, 1 belegt (Jes 10, 20 und 16, 5 gehören wohl nicht zu Jesaja, wie auch Mi 7, 20 nicht zu Micha). Erst von Jeremia an wird es von den Propheten häufiger gebraucht. Dagegen hat die Rede von menschlicher *'æmæt* ihren Sitz in den Sprüchen, sowie in einigen Erzählungen, die von der göttlichen vor allem in den Psalmen. Jedenfalls scheint das Reden von *'æmæt* nicht überall in der gleichen Weise selbstverständlich gewesen zu sein.

3. Was den Sinn des Wortes angeht, so haben sowohl LXX, die ganz überwiegend mit ἀλήϑεια, ἀληϑινός übersetzt, wie die aramäische Übersetzung קושטא auf die Übersetzung 'Wahrheit' geführt. KBL^3 differenzieren: 1. Festigkeit, Zuverlässigkeit, 2. Beständigkeit, Dauer, 3. Treue, 4. Wahrheit. Torrance versteht (nach Barr 190) unter *'æmæt* „die Treue Gottes als Grund aller Wahrheit". Quell dagegen erklärt: „Die Übersetzung Treue empfiehlt sich nirgends" (I 233, A. 2). Zur Methode der Untersuchung vgl. Barr 190ff., der seinerseits ebenfalls 'Wahrheit' für die richtige Übersetzung hält.

Wie von Soden bemerkt hat (WO 4, 1967, 44), hat die akk. Wurzel *kūn* (→ כון) dieselbe Bedeutungsentwicklung wie אמן durchgemacht. Aus der Grundbedeutung 'stetig, dauerhaft, treu sein' hat sich die Bedeutung 'wahr sein' ergeben. Das Wahre ist eben das, was beständig und unwandelbar ist.

4. a) An einigen Stellen wird *'æmæt* zur Charakterisierung einer Sache gebraucht; Jos 2,12 erbittet Rahab ein Zeichen, auf das sie sich verlassen kann; Jer 2, 21 ist זרע אמת der Same, der gute Frucht zu bringen versprach; Spr 11,18 ist ein Lohn gemeint, dessen man gewiß sein kann. Immer handelt es sich darum, daß man sich auf die jeweils gemeinte Sache verlassen kann, daß sie sich in Zukunft bewähren wird.

Das gleiche dürfte gemeint sein, wenn אמת in einer Hendiadys-Verbindung mit → חסד und → שלום verbunden wird. Es geht dabei um eine „Huld", eine gute Tat, auf die man sich verlassen kann, die erbeten (Gen 24, 49; 47, 29), versprochen (Jos 2,14), gewünscht (2 Sam 15, 20) und in Aussicht gestellt wird (Spr 14, 27), durch die sogar Sünde bedeckt und gesühnt werden kann (Spr 16, 6), bzw. um einen gewissen Frieden, der für die Zukunft ausgerufen (Esth 9, 30) oder gewünscht wird (Jes 39,8) (vgl. auch als göttliche Zusage Jer 33, 6; als Wort der Lügenpropheten Jer 14,13). Insofern als eine solche „zuverlässige" Huld bzw. Friede andauert, ist auch die Übersetzung bei KBL^3 „dauernde" Huld sachlich richtig, wenn auch eine gewisse personale Beziehung des „Sich-verlassen-Könnens" dann nicht zum Ausdruck kommt.

Etwas, was als אמת charakterisiert wird, ist also oft nicht einfach da, sondern muß sich erst in Zukunft als wirklich אמת bewähren.

b) Häufiger wird אמת mit דבר verbunden; das Wort wird als 'wahr' gekennzeichnet. Aber auch hier scheint אמת einen besonderen Klang zu haben. Es gibt so viele Worte, auf die man sich nicht verlassen kann, daß man fast darüber staunt, wenn eine Kunde 'wirklich wahr' ist. So staunt die Königin von Saba, 1 Kön 10, 6: „Wahrlich so ist's; es ist wirklich so"; es war nicht übertrieben.

Ähnlich ist wohl אמת in den Gesetzesbestimmungen des Deut zu verstehen. Da hat man von Abfall zu anderen Göttern gehört; das kann doch nicht sein. Wenn aber nach genauer Prüfung sich erweist, daß das Gerücht „wirklich doch wahr" ist, dann muß man eingreifen (Deut 13,15; 17, 4; die doppelte Apposition zu הדבר: אמת נכון soll wohl das Erstaunen unterstreichen, daß die Prüfung zu solchem Ergebnis kommen konnte: wirklich wahr!). Das gleiche gilt bei der unglaublichen Behauptung, daß eine junge Frau schon vor der Ehe ihre Jungfrauschaft verloren habe: wenn sie aber doch sich als „wirklich wahr" erweist, dann ... (Deut 22, 20).

c) Ein ähnliches Verwundern ist wohl in der Jothamfabel gemeint (Ri 9,15), wo sinngemäß zu umschreiben ist: „Wenn es wirklich wahr ist, so unglaublich es auch erscheint, daß ihr mich zum König salben wollt." Und in dem gleichen Sinn nimmt Jotham das Wort auf (v.16.19): Wenn ihr wirklich rechtschaffen gehandelt haben solltet ... Es ist aber eigentlich nicht zu glauben.

d) אמת ist eben nicht selbstverständlich. So ist es wohl erklärlich, daß es so selten auf Menschen angewandt wird. Nur einmal findet sich die direkte Aussage הוא כאיש אמת „Er hatte die Art eines zuverlässigen Menschen" (Neh 7, 2; zur Konstruktion vgl. Brockelmann Synt. 109c). In Ex 18, 21 gibt Jethro Mose den guten Rat: „Du aber erschaue von allem Volk tüchtige Männer, die Gott fürchten, zuverlässige Menschen, die Gewinn verachten." Man muß schon den Menschen „ins Herz sehen" (das etwa ist חזה) können, um solche Männer der אמת zu finden. Bezeichnend ist vielleicht, daß der Dtr. bei Wiedergabe der Szene in Deut 1,13 diese Ausdrücke vermeidet und von „Weisen, verständigen und erfahrenen Männern" redet, die die Stämme wählen sollen. „Zuverlässige" Menschen sind eben nicht so leicht zu finden. Daher ist es auch nicht verwunderlich, daß Joseph erklärt, er müsse erst die Worte seiner Brüder prüfen, ehe er wissen könne, ob wirklich אמת in ihnen sei (Gen 42,16).

e) An den letzten Stellen ist אמת ein Wert, der im Menschen sein kann und sein sollte. Es ist daher verständlich, wenn die Mahnung zu אמת und Klage über ihr Fehlen sich fast die Waage halten. Die Mahnung geht einmal darauf, daß die Rede אמת, d.h. doch wohl so sein soll, daß man sich auf sie verlassen kann: „Redet אמת untereinander" (Sach 8,16); die zuverlässige Zunge empfängt die Verheißung der Dauer (Spr 12,19); Worte der אמת werden Inhalt der Belehrung (Spr 22, 21). Es ist höchstes Lob, wenn dem Prediger Worte der אמת zugeschrieben werden (Pred 12,10).

Zum anderen soll das Gericht in אמת erfolgen: „Richtet אמת ... in euren Toren" (Sach 8,16) und „Richtet ein משפט אמת (Sach 7, 9), d.h. fällt Urteile, die der אמת entsprechen, dem wirklichen Tatbestand, so daß sie sich als richtig und Rechtens bewähren. Vgl. auch Ez 18, 8f., wo ein Gericht der אמת zu den Kennzeichen des צדיק gehört. Zum Gericht gehört auch der Zeuge: Ein עד אמת, d.h. ein Zeuge, auf dessen Aussage man sich verlassen kann, der die Wahrheit sagt, rettet das Leben (Spr 14, 25). Zeugen sollen auftreten und sagen: אמת, so ist es! (Jes 43, 9). In Jer 42, 5 wird JHWH selbst als „zuverlässiger, wahrhaftiger Zeuge" angerufen.

Vor allem wird dem König die אמת angeraten: Wenn ein König die Armen in אמת richtet, wird sein Thron für immer bestehen (Spr 29,14). Daher werden חסד und אמת ihn bewahren (Spr 20, 28; vgl. auch Ps 61, 8), d.h. seinen Thron erhalten. (Auf Gott übertragen Ps 89,15, s.u. Wieweit Jes 16, 5 in diesen Zusammenhang gehört, bleibt bei der sehr umstrittenen Exegese der Kapitel Jes 15.16 zweifelhaft; vgl. dazu zuletzt Rudolph in Hebrew and Semitic Studies presented to G.R. Driver, 1963, 130ff.)

Aber trotz aller Mahnung muß Jeremia klagen: „Wahrheit reden sie nicht, lehren vielmehr ihre Zunge, Lüge zu reden" (9, 4); und DtJes 48,1 spricht von denen, „die ihr schwört bei dem Namen JHWHs und den Gott Israels bekennt, aber nicht in אמת", d.h. nicht so, daß man sich auf ihren Schwur verlassen kann.

f) Abgesehen von diesen konkreten Mahnungen zum zuverlässigen Wort, Gericht und Eid wird אמת auch im allgemeinen Sinn gebraucht als ein höchster Wert, der gesucht werden soll. So Spr 23, 23: „אמת erwirb, und verkauf sie nicht", wobei אמת in Parallele mit Weisheit, Zucht und Einsicht genannt ist, also zu den wesentlichen Elementen menschlichen Lebens gerechnet wird. Ähnlich Spr 3, 3: „חסד und אמת sollen dich nicht verlassen, binde sie um deinen Scheitel, schreibe sie auf die Tafeln deines Herzens." Ins Herz gehört אמת, d.h. in das innerste Wesen des Menschen. Daher auch die Mahnung in Sach 8,19: „Liebet אמת und Heil." Zum Zukunftsbild gehört dann auch, daß אמת aus der Erde sproßt und חסד und אמת sich treffen (Ps 85,11.12).

Aber je wesentlicher אמת ist, um so schwerwiegender die Klage, wie Hos 4,1: „Keine אמת und kein חסד und keine Gotteserkenntnis im Lande!" Oder wenn nach Jes 59,14f. Recht und Ordnung vergehen, weil „אמת auf dem Markt gestrauchelt ist", „die אמת vermißt wird", wonach אמת also geradezu die Voraussetzung für Recht und Ordnung ist.

g) Zusammenfassend ist zu sagen: אמת wurde gebraucht von Dingen, die sich als zuverlässig bewähren müssen; vom Wort, das wirklich wahr ist, auf das man sich verlassen kann; vom Menschen, der wirklich zuverlässig ist, dem man also ein Amt anvertrauen kann; vom Gericht, das zu einem gerechten Urteil kommt; allgemein, vom innersten Wesen des Menschen, das ihn und sein Handeln bestimmen sollte. Die Mahnungen zur אמת und die Klagen über ihr Fehlen zeigen aber, daß solche אמת im Menschen nichts Selbstverständliches ist. Ja, nur selten wird von Menschen die Aussage gewagt, sie seien Menschen der אמת, und es ist fast verwunderlich, wenn ein Wort wirklich wahr ist. Dabei ist doch אמת Voraussetzung von Recht und Ordnung. So ist das Wort in der Tat schwer richtig zu umschreiben. Es bezeichnet das Wesen des Menschen, der seinem Nächsten gegenüber treu, in seinen Reden wahr, in seinem Handeln zuverlässig und beständig sein sollte. „Zuverlässigkeit" würde (abgesehen von der Wortform) am besten zusammenfassen, was mit אמת gemeint ist. Es ist dabei immer die Beziehung zum anderen, dem das Reden und Handeln gilt, mit eingeschlossen: אמת ist das, worauf der andere sich verlassen kann. אמת schließt insofern also eine personale Beziehung ein, ist nicht nur ein objektiver Tatbestand.

5. Wohl aber gilt, daß JHWH ein אל אמת ist (Ps 31, 6): „Du hast mich frei gemacht, JHWH, du Gott, dessen Wesen durch אמת bestimmt ist." Was dem Menschen nur allzuoft fehlt, bei Gott ist es da, es gehört zu ihm. Daher die häufige Rede von „deiner" oder „seiner" אמת. Auch hier ist die Übersetzung schwierig, weil Gottes אמת sich in verschiedener Richtung hin auswirkt. Aber der Sinn der Aussage von Gottes אמת ist doch wohl, daß JHWH der Gott ist, auf dessen Wort und Werk unbedingt Verlaß ist. אמת ist dieser Gott nicht in sich, sondern in seinem Verhalten zu den Menschen, vor allem zu seiner Gemeinde und ihren Gliedern. Daher der häufige Hinweis auf Gottes אמת im Gebet.

Es gehört zu Gottes Schöpferehre, daß er „אמת bewahrt", daß man sich auf ihn verlassen kann „ewiglich" (Ps 146, 6); חסד und אמת gehen vor ihm her (Ps 89,15); er ist groß an חסד und אמת (Ex 34, 6; Ps 86,15). אמת gehört also zu Gott.

Das bezieht sich vornehmlich auf Gottes Wort. Mag Menschenwort oft trügerisch sein, Gottes Reden ist אמת! So im Bekenntnis Davids, 2 Sam 7, 28: „JHWH, du bist der Gott und deine Worte sind אמת 'verläßlich'!" Das gehört zu JHWHs Gottheit, daß man auf seine Worte sich verlassen kann. Daher heißt es Ps 132,11: „JHWH hat dem David zugeschworen in Verläßlichkeit, er wird sich nicht davon abkehren." Häufig betont der Dichter des 119. Psalms die Zuverlässigkeit des göttlichen Worts (v. 43.160), der göttlichen Weisung (v. 142), der göttlichen Gebote (v. 151; vgl. Ps 19,10; Neh 9,13). So kann auch die göttliche Weisheit nur אמת reden (Spr 8,7).

Zum Problem wird freilich die Zuverlässigkeit des göttlichen Wortes im Prophetenmund. Wohl heißt es Jer 23, 28: „Der Nabi, der Träume hat, der redet Träume; bei welchem aber mein Wort ist, der redet mein Wort zuverlässig." Aber woran soll sich erkennen lassen, welches Prophetenwort wirklich אמת ist? Wohl behauptet Jeremia, JHWH habe ihn „wirklich" gesandt, eben diese Worte zu reden (26,15). Aber tritt Hananja nicht mit dem gleichen Anspruch auf, Jer 28? So weiß auch Jeremia kein anderes Kriterium, als die Erfüllung der ausgesprochenen Verheißung; nur daran wird der Prophet erkannt, den JHWH wirklich gesandt hat. Auch das, was Micha ben Jimla im Namen JHWHs als Wahrheit verkündet, muß sich erst in der Erfüllung bewähren (1 Kön 22,16). Auch erst an der Wiederbelebung des Sohnes erkennt die Mutter, daß Elia ein Gottesmann ist und daß das JHWH-Wort in seinem Munde אמת 'zuverlässig' ist. Die Wahrheit und Zuverlässigkeit des Prophetenwortes bleibt ein Problem. Der makkabäische Bearbeiter der Danieltradition nimmt freilich die Zuverlässigkeit der von ihm eingefügten Offenbarungen in Anspruch (Dan 8, 26; 10,1. 21; 11, 2).

Unangefochten von solchen Zweifeln bleibt der Glaube an Gottes אמת in seinem Handeln: „Was seine Hände tun, ist zuverlässig und recht" (Ps 111,7; in diesem Vers ist מעשי ידיו Subjekt, das durch אמת ומשפט charakterisiert wird; es sollen nicht „Wahrheit und Recht" als Werke Gottes bezeichnet werden). Seine Verordnungen werden „vollzogen, verläßlich und recht" (Ps 111, 8; so mit Baethgen, Kittel, Gunkel gegen Kraus).

Was Gott an Taten verheißt, ist „ganz gewiß". „Ganz gewiß" gibt Gott den verheißenen Lohn (Jes 61, 8); pflanzt er das Volk in sein Land (Jer 32, 41); ja, wird er ihnen Gott sein (Sach 8, 8). Was für die Zukunft gilt, bekennt der Beter von Neh 9, 33 von der Vergangenheit: „Du warst im Recht, in allem, was über uns gekommen ist; du hast in Treue, verläßlich gehandelt, wir aber waren dir untreu."

An einer Stelle scheint אמת das Ziel des göttlichen Handelns durch seinen Knecht zu sein (Jes 42, 3). Das einmalige לאמת läßt sich wohl nur umschreiben: „daß (zuverlässige) Wahrheit (erkannt) werde, wird er (mein Knecht) das Gerichtsurteil bekannt machen". Es geht darum, daß Gottes alleinige Gottheit zuverlässig erkannt und bekannt werde („in Treue" oder „getreulich" wird man לאמת schwerlich übersetzen können).

Häufig wird Gottes אמת mit seinem חסד verbunden; man kann fragen, ob אמת nur den חסד

charakterisieren soll oder selbständig daneben steht. Sowohl die Parallelisierung in zwei Vershälften wie die Pluralformen des zugehörigen Verbums sprechen doch dafür, daß חסד und אמת als zwei Handlungsweisen Gottes empfunden wurden, der sowohl in tätiger Huld, wie in bewahrender Treue sich bewährt. Solche Huld und Treue wünscht David den Einwohnern von Jabesch, wie Jakob für die Huld und Treue dankt, die Gott an ihm getan hat (2 Sam 2, 6; Gen 32,11).

Weil JHWH ein אל אמת ist, kann der Beter sich auf ihn, sein Reden und Handeln allezeit verlassen. Diese Verläßlichkeit Gottes wird geradezu zum Schutz: „Seine אמת ist Schild und Wehr" (Ps 91, 4). „Deine Huld und deine Treue, ständig schützen sie mich" (Ps 40,12). So wird es zum Gebet: „Laß mich ziehen in deiner Treue" (Ps 25, 5; ähnlich Ps 26, 3; 86,11); denn: „Alle Pfade JHWHs sind Huld und Treue denen, die sich an seine Verheißung und seine Gebote halten" (Ps 25,10), d.h. er führt sie in tätiger Huld und Treue. Das erfährt Abrahams Knecht (Gen 24, 27. 48), der Gott dafür dankt, daß er seine Huld und Treue seinem Herrn nicht vorenthalten, sondern ihn, den Knecht, auf dem „richtigen", dem zuverlässig zum Ziel führenden Weg geleitet hat. Um solches Geleit bittet der Psalmist (43, 3): „Sende dein Licht und deine אמת, daß sie mich führen." Wie das Licht den Weg erhellt, führt Gottes אמת, d.h. Gott in seiner Verläßlichkeit, den rechten Weg. In der Erwartung des verläßlichen Heils bittet der Beter von Ps 69,14 um Antwort; die Gemeinde von Mi 7,20 aber erhofft Gottes „Treue" und „Huld", die er einst den Vätern zugeschworen hat.

Ist JHWH ein Gott, auf den man sich unbedingt verlassen kann, wie auf sein Reden so auf sein Handeln, so wird diese אמת Gottes Inhalt des Lobpreises: „So will ich dich loben, mit Harfen deine Treue, mein Gott" (Ps 71, 22); „der Vater wird den Söhnen kundtun deine Treue" (Jes 38,19). Wie sehr gerade dieser Lobpreis Inhalt des Gebets ist, zeigt sich auch daran, daß Gott daran erinnert wird, die Toten könnten seine אמת nicht mehr preisen (Ps 30,10; Jes 38,18). So wird gerade im Hymnus Gottes חסד und אמת nebeneinander Gegenstand des preisenden Bekenntnisses: Ps 40,11; 117,2; 57,11; 108, 5; 115,1; 138, 2.

Ein solcher Gott aber ist nicht ein Gott neben anderen, sondern er ist dann der „wahre" Gott, neben dem keiner Anspruch auf Gottheit hat, wie es in dem späten Stück Jer 10,10 deutlich wird. Und der Prediger-Prophet von 2 Chr 15, 3 schildert die Zeit ohne den „wahren" Gott als die „gottlose", schreckliche Zeit. Der Gott, auf den man sich verlassen kann, aber auch nur dieser, ist der eine, wahre Gott (Ps 54,7; 57, 4 sind im Text unsicher).

Ist Gott ein אל אמת, so kann auch das Verhältnis des Menschen zu diesem Gott nur durch אמת bestimmt sein. Ob es darum geht, vor Gott zu wandeln (1 Kön 2, 4), ihn anzurufen (Ps 145,18), bei seinem Namen zu schwören (Jer 4, 2), immer soll es באמת, ehrlich, wahrhaftig, zuverlässig geschehen. Nur der hat Zutritt zu Gottes heiligem Berge, der u.a. „in seinem Herzen אמת redet", der es im Herzensgrund ehrlich und wahrhaftig meint (Ps 15, 2). Daher auch die Mahnungen Josuas (Jos 24,14), und Samuels (1 Sam 12, 24): „Fürchtet den Herrn und dient ihm באמת zuverlässig."

Aber bei der unter 4. behandelten Situation des Menschen ist es nicht zu verwundern, wenn ein solches Verhalten vom Menschen nur selten ausgesagt wird. So wird Hiskia die Bitte in den Mund gelegt (Jes 38, 3; 2 Kön 20, 3): „Gedenke doch, JHWH, wie ich vor dir gewandelt bin, wahrhaftigen und aufrichtigen Herzens." Ähnlich redet Salomo von seinem Vater, „der vor dir in Wahrhaftigkeit gewandelt ist" (1 Kön 3, 6), und der Chronist, der von Hiskia sagt: „Er tat das Gute und Aufrichtige und Zuverlässige vor JHWH, seinem Gott" (2 Chr 31, 20). Nur einmal legt ein Prophet (Mal 2, 6) Gott selbst das Urteil in den Mund: „Aufrichtige Weisung war in seinem (des Priesters) Munde"; aber was einstmals war, ist längst vergangen. Es sind daher nur David und Hiskia, denen man im Rückblick Aufrichtigkeit, Wahrhaftigkeit, Zuverlässigkeit vor Gott zuzuschreiben wagte.

So bleibt nur der Ausblick in die Zukunft, wie Sach 8, 3, daß einst Jerusalem עיר האמת genannt werden wird, eine Stadt der Treue und Wahrhaftigkeit, auf die Gott sich in jeder Hinsicht verlassen kann. Ebenso auch Jes 10, 20, wonach der Rest Israels sich auf JHWH, den Heiligen Israels, stützen wird in Zuverlässigkeit, Festigkeit, Treue. Erst dann wird Wirklichkeit, was jetzt so vielfach sich vermissen läßt.

Schwierig sind zwei Psalmstellen richtig einzuordnen: 51, 8 und 45, 5. 51, 8: „Siehe an אמת hast du (Gott) Gefallen im Geheimen und im Verborgenen läßt du mich Weisheit erkennen." Wenn אמת in Parallele zu Weisheit steht, muß wohl etwas wie Wahrheit gemeint sein, die Gott gefällt und an der er den Beter wie an der Weisheit Anteil nehmen läßt „im Geheimen" (vgl. Komm.).

Ps 45, 5 ist ohne Änderung kaum verständlich zu machen; die Worte רכב על דבר אמת allein könnten heißen: „Zieh einher, um der אמת willen", ohne daß sich aus dem Zusammenhang genau erschließen ließe, was אמת hier bedeutet; am ersten möchte man an Wahrheit und Zuverlässigkeit denken, für die sich der König unter den Völkern einsetzen soll. – 2 Chr 32,1 ist אמת zu tilgen; vgl. Rudolph z.St.

So ist אמת etwas, was Gottes Wesen bestimmt, was zu Gottes Gottheit gehört, was den Menschen auf diesen Gott vertrauen läßt. אמת ist Gottes Zuverlässigkeit, die dem Menschen zugewandt ist, so daß er bei ihr Schutz suchen darf. Gewiß sollte אמת auch das Wesen des Menschen bestimmen, sein Tun und Handeln, vor allem in seinem Verhalten zu Gott. Aber immer wieder melden sich der Zweifel, ob אמת im Menschen sei, und die Klage, daß das nicht der Fall ist. „Wahrheit", „Treue", „Zuverlässigkeit", sie sind Gottes; dem Menschen aber bleiben sie aufgegeben, so oft er auch an ihnen versagt.

VII. 1. a) Mit אמת inhaltlich verwandt, aber doch wohl deutlich unterschieden sind die *qāṭūl*- bzw. *qᵉṭūl*-Bildungen אמונה sowie אמון, אמונים. Das historische Verhältnis dieser Formen zueinander ist unklar; nach BLe § 61dβ ist *'ēmūn* vielleicht Rückbildung aus *'æmūnīm*. Jedenfalls hängen diese Worte sachlich eng zusammen. Ihr besonderer Sinn kann schwerlich von der Form abgeleitet werden, wie Perry anzunehmen scheint. Zwar ist die Form *qāṭūl*, fem. *qᵉṭūlāh*, die Form des Ptz. pass. Doch beweist das nicht, daß alle Worte dieser Form als ursprünglich passivisch verstanden werden müssen. Vielmehr gehört אמונה in die Reihe der Abstraktbildungen, wie *gᵉbūrāh*, *gᵉdūlāh*, *mᵉlūkāh* und ist als solche von der Wurzel אמן abgeleitet.
b) Nur an einer Stelle wird das Wort in Anwendung auf „Hände" gebraucht, Ex 17,12; als Aaron und Hur die Hände des Mose halten, „waren seine Hände אמונה bis zum Sonnenuntergang", d.h. sie waren dauernd und fest erhoben.
c) An allen anderen Stellen wird אמונה auf das Verhalten von Personen, auf Gott und auf Menschen etwa gleich häufig, angewandt.

Davon macht Ps 119, 30 keine Ausnahme, wo vom דרך אמונה gesprochen wird; denn auch hier geht es nicht um die Aussage über einen Weg, sondern über den Menschen, der אמונה im Gegensatz zum → שקר (v. 29) wählt. Überdies dürfte דרך nur um des Alphabetzwangs willen eingefügt sein; in der Sache geht es um den Gegensatz von אמונה und שקר.

d) Trotz der gleichen Wurzel muß אמונה von אמת unterschieden werden. Darauf führt schon die Tatsache, daß LXX außerhalb des Psalters אמונה mit πίστις, nicht mit ἀλήθεια übersetzt. Dazu kommt, daß das Wort in manchen Zusammenhängen nicht auftaucht, wo אמת durchaus gebräuchlich ist. So wird vom „Wort" wohl gesagt, daß es אמת ist, nie aber, daß es אמונה sei; ebensowenig wird von einer Sache gesagt, sie sei אמונה, im Gegensatz zu אות אמת und זרע אמת, s.o. Andererseits konnte man sagen, daß Handwerker באמונה arbeiteten; ein באמת wäre wohl kaum angebracht gewesen. So wird אמונה nicht so sehr ein Sein, „Zuverlässigkeit", sondern ein Verhalten ausdrücken, das auf innerer Festigkeit, auf Gewissenhaftigkeit beruht. Während bei אמת immer die Beziehung zum Gegenüber, das auf die Zuverlässigkeit bauen kann, mit gehört wird, scheint אמונה mehr die eigene innere Haltung und das daraus folgende Verhalten zu betonen. Die oft vorgeschlagene Übersetzung „Gewissenhaftigkeit" dürfte dem gemeinten Sinn an vielen Stellen am nächsten kommen.
e) So wird 2 Kön 12,16 (wiederholt in 2 Kön 22,7 = 2 Chr 34,12) von den Bauleuten berichtet, daß mit ihnen über das ausgehändigte Geld nicht abgerechnet wurde, da sie באמונה gewissenhaft arbeiteten. Ebenso sind auch die meisten Chronikstellen zu verstehen. 1 Chr 9, 22 spricht von den Torhütern, die David und Samuel eingesetzt hatten „um ihrer Gewissenhaftigkeit willen". 2 Chr 19, 9 gebietet Josaphat den eingesetzten Richtern, zu wirken „in der Furcht JHWHs, gewissenhaft und ehrlichen Herzens". 2 Chr 31,12.15 wird von der gewissenhaften Arbeit der Priester bzw. der Leviten gesprochen. Auch in 1 Chr 9, 31 paßt die Aussage 'gewissenhaft' zumindest ebensogut in den Zusammenhang wie 'beständig'; die Herstellung des „Pfannengebäcks" bedurfte gewiß besonderer Sorgfalt. Da in 2 Chr 31,18 wohl der Text zu ändern ist (vgl. Rudolph z.St.), so bleibt von den Chronikstellen nur 1 Chr 9, 26, wo aber der Zusammenhang so schwer herzustellen ist (vgl. Komm.), daß der Sinn des באמונה kaum erkannt werden kann. Die sicheren Belege aber führen darauf, daß mit אמונה die innere Festigkeit, Lauterkeit, Gewissenhaftigkeit, Sauberkeit ausgedrückt werden soll, die für jeden eigenverantwortlichen Dienst notwendig ist. Eine besondere Bedeutung „Amtspflicht" ist aber daraus nicht abzuleiten (so richtig Rudolph zu 1 Chr 9, 22).
f) Zum anderen wird אמונה dadurch charakterisiert, daß es verhältnismäßig häufig zu שקר in Gegensatz gestellt wird: Spr 12,17. 22; 14, 5; Jer 5,1; 9, 2; Jes 59, 4; Ps 119,29.30 (dazu auch Ps 89, 34; 119, 86). Zu שקר aber bemerkt Klopfenstein 25 (vgl. 26) mit Recht: „Der Charakter der Lügenhaftigkeit bzw. Wahrhaftigkeit trifft somit je die ganze Person", bezieht sich also nicht nur auf lügenhafte bzw. wahre Worte. Im Gegensatz zu אמת wird אמונה nie auf ein Wort allein bezogen, sondern auf das Verhalten der ganzen Person, die, durch אמת bestimmt, in אמונה handelt. Danach ist אמונה ein als „Wahrhaftigkeit, Zuverlässigkeit, Gewissenhaftigkeit" zu umschreibendes Verhalten.
g) Ein Zeuge, der gewissenhaft handelt, lügt nicht (Spr 14, 5), ein solcher Bote bringt Hilfe (Spr 13,17). Wer אמונה, d.h. Wahrhaftiges ausspricht, tut Ordnung kund (Spr 12,17). אמונה gehört also zu den Verhaltensweisen, die die Ordnung in der Menschenwelt erhalten.
Um so schlimmer, wenn אמונה fehlt. Das ist die Klage Jeremias (5,1. 3; 7, 28; 9, 2); wo es keine אמונה im Lande gibt, geht Recht und Ordnung zugrunde. Den gleichen Zustand schildert Jes 59,1ff. und erwähnt dabei, daß es im Recht an

צדק und אמונה fehlt. Die אמונים sind hinweggerafft (Ps 12, 2). Wer findet noch einen איש אמונים (Spr 20, 6)? So ist auch Gottes Klage verständlich: „Sie sind Söhne לא אמון“ (Deut 32, 20).
h) Darum die Mahnung zu solcher אמונה, der inneren Haltung, die die Voraussetzung rechten Lebens ist (Ps 37, 3). Und darum die Aussage des Psalmisten (Ps 119, 30), er wolle im Gegensatz zum Leben in der „Lüge“ das Leben in der אמונה wählen. Ein solcher Zusammenhang zwischen dem Leben und einem Verhalten in der אמונה wird an verschiedenen Stellen ausgesagt. Allgemein heißt es Spr 28, 20: איש אמונות רב ברכות, d.h. an der אמונה hängt viel Segen. Daß Gott seine Hand dabei im Spiel hat, zeigt Spr 12, 22: „Lügenlippen sind JHWH ein Greuel, Wohlgefallen aber hat er an denen, die אמונה üben.“ Ähnlich Ps 31, 24: „Die אמונים schützt JHWH“, und 1 Sam 26, 23: „JHWH vergilt einem Mann seine צדקה und seine אמונה“, d.h. sein der Ordnung und der Wahrheit entsprechendes Verhalten. In diesem Zusammenhang gehört auch, jedenfalls nach dem MT, Hab 2, 4: „Der Gerechte (צדיק) wird leben באמונתו.“ Hier heißt אמונה schwerlich nur „fromme Biederkeit“ (Sellin[2] z. St.), aber auch kaum „Glaubenstreue“ (so zuletzt etwa Klopfenstein 204), sondern ist eben das der אמת entsprechende Verhalten, das Wahrhaftigkeit, Treue, Verläßlichkeit und Beständigkeit einschließt. Solche אמונה ist dem צדיק eigen und sie führt ihn zum Leben. Freilich darf der Satz nicht isoliert werden; v. 4 ist der Vordersatz zu v. 5 (so m. R. Sellin und Horst z. St.) und bezieht sich nicht auf den Glauben des Propheten.

Nach LXX müßte freilich die Stelle erst später behandelt werden; sie liest: ἐκ πίστεώς μου und bezieht so die Aussage auf Gottes Treue: „Aus meiner Treue wird der Gerechte leben.“ Man kann fragen, ob LXX hier einen anderen hebräischen Text voraussetzt (ו und י sind in den Qumranhandschriften kaum zu unterscheiden), oder ob hier eine bewußte Interpretation vorliegt, die das Leben des Gerechten nicht von seiner eigenen Qualität, sondern von Gott abhängig macht. Wenn Paulus Röm 1, 17; Gal 3, 11 das Pronomen fortläßt (vielleicht, aber nicht sicher, im Anschluß an eine LXX-Lesart), so gibt er damit die Möglichkeit einer doppelten Auslegung; vgl. K. Barth, Römerbrief z. St. Hebr 10, 38 zieht das μου zu δίκαιος und gewinnt so einen anderen Sinn; vielleicht im Anschluß an G[A] u.a.

2. In der Anwendung von אמונה auf Gott ergeben sich einige Probleme: Das Wort wird auf Gott nur in poetischer Rede angewandt; ferner ist für die meisten Stellen exilische oder nachexilische Herkunft anzunehmen (nur bei Ps 89 ist eine frühere Entstehung möglich). Endlich steht etwa an einem Drittel der Stellen אמונה in Parallele zu חסד, wie sonst אמת. Soll man daraus schließen, daß אמונה in der Anwendung auf Gott erst in jüngerer Zeit auftaucht und dabei an die Stelle von אמת tritt, also etwa den gleichen Sinn hat? Der Gedanke liegt vor allem nahe, wenn es um den Lobpreis der göttlichen אמונה geht, die dem der göttlichen אמת parallel zu gehen scheint (Ps 40, 11; 92, 3; 88, 12; 89, 2. 6). Dann müßte man annehmen, daß אמונה einige Funktionen von אמת übernommen hätte.

Aber es fragt sich, ob nicht auch in der Anwendung auf Gott mehr an das auf אמת beruhende Verhalten gedacht wurde. Das könnte etwa Ps 89 nahelegen, der geradezu von diesem Begriff geprägt ist: 5mal wird Gott an seine אמונה erinnert (v. 2. 3. 6. 9. 50), 2mal bekennt sich Gott selbst zu ihr (v. 25, 34). אמונה wäre dann das Verhalten, in dem Gott sich gewissermaßen selbst treu bleibt. Eben darum geht es ja in diesem Psalm, daß Gott an seine Gottheit erinnert wird, an sein Wort, das er doch nicht brechen kann, ohne seine Gottheit, ohne sich selbst, seine אמונה, sein an Treue und Zuverlässigkeit gebundenes Verhalten preiszugeben, das daher auch Beständigkeit und Dauer einschließt.

So wäre zu fragen, ob diese Besonderheit nicht auch an den übrigen Stellen mitzuhören ist. Das könnte Deut 32, 4 zutreffen. Der Dichter will die Größe JHWHs besingen und nennt ihn אל אמונה, d.h. einen Gott, der sich selbst treu, an dem daher kein Fehl ist. In Kl 3, 23 steht אמונה wohl im Zusammenhang mit חסד (v. 22); das Bekenntnis, auf das der Beter sich verläßt, heißt: „Groß ist deine אמונה“; gut umschreibt hier Kraus: „Die feste, unumstößliche Beständigkeit, in der Jahwe bleibt, der er ist“ (Komm. z. St.). Diese אמונה ist es auch, mit der JHWH sich Israel verlobt (Hos 2, 22); und Jes 25, 1 erhält seinen Sinn, wenn Gott gepriesen wird, weil er Wunder getan hat, wie es ihm entsprach, in Treue zu sich selbst (das hier hinzugefügte *'ōmæn* soll wohl der Verstärkung dienen, nicht einen neuen Gedanken wie „Wahrheit“ hinzufügen). So ist auch an den Psalmenstellen אמונה mit Bedacht gewählt worden. Ps 33, 4: Alles Werk Gottes geschieht in אמונה, in der ihm eigenen beständigen Treue, wie ebenso sein Gericht (Ps 96, 13; die gleiche Zusammenstellung von צדק und אמונה findet sich auch Jes 11, 5 vom kommenden Messiaskönig). Diese אמונה Gottes geht über die Wolken hin (Ps 36, 6) und dauert für alle Geschlechter (100, 5; 119, 90). Gott gedenkt seiner חסד und אמונה, d.h. eben dieser ihm eigenen Treue (98, 3), und antwortet dem Beter in dieser seiner אמונה (143, 1). In ihr demütigt er den Psalmisten (119, 75). Ja, zuletzt haben auch Gottes Gebote Anteil an solcher אמונה (119, 86. 138). Gewiß ist zu überlegen, ob nicht an manchen Stellen, etwa in Ps 119, der Unterschied von אמת und אמונה sich verwischt hat. Aber aufs Ganze wird man den Unterschied grundsätzlich festzuhalten haben: Während אמת

das Wesen einer Person umschreibt, auf deren Wort und Tat man sich verlassen kann, bezeichnet אמונה das Verhalten einer Person, das ihrem eigenen inneren Sein entspricht. אמת ist Gottes Wort und Tat, auf die der Mensch sich verlassen kann; אמונה ist Gottes Verhalten, in dem er dem Wesen seiner Gottheit entspricht. Es wurde schon gesagt, daß die Anwendung von אמונה verhältnismäßig selten und spät ist. Ist dieser Gebrauch ein Ausdruck dafür, daß Israels Dichter nun versuchten, das Wesen ihres Gottes gerade in seiner אמונה zu sehen? Eben diese, seine Beständigkeit, wie sie seiner Gottheit entspricht, ist Grund dafür, diesen Gott auch in der Notzeit anzurufen und ihn zu preisen.

VIII. *'āmēn.* Das bekannteste Wort dieser Wortsippe, das als 'Αμήν ins NT und von dort in den Sprachgebrauch der christlichen Kirchen übergegangen ist, kommt im AT verhältnismäßig selten, nur 24mal vor, davon 12mal allein in Deut 27,15ff., so daß es schwer ist, seine Funktion im Ablauf der Geschichte zu erkennen.
Die Form, eine *qaṭil*-Bildung, könnte auf eine adjektivische Bedeutung führen; doch scheint der Gebrauch des Wortes an einigen Stellen eher an den einer Partikel zu erinnern, so daß man von der Form her keinen sicheren Schluß auf die Bedeutung ziehen kann.
a) 1 Kön 1, 36 antwortet Benaja auf den Auftrag Davids, Salomo zum König zu salben: „Amen, so spreche (tue) JHWH, der Gott meines Herrn, des Königs: Wie JHWH mit meinem Herrn war, so ..." Ähnlich steht *'āmēn* in der Antwort Jeremias auf Hananjas Prophetie Jer 28, 6: „Amen, so tue JHWH: JHWH lasse deine Worte wahr werden ..." In beiden Fällen leitet „Amen" den Wunsch ein, daß Gott seinen Segen zu dem vorher Geplanten und Gesagten geben möchte. Eine Anwendung auf die Sprecher ist beide Male nur insofern festzustellen, als sie das vorher Gesagte anerkennen und seine Erfüllung auch ihrerseits wünschen; man möchte im Deutschen umschreiben: Genau, eben das meine ich auch, Gott tue es! Den gleichen Sinn in kürzester Form dürfte Jer 11, 5 haben, wo Jeremia die Gottesrede sich zu eigen macht: „Amen, JHWH".
b) Anders ist der Gebrauch des *'āmēn* in Deut 27,15ff., Num 5, 22; Neh 5,13. In allen drei Fällen geht es um Flüche, die ausgesprochen und durch das 'Amen' übernommen werden. Deut 27,15ff. handelt es sich um die Flüche, die denen angedroht werden, die sich heimlicherweise strafbar machen und damit dem menschlichen Richter entziehen. Sie werden durch die Fluchzeremonie dem göttlichen Gericht übergeben. Das Volk aber erkennt durch das 'Amen' an, daß dieser Fluch an jedem wirksam werden soll, der sich in der einen oder anderen Weise vergeht. Ebenso übergibt der Priester, Num 5, 21f., die angeschuldigte Frau dem Gericht Gottes: „Der mache dich ..." Die Frau aber unterstellt sich durch ihr 'Amen' diesem Gottesurteil. Auch Neh 5,13 spricht Nehemia eine Fluchformel: „So schüttle Gott einen jeden, der ..."; die Versammlung aber nimmt mit ihrem 'Amen' diesen Fluch auf sich.
Hier wie dort geht es also bei dem 'Amen' um die Anerkennung des göttlichen Wortes als wirkender Macht: Genauso möge es geschehen! Wieweit man diesen Gebrauch als kultisch oder liturgisch bezeichnen kann, bleibe dahingestellt, da es sich, abgesehen allenfalls von Num 5, um Einzelvorgänge handelt; aber deutlich ist, daß das 'Amen' auf Reden und Handeln Gottes bezogen ist, dem die Sprecher sich unterstellen.
c) Zum dritten wird *'āmēn* mit dem Lobpreis Gottes verbunden. So Neh 8, 6: „Und Esra pries Jahwe, den großen Gott, und alles Volk antwortete: Amen, Amen, indem sie ihre Hände erhoben." Hier ist zum erstenmal 'Amen' als Antwort der Gemeinde auf ein Gebet bezeugt. Es scheint, daß damit die Gemeinde sich das Gebet, hier also besonders den Lobpreis, zu eigen macht. Nicht zu erkennen ist, ob sie damit eine schon bestehende Sitte aufnimmt, oder ob der Vorgang erzählt wird, weil er etwas Neues darstellt. Jedenfalls hat der Brauch, auf den Lobpreis mit 'Amen' zu antworten, sich eingebürgert, wie aus 1 Chr 16, 36 zu erschließen ist, wo er in die Zeit Davids zurückverlegt wird. Daß dem so ist, geht daraus hervor, daß er sowohl in der Synagoge (bBer 5, 4; 8, 8) sich erhalten hat, als auch schon von der Urchristenheit übernommen ist (1 Kor 14,16).
d) Aus dieser gottesdienstlichen Sitte hat sich wohl der Brauch ergeben, einzelne Bücher mit einem Lobpreis Gottes und anschließendem 'Amen' zu beschließen. Das ist zuerst bei den Psalmbüchern nachzuweisen. Die Tatsache, daß die Doxologien nach Ps 41.72. 89.106 verschieden lauten, läßt wohl nur den Schluß zu, daß nicht das fertige Psalmbuch nachträglich in fünf Bücher geteilt wurde, sondern daß zumindest die ersten drei Bücher mit der abschließenden Doxologie versehen waren, ehe sie zusammengestellt wurden. Daß dann die später eingefügten Psalmen (vielleicht zunächst nur 90–119) bei Ps 106 mit einer Doxologie unterteilt wurden, mag seinen Grund in dem jetzigen Bericht von 1 Chr 16 haben (vgl. dazu Gunkel-Begrich, Einleitung, S. 438ff.; Rudolph, Komm. zu 1 Chr 16). Jedenfalls bilden diese Schlußverse mit dem einfachen oder doppelten 'Amen' eine Einheit; 'Amen' ist also nicht erst später hinzugefügt, wie Kraus zu Ps 41 anzunehmen scheint. Für die Schreiber gehörte schon zum Lobpreis Gottes das bestätigende 'Amen', das sie nun selbst hinzufügten. Von den alten Psalmbüchern

haben es dann die späteren Schreiber (ob auch schon die Autoren?) des Tobit, des 3. und 4. Makk und vieler Evangelienhandschriften übernommen.

So ist schon für das AT festzustellen, was später bei den Amoräern so formuliert wird: „Amen ist Bekräftigung, Amen ist Schwur, Amen ist Übernahme“ (Dalman, Worte Jesu 185). Mit 'Amen' bekräftigt der Hörer den Wunsch nach Gottes Handeln, unterstellt sich dem göttlichen Gericht, schließt sich an dem Lobpreis Gottes.

e) Textlich schwierig sind Jes 65,16 und 25,1. Das doppelte *bē'lōhē 'āmēn* in 65,16 wird häufig geändert in *b. 'ēmūn* oder *b. 'ōmœn*, da *'āmēn* schwer zu übersetzen ist: „Der Gott des Amen?“ Doch ist festzustellen, daß die Aussprache *'āmēn* schon bei Aquila, der πεπιστωμένως übersetzt, mit dem er immer ein *'āmēn* wiedergibt (vgl. Num 5, 22; Deut 27,15; Ps 41,13; 72,19; 89, 53; Jer 11, 5), wie auch bei Symmachus bezeugt ist, der an den gleichen Stellen ἀμήν unübersetzt läßt. Es wird daher wohl mit Recht angenommen, daß auch Apk 3,14 mit ὁ ἀμήν die gleiche Tradition voraussetzt. Die masoretische Punktation geht also auf eine alte Überlieferung zurück und sollte nicht so rasch preisgegeben werden. Bei der LXX mit ihrer Übersetzung τὸν θεὸν τὸν ἀληθινόν kann man zweifeln, ob hier eine andere Lesung vorausgesetzt wird oder ein Versuch gemacht wird, das *'ælōhē 'āmēn* zu umschreiben. Umgekehrt setzt Jes 25,1 die LXX mit ihrer Übersetzung γένοιτο ein *'āmēn* hinter אמונה voraus; das gleiche nimmt Aquila mit seinem πεπιστωμένως an. Symmachus scheint mit πίστει dagegen an eine Form wie *'ēmūn*, *'ōmœn* zu denken. So hat es an beiden Stellen schon früh verschiedene Lesarten gegeben. Aber in Jes 25,1 ist ein *'āmēn* schwerlich sinnvoll zu übersetzen, während das masoretische *'ōmœn* wohl als Verstärkung zu אמונה verstanden werden kann. Umgekehrt ist Jes 65,16 wohl *'āmēn* vorzuziehen; die Tatsache, daß es in Neh 8, 6 mit einem ברך, in Num 5, 22 mit נשבע in Verbindung gebracht wird, spricht wohl dafür, daß auch hier das Segnen und Schwören mit dem Gott des 'Amen' verbunden werden soll. Das würde bedeuten, daß Segen und Schwur bei dem Gott gesprochen werden sollen, der Segen und Schwur bekräftigt, weil er auch zu seinem eigenen Wort ein 'Amen' sagt und dazu steht (vgl. Delitzsch, Komm. z. St. und Pfeiffer, KuD). Dieser Ausdruck könnte in Apk 3,14 aufgenommen worden sein, wo der Christus als ὁ ἀμήν bezeichnet wird. (Ob Jesus selbst, wenn er das Amen gebraucht, vgl. Jeremias, Abba, 148ff., das Wort als Wort göttlicher Vollmacht verstanden hat?)

IX. Wenn der Hebräer Ableitungen der Wurzel אמן hörte, mag er damit vor allem die Bedeutung 'Beständigkeit' verbunden haben, in sachlicher Hinsicht im Sinn der 'Dauer', in personaler in der Bedeutung 'Zuverlässigkeit'. Doch können Ableitungen durchaus eigene Bedeutung gewinnen.

So bekommt das Part. *qal* den Sinn des 'Betreuers'. Das *niph* wird verstanden als 'Bestand haben', im Part. also als 'Bestand, Dauer habend', von Personen 'Beständigkeit, Zuverlässigkeit habend'. Das *hiph* heißt dann 'beständig werden', 'Beständigkeit gewinnen', vor allem im Blick auf eine Person oder ihr Wort: beständig auf jemanden bauen oder seinem Worte trauen. אמת gewinnt von 'Beständigkeit' über 'Zuverlässigkeit' den Sinn von 'Wahrheit', während אמונה mehr das 'Verhalten aus Zuverlässigkeit', d.h. 'Treue' umschreibt. *'āmēn* endlich hat seinen Sinn durch eine bestimmte Funktion bekommen, s.o. So ist, bei aller Einzelentwicklung, der Sinn der Wurzel zumeist durchgehalten.

Dabei werden alle Formen ganz überwiegend personal, d.h. in der Anwendung auf Mensch und Gott gebraucht. Während die Anwendung auf den Menschen oft zweifelhaft ist, gilt sie für Gott unbedingt: Gott ist und hat אמת, er handelt in אמונה, sein Wort ist נאמן und fordert daher das האמין. So gewinnt die Wurzel ihre besondere Bedeutung sowohl für die Anthropologie wie für die Theologie des AT.

Jepsen

אָמַץ אֹמֶץ, אַמִּיץ, אָמְצָה, מַאֲמָץ

I. Belege; Bedeutung – II. Profaner Gebrauch – III. Übertragene, religiöse Bedeutung – 1. In der Königsideologie – 2. Die Bestärkungsformel – 3. Mit *leb* – 4. Sonstiger Gebrauch.

I. Der Wortstamm אמץ ist in Ugarit (UT 361, Nr. 228: *'mṣ jd* „strong of hand“) belegt und wird in einem Sinn verwendet, den das AT als Grundbedeutung bezeugt. Ob ein etymologischer Zusammenhang mit עצם (so Levy, WTM I 99) oder gar mit koptisch *oumot* (äg. *wmt*; so GesB[17]) besteht, ist fraglich und für die Erfassung des at.lichen Sinngehalts, der aus dem Kontext, besonders bei der Verbindung mit → חזק zu erheben ist, nicht ausschlaggebend. Die Grundbedeutung ist 'stark sein' (KBL[3]): sie hält sich in den Aktionsarten in entsprechender Prägung durch. Belegt ist die Wurzel als Verbum im *qal* 16mal, *pi* 19mal, *hiph* 2mal und *hitp* 4mal, als Adjektiv אמיץ 4mal, אמץ 2mal, je einmal als Substantiv אמץ und אמצה 'Stärke', מאמץ 'Anstrengung', sowie in den Namen Amaṣja mit der Kurzform Amṣi und Amoṣ.

אמץ wird in der LXX übersetzt: *qal* ἰσχύειν, στερεοῦν, ὑπερέχειν; *qal/pi* ἀνδρίζεσθαι, κατισχύειν; *qal/pi/hiph* κραταιοῦν; *pi* ἀποστέργειν, ἀποστρέφειν, ἐνισχύειν, ἐρείδειν, θάρσος περιτιθέναι, ἰσχυρὸν ποιεῖν, ἰσχύς ἐστι, κρατεῖν, παρακαλεῖν; *hitp* ἀνθιστάναι, ἀνιστᾶν, ἀνιστάναι, σπεύδειν, φθάνειν. אמיץ: ἰσχυρός, κραταιός, κρατεῖν, κράτος, σκληρός.

II. „Stärke und Kraft haben oder geben“ bilden im profanen Bereich den Inhalt des Wortstamms und seiner Ableitungen. Beides ist vor allem dann gefragt, wenn es um Kampf und Auseinandersetzung geht. Bestehenkönnen und Rettung hängen davon ab, ob der Mensch Kraft besitzt und sie einsetzen kann (Am 2,14). Doch auch im täglichen Lebensvollzug ist, wie die Weisheit sagt, Stärke nötig, um erfolgreich zu sein. Darum gürtet die tüchtige Hausfrau „mit Kraft ihre Lenden und stärkt ihre Arme“ (Spr 31,17). Für den Müden, Mutlosen und Wankenden aber ist das zurechtweisende und stärkende Wort eine Hilfe und Ermutigung (Hi 4, 4; 16, 5). Der Weise, der es spricht, ist bei Auseinandersetzungen dem Starken überlegen; denn nur mit klugem, planvollen Vorgehen gewinnt man den Sieg (Spr 24, 5f.). Rehabeam jedoch „zeigte sich“ beim Abfall Israels vom Davidshaus nur in der Flucht „stark“ (התאמץ לעלות 1 Kön 12,18; 2 Chr 10,18), nicht aber gegenüber Hohlköpfen, nichtsnutzigen Leuten, die über ihn die Oberhand gewonnen hatten (*hitp* mit על), weil er jung und sein Mut schwach war (2 Chr 13,7). Dagegen war Ruth stark (*hitp* mit ל) und fest entschlossen, mit Noemi nach Israel zu gehen (Ruth 1,18). Stärke, wie sie mit dem Wortstamm אמץ bezeichnet wird, ist fast immer als Qualität einer Person gesehen. Doch wird auch von einem großen Baum ausgesagt, daß er unter den Waldesbäumen erstarkt (Jes 44,14), und von der Verschwörung Absaloms, daß sie stark wurde (ויהי הקשר אמץ 2 Sam 15,12). Schließlich ist 2 Chr 24,13 die Instandsetzung als ein Starkmachen des Tempels gedeutet. Es ist möglich, daß in dieser Interpretation die Königsideologie (s.u.) nachwirkt: Der Tempel, nicht das Königtum, würde die tragende Säule der Theokratie sein; er mußte gestärkt werden.

III. 1. Um den wesentlichen Gehalt und Aspekt der übertragenen und theologischen Verwendung von אמץ zu erfassen, setzt man wohl am besten bei der Königsideologie an. In dem alten Königsdanklied Ps 18 steht das Bekenntnis: „Er entriß mich meinem starken Feind, meinen Gegnern, die stärker waren als ich“ (v. 18). Hier wurde in siegreichem Kampf erfüllt, was JHWHs Volk seit davidischer Zeit erwartet: Sein Gott werde den von ihm erwählten König, seinen Gesalbten, stärken, damit er dem Volk Heil verschaffe. So hatte nach Ps 89, 21f. JHWH verheißen: „Ich fand meinen Knecht David, mit meinem heiligen Öl salbte ich ihn. Meine Hand ist beständig mit ihm, ja, mein Arm macht ihn stark.“ Darum durfte Israel, wohl zur Zeit Josias, im Klagelied JHWH bitten, er möge schützend seine Hand über den „Sohn“ – mit diesem Begriff umschrieb jerusalemische Theologie das besondere Verhältnis des Königs zu JHWH – halten, über einen Menschen, den er sich großgezogen und stark gemacht hat (Ps 80,16.18). JHWH soll dem König, so fleht das Volk, die Kraft verleihen, Heilsmittler zu sein, damit Israel wieder hergestellt werde. Mit den beiden Ausdrücken „Sohn“ und „Mann deiner Rechten“ spielt der Psalm auf das Salbungsorakel (Ps 2,7) und den Inthronisationsspruch an (Ps 110,1). In diesen grundlegenden Akten hat JHWH den König „stark gemacht“, seinen Auftrag zu erfüllen. Die gegenwärtige Stunde verlangt den Erweis und die Aktualisierung; denn das Nordreich (Ps 80, 2f.) soll anscheinend zurückgenommen und Gesamt-Israel wieder errichtet werden. Der Anspruch und die Zuversicht, daß JHWH seinen Erwählten, Beauftragten und Knecht stark machen werde, blieb nach dem Scheitern Josias und auch nach dem Zerbrechen des Königtums, allerdings in Umdeutung, lebendig. Noch im Exil darf der Prophet dem Knecht Israel die göttliche Zusage verkünden: „Ich mache dich stark, helfe dir auch, halte dich auch fest mit meiner heilbringenden Rechten“ (Jes 41,10). Und wie mit einem späten Nachklang erinnert sich der Klagende (Ps 142,7) – der Autor der Überschrift (v. 1) verweist insofern nicht mit Unrecht auf Davids Bedrängnis bei der Flucht – an das Königslied (Ps 18) und spricht: „Entreiße mich meinen Verfolgern, die stärker sind als ich.“ Was der König beanspruchen durfte, erwartet jetzt auch der Mann aus dem Volk.

2. Obwohl ein direkter Zusammenhang nicht festzustellen ist, dürfte die Bestärkungsformel „sei fest und stark“ (חזק ואמץ) doch von der Königsideologie her zu deuten sein. Die Grundstelle ist Deut 31, 23, ein Text, den man zur JE-Schicht rechnet (31,14.15. 23: so Eißfeldt, Hexateuchsynopse; Noth, Überl. Studien I 40. 191. 214f.; anders Überl. d. Pent. 35 Anm. 126f.: „sekundär deuteronomistisch“). Hier beauftragt JHWH den Josua und sagt: „Sei fest und stark; denn du sollst die Israeliten in das Land bringen, das ich ihnen zugeschworen habe, und ich werde mit dir sein.“ Im Verlauf der kriegerischen Landnahme soll Josua das Volk führen, den Sieg erringen und ihm zum „Recht“ (Verwirklichung des Landanspruchs) verhelfen. Er übernimmt Aufgaben, die den wesentlichen Inhalt des königlichen Amtes ausmachen (1 Sam 8, 20). Die Zusage, daß JHWH mit ihm sein werde, weist in die gleiche Richtung; vgl. H.D. Preuß, „... ich will mit dir sein!“ (ZAW 80, 1968, 139–173); W. Richter, Die sog. vorprophetischen Berufungsberichte (FRLANT 101, 1970) 146ff. u.ö. Sie wird mit den nämlichen Worten David (2 Sam 7, 9) in einem Kontext, in dem es um die Sicherung (vgl. auch Ri 6,16) und die Vollendung der Landnahme geht, gegeben. Nach E hatte Mose den Auftrag, unter dem Mit-Sein

Gottes (Ex 3,12) die Israeliten aus Ägypten herauszuführen. In jehovistischer Sicht fiel es Josua zu, unter dem Mit-Sein JHWHs das Volk in das verheißene Land hineinzuführen. Dazu und als Forderung der notwendigen persönlichen Reaktion auf die Beistandsverheißung wird ihm befohlen, fest und stark zu sein. Seine Stärke kommt von der JHWHs; auf diese muß er sich in Haltung und Tun verlassen. Dann wird der starke Gott mit ihm sein. In diesem Sinn interpretiert der Theologe zunächst die Bestärkungsformel: JHWH läßt ihn nicht schlaff werden (→ רפה) und verläßt (→ עזב) ihn nicht (Deut 31, 6. 8; Jos 1, 5; vgl. 1 Chr 28, 20). Er geht vor ihm her (31, 8); so kann niemand vor ihm standhalten (1, 5). Die dtr Deutung legt aber auch dem Inhalt nach aus, was fest und stark sein besagt: Es heißt für Josua, weil Erfolg und Gelingen der Unternehmungen von der Gesetzestreue abhängen, „die Weisung, die mein Knecht Moses dir gegeben hat, beachten und erfüllen", nicht von ihr abweichen, ja das Gesetzbuch JHWHs bei allen Handlungen vor Augen haben (Jos 1,7f.). Damit ist die Formel, die ursprünglich auf die Durchführung der Landnahme zielte, gemäß der Auffassung des dtr Geschichtswerkes umgedeutet. Der neue Inhalt, sich in der gewissenhaften Erfüllung der göttlichen Satzungen und Gebote fest und stark zu zeigen, bleibt der Formel an allen dtr Stellen und auch in der chronistischen letzten Weisung Davids (1 Chr 22,13; 28, 20) erhalten, in der Salomo mit dem Tempelbau betraut wird. An sich gehört „sei fest und stark" als Auftragswort in die Rede JHWHs. Dieser dtr Gehalt jedoch macht es möglich, daß Mose, der deuteronomische Künder des Gesetzes, seinen „Nachfolger" Josua (Deut 31,7f.), wie ihm JHWH befohlen hat (Deut 3, 28), und sogar das Volk (v. 6) mit der Bestärkungsformel ermahnen und ermutigen kann. Folglich dürfen auch Josua, die Anführer des Heeres (Jos 10, 25) und Hiskia (2 Chr 32,7) dem Volk mit ihr Mut zusprechen und Mahnung erteilen. Sogar das Volk gebraucht die Formel, um seinen Gehorsam gegenüber Josua (Jos 1,18) auf dessen Beauftragung durch JHWH zu gründen (vgl. N. Lohfink, Die dtr Darstellung des Übergangs der Führung Israels von Moses auf Josua, Scholastik 37, 1962, 32–44).

3. Die Bestärkungsformel findet auch Eingang ins Klagelied (Ps 17,14; 31, 25), wird hier allerdings mit → לב erweitert. Sie wird in dieser Form zum Zuspruch an den Bedrängten: „Hoffe auf JHWH, sei fest, und stark sei dein Herz" (27,14), wie an die Frommen (31, 25). Die Wendung „das Herz stark machen" hat jedoch in deuteronomischer Aussageweise einen negativen Sinn. In den Bestimmungen der Armenfürsorge steht die Mahnung, das Herz (לבב) nicht stark, d.h. unbeweglich zu machen und die Hand nicht vor dem armen Stammesbruder geschlossen zu halten (Deut 15,7). Und wenn JHWH den Geist des Königs Sichon unbeugsam und sein Herz stark macht, verstockt er ihn, um ihn dem Verderben preiszugeben. Auch der Chronist kennt den Ausdruck (2 Chr 36,13); doch ist es hier Hiskia selbst, der sich verstockt.

4. Stark ist nur Gott und der Mensch, dem er Stärke verleiht. Weisheitliche Theologie ortet die Aussage vom starken Gott in der Schöpfungsvorstellung: Er ließ die Quellen der Tiefe erstarken (Spr 8, 28); er führt das Heer der Gestirne, das er geschaffen hat, abgezählt heraus und „ruft sie alle mit Namen, vor dem Kräftereichen, dem Machtstarken fehlt keiner" (Jes 40, 26). Das prophetische Wort spricht im Zusammenhang des Gerichts von Gottes Stärke. Er kann Starke und Mächtige in seinen Dienst stellen (Jes 28, 2). Ihm, dem Herrn ist der Mutigste unter den Helden nicht gewachsen (Am 2,16), und dem starken Gegner, den JHWH aufgeboten hat, vermag auch das mächtige Ninive nicht zu widerstehen (Nah 2, 2). – Menschliche Stärke, die bestehen und sich durchsetzen kann, kommt von Gott. Er ist den Judäern eine starke Hilfe gegen die feindlichen Völker (Sach 12, 5). Darum soll Gottes Volk, wenn er zur Erlösung kommt, „die schlaffen Hände festigen und die wankenden Knie stärken" – ein ferner Nachhall der Bestärkungsformel (Jes 35, 3). Die Leviten aber vermögen Rehabeam nur so lange zu stärken, als man auf den, nach chronistischer Sicht ganz JHWH-treuen Wegen Davids geht (2 Chr 11,17). Und die Judäer sind zu Abias Zeit den Israeliten deswegen überlegen, weil sie sich auf JHWH stützen (2 Chr 13,18). Er ist es auch, der im jahwistischen Heilswort, im Orakel an Rebekka (Gen 25, 23) sagt und bewirkt, daß Jakobs Nachkommen stärker sein werden als die Esaus. 'Stärker sein' ist hier eine frühe Ankündigung des Bewußtseins und der Aussage von der Erwählung Israels. – Doch es könnte geschehen, und die Versuchung liegt im Bereich des Möglichen, daß der Mensch sich mit Gott messen wollte. Hiob sagt dazu: Macht und Stärke hat nur Gott; der Mensch ist ihm völlig unterlegen, auch wenn er sich im Recht wähnte (9,19): „Weisen Sinnes und gewaltig an Kraft – wer dürfte ihm trotzen und bliebe heil?" (9, 4). Elihu trägt nach (36,19), daß keine menschliche Anstrengung etwas gegen Gott vermag. So bleibt Hiobs Rat: „Der Gerechte soll an seinem Weg festhalten, und wer reine Hände hat, gewinnt an Stärke" (17, 9). Aufs Ganze gesehen ist der theologische Gehalt von אמץ ein offener oder verborgener Lobpreis Gottes, der allein stark ist.

Schreiner

אָמַר אֹמֶר, אֵמֶר, אִמְרָה, אֶמְרָה, מַאֲמָר, מֵאמַר

I. Zur Wurzel – 1. Etymologie und Vorkommen – 2. Bedeutung und Funktionsradius – II. Allgemeiner Gebrauch – 1. Kommunikationsbegriff – 2. Signifikationsbegriff – 3. Applikationsbegriff – 4. Denken und Überlegen – 5. לאמר – III. Theologischer Gebrauch – 1. Offenbarungsterminus – a) Selbstvorstellungswort – b) Schöpferwort – c) Anspruch – d) Zuspruch – 2. Botenformel und Botenspruch – 3. Menschliches Sagen zu Gott – IV. Derivate – 1. *'ōmœr* – 2. *'ēmœr, ma'amār, mēmar* (bibl.-aram.) – 3. *'imrāh, 'œmrāh.*

Lit.: *P. R. Ackroyd*, The Vitality of the Word of God in the O.T. (ASTI 1, 1962, 7–23). – *J. Barth*, Wurzeluntersuchungen zum hebr. und aram. Lexicon, 1902. – *M. Dahood*, Hebrew-Ugaritic Lexicography I (Biblica 44, 1963, 289–303). – *F. Delitzsch*, Prolegomena eines neuen hebr. Wörterbuches, 1886. – *L. Dürr*, Die Wertung des göttlichen Wortes im AT und alten Orient (MVÄG 42,1, 1938). – *A. Ehrman*, A Note on the Verb אמר (JQR 55, 1964/65, 166f). – *O. Grether*, Name und Wort Gottes im AT (BZAW 64, 1933). – *V. Hamp*, Der Begriff „Wort" in den aramäischen Bibelübersetzungen, München 1938. – *O. Procksch*, λέγω, λόγος, ῥῆμα, λαλέω C. „Wort Gottes im AT" (ThWNT IV 89–100). – *F. Rundgren*, Hebräisch *bāṣār* „Golderz" und *'āmar* „sagen". Zwei Etymologien (Or 32, 1963, 178–183). – *C. Westermann*, Grundformen prophetischer Rede (BEvTh 31), ³1968.

I. 1. אמר ist eine gemeinsemit. Wurzel, an der die Bedeutung 'hell sein', 'sichtbar sein', 'sichtbar machen', 'sehen', dann 'mitteilen' haftet (KBL; Rundgren; Delitzsch 28[1]). Daß ugar. *'mr* I 'sichtbar sein', 'sehen' (vgl. WUS³ 25, Nr. 283 vgl. mit Nr. 284) etymologisch mit אמר in Zusammenhang steht, ist wohl nicht mehr umstritten (vgl. Dahood, 295–296), dagegen wird noch immer diskutiert, ob akk. *amāru* 'sehen' und äth. *'ammara* 'zeigen' sprachgeschichtlich hierher gehören. Im Hebr. und Bibl.-Aram. (vgl. aber auch Meša'-Stele) ist die Grundbedeutung zugunsten der den Vorgang der Mitteilung umschreibenden (= 'sagen') ganz zurückgetreten. Als Verbform begegnet אמר im gesamten AT, sowohl in frühen als auch in späten Texten, sowie in allen denkbaren literarischen Zusammenhängen. Der Gebrauch ist nicht auf bestimmte Gattungen und Formen beschränkt. Mit den bibl.-aram. Belegen zusammen erscheinen im AT (nach KBL³) ca. 5300 Verbformen von אמר. Sie stehen fast durchweg im Grundstamm *qal* (bzw. aram. *pe'al*), die wenigen Belege für das *niph* wollen passivisch oder unpersönlich (im Sinne von 'man sagt') verstanden sein. Für das *hiph* sind nur zwei Stellen aus dem einen gleichen Zusammenhang heranzuziehen (Deut 26, 17. 18), bei denen אמר zunächst kausativ zu fassen ist, woraus sich dann aber die Verwendung im Sinne einer offiziell veranlaßten, verbindlichen Erklärungsabgabe erschließen läßt (vgl. R. Smend, Bundesformel, 1963, 7–8 im Anschluß an Ben Yehuda, Thesaurus I, 1960, 297: 'proklamieren'). Im mischn. Hebr. dient die Kausativform der Bedeutung von 'verloben' (s. KBL; vgl. GesB). אמר steht häufig neben → דבר synonym, aber auch synthetisch nach der Ankündigung bzw. Beschreibung des Redevorganges (דבר) zur Bezeichnung des Aussagebeginns (אמר) in direkter oder indirekter Rede, z.B. Gen 19, 14 (J) „... Lot redete ... und sprach: ..." (*waje-dabber ... wajjō'mœr*; sehr oft aber auch in der Zusammenstellung *wajedabber ... lē'mōr*; vgl. auch Jes 7, 10; 8, 5 ויוסף דבר לאמר). Auch sonst folgt אמר gern in der gleichen Weise zur Kennzeichnung des Aussagebeginns nach Verben wie → קרא 'rufen', → ענה 'antworten', → נגד 'vermelden', → שאל 'bitten', → צוה 'befehlen' u.a. m. und nach Wendungen wie היה דבר אל, z.B. Jer 1, 4. Die von der Wurzel אמר gebildeten Nomina *'ōmœr, 'ēmœr, 'imrāh, 'œmrāh, ma'amār, mē'mar* (bibl.-aram.) entsprechen in der Bedeutung dem im AT gebräuchlichen Verb, 'Spruch', 'Rede', 'Ansage', 'Wort', seltener wie דבר 'Sache', 'Ding', 'Angelegenheit' (Hi 22, 28). Die rund 100 Belegstellen finden sich zumeist, aber nicht ausschließlich in späten und poetisch (weisheitlich) konzipierten Texten (s.u. IV. 1–3).

2. Die Breite des Bedeutungsfeldes von *'āmar* ist sehr groß, die Skala der Bedeutungsnuancen außerordentlich reichhaltig. Geht man von dem deutschen Wortfeld 'sagen' aus (einem Äquivalent, durch das man dem Bedeutungsgehalt des hebr. Wortes und seines Kontextes immer sachzutreffend auf die Spur kommt), so lassen sich alle seine Abwandlungen durch *'āmar* decken, wie etwa: ansagen, aussagen, zusagen, absagen, vorhersagen, nachsagen usw. Man kommt trotzdem nicht ohne Weiterungen, ohne andere deutsche Wörter aus, wie z.B. mitteilen, nennen, benennen, erwähnen, zusichern, widersprechen, antworten, rühmen, lästern, befehlen, zu sich selber (oder zu seinem Herzen) sagen, denken, überlegen, erwägen, erörtern, deuten, bedeuten u.a.m. Immer ist der Vorgang der vernünftigen, von einem Gegenüber wahrzunehmenden und zu verstehenden Äußerung eines Subjekts gemeint, wobei niemals die Technik des Sprechens umschrieben sein will, sondern ein Inhalt zur Aussprache kommen soll. *'āmar* steht darum immer in einer Subjekt-Objekt-Beziehung (selbst die Nomina fordern für sich ein logisches Subjekt), wobei *'āmar* oft genug ein doppeltes Objekt regiert, ein die Sache benennendes Akkusativ-Objekt und einen Adressaten. Auch dort, wo mit *'āmar* eine direkte oder indirekte Rede angekündigt wird, wo der Redebeginn mit *'āmar* bezeichnet ist, vertritt die darauffolgende direkte oder indirekte Rede das Objekt. Die Objektbeziehung wird neben der

einfachen Akkusativsetzung auch mit Präpositionen hergestellt, אל, ל 'zu' על 'über' (s. KBL). *'āmar* bringt stets eine personale Beziehung zum Ausdruck, wie auch immer sie geartet ist. *'āmar* funktioniert in allen Gebieten des gesellschaftlichen Lebens (Kultur, Sitte, Recht, Religion), in allen zwischenmenschlichen Bereichen (der Ordnungen, des Empfindens, des Unterweisens und Unterwiesenseins, der Weisheit und der Torheit, der Kommunikation und Isolation), in den Bezügen, die zwischen Mensch und Natur, Mensch und Welt, Mensch und Schöpfung bestehen, und nicht zuletzt in den Beziehungen von Gott zu Mensch und von Mensch zu Gott. Aus alledem ergibt sich, daß die Beziehungsvarianten vielgestaltig und vielfältig sind. Das gilt in gleichem Maße für die Objekt- wie für die Subjektverhältnisse. Die durch *'āmar* hergestellte personale Beziehung ist übertragbar auf Sachen, Dinge, Abstracta, Länder, Städte, Tiere, Pflanzen, Körperteile (als pars pro toto, wie לב Ps 27, 8; עצמות Ps 35,10), Naturelemente, wie Wasser und Feuer, Wettererscheinungen und mythische Größen, תהום, מות, ים, אבדון (Hi 28,14. 22). Sie alle können Subjekt zu einem *'āmar*-Geschehen sein, nicht allein als Veranschaulichungsmittel in der Bildrede oder in der vom Menschen gezeichneten Bildwirklichkeit mit seinen Funktionalitäten, sondern auch eigentlich, wie etwa der *śārāp* in Jes 6, 3, aber auch Ägypten (Ex 12, 33) und Edom (Ez 35,10–12; Ob 3), Jerusalem (Jer 10,19; 51, 35; Jes 57,10), Babel (Jes 47,10), Tyrus (Ez 27, 3) und Ninive (Zeph 2,15) als korporative Größen, bei denen Handeln und Sichverhalten zu einer vernehmbaren Aussage, zu einem *'āmar*-Tun sich verdichten. Hier ist *'āmar* das Ergebnis eines sich möglicherweise über längere Zeit erstreckenden Prozesses. Unmittelbar verständlich ist das Reden der Bäume und Sträucher in der Fabel (Ri 9, 8–15), der Dinge und Sachen im Gleichnis (z.B. des Werkes, das wider seinen Meister, des Tons, der gegen den Töpfer spricht, Jes 29,16; 45, 9). Schwieriger zu erfassen ist dagegen die *'āmar*-Tätigkeit der Schlange in Gen 3. Vermag Gott auf Grund seiner Schöpferpotenz Blitz und Wetter zu seinen Boten zu machen (Ps 104, 4), so vermögen diese auch zu reden (Hi 38, 35). Personifizierte Weisheit und Torheit (Spr 1, 21; 9, 4.16) und der משל sind in sich schon potentielle Aussagevorgänge, die dann und wann zu konkreten Aussagen gelangen, wobei Erfahrungswerte zur Äußerung gebracht werden, die die Summe von Erlebnissen und deren intellektuelle Bewältigung darstellen. Die sich so konstituierende חכמה oder כסילות ist Subjekt vom *'āmar*-Geschehen. In ähnlicher Weise weit gefaßt und gewagt übertragen ist *'āmar* in Hi 3, 3, wo (freilich in poetischer Gestaltung) der Dichter die von Hiob verfluchte Nacht sagen läßt, daß ein Mann (nämlich Hiob) empfangen sei, d.h. die Nacht spricht durch das in ihr vollzogene Tun. So kann *'āmar* auch als das ins Wort gefaßte Tun verstanden werden. Bis es zur Ausübung von *'āmar* kommt, vollziehen sich im personalen Beziehungsbereich sehr verschiedenartige Betätigungen, von der sublimsten Überlegung über ein Sichverhalten bis zur aktiven Tat; mitunter sprechen diese Betätigungen selber eine verstehbare Sprache und sind somit eine Funktion von *'āmar*, bzw. sind selber Vollzug von *'āmar*.
Mannigfaltig und vieldimensional sind auch die Objektverhältnisse, das weite Feld des Aussagbaren, durch das *'āmar* mitdefiniert wird. Alles kann sagbar gemacht werden und Gegenstand der 'Äußerung' sein: Liebe und Haß, Zuwendung und Abwendung, Anspruch und Zuspruch, Urteil und Begnadung, Recht und Ordnung, Handel und Wandel, Fluch und Segen, Krieg und Frieden, Schlag und Heilung, Sünde und Bekenntnis, Forderung und Angebot, Freude und Leid, Offenbarung und Verhüllung, Information und Kommunikation und was es auch immer sei.
Darin wird verständlich, wie schwierig es ist, *'āmar* in einem festen Schema unterzubringen. Weite, Transparenz, Vieldimensionalität und Komplexität kennzeichnen Bedeutung und Funktionsradius von *'āmar*.

II. Allgemeiner und theologischer Gebrauch von *'āmar* im AT unterscheiden sich funktional nicht voneinander. Der Unterschied liegt in den Subjekt-Objektverhältnissen. Dort gibt es dann freilich auch unaustauschbare Zuständigkeiten, die nicht jedes Subjekt oder jedes Objekt in gleicher Weise betreffen. Doch wird für die Rede Gottes zum Menschen kein anderer Terminus verwendet wie für die Rede des Menschen zu Gott oder wie für die Rede des Menschen zum Menschen. Allgemeiner und theologischer Gebrauch partizipieren an dem in I. umrissenen weiten Funktionsradius und an der vielschichtigen Bedeutung von *'āmar*. Was über den allgemeinen Gebrauch im folgenden gesagt wird, das gilt mutatis mutandis auch für den theologischen Gebrauch.
1. Durch die Betätigung von *'āmar* wird Kommunikation zwischen zwei personalen (oder als personal gedachten) Größen hergestellt. Der Vorgang von *'āmar* zielt ab auf Hören und Verstehen und auf Antwort im weitesten Sinne des Wortes (Reaktion). Dialogische Verhältnisse werden durch *'āmar* konstituiert (Gen 3). Dem entspricht die Mitverwendung von Präpositionen (אל, ל, על) zur Fixierung von Objektbeziehungen. Die Weigerung, die durch *'āmar* vermeinte Sache anzunehmen, bestätigt nur die kommunikativen Intentionen des *'āmar*-Geschehens (Num 20,14–21). Instruktiv ist die kommunikative Seite von *'āmar* bei Bundesschlüssen (z.B. Jos 9, 6ff.),

Heiratsverhandlungen (Gen 24), Erklärungen (Gen 2, 22. 23), Redeaufforderungen (Gen 45, 17), Botschaftsübermittlungen (Gen 45, 9) u.a.m. Das Subjekt von *'āmar* spricht sich aus und bietet sich darin zur Gemeinschaft an. Im Sagen enthüllt es sich ein Stück weit mit seinen Absichten, Vorstellungen, Wünschen und Gesinnungen (z.B. Ri 9, 1–6, dort zusammen mit דבר). In der 'Antwort' (oft genug wieder mit *'āmar* zum Ausdruck gebracht) vollzieht und verwirklicht sich Kommunikation (Ri 9, 3). Besonders anschaulich wird diese Seite des Gebrauchs von *'āmar* bei Selbstvorstellungen (Gen 45, 3–4; wie überhaupt das gesamte Kap. Gen 45; vgl. auch die formelhaften Wendungen bei der Selbstvorstellung Gottes, s.u.). Demgegenüber bedeutet Nichtreden (Schweigen) bewußte Aufhebung der personalen Beziehung (Am 6, 10; Hi 32, 1).

2. *'āmar* ist im AT Signifikationsbegriff. Die 'Ansage' kann begegnen im Sinne von 'zeigen', rein lokal z.B. in Gen 22, 2–3, als Nachweis eines Zitates in Num 21, 14. In der Bezeichnung eines Gegenstandes, eines Phänomens oder einer personalen Größe geschieht sehr Verschiedenes. Durch die Benennung erfolgt die Erfassung des Wesens einer Sache oder einer Person und die Zuordnung des so Bezeichneten zur Existenz des Bezeichnenden und zu dessen Ordnungsgefüge (Gen 2, 23 und die voraufgehenden Verse, durch die das *wajjō'mær* von v. 23 mitdefiniert wird). Darüber hinaus liegt in dem signifikanten *'āmar*-Geschehen ein Element der Bemächtigung und der Bewältigung des Benannten (Gen 2, 23; 4, 1; vgl. in diesem Zusammenhang die [Namens-] Etymologien und Ätiologien). Das bezeichnende *'āmar*-Tun qualifiziert oder disqualifiziert sein Objekt (Jes 5, 20) und legt es fest. Es funktioniert in dieser seiner Fixierung (Jes 8, 12; Hos 2, 1), bis es eine neue Benennung erfährt (Hos 2, 1; Jes 32, 5). Rühmen (Neh 6, 19) wie auch Verunehren (Ps 41, 6) sind Formen der Signifikation. Insbesondere das *niph* von *'āmar* (freilich nicht allein) findet im Sinne der Signifikation Verwendung (Gen 32, 29; Jes 4, 3; 32, 5; 61, 6). Für die Benamung, eine besondere Form der Signifikation, wird gelegentlich auch *'āmar* im *niph* (mit und ohne → שם) gebraucht (Gen 32, 29; Jes 4, 3; 19, 18); häufiger begegnet jedoch dafür → קרא (mit und ohne שם; vgl. Gen 2, 18–23).

3. Ein weites Feld im Gebrauch von *'āmar* stellt die Applikation dar. Mit der Zusage, Zusicherung, dem Versprechen, Wünschen, Segnen, aber auch Fluchen, Richten und Urteilen werden dem Gegenüber Werte, Güter, Mächtigkeiten, Seinsweisen und Potenzen appliziert, mit denen jenes Gegenüber fortan behaftet, belastet, beglückt und begabt wird. Diese applikative Seite von *'āmar* kann in ihrer Gültigkeit noch durch Bund, Vertrag oder Eid bekräftigt werden (vgl. Gen 21, 22–33; 26, 15–33). An das Versprechen kann erinnert werden (1 Kön 1, 28–30 sowie der gesamte Kontext), die Zusage gilt als verläßlich (Gen 33, 1–18). Für die Applizierung des Segens durch *'āmar* ist Gen 27 charakteristisch. Das applikative *'āmar*-Geschehen in der Amtsnachfolge (Amtsübertragung, Sukzession) illustrieren eindrucksvoll die Elia-Elisa-Geschichten, speziell 2 Kön 2, 8–10. Die Wirksamkeit des Fluches (2 Sam 16, 5–13, bes. v. 7 אמר mit קלל) muß eigens durch Gegenaktionen aufgehoben werden (2 Sam 19, 16–24; im v. 24 eine mit *'āmar* umschriebene eidliche Zusicherung). Applikatives Sagen funktioniert im richterlichen Spruch (1 Kön 3, 16–28; Jer 26, 7–19). Deklaration, Proklamation und Akklamation tragen applikativen *'āmar*-Charakter (2 Sam 15, 10; 1 Kön 1, 24. 25. 34. 39), Applikation sowohl für den declaratus als auch für diejenigen, vor denen deklariert wird. Auch im Wünschen vollzieht sich applizierendes Geschehen, gleichgültig ob Gutes oder Böses sein Inhalt ist (Ps 41, 6; 2 Sam 15, 9; 18, 28).

Schließlich ist in diesem Zusammenhang der Befehl zu erwähnen (1 Kön 1, 33). Auch wenn dafür gewöhnlich → צוה Verwendung findet, begegnet gelegentlich *'āmar* im Sinne von 'befehlen'. Befehlen bedeutet die Übertragung des eigenen Willens auf das Gegenüber mit der Erwartung, daß dieses Gegenüber den fremden Willen tut. Es ist leicht verständlich, daß die applikative Seite von *'āmar* im theologischen Gebrauch der Wurzel eine große Rolle spielt.

4. Daß *'āmar* im Sinne von 'denken' im AT gebraucht wird, erschließt sich aus der Wendung אמר אל לבו 'zu seinem Herzen sagen' o.ä. Diese noëtische Funktion läßt sich im Deutschen mit noch weiteren Tätigkeitswörtern wiedergeben: 'erwägen', 'erörtern', 'überlegen', also der Vorgang, der einer Beschlußfassung vorausgeht. Unmittelbar verständlich wird dieser Gebrauch von *'āmar*, wenn man berücksichtigt, daß die 'Denkvorgänge' und 'geistigen Prozesse' beim antiken Orientalen sich oft genug als lautlich vernehmbare 'Äußerung' vollziehen. Die Betrachtung des Gesetzes geschieht nach Ps 1, 2 im unablässigen 'Murmeln' → הגה. Ähnlich wird *'āmar* im AT gebraucht. Neben der häufig anzutreffenden Formulierung mit לב (1 Sam 1, 13; 27, 1; Gen 27, 41; 17, 17; Jer 5, 24; Hos 7, 2 mit לב + ל) steht die Formulierung ohne לב (Gen 26, 9; 44, 28; s. vor allem die *'āmartī*-Stellen!). Mit *'āmar* wird hier die Akzeptierung eines Sachverhaltes als Ergebnis einer abgeschlossenen Überlegung umschrieben, so wie *'āmar* in Ps 10, 6; 14, 1 die Überzeugung ausdrückt, zu der der Betreffende aufgrund längerer geistiger Beschäftigung mit einem Phänomen gelangt. Sogar Gott kann 'zu seinem Herzen sprechen', Gen 8, 21. Die heimliche Überlegung (1 Kön 12, 26) gewinnt den Charakter des Sinnens, Planens und

Vornehmens, אמר mit nachfolgendem Inf. cstr. + ל proklamiert geradezu die Absicht des Subjekts (das da gedenkt), dieses oder jenes zu tun, z.B. 2 Sam 21,16; 1 Kön 5,19.

5. Der Gebrauch von לאמר (Inf. cstr. *qal* + ל = 'um zu sagen') ist im AT differenzierter als es in den gängigen Wörterbüchern (auch noch bei KBL) dargestellt wird. Zunächst begegnet der eigentliche Gebrauch als Inf. in Sätzen wie diesen: 'er fuhr fort zu sagen' (2 Sam 2, 22), 'er fürchtete sich zu sagen' (Gen 26,7), 'er kommt, um zu sagen' (Gen 47,15; Jer 32,7). Diese Verwendung von *lē'mōr* ist doch häufiger, als z.B. Lisowsky-Rost, Konkordanz, mit dem Nachweis von nur neun Belegen glauben machen möchten. Wahrscheinlich gehören in diesen Zusammenhang all die Stellen, in denen *lē'mōr* nach שלח steht (Num 21, 21; Deut 9, 23; Jos 2,1. 3; 10, 3. 6; 2 Kön 3,7; Am 7,10): Dieser oder jener sandte (Boten) hin, um zu sagen (mit folgendem Auftrag, um sagen zu lassen). *qal* nimmt hier mitunter kausative Bedeutung an. Denkbar sind selbstverständlich auch andere Verben, nach denen *lē'mōr* im eigentlichen Sinne als Inf. zu fassen ist, z.B. nach שמע ('er hörte sagen', 'er hörte, daß gesagt wurde' usw.), Gen 41,15; Deut 13,13; 1 Sam 13, 4; 1 Kön 16,16; Jes 37, 9. Das gilt weithin auch für solche Fälle, bei denen durch *lē'mōr* eine Aussage- oder Mitteileabsicht markiert wird, etwa nach Verben der Bewegung, z.B. nach עמד Num 27, 2; עלה 1 Sam 23,19; קרב Jos 17, 4; נגש Esra 9,1. – In der Mehrzahl der Fälle dient *lē'mōr* sehr wohl zur Einführung einer direkten oder indirekten Rede (für letztere vgl. 1 Chr 21,18) und ist dabei häufig zur Formel, zur Konjunktion, zur Einführungspartikel erstarrt (Gen 34, 4). *lē'mōr* ist im Deutschen dann am besten mit einem Nebensatz wiederzugeben: 'indem er (oder irgendein anderes Subjekt) sagte (sprach, redete usw.)'. Da es meist nach Verben der Äußerung (wie אמר, דבר, נגד, זעק, ענה, צוה, צעק, שאל u.a.m.) oder den entsprechenden Nomina (דבר, מצוה, צעקה usw.) steht, kann es auch einfacher mit 'folgendermaßen', mit 'wie folgt' oder mit 'so', 'also' übersetzt werden. Es vertritt ähnlich wie das griech. ὅτι einen Doppelpunkt (Jos 1,10–13).

lē'mōr taucht allerdings auch nach Verben auf, die primär nichts mit einer 'Äußerung' zu tun haben. Hier wird das mit *lē'mōr* umschriebene Wortgeschehen in das durch das Hauptverb bezeichnete Gesamtgeschehen integriert. Es kann dieses motivieren oder ihm Konsequenzen nachsagen oder den Gesamtgeschehensgang fortsetzen; je nachdem wird *lē'mōr* anders übersetzt werden müssen. Das mit *lē'mōr* zum Ausdruck gebrachte *'āmar*-Tun hat eine deutende bzw. definierende Funktion, umgekehrt erfährt es zuweilen selber durch das Hauptverb, von dem es abhängig ist, Eindeutigkeit. Der Gottesmann aus Juda gibt in Bethel ein Wunderzeichen mit nachfolgender Deutung (נתן מופת לאמר, 1 Kön 13, 3). Sara lacht über die wundersame Rede der drei Männer auf Grund konkreter Überlegungen (Gen 18,12–13). Die Frau des Potiphar ergreift das Gewand des Joseph mit bestimmter Absicht (Gen 39,12; vgl. Neh 6, 9). Die Brüder Josephs erschrecken und sind ratlos (Gen 42, 28). In Ägypten werden die Aufseher der Israeliten von den Fronvögten geschlagen, wobei die Frage nach der nicht erfüllten Norm zur Begründung angeführt wird (Ex 5,13–14 ויכו ... לאמר). Mose soll im Sinaibericht um den Erscheinungsort eine Grenze ziehen und den Sinn seines Tuns erläutern (Ex 19,12). Nach Lev 10,16 zürnt Mose, 'indem er sagt ...' („er zürnte לאמר"). Die Kundschafter entmutigen durch den Bericht von ihrer Erkundung (Deut 1, 28); und Hiskia hintergeht nach Meinung der Assyrer sein Volk, wenn er zum Widerstand rät (2 Kön 18, 32; vgl. Jes 36,15.18; 37,10). Das Blasen der Posaune erfährt nach *lē'mōr* seine Deutung (1 Sam 13, 3). Man trachtet dem Jeremia mit bestimmten Worten nach dem Leben (Jer 11, 21), die Häscher greifen ihn und verurteilen ihn (Jer 26, 8 ... תפש לאמר). In einer Reihe von Fällen folgt das Hauptgeschehen als Konsequenz oder Ergebnis des mit *lē'mōr* bezeichneten Vorganges. Obwohl der *lē'mōr*-Satz nachgestellt ist, geht sein Inhalt logisch dem im Hauptsatz beschriebenen Tun voraus, z.B. 1 Sam 27,12; 2 Kön 7,12; Jer 36, 29. Sara überlegt, daß sie zu alt sei, um noch Kinder zu gebären, und lacht über die Ankündigung der Besucher (Gen 18,12.13). Der *lē'mōr*-Satz ist dann je nach Lage des Erzählungstempus präterital oder plusquamperfektisch zu übersetzen. In all den genannten Beispielen könnte *lē'mōr* noch wiedergegeben werden mit 'und sagte' oder 'und hatte gesagt', bzw. 'mit den Worten', verbliebe somit im Bedeutungsfeld von *'āmar*. Der Begriff erfährt eine gewisse Abstrahierung und Spiritualisierung, wenn *lē'mōr* nach dem Akt des Schreibens den Inhalt des Geschriebenen einführen soll (2 Sam 11,15; 1 Kön 21, 9; 2 Kön 10, 6; Jer 36, 29). Hier soll das Geschriebene sozusagen sprechen. Ähnlich ist es in Ps 119, 82 („meine Augen schmachten nach deinem Wort, לאמר, wann wirst du mich trösten?"). Daß *lē'mōr*, wenn es nicht einfach Formel ist, auch eine finite Verbform vertreten kann, ist nach dem Ausgeführten verständlich. Es gibt darüber hinaus Belege dafür, daß *lē'mōr* unabhängig von einem Beziehungsverb selbst als finite Verbform steht, z.B. Ri 16, 2; Jes 44, 28; 49, 9.

III. Was zu Beginn von II. gesagt wurde, muß hier noch einmal unterstrichen werden. Es gibt viele Funktionsweisen von *'āmar*, die trotz ihrer Verwendung im theologischen Bereich mutatis mutandis genauso im 'profanen' Bereich funktionieren. Das gilt insbesondere für den Botenspruch und seine einzelnen Formelemente wie z.B. die Botenformel. Die Beobachtung, daß diese Gattung auch in der prophetischen Literatur Verwendung findet, darf die Augen nicht davor verschließen, daß der Botenspruch auch eine 'profane' Redeform ist. Darauf muß in dem entsprechenden Abschnitt mit eingegangen werden.

1. Im AT ist Gott sehr häufig zu einem *'āmar*-Geschehen als Subjekt in Beziehung gesetzt. Die Aussage 'Gott hat gesprochen (gesagt)', 'Gott spricht (sagt)', 'Gott wird sprechen (sagen)' impliziert die Vernehmbarkeit Gottes innerhalb des vom Menschen erfahrbaren und denkbaren Raumes von Natur und Geschichte. Das gilt auch dort, wo für das Sagen Gottes nicht der Mensch Objekt ist, sondern z.B. die himmlische Ratsversammlung (1 Kön 22, 20–22; Jes 6, 8), die Tierwelt (Gen 1, 22; 3,14; Jon 2,11), die Naturelemente (Jes 5, 6, allerdings mit צוה angeredet) Adressaten göttlicher Rede sind, oder wenn gar Himmel und Erde zu Zeugen aufgerufen werden (Jes 1, 2, Aufforderung zum Hören; hier jedoch דבר). Selbst diese den Menschen nicht direkt betreffende Gottesrede ist für ihn zumindest wahrnehmbar und registrierbar. Darüber hinaus begegnen Gottesreden im „Ich-Stil" (Gen 22, 2; Ex 3,17; 1 Sam 2, 30; 9,17; Hos 2, 25; Jer 3,19; Ps 95,10, mit *'āmartī* bzw. *'ōmar* umschrieben) und Feststellungen im „Du-Stil", mit denen auf ein Sagen Gottes Bezug genommen wird: 'Du, Gott, hast gesagt...' (אמרת, ותאמר; Ex 33,12; Ps 90, 3). Diese soeben skizzierte Verwendung von *'āmar* läßt diese Wurzel im theologischen Gebrauch als Offenbarungsterminus erscheinen. Gott vermag so zu reden, daß er verstanden werden kann. Gott äußert sich, Gott gibt sich und seinen Willen und sein Tun kund. In seinem Reden erschließt er sich dem angesprochenen Gegenüber. Die kommunikative Seite der Gottesrede zeichnet sich besonders plastisch in Gen 3, 9ff., die signifikante in Gen 22, 2; 26, 2 ab. Über das Reden Gottes im applikativen Sinne wird unter 1. d) mehr zu sagen sein. Selbst *'āmar* als 'denken', 'überlegen' (usw.) ist im theologischen Verwendungsbereich der Wurzel belegbar, Gen 8, 21 (mit אל לבו); Gen 2,18; Ps 95,10 (ohne לב).

a) Die offenbarungstheologische Funktion von *'āmar* zeigt sich am reinsten in den Selbstvorstellungsformeln, deren Inhalt als Objekt zu einem von Gott vollzogenen *'āmar*-Tun zu verstehen ist (vgl. W. Zimmerli, Ich bin Jahwe, Gottes Offenbarung, ThB 19, 1963, 11–40). In Ex 3, 6 folgt der Feststellung ויאמר unmittelbar die Selbstvorstellung אנכי אלהי אביך (ähnlich Ex 3,14; 6, 2 – אני יהוה –; Gen 15,7). In Ex 20,1–2 wird die Selbstvorstellung mit *lē'mōr* nach *waj^edabbēr* eingeführt, Ez 20, 5 ebenfalls mit dem Inf., aber nach einem anderen Verbum: „ich hob bei ihnen meine Hand auf לאמר, ich bin JHWH, euer Gott." *lē'mōr* als finites Verbum für 'er sprach' liegt vor in Deut 5, 5–6. Nach Lev 18,1–2 wird die Selbstvorstellung Gottes als durch menschliche Rede vermittelt vorgestellt, allerdings hat der Mittler dazu von Gott ausdrücklich den Auftrag erhalten. In allen Fällen, die sich noch um viele Belege vermehren ließen (vgl. Zimmerli), ist der Inhalt des Redegeschehens die Deklaration im „Ich-Stil". Das Aussprechen der Selbstvorstellungsformel (das *'āmar*-Tun) bedeutet die Selbstkundgabe Gottes an den Adressaten, der zumeist mitgenannt ist (mit der Präpos. אל). JHWH ist in dem Wort als der Handelnde anwesend, wie sich aus all den Stellen direkt oder aus dem Kontext heraus ergibt. Der Vollzug des *'āmar*-Tuns Gottes bei der Selbstvorstellung bedeutet nicht allein Ansage, sondern zugleich Verwirklichung des in seinem Handeln anwesenden Gottes. Das mit der Selbstvorstellung untrennbar verbundene, mitausgesagte Handeln Gottes (in Vergangenheit, Gegenwart und Zukunft) definiert Gott als den so anwesenden Gott. Gott ist in seinem Wesen und Tun sagbar, und das heißt, vernehmbar.

b) Der theologische Gebrauch von *'āmar* stellt sich weiterhin dar im Schöpferwort Gottes. Im P-Schöpfungsbericht (Gen 1) geschieht Schöpfung als ein Wort-(bzw. Sprach-)Geschehen. Jeder einzelne Schöpfungsakt beginnt mit ויאמר אלהים, woraufhin ein Jussiv steht. Formal ist der *'āmar*-Vorgang hier ein Befehl, auf den die Vollzugsbestätigung folgt (vgl. W.H. Schmidt, Die Schöpfungsgeschichte der Priesterschrift, WMANT 17, ²1967, 49ff. 163ff., bes. 169ff.). Der Schöpferwille Gottes wird sprachlich, das Schöpferwort tut, was es sagt. Bemerkenswert und häufig diskutiert ist der Tatbestand, daß im Verlauf des weiteren Berichtes über den Schöpfungsakt differenziertes schöpferisches Handeln Gottes bezeugt wird (Wort- und Tatbericht!). Nach Meinung der P kann die Hinzustellung des Tatberichtes nur als Explikation des Wortberichtes verstanden werden. Die göttlichen Einzelakte sind identisch mit seinem schöpferischen Sagen. Das Wort ist die Tat, das Sagen ist das Tun. Eng verwandt mit den Vorstellungen von P sind schöpfungstheologische Bezüge in der Psalmenliteratur, insbesondere in Ps 33, 4. 6; vgl. Jes 44, 26–27; Kl 3, 37. Daß die schöpferischen Sage-Potenzen Gottes in anderen Zusammenhängen auch als wirksam erkannt wurden, zeigen Beispiele wie Ps 105, 31. 34 oder 107, 25 (cj). Mag die Vorstellung von der Wortschöpfung relativ spät sein (vgl. W.H. Schmidt und C. Westermann, Genesis, BK I, 1967, 116ff.), der Wort-Geschehen-Zusammenhang ist in der Zusage, in der Verheißung Gottes (hier vielleicht proleptisch), im Erhörungsorakel, wie auch im göttlichen Segen oder Fluch schon frühzeitig vorhanden. Zur Frage nach den altorientalischen Parallelen und Einflüssen wie überhaupt zur Wort-Gottes-Problematik → דבר.

c) In der Willensproklamation Gottes, in der Ansprache, im Anspruch Gottes wird *'āmar* zum Träger der Gesetzesoffenbarung: Ex 20,1 (Dekalog, nach דבר לאמר); Ex 20, 22 (Bundesbuch); Ex 34,1.10 (sog. jahwistischer Dekalog); Lev 17,1 (Heiligkeitsgesetz, וידבר mit לאמר); Deut 1, 5–6; 5,1 (deuteronomisches Gesetz). *'āmar* ist auch dann Träger der Gesetzesoffenbarung, wenn die Willenskundgabe Gottes durch menschliches Sagen vermittelt wird, wie z.B. Ex 20, 22. Das Deut ist ja ganz als Moserede konzipiert. Auch in der prophetischen Rede erfolgt im Sprachvorgang Willensoffenbarung Gottes, 2 Sam 7, 4–5; Jes 7, 3. 4.10. Das Schöpferwort Gottes ist ein Befehl, aber auch sonst kann *'āmar* den Sinn von 'befehlen' erhalten, z.B. zu Beginn der Abrahamsgeschichten, Gen 12,1, in den Sintfluttraditionen, Gen 6,13; 7,1; 8,15 u.ö. Es kann gefragt werden, ob die Gesetzesoffenbarung nicht auch unter der Kategorie des Befehls begriffen werden darf. Häufig steht für 'befehlen' zwar → צוה, namentlich im Deut und in der von ihm abhängigen Literatur sind Gesetz und Gebot מצוה (= Befehl), doch oft genug ist *'āmar* zumindest in der Form *lē'mōr* dazugestellt, und nicht wenige Male heißt *'āmar* allein 'befehlen'. Die funktionale Seite, die Äußerung des Befehls und damit seine In-Funktion-Setzung vollzieht sich im Tun von *'āmar*. Nicht anders verhält es sich mit dem Gericht Gottes, das über den Gerichtsbeschluß Gottes (Gen 6,7 ויאמר יהוה) durch *'āmar* zur Verwirklichung gelangt (2 Sam 12,1, vermittelt durch Natan; vgl. Jes 3,16–4,1; Am 3,11 u.ö.). In diesem Zusammenhang sollte auch der Fluch nicht als Sage-Kategorie übersehen werden (Gen 3,14.17; 4,10f.; Deut 27,14). So sind im AT die lautgewordenen und durchgesetzten 'Ansprüche Gottes' Redevorgänge, die auch und häufig genug mit *'āmar* umschrieben werden.

d) Im Zuspruch Gottes (Zusage, Verheißung) kommt die applikative Seite des *'āmar*-Geschehens innerhalb des theologischen Gebrauchs der Wurzel am stärksten zum Ausdruck. Die Abrahamsverheißung in Gen 12, 2–3 ist abhängig vom ויאמר יהוה אל אברם (Gen 12,1; vgl. 18,10). Der Gottesbescheid, der auf eine Frage (→ דרש) hin erfolgt, ist ebenfalls ein *'āmar*-Vorgang und trägt applikativen Charakter, Gen 26, 22–23. Nicht anders steht es mit dem göttlichen Segen, Gen 9,1–7 (nach ויברך steht ויאמר להם; vgl. Gen 1, 28; mit *lē'mōr* formuliert Gen 1, 22) und mit der Bundesgewährung Gottes (Gen 9, 8–17). Durch besondere Beauftragung Gottes erteilen Menschen den göttlichen Segen, Num 6, 22–26. Im Aussprechen des Segensspruches legen (→ שים) sie den Gottesnamen auf die Gesegneten (zu Segnenden). Die Inhalte des Segens, des Bundes, der Zusage, werden in der Formulierung der Texte nach der Nennung von *wajjō'mær* oder *lē'mōr* in direkter Rede mitgeteilt, gelten dabei nach Vorstellung des jeweiligen Berichterstatters als durch das Tun von *'āmar* appliziert. Das gilt auch für den ausdrücklich als vermittelt geschilderten Bundesschluß, z.B. Ex 24, 8, sowie überhaupt Ex 24, 3–8, wo die applizierende Handlung des Sagens durch die mit ihr verbundene Blutbesprengung des Volkes durch Mose besonders plastisch erzählt hervortritt. Übrigens wird die Annahme des Bundes mit seinem Inhalt, mit seinen Bundessatzungen durch vernehmliches Sagen von seiten der mit dem Bund Belegten vollzogen, Ex 24, 3 und 7. Im heiligen Krieg spielt die Siegeszusage vor Kampfesbeginn eine entscheidende Rolle, Jos 6, 2; Ri 7, 9. Die perfektisch formulierte Zusage des Sieges wird entweder direkt durch Gott gegeben (Gottesbescheid, -entscheid) oder durch den von Gott gewiß und zuversichtlich Gemachten auf die Kriegsschar gelegt, Jos 6,16; Ri 7,15 (vgl. G. v. Rad, Der heilige Krieg im alten Israel, [4]1965, bes. 7–9; W. Richter, Traditionsgeschichtliche Untersuchungen zum Richterbuch, BBB 18, [2]1966, 177–186).

Daß das Berufungsgeschehen (vgl. W. Richter, Die sogenannten vorprophetischen Berufungsberichte, FRLANT 101, 1970, bes. 136–169) im AT weithin (freilich nicht allein) ein Wortgeschehen ist, kann durch die bekannten Berufungsberichte belegt werden, Jer 1, 4 (mit דבר und לאמר); Ex 3, 4ff.; Ex 6, 2–8. Aus den Berichten geht weiterhin hervor, daß der Berufungsvorgang ein dialogisches Geschehen ist (mit *'āmar* umschrieben). Die „Amtsauflage" erfolgt durch Zu-Spruch (ויאמר אלי, Am 7,15). Deklaratorische Aktion und mit ihr applikatives Zu-Sagen begegnet auch im Thronbesteigungszeremoniell (spez. des davidischen Königs, Ps 2,7; vgl. Ps 110).

Bund, Verheißung, Zusage, Segen werden im AT nicht allein unreflektiert als direkte Gottesrede begriffen, sondern oft genug als vermitteltes Gotteswort dargestellt. Das kommt im Prophetenspruch und im priesterlichen Heilsorakel besonders deutlich zum Ausdruck; s. Jes 7; Jer 45 für den Prophetenspruch; Jes 41, 8–13; Kl 3,57; Ps 35, 3 für das priesterliche Heilsorakel; vgl. dazu J. Begrich, Das priesterliche Heilsorakel (ZAW 52, 1934, 81–92 = ThB 21, 1964, 217–231). In diesen Zusammenhang gehört auch die Erteilung einer → תורה (Hag 2,11–13), die auf Befragung hin durch *'āmar*-Tun gegeben wird; vgl. J. Begrich, Die priesterliche Tora (BZAW 66, 1936, 63–88 = ThB 21, 1964, 232–260). Im weiteren Sinne dazuzurechnen sind deklaratorische Formeln; vgl. G. v. Rad, Die Anrechnung des Glaubens zur Gerechtigkeit (ThLZ 76, 1951, 129–132 = ThB 8, ²1961, 130–135); R. Rendtorff, Die Gesetze in der Priesterschrift (FRLANT 62, ²1963, 74–76). Schließlich dürfen nicht unerwähnt bleiben einmal die Orakeleinholung und -erteilung (Ri 20, 23. 27–28; 1 Sam 23, 2. 4. 9–12 – mit dem Ephod), das Zusprechen Gottes vermittelst einer wie auch immer gearteten (Orakel-)Technik, und zum anderen das Ordalverfahren, Num 5 (bes. 19–28), wo das beschwörende Wort zur Handlung tritt und die durch das Ordal geforderte Person dieses Gottesurteil durch das Sprechen von אמן (ואמרה, Num 5, 22) für sich annimmt.

2. Das durch Menschen vermittelte Sagen Gottes ist am deutlichsten im Prophetenspruch anschaubar. Hier begegnen auch formal festgefügte Stücke, in denen אמר Verwendung findet, nämlich der Botenauftrag, die Botenformel und der Botenspruch. Diese Einzelstücke gehören in den allgemeinen Zusammenhang der Botschaftsübermittlung hinein, die offenbar im gesamten antiken Vorderen Orient in gleichförmiger Weise geübt worden ist. Darauf ist wiederholt unter Beiziehung außerbiblischer Texte aufmerksam gemacht worden (L. Köhler, Deuterojesaja, BZAW 37, 1923, 102–109; ders., Kleine Lichter, 1945, 11–17). Die Botschaftsübermittlung ist wohl ursprünglich ein mündlich vollzogener Vorgang gewesen, der wahrscheinlich wegen seines stereotypen Vollzuges auch in den altorientalischen Briefstil Eingang gefunden hat (s. u.a. die Amarna-Korrespondenz und die Briefliteratur aus Mari). Botschaftsübermittlung kann sich in den verschiedensten Bereichen des gesellschaftlichen Lebens vollziehen, sie gehört aber, wie es scheint, ganz fest in den zwischenstaatlichen (diplomatischen) Verkehr hinein. Auch das AT kennt außerhalb der prophetischen Literatur zahlreiche „profane" Botschaftsübermittlungen. Die bekanntesten Beispiele sind in Gen 32, 4–6; Ri 11,12–16; Gen 45, 9–11; Num 22,15–17; 2 Kön 18,19. 28–31; 19,1–4. 5–7. 9–14. 20 zu finden. So ist die Botschaftsübermittlung mit all den einzelnen Formelementen im AT kein allein im theologischen Bereich funktionierender Vorgang. Das Offenbarungsgeschehen Gottes geht einher in einer allgemein verbreiteten aber deshalb auch gut verständlichen Form.

Der Versuch Baumgärtels (ZAW 73 s.u.), die prophetische Botenformel aus priesterlichen Redeformen herzuleiten, ist wohl nicht gelungen, indessen darf nicht übersehen werden, daß auch in priesterlichen Bereichen Einzelelemente der typischen Botschaftsübermittlung funktionieren (so z.B. der Botenauftrag, s.u.). Zum Ganzen s. H.W. Wolff, Dodekapropheton. Amos, BK XIV/6, 1967, 164–167, zur Auseinandersetzung mit Baumgärtel s. 167, zur Formel נאם יהוה s. 174; C. Westermann, Grundformen prophetischer Rede, ²1964, 70–91; A.H. van Zyl, The Message Formula in the Book of the Judges (OT Werkgemeenskap in Suid-Afrika), 1959, 61–64; F. Baumgärtel, Die Formel n^{e}'um jahwe (ZAW 73, 1961, 277–290); ders., Zu den Gottesnamen in den Büchern Jeremia und Ezechiel (Verbannung und Heimkehr, Festschr. für W. Rudolph), 1961, 1–29; R. Rendtorff, Botenformel und Botenspruch (ZAW 74, 1962, 165–177); W. Richter, BBB 21, 1964, 100f.; ders., FRLANT 101, 1970, 93.155f.

Schematisierend könnte man den Botschaftsübermittlungsvorgang nach Gen 32, 4–6 wie folgt darstellen: Sendung des Boten B durch den Absender A zu dem Adressaten C im Ort D, Botenauftrag („so sollst du zu C sagen" כה תאמר אל), Botenformel („so hat gesprochen A" כה אמר; anders Rendtorff 167, der präsentisch übersetzt), Botenspruch (Übermittlung in direkter Rede; vgl. Westermann 72). Nicht immer sind alle Elemente bei der Berichterstattung über die Botschaftsausrichtung vorhanden. Die Botenformel kann gelegentlich durch den Botenauftrag mitgemeint sein. Die Botenformel stellt eine Selbstvergewisserung des Boten und seine Legitimation vor dem Adressaten dar (2 Kön 9,1–3. 4–10. 11–13). Der Bote hat nicht sein eigenes, sondern ein fremdes Wort zu überbringen. Er ist Wortmittler. At.liches Prophetentum ist ausschließlich von der Botschaftsübermittlung her zu begreifen, von der Sendung, mit der die Beauftragung verbunden ist, und der Übermittlung, bei der durch die Botenformel der Absender genannt ist, z.B. Jer 7,1–3 (und überhaupt sehr häufig bei Jer und Ez, oft in verkürzter Berichterstattung, aber immer mit Botenformel); 2 Kön 1, 2–8. Bei Amos ist die Sendung ein für allemal vorausgesetzt (7,15), sie wird in der Mitteilung über die Botschaftsausrichtung nicht mehr ausdrücklich erwähnt (3,11–12; 5, 3 –4). DtJes verwendet häufig die Botenformel vor der in direkter Rede mitgeteilten Botschaft und fügt der Botenformel nähere Ausführungen zum Absender bei, in denen (oft im Partizipialstil, darin der hymnischen Rühmung ähnelnd) Angaben über Gottes Tun und Sein in der Geschichte gemacht werden (Jes 42, 5–9; 43,1; 44,1–2). Auch nach der Angabe des Adressaten können Appositionen zu diesem stehen (Jes 45,1). Bei DtJes begegnen die Einzelelemente der Botschaftsübermittlung in abgewandelter Form. Kaum noch als Botenformel zu erkennen sind die Worte in Jes 40,1–2 (vgl. dazu Köhler, Deuterojesaja, 102–109). Bemerkenswert ist auch die Wiederholung der Botenformel nach der in direkter Rede ausgerichteten Botschaft, Jes 45,11–13.

Mit der Berufung Moses ist eine förmliche Sendung und Beauftragung zur Ausrichtung einer Botschaft verbunden (Ex 3,10). Die Botenbeauftragung ist in herkömmlicher Weise formuliert (Ex 3,14–15 mit dem Jussiv; 3,16 mit dem Perf. consec. von *'āmar*). Die Botenformel ist ersetzt einmal durch die in der Botschaftsübermittlung vor den Hörern getroffene Feststellung, daß der Botschafter von Gott gesandt ist (Perf., Ex 3,12–15), und zum anderen durch die in der Botschaftsausrichtung vor den Hörern ausgesprochene Mitteilung, daß Gott dem Botschafter erschienen ist (Perf.) und gesprochen hat (mit לאמר), woraufhin dann die direkte Rede folgt.

In den Überlieferungen von dem Auftreten Moses und Aarons vor Pharao sind ebenfalls Elemente der Botschaftsübermittlung enthalten (Ex 4,19–23: Sendung, Beauftragung ואמרת אל, Botenformel כה אמר יהוה, Botschaft in direkter Rede; vgl. 5,1). Mag in diesen weithin in elohistischer Tradition wurzelnden Überlieferungen das prophetische Element im Mosebild stärker hervortreten, so sind die Einzelelemente der Botschaftsübermittlung im Zusammenhang der Berichterstattung über die Gesetzes- und Bundesoffenbarung schwerer aus prophetischen Phänomenen heraus zu begreifen, Ex 19, 3; 20, 22 (*kōh tō'mar 'æl* bzw. *l^e^*). Das gilt auch für die formelhaften Einführungen der als Moserede konzipierten priesterlichen Gesetzesmaterialien im Buche Leviticus (Lev 1,1–2 mit דבר, לאמר und ואמרת אל, ähnlich 4,1–2; 11,1). Deutlich erkennbar sind Einzelelemente der Botschaftsübermittlung zu Eingang des Heiligkeitsgesetzes (Lev 17,1–2), wo die Botenbeauftragung in herkömmlicher Weise formuliert ist, die Botenformel durch die Wendung זה הדבר אשר צוה יהוה לאמר vertreten wird (vgl. ferner Lev 18,1–2; 19,1–2 usw.). Die gleiche Beobachtung ist auch in Num zu machen (Num 5,11–12; 6,1f. 22–23 u.ö.). Unter diesem Gesichtspunkt der Botschaftsübermittlung sind im Deut mitunter Einzelelemente, wie etwa die Botenbeauftragung zu erkennen, Deut 1, 3. 5. 6, andere Stücke sind in stark abgewandelter Form anzutreffen. Es darf auf Grund dieser Tatbestände immerhin gefragt werden, ob sich nicht auch beim Vorgang priesterlicher Gesetzesübermittlung (abgewandelte) Formen der allgemein geübten Botschaftsübermittlung erhalten haben.

3. In den Horizont einer Skizzierung des theologischen Gebrauchs von *'āmar* gehört wohl nicht nur das Sagen Gottes und das Reden von Gott hinein, sondern auch das Sagen zu Gott. Menschen äußern sich aussprechenderweise so, daß Gott Adressat und Ziel ihres Sagens ist. Das kann auf vielfältige Weise geschehen als Gebet, Lied oder Hymnus, als Lob und Dank, aber auch als Klage, sogar als Anklage, als Gespräch, als Einwand, als Zustimmung usw. (vgl. I.1). So gewiß all diese genannten Redeweisen auch ihre spezielle Terminologie haben (→ פלל, → הלל, → זעק, → שיר, → ברך, → ידה u.a.m.), so gewiß hängen sie alle auch mit einem *'āmar*-Geschehen zusammen. So sind beispielsweise die uralten Bekenntnisse Sage-Ereignisse (Deut 26, 3. 5 וענית ואמרת). Das Siegeslied des Mose wird mit ויאמרו לאמר eingeleitet (Ex 15,1), ähnlich ist es beim Deborah-Lied formuliert ותשר ... לאמר (Ri 5,1). David spricht in der jetzt vorliegenden literarischen Letztgestalt des Textes das Gebet (ויאמר), nachdem Natan ihm die Dynastie zugesagt hatte (2 Sam 7,18). Bei der Tempelweihe des Salomo geschieht Tun von *'āmar* (1 Kön 8,12.15. 22f.). Das ganze Hiobbuch lebt von dem vor Gott und mit Gott geführten Gespräch, von Klage und Anklage (u.a. Kap. 7. 9.10). Bemerkenswert sind die bei Berufungen mitgeteilten Einwände, die der Berufene Gott gegenüber macht, Ex 3,11.13; 4,1.10 (ויאמר משה); Jer 1, 6. Hierbei wird durch den *'āmar*-Vorgang eine Art dialogisches Verhältnis zwischen Gott und Mensch hergestellt. Deutlicher ist dies allerdings in Ex 33,11 gezeichnet (freilich dort mit דבר umschrieben), doch ist der ausschließliche Gebrauch von *'āmar* in dem darauffolgenden Passus bezeugt, der als ein Gespräch zwischen Gott und Mensch verstanden werden kann (Ex 33,12–23). Interessant (fast stereotyp) sind die Bemerkungen, die gesalbte Könige nach der prophetischen Zusage (Designation) machen (Saul 1 Sam 9, 21; David 2 Sam 7,18; vgl. für die Verhaltensweise bei einer Auszeichnung im säkularen Funktionsbereich 1 Sam 18,18). Jesaja fragt Gott, wie lange das Unheil währen soll (Jes 6,11 ואמר) und erhält darauf von Gott eine Antwort (ויאמר). Die Zustimmung zu Gottes Handeln erfolgt im vernehmlichen Sagen (Ex 24, 3.7). Die Absage an die von Gottes Seite durch Samuel erfolgte Warnung vor der Königseinsetzung in Israel geschieht durch ויאמרו ... לא כי אם (1 Sam 8,19). In diesem vielgestaltigen Sagen zu Gott kommt der dringliche Wunsch zur Kommunikation mit Gott zum Ausdruck. *'āmar* ist auch hier ein Kommunikationsbegriff.

IV. Aus der Wurzel אמר sind im Hebr. Nomina gebildet worden, die auch im Deutschen nominal wiederzugeben sind. Nach Aistleitner, WUS Nr. 284 ist ein solches Nomen möglicherweise schon im Ugar. vorhanden gewesen in der Bedeutung von 'Wunsch', 'Rede'. Auffällig ist, daß im AT, abgesehen von einigen wenigen Ausnahmen, die nominalen Derivate von אמר überwiegend in späten literarischen Zusammenhängen anzutreffen sind.

1. *'ōmær* kommt im AT nur 6mal vor. Bemerkenswert ist seine Verwendung im schöpfungstheologisch sehr alten (urspr. wohl nichtisraelitischen) Hymnus Ps 19, 3–4, in dem die Himmel den כבוד אל proklamieren (ספר) und der רקיע den מעשה ידיו ansagt. In dieses Rühmen sind sozusagen auch Tag-Chöre und Nacht-Chöre

einbezogen, wobei erstere sich ekstatisch über die Nacht hinweg *'ōmær* zusprudeln und letztere sich über den Tag hinweg *da'at* kundtun. Die Schöpfungswerke der ersten Stunde, die dann Zeugen all der anderen Schöpfungsakte Gottes waren, haben geheimnisvolles Wissen und lebendige Tradition darüber, die sie in der Funktion des Rühmens Gottes tagtäglich und nachtnächtlich weitergeben, doch so, daß es (vom Menschen her gesehen) keine verständliche Sprache ist. Dem Menschen ist die noëtische Kontaktaufnahme zu diesen Schöpfungswerken verwehrt, trotzdem wird er im reibungslosen Funktionieren dieser Kreaturen des von diesen praktizierten Gottesruhmes (in einer Art natürlichen Offenbarung) inne. So ist *'ōmær* hier das von geheimnisvollem Wissen getragene Rühmen von Gottes Herrlichkeit und Schöpfertum. Es ist (auf der Basis einer natürlichen Theologie formuliert) zugleich אמר und auch wiederum nicht אמר. Es ist vernehmliche Aussage, aber wiederum nicht im allgemein faßlichen Sinne. Der *'ōmær* ist Fakt, aber nicht zwangsläufig nachweisbar und vernehmbar (vgl. die Komm. z. St.). In Ps 68,12 ist *'ōmær* das der siegreichen Schlacht vorausgeschickte Gotteswort (im heiligen Krieg). Auch in Ps 77, 9 ist *'ōmær* Gotteswort. Durch das parallel gebrauchte → חסד wird *'ōmær* mitdefiniert als Verheißung, Zusage. Undeutlich bleibt *'ōmær* in Hab 3, 9. Schließlich begegnet unser Nomen noch in Hi 22, 28, wo es als Vornehmen, als erklärtes Programm zum Handeln verstanden werden muß, zu dem Gott das Gelingen gibt oder versagt. *'ōmær* gewinnt hier die Bedeutung von *dābār*, 'Sache, Angelegenheit'.

2. *'ēmær*. Unter den nicht ganz 50 Belegen dieses Nomens im AT fällt der häufige Gebrauch im Psalter, bei Hiob und in den Sprüchen besonders auf. Es findet Verwendung für die Bezeichnung des Gottes- wie auch des Menschenwortes. Als Wort der Klage begegnet dieser Terminus im individuellen Klagelied, Ps 5, 2; 54, 4; als Bekenntniswort am Schluß von Ps 19. Weisheitlichen Charakter gewinnt er in Ps 78,1. *'ēmær* steht dort neben תורה, משל und חידה. 'Weisheit' will hier verstanden werden als Unterweisung, als Lehre, die z.B. die Geschichte im Verständnis des Unterweisenden erteilt. Ganz allgemein als Gotteswort kommt *'ēmær* in Ps 138, 4 vor, als Gotteswort im Sinne von 'Gebot' in Ps 107,11. Bei Hiob steht *'ēmær* zusammen mit Parallelbegriffen wie דבר und מלה (aram.) im Dienst der Umschreibung des dialogischen Ringens um Gott und dessen Verteidigung durch den Menschen. Hier kann *'ēmær* die Bedeutung von 'offenes menschliches Wort' (6, 25; 33, 3), 'Wort des Verzweifelten' (6, 26); 'heftiges, hartes, zorniges Wort' (8, 2), 'menschliche Widerrede gegen Gott' (34, 37) annehmen, aber auch ganz allgemein die in der Debatte gefallenen Worte meinen (32,12.14). Der gleiche Terminus kann zugleich das göttliche Reden meinen, insbesondere als Weisung und Zurechtweisung (22, 22; 23,12), als die vom Menschen erkannte und angenommene Verlautbarung des göttlichen Willens (6,10). (In Hi 20, 29 ist אמרו wohl falsch; s. die Komm. z. St., übrigens der einzige Beleg für den sing. Gebrauch des Nomens.) In den Sprüchen taucht *'ēmær* in folgenden Teilsammlungen auf: Kap. 1–9; 10–22,16; 22,17–24, 22, in der an zweiter Stelle genannten Sammlung auch erst von Kap. 15 an. *'ēmær* ist hier ganz weisheitliche Kategorie (wiederum in Korrespondenz mit anderen Begriffen wie מצוה und תורה), sei es als die vom Weisheitslehrer vorgenommene Unterweisung des „Sohnes" (Anweisung zum erfolgreichen und dem Bildungsideal entsprechenden Leben, 2,1; 4, 5.10. 20; 5,7; 7,1. 5), sei es als das Wort der personifiziert vorgestellten Weisheit (→ חכמה) selber, die gerechte und richtige Worte zu sagen weiß (8, 8; 1, 21; vgl. 1, 2 [בינה]), oder sei es als das Weisheitswort, das der 'Schüler' in der Schule von 'Weisen' für sich so akzeptiert hat, daß er es selber als ein zuverlässiges und wahres Wort weiterzugeben imstande ist (22, 21), als ein Wort der Erkenntnis (23,12 דעת). Schule, Zucht und Weisheitswort gehören zusammen (19, 27; 23,12, מוסר). אמרים werden in den Stand einer weisheitlichen Kategorie erhoben, wenn sie אמרי נעם sind (15, 26; 16, 24), liebliche, angenehme Reden, die im Gegensatz zu dem bösen Vornehmen stehen, die also nicht auf Böses bedacht sind, sondern den Nächsten erfreuen. Das Wort der fremden verführerischen Frau geht zwar als 'glatt gemachtes' gut ein, es scheint sich als weises zu gerieren (2,16; 7, 5), aber es wird davor gewarnt. Der Weisheitslehrer fordert dazu auf: „mein Sohn, bewahre meine Worte und halte fest bei dir meine Gebote" (7,1). In diesem Zusammenhang ist auf Jes 32,7 hinzuweisen, wo im Stil weisheitlicher Sentenzen der arglistige Narr dem Edlen gegenübergestellt wird. Ersterer vermag durch seine „Lügenreden" den Geringen zu verderben. Die Gefahr des unbedachten Wortes wird durchaus gesehen. Nicht jeder *'ēmær* ist weisheitlich anzuerkennen, auch wenn er im Sinne der Weisheit ausgesprochen scheint (vgl. 3, 27 mit 6, 2), so etwa bei der Selbstverstrickung und Gefangengebung durch mündliche Worte im Bürgschaftsverfahren (6, 2). Es kann durchaus in einer Sentenz derjenige als klug gerühmt werden, der seine Worte zurückhält (17, 27). Spr 19,7 ist nicht mehr verständlich. Möglicherweise ist hier etwas ausgefallen.

Für die übrigen Belege von *'ēmær* im AT lassen sich nur schwer einheitliche Grundlinien nachzeichnen. Hos 6, 5 ist *'ēmær* das durch den Propheten angesagte Gerichtswort, mit dem Gott seinem Volk in der Vergangenheit begegnet ist.

Auch in Jes 41, 26 meint *'ēmær* prophetische Ankündigung, allerdings ist der Terminus bei DtJes singulär. Offenbartes, d.h. in Vision und Audition empfangenes Gotteswort hat Bileam, wenn er spricht (Num 24, 4.16). Die parallelen Glieder in den beiden Versen formulieren in der figura etymologica: Bileam gilt als der, der Wissen des Allerhöchsten hat und Gesichte des Allmächtigen schaut, er ist auch der שמע אמרי אל. Man möchte am liebsten *'ēmær* nach Analogie der Parallelglieder als Hörbares, Vernehmbares, Verlautbares fassen. Mit כל אמרי יהוה in Jos 24, 27 sind wohl all die Worte gemeint, die Josua den Israeliten zu Sichem vorgelegt hat und die den Bund zwischen Gott und Volk begründen und garantieren und den Bundesinhalt zusammen mit den Bundesverpflichtungen umreißen. Ob *'ēmær* in Gen 49, 21 ursprünglich ist, wird noch immer diskutiert, aber vgl. H.-J. Zobel, Stammesspruch und Geschichte (BZAW 95, 1965, 5. 20. 21), der für die Deutung 'Worte der Siegesbotschaft' eintritt. Die Einleitung zu dem sog. Moselied (Deut 32,1) fordert Himmel und Erde zum Hören des nun im folgenden Ausgesprochenen auf. Hier steht אמרי פי mit ואדברה in Parallele. Auf jeden Fall handelt es sich bei dem so Bezeichneten um eine offizielle Verlautbarung. Im v. 2 wird das gleiche Phänomen mit אמרתי und לקחי wiedergegeben. Und vielleicht ist das dann doch ein Grundzug im Verständnis von *'ēmær* im AT außerhalb der weisheitlich-poetischen Literatur: *'ēmær* bedeutet die offizielle Verlautbarung. Unter diesem Aspekt könnte unter Umständen auch Ri 5, 29 verstanden werden.

Anhangsweise sei hier sogleich die Besprechung von מאמר angefügt. Dieses Nomen ist nur im Buche Esther bezeugt. Es meint dort durchweg die menschliche 'Anordnung', die 'Willensäußerung', der sich der Adressat zu fügen hat (1,15; 2, 20; 9, 23). Grundsätzlich nicht anders sind die beiden Belege aus dem Bibl.-Aram. zu verstehen (מאמר, Dan 4,14; Esr 6, 9). Auch hier trifft man das Richtige, wenn man mit 'Bestimmung' bzw. 'Anordnung' übersetzt.

3. Die überwiegende Mehrzahl der at.lichen Belege für אמרה findet sich im Psalter. Dabei bevorzugt Ps 119 diesen Begriff besonders. Mit ihm ist einzig und allein das Wort Gottes in seinem umfänglichen theologischen Gehalt gemeint, wie ihn der 119. Psalm zu entfalten versteht. *'imrāh* ist hier nicht der einzige Wortbegriff, sondern er steht in Parallele zu anderen, die ihn mit definieren, wie z.B. zu → חק, מצוה, משפט, פקדים, עדות, דבר u.a.m. *'imrāh* erfährt aber auch durch allerlei Tätigkeiten, die Gott 'nach seinem Wort' an dem Beter tut oder tun soll, seine Bestimmung. Es entspricht dem Gesamttenor des Psalms, wenn die gesetzliche, die weisende Funktion des 'Wortes Gottes' im Vordergrund steht (119,11. 67). Aber das Wort besitzt auch zusagenden, verheißenden, stützenden, aufrichtenden und tröstenden Charakter (119, 38. 58. 41. 76. 82.116.170). Es eröffnet Leben (v. 50.154) und ermöglicht den Gott angenehmen Wandel (v.133.158). Es lohnt sich, in ihm zu sinnen und zu studieren (v.148), es ist ein gerechtes Wort (אמרת צדקך) und ein Recht schaffendes Wort (v.123.172). Wer es annimmt, hat Freude daran (v.162), es ist ihm süß (v.103), er sehnt sich danach (v. 82), er kann es nur rühmen. Diese *'imrāh* ist aber auch lauter und bewährt (v.140), zuverlässig und wahr (vgl. auch Ps 12,7; 18, 31; 2 Sam 22, 31; Spr 30, 5). Auch in den übrigen Psalmstellen – abgesehen von Ps 17, 6, wo *'imrāh* das an Gott gerichtete menschliche Gebetswort ist – bedeutet dieses Nomen 'Gotteswort', etwa als das der Befreiung vorausgehende Wort (Ps 105,19), oder als das in seiner Zusage die Güte und die Treue Gottes verbürgende Wort (Ps 138, 2), oder schließlich als das zur Erde entsandte und nun schnell dahineilende Wort (mit *dābār* im Parallelglied, Ps 147,15).

Im Kontext des priesterlichen Umgehens mit Bund und Gesetz, Weisung und Satzung, Opfer und Altar steht *'imrāh* in dem Levi-Spruch des sog. Mosesegens (Deut 33, 9), so daß sich seine Deutung auf das festgefügte, dem Priester bekannte Wort Gottes beziehen muß. Gottes *tōrāh* und *'imrāh* stehen auch bei Jes 5, 9 nebeneinander, sie gilt es zu achten und zu bewahren. In Jes 28, 23 und 32, 9 ist mit *'imrāh* das Prophetenwort gemeint, speziell die Unheilsankündigung. Nach Kl 2,17 (in der Aussprache von *'æmrātō*) sind die in die Katastrophe des verwirklichten Gerichtes Geratenen des früher ergangenen Unheilswortes Gottes eingedenk. Gott hat seine 'Androhung' wahrgemacht.

Es gibt noch zwei Belege, die menschliches Reden mit dem hier verhandelten Terminus verbinden, einmal werden die von Gottes Gericht Betroffenen nur noch dumpf und niedergebeugt ihre Worte sagen können (Jes 29, 4), zum anderen gilt das sog. Schwertlied des Lamech als *'imrāh*, als offiziell gemeinte Verlautbarung (Gen 4, 23).

Eine zeitliche Festlegung des Gebrauchs von *'imrāh* zu versuchen, ist schwierig. Ps 119 gilt als spätnachexilischer Psalm, andererseits begegnet dieser Terminus vereinzelt in sehr frühen Texten. Es lassen sich nur Wahrscheinlichkeitsangaben machen, und das gilt auch für alle Derivate, die hier herangezogen worden sind. Sie üben ihre Funktion überwiegend in späteren literarischen Traditionen namentlich poetisch-weisheitlicher Prägung aus und nehmen in diesem Zusammenhang die Bedeutung von 'Gesetz', 'Weisung', 'Unterweisung', 'Anweisung' an. In diesem Sinne haben sie dann auch die

Bedeutung von 'Wort Gottes'. Außerhalb dieser Zusammenhänge können sie als 'Spruch', 'Prophetenspruch', 'Ansage', 'offizielle Ankündigung' und schließlich auch als 'Gottesspruch' verstanden werden.

Wagner

אֱנוֹשׁ

I. Verbreitung, Etymologie – II. Bedeutung im AT.

Lit.: s. zu אדם und איש.

I. Das Wort ist im Unterschied zu *'ādām* auch bei den ältesten Vertretern der semitischen Sprachgruppe bekannt. Im Akk. heißt *enēšu* 'schwach, hinfällig sein' (wie bibl.-hebr. אנש I, 2 Sam 12,15; vgl. *'ānûš* 'unheilbar', 8mal im AT), im *'ipht.* ist die Bedeutung 'gesellig sein' belegt. Mit diesem Stamm gehören *tenēštu* 'Mensch, Menschheit', *nīšu* 'Volk, Leute', dagegen nicht *iššu, aššatu* 'Frau' (Bauer-Leander, Hist. Gramm. d. hebr. Spr., § 78d.g, da hier die Wurzel *'nṯ* ist) zusammen (F. Delitzsch, Ass. Hwb., 1896 [1968], 105f.). Sehr geläufig ist das Wort schon im ältesten Aram. (DISO 19). Im Bibl.-Aram., in dem *'ādām* fehlt, begegnet *'ænāš* 25mal (Bauer-Leander, Gramm. des Bibl.-Aram. § 87d). In Ras Schamra bedeutet *'nš* 'mannhaft sein': CTA 2 (III AB) I 38 „da ermannte sich der Fürst Baal", u.ö., WUS 28), *nšm* (Plur.) und *bnšm* (syllabisch *bu-nu-šu* geschrieben und durch akk. *awîlu* wiedergegeben; wohl < *bn nš*) 'Menschen' (WUS 28. 54; UT Nr. 486). Im Arab. heißt 'Mensch' *'insān* (Plur. *'ins*, coll. *nās*); das Verb *'ns* hat die Bedeutung 'gesellig sein' (Wehr, Arab. Wb., ³1958, 26f.). Nach üblicher Auffassung ist *'īš* (aber nicht *'iššāh*; vgl. ugar. *'nṯ*, aram. אנתה) und die Plurale *'anāšîm, nāšîm* auf den gleichen Stamm zurückzuführen wie אנוש. Als Grundbedeutung ist sowohl 'schwach sein' wie 'gesellig sein' angenommen worden; da die philologische Herleitung des Sing. *'īš* von *'nš* problematisch ist, wurde auch eine andere Wurzel mit der Bedeutung 'stark sein' vermutet (GK 96).

II. Für *'ænōš* 'Mensch, Menschen, Menschheit' (mask., nie mit Artikel), enthält das AT 42 Belege, für *'ænāš* 25. Im Pentateuch findet sich das Wort nur einmal (Deut 32, 26), in Jos, Ri, Sam, Kön überhaupt nicht. Am stärksten ist es bei Hiob (18mal), in den Ps (13mal) und im Buch Jes (8mal, abgesehen von 8,1 in späten Versen) vertreten; außerdem Jer 20,10 und 2 Chr 14,10 (in Asas Gebet); das Wort kommt also fast nur in dichterischen Texten vor. Jes 8,1 ist Prosa, und zugleich die einzige Stelle, die sich mit einiger Sicherheit aus der vorexilischen Zeit herleiten läßt. Ein uraltes semitisches Wort fehlt also in den alten Schriften des AT, während es in der späten Literatur relativ häufig ist. Auch in Jes 8,1 (בחרט אנוש, gewöhnlich 'mit Menschengriffel' oder 'in Volksschrift' übersetzt) ist *'ænōš* beanstandet und in *'ānūš* 'hart, unverlöschlich' (?) geändert worden (Kaiser, ATD 17, nach Gressmann, Messias, 239; vgl. Galling, ZDPV 56, 1933, 215–218); Wildberger (BK X 312) geht von *'ānūš* aus und übersetzt „Unheilsgriffel", wobei er auf den „Griffel des Lebens" (1 QM 12, 3) verweist.

Oft wird אנוש mit 'Sterblicher' oder ähnlich übersetzt, was mit der Grundbedeutung 'schwach sein' zusammenstimmen würde. Es sind aber nur wenige Stellen, die diese Deutung nahelegen und eine entsprechende Abhebung von אדם erlauben würden. Zwar ist die Kreatürlichkeit, Hinfälligkeit, Bedrohtheit des Menschen oft im Blickfeld, vor allem Ps 103,15 (der אנוש „wie Gras sind seine Tage, und wie die Blume des Feldes blüht er"); Hi 7,1 („Ist der אנוש auf Erden nicht im Frondienst ..."); 15,14; 25, 4 (אנוש in Parallele mit *jᵉlūd 'iššāh* 'Weibgeborener'); dazu wären die Zeugnisse über den Abstand zwischen Gott und Mensch zu nennen: Ps 9, 20f. („... daß der אנוש nicht an die Macht kommt, daß die גוים vor dir gerichtet werden, ... damit die גוים erkennen, daß sie אנוש sind"); Ps 10,18 („... daß der אנוש von der Erde (!) nicht Gewalt übe"); Hi 5,17 („*'ašrē 'ænōš*, den Gott zurechtweist"); 33,12. 26 (Gott ist größer als der אנוש und heilt ihn); ferner Hi 9, 2; 10, 4; 13, 9; 14,19; 32, 8; aber alles das kann im AT ebenso vom *'ādām* oder *bæn-'ādām* gesagt werden (→ אדם); אנוש steht denn auch mehrmals in Parallele zu (*bæn-, bᵉnē-*) *'ādām* und ist meist gleichbedeutend, so in 2 der 3 Parallelstellen „was ist der Mensch ..." (Ps 8, 5 אנוש – בן־אדם; 144, 3 אדם – בן־אנוש; Hi 7,17 אנוש ohne Parallelwort; s. zu diesen 3 Stellen W. Zimmerli, Was ist der Mensch, 1964); Jes 13,12 (אנוש – אדם); 51,12 („... wer bist du denn, daß du dich vor dem אנוש, der stirbt, fürchtest, und vor dem בן־אדם, der zu Gras wird"); 56, 2 (אנוש – בן־אדם); Ps 73, 5 (אנוש – אדם); 90, 3 („... du läßt den אנוש zum Staub zurückkehren und sprichst: kehrt zurück בני־אדם"); Hi 25, 6 („Mond und Sterne sind nicht rein, wie denn der אנוש, die Made, der בן־אדם, der Wurm"); 36, 25 (אנוש – אדם). Außerdem steht אנוש im Parallelismus zu „Erdbewohner" (Jes 24, 6), zu → גבר 'Mann' (Hi 4,17; 10, 5). Viermal wird das Wort auf gewalttätige oder feindliche Menschen angewandt (Jes 51,7; Ps 56, 2; 66,12; 2 Chr 14,10), zweimal auf ungetreue Freunde (Jer 20,10; Ps 55,14) und zweimal auf die im Strafgericht Leidenden (Jes 13,7; 33, 8). Die vier übrigen Stellen handeln ganz allgemein vom Gedächtnis unter den Menschen (Deut 32, 26), von den Bergarbeitern, die fern von Menschen sind (Hi 28,4), vom Wein und Brot, durch die das Menschenherz erfreut und gestärkt wird (Ps 104,15) und vom Preis (oder Weg) der Weisheit, den kein Mensch kennt (Hi 28,13). Im Bibl.-Hebr. hat אנוש nirgends – wie אדם – die Funktion eines indefiniten Pronomens. Im Bibl.-Aram. ist das 4mal der Fall (Dan 3,10; 5,7; 6,13; Esr 6,11, immer כל־אנש).

Meist begegnet aram. אנש in stereotypen Wendungen (der Höchste ist Herr über das Reich der Menschen, Dan 4, 22. 29. 30; 5, 21; der König wird aus der menschlichen Gesellschaft ausgestoßen, Dan 4, 22. 29. 30; 5, 21, verliert das Menschenherz und bekommt ein Tierherz, 4,13; vgl. 7, 4b; niemand soll von irgendeinem Gott oder Menschen als dem König etwas erbitten, Dan 6, 8.13). Dan 4,14 heißt es, daß Gott auch den niedrigsten Menschen (lies Q *šᵉfal 'ᵃnāšā*) in die Herrschaft einsetzen kann; 2, 38 vom König, daß er Gewalt über Menschen und Tiere hat. Die Magier verteidigen sich: es gibt keinen Menschen, der die Forderung des Königs erfüllen könnte (Dan 2,10); „durch Menschensamen vermischen" ist eine Anspielung auf das Connubium (2, 43); die Rätselschrift an der Wand wird durch die Finger einer Menschenhand geschrieben (Dan 5, 5). Esr 4,11 sind die transjordanischen Untertanen *'ænāš 'ᵃbar-nahᵃrā* genannt.

Die restlichen drei Belege finden sich in Dan 7. Der Löwe wird „wie ein Mensch" auf zwei Füße gestellt (7, 4), das kleine Horn hat Augen „wie Menschenaugen" (7, 8), und nachdem die vier Tiere aus dem Meer emporgestiegen waren, das vierte vernichtet und auch den anderen ihre Macht genommen worden war, kam mit den Wolken des Himmels einer „wie ein Mensch" (*kᵉbar 'ænāš*) und gelangte zu dem Hochbetagten (7,13). In der Vision ist der *bar 'ænāš* reine Bildgestalt: wie die vier Tiere für die früheren Weltreiche stehen, so er für das kommende Reich der Heiligen des Höchsten (7,17f.). Trotzdem ist gegenwärtig die Interpretation vorherrschend, die den *bar 'ænāš* von Dan 7,13 als Niederschlag der König-Messias- oder Urmenschen-Tradition versteht (s. bes. A. Bentzen, HAT I 19, ²1952, 62–67 und die dort genannte Lit.; R. Marlow, The Son of Man in Recent Journal Literature, CBQ 28, 1966, 20–30; Weiteres → בן אדם).

Etwa ein halbes Jahrhundert nach Daniel, in den Bilderreden des Henoch ist der Menschensohn (Hen 46, 2; 48, 2; 69, 26–29 u.ö.) selbständiges Individuum, messianische Gestalt. Daß eine Bildgestalt verselbständigt wird, ist ein auch sonst zu beobachtender Vorgang (z.B. *'ᵃnāni*, „Wolkenmann", ebenfalls nach Dan 7,13 Midr. Tanchuma, Tol. 14 u.ö.).

Maass

אני → הוא

אָנַף אַף (זעם, זעף, חמה, חרה, עבר, קצף, רגז)

I. Umwelt – 1. Ägypten – 2. Mesopotamien – 3. Westsemitisches – II. Wörter für 'Zorn' im AT – 1. Etymologie – 2. Streuung, Bedeutung – III. Menschlicher Zorn – IV. Göttlicher Zorn – 1. Der sprachliche Ausdruck – 2. Grund – 3. Äußerungen – 4. Positive Bewertung.

Lit.: *J. Fichtner–O. Grether*, ὀργή (ThWNT V 392–413). – *H.M. Haney*, The Wrath of God in the Former Prophets, New York 1960. – *J.L. Palache*, Semantic Notes on the Hebrew Lexicon, Leiden 1959. – *H. Ringgren*, Vredens kalk (SEÅ 17, 1953, 19–30). – *Ders.*, Einige Schilderungen des göttlichen Zorns (Tradition und Situation, Festschr. A. Weiser, 1963, 107–113). – *R.V.G. Tasker*, The Biblical Doctrine of the Wrath of God, London, 1951.

I. 1. Die gebräuchlichsten äg. Wörter für 'Zorn', 'zürnen' sind *ḳnd* 'Wut', *dndn*, *ḏnd* 'Zorn', und *nšn(j)* 'Rasen', wobei die Übersetzungen nicht immer die exakte Bedeutungsnuance wiedergeben. Die Deutezeichen beleuchten gut den Charakter dieser Wörter. Außer mit dem „schlagenden Arm (bzw. Mann)", wodurch die Heftigkeit des Zustandes oder des Handelns angedeutet wird, wird *ḳnd* oft mit dem „rasenden Pavian" oder dem „rasenden Panther" geschrieben. Ein zürnender Ochsenkopf oder ein Antilopenkopf kennzeichnet üblicherweise 'Zorn', während 'Rasen' durch das Sethtier, von NR an auch mit dem „rasenden Pavian" bezeichnet wird.

Auch andere Wörter sind in diesem Zusammenhang beachtenswert. *Dšr* 'Röte', das z.B. auf der Metternichstele (Z.12) in einer Anrufung des Sonnengottes vorkommt („Komm in deiner Macht, in deinem Zorn, in deiner Röte!"), läßt sowohl an die Röte der Kampfeswut als auch an das dabei ausgegossene Blut denken. *Fnḏ*, das 'Nase', 'Schnauben' und 'Zorn' bedeuten kann und somit eine Parallele zu hebr. אף bildet, ist ein ziemlich seltenes Wort. Weit wichtiger ist *bꜣw*, das vor allem vom NR an in mehreren Königstexten und Präskriptionsformeln am besten mit 'Zorn', der sich konkret in Rache und Strafe ausdrückt, wiedergegeben wird (L.V. Zabkar, A Study of the Ba Concept in Ancient Egyptian Texts, Chicago 1968, 62ff. 85ff.).

Schon die Deutezeichen, die der Tierwelt und der ungeordneten Welt des Seth angehören, zeugen davon, daß Zorn in der idealen äg. Auffassung vom Menschen keinen Platz hat. Die Humanität, die von den Weisheitslehren verkündet wird, zielt auf den 'gerechten Selbstbeherrschten' (*gr mꜣ'*). Von den ältesten Lehren (z.B. Ptahhotep 18,12) bis in die Spätzeit wird gerade der Jähzornige gebrandmarkt. 'Der Schweigende' (*gr*), der sowohl sein Herz als seinen Mund beherrscht, stellt den idealen Menschen dar: 'den Kühlen' (*ḳbb*), dem gegenüber 'der Hitzige' (*šmm*) sich als warnendes Beispiel abzeichnet

(H.O. Lange, Das Weisheitsbuch des Amenemope, Kopenhagen 1925, 20ff.; E. Otto, Die biographischen Inschriften der äg. Spätzeit, Leiden 1954, 67ff.). Der Jähzornige wird wegen *šd ḫrw* oder *kȝ ḫrw* getadelt, was nicht nur 'lärmen' heißt, sondern überhaupt 'sich ungebührlich benehmen, Unruhe, Aufruhr stiften' (Otto). Da das nun gerade den Gott Seth kennzeichnet, stellt sich der Zürnende als ein Sethmensch dar, was besonders durch *nšnj* hervorgehoben wird.

Seth hebt sich als „der Rasende" unter den Göttern heraus (H. Te Velde, Seth, the God of Confusion, Leiden 1967, 23ff. 101). Das Rasen des Seth richtet sich jedoch vor allem gegen die Apophisschlange und wird somit gerechtfertigt. Sein Empören gegen die Ordnung im Rahmen des Horus- und Osiris-Mythos kennzeichnet die chaotische Seite der Welt. Die Aufzählung der urzeitlichen Zustände (Pyr. 1463) fängt typischerweise so an: „Ehe noch der Zorn entstanden war", worauf später Anspielungen auf den Streit zwischen Horus und Seth folgen. Auch vom Zorn anderer Götter ist in den Pyr. (z.B. 1501) – wie noch später oft – die Rede.

Eine wichtige Ausgestaltung des göttlichen Zorns, der sich gegen die ungehorsame Menschheit richtet, findet sich im Mythos von der Vernichtung der Menschheit. Der Zorn des Schöpfergottes nimmt in seiner Tochter Hathor-Sachmet, die als grimmige Löwin auftritt, Gestalt an. Die ganze Menschheit wäre der rasenden Göttin zum Opfer gefallen, wenn der Schöpfer nicht doch geplant hätte, die Menschen zu retten. Die Göttin wird mit blutrotem Bier berauscht und besänftigt. Mehrere Tempeltexte erwähnen das Ritual *śḥtp śḫm.t* (J. Bergman, Isis-Seele und Osiris-Ei, Uppsala 1970, 16 A. 13), was nicht nur 'Sachmet befriedigen', sondern auch 'den Zorn der Sachmet brechen' bedeutet (für den Gegensatz *nšnj* – *ḥtp* s. die Belege WBÄS II 340). Hier spielen jedoch auch andere Mythen, wie „die Göttin im fremden Land" und die Onurislegende, hinein. Die Besänftigung der wütenden Göttin, oft in Philae lokalisiert, hat in der Wendung „Zornig ist sie Sachmet, fröhlich ist sie Bastet" einen prägnanten Ausdruck gefunden (H. Junker, Der Auszug der Hathor-Tefnut aus Nubien, Wien 1911, 32; ders., Die Onurislegende, Wien 1917, passim). Neben dem Trankopfer spielte bei der Besänftigung das Sistrum eine wichtige Rolle. In einer thebanischen Tempelszene (Urk VIII 7c) sagt der König beim Darbringen der Sistra an die Göttin Mut: „Ich nehme dir das Zürnen, ich entferne deine Wut, indem ich deinen Ka befriedige nach dem Rasen."

Eine besondere Ausgestaltung des Zorn-Motivs stellt auch der Mythos vom Sonnenauge dar. Das Zürnen des Auges oder der Uräusschlange richtet sich nämlich gegen den Besitzer selbst (Junker, Onurislegende 132). Dies erinnert an die Spannung innerhalb des Wesens der ägyptischen Gottheit, die sowohl gnädig als auch wütend ist.

Dieselbe Ambivalenz läßt sich im Wesen des Pharao beobachten (H. Brunner, ZÄS 79, 1954, 81ff.; 80, 1955, 5ff.). Nach der Lehre des Sehetepibre ist der König „eine Bastet, die die beiden Länder schützt. Wer ihn verehrt, wird einer sein, den sein Arm schirmt. Er ist eine Sachmet gegen den, der seinen Befehl übertritt". Der Zorn oder die Wut des Königs befällt besonders seine Feinde im Kampf. Er ist „wütend wie ein Löwe" (WBÄS V 57, 3 und 8) oder „rasend wie ein Panther" (WBÄS III 244, 3).

Schließlich wird der Mensch vom Zorn gewisser Mächte in der Totenwelt bedroht (J. Zandee, Death as an Enemy, Leiden 1960, 191).

Bergman

2. In sumerischen Hymnen erscheint der Zorn der Götter gelegentlich als eine von mehreren schreckenerregenden Eigenschaften („Wer kann dein zürnendes Herz besänftigen?" SAHG 78; „als An alle Länder zornig angeschaut hatte", ebenda 190). Über den Grund ihres Zorns wird offenbar nicht nachgedacht.

Im Akk. ist der sprachliche Ausdruck für 'Zorn' auffallenderweise ganz verschieden vom Hebr. Die beiden häufigsten Wörter, *agāgu* und *ezēzu* (Wurzel עזז 'stark sein'!) unterscheiden sich dadurch, daß ersteres die augenblickliche Erregung bezeichnet, während letzteres eher eine bleibende Eigenschaft meint, außerdem auch 'wild, wütend' bedeutet und von Naturerscheinungen gebraucht werden kann (CAD 4, 428). Die Hinweise auf menschlichen Zorn sind recht sparsam und bieten wenig von theologischem Interesse. Dagegen haben die Aussagen über den Zorn der Götter einige Bedeutung. Erstens können die Götter untereinander zürnen (Gilg XI 171: „Enlil sah das Schiff und ergrimmte, voller Zorn ward er über die Igigi-Götter"; EnEl I 42: „sie zürnte und schrie ihren Gatten an"; Atraḫasīs III i 42f. „Enki und Enlil zürnen gegeneinander"). Ferner zürnen die Götter gegen die Menschen, was zur Folge hat, daß sie ihre Städte oder Länder verlassen oder den Untergang des Landes planen (Belege CAD I/1, 139f.; 4, 427f.; vgl. Albrektson, History and the Gods, Lund 1967, 91). Außerdem heißt es in Klagepsalmen und Gebetsbeschwörungen, daß der Gott oder die Göttin zürnt, und es wird gebeten, daß er/sie sich beschwichtigen läßt (z.B. SAHG 332, 352f.). Als Grund des Zorns wird gelegentlich die Sünde des Menschen angegeben.

3. Belege vom Zorn in den westsemitischen Inschriften sind selten. Besonders interessant ist dabei die Angabe in der Meša'-Inschrift (KAI 181, 5), daß der Gott Kemoš seinem Lande zürnte, so daß Omri Moab eine Zeitlang bedrängte. Ferner wird in einem der Sefire-Verträge (KAI 223 B. 12) von einem Tag des Zorns (יום חרן) gesprochen, aber der Kontext ist unklar. In einer Inschrift aus Zincirli heißt es auch: „Hadad soll Zorn ausgießen ... und ihm nichts zu essen geben im Zorn" (והדד חרא ליתכה ...אל יתן לה לאכל ברגז KAI 214, 23), und „du sollst ihn töten ... im Zorn" (בחמא) (ebenda 33; zu einem Menschen).

II. 1. Das Wortfeld 'Zorn' ist im Hebr. durch mehrere Vokabeln verschiedenen Ursprungs vertreten.

a) אנף mit dem Subst. אף, das teils 'Nase', teils 'Zorn' bedeutet. Der Verbalstamm liegt in arab. *'anifa* 'verschmähen, ablehnen' vor, das Nomen in akk. *appu*, ugar. *'p*, arab. *'anfun*, alle mit der Bedeutung 'Nase'; ugar. *'p* in der Bedeutung 'Zorn' (Aistleitner WUS) ist zweifelhaft. Über die Grundbedeutung des Stammes gehen die Ansichten auseinander. Fichtner (392) und KBL nehmen eine Grundbedeutung 'schnauben' an, woraus sowohl 'Nase' als auch 'Zorn' hergeleitet werden können. Palache dagegen nimmt eine Bedeutungsentwicklung von 'Nase' zu 'Zorn' an. Blachère-Chouémi (257ff.) geht für das Arab. von der Grundbedeutung 'an der Spitze sein' aus und leitet davon sowohl 'Nase' als 'stolz sein' ab; vom letzteren sei dann unter Einfluß von *'anafa* die Bedeutung 'verschmähen' abgeleitet worden.

Die doppelte Bedeutung von אף als 'Nase' und 'Zorn' ist also nur im Hebr. belegt. Interessanterweise spielt die Nase bei der Beschreibung des Zorns eine gewisse Rolle: Ez 38, 18 „mein Zorn wird in meine Nase aufsteigen" (Text unsicher) und Ps 18, 8f. „denn sein Zorn war entbrannt; Rauch stieg in seiner Nase auf" (חרה לו עלה עשן באפו). Außerdem gibt es einen deutlichen Zusammenhang zwischen Zorn und Schnauben, z.B. Ex 15, 8; Ps 18, 16; Hi 4, 9.

Das Verbum אנף ist im *qal* und *hitp* belegt; als Nomina kommen אף und אפים vor.

b) זעם bedeutet im AT 'zürnen' und 'verwünschen'. Keine der Bedeutungen ist als die ältere zu belegen; in Qumran ist nur 'verwünschen' belegt, im Neuhebr. nur 'zürnen', 'unzufrieden sein' (Lewy, WTM; Jastrow). Gray (ICC zu Num 23, 7) und GesB stellen זעם mit dem seltenen syr. *za'em* 'schelten' zusammen, das aber auch aus dem Hebr. entlehnt sein könnte. Arab. *za'ama* heißt einfach 'behaupten', *tazağğama* kann zorniges Sprechen bezeichnen (GesB). Gray findet den Schlüssel zum Verständnis des Worts in Num 23, 7; Spr 24, 24, wo es synonym zu 'verfluchen' (→ ארר bzw. קלל) steht. Das Wort wäre dann ursprünglich in Fluchformeln beheimatet und bezeichnete erst sekundär den seelischen Zustand, der hinter dem Fluch steht. Dann versteht man auch, warum man von JHWH sagt „seine Lippen sind voll von זעם" (Jes 30, 27). Nach H. W. Wolff (BK z. St.) heißt זעם Hos 7, 16 'Verwünschung'. Ferner kann man die Ausdrücke 'Tag des זעם' (Ez 22, 24) und 'Werkzeuge des זעם' (Jes 13, 5; Jer 50, 25) auf die Verwirklichung des Fluchs beziehen. Belegt ist das Verbum im *qal* und *niph*; daneben kommt das Nomen *za'am* vor.

c) זעף gehört mit syr. *za'ef* 'heftig anfahren, zürnen' und arab. *za'afa* 'auf der Stelle töten' zusammen. Neuhebr. und aram. Ableitungen beziehen sich auf die Heftigkeit des Regens oder Sturmes (GesB). Wenn man eine Grundbedeutung 'erregt sein' annimmt, erklärt sich die Verwendung von זעף sowohl mit Bezug auf Naturerscheinungen (Jon 1, 15 die Wut des Meeres, Ps 11, 6 רוח זלעפות Wirbelwind) als auch auf Menschen (seelisch erregt). Im letzteren Sinn findet sich das Wort Gen 40, 6; Dan 1, 10, wo (gegen Kopf, VT 9, 254) eine andere Wurzel nicht anzunehmen ist. 1 Kön 20, 43; 21, 4 handelt es sich eher um Mißmut (par. סר). Spr 19, 3 übersetzt LXX αἰτιᾶται ('anklagen'), aber die bessere Übersetzung ist „wegen JHWH wird sein Herz erregt". Auch 2 Chr 26, 19 ist 'Erregung' die richtige Übersetzung. An den übrigen Stellen handelt es sich um Zorn (Spr 19, 12; Mi 7, 9; Jes 30, 30; 2 Chr 16, 10; 28, 9). Von 'Erregung' kommt man leicht auf 'Zorn'; möglicherweise hat זעם diese Entwicklung beeinflußt. – Von זעף ist das Verbum im *qal* belegt; daneben finden sich die Nomina *za'ap*, *zā'ēp* und *za/il'āpāh*.

d) חמה ist von יחם 'heiß sein' (vgl. arab. *waḥim* 'heiß', *waḥima* 'Gelüste haben') abgeleitet; vgl. aram. חמא 'Zorn' (KAI 214, 33). In fünf Fällen heißt es nach GesB 'Gift' (Deut 32, 24; Ps 58, 5; 140, 4 Schlangengift; Hi 6, 4 Gift von Pfeilen). Driver (ThZ 14, 131ff.) meint, daß es an einigen Stellen auch 'feurigen Wein' bezeichnet (Jes 27, 2–4; Hab 2, 15; Hi 36, 16–18). An und für sich ist es leicht verständlich, daß körperliche 'Hitze' sowohl durch Zorn als auch durch Gift oder Wein hervorgerufen wird.

e) חרה findet sich noch im Neuhebr. und Jüd.-aram. und heißt wohl ursprünglich 'glühen, brennen'. Verwandt sind syr. *etḥ^erī* 'streiten', talm. חרי *pa* 'brennen lassen'; ferner aram. חרא 'Zorn' (KAI 214, 23) und חרן (KAI 223 B 12). Im Hebr. findet sich das Verbum entweder mit אף als Subj. ('der Zorn entbrennt') oder unpersönlich (חרה לו 'er wurde zornig'); daneben ist das Subst. חרון 'Zornesglut', belegt.

f) כעס (in Hi auch כעש) bezeichnet ein inneres Vorgehen, das in der Regel nicht objektbezogen ist. Es meint meist das Gefühl, das durch unverdiente Behandlung entsteht und ist eher Harm oder Kummer als Zorn (Pred 7, 3; Ps 6, 8; 31,10f.; Hi 17,7). Es ist auch neuhebr. und jüd.-aram. belegt. In Ausnahmefällen richtet sich כעס als Zorn gegen andere Menschen (Hi 10,17; 2 Chr 16,10; Ps 85, 5). – Das Verbum כעס kommt in *qal*, *pi* und *hiph* vor, daneben das Nomen *ka'as*.

g) עבר. Im *hitp* und im Nomen עברה bedeutet diese Wurzel 'zürnen'. Es ist umstritten, ob diese Formen von עבר 'überschreiten' abzuleiten sind oder eine andere Wurzel voraussetzen. Drivers Erklärung (ICC zu Deut 3, 20) 'die erlaubten Grenzen überschreiten' macht die Annahme zweier Wurzeln unnötig und erklärt das ganze Bedeutungsfeld von Stolz und Erhebung bis zu vernichtendem Zorn.

h) קצף ist als kanaan. Glosse in den Amarnabriefen belegt; ferner findet sich aram. קצף 'zürnen'. Ob ein Zusammenhang besteht mit arab. *qaṣafa* 'brechen' ist unsicher; vgl. jedoch hebr. קצף 'abgeknickter Zweig'.

i) רגז (vgl. aram. רגז 'zittern', 'zürnen', phön. רגז 'zürnen', arab. *rağaz* 'Zittern', 'Zorn') hat die Grundbedeutung 'bewegt sein', 'zittern' und wird im bibl. Hebr. nur vereinzelt mit Bezug auf Zorn gebraucht (*hiph* Hi 12, 6; 37, 2; 2 Kön 19, 27f.; Hab 3, 2. Man kann auch vor Freude (Jer 33, 9) oder Furcht (Ex 15,14) zittern.

j) רוח 'Wind' wird von GesB 6mal mit 'Zorn' übersetzt (Ri 8, 3; Jes 25, 4; 30, 28; Sach 6, 8; Spr 16, 32; 29,11). Nach GesB ist die Bedeutung über 'Schnauben' (Hi 4, 9) aus 'Atem' herzuleiten; vielleicht handelt es sich eher um das heftige Atemholen bei starker Erregung.

2. a) אנף ist das häufigste Wort für 'Zorn'. Das Verbum ist 14mal belegt, immer mit Gott als Subj. (Ausnahme Ps 2,12: der König als Sohn Gottes). Die Nomina (אף, אפים) dagegen bezeichnen sowohl menschlichen (40mal) als auch göttlichen (170mal) Zorn. אנף findet sich relativ gleichmäßig in den verschiedenen Textgattungen des AT. Obwohl es offenbar ursprünglich mit dem zornigen Schnauben zusammenhängt, kommt häufig die Vorstellung vom Zorn als 'Feuer' zum Ausdruck. Von den 78 Belegen von אף als Subj. hat es 54mal חרה 'glühen', 'brennen' als Prädikat (das Verbum wird überhaupt nur mit אף gebraucht). Die Verbindung חרון אף 'Zornesglut' kommt 35mal, חרי אף 6mal vor. Zweimal steht בער 'brennen' als Prädikat von אף, zweimal עשן 'rauchen'. Das von יחם 'heiß sein' abgeleitete חמה ist das häufigste Parallelwort zu אף (33mal, davon 25mal mit אף an erster Stelle). Andere Synonyma sind עברה (10mal), זעם (8mal), קצף (4mal). Als Gegensatz stehen Ausdrücke für Barmherzigkeit, Gnade, Erbarmen (רחם Deut 13,18; Ps 77,10; 78, 38; חסד Mi 7,18; רצון Ps 30, 6; נחם Jes 12,1).

b) זעם kommt 12mal als Verbum, 22mal als Nomen vor; mit Ausnahme von Num 23,7f. nur in den späteren Propheten und Schriften, immer in poetischen Texten. זעם bezeichnet sowohl Zorn als auch Verwünschung. In fünf von den sechs Belegen des Verbums mit göttlichem Subj. ist eindeutig von Zorn die Rede, und auch im sechsten Beleg (Num 23, 8) ist diese Bedeutung möglich. In den fünf Belegen mit menschlichem Subj. dagegen ist es in keinem Fall notwendig, mit 'Zorn' zu übersetzen. Das Nomen bezieht sich in sämtlichen 22 Belegen auf den Zorn Gottes (Grether-Fichtner 393). In apokalyptischen Texten hat זעם die spezielle Bedeutung 'Zornzeit' (Jes 26, 20; Dan 8,19; 11, 36; Grether-Fichtner 393). Als synonyme Ausdrücke sind אף (8mal), עברה (3mal) קצף (2mal) und חמה (1mal) belegt; außerdem kommt dreimal die Wendung 'Unheil wünschen' als Parallele vor.

c) זעף ist 4mal als Verbum belegt; von den Nomina finden sich *za'ap* 7mal, *zā'ēp* 2mal und *zil'āpāh* 3mal. Abgesehen von Gen 40, 6 fallen sämtliche Belege auf die späteren Propheten und Schriften. Die Wurzel wird von Gott, Menschen und Naturerscheinungen gebraucht. Die Synonyme bezeichnen häufiger 'Kummer' und 'Mißmut' als 'Zorn': סר 'mißmutig' 1 Kön 20, 43; 21, 4; רע Gen 40, 6f.; כעס 2 Chr 16,10. Nur einmal kommt ein klares Wort für 'Zorn' vor, nämlich in der Verbindung זעף אף Jes 30, 30. Als Gegensatzbegriff findet sich רצון 'Wohlwollen' (Spr 19,12).

d) חמה ist nach אף der zweithäufigste Ausdruck für 'Zorn'. Es ist 118mal belegt, davon 90mal mit Bezug auf den Zorn Gottes. Wie אף kommt es in allen Textgattungen vor. Als Synonyme sind außer אף zu verzeichnen: קצף (7mal), כעס (2mal), זעם und זעף (je einmal). גערה 'schelten' wird als Synonym gebraucht Jes 51, 20; 66,15. In Ez 5,15; 25,17 wird חמה mit Züchtigung (תוכחה) verbunden, und Ps 6, 2; 38, 2 ist vom 'Züchtigen in Zorn' die Rede.

Wie die Herleitung aus יחם nahelegt, findet sich bei חמה öfters die Vorstellung vom Zorn als Feuer (Jer 4, 4; 21,12; Nah 1, 6; Ps 89, 47: Kl 2, 4). Es heißt auch, daß der Zorn 'entzündet ist' (יצת 2 Kön 22,13.17). Anderseits kann חמה auch wie Wasser ausgegossen werden (s.u. IV.3), und die beiden Bilder können verbunden werden: „der Zorn wird ausgegossen und brennt" Jes 42, 25; Jer 7, 20; 44, 6.

e) חרה steht 92mal als Verbum im AT, entweder mit אף als Subj. (50mal) oder unpersönlich. Die Ableitung חרון wird immer mit Bezug auf den göttlichen Zorn gebraucht; es kommt 41mal vor, davon 35mal in Verbindung mit אף. Die Verbindung חרי אף (6mal) dagegen kann sowohl göttlichen als menschlichen Zorn bezeichnen. Wenn חרון ohne אף steht (6mal), ist offenbar die Hitze als psychische Begleiterscheinung auf den Zorn im allgemeinen übertragen worden.

An einigen Stellen (Neh 3, 20; Jer 12, 5; 22,15) heißt חרה 'eifrig sein', d.h. man erhitzt sich vor Eifer.

f) כעס findet sich als Verbum 54mal (43mal von Gott, 11mal von Menschen), als Nomen 23mal (8mal von Gott, 17mal von Menschen). Das Wort ist kennzeichnend für die dtr. Theologie; die meisten Belege finden sich in Deut, Kön und Jer. Das Verbum wird im *hiph* meist (in 42 von 46 Fällen) von dem durch den Abfall des Volkes verursachten göttlichen Zorn gebraucht. JHWH ist beleidigt, wenn das Volk die Götzen vorzieht. Gewöhnlich ist der durch כעס bezeichnete Zorn nicht objektbezogen; es handelt sich vielmehr um einen inneren Vorgang. Andere Wörter für 'Zorn' stehen selten mit כעס zusammen; einigemal steht קנא als Parallelausdruck (Deut 32,16. 21; Ps 78, 58). Manchmal liegt die Bedeutung 'Kummer' nahe, z.B. Pred 7, 3 „Besser ist כעס als lachen", 1 Sam 1, 6 „um sie traurig zu machen"; Ps 6, 8; 31,10f.; Hi 17,7.

g) Von עבר kommt 8mal das *hitp* im Sinn von 'zürnen' vor, davon 5mal mit Bezug auf Gott. Das Nomen עברה ist 30mal belegt, davon 24mal von Gott. Mit Ausnahme von zwei Stellen im Pentateuch (Gen 49,7; Deut 3, 26) kommt die Wurzel nur in den späteren Propheten und den Schriften vor. Als Synonyme werden אף (10mal) und זעם (3mal) gebraucht. 4mal kommt der Ausdruck 'Feuer des Zorns' vor (Ez 21, 36; 22, 21. 31; 38,19) – sonst wird Feuer nur mit אף und חמה verbunden (→ אשׁ). Der 'Tag des Zorns' wird 6mal erwähnt (Ez 7,19; Zeph 1,15.18; Hi 21,30; Spr 11, 4).

h) קצף wird als Verbum 16mal von Gott und 17mal von Menschen gebraucht; das Nomen dagegen wird fast ausschließlich von Gott gebraucht (nur Pred 5,16; Esth 1,18 von Menschen). Das Verbum ist fast immer objektbezogen. Als Synonyme kommen אף (5mal), חמה (7mal), זעם (2mal) und כעס (1mal) vor.

III. Das AT gebraucht im großen ganzen dieselben Ausdrücke für menschlichen und göttlichen Zorn, aber vom menschlichen Zorn ist insgesamt nicht so häufig die Rede. Subjekt des Zorns sind einzelne Menschen, nur in Ausnahmefällen wird erwähnt, daß Gruppen von Menschen zürnen. Der menschliche Zorn richtet sich gewöhnlich gegen andere Menschen. Der Grund des Zürnens kann sein, daß man ungerecht behandelt worden ist (z.B. Gen 27, 45; 30, 2; 39,19; Num 24,10), daß man sieht, wie andere Menschen ausgebeutet werden (z.B. Gen 34,7; 2 Sam 12, 5; 13, 21) oder daß die Mitmenschen Ungehorsam oder Unglauben Gott gegenüber zeigen (z.B. Ex 16, 20; 32,19; 2 Kön 13,19). Obwohl die Belege sparsam sind, kommt es auch vor, daß Menschen gegen Gott zürnen; der Grund ist dann, daß man sein Handeln als unerklärlich empfindet (z.B. Gen 4, 5; 2 Sam 6, 8; Jon 4,1. 4. 9).

In der überwiegenden Mehrzahl der Fälle wird der menschliche Zorn kritisch beurteilt. Klar positiv bewertet wird der Zorn nie. Dagegen gibt es – besonders in den erzählenden Büchern – Fälle, in denen überhaupt kein Urteil gefällt wird; es wird nur festgestellt, daß jemand zürnt. Aus Gen 4, 5–7 geht hervor, daß menschlicher Zorn etwas Negatives ist. Ferner wird der Zorn kritisiert, weil sein Ergebnis negativ ist, z.B. Gen 49, 6f.

In Hi, Spr und Pred finden sich am häufigsten Werturteile über den Zorn, und zwar klar negativ. Hier begegnen Aussagen wie „der Zorn ist eine Grausamkeit" (אכזריות חמה Spr 27, 4) und „Streit wird aus dem Zorn gepreßt" (Spr 30, 33). 'Zorn stillen' ist etwas Gutes, wie aus Spr 15,1; 21,14 hervorgeht. Der Weise stillt Zorn (Spr 29, 8.11). Das Ideal der Weisheit ist der ruhige Mann, der sich nicht in Zorn vergeht, oder, wie es Spr 17, 27 heißt „ein kaltblütiger und verständiger Mann" (קר רוח איש תבונה). Hier wird also קר 'kalt' als Gegensatz zum vom Zorn entzündeten und hitzköpfigen Menschen gebraucht. Ein Mensch, der jähzornig ist, wird negativ beurteilt (Spr 15,18; 29, 22). Daher findet man auch die Ermahnung, nicht zu zürnen oder sich nicht in Zorn zu vergehen (Ps 37, 8; Spr 16, 32; Pred 7,9; Hi 36,18). Das Zürnen kennzeichnet den Toren, den Unvernünftigen und den Frevler (Spr 14,17. 29; 29,11; Pred 7,9; Hi 5, 2). Hi 36,13 spricht von den ruchlos Gesinnten (חנפי־לב) die sich dem Zorn hingeben, und Hi 19, 29 nennt den Zorn Sünde.

IV. 1. Die Zorn-Vokabeln werden dreimal so oft auf Gott wie auf Menschen bezogen. Einige Ausdrücke kommen fast ausschließlich mit Gott als Subjekt vor, z.B. אנף und חרון. Die Nomina זעם, עברה und קצף haben überwiegend Gott als Subjekt, und חמה und אף beziehen sich in der Mehrheit der Fälle auf den göttlichen Zorn, Verbindungen von mehreren Vokabeln für 'Zorn' haben mit wenigen Ausnahmen (חרי אף 4mal) nur mit dem göttlichen Zorn zu tun: חרון אף (33mal), זעף אף (Jes 30, 30), זעם אף (Kl 2, 6), עברות אף (Hi 40,11), ebenso Häufungen von zwei oder drei Termini: אף und חמה (15mal), חרון אף und עברה (Jes 13, 9), זעם und קצף (Ps 102,11), אף, חמה und קצף (Deut 29, 27) sowie חרון אף, עברה und זעם (Ps 78, 49). In Konstruktverbindungen zwischen einem Zornwort und Gott ist die Gottesbezeichnung fast immer יהוה (50mal, davon 40mal אף יהוה); nur 2mal ist אף אלהים belegt (Num 22, 22; Ps 78, 31).

2. Wenn man nach dem Motiv für Gottes Zorn fragt, trifft man gelegentlich Fälle, wo Gottes Handeln völlig unerklärlich zu sein scheint; in Texten wie Gen 32, 23–33; Ex 4, 24f. handelt er

Index der deutschen Stichwörter

Band I Lieferung 4 (Spalte 385-512)

THEOLOGISCHES WÖRTERBUCH ZUM ALTEN TESTAMENT

In Verbindung mit
George W. Anderson, Henri Cazelles,
David N. Freedman,
Shemarjahu Talmon und Gerhard Wallis
herausgegeben von
G. Johannes Botterweck und Helmer Ringgren

VERLAG W. KOHLHAMMER GMBH
STUTTGART · BERLIN · KÖLN · MAINZ

Inhalt von Band I, Lieferung 4

Spalte

Band I wird etwa 12 Lieferungen umfassen. Der Subskriptionspreis für jede Lieferung von vier Bogen beträgt DM 16,—. Einzellieferungen werden nicht abgegeben.
Hörern der an diesem Werk beteiligten Verfasser wird bei Vorlage eines vom Autor unterzeichneten Hörerscheins ein Nachlaß von 20% auf den Ladenpreis gewährt. Die Ermäßigung gilt nur für die bis dahin erschienenen Teile des Werkes und den gerade im Erscheinen begriffenen Band. Der Hörernachweis muß für die erste Lieferung jedes weiter erscheinenden Bandes ggf. neu erbracht werden.

Verlagsort Stuttgart. Umschlag: hace. Gesamtherstellung W. Kohlhammer GmbH. Graphischer Großbetrieb Stuttgart 1971. Printed in Germany. 71 203 ohne sichtbaren Anlaß. In den meisten Fällen ist jedoch der Zorn Gottes durch das Handeln der Menschen veranlaßt. Dabei muß sein Zorn im Rahmen des Bundesverhältnisses verstanden werden. Gott hat seinen Heilswillen durch die Verheißungen und durch die geschichtliche Führung seines Volkes kundgetan, darum hat er das Recht auf dessen Gehorsam und Vertrauen. Der Bundesschluß stellt das Volk vor die Möglichkeit einer doppelten göttlichen Reaktion je nachdem, ob das Volk seinerseits den Bund einhält oder nicht (Ex 20, 5ff.). Wenn Gottes Zorn Israel – als Ganzes oder einen einzelnen als Mitglied des Volkes – trifft, ist der Grund in der Regel der, daß das Volk seine Bundesverpflichtungen nicht erfüllt hat. Daß JHWHs Zorn im Bundesbruch des Volkes seinen Grund hat, wird klar ausgesagt Deut 29, 27; Ri 2, 20; Jos 23,16, Esr 9,14. Vor allem wird der Zorn JHWHs dadurch erweckt, daß sich das Volk zu anderen Göttern wendet (Ex 32; Num 25; Deut 2,15; 4, 25; 9,19; 29, 27; 31, 29; Ri 2,13; 1 Kön 11, 9; 14, 9.15; 2 Kön 17,18). In der dtr Theologie spielt in diesem Zusammenhang der Ausdruck כעס eine wesentliche Rolle. Es ist zum terminus technicus für das Gekränktsein JHWHs durch den Abfall des Volkes zu anderen Göttern geworden. Gelegentlich wird auch gesagt, daß JHWH zürnt, weil das Volk gesündigt hat, ohne daß die Sünde näher definiert wird (1 Kön 8, 46; 2 Chr 6, 36). Der Ungehorsam des Volkes (Num 32,11–14) wie auch sein mangelndes Vertrauen auf JHWH (Num 11, 33) erwecken JHWHs Zorn. JHWH zürnt auch wegen sozialer Verbrechen, z. B. wenn Witwen schlecht behandelt werden (Ex 22, 23). Vergehen gegen Mitmenschen ist Bundesbruch.

Bei den vorexilischen Propheten, vor allem Jer und Ez finden sich häufig Androhungen von JHWHs Zorn. Alles, was JHWH für Israel getan hat, wird hervorgehoben (Am 2, 9–11; 3, 2; Hos 11, 3f.; Jes 1, 2). Das Volk dagegen hat sich als das erwählte Volk betrachtet und sich in falscher Sicherheit gewogen (Jer 6,14; Ez 13,10). So hat es seine Bundesverpflichtungen vergessen und den Zorn JHWHs erweckt. Die Propheten weisen auf das soziale Unrecht (Jes 1,15–17; Jer 5, 28; Am 5,7. 10–12; Mi 3,1), den synkretistischen Kult (Jes 1,10–17; Jer 6, 20; Hos 6, 6; Am 5, 21–27) und die Außenpolitik (Jes 30,1–5; 31,1–3; Jer 2, 35–37; Ez 16, 26; Hos 5,13; 7,11) als Zeichen, daß das Volk Gott verlassen und den Zorn Gottes verdient hat. Auch hier geht es also im Grunde um Bundesbruch (Fichtner 404).

Der Zorn JHWHs wendet sich aber auch gegen andere Völker. In nachexilischer Zeit steht dieser Zorn im deutlichen Zusammenhang mit dem Eingreifen dieser Völker in das Geschick Israels. So zürnt JHWH gegen Edom, weil es Israel Gewalt angetan hat (Ob 1–15), und man bittet JHWH, seinen Zorn über die Völker auszugießen, die Israel verwüstet haben (Jer 10, 25). Die Ehre des Volkes ist auch die Ehre Gottes (Jes 48, 9–11). Dieser Gedanke beherrscht auch die ältere Geschichte. Hier fordert der Heilswille JHWHs, daß er in Zorn gegen die anderen Völker handelt (Ex 23, 27–30; Jos 24,12).

3. Die Äußerungen des göttlichen Zorns werden oft mit Hilfe der Bildersprache beschrieben. Die beiden häufigsten Bilder sind die des Feuers (→אש) und des Wassers. So ist vom Feuer des Zornes JHWHs die Rede (Ez 21,36; 22, 21.31; 38,19) oder es heißt, daß der Zorn JHWHs wie Feuer ist (Jer 4, 4; 21,12; Nah 1, 6; Ps 89, 47; Kl 2, 4). Der Zorn JHWHs kann auch mit einem Feuerofen verglichen werden (Ps 21,10). Mehrere Belege besagen, daß der Zorn JHWHs brennt, raucht oder entzündet ist (Jes 30, 27; Ps 2,12; Jer 7, 20; Jes 42, 25; Jer 44, 6; Deut 29,19; Ps 74,1; 2 Kön 22,13.17). Hierher gehört auch die Verwendung von חרה und dessen Ableitungen (s.o. II 2e). Jes 30, 28 heißt es, daß JHWHs Zorn wie ein überflutender Strom ist; der Zorn wird also mit Wasserfluten verglichen. Dasselbe Motiv liegt auch hinter dem Ausdruck „der Zorn wird ausgegossen". Drei Verben kommen hier zur Verwendung, nämlich שפך, פוץ und נתך. Beim ersten ist es immer Gott, der den Zorn 'ausgießt' (Jes 42, 25; Jer 6,11; Ez 7, 8; 14,19; 20, 8.13. 21. 33f.; 21, 36; 22, 22. 31; 30,15; 36,18; Hos 5,10; Zeph 3, 8; Ps 79, 6; Kl 2, 4; 4, 11). Hos 5, 10 heißt es, daß der Zorn wie Wasser ausgegossen wird. Zweimal wird merkwürdigerweise der Ausdruck mit Feuer verbunden (Kl 2, 4; Jes 42, 25), obwohl die beiden Bilder eigentlich logisch unvereinbar sind. פוץ wird Hi 40,11 vom Zorn gebraucht. Das Verb נתך, das sonst auch den vom Himmel herabströmenden Regen bezeichnen kann, wird vom Zorn an den folgenden Stellen gebraucht: Jer 7, 20; 42, 18; 44, 6; Ez 16, 38 (cj); Nah 1, 6; 2 Chr 12,7; 34, 21. 25. In diesem Fall heißt es nie, daß Gott den Zorn ausgießt, sondern daß der Zorn von selbst ausströmt. Bemerkenswert ist, daß in vier von den acht Fällen, wo dieses Verb gebraucht wird, das Bild des Zorns Ähnlichkeiten mit Feuer zeigt (Jer 7, 20; 44, 6; Nah 1, 6; 2 Chr 34, 25). Außerdem steht נתך nur mit אף und חמה, also mit den beiden Ausdrücken, die am stärksten mit Feuer und Hitze zusammenhängen.

An einigen Stellen wird der Zorn JHWHs durch das Bild eines Bechers mit Wein, den die Betroffenen zu trinken haben, dargestellt (Jes 51,17. 22; Jer 25,15). Der Vergleichspunkt ist immer die sich von der Betrunkenheit ergebende Hilflosigkeit der Betroffenen (Ringgren, SEÅ).

Daß JHWH zürnt, bedeutet, daß die Strafe kommt (Jes 10, 4). 'Zürnen' kann deshalb mit 'vernichten' synonym sein (Esr 9,14). Wenn JHWHs Zorn entbrannt ist, heißt das oft Ausrottung oder Vernichtung (Ex 32,10; Deut 6,15; 7, 4; Jos 23,16).

Oft geht das vom Zorn gebrauchte Bild in eine anschauliche Beschreibung des göttlichen Handelns über. Ez 21, 36 sagt JHWH, er will das Feuer seines Zorns wider Israel anfachen; der Text bleibt aber nicht im Bild, sondern fährt fort: „Ich werde dich rohen Menschen ausliefern und du sollst dem Feuer zum Fraß werden." Ez 22, 21 wird das Bild vom Feuer auf ähnliche Weise ausgebaut: „daß ihr darin schmelzen sollt". Ähnlich steht Ps 21,10 das Bild vom Feuerofen mit Ausdrücken wie 'verderben' und 'verzehren' zusammen. Jes 42, 25 wird die Aussage vom Ausgießen des Zorns durch die Erwähnung des Verbrennens fortgesetzt; hier wird der Zorn auch mit der Wut des Krieges zusammengestellt. Es handelt sich also nicht nur um einen „psychischen" Vorgang der Gottheit, sondern um ein konkretes Handeln; ebenso wenn 'Glut des Zorns' mit Verderben (Hos 11, 9) und Vergehen (Jon 3, 9) gleichbedeutend ist. Andere Belege für Zornesglut sind Jer 25, 38; 30, 24; 49, 37; Ps 69, 25; Hi 20, 23. In Ps 78, 49 werden „Zornesglut, Grimm und Wut und Drangsal" als „eine Rotte verderbender Engel" bezeichnet; hier ist der Zorn im Begriff, eine selbständige, vom göttlichen Subjekt gelöste Größe zu werden, die im konkreten Handeln zutage tritt (Ringgren, Word and Wisdom, Lund 1947, 153).

Die feindlichen Völker sind die Waffen JHWHs, die Werkzeuge seines Zorns, die das Gericht über sein Volk ausführen. Die Wendung „Waffe des Zorns" wird zuerst von Assur gebraucht Jes 10, 5, im Anschluß daran Jes 13, 3ff.; in Jer 50, 25 ist es bereits stehende Terminologie. Kl 3, 1 ist „die Rute seines Zorns" zweideutig: sie könnte sich auf Babel beziehen oder aber als Zusammenfassung allen Leidens gemeint sein, das aus dem Zorn Gottes fließt.

Abgesehen von den Belegen, die nur allgemein von Vernichtung und Verderben im Zusammenhang mit JHWHs Zorn sprechen, gibt es Aussagen, die die Zerstörung konkreter beschreiben. Ez 13,13 sagt, daß ein Platzregen durch den Zorn Gottes kommen wird. Jes 30, 30 heißt es, daß der Arm JHWHs mit verzehrenden Feuerflammen, mit Sturm und Wettergüssen und Hagel niederfahren wird. Ez 38, 22 beschreibt, wie JHWH in seinem Zorn Feuer und Schwefel regnen läßt. Hier liegen wahrscheinlich Einflüsse der Theophanieschilderungen vor (Ringgren, Schilderungen, 108, 111f.). Dagegen ist Num 11, 1 eine nüchterne Schilderung, wie Feuer entbrennt und das Lager verzehrt.

Der Zorn JHWHs kann sich auch darin auswirken, daß die Erde nicht ihre Frucht trägt. Deut 11,17 sagt, daß Gott in seinem Zorn den Himmel verschließt, so daß kein Regen fällt und der Boden seinen Ertrag nicht gibt. Derselbe Gedanke liegt hinter Ez 22, 24 „Du bist ein Land ohne Regen, das nicht benetzt ward am Tage des Zorns".

Der Zorn JHWHs kann Israel auch dadurch treffen, daß er ihre Feinde nicht vertreibt (Ri 2, 20f.) oder daß er sie in die Hand der Feinde gibt (2 Kön 13, 3).

4. Der göttliche Zorn wird nicht nur negativ bewertet. Er kann auch ein Zeichen der unendlichen Größe und Souveränität Gottes sein. Hi 9, 4f. zeigt sich Gottes Größe und Macht darin, daß er im Zorn die Berge versetzt und umstürzt. Hi 9,13 sagt, daß Gott im Zorn handeln kann, weil er in der Schöpfung die Chaosmächte bezwingen konnte. In Hi 37, 2. 5 und 40, 9f. ist der Donner eine Äußerung von Gottes Zorn; wobei an der letzten Stelle das Ziel des Zorns die Erniedrigung des Feindes ist, was oft in den Theophanieschilderungen der Fall ist. Um die Feinde zu vernichten, kann Gott souverän mit der Schöpfung handeln (Jes 30, 27. 30).

Daß Gott ein אל זעם oder ein בעל חמה ist, wird positiv beurteilt (Ps 7,12; Nah 1, 2). Bei Nah geht es um die Feinde, in Ps 7 wird Gott als derjenige, der den Gerechten zu ihrem Recht verhilft und die Frevler bestraft, gepriesen.

Ebenso selbstverständlich wird es positiv bewertet, daß Gott seinen Zorn von den Seinen abwendet. Hier liegt oft eine gewisse Doppelheit vor. In Nah 1, 2 ist es gut, daß JHWH Zorn behält gegen seine Feinde, während v. 7 versichert, daß er gut ist denen, die auf ihn vertrauen. Ps 78, 49f. wird beschrieben, wie sich der Zorn Gottes gegen die Ägypter auswirkt, aber in demselben Psalm wird Gott dafür gepriesen, daß er seinen Zorn von den Seinigen abwendet (v. 38: „In seiner Gnade und seinem Erbarmen vergab er ihre Schuld und vertilgte sie nicht, ließ oftmals ab von seinem Zorn, ließ nicht aufwachen seinen ganzen Grimm").

Trotzdem trifft der Zorn JHWHs oft sein Volk, manchmal mit vernichtender Wirkung. Offenbar ist der Zorn Gottes eine Reaktion auf Israels Undankbarkeit und Treulosigkeit. Israel hat nicht seinen Anteil des Bundes gehalten, und deshalb muß der Gott, der seinem Volk Liebe erweisen möchte (Hos 11, 9), als ein zürnender Gott auftreten. Es gibt Beispiele dafür, daß man sich dessen bewußt ist und den Zorn Gottes als selbstverständlich betrachtet, wenn man Unrecht getan hat. Mi 7, 9 heißt es z. B. „Weil ich gesündigt habe, will ich den Grimm JHWHs tragen" und Esr 8, 22 „Der Zorn Gottes kommt über alle, die ihn verlassen".

In den Zorn JHWHs gegen sein Volk mischt sich ein klar ausgesprochener Zug der Barmherzigkeit. JHWH ist ein barmherziger und gnädiger Gott, deshalb ist er langmütig (ארך אפים) und erzürnt nicht leicht (Ps 103, 8; Ex 34, 6; Mi 2, 7);

und wenn er zürnt, „hält er nicht ewig seinen Zorn fest" (Jer 3, 5; Mi 7,18). Paradox heißt es sogar „Im Zorn sei eingedenk deines Erbarmens" (Hab 3, 2). Es wird betont, daß sein Zorn aufhört und daß er dann tröstet (Jes 12,1).
Ein Problem entsteht aber, wenn der Zorn völlig die Oberhand zu gewinnen scheint. Ps 77,10 stellt die Frage „Hat Gott des Erbarmens vergessen oder im Zorn sein Mitleid verschlossen?" und Ps 85, 6 „Willst du denn auf ewig über uns zürnen, deinen Zorn erstrecken von Geschlecht zu Geschlecht?"
Eine kritische Bewertung des göttlichen Zorns begegnet auch, wo er als ungerecht empfunden wird, z.B. Num 16, 22 „Willst du über die ganze Gemeinde zürnen, wenn ein einzelner sündigt?" oder Hi 19,11 „Sein Zorn ist wider mich entbrannt, und er achtet mich für seinen Feind."

E. Johnson

אפס אֶפֶס

I. Außerbiblische Belege – II. Alttestamentliche Belege und Bedeutung – III. Theologischer Gehalt.

Lit.: *W. Eichrodt*, ThAT I, [8]1968, 320–341: Die vollkommene Gottesherrschaft. – *H. Groß*, Weltherrschaft als religiöse Idee im AT, Bonn 1953. – *M.H. Pope*, El in the Ugaritic Texts, Leiden 1955, 71f.

I. Bereits im Ugar. begegnet einmal (CAT 6 [I AB] I 68) das Subst. *'ps* = (oberes) „Ende" (des Throns), ferner einmal im Phön. (Karatepe, KAI 26 A IV 1, Übersetzung strittig; vgl. DISO 22) und sechsmal sehr spät in den Hymnen von Qumran (1QH 2, 33; 3, 30; 3, 36; 6,17; 12,10; f. 3,10) mit der gleichen Bedeutung wie im AT (Ende, Nichts). Eine etymologische Grundbedeutung ist nicht auszumachen; ein Zusammenhang mit akk. *apsū* (Süßwassermeer) ist dagegen wahrscheinlich (vgl. Pope 72). Dieses ist der die Erde umgebende, z.T. mythisch personifizierte Ozean sowie die äußerste Tiefe der Erde.

II. Falls eine Verwandtschaft mit *apsū* besteht, ist dieser Begriff im AT stark eingeengt und nicht mehr selbständig gebraucht, sondern nur noch in der festen Formel אפסי ארץ 'die Enden (Grenzen) der Erde'. Sie kommt 16mal vor (einschließlich Sir), und zwar in hymnisch-dichterischen Texten deren Alter z. T. unsicher ist. (Ps, Josefsegen Deut 33,17!), Oft wird für 'die Enden der Erde' auch קצה, ירכה und כנף verwendet. 1QH 6,17; 12,10 kennt die Phrase אין אפס 'ohne Ende' (Grenze). Für 'Ende' im zeitlichen Sinn wird אפס nie gebraucht, ist also in Jes 52, 4 nicht mit „zuletzt" zu übersetzen (geg. Zorell, Lexicon 74; ZDMG 70, 1916, 557).
Die Grundbedeutung des Substantivs 'Grenze, Ende' steckt auch im Gebrauch als restriktive Partikel 'nur' ('abgegrenzt'): Num 22, 35 (= v. 20 אך); 23,13; ähnlich אפס כי 'nur daß', 'jedoch': Num 13, 28; Deut 15, 4; Ri 4, 9; Am 9, 8; 2 Sam 12,14; 1 Sam 1, 5 (cj.); vgl. 1QH 2, 33.
Als Verbum kommt der Stamm auffallenderweise in einem ziemlich frühen Texte vor, Gen 47,15.16. Es ist, wenn überhaupt richtig vokalisiert, sicher denominativ und hat schon die Bedeutung 'zu Ende sein'; ebenso in den unechten Stellen Jes 16, 4; 29, 20 (par. כלה, תמם, כרת) und in Ps 77, 9 (par. גמר).
Wohl erst sekundär entwickelte sich אפס von der Bedeutung 'Ende' zum völligen Nichtsein, schön ausgeprägt in dem späten Spruch Sir 41,10: „Alles, was aus dem Nichts stammt, kehrt zum Nichts zurück" (כל מאפס אל אפס ישוב).
Der privative Sinn „Nichts" liegt vor Jes 34,12; 40,17; 41,12. 29; 52, 4; parallel stehen אין, רוח, תהו. So dient es wie אין als Negationspartikel (Jes 5, 8; 54,15; Am 6,10) oder wie ein Verbum finitum (Deut 32, 36; 2 Sam 9, 3; 2 Kön 14, 26). באפס 'ohne': Spr 14, 28; 26, 20; Hi 7, 6; Dan 8, 25. DtJes liebt die Formel '(sonst) keiner' (Jes 45, 6.14; 46, 9). ואפסי עוד in Jes 47, 8.10 und Zeph 2,15 enthält wohl kein Suffix, sondern ein *ḥīræq* compaginis (GKa § 90 1), par. zu ואין עוד (Jes 45, 6.14.18. 22).

III. Theologisch beachtenswert sind die Stellen mit der Bedeutung 'Nichts', wenn Gott direkt oder indirekt als Handelnder auftritt. Er setzt allen gegnerischen Mächten ein Ende. Wenn etwa die Fürsten Edoms zunichte werden (Jes 34,12), so gehört diese Aussage zum Genus der prophetischen Gerichtsrede. Alle Völker gelten ihm wie ein Nichts (Jes 40,17). – Bereits ausgeprägten Monotheismus, auch sonst bei DtJes belegt, vertritt das Bekenntnis, daß außer JHWH keiner existiert.
Noch weiter zurück reicht der Glaube an die uneingeschränkte Allmacht Gottes. Er herrscht in Jakob und bis an die Enden der Erde (Ps 59,14); er hält Gericht über sie (1 Sam 2,10), denn als Schöpfer hat er sie aufgestellt (Spr 30, 4). Von den Enden der Erde kommen die Völker zu JHWH (Jer 16,19); sie sollen ihn fürchten (Ps 67, 8). Besonders entspricht es der universalen Heilsverkündigung des DtJes, daß alle Enden der Erde sich zu JHWH bekehren, um gerettet zu werden (Jes 45, 22; Ps 22, 28). Sie schauen das Heil unseres Gottes (Jes 52,10; Ps 98, 3) und lernen ihn kennen (Sir 36, 22).
An dieser Machtfülle Gottes hat der davidische König der Gegenwart und Zukunft Anteil. Er ist groß bis an die Enden der Erde (Mi 5, 3), und

als „Sohn" von Gottes Gnaden erhält er diese zum Besitz (Ps 2, 8). Er herrscht von Meer zu Meer und bis an die Enden der Erde (Ps 72, 8; Sach 9,10). Letztere Formel (auch Sir 44, 21) scheint in Babylonien beheimatet zu sein; zur Problematik der Grenzangaben vgl. Groß 11–18. Solch ein utopischer „Hofstil" hat im AT einen einzigartigen religiös fundierten Sinn, da der König als Statthalter Gottes das Recht und sogar die Pflicht hat, die volle Gottesherrschaft herbeizuführen. Durch diese Verheißungen wurde die endzeitliche Messiaserwartung genährt, bis schließlich im NT die Botschaft des Evangeliums bis an die Grenzen der Erde ergeht (Apg 1, 8; 13, 47).

Hamp

אֲרוֹן

I.1. Etymologie – 2. Bedeutung – II. Profaner Gebrauch – III. Religiös-kultischer Gebrauch – 1. Äußere Beschreibung – 2. Außerat.liche Parallelen – 3. Herkunft und Alter – 4. Religiöse Bedeutung – 5. Funktion – 6. Geschichte.

Lit.: *W. R. Arnold*, Ephod and Ark, Cambridge 1917. – *A. Bentzen*, The Cultic Use of the Story of the Ark in Samuel (JBL 67, 1948, 37–53). – *K.-H. Bernhardt*, Lade (BHHW 2, 1038–1041). – *H. A. Brongers*, Einige Aspekte der gegenwärtigen Lage der Lade-Forschung NedThT 25, 1971, 6–27. – *C. Brouwer*, De ark, Baarn 1955. – *M. Buber*, Königtum Gottes 1, ²1936, 77–82. 208–214. – *K. Budde*, Die ursprüngliche Bedeutung der Lade Jahwe's (ZAW 21, 1901, 193–197). – *Ders.*, War die Lade Jahwes ein leerer Thron? (ThStKr 79, 1906, 489–507). – *Ders.*, Ephod und Lade (ZAW 39, 1921, 1–42). – *W. Caspari*, Die Bundeslade unter David (Festschr. Th. Zahn, 1908, 25–46). – *H. Cazelles*, Israël du nord et arche d'alliance (Jér. III 16) (VT 18, 1968, 147–158). – *L. Couard*, Die religiös-nationale Bedeutung der Lade Jahves (ZAW 12, 1892, 53–90). – *G. H. Davies*, The Ark in the Psalms (Promise and Fulfilment. Essays pres. to S. H. Hooke, Edinburgh 1963, 51–61). – *Ders.*, The Ark of the Covenant (ASTI 5, 1966/67, 30–47). – *M. Dibelius*, Die Lade Jahves, 1906. – *L. Dürr*, Ursprung und Bedeutung der Bundeslade (Bonner Zeitschrift für Theologie und Seelsorge 1, 1924, 17–32). – *J. Dus*, Der Brauch der Ladewanderung im alten Israel (ThZ 17, 1961, 1–16). – *Ders.*, Noch zum Brauch der „Ladewanderung" (VT 13, 1963, 126–132. 475). – *Ders.*, Der Beitrag des benjaminitischen Heidentums zur Religion Israels. Zur ältesten Geschichte der heiligen Lade (Communio Viatorum 6, 1963, 61–80). – *Ders.*, Die Länge der Gefangenschaft der Lade im Philisterland (NedThT 18, 1963/64, 440–452). – *Ders.*, Die Thron- und Bundeslade (ThZ 20, 1964, 241–251). – *Ders.*, The Dreros Bilingual and the Tabernacle of Ancient Israelites (JSS 10, 1965, 55–57). – *Ders.*, Herabfahrung Jahwes auf die Lade und Entziehung der Feuerwolke (VT 19, 1969, 290–311). – *W. Eichrodt*, Theologie des AT 1, 59–65. – *O. Eißfeldt*, Lade und Stierbild (ZAW 58, 1940/41, 190–215 = KlSchr 2, 282–305). – *Ders.*, Jahwe Zebaoth (Miscell. Acad. Berolin. 2, 2, 1959, 128–150. Abb. 1–4 = KlSchr 3,103–123. Taf. V 1–4). – *Ders.*, Silo und Jerusalem (VT Suppl. 4, 1957, 138–147 = KlSchr 3, 417–425). – *Ders.*, Lade und Gesetzestafeln (ThZ 16, 1960, 281–284 = KlSchr 3, 526–529). – *Ders.*, Die Lade Jahwes in Geschichtserzählung, Sage und Lied (Altertum 14, 1968, 131–145). – *G. Fohrer*, Geschichte der israelitischen Religion, 1969, 97–101. – *T. E. Fretheim*, The Cultic Use of the Ark of Covenant in the Monarchical Period, Diss. Princeton Theol. Sem. 1967 (vgl. Diss. Abstracts 28, 1967/68, 325 A). – *Ders.*, The Ark in Deuteronomy (CBQ 30, 1968, 1–14). – *K. Galling*, Kultgerät. 4. Lade (BRL 343–344). – *G. Görg*, Das Zelt der Begegnung (BBB 27, 1967). – *H. Greßmann*, Die Lade Jahves und das Allerheiligste des salomonischen Tempels, 1920. – *H. Gunkel*, Die Lade Jahves ein Thronsitz (Ztschr. f. Missionskunde und Rel.-wiss. 21, 1906, 33–42). – *M. Haran*, The Ark and the Cherubim (Eretz Jisrael 5, 1958, 83–90 [hebr.] = IEJ 9, 1959, 30–38. 89–94 [engl.]). – *Ders.*, ʿoṭfe, maḥmal and ḳubbe. Notes on the Study of the Origins of Biblical Cult Forms: The Problem of Arabic Parallels (D. Neiger Mem. Vol., 1959, 215–221). – *Ders.*, The Disappearance of the Ark (IEJ 13, 1963, 46–58). – *R. Hartmann*, Zelt und Lade (ZAW 37, 1917/18, 209–244). – *Herrmann*, ἱλαστήριον 1. (ThWNT III 319–320). – *D. R. Hillers*, Ritual Procession of the Ark and Psalm 132 (CBQ 30, 1968, 48–55). – *W. H. Irwin*, Le sanctuaire central israélite avant l'établissement de la monarchie (RB 72, 1965, 161–184). – *E. Klamroth*, Lade und Tempel, o.J. [1932]. – *K. Koch*, Die Priesterschrift von Exodus 25 bis Leviticus 16 (FRLANT 53), 1959. – *H.-J. Kraus*, Gottesdienst in Israel, ²1962, 149–152. – *W. B. Kristensen*, De ark van Jahwe, 1933. – *E. Kutsch*, Lade Jahwes (RGG³ 4, 197–199). – *W. Lotz*, Die Bundeslade (Festschr. der Univ. Erlangen, I, 1901, 143–186). – *H. Lubsczyk*, Die katechetische Verwertung der Überlieferungen von der Bundeslade (BiLe 2, 1961, 206–223). – *W. McKane*, The Earlier History of the Ark (Glasgow Univ. Or. Soc., Transact. 21, 1965/66, 68–76). – *J. Maier*, Vom Kultus zur Gnosis. Studien zur Vor- und Frühgeschichte der „jüdischen Gnosis". Bundeslade, Gottesthron und Märkābāh, Salzburg 1964. – *Ders.*, Das altisraelitische Ladeheiligtum (BZAW 93), 1965. – *H. G. May*, The Ark – a Miniature Temple (AJSL 52, 1935/36, 215–234). – *J. Meinhold*, Die Lade Jahves, 1900. – *Ders.*, Die Lade Jahves. Ein Nachtrag (ThStKr 74, 1901, 593–617). – *J. Morgenstern*, The Ark, the Ephod, and the „Tent of Meeting" (HUCA 17, 1942/43, 153–266; 18, 1943/44, 1–52). – *E. Nielsen*, Some Reflections on the History of the Ark (VT Suppl. 7, 1960, 61–74). – *M. Noth*, Das System der zwölf Stämme Israels, 1930, ²1966. – *Ders.*, Jerusalem und die israelitische Tradition (OTS 8, 1950, 28–46 = ThB 6,172–187). – *J. Pedersen*, Israel III–IV 229–234. – *G. v. Rad*, Zelt und Lade (NKZ 42, 1931, 478–498 = ThB 8, ²1961, 109–129). – *Ders.*, Theologie des AT 1, 27–30. 235–238. – *L. Randellini*, La Tenda e l'Arca nella tradizione del VT (Studii Bibl. Francisc. Liber Annuus 13, 1962/63, 163–189). – *W. Reichel*, Über die vorhellenischen Götterkulte, Wien 1897. –

W. Reimpell, Der Ursprung der Lade Jahwes (OLZ 19, 1916, 326–331). – *L. Rost*, Die Überlieferung von der Thronnachfolge Davids (BWANT III/6), 1926, 4–47 = Kl. Credo, 1965, 122–159. – *Ders.*, Königsherrschaft Jahwes in vorköniglicher Zeit? (ThLZ 85, 1960, 721–724). – *S. Saba*, L'arca dell'alleanza: Storia, descrizione, significato, Rom 1948. – *H. Schmidt*, Kerubenthron und Lade (Eucharisterion für H. Gunkel 1, 1923, 120–144). – *W.H. Schmidt*, Alttestamentlicher Glaube und seine Umwelt, 1968, 105–108. – *J. Schreiner*, Sion – Jerusalem, 1963, 22–56. – *Waltraud Seeber*, Der Weg der Tradition von der Lade Jahwes im AT, Diss. theol. Kiel 1956 (vgl. ThLZ 83, 1958, 722–723). – *T.P. Sevensma*, De ark Gods het oud-israëlitische heiligdom, Amsterdam 1908. – *F. Seyring*, Der alttestamentliche Sprachgebrauch inbetreff des Namens der sogen. „Bundeslade" (ZAW 11, 1891, 114–125). – *R. Smend*, Jahwekrieg und Stämmebund (FRLANT 84), 1963 ^{2}1966, 56–70. – *J.A. Soggin*, Zwei umstrittene Stellen aus dem Überlieferungskreis um Schechem (ZAW 73, 1961, 78–87), 78–82. – *Ders.*, Der offiziell geförderte Synkretismus in Israel während des 10. Jahrhunderts (ZAW 78, 1966, 179–204), 182–188. – *H. Timm*, Die Ladeerzählung (1. Sam 4–6; 2 Sam 6) und das Kerygma des deuteronomistischen Geschichtswerks (EvTh 26, 1966, 509–526). – *H. Torczyner*, Bundeslade und Anfänge der Religion Israels, ^{2}1930. – *Ders. (N.H. Tur-Sinai)*, The Ark of God at Beit Shemesh (1 Sam VI) and Pereṣ 'Uzza (2 Sam VI; 1 Chron XIII) (VT 1, 1951, 275–286). – *R. de Vaux*, Lebensordnungen 1,118–124. – *Ders.*, Les chérubins et l'arche d'alliance, les sphinx gardiens et les trônes divins dans l'Ancien Orient (MUSJ 37, 1960/61, 91–124 = Bible et Orient, Paris 1967, 231–259). – *Ders.*, Arche d'alliance et Tente de réunion (À la rencontre de Dieu. Mém. A. Gelin, Le Puy 1961, 55–70 = Bible et Orient, Paris 1967, 261–276). – *A. Weiser*, Die Tempelbaukrise unter David (ZAW 77, 1965, 153–168), 163–165. – *T. Worden*, „The Ark of the Covenant" (Scripture V, 1952, 82–90). – *M.H. Woudstra*, The Ark of the Covenant from Conquest to Kingship, Philadelphia/Pa. 1965.

I. 1. Das Nomen ארון ist ein westsemitisches Wort. Außer im Bibl.-Hebr. mit seinen ca. 200 Belegen, im Christlich-Palästinischen, im Syr. und, davon abgeleitet, im Arab. kommt es in einer Reihe von westsemitischen Inschriften sowie als Lehnwort im Spätbabylonischen vor (KBL^{3}). Trotz dieser mannigfachen Bezeugungen ist die Etymologie unbekannt. Die im Hinblick auf vermeintliche archäologische Parallelen unternommenen Versuche von Meinhold und Morgenstern, eine Grundbedeutung 'Kasten (-thronsessel)' bzw. 'zeltähnlicher Gegenstand' zu postulieren, überzeugen nicht, weil die Texte einhellig dagegen sprechen.

2. Das Wort bezeichnet im at.lichen wie außerat.lichen Sprachgebrauch Gegenstände aus dem alltäglichen Lebensbereich des Menschen, in der Mehrzahl der at.lichen Belege aber ein Kultobjekt Israels. Von da her ist es geboten, bei der Festlegung der Bedeutung unseres Wortes von dem profanen Gebrauch auszugehen.

II. Im AT werden der Sarg Josephs (Gen 50, 26) und der vom Priester Jojada mit einem Loch im Deckel versehene, am Eingang des Jerusalemer Tempels aufgestellte und zur Aufnahme des geopferten Geldes bestimmte Kasten (2 Kön 12, 10. 11; vgl. 2 Chr 24, 8. 10. 11) ארון genannt. In den außerat.lichen Texten steht das Wort für 'Kasten', 'Ossuar', 'Sarkophag' (DISO 25; KAI 1,1; 11, 21; 29,1 usw.). Daraus erhellt, daß ארון einen Behälter, eine Kiste, Lade oder dgl., bezeichnet.

III. 1. Diese aus dem profanen Bereich gewonnene Bedeutung trifft auch für die religiös-kultische Verwendung des Wortes zu. Denn die einzige uns im AT erhaltene Beschreibung des ארון bezeichneten Kultgegenstandes, Ex 25, 10–22; 37, 1–9 (vgl. Deut 10, 1. 3), spricht von einer auf Geheiß JHWHs am Sinai angefertigten, 125 cm langen, 75 cm breiten und 75 cm hohen, innen und außen mit Gold überzogenen Lade aus Akazienholz, an der Ringe für Tragestangen, die nicht herausgezogen werden durften, befestigt waren. Wie in diese Lade das Zeugnis (→ עדות) gelegt werden sollte, so sollte auf sie die ebenfalls 125 cm lange, 75 cm breite, aus Gold gefertigte und mit je einem Kerub an den Schmalseiten verzierte, doch wohl eher im technischen Sinn als 'Deckplatte' denn als 'Sühnmittel' oder '-ort' zu verstehende כפרת (Herrmann 320; v. Rad, Zelt 110; Weiser 310) gesetzt und das gesamte Gebilde in das 'Begegnungszelt' (→ אהל מועד) gestellt werden.

a) Diese Schilderung gehört P an, der dafür mancherlei altes Traditionsgut aufgenommen und mit seinen eigenen theologischen Vorstellungen verbunden hat. Was die äußere Gestalt angeht, so ist die Deckplatte der Lade eine Erfindung von P. Das Wort begegnet nur bei ihm, und man hat den Eindruck, daß die Platte ein von der Lade selbst zu unterscheidender Gegenstand ist, wie denn nicht der Lade, sondern ihr die eigentliche Kultfunktion zukommt (Herrmann 319; de Vaux, Lebensordnungen 121f.; Weiser 310; vgl. H. Schmidt 137–144). Hinsichtlich ihrer Verzierung lehnt sich P insofern an das Vorbild des Salomonischen Tempels an, als die dort befindlichen beiden Keruben (1 Kön 8, 6f.) auch hier begegnen, allerdings stark verkleinert, aus purem Gold hergestellt und mit der Kapporet unlösbar verbunden.

b) Wie schon daraus die Vorliebe des P für eine kostbare Ausstattung des Heiligtums erhellt, so wird ebenfalls die überreiche Verzierung der Lade mit Gold auf sein Konto zu schreiben sein, was jedoch nicht so verstanden sein will, als sei sie von Haus aus gänzlich schmucklos gewesen. Denn die Ansicht von P, die Goldverzierung der Lade sei aus den von den Israeliten abgelegten Schmuckstücken hergestellt worden (Ex 25, 1–7;

35, 21–29), berührt sich insofern mit Ex 33, 3–6 (JE), als auch dort zweimal von einer Abgabe des Schmucks der Israeliten gesprochen wird, der, wie man mit Recht daraus schließt, bei der Herstellung der Lade verwendet wurde. Zeigt sich hier abermals, daß P von älteren, im vorliegenden Fall Traditionen von J und E abhängig ist, so wird man gewiß diese Erkenntnis verallgemeinern und auf die äußere Form und Gestalt der Lade beziehen dürfen. Denn daß P wie im allgemeinen Aufriß seines Werkes, so auch in mancherlei Einzelheiten, eben auch in der Erzählung von der Anfertigung der Lade, der jetzt von seiner Schilderung verdrängten Vorlage von JE^{R} gefolgt ist, mit ihr vielleicht sogar Rituale aus der israelitischen Königszeit verbunden hat (Koch 97), wird mit Recht vielfach angenommen (Davies, Covenant; Dibelius 112; Eichrodt 60f.; Eißfeldt, KlSchr 2, 283f. u.ö.; Schreiner 24; anders jüngst Fohrer 99; Kutsch 198). Daraus ergibt sich, daß wir die von P gebotene Beschreibung der Lade als eines mit Edelmetall verzierten transportablen Holzkastens in ihren Grundzügen für glaubwürdig halten dürfen (so u.a. Budde, Ephod 33f.; Couard 81; Kraus 149f.; H. Schmidt 144; W.H. Schmidt 108).

c) Ähnlich wird man auch die wegen des dürftigeren Materials allerdings viel schwierigere Frage nach der Zusammengehörigkeit von Lade und Zelt zu beantworten haben. Wie wir sahen, sind in P beide miteinander verbunden und vom Sinai hergeleitet. Im Deut hingegen ist nur von der Lade, nicht aber vom Zelt die Rede (9, 7–10, 5). Da jedoch in den geschichtlichen Erinnerungen Deut ebenso wie P von JE^{R} abhängig ist, könnte man aus der Nichterwähnung des Zeltes im Deut auf die ursprüngliche Trennung beider schließen und ihre Verbindung als Werk von P ausgeben, wo man, dem in die Wüste zurückprojizierten Vorbild des Salomonischen Tempels entsprechend, im Zelt die Behausung der Lade sah (Kraus 149f.; vgl. de Vaux, Lebensordnungen 118).

Doch diese Erwägung überzeugt insofern nicht, als Eigenart und Absicht des Deut die Nichterwähnung des Zeltes zur Genüge erklären. Schwerer wiegt die Argumentation v. Rads (Zelt), wonach mit der Lade die Wohn- oder Thronvorstellung, mit dem Zelt indes die *mōʿēd*-Vorstellung verknüpft gewesen sei, die Lade also den gegenwärtigen, das Zelt jedoch den fernen, sich je und je offenbarenden Gott meine. So dienlich diese scharfsinnige Akzentuierung beider Vorstellungen für ein tieferes Verständnis der Funktion der besagten Kultgegenstände ist, so ist es doch fraglich, ob wir eine solche logisch konstruierte Gottesidee oder die widerspruchsvolle Gotteswirklichkeit (Eichrodt 62) an den Anfang der israelitischen Religionsgeschichte setzen dürfen, mit anderen Worten, ob nicht doch von Haus aus eine Verbindung der Lade mit dem Zelt anzunehmen ist.

2 Sam 7, 6 zielt mit dem Ausspruch JHWHs, er habe vom Exodus bis in die Tage Davids nicht in einem festen Haus, sondern in einem Zelt gewohnt, in diese Richtung und stützt zugleich die oft verdächtigte Stelle 1 Sam 2, 22, wonach in Silo die Frauen am Eingang des Zeltes Dienst taten, also selbst im Tempel zu Silo Lade und Zelt vereinigt waren (Eißfeldt, Lade Jahwes 134f.; vgl. Woudstra). Und wenn, wie jedenfalls nicht wirklich überzeugend auszuschließen ist, das לו von Ex 33, 7 (E) sich einst auf den vornehmlich als masc. konstruierten ארון bezogen hat, dann enthielt der E-Bericht die Mitteilung, daß Mose das Zelt nahm und für die Lade (לו) außerhalb des Lagers aufschlug (auch de Vaux, Lebensordnungen 123). Demnach folgt P selbst hinsichtlich der Zuordnung von Lade und Zelt der älteren pentateuchischen Tradition, nur mit der Abweichung, daß er, seiner Hochschätzung des Sinai entsprechend, das Zelt erst dort angefertigt sein läßt, während es nach E schon zuvor existierte (Eißfeldt, Lade Jahwes 131f. Unwahrscheinlich Dus, Dreros). So ist es nach alledem am wahrscheinlichsten, daß die Lade JHWHs von Anfang an in dem gerade deshalb Begegnungs- oder Offenbarungszelt genannten אהל → מועד untergebracht war (so noch Irwin 164; de Vaux, Arche; Lebensordnungen 123f. Vgl. Buber 78 und Anm. 6).

2. In der Absicht, Herkunft und Alter sowie Bedeutung und Funktion der israelitischen JHWH-Lade zu erleuchten, sind in der Vergangenheit eine Reihe von Kultgegenständen sowohl aus dem nomadischen wie aus dem seßhaft-bodenständigen Kulturkreis mit ihr verglichen worden.

a) Aus dem Beduinentum stammen *ʿuṭfa*, *maḥmal* und *qubba*. Die *ʿuṭfa*, weil transportabel, auch *markab* genannt, ist ein von einem Kamel getragenes reich geschmücktes hölzernes Gitterwerk. Sie wählt den Weg und den nächtlichen Lagerplatz, erteilt Orakel und führt in den Kampf. Der *maḥmal* ist der *ʿuṭfa* sehr ähnlich. Er stellt ein ebenfalls von Kamelen getragenes, in der Regel leeres, mitunter jedoch mit einem Holzkästchen, das eine Korankopie enthält, versehenes zeltähnliches Gebilde dar, das in Bedeutung und Funktion der *ʿuṭfa* gleicht. Das gilt bis zu einem gewissen Grad auch von der *qubba*, einem heiligen Zelt, das, auf dem Kamelrücken befestigt, neue Weiden sucht, Orakel erteilt und in entscheidenden Kämpfen zugegen ist. Es beherbergt zwei heilige Steine als Repräsentationen der Clan- oder Stammesgottheiten (Hartmann; Morgenstern). Wie Morgenstern (HUCA 17, 223) festgestellt hat, sind *ʿuṭfa* und *maḥmal* halbislamisierte Formen der alten *qubba*, so daß wir es letztlich nur mit einem Kultobjekt zu tun haben.

Die Frage nach der Vergleichbarkeit dieses Gegenstandes mit der israelitischen Lade ist von den genannten Wissenschaftlern unterschiedlich beantwortet worden. Während Hartmann zu dem Schluß gelangt, daß wohl das Zelt, nicht aber die Lade der *qubba* entspricht, mithin Zelt und Lade zwei grundverschiedene, weil aus dem Nomadentum bzw. aus dem Kulturland stammende Gegenstände sind, sieht Morgenstern wie vor ihm schon Torczyner (47–51; jüngst Irwin 164) in der *qubba* eine zutreffende religionsgeschichtliche Parallele zur israelitischen Lade, vermag allerdings nicht zu erklären, warum die Lade dann ארון 'Kasten' und nicht etwa 'Zelt' oder dgl. heißt. Das beleuchtet schon zur Genüge die Schwierigkeiten, die einer direkten Gleichsetzung beider Objekte im Wege stehen. Ähnlichkeit mit der Lade besteht gewiß hinsichtlich der Beweglichkeit wie auch mancher Funktionen. In Form und Gestalt aber unterscheidet sich die Lade so stark von dem genannten Gegenstand, daß wir ihn nicht als ein wirklich vergleichbares Objekt ansehen können (zuletzt W.H. Schmidt 105).

b) In den Vorstellungsbereich des Kulturlandes führt die Vermutung von Reimpell, die Lade sei als „Stufe Jahwes" zu erklären und mit den heiligen Stufen in Petra und bei den Hethitern zu vergleichen, was zu Recht keinen Nachfolger gefunden hat. Greßmann verweist auf ägyptische Götterschreine und Prozessionsbarken und postuliert für die Lade, sie habe in Form einer Doppeltruhe zwei Götterbilder, etwa das des Stiers und der Astarte, enthalten, was ebenfalls mit Recht abgelehnt wird (v. Rad, ThB 8,118f.; W.H. Schmidt 105).

Schließlich hat Reichel unter Hinweis auf vorhellenische Gottesthrone die israelitische Lade als einen solchen, mithin aus dem Kulturland stammenden leeren Thron verstehen wollen und darin viele Nachfolger gefunden (Dibelius; Dus; Gunkel; Meinhold; Nielsen u.a.). Gewiß begegnet uns im Zusammenhang mit dem Aufenthalt der Lade in Silo und Jerusalem die Thronvorstellung JHWHs, so daß es naheliegen könnte, die Lade als einen solchen, auch in anderen vorderorientalischen Religionen nachgewiesenen Gottesthron zu verstehen. Aber wiederum erhebt sich dagegen der Einwand, daß die Lade eben nicht 'Thron', sondern ארון heißt, eine Bezeichnung, die nie aufgegeben wurde (Budde, Bedeutung und Lade; Davies, Covenant; v. Rad, ThB 8,118). Somit ist auch dieser Vergleich nur begrenzt verwertbar (Kutsch 198).

3. Streiften wir soeben schon die Frage nach Herkunft und Alter der Lade insofern, als die einen dabei an das Nomadentum, die anderen an das Kulturland dachten, so sollen jetzt die Argumente geprüft werden, die gegen die at.liche Überlieferung vorgetragen werden und für eine Herkunft der Lade aus dem Kanaanäertum zu sprechen scheinen. An erster Stelle steht die Einschätzung der vor 2 Sam 6 liegenden Überlieferung von der Lade. Wie als erster Dibelius (112ff.) feststellte, stoßen wir erst in 2 Sam 6 auf historisch festen Boden; denn die entsprechenden pentateuchischen Erzählungen seien Sagen und wie die von Jos 3–6 ungeschichtlich. Selbst der Beginn der von Rost so bezeichneten Lade-Erzählung (Kl. Credo 122–159) bietet „mehr Geschichten als Geschichte". Dazu tritt als zweites Argument, daß 2 Sam 6, 2 „eine Art Umtaufe" von der 'Gotteslade' zur 'Lade JHWH Zebaoths, der über den Keruben thront' sei (Dibelius 116; Fohrer 100; v. Rad, ThB 8,120f.). Darin ist schon das dritte Argument mitenthalten, nämlich das der Thronvorstellung, mit der Israel erst in Kanaan bekannt geworden sein kann (Dibelius 117f.). Der Schluß, daß die Lade von Haus aus ein kanaanäisches, dann von den Israeliten übernommenes und JHWH zugeeignetes Heiligtum sei, scheint unausweichlich zu sein (so noch Kutsch 198; Maier, Ladeheiligtum; v. Rad, ThB 8,120–129; ähnlich Fohrer 100. Greßmann und Arnold schließen zu Unrecht aus dem doch wohl nach LXX zu verbessernden Text von 1 Sam 14,18, daß es mehrere kanaanäische Laden gegeben habe).

Daß die anzunehmenden Erzählungen von der Anfertigung der Lade wie auch die entsprechenden Partien in Jos 3–6 Sagen sind, ist heute nicht mehr unbestritten (Seeber). Aber auch wenn das wirklich so wäre, folgt daraus keineswegs zwangsläufig, daß sie ungeschichtlich sind (Eißfeldt, KlSchr 2, 283ff., auch zum Folgenden). Die sog. Lade-Sprüche (Num 10, 35. 36), obwohl nur durch den Rahmen mit der Lade verbunden, können doch schwerlich von ihr getrennt werden (Noth, ATD 5; Rost, Königsherrschaft 724); denn sie setzen mit ihrem Inhalt die Wandersituation des Kontextes als auch die in Num 14, 40–45 (J) bezeugte Verbindung der Lade mit dem Krieg voraus (Eichrodt 60; Seeber). Und das Bedenken Smends (57f.), der Israel-Name sei in der Wüstenzeit kaum möglich, wiegt insofern nicht schwer, weil über die Herkunft dieses Namens bisher nichts Sicheres auszumachen ist. Und was die diesbezüglichen Erzählungen in Jos betrifft, so ist die Erinnerung an die Beteiligung der Lade beim Beginn des Einzugs in Kanaan doch offenbar ein wesentlicher Teil des Ganzen (de Vaux, Lebensordnungen 119). Schließlich überzeugt auch das Argument von einer Umtaufe der Lade nicht. Einerseits wird das Nebeneinander von 'Elohim-Lade' (20mal) und 'JHWH-Lade' (26mal) in 1–2 Sam genauso wie das Nebeneinander von JHWH und Elohim im Pentateuch und im Psalter zu deuten, also auf verschiedene Überlieferungsschichten zu verteilen sein (Budde, Ephod 13; Lubsczyk; vgl.

Couard und Seyring), und anderseits läßt sich der Satz 2 Sam 6, 2 genausogut oder noch ungezwungener als Legitimation des neuen Titels, den JHWH als Ladegott erhielt und der nun „JHWH Zebaoth, der über den Keruben thront" lautet, verstehen (Schreiner 41; de Vaux, Chérubins 259).

Das letzte ausschlaggebende Argument verdanken wir Noth. „Denn nur ein Kultobjekt mit schon gefestigter und einmaliger Tradition konnte dem nichtisraelitischen Jerusalem zu jener kultischen Rolle verhelfen, die bald die Stütze des Königtums nicht mehr brauchte." Dadurch werden nicht nur die „Angaben über die Lade in vorstaatlicher Zeit bestätigt", sondern auch die Vermutungen über eine Entlehnung von den Kanaanäern hinfällig (ThB 6, 184; ähnlich schon Caspari).

Die Schlußfolgerung daraus, daß die Lade der Wüstenzeit entstammt und von den Israeliten am Sinai angefertigt wurde (Couard 75; Buber 77f.; Davies, Covenant; Dus, Beitrag; Irwin 164; Kraus 149; W.H. Schmidt 105; Torczyner 21f.), findet eine willkommene Bestätigung durch Ri 20, 27. 28 (Eißfeldt, KlSchr 2, 289f.; Lotz 5; de Vaux, Lebensordnungen 119). Daß die Notiz über den Aufenthalt der Lade in Bethel und die Genealogie der Ladepriester von der Mose- bis in die mittlere Richterzeit literarisch sekundär ist, besagt nichts über ihren historischen Wert. Die Stationierung der Lade in Bethel bestätigt Ri 2, 1 mit der Angabe des Umzugs des JHWH-Boten von Gilgal in das auf Grund von Gen 35, 8 nahe Bethel gelegene Bokim (zuletzt Eißfeldt, KlSchr 2, 283, Anm. 2 und 286 unter Hinweis auf Wellhausen und Smend). Und die innere Wahrscheinlichkeit erhellt aus der Tatsache, daß eine spätere Zeit die Lade niemals mit dem wegen seines Götzendienstes verhaßten Bethel verbunden hätte. Außerdem wird als damaliger Ladepriester der Aaron-Enkel Pinehas genannt, der wohl der Vater Elis war, dessen einer Sohn abermals Pinehas hieß. Wie diese Angabe aufs beste dem geschichtlichen Ablauf entspricht, so stimmt der ägyptische Name Pinehas mit der 1 Sam 2, 27–28 erwähnten ägyptischen Abstammung der Eliden überein (Fohrer 145) und macht seinerseits die vorkanaanäische Herkunft der Lade wahrscheinlich.

4. Damit ist bereits eine gewisse Vorentscheidung hinsichtlich der religiösen Bedeutung der Lade insofern getroffen, als sie von Haus aus kaum ein leerer Thronsitz JHWHs gewesen sein kann.

a) Bei P trägt sie durchweg die Bezeichnung ארון העדת (Ex 25, 22; 26, 33f. u. ö.) 'Lade des Zeugnisses', weil sie die beiden mit dem von P so bezeichneten Gesetz beschriebenen Tafeln in sich birgt. Ähnlich ist die Vorstellung von Deut. Als Behälter für die Dekalogabschrift heißt sie bei ihm und in den von ihm beeinflußten Überlieferungen ארון ברית יהוה 'Bundeslade JHWHs' oder ähnlich (Num 10, 33; Deut 10, 8 u. ö.). Wie Eißfeldt (Kl Schr 3, 526–529) zeigte, hat Deut „die Auffassung der Tafeln von Ex 34 als Ersatz für die von 24, 12–14. 18b; 31, 18b; 32" zwar von JE^R übernommen, die Deutung der Lade aber als eines Behältnisses für die Tafeln ist allein sein Werk; denn in den soeben zitierten Stellen aus J und E hat die Lade nichts mit den Tafeln zu tun, sondern gilt als ein göttliches Führungssymbol der vom Sinai/Horeb abziehenden Israeliten. Diese Bedeutung hat sie auch in den weiteren Stellen. Denn in Num 10, 33 (J) erhält sie die Aufgabe, vor dem Heereszug aufzubrechen und für ihn einen Rastort zu erspähen. Die in diesem Zusammenhang zitierten Lade-Sprüche (v. 35. 36): 'Erhebe dich, JHWH, daß deine Feinde zerstieben und deine Hasser vor dir fliehen!' und 'Kehre zurück, JHWH, zu den Zehntausenden der Tausende Israels!' setzen ebenfalls die Situation des Aufbrechens und Rastens voraus. Obendrein macht es der erste Spruch mit seinem Hinweis auf kriegerische Auseinandersetzungen deutlich, daß die Lade als militärisches Führungssymbol galt. Das ist sie auch in Num 14, 40–45 (J), wo die Niederlage der Israeliten auf den fehlenden Beistand der Lade zurückgeführt wird, sowie in den Erzählungen vom Durchzug durch den Jordan (Jos 3, 1–4, 1) und von der Einnahme Jerichos (Jos 6, 1–27). Ebenso erscheint sie in 1 Sam 4 und 2 Sam 11, 11, wobei die Mitteilung, daß die Lade im Kampf gegen die Philister von den Israeliten erst nach einer empfindlichen Niederlage herbeigeschafft wurde (1 Sam 4, 1–4), sowie die Beobachtung, daß sie nicht bei jedem Krieg mitwirkte, doch dahingehend zu deuten ist, daß die Lade nicht nur und ausschließlich ein Kriegspalladium war (Couard 79).

b) Auf Grund dieses überlieferungsgeschichtlichen Sachverhalts stellt sich die Frage nach der dahinter liegenden geschichtlichen Wirklichkeit. Deut hat im Zusammenhang mit der Neufassung ihrer Aufgabe die Bedeutung der Lade verringert (Fretheim), was indirekt für die Glaubwürdigkeit der in den alten Traditionen bezeugten Vorstellung spricht. Die Lade war das im Krieg wie nicht minder im Frieden wichtige Führungssymbol (Smend 57ff.; vgl. McKane; W.H. Schmidt 105; Seeber; Soggin, Stellen 80ff. Symbol eines antiphilistäischen Bündnisses: Maier, Ladeheiligtum; Fohrer 101).

Darüber hinaus erscheint es denkbar, daß Deut mit dem Einlegen der Tafeln nicht völlig neue Wege beschritt, sondern sich an ältere, uns allerdings unbekannte Traditionen über einen Inhalt der Lade anschloß. Denn daß sie das war, was ihr Name besagt, eben ein Kasten, ein Behältnis, vermag diese Vermutung zu stützen (v. Rad,

ThB 8,118), auch wenn alle weiteren Versuche, ihren Inhalt näher zu charakterisieren – Gottesbild (Greßmann; Sevensma), Bundesschatz (Maier, Ladeheiligt.), Bundesdokumente (Irwin; Randellini; Torczyner 31–38; de Vaux, Lebensordnungen 122f.; Woudstra), Schleuder- bzw. Meteorsteine (Couard 75) oder, was noch am ehesten denkbar ist, heilige Steine vom Sinai (zuletzt Morgenstern, HUCA 17,154–157; Eißfeldt, Lade Jahwes 132) –, rein hypothetisch bleiben müssen (Fohrer 100; W.H. Schmidt 108; Schreiner 24).

c) Neben dieser Bedeutung der Lade hat die oben erwähnte Bezeichnung des Ladegottes als 'JHWH Zebaoth, der über den Keruben thront' (1 Sam 4, 4; 2 Sam 6, 2; ähnlich 2 Kön 19,15 = Jes 37,16) in Verbindung mit Stellen wie Jer 3,16–17 (man werde nicht mehr der Lade gedenken, sondern Jerusalem 'Thronsitz JHWHs' nennen) und Jes 66,1; Ps 99, 5; 132,7; Kl 2,1, wo vom 'Schemel seiner Füße' in bezug doch wohl auf den Tempel und somit die Lade gesprochen wird, sowie Num 10, 35. 36 zu der These geführt, die Lade sei entweder ausschließlich oder doch auch als Thronsitz JHWHs verstanden worden (u.a. Dus; Eichrodt; Nielsen; v.Rad, ThB 8; Randellini; de Vaux, Chérubins; Lebensordnungen; Weiser). Aber die zuletzt genannten Lade-Sprüche können die Beweislast nicht tragen (u.a. Buber 211; Rost, Königsherrschaft 724), und die anderen Stellen besagen lediglich, daß es in Jerusalem die Vorstellung von einem JHWH-Thron gab, nicht aber, daß die Lade ein solcher Thron war (vgl. Haran, Ark). Mancherlei Schwierigkeiten, die eine solche Deutung hervorruft, sprechen dagegen. Denn JHWH thront eben nicht 'zwischen' (Greßmann; dagegen Torczyner 25), sondern 'über' den Keruben, eine Aussage, die, wie v.Rad (ThB 8,114) zu Recht feststellte, mit den Keruben des salomonischen Tempels „schlechterdings nicht zu verbinden" ist: Sie beschirmen die Lade, fungieren aber nicht als Trägerfiguren eines Thrones. Daraus ergibt sich, daß die Jerusalemer Lade kein Gottesthron war, daß aber JHWH dort als Kerubenthroner verehrt wurde, was in Verbindung mit den zitierten Stellen aus Sam sowie dem wohl für die Einholung der Lade nach Jerusalem gedichteten Ps 24,7–10 (Eißfeldt, zuletzt Lade Jahwes 144) zu dem Schluß führt, daß dieser Kultname an der Lade haftete und schon vor ihrer Überführung nach Jerusalem mit ihr verbunden war. Das spricht für die Glaubwürdigkeit unserer Tradition, derzufolge der Titel dem Ladegott in Silo zuwuchs (Eißfeldt, KlSchr 3,113–121, zuletzt Lade Jahwes 135ff.; W.H. Schmidt 107), und stützt somit die Vermutung, es habe sich hierbei um ein von den Kanaanäern übernommenes Gottesepitheton gehandelt, das der eben auch kriegerischen Mächtigkeit des Ladegottes entsprechenden Ausdruck verleihen konnte (vgl. 1 Sam 17, 45 und Smend 59–62). Weil man schließlich noch vermuten darf, daß dem neuen Titel auch ein Gegenstand, d.h. ein kanaanäischer Kerubenthron entsprach, wird man sich die Verknüpfung beider vielleicht so vorzustellen haben, daß die Lade unter oder vor dem Thron (als Fußschemel?) stand (vgl. H. Schmidt 144; Seeber).

5. Hinsichtlich der Funktion der Lade widerspiegeln die Texte insofern ein gebrochenes Bild, als neben einer scheinbaren Identifikation von JHWH und Lade die genaue Trennung beider begegnet (Seeber; anders Woudstra). In der sog. Ladeerzählung wie auch in 2 Sam 7, 6 ist die gleiche direkte Verbindung JHWHs mit der Lade vorausgesetzt wie in ihren Erwähnungen bei J und in den Erzählungen in Jos: Durchweg verkörpert hier die Lade vollgültig JHWHs Gegenwart (Eißfeldt, Kl Schr 3, 526f., auch für das Folgende), kann demzufolge auch zu wunderbaren Machttaten verhelfen und als Offenbarungsstätte dienen. Anders sieht das Bild bei E aus. Zur Strafe für das Vergehen der Israeliten weigert sich Gott, sie zu begleiten. Als unvollkommener Ersatz seiner Gegenwart zieht die Lade mit, und wenn sich Gott offenbart, so geschieht das durch ein Herabsteigen der Wolkensäule auf das die Lade bergende Zelt.

Diese dem Vergleich von J und E zu entnehmende Funktionsverlagerung und -entleerung ist auch in 1 Kön 8, wo „von der spannungsgeladenen Gottesgegenwart bei der Lade kaum noch etwas zu spüren" ist (Seeber, ThLZ 723), zu beobachten und setzt sich über Deut zu P fort (Fretheim, CBQ 30; v.Rad, ThB 8,110ff. u.ö.).

Ob die Lade nach ihrer Überführung nach Jerusalem zur Verschmelzung der Erwählungstraditionen Israels beigetragen hat (Lubsczyk), ist nicht sicher zu sagen.

6. Die bisherigen Ausführungen über Herkunft und Alter sowie Bedeutung und Funktion der Lade in der Frühgeschichte Israels legen es nahe, daß die Lade das Heiligtum des Hauses Joseph (Dibelius 119f. unter Hinweis auf Stade, zuletzt Eißfeldt, Lade Jahwes 134; Fohrer 100; W.H. Schmidt 106), vielleicht sogar nur der Gruppe von ihm war, die später Benjamin hieß (Dus, Beitrag; Nielsen). Denn nach der Herstellung der Lade am Sinai, nach der Zeit der Wüstenwanderung und der Jordanüberquerung lagen ihre Standorte zuerst im Stammesgebiet Benjamins. Zunächst ist es Gilgal bei Jericho (Jos 4,19; vgl. 9, 6; 10, 6). Ihr Umzug von dort nach oder in die Nähe von Bethel (Ri 2,1; vgl. Ri 20, 26ff.) mag mit der weiteren Ausdehnung des benjaminitischen Territoriums zusammenhängen, kann aber auch eine Folge des sich eben bis

über Jericho hinaus erstreckenden Einflusses der Moabiter gewesen sein (Ri 3,11–30).
Im weiteren Verlauf der Richterzeit gelangt die Lade durch ihre Unterbringung im Tempel von Silo zu einem ersten Höhepunkt ihrer Geschichte (1 Sam 1–3). Da Silo zum Kernland Ephraims gehört, wird ihre Verlegung dorthin gewiß auf die Ri 19–21 bezeugte Auseinandersetzung zwischen Ephraim und Benjamin um die Vorrangstellung im Haus Joseph zurückzuführen und zu vermuten sein, daß Benjamin den Kampf und die Lade an Ephraim verlor.

Daß sie zuvor auch in Sichem war (vgl. Jos 8, 30–35: dtr. überarbeitet) und seitdem den Rang eines Zentralheiligtums innehatte (Noth, System 95f. 116ff.; Kraus 149ff.; Schreiner 25f. u.a. Dagegen Smend und jüngst Irwin) oder daß es gar den Brauch einer regelmäßigen Ladewanderung gab (Dus, Ladewanderung), ist unwahrscheinlich.

Infolge der Niederlage der Israeliten geriet die Lade in die Hand der Philister, die allerdings wenig Freude an ihr hatten, weil sie die von der Lade ausgehenden Machterweisungen JHWHs zu spüren bekamen (Schreiner 45; Timm) und sie schon nach sieben Monaten (anders Dus, Länge) wieder in ehemaliges, jedoch von ihnen kontrolliertes israelitisches Gebiet zurücksandten (1 Sam 4,1–7, 2. Caspari 7–12; Eißfeldt, Kl Schr 3, 420; Schreiner 33). Dort machte sie David ausfindig (Ps 132,1–9; vgl. Davies, Psalms) und überführte sie, nachdem er die Philister entscheidend geschlagen und auf ihr Kernland beschränkt hatte (2 Sam 5,17–25), in seine neue Hauptstadt (2 Sam 6), der somit neben ihrer politischen Bedeutung auch die Würde einer kultisch-religiösen Metropole verliehen wurde (Eißfeldt, Kl Schr 3, 417–423; Noth, Jerusalem). Hier erlebte die Lade ihre zweite Glanzzeit, die mit der Einbringung in den Tempel Salomos ihren Höhe- und Schlußpunkt erreichte (1 Kön 8).

Ob während dieser und der folgenden Zeit die Lade als Prozessionsheiligtum diente und ob sie bei bestimmten Festen, etwa dem Laubhüttenfest (Fretheim, Cultic Use; Seeber; vgl. Bentzen und Nielsen) oder am großen Versöhnungstag (Eißfeldt, Lade Jahwes 141), eine hervorstechende Rolle spielte, ist nicht mehr sicher auszumachen, auch wenn die oben für friedliche Zeiten erschlossene Bedeutung der Lade dafür zu sprechen scheint.

Über ihr weiteres Geschick und ihr Ende ist nichts bekannt. Daß sie dem Pharao Sisak in die Hände fiel (1 Kön 14, 26; Couard 83), ist möglich; ebenso könnte sie der Reform Hiskias zum Opfer gefallen (2 Kön 18, 5) oder dem von Manasse im Tempel aufgestellten Aschera-Bild gewichen sein (2 Kön 21,7; Haran, Disappearance). Auf keinen Fall jedoch hat sie die Zerstörung Jerusalems von 597 oder 587 überlebt (Lotz 2f.; Dibelius 126; W.H. Schmidt 106; de Vaux, Lebensordnungen 119. Die verschiedenen Möglichkeiten aufgeführt bei Eißfeldt, Lade Jahwes 139). Danach wurde sie nicht wiederhergestellt.

Zobel

אֲרִי אַרְיֵה, גּוּר, כְּפִיר, לָבִיא, לַיִשׁ, שַׁחַל

I. Löwen-Bezeichnungen im AT, verwandte Ausdrücke, Belege: 1. *ʼ^{a}rī* – 2. *ʼarjēh* – 3. *gūr* – 4. *k^{e}pīr* – 5. *lābīʼ* und derivata – 6. *lajiš* – 7. *šaḥal* – II. Umwelt – 1. Ägypten – 2. Mesopotamien – 3. Altsyrien – III. Der Löwe im AT – 1. Allgemeiner Überblick – 2. JHWH in Löwenmetaphern – 3. Israel und seine Fürsten – 4. Israels Feinde – 5. Einzelne Personen, Situationen oder Sentenzen – 6. Grundtypen der Löwenvergleiche.

Lit.: *Y. Aharoni*, On Some Animals Mentioned in the Bible (Osiris 5, 1938, 461–478). – *Ders.*, Vues nouvelles sur la zoologie biblique et talmudique (RES 1938, 32–41). – *K.-H. Bernhardt*, Gott und Bild, 1956. – *J. Blau*, Etymologische Untersuchungen auf Grund des palästin. Arabisch (VT 5, 1955, 337–344). – *F.S. Bodenheimer*, Die Tierwelt Palästinas (Land der Bibel III, 3/4, 1920). – *Ders.*, The Animals of Palestine, Jerusalem 1935. – *Ders.*, Animal and Man in Bible Lands, Leiden 1960. – *G.J. Botterweck*, Die Tiere in der Bildersprache des AT unter bes. Berücksichtigung der äg. und akk. Literatur, Diss. Habil., Bonn 1953. – *Ders.*, Gott und Mensch in den at.lichen Löwenbildern (Festschrift J. Ziegler, 1971). – *E.D. van Buren*, The Fauna of Ancient Mesopotamia as Represented in Art (AnOr 18), Rom 1939. – *Dies.*, Symbols of the Gods in Mesopotamian Art (AnOr 23), Rom 1945. – *J. Calvet–M. Cruppi*, Les animaux dans la littérature sacrée, Paris 1956. – *C.M. Clark*, The Animal Series in the Primeval History (VT 18, 1968, 433–449). – *G. Dalman*, Arbeit und Sitte, VI, Gütersloh 1939. – *J. Feliks*, The Animal World of the Bible, Tel Aviv 1962. – *H. Gabelmann*, Studien zum frühgriechischen Löwenbild (Diss. Marburg), 1965. – *K. Galling*, Das Löwenrelief von Bethsean – ein Werk des 8. Jahrhunderts (ZDPV 63, 1967, 125–131). – *H. Gese*, Die Religionen Altsyriens (RdM 10,2, 1970, 1–232). – *H. Grapow*, Die bildlichen Ausdrücke des Ägyptischen, 1924. – *Ders.*, Vergleiche und andere bildliche Ausdrücke (AO 21,1/2, 1920). – *W. Hartner–R. Ettinghausen*, The Conquering Lion. The Life Cycle of a Symbol (Oriens 17, 1964, 161–171). – *W. Heimpel*, Tierbilder in der sumerischen Literatur (Studia Pohl 2), Rom 1968. – *J. Hempel*, Jahwegleichnisse der israelitischen Propheten (ZAW 42, 1924, 74–107 = Apoxysmata. BZAW 81, 1961, 1–29). – *Ders.*, Die Grenzen des Anthropomorphismus Jahwes im AT (ZAW 57, 1939, 75–85). – *Ders.*, Das Bild in Bibel und Gottesdienst (Sammlung gemeinverständlicher Vorträge und Schriften, 212, 1957). – *M.L. Henry*, Das Tier im Bewußtsein des alttestamentlichen Menschen, 1958. – *H. Hilger*, Biblischer Tiergarten, 1954 (populär). – *Th. Hopfner*, Der Tierkult der alten Ägypter nach den griechisch-römischen

Berichten und den wichtigeren Denkmälern (Denkschrift der Akademie der Wissenschaften, Wien 57/2, 40ff.). – *E. Hornung*, Die Bedeutung des Tieres im alten Ägypten (Stud. Generale 20, 1967, 69–198). – *H. Kees*, Der Götterglaube im Alten Ägypten, ^{2}1956. – *L. Koehler*, Lexikologisch-Geographisches (ZDPV 62, 1939, 115–125). – *L. Kopf*, Arabische Etymologien und Parallelen zum Bibelwörterbuch (VT 8, 1958, 161–215). – *B. Landsberger*, Die Fauna des alten Mesopotamien nach der 14. Tafel der Serie ḪAR-RA = ḪUBULLU, 1934. – *H. Möbius*, Die Göttin mit dem Löwen (Festschrift W. Eilers, 1967, 449–468). – *S. Morenz*, Ägyptische Religion, 1960. – *S. Mowinckel*, šaḥal (Festschrift G. R. Driver, Oxford 1963, 95–103). – *H. W. Müller*, Löwenskulpturen in der Ägyptischen Sammlung des Bayerischen Staates (Münchener Jb. der bild. Kunst 16, 1965, 7–46). – *W. Nagel*, Frühe Tierwelt in Südwestasien (ZA 21, 1963, 169–236). – *H. Otten*, Noch einmal hethitisch „Löwe" (WO 5, 1969/70, 94f.). – *E. Otto*, Die Religion der alten Ägypter (Religionsgeschichte des Alten Orients, Leiden 1964, 1–75). – *W. Pangritz*, Das Tier in der Bibel, 1963. – *R. Pinney*, The Animals in the Bible. The Identity and Natural History of All the Animals Mentioned in the Bible, Philadelphia 1964. – *H. Schmökel*, Bemerkungen zur Großfauna Altmesopotamiens (Jb. Kleinasiat.-F. 2,1, Istanbul 1967, 433–443). – *A. Schott*, Die Vergleiche in den akkadischen Königsinschriften (MVÄG 30, 1926). – *U. Schweitzer*, Löwe und Sphinx im alten Ägypten (ÄF 15, 1948). – *W. von Soden*, *aqrabu* und *našru* (AfO 18, 1957/58, 393). – *K. Tallqvist*, Typen der assyrischen Bildersprache (Ha-Ḳedem 1, 1907, 1–13. 55–62). – *Ders.*, Akkadische Götterepitheta (StOr 7), 1938. – *C. H. Wallace*, Several Animals as Symbols in the O. T., Diss. Basel 1961. – *J. A. Wharton*, The Role of the Beast in the O. T. An Investigation of the Impact of the Animal World upon O. T. Literature, Diss. Basel 1968. – *H. Wohlstein*, Zur Tier-Dämonologie der Bibel (ZDMG 113, 1963, 483–492). – *A. Wünsche*, Die Bildersprache des ATs. Ein Beitrag zur ästhetischen Würdigung des poetischen Schrifttums im AT, 1906.

I. Das Hebräische kennt 7 Bezeichnungen für den Löwen mit unterschiedlichen Belegen und Bedeutungen in den verschiedenen semit. Dialekten:

1. a) *'^{a}rī* 'Löwe' entspricht asa. *'rw* 'Steinbock' (W. W. Müller, Die Wurzeln Mediae und Tertiae Y/W im Altsüdarabischen, Diss. Tübingen 1962, 26), harari *ūri* 'Wildstier' (W. Leslau, Etym. Dict. of Harari, Los Angeles 1963, 31), akk. *erū(m)*, *arū* 'Adler' (AHw; CAD; vgl. von Soden, AfO 18, 1957, 393 „etymologisch ... natürlich mit hebr. *arjē* / *^{a}rī*, 'Löwe' zusammen; der Adler ist der 'Löwe' der Luft").

b) *'^{a}rī* ist 35mal belegt: 2mal in den Bileamsprüchen; 10mal Jes, Jer, Ez, Am, Nah, Zeph; 16mal Ri, Sam, Kön, Chr; 3mal Spr; je einmal Ps (?), HL, Kl, Sir. *'^{a}rī* begegnet 2mal neben *lābī'*, 5mal mit *k^{e}pīr*, 2mal mit dem Bären, je einmal neben Steppenwolf und Schlange. 7mal ist *'^{a}rī* Löwenornament bzw. Skulptur. – Die LXX übersetzt *'^{a}rī* immer mit λέων.

2. a) *'arjēh* 'Löwe' entspricht äg. *rw* (WbÄS II 403; vgl. äg. *ỉr* [?] I 106), äth. *'arwē* 'wildes Tier', tigr. 'Schlange' (WB 359b), berb. *awar*, kuš. *ār* (vgl. Linguistica, Rom 1961, 158), arab. *'arwījat* 'Steinböcke, Wildschafe'; fraglich ist die Verbindung mit akk. *armū* 'Bergziegenbock' (?), das nach Landsberger (Fauna 94f. 100) wegen des etymologischen *m* von gemeinsemitischem *arwaį* zu trennen sei. Seit L. Koehler (ZDPV 62, 1939, 115–125, bes. 122ff.) wird *'^{a}rī* und *'arjēh* als Bezeichnung des afrikanischen Löwen angesehen, wobei die Säugetierfauna in Südpalästina (ebenso Sinai-Halbinsel, Ägypten, Nubien) zur äth. Region gehöre.

b) *'arjēh* ist 42 (43 K) mal belegt: je einmal Gen 49, Deut 33; 13mal Ri, Sam, Kön, 1 Chr; 42mal Jes, Jer, Ez, Hos, Jo, Am, Mi, Nah; 5mal Ps, je einmal Hi, Pred. – Die LXX übersetzt (mit zwei Ausnahmen λέαινα) *'arjēh* immer durch λέων.

3. *gūr* (*gōr*) bezeichnet das 'Jungtier', bes. 'Löwenjunges' (vgl. VG I 251), jedoch Kl 4, 3 'Schakal'; vgl. mhebr. jüd.-aram. 'Hundejunges', syr. *gūrjā* 'junger Löwe', arab. *ǧurw* 'Raubtier- und Hundejunges', akk. *gerru* 'Raubtierjunges' (AHw I 285; Landsberger, Fauna 76f.), moabit. *grn*, *gr(t)*. *gūr* ist 6mal belegt, *gōr* 2mal. – Die LXX übersetzt *gūr*/*gōr* immer σκύμνος.

4. a) *k^{e}pīr* ist etymologisch isoliert; J. Blau (VT 5, 1955, 342) erinnert an arab. *ǧafr* 'vier Monate altes Lamm'. *k^{e}pīr* bezeichnet ursprünglich ein 'junges Tier', dann aber vor allem einen 'jungen Löwen', der schon selbständig auf Beute ausgeht (vgl. Th. Nöldeke, Beiträge zur semit. Sprachwissenschaft 1904, 70 Anm. 10; L. Koehler, ZDPV 62, 1939, 121).

b) *k^{e}pīr* ist 31mal belegt: 17mal Jes, Jer, Ez, Hos, Am, Mi, Nah, Sach; 2mal Hi; 3mal Spr und einmal Ri. – Neben *'^{a}rī* bzw. *'^{a}rājōt* begegnet *k^{e}pīr* 6mal, je 2mal neben *lābī'*, *gōrē* (*'^{a}rājōt*), je einmal neben *šaḥal* und *tannīn*. – Die LXX übersetzt *k^{e}pīr* durch λέων (19mal), σκύμνος (8mal), je einmal δράκων, κώμη, σκύμνος λέοντος (und πλούσιος).

5. a) *lābī'* (*l^{e}bī*, *l^{e}bījā'*) entspricht akk. *lābu(m)* bzw. jungbab. *labbu* (AHw I 526; nach Landsberger, Fauna 76 u. Anm. 7, bezeichnet *lābu* ursprünglich die Löwin, dagegen *nēšu* den Löwen), asa. *lb'*, arab. *lab'a*, äg. *rw* (WbÄS II 403; vgl. auch kopt. *labei*, demot. *labei* [Ward, JNES 20, 1961, 35]); ugar. *lb'* scheint nur im Namen der Göttin *'bdlbꜣt* und vielleicht im Personennamen *šmlbꜣ* belegt zu sein (UT 1347). Koehler (ZDPV 62, 1939, 122ff.) verweist noch auf Saho/'Afar *lubāk*, Somali *libāh*; *lābī'* bezeichne den asiatischen Löwen, wenn man mit Nehring bedenke, daß die Fauna Nordpalästinas nebst Syrien wesentlich der paläarktischen Region angehöre.

b) *lābī'* ist 11mal belegt: je einmal Gen 49 und Deut 33; 2mal Num 23–24; 5mal Jes, Hos, Jo,

Nah; 2mal Hi. Die LXX übersetzt 6mal σκύμνος, 5mal λέων. – l^e*bījā'* einmal, LXX σκύμνος.
6. a) *lajiš* 'Löwe' entspricht jüd.-aram. *laitā'*, arab. *lait̲* und dürfte mit akk. *nēšu* zusammenhängen, sei es durch Angleichung von **nait̲* an **lab'* (so Landsberger, Fauna 76 Anm. 7) oder durch Assimilation VG I 231; vgl. λίς bei Homer Il. 11. 239; 15. 275; 18. 318 [Liddell-Scott].
b) *lajiš* ist nur 3mal belegt: Jes, Spr, Hi. LXX übersetzt 2mal σκύμνος λέοντος, einmal μυρμηκολέων (Hi 4,11).
7. a) *šaḥal* ist etymologisch ungeklärt, der Kontext legt 'Löwe', 'Löwenjunges' nahe; vgl. Koehler (121) „das nicht mehr saugende Löwenjunge". L. Kopf (VT 8, 1958, 207) erinnert an arab. *saḫl* 'Lamm'; ugar. *šḫlmmt*: *šd šḫlmmt* wird verschieden erklärt: 'shore of death', 'lion that kills' (vgl. UT 488 nr. 2396) oder 'Löwe der Mametu' (WUS 303). S. Mowinckel nimmt wegen des Kontextes mit *pætæn*, *tannīn* und *b^{e}nē šaḥaṣ* (vgl. Hi 28, 8; Ps 91, 13) neben 'Löwe' noch eine Bedeutung 'serpent' an und beruft sich auf *naḥaš* 'Schlange' und akk. *nēšu* 'Löwe' oder *'arjēh* und äth. *'arwē* 'Schlange'; „*šaḥal* may have meant the serpent dragon, the mythical wyvern or 'Lindwurm'". Wegen der Verbindung von Schlange und Löwe „in mythopoetical and artistic fancy" sei *šaḥal* auch als Terminus für 'Löwe' adoptiert worden.
b) *šaḥal* ist 7mal belegt: je einmal Ps, Spr, 2mal Hos, 3mal Hi. Die LXX übersetzt πανθήρ, λέων 4mal und λέαινα.

II. 1. Sowohl in Oberägypten als auch in Unterägypten spielt der Löwe (*rw*, *m3j*) in Kult, Königssymbolik und Kunst eine bedeutende Rolle.
a) In Oberägypten, vor allem an den Mündungen von Wüstenwadis, sind vornehmlich Löwinnenkulte bezeugt: Matit von Der el Gebrawi, Mehit von This, Mentit von Latopolis, Pachet vom Speos Artemidos, Sachmet von Memphis, Menet u.a. Oft heißt die Löwin „Herrin der Mündung des Wüstentales" (Kees 7). Löwenkulte sind vornehmlich im Delta belegt: bei Sile, Bubastis, On mit dem Kult des Löwenpaares (*rw.tj*) u.a. Indem das Löwenpaar von On dem Atum zugeordnet und mit den Atumkindern Schu und Tefnut gleichgesetzt wurde, wurde der Löwe über die lokalen Gottheiten hinaus recht nahe an den Sonnengott gerückt und nicht nur metaphorisch in Vergleichen und Bildern, sondern auch wirklich als Erscheinungsform des Sonnengottes betrachtet. Neben den antiken Zeugnissen (Hopfner 40ff.) wird dies auch durch Löwendarstellungen mit einer Sonnenscheibe auf dem Kopfe bezeugt und durch die zunehmenden Tierkulte im N. R. gefördert. Vgl. auch die Darstellung der Sonne in der 5./6. Stunde des Tagesablaufs als Löwe in griech.-röm. Zauberpapyri (Hopfner, Bonnet, RÄR 427f.). Auch Horus kann – wegen seiner Beziehung zur Sonne – als Harachte mit Löwenkopf dargestellt werden; gelegentlich wurde er als Grenzwächter, z.B. in Sile, in Löwengestalt verehrt (Brugsch ZÄS 10, 19; Mariette, Denderah IV 75; Naville, Mythe d'Horus pl. 18; RÄR 427). Andere, wie Nefertem, Schesmu, Aker, Bach scheinen um gewisser Wesenszüge willen – z.B. Blutrünstigkeit des Schesmu – oder sekundär zu Löwengöttern geworden zu sein. Manche Göttinnen wurden wohl sekundär mit einem Löwenkopf dargestellt: Uret-Hekau, Uto, Mut u.a. Zum ithyphallischen Löwengott, der Min angeglichen ist, vgl. RÄR 428. In der ägypt. Bildersprache (Nachweis bei Grapow, Bildliche Ausdrücke 71ff.) wird der Sonnengott „Löwe des unteren Himmels", „geheimnisvoller Löwe des Ostberges", „Löwe der Nacht" genannt. Amun ist „der geheimnisvolle Löwe mit lautem Gebrüll, der den zerfleischt, der unter seine Krallen gerät ... ein Löwe für seine Leute". Horus erscheint als „der große Löwe, der seine Feinde schlägt" o.ä.
b) Seit der Vorzeit hat man auch die Herrscher als Löwen dargestellt; manche Löwenfiguren an Tempeln bezeugen sich als Bilder des Königs, z.B. Amenophis III. am Tempel von Soleb (RÄR). Besonders beliebt sind die Löwenmetaphern für den König (Nachweis bei Grapow 70f.): Thutmosis III. ist „der wild blickende Löwe, der Sohn der Sachmet" oder „wild blickender Löwe, der die Feinde in ihren Tälern zu Leichen macht". Ähnlich wird Sethos I. betrachtet als „wild blickender Löwe, der die unzugänglichen Wege jedes Landes betritt". Ramses III. heißt im Kampf „der wütende Löwe, dessen Krallen auf den neuen Bergvölkern sind", „der starke Löwe, der mit seiner Kralle packt" oder „das Wild mit seinen Zähnen faßt".
c) Als Dekor oder Ornament hat der „wild blickende Löwe" majestätische oder apotropäische Funktion, als Wächter oder Träger am Thron oder am Tempeleingang oder an den Außenwänden. Auch als löwenköpfige Dämonen haben sie apotropäische Bedeutung und wachen über den Gott.
d) Im Totenkult tragen zwei Löwen die Bahre und bewachen den Toten; löwengestaltige Amulette sollen Schutz bieten. Andererseits gibt man dem Toten aber auch Beschwörungen gegen Löwen mit. Die Tore der Unterwelt werden von Löwen bewacht (vgl. Totenb. 146, 7).
2. a) In Mesopotamien scheinen die Sumerer und Babylonier keine theriomorphen Götter gekannt zu haben, wohl aber die Vorstellung von Göttertieren (vgl. J. van Dijk, RLA III 534. 538). Der Löwe ist nach U. Seidel (RLA III 487) seit der Akkad-Zeit als Attribut einer Göttin, häufig der kriegerischen Ištar, bezeugt (z.B. Siegelbilder EGA Abb. 382–384. 387. 389). Als Symbol begegnet er nur selten, z.B. auf einem gudea-

zeitlichen Rollsiegel. Ištar steht auch auf einem Löwen (BuA II 28f.); nach Tallqvist (Götterepitheta 116. 139) erscheint sie als *labbu, labbatu* und *nēšu*. Man hat sie auch mit der divinisierten *Labatu* identifiziert (Thureau-Dangin, RA 1940, 105; E. Dhorme, Religions 1945, 71). Ištar werden „sieben angeschirrte Löwen" zugeteilt (VAB IV 274: III 14f.; BuA II 29). In der Urzeit hat Ištar nach dem Gilgameš-Epos ihre Liebe sogar dem Dumuzi, dem „bunten Vogel", dem Löwen u.a. angeboten. Auch Ningirsu wird mit dem Löwen und dem löwenköpfigen Adler in Verbindung gebracht (vgl. Dhorme, Religions 103. 201; D.O. Edzard, in: WbMyth I 112); vgl. die Geierstele des Eannatum und die Silbervase des Entemena aus Lagaš (Moortgat, Die Kunst des alten Mesopotamien, 1967, Taf. 118. 113). Nach E.D. van Buren (Symbols 39f.) können vielleicht auch die Standarten mit einem Löwen, der einen Diskus trägt, neben einer Gottheit mit Ningirsu in Verbindung stehen. Das Löwenszepter ist seit der Akkad-Zeit belegt, es ist das Symbol Nergals (Dhorme, Religions 44. 52; Seidel RLA III 488). Seit Ur III ist auch die Doppellöwenkeule Göttersymbol, auf den Kudurru und neuassyr. Königsreliefs ist sie Symbol Ninurtas (Seidel ebd.). Zu den Löwendrachen vgl. Seidel, RLA 489.

In der sum. und akk. Literatur ist der grimmige, brüllende und kraftstrotzende Löwe (*pirig, ug, pirig-tur, ur-maḫ, ur-gu-la; labbu, nēšu*) ein beliebter Topos für die Götter des sum. und akk. Pantheons (Nachweis bei Heimpel [= H] und Schott [= Sch]): So hat Inanna „wie ein Löwe im Himmel und auf der Erde gebrüllt und das Volk in Unruhe versetzt" (H 36, 1; vgl. zu Inanna weiter H 36, 2. 21. 37. 55. 56; 37, 4). Iškur erscheint als „grimmiger" oder „ungestümer" Löwe (H 36, 5. 39), als „Löwe des Himmels" (H 36, 57), Iškurs Tempel „wie ein ausgewachsener Löwe mit Schrecken versehen" (H 36, 33). Išmedagan läuft „wie ein grimmiger Löwe der Steppe" „in seiner ungestümen Kraft" ... „zu Kampf und Schlacht" (H 36, 3; vgl. auch 36, 51). Immer wieder ist der 'brüllende', 'tötende', 'grimmige', 'Schrecken tragende', 'kämpfende' Löwe Kennzeichnung der Götter Martu (H 36, 35. 45. 48), Nanna (H 36, 12. 19. 54), Nergal (H 36, 16; 37, 6. 7; 39, 7), Ninazu (H 36, 18), Ningirsu (H 36, 14), Ningizzida (H 39, 6), Ninurta (H 36, 4. 26. 50. 53. 60. 61. 63. 64. 65; 39, 1; 40, 1), Numušda (H 36, 13), Šulgi (H 36, 9. 11. 15), Utu (H 36, 59. 68[?]; 39, 9) und Zababa (H 37, 5).

In der akk. Literatur erscheinen Löwenmetaphern, -Bilder oder -Beinamen: Irnini („Handerhebung" hsg. E. Ebeling, 1953, 132, Z. 51) wird in einem Gebet 'wütender Löwe' genannt; „Irnini, starker, grimmiger Löwe, dein Herz beruhige sich". Ištar, „Löwin der Igigi" („Handerhebung" 132, Z. 31), wird in einem Hymnus angerufen: „Ein Löwe, der über die Flur dahinschreitet, bist du!" (KB V 12, 118, 14). Nergal erscheint als „Löwe, angetan mit Schreckensglanz" (K 9880, 9 = Böllenrücher, Gebete und Hymnen an Nergal, 1904, 50f.).

b) Löwenmetaphern oder -Bilder sind u.a. für folgende Könige belegt: Asurnaṣirpal sagt von sich „Ich bin ein Löwe" (Sch III 14a). Sargon II. ergrimmt zu Beginn der Schlacht „wie ein Löwe" (Sch I 123) und schreitet durch die feindlichen Länder „wie ein wütender Löwe, mit Schrecken angetan" (Sch I 178). Ähnliche Vergleiche finden sich für Sanherib (Sch I 123), Asarhaddon (Sch III 14b) u.a. (vgl. Seux 147f., I. Engnell, Studies in Divine Kingship, Uppsala 1943, 183). – Zur Löwenjagd vgl. BuA I 73ff.

Als Dekor an Tempel und Palästen ist der Löwe wegen seines majestätischen Wesens ein beliebtes Motiv; Torlöwen gehen bis in die Ur I-Zeit zurück; vgl. auch die Torlöwen von Tell Ḫalaf, Arslan Taş, Till Barsip, Mari u.a. (van Buren, Fauna 7). Löwendarstellungen auf Steinplatten oder emaillierten Ziegeln zieren die Wände von Tempeln und Palästen (BuA 236. 283). Auf einer Stele Gudeas erscheint (erstmals?) der Löwe als Thronstütze (vgl. Moortgat, Die Kunst des alten Mesopotamien, 1967, Taf. 188). Schließlich sei auf den Kampf von Stiermensch, Heros gegen angreifende Löwen hingewiesen.

3. Da die ugar. Texte für das Löwenverständnis nichts beitragen (vgl. I 5a. 7a), sind wir weitgehend auf archäologische Zeugnisse angewiesen.

a) In den Religionen Altsyriens wird die Fruchtbarkeitsgöttin Qadšu im 2. Jahrtausend auf einem Löwen dargestellt, unbekleidet und mit Hathorperücke, in einer Hand (oder in beiden) hält sie Schlangen. Nach J.B. Pritchard (Palestinian Figurines, 1943, 32ff.) ist die Fruchtbarkeitsgöttin vom Ende der MBr bis zum Ende der SpBr in Syrien zahlreich vertreten. Aus Ugarit ist ein goldener Anhänger mit der nackten Göttin auf einem Löwen stehend dargestellt, in den Händen zwei Steinböcke (C.F.A. Schaeffer, Ugaritica II, 1949, 36 Abb. 10). Auf einem Dreistockwerk-Tonhaus aus Beth Sean (12. Jh.) kämpfen zwei Gottheiten um den Besitz der Qadšu oben im Fenster, deren Tiere Löwe und Schlange sich gegen die Kämpfer richten (A. Rowe, The Four Canaanite Temples of Beth-Shan, 1940, T. 17, 2 und 56 Al und 3; dazu W.F. Albright, Jahwe and the Gods of Canaan, 1968, 107f.). Nach Gese 154 erinnert der Bezug der Qadšu zum Löwen an die schon aus dem Neolithikum bekannte Zuordnung der Feliden zur Mutter- und Fruchtbarkeitsgöttin (vgl. die Fruchtbarkeitsgöttin von Çatal Hüyük mit dem Leoparden!).

Auf einem ugar. Rollsiegel (RS 5089 = AO 17242) zwischen 1450 und 1365 v. Chr. erscheint

neben ʻAnat auf dem Rind eine Göttin – wahrscheinlich ʻAṯtart – auf einem Löwen. ʻAṯtart erscheint in der Pantheonliste als Ištar. Vgl. auch B. Hrouda, RLA III 393.
Die Doppellöwenkeule erscheint in der Hand der Göttin Ištar, ʻAstarte und ʻAnat (H.H.v.d. Osten, DIP 37, Brett. Coll. Nr. 93; B.Hrouda, RLA III 493) oder als lebensgroßer Stab auf der „Erde", von zwei Männern angebetet (CANES 957).
b) Vom 5.Jh. an erscheint bei den Puniern die ʻAstarte-ähnliche Göttin Tinnit, die auf einem Löwen dargestellt wird und in Nordafrika und in punischen Kolonisationsgebieten besonders verbreitet war; ihr Fehlen in Syrien läßt nach Gese 207 wohl auf libyschen Ursprung schließen.
c) Aus dem nordphönikischen Marathus stammt eine Stele mit dem bartlosen Gott Šadrapa, der auf einem Löwen steht und in der Rechten eine Art Keule, in der Linken einen kleinen Löwen an den Hinterbeinen hält (ANEP Nr. 486). Aus dem Heiligtum des Baʻal Šamem auf der Insel Arwad bei Apamea wurden Löwenreliefs gefunden, die vielleicht auf eine Triade hindeuten (Gese 201): Stier – Baʻal Šamem, Zypresse – örtliche ʻAstarte und Löwe – Junggott.
d) Aus Nordsyrien vermittelt Lukians Beschreibung über das Heiligtum von Hierapolis – Mabbug (Kommentar und Übersetzung C.Clemen, AO 37, 1938, 3f.; weitere Lit. Gese 218 Anm. 24) eine Triade Zeus – Hadad, Hera – Atargatis und Semeion; Hera – Atargatis war auf einem Löwen dargestellt. Vgl. die hierapolitanische Münze aus dem 3.Jh. AOB Nr. 364. Die Darstellung auf dem Löwen kennzeichnet sie als Muttergöttin (Gese 220).
e) Ebenso ist die Göttin Gad von Palmyra auf zwei Tempelbildern in Dura als Atargatis abgebildet, auf Löwen stehend (Eißfeldt, AO 40, 1941, 13,1; 15,1).

III. 1. Der Löwe ist nach Spr 30, 30 der Held unter den Tieren. Wegen seines Mutes (2 Sam 17,10) und seiner Stärke (2 Sam 1, 23) war er berüchtigt. Brüllend und raubgierig (Ez 22, 25) lechzt er nach Beute (Ps 17,12). Die Löwenmutter, die ihre Jungen aufzieht, lehrt sie auch das Beutemachen (Ez 19, 2f.). Im Dickicht (Jer 4,7; 25, 38; 49,19) lauert der Leu auf sein Opfer (Ps 10, 9; 17,12) und zerrt es vom Wege (Kl 3,10); mit seinen Raubtierzähnen (Jo 1, 6; Ps 58,7; Hi 4,10) zerreißt er es (Ps 7, 3; Mi 5,7). Seine Beute trägt er fort (Hos 5,14; Jes 5, 29) in seine Höhle, die er damit anfüllt (Nah 2,12); dann vertilgen er und seine Brut knurrend sein Opfer (Am 3, 4). Wenn er sich auf eine Herde stürzt (Jer 49,19; 50, 44), um sie niederzutreten und zu zerreißen (Mi 5,7; Jer 50,17), muß der Hirte seine Herde verteidigen und bei Verlust eines Tieres seiner Ersatzpflicht genügen durch Vorzeigen einiger Knochen oder Hautreste (Am 3, 2). Auch der Mensch ist vor dem reißenden Löwen nicht sicher (Jes 15, 9; Ez 19, 6) und erzittert, wenn er sein Geschrei hört (Hos 11,10; Am 3, 8). Mit Fallgrube und Netz sucht man den Löwen zu fangen (Ez 19, 8). 2 Sam 23, 20 wird berichtet, daß Benaja, ein Held Davids, einen Löwen in der Zisterne getötet hat. – Auch der reißende Löwe gehorcht den Befehlen Jahwes: Ein Prophetenjünger wird von einem Löwen überfallen und getötet, weil der Jünger JHWH nicht gehorcht hat (1 Kön 20, 36). Ebenso wird ein Prophet aus Juda von einem Löwen getötet, weil er JHWHs Verbot, zu bleiben und zu essen, übertreten hat (1 Kön 13, 24). In die Löwengrube zu Daniel sandte Gott einen Engel, der den wilden Tieren das Maul verschloß, daß sie Daniel nicht zerreißen konnten (Dan 6, 22f.). In der messianischen Zeit soll Frieden auch unter den Tieren herrschen, Rind und Löwe sollen friedlich zusammen weiden und der Löwe statt Raub Stroh fressen (Jes 11, 7). – Unsicher ist der Sinn des Hochzeiträtsels der Simsongeschichte Ri 14,18 (vgl. H.Bauer, ZDMG 66, 473f.; F.M. Th. de Liagre-Böhl, Opera Minora, Groningen 1953, 16; J.R. Porter, JThSt 13,106ff.).
Löwen-Motive finden sich auf Siegeln von Megiddo, Tell en-Naṣbe, Ramat Rachel, Sichem, En Gedi u.a. In En Gedi wurde ein Krugstempel mit einem brüllenden Löwen gefunden (IEJ 14, 1964, 125).
2. JHWH in Löwenmetaphern: Nach Am 1, 2 „brüllt JHWH vom Zion her und erhebt seine Stimme von Jerusalem aus"; damit soll die Gerichtsbotschaft des Amos im Stil der älteren Theophanieüberlieferung (vgl. A.Weiser, Die Profetie des Amos, BZAW 53, 1929, 82–85; J.Jeremias, WMANT 10, 1965, 12–17. 130–138. 154) mottoartig eingeleitet werden. Hier bezeichnet *šāʼag* die machtvolle und unwiderstehliche Offenbarung JHWHs an den Propheten.
Das Löwenbild steht in einer Analogiereihe von Ursache und Wirkung, um den kausalen Zusammenhang von Wortoffenbarung und prophetischer Verkündigung zu veranschaulichen: Wie man vom Brüllen des Löwen (אריה) und vom Knurren des Jungleu (כפיר) auf Raub und Beute schließen kann (v. 4) oder wie zwischen Löwengebrüll und Furcht des Aufgeschreckten ein unmittelbarer Zusammenhang besteht, so muß auch die prophetische Verkündigung (ינבא) auf das unwiderstehlich-gebietende Reden (דבר) JHWHs zum Propheten zurückgeführt werden (vgl. H.Junker, TrThZ 59, 1950, 4–13; H.Graf Reventlow FRLANT 80, 1962, 24–30).

Der Parallelismus von göttlicher (Donner-)Stimme → קול und JHWHs Brüllen → שאג erscheint sonst jedoch erst Hi 37, 4.
Wahrscheinlich wollte ein judäischer Redaktor (aus der Zeit Josias?) die Gerichtsankündigung durch die

theophanische Donner-Stimme *qōl* besonders unterstreichen; vgl. Ps 50, 3ff.; 76, 9; Jer 25, 30 (nach Duhm, Rudolph, Nötscher u.a. nachjeremianisch) und Jo 4,16 dürften aus Amos entlehnt sein (Budde, Nötscher, Rudolph, Wolff u.a.); nach Weiser ATD 24, [4]1963 und S.Mowinckel, RHR 1926, 409ff.; Le Décalogue 1927, 120 geht der Spruch auf eine gemeinsame Kulttradition zurück.

In der Vergleichsrede zum Tag JHWHs Am 5,19 charakterisieren Löwe (ארי), Bär (דב) und Schlange (נחש) die tödlichen Gefahren des Tages JHWHs. Eine stärkere Ausprägung erfährt das Löwenbild bei Hosea, der direkt JHWHs Eigenart und Handeln mit dem Löwen und anderen wilden Tieren vergleicht: In den Wirren des syrisch-ephraimitischen Krieges und seiner Folgen (vgl. A. Alt, KlSchr II 163–187; modifiziert H.W. Wolff, BK XIV/1, 140ff.) stellt JHWH sich vor als 'Löwe (שחל) für Ephraim' und als 'Leu (כפיר) für Judas Haus', der 'zerreißt' (טרף) und Beute 'wegschleppt' (נשא), ohne daß jemand 'retten' (מציל) kann (Hos 5,14). Die hereinbrechende Katastrophe ist Auswirkung des Strafgerichts JHWHs, der gleich einem unwiderstehlichen Löwen hereinbricht und Land und Volk wie Beute auseinanderreißt und wegschleppt. Noch bedrohlicher ist Hos 13,7f. die Selbstvorstellung JHWHs als Löwe (שחל; Mowinckel 96 hält die Bedeutung 'serpent' für möglich), Panther (נמר) und Bärin (דב), so daß das Ende Ephraims unaufhaltsam ist. Möglicherweise steht hinter den Bildern vom löwengewaltigen JHWH Hos 5,14 Tiglatpileser III. und Hos 13,7f. Salmanassar V. als geschichtliche Werkzeuge des göttlichen Zornes und Strafgerichtes. Nach Jer 49,19 (nach Cornill, Rudolph[3], Nötscher u.a. nachjeremianisch) kommt JHWH plötzlich über die Edomiter, gleich einem Löwen, der aus dem Jordandickicht die Herde in den Oasen überfällt (Text unsicher; BHS אריצם „ich vertreibe sie", anders Rudolph[3] ארגעה „ich schrecke auf"); hier scheint Nebukadnezar als Werkzeug gemeint zu sein. Ähnlich Hos 5,14 charakterisiert das Löwenbild Ps 50, 22 die vom Gericht Gottes bedrohten Gottvergessenen: „sonst zerreiße ich (טרף) und keiner rettet (אין מציל)". Gelegentlich fühlt sich auch der Einzelne von JHWH bedroht; so klagt der kranke König Hiskia (Jes 38,13), daß JHWH wie ein Löwe (ארי) seine Gebeine zermalmt (*j^e šabber*). Noch massiver ist das Bild in der Klage Kl 3,10f.: Wie ein lauernder Bär (דב) und ein Leu (אריה) im Versteck verwirrt er den Weg des Unglücklichen, lähmt (פשח *pi* ist hapax legomenon; doch vgl. akk. *pašāḫu* 'sich beruhigen') ihn und läßt ihn erstarren. Vgl. Hi 10,16. – Doch nicht nur der sprechend-offenbarende und der strafende Gott erscheint unter dem Bild lauernder und würgender Löwen; nach Jes 31, 4 kämpft und verteidigt JHWH den Zion gegen die Feinde gleich einem Löwen, der vor dem Lärm der zusammengerufenen Hirten nicht erschrickt und sich nicht darum kümmert. Nicht eindeutig ist Hos 11,10 (Text und Echtheit umstritten; vgl. Wolff BK XIV/1 und Rudolph, KAT XII/1 z.St.): JHWHs Löwengebrüll (10b) fordert Israel zur Heimkehr auf, vertreibt die Feinde und garantiert sichere Rückkehr.

3. Israel und seine Fürsten: Num 23, 24 erhebt Israel sich wie ein Löwe (ארי – לביא) und legt sich nicht wieder nieder, bis es die „Beute verzehrt und das Blut Erschlagener getrunken". Nach Num 24, 8f. „frißt es die Völker" und „zermalmt ihre Knochen". In diesen Löwenbildern Bileams liegt eine deutliche Warnung an Balak, Israels Kraft und Gefährlichkeit zu unterschätzen; wie der Zornesausbruch Balaks (v.10) zeigt, hat er die Warnung richtig verstanden.

In den Stammessprüchen der Jakob- und Mosesegen Gen 49; Deut 33 (vgl. u.a. H.-J. Zobel, Stammesspruch und Geschichte, BZAW 95, 1965) werden in Wortspielen und Tiervergleichen die Stämme charakterisiert und identifiziert. Nach Gen 49, 9 ist „Juda ein Jungleu" (גור אריה); „vom Raub bist du emporgestiegen". Wie ein Löwe (אריה) oder eine Löwin (לביא) hat Juda sich niedergelegt und niemand wagt ihn aufzuscheuchen, d.h. Juda hat mit Mut und Heldenkraft das Land in sicheren Besitz genommen und braucht keine Feinde zu fürchten. Ähnlich wird Deut 33, 20 Gad mit einem Löwen (לביא) verglichen, der „den Arm mitsamt dem Kopf verzehrt", womit wohl angedeutet sein soll, daß Gad sich das Beste aus der Beute, den besten Teil der eroberten Gebiete ausgesucht hat; ebenso wird Dan v. 22 mit dem jungen Löwen (גור אריה) verglichen, vgl. dazu 1 Chr 12, 9.

Man hat in diesen Tiervergleichen und -identifikationen Reste totemistischer Vorstellungen sehen wollen (W.R. Smith; G.B. Gray; B. Stade u.a.); andere sehen in Wortspiel und Tiervergleich „Formen der Selbstdarstellung" der namentlich Genannten, d.h. der Amphiktyonen, und vermuten dafür die Theophanie-Begehung der Amphiktyonie als Sitz im Leben (A.H. Gunneweg, Über den Sitz im Leben der sog. Stammessprüche (Gen 49, Dtn 33, Ri 5), ZAW 76, 1964, 245–255, bes. 254).

Nach Jer 2, 30 fraß das Schwert Judas wie ein reißender Löwe (אריה) (wohl z.Z. Manasses) die Propheten als lästige Mahner; vgl. 2 Kön 21,16. Juda – JHWHs Eigentum – lehnt sich aggressiv wie ein brüllender Löwe (אריה) gegen seinen Gott auf und ist ihm daher zuwider Jer 12, 8. Im Löwenbild wird Mi 5,7 (zu Echtheit und Alter vgl. B. Renaud, Structure et attaches littéraires de Michée IV–V, CRB 2, Paris 1964) die gefährliche und unwiderstehliche Macht des Restes Jakobs angekündigt, der „unter den Völkern, unter vielen Nationen wie ein Löwe (אריה) unter den Tieren des Waldes ist, wie der Löwe (כפיר) unter Schafherden, der niedertritt und zerreißt, wo niemand rettet" (אין מציל). Löwengleich ist auch der Kampfesmut der Makkabäer (2 Makk 11, 11) oder des Judas des Makkabäers (1 Makk 3, 4). In der politischen Leichenklage über den Untergang Judas und seiner Könige Ez 19 bringt der Prophet ein Löwengleichnis (v. 1–9): Die Mutter, gemeint ist wohl Juda (oder das Königshaus; weniger wahrscheinlich die Königinmutter Hamutal), war eine Löwin (*lebijā'*) unter Löwen (*'arājōt*), d. h. unter anderen Königsmächten; sie lagerte unter Leuen (*kepīrīm*) und zog ihre Jungen (*gūrīm*) auf. Sie erhöht (עלה *hiph*; G.R. Driver, Bib 35, 1954, 154) ein Löwenjunges (גורים, v. 3), das schließlich vom Pharao Necho gefangen und nach Ägypten in die Deportation geführt wird (v. 4); damit dürfte Joahas gemeint sein. Da so die Hoffnung zunichte war, nahm sie ein anderes Junges und machte es zum Leu (כפיר, v. 5), den jedoch ein ähnliches Schicksal traf (8f.); nach dem Zusammenhang dürfte Jojachin (anders E. Klamroth, Die jüdischen Exulanten in Babylonien, BEMANT 10, 1912, 10f.; M. Noth, La catastrophe de Jérusalem en l'an 587 avant Jésus-Christ et sa signification pour Israel, RHPR 33, 1953, 81–102, u.a.: Jojakim) gemeint sein. Die ausführlichere Schilderung des zweiten Löwen-Jungen Jojachin ist kaum in ihren einzelnen Zügen auf den König auszulegen, als wollte der Prophet den König Jojachin noch räuberischer und gewalttätiger und seine Bestrafung als angemessen kennzeichnen; für 6f. verweist Zimmerli (BK XIII/1, 426) „auf die Nähe Ez's zu Jojachin, der in besonders schicksalsverbundener Weise 'sein König' ist", das Kolorit der Bestrafung ergibt sich aus dem Löwenleben und den altorientalischen Jagd- und Gefangenenszenen. – Ez 22, 25 kennzeichnet das Löwenbild „drastisch den gewissenlosen Eigennutz der Beamten" (Nötscher, EB z. St.). Die Fürsten (lies *neśī'æhā*) des Landes gleichen „brüllenden, raublustigen Löwen" (*'arī šō'ēg ṭōrēp*), die Menschen fraßen, Hab und Gut nahmen, seine Witwen mehrten; vgl. auch die Fürsten (*śārīm*) als brüllende Löwen Zeph 3, 3f.

4. Auch die Feinde Israels, Ägypten und Assyrien-Babylonien werden in Löwenbildern gekennzeichnet. So erfolgt nach der beißenden Ironie des Amos (3, 12) die „Rettung" Israels „wie der Hirt aus dem Rachen des Löwen (ארי) zwei Beine rettet oder ein Ohrläppchen"; diese „Rettung" aus der Gewalt der Feinde bedeutet in Wirklichkeit Israels Untergang, bei dem nur verschwindend kleine Teile überleben. Nach Jes 5, 29 fallen die Assyrer (oder Tiglatpilesar III.) über Israel her „wie ein brüllender Löwe (כפיר/לביא), der knurrt, seine Beute packt und fortschleppt, ohne daß ein Retter (מציל) helfen könnte". Jer 2, 14b. 15 (16 mit der ägyptischen Gefahr ist Zusatz; vgl. W. Rudolph, HAT [3]12, 15) ist Israel zur Beute der Assyrer geworden, darüber Löwen (כפירים) brüllen und ihr Gebrüll erheben. Jer 4, 7 scheint die Skythen als Löwen (אריה) und Völkerverderber zu meinen, die Land und Städte zerstören und zur Wüste machen; auf 4, 7 spielt 25, 38 (Zusatz?) כפיר an. Ähnlich wird 5, 6 der Feind (Skythen oder Babylonier; vgl. C. Rietzschel, Das Problem der Urrolle 1966) als Löwe (אריה), Steppenwolf und Panther charakterisiert, die alle zerfleischen. Auch im Babelorakel findet sich das Bild von brüllenden Löwen (כפירים) oder knurrenden Jungleuen (*gōrē*/*'arājōt*) Jer 51, 38; vgl. auch 50, 17. – Nicht weniger drastisch charakterisiert Nahum in einem ironischen Leichenlied über den Untergang Ninives (und der Assyrer, Nah 2, 12f.; vgl. 1, 10f.; 2, 2–11) „das politische und wirtschaftliche Raubtiersystem der assyr. Weltmacht, welche die unterworfenen Völker schonungslos ... aussaugte", in dem Bild der raubgefüllten Löwenhöhle (*me'ōn 'arājōt*), als welche Ninive erscheint (F. Nötscher, EB III z. St.; vgl. K. Elliger, ATD 25, [6]1967, 14f.). Wie Löwen (אריה, לביא, גור אריה) rauben und würgen sie (טרף) und füllen ihre Höhle mit Beute (*ṭæræp*, *ṭerēpāh*); doch JHWH wird (durch Babylonier und Meder) ihr Rauben beenden (*hikrīt ṭarpēk*) und sorgen, daß ihre Stimme (*qōl*) nicht mehr gehört wird, v. 14. – Ohne deutlichere Angabe zur Identifikation eines konkreten Feindes schildert ein prophetisches Spottlied (*māšāl*) Sach 11, 1–3 die Katastrophe einer Weltmacht, die als Zypressen, Libanon-Zedern, Basan-Eichen und brüllende Löwen (כפירים) des Jordandickichts geschildert werden; in diesem Bild ist Größe, Hochmut und Raubgier der feindlichen Weltmacht dichterisch veranschaulicht.

5. Schließlich erscheinen einzelne Personen oder Situationen oder Sentenzen im Löwenbild: In den Sprüchen wird der Zorn des Königs mit dem Gebrüll des Löwen (כפיר) verglichen (Spr 19, 12; 20, 2); die orientalischen Despoten sind in ihrem Zorn so gefährlich und unberechenbar wie brüllende Löwen. In einer Sentenz über die Bedrückung der Geringen Spr 28, 15 ist „ein knurrender Löwe (*'arī nōhēm*) und ein gieriger Bär (*dōb šōqēq*) einem frevelhaften Herrscher (*mōšēl rāšā'*) über ein geringes Volk (*'am dāl*) gegenübergestellt; *rāšā'* wird offensichtlich durch *šōqeq* und *nōhem* als besonders gefährlich und gewalttätig illustriert.

In den Klagepsalmen charakterisiert der Beter ausweglose Bedrängnis durch seine Verfolger oder Feinde mit Löwen, die im Dickicht auf Beute lauern (Ps 10, 9; 17, 12b) oder den Frommen zerreißen und verschlingen wollen (7, 2f.; 57, 5). Noch drastischer schildert das Bild vom aufgesperrten Löwenrachen 22,14. 22 die drohende Gefahr, die dem Beter von seiten der raubgierigen Gegner dräut; daher die Bitte 58,7: „Im Rachen zerbrich ihnen die Zähne, das Gebiß (*m^etall^eʿōt?*) der Löwen (כפירים) zerschmettere, JHWH!“ In ähnlicher Weise schildert Eliphas Hi 4,10f. die Frevler, denen Gott ein Ende bereitet: „Das Brüllen des Löwen (אריה) und das Heulen des Löwen (שחל) und die Zähne des Jungleu (כפירים) verschwinden. Der Löwe geht zugrunde aus Beutemangel, und die Jungen der Löwin (לביא) müssen sich zerstreuen“.

Das Löwenbild erscheint ferner allgemein als Bild der Gefahr: So droht Jes 30, 6 in seiner Warnung vor einem Bündnis mit Ägypten den Unterhändlern und Diplomaten einen gefährlichen Reiseweg an „durch ein Land voll Drangsal und Bedrängnis, der Leuen (לביא) und knurrenden Löwen (*lajiš nōhem*; MT ליש מהם), der Ottern (אפעה) und geflügelten Drachen (שרף מעופף). Selbst der Faule entschuldigt Spr 22,13; 26,13 seine Trägheit mit der Gefahr „ein Löwe (ארי) ist draußen!“ HL 4, 8 kennzeichnen „die Höhle der Löwen“ als ein Land der Gefahr und des Schreckens. Wenn der Fromme Ps 91,13 über Löwe (שחל), Otter (פתן), Leu (כפיר) und Drache (תנין) schreiten kann, so kennzeichnen diese Tiere die Gefahren, die dem Frommen im Schutze Gottes nichts anhaben können. Um die Gefährlichkeit der Heuschrecken zu charakterisieren, werden deren Zähne Jo 1, 6 als Zähne bzw. Gebiß von Löwen (לביא, אריה) metaphorisch geschildert. Der Sirazide will nach Sir 25,16 „lieber mit einem Löwen und Drachen zusammenwohnen, als mit einem bösen Weibe in einem Hause.“

Schließlich ist „der Löwe, der Held unter den Tieren, der vor niemandem kehrtmacht ...“ (Spr 30, 30) Bild der Stärke, Sicherheit und Tapferkeit: So fühlt sich der Gerechte nach Spr 28,1 sicher wie ein Löwe (כפיר). Saul und Jonathan waren nach 2 Sam 1, 23 stärker als Löwen (*mē-ʾ^arājōt*). Ähnlich wird 2 Sam 17,10 der Mut des Tapfersten mit dem eines Löwen (אריה) verglichen. Von Judas dem Makkabäer wird 1 Makk 3, 4 berichtet: „Er wurde einem Löwen gleich in seinem Tun und wie ein Junglöwe, der nach Raub brüllt; Gottlose spürte er auf und verfolgte sie ...“

6. Innerhalb der Löwenbilder zeigen sich einige bestimmte Grundtypen der Löwenvergleiche, Metaphern und Gleichnisse. Die spezifischen Nuancen ergeben sich aus den jeweiligen Prädikamenten der Prädikate, der adjektivischen oder partizipialen Attribute, sowie aus Nebenbestimmungen der verschiedenen Situationen. Der Löwe selbst bleibt immer „Held unter den Tieren“ Spr 30, 30b, das überlegene, majestätische und furchtgebietende Tier; er stellt eine Vergleichsnorm der Stärke dar 2 Sam 1, 23; Spr 28,1; 30, 30 u. ö.

Der *brüllende Löwe* ist ein beliebter und verbreiteter Typ: Am 3, 4; Hos 11,10; Jes 5, 29; (31,4); Jer 2,15; 5, 29; 12, 8; 51, 38; Zeph 3, 3; Ez 22, 25; Sach 11, 3; Spr 19,12; 20, 2; 28,15. Der brüllende Löwe hat dabei zugleich das Kolorit des beutegierigen, furchtbaren Feindes. Dagegen nimmt der über seiner Beute knurrende (הגה) Löwe eine Sonderrolle ein, insofern er seine Beute verteidigt und damit den Schutz oder die Sorge JHWHs versinnbildlicht.

Der *anfallende und jagende Löwe* ist Bild der unmittelbaren Gefahr: Jer 4,7; 5, 6; 49,19; 50,17; Ps 7, 3; vgl. 22, 22; 35,17; 57, 5; 58,7. Eng verbunden mit dem Typ des jagenden Löwen gilt der *reißende Löwe* als Bild bedrohlicher, grausamer und vernichtender Macht: Am 3,12; 5,19; Hos 5,14; (13,7); 13, 8; Jes 38,13; Mi 5,7; Gen 49, 9; Num 23, 24; 24, 9; Deut 33, 22.

Schließlich erscheint der Typ des *erjagten oder erlegten Löwen*: Nah 2,12.14; Ez 19, 8f.; Hi 4,10f.; 10,16.

Botterweck

אֶרֶץ

I. Umwelt – 1. Ägyptisch – 2. Sumerisch-akkadisch – 3. Westsemitisch – II. AT – 1. Kosmologisch: Erde – 2. Erdboden – 3. Unterwelt – 4. Land – 5. Theologisch.

Lit.: *Y. Aharoni*, The Land of the Bible, London [2]1968. – *M. Delcor*, Les attaches littéraires, l'origine et la signification de l'expression biblique „prendre à témoin le ciel et la terre“ (VT 16, 1966, 8–25). – *O. Eißfeldt*, Himmel und Erde als Bezeichnungen phönikischer Landschaften. (Ras Schamra and Sanchunjaton, 1939, 107–127 = Kl. Schr. II 227–240). – *J. Geyer*, קצות הארץ – Hellenistic? (VT 20, 1970, 87–90). – *J. Harvey*, Le plaidoyer prophétique contre Israël après la rupture de l'alliance, Bruges 1967. – *H. B. Huffmon*, The Covenant Lawsuit in the Prophets (JBL 78, 1959, 285–295). – *E. Lipiński*, La royauté de Yahwé dans la poésie et le culte de l'ancien Israël, Brüssel 1965. – *I. Oppelt*, RAC V 1113–1179. – *M. Ottosson*, Gilead. Tradition and History, Lund 1969. – *J. G. Plöger*, Literarkritische, formgeschichtliche und stilkritische Untersuchungen zum Deuteronomium (BBB 26, 1967). – *G. v. Rad*, Verheißenes Land und Jahwes Land im Hexateuch (ZDPV 66, 1943, 191–204 = ThB 87–100). – *L. Rost*, Bezeichnungen für Land und Volk im AT (Festschr. O. Procksch, 1934, 125–148 = Das kleine Credo, 1965, 76–101, danach zitiert). – *K. Rupprecht*, עלה מן הארץ (Ex 1,10; Hos 2, 2): „sich des Landes bemächtigen“? (ZAW 82, 1970, 442–447). – *L. I. J. Stadelmann*, The Hebrew Conception of the World (AnBibl 39), 1970. – *R. de Vaux*, Le pays de Canaan (JAOS 88, 1968, 23–30). – *J. N. M. Wijngaards*, The Dramatization of Salvific History in the Deuteronomic Schools (OTS 16) 1969. – *H. Wildberger*, Israel und sein Land (EvTh 16, 1956, 404–422). – *G. E. Wright*,

The Lawsuit of God (Israel's Prophetic Heritage, Festschr. J. Muilenburg, New York 1962, 26–67).
Zu I. 1.: *A. de Buck*, De egyptische Vorstellingen van den Oerheuvel, Leiden 1922. – *J. J. Clère*, Fragments d'une novelle représentation égyptienne du monde (Mél. Maspéro I 30–46). – *S. Morenz*, Ägyptische Religion, 1960, bes. 30f. 45ff. – *H. Schäfer*, Ägyptische und heutige Kunst und Weltgebäude der alten Ägypter, 1928.

I. 1. a) Das hauptsächlich gebrauchte äg. Wort für 'Erde' und 'Land' ist *tꜣ* (WbÄS V 212–228). Die gewöhnliche Schreibung für *tꜣ* hat als Deutezeichen ein flaches Überschwemmungsland mit Sandkörnern darunter. Der Bedeutungsbereich von *tꜣ* ist sehr umfassend, von 'Erde' als Gegensatz zum Himmel bis hin zu 'Stoff', sogar 'Schmutz'. Ein anderes, teilweise synonymes, aber nicht so geläufiges Wort ist *sꜣṯw* (WbÄS III 423). Ferner ist *gb(b)* (WbÄS V 164) teils der Name des Erdgottes Geb, teils ein Wort mit der Bedeutung 'Erde, Erdboden', z.B. als Ort des Pflanzenwuchses. Ob die eine oder andere Bedeutung die ursprüngliche ist, läßt sich, wie Morenz 30 gezeigt hat, nicht feststellen. – Fremde Länder, die im Gegensatz zum Flachland Ägypten Gebirgsländer sind, heißen gewöhnlich *ḫꜣś.t*.
b) Seinen weitesten Umfang erhält *tꜣ* in der festen Verbindung *p.t – tꜣ* 'Himmel' und 'Erde', womit der ganze Kosmos gemeint ist. In diesem Gegensatzpaar, das eine Totalität ausdrückt, bezeichnet *tꜣ* die untere Hälfte des Weltbaus oder vielleicht besser seine horizontale Ausbreitung. Diese Deutung findet in einem Amunhymnus ihre Stütze, wo es heißt „bis zur Höhe des Himmels und bis zur Weite des Erdbodens". Derselbe Gedanke liegt vor in der geläufigen Schilderung des allumfassenden kosmischen Jubels beim Erscheinen des Gottes. „Der Himmel ist im Fest, die Erde in Freude" heißt es Totenb. 16, 5f. oder „Das Lob des Gottes reicht bis in die Höhe des Himmels, das Niederfallen vor dem Gott bis in die Breite der Erde" (hier wird auf die Anbetungsgeste *śn-tꜣ* 'die Berührung der Erde' angespielt).
Typische Belege dieses Gegensatzpaares sind weiter: Chnum ist als Allschöpfer „der Töpfer für Himmel und für Erde". Eine Göttin ist als Allherrscherin „Herrin des Himmels, Herrscherin der Erde". Amun ist „der Größte des Himmels, der Älteste der Erde", was dann als *nb-r-ḏr* 'Allherrscher' zusammengefaßt wird. In einem Sonnenhymnus heißt es: „Dir jauchzt der Himmel entgegen, weil dein Ba so groß ist, vor dir fürchtet sich die Erde, weil dein Bild so herrlich ist." – Über verschiedene Darstellungen von Himmel und Erde orientieren Schäfer und Clère. Die hier behandelte Zweiteilung der Welt wird aber oft durch eine Dreiteilung ersetzt, indem Unterwelt oder Wasser als drittes Glied hinzukommt. So reicht der Preis des Gottes auch „bis in die Tiefe des Meeres" und „Himmel, Erde und Unterwelt sind unter seinem Befehl". „Vom Himmel bis Erde und Unterwelt" ist eine fest geprägte Formel (z.B. Esna Text 17, 21; 18, 13). Die Geschenke der Natur faßt die Formel „was die Erde schafft, was der Himmel gibt, was der Nil bringt" zusammen. Chnum sollen „die im Himmel, die auf Erden, die in der Unterwelt" fürchten (Esna Text 277, 19ff.). Allmählich erhöht sich die Zahl der Weltteile. Im Amunhymnus vom Hibistempel (Kol. 31) lesen wir: „Du bist der Himmel, die Erde, die Unterwelt, das Wasser und die Luft, die dazwischen ist." Ähnliche pantheistische Formeln finden sich in der Spätzeit auch bei anderen Göttern. – Da *tꜣ* auch 'Land' im Gegensatz zu 'Wasser' bedeutet, treten auch andere zweistufige Formeln auf, z.B. „auf Wasser und auf Land".
c) Gemeinsam für alle äg. Kosmogonien ist die hervortretende Rolle, die der Urhügel, die von der amphibischen Natur des Landes bedingte Sonderform des Urlandes (Urerde) spielt (Morenz 45). Fast jeder Kultort beanspruchte innerhalb seines Bereichs das erste aus dem Urmeer hervorgekommene Land zu besitzen. Von der Stadt Theben heißt es im großen Leidener Amunhymnus (II 10): „Das Wasser und die Erde war in ihr das erste Mal. Es kam der Sand zum Ackerland (?), um ihren Erdboden (*sꜣṯw*) auf dem Hügel entstehen zu lassen, und so entstand das Land (oder: die Erde)." In gewissen lokalen Traditionen enthält der Name des Hügels das Wort *tꜣ*, so vor allem in Memphis: *tꜣ ṯnn*, 'das sich erhebende Land'.
Kennzeichnend ist die äußerst enge Verknüpfung zwischen Urland und Urgott. Oft liegt sogar eine Identität vor: Atum ist „der Hügel", Tatenen „das sich erhebende Land" usw. Geb ist sowohl Gott als auch Erde. Merkwürdig ist, daß im Unterschied zu den Nachbarvölkern die Erde männlich und der Himmel weiblich ist.
Gewisse eschatologische Ereignisse, die Himmel und Erde betreffen, werden in den Texten angedeutet: PSalt 825 XVII 8ff. spricht vom Umdrehen der Erde als etwas, wovor man bewahrt werden soll, und Kap. 175 des Totenbuchs deutet an, daß die Erde in der Endzeit ins Urmeer zurückkehren wird.
d) *tꜣ* bezeichnet auch 'Land, Nation', vor allem Ägypten (zur ägyptozentrischen Auffassung der Welt, s. Morenz 46ff.). Da *tꜣ* aber auch von Fremdländern gebraucht werden kann, spricht man gern von *tꜣ pn* 'diesem Land', wenn man Ägypten meint. Eine noch häufigere Bezeichnung des eigenen Landes ist *tꜣ.wj* 'die beiden Länder', d.h. Ober- und Unter-Ägypten, eine Bezeichnung, die eigentlich auf die vorgeschichtliche Zweiteilung des Niltales zurückgeht. „Die Vereinigung der beiden Länder" (*smꜣ tꜣ.wj*) spielt als Königszeremonie eine wichtige Rolle.

e) Schließlich bedeutet *tꜣ* auch 'Erde als Stoff' und 'Erdboden', wie z. B. im Namen eines Ackerfestes *ḫbs tꜣ*, 'das Aufhacken des Erdbodens'.

Bergman

2. Im Sum. und Akk. unterscheidet man zwischen Erde (*ki* bzw. *erṣetu*) und Land (*kur, kalam* bzw. *mātu*). Die sum. und akk. Vorstellungen von der Welt sind wenig einheitlich, und es ist kaum anzunehmen, daß alle in verschiedenen Texten belegten Vorstellungen ein zusammenhängendes Weltbild darstellten (vgl. Meissner, BuA II 107). In sum. Texten sind vor allem zwei kosmogonisch-kosmologische Anschauungen belegt, nämlich einerseits „das chthonische Motiv", nach dem die Wasser des *abzu* und die Mutter Erde das Lebensprinzip ausmachen und die Menschen aus Lehm geformt werden, und andererseits „das kosmische Motiv", nach dem Himmel und Erde sich in einer heiligen Hochzeit vereinigen und die Menschen aus der Erde emporwachsen (J. van Dijk, AcOr 28, 1964/65, 1–59).

Akk. *erṣetu* hat zunächst die kosmische Bedeutung 'Erde', im Gegensatz zu 'Himmel'. Wie im Äg. bezeichnet 'Himmel und Erde' (*šamû u erṣetu*) das Weltall. Die Erde, die man in vier Weltgegenden (*kibrāt arbaim*) teilt, ruht auf dem *apsû* (Süßwasserozean, Grundwasser), der sie auf allen Seiten umgibt. *Kippat šamê u erṣeti* bezeichnet den Umkreis oder den Rand der Erde; man spricht aber auch von vier *kippāti* (Belege AHw 471; 482f.).

Um die Erde zu befestigen, wird sie mit dem Himmel an Seile gebunden. Dieses Seil ist die Milchstraße (Meissner, BuA II 111). Eine Kammer in Enlils Tempel heißt *Dur-an-ki* oder *markas šamê u erṣeti* 'Band des Himmels und der Erde', wird also symbolisch als das die Erde festhaltende Band aufgefaßt (E. Burrows, in: The Labyrinth, Hrsg. S.H. Hooke, London 1933, 46f.). Ähnlich heißt der Palast in Babylon *markas māti* 'Band des Landes', ist also sozusagen das Zentrum des Landes, wodurch dieses zusammengehalten wird.

Die Erde kann eingeteilt werden in eine obere Erde, wo die Menschen wohnen, eine mittlere, das Reich des Wassergottes Ea, und eine untere Erde, die Wohnung der Unterweltgötter (Meissner, BuA 110). Ferner gibt es die Vorstellung von sieben Weltetagen (*tubuqāti*) (Meissner, BuA II 375). Mehrere Götter tragen den Titel „Herr des Himmels und der Erde" (*bēl šamê u erṣeti*, Tallqvist, Akk. Götterepitheta, 1938, 54) oder „König (*šarru*) des Himmels und der Erde" (Tallqvist 239). Šamaš ist Betreuer (*pāqidu*) und Lenker (*muštēširu*) des Himmels und der Erde (Tallqvist 153 bzw. 106). Himmel und Erde sind Symbole der Beständigkeit („fest gegründet wie Himmel und Erde", „mögen seine Nachkommen so lange wie Himmel und Erde bestehen", CAD 4, 309). „Beim Namen des Himmels seist du beschworen, beim Namen der Erde seist du beschworen" ist eine festgeprägte Formel in Beschwörungen (Beispiele Meissner, BuA II 215–217. 222. 230. 233. 236).

Ferner bezeichnet *erṣetu* die Unterwelt, die eine *erṣet lā târi*, ein Land ohne Rückkehr, ist. Man sagt also, „Ištar ist *ana erṣeti*, in die Erde, d.h. in die Unterwelt, hinabgestiegen" (Ištars Höllenfahrt, Rs. 5, AOTAT 208) und der Geist Enkidus kommt *ultu erṣetim*, aus der Erde oder aus der Unterwelt empor (Gilg XII 83f.).

Weniger oft bezeichnet *erṣetu* ein begrenztes Gebiet: 'Land' (z.B. eines Königs, CAD 4, 311; in dieser Bedeutung sagt man gewöhnlich *mātu*), 'Gebiet', 'Bezirk' (CAD 4, 311f.) oder sogar 'Stadtviertel' (CAD 4, 312). Schließlich ist *erṣetu* 'Erdboden' in Phrasen wie „er tränkt die Erde mit seinem Blut", „die Erde bebt", „die Erde pflügen", „den Boden scharren" (vgl. Hi 39, 24), „in die Erde begraben" usw. (Belege CAD 4, 312f.). Neben *šamû u erṣetu* kommt auch das Wortpaar *šamû u qaqqaru* vor; *qaqqaru* wird auch in der Bedeutung 'Gebiet' gebraucht, und für 'Erdboden' ist es sogar das häufigere Wort (CAD 4, 313; AHw 900f.).

Mātu ist dagegen 'Land, Gebiet' als politische Größe, aber auch 'flaches Land' im Gegensatz zu 'Stadt' oder 'Gebirge'. Als Götterepitheta kommen sowohl *bēl māti* bzw. *mātāti* als auch *šar māti* bzw. *mātāti*, 'Herr' und 'König' des Landes bzw. der Länder, vor (Tallqvist, Akk. Götterepitheta 48. 245). Der König ist *šarri mātāti* 'der König (aller) Länder' (Seux 315f.), was seinen Weltherrschaftsanspruch veranschaulicht (vgl. Šamaš als *nūr mātāti*, Licht [aller] Länder, Tallqvist 133; s. ferner AHw 633f.).

3. Ugar. *'rṣ* bedeutet 'Erde, Erdboden, Unterwelt'. Auch hier steht Erde als Gegensatz zu 'Himmel' und Wolken: Baal läßt seine Stimme in den Wolken ertönen und schleudert die Blitze auf die Erde (CTA 4 [II AB IV–V 70f.]). Die Erde ist der Bereich der lebenden Menschen: „Hadad wird unter die Völker (*lꜣmm*) kommen, Baal wird zur Erde zurückkehren" (CTA 10 [IV AB] I 8f.). Der Ersatzkönig 'Athtar 'Ariz *jmlk b'rṣ* „herrscht über die Erde", wobei *ꜣl klh* „als Gott ihrer Gesamtheit" den Umfang andeutet. Hierher gehört auch *zbl b'l 'rṣ*, 'der Fürst, Herr der Erde' als Gottestitel.

Für 'Erdboden' sind u. a. die folgenden Belege zu verzeichnen: CTA 5 (I* AB) VI 8f. „Baal ist zu Boden gefallen" (*npl l'rṣ*); VI 27 „Anat sucht bis in das Innere der Erde" (*lkbd 'rṣ*); CTA 10 (IV AB) II 24 „wir wollen meinen Feind zu Boden stoßen"; CTA 16 (II K) III 5 „Regen für die Erde“ (par. 'Feld'); CTA 5, II 5 *jbl 'rṣ* 'Ertrag der Erde'. – Für die Bedeutung 'Unterwelt' liegen mehrere Belege vor, die vom Herabsteigen „in die Erde“ sprechen, z.B. CTA 5 (I* AB) VI 25; V 14f. *wrd bt ḫptt 'rṣ/tspr bjrdm 'rṣ*, „Gehe in die Tiefen (vgl. חפשי Ps 88, 6) der Erde hinunter, werde unter denen gezählt, die in die Erde hinabsteigen“.

Die westsemitischen Inschriften sind für unseren Zweck weniger ergiebig. In der Meša'-Inschrift (KAI 181) ist ארץ dreimal mit der Bedeutung 'Land' belegt (Z. 5 Kemoš zürnt seinem Lande, 29 „Städte, die ich dem Lande angegliedert hatte“, 31 Kleinvieh des Landes), einmal in der engeren Bedeutung 'Gebiet': ארץ עטרת, 'das Gebiet von Atarot', Z. 10).

Aus phön. Inschriften sind die folgenden Beispiele zu nennen: a) Erde: Baal des Himmels und El Schöpfer der Erde (אל קן ארץ; Karatepe, KAI 26, III 18); Land: „Ich machte das Land der Ebene von Adana (ארץ עמק אדן) weit“ (KAI 26, I 4f.); „ich unterwarf starke Länder im Westen“ (KAI 26, I 18). Umstritten ist צדן ארץ ים 'Sidon des Meerlandes' KAI 14, 16. 18, was vielleicht aber als ein Ortsteil in Sidon zu verstehen ist (vgl. DISO 26 und dort angeführte Lit.).

Aus aram. Inschriften seien die folgenden Belege angeführt: KAI 216, 4 רבעי ארקא 'die vier Weltgegenden', 266, 2 „[Astarte die Herrin] des Himmels und der Erde (d.h. des Alls)“; 214, 7 „sie bestellen das Land und die Weingärten“ (יעבדו ארק וכרם); Driver, Aramaic Documents 6, 2 עבור ארקתא 'Ertrag der Erde'; KAI 215, 5. 7 ארק יאדי 'das Land Ja'udi'.

II. Das hebr. ארץ vereinigt in sich dieselben Bedeutungsnuancen wie die oben besprochenen verwandten Wörter: 'Erde' im kosmischen Sinn als Gegensatz zu 'Himmel', 'Land' im Gegensatz zu 'Meer', 'Erdboden' und 'Land' = Hoheitsgebiet, dessen Umfang durch einen Genetiv, ein Possessivsuffix oder einen Relativsatz näher bestimmt werden kann; dazu kommen noch einige Belege, wo ארץ 'Unterwelt', 'Totenreich' bedeutet.

Die Entscheidung, ob ארץ in einem gegebenen Fall 'Erde' oder 'Land' bedeutet, ist nicht immer leicht zu treffen. Als Beispiel seien hier einige Belege mit כל־הארץ erörtert. Daß die Menschen über die ganze *Erde* herrschen sollen (Gen 1, 26. 29), dürfte selbstverständlich sein, wie es auch Gen 7, 3 um die Tiere der *Erde* geht, und das Wasser Gen 8, 9 die ganze *Erde* bedeckte. Die ganze *Erde* hatte *eine* Sprache, Gen 11, 1. Dagegen bedeutet *kŏl hā'ārœṣ* Gen 13, 9. 15 'das ganze *Land*' und 41, 56 meint der Ausdruck Ägypten. Niemand ist JHWH gleich auf der ganzen *Erde*, Ex 9, 14. 16; ebenso heißt es Ex 19, 5 „mein ist die ganze *Erde*“, so wohl auch 9, 29, obwohl einige es auf Ägypten beziehen. In Deut 11, 25; 19, 8; 34, 1; Jos 6, 27; 10, 40; 11, 16. 23; 21, 43; 1 Sam 13, 3; 2 Sam 24, 8 geht es um 'das ganze *Land*', während Jos 4, 24 zweifelhaft ist („die Völker der ganzen Erde“ oder „des Landes“), wie auch Jos 7, 9 „sie werden unseren Namen von der Erde (oder 'aus dem Lande') ausrotten“. Von „den Bewohnern des ganzen *Landes*“ handelt es sich Ex 23, 31; Num 33, 52. 55; Jos 2, 24; 9, 24. In 2 Sam 18, 8 bezeichnet *kŏl hā'ārœṣ* das Gebiet östlich des Jordan. 1 Sam 17, 46 „das ganze *Land* möge wissen, daß es einen Gott in Israel gibt“ – aber an und für sich wäre „die ganze Erde“ denkbar, ebenso wie Naeman sagt: „Jetzt weiß ich, daß es keinen Gott gibt auf der *Erde* außer in Israel“ (2 Kön 5, 15). Ein interessanter Ausdruck ist *dœrœk kŏl hā'ārœṣ* „(ich gehe) den Weg aller *Welt*“, Jos 23, 14; 1 Kön 2, 2 (vgl. Gen 19, 31).

In Jes 7, 24 ist es klar, daß „das ganze *Land* Dornen und Disteln sein wird“, ebenso geht es um „das ganze *Land*“ (Israel) 10, 23; 28, 22. Jes 13, 5 ist es unklar, ob die Feinde die ganze *Erde* oder das ganze *Land* verderben sollen; v. 9 und 11 scheinen für 'Erde' zu sprechen. Jes 6, 3; 10, 14; 12, 5; 14, 7. 26; 25, 8; 54, 5 ist 'Erde' vorzuziehen. Bei Jer heißt *kŏl hā'ārœṣ* meist „das ganze *Land*“ (Israel), 4, 20. 23. 27; 8, 16; 12, 11; 15, 10; 23, 15; 25, 11; 40, 4, dagegen '*Erde*' in den sekundären 50, 23; 51, 7. In 45, 4 deutet „alles Fleisch“ (v. 5) auf die Übersetzung 'Erde' hin.

Jo 1, 2. 14; 2, 1; Sach 11, 6 sprechen von „allen Bewohnern des *Landes*“, während Zeph 1, 18 „alle Bewohner der *Erde*“ meint. Am 8, 8f. ist wieder schwierig: soll das *Land* (Nordisrael) oder die ganze *Erde* erbeben? Einen kosmischen Aspekt hat der Ausdruck *kŏl hā'ārœṣ* Hab 2, 20; Zeph 1, 18; 3, 8. 19. Sach 1, 10f. ziehen die Reiter auf der Erde umher und berichten, daß die ganze *Erde* ruhig ist; die Übersetzung 'Land' wird weniger wahrscheinlich wegen v. 15. Sach 5, 3. 6 findet sich aber die Bedeutung 'das ganze *Land*', während dagegen 14, 9 einen kosmischen Aspekt hat (vgl. v. 8).

Zu den Pss s. u. II. 1.

1. a) Die Zweiteilung des Weltalls in 'Himmel' und 'Erde' ist vor allem in den Texten anzutreffen, die die Schöpfung oder die Größe des Schöpfergottes beschreiben. JHWH wird „der Gott des Himmels und der Erde“ genannt (Gen 24, 3); denn er hat Himmel und Erde geschaffen (Gen 1, 1). Schon in der alten Formel Gen 14, 19. 22 heißt El Eljon „Schöpfer des Himmels und der Erde“ (קנה שמים וארץ; vgl. o. I. 3.). JHWH hat die Ordnungen (→ חק) des Himmels und der Erde festgesetzt (Jer 33, 25); ihm gehören Himmel und Erde (Ps 89, 12). Der Himmel ist sein Thron und die Erde sein Fußschemel (Jes 66, 1; vgl. Kl 2, 1) – so füllt er die ganze Schöpfung. Er schaut vom Himmel auf die Erde herunter (Ps 102, 20).

Nach P wurde der Himmel am zweiten Tag (Gen 1, 6–8), die Erde am dritten geschaffen (Gen 1, 9–13). Dagegen sagt J (Gen 2, 4ff.) nichts vom Himmel, sondern spricht nur von der Erde, die zunächst trocken und unfruchtbar ist und von dem aus der Erde heraufsteigenden Wasser (*'ēd*) belebt wird. Das Erschaffen der Erde wird mit verschiedenen Verben beschrieben: → ברא 'schaffen' Gen 1,1; 2, 4; Jes 40, 28; → עשה 'machen' Gen 2, 4; Ex 20,11; 31,17; 2 Kön 19,15; Jes 37,16; 45,12.18; Jer 10,12; 27, 5; 32,17; 51,15; Ps 115,15; 121,2; 124, 8; 2 Chr 2,11 usw.; → יסד 'gründen' Jes 48,13; 51,13.16; Sach 12,1; Ps 24, 2; 78, 69; 102, 26; 104,5; Hi 38,4; תלה Hi 26,7; קנה 'erwerben, schaffen' Gen 14,19. 22; vgl. Ps 104, 24; רקע 'stampfen, ausbreiten' Jes 42, 5; 44, 24; Ps 136, 6; → יצר 'formen, bilden' Jes 45,18; הכין (→ כון) 'aufstellen, befestigen' Ps 24, 2; 119, 90; vgl. auch תכן „ihre Säulen festgestellt" Ps 75,4. Keines von diesen Verben ist mit dem Urkampfmotiv verknüpft, eher mit der Vorstellung vom schöpferischen Wort Gottes (Ps 33, 9). In der eigentümlichen Variante der Schöpfungserzählung Spr 8, 22–31 ist die personifizierte Weisheit das erste Werk Gottes und spielt „auf seinem Erdenrund" (בתבל ארצו). Als JHWHs Schöpfung ist die Erde „seine Erde" (Hi 37,13; Spr 8, 31; vgl. Ps 24,1; 89,12; Ex 9, 29; 19, 5). Er erfüllt den Himmel und die Erde (Jer 23, 24), er ist der Herr (→ אדון) der ganzen Erde (Mi 4,13; Sach 6, 5; Ps 97, 5), ihr König (Ps 47, 3. 8) und Gott (Jes 54, 5; vgl. die Parallele in einer Grabinschrift, J. Naveh, IEJ 13, 1963, 4–92 – oder ist ארץ hier 'Land'?), er ist „der Höchste" (→ עליון) über die ganze Erde (Ps 83,19; 97, 9; 98, 4; 100,1). Über die ganze Erde erstreckt sich seine Ehre und Herrlichkeit (→ כבוד: Ps 57, 6. 12; Jes 6, 3). Er sammelt die ganze Erde, wie man verlassene Eier einrafft (Jes 10,14). In diesen Aussagen, die vorzugsweise der Tradition von der Königsherrschaft Gottes angehören, tritt JHWH als der Garant der Weltordnung auf. Dies wird damit begründet, daß er den Chaoswassern eine Grenze gesetzt hat (Gen 1, 9; Ps 104, 9; 148, 6); so steht die Erde auf seinen Säulen fest im Meer oder „auf den Strömen" (Ps 24, 2; 104, 5; 136, 6).

An den genannten und ähnlichen Psalmenstellen zeigt sich gelegentlich wieder die Schwierigkeit, zu entscheiden, ob *'æræṣ* 'Land' oder 'Erde' heißt. Lipiński (427f.) meint, Ps 47 spiegele die Zeit des heiligen Krieges, und JHWH wäre nach ihm „ein großer König über das ganze Land (Kanaan)" (v. 3, 8) und „Geber des Landes" (מגני הארץ v. 10, zu *māgēn* s. Lipiński 400f.). Aber Ausdrücke wie *'ammīm* (v. 1. 4. 10), *le'ummīm* (v. 4) und vor allem „Gott ist König über die Völker" (v. 9) sprechen eher für die Bedeutung 'Erde'. Dennoch ist richtig, daß *'æræṣ* in den Psalmen mehrmals 'Land' heißt. Das gilt vor allem in den Geschichtspsalmen 44, 4; 80,10; 106,38; 105,16; 135,12, aber auch wenn die Gesetzeserfüllung betont wird, vgl. Plöger 91. Wer Gott fürchtet, wird das Land besitzen (Ps 25,13; vgl. 37, 3. 9. 11. 22. 29. 34) und umgekehrt (Ps 140,12 „kein Verleumder soll im Lande bestehen"). Dagegen ist in Hymnen „die ganze Erde" ein geläufiger Ausdruck: JHWHs Name ist groß über die ganze Erde (Ps 8, 2. 10), seine Herrlichkeit füllt die ganze Erde (Ps 57, 6. 12; 108, 6 [par. 'Himmel']; 72,19). Die Völker der Erde sollen ihm huldigen (66,1. 4; 96,1. 9; 98, 4; 100,1). Ps 82,1. 8 zeigt Gott als Richter aller Welt; derselbe kosmische Aspekt beherrscht das Gerichtsmotiv Ps 94,2; 98, 9; 76, 9. Wenn der Gott Israels „der Höchste über *kōl hā'āræṣ*" (Ps 83,19; vgl. 89, 28; 97, 9), „der Herr (*'ādōn*) der ganzen *'æræṣ*" (Ps 97, 5; vgl. 114,7; Jos 3,11.13, Mi 4,13; Sach 4,14; 6, 5) oder „König der *'æræṣ*" (Ps 97,1; 47, 3. 8) heißt, liegt zwar eine Ähnlichkeit mit altorientalischer Titulatur vor, die den Gott als Herrn des Landes bezeichnet (Lipiński), aber in Israel scheint der Kontext zu zeigen, daß es um Weltherrschaft geht.

Infolge der Ungerechtigkeit der Menschen beschließt JHWH, die Erde zu „verderben" (Gen 9,11). Die Sintflut bedeutet die zeitweilige Rückkehr des Chaos über die Erde. Jedoch bereut es JHWH; er läßt einen Wind über die Erde wehen (Gen 8,1), so daß das Wasser wegsinkt, und der Regenbogen wird das Zeichen, daß er nicht mehr die Erde verderben will (Gen 9,11).
Als Teile der von Gott befestigten Schöpfung gelten Himmel und Erde als Beispiele der Beständigkeit (Ps 78, 69; vgl. Pred 1, 4; ähnlich von Sonne und Mond Ps 89, 37f.). Dem entgegen stehen Stellen, die besagen, daß die Erde wie ein Gewand zerfällt (Jes 51, 6 → בלה; vgl. Ps 102, 27) und ein neuer Himmel und eine neue Erde als Neuschöpfung JHWHs entstehen (Jes 65,17; 66, 22 → ברא, חדש).
Das israelitische Weltbild ist das allgemein altorientalische, nach dem die Erde eine im Weltozean auf Grundfesten oder Säulen ruhende Scheibe ist. Dieses Weltbild kommt u.a. in den Schöpfungsverben יסד und רקע zum Ausdruck (s.o.). Die Erde hat vier Ecken (כנפות הארץ) Jes 11,12; Ez 7, 2; Hi 37, 3; 38,13 – vgl. akk. *kippāt irbitti* (s. I. 2.) –, oder einen Rand bzw. Saum (כנף Jes 24,16), ein Ende (קצה Deut 28, 49; Jes 5, 26; 42,10; 43, 6; 48, 20; 49, 6; Ps 61, 3; 46,10; Spr 17, 24) oder Enden (קצות Jes 40, 28; 41, 5. 9; Hi 28, 24; קצוי Ps 48,11; 65, 6; Jes 26,15; vgl. „von einem Ende bis zum anderen" Deut 13, 8; 28, 64; Jer 12,12; 25, 33; → אפס Deut 33,17; 1 Sam 2,10; Jes 45, 22; 52,10; Jer 16,19; Mi 5, 3; Sach 9,10; Ps 2, 8; 22, 28; 72, 8; 98, 3; Spr 30, 4); Seiten oder entlegene Teile (ירכתי ארץ Jer 6, 22; 25,32; 31, 8; 50, 41). Die Erde hat auch einen Mittelpunkt oder „Nabel" (טבור Ez 38,12; vgl. Ri 9, 37), womit offenbar Jerusalem gemeint ist (Stadelmann 147–154).
Die Ausdehnung der Erde wird sehr vage bestimmt: Sie wird „die große Erde" (ארץ רבה) genannt (Ps 110, 6; vgl. akk. *erṣetu rapaštu*). Sach 14, 8f. wird „die ganze Erde", über die JHWH König sein wird, durch „das östliche Meer" (den Persischen Meerbusen) und „das westliche Meer" (Mittelmeer) begrenzt. Ps 72, 8 wird die Weltherrschaft des Königs durch „von

Meer zu Meer, von Euphrat bis an die Enden der Erde" umschrieben.

Die Erdenfläche ist den Menschen als Wohnort gegeben worden (Gen 1, 28; Ps 115,16; Ez 41,16; 43,14), die wilden Tiere (חית הארץ Gen 1, 24) leben auf ihr (Jes 18, 6; Jer 15, 3; Ps 79, 2; Spr 30, 24), Heuschrecken können ihre Fläche bedecken (Ex 10, 5. 12. 15), Pflanzen, Kräuter und Bäume wachsen aus ihr empor (Gen 1,11f. 29; 7, 3; Am 7, 2). Der Schöpfer gab den Menschen den Auftrag, die Erde zu erfüllen und über alles zu herrschen, was auf der Erde lebt (Gen 1, 28ff.). Die Absicht des Schöpfers ist es, die Erde zu einem Ort des Segens zu machen. So läßt er Schnee (Hi 37, 6) und Regen auf sie fallen (2 Sam 14,14; Hos 6, 3; Ps 72, 6; 147, 8; Hi 5,10; 12,15; 38, 26; Pred 11, 3) und was auf ihr wächst dient Menschen und Tieren zur Nahrung (Gen 1, 29f.; Am 7, 2; Hi 28, 4 usw.).

Ganz allgemein werden die Menschen als 'Erdenbewohner' (יושבי הארץ) bezeichnet (Jes 24, 5f. 17; Jer 25, 29f.; Zeph 1,18; Ps 33,14; 75, 4). Auch andere Wortverbindungen kommen vor: גויי הארץ 'Völker der Erde' (Gen 18,18; 22,18; 26, 4; Deut 28,1; Jer 26, 6; 33, 9; 44, 8; Sach 12, 3) oder עמי הארץ 'Völker der Erde' (Deut 28,10; Jos 4, 24; 1 Kön 8, 43. 53. 60; Ez 31,12; Zeph 3, 20; 2 Chr 6, 33, anders 1 Chr 5, 25; Esth 8,17; Esr 10, 2.11; Neh 10, 31f. 'Völkergruppen des Landes' → גוי, עם), auch משפחות הארץ 'Geschlechter der Erde' (Sach 14,17). Vergleichbare Ausdrücke sind noch ממלכות הארץ 'die Reiche der Erde' (Deut 28, 25; 2 Kön 19,15; Jes 37, 20; Jer 25, 26), vgl. מלכי הארץ 'die Könige der Erde' (Ps 2, 2; 89, 28; 102,16; 138, 4; 148,11), כל עתודי ארץ 'alle Mächtigen der Erde' (Jes 14, 9), נכבדי ארץ 'die Geehrten der Erde' (Jes 23, 8f.). Voraussetzung dieser Ausdrücke ist eine Gesamtschau der (damals bekannten) Welt als eine Einheit unter JHWH.

In Theophanieszenen und sonst, wenn JHWH seine Macht manifestiert, reagiert die Erde in Unterwürfigkeit und Furcht. Sie zittert und bebt (1 Sam 14,15; Jes 13,13; 41, 5; Jer 10,10; 49,21; 50, 46; 51, 29; Jo 2,10; Ps 18, 8; 68, 9; 99,1), sie wankt und taumelt wie ein Trunkener (Jes 24,19f.), sie trauert (Jes 24, 3; 33, 9; Jer 4, 28; 12, 4; 23,10; Hos 4, 3). Wenn JHWH auf die Erde herabfährt, zerschmelzen und spalten sich die Berge (Mi 1, 3f.), er redet mit der Erde und ruft sie vom Osten bis zum Westen (Ps 50,1). „Er blickt die Erde an und sie erbebt" (Ps 104, 32); wenn er sein Gericht vom Himmel verkündet, erschrickt und verstummt die Erde (Ps 76, 9); die Erde zerfällt wie ein Gewand (Jes 51, 6; Ps 102, 27; vgl. Rost 82). In solchen Zusammenhängen steht ארץ oft im Sinn von 'Bewohner der Erde': die ganze Erde soll ihren Schöpfer fürchten (Ps 33, 8), ihn anbeten (Ps 66, 4) und lobpreisen (Ps 148,13).

In den prophetischen Gerichtsreden („*rib* pattern") werden mehrmals Himmel und Erde als Zeugen herbeigerufen: „Höre, du Himmel, horche auf, o Erde, denn JHWH redet" (Jes 1, 2); vgl. „Höret, ihr Berge, den Rechtsstreit (ריב) JHWHs, und horcht auf (l. האזינו) ihr Grundfesten der Erde" (Mi 6, 2). In Deut 31, 28 findet sich die Formel „daß ich ihnen diese Worte laut verkünde und Himmel und Erde gegen sie zu Zeugen aufrufe". Kultisch belegt ist sie Ps 50, 4: „Er ruft dem Himmel droben zu/und der Erde, um sein Volk zu richten." Ferner wird das Moselied Deut 32 mit ähnlichen Worten eingeleitet (v.1). Nach einigen (Huffmon, Wright) ist der Ursprung der prophetischen Redeform in einer Gerichtsszene im Bundeskult zu suchen, worauf vor allem Deut 31, 28 und Ps 50 deuten könnte. Außerbiblische Parallelen finden sich in sum.-akk. Beschwörungsformeln („sei beschworen beim Himmel, sei beschworen bei der Erde"; s.o. I. 2.), in heth. und aram. Verträgen, wo Himmel und Erde als Zeugen angerufen werden (Huffmon 294), in ugar. Verträgen, wo Himmel und Erde als Rächer des Vertrags erscheinen, und im akk. Tukulti-Ninurta-Epos, wo Himmel und Erde als „Wächter unseres Eides" erwähnt werden (Harvey 86–90, Delcor).

b) Neben der Zweiteilung des Weltalls kommt auch eine Dreiteilung in Himmel, Erde und Meer (Wasser) vor. In Gen 1,10 wird ארץ als „das Trockene" definiert und bildet den Gegensatz zur Ansammlung der Wasser, d.h. zum Meer. Die volle Dreiteilung findet sich z.B. im Bilderverbot Ex 20, 4 („keinerlei Abbild, weder dessen, was oben im Himmel, noch dessen, was unten auf Erden, noch dessen, was in den Wassern unter der Erde ist"). Dagegen differenziert Hag 2, 6 das Weltall in zwei Gegensatzpaare: „Ich werde den Himmel und die Erde, das Meer und das Trockene (חרבה) erschüttern." In Ps 135, 6 heißt es „JHWH tut alles, was er will, im Himmel und auf Erden, im Meer und in allen Tiefen (תהומות)" (vgl. Stadelmann 9f., 126–128). Man unterscheidet auch Himmel, Erde und Unterwelt, wobei der Himmel die Wohnung Gottes, die Erde der Wohnort der Lebenden und der Scheol die Heimat der Toten wird (s.u. II.3.).

2. In der Bedeutung 'Erdboden' steht ארץ oft, wenn es um die Beschaffenheit der Erde oder ihre Erzeugnisse geht. Sie gibt Fett (Gen 27, 28), Ertrag (יבול Lev 26, 4. 20; Deut 32, 22; Ri 6, 4; Ez 34, 27; Hag 1,10; Sach 8.12; Ps 67,7; 85,13), Frucht (פרי Num 13, 20. 26; Deut 1, 25; Jes 4, 2; Jer 2,7), Gewächs (צמח Jes 61,11), Ertrag (תבואה Lev 23, 39; Jos 5,12), Brot (Ps 104,14; Hi 28, 5; zum ganzen s. Rost 80), wobei mehrere Stellen in erster Linie das Land Kanaan meinen. Die Grundvoraussetzung ist in der Schöpfungsgeschichte, Gen 1,11f., gegeben: die Erde läßt

hervorgehen (יצא *hiph*) Grün, d.h. Kräuter und Bäume mit Früchten.
Andererseits kennt das AT auch das unfruchtbare Land (Rost 80), die Wüste (ארץ מדבר Deut 32,10, Spr 21,19). Es ist „ein dürres und lechzendes Land" (ארץ ציה ועיף Ps 63, 2; nur עיפה Jes 32, 2; Ps 143, 6), ein Land der Trockenheit (ארץ ציה Hos 2, 5; Jo 2, 20; Ps 107, 35; Jes 41,18; 53, 2) oder „ein Land der Trockenheit und des Durstes" (ארץ ציה וצמא Ez 19,13). JHWH hat Israel geführt „in einem Land der Öde und der Schluchten, im Lande der Dürre und des Dunkels, im Land, wo niemand wandert und niemand wohnt" (Jer 2, 6; vgl. 51, 43). Die Wüste ist „ein nicht besätes Land" (ארץ לא זרועה Jer 2, 2; vgl. Deut 29, 22), „ein Salzland" (ארץ מלחה Jer 17, 6; Hi 39, 6), „ein furchtbares Land" (ארץ נוראה Jes 21,1), „ein Land der Finsternis" (ארץ חשך Jes 45,19, מאפליה Jer 2, 31).
Außerdem gilt die Unfruchtbarkeit des Landes als göttliche Strafe. JHWH macht fruchtbares Land (ארץ פרי) zur Salzsteppe wegen der Bosheit derer, die darin wohnten (Ps 107, 34); Babel wird ein Land der Dürre und der Steppe werden, das niemand durchwandert (Jer 51, 43); Ägypten wird ein verwüstetes Land werden (Ez 32,15). Dasselbe gilt aber auch von Israel: Das ganze Land wird öde daliegen (Jer 12,11; Ez 12,19), das Land trauert wegen der Dürre (Jer 12, 4), Jerusalem wird unbewohntes Land werden (Jer 6, 8; vgl. den Gegensatz Ex 15,12).
Besonders nach dtr. Anschauung ist die Verwandlung der Erde eine Folge des Fluchs, der infolge des Ungehorsams das Land trifft, z.B. Deut 28, 23 „der Himmel wird wie Kupfer sein und die Erde wie Eisen"; vgl. auch Lev 26,19f.(H) „euer Land wird seinen Ertrag nicht geben, und die Bäume auf dem Felde werden keine Früchte tragen"; 26, 32f. JHWH wird das Land verwüsten, so daß es zur Wüste (ארץ שממה) wird.
Als 'Erdboden' kommt ארץ in vielen Verbindungen vor. Von der Erde mißt man die Höhe (Ez 41,16; 43,14; vgl. 42, 6), das Pferd scharrt die Erde (Hi 39, 24), man pflügt und teilt die Erde (Ps 141,7). Verschiedene Handlungen werden auf den Boden bezogen. Abisai will Saul an den Boden spießen (1 Sam 26, 8); Abner schlägt den ihn verfolgenden Asahel zu Boden (2 Sam 2, 22); Amasas Eingeweide wird zur Erde geschüttet (2 Sam 20,10); Joas schlägt dreimal mit Pfeilen auf den Boden (2 Kön 13,18; vgl. Rost 81). David sagt: Möge mein Blut nicht auf den Boden fallen, d.h. unbeachtet werden (1 Sam 26, 20); „kein Haar deines Sohnes soll auf die Erde fallen" (2 Sam 14,11; vgl. 1 Kön 1, 52); „kein Wort JHWHs wird zu Boden fallen", d.h. unerfüllt bleiben (2 Kön 10,10); „meine Leber wurde ausgeschüttet zur Erde", d.h. ich war völlig verzweifelt (Kl 2,11).
Zu Boden geschlagen oder geworfen werden heißt Niederlage. Der Ausdruck kommt in mehreren Varianten vor: Babel wird zu Boden gestreckt (Jes 14,12; 21, 9), ebenso Ägypten (Ez 32, 4); „der Feind tritt mein Leben zu Boden" (Ps 143, 3); JHWH schlägt die Gottlosen bzw. die Hochmütigen zu Boden (Ps 147, 6; Ez 28,17); die hochragende Stadt wird zu Boden gestürzt (Jes 26, 5; par. mit עפר 'Staub'; vgl. Dan 8,7. 10.12). Edom sagt hochmütig: „Wer kann mich zu Boden stürzen?" (Ob 3). „Ihr werft die Gerechtigkeit zu Boden", sagt Amos (5,7); ähnliche Ausdrücke vom Heiligtum Ps 74,7, von der Krone des Königs Ps 89, 40, von seinem Thron Ps 89, 45.
Der Trauernde setzt sich auf den Boden (Hi 2,13; Kl 2, 21; Ez 26,16), ebenso wer seiner Machtstellung beraubt worden ist (Jes 3, 26; 47,1; Ob 3). Verehrend wirft man sich zu Boden (השתחוה Ex 34, 8; Jes 49, 23 u.ö.) – vor JHWH (Gen 24, 52; Neh 8, 6), vor dem König (1 Sam 25, 23) oder vor einem Propheten (1 Kön 1, 31; Rost 81).
Nach Gen 2, 7 wird der Mensch aus Staub (עפר) von der Erde (→ אדמה) geschaffen. Der also aus Staub entstandene Mensch kehrt zur Erde zurück (Pred 12,7; vgl. Hi 10, 9; Gen 3,19 hat עפר). Parallel stehen עפר und ארץ Ps 22, 30; Jes 25,12; 26, 5 und vielleicht 34,7. „Staub der Erde" ist auch Bild der Vielheit und Unzählbarkeit („wie der Staub der Erde" Gen 28,14; Ex 8,12f.; 2 Sam 22, 43; vgl. „wer kann den Staub der Erde messen?" Jes 40,12).
3. Die Erde ist ארץ חיים 'Land der Lebenden' (oder 'des Lebens'), d.h. die Erde als Ort des Menschenlebens wird in Gegensatz zum Totenreich gesetzt (Jes 38,11; 53, 8; Jer 11,19; Ez 26, 20; 32, 23–27. 32; Ps 27,13; 52,7; 116, 9; 142, 6; Hi 28,13). Mit pessimistischem Klang steht ארץ manchmal für das Erdendasein in Pred: 5,1; 7, 20; 8,14.16; 11, 2f.
Da das Totenreich in der Erde oder unter der Erde liegt, kann es als ארץ תחתית 'das untere Land' (Ez 31,14.16.18; 32,18. 24) oder תחתיות ארץ 'die unteren Teile der Erde' (Jes 44, 23; Ez 26, 20; Ps 63,10) bezeichnet werden. (In Ps 139,15 „ich wurde gewoben in der Tiefe der Erde" [תחתיות ארץ] wird wohl eine halb vergessene mythologische Vorstellung von der Entstehung des Menschen im Schoß der Mutter Erde vorliegen.) Außerdem kommen Ausdrücke wie תהומות הארץ 'die Tiefen der Erde' (Ps 71, 20) und מחקרי ארץ 'die Tiefen der Erde' (Ps 95, 4) vor.
Gelegentlich kann ein bloßes ארץ (wie das akk. *erṣetu*) die Unterwelt bezeichnen oder jedenfalls eine Verbindung mit Scheol andeuten (Stadelmann 128.167), z.B. Jes 26,19 „Die Erde wird die Schatten wieder gebären". „Die in die Erde herabfahren" sind jedenfalls die Verstorbenen

(Jon 2,7; Ps 22, 30; vgl. Hi 17,16); der Ausdruck hat eine direkte Parallele im ugar. *jrdm 'rṣ* (Dahood, Mélanges E. Tisserant, 1964, I 85, Lipiński 325ff.).

Wie die Unterwelt der Sumerer und Akkader ein Land ohne Wiederkehr ist, so ist auch hebr. *še'ōl* ein Land der Finsternis und des tiefen Dunkels, wovon man nicht zurückkehrt (Hi 10, 21). Es ist „ein Land des Vergessens" (ארץ נשיה Ps 88,13). Da JHWH der Gott der Lebendigen ist, gehört die Unterwelt nicht zu seinem Machtbereich. Einige Texte behaupten jedoch, daß er auch dort zugegen ist (Ps 139, 8, vgl. Jon 2, 3).

4. Wenn ארץ ein begrenztes Gebiet bezeichnet, m.a.W. 'Land' heißt, kann es auf verschiedene Weisen näher bestimmt werden, z.B.:

a) durch einen Gen., der die Himmelsrichtung angibt: ארץ צפון 'Land des Nordens' (Jer 3,18; 16,15; 23, 8; Sach 6, 6. 8, ארץ הנגב 'Land des Südens' (Gen 24, 62; Num 13, 29; Ri 1,15), ארץ מבוא השמש 'Land des Sonnenuntergangs' (Sach 8,7), ארץ מזרח 'Land des Sonnenaufgangs' (Sach 8,7) und ארץ קדם 'Land des Ostens' (Gen 25, 6).

b) Durch topographische Bestimmungen, z.B. ארץ הככר 'Land des Kreises', d.h. die Jordanebene (Gen 19, 28), ארץ העמק 'das Talgebiet' (Jos 17,16), ארץ המישור 'Land der Ebene' (Jer 48, 21); ארץ הכרמל das „Gartenland" (Jer 2,7); hierher gehört vielleicht auch ארץ (ה)גלעד, das Ostjordanland, falls גלעד ursprünglich eine Naturbezeichnung ist: 'unebenes Gelände' (Ottosson 15f.).

c) Durch einen Gen., der das Land in Beziehung zu einer Person oder einer Gruppe setzt, z.B. ארץ מולדת, Heimatland (Gen 11, 28; 24,7; 31,13; Jer 22,10; 46,16; Ez 23,15; Ruth 2,11), ארץ אבות 'Land der Väter' (Gen 31, 3; 48, 21); ארץ מגוריך 'Land deiner Fremdlingschaft' (Gen 28, 4; Ex 6, 4; Ez 20, 38), ארץ אחזתם 'Land ihres Besitzes' (Gen 36,43; Lev 14,34; 25,24; Num 35,28; Jos 22, 4. 9), ארץ ירשתו 'Land seines Eigentums' (Deut 2,12; 1 Kön 9,19; Jer 51, 28; 2 Chr 8, 6), ארץ שביהם 'Land ihrer Gefangenschaft' (1 Kön 8,47; Jer 30,10; 46,27; Neh 3, 36; 2 Chr 6, 37f.), ארץ איביהם 'Land ihrer Feinde' (Lev 26, 41. 44; vgl. 26, 34. 38; 1 Kön 8, 48; Jer 31,16).

d) Durch den Gen. des Namens des Landes oder des Volkes, das es bewohnt, z.B. ארץ מצרים Ägypten, der am häufigsten belegte Landesname (Plöger 100ff.), ארץ כנען Kanaan, das nie ein Reich im politischen Sinn war, sondern eher ein Siedlungsgebiet von wechselndem Umfang (de Vaux; Aharoni 61ff.), ארץ מואב Moab, ארץ אדום Edom, die beide politische Hoheitsgebiete waren (Plöger 115ff.), ארץ הכנעני 'Land des Kanaanäers' (Ex 13, 5.11; Deut 1,7; Jos 13, 4 usw.), ארץ האמרי 'Land des Amoräers' (immer Sing.); vgl. akk. *māt amurri* (Am 2,10; Ex 3,17; 13, 5; Num 21, 31; Jos 24, 8; Ri 10, 8; 11, 21), ארץ פלשתים 'Land der Philister' (Gen 21, 32. 34; Ex 13,17; 1 Sam 27,1; 29,11 usw.), ארץ כשדים 'Land der Chaldäer' (Jes 23,13; Jer 24, 5; 25,12 usw.), ארץ בני עמון 'Land der Ammoniter' (Deut 2,19). Merkwürdigerweise ist die Bezeichnung ארץ ישראל selten (als Bezeichnung des ganzen Landes nur 1 Sam 13,19; Ez 40, 2; 47,18; 1 Chr 22, 2; 2 Chr 2,16; 34,7, sonst 2 Kön 5, 2. 4; 6, 23; Ez 27,17; 2 Chr 30, 25 mit Bezug auf Nordisrael), was vielleicht dadurch zu erklären ist, daß ארץ das Gebiet jedes Stammes bezeichnete, z.B. ארץ גד, ארץ נפתלי; vgl. v. Rad 88f.; ארץ בנימין Jer 1,1. Ez 35,10 werden Juda und Israel „die zwei Länder" genannt, 1 Chr 13, 2 heißt es בכל ארצות ישראל 'in allen Stammgebieten Israels'. Noch Jer 12,15 steht „in sein Land zurückkehren" parallel zu „zu seinem Erbteil", gemeint ist also: in sein Stammgebiet zurückkehren. – Dagegen kommt אדמת ישראל 16mal in Ez vor.

e) Durch den Namen einer Stadt oder eines Fürsten, z.B. *'æræṣ tappūaḥ*, Jos 17, 8, *'æræṣ ra'amses*, Gen 47,11, *'æræṣ hammiṣpāh* Jos 11, 3, *'æræṣ ḥamāt* 2 Kön 23, 33; 25, 21; Jer 39, 5; 52, 9.27; vgl. moabit. ארץ עטרת KAI 181,10 (im Phön. ist *'rṣ* 'Stadtstaat', eine Bedeutung, die Dahood (Bibl 47, 1966, 280) auch in Spr 29, 4; 31, 23; Pred 10,16; 2 Chr 32, 4 findet; im Akk. wird *erṣetu* auch für eine Stadt und ihr Verwaltungsgebiet gebraucht, s. Watson, VT 20, 1970, 501f.), *'æræṣ sīḥōn* Deut 4, 46, *'æræṣ 'ōg* Deut 4, 47. Auch Bergnamen kommen vor, z.B. *'æræṣ 'arārāṭ*, 2 Kön 19, 37; Jes 37, 38, *'æræṣ hammōrijāh*, Gen 22, 2.

5. Theologisch bedeutsam sind vor allem die Aussagen, die sich auf das Land Kanaan beziehen. Die Abgrenzung des Landes ist nicht immer genau. Gen 15,18 wird die größte Ausdehnung durch den Ausdruck „vom Bach Ägyptens bis zum Euphrat" angegeben, sonst heißt es ganz allgemein „das Land der Kanaanäer" (Ex 3,17; Num 34, 2) oder „der Amoriter" (Deut 1,7); auch das Gebiet östlich des Jordan gehört dazu (Num 32,1ff.; Deut 2, 24ff.; Jos 13, 8–33; 22; Ps 135,11f.; 136,19–22; vgl. Ottosson 74ff. 119f.).

Dieses Land gehört eigentlich JHWH; es wird „sein Erbteil" (→ נחלה) genannt (1 Sam 26,19; 2 Sam 14,16; Jer 2,7; 16,18; 50,11; Ps 68,10; 79,1), einmal אדמת יהוה Jes 14,2; vgl. אדמתי 2 Chr 7, 20, אחזת יהוה vom Land westlich des Jordan Jos 22,19. Auch vom Ostjordanland heißt es „Gilead, du gehörst mir" (אתה לי) Jer 22, 6; Ps 60, 9; 108, 9.

In Lev 25, 23 wird dieser Besitztumsanspruch so stark betont, daß die Israeliten als Gäste und Fremdlinge betrachtet werden: „Und das Land (הארץ) soll nicht für immer verkauft werden, denn mir gehört das Land (כי לי הארץ), und ihr seid Gäste (→ גר) und Beisassen bei mir (s. Wildberger 404ff.). Die Regeln für Sabbat- und Halljahr in Lev 25 sind nur unter der Voraussetzung zu verstehen, daß das Land eigentlich JHWHs Besitz ist. Dem Besitzer des Landes muß man gehorchen, wenn man dort in Frieden leben will. Ungehorsam gegen JHWH verletzt den sakralen Charakter des Landes: Jer 2,7 „ihr kamt und entweihtet *mein* Land und machtet mein Eigentum zu einem Greuel"; Jer 16,18 „ich vergelte ihnen doppelt ihre Schuld ... denn sie haben *mein* Land mit dem Aas ihrer Scheusale entweiht, mein Erbe mit ihren Greueln erfüllt". Ja, man kann von Israel sagen: „Diese sind JHWHs Volk und sie sind von *seinem* Land hinausgezogen" (Ez 36, 20). JHWH kann auch nicht die Übergriffe anderer Völker gegen sein Land dulden. Er spricht mit Eifersucht gegen Edom und andere Völker „denen man *mein* Land zum Besitz gab" (Ez 36, 5). Jo 1, 6 spricht von „einem Volk, das gegen *mein* Land heraufgezogen ist". Die Feinde werden das Land vergebens angreifen. So heißt es von Assur Jes 14, 25: „Zerschmettern will ich Assur in *meinem* Land und ihn auf meinen Bergen zertreten"; oder Jo 2,18: „JHWH eiferte für *sein* Land und erbarmte sich seines Volkes" und 4, 2 wird vorhergesagt, daß die Völker im Tal Josaphat verurteilt werden sollen, „weil sie *mein* Land verteilt haben". Von Gog heißt es „Ich werde dich über *mein* Land kommen lassen, damit die Völker mich kennenlernen" (Ez 38,16). Nur Hos 9, 3 hat den Ausdruck ארץ יהוה in einem Kontext, wo vom Abfall des Volks die Rede ist: „Sie werden nicht in JHWHs Land bleiben dürfen" – sie müssen zurück nach Ägypten und nach Assyrien entführt werden. In diesen Belegen stehen meist Volk und Land parallel (vgl. Deut 32, 9). Dieser Gedanke wird vor allem von Deut ausgeführt, indem das Land als das Erbe ganz Israels betrachtet wird (Deut 4, 21. 38; 12, 9; 19,10; 20,16; 21, 23; 24, 4; 25,19; auch Ps 135,12). In den Texten, die über die Verteilung des Landes berichten, ist übrigens der נחלה-Begriff mit dem Herrschaftsgebiet des Stammes verbunden (v. Rad 88, Lipiński 411).

Die Vorstellung von Kanaan als JHWHs Land gibt JHWH die Stellung eines Landesgottes. Ebenso wie Kemoš über das Land Moab herrscht, beherrscht JHWH sein Gebiet (KAI 181, 5ff.). Diese Auffassung wird oft Fremden in den Mund gelegt (2 Kön 5,17; 18, 33ff.; Jes 36,18ff.). JHWH wohnt im Land, inmitten des Volkes (Num 35, 34) – so gehören Land, Volk und Gott zusammen. In fremden Ländern, unter fremden Völkern herrschen auch andere Götter (1 Sam 26,19; Hos 9, 3f.; Am 7,17). Durch heidnischen Kult wird das Land unrein und „speit seine (artfremden) Bewohner aus" (Lev 18, 25). So ist es den Kanaanäern gegangen; aber wenn sich Israel vom fremden Kult fernhält, wird es vom Land nicht ausgespieen werden (Lev 18, 28; 20, 22).

Es wird betont, daß Israel das Land nicht durch eigenen Verdienst erworben, sondern es als Gabe Gottes erhalten hat (Deut 1, 36 usw.). Wegen ihrer Gottlosigkeit wurden die früheren Bewohner von JHWH vertrieben und das Land den Israeliten gegeben (Deut 1, 8 usw.).

Als JHWHs Erbteil erhält das Land überschwengliche Epitheta. Es ist „das gute Land" (→ טוב Ex 3, 8; Num 14,7; Deut 1, 25 usw.), ein Ausdruck, der „Fruchtbarkeit, Reichtum, Schönheit – kurz: die Fülle des Segens" in sich vereinigt; „es ist das vortrefflich gesegnete, herrliche Land" (Plöger 90). Deut 8,7–10 spricht hymnenartig von Wasserreichtum, Fruchtbarkeit, Überfluß an Nahrung und Erzvorkommen; in Deut 11,10–12 findet sich auch ein ästhetisches Element (Plöger 89). Es ist ferner ein Land, wo Milch und Honig fließt (Num 13, 27; Deut 6, 3; 11, 9; 26, 9.15; 27, 3; Jer 11, 5; 32, 22). Diese Erzeugnisse können als Gottesgeschenke betrachtet werden und der Ausdruck kann einen paradies-mythologischen Hintergrund haben. Manchmal ist auch vom „weiten Land" (ארץ רחבה) die Rede (Ex 3, 8; Neh 9, 35; vgl. רחבת ידים Ri 18,10; Jes 22,18; 1 Chr 4, 40, was wohl weniger nationale Grenzen bezeichnen will, sondern eher im Anschluß an „nomadisches Lebensgefühl" Freiheit und Glück andeutet. Ferner kommen Ausdrücke vor wie ארץ חמדה 'Land der Lieblichkeit', 'köstliches Land' (Jer 3,19; Ps 106, 24) und ארץ צבי 'das herrliche Land' (Dan 8, 9; 11,16. 41).

Durch die Erzvätererzählungen geht wie ein roter Faden die Verheißung des Landes (Gen 12,7; 13,15.17; 15,18; 17,8; 24,7; 26, 3f. (Plur. „Länder"); 28,13f.; 35,12; 48, 4; 50, 24). Die beiden zentralen Stellen sind nach Hoftijzer Gen 17,1–8, wo Abraham eine zahlreiche Nachkommenschaft, die „das ganze Land Kanaan zu ewigem Besitz" erhalten soll, versprochen wird, und Gen 15, wo die Verheißung zahlreiche Nachkommen (v. 5) und das Land (v. 7), aber erst in der vierten Generation (v. 16), zusagt. Die übrigen Hinweise auf diese Verheißungen sind nach Hoftijzer traditionsgeschichtlich sekundär. In 12,1 formuliert J seine eigene Version der Verheißung: „Gehe hinweg aus deinem Vaterlande ... in das Land, das ich dir zeigen werde, so will ich dich zu einem großen Volk machen und dich segnen ... und durch dich werden alle Geschlechter der Erde gesegnet werden (oder: sich segnen → ברך)." Sehr fein wird der Bruch mit dem väterlichen Geschlecht und dem Vaterland sowie Abrahams Aufbruch auf die Verheißung hin dargestellt. Die Schlußworte sind nicht eindeutig, sehen aber offenbar Folgen für die ganze Erde (Welt) von Abrahams Gehorsam voraus.

Nach Alt bezog sich die ursprüngliche Verheißung, den Lebensinteressen der Nomaden entsprechend, auf Nachkommenschaft, während die Landverheißung durch das Seßhaftwerden hinzugekommen ist (Gott der Väter = KlSchr I 1–78). G.v.Rad meint, der Landnahmegedanke habe nicht der alten Kultsage zugehört, sondern gehe auf die vorjahwistische Väterreligion zurück. Die Landverheißung beziehe sich ursprünglich auf die Erzvätergruppe und sei nachträglich auf den Zwölfstämmebund übertragen worden (Formgesch. des Pentateuchs = ThB 8, 9. 86; Verheißenes Land, ebd. 87–100). Nach Noth gehören sowohl Landverheißung als auch die Zusage der Nachkommenschaft zur Väterreligion; durch die Verbindung von Erzvätergeschichte und Auszugs- und Landnahmetraditionen hat das Element der Erfüllung in der Patriarchenerzählung an Bedeutung verloren und ist auf die Landnahmetradition verlegt worden, s. auch Plöger 63ff.).

Das Deut versteht die Erzvätererzählung ausschließlich im Sinne von Landverheißung. „Landbesitz ist Voraussetzung für die Existenz und Bedingung für das Fortleben des Volkes. Verlust des Landes bedeutet das Ende der nationalen Existenz“ (Plöger 81). „Das Land, das JHWH den Vätern zugeschworen hat“ ist ein Lieblingsausdruck des Deut (1, 8. 35; 6,10.18. 23; 8,1; 10,11; 11, 9; 19, 8; 26, 3; 30, 20; 31,7. 23; auch mit אדמה, Plöger 63f., Wijngaards 77ff.). Es wird betont, daß Israel das Land nicht wegen seiner eigenen Gerechtigkeit besitzt, sondern wegen der Gottlosigkeit seiner früheren Bewohner und „um das Wort zu halten“ (Deut 9, 4ff.). 4, 37f. gibt die Liebe JHWHs zu Abraham als den äußersten Grund für den Landbesitz an.

Es steht aber fest, daß das Land „der Lebensraum für die Gesetzeserfüllung ist“ (Plöger 91f.). Mehrmals wird betont, daß das Volk das Gesetz lernen soll, „damit es danach handle in dem Land, das JHWH gibt“ (Deut 4, 5.14; 5, 31; 6,1; 11, 31f.). Ebenso heißt es 12,1: „Dies sind die Gesetze und Satzungen, die ihr beachten sollt, um sie zu tun in dem Lande ... alle Tage, die ihr im Lande lebt.“ Oft wird die formelhafte Einleitung gebraucht: „Wenn du in das Land kommst, das JHWH, dein Gott, dir geben wird.“ Das Elterngebot verspricht langes Leben im Lande (vgl. Wijngaards 41) für die, die es halten – hier wird aber אדמה gebraucht. Aber auch sonst werden Gehorsam und Ungehorsam Folgen für das Land haben. In der Segen- und Fluchreihe Deut 28 werden Segen für das Land (v. 8) und seine Frucht (v.11) und Fluch über die Frucht des Landes (v.18) erwähnt; schließlich wird auch unter den Folgen des Fluchs die Vertreibung aus dem Lande genannt (v. 63). Das (späte?; vgl. Lohfink, Höre Israel, 1965, 87ff.) Kap. 4 rechnet ebenso mit der Ausrottung aus dem Lande als Folge des Ungehorsams (v. 26): „Ihr werdet nicht lange darin wohnen, sondern gänzlich daraus vertilgt werden“ (vgl. Wijngaards 41). Aber schon im Schlußkapitel des H (Lev 26) finden sich ähnliche Gedanken: Wenn das Volk in Gottes Satzungen wandelt, wird er „Frieden schaffen im Lande“ (v. 6), wenn nicht, wird das Land seinen Ertrag nicht geben (v. 20), JHWH wird das Land verwüsten (v. 32), das Volk wird in die Länder seiner Feinde gehen (v. 26), und „das Land eurer Feinde wird euch verzehren“ (v. 38).

Die früheren Propheten stellen in der Regel den Landbesitz nicht in Frage. Dagegen finden sich gelegentlich Hinweise auf feindliche Verheerung des Landes (Jes 1,7 „euer Land liegt wüste (שממה)“ 6,12 „groß wird die Verödung sein im Land“; 9,18 „durch den Grimm JHWHs wurde das Land verbrannt“; Mi 7,13 „das Land wird wüste sein“). Viel häufiger wird das Land bei Jer und Ez erwähnt; als neues Element kommt hier die Exilierung aus dem Land „in die Länder“ hinzu. So finden sich bei Jer Aussagen wie diese: JHWH hat Israel ein liebliches Land geben wollen (3,19), und wenn sie ihren Wandel bessern wollen, werden sie im Lande bleiben dürfen (7,7); das Volk hat das Land durch seine Sünden verunreinigt (2,7), aber so wie sie im eigenen Lande fremden Göttern gedient haben, werden sie jetzt Fremden dienen im fremden Land (5,19); JHWH wird sie aus dem Land in ein unbekanntes Land verstoßen (16,13; vgl. von Jojachin 22, 26). Schließlich aber will JHWH sie zurückführen in das Land, das er den Vätern gegeben hatte (3,18; 24, 6; 30, 3).

Ez weiß, daß das Land von Blutschuld voll ist und daß man sagt „JHWH hat das Land verlassen“ (9, 9). In Kap. 20 erzählt er die ganze Erwählungs- und Abfallsgeschichte des Volkes in der üblichen Terminologie: JHWH hat geschworen, Israel aus dem Lande Ägypten herauszuführen „in ein Land, das ich ihnen bestimmt hatte, das von Milch und Honig fließt und ein Kleinod ist vor allen Ländern“ (v. 6). Die Abfälligen führte er aber nicht ins Land (v.15). Als die Israeliten ins versprochene Land gekommen waren, haben sie jedoch den Götzen geopfert (v. 28) und deshalb in die Verbannung gehen müssen (v. 23, 32). Jetzt aber wird JHWH sie aus den Ländern versammeln (v. 34), und „auf meinem heiligen Berg ... wird mir das ganze Haus Israel dienen im Lande“ (v. 40). Die Idee vom Versammeln der unter den Völkern Zerstreuten (12,15; 20, 23; 22,15) und der in den Ländern Versprengten ist in den Heilsaussagen Ezechiels ein beliebtes Thema (20, 41; 34,13; 36, 24); „dann werdet ihr wohnen bleiben im Lande, das ich euren Vätern gegeben habe“ (36, 28).

Ottosson

ארר מְאֵרָה

I.1. Etymologie, Formen – 2. *arāru* I im Akk. – II. ארר im Hebr. – 1. Die *'ārūr*-Formel im AT – 2. Andere Formen der Wurzel *'rr* im AT – 3. ארר in hebr. Inschriften, in Qumran und LXX – III. Das Wortfeld „Fluch" – 1. in der Umwelt des AT – 2. im AT – IV. Die religiöse Bedeutung des Fluchs – 1. in der Umwelt Israels – 2. in Israel.

Lit.: → אלה, ferner: *P. Buis*, Deutéronome XXVII 15–26: Malédictions ou exigences de l'Alliance (VT 17, 1967, 478f.). – *L. Dürr*, Die Wertung des göttlichen Wortes im AT und im antiken Orient (MVÄG 42/1, 1938). – *F.Ch. Fensham*, Malediction and Benediction in Ancient Near Eastern Vassal-Treaties and the OT (ZAW 74, 1962, 1–9). – *Ders.*, Common Trends in Curses of the Near Eastern Treaties and Kudurru-Inscriptions compared with the Maledictions of Amos and Isaiah (ZAW 75, 1963, 155–175). – *S. Gevirtz*, West-Semitic Curses and the Problem of the Origins of Hebrew Law (VT 11, 1961, 137–158). – *P. Heinisch*, Das „Wort" im AT und im Alten Orient (BZfr X 7/8, 1922). – *D.R. Hillers*, Treaty Curses and the OT Prophets (Rom 1964). – *B. Landsberger*, Das „gute Wort" (MAOG 4, 1928/29). – *I. Lewy*, The Puzzle of Dt 27 (VT 12, 1962, 207–210). – *H.-P. Müller*, Ursprünge und Strukturen at.licher Eschatologie (BZAW 109, 1969, 129–171). – *M. Noth*, „Die mit des Gesetzes Werken umgehen, die sind unter dem Fluch" (In piam memoriam A. von Bulmerincq = Abh. d. Herder-Ges. u. d. Herder-Inst. zu Riga VI/3, Riga 1938, 127–145, jetzt in: Gesammelte Studien z. AT = ThB 6, ³1966, 155–171). – *G. Offner*, A propos de la sauvegarde des tablettes en Assyro-Babylonie (RA 44, 1950, 135–143). – *A. Parrot*, Malédictions et violations de tombes (Paris 1939). – *J. Pedersen*, Israel. Its life and culture, I (London ²1946) 411–452. – *J. G. Plöger*, Literarische, formgeschichtliche und stilkritische Untersuchungen zum Deuteronomium (BBB 26, 1967, 130–217). – *A. Schächter*, Bundesformular und prophetischer Unheilsspruch (Bibl 48, 1967, 128–131). – *J. Scharbert*, Solidarität in Segen und Fluch im AT und in seiner Umwelt (BBB 14, 1958). – *W. Schottroff*, Der israelitische Fluchspruch (WMANT 30, 1969). – *H. Schulz*, Das Todesrecht im AT (BZAW 114, 1969), bes. 61–70. – *M. de Tuya*, El problema bíblico de las imprecaciones (Ciencia Tomista 78, 1951, 171–192; 79, 1952, 3–29). – *K.R. Veenhof*, An Aramaic Curse with a Sumero-Akkadian Prototype (Bibliotheca Orientalis 20, 1963, 142–144).
Zu den Fluchpsalmen: *F. Baumgärtel*, Der 109. Psalm in der Verkündigung (Monatsschr. f. Pastoraltheol. 42, 1953, 244–253). – *H.A. Brongers*, Die Rache- und Fluchpsalmen im AT (OTS 13, 1963, 21–42). – *E. Charpentier*, Comment prier les „Psaumes de malédiction"? (Bible et Vie Chrétienne 41, 1961, 52–57). – *P. van Imschoot*, in: BL² 488f. – *O. Keel*, Feinde und Gottesleugner (SBM 7, 1969, 226–231). – *A. Miller*, Fluchpsalmen und israelitisches Recht (Angelicum 20, 1943, 92–101). – *G. Sauer*, Die strafende Vergeltung Gottes in den Psalmen (Diss. Basel 1957, vgl. ThLZ 83, 1958, 721f.). – *Ders.*, in: BHHW I, 488f. – *R. Schmid*, Die Fluchpsalmen im christlichen Gebet (Theologie im Wandel = Festschr. d. Kath.-theol. Fakultät Tübingen 1817–1967, 1967, 377–393). – *F. Steinmetzer*, Babylonische Parallelen zu den Fluchpsalmen (BZ 10, 1912, 133–142, 363–369).

I.1. Die semit. Wurzel *'rr* ist im Südarab. (Soqotri), Äth. (Tigre), Akk. und Hebr. nachgewiesen. Im Akk. scheint *arāru* in zwei (AHw) oder drei (CAD) Wurzeln zu zerfallen: a) *arāru* I 'verfluchen' mit den Ableitungen *arru* (Verbaladj.) 'verflucht', *āriru* 'Verfluchungspriester' (?), *arratu* und *erretu* 'Fluch'; b) *arāru* II 'zittern, flackern, brennen, erregt sein'; c) *arāru* III (s. AHw *erēru*) 'faulen'. Das arab. *'arra* '(sexuell) erregen, fortjagen' dürfte mit dem akk. *arāru* II zusammengehören; soqotri *'erer* 'fluchen' (W. Leslau, Lexique soqotri, Paris 1938, 11) und Tigre *'arar* 'Schande' sind dagegen sicher mit akk. *arāru* I und hebr. ארר verwandt. Das hebr. ארר kommt nur in dem Bedeutungsfeld 'verfluchen' vor. Im AT ist am häufigsten das Ptz. pass. *qal* in der sog. *'ārūr*-Formel belegt (39mal). Andere Formen des *qal* kommen noch 14mal verstreut über das ganze AT vor. Das *niph* (Mal 3, 9) und das *hoph* (Num 22, 6) sind nur je einmal, das *pi* 7mal (Gen 5, 29 im Perf. 3. P. Sing. und in Num 5,18–27 das Ptz. Pl. in der Wendung *hammajim hamm^{e}'ār^{a}rīm* „das fluchwirkende Wasser") belegt. An Ableitungen begegnet uns nur das Nomen מארה 'Fluch' (5mal).

2. Die Belege für akk. *arāru* I lassen sich etwa auf folgende Zusammenhänge verteilen (Belegstellen s. in AHw, CAD, Brichto [→ אלה Lit.] 115–118, Schottroff 31–35, 69f.): a) Formelhafte Sätze wie „Der Gott A (und der Gott B) verfluche (*li-ru-ur*) N.N. (mit einem bösen Fluch *erretam maruštam*)" u.ä. finden sich als Sanktionen von Verträgen, autoritativen Anordnungen, privaten Abmachungen zwischen gleichberechtigten Bürgern, auf Urkunden, Bauinschriften und Grenzsteinen. Dadurch soll der Partner vor dem Bruch des Vertrags oder der Abmachung, der Untertan vor Übertretung der Anordnung, der Frevler vor der Fälschung der Urkunde oder vor der Beschädigung des Bauwerkes, des Grabs u. dgl. abgeschreckt werden. Statt der Nennung der bedrohten Person kann als vom Fluch bedrohtes Objekt auch die „Königsherrschaft" eines anderen oder nachfolgenden Königs, das „Geschick" (*šimtu*) oder das „Land" genannt sein. Ein solcher Satz ist als indirekte Aufforderung an die genannten Gottheiten gedacht, den Rechtsbrecher im gegebenen Fall mit Unheil zu überziehen. Bei der Bedeutung, die die Akkader dem wirkmächtigen, schicksalbestimmenden Wort der Götter beimessen (vgl. die Untersuchungen von Dürr, Heinisch und Landsberger), ist anzunehmen, daß das „verfluchen" im Sinn des Aussprechens einer das gemeinte Böse herbeizwingenden oder es auslösenden Fluchformel gemeint ist. – b) In Omina sind Sätze

belegt wie „Der Gott N.N. verflucht / hat verflucht das Land" (*māta irrar / ītarar*) o.ä. Ein solcher Satz ist jeweils die Folgerung, die aus einem als Unheilszeichen aufgefaßten Ereignis gezogen wird. Ob hier das Verbum *arāru* so verstanden wurde, daß man glaubte, die Götter sprächen vor Eintritt des angekündigten Unheils eine Fluchformel aus, oder ob man es im Sinn von 'Unheil beschließen' bzw. 'bewirken' verstand, ist nicht mit letzter Sicherheit zu klären. – c) Mit menschlichen Personen als Subjekt wird das Verbum weniger formelhaft verwendet. Feinden traut man zu, daß sie ihren Gegner oder dessen Vater „verfluchen" und so Unglück über ihn bringen. Der König „verflucht" einen unbotmäßigen Untertan, der Vater einen ungeratenen Sohn, und Vertragschließende 'verfluchen' sich selbst oder gegenseitig für den Fall des Vertragsbruchs. Daß dabei Fluchformeln ausgesprochen wurden, ist selbstverständlich; das wird noch bestätigt durch das in solchem Zusammenhang sich findende innere Objekt *arratam īrur* „er verflucht mit einem Fluch" und durch Stellen wie Gilg. VII 5–20, wo auf die Mitteilung, daß Enkidu „entbrannte, die Dirne zu verfluchen" (*arāra*), der Wortlaut einer langen Fluchformel folgt. – d) Wenn aber untergeordnete Personen (Untertanen eines Königs, Sklaven, Hofpersonal) Subjekt und Hochgestellte (ein König, der Herr des Sklaven, Haremsdamen) Objekt des *arāru* sind, scheint die Bedeutung 'verfluchen' gegenüber der Bedeutung 'respektlos über N.N. reden' oder 'respektlos sich gegenüber N.N. benehmen' zurückgetreten zu sein und dem hebr. *qillēl* (→ קלל und unten III. 2.) nahezukommen. An einen förmlichen Fluch ist hier kaum gedacht (vgl. CAD I/2 s.v. *arāru* A 2). Ein solches Verhalten wird zwar mit Strafe bedroht, gilt aber nicht als gefährlich, offenbar weil ein solches „Fluchen" keine wirkmächtige Kraft hat. Demnach scheint *arāru* im Sinn von „verfluchen" nur dann verstanden werden zu können, wenn eine Person, die über Autorität verfügt (Götter, Könige, die Eltern), oder die ein Rechtsgut zu verteidigen hat (bei Verträgen und Rechtsgeschäften, gegen einen hinterhältigen Feind), eine Fluchformel ausspricht. – e) Das Nomen *arratu* bzw. *erretu* bezeichnet in der Regel förmliche Flüche, Fluchformeln, die ausgesprochen werden und darum „auf den Lippen sind" oder die auf einer Urkunde „aufgeschrieben sind". Solche Flüche fürchtet man, besonders wenn sie durch die eigenen Eltern formuliert wurden oder wenn man glaubt, daß sie die Götter ausgesprochen haben. Dabei scheinen die Nomina *arratu* und *māmītu* 'Eid, Bann' in bestimmten Gebrauchsweisen annähernd synonym zu sein (vgl. Šurpu IV 58 (*arratu*) und V 42ff. (*māmītu*). Beide sind, einmal ausgesprochen und bei vorliegenden Bedingungen in Kraft gesetzt, wirksam, indem sie das in dem betreffenden Fluchwort genannte Unglück herbeiführen. Aber beide sind trotz des sich bisweilen findenden Attributs *arrat / māmīt lā napšuri* „ein unlösbarer Fluch" aufhebbar durch ebenso und noch stärker wirksame Beschwörungsformeln oder durch einen gegenteiligen Entscheid einer Gottheit, die man darum bittet. Die ganze reichhaltige Beschwörungsliteratur und die Klagepsalmen dienen u.a. diesem Zweck. f) Bisweilen bezeichnet das Nomen freilich auch das durch den Fluch ausgelöste Unheil. Dann heißt es, daß die *arratu* den Menschen „packt", „überfällt" und ihn „in Entsetzen und Schrecken stürzt". Schließlich kann das Nomen ähnlich wie das hebr. → אלה (unten IV.) und *qᵉlālâh* (→ קלל) metonymisch für die vom Fluch unheilvoll getroffene Person gebraucht werden; sie ist ein „Götterfluch" (*arrat ilāni*). – Trotz zahlreicher Fluchformeln, in denen der Stamm *arāru* gebraucht wird, ist bisher keine Formel aus dem Akk. bekannt, die der hebr. *'ārūr*-Formel entspräche.

II. 1. Unter den Anwendungsweisen der hebr. Wurzel *'rr* nimmt eine auffallende Sonderstellung die mit dem Ptz. pass. *qal* gebildete *'ārūr*-Formel ein. Sie ist ein Nominalsatz mit dem vorangestellten Prädikat *'ārūr* und nachfolgendem Subjekt, das ein Pronomen der 2. oder der 3. Pers. Sing. oder Pl. oder eine Person oder eine Sache sein kann. Die Formel kann erweitert sein durch eine Begründung und durch eine den Inhalt des Fluchs näher beschreibende Entfaltung. Ob als Modus des Nominalsatzes die indikativische Feststellung des Verfluchtseins oder ein Wunsch gemeint ist, muß aus dem Zusammenhang geklärt werden. Jedoch ist mit Sicherheit als Modus die Wunschform nur in Jer 20,14f. wegen der Parallelaussage in v. 14b „er sei nicht gesegnet" (*'al jᵉhî bārūk*) anzunehmen; in 1 Sam 26,19, das von Schottroff 48 dafür noch in Anspruch genommen wird, liegt eigentlich nicht ein Wunsch, sondern ein Konditionalsatz vor. An allen anderen Stellen liegt das indikativische Verständnis am nächsten.

Als ursprünglicher Sitz im Leben ist für den Satz *'ārūr 'attāh*, bzw. *'ᵃrūrîm 'attœm* „verflucht bist du / seid ihr" die unmittelbare Reaktion einer Person auf ein gravierendes Fehlverhalten eines anderen anzunehmen, bei der sich der den Satz Aussprechende von dem anderen und seiner Tat nachdrücklich distanziert. An den entsprechenden Belegstellen im AT zeigt sich dabei aber, daß der von dem Fluch Getroffene zu dem den Fluch Sprechenden in einem Verhältnis der Unterordnung steht und aus einem Gemeinschaftsverhältnis, das Sicherheit, Recht oder Glück gewährte, ausgestoßen wird. So wird nach Gen 4,11 Kain nach dem Brudermord aus der Nähe Gottes und aus dem fruchtbaren Ackerland und nach Gen 3,14 die Schlange aus der Gemeinschaft der

Tiere durch Gott verstoßen und werden nach Jos 9, 23 die Gibeoniten nach Aufdeckung ihres Betrugs durch Josua aus dem Status von Vasallen in den Status von Hörigen zurückgestuft. Die adverbiale Bestimmung „aus (*min*) dem Ackerland / von allem Vieh fort" gehört ursprünglich nicht zur Formel, sondern ist wohl durch die erzählerische Ausgestaltung bedingt. Dagegen ist anzunehmen, daß schon zur Zeit, als die Formel geprägt wurde, Begründungen hinzugefügt werden konnten, etwa „Weil (*kī*) du das getan hast . . .", die in den Belegen immer der Fluchformel vorangehen (Gen 3, 14. 17). Auch eine vorausgehende Frage „Warum hast du das getan?" o.ä., an die die Fluchformel mit „Nun also" (*we'attāh*) angeschlossen wird (Gen 4, 11; Jos 9, 23), kann schon zum ursprünglichen Sitz im Leben gehören. Ebenso lag es nahe, zusammen mit der betroffenen Person auch deren Lebensbereich bzw. deren lebenswichtige Güter mit der Fluchformel zu belegen. So erklärt sich die Anwendung der Fluchformel auf das Ackerland in Gen 3, 17. In Deut 28, 16–19 rahmt die Verfluchung des „Du" die Verfluchung der Lebensgüter („Erntekorb", „Backtrog", „Leibesfrucht und Ackerfrucht") ein. Hier sieht man noch deutlich, daß das *'ārūr* eigentlich auch den Ausschluß aus der unter dem Segen stehenden Gemeinschaft, dem Stamm oder dem Volk, bezweckte. Die jetzige Formulierung von Deut 28, 16–19 nimmt den Fall an, daß entweder das ganze Volk („Du") oder der einzelne, ohne daß ihn die Gemeinschaft zur Rechenschaft zieht und ihn also deckt, das Bundesgesetz übertritt. Auch in diesem Fall wird der Fluch wirksam im gesamten Lebensbereich, was aber dann ausdrücklich durch die Umschreibung dieses Bereichs gesagt werden muß („in der Stadt" – „auf dem Feld", „bei deinem Heimkommen" – „bei deinem Hinausgehen"). Daß es sich dabei um den bäuerlichen Lebensbereich („Heimkommen" von der Feldarbeit und „Hinausgehen" zur Feldarbeit) handelt, hat Schottroff 61f. wahrscheinlich gemacht.

Die Umsetzung der Fluchformel in die 3. Person lag dann nahe, wenn die bedrohte Person nicht anwesend war oder wenn man sie, wie vielleicht in Gen 9, 25 vorausgesetzt, wegen ihres gemeinschaftszerstörenden Verhaltens sich nicht mehr unter die Augen kommen ließ, vor allem aber bei einem nicht verifizierbaren Verdacht gegen einen unbestimmten Kreis von Personen, auf die man eine Notlage zurückführte wie in 1 Sam 26, 19. Im letzteren Fall kann man aber die Fluchformel nur bedingt aussprechen (*'im*).

Die *'ārūr*-Formel bot sich ferner als geeignet an, wenn man Menschen vor der Übertretung einer erlassenen Anordnung, einer gemeinsam übernommenen Verpflichtung, einer umfassenden rechtlichen oder ethischen Ordnung abschrecken wollte. Die Formel ist dann die schärfste Form der Distanzierung der Gemeinschaft von dem ins Auge gefaßten Frevler. In solchem Zusammenhang ist sie bezeichnenderweise nur belegt mit Gott, mit dem König, mit Bevollmächtigten oder mit der ganzen Volksversammlung als Sprechern. In solchen Fällen handelt es sich immer um einen bedingten Fluch, der nur dann eintritt, wenn der zu verhindernde Tatbestand gegeben ist. Dieser das Wirksamwerden des Fluches auslösende Tatbestand kann auf zweierlei Weise umrissen werden a) durch Partizipialkonstruktion, b) durch einen Relativsatz „der Mann, der das oder jenes tut" bzw. „nicht tut" (*hā'īš 'ašær*, gelegentlich auch ohne *hā'īš*). In Erzählungszusammenhängen kommen beide Formen gleichberechtigt nebeneinander vor, wenn es aus einem konkreten Anlaß darum geht, etwas Unerwünschtes zu verhindern. In Ri 21, 18 wird derjenige mit der partizipialen Fluchformel bedroht, der den Beschluß der Stämmegemeinschaft, dem Stamm Benjamin das Konnubium zu verweigern, übertritt. Mit der Fluchformel in relativischer Formulierung wird in 1 Sam 14, 24 derjenige, der die vom König angeordnete Enthaltung nicht beachtet, und in Jos 6, 26 derjenige, der die Stadt Jericho wieder aufbaut, unter den Fluch gestellt. Die partizipiale Formulierung wird aber dann bevorzugt, wenn man rechtlich relevante Tatbestände zu verhindern sucht, welche das enge Zusammenleben in der Großfamilie, im Sippen- oder Stammesverband, in der Ortsgemeinde oder grundlegende Rechte der sozial schwachen Stammesgenossen bedrohen. Darum geht es in Deut 27, 16–25, einem „Dekalog" von zehn Fluchformeln, die die Tatbestände Entehrung der Eltern, Grenzverletzung, Gefährdung von Blinden, Rechtsbeugung gegen Fremde, Waisen und Witwen, Sexualverbrechen (Blutschande und Verkehr mit Tieren), Mord und Richter- oder Zeugenbestechung erfassen. Die Zehnerreihe ist kaum ursprünglich, sondern wohl erst bei ihrem Einbau in Deut 27 aus älteren kleineren Reihen und Einzelformeln zusammengesetzt worden; vor allem dürften die vier mit „Verflucht, wer schläft bei . . ." gebildeten Flüche gegen Sexualverbrecher schon vorher zu einer Reihe gehört haben. Der Reihe 27, 16–25 hat ein Tradent in Relativsatz-Formulierung den Fluch gegen den Hersteller von Kultbildern vorangestellt und einen abschließenden Fluch gegen den Übertreter des ganzen Tora-Corpus Deut 6–26 angehängt (v. 15 und 26). Dadurch hat die Reihe das Gewicht eines wirkungsvollen Abschlusses erhalten und steht nun in Analogie zu dem das ganze Corpus einleitenden Dekalog von Deut 5 (vgl. H. Schulz 67–71). Erst auf dieser Stufe des Tradierungsprozesses kann man von einem kultischen Sitz im Leben reden, weil jetzt erst die *'ārūr*-Formel zur Sanktionierung der im

Kult verkündeten Ordnung des das ganze Leben Israels regelnden JHWH-Bundes verwendet wurde. Von diesem deuteronomischen Gebrauch der Formel ist Jer 11, 3 beeinflußt, wo in der Relativsatz-Formulierung derjenige unter den Fluch gestellt wird, der nicht „auf die Worte dieses Bundes" hört. Älter als Deut 28,15–26 sind Gen 27, 29 und Num 24, 9, wo allerdings die syntaktische Folge Prädikat–Subjekt umgekehrt ist: *'ōrerækā 'ārūr*, parallel zur *bārūk*-Formel *mebārekækā bārūk* (→ ברך). Hier hat der Jahwist eine Tradition übernommen, die das ganze Zwölfstämmevolk als eine sakrale Ordnung und als Gründung JHWHs verstand, welche selbst durch eine Fluch- und Segensformel zu garantieren war. Die autoritative Garantie wurde darin gesehen, daß einerseits Isaak zum Stammvater Jakob und anderseits ein fremder Seher auf Weisung JHWHs die Formel spricht, welche solche Völker, die mit Israel freundschaftliche Beziehungen suchen („segnen"), unter den Segen, solche aber, die sich durch Fluchformeln von Israel feindlich distanzieren, unter den Fluch stellt. In Gen 12,1–3 hat J anscheinend die ältere *bārūk*- und *'ārūr*-Formel frei umgestaltet zur Abrahamverheißung.

War die Fluchformel einmal in Gebrauch gekommen, um vor Mißachtung des im deuteronomischen Gesetz vorliegenden JHWH-Willens abzuschrecken, so konnte die Formel auch von den Propheten verwendet werden, um im Namen JHWHs Menschen zu bedrohen, die an JHWHs Macht und Hilfe zweifeln (Jer 17, 5; hier ist *hā'īš 'ašær* ersetzt durch *haggæbær 'ašær*) oder die JHWHs Strafauftrag lässig ausführen (Jer 48, 10, Partizipial-Form). Mal 1, 14 wendet die partizipiale *'ārūr*-Formel an, um solche zu bedrohen, die minderwertige Opfer darbringen, und in Ps 119, 21 distanziert sich der Tora-Weise von frechen Abtrünnigen. Daß diese Fluchformel sakrale, soziale und nationale Ordnungen schützt und darum nur von mit Autorität ausgestatteten Personen legitim gesprochen werden konnte, ersehen wir daraus, daß sie nie im privaten Bereich gegen persönliche Feinde im AT belegt ist, obwohl wir sonst zahlreiche entsprechende Flüche und Verwünschungen, aber immer in anderer, zumeist freier Formulierung und unter Verwendung von *qll* finden. Eine Ausnahme bildet nur Jer 20,14f., ein Text, der zwar in den privaten Bereich des Propheten führt, aber nicht einen persönlichen Feind, überhaupt keinen realen Tatbestand betrifft, sondern den eigenen Geburtstag und den Unbekannten, der dem Vater die Nachricht von der Geburt Jeremias brachte. Hier ist die Fluchformel zu einer leidenschaftlichen indirekten Selbstverwünschung als Äußerung der Verzweiflung geworden.

Aus dem sonstigen Gebrauch heraus fällt die Formel auch in Gen 49, 7, wo direkt nicht die Jakobsöhne Simeon und Levi, sondern ihr unbeherrschter Zorn getroffen wird. Aus der Fluchentfaltung ersieht man aber, daß doch Simeon und Levi die eigentlich unter den Fluch Gestellten sind. Wir haben es also mit einem indirekten Fluch zu tun, bei dem man die Namensnennung zu vermeiden sucht.

In der gelegentlich auf die Fluchformel folgenden Fluchentfaltung wird das Unheil, das durch die den Fluch auslösende Tat bewirkt wird, näher umschrieben: Erfolglosigkeit der Feldarbeit und Ruhelosigkeit (Gen 4,12), Zerstreuung und Untergang des Stammes (49,7), Verlust der Kinder (Jos 6, 26), Helotendasein (9, 23), Knechtschaft (Gen 9, 25), Frustration und Unglück in jeder Hinsicht (Jer 17, 5). Die ausführlichste Fluchentfaltung hat Deut 28,15–19 in den folgenden Versen bis 68 erfahren, wo das durch den Fluch bewirkte Unheil am ganzen bundesbrüchigen Volk in den schauerlichsten Farben ausgemalt wird.

Die *'ārūr*-Formel ist also das wirksamste „Machtwort", ausgesprochen von einer Autorität, das einen sich gegen die Gemeinschaft, gegen die rechtmäßige Autorität (Gott, Eltern) schwer verfehlenden Menschen oder Verband dem Unheil ausliefert. Dabei dachte man sich ursprünglich wohl das Wort in sich wirksam, sobald die Bedingungen für die Auslösung des Fluchs gegeben waren. Die immerhin schon in alten Texten vorkommende Ergänzung der *'ārūr*-Formel zu *'ārūr lipnē jhwh* 'verflucht vor JHWH' (Jos 6, 26; 1 Sam 26,19) legt aber die Vermutung nahe, daß man sich die Auslösung des Unheils in enger Verbindung mit einem Einschreiten JHWHs vorgestellt hat. Diese Vermutung wird bestärkt durch die Fluchentfaltung in Deut 28 (vgl. Plöger), die vielen formlosen Flüche im AT, in denen JHWH ausdrücklich angerufen oder als unheilwirkend erwähnt wird, und durch die entgegengesetzte Formel *bārūk N.N. lejhwh* 'ein zu Segnender für JHWH ist/sei N.N.' (→ ברך); vgl. Schottroff 167–169. Man muß darum mit der Annahme eines rein magischen Verständnisses der Fluchformel vorsichtig sein (vgl. Brichto 205–215).

2. Das Ptz. pass. *qal* wird sonst nur noch auf Isebel angewendet, die Jehu „die Verfluchte" nennt (2 Kön 9, 34). Subjekt zu anderen Formen des *qal* sind Gott, der in der 1. Pers. (*'ā'ōr* Gen 12, 3; *'ārōtī* Mal 2, 2) solche „verflucht", die Abraham den Segen absprechen, bzw. den Segen solcher Priester, die ihren Dienst schlecht versehen, in Fluch verwandelt, ferner der Seher Bileam (Num 22, 6.12; 23,7), das Stammesaufgebot, das aufgefordert wird, solche, die sich am JHWH-Krieg nicht beteiligten, zu „verfluchen" (*'ōrū* Ri 5, 23), und anscheinend besondere Personen, die sich die Macht zuschreiben, wirksame Flüche zu sprechen und die als solche von den

Leuten, ähnlich wie Bileam vom Moabiterkönig, gebeten werden, Feinde zu verfluchen; so wendet sich Hiob an „solche, die den Tag verfluchen" (*'ōrᵉrē jōm* Hi 3, 8), und man wird die „Verflucher" Jakob-Israels (*'ōrᵉrækā*) in Gen 27, 29; Num 24, 9 ebenfalls als solche berufsmäßigen „Verflucher" in der Art Bileams zu verstehen haben, die von Feindvölkern angerufen werden, um Israel unschädlich zu machen. Deren Fluch setzt aber JHWH außer Kraft, indem er sie selbst unter den Fluch stellt. In Gen 12, 3 hat der Jahwist wohl den Personenkreis, der Israel bzw. seinen Stammvater Abraham „verfluchen" wollte, weiter gezogen und dabei an alle Personen bzw. Völker gedacht, die Israel schmähen und verwünschen; darum hat er hier statt des Ptz. akt. *qal* von *'rr* das Ptz. akt. *pi* von *qll* (vgl. unten III. 2. → קלל) verwendet. Dann dürfte auch in Ex 22, 27 nicht jede „private" Verwünschung des Stammesfürsten oder Königs, dessen formlose „Verfluchung" verboten sein, sondern eine förmliche Verfluchung durch solche berufsmäßigen „Flucher", zumal sonst *'rr* nie zur Bezeichnung von Verwünschungen oder Flüchen Untergebener gegen Autoritäten oder gegen Gott verwendet wird; dafür steht immer *qillel*. Zwischen *niph* (Mal 3, 9 Ptz. Pl.) und *hoph* (Num 22, 6 3. Pers. Sing.) kann kein Bedeutungsunterschied festgestellt werden; beide bedeuten etwa „vom Fluch getroffen" sein. Num 22, 6 zeugt dabei von dem Glauben, daß ein von einem Mann wie Bileam Verfluchter mit Sicherheit dem durch den Fluch ausgelösten Unheil verfallen ist. Auch zwischen *qal* und *pi* in Gen 5, 29 ist kein merklicher Unterschied festzustellen: Subjekt ist Gott und Objekt der Ackerboden; es wird mit dem Satz „der Ackerboden, den JHWH verflucht hat" auf den *'ārūr*-Satz von 3, 17 zurückverwiesen. Der Ausdruck *hammajim hammᵉ'ārᵉrīm* „das fluchwirkende Wasser" wird in Num 5, 18–27 als term. techn. des Ordal-Rituals verwendet für das Wasser, das auf Grund der über die des Ehebruchs verdächtigten Frau gesprochenen, dann aufgeschriebenen und in das Wasser gewischten Fluchformel die Kraft haben soll, Unheil zu wirken, falls die Frau wirklich Ehebruch begangen hat. Hier ist die Herkunft des Fluchs aus der Magie noch sehr deutlich zu spüren, freilich ist der magische Charakter des Ritus dadurch entschärft worden, daß das Ritual auf eine Anordnung JHWHs zurückgeführt wird, wodurch dann JHWH selbst als der eigentliche Richter über die verdächtigte Frau anzusehen ist: Er ist es, der dem im Fluch angesagten Unheil freien Lauf läßt, wenn die Frau schuldig ist. Das Nomen *mᵉ'ērāh* in Deut 28, 20; Mal 2, 2; 3, 9 und Spr 3, 33; 28, 27 ist der „Fluch" im Sinn des bereits hereingebrochenen Unheils, nicht im Sinn der Fluchformel oder des Fluchwortes. Ihn „schickt JHWH", und er „ist im Haus des Frevlers" als bereits eingetretenes Unglück spürbar. Dieses Nomen wird nicht metonymisch gebraucht für einen von Fluch getroffenen Menschen wie → אלה und קללה.

3. Die *'ārūr*-Formel ist einmal sicher (KAI 191 B 2) und einmal nach entsprechender Ergänzung und Korrektur (vgl. Schottroff 26) auf einer Grabinschrift belegt, die den Grabschänder mit Fluch belegt. Sie dient also auch hier dem Schutz eines hohen Rechtsguts und einer sakral-ethischen Ordnung, der Ruhe der Toten. In Qumran kommt die Formel mehrmals vor, und zwar ähnlich gebraucht wie in Deut 28, nämlich als Sanktion der Gemeindeordnung, vornehmlich gesprochen anläßlich der Aufnahme eines neuen Mitglieds und der Bundeserneuerungsfeier (1 QS II 5, 7) über Abtrünnige, aber auch über Belial und seine Anhänger im Ritual, das den eschatologischen heiligen Krieg gegen die „Söhne der Finsternis" einleitet (1 QM XIII 4). Nach CD XX 8 haben „alle Heiligen des Höchsten" den Abtrünnigen „verflucht" (אררוהו), und darum darf kein Gemeindemitglied mit ihm verkehren. Solche Abtrünnige sind „ewig Verfluchte" (ארורי עולמים 1 QS II 17). Ein solcher „Verfluchter" (ארור 4 QTest 23) ist „ein Fangnetz" für andere, da durch Verkehr mit ihm auch andere dem Fluch verfallen. Die Nachkommen Israels sollen nach der göttlichen Ordnung wandeln, damit sie „nicht dem Fluch verfallen" (*hoph*: יוארו CD XII 22, ähnlich *niph* in 1 Q 26/I 6). – Auch im rabbinischen Schrifttum wird die *'ārūr*-Formel häufig gebraucht, wenn man sich von Übertretern der Tora distanziert (vgl. Strack-Billerbeck III 446). In LXX wird ארר fast immer mit (ἐπι)καταρᾶσθαι wiedergegeben; da aber dieses Verbum auch die übliche Übersetzung von *qillel* ist, kann man in den deuterokanonischen Büchern kaum klären, ob hier im hebr. Urtext, falls ein solcher vorlag, ארר oder קלל stand. Jedenfalls entspricht dem Verbum im griech. Sir nirgends im hebr. Sir eine Form von ארר. Nur in Tob 13, 14 und Weish 3, 12; 14, 8 entspricht die Fluchformel ἐπικατάρατος *N.N.* genau der hebr. *'ārūr*-Formel, von der an den Weish-Stellen die Gottlosen im allgemeinen bzw. die Verfertiger von Götzenbildern samt diesen selbst, in der Tob-Stelle aber die Heiden, die dem Gott Israels ihre Anerkennung verweigern, getroffen werden. Die verschiedenen Bildungen der Wurzel ארר haben also im wesentlichen die im AT belegten Bedeutungsnuancen durchgehalten.

III. 1. Im Akk. kommen für das Wortfeld „Fluch" als Entsprechungen vor allem neben *arāru* in Frage *māmītu*, das in den sum.-akk. Wortlisten dem sum. *nam-erim* entspricht und sowohl 'Eid' (unter Aussprechen eines bedingten Fluchs), als auch 'Fluch' im Sinn der durch Eidbruch oder sonstigen Frevel ausgelösten Unheilskraft, und 'Bann' bedeutet und darum dem hebr. → אלה (I. 2.) nahekommt, und *nazāru* (*ezēru*), das dem sum. *áš-bal-e* entspricht und in den Wörterbüchern mit 'verfluchen' und 'beschimpfen' wiedergegeben wird. Da das letztere auch Götter, die eigenen Eltern und persönliche Feinde zum Objekt hat und in Zusammenhang mit privaten Auseinandersetzungen zwischen persönlichen Gegnern gebraucht wird, entspricht es weithin dem hebr. *qillel* und seinen Ableitungen (dazu akk. *qullulu* → קלל, vgl. AHw 893). – Im Phön.-Pun. ist neben אלת 'Vertragsfluch', 'Eidfluch' (→ אלה I. 1.) noch der Stamm *qbb* im Sinn von „verfluchen" in einer Fluchformel zum Schutz einer Weihegabe vor Profanierung (Schottroff 70), mit einer Gottheit als Subjekt, belegt. – In den aram. Targumim entspricht die Wurzel לוט sowohl dem hebr. ארר, als auch קלל; in Achiqar 151 ist aber wegen des Zusammenhangs (demütigen–erheben) kaum „verfluchen", sondern „(mit Worten) herabsetzen, verächtlich reden über" gemeint, was dem hebr. *qillel* entspräche. – Auf nabat. Grabinschriften finden sich Fluchformeln gegen Grabräuber mit dem Stamm *l'n* und einem Gott als Subjekt, was offenbar hebr. ארר entspricht und mit „verfluchen" zu übersetzen ist (vgl. Schottroff 70f.). – Im Äg. (s. dazu RÄR 195f.) kann man vor allem zwei Formulierungen für den Fluch unterscheiden, die annähernd dem Unterschied zwischen ארר und קלל im Hebr. entsprechen. Rechtsgüter und Gräber (vgl. H. Sottas, La préservation de la propriété funéraire dans l'ancienne Egypte, Paris 1913) werden geschützt und Feinde im Zusammenhang mit symbolischen Akten (Zerbrechen von Bildern oder von mit den Namen der Feinde beschriebenen Gefäßen und Scherben) bedroht mit der Formel *ḥwj śdb (r)* „(Der Gott A.) soll Böses schlagen (gegen N.N.)", was soviel heißt wie „soll ihn verfluchen" (so vom AR bis zum NR belegt, vgl. WbÄS IV 382f.), oder demot. *ḫjṯ A ḥwj r N.N.* „der Zorn/Fluch des (Gottes) A sei geworfen auf N.N." Formlose Flüche, deren Objekt auch der König sein kann, werden dagegen häufig mit dem Stamm *wꜣ* gebildet, das WbÄS I 246 ebenfalls mit 'Fluch' wiedergibt, aber eher 'Lästerung' o.ä. bedeutet (vgl. Schottroff 72f.). – In der Umwelt des AT beschränkt man sich, wenn man jemanden verfluchen will oder wenn man den Fluch und seine Wirkungen beschreibt, nicht auf die angeführten Termini, sondern man hat zahlreiche bildhafte Wendungen und Ausdrucksweisen dafür entwickelt, die auch ohne speziellen term. techn. auskommen und im Rahmen eines Wörterbuchs nicht näher beschrieben werden können (vgl. die Untersuchungen von Dürr, Fensham, Gevirtz, Heinisch, Hillers, Offner, Parrot, Scharbert [bes. 37–71], Steinmetzer und Veenhof sowie die Ausführungen über die Flüche bei den heutigen Arabern bei Scharbert 100–109 und Canaan [→ אלה Lit.]).

2. Im Hebr. wird das Wortfeld „Fluch", abgesehen von *'rr*, noch belegt durch die verbalen und nominalen Ableitungen der Wurzeln → אלה und → קלל. Das gegenseitige Verhältnis dieser Ausdrücke haben Brichto und Scharbert (Bibl 39, 1958, 1–26, → אלה Lit.) geklärt. Während *'ālāh* bedingte Flüche bezeichnet, die beim Eid oder zur Abschreckung vor Rechtsbruch gesprochen bzw. aufgeschrieben werden, dient *'ārar*, wenn auch in ähnlichen Zusammenhängen gebraucht, vorwiegend zur Bezeichnung von Flüchen, die eine Autorität zur Durchsetzung ihrer Anordnungen, öffentlicher Interessen oder religiös-ethischer Ordnungen ausspricht, und in der Form des Ptz. pass. zur Formulierung des typisch hebr.-at.lichen Fluchspruchs solcher Autoritäten. Die von der Wurzel *qll* gebildeten Termini für „fluchen" sind wesentlich umfassender; sie werden für formlose Verwünschungen auch im privaten Bereich gegen persönliche Feinde und zu Lästerungen gegenüber Gott, dem König und den eigenen Eltern verwendet, wofür die beiden anderen Wurzeln nicht in Frage kommen (→ קלל). Die Nomina *'ālāh* und *qelālāh* können, abgesehen von dem Fluchwort selbst, auch die durch den Fluch bewirkte Unheilsmacht bzw. konkret das daraus resultierende Unglück, außerdem metonymisch sogar die vom Fluch getroffene Person als abschreckendes Beispiel meinen. Daneben fungieren als weitere Termini für '(ver)fluchen' gelegentlich קבב bzw. נקב (Num 22,11.17; 23,8.11.13.25.27; 24,10; Hi 3,8; 5,3; Spr 11,26; 24,24), das eigentlich 'schmähen', 'verächtlichmachen' bedeutet, und *za'am* (Num 23,7f.; Mal 1,4; Spr 24,24), das sonst „drohen" bedeutet. Alle diese Ausdrücke sind dem einzigen im AT gebräuchlichen Ausdruck für 'segnen' → ברך (*berākāh* 'Segen') entgegengesetzt, dessen Bedeutungsfeld von 'grüßen' über 'anerkennend reden, loben' bis zum formellen 'segnen' reicht. Über bestimmte Termini hinaus hat aber auch das Hebr. einen reichen Formelschatz, zahlreiche Bilder und Wendungen ausgebildet, mit denen Flüche in allen Lebenslagen formuliert werden konnten.

IV. 1. Daß der Fluch als ein Unheilskräfte auslösendes Machtwort mit dem magischen Weltbild archaischer Kulturen zusammenhängt, ist unbestritten. Man merkt aber deutlich, wie schon in den altorientalischen Hochkulturen das magische Moment durch religiöse Vorstellungen überdeckt, wenn auch nicht völlig verdrängt wird. Als Schadenszauber, d.h. als privates Rachemittel, um persönliche Feinde zu treffen, oder als Mittel dazu, sich persönliche Vorteile durch Ausschalten anderer Menschen zu verschaffen, wird der Fluch für illegitim angesehen und darum durch das Recht unter Strafe gestellt (Belege bei Schottroff 17, Anm. 2). Den legitimen Fluch aber bringt man aufs engste mit der Gottheit in Verbindung, sei es durch die Formulierung als Wunsch an die Gottheit, sie selbst möge den Frevler „verfluchen", sei es durch Aussprechen einer Fluchformel, die in irgendeiner Weise eine Gottheit namentlich nennt, sei es durch Fluchformeln in Verbindung mit religiösen Riten oder durch Hinterlegung von schriftlich mit einem Fluch sanktionierten Urkunden an einem Heiligtum (äg. Beispiele beider Arten RÄR 195). Freilich zeigt uns die überreiche altorientalische „Beschwörungsliteratur" auch, daß die Grenze zwischen Religion und Magie schwer zu ziehen war; die in den Beschwörungstexten sich findenden bisweilen sehr innigen Gebete an die Götter um Fluchlösung, aber auch um Verfluchung von ungerechten Feinden sind derartig mit Ritualanweisungen zur Vornahme bisweilen abstruser Symbolhandlungen vermengt, daß man sich des Eindrucks nicht entziehen kann, die Menschen hätten im Alten Orient tatsächlich daran geglaubt, die Götter durch solche Formeln und Handlungen zum Einschreiten im gewünschten Sinn zwingen zu können. Einem solchen magischen Verständnis wirkt allerdings der ebenfalls reichlich bezeugte Glaube entgegen, daß die Götter einen ungerechten Fluch unwirksam machen bzw. nicht zur Auswirkung kommen lassen, daß man sogar einen zu Recht sich zugezogenen Fluch durch Sündenbekenntnis und Bitte an die Gottheit um Vergebung unwirksam machen kann und daß die Gottheit letztlich doch frei bleibt, Gutes oder Böses zu wirken.

Seinen Sitz im Leben hat der legitime Fluch sowohl im sakralen, im öffentlich-rechtlichen wie im privaten Bereich. Im privaten Alltagsleben dient er vor allem dazu, sich gegen ungerechte Schädigung auf die Weise zu wehren, daß man Gegner, die man anders nicht belangen kann, verflucht oder daß man etwaige Diebe, unredliche Finder verlorener Güter, Schänder des Familiengrabs und dgl. durch Ausrufung oder schriftliche Aufzeichnung einer Fluchformel abschreckt. Sowohl das Privatrecht als auch das öffentliche und sakrale Recht bedienen sich des Fluchs, um die Wahrheit des Eids oder der Zeugenaussage, die Einhaltung des Vertrags, die Unversehrtheit von Urkunden und öffentlichen oder sakralen Denkmälern und Bauten sowie ganze Rechtsordnungen und religiöse Institutionen zu sichern. Ja, der Fluch ist oft für den einzelnen wie auch für die Gemeinschaft das einzige oder letzte Rechtsmittel, um Rechtsbrecher und Frevler wirksam abzuschrecken oder auch das Recht zu finden. Diese Aufgabe konnte der Fluch erfüllen, weil man von seiner Wirkung überzeugt war (Belege s. in den Arbeiten der oben unter III. 1. genannten Forscher, ferner bei V. Korošec, Keilschriftrecht, HO I., Erg.-Bd. 3, Leiden 1964, 49–219). Eine große Rolle spielten Flüche zusammen mit Segensformeln bei der Sanktion von Verträgen, wobei mehr oder weniger umfangreiche Fluchreihen in sehr variabler Formulierung die Vertragsbedingungen abschlossen und über den potentiellen Vertragsbrecher Unheil herabriefen. Solche Fluchformeln wurden beim Ritus des Vertragsabschlusses, bei den Hethitern auch bei der Vereidigung hoher Staatsbeamter und Offiziere, begleitet von symbolischen Handlungen, die die Flüche wirksam unterstrichen (Abhauen des Kopfes eines Tieres, Ausgießen von Blut oder Wasser, Streuen von Salz; Belege s. bei Scharbert 37–44; D.J. McCarthy, Treaty and Covenant, Rom 1963; V. Korošec, Hethit. Staatsverträge, 1931; die ausführlichsten Fluchsanktionen stehen in dem Text D.J. Wiseman, The Vassal-Treaties of Esarhaddon, London 1958, Z. 397–668).

2. Auf diesem Hintergrund gewinnen wir Zugang zu den mannigfaltigen Fluchvorstellungen, von denen das AT zeugt. Den Sitz im Leben im privaten Bereich erkennen wir an Texten wie Ri 17,1–3 (→ אלה II. 1.); Jer 17,12–18; 18,18–23; Ps 58; 59,13f.; 69,21–29; 109. Hier sieht eine Frau gegen einen Dieb bzw. ein ungerecht Verfolgter oder ein von heimtückischem Schadenzauber Bedrohter keine andere Möglichkeit sich zu schützen als durch Aussprechen von Flüchen, die aber alle als Bitten an JHWH um Einschreiten formuliert sind. Den heimtückischen Schadenzauber verbietet auch das israelit. Gesetz unter Todesstrafe (Ex 22,17). Wie → אלה und die *'ārūr*-Formel gezeigt haben, hat der Fluch schon sehr früh Eingang in das israelitische Recht gefunden als Bestandteil des Eids und der Sicherung von vertraglichen Abmachungen, autoritativer Anordnungen und Setzungen, öffentlicher und sakraler Institutionen. Daß dabei der Fluch auch ersetzt oder begleitet sein konnte von symbolischen Handlungen, die den Tod des Vertragsbrechers andeuten, zeigt Jer 34,18. Als Israel die sonst im Alten Orient analogielose Vorstellung von einem Vertrag oder einer einseitigen rechtlichen Bindung Gottes zugunsten seines Volkes geprägt hatte, übertrug es die Form des symbolisch ausgedrückten bedingten Eidfluchs sogar auf JHWH (Gen 15,17f.; vgl. N. Lohfink, Die Landverheißung als Eid, SBS 28, 1967; so ist wohl auch die Blutsprengung nicht nur auf das Volk, sondern auch auf den Altar als Repräsentanten JHWHs in Ex 24, 6 gemeint). In der Kulttradition, die in Deut und H einmündet, wurde in Analogie zu den altorientalischen Vertragstexten auch die ganze ethisch-religiöse Ordnung, die nun als JHWH-Bund galt, durch lange Fluch- und Segenssanktionen (Deut 27f.; Lev 26) abgesichert. Wahr-

scheinlich unter dem Einfluß dieser Kulttradition übernahmen auch die Propheten manche Formen des Fluchspruchs in ihre Unheilsverkündigung (vgl. Hillers, Fensham, Müller und Schächter).

Wenn auch Ritualien wie Num 5,11–30 noch stark an magische Praktiken erinnern, ist doch im AT der Fluch noch stärker als in seiner Umwelt religiös umgeprägt worden als ein Mittel zur Durchsetzung des in Rechtsordnung, Ethos und Religion sich kundtuenden Gotteswillens, des göttlichen Gerichts und vergeltenden Handelns. Die sog. Fluchpsalmen und sonstige den modernen Leser befremdende Fluchtexte sind, in diesem Lichte gesehen, Äußerungen des Glaubens an das gerechte Walten JHWHs in Situationen, in denen der Fromme oder das Volk keine andere Hilfe oder Möglichkeit sieht, zu seinem Recht zu kommen. Wenn man weiß, daß ein ungerechtfertigter Fluch auf den Urheber zurückfällt (Ps 10,7–15; 109,16–19), daß ihn Gott für den davon Betroffenen in Segen verwandelt (2 Sam 16,12; Ps 109, 28; vgl. Bileamsprüche Num 22–24), daß er „wie ein Spatz ist, der davonfliegt, wie eine Schwalbe, die fortfliegt“ (Spr 26, 2), dann hat der Fluch als gefürchtetes und wirksames Machtwort seinen Schrecken verloren.

Zur Problemgeschichte und zu den unterschiedlichen Auffassungen hinsichtlich der at.lichen Fluchvorstellungen vgl. jetzt vor allem Schottroff 11–24.

Scharbert

אֵשׁ אִשֶּׁה

I. Umwelt – 1. Ägypten – 2. Mesopotamien – II. Philologisches – III. Irdisches Feuer – 1. Im Alltag und in Vergleichen – 2. Im Kult – IV. Feuer in Verbindung mit Gott – 1. Als Strafmittel – 2. Feuer des Zorns – 3. Theophanie – V. In der Apokalyptik – 1. Ez und Dan – 2. Eschatologisches Feuer.

Lit.: *C.-M. Edsman*, Feuer (RGG³ II 927–928). – *W. Eichrodt*, ThAT 2/3, 1–15. – *J. Fichtner*, Der Zorn im AT (ThWNT V 392–410). – *H. Fuchs*, Feuer (Jüd. Lexikon II 637–639). – *H. W. Haussig* (Hrsg.), Götter und Mythen im Vorderen Orient (WbMyth I) 1965. – *D. R. Hillers*, Amos 7, 4 and Ancient Parallels (CBQ 26, 1964, 221–225). – *J. Hoftijzer*, Das sogenannte Feueropfer (Festschr. Baumgartner VTS 16, 1967, 114–134). – *J. Jeremias*, Theophanie (WMANT 10, 1965). – *F. Lang*, Das Feuer im Sprachgebrauch der Bibel, dargestellt auf dem Hintergrund der Feuervorstellungen in der Umwelt, Diss. Tübingen 1950. – *F. Lang*, πῦρ (ThWNT VI 927–948). – *R. Mayer*, Die biblische Vorstellung vom Weltenbrand (BOSt NS 4, 1956). – *P. D. Miller*, Fire in the Mythology of Canaan and Israel (CBQ 27, 1965, 256–261). – *E. Pax*, ΕΠΙΦΑΝΕΙΑ, 1955. – *G. v. Rad*, כבוד im AT (ThWNT II 240–245). – *A. Vögtle*, Das NT und die Zukunft des Kosmos, 1970. – *P. Volz*, Die Eschatologie der jüdischen Gemeinde, 1934.

I. 1. a) Neben *ḫ.t*, dem meist gebrauchten äg. Wort für Feuer, und *śḏ.t*, das ebenso allgemein 'Feuer' bedeutet, gibt es eine ganze Reihe von Sonderbezeichnungen (s. WbÄS VI s.v. 'Feuer' und 'Flamme'), die mit 'Flamme, Lohe, Glut' usw. übersetzt werden, ohne daß die genaue Bedeutung in jedem Fall klar ist. Alle diese Wörter haben gewöhnlich als Deutezeichen das Feuerbecken mit einer Flamme. Mehrere der Wörter für 'Flamme' usw. (vor allem *nśr.t* und *nbj.t*) sind auch Bezeichnungen von Göttinnen wie Sachmet, zu deren Löwengestalt wohl der Vorstellung nach eine feurige Natur gehört. Dieser Tatbestand hängt anscheinend auch mit ihrer Verbindung zur Uräusschlange/Uräuskrone zusammen, die gern als „die Feurige“ bezeichnet wurde.

Die ambivalente Natur des Feuers tritt besonders im Kult und in allerlei magischen Gebräuchen deutlich zutage. Einerseits wirkt das Feuer Reinigung und stellt einen wirksamen Schutz gegen böse Mächte dar, andererseits ist es das Element der Vernichtung und somit eine gefährliche Macht.

b) Vom Feuer als ein Teil des Kosmos hören wir wenig. Elementenreihen wie „Wind, Licht, Wasser und Feuer (durch deren Wirken alles lebt)“ sind selten und spät (vielleicht unter griech. Einfluß).

In den kosmogonischen Vorstellungen ist das Feuer besonders mit der Sonne verbunden. In der hermopolitanischen Kosmogonie ist „die Flammeninsel“ (s. RÄR 194) der Geburtsort des Re. Der im 17. Kap. des Totenbuchs erwähnte „Feuersee“ stellt anscheinend eine herakleopolitische Parallele hierzu dar. Vom „feurigen Sonnenauge“, das die Feinde des Re mit seiner Flamme vernichtet, wird in diesem Kontext oft gesprochen. Wie die Sonne und Re schlechthin „Flamme“ heißen können, so hören wir von Amun, er sei „die Fackel des Lebens, die aus dem Urmeer hervorkommt und der Menschheit Licht spendet“ (Urk IV 111,11). Ähnlich ist Chnum in Esna „derjenige, der aus dem Urmeer hervorkommt und als Flamme erscheint“ (Text 378,10).

c) Auch die chaotischen Mächte können als Flammen erscheinen. Pyr 237 spricht von einer feindseligen Flamme, die aus dem Urmeer hervorkommt. Apophis wird in einem Sargtext (de Buck V 244d) „Flamme“ genannt. Nach den wenig ausgebauten eschatologischen Vorstellungen wird einmal eine Flamme die Welt bedrohen (PSalt 825,17. 19ff.; Schott, AnBibl 12, 327).

d) Im äg. Tempelkult erfüllte das Feuer mehrere wichtige Funktionen. So sollte der Tempel am

Tage der Weihe mit Fackeln gereinigt werden (Lepsius, Denkmäler III 84). Daran knüpfte das Entfachen einer Flamme beim Eintritt in das Allerheiligste im alltäglichen Kult an (A. Moret, Rituel du culte journalier, 1902, 9ff.). Beim Brandopfer tritt die Ambivalenz des Brennens besonders deutlich zutage. Teils stellen die Opfertiere die Gegner des Gottes dar, die verbrannt und vernichtet werden sollen, teils wird es als Bratenopfer betrachtet, an dessen Geruch der Gott sich erfreut.

Auch im Grabkult, der naturgemäß an die Zeremonien der Osirisgräber anknüpfte, spielt das Feuer eine Rolle. Nach dem Ritual der Stundenwachen (Junker 65) wurden beim Einbruch der Dämmerung an der Bahre des Osiris Lampen angezündet. Oft wird die schützende Funktion dieser Lampen oder Fackeln betont (z.B. Totenb. 137). Man spricht in diesem Zusammenhang abwechselnd von der „Fackel in der Nacht" und vom Horusauge (vgl. Urk IV 117, 2; 148,13). Diese Zusammenstellung ist von größter Bedeutung; denn dadurch konnten Göttinnen, die als Horusauge galten, die Rolle von Flammengöttinnen übernehmen. So finden sich unter den Verwandlungen, die der Tote zu erfahren wünscht, auch „das Werden zu einer Flamme" (de Buck, Coffin Texts I 250c–d) und „das Werden zum glühenden Horusauge" (ebd. VI 98ff.): Als Horusauge und Flamme kann er seine Feinde besiegen.

e) Andererseits finden sich unter den Gefahren des Totenreichs auch Feuerströme, Feuerseen und allerlei feuerspeiende Dämonen. Aus der überwältigenden Materialsammlung bei Zandee, Death as an Enemy (133–146), geht hervor, welche große Rolle Strafe und Vernichtung durch Feuer in jener schreckenerfüllten Welt spielten.

f) Was den metaphorischen Gebrauch von „Feuer", „Flamme" usw. betrifft (s. H. Grapow, Bildliche Ausdrücke im Äg., 1926, 47.166), so wird z.B. in Verbindung mit Giften und Krankheiten gern von Flammen und Feuer gesprochen. Das ist auch der Fall bei Ausdrücken für Zorn und Heftigkeit („das Feuer der Rede" usw.). In der Königsideologie ist „das Feuer zu seiner Zeit" Bezeichnung für den kämpfenden Pharao; er wird mit einem „Feuer, das seine Angreifer zu Asche werden läßt", verglichen.

Bergman

2. Im täglichen Leben spielte das Feuer (sum. *izi*, akk. *išātu* bzw. *girru*) die ihm von alters her zukommende Rolle: archäologische Fundstücke bezeugen uns seit dem frühen 3. Jahrtausend, Schriftquellen ein halbes bis ein ganzes Jahrtausend später, den Gebrauch des künstlich erzeugten Feuers zur Erzeugung von Licht und von Wärme (das letztere auch zum Zubereiten von Speisen, Drogen, zum Herstellen von Glas usw., zum Backen von beschriebenen Tontafeln und von Lehmziegeln). Als Brennmaterial bei der Wärmeerzeugung dienten vor allem Dornen und Rohr, selten Holzkohle. Vgl. A. Salonen, Die Hausgeräte der Alten Mesopotamier I, 1965, 130ff. (Beleuchtungsgeräte); Ders., Die Öfen der Alten Mesopotamier, in: Baghdader Mitteilungen 3, 1964, 100ff.

Insbesondere zu erwähnen sind Feuer im Rahmen von Kulthandlungen, wobei wir die „Zwecke" des Feuers z. T. nicht näher angeben können. Vgl. den seit etwa 2500 v. Chr. bezeugten sum. Monatsnamen *gu$_4$-rá-izi-mú-a-^{d}nanše* „(Fest) der Göttin Nanše, wobei dem (zu opfernden?) Stier ein (Fackel-)Feuer entzündet wird" (Belege bei B. Landsberger, Der kultische Kalender, LSS 6,1–2, 46). In einer Ritualanweisung zu einer Beschwörung aus dem 7. Jh. lesen wir „an einem Schwefelfeuer entzündest du (= der Priester) eine Fackel und setzt dann (damit) den Holzstoß in Brand" (E. Ebeling, ArOr 17/I, 1949, 187–189,17); in einer anderen Ritualanweisung aus der gleichen Zeit „Pappelspäne häufst du auf, legst Feuer daran, streust ... (= aromatische Stoffe für ein Rauchopfer) hinein" (E. Ebeling, Die akkadische Gebetsserie 'Handerhebung', 1953, 136, 108f.).

Einem Kommentar zu kultischen Vorgängen vielleicht des Neujahrsfestes entnehmen wir die Angabe „das Feuer, das vor der Göttin Ninlil entzündet ist, das Schaf, das sie 'auf den Ofen' legen, das das Feuer verbrennt: das ist Kingu, wie man ihn im Feuer verbrennt" (CT 15, 44, 8ff. = H. Zimmern, Zum babylonischen Neujahrsfest, BSGW 58,131, 8ff.). Der Gott Kingu wird nach dem babylonischen Weltschöpfungslied Enuma Eliš nach dem Sieg Marduks geschlachtet, und aus seinem Fleisch werden die Menschen geschaffen.

Außerhalb des Bereichs der zerstörenden Gewalt des Feuers steht dann zunächst der Gebrauch von Feuerzeichen (akk. *išātum*, wörtlich nur „Feuer") zur Übermittlung von Botschaften, wie wir ihn vor allem aus den Mari-Texten (frühes 2. Jahrtausend, Raum um den mittleren Euphrat) kennen (s. G. Dossin, RA 35, 1938, 174ff.).

Wohl nur zufällig schwach bezeugt sind die Eigentumszeichen an Tieren in Gestalt eingebrannter Zeichen; vgl. aus mittelbabylonischer Zeit (etwa 1310 v. Chr.) „1 ... Kuh, die kein Feuerzeichen (akk. *šimat išātim*) hat" (PBS 2/2 Nr. 27,1).

Was nun die zerstörende Gewalt des Feuers anlangt, so hören wir von ihrer Anwendung schon in der ältesten Gruppe historischer sumerischer Texte. Vgl. die mehrfache Wiederholung des Satzes „der Mann von Umma (= der feindliche

König) hat das ... Heiligtum in Brand gesetzt (sum. *izi ba*-SUM)" in einer Inschrift des Stadtfürsten Urukagina von Lagasch (etwa 2355 v. Chr.) (F. Thureau-Dangin, VAB 1, 56–58). Aus jüngerer Zeit vgl. bei dem Assyrerkönig Salmanassar I. (1274–1245 v. Chr.) „den Rest ihrer (= der Feinde) Städte brannte ich mit Feuer nieder" (akk. *ina išāti lûqelli*; E. Ebeling u. a., Die Inschriften der altassyrischen Könige, 1926, 118f., 3, 7); zahllose ganz ähnliche Wendungen in den Kriegsberichten der assyr. Könige bis Assurbanipal (669–631 [?] v. Chr.) (akk. *ina išāti ašrup* bzw. *ina girri aqmu*). Für Reflexe davon in literarischen Texten vgl. aus einem sumerischen Hymnus auf den Gott Nusku dessen Epitheton „der auf den Feind Feuer wirft" (*erím-e izi summu*; J. van Dijk, Sumerische Götterlieder II, 1960, 109 und 112, Z. IV 5); aus einer Sammlung von Omina aufgrund von Beobachtungen an Tier-Eingeweiden (Leberschau) die Ankündigung „(unter den und den Bedingungen) wirst du an die Hütte (deines) Feindes Feuer legen (*išātu tanaddi*)" (F. Thureau-Dangin, TCL 6 Nr. 4, 13; Abschrift der Seleukidenzeit).
Schließlich soll die Strafbestimmung § 25 des Kodex Hammurabi hier genannt werden, die vorschreibt: „(wer bei Brand des Hauses eines Anderen zum Löschen kommt, dann aber etwas aus dem Haus stiehlt:) der Mann wird in dieses Feuer geworfen (*ana išātim šuāti innaddi*)". Weitere Literatur: M. San Nicolò, RLA III 59.
Die Vernichtung durch Feuer spielt auch in der Magie eine Rolle. So werden nach dem Ritual der Beschwörungen namens Maqlû („Verbrennung") mehrfach aus Holz oder Wachs Bilder des Hexers bzw. der Hexe, von denen sich jemand verfolgt glaubt, hergestellt und dann unter der Rezitation von Beschwörungen im Feuer verbrannt; die Beschwörungen richten sich an das Bild der Hexe bzw. des Hexers, deren Tod durch die Verbrennung herbeigeführt werden soll, oder an den Feuergott (s. unten) (G. Meier, Die assyrische Beschwörungssammlung Maqlû, 1937; E. Reiner, Šurpu, 1958, 2f.). Ein ähnliches Ritual hat der assyr. König Asarhaddon (681–669) beim Abschluß der Staatsverträge mit verschiedenen seiner Vasallen befolgt: er legt Wachsfiguren ins Feuer, und so, wie sie dort verbrennen, so soll es nach dem Wortlaut der Verträge auch seinen Vasallen im Falle des Vertragsbruches ergehen (D. J. Wiseman, Iraq 20, 1958, 75f., 608–610). Ein verwandter Gedanke steht hinter den Ritualen, in denen Wolle gerupft oder eine Zwiebel geschält oder eine Matte zerrissen und dann ins Feuer geworfen wird. In den dazugehörigen Beschwörungen heißt es „wie ... ins Feuer geworfen ist (und) das verzehrende Feuer es verzehrt ..., so soll ... heute das Feuer ... den Bann, ... die Sünde ... (usw.) verbrennen, soll der Bann aus (mir) herausgehen ..." (*kīma ... ana išāti innaddû girru qāmû iqammû ... girru qāmû liqmi* ...; E. Reiner, Šurpu Taf. V–VI 60–122). Stand hier die Zerstörungsgewalt des Feuers im Dienst der Magie, so wird andererseits auch die Magie – in erster Linie die Beschwörung aus dem Munde des Beschwörungspriesters – gegen das Feuer eingesetzt, s. W. G. Lambert, Fire Incantations, AfO 23, 1970, 39–45. Mit dem „Feuer" ist hier auch das Fieber des kranken Menschen gemeint.
Der Mythos kennt seit der Fara-Zeit (ca. 2550) den Feuergott Gibil (sum.) bzw. Girra, Girru (akk.); als Gott des Lichtes und des Feuers gilt auch Nusku (Nuska), der Sohn und Wezir des babylonischen Hauptgottes Enlil (Ellil). Ein etwa mit der Prometheus-Sage vergleichbarer expliziter Mythos von der Erschaffung oder der Zueignung des Feuers existiert jedoch unseres Wissens nicht. Enlil macht sich nach der „Klage um die Zerstörung der Stadt Ur" bei seinem zerstörerischen Wirken den Feuergott Gibil zu seinem Helfer (A. Falkenstein, SAHG 200 Z. 180; Text etwa 1800 v. Chr.). In den schon oben erwähnten Beschwörungen der Serie Maqlû werden Nusku und Gibil angerufen, den Hexer bzw. die Hexe zu verbrennen (G. Meier, Die assyrische Beschwörungssammlung Maqlû S. 11f. Z. 122–134; S. 13ff. Z. 1ff. usw.; s. auch W. von Soden, SAHG 347–352). Im Erra-Mythos läßt Marduk durch Gibil seine unrein gewordenen Herrschaftsinsignien reinigen (L. Cagni, L'epopea di Erra, StSem 34, 1969, 72f., Z. 141). Zum Feuergott s. D. O. Edzard, in: WbMyth I 68f. und 116f.; J. van Dijk, in: Heidelberger Studien zum Alten Orient, 1967, 249[60]; 250[63]).
Doch sind Gibil/Girra und Nusku nicht die alleinigen Herren des Feuers unter den Göttern: Die Liebes- und Kampfesgöttin Inanna von Uruk läßt das Feuer (im Kampf) auf die Menschen „regnen (sum. *šèg*)" (W. Hallo–J. van Dijk, The Exaltation of Inanna, 1968, 16f. Z. 13; Abschrift ca. 1800 v. Chr.); das Feuer, das sie entzündet, „verlischt nicht" (sum. Lied mit Selbst-Preis der Inanna: CT 42 Nr. 48, 5 | | ASKT 126, 27f.); unter den (sum.) *me*, den 'göttlichen Kräften' oder 'Kulturgütern', die sich Inanna durch List von Enki aus Eridu beschafft hat, befinden sich „Feuer entfachen" und „Feuer ausgehen lassen" (PBS 5, 25 V 8f., s. Å. Sjöberg, in: Heidelberger Studien zum Alten Orient, S. 203; s. weiter CAD sub *išātu* 1 b 1').
Vor allem in jüngerer Zeit bekommen auch andere Götter (Marduk, Nergal, Ninurta, Papullegarra) das Epitheton „wildes Feuer" o. ä., s. K. Tallqvist, Akkadische Götterepitheta 77 s. v. II. *girru*. Und im babylonischen Schöpfungslied Enuma eliš (s. o.) heißt es von Marduk nach dessen Erschaffung: „als er seine Lippen bewegte, entzündete sich ein Feuer" (I 96). Weiter beschreibt im Gilgameš-Epos der Freund und Die-

ner des Helden den Riesen Ḫumbaba: „sein Brüllen ist Sintflut, ja, Feuer sein Rachen, sein Hauch der Tod" (A. Schott–W. von Soden, Das Gilgamesch-Epos S. 34, 110). Noch der Assyrerkönig Assurbanipal sagt in einem Preislied auf die Göttinnen von Nineveh und Arbela: „das Wort von ihren Lippen ist das entfachte Feuer *(girru napḫu)*" (S. Langdon, Babylonian Penitential Psalms, OECT 6, 68, 6).
In den Beschwörungen ist vom Wüten der Dämonen „mit Feuer" oder „wie (mit) Feuer" nicht selten die Rede; vgl. „der Asakku-Dämon (eine Krankheit) ... zündet in der Tiefe (des Ur-Ozeans) Feuer an und kocht die Fische dort" (R. Borger, JCS 21, 1967, 7 und 14, Z. 66); „der böse Namtar-Dämon, der das Land wie (mit) Feuer verbrennt" (CT 17, 29, 1f.).
Beim nicht von Menschen oder Göttern entzündeten Feuer hatte der Babylonier offenbar das (vielleicht durch Blitzschlag entfachte) Feuer im trockenen Röhricht und in der Grassteppe häufig vor Augen. Jedenfalls ist der Vergleich mit dem hoch auflodernden, aber bald von selbst verlöschenden Röhricht- und Grasfeuer nicht selten; vgl. aus einer sum. Beschwörung (ca. 1800 v. Chr.) „dann soll seine (= des Menschen) Asakku-Krankheit wie (rasch) erlöschendes Schilfgras-Feuer von selbst erlöschen" (A. Falkenstein, Die Haupttypen der sumerischen Beschwörung, LSS NF 1, 63 mit Anm. 2; weiter W. Römer, in: *lišān mitḫurti*, AOAT 1, 285f., 42). Für den Blitz (sum. *nim-gír*; akk. *birqu*, auch *miqit išāti* [„Feuersturz"]) als natürliche Ursache des Feuers vgl. CAD sub *išātu* 1 a 1' und aus dem sum. Lugalbanda-Epos die Bitte des Lugalbanda, der Anzu-Vogel möge ihm ein Schicksal bestimmen, das ihn befähigte, „sich zu erheben wie eine Flamme" und „(hernieder) zu zucken wie ein Blitz" (C. Wilcke, Das Lugalbandaepos, 1969, 108f., 173).

Krecher

II. Nach KBL³ 89 kommt אשׁ im AT 380mal vor. Es ist in allen semit. Sprachen vorhanden, ausgenommen das Arab. Der zweite Radikal ist im Hebr. (wohl sekundär, BLe 454) als geminiert aufzufassen. Das Genus ist feminin (ZAW 16, 1896, 63). Der Plural אשׁות kommt nur Sir 48, 3 vor. Das Subst. ist kein Deverbativum.

III. 1. Die Bedeutung des Feuers als Spender von Wärme und Licht im täglichen Leben liegt auf der Hand, s. die Aufzählung Sir 39, 26. Die weltweit bekannte Erzeugung durch Schlagen aus Stein ist 2 Makk 10, 3 belegt. Wegen der damit verbundenen Anstrengung war Feuermachen am Sabbat verboten (Ex 35, 3). Selbstverständlich kannte man die verheerende Gewalt des unersättlichen Feuers (Spr 30, 16). Schuldhaft verursachte Brände wurden bestraft (Ex 22, 4f.). Besonders im Krieg wurden Städte gebrandschatzt und „vom Feuer gefressen" (→ אכל); daher wird Kriegsnot dichterisch als Feuer bezeichnet (Num 21, 28; Jes 10, 16; Ps 78, 63). Die Metapher „Zunge des Feuers" begegnet Jes 5, 24 (vgl. Apg 2, 3). Auch die Glut der Sonne wird mit verzehrendem Feuer gleichgesetzt (Jo 1, 19; Am 7, 4). Sprichwörtlich für das Dahinschwinden war die Wendung „wie Wachs vor dem Feuer schmilzt" (Mi 1, 4; Ps 68, 3; vgl. 97, 5). Da dürres Reisig sehr schnell verbrennt, konnte es als Bild für rasche Vernichtung dienen (Ps 118, 12 und wohl auch 58, 10; vgl. Pred 7, 6; Jes 10, 17; 64, 1). Verbrennung als Todesstrafe für schwere sittliche Verfehlungen war in Israel wohl eine fremde Strafart (vgl. aber CH 25. 110. 157) (Gen 38, 24; Lev 20, 14; 21, 9; Jos 7, 15). Läuternd wirkt das Feuer im Schmelzofen, ein Vorgang, der Prüfungen und Läuterungsgerichte versinnbilden kann (Jes 1, 22. 25; Jer 6, 27–30; Ez 22, 17–22; Mal 3, 2; Sach 13, 9; Ps 66, 10; Spr 17, 3; Sir 2, 5). Die Weisheitsliteratur vergleicht verschiedene Leidenschaften mit Feuerglut (Hi 31, 12; Spr 6, 27f.; 26, 20f.; Sir 9, 8; 23, 16; 28, 10f.). Nach prophetischer Denkweise wird das Wort JHWHs als Feuer bezeichnet (Jer 5, 14; 20, 9; 23, 29). Ohne ausgesprochenen Vergleich wird die Feuerflamme in der Bildsprache direkt verwandt für Glück, parallel zum Licht (Hi 18, 5f.; brennende Lampe Spr 13, 9; 20, 20), für die Glut der Liebe (HL 8, 6), für Gefahren, parallel zu „Wasser" (Ps 66, 12; Jes 43, 2; Sir 51, 4).

2. Im at.lichen Kult wurden die Opfergaben ganz oder teilweise verbrannt. Auf dem Brandopferaltar durfte das Feuer nicht erlöschen (Lev 6, 2. 5f.). Das Pesachlamm mußte im Feuer gebraten werden (Ex 12, 8). Unter den Opfertermini begegnet über 60mal vorwiegend in priesterlichen Texten der Begriff *'iššæh*, der seit LXX mit אשׁ in Verbindung gebracht und meistens mit „Feueropfer" übersetzt wird. Aber diese Deutung ist unsicher, und neuere Exegeten suchen andere etymologische Erklärungen (Hoftijzer 114–134). Auf Kohlenfeuer verbrannte man Räucherwerk (Lev 16, 12f.; unrechtmäßig und daher als *'ēš zārāh* bezeichnet 10, 1 → זר) und die dabei entstehende reinigende Kraft wurde rituell angewandt (bei kriegerischen Beutestükken Num 31, 23; oder bei der prophetischen Ordination Jes 6, 6). Die Reste kultisch verwendeter Tiere mußten durch Verbrennung vor Profanation geschützt werden (Ex 12, 10; 29, 34; Lev 4, 12 u.ö.). Unter kanaanäischem Einfluß kamen besonders in der späteren Königszeit Kinderopfer vor, für die man den Terminus „durch das Feuer gehen lassen" (העביר באשׁ) gebrauchte (2 Kön 16, 3 u.ö.). Von einem eigenen Feuerfest berichtet 2 Makk 1, 18(–36). Die

Historizität des dort Erzählten ist zwar sehr zu bezweifeln, aber immerhin kennt der Verfasser das „Naphtha", rohes Erdöl.

IV. 1. In Aussagen über Gott, sein Erscheinen und Handeln, spielt das Feuer eine sehr große Rolle. Der Blitz als Feuer vom Himmel wird nach theozentrischem Glauben von Gott selbst wie ein Pfeil abgeschossen (Ps 18,15; 29,7; 144,6 u.ö.). In solchen poetischen Psalmstellen ist an eine Art Theophanie gedacht, in der JHWH auf den Wetterwolken einherfährt (s.u. 3.). Die Blitze sind gemeint in Ps 104, 4: Er macht zu seinen Dienern Feuer und Lohe, vgl. Ps 148, 8: Feuer und Hagel. Als Plage schickt Gott Donner, Blitze und Hagel (Ex 9, 23). „Feuer Gottes" fällt vom Himmel: Hi 1,16; 1 Kön 18, 38; 2 Kön 1,10.12; 2 Chr 7,1; Sir 48, 3. Verwandt, aber nicht ganz identisch mit dem Blitz ist die Vorstellung, daß Gott eigens – meistens zur Bestrafung, aber Ri 6, 21; Lev 9, 24; 1 Kön 18, 38; 2 Chr 7,1 zum Verzehren der Opfer – Feuer sendet (Num 11,1–3; 16, 35; Lev 10, 2; Kl 1,13). Vermutlich liegt hier die Idee vom Heiligen Krieg zugrunde, besonders im formelhaften Kehrvers „Ich sende Feuer in . . ., daß es seine Paläste verzehrt" (Am 1, 4.7.10.12.14; 2, 2. 5; Jer 17, 27; 49, 27; Hos 8,14). Nach Gen 19, 24 läßt JHWH Schwefel und Feuer über Sodom und Gomorrha regnen, ähnlich Ez 38, 22; 39, 6; mittels einer leichten Textkorrektur auch Am 7, 4 (Hillers: „Feuerregen"). Erdpech und Schwefel werden Jes 34, 9 genannt.

2. In den genannten Stellen sind Blitz und Feuer Werkzeuge des göttlichen Gerichtes. Noch enger ist diese Verbindung, wo neben Feuer die Zornglut (חרון אף) JHWHs erwähnt wird. Verbal begegnet ca. 80mal חרה אפו „seine Nase wurde heiß = sein Zorn entbrannte" (KBL[3] 74). Da אף (→ אנף) sowohl 'Nase' als auch 'Zorn' bedeutet, ist schwer zu entscheiden, wieweit die konkrete Grundbedeutung 'Nase' noch vorliegt oder wenigstens mitempfunden wurde. Deutlich ist das nur in der Theophanieschilderung 2 Sam 22, 9 = Ps 18, 9: Rauch stieg empor in seiner Nase, verzehrendes Feuer aus seinem Mund; vgl. dazu Jes 30, 33: Der Atem JHWHs ist wie ein Schwefelstrom; 33,11: Mein Hauch ist wie Feuer, das euch verzehrt; 65, 5: Solche Leute sind Rauch in meiner Nase, ein Feuer, das dauernd lodert. Dieses krasse Bild vom Zorn entstammt der Sagenwelt, die von feuerschnaubenden Wesen berichtet (s. Hi 41,10–13 und in der äg. Kunst die feuerspeiende Uräusschlange). Für gewöhnlich aber entspricht es sowohl der Begriffsentwicklung als auch einer fortgeschrittenen Theologie besser, אף im Zusammenhang mit Feuer mit „Zorn" zu übersetzen, was durch die frei wechselnden Parallelausdrücke אף (Jes 66,15; Jer 15,14 = 17, 4; Deut 29,19; 32, 22), קנאה (Deut 29,19; Ez 36, 5; Zeph 1,18; Ps 79, 5), עברה (Ez 21, 36; 22, 21. 31; 38,19), חמה (Jer 4, 4 = 21,12; Nah 1, 6), גערה (Jes 66,15) ebenfalls nahegelegt wird. Da es sich meistens nur um Vergleiche handelt, liegt kein eigentliches Feuergericht vor. Auch hält sich die Ausdehnung der „Teilgerichte" in vorexilischer Zeit in einem ziemlich engen Rahmen; erst in Zeph 1,18 (= 3, 8) steht die – kaum echte – Aussage, daß „im Feuer seines Eifers (באש קנאתו) die ganze Erde verzehrt wird"; vgl. auch die späten Stellen Jes 33,11f.; Jo 2, 3; Sach 12, 6 (ThWNT VI 936[46]).

3. a) Wenn im Zorngericht Gottes die Blitze schwirren, sein Zorn wie Feuer entbrennt oder gar sein Atem Feuer schnaubt, so handelt es sich bereits mehr oder weniger deutlich um seine machtvolle Erscheinung, die sich u.a. im Feuer zeigt. Das bekannteste Beispiel ist die Theophanie auf dem Sinai. Die begleitenden Naturphänomene sind nach der elohistischen Überlieferung (Ex 19,16.19; 20,18. 21) Donnerschläge und Blitze, dunkle Wolken und – ein kultisches Motiv – Hörnerschall, also vorwiegend Gewittererscheinungen. Nach der jahwistischen Tradition (19,18) fährt JHWH im Feuer auf den Berg hinab, begleitet von Rauch gleich dem Rauch eines Schmelzofens; auch der rauchende Berg in 20,18 ist wohl ein jahwistisches Erzählungselement. Diese Quellenschicht (nach J. Jeremias 104 auch P und D) hat vielleicht einen Vulkan zum Vorbild, falls nicht Feuer und Rauch (s. Jes 4, 5; 6, 4 usw.) ganz allgemein zur Beschreibung einer Theophanie gehören. Ex 34, 5 spricht auch J von der „Wolke". Ähnlich sagt P (Ex 24,16f.), daß die Wolke den Berg einhüllte und der Kabod JHWHs wie verzehrendes Feuer aussah. Deut erwähnt öfters, daß JHWH „aus dem Feuer" geredet hat (4,12.15. 33. 36; 5, 4. 22–26; 10, 4; ausführlicher 4,11). J. Jeremias 108 betont, daß in der Sinaitheophanie „das Feuer Begleiterscheinung oder Mittel der Erscheinung JHWHs" ist. In der eigentlichen Gattung der Theophanieschilderungen aber ist es „entweder JHWHs unwiderstehliche Waffe . . . oder aber Verbildlichung und Vergegenständlichung seines brennenden Zornes".

b) Diese formgeschichtlich wesentlich andere Darstellung findet sich in den stark mythologisch gefärbten, hymnischen Gerichtstheophanien, besonders Ps 18, 8–16; 77,17–20; 97, 2–5; Jes 29, 6; 30, 27–31; Hab 3, 2–15. An Feuermotiven kommen vor: Rauch in seiner Nase, verzehrendes Feuer aus seinem Mund, glühende Kohlen, Blitze (Ps 18, 9.13.15); Blitze (Ps 77,18f.); Feuer und Blitze (Ps 97, 3f.); brennender Zorn und verzehrendes Feuer (Jes 29, 6; 30, 27. 30); Glanz wie Licht, Strahlen, entbrannter Zorn, Leuchten deiner Pfeile, Glanz deiner blitzenden Lanze (Hab 3, 4. 8. 9.11). „Feuer

frißt vor ihm her, rings um ihn stürmt es gewaltig" (Ps 50, 3).
c) Neben den Gewittertheophanien gibt es eine Reihe anderer Feuererscheinungen, die Gottes Gegenwart sichtbar machen. Beim Bundesschluß mit Abraham wird sie geheimnisvoll angedeutet mit den Ausdrücken „rauchender Ofen" und „eine Feuerfackel" (Gen 15,17). Dem Mose erscheint JHWH in einer Feuerflamme im Dornstrauch (Ex 3, 2). Auf dem Wüstenzug ist die Wolkensäule bei Tag und die Feuersäule bei Nacht Zeichen der göttlichen Gegenwart und Führung, Ex 13, 21; 14, 24 (J); Num 9,15 (P); 14,14 (J); Deut 1, 33; Ps 78,14. Sicher wollten die alten Erzähler den Bericht wörtlich verstanden wissen. Aber Deut 9, 3 wird metaphorisch das Motiv der Feuersäule auf die Eroberung Kanaans übertragen: JHWH, dein Gott, wird dir als verzehrendes Feuer vorausziehen. Ähnlich ist – ohne Vergleichspartikel – in Deut 4, 24 JHWH „ein verzehrendes Feuer, ein eifersüchtiger Gott". Der zweite erklärende Ausdruck zeigt, daß der erste nur bildlich gemeint ist. Auch in der prophetischen Symbolsprache wirkt das Motiv der Feuersäule nach in Jes 4, 5; 58, 8; Sach 2, 9: JHWH will für Jerusalem ringsum eine Feuermauer bilden und in seiner Mitte zum Lichtglanz werden. Im Unterschied zu den Gerichtstheophanien ist hier immer die positive, schützende und leuchtende Seite des Feuers hervorgehoben. Jes 10,17 bezeichnet JHWH als „Licht Israels" (vgl. 9,1), das gegen die Feinde zu einem Feuer und einer Flamme wird. Die urwüchsige und sicher frühe Verbindung der Selbstoffenbarung mit dem Gewitter und überhaupt mit dem verheerenden Feuer wird in späterer Zeit von der Lichterscheinung mehr und mehr zurückgedrängt (→ אור), so auch in Hab 3 (s.o.) und Deut 33, 2; Hiob 37, 3.15.
d) Daß das Feuer an keine Form gebunden ist, daß es rein und unnahbar zur Höhe emporlodert, daß es Licht und Hitze verbreitet wie die Gestirne und Blitze, daß es einerseits wohltätig, andererseits zerstörend wirkt, all das gab ihm den Nymbus des Geheimnisvollen, Furchtgebietenden, Immateriellen. Wie in vielen Religionen hat daher das Feuer auch nach at.licher Auffassung eine enge Beziehung zur überirdischen Welt, freilich durchaus nicht so, als ob die himmlischen Wesen ihrer Natur nach aus Feuer bestünden (doch vgl. rabbinische Meinungen: Jüd. Lex. II 639); sogar die Seraphim, „die Brennenden", werden Jes 6, 2 in Körpergestalt beschrieben. Nach Ri 13, 20 fuhr der Bote JHWHs in der Feuerflamme des Altars zum Himmel empor. Als Strafmittel stand Feuer Gott jederzeit zur Verfügung. Himmlischer Herkunft war auch das Feuergespann in der Elia-Erzählung („Sonnenwagen"?) 2 Kön 2,11 sowie die Rosse und Wagen aus Feuer in 2 Kön 6,17.

Überlieferungsgeschichtlich scheint besonders das erschreckende Auftreten JHWHs im Gewitter sehr alt zu sein. Religionsgeschichtlich stehen im Hintergrund Anleihen von den Wettergottheiten der altorientalischen Mythologien über Baʿalšamēm, Baʿal/Hadad, Tešub u.a. (s. Wb Myth I; Miller 256–259). Doch ist zu beachten, daß, wie auch sonst sehr oft, mythologische Stoffe, selbst wenn sie zunächst in ihrer realen Konkretheit übernommen wurden, nicht isoliert und überbewertet werden dürfen (vgl. Eichrodt 2–4; Jeremias 38). Es ist typisch für mythologische Sprechweise, daß sie zwischen bildhafter Symbolik und nüchterner Realität nicht unterscheidet. Neben die naturmythologischen Züge treten ferner im AT die mehr historischen Motive vom Heiligen Krieg (Miller, s.o. IV.1.). Bei der Gottesoffenbarung an Elia auf dem Horeb (1 Kön 19,11f.) werden die traditionellen Phänomene sogar bewußt abgelehnt: JHWH ist nicht im Sturm, im Erdbeben und im Feuer, sondern in der (Wind-)Stille (→ דממה). Auf das Gottesbild im ganzen gesehen, ist also JHWH keineswegs als Wettergott oder Feuerdämon zu bezeichnen. Hauptsächlich im Geschichtshandeln sich offenbarend, tritt gewöhnlich die Persönlichkeit JHWHs, sein Name und bei den Propheten sein Wort den Menschen gegenüber, so daß die auch später noch erwähnten Gewitterphänomene lediglich zu Symbolen für das mächtige Wirken Gottes wurden, zumal es sich immer um eine poetisch-hymnische Literaturgattung und bei den Propheten nur um visionäres Schauen handelt. Aber auch als huldvolles Zeichen seiner Gegenwart, z.B. im Dornstrauch, auf dem Sinai, oder in der Feuersäule, ist das Feuer eine äußere Erscheinungsform Gottes, hinter der sich sein Wesen mehr verbirgt als zeigt. Besonders die priesterliche Theologie hat hierfür den → כבוד-Begriff eingeschaltet, d.h. seine „Herrlichkeit", meistens in der Wolke, verhüllt (Ex 16,10; 24,15–17; 40, 34–38 u.ö.; s. Eichrodt 11–15; v. Rad 243). So wird versucht, die Spannung zwischen sichtbarer Erscheinung und unsichtbarem Wesen Gottes zu überbrücken. Ein Zusammenhang zwischen Kabod und Feuer liegt zwar vor, ist aber nicht eng und untrennbar.

V.1. In der aufkommenden Apokalyptik mit ihren himmlischen Visionen sind Licht und Feuer wieder häufige Eigenschaften der transzendenten Welt. „Der Anblick der Gestalt des Kabod JHWHs" war Glanz wie der des Regenbogens (Ez 1, 28). Gott selbst hat eine menschliche Gestalt, deren Konturen allerdings in Lichtglanz gehüllt sind (v. 26f.). Deutlicher beschrieben ist der „Hochbetagte" in Dan 7, 9. Sein Gewand ist weiß wie Schnee, sein Thron sind Feuerflammen, dessen Räder flackerndes Feuer. Nach 10, 6 wird ein engelhaftes Wesen geschildert: „Sein Gesicht

sah aus wie der Blitz, seine Augen wie Feuerfackeln". Ähnliche Bilder aus der Spätzeit bieten Hen 14, 9–22; Apk 1,13–16; 4, 3–5.
2. Spät und nicht mehr typisch für das AT ist die Vorstellung von der eschatologischen Vernichtung der Gottesfeinde teils auf Erden, teils im Feuer der Hölle. Anknüpfungspunkt war Mal 3,19: „Der kommende Tag wird sie verbrennen". Ausgehend vom mörderischen Feuer des Tophet im Hinnomtal, sagt ferner die spätnachexilische Stelle Jes 66, 24 (zit. Mk 9, 48) noch recht dunkel: „Ihr Wurm stirbt nicht, und ihr Feuer erlischt nicht." Davon hängt ab Judith 16,17: „Feuer und Würmer sendet er ihnen ins Fleisch". Zur wichtigen Rolle des Feuers in den Apokryphen und Apokalypsen vgl. Volz, 318f., dort auch über die Feuerhölle (323f.); ThWNT VI 937ff.
Mit dem Weltuntergang verbindet die Apokalyptik den Glauben an einen Weltbrand (Volz 353f.; Mayer 120ff.), der auch im NT (2 Pt 3,7) vorliegt. Daß wohl schon bei Zeph die Idee des Weltbrandes vorhanden sei (Bousset-Gressmann, Die Religion des Judentums 503), ist nicht haltbar (Mayer 95–99).

Hamp

אִשָּׁה → אִישׁ

אָשָׁם אָשַׁם, אָשֵׁם, אַשְׁמָה

I. Etymologie – II. Das Nomen *'āšām* – 1. Vorexilisch – 2. In der Priesterschrift und in nachexilischen Texten – 3. Jes 53,10 – III. Das Verbum – IV. Das Adjektiv – V. *'ašmāh.*

Lit.: *H. Cazelles*, VT 8, 1958, 314f. (Rezension zu L.Moraldi, Espiazione, 1956). – *K. Elliger*, Leviticus (HAT I 4), 1966. – *P. Joüon*, Notes de Lexicographie Hébraïque XV. Racine אשם (Bibl 19,1938,454–459). – *D. Kellermann*, 'āšām in Ugarit? (ZAW 76, 1964, 319–322). – *S. Łach*, Różnica czy tożsamość ofiary ḥaṭṭā't i 'āšām (Collectanea Theologica 37, 1967, 41–53). – *A. Médebielle*, L'Expiation dans l'Ancien et le Nouveau Testament, I. L'Ancien Testament, 1924. – *Ders.*, Expiation (DBS 3, 1–262). – *L. Moraldi*, Espiazione nell'Antico e nel Nuovo Testamento (Rivista Biblica 9, 1961, 289–304; 10, 1962, 3–17). – *Ders.*, Espiazione sacrificale e riti espiatori nell'ambiente biblico e nell'Antico Testamento (AnBibl 5), 1956. – *L. Morris*, 'Asham (The Evangelical Quarterly 30, 1958, 196–210). – *R. Rendtorff*, Studien zur Geschichte des Opfers im AT, 1967. – *P. Saydon*, Sin-Offering and Trespass-Offering (CBQ 8, 1946, 393–398). – *D. Schötz*, Schuld- und Sündopfer im AT, 1930. – *N.H. Snaith*, The Sin-offering and the Guilt-offering (VT 15, 1965, 73–80). – *H.C. Thomson*, The Significance of the Term 'Asham in the OT (Glasgow University Oriental Society, Transactions 14, 1953, 20–26). – *R. de Vaux*, Studies in OT Sacrifice, 1964 (bes. 98–112) = Les sacrifices de l'AT (Les Cahiers de la RB 1), 1964 (bes. 82–100).

I. 1. Die immer wieder gestellte Frage, ob das ugar. belegte *'ṯm* bzw. *ʾṯm* mit hebr. אשם in Zusammenhang zu bringen sei (vgl. zuletzt J. Gray, Social Aspects of Canaanite Religion, VTS 15, 1966, 171; C.H. Gordon, UT Glossary Nr. 422; J. Heuschen, Sündopfer, [2]BL, 1968, 1686), muß negativ beantwortet werden (vgl. D. Kellermann, ZAW 76, 1964, 319–322); denn *'ṯm* in CTA 169 und 180 (UT 34. 45. 27) ist churritisch, und hinter *ʾṯm* CTA 5 (I* AB) III 24 verbirgt sich *ʾṯ* – 'Vorhandensein' mit enklit. *m*. Auch *m'šmn* kann wegen des *š* nicht mit hebr. *'šm* in Verbindung gebracht werden (vgl. GGA 216, 1964, 192f.; W. von Soden, Hebr. Wortforschung 294 zu *mišmunnu*). Ein Verbum *'ṯm* scheint neuerdings UT 2104 (PRU V Nr. 104) als *yʾṯṯm* (Zeile 5) und *tʾṯṯmn* (Zeile 2 und 3) belegt zu sein. Daß es sich dabei um einen Opferterminus handelt, wie C.H. Gordon es nahelegt, läßt sich aus dem Zusammenhang der sonst erhaltenen Zeichen der nur fragmentarisch überlieferten Tafel nicht folgern. Wenn von Rindern (Zeile 1) und Pferden (Zeile 4) die Rede ist, so ist damit nicht von vornherein an einen Opfertext zu denken, sondern es kann sich mit ebenso großer Wahrscheinlichkeit um einen Verwaltungstext handeln (vgl. noch J.C. de Moor, UF 1, 1969, 178). Die genaue Bedeutung des Verbums läßt sich aus den Belegen in UT 2104 nicht feststellen.
2. Im Arab. ist die Wurzel als *'aṯima* belegt, in der Bedeutung 'sündigen, einen Fehltritt begehen, sich vergehen, sich verschulden', wozu das Subst. *'iṯm* 'Sünde, Vergehen, Freveltat, Schuld' gehört. Belege finden sich bereits oft in der altarab. Poesie in einer breiten Auffächerung, wie auch im Qur'ān (s. Ringgren, Temenos 2, 1966, 101–103).
3. Im Südsemit. ist die Wurzel אשם nicht belegt. Sowohl das äth. *ḥasămă* 'schlecht, häßlich sein', als auch tigriña *ḥasămă* 'schlecht sein', dem tigrē *ḥasama* 'Schwein' an die Seite zu stellen ist, haben nichts mit dem hebr. אשם zu tun. Der Vergleich geht bereits auf A. Dillmann, Lexicon Linguae Aethiopicae, 1865, 80b zurück (vgl. auch den Verweis BDB, 79b), wurde von W. Leslau, Ethiopic and South Arabic Contributions to the Hebrew Lexicon, 1958, 12 als wahrscheinlich wieder aufgenommen und gelangte so – wenn auch mit Fragezeichen – in KBL[2], 92b. Eine „ursemitische" Wurzel *'ṯm* müßte im Ge'ez nach den Lautgesetzen *'sm*, nicht jedoch *ḥšm* ergeben. Hinzu kommt, daß die Wurzel *ḥšm* keineswegs auf Abessinien beschränkt ist, sondern im Syr.

in der Bedeutung 'beneiden' und im Arab. als 'beschämen' (vgl. C. Brockelmann, LexSyr² 274a) belegt ist (W. W. Müller, Tübingen, verdanke ich Auskünfte über das Südsemitische).

4. Ein etymologischer Zusammenhang zwischen der hebr. Wurzel *'šm* und den Götternamen אשמון oder אשמביתאל wie auch אשימה (vgl. u. zu Am 8,14) ist ebensowenig nachweisbar wie die neuerdings von W. Zimmerli, Ezechiel (BK XIII 508) – offensichtlich veranlaßt durch die in den alten Versionen zu beobachtende Übersetzung von Formen der Wurzel אשם im Sinne von שמם (z.B. LXX Hos 5,15; 10, 2; 14,1) – geäußerte Vermutung, daß der Stamm אשם etymologisch schwerlich von שמם zu trennen sei. Die Wurzel אשם findet sich also außer im Hebr. nur noch im Arab. und vielleicht im Ugarit.; im nachbiblischen Hebr. weist sie keine erwähnenswerten Sonderzüge auf.

II. Der größere Bedeutungsumfang zeigt sich beim Nomen *'āšām*, während das Verbum nur wenige verschiedene Bedeutungsnuancen erkennen läßt.

1. a) *'āšām* begegnet im Pentateuch in der alten Quelle J Gen 26,10 (vgl. das Adjektiv bei E, Gen 42,21). In der ältesten Fassung vom Verrat der Ahnfrau wird Isaak, der Rebekka als seine Schwester ausgab, von Abimelech von Gerar vorgeworfen, daß er durch seine Täuschung die Gefahr objektiver Schuld eines offenkundigen Ehebruches heraufbeschworen habe. In dieser Bedeutung, als Schuld, die Bestrafung zur Zeit der Rache JHWHs hervorruft, erscheint *'āšām* auch in späterer Zeit, z.B. Jer 51, 5, und Ps 68, 22 wird der Gewißheit Ausdruck verliehen, daß der in seinen Schulden (pl. nur hier) gegen JHWH hochmütig Einherschreitende gewiß umkommt.

b) Auf eine andere Bedeutung führt 1 Sam 6. Als die Philister die Lade auf israelitisches Gebiet zurücksenden, um von den Unglücksfällen befreit zu werden, legen sie auf Geheiß des philistäischen Klerus fünf goldene Beulen und fünf goldene Mäuse als *'āšām* für JHWH bei. Ohne hier auf Einzelheiten (wie die Frage, ob die Zusammenstellung von Beulen und Mäusen ursprünglich ist) eingehen zu können, läßt sich feststellen, daß *'āšām* 1 Sam 6, 3. 4. 8.17 (LXX βάσανος) 'Sühngabe, Entschädigung, Ersatzleistung' meint. Das Verbum שוב *hiph*, das sich im Zusammenhang mit *'āšām* z.B. auch Num 5,7 findet, und die Fünfzahl, die an den Aufschlag von 20⁰/₀ beim *'āšām* (vgl. Lev 5,16. 24; 22,14; Num 5,7) erinnert, lassen vermuten, daß *'āšām* in 1 Sam 6 in engem Zusammenhang zu sehen ist mit der in der Priesterschrift noch erkennbaren älteren Vorstellung von *'āšām* als Terminus aus dem Schadensersatzrecht.

2. Die überwiegende Mehrzahl (32) von allen (48) Belegen findet sich in der Priesterschrift. Allerdings stellt sich bei der Untersuchung als weithin erkannte Schwierigkeit heraus, daß *'āšām* innerhalb von P keineswegs in einem einheitlichen Sinn Verwendung findet. Außerdem ist die Unterscheidung von *'āšām* und *ḥaṭṭā't* nach den in ihrer jetzigen Form vorliegenden Texten kaum möglich.

a) Die Unsicherheit in der Unterscheidung zwischen den Wurzeln חטא und אשם ist schon in den alten Versionen zu beobachten. So findet sich im Samaritanus z.B. Lev 5, 5 יחטא für יאשם (vgl. auch Num 18,9 יאשמו anstelle von ישיבו). Die LXX übergeht in der Wiedergabe z.B. Lev 5, 2b, läßt kein Äquivalent für יאשם in Lev 5, 5a erkennen und scheint Lev 5,7 על־חטאתו anstelle von את־אשמו lesen zu wollen. Die Wiedergabe von *'āšām* in LXX durch den Stamm πλημμελ- (vgl. S. Daniel, Recherches sur le vocabulaire du culte dans le Septante, 1966, 299–326 und 341–361) läßt vollends erkennen, daß an die Stelle eines Opferterminus eine Interpretation getreten ist. Auch der Syrer deutet zwar einerseits durch seine sehr allgemeine Wiedergabe von *'āšām* durch *qwrbn'* z.B. in Lev 5 und 7 an, daß es sich um einen Opferbegriff handelt, andererseits aber läßt die Wiedergabe, die als *ḥṭh'* Lev 7, 5 oder in Lev 14, auch 19, 21f. nicht von der für hebr. *ḥaṭṭā't* zu unterscheiden ist, die Hilflosigkeit bei der Suche nach dem treffenden Äquivalent von *'āšām* erkennen.

Auch die antiken Autoren wußten nicht mehr Bescheid. So sucht Philon von Alexandrien unter Aufnahme des Sprachgebrauchs der LXX den Unterschied so zu definieren, daß die *ḥaṭṭā't* für alle unabsichtlichen Vergehen gegen Menschen, der *'āšām* dagegen für die unabsichtliche Versündigung an Heiligem und die absichtliche im menschlichen Bereich gelte (de specialibus legibus, I, de victimis, ed. L. Cohn, V, 1906, 226–238). Auch der wenig jüngere Flavius Josephus weiß trotz seiner Herkunft aus priesterlichem Geschlecht nichts Genaueres (Ant. III 9, 3). Er sieht den Unterschied darin, daß für Sünden, die aus Unwissenheit begangen wurden, eine *ḥaṭṭā't* zu opfern sei, für alle wissentlich begangenen Sünden, für die es keinen Zeugen gibt, muß dagegen ein *'āšām* geopfert werden. Origenes sieht in der *ḥaṭṭā't* das Sühnemittel für Todsünden, im *'āšām* das für läßliche Sünden (MPG 12, 453). Augustin nimmt die Wiedergabe der Vulgata auf und meint, daß die *ḥaṭṭā't* für Tatsünden (peccatum), also für willentliche Verfehlungen, der *'āšām* für unwillentliche Verfehlungen bestimmt sei (MPL 34, 681f.). Mit dieser Auffassung stimmt Hieronymus, dessen Übersetzung Augustin aufgreift, überein, wenn er *'āšām* als Opfer „pro delicto sive pro ignorantia" (vgl. Kommentar zu Ez 40, 39; 42,13; 44, 29, CChr 65, 582. 703) definiert.

Die Meinungen der modernen Autoren weichen nicht weniger voneinander ab. Während J. Herrmann (Die Idee der Sühne im AT, 1905, 78f.) *ḥaṭṭā't* und *'āšām* für noch nicht genau geschieden hält, sieht A. Médebielle (57. 61 und DBS 3, 1938, 56–59) das Charakteristikum des *'āšām* speziell in der Wiedergutmachung von Eigentumsvergehen, wobei zu der grundsätzlichen Idee der Versöhnung, die schon die *ḥaṭṭā't* kennzeichnet, die einer strengeren Sühne hinzukommt. D. Schötz (32ff.) kommt zu dem Schluß, daß der Anlaß zum *'āšām*-Opfer letztlich die Sühnung eines Sakrilegs sei, nämlich „ein Vergehen gegen die Gottheit selber, sei es an heiligen Sachen, sei es an heiligen Personen, sei es gegen eine geforderte spezifische Heiligkeit, sei es durch den Mißbrauch des Gottesnamens" (45). Die Unterscheidung von P. P. Saydon (397f.) läuft wieder auf die Differenzierung hinaus zwischen absichtlichen Vergehen („which are due to human frailty", 398), die mit einer *ḥaṭṭā't*, und unabsichtlichen, versehentlichen Vergehen, die mit einem *'āšām* gesühnt werden sollen. Umgekehrt meint H.C. Thomson (24), *'āšām* sei als Sühne für willentliche Sünden vorgesehen. L. Moraldi (180ff.; Rivista Biblica 9, 1961, 294f.) folgert, daß sowohl die *ḥaṭṭā't* als auch der *'āšām* zur Sühnung von Sünden und Vergehen dienen, daß aber beim *'āšām* der Gesichtspunkt der Wiedergutmachung hinzukommt. Noch stärker wird der Gesichtspunkt der Wiedergutmachung im Zusammenhang mit *'āšām* von T.H. Gaster (Artikel „Sacrifices and Offerings, OT" in IDB 4, 1962, 147–159, bes. 152) betont, der *'āšām* für eine „Geldstrafe" hält. N.H. Snaith (a.a.O. 79f.) folgert, daß der *'āšām* in besonderem Maße für tatsächlich angerichteten Schaden als Wiedergutmachung dient. R. Rendtorff (a.a.O. 207–211) vermutet, daß der *'āšām* die „ältere Form des sühnewirkenden Opfers für den Einzelnen" war, der weitgehend durch die *ḥaṭṭā't* verdrängt wurde.

b) Die Fragen nach der Unterscheidung von *'āšām* und *ḥaṭṭā't* und nach einer eventuellen Entwicklung des *'āšām*-Begriffes innerhalb von P lassen sich nur anhand einer eingehenden Analyse der Texte beantworten. Für Leviticus hat sie K. Elliger (HAT I 4) vorgelegt, dessen Ergebnisse hier aufgenommen werden. Innerhalb der Opfergesetze Lev 1–7 wird mehrmals über *'āšām* gehandelt. Im ersten Nachtrag zum Sündopfergesetz 5,1–5, der besondere Fälle regelt, wie Unterlassung der Zeugenpflicht oder Verunreinigung durch Berühren von unreinen Sachen oder Aas unreiner Tiere, wird *'āšām* noch nicht als Opferbegriff, sondern in der Bedeutung 'Bußleistung' (5, 6) verstanden; das gleiche gilt 5,7 innerhalb des nächstjüngeren Abschnittes 5,7–10 über das Sündopfer eines Bedürftigen. Erst 5,14–16 wird *'āšām* als neue Opferbezeichnung eingeführt. Bei Vergehen an heiligen Abgaben muß ein Widder als Opfer dargebracht werden. In v. 15 wird das Nomen *'āšām* zweimal in verschiedenem Sinne gebraucht: 15bα meint es wie vorher 5, 6.7 die Bußleistung, während es 15bβ die spezielle Bedeutung Bußopfer annimmt. Aber dieser Übergang stellt für hebräisches Sprachempfinden nichts Ungewöhnliches dar, wie z.B. 4, 3 das Nebeneinander von *ḥaṭṭā't* 'Sünde' und 'Sündopfer' beweist. Aller Wahrscheinlichkeit nach ist *'āšām* 5,15 einfach Wechselwort für *ḥaṭṭā't* 'Sündopfer'. Der nicht ohne weiteres eindeutige Abschnitt 5,17–19 über den Widder als Schuldopfertier scheint doch wohl *'āšām* als Opfer mit eigenem Ritual zu kennen. – Im jüngsten Abschnitt 5, 20–26, der schon durch seine neue Einleitung eine Sonderstellung einnimmt, handelt es sich um die Festlegung des Schuldopfers für Meineid bei Eigentumsvergehen. Nicht mehr das Versehen, sondern im Gegenteil die Verschuldung wird betont. Vermutlich verlief die Entwicklung so, daß „mit dem aus dem Privatrecht stammenden Schadensersatz ... die Opferforderung in das Schadensersatzrecht eindrang und so aus einem Stück Privatrecht Kultrecht machte" (Elliger 78). Die Wiedergutmachung besteht in der Erstattung des vollen Wertes des widerrechtlich Erworbenen mit einem Aufschlag von einem Fünftel (vgl. 5,16), und dazu kommt als Buße ein einwandfreier Widder zum Schuldopfer.

Num 5, 5–8 setzt als Novelle zu Lev 5, 20ff. die Kenntnis der Schuldopferverordnung voraus und regelt die Rückgabe des veruntreuten Gutes für den Fall, daß der Geschädigte, ohne einen Erbberechtigten zu hinterlassen, verstorben ist, zugunsten der Priesterkasse (vgl. BZAW 120, 1970, 66ff.).

Zur später eigens ausgebildeten Sonderform des אשם תלוי, der in Zweifelsfällen dargebracht wird, ist Mischna Kerithoth 3,1; 4,1f. zu vergleichen.

Neben den Fällen, die durch Lev 4f. und Num 5, 5–8 geregelt sind, wird das *'āšām*-Opfer noch Lev 6,10, in den Reinheitsgesetzen Lev 14,12. 13. 14. 17. 21. 24. 25 (bis). 28, im Heiligkeitsgesetz Lev 19,21 (bis). 22, im Nasiräergesetz Num 6,12, in Num 18, 9, bei Ez (40, 39; 42,13; 44, 29; 46, 20), 2 Kön 12,17, Esr 10,19 (Konjektur) und Sir 7, 31 erwähnt.

Beim Reinigungsopfer eines vom Aussatz Geheilten (Lev 14,12ff.) wird ein männliches Lamm als Schuldopfer (und ein weiteres als Brand-, ein weibliches Lamm als Sündopfer) gefordert. Für die Bedeutung des Schuldopfers spricht, daß in der Novelle über das Reinigungsopfer des Armen Lev 14, 21–32 zwar das Brand- und Sündopfer auf zwei Tauben herabgesetzt wird, daß aber das Schuldopfer unverändert in einem Lamm bestehen muß. Es zeigt sich, daß man die Trennung zwischen Gott und dem Kranken für so schwerwiegend hielt, daß nur ein *'āšām* als Buße die Schuld wiedergutmachen konnte.

Ein *'āšām*-Opfer ist auch erforderlich, wenn jemand einer bereits verlobten Sklavin beiwohnt, Lev 19, 21f. Da in diesem Fall der Täter nach bürgerlichem Recht nicht bestraft werden kann,

wohl aber Schuld vorliegt, wird in Abhängigkeit von Lev 5, 25 ein Widder als Bußopfer für die Verfehlung verlangt.
Das *'āšām*-Opfer, das der Nasiräer nach Num 6,12 zusätzlich zu den Reinigungszeremonien bei Unterbrechung des Nasiräats infolge eines Todesfalles darbringen muß, wird meistens als spätere Hinzufügung aufgefaßt. Aber da doch wohl *'āšām* als 'Schadenersatz' aufzufassen ist, und zwar weil die Unterbrechung des Gelübdes eine Verletzung von Jahweeigentum, nämlich der ihm gelobten Zeit, darstellt, wird der *'āšām* von vornherein zum Sünd- und Brandopfer des Nasiräers dazugehört haben (vgl. BZAW 120, 1970, 88ff.).
Das *'āšām*-Opfer ist keine alte Opferart, sondern wurde aus der *ḥaṭṭā't* als Bußopfer für alle Fälle grober Fahrlässigkeit und schließlich als Schuldopfer in schweren Fällen entwickelt.
c) Aus dem Lev 7,1ff. überlieferten Ritual: Schlachten am heiligen Ort – Blutritus – Fettdarbringung – Fettverbrennung – Verzehrvorschrift – lassen sich einige Schlüsse ziehen. Auffälligerweise wird der Ritus des Handaufstemmens beim *'āšām* nicht erwähnt. Der Blutritus weicht von dem des Sündopfers ab: das Blut wird nicht mit dem Finger an die Hörner des Altars gebracht und der Rest an den Fuß des Altars geschüttet, sondern es wird wie beim Brand- und Heilsmahlopfer rings an den Altar gesprengt. Der Fettverbrennungsritus gleicht dem des Schaf-Sündopfers. Die deutliche Abhängigkeit von den Ritualen verschiedener anderer Opfer deutet darauf hin, daß es sich bei der jetzt vorliegenden Form um eine relativ späte Bildung handelt, die bewußt den Ritus des *'āšām* von dem des Sündopfers differenzieren wollte und eine Mittelform zwischen Sünd- und Brandopfer herstellte. Möglicherweise ist das ein Grund, weshalb der *'āšām* im Gegensatz zur *ḥaṭṭā't* und erst recht natürlich zur *'ōlāh* keinen Teil des Rituals eines der großen Feste bildet (vgl. Num 28f.).
d) Der gerne als Beweis für ein hohes Alter des *'āšām*-Opfers herangezogene Vers 2 Kön 12,17, wo im Anschluß an den Bericht von der Einführung der Kollekte für Ausbesserungsarbeiten am Tempel von *kæsæf 'āšām* und *kæsæf ḥaṭṭā'ōt* die Rede ist, kann die Beweislast nicht tragen, weil v.17 ein später Zusatz ist (vgl. auch Rendtorff 54), der die Verhältnisse der nachexilischen Zeit illustriert.
e) Aus dem in Zeiten großer Katastrophen verstärkten Empfinden, wie sehr Sünde und Schuld das Verhältnis zwischen Gott und Menschen belasten, ist es zu erklären, daß gerade die nachexilische Zeit reges Interesse an den Gedanken und Erwägungen über Mittel zur Sündentilgung nahm. Der literarische Niederschlag in der Priesterschrift läßt erkennen, mit welcher Ernsthaftigkeit die Hinwendung zu Schuld- und Sündopfer vollzogen wurde.
3. An besonders hervorgehobener Stelle wird noch von *'āšām* im letzten Ebed-JHWH-Lied Jes 52,13–53,12 gesprochen. Der Knecht wird nicht nur mit einem Schlachtschaf verglichen (53,7), sondern von ihm kann gesagt werden, daß er sein Leben als *'āšām* eingesetzt hat (vgl. neuerdings E. Kutsch, Sein Leiden und Tod – unser Heil, BSt 52, 1967; K. Elliger, Jes 53,10: alte crux – neuer Vorschlag, Festschrift R. Meyer, MIO 15, 1969, 228–233; W. Zimmerli, VTS 17, 1969, 238ff.). Das stellvertretende Leiden des Gerechten ist das Schuldopfer für die Vielen. Der Tod des Knechtes bewirkt wie ein Schuldopfer eine Sühneleistung, nämlich die Rettung der Sünder vom Tode.
Unklar bleibt, wie *'āšām* Spr 14, 9 zu verstehen ist. Die Parallele *rāṣōn* könnte auf Schuldopfer hinweisen, wahrscheinlich aber liegt Textverderbnis vor (vgl. die Kommentare z. St.).

III. 1. Das Verbum אשם findet sich im AT im *qal* 33mal und einmal im *hiph* (Ps 5,11). Der formale Beleg für das *niph* Jo 1,18 ist mit LXX als *nāšammu* zu lesen und von שמם abzuleiten (vgl. H.W. Wolff, BK XIV 5, 22, Anm. 18c). Von den 33 Belegen für das *qal* entfällt einerseits Hab 1,11 als Textfehler (mit 1 QpHab ist *w^ejāśīm* zu lesen), andererseits kommt neu hinzu Ez 35,6, wo mit LXX *'āšamtā* statt *śānē'tā* zu lesen ist (W. Zimmerli, BK XIII 852, Anm. 6c). – Dem abstrakten Bedeutungsumfang von אשם 'sich verschulden, schuldig werden, straffällig werden, Schuld büßen' im *qal* ging wahrscheinlich ein konkreter Sinn voraus, ähnlich etwa zum Verb חטא 'ein Ziel verfehlen' > 'sündigen', der sich aber für אשם aus den vorhandenen Belegen nicht mehr erkennen läßt. אשם kann mit der Präposition verbunden werden, wodurch das Schuldigwerden hinsichtlich eines bereits erwähnten Falles (Lev 5, 4. 5) oder gegenüber Personen (Num 5,7) und speziell gegenüber JHWH (Lev 5,19; 2 Chr 19,10) zum Ausdruck gebracht wird.
2. Zwischen den vor- und nachexilischen Belegen läßt sich keine Bedeutungsverschiebung feststellen. Ri 21, 22 wird im Zusammenhang mit dem Frauenraub der Benjaminiten betont, daß die Angehörigen der Frauen keine Schuld auf sich geladen haben; denn der Frauenraub geschah ohne ihr Wissen.
a) Bei Hosea taucht das Verbum 5mal (4,15; 5,15; 10, 2; 13,1; 14,1) auf. Daß אשם bei Hosea 'Sündopfer darbringen, sich entsündigen' bedeute, wie H.S. Nyberg (Studien zum Hoseabuche, Uppsala 1935, 30f., auch 101) darzulegen versucht, trifft trotz ²KBL (92b: 'sich schuldig bekennen durch Sühnleistung') nicht zu (vgl. C. van Gelderen, Het Boek Hosea, 1953, 124 und W. Rudolph, KAT XIII 113 und H.W. Wolff, BK

XIV 112). An allen Stellen bei Hosea heißt אשם 'sich verschulden, schuldig werden' und somit 'sich strafbar machen'. Daß dabei an eine endgültige Straffälligkeit vor Gott gedacht ist, läßt sich auch daraus entnehmen, daß immer das Schuldigwerden durch das Ausüben und Anhängen am Baalskult gemeint ist.

b) Bei Ezechiel findet sich אשם 4mal (6, 6; vgl. dazu W. Zimmerli, BK XIII 140, Anm. 6b; 22, 4; 25, 12 und als Konjektur 35, 6). In der Anklage gegen Jerusalem wird das Blutvergießen als Schuld gesehen (ähnlich auch 2 Chr 19, 10), für die nun die Strafe folgt 22, 4, und die Rache Edoms an Juda ist die schwere Schuld (*wajjœ'šemū 'āšōm*), für die JHWH nun seinerseits Rache nimmt.

3. Auch die Belege in der Priesterschrift (Lev 4, 12. 22. 17; 5, 2. 3. 4. 5. 17. 19 [bis]. 23; Num 5, 6. 7) sind nirgends vom term. techn. *'āšām* – Schuldopfer beeinflußt. אשם bedeutet auch hier 'schuldig werden', und zwar außer Lev 5, 19 als Folge des חטא.

4. Wer Israel antastet, macht sich JHWH gegenüber schuldig und wird bestraft (Jer 2, 3; 50, 7), und wer die Gebote JHWHs übertritt, muß es büßen; Fluch und Verwüstung sind die Folgen (Jes 24, 6).

„Diejenigen, die den Gerechten hassen, werden es büßen", heißt es Ps 34, 22, und aus der Parallele geht hervor, daß der Tod des Gottlosen seine Strafe ist, während das Vertrauen auf JHWH vor Schuld und Strafe bewahrt (v. 23).

Der kluge Rat: „Verleumde nicht den Sklaven bei seinem Herrn, damit er dir nicht fluche und du es büßen müssest" (Spr 30, 10) zeigt ähnlich wie Sir 9, 13, wie stark das Verbum אשם auch im innermenschlichen Bereich unter dem Aspekt der Schuld gesehen wird, die automatisch Strafe und das heißt Verderben, ja Tod bewirkt.

5. Das *hiph* ist als Kausativ zum *qal* nur einmal Ps 5, 11 belegt. In der Urteilsforderung wird darum gebeten, daß JHWH die Feinde büßen läßt, indem er sie wegen ihrer Vergehen (*piš'ēhœm*) verstößt.

IV. Das Adjektiv *'āšēm* findet sich Gen 42, 21 (im Pl.); 2 Sam 14, 13 (im Sing.) und noch Esr 10, 19, wo aber für *wa'ašēmīm* mit LXX und 3 Esr 9, 10 nach Lev 5, 15 *wa'ašāmām* 'und ihr Schuldopfer' zu lesen sein wird (vgl. W. Rudolph, HAT I 20, 96). Der Beleg Gen 42, 21 gehört zur alten Pentateuchquelle E. Die Brüder Josephs erkennen bei ihrer ersten Reise nach Ägypten durch die Aufforderung Josephs, einen Bruder im Gefängnis zu lassen, bis der jüngste der Brüder als Wahrheitsbeweis mitgebracht würde, daß sie sich durch ihr Verhalten Joseph gegenüber verschuldet haben, daß sie es büßen müssen (so H. Gunkel z. St.), was sie ihrem Bruder angetan haben. Auch hier läßt sich der Bedeutungsumfang nicht alternativ auf schuldig oder büßend festlegen, wenn man nicht die Interpretation des Hieronymus in der Vulgata „merito haec patimur, quia peccavimus" als sachgemäß anerkennen will. In 2 Sam 14, 13 wird David von der Frau aus Thekoa bei der Auflösung der Parabel einem Schuldigen verglichen, wenn er dem wegen des Brudermordes an Amnon verstoßenen Absalom weiterhin die Rückkehr verweigert. Hier ist der Begriff schuldig nicht forensisch bestimmt – denn Mord zu rächen, ist Recht und Pflicht –, sondern rein moralisch unter dem Gesichtspunkt der Erhaltung der Familie.

V. *'ašmāh*, die formale Feminin-Ableitung vom Stamm אשם, ist als nomen actionis das 'Sichverschulden, schuldig werden', also inf. constr. *qal*, der Lev 4, 3; 5, 24. 26 und 2 Chr 28, 13aγ zweifellos auch so empfunden wurde. An den übrigen Stellen (auch Lev 22, 16 trotz Meyer-Beer § 65, 10) ist kaum mehr an Wesen und Funktion eines inf. constr. gedacht, sondern *'ašmāh* ist als 'Verschuldung, Schuld' verstanden. Der Pl. ist Ps 69, 6; 2 Chr 28, 10 und wohl auch 2 Chr 28, 13aδ belegt. Da Am 8, 14 das „Schwören bei der Schuld Samarias" nur einen nachträglichen Versuch darstellt, mit der Textverderbnis zu Rande zu kommen und aller Wahrscheinlichkeit nach ursprünglich die Göttin אשימה (vgl. 2 Kön 17, 30) gemeint ist (vgl. die Kommentare z. St. und A. Alt, KlSchr III 295; Lidzbarski, Ephemeris III 260ff.; A. Vincent, La religion des Judéo-Araméens d'Elephantine, 654ff.) und alle anderen Belege zu P (Lev 4, 3; 5, 24. 26; 22, 16) oder zum chronistischen Geschichtswerk (Esr 9, 6. 7. 13. 15; 10, 10. 19; 1 Chr 21, 3; 2 Chr 24, 18; 28, 13 [ter]; 33, 23) gehören, wozu noch Ps 69, 6 (nachexilisch) kommt, handelt es sich um ein junges, in später Zeit beliebtes Wort, das von einer prägnanten Bedeutung der Wurzel אשם nichts mehr erkennen läßt.

Im Bußgebet des Esra im Zusammenhang mit der Aktion der Auflösung der Mischehen kann von der großen Schuld, die bis zum Himmel reicht, gesprochen werden (Esr 9, 6). Die Heirat fremder Frauen vergrößerte die Schuld Israels (Esr 10, 10). Verschuldung gegen JHWH (2 Chr 19, 10) ruft seinen Zorn als Strafe hervor (2 Chr 24, 18). Schuld resultiert aus Torheit (Ps 69, 6), aus bösen Taten (Esr 9, 13), und steht parallel zu עונת (Esr 9, 6. 7). In diesen Zusammenhang ist die nur Lev 22, 16 belegte Verbindung עון אשמה zu stellen. Entweihung der heiligen Gaben durch die Priester bedeutet besonders schwere Schuld, nicht nur für die Priester selbst, sondern für die ganze Gemeinde.

Kellermann

אֲשֵׁרָה

I. 1. Etymologie – 2. Belege – II. Umwelt – III. 1. Göttin – 2. Kultusobjekt – 3. Religiöse Bedeutung.

Lit.: *W.F. Albright*, Archaeology and the Religion of Israel, [2]1946, 74ff. = Die Religion Israels im Lichte der archäologischen Ausgrabungen, München/Basel 1956, 88–94. 100–102 (s. Register). – *Ders.*, Yahweh and the Gods of Canaan, 1968, 105ff. – *H. Bauer*, ZAW 10, 1933, 89f. – *K.-H. Bernhardt*, MIO 13, 1967, 163ff. – *R. Dussaud*, RHR 105, 1932, 275ff. – *H. Gese*, Die Religionen Altsyriens, in: Die Religionen der Menschheit X 2, 1970, 3–232, bes. 149ff. – *A.S. Kapelrud*, Baal in the Ras Shamra texts, 1952, 75ff. – *A. Kuenen*, The Religion of Israel, 1882, 88ff. – *Du Mesnil du Buisson*, RHR 164, 1963, 134ff. – *Ders.*, Études sur les dieux phéniciens, 1970, 58, 98ff., 121ff. – *M.J. Mulder*, Kanaänitische goden in het OT, 1965, 39ff. – *F. Nötscher*, RAC I 730f. – *U. Oldenburg*, The Conflict between El and Baʿal, 1969, 28ff. – *R. Patai*, The Goddess Ashera (JNES 24, 1965, 37–52). – *M.H. Pope*, WbMyth I 246ff. – *W. L. Reed*, The Asherah in the OT, 1949. – *P. Torge*, Aschera und Astarte, 1902.

I. 1. Der Name der Göttin Aschera findet sich in folgenden Formen: akk. GN *Ašratu(m)*, ugar. GN *'ṯrt*, ugar. PN *ʿabdi-a-šar*(oder *šir*$_9$?)*-ti*, El Amarna PN *ʿabdi-aš-ra-tum*, *ʿabdi-a-ši-ir-ta/ti*, Tell Taanek GN *a-ši-rat*, heth. GN *Ašertu*, *Ašerduš*, qatab. GN *'ṯrt*, thamud. PN *b'ṯrt*, aram. (Tema) GN *'šyr'*, hebr. *'ašērā*. Obwohl die ugar. Götterliste Ugar. V, Ch. I, Nr. 18, 19 ^{d}*Aš-ra-tum* angibt statt *'ṯrt* in der entsprechenden alphabetischen Version, darf daraus nicht geschlossen werden, daß die ugar. Aussprache *'aṯratu* war, da der Schreiber seinem Prinzip entsprechend den in Babylonien gebräuchlichen Namen gewählt hat. Die stark divergierenden Aussprachetraditionen können durch zwei äquivalente Grundformen erklärt werden, beide Femininum von *'aṯr-*: 1. *'aṯr-t* → *'aṯirt*, vielleicht auch *'aṯart*; 2. *'aṯr-at* → *'aṯrat*. Die Form *'aṯirat* ist als eine Mischform von beiden aufzufassen.

Die Wurzel *'ṯr* kann verschiedene Bedeutungen haben. Mit Bezug auf die ugar. *'ṯrt jm* hat man den Namen manchmal erklärt mit „sie, die auf (in) dem Meer wandelt". Aber dann muß angenommen werden, daß *jm* ursprünglich zum Namen gehörte. Außerdem sind die verschiedenen Aussprachetraditionen nur schwer aus einer ursprünglichen Form *'āṯirat* zu erklären, und schließlich bedeutet *'ṯr* in Ugarit nicht ʻschreiten, wandeln', sondern ʻfolgen'.

Wenn der zweite Name der ugar. Göttin tatsächlich als *Qudšu* (s.u. II.) zu vokalisieren ist, dann bedeutet dies ʻHeiligkeit' oder ʻHeiligtum'. Diese letzte Bedeutung darf auch für *'ṯrt* angenommen werden (Albright, AJSL 41, 100; Oldenburg 28, Anm. 4; Gese 150), wenn die Form ein Femininum ist neben dem ugar. *'ṯr* ʻheilige Stätte' (CTA 17 [II D] I 29 par.; 33, 24; wahrscheinlich 5 [I* AB] VI 24; vgl. akk. *ašru*, phön. *'šr*); immerhin sind auch im Akk. (*aširtu*) und Phön. (*'šrt*) von diesem Wort neben den maskulinen feminine Formen bekannt. Die Vergöttlichung heiliger Stätten kommt bei den Semiten häufig vor und ist auch für Ugarit gut bezeugt. Wenn in *'ṯrt jm* die ursprüngliche Bedeutung noch mitklingt, wie das häufig auch bei anderen Götternamen der Fall ist, dann kann dies übersetzt werden mit „Heiligtum am Meer"; vgl. Cowley, AP, Nr. 71, 20 *b'tr jm*['] „an einer Stelle am Meer".

Ein Zusammenhang von *'ṯrt* mit dem Gott *'ṯr* (vgl. [3]KBL 94) ist möglich, aber kaum zu beweisen.

Zu weiteren Etymologien von אשרה s. Reed 91; Kopf, VT 8, 165; Pope 246; Gese 150.

2. Das Wort אשרה kommt 40mal vor, jedoch nur 4mal im Pentateuch (Ex 34, 13; Deut 7, 5; 12, 3; 16, 21). Es steht 18mal im Sing., davon 6mal ohne best. Artikel, im Pl. אשרות 3mal, 1mal ohne best. Artikel. Der Pl. אשרים kommt 3mal ohne best. Artikel vor, 10mal mit best. Artikel und 6mal mit Suffixen. Plene-Schreibung findet sich in Deut 7, 5; 2 Kön 17, 16; Mi 5, 13. Weder der best. Artikel noch der Pl. brauchen eine Interpretation von אשרה als Gottesname auszuschließen.

II. Schon in Götterlisten der III. Dynastie von Ur kommt die Göttin ^{d}*Aš-ra-tum* vor, später auch in altbabyl. und spätbabyl. Texten. Sie war die Gemahlin des amoritischen Gottes Amurru (Kupper, Amurru 61ff.) und als westsemitische Göttin wohl Aṯirat[u]/Aschera gleichzustellen.

In Ugarit ist Aṯirat die Gemahlin von El (→ אל), dem Haupt des Pantheons. Sie ist gleichzusetzen mit der babylonischen Muttergöttin ^{d}NIN.MAḪ (Ugar. V, Ch. I, Nr. 170, 16). Wie El „Vater der Götter" und „Zeuger der Göttergenerationen" genannt wird, so ist Aṯirat die *ʾm ʾlm* „Mutter der Götter" und die *qnjt ʾlm* „Gebärerin der Götter. Folglich können die Götter ganz allgemein bezeichnet werden mit *dr (bn) ʾl* „das Geschlecht von (die Söhne von) El" oder mit *bn 'ṯrt* „Söhne von Aṯirat".

Ihrer Mutter-Stellung entsprechend übt Aṯirat zuweilen typisch mütterliche Funktionen aus. In CTA 4 (II AB) II 1–9 treffen wir sie am Strand an, wo sie sich den Aufgaben eines Haushalts widmet: Spinnen, Waschen und Auskochen ihrer Kleidung. Nach CTA 4 II 10f. tut sie dies, um El zu gefallen. Aber wenn sie El in einer geschäftlichen Angelegenheit aufsucht, so bedeutet das nicht, daß sie auf seine amourösen Avancen reagiert (CTA 4 IV 38ff.). Sie hat die Fähigkeiten, auf El Einfluß auszuüben (CTA 4

IV–V; 6 [I AB] I 43ff.). Es ist jedoch unsicher, ob sie ihm gegenüber soviel Selbständigkeit besaß, um für sich allein zu wohnen. Man hat das zu suggerieren versucht, CTA 6 I spricht aber dagegen.

Mit ihrer Tochter ʿAnat tritt Aṯirat auf als Amme von Götter und Prinzen (CTA 15 [III K] II 26f.; 23[SS] 24. 59. 61; vgl. Syria 31, Taf. VIII; Ward, Syria 46, 225ff.). Dies deutet darauf hin, daß man Aṯirat in Ugarit auch einen Fruchtbarkeitsstatus zuerkannte. Sie ähnelt damit der ʿAnat und der ʿAṯtart, deren Funktionen in der Spätzeit Ugarits als verschiedene Aspekte einer einzigen Göttin erscheinen. Vielleicht dokumentiert sich diese Entwicklung in dem merkwürdigen Schreibfehler *'ṯtrt*, CTA 4 (II AB) II 13.

Ein weiterer Name der Aṯirat in Ugarit ist *Qdš* (Aussprache vermutlich *Qudšu*, Albright). Aus äg. Texten kennen wir *Qdš* als Bezeichnung einer Fruchtbarkeitsgöttin (Stadelmann, Syr.-pal. Gottheiten in Ägypten, 110ff.), die mit ʿAṯtart und ʿAnat eine Triade bildet (Edwards, JNES 14, 49ff.). Daß Aṯirat sich der Rolle der ʿAnat, Partnerin von Baʿal, zu bemächtigen trachtete, erzählt uns eine kanaanäische Mythe in heth. Überlieferung (Otten, MIO 1,125ff.). Schließlich kann man die Opferlisten von Ugarit anführen, in denen der Name von Aṯirat mehrmals unmittelbar nach dem des Baʿal steht, während in anderen Listen diese Stelle der ʿAnat vorbehalten ist.

In der älteren ugar. Literatur ist von einer derartigen Entwicklung noch nichts zu spüren, vielmehr besteht eine gewisse Feindschaft zwischen Aṯirat und ihren Kindern einerseits, Baʿal und ʿAnat andererseits. Nur gegen reiche Geschenke läßt sich Aṯirat dazu bewegen, sich bei El für die Bitte des Baʿal, einen Palast bauen zu dürfen, einzusetzen. In der sog. kanonischen Götterliste von Ugarit steht *'ṯrt* an überraschend niedriger 14. Stelle, erst nach Göttinnen wie der *kṯrt* (7) und *pdrj* (11), aber doch noch vor *ʿnt*, *špš*, *'rṣj*, *ʾšḫrj* und *ʿṯtrt* (15–19). Auch in Personennamen taucht ihr Name selten auf. Offensichtlich war ihre Popularität im Begriff zu sinken. Doch für die Hafenstädte muß Aṯirat Bedeutung besessen haben (man kannte in Ugarit auch eine tyrisch-sidonische Erscheinungsform der Göttin, CTA 14 [I K] IV 198f.), denn sie war es, die die Schiffahrtssaison eröffnete (CTA 4 [II AB] II 28ff.; s. AOAT 16,143ff.). Ein kleines Bronzebild, das sehr wahrscheinlich Aṯirat darstellt, wurde von Schaeffer, Syria 43, 5f., publiziert.

Sicherlich – trotz zuweilen vertretener entgegengesetzter Meinung – gab es in Ugarit Verehrung von Bäumen und Steinen, wie sich dies aufgrund von Parallelen in der semitischen Welt auch nahelegt. Besonders im Orakelwesen scheinen Bäume und Steine eine Rolle gespielt zu haben; sie „flüstern" oder „murmeln" Botschaften (CTA 3 [V AB] C 20; PRU II 1, Rs.13). Allerdings werden sie nie mit Aṯirat in Verbindung gebracht, eher schon mit Baʿal und ʿAnat. Gleichwohl wird in dem Taanekbrief Nr. 1, 20f. ein Mantiker der Aschera genannt (Albright, BASOR 94, 18).

Im 1. Jt. v. Chr. tritt die Göttin Aschera nicht mehr in den Vordergrund. Ob in der aramäischen Beschwörung von Arslan Taş tatsächlich von ihr die Rede ist, muß als völlig unsicher dahingestellt bleiben (Donner-Röllig, KAI II 45); wir verfügen daher, abgesehen von den Angaben des AT, nur über Zeugnisse der arabischen Halbinsel: eine aram. Inschrift des 5.–4. Jh. v. Chr. aus Tema (KAI 228, 3.16), ein thamudischer PN *b'ṯrt* und schließlich die qatabanische Göttin *'ṯrt*, die mehrfach in Verbindung mit dem Mondgott erscheint (Höfner, WbMyth I 497). Wahrscheinlich wurde Aschera stets mehr mit Astarte und Anat identifiziert, die ihrerseits in der syrischen Atargatis schon zu einer Göttin vereinigt waren. In diese Richtung weist auch die Triade ʽΡέα (Aschera), Διώνη/Βααλτίς (Anat) und ʼΑστάρτη bei Philo von Byblos (Clemen, MVÄG XLII 3, 27).

III. 1. Während in Ugarit Aṯirat noch die Frau von El war, erscheint Aschera im AT als Gesellin von Baal (Ri 3,7; 1 Kön 18,19; 2 Kön 23, 4; vgl. Ri 6, 26; 1 Kön 16, 32f.; 2 Kön 17,16; 2 Chr 33, 3, wo das Symbol der Göttin mit dem Baalsdienst verbunden ist). Wahrscheinlich liegt hier eine spätere Entwicklung vor, die sich schon gegen Ende des 2. Jt.s abzuzeichnen beginnt und der allmählichen Verschmelzung der kanaanäischen Fruchtbarkeitsgöttinnen Anat und Astarte mit der Muttergöttin Aschera (s. o. II.) zugeschrieben werden kann. Diese Verschmelzung erhellt auch aus der Tatsache, daß im AT neben dem sprichwörtlichen הבעל והעשתרות (Ri 2,13) oder הבעלים והעשתרות (Ri 10, 6; 1 Sam 7, 4; 12,10) auch הבעלים והאשרות vorkommt (Ri 3,7; vgl. 2 Chr 33, 3), während die LXX in 2 Chr 15,16 אשרה mit ʼΑστάρτη und in 2 Chr 24,18 אשרים mit ʼΑστάρται wiedergibt. Vergleicht man 2 Kön 23, 4–6 mit 2 Kön 23,13f., so scheint das Kultobjekt אשרה sowohl mit dem Aschera-Kult (in v. 4 wohl Eigenname; vgl. 2 Kön 21,7), als auch mit dem Astarte-Kult verbunden gewesen zu sein.

Durch diesen Verschmelzungsprozeß ist der genuine Charakter der Muttergöttin ganz in den Hintergrund geraten, Aschera erscheint jetzt primär als Fruchtbarkeitsgöttin. Vor allem die Frauen fühlen sich zu ihrem Kult hingezogen (1 Kön 15,13; 2 Kön 23,7; auch 1 Kön 11,1–8 wegen 2 Kön 23,13f.). Sie pflegten בתים für Aschera zu weben, und zwar im Tempelbezirk der Hierodulen (2 Kön 23,7). Möglicherweise ist dieses בתים-Weben ein Euphemismus für den

Geschlechtsverkehr (Murmelstein, ZAW 81, 223f.). Nach anderer Erklärung ist בת hier ein Kleidungsstück ([3]KBL 159), mit dem das Bild der Göttin bekleidet wurde. Vgl. hierfür außer äg., babyl. und griech. Parallelen auch ugar. Texte, in denen Kleidungsstücke für die Bilder der ʿAṯtart und anderer Göttinnen erwähnt werden. Auf jeden Fall wurden mit Spinnen und Weben im Orient oft erotische Vorstellungen verbunden (Murmelstein, ZAW 81, 215ff.; Hoffner, JBL 85, 326ff.). Nun ist interessant, daß in Ugarit nicht ʿAnat oder ʿAṯtart als Patronin dieser typisch fraulichen Tätigkeiten vorgestellt wird, sondern Aṯirat (s.o. II.), so daß hier möglicherweise ein Element der ursprünglichen Aschera-Konzeption bewahrt ist.

Wenn die Konjektur ענתו ואשרתו, die Wellhausen, Skizzen und Vorarbeiten V 131, vorgeschlagen hat, statt Hos 14, 9 MT, richtig wäre, würde das bedeuten, daß Aschera und Anat ausdrücklich nebeneinander gestellt wären. Gleichzeitig bestände ein guter Anschluß für v. 9b, nämlich daß ihr Symbol ein frischgrüner Baum war. Aber diese Konjektur ist doch wohl „mehr geistvoll als richtig“ (Sellin).

2. Die Göttin und ihr gleichnamiges Kultobjekt wurden nicht scharf unterschieden, wie ein Vergleich von 2 Kön 21, 3 mit 21,7 und von 23, 4 mit 23, 6 lehrt. Das ist nichts Ungewöhnliches in der Religionsgeschichte; auch kanaanäische Beispiele machen das deutlich (vgl. Dagon). Eine genaue Beschreibung der אשרה als Kultgegenstand ist im AT nicht zu finden, was sicherlich mit ihrem Anstoß erregenden Wesen zusammenhängt. Als Folge davon herrscht schon in den alten Übersetzungen Unsicherheit über die wahre Art der אשרה: oft ist das Wort aufgefaßt worden als Hain, manchmal als individueller Baum, als Pfahl, Kultbild oder Göttin (Reed 6ff.; Barr, JSS 13, 14ff.). Diese Unsicherheit hat auch die moderne Forschung nicht beseitigen können; bei der Unzulänglichkeit des schriftlichen Materials können auch diverse archäologische Identifizierungen nicht anders als stark hypothetisch sein.

Laut Mischna war die אשרה ein lebender Baum (Orla I 7. 8; Ab.Z. III 7. 9f.; Sukka III 1–3). Mit Bezug auf Deut 16, 21 könnte man in der Tat an einen lebenden Baum denken, der „gepflanzt“ wird (נטע). Aber der Zusatz כל־עץ ist doppeldeutig und kann ebensogut auf totes Holz hindeuten. Das Verbum נטע kann in übertragenem Sinn gebraucht sein in der Bedeutung von ʿeinschlagenʾ (vgl. Pred 12,11; Dan 11, 45), denn an anderer Stelle werden die Ascheren „aufgestellt“ (נצב *hiph*, 2 Kön 17,10; עמד *hiph*, 2 Chr 33,19; שים 2 Kön 21,7) und nach Jes 27, 9 „standen“ sie (קום). Diese Verben weisen wohl auf einen länglichen Gegenstand hin, der vertikal in den Boden eingelassen wurde. Das wird bestätigt durch Ri 6, 25. 28. 30, wonach die אשרה über den Altar hinausragte (für diesen Gebrauch von על vgl. Gen 16,7; 18, 8 usw.; natürlich stand ein Gegenstand aus Holz nicht *auf* dem Altar).

Auch Mi 5,13 könnte auf einen Baum hinweisen, und zwar aufgrund des Verbs נתש (vgl. Jer 12,14. 15; 24, 6 usw.) und des parallelen עריך, was seit J.D. Michaelis oft als Baumsorte aufgefaßt worden ist. Indes kann נתש sehr wohl die allgemeinere Bedeutung ʿausreißenʾ haben, und selbst wenn *ער eine Baumsorte andeutet, braucht von einem synonymen Parallelismus noch nicht die Rede zu sein.

Sollte Albright, VTS 4, 254 mit seiner Konjektur וכאלון אשר⟨ה⟩ in Jes 6,13 recht haben, so könnte man das als einen Beweis dafür nehmen, daß die Eiche der Aschera geweiht war. Aber dieser Vorschlag ist doch wohl zu gewagt (Wildberger, BK X 324). Dasselbe gilt für Wellhausens Konjektur für Hos 14, 9 (s. o.).

Obwohl die Verehrung lebender Bäume und Büsche bis auf den heutigen Tag in Syrien und Palästina vorkommt und auch im AT heilige Bäume (→ עץ) eine Rolle spielen, ist nicht anzunehmen, daß man in diesem Zusammenhang den Namen אשרה gebrauchte. Ohne Zweifel war die אשרה ein Gegenstand aus Holz (Deut 16, 21; Ri 6, 26), der in den Boden eingelassen wurde (s.o.). Darum konnte er auch abgehackt (Deut 7, 5; 2 Chr 14, 2; 31,1), abgeschnitten (Ex 34,13; Ri 6, 25f. 30; 2 Kön 18, 4; 23,14), ausgerissen (Mi 5,13), niedergerissen (2 Chr 34,7) und verbrannt werden (Deut 12, 3; Ri 6, 26; 2 Kön 23, 6.15). Aber ein lebender Baum kann nicht gemeint sein, denn man „macht“ die Ascheren (1 Kön 14,15; 16, 33; 2 Kön 17,16; 21, 3.7; Jes 17, 8) und sie stehen unter grünen Bäumen (1 Kön 14, 23; 2 Kön 17,10).

Einmal wird die Anfertigung eines Schnitzbildes (פסל) der Aschera erwähnt (2 Kön 21,7), das in 2 Chr 33,7 פסל הסמל ʿSchnitzbild des Abbildesʾ, und in 2 Chr 33,15 einfach הסמל genannt wird (nicht zu identifizieren mit Ez 8, 5 סמל הקנאה). Ein anderes Mal wird davon gesprochen, daß man für die Aschera ein מפלצת, „etwas Abscheuerregendes“, angefertigt hatte (1 Kön 15,13). Diese Stellen deuten zugleich an, daß das Kultobjekt tatsächlich, wie der Name schon vermuten läßt, die Göttin Aschera repräsentierte. Das Symbol stand meistens auf einer Kulthöhe (→ במה) neben einem Altar und/oder einem Räucheraltar. Oft kam die אשרה in Kombination mit einem aufgerichteten Stein vor (→ מצבה).

Man hat die Vermutung ausgesprochen, daß die אשרה ein pfahlförmiger Gegenstand aus Holz gewesen ist, eventuell versehen mit Schnitzwerk. Da diesem Stadium wahrscheinlich eine Phase voranging, in welcher der aufgerichtete Stein mit einem lebenden oder abgestorbenen Baum kombiniert war, ist es möglich anzunehmen, daß die אשרה ein stilisierter Baum war, wie er u.a. auf einem Tonmodell einer kultischen Szene aus Zypern dargestellt ist (BRL 35f.; BHHW I 137). Andererseits spricht besonders die Tatsache, daß dasselbe Objekt einmal פסל האשרה genannt wird (2 Kön 21,7) und dann wieder einfach האשרה (2 Kön 23, 6), doch wohl für die Auffassung, daß es ein Gottesbild war. Auf keinen Fall darf das Wort → פסל so ausgelegt werden, daß es als das Abhacken von Zweigen und hervorstehenden Teilen eines Baumstammes zu verstehen wäre, da eine derartige Behandlung den Baum entheiligt hätte (vgl. Mischna Ab.Z. III 10). Der Ausdruck הסמל (פסל), der in 2 Chr 33,7.15 benutzt wird, deutet ebenfalls auf eine Abbildung der Göttin hin.

Oft werden die Ascheren neben anderen Götterbildern genannt (Deut 7, 5; 12, 3; 2 Kön 17,16; Mi 5,12f.; 2 Chr 24,18; 33,19; 34, 3f. 7). Dies könnte den Eindruck erwecken, daß sie sich von „normalen" Bildern unterschieden. Es ist jedoch möglich, daß sie deshalb besonders genannt werden, weil sie die wichtigste weibliche Göttin darstellten. Die Tatsache, daß die Ascheren immer aus Holz gefertigt sind, läßt auch bei der Interpretation als Bild die Möglichkeit offen, daß dieses Bild die Stelle des ehemaligen Baumes eingenommen hat. In dieser Hinsicht ist die häufige Kombination von אשרה und מצבה interessant. Schon in Ugarit bestand die Kombination von Stein und Baum (s.o. II.) und nach dem AT fand man in alten Heiligtümern, wie Sichem (Jos 24, 26), Bethel (Gen 28,18ff.; 35, 8) und Ofra (Ri 6,11.19f. 24ff.) beide Attribute. Auffallend oft spricht das AT von Erscheinungen und offenbarten Botschaften, die den Erzvätern und Richtern an diesen heiligen Stätten zuteil geworden sein sollen. Auch in Ugarit waren Bäume und Steine speziell mit dem Orakelwesen verbunden. Wenn Hosea sagt, daß das Volk sich bei seinem „Holz" berät (4,12), könnte dies eine Anspielung auf die אשרה sein, die später statt des Baumes neben der מצבה genannt wird. Wie die אשרה das Symbol der Fruchtbarkeitsgöttin ist, so ist die מצבה das Symbol des Fruchtbarkeitsgottes Baal (2 Kön 3, 2; 10, 26f.). Wir sahen schon, daß in Ugarit die Baum- und Steinorakel besonders mit diesen Gottheiten verbunden waren.

3. Nach den dtr. und späteren Geschichtsschreibern befanden sich im ganzen Land Kultsymbole der Göttin Aschera sowohl in Juda als auch in Israel (Deut 12, 2f.; 1 Kön 14, 23; 2 Kön 17,10; 2 Chr 31,1; 34, 6f.). Als besondere Stätten werden genannt Ofra (Ri 6, 25), Bethel (2 Kön 23,15), Samaria (1 Kön 16, 33; 2 Kön 13, 6), die Höhen im Osten von Jerusalem (2 Kön 23,13f.) und für kurze Zeit der Tempel in Jerusalem (2 Kön 21,7; 23, 6). Unter der Herrschaft des Ahab muß der Aschera-Kult gut organisiert gewesen sein, da 1 Kön 18,19 der Aschera 400 Propheten zuschreibt. Nach der Reform von Josia (2 Kön 23) wird das stringente Gebot formuliert, daß mit allerlei anderen heidnischen Praktiken auch die אשרה ausgerottet werden muß (Ex 34,13; Deut 7, 5; 12, 3). Die dtr. Geschichtsschreiber verurteilen die Könige, die – insofern wird die historische Überlieferung sicher zuverlässig sein – der heidnischen Fruchtbarkeitsgöttin gedient haben (Jerobeam, 1 Kön 14,15f.; Rehabeam, 1 Kön 14, 23; Ahab, 1 Kön 16, 33; 18,19; Joas, 2 Chr 24,18; Joahas, 2 Kön 13, 6; Manasse, 2 Kön 21, 3.7). Sie loben den Richter Gideon (Ri 6) und die Könige, die die Symbole der Göttin vernichtet haben (Asa, 1 Kön 15,13; Josaphat, 2 Chr 17, 6; 19, 3; Hiskia, 2 Kön 18,4; Josia, 2 Kön 23, 4. 6f. 14f.). Das Unheil, das über die Israeliten kommt, schreiben sie u.a. der Verehrung der אשרה zu (Ri 3,7; 2 Kön 17,10.16; Jer 17, 2). In der Endzeit wird Israel sich von der אשרה abwenden (Jes 17, 8) und JHWH auch die letzte אשרה vernichten (Mi 5,13; vgl. Jes 27, 9).

Die scharfe Verurteilung der אשרה ist natürlich direkt aus dem ersten und zweiten Gebot des Dekalogs abzuleiten; darunter fällt schon in vordeuteronomistischer Zeit ohne Zweifel jede andere Erscheinungsform der Fruchtbarkeitsgöttin. Sicherlich spielt die Furcht mit eine Rolle, daß die synkretistischen Tendenzen zur Angleichung von JHWH an → בעל gerade durch die Möglichkeit, eine Partnerin in Form der Fruchtbarkeitsgöttin neben JHWH zu stellen, eine starke Stimulierung erhalten könnten. Als Manasse im Tempel von Jerusalem ein Bild der Aschera aufstellte (2 Kön 21,7), wobei er offensichtlich sehr geschickt die ehrwürdigste und am wenigsten von den damaligen Kanaanäern verehrte Gestalt der Fruchtbarkeitstriade wählte, wurde diese Gefahr besonders akut. Die Reform des Josias richtete sich daher besonders gegen diese Göttin und ihre Symbole (Deut 16, 21; 2 Kön 23, 4. 6); das ist auch der Grund dafür, weshalb gerade sie so deutlich unter den von den Deuteronomisten attackierten Göttern und Göttinnen von Kanaan in den Vordergrund tritt.

Keine ältere Quelle spricht sich gegen den Dienst an Aschera aus, obwohl die Annahme berechtigt ist, daß die Fruchtbarkeitsgöttin entweder verehrt oder bekämpft wurde, wenn auch sehr wahrscheinlich nicht unter dem Namen der Aschera. In Kanaan selbst war Aschera völlig absorbiert von der Gestalt der Gesellin des Baal, die hier besser bekannt gewesen sein muß unter den Namen ʿAnat, Astarte, eventuell auch בעלה und מלכת השמים. Deshalb ist auch anzunehmen, daß sich die Verehrung von Anat neben JHWH in der jüdischen Kolonie Elephantine in Wirklichkeit kaum von dem hier beschriebenen Aschera-Dienst unterschied.

De Moor

אַשְׁרֵי

I. 1. Lexikographisch – 2. Gebrauch – II. 1. Theologie der Seligpreisung in den Psalmen – 2. in Spr und späten Schriften – III. Die Seligpreisung in der Entwicklung der biblischen Theologie

Lit.: *A. Barucq*, L'expression de la louange divine et de la prière dans la Bible et en Egypte, Le Caire 1962, 262. 482. – *G. Bertram*, μακάριος, (ThWNT IV 1942, 365–373). – *J. Dupont*, Les Béatitudes, Bruges-Lourain [2]1958. – *Ders.*, Béatitudes égyptiennes (Bibl 47, 1966, 185–222). – *A. George*, La „forme" des béatitudes jusqu'à Jésus (Mélanges Bibliques en l'honneur de A. Robert, Paris 1957, 398–403). – *W. Janzen*, 'Ašrê' in the OT (HThR 58, 1965, 215–226). – *W. Käser*, Beobachtungen zum alttestamentlichen Makarismus (ZAW 82, 1970, 225–250). – *C. Keller*, Les Béatitudes de l'Ancien Testament, Maqqel Shâqêdh, Hommage à W. Vischer, Montpellier, 1960, 88–100. – *R. Kieffer*, Vishet och välsignelse som grundmotiv i saligprisningarna hos Matteus och Lukas (SEÅ 34, 1969, 107–121). – *E. Lipiński*, Macarismes et psaumes de congratulation (RB 75, 1968, 321–367). – *S. Mowinckel*, Segen und Fluch in Israels Kult und Psalmendichtung, Psalmenstudien V, Oslo 1923. – *W. Zimmerli*, Zur Struktur der at.lichen Weisheit (ZAW 51, 1933, 175–204).

I. 1. אשרי ist ein Pl. mask. constr. und wurde schon sehr früh als eine Art Interjektion gedeutet (GKa § 93 1). Man hat darin ein segolatisches Nomen gesehen, hergeleitet von der im Hebr., Ugar. und Arab. bekannten Wurzel אשר 'gehen'. Das Verbum, das selten in *qal* gebraucht wird (Spr 9, 6), kommt häufig im *pi* in der Bedeutung von 'leiten' in Jes vor. Dann aber hat das *pi* auch den Sinn, daß man die – in der Wurzel implizierte – Eigenschaft „glücklich" auf jemanden überträgt, also die Bedeutung 'glücklich machen'; sie findet sich Gen 30, 13 (wohl J) und an sieben späten Stellen (Mal 3, 12; Spr 31, 28; Hi 29, 11; HL 6, 9; Ps 72, 17; *pu* Spr 3, 18; Ps 41, 3). Gen 30, 13 setzt ein Segolat anderen Typs voraus, nach dem MT *'ōšœr*. Die Lexikographen (GesB, KBL) nehmen eine weitere, der Wurzel ישר 'gerade sein' verwandte Wurzel an, die mit akk. *wašāru* identisch wäre; die akk. Entsprechung zu ישר ist aber *'ešēru* 'in Ordnung sein'. Die äg. Transkriptionen semit. Namen aus dem MR lassen auch auf eine vom ugar. *'ṯr* verschiedene Wurzel אשר schließen (Albright, JAOS 1954, 74). Übrigens hat Janzen gezeigt, daß אשרי nicht als Gegensatz zum Wehruf הוי aufzufassen ist.

Ist die Segensformel ברוך in Israel sehr alt, so trifft das doch keineswegs für אשרי zu. Das Wort erscheint nur ausnahmsweise in J (Gen 30, 13), E (Deut 33, 29 im redaktionellen Schlußteil), Jes (30, 18) und 1 Kön 10, 8 (wahrscheinlich redaktionell). Die große Masse der Belege findet sich in den Psalmen (26 mal) und den Weisheitsbüchern (12 mal außer den griech. Teilen von Sir). Während das Wort nur je einmal in Hi und Pred vorkommt, ist es verhältnismäßig häufig in Spr vertreten, in inversiver Konstruktion – worin Zimmerli und Lipiński eine Verbiegung der reinen Form erblicken – in den Sammlungen, die als die ältesten angesehen werden (14, 21; 16, 20; 20, 7; 29, 18).

2. Die Psalmen sind der bevorzugte Ort des Ausdruckes אשרי. Er eröffnet den Psalter in 1, 1, findet sich am Ende des Ps 2 (die beiden Psalmen werden Apg 13, 33 als eine Einheit betrachtet; vgl. Berak 9b), fehlt in den beiden ersten Büchern der Psalmen mit Ausnahme der letzten Psalmen jeder Reihe (32–41 und 65), steht in den Psalmen, die die Sammlungen I (41, 2), III (89, 16) und IV (106, 3) abschließen und erscheint schließlich sehr häufig im letzten Buch (8 mal, besonders 119, 1–2).

Ein Zusammenhang mit der Liturgie des zweiten Tempels läßt sich von hier aus schwerlich bestreiten. Das Wort ist ein liturgischer Zuruf, und die späte Verbindung mit dem Verb אשר deutet auf einen Akt der Glücks-Suche des Gläubigen hin; wahrscheinlich handelt es sich um die Wallfahrt zum Tempel im Sinne der dtr. Bewegung und der Rückkehr aus dem Exil. Dieser Akt macht den Gläubigen 'glücklich', deshalb die Übersetzung μακάριος und *ṭūbaj* im Griech. bzw. Aram.

II. 1. Was für eine Beziehung besteht zwischen diesem Zuruf des Glücks und dem Segen? Nach Mowinckel gibt es keinen Unterschied zwischen den beiden Wörtern (The Psalms in Israels Worship 47), aber nach Kraus (BK X, I 3) ist das „weltoffenere" אשרי vom sakral-feierlichen ברוך zu unterscheiden. Letzterer wird wohl recht haben, denn dieser Zuruf der Glückseligkeit bezieht sich niemals auf Gott (sogar Deut 33, 29 ist Israel glücklich, weil es von Gott errettet worden ist). Der Glückwunsch unterscheidet sich insofern vom Segen, daß er gewisse Taten von seiten des Gläubigen fordert: Dieser soll nach Zion kommen (Ps 65, 5; 84, 5, ebenso Jes 30, 18 vgl. 19), wo man Zuflucht findet (חסה 2, 12; 34, 9; vgl. 84, 13), wo die Sünden vergeben werden (Ps 32, 1–2). Aber in Übereinstimmung mit der dtr. Anschauung hängt das Glück von der Erwählung (Ps 33, 12) oder von der Unterweisung Gottes (Ps 94, 12) ab. Der Gläubige soll Gott fürchten (Ps 112, 1; 128; 1). Sein Benehmen soll rechtschaffen sein (Ps 119, 1f.) und er soll der

Torah gehorchen, ohne dem Rat der Frevler zu folgen (Ps 1, 1). Glücklich ist, wer auf den Elenden achtet (Ps 41, 2), wer das Recht bewahrt und die *ṣ^edāqāh* tut (Ps 106, 3), wer in seiner Jugend Söhne als eine Gabe Gottes empfängt (Ps 127, 5) und die Gerichte Gottes gegen die Feinde des erwählten Volkes ausführt (Ps 137, 8).

2. Einen Widerhall dieser Anschauung finden wir in den Parallelkonstruktionen der Sprüche. Die Glückseligkeit kommt denen zu, die zu Gott ihre Zuflucht nehmen (Spr 16, 20), die Mitleid mit den Bedrückten haben (14, 21), die mit Kindern beschenkt werden (20,7) und die Torah halten (29, 18). Ebenso gehören die – in diesem Buch immer wieder und grundsätzlich geforderte – Furcht Gottes als Anfang der Weisheit und die Seligpreisung jener, die Gott fürchten (28, 14), zusammen.

Die spätere Literatur nimmt dieses Thema wieder auf. Glücklich sind die, die die Weisheit, den Lebensbaum finden (Spr 3, 3) oder auf die von Gott geschaffene Weisheit hören (8, 33) und an ihren Toren wachen (8, 34). Das schließt mit dem Gedicht über die Frau, deren Tüchtigkeit die Söhne zu einer Seligpreisung bewegt (31, 28). Hiob erinnert in 5, 17 daran, daß Glückseligkeit und Zurechtweisung durch Gott miteinander verbunden sind: erst pries man ihn glücklich, wenn man ihn reden hörte (29, 11) und jetzt hat ihn Gott ins Elend gestoßen.

In Entsprechung zur Erwählungstheologie läßt Mal 3, 13 die Völker Israel seligpreisen; in Ps 72, 17 preisen sie die Söhne Davids glücklich und in HL 6, 9 verkünden die Jungfrauen die Glückseligkeit der Geliebten.

III. Die theologische Interpretation des biblischen Sprachgebrauchs ist nicht vollständig, wenn man es unterläßt, sowohl den Ursprung als auch die Bestimmung des Ausdrucks אשרי sich klarzumachen. Seine eigentümliche grammatikalische Form und seine späte Einführung lassen auf die Anwendung einer fremden Formel schließen.

In der Keilschrift-Literatur gibt es keine befriedigenden Parallelen. Zwar ist dort die Rede von Erfolg und Glück, besonders in den Omina (vgl. F.R. Kraus, Ein Sittenkanon in Omenform, ZA 43, 1936, 77–113), auch erscheint der Ausdruck *ṭūb libbi* 'das Wohlsein des Herzens', aber das alles gibt für unseren Zusammenhang wenig her. In der babyl. Hymnik stoßen wir auf *Zurufe* (z.B. ANET 386 „mögen meine Pfade gerade sein", 387 „Möge er glücklich sein"), die das *'ašrē* der Psalmen vorbereiten. Es ist sogar möglich, daß akk. *ašru*, das die Demütigkeit und das Vertrauen preist (CAD I 455, AHw 82) und besonders in der neubabyl. Zeit (*ašri kanšu, ašri sanga*; *wašrum* schon bei Hammurabi) verwendet wird, eine gewisse Rolle bei der Aufnahme der Formel in Israel gespielt hat, da die Glückseligkeit ja hier die demütige Antwort auf Gottes Ruf, der Israel erwählt hat, ist.

Nach der Untersuchung von J. Dupont scheint es, daß der Makarismus vor allem in Ägypten zu suchen ist. Er fällt besonders auf beim späten Petosiris, dessen Berührungen mit der Bibel bekannt sind: „Glücklich der Mann, den sein Herz auf den Weg des Lebens führt . . .", „Glücklich der Mann, der zu der Wohnung ohne Sünde kommt! . . .", „Glücklich der, der Gott liebt! . . .", „Glücklich der, den sein Herz auf den Weg der Treue führt!" Bei Ramses II. findet man ebenfalls diese Seligpreisungen („Glücklich, wer dich versteht, Amon!"), ferner in Tell el-Amarna („Glücklich, wer deine Unterweisung zum Leben hört"), bei Thutmosis III. („Glücklich der, den das Gesetz Gottes zum rechten Handeln führt", Drioton), ja sogar in den Pyr. (476 „Glücklich diejenigen, die sehen wie der Pharao zum Himmel aufsteigt").

Die Form dieser Seligpreisungen ist sehr lehrreich: *rs.wj* von einem Knecht, der seinen Herrn trägt; von einem, der einen Gott im Herzen hat; von einem Land, dessen Herr der Pharao geworden ist (Sinuhe); *wꜣd.wj* von einem, der seinem Herrn gegenüber wohl gehandelt hat; von dem, der auf den Unterricht vom Leben hört; von einem, der in Theben, der gesegneten Stadt, anlangt (P. Leiden, Ramses II.). *snk.wj* von dem, der in Sinai geblieben ist; von einem, der nicht, wie Ramses II. bei Qadesch, verängstigt gewesen ist; vom siegreichen Mernephtha auf der Israelstele. *nfr.wj* von dem, der auf seinen Vater hört (Ptahhotep); von dem, der Ra bei dem Sonnenaufgang sieht. *ḫntš.wj* vom Herz der Geliebten, die dem Geliebten begegnet (P. Chester Beatty). In allen diesen Ausdrücken kommt die Ausrufepartikel *wj* zur Verwendung, die zugleich als Dualendung dient, genauso wie -ē im Hebr. auch Dual constr. sein kann (obgleich diese äußere Übereinstimmung kaum ausschlaggebend ist). Es ist schwer, die Entwicklung des biblischen אשרי seit Jesaja ohne jeden ägyptischen Kultureinfluß erklären zu wollen, da eben zu dieser Zeit der Einfluß der ägyptischen Schreiber und des Weisheitsvokabulars spürbar wird (Fichtner). Der göttliche Segen fordert Taten der Treue gegen Gott und sein Gesetz, um den Gläubigen Glückseligkeit zu geben; das eben ist der Sinn von אשרי.

In Qumran kommt אשרי nicht vor, während die rabbinische Literatur den traditionellen Gebrauch bewahrt (Strack-Billerbeck I 189). Bei Sir, der das Verb 6mal gebraucht, treffen wir auf die späteste Entwicklungsstufe der Makarismen (11mal, oft durch den hebr. Text bestätigt: wer nicht gesündigt hat, hat die Klugheit, die Vollkommenheit gefunden); in 37, 24 setzt er Segen und Glückseligkeit parallel und bereitet so die

Bergpredigt vor, wo der Makarismus mit der Erfüllung des Gesetzes in Verbindung gebracht wird.

Nach Käser ist der at.liche Makarismus eine weisheitliche Form, die sich der in der gebundenen Sprache des ATs gebräuchlichen Wendungen bedient. Er ist „Verkündigung der durch Gnade geschaffenen ... Relation zwischen Gott und Mensch im Lebensbund der Gnade; dies gilt auch und gerade von den überaus zahlreichen thorabezogenen Makarismen". Es handelt sich um das Leben im Gebiet der Thora. Die makarismische Verkündigung ist „wesenhaft eschatologisch", da sie sich im Bund des „heute und morgen sich treubleibenden Herrn" verwirklicht. „Seligpreisung ist Lobpreis der heilschaffenden Gnade Gottes am erwählten Menschen" (Käser 249f.).

Cazelles

אֵת עִם

I. Zum profanen Gebrauch – 1. Parallelität, Etymologie und Herkunft der Präpositionen – 2. Profane Bedeutungsbreite – II. Der theologische Gebrauch – 1. Allgemeines – 2. In Verheißungen Gottes – 3. Als Verheißung, Wunsch usw. von Menschen – 4. In assertorischem Gebrauch – 5. Gehalt, Geschichte und Ort der Formel im Glauben Israels – III. ʿImmānūʾēl.

Lit.: *W. Beyerlin*, ZAW 73, 1961, 191. – *M. Buber*, VT 6, 1956, 137. – *J.L. Crenshaw*, ZAW 80, 1968, 207. – *R. Kilian*, Die Verheißung Immanuels Jes 7,14 (SBS 35) 1968. – *H.-P. Müller*, Ursprünge und Strukturen alttestamentlicher Eschatologie (BZAW 109, 1969, 138. 142f. 151. 166f.). – *H.D. Preuss*, „... ich will mit dir sein!" (ZAW 80, 1968, 139–173; dort 139, Anm. 4, die ältere Lit.). – *M. Rehm*, Der königliche Messias im Licht der Immanuel-Weissagungen des Buches Jesaja, 1968. – *W. Richter*, Die sogenannten vorprophetischen Berufungsberichte (FRLANT 101, 1970, 138. 146–151. 171f. 174.). – *Ph. de Robert*, Le berger d'Israël, Neuchâtel 1968, 54f. 91. – *L. Schmidt*, Menschlicher Erfolg und Jahwes Initiative (WMANT 38, 1970, 37ff. 74ff. 88ff. 100f.u.ö.). – *H. Seebaß*, ZAW 79, 1967, 162. – *J.J. Stamm*, Die Immanuel-Perikope im Lichte neuerer Veröffentlichungen (ZDMG Suppl. 1, 1969, 281–290). – *H.W. Wolff*, BK XIV 2, 294f.

I. 1. Obwohl es sprachgeschichtlich auffällig ist, daß zwei verschiedene Wörter innerhalb desselben Zeitraumes einer Sprache die gleichen Bedeutungen haben, zeigt das AT doch für את und עם keine wesentlichen Unterschiede sowohl der Bedeutungen als auch des Gebrauchs im zeitlichen wie gattungsmäßigen Bereich. Deutlich ist nur, daß sowohl im profanen als auch im theologischen Bereich in späteren Texten der Gebrauch von את immer mehr zugunsten des von עם zurücktritt. Eine gemeinsame Behandlung beider Präpositionen erscheint daher als gerechtfertigt. Während את (ursprünglich *ʾitt*? vgl. KBL³ 97) dem akk. *itti* (ass. *išti*) nahesteht (zu את im nordwestsemitischen Sprachbereich s. DISO 28f.; auch Lachish Letters III 20) und – da die semit. Präpositionen ursprünglich weithin Substantive waren – auch mit *ʾidt* (Femininbildung zu יד?) oder einer Bildung aus אנה II treffen (so König, WB 31) zusammenhängt, gehört עם stärker dem nordwestsemitisch-aramäischen Sprachtypus an (vgl. aram.; syr. *ʿam*; ugar. *ʿm*, verstärkt *ʿmn* = *ʿimman*, vgl. Hos 12, 5; aber auch arab. *ʿam* – auch *ʿan* und *maʿa*? – weiter DISO 215f.).

2. Die beiden Präpositionen gemeinsame Streuungs- und Bedeutungsbreite können folgende exemplarische Belege verdeutlichen:

a) mit, zusammen mit, in Begleitung oder Gemeinschaft von: *ʾēt* Gen 7,7; Ri 9, 32f.; 2 Sam 16,17; Jer 3, 9; *ʿim* Gen 5, 24; 13,1; Ex 22, 29; Deut 12, 23; Hos 4,14; Pred 2,16. (Zu *krt bᵉrīt ʿim/ʾēt* s. E. Kutsch, ZAW 79, 1967, 24f., Anm. 26.) – Bei, nahe bei, neben, inmitten: *ʾēt* Ex 1,14; Lev 19,13; Ri 4,11; Jes 53, 8; Hi 2,13; *ʿim* Gen 23, 4; 25,11; Deut 22, 2; 2 Sam 13, 23; 21, 4; 1 Chr 13,14; (*ʾēt* als 'neben' im Sinne von 'außer, außerhalb, entgegen' Ex 20, 23; 33, 21). – Mit Hilfe von, unter Schutz von: *ʾēt* Gen 4,1?; 30, 29; Ri 17, 2; *ʿim* 1 Sam 14, 45; 1 Chr 4, 23; 12,18. – Ausgestattet mit, in Besitz von: *ʾēt* Jer 23, 28; *ʿim* Gen 24, 25; Ps 89,14. – Mit jemandem streiten, kämpfen mit: *ʾēt* Gen 14, 9; Ri 11, 27; 1 Chr 20, 5; *ʿim* Gen 26, 29; Jes 3,14; Ps 94,16; Hi 14, 3.

b) Seltenere bzw. übertragene Bedeutungen sind: In, an, auf, in bezug auf, zugunsten von: *ʾēt* 1 Sam 7,16; 1 Kön 9, 25; *ʿim* Gen 24,12; Ex 34,10. – So gut wie, in der Art von: *ʾēt* Gen 6,13; *ʿim* Gen 18, 23; Ps 73, 5. –

c) Wie *ʿim* sich innerhalb des Hebräischen immer mehr durchsetzt, so hat es auch eine etwas größere Bedeutungsbreite: Mit sich = im Sinne haben Num 14, 24; Deut 8, 5; Hi 23,14. – Solange wie Ps 72, 5. – Vergleichbar mit, im Vergleich zu Ps 120, 4; Hi 9, 26. – Trotz („bei alledem") Jes 25,11; Neh 5,18, späte Stellen; bis (zeitlich) Jes 44,7 (lies dort *ʿim*). – Hin nach, hin zu Ri 4, 9; Ps 18, 24 (2 Sam 22, 24 *lᵉ*); Hi 31, 5 (vgl. ugarit. *ʿm* und dazu M. Dahood, Ugaritic-Hebrew Philology, Rom 1965, 32). – Von weg, aus Gen 23, 4; Ps 85, 5; Hi 27,13 (vgl. wieder ugarit. *ʿm* in UT 2065: 14f. und dazu M. Dahood, Psalms (AB) II, 287; Ders., Bibl 50, 1969, 350).

Das Mitsein von Menschen mit anderen ist oft als ein „auf einer Reise oder Wanderung begleiten" inhaltlich gefüllt (Gen 13,1. 5; 18,16; 19, 30; 24, 32. 40. 54. 58; 31, 23; weitere Belege ZAW 80, 1968, 155, Anm. 60, denen 1 Sam 14,7 hinzugefügt werden muß; a.a.O. auch entsprechende Wendungen aus der Umwelt Israels). Ein erotisches „Mitsein" kennt das AT als formelhaften Ausdruck nicht (vgl. aber HL 4, 8 und ähnliche Aussagen aus der Umwelt Israels in ZAW 80, 1968, 165f.).

II. 1. Auch im theologischen Bereich werden die Präpositionen את und עם promiscue gebraucht. An über 100 Stellen macht das AT Aussagen über ein „Mitsein" JHWHs (zu Elohim, JHWH Elohim und El s. Preuß 139, Anm. 1, wo Hi 29, 5 mit Šaddaj zu ergänzen ist) mit einzelnen Männern oder mit Gruppen in Vergangenheit, Gegenwart und Zukunft, ohne dieses Mitsein genau inhaltlich zu füllen. Die Aussagen geschehen in Form direkter Gottesrede als Verheißung und Zusage (s. 2), als Verheißung, Bitte oder Wunsch von Menschen (s. 3) und als Feststellung durch Menschen (s. 4); weiterfragende, grammatisch-syntaktische Differenzierung bei Richter 146–151, jedoch mit kaum zutreffender Bewertung der jahwistischen Belege.

Die Formel begegnet nicht in Kl und Esth, in der Weisheitsliteratur nur Hi 29, 5, auch nicht in Weisheitstexten der Umwelt Israels. Sie taucht nur dreimal in den Psalmen auf, ist nicht an bestimmte Orte oder Institutionen gebunden, findet sich daher auch nicht in überwiegend kultisch geprägten Texten (Lev, Ez; Ez 34, 30 ist erläuternde Glosse), so daß die Kategorisierung als Kultformel schon hier Schwierigkeiten begegnet. Die Formel hat innerhalb des AT ihr Schwergewicht vielmehr in den erzählenden Gattungen (drei Viertel der Belege), und zwar besonders in den Vätererzählungen der Gen (jedoch nicht in der Urgeschichte, wie auch die Schöpfungsmythen des Alten Orients die Formel nicht zu kennen scheinen), im Buche Jos, den Sam-Büchern und der Chr, wobei jedoch zu fragen sein wird, ob die Formel überall in gleicher Sinnfüllung und analogem Zusammenhang begegnet.

Auffällig ist, daß die Texte der Umwelt Israels bisher nur zwei (äg.) echte Parallelen zu bieten scheinen, die vom Mitsein einer Gottheit mit einem Menschen (hier dem König) sprechen; hinzu kommen zwei Eigennamen, hinter denen vielleicht die Vorstellung vom Mitsein einer Gottheit mit dem Menschen steht, wobei aber Ittobaal wahrscheinlich anders zu übersetzen ist (vgl. ZAW 80, 1968, 161–171; vgl. aber ergänzend G. Rinaldi, BibOr 10, 1968, 68 und H.-J. Zobel, VT 21, 1971, 96). Andere äg. Texte reden nur vom Mitsein einer Gottheit mit den Toten, während vom Mitsein eines Gottes mit anderen Göttern (!, auch ANET 126) häufiger die Rede ist. Selbst wenn weitere Belege in Israels Umwelt auftauchen sollten, bleibt doch auffallend, daß die Formel vom Mitsein einer Gottheit mit Menschen im Alten Orient nur sehr selten, im AT jedoch gehäuft auftritt und dort eine Grundstruktur des JHWH-Glaubens ausdrückt. Bringt etwa die Formel mit ihrem Gehalt etwas für den Glauben Israels Typisches (wenn auch nicht gleich „Genuines“!) zur Sprache?

2. Als Verheißung oder Zusage der Gottheit begegnet die Formel (dazu ausführlicher Preuß 141–145) an folgenden 30 Stellen:

Gen 26, 3a (J, עם; v. 3a ist innerhalb der v. 3–5 ein deutlich altes Element); Gen 26, 24 (J, את; die Zusammenordnung mit der Formel „Fürchte dich nicht!“ findet sich auch in Deut 20,1; 31, 8; Jes 41,10; 43, 5; Jer 1, 8f.; 30,10f. (46, 28); 42,11; 1 Chr 28, 20; 2 Chr 20,17; 32, 8; vgl. Gen 21,17; 46, 3; 1 Sam 4, 20, wobei der Kontext nicht immer auf ein Kultorakel schließen läßt); Gen 28,15 (J, עם); Gen 31, 3 (J, עם; vgl. 32,10.13 J, עם); Ex 3,12 (E, את; nehmen v. 14. 16f. auf das אהיה von v. 12 Bezug? zu Ex 3f., Ri 6 und 1 Sam 9f. besonders Richter); Deut 31, 23 (J? JHWH-Rede, da v. 23 ursprünglich an v. 15 anschloß; vgl. weiter Jos 1, 5. 9. 17 עם); Jos 1, 9; 3,7 (עם); Jos 7,12 (עם hier im Zusammenhang mit dem JHWH-Krieg); Ri 6,12 (עם, v. 13 schließt durch seine Rückfrage das Verständnis als Grußformel aus; vgl. Lk 1, 28; anders Ruth 2, 4; 2 Chr 19, 6; zur Diskussion um Übersetzung und Kontext von Ri 6,12 s. Preuß 142f. Anm. 11 u. 11a); Ri 6,16 (עם; Zusage vor einer Schlacht); 1 Kön 11, 38 (עם; Verheißung des Gottes Israels – v. 31 – für den Fall des Gehorsams aus Prophetenmund, wobei der Rückverweis auf David wichtig ist); Jes 41,10 (עם; Heilszusage an den Knecht Israel; z. St. ausführlich Preuß 143, Anm. 12); Jes 43, 2. 5 (5a Zusatz? את zweimal in Heilsorakeln, die Geleit auf dem Wege der Rückkehr aussagen); Jer 1, 8 (vgl. 1,19; 15, 20, את; auch Ex 3,12; Ri 6,12; Verheißung bei der Berufung zu Gehen und Sendung, verbunden mit Kampfterminologie v. 16; Heilszusicherung als Geleitszusage); Jer 30,11 (את; vgl. 46, 28; Verheißung an Israel als Rettung); Jer 42,11 (את; Verheißung JHWHs durch Jeremia an Judäer, die auswandern wollen); Mi 6, 8 (עם; JHWH will achtsames „Gehen mit ihm“!); Hag 1,13 (vgl. 2, 4f.: את; Beistandsverheißung an das Volk in Notzeit); Sach 10, 5 (עם; Beistandsverheißung für den kommenden Kampf der Herde; vgl. Ez 34, 30 als Zusatz; עם).

את (12mal) und עם (18mal) sind inhaltlich nicht differenzierbar, werden auch nicht durch die redenden oder angeredeten Personen geschieden. Auch eine zeitliche Differenzierung ist nicht möglich (vgl. Hag neben Sach; DtJes hat beide Präpositionen; Jer nur את; J nur עם, in Gen 26, 24 aber את; E hat beide Präpositionen, s. u.), wenn auch der Gebrauch von עם etwas überwiegt. Die Formel zeigt keine ausschließliche Bindung an Kultorte, sondern die ältesten Texte verwenden sie vorwiegend als Geleitszusage vor und bei Wanderungen (vgl. noch Mi 6, 8; Jes 43, 2). Es ist das Geleit durch den mitgehenden Gott gemeint, der auf diesem Wege auch für die Seinen streitet. Der JHWH-Krieg ist aber nur konkretisierender Aspekt des Geleites der Gottheit, nicht aber alleiniger Sitz im Leben der Formel (vgl. jedoch wieder H. W. Wolff, BK XIV 2, 294f.). Durch Motivtransposition wird die Formel später zur allgemeinen Beistandszusage und mündet als solche auch in prophetische Heilsorakel ein, wo aber nicht selten die konkrete Ursituation von Weg und Kampf noch durchschimmert (Jes 43, 2. 5; Jer 1,19; 15, 20; Sach 10, 5; Chr). Es gibt keine verheißende Zusage des Mitseins der Gottheit an David (2 Sam 7, 3 ist assertorisch und das „Tempus" ist nicht exakt bestimmbar), so daß עם nicht für die Vorstellung vom Davidsbund konstitutiv ist (vgl. Preuß 145 mit Lit. und Kilian 57f.). Zu beachten bleibt, daß (עם) היה את nicht selten den Gottesnamen JHWH anklingen läßt oder gar auslegt, wobei auf weitere Belege verwiesen werden kann, die JHWH als führenden, geleitenden, mitgehenden, für die Seinen streitenden Gott, als Hirten seiner Herde usw. aussagen (Gen 26, 3; 31, 3; Ex 3,12; Num 14, 43; Deut 31, 23; Jos 1, 5.17; 3,7; Ri 2,18; 6,16; 1 Sam 17, 37; 18,12; 1 Kön 11, 38; Sach 10, 5).

3. Im Munde von Menschen findet sich die Formel als Verheißung, Zusage, Wunsch oder Frage an den folgenden 33 Stellen:

Gen 28, 20 (E, עם; vgl. v.15: JHWH!; konkret ist wieder ein Behüten auf dem Wege gemeint); Gen 48, 21 (עם, J? E?; wieder Bezug zu einer Wanderung); Ex 10,10 (עם) aus dem Munde des Pharao, eine Wanderung betreffend (vgl. 2 Chr 35, 21 aus dem Munde Nechos); Ex 18,19 (E, עם; neue Situation auf der Wanderung wird unter den Wunsch des Mitseins Gottes gestellt); Ex 33,16 (עם; Quellenzugehörigkeit umstritten; Jahwes Mitsein ist als ein Mitgehen für Mose wesentlich; vgl. v.13); Num 14,43 (J, עם; zur Situation s.v. 42!); Deut 20,1 (עם; Zusage des Mitseins JHWHs, der mitzieht; vgl. v. 3f.; 31, 6; ähnlich 20,1. 4; 31, 8 (עם) als Geleitszusagen und Beistandsverheißungen in Kämpfen); Jos 1,17 (עם; vgl. 1, 9; Mitsein als Geleit und Kampfeshilfe), ebenso Jos 14,12 (M hier אותי; vgl. aber GKa, 311); Ri 6,13 (עם; Rückfrage angesichts göttlicher Verheißung v.12; vgl. Gen 28, 20); Ruth 2, 4 (Grußformel in spätem Text; vgl. 2 Chr 19, 6; עם); 1 Sam 17, 37 (היה עם mit JHWH; Beistandswunsch); Beistands- und Geleitswünsche für David auch 1 Sam 20,13 (עם) und 2 Sam 14,17 (עם), für Salomo (mit motivierendem Rückblick auf David!) 1 Kön 1, 37 (עם); 1 Kön 8, 57 Bitte Salomos um das Mitsein JHWHs (עמנו ,עם) mit für dtr Theologie typischem Rückgriff auf die Väter; Ps 67, 2 (את) entspricht nicht ganz der üblichen Formel; 1 Chr 9, 20 (עם) ist ein Segenswunsch (vgl 2 Chr 19,11); 1 Chr 22,11 (עם; Wunsch oder Verheißung Davids an Salomo, den Tempelbau betreffend; so auch 22,16; 28, 20); 2 Chr 19,11 (עם; Mitsein Jahwes als Verheißung an Leviten, wenn sie gut handeln: עם הטוב!; vgl. 1 Chr 9, 20); 2 Chr 20,17 (עם; Zusage durch die Leviten an das Heer Josaphats als an Juda und Jerusalem; Ex 14,13 klingt an). Vgl. 2 Chr 25,7 (עם); 32,7f. (עמנו ,עם); 35, 21 (absichtlich Elohim statt JHWH, da im Munde Nechos); 2 Chr 36, 23 (עם) bringt die Formel als Segenswunsch für die Heimkehrer aus dem Munde des Kyros (vgl. Esr 1, 3).

Die 33 aufgeführten Belege verwenden stets עם; nur in Jos 14,12 steht ein unklares אותי, und der die Formel sowieso nicht deutlich belegende Ps 67, 2 hat את. War עם im Munde von Menschen der üblichere Gebrauch (oder der später nivellierte?), während in den verheißenden Worten der Gottheit die Differenziertheit konservativ beibehalten wurde? Mitsein Gottes beinhaltet auch hier meist Geleit auf dem Wege wie Hilfe in Kämpfen, wobei beides auch nicht ohne Grund miteinander verbunden sein kann. Wichtig sind die Belege, welche die Hoffnung auf künftiges Mitsein Gottes durch einen motivierenden Rückblick oder Verweis auf früheres Mitsein mit den Vätern oder bei früheren Heilstaten (Deut 20,1!) ausdrücken (Jos 1,17; 14,12; Ri 6,13; 1 Sam 20,13; 1 Kön 1, 37; 8, 57; vgl. 1 Sam 3,19!). Allgemeiner Gebrauch als Beistandsformel findet sich ebenfalls, wobei noch inhaltliche Füllung durch kriegerische Behütung oder Wegterminologie vorliegen kann (Ex 18,19f.; 2 Sam 14,17; 20,13 u.ö.).

4. Den 30 Verheißungen des Mitseins aus dem Munde Gottes und den 33 Verheißungen oder Wünschen aus Menschenmund stehen 41 Belege gegenüber, die assertorisch durch einen oder mehrere Menschen feststellen, daß JHWH (bzw. Gott) „mit ihm, dir, mir, ihnen, euch, uns" war. Daran zeigt sich, daß sich aus den Verheißungen der Gottheit eine Gewißheit als Selbstgefühl in Israel herausgebildet hatte, daß Jahwe „mit" seinem Volk wie den einzelnen Frommen sei (Am 5,14!). Ein „Wandel mit Gott" ist z.B. auch für P (bei ihm nur Gen 5, 24; 6, 9) Ausdruck enger Gottesgemeinschaft (vgl. Ps 73, 23; Mi 6, 8), die aber seit der Sintflut nicht mehr besteht: Abraham wandelt nur noch „vor" Gott (Gen 17,1 P). (Richter findet in der assertorischen Verwendung den ursprünglichen Gebrauch der ‚Beistandsformel'.)

Erster Beleg der Formel im AT überhaupt ist Gen 21, 20 (את, E). In der Wüste war Gott mit Ismael: man kann die Formel ohne weitere Erklärung bereits einfließen lassen als Stück bekannten Traditionsgutes, als Beduinenmotiv (so R. Kilian, Die vorpriesterlichen Abrahamsüberlieferungen literarkritisch und traditionsgeschichtlich untersucht [BBB 24] 1966, 237: aus der vorjahwistischen Grundschicht, so ebd. 241–243. 247). Gen 21, 22 (עם, E) und 26, 28 (עם, J) zeigen ähnliche Situationen, wobei 21, 22 als einzige Stelle ein Mitsein Gottes mit Abraham behauptet, während die Aussage sonst in den Isaak- und Jakobgeschichten als konkrete beheimatet ist. Auch J spricht von keinem Mitsein JHWHs mit Abraham. Gen 31, 5 (עם, E; vgl. v. 3) konstatiert Jakob das Mitsein des Gottes seines Vaters auf seinem Wege; vgl. 35, 3 (עם, E). Gen 39, 2. 3. 21. 23 (את, J) urteilt der Erzähler, daß JHWH mit Joseph war, d.h. ihn beschützte und geleitete, so daß ihm alles gelang. Num 23, 21 (עם, E) muß sogar Bileam feststellen, daß JHWH mit Israel sei. Dem Deut ist wesentlich, daß nur JHWH mit seinem Volk auf dessen Wanderung war und nur er allein es behütend führte (2,7; 32,12; עם). JHWH war mit Josua bei der Eroberung Jerichos (Jos 6, 27; את), mit Juda und dem Haus Joseph bei dessen Landnahmekämpfen (Ri 1,19; את, J?; 1, 22 עם). Er war mit dem jeweiligen Richter Israels, der für Israel gegen dessen Feinde stritt (Ri 2,18, עם; dtr). Die Samuelbücher erzählen, daß JHWH mit Samuel war und so seine Verheißungen erfüllte (1 Sam 3,19; עם). Saul wird erkennen, daß Gott mit ihm ist (1 Sam 10,7; עם), und zur „Kalokagathie" (v. Rad) des Israeliten gehörte auch, daß JHWH „mit ihm" war, wie man bei David sehen kann (1 Sam 16,18; 18,14, עם; vgl. 18,12.28, עם; 2 Sam 5,10; 1 Chr 11, 9; 2 Sam 7, 3. 9; 1 Chr 17, 2, stets עם). Mitsein JHWHs meint hier immer „unter seinem Beistand", wobei man auch (!), aber traditionsgeschichtlich nicht primär, an ein „unter seinem Segen" denken kann (vgl. Preuß 149, Anm. 11a; 154, Anm. 56; zum Mitsein als Segen G. Wehmeier, Der Segen im AT, 1970, 136. 170. 203f.). JHWH war auch mit Hiskia bei dessen Siegen (2 Kön 18,7, עם), nach dem Urteil des Chronisten auch mit Salomo, so daß dieser mächtig wurde (2 Chr 1,1; עם), wie mit Josaphat (2 Chr 17, 3; עם), da dieser auf den Wegen seines Vaters (David? vgl. BH[3]) wandelte, und auch mit Asa (2 Chr 15, 9), was selbst andere erkennen und daher zu ihm kommen (vgl. Sach 8, 23). Sonst wendet die Chr die Aussage vom Mitsein JHWHs meist auf eine Mehrheit, d.h. auf Israel als Volk an (1 Chr 22,18, עם; 2 Chr 13,12; 15, 2: zweimal mit עם als Leitwort; der Vers könnte auch als prophetische Verheißung verstanden werden). Jeremia ist in seinen Anfechtungen sich des Mitseins JHWHs als des Streiters gewiß (20,11; man beachte die Kriegsbilder), wie auch der Beter von Ps 23 (v. 4, עם: in direkter Anrede an den „Hirten" JHWH), während Hiob (29, 5) nur klagend auf früheres Mitsein, was Beistand und Segen einschloß, zurückschauen kann (vgl. auch 27,13). Nach Sach 8, 23 schließen sich Heiden den Juden an, als und da sie sehen, daß Gott mit diesen ist, wie JHWH Zebaoth selber sagt. Einzig in Ps 91,15 begegnet ein עמו אנכי als Zitat eines vom Beter empfangenen Orakels. Da aber dieser Zuspruch kaum in 3. Person erfolgt sein dürfte, bleiben textliche wie inhaltliche Bedenken. Schließlich spricht eine Mehrheit, nämlich die Gemeinde der Gottesstadt, daß JHWH Zebaoth „mit uns" (עמנו) ist (Ps 46, 8.12; auch in v. 4?), was Ausdruck von Gewißheit ist; von diesem Hintergrund her wird auch Jes 8,10 (auch 8, 8?) beleuchtet (s.u. III.).

In den assertorischen Belegen überwiegt eindeutig עם (34mal) gegenüber את (7mal), wobei die Tendenz zum alleinigen Gebrauch von עם besonders deutlich wird (Chr nur עם). Selbst bei der assertorischen Verwendung der Formel zeigt sich die Bindung an Wanderungen, Nomadenleben, Geleit der Gottheit und Kämpfe unter ihrem Beistand (Gen 21, 20; 26, 28; 31, 5; 35, 3; Num 23, 21; Deut 2,7; 32,12; Jos 6, 27; Ri 1,19; 2,18; 2 Sam 7, 9; 2 Kön 18,7; 1 Chr 22,18; 2 Chr 13,12; Ps 23, 4; 46, 8.12 und selbst noch Sach 8, 23). In der Josephsgeschichte, den Daviderzählungen wie auch in einigen Texten der Chr wird durch die Formel allgemeiner Beistand JHWHs ausgedrückt.

Die Verheißungen Gottes bezogen das zugesagte Mitsein nur 10mal auf eine Mehrheit (את: Jes 43, 2. 5; Jer 30,11; 42,11; 46, 28; Hag 1,13f.; 2, 4. – עם: Jos 7,12; Jes 41,10; Sach 10, 5). Menschliche Wünsche und Verheißungen richteten sich mit der Zusage des Mitseins Gottes 13mal an eine Mehrheit (את: Jos 14,12; Ps 67, 2; beide Belege textlich unsicher. – עם: Ex 10,10; Num 14, 43; Deut 20,1. 3f.; 31, 6; 1 Kön 8, 57; 2 Chr 19,11; 20,17; 25,7; 32, 8; 36, 23), wo folglich das עם im Munde der Menschen schon häufiger als im Munde JHWHs ist. Dieses wird durch die 12 assertorischen Belege unterstrichen, die das Selbstgefühl des „JHWH ist mit uns" widerspiegeln (Num 23, 21; Deut 2,7; 32,12; Ri 1,19. 22; 1 Chr 22,18; Ps 46, 8.12; Jes 8, 8. 10; Sach 8, 23), wo nur noch Ri 1,19. 22 (J?) ein את, alle anderen Belege das עם bieten.

5. Erster Schwerpunkt der Formel sind die Patriarchengeschichten um Isaak und Jakob mit 14 der insgesamt 104 Belege. In diesen Familiengeschichten wird das Mitsein Gottes einzelnen verheißen oder als sie betreffend konstatiert als Geleitsformel der mitgehenden Gottheit bei Wanderungen, worin die ursprüngliche Konkretheit der Formel als Element nomadischen Denkens und Glaubens deutlich wird. Das verheißende Wort der Führungsgottheit der Gruppe war wesentliches Element dieses Glaubens. (Zur Sache vgl. die bei Preuß 154, Anm. 55 genannten Arbeiten von V. Maag; dazu Ders., Das Gottesverständnis des AT, NedThT 21, 1967, 161–207, dort 170–179 zum mitgehenden Nomadengott; vgl. auch G. Fohrer, Geschichte der israelitischen Religion, 1969, 25.) Man hat vermutet (A. Jepsen, Zur Überlieferungsgeschichte der Vätergestalten. WZ Leipzig 3, 1953/54, 265–281, dort 274f.; vgl. M. Noth, ÜPent 112ff. 126), daß der Führungsglaube besonders innerhalb der Isaaksippe beheimatet gewesen sei. Diese Hypothese könnte durch das Fehlen der Formel bei Abraham, ihren Haupteinsatz aber bei Isaak gestützt werden, wozu die Erwähnungen Isaaks bei Amos (7, 9.16) mit ihrem eventuellen nomadischen Untergrund und seiner Apostrophierung des „Mitseins" Gottes in 5,14 kämen. (Andere Interpretation der Stelle bei F. Hecht, Eschatologie und Ritus bei den ‚Reformpropheten', 1971, 158.) Auch Gen 46,1–5a (v. 4a!, vgl. 26, 3) wurde mit Isaak in Verbindung gebracht (A. Weiser, RGG[3], Bd. III 902 u.a.). Auch wenn spätere Texte das gesamte Volk anreden, taucht nicht selten noch ein „Jakob" darin auf. Da mit ähnlich konkreter Füllung die Formel auch in den Mose- und Landnahmegeschichten mit ihren Gruppen- und Heldensagen sich findet, scheint in ihr eine nomadische Grundstruktur israelitischen Glaubens und Denkens faßbar zu werden: Der mitgehende und führende Gott geleitet die Seinen mit seinem Schutz und Beistand und streitet dabei auch für sie (Ex 14,14. 25; 15, 21; 32,1. 4; Deut 20,1; Jos 1,17; 6, 27; 7,12; 14,12; Ri 1,19; 2,18; 6,12. 16 u.ö. bis hin zur Chr). JHWHs Mitsein ist nicht statische Gegenwart, sondern dynamische Macht des Gottes, der sein Volk aus Ägypten befreite

und dann mit ihm zog, seinen Weg mit ihm begann und es führte (vgl. viele Texte in Ex; auch Am 9,7 u.a.). Daher braucht niemand sich zu fürchten. Mitsein JHWHs ist folglich nicht zuerst Geistbegabung, auch nicht nur Gabe an Menschen mit besonderem Auftrag, sondern in den zu den ältesten Texten des AT gehörenden Gattungen konkrete Geleitszusage der mitgehenden Gottheit.

In Texten aus der Zeit des davidischen Großreiches, wie der Josephsgeschichte und den Erzählungen um David selber, wird durch Motivtransposition aus der konkreten Geleitszusage eine allgemeine Beistandsformel, die als solche dann auch in prophetische Heilsorakel eindringt, aber selbst noch hier oft ihre ursprüngliche Konkretheit bewahrt oder durchschimmern läßt. Das jetzt zur Ruhe gekommene Israel stößt seine nomadischen Denk- und Glaubenskategorien nicht ab, bildet sie aber um. Das Wortfeld von Wanderschaft und Weg wird zu Aussagekategorien der Geschichte. Aus dem Geleit von A nach B wird allgemeine Führungsgeschichte (vgl. Josephsnovelle; Thronnachfolgegeschichte). So ist das עם nicht spezielle Vokabel des Davidbundes, sondern wird hier schon in umgeprägter Form benutzt (vgl. schon in II. 3. zu 2 Sam 7, 3 und weiter Preuß 156, Anm. 65). Die nachexilische Zeit zeigt sich in der Chr als an der alten Verbindung der Formel zum JHWH-Krieg als Aspekt des Mitseins Gottes interessiert; auch die Heimkehrer aus dem Exil werden bei ihrem Exodus aus Babylonien wieder unter der Verheißung des Mitseins JHWHs wandern. Außerdem begegnet aber natürlich auch hier die bereits früher erfolgte Umprägung des Wortfeldes, so daß JHWH „mit“ dem ist, der auf seinen Wegen wandelt. Schließlich wird die Formel zum Grußelement (2 Chr 19, 6; Ruth 2, 4), bleibt aber stets mit der Geschichte verbunden und wird selbst in nachexilischer Zeit nicht Kultformel.

„Mitsein JHWHs“ zeigt somit als typisch nomadische Grundstruktur auch den personalen Charakter des JHWH-Glaubens, wo JHWH als mitgehender, führender, schützender und streitender Gott geglaubt wurde. Die Aussage über das „JHWH in unserer Mitte“ fügt sich diesem Glaubensdenken gut ein (vgl. Gen 46, 4; Ex 3, 8. 17; 13,17. 21; 14,19; 23, 20ff.; 33, 2f. 5. 15f.; 34, 5. 9f.; Lev 26,13; Num 14, 42; Deut 1, 30. 42; 4, 37; 20,1. 4; 26, 8; 31, 6. 8; 32,12; Ri 4,14; 5,13; Jes 58,11; 63,12f.; Mi 3,11; Ps 24,7ff.; 106, 9). Aus dem konkreten Weg der Wanderung unter dem Geleit JHWHs wurde die Geschichte als Weg mit ihm, als Führungsgeschichte, daher aus der Geleitszusage eine Beistandsformel, nomadisches Unterwegssein zur irdischen Pilgerfahrt, welches Verständnis die nicht selten heilsgeschichtlich ausgeweiteten Belege über das Mitsein JHWHs (vgl. in II. 3. und II. 4.) gut vorbereitet hatten (zur Geschichte als Weg mit JHWH vgl. H.D. Preuß, Jahweglaube und Zukunftserwartung, 1968, 71ff. und ZAW 80,157f. 171–173 mit Lit., ferner F.L. Hossfeld, Studien zur Theologie des Weges im AT, Diss. Trier 1967). Das Wortfeld von Weg, gehen, führen, leiten, nachfolgen, Hirt und Herde usw. bleibt im AT bestimmend (vgl. nur Am 9,7; Jer 2, 2. 5 u.ö.) und wird auch in Qumran und im NT wichtig. Der Glaube an das Mitsein JHWHs ist (schon von Ex 3 her) ein Ermöglichungsgrund heilsgeschichtlichen Denkens, wie dann die Eschatologie Funktion dieses Gottesglaubens und Geschichtserlebens ist. JHWHs Sein wie sein Name werden nicht selten auf sein tätiges Mitsein hin ausgelegt, d.h. auf sein Wirken (Belege: Preuß 159). Diese Art alttestamentlichen Glaubens wirkte weiter in der zwischentestamentlichen Zeit (vgl. etwa Judith 5,17; 3 Makk 6,15). In Qumran wurde sie Ausdruck der Gemeinschaft zwischen Engeln und Menschen, Himmlischen und Irdischen und als solcher, wie auch in der alten Formel des „Gott mit uns“, wichtig für das Selbstverständnis der Qumrangemeinde (1 Q M XII 7f.; XIX 1; dazu P. von der Osten-Sacken, Gott und Belial, 1969, 223–226). Und im NT (vgl. Preuß 173; W. Grundmann ThWNT VII 766ff.) ist neben Mt 1, 23; Mk 3,14; Lk 1, 28; 2, 25; 23, 43; 24, 44; Joh 3, 2; 17, 24; Apg 18,10; Apk 3, 4 (zu Paulus siehe schon in II. 1.) vor allem Mt 28, 30 wesentlich (dazu W. Trilling, Das wahre Israel, 1964, 40f. 43. 50), durch das die at.liche Formel als Geleits- und Beistandszusage des Erhöhten und als gottesdienstlicher Gruß „Der Herr sei mit euch!“ bis heute im christlichen Glauben weiterwirkt.

III. Oben II.4. wurden die Belege zusammengestellt, die vom Mitsein Gottes mit einer Mehrheit reden, wobei erkenntlich wurde, daß das Selbstgefühl „JHWH ist mit uns“ als konstatierende Aussage oder menschlicher Wunsch häufiger ist als die Verheißung Gottes selber. Somit war der Glaube an ein „Gott mit uns“ für und in Israel typisch, was nun auch durch direkte Belege gestützt (Jes 7,14; 8, 8.10; Ps 46, 8.12; vgl. Ps 23, 4) und durch prophetische Polemik (Am 5,14) unterstrichen wird, wobei vielleicht noch die prophetische Kritik an den Erzvätertraditionen als dem Volksglauben (vgl. Mt 3, 9!) des „Gott ist ja mit uns, wie mit unseren Vätern, deren Kinder wir sind!“ herangezogen werden kann (Hos 12, 3ff.; Jer 9,14; Jes 43, 27; auch Jes 7,14; 8, 8.10?). Auch JHWH als Hirt seiner Herde, der inmitten seines Volkes weilt und zieht, gehört in diesen Motivbereich, der Aussagen der Gewißheit und des Vertrauens auf den die Geschichte gestaltenden Gott zur Sprache bringt (Gen 48,15; 49, 24; Hos 4,16; Ps 23, 4; 68,10f.; 74, 2; 77, 21; 78, 52. 55.70–72; 79,13; 80, 2;

95,7; 100, 3; Jes 40,11; 63,11–14; Sach 11,16; Neh 9, 21; vgl. auch die Belege über „JHWH in unserer Mitte" in II. 5.).

All dieses ist als Hintergrund zu sehen, wenn nach der Bedeutung des עמנואל gefragt wird. In diesem Wort schwingt der gesamte Gehalt der aufgezeigten „Gott-mit-uns"-Gewißheit mit, die vom Mitsein JHWHs als Grundstruktur des JHWH-Glaubens lebt. Mehrere Fehldeutungen des Wortes wären vermieden worden, wenn man diesen Hintergrund im Blick behalten hätte. So ist das „JHWH Zebaoth ist mit uns" (Ps 46, 8. 12; auch hinter v. 4 mit [3]BH und vielen Auslegern) als Kehrvers des im Kult gesungenen (v. 11!) alten vertrauenden Zionsliedes des Volkes eine Gewißheitsaussage der Bewohner der Gottesstadt, ist Gewähr göttlichen Schutzes jetzt und in Zukunft, wenn die Meeresfluten des Chaos oder die Völkerfluten gegen sie anbranden (vgl. Jes 8,7f. und seine Bilder!). JHWH wird als JHWH Zebaoth (→ צבאות) näher bestimmt, da der Kontext den alten Kriegsnamen forderte, der außerdem (durch die Lade?) später besonders an Jerusalem gebundener Titel JHWHs war, der seine Kriegsmacht offenbart (1 Sam 4, 4. 6.f.; 2 Sam 6, 2.18; 7, 27; Ps 24; Jes 6; 1 Sam 17, 45). Eine Aussage über JHWH, die einmal in Silo beheimatet war (Zebaoth), wird mit einer von Bethel (Gott Jakobs) in Jerusalem verbunden und gemeinsam JHWH beigelegt, der hier gleichzeitig alte mythische Glaubenstraditionen des jebusitischen vordavidischen Jerusalem in sich aufnimmt (vgl. Ps 46, 5: עליון!), wobei die Nähe des Gottes Jakobs zum „Mitsein" schon in II. 5. erwähnt wurde. Diese Übernahme alter jebusitischer Stadttraditionen (vgl. Gen 14,18–20), die eine Mythisierung der in „JHWH Zebaoth" mitschwingenden JHWH-Kriegstraditionen bewirkte (vgl. H.-P. Müller, Ursprünge und Strukturen alttestamentlicher Eschatologie, BZAW 109, 1969, 39–49) war wohl auch der Grund, daß im Zionslied Ps 46, 8.12 nicht mehr אל steht, während es in Jes 8, 8.10 (vgl. 7,14) noch einmal durchschlägt. Im אל bei Jes wird man ein Nachwirken alter Gottesstadt- bzw. Gottesbergtraditionen innerhalb seiner Zionstheologie anzunehmen haben, welche allerdings entmythisiert und historisiert sind: JHWHs Gegenwart auf dem Zion, die Tatsache, daß er „inmitten" seiner Zionsgemeinde „mit" ihr ist und für sie streitet, setzt Gewißheit und Hoffnung aus sich heraus. Es ist jetzt der Völkeransturm, der zerbrechen wird, nicht aber mehr das anbrandende Wasserchaos.

Das עמנו (die Belege mit את müssen hier nun außer acht bleiben) kehrt als Bitte und Wunsch noch wieder in Ri 6,13; 1 Kön 8, 57 und 2 Chr 32, 8, als assertorische Aussage in 2 Chr 13,12 (in einer Kampfsituation! Vgl. Ps 46, 8.12; Jes 8,10) und in 2 Chr 15, 2 (als עמכם; oder eher menschliche Verheißung?) mit einem Wortspiel (עמכם – עמו), das dem Sinne nach an Jes 7, 9 erinnert. Daß es „JHWH Zebaoth" ist, der „mit" jemandem ist, wird 2 Sam 5,10; 1 Chr 11, 9; 17, 8 auf David (!) angewendet; in Sach 10, 3 sagt es JHWH Zebaoth selber über sein Volk.

Diesem Befund und vor allem dem zu Ps 46, (4.) 8.12 Erhobenen ordnen sich auch Jes 8, 9f. ein (vgl. 8, 8 und 8, 5–8). Der assyrische Angriff wird der Gottesstadt nichts anhaben können, da El mit ihr ist (8,10), sagen ihre Bewohner („uns"). Gott ist in ihr gegenwärtig und für sie kriegerisch (Gottesschrecken!) wirksam. Der Kontext v. 9f. (zu ihm gut M. Sæbø, Zur Traditionsgeschichte von Jes 8, 9–10, ZAW 76, 1964, 132–144) muß nicht insgesamt Einfügung sein, sondern kann gut (an anderer Stelle innerhalb der Kap. 7f.?) als Trostwort Jesajas an die Zionsbewohner als den „Rest" (s.u.) verstanden werden. Hier ist עמנו אל folglich nicht als Name wie in 7,14 zu verstehen. Jes 8, 5–8 wurden schon mehrmals in Zusammenhang mit Ps 46 erwähnt, da die Gewißheitsaussage und ähnliche Bilder beide Texte beherrschen, in Jes 8, 8 sich sogar zur direkten Anrede verdichten, d.h. zum bekannten geprägten Terminus, der den Leser der Denkschrift (6,1–9, 6) an 7,14 erinnern soll und daher wohl doch als Zusatz anzusehen ist (vgl. Kaiser, ATD z.St.; Kilian 54; s. auch Rehm 126). So ist das עמנו die Gewißheitsaussage eines Glaubens an JHWH, der die Geschichte bestimmt, zu seiner Stadt und seinem Tempel steht und für sie im JHWH-Krieg sein Mitsein erweist. Da das El nachwirkende jebusitische Stadttradition ist, sollte man dem fehlenden „JHWH (!) ist mit uns" nicht zu großes Gewicht beilegen (vgl. 2 Sam 23, 5 und zur Sache F. Stolz, Strukturen und Figuren im Kult von Jerusalem [BZAW 118] 1970, 156f.).

Jes 7,14 steht innerhalb der Sammlung 6,1–9, 6 (zu Jes 7f. jetzt P.R. Ackroyd, Historians and Prophets, SEÅ 33, 1968, 18–54, vor allem 26–33; zu 7,14 auch Preuß, Jahweglaube ... 142–146) im Kontext von 7,10–17, das sich von der „Kriegsansprache" (H.W. Wolff) 7,1–9 aber nicht trennen läßt. Der Bruch zwischen v. 10 und 11 läßt u.a. darauf schließen, daß auch Kap. 7 ursprünglich ein Ichbericht war. v. 1 ist aus 2 Kön 16, 5 aufgefüllt; Zusätze stehen wohl in v. 4c, 8b, 16c und 17 Ende. Ahas sucht angesichts der syr.-aram. Bedrohung des Staates Juda 733 Hilfe bei Tiglatpilesar III. von Assur. Die feindlichen Fürsten beabsichtigen außerdem, einen anderen Herrscher (den Tab'ēl-Sohn, v. 6; ist 'Immānu'ēl dazu bewußtes Kontrastwort?!) an die Stelle des Ahas zu setzen. 7,1–2 zeichnen die Situation, wobei in v. 2 das „Haus Davids" auffällig ist. v. 3–8 sprechen vom Auftrag an Jesaja, ein Jahwewort an Ahas zu sagen, der mit Verteidigungsvorbereitungen (Wasserversorgung Jerusalems) beschäftigt war. Warum aber nimmt Jes seinen Sohn Schear-Jaschub zu dieser Begegnung mit? Das Kind soll mit seinem Symbolnamen (vgl. 8, 3; 7,14) in dieser Begegnung etwas über einen „Rest" (→ שׁאר) zur Aussage bringen. Das Subjekt „Rest" steht in diesem Namen betont vor dem Prädikat, so daß man an „nur ein Rest, aber ein Rest" wird zu denken haben. Dabei ist kaum ein militärischer Rest aus einer Schlacht, sondern jesajanischer ein glaubender, umkehrender Rest aus Juda gemeint (vgl. 30,15). Für Ahas können Name und Träger im Augenblick der Begegnung jedenfalls nur drohenden Charakter haben. v. 4 verheißt das Mitstreiten JHWHs in einem kommenden JHWH-Krieg (vgl. zu Jes 7, 4. 9.15.18: Deut 1, 21. 29. 32. 44!) und fordert den Glauben daran. Ahas soll furchtlos und vertrauend dem kommenden Kampf entgegensehen und nicht mit Assur paktieren („Hüte dich!"; vgl. 2 Kön 16,7. 10–18), was Mißtrauen gegenüber der Macht JHWHs wäre. Vor JHWH wie vor Assur (so mit Kilian) sind die Angreifer nur noch „qualmende Brandscheitstummel". v. 5f. machen die Pläne der Angreifer, die aber nicht zustande kommen werden (vgl. 8,10), durch die direkten Reden in v. 6 noch plastischer. Die Verse begründen mehr v. 7ff., als daß sie noch zu v. 4 zu ziehen sind. v. 5–9 entfalten, warum v. 4 gesagt werden kann: JHWH steht hinter seiner Stadt! Er ist ihr „Haupt" (v. 8f.), während die Angreifer nur Menschen sind. Daher können und sollen Ahas und die Seinen glaubend vertrauen, wie es der Davidverheißung entspricht (2 Sam 7,16; vgl. Jes 7, 2.13: „Haus Davids"!) und als große Möglichkeit aus ihr gilt. v. 10ff. fordern zumindest von Inhalt und Zusammenhang her eine ähnliche Situation, und v. 10–17 sind wahrscheinlich sogar direkte Fortsetzung von v. 1–9, nur wird jetzt, nachdem der Auftrag Jesajas erfüllt ist, eine Sachdiskussion mit Ahas begonnen. Es erfolgt ein Zeichenangebot durch Jesaja, das die vorherige Zusage stützen soll (v. 10 „JHWH" stößt sich mit v. 11; zu „deinem Gott" vgl. 2 Sam 7,14: „Sohn"), welches Ahas jedoch bewußt ausschlägt, da er sich von seinem militärisch-politischen Verhalten nicht abbringen lassen will. Darauf rückt Jesaja mit einem „meinen Gott" (v. 13) deutlich von der bisherigen erneuten Zusage der Davidsverheißung und des Stehens JHWHs zu seiner Stadt Jerusalem ab, da Ahas nicht vertrauen will, sondern Gott und seine Verheißungen mißachtet. So folgt das Drohwort an Ahas (v. 15), mit welchem Jesaja nun doch ein Zeichen ankündigt, obwohl und weil Ahas ein solches ausgeschlagen hat. v. 14 nennen das Zeichen, v. 15–17 dessen Folgen. – v. 14b ist zu übersetzen: „Siehe, die junge Frau ist schwanger, (und) wird einen Sohn gebären und seinen Namen nennen "Immānū'ēl'."

Für die Auslegung des Verses ergeben sich aus dem Kontext und vor allem aus dem in Teil II Erarbeiteten folgende Fixpunkte:

1. Der Vers ist Gerichtswort über Ahas, der das Zeichen abgelehnt hat. Er war als Vertreter des Davidhauses angesprochen (v. 2. 9.11 13; vgl. 2 Sam 7, 9.14.16; auch 2 Kön 16,7 mit 2 Sam 7,14), hat aber versagt; vgl. auch das עם in den Davidgeschichten – aber nicht nur dort! – für das 'Immānū'ēl in Jes 7,14. Nun wird Gott ihm selbst ein Zeichen geben, das in der Geburt eines Kindes und dessen eigentümlichem Namen bestehen soll.

2. Dieses Zeichen kann daher nicht nur ein fernliegendes, Ahas jetzt nicht betreffendes sein. Es kann wohl futurisch sein, muß aber schon anbrechen. Das Zeichen ist somit schon vorhanden – die עלמה ist schon schwanger –, seine Einlösung (Geburt und Namensgebung) steht aber noch aus (vgl. Gen 16,11; Ri 13, 3–5). Diese Geburt wird für Ahas Gericht bringen, was doch wohl heißt, daß ihm schon zu Lebzeiten der ihn verdrängende Nachfolger angedroht wird (vgl. das äg. Märchen des Pap. Westcar, E. Brunner-Traut, Altägyptische Märchen, ²1965, 11ff.), der wohl aus der Dynastie kommen, nicht aber der Sohn der Königin sein wird. Auch eine Deutung auf „die Frauen schlechthin" ist wegen des (einen) Kindes unmöglich; auch passen v. 14 und 16 nicht dazu. Not wird sein, wenn das Kind geboren wird und bis es ein bestimmtes Alter (3 Jahre?) erreicht hat. Kurz vor seiner Thronbesteigung aber (s.u.) wird die Befreiung stattfinden (v. 16).

3. העלמה steht mit Artikel, was ein „die dir Bekannte" („Du weißt schon wer!") nahelegt, die Königin jedoch ausschließt. Es muß sich um eine junge, dem Ahas bekannte Frau handeln, die (von ihm) ihr erstes (!) Kind erwartete. Ein Prinz wird dem Ahas als Nachfolger angedroht. Um Hiskia kann es sich aus chronologischen Gründen nicht handeln (2 Kön 18,1f.; 2 Chr 29,1), wie andererseits um des Gesamtduktus willen sich die Deutung auf ein „Geheimnis" oder auf eine ferne, messianische Zukunft verbieten (zu עלמה s. den Überblick von H. Rehm, Das Wort 'almāh in Jes 7,14, BZ NF 8, 1964, 89–101, und ders., Der königliche Messias, 49–63). Die Wortfolge „(ה)עלמה ist schwanger" scheint außerdem eine festgeprägte Formel für die Ansage der Geburt eines Königskindes gewesen zu sein (vgl. H. Ringgren, ZAW 64, 1952, 131 mit Hinweis auf CTA 24 (NK), 7 und einen äg. Text betr. Geburt der Hatschepsut), wozu man die betont verhüllende Redeweise in Mi 5,2 vergleiche. So legt sich die Vermutung nahe, daß es sich um eine dem Ahas in ihrer jetzigen Schwangerschaft wohlbekannte Nebenfrau aus dem königlichen Palast handelt. Auch Jes 11,1 scheint an eine analoge Situation zu denken. Die

Geburt eines Sohnes der Königin oder das Zeigen Jesajas auf ein zufällig in der Nähe stehendes Mädchen wären als Zeichen mit dem bisher entwickelten Charakter kaum verwertbar. Um die Frau Jesajas handelt es sich auch nicht, da deren Söhne klar (8, 3f.) als die des Jesaja bezeichnet werden. Außerdem wäre sie nicht mehr als עלמה titulierbar, auch gibt Jesaja nicht den Namen.
4. Das im Nominalsatznamen עמנואל enthaltene Theologumenon vom „Mitsein“ Gottes schließt nun aber ein ausschließliches Verständnis des v. 14 als Drohwort, Stoßgebet oder Schreckensruf („Gott steh uns bei!“) aus, da der Glaube an das Mitsein JHWHs die Gewißheit seines Geleites und Schutzes und damit die Gewißheit von Heil einschließt. Weder der Terminus noch der Kontext können daher ausschließlich Drohung und ʿImmānūʾēl auch nicht Notschrei sein (so Th. Lescow, ZAW 79, 1967, 179; vgl. das Eingeständnis der Diskrepanz bei Kilian 104, der sonst für eine Unheilsandrohung plädiert, 105ff., dann aber durch Unterscheidung zwischen JHWH-Wort und prophetischer Reflexion und Zuhilfenahme von Geheimnis und Intuition (v. 14 gegenüber eigener Reflexion in v. 13. 16f. 15?) der Schwierigkeiten Herr zu werden versucht). Vers und Name sind vielmehr polar zu verstehen: Drohung und Gericht über Ahas als dem Vertreter der Dynastie, der versagt hat und als nicht mehr im Davidbund stehend angesehen wird (vgl. auch v. 17), Verheißung aber für eine nicht näher bestimmte Gruppe, für die „Uns“ (vgl. Jes 9, 5f.; das Bild in 11, 1). Gericht und Heil sind nur durch Gott selber als den beides Wirkenden verbunden. Das Zeichen stellt – wie damals den Ahas – jeden Leser und Hörer wieder in die Entscheidung, ob er zu den „Uns“ gehören will, deren endzeitlicher Heilskönig der ʿImmānūʾēl sein wird. In diesen „Uns“ innerhalb des עמנו kommen nun Ps 46, 8. 12 (vgl. Jes 8, 10) wieder in den Blick, wo es die vertrauenden Bewohner der Gottesstadt meinte. Dieses Verständnis als einer Gruppe aus der Gottesstadt als bleibendem geretteten „Rest“ ist auch für Jesaja möglich (9, 5) und belegt (8, 10; 17, 12–14; vgl. auch 1, 8f.; 8, 16–18; 14, 32; 28, 16f.; 30, 17; sekundär sind 4, 3; 37, 32), wobei dieser Rest auch als durch Glauben (7, 3. 9) ausgezeichnet verstanden wird (8, 16–18; 28, 16; 30, 15). Der Restgedanke war allerdings für die Predigt Jesajas vor allem zur Zeit des syrisch-ephraimitischen Krieges wesentlich (7, 3!), paßt damit aber zur historischen Situation von Kap. 7f., und 9, 5f. ist für dieses „Uns“, dem Zukunft geschenkt ist (H. W. Wolff, Frieden ohne Ende, 1962, 70.72), besonders wichtig. Jes hofft für die Restgemeinde als Kern des rechten Gottesvolkes auch auf einen neuen Davididen, auf ein erneuertes Königtum (vgl. 9, 1. 5f.; 11, 1). Restgedanke und Hoffnung auf das erneuerte Davidshaus sind bei Jesaja auch historisch während einer bestimmten Epoche seiner Prophetie verbunden (vgl. S. Herrmann, Die prophetischen Heilserwartungen im AT, 1965, 139f., der für v. 15f. auf Elemente des davidischen Königsrituals, 1 Kön 3, 5ff., verweist; kritisch jetzt U. Stegemann, Der Restgedanke bei Isaias, BZ NF 13, 1969, 161–186; 184f. zu Jes 7).
5. Der polare Charakter des Zeichens an Ahas, den schon das „Mitsein“ Gottes als Heil neben dem Drohwort an den König fordert, kann nicht durch den Hinweis entkräftet werden, daß das einleitende לכן nur vor Drohworten stände (vgl. dagegen Ex 6, 6; Num 25, 12; in prophetischen Texten 2 Kön 19, 32 par.; 22, 20; Jes 51, 21; 53, 12; 61, 7; Jer 15, 19; 16, 14, vgl. 23, 7; 32, 36; Ez 11, 17; 12, 28; 36, 7f. 22; 37, 12; 39, 25; Hos 2, 16; Mi 5, 2 (!); bei Jes: 10, 24 (sekundär); 29, 22 echt?, aber 28, 16. Auch Jes 7, 16 hat verheißenden Charakter (anders z. B. Kilian, der v. 16c als Zusatz ansieht); die mögliche Doppeldeutigkeit von „Milch und Honig“ (v. 15?, oder eher Glosse?; vgl. v. 22, wo v. a auch Einschub zu sein scheint) könnte das stützen (vgl. dazu H. W. Wolff, Frieden ohne Ende, 1962, 44f.; Rehm 66–73; Kilian 37–43).
So wird das Kind für Ahas Gericht bringen und bedeuten, für die Glaubenden aber das Mitsein Gottes und seine Heilsgegenwart.

Preuß

בְּאֵר בּוֹר

I. Bedeutung und Etymologie – II. 1. Gebrauch und Technik – 2. a) In Ortsnamen – b) In Personennamen – III. Bildliche und religiöse Bedeutungen.

Lit.: *C. Bräunlich*, The Well in Ancient Arabia (Islamica I, 1924/25, 41–76, 288–343, 454–528). – *B. Buffet–R. Evrard*, L'eau potable à travers les âges, Liége 1950. – *G. Dalman*, AuS VI 273–276. – *T. J. Jones*, Quelle, Brunnen und Zisterne im AT, 1928. – *R. Patai*, The „Control of Rain“ in Ancient Palestine (HUCA 14, 1939, 251–286). – *B. Rein*, Der Brunnen im Volksleben, 1912. – *Ph. Reymond*, L'eau, sa vie et sa signification dans l'AT (SVT VI) 1958, 245–255 (mit Lit.).

I. Im Gegensatz zur Quelle (→ עין), bei der das Grundwasser auf natürliche Weise zutage tritt, ist der Brunnen (באר) eine Vorrichtung, bei der mit technischen Mitteln das Grundwasser gewonnen wird (vgl. Gen 26, 19 „Brunnen lebendigen Wassers“). Dieselbe Bedeutung trägt das ugar. *bʾr*, aram. בירא oder בארא, syr. *bīrā* oder *bērā*, arab. *bīr* (vgl. *baʾara* 'einen Brunnen graben') (KBL[3] 102).

Das Wort בור 'Zisterne' (vgl. בר in der Meša'-Inschrift KAI 181, 24; 2 Sam 23,15.16. 20 באר geschrieben s.u. III.) gehört wahrscheinlich zum selben Stamm mit einer Variante der Vokalisation, vgl. akk. *būru*, *būrtu* mit derselben Bedeutung.

II. 1. Die Grabung und Instandsetzung eines Brunnens setzen mehrere technische und sozialwirtschaftliche Bedingungen voraus: Beschaffung von Werkzeugen, um den Boden und den Felsen auszuheben bzw. zu durchstoßen (כרה, חצב, חפר, vgl. Jer 2,13; Jones 8ff., Reymond 131–152), und Material für die Stützarbeiten. Häufig ist der Brunnen Ursprung einer menschlichen Ansiedlung; die Grabung des Brunnens setzt, besonders in der Wüste, die Solidarität aller voraus. Die beste Illustration hierzu ist das alte Arbeitslied Num 21,17.18, das in Zusammenhang mit einer transjordanischen Burg *Be'ēr* überliefert ist (s. Eißfeldt, [3]Einl. 118) und in dem die Initiative zu dieser wichtigen Arbeit den Häuptlingen des Volkes vorbehalten ist. Das Lied schließt keineswegs den Widerhall einer an den Geist der Quelle gerichteten Beschwörung aus (vgl. A. Lods, Histoire de la littérature hébraïque, 1950, 41–43, der eine vollständige Analyse der Stelle bietet). Man vergleiche die Wendung bei den transjordanischen Arabern: „Der Scheich hat diesen Brunnen gegraben."
Über die technischen Fragen, Typen der Brunnen und Zisternen usw. s. Jones 4–37, Dalman, AuS VI 273–276; VII 47. 89; Reymond 131ff. Vgl. auch L. Köhler, Ein hebr.-arab. Brunnen-Terminus, ZDPV 60, 1937, 135–139 über *'ābēl*, 'bedeckter Brunnen', wovon wahrscheinlich ein Ortsname abgeleitet ist (vgl. Gen 29, 2).
2. a) Die Häufigkeit der mit Brunnen oder Zisternen verknüpften geographischen Namen erklärt sich leicht durch ihre Rolle als Anziehungspunkte und Orte, die man notwendigerweise passieren muß (vgl. Gen 29). Beispiele sind: *Be'ēr* 'der Brunnen' Num 21,16; Ri 9, 21; *Be'ērōt* 'die Brunnen' (Jos 9,17; 18, 25; 19,19; 2 Sam 4, 2; Esr 2, 25, Neh 7, 29; Gentilizium 2 Sam 4, 2ff.; 1 Chr 11, 39), das man gewöhnlich mit dem jetzigen el-Bīreh, ungefähr 7 km nordöstlich von Gibeon, identifiziert, obwohl der jetzige Name dem aram. *bīrāh*, 'Festung' nähersteht (zum Problem BRL 193–197; M. Weippert, Die Landnahme der isr. Stämme, 1967, 23; J.A. Soggin, Josué, CAT Va, 1970, 89). – Der Brunnen kann nach der ihn umgebenden Vegetation z.B. *Be'ēr 'ēlīm* 'Brunnen der Terebinthen' (Jes 15, 8) oder nach alten Kämpfen um ihn: *Be'ēr 'ēsœq* oder *Be'ēr śiṭnāh* 'Brunnen des Streits' (Gen 26, 20–22) oder ironisch *Be'ēr reḥōbōt*, 'Brunnen der Weite' benannt werden. Durch diese Namen wird die lebenswichtige Rolle des Brunnens hervorgehoben, besonders in wüstenartiger Gegend.

Die Wasserstellen sind ausschließlich der Sippe oder dem Stamm vorbehalten (vgl. Gen 21, 25; Deut 10, 6 „der Brunnen der Söhne Jaakans").
In Jos 15 erfolgt eine Streckung der Grenzen, die sich bisweilen nach einem Wasserlauf, einer Quelle oder einem Brunnen orientieren (bes. 7. 9; vgl. das Bild auf einem Relief Sethis I., wo ein *migdōl* einen Brunnen in der Negeb-Wüste schützt, s. Y. Yadin, The Art of Warfare in Biblical Lands I, 1963, 97).
In Gen 16,7–14 erscheint der Engel JHWHs der Hagar an einer Quelle (v. 7 עין); v. 14 hat ätiologische Funktion: *Be'ēr laḥaj rō'ī*, d.h. „der dem Lebenden, der mich sieht, (geweihte) Brunnen". Obwohl der ursprüngliche Sinn des Namens noch umstritten ist (man kann auch einen Personennamen לחי annehmen, so J. Naveh, BASOR 183, 1966, 27f. Anm. 9), muß man ohne Zweifel mit Gunkel die Erinnerung an eine göttliche Manifestation (v. 13 *'ēl rō'ī*) voraussetzen, die mit einem Brunnen verbunden war und mit der Zeit, nicht ohne polemische Spitze gegen die Naturgeister, auf den Gott Israels übertragen wurde (H. Gunkel, Genesis[2] 164–166; P. Jaussen, Le puits d'Agar, RB 1906, 395ff.; O. Kaiser, BZAW 78, 1959, 93–95, vgl. Fr. Praetorius, ZDMG 61, 1907, 754f.; T. Canaan, Haunted Springs and Water Demons in Palestine, JAOS 1, 1920, 153–170; T. Fahd, Le panthéon de l'Arabie centrale à la veille de l'Hégire, BAH 88, 1968, 78–84).
In Gen 21, 25–33 (und in der Variantennotiz 26, 33) ist *Be'ēr-šœba'*, 'Brunnen der Sieben' oder 'Eidesbrunnen' (vgl. KBL[3] 102) ein Versammlungsplatz der nomadischen Hirten, Ort eines Heiligtums, an dem die Erinnerung an Abraham und Isaak haftet. Die Wohnstätten ihrer Nachkommen sind um die Brunnen von Beer-Šeba und Gerar angelegt. Dort kommt man an bestimmten Tagen zusammen, um Feste zu feiern, die sich bis in die Zeit, als Jerusalem das einzig legitime Heiligtum wurde, erhielten (Am 5, 5; 8, 14). Beer-Šeba wird der südliche Grenzort des Landes, der im Süden dieselbe Rolle spielt wie Dan im Norden (Jos 15, 28; 19, 2; Ri 20,1; 1 Sam 3, 20; 2 Sam 24, 15 usw.). Über die Topographie, den Namen und die Geschichte des Orts s. H. Haag, Erwägungen über Beer-Seba, Sacra Pagina I (ETL 12–13, 1959), 335–345.
b) Mit der Wurzel באר gebildete Personennamen finden sich in Ugarit (Gröndahl, PNU 114), in El-Amarna und Elephantine. Im AT ist Beeri, der Schwiegervater Esaus, ein Hethiter; der Name wird wohl nicht semitischer Herkunft sein (W. Belardi, Sui nomi ari nell'Asia anteriore antica, Miscellanea G. Galbiati 3 = Fontes Ambrosiani 27, 1951, 63). Hosea ist *bœn Be'ērī*, dessen Ursprung weniger toponymisch (ephraimitisch), als vielmehr metaphorisch („mein Brunnen") ist und der Freude der Eltern am Kind Ausdruck gibt (Noth, IPN 224).

III. Obwohl die wesentliche religiöse Bedeutung in älterer Zeit an die oben genannten Brunnen geknüpft ist, an denen Glaubensvorstellungen (Gen 16,7–14) oder kultische Gebräuche (Gen 21, 25–33) haften, ist auch später eine Reihe von metaphorischen und/oder religiösen Nuancen mit dem Brunnen oder der Zisterne verbunden. Außer der allgemeinen Symbolik des Wassers (Reymond 107–116; 159–162) ist folgendes zu bemerken:

Negativ bezeichnet בור – wahrscheinlich wegen dessen Gebrauch als Gefängnis (Ex 12, 29; vgl. Ch. Clermont-Ganneau, La citerne de Joseph, Recueil d'archéologie orientale I, 1888, 332f.; Jer 37,16) – den Eingang zum → שאול, Jes 14,15; Ez 32, 23. Deshalb heißen 'die Sterbenden' *jōr^{e}dē bōr*, Jes 38,18; Ez 26, 20; Ps 28,1 usw.; ebenso *b^e'ēr* Ps 69,16; 55, 24, vgl. Apk 9,1ff.

Auf sexuellem Gebiet ist באר Bild der Frau als gebärende Mutter (Lev 20,18; Jes 51,1 – Mutter Erde?) oder als Geliebte und Gattin (HL 4,15; Spr 5,15; Pred 12,1).

Ferner ist der Brunnen Symbol der Weisheit als Ort der Vertiefung des Gedankens (vgl. Deut 1, 5) und Quelle des Segens durch die Entdekkung des „Wassers" (Spr 16, 22; Sir 1, 5; Bar 3,12). Umgekehrt kommt die Zisterne gelegentlich als Ausdruck der Enttäuschung und Vernichtung vor, Jer 2,13 (s.u.), vgl. Nah 2, 9, und, auch wenn sie ihre Funktion erfüllt, der Bosheit Jerusalems, Jer 6,7.

Die religiöse Bedeutung, die schon durch die alten topographischen Überlieferungen feststeht (oben II. 2. a), kommt ebenfalls in einem Text wie Jes 51,1 zum Ausdruck, wo JHWH als „der Brunnen Judas" (vgl. Reymond 160f.) Beschützer und Geber des Lebens und der Sicherheit ist, ebenso wie er in seiner Allmacht Brunnen in der Wüste aufquellen ließ (Ps 74,15) und Israel Zisternen verschaffte im eroberten Land (Deut 5, 6). Der Gott Israels ist derjenige, der „lebendiges Wasser" (→ מים) schenkt (Joh 4,14; Apk 21, 6). In diesem Sinn rügt Jeremia sein Volk, es habe JHWH, die Quelle des lebendigen Wassers, verlassen und rissige Zisternen, die das Wasser nicht behalten, gegraben (Jer 2,13). Die Götzen sind so unnütz wie schlechte Zisternen, verglichen mit einer guten Quelle, die frisches Wasser gibt.

Heintz

בָּבֶל

I. Der Name – II. Der Turmbau – III. Babel bei den Propheten.

Lit.: *W. Andrae*, Der babylonische Turm (MDOG 71, 1932, 1–11). – *S. Erlandsson*, The Burden of Babylon, Lund 1970. – *M.-L. Henry*, Glaubenskrise und Glaubensbewährung in den Dichtungen der Jesajaapokalypse (BWANT V 6) 1967. – *J. Lindblom*, Die Jesaja-Apokalypse (LUÅ 34, 3), Lund 1938. – *A. Parrot*, La tour de Babel, Paris 1954. – *W. von Soden*, Etemenanki und die Erzählung vom Turmbau zu Babel (UF 3, 1971). – *E. Unger*, Babylon, die heilige Stadt, 1931. – *R.P.H. Vincent*, De la tour de Babel au temple (RB 1946, 403–440).

I. Der Name *Bābæl*, der dem akk. *Bābili/u* entspricht, wird Gen 11, 9 volksetymologisch durch einen Hinweis auf das Verb בלל 'vermengen', 'verwirren', erklärt und mit der Verwirrung der Sprachen (s.u.) in Verbindung gesetzt. Die Babylonier haben ihn als *Bāb-ili*, 'Tor Gottes' (sum. *ka-dingir-ra*) verstanden, aber das scheint eine gelehrte Ausdeutung zu sein. Der Name, der wohl eigentlich *Babilla* lautete, ist weder sumerisch noch akkadisch, seine ursprüngliche Bedeutung ist unbekannt.

II. Die Geschichte vom Turmbau zu Babel, Gen 11,1–9 (J), ist eine Erzählung mit doppelter ätiologischer Ausrichtung, indem sie einerseits den Namen deutet (s.o.), andererseits das Vorhandensein der vielen Sprachen in der Welt erklärt. Für das letzte Motiv war natürlich die Weltstadt Babel mit ihrer bunten Bevölkerung besonders geeignet. Daneben findet sich die Vorstellung von der gemeinsamen Sprache der urzeitlichen Menschheit auch in der sum. Literatur (Enmerkar-Epos 141–146, wonach die verschiedenen Länder, Himmel und Erde Enlil „mit einer Zunge" gepriesen haben → אחד). Hinter der Vorstellung vom Turm steht wahrscheinlich der Tempelturm von E-sag-ila, dem Tempel Marduks, wovon es in EnEl VI 60–62 heißt: „Ein Jahr lang wurden ihre Ziegel gelegt, als das zweite Jahr herankam, erhöhten sie (die Götter) Esagilas Haupt gegen den Apsu" (*meḫret apsî ullû rēšašu*), was offenbar ein Wortspiel mit *E-sag-ila*, 'das Haus mit erhabenem Haupt', enthält. Apsu ist hier der Himmel als der kosmische Ort des Süßwassers. Wahrscheinlich spielt auch die biblische Erzählung darauf an, wenn sie sagt: „Laßt uns eine Stadt und einen Turm bauen, dessen Spitze (Haupt, ראש) bis an den Himmel reicht" (v. 4, vgl. E.A. Speiser, Or 25, 1956, 317–323; von Soden dagegen identifiziert den Turm mit Etemenanki).

Theologisch wird der Turmbau als ein Akt menschlicher Überhebung und Auflehnung gegen Gott gedeutet; demgemäß schreitet JHWH gegen die Bauenden ein und zerstreut sie über die ganze Erde. Das Handeln Gottes ist zugleich Strafe und eine vorbeugende Maßnahme, damit die Menschen es nicht in ihrem Stolz zu weit treiben. Die gemeinsame Geschichte der ganzen Menschheit hat ihr Ende gefunden. Das gewöhnliche positive Element der urzeitlichen Strafgeschichten fehlt hier; statt dessen beginnt in Gen 12 die Geschichte des erwählten Gottesvolks mit der Berufung Abrahams (v.Rad, ATD 2/4, 127f.).

III. Babel wird im übrigen AT mehrmals erwähnt, teils in rein geschichtlichem Zusammenhang (2 Kön 17, 24. 30 u.ö. von 2 Kön 20 an), teils von den Propheten in theologisch gefärbtem Kontext.
Die älteste Prophetenstelle scheint Mi 4,10 zu sein, wo Zion angedroht wird: „Nun mußt du hinaus aus der Stadt und auf dem Felde lagern und wirst nach Babel kommen ..." Hier wird also die Verbannung nach Babel angekündigt. Die Frage ist nur, ob Babel zur Zeit Michas als Feindesland denkbar ist. Entweder ist der Vers späterer Zusatz oder ist der Name Babel nachträglich eingesetzt worden, dem späteren Gang der Geschichte entsprechend (Weiser, ATD 24, 269). Fraglich bleibt auch der Schluß des Verses: „dort wirst du gerettet". Weiser sieht hier einen inneren Zusammenhang zwischen Not und Erlösung, sonst werden die Worte meist als Zusatz gestrichen.
Jeremia weissagt ein paarmal die Wegführung nach Babel, und zwar ganz nüchtern und ohne besondere Übertöne, z.B. 20, 4 „ganz Juda gebe ich in die Hand des Königs von Babel, der wird sie nach Babel wegführen oder mit dem Schwert erschlagen" (vgl. v. 5. 6). In Kap. 27 bekämpft er die falschen Propheten, die die Rückgabe der nach Babel entführten Tempelgeräte geweissagt haben, in Kap. 29 den Propheten Hananja, der ähnlichen Hoffnungen Ausdruck gegeben hat. Kap. 29 enthält den Brief des Propheten an die in Babel Gefangenen, worin er sie mahnt, sich auf ein siebzigjähriges Bleiben im fremden Land einzurichten. Schließlich soll er nach 51, 59–64 seine Aussagen gegen Babel auf einem Blatt zusammengestellt und nach Babel geschickt haben, wo es symbolisch in den Euphrat versenkt wurde.
Auch Ezechiel spricht gelegentlich von Babel. Oholiba (Jerusalem) hat mit den schönen Söhnen Babels Unzucht getrieben (23,15.17); jetzt werden diese sie angreifen und sie schimpflich behandeln (23, 23f.). Ganz prosaisch stellt er fest, daß der König von Juda nach Babel geführt werden soll (12,13; 17,12).
Viel wichtiger sind die Aussagen in DtJes. Er verkündet, daß JHWH „nach Babel schicken" will und die Stadt erobern (43,14 – Text unsicher, s. Westermann, ATD 19,103) und daß der Mann, den JHWH liebt (d.h. Kyros), seinen Willen an Babel ausführen wird (48,14). So singt er das Spottlied gegen Babel 47,1ff.: „Herunter! Setz dich in den Staub, du Mädchen Babel" usw. Die stolze und feine Stadt wird gedemütigt werden, sie soll nicht mehr „Herrin der Königreiche" heißen (v. 5). Zwar hat JHWH sein Volk in die Hand Babels gegeben (v. 6), aber Babel hat hochmütig gehandelt (v.7) und wird jetzt von Kinderlosigkeit und Witwenschaft betroffen (v. 9). Die Götter Babels, Bel und Nebo, sinken zusammen und gehen in die Gefangenschaft (46,1f.). Israel soll von Babel hinausziehen und von den Chaldäern forteilen, um in sein Land zurückzukehren (48, 20).
Stolz und Übermut sind die Kennzeichen Babels auch in den beiden Kapiteln Jes 13 und 14, die gewöhnlich in die Exilszeit datiert werden. In Kap. 13 wird der Untergang Babels als der hereinbrechende Tag JHWHs (→ יום) geschildert. Heere werden aufgeboten, Krieger werden geheiligt, Naturkatastrophen begleiten den Tag des Herrn. Abschließend werden die Feinde als Meder identifiziert (v.17) und die völlige Verwüstung Babels angekündigt (v. 20–22). Dabei wird Babel nur in der Überschrift und in v.19 mit Namen genannt, das zweite Mal bezeichnenderweise mit dem Epitheton „die Zierde der Königreiche (צבי ממלכות), die stolze Pracht der Chaldäer (תפארת גאון כשדים)". In Kap.14 wird dann in einem „Spottspruch (משל) über den König von Babel" der Fall des Tyrannen geschildert: er wird in den Še'ōl gestürzt, obwohl er einmal stolz als Morgenstern (הילל בן שחר) am Himmel geleuchtet hat und sich mit der Götterversammlung hat vereinigen wollen. Wieder wird Babel nur in der Überschrift und in einem abschließenden Zusatz (v. 22) mit Namen genannt. Es wird vielfach angenommen, daß das Lied ursprünglich nicht Babel gemeint hat, sondern diese Bedeutung erst durch die Hinzufügung der redaktionellen Verse 1–4a und 22. 23 erhalten hat.

Erlandsson behauptet dagegen, daß die Stücke echt jesajanisch sind und Babel als einen Teil des assyrischen Reiches im Blick haben. Israel hat bei den Babyloniern gegen Assur Hilfe gesucht, aber Babel soll fallen und seine Hilfe als wertlos erscheinen. Die Anpassung dieser Prophetie auf das neubabylonische Reich findet er in Jer 50–51.

Von Jes 13–14 abhängig sind die beiden Kapitel Jer 50 und 51, die gewiß nicht von Jeremia stammen, aber vom Redaktor offenbar als das 51, 59ff. erwähnte Blatt mit Unheilsworten aufgefaßt wurden (s.o.). Wie Babel einst für Israel „der Feind aus dem Norden" war (Jer 1,14; 6, 22ff.), wird es nun selbst von einem Nordvolk verwüstet (50, 3. 9. 41–46; 51, 48). Die Götter Babels werden zerschmettert (50, 2; 51, 44). Nun sollen die Israeliten aus Babel fliehen (50, 8–10; 51, 6), um in ihr Land heimzukehren (50, 4f. 19), Babel, das einst wie ein Hammer in JHWHs Hand die Völker zerschmettert hat (50, 23; 51, 20ff.), wird selbst zerstört werden. Die Stadt, die wie ein goldener Becher die Völker berauscht hat, wird zunichte werden (51,7f.). In ihrem Stolz und in ihrer Frechheit (50, 31f.) hat sie sich mit JHWH messen wollen (50, 24. 29), dafür wird sie entsprechend erniedrigt werden. Die Feinde greifen sie an (50,14–16. 21f.; 51,1–6 usw.), das Schwert kommt über sie (50, 35–38), sie wird geplündert (50,10) und zur Wüste gemacht (50,13.16. 39f.; 51, 25f. 29). So erscheint Babel immer mehr als Vertreter des gottfeindlichen Stolzes, der vom Allmächtigen erniedrigt werden soll.

Ps 87, 4 nennt Rahab, d.h. Ägypten, und Babel als Länder, die einmal JHWH bekennen werden. Die Wahl der Bezeichnung Rahab deutet an, daß es sich um die Erzfeinde JHWHs handelt. In Ps 137 finden sich zweimal Hinweise auf Babel als den Ort der Gefangenschaft.

Nach Lindblom (72–84) würden sich die Hinweise auf eine gefallene Stadt in Jes 24–27 auf den Fall Babylons durch Xerxes 485 v.Chr. beziehen. Es handelt sich dem Text zufolge um „eine große, mächtige, hochragende, wohl befestigte Stadt" (25,2; 26, 5; 27,10). Sie war eine heidnische Stadt (*qirjat tōhū*, 24,10), deren Bewohner ein gottloses und ungerechtes Volk waren (27,11 „einsichtslos" → בין). Jetzt aber ist sie von Feinden zerbrochen (24,10) und zum Steinhaufen gemacht worden (24,12). Besonders wird hervorgehoben, daß ein Götzentempel (*'armōn zārīm*) zerstört worden ist (25, 2). Die feste Stadt liegt einsam und verlassen, und Kälber weiden dort (27,10f.). Die Katastrophe ist eine Wundertat JHWHs, durch die er sich verherrlicht hat (24,14; 25,1; 26,11). Zugleich ist sie ein Ausdruck für den Eifer JHWHs für sein Volk (26,11).
Die Identifizierung mit Babel wird auch von anderen vorgenommen (Driver, Ewald, Dillmann, Rudolph, Henry). Wieder andere denken an Samaria, Tyrus, Sidon, Karthago oder die moabitische Hauptstadt (s. Lindblom 74f.). Die konkreten Angaben sind aber nicht der Art, daß eine Bestimmung der Stadt möglich wäre. Vielleicht ist gar keine konkrete Stadt gemeint (vgl. G.Fohrer, Jesaja 2, 1962, 8: „die städtische Lebensform"). Henry, die auch die Stadt mit Babel identifiziert, findet „eine Festlegung auf einen einmaligen geschichtlichen Vorgang" schwierig (32), betont aber die Ähnlichkeit mit Jer 50–51 (29), die eine Datierung im Exil nahelegt.

Ringgren

בֶּגֶד → לבש

בָּגַד בֶּגֶד

I. Belege, Bedeutung – II. Verwendungsbereiche – 1. Ehe – 2. Bund – 3. Schöpfungsordnung – 4. Menschliche Vereinbarungen.

I. Das Verb בגד kommt 43mal im AT vor, das Nomen 2mal. In den Geschichtsbüchern ist es nur 3mal belegt (Ex 21, 8; Ri 9, 23; 1 Sam 14, 33). Am häufigsten ist das Wort in der prophetischen Literatur anzutreffen und zwar 7mal in Jer, 5mal in Mal, 2mal in Hos und Hab (Zeph 3, 4 hat die Form *bōgᵉdōt*, als Abstraktum 'Treulosigkeit'). Bei Jes steht es in 21, 2; 24,16; 33,1; 48, 8 an sämtlichen Stellen in paronomastischen Konstruktionen. Auch in der poetischen Literatur ist das Verb vertreten: 9mal in Spr, 5mal in Ps, außerdem 1mal in Hiob und in Kl.
Das Verb drückt das unbeständige Verhältnis des Menschen zu einer bestehenden festen Ordnung aus und kann mit 'treulos handeln' übersetzt werden. Es findet Verwendung, wenn ausgedrückt werden soll, daß der Mensch eine Vereinbarung nicht einhält, eine Ehe, einen Bund oder eine andere von Gott gegebene Ordnung bricht. Das treulose Handeln des Menschen steht im Gegensatz zu JHWHs Bundestreue und Zuverlässigkeit (חסד ואמת). בגד hat also primär religiöse Funktion. Das Objekt des Verbes ist folgerichtig in der Regel Gott. Aber die von Gott gegebene Ordnung umfaßt auch das Verhältnis der Menschen zueinander, deshalb ist auch der Mensch Objekt des treulosen Handelns. Einige Male wird בגד benutzt, um den Bruch rein menschlicher Ordnung zu bezeichnen. König u.a. vermuten einen Zusammenhang mit *bœgœd* 'Kleidung'. Die Grundbedeutung des Verbes wäre dann also 'bekleiden, bedecken, verhüllen' gewesen; diese konkrete Bedeutung hätte jedoch der übertragenen, bildlichen Bedeutung 'verdeckt handeln, etwas verhüllt tun, betrügen' und daher 'treulos handeln' weichen müssen. Das Verb ist aber im Südarab. mit der Bedeutung 'überlisten' belegt, was eher auf zwei verschiedene Wurzeln schließen läßt.

II. 1. בגד ist Bezeichnung für Treulosigkeit in der Ehe, für Nichteinhalten von gegebenen Versprechen, für Verlassen des rechtmäßigen Partners und Aufnahme von Verbindungen mit einem anderen. Das Objekt der Treulosigkeit kann sowohl das Weib (Ex 21, 8) als auch der Mann (Jer 3, 20) sein. Aber in der Regel schildert die Ehesymbolik in den prophetischen Texten das Verhältnis des Volkes zu JHWH. Gott ist also das Objekt des treulosen Handelns. In Jer 9,1 wird das Volk mit *bōgᵉdīm* bezeichnet; das Wort steht parallel mit מנאפים 'Ehebrechern'. In v. 2ff. werden dieser Anklage weitere Beschuldigungen hinzugefügt, die näher beleuchten, worin Treulosigkeit und Ehebruch bestehen: Das Volk wird von שקר 'Lüge' und מרמה 'Falschheit' geprägt, es entbehrt der Festigkeit (→ אמונה) und spricht nicht die Wahrheit (→ אמת). Oft wird die Anklage der Treulosigkeit Gott gegenüber mit der Anklage der Treulosigkeit und des Ehebruches unter den Menschen kombiniert, so z.B. in Jer 3 und Mal 2,10ff. Jer 3 enthält eine ausführliche Schilderung der beiden Schwestern Israel und Juda und deren Ehebrüche. V. 20 erklärt deutlich den Inhalt der Symbolik: „Doch wie ein Weib ihrem Geliebten treulos wird (בגד מן), so seid ihr, Haus Israel, mir treulos geworden (בגד ב), spricht JHWH.“ Es ist bezeichnend, daß der Ausdruck בגד מן hier parallel mit der regelmäßigen Konstruktion בגד ב gebraucht wird. Offenbar ist der Ausdruck בגד מן bedingt durch den in derartigen Zusammenhängen üblichen Ausdruck זנה → מן „weg von jmd. buhlen“. Die Bezeichnung בגודה für Juda (v. 7,10) steht synonym mit dem Ausdruck אשה זונה in v. 3; wie ein roter Faden durchzieht das Verb בגד das Kapitel. Andere Wörter, die in diesem Kapitel das Verb בגד umschreiben, sind: נאף (v. 9), שקר (v.10), פשע (v.13) und חטא (v. 25). Aber damit kommen wir auf das Gebiet der Bundesideologie, die oft mit der Ehesymbolik kombiniert wird.

2. בגד bezeichnet auch die Treulosigkeit des Volkes gegenüber den Bundesverpflichtungen und wird oft als Synonym von Verben wie פשע und חטא benutzt. In 1 Sam 14, 33 wird klar ersichtlich, daß ein Bruch der Verordnungen JHWHs gleichbedeutend ist mit treulosem Handeln (בגד) Gott gegenüber, was auch mit dem Ausdruck חטא ליהוה bezeichnet wird. In Jer 3, 21 kommen Treulosigkeit und Empörung gegen Gott in ganz konkreter Weise zum Ausdruck: man hört nicht auf JHWHs Stimme, man „vergißt“ oder „negligiert“ (שכח) seinen Gott. In Ps 78, 57 wird das Verb בגד in einer historischen Übersicht verwendet, die voller Bundesideologie ist. Treuloses Handeln des Volkes liegt dann vor, wenn man sich nicht an Gottes Zeugnisse (עדות) hält (לא שמר v. 56). Auch in Ps 119,158 wird das Verb בגד in der Sphäre der Bundesideologie benutzt. Nicht treulos handeln bedeutet, nicht von den Zeugnissen JHWHs abweichen (נטה v.157). Die Treulosen (בגדים) dagegen erkennt man daran, daß sie Gottes Wort nicht befolgen, halten und bewahren (אמרתך לא שמרו v.158).

In Mal 2,10ff. sind Bundesideologie und Ehesymbolik vereint, um den Abfall des Volkes von JHWH auszudrücken. Es gehört zum Bund, daß JHWHs משפטים beachtet werden, so daß das Leben des Volkes geprägt wird von JHWHs „Bundestreue“ (חסד) und „Wahrheit“ (אמת) sowohl Gott als auch den Menschen gegenüber. Wenn also in Mal 2,10 gefragt wird „Warum handeln wir treulos gegeneinander?“, bezeichnet dies eine Entweihung des „Bundes mit unseren Vätern“.

Die Treulosigkeit der Israeliten gegenüber JHWH wird ferner mit ihrer Treulosigkeit den legitimen Gattinnen (אשת בריתך) gegenüber und dem Entlassen derselben veranschaulicht. Daß sie andere Frauen heiraten, hat zur Folge, daß sie fremde Götter anbeten. Demzufolge sind sie nicht länger „Gottes Samen“ (זרע אלהים v.15). Nicht unerwartet findet sich das Verb בגד auch in Hosea. In Hos 6,7 wird der Ausdruck בגד בי in Verbindung gebracht mit der Übertretung (עבר) des Bundes durch das Volk. Man zeigt keine Treue, und die Liebe (חסד) des Volkes wird in 6, 4 mit einer Morgenwolke verglichen und mit dem Tau, der frühmorgens vergeht, malerische Bilder für die Unverläßlichkeit der Menschen. In Hos 5,7 wird das treulose Handeln des Volkes JHWH gegenüber mit der Zeugung unehelicher Kinder (בנים זרים) in Verbindung gebracht (vgl. Mal 2,15).

3. In den Sprüchen wird das Verb בגד mehr allgemein benutzt, um den Aufruhr der Menschen gegen die Schöpfungsordnung zu bezeichnen, d.h. daß man nicht mehr in der Lage, in die man versetzt wurde, verbleiben und die herrschenden Bedingungen und Ordnungen respektieren will. Das Wort בגדים wechselt darum oft mit →רשעים z.B. Spr 2, 22; 11, 6f.; 21,18. Die בגדים Genannten werden denen entgegengesetzt, die mit Gottes Ordnung in Harmonie leben. In Spr 2, 22 stehen רשעים und בגדים den → ישרים und → תמימים gegenüber, ebenso in 11, 3. In Ps 25, 3 und 59, 6 wird vom Gericht über die Treulosen (בוגדים) gesprochen. Ps 73,15 besagt, daß das Leugnen der göttlichen Gerechtigkeit Treulosigkeit und Verrat gegenüber den Gliedern des Gottesvolkes ist. Ps 59, 6 enthält den merkwürdigen Ausdruck בגדי און, offenbar eine Verschmelzung der synonymen Ausdrücke פעלי און und בגדים. In Hi 6,15 wird בגד benutzt, um das treulose Handeln der Menschen untereinander zu bezeichnen. Eine Voraussetzung für Verläßlichkeit und Treue ist ein gottesfürchtiges Leben in Gemeinschaft mit dem Gott, der für die Ordnung in der Welt sorgt. Darum wird als Ursache der Treulosigkeit unter den Menschen das Aufgeben (עזב) der Gottesfurcht (v.14) angegeben.

Mit Ausnahme von Jes 48, 8 wird das Verb בגד im Jesaja-Buch in einer Weise verwendet, die mit dem bisher Gesagten nicht übereinzustimmen scheint. Dies hat u.a. dazu geführt, daß GesB eine besondere Bedeutung ‘rauben’ für das Verb בגד in Jes 21, 2; 24,16; 33,1 angibt. Diese Deutung scheint aber übereilt und ist u.a. von König abgelehnt worden. Jes 24,16 steht die emphatische Phrase בגד בוגדים בגדו in einem Zusammenhang (24,1–23), wo davon gesprochen wird, daß die Bewohner der Erde „den ewigen Bund“ (v. 5) gebrochen haben. Hier ist offenbar der Bund mit Noah (Gen 9, 9) gemeint. Diesen Bund zu brechen, sich gegen Gottes Ordnung für die Menschen im Allgemeinen zu versündigen, führt zum Chaos. Der Ausdruck בגדים hat hier also dieselbe Bedeutung wie in Spr

und ist synonym mit רשעים (zu Jes 21, 2 und 33, 1, s. II. 4.).
4. בגד wird auch verwendet, wenn vom Bruch menschlicher Vereinbarungen und Verträge die Rede ist. So wird das Verb in Ri 9, 23 gebraucht, um zu beschreiben, daß die Männer Sichems sich nicht mehr damit abfinden wollten, sich der Herrschaft Abimelechs unterzuordnen. Man „handelt treulos“ den Verordnungen Abimelechs gegenüber. Hier wird בגד gleichbedeutend mit ‘sich empören, revoltieren’. In Kl 1, 2 begegnet wieder die Ehesymbolik, aber dort wird das Verb בגד benutzt, um die Treulosigkeit des Geliebten der Geliebten gegenüber zu bezeichnen. Ebenso bezeichnet das Verb in Jes 33, 1 die Relation des Subjekts zu bestimmten Ordnungen. Der Tyrann handelt treulos menschlichen Ordnungen gegenüber, er respektiert nicht geschlossene Verträge (הפר ברית v. 8). Sehr wahrscheinlich ist hier in בגד das Überschreiten der von Gott gesetzten Grenzen durch den Tyrannen inbegriffen (vgl. Jes 10, 7ff.). Der Ausdruck הבוגד in Jes 21, 2 läßt sich in gleicher Weise erklären. Die Verheerungen „des Treulosen“ zeugen von der Empörung und Respektlosigkeit gegenüber Verordnungen und Vereinbarungen.
In Hab 2, 5 stehen im MT die Worte היין בוגד. Hier muß die Kraft des Weines gemeint sein, der den Menschen dazu bringt, unregelmäßig (chaotisch), hochmütig und aufrührerisch zu handeln. 1 QpHab 8, 3 liest הון ‘Reichtum’ statt היין. Die Apposition בוגד bezieht sich dann auf die Gefahr des Reichtums, einen Menschen zu betrügerischem und treulosem Handeln anderen Menschen gegenüber zu verleiten.

Erlandsson

בָּדָד, בַּד, בְּדד

I. Belege, Bedeutung, Etymologie – 1. außerat.lich – 2. at.lich – II. 1. Alleinsein menschlicher Gemeinschaften – 2. einzelner Menschen – 3. Gottes – III. Theologische Wertung des Alleinseins.

Lit.: *G. Johannes*, Unvergleichlichkeitsformulierungen im Alten Testament (Diss. Mainz), vgl. ZAW 81, 1969, 421–422. – *C.J. Labuschagne*, The Incomparability of Yahweh in the Old Testament, Leiden 1966. – *H. Seidel*, Das Erlebnis der Einsamkeit im Alten Testament (Theol. Arb. 29), 1969.

I. 1. Das Verb *bdd* ist im Akk., Arab. und Tigr. ([3]KBL), möglicherweise auch im Ugar. (Aistleitner, WUS Nr. 496) belegt. Die davon abgeleiteten Nomina *badd*, *budd* begegnen im Arab. Im Akk. bedeutet das Verb im D-Stamm ‘verschleudern’, im Arab. ‘trennen’, im Tigr. ‘herausfallen’, und im Ugar. vermutet Aistleitner dafür die Bedeutung ‘wegnehmen’ (?). Die arab. Nomina *budd* und *badd* werden mit ‘Trennung’, ‘Teil einer Sache’ und ‘Balken’ wiedergegeben.
2. Das Bibl.-Hebr. und das Mittelhebr. weisen ebenfalls die Wurzel בדד auf. Jedoch findet sich im AT davon lediglich 3 mal das Ptz. akt. *qal*. Das Nomen I בד begegnet 2- oder 3 mal, in der Verbindung לבד (so auch im Mittelhebr. und Samarit.) jedoch etwa 146 mal. Das andere, ebenfalls im Mittelhebr. und Jüdisch-Aram. bezeugte Nomen II *בד ist im AT insgesamt 41 mal belegt. Außerdem weist das Bibl.-Hebr. noch 11 mal das Nomen בדד auf. Daraus ergibt sich der Vorrang des nominalen Aspekts vor dem verbalen.
I בד bedeutet ‘Teil’, ‘Stück’. Nach Ex 30, 34 soll aus verschiedenen wohlriechenden Substanzen „zu gleichen Teilen“ (בד בבד) Räucherwerk hergestellt werden. Ebenso übersetzen H. Bardtke, Die Handschriftenfunde am Toten Meer I, [2]1953, 92 und J. Maier, Die Texte vom Toten Meer I, 1960, 28f. diese Wendung in I QS IV 16. 25 (anders P. Wernberg-Møller, The Manual of Discipline, 1957, 84: „separately“). In Hi 18, 13 bezeichnet בד, genetivisch mit עורו verbunden, die vom Aussatz verzehrten ‘Teile’, ‘Stücke’ der Haut und absolut die ‘Teile’, ‘Glieder’ des Körpers.

Wegen dieser unterschiedlichen Bedeutung von בד ändern die meisten Ausleger den Text von Hi 18, 13a (Fohrer, KAT 16, 298). – In Hi 41, 4 ist umstritten, ob בדיו „seine Glieder“ oder unter Einordnung zu IV *בד „sein Geschwätz“ heißt (Weiser, ATD 13, 253; Hölscher, HAT 17, 96; vgl. KBL[3]) oder gar der MT zu ändern ist (so Fohrer, KAT 16, 257). – Am 3, 12 liest J. Rabinowitz, The Crux at Amos 3, 12 (VT 11, 1961, 228–231): ובד משק ערש „and of a piece out of the leg of a bed“.

II *בד bezeichnet sowohl die ‘Tragestangen’ verschiedener Kultgeräte (Ex 25, 14f. 27f.; 27, 6f. u.ö.) als auch die ‘Schosse’ der Reben (Ez 17, 6; 19, 14). Das in den Wörterbüchern unter I בד aufgeführte לבד bedeutet als Adv. ‘allein’, ‘für sich’ und als Präp., dann stets mit folgendem מן, ‘außer’, ‘ausgenommen’, ‘abgesehen von’. Das Part. בודד und das adverbial gebrauchte ursprüngliche Nomen בדד werden mit ‘einzeln’, ‘allein’ wiedergegeben.
Aus dieser Übersicht folgt, daß sich die vorgeführten Bedeutungen ausnahmslos aus einer ihnen gemeinsamen, der Wurzel *bdd* eignenden und im Arab. noch am klarsten erhaltenen Grundbedeutung ‘trennen’, ‘absondern’ herleiten lassen. Dabei gilt der Wurzel *bdd* und ihren Derivaten als Ausdruck für das Alleinsein insofern besondere Beachtung, als hierbei eine dem at.-lichen Sprachgebrauch eigentümliche Besonderheit vorzuliegen scheint.

II. 1. a) Von einem Alleinsein menschlicher Gemeinschaften spricht das AT verschiedentlich.

Index der deutschen Stichwörter

Band I Lieferung 5 (Spalte 513-640)

THEOLOGISCHES WÖRTERBUCH ZUM ALTEN TESTAMENT

In Verbindung mit
George W. Anderson, Henri Cazelles,
David N. Freedman,
Shemarjahu Talmon und Gerhard Wallis
herausgegeben von
G. Johannes Botterweck und Helmer Ringgren

VERLAG W. KOHLHAMMER GMBH
STUTTGART · BERLIN · KÖLN · MAINZ

Inhalt von Band I, Lieferung 5

Spalte

Band I wird etwa 12 Lieferungen umfassen. Der Subskriptionspreis für jede Lieferung von vier Bogen beträgt DM 16,—. Einzellieferungen werden nicht abgegeben.
Hörern der an diesem Werk beteiligten Verfasser wird bei Vorlage eines vom Autor unterzeichneten Hörerscheins ein Nachlaß von 20% auf den Ladenpreis gewährt. Die Ermäßigung gilt nur für die bis dahin erschienenen Teile des Werkes und den gerade im Erscheinen begriffenen Band. Der Hörernachweis muß für die erste Lieferung jedes weiter erscheinenden Bandes ggf. neu erbracht werden.

Verlagsort Stuttgart. Umschlag: hace. Gesamtherstellung W. Kohlhammer GmbH. Graphischer Großbetrieb Stuttgart 1972. Printed in Germany. 71204

Im 3. Bileam-Lied heißt es: „Siehe da! Ein Volk, das allein wohnt (לבדד ישכן) / und sich nicht unter die גוים rechnet!" (Num 23, 9; E). In direktem Anschluß daran preist v. 10 die unzählbare Volksmenge Israels. Ganz ähnlich klingt der Schlußteil des die Stammessprüche umrahmenden „Psalms" aus dem Mose-Segen (Deut 33). Nachdem v. 26. 27a die Unvergleichbarbeit des Gottes Israels festgestellt und v. 27b die Vertreibung und Vertilgung der Feinde Israels berichtet hat, fährt v. 28 fort: „So wohnt Israel sicher (ישכן בטח), / allein (בדד) der Born Jakobs, / 'in' einem Land voll Korn und Most, / ja sein Himmel träufelt Tau." Diese Worte münden ein in den begeisterten, die sieghafte Macht und stolze Größe des Volks preisenden Ausruf von v. 29: „Heil dir, Israel! Wer ist dir gleich?"

In beiden Liedern, die man zur Gattung Lobpreis Israels wird rechnen können (v. Rad, ATD 8, 147: „berichtender Lobpsalm"), ist בדד mit שכן verbunden. Wie es der Mose-Segen deutlich ausspricht und der Erzählungszusammenhang des Bileam-Liedes mit der Vorstellung, der Seher erblicke vom Felsengipfel aus Israel unter sich im Tal lagern, zumindest andeutet (v. Rad, Die Bileamperikope / 4. Mose 22–24 [Deutsches Pfarrerbl. 40, 1936, 52f.]), bezieht sich das Alleinwohnen Israels auf den Alleinbesitz des Landes Kanaan. Außerdem zeigt es der Parallelismus von Deut 33, 28 an, daß das Alleinwohnen gleichbedeutend mit einer Sicherheit ist, die sich auf die Kraft und Stärke des Volks gründet, was in Num 23 durch den Zusammenhang der v. 9 und 10, d.h. durch die Verknüpfung des Alleinwohnens Israels mit seiner unzählbaren Volksmenge, ausgedrückt wird.

Die gleiche Vorstellung begegnet in Jer 49, 31. In der von den Truppen Nebukadnezars zu verwirklichenden Gerichtsandrohung über Kedar heißt es: „Wohlan! Zieht herauf gegen das sorglose Volk (גוי שליו), / das sicher lebt (יושב לבטח), / Ausspruch JHWHs; / nicht Tore noch Riegel hat es, / allein wohnt es (בדד ישכנו)." Auch hier ist בדד mit שכן verbunden. Desgleichen gehört zu seinem Wortfeld das Adv. בטח, das darüber hinaus noch durch שליו sowie durch die Wendung vom Fehlen jeglicher Befestigungen erläutert wird.

Auch wenn das Wort בדד selbst nicht gebraucht wird, so kann doch die Beschreibung der Stadt Lais in Ri 18, 7 (vgl. 18, 10. 27) hier angeschlossen werden, weil sie dem Gehalt nach mit Jer 49, 31 identisch ist. Wenn dort gesagt wird, daß das Stadtvolk „sicher wohnt" (יושבת־לבטח), „ruhig und sorglos" (שקט ובטח), und daß es „fern ist von den Sidoniern und mit 'Aram' keine Verbindung hat", dann ist auch hier von einem sorglosen, durch das Alleinwohnen gesicherten Leben dieser Menschengruppe die Rede. Der Umstand, daß die beiden oben behandelten Stellen sich von den soeben besprochenen darin unterscheiden, daß das sich auf das Alleinwohnen gründende Gefühl der Sicherheit im Falle Israels berechtigt, sonst aber eine Täuschung ist, fällt nicht weiter ins Gewicht, weil der ermittelte positive Gehalt von בדד dadurch nicht berührt wird.

In Hos 8, 9 bezieht die masoretische Gliederung „ein Wildesel, allein für sich" auf Assur, womit auf das Störrische und die Selbstsucht Assyriens angespielt werde (Robinson, HAT [3]14, 33). Andere (so Weiser, ATD 24, 55; Wolff, BK XIV, 183) ordnen den Stichos wegen des Wortspiels mit פרא Ephraim zu. Aber auch dann bleibt unklar, ob das Alleinsein den „trostlosen Zustand des Rumpfstaats Ephraim" meint (so Weiser) oder den Sinn einer Forderung, Israel hätte für sich bleiben sollen, hat (vgl. Seidel 110).

b) Eine andere Bedeutungsnuance trägt בדד in Mi 7, 14 sowie in Jes 27, 10 und Kl 1, 1. Mi 7, 14 gehört einem, von der Mehrzahl der Ausleger dem Propheten abgesprochenen und aus der nach- oder gar spätnachexilischen Zeit hergeleiteten Spruch an, der in der Form eines Volksklagelieds (Weiser, ATD 24, 259) die Bitte an Gott um Wiedereinsetzung des Volks in die ihm 586 verlorengegangenen Gebiete des Ostjordanlandes vorträgt. Dabei beschreibt v. 14 die gegenwärtige Situation mit den Worten: „'die' allein wohnen (שכני לבדד) / in der Wildnis inmitten des Fruchtlandes." Zwar ist auch hier לבדד mit שכן konstruiert, aber der positive Sinn ist ins Negative verkehrt. Aus dem gesicherten Alleinwohnen des Volks ist eine beklagenswerte Einsamkeit geworden, der der Begriff der Wildnis (יער) zugeordnet wird.

Ähnlich klingen Jes 27, 10 und Kl 1, 1, die sich auf die Stadt Jerusalem beziehen und sie personifizieren. Jes 27, 10 entstammt einer theologischen Reflexion (v. 7–11), die zwar älter als die sog. Jesaja-Apokalypse, trotzdem nachexilisch ist (Eißfeldt, Einl. 436ff.; Fohrer, Einl. 404). Die „feste Stadt" Jerusalem ist „allein" (בדד), „eine entvölkerte Stätte" (נוה משלח), „verlassen wie die Wüste" (נעזב כמדבר). Und in Kl 1, 1 wird im Stil der Klage von der einst volkreichen, unter den Völkern geachteten Stadt ausgesagt: Jetzt „sitzt sie allein (ישבה בדד), ist geworden wie eine Witwe". W. Rudolph, KAT 17, 211 bemerkt dazu treffend: „das ist nicht die ‚splendid isolation' von Num 23, 9; Deut 33, 28 (32, 12), sondern die Verlassenheit der ihrer Kinder beraubten Mutter."

Die soeben angestellte Beobachtung, daß בדד die Bedeutungsnuance 'Verlassenheit', 'Einsamkeit' erst in solchen Stellen aufweist, die relativ jung sind, der Gattung des Klagelieds angehören oder ihr zumindest nahestehen und von einer Stadt und einem Volk in individualisierter Form sprechen, weist darauf hin, daß es sich hierbei um eine übertragene Redeweise handelt (vgl. II. 2. b).

2. a) Was בדד in bezug auf das Alleinsein einzelner Menschen angeht, so seien zunächst einige

Stellen vorgeführt, in denen unser Wort wertneutral zu sein scheint. Jes 14, 31 sagt vom nahenden assyrischen Heer u.a. aus: „keiner ist allein (בודד) an seinen Sammelplätzen" (Fohrer, Jes ²I, 201) oder „in seinen Reihen" (Duhm, ⁵Jes 125; vgl. Seidel 17. Anders B. Kedar-Kopfstein, A Note on Isaiah XIV, 31 [Textus 2, 1962, 143–145]). Auch die folgenden Stellen erwecken bei flüchtigem Hinsehen den gleichen Eindruck. Ex 24, 2 enthält die Weisung an Mose, er allein solle sich JHWH nahen. Nach Ri 3, 20 saß Eglon allein im kühlen Obergemach, als ihn Ehud aufsuchte, vorgab, ihm ein Gotteswort mitzuteilen, ihn ermordete und die Tür hinter sich schloß, so daß Eglons Diener annahmen, der König verrichte seine Notdurft. Und nach 1 Kön 11, 29 ermöglichte der Umstand, daß Jerobeam und Ahia von Silo allein waren, die Mitteilung einer Gottesbotschaft an den König. Demnach ist das Alleinsein eines Menschen die Voraussetzung für den Empfang oder die Übermittlung einer göttlichen Offenbarung. Nun hören wir aber auch bei der Jabbok-Überquerung Jakobs davon, daß, da er allein zurückblieb, ein Mann mit ihm rang, der ihn schließlich segnen mußte (Gen 32, 25; vgl. Seidel 72). Das Unheimliche des nächtlichen Überfalls prägt den Gehalt des Alleinseins in dieser Erzählung und wirft zugleich Licht auf die vorherigen Stellen.

Auch die erschreckte Frage Ahimelechs an den vor Saul fliehenden David (1 Sam 21, 2): „Warum kommst du allein?" und der Vorschlag Ahitophels, er könne David, wenn dieser allein sei, erschlagen (2 Sam 17, 2), lassen erkennen, daß das Alleinsein eines Menschen etwas Bestürzendes hat, daß es gefährlich oder, wie es Gen 2, 18 (J) formuliert, „nicht gut" ist.

b) Trug dieses Alleinsein bisher weithin den Charakter des Für-sich-seins, so meint es in anderen Zusammenhängen das Abgesondert- und Ausgestoßensein aus der menschlichen Gesellschaft, ja die Verlassenheit und Einsamkeit. Nach Lev 13, 46 wohnt der Aussätzige „abgesondert, außerhalb des Lagers", also „allein und abseits von der Gemeinschaft der anderen" (Noth, ATD 6, 89). Der Beter des individuellen Klagelieds Ps 102 vergleicht sich in v. 8 mit einem „Vogel, der einsam auf dem Dach sitzt" (vgl. N. Airoldi, Note critiche ai Salmi [Augustinianum 10, 1970, 174–180]; H. Ringgren, Psalmen, 1971, 42). Zuvor in v. 7 stehen die Vergleiche „ein Pelikan (?) in der Wüste" (מדבר) und „ein Käuzchen in den Trümmern" (חרבות). Das Alleinsein ist, wie schon oben beobachtet (II. 1. b), offenbar gern mit derartigen Bildern umschrieben worden. Zugleich aber wird bereits hier deutlich, daß die Einsamkeit des Klagenden nicht nur in einer rein äußerlichen Trennung von der menschlichen Gesellschaft (vgl. v. 9), sondern viel stärker noch in einer inneren Vereinsamung besteht (vgl. v. 11), so daß Seidel (27) mit Recht von einer „Totalität des Verlassenheitserlebnisses" sprechen kann.

Darüber klagt Jeremia in einer seiner Konfessionen: „Nicht saß ich im Kreis der Scherzenden und war heiter; im Bann deiner Hand saß ich einsam (בדד ישבתי), weil du mich mit deinem Grimm erfüllt hast" (15, 17). Sein Beruf, das Gerichtswort JHWHs zu verkünden, hat diese „Scheidewand" (Rudolph, HAT ³12, 107) zwischen ihm und dem Volk aufgerichtet, hat ihn einsam werden lassen. Und indem Jeremia die Erfahrung der Einsamkeit zum Gegenstand seiner Klage macht, drückt er die tiefste innere Vereinsamung aus, die sich im Aufbegehren gegen Gott, ja im Zweifel und in Gottverlassenheit äußert (vgl. 15, 15. 18). Auch Kl 3, 28 spiegelt derartige Zusammenhänge wider. Der Form nach ein individuelles Klagelied, enthält v. 25–39 eine Reflexion über den Sinn des Leidens (Eißfeldt, Einl. 680), die stilistisch der Weisheitsliteratur nahesteht (Weiser, ATD 16, 328) und in v. 28–30 das rechte Verhalten eines Mannes gegenüber dem von Gott auferlegten Joch darstellt. Er soll „einsam sitzen (ישב בדד) und schweigen" (v. 28); denn Gott hat ihn verstoßen (v. 31). Einsamkeit des einzelnen innerhalb der menschlichen Gemeinschaft ist Folge des göttlichen Zornes, ist wiederum Gottverlassenheit.

Noch in anderer Hinsicht ist Kl 3 bedeutsam. v. 1 stellt die Stadt Jerusalem mit ihren Bewohnern als einen Mann dar (vgl. Eißfeldt, Einl. 681), so daß auch unser Abschnitt von da her zu interpretieren, also nicht auf ein menschliches Einzelschicksal, sondern auf das der Stadt Jerusalem zu beziehen ist. Dabei liefert der Tatbestand, daß בדד mit ישב konstruiert wird und daß sich die Schilderungen des individuellen und kollektiven Alleinseins bis in die Einzelheiten hinein decken, den Beweis für die oben (II. 1. b) ausgesprochene Vermutung, es handele sich um eine aus dem individuellen Bereich auf eine gesellschaftliche Größe übertragene Redeweise.

3. Schließlich wird in einer Reihe von Stellen בדד bzw. לבד als Apposition zu JHWH gebraucht. Jes 2, 11. 17 „JHWH allein ist erhaben an jenem Tag", im Hymnus Ps 148, 13 zu „sein Name allein ist erhaben" abgewandelt, unterstreicht wie die andere hymnische Wendung Ps 72, 18 „Gepriesen sei JHWH, der Gott Israels, der allein Wunder tut" (vgl. Ps 136, 4) die Majestät und Erhabenheit des israelitischen Gottes (so auch Jes 63, 3). Von diesen Aussagen ist es nur ein kleiner Schritt zu den Versen Deut 4, 35 und 32, 12, die die dann auch in die Form des Gebots (Ex 22, 19; 1 Sam 7, 3) gekleidete Einzigartigkeit und Unvergleichbarkeit JHWHs, seine alleinige Gottheit zum Gegenstand haben, wofür mitunter beispielhaft sein Schöpfungshandeln genannt wird (Jes 44, 24; Hi 9, 8; Neh 9, 6).

Darüber hinaus begegnen derartige hymnische oder zumindest hymnenähnliche Wendungen wiederum in einer Anzahl von Klage- und Bittgebeten: im Tempelweihgebet Salomos (1 Kön 8, 39 = 2 Chr 6, 30), im Gebet Hiskias (2 Kön 19,15.19 = Jes 37,16. 20), in Jes 26,13 und in den Klageliedern Ps 4, 9; 71,16; 83,19; 86,10. Sie sind Ausdruck des Vertrauens des Beters in die Hilfe des allein mächtigen israelitischen Gottes.

III. Für die theologische Wertung des Alleinseins im AT ist bedeutsam, daß der Begriff vorrangig in Hymnen und Klageliedern begegnet und dementsprechend einen positiven oder negativen Gehalt hat.

Die Verse des Mose-Segens und des 3. Bileam-Liedes sind wertvolle Zeugnisse für das stolze Bewußtsein Israels von seiner ungefährdeten Macht und Stärke, ja von seiner Einzigartigkeit unter den Völkern. Weist dieses Selbstverständnis im Mose-Segen den uns aus der David-Salomo-Zeit bekannten Vorrang des nationalen Aspekts vor dem religiösen auf, so sind im elohistischen Bileam-Lied nicht nur durch den parallelen Stichos, daß sich Israel nicht unter die Völker rechnet, sondern auch durch das Thema beider Lieder: „Israel – das von JHWH ein für allemal gesegnete Volk" die Gewichte vollständig verlagert: Das religiöse Moment bestimmt jetzt das nationale. Die Besonderheit Israels im Kreis der Völker liegt in seiner Erwählung durch JHWH begründet. Hiermit sind die Aussagen von der Einzigartigkeit JHWHs, seiner alleinigen Gottheit aufs engste verknüpft. Sie weisen ebenfalls den positiven Gehalt von בדד auf und bezeugen die Übernahme des Begriffs in die religiöse Sprache Israels.

Die andere Vorstellung, daß das Alleinsein des Menschen, seine Absonderung und Trennung von der ihn bergenden und schützenden Menschengemeinschaft etwas Unnatürliches, Unsicherheit Erzeugendes, ja etwas Gefährliches ist, reicht gewiß ebenfalls bis in älteste Zeiten zurück. Denn auf nomadischer oder halbnomadischer Lebensstufe bedeutet eine Trennung vom Stamm oder von der Familie den Verzicht auf jegliche sozialen und wirtschaftlichen Sicherungen, schlimmstenfalls sogar die Preisgabe des Lebens. So wird jede Form des Alleinseins negiert. „Der hebräische Mensch hat keinen Sinn für die Einsamkeit" (L.Köhler, Der hebräische Mensch, 1953, 123).

Eine Wandlung und Vertiefung erfährt dieses Bewußtsein durch die Propheten und ihre Botschaft um die Exilszeit herum. Der Individualisierung des Gottesverhältnisses entspricht seine Intensivierung. Der Gläubige steht nun nicht mehr als Glied des Volkes oder der Gemeinde, sondern als einzelner seinem Gott gegenüber. Wie bei Jeremia am klarsten erkennbar, bedeutet dieser „Zustand der Unabhängigkeit" zugleich den einer „sicherungslosen Abhängigkeit von Jahwe" (v.Rad, ThAT II 70). Einsamkeit ist dann nicht mehr nur eine beklagenswerte Trennung von der Gemeinschaft, sondern viel umfassender Verlassenheit von Gott; denn sie geht auf eine Störung des Gottesverhältnisses zurück. Wenn aber Leben nur in Gemeinschaft mit Gott vollgültig ist, dann wird Einsamkeit als Lebenshemmnis, als Existenzbedrohung, als Todesgefahr empfunden, was die Bilder und Vergleiche „Wüste", „Wildnis", „Trümmer", „entvölkerte, verlassene Stätte" treffend ausdrücken. Und weil letztlich nur JHWH das zu ändern vermag, wendet man sich im Gebet, das die dafür einzig angemessene Form der Klage trägt, an ihn.

Zobel

בדל

I. Etymologie, Belege – II. In abgeschwächter sakraler Bedeutung – III. Im priesterlichen Schöpfungsbericht – IV. Absonderung der Priesterschaft – V. Scheidung zwischen rein und unrein – VI. Erwählung und Abfall – VII. Qumran.

Lit.: *J. Begrich*, Die priesterliche Tora (Werden und Wesen des AT, BZAW 66, 1936, 63–88). – *S.R. Driver*, On Some Alleged Linguistic Affinities of the Elohist (The Journal of Philology 11, 1882, 201–236).– *K. Elliger*, HAT 4, 1966, 277. – *H. Odeberg*, Trito-Isaiah, Uppsala 1931, 40f. – *J. Pedersen*, Israel, 3–4, London 1940, 264–295. – *W.H. Schmidt*, Die Schöpfungsgeschichte der Priesterschrift, 1964, ²1967.

I. Die Wurzel בדל kommt anscheinend nur im Nordwest- und Südsemitischen vor. Es scheint eine Verbindung zu bestehen zwischen dem Ugar. *bdlm*, 'Kaufleute' (Gordon, UT Nr. 448) und dem II. Stamm 'verändern, umtauschen' vom arabischen Verbum *badala*, 'ersetzen' (s. KBL³ und Eißfeldt, JSS 5, 1960, 35f.). Schwieriger ist es, eine Verbindung zwischen dem hebr. בדל, „(sich) aussondern, unterscheiden" und dieser arab. Wurzel zu sehen. Man könnte versucht sein, wie es die älteren Wörterbücher tun, statt dessen eine Verbindung zum arab. Verbum *batala* 'absondern' (vgl. בתולה) herzustellen. בדל kann jedoch mit *badala* verwandt sein (BDB, KBL³). Das Wort scheint ziemlich spät ins Hebr. eingegangen zu sein; man muß annehmen, daß es besonders in den priesterlichen Kreisen benutzt worden ist und ihm eine spezielle, beinahe technische Bedeutung beigegeben worden ist. Belegt ist das Verbum 10mal im *niph* (fast ausnahmslos im chronist. Geschichtswerk) und 31mal im *hiph* (am häufigsten in der priesterlich-gesetzlichen Literatur).

II. Das Verbum בדל gehört vor allem in den priesterlichen Sprachbereich und bezieht sich in der Regel auf sakrale Verhältnisse. Wenn es um eine Absonderung in rein profanem Zusammenhang geht, wird meistens das Synonym פרד verwendet (Driver 219f.). Die Stellen, an denen es sich um die Absonderung von Kriegsleuten handelt, bilden keine Ausnahmen (1 Chr 12, 9; 2 Chr 25,10). Sogar in diesen späten Texten hat man eine Erinnerung davon, daß die Musterung zum Krieg eine sakrale Handlung war (v. Rad, Der heilige Krieg, [2]1952, 79–81).
Ähnlich ist בדל bei den dtr Anordnungen für die Aussonderung der Asylstätte (Deut 4, 41; 19, 2.7) zu beurteilen. Obwohl Deut den sakralen Charakter der Institution abstreift, läßt die Wortwahl ahnen, wo sie ihren Ursprung hat (vgl. Greenberg, JBL 78, 1959, 125–132). Endlich tritt das Verbum ein paarmal in den priesterlichen Opfervorschriften in der schlichten Bedeutung 'abbrechen' auf (Lev 1,17; 5, 8).

III. Im priesterlichen Schöpfungsbericht (Gen 1, 4. 6.7.14.18) wird בדל auf eine charakteristische Weise benutzt: die einzelnen Phasen in der Schöpfung werden als eine Scheidung der verschiedenen Elemente voneinander beschrieben: Licht-Finsternis, Wasser-Firmament, Tag-Nacht, usw. Der Gebrauch des Wortes will einen Hauptgedanken des priesterlichen Schöpfungsberichts unterstreichen: der Schöpfergott ist eher ein Gott des Ordnens als ein mythologisch gefaßter Hervorbringer (Schmidt 99–103, 167–169).

IV. Deutlich tritt die priesterliche Vorliebe für das Wort בדל in nachexilischen Texten hervor, wo das Verhältnis der Priesterschaft selbst zum übrigen Volk behandelt wird. Öfter heißt es, daß JHWH (oder Mose) die Priesterschaft vom Volke ausgesondert hat (Num 8,14; 16, 9; Deut 10, 8 – über die Probleme der letzteren Stelle s. v. Rad, ATD 8, 57). Auch sonst wird die Sonderstellung einzelner Priester mit dem Verbum בדל hervorgehoben (Num 16, 21; 1 Chr 23,13; Esr 8, 24; vgl. 1 Chr 25,1; Esr 10,16). Eine ähnliche, aber mit negativem Vorzeichen gekennzeichnete Verwendung findet בדל auf dem sakralrechtlichen Gebiet: der Gesetzesübertreter wird aus der Gemeinde ausgesondert (Deut 29, 20; Esr 10, 8 → חרם).
V. Schon an diesen letztgenannten Stellen scheint die wichtige Vorstellung von rein und unrein durch. Die sicher seit uralten Zeiten beobachtete Scheidung zwischen rein und unrein (und heilig und profan → קדש) wird in der nachexilischen Zeit immer mehr betont; die Aufgabe des Priesters besteht primär darin, zwischen heilig und profan, unrein und rein zu unterscheiden (Ez 22, 26; vgl. 44, 23; Lev 10,10; 11, 47; vgl. 20, 25 – Begrich 66). Auf derselben Ebene liegt es, wenn spezielle Einrichtungen des Tempels der Absonderung des Heiligen dienen (der Vorhang: Ex 26, 33; die Tempelmauer: Ez 42, 20).
Die Betonung der Scheidung zwischen rein und unrein in der nachexilischen Zeit führt dazu, daß Reinheit und Heiligkeit das Wesen Israels im Gegensatz zu anderen Völkern ausdrücken (Ex 19, 6 und Pedersen 272ff.). Dieser Auffassung zufolge bezeichnet בדל mehrmals die Aussonderung Israels aus den Heiden. Esr 6, 21 werden die zurückgekehrten Exulanten als Leute bezeichnet, die sich von der Unreinheit der Heiden abgesondert haben (vgl. Neh 9, 2; 10, 29). Konkreter kommt das Wort vor in Verbindung mit der Scheidung von den heidnischen Weibern (Esr 9,1; 10,11) und der Vertreibung der Fremdblütigen (Neh 13, 3; vgl. Jes 56, 3; s. auch Odeberg 40–42).

VI. Von demselben Gedankengang her, aber theologisch prägnanter, drückt בדל den Erwählungsgedanken aus (1 Kön 8, 53; Lev 20, 24. 26; s. Vriezen, Die Erwählung Israels, Zürich 1953, 37). Geradezu antithetisch zu diesem – wohl in dtr Kreisen geformten – Ausdruck heißt es Jes 59, 2: „eure Sünden scheiden (היו מבדלים) euch und euren Gott voneinander". Diese Aussage ist Antwort auf die Frage, ob JHWHs Arm zu kurz sei, Antwort also auf die Frage, ob JHWH nicht imstande sei, die Verheißung, die er bei der Erwählung seines Volkes gegeben hat, zu erfüllen. Und die Antwort will verdeutlichen, wie Israel sozusagen selbst die Erwählung aufgehoben hat. Eigentlich nur an dieser Stelle im AT wird בדל in übertragener Bedeutung verwendet.

VII. In den Qumrantexten schlägt die priesterliche Verwendung von בדל durch. Allein in der Damaskusschrift und der Gemeinderegel kommt das Wort 24mal vor, und zwar in denselben Zusammenhängen wie im AT: 1. Scheidung zwischen rein und unrein; 2. Aussonderung der Gemeinde aus „den anderen"; 3. Ausschließung des Gesetzesübertreters aus der Gemeinde (Kuhn, Konkordanz zu den Qumrantexten, 1960, 28).

Otzen

בֹהוּ → תהו

בָּהַל בֶּהָלָה

I. Etymologie, Belege – II. 'eilen' – III. 1. 'erschrekken' im allgemeinen Gebrauch – 2. Dem Numinosen gegenüber – 3. Dem Tode gegenüber – 4. JHWH gegenüber.

Lit.: *J. Becker*, Gottesfurcht im AT, Rom 1965. – *J. Blau*, Etymologische Untersuchungen auf Grund des palästinischen Arabisch (VT 5, 1955, 337–344). – *A. Guillaume*, Prophecy and Divination, London 1938, 274. – *J. Hempel*, Gott und Mensch im Alten Testament, 1926, 3–27. – *B. Jordahn*, Schrecken, schrecklich (BThH 1954, 510–513). – *S. Plath*, Furcht Gottes, 1963. – *L. Wächter*, Der Tod im Alten Testament, 1967, 10–56. – *M. Wagner*, Aramaismen im at.lichen Hebräisch, 1966, 33.

I. Die Wurzel בהל hat sowohl im Hebr. als auch im Aram. zwei Bedeutungen: 'eilen' und 'erschrecken'. Die Versuche, die ursprüngliche Bedeutung durch Hinweise auf verschiedene arab. Wurzeln zu bestimmen, sind zahlreich, aber unsicher (Blau 339; Guillaume 274). Palache (Semantic Notes on the Hebrew Lexicon, Leiden 1959, 12f.) meint, daß die ursprüngliche Bedeutung etwa „sich plötzlich und erregt bewegen" sei. Eher aber ist der Auffassung von Blau (339) zuzustimmen, der eine Verbindung zum arab. *bahara*, im VII. Stamm 'atemlos sein', annimmt und hier den gemeinsamen Ursprung für beide Bedeutungen finden will. Im Hebr. ist die Bedeutung 'eilen' offenbar erst spät durch aram. Einfluß durchgeschlagen (Wagner 33). Das Verbum kommt im *niph* 24mal vor; im *pi* 10mal, im *pu* 2mal und im *hiph* 3mal. Dazu kommt das entsprechende Verbum im bibl. Aram. 7mal im *pa*, 3mal im *hitpe* und 1mal im *hitpa* vor. Endlich tritt im at.lichen Hebr. 4mal ein Nomen בהלה auf.

II. Die Abgrenzung der beiden früher erwähnten Bedeutungen der Wurzel: 'erschrecken' (intrans. und trans.) und 'eilen, hasten' ist mit gewissen Schwierigkeiten verbunden. Die Bedeutung 'eilen' ist vor allem auf die späteren Texte beschränkt (Spr, Esth und Chr). Typisch ist die Verwendung in dieser Bedeutung in der Weisheitsliteratur, und zwar an Stellen, wo vor übereilten Handlungen gewarnt wird (Pred 5,1; 7, 9 – beide *pi*; Spr 28, 22 – *niph*; Spr 20, 21 – *pu*, wo mit BH Textänderung vorgenommen werden muß). An den anderen Stellen handelt es sich einfach um Personen, die eilig herbeigebracht oder weggeschaft werden (2 Chr 26, 20; Esth 6,14 – beide *hiph*; 2 Chr 35, 21; Esth 2, 9 – beide *pi*; Esth 8,14); vgl. den substantivierten Infinitiv im bibl. Aram. התבהלה 'Eile' (Dan 2, 25; 3, 24; 6, 20) und das bibl. aram. Nomen בהילו (Esr 4, 23). Zweifelhaft ist in diesem Zusammenhang Pred 8, 3: meistens wird אל תבהל mit 'übereile dich nicht' wiedergegeben (zum Problem der Anknüpfung des Ausdruckes s. die Kommentare und H.L. Ginsberg, PAAJR 21, 1952, 52). Es ist indessen eine Frage, ob nicht Wildeboer (KHC 17, 1898, 150) im Recht ist, wenn er übersetzt: „Zittre nicht ..."; s. unten.

III. 1. Überwiegend hat aber, wie schon erwähnt, das Verbum בהל die Bedeutung 'erschrecken' (intrans. im *niph* und bibl. aram. *hitpa*; trans. im *pi*, *hiph* und bibl. aram. *pa*). In diesen Bedeutungsbereich gehört auch das Nomen בהלה. Der Schrecken ist sehr oft mit dem Unerwarteten verbunden oder von einem Ereignis hervorgerufen, das auf drohende Weise in die Wirklichkeit des Menschen hereinbricht (vgl. Jordahn 511). Selten handelt es sich um die Furcht eines Menschen vor dem anderen (Gen 45, 3); häufiger um die Furcht in einer Kriegssituation (*niph*: Ri 20, 41; 2 Sam 4,1; *pi*: 2 Chr 32,18; Dan 11, 44 und Esr 4, 4).

2. Weit öfter bezeichnet aber die Wurzel בהל den Schrecken, der einen Menschen befällt, der sich dem Numinosen gegenübergestellt weiß. Typisch ist 1 Sam 28, 21: Saul erschrickt beim übernatürlichen Erscheinen Samuels. Im bibl. Aram. des Danielbuches bezeichnet בהל wiederholt die Reaktion des Menschen gegenüber den unheimlichen Visionen (Dan 4, 2.16; 5, 6. 9.10; 7,15. 28 – meistens *pa*; vgl. 1 Q Gen Ap II 3). Wenn der Klagende in Ps 6, 3f. sagt, daß seine Gebeine und seine Seele erschrocken sind, hängt es sicher damit zusammen, daß die Feinde dämonische, krankheitswirkende פעלי און sind (vgl. Mowinckel, Psalmenstudien I, Oslo 1921, 10f.). Wenn die obengenannte Auffassung von Pred 8, 3 die richtige ist, warnt die Aussage gegen ängstliches Zurückweichen vor einem Gotteseid.

3. Auch beim jähen, unerwarteten und vorzeitigen Todesfall fühlt sich der Israelit vor das Unheimliche gestellt. Das Nomen בהלה bezeichnet einfach den Schrecken, der mit dem plötzlichen Tod verbunden, ja, identisch ist (Lev 26,16; Ps 78, 33; Jer 15, 8; Jes 65, 23; vgl. die synonymen Begriffe בלהה, בעת, → אימה, die Hi 18,14; Ps 18, 5; Hi 15, 24; Deut 32, 25; Ps 55, 5; 88,16 auf dieselbe Weise den Tod(esschrecken) bezeichnen; vgl. außerdem J. Pedersen, Israel, 3–4, London 1940, 477ff. und Wächter 10ff.).

4. Diese Todesfurcht liegt hinter dem Schrecken, der den Menschen vor JHWH ergreift, und der an etwa 20 Stellen mit dem Verbum בהל bezeichnet wird. Es handelt sich in gewissen Psalmen um den gottverlassenen Menschen (Ps 30, 8; 90,7; 104, 29), aber typischer im Buche Hiob um den Menschen, der sich in die Hände des willkürlichen Gottes ausgeliefert weiß (Hi 4, 5; 21, 6; 23,15–16). Die häufigste Verwendung des Wortes findet man jedoch in Zusammenhängen, wo von dem strafenden JHWH die Rede ist. Nur an wenigen Stellen geht es um die individuelle Strafe (Ps 6,11; Hi 22,10) oder um die Strafe Israels (Jer 15, 8; Ez 7, 27); viel häufiger ist von der göttlichen Strafe der Feinde Israels die Rede. Es ist nicht zufällig, daß das Wort oft in Verbindung mit Beschreibungen vom Tage JHWHs verwendet wird: das Plötzliche, Unerwartete und Unheildrohende ruft den jähen Schrecken

hervor (Ps 48, 6; 83,16.18; 2, 5; Ex 15,15; Jes 13, 8; 21, 3; Zeph 1,18; Jer 51, 32; Ez 26,18). Ein beliebter Vergleich in diesen Zusammenhängen ist Angst und Beben bei der Geburt, wodurch die physischen Wirkungen des Schreckens hervorgehoben werden.

Otzen

בְּהֵמָה בְּהֵמוֹת

I. 1. Etymologie – 2. Belege – 3. Wortverbindungen – 4. LXX – II. Einteilungsversuche – 1. Gruppierungen bei J – 2. bei P – 3. Last- bzw. Reittier – 4. Wilde gefährliche Tiere – III. Gott, Mensch und Tier – 1. Kultische Bestimmungen – 2. Familien- und Stammeszugehörigkeit – 3. Schöpfungs- und Schicksalsverbundenheit – 4. Unterschied und Abwertung von *'ādām-b^ehēmāh* – IV. *B^ehēmōt* – 1. Worterklärung – 2. Vorkommen von Nilpferden in Palästina, Syrien und Ägypten – 3. Ägyptische Nilpferdkulte – 4. *B^ehēmōt* in Hi 40, 15ff.

Lit.: *F.S. Bodenheimer*, The Animals of Palestine, Jerusalem 1935. – *G. Dalman*, AuS VI, 1939, 171 u.ö. (Index 380). – *J. Hempel*, Gott, Mensch und Tier im AT (ZST 3, 1931, 211–249 = Apoxysmata, BZAW 81, 1961, 198–229). – *M.-L. Henry*, Das Tier im religiösen Bewußtsein des at.lichen Menschen (SgV 220/221, 1958). – *W. Kornfeld*, Reine und unreine Tiere im AT (Kairos 7, 1965, 134–147). – *W. Krebs*, Zur kultischen Kohabitation mit Tieren im Alten Orient (FF 37, 1963, 19–21). – *W. Pangritz*, Das Tier in der Bibel, München-Basel 1963. – Weitere Lit. bei ארי.

Zu IV.: *H. Altenmüller*, Jagd im Alten Ägypten, 1967. – *H. Bonnet*, RÄR 528–530. – *B. Brentjes*, Gelegentlich gehaltene Wildtiere des Alten Orients (WZ Halle-Wittenberg 1962, 703–732). – *St. T. Byington*, Hebrew Marginalia (JBL 64, 1945, 345ff.). – *G. R. Driver*, Leviathan and Behemoth, VT 1, 1951, 314). – *Ders.*, Mythical Monsters in the OT (Proceedings of the Twenty-second Congress of Orientalists II, 1957, 113–115). – *Ders.*, Mythical Monsters in the Old Testament (Studi Orientalistici in onore di Giorgio Levi Della Vida, I, Rom 1956, 234–249). – *J. Feliks*, The Animal World of the Bible, Tel Aviv 1962, 95. – *G. Fohrer*, KAT XVI, 1963, 551ff. – *H. Gunkel*, Schöpfung und Chaos in Urzeit und Endzeit, 1895, ²1921, 61ff. – *J. Guttmann*, Leviathan, Behemoth and Ziz: Jewish Messianic Symbols in Art (HUCA 39, 1968, 219–230). – *G. Haas*, On the Occurrence of Hippopotamus in the Iron Age of the Coastal Area of Israel (Tell Qasîleh) (BASOR 132, 1953, 30–34). – *G. Hölscher*, HAT 17, 1952, 94ff. – *P. Humbert*, Le modernisme de Job (VTS III, 1955, 150–161, bes. 152) – *O. Kaiser*, Die mythische Bedeutung des Meeres in Ägypten, Ugarit und Israel (BZAW 78, 1959, ²1962, 149ff.). – *H. Kees*, Zu den Krokodil- und Nilpferdkulten im Nordwestdelta Ägyptens (Studi in memoria di I. Rosellini II, Pisa 1955, 142–152 + Taf. XIV, XV). – *Ders.*, Der Krokodilgott des 6. oberägyptischen Gaues (Studia Biblica et Orientalia III [AnBibl 12], 1959, 161–164). – *J. Lewy*, Influences ḫurrites sur Israel (RES 1938, 48–75, bes. 65–67). – *A. Ohler*, Mythologische Elemente im AT, 1969, 101ff. – *E. Rupprecht*, Das Nilpferd im Hiobbuch. Beobachtungen zu der sog. zweiten Gottesrede (VT 21, 1971, 209–231). – *T. Säve-Söderbergh*, An Egyptian Representation of Hippopotamus Hunting as a Religious Motiv (Horae Soederblomianae III), Uppsala 1953. – *A. Schultens*, Commentarius in Librum Jobi, Halae Magdeburgicae 1773, 919–929.

I. 1. Die Etymologie von בהמה 'Getier, Vieh, Haustier, Wild' ist unsicher: ugar. *ỉbn yḫlq bhmt* UT 19, 450a 'our enemy will destroy the cattle' (Virolleaud); arab. *bahīmat* 'Tier' pl. 'Großvieh', *bah(a)m* 'Lamm, Schaf' (Blachère-Chouémi); zum äth. vgl. Leslau, Ethiopic and South Arabic Contributions, 1958, 12; aram. בהמ(י)תה DISO 32; mhebr. 'Haustiere', בהם 'Viehtreiber'; mand. באהימא 'Esel' (MdD 46a). Eine Ableitung von *bhm* 'stumm', vgl. arab. *'abham* 'stumm', ist kaum belegbar. Mehr Wahrscheinlichkeit spricht für Albrights Ableitung (VTS 4, 1957, 256f.) von ugar. *bmt* 'Rücken', akk. *bāmtu* 'Hälfte', 'Hälfte eines Hangs', 'Mittelteil des Rückens' (AHw 101b), hebr. במה 'Rücken', 'Anhöhe', 'Grab- bzw. Kultstätte' (vgl. בהן 'Daumen'? 'Zehe'); dazu BLe 600j.

2. בהמה ist im AT 188mal bzw. bei drei Konjekturen (Jes 30, 6; Jo 1,18; Hi 12,7) 185mal belegt:

Gen 20mal, Ex 18mal, Lev 31mal, Num 15mal, Deut 18mal; Jos 4mal, Ri u. 1. Sam je einmal, 1/2 Kön 4mal; Jes 5mal, Jer 18mal, Ez 12mal, Jo Jon Sach je 3mal, Hi 3mal, Spr 2mal, Pred 4mal; Esr 2mal, Neh 5mal, 2 Chr einmal. – Als Subjekt kommt בהמה 10mal vor, als Objekt 37mal.

3. In fester Verbindung als stat. cstr. oder adverbial finden sich a) בהמת הארץ oder ב'' אשר על ארץ Lev 11, 2; Deut 28, 26; Jes 18, 6; Jer 7, 33; 15, 3; 16, 4; 19,7; 34, 20; Hi 35,11; b) בהמת השדה o.ä. Ex 9,19 (bis); 1 Sam 17, 44; Jo 1, 20; 2, 22; Ps 8, 8; c) בהמות יער parallel mit חיתו יער Mi 5,7; d) Die Formel אדם – בהמה oder מאדם (ו)עד בהמה als Totalitätsaussage findet sich in Ex Num 20mal, bei den Propheten 24mal und in Ps 3mal.

Zur Fluchformel למאכל לעוף ולבהמת הארץ o.ä. und zu den Gruppierungen בהמה – חיה – רמש oder חיה, בהמה – עוף שמים – דגת הים (רמש) s.u.

4. Die LXX übersetzt בהמה vorwiegend durch κτῆνος, τετράπους und θηβίον.

II. 1. Der Jahwist nennt Gen 2, 19 nur die beiden Tiergruppen חית השדה und עוף השמים, dagegen benennt der erste Mensch 2, 20 drei Gruppen בהמה – עוף השמים – חית השדה; ob חית השדה in vv. 19. 20 die gleichen Tiergruppen meinen, ist keineswegs sicher, die Reihenfolge ist offensichtlich noch variabel. Nach 2, 5 trug das Feld (Gefilde שדה; 2, 4b ארץ) in Ermangelung von Regen und Bestellung weder Wildpflanzen (שיח) noch Nutz- oder Kulturpflanzen (עשב); so scheint 2,19 חית השדה noch allgemein die Landtiere zu bezeichnen, in der Dreiergruppe dagegen wird בהמה von חית השדה unterschieden, also zwischen zahmen Tieren בהמה und wilden חית השדה.

Fische oder Wassertiere werden nicht erwähnt; „der Kreis, in dem er lebt, umfaßt den Acker, auf dem nach dem Regen die Pflanzen sprießen, ferner die Tiere des Feldes und die Vögel, den Bauern selbst und sein Weib" (H. Gunkel, Genesis [3]1910 = [7]1966, 29).
J kennt und verwendet noch nicht רמש, die Belege 1, 24–26; 7,14; 8,16.19 gehören zu P; 6,7a; 7, 8; 7, 23a dürften redaktioneller Zusatz sein im Stile von P (Procksch, Gunkel u.a.).

Die Erzählung von der Erschaffung der Tiere aus Erde, jedoch ohne Einblasen des Atems, und von ihrer Namengebung Gen 2, 18–20 zeigt die hohe Bewertung der Tiere als mögliche Gefährten des Menschen, sie findet aber in der autonomen Wesens- und Funktionsbestimmung der Namengebung durch den Menschen und den abschließenden Befund, daß sich dabei für den Menschen keine 'Hilfe seinesgleichen' עזר כנגדו (vgl. v.18) fand, ihre Grenze und läßt die „Hoheit der Menschennatur" (A. Dillmann) deutlich hervortreten; vgl. Westermann BK I 309–312.
Die noch undifferenzierte Terminologie von חית השדה 2,19 zeigt sich auch Gen 3,1.14: Die Schlange war listiger מכל חית השדה, sie gehört aber zu den von Gott erschaffenen 'Tieren des Feldes', d.h. zu den Landtieren. Sie wird 3,14 durch die ארור-Formel gestraft mit der „Verbannung aus der Gesellschaft der Tierwelt" (O. Procksch KAT I 34), exkommuniziert aus der Gemeinschaft von בהמה und חית השדה, womit wohl die Differenzierung von 2, 20 aufgenommen ist: verflucht und gebannt aus der Gemeinschaft der zahmen und wilden Landtiere; vgl. W. Schottroff, WMANT 30, 1969, 142–147, sowie Westermann, BK I 349ff. In der Fluterzählung bringt der Jahwist dann eine Unterscheidung zwischen reinen und unreinen בהמה und עוף 7, 2; 8, 20; → טהר.
2. Die priesterschriftliche Schöpfungsüberlieferung bringt eine Einteilung der Tiere nach dem Tag ihrer Erschaffung: Die Wasser- und Lufttiere am 6. Tag Gen 1, 20–23, die Landtiere am 7. Tag 1, 24–25. Das eigentliche Einteilungsprinzip ist der Lebens- und Bewegungsraum: Wasser – Luft – (Himmel) – Erde. Bei der Erschaffung der Landtiere divergieren Wortbericht 1, 24 und Tatbericht 1, 25 in Reihenfolge und Formulierung (v. 24: Oberbegriff נפש חיה; Hauptarten בהמה – רמש – חיתו ארץ; v. 25 ohne Oberbegriff חית הארץ – בהמה – כל רמש השדה).
Die Abweichungen lassen verschiedene Erklärungen zu: entweder gab es noch keine festgeprägte systematisierte Reihenfolge oder der Tatbericht variierte aus stilistischen Gründen, indem er das dritte Glied חיתו ארץ als erstes aufnahm und dann wegen des Gesetzes der wachsenden Glieder בהמה vor כל רמש השדה erwähnte. בהמה scheint die vierfüßigen Haustiere, das Groß- und Kleinvieh, zu meinen, während חית הארץ wohl die wilden Tiere bezeichnet; 2,19 (J) dagegen bedeutet es Landtiere.

Die Reihenfolge nach den Lebensräumen Wasser – Luft – Land findet sich auch in der Herrschaftsübertragung Gen 1, 26: דגת הים – עוף – בהמה [חית] הארץ) – כל הרמש על הארץ (הרמש).

Die drei Hauptarten der Landtiere stimmen mit Gen 1, 24. 25 überein, nicht jedoch die Reihenfolge, wo nur בהמה in 1, 24 wie in 1, 26 an erster Stelle der Landtiere steht. Nach dem Segenswort 1, 28b erstreckt sich die Herrschaft des Menschen über Fische, Vögel und „alles Lebendige, das sich auf Erden regt"; im 3. Glied könnten die getrennten Unterarten חית הארץ und הרמש על הארץ zusammengefaßt sein.

Die Nahrungsanweisung (Gras und Kraut) für die Tiere 1, 30 spezifiziert כל עוף – חית הארץ – השמים – רמש על הארץ – חיה אשר בו נפש, wobei vielleicht drei Glieder von v. 24 aufgenommen sind; warum בהמה ausgelassen ist, läßt sich nicht sagen.
Im priesterlichen Flutbericht läßt sich keine konstante Reihenfolge nachweisen: 6, 20; 8,17; anders 7,14. 21; 8,1; 9,10; vgl. auch den Zusatz 6,7a.
In den kultischen Gesetzesbestimmungen des Lev wird wiederholt eine Klassifikation von בהמה vorgenommen: Nach Lev 1,2 muß die Gabe zum Brandopfer von den Haustieren בהמה, von Rindern → בקר und vom Kleinvieh (Schafe, Ziegen) צאן genommen werden; hier hat der Redaktor (Elliger: Po[1]) בהמה als Hauptart und בקר und צאן als Untergruppen systematisiert. – In der Sündopferbestimmung für Berührung mit Unreinem Lev 5, 2f. findet sich die Reihenfolge חיה – בהמה – שרץ. – Zum Heilsmahlopfer ist Lev 7, 21 ausgeschlossen, wer durch Berührung mit Unreinem – Mensch, Vieh, Kleingetier (שרץ, MT שקץ) – unrein geworden ist.
In den Reinheitsgesetzen wird die grobe Einteilung der Lebewesen nach den Lebensräumen auch der kultischen Einteilung in reine und unreine, bzw. zu essen erlaubte und nicht erlaubte, zugrunde gelegt.

So unterscheidet Lev 11, 2b–23 (vgl. Deut 14, 3–21) zwischen Landtieren כל בהמה אשר על הארץ 11, 2b–8 (par Deut 14, 4–8), Wassertieren 11, 9–12 (par Deut 14, 9f.) und Flugtieren 11,13–23 (par Deut 14,11–20). Lev 11, 2 subsumiert die drei Gruppen unter dem Oberbegriff חיה, während Deut 14, 3 von dem zu essen verbotenen Greuel → תועבה (vgl. Elliger HAT I/4, 143. 241; P. Humbert ZAW 72, 1960, 217–237) spricht. Die Aufgliederung der בהמה-Gruppe in zu essen erlaubte bzw. verbotene בהמה stimmt im Katalog der verbotenen überein: Lev 11, 4–8; Deut 14, 6–8 vertauscht dabei Hase, Klippdachs. Bei den zu essen erlaubten בהמה gibt Lev 11, 3 nur die beiden Kriterien an (wirkliche Spalthufer und Wiederkäuer), Deut 14, 4f. dagegen bietet einen ausführlichen Katalog der wiederkäuenden Spalthufer (Rind, Schaf, junge Ziege, Damhirsch איל, Gazelle צבי, Rehbock יחמור, Wildziege אקו, Wisent [Antilope] דישון, Wildschaf תאו und Bergziege [Gazellenart] זמר). Zur Unreinheit durch Berühren eines Aases von בהמה, die keine wirklichen Spalthufer oder Wiederkäuer sind, vgl. Lev 11, 24. 39. – In der Unterschrift der Hauptredaktion Lev 11, 46f. findet sich die abweichende Reihenfolge: Vieh – Vögel – Lebewesen, die sich im Wasser regen – Wesen, die auf der Erde wimmeln שרצת; vielleicht stehen die Wassertiere hier an dritter Stelle (statt an zweiter 11, 9–12) wegen der Länge des Ausdrucks (so Elliger 148). – Die Mahnung Lev 20, 25, zwischen reinen und unreinen בהמה und עוף zu unterscheiden und sich nicht zum Abscheu zu machen, dürfte ein von Lev 11 abhängiger Zusatz (Elliger: Ph³) sein; warum die Wassertiere fehlen, ist nicht ersichtlich.

3. Als einzelnes Reittier begegnet בהמה Neh 2, 12.14: Nehemia reitet auf einer בהמה, um während der Nacht die Stadtmauern zu besichtigen; בהמה könnte hier ein Pferd oder Maultier gewesen sein (W. Rudolph HAT I/20 z. St.).

Jes 46, 1 erscheinen חיה und בהמה als Trag- oder Lasttiere für die fortgeschleppten Götzenbilder des Bel und Nebo, die „geknickt" und „gekrümmt" sind; zum Text vgl. C.F. Whitley, VT XI, 1961, 459. In Jes 30, 6 (textlich unsicher) könnten die בהמות des Südlandes mit den Eseln und Kamelen, die auf Rücken bzw. Höcker Reichtum und Schätze tragen, gemeint sein.

Nach Hab 2, 17 fällt das Unrecht am Libanon und die Mißhandlung der Lasttiere שד בהמות auf den heidnischen Herrscher zurück; gemeint ist der Raubbau am Libanon und die rücksichtslose Ausnützung der Last- und Zugtiere beim Abtransport der Libanon-Hölzer.

4. Als wildes und gefährliches Tier erscheint בהמה neben Schlangen: JHWH entbietet gegen das Unvolk לא עם (Babylonier oder Philister?) „den Zahn der Tiere samt dem Gift der im Staub Kriechenden" Deut 32, 24. Vgl. die חית השדה Lev 26, 22, die dem ungehorsamen Volk die Kinder rauben, das Vieh reißen und sogar die Erwachsenen dezimieren sollen. – Eine Fluchformel למאכל עוף השמים ולבהמת הארץ o.ä. kündigt Israel Feindesnot und schmachvollen Tod an, wenn ihre Leichen zum Fraß für die Vögel des Himmels und für die Tiere der Erde werden, ohne daß sie jemand verscheucht (Deut 28, 26). Ein ähnliches Schicksal ist nach Jer 7, 33; 19, 7 denen angedroht, die an der Opferstätte Tophet Menschenopfer darbringen. 15, 3; 16, 4 ist die Grablosigkeit und Leichenschändung durch wilde Tiere noch verstärkt: „Schwert, um zu morden, Hunde, um fortzuschleppen, Vögel des Himmels und Tiere des Feldes, um zu fressen und zu vertilgen." Ähnliches droht den Vertragsbrüchigen Jer 34, 20. Nach Jes 18, 6 werden die Assyrer „den Raubvögeln des Gebirges" עית הרים zum Übersommern und den Tieren der Erde zum Überwintern überlassen; hier ist der Raubtiercharakter durch עית הרים eindeutig bestimmt. Vgl. auch die Verhöhnung Goliaths 1 Sam 17, 44.

III. Das Verhältnis von Gott, Mensch und Tier ist in verschiedenen Ausprägungen überliefert. 1. a) Die Tierschande in der Form des Beilagers (שכב עם בהמה) ist im Bundesbuch Ex 22, 18 ein todeswürdiges Verbrechen, im sichemitischen Dodekalog Deut 27, 21 ein fluchwürdiges. Das Heiligkeitsgesetz Lev 20, 15 erweitert die Bestimmung und ordnet auch die Tötung (הרג) der בהמה an. Die gleichen Strafen gelten für den Tierinzest der Frau (קרב אל כל בהמה לרבעה Lev 20, 16). Der Nachtrag Lev 18, 23a.b erwähnt keine Todesverfallenheit von Mann und Frau, auch keine Tötung der בהמה, er spricht nur von Verunreinigung (טמא) bzw. Widerwärtigkeit (תבל).

Das Verbot der Tierschande oder des Tierinzestes mit der בהמה könnte nach W. Krebs ursprünglich gegen eine in Vorderasien und Ägypten in alter Zeit bei bestimmten Tierkulten und Fruchtbarkeitskulten geübte Kohabitation zwischen Weib und Tier gerichtet gewesen sein.

Offensichtlich ist bei der Tötung des Viehs Lev 20, 15 eine Mitschuld vorausgesetzt, die von der Gemeinde geahndet werden muß (vgl. Elliger 276); der terminologische Unterschied ist zu beachten: bei Mann und Frau מות יומת, bei בהמה dagegen הרג.

Henry 28 erinnert auch an die Liebe Alijan Baals zu einer jungen Kuh in der ugarit. Mythologie (CTA 5 [I* AB] V 18ff.).

Der Widder (Bock) von Mendes galt wegen seiner Zeugungskraft als „Begatter in Anep, Besamer im mendesischen Gau" (Brugsch, Thes. 626), vor ihm entblößen sich nach Cosmas die Frauen und haben mit ihm nach Pindar und Herodas geschlechtlichen Umgang. Ramses II. und III. haben den Gott Ptah in der Gestalt des Widders von Mendes als Vater, der ihrer Mutter beigewohnt habe (Nachweis RÄR 868f. [Widder]).

In der hethitischen Gesetzgebung ist die Kohabitation eines Mannes mit einem Rind (Taf. II § 73), Schaf (§ 74), Schwein oder Hund (§ 85) strafbar; mit einem Pferd oder Maultier bringt sie statt Strafverfolgung aber Ehrverlust (§ 86).

b) Sehr alte kultische Vorstellungen liegen dem Kreuzungsverbot Lev 19, 19 zugrunde, das Vieh (בהמה) mit zweierlei Arten sich begatten zu lassen (oder das Feld mit zweierlei Arten zu besäen

oder Kleidergarderobe aus zweierlei Fäden zu tragen); nach Elliger (HAT I/4, 1966, 255) wurden die drei Bestimmungen bei der Redaktion von Ph² eingefügt. Deut 22, 9–11 bezieht sich auf andere Fälle und dürfte eine spätere Umdeutung sein. Dadurch sollen ursprünglich wohl Wirkungs- und Verehrungsbereiche verschiedener Gottheiten auseinandergehalten werden.
c) Die Bildlosigkeit des Jahwismus schließt nach dem Interpretationszusatz Deut 4, 16–18 jegliches Abbild von Menschen, Tieren und Gestirnen aus; neben den Tieren der Erde werden noch Vögel, Kriechtiere und Fische genannt 4, 17f. Ezechiel 8, 10 sieht im Vorhof an den Wänden mancherlei שקץ (oder שקוצים), was dann als רמש ובהמה interpretiert wird. Welche kultische Bedeutung diese Tier-Wandzeichnungen haben, läßt sich nicht ausmachen.

Th. Gaster (JBL 60, 1941, 289–310) denkt an eine Mysterienfeier, W.F. Albright (Die Religion Israels im Lichte der archäolog. Ausgrabungen, 1956, 183–185) an einen synkretistischen Kult nach Art des Osiris, W. Zimmerli (BK XIII/1, 217) geht von der Synonymität שקץ – טמא aus und denkt an eine Verehrung von Mischwesen, die schon als Speisen zu meiden waren.

d) Seit der Schöpfungswirklichkeit ist auch die Vorstellung von der Erstgeburt von Mensch und Tier für Gott gegeben (→ בכור, vgl. Ex 13, 2. 12.15; Num 3, 13(.45); 8, 17; 18, 15). Ebenso spielen die Leviten als Ersatz eine besondere Rolle. – Erwähnt sei, daß nach Lev 27, 9f. das gelobte opferbare Vieh (בהמה) als „etwas Heiliges“ nicht ausgetauscht werden darf, sonst verfällt das gelobte und ausgetauschte Tier dem Heiligtum: bei einem unreinen, nicht opferfähigen Tier setzt der Priester den Geldwert für den Tempelschatz fest (27, 11). Der Nachtrag zur Geldablösung von Tier-Weihgaben Lev 27, 26f. verfügt, daß die Erstgeburt von בהמה JHWH nicht geweiht werden kann, da sie – ob Rind שור, ob Kleintier שה – JHWH gehört; unreine Tiere kann man loskaufen. Beim sog. Banngut – Mensch אדם, Vieh בהמה und Sachwert שדה אחזתו – ist Auslösung oder Verkauf ausgeschlossen (27, 28).
2. Zwischen Mensch und Vieh besteht eine enge Familien- und Stammeszugehörigkeit:
a) Die enge Zugehörigkeit und Verbundenheit des Viehs mit der Familie kommt auch im Sabbatgebot zum Ausdruck Ex 20, 10, wo בהמה nach der Magd und vor dem Fremdling angeordnet ist; Deut 5, 14 hat eine detaillierte Angabe שור חמור כל בהמה. Auch Lev 25, 2–7 kommt das Vieh neben Knecht, Magd, Lohnarbeiter (שכיר) und Beisasse in den Genuß des Wildwuchses im Sabbatjahr; selbst die wilden Tiere (חיה בארצך v. 6f.), die nicht zur Familie gehören und nicht in ihren Diensten stehen, sollen vom Ertrag nicht ausgeschlossen sein.

Gen 47, 17f. zeigt, wie in der Hungersnot alles Geld und Vieh der Ägypter in Pharaos Besitz kommt; Joseph gibt ihnen für Schafherden, Rinderherden, Esel (v. 17) und Viehherden (v. 18) Brot für das Jahr.
b) Für anvertrautes Vieh muß nach Ex 22, 9 Haftung und gegebenenfalls Ersatzleistung übernommen werden: aufgeführt werden „Esel oder Rind oder Kleinvieh oder irgendein Tier“; dabei könnte כל בהמה als Sammelbegriff für Großvieh (Rind, Esel als Arbeitstiere) und Kleinvieh verstanden werden.
Das ius talionis für Totschlag und Körperverletzung (vgl. Ex 21, 23–25; Deut 19, 21) wird Lev 24, 18. 21 anders ausgelegt, wobei נפש תחת נפש auch auf die בהמה bezogen wird, dann aber zwischen נפש אדם und נפש בהמה ein deutlicher Unterschied gemacht wird: Erschlagung einer בהמה muß erstattet (שלם *pi*) werden, auf Erschlagung eines Menschen steht מות יומת.
c) Auch sonst erscheint das Vieh immer in enger Verbindung mit der Familie, dem Stamm oder dem Heer: Gen 34, 23 erhoffen sich Hamor und Sichem von der Beschneidung Mitbesitz an der Großfamilie Jakobs, d.h. an Herden, Besitz und Vieh. Esau nahm seine Frauen, Söhne, Töchter und alle Leute seines Hauses, seine Herde, all sein Vieh und all seine Habe mit nach Seir (Gen 36, 6). Nach Jos 21, 2 stehen den Leviten auch Weideplätze für ihr Vieh (בהמה) zu; Num 35, 3 spezifiziert Vieh, Viehbesitz (רכוש) und alle Tiere (כל חיה). Nach Num 32, 26 bleiben Kinder, Frauen, Herde und Vieh zurück, während die Männer zum Krieg ins Ostjordanland ziehen.
Dementsprechend gehört auch das Vieh zur Beute (Num 31, 9; Nachtrag), die aufgeteilt wird (Num 31, 26. 47). Als Beute (שלל) und Banngut erscheint בהמה Deut 2, 35; 3, 7; 20, 14; vgl. Deut 13, 16. Der Bann in strenger Form bedeutete nach Ri 20, 48 Vernichtung von Mensch und Vieh, während nach der milderen Form Vieh und Plünderungsgut als Beute (שלל) erlaubt war Jos 8, 2. 27; 11, 14. Nach Neh 9, 37 hat Gott die Perser über Israel gesetzt, die über Leib und Vieh nach Belieben gebieten, so daß die Israeliten – wegen der hohen Abgaben und der Kriegsdienste – in großer Not sind.
d) Bei der Schilderung der Reichtümer Hiskias werden u.a. Ställe für jegliches Vieh (בהמה) erwähnt, sowie reicher Herdenbesitz (מקנה) an צאן ובקר (2 Chr 32, 28f.). Nach Esr 1, 4. 6 gehörte zu den Spenden für den Tempel (und für die Heimkehrwilligen) neben Silber, Gold und anderen Kostbarkeiten auch Vieh.
e) Nach 2 Kön 3, 17 folgten dem Heere auf dem Feldzug gegen Mesa von Moab מקנה und בהמה, was als Schlachtvieh und Lasttiere interpretiert wird; beide Vokabeln sind jedoch nicht so eindeutig, da zur „Herde“ neben צאן und בקר auch Maultier, Esel (und Kamel) gehören können.

3. Die Schöpfungs- und Schicksalsverbundenheit von Mensch und Tier in Heil oder Unheil kommt in Wendungen wie אדם ובהמה oder מאדם ועד בהמה zum Ausdruck.
a) In den ägyptischen Plagen Ex 8, 13. 14b; 9, 9. 10. 19. 22. 25 ist damit der totale Umfang der Betroffenen gemeint; für das Sterben von Mensch und Tier in der Passah-Nacht vgl. Ex 11, 5; 12, 12. 29; Ps 135, 8. Weder Mensch noch Tier bleiben am Leben, wenn sie den Gottesberg berühren Ex 19, 13. Zur Beuteverteilung vgl. Num 31, 26. 47. Nach Zeph 1, 3 werden Mensch und Vieh, Vögel und Fische vom göttlichen Gericht weggerafft (אסף). In Verbindung mit הכרית, השחית, השבית u.a. wird die totale Vernichtung des Landes und Wohngebietes zur Öde (שמה, שממה, חרבה) als Akt des göttlichen Zornes oder Gerichtes gekennzeichnet: Jer 7, 20 (9, 9); 12, 4; 21, 6; 27, 5; 36, 29; 50, 3; 51, 62. Jer 21, 6 schlägt JHWH die Bewohner Jerusalems, Mensch und Vieh, mit schwerer Pest, daß sie sterben.
Ez 14, 13. 17. 19 zeigen Beispiele göttlicher Strafsanktionen gegen ein sündiges Land: durch Hungersnot (v. 13), Schwert (v. 17) und Pest (v. 19) will JHWH Mensch und Vieh aus ihm vertilgen (הכרתי ממנה); in einem Nachtrag 14, 21 (vgl. van den Born, Fohrer, Zimmerli z. St.) wird dieses Prinzip der Sanktion auf Jerusalem angewendet. Die Formel der Karet-Strafe über Mensch und Vieh Edoms wird 25, 13 noch erweitert und illustriert durch ונתתיה חרבה. Der zweite Schuldspruch gegen Ägypten bringt 29, 8. 9a Schwert, Vernichtung von Mensch und Tier, Öde und Trümmerstätte, 29, 9b–12 erweitert diese Sanktion noch (in Parallele zum Schicksal Israels und Jerusalems): Weder Mensch noch Vieh soll es durchwandern, 40 Jahre bleibt es unbewohnt und unter die Völker zerstreut. Nach Ez 32, 13 tilgt JHWH (durch das Schwert des Königs von Babel) all das Vieh des Pharao, daß der Nil durch Menschen-Fuß oder Vieh-Huf nicht mehr getrübt wird.
Wegen des vernachlässigten Tempelbaues bringt JHWH Hag 1, 11 eine Dürre über Mensch und Vieh (vgl. auch Sach 8, 10). Nach Sach 14, 15 kommt die Plage infolge eines Gottesschreckens (12, 4) auch für die Pferde, Maultiere, Kamele, Esel und alles Vieh, das sich im feindlichen Lager befindet. Ausführlich schildert Joel, wie bei der Dürre und beim Heuschreckeneinfall das Vieh ächzt, die Rinderherden umherirren und die Kleinviehherden umkommen Jo 1, 18; die בהמת השדה lechzen nach Gott 1, 20. – Nach Jon 3, 7 gilt der Fastenaufruf des Königs für Mensch und Vieh, Rind und Kleinvieh (צאן); Mensch und Vieh (als zur Hausgemeinschaft gehörig) müssen Sackkleider tragen 3, 8.
b) In der Heilsankündigung wird Juda und Jerusalem, das zur Öde geworden ist, ohne Mensch und Tier, wieder bevölkert und zu Wohlstand und Frieden kommen (Jer 32, 43; 33, 10. 22). JHWH macht das Haus Israel wieder fruchtbar (וזרעתי) an Menschen- und Tiersamen (Jer 31, 27). Auch Ez 36, 11 wird die Mehrung von Mensch und Tier für die Heilszeit angekündigt, wozu in einer späteren Erweiterung (v. 10) eine Art Segensformel (vgl. Gen 1, 22. 28; Lev 26, 9) hinzugefügt wurde. Zur Segensmenge an Mensch und Vieh vgl. auch Sach 2, 8. Nach dem Heilsorakel Jo 2, 21–24 braucht das Vieh nicht mehr zu fürchten, „denn grün sind die Auen der Trift" (2, 22).
Im Segensformular Deut 28, 3–6 wird v. 4 „die Frucht deines Schoßes, die Frucht deines Ackers, die Frucht deines Viehs", sowie „der Wurf deiner Rinder (אלפיך) und der Zuwachs deines Kleinviehs (צאן)" als Segensobjekt genannt, vgl. auch 28, 11 in der verbalen Segensreihe 28, 7–12a; nach J. Plöger (BBB 26, 1967, 141ff. 145ff.) ist „Frucht deines Viehs ..." vom dtr Redaktor ergänzt. Von Überfluß an Frucht des Leibes, des Viehs und des Ackers spricht Deut 30, 9; nach 7, 14 wird es keine Unfruchtbarkeit geben, auch nicht beim Vieh. Die von JHWH geschickten Feinde verzehren diese Frucht und lassen nichts übrig, bis sie Israel zugrunde gerichtet haben 28, 51.
c) Das Vieh erfreut sich der besonderen Fürsorge Gottes: Er läßt für das Vieh Kraut auf dem Feld wachsen (Deut 11, 15). „Er gibt dem Vieh seine Nahrung und den jungen Raben, wonach sie schreien" (Ps 147, 9; vgl. 104, 27f.; 145, 15f.). Der Wohlstand des Landes mit guter Ernte, großen Viehherden und hoher Volkszahl sind Segen Gottes (Ps 107, 38).
In der Schöpfungsordnung hat Gott Schafe (צנה), Rinder (אלפים) und auch die Tiere des Feldes, sowie die Vögel und Fische dem Menschen unterstellt Ps 8, 8f. Gott gehört das Wild des Waldes (חיתו יער) und das Vieh (בהמות) auf den Bergen nach Tausenden (Ps 50, 10), daher will er nicht das Fleisch von Stieren und das Blut von Böcken, sondern Dank als Opfer (v. 14). Himmel und Erde, wilde Tiere (חיה) und zahme (בהמה), Vögel und Gewürm sollen Gott loben (Ps 148, 10).
Auch der Mensch soll nach Sir 7, 22 persönlich auf sein Vieh achten; vgl. auch das Lob der Viehzucht Spr 27, 23. Nach Spr 12, 10 kennt der Gerechte die נפש בהמתו, aber das Gemüt der Frevler ist grausam. Zur Mißhandlung der Tiere, womit wohl die rücksichtslose Ausnutzung der Lasttiere (בהמה) beim Holztransport der heidnischen Weltmacht gemeint ist, vgl. Hab 2, 17.
4. a) Der Unterschied zwischen Mensch und Tier zeigt sich schon bei der Namengebung und der Tatsache, daß unter den Tieren „keine Hilfe seinesgleichen" war (Gen 2, 18–20); das ius talionis sieht nur für die Erschlagung eines Men-

schen den Tod vor, für ein Tier dagegen nur eine Erstattung (Lev 24,18–21).
b) Eine Abwertung im Sinne „dummes Vieh', zeigt Ps 49,13. 21: der Mensch gleicht dem „Rind ohne Einsicht" (lies כבקר לא יבין) und dem Vieh, das „stumm ist" oder „vernichtet wird" (דמה II oder III). In der „Verbitterung des Herzens" und im „Stechen der Nieren", d.h. im verzehrenden Grübeln und Nachsinnen, wird der Fromme „töricht" (→ בער) und „ohne Verstand" (לא ידע), (wie) Vieh vor Gott (Ps 73, 22; vgl. auch Ps 94, 8). – Hi 18, 3 verwahrt Bildad sich gegen Hiobs Vorwurf der Uneinsichtigkeit (17, 4), indem er fragt: „Warum gelten wir wie das Vieh (כבהמה); meint ihr, wir wären 'dumm' (F. Stier: טמם *niph*)?" Der Mensch darf nicht in lautem Klagegeschrei aufbegehren, er muß sich vielmehr seines Unterschiedes bewußt sein, daß Gott ihn „belehrt hat vor den Tieren (oder: mehr als die Tiere) der Erde" und ihm „vor (mehr als?) den Vögeln des Himmels Weisheit gab" (Hi 35,11). Anderseits können aber Hi 12,7 Vieh, Wild und Fische den Menschen belehren über den Schöpfer und Herrn alles Lebendigen.
c) Dagegen hat Gott nach Pred 3,18 Mensch und Vieh im Tode gleichgesetzt, ohne einen Vorrang des Menschen vor dem Vieh (3,19); daher die spöttische Frage 3, 21, wer denn wußte, ob die רוח בני האדם zur Höhe emporsteige, während die רוח הבהמה zur Tiefe der Erde absteige. Doch gerade in der Gemeinsamkeit des gleichen Todesloses für Mensch und Vieh wird die Nichtigkeit des Menschen offenbar und die Hoffnung auf Ausgleich und Gerechtigkeit enttäuscht (vgl. H. Bardtke, KAT XVII/4, 110f.). Vgl. auch Sir 40,11.

IV. 1. בהמות wird seit S. Bochart (Hierozoicon sive de animalibus sacrae scripturae, London 1663, II lib. V, cap. XV) als Nilpferd übersetzt und aus dem äg. *pȝ-iḥ-mw* abgeleitet (so zuletzt Hölscher 94; Fohrer 52), obwohl nur die einzelnen Elemente des Kompositums sich im Äg. nachweisen lassen. Der Plural *b^e^hēmōt* wird meist als pl. extensivus erklärt (GKa § 124b). Nach Gunkel 64 „ist kein Grund abzusehen, das Wort für unsemitisch zu halten". Der Plural dürfte zunächst als besonders großes Tier, als Riesentier oder Ungetüm verstanden worden sein und dann vielleicht wegen volksetymologischer Anklänge an den „Wasserochsen" oder das „Flußrind" die Bedeutung Nilpferd (Hippopotamus amphibius) erhalten haben; anders A. Lewy 65–67, der *b^e^hēmōt* aus dem Hurritischen ableiten will.

Auf Grund von Textemendationen kommt G. R. Driver VT 1, 314 und Twenty-second Congress of Orientalists II, 113–115 zu der These, daß in 40,15 die ergänzende Glosse (אשר עשיתי עמך) eine Verderbnis von עמשך aus *'msḥ* „Krokodil" darstelle und das Krokodil als *rēšīt b^e^hēmōt* gemeint sei; ausführlich in Mythical Monsters, 234ff.: „Behold now: the crocodile, chief of beasts; he eats grass like cattle." (Vgl. auch G. Richter, Textstudien zum Buche Hiob, BWANT III/7, 86f.) A. Schultens neigt zur Deutung von *b^e^hēmōt* auf den Elefanten (vgl. dazu E. Stauffer, ThLZ 76, 1951, 667–674 zu 1 QpH III, 9f.) und bringt weitere abwegige Deutungen.

2. Über das Vorkommen von Nilpferden in Palästina geben die neueren Funde Auskunft: Nach Haas wurden bei Tel Aviv (Tell Qasīle) Knochen und Zähne von Nilpferden aus dem 12.–4. Jh. v. Chr. gefunden, in Ugarit solche aus dem 14./13. Jh. Unter dem griechischen Tempel von Tell Sūkās wurden neben den Figürchen eines Esels und einer Kuh auch Knochen von Nilpferden in frühbronze- und früheisenzeitlichen Schichten gefunden, die „beweisen, daß es in Syrien wenigstens im 3. Jh. v. Chr. tatsächlich Nilpferde gegeben hat" (AfO 21, 1966, 195).

Vielfach nimmt man an, vereinzelte Nilpferde hätten sich „along the coast to the Philistine plain or followed Pharaoh Necho's canal to the Gulf of Suez and followed the coast to Ezion-Geber and then followed the valley to the Dead Sea, in either case it could have got into the swamp of the upper Jordan and lived in lonely comfort till it died of old age" (Byington 346).
Das ägyptische Nilpferd findet sich heute nur noch südlich von Dongola zwischen dem zweiten und dritten Katarakt, es muß aber nach Ausweis äg. Texte und Darstellungen (vgl. Säve-Söderbergh und Kees) auch in Unterägypten gelebt haben.
3. Das Bild vom königlichen Jäger als „Harpunierer" (*mśnw*) des Nilpferdes ist seit Den (früher Udimu gelesen) (I. Dynastie) in zahlreichen Darstellungen belegt: Der König in übergroßer Gestalt, umgeben von einigen Helfern, steht auf einem Papyrusboot und stößt seinen Speer in den luftschnappenden, weit geöffneten Rachen des Nilpferdes. Daneben ist aus Texten und Illustrationen ein (ursprünglich unterägyptisches) „Fest des weißen Nilpferdweibchens" (*ḥb ḥd.t*) überliefert. Von einem Götterkampf Horus gegen Seth erzählt z. B. der Horustempel von Edfu: Horus verfolgt Seth, der die Gestalt eines roten Nilpferdes angenommen hat und besiegt ihn durch einen Harpunenstich in die Nase. (Nach Kees 144 war aber in dem ursprünglichen Festakt das bezwungene Nilpferd kein sethisches [männliches] Tier, sondern ein weißes Nilpferdweibchen.) In ptolemäischer Zeit wurde die Harpunierung des Horus-Gegners Seth (in Nilpferdgestalt) mit zehn Harpunen an den Wänden des Tempels von Edfu dargestellt. Im Ritual des Siegesfestes am 21. Mechir ist die Zerstückelung eines nilpferdförmigen Kuchens als Niederlage Seths beschrieben. In den verschiedenen Ausgestaltungen der Harpunierung des nilpferdgestaltigen Seth wird eine Jagdtrophäe (ein abgeschlagener Schenkel u.a.) an bekannte Osiriskultorte gebracht und dann als Osirisreliquie verehrt.

In der Harpunierung des bösen, männlichen Nilpferdes wird ein Sieg des Königs oder Gottes „over all evil powers before the enthronement of the king“ gesehen. Das Fest des weißen, weiblichen Nilpferdes dagegen ist eine „celebration in honour of the wild beast that has become a good and benign goddess“ (Säve-Söderbergh 55f.). In beiden Motiven haben sich die gegensätzlichen Strukturen des mehr agrarischen Unterägypten und des nomadischen Oberägypten ausgeprägt; sie haben große religiöse Bedeutung, „because they are intimately linked with the rites guaranteeing the maintenance of the Egyptian cosmos“ (ebd. 56).

4. Im AT erscheint בהמות im Sinne von Riesentier, Seeungetüm oder Nilpferd nur Hi 40,15ff. Die Abgrenzung des Abschnittes 40,15 wird verschieden vorgenommen (vgl. die Kommentare, dazu C. Westermann, BHTh 23, 1956, 93–96 und Rupprecht 209–231). Nach Stil und Inhalt scheinen sich drei Einheiten abheben zu lassen: 40,15–24; 40, 25–41, 3(4); 41, 4(5)–26.

Während 40,15–24 eine verhältnismäßig realistische Tierschilderung eines Seeungetüms nach Art eines Nilpferdes bietet, unterscheiden sich die Leviathanabschnitte 40, 25ff. und 41, 4ff. stilistisch und inhaltlich, wobei der Leviathan 41, 4ff. märchenhafte und mythische Züge eines unüberwindlichen feuerspeienden Krokodil-Drachens annimmt. Rupprecht sieht in 40,15–31 einen einheitlichen Abschnitt, 41,1–3 diene als Abschluß des zweiten Teils der Gottesrede 40, 2–41, 3; *liwjātān* muß dann „ein weiterer Beiname dieses Ungeheuers (*b^ehēmōt*), des Nilpferdes, und nicht Name eines neueingeführten Tieres, etwa des Krokodiles“ (Rupprecht 220) sein, „trotzdem ist nicht ausgeschlossen, daß XL 25ff. das Krokodil gemeint ist“ (ebd. 221) → לויתן.

Der Abschnitt über das Riesentier oder Seeungetüm nach Art des Nilpferdes gipfelt in der Frage 40, 25: „Wer ist's (l. מי הוא), der ihm in die Augen (oder [?] bei seinen Eckzähnen [בשנו G.H.B. Wright, E. Rupprecht]) greifen, mit Harpunen seine Nase durchbohren kann?“ Wie kann der Mensch Gottes Weltordnung begreifen oder sich gegen Gott erheben, wenn er nicht einmal ein Nilpferd bändigen kann. Dieser Thematik dient zunächst die Beschreibung 40,15–24: Trotz der pluralischen Intensität frißt dieses Ungetüm *b^ehēmōt* Gras wie ein Rind; es hat Kraft und Stärke in den Lenden und Bauchmuskeln, seine Knochen sind wie „eherne Röhren“ und „eiserne Stangen“ (v. 15b–20). Unter Lotus (Brustbeerbäumen) und Pappeln lagert es, im Versteck von Rohr und Sumpf, und selbst beim Anschwellen des Flusses bleibt es unerschrocken (v. 21–23). In den textlich unsicheren v. 19–20 wird die besondere Stellung des *b^ehēmōt* als Anfang oder Erstling (ראשית) des göttlichen Schöpfungswerkes hervorgehoben. Bei einem temporalen *rēšīt* könnte *b^ehēmōt* zu den großen Seeungetümen Gen 1, 21 gehören (vgl. P. Humbert, Trois notes sur Genèse I, Festschrift S. Mowinckel, Oslo 1955, 85–96). Hi 41, 25 heißt es von Leviathan, es gebe auf der Erde nicht seinesgleichen.

Abgesehen von 40,19f. und der etwas hyperbolischen Beschreibung des *b^ehēmōt* 40,15–24, lassen sich weder für die Auffassung von *b^ehēmōt* als zoologische Bezeichnung des Nilpferdes zwingende Gründe anführen, noch gegen das mythische Verständnis von *b^ehēmōt* im Sinne von → ים, → לויתן, → תנין u.a.; daher ist Rupprechts dreifache Deutung (real-naturalistisches Tier, mythischer Feind des Schöpfergottes, mythisch-geschichtliche Großmächte) an diesen Termini erneut zu prüfen. Es ist anzunehmen, daß der Dichter von Hi 40,15 die äg. Nilpferdkulte gekannt und in seiner Darstellung äg. Kolorit aufgenommen hat (Humbert 152; Fohrer z.St.; Rupprecht u.a.).

In der apokalyptischen Literatur erscheint *Behemoth* neben Leviathan als mythisches Tier der Endzeit: nach äthHen 60,7–9 wohnt Leviathan im Abgrund des Meeres über den Quellen der Gewässer, Behemoth dagegen nimmt eine öde Wüste Dendain ein, vgl. auch 4 Esr 6, 49–52 und ApBar 29, 4; zur jüdischen Tradition vgl. neben F. Weber, Jüdische Theologie, 1897, 202. 402 bes. Guttmann.

Botterweck

אָתָה בּוֹא

I. Bedeutungsbereich – II. 1. Das Kommen (*qal*) und das Bringen (2.) des Menschen zu Gott, zum Priester und Gottesmann – III. *bō'* *qal* und *hiph* in der Weisheitsliteratur sowie in Segen und Fluch – IV. In das Land kommen (*qal*) und bringen (*hiph*) – V. *bō'* als „erfüllen“ – VI. *bō'* in Klage (1.) und Bitte (2.) – VII. *bō'* *hiph* als Terminus für Führung durch Gott in der Geschichte – VIII. Das kommende (1.) und gebrachte (2.) Gericht – IX. 1. Das kommende und gebrachte Heil – 2. Der kommende Heilsbringer – X. JHWH als der Kommende.

Lit.: *E. Jenni*, „Kommen“ im theologischen Sprachgebrauch des AT (Wort-Gebot-Glaube. W. Eichrodt zum 80. Geburtstag. AThANT 59, 1970, 251–261). – *J. Jeremias*, Theophanie. Die Geschichte einer alttestamentlichen Gattung (WMANT 10), 1965. – *S. Mowinckel*, He That Cometh, Oxford [2]1959. – *G. Pidoux*, Le Dieu qui vient, Neuchâtel/Paris 1947. – *J. G. Plöger*, Literarkritische, formgeschichtliche und stilkritische Untersuchungen zu Deuteronomium (BBB 26), 1967. – *F. Schnutenhaus*, Das Kommen und Erscheinen Gottes im AT (ZAW 76, 1964, 1–21). – Zur allgemeinen Einordnung: *W.H. Schmidt*, Alttestamentlicher Glaube und seine Umwelt, 1968, 38ff. 148ff.
Zu *'ātāh* (*'^atā'*) vgl. ThWNT IV 470–473 und *M. Wagner*, Die lexikalischen und grammatikalischen Aramaismen im alttestamentlichen Hebräisch (BZAW 96), 1966, Nr. 31.

I. Mit seinen 2532 Belegen (1969 *qal*, 539 *hiph*, 24 *hoph*) gehört בוא innerhalb des AT zu den am häufigsten verwendeten Verben („Allerweltswort", Jenni 252) und steht an der Spitze der Verben, die eine Bewegung ausdrücken. Die meisten Belege entfallen auf den Bereich profaner Verwendung (etwa 1630 *qal*, 330 *hiph*, 7 *hoph*). Die Bedeutungsbreite von בוא zeigt sich schon darin, daß die LXX über 150 Äquivalente benutzen mußte (zu einigen von ihnen s. ThWNT II 663f. 929; V 859f. 862 und W. Mundle, Theol. Begriffslexikon zum NT, Bd. II/1, 1969, 803–808).

Hinzuzunehmen ist אתה (19 *qal*, 2 *hiph*, davon 7 aus dem *qal* in theologisch relevanter Verwendung), das man jedoch wegen seines Vorkommens auch im Ugar. nicht mehr als aram. Lehnwort bezeichnen sollte. In Qumran ist אתה bisher nicht belegt, wohl aber finden sich zahlreiche Belege für בוא, welche dort neben den üblichen Verwendungen meist für das Eintreten bzw. Hineinbringen in die Gruppe, für kommendes Gericht und Heil (1 QS 11,13!), die kommenden Heilsbringer oder (1 QM) für das Ziehen in den Kampf stehen.

Innerhalb des AT zeigt בוא eine weitgefächerte Bedeutungsbreite (vgl. ugar. *b'*) innerhalb der Ausdrücke für eine zielgerichtete Bewegung in Raum und Zeit: 'hineingehen' (oft im Gegensatz zu → יצא oder → שוב) Gen 7,1.13; 24,31; 1 Kön 3,7; 2 Chr 23,7 u.ö. als häufigste Bedeutung – 'kommen' (nach oder zu) Gen 14, 5; 1 Sam 13, 8; auch in Lachisch KAI 193,11. 20 – 'hineinkommen' Gen 19, 3; Ri 19, 22f.; auch 'in einen Zustand ...' 2 Kön 24,10 – 'hingelangen, hinkommen, hingeraten' Ri 16,2; 2 Sam 23,19 u.ö. – 'hinzukommen' Ex 22,14; 1 Sam 17,12 – 'hingehen' Ri 6,19 – 'hindurchgehen' (durch Meer oder Feuer) Ex 14,16. 22. 28 u.ö. – 'in etwas hineingeraten' (z.B. Blutschuld) 1 Sam 25, 26. 33 – 'an jemand herankommen' 2 Sam 23, 23; 1 Chr 11,21 – 'in Berührung kommen, sich nähern' Lev 21,11; Num 6, 6 – 'eindringen' Ps 79,1 – 'vor jemand kommen' Jes 1, 23 – 'heranziehen, ausrücken' (militärisch) Jos 14,11 u.ö. – 'wiederkommen, zurückkommen, heimkehren' 2 Sam 19,31; Ez 36, 8 – 'nachlaufen' Jer 2, 31. – Ausgeweitet oder übertragen: 'über jemand kommen' Deut 30,1; Jer 12,12 u.ö. – 'zukommen, zustehen' Num 32,19 – 'zu Wort kommen' Spr 18,17 – 'zu den Vätern kommen' = 'begraben werden' nur Gen 15,15 (vgl. aber 1 Kön 13,22; Jes 57, 2; zur üblichen Terminologie → אב III. 3. a) – 'in die Tage kommen' = 'alt werden' (oft mit → זקן) Gen 18,11; 24,1 J; weiter bei Dtr – 'untergehen (= zurückkommen) der Sonne' (→ אור II.1.c; vgl. E. Kutsch, ZAW 83, 1971, 18) Gen 15,17; Ex 17,12; Jer 15, 9; Pred 1, 5; auch 1 QM 18, 5; die Verbindung von בוא und יצא kann aber auch allgemein das Tun und Lassen des Menschen bezeichnen: Jos 14,11; 1 Kön 3,7 u.ö. Zum juristischen Gebrauch in Ex 21, 3 s. Sh. M. Paul, Studies in the Book of Covenant (VT Suppl 18) Leiden 1970, 47f. – coire cum femina Gen 6, 4; 16, 2. 4; Deut 22, 13; HL 5,1 u.ö., doch nicht bei P; Jos 23,12 als Abfall von JHWH; mit einer Hure: Ri 16,1; Ez 23, 44.

בוא steht auch als eine Art Hilfsverb in Kombination mit einem zweiten Verb und drückt dann die Absicht aus („ich komme und hole" = „ich werde holen"; „ich werde kommen und richten" = „ich werde kommen, um zu richten" usw.). 1 Kön 13, 25; 2 Kön 18, 32; Jes 36,17; Ps 102,14 u.ö.

אתה (*qal*) ist bei 'kommen, wiederkommen, über jem. kommen, gehen, mitziehen' mit בוא dekkungsgleich. Die Bedeutungsbreite von בוא läßt sich gut an Dan 11, 6–45 (vgl. 8, 6.17) verdeutlichen, wo das Verb in einer für die Geschichtsbetrachtungen bei Dan typischen Häufung auftritt und wo mit בוא fast ein Wortspiel getrieben wird (herankommen, heraufkommen, hineinkommen, ankommen, bringen, ans Ende kommen). Innerhalb theologischer Zusammenhänge (s. II.–X.) wird בוא (*qal*) vor allem als 'kommen, hineingehen, hineinkommen und erfüllen' verwendet.

Das *hiph* begegnet meist als 'bringen' (auch: vor Gericht, Pred 11, 9), 'kommen lassen', '(hin)einbringen', 'etwas über jemand (על) bringen', '(das Heer) nach Hause bringen', 'jem. als Ehefrau heimführen' Deut 21,12; Ri 12, 9; häufig als 'darbringen' oder 'herzubringen' von Opfern oder Geschenken (vor jem.: על); auch als 'untergehen lassen der Sonne' Am 8, 9; 'bekommen, erhalten'.

אתה ist nach M in Jes 21,14 und Jer 12, 9 im *hiph* belegt; beide Texte sind aber unsicher; vgl. aber Hi 37, 22 (l. *hiph*) und Ps 68, 32.

Das *hoph* von בוא fungiert als Passiv zum *hiph*: 'gebracht werden', 'hinzuführen'.

Zum *qal* von *bō'* in der Bedeutung 'bringen' s. M. Dahood, Psalms I 262; II 110; III 61f. 323. Einiges aus dem umfangreichen Material des alten Vorderen Orients zum Kommen der Gottheit s. bei Jeremias, 73ff. und auch A. Ohler, Mythologische Elemente im AT, 1969, 13ff. 146ff. u.ö.; jedoch müßte hierfür auch das jeweilige Verständnis des Kultus, der Feste, der Götterbilder u.a. genauer untersucht werden. Einiges auch in RLA s.v. „Gott" und für Ägypten bei E. Hornung, Der Eine und die Vielen, 1971.

II. 1. Die Verwendung von בוא im theologisch gefüllten bzw. bezogenen Bereich soll im weitest gefaßten Sinn verstanden werden, d.h. z.B. nicht nur für das Kommen Gottes zum Menschen (so Jenni). בוא wird sehr häufig auch für das Kommen des Menschen zu Gott gebraucht. Dieses Kommen konkretisiert sich als Kommen zum Heiligtum, d.h. auch zum Priester, und zum Gottesmann (Propheten).

Daß בוא für das Kommen der Menschen zum Heiligtum (vgl. 1 Kön 1, 28. 32 zur Königsaudienz) und für das Eingehen in seinen Sakralbereich und die dort versammelte Gemeinde ein festgeprägtes Verb war (Kraus, BK XV 319), wird durch die Fülle der Belege (im Perf., Imperf., Imp. und Ptz.) erwiesen sowie durch die Aufnahme des Verbs in die Kultpolemik unterstrichen. Kontrastwort ist auch hier → יצא (Ex 28, 35; Lev 16,17; 2 Kön 11, 9; Ez 46, 2. 8–10). Man kommt zum Tempel JHWHs und geht in ihn hinein, um anzubeten, vor allem aber um zu opfern. Man kommt, um JHWH anzurufen, denn er hört die Gebete allen Fleisches, das zu ihm kommt (Ps 65, 3; Textänderung unnötig). Belege für diesen Gebrauch: Deut 29, 6; 31,11; 2 Sam 7,18; 1 Kön 14, 28 par.; Jes 30, 29; Jer 7,10 (vgl. das bei Jer häufige 'die zu diesen Toren eingehen' הבאים: Jer 7, 2; 17, 20; 22, 2 u.ö.; vgl. Gen 23,10.18 P); 22, 4; Ez 46, 9; die Häufung innerhalb der Psalmen ist typisch: 5, 8; 40, 8; 42, 3; 66,13; 71,16 usw., wohl auch 73,17; zu 22, 32 s. Kraus, BK XV z.St.; 1 Chr 16, 29; 2 Chr 29,17; 23, 6: die Priester allein sollen es tun, denn sie sind heilig; 30, 4f. 8 (Passahfeier in Jerusalem); Esr 2, 68. Nach Kl 1, 4 kam man zu einem Fest nach Zion. Jeremia darf nicht 'kommen' (36, 5; vgl. 2 Chr 7, 2). Eine bestimmte Zeit hindurch dürfen es auch Wöchnerinnen nicht (Lev 12, 4). – Die Streuung der Belege (in Hos 9, 4 ist die Schlußwendung Glosse) macht – abgesehen von den Psalmen – ihre Herkunft meist aus dtn-dtr und nachdeuteronomistischer Zeit deutlich, wobei die dtr Bearbeitung des Jer-Buches auch hier hervortritt (vgl. Deut 12, 5. 26). Das 'Eingehen' in das Heiligtum scheint an Bedingungen geknüpft gewesen zu sein (vgl. die Pss-Belege). Man erfragte die → צדקה der potentiellen Kultteilnehmer (vgl. auch Jes 26, 2; dann Ps 5, 8; 118,19f., auch Ps 15 und 24). Ein Reinigungseid im Tempel wird – wenn auch nur bei besonderem Anlaß – als Selbstverfluchung (→ אלה) vor dem Brandopferaltar (1 Kön 8, 31 dtr; vgl. 2 Chr 6, 22) im Bittgebet Salomos erwähnt. Vor dem Tempelbau kam man z.B. zum Ölberg, auf dem man אלהים anzubeten pflegte (2 Sam 15, 32), wodurch dieser kultbezogene Gebrauch von בוא auch schon für ältere Zeit belegt ist, was durch KAI 27, 5f. und DISO 32 unterstrichen wird. Wer *b^ešem JHWH* einzog (Ps 118, 26; auch aus dem Kampf zurückkehrte? 1 Sam 17, 45, und dazu H.A. Brongers, ZAW 77, 1965, 2–4), war gesegnet. Späte Prophetenworte verheißen, daß auch die Verlorenen im Land Assur und die Verstoßenen im Land Ägypten kommen und JHWH anbeten werden auf dem heiligen Berg zu Jerusalem (Jes 27,13; 35,10; 51,11; auch der hymnische v. 9 des späten Ps 86). Sogar (*gam*) Fremde kommen zum Haus JHWHs, um zu beten (1 Kön 8, 41 dtr; 2 Chr 6, 32) – wobei allerdings die lokale Distanz nach 1 Kön 8, 42 zu beachten ist – und JHWH möge dann auch darauf hören. Auch die Übriggebliebenen der Heiden (Sach 14,16) werden dorthin kommen, und alles Fleisch wird kommen, um anzubeten (Jes 66, 23; vgl. 65, 3).

In die Kultgemeinde soll aber kein Entmannter kommen (Deut 23, 2; vgl. 23, 2–9). Welche Rolle die Aufhebung dieser Abgrenzung in vor allem spätprophetischer Eschatologie gespielt hat, zeigen Jes 52,1; 56,1; Ez 44, 9; auch Neh 13,1 und – anders orientiert – Kl 1,10.

בוא als geprägter Terminus der Kultsprache wird ferner durch seine Verwendung auch für ein Kommen zu heidnischen Kultstätten bzw. Fremdgöttern belegt (Hos 9,10; 2 Kön 10, 21; 2 Chr 23,17). Man 'kommt' zur → במה (Ez 20, 29), zum Dagonstempel (1 Sam 5, 5), zum בעל ברית (Ri 9, 46). Moab wird vergeblich zu seinem Heiligtum kommen, da JHWH Gericht androht (Jes 16,12). Das 'Kommen' zur Gottheit (vgl. Jes 1,12 → פנים und → ראה) dürfte daher ursprünglich im Blick auf deren Gegenwart im Kultbild gesagt sein, welches Verständnis für Israel unmöglich ist (Deut 12, 5. 26 u.ö.).

Außerdem erscheint בוא als Kultterminus auch in der Kultpolemik der Propheten, die vielfach in der Form eines pervertierten Kultbescheids ergeht (Jes 1,12; Hos 4,15; Am 4, 4; 5, 5; vgl. Hos 9, 4.10) und auch sonst durch Kultterminologie geprägt ist (→ חשב, חפץ, חיים, חיה, דרש, רצון, רצה).

Priesterlich bestimmte Texte erwähnen das Kommen des Mose, des Aaron oder der Priester zum → אהל מועד (I 134–141) bzw. zu dessen Tür und damit das Kommen vor JHWH (Lev 15,14; vgl. 16, 23; Num 4, 5), wobei für die Priester besondere Bestimmungen gelten (Ex 28, 29f. 35. 43; 29, 30; 30, 20; 40, 32; Lev 10, 9; 16, 2f. 17. 23). Zum בוא der Priester als term. techn. s. B. Jacob, ZAW 18, 1898, 290.

Nach dem alten Text Ex 34, 34f. setzte Mose eine Maske (מסוה) auf, wenn er zu JHWH hineinging (vgl. Num 7, 89); nach Ex 33, 9 (vgl. v. 8 in v. 7–11) kam die Wolke (→ ענן), wenn Mose hineinging (anders Ex 40, 35 P; zur Verwendung von בוא und יצא in Ex 33, 7–11 und anderswo vgl. Plöger 174–184). Es befremdet nicht, wenn auch im Ez-Buch sich genaue Bestimmungen über das Kommen des → נשיא, des Volkes wie der Priester zu JHWH in dessen neuen Tempel finden (Ez 42,14; 44,17. 21. 27; 46, 8–10).

Daß man zum Priester JHWHs geht, wenn man zum Heiligtum kommt, zeigen die entsprechenden Wendungen in Deut 17, 9 (zu den levitischen Priestern) und Lev 13,16; 14, 35; 15,14; Deut

26, 3. Umgekehrt 'kommt' der Priester, um den Aussatz (→ נגע) eines Hauses zu begutachten (Lev 14, 44). Ferner gibt es detaillierte Bestimmungen darüber, wohin Priester (insonderheit der Hohepriester) oder Nasiräer nicht kommen dürfen (= sich nähern, in Berührung kommen), wie vor allem nicht in die Nähe eines Toten (Lev 21,11; Num 6, 6; Ez 44, 25).
Schließlich kommt man zum Gottesmann (→ איש), zum Propheten, wie etwa zu Ahia von Silo (1 Kön 14, 3. 5), zu Elisa (2 Kön 4, 42), zu Ezechiel (Ez 14, 4.7; 20, 1. 3). Man will dabei JHWH befragen (Ez 14,7), der durch den Propheten antwortet (14, 4) bzw. einen Bescheid erteilt (1 Kön 14). Wenn man dies jedoch tut, obwohl man fremde Götter verehrt (Ez 14, 3; → גלולים), so antwortet JHWH mit Gericht.
Mit kultischer Terminologie (תחת־כנפיו; zum Bild Rudolph, KAT XVII 1, 49) beschreibt Boas in seinem Wunsch an Ruth die Wirkung ihrer Übersiedlung (באת) nach Israel, d.h. in die Schutzsphäre JHWHs.
In alter Zeit 'kam' man zu JHWH, indem man sich seiner Streitmacht anschloß. Wer dies nicht tat, wurde getadelt (Ri 5, 23). Einige Texte reden von בוא בברית (Jer 34,10; 2 Chr 15,12; vgl. Neh 10, 30 mit → אלה und → שבועה). Das Kommen des Menschen zu Gott wird hier als Eintreten in die *b^erît* konkretisiert, welches hier stets als „eine Verpflichtung eingehen" wiederzugeben ist (vgl. das → עמד in 2 Kön 23, 3 und → עבר in Deut 29,11; anders das *hiph* in 1 Sam 20, 8 bei der *b^erît* zwischen David und Jonathan; vgl. zur Sache auch 1 QS 2,12.18; 5, 8; CD 2, 2 u.ö.). Ob hier בוא ursprünglich mit dem in Gen 15,17 geschilderten Ritus zusammenhängt (Jer 34,18!), ist schwer zu ermitteln. In den angeführten Texten ist diese Ableitung nicht mehr von Relevanz.
2. Auch das *hiph* von בוא ist innerhalb der Kultterminologie als geprägter Terminus häufig und wird benutzt für das Darbringen von Opfern, Erstlingen usw. durch Menschen allgemein wie für das Darbringen der Opfer durch Priester (Belege erübrigen sich; schon bei J Gen 4, 3f., dann natürlich besonders bei P, aber auch im Deut; 2 Kön 12, 5; Jes 66, 20; Jer 17, 26 u.ö.; Mal 1,13; vgl. Darbringen von Steuern 2 Chr 24, 6. 9; vgl. 31,10). Mehrfach handelt es sich um das Bringen der Opfermaterie zum Priester (Lev 2, 2; 5,12 u.ö.), das Darbringen des Zehnten (Deut 12, 6; Mal 3,10 u.ö.) oder um das Bringen der Gaben zur Erstellung des → אהל מועד (Ex 35, 21ff.; 36, 3; vgl. 2 Chr 24,14). Am Sabbat soll man nichts nach Jerusalem hineinbringen (Neh 13,15ff.; vgl. Jer 17, 27; CD 11, 6ff.). Die Lade wurde herbei und in den Tempel gebracht (1 Kön 8, 6; 1 Chr 13, 5.12; 16,1 u.ö.; vgl. zu allem die entsprechenden Wendungen auch im *hoph*: Lev 6, 23; 10,18; 16, 27: → דם, → כפר; 2 Kön 12,17). Aussätzige sollen zum Priester (Lev 13, 2. 9; 14, 2), unreine Gefäße ins Wasser gebracht werden (Lev 11, 32). Silber wird zum Haus Gottes gebracht und soll dort z.B. dessen Ausbesserung unter Joas ermöglichen (2 Kön 12, 5.10.14; 22, 4; 2 Chr 34, 9.14).
Auch das *hiph* findet sich daher in kultpolemischen Texten (Am 4, 4; Jes 1,13; 43, 23); man soll kein Götzenbild in das Haus (Deut 7, 26), keinen Hurenlohn (אתנן nur polemisch im AT seit Hos) in das Haus Gottes bringen (Deut 23,19), wohl aber Elende ins Haus führen (Jes 58,7). Und wenn der Psalmbeter JHWH bittet, daß dieser sein Licht und seine Wahrheit senden möge, um den Beter zum heiligen Berg JHWHs und zu dessen Wohnung zu geleiten (Ps 43, 3 *hiph*), so klingt auch hier der kultische Gebrauch von בוא wie der der Führung (s. unter VII.) an.
Später, aber ebenfalls durch Kultterminologie bestimmt ist die (singuläre) Aussage JHWHs an sein Volk nach Ex 19, 4 *wā'ābî' 'ætkæm 'ēlaj* (zur Stelle jetzt L. Perlitt, Bundestheologie im AT, WMANT 36, 1969, 18. 167–181; A. Deißler, Das Priestertum im AT. In: Der priesterliche Dienst I, 1970, 9–80, dort 67–72 mit Lit.). Nach allem Gesagten kann es sich in Ex 19, 4 nicht nur um ein Bringen zum 'Berge' (v. 3) handeln, sondern die Wendung, die in Deut 32,11 fehlt, spiegelt kultisches Geschehen wider.

III. Die Weisheitsliteratur ist weithin von einem Ordnungsdenken bestimmt (s. H. D. Preuß, EvTh 30, 1970, 393–417; G. v. Rad, Weisheit in Israel, 1970, 102ff.). Sie versucht die Welt als Ordnung zu erfassen und leitet zum Leben in diesen Ordnungen und d.h. zu ihrer Verwirklichung an. Für diese Ordnung ist vor allem der Tun-Ergehen-Zusammenhang konstitutiv (Lit. dazu s. EvTh 30, 1970, 398), und für die Fixierung dieses Zusammenhangs wird häufig auch בוא (im Perf., Imperf. und Ptz. des *qal* sowie im *hiph*) verwendet: „Kommt Hochmut, kommt Schande" Spr 11, 2; vgl. aus der älteren Weisheit Spr 10, 24; 11, 27; 18, 3. 6; 24, 25. 34 (vgl. 6,11); 26, 2 (ein unverdienter Fluch trifft nicht ein). בוא kann hier oft mit „erfüllen" übersetzt werden, jedoch ist von der Sache her ein „kommt mit Notwendigkeit", „kommt zwangsläufig", „schließt ein" o.ä. zutreffender; denn בוא steht für das Ingangsetzen und Ingangsein der schicksalwirkenden Tatsphäre (K. Koch, ZThK 52, 1955, 1–42; G. v. Rad, ThAT [5]I 382ff.).
Aus der jüngeren Weisheit sind Spr 3, 25; 6,11. 15 zu nennen. Daß בוא ein für dieses Denken wesentlicher Terminus war, wird auch durch sein Auftreten in Weisheitspsalmen gestützt (Ps 37,15; 49, 20; vgl. 35, 8; 109,17; ferner Hi 2,11; 4, 5 בוא על; 29,13; Sir 3,10). Auch der Pred nimmt das Thema auf, baut es aber in seine

kritischen Reflexionen über die Weisheit ein (2,16; 5,14f.; 11, 8).
Das 'Kommen' der Strafe bzw. der Barmherzigkeit über jemanden (Ps 119,77 ohne על) ist ebenfalls durch diesen weisheitlichen Denkansatz mitbestimmt (vgl. Gen 42, 21; Jer 2, 3; Dan 9,13; Hi 42,11; dann Ri 9, 23f. und zur Sache K.Koch, VT 12, 1962, 397). Der letztgenannte Beleg spricht davon, daß Gewalttat (→ חמס) und Blut (→ דם) des Gemordeten auf den Mörder übergeht, besser an ihm haften bleibt (Koch, ZThK 52, 23; dort 24 zu Gen 30, 33 und dem dortigen Problem der Übersetzung von תבוא; zu בוא על s. noch Jos 23,15; Jes 47, 9; Am 4, 2). Zwischen dem Tat-Folge-Denken und dem Glauben an ein richtendes Eingreifen JHWHs sah Israel keinen Gegensatz.
JHWH steht auch hinter der Segensmacht oder der Kraft des Fluchs, auch wenn dieses nicht ausdrücklich gesagt wird (vgl. Deut 28, 2 u.ö.). Daher gehört hierher auch eine Erwähnung der Wirkungen von Segen (→ ברכה) und Fluch (→ אלה, → ארר, → קללה; vgl. Deut 28, 2.15 mit בוא („werden über dich kommen") als thematische Einleitungen der alten Stücke 28, 3–6. 16–19; s. auch 28, 45; 30,1). 28, 2a und 15b sind parallel formuliert und gehören zu den ursprünglichen Einleitungen, wie auch v. 45 kein späterer Zusatz ist. Die Einleitungsformeln sind gegenüber den älteren und ursprünglich selbständigen Stücken deuteronomisch. Sie beziehen Segen und Fluch auf den Bund, welche Beziehung zuerst nicht mitgesetzt war. Auf Deut 28,15 beziehen sich 29,1–20 (und 21–27) zurück. Diese Abschnitte sind deuteronomistisch und wollen die Erfüllung des Fluchs als gekommen darlegen (v.19 und 26; vgl. noch 30,7 aus anderer Schicht und zur Sache L.Perlitt, Bundestheologie, WMANT 36,1969, 23–30). Bemerkenswert ist, daß Dtr nicht vom Segen spricht (30,1–10 sind in ihrer Zuordnung umstritten). Deut 30,1 bezeichnet mit „Segen und Fluch" das Gesamthandeln JHWHs (vgl. „alle diese Dinge" v. 1a; Jos 8,34: Segen und Fluch-Worte des Gesetzes; Deut 30,19f.: Leben und Tod). Sonst gehören noch Ps 3, 9 und 109,17 als Kontraste in diesen Zusammenhang.
Das 'Kommen' des Segens und besonders des Fluchs stellt einen der Versuche dtn-dtr Geschichtsdeutung dar. Lev 26 kennt z.B. diese Verwendung von בוא nicht. Weisheitsliteratur sowie Segen und Fluch haben neben dem Verhaftetsein an das Ordnungsdenken und den mit diesem gesetzten oder gestörten, aber wieder herzustellenden Heilszustand auch darin ihre Gemeinsamkeit, daß hinter beidem einmal auch eine ursprünglich magische Vorstellung vom 'Kommen' der positiven bzw. negativen Tatfolge stand, die in Israel durch ihre Beziehung auf JHWH umgeprägt wurde, ohne ihre Eigenart völlig aufzugeben (vgl. J.Hempel, BZAW 81, 1961, 31ff.), was z.B. durch den Hinweis auf die Wirkungen des Fluchwassers nach Num 5, 22 (mit בוא) gestützt werden kann.
Auch das *hiph* von בוא wird in diesem Zusammenhang gebraucht: Jakob will keinen Fluch über sich bringen (Gen 27,12 E); zum Segen vgl. 1 Sam 25, 27. JHWH hat alle Flüche über das Land gebracht, die „in diesem Buch geschrieben sind", wegen des Abfalls zu fremden Göttern (Deut 29, 26). JHWH hat über die Väter „alle Worte dieses Bundes" kommen lassen (Jer 11,8; zum Bundesverständnis vgl. Dtr!). Umgekehrt bittet Jeremia, daß JHWH den Tag des Unheils über seine Verfolger kommen lassen möge (Jer 17,18; vgl. 18, 22). Einer bringt Schuld über den anderen (Gen 20, 9; Ex 32, 21). Der hinzugefügte und theologisch ergänzen wollende Schlußsatz des Buchs in Pred 12,14 betont, daß JHWH alle Werke vor Gericht bringen werde (vgl. 11, 9).

IV. Von großer Bedeutung für die Theologie des Dtn und des Dtr ist die theologische Wertung des Landes (→ ארץ). Um Eigenart und Würde des Landes auszusagen, hat das Deut zahlreiche Formeln gebildet (s. Driver, Deut, ICC, LXXVIII–LXXXIV), welche JHWH bzw. genauer Mose in den Mund gelegt werden (→ נחלה, → נתן, → עבר). Die Gabe des Landes wird je nach der Blickrichtung der Argumentation des Sprechers zwar meist als Zukunft angesprochen, aber auch als vergangenes Geschehen oder als Gegenwart apostrophiert. Israel kam, kommt bzw. wird vor allem in das Land kommen, um es zu besitzen (→ ירש). JHWH erfüllt damit den Schwur (→ שבע), den er den Vätern gegeben hat (→ אב III. 3. c → אדמה III. 3. a).
Perf., Imperf., Inf. und Ptz. *qal* des Verbums בוא werden vom Deut und der von ihm beeinflußten Lit. benutzt, um zu unterstreichen, daß zwischen Israel und seinem Land keine naturhaften oder wesenhaft-ursprünglichen Verbindungen bestehen. Es gab vielmehr eine Zeit, in welcher Israel noch nicht im Land war, da das Volk erst ins Land 'gekommen' ist und es als Gnadengabe JHWHs, der Israel dorthin 'brachte', empfangen hat. Durch בוא im *qal* und *hiph* wird somit die geschichtliche Führung (s.u. VII.) Israels durch JHWH in das verheißene und zugeschworene Land ausgesagt. Israel ist in das Land, welches das Deut als Heilsgabe JHWHs besonders wichtig macht, erst durch JHWH unter Mose herangebracht und unter Josua hereingebracht worden. Damit ist das Land mit seinen Gaben eine geschichtliche Gabe JHWHs, der Israel hineingeführt und es ihm so gegeben hat. Auch hier ähnelt die Argumentation des Deut damit der Hoseas.
Der Hinweis auf das Hineinkommen in das Land (meist futurisch infolge der Fiktion der Mose-

rede) wird im Deut oft ergänzt durch ein „um es einzunehmen" (→ ירש) Deut 7,1; 9, 5; 11, 10. 29; 12, 29; 23, 21; dann auch 28, 21. 63; 30,16 (בוא stets als Ptz. *qal*; zu ירש vgl. auch Am 2,10 dtr); dann Deut 1, 8 Imp.; 11, 8 Perf.; 17,14 Imperf. (vgl. auch CD 8,14). בוא findet sich hier in allgemein gehaltener dtn Paränese (8,1; vgl. 4,1. 5. dtr; weiter 26,1 mit כי; 27, 3 mit אשר; in vom Deut abhängigen Texten Lev 14, 34; Num 15, 2 ohne ירש, aber mit נתן; Lev 19, 23 nur תבאו mit כי), aber auch mit konkretem Bezug (Deut 23, 21). Israel ist nicht – von Anfang oder von Natur her – ein Volk des Landes, in das es kommt; daher soll es sich auch nicht wie die Völker des Landes verhalten (12, 9; 18, 9; vgl. aber 31,16 als weiterführende Gottesrede). Die Stücke in Deut 28ff. verwenden בוא in den Weiterführungen der alten Fluchsprüche (s.o. III.) 28,16–18 und als Drohung in 28, 21. 63 und 30,16, um die Härte der Strafe bzw. des Verlustes zu artikulieren: JHWH wird diese – dem Deut und seinen Hörern so wichtige – Heilsgabe zurücknehmen. Israel kam sowieso nur infolge der Treue JHWHs in das Land, nicht aber um der Gerechtigkeit des Volkes willen (9,1. 5). Wenn dieses Kommen in 6,18 einmal vom Gehorsam abhängig gemacht wird, so fordert das Deut doch diesen Gehorsam stets erneut (vgl. Dtr in Jos 1,11; 18, 3; ähnlich Ri 18, 9) „in diesem Raum eingelöster Verheißung" (W. Zimmerli, Der Mensch und seine Hoffnung im AT, 1968, 85). Das בוא wird hier durch seine Verbindung mit ירש als ein kriegerisches näher bestimmt (vgl. Deut 1, 8), während die selteneren Verbindungen zu נתן oder zum Väterschwur (letzteres nur 6,18f.; 8,1; 11, 9 – dieser Vers ist aber relativ stark von 11, 8 abgehoben; 26, 3; 6, 23 *hiph* Inf. mit Väterschwur; vgl. dazu die Erwägungen von N. Lohfink, Das Hauptgebot, AnBibl 20, 1963, 82) „friedlicher" argumentieren. Daß JHWH es war, der sein Volk ins Land kommen ließ und brachte, wird durch die Wendung „bis daß ihr an diesen Ort kommt" unterstrichen, welche die hierbei geschehene Führung JHWHs aufweisen möchte (1, 31; 9,7; 11, 5: stets nur in pluralischer Anrede), die dem Deut wesentlich ist. Auch die vorausweisende, vorwegnehmende und das künftige Geschehen unter den Zeitbogen stellende Doppelnotiz in Ex 16,35, nach der Israel 40 Jahre hindurch Manna aß, bis sie in bewohntes Land bzw. an die Grenze Kanaans kamen, gehört in diesen Absichtszusammenhang, da dort beide in diesem Vers vertretenen Quellen (P und J) das *'ad bō'ām* in dieser Verwendung haben. Folglich hat wohl auch J schon בוא im Sinne von „in das – verheißene – Land kommen" gekannt, nur wurde es bei ihm nicht (wie im Deut) zum Leitwort innerhalb dieser Motivgruppe.

Schon in Deut 27, 3; 28, 21. 63 (vgl. 6,1; 8,1) war das Kommen ins Land auf den dann in Zukunft notwendigen Gehorsam extrapoliert worden bzw. auf die Strafe des Landverlustes bei Ungehorsam. Diese Akzentuierung ist dann besonders für das deuteronomistische Denken typisch (Deut 4,1. 5 und 30,16; 31, 20f. im dtr Rahmen des Moseliedes): JHWH warnt vor Abfall, da er die Gedanken des Volkes schon vor der Landgabe weiß (31, 21). Israel soll zwar ins Land, nicht aber unter die dort wohnenden Völker 'kommen' (Jos 23,7 dtr).

Die formelhaften Wendungen des Deut lassen dtn-dtr beeinflußte Texte auch anderenorts erkennen: Ex 12, 25; Lev 23,10; 25, 2; Jer 32, 23; auch Esr 9,11 und Neh 9,15. 23f. sind dadurch geprägt.

Das 'Kommen' in das verheißene Land sowie das 'Bringen' in die Wüste usw. werden ferner naturgemäß innerhalb der Murrgeschichten (→ לון) mehrmals erwähnt, da es ja auch hier um das Kommen ins Land bzw. das Gebrachtwerden durch JHWH geht. Mose und Aaron werden gefragt, warum sie den → קהל JHWHs in die Wüste bzw. „uns" an diesen bösen Ort gebracht hätten (Num 20, 4 P; zu v. 5 vgl. Ex 17, 3 und das *hiph* in Num 14, 3 und 20, 4; Dathan und Abiram gegen Mose nach Num 16,14 J). Aaron (Num 20, 24: Zusatz zu P; vgl. v. 26) und Mose (Deut 4, 21 dtr) sollen nicht in das Land kommen (Num 20,12 P). Wegen des Murrens des Volkes nach der Aussendung der Kundschafter soll nur Kaleb in das Land kommen (Num 14,30: Zusatz zu P; vgl. auch 32, 9 als späte Notiz; s. aber Num 14, 24 J mit der Betonung der Nachfolge „meines Knechtes Kaleb" und Num 13, 30; dazu 14, 8 P), bzw. nur die Kinder der Murrgeneration will JHWH in das Land bringen (Num 14, 31 P). JHWH wird gebeten, die Strafe am murrenden Volk nicht zu vollziehen, damit nicht Fremde sagen, er sei nicht fähig (!) gewesen, Israel ins Land zu bringen (so Num 14,16 in Moserede – dtn Zusatz zu J? – und Deut 9, 28). Auf die Murrtradition nehmen (unter Aufnahme des *hiph* von בוא) Ezechiel in 20,15 mit bezeichnender Uminterpretation des Jahweschwurs und Ps 95,11 (*qal*) Bezug.

Auch innerhalb der Murrgeschichten ist בוא öfter Kontrastwort zu יצא; vgl. dazu einiges bei G.W. Coats, Rebellion in the Wilderness, Nashville/New York 1968, 29f. 89f.

Das Kommen (בוא *qal*) des Volkes in das Land ist darin begründet, daß JHWH es in das Land gebracht hat (בוא *hiph*; vgl. Deut 8,7–10 mit ihrer überschwänglichen Schilderung der Gabe). Diese Zusammenordnung von Kommen und Bringen findet sich daher auch in Ex 6, 8 P; Deut 7,1; 11, 29; Jer 2,7; mit dtr Terminologie, auch Num 15,18 mit dtr Terminologie, wo sich das אני מביא sogar auf Mose bezieht (zum Text als einem jungen Stück s. Noth, ATD z. St.).

JHWH ist es, der das Volk ins Land bringt nach Deut 6,10f.; 11, 29; 7,1; 8,7; 9, 4. 28; 30, 5. Die vordeuteronomische und daher grundsätzlich andere Füllung des Begriffs findet sich in Num 32,17.

Infolge des Einflusses deuteronomisch-deuteronomistischen Denkens ist dann davon, daß JHWH sein Volk in das Land gebracht habe (*hiph*; vgl. außerdem → יצא, → עבר, → עלה), an nicht wenigen Stellen die Rede: Ex 23, 20 mit dtr Terminologie (aber „Engel JHWHs"); Ex 13, 5.11; 15,17 mit deutlichem dtr Einfluß; Deut 1, 20; 4,1 mit bezeichnender Verbindung zum Gehorsam; Ez 20, 28 mit Hinweis auf den (Väter-?)Schwur JHWHs; Ps 78, 54 Landgabe als Führungsaussage (vgl. Ez 20,10). Lev 18, 3 und 20, 22 gehören dabei mit ihrem אני מביא als Jahwerede zu den wenigen Stellen, welche diese Partizipialwendung in Verbindung mit positiver Füllung aufweisen (vgl. u. VIII.). Als Josua die Zusage erhält, daß er das Volk ins Land bringen werde (vgl. Num 27,17 P und dazu Plöger 178f.), wie JHWH geschworen hat (Deut 31, 23), erfährt er außerdem die Zusage des Mitseins JHWHs (→ את und vgl. zur Füllung Deut 31, 6f.).

בוא ist damit als 'hineinkommen' (*qal*) und 'hineinbringen' (*hiph*) in das Land heilsgeschichtliches Motivwort und Leitwort (vgl. analog Jon 1, 3. 8; auch 3, 4) in deuteronomisch (Deut 26, 3!) und deuteronomistisch (Deut 1, 8!) beeinflußten Texten. Daß das Kommen ins Land für Deut nicht Abschluß des Weges Israels mit JHWH war, zeigt Deut 12, 9.

Bei den exilischen Propheten (Ez!) taucht בוא in analogem Zusammenhang auf, wenn diese die Rückkehr in das Land Israels verheißen bzw. diese Möglichkeit erörtern. Auch die in Jer 42–43 ausführlich erwogene und für Jer wichtige Frage, ob man nach Ägypten gehen (בוא) solle oder nicht, steht auch unter der Wertschätzung des von JHWH gegebenen Landes, nicht nur unter dem Problem der Anerkennung Nebukadnezars als eines Gerichtswerkzeugs von JHWH (Jer 25, 9; 27, 6 → עבד).

Eine völlig andere Sicht der deuteronomisch-deuteronomistischen Theologie des Landes zeichnet J.N.M. Wijngaards, The Dramatization of Salvific History in the Deuteronomic Schools, OTS XVI, Leiden 1969, 68–105 (dort auch öfter zu bō' *qal* und *hiph*). Der Titel des Buchs sowie des entscheidenden Abschnitts („The Cultic Occupation of the Land") signalisieren die dort gegebene Interpretation, der hier nicht gefolgt werden konnte.

V. Wenn JHWH sein Volk in das verheißene, zugeschworene Land 'bringt', erfüllt er damit seinen Schwur wie seine Verheißung. Die Verwendung von בוא als 'erfüllen' findet sich zwar nicht in dem sonst durch einen geprägten Gebrauch von בוא ausgezeichneten Deut (s. IV.), ist aber an anderer Stelle – und zwar vor allem in und seit Dtr – nicht selten.

Jos 21, 45 konstatiert der Deuteronomist, daß „alles gekommen" (הכל בא) und nichts von JHWHs gutem Wort dahingefallen (→ נפל) war, welches er zum Haus Israel gesprochen hatte. V. 43 zeigt, daß mit dem erfüllten Wort die Landverheißung, der Väterschwur (so dtn und dtr; vgl. unter IV. und → אדמה III. 3. a) gemeint ist, was auch ein Vergleich mit Jos 1 (dtr) bestätigt. Führungsgeschichte wird ausgesagt. Jos 23,14f. knüpfen hier an, führen aber insofern bezeichnend weiter, als versichert wird, daß JHWH nun ebenso auch alles böse Wort „über euch kommen lassen" werde, bis er sein Volk aus dem gegebenen guten Land vertilgt habe. Der Landbesitz hängt (so besonders Dtn und Dtr) am Gehorsam Israels.

Auch die weiteren Belege zeigen das Interesse dtn-dtr Theologie an der „Erfüllung" dessen, was JHWH gesagt hat, sei es gut oder schlecht. Alles, was der Gottesmann sagt, trifft gewiß ein (1 Sam 9, 6 בא יבא). Ob ein Prophet JHWHs Wort verkündet, erweist sich an dessen Erfüllung (Deut 18, 22). Man weiß aber auch, daß Voraussagen falscher Propheten eintreffen können (Deut 13, 3), so daß eine Weiterführung (v. 3c) notwendig ist, um den falschen Propheten als solchen zu qualifizieren, obwohl diese Qualifizierung wenig hilfreich ist, da kaum ein 'falscher' Prophet zur Nachfolge anderer Götter aufgerufen hat (zum Problem: E. Osswald, Falsche Prophetie im AT, 1962, 23–26, mit Lit.). Vom Eintreffen vorhergesagter Dinge oder Zeichen (→ אות) ist innerhalb von Dtr noch in Ri 13,12.17; 1 Sam 2, 34; 10,7 die Rede (mit בוא); zu dem Zeichen in 1 Sam 10,7f. und seiner Erfüllung vgl. Ex 4, 8f. und Ri 6,17–21 (dort jedoch ohne בוא) und auch 1 Sam 9, 6. Auch nach Jer 28, 9 wird man an der Erfüllung (בבא) seines Heilswortes (!) den wahren Propheten erkennen. Das Volk wiederum spottet, da die Erfüllung eines Drohwortes sich nicht einstellt (Jer 17,15). Hab 2, 3 erhält Habakuk durch JHWH die Versicherung, daß seine Schauung (→ חזון) ganz gewiß (בא יבא; vgl. 1 Sam 9,6) noch erfüllt würde. JHWH muß ebenfalls gegenüber Ezechiel, da dessen Hörer seinem Wort nicht glauben (Ez 33, 30–33), versichern, daß es ganz gewiß sich erfüllen werde und sie dann („wenn es kommt") erkennen würden, daß ein Prophet in ihrer Mitte gewesen sei (v. 33; vgl. auch 24,14. 24; 30, 9; 39, 8; in 24,14 ist באו wohl Zusatz: W. Zimmerli, BK XIII 558f.; in 33, 30–33 wird damit fast ein Wortspiel mit בוא geboten). Der exilische Text Jes 13, 22 ordnet sich diesen Texten zu, wie auch Jes 42, 9, wo DtJes JHWH sagen läßt, daß gekommen sei, was JHWH früher verkündigt habe und man

daher auch dem jetzt verkündigten Neuen trauen könne und solle.
In seinem Rückblick auf Israels Geschichte kommt Ps 105 dreimal auch darauf zu sprechen, daß sich in ihr Jahweworte erfüllt haben (v. 31. 34), auch wenn diese nur in Voraussagen des Menschen Joseph bestanden haben (v. 19; zu *bō'* hier als 'bringen' s. Dahood, Psalms III 61f.).
Der Überblick zeigt, daß die Frage nach der Erfüllung von Jahweworten besonders seit der Zeit von (Dtn und) Dtr reflektiert wurde und das Problem (vgl. Ez und DtJes) vor allem mit dem Exil verstärkt gestellt war. Hi 6, 8, wo Hiob die Erfüllung (בוא) einer Bitte wünscht, steht außerhalb des aufgezeigten Zusammenhangs.
Auch das *hiph* von בוא wird zur Aussage der Erfüllung von Angedrohtem oder Verheißenem benutzt (Jos 23,15 dtr; 2 Kön 19, 25; Jes 31, 2; 46,11; 48,15; Jer 25,13; 40,3; Ez 38,17; auch CD 7,10, aber anders in 1 QS 1,7: Gebote erfüllen; s. genauer noch unter VII.). Erfüllung von früher Angesagtem ist eben auch ein Zeichen, ja ein Teil von Führung (s. VII.). JHWH erfüllt eine Bitte (Ps 105, 40) und läßt kommen, worum man ihn bittet (1 Chr 4,10). Er läßt (so J in einem der für ihn typischen Selbstgespräche JHWHs: Gen 18,19) das Verheißene auf Abraham kommen.

VI. 1. Eine kleine Gruppe von Texten verwendet בוא *qal* in Klage oder Bitte an JHWH. In der Klage wird das Gekommensein (stets Perf.) mancher Nöte vor JHWH gebracht, um ihn zum Einschreiten zu bewegen. Im Volksklagelied breitet das Volk die Nöte vor ihm aus, die über es gekommen sind, ohne daß man JHWH vergessen habe (Ps 44,18). Jeremia klagt in einem Leichenlied (vgl. Am 5, 2): „Der Tod ist in unsere Häuser gekommen" und JHWH habe dieses getan (Jer 9, 20f.), oder JHWH selbst (oder Jer?) klagt über sein zerstörtes Land: Die Verwüster sind gekommen (Jer 12,12; vgl. 8,7). Jerusalem mußte zusehen, wie Heiden kamen und in sein Heiligtum eindrangen (zweimal בוא als „tragisches Wortspiel": Rudolph, KAT XVII 1–3, 213, Kl 1,10; vgl. 2,7), und es klagt: „Unser Ende ist gekommen" (Kl 4,18; vgl. Am 8, 2; Ez 7, 2. 6). Daniel bekennt (Dan 9,13), daß das Unglück gekommen sei, wie es im Gesetz des Mose geschrieben ist (vgl. Esr 9,13; Neh 9, 28. 33; Jer 12,1; Kl 1,18; das Bußgebet in Dan 9 ist dabei deutlich von dtr Lit. abhängig). Da nicht nur das Geschrei (→ צעקה) über die Sünde Sodoms vor JHWH gekommen ist und JHWH hinabfahren will, um zu sehen, ob es sich so verhält (Gen 18, 21 J), sondern insonderheit die Klage der Kinder Israel vor ihn kommt (Perf.), wie man JHWH selbst in direkter Rede versichern läßt, und er dann einschreitet (Ex 3, 9E; v. 7 hier → שמע; vgl. 1 Sam 9,16), läßt man auch die eigene Klage vor ihn kommen in der Hoffnung auf sein rettendes Einschreiten (Ps 102,14: „Du wirst aufstehen, dich Zions erbarmen, denn es ist Zeit, ihm gnädig zu sein", – „denn die Stunde ist gekommen" – Zusatz?). Auch bittet man, JHWH möge seinen Knecht nicht ins Gericht bringen (Ps 143, 2; zum *qal* dort Dahood, Psalms III 323; vgl. noch Hi 9, 32).
2. Weil JHWH Gebete erhört, kommt alles Fleisch zu ihm, d.h. zum Zion, zum Heiligtum (Ps 65, 2f.; Änderung in *hiph* ist nicht gerechtfertigt; vgl. Dahood, Psalms II 110); man bringt zu ihm die eigene Sünde. Das Kommen aller Völker (vgl. Jes 2, 3f. par.; 24,15; 60,1ff.; Ps 22, 28ff.) erscheint hymnisch auch als Motiv der Gebetserhörung im Klagelied (Ps 86, 9). Vom Heiligtum aus mögen die Bitten und Klagen vor JHWH kommen (Ps 18,7; 79,11; 88, 3; 102, 2; 119,170; auch Jon 2, 8), und der Beter sagt: „Deine Barmherzigkeiten mögen über mich kommen (יבאוני), auf daß ich lebe" (Ps 119,77; vgl. v. 41); oder er bittet, daß alle Bosheit seiner Feinde vor JHWH kommen möge (Kl 1, 22). Bereits vor der Bitte äußert der Beter Ps 40, 8 dankbar: „Siehe, ich bin gekommen; im Buch ist von mir geschrieben, was zu tun ist" (so mit Kraus, BK XV z.St.; vgl. Jer 3, 22 *'ātānū* als – kultischer? vgl. Hos 6,1 – Ausdruck der Umkehr, aber im Gegensatz zu Jer 2, 31); s. auch den nachexilischen Text Jer 50, 5: Umkehr Israels und Judas zu JHWH und seinem ewigen Bund angesichts der Vernichtung Babels. – Zu Ps 69, 28 s. unter VIII.
Auch das *hiph* von בוא begegnet in den hier angesprochenen Zusammenhängen. „JHWH, höre die Stimme Judas und bringe ihn zu seinem Volk" (Deut 33,7; s. H.-J. Zobel, Stammesspruch und Geschichte, BZAW 95, 1965, 77f., der S. 29 darauf verweist, daß auch Gen 49,10 עם und בוא zu finden sind; s. dazu unter IX.). Man vergleiche ferner die Bitte, daß JHWH den Tag der Vergeltung bringen möchte (Kl 1, 21).

VII. Obwohl schon mehrmals (s. unter II.–VI. und später auch unten VIII.–IX.) auch der Gebrauch des *hiph* von בוא für theologisch wesentliche Aussagen in den Blick kam, muß hier noch erwähnt werden, daß das 'Bringen' oder 'Kommen-Lassen' durch JHWH nicht selten den Glauben an die Geschichtslenkung JHWHs zum Ausdruck bringt. JHWH erfüllt Angedrohtes, läßt Verheißenes kommen, läßt eintreten, worum man ihn bittet (Gen 18,19 J; Jos 23,15 dtr; 2 Kön 19, 25; Jes 31, 2; 48,15; Jer 25,13; 40,3; Ez 38,17; Ps 105, 40; 1 Chr 4,10). Damit gestaltet JHWH die Zeit als Zeitbogen, als zielgerichtete Strecke, führt sie zielgerichtet und erweist sich als ihr Herr, indem er Geschichte gestaltet

über die Spanne von Androhung oder Verheißung hin zur Erfüllung.
Diese Aussagen häufen sich aus einsichtigen historischen und theologischen Gründen in dtr Texten (Jos 23,15; 24,7; 1 Kön 9, 9; 2 Kön 19, 25; vgl. 2 Chr 7, 22), in dtr beeinflußten Texten bei Jeremia (Jer 15, 8; 23, 8; 25,13; 32, 42; 44, 2; 49, 8) und bei Ezechiel (Ez 14, 22; 20,10; 38,16; 39, 2), wo es sich meist um das Eintreffen angedrohter Strafe handelt, welches im Exil Gegenstand der Besinnung wird. Bei DtJes dagegen geht es (vgl. A. Zillessen, ZAW 26, 1906, 256) darum, daß nun auch JHWH sein vorhergesagtes Heil verwirklicht, Kyros als sein Heilswerkzeug herbeibringt (Jes 43, 5f.; 46,11; 48,15; 49, 22), wozu noch die Zitierungen, Nachahmungen und Neuinterpretationen bei TrJes verglichen werden müssen (Jes 56,7; 60, 9; 66, 20; auch 58,7; 60,17). Weitere Texte, die das *hiph* von בוא zur Artikulierung des Führungsglaubens und der Geschichtsdeutung benutzen, sind Deut 26, 9 (!); 29, 26; 2 Sam 7,18; 17,14(!); vgl. 1 Chr 17,16; Jes 37, 26; Ps 66,11; 78,71; Neh 1, 9; 13,18; 2 Chr 33,11; Dan 9,12.14 (vgl. Neh 1, 9); s. auch Deut 33,7; Ps 43, 3.
Eine völlig andere Verwendung des *hiph* von בוא findet sich in einer Textgruppe bei Ezechiel (Ez 8, 3.7.14.16; 11,1. 24; 43, 5; mit Suffix 40,17. 28. 32. 35. 48; 41,1; 42,1; 44, 4; 46,19). Hier 'bringt' JHWH bzw. seine Hand (40,1. 4 *hoph*; vgl. 37,1; → יד) oder auch der „Mann" (האיש) den Ez mehrfach an verschiedene Orte und führt ihn außerdem (vgl. auch → לקח und → נשא), was zuerst (Ez 3) „geheimnisvoll die Innenseite eines von außen gesehen normalen Sich-Fortbewegens des Propheten" meint (Zimmerli, BK XIII 206), dann aber gesteigert verwendet wird und in Kap. 8,11 und 40ff. über eine reale Reise hinaus als „Vision" gestaltet ist. Wieweit dieses Stilelement ist, ist hier nicht zu erörtern.

VIII. 1. Natürlich ist es letztlich stets JHWH, der in kommendem Gericht wie Heil als der Handelnde neu auf sein Volk zukommt. Trotzdem sei in den folgenden Abschnitten die Rede (!) vom kommenden bzw. herbeigebrachten Gericht (VIII.) und vom kommenden bzw. herbeigebrachten Heil (IX.) um der besseren Verdeutlichung willen und wegen des Eigengewichts der dort zu verhandelnden Texte doch von den Belegen abgehoben, die vom Kommen JHWHs selber sprechen (X.), wobei dann auch dieses Kommen JHWHs nach Ziel, Zweck und Ausgangsort sowie nach der Art seines Kommens zu differenzieren sein wird.
Innerhalb des AT sind es überwiegend die in der Zeit zwischen 750 und 587 v. Chr. wirkenden Propheten (vgl. schon Elisa 2 Kön 8,1), welche das kommende Gericht JHWHs als innerweltliches Verderbensgeschehen ansagen. Hierbei wird von ihnen nicht selten das Verbum בוא – dagegen nicht אתה – verwendet und zwar meist in der Form des sog. Perf. propheticum (s. dazu C. Brockelmann, Hebräische Syntax, 1956, 40f.; F. Rundgren, Das hebräische Verbum, Stockholm 1961, 90). Die Gerichtsankündigungen ergehen hierbei sowohl als Jahweworte (Botenspruch) wie als Prophetenwort, wobei בוא allerdings meist seinen Platz in den Gerichtsankündigungen, selten in deren Begründungen hat.
„Gekommen ist (בא) das Ende (→ קץ) über mein Volk Israel" (Am 8, 2). Mit dieser Botschaft spricht Amos besonders hart und kraß aus, was schon er selbst (5, 4–6. 14f. u.a.) an anderer Stelle in ein doch mögliches Mahnwort umsetzt und was andere Propheten nach ihm weniger radikal ansagen (vgl. noch Ez 7, 2. 6; in v. 6 wiederholend chiastisch gestellt). In 1 Sam 2, 31 erscheint die Wendung bei der Gerichtsankündigung an das Haus Elis, in 2 Kön 20,17 bei der durch Jesaja an Hiskia (vgl. Jes 39, 6). Im Amosbuch findet sich auch schon die Verbindung ימים באים (→ יום und ThWNT II 949), nämlich Am 4, 2 bei der Gerichtsankündigung über (על) die Frauen Samarias und in 8,11 (aber mit Bruch im Kontext; von Amos?) in Verbindung mit einer allgemeinen Gerichtsankündigung (zu ימים באים bei Heilsankündigungen s. unter IX.). Hos 9,7 spricht davon, daß die Tage der Vergeltung (→ פקד) gekommen seien und versucht so, diese „Tage" – wie für das alttestamentliche Zeitverständnis typisch – konkret zu fixieren und sie vor allem inhaltlich zu füllen. Amos gebraucht בוא nur in direkten Jahweworten, Hosea in Prophetenrede bzw. im Zitat eines „Bußlieds" des Volkes, welches annimmt, JHWH werde wie der Regen 'kommen' (Hos 6, 3; vgl. aber 10, 12). Nach Micha kommt die Plage JHWHs über Juda (Mi 1, 9), der Tag der Heimsuchung, den 'Späher' Judas geschaut haben (7, 4 ?; vgl. aber Robinson, HAT [3]14, 148f.). Bevor Heil sich ereignen kann, muß die Tochter Zion zwar nach Babel kommen (4,10); dies aber wird nur ein Übergang sein (4, 9f.; kaum von Micha; vgl. vielmehr Jer 4, 31; 10,17). Nach Jesaja kommt JHWH in eine Gerichtsversammlung, um – anders als bei DtJes – die Ältesten seines Volks zu richten (Jes 3,14; vgl. Hi 22, 4). Jesaja ruft sein 'Wehe!' über die, welche – wie Jes zitiert – nicht an das Eintreffen (בוא, קרב) der Gerichtsandrohung glauben und über diese noch spotten (5,19). Nach 19,1 (s.u. X.) kommt JHWH zum Gericht über Ägypten, nach 30, 27 kommt der Name (→ שם; so nur hier; Zusatz?) JHWHs von ferne zum Gericht über Assur. JHWH wird („durch den König von Assur", wohl Glosse) Tage kommen lassen (בוא *hiph*), sagt nach Jes 7,17 Jesaja zu Ahas, wie sie nicht gekommen sind (בוא *qal*) seit der Reichsteilung. Der Vers ist Gerichts-

ansage. Nach 2 Kön 19, 28 (Jes 37, 24) kündet Jesaja an, daß JHWH den Assyrer mit einem Ring durch die Nase den Weg zurückführen werde, den dieser gekommen sei. Diese Gerichtsansage über Assur bedeutet, wie oft bei Gerichtsansagen über Fremdvölker, zugleich Heil für Israel (s. IX.).

Vom Tag JHWHs (→ יום) und damit vom Tag des grimmigen Zorns JHWHs (Zeph 2, 2) wird seit Zephanja auch in Verbindung mit בוא gesprochen (Zum 'Kommen des Tages' = sterben s. L. Cerný, The Day of Yahweh and some relevant problems, Prag 1948, 23; Pidoux 14). Nach Zephanja soll man vorher noch möglichst JHWH suchen (2, 3), da vielleicht (vgl. Am 5,15) auf diese Weise Rettung möglich sei. Jeremia konkretisiert diesen Tag JHWHs als Tag des Unheils über (meist mit על) Ägypten (46, 21). Ezechiel verkündet die Nähe des Tages des Jammers (Ez 7, 7. 10), den nahen Tag (7, 12), den Tag des Gerichts über den Fürsten in Israel (21, 30), wie auch den 'Tag' der Ammoniter (21, 34). Der Tag als Gericht über Gottlose, aber als Heil für die, die JHWHs Namen fürchten, kommt nach Maleachi (3,19), und Elia soll gesandt werden, um zuvor die Herzen (Sinne) zu bekehren (3, 24). Der Tag JHWHs kommt wie eine Verwüstung von → שדי (Jo 1,15; Jes 13, 6 auf Babel übertragen, nicht von Jes; vgl. etwa auch Am 5, 9), und vor seinem Kommen werden Sonne und Mond verdunkelt werden (Jo 4,15). Die Völker sollen aufbrechen, herbeikommen und sich versammeln zum Gericht (Jo 4,11). → עלה, בוא und → קבץ stehen hier im Wortfeld der „Aufforderung zum Kampf“, genauer des Anrückens (s. R. Bach, Die Aufforderung zur Flucht und zum Kampf im alttestamentlichen Prophetenspruch, WMANT 9, 1962, 63; בוא auch in Jer 49,14; 50, 26; Jes 13, 2; Jo 4,11. 13; zu diesen Texten und ihren Formen vgl. Bach 51–91). Dieser Tag JHWHs kommt und ist nahe (Jo 2,1). Nach späteren Texten kommt er als Gericht über Babel (Jes 13, 9), als Tag der Heimsuchung Babels (Jer 50, 27. 31); denn Babels Ende ist gekommen (Jer 51,13). Der Verwüster ist über Babel gekommen, seine 'Ernte' wird bald kommen (Jer 51, 33). Die sich wandelnde konkrete Füllung und Bezogenheit des Tages JHWHs bei den Propheten seit Am 5,18f. zeigt die Gerichtsankündigungen der Propheten in ihrer Geschichte; s. dazu K.-D. Schunck, VT 14, 1964, 319–330; H. D. Preuß, Jahweglaube und Zukunftserwartung, BWANT 87, 1968, 170–179 mit Lit.; dort S. 176 auch zu ימים באים; zur Verbindung von Tag JHWHs und בוא s. Zimmerli, BK XIII 167f.

Im Jeremiabuch findet sich die Wendung ימים באים innerhalb der Gerichtsansagen an Israel nur in Jahwereden und dort besonders häufig (Jer 7, 32; vgl. 19, 6; 48,12 gegen Moab; 51, 52 über die Götzen Babels; vgl. 51, 47; hier stets mit לכן; ohne לכן gegen Israel 9, 24; gegen Ammon 49, 2 – hier und in 48,12 oft gestrichen). Die Geschichtsbetrachtung der Frühzeit Israels erwähnt als Warnung an die gegenwärtigen Hörer (Jer 2, 3), daß Böses über diejenigen kommen mußte (תבא), die damals abtrünnig wurden. Das Volk bestreitet, daß diese Warnung ihm zu Recht gelte (5, 12), zumal die falschen Propheten es in dieser Meinung bestärken (Jer 23,17; vgl. Mi 3,11). Aber es werden Hirten kommen von Norden und alles abweiden (Jer 6, 3); das Volk aus dem Norden kommt (6, 22; vgl. 13, 20; 50, 41 → צפון). Das Verderben kommt, wenn auch Jojachin die Gerichtsbotschaft Jeremias vom Kommen Nebukadnezars (25, 8–11) nicht hat wahrhaben wollen (36, 29; vgl. das Volk nach 21, 13). Die Chaldäer würden auf jeden Fall nach Jerusalem hineinkommen (32, 29; vgl. 21,13), und zwar ganz gewiß (36, 29).

Natürlich sprechen auch sekundäre Völkersprüche vom kommenden Gericht: Verwüster werden von JHWH über Babel kommen (Jer 51, 48. 53. 56), der 'Schlächter' kommt gewiß von Norden über Ägypten (46, 20. 22). Der Tag des Verderbens kommt über die Philister (47, 4). Vernichter werden kommen über Ammon (49, 9) und Moab (48, 8). Trauer wird kommen über Gaza (47, 5). Ein Gerücht (vgl. Dan 11, 4) wird über Babel kommen als Ankündigung des Gerichts JHWHs über Babel, welches die Befreiung der Exulanten bewirken wird (Jer 51, 46).

Wie Ezechiel bis 587 vom kommenden Ende spricht (Ez 7, 2. 5. 6. 10; vgl. Gen 6,13 P als Jahwerede zu Beginn der Sintflut), in welchem JHWH sich als JHWH erweist, so weiß der Prophet auch, daß daher auch Angst kommen wird (7, 25). Räuber werden kommen und JHWHs Heiligtum entweihen (7, 22). Ezechiel muß wegen der Gerichtsbotschaft, die kommen und sich erfüllen wird (zweimal באה), seufzen (21,12). Jerusalem bereitet durch Blutvergießen selbst seine Zeit vor („Tage und Jahre“), welche kommt (22, 3f.). Die bisherigen Liebhaber der Oholiba werden jetzt feindlich und kriegerisch über sie kommen (23, 24), womit auf den Gebrauch von בוא für das coire cum femina deutlich kontrastierend angespielt wird. Das gerichtete Israel soll in den Ländern, in die es kommen wird, Zeugnis von JHWH ablegen, indem es von der Strafe erzählt, die es wegen seiner Sünde getroffen hat (12,16). Die von JHWH Abgefallenen aus Israel sollen zwar aus dem Exil befreit werden, nicht aber in das Land Israel zurückkommen (20, 38; vgl. auch v. 35: im *hiph* von בוא klingt eigentlich die Führung in das Land an! s. unter V.). So soll es auch den falschen Propheten ergehen (13, 9). Auch bei Ezechiel findet sich unter sekundären Völkersprüchen ein Gerichtswort, welches Ägypten das 'kommende' Schwert ankündigt (30, 4; vgl. die Versicherung in v. 9).

DtJes gebraucht בוא fast nur in Heilsankündigungen (s. unter IX.). Dafür aber kündigt er Babels kommendes Unglück an (47,11), das dessen Zauberer, die sonst doch stets deuten, woher und warum etwas kommt (? v.13 Ende), nicht werden verhindern können. Sie mögen nur herantreten (v.13) – das Unheil wird trotzdem unaufhaltsam und plötzlich kommen (בא; תבא). Durch Maleachi (3,1) kündet JHWH das Kommen des Engels des Bundes (gestörter Text?) zum Läuterungsgericht an.

Gott beschloß auch das Kommen Ahasjas zu Joram, um ersteren zu verderben (2 Chr 22,7), während der Zorn JHWHs über Hiskia nicht kam (2 Chr 32, 26), da dieser sich gedemütigt hatte.

Ein Klagelied bittet, daß die Gottlosen nicht in das Heil (צדקה) JHWHs gelangen mögen (Ps 69, 28: אל־יבאו ב).

2. Die Androhungen kommenden Gerichts verwenden auch häufig das *hiph* von בוא, wodurch die Tatsache, daß JHWH es ist, der das Gericht kommen läßt bzw. bringt, noch deutlicher herausgestellt wird (vgl. die Verwendung des Passiv für Gott als Subjekt im NT und bei Dan; vgl. schon Jer 27, 22; Ez 30,11 u.ö.).

Meist ist es JHWH selbst, der davon spricht, daß er Unheil als Gericht über jemanden, über sein Volk oder dessen Führer, über ein Fremdvolk kommen lassen werde (Imperf. oder Perf.: Ex 11,1 J; 1 Kön 21, 29; Jes 66, 4; Jer 11, 23; 23,12; 48, 44; 49, 32. 36f.; Ez 5,17; 7, 24; 11, 8; 14,17; vgl. 33, 2). JHWH will Nebukadnezar kommen lassen (Jer 25, 9), die Liebhaber Oholibas gegen sie zusammenbringen (Ez 23, 22; vgl. noch Jer 20, 5; Ez 31, 9), den Fürsten Israels nach Babel bringen (Ez 12,13; vgl. 17, 20), sein Volk in die Wüste der Völker bringen und dort mit ihm ins Gericht gehen (Ez 20, 35. 37; vgl. auch Lev 26, 25. 36. 41), den dritten Teil seines Volks als geläuterten Rest nochmals durchs Feuer gehen lassen (Sach 13, 9).

All dies wird besonders deutlich in der Ansage הנני מביא als Gottesrede aus dem Munde JHWHs selber, die zuweilen noch durch das göttliche Ich (אני oder אנכי) verstärkt wird. Diese Wendung findet sich 29mal im AT (mit הנני), steht meist bei Ankündigungen von Negativem (nur 4mal bei Heilsankündigungen; s. VII. und IX.), und ihre Streuung zeigt eine Häufung dieser Wendung bei Jeremia, Ezechiel und in dtr Literatur (Gen 6,17 P; Ex 10, 4 J; 1 Kön 14,10; 21, 21; 2 Kön 21,12; 22,16. 20; Jer 4, 6; 5,15; 6,19; 11,11; 19, 3.15; 35,17; 39,16; 42,17; 45, 5; 49, 5; 51, 64; Ez 6, 3; 26,7; 28,7; 29, 8; 2 Chr 34, 24. 28; s. dazu K. Koch, Was ist Formgeschichte? [2]1967, 259f.).

IX. 1. In Verheißungen kommenden oder gebracht werdenden Heils (s. auch II. und VII.) findet בוא (als Perf., Imperf. und Ptz. in diesem Bereich später verwendet) sich nicht vor Amos (zu Gen 49,10 s. unter 2.), und es fehlt danach auch bei Hosea. In Heilsverheißungen begegnet es bei Amos nur als ימים באים in dem umstrittenen Vers 9,13 (s. U. Kellermann, EvTh 29, 1969, 169–183 und H.W. Wolff, BK XIV 2 z.St.; s. aber auch I. Plein, Vorformen der Schriftexegese innerhalb des AT, BZAW 123, 1971, 57). ימים באים steht am Eingang einer Heilsverheißung öfter im Jeremiabuch (16,14 und 23,7 mit *lākēn*; beide Texte kaum von Jer; ohne *lākēn* 23, 5; 30, 3; 31, 27. 31. 38; – 31, 27. 38 kaum von Jer; auch 33,14 sekundär). Jes 14, 2 (aus der exilischen Einleitung von 14, 5ff. in 14,1–2. 3–4a) verheißt, daß Völker Israel an seinen Ort zurückbringen werden (*hiph*).

Im Michabuch verheißen nur 4, 8 (hier בוא und אתה parallel; sekundärer Text) das Wiederkommen der früheren Herrschaft, des Königtums der Tochter Zion; und 7,11f. verheißen den kommenden Tag, an welchem die Mauern gebaut werden (Echtheit umstritten).

Innerhalb von Jes 1–39 findet בוא in Heilsverheißungen sich nur in späteren, nichtjesajanischen Texten: 35,10 (vgl. 51,11) und 35, 4 (s. unter X.). In 27, 6 ist eine Heilsverheißung durch ein isoliertes הבאים eingeleitet, während 27,13 verheißt, daß die Verlorenen im Land Assur und die Verstoßenen im Land Ägypten kommen werden, um JHWH auf seinem heiligen Berg in Jerusalem anzubeten. Nach 37, 34f. läßt JHWH dem Hiskia durch Jesaja verheißen, daß der König von Assur auf dem Weg wieder heimkehren werde (ישוב), auf dem er gekommen sei (בא), und nicht „in diese Stadt“ hineingelangen werde (לא יבוא).

Bei Zephanja kommt בוא in Heilsverheißungen nur einmal im *hiph* vor (3, 20): JHWH verheißt seinem Volk, daß er „zu jener Zeit euch heimbringen und sammeln“ werde (kaum von Zeph). Im Jeremiabuch wird (zu ימים באים bei Jer s. oben) durch Chananja das Kommen derer nach Zion verheißen, die nach Babel gekommen sind (Jer 28, 4) bzw. durch Jeremia, daß die Diaspora zum Zion kommen werde (31,12). JHWH will auch diejenigen trösten, welche weinend (Freudentränen? So Rudolph, HAT z.St.) kommen würden (31, 9; vgl. 50, 4). Weil JHWH auch die Abtrünnigen wieder zum Zion bringen wolle (*hiph*), sollen diese umkehren (Jer 3,14: durch Verheißung motiviertes Mahnwort). Von den nur vier Stellen (s. schon unter VIII.), die das הנני מביא als Einleitung einer Heilsverheißung in direkter Jahwerede bringen, finden zwei sich bei Jeremia (vgl. sonst Ez 37, 5: Gabe des Geistes; Sach 3, 8: „meinen Knecht, den Sproß“). Nach Jer 31, 8 (vgl. soeben v. 9) verheißt JHWH, Israel aus dem Land des Nordens kommen zu lassen; nach 32, 42 sagt er in der Antwort auf

Jeremias Gebet zu, daß er auch das verheißene Gute kommen lassen werde, wie er Böses habe kommen lassen (vgl. Jos 23,15 dtr). In einem (sekundären) Geschichtsüberblick wird davon gesprochen, daß die Fremden über das Heiligtum des Hauses JHWHs gekommen seien (51, 51; Kontext ist Heilsverheißung). Die Verheißung in Jer 16, 19–21, nach der die Heiden zu JHWH kommen werden, da sie die Lügenhaftigkeit ihrer selbstgemachten Götzen erkennen, setzt DtJes voraus und stammt nicht von Jeremia.

Bei Ezechiel findet sich – wie innerhalb seiner Gerichtsandrohungen – auch in seinen Heilsverheißungen ein häufiger Gebrauch von בוא. 11, 16 ergeht eine Verheißung an die, welche in verschiedene Länder gekommen sind (vgl. 36, 20f. als negative Folie für v. 22ff.; 20, 42 *hiph* mit Erkenntnisaussage). Diese Verstreuten sollen ins Land zurückkommen (so der Zusatz 11, 18) und alle seine Greuel und Götzen daraus wegtun. Auch das Gerichtswort an den Fürsten in Israel hat in 21, 32 nach manchen Interpreten einen verheißenden Schluß („bis der kommt, der → משפט hat"?; vgl. unten zu Gen 49, 10; zur traditionsgeschichtlichen Stellung von Ez 21, 32 s. U. Kellermann, Messias und Gesetz, BSt 61, 1971, 32f.). Nachdem der Entronnene zu Ezechiel kommt, um ihm den Fall Jerusalems anzusagen (Ez 33, 21f.; vgl. 24, 25f.), schlägt Ezechiels Verkündigung vollends in die Zusage kommenden Heils um. JHWH will seine Herde sammeln und in ihr Land bringen (34, 13 *hiph*; vgl. 36, 24; 37, 21), und diese Heimkehr (לבוא) ist nahe (36, 8). Der das Volk, welches sich als tot betrachtet (37, 11), belebende Geist (→ רוח) wird und soll durch das Wort Ezechiels (!; vgl. Jes 40, 6. 8; 55, 8–11) von den vier Windrichtungen kommen (Ez 37, 9f.; vgl. 2, 2; 3, 24). Selbst wenn Gog noch über das Land Israel kommen wird und gegen Jerusalem kommen bzw. gebracht wird (38, 11. 13. 18; 39, 2 *hiph*; vgl. Jo 4, 11a *qal*. – Zu bō' in Ez 38f. s. H.-M. Lutz, Jahwe, Jerusalem und die Völker, WMANT 27, 1968, 115; auch H. Fredriksson, Jahwe als Krieger, Lund 1945, 9. 11. 23–25. 29. 36. 44. 85 zum Verb), wird JHWH sich an ihm als heilig und herrlich erweisen und sich vor den Völkern zu erkennen geben (Ez 38, 23). Ezechiel sieht, wie der יהוה → כבוד von Osten her in den neuen Tempel kommt (43, 4; vgl. 10, 18f. als Kontrast), um dort zu bleiben, so daß dieses Tor daher später auch wegen dieses Einzugs geschlossen bleiben soll (44, 2; vgl. Sach 2, 14!), und er schaut, daß der vom Tempel ausgehende wunderbare Strom Leben bringt, wohin er kommt (47, 9 mit mehrfachem בוא). Um Gemeinsamkeiten wie Unterschiede zwischen Ezechiel und DtJes zu erkennen, ist ein Vergleich mit Jes 40, 10 angebracht: Nach DtJes ist JHWH selber der Kommende! Was DtJes zum כבוד JHWHs zu sagen hat, steht Jes 40, 5 (נגלה). Weil JHWH selber gewaltig kommen wird (Jes 40, 10; s. auch unter X.), kommt auch nach der Meinung DtJes' das Endheil auf das Israel in der Verbannung zu mit dessen Befreiung aus Babel. JHWH hat Kyros als eschatologisches Heilswerkzeug (Jes 45, 1) erweckt, und dieser ist gekommen (41, 25 אתה). So werden auch die Erlösten JHWHs zurückkehren und nach Zion mit Jubel kommen (51, 11; vgl. 35, 10 und Ps 126, 6 בא יבא). Ihre Söhne werden sie dabei auf dem Arm herbeibringen (Jes 49, 22 *hiph*; vgl. 60, 4 als Neuaufnahme), denn JHWH will zum Norden und zum Süden sagen: „Bring her meine Söhne von fern" (43, 6 *hiph*; vgl. auch v. 5). JHWHs Gottsein erweist sich außerdem vornehmlich darin, daß er Verheißenes (s. unter IV.), das, was er geredet hat, kommen läßt (42, 9) und sogar plötzlich (48, 3). So mögen die Fremdvölker in den Gerichtsszenen zwischen JHWH und ihnen bzw. ihren Göttern vortreten und hören lassen, was kommen wird (הבאות 41, 22; in 41, 23 und 44, 7 (ה)אתיות, mit Artikel nur 41, 23; in 45, 11 in *ha'ōtī* zu ändern). Auch das Herzukommen zu diesen Gerichtsverhandlungen wird in 41, 5 durch אתה und in 45, 20 und 50, 2 durch בוא ausgedrückt (vgl. sonst → נגש und → קבץ; vgl. auch Jes 3, 14).

Haggai muß nach einer Disputation mit dem Volk, das die Zeit zum Wiederaufbau des Tempels noch nicht für gekommen hält (Hag 1, 2), neben der Mahnung (1, 4ff.) auch die Verheißung des dann anbrechenden Heils aufbieten (2, 5–10. 15–19), um Mut zu machen. Daß Serubbabel, Josua und alle übrigen des Volks dann wirklich zum Beginn der Arbeiten 'kommen' (1, 14), wird folglich auch auf die Wirkung des göttlichen Geistes zurückgeführt. Die Armseligkeit des neuen Tempels wird durch die Schätze aller Völker aufgebessert werden, deren Kommen Haggai verheißt (2, 7).

Die aus der Babylonischen Gefangenschaft 'Gekommenen' spielen hier wie bei Esra eine besondere Rolle (Esr 3, 8; 8, 35).

Auch für Sacharja wird die Erfüllung der Verheißung, daß von ferne Menschen kommen werden, um am Tempel JHWHs zu bauen, Zeichen seiner Beglaubigung als Prophet sein (Sach 6, 15; vgl. 8, 22). Die Verheißung, daß JHWH sein Volk heimbringen werde (8, 8 *hiph*; vgl. auch 10, 10), mußte offensichtlich noch mehrmals wiederholt werden. Der kommende Tag für (ל) JHWH wird der Zeitpunkt sein, an dem man in Jerusalem alles das wieder verteilen wird, was man der Stadt einmal geraubt hat (14, 1; zu Sach 2, 14 und 14, 5 s. X.).

Die Situation, welche dergleichen Verheißungen notwendig machte (vgl. Jes 59, 9ff. und v. 14 mit בוא), spiegelt sich auch in den Texten bei TrJes, die – wie schon bei DtJes – oft als Antwort auf

Klagen konzipiert sind. „Die Hilfe kommt“ (Jes 62,11; vgl. 56,1). JHWH wird die negative Lage durch sein Eingreifen zum Heil wenden: „Das Jahr meiner Vergeltung ist gekommen.“ Als Kehrseite des Gerichts über Edom bricht Heil für Israel an (63, 4; vgl. Jer 51, 46). JHWH verheißt sogar sein eigenes Kommen (59, 20; 66, 18), um zu helfen und auch um alle Völker und Zungen zu versammeln (s. dazu H.-P. Müller, BZAW 109, 1969, 220f.). Da JHWH die Fremden, die sich zu ihm gewandt haben, zu seinem heiligen Berg bringen (Jes 56,7 *hiph*) und sie erfreuen will an seinem Bethaus, kann auch die Zusage an Jerusalem ähnlich lauten („Dein Licht kommt“ 60,1; vgl. v. 4–6 über das Kommen verschiedener Menschengruppen zum Zion; weiter 49,18 und 60, 9–11, sowie 66, 20 *hiph*). Ja, JHWH selbst will im kommenden Heilszustand Gold statt Bronze, Silber statt Eisen usw. nach dem Zion bringen (60,17 *hiph*). Nach Mal 3, 23f. (sekundär) wird JHWH den Elia senden, welcher noch Umkehr bewirken soll, bevor der große und schreckliche Tag JHWHs kommt (Mal 3,19–21; zu 3,1–2 s. X.).

Im eschatologisierenden Zusatz zu Ps 22 (v. 28–32; s. J. Becker, Israel deutet seine Psalmen, 1966, 49f.) wird auf die eschatologische Befreiung Israels geblickt: Spätere werden kommen und JHWHs → צדקה predigen dem künftigen Geschlecht (v. 31f.).

Dan 9, 24 schließlich versichert, daß nach 70 (Jahr-) Wochen ewiges Heil gebracht wird (*hiph*).

2. Einem eigenen Traditionsstrang, nämlich den Texten, die den kommenden Heilsbringer verheißen, gehören an Gen 49,10 (עד כי־יבא שילה) und Sach 9,9 (הנה מלכך יבוא לך; vgl. 2,14, ferner 3, 8 *hiph*), zu denen Ez 21, 32 und vor allem Dan 7,13 hinzuzuzählen sind (כבר אנש אתה הוה).

Gen 49,10 ist Bestandteil des Judasegens (49, 8–12), welcher vom Jahwisten tradiert und (vgl. den ähnlichen Text Num 24,15–19) für dessen Theologie nicht unwesentlich ist (s. Mowinckel 13; Preuß, Jahweglaube ..., 133–135 mit Lit.; M. Rehm, Der königliche Messias, 1968, 19–23 mit Lit.). Wenn man zu schwierigen textkritischen Operationen nicht gleich bereit und ferner die Deutung des *ʿad* als „sein Thron“ nicht gesichert ist, da das angebliche ugar. Äquivalent *ʿd* in seiner Bedeutung umstritten ist (anders L. Sabottka, Bibl 51, 1970, 225–229) und außerdem dieser Übersetzungsvorschlag neue Probleme bereitet, muß weiterhin eine Deutung des Verses versucht werden, die vom vorliegenden Text und möglichst wenig Hypothesen ausgeht. Führungs- und Herrschaftssymbol, damit die Herrschaft selber, sollen von Juda nicht weichen, „bis daß יבא שילה“. Der Anschluß mit עד כי läßt zunächst schon vermuten, „daß nur der zuvor genannte Juda das Subjekt des Satzes sein kann“ (Zobel, BZAW 95,13). שילה könnte aber nur Subjekt sein, wenn man es anders als einen Ortsnamen auffassen könnte, was sehr zweifelhaft ist. Dann bleibt nur die Beziehung auf den Ort Silo. Der Vers ist nicht (wie v. 8) als Segensspruch, sondern eher als Heilsorakel oder Verheißung zu charakterisieren. Silo kann noch nicht zerstört sein und (oder!) muß noch große Bedeutung (trotz Zerstörung) haben, während Juda eine herrschende Stellung innehat, die noch eine Steigerung erfahren, nicht aber an ihr Ende kommen soll (J. Lindblom, VTS I, 1953, 83 mit Belegen für diese Auffassung des עד כי; das Kommen wird Erfüllung, wird Höhepunkt sein: O. Eißfeldt, VTS IV, 1957, 141). Der Blick auf die Theologie von J, die auch an anderen Stellen eine betont positive Stellungnahme zum davidisch-salomonischen Großreich und besonders zu David erkennen läßt, legt auch hier eine zeitgeschichtlich zu beziehende, theologische Interpretation einer Situation aus der Zeit Davids nahe. Es dürfte sich um einen nachträglichen theologischen Deutungsversuch einer Handlung Davids bzw. einer von ihm erhofften Handlung handeln, damit um ein vaticinium ex eventu, um einen dazu übernommenen alten Spruch, der von J aufgenommen worden ist und aus der Zeit stammen kann, als David zwar schon in Hebron zum König gekrönt war, aber eben nur in Juda herrschte (2 Sam 2, 4). Man erwartete die entscheidende Ausweitung seiner Herrschaft (v. 10d!) auch über die anderen Stämme von einem „Hingehen“ (Einzug?) Davids nach (in) Silo, welcher Ort nicht zu Juda gehörte, sondern hier als wichtiges Heiligtum der Nordstämme repräsentativ genannt ist. Außerdem könnte der Wunsch mitschwingen, daß Silo seine alte Ehrenstellung zurückgegeben werde (G. v. Rad, ThAT [4]II 23). Gen 49,10 ist somit einer der Texte des AT (vgl. die Sprüche in Num 24), der die Herrschaft Davids bewußt positiv sieht und sie ausgeweitet sehen möchte. Alte Texte versuchen durch Rückdatierung David in Orakelsprache zu glorifizieren und stehen damit am Anfang der Herausbildung „messianisch“ gefärbter Texte. Das בוא in v. 10 kam einer späteren messianischen Deutung des Abschnitts entgegen. Als Folge des ʻKommensʼ dieses Herrschers erwartet man den vollkommenen Heilszustand, womit sich dieser Spruch (vgl. besonders v. 11) anderen königsideologisch-messianischen Texten mit ihrem Gegenwartsmessianismus einordnet.

Ez 21, 32b (vgl. auch 23, 24b) hat Gen 49,10 in neuer Interpretation aufgenommen; allerdings ist kontrovers, ob es sich um eine positiv gefüllte Verheißung (W. L. Moran, Bibl 39, 1958, 405–425) oder um ihre Umkehrung zur „vollen Unheilsbotschaft“ (Zimmerli, BK XIII 496) handelt.

In Sach 9, 9f. (vgl. 2,14; 3, 8 *hiph* und Zeph 3,14–17) wird der Tochter Zion (als Kultgemeinde?) in Form einer Heroldsbotschaft verheißen: הנה מלכך יבוא לך. Innerhalb der Traditionsgeschichte „messianischer Weissagungen" ist Sach 9, 9f. ein eindeutig später Text. Es ist möglich, daß er der Zeit des Alexanderzuges angehört und dann das Gegenstück zu 9,1–8 bilden soll: Der wirkliche Heilsbringer kommt in Demut und Niedrigkeit (v. 9), nicht aber als kriegerischer Welteroberer, und das Ziel seines Wirkens ist das Ende der Waffen und Kriege (v. 10; vgl. Jes 2, 4). Jerusalem wird somit zwar keiner neuen fremden Macht unterworfen, aber der kommende König ist zunächst (in Korrektur von oder in Opposition zu Sach 2,14?) allein dieser Stadt Jerusalem verheißen. Den Frieden unter den Völkern wird dieser König dann nicht durch Eroberungen schaffen (vgl. aber 9,1–8. 11–17 als Rahmen). Die Beziehung zu Gen 49,10f. ist nicht nur durch den Gebrauch von בוא, sondern auch durch die anschließenden Friedensbilder deutlich. Auch andere Texte aus der Kette der sog. „messianischen Weissagungen" klingen an (Jes 9, 4; 11,10; Mi 5, 3). Entscheidend sind aber die Umgestaltungen in Sach 9, 9f.: Dieser König ist selber hilfsbedürftig und erhält sein Recht von Gott. Er ist arm (→ עני) und daher auch hilfsbedürftig, auf Gott angewiesen. Er zieht auf einem Esel ein, was in diesem Kontext ebenfalls die Niedrigkeit nochmals unterstreichen will. Durch ihn schafft JHWH (v. 10; Personänderung verfälscht nur) den eschatologischen Heilsfrieden, was hier ebenfalls auf rein friedliche Weise geschieht. Gen 49,11 wirkt nach. Waffen werden beseitigt, und der eschatologische Heilskönig von Sach 9, 9f. hat auch das prophetische Amt der Verkündigung (v. 10). Das „Messianische" hat innerhalb des AT auch eine es weitgehend umprägende Geschichte durchlaufen.

Auch der Menschensohn 'kommt' nach Dan 7,13 erst, nachdem (!) die feindlichen Mächte besiegt sind und Gott Gericht gehalten hat (W. H. Schmidt, KuD 15, 1969, 33), so daß hier אתה nichts mit dem Kommen zur Gerichtsverhandlung (בוא in Jes 3,14 und bei DtJes) zu tun hat (gegen die Erwägungen von Jenni, 259, Anm. 42). Dan 7, 9–14 zeichnen eine Gerichtsszene, in der v. 9f. und 13f. – letztere als Höhepunkte des Kapitels – in rhythmischer Prosa gehalten sind. Das Gericht wird zuerst am vierten Tier vollzogen. Mit seiner Vernichtung beginnt das Ende. Nach dem vierten Tier werden die anderen Tiere gerichtet; sie kommen faktisch mit ihm zusammen um. Und erst dann 'kommt' einer „wie eines Menschen Sohn" mit den Wolken des Himmels (→ בן אדם). Den vier Tieren, welche von unten und aus dem Meer kommen und damit als gottfeindliche Mächte charakterisiert werden und als Korporativpersönlichkeiten für die durch sie verkörperten Reiche und Mächte stehen, steht und kommt nun vom Himmel her ein Menschenähnlicher entgegen. Auch er ist somit wohl als Korporativpersönlichkeit zu deuten und d.h. auf das Gottesvolk, welches jetzt das kommende Gottesreich ererben soll. „Einzelmensch vom Himmel" ist damit der personifizierte Gegensatz zu den Weltreichen und vertritt das kommende Gottesreich der neuen Welt. Es ist – zumindest bisher – unmöglich und letztlich sogar unnötig, hinter diese Konzeption von Dan 7 religionsgeschichtlich zurückzufragen, zumal die Eschatologisierung dieser zu erschließenden oder postulierten Urgestalt eine für den Jahweglauben typische Eigenart erkennen läßt. Auf der Erwartung eines davidischen Messias fußt Dan 7,13 jedoch nicht. Eine eschatologische Heilsbringergestalt begegnet im Danielbuch sonst nicht (s. weiter H.D. Preuß, Texte aus dem Danielbuch. In: Calwer Predigthilfen, Bd. VI, 1971).

בוא und אתה werden folglich in Sach 9, 9 und Dan 7,13 für das eschatologische Kommen des eschatologischen Heilsmittlers bzw. der das Gottesreich symbolisierenden Korporativpersönlichkeit verwendet; dieser Gebrauch ist durch Gen 49,10 wie durch andere Texte „messianischer" Art vorbereitet.

X. Als die Lade JHWHs (→ ארון) in das israelitische Lager kommt (1 Sam 4, 6; 2 Sam 6,17 *hiph*) und dort mit → תרועה begrüßt wird, sagen die Philister, als sie dieses hören, daß אלהים (אלהיהם?) selbst gekommen sei (1 Sam 4,7). Diese Einschätzung der Lade ist nicht nur an die Denkart der Philister gebunden (vgl. Num 10, 35f.); wohl aber setzt sie die Verbundenheit JHWH–Lade voraus, zeigt aber dann deren harte Konsequenzen für Dagon auf: So sieht es aus, wenn JHWH selber 'kommt'! (s. dazu H.D. Preuß, Verspottung fremder Religionen im AT, BWANT 92, 1971, 74–80).

Nach alten Texten kommt JHWH im Traum zu einem Menschen (Gen 20, 3 E; 31, 24 E; wohl auch 1 Sam 3,10 und Num 22, 9. 20 E; vgl. v. 8 J; zur Sache → חלם). JHWH kommt durch seinen Boten (→ מלאך Jos 5,14; Ri 6,11; 13, 6–10; 13, 3 aber *wajjērā'* statt בוא), und dieses wird als (ursprünglich vorisraelitische?) Kultätiologie gewertet. Es wird als außergewöhnliches Ereignis beschrieben, wobei die Wirkung dieses Kommens „mehr oder weniger positiv" (Jenni 254) ist. Der Bote ist mit JHWH eng verbunden und doch etwas von ihm abgehoben. Die Überzeugung, daß im Kommen eines Gottesmannes, Propheten, Engels (weniger wohl eines Priesters: Lev 14, 33–53) zum Menschen stets letztlich Gott selber mit seiner Botschaft kommt, erhielt sich weiter, wenn diese direkte Gleichsetzung auch mehr mitschwingt als direkt betont oder gar reflektiert wird (Num 22, 38; 1 Sam 2,27; 13,11;

16, 2; 2 Sam 24, 13. 18; 1 Kön 13, 1; 17, 18, hier typische Wertung von Dtr; dann auch 2 Kön 9, 11; 20, 14 par.; 23, 17f.; Jer 40, 6; 2 Chr 12, 5; 16, 7; 25, 7 bis hin zu Dan 9, 23; 10, 12–14. 20; vgl. zu 10, 20 auch 1 Sam 17, 45). Die frühe Art des Kommens JHWHs in seinem Boten wird in dem späten Text Mal 3, 1f. (s.u.) wieder aufgenommen. JHWHs Kommen ist hier nie etwas Harmloses.

JHWHs Kommen ist auch nichts Selbstverständliches, wie der alte Text Ex 20, 24b aus dem Altargesetz des Bundesbuchs zeigt: „An jedem (Kult-?)Ort (→ מקום; so hier trotz des Artikels zu übersetzen), an dem ich meines Namens gedenken lassen werde (→ זכר), werde ich zu dir kommen (אבוא) und dich segnen". JHWH verheißt, im Segen des Priesters selber zu dem Gesegneten zu kommen, er verheißt seine Gegenwart im priesterlichen Segen. Daher sind die Verse auch als Gottesrede stilisiert, was D. Conrad für priesterliche Bearbeitung hält, der er auch v. 24b zuzuschreiben geneigt ist (Studien zum Altargesetz, Diss. Marburg 1968, 11f. 20).

Ist ein bestimmtes 'Kommen' JHWHs für die Geschichte Israels mit diesem Gott konstitutiv gewesen? Es liegt nahe, zuerst an die Sinaierscheinung JHWHs zu denken. Dort aber begegnet בוא als Kommen Gottes nur in interpretierenden Rahmenstücken (Ex 19, 9; 20, 20). Häufiger ist → ירד. In Ex 19, 9 steht בא als Ptz. in einer Jahwerede an Mose, in 20, 20 das בא האלהים in einer Moserede an das Volk. 19, 9 blickt voraus und unterstreicht die Stellung des Mose; 20, 20 schaut interpretierend zurück, während die Theophanieschilderung selber in Ex 19, 16–25 בוא nicht verwendet. Ex 20, 20 zieht paränetisch Folgerungen aus dem Erlebten (Ex 19, 16. 19 E), indem diese Gottesbegegnung auf die entsprechende Gottesfurcht extrapoliert wird, was an Verwendung elohistischer Elemente denken läßt (vgl. H.W. Wolff, EvTh 29, 1969, 59–72). Daß in Ex 19, 9 J redet (Chr. Barth, EvTh 29, 1969, 529f.; vgl. Beer, HAT: J²), ist vom Sprachgebrauch her unwahrscheinlich. J verwendet hier ירד und redet auch sonst nicht vom 'Kommen' JHWHs oder seines Engels (Boten). בוא und ירד stehen mit JHWH als gemeinsamem Subjekt überhaupt nicht zusammen, wohl aber z.B. יצא und ירד (vgl. das Gegenüber Ex 33, 9, das Gemeinsame in Ri 5, 13).

Was die Sinaitradition betrifft, kann hier zweierlei vermerkt werden: Die alten Texte interpretieren einerseits innerhalb der Sinaiperikope die Gotteserscheinung gar nicht (oder nur sehr sparsam und später) als ein 'Kommen' JHWHs (Gottes), sondern sie sprechen mehr von einem Herabfahren (ירד, z.B. Ex 19, 18; 34, 5 J). Dabei ist der Berg Ziel des 'Kommens'. Andererseits haben spätere Texte vom Kommen JHWHs vom Sinai her (!) gesprochen bzw. von einem kultischen bzw. geschichtlichen Kommen JHWHs (s.u.). Spiegelt sich in diesem Sprachgebrauch die Tatsache, daß JHWH ursprünglich am Sinai (besser: am Gottesberg) lokalisiert gedacht war (Ex 19, 17 E!; vgl. Ri 5, 5; Ps 68, 9), auf welchen er dann „herabstieg", folglich nicht auf ihm 'wohnte', während sein Kommen nach Palästina zwar noch vom Sinai her geschieht, aber auch seine ausschließliche Bindung an diesen Berg später nicht mehr voraussetzt? Westermann spricht hier dann von „Epiphanie": JHWH kommt, um seinem Volk zu helfen (C. Westermann, Das Loben Gottes in den Psalmen, ⁴1968, 70; dazu Schnutenhaus 21). Hierdurch könnte sich auch das spätere Zurücktreten von ירד in Theophanieschilderungen (Jeremias 106) erklären. Insgesamt sollte man folglich mit der Feststellung, daß in der Sinaiüberlieferung das 'Kommen' Gottes konstituierendes Element sei (G.v. Rad, Gesammelte Studien zum AT, ³1965, 27; auch Jeremias 154, nach dem es ein erstes 'Kommen' JHWHs vom Sinai her gab, und mit beiden Perlitt, Bundestheologie, 234) vorsichtig sein: בוא und ירד sind nicht deckungsgleich (gegen Jeremias 154f.).

Von einem 'Kommen' JHWHs vom Sinai her (!) reden folgende grundlegenden (so Jenni 256), sämtlich hymnischen sowie mit geprägtem Vorstellungsmaterial angereicherten Texte: Deut 33, 2 (בוא und אתה parallel? s. aber KBL³ s.v. אתה und Jeremias 63f., Anm. 5; vgl. Sach 14, 5), Ps 68, 18b (l. *bā' missīnaj*; vgl. 68, 8f., auch 68, 32; zum *hiph* von אתה dort s. KBL³ s.v.) und Hab 3, 3, aber auch Jes 63, 1. Zu den Begleiterscheinungen des Kommens s. Jeremias passim; zum Feuer auch ThWNT VI 934f.

Der Hymnus Deut 33, 2–5. 26–29 verherrlicht das eine (wohl immer neue!) hilfreiche Kommen JHWHs auf verschiedene Wirkungsziele hin, aber auch noch zum Sieg über die Feinde (v. 26f. 29). בוא wird mit zahlreichen anderen Verben gleichgesetzt und damit durch diese auch ausgelegt (→ זרח, יפע *hiph*, נגה; weiter auch קום und ראה *niph*), wie auch die Ortsangaben sich gegenseitig interpretieren. In Deut 33, 2–5. 26–29 findet בוא *qal* sich damit in beinahe analoger Verwendung zu manchem Gebrauch des *hiph*, nämlich als Aussage der Führung (s. VII.). Wie noch Ri 5, 4f. (dort aber יצא; vgl. Jes 42, 13 und → צעד), 'kommt' JHWH vom Sinai, um seinem Volk kriegerisch zu helfen (vgl. Amun im Kadeschgedicht: A. Erman, Die Literatur der Aegypter, 1923, 330). Ri 5, 4f. ist jedoch – im Gegensatz zu Deut 33, 2 – klar nur ein einmaliges Kommen zu konkret-einmaliger Kriegshilfe gemeint, und auch sonst fehlen in Deut 33, 2 schon alle Theophanieelemente (Jeremias 158f.). Auch Teman in Hab 3, 3 weist in ähnliche geographische Richtung (Jeremias 8). Das Kommen

JHWHs zum Sieg über die Feinde Israels wird hier besungen, und dieser Lobpreis des zum Kampf für sein Volk herankommenden JHWH hat hier schon Eingang in die Kultlyrik gefunden (zu diesem Prozeß Jeremias 118ff. und Jenni 256). Trotz des sprunghaften Kontextes (Jenni 256, Anm. 25) läßt Ps 68,18b doch erkennen, daß und wie hier JHWHs ursprünglich kriegerisches Kommen zur Hilfe für sein Volk auf sein kultisches Kommen in sein Heiligtum ausgeweitet (vgl. Mal 3,1) und bezogen worden ist (dazu Jeremias 160f.).

Eine genauere Ortsbestimmung fehlt in Jes 30, 27, wo JHWH (nur das *šēm* dürfte hier sekundär sein; lies *šām*?) „von ferne" zum Gericht über Assur, aber zur Freude Israels kommt, und sie fehlt auch in Mi 1, 3 (Gericht über Israel; dort aber wieder nicht בוא, sondern ירד neben יצא). Noch nicht bei Amos (Am 1, 2 ist anders zu verstehen) und Hosea, wohl aber bei Jesaja und Micha ist damit die Rede vom Kommen JHWHs in die prophetischen Gerichtsandrohungen hineingedrungen, und das Moment kriegerischen Kommens hält sich in beiden Texten noch durch (Mi 1, 3–5a. 6 als Kontext), bei Micha sogar der Hinweis auf die Folgen in der Natur.

Zahlreiche prophetische Texte drohen dann in der Folge JHWHs Kommen zum Gericht über seine Feinde an, ohne daß über den Ausgangspunkt seines Kommens reflektiert wird. Die Begleiterscheinungen seines Kommens sind dabei oft denen der älteren Theophanieschilderungen ähnlich. JHWH kommt zum Gericht über Ägypten (Jes 19,1) und zur Vernichtung seiner Götzen (→ אליל), und er fährt dabei auf einer Wolke. JHWH wird gegen Jerusalem angehen und in es hineinkommen, auch wenn man dort annimmt, daß niemand dieses vermöchte (Jer 21, 13; vgl. 49, 4). Er wird also nicht 'kultisch' nach dort 'kommen', wie man es sonst wohl glaubte, nicht zu seiner heilsamen Gegenwart. Er kommt zum Gericht über die Völker (Jer 25, 31; kaum von Jeremia; in v. 30 aber über Israel!); er kommt mit (wie?) Feuer, Wetter und Schwert (Jes 66,15f.; vgl. 59,19), kommt zum Gericht „von Edom" (Jes 63,1; vgl. 35, 4, siehe hier zum Text aber Jeremias 125, Anm. 1). JHWH kommt zum Gericht gegen die Frevler in Israel (Jes 59,19f.). Nach der Prophetenrede Sach 14, 5 wird am Tage für JHWH (v.1) „JHWH mein Gott" selbst vom Himmel (?) zum Ölberg herab (יצא; vgl. Ri 5, 4f.; Ez 43,1–5 „vom Osten"?) und von dort zu Kampf (Motiv des Jahwekrieges) und Völkergericht kommen (בוא), damit aber zum Heil des Gottesvolkes – er selbst und alle „Heiligen" mit ihm. Sein Kommen hat das Ziel, Wohnung zu nehmen in Jerusalem (vgl. 2,14). v. 3 und 5 verwenden nicht nur verschiedene Vokabeln für JHWHs 'Kommen', sondern sie sind auch inhaltlich verschieden gefüllt und unterschiedlich gezielt: Die Überwindung der Völker ist „Vorstufe für den endgültigen Einzug Jahwes in die Stadt" unter Vernichtung der Götzenkultstätte (v. 5a). Auch Mal 3,1f. drohen das Kommen JHWHs (bzw. des Engels des Bundes; wohl Zusatz in v. 1c) zu seinem Tempel mit Feuer zum Gericht an. Jes 59,19f., 66,15f., Mal 3,1f. und in gewisser Weise auch Sach 14, 5 künden JHWHs Kommen zum Gericht über Frevler innerhalb des nachexilischen Israel. Man versuchte so die seit dem Exil erhoffte endgültige Rückkehr JHWHs zum Zion als Hoffnung wachzuhalten und immer wieder neu zu ermöglichen (vgl. schon Ez 43,1ff.; Jes 40, 3–5).

Dieses wird durch die exilisch-nachexilischen Verheißungen des Kommens JHWHs zum Heil unterstrichen. In Jes 40,10 verheißt der Freudenruf des Siegesboten (vgl. 62,11): JHWH kommt kriegerisch zum Heil „in Stärke", wird herrschen und seine Beute heimführen (v. 9–11). Dieses Kommen ist damit deutlich kein nur punktuelles mehr (vgl. Ez 43,1ff.), sondern DtJes lebt (wie Ez 40ff.; auch Hag und Sach) in aktualisierender Eschatologie (vgl. Jes 40, 5 betr. כבוד יהוה; dann 42,13; zu Theophanievorstellungen bei DtJes s. L. Köhler, BZAW 37, 1923, 124–127; vgl. auch Westermann, ATD 19, 39 zur Verwandtschaft von Jes 40, 9–11 mit den 'eschatologischen Lobpsalmen' bei DtJes; s. auch Jes 52,10 und Sach 9, 9f.). Daß es in spätexilischer wie frühnachexilischer Zeit eine aktualisierende Eschatologie gegeben hat, die vom Kommen des endgültigen, eschatologischen Jetzt überzeugt war und nach der das neue 'Kommen' JHWHs ein endgültiges zum Bleiben war, beweist auch das verheißende Jahwewort an die Tochter Zion in Sach 2,14: „Denn siehe, ich komme (Ptz.) und will bei dir wohnen" (vgl. Ez 43,7–9; Sach 8, 3; auch 14, 4f.; vgl. auch die Wertung durch W. Zimmerli, VT 18, 1968, 229–255). בוא bezeichnet in Sach 2,14 keine 'Theophanie', sondern ist mehr einleitendes Hilfsverb (Jenni 257, Anm. 33); auch der Kontext (v.12–16?) läßt nicht an kultisches, sondern militärisches Rahmengeschehen denken. Über das Verhältnis von Sach 2,14 zu 9, 9f. vgl. die Erwägungen von M. Sæbø, Sacharja 9–14 (WMANT 34), 1969, 184 und 315. Jes 60,1 ist ein weiteres Heilswort an die nachexilische Zionsgemeinde: „Dein Licht (→ אור) kommt und der → כבוד יהוה glänzt auf über dir" (vgl. Jes 40,10; 62,11). Das Kommen des Heils ist das Kommen JHWHs, wie er sein Kommen zum geschichtlichen Heil auch selbst verheißt (66,18, in aufnehmender Korrektur zu 66,15).

Eine kleine (!) Textgruppe, die „theologiegeschichtlich kaum zum Tragen" kam (Jenni 253), meint ein kultisches Geschehen, wenn sie vom 'Kommen' JHWHs spricht. Die Belege sind jedoch in der Lage, die Annahme zu unterstreichen, daß im israelitischen Kultus eine rituell-dramatische Darstellung der Theophanie (durch Licht, Rauchwolke oder Ton?) kaum stattgefunden hat, sondern man eher an eine 'Theophanie' als Wortgeschehen zu denken hat (vgl. dazu H.-J. Kraus, Gottesdienst in Israel, ²1962, 250f.; ders., BK XV, LXVIf. 144f.; auch Schnutenhaus 18).

Der einzige Text, der unter Verwendung von בוא (v. 7 und 9) an einen kultischen Einzug JHWHs (unter Verwendung der Lade? s. Kraus, BK XV z. St.) als des מלך הכבוד denken läßt, ist Ps 24. Die ganze Szenerie jedoch läßt daran zweifeln, daß es sich bei dem in Ps 24 Geschilderten um einen regelmäßigen oder häufig wiederholten, stetigen Ritus gehandelt hat.

Interessant ist Ps 50, 3: „Unser Gott kommt und schweigt nicht." Hier zielt das Kommen JHWHs zum Gericht, das nach v. 2 vom Zion her zu denken und daher als kultisches zu verstehen ist, auf eine Mahnung an das Volk. Die Theophanie realisiert sich als ein Wortgeschehen (v. 1 und 7ff.). Da JHWHs Kommen hier mit dem Aufstrahlen des Lichtglanzes (→ כבוד) verbunden geschildert wird (vgl. Deut 33, 2, jedoch ohne כבוד; dann aber Ez 1, 4ff.; 43, 1ff.), Lichtglanz und Theophanie aber folglich erst in späteren Texten miteinander verbunden auftreten, begegnet eine vorexilische Datierung von Ps 50 von daher erheblichen Schwierigkeiten (vgl. Jeremias 63f. mit weiterer Lit.).

Als Belege für eine kultdramatisch sich realisierende Theophanie werden oft Ps 96, 13 (vgl. 1 Chr 16, 33) und Ps 98, 9 (beide mit בוא) benutzt, aber zu Unrecht. In beiden Texten geht es vielmehr um ein Kommen JHWHs zur Gerichtsverhandlung, wie es ähnlich bei DtJes geschildert wird (s. IX.). Daß Ps 96 und 98 DtJes voraussetzen, läßt sich auch sonst erweisen (vgl. Kraus, BK XV z. St., Dahood, Psalms II 357; Preuß, Verspottung ... 248f. zu Ps 96). Ps 96 enthält als eschatologischer Hymnus auch die Ankündigung JHWHs als des eschatologischen Weltenrichters und hat (wie Ps 98, 9) höchstens „Anklänge an eine Theophanieschilderung" (Jeremias, 112, Anm. 3; vgl. Jenni 258). „בא ist im Zusammenhang (von 96, 13) nicht kultisch, sondern eschatologisch zu verstehen" (Kraus, BK XV 668; vgl. 679 zu 98, 9). Das Ziel seines Kommens ist der Antritt der Weltherrschaft, nicht eine Gegenwart im Kultus. Daher kann sogar gefragt werden, ob בוא hier vielleicht nicht sogar wiederum nur die Funktion eines Hilfsverbs hat (vgl. Jenni 258).

Keine der alttestamentlichen Theophanieschilderungen beschreibt JHWH selber, wohl aber die Wirkungen seines Kommens. JHWHs Kommen ist auch nie Selbstzweck, sondern er 'kommt', um etwas zu tun. Er erweist sich auch hier durch sein Wirken. So kommt er z.B. auch primär nicht in sein Heiligtum oder in die himmlische Ratsversammlung (wie es oft von Göttern der Nachbarländer Israels bezeugt wird), sondern „in den Raum der Bedrängnis Israels" (Schnutenhaus 17).

Alte Texte lassen erkennen, daß und wie man JHWHs kriegerisches Kommen jeweils neu und punktuell geglaubt und erfahren hat, wie man später sein Kommen zum Gericht und Heil androhte, verhieß, erfuhr und lobte. Gottes 'Kommen' meint somit innerhalb des AT nicht überall dasselbe und niemals ein im Bereich des Menschen Machbares oder Verfügbares. Israel erwartet das endgültige Kommen des gekommenen und kommenden JHWH. Eine Untersuchung des Gebrauchs von בוא kann daraus nur einen – wenn auch typischen – Ausschnitt erschließen (vgl. weiter → יצא, → ירד usw.). Man sollte daher aber auch nicht zu pauschal vom 'Kommen' JHWHs reden, wenn das AT eine differenzierende Wortwahl aufzeigt.

Das Lied des Mose in Deut 32 klagt in v. 17 Israel an, daß es neuen Göttern geopfert habe (vgl. schon Ri 5, 8 zu „neuen" Göttern), die es nicht kannte und die erst kürzlich 'aufgekommen' (באו) seien, die auch die Väter nicht verehrt hätten. Zu diesen Göttern sollte man nicht gehen, sie könnten auch nicht zu Israel kommen. Als „neue" Götter (→ חדש) hatten sie keine Geschichte mit Israel. Hier aber lag JHWHs Proprium.

Preuß

בוז → בזה

באר → בור

בוש בּוּשָׁה, בֹּשֶׁת, מְבוּשִׁים

I. 1. Formen und Ableitungen – 2. Ugaritische und akkadische Parallelen – II. Wortfeld, Grundbedeutung – III. *bôš* in der prophetischen Literatur und in den Psalmen – 1. Hosea – 2. Jesaja, Micha – 3. Jeremia – 4. Zephanja, Joel – 5. Ezechiel – 6. Psalmen – IV. Die hiph'il-Formen.

I. 1. בוש ist eine zweiradikale ursemitische Wurzel mit mittlerem langem Vokal (vgl. von Soden, AHw zu *bâšum*), belegt im *qal*, *hiph* (2 Formen) und im *hitpal*. Von בוש deriviert sind die Nomina *būšāh* 'Beschämung' (4mal; BLe 452u: Abstraktbildung von בוש wie טוב von טוב gemäß den *qutl*-Abstrakta), *bōšæt* 'Schande' (m.E. nicht Gefühl der Schande, so KBL³, s.u.; BLe 452u: *quṭl*-Abstraktum) und *mᵉbūšîm* 'pudenda des Mannes' (einmal; בשנה Hos 10, 6 kann nicht als unbedingt gesichert gelten). Wahrscheinlich ist von diesem בוש ein בוש II zu unterscheiden; vgl. vor allem die *pol*-Formen Ex 32,1; Ri 5, 28 und wohl auch die *qal*-Form Esr 8, 22, s. dazu KBL³ 112f.

2. Aus den übrigen semit. Sprachen ist das für den at.lichen Befund Interessanteste im Akk. zu finden. Im Ugar. ist die Wurzel zwar sicher durch das Nomen *bṯt* 'Schande' belegt (CTA 4 [II AB] 51 III 19. 21), das aber eine differenzierte Bestimmung des Sinnes nicht erlaubt. Demgegenüber sind die Verbalformen *bṯ* (Imp., CTA 2 [III AB] IV 28f.) und *jbṯ* (CTA 2 IV 31) in ihrer Herleitung immer noch umstritten – mit J. Gray, Legacy of Canaan ²1965, 26, schiene mir die Verwandtschaft zu בוש I unwahrscheinlich. Aus dem Mittelhebr. ist erwähnenswert, daß der Sinn mehr zum Subjektiven, zum Gefühl hin verschoben ist; vgl. im einzelnen Jacob Levy, WTM ad vocem בוש (belegt sind *qal-*, *pi-*, *hitpa-* und *nitpa-*, nicht aber *hiph*-Formen; בשת erhält die Nuance 'Schamhaftigkeit', bezeichnet aber auch den Geldersatz für eine jemandem zugefügte Beschämung). Ebenso scheint die Verbindung zur geschlechtlichen Scham enger geworden zu sein; vgl. etwa Lev.r.s. 14,157ᵈ מקום בשתה von der Scham der Frau; Kidd. 81ᵇ „sie schämt sich, nackt vor ihm zu stehen".

Im Akk. hat *bâšum* die Ableitungen *bāštum*, *buštum*, *bajjišu* und *ajjabāš* („Ich will nicht zuschanden werden"). Während die beiden letzten Derivate hier nicht so wichtig sind, kann man den Gebrauch der Verbformen und der beiden ersten Derivate kaum übergehen. Zum Verb vermerkt von Soden, AHw 112, daß die Bedeutung 'sich schämen' selten sei (jungbabyl.) – sie wird in CAD (*ba'āšum* II) nicht erwähnt. Im allgemeinen aber heißt *bâšu* im G-Stamm „to come to shame" und im D-Stamm „to put to shame". Eine spezielle Beziehung zur geschlechtlichen Scham scheint nicht vorhanden zu sein, vielmehr geht es wie im Hebr. um das Bloßgestelltwerden, z.B. durch Gläubiger oder im Tor (CAD 2, 5f.). Vor allem aber sind vom frühesten bis zum spätesten Stadium der Sprache Bitten in der Art von „Laß mich/uns nicht zuschanden werden" bekannt, auch in Personennamen (CAD 2, 5f.; AHw 112; unsicher allerdings altakk. *E-ni-ba-aš* neben *E-ni/na-ba-ša-at*, so von Soden). Als Beispiele mögen die folgenden Personennamen gelten: (altbabyl.) ᵈ*Sin-a-ia-ba-aš* „O Sin, laß mich nicht zuschanden werden"; *A-ia-ba-aš-ì-lí* „Laß mich nicht zuschanden werden, o mein Gott" oder kurz *A-a-ba-aš*; als Frauennamen z.B. (mittelbabyl.) ᶠ*At-kal-ši-ul-a-ba-aš* „Ich vertraute auf sie und wurde nicht zuschanden"; aus dem Neubabyl.: *La-ba-ši-i-li* „Laß mich nicht zuschanden werden, o mein Gott" und sehr schön *Nabû-alsi-ul-a-ba-aš* „Ich rief Nabu an und wurde nicht zuschanden" (CAD 2, 6). Im D-Stamm mögen als Beispiele für die Konsequenzen von *bâšu* genügen: „otherwise we shall send an order (lit. tablet) of the prince and the *rābiṣu*-official, and we shall put you to shame (*nu-ba-aš-ka*) in the *kâru*, and you will no longer be our colleague" (TCL 19,1: 33 bei CAD 2, 6). Sehr schön auch „I (Ishtar) have given you encouragement, I will not let you come to shame" (IV R 61, neuassyr. Orakel für Esarhaddon, CAD 2, 6).

Das dem hebr. בשת entsprechende Nomen *buštum* hat, wie es scheint, eine sehr ähnliche Bedeutung. (Die bei CAD 2, 352 angenommene Bedeutung „dignity" kommt bei von Soden AHw 143 nicht vor.) Es bedeutet wohl „Schande, Beschämung" und ist in der Verneinung (*lā buštum*) terminus technicus für Unverschämtheit, Schamlosigkeit. Als Beispiele seien hier genannt: „... der die Schande des Landes bedeckt" (*bu-ul-tim ša ma-ta-ti*, AHw 143); „the king has given you an order, but you do not want to give (me the house) ... so you will have to give him (the house) [*a-n*]*a bu-uš-ti-ka* zu deiner Beschämung (CAD 2, 352 mit Korrektur von von Soden 143).

Demgegenüber ist die Bedeutung von *bāštum* im Hebr. nicht belegt. Es ist das, was im בוש verletzt wird, was beim Nichtzuschandenwerden geschützt wird, also Lebenskraft (AHw) oder vielleicht Lebensfülle. CAD 2,142ff. schlägt vor „dignity", d.h. wohl, daß man sich erhobenen Hauptes und im Vollbesitz der Personalität bewegen kann. U.U. kann diese Lebensfülle in der geschlechtlichen Potenz zusammengefaßt sein, z.B. „my dignity (*ba-aš-ti*) has been taken away, my virility has been jeopardized" (CAD 142 nach Lambert, BWL 32:47, Ludlul I); vgl. ganz einfach *ṣubāt bal-ti* „Schamtuch" (AHw 112 gegen CAD a.a.O.). Aber allgemeiner heißt es etwa (altassyr.): „durch deine (Gottheit) Lebensfülle mögen sie satt werden". Ja, *bāštum* gibt es personifiziert als Schutzengel (?, AHw) bzw. „protective spirit" (CAD) und kommt so in Eigennamen vor, z.B. *A-bi-ba-áš-ti* „mein Vater ist mein b."; als Frauenname ᶠ*A-li-ba-aš-ti* „Wo ist mein b.?" oder altakk. *Era-ba-aš-ti* „Era ist mein b.".

II. Es muß auffallen, daß die Wurzel בוש und ihre Derivate vor der großen Schriftprophetie des 8. Jh. praktisch keine Rolle spielen. Zwar gibt es die Redensart עד־בוש 'bis zum Schämen = maßlos' (KBL² 112; Ri 3, 25; 2 Kön 2,17; 8,11); aber sie ist erstarrt und trägt zum Verstehen des Wortes nichts bei. Zwar gibt es (abgesehen von den Psalmen) die Stellen 1 Sam 20,30 (בשת); 2 Sam 19, 6 (הוביש) und evtl. Deut 25,11 (מבושים pudenda des Mannes); aber die wenigen Ausnahmen können den Gesamteindruck nur bekräftigen und nicht beseitigen. Er wird weiter verstärkt, wenn man die parallele Wurzel → חפר ansieht, die (abgesehen von den Psalmen) vor der Schriftprophetie überhaupt nicht belegt ist. Vielleicht steht es etwas anders mit dem überaus häufig in Parallele gebrauchten → נכלם – zum Wortfeld von בוש gehören סוג אחור, פחד, חתת, einmal חור 'erbleichen', einmal נדמה 'verstummen', aber auch שדד *pu* (Jer 9,18), אבד (Ps 83,18) und כלה (Ps 71,13), wirklich häufig in Parallele stehen jedoch nur חפר und vor allem נכלם. נכלם kommt in älteren Belegen wenigstens einigermaßen häufig vor (7 mal); aber diese Wurzel hat ähnlich wie *ḥērep* (→ חרף) einen eher aktiven Klang als בוש, also etwa 'entehrt, geschändet worden sein' (cf. KBL[1]). בוש bringt demgegenüber zum Ausdruck, daß jemand, eine Person, eine Stadt, ein Volk, ein Berufsstand o.ä., etwas galt und die ehemals angesehene Stellung und Geltung gestürzt ist. Jemand hat etwas auf eine Macht hin, sie sei eine andere Person, ein Staat oder ein Gott, riskiert und sich damit hervorgewagt und wird nun in diesem Sich-Hervorwagen getroffen, so daß er ins Gegenteil, in Schande, gerät und sich schämen muß, nicht als ein Produkt der Subjektivität, sondern als etwas, was ihm anhängt. Kurz, בוש hat stets, auch in seinen Kausativformen, etwas Passives, man erleidet es. Weiter fällt auf, daß die Wurzel in keiner Weise an der sexuellen Scham orientiert ist – Gen 2, 25 (*hitp*) dürfte bedeuten „sich in bezug auf seine Blöße nicht im Status der Schande finden". בוש meint die oben beschriebene menschliche Scham, den mißlungenen Entwurf eines Entwerfend-Seienden, das Scheitern eines ekstatischen Daseins. Und es sieht fast so aus, als sei diese Dimension des Menschseins auf breiterer Ebene, d.h. außerhalb der Psalmen-Sprache, erst in der Zeit der großen Propheten entdeckt worden. Allerdings wird dieser Befund dadurch erheblich eingeschränkt, daß die Wurzel samt ihren Derivaten außer in den Psalmen und bei Jer überhaupt nicht häufig vorkommt. Bei Amos, Nahum, Habakuk, Maleachi, Daniel sowie im Pentateuch und im dtr Geschichtswerk fehlt sie ganz. Bemerkenswert aber dürfte sein, daß die Wurzel von den großen Propheten auf die Katastrophe ihres Volkes vor seinem Gott angewandt worden ist und sie diese Dimension in einem alles entscheidenden Moment der Geschichte ihres Volkes zur Sprache gebracht haben.

Das Charakteristische von בוש findet man bereits in 2 Sam 19, 6 (הוביש): Wenn David sich mit der Klage um Absaloms Tod so sehr befaßte, daß er nicht einmal für seine siegreichen Truppen ein Gehör hatte, so setzte er diese nicht nur ins Unrecht – das auch; viel schlimmer war, daß er seine Truppen und Freunde lächerlich machte. Denn diese hatten sich einem juristisch unterlegenen, abgesetzten König angeschlossen und ihm die Treue gegenüber dem vom Volk proklamierten König gehalten. Wenn David daher bis zum Äußersten um Absaloms Tod klagte, so ließ er seine Truppen nachträglich im Stich und machte ihre Treue zur Albernheit. So ist בוש das Blamiertwerden mit etwas, was man sich vorgenommen hatte. Das geht auch sehr schön aus 1 Sam 20, 30 hervor. Als Jonathan sich bei Saul für David verwandte, beschimpfte ihn Saul: „Du Sohn einer von Auflehnung verrückten (Frau)! Wußte ich nicht, daß du zugunsten des Sohnes Isais optierst, zu deiner Schande und zur Schande der Scham deiner Mutter? Denn alle Tage, die der Sohn Isais auf der Erde lebt, wirst du und dein Königtum nicht bestehen." M.E. gibt der Wortlaut des MT einen ausgezeichneten Sinn. Saul wirft seinem Sohn nicht nur vor, daß er statt der Interessen seines Vaters die Davids „erwählte", also ein schweres Unrecht gegen den regierenden König beging (so vor allem die Mutter), sondern sich mit dem Risiko, sich gegen den König zu wenden, nur einhandelte, daß David sich an Jonathans Stelle zum König machte und mit dem königlichen Harem auch Jonathans Mutter als sein Weib übernahm. Das Schlimmste war also nach Sauls Worten nicht das an ihm begangene Unrecht, sondern der Umstand, daß dies auch noch schlecht durchdacht und damit lächerlich war, kurz: eine Blamage für den angesehenen Königssohn, so blamabel, wie wenn erfahrene Karawanen sich auf unverläßliche Wasserläufe verlassen und in der Wüste zugrunde gehen (Hi 6, 20).

III. 1. Das Moment des Blamablen haben offenbar einige der großen Propheten am Verhalten der Staaten Israel und Juda z. Z. der Katastrophe festhalten wollen. Während בוש und seine Derivate bei Amos fehlen, sind sie schon bei Hosea, Jesaja und Micha belegt. Hos 13,15 ist allerdings eine Form von יבש zu lesen, und in 4,19 ist der Kontext so korrumpiert, daß man über ein Hasardieren nicht hinauskommt. Aber Hos 10, 6 spricht deutlich: „Israel wird zuschanden wegen seines Plans." D.h. der Staat setzte sich mit seinem Kalb von Beth-Awen und dem Wortemachen, Eide-schwören und Bundesverpflichtungen-eingehen nicht nur vor Jahwe ins Unrecht, sondern blamierte sich mit diesem Unrecht auch noch, weil für Assur die Planungen des winzigen Staates Kinkerlitzchen blieben. Man verlor JHWH zugunsten der eigenen Ideen und machte sich damit auch noch lächerlich – das ist gemeint. Ähnlich Hos 9,10: Daß Israel zum Baal Peor gegangen war, war nicht nur ein Unrecht gegen JHWH, sondern auch dumm. Man hätte ja wissen können, daß man sich auf nichts Verläßliches stützte und sich damit buchstäblich der Schande weihte.

2. Was Hosea nur andeutet, erklärt Jesaja ausführlich in dem Wort 30,1–5 am Beispiel Ägypten. Juda plant, sich mit Ägypten zu verbünden, „aber meinen Mund fragen sie nicht!“ So fügt es eine Sünde zur anderen (1b). Als blamabel aber muß gelten, daß Juda seine Bündnispläne auf ein Volk baut, das doch nicht hilft, sondern nur seine eigene Haut retten will. Statt auf JHWH als Zuflucht sich zu stützen und in seinem Schatten sich zu bergen (Psalmen-Sprache, v. 2), begeht das Volk die Sünde, den Pharao als Zuflucht und Schatten zu wählen, und erntet nichts als eine Blamage (3). Ähnliches besagt 20, 5: „Und sie (scil. die Judäer) werden sich entsetzen und beschämt sein wegen Kusch, ihrer Hoffnung, und wegen Ägypten, ihrem Schmuck.“ Anläßlich des von Asdod ausgehenden Aufstandsversuchs im Jahre 713 hatte auch Juda es riskiert, sich gegen die ungeheuer überlegene assyrische Großmacht zu wenden, und dieses Risiko schien durch das Vertrauen auf die Macht Ägyptens hinlänglich abgesichert. Aber das Risiko wird sich nicht lohnen, sagt der Prophet, man wird mit ihm zuschanden werden, weil Ägypten nicht zureichend helfen wird. – Nicht ganz deutlich wird 1, 29, da es nur innerhalb eines Bruchstücks überliefert ist: „Denn ‘ihr’ werdet euch schämen wegen der Bäume, nach denen euer Verlangen steht, und zur Schande kommen wegen der Gärten, die ihr euch aussucht.“ Es bleibt wohl (mit Wildberger, BK gegen Fohrer, Das Buch Jesaja z.St.) am wahrscheinlichsten, daß heilige Bäume und Gärten gemeint sind. In der Hochstimmung also hat Juda zur Verschönerung seines Daseins heidnische Praktiken in sein kultisches Gebaren aufgenommen und wird damit lächerlich, weil man sich selbst in der Hochstimmung den Boden unter den Füßen wegzieht: Man handelt gegen JHWHs Willen und verliert damit die Macht, die allein ein Wohlbefinden hätte garantieren wollen.

Bei Micha findet man בוש nicht auf das Volk bezogen. Während man aus 1,11 nichts Sicheres entnehmen kann, besagt 3, 5–8, daß die Propheten, die das ihnen in den Mund gelegte Wort JHWHs nicht weitergegeben haben, in ihrem Prophetsein beschämt werden sollen, sofern sie kein Wort JHWHs mehr erhalten und der Tag für sie zur Nacht wird.

3. Jeremia setzt die Tradition seiner Vorgänger fort, unterscheidet sich von ihnen aber darin, daß er seine persönliche Existenz ganz in die Katastrophe seines Volkes verflochten sieht und sich daher sehr unmittelbar mit der Volksklage auseinandersetzt. Aus der Zeit vor der josianischen Reform stammt wohl das exzellente Wort 2, 26ff.: Das Haus Israel wird Schande davontragen wie ein Dieb, der bei seiner Tätigkeit ertappt wird. Denn sie sagen zum Baum: Mein Vater! und zum Stein: Meine Mutter! In der Not aber werden sie mit diesen Symbolen allein sein, sie werden die Schande durchleben müssen, daß JHWH nicht helfen will und jene nichts können. 2, 36f. heißt es, daß Israel an Ägypten ebenso zuschanden kommen werde, wie es an Assur zur Schande kam. Es sieht so aus, als sei gemeint: Wie JHWH einst die Planungen „Israels“ gegen Assur nicht hat gelingen lassen, weil er ihre Stützen verworfen hatte, so hilft er Israel jetzt nicht gegen Ägypten, weil er all ihre Stützen verwirft. Übrig bleibt, daß ein Kleinstaat sich in lächerlicher Form gegen eine Großmacht wendet und dabei ganz schnell zur Räson gebracht wird. Erstaunlich Gleichartiges hat der Prophet zu einem Fremdvolk sagen können (48,11–13). Am Schluß dieses sehr originellen Orakels heißt es: „Und Moab wird an Kemosch zuschanden kommen, wie das Haus Israel an Bethel zuschanden wurde, der Stütze seines Vertrauens.“ Ob dies Wort nun echt oder unecht ist – (evtl. läßt sich mit LXX seine poetische Form wiederherstellen, also ובוש מואב מכמוש כבוש בית ישראל מבית־אל מבטחם (אליו מבטיחים) – seine Meinung kann nach dem Kontext nur sein: Wie das Heiligtum von Bethel (s. Rudolph, HAT z.St. gegen die Deutung Bethels als Gott) nur der nationalen Selbstgewißheit Israels gedient hat, statt ihm JHWHs Wahrheit zu sagen, dient auch Kemosch der nationalen Selbstgewißheit Moabs und verhindert, daß das Volk die ihm nötige Wahrheit hört. In die gleiche Richtung weist die im Prophetenwort zitierte zukünftige Klage des Volkes 3, 24. 25: „Die Schande hat gefressen, was unsere Väter von Jugend an erwarben, unser Kleinvieh, unsere Rinder, unsere Söhne und Töchter. Wir liegen darnieder in unserer Schande ...“ So bestechend die Deutung klingt, die בשת hier für den בעל stehen sieht wie in der Glosse 11,12, wirklich nötig scheint sie mir nicht. Der Dichter sagt: Die entsetzlichen Verluste, die der Staat Israel bei seinem Untergang erlitt, zeigten nicht den Heroismus eines bis zum letzten um seine Selbständigkeit kämpfenden Volkes, sondern die bedrückende Schande des Volkes, das seinen Gott vergaß und mit all seinen Anstrengungen für ein Nichts gefochten hat. Hierher gehört schließlich der Spruch 7,17–20 (18aβ.γ Glosse). Dadurch, daß Jerusalem und Juda heimlich der Himmelskönigin Kuchen backen, obwohl JHWH seine Entschlossenheit, Juda zu vernichten, hat verkünden lassen, schaffen sie letztlich nicht JHWH, sondern sich selbst furchtbaren Zorn. Denn nach der Katastrophe werden sie sich voller Zorn fragen müssen, wie sie dergleichen Dinge haben dulden können, und so wird ihnen das Ganze zur Schande geraten.

Jer 9, 18; 12,13; 14, 4; 15, 9; 31,19 (und das unechte 17,13) bewegen sich ganz im Raum der Volksklage. Während 9, 18; 31,19 (17,13) nur Zitate darstellen, sagt der Prophet in der Liturgie 14, 1–15, 3, daß die Bauern sich schämen und ihr Haupt verhüllen (14, 4), weil sie, statt mit ihrer Ernte hochgeehrt zu werden, wegen der allgemeinen Dürre nichts zu bringen haben. 12, 13 sieht wie eine prophetische Schuldfeststellung nach der Klage aus: Das Volk erntete Dornen statt Weizen, mühte sich vergeblich und mußte sich seiner Erträge schämen – wegen JHWHs Zorn. In all diesen Fällen besteht die Schande darin, daß das Volk, welches im Schatten JHWHs lebt, Ansehnliches zu erwarten hätte und unansehnlich ist. Dies ist auch der Hintergrund der Äußerungen in Jeremias eigenen Klagen (17, 18 und 20, 11). 17, 18 heißt es: „Mögen doch meine Verfolger zuschanden kommen, nicht aber ich! Mögen doch sie, *sie* sich entsetzen, nicht aber ich!" Jeremia hatte das Wort JHWHs von der Katastrophe Judas und Jerusalems zu sagen, deswegen wurde er persönlich angegriffen, und weil er JHWHs Wort, das einzige Wort, an das man sich noch halten konnte, zu sagen hatte, mußte er JHWHs Schutz für seine Person erwarten. Daß dieser Schutz ausblieb, hat ihn unendlich geplagt (s. vor allem 15, 15ff.), und mehr als alles andere hat ihn dies von der Unerschütterlichkeit des Unheilswillens JHWHs überzeugt. So wäre auch hier die Bitte um Schande für die Verfolger eine Bitte darum, daß dem Volk JHWHs Wort *als* JHWHs Wort unmißverständlich offenbar würde. Schande wäre das, was für die Verfolger zu erwarten und zu fordern wäre, aber sie bleibt aus, das Wort wird nur einmal gesagt. Ähnlich formuliert 20, 11 das zu Erwartende, und doch folgt die Selbstverwünschung 20, 14ff.

So bleibt noch die Nachinterpretation des Jer-Buches (zu 6, 15; 8, 12 s.u. IV., *hiph* 2). 48, 39 heißt es: „Moab kehre vor Scham den Nacken zu!" (m.E. nicht schimpflich den Rücken zeigen, sondern vor Scham nicht das Angesicht zeigen, anders Rudolph, HAT z.St.; cf. 2, 26). Die Schande erklärt sich aus der einstmals angesehenen Stellung Moabs. Näheres läßt sich nicht sagen, da der Text nicht ganz einwandfrei überliefert ist. In die Bündnispolitik hinein gehört wohl 49, 23: „Zuschanden wurden Hamath und Arpad, denn sie hörten schlechte Nachricht . . . : Schlaff wurde Damaskus, es wandte sich zum Fliehen . . ." Vorausgesetzt ist eine Situation, in der entweder Damaskus über Hamath und Arpad gestellt war oder diese beiden Städte Damaskus als ihr Bollwerk gegen den anrennenden Feind betrachteten. Schande kam über Hamath und Arpad, weil die Stadt der Wonne (25) so rasch aufgab. Noch schlimmer – so sagt es 50, 12 – wird allerdings die Schande Babels sein, da es einmal den Gipfel der Völker gebildet hat und zu seinem Abschaum werden wird, dürr und öde; vgl. auch 51, 47. 51, 51 gehört zu einem Volksklagemotiv.

4. In die Zeit Jeremias fällt auch das Wirken Zephanjas. Während 3, 19 (בשתם) wohl ein Textfehler vorliegt und 3, 5bβ einen ganz unsicheren Text bietet (s. LXX), heißt es in der sehr wahrscheinlich echten Zukunftsweissagung 3, 11: „An jenem Tage sollst du (fem.) nicht zur Schande kommen wegen all deiner Taten, durch die du dich gegen mich aufgelehnt hast; . . . denn dann will ich aus deiner Mitte die entfernen, die sich ihres Hochmuts rühmen . . ." In die gleiche Zeit ist wohl auch 2 Kön 19, 26 = Jes 37, 27 zu rechnen, da das Spottlied der Tochter Zion über das fast allmächtige Assur 2 Kön 19, 20b–28 wohl den Untergang der assyrischen Macht um 630 voraussetzt und wohl eher in die Zeit Josias als in die exilisch-nachexilische paßt (anders vor allem O. Eißfeldt, Einleitung ³1964, 574). Der Vers reflektiert noch die Verhältnisse vor dem Sturz Assurs, als die Bewohner fester Städte sich – nach JHWHs Willen – ihrer kläglichen Macht schämten, d.h. eine wirkliche Großmacht offenbart mit einem Schlag alle großtuerischen kleinen Mächte als unbedeutend.

Wenn die Forscher recht haben, die den Propheten Joel in das letzte Jahrhundert vor dem Untergang Jerusalems datieren (vgl. zuletzt W. Rudolph, HAT, gegen die ausführlich begründete nachnehemianische Datierung H.W. Wolffs, BK), so müssen hier noch Jo 2, 26f.; 1, 10f. 17 zugefügt werden. Da diese Verse aus der Situation der Volksbuße stammen und sich einerseits für eine beschränkte Datierung nicht eignen, andererseits mit Jer 14, 1–15, 3 Verwandtschaft zeigen, mögen sie hier auf jeden Fall genannt werden. Während nun 2, 27 (2, 26 Text!) ein wohlvertrautes Psalmen-Motiv enthält und am besten im Zusammenhang der Psalmen-Sprache verständlich wird, enthält 1, 10f. 17 einen ganz eigentümlichen Gebrauch der Wurzel בוש (s. auch unten IV. *hiph* 2). M.E. führen sie an, was Schande gebracht hat, z.B. 1, 10: „Verheert ist das Feld und vertrocknet das Land; denn verheert ist das Korn, der Wein bringt Schande, elend ist das Öl." Der Zusammenhang legt es zunächst nahe, für הוביש hier die Bedeutung 'verdorben sein' zugrunde zu legen (KBL³); aber m.E. ist die Vorstellung eine andere. Das, worauf man sich freut, der das Herz erquickende Wein, ist schändlich, man stellt ihn als Schandwein in die Ecke. Das nur noch aus welken Früchten zu pressende Öl ist versiegt und in diesem Sinne elend, schändlich (1, 11). Dasselbe meint v. 12: Der Königliche Weinstock trägt Schande, man erkennt ihn nicht mehr als ein königliches Gewächs. Am schwierigsten scheint 1, 17 zu sein: „Verwüstet sind die Vorratskrüge, eingefallen die Erdbunker, denn das Korn ist schändlich!" D.h. es lohnt sich nicht, die Vorratsräume für das Korn in Anspruch zu nehmen, da das Korn schändlich schlecht ist und rasch vernichtet werden muß, um nicht noch mehr Schande zu bringen.

5. Die 5 Stellen bei Ez (einmal בושה) sind nicht sehr ergebnisreich, und wenn man bei DtJes die unechten Stellen, die בוש und seine Derivate belegen (42,17; 44, 9.11; 45,16f.), von den echten (41,11; 49, 23; 50,7; 54, 4) trennt, bleibt auch bei diesem Propheten kein außergewöhnlich hoher Gebrauch der Wurzel. Allerdings ein sehr bemerkenswerter! 49, 23 dürfte für die gesamte Verkündigung Deuterojesajas klassisch sein – sie war ja für sein Volk, das, wie es schien, als Volk zu existieren aufgehört hatte, eine einzige Zumutung. Wie sollte man noch glauben, daß tatsächlich von allen Enden der Erde die Angehörigen des Volkes zum Zion gebracht und von Königen gehütet würden? Die Frage des Volkes nach seinem Zuschandenwerden beantwortet der Prophet, indem er die in der Frage liegende Unglaublichkeit noch steigert: Für das vernichtete Volk gibt es nicht nur eine restitutio in Palästina – das wäre zu wenig. Vielmehr wird JHWH als der Gott der ganzen Welt auf dem Zion angebetet werden. Das Risiko des Glaubens führt nicht in die Schande, sondern in die Universalität. Ähnlich durchdacht ist 54, 4: Der Zion kommt nicht in Schande – im Gegenteil! Er wird nicht mehr an die ehemalige Schande der Jugend- und Witwenzeit erinnert, weil der Gemahl der Tochter Zion der Herr der ganzen Erde ist, d.h. gerade indem JHWH seinem Volk die Wahrheit und damit den Untergang nicht ersparte, erwies er sich als der einzig wahre Gott, der kein Ansehen der Person kennt. Der Untergang, der mit Schande verbunden war, ist nicht in seinem Ergebnis Schande, sondern Erweis der Einzigartigkeit JHWHs. – Genau wie auf Israel wendet JHWH seine Maßstäbe auf Babylon an – es ist wahrscheinlich in 41,11f. gemeint. Denn indem die Stadt, die den Anspruch auf Weltherrschaft und Weltreligion stellte, dem Volk Judas zürnte und ihm den sakralen Prozeß machte, der die Nichtigkeit seines Gottes erweisen sollte, zeigten sie ihre ganze Unkenntnis des Weltenherrn, der sein Volk soeben zum Zeugen seiner Weltherrschaft gemacht hatte. Sie müssen daher mit ihrer Hybris in die Schande.

Während jedoch Israel und der Zion zu Recht ins Unglück gekommen waren und gerade so Zeugen ihres Gottes wurden, spricht in 50, 4–9 einer, der nicht zu Recht ins Unglück geriet, und der gleichwohl sagen kann: „Der Herr, JHWH, er wird mir helfen, ... daher machte ich mein Angesicht wie einen Kiesel und wußte, daß ich nicht zuschanden werde." Der Sprecher scheint um JHWHs willen in offene Schande geraten zu sein und weiß trotzdem, daß er nicht zuschanden wird. Er führt keine Klage bei JHWH, er bittet nicht, er wird auch nicht bitter und weicht nicht zurück. Die andern wird die Motte fressen wie ein altes Kleid, ihn aber wird man nicht ins Unrecht setzen können: Bedeutet dies, daß das Gedicht 50, 4–9 die Sache JHWHs als eine in den Augen der Welt und Israels ganz unglaubwürdige und doch wahre erkennt und beschreibt?

Ziemlich simpel sind die Stellen 42,17; 44, 9.11; die vom Zuschandenwerden an Götzenbildern sprechen. 45,16f. dürften die Nachinterpretation zu 14f. bilden.

6. In den Psalmen wird בוש auf vier verschiedene Weisen gebraucht: 1. 1mal in der Klage, Ps 44,16: Die Schande meines Angesichts hat mich bedeckt. 2. 2mal in der Vertrauensaussage Ps 22, 6; 44, 8 (*hiph* 1, s.u. IV.). 3. 13mal in der Bitte eines Klageliedes (z.B. „laß mich nicht ..."; 2mal im *hiph*) bzw. als Ergänzung und Motivation der Bitte (z.B. „die auf dich hoffen, mögen nicht ..."). 4. 16mal als Wunsch für die Feinde des Beters; als erfüllter Wunsch wird dies im Lob erwähnt Ps 71, 24. (Ps 14, 6; 53, 6 sind m.E. nicht verwendbar, da eine durchschlagende Emendation z.Z. fehlt.) Im Blick auf die sehr alten akk. Parallelen dürfte vor allem die Bitte in der Klage das Interesse auf sich ziehen, die tatsächlich geeignet ist, das Ganze zu erschließen.

Könnte man zunächst daran denken, daß die dringliche Bitte, nicht zuschanden zu werden, gerade im Raum des Polytheismus ihren spezifischen Ort hat, sofern der Beter sich nun gerade an diesen speziellen Gott (und nicht an einen anderen) gewandt hat, so scheint eine andere Deutung eher das Richtige zu treffen: Ein Beter tritt mit seiner Bitte aus seiner Gemeinschaft, die sich in Normalität befindet, heraus und riskiert sich in der Bitte an den jeweiligen Gott. Wie es bei einer Bitte vor dem König darauf ankommt, daß die Loyalität des vielleicht unbedeutenden Bittstellers nicht beschämt wird, sondern Anerkennung findet und damit Gehör für seine Sache schafft, so kommt es im Gebet darauf an, daß der Gott als der unendlich überlegene die Loyalität des Bittstellers nicht der Lächerlichkeit preisgibt. Wenn also ein Beter sich an JHWH wendet mit der Bitte: „Auf dich habe ich vertraut, laß mich nicht zuschanden werden" (25, 2; vgl. 21,6; 25, 20; 31, 2), so steht im Vordergrund des Bewußtseins, daß der Beter in seinem Gottesverhältnis von JHWH selbst bestätigt werden möchte. In der Bitte steht stets dies Gottesverhältnis auf dem Spiel, und wenn es nicht bestätigt wird, so ist seine Seele bis in den Scheol gedemütigt. Eben weil das Gottesverhältnis auf dem Spiel steht, ist der Wunsch nach Schande für die Feinde so begreiflich. Primär geht es da nicht um Rache, sondern darum, daß an den Feinden die Unwahrheit, in der sie gegen den Beter angehen, und damit im Negativ die Wahrheit Gottes offenbar werden soll. Denn indem sie das Gottesverhältnis des Beters abstreiten, urteilen sie überhaupt über das Gottesverhältnis unrichtig. Daß sie das Leben für den Tod und den Tod für das Leben halten können, das ist unerträglich und verlangt die Klarstellung der Realitäten. Denn es ist für die Gemeinschaft insgesamt gefährlich, wenn „Leben" und „Tod" derart verwechselt werden können. Das Maß der an den Feinden zu offenbarenden Schande kann dabei ganz verschieden gedacht sein. Der Beter von Ps 86 kann sagen (v. 17): „Wirk' an mir ein Zeichen zum Guten, daß meine Feinde es sehen und (so) zuschanden werden." Ganz anders spricht Ps 31,18: „JHWH, laß mich nicht zuschanden werden. Zuschanden werden mögen die Gottlosen, verstummen mögen sie bis zum Scheol." Falsch jedenfalls schiene mir die Meinung, der Beter fordere hier Rache. Was er erbittet, ist eine deutliche Offenbarung seines Gottes. Denn solange dessen Wahrheit nicht gleichgültig ist, muß man wollen, daß die Unwahrheit als Unwahrheit erkannt wird.

Unter den Belegen des Psalters ist eigentümlich Ps 119, 80: „Es möge mein Herz ganz in deinem Gesetz sein, damit ich nicht zuschanden werde." Anscheinend ist das Zuschandenwerden hier spiritualisiert in dem Sinne, daß, wenn man nicht komplett in den Geboten ist, man an ihnen allen zuschanden wird.

IV. Es bleiben noch einige Stellen zu besprechen, in denen *hiph*-Formen von בוש belegt sind. Während die Verbalformen der regelmäßigen *hiph*-Bildung (*hiph* 1) *hēbîš* das zu erwartende Kausativ 'zuschanden machen' liefern (Ps 44, 8; 119, 31.116; crrp. 14, 6; 53, 6), hat das Ptz., wie es scheint, eine andere Bedeutung angenommen. Es scheint ganz allgemein den Schande-Wirker zu meinen, ohne (wie die Verbalformen) die zu bezeichnen, denen Schande bereitet wird. Es verliert fast seinen Tätigkeitsaspekt und wird zu einem Wesensurteil, es bezeichnet einen Typ Mensch, der im Gegensatz zum *maśkîl* (Spr 10,5; 17, 2; 14, 35 text. em.) bzw. im Gegensatz zu einer Frau von Umsicht (חיל) steht (Spr 12, 4). Ist das Ptz. ein Wort wie 'Schädling'?

Das mit dem *hiph* von יבש kontaminierte *hiph* von בוש (*hiph* 2) scheint demgegenüber das *qal* dahingehend zu modifizieren, daß der Akteur nicht bloß passiv in Schande gerät, sondern diese selbst auf sich zieht, also Schande davonträgt (B. Duhm zu Jes 30, 5; anders KBL², cj.). So zieht eine Gebärende, die als Hure geht, Schande auf sich (Hos 2, 7), ebenso wie ein Dieb, der sich bei seinem Tun ertappen läßt (Jer 2, 26) – und ebenso Israel, das zum Baum sagt: Mein Vater bist du ...! Sehr deutlich geht die Modifikation auch aus Jer 6,15; 8,12 (vgl. 8, 9) hervor: Die Priester, Weisen und Propheten, die die Wahrheit kennen müßten, ziehen Schande auf sich, weil sie unfähig sind, sich ihrer unwahren Meinungen und Äußerungen zu schämen. Während Jer 10,14 = 51,17; 46, 24; 48,1 nichts Deutliches ergeben, dürfte 50, 2 das bisher gewonnene Bild ergänzen, wenn es dort heißt, daß Bel, der Gott Babels, Schande auf sich gezogen und Marduk sich entsetzt habe. Offenbar denkt der Autor daran, daß die Großtuerei Babels ihre Schande an sich gezogen hat. Vor allem erklären sich so die Joel-Stellen 1,10–12.17 (s.o. unter c). Die Bedeutung 'mißraten', die für diese Stellen vorgeschlagen worden ist (s. KBL²), trifft zwar den Sinn; aber die ursprüngliche Bedeutung bleibt anschaulich: Der Wein fließt dünn und ist ein Surius, bringt also Schande. Der Weinstock, ein sonst königliches Gewächs, bietet ein Bild des Jammers und wird für seinen Eigentümer zur Blamage. Die übliche Erntefreude, die wie eine Institution ihr Eigenleben hat (z.B. die Weihnachtsgefühle), läßt vor Scham ihre Flügel hängen, d.h. sie würde, normal durchgeführt, die Blamage für die beteiligten Menschen unerträglich machen. Und das Getreide (1,17) ist so schäbig, daß man es nicht in die Vorratsräume einbringt, die daraufhin verfallen. Diese Stellen dürften also den Übergang zu der einzigen Stelle bilden, in der das *hiph* 2 das normal gebildete ersetzt, 2 Sam 19, 6. Die Nuance von 2 Sam 19, 6 aber dürfte darin bestehen, daß David in seiner Klage um Absalom nicht nur über seine Soldaten und Freunde Schande bringt, sondern daß er in dieser inkonsequenten Haltung selbst Schande davonträgt und diese über seine Knechte bringt, so wie Wein, Korn und Öl Schande davontrugen und so die Festfreude verdarben, die man hätte erwarten können (Joel 1, 12).

Seebaß

בָּזָה בּוּז, בּוּזָה

I. Grundbedeutung – 1. Etymologie – 2. Belege – 3. Formen – II. Mensch als Subjekt – 1. Sozialer Aspekt – 2. Sakralrechtlicher Bezug – 3. Geschichtstheologische Funktion – III. Mensch als Objekt – 1. Ächtung als Ärgernis – 2. Verwiesenheit des Außenseiters – 3. Mißachtung und Heil.

Lit.: *G. Bertram*, μυκτερίζω, ἐκμυκτερίζω (ThWNT IV 803–807). – *V. de Leeuw*, De Ebed Jahweh-Profetieen, 1956. – *J.L. Palache*, Semantic Notes on the Hebrew Lexicon, 1959. – *H.D. Preuß*, Verspottung fremder Religionen im Alten Testament (BWANT V 12, 1971).

I. 1. Der Wurzel בזה (*bzj*) entspricht bereits altbabyl. *buzzu'u(m)*, *buzzûm* „schlecht, ungerecht behandeln" (AHw I 145b). Nach CAD 2,185a meint die altbabyl. Form näherhin „to press a person for money or services" ohne „illegal implications", während altass. *bazā'u* „to make (undue?) demands" (184b) bedeute. Unabhängig davon, ob eine solche Differenzierung gerechtfertigt sein mag, zeigt sich doch deutlich, daß der Wurzel mehr als eine gedankliche Intention zugrunde liegt. Auch das arab. *bazā* 'unterwerfen' zielt auf eine direkte Aktion, während syr. und mand. *bs'* wie auch das mittelhebr. בזה mit dem spezifischen Aspekt abschätzigen Verhaltens semasiologisch abgeschwächt erscheinen, dennoch aber neben der Gesinnung einen Ausdruck implizieren. Eine Entstehung des hebr. בזה aus **basā* (= syr. *b^esā*) wird kaum zu vertreten sein (anders Brockelmann, VG I 153), wie auch die Ansicht, die mit בזה verwandte Wurzel בוז sei „orig. identical with בוס 'trample'" (Palache 14) nicht schlechthin übernommen werden kann. Das Ägypt. kennt mit der Bedeutung „verabscheuen" ein Verb *bwj*, das „anscheinend früh durch *bwt* ersetzt" ist (WbÄS I 453). Daneben ist *bw.t* zur Bezeichnung des „Abscheulichen", „Widerlichen", ferner *bw.tj* im NR für den „Verabscheuten" belegt (WbÄS I 454). Eine auswertbare Beziehung zum Westsemit. ist allerdings nicht zu erweisen, zumal, abgesehen von der fraglichen Vokalisation, die Femininendung des Ägypt. dem zweiten starken Konsonanten unserer Wurzel nicht entspricht. Es scheint dennoch nicht ausgeschlossen, daß ein den Abscheu oder die mißbilligende Haltung lautmalendes Kurzwort die gemeinsame Grundlage bildet.

2. Nach Palache 14 ist בוז die jüngere Bildung, die mit Ausnahme von Gen 38, 23; 2 Kön 19, 21 nur „in later books" begegne, während die „older books" angeblich בזה führen. Das Spektrum der Basisformen zeigt indes, daß בזה auch in der jüngeren Literatur ausreichend vertreten ist. Unter Einschluß der Konjekturen Spr 15, 20; 27,7; Ez 36, 4f. erscheint die Wurzel בוז 29mal, während die Wurzel בזה 43mal belegt ist. Für Sir 3,13.16 sind anders orientierte Konjekturen vorgeschlagen (KBL³).

3. בזה und בוז in verbaler Funktion zählen zu den Fällen, in denen „aus den gleichen zwei starken Konsonanten schwache Formen gleicher Bedeutung nach verschiedenen Klassen gebildet werden, ohne daß sich die eine oder die andere Reihe ohne weiteres als sekundär erwiese" (G. Bergsträßer, Hebräische Grammatik II 2, 1929, 170). Dabei wird בזה im Grundstamm überwiegend mit dem Akk. konstruiert, nur zweimal mit ל (2 Sam 6,16; 1 Chr 15, 29), dagegen בוז vorwiegend mit ל und nur dreimal mit dem Akk. (Spr 1,7; 23, 22; 27,7). Neben der pass. Ptz.form des Grundstammes בזוי kennt בזה besonders die Ptz.form des *niph*-Stammes נבזה. Erst spät ist eine Kausativform (Esth 1,17) sowie eine Konstruktion von בזה mit על (Neh 2,19) belegt. Von בזה abgeleitet begegnet das Nomen בזיון (Esth 1,18), als relativ häufiges Derivat von בוז das Nomen בוז und einmal das Nomen בוזה (Neh 3, 36). Auch Spr 15, 20 wird in ein von בוז abgeleitetes Substantiv zu emendieren sein (vgl. Bertram 805).

II. 1. In den Spruchsammlungen scheint der soziale Aspekt von בוז ausnehmend deutlich offenbar zu sein. Der Unverständige zeigt dem Nächsten Geringschätzung (Spr 11,12), der Tor mißachtet seine Mutter (15, 20; 23, 22), Weisheit und Zucht (1,7), sowie Klugheit des Verständigen (23, 9). Wer aber seinen Nächsten geringachtet, sündigt (14, 21); ein Auge, das die altgewordene Mutter abschätzig ansieht, fällt Raubvögeln zum Opfer (30,17); wer schließlich ein Mahnwort ausschlägt, geht verloren (13,13). Den hungernden Dieb verachtet man nicht (6, 30). בוז ist soviel wie ein Symptom destruierter Gesellschaftsordnung: „Wer satt ist, mißachtet sogar Honigseim" (27,7). Gegenläufige Begriffe zu בוז sind חרש (11,12); → ירא (13,13); → חנן (14, 21); → שמח (15, 20); → שמע (23, 22). Dem Tun–Ergehen–Zusammenhang gemäß folgt der gemeinschaftswidrigen Aktion die Strafe als den Konnex zwangsläufig schließende Vergeltung.

2. Ein jeder Verstoß gegen den Willen JHWHs bedeutet ein בזה JHWHs. Davids Umgang mit Batseba ist Folge einer Mißachtung des „Wortes JHWHs" (2 Sam 12, 9), damit unmittelbar JHWHs selbst (v. 10). Wer vorsätzlich wider die von JHWH gestiftete Gemeinde handelt, mißachtet das „Wort JHWHs" und verfällt der Karetstrafe (Num 15, 31). Wer JHWH mißachtet, geht krumme Wege (Spr 14, 2), geht zugrunde (1 Sam 2, 30) und muß sterben (Spr 19,16). Konträre Begriffe sind hier → כבד (1 Sam 2, 30), → ירא (Spr 14, 2) und → שמר (Spr 19,16). Bemerkenswert ist wohl, daß die Spruchliteratur hier eine klare Scheidung zwischen einem בוז gegenüber Menschen und einem בזה gegenüber JHWH vornimmt. Wer den Gottesboten mit Mißachtung bedenkt, setzt sich dem Zorn JHWHs aus (2 Chr 36,16). Die Phrase „den Eid (→ אלה) mißachten" (Ez 16, 59; 17,16.18) bedeutet den Bund mit JHWH brechen. Der Vertrag des Zedekia mit Nebukadnezar gilt als „eine bei Jahwe beschworene Abmachung" (Zimmerli, BK XIII 375); damit erklärt sich die Wendung „meinen Eid, den er mißachtet" (17,19) als Hinweis auf die sakrosankte Funktion des Paktes. Israel wird eine Entgegnung angekündigt, die dem entspricht, wozu sich das Volk verstiegen hat (16, 59); Zedekia wird der Tod in Babel zugesagt (17,16). Die Mißachtung fällt so auf den Urheber des בזה zurück. Der „Blutstadt" Jerusalem gilt der Vorwurf JHWHs, sie verachte (בזה) seine Heiligtümer und entweihe (→ חלל) seine Sabbate (Ez 22, 8). Die strafende Antwort wird nicht auf sich warten lassen (v. 13ff.). In Mal 1, 6f. wird

בזה überdies zum Zentralbegriff einer konstruierten Diskussion. Hier sind die Priester angeklagt, die dem Namen JHWHs Geringschätzung zukommen lassen (v. 6a). Der Frage, worin denn dieses besondere בזה bestehe (v. 6b), folgt der Hinweis auf den unreinen Opferkult, der den Altar entweihe (v. 7a). Dessen Reinheit wird hinwieder dadurch angetastet, daß man eben den „Tisch" JHWHs für „belanglos" (v. 7b) und schließlich seine Speise für „verächtlich" hält (v. 12). Die letztgenannten Prädikate nehmen die Wurzel בזה in der *niph*-Form נבזה wieder auf. Damit kreisen Rede und Gegenrede um eine Deutung des בזה. Der vollzogenen Mißachtung aber, zuvor letztlich JHWH selbst erwiesen, fallen die Priester einmal selbst zum Opfer: „Ich mache euch verächtlich (נבזה) und niedrig (שפלים) vor allem Volk" (2, 9a). Auch hier gilt, daß ein בזה des Menschen gegenüber JHWH endlich sich selbst richtet, indem der Mensch selbst zum נבזה wird. Damit ergibt sich der sakralrechtliche Bezug.

3. Die mit der Wurzel בזה angezeigte Haltung tangiert im Sprachgebrauch des AT überwiegend den Bereich JHWHs. Das wird nicht zuletzt in scheinbaren Randbemerkungen der Traditionsgeschichte deutlich. Die Verweigerung des Huldigungsgeschenks an Saul (1 Sam 10, 27) drückt Mißachtung aus und „gilt als Zweifel an der Entscheidung Gottes, die nunmehr gefallen ist" (Hertzberg, ATD 10, 67). Vom Augenblick seines בזה gegenüber dem נער David (1 Sam 17, 42) ist Goliath der Unterlegene. Das gleiche gilt von Michal, die kinderlos bleibt, weil sie nach 2 Sam 6, 16; 1 Chr 15, 29 den mißachtet hat, der sich vor JHWH erniedrigt (2 Sam 6, 22). Wer demnach einem von JHWH Erwählten gegenüber ein בזה vollzieht, ist selbst zur Bedeutungslosigkeit verurteilt. Diesem Eindruck mag man sich auch angesichts von Gen 25, 34 nicht ganz entziehen können: Esau mißachtet die Erstgeburt, das Signum des Erwähltseins. Der den Abschnitt schließende Satzteil deutet den zuvor skizzierten Vorgang. Mit der abwertenden Haltung gegenüber dem Erwählungsangebot mißachtet Esau eigentlich sich selbst und zugleich JHWH; seinen Platz muß er damit tauschen. So verlagert sich die Perspektive auf die Zeichnung dessen, der der Mißachtung ausgesetzt erscheint.

III. 1. Das Betroffensein von בוז ist seit jeher befürchtet. So ist Juda bemüht, durch seine Begegnung mit Tamar nicht zum Gespött zu werden (Gen 38, 23). Der Autor ist sichtlich daran interessiert, daß „Juda durchaus keine Schuld" trifft (H. Gunkel, Genesis, [6]1964, 417). Mit Mißbilligung (בוז) und Spott (לעג) wird der Assyrer von Jerusalem bedacht (2 Kön 19, 21; Jes 37, 22). Feinde haben umgekehrt das Volk mit בוז bedeckt (Ez 36, 4f.). Dem geringgeschätzten Anfang in der tempellosen Zeit folgt jedoch die Vision des neuen Tempelbaus (Sach 4, 10). In der Spruchliteratur ist בוז als Folge der bösartigen Gesinnung legitim: „Wer im Inneren verkehrt ist, fällt der Verachtung anheim" (Spr 12, 8) oder: „Wenn Frevel kommt, dann auch Mißachtung" (18, 3). Dem Ausdruck בוז steht in 12, 8 הלל entgegen, in 18, 3 entspricht ihm → חרפה. Die jüngsten Belege für die Wurzel בוז zeigen gar keine theologische Relevanz (vgl. HL 8, 1. 7), wie es auch für בזה gilt (vgl. Esth 1, 17f.; 3, 6; Dan 11, 21; Neh 2, 19).

2. Das Aushalten von בוז ist eine Last, die der Gerechte tragen muß. Dem ohnehin Unglücklichen gebührt nach Ansicht der vermeintlich Sicheren Geringschätzung (Hi 12, 5). Die Mißachtung seiner Sippe fürchtet der Schuldbeladene (31, 34). Aus dieser Not fleht er zu seinem Gott um Hilfe (v. 35). Besonders der von JHWH Erwählte ist der Mißachtung seiner Umwelt ausgesetzt, verspottet von den Lippen derer, die in Stolz (→ גאון) und Geringschätzung reden (Ps 31, 19). Schmach (חרפה) und Mißachtung möchte der Gläubige von sich genommen wissen (Ps 119, 22). Doch der „Gehorsame ist der Leidende" (Kraus). Er fühlt sich freilich zur Genüge von Schmach und Spott der Übermütigen betroffen: nur JHWH kann hier Hilfe schaffen (Ps 123, 3f.). JHWHs undefinierbare Allmacht zeigt sich nicht zuletzt darin, daß er freiem Ermessen gemäß Unberechenbares zuteilt, schüttet er doch sogar Verachtung über „Edle" aus (Ps 107, 40; Hi 12, 21). Das schon erwähnte Prädikat נבזה kommt fast durchweg Menschen zu, die in ihrer Umwelt als Verfemte gelten. Das ist wohl auch schon aus 1 Sam 15, 9 zu ersehen, wo sicher auch „unwertes" menschliches Leben bei der Bannvollstreckung mitbetroffen ist. Nach Jer 22, 28 wird Jojachin vom Volke ganz zu Unrecht abschätzig behandelt, als „nutzloses" Gefäß, das niemand mehr verwerten kann.

Erst ein von JHWH Verworfener kann dem Gerechten ein נבזה sein (Ps 15, 4), wie denn auch JHWH selbst die „Schattenbilder" der Mißratenen geringschätzig betrachtet (Ps 73, 20). So ist die Existenz des נבזה von Mehrdeutigkeit gezeichnet. Ein solcher Status kann mit oder ohne greifbare Schuld Wirklichkeit werden. Der נבזה ist darum immer auf JHWH angewiesen, weil das Mißachtetsein letztlich von ihm definiert wird. Wer JHWHs Weisungen nicht vergessen will, muß sich als נבזה bekennen (Ps 119, 141). Nach einer solchen Reflexion hat der ohnmächtige Mensch die Chance, von JHWH wieder einer Anerkennung zugeführt zu werden. Das Prädikat בזוי wird in verwandter Weise jenen zugesprochen, die, ob schuldhaft oder nicht, außerhalb der JHWH-Gemeinde stehen. Das Schicksal Edoms ist Bedeutungslosigkeit: „Klein mache ich dich unter den Völkern, verachtet unter den Menschen" (Jer 49, 15; Ob 2). Voll Resignation beurteilt der Prediger das Geschick des Armen, jenes Außenseiters der Gesellschaft: niemand, scheinbar auch Gott nicht, beachtet seine Weisheit (9,16). Der Klagende von Ps 22,7 weiß sich statt dessen trotz reflektierter Gottverlassenheit (v. 2) letztlich noch im Raum erfüllbarer Hoffnung. Als Wurm, und nicht als Mensch erfährt er sich, ein בזוי angesichts des Spotts der Leute. In seiner Einsamkeit erlebt der בזוי den Hohn auf seine Gläubigkeit: er bittet dennoch (v. 12).

3. Der Knecht JHWHs ist nahezu der Archetyp des נבזה und des בזוי. Das Prädikat נבזה erscheint als Rahmenwort in der Charakteristik: „Mißachtet (נבזה) war er und von den Menschen gemieden, ein Mann der Schmerzen, leiderfahren, wie einer, vor dem man sein Angesicht verhüllt, mißachtet (נבזה), von niemandem geschätzt" (Jes 53, 3). Vielleicht ist hier im zweiten Fall nach 1 Q Jes[a] נבזהו (vgl. KBL[3]) zu lesen; die Aussage bekäme zusätzliches Gewicht. Das Leben des Erwählten schlechthin ist der Mißachtung aller ausgesetzt. Textkritisch unsicher ist der Ausdruck לבזה נפש (Jes 49,7). De Leeuw 200 möchte die Wendung בזה נפש gleichsetzen mit „sein Leben geben". Damit wäre dann eine freiwillige Übernahme der Verachtung angedeutet. Besser scheint es, in eine der belegten Ptz.-formen zu emendieren, um auch eine Entsprechung zum folgenden מתעב zu erzielen. Der so vor aller Welt Mißachtete steht trotzdem unverrückbar in der Gnade JHWHs. Denn dem Erwählten wird niemals ein בזה zuteil, das von JHWH direkt seinen Ausgang nimmt. JHWH hat nach Ps 22, 25 das Elend der Armen nicht mißachtet und „geschmäht" (שקץ); er hat die Armen gehört (שמע) und die Gefangenen nicht verachtet (Ps 69, 34); er hat sich zum Gebet des Entblößten gewandt und sein Bitten nicht geschmäht (Ps 102,18). Denn ein „zerbrochen und zerschlagen Herz" (Ps 51,19) kann Gott nicht unbeachtet lassen.

Zur weiteren Spotterminologie vgl. besonders Preuß 147ff.

Görg

בזז בַּז, שלל, שָׁלָל

1. Etymologie, Streuung – 2. Gesetze – 3. Beutenehmen im allgemeinen – 4. Prophetische Texte – 5. Sein Leben als Beute erhalten – 6. Eilebeute-Raubebald.

Lit.: *P. Humbert*, Maher Šalal Haš Baz (ZAW 50, 1932, 90–92). – *A. Jirku*, Zu „Eilebeute" in Jes 8, 1. 3 (ThLZ 75, 1950, 118). – *S. Morenz*, Zu „Eilebeute" (ThLZ 74, 1949, 697–699). – *H.J. Stoebe*, Raub und Beute (VTS 16, 1967, 340–354). – *E. Vogt*, „Eilig tun" als adverbielles Verb und der Name des Sohnes Isaias in Is. 8,1 (Bibl 48, 1957, 63–69).

1. Die beiden Wurzeln בזז und שלל sind großenteils synonym und werden oft zusammen gebraucht, entweder im Parallelismus (Jes 10, 2. 6; Jer 49, 32; Ez 26,12; 29,19; 38,12.13; 39,10, Dan 11, 24) oder so, daß שלל als Obj. zu בזז steht (Deut 2, 35; 3,7; 20,14; Jos 8, 2. 27; 11,14; 2 Chr 20, 25; 28, 8; Esth 3,13; 8,11). Die Konstruktionen *bāzaz baz* (*bizzāh*) bzw. *šālal šālāl* sind häufig: Num 31, 32; 2 Chr 26,13; Jes 10, 6; Ez 29,19; 38,12f. bzw. Jes 10, 6; Ez 29,19; 38,12. Das Verbum בזז hat als Objekt entweder *šālāl* (s.o.) oder *baz*, *bizzāh* als inneres Objekt oder aber Städte (z.B. 1 Chr 14,13), Länder (Jes 24, 3), Paläste (Am 3,11), Frauen und Kinder (Num 14, 3. 31; Deut 1, 39). Es kommt 36mal im *qal*, 2mal im *niph* und 1mal im *pu* vor. Das Verbum שלל findet sich 10mal im *qal* und 2mal im *hitp*. Von den Nomina bezeichnet *baz* eher den Akt des Plünderns, *šālāl* dagegen die genommene Beute. Außerdem kommt als Parallelwort שסה 'plündern' vor (Jes 17,14; 42, 22. 24; Jer 30,16; außerdem 9 Belege). 'Beute' heißt auch עד (Gen 49, 27 und vielleicht Jes 9, 5). בזז hat im Phön. (DISO 30), in verschiedenen aram. Dialekten (schon reichsaram. DISO 30) und im Arab. (*bazza*) Verwandte mit derselben Bedeutung. שלל entspricht akk. *šalālu* und vielleicht altsüdarab. *ṯll* (Conti-Rossini 260), beide 'plündern' (ob arab. *ṯalla* '(zusammen)fallen', 'zerstören' hierhergehört, ist unsicher). Akk. *šalālu* mit dem Nomen *šallatu* ('Beute und Kriegsgefangene', 'Kriegsgefangene') kommt in den Annalen sehr häufig vor mit sowohl persönlichem als auch sachlichem Obj. (Bewohner, Schätze usw.). Als Königsepitheton findet sich *šālil šallate* „der die Beute plündert" bei Assurbanipal (Seux 281).

2. Das Kriegsgesetz Deut 20 schreibt vor, daß die Männer einer eroberten Stadt getötet werden sollen, dagegen „die Frauen und Kinder und das Vieh und was sonst in der Stadt ist, alle ihre Beute (כל שללה), die magst du für dich plündern (תבז לך) und die Beute (שלל) von deinen Feinden verzehren, die JHWH, dein Gott, dir preisgegeben hat" (v. 14). Wenn es aber eine kanaanäische Stadt ist, soll sie durch den Bann (→ חרם) völlig vernichtet werden (v. 16–18, vgl. Deut 13,17). Dadurch wird also das freie Verfügen über die Beute als von Gott geschenkten Besitz eingeschränkt.

Im Zusammenhang mit einem Sieg über die Midjaniter, wobei Israel teils Gefangene, teils Kriegsbeute an Vieh (בהמה), Besitz (מקנה) und Reichtum (חיל) genommen hatte (בזז, Num 31, 9, vgl. 11f.), wird verordnet, daß das Genommene (מלקוח), Menschen und Vieh, auf die Krieger und den Rest der Gemeinde gleich verteilt werden soll (31, 26f.). Von der Verteilung wird dann vv. 31ff. erzählt.

3. Wenn von Beutenehmen die Rede ist, sind

verschiedene Wortkombinationen möglich, die zugleich ein Bild vom Umfang des Begriffs ergeben. Vieh (בהמה) und Plündergut (שלל) werden als Beute genommen (בזז): Deut 2, 35; 3,7; Jos 8, 2. 27; 11,14, vgl. Gefangene und שלל 2 Chr 28, 8. In Gen 34, 29 ist wohl gemeint, daß Frauen und Kinder gefangengenommen wurden (שבה) und man „alles, was im Haus war", als Beute nahm (בזז). Nach 1 Sam 30, 20 sind Schafe und Rinder (צאן ובקר) die Beute (שלל) Davids (vgl. 1 Sam 15, 21). Jos 7, 21 zählt einen Mantel unter dem שלל, das Deboralied erwähnt bunte Gewänder als שלל (Ri 5, 30). Jes 49, 32 nennt Kamele und מקנה als בז bzw. שלל. Ez 26,12 spricht vom Rauben (שלל) des Reichtums (חיל) und vom Plündern (בזז) des Handelsguts (רכלה); vgl. ferner 2 Chr 20, 25: Vieh, Waren, Kleider und kostbare Geräte. Man kann also teils zwischen Gefangenen und שלל oder zwischen Vieh und שלל unterscheiden, teils Vieh als שלל bezeichnen. Andererseits kann es heißen, daß die Führenden in Israel Witwen zur Beute (שלל) machen und Waisen ausplündern (בזז) Jes 10, 2. Sach 2,13 sagt, daß Israel seinen früheren Sklaven zur Beute werden wird. Nach Jer 50,10 werden die Chaldäer zum שלל werden und ihre Plünderer (שולל) gesättigt werden.

Vom Verteilen der Beute (חלק שלל) ist oft die Rede, schon in archaischen Texten wie Ri 5, 30; Gen 49, 27; Ex 15, 8; Ps 68,13, daneben Jos 22, 8; Jes 9, 2; 33, 23; 53,12; Sach 14,1; Spr 16,19. Dabei wird besonders die damit verbundene Freude hervorgehoben: Jes 9, 2, vgl. Ps 119,162 und den triumphierenden Ton Sach 14,1; Jes 53, 12.

4. In prophetischen Texten kommen die Vokabeln teils in Gerichtsorakeln, teils in Heilsorakeln vor. Im ersten Fall heißt es z.B. von Assur, daß es kommt „zu erbeuten die Beute, zu rauben den Raub" (לשלל שלל ולבז בז Jes 10, 6). Die Babylonier werden die Kostbarkeiten und Schätze Jerusalems „plündern (בזז), wegnehmen (לקח) und nach Babel bringen" (Jer 20, 5). „Deine Habe (חיל) und all deine Schätze (אוצר) gebe ich der Plünderung preis (לבז אתן)" sagt JHWH bei Jeremia (15,13; 17, 3). Ezechiel sagt, daß Nebukadrezzar den Reichtum Ägyptens davontragen, seine Beute erbeuten und seinen Raub rauben wird (ושלל שללה ובזז בזה Ez 29,19), – ähnlich von Gog Ez 38,12f. Das Silber und Gold Jerusalems (die Götterbilder) wird JHWH den Fremden zum Raub (בז) preisgeben, den Gottlosen der Erde zur Beute (שלל) geben (Ez 7,21; vgl. bei Ez noch 25,7; 26, 5; ferner 34, 8. 22. 28: die Herde JHWHs soll nicht mehr zum Raub [בז] werden).

In einigen Heilsorakeln heißt es dagegen, daß Israel zwar ein beraubtes und geplündertes Volk ist (Jes 42, 22. 24 בזז, שסה), aber nicht so bleiben soll. „Wer dich geplündert hat, fällt der Plünderung anheim, wer dich beraubte, den gebe ich dem Raube (בז) preis" (Jer 30,16). Nach dem Fall Gogs werden die Bewohner Israels „ihre Räuber berauben (שלל) und ihre Plünderer plündern (בזז)" Ez 39,10.

5. Ein Spezialausdruck liegt 4mal bei Jeremia vor (21, 9; 38, 2; 39,19; 45, 5): „seine נפש als שלל erhalten", d.h. nur mit dem Leben davonkommen.

6. Jes 8,1. 3 finden sich als Name von einem Sohn Jesajas die Worte *mahēr šālāl ḥāš baz*, „Eilebeute-Raubebald". Der Name soll andeuten, daß der Reichtum von Damaskus und die Beute von Samarien bald nach Assyrien weggetragen werden sollen. Jirku will מהר aus dem Ugar. herleiten, wo *mhr* 'Diener, Soldat' bedeutet; also „Krieger der Beute, eilend an Raub". Diese Übersetzung verdirbt aber den Parallelismus, weshalb Morenz' Erklärung vorzuziehen ist. Nach ihm ist eine äg. Wendung, die oft in Urkunden der 18. Dyn. vorkommt, zum Vergleich heranzuziehen. Es handelt sich um die beiden Imperative *is ḥ3k*, 'eile, erbeute', die aber oft als Substantiv mit der Bedeutung 'leichte, mühelose Beute' gebraucht wird, z.B.: „Seine Majestät brachte ihn (den Rebellen) als Gefangenen ein, alle seine Leute als *is ḥ3k*". Der Ausdruck könnte in die Militärsprache in Jerusalem eingedrungen sein.

Ringgren

בָּחַן בחן

I. Bedeutung, Etymologie, Belege – II. Onomastik von 'prüfen' und das Besondere von בחן – III. *'æbæn bōḥan*.

I. Die Wurzel בחן 'prüfen' kommt im Hebr. mit einer Ausnahme nur als Verbum vor, und zwar im AT, Sir und in den Qumran-Texten in der genannten Bedeutung 'prüfen (auf die Probe stellen)'. Im Mischnahebr. (mhe[1] nach E.Y. Kutscher in Hebräische Wortforschung, VTS 16, 1967, 160) ist sie anscheinend nicht vertreten, während sie im Hebr. der 'Amōrā'īm (mhe[2] nach Kutscher) ziemlich häufig im *hiph* als 'unterscheiden' erscheint (und weitgehend bibl.-hebr. הבדיל verdrängt hat), selten im *pi* als '(nach-) prüfen, inspizieren', spät und sporadisch als Rückwanderer aus dem bibl. Hebr. in dessen Form und Bedeutung. Im Aram. heißt בחן 'prüfen' (vielleicht reichsaram. – s. M. Lidzbarski, Ephemeris 2, 1908, 229/233: 7), Targum im *pe'al* und *itpe*, syr. in verschiedenen Stämmen (und Derivaten). Arab. *mḥn* I, VIII bedeutet 'prüfen, ausprobieren'. Vielleicht liegt Verwandtschaft vor bei dem bibl.-hebr. II בחר 'prüfen' (selten und unsicher; nach M. Wagner, Die lexikal. und grammatikal. Aramaismen des at.lichen Hebräisch, 1966, Nr. 38, handelt es sich um eine Entlehnung aus dem Aram.; vgl. ders., Festschrift Baumgartner, 1967, 358f.). Die aram. und arab. Etymologien (wie etwa auch II בחר) entscheiden gegen K. Sethes ohnedies unhaltbare Annahme einer Entlehnung aus dem Ägyptischen; wohl aber stammen *bōḥan* usw. (s. III.) wahrscheinlich aus Ägypten. Hinter die allen diesen Verben der verschiedenen Sprachbereiche gemeinsame Bedeutung 'prüfen' gelangt man also nicht. Im bibl. Hebr. kommt neben dem Verbum (*qal* und *niph*) einmal das Subst. *bāḥōn* 'Prüfer' vor.

In der LXX wird בחן übersetzt mit δοκιμάζειν (12mal), ἐτάζειν (3mal), ἐξετάζειν (2mal), κρίνειν, διακρίνειν u.a.

II. Die wichtigsten bedeutungsverwandten Verben sind → חקר, נסה und צרף. Mit צרף steht בחן 1mal in dichterischem Parallelismus und 1mal in einer Wendung, die den Gedanken aus- und fortführt, mit חקר 2mal, mit נסה 1mal und verbindet sich mit ihm ein weiteres Mal in Explizierung des Gedankens. Die Verben verteilen sich in der folgenden Weise: בחן kommt 28mal vor, davon 24mal in der Poesie und 4mal in der Prosa (Propheten 10mal, Ps 8mal, Spr 1mal, Hi 5mal); es wird religiös gebraucht mit Gott als Subj. und Menschen als Obj. 22mal, mit Menschen als Subj. 3mal. חקר kommt 26mal vor, davon 17mal in Poesie und 9mal in Prosa (Deut 1mal, Propheten 3mal, Spr und Pred 5mal, Hi 6mal); es wird religiös gebraucht mit Gott als Subj. 5mal. נסה kommt 36mal vor, davon 8mal in Poesie und 28mal in Prosa (Deut 8mal, Ps 6mal, Pred 2mal, Hi 1mal); es wird religiös gebraucht mit Gott als Subj. 12mal, mit Menschen als Subj. 11mal. צרף kommt 20mal vor, davon 17mal in Poesie und 3mal in Prosa (Propheten 7mal, Ps 8mal, Spr 1mal); es wird religiös gebraucht (einschließlich 'läutern') 11mal mit Gott als Subj.

Aus dieser Übersicht läßt sich Folgendes ablesen:
a) In religiösem Sinne, in Sätzen, wo Gott Subj. und der Mensch Obj. oder der Mensch Subj. und Gott Obj. ist, kommen בחן und נסה ungefähr gleich häufig vor, wobei בחן ganz überwiegend dazu dient, göttliche Prüfung und göttliches Wissen um den Menschen auszudrücken, während bei נסה göttliche Prüfung und menschliche Herausforderung sich ungefähr die Waage halten. צרף wie auch חקר (das aber nur selten in religiösem Sinne gebraucht wird und im folgenden unbeachtet bleibt) kommen nur in der ersten Bedeutung vor.
b) בחן und צרף sind ausgesprochene Wörter der dichterischen Sprache. Bei נסה überwiegt die Prosa; es findet sich sehr häufig in den deuteronomischen und deuteronomistischen Schriften.
c) בחן und צרף sind im Bereich des Alltäglich-Gegenständlichen zu Hause und durchaus lebendig. נסה bedeutet: eine Tätigkeit auf ihre Durchführbarkeit hin probieren (1 Sam 17, 39; Deut 28, 56), einen Menschen auf seine körperlichen oder geistigen Fähigkeiten prüfen (Dan 1,12; 1 Kön 10,1), Dinge studieren und unter Umständen mit ihnen experimentieren (Pred 7, 23). צרף heißt 'ausschmelzen > läutern > prüfen'. בחן hingegen hat mit einer Ausnahme nur Gott oder den Menschen (manchmal verdeutlicht durch Hinzufügung von 'Herz, Nieren', auch 'Gedanken, Wege, Worte') zum Gegenstand; es hat keine sachlich-praktischen Haupt- oder Nebenbereiche, die die Aufmerksamkeit vom Seelischen oder Religiösen abziehen könnten (Ausnahme Sach 13, 9, ein Gleichnis!).
d) Vom Seelischen und Religiösen gilt ferner: Während צרף ohne, und נסה mit nur einer Ausnahme bedeuten: Kenntnis oder Erkenntnis durch Versuch oder Versuchung zu erlangen suchen, läßt etwa die Hälfte der Belege von בחן keine wie immer geartete Tätigkeit zur Aneignung von Wissen erkennen; das Wissen ist, so scheint es, rein intellektuell oder intuitiv erworben. Dazu stimmt einerseits, was die Etymologie gezeigt hat: בחן oder eine lautliche Spielart (Ausnahme II בחר?) erscheint im Semitischen nur (noch?) als voll entwickeltes 'prüfen' u.ä. Dazu stimmt andererseits, daß בחן im Unterschied zu נסה nur ganz selten 'durch eine Tat versuchen, in Versuchung führen' bedeutet. Dazu stimmt ferner, daß בחן anders als נסה und צרף, in dichterischem Parallelismus in Verbindung mit Verben des Wissens (2mal) und des Sehens (3mal), also des Erkennens, auftritt. Dazu stimmt schließlich, daß mittelhebr. בחן (*hiph*) ausschließlich 'unterscheiden' heißt (rein kognitiver Akt).

Somit ist בחן das Wort, das von allen Synonyma das geistigste ist; bei ihm geht es ganz speziell um die Person. Das zeigt sich auch in der Streuung. In religiöser Bedeutung, die ja fast die einzig bezeugte ist, ist es das in den Psalmen und im Hiob häufigste Wort; besonders kennzeichnend ist es für Jeremia, für den Propheten, bei dem Auftrag und Person am innigsten verflochten und am stärksten zum Problem geworden sind (6mal in Jeremia gegen 2mal in allen anderen Propheten); er hat Gott erfahren als den, der „Nieren und Herz prüft" (11, 20; vgl. 17,10; 20,12).

Dem Dichter von Ps 139 wiederum geht es zunächst nicht um Prüfung, sondern um Gottes unbegrenztes Wissen um den Menschen, dessen er, der Dichter, voll gewahr ist. So wird ידע 'wissen' 5mal von Gott und 2mal vom Dichter gebraucht. Gott besitzt und realisiert dieses Wissen auf vielerlei Arten, was sich auch in der

Mannigfaltigkeit der Verben zeigt – erfahren, sehen, erforschen, erschaffen, leiten (alle mehrmals oder in mehreren Abwandlungen vorkommend). בחן 'prüfen' kommt nur 1mal vor (v. 23), und es könnte sich in seiner Vereinzelung wohl verlieren, wäre es nicht durch den vielfachen Parallelismus anderer Verben geschützt, und spräche es nicht zusammen mit diesen, gesetzt auf den Skopus des Gedichts, die einzige Bitte des Psalms aus, eine Bitte, die wie die Bitte aller Beter überflüssig scheint („Kein Wort ist auf meiner Zunge, das du, JHWH, nicht völlig kenntest", v. 4) und es doch nicht ist: Möge Gott, der alles weiß, ihn prüfen und erkennen.

III. *'œbœn bōḥan* Jes 28,16, oben einer homonymen Wurzel zugewiesen, wird oft symbolisch mit dem hier behandelten בחן zusammengebracht, und zwar entweder als 'Prüf- oder Probierstein' oder als 'bewährter Stein'. Ersteres findet sich, z.T. als Wahlauslegung, z.B. bei Sebastian Schmidt, Commentarius super ... prophetias Jesaiae ... 1693, 255f.; J. Cocceius, Lexicon ... sermoni hebraici ... I, 1777, 148f.; C. von Orelli, Die Propheten Jesaja und Jeremia ..., ²1891, 101; Th.O. Lambdin, JAOS 73, 1953, 148; KBL³. Die neueren Vorschläge gehen indirekt auf K. Sethe, SPAW 1933, 894–909 zurück, der aber diese Bedeutung für die Jesajastelle nicht annimmt (907). Seine Auslegung ist abzulehnen: a) Bekanntschaft mit dem Probierstein ist für das vorhellenistische Ägypten nur mit einer gewissen Wahrscheinlichkeit erschlossen; die älteste Bezeugung überhaupt ist griechisch (βάσανος, Λυδία, λίθος; seit Theognis, Ende des 6. Jh. v. Chr. b) Im alten, auch nachexilischen Israel wurde Gold auf Feingehalt durch Ausschmelzen geprüft (Spr 17, 3 = 27, 21 [typisierend!]; vgl. Sach 13, 9), und es ist aus naheliegenden Gründen unwahrscheinlich, daß man sich dieses Verfahrens nach Bekanntschaft mit der Strichprobe weiter bedient hätte. Die Übersetzung 'bewährter Stein' geht wahrscheinlich auf die Vulgata (lapidem probatum), vielleicht auf „die Drei" (λίθον δόκιμον) zurück, doch sind die Ausdrücke nicht eindeutig. Auch diese Deutung ist ganz unwahrscheinlich. Baumaterial wurde nicht geprüft, und die Annahme, daß es sich um ein für Bauzwecke „bewährtes" Gestein handle – so genannt, weil die Praxis es „geprüft" hat –, ist sprachlich wie sachlich weit hergeholt. אבן בחן ist aber auch nicht 'präkambrischer ... Schiefergneis' (nach dem Äg., so L. Köhler, ThZ 3, 1947, 390–393; KBL 117; s. auch Sethe 907), da dieser in Palästina nicht vorkommt, und mit der Einfuhr von Quadern in at.licher Zeit nicht zu rechnen ist. אבן בחן bedeutet 'Festungsstein' (*baḥan, bōḥan, baḥūn/baḥīn* 'Burg'), so seit den Qumran-Texten (1QS 8,7f.; 1QH 6, 26; 7, 9), d.h. der für den Burgbau der Königszeit charakteristische Quader (oft abgebildet und beschrieben, z.B. BRL 372f.). Jes 28,16 sagt, daß Gott einen solchen Stein an einer unteren Ecke des Zion (Burg, Tempel, Stadt, Berg?; vgl. 14, 32; 54,11; 1 Kön 5, 31) einbaut. Dieser Stein trägt eine, wohl als Name zu verstehende Inschrift. Inschriften wurden in Mesopotamien in die Grundmauern von Tempeln und Palästen, vorzugsweise an den Ecken, eingemauert. Gelegentlich wurden Steine auch benannt. Ein Kudurru (ein mit einer Landschenkungs- oder -kaufurkunde beschrifteter Stein) aus der Zeit Marduknadinaḫḫes (?, 1098–1081; s. L.W. King, Babylonian Boundary Stones ..., 1912, VII, A 1–3 = 2, 40) hat den Namen 'Er setzt die Grenze auf Ewigkeit'. Der Name des Zionssteins aber lautet: 'Wer vertraut, drängt nicht', d.h. er läßt Gott sein Werk zu seiner Zeit tun (vgl. Jes 5,19).

Tsevat

בָּחַר

I. Umwelt – 1. Ägypten – 2. Mesopotamien – II. Etymologie, Ableitungen – III. Gebrauch im AT – 1. Profane Bedeutung – 2. Mit JHWH als Subjekt: Königswahl – 3. Erwählung von Priesterschaften – 4. „Der Ort, den JHWH erwählt" – 5. Die Volkserwählung – 6. Menschliches Wählen als Akt religiösen Bekenntnisses – 7. Zusammenfassung.

Lit.: *R.E. Clements*, Deuteronomy and the Jerusalem Cult Tradition (VT 15, 1965, 300–312). – *K. Galling*, Die Erwählungstraditionen Israels (BZAW 48), 1928. – *K. Koch*, Zur Geschichte der Erwählungsvorstellung in Israel (ZAW 67, 1955, 205–226). – *E.W. Nicholson*, Deuteronomy and Tradition, Oxford 1967, bes. 95–100. – *L. Perlitt*, Bundestheologie im AT (WMANT 36), 1969. – *G. Quell*, ἐκλέγομαι B. Die Erwählung im AT (ThWNT IV, 148–173). – *H.H. Rowley*, The Biblical Doctrine of Election, London 1950. – *J. Schreiner*, Sion-Jerusalem, Jahwes Königssitz, 1963, bes. 51–56. – *M. Sekine*, Vom Verstehen der Heilsgeschichte (ZAW 75, 1963, 145–154). – *J.M.P. Smith*, The Chosen People (AJSL 45, 1928/29, 73–82). – *Th.C. Vriezen*, Die Erwählung Israels nach dem AT (AThANT 24), 1953. – *H. Wildberger*, Jahwes Eigentumsvolk (AThANT 37), 1959. – *G.E. Wright*, The OT against its Environment, 1950, 46–54.

I. 1. Äg. *stp* (seit dem MR belegt, WbÄS IV 307f.) heißt 'auswählen', d.h. jemanden oder etwas aus einer Zahl oder vor anderen vorziehen, z.B. Sinuhe B 79 „Er ließ mich mir etwas von seinem Lande wählen, von dem Erlesensten dessen, was er besaß". Oft wird auch der Zweck des Auswählens erwähnt: „zum König" oder „um etwas zu tun" (z.B. Urk IV 361: Hatschepsut, „die er [der Gott] erwählte, um Ägypten zu schützen").

„Den der König erwählt hat" ist eine Ehrenbezeichnung. „Das Auserlesene" ist die Elite, das Beste. Ideologisch interessant ist die Erwählung des Königs durch den Gott, in den älteren Texten durch das Verbum *mrj* 'lieben' ausgedrückt: der Pharao wird vom Gott mehr geliebt als alle anderen (E. Blumenthal, Untersuchungen zum äg. Königtum des MR, ASAW 61/1, 1970, 67ff., vgl. E. Otto, Bedeutungsnuancen der Verben *mrj* 'lieben' und *mśḏj* 'hassen', MDIK 25, 1969, 98–100), eine Feststellung, die seit der 13. Dynastie durch die Erwählung bzw. das Lieben des Gottes durch den König (Blumenthal 74f.) ergänzt wird (S. Morenz, Die Erwählung zwischen Gott und König in Ägypten, Sino-Japonica, Festschr. A. Wedemeyer, 1956, 118–137). Seit der 18. Dynastie erscheint *śtp n* 'erwählt von' der Gottheit als Königstitel.

2. Im mesopotamischen Raum erweckt vor allem die Erwählung des Königs das Interesse. Das Verbum *(w)atû* bedeutet 'suchen', 'entdecken', 'auswählen' (CAD I: 2, 518ff.). Wenn der König als *itūt kun libbi* GN 'der von der Herzenstreue des Gottes Erwählte' (bzw. sum. *šà-ge pà-da* 'erwählt vom Herzen') bezeichnet wird (Seux 121f., 434f.), hängt das mit der geläufigen Vorstellung zusammen, daß die Augen des Gottes den König aufsuchen, um ihn für sein Amt zu bestimmen (P. Dhorme, La religion assyro-babylonienne, Paris 1910, 150ff., R. Labat, Le caractère religieux de la royauté assyro-babylonienne, Paris 1939, 45ff.). So wechselt *itūt ilāni* 'Erwählter der Götter' mit *niš ēnē ilāni* 'derjenige, auf den sich die Augen der Götter gerichtet haben'. Oft wird noch der Zweck der Erwählung betont, z. B. „um Hirt des Landes zu sein" (Seux 435), „um Gerechtigkeit und Recht zu bewahren" (Hammurabi).

Bergman – Ringgren

II. Die hebr. Wurzel בחר bezeichnet ein sorgfältiges, nach den jeweiligen Bedürfnissen sich richtendes und also sehr bewußtes und an Maßstäben überprüfbares Wählen im Unterschied etwa zum Sich-Ersehen (ראה ל), zum Erkennen als Akt besonders vertrauter Zuordnung oder zu לקח und הואיל (vgl. Quell 149–152). M. E. sollte man nur mit einer Wurzel rechnen; denn es läßt sich kaum nachweisen, daß es nötig ist, für בחור „Jüngling" (< **baḥḥūr*, BLe 67f. vgl. 24q) eine eigene Wurzel anzusetzen – das in KBL² zum Vergleich herangezogene akk. *baḫūlātu* 'Mannen, Truppen' ist, wie dort korrekt angegeben, nur bei Sargon und Sanherib künstlich von dem gewöhnlichen *ba'ūlātu* differenziert und dürfte kaum die Annahme einer selbständigen Wurzel rechtfertigen. Andererseits gibt es Möglichkeiten genug, sich etymologisch eine Ableitung von בחור aus der normalen Wurzel בחר vorzustellen, und es dürfte kaum Schwierigkeiten machen, anzunehmen, daß die Ableitung bereits im Kanaanäischen erfolgt ist. Entsprechend gehen sowohl CAD wie AHw von *einer* Verbalwurzel בחר im Hebr. aus. – Auch die Annahme eines III בחר (s. KBL² für 1 Sam 20, 30; Koh 9, 4; auf Vorschlag von Dahood) empfiehlt sich m. E. nicht, da 1 Sam 20, 30 das normale בחר durchaus Sinn gibt und Pred 9, 4 mit Q MSS יחבר zu lesen ist, s. KBL².

Das wichtigste semitische Vergleichsmaterial liefert das akk. *bêrum*, das vom Altakk. an sowohl 'wählen' als auch 'prüfen' (viel seltener) bedeutet und dabei keine bemerkenswerten Besonderheiten zeigt. Aus dem Aram. ist spätbabyl. *beḫēru* „auswählen (z. B. Rinder), Truppen ausheben" eingedrungen, zusammen mit dem Ptz. *bēḫiru* „official to levy troops" o.ä. (so übereinstimmend CAD und AHw gegen die Annahme eines *be'rum* 'Elitesoldat' in ARM XV 193, zit. in KBL²).

Während im Akk. die Bedeutung 'prüfen' als völlig gesichert gelten muß, läßt sie sich im Hebr. kaum nachweisen. Jes 48, 10 bietet einen unsicheren Text, und Hi 34, 4. 33; Sir 4, 17 (vgl. KBL²) läßt sich, entsprechend einer späteren Sprachentwicklung im Hebr., mit „einer Entscheidung zuführen" übersetzen und schließt das Moment des Wählens nicht wirklich aus.

Im folgenden beschränke ich mich auf die Untersuchung des Verbs im *qal* sowie des Derivates בחיר „Erwählter", das anscheinend absichtlich vom Ptz. pass. בחור differenziert worden ist und wie etwa חסיד einen rein religiösen Begriff darstellt (Text von 2 Sam 21, 6 unsicher). Über בחור „Jüngling" sowie בחרות (בחרים) „Jünglingsalter" braucht hier nicht gehandelt zu werden – die Begriffe sind erstarrt, weil sehr früh von der Wurzel deriviert. Sämtliche Passivformen und das Nomen מבחר haben die Bedeutung 'ausgesucht, erlesen' (Text von Hi 36, 21?), auch Spr 10, 20. Sie tragen zur Bedeutung der Wurzel nichts bei, was nicht im Gebrauch des Verbs ablesbar wäre.

III. 1. בחר wird bemerkenswert häufig für Vorgänge im Bereich der Religion verwandt, wenn es auch ein durchaus profanes Wort ist – aber soll man hier Profanität und Religionsausübung trennen? Denn sorgfältiges, prüfendes Wählen ist hier wie dort nötig, so z. B. wenn David sich geeignete Steine für seine Schleuder wählt (1 Sam 17, 40) oder der Zimmermann, der ein Gottesbild herstellt, das dafür notwendige Holz sorgfältig wählt (Jes 41, 40); wenn die Gottessöhne sich die Menschenfrauen nach ihrer Schönheit sorgfältig auswählen, die sie nehmen wollen (Gen 6, 2), oder wenn die Einwohner Jerusalems sich zur Verschönerung ihres Kultus Bäume und Gärten aussuchen (Jes 1, 29); wenn Lot sich die Jordanaue zum Wohnsitz wählt (Gen 13, 11) oder wenn die Propheten Baals sich die Stiere gründlich aussuchen, die sie zur Unterstreichung der Regenbitte darbringen wollen (1 Kön 18, 25). Die sorgfältige, prüfende Wahl ist hüben und drüben dieselbe, und es gäbe nicht viel Sinn, sie voneinander zu scheiden.

In all diesen Beispielen sind die Maßstäbe, nach denen gewählt wird, ganz überprüfbar, und dies scheint für בחר charakteristisch zu sein. Jedenfalls trifft dies auch für die folgenden Belege zu: Mose wählt Männer für die Gerichtstage des Volkes (Ex 18, 25). Josua erhält den Auftrag, für den Kampf mit den Amalekitern geeignete Krieger auszusuchen (Ex 17, 9). Für den Hinterhalt, der die Truppen der Stadt Ai abfangen sollte, wählte Josua eine spezielle Truppe von 30000 Mann (Jos 8, 3), vgl. 2 Sam 10, 9. Aber es kann auch heißen: Bei der Bedrohung Davids durch Absaloms Aufstand werden Davids Knechte alles tun, wofür er sich entscheidet (2 Sam 15, 15). Hiob wählt in seiner Lage das Erwürgtwerden statt des Lebens (Hi 7, 15; vgl. Jer 8, 3). Analog ist m.E. die kritische Stelle 1 Sam 20, 30 zu verstehen. Saul wirft seinem Sohn Jonathan nicht bloß vor, daß er Davids Genosse sei (so die LXX), sondern er sagt viel prägnanter, daß der Königssohn eine Wahl zugunsten Davids getroffen habe, die faktisch, wenn auch unbeabsichtigt und daher Schande bringend, gegen den König getroffen wurde.

2. Kommt man von da aus zu den Belegen, in denen JHWH das Subjekt des Wählens ist, so kann sich das, was Quell (152) das rationale Moment nannte, also die Überprüfbarkeit der Maßstäbe, nur bestätigen. Zunächst, so wird man mit Quell (156f.) gern betonen, gehört die prophetische Berufung nicht hierher, da für das JHWH-Wort der Prophetie gerade das Überraschende und Unvorhergesehene kennzeichnend ist. Es ist mir daher wenig wahrscheinlich, daß Jes 42, 1 den prophetisch erwählten Gottesknecht meint. Mit Westermann (ATD z. St.) ist viel eher an einen homo politicus zu denken, dessen Politik sich allerdings von der allerorts üblichen gründlich unterscheidet (s.u.). Demgegenüber muß es als typisch gelten, daß die Wurzel בחר bei einigen Priestergeschlechtern eine Rolle spielt. Aus recht alter Zeit stammt wohl das Wort 1 Sam 2, 28 an Eli: „Erwählt habe ich es (scil. das Haus deines Vaters) aus allen Stämmen Israels mir zum Priester, um aufsteigen zu lassen auf meinem Altar, um Räucheropfer darzubringen und um den Ephod vor meinem Angesicht zu tragen." Man begreift ohne weiteres, daß, wer zur Prüfung des Opferfähigen und zum Umgang mit dem Heiligen bestimmt ist, selbst sorgfältig ausgewählt sein muß, und es liegt nahe, daß der Auswählende JHWH selbst ist.

Dies Beispiel wird nun wichtig für die Königswahl, die m.E. ganz analog gesehen werden muß. Auch der König ist ein Amtsträger, der über Heiliges bestellt ist, das er mit großer Strenge und Folgerichtigkeit zu pflegen hat; denn er ist der Mann, der JHWHs Kriege führt, und da JHWH selbst als der Kriegsherr im Lager anwesend ist, stand die Kriegführung unter strengen Riten. Dem entspricht es, daß das Wort בחר gerade in sehr alten Texten eine Rolle spielt, dann ganz verschwindet und erst bei Dtn/Dtr und bei Haggai wieder auftaucht. Es ist auf Saul und David mit einem Seitenblick zu Absalom (2 Sam 16, 18) beschränkt und kommt daher in einer Zeit vor, in der die Riten des JHWH-Krieges, wie vor allem die Saul-Überlieferung zeigt, noch eine bedeutende Rolle gespielt haben. Von Sauls Erwählung ist 1 Sam 10, 24 die Rede (2 Sam 21, 6 Text?). Der Vers gehört zu der Erzählung 10, 17–27a (27b Text), die nur am Anfang (18. 19a) dtr bearbeitet ist. In den Bereich des JHWH-Krieges weisen hier 2 Notizen: a) Saul wird aufgrund eines Losverfahrens gewählt, das nur noch aus dem JHWH-Krieg Jos 7, 16f. bekannt ist. (Das Losverfahren war eine Weise des Wählens JHWHs und daher für den Zeitgenossen in keiner Weise willkürlich.) b) Nach seiner Königswahl durch JHWH – das Volk akklamiert hier nur, während die politische Königserhebung in 1 Sam 11, 15 geschildert wird – schuf Saul eine stehende Truppe in Gibea, von der es heißt, daß Gott ihre Herzen bewegt habe (10, 26) – d.h. es ist eine sakral aufgefaßte Truppe. Zusätzlich darf man vielleicht noch auf zwei weitere Punkte hinweisen: c) Der Konflikt von 1 Sam 15 wird nur dann verständlich, wenn es nicht bloß um die Differenz von Opfer und Banngut geht, sondern wenn Saul als das Haupt der Stämme Israels (v. 18) ausdrücklich für die Einhaltung der Regeln des JHWH-Krieges zuständig war und an diesem seinem Amt versagte; denn dann ist die Amtsenthebung tatsächlich das sachgemäße Mittel zur Lösung des Konflikts. d) Im Zusammenhang der Salbung Sauls ist (9, 17) davon die Rede, daß Saul das Volk im Zaum halten solle (עצר heißt nicht 'herrschen', wie dort gern übersetzt wird). Da Saul in 9, 16 die Aufgabe des Philisterkrieges zugewiesen wird und 9, 17 darauf rekurriert, dürfte es sich auch hier um etwas Militärisches handeln. M.E. bezeichnet es die militärische Konzentration der so stark divergierenden Stämme Israels, die nur im Blick auf ihren Kriegsherrn JHWH konzentriert werden konnten.

Zusammenfassend läßt sich sagen, daß der Gebrauch von בחר in 1 Sam 10, 24 am ehesten eine sorgfältige Auswahl des Amtsträgers für die Zwecke des JHWH-Kriegs durch JHWH selbst, also durch den Kriegsherrn, bezeichnet.

Die Erwählung Davids ist in der Überlieferung mit der Sauls verknüpft worden. 2 Sam 6, 21 legt David folgendes Wort in den Mund: „Vor

JHWH, der mich anstelle deines (scil. Michals) Vaters und seines ganzen Hauses erwählt hat, um mich zum Nagid über JHWHs Volk, über Israel zu bestimmen, demütige ich mich." Deutlich ist die Verknüpfung mit der Erwählung Sauls, undeutlich aber der Bezug: Wann ist David so gewählt worden, wie das 2 Sam 6, 21 zum Ausdruck bringt? Eine eigentliche Erzählung von Davids Wahl liegt nur in 1 Sam 16, 1–13 vor, die fast allgemein nicht zur Erklärung von 2 Sam (5, 2) 6, 21 herangezogen wird. 2 Sam 6, 21 spricht jedoch nur positiv aus, was 1 Sam 15, 28 negativ gesagt hatte: „Da sagte Samuel zu ihm (Saul): Abgerissen hat JHWH das Königtum Israels von dir heute, und er gibt es deinem Genossen, der besser ist als du." 1 Sam 25, 28; 2 Sam 5, 2 erläutern, inwiefern David jener Genosse ist: Nach Sauls Verwerfung und vor Davids Flucht war es David, der den JHWH-Krieg führte und Israel herausführte und zurückbrachte, nicht aber der König. So bleibt schließlich zu fragen, ob 2 Sam 16, 18, welches sicher eine Schmeichelei Husais wiedergibt, darin seinen Grund findet, daß Absalom nach Husais Worten den JHWH-Krieg gegen David führt, weil Absalom mit dem Schein des gerechten Gerichts die Herzen der Männer Israels gestohlen hatte (15, 6) und daher gegen den gerade als Richter desavouierten David focht.

Von der Zeit Davids an verschwindet das Wort בחר aus der Sprache der Königserhebung. Dies könnte auf einem Zufall der Überlieferung beruhen. Viel wahrscheinlicher aber ist es, daß das Wort verschwindet, weil David das Heerwesen umgestellt hat und den Heerbann, abgesehen von einer Ausnahme (s. dazu Noth, Geschichte Israels[3] 179f.), nicht mehr zur Anwendung brachte. Daher scheint es mir unausweichlich zu sein, daß Deut 17, 15a im dtn Königsrecht den Rest einer sehr alten Tradition repräsentiert, von der auch 1 Sam 8, 9b; 10, 25 sprechen (s. ZAW 77, 1965, 286ff.). Auf keinen Fall stellt Deut 17, 15a einen Deuteronomismus dar, dazu bleibt das Motiv zu isoliert, zumal auch das dtr Geschichtswerk nur 1 Kön 8, 16; 11, 34 von einer Königswahl spricht. Dort handelt es sich wohl um einen Hinweis auf das dtn Gesetz, so daß außer dem Haus Sauls und dem Davids keine Dynastie als erwählt gelten sollte. Zwar ist Jerobeam I berufen worden (11, 29ff.); aber er brachte über den Nordstaat die dessen Geschick besiegelnde Sünde, von der keiner seiner Nachfolger abwich, so daß auch grundsätzlich nach David von einer Erwählung nicht mehr hätte geredet werden können. בחר wird hier offenbar anders als in der alten Überlieferung verwandt, insofern die Erwählung des Königshauses im dtr Geschichtswerk der Jerusalems parallelisiert wird. Eine Erinnerung daran, daß die Wahl ursprünglich dem JHWH-Krieg galt, hat sich nicht erhalten, sondern die Daviderwählung wird ähnlich der Heiligtumserwählung als ein Heilsfaktor behandelt. Dies ist jedoch erst vom chronistischen Geschichtswerk regelrecht systematisiert und dogmatisiert worden (1 Chr 28, 4ff.; vgl. Ps 78, 67–70). – Schließlich bleibt Hag 2, 23 zu erwähnen. In einem JHWH-Wort wird angekündigt, daß Serubbabel als JHWHs Siegelring ausgewählt werden soll. An Kriegführung ist nicht gedacht, da JHWH selbst (v. 22) die Weltpolitik über den Haufen werfen und die Mächte entmachten wird. Serubbabel wird Mandatar JHWHs, ohne daß angegeben würde, in welchem Sinne. Als sorgfältig geprüft durfte er gelten, weil er u.a. die Trennung Jerusalems von Samaria und damit eine streng jahwistische Politik befürwortete.

Demnach hat בחר in bezug auf die Königswahl einen erheblichen Wandel durchgemacht. Bei König Saul ließ sich noch nachweisen, daß בחר ganz schlicht die sachgemäße Auswahl eines Heerführers für die Heiligkeit des Krieges bedeutete. Von einem ausgesprochen ideologischen Gebrauch kann da (gegen Quell 149, 36f.) kaum die Rede sein, wenn man nicht bereits in der Heiligkeit des Krieges und der sorgfältigen Auswahl für sie Ideologie erblicken will. Prinzipiell gleichartig war noch die Auffassung in 2 Sam 6, 21 (David), während der eben genannte Gebrauch von בחר mit David (Absalom) abbricht. Als Relikt taucht בחר in Deut 17, 15a auf, wird jedoch gerade als Relikt Träger einer neuen Idee im dtr Schriftenkreis. David und seine Dynastie gelten nun als die erwählten Träger des Königtums, und der ursprünglich schlichte Wahlbegriff erhält eine ideologische Komponente, insofern das dtr Geschichtswerk erweist, daß JHWH sich zur Wahl der Davididen bekannt hat, bis Manasse dem ein Ende setzte. בחר erhält also einen Sinn, der stärker von 2 Sam 7 als von 6, 21 bestimmt ist. In dtr Tradition, jedoch so, daß das Nordreich als ein die Davididen einschränkendes und korrigierendes Moment ganz ausfällt, stehen die chronistischen Äußerungen, in denen die Erwählungsaussage noch auf Salomo übertragen wird (1 Chr 28, 5), wohl um die Schuld der Reichsteilung ganz dem Nordreich zuweisen zu können. Während in der dtr Betrachtung die David-Erwählung eher am Rande steht und gegenüber der Erwählung Jerusalems ganz zurücktritt, ist das David-Dogma beim Chronisten perfekt, auch wenn beide Geschichtswerke dem Königtum eine Gegenwartsbedeutung nicht zumessen. Nicht rückwärts-, sondern vorwärtsgewandt steht בחר in Hag 2, 23 und vor allem in Jes 42, 1, wo ein Erwählter geschaut wird, dessen Umrisse eher zu ahnen als bestimmt zu greifen sind (v.Rad, ThAT II[5] 261ff.).

3. Nun noch kurz ein Blick auf die Erwählung von Priesterschaften! Über die Wahl der Eliden

ist schon oben gesprochen worden. Angesichts der Entwicklung von בחר in der Königswahlauffassung läßt sich das Folgende beobachten: In 1 Sam 2, 27ff. scheint der Gesichtspunkt vorzuherrschen, daß JHWH ein Geschlecht im Blick auf seine Aufgabe sorgfältig gewählt hat, so daß es in der Logik dieser Wahl liegt, wenn JHWH dies Geschlecht verwirft, als es, statt ihn zu ehren, ihn verächtlich macht (30b). Die Auswahl ist kein Absolutum, sondern wird vom Zweck bestimmt und ist vom Zweck her widerrufbar. Ebenso ist der Sinn m.E. noch in Deut 18, 5. Anders aber steht es mit Deut 21, 5, einer recht beiläufigen Notiz über die Wahl der levitischen Priester. Hier begründet die Wahl ein Privileg, das gegen die Ansprüche anderer (vermeintlicher) Priesterschaften abschirmt – sie erhält dogmatischen Charakter. Freilich ist die Wahl JHWHs keine Pointe des dtn-dtr Schriftenkreises, das Wort בחר ist dabei nicht verfestigt und nicht einmal betont, sondern dürfte nur Reflex von Deut 18, 5 sein. Sicher anders ist dies in Num 16, 5.7; 17, 20. Dort steht gerade der Wahlvorgang im Mittelpunkt des Interesses und nicht so sehr die priesterliche Eignung. Der dabei leitende Gedanke ist die Überzeugung, daß die Religionsausübung nicht willkürlich erfunden oder gehandhabt werden kann, ein Reformprogramm, das zuerst wohl bei der dtn Kultformel durchdacht worden ist und aus den bitteren Erfahrungen der vorexilischen Zeit mit kultischem Handeln resultiert.

4. Die Formel „der *Ort*, den JHWH erwählt hat ..." kommt im dtr Geschichtswerk nicht vor – die einzige Ausnahme bildet Jos 9, 27bβ, die aber keinen Gegenbeweis liefert, da dort ein Zusatz zur alten Überlieferung von Jos 9 vorliegt (keine dtr Glosse, wie Noth, Josua² z.St. annimmt, da Dtr מקום nicht verwendet; sondern mit Hertzberg, ATD 9 z.St. ein Teil der Nachgeschichte). Das dtr Geschichtswerk sagt entweder „die Stadt ..." oder „Jerusalem ...". Daher muß das dtr Geschichtswerk für die Aufklärung des Sinns und des Ursprungs der Formel ausfallen.

Die dtn Formel liegt in sechs Varianten vor:

a) Kurzformel „der Ort, den Jahwe sich erwählt hat" 12,18. 26; 14, 25; 15, 20; 16,7.10; 17, 8. 10; 18, 6; 31, 4 (Jos 9, 27).

b) Kurzformel plus „in einem deiner Stämme" 12, 14.

c) Kurzformel plus „um deinen Namen dort wohnen zu lassen" (לשכן) 12,11; 14, 23; 16, 2.6. 11; 26, 2.

d) Kurzformel „um seinen Namen dort hinzulegen" (לשום) 12, 21; 14, 24.

e) Kurzformel plus „aus allen deinen Stämmen" plus „um seinen Namen dort hinzulegen" plus לשכנו (12, 5). Nach der masoretischen Punktation ist dieser Satz ungewöhnlich umständlich konstruiert. Er lautet: „Sondern zu dem Ort hin, den JHWH euer Gott sich aus allen euren Stämmen erwählt hat, um seinen Namen dort hinzulegen – an seinen Bewohner wendet euch, und du sollst dahin gehen." Das לשכנו dürfte eingefügt worden sein, weil דרש, mit אל konstruiert, immer nur personal bezogen wird (Gott, andere Götter, Totengeister), nie jedoch auf einen Ort. Daher scheint es nicht geraten, in der Punktation von לשכנו den Textfehler zu suchen. Er dürfte vielmehr in dem Einschub לשכנו תדרשו liegen, der den Akzent verschoben hat; denn im Kontext scheint es darum zu gehen, daß man für JHWH nicht beliebig viel Altäre schaffen soll, sondern zu dem einen gewählten Heiligtum gehen soll (l. תבואו statt ובאת), während jetzt der Akzent darauf liegt, daß man sich nicht an die Heiligtümer fremder Götter, sondern an JHWHs Heiligtum wenden soll. In jedem Fall zeigt Deut 12, 5 das aufgeblähteste Stadium der Formel und braucht nicht weiter berücksichtigt zu werden. Geht man vom übrigen Befund aus, so dürfte es nicht geraten sein, die Kurzformel als Ursprung der dtn Kultformel anzusehen, da sie überall unmißverständlich das zentrale Heiligtum meint, als solche aber nicht eindeutig auf *ein* Heiligtum führt, weshalb 12, 14 „aus einem deiner Stämme" hinzugefügt hat (anders A.R. Hulst in seiner wichtigen Besprechung von Vriezen, Die Erwählung Israels, in: BibOr 19, 1962, 61, jedoch soweit übereinstimmend, daß die Kurzformel das zentrale Heiligtum bezeichnet). Als Grundform kommt nur eine der beiden Formen d) und e) in Betracht, die die Kurzform durch einen finalen Infinitivsatz erweitern. Dieser Infinitivsatz gibt, wie Hulst richtig gesehen hat, nicht die Zweckbestimmung der Wahl an – sie besteht natürlich in dem dort geübten Gottesdienst. Vielmehr benennt er den Maßstab, nach dem gewählt wird. Paraphrasiert besagen die beiden Formen das Folgende: Man kann JHWH nicht an jedem Ort anbeten, der sich für eine Anbetung eignet. Vielmehr bestimmt JHWH den Ort selbst, den er für geeignet hält. Prinzipiell käme dafür mehr als ein Ort in Betracht, sofern JHWH sie wählen würde; aber der Ort, den er sich wählt, bestimmt sich danach, daß er dort seinen Namen wohnen läßt bzw. ihn dort hinlegt. Fragt man nämlich nach einer derartigen Setzung, so entfallen die meisten Heiligtümer von vornherein. Weder von Beerseba noch vom Tabor, weder von Gilgal noch von Mizpa, weder von Silo noch von Bethel noch von Sichem ist eine derartige Setzung überliefert. Mag JHWH dort erschienen sein – seinen Namen hat er deswegen dort noch nicht wohnen lassen. Der Finalsatz enthält daher bereits das Reformprogramm, er enthält nicht eine Theologie des Namen Gottes, sondern, wie R. de Vaux, BZAW 105, 1967, 219ff. gezeigt hat, eine Eigentumserklärung.

Diese stellt eine scharfe Interpretation der weiten Fassung von Ex 20, 24b dar: „An jedem Ort, an dem ich meines Namens gedenken lasse, werde ich zu dir kommen und dich segnen.“
Eine derartige Eigentumserklärung aber ist im AT nur für Jerusalem überliefert. Altertümlich, deutlich und ganz undeuteronomisch ist dies in Ps 132, 13f. festgehalten. Der sicher vorexilische Psalm (s. Kraus, BK z.St.) repräsentiert die Zionstheologie, nach der die Besetzung des Zion durch JHWH nicht auf den Willen des Königs, sondern auf einen eigenen Akt JHWHs zurückgeführt wird, und dieser Akt bewirkt, daß die Wahl des Königs mit der Wahl des Zion begründet werden kann, so daß die Macht des Königs vom Zion ausgeht (110, 2). Diese bedeutende Theologie hat es erreicht, daß Königshymnen wie Ps 110 und Ps 2 in Wirklichkeit zu JHWH-Hymnen geworden sind; Voraussetzung dafür aber war die Eigentumserklärung JHWHs auf dem Zion, die gegenüber dem Königtum und vom Königtum selbst garantiert die institutionelle Sicherung der Selbständigkeit verlieh. Das Dokument für diese äußerst bedeutende Konzeption von Thron und Altar ist Ps 132, in dem es heißt: „Denn JHWH wählte den Zion, er begehrte ihn sich zum Wohnsitz: Dies ist meine Ruhestätte für immer; denn nach ihm habe ich verlangt.“
Wenn man daher den ganzen Befund überblickt, scheint sich folgende Deutung nahezulegen: a) Die Kurzformel ist immer nur Hinweis auf eine der langen Formen. b) Die Form mit dem Infinitiv לשום, die, abgesehen von der überwucherten Form 12, 5, nur in zwei Nebensätzen auftritt (12, 21; 14, 24), hat noch im dtr Geschichtswerk Anwendung gefunden (1 Kön 11, 36; 14, 21 = 2 Chr 12, 13; 2 Kön 21, 7), die mit לשכן nicht. Dies läßt vermuten, daß zwischen den beiden Langformen ein Bedeutungsunterschied besteht und daß Dtr nur die eine genehm war. Dann sind zwei Dinge bemerkenswert: a) Die Formel שום שמו ist die genaue Übertragung des akk. Ausdrucks *šakānu šumšu*, der im vorisraelitischen Jerusalem durch zwei Briefe Abdi-Ḫepas (EA Nr. 282, 60–63; Nr. 288, 5–7) belegt ist. Sie klingt nach spezifisch jerusalemischer Tradition. b) Derselbe Ausdruck eignet sich gut für das Anliegen Dtr, zu proklamieren, daß der Davidsohn dem Namen JHWHs ein Haus gebaut hat. Demgegenüber erweckt die לשכן-Formel den Eindruck, als sorge JHWH selbst für das Wohnen des Namens, als sei ein menschlicher Bau überflüssig. Während das Tempelgebäude stets an seinen Erbauer Salomo erinnern mußte, dessen Name mit der Reichstrennung unlöslich verbunden bleiben mußte, scheint das לשכן über Salomo hinweg an König David und die Einigung der Stämme unter einem Namen anzuknüpfen. c) Die sachgemäßeste Einführung der dtn Kultformel scheint mir in der Rede 12, (8.) 9–12 vorzuliegen, die in 13 singularisch fortgesetzt wird.
Im dtr Geschichtswerk ist, wie gesagt, vom מקום nicht mehr die Rede. Dort geht es um die Stadt und ihren Tempel. Programmatisch heißt es 1 Kön 8, 16: „Ich (JHWH) habe nicht eine Stadt erwählt aus allen Stämmen Israels, um ein Haus zu bauen. Aber ich erwählte ‘Jerusalem, damit mein Name dort sei, und ich erwählte’ David, daß er über mein Volk Israel sei. – Dann war er (JHWH) mit dem Herzen Davids, meines Vaters, zu bauen ein Haus für den Namen JHWHs, des Gottes Israels.“ Nicht der Zion, sondern ganz Jerusalem ist der Ort, an dem JHWHs Name sein sollte, und das erwählte Königtum war mit der Aufgabe betraut, dem Namen ein Haus zu bauen. Im übrigen wird die Erwählung nur an drei Stellen erwähnt: a) bei der Tempelweihe 1 Kön 8, 16. 44; b) bei der sog. Reichstrennung 1 Kön 11, 13. 32. 36; 14, 21; c) bei König Manasse und der Verwerfung von Stadt und Tempel 2 Kön 21, 7; 23, 27. Von Interesse sind vor allem die beiden letzten Erwähnungen. Bei der Reichstrennung wird die Bewahrung der Dynastie Davids nicht nur mit der David-Erwählung begründet – sie kommt in 11, 34 am Rand vor –, sondern mit der Erwählung Jerusalems, am gewichtigsten in 11, 36 und davon abgeleitet in 11, 13 und 32. Dies macht es wahrscheinlich, daß Dtr bereits die Tradition von der Gottesstadt berücksichtigt hat (vgl. Ps 101, 8), der JHWH seinen besonderen Schutz hat angedeihen lassen wollen. Um so furchtbarer und einschneidender ist es, daß Rehabeam, der Davidide, dem JHWH das Königtum erhielt und ihn in der erwählten Stadt residieren ließ, das in JHWHs Augen Böse tat. Von Anfang an muß also Dtr auch gegen Davids Dynastie Anklage erheben, bis die Stadt und der Tempel um der Sünden des Davididen Manasses willen verworfen werden (2 Kön 23, 27). Während Dtr seinem Volk an Härte des Gerichts nichts erspart hat, wiederholt der Chr nur die positiven Worte zu Tempel und Stadt, nicht dagegen 2 Kön 23, 27 (s. 2 Chr 6, 5; 7, 12. 15; 12, 13; 33, 7). Sacharja aber kündete (1, 17; 2, 16) von der neuen Erwählung Jerusalems (anders Vriezen 74), der die Aufhebung der Erwählung nicht gelten lassen will und daher עוד hier und in Jes 14, 1 mit „fürder“ übersetzt. Aber m.E. ist die Wahl Jerusalems bei Dtr und Sach noch so kündbar gedacht wie die Elis in 1 Sam 2, 28, weil die Wahl nicht das Gottesverhältnis selbst begründet, sondern Jerusalem zu einem bestimmten Zweck ausgewählt war.
5. Bisher hat sich als Sinn des Wortes בחר durchweg die Wahl nach verständlichen, nachprüfbaren Kategorien erwiesen. Dies galt auch beim Kultort, der dadurch bestimmt wurde, daß JHWHs Name dort Wohnung genommen hatte–

ein Vorgang, der in Israels Geschichte seine unvergeßliche Verankerung hatte. Es wird sich zeigen, daß das gleiche auch bei der Erwählung des Volkes gilt und das Wort בחר nicht das Wortfeld deckt, das von dem deutschen Wort Erwählung bzw. dem dogmatischen Topos electio eingenommen wird (so mit Recht Vriezen, passim). Vielmehr hat בחר einen relativ schmalen Ausschnitt dessen im Blick, was Israel als JHWHs Volk ausmacht, und was es in Blick nimmt, steht beim dogmatischen Topos electio nur selten im Zentrum.

Überall, wo בחר in bezug auf Personen vorkommt, bezeichnet es die Auswahl aus einem Ganzen – im allgemeinen aus dem Ganzen des Volkes –, dergestalt daß der Gewählte in bezug auf das Ganze eine Funktion wahrnimmt. בחר hat dabei durchaus die Komponente des Abgrenzenden, aber gerade so, daß das durch בחר Abgegrenzte um so klarer der Gesamtheit zu Diensten stand. Analog wird m.E. die Erwählung des Volkes im AT verhandelt. Der Horizont der Volkserwählung ist die Völkerwelt, in bezug auf die als Gesamtheit das „Individuum" Israel erwählt worden ist. בחר als Terminus der Volkserwählung steht unter dem Zeichen des Universalismus.

Von vornherein steht die Untersuchung unter einer Schwierigkeit: Sobald die Volkserwählung zum erstenmal unter der Vokabel בחר greifbar wird – und das ist im dtn/dtr Schriftenkreis der Fall –, wird sie so beiläufig und unbetont erwähnt, daß sie unmöglich als dort ersonnen und proklamiert gelten kann. In Betracht kommen die Stellen Deut 4, 37; 7, 6f.; 10, 14f.; 14, 2 und 1 Kön 3, 8. Deut 14, 1f. heißt es: „Ihr seid Söhne JHWHs, eures Gottes. Macht euch keine Einschnitte, macht euch keine Glatze zwischen den Augen für einen Toten; denn du bist ein JHWH, deinem Gott heiliges Volk, dich hat JHWH erwählt, ihm Eigentumsvolk zu sein aus allen Völkern der Erde." Vergleicht man dies Wort mit der dtn Kultformel, in der ebenfalls 2mal die Auswahl aus einer Gesamtheit angesprochen wird (12, 5.14), so ergibt sich als Sinn: Israel, das innerhalb der Völkerwelt und gerade in bezug auf diese als Eigentumsvolk gewählt wurde, kann nicht derart abergläubische Praktiken übernehmen, wie sie 14, 1 beschrieben werden. (Anders Vriezen 51ff., der sich bei der Betrachtung der dtn Belege zu sehr von dem Motiv des heiligen Volkes bestimmen läßt und den Befund daher in Richtung auf die dtn Thora interpretiert. Ferner scheint mir Vriezen der Zufälligkeit der Erwählung im Dtn nicht genügend Rechnung zu tragen.) בחר steht hier wieder ganz rational und verständig. JHWH hat an seinem Volk gearbeitet, so daß es Eigentumsvolk (heiliges Volk) wurde. Als dieses Volk, das von der einzigartigen Unerbittlichkeit seines Gottes geprägt ist, hat es seinen Platz im Kreis der Völker – man möchte sagen, JHWH zum Zeugnis, das jedoch so erst bei DtJes gesagt wird. בחר wird nur ganz beiläufig, in einem Nebensatz erwähnt, aber nicht proklamatorisch. Ähnliches findet man in Deut 7, 1ff. Dort wird die Forderung, die Völker Kanaans zu schlagen, sie zu bannen, keinen Bund mit ihnen zu schließen und kein Erbarmen mit ihnen zu haben, mit den Worten begründet (v. 6): „Denn ein heiliges Volk bist du JHWH deinem Gott, dich hat JHWH erwählt, daß du ihm Eigentumsvolk seist aus allen Völkern, welche auf der Oberfläche der Erde sind." Dies Wort setzt voraus, daß in Israel alle Bereitschaft vorhanden war, sich mit den Kanaanäern zu einigen, von ihnen zu lernen und sich mit ihnen zu verschwägern. Es setzt voraus, daß die kanaanäische Lebenshaltung und d.h. ihre Religiosität für Israel von großer Attraktion war und die geforderte Unerbittlichkeit wie ein fremdes Gesetz empfunden wurde. Wenn eine derartige Unerbittlichkeit gefordert wird, muß Großes auf dem Spiel stehen, und in der Tat sieht das Deut in der kanaanäischen Religion das Widergöttliche schlechthin, nämlich die Altäre, die sich Menschen machen; die Riten, die sich Menschen ersinnen; dies ganze Überwuchern des Göttlichen mit dem Geist des Segens von Getreide, Öl und Most, des Schoßes und der Herde, den Hosea den Geist der Hurerei nannte und in dem es Maßstäbe außer dem der Segensgewinnung nicht gibt; in dem also Gott wirklich nichts zu sagen hat, sondern nur der Garant menschlicher Interessen wird, die zudem auf alles, was sich im hieros gamos darstellen läßt, beschränkt werden. Ist Israel gegen diese Religion nicht unerbittlich, so kann es niemals JHWHs Volk sein, weil er niemals als er selbst erkannt wird, solange Kanaanäisches mit ihm verbunden wird. Dann aber bedeutet בחר, daß Israel in seinem Kampf mit dem kanaanäischen Geist das in bezug auf alle Völker erwählte Volk ist, insofern alle Religionen den Kampf durchzustehen haben, den Israel paradigmatisch und in letzter Unerbittlichkeit führt.

Was 14, 1f.; 7, 1ff. in bezug auf einzelne Anordnungen ausgeführt wird, überträgt 10, 14f. (pl.) auf das ganze Gesetz; es braucht hier nicht im einzelnen besprochen zu werden. Wichtig dagegen ist 7, 7f.: „Nicht weil ihr zahlreicher wart als alle Völker, hat JHWH an euch gehangen und euch erwählt; denn ihr seid kleiner als alle Völker. Sondern weil JHWH euch liebte und den Schwur halten wollte, den er euren Vätern geschworen hat, hat JHWH euch mit starker Hand herausgeführt ..." Es hat der Nation Israel allezeit nahegelegen, die Größe ihres Gottes in Korrelation zur Größe der Nation zu sehen. Dieser Gesichtspunkt wird hier durchbrochen. Israel ist kleiner als alle Völker, sein Gott nicht der der nationalen Macht, der Gesichtspunkt der Wahl nicht die Menge, die die Erde besetzt. Ganz sicher redet 7,7f. auch, wie Rowley im 1. Kapitel seines Buches The biblical doctrine of election so eindrucksvoll vorgetragen hat, von dem nicht begründbaren Geheimnis der Liebe Gottes zu seinem Volk. Entscheidend aber ist m.E., daß der Sinn der Wahl Israels in bezug auf die Völker nicht durch nationale Macht umrissen werden kann, sondern durch die Liebe, mit der er sein Volk liebt.

In scheinbarem Gegensatz zu Deut 7,7f. steht 1 Kön 3, 8, das Wort aus Salomos Gebet in Gibeon; denn auf den ersten Blick spricht er von dem bedeutenden erwählten Volk, das Salomo zu regieren hat. Der Text verfolgt jedoch eine andere Absicht. V. 9 spricht in der Sprache internationaler Weisheit, wenn es heißt: „Gib doch deinem Knecht ein *hörendes Herz*, um dein Volk zu richten, um weise zu machen zwischen gut und böse!" (vgl. H. Brunner, Das hörende Herz, ThLZ 79, 1954, 697ff.). D.h. etwas für alle Völker Vorbildliches wünscht sich der König, und das Volk, das Jahwe erwählte, steht im Blickpunkt der Völker.

An all diesen Stellen, vielleicht mit Ausnahme des sicher nicht sehr alten Stückes 10,12ff., steht בחר nicht betont, fast selbstverständlich. Ist dies bei DtJes anders? Aber die Pointe bei DtJes scheint mir nicht darin zu bestehen, daß er die Erwählung Israels proklamiert, sondern darin, daß gerade die Katastrophe des Exils sie bestätigen muß. Zwar läßt der Prophet keinen Zweifel daran, daß er die Existenz des Volkes als Volk für ausgelöscht hält; aber diese Tatsache ist ihm und dem Wort, was er zu sagen hat, nicht Anlaß zur Verzweiflung, sondern zum Zeugnis. JHWH hat das, was geschehen sollte, angekündigt. Indem das Angekündigte eingetroffen ist, erweist sich JHWH im Prozeß mit den Völkern als der einzige wirkliche Gott, weil kein Gott tut, was JHWH tat: das eigene Volk der Vernichtung preiszugeben, um den Verbleibenden die Chance der Wahrheit zu geben, oder anders: weil JHWH nicht auf seine Gottheit verzichtete um des Vorteils willen, sein Volk zu retten (Jes 43, 8ff.). Das ausgelöschte Volk ist also ein Volk der Hoffnung, weil es im Moment, wo es sein Ausgelöschtsein wahrnimmt, in die Lage versetzt ist, die Einzigartigkeit seines Gottes wahrzunehmen, und damit beauftragt wird, ihn zu proklamieren (43,10): JHWH ist der einzige Gott, weil er kein Ansehen der Person kennt. Daher ist die Erwählung in keiner Weise aufgehoben (41, 8ff.). Von einem Winkel der Erde hat JHWH einst Israel in Abraham heraufgeführt; was soll es ihm ausmachen, das Volk aus Babylonien zu retten? Ja, in der Wüste muß Wasser fließen für die Erwählten (43, 20), und der Weltherrscher Kyros wird aufgeboten, für das jämmerliche Volk, das keines mehr ist und das als einziges Gut nur den einzigartigen Gott hat, Schloß und Riegel zu sprengen (45, 4). So wird JHWH Wasser auf das Dürre sprengen und Israel wie frisches Gras wogen (44,1ff.): Israels Existenz ist nicht vorbei, im Gegenteil! Seine Bedeutung für die Welt ist erst im Kommen.

Damit ist deutlich: auch hier ist בחר kein neues Motiv, sondern ein bekanntes, das dem Paradox der Verkündigung des Propheten dient, das Erwähltsein für die Völker und im Prozeß mit den Völkern gerade im Moment des Vernichtetseins scharf und klar wahrzunehmen.

Nur en passant sei Ez 20, 5 erwähnt. Dort scheint בחר ganz absolut gebraucht zu sein; aber es bleibt stets zu bedenken, daß, wenn JHWH redet, der Weltherrscher von Ez 1 spricht und nicht der Gott der Lade. Ähnlich wie DtJes, doch nahezu ausschließlich auf die Exulanten konzentriert, verkündet Ezechiel dem zerschlagenen Volk Gott als Gott der ganzen Welt, der das Volk nicht verwirft, sondern bei seiner Widerspenstigkeit behaftet. Anders Jes 14,1, das wohl analog dem dtr Gedanken von der Verwerfung Jerusalems und der von Sacharja proklamierten neuen Erwählung Jerusalems eine neue Erwählung des Volkes verkündet (gegen Vriezen 74).

Fragt man nach dem Ursprung des in allen Belegen schon bekannten Motivs בחר, so ist m.E. am ehesten an eine Wirkung der hymnischen Tradition zu denken. Am schlichtesten sagt dies Ps 117: „Lobt JHWH alle Völker / rühmt ihn alle Nationen! Denn groß über *uns* ist seine Verbundenheit / JHWHs Treue für immer! Halleluja!" Im Hymnus werden alle Völker der Erde, der Erdkreis und der himmlische Hofstaat zum Lob aufgefordert, Gegenstand des Lobs aber ist, was JHWH an und mit Israel tat. Dies kann ganz beiläufig und ohne besondere Programmatik, nur als Bewußtmachen dessen, was man da sagt, mit בחר bezeichnet werden, wie es Ps 33, 8–15 geschieht. – Ps 135, 1–4 redet die Diener JHWHs in den Vorhöfen an. Soviel aber darf man sagen: zu einem dogmatischen Topos ist die Volkserwählung im AT unter dem Wort בחר nicht geworden. Eher könnte man es bemerkenswert finden, wie in Jes 65, 9.15.22; Ps 105, 6. 43; 106, 5; 1 Chr 16,13 „die Söhne Jakobs" die Erwählten genannt werden (בחירים). Wie בחור im Sinne von „auserlesen, gewählt" dürfte hier tatsächlich ein Erwählungsbewußtsein angebahnt werden, das mit dem בחר der Volkserwählung nur wenig gemein hat und die Angehörigen und Hausgenossen Gottes bezeichnet. Bei ihnen steht nicht mehr eine bestimmte Beauftragung zur Debatte, vielmehr resultiert ihre Besonderheit von dem Gott, der sie wählte. Man wird sich dessen bewußt, daß man als wahrer Israelit das Joch der Malkuth trägt.

6. Da mit Ri 5, 8 wegen seines Textbestandes nichts Sicheres anzufangen ist, kann man בחר als Akt religiösen Bekenntnisses erst vom Deut an finden. Deut 30,19 mahnt die Hörer des Gesetzes dazu, das Leben zu wählen, d.h. der Autor war sich darüber klar, daß Israeliten anderes gewählt hatten und noch wählten. Es meldet sich in diesem בחר daher ein neues Bewußtsein, sofern jetzt die Differenz zwischen dem, was JHWH will, und dem, was Israel wählt, ausdrücklich ins Auge gefaßt wird und das Israelsein als ein Bekenntnisakt begriffen werden kann. Klassisch ist dies Jos 24,15. 22 (Dtr) zum Ausdruck gebracht. In einer Geschichtsdeutung von hinten her bringt Dtr zum Bewußtsein, daß Israel sich für JHWH entschieden hat und nun bei dieser Wahl behaftet werden kann und wird. Vgl. im einzelnen Perlitt 239ff. Ri 10,14 wird dies mit der Wahl anderer Götter konfrontiert, d.h. man verfällt jenen Göttern nicht, sondern wählt sie, weil nur an JHWHs Einzigkeit und Ausschließlichkeit vorbei andere Götter angegangen werden können. Verächtlich heißt es analog in 1 Sam 8,18 (12,13) „der König, den ihr gewählt habt". Wie man nicht neben JHWH einen anderen Gott stellen kann, wenn JHWH er selbst bleiben soll, so kann man nicht eine andere Macht neben ihn stellen, die als weltliche Macht ebenfalls Leben garantieren soll (8, 8) – die Staatsräson verdirbt die Religion.

An diesen Wortgebrauch hat sich nun ein neuer Gebrauch des Wortes בחר angeschlossen, der den Moment des Sich-Entscheidens stärker ins Auge faßt, so daß בחר nicht so sehr die ausgewogene Wahl als das prüfende Wählen selbst ist. So weiß Jes 56, 4 es zu würdigen, daß ausgerechnet der Eunuch, der als nicht kultfähig so ganz am Rande der JHWH-Gemeinde stand, sich für das entscheidet (בחר), was JHWH gefällt, daß er sich also in seinem Tun zu JHWH bekennt. Umgekehrt lautet der Vorwurf in 65,12 (vgl. 66,11; Spr 1, 29), daß die Angeredeten sich nicht für das, was JHWH gefällt, entscheiden, sondern andere Gesichtspunkte gelten lassen. Und sogar in JHWHs Munde kann es heißen, daß er sich nicht für eine bestimmte Form des Fastens entscheiden kann, weil sie zum betreffenden Zeitpunkt unangebracht war, und statt dessen die Form benennt, für die er sich entscheiden würde (Jes 58, 5f). In Ps 25,12 haben wir fast eine Zwei-Wege-Lehre vor uns. Das Gedicht sagt, daß, wer Auskunft von JHWH haben will, bei ihm über den Weg belehrt wird, den er wählen, für den er sich entscheiden soll. D.h. die Wahl ist und bleibt Sache des Frommen, Leben und Tod werden ihm vor Augen gestellt, und stillschweigend ist man sich des Risikos bewußt, das es bedeutet, das Leben zu wählen. Vgl. auch Ps 119, 30.173, wo der Beter betont, er habe den Weg der Beständigkeit bzw. der Anordnungen gewählt. Schließlich gehört hierher Hi 34, 4. 33, das den Übergang zu der im Aram. belegten Bedeutung 'prüfen' markiert. Dort heißt es, es solle in bezug auf das Recht die Frage einer Entscheidung zugeführt werden, was gut und was böse sei. M.E. ist בחר hier nicht unmittelbar identisch mit dem aram. 'prüfen', da es nach dem Kontext nicht bloß um Prüfung, sondern um das Fällen einer Entscheidung geht. Da jedoch das Prüfen überall ein Moment des mit בחר gemeinten Wählens ist, kann der Übergang in keiner Weise überraschen.

7. Es würde zu weit führen, wenn die Untersuchung bis in das nachbiblische Judentum ausgedehnt würde. Nur soviel muß gesagt werden, daß die Urteile in ThWNT IV 175f. 188ff. wenig verständnisvoll sind und das religiöse Problem nicht einzufangen sich bemühen, das im nachbiblischen Judentum mit dem Wort und der Sache der Erwählung gegeben war.

So darf man abschließend sagen, daß Vriezen das Wesentliche über das at.liche Wort בחר zur Kenntnis gegeben hat, als er schrieb (109): „Die Erwählung ist im Alten Testament immer die Sache Gottes, seiner Gnade, und enthält für den Menschen immer einen Auftrag; und nur von diesem Auftrag aus darf der Mensch die Erwählung Gottes fassen." Durchbrochen ist diese allgemeine Bestimmung allenfalls (gegen Vriezen a.a.O.) bei der Bezeichnung בחירים für die Frommen überhaupt. Es scheint dies eher eine defensive Bezeichnung zu sein, in der zwar noch der Auftrag bewußt ist, aber so, daß er im Leiden bewährt werden muß und der Sinn von Erwähltsein nur noch von JHWH selbst heraufgeführt werden kann. Doch führt auch dies bereits über den Rand des AT hinaus. Im AT steht בחר jedenfalls nicht für das, was das Grundverhältnis zwischen Gott und Volk konstituiert – das ist viel eher das ידע von Am 3,1 –, sondern es bezeichnet etwas, was sich aus diesem Grundverhältnis ergibt. Wenn es daher Neh 9,7 heißt, daß JHWH bereits den Abraham erwählt habe, so entspricht dies der Situation des Gebets, das innerhalb des Synkretismus der Zeit Esras und Nehemias bewußt machen sollte, daß Juda den Auftrag hat, es selbst zu sein und sich den Völkern nicht anzugleichen, solange Erwählung als ein Auftrag an die Völker gelten soll.

Seebaß

בָּטַח בֶּטַח, בִּטְחָה, בִּטָּחוֹן, מִבְטָח

I. Etymologie und Formen – II. Bedeutung – III. Gebrauch – 1. Verständliche Sicherheit – 2. Falsche Sicherheit – 3. Sicherheit in Gott – IV. Bedeutungsgeschichte.

Lit.: *J. Blau*, Über homonyme und angeblich homonyme Wurzeln (VT 6, 1956, 244). – *R. Bultmann*, Der alttestamentliche Hoffnungsbegriff, ThWNT II, 518–520. – *L. Köhler*, Hebräische Vokabeln. 18. אבטחים. 19. Die Wurzel בטח, ZAW 55, 1937, 172f. – *L. Kopf*, Arabische Etymologie und Parallelen zum Bibelwörterbuch (VT 8, 1958, 161–215, בטח 165–168). – *A. Weiser*, Der Wortstamm בטח ThWNT VI, 191–193.

I. Die Wurzel בטח hat sich wohl im Mittelhebr. und im Jüd.-aram. erhalten, ist aber in anderen semit. Sprachen kaum mit Sicherheit nachzuweisen. Das arab. *baṭaḥa* hat einen ganz anderen Sinn: 'hinstrecken, niederwerfen'. Ob das in EA 147, 56 vorkommende *ba-ti-i-ti* wirklich dem hebr. בטח entspricht, ist zumindest nicht so eindeutig, daß irgendwelche sicheren Schlüsse darauf aufgebaut werden könnten. So läßt sich auch hier die Bedeutung nur aus dem Sprachgebrauch selbst erheben.

Köhler hat allerdings den Versuch unternommen, eine Grundbedeutung von *bāṭaḥ* zu gewinnen. Er vergleicht אבטחים, die Wassermelone, mit dem von Musil, Arabia Peträa, 3, 273 bezeugten arab. *baṭaḥ*, das eine „Stute bezeichnet, die so weit trächtig ist, daß das Junge fühlbar wird. Es ist leicht zu sehen, was die vollträchtige Stute und die Wassermelone gemeinsam haben. Beide sind 'prall'". So gewinnt Köhler für eine beiden Wörtern zugrunde liegende Wurzel die Bedeutung 'prall sein' = 'fest sein'. Man könnte aber ebensogut an 'schwellend sein' oder 'rund werden' denken. Jedenfalls läßt sich die Bedeutung 'fest sein' nicht mit Sicherheit aus den beiden verglichenen Wörtern erschließen. Dann aber wird es sehr unwahrscheinlich, daß diese von Köhler erschlossene Wurzel mit der Wurzel *bāṭaḥ* 'sich sicher fühlen' identisch ist. Köhlers Begründung für diese Gleichsetzung: 'fest sein' wird in allen Fällen die Grundbedeutung der Worte sein, welche 'Vertrauen haben, zuversichtlich sein, sich verlassen' bedeuten, zeigt schon in der Sprachform ihre Fragwürdigkeit. Wenn man also, was immerhin erwägenswert ist, hebr. אבטחים und arab. *baṭaḥ* auf eine Wurzel zurückführen will, so muß man diese von בטח 'sich sicher fühlen' trennen. Homonyme Wurzeln sind im Hebr. ja nichts Seltenes.

Vielleicht aber könnte Köhlers Vermutung einer Wurzel *baṭaḥ* 'prall, schwellend sein' dazu helfen, eine crux interpretum zu beseitigen. Ps 22,10 macht das *mabṭîḥî* den Auslegern Schwierigkeiten: Kann man von einem Säugling Vertrauen erwarten? Würde der Zusammenhang aber nicht klar, wenn man übersetzen dürfte: „Denn Du warst es, der mich aus dem Mutterschoß hervorzog, der mich rund werden ließ an meiner Mutter Brust?" Gewiß ist das Fundament dieser Auslegung schwach. Aber der Zusammenhang erfordert doch eigentlich ein konkretes Handeln Gottes am Beter von Jugend an. Und das bestünde eben darin, daß Gott ihn nicht nur aus dem Mutterschoß hervorgehen, sondern ihn auch an der Mutter Brust gedeihen ließ. Anders Skoss (Jewish Studies Kohut, New York 1935, 552) „der mich an die Mutterbrust legte", oder Kopf 166 „der mich (geschützt) an der Mutterbrust liegen ließ".

G.R. Driver (Festschrift Robinson 1950, 59f.), J. Blau und besonders L. Kopf nehmen arab. *baṭaḥa* 'hinstrecken, zu Boden werfen', VII. 'hinstürzen, ausgestreckt daliegen' u.a. zum Ausgangspunkt der semantischen Untersuchung: „Ein Übergang von 'liegen auf' zu 'sich verlassen auf, vertrauen auf' läßt sich aber auch auf Grund der Anwendungen der hebr. Wurzel selbst nachweisen" (Kopf 166). Diese Grundbedeutung von בטח zeigt sich u.a. auch an den mit לבטח belegten Verben שכב (Hi 40,18; Hos 2, 20) und רבץ (Jes 14, 30).

Der Eigenname מבטחיהו ist auf dem Ostrakon I 4 von Lachisch belegt; in Elephantine begegnen מבטחיה 'JHWH ist (mein) Vertrauen' und מפטחיה (Cowley 295a. 297b; BMAP 187).

Von der Wurzel בטח werden verschiedene Formen abgeleitet; einmal ein Verbum *bāṭaḥ*, meist im *qal*, selten im *hiph* belegt; dann ein Nomen in Segolatform *bæṭaḥ*, das meist adverbial gebraucht wird; ferner ein Nomen mit מ-Präformativ *mibṭāḥ*. Dazu kommen vereinzelte Bildungen wie *biṭḥāh*, Jes 30,15; *biṭṭāḥôn*, Jes 36, 4; Pred 9, 4; *baṭṭuḥôt*, Hi 12, 6. Da der Sinn in allen Formen in gleicher Weise variiert, ist es angemessen, sie zusammen zu behandeln.

II. Die Ableitungen der Wurzel בטח haben zunächst die Bedeutung 'sich sicher fühlen, sorglos sein' bzw. mit Angabe des Grundes der Sicherheit: 'sich auf etwas oder jemanden verlassen'. Doch sehr häufig bekommt dieser allgemeine Sinn einen negativen Klang: Das, worauf man sich verläßt, stellt sich als trügerisch heraus, so daß die Worte geradezu zur Andeutung einer falschen Sicherheit, einer securitas, gebraucht werden. Aber dieselben Worte werden auch angewandt, wenn es darum geht, die volle Sicherheit bei Gott allein zu umschreiben. Diese Ambivalenz ist für den Gebrauch der Wurzel bezeichnend. Daß diese auch noch von den Übersetzern der LXX empfunden wurde, zeigt sich daran, daß בטח im negativen Sinn überwiegend mit πεποιθέναι wiedergegeben wird, während, wenn von Gott die Rede ist, meist ἐλπίζειν eintritt. Besonders bezeichnend etwa Ps 115, 8: πεποιθότες gegen Ps 115, 9.10.11: ἐλπίζειν; vgl. auch Ps 49,7; 135,18; 146, 3 und vielfach bei Jes und Jer πεποιθέναι für eine falsche Sicherheit.

III. 1. Da, wo die Ableitungen der Wurzel בטח für innermenschliche Beziehungen gebraucht werden, geht es vielfach um ein Verhalten, das, wenn auch verständlich, doch enttäuscht wird, das also eine gutgläubige, leichtfertige oder auch hochmütige Sorglosigkeit und Sicherheit umschreibt.

Gutgläubig waren die Sichemiten, Gen 34, 25.

Sie fühlten sich sicher, denn die ברית war ja abgeschlossen. Um so bedenklicher war das Handeln der beiden Jakobssöhne, die diese Sorglosigkeit ausnutzten! (בטח ist zu העיר zu ziehen; nicht die Jakobssöhne fühlen sich sicher, sondern eben die Einwohner der Stadt). Ähnlich ist die Situation in Lais, Ri 18, 7. 10. 27. Die Stadt ist völlig arglos und fühlt sich sicher (*šōqēṭ ûbōṭēaḥ*); aber gerade so wird sie vom Angriff der Daniten überrascht. Die Vertrauensseligkeit wird ihnen zum Verderben. Damit wird aber wohl auch das Verhalten der Daniten kritisiert.

Daß ein solches Ausnutzen der Sorglosigkeit gegen Treu und Glauben verstößt, wird Spr 3, 29 ausdrücklich betont: Bereite nicht Böses gegen deinen Nächsten, der sorglos neben dir wohnt. Es ist daher auch ein böser Gedanke, wenn Gog den Plan faßt, gegen ein Land zu ziehen, das in völliger Sorglosigkeit lebt, Ez 38, 10. 11; ähnlich ist wohl auch der Vorwurf in Mi 2, 8 gemeint. So kann בטח eine Sorglosigkeit bedeuten, die, wenn auch verständlich, so doch immer bedroht ist.

Schon nicht mehr ganz verständlich, sondern eher leichtfertig ist das Verhalten der Midianiter, wenn sie nach ihrem Raubzug nicht mehr mit einem Gegenangriff rechnen (Ri 8, 11).

2. Oft aber umschreibt בטח ein Verhalten des Sich-sicher-Wähnens, das jedoch enttäuscht wird, da der Grund der Sicherheit sich als zweifelhaft erweist. Nimmt man alle Stellen zusammen, an denen בטח in diesem Sinne gebraucht wird, so ergibt sich ein Bild alles dessen, woran Menschen ihr Herz hängen und auf das sie ihr Leben glauben aufbauen zu können, und das doch versagt.

Das gilt von Dingen mancher Art. Da ist zunächst der Reichtum, auf den man sich nicht verlassen kann: „Wer sich auf seinen Reichtum verläßt, der kommt zu Fall" (Spr 11, 28); und ebenso wird Ps 49, 7; 52, 9 das Vertrauen auf den Reichtum als vergeblich dargestellt. Hiob verwahrt sich ausdrücklich dagegen, daß er Gold zum Grunde seiner Sicherheit gemacht habe (31, 24). (Zu Jer 48, 7; 49, 4 s.u.)

Auch auf sein eigenes Haus kann man sich nicht stützen; der Frevler, der das versucht, wird daran scheitern, wie Bildad 2mal betont (Hi 8, 14; 18, 14).

Ebensowenig nützen feste Städte und Mauern, „auf die du dich verläßt" (Jer 5, 17; Deut 28, 52), oder die Wagen und Rosse, mögen ihrer noch so viele sein (Jes 31, 1). Und wenn Israel sich in der Menge seiner Helden sicher fühlt, so werden sie doch nicht helfen können (Hos 10, 13). Daher sind auch die, die sich auf Samaria verlassen wollen, von dem Weheruf des Propheten bedroht (Am 6, 1; hierher gehören wohl auch Jer 48, 7 nach dem LXX-Text und Jer 49, 4, wo von Burgen und Vorräten die Rede ist). Diese Fragwürdigkeit aller Rüstung erkennt der Psalmist: „Auf meinen Bogen verlasse ich mich nicht und mein Schwert kann mir nicht helfen" (Ps 44, 7).

Doch auch auf Menschen ist kein Verlaß! Daß das für einen *bōgēd*, einen treulosen Menschen gilt, ist noch begreiflich (Spr 25, 19). Aber Jer 17, 5 verflucht den Mann, der sich auf Menschen verläßt und damit Fleisch für seine Stärke hält. Selbst bei Fürsten kann man sich nicht sicher fühlen (Ps 146, 3). Beide Aussagen werden Ps 118, 8. 9 miteinander verbunden, wobei dem בטח in bezug auf Menschen und Fürsten das Zufluchtsuchen bei Gott, חסה, betont gegenübergestellt wird. Besonders häufig wird vom Pharao bzw. von Ägypten ausgesagt, daß auf sie kein Verlaß ist; so in der Jesajaerzählung Jes 36, 4. 5. 6. 9, danach auch 2 Chr 32, 10; ferner Jes 31, 1 (s.o.); Jer 2, 37; 46, 25; Ez 29, 16. Ägypten enttäuscht eben jeden, der sich mit ihm einläßt. Auch in Ri 9, 26 soll wohl in der Aussage, daß die Sichemiten auf Gaal sich verließen, mit gehört werden, daß eben dieser sie enttäuschen würde. Ja, selbst in Freunden kann man sich irren; es kann gefährlich sein, sich auf sie zu verlassen, wie die Warnungen und Klagen in Jer 9, 3; Mi 7, 5; Ps 41, 10 es aussprechen. Also: Traue keinem Menschen nicht, und schon gar nicht einem Wildstier (Hi 39, 11).

Am allerwenigsten verlasse sich der Mensch auf sich selbst, nicht auf seine Stärke (Jes 30, 12; Ps 62, 11; Spr 21, 22) und schon gar nicht auf seine Schönheit, die doch nur JHWH Jerusalem geschenkt hat (Ez 16, 15); aber auch nicht auf sich selbst, denn „wer sich auf sein eigen Herz verläßt, der ist ein Tor" (Spr 28, 26), oder auf seine eigene „Gerechtigkeit" (Ez 33, 12), und schon gar nicht auf seine „Bosheit", wie es Babel vorgeworfen wird (Jes 47, 10).

Wer nun aber seine Sicherheit bei den „Götzen" (עצבים) sucht, wird auch an ihnen zuschanden (Ps 115, 8; 135, 18), ebenso wie der, der auf „Bilder" vertraut (Jes 42, 17; Hab 2, 18) oder auf „Bethel" (Jer 48, 13).

Jeremia treibt die Skepsis noch weiter: Auch wenn Juda glaubt, sich auf den Tempel verlassen zu können, mit dem Hinweis darauf: Es ist doch JHWHs Tempel (Jer 7, 4. 14), oder auf die Worte der Nabis, die doch JHWH-Worte verkünden, so wird es auch darin sich täuschen; denn es sind alles Lügenworte und auf die ist eben kein Verlaß (Jer 7, 4. 8; 13, 25; 28, 15; 29, 31).

So ist בטח in diesen Fällen 'sich auf ein Nichts verlassen', wie es Jes 59, 4 geradezu heißt, und daran kann man nur zuschanden werden. Daher kann das absolut gebrauchte Ptz. den Sinn von „leichtgläubig, selbstsicher" bekommen. Spr 14, 16 wird es so zur Charakteristik des „Toren" verwandt: „Der Tor braust auf und fühlt sich sicher" (mit Ringgren ATD 16, 1 z.St.), ebenso Zeph 2, 15 von Ninive, Jes 47, 8 von Babel, Jer

49, 31 von Hazor, Ez 30, 9 von Kusch und 39, 6 von den Inseln, wie zuletzt auch Jes 32, 9–11 von den Töchtern Jerusalems. Überall ist es ein 'Sich-sicher-Wähnen', das sich aber als Irrtum erweist.

Das ist wohl auch bei der Auslegung von Pred 9, 4 zu bedenken. Gewiß, alles Leben hat noch eine Aussicht; aber diese ist בטחון, und das schließt ein, daß auch diese „Hoffnung" zuletzt enttäuscht wird; denn alles Leben führt in den Tod, wie der Zusammenhang deutlich genug ausspricht (vgl. Hertzberg, KAT 16, 4, und Zimmerli, ATD 16,1 z.St.). Ebenso drückt Hi 6, 20 aus, daß solche Hoffnung, wie sie die Karawanen Temas haben, zuschanden werden läßt.

Gerade dieser absolute Gebrauch in seinem eindeutig negativen Sinn läßt erkennen, daß dem בטח zunächst eine solche negative Bedeutung eigen ist; dieses 'Sich-sicher-Wähnen, sich verlassen' führt fast immer in die Irre und wird enttäuscht, gleichgültig, ob es sich dabei um Reichtum oder Rüstung, um Fürsten oder Freunde, um Mächte und Gewalten oder um den Menschen selbst, seine Kraft und Gerechtigkeit handelt. Auch auf Götzenbilder ist kein Verlaß und selbst nicht auf den Tempel Gottes. Worauf immer der Mensch sich verläßt, er wird daran zuschanden!

3. Diesem eindeutigen Sprachgebrauch steht nun ein anderer, ebenso eindeutiger gegenüber: Bei JHWH kann seine Gemeinde sich sicher wissen, auf ihn kann sie sich verlassen. Diese Gewißheit wird ausgesprochen im Lobpreis dessen, der sich auf JHWH verläßt. So in Jer 17,7 (im Gegensatz zu 17, 5; s.o.): „Gesegnet der Mann, der sich auf JHWH verläßt" (mit einem → ברוך), und Spr 16, 20: „Wohl dem, der sich auf JHWH verläßt" (mit einem → אשרי, ebenso Ps 40, 5; 84,13). Ähnliche Aussagen werden von dem *bôṭeaḥ* bzw. den *bôṭeḥîm* gemacht in Spr 28, 25; 29, 25; Ps 32,10; 125,1; sie werden gelabt, geschützt, von Güte umfangen, werden nicht fallen; vgl. auch Spr 14, 26; Ps 112,7. Da nicht nur Jer 17,7, sondern auch Ps 32,10; 112,7 in den Rahmen der Weisheit gehören, fällt der starke Anteil eben der Weisheit an diesen Aussagen auf.

Von hier aus wird die häufige Mahnung verständlich: Verlaßt euch auf den Herrn! So besonders eindrücklich in dem Gegensatz Spr 3, 5: „Verlaß dich auf JHWH von ganzem Herzen, aber stütze dich nicht auf deine Einsicht!" Daher auch die doppelte Mahnung in Ps 37, 3. 5: Verlaß dich auf JHWH; vgl. auch Spr 22,19, und die gleiche Aufforderung an die Gemeinde: Ps 4, 6; 62, 9; Jes 26, 4; umfassend an Israel, das Haus Aarons und alle, die den Herrn fürchten, Ps 115, 9.10.11. Ähnlich auch Ps 40, 4 und 9,11 mit der Begründung: „Denn du verläßt nicht, die dich suchen!" sowie Jer 49,11 und Jes 50,10: „Wer in der Dunkelheit wandelt und kein Licht leuchtet ihm, der traue auf den Namen JHWHs und stütze sich auf seinen Gott." Auch und gerade in Not und Dunkelheit gilt es, bei Gott Sicherheit und Stütze zu suchen.

Am eindrücklichsten findet sich diese Mahnung bei Jesaja ausgesprochen, wenn er, wohl wieder in kritischer Situation, Juda zeigt, wo eigentlich seine Kraft liegt: „Durch Umkehr und Ruhe könntet ihr gerettet werden; in Stille und innerer Sicherheit besteht eure Stärke; doch ihr habt nicht gewollt" (30,15). Ähnlich wie Jesaja einst die Existenz des Davidhauses an „Glauben" gebunden hat (7, 9) – so auch hier die Existenz Judas neben Umkehr, Ruhe und Stille, eben an diese innere Sicherheit, die sich bei JHWH geborgen weiß und daraus Kraft und Stärke gewinnt.

Daneben steht das häufige Bekenntnis: Ich verlasse mich auf dich, auf deine Huld und Gnade! Dieses steht vor allem in den Klageliedern: Ps 13, 6; 25,1; 26,1; 28,7; 31,7.15; 52,10; 55, 24; 56, 4. 5.12; 86, 2; 143, 8; 71, 5, aber auch in Weisheitspsalmen wie 91, 2; 119, 42, und sonst bisweilen 27, 3; 33, 21; 65, 6; Jes 12, 2; 26, 3, sowie in der Erzählung Jes 36,7.15. Gemeinsam ist diesen Stellen, daß es in der Notsituation, wie immer sie ist, keine andere Existenzmöglichkeit gibt als die Zuflucht zu JHWH, daß nur auf ihn Verlaß, nur bei ihm Sicherheit ist. Das gibt diesen Bekenntnissen ihre besondere Stärke; auf dieser Gewißheit beruht die innere Kraft der Beter. Darum bemühen sich die assyr. Unterhändler, diese innere Sicherheit zu untergraben, indem sie auf die anderen „Götter" hinweisen, die ihre Anbeter auch nicht hätten retten können. Aber JHWH ist nicht einer unter vielen Göttern; er ist der Gott und darum darf man sich bei ihm in Sicherheit wissen.

Neben der Verheißung für den *bôṭeaḥ*, neben Mahnung und Bekenntnis findet sich die einfache Aussage verhältnismäßig selten. So heißt es von Hiskia, 2 Kön 18, 5: Bei JHWH, dem Gott Israels, wußte er sich in Sicherheit; und ähnlich von den Rubeniten, 1 Chr 5, 20. Sanherib sendet zu Hiskia und sucht ihn in seiner Sicherheit wankend zu machen, Jes 37,10, und Jeremia verheißt dem Ebedmelech göttlichen Segen, weil er sich auf Gott verließ, Jer 39,18. Ps 21, 8 sagt vom König, er verlasse sich auf den Herrn, und Ps 22, 5. 6 rühmt dasselbe von den Vätern. Objektive Aussagen über vorhandenes Vertrauen lassen sich ja auch nur schwer machen. Eher ist das Umgekehrte möglich; so klagt Zephanja (3, 2), Jerusalem, und Ps 78, 22, die Väter hätten sich nicht auf JHWH verlassen.

Immer ist also das Sich-sicher-Fühlen bei Gott die einzig sichere Stütze menschlichen Lebens. So ist es auch eine Folge göttlicher Führung, wenn Israel sicher wohnt: 1 Sam 12,11; 1 Kön

5, 5; Ps 78, 53. Solches „sicher wohnen" ist vor allem immer wiederholter Inhalt göttlicher Verheißung: Jes 14, 30; Hos 2, 20; Deut 12,10; 33,12. 28; Jer 23, 6; 33,16; 32, 37; Ez 28, 26; 34, 25. 27. 28; 38, 8.14; 39, 26; Lev 25,18.19; 26, 5; Sach 14,11; Jes 32,17f. Es ist also vor allem die Zeit Jeremias und Ezechiels, sowie des Deuteronomiums und des Heiligkeitsgesetzes, in der Israel auf eine Zeit ausblickt, in der es wieder „sicher wohnen", d.h. im Schutze JHWHs leben kann. Solche Sicherheit ist dann auch Inhalt menschlicher Zuversicht, wie in Ps 4, 9: „Du, Herr, allein läßt mich sicher wohnen!" Vgl. auch Ps 16, 9 (Hi 24, 23?). Aber sie ist auch Folge rechten, gottgemäßen Wandels, wie Spr 1, 33: „Wer auf mich hört, wird sicher wohnen"; ähnlich Spr 3, 23; 10, 9; Hi 11, 18.

So gehören „Sicherheit suchen bei Gott" und „Sicherheit" im äußeren und inneren Leben innerlichst zusammen.

Demgegenüber sind es nur einige wenige Stellen, an denen בטח positiv im Blick auf Menschen gebraucht wird. So wenn ein Mann sich auf seine Frau verläßt (Spr 31,11), oder ein „Gerechter" sich sicher fühlt (28,1); auch wer sich hütet, Bürge zu sein, geht sicher (11,15). Die Israeliten täuschen sich nicht, wenn sie sich auf ihren Hinterhalt verlassen (Ri 20, 36).

IV. Die Bedeutungsgeschichte der Wurzel ist schwer zu fassen. Das liegt einmal daran, daß viele Stellen, etwa der einschlägigen Psalmen, sich zeitlich nicht genau festlegen lassen. Vor allem aber ist ungeklärt, wie diese Wurzel einen so verschiedenen Klang haben kann, daß sie in der Anwendung auf Menschen fast immer einen negativen Sinn hat, in der auf Gott aber einen positiven. Weiser verweist auf Jes 30,15 und meint, Jesaja habe auch in der Geschichte dieses Wortes eine wesentliche Rolle gespielt. Aber es bleibt doch fraglich, ob diese eine Stelle so stark nachgewirkt haben kann. Es ist daher wohl eher darauf hinzuweisen, daß die Wurzel verhältnismäßig stark in der Weisheit verwurzelt ist. So wäre es möglich, daß sie hier in den Aussagen über den Menschen zunächst ambivalent gebraucht wurde, während in der Anwendung auf Gott nur ein positiver Sinn möglich war. Jesaja, dessen Sprache ja stark von der Weisheit geprägt ist, könnte die Form בטחה benutzt haben, um dem besonderen „Vertrauen" zu Gott Ausdruck zu verleihen (s.o.). Dann hätte sich mehr und mehr eine Unterscheidung herausgebildet, je nachdem, ob vom Menschen oder von Gott die Rede war: Sooft auch der Mensch vom Menschen enttäuscht wird, so sicher darf er sich in der Obhut Gottes wissen.

Jepsen

בֶּטֶן

I.1. Etymologie, Belege – 2. Bedeutung – II. Konkreter Gebrauch im AT – 1. Magen und Essen – 2. Mutterleib und Fortpflanzung – 3. Von Geburt an (mit *min*) – 4. Verbeugung – 5. Das Innere des Menschen – III. Spezifisch theologische Verwendungen – 1. Das Leben fängt im Mutterleib an – 2. Segen und Fluch – 3. Ezechiel und die Buchrolle.

Lit.: *J. Behm*, κοιλία (ThWNT 3,786–789). – *M. Dahood*, Qoheleth and Northwest Semitic Philology (Bibl 43, 1962, 349–365). – *Ders.*, Hebrew-Ugaritic Lexicography (Bibl 44, 1963, 301). – *M. Gilula*, An Egyptian Parallel to Jeremia I 4–5 (VT 17, 1967, 114). – *A. R. Johnson*, The Vitality of the Individual in the Thought of Ancient Israel, Cardiff 1949, 74f. – *J. Pedersen*, Israel, its Life and Culture, I–II, 170ff.

I. 1. Das Wort בטן erscheint in erster Linie als ein hebr. Wort mit Verwandten im Aram. und Arab., daneben als südkanaan. Glosse (*baṭnu*) in den Amarna-Briefen (232,10; 233,14; 234, 9). Die Grundbedeutung scheint 'Inneres' zu sein (KBL³ 119), was mit griech. κοιλία und γαστήρ (beide = 'hohl') – fast ausschließlich als Übersetzung von בטן in LXX gebraucht – vergleichbar wäre. In den Amarna-Briefen aus Akko wird es 3mal gebraucht, um die Verbeugung des Flehenden zu beschreiben: er verbeugt sich 7mal „auf den Bauch und auf den Nacken".

2. Im AT hat בטן die folgenden Bedeutungen: a) 'Bauch' oder 'unteres Abdomen', entweder eines Mannes (Ri 3, 21f.) oder einer Frau, wobei 'Bauch' sich gewöhnlich auf den schwangeren Bauch bezieht (Hos 9,11; HL 7, 3). In Hi 40,16 wird der Bauch des Behemot oder Urhimmelsstiers erwähnt. b) 'Magen' als das wichtigste Verdauungsorgan (Spr 13, 25; 18, 8 = 26, 22; Ez 3, 3). c) 'Mutterleib' oder 'Zeugungsorgan'; mit Bezug auf eine Frau steht es oft in Parallelismus zum genaueren Wort → רחם (Jer 1, 5; Jes 46, 3; Ps 22,11; 58, 4; Hi 3,11; 10,18f.; 31,15). Ein Mann kann auch von den aus seinem בטן kommenden Kindern reden. In den Ausdrücken פרי בטני und בני בטני könnte בטן synekdochisch für 'Körper' gebraucht sein; die Kinder kommen aus seinem Körper, nicht aus seinem Bauch (Mi 6,7; Hi 19,17; s. dazu Pope, AB 15,132; vgl. Ps 132,11). In Hos 9,11.16 hat Ephraim als die personifizierte israelitische Nation einen בטן. DtJes sagt vom Volk, es sei in einem בטן gebildet worden (Jes 44, 2. 24 usw.). d) 'Inneres' des Körpers im allgemeinen, ähnlich → מעים (Spr 22,18). e) 'Inneres' der oberen Welt, d.h. des Firmaments (Hi 38, 29) sowie der unteren Welt, d.h. des Scheols (Jon 2, 3). f) 'architektonischer Vorsprung', worauf wahrscheinlich die Säulen eines Gebäudes standen (1 Kön 7, 20); vgl. 1 QM 5,13 'Scheide' oder 'Rundung' am Sichelschwert (VT 5, 534; ThLZ 1956, 29f.).

II. Die zwei wichtigsten Kontexte, in denen בטן vorkommt, haben mit Verzehren und Fortpflanzung beim Menschen zu tun. Der Bauch ist das hauptsächliche Verdauungsorgan und er dient, besonders bei der Frau, zum Gebären der Kinder. Die Geburt aus dem בטן ist der terminus a quo des Menschenlebens und wird häufig – hyperbolisch – gebraucht vom Anfang gewisser Lebenstätigkeiten.

1. Geschwätzige Worte sind wie Leckerbissen, die in den בטן hinuntergehen (Spr 18,18). Nach der Anschauung der Weisheit ist ein gesättigter Mann gerecht, indessen „der Bauch der Frevler leidet Mangel" (Spr 13, 25). Es ist aber anders, wenn der gefüllte Bauch und der Reichtum, den er repräsentiert, durch Gierigkeit erworben waren. Diesen Gedanken finden wir in den Reden des Eliphas und des Zophar (Hi 15. 20), wo diese auf die Armut Hiobs als ein Zeichen seiner Frevelhaftigkeit hinweisen (Hi 20,15; 20, 23). Wenn das Gericht kommt, speit er aus, was er verzehrt hat (20,15). (Hiob hat natürlich ein Gegenargument in Kap. 21: die Frevler führen in der Tat ein glückliches Leben.) Ähnliche Gedanken liegen hinter der Erzählung Ri 3, 21f. von Ehud, der das Schwert in den בטן Eglons, des Königs von Moab, stößt. Ohne Zweifel hatte man das Gefühl, daß Gerechtigkeit geschah, wenn ein wohlgesättigter Herrscher durch das Schwert umkam, da uns ja der Erzähler die Einzelheiten nicht erspart. Eglon war, wie wir erfahren, ein „sehr fetter Mann" (v. 17), in dessen בטן das Schwert bis zum Griff eindrang (v. 22).

2. Für die Frau ist der Bauch im glücklichen Fall der schwangere Bauch. Rebecka hatte Zwillinge in ihrem בטן (Gen 25, 24). Einer von ihnen gewann im בטן seinen Namen „der die Ferse hält" (Hos 12, 4). Kinder wurden „Frucht des Mutterleibes" (פרי בטן) genannt (Ps 127, 3; Jes 13,18 usw.). Sie konnten auch vom Körper des Mannes hergeleitet werden. Hiob spricht 19,17 von בני בטני, und JHWH schwört dem David: „Einen von der Frucht deines Leibes (מפרי בטנך) will ich auf deinen Thron setzen" (Ps 132,11). Micha fragt rhetorisch: „Soll ich die Frucht meines Leibes (פרי בטני) für die Sünde meiner Seele geben?" (Mi 6,7).

3. In Hi 31,18 bezieht sich der Ausdruck מבטן auf die Geburt Hiobs. Er sagt hyperbolisch: „Von meiner Jugend an zog ich ihn auf wie ein Vater, und vom Mutterleib an (מבטן אמי) leitete ich sie" (zur Textänderung s. Pope, AB 15,198. 204). Mit anderen Worten, Hiob hat immer Waisen aufgezogen und Witwen geleitet.

4. Wenn man sich zu Boden wirft, werden Bauch und Nacken die wichtigsten Berührungspunkte. Dahood übersetzt richtig נפש mit 'Nacken' in Ps 44, 26, wo es parallel mit בטן steht, um den Akt des Niederwerfens zu beschreiben: „Denn unser Nacken ist in den Staub gebeugt, unser Bauch haftet am Boden." Dies wird durch ägyptische Reliefs bestätigt, wo Sklaven abgebildet sind, die den Boden mit ihrem Nacken berühren (Dahood, AB 16, 268), ebenso durch die Amarna-Texte, die „Bauch" im Zusammenhang mit Niederwerfung gebrauchen (s.o.). Dasselbe gilt Ps 31,10: עששה בכעס עיני נפשי ובטני. Hier leidet das Auge unter dem Weinen, und der Nacken und der Bauch sind durch beständige Niederwerfung abgenützt. Es ist möglich, aber nicht notwendig, mit Dahood (AB 17, xxiv) den Bauch als den Ort zu betrachten, wovon die Tränen kommen.

5. Der בטן repräsentiert auch das Innere des Menschen, wo Gedanken aufbewahrt werden und wovon sie ausgehen. Man soll die Worte der Weisen in seinem בטן (LXX καρδία) bewahren, so daß sie immer bereit sind, wenn sie gesprochen werden sollen (Spr 28,18). Im בטן befindet sich auch der רוח, der diese Worte hervorbringt. Elihu, der sich bisher nicht in den Dialog gemischt hat, kann sich nicht länger zurückhalten, da der Geist (רוח) und die Worte (מלים) in seinem בטן ihn sprengen würden, wenn er sie nicht losläßt (Hi 32,18f., vgl. Jer 20, 9). In einem neuerlichen Angriff auf Hiob (15, 2) spricht Eliphas verächtlich vom רוח in בטנו; ein weiser Mann soll nicht ein „bag of hot air" (Pope, AB 15,108) sein. Der Atem eines Menschen (נשמת אדם) ist die Lampe JHWHs, die die Kammern des Herzens (חדרי־בטן) erforscht (Spr 20, 27), Kammern, die durch körperliche Bestrafung periodisch gereinigt werden (v. 30). Böse Gedanken können auch im בטן aufbewahrt werden (Hi 15, 35), aber wenn ein Mann gut geredet hat, ist sein בטן zufrieden (Spr 18, 20). Schließlich zittert im Hab-Psalm (3,16) der בטן zusammen mit den Lippen, wenn sich die Zerstörung nähert. Sonst sind es gewöhnlich die Eingeweide (מעים) und das Herz (לב), die Furcht und Bedrängnis zeigen (vgl. Jer 4,19; Kl 1, 20; 2,11; Hi 30, 27).

III. 1. a) JHWH schafft den Menschen und läßt ihn geboren werden. Der Mutterleib ist der Ort, wo JHWHs schöpferische Tätigkeit stattfindet. Der Psalmist sagt: „Du hast mich im Leib meiner Mutter (בבטן אמי) zusammengewoben" (Ps 139,13). Wie viele andere der großen Werke JHWHs, ist auch dies ein Mysterium (Pred 11,5). JHWH läßt auch das Kind geboren werden; also hat מבטן in theologischen Zusammenhängen zwei Bedeutungen: teils 'aus dem Mutterleib' (Hi 1, 21; Ps 22,10), teils 'von Geburt an' (Ri 13,15; Ps 58, 4; 71, 6).

b) Die Geburt, der terminus a quo des Lebens, wird oft sowohl von JHWH als auch vom Menschen als der Anfang einer Beziehung betrachtet. Andererseits kann sie auch der Punkt sein, an welchem die Verbindung scheitert. Nachdem JHWH ihn aus dem Mutterleib herausgeholt hat, sagt der Psalmist, hat er ihm an der Brust seiner Mutter Sicherheit gegeben (Ps 22,10f.; 71, 6). Die Frevler dagegen gehen מרחם in die Irre und sprechen מבטן lügenhaft (Ps 58, 4). JHWH beruft auch seine Erwählten vom Mutterleib an. Simson soll מן־הבטן ein Nasiräer sein (Ri 13, 5.7). Bei der Berufung Jeremias zum Propheten sagt JHWH hyperbolisch: „Ehe ich dich im Mutterleib (בבטן) bildete, erkannte ich dich, und ehe du geboren wurdest (תצא מרחם), heiligte ich dich" (Jer 1, 5). Ähnliches wird oft von äg. sowie von babyl. Königen gesagt (A. Moret, Du caractère religieux de la royauté pharaonique, Paris 1902, 65; R. Labat, Le caractère religieux de la royauté assyro-babylonienne, Paris 1939, 45f.; vgl. Gilula 114).

c) Bei DtJes werden das Herrsein und die Vaterschaft JHWHs explosiv. Die historische Beziehung JHWHs zu seinem Knecht wird panoramaartig dargestellt. JHWH bildete den Knecht von Mutterleib an (מבטן, Jes 44, 2. 24; 49, 5). Von Mutterleib an hat er ihn getragen (46, 3) und ihn zu seinem עבד berufen (49, 1, vgl. v. 3). Israel war widerspenstig von Mutterleib an (48, 8), aber so wie eine Mutter die עולה מרחם nicht vergißt und Mitleid hat mit בן־בטנה, ja selbst wenn sie es nicht hätte, wird JHWH seinen Knecht nicht vergessen (49,15).

2. a) „Söhne sind eine Gabe JHWHs, die Frucht des Mutterleibs (פרי הבטן) ein Lohn" (Ps 127, 3). Im Deut sind sie ein Segen und ihr Fehlen ist ein Fluch. Wenn das Volk gut handelt, wird JHWH die Frucht des Leibes, des Erdbodens und des Viehs segnen (Deut 7,13; 28, 4.11; 30, 9). Wenn sie Böses tun, werden dieselben Dinge verflucht (Deut 28,18) – das Volk wird selbst mithelfen bei der Vollstreckung des Fluchs: „du wirst die Frucht deines Leibes, פרי בטנך, essen" (v. 53). Die Propheten wenden den Fluch an. Bei Hosea sagt JHWH zum personifizierten Volk Ephraim: es wird keine Geburt, keine Schwangerschaft, keine Empfängnis geben (מלדה מבטן ומהריון, Hos 9,11). Und auch wenn sie gebären, will JHWH מחמדי בטנם zerstören (v. 16; vgl. v. 12). Nicht nur gegen Israel, sondern auch gegen Babylon wird JHWH dem פרי בטן keine Barmherzigkeit zeigen (Jes 13,18). Hiob und Jeremia fluchen ihrer eigenen Geburt. Jeremia wünscht, er wäre im Mutterleib (רחם) gestorben, dadurch hätte er seiner Mutter weniger Schande verursacht als durch seine Geburt (Jer 20,17). Hiob verflucht eine unpersönliche Welt (Hi 3, 3–11), bemerkenswerterweise nicht Gott, weil sie nicht die „Türen des Mutterleibs (דלתי בטני) verschlossen hat". Er wünscht, er wäre unmittelbar nach der Geburt gestorben (v. 10f.) und vom Mutterleib zum Grab getragen worden (10,19). Nur in Hi finden wir auch eine Spur der altorientalischen Vorstellung von Mutter Erde. Indem Hiob die Kontinuität von Geburt und Tod betrachtet, sagt er 1, 21 ערם יצתי מבטן אמי ערם אשוב שמה. Hiob kam nackt aus dem Schoß und wird nackt dorthin (שמה) zurückkehren. Es kann sich natürlich nicht um den Schoß seiner Mutter handeln, sondern um den Schoß der Mutter Erde (Pope, AB 15, 16). Sir spricht auch vom Anfang des Lebenszyklus im Mutterleib und seinem Ende bei der Rückkehr zur „Mutter aller", d.h. Mutter Erde (Sir 40, 1).

b) Gott bringt auch Fluch über den Magen. Wenn jemand ungerechten Reichtum gesammelt hat, mag er wohl im Munde süß schmecken (Hi 20,12), aber er stellt den בטן nicht zufrieden. Der Zorn Gottes tritt in den בטן ein und verursacht, daß er ihn ausspeit (v. 15. 23). Wahrscheinlich ist im Fluch von Ps 17,14 auch der Magen gemeint, obwohl sich hier der Gedanke anschließt, daß die Kinder auch die Erben sein sollen; es ist möglich, daß ein Doppelsinn beabsichtigt ist.

c) Ein altes Ordal ist Num 5,11–13 für den Fall vorgeschrieben, wenn eine Frau der Untreue gegen ihren Mann verdächtigt wird. Die Frau soll Wasser trinken, das mit Erde vom Fußboden und „Flüchen" gemischt worden ist. Dies Wasser wird in ihren Körper eindringen und bittere Schmerzen verursachen. Wenn sie das Ordal nicht überlebt, wodurch ihre Schuld bewiesen wird, wird ihr Körper schwellen und ihre Hüfte abfallen (צבתה בטנה ונפלה ירכה) (v. 27). ירך ist zweifelsohne euphemistisch. Da es mit בטן parallel steht, muß es eines der weiblichen Fortpflanzungsorgane bezeichnen. Wir wissen, daß sie, wenn sie überlebt und für rein erklärt wird, empfangen und gebären kann (v. 28); folglich muß das Nichtüberleben entweder eine Beschädigung der weiblichen Geschlechtsorgane bedeuten, oder, wenn sie in ihrer außerehelichen Verbindung empfangen hat, könnte es sich auf den Verlust des Kindes beziehen.

3. Bei der Berufung Ezechiels gibt ihm JHWH eine Buchrolle mit Worten des Gerichts zu essen (Ez 2, 8ff.). In seinem Mund sind diese Worte süß wie Honig (כדבש למתוק 3, 2; vgl. Ps 119,103). Dann gehen sie in seinen בטן hinab (3, 3), und da sie eine bittere Botschaft enthalten, machen sie den Propheten bitter (3,14). Auch Jeremia erwähnt in einer Betrachtung seiner Berufung, daß er die Worte Gottes gegessen hat, die zunächst gut waren, aber später Schmerzen verursachten (Jer 15,16–18). Eine andere Parallele findet sich in der Offenbarung Johannes: eine zu essende Buchrolle ist süß wie Honig im Mund, aber bitter, wenn sie in den Magen (κοιλία) kommt (Apk 10, 8–11).

Freedman, Lundbom

תְּבוּנָה ,בִּינָה בִּין

I. 1. Etymologie – 2. Ugaritisch – 3. Formen im Hebr. – II. Semasiologisches – 1. *qal* – 2. *hiph* – 3. *hitp* – 4. *niph* – 5. *bīnāh* – 6. *tᵉbūnāh* – III. Zusammenfassung – IV. Qumran.

Lit. → חכמה.

I. 1. Die Wurzel בין hängt mit dem als Präp. (*bēn*, 'zwischen') gebrauchten Subst. *bajin*, 'Zwischenraum' zusammen (ähnlich arab. *bainun*, bzw. *baina*, altsüdarab. *bjn*, ugar. *bn*, phön. DISO 34). Die Grundbedeutung ist somit 'unterscheiden', eine Bedeutung, die sich in verschiedener Färbung auch in anderen semit. Sprachen findet: arab. *bāna*, 'klar, verständlich sein', II 'klar, verständlich machen', *bajjinun*, 'klar, deutlich', altsüdarab. *bjn*, 'weggehen, wegschaffen', äth. *bajjana*, 'unterscheiden, wahrnehmen', ugar. *bn*, 'verstehen' (WUS 50), palmyr. *aphʿel* „élucider, préciser" (DISO 34), bibl. aram. בין (s.u.).

2. Ugar. *bn* ist mit Sicherheit 3mal belegt, nämlich CTA 3 (V AB) III 24 „damit das Getümmel der Erde verstehe", wo es mit *jdʿ* 'wissen' parallel steht, ähnlich CTA 3 IV 59, ferner CTA 4 (II AB) V 122 „Höre, o siegreicher Baʿal, verstehe, o Wolkenreiter", also mit *šmʿ* parallel. Die beiden weiteren Belege in WUS 50 sind anders zu fassen.

3. Im Hebr. ist das Verbum im *qal*, *niph*, *pōlel* (התבונן), *hitp* und *hiph* belegt, außerdem die Substantive בינה 'Einsicht' und תבונה 'Einsicht, Verstand'. Als Synonyme finden sich u.a. → חכם und → שכל, ohne daß בין ein ausschließliches Weisheitswort wäre.

II. 1. Im *qal* bedeutet בין zunächst 'achtgeben, bemerken'. Das „fremde Weib" schaut zum Fenster hinaus und 'bemerkt' einen jungen Mann (Spr 7,7). Nehemia 'bemerkt' den Unfug, den Eljasib getrieben hat (Neh 13,7). Hiob klagt, daß Gott so schnell an ihm vorbeigeht, daß er ihn nicht sieht oder 'merkt' (gewahrt) (Hi 9,11). Esra 'beobachtet' (gibt acht auf) das Volk und findet, daß es keine Leviten gibt (Esr 8,15).

Vom Kontext aus erhält das Verb eine ideologisch-theologische Prägung. Es handelt sich oft um ein Achtgeben auf die Taten Gottes. Im Abschiedslied des Mose wird das Volk aufgefordert, der Tage der Vorzeit zu gedenken (→ זכר) und auf die Tage vergangener Geschlechter zu 'achten', um daraus zu erfahren, wie JHWH Israel erwählt hat (Deut 32,7). In demselben Lied heißt es vom unverständigen, abfälligen Volk: „Wären sie weise, würden sie dies verstehen (שכל *hiph*), würden merken, welches ihr Ende (→ אחרית) sein wird" (Deut 32, 29). Ähnlich heißt es Ps 73,17, daß der Psalmist in die Heiligtümer Gottes gekommen ist, „um auf ihr (d.h. der Gottlosen) Ende zu 'achten'". In beiden Fällen geht es um die unausweichlichen Folgen des Aufruhrs gegen Gott. In demselben Sinn mahnt Ps 50, 22 diejenigen, die Gott vergessen, 'aufzumerken' und die gerechte Vergeltung Gottes zu bedenken, damit er sie nicht zerreiße. בין bezeichnet hier ein Zureinsichtkommen, das sich in Umkehr auswirken sollte. Aber die Gottlosen 'achten' nicht auf die Taten JHWHs; deshalb wird er sie zerstören (Ps 28, 5). Der Kluge 'achtet' auf seine Schritte, während der פתי „jedem Wort glaubt" (Spr 14,15). Ein wenig anders ist Ps 19,13 „Wer 'merkt' seine Fehler (שגיאות)?" wo 'Fehler' mit 'verborgenen [Sünden]' parallel steht, also Fehler, die nicht offen zutage liegen und die man nicht ohne weiteres gewahr wird.

Daniel 'gibt acht' auf (oder 'bemerkt') die Zahl der Jahre, die Jeremia geweissagt hatte (Dan 9, 2) und holt sich daraus apokalyptische Belehrung. Ähnlich wird er 9, 23 aufgefordert, auf das Wort zu 'merken' (*qal*) und auf das Gesicht zu 'achten' (*hiph*), dasselbe wird 10,1 als Tatsache berichtet.

Ganz natürlich verbindet sich בין mit Ausdrücken für 'hören' und 'sehen', wobei es offenbar den Akt des Wahrnehmens bezeichnet. So spricht Hiob von Gott als seinem Gerichtspartner: „Ich wollte wissen, mit welchen Worten er mir antworten will, und 'vernehmen', was er mir zu sagen hat" (23, 5). Aber wohin er auch schaut (ראה, חזה), 'gewahrt' er ihn nicht (23, 8). Ein anderes Mal sagt er: „Dies alles hat mein Auge gesehen, mein Ohr gehört und darauf 'gemerkt'. Was ihr wisset, weiß auch ich" (zur Verbindung mit ידע s.u.). Ps 94,7 sagen die Gottlosen: „JHWH sieht es nicht, der Gott Jakobs 'merkt' es nicht." Der Beter von Ps 5, 2 bittet dagegen, daß Gott seine Worte hören (האזין) und auf sein Seufzen 'merken' möge; natürlich klingt dabei die Bitte um ein Eingreifen mit. Ergiebiger sind zwei Jesajastellen, 6, 9f. und 32, 3f. An der ersten Stelle erhält der Prophet den Befehl, dem Volk zu predigen: „Höret immerfort, doch 'verstehet' nicht, und sehet immerfort, doch 'erkennet' (ידע) nicht." Das äußere Sehen und Hören soll also nicht zu einem tieferen Verständnis der Situation führen, das Herz des Volkes soll verstockt werden (שמן *hiph*), so daß sie nichts sehen und hören und nichts verstehen (בין), so daß Gott sie heilen könne. Vielleicht liegt in der Verwendung des Verbs שוב auch ein Hinweis auf die Umkehr (man kann aber auch übersetzen: „daß man es *wieder* heile"). Jes 32, 3f. spricht von der messianischen Zukunft, wo die Augen der Sehenden wirklich sehen, die Ohren der Hörenden wirklich hören und das Herz der Voreiligen „zu wissen verstehen" (יבין לדעת) werden. Das Sehen und Hören wird also eine rechte Gotteserkenntnis bewirken.

In den beiden letzten Belegen war בין mit ידע verbunden. Das ist auch an vielen anderen Stellen der Fall, und zwar in sehr verschiedenen Zusammenhängen: Hi 15, 9 „Was weißt du, das wir nicht wissen, was 'verstehst' du, das nicht bei uns ist?" Spr 24, 12: Gott, der die Herzen prüft, 'merkt', er, der auf die Seele achtet, weiß das, was der Mensch leugnen will. Hi 14, 21: Der Verstorbene weiß nicht und 'merkt' nicht, was seinen Kindern passiert. Jes 44, 18: Die Götzen sehen, hören und 'vernehmen' nichts – dasselbe wird Ps 82, 5 von den „Gottessöhnen" gesagt. Mit deutlicher Anknüpfung an die Weisheitsideologie heißt es Spr 2, 5 „dann wirst du die Furcht JHWHs 'verstehen' und die Erkenntnis (דעת) Gottes finden" und 19, 25 „wenn man den Verständigen (נבון) zurechtweist, 'lernt' er Erkenntnis (יבין דעת)".

Demgemäß erscheint auch חכם mehrmals unter den synonymen Begriffen, auch und vor allem außerhalb der eigentlichen Weisheitsliteratur. So heißt es z.B. im Schlußvers des Hoseabuches (14, 10): „Wer weise ist, der 'achte' darauf, wer verständig (נבון) ist, der erkenne (ידע) dies" – der Zusammenhang gibt zu erkennen, daß es sich um die Wege JHWHs handelt. Ähnlich sagt Jer 9, 11 „Wer ist der weise Mann, daß er dies 'verstehe', und zu wem hat der Mund JHWHs gesprochen, daß er kundtun kann, warum das Land zugrunde gegangen ist." Letztlich kann also nur das von JHWH kommende Wort die rechte Einsicht geben. In Ps 92, 7 wird der Weisheitscharakter des Wortes durch gegensätzliche Begriffe unterstrichen: „Der unvernünftige (→ בער) Mensch erkennt (ידע) es nicht, und ein Tor (→ כסיל) 'begreift' es nicht", nämlich die Größe der Werke Gottes und die Tiefe seiner Gedanken. Hi 42, 3 bekennt Hiob, er habe in Unverstand (בלי דעת) geredet, ohne zu 'verstehen', Dinge die zu wunderbar sind, die er nicht erkannte (ידע).

Ferner wird בין mit שכל *hiph* verbunden. Ein Beispiel (Deut 32, 29) wurde schon oben angeführt, ferner Ps 94, 8: „Merkt euch das, ihr Narren (בער) im Volke, ihr Toren (כסיל), warum werdet ihr nicht klug (שכל)?"; Dan 12, 10: „Kein רשע wird es 'verstehen', aber die Weisen (משכילים) werden es verstehen" – hier handelt es sich wiederum um apokalyptische Einsicht.

Schon mehrmals wurde בין mit 'verstehen' übersetzt. Es gibt noch mehrere Beispiele davon: Neh 8, 8: das Volk 'verstand' die vorgelesene Schrift, Hi 36, 29: man 'versteht' nicht das Ausbreiten der Wolken, Dan 12, 8 „ich hörte, aber verstand nicht" (hier handelt es sich wohl um ein tieferes Verstehen); mit כי 1 Sam 3, 8: Eli versteht, daß es JHWH ist, der mit Samuel redet; 2 Sam 12, 19: vom Benehmen der Anwesenden 'versteht' David, daß das Kind gestorben ist. Ebenso Spr 29, 19: ein Sklave wird durch Züchtigung nicht gebessert, auch wenn er sie 'versteht', fügt er sich nicht. Hi 18, 2 „'werdet verständig', so wollen wir miteinander sprechen". Ps 139, 2: Gott 'versteht' unsere Gedanken von ferne. Ps 49, 21: ein Mensch ohne Verstand (לא יבין; vgl. v. 13 בל ילין – auch hier יבין zu lesen?) ist dem Vieh gleich. Spr 28, 5: Böse Menschen 'verstehen' nicht, was recht ist (משפט; vgl. auch 29, 7). Jes 43, 10: „sie werden 'verstehen' (zur Einsicht kommen) und an mich glauben (האמין) und erkennen (ידע), daß ich es bin."

בין bezieht sich also auf eine Vielfalt von Objekten und hat sowohl mit menschlicher Einsicht im Sinne der Weisheit oder des apokalyptischen Verstehens oder einfach der Gotteserkenntnis, als auch mit dem göttlichen Wissen zu tun. Es umfaßt oft sowohl das Verstehen, als auch das daraus folgende Handeln.

2. Die *hiph*-Form hat oft denselben Sinn wie *qal*. Sie bedeutet teils 'achtgeben', teils 'verstehen'. Die erste Bedeutung liegt z.B. vor in Ps 33, 15: Gott 'gibt acht' auf die Taten der Menschen; Jes 40, 21: „Habt ihr nicht erkannt, habt ihr nicht gehört . . . nicht 'achtgegeben' auf die Grundfesten der Erde" (man soll also von den früheren Erfahrungen und von Gottes Schöpfungstat lernen); Jes 57, 1: die Frommen werden weggerafft, ohne daß jemand es merkt oder darauf achtgibt. Vier Belege finden sich in Dan, wo vom Achtgeben auf die Offenbarung die Rede ist (8, 5. 17; 9, 23; 10, 11). Spr 14, 8: der Weise 'achtet' auf seinen Weg. Neh 8, 12: das Volk feiert das Laubhüttenfest „denn sie hatten auf das, was man ihnen kundgetan hatte, 'geachtet'" – hier ist also das auf das Verstehen folgende Handeln mit eingeschlossen.

In der Bedeutung 'verstehen' steht הבין oft mit ידע zusammen. So heißt es Mi 4, 12 „[Die Fremdvölker] kennen (ידע) die Gedanken JHWHs nicht und 'verstehen' nicht seinen Ratschluß" (er will sie vernichten). Besonders häufig ist diese Zusammenstellung in der Weisheitsliteratur, z.B. Spr 1, 2 „um Weisheit und Zucht zu erkennen (ידע), um Worte der Einsicht (בינה) zu 'verstehen'" (vgl. 1, 6 „um *māšāl* und *m^e^lîṣāh* zu verstehen"), und in Dan 1, 4 läßt der König junge Leute versammeln, „die für jede Weisheit begabt waren" (משכילים בכל־חכמה), die Kenntnis hatten (ידעי דעת) und Erkenntnis verstanden (מביני מדע) – also die ganze Weisheitsterminologie! – 1, 17: Daniel verstand sich auf Gesichter und Träume, ebenso 2, 21, wo Daniel seine Weisheit auf Gott zurückführt (Gott gibt מנדעא לידעי בינה). Hier handelt es sich also um die Anwendung der Weisheit auf dem apokalyptischen Gebiet.

Auch sonst steht הבין in dieser Bedeutung. Spr 8, 5 mahnt die *p^e^tā'îm* und Toren (כסיל) 'einsichtig zu werden' und Klugheit (ערמה) zu 'verstehen'. Neh 8, 4 erzählt, wie Esra das Gesetz denjenigen vorlegt, die zum Verständnis reif sind; die Zusammenstellung „Mann, Weib und *kol mēbīn lišmōa*'" scheint anzudeuten, daß damit die Kinder gemeint sind; dasselbe ist wohl Neh 10, 29 mit *kol jōdēa' mēbīn* beabsichtigt (vgl. auch 8, 8: man verstand, was vorgelesen wurde). Ferner bezeichnet מבין denjenigen, der sich auf etwas versteht, d.h. sachkundig ist (vgl. das Verb Dan 1,17 oben): 2 Chr 34,12 „die sich auf Musikinstrumente verstanden"; Dan 8, 23 „in Ränken erfahren" (מבין חידות); 1 Chr 15, 22 „er verstand sich auf [das Tragen]". Diese Belege sind alle spät; vgl. 1 Sam 16,18 *jōdēa' naggēn*, „der sich auf Saitenspiel versteht".

Mit Gott als Subjekt kommt הבין 2mal vor: Hi 28, 23: Gott 'kennt' den Weg zur Weisheit; 1 Chr 28, 9: JHWH, der die Herzen erforscht, 'versteht' alles Dichten und Trachten (יצר ומחשבות).

Im Anschluß an die Grundbedeutung heißt הבין in einem Fall 'unterscheiden', nämlich 1 Kön 3, 9, wo Salomo um Verständnis bittet, als guter Richter zwischen gut und böse zu unterscheiden (vgl. 3,11).

Als wirkliches Kausativ bedeutet הבין schließlich 'Einsicht geben', 'einsichtig machen', 'unterweisen'. Besonders interessant ist Jes 28, 9, wo die Hörer des Propheten höhnisch fragen: „Wen will er denn Einsicht lehren (יורה) und wem Offenbarung beibringen (יבין שמועה)?" Glaubt er, daß wir kleine Kinder sind? Auf diesen Vers nimmt dann 28,19 Bezug: wenn die Strafe trifft, wird es ein Entsetzen sein, „Offenbarung beizubringen". Jes 40,14 fragt, mit wem denn Gott sich beraten habe, daß der ihn Einsicht lehrte (יבין), ihn über den Pfad des Rechten belehrte (למד), ihn Erkenntnis (דעת) lehrte (למד) und ihm den Weg zur Einsicht (בינה) zeigte (יודיע). An einer Reihe von Stellen spricht Ps 119 vom Belehren über die Gebote Gottes (v. 34.73.125. 130.144.169). Dan 8,16 bittet um Deutung des Gesichts, Dan 11, 33 spricht von den Verständigen (משכילי עם), die viele zur Einsicht bringen werden. Hi 6, 24 sagt „Belehret (הורה) mich, und ich will schweigen, 'gebt mir Einsicht', daß ich mich geirrt habe". Die Wirksamkeit des Lehrers wird mit הבין ausgedrückt 1 Chr 25, 8 (der Lehrer mit den Jüngern), 2 Chr 35, 3 (die Leviten unterrichteten ganz Israel), Esr 8,16; Neh 8,7. 9.

3. Vom *hitp* finden sich die Belege fast ausschließlich in der nicht-weisheitlichen Literatur (Ausnahmen Hi 11,11; 23,15; 26,14; 30, 20; 31,1; 32,12; 37,14 ohne weisheitliche Prägung, ebenso Sir 3, 22; 7, 5; 9, 5).

Es wird ganz allgemein im Sinne von 'sich genau ansehen', 'betrachten' gebraucht: die Frau, die ihre Sache dem Salomo vorlegt, hat ihr Kind 'genauer betrachtet' und entdeckt, daß es nicht ihr Kind war (1 Kön 3, 21); die Schatten im Totenreich 'sehen sich' den König von Babel 'an' (Jes 14.16); wenn man 'nachsieht', findet man den Platz der Gottlosen nicht (Ps 37,10); Hiob hat den Vorsatz gemacht, nicht nach einer Jungfrau zu 'schauen' (Hi 31,1, zitiert Sir 9, 5); Elihu hat auf die Freunde Hiobs 'achtgegeben' (32,12). 2mal steht התבונן mit 'sehen' parallel: Jes 52,15 „Was ihnen nie erzählt wurde, haben sie gesehen, was sie nie gehört hatten, 'wurden sie gewahr'" und Jer 2,10 „schickt nach Kedar und 'merkt wohl auf', seht, ob je dergleichen geschehen ist", einmal mit 'hören': Hi 37,14 „Höre doch an (האזין), Hiob, tritt her und 'betrachte' die Wunderwerke Gottes", einmal mit זכר: Jes 43,18 „Gedenket nicht mehr der früheren Dinge, 'achtet nicht auf' das Vergangene" (jetzt will JHWH Neues schaffen!), und 3mal mit ידע: Hi 38,18 „Hast du die Weiten der Erde 'betrachtet' (erkannt)? Sag an, wenn du das alles weißt" (das Wissen ist also Folge des Betrachtens); Hi 11,11 „Denn er kennt die Männer der Falschheit, er sieht die Bosheit und 'gibt (fürwahr) acht' (לא entweder zu streichen oder als archaisierende bestätigende Partikel zu fassen); und Jes 1, 3 „Israel erkennt nichts, mein Volk 'versteht' nichts" (d.h. es kann seine Situation nicht beurteilen und kennt Gott nicht). Von Gott wird Hi 30, 20 gesagt: „Ich rufe, aber du antwortest nicht, ich stehe hier, aber du 'beachtest' es [nicht] (l. לא). Vom Achtgeben auf die Taten JHWHs ist Ps 107, 43 die Rede, auf die Worte Gottes Ps 119, 95. Hi 23,15 „wenn ich darauf achtgebe, fürchte ich ihn". Das Achtgeben führt zum Erfassen oder Verstehen: Hi 26,14: „das Donnern seiner Macht, wer 'faßt' es?" Ps 119,104 „aus deinen Befehlen 'schöpfe ich Einsicht'" (vgl. v. 100 ich 'bin verständiger' als die Alten, denn ich beobachte [נצר] deine Befehle). Ein plötzliches Einsehen wird Jer 23, 20; 30, 24 für das „Ende der Tage" vorausgesagt; es handelt sich in beiden Fällen um das Zornesgericht JHWHs.

4. Vom *niph* findet sich nur ein einziges Beispiel des finiten Verbs, nämlich Jes 10,13, wo der König von Assur sagt: „Durch die Kraft meiner Hand habe ich es getan und durch meine Weisheit, denn ich bin klug (*n^ebūnōtī*)." Sonst ist nur das Ptz. נבון 'verständig' belegt. Es ist ein typisches Weisheitswort. In 18 von den 22 Belegen steht es in näherer oder loserer Verbindung mit חכם oder חכמה. Josef ist „ein weiser und einsichtiger Mann" (Gen 41, 33. 39), Mose erwählt weise und einsichtige Männer als Häuptlinge (Deut 1,13), Salomo hat ein weises und einsichtiges Herz (1 Kön 3,12), Israel ist ein weises und einsichtiges Volk (Deut 4, 6 – in diesem späten Kapitel ist das Gesetz ein Zeichen des Vorrangs des Gottesvolkes an Weisheit). Jesaja spricht von Leuten, die „in ihren eigenen Augen weise sind und sich selbst 'verständig' dünken (5, 21),

sowie von der Zeit, wo Gott eingreifen und die Weisheit der Weisen und den Verstand der Verständigen vereiteln will (29,14). Jeremia tadelt das Volk, weil es töricht (→ אויל) ist, Gott nicht kennt, töricht (בני סכלים) und nicht verständig, weise nur im Bösen. Zu Hos 14,10 s. oben II. 1.

Vor allem aber ist das Wort in den Sprüchen zu Hause. In 16, 21 ist es mit חכם־לב gleichbedeutend, nach 10,13 spricht der Verständige Weisheit, während der Gegensatz חסר־לב ist. In 1, 5 steht es mit חכם parallel, in 14, 33 hat der Verständige Weisheit; Gegensatz ist כסיל. Mehrmals wird es auch mit דעת verbunden (14, 6; 15,14; 18,15; 19, 25). Weitere Belege sind Spr 17, 28; Sir 9,11; Pred 9,11, an der letzten Stelle mit חכם und ידע verbunden.

Schließlich bedeutet נבון־דבר der Rede kundig (1 Sam 16,18 von David), und נבון לחש der Zauberei kundig (Jes 3, 3).

5. בינה 'Einsicht, Verstand' ist zum großen Teil, aber nicht ausschließlich ein Weisheitswort: in 19 von 39 Belegen erscheint es ausdrücklich mit חכמה verbunden, an sechs weiteren Stellen (Spr 3, 5; 4,1; 9, 8; 23, 4; 30, 2; Sir 6, 25) ist der Weisheitscharakter des Wortes durch den weisheitlichen Kontext gesichert.

Die Einsicht kann sich auf Kunstgewerbe beziehen (2 Chr 2,12 *jōdēaʿ bīnāh*; 1 Kön 7,14 sagt „voll von *ḥokmāh*, *tᵉbūnāh* und *daʿat*"), auf „die Zeiten" (offenbar Zeichendeuter und Astrologen, 1 Chr 12, 33), auf das Königsamt (1 Chr 22,12 שכל ובינה; 2 Chr 2,11 von Salomo; Jes 11, 2 auf den messianischen König übertragen: „der Geist der Weisheit und der Einsicht"). Nach Deut 4, 6 ist das Gesetz die besondere Weisheit und Einsicht Israels (vgl. oben II. 4.). Nach Jes 29,14 wird JHWH durch sein Einschreiten die Weisheit der Weisen und die Einsicht der Einsichtigen vereiteln – es geht also hier um rein menschliche Einsicht, ähnlich Hi 38, 4, wonach menschliche Einsicht die Wunder Gottes nicht begreifen kann (vgl. auch Hi 39, 26). Die Einwohner der zerstörten heidnischen Großstadt Jes 27,11 sind ein unverständiges Volk (לא עם־בינה הוא), verstehen also nicht die Wege Gottes. In der kommenden Heilszeit werden die Irrenden und Murrenden Einsicht lernen und Belehrung annehmen (Jes 29, 24). Unsicher ist Hi 38, 36: Gott hat Weisheit in *ṭūḥōt* und Einsicht in *śækwī* gelegt – vielleicht handelt es sich um Omina (s. die Komm.).

In den Weisheitsbüchern wird betont, wie wichtig es ist, Weisheit und Einsicht zu erwerben (→ קנה Spr 4, 5.7; 16,16), zu suchen (Spr 23,23) oder zu lernen (Spr 4,1; vgl. 1, 2; 2, 3). Hi 28,12. 20 wird die Frage gestellt, wo die Weisheit bzw. die Einsicht zu finden ist – nur Gott weiß es (v. 23). So wird festgestellt, daß die Furcht JHWHs Weisheit ist und das Erkennen des Heiligen Einsicht (Spr 9,10; vgl. Hi 28, 28). Dann kann es sogar heißen: Vertraue auf JHWH und verlaß dich nicht auf deine Klugheit (בינה Spr 3, 5; vgl. 23, 4). Mit der personifizierten Weisheit erscheint בינה Spr 7, 4: nenne sie deine Schwester, deine Vertraute.

Im Danielbuch findet sich teils eine ganz allgemeine Feststellung der Weisheit und Einsicht Daniels (1, 20), teils Stellen, die sich auf das Verstehen von Visionen und Auditionen beziehen (8, 5.15.16.17. 27; 9, 22; 10,1.11.12.14; 12, 8. 10). Andersartig ist Jes 33,19, wo von einer unverständlichen (אין בינה) Sprache die Rede ist.

6. תבונה hat ebenso wie בינה (womit es einmal parallel steht, Spr 2, 3) starke weisheitliche Beziehungen. Von 42 Belegen finden sich 19 in Spr und 4 in Hi; 22mal steht es in ausdrücklicher Verbindung mit חכמה.

תבונה bezeichnet oft Geschicklichkeit im Beruf. Die Kunstfertigkeit Bezalels wird als „der Geist Gottes, חכמה, תבונה und דעת" beschrieben (Ex 31, 3; 35, 31; vgl. 36,1), ebenso heißt es, daß Hiram von Weisheit, תבונה und דעת gefüllt war (1 Kön 7,14). Ps 78,72 preist die Einsicht Davids als Hirt seines Volkes, Ez 28, 4 sagt vom König von Tyrus, daß er durch seine Weisheit und seinen Verstand Reichtum erworben habe – es kann sich sehr gut um Tüchtigkeit im Handel handeln, eine Herabsetzung des *eigenen*, menschlichen Verstands klingt aber mit. Dasselbe gilt auch von Hos 13, 2: sie haben sich durch ihren Verstand Götzen gemacht: menschliche Kunstfertigkeit kann eben keine Götter schaffen (vgl. Jes 44,19 die Götzenanbeter sind ohne Einsicht).

1 Kön 5, 9 spricht von Salomos Weisheit und Einsicht. Die Weisheitsstellen enthalten im übrigen die gewöhnlichen Aussagen, vor allem über die Notwendigkeit, Weisheit und Einsicht zu erwerben und auf ihren Unterricht zu achten (Spr 2, 2f.11; 5,1), über die Vorteile der Einsicht (2,11; 24, 3), über die Selbstbeherrschung des Einsichtigen (11,12; 14, 29; 17, 27; vgl. auch 15, 21) und über die Einladung der Weisheit (8,1). Als gegensätzliche Begriffe erscheinen חסר־לב (11,12; 15, 21), אולת (14, 29; 15, 21), כסיל (18, 2). Weisheit und Einsicht sind Gaben Gottes (Spr 2, 6), nur bei ihm finden sie sich (Hi 12,13, zusammen mit עצה und דעת), und ihm gegenüber besteht keine menschliche Weisheit, Einsicht oder Ratschlag (עצה Spr 21, 30).

Im Gegensatz zu בינה erscheint תבונה auch als eine göttliche Eigenschaft. So wird mehrmals hervorgehoben, daß Gott durch Weisheit und Einsicht Himmel und Erde geschaffen hat (Jer 10,12; 51,15; Ps 136, 5; Spr 3,19; vgl. auch die mythologisch gefärbte Stelle Hi 26,12). Seine Einsicht ist unerforschlich (אין חקר Jes 40, 28) und unermeßlich (אין מספר Ps 147, 5).

III. Nach dem Gesagten ist es schwer, eine Geschichte der Wurzel בין zu schreiben oder sie auf bestimmte Gattungen zu verteilen. Eine große

Anzahl der Belege gehört der Alltagssprache an. Man 'merkt' oder 'beobachtet' etwas oder 'gibt' darauf 'acht', man 'sieht' etwas 'ein' oder 'versteht' es – das wird einfach und ohne Untertöne festgestellt. Von besonderem Interesse sind die Beispiele, die sich auf Kunst- und Berufsgeschicklichkeit beziehen. Daß eine Mehrzahl der Belege in der Weisheitsliteratur zu finden sind, ist selbstverständlich. Sowohl בינה, als auch תבונה erscheinen als Synonyme von → חכמה mit all den Nuancen, die dazu gehören. Ferner wird die Wurzel auffällig oft in Dan auf die apokalyptische Einsicht angewandt.

IV. In der Qumranliteratur erscheint בינה (תבונה ist nicht belegt) zusammen mit der übrigen Weisheitsterminologie (דעת, חכמה, שכל, ערמה) als Bezeichnung der erlösenden Einsicht, die auf einmal aus dem Gesetzesstudium hervorgeht und auf Offenbarung gegründet ist, z.B. im Tugendkatalog 1 QS IV 3, in der Formel „dies weiß ich (bzw. wissen wir) durch deine Einsicht" (1 QM X 16; 1 QH I 21; XIV 12; XV 12). Diese Einsicht hat der Mensch nicht von selbst (1 QH I 23; II 19; IV 7; vgl. XII 33 Verbum), sie wird ihm aber von Gott gegeben (1 QH II 17; XIV 8 f; 4, 12). Entsprechend wird das *hiph* vom Verbum gebraucht, um den in der Gemeinde mitgeteilten Unterricht zu bezeichnen (1 QS III 13; IV 22; VI 15). Das Ptz. מבונן 'unterrichtet' kommt in der Damaskusschrift mit Bezug auf die mit dem Buch הגו Vertrauten vor (CD X 6; XIII 2; XIV 7). Sonst wird das Verbum ähnlich wie in der Bibel gebraucht, z.B. „auf Gottes Wunder bzw. Werke achten" (1 QS XI 19; 1 QH VII 32; XI 28; XII 27), „auf das alles zu achten" (1 QH XVII 21), „die Unvernünftigen (כסילי לב) 'verstehen' dies nicht" (1 QH I 37), „niemand versteht deine Weisheit" (1 QH X 2).

Ringgren

בַּיִת

I. Etymologie und verwandte Ausdrücke im Hebr. – II. Umwelt – 1. Ägypten – 2. Mesopotamien – 3. Kleinasien in der Zeit des Hethiterreiches – 4. Ugarit – 5. Frühes Griechenland – III. Bezeichnung eines Gebäudes (bzw. Gebäudeteils) – 1. Haus – 2. Palast – 3. Tempel – 4. Zimmer oder Saal – IV. Bezeichnung eines Aufenthaltsorts – V. Bezeichnung für 'das Innere' – VI. Bezeichnung der Familie, des Geschlechts oder der Sippe – VII. Bezeichnung des Hausstandes, des Gutes oder des Vermögens – VIII. In Ortsnamen.

Lit.: *A.-G. Barrois*, Manuel d'archéologie biblique, Paris 1939, I, 244–285. – *H.K. Beebe*, Ancient Palestinian Dwellings (BA 31, 1968, 38–58). – *A. Causse*, La crise de la solidarité de famille et de clan dans l'Ancien Israel (RHPhR 10, 1930, 24–60). – *G. Dalman*, AuS VII 1–175. – *E. Ebeling*, Familie (RLA 3, 9–14). – *A. Erman–H. Ranke*, Ägypten und ägyptisches Leben im Altertum, 1923. – *Fiechter*, Haus (PW VII 2523–2546). – *Fustel de Coulanges*, The Ancient City (engl. Ausg. 1873), 40–116. – *K. Galling*, Haus (BRL 266–273). – *A. Goetze*, Kleinasien (HAW 3:1:3:3:1 [2]1957, 85–95.118). – *P. Koschaker*, Familienformen (ArOr 18, 1950, 210–296). – *Ders.*, Fratriarchat, Hausgemeinschaft und Mutterrecht in Keilschriftrechten (ZA 41, 1933, 1–89). – *S. Krauß*, Talmudische Archäologie I 19–48. – *I. Mendelsohn*, The Family in the Ancient Near East (BA 11, 1948, 24–40). – *A. Merrill*, The House of Keret (SEÅ 33, 1968, 5–17). – *O. Michel*, οἶκος (ThWNT V 122–138). – *J. Pedersen*, Israel, its Life and Culture I–II, Kopenhagen 1946, 46–60. – *W. Robertson Smith*, Kinship and Marriage, London 1885. – *D.M. Robinson*, Haus (PW[S] VII 224–278). – *A. van Selms*, Marriage and Family Life in Ugaritic Literature, London 1954. – *Å. Sjöberg*, Zu einigen Verwandtschaftsbezeichnungen im Sumerischen (Heidelberger Studien zum Alten Orient, 1967, 201–231). – *R. de Vaux*, Das AT und seine Lebensordnungen I, [2]1964; II 136–159.

I. Das ursemit. Wort **bait-* ist weitverbreitet in den semit. Sprachen. Man erkennt es im akk. *bītu* (assyr. *bētu*), ugar. *bt*, aram. בית, äth. *bēt*, arab. *bait*, phön. *bt* und hebr. בית. Das Wort **bait-* war wohl ein Urnomen. Man kann es von keinem bekannten Verbum ableiten. Vom Nomen **bait-* wurden denominative Verben (wie akk. *biātum*/*bâtu* und arab. *bāta* [beide 'übernachten']) abgeleitet. Weil die Verwendungen des hebr. Wortes בית so mannigfaltig und verschieden waren, kann man kein eigentliches Synonym angeben. Wir erkennen nur annähernd sinnverwandte Wörter. → אהל 'Zelt' bezeichnete mehr als eine bewegliche Wohnung. Oft muß man es mit 'Heim', 'Wohnung' oder 'Familie' übersetzen. Man kann bei בית kaum eine frühere Urbedeutung als 'Haus' feststellen. Wenn ursemit. *bait* in der Zeit der Höhlenbewohner verwendet wurde, bleibt kaum eine Spur von *bait* 'Höhle'. Das gewöhnliche hebr. Wort für 'Höhle' ist vielmehr מערה. Weitere hebr. Wörter, die Wohnungen oder Gebäude bezeichnen, sind בירה, היכל, משכן, מקדש, מעון, מושב, חצר.

II. 1. Das Deutezeichen der gewöhnlichen äg. Nomina für Haus (*pr* und *ḥ.t*) ist ein Rechteck, in dessen unterer Seite eine Öffnung ist. Das Zeichen ähnelt dem Entwurf der Mauer eines einräumigen Hauses. Es dient als Deutezeichen für weitere sinnverwandte Wörter: *ᶜ.t* 'Kammer, Wirtschaftsraum, Haus', *ỉwnn* 'Götterwohnung', *ẖnw* 'Inneres', 'Residenz', *mᶜḥᶜ.t* 'Grab, Kenotaph', *ỉwj.t* 'Haus, Heiligtum, Stadtviertel'. Das äg. Wort *pr* ('Haus') bezeichnete nicht nur ein Gebäude, sondern auch einen Teil des Hauses oder (übertragen) einen Behälter: einen Kasten für Salben, ein Futteral für den Bogen oder für den Spiegel. Als das Haus par excellence bezeich-

nete *pr* den Palast des Königs (WbÄS I 512f.), auch *pr ʿȝ* 'großes Haus' genannt. In der Sprache des NR bezeichneten diese Worte den Pharao selbst, der im AT deshalb meist פרעה heißt. Außerdem bedeutet *pr* oft 'Tempel' (WbÄS I 513, 7ff.) und steht dann meistens mit einem Suffix oder einem Genitiv, um die dort wohnende Gottheit zu bezeichnen. In vielen Fällen sind daraus Stadtnamen entstanden: *pr Wsìr*, Busiris, *pr ìtmw*, Pithom usw. *Pr* wird auch von der Wohnung der Toten (dem Grab) gebraucht, z.B. *pr.f nfr n nḥḥ* 'sein schönes Haus der Ewigkeit' oder *pr (n) ḏ.t* 'Haus der Ewigkeit'.
Pr verweist auch auf die Bewohner eines Hauses, z.B. *pr ìt.f* 'die Familie seines Vaters', und bedeutet auch 'Hausstand', z.B. *grg pr* 'einen Hausstand gründen' = heiraten, *nb.t pr* 'die Herrin des Hauses' = Ehefrau. Gewöhnlich darf man aber nicht *pr* und *ḥ.t* mit 'Familie' übersetzen; dafür werden vielmehr *mhwt* und *ȝbt* gebraucht, deren Deutezeichen aus einem sitzenden Mann und einer sitzenden Frau besteht.
2. In den frühesten Urkunden Mesopotamiens wurden die Begriffe 'Haus' und 'Wohnung' durch die sum. Wörter *é*, *gá* und *èš* ausgedrückt. Am Ende bezeichneten diese Wörter dieselbe Gruppe von Begriffen wie akk. *bītu*: 'Haus, Wohnung, Tempel, Heiligtum, Palast (meist jedoch *é-gal*), Gut, Lager, Zimmer, Gefäß, Ort, Gegend, Haushalt, Familie, Eigentum'. Da aber die Mehrzahl der sum. Urkunden aus der Zeit stammt, in der das Akkadische begonnen hatte, das Sumerische als die Mundsprache zu verdrängen, ist es sehr schwer zu entscheiden, ob alle diese Begriffe ursprünglich in den sum. Wörtern inbegriffen waren oder unter dem Einfluß des akk. *bītu* entstanden sind. Das sum. Wort für 'Familie, Sippe' war *im-ri-a* (bzw. *im-ru-a*), das die babyl. Schreiber mit *kimtu*, *nišūtu* und *salātu* übersetzten. Das akk. Wort *bītu* bedeutet in erster Linie 'Haus, Wohnung, Gebäude', aber ebenso wie das hebr. בית enthält es viele verschiedene Nebenbegriffe: 'Raum, Zimmer, Aufenthaltsort, Schiffskajüte, Behälter, Futteral, Stall, Pferch, Grundstück, Haushalt, Hausgemeinschaft, Familie'. In den akk. Synonymlisten erklärten die Schreiber viele Fachwörter, die gewisse Gebäudearten und -teile bezeichneten, mit dem Wort *bītu*: *ašru* 'Ort, Stelle, Stätte', *atmānu* 'Allerheiligstes, Heiligtum, Tempel', *dūru* 'ummauerter Ort, Fort, Festung', *emāšu* 'ein innerer Tempelraum', *gegunû* 'Hochtempel', *kiṣṣu* 'Heiligtum', *kummu* 'heiliger Innenraum, Heiligtum', *kungu* eine Art Haus, *kūpu* – ein Gebäude, *māšartu* 'Zeughaus'?, *maštaku* 'Gemach, Zelle', *miparru/gipāru* 'Gotteswohnung', *sagû* eine Art Tempel, *tu'u* 'Postament', *urāšu* 'Innenraum'.
Das Wort *bītu* kommt oft als nomen regens in Wortverbindungen vor. Manchmal bezeichnet das Wortpaar ein Gebäude, z.B. *bīt āli* 'Stadthaus', *bīt ili* 'Gotteshaus, Tempel', *bīt kīli* 'Gefängnis', *bīt ridûti* „Nachfolgehaus", 'Kronprinzenpalast', *bīt šarri* 'Königshaus', *bīt ṭuppi* 'Tafelhaus, Archiv, Schule'. Andere Wortpaare weisen auf Räume oder Zimmer hin: *bīt erši* 'Bettraum', *bīt rimki* 'Badehaus oder -zimmer', *bīt sinnišāti* 'Frauenhaus' im Palast. Gelegentlich geht es um Behälter, z.B. *bīt nūri* 'Laterne', *bīt qēmi* 'Mehlbehälter'. Andere Bedeutungsnuancen sind Geländearten: *bīt dulli* 'Feld unter dem Pflug', *bīt ṭābti* 'Salzwüste' oder Lehensgüter: *bīt narkabti* 'Lehen für Wagenkämpfer' (vgl. ugar. *bt mrkbt*, hebr. בית מרכבות als Ortsname Jos 19, 5; 1 Chr 4, 31), spätbabyl. *bīt sīsî* 'Pferdeland', Lehensland für Reiter.
Eine mesopotamische Familie (*bītu*) bestand aus dem pater familias (*abu*), seiner Frau (bzw. seinen Frauen, *aššatu*), seinen Söhnen (*mārū*) und Töchtern (*mārātu/i*), seinen unverheirateten Brüdern und Schwestern, seinen Klienten (*ṭeḫû*) und seinem Gesinde (*aštapīru*). Gewöhnlich unterschied man die Kleinfamilie (*bītu*, *kimtu*, *qinnu*) von der Großfamilie (*illatu*, *nišūtu*), d.h. der Sippe.
3. Das heth. Wort, das man mit 'Haus' übersetzt, kommt in zwei Stammformen vor: *per-* und *parn-*. Nach E. Laroche (RHA 76, 1965, 52–54) bezeichnete *per-* ursprünglich eine Felswohnung (d.h. eine Höhle). Wörter vom Stamm **per-/*parn-* 'Haus, Wohnung' hat man außerhalb der altanatolischen Sprachen (Hethitisch, Luwisch, Lykisch, Lydisch) nicht gekannt. Das Wort ist wohl nicht urindogermanisch, sondern ein altes kleinasiatisches Kulturwort. Die Ähnlichkeit mit äg. *pr* ist nur scheinbar.
Als Nuancen des Wortes bietet J. Friedrich, Heth. Wörterbuch, nur 'Haus, Grundstück'. Aber selbstverständlich schließt die Übersetzung 'Haus' auch 'Palast' (*ḫaššuwaš per*) und 'Tempel' (*šiunaš per*) ein. Das Wort *per-/parn-* (oft É geschrieben) umfaßt alle Gebäude und Bauwerke auf einem Grundstück. Daher drückt das Wortpaar A.ŠÀ 'Felder' und *per-/parn-* die Gesamtheit eines Grundstücks aus (Heth. Gesetze § 44 b). Die halbideographischen Schreibungen É *tarnuwaš* und É *ḫalentuwaš* können, wenn sie die gesprochenen Formen **tarnuwaš per* und **ḫalentuwaš per* auszudrücken versuchen, als Beweise für *per-/parn-* 'Raum, Zimmer, Gebäudeteil' gelten. *per-/parn-* 'Familie' ist im Ausdruck *per iya-/ešša-* 'eine Familie gründen' (vgl. Hatt. III 6) sowie in den Haushaltlisten des Puduḫepa-Gelübdes und in den Zensuslisten der heth. Höfe belegt. Die heth. Familie umfaßte den pater familias (*atta-*), seine Frau (sum. DAM), seine eigenen und adoptierten Kinder (sum. DUMU.MEŠ), seine abhängigen Verwandten und sein Gesinde (sum. LÚAMA.A.TU = akk. *aštapīru*). Die Hethiter unterschieden die Kleinfamilie (*per-/parn-*) von der Großfamilie oder Sippe (*ḫaššatar*, *pankur*).

4. In den ugar. Texten kann das Wort *bt* 'Haus' auf verschiedene Weisen übersetzt werden: 'Haus einer Gottheit, Tempel, Heiligtum' (*bt 'l*), 'Haus eines Königs, Palast' (*bt mlk*), 'Viehstall' (*bt 'lpm*), 'Depot für Streitwagen (?)' (*bt mrkbt*; vgl. aber akk. *bīt narkabti* als Lehensgut und den hebr. Ortsnamen בית מרכבות). Als Synonym von *bt* gilt *ḥwt* 'Haus, Dynastie, Königreich'. Dieses *ḥwt* könnte ein äg. Lehnwort sein (*ḥ.t*, s. II. 1.), aber es kann auch ein echt semit. Wort sein, das im hebr. חות (*ḥawwōt*) 'Zeltdörfer' (Num 32, 41; Deut 3,14; Jos 13, 30; Ri 10, 4; 1 Kön 4,13; 1 Chr 2, 23) belegt ist. Man könnte auch im Personennamen *Ḥawwāh* dasselbe Wort erkennen; es wäre dann vom israelitischen Erzähler umgedeutet und irrtümlicherweise als 'die Lebende' erklärt worden (Gen 3, 30). Als Synonym von *bt* gilt auch *špḥ* 'Familie, Dynastie, Herrscherhaus', das mit hebr. משפחה verwandt ist. In zwei ugar. Epen steht *bt* in je einer verschiedenen Bedeutungsnuance im Mittelpunkt des Interesses, nämlich im Baal-Epos, wo es um das Bauen eines Hauses (d.h. Tempels) für Baal geht, und im Keret-Epos, wo es sich um Erhaltung der Dynastie dreht (vgl. vor allem Merrill).

5. In den homerischen Epen wurden zwei verwandte Wörter benutzt, um den Begriff 'Haus, Wohnung, Familie' auszudrücken, nämlich οἶκος und οἰκία. οἶκος war schon in der myken. Periode (13. Jh.) bekannt; es kommt in den sog. Linear-B-Tafeln deutlich vor (geschrieben *wo-i-ko-de* = *woikonde* 'nach Hause'). Das Wort entstand aus der idg. Wurzel **u̯eik-/u̯ik-/u̯oiko-* (J. Pokorny, Indogermanisches Wörterbuch, 1959, 1131) 'Haus, Siedlung' (vgl. lat. *vīcus* und *villa*). In den homer. Epen kann οἶκος mit den folgenden Wörtern übersetzt werden: Haus, Wohnung, Höhle (des Kyklopen), Tempel, Palast, Grab, Schatzkammer, Schatzhaus, Habe, Gut, Familie, Haushalt. Weitere sinnverwandte griech. Wörter sind δόμος, δῶμα, οἴκησις, οἴκημα, γένος. Die Familie, so wie sie in den homer. Epen geschildert wird, ähnelt den semit. und hethit. Familien sehr. Sie umfaßte Vater, Frau, eigene und adoptierte Kinder, abhängige Verwandte, Klienten und Gesinde (d.h. Sklaven und Sklavinnen).

III. 1. Im Hebr. ist das בית ein Bauwerk (בנה Gen 33,17; Deut 20, 5; 22, 8; 28, 30) aus Holz (עצים 1 Kön 5, 22f.) und Stein (אבן 1 Kön 6,7; 7, 9; Hab 2,11; Ps 118, 22), worin ein Mann und seine Familie wohnen (Deut 6,7; 19,1; 20,12f.). Es wird betont, daß das Hausbauen ohne den Segen Gottes nutzlos ist (Ps 127,1; vgl. Hi 27,18). Amos rügt das Bauen von Luxushäusern und kündigt als Strafe an, daß man nicht darin wohnen wird (5,11; vgl. auch Zeph 1,13 und positiv als Verheißung Am 9,14 – wohl sekundär).

2. Wenn der Hauptbewohner des Gebäudes der König war, hieß es בית המלך 'Königshaus, Palast' (Gen 12,15; Jer 39, 8). Der Königsbeamte, der die Aufsicht über den Palast hatte, trug den Titel אשר על־הבית 'Vorsteher des Palastes' (1 Kön 4, 6; 16, 9; 2 Kön 15, 5 usw.; vgl. dazu T. Mettinger, Solomonic State Officials, Lund 1971, 70–110). Als Lehnwort aus dem sum. *é-gal* 'großes Haus, Palast' gilt → היכל (KBL³ 234f., AHw 191f.), 'Palast, Tempel'. Als *hkl* kommt dasselbe Wort in den ugar. Texten vor (UT Glossary Nr. 763). Die frühere Bedeutung 'Palast' ist sowohl im Akk. wie auch im Ugar. belegt; die Bedeutung 'Tempel' scheint sekundär zu sein. Sie entstand aus dem Gedanken, daß die Gottheit ein König (bzw. eine Königin) sei und in einem Palast wohnen soll (vgl. 2 Sam 7, 2ff.).

3. Wenn das Gebäude gebaut wurde, um in sich die Gottheit und ihre Diener (Priester, Musikanten usw.) aufzunehmen, hieß es בית האלהים 'Gotteshaus, Tempel' (Ri 17, 5; Dan 1, 2 usw.). Man könnte auch die Bedeutung 'Tempel' mit einfachem בית vor dem Gottesnamen ausdrücken: בית יהוה 'Tempel JHWHs' (Ex 23,19; 34, 26; Deut 23,19 usw., so auch auf Ostraka aus Arad, s. Y. Aharoni, BA 31, 1968, 16f.), בית דגון 'Tempel Dagons' (1 Sam 5, 2. 5; 1 Chr 10,10), בית עשתרת 'Tempel der Astarte' (1 Sam 31,10), בית אל 'Tempel Els' (Gen 12, 8; vgl. H. Ringgren, Israelitische Religion 22 und die Kommentare), בית בעל ברית 'Tempel des Baal-Berit' (Ri 9, 4), בית אל ברית 'Tempel des El-Berit' (Ri 9, 46). Zu weiteren Tempelnamen s. u. VIII.

Die Tempel in Bethel und Dan, die als die offiziellen Heiligtümer des Staates Israel galten, hießen בית ממלכה 'Haus des Königreiches', 'königliches Heiligtum' (Am 7,13). Das Wort היכל wird im AT auch im Sinne von 'Tempel' verwendet (s. o. III. 2.).

Das Tempelweihgebet Salomos (1 Kön 8; 2 Chr 6) stellt fest, daß sogar der Himmel Gott nicht fassen kann, „wie viel weniger das Haus, das ich gebaut habe" (1 Kön 8, 27). Trotzdem wird das Haus als Wohnung JHWHs bezeichnet (8,13), und JHWH wird gebeten, seine Augen auf das Haus, wo sein Name wohnt (dtr Ausdruck), zu richten und die dort gesprochenen Gebete zu hören (8, 29). Das Haus ist nach JHWHs Name genannt worden (8, 43 שמך נקרא על־הבית), hier bekennt (הודה) man seinen Namen und betet und fleht zu ihm (8, 33). JHWH ist also in seinem Hause auf besondere Weise zugegen. Trotzdem wird mehrmals betont, daß er im Himmel, wo er wohnt, die Gebete hört (8, 30. 32. 34. 39. 43. 49). Merkwürdig genug wird schon vor der Tempelweihe gesagt, daß JHWHs *kāḇōḏ* das Haus erfüllt, so daß die Priester nicht hintreten können (1 Kön 8,11) – dazu wird hier auch vom Dtr der priesterliche Ausdruck כבוד gebraucht. Viel logischer macht der Chronist diese Feststellung nach dem Weihgebet (2 Chr 7,1f.).

Jes 56,7 wird der Tempel als ein Gebethaus (בית תפלה) bezeichnet.

Die Psalmen zeugen von der hohen Schätzung des Tempels (vgl. Ringgren, Psalmen, 1970, 21ff.). Er ist heilig, weil Gott dort ist (Ps 93, 5). In das Haus JHWHs kommt man mit Brandopfern (66,13), dort sättigt man sich mit Gutem (par. Heiligem: Opfer) (65, 5), dort labt man sich an Fett (Opfermahlzeit? 36, 9). Es ist JHWHs חסד, daß man den Tempel besuchen kann (5,8). Zum Hause JHWHs wandert man in Prozessionen (42,5; 55,15), dort wird der Segenswunsch gesprochen (118, 26) und also der Segen vermittelt. Man freut sich, wenn man sagt „Lasset uns zum Haus JHWHs gehen" (122,1). Man liebt „die Wohnung (מעון) seines Hauses" (26, 8), weil dort sein *kābōd* wohnt. Der Wunsch wird ausgesprochen, in JHWHs Haus wohnen (→ ישב) zu dürfen (23, 6; 27, 4), und die in seinem Hause wohnen, werden glücklich gepriesen (84, 5). Die Gerechten sind wie grünende Bäume „im Hause JHWHs" (52,10; 92,14) – gemeint ist wohl das Gedeihen und das ständige Bleiben.

Gegen eine falsche und deshalb zu hohe Wertschätzung des Tempels wendet sich Jeremia in seiner Tempelpredigt (Jer 7; 26). „Verlaßt euch nicht auf täuschende Worte wie diese: Haus JHWHs, Haus JHWHs, Haus JHWHs ist hier" (7, 4). Wenn das Volk nicht seine Taten bessert und wirklich Recht schafft, ist es nutzlos, vor das Angesicht Gottes „in diesem Haus" zu treten (7,10). Das Haus, das nach JHWHs Namen genannt worden ist, ist eine Räuberhöhle geworden (7,11); so wird es auch nicht bestehen, wenn das Volk in seinem falschen Vertrauen fortfährt (7,14; vgl. 26, 6). Der Tempel an sich ist also keine Garantie für den Beistand Gottes, wenn aber das Volk nach dem Willen JHWHs leben will, wird er immerfort ein Zeichen seiner Gegenwart und seines Wohlwollens sein (7,7).

4. Wenn das „Haus" (d.h. Palast oder Tempel) sehr groß war und mehrere Gebäude umfaßte, konnte jedes Gebäude – bisweilen auch jedes Zimmer oder jeder Saal – im Komplex בית heißen. Demgemäß war בית החרף die Bezeichnung der Winterwohnung (d.h. eines besonderen Palastviertels) des Königs (Jer 36, 22; vgl. Am 3,15, wo sowohl ein Sommerhaus als auch ein Winterhaus erwähnt werden, und KAI 216,19 [Barrākib], das ein besonderes Sommerhaus nennt). בית משתה היין (Esth 7, 8) war Ahaswerus Trinksaal. בית הנשים (Esth 2, 3) bezeichnete den Harem, und בית עבדים (Deut 5, 6) das Sklavenviertel oder den Sklavenbezirk (in Deut 5, 6 sowie Ex 20, 2; Deut 6,12; 7, 8; 8,14 usw. auf das ganze Land Ägypten übertragen).

IV. Als Aufenthaltsort der Toten galt auch die Unterwelt als ein בית (Hi 17,13; 30, 23). Daneben wird das Grab als בית עולם bezeichnet (Ps 49,12, Pred 12, 5) – ein ähnlicher Sprachgebrauch ist auch im Phön. und im Palmyren. bezeugt (DISO 35) (vielleicht äg. Ursprungs, E. Jenni, *'ōlām* 79ff.). Außerdem verwendeten die Verfasser der at.lichen Urkunden בית für Mottennester (Hi 27,18), ein Spinngewebe (Hi 8, 4), ein Vogelnest (Ps 84, 4; 104,17), menschliche Leiber (Hi 4,19), eine rauchhaltende Schachtel, Riechfläschchen (Jes 3, 20, anders Wildberger BK X 143, Seelengehäuse = Amulett), einen Behälter für den Riegel (Ex 26, 29), und Stangen (Ex 37,14). Die בתים מלאים כל טוב (Deut 6,11) sind deutlich als „Schatzkammern, Magazine" zu verstehen.

V. Als Bezeichnung für 'das Innere' (Gegensatz חוץ 'das Äußere, außen') kommt בית in den folgenden Konstruktionen vor: ביתה (mit ה locale; GKa § 90; E.A. Speiser, IEJ 4, 1954, 108–115; UT § 11.1; Ex 28, 26; 39,19 usw.), מבית (Gen 6,14; 2 Kön 6, 30), מביתה (1 Kön 6,15), בית ל (Ez 1, 27), מבית ל (1 Kön 6,16), למבית ל (Num 18,7) und אל מבית ל (2 Kön 11,15).

VI. בית 'Familie' bezieht sich auf den *pater familias* (→ אב), seine Frau (→ אשה), seine geborenen und angenommenen Kinder (בנים ובנות), seine abhängigen Verwandten, seine Klienten (→ לוי, → גר, → תושב) und seine Sklaven und Sklavinnen (עבדים ואמהות). Der Haushalt des Abraham bestand aus Abraham, seiner Frau Sara, seiner Nebenfrau Hagar, seinen Söhnen Isaak und Ismael, seinem abhängigen Verwandten Lot und dessen Familie, seinen Dienern (einschließlich des Eliesers von Damaskus: Gen 15, 2) und Gefolgsmännern (חניכיו Gen 14,14), die als ילידי ביתו „die in seinem Haus geborenen" beschrieben werden. Diese Gesellschaftseinheit (d.h. der Haushalt) wird auch in juristischen und kultischen Zusammenhängen beschrieben. Das Sabbatgesetz erforderte das Aufhören aller Arbeit in jedem Haushalt (בית), der Söhne, Töchter, Sklaven, Sklavinnen, Vieh und Klienten (גרים) umfaßte (Ex 20,10). Gemäß den dtr Gesetzen feierten jeder Mann und seine Familie die ständigen Feste und brachten alle Opfer als eine Gruppe dar (Deut 12,17; 14, 26; 15, 20). Beim Passahmahl sollte jedes בית ein gebratenes Lamm untereinander teilen (Ex 12, 3. 4). Gemäß dem Priestergesetz blieb eine unverheiratete Tochter im בית ihres Vaters (Num 30, 4). Eine verheiratete Frau gehörte dem בית ihres Mannes (Num 30,11) an. Eine kinderlose Witwe (→ אלמנה) oder Geschiedene (גרושה) kehrte ins בית ihres Vaters zurück (Num 30,10; vgl. auch Ruth 1, 8–14). In der genealogischen Hierarchie war das בית eine Unterabteilung des Geschlechts (→ משפחה), das – der Reihe nach – Unterabteilung des Stammes (→ שבט) war (Jos 7,14).

Es ist seit langer Zeit erkannt, daß im AT zwischen einem Mann und seinem Haus eine gewisse Solidarität bestand. Wenn ein Mann eine schwere Sünde beging, fiel die Strafe Gottes auf

ihn und sein Haus (Jos 7,1–15 usw.). In ähnlicher Weise rettete Gott von einer Strafe jeden schuldlosen Mann (bzw. jede schuldlose Frau) und sein (bzw. ihr) Haus (Gen 7,1; Jos 2,12; 6, 22; 1 Kön 17,15). Josua sagt am sog. Landtag von Sichem, daß er und sein Haus JHWH dienen wollen (1 Jos 24,15). Vgl. auch im NT Apg 16.
Auch Einheiten, die dem Stamm untergeordnet, aber größer als einfache Familien waren, wurden als בית bezeichnet: בית אהרון (Ps 115,10.12; 118, 3), בית מכיר (2 Sam 9, 4). Aber gewöhnlich hieß solch eine Gruppe משפחה (Num 26, 6. 57) und ihre Mitglieder בני + Personenname (Ex 6,19; Num 3, 20 usw.). Weil das Wort בית auch 'Nachkommen' bedeutete, hieß der Stamm oft das 'Haus' seines Ahnen: בית לוי (Ex 2,1), בית יהודה (2 Sam 2, 4.7.10.11; 12. 8 usw.), בית אפרים (Ri 10, 9) und בית בנימין (2 Sam 3,19; 1 Kön 12, 23 usw.). Über dem Stamm in der Hierarchie stand der Stämmebund, der oft einen Staat bildete. Auch der Bund hieß ein בית. In der Zeit der Richter und der ersten drei Könige (Saul, David und Salomo) umfaßte dieser Bund die zwölf Stämme. Er hieß בית ישראל „das Haus Israels" (1 Sam 7, 2. 3; 2 Sam 1,12; 6, 5.15; 12, 8; 16, 3). Nach der Regierungszeit des Rehabeam beobachten wir zwei Bünde: den nördlichen Bund, der בית ישראל „Haus Israels" (1 Kön 12, 21 usw.) hieß, und den südlichen Bund, der בית יהודה „Haus Judas" (1 Kön 12, 21. 23; 2 Kön 19, 30 usw.) hieß. Bemerkenswert ist Ezechiels häufiger Gebrauch von בית ישראל als Anrede (182mal; vgl. G.A. Danell, Studies in the Name Israel, Uppsala 1946, 237f.). In בית מרי 'Haus der Widerspenstigkeit' (Ez 2, 5–8; 3, 9. 26f. usw.) hört man ein Gegenwort dazu (ähnlich wie בית און statt בית אל Hos 4, 15).
Wenn der Ahn, nach dem das Haus genannt wurde, ein König war, sollen wir das Wort בית mit „Dynastie" übersetzen. Vgl. die oben zitierte Verwendung des ugar. Wortes *ḥwt* (s.o. I. 4.). Dieser Sprachgebrauch wird in den Ausdrücken בית שאול (2 Sam 3,1. 6. 8.10; 9,1–3; 16, 5. 8; 19,18), בית דויד (1 Sam 20,16; 1 Kön 12,16; 13, 2), בית אחאב (2 Kön 8,18. 27), בית יהוא (Hos 1, 4), בית ירבעם (1 Kön 13,34; 14,10; 16,3; 21, 22) und בית בעשא (1 Kön 16, 3.7; 21, 22) belegt. In der Weissagung Nathans (2 Sam 7, 4–17 = 1 Chr 17, 3–15) erkennt man ein Wortspiel mit בית, das auf der einen Seite auf Davids Wunsch, den Tempel zu bauen (2 Sam 7, 5.13), auf der anderen Seite auf Gottes Versprechen, eine endlose Dynastie für David zu gewähren (2 Sam 7,11.16 = 1 Chr 17,10), hinweist.

VII. Das Wort בית konnte auch „was im Hause ist" bedeuten, d.h. Besitz, Werkzeuge, Diener und Vieh. Im ursprünglichen 10. Gebot des Dekalogs wird das Begehren des Hauses des Nächsten verboten (Ex 20,17a); das zusätzliche Gebot (Ex 20,17b) erklärt das als Frau, Sklave und Sklavin, Ochs, Esel und „alles was ihm gehört". Nach dem Tod Hamans wurde sein ganzes „Haus" (d.h. Nachlaß) der Königin Esther gegeben (Esth 8,1). Jakob kümmerte sich um den geringen Zustand seines Hauses (d.h. seines Vermögens, Gen 30, 30). Bileam betrachtete eine Belohnung, die sich auf מלא בית belief, als unannehmbar für seine Aufgabe (Num 22,18; 24,13). In ähnlicher Weise lehnte ein Prophet aus Juda eine Belohnung ab, die sich auf die Hälfte des בית Jerobeams belief (1 Kön 13, 8). Der äg. Pharao berief Joseph als den Aufseher über sein ganzes „Haus" (Gen 39, 4–5; 41, 40). Ein namenloser Beamter, der Aufseher des Hauses Josephs war, wird mehrfach erwähnt (Gen 43,16.19; 44,1. 4). Der äg. Titel solch eines Beamten war *ḥrj pr* („wer über das Haus gesetzt ist"; vgl. hebr. על־הבית oben III. 2. und s. J. Vergote, Joseph en Egypte, Leuven 1959, 99.171).

VIII. Unter den Ortsnamen, deren erster Bestandteil das Wort בית ist, seien genannt:
1. jene, in welchen der zweite Bestandteil ein Gottesname ist: בית־אל (Gen 12, 8 usw.); בית בעל מעון (Jos 13,17; abgekürzt בית מעון Jer 48, 23 oder בען Num 32, 3), בית דגון (Jos 15, 41; 19, 27), בית חרן (Jos 16, 5; 18,13 usw.), בית עזמות (Esr 2, 24; Neh 7, 28; 12, 29), בית ענת (Jos 15, 59; 19, 38; Ri 1, 33), בית שמש (Jos 15,10 usw.);
2. jene, in welchen der zweite Bestandteil eine topographische Bezeichnung ist: בית הערבה (Jos 15, 6. 61; 18,19. 21), בית צור (Jos 15, 58 usw.), בית הישימות (Num 33, 49; Jos 12, 3; 13, 20 usw.), בית דבלתים (Jer 48, 22), בית העמק (Jos 19, 27);
3. jene, in welchen der zweite Bestandteil ein einfaches Substantiv ist: בית האצל (Mi 1,11), בית לבאות (Jos 15, 32; 19, 6), בית גדר (Jos 12,13; 1 Chr 2, 51), בית הגלגל (Neh 12, 29), בית הכרם (Jer 6,1), בית לחם (Gen 35,19; nach einigen Gelehrten liegt hier ursprünglich ein Gottesname vor), בית המרכבות (Jos 19, 5; 1 Chr 4, 31), בית תפוח (Jos 15, 53), בית רחוב (Num 13, 21; Ri 18, 28; 2 Sam 10, 6), בית השטה (Ri 7, 22);
4. jene, in welchen der zweite Bestandteil ein Personen- oder Geschlechtsname ist: בית הגלה (Jos 15, 6; 18,19. 21), בית יואב (1 Chr 2, 54).

Hoffner

בָּכָה

I. 1. Belege und Wortstatistik – 2. Bedeutung und Verwendung – II. Profanes Weinen – 1. Bei Gemütserregungen – 2. Bei seelischem Schmerz – 3. Rituelles Trauerweinen – III. Religiöses Weinen – 1. Individuelle Notklage – 2. Bei der Volksklage – 3. Bei

Bußakten – 4. Aus Ehrfurcht – 5. In eschatologischen Texten – 6. Kultisches Beweinen einer Gottheit.

Lit.: *T. Collins*, The Physiology of Tears in the OT (CBQ 33, 1971, 18–38. 185–197). – *P. Heinisch*, Die Trauergebräuche bei den Israeliten (BZfr 13, 7/8, 1931). – *Ders.*, Die Totenklage im AT (BZfr 13, 9/10, 1931). – *F.F. Hvidberg*, Weeping and Laughter in the OT. A Study of Canaanite-Israelite Religion, Posthumous Edition in English, 1962 (Überblick in ZAW NF XVI [1939] 150–152). – *H. Jahnow*, Das hebräische Leichenlied (BZAW 36, 1923). – *E. Lipiński*, La Liturgie pénitentielle dans la Bible (Lectio Divina 52, 1969). – *J.L. Palache*, Über das Weinen in der jüd. Religion (ZDMG 70 [1916] 251–256). – *K.H. Rengstorf*, κλαίω, κλαυθμός (ThWNT III 721–725). – *J. Scharbert*, Der Schmerz im AT (BBB 8, 1955, 111f.). – *G. Stählin*, κόπτω. Die Totenklage im AT (ThWNT III 835–840). – *A.J. Wensinck*, Über das Weinen in den monotheistischen Religionen Vorderasiens (Festschr. E.Sachau, 1915, 26–35). – *C. Westermann*, Struktur und Geschichte der Klage im AT (ZAW NF 25, 1954, 44–80).

I. 1. Wie das Weinen ein allgemein menschlicher Akt ist, so findet sich das Verbum בכה in allen semit. Sprachen (im AT ca. 130mal, nur *qal* und [Jer 31,15; Ez 8,14] *pi*). Davon ist je einmal das Subst. *bækœh* (? Esr 10,1), *bākūt* (Gen 35, 8 'Eiche des Weinens'; Kl 3, 51 ist wohl *bākūt* oder *b^ekōt* zu lesen) und 30mal *b^ekî* abgeleitet. Gen 50, 4 ist *b^ekît* Sammelbegriff für Totenklage. – Eine parallele, ebenfalls im Semit. überall bekannte Wurzel ist דמע (Verbum nur Jer 13,17; Sir 12,16; 31 [34],13) mit dem Subst. *dim'āh* 'Träne' (24mal).

2. Ähnlich dem griech. κλαίω und δακρύω, lat. fleo und lacrimo geht בכה von Mund und Stimme, דמע von den Augen aus (Collins 20ff.; Ps 102,10 heißt also nicht 'ich mische meinen Trank mit Tränen', sondern 'unter Weinen'). Natürlich können sich beide verbinden (par.: Jes 16, 9; Jer 8, 23; 13,17; 31,16 ['Stimme/Weinen, Augen/Tränen']; Ez 24,16; Mal 2,13; Ps 126, 5f.; Kl 1, 2.16). דמע(ה) begegnet mehr in lyrischen Texten, bes. Ps, Jer, Kl, im Pentateuch und in den Geschichtsbüchern nur 2 Kön 20, 5. Da בכה '(be)weinen' im weiteren Sinn bedeutet, wird es wesentlich häufiger verwendet und kann neben eine Reihe ähnlicher Ausdrücke treten (s.u. II. 3.). Stilles Weinen liegt den Orientalen bis heute nicht, sehr geneigt aber sind sie zu lautem Weinen und Klagen; daher die häufige Verbindung mit קול (vgl. Collins 37f.). Eine andere, mehr die Erschütterung ausdrückende Steigerung liegt im Adverb 'bitter' (→ מר; Collins 35): Jes 22, 4; 33,7; Jer 31,15; Sir 38,17; vgl. Ez 27, 31. Das Gegenteil ist 'lachen, jubeln', in Antithese zu בכה: Jes 65,19; Mi 1,10; Ps 30, 6; 126, 5f.; Pred 3, 4; Esr 3,13; Bar 4,11. 23.

Collins sucht mit vielen Beispielen zu belegen, daß nach volkstümlicher und poetischer Vorstellung die Quelle der Tränen im Innern des Menschen liege, besonders im Herzen, von wo sie in die Kehle und in die Augen aufsteigen. Psychosomatisch gesehen sei das Weinen ein Ausgießen der körperlichen Lebenskraft.

II. 1. Abgesehen von kleinen Kindern (Ex 2, 6; Weish 7, 3) dient Weinen als Zeichen für die verschiedensten Gemütsbewegungen: In Num 11, 4. 10.13.18. 20 meint בכה das Benehmen des murrenden Volkes, in Ri 14,16f. der erzürnten Frau des Simson. Mehr Rührung und Bangen für die Zukunft als eigentliche Trauer liegt im Weinen der Heimkehrenden Jer 31, 9; 50, 4. Ebenso spiegelt Ps 126, 5f. wohl eine sprichwörtlich gewordene Sorge wider, wenn es heißt: „Die mit Tränen säen, werden mit Jubel ernten." Ob dahinter kultisches Beweinen einer Vegetationsgottheit steht (Hvidberg 133f.), ist ungewiß; jedenfalls war sich der nachexilische Dichter eines solchen Hintergrunds längst nicht mehr bewußt. Sogar bei der unerwarteten Freude des Wiedersehens stellt sich Weinen ein: Jakob: Gen 29,11; 33, 4; Josef: Gen 42, 24; 43, 30; 45, 2; 46, 29; 50,17; ferner Tobia: 7, 6f.; 11, 9. 13.

2. Meistens aber ist Weinen Ausdruck seelischen Schmerzes – freilich gibt es auch Weinen von Heuchlern: Jer 41, 6; Sir 12,16 –, z.B. die gekränkte Hanna 1 Sam 1,7. 8.10; in Kriegsnot: 1 Sam 11, 4; 30, 4; über kommendes oder schon eingetretenes Unheil: 2 Kön 8,11f.; Jes 15, 3. 5; 22, 4; 33,7; Jer 8, 23; 9, 9; 13,17; 14,17; 48, 5. 32 = Jes 16, 9; Mi 1,10 (vgl. S.J. Schwantes, VT 14, 1964, 455); Kl 1, 2.16; 3, 51; beim Abschiednehmen: 1 Sam 20, 41; 2 Sam 3,16; Ruth 1, 9. 14; Tob 5, 18.23; David auf der Flucht: 2 Sam 15, 23. 30; das Volk im Exil: Ps 137,1; Bar 1, 5; 4,11. 23; über den Tempel: Esr 3,12; aus Leid und Mitleid: Hi 2,12; 16,16; 30, 25. 31; Pred 4,1; aus Angst: Esth 8, 3; Tob 7,16; die klagende Rahel: Jer 31,15; über Gesetzesverächter: Ps 119,136. Dazu kommt vor allem Weinen beim Tod nahestehender Personen: Gen 23, 2; 35, 8; 37, 34f.; 50,1. 3; Num 20, 29; Deut 34, 8; 2 Sam 13, 36; 19, 2; Jer 8, 23.

3. Bei Heimsuchungen und Leiden privater und öffentlicher Natur bildete das Weinen oft nur ein Teilstück aus festgeprägten Trauerriten. Solche werden – zusammen mit Weinen – aufgezählt: Jes 15, 2–5; 22,12; Ez 24, 22f.; Jo 2,12f.; Esth 4,1–3. Darunter war ein Sonderfall die bei sehr vielen Völkern der Antike gepflegte Totenklage (→ אבל, ספד; ThWNT III 835–838). Da die Riten mit den üblichen Zeichen der Betrübnis weitgehend übereinstimmen, ist eine magische Wirkung für oder gegen die Toten – wenigstens im AT – nicht wahrscheinlich. Ein fester Bestandteil der Klage war das Beweinen durch Verwandte und Bekannte. Hierfür gab es berufsmäßige Klagemänner (Am 5,16f.; Pred

Index der deutschen Stichwörter

and I Lieferung 6/7 (Spalte 641-896)

THEOLOGISCHES WÖRTERBUCH ZUM ALTEN TESTAMENT

In Verbindung mit
George W. Anderson, Henri Cazelles,
David N. Freedman,
Shemarjahu Talmon und Gerhard Wallis
herausgegeben von
G. Johannes Botterweck und Helmer Ringgren

wk

VERLAG W. KOHLHAMMER GMBH
STUTTGART · BERLIN · KÖLN · MAINZ

Inhalt von Band I, Lieferung 6/7

Band I wird etwa 9 Lieferungen umfassen. Der Subskriptionspreis für jede Lieferung von vier Bogen beträgt DM 16,—. Einzellieferungen werden nicht abgegeben.
Hörern der an diesem Werk beteiligten Verfasser wird bei Vorlage eines vom Autor unterzeichneten Hörerscheins ein Nachlaß von 20% auf den Ladenpreis gewährt. Die Ermäßigung gilt nur für die bis dahin erschienenen Teile des Werkes und den gerade im Erscheinen begriffenen Band. Der Hörernachweis muß für die erste Lieferung jedes weiter erscheinenden Bandes ggf. neu erbracht werden.

Verlagsort Stuttgart. Umschlag: hace. Gesamtherstellung W. Kohlhammer GmbH. Grafischer Großbetrieb Stuttgart 1972. Printed in Germany. ISBN 3-17-071205-5

12, 5; 2 Chr 35, 25) und ganz besonders Klagefrauen (2 Sam 1, 24; Jer 9,16.19; 49, 3; Ez 32,16; Ps 78, 64; Hi 27,15). Speziell wieder mit dem Ausdruck Weinen werden solche Totenklagen erwähnt: 2 Sam 1,11f.; 3, 32–34; Jer 22,10; 1 Makk 9, 20; Sir 38,16f. Jährlich wiederholte Totenbeweinung scheint man um die Tochter Jephtas und um König Josia begangen zu haben (Ri 11, 40; 2 Chr 35, 25). Doch stellt sich bei der Jephtatochter, die ihre Jungfrauschaft beweint, das kaum noch lösbare Problem, wieweit hier eventuell ursprünglich ein anderes Beweinungsmotiv (Hochzeitsbrauch?, Kultbrauch?) vorgelegen hat, das durch das Opfer Jephtas 'historisiert' wurde. Je formeller die Beweinung durchgeführt wurde, desto eher muß man die innere Teilnahme anzweifeln; für gewöhnlich wird sie aber nicht gefehlt haben (vgl. Sir 38,16–23). Aus der volkstümlichen Totenklage entwickelte sich bei den Schriftpropheten die dichterische Übertragung auf ganze Völker (speziell 'weinen': Jer 9, 9.16f.; Ez 27, 31). Der Zweck ist hier nicht Tröstung, sondern Erschütterung.

III. 1. Das allgemein menschliche Weinen ist religiös kaum von Bedeutung. Theologisch wichtiger und von der Totenklage völlig verschieden ist die 'Notklage'. In seiner Bedrängnis weint der Mensch vor Gott (Deut 1, 45; 2 Kön 20, 3 = Jes 38, 3; 2 Kön 22,19 = 2 Chr 34, 27; Tob 3,1), um dadurch das Bitten zu verstärken und das Mitleid Gottes zu erregen (Jes 30,19; Ps 6,7–9; 39,13; 56, 9; Sir 35,17–21). Er weiß sich von ihm abhängig, kennt seine eigene Hilfsbedürftigkeit und erhofft sich Gnade vor dem strengen und doch barmherzigen Richter (→ אבל). Auf das Weinen der Heimkehrenden folgt denn auch die Tröstung durch Gott (Jer 31, 9). Heimweh und Gottvertrauen liegen in den Tränen des Einsamen: Ps 42, 4; Hi 16, 20. Solch demütige Haltung ist ferner in der bekannten Gattung der individuellen Klage vorausgesetzt, auch wenn das Wort Weinen nicht vorkommt. Im Dankgebet wird bestätigt: „Er bewahrte meine Augen vor den Tränen“ (Ps 116, 8). Sehr eigenartig ist die Erzählung 2 Sam 12,15–23: Solange das kranke Kind noch lebt, fastet und weint David, um Gott umzustimmen; aber nachdem der Knabe gestorben ist, läßt er von den Buß- und Trauerhandlungen ab. Die profane Totenklage ist hier übergangen und von der Notklage verdrängt. Man darf daraus aber nicht eine allgemeine Änderung der Praxis folgern.

2. Ganz ähnlich begegnet Weinen auch in der kollektiven Volksklage, wieder bei drohender oder bereits vorliegender öffentlicher Not: Ri 20, 23. 26; 21, 2; Weinen und Fasten Sach 7, 3; Bar 1, 5; 1 Makk 7, 36; 2 Makk 11, 6; 13,12; Ps 80, 6 ('Tränenbrot'); Kl 2,18. Ihr Sitz im Leben ist meistens eine gottesdienstliche Versammlung. Gemeinsames kultisches Weinen ist auch angedeutet in Num 25, 6; Ri 2, 4 (mit einer Ätiologie des Namens Bochim); die Israeliten weinen aus Reue und Scham (Jer 3, 21) und zeigen so ihre Bereitschaft zur Umkehr. Das Volk weint, weil Gott die Opfer nicht annimmt: Mal 2,13.

3. Mit allgemeinen Bitt- und Klagegebeten unter Weinen verbindet sich besonders in nachexilischer Zeit das öffentliche Sündenbekenntnis. Bei diesen Bußakten ist Weinen Zeichen des Schuldbewußtseins und der Reue über den verletzten Bund: Esr 10,1; Neh 1, 4; Jo 2,12–17. Kollektives Bußweinen ist typisch biblisch und den griech. Klagetexten ebenso fremd wie das bittende und hoffende Weinen im Gebet (ThWNT III 723).

4. Außer all den Formen der Not- und Bußklage könnte es sogar ein Weinen geben, das lediglich dem Distanzgefühl des kleinen, schwachen Menschen vor Gott entspringt. Es ist das Überwältigtsein vom 'Mysterium tremendum et fascinosum'. Dieses religiöse Motiv ist jedoch im AT kaum bezeugt (? Hos 12, 5; Neh 8, 9), wohl aber in LXX/V Ps 94[95], 6: „Laßt uns weinen vor dem Herrn, unserem Schöpfer“ (ברך verwechselt mit בכה). Übrigens hängt es mit der erhabenen Gottesauffassung zusammen, daß unter den diversen Anthropopathien Gott selbst ein Weinen nie zugeschrieben wird. Als Ausdruck für Schmerzempfindung wird von ihm nur → עצב, → כעס und → נחם ausgesagt (Scharbert 223).

5. Seit dem Aufkommen eschatologischer Erwartungen wird den Gerechten verheißen, daß JHWH die Tränen von jedem Gesicht abwischen wird (Jes 25, 8; vgl. 65,19). Der Apokalyptiker bereitet sich durch Fasten und Weinen auf die Visionen vor (4 Esr 5,13. 20; 6, 35; syrBarApk 9, 2). Beim Nahen des Gerichts wird Weinen sein (syrBarApk 48, 41; 52, 3), und erst recht werden die Sünder am Ort ihrer Qualen weinen (äth Hen 96, 2; 108, 3. 5; slHen 7, 2), was auf die Endgerichtstexte im NT überleitet (ThWNT III 724f.); über 'Heulen und Zähneknirschen' vgl. BZ NF 16, 1972, 121f.).

6. Im heidnischen Kultdrama scheint man das Sterben verschiedener Vegetationsgottheiten beweint zu haben. Die Beweinung des Tammuz vor dem Tempel zu Jerusalem schaut Ezechiel (8,14), was er als Greuel empfindet.

Hauptsächlich Vertreter der sog. Myth and Ritual School glauben, wie oben erwähnt, daß auch Ri 11, 34–40 und Ps 126, 5f. das Weinen ursprünglich auf einen derartigen Brauch zurückgehe, und vermuten hinter vielen Stellen des AT noch leise Spuren hiervon. In synkretistischen Riten könnten auch Israeliten sogar Jahwe als sterbenden und auferstehenden Gott beweint haben, ja selbst im offiziellen Kult könnte ihn der sakrale König dramatisch dargestellt haben (so bes. Widengren und vorsichtiger [vgl. S.136] Hvidberg, mit gründlichem Material über „Kultweinen"). Dazu ist zu sagen, daß hier die Exegese überfordert wird. Die Übertragung fremder Bräuche auf Israel ist methodisch bedenklich und rein hypothetisch. Aber daß der Baalskult von Anfang an die Jahwereligion gefährdete, wissen wir namentlich aus den Scheltreden der Propheten. Ob speziell das Beweinen eines Jahwe/Baal vorkam, bleibt unbekannt.

Lit.: *F.F. Hvidberg* (s.o.). – *M. Noth*, ZThK 47 (1950) = Ges. Stud. z. AT (1957) 188–229. – *H. Ringgren*, Israelitische Religion, 1963. – *W. Schmidt*, ZRGG 15 (1963) 1–13. – *W. v. Soden*, RGG³ I 688f. – *G. Widengren*, Sakrales Königtum, 1955. – *E.M. Yamauchi*, JBL 84 (1965) 283–290; JSS 11 (1966) 10–15.

Hamp

בְּכוֹר בכר, בְּכֹרָה, בִּכּוּרִים

I. Die Wurzel *bkr* – 1. Bedeutung – 2. Ableitungen – II. 1. *bikkūrīm* und 2. *beḵōr(ōt)* (des Viehs) im Gesetz – III. 'Erstgeborener' – 1. Der alte Orient – a) Araber – b) Mesopotamien der Bronzezeit und Randgebiete – c) Ugarit – d) Ägypten – 2. Israel – a) Bezeichnungen für 'Erstgeborener' – b) Der Begriff 'Erstgeborener' – c) Die Stellung des Erstgeborenen nach dem Gesetz – α) Erbrechtlich – β) Kultisch – d) Die Rolle des Erstgeborenen und ihre theologische Bedeutung in den Erzählungen.

Lit.: *A.-G. Barrois*, Manuel d'archéologie biblique II, 1953, 28–30. – *I. Benzinger*, Hebräische Archäologie, ³1927 (Register, S. 416b). – *L. Delekat*, BHHW I 434. – *O. Eißfeldt*, Erstlinge und Zehnten im AT (BWAT 22), 1917. – *J. G. Frazer*, Folklore in the OT I, 1918, 429–566; Abridged Ed., 1923, 172–204. – *T.H. Gaster*, IDB IV 148f. – *E.S. Hartom*, Enṣiqlopedīa miqrā'īt II 123–126; 126–128. – *J. Hempel*, Eine Vorfrage zum Erstgeburtsopfer (ZAW 54, 1936, 311–313). – *J. Henninger*, Zum Erstgeborenenrecht bei den Semiten (Festschr. W. Caskel, 1968, 162–183). – *Y. Kaufmann*, The Religion of Israel; Abridged by M. Greenberg, 1960, 188f. – *J. Klíma*, Untersuchungen zum altbabylonischen Erbrecht, 1940, 15–33. – *V.H. Kooy*, IDB II 270–272. – *F. R. Kraus*, Vom altmesopotamischen Erbrecht (Essays in Oriental Laws of Succession [Studia ... at iura orientis antiqui pertinentia IX], 1969, 1–13[ff.]). – *Ders.*, Erbrechtliche Terminologie im alten Mesopotamien (a.a.O., 18–57). – *W. Michaelis*, πρωτότοκος, πρωτοτοκεῖα (ThWNT VI 872–882). – *J. Morgenstern*, IDB II 270. – *J. Pedersen*, Israel, Its Life and Culture III–IV, 1940, 299–307. 313–322. – *W. R. Smith*, Lectures on the Religion of the Semites ²1907, ³1927, 462–465. – *R. de Vaux*, Das AT und seine Lebensordnungen I, ²1964, 79f. 164f.; II, ²1964, 293–294. – *A. Wendel*, Erstlinge, RGG³ II 609f.

I. 1. Arab. *bkr* bedeutet (in verschiedenen Stämmen) 'früh aufstehen, (etwas) tun' (ähnlich äth.), syr. *bkr pa'el* 'der Erste sein, als erster (etwas) tun', mhebr., targ., christl.-palästin., aram. (ה)בכיר 'Frühregen', dazu noch mhebr. בכיר 'Frühbestellung'. Demgegenüber steht akk. *bukru* 'Sohn' (hauptsächlich poetisch und von Göttern, dagegen sehr selten von Menschen gebraucht). Davon abgeleitet finden sich in verschiedenen Sprachen meist einsilbige Substantive für 'Erstgeborener' (aram. *bakr*, hebr. *beḵōr*, arab. *bikr*, äth. *bakwer*, AHw 137). Im Akk. ist wahrscheinlich damit verwandt *bakkaru*, *bakru* 'junges Kamel, junger Esel' (AHw 97, arab. *bakr*). Diese verschiedenen Ausprägungen weisen darauf hin, daß die im Hebr. zentrale Bedeutung 'Erstgeborener' die ursprüngliche ist. In ihr sind die Vorstellungen 'früh(-ster)' und 'Nachkomme' in gleicher Weise und in fester Verbindung präsent. Diese Grundbedeutung für *bkr* begegnet in allen diesen Sprachen (ausgenommen Akk.), dazu im Allgemeinaram., Ugar. und Südarab.

2. Verbum *pi* 'neue Früchte tragen' (mhebr. 'frühreifen', 'zum erstenmal gebären'), '(rechtlich) als Erstgeborenen behandeln'; *pu* mit ל 'als Erstgeborener JHWH gehören'; *hiph* 'zum erstenmal gebären'; *beḵōrāh* 'Stellung des Erstgeborenen' ('Erstgeborene' heißt *beḵīrāh*); *bekær* 'junges Kamel'; *bikrāh* 'junge Eselin' ('Kamelstute' [KBL³] ist angesichts des Zusammenhangs [Jer 2, 23f.], s. z.T. Ben Jehudas Wörterbuch, 7620b [Anm.] und akk. *bakru* [auch] 'Eselsfüllen' schlecht geraten); *bikkūrāh* 'Frühfrucht'; *bikkūrīm* 'Erstlinge'. Ferner drei oder vier, hauptsächlich benjaminitische Eigennamen.

II. 1. בכורים 'erste Früchte, Erstlinge', ist meist kultisch. Allgemein und unbestimmt: Ex 23, 19; 34, 26; Num 18, 13; 28, 26; Ez 44, 30; Neh 10, 36; 13, 31. Vom Feld, einschließlich Brot: Ex 23, 16; 34, 22; Lev 2, 14; 23, 17. 20; 2 Kön 4. 42. Von Pflanzungen: Num 13, 20 (Trauben); Nah 3, 12 (Feigen); Neh 10, 36. Das Verhältnis der בכורים genannten Erstlinge zu den → ראשית genannten sowie den ראשית בכורים (Ex 23, 19; 34, 26; Ez 44, 30) und ihre spezifische Bedeutung für den Kultus lassen sich bei der weitgehenden Synonymität der Ausdrücke nicht recht klären, zumal ראשית auch 'das Beste' heißen kann (s. GesB s.v.). Im folgenden sind die wenigen hier angeführten Stellen, die nur ראשית verwenden, als solche gekennzeichnet. Nach der Gesetzgebung von Ex 23 und 34 sollen die Erstlinge – wahrscheinlich am zweiten Wallfahrtsfest – ins Heiligtum gebracht werden; was dort mit ihnen geschieht, wird jedoch nicht gesagt. Ähnliches gilt auch für die Gesetzgebung von P (Lev und Num), nur daß hier der Zeitpunkt des Wochenfestes (vgl. Elliger, HAT I/4, 316) und die Verwendung als Abgabe an den Priester genannt werden. Im Deut, wo nur ראשית gebraucht wird (18, 4; 26, 1ff.), ist kein Termin für die Ablieferung im Tempel genannt; in 18, 4 sind die Erstlinge reine Priestersteuer (vgl. Neh 10, 38).

Versuche, eine geschichtliche Entwicklung aus diesen Daten abzulesen, führen zu keinem sicheren Ergebnis.

2. *bekōr(ōt)* 'Erstgeburt' des Viehs (abwechselnd oder in Verbindung mit [רחם] פטר). Sie nimmt im Gesetz in gewisser Weise eine Mittelstellung zwischen den vegetabilischen Erstlingen und den menschlichen Erstgeborenen ein. Die Texte behandeln sie häufig mit diesen zusammen und, soweit angängig, unter demselben Gesichtspunkt. Ex 13, 2.12(f.); 22, 28; 34,19(f.) bestimmt die männliche Erstgeburt des reinen Viehs für Gott; 13,15 befiehlt ausdrücklich ihre Opferung. P gleicht wiederum Ex: die Erstgeburt gehört Gott (Lev 27, 26[f.]; Num [3, 41]; 8,17; 18,15.17f. [Opfer, doch fällt das meiste den Priestern zu]). Unreines Vieh wird ausgelöst; Exodus stellt es dem Eigentümer anheim, einen Esel auszulösen oder durch Brechen des Genicks zu töten. Nach dem Deut hingegen muß der Eigentümer die Erstgeburt im Heiligtum verzehren (12, 6; 14, 23; 15, 19f.); die letztgenannte Stelle erklärt sie für heilig und untersagt jede profane Nutznießung. Deut 18, 4 endlich weist den Priestern die erste (ראשית) Schur des Kleinviehs zu.

III. 1. a) Aus dem bei Henninger ausgebreiteten Material geht mit ziemlicher Sicherheit hervor, daß die vorislamischen Araber eine Bevorzugung des erstgeborenen Sohnes, zumindest erbrechtlich, nicht gekannt haben. Das islamische Recht weiß es nicht anders. Abweichungen von dieser Norm sind in neuerer Zeit für Palästina und Transjordanien gelegentlich registriert worden, jedoch zu selten und zu schwach, um eine Umzeichnung des hier angedeuteten Bildes zu erfordern. Henninger (182) erwägt die Möglichkeit, „daß sich das Erstgeborenenrecht [bei den Semiten] in einer Kultur der Halbnomaden gebildet hat", doch läßt er sich dabei im wesentlichen von allgemeingeschichtlichen Gesichtspunkten leiten.

b) Eine zusammenfassende Studie für Mesopotamien fehlt; die Arbeiten von Klíma und Kraus, auf die altbabyl. Verhältnisse (hier etwa 1800–1600) beschränkt, sind die wichtigsten Beiträge. Ein dem hebr. בכור entsprechendes Wort gibt es nicht. Sum. *ibila* kann 'Erstgeborener, Erbsohn' heißen (dies die älteste Bedeutung), muß es aber nicht (akk. *aplu* ist mit der Bedeutung 'Erstgeborener' oder 'erstgeborener Erbsohn' nicht belegt; vgl. AHw 58; CAD I, II 173–177). Daneben kommt *māru* (bzw. *aḫu*) *rabû* 'großer, ältester Sohn (Bruder)' vor (hebr. Entsprechung z.B. Gen 27, 42), auch zur Bezeichnung eines erbrechtlich bevorzugten Sohnes. Beide Ausdrücke treten auch in Verbindung auf (*aplu rabû*). Ein einheitliches Recht existiert nicht. Die babyl. Gesetzessammlungen enthalten keine einschlägigen Bestimmungen, obwohl sich im Gesetz Hammurapis dazu reichlich Gelegenheit geboten hätte, etwa im Zusammenhang mit § 150 oder 170ff. Jedoch geht aus privatrechtlichen Urkunden hervor, daß, aufs Ganze gesehen, in altbabyl. Zeit der erstgeborene Sohn in Süd- und Mittelbabylonien sich in Erbsachen gewisser Sonderrechte erfreute (s. z.B. M. Schorr, Urkunden des altbabylonischen ... Rechts, 1913, Nr. 20), in Nordbabylonien dagegen nicht. Die Serie *ana ittišu*, eine juristische Formelsammlung aus dem südbabyl. Nippur, trägt dem durch einen eigenen Eintrag Rechnung (6:I:1–8); der Vorzugsanteil des Erstgeborenen heißt hier und anderwärts sumer. *sibta*, akk. *elātu*. Über die nordbabyl. Stadt Sippar lesen wir hingegen in einem altbabyl. Brief, daß, entgegen der möglichen Annahme der Empfängerin, „das Institut des jüngeren und ältesten Erben (*aplūtum ṣeḫertum u rabītum*) in Sippar nicht besteht" (Altbabylonische Briefe I 1964 [F.R. Kraus], Nr. 92:16f.). Aus der Stadt Mari am mittleren Euphrat ist eine Urkunde aus der Hammurapizeit bekannt (ARM VIII 1), welche das Vorrecht des Erstgeborenen ausdrücklich feststellt. Im massyr. Recht ist diese Vorzugsstellung im Gesetz verankert (Gesetze B § 1 = O § 3 [ungefähr 1350–1150]) und findet nach Ausweis einiger Urkunden (z.B. AfO 20, 1963, S. 121f.) in der Praxis auch Beachtung. Desgleichen ist das Erstgeborenenrecht im churritischen Nuzi (15.–14. Jh.) allenthalben in Übung (z.B. E.M. Cassin, L'adoption à Nuzi, 1938, S. 285–288); doch steht es im Belieben des Erblassers, von diesem Rechtsbrauch teilweise oder gar völlig abzugehen (z.B. C.H. Gordon, AnOr 12, 1935, S. 171f. [dazu CAD 21, 140b unten]; E.A. Speiser, JCS 17, 1963, S. 70). Dagegen haben sich im churritisch beeinflußten Alalach (Nordwestsyrien), trotz gegenteiliger Behauptungen, keine Spuren eines Erstgeborenenrechts gefunden.

Die Höhe des Erstgeborenenanteils (normaler Erbteil plus Vorzugsanteil) ist in den verschiedenen Keilschriftrechten nicht einheitlich, doch erhält der Erstgeborene, soweit erkenntlich, meistens doppelt soviel wie jeder nachfolgende Sohn, manchmal etwas weniger (s. Klíma 29–32).

c) Aus dem Leben des Stadtstaates Ugarit in der Mitte oder der zweiten Hälfte des 13. Jh. ist folgendes bekannt. Ein Vater hinterläßt seinen beiden Söhnen eine Erbschaft zu gleichen Teilen, bestimmt aber dem älteren ein Feld als einen zusätzlichen Anteil; das Verhältnis des Ältestenanteils zur Gesamterbschaft ist unbekannt (J. Nougayrol, Ugaritica V, 1968, 10f. [R.S. 17. 36]). Eine andere Erbschaftsurkunde mag an beschädigter Stelle der Sonderstellung des ältesten Sohnes gleichfalls Rechnung getragen haben (ebd. 12 [R.S. 17. 38], Z. 6'; doch vgl. Gen 43, 33). Schließlich besteht die entfernte Möglichkeit, daß eine dritte Urkunde auf die Vorzugsstellung des Erstgeborenen Bezug nimmt (ebd., 173 (R.S. 21. 230], Z. 5); Nougayrol hält das für sicher (S. 174[1]). Was aus den vor 1968 veröffentlichten Rechtsurkunden über den Primat in Ugarit herausgelesen worden ist, entbehrt jeder Grundlage. Zu den Urkunden kommen aus der erzählenden Literatur ein oder zwei Hinweise auf die Ehren- und Vorzugsstellung des erstgeborenen Kindes(!). König *Krt* wirbt bei König *Pbl* um die Hand der „lieblichen *Ḥrj*, des Kindes deines Erstgeborenen" oder vielleicht „deiner Erstgeburt" (*špḥ bkrk*, CTA 14 [I K] IV 144). In einem späteren Kapitel verspricht der Gott El *Krt* reichliche Nachkommenschaft und sagt zum Schluß: *ṣǵrthn 'bkrn* (CTA 15 [III K] III 16), was meist mit 'Ich werde die Jüngste zur Erstgeborenen erklären' übersetzt wird. Sprachlich und sachlich (s. [Nuzi und] Israel) ist das unanfechtbar, aber in den erhaltenen Teilen des Textes findet diese Auslegung keine Stütze; fernliegende Hypothesen (A. van Selms, Marriage and Family Life, 1954, 140f.; J. Gray, The Krt Text in the Literature of R. S., ²1964, 60) verleihen ihr keinen Halt.

d) Über die Stellung des Erstgeborenen in der jüd. Militärkolonie von Elephantine (5. Jh.) ist nichts bekannt. Im hellenist. Ägypten begegnen wir einer Bevorzugung des Erstgeborenen, doch ist vieles noch unklar (P. W. Pestman in Essays on Oriental Laws of Succession, 1969, 65–67. 77).

2. a) Der gewöhnliche Terminus ist בכור; manchmal steht stellvertretend גדול 'Älterer, Ältester' (z.B. Gen 27,1. 42; 44,12). Den Gegensatz zu beiden drücken קטן und צעיר 'Jüngerer, Jüngster' aus. Einmal ist רב und als Gegensatz צעיר gebraucht (Gen 25, 23: archaisierend; vgl. akk. *rabū–ṣeḫru*) (zu פטר [רחם] und ראשית און siehe unter b). Die Chronik bedient sich mehrerer Ausdrücke für die Vorzugsstellung eines nichterstgeborenen Sohnes, und zwar in ausdrücklichem Gegensatz zur Wurzel *bkr*: גבר (1 Chr 5,[1–]2 in Anlehnung an Gen 27, 37); נגיד (daselbst); ראש (1 Chr 26, 10).

b) Im Gesetz von Ex und Num, besonders, wo die menschliche und tierische Erstgeburt zusammen behandelt werden, dazu in Ez 20, 26, wird mehrfach der Ausdruck פטר (רחם) u.ä. 'Durchbruch (des Mutterleibes)' gebraucht. Danach bestimmt sich der Erstgeborene nach der Mutter. Doch konnte diese Auffassung nicht die herrschende werden. Sie liefe nicht nur dem betont patriarchalischen Charakter der israelit. Familie zuwider, sondern sie würde, vor allem bei gleichzeitiger (gelegentlicher) Polygamie, die Idee und den Rechtsbrauch der Primogenitur schwer erschüttern. In Israel gilt die Patriprimogenitur. Der Erstgeborene wird ראשית און 'das Erste der (Zeugungs)-kraft' des Vaters genannt, auch und sogar besonders dort, wo es sich um Polygamie handelt (Gen 49, 3; Deut 21,17; vgl. Ps 78, 51; 105, 36).

c. α) Deut 21,15–17 ermächtigt den Vater, unter Nichtachtung der Geburtsordnung die Vorzugsstellung des Haupterben an einen beliebigen Sohn zu vergeben. Sie heißt 'das Anrecht (משפט) auf den Erstgeborenenteil (*bᵉkōrāh*)', der präzisiert wird als פי שנים „von allem, was sich bei ihm (d.h. dem Erblasser) befindet". Nach einigen Gelehrten, z.B. M. Noth (Die Ursprünge des alten Israel, 1961, 19f.), bedeutet פי שנים 'zwei Drittel', d.h. der Erstgeborene erhält zwei Drittel des gesamten Erbes, alle anderen Söhne teilen sich ins letzte Drittel. Noths Gründe sind erstens der oben (III. 1. b) erwähnte Maritext, der im entsprechenden Falle *šittīn* 'zwei Drittel' hat, und zweitens Sach 13, 8. Doch ist diese Auffassung zurückzuweisen. Zur Maristelle s. G. Boyer, ARM VIII; transcripts . . ., 1958, 182; der Sacharjavers ist sprachlich zu eng interpretiert. In Wirklichkeit heißt פי שנים 'Anteil von Zweien, ein Doppeltes' (vgl. Sir 12, 5). Bei zwei Beteiligten sind das zwei Drittel, bei drei Beteiligten zwei Viertel usw. Diese Deutung wird durch den Vergleich mit Mesopotamien (III. 1. b) gestützt. Ob die im Gesetz vorgesehene Erbteilung nur für bewegliches Gut gilt, während Liegenschaften ungeteilt in der Familie bleiben, wie de Vaux (I 96) annehmen möchte, läßt sich nicht sagen; wahrscheinlich ist es nicht (Deut 25, 5 und Ps 133,1 [siehe H. Gunkel z. St.] haben wohl nicht den Normalfall im Auge). Diesen Sonderanteil und nichts anderes verkauft Esau (Gen 25, 31–34), wie auch in Altbabylonien und in Nuzi Erbteile Gegenstand von Kauf und Verkauf unter Brüdern sind (M. Schorr, a.a.O. 232; E.H. Cassin, a.a.O. 230–233); Esaus Rang und Würde als Erstgeborener werden, wie Kap. 27 zur Genüge zeigt, von dem Handel nicht berührt. Doch bedient sich die Eliaerzählung symbolisch der Sprache des Gesetzes (פי שנים ב), um den Vorrang Elisas (2 Kön 2, 9) vor anderen Propheten (v. 3. 5. 7 und 15) anzuzeigen und zu befestigen.

Bei der hier vertretenen Mehrheitsauffassung von der Höhe des Erstgeborenenerbteils kann die eventuelle Absicht des Gesetzgebers, die landwirtschaftliche Produktionseinheit möglichst zu wahren, höchstens eine untergeordnete Rolle gespielt haben. Vielmehr ist das Gesetz im Grunde nichts als ein Ausdruck der überaus weitverbreiteten Hochschätzung des ersten, und zwar männlichen Kindes. Der Erste ist das Beste. ראשית heißt beides, und in ראשית און schwingt die zweite Bedeutung vernehmlich mit. So nimmt denn בכור den Sinn 'Überragender' (par. עליון, Ps 89, 28) an und dient geradezu zur Bezeichnung des Elativs in st.cstr.-Verbindungen mit מות 'Tod' (Hi 18,13) und דלים 'Arme' (Jes 14, 30).

β) Gott gehört nicht nur das Beste, sondern auch

das Erste. Für den Menschen wäre es vermessen, wenn er etwas genießen würde, ohne zuvor Gott seinen Teil gegeben zu haben. Die Erstgeburt von Mensch und Vieh und die ersten Früchte von Feld und Garten (s. auch Lev 19, 23–25) sind als solche mit einer sakralen Weihe begabt und können daher für den Profangebrauch, wenn überhaupt, nur durch Auslösung (gewöhnlich → פדה), d.h. Substitution oder Loskauf frei werden (Ex 13,13.15; 34, 20; Lev 27, 26f.; Num 3, 44–51; 18,15–17; Deut 14, 23–26); bei der Erstgeburt nicht opferbaren Viehs und bei menschlicher Erstgeburt muß Auslösung erfolgen. (Die andersartige Auffassung Ezechiels, 20, 25f., ist nur aus dem großen Zusammenhang der Rede zu verstehen.) In der Gesetzgebung von Numeri (P) ist dann jedoch das Gebot der Auslösung der menschlichen Erstgeburt mit der Bestallung der Leviten für immer aufgehoben (3,11–13. 40f. 44f.; 8,16–18; Übergangsregelung 3, 46–48).

Der hier gebotenen religionsphänomenologischen Begründung von Gottes Anspruch auf die Erstgeburt stellt Num 3,13; 8,17 (vorbereitet durch Ex 13,15) seine historisierende entgegen: Als Gott auszog, „alle Erstgeburt im Lande Ägypten" (!) zu schlagen, waren ihm alle Erstgeborenen verfallen (vgl. Ex 12,12f. 23); er verschonte zwar die der Israeliten, aber sein Anspruch auf sie ist damit nicht erloschen, sondern nur verwandelt.

d) Bezeugen Zivil- und Sakralrecht eine fest geregelte Stellung des Erstgeborenen, so ist in den Erzählungen alles im Fluß. Die Geschichten von Abel und Kain, Jakob und Esau, Joseph (Juda) und Ruben, Ephraim und Manasse (Moses und Aron, David und seinen Brüdern, Salomo und Adonia) bekunden es und deuten dabei meist auf ein direktes oder indirektes Eingreifen Gottes. Es ist nicht unwahrscheinlich, daß die Patriarchenerzählungen eine Zeit beschreiben wollen, in der der Erstgeborene sich (oft) keiner Sonderstellung erfreute. Frazer (429–433, 481–484, abridged ed. 172–175, 202–204) will Anzeichen einer ursprünglichen Ultimogenitur in Israel finden, doch ist das wenig wahrscheinlich. In ihrer jetzigen Form aber wenden sich die Erzählungen an eine Hörerschaft, für die die Erstgeborenengesetze voll gelten, und die sich daher der Spannung zwischen heiliger Geschichte einerseits und gebotener und gelebter Gegenwart andererseits voll bewußt ist. Die Genesis selbst erstrebt in der Darstellung eine Erhöhung der Spannung, z.B. in der Ephraim- und Manasse-Szene (Kap. 48), und zwar nicht nur aus ästhetischen, sondern mindestens so sehr aus religiösen Gründen: gegenüber der überall spürbaren Tendenz zu institutioneller Verfestigung des Generationswechsels und der Gesellschaftsformung wahrt sie die Freiheit Gottes in der Geschichtsführung. Aus der Mannigfaltigkeit der um Israel – und anfangs wohl auch in Israel – spielenden Vorstellungen und Sitten wählt das AT die der Vorzugsstellung des Erstgeborenen im Recht und im Ritus des täglichen Lebens, hingegen das Prinzip der gleichen Chancen für die großen Linien der Geschichte. Dieses Prinzip ermöglicht eine Geschichtsdarstellung der frühen Zeit, in der es auf ganz natürliche Weise zu gar keiner bleibenden Führungs- oder Vorzugsstellung eines Stammes kommt. Es befähigt die Erzählung, das sich eben konstituierende Israel, das jüngste der Völker, mit der Würde des Erstgeborenen zu begaben: „So spricht JHWH: 'Mein erstgeborener Sohn ist Israel'" (Ex 4, 22; Nachklang Jer 31, 8f.). Es liegt schließlich dem Spruch Jeremias zugrunde, der die Heiligkeit Israels und den Schutz, den diese verleiht, damit erklärt, daß Israel, wiederum gegen alle Geschichtswirklichkeit, das Erste (ראשית) von JHWHs Ertrag ist (2, 3), und daher ihm und ihm allein gehört.

Tsevat

בָּלָה

I. Etymologie – II. Gebrauch und Bedeutung – 1. Physikalisch und physiologisch – 2. Bildlich: a) Zerfall des Kosmos; b) Vergänglichkeit des Menschen – 3. Genießen – 4. Ambivalenz, Analogie zu *kālāh* – III. Theologie – 1. Relevanz nur aus dem Kontext – 2. Gott als hintergründiges Subjekt.

Lit.: *P. Haupt*, Semitic Verbs derived from Particles (AJSL 22, 1905/06, 257–261). – *H. Seesemann*, παλαιός (ThWNT V 714–717).

I. Die Radikale בלה entsprechen einer gemeinsemit. Wurzel (vgl. UT 19. 474; AHw 121). Außerhalb des Hebr. ist sie als Verb und Nomen im Akk., in den späteren Stadien des Babyl. und Assyr. belegt im Sinn von „erlöschen, vergehen, Zustand des Nichtseins" (vgl. CAD 2, 63. 70f. 74f.; AHw 100.121; UT 19. 474). Kurzformen (nach Haupt 259: der etymologische Ursprung des Verbs) bzw. deren sekundäre Erweiterungen kommen als Negationen, (negative) Präpositionen und Konjunktionen im ganzen semit. Sprachraum vor. Zur engeren etymol. Verwandtschaft gehören im Hebr. בל, בלי, בלתי, oft mit ב, ל, מן (vgl. KBL s.v.; UT 19. 466 [Lit.]; für Qumran: J.A. Fitzmyer, The Genesis Apocryphon of Qumran Cave I [Biblica et Orientalia 18 A], Rom [2]1971, 95f.). Doch kommt ihnen kaum semantische oder theologische Relevanz für die Verb- und Nomenformen der Bibel zu. → בליעל ist etymologisch nicht gesichert und jedenfalls semantisch verselbständigt; בלי־מה (בלימה) ist zwar Job 26,7 parallel zu תהו, aber wahrscheinlich als Präposition mit Pronomen zu werten. Auch sie scheiden also hier aus.

II. 1. Im ältesten Vorkommen bezeichnet בלה als Verb wie als Adjektiv den Zustand von Gegenständen des täglichen Gebrauchs, die durch Zeit und Gebrauch abgenützt, „brüchig" geworden sind, durch Ausbesserung notdürftig dem Gebrauch erhalten werden müssen: מבקעים ומצררים (Jos 9, 4); מטלאות (Jos 9, 5); התבקעו (Jos 9,13). Weinschläuche, Satteltaschen, Kleider, Schuhe sind auf den ersten Blick als alt (Gegensatz: חדשים Jos 9,13) und kaum noch brauchbar zu erkennen (Jos 9, 4. 5.13). LXX übersetzen hier wie auch sonst regelmäßig mit Formen von παλαιόω. Jer 38,11f. meint das Substantiv *בלוים bzw. *בלואים 'Lumpen, zerrissene Kleider'.
Das Ausbleiben der natürlichen Abnutzung während der vierzig Wüstenjahre gilt darum als Beweis der besonderen Führung Gottes (Deut 8, 4; vgl. LXX οὐ κατετρίβη ἀπὸ σοῦ; nur B weniger genau: οὐκ ἐπαλαιώθη; s. auch Deut 29, 4 und das freie Zitat Neh 9, 21). Gen 18,12 wendet Sara den nach Gunkel (Genesis 198) „derben Ausdruck" בלה auf sich als alte, verblühte Frau an (vgl. „und mein Herr ist alt" Gen 18,12b; zu beachten ist die sorgfältige Unterscheidung von → זקן = πρεσβύτερος 11a. 12b; LXX haben das בלתי nicht als Infinitiv gelesen, wohl aber Aquila μετὰ τὸ κατατριβῆναί με sowie Symmachus μετὰ τὸ παλαιωθῆναί με ; vgl. Skinner, Genesis [ICC] 301f.). Ez 23, 43 ist wohl eine durch ausschweifendes Leben verbrauchte Frau gemeint (LXX verstehen לבלה als negative Fragepartikel und Suffix: οὐκ ἐν τούτοις ...).
לענתו für Verfolgungen des Davididen 2 Sam 7,10 ist 1 Chr 17, 9 mit לבלתי ersetzt. Eine entsprechende aram. Form steht in ähnlichem Sinn Dan 7, 25 יבלא (LXX κατατρίψει, Theodotion παλαιώσει).
2. a) Die Feinde sind ohnmächtig und hinfällig, wenn Gott sich ihnen entgegenstellt. Im dritten Knecht-Gottes-Lied dürfte dafür erstmals das Bild vom zerfallenden Kleid und – parallel – vom Mottenfraß verwendet sein: Jes 50, 9 כלם כבגד יבלו. Mit parallelen Wendungen ausgeweitet ist das Bild in den – vielleicht nachexilischen – Variationen, die im heutigen Kontext folgen: der Himmel verflüchtigt sich wie Rauch, die Erde zerfällt wie ein Kleid (והארץ כבגד תבלה), ihre Bewohner sterben wie Mücken, nur Gottes Heil ist unerschüttert (Jes 51, 6; 51, 8 steht der Mottenfraß allein; vgl. Westermann, ATD 19,187–191). Ähnlich Ps 102, 27: gegenüber Gottes Beständigkeit sind Himmel und Erde wie ein Kleid vergänglich und ohne Umstände auswechselbar. – Wie die meisten antiken Versionen Hi 14,12 lesen – nicht aber LXX –, würden die Toten erwachen, wenn der Himmel vergeht (בלתי), d.h. nie, weil er nach der Voraussetzung nicht vergeht.
b) In Klageliedern und weisheitlichen Texten wird בלה – auch ohne das Bild des Kleides – für die äußerste Not des Beters verwendet: die Knochen sind geschwunden (Ps 32, 3 בלו עצמי, LXX: ἐπαλαιώθη τὰ ὀστᾶ μου) oder zerschlagen, während Fleisch und Haut schwinden (Kl 3, 4 בלה בשרי ועורי שבר עצמותי. Vgl. dazu – allerdings kritisch äußerst schwierig – Ps 49,15). Die allgemeinste derartige Aussage ist die wahrscheinlich späteste: Sir 14,17: „Alles Fleisch vergeht wie ein Kleid", nur das Sterben ist ewiges Gesetz (כל הבשר כבגד יבלה וחוק עולם גוע יגועו).
3. Gegen alle diese Bedeutungen stehen ein oder zwei Belege. Jes 65, 22 ומעשה ידיהם יבלו בחירי „und meine Erwählten werden selbst das Erzeugnis ihrer Hände genießen"; ähnlich geht Hi 21,13 die Klage über die Bösen: יבלו בטוב ימיהם „sie werden im Glück ihre Tage genießen". Kontext und Parallelismus ergeben eindeutig einen positiven Sinn: „genießen" (KBL), „selbst gebrauchen", „nicht von anderen um den Erfolg gebracht werden". LXX haben dies nicht erkannt. Jes 65, 22 versuchen sie es mit dem gewöhnlichen παλαιώσουσιν; Hi 21,13 lesen sie auf Grund einer häufigen Unsicherheit יכלו statt יבלו. Vgl. ein ähnliches Schwanken Jes 10, 25: für תבלית haben mehrere Handschriften תכלית wie Ps 139, 22 und Hi 28, 3 (von כלה).
4. Semantisch scheint בלה ambivalent zwischen einem positiven und einem negativen Extrem zu stehen, ähnlich wie כלה. Vielleicht hat sogar das äußerst häufige כלה auf das äußerst seltene und erst in späterer Zeit – mit theologischem Nebenton – gelegentlich wiederaufgenommene בלה abgefärbt. Dies mag sich gewählter ausnehmen und anscheinend poetisch angesehener sein und deswegen stärkeren theologischen Signalwert besitzen. Vielleicht ist hier die Erklärung für die auffallende Tatsache zu suchen, daß LXX in allen klaren Fällen für Formen von בלה Formen von παλαιόω benützen (einzige Ausnahme: Deut 29, 4[5], vielleicht durch die Vorstellung der zerrissenen Schuhe nahegelegt oder der Abwechslung wegen gewählt: κατετρίβη); παλαιόω fehlt dagegen unter den mehr als dreißig verschiedenen Entsprechungen für die verschiedenen Formen von כלה. Es scheint, daß LXX vor dem seltenen Wort in Verlegenheit waren und – vielleicht im Gefolge eines Präzedenzfalls, etwa Jos 9 – es mechanisch immer gleich und folglich matt übersetzten.

III. 1. Die ältesten, einzigen vordeuteronomischen Belege (Jos 9, 4. 5.13; Gen 18,12) sind in sich „natürlich", „profan", von theologischer Bedeutung nur im Blick auf bestimmte Tatsachen im Leben und in der Geschichte Israels. Jos 9, 4. 5. 13 haben ein ätiologisches Ziel (vgl. Jos 9, 27. 21. 24). – Gen 18,12 geht es um Sein oder Nichtsein des Volkes, um die Verläßlichkeit der Verheißungen. Deut 8, 4 und 29, 4 ist durch den wunderbaren Vorgang im Wüstenzug und den paränetischen bzw. rezitativ-liturgischen Zusammenhang (vgl. N. Lohfink, Das Hauptgebot, AnBibl 20, 62. 191; E. W. Nicholson, Deuteronomy and Tradition, Oxford 1967, 21) die theologische Färbung intensiviert, aber doch wohl ohne bewußten Bezug auf Jos 9.

Es fehlt alles Handwerkliche und Technische: der Vorgang ist „selbstverständlich", unvermeidbar (Jos 9; Gen 18,12), deswegen das Gegenteil ganz von Gott bewirkt (Deut 8, 4; 29, 4), nicht von Menschen beeinflußbar.

2. Vielleicht haben der frühe, kaum von theologischen Absichten bestimmte Gebrauch von בלה in einem Kontext, der es immerhin mit der Führung Gottes zu tun hatte, und mögliche mythische Vorstellungen im Hinter- und Untergrund (vgl. Gilg XI 244–255, z.B. ANET³ 96a) dem in der Bibel viel später auftretenden Bild vom zerfallenden Kleid (vgl. R. Eisler, Weltenmantel und Himmelszelt 1, 1910, 51ff.) die Beliebtheit zunächst in prophetischem Zusammenhang gesichert. Jes 65, 22 und Hi 21,13 mögen einen an sich häufigen, vielleicht etwas verblaßten Gedanken über die erwartete Heilszeit bewußt radikalisieren (vgl. Am 5,11; Mi 6,15; Deut 28, 30–33; Jes 52, 8f.) bzw. der alten Klage über das unerklärliche Glück der Bösen neue Farbe geben und die Heilszeit evokativ als Werk der Macht Gottes erscheinen lassen und an das in der Heilsvergangenheit Begonnene binden. Auf jeden Fall ist nicht einzusehen, wie das Verständnis von בלה als bloßer „Wertminderung oder Wertvernichtung" Jes 65, 22 und Hi 21,13 gerecht werden kann (Seesemann 714, 21).

Auch die Intensiv-Formen mit transitivem Sinn und menschlichem handelnden Subjekt könnten dieser theologischen Einfärbung, die בלה anscheinend erhalten hat, zu verdanken sein. Die unheilvollen Vorgänge sind schließlich nicht der Menschen Werk. Gott steht hinter ihnen, ungesehen, aber geglaubt, um sie zu verhindern (1 Chr 17, 9) oder sie – apokalyptisch – zu relativieren als die Ereignisse der letzten Zeit, die der großen Wende unmittelbar vorausgehen (Dan 7, 25).

Gamberoni

בְּלִיַּעַל

I. Etymologie, Belege – II. 1. Als Ausdruck für die Chaosmächte – 2. In juristischem Kontext – 3. In Verbindung mit dem König – 4. In Verbindung mit kultischen Mißbräuchen – III. Spätjüdischer Gebrauch.

Lit.: *W. v. Baudissin*, The Original Meaning of 'Belial' (ExpT 9, 1897/98, 40–45). – *G.R. Driver*, Hebrew Notes (ZAW 52, 1934, 51–56). – *K. Galling*, Belial (RGG³ I 1025–1026). – *J.E. Hogg*, Belial in the Old Testament (AJSL 44, 1927/28, 56–58). – *P. Joüon*, בליעל Bélial (Bibl 5, 1924, 178–183). – *H. Kosmala*, The Three Nets of Belial (ASTI 4, 1965, 91–113). – *V. Maag*, Beljja'al im Alten Testament (ThZ 21, 1965, 287–299). – *N. Nicolsky*, Spuren magischer Formeln in den Psalmen (BZAW 46), 1927. – *J. Pedersen*, Israel I–II, Kopenhagen 1926. – *T. Stenhouse*, Baal and Belial (ZAW 33, 1913, 295–305). – *D. Winton Thomas*, בליעל in the Old Testament (Biblical and Patristic Studies in Memory of R.P. Casey, 1963, 11–19).

Speziallit. zu III.: *W. Bousset*, Die Religion des Judentums (HNT 21), ³1926. – *H. W. Huppenbauer*, Belial in den Qumrantexten (ThZ 15, 1959, 81–89). – *B. Noack*, Satanás und Sotería, Kopenhagen 1948. – *P. v. d. Osten-Sacken*, Gott und Belial (SUNT 6), 1969.

I. Die Etymologie ist unsicher und umstritten, und die antiken Versionen helfen nur im allgemeinen zur Abgrenzung der Bedeutungssphäre des Wortes, nicht zur Aufhellung der etymologischen Frage (Übersicht über die Übersetzungen und Umschreibungen bei Hogg 56f. und Thomas 11f.). Die Versuche, das Wort etymologisch zu erklären, fallen in drei Hauptgruppen: a) seinem Ursprunge nach eine mythologische Bezeichnung oder von einem mythologischen Namen abgeleitet; b) ein ursprünglich hebr. „Kunstwort", von der Negation בלי + einem positiven Begriff (meistens durch eine Verbalform ausgedrückt) gebildet; c) von einer Wurzel → בלע abgeleitet (Übersicht über die meisten Deutungen bei Thomas 15–19).

a) Durch bewußte Metathese und Zufügung von einem Diminutiv-*lamed*, aus → בעל entwickelt (Stenhouse 299f.; Maag, SchThU 20, 1950, 38f. denkt an *Ba'al-jam*). Von בעל + יעל „Herr der Geißböcke" als ein Name für Asasel gebildet (Nicolsky 86). Eine Ableitung von dem Namen der akk. Göttin Belili. Diese Göttin sei eine Unterweltgottheit, weshalb die hebr. Ableitung als Bezeichnung der Unterwelt gälte (Cheyne, ExpT 8, 1896f., 423f. und EncBibl 1, 1899, 525–527; vgl. die umfassende Diskussion ExpT 8, 1896f. und 9, 1897f. zwischen Cheyne, v. Baudissin, Hommel und Jensen). Diese Auffassung ist sicher falsch, weil der Charakter Belilis als Unterweltgottheit äußerst zweifelhaft ist (vgl. WbMyth I 67f.; A. Falkenstein, Festschr. W. Caskel, Leiden 1968, 96–110).

b) Von der rabbinischen, später von Hieronymus übernommenen Deutung: בלי + על „Joch", so daß das Wort solche bezeichnen soll, die das Joch Gottes abwerfen (s. Moore, Judges, 1895, 419; vgl. Thomas 15), ist man abgekommen. Dafür haben besonders zwei andere Auffassungen Beliebtheit gefunden: בלי + eine Form von der Wurzel עלה „aufsteigen", entweder in der Bedeutung „was nicht aufsteigt", d.h. „nicht Erfolg hat", also „Heillosigkeit" o.ä. (Baudissin 44; vgl. KBL³ 128), oder in der Bedeutung „(die Stelle, wovon) man nicht aufsteigt" (oder „die nicht aufsteigen läßt") und ähnliche Erklärungen, die sich auf das Totenreich beziehen, und mit dem akk. Ausdruck *māt (erṣet) lā tāri*, „das Land ohne Rückkehr" zu verbinden sind (nach Cheyne, a.a.O., als volksetymologische Umdeutungen der „mythologischen" Ableitung; vgl. Nicolsky 85, CAD 4, 308, und Cross-Freedman, JBL 72, 1953, 22). Die meisten modernen Forscher gehen jedoch von der Verbindung בלי + einer Form von der Wurzel יעל aus, deren Sinn „nützen, helfen" (nur *hiph*) ist. Im Worte בליעל wird das letzte Glied dann meistens als *qal* oder als ein Nomen aufgefaßt (beide Formen unbezeugt), und die Bedeutung wird „Unnützlichkeit", „negatives Handeln", „Nichtigkeit" u.ä. (so die neueren hebr. Wörterbücher, Pedersen 431f., 539 und viele andere). Diese Auffassungen werden gestützt durch ähnliche hebr. Bildungen (בלי־דעת und בלי־שם; Baudissin 44) und durch den ugar. Ausdruck *blmlk*, „Nicht-König" (Galling 1025).
c) Vom Arabischen aus werden verschiedene Bedeutungen von der Wurzel → בלע angenommen: III בלע (KBL³) hat Verbindung zum arab. *balaġa* und bedeutet entweder „verwirren" (Driver 52f.) oder „schaden" (Guillaume, JThS 13, 1962, 321); בליעל bedeutet demnach mit einem afformativen *-l* entweder „Verwirrung" oder „Schädigung" (vielleicht „Schädling", s. Maag 287). Andere bleiben bei der gewöhnlichen Bedeutung von בלע, „verschlingen", so daß בליעל entweder „Zerstörung" (Burney, Hebr. Text of Kings, Oxford 1903, 246f.), „(verschlingender) Abgrund" = Scheol (Thomas 18f.) oder personifiziert „(mythologischer) Feind" (Haldar, Book of Nahum, Uppsala 1946, 33, 114) bedeutet.

Eine eigentliche Lösung des etymologischen Problems gibt es kaum; aber so viel kann gesagt werden: irgendeine für uns undurchschaubare mythologische Bezeichnung oder ein Name ist volksetymologisch „gedeutet" worden als ein negativer Begriff mit vorangesetztem בלי. Die Doppelheit, die בליעל durch diese Entwicklung erhält, muß festgehalten werden: konkret-persönlich und abstrakt-begrifflich. Viele unterstreichen zu stark das Abstrakte („Unnützlichkeit" usw.); andere heben das Persönliche hervor: Belijaʿal ist eine Teufelsgestalt (Joüon; eig. „ein [Wesen] ohne Wert"), ein Fürst des Totenreiches (Nicolsky 85) oder ein „Götze" (Galling 1025). Die eine Seite darf aber nicht auf Kosten der anderen betont werden. Das Wort bleibt im folgenden unübersetzt.

Ob in der häufigen Anwendung der Zusammensetzung „Söhne Belials" eine Erinnerung an mythologische Vorstellungen liegt (Stenhouse 299), ist schwer zu sagen. Eher haben wir nur die gewöhnliche hebr. Verbindung von בן mit einem Begriff, um ein Zugehörigkeitsverhältnis anzugeben (s. parallele Ausdrücke wie בני עולה, „Söhne der Schlechtigkeit" u.a. bei Baudissin 42f.). Von da aus sind dann die anderen Verbindungen איש בליעל, דבר בליעל usw. gebildet. Nur 3mal hat das Wort den Artikel (1 Sam 25, 25; 2 Sam 16, 7; 1 Kön 21, 13 – s. Baudissin 42, Joüon 180). Das Wort kommt 27mal vor, weit überwiegend im dtr Geschichtswerk (15mal), bei den Propheten nur 2mal. In den Psalmen 3mal, im Tetrateuch nicht.

II. 1. Die Bestätigung der Annahme, daß בליעל irgendeine mythologische Bezeichnung ist oder mindestens eine mythologische Unterschicht hat, wird oft in Ps 18, 5 (= 2 Sam 22, 5) und Ps 41, 9 gesucht. An den ersteren Stellen wird der König in Todesgefahr als von נחלי בליעל, „Strömen *beliјaʿals*" bedroht dargestellt. בליעל steht hier parallel mit → מות und → שאול in einer Reihe mythologischer Bilder. Die „Ströme *belijaʿals*" haben deutlich Unterwelt-Qualität und repräsentieren sowohl den Tod als auch die Chaoswasser, da nach hebr. Auffassung Totenreich und Chaostiefe identisch sind (Pedersen 463f.; Ph. Reymond, L'eau, sa vie, et sa signification dans l'A.T., VTS 6, Leiden 1958, 212–214). Ganz ähnlich Ps 41, 9: die Feinde wünschen דבר־בליעל, „eine *belijaʿal*-Sache" über den Leidenden (Parallelbegriffe: → שוא, → און und → רעה). Ob damit Krankheit oder Tod gemeint ist, ist einerlei; beide sind Ausdrücke der Macht Scheols (Pedersen 466–470; vgl. Mowinckel, Psalmenstudien I, 1921, 18f.). Hat בליעל demnach eine Verbindung zu Tod und Chaos, wird es verständlich, daß man das Wort allgemeiner benutzt für alles, was von den Chaosmächten herstammt, und das ist eben für den Israeliten alles, was gottes- und gesellschaftsfeindlich ist. Maag betont mit Recht (294), daß בליעל primär in Zusammenhängen vorkommt, wo es um Zerstörung der Ordnungen des Soziallebens geht, obwohl er zu abstrakt בליעל als „das Urböse" auffaßt (295. 298).

2. Vom Obengesagten her kann es nicht wundernehmen, daß das Wort בליעל in rein juristischen Zusammenhängen vorkommt; von der Aufrechterhaltung des Gesetzes ist das Bestehen der Gesellschaft abhängig. Verschiedene Verbrecher werden Ri 19, 22; 20, 13 (die homosexuellen in

Gibea) und 1 Kön 21,10.13 (die Meineidigen im Naboth-Prozeß) als אנשים בני־בליעל, „Männer, die *b^{e}līja'al*-Söhne sind" bezeichnet (an letzter Stelle 2mal, das letzte Mal אנשי הבליעל; über das syntaktische Problem Ri 19, 22 s. Moore, Judges, 1895, 419). In beiden Fällen werden grundsätzliche Gesellschaftsordnungen verletzt. Auf juristischem Hintergrund muß auch Spr 19, 28 verstanden werden: עד בליעל יליץ משפט „der *b^{e}līja'al*-Zeuge spottet das Recht" (im Parallelvers → רשעים und → און). Ebenso Deut 15, 9, wo Vernachlässigung der Pflichten gegen die Armen als דבר ... בליעל, „eine Sache, die *b^{e}līja'al* ist" gestempelt wird. Endlich wird בליעל an ein paar Stellen abgeschwächt verwendet, von Personen, die gesellschaftsfeindlich eingestellt sind: 1 Sam 25,17. 25 wird Nabal als בן־בליעל und איש הבליעל beschrieben. Sicher ist nicht nur an seine Torheit, sondern auch an seine „Gemeinschaftsunfähigkeit" gedacht (Maag 290f.). Ebenso werden die neidischen Soldaten 1 Sam 30, 22 als כל־איש־רע ובליעל „böse und belialische Männer" (zur Konstruktion Joüon 181f.) bezeichnet.

3. Personen, die das Königtum – eine der tragenden Institutionen der Gesellschaft – untergraben, sind בני בליעל oder איש בליעל: 1 Sam 10, 27 (die Gegner Sauls), 2 Sam 20,1 (der Aufrührer Seba) und 2 Chr 13,7 (Jerobeams Anhänger, die auch als 'haltlos', רקים, bezeichnet werden). Umgekehrt nennt der Aufrührer Simei David einen „Blut-Mann und *b^{e}līja'al*-Mann" (איש הדמים ואיש הבליעל 2 Sam 16,7). Wie unerhört dies ist, wird aus Hi 34,18 ersichtlich: nur Gott ist es gestattet, den König בליעל und die Edelleute → רשע zu heißen. Hier schimmert das Königsideal durch; ein König, der בליעל ist, ist eigentlich eine Unmöglichkeit. In einem der at.lichen „Fürstenspiegel", Ps 101, 3, sagt sich der König von jeder דבר־בליעל, „*b^{e}līja'al*-Sache" frei. Und in dem ähnlichen Gedicht, das als „Davids letzte Worte" überliefert ist (2 Sam 23,1–7), wird als Gegenbild zum gerechten König בליעל aufgestellt (v. 6). Die Hervorhebung von → צדקה „Gerechtigkeit" im letztgenannten Text ist charakteristisch. Dieser Begriff ist „gesellschaftsbezogen", bezeichnet die Eigenschaft, die die Aufrechterhaltung der Gesellschaft bedingt, die von בליעל angegriffen wird (s. Pedersen 338–345). Der feindliche König dagegen, der JHWH und sein Volk angreift, ist nach israelitischer Auffassung ein Werkzeug der Chaosmächte, ja, oft mit diesen Mächten identisch. Deshalb kann auch der assyr. König Nah 1,11 als יעץ בליעל „einer, der *b^{e}līja'al*-Pläne macht" beschrieben werden (im Parallelvers: חשב רעה, „Unglück ersinnen"). Nah 2,1 heißt er (בן) בליעל „*b^{e}līja'al*-Sohn" (MT nur בליעל, aber בן wohl durch Haplographie weggefallen; s. Horst, HAT 14,158).

4. Auch das kultische Leben gehört zu den gesellschaftlichen Ordnungen, die von בליעל bedroht werden können (Maag 294). Aber das Wort wird in solchen Verbindungen seltener gebraucht: die Eli-Söhne sind בני בליעל, „die JHWH nicht kennen", d.h. die auf die kultischen Regeln der JHWH-Verehrung nicht achten (1 Sam 2,12). Hanna fürchtet sich, als eine בת־בליעל „*b^{e}līja'al*-Tochter" angesehen zu werden, als Eli glaubt, sie sei betrunken im Gotteshaus (1 Sam 1,16). Diejenigen, die Israel zur kultischen Hauptsünde, der Verehrung fremder Götzen, verführen, sind אנשים בני־בליעל (Deut 13,14). Besonders interessant sind aber ein paar Stellen, die vielleicht auch hierher gehören: Spr 6,12 heißt es vom איש און „dem Schademann", er sei ein אדם בליעל „ein *b^{e}līja'al*-Mensch", der mit merkwürdigen Gebärden seine Umgebungen betrügt. Nach Mowinckel (Psalmenstudien I, 1921, 24f.) sind diese Gebärden „magische" oder „machtwirkende" Zeichen, derer sich der *'āwæn*-Täter, der Zauberer, bedient. Hierdurch mißbraucht er die kultischen Machtmittel. Eine ähnliche Bedeutung hat vielleicht die unklare Stelle Spr 16, 27: „Ein איש בליעל gräbt Unglück" (vgl. 26, 27).

III. Übergangsglied vom at.lichen zum spätjüd. Gebrauch bilden vor allem die Qumran-Loblieder. Hier finden wir viele Anklänge an die at.lichen Ausdrücke (יועץ בליעל, נחלי בליעל u.a., oft in Verbindung mit den Wurzeln → זמם „Ränke schmieden", oder → חשב „ersinnen"; s. Kuhn, Konkordanz, 1960, 33 und Huppenbauer 81–84). Typischer für diese Epoche ist aber der personifizierte Gebrauch des Wortes in den anderen Qumrantexten und in den Pseudepigraphen. „Belial" oder „Beliar" (so außerhalb der Qumrantexte) ist hier mit Satan identisch (vgl. 2 Kor 6,15). Er ist in der dualistischen Qumran-Theologie der Fürst dieser Welt, der Anführer der Söhne der Finsternis im Kriege gegen die Söhne des Lichtes und der Verführer (Huppenbauer 84–89; v.d. Osten-Sacken 73–78; 116–120 u.a.). In den Pseudepigraphen (vor allem MartJes und XIIPatr) ist Beliar in erster Linie der Verführer, der durch seine Geister den Menschen zur Sünde verleitet und den sündigen Menschen beherrscht (Bousset 334f.; Noack 31–34; 44–49).

Otzen

בלל → בָּבֶל

בלע בָּלַע בֶּלַע

I. Etymologie, Bedeutung – II. Der at.liche Sprachgebrauch – III. Das speziell Theologische.

Lit.: *J. Barth*, Beiträge zur Erklärung des Jesaja, 1885, 4f. – *S. R. Driver*, Hebrew Notes (ZAW 52, 1934, 52). – *H. Guillaume*, A Note on the √בלע, (JThS 13, 1962, 320ff.).

I. Die Etymologie von בלע ist insofern nicht ganz eindeutig geklärt, als keine Einigkeit darüber besteht, ob die at.lichen Belege von einer (BDB), von zwei (Driver, Guillaume) oder sogar von drei Wurzeln (Barth, KBL) hergeleitet und verstanden werden müssen. Sicher ist in den meisten Fällen die Ableitung von der Wurzel בלע 'verschlingen', die auch im nachbibl. Hebr. und im Aram. belegt und analog auch in den übrigen semit. Sprachen nachgewiesen ist (s. KBL 129). Von daher ist die Grundbedeutung 'hinunterschlucken' bzw. 'verschlingen', eigentlich 'mit dem Mund schnappen und durch die Speiseröhre hinunterschlingen', deutlich sinnverwandt mit אכל 'essen', für בלע etymologisch gesichert.

Die auf einige Belegstellen gestützte Annahme einer zweiten mit dem arab. *balaġa* (Grundbedeutung = 'erreichen, gelangen') verwandten Wurzel vermag nicht recht zu überzeugen, denn die davon einerseits abgeleitete Bedeutung 'schlagen, peinigen, quälen' (Driver, Guillaume) ist den in Frage kommenden at.lichen Stellen (2 Sam 17,16; Jes 3,12; 9,15; 19,3; 28,7; Ps 35,25; 52,6; 55,10; 107,27; Hi 2,3; 10,8; 37,20; Pred 10,12) keineswegs notwendig zugrunde zu legen, und die andere Bedeutung 'mitteilen' (KBL) wird für 2 Sam 17,16 vom Kontext her ausgeschlossen, für Hi 37,20, wo der Text sowieso schwierig ist, durchaus nicht zwingend nahegelegt (Spr 19,28 cj. יביע).

Schon gar nicht scheint die Voraussetzung einer dritten mit בלה oder בלל verwandten Wurzel in der Bedeutung 'verwirren' (Barth, KBL) gerechtfertigt, da dafür jegliche Grundlage fehlt und ein solcher Sinn an den entsprechenden Stellen nicht erforderlich ist. So muß eigentlich die Annahme einer zweiten und dritten Wurzel entfallen.

II. Von בלע sind im AT das Verbum im *qal*, *niph*, *pi*, *pu* und *hitp* und das Subst. belegt.

Der Grundstamm bezeichnet ein Verschlingen von irgend etwas (ursprünglich von etwas Eßbarem). So charakterisiert בלע das gierige und schnelle, andern zuvorkommende Verschlingen eines begehrenswerten Leckerbissens (Jes 28,4: Frühfeige) oder eines knapp gewordenen Nahrungsmittels (Hos 8,7: Korn). Die Bedeutung eines verschwindenlassenden Verschlingens weist es bei einigen mirakulösen Vorgängen auf: sieben dünne Ähren verschlingen sieben dicke (Gen 41,7. 24), der Stab Arons verschlingt die anderen Zauberstäbe (Ex 7,12), Jahwes Rechte die Erde (Ex 15,12), ein Fisch den Propheten Jona (Jona 2,1).

Im übertragenen Sinn wird בלע vor allem mit Menschen als Objekt gebraucht, wobei es besonders ihr plötzliches Verschwindenlassen bzw. ihr Beseitigen zum Ausdruck bringt, so daß sie an ihrem Ort nicht mehr aufzufinden sind. Die Schar Korahs wird vom Erdboden verschlungen (Num 16,30. 32. 34; 26,10; Deut 11,6; Ps 106,17), Israel von seinen Feinden (Hos 8,8; Ps 124,3), die Bewohnerschaft Jerusalems von Nebukadnezar (Jer 51,34), der Fromme (lebendig) von den Sündern (Spr 1,12).

Zugleich ist בלע bildhafter Ausdruck für ein Überwältigen des Menschen, wenn gesagt wird, daß der in äußerste Not Geratene von der Tiefe verschlungen wird (Ps 69,16) oder wenn die vom Wein Trunkenen als vom Wein Verschlungene (נבלעו מן־היין), also Benommene apostrophiert werden (Jes 28,7). Auch kennzeichnet בלע in bildhaft übertragener Bedeutung ein Ansichreißen und Verschwindenlassen von errafftem Hab und Gut (Hi 20,15. 18).

In den übrigen Stämmen (Intensivstämmen) bringt בלע im übertragenen Sinn stärker eine zerstörende Wirkung zum Ausdruck. Sie wird aber graduell unterschiedlich akzentuiert, je nachdem ob der Vorgang des Aufzehrens oder Verzehrens oder schon der Schlußpunkt, die Vernichtung anvisiert wird.

So kann בלע die Feinde Israels in der Ptz.-Form als seine Verderber umschreiben (Jes 49,19) und in verschiedener Abstufung ein entwurzelndes Wegreißen (Hi 8,18 des Gottlosen), ein ins Verderben Stürzen, bzw. lebensbedrohendes Zugrunderichten (Jes 9,15 der von Verführten Geleiteten; Ps 35,25 des Beters durch die Feinde; Kl 2,16 der Tochter Jerusalem durch Feinde; Pred 10,12 des Toren durch seine Lippen; Hi 2,3; 10,8 Hiobs durch JHWH, s. auch 37,20: vielleicht soll ihm, d.h. JHWH, mitgeteilt werden, daß er reden soll, wenn einer sagt, daß er zugrunde gerichtet wird), ein vergewaltigendes Ansichreißen (Hab 1,13 des Gerechten durch den Frevler) oder aber ein auslöschendes Vernichten (2 Sam 17,16 Davids und seiner Leute durch Absaloms Leute; Ps 21,10 der Feinde durch JHWH). Es kennzeichnet ebenso das Vergeuden eines Schatzes (Spr 21,20), das Ausreißen einer Zunge (Ps 55,10), das Vernichten eines Erbes (2 Sam 20,19f.), das Verwüsten eines Landes (Kl 2,2. 5. 8) wie das Zerstören einer gewiesenen Verhaltensordnung (Jes 3,12), das Vereiteln eines Planes (Jes 19,3), das Zunichtemachen menschlicher Weisheit (Ps 107,27, *hitp*: sich als zunichte gemacht erweisen) und das Zerreißen einer Hülle (Jes 25,7) und die Vernichtung des Todes (Jes 25,8).

בלע begegnet dann noch im Zusammenhang einer gebräuchlichen, auch im Arab. belegten

Redensart עד־בלעי רקי (Hi 7,19) bzw. כבלע (Num 4, 20) = 'nur für einen Augenblick'.
Das Subst. schließlich, das nur 2mal belegt ist, weist jeweils eine der beiden Hauptnuancen von בלע auf, indem es das Verschlungene (Jer 51, 44 vom Bel zu Babel) und das Verderben (Ps 52, 6 דברי־בלע) ausdrückt.

III. Es fällt auf, daß בלע vor allem in solchen Zusammenhängen zu finden ist, in denen von der Beseitigung und Vernichtung eines grundlos Angefeindeten, eines Unschuldigen, eines Gerechten oder eines frommen Beters die Rede ist. Dabei kann es sich einmal um das bösartige Bestreben äußerer Feinde gegen Israel handeln, das hier in der Rolle des Hilflosen bzw. ungerecht Behandelten auftritt. Die Feinde wollen Israels Verderben (Jes 49,19), sie stehen gegen das Volk auf, um es zu verschlingen (Ps 124, 3), das frevlerische Ägypten fällt über Israel und die Nationen wie ein gieriger Völkerfischer her (Hab 1,13), und Nebukadnezar raubt die Bewohner Jerusalems wie ein unersättliches Ungeheuer und läßt das Land leer zurück (Jer 51, 34).
Oder es geht um den Feind von innen, der dem einzelnen Frommen und Gerechten nachstellt, um den Frevler und Sünder, der Worte des Verderbens liebt (Ps 52, 6) und nach des Frommen Leben und Schätzen trachtet (Spr 1,12), ja sogar um JHWH selbst, der wie im Fall Hiobs seinem gerechten Knecht alles bis auf das Leben nimmt (Hi 2, 3; 10, 8; 37, 20).
בלע gibt sich aber zugleich als Ausdruck eines strafenden Einschreitens und Gerichtshandelns JHWHs zu erkennen. Ist dies in Hos 8, 8 in dem Verschlungenwerden Israels durch seine Feinde nur indirekt angedeutet, so wird es im Blick auf den Untergang Judas und Jerusalems in Kl 2, 2. 5. 8 deutlich ausgesprochen: in seinem Zorn hat JHWH wie ein Feind Juda, sein Land und seine Bauten verwüstet. Auch daß die Schar Korahs vom Erdboden verschlungen wird (Num 16, 30ff.; 26,10; Deut 11, 6; Ps 106,17), wird ausdrücklich als strafende Antwort JHWHs interpretiert. Ebenso ist aber das Vertilgen der Feinde JHWHs (Ps 21,10), das Wegreißen der verleumderischen Zunge der Frevler (Ps 55,10) und das Vereiteln des Planes Ägyptens (Jes 19, 3) im Sinne eines Gerichtshandelns JHWHs zu verstehen. Ausdruck von JHWHs Heilshandeln ist בלע dort, wo das Verschlungenwerden der Erde durch JHWHs Rechte offenbar auf die wunderbare Vernichtung der Ägypter und Rettung Israels am Schilfmeer anspielt (Ex 15,12), und zum andern, wo die Heraufführung der eschatologischen Heilszeit als Zerreißen der die Völker bedeckenden und sie haltenden Hülle und Überwindung des Todes konkretisiert wird (Jes 25,7. 8).

Schüpphaus

בָּמָה

I. 1. Etymologie, Belege – 2. Bedeutung – II. 1. Die Lage – 2. Die archäologischen Zeugnisse – 3. Aussehen und Ausstattung – III. Die religiös-theologische Bedeutung – 1. Legitime oder illegitime Kultstätte – 2. Die Verbindung mit dem Totenkult.

Lit.: *W.F. Albright*, The High Place in Ancient Palestine (VTS 4, 1957, 242–258). – *R. Brinker*, The Influence of Sanctuaries in Early Israel, Manchester 1946. – *D. Conrad*, Studien zum Altargesetz Ex 20: 24–26 (Diss. theol. Marburg) 1968. – *O. Eißfeldt*, Hesekiel Kap. 16 als Geschichtsquelle (JPOS 16, 1936, 286–292 = KlSchr II 101–106). – *G. Fohrer*, Geschichte der israelitischen Religion, 1969. – *C.C. McCown*, Hebrew High Places and Cult Remains (JBL 69, 1950, 205–219). – *T. Oestreicher*, Reichstempel und Ortsheiligtümer in Israel (BFChTh 33,3), 1930. – *H. Ringgren*, Israelitische Religion, 1963. – *K.-D. Schunck*, Zentralheiligtum, Grenzheiligtum und Höhenheiligtum in Israel (Numen 18, 1971, 132–140). – *A. Schwarzenbach*, Die geographische Terminologie im Hebräischen des AT, 1954. – *R. de Vaux*, Das AT und seine Lebensordnungen II, 1962. – *L.H. Vincent*, La notion biblique du haut-lieu (RB 55, 1948, 245–278. 438–445). – *S. Yeivin*, The High-Place at Gibeon (Revue de l'histoire juive en Égypte 1, 1947, 143–147).

I. 1. Das Wort במה, das vielleicht präsemit. Ursprungs ist, geht wahrscheinlich auf die Form **bahmat(u)* zurück (Albright 245. 256). In geringer Abwandlung ist diese in fast allen semit. Sprachen belegt (akk. *bāntu*, *bāmtu*, pl. *bāmāti* [AHw 101]; ugar. *bmt* [WUS 50]; arab. *buhmat*). Im Hebr. war neben der Schreibung *bāmāh* auch *bômāh* gebräuchlich (1 QJs[a]), worin sich Dialektunterschiede widerspiegeln dürften; die Meša'-Inschrift bietet הבמת (KAI 181,3).
2. Das akk. Parallelwort hat die Bedeutung „Rücken", „Leibesmitte" (eines Tieres), aber auch „Grat", „Höhe" (im Gelände); ebenso bezeichnet das ugar. *bmt* den „Rücken" oder „Rumpf" eines Tieres. Im AT finden sich dementsprechend: a) Die Grundbedeutung „Rükken", und zwar vom Menschen (Deut 33, 29) oder im übertragenen Sinn von den Wolken (Jes 14,14; Hi 9, 8 l. *'āb* mit MSS, vgl. G. Fohrer, KAT XVI 195) gebraucht. b) Danebenstehend die Bedeutung „Bergrücken", „Anhöhe" (Deut 32,13; 2 Sam 1,19. 25; Am 4,13; Mi 1, 3; 3,12; Jes 58,14; Ps 18, 34). c) Die etwa 80mal im AT belegte Hauptbedeutung „Kulthöhe", „Kultstätte" (1 Sam 9,12; 1 Kön 11,7; 2 Chr 33,17; Jer 48, 35), die das Wort *bāmāh* von der topographischen Erhebung auf die mit dieser vielfach verbundene kultische Anlage überträgt, zugleich aber auch der die Umgebung überragenden Form der Kultstätte Rechnung trägt (vgl. die Namenserklärung Ez 20, 28f. sowie u. II. 1.). d) Ebenfalls von der Erscheinungsform im Gelände ausgehend, die Bedeutung „Grabhügel"

(Jes 53, 9 l. *bōmātô* mit 1 QJs[a]; vgl. Albright 244–246, ähnlich B. Duhm, Das Buch Jesaja, [5]1968, 402; Hi 27,15 l. *bāmōt*, vgl. S. Iwry, JBL 76, 1957, 225–232). Wie Funde im Negeb Palästinas, auf der Sinaihalbinsel und in Süd-Arabien zeigen, war es bereits seit dem 4. Jh. v. Chr. üblich, über dem Grab eines Toten nach einem genauen Plan Steine aufzubauen, die eine deutliche Erhebung im Gelände markierten (vgl. Jos 7, 26; 8, 29; 2 Sam 18,17). Die Doppelbedeutung von arab. *buhmat* = „Felsblock" und „Heiligengrab" (vgl. E. W. Lane, An Arabic-English Lexicon I 268c) knüpft an diese Bedeutung von *bāmāh* an und bestätigt diese rückblickend. e) Die spezielle Bedeutung „Stele" (Meša'-Inschrift, KAI 181, 3; vgl. dazu Albright 248, ferner Lev 26, 30 LXX; Num 21, 28 LXX; 33, 52 LXX), wobei neben der Erscheinung des Hochragens die häufige Verbindung von Stelen mit Kultstätten (vgl. II. 3.) diese Bedeutung veranlaßt haben dürfte.

II. 1. Für die Anlage einer *bāmāh* = „Kultstätte" wurde schon in vorisraelit. Zeit eine natürliche Anhöhe bevorzugt (Num 21, 28); ebenso waren die *bāmōt* der Nachbarvölker Israels überwiegend auf Höhen errichtet (Jer 48, 35; Jes 15, 2). Es verwundert daher nicht, daß auch die *bāmōt* der Israeliten, die in vielen Fällen bereits von den Kanaanäern übernommen wurden, meistens auf Anhöhen lagen. So steigt Samuel aus der Ortschaft zur nahen *bāmāh* hinauf bzw. von dieser wieder zum Dorf hinunter (1 Sam 9,13f. 19. 25), und so soll Saul einer Prophetenschar begegnen, die von einer *bāmāh* herabkommen wird (1 Sam 10, 5). Nach 1 Kön 11,7; 2 Kön 23,13 erbaute Salomo auf dem östlich von Jerusalem gelegenen Ölberg Kultstätten für die Götter Kamos und Milkom, und in 1 Kön 14, 23; 2 Kön 16, 4; 2 Chr 28, 4 werden der Kult auf den *bāmōt* und der Kult auf den Hügeln nebeneinandergestellt.

Darüber hinaus kannte Israel aber auch *bāmōt*, die gerade in Tälern oder Schluchten lagen. So gab es im Tal Ben-Hinnom von Jerusalem eine Kultstätte des Tophet (Jer 7, 31; 19, 5f.; 32, 35), und nach Ez 6, 3 verkündet JHWH den Schluchten und Tälern ebenso wie den Bergen und Hügeln, daß er ihre *bāmōt* zerstören werde.

Abgesehen von diesen, an besondere Gegebenheiten des Geländes um eine Ortschaft anknüpfenden Kultstätten gab es jedoch auch noch *bāmōt*, die innerhalb einer Siedlung angelegt waren (1 Kön 13, 32; 2 Kön 17, 9. 29; 23, 5. 8; 2 Chr 21,11 LXX; 28, 25). Diese Kultstätten waren im allgemeinen gewiß künstlich errichtet, wie Ausgrabungsergebnisse zeigen (s. u. II. 2.) und die häufige Verbindung mit der Aussage vom „Bauen" bzw. „Niederreißen" nahelegt (1 Kön 13, 32; 2 Kön 17, 9; 23, 8).

Wie die beiden zuletzt angeführten Gruppen erkennen lassen, umschreibt die oft gebrauchte Übersetzung „Höhenheiligtum" die Anlage der *bāmāh* nicht hinreichend; am besten erfaßt wohl „kleine Erhebung zu kultischem Gebrauch" (de Vaux) bzw. „Kultstätte", „Kultplatz" den Sachverhalt. Aus allen Belegstellen wird zugleich deutlich, daß im allgemeinen bereits seit der vorstaatlichen Zeit Israels jede Ortschaft eine eigene *bāmāh* besessen haben dürfte.

2. Die verschiedenen Möglichkeiten für die Lage und Bauform einer *bāmāh* werden durch archäologische Untersuchungen bestätigt und näher erläutert. So wurde auf *tell el-mutesellim* (Megiddo) eine ovale Plattform von etwa 8 bis 10 m Breite ausgegraben, die aus unbehauenen Steinen bestand und mit einer Treppe zum Besteigen versehen war. Die noch bis zu einer Höhe von 1,25 m erhaltene Anlage diente in Form eines großen Rundaltars offenbar für Opferzwecke und ist seit der Mitte des 3. Jt. v. Chr. mehrere Jahrhunderte hindurch benutzt worden. In naharija bei Haifa legte man einen ähnlichen annähernd kreisförmigen Steinhaufen von etwa 6 m Durchmesser frei, der aus dem Anfang des 2. Jt. v. Chr. stammen dürfte, und auf *tell waḳḳāṣ* (Hazor) kam eine analoge Plattform in einem Heiligtum des 13. Jh. v. Chr. zutage.

Zu diesen Zeugen treten zwei tumuli, die auf einem Bergkamm südwestlich von Jerusalem, bei *malḥah*, ausgegraben wurden und in das 8.–7. Jh. v. Chr. zu datieren sind. Bei einem Durchmesser von etwa 25 m bestehen sie aus einer Anhäufung von Steinen und Erde, die auf ausgebauten Stufen zu besteigen war und von einer polygonen Mauer umgeben wurde. Überreste einer Kammer bzw. eines Grabes unter der Steinhäufung fanden sich nicht, so daß es sich auch hier um eine Kultstätte gehandelt haben muß. Schließlich können zur Verdeutlichung der Anlage einer *bāmāh* auch noch die Überreste der nabatäischen „Höhenheiligtümer" von Petra dienen, die zweifellos auf kanaanäische und israelitische Vorbilder bzw. kultische Gebräuche zurückgehen (vgl. Albright 257). Dagegen dürften die Stelenreihen, die auf *tell ǧezer* (Geser) und auf *tell waḳḳāṣ* (Hazor) entdeckt wurden, auf einen charakteristischen Bestandteil der *bāmāh* hinweisen, die *maṣṣēbāh* (s. u. II. 3.).

3. Ihrem Charakter als Kultstätte entsprechend, wies jede *bāmāh* als wichtigsten Bestandteil einen Altar für die Opferdarbringung auf (2 Kön 21, 3; 2 Chr 14, 2; Ez 6, 6). Dieser war entweder gesondert aus Steinen aufgebaut (2 Kön 23,15 LXX; 2 Chr 34, 3f.) oder wurde durch die künstlich errichtete *bāmāh* selbst gebildet. Möglicherweise erklärt sich von hier aus auch das griech. Wort βωμός = „Plattform", „Altar", das das kanaan.-israelit. Wort במה aufzunehmen scheint (Albright, Die Religion Israels, 1956, 225f.; Ringgren 161).

Neben dem Altar waren wesentlichste Bestandteile der במה ein hölzerner Pfahl = → אשרה (*'ᵃšērāh*) und eine oder mehrere steinerne Säulen = → מצבה (*maṣṣēbāh*) (1 Kön 14, 23; 2 Kön 18, 4; 23,13f.; 2 Chr 14, 2); dazu konnten gelegentlich als bildhaft-plastische Gestaltung der *maṣṣēbāh* auch noch ein oder mehrere steinerne Bilder = פסיל (*pāsīl*) treten (2 Chr 33,19; 34, 3. 7; Ri 3,19. 26?; Hazor-Heiligtum). Wurde durch die *'ᵃšērāh*, die gelegentlich auch ein lebender Baum sein konnte (Mi 5,13), die Fruchtbarkeitsgöttin symbolisiert, so verband sich mit den *maṣṣēbōt* offenbar eine doppelte Vorstellung: Sie galten einerseits in einer Vielzahl von Fällen, von der kanaan. Religion herkommend, als Symbol der männlichen Gottheit (2 Kön 3, 2), andererseits dienten sie aber auch als Gedenksäule für einen Verstorbenen, d.h. als Begräbnisstele (Gen 35, 20; 2 Sam 18,18 sowie Ez 43,7, wo פגר mit D.Neiman, JBL 67, 1948, 55–60 in Analogie zu Lev 26, 30 und ugar. *pgr* in der Bedeutung von מצבה steht, und die Stelenreihen von Geser und Hazor). Für beide Auffassungen dürfte die Vorstellung, daß die *maṣṣēbāh* eine Gedenkstele ist, die Zeugnischarakter trägt, der Ausgangspunkt sein; wie die *maṣṣēbāh* Andenken an eine göttliche Offenbarung und Zeichen göttlicher Gegenwart ist, so ist sie auch Zeuge für einen Verstorbenen. Von eben diesem Gedanken her finden dann auch die verschiedentlich in den *bāmōt* aufgestellten *pᵉsīlīm* ihre Deutung, wenn diese eine bildhafte Weiterbildung der *maṣṣēbōt* sind.

Einen weiteren wichtigen Bestandteil der *bāmōt* stellten neben kleineren kultischen Geräten wie Libationsschalen und Wasserbecken für kultische Waschungen, Ephod und Teraphim noch die Räucheraltäre (*ḥammānîm*) dar (Lev 26, 30; 2 Chr 14, 4; 34, 4.7; Ez 6, 4. 6; dazu Hos 4,13); sie waren aus Stein oder Ton gebildet und wurden vielfach auf dem großen Altar aufgestellt (2 Chr 34, 4).

Schließlich wies wohl jede *bāmāh* ein Zelt oder einen kleineren oder größeren überdachten Raum für die Einnahme der Opfermahlzeiten sowie auch die Aufbewahrung der kultischen Geräte auf (vgl. Ez 16,16; 1 Sam 9, 22; ebenso weist auch 1 Kön 3, 5 mit der Aussage von einem nächtlichen Traum Salomos auf der *bāmāh* auf ein zur *bāmāh* hinzugehöriges Gebäude hin). 1 Sam 9, 22 bezeichnet diesen Raum, der etwa dreißig Menschen Platz bot, als לשכה = „Halle"; doch dürfte das nur eine im Einzelfall gewählte genauere Umschreibung des allgemeineren Ausdrucks בית (בתי) במות (1 Kön 12, 31; 13, 32; 2 Kön 17, 29. 32; 23,19) sein. Gegen Albright 248. 253, der בית במות als Bezeichnung für „Stelentempel" deutet, ist somit festzustellen, daß die במות prinzipiell immer offene, unter freiem Himmel errichtete Kultstätten waren (vgl. dazu auch 1 Kön 14, 23; 2 Kön 16, 4; 17, 10), in denen das בית nur eine Teilfläche einnahm.

III. 1. Im kanaan. Kultus stellte die *bāmāh* neben dem Tempelgebäude eine vollgültige und voll anerkannte Form der Kultstätte dar (vgl. Num 33, 52). Diese positive Wertung wurde auch von Israel zusammen mit der Übernahme der zahlreichen kanaan. *bāmōt* nach der Landnahme zunächst beibehalten, wobei natürlich Voraussetzung war, daß die jeweilige *bāmāh* nunmehr dem JHWH-Kultus als kultische Stätte diente. So übernahm Israel die הבמה הגדולה von Gibeon nicht nur von den nichtisraelitischen Gibeoniten als legitime Kultstätte, sondern räumte dieser unter König Saul höchstwahrscheinlich sogar den Rang eines Reichsheiligtums bzw. Zentralheiligtums ein (vgl. K.-D. Schunck, Benjamin, BZAW 86, 1963, 134–137). Dementsprechend brachte noch König Salomo hier nach seinem Regierungsantritt ein großes Opfer für JHWH dar und erfuhr hier auch eine JHWH-Offenbarung (1 Kön 3, 4f.). In gleicher Weise gilt es auch für Samuel als selbstverständlich, daß er auf der במה seines Heimatortes an einem Opfermahl teilnimmt und hierzu auch noch den von JHWH erwählten Saul einlädt (1 Sam 9, 16–24).

Auch nach der Errichtung des Tempels (היכל) in Jerusalem, der als Zentralheiligtum die Tradition des היכל von Silo fortsetzt, sowie nach der Einrichtung eines eigenen Zentralheiligtums des Nordreiches Israel in Samaria und sog. Grenzheiligtümer in den Teilreichen Israel und Juda bleiben die *bāmōt* vollwertige Kultstätten. Diese Wertung wird im Gebiet des Nordreiches Israel selbst durch den Verlust der staatlichen Unabhängigkeit nicht verändert (vgl. 2 Kön 17, 32), während sie im Südreich Juda von König Josia endgültig aufgehoben wird (vgl. 2 Kön 23, 8f.). Da sowohl das Zentralheiligtum in Samaria als auch der Tempel in Jerusalem zeitweise für fremde Götter bzw. deren Bilder und Kulte beansprucht wurden (vgl. 2 Kön 10,18–27; 21,7), haben die *bāmōt*, die über das ganze Land verteilt waren, trotz ihrer Neigung zu einem synkretistischen Kult für Jahrhunderte in erster Linie die JHWH-Religion getragen.

Die heute im AT vorherrschende Abwertung der *bāmōt* geht auf die prophetische Kritik an der Einrichtung dieser Kultstätten und der Art des dort ausgeübten Kultus sowie auf die dtr Bewegung zur Zentralisation des Kultus auf Jerusalem zurück. Die Propheten erkannten die große Gefahr einer synkretistischen Betrachtungsweise und Kultausübung, die durch das Vorhandensein von *'ᵃšērāh* und *maṣṣēbāh* neben dem JHWH-Altar nahegelegt wurden. Wurden durch die *'ᵃšērāh* alte kanaan. Fruchtbarkeitsriten mit unsittlichen Bräuchen am Leben erhalten, so verführte die *maṣṣēbāh* leicht zu der

Vorstellung, daß hier die Gottheit selbst – sei es wie früher → Baal oder jetzt JHWH – dargestellt würde. Dazu traten weitere kanaan. Bräuche wie das Kinderopfer, die gerade an diesen aus dem Kanaanäischen übernommenen Kulteinrichtungen weitergeführt wurden (Jer 7, 31; 19, 5f.; 32, 35). So mußte für die Propheten die *bāmāh* als kultische Einrichtung überhaupt zu einer den reinen JHWH-Glauben und -Kult beeinträchtigenden Stätte werden, die abzulehnen war (Am 7, 9; Hos 10, 8; Jer 19, 3–5). Neben diese prophetische Bewertung tritt die wohl von priesterlichen Kreisen Jerusalems vertretene Auffassung, daß es neben dem Tempel von Jerusalem keine weitere Stätte für die Anbetung JHWHs geben könne. Diese Sicht, die auf dem Gesetz Josias und der damit verbundenen Kultzentralisation beruht, wurde erstmals von dem ersten Redaktor des Königsbuches (vgl. A. Jepsen, Die Quellen des Königsbuches, ²1956, 60–76) als Kriterium für das richtige Verhalten des Volkes und der einzelnen Könige des Reiches Juda gegenüber den Forderungen JHWHs angewandt (1 Kön 3, 3; 14, 23; 15, 14; 22, 44; 2 Kön 12, 4; 14, 4; 15, 4. 35a; 16, 4; 18, 4; 21, 3; 23, 5. 8. 13. 15). Das dtr Geschichtswerk weitete unter starkem prophetischen Einfluß dieses Kriterium dann auch noch auf das Nordreich Israel aus (2 Kön 17, 9. 11), während der wohl im 6. Jh. v. Chr. lebende Verfasser von Ps 78 die Illegitimität der *bāmōt* noch bis in die Richterzeit zurückträgt. Im chronistischen Geschichtswerk liegt danach dasselbe Bild wie im Königsbuch vor (2 Chr 14, 2. 4; 15, 17; 17, 6; 20, 33 u.ö.), doch wird hier andererseits die *bāmāh* von Gibeon durch die Verbindung mit dem → אהל מועד noch stärker aufgewertet (2 Chr 1, 3. 13).

2. Trotz Unklarheit in Einzelheiten darf als sicher gelten, daß die *bāmāh* auch mit dem Totenkult in Verbindung stand. Einerseits konnte ein Grabhügel auch als במה bezeichnet werden, andererseits sollten in der במה als Kultstätte aufgestellte Stelen die Erinnerung an hochgestellte Verstorbene bewahren. Während der so benannte Grabhügel keinerlei Abwertung erfährt (Jes 53, 9 l QJsᵃ; Hi 27, 15 cj), unterliegen die Begräbnisstelen der Kultstätte der gleichen Kritik wie diese selbst (Ez 43, 7, wobei פגר = „Stele" bedeutet; vgl. II. 3.).

Der mehrfach als klassischer Text für die Verbindung der *bāmāh* mit dem Totenkult gewerteten Stelle Jes 6, 13 (S. Iwry, JBL 76, 1957, 225–232; Albright 254–255) kommt keine Beweiskraft zu. Eine Beziehung zur *bāmāh* wird zwar durch die Schreibung במה in 1 QJsᵃ angeboten, doch ist dieses Wort mit J. Sawyer, ASTI 3, 1964, 111–113 analog zu Jes 2, 22; Mal 1, 6f.; 3, 7f. als *bamæh* zu lesen und leitet einen Kommentar zum vorhergehenden Gotteswort ein.

Schunck

בֵּן

I. „Sohn" in der Umwelt des AT – 1. Ägypten – 2. Mesopotamien – 3. Ugarit – II. *bēn* in den semit. Sprachen – 1. Vorkommen – 2. Etymologie – III. Bedeutung im AT – IV. Theologische Wertung – 1. Im menschlichen Bereich – 2. Göttliche Sohnschaft – a) Israel als Sohn Gottes – b) Der König – c) Göttersöhne.

Lit.: *G. Cooke*, The Israelite King as Son of God (ZAW 73, 1961, 202–225). – *Ders.*, The Sons of (the) God(s) (ZAW 76, 1964, 22–47). – *F. Dexinger*, Sturz der Göttersöhne oder Engel vor der Sintflut?, Wien 1966. – *H. Donner*, Adoption oder Legitimation? (OrAnt 8, 1969, 87–119). – *O. Eißfeldt*, Sohnespflichten im Alten Orient (Syr 43, 1966, 39–47 = KlSchr IV 264–270). – *F.C. Fensham*, The Son of a Handmaid in Northwest Semitic (VT 19, 1969, 312–321). – *G. Fohrer* (ThWNT VIII 340–354). – *J. de Fraine*, L'aspect religieux de la royauté israélite (AnBibl 3, Rom 1954). – *Ders.*, Adam und seine Nachkommen, 1962. – *W. Hermann*, Die Gottessöhne (ZRGG 12, 1960, 242–251). – *P. Joüon*, Les unions entre les „Fils de Dieu" et les „Filles des hommes" (RScR 29, 1939, 108–114). – *H. Junker*, Zur Erklärung von Gen 6, 1–4 (Bibl 16, 1935, 205–212). – *A. Phillips*, The Interpretation of 2 Samuel XII 5–6 (VT 16, 1966, 242–244). – *J.R. Porter*, Son or Grandson? (JThS 16, 1966, 54–67). – *A. Safran*, La conception juive de l'homme (RThPh 98, 1964, 193–207). – *J. Scharbert*, Traditions- und Redaktionsgeschichte von Gn 6, 1–4 (BZ N.F. 11, 1967, 66–78). – *W.H. Schmidt*, Anthropologische Begriffe im Alten Testament (EvTh 24, 1964, 374–388). – *A. Vaccari*, De Messia „Filio Dei" in Vetere Testamento (VD 15, 1935, 48–55. 77–86). – *J.G. Williams*, The Prophetic „Father". A Brief Explanation of the Term „Sons of the Prophets" (JBL 85, 1966, 344–348).

I. 1. Äg. *sꜣ* heißt sowohl 'Sohn' als auch 'Erbe'. Die Vorstellung, daß der älteste Sohn der Erbe des Vaters ist, ist alt und schon in den Pyr. belegt (1538. 1814). Im MR ist aber die Erbfolge vielfach auf die weibliche Linie übergegangen: es erbt also der Sohn der ältesten Tochter (Erman-Ranke, Ägypten 183). Im allgemeinen gilt der Sohn als Nachfolger seines Vaters. Er ist besonders für den Grabkultus des verstorbenen Vaters verantwortlich: seine Grabschrift instand setzen, ihm an den Festtagen die nötigen Speisen darbringen (Erman-Ranke 184).

Der älteste Sohn wird als *sꜣ śmśw* oder *sꜣ wr* (*wr* 'groß') bezeichnet. Ein besonderer Ausdruck für 'Erstgeborener' ist *sꜣ tpj* (WbÄS III 409, 3). Der König wird gewöhnlich als der Sohn verschiedener Gottheiten (*sꜣ ỉmn* usw.) bezeichnet; durch den Ausdruck *sꜣ.f n ẖt.f*, 'sein leiblicher Sohn' wird die Sohnschaft besonders unterstrichen. Das intime Verhältnis zwischen dem Pharao und dem Gott wird durch die Formel *sꜣ.f mrj.f* 'sein geliebter Sohn' (WbÄS III 409, 5) zum Ausdruck gebracht. *Sꜣ mr.f* 'der Sohn, der

liebt' ist besonders auf Horus als den idealen Sohn angewandt worden. Wichtig ist der Königstitel *sȝ Rʿ* 'Sohn des Re', der seit der 4. Dynastie üblich ist.
Personennamen, die ihren Träger als 'Sohn des (oder der) NN' bezeichnen, sind von der ersten Zwischenzeit sehr gebräuchlich, nehmen aber schon im MR ab (Ranke, PN II 176). Gelegentlich kommt auch ein Ortsname vor: *sȝ P* 'Sohn von Buto' u.ä. (Ranke, PN I 281). Namen, die den Träger als Sohn einer Gottheit bezeichnen, sind im AR undenkbar, werden aber später immer häufiger (Ranke, PN II 226, und ders., Ägypter als Götterkinder, Corolla L. Curtius, 1937, 180ff.). Diese Namen empfehlen den Betreffenden dem besonderen Schutz der Gottheit.
2. Das Akk. hat (außer *bīnu*, s.u. II.1.a) zwei Wörter für 'Sohn': *aplu* (sum. *ibila*; vgl. jedoch A. Falkenstein, Genava N.S. 8, 313), das ursprünglich 'Erbe' bedeutete, und *māru* (vgl. aram. *mārē*, *mārjā'* 'Herr' und arab. *imru'*, *al-mar'u* 'Mann' – sum. *dumu*). Man unterscheidet leibliche Söhne und Töchter, die „eigenes Fleisch (*nu-nu-ne*, *šīršu*) und Blut (*nu-sa-ne*, *dāmūšu*)" sowie 'Same' (*zēru* → זרע) sind, und adoptierte Söhne (RLA III 10). Adoption war ziemlich häufig (David, RLA I 37ff.). 'Erbe' war ursprünglich mit 'Sohn' gleichbedeutend; von der 1. babyl. Dynastie an wird *aplu* 'Erbe' überhaupt, also auch adoptierter Sohn und Seitenerbe.
Bei den Sumerern erbte, wenn kein Sohn vorhanden war, die Tochter (CAD I:2, 176). Später erbten nur die Söhne, und zwar mit gleichen Teilen; gelegentlich wird erwähnt, daß der älteste Sohn einen Vorzugsanteil erhielt (→ בכור). Nur der Sohn war geeignet, den Namen und die Familie des Vaters fortzusetzen (BuA I 394); deshalb wird 'Name' *šumu* manchmal synonym zu 'Sohn'. Folglich ist die Geburt eines Sohns sehr erwünscht und ist „das Herz des Gatten einer Frau betrübt, die bereits Mädchen glücklich geboren hat, aber noch keinen Sohn" (Meissner, BuA I 389f., nach ABRT I 4, 13f.).
Wie hebr. בן bezeichnet auch *māru* Zugehörigkeit zu einer Gruppe oder einem Beruf oder andere Beziehungen, z.B. *mār awīlim* 'Bürger', *mārū bārûm* 'bārū-Priester', *mār ālim* 'Sohn', d.h. 'Bürger einer Stadt', *mār bīti* 'Haussklave', *mār šiprim* 'Sohn der Botschaft', d.h. 'Bote' (AHw 615f.).
Von besonderem Interesse sind die Fälle, wo ein Mensch als Sohn einer Gottheit bezeichnet wird. In Personennamen kommen sowohl *apil* als auch *mār* vor: Apil-Šamaš, Mār-Šamaš (Stamm, Namengebung 260f.). Dadurch wird der Mensch unter den besonderen Schutz des Gottes gestellt. Sehr deutlich ist dies in der Bezeichnung *amēlu mār/apil ilišu* 'der Mensch, Sohn seines Gottes', die sich auf den besonderen Schutzgott des Menschen bezieht (P. Dhorme, La religion assyro-babylonienne, Paris 1910, 198ff.; Seux 159). Im besonderen Sinn ist der König als Sohn der Gottheit bekannt (Belege bei Seux 42. 159f. und für *dumu* 392f.). Verschiedene Gottheiten werden als Vater und Mutter des Königs genannt. Was diese Sohnschaft bedeutet, wird aber nie konkret ausgesagt. Verschiedene Ausdrücke lassen an eine rein physische Geburt oder Zeugung denken; da aber ein und derselbe König als Sohn von mehreren Gottheiten auftritt, hat man wohl die Abstammung nicht allzu buchstäblich genommen (vgl. Å. Sjöberg, RoB 20, 1961, 14–29). R. Labat (Le caractère religieux de la royauté assyro-babylonienne, Paris 1939, 63f.) denkt an eine Art Adoption, aber man muß Sjöberg darin zustimmen, daß so etwas nie ausdrücklich gesagt wird. Sicher ist, daß das Leben des Königs irgendwie einer Gottheit zu verdanken ist.
3. Wie wichtig es ist, einen Sohn als Erben zu bekommen, geht aus mehreren ugar. Texten hervor. Danel hat keinen Sohn, aber erbittet sich einen solchen von El (CTA 17 [II D]). Das ganze Keret-Epos geht um die Beschaffung einer Frau, die Keret einen Sohn gebären kann. Im Aqhat-Text wird mehrmals ein Stück wiederholt, das die Pflichten eines Sohnes beschreibt: er soll für den Vater die Kultpflichten erfüllen, ihn vor Angriff und Verleumdung schützen, ihn im Rausch stützen, sein Dach dicht machen und seine Kleider reinigen (CTA 17 I 27–34. 45ff.; II 1–8. 16–23, s. A. van Selms, Marriage and Family Life in Ugaritic Literature, London 1954, 100ff.; K. Koch, ZA N.F. 24, 1947, 214ff. → אב Sp. 6).

Bergman – Ringgren

II. 1. בן gehört zu den in der hebr. Bibel am häufigsten vorkommenden (KBL³: 4850mal) und für die semit. Kulturwelt charakteristischsten Begriffen. Das Wort ist in den meisten semit. Sprachen belegt.
a) Im Babyl.-Assyr. bedeutet *bīnu(m)*, ausnahmsweise (in jungbabyl. Texten) *būnu*, „Sohn" und ist belegt in altakkad. und jungbabyl. poetischen Texten sowie in neuassyr. Personennamen. Es wird sowohl für Götter als für Menschen gebraucht. In einer jungbabyl. Synonymenliste bedeutet *bīn bīni* „Enkel".
b) Sehr geläufig ist *bn* (Pl. *bnm*) in den phöniz. und pun. Texten (KAI 1,1 [Aḥīrām] 10,1 [Jeḥawmilk] u.ö.); zur Bildung vgl. J. Friedrich/W. Röllig, Phönizisch-Punische Grammatik, Rom ²1970, § 240, 9. Im st.cstr. kann das *n* an den ersten Konsonanten des folgenden Wortes assimiliert werden (KAI 6,1; 7,3; 8). Gelegentlich begegnen die Formen *bl* und *bm* (vgl. Friedrich/Röllig ebd. § 53 und 56b). Die aram. Form *br* findet sich in zwei phöniz. Inschriften von Zincirli (KAI 24,1. 4. 9; 25, 3). Auch in den

phöniz.-pun. Inschriften bedeutet *bn bn* „Enkel“ (KAI 10,1; 14,14; 15; 16; 40, 4; 124,1). Wie im Hebr. (vgl. unten III. 5. 8. 9.) bezeichnet *bn* auch im Phön.-Pun. die Zugehörigkeit, z.B. *bn' ʿm* „das Volk“, *bn 'dm* „die Menschen“, *bn 'lm* „die Götter“, *bn hmlk* „ein königlicher Prinz“, *bt šmnm št* „eine Frau von 80 Jahren“ (Belege in DISO 37), *bn msk jmm* (?) „Sohn einer (geringen) Zahl von Tagen“ (?) (KAI 14, 3. 12f.).

c) Im Ugar. zeigt sich der gleiche Doppelsinn. *bn* (Pl. *bnm*) und *bt* (Pl. *bnt*) bedeuten zunächst „Sohn“ bzw. „Tochter“. Als Zugehörigkeitsbezeichnung dient *bn* für die Bewohner eines Landes oder einer Stadt: *bn ȝgrt* „Bürger von Ugarit“. Weiter sind belegt: *bn 'mt* „Knecht“ und *bt 'mt* „Magd“ (anders UT Glossary Nr. 481 „daughter of a handmaid“), *bn ȝlm mt* „der Gott Môt“, *bn ȝl* und *bn ȝlm* „Götter“, *bn qrjtm* „Stadtbewohner“ und *bn ṯlḥnm* „Tischgenossen“ (vgl. UT Glossary Nr. 481 und WUS 51f.; vgl. aber zu den beiden letzten Stellen G.R. Driver, CML 85). Einmal (CTA 22 = [Rp III] B 3) findet sich in Ugarit *bn bn* „Enkel“.

d) In aram. Texten wird für „Sohn“ meistens das Wort בר benützt, Pl. בנין. Auch hier bedeutet בר בר „Enkel“. Im Sinne von „Kind“ kann בר auch für das weibliche Geschlecht gebraucht werden, z.B. ברי „meine Tochter“ (Kraeling 6, 3). Weitere Bildungen: בר בטני „mein eigener Sohn“, בני ביתה „die Mitglieder seiner Familie“, בר ביתא „königlicher Prinz, Angehöriger des Königshauses“, בר א(י)נש „jemand“, בר חרן „ein Angesehener“. Ferner kann auch בר auf eine Zugehörigkeit hinweisen: בנת מוקא שמש „Frauen, die aus dem Osten stammen“, בני שירתא „Angehörige einer Karawane“, בני קריתא „die Leute des Dorfes“, 18 בר שנת „eine achtzehnjährige Frau“ (Belege in DISO 41ff.).

e) Da bei der altarab. Form **binᵘⁿ* der Vokal im Kontext nach offener Silbe ausfallen konnte (z.B. **bi-bini-hī* > *bi-bni-hī*), entstand die Kontextform *(i)bn*, die sich im Arab. als ausschließliche Form durchgesetzt hat (vgl. W. Fischer, Silbenstruktur und Vokalismus im Arabischen, ZDMG 117, 1967, 30–77, hier 43). Der Pl. von *bin* scheint durch Ablaut *ban* gelautet zu haben (W.W. Müller, brieflich), woraus durch nochmalige Anfügung der äußeren Pluralendung arab. *banūna* und hebr. *bānīm* entstanden. Die gebrochene arab. Pluralform *'abnā'* ist selten; ihre Bezeichnung als „Paucitätsplural“ (Lane, Arabic-English Lexicon I 262a) wird jedoch besser vermieden, da auch *banūna* in der Regel für eine kleine Zahl steht. Auch im Arab. kann *ibn* zur Bezeichnung der Zugehörigkeit und des Alters dienen. Im modernen Schriftarabisch ist *ibn al-balad* der „Ortsansässige, Einheimische“, *ibn al-ḥarb* der „Kriegsmann“, *ibn ḫamsīn sana* der „Fünfzigjährige“ (Beispiele nach H. Wehr, Arab. Wörterbuch für die Schriftsprache der Gegenwart, ³1958, s.v.).

f) Auf mehr als einem bloßen Zufall beruht es zweifellos, wenn im Ägyptischen *bn* und Derivate den Bereich von Schöpfung und Zeugung umschließen. Schon in den Sargtexten erscheint *bn* in der Bedeutung ʻbegatten, zeugenʼ. In seiner verdoppelten Form *bnbn* hat das Verbum den Sinn ʻsich aufrichtenʼ (Phallus). Das Subst. *bnbn* scheint in seinen beiden Bedeutungen ʻObeliskʼ und ʻeine bestimmte Brotartʼ auf den Phallus anzuspielen. *Bnnwt* ist die Mannheit, *bnnt* der als Urhügel verstandene Chonstempel von Karnak, *bnw* der Phönix als Symbol der Schöpfung (vgl. W.A. Ward, ZÄS 95, 1968, 66f.; J. Baines, *Bnbn*: Mythological and Linguistic Notes, Or 39, 1970, 389–404).

2. Die Etymologie der Wörter *bēn* und *bar* ist bis jetzt nicht befriedigend geklärt. Der auch für *bar* gebrauchte Plural *bānīm* scheint darauf hinzuweisen, daß *bar* durch einen Lautwechsel aus *bēn* entstanden ist, mit Übergang von *n* zu *r*. Die Ableitung des Nomens *bēn* von der Wurzel בנה „bauen“ (auch vom „Bau eines Hauses“ = „Gründung einer Familie“ gebraucht: Gen 16, 2; 30, 3: 1 Sam 2, 35; 1 Kön 11, 38; Ruth 4,11) wird wohl ebenso fraglich bleiben müssen wie die Ableitung des aram. *bar* von der Wurzel ברא „erschaffen, hervorbringen“ (so u.a. de Fraine, Adam 128; vgl. die Erklärung des arab. *ibn* „because he is the father's building“, Lane ebd.). Eher ist anzunehmen, daß *bēn* bzw. *bar*, wie andere Verwandtschaftsformen, ein von keiner Wurzel abzuleitendes Urwort ist.

III. *Bēn* und *bar* finden breite Verwendung im Nachkommen- und Verwandtschaftsverhältnis. Überdies wird gerne auf die Vater-Sohn-Formel zurückgegriffen, wo immer zwischen zwei Personen ein intimes Band oder zwischen zwei Sachen irgendein Zusammenhang besteht.

1. Zunächst bezeichnet בן bzw. בר den vom Vater gezeugten Sohn (Gen 4,17. 25f.; Ex 1,16; Num 27, 8; Dan 5, 22), wobei der Genitiv des Vaters (Ex 6, 25) oder der Mutter (Gen 29,12) hinzugefügt werden kann. Gen 5, 4 u.ö. werden Söhne und Töchter (בנים ובנות) nebeneinander erwähnt. Bildhaft werden in Ps 127, 4 die vom jungen Vater gezeugten Söhne בני הנעורים genannt, während in Gen 37, 3 בן־זקנים den im Alter gezeugten Sohn meint. Die Mehrzahl בנים kann Kinder beiderlei Geschlechts bedeuten (Gen 3,16; 21,7; 30,1; Ex 21, 5; Ps 128, 3).

בן־המלך (bzw. בני־המלך) bezeichnet gewöhnlich den Prinzen als Sohn des Königs (Ri 8,18; 2 Sam 9,11; 13, 4; mit בר: Esr 6,10), während Ps 72,1 mit בן־מלך (par. zu מלך) wahrscheinlich der König selbst gemeint ist und 1 Kön 22, 26 eher ein königlicher Beamter (zu בן־המלך = zum Palast des Königs gehörend vgl.

G. Brin, Ann. Ist. Orient. Nap. 19, 1969, 433–465).

2. בן und בר können noch andere Verwandtschaftsgrade bezeichnen. So werden Brüder umschrieben durch בני אביך (Gen 49, 8) oder בן/בני אמו/אמי (Gen 43, 29; Ri 8,19; Ps 69, 9; HL 1, 6). Gen 45,10; Ex 34,7 und Jer 27,7 sind בני־בנים die Enkel. Auch das einfache בן kann manchmal Enkel bedeuten; so Gen 31, 28; 32,1 (Laban/Kinder von Lea und Rahel), 2 Sam 19,25 (Meribaal/Saul; vgl. 4, 4), 2 Kön 9, 20 (Jehu/Nimsi; vgl. 9,14), Esr 5,1 (Sacharja/Iddo; vgl. Sach 1,1), Neh 12, 23 (Johanan/Eljasib; vgl. 12,10f.). Hingegen liegt Gen 29, 5 (Laban/Nahor) eine von 22, 22; 24, 24. 29 abweichende Überlieferung vor.

Der Neffe wird bezeichnet durch בן־אחיו (Gen 12, 5), Schwiegertöchter durch נשי־בניך (Gen 6,18), Jer 32, 8 ist mit בן־דדי der Vetter gemeint. Auch die Jungen der Tiere werden בנים genannt, ohne daß darunter stets die männlichen Abkömmlinge verstanden würden (Gen 32,16; 49,11; Num 15, 24; Deut 22, 6f.; Sach 9, 9; Ps 29, 6; Hi 4,11; 39, 4; Esr 6, 9). Ebenso kann der Schößling eines Baumes als בן angesprochen werden (Gen 49, 22: בן פרת). In gleicher Weise ist wahrscheinlich die dunkle Stelle Hi 38, 32 zu interpretieren, in der die kleineren Sterne im Sternbild des Löwen gemeint sind.

3. Dem genealogischen Denken der Semiten entspringt die Gewohnheit, den Namen des Vaters, oft sogar die Namen weiterer Vorfahren, appositionell hinzuzufügen, so daß בן zu einem patronymischen Begriff wurde, der den einzelnen im organischen Lebenszusammenhang der Familie und Sippe sah. So kann mit Hilfe von בן die gliedhafte Zugehörigkeit zu einem Volk oder einer Sippe ausgedrückt werden: die Söhne Esaus (Deut 2, 4.12. 22. 29), Lots (Deut 2, 9. 19), Hamors, des Vaters von Sichem (Gen 33,19; 34, 2), Seirs, des Horiters (Gen 36, 20; 2 Chr 25,11), Enaks (Num 13, 33; Jos 15,14; Ri 1,20), Judas (Jo 4, 6). Besonders häufig ist der Ausdruck בני ישראל. Er bezeichnet die gegliederte Gemeinschaft Israels als Einheit und ist nicht als Betonung eines einzigen leiblichen Stammvaters des Volkes aufzufassen.

4. Oft werden geographische und völkische Einheiten als Söhne eines Ortes oder Landes vorgestellt, so die Söhne Bethlehems (Esr 2, 21; Neh 7, 26; Jer 6,1), Jerichos (Esr 2, 34; Neh 7, 37), Jerusalems (Jes 51,18; 54,13; 60, 4; Jer 5,7; Jo 4, 6), Zions (Jes 49, 22. 25; Jer 2,16; 30, 20; Jo 2, 23; Sach 9,13; Ps 147,13; 149, 2; Kl 4, 2), Samarias (Ez 23,10), Edens (2 Kön 19,12; Jes 37,12), Edoms (Ps 137,7), Ammons (Num 21, 24; Deut 2,19; Ri 3,13; Jes 11,14; Jer 9, 25; Ez 25, 2f. 5.10), Heths (Gen 23, 3. 5. 7.10.16. 20; 25,10), Babylons (Ez 23,15), Ägyptens (Ez 16, 21), Jawans (Sach 9,13; vgl. Jo 4, 6), des Ostens (Gen 29,1; Ri 6, 3. 33; 7,12; 8,10; 1 Kön 5,10; Jes 11,14; Jer 49, 28; Ez 25, 4.10; Hi 1, 3), Nofs (Jer 2,16), Kedars (Jes 21,17), Assurs (Ez 16, 28; 23,7), Babels (Ez 23,15.17. 23). Esr 2,1 bedeutet בני המדינה 'die der Provinz Juda Zugehörigen'. Deut 32,14 werden die in Basan gezüchteten Widder בני בשן genannt. Hierher gehört auch der Stammesname Benjamin 'Sohn der Rechten' (= des Südens) = Südländer; zur Diskussion vgl. G. Dossin, Benjaminites dans les textes de Mari (Mélanges Dussaud II, Paris 1939, 981–996, bes. 982) und H. Tadmor, JNES 17, 1958, 130 Anm. 12.

בני־בית sind die im Haus geborenen Knechte (Gen 15, 3; Pred 2,7); die בני־עמי (Gen 23,11; Ri 14,16), בני עמך (Lev 19,18; Ez 3,11; 33, 2; 37,18; Dan 12,1), בני־עמה (Ri 14,17) und die בני עם (Lev 20,17; Num 22, 5; Ez 3,11; 33,17; 37,18) sind die „Volksgenossen". Dagegen sind die בני־(ה)נכר (2 Sam 22, 45f.; Ps 18, 45f.; 144,7.11; Ez 44,7; Jes 56, 6; 60,10; 61, 5; 62,8; Sing. בן־(ה)נכר Gen 17,12. 27; Ex 12, 43; Lev 22, 25; Ez 44, 9; Neh 9, 2; Jes 56, 3) die Fremden. Die Männer der Stämme Israels heißen בני שבטי בני־ישראל (Num 36, 3). Die בני ארץ הברית (Ez 30, 5) sind die Angehörigen des auserwählten Volkes.

5. Als einzelner wird der Mensch aus der kollektiven Gemeinschaft herausgenommen in den Ausdrücken → בן־אדם (vor allem bei Ez; Ps 8, 5; Pl. Deut 32, 8; Pred 1,13), → בן־אנוש (Ps 144, 3), בני־אנשא (Dan 2, 38; 5, 21) oder בני־ → איש (Ps 4, 3; 49, 3; 62,10; Kl 3, 33), בן מביש (Spr 10, 5), בן משכיל (ebd.) oder בן מבין (Spr 28,7). Der Blick auf Ps 144, 3 (בן־אנוש // אדם) zeigt, daß in Ps 8, 5 אנוש und בן־אדם Synonyma sind und keine Steigerung vom Kollektivum zum Individuum vorliegt (gegen L. Köhler, ThZ 1, 1945, 77f.; vgl. auch Sp. 374).

Das gleiche wie beim Menschen gilt bei den Tieren: בן־בקר (Gen 18,7; Ex 29,1; Lev 1, 5: ein einzelnes Rind), בן־יונה (Lev 12, 6; Pl. Lev 1,14: einzelne Tauben), בני הרמכים (Esth 8,10: einzelne Rennstuten).

6. Als vertrauliche Anrede an den jüngeren Schüler oder Hörer dient בן in Jes 19,11; 1 Sam 3, 6. 16; 24,17; 26,17. 21. 25; 2 Sam 18, 22; Spr 1, 8. 10; 2,1; 3,1.11. 21; 4,10. 20; 5,1; 6,1; 7,1; 19, 27; 23,15; 24,13; Pred 12,12; Ps 34,12. Eine gewisse Unterordnung wird durch בן ausgedrückt in Jos 7,19; 1 Sam 4,16; 25, 8; 2 Sam 18, 22; 2 Kön 16,7, wobei בן und → עבד parallel stehen können.

7. *bēn* wird auch in verschiedenen bildhaften Ausdrücken verwendet, so Jes 5,1, wo בן־שמן 'Sohn des Öls' die Fruchtbarkeit eines Hügels hervorhebt. Luzifer, der Morgenstern, wird בן־שחר 'Sohn der Morgenröte' genannt (Jes 14,12). Die Flammenfunken sind בני־רשף 'Söhne der Glut' (Hi 5,7). Die Pfeile werden als בני־קשת

'Söhne des Bogens' (Hi 41, 20) oder בני אשפתו 'Söhne des Köchers' (Kl 3,13) bezeichnet. Serubbabel und Josua werden mit dem Titel בני־היצהר 'Söhne des Öls' geehrt (Sach 4,14), weil sie in der Endzeit die messianische Führerschaft übernehmen werden.

8. Mit בן und בר wird ebenfalls die Zugehörigkeit zu bestimmten Gesellschafts- und Berufsgruppen angegeben. So bezeichnet בני הגולה die Deportierten (Esr 4,1; 6, 20; 8, 35; 2 Chr 25,13; aram. Dan 2, 25 u.ö.; Esr 6,16), בן־חורים den Freigelassenen (Pred 10,17; vgl. Neh 4, 8), בני אביון die Armen (Ps 72, 4), בני התושבים die Beisassen (Lev 25, 45), בני העם die gemeinen Leute (2 Kön 23, 6; Jer 26, 23; 2 Chr 35, 5.7.12f.).

Für die Berufsgruppen gibt es folgende Belege: בן־הרקחים = Salbenmischer (Neh 3, 8), בני המשררים = Sänger (Neh 12, 28). Eine ganze Sängergruppe kann durch ihr Eponym bezeichnet werden, so etwa die בני־קרח (Ps 42,1; 44,1; 46,1; 47,1; 49,1; 84,1; 87,1; 88,1) und die בני־אסף (2 Chr 35,15). Die Priester werden בני הכהנים (Esr 2,61; 10,18; Neh 12,35; 1 Chr 9,30) oder, nach ihrem Gründer bzw. Eponym, בני אהרון (Lev 1, 5.11; 2, 2f.10; 13, 2; 21,1; Num 10, 8; 2 Chr 35,14), בני לוי (Deut 21, 5; Esr 8,15) und בני צדוק (Ez 40, 46; 44,15; 48,11) genannt. Die Propheten und Prophetenschüler heißen בני הנביאים (1 Kön 20, 35; 2 Kön 2, 3. 5.7.15; 4,1. 38; 5, 22; 6,1; 9,1; Sing. [!] בן־נביא Am 7,14), ein Weiser wird als בן חכמים bezeichnet (Jes 19,11).

Das gleiche gilt für die Zugehörigkeit zu einigen Tierarten. In Ps 114, 4 (אילים // בני צאן), Ps 147, 9 (בהמה // בני ערב) und Spr 30,17 (ערבי // בני נשר) deuten die Parallelismen darauf hin, daß nicht die Jungen dieser Tiere gemeint sind, sondern die Kleinvieh-, Raben- und Adlerart.

9. Mit Hilfe von בן oder בר werden einzelne Menschen auch nach ethischen und moralischen Bewertungen in verschiedene Gruppen eingeordnet: בני חיל die Mutigen (1 Sam 14, 52; 18,17; 2 Sam 2,7; 1 Kön 1, 52; 2 Kön 2,16; Deut 3,18; Ri 18, 2; 21,10; 2 Chr 17,7), בני תענוג bevorzugte Kinder (Mi 1,16), בני שחץ die stolzen [Tiere] (Hi 28, 8; 41, 26), בני מרי die Aufständischen (Num 17, 25), → בני בליעל die Nichtsnutzigen (Deut 13,14; Ri 19, 22; 1 Sam 2,12; 10, 27; 25,17; 1 Kön 21,10.13; 2 Chr 13,7), בני שאון die Lärmer (Jer 48, 45), בני־עולה die Bösewichte (2 Sam 3, 34; 7,10; Hos 10, 9; Ps 89, 23), בני־נבל גם־בני בלי־שם die verruchte und ehrlose Brut (Hi 30, 8), בני־עני die Elenden (Spr 31, 5), בן־המרצח ein Mörder (2 Kön 6, 32), בני הגדוד eine Räuberbande (2 Chr 25,13).

Auch das Schicksal oder ein drohendes Unheil gliedert die Menschen in eine Gemeinschaft ein: בני התערבות die Geiseln (2 Kön 14,14), בן תמותה oder בן־מות ein dem Tode Verfallener (1 Sam 20, 31; 26,16; 2 Sam 12, 5; Ps 79,11; 102, 21), בן־גרני einer, der auf der Tenne zerdroschen wird (Jes 21,10), בן־הכות einer, der Schläge verdient (Deut 25, 2). Geradezu paradox ist der Ausdruck בני שכליך 'Söhne deiner Kinderlosigkeit' (Jes 49, 20).

10. Schließlich geben בן und בר die Zugehörigkeit zu einer Zeit- oder Altersstufe an: בן־לילה eine Nacht alt = in einer Nacht gewachsen (Jon 4,10), בן־שמנת ימים acht Tage alt (Gen 17,12), בן־חמש מאות שנה fünfhundert Jahre alt (Gen 5, 32), שה ... בן שנה ein einjähriges Lamm (Ex 12, 5); im Sing. wird diese Wendung meist mit einem Suffix verbunden (Lev 12, 6; 23,12; Num 6,12.14; 7 [12mal]; Ez 46,13); im Pl. dagegen immer ohne Suffix (Lev 9, 3; 23,18f.; Num 7 [14mal]; 28f. [15mal] und Mi 6, 6).

IV. 1. a) Der Wert des Sohnes wird bestimmt durch den Wert des Lebens, das für den biblischen Menschen das höchste Gut ist. In den Kindern verlängert sich das Leben der Eltern. So sind Söhne der erste Trost der Stammeltern nach dem Verlust des Paradieses: das Leben geht weiter (Gen 4,1f.). P bemerkt noch eigens, Adam habe mit dem Leben auch die Gottebenbildlichkeit an seinen ersten Sohn weitergegeben (Gen 5, 3). Selbst das Strafgericht der Flut soll die Kontinuität des menschlichen Lebens nicht in Frage stellen, indem Noah angewiesen wird, seine drei Söhne und deren Frauen mit in die Arche zu nehmen (Gen 6,18; vgl. 7,7; 8,18), und nach der Flut empfangen seine Söhne mit ihm Segen und Bund (Gen 9,1. 8). Schon hier zeichnet sich die Vorstellung ab, die sich in Israel (vgl. z.B. Ex 12,14; 13,14–16) und in singulärer Form im Davidshaus (2 Sam 7,12; 1 Chr 17,11; 2 Chr 13, 5) weiter konkretisiert, wonach die Nachkommen der Heilsträger mit diesen ganzheitlich Gegenstand göttlicher Heilszuwendung sind.

b) Das Leben des Vaters hat nur insofern einen Sinn, als es sich fortsetzt im Sohn (vgl. Gen 15, 2f.). Kinderlosigkeit (Jer 16, 2) oder gar Verlust des einzigen Sohnes (Gen 22, 2) ist deshalb das schmerzlichste Opfer. Der Sohn bewahrt den Namen des Vaters vor der Vergessenheit (2 Sam 18,18). Darum sind Verheißung (Gen 16,11; 17,16.19; 18,10; Ri 13, 3ff.; 2 Kön 4,16; 1 Chr 22, 9; Jes 7,14) und Geburt (Gen 16,15; 21, 2; 41, 50–52; Ri 13, 24; Ruth 4,13; 1 Sam 1, 20; 2 Kön 4,17; Jes 8, 3; Jer 20,15) das wichtigste Ereignis im Leben von Mann und Frau. Dies gilt besonders vom Erstgeborenen (→ בכור), dem „Erstling der Mannheit" (Gen 49, 3). Mit Vorliebe wird deshalb erwähnt, wie alt der Vater bei der Zeugung oder Geburt des ersten Sohnes war (Gen 5, 3ff.; 11,10ff.; 21, 5). Söhne sind der größte Stolz der Eltern und besonders der Frau. „Schaffe mir Söhne, sonst sterbe ich", bestürmt

Rahel ihren Mann Jakob (Gen 30,1; vgl. Ps 113, 9; 127, 3f.; 128, 3. 6). Einem Vater den Abschiedskuß an seine Kinder und Kindeskinder verweigern ist eine Herzlosigkeit (Gen 31, 28; vgl. 32,1). Um so erstaunlicher ist, daß ein guter Mann seiner Frau mehr bedeuten kann als zehn Söhne (1 Sam 1, 8) und eine gute Schwiegertochter ihrer Schwiegermutter mehr als sieben Söhne (Ruth 4,15). Eli trifft der Vorwurf, er ehre seine Söhne mehr als JHWH (1 Sam 2, 29).

c) Die letztgenannte Stelle (1 Sam 2, 29) ist die einzige, an der – und zwar in negativem Sinn – von der „Ehrung" (Verbum → כבד) der Söhne die Rede ist. Zu ehren sind vielmehr die Eltern (Ex 20,12 par; Mi 7, 6). Durch das in diesen Texten gebrauchte Verbum כבד, das in der hebr. Bibel allein auf JHWH oder auf Personen und Dinge bezogen wird, die einen sakralen Charakter haben, werden die Eltern der Sakralsphäre zugeordnet (vgl. auch die Sünde Hams Gen 9, 22). Daß dennoch nüchtern mit der „Menschlichkeit" der Eltern gerechnet wird, zeigt das spätestens seit dem Deut, wahrscheinlich aber schon sehr viel früher geltende Prinzip, daß die Söhne nicht für die Sünden der Väter haften sollen (Deut 24,16; 2 Chr 25, 4; Hi 21,19; Jer 31, 29f.; Ez 18, 2). Ja, die Menschlichkeit, oder vielmehr Unmenschlichkeit, kann so weit gehen, daß Eltern in der äußersten Not sogar die eigenen Söhne verzehren (Lev 26, 29; Deut 28, 53–57; 2 Kön 6, 28f.; Jer 19, 9; vgl. aber Ez 5,10, wo der entgegengesetzte Fall vorgesehen ist, daß Kinder die Väter aufessen).

d) Sohn und Tochter, Knecht und Magd bilden mit den Eltern die Familie im engeren Sinn (z.B. Deut 16,11.14). Die Eltern tragen Verantwortung für das sittliche Leben der Söhne und Töchter (Ex 20,10 par.; Hi 1, 5) und unterweisen vor allem die Söhne im Gesetz (Ex 13,14; Deut 11,19; Jos 4, 6f. 21f.). Zwar wird eine strenge Erziehung empfohlen (Spr 13, 24; 19,18; 29,17) – denn ein weiser Sohn ist seines Vaters Freude (Spr 10,1) –, und Deut 21,18–21 (vgl. Spr 19, 26) sieht sogar den extremen Fall vor, daß Eltern in gegenseitigem Einvernehmen einen störrischen und trotzigen Sohn der Todesstrafe durch die öffentliche Gerichtsbarkeit ausliefern. Dennoch bleibt die erbarmende Liebe des menschlichen Vaters zum Sohn das klassische Gleichnis für die erbarmende Vaterliebe Gottes (Ps 103,13; Mal 3,17; vgl. Lk 15,11–32).

2. a) Häufig wird die Beziehung JHWHs zu Israel oder zu den Israeliten als Vater-Sohn-Verhältnis dargestellt. So nennt JHWH Israel „meinen Sohn" (Ex 4, 23; Hos 11,1), „meinen erstgeborenen Sohn" (בני בכורי Ex 4, 22; בכרי Jer 31, 9), die Israeliten „meine Söhne" (Jes 45,11) bzw. „meine Söhne und Töchter" (Jes 43, 6); diese heißen „Söhne" (Jes 63, 8), „seine Söhne" (Deut 32, 5) bzw. „seine Söhne und Töchter" (Deut 32,19). Entsprechend nennt sich JHWH Israels Vater (→ אב Deut 32, 6.18; Jer 3, 4; vgl. Sp. 17–19). Das ganze Volk wird angesprochen mit בנים אתם (Deut 14,1), בני אל־חי (Hos 2,1). In prophetischen Anklagen wird das Volk, unter Weglassung des Suffixes, als „Söhne" bezeichnet (Jes 1, 2), „mißratene Söhne" (Jes 1, 4), „widerspenstige Söhne" (Jes 30,1), „verlogene Söhne" (Jes 30, 9), „abtrünnige Söhne" (Jer 3,14. 22), „törichte Söhne" (Jer 4, 22), „Söhne, auf die kein Verlaß ist" (Deut 32, 20). Ephraim ist ein „törichter Sohn" (Hos 13,13). In Ps 73,15 hingegen sind mit דור בניך die Frommen gemeint.

Durch diese Redewendungen wird einerseits der Abstand zwischen JHWH und Israel betont und die Unterordnung des Volkes unter JHWH gekennzeichnet. Andererseits sprechen sie auch die Liebe JHWHs aus und ergänzen dadurch die biblischen Bilder vom Hirten, Gatten und Löser JHWH.

b) Umstritten bleiben die Stellen, an denen der König als Sohn Gottes bezeichnet wird (2 Sam 7,14 par.; Ps 89, 27f.; 2,7). Der mögliche Einfluß der altorientalischen Vorstellungen vom sakralen Königtum wird aber von vornherein dadurch eingeschränkt, daß in Israel für den Gedanken einer physischen Zeugung des Königs durch die Gottheit kein Platz war. Weder sein bloßes Königsein noch seine Thronbesteigung machten aus dem König einen Sohn Gottes. Vielmehr konnte einzig und allein die Willenserklärung JHWHs ihn zum Sohn Gottes ernennen und ihm dadurch einen Teil am Herrschaftsbereich JHWHs übergeben. Eher als an die Vorstellung einer Art Adoption des Königs durch JHWH (vgl. vor allem M. Noth, Gott, König, Volk im AT, in: Ges. Studien zum AT, ²1960, 188–229, bes. 222–224) wird man dabei jedoch – da Israel das Institut der Adoption nicht kannte – mit H. Donner (114) an „ein auf die Ebene der Metapher transponiertes mythisches Element" zu denken haben.

Die Nathanweissagung 2 Sam 7 hat in ihrer jetzigen Gestalt einen komplizierten Werdegang hinter sich, in dem mindestens drei Phasen zu unterscheiden sind (vgl. bes. L. Rost, Die Überlieferung von der Thronnachfolge Davids, BWANT III 6, 1926, 47ff.). Die hier zu beachtende Aussage v.14f. („Ich will ihm Vater sein, und er soll mir Sohn sein ...") dürfte der mittleren Schicht angehören. Dabei ist zunächst an das menschliche Vater-Sohn-Verhältnis als Vorbild für das Gerichts- und Gnadenwalten JHWHs am Davidsthron gedacht. Da indes unausgesprochen und doch unüberhörbar auf den Davidsbund hingewiesen wird (vgl. 2 Sam 23, 5; 2 Chr 13, 5; 21,7; Ps 89, 4. 29. 35. 40; Jer 33, 21), gewinnt die Vater-Sohn-Formel den Charakter einer Bundesformel (vgl. N. Poulssen, König und

Tempel im Glaubenszeugnis des AT, SBM 3, 1967, 43f.).

Als Entfaltung der Grundaussage von 2 Sam 7 ist auch Ps 89 zu verstehen. Zwar fällt im Hinblick auf den König das Wort בן nicht. Jedoch wird ein singuläres Vater-Sohn-Verhältnis JHWHs zum König nicht nur dadurch ausgesprochen, daß JHWH sich von ihm als → אב anrufen läßt (v. 27a), sondern noch mehr dadurch, daß dieser den König zum Erstgeborenen (בכור) einsetzt bzw. beruft (v. 28a: נתן; vgl. Jer 1, 5: נביא לגוים נתתיך), ja zum עליון unter den Königen der Erde (v. 28b). Daß die göttliche Sohnschaft des Königs im Davidsbund wurzelt, wird in v. 29 (ברית, חסד) ausdrücklich festgestellt (vgl. v. 4. 35. 40). Die Bezeichnung des Königs Israels als „Erstgeborener" scheint anzudeuten, daß auch die Könige anderer Völker als „Söhne" JHWHs gelten. Der König Israels wird aber nicht nur durch seine Qualifizierung als בכור in größere Nähe JHWHs gerückt, sondern noch mehr durch den Titel עליון, der einzig an dieser Stelle für einen Menschen gebraucht wird. „Diese ungewöhnliche Prädizierung reicht nahe an eine Vergöttlichung heran (vgl. Ps 45, 7)" (H.-J. Kraus, BK XV² 623; vgl. auch C.R. North, ZAW 50, 1932, 26; G.W. Ahlström, Psalm 89, Lund 1959, 111–113).

In beinahe beängstigende Nähe der Vorstellung göttlicher Geburt führt uns Ps 2, 7, wo dem König der Beschluß JHWHs eröffnet wird: „Mein Sohn bist du, heute habe ich dich gezeugt." Daß aber auch hier eine physische Vaterschaft ausgeschlossen wird, geht aus dem „heute" hervor, das auf die Zeremonie der Inthronisation verweist (vgl. v. 6). Sofern die Formel „Mein Sohn bist du, heute habe ich dich gezeugt" nicht dem Königsritual vorbehalten war, sondern in der menschlichen Rechtssprache beheimatet ist, dürfte sie weniger die Adoption eines fremden Kindes als die Anerkennung eines von einer Sklavin stellvertretend für die Ehefrau geborenen Kindes aussprechen. Allerdings fehlen für die *Formel* Belege, so eindeutig auch die *Sache* sowohl dem CH (§ 170f.) wie auch dem AT (Gen 30, 1–13) bekannt ist.

In dem wohl kaum authentisch jesajanischen Heilswort Jes 9, 5f. wird der Messias als Königskind und Herrscher auf dem Davidsthron erwartet. Der Parallelismus von „Sohn" und „Kind" weist auf eine durchaus menschliche Geburt hin (vgl. H. Wildberger, BK X 377). Jedoch werden Geburt und Thronbesteigung in einem Blick geschaut (G. Fohrer, Das Buch Jesaja I, ²1966, 141), und in der von v. 5aβ an geschilderten Inthronisation erhält der König den Namen אל גבור, was uns in den (gleichfalls nachexilischen) Kontext von Ps 45, 4 (→ גבור). 7 (→ אלהים) führt.

Es gilt als sicher, daß das (uns allerdings nur mangelhaft bekannte) äg. Krönungsritual (vgl. RÄR, Krönung) maßgebenden Einfluß auf die Formulierung des Jerusalemer Rituals ausgeübt hat. Dennoch sind fundamentale Unterschiede zwischen der äg. und der israelit. Königstheologie nicht zu verkennen. Die mythisch begründete Vorstellung von einer physischen Gottzeugung (vgl. dazu bes. H. Brunner, Die Geburt des Gottkönigs, ÄgAbh 1964) wurde deutlich abgewandelt in eine auf Erwählung und Bund begründete Gottessohnschaft. Daß der König uneingeschränkt als → אלהים bezeichnet wird, könnte höchstens in Ps 45, 7a. 8b bezeugt sein. Aber zunächst ist nicht sicher, ob an diesen beiden Stellen אלהים wirklich als Vokativ zu lesen ist (so zuletzt B. Couroyer, RB 78, 1971, 233–241). Und selbst dann würde dieser Einzelfall eine zu schmale Basis für die Annahme darstellen, daß die ägyptischen oder mesopotamischen Vorstellungen über die göttliche Sohnschaft des Königs in Israel einfach übernommen wurden (vgl. bes. K.-H. Bernhardt, Das Problem der altorientalischen Königsideologie im AT, VTS 8, 1961). Besonders bemerkenswert ist, daß in den drei entscheidenden Texten (2 Sam 7, Ps 2 und Ps 89) eine Frau überhaupt nicht in Erscheinung tritt, vielmehr das ganze Geschehen sich zwischen Gott und dem König allein abspielt. Umgekehrt ist in Jes 9, 5f. und vollends in 7, 14 von menschlicher Empfängnis und Geburt die Rede. Das Thema von Ps 45 schließlich ist nicht die Geburt, sondern die Hochzeit des Königs.

c) Umstritten ist auch die Verbindung der Begriffe בן bzw. בר mit Wesen, die der göttlichen Welt angehören: בני אלים (Ps 29, 1; 89, 7), בני עליון (Ps 82, 6), בני (ה)אלהים (Gen 6, 2. 4; Hi 1, 6; 2, 1; 38, 7), בר אלהין (Dan 3, 25). (Auffallend ist, daß בן nie mit יהוה verbunden wird.) Diese Wendungen sind im Zusammenhang mit den altorientalischen Vorstellungen über die Gesellschaft der göttlichen oder himmlischen Wesen zu sehen (vgl. auch Ps 82, 1; 89, 6. 8).

Gegenstand ungezählter Untersuchungen waren die בני האלהים von Gen 6, 1–4 (vgl. die Bibliographie 1937–1967 bei Scharbert). Daß in diesem Fragment einer mythischen Erzählung ursprünglich Götter gemeint waren, kann vor allem im Hinblick auf die ugaritischen Parallelen nicht bezweifelt werden (*bn* als Bezeichnung der Zugehörigkeit zu einer Gruppe; vgl. II. 1. c; III. 8.). Mit Recht wird für Ugarit vor allem auf CTA 32 (UT 2), 16f. verwiesen:

> „Das Opfer, das wir opfern,
> das Schlachtopfer, das wir schlachten,
> es steige empor zum (Vater der *bn ʾl*),
> es steige empor zur Wohnung der *bn ʾl*,
> zur Versammlung der *bn ʾl*."

Vgl. die Zusammenstellung der weiteren einschlägigen ugaritischen Texte bei Dexinger 31–

37. Wenn Dexinger, unter Berufung auf Ugarit, die בני האלהים von Gen 6,1–4 auf Heroen deuten will, wird dabei übersehen, daß in Ugarit dieser Sinn für *bn ʾil* nur für den Sing., nicht aber für den Pl. belegt ist (vgl. Übersicht Dexinger 37). Eine andere Frage ist, was der israelitische Erzähler (J, eher aber eine Sonderquelle; vgl. Scharbert 69–71) einerseits und was der letzte Pentateuchredaktor andererseits unter den בני האלהים verstanden hat. Daß schon der erste an himmlische Wesen im weiteren Sinn dachte, ist höchst wahrscheinlich. Sicher trifft dies für den letzten Pentateuchredaktor zu, obwohl die LXX hier, im Gegensatz zu Hi 1, 6; 2,1; 38,7, בני האלהים mit οἱ υἱοὶ τοῦ θεοῦ und nicht mit ἄγγελοι wiedergibt. Jedenfalls ist diese Deutung (für ihre Geschichte s. Dexinger 97–101) in die jüdische Tradition eingegangen und hat den Nährboden für die Legende vom Engelsturz und die damit begründete Herkunft der Dämonen abgegeben (vgl. bes. äth Hen 6–36; Jub 5,1–10). Die in neuerer Zeit aufgegebene, aber von Scharbert wieder aufgegriffene Deutung auf die Sethiten (zur Geschichte dieser Deutung vgl. Dexinger 106–108) läßt sich kaum aufrechterhalten, da sie dem betonten Gegensatz von בני האלהים zu בנות האדם zu wenig Rechnung trägt. Die Vorstellung eines Pantheons unter Führung eines obersten Gottes wird auch in den בני אלים von Ps 29,1 (ursprünglich statt JHWH wohl Baal) und Ps 89,7 (parallel zu קהל קדשים v. 6 und סוד קדשים v. 8) deutlich (zur Götterversammlung vgl. H. Gese, Die Religionen Altsyriens, 1970, 100–102, und besonders die Wendung *kl dr bn ʾlm* „der ganze Kreis der Götter", KAI 26A III 19).

In Ps 82, 6 sind die בני עליון (par. zu אלהים), die von JHWH zur Rechenschaft gezogen werden, nicht menschliche Herrscher oder Richter. Vielmehr liegt auch dieser Aussage die Vorstellung zugrunde, daß die anderen Völker ihre eigenen Götter haben, deren aller Haupt עליון ist (zu ʿEljon als „die über und vor allem stehende Größe" vgl. Gese 116f.). Der gleichen Vorstellung begegnen wir in Deut 32, 8, wonach ʿEljon die Grenzen der Völker festsetzte „nach der Zahl der Götter" (MT בני ישראל, LXX ἀγγέλων θεοῦ, 4Q [...] בני אל; vgl. P.W. Skehan, BASOR 136, 1954, 12–15; R. Meyer, Festschr. W. Rudolph, 1961, 197–209; vgl. auch M. Tsevat, God and the Gods in Assembly, HUCA 40/41, 1969/70, 123–137, hier 132f.). Man wird hier nicht (mit Meyer und M. Tsevat) ʿEljon ohne weiteres mit JHWH gleichsetzen dürfen, auch wenn in v. 43 „alle אלהים" (4Q; LXX υἱοὶ θεοῦ) aufgefordert werden, sich vor JHWH niederzuwerfen.

In Hiob dagegen ist die alte Vorstellung vom „Rat der Götter" verblaßt. Die בני (ה)אלהים (1, 6; 2,1; 38,7) bilden den JHWH völlig untergeordneten himmlischen Hof der „Engel", die sich zu Rechenschaft und Befehlsempfang bei JHWH einfinden. Allerdings dürfte gerade der Parallelismus von בני אלהים und כוכבי בקר (38,7) auf eine ursprüngliche Verknüpfung der ersteren mit einem Pantheon hinweisen.

Im Zeichen der Apokalyptik mit ihrer umfassenden Angelologie steht Dan. Der בר אלהין (3, 25) ist daher zweifellos selber ein Engel, wie der עיר וקדיש (4,10.14. 20) und der שר (10,13. 20f.).

H. Haag

בֶּן־אָדָם

I. Vorkommen und Bedeutung – 1. Hebräisch – 2. Aramäisch – 3. Phönizisch – II. Theologische Aussage – 1. Allgemein im AT – 2. Bei Ezechiel – 3. Bei Daniel.

Lit.: Eine Bibliographie zur neueren Menschensohn-Forschung bietet *R. Marlow*, The Son of Man in Recent Journal Literature (CBQ 28, 1966, 20–30); vgl. dazu die Ergänzung von J.B. Cortés–F.M. Gatti (Bibl 49, 1968, 458 Anm. 1) und ThWNT VIII 403f. Hier sollen nur die wichtigsten jüngeren Arbeiten genannt werden, soweit sie das AT betreffen.

A. Bentzen, Messias, Moses redivivus, Menschensohn, Zürich 1948. – *F.H. Borsch*, The Son of Man in Myth and History, London 1967. – *J. Bowman*, The Background of the Term „Son of Man" (ExpT 59, 1947/48, 283–288). – *C.H.W. Brekelmans*, The Saints of the Most High and Their Kingdom (OTS 14, 1965, 305–329). – *J.Y. Campbell*, The Origin and Meaning of the Term Son of Man (JThS 48, 1947, 145–155). – *A. Caquot*, Les quatre bêtes et le „Fils d'Homme" (Semitica 17, 1967, 37–71). – *C. Colpe*, ὁ υἱὸς τοῦ ἀνθρώπου (ThWNT VIII 403–481). – *Ders.*, Der Begriff „Menschensohn" und die Methode der Erforschung messianischer Prototypen (Kairos N.F. 11, 1969, 241–263). – *J. Coppens–L. Dequeker*, Le Fils d'homme et les Saints du Très-Haut en Daniel VII, dans les Apocryphes et dans le NT (Löwen [2]1961; S. 55–101 = ETL 37, 1961, 5–51). – *J. Coppens*, Le Fils d'Homme danielique, vizir céleste? (ETL 40, 1964, 72–80). – *Ders.*, La vision danielique du Fils d'Homme (VT 19, 1969, 171–182). – *O. Cullmann*, Die Christologie des NT, [4]1966, 138–198. – *E. Dhanis*, De Filio Hominis in VT et in Judaismo (Greg 45, 1964, 5–59). – *J.A. Emerton*, The Origin of the Son of Man Imagery (JThS N.S. 9, 1958, 225–242). – *A. Feuillet*, Le Fils de l'Homme de Daniel et la tradition biblique (RB 60, 1953, 170–202. 321–346.) – *A. Gelston*, A Sidelight on the „Son of Man" (ScotJT 22, 1969, 189–196). – *H. Greßmann*, Der Messias, 1929, 341–414. – *R. Hanhart*, Die Heiligen des Höchsten (VTS 16, 1967, 90–101). – *A.J.B. Higgins*, Son of Man-Forschung since „The Teaching of Jesus" (NT Essays, Studies in Memory of T.W. Manson, Manchester 1959, 119–135). – *H.L. Jansen*, Die Henochgestalt, Oslo 1940. – *C.H. Kraeling*, Anthropos and Son of Man. A Study in the Religious Syncretism of the Hellenistic Orient, New York 1927, 128–165. –

Ders., Some Babylonian and Iranian Mythology in the Seventh Chapter of Daniel (Oriental Studies in Honour of C.E. Pavry, London 1933, 228–231). – *H. Kruse*, Compositio Libri Danielis et idea Filii Hominis (VD 37, 1959, 147–161. 193–211). – *T.W. Manson*, The Son of Man in Daniel, Enoch and the Gospels (BJRL 32, 1949/50, 171–193). – *J. Morgenstern*, The "Son of Man" of Daniel 7,13f. A New Interpretation (JBL 80, 1961, 65–77). – *Ders.*, Some Significant Antecedents of Christianity, Leiden 1966, 61–80. – *S. Mowinckel*, He that Cometh, Oxford 1956, 346–450. – *J. Muilenburg*, The Son of Man in Daniel and the Ethiopic Apocalypse of Enoch (JBL 79, 1960, 197–209). – *J. Nelis*, Menschensohn (H. Haag, Bibel-Lexikon, ^{2}1968, 1128–1134). – *M. Noth*, „Die Heiligen des Höchsten" (Interpretationes ... Mowinckel, Oslo 1955, 146–161 = Ges. Stud. zum AT, ^{3}1966, 274–290). – *P. Parker*, The Meaning of "Son of Man" (JBL 60, 1941, 151–157). – *L. Rost*, Zur Deutung des Menschensohnes in Daniel 7 (Gott und die Götter, Festschr. E.Fascher, 1959, 41–43). – *E. Sjöberg*, Der Menschensohn im äthiopischen Henochbuch, Lund 1946. – *Ders.*, בן־אדם und בר־אנש im Hebräischen und Aramäischen (AcOr 21, 1950/51, 57–65. 91–107). – *G.H.P. Thompson*, The Son of Man: The Evidence of the DSS (ExpT 72, 1961, 125). – *G. Vermès*, The Use of בר נשא / בר נש in Jewish Aramaic (M.Black, An Aramaic Approach to the Gospels and Acts, Oxford ^{3}1967, 310–328). – *J.L.C.Ylarri*, Los b^{e}ne ha'elohîm en Gen 6, 1–4 (EstB 28, 1969, 5–31). – *W. Zimmerli*, Was ist der Mensch? (Göttinger Universitätsreden 44, 1964). – Vgl. ferner die Kommentare zu Ezechiel und Daniel.

I. 1. a) בן־אדם bezeichnet im hebr. AT den einzelnen innerhalb der Gattung Mensch (→ אדם I. 1.; בן III. 5.) und ist somit in der Regel einfach mit „Mensch" zu übersetzen (nicht „Menschensohn" oder „Menschenkind"). Allerdings kann ein einzelner Mensch auch durch → אדם allein (vgl. Sp. 82), durch → איש oder durch → אנוש wiedergegeben werden; andererseits kann auch בן־אדם generalisierend „Menschen" bedeuten (Jes 51,12; Ps 146, 3). Während im AT אנוש nur einmal mit בן konstruiert wird (Ps 144, 3), ist dies bei אדם (Sing. und Pl.) 152mal der Fall. Es geschieht aber, abgesehen von Ez (s. II. 2.), vorwiegend in poetischen Texten (besonders Ps, Spr, Pred) und mit Vorliebe im Parallelismus (s. u.).

Die determinierte Form (בן־האדם) ist im Hebr. im Sing. nicht belegt. Nur in 1 QS 11, 20 hat ein zweiter Schreiber ein ה über dem Wort אדם eingefügt, worin gewiß eine wörtliche Wiedergabe des aram. בר נשא zu erblicken ist. Der Pl. בני־האדם (statt der gebräuchlicheren בני־אדם) kommt 14mal vor (KBL^{3} 14 ist in diesem Sinn zu korrigieren) und ist durchwegs die Regel in Pred (Gen 11, 5; 1 Kön 8, 39; Ps 33,13; 145,12; Pred 1,13; 2, 3. 8; 3,10. 18f. 21; 8,11; 9, 3. 12).

b) בן־אדם steht parallel zu אנוש in Jes 51,12; 56, 2; Ps 8, 5; Hi 25, 6 (vgl. Sp. 374); zu איש in Num 23,19; Jer 49,18. 33; 50, 40; 51, 43; Ps 80,18; Hi 35, 8 (vgl. Sp. 240); zu נדיבים in Ps 146, 3 und zu גבר in Hi 16, 21 (wo jedoch בין statt בן zu lesen sein dürfte). In Dan 8,17 ist בן־אדם aus Ez 2,1 übernommen.

Der Pl. בני־אדם (zur Form בני־האדם s.o. a) bedeutet einzelne Menschen in der Mehrzahl und ist oft poetische Umschreibung für das Menschengeschlecht („die Menschen"): Jer 32,19; Ez 31,14; Dan 10,16; Jo 1,12; Ps 11, 4; 12, 2. 9; 14, 2; 31, 20; 36, 8; 45, 3; 53, 3; 57, 5; 58, 2; 66, 5; 89, 48; 107, 8. 15. 21. 31; 115,16; Spr 15,11. Auch בני־אדם wird öfters in parallelen Wendungen gebraucht: Deut 32, 8 (גוים), 2 Sam 7,14 (אנשים), Jes 52,14; Mi 5, 6 (איש), Ps 21,11 (ארץ), 49, 3; 62,10 (בני־איש), 90, 3 (אנוש), Spr 8, 4. 31 (ארץ/אישים). Gelegentlich wird בני־אדם in einer Genitivkonstruktion sinngemäß mit „menschlich" wiedergegeben, z.B. 2 Sam 7,14 („menschliche Schläge"), Dan 10,16 („menschliche Hand"). In der gleichen Bedeutung wie בני־אדם steht בני־איש in Ps 4, 3 und Kl 3, 33, während in Ps 49, 3 ein Gegensatz zwischen בני־אדם und בני־איש vorzuliegen scheint (vgl. auch Sp. 240). בני איש־אחד hingegen (Gen 42,11. 13) sind die Söhne ein und desselben Mannes.

c) In Qumran findet sich בן־אדם bzw. בן־האדם als Kollektivbezeichnung 1 QH IV 30 bzw. 1 QS XI 20 (4 Q 184. 4, 4?), jedoch in keinem Fall als Bezeichnung für die Gestalt des eschatologischen Heilbringers. Die Verbindung בני־אדם (1 QS XI 6. 15; 1 QH II 24; IV 32; 4 Q 181. 1,1; 11 QPs^{a} XXIV 15 u.ö.) bzw. בני־איש (1 QS III 13; IV 15. 20. 26; 1 QM XI 14; 4 Q 184. 1,17) bedeutet die Menschen bzw. die Menschheit, wobei auch hier, wie im AT (vgl. unten II. 1.), der Gedanke an die menschliche Ohnmacht gegenüber Gott mitschwingt (vgl. 1 QS XI 15; 1 QH V 11. 15; VI 11; XI 6). Im gleichen Sinn steht בני־האדם 1 QH I 27 (CD XII 4 jedoch für „einige Leute"; vgl. XIV 11: כול האדם = quicumque). Bemerkenswert ist, daß der Gebrauch von בני־אדם fast ausschließlich auf hymnische Stücke beschränkt ist (1 QS XI; 1 QH; 11 QPs^{a} XXIV [= Ps 155]; 4 Q 184).

2. Der dem hebr. בן־אדם entsprechende Ausdruck lautet im Aram., in dem das Wort אדם fehlt, בר־אנש (→ אנוש). Noch weniger als בן im Hebr. war בר im Aram. nötig zur Bildung der Individuation, da אנש allein sowohl „einen Menschen" wie „die Menschen", „die Menschheit" bedeuten kann. So sind bis heute nur zwei inschriftliche Belege für בר א(י)נש bekannt: KAI 224,16 (Sefire; 8. Jh. v. Chr.) und die aram.-griech. Bilingue aus Georgien Z. 19f. (JNES 15, 1956, 20. 24; 2. Jh. n. Chr.). In beiden Fällen bedeutet der Ausdruck 'jemand'. In den aram. Teilen des AT bezeichnet die indeterminierte Form אנש unbestimmt einen Menschen (Dan 2,10; 5, 5; 6, 8), כל־אנש ist 'ein jeder', 'wer immer' (Dan

3,10; 5,7; 6,13; Esr 6,11; vgl. כל די אנש 'wer immer' auf einer bei Jerusalem gefundenen Grabinschrift, RB 65, 1958, 409); die determinierte Form אנ(ו)שא steht für Menschen im allgemeinen (Dan 4,13f. 22. 29f.), jedoch finden wir dafür, ohne Bedeutungsunterschied, auch בני־אנשא (Dan 2, 38; 5, 21). בר אנש ist ein von den Tieren emphatisch abgehobenes menschliches Individuum (Dan 7,13).

In den palästinischen Pentateuchtargumen steht normalerweise בר נש für אדם, בר נשא für האדם; hingegen kann das kollektiv verstandene אדם auch durch בני אנשא oder בני נשא wiedergegeben werden. In den Targumen zu den Propheten und Schriften wird בן־אדם zu בר נש(א). In der talmudischen Literatur, Gen r und 1QGenAp haben בר נש(א) bzw. בני נש die breite Bedeutungsskala 'der Mensch', 'ein Mensch', 'jemand' (bzw. 'niemand'), 'Leute', ja in gewissen Zusammenhängen ist בר נש(א) Umschreibung für 'ich' (Vermès).

3. Das bisher einzige phönizische Beispiel für *bn 'dm* = Menschen (par. zu Götter) findet sich auf dem Sockel einer Votivstele aus Memphis (KAI 48, 4; 2./1. Jh. v. Chr.). – In Ugarit ist *bn 'dm* nicht belegt. Völlig unbekannt ist die Wendung dem akkadischen Sprachbereich.

II. 1. Wenn auch die einzig mögliche Wiedergabe von בן־אדם 'Mensch' ist und die Übersetzungen 'Menschensohn' oder 'Menschenkind' abzulehnen sind, läßt sich doch nicht bestreiten, daß der Ausdruck auf die Hinfälligkeit und Schwachheit des Menschen hinweist. Dies ergibt sich schon daraus, daß בן־אדם an fast allen Stellen in betontem Gegensatz zu Gott steht. JHWH steigt hernieder, um den Turm zu besehen, den die בני־אדם gebaut haben (Gen 11, 5). Dem Davidsproß werden zwar Schläge von בני־אדם angedroht, aber die göttliche חסד soll ihm nie entzogen werden (2 Sam 7,14f.). JHWH schaut vom Himmel, von seinem Palast, hinunter auf die בני־אדם (Ps 11, 4; 14, 2; 33,13; 53, 3; Jer 32,19), denen er die Erde als Lebensraum angewiesen hat (Ps 115,16) und die deshalb „unter dem Himmel" sind (Pred 2, 3). Er waltet mit Macht über den בני־אדם (Ps 66, 5), er wirkt seine Wunder unter den בני־אדם (Ps 107, 8.15. 21. 31; vgl. Ps 145,12), diese bergen sich im Schatten seiner Flügel (Ps 36, 8). JHWH nimmt die Frommen in Schutz vor den בני־אדם (Ps 12, 2. 9; 31, 20; 57, 5), diese sind vor ihm nur Hauch (Ps 62,10; vgl. 89, 48; 90, 3), sie steigen zur Grube hinab (Ez 31,14; vgl. Pred 3,19. 21), sind dem Zufall ausgeliefert (Pred 9,12), zur Mühsal bestimmt (Pred 1,13; 3,10). Wenn JHWH Babel zerstört, wird kein בן־אדם mehr darin wohnen (Jer 49,18. 33; 50, 40; 51, 43). Beim בן־אדם ist (im Gegensatz zu JHWH) keine Hilfe (Ps 146, 3). Deshalb vertraut Israel auf JHWH und nicht auf die בני־אדם (Mi 5, 6). Selbst der König ist nur ein בן־אדם und auf den Beistand JHWHs angewiesen (Ps 80,18). Angesichts der Tröstungen JHWHs braucht sich Israel vor den vergänglichen בני־אדם nicht zu fürchten (Jes 51,12).

Hoch über den בני־אדם walten die אלים (Ps 58, 2). Der Anblick des Firmaments macht allerdings faßbar, daß der בן־אדם nur wenig unter Gott steht (Ps 8, 5). In Ps 45, 3 ist der messianische König der schönste unter den בני־אדם. Der Ebed jedoch ist so entstellt, daß er keinem בן־אדם mehr gleicht; um so stärker kontrastiert dagegen seine nachfolgende Erhöhung durch JHWH (Jes 52,14f.). Die göttliche Weisheit wendet sich an die בני־אדם (Spr 8, 4. 31), und das angebotene Heil JHWHs ruft den בן־אדם zur Entscheidung (Jes 56, 2). Dieser ist ja nicht nur physisch, sondern auch moralisch hinfällig. Die בני־האדם tun Böses (Pred 8,11), das allerdings nicht Gott, sondern wieder die בני־אדם trifft (Hi 35, 8). Wenn schon die Sterne nicht rein sind vor Gott, wie sollte es der בן־אדם sein? (Hi 25, 6). Das Herz der בני־האדם ist voller Bosheit (Pred 9, 3), es liegt aber offener vor JHWH als Unterwelt und Abgrund (Spr 15,11).

2. Als gesteigerte Betonung der Gott und Mensch trennenden Distanz ist sicher die Anrede בן־אדם zu verstehen, die im Buch Ez 93mal an den Exilspropheten gerichtet wird (2,1 usw.; vgl. Dan 8,17) – 23mal mit der zusätzlichen Emphase ואתה בן־אדם (zur Unterscheidung der beiden Formeln vgl. C.B. Houk, JBL 88, 1969, 184–190) – und wobei, wie Zimmerli (BK XIII 70) treffend bemerkt, „unausgesprochen das Gegenwort אל mitgehört werden muß". Die befremdende Ausschließlichkeit dieser Anrede ist im Zusammenhang mit der seit Ez einsetzenden einseitigen Betonung der göttlichen Transzendenz zu sehen, wie sie namentlich von der Apokalyptik gepflegt werden wird. Ob man nun Ezechiel den Titel „Vater der Apokalyptik" zuerkennen (so u.a. L. Dürr, Die Stellung des Propheten Ezechiel in der israelitisch-jüdischen Apokalyptik, 1923) oder absprechen will (so u.a. G. Fohrer, Die Hauptprobleme des Buches Ezechiel, BZAW 72, 1952, 164. 264): daß sich bei ihm gewisse typisch apokalyptische Ansätze erstmals finden, ist unbestreitbar (Häufung der Visionen, systematische Ausbeutung der Symbolik, erste Umrisse einer Angelologie u.a.). Von einem zärtlichen Beigeschmack (Dürr 40) hat die Anrede בן־אדם nichts an sich, da sie viel mehr das Trennende als das Verbindende, viel mehr die Herrschaft als die Vaterschaft Gottes hervorhebt. Mehr als anderswo sollte bei Ez die Übersetzung „Menschensohn" vermieden und „Mensch" als die einzig mögliche angesehen werden.

3. Mehr wegen seiner Nachgeschichte als wegen des unmittelbaren Textzusammenhangs ist das Auftreten des בר אנש in Dan 7, 13 von singulärer Bedeutung. Daß auch hier „Mensch" die einzig sinnvolle Übersetzung sein kann, bedarf keiner zusätzlichen Begründung. Des weiteren darf es vor allem seit M. Noth (Die Heiligen des Höchsten; anders Caquot) als gesichert gelten, daß Dan 7 nicht aus einem Guß ist, daß vielmehr eine erste Fassung eine sekundäre Erweiterung und Adaptation erfahren hat (wie übrigens auch in Kap. 2). Diese wird am deutlichsten greifbar im veränderten Inhalt des Begriffs „die Heiligen des Höchsten". Während darunter in der ersten Phase des Textes – hierin ist Noth zweifellos zuzustimmen – himmlische Wesen verstanden werden (was von R. Hanhart zu Unrecht bestritten wird), wird er in der zweiten Phase auf den in der Verfolgung des Antiochus Epiphanes treu gebliebenen Teil des jüdischen Volkes bezogen (so richtig Dequeker 50–54). Fraglich ist einzig, welche Teile der zweiten Phase zuzuweisen sind. Mögen hier auch immer Unsicherheiten bestehen bleiben, so dürfte Dequeker doch grundsätzlich das Richtige getroffen haben.

Zunächst sind gewiß die v. 20–22, wo vom elften Horn die Rede ist und von der Überwältigung der Heiligen, bis der Hochbetagte ihnen im Gericht Macht verleiht und das Reich übergibt, zur Bearbeitung zu rechnen (auf eine Aufteilung in einen ersten und einen zweiten Bearbeiter kann hier verzichtet werden). Erneut setzt der sekundäre Text mit v. 24 (das elfte Horn) ein. Könnten in v. 25a bei der von Noth (Ges. Stud. 286) vorgeschlagenen Übersetzung „er wird Worte gegen den Höchsten reden und die Heiligen des Höchsten schwer kränken" (vgl. auch Colpe 424) mit den „Heiligen des Höchsten" allenfalls himmlische Wesen gemeint sein (was dennoch unwahrscheinlich ist), so trifft dies sicher für v. 25b nicht zu, wonach die Heiligen des Höchsten für 3½ Zeiten in die Gewalt des frechen Königs gegeben werden. In v. 26 befinden wir uns wieder in der Grundschicht, ebenso in v. 27, wo es (mit Dequeker 31. 53) genügt, das Wort עם dem Bearbeiter zur Last zu legen. Denn es geht nicht an, עם קדישי עליונין unter Berufung auf Qumran mit „Schar der Heiligen des Höchsten" zu übersetzen und dabei an himmlische Wesen zu denken (Noth, Colpe). *Nie* bedeutet עם im Dan-Buch etwas anderes als „Volk", und die auffällige Parallele von v. 27 „die Größe der Reiche unter dem ganzen Himmel wird dem Volk der Heiligen des Höchsten gegeben werden" mit 2, 44 „und dieses Reich wird keinem anderen Volk übergeben werden" dürfte hinreichend deutlich machen, daß auch in 7, 27 mit עם ein irdisches Volk gemeint ist.

Es kann aber nicht übersehen werden, daß wir dem Wechsel von primären und sekundären Stücken schon in den v. 8–14 begegnen. Die ursprüngliche Beschreibung der Vision bricht in v. 7 ab und findet in v. 11b. 12 ihre Fortsetzung. Denn wenn der „Hochbetagte" in v. 22 ein sekundäres Element ist, muß er es auch in v. 9f. sein. Dasselbe gilt vom בר נשא, der selbst in der erweiterten Deutung der Vision keine Erwähnung mehr findet. Auch v. 11a dürfte sekundär sein (O. Plöger, KAT XVIII 104; Dequeker 26f.). Mit Sicherheit können die v. 9f. 13f. der Bearbeitung zugeschrieben werden (vgl. Colpe 422f.). Durch eine ganze Reihe gemeinsamer Ausdrücke (עלם, פלח, עם, מלכו, שלטן) erweist sich v. 14 als Abklatsch von v. 27. Damit ist gegeben, daß sowohl die Gestalt des Hochbetagten (v. 9f.) wie die des בר נשא (v. 13f.) zur sekundären Schicht gehören, die die Weltherrschaft nicht für die Engel, sondern für die frommen Juden erwartet. So ist der בר אנש in unzweideutige Beziehung gerückt zu dem als das gläubige Israel verstandenen „(Volk der) Heiligen (des Höchsten)" von v. 21f. 27.

Es können demnach keine Bedenken gegen die Deutung bestehen, wonach der בר אנש, im Gegensatz zu den durch die vier Tiere repräsentierten JHWH-feindlichen Reichen, die von unten kommen, das Reich des JHWH-Volkes darstellt, dessen Existenz von oben her bestimmt ist. Die vage Beschreibung „wie ein Mensch" (כבר אנש) entspricht der der Tiere („wie ein Löwe", v. 4; „gleich einem Bären", v. 5; „wie ein Panther", v. 6) und gehört zum apokalyptischen Stil. Auf einen mysteriösen Charakter des „Menschen" kann daraus nicht geschlossen werden. Ebensowenig läßt sich, unter Verweis auf 10, 16. 18, aufrechterhalten, daß dieser „ein Himmelswesen, d.h. ein Engel oder gar Gott ist" (Colpe 423; ähnlich sieht Coppens [vgl. Coppens/Dequeker 61–67] im בר אנש ein Symbol der Engelscharen). In Dan 10 ist, in offensichtlicher Anlehnung an Ez 1, mit dem איש (v. 5) oder אדם (v. 16. 18) nicht ein Engel, sondern Gott selbst gemeint (vgl. כמראה אדם Dan 10, 18 mit כמראה אדם Ez 1, 26). Da aber Dan 7, 13 der „Hochbetagte" Gott ist, kann der בר אנש nicht auch Gott sein. Dies kann auch daraus nicht entnommen werden, daß er „mit den Wolken des Himmels" kommt. Die Wolken des Himmels sind weniger ein persönliches Attribut des בר אנש als eine Kulisse der himmlischen Szenerie als ganzer.

Für עתיק יומיא als Bezeichnung für JHWH sind die biblischen und ugaritischen Parallelen bekannt (vgl. Sp. 262f.). Der בר אנש wird vor ihn geführt, um die ewige Herrschaft zu empfangen. Daß Israel vor JHWH geführt wird, um das Königtum entgegenzunehmen, hören wir auch bei der Königswahl Sauls 1 Sam 10, 20f. (gleiches Verbum קרב). Dort wird jedoch das Königtum einem Repräsentanten des Volkes übertragen, hier dem ganzen Volk; dort geht es um ein ephemeres Königtum, hier um ein ewiges. Das eine wie das andere Königtum gründet indes im uralten Königtum JHWHs (vgl. H. Wildberger, Jahwes Eigentumsvolk, Zürich 1960, bes. 80–95). So schlägt Dan 7, 13f. einen großen Bogen zurück zu den Anfängen Israels. Nur das macht auch die Bezeichnung עתיק יומיא voll verständlich. Es soll damit nicht nur auf die Ewigkeit JHWHs hingewiesen werden. Vielmehr wird in der Not der Verfolgung das besonders dem DtJes vertraute Theologumenon ausgesprochen, daß Der, der sich in der Vergangenheit als Retter erwiesen hat, sich auch in der Zukunft als Retter erweisen wird; daß Der, der das Erste gewirkt hat, auch das Letzte wirken wird (Jes 41, 4; 43, 10.13; 46, 4; 48, 12; vgl. Ps 102, 26–29).

Zu בן־אדם in den Pseudepigraphen s. ThWNT VIII 425–433.

H. Haag

בָּנָה בִּנְיָה, בִּנְיָן, *מִבְנֶה, תַּבְנִית

I. Zur Wurzel – 1. Etymologie und Vorkommen – 2. Bedeutung und Funktion – II. Allgemeiner Gebrauch – 1. Subjekt des Bauens – 2. Objekt des Bauens – 3. Modalitäten des Bauens – 4. Übertragener Gebrauch – III. Theologischer Gebrauch – 1. Gott baut – 2. Ablehnung des Bauens – 3. Gericht und Heil – 4. Sakralbau – IV. Derivate – 1. *binjāh*, *binjān*, **mibnæh* – 2. *tabnīt*.

Lit.: *W.F. Albright*, Archäologie in Palästina, 1962, passim. – *W. Andrae*, Das Gotteshaus und die Urformen des Bauens im Alten Orient, 1930. – *Ders.*, Kultbau im Alten Orient (Mélanges Syriens offerts à M.R. Dussaud II, 1939, 867–871). – *M. Avi-Yonah–S. Yeivin–M. Stekelis*, Die Altertümer Israels (in Hebr.) I, Tel Aviv 1955, passim. – *R. Bach*, Bauen und Pflanzen (Studien zur Theologie der alttestamentlichen Überlieferungen. Festschrift für G. v. Rad, 1961, 7–32). – *A.-G. Barrois*, Manuel d'Archéologie Biblique I–II, Paris 1939–1953, passim. – *H.K. Beebe*, Ancient Palestinian Dwellings (BA 31, 1968, 38–58). – *J. Benzinger*, Hebräische Archäologie, ^{3}1927, passim. – *G.J. Botterweck–G. Cornfeld*, Hrsg., Die Bibel und ihre Welt, 2 Bde. 1969, Artik.: Ausgrabungen in Palästina, Stadtanlage (israelitische), Tempel. – *Th.A. Busink*, Der Tempel von Jerusalem, Bd. 1: Der Tempel Salomos, Leiden 1970. – *D. Conrad*, Studien zum Altargesetz, Ex 20: 24–26, Diss. ev. theol., 1968. – *G. Dalman*, Arbeit und Sitte in Palästina, Bd. VII, 1942, 1–175. – *H.J. Franken–C.A. Franken-Battershill*, A Primer of Old Testament Archaeology, Leiden 1963. – *K.M. Kenyon*, Archäologie im Heiligen Land, 1967, passim. – *O. Michel*, οἰκοδομέω (ThWNT V 139–147, bes. 139–140). – *H.H. Nelson–L. Oppenheim–G.E. Wright*, The Significance of the Temple in the Ancient Near East (BA 7, 1944, 41–63. 66–77). – *M. Noth*, Die Welt des Alten Testaments, ^{4}1962, passim. – *Ders.*, Könige, BK IX/1, 1968, 95–167. – *N. Poulssen*, König und Tempel im Glaubenszeugnis des Alten Testamentes, SBM 3, 1967. – *R. de Vaux*, Das Alte Testament und seine Lebensordnungen II, ^{2}1966, passim. – *C. Watzinger*, Denkmäler Palästinas I, 1933; II, 1935, passim. – *G.E. Wright*, Biblische Archäologie, 1958. – *W. Zimmerli*, Ezechiel, BK XIII/2, 1969, 980–1249.

I. 1. בנה ist eine den verschiedenen semit. Sprachen bekannte Wurzel, die im Ugar. (*bnj*), Moabit. (Mešaʿ-Stele, Z. 9), Phön., Altaram., Bibl.-Aram., Arab. u.a. belegt ist. Mit den Radikalen בנה (bzw. *bnj* oder *bnw*) ist die Bedeutung 'bauen' verbunden, im Akk. (*banû* AHw 103, CAD 2, 83ff.), wahrscheinlich auch im Ugar. (J. Gray, VTS 5, 1957, 189), darüber hinaus die Bedeutung 'schaffen'. Im Hebr. und Bibl.-Aram. herrscht die Bedeutung von 'bauen' vor, zu der es verschiedene Abwandlungen gibt, die aber alle auf die Grundbedeutung zurückgeführt werden können. Der Gebrauch von בנה ist nicht auf bestimmte literarische Komplexe des AT beschränkt. Allerdings fehlt in Lev, Jo, Ob, Jon, Nah und Esth jede Bezeugung von בנה oder eines der Derivate. Mit den bibl.-aram. Belegen zusammen erscheinen im AT rund 390 Verbformen, zumeist im *qal* (aram. *p^{e}ʿal*), in geringerer Anzahl auch im *niph* (aram. *hitp^{e}ʿel*), was dann passivisch verstanden sein will ('gebaut werden'). Durch das Korrespondenzverhältnis zu anderen Verben des handwerklichen Schaffens erfährt בנה im AT häufig eine stärkere Präzisierung. בנה steht immer wieder in Parallele zu עשה, כון (*hiph*), יסד (*pi*), קום (*hiph*), חצב, נטה, חזק (*pi* und *hiph*), עמד (*hiph*) und anderen Verben, die noch weiter ins Detail führen. בנה kann den Akk. des Stoffes regieren (s. Brockelmann, Synt., zum Stichwort Akkusativ), häufig steht deswegen bei בנה ein doppelter Akk. Die Zweckbestimmung wird unterschiedlich zum Ausdruck gebracht, sowohl durch Inf. cstr. mit ל, als auch durch direkte präpositionale Angaben, gelegentlich schließlich durch parataktische Verbalsätze ('er baute und wohnte'; vgl. Deut 8, 12; 1 Kön 12, 25). Durch diese kontextualen Verlautbarungen ist ein ziemlich genaues Bild von den Funktionsbereichen der Wurzel בנה zu rekonstruieren. בנה wird in der überwiegenden Mehrzahl der Stellen eigentlich gebraucht, begegnet aber auch bei einem beachtlichen Prozentsatz der Belege in übertragener Bedeutung, wobei aber der Bildinhalt nicht verlassen wird.

Auf die Wurzel בנה lassen sich einige Nomina zurückführen, wobei *binjān* ('Bauwerk'), *binjāh* ('Gebäude', 'Tempel'), *mibnæh* (das 'Bauen', der 'Bau') nur bei Ez vorkommen, während *tabnīt* ('Modell', 'Abbild', 'Gebilde', 'Darstellung', 'Bauplan') auch in anderen Zusammenhängen gebraucht wird, allerdings – wie es scheint – durchweg in späten Texten. Die Zahl der Nominalbildungen von בנה (inklusive eines aram. Belegs [**binjān* Esr 5, 4]) beträgt noch einmal

29. Hinzugezählt werden müßten grundsätzlich auch die mit בנה (*bnj*) zusammengesetzten Eigen- und Ortsnamen (z.B. Benajahu, Jabneh usw.), in denen Funktionsweisen von בנה im eigentlichen *und* im übertragenen Sinne zum Ausdruck gebracht sind. Auch → *bēn* und *bat* gehören zu den Derivaten von *bnh/bnj* (vgl. KBL³ und WUS, Nr. 534).
2. בנה führt in den Bereich des Handwerklichen hinein, in dem aus verschiedenen Materialien materielle Produkte hergestellt werden. בנה verlangt deshalb logischerweise ein personales Subjekt, das sowohl ein Individuum als auch ein Kollektivum sein kann. An zwei Stellen ist in der Weisheitsliteratur das Subjekt ein Abstraktum (die 'Weisheit' חכמות Spr 9,1; 14,1), das allerdings personifiziert gedacht ist. Als Objekt werden im eigentlichen Gebrauch von בנה immer nur äußerliche, dinglich-massive Gegenstände genannt. Beachtet werden muß der Tatbestand, daß mit בנה nicht schlechthin ein Handeln an einem Objekt, sondern dessen Existentwerdung umschrieben wird. Mit der Benennung des Existent-Gewordenen ist oft eo ipso die Zweckbestimmung angegeben, allerdings wird diese gelegentlich durch weitere formale oder syntaktische Zusätze präzisiert (s.o. I.1.). Im übertragenen Sinne funktioniert בנה häufig zwischen zwei personalen Größen, es begegnet in Vergleichen und Symbolisierungen (z.B. Am 9,11 die 'zerfallene Hütte Davids', die wieder gebaut werden soll; in Ps 89, 3 ist Objekt ein Abstraktum: חסד). Durch den Kontext, den doppelten Akk., durch präpositionale Bestimmungen und durch Parallel-Ausdrücke erfährt בנה in seiner Bedeutung Modifizierungen, die in der Übersetzung Berücksichtigung finden sollten. Neben 'bauen' begegnen Termini wie 'aufbauen', 'wiederaufbauen', 'ausbauen', 'anbauen', 'abbauen', 'gründen', 'errichten', 'hochziehen', '(be-)festigen', 'restaurieren', 'verfertigen', '(Wall) aufwerfen' u.a.m., Begriffe, die alle im Horizont der Grundbedeutung bleiben. Sie stellen z.T. gegenüber 'bauen' eine Funktionsbeschränkung dar und beschreiben einen Teilaspekt der Bautätigkeit, der zum 'Bau' beiträgt. 'Bauen' hat es grundsätzlich immer mit 'Schaffen' und 'Existent-werden-Lassen' zu tun, in dem Begriff funktionieren schöpferische Potenzen mit. Der Kontext verdeutlicht auch die Modalitäten, unter denen sich בנה zuträgt, hier sind Angaben im Detail und Nachweise von spezialisiertem 'Bauen' möglich. בנה findet Verwendung bei der Beschreibung des Profan- und Sakralbaus, sowie der Verfertigung von einzelnen größeren bzw. kleineren Gegenständen (Häuser, Türme, Tore, Mauern, Städte usw., Tempel, Altäre, Kultgegenstände usw.) und bei der Erwähnung von kriegstechnischen Bauten (Befestigungen, Burgen, Wälle usw.). Übertragen gebraucht wird בנה für den 'Aufbau' einer Familie, eines Volkes, einer Dynastie, eines einzelnen, sowie für die Darstellung schöpfungstheologischer Zusammenhänge.

II. 1. Mit dem Übergang zur sedentären Kultur und Lebensweise tritt auch bei den israelitischen Stämmen zunächst neben die Errichtung der Hütte (עשה סכה) und das Ausspannen des Zeltes (נטה אהל) und dann später anstelle dieser Wohnherrichtungen der Häuserbau (בנה בית), Gen 33,17 (J). 19 (E). Der Bau (z.T. Wiederaufbau) von Ansiedlungen und Städten durch einzelne Stämme wird wiederholt in summarischen Notizen bezeugt, Num 32, 34–38; Ri 18, 28; 21, 23. Als kollektives Subjekt der Bautätigkeit ist gelegentlich eine Stadt erwähnt (Assur baut Ninive, Gen 10,11). 'Israel' baut im Frondienst für Ramses Vorratsstädte (Ex 1,11), und Israel und Juda werden als Kollektive in einer begründeten Unheilsankündigung des Hosea auf ihre 'widergöttliche' Bautätigkeit hin angesprochen (8,14; vgl. Am 3,13–15). Innerhalb der Volkseinheiten sind einzelne Stände und Gruppen als Bauherren genannt (Mi 3,10). Häufig werden Bauvorhaben einzelner erwähnt, vornehmlich die der Könige. Bekannt sind die Bauten Davids und Salomos (2 Sam 5, 9; 1 Kön 5–9, passim; Salomos Baulust, 1 Kön 9,19: חשק לבנות). Das AT erwähnt ausführlich die Städte- und Palastbauten (bzw. -Ausbauten) der israelitischen und judäischen Könige. Nach 1 Chr 7, 24 gelten *Bēt-Ḥōrōn* und *'Uzzēn-Šæ'ærāh* als von einer Frau erbaut (*Šæ'ærāh*, Enkelin Ephraims, Tochter eines *Beri'āh*). Selbstverständlich sind die Bauten nicht von den Einzelpersonen eigenhändig durchgeführt worden, am ehesten ist dies noch bei dem 'Statthalter Nehemia' denkbar (Neh 3–4), nach Neh 3,1 legen der Hohepriester Eljašib und seine Brüder, die Priester, selber mit Hand an das Werk. Ansonsten stehen für die Bauausführung zahllose Fronarbeiter (1 Kön 5, 27–28; 9, 20–21), sowie gemietete Bauarbeiter und Bauspezialisten zur Verfügung (1 Kön 5, 20. 32; 2 Kön 12,12; 22, 6 [*hab*]*bōnīm*). Besonders Tyrus ist bekannt dafür, daß es Kunstbausachverständige hat (Ez 27, 4). Strenggenommen müßte בנה in diesem Zusammenhang mit 'bauen lassen' übersetzt werden, doch dies ist auch im Deutschen unüblich. Israel weiß um früh- bzw. vorgeschichtliche Baukultur; in der vom J mitgeteilten Kain-Genealogie gilt bereits Kain selber (oder Henoch?) als Erbauer einer Stadt (Gen 4,17). Es ist nicht ausgemacht, ob der J mit der Aufnahme dieser Notiz aus den Kaintraditionen behutsam eine Kulturkritik andeuten wollte. In der Weisheitsliteratur werden 'Weisheit' und 'Torheit' personifiziert und können Subjekt von verschiedenen Handlungen sein, so die Weisheit von Bautätigkeiten (Spr 9,1; 14,1). Sie gelten als menschliche Potenzen, in dieser Eigenschaft wird ihnen eigene Subjekthaftigkeit im Bilde oder im Gleichnis zuerkannt. Zum Ganzen vgl. BRL, 81–83.

2. Die Skala der Objekte (die Liste der 'Bauten'), die im AT mit בנה in Beziehung gesetzt sind, ist breit, vor allem wenn die Tätigkeitsmerkmale des Kontextes berücksichtigt werden, die ja den Funktionsbereich von בנה mitdefinieren. Für die archäologischen und kulturgeschichtlichen Einzelheiten muß auf die einschlägigen Archäologien und Spezialpublikationen verwiesen werden. Auch ist es hier nicht möglich, vollständig zu registrieren und im Detail zu erörtern, welche Objekte בנה im AT regiert. Immerhin ist ein allgemeiner Überblick für das Verständnis von בנה nicht uninteressant. Statistisch an erster Stelle rangiert der Städte-(bzw. Stadt-)Bau. Völker, Stämme, Könige, Einzelpersonen bauen Städte (Gen 4,17; 10,11; 11, 4. 8; Num 32; Ri 18, 28; 21, 23; 1 Kön 12, 25), schöne und große (Deut 6,10; Jos 24,13), festgefügt (Num 21, 27), zusammen mit Tochtergründungen (*b^enōtæhā*, 1 Chr 8,12). In der Nehemia-Zeit legen *hamm^ešōr^arim* für sich rings um Jerusalem Siedlungen (*ḥ^aṣērim*) an (Neh 12, 29). Jerusalem ist die *b^enūjāh*, die gebaute Stadt, Baumeister ist JHWH selber (Ps 122, 3; 147, 2), sie gilt dann als die wiederaufzubauende 'Stadt der Gräber der Väter' (Neh 2, 5). Zerstörte Städte (Trümmerstätten, *ḥorbōt 'ōlām, hæḥ^orābōt*) werden wieder aufgebaut bzw. restauriert (Jer 31, 38; Ez 36,10.33; Jes 58,12; 61, 4; z.T. *bānāh* zusammen mit *j^eqōmēm* und *ḥiddēš*). Omri erwirbt den Berg Samaria und (be-)baut ihn (gemeint ist: mit einer Stadt; 1 Kön 16, 24). Wiederholt ist beim Bau einer Stadt deren Befestigung erwähnt, der Bau von *'ārē māṣōr* (2 Chr 8, 5), *'ārē m^eṣūrīm* (2 Chr 11, 6–10), *'ārē mibṣār* (Num 32, 36), *'ārīm b^eṣūrōt* (Hos 8,14). Gelegentlich geht der Charakter der Festung nur aus dem Kontext hervor, wie z.B. bei der Erwähnung des Baus von Rama durch Baesa (1 Kön 15,17). Es gibt neben Wohnstädten Vorratsstädte (Ex 1,11; 1 Kön 9,19: *'ārē [ham-]misk^enōt*), Wagen- und Reiterstädte (*'ārē hārækæb*; *'ārē happārāšīm*; 1 Kön 9,19; 2 Chr 8, 4–7). In späten Texten wird der Bau von 'Burgen' genannt (2 Chr 17,12; 27, 4, *bīrānijjōt*). – An zweiter Stelle ist auf die mit einer Stadtanlage unmittelbar verbundenen Einzelbauten hinzuweisen, über die es im AT erstaunlich detaillierte Angaben gibt, freilich z.T. durch Synonyma zum Ausdruck gebracht, die בנה präzisieren, z.B. 1 Kön 16, 34, Wiederaufbau Jerichos durch Fundamentierung (יסד im *pi*) und durch das Einsetzen von Toren (נצב im *hiph* mit *d^elātæhā*). Die Errichtung einer Mauer oder deren Ausbesserung (bzw. Schließung von Rissen und Lücken) spielt dabei eine große Rolle (1 Kön 3,1 *ḥōmat Jerūšālajim sābīb*; 2 Chr 27, 3 die Mauer des Ophel; Ps 51, 20; 2 Chr 8, 5; 14, 6; 32, 5; Neh 2,17; 3, 35. 38; Mi 7,11 *gādēr*). Möglicherweise ist mit *sābīb* in 2 Sam 5, 9 eine Mauer gemeint. Zur Mauer gehören Toranlagen, Türen und Riegel (2 Chr 8, 5; 14, 6; Neh 3,1. 3.13). Mit den unterschiedlichen Bezeichnungen sind vielleicht doch nicht nur Synonyma, sondern Differenzierungen des Gegenstandes (z.B. Tor und Türflügel) gemeint. Neh 3, 35 ist eine 'Steinmauer' erwähnt. Auf der Mauer können Türme und Zinnen angebracht sein (*hammigdālōt, ṭīrat kæsæf*, 2 Chr 32, 5; HL 8, 9–10). Mit der Nennung des → *migdāl* ist ein weiteres Einzelbauelement innerhalb eines Stadtgebildes genannt, das zur Befestigung dient (Gen 11, 4; 2 Chr 14, 6; 26, 9). Allerdings werden auch Wachttürme im Weinberg (Jes 5, 2) oder auf dem Acker (2 Chr 27, 4), ja selbst in der Steppe (2 Chr 26,10) errichtet (בנה). Salomo baut in Jerusalem eine Art Akropolis (aus), die im Hebr. *millō'* genannt wird (1 Kön 9,15. 24; 11, 27). Innerhalb der Stadt begegnen Häuser (*bajit, bāttīm*) und Paläste (*bajit* 2 Sam 5,9; 1 Kön 7,1–2; 10, 4; *hēkāl* Hos 8,14; *'armōn* Jer 30,18; vgl. BRL). Der Hausbau gehört zu den Grundfunktionen sedentären menschlichen Daseins (Gen 33,17; Deut 8,12; 20, 5; 22, 8; 28, 30). Für die Errichtung eines *bajit ḥādāš* gelten nach dem deut Gesetz besondere Bestimmungen (z.B. Geländerpflicht auf dem Dach, Deut 22, 8, Schutz des Erbauers zwischen Bau und Einweihung [Nutzung] des Hauses, Deut 20, 5). Luxuriöse Bauausführung bezeugt 1 Kön 22, 39; vgl. Am 3,15 (Ahab baut *bēt haššēn*). Amos erwähnt den Quaderbau (*bāttē gāzīt*, 5,11; vgl. Jes 9, 9). Der Söller- (bzw. Obergemach-) Bau (Am 9, 6 cj.) sowie das Einziehen einer Binnenwand (*ḥajiṣ* Ez 13,10, s. KBL^2) werden mit בנה in Verbindung gebracht. Abgesehen vom sakralen Hausbau (Tempel usw. s.u.) begegnen im Funktionsbereich von בנה in bezug auf den Hausbau nicht weitere Differenzierungen. Der Bau von Hürde (*g^edērāh*, KBL^3 'Steinpferch') und Haus bzw. Stadt beschreibt in Num 32,16. 36 den Beginn der Seßhaftwerdung. Daß Gräber in der Stadt errichtet worden sind, nennt Neh 2, 5. Die *ḥ^orābōt*, die sich nach Hi 3,14 Könige und Landräte erbauen, sind in der Bedeutung umstritten (Grabstätte, Pyramide).

Einen dritten Bereich von Objekten zu בנה stellen kriegstechnische Bauten dar. Erwähnt wurden bereits Turm, Mauer, Zinne, befestigte Stadt, Burg, sozusagen die binnenstädtischen Anlagen, erwähnt werden sollte noch das Aufwerfen (בנה) von Wallanlagen zum Zwecke der Belagerung, z.B. *māṣōr* (Deut 20, 20 Angriffswall; in Sach 9, 3 Verteidigungswall), dann *dājēq* (*sābīb*) (2 Kön 25,1; Jer 52, 4; Ez 17,17; 21, 27; detailliert im Bericht über die symbolische Handlung des Ez, 4, 2) und *m^eṣōdīm g^edōlīm* (Pred 9,14, s. Kommentare z. St., cj. m^e*ṣūrīm*). Zur Bezeichnung des nach dem Kampf unbestattet liegengebliebenen (übersehenen) Toten wird neben diesem (*'æṣlō*) ein *ṣijjūn* (Mal) errichtet (בנה), bis die Totengräber ihres Amtes gewaltet haben (Ez 39,15). Schließlich findet sich als Objekt zu בנה in Ez 27, 5 ein Bauteil des Schiffes, die Schiffsplanke (*lūaḥ, kol-lūḥōtajim*), doch gerade an dieser Stelle ist die Berücksichtigung des Kontextes für die Erfassung der Details im Schiffsbau wichtig, da diese nicht allein mit בנה umschrieben werden (Ez 27, 5–7).

3. Das AT kennt – wie schon angedeutet – den Bausachverständigen, den Bauarbeiter, den Spezialisten. Auszugehen ist von dem Partizip aktiv *qal* von בנה *bōnæh* (bzw. *bōnīm*), den dazugehörigen Verben und den kontextualen Präzisierungen. So behauen (פסל) z.B. die Bauleute Salomos und Hirams Steine doch offenbar für den Palastbau (1 Kön 5, 32), sie richten aber auch Holz und Steine her für den Bauvorgang (כון im *hiph* לבנות הבית). Vorher wählen sie Steine zum Bau aus, und 'verwerfen' ihrer Meinung nach untaugliche (מאס, Ps 118, 22). Andere *bōnīm* fundamentieren (*jiss^{e}dū*, Esr 3,10), wieder andere vervollkommnen die Schönheit eines Bauwerkes (Ez 27, 4: *kāl^{e}lū*). Andererseits sind nach 2 Sam 5,11 (1 Chr 14,1) *ḥārāšē 'ēṣ* und *ḥārāšē 'æbæn*, sowie *ḥārāšē qīr* Subjekt zu *wajjibnū*. Zimmerleute, Steinmetzen, *gōd^{e}rīm, ḥōṣ^{e}bē hā'æbæn, 'ōśē hamm^{e}lā'kāh* (2 Kön 12,12; 22, 6), sowie der *ḥōrēš n^{e}ḥōšæt* (1 Kön 7,14) stehen in Parallele zu *bōnīm*. Daraus darf geschlossen werden, daß der Funktionsradius von בנה auch den spezialisierten Bau umschließt. Eine Spruchsentenz bringt darum auch den Hausbau mit *ḥokmāh* und *t^{e}būnāh* zusammen (Spr 24, 3; vgl. 9,1; 14,1; Weisheit und Einsicht als Instrumente des Bauens). In 1 Kön 7,14 tritt noch *da'at* hinzu, die der Metallfacharbeiter besitzen muß, allerdings hier nicht im unmittelbaren Zusammenhang mit בנה gebraucht. – An Baumaterialien werden Steine (Neh 3, 35), Ziegel und Quadern (1 Kön 15, 22; Am 5,11; Jes 9, 9) und vor allem verschiedene Arten von Holz erwähnt (1 Kön 15, 22), vor allem Zedern (2 Sam 5,11; Ez 27, 5; Jer 22,14–15), Zypressen und Eichen (Ez 27, 5–7), während der Bau mit Obstbaumholz nach Deut 20, 20 verboten ist. Hinzu tritt Elfenbein (1 Kön 22, 39; Ez 27, 6), Silber (HL 8, 9), sowie Erz und 'kostbarer Stein' (1 Kön 7, 9.14ff., allerdings nur im Kontext erwähnt, nicht direkt zu בנה genannt). Daraus ergibt sich, daß im AT noch weitere 'Baumaterialien' zu registrieren sind und daß die bei בנה genannten nur einen Ausschnitt darstellen. Merkwürdigerweise begegnen im Umkreis von Konstruktionen mit בנה keinerlei Bauwerkzeuge (Ausnahme 1 Kön 6,7). An mehreren Stellen im AT finden sich noch Einzelangaben zum Baugeschehen, z.B. in 1 Kön 7 (Vorhalle, Säulen, Kapitäle usw.), in HL 4, 4 (Turm mit Steinvorsprüngen oder Steinschichten, s. KBL[2]), in Jer 22,14–15 (geräumiges, luftiges Obergemach), wiederum Hinweis darauf, daß בנה im AT für die Bezeichnung ganz unterschiedlicher Arten des Baugeschehens Verwendung findet, allgemeiner Bau, Spezialbau, bis hin zur Anfertigung künstlerischer Verschönerungen, daß es aber nicht möglich ist, Schlußfolgerungen aus dem Fehlen von בנה in bestimmten bauphänomenologischen Zusammenhängen zu ziehen. In 1 Kön 7 ist z.B. der Kontext, in dem sehr spezifizierte Mitteilungen über den Palastbau Salomos gemacht werden (mit ganz anderen Verben!), der aber nach v. 1–2 unter die grundsätzliche Bezeichnung von בנה gerafft ist, sehr breit.

4. Werden Bauvorgänge als Gleichnis, Symbol oder Bild gebraucht, so kann בנה eine übertragene Bedeutung gewinnen. Die Funktionalitäten von בנה werden zum Darstellungsmittel für Sachverhalte in Bereichen, die mit dem Bauen an sich nichts zu tun haben. Die Hoffnungen, die falsche Propheten bei ihren Hörern erwecken, gleichen dem unverantwortlichen Tun eines Bauherrn, der die Festigkeit einer ohne Mörtel gesetzten Wand mit Hilfe von Tünche vortäuscht (Ez 13,10). Ez bildet in einer symbolischen Handlung die Belagerung Jerusalems ab (symbolischer Wallbau, 4, 2). Jeremia soll Festung, eiserne Säule und eherne Mauer sein (1,18), Übertragung eines Bildes aus dem Bauwesen auf eine geschichtliche Funktion! Er wird von JHWH eingesetzt über (על) die Völker zum Zwecke des Einreißens und Zerstörens, aber auch des Pflanzens und Bauens (לבנות). Verglichen wird hier nicht das Sein, sondern das Tun des Propheten als das eines Baumeisters (Jer 1,10; vgl. 18, 9; s. R. Bach, Festschr. G.v. Rad, 1961, 7–32). Es gibt die Zeit zum Bauen und die Zeit zum Einreißen, alles hat seine Zeit (Pred 3, 3). In den Beschreibungsliedern des HL werden Körpervorzüge mit Bauwerken verglichen (HL 4, 4 'dein Nacken ist *k^{e}migdal Dāwīd ... bānūj l^{e}talpijjōt*'; vgl. 8, 9). Unter bestimmten Voraussetzungen (Bekenntnisschwur *ḥaj JHWH*) werden Nachbarvölker in das Volk Israel eingebaut (Jer 12,16 *w^{e}nibnū b^{e}tōk 'ammī*). Hierher gehört auch der Gedanke des 'Auferbautwerdens' (einer Sippe bzw. eines Volkes) durch Nachkommenschaft (Gen 16, 2; 30, 3 בנה im *niph*; Ruth 4,11: Lea und Rahel haben den *bēt Jiśrā'ēl* gebaut [*bānū*]). Das 'Haus seines Bruders bauen' ist Fachterminus im deut Leviratsgesetz (Deut 25, 9). In der Dynastiezusage an David durch Nathan findet die Wendung בנה בית Verwendung (2 Sam 7). Es ist nicht schwer einzusehen, daß der übertragene Gebrauch von בנה eine große Rolle in der Umschreibung theologischer Sachverhalte spielt (s. III.).

III. 1. Im AT wird selbstverständlich auch Gott als Subjekt von בנה-Tätigkeiten vorgestellt, ganz dinglich-massiv z.B. in der Schöpfungstheologie des J (Gen 2, 22 'und JHWH baute die Rippe ... zu einer Frau'), in doxologischen Zusammenhängen, etwa in der Amos-Überlieferung (9, 6 das von JHWH in den Himmel gebaute Obergemach und das auf Erden gegründete Baugefüge; vgl. Ps 104, 2–3), in heilstheologischen Aussagen, die schöpfungstheologisch konzipiert sind (Ps 78, 69 das von JHWH gebaute Heiligtum, das so festgegründet ist wie die Himmelshöhen und wie die Grundfesten der Erde; vgl. Jes 66,1–2). Dann ist Ps 89, 3 zu nennen, wonach Gottes Huld als festgebaut und Gottes Treue als in die Himmel festgefügt gepriesen werden. JHWH gilt als der Baumeister Jerusalems (*bōnēh Jᵉrūšālajim*) und seines Heiligtums (Ps 78, 69; 147, 2), selbst wenn Menschen die Bauausführung vorgenommen haben (Jer 32, 31). Er wird auch den in Trümmern liegenden Zion wieder aufbauen (Ps 102,15–17). Das befestigte Jerusalem ist Gegenstand des Jubels der Pilger (Ps 122,1–3). JHWH veranlaßt und verwehrt den Tempelbau (2 Sam 7, 5.7.13; 1 Chr 17, 4. 6.12). Überhaupt wird nichts aus einem Hausbau, wo JHWH nicht mit daran baut; vergeblich mühen sich die Bauleute ohne JHWH (Ps 127,1). Er verfügt frei über von Menschen Gebautes (Deut 6,10; Jos 24,13) und gibt es, wem er will. Kriegstechnik (Wälle) nützt dem Krieger nichts ohne JHWHs Willen (Ez 17,17; aber s. 21, 27). Im Verfolg dieser streng deterministischen theologischen Grundanschauung hat Gott nicht allein die Macht zu bauen, sondern auch einzureißen. Dieses Motiv, das insbesondere bei Jer anzutreffen ist (45, 4), wird noch um die Bildmaterie des Pflanzens und Ausreutens erweitert (Jer 1,10; 18, 9; 24, 6; 42,10; Mal 1, 4). Wo Gott einreißt, kann ohne sein Zutun nicht wieder aufgebaut werden (Hi 12,14). Daß dieser Funktionalzusammenhang von בנה in den Raum der Geschichte übertragen wird, zeigen verschiedene schon genannte und andere Stellen (Jer 31, 4: 'ich werde dich wieder bauen, und du sollst aufgebaut werden, *bᵉtūlat Jiśrā'ēl*!'; Jer 31, 28; 33,7; Ez 36, 36). Besonders deutlich wird dies bei Dynastiezusagen, bei denen die Bildwirklichkeit von בנה durch den übertragenen Gebrauch von בית (= Nachkommenschaft, Same, Dynastie) gerechtfertigt ist (2 Sam 7,11. 27; Ps 89, 5 [mit *zæra'* und *kissē'*]; 1 Chr 17,10. 25; Wiederaufbau der zerfallenden *sukkat Dāwid*, Am 9,11; Dynastiezusage an Jerobeam, 1 Kön 11, 38; Zusage des *bajit næ'æmān* für den anstelle von Eli einzusetzenden treuen und loyalen Priester, 1 Sam 2, 35). Individuelles Wohlergehen wird verstanden als 'Auferbauung' durch Gott (Hi 22, 23, 'wenn du zu *šaddaj* umkehrst, wirst du erbaut werden'). Wider Frevler und Übeltäter vermag der Fromme zu beten: JHWH möge sie einreißen und nicht wieder bauen! (Ps 28, 5). Schwer zu ertragen ist der Tatbestand, daß *gam nibnū 'ōśē riš'āh*, daß 'auferbaut sind, die Böses tun' (Mal 3,15).

2. Die Rekabiten, die als besonders treue JHWH-Verehrer galten (2 Kön 10), lehnen auf Grund eines nomadischen Ideals die entscheidenden Güter des Kulturlandes ab, darunter den Hausbau (Jer 35,7–9). Der Pred empfindet das Bemühen um Kultur (darunter *bānītī lī bāttīm*) als nichtig und nutzlos (2, 4.11). Die königliche Gier nach Luxus und Repräsentation des Jojakim, die sich im großzügigen Palastbau äußert, wird von Jeremia gegeißelt, da sie sich auf der dunklen Folie des Mangels an Recht und Gerechtigkeit verwirklicht (Jer 22,13–15). 'Bau des Hauses ohne Gerechtigkeit' wird transparent für die Unsicherheit des gesamten Staatsgefüges. Rund 100 Jahre vor Jeremia kündigt Micha der Jerusalemer Oberschicht Unheil an, weil sie den Zion *bᵉdāmīm* und Jerusalem *bᵉ'awlāh* baut (Mi 3,10; vgl. Hab 2,12). Mag in diesen Prophetenstellen die soziale Frage aufgeworfen sein (Fronarbeit), so sind diese Sachverhalte zum Anlaß von Grundsatzerklärungen genommen worden. Beständigkeit und Festigkeit eines Baus hängen letztlich vom Tun des Willens JHWHs, vom Üben des Rechts und der Gerechtigkeit ab. Das AT weiß vom hybriden Bauen (etwa zur eigenen Ehre) zu berichten (Gen 11, 4). Hosea klagt darüber, daß Israel und Juda über dem Bau von Palästen und Städten JHWH, ihren Schöpfer, vergaßen (8,14). Das jeweils angekündigte Unheil besteht darin, daß JHWH das Gebaute zerstört.

3. Neben dem durch JHWH bewirkten Einreißen gilt als Gericht oder Fluch der Umstand, daß gebaute Häuser zum Wohnen nicht genutzt werden können (Zeph 1,13; Deut 28, 30). Auch das Verdikt, daß eine Stadt nicht wieder gebaut werden darf, gehört zur Gerichtsdeklaration im AT (Deut 13,17; Ez 26,14; Jos 6, 26 [1 Kön 16, 34 Wiederaufbau Jerichos nur möglich um den Preis des Kindopfers]; Jes 25, 2). Selbst der erklärte Bauwille des Menschen vermag den Gerichtswillen Gottes nicht zu überwinden (Mal 1, 4). – Umgekehrt muß die ausdrückliche Gewährung des Wohnenbleibendürfens (bauen und wohnen) als Heilsgabe angesehen werden (Ez 28, 26; Ps 69, 36; Jes 44, 26; 65, 21–22). Die Weisung Jeremias in dem Brief an die babylonische Exulantenschaft, Häuser zu bauen, Gärten anzupflanzen, Familien zu gründen, gilt als hoffnungs- und heilvolles Zeichen der Gottestreue (Jer 29, 5. 28). Die Zeit des Heils ist durch eine aktive Bau- bzw. Wiederaufbautätigkeit gekennzeichnet. Zur Charakterisierung der Heilszeit werden alle Funktionsweisen von בנה, auch der übertragene Gebrauch, bemüht. Subjekt

dieser Heilszuwendung ist JHWH (Ez 36,10. 33. 36; 28, 26; Jer 30,18; 31, 38[-40]), auch wenn er sich dazu menschlicher Größen bedient, wie z.B. des Kyros (Jes 44, 28) oder Fremder (Jes 60,10). Jerusalem, die Städte (Ps 69, 36; Jes 58,12; 61, 4), die Mauern (Mi 7,11; Ps 51, 20; Neh 2, 5. 17–20; 3,1), Weinberge und Ackerwirtschaft, insbesondere aber der Tempel sollen wiederaufgebaut werden (Jes 44, 28; Esr 1, 2[–5]; Ps 102,15–17; Hag 1; Sach 1,16; 6,12–13.15; 8, 9). Die Wiederherstellung (בנה) Israels als *bēt Jiśrā'ēl* oder *b^etūlat Jiśrā'ēl*, als geschichtliche Größe (Jer 24, 6; 31, 4. 28; 33,7; Am 9,14–15), und die Wiedererrichtung der David-Dynastie (Am 9,11) bestimmen den Heilserwartungshorizont Israels. So ist im Grunde die Betätigung von בנה Ausdruck der von Gott gewollten heilen Welt.

4. Kultstätten, Altäre, Tempel, Heiligtümer sind im gesamten AT Gegenstand menschlichen Bauens, das entweder von JHWH verordnet, zumindest veranlaßt ist oder von seiten des Menschen auf ein Gotteshandeln antwortet. – Bis in die früheste Geschichte hinauf wird der Bau eines Altars (*mizbēaḥ*) bezeugt (Gen 8, 20 Noah). J und E lassen in den von ihnen überlieferten Erzvätergeschichten die Patriarchen an den verschiedensten Orten Palästinas (oder auf dem Gottesberg) Altäre bauen (Gen 12,7 Abraham in Sichem; 12, 8 A. in Bethel; 13,18 A. in Mamre-Hebron; 22, 9 A. auf dem Berge Moria; 26, 25 Isaak in Beer-Seba; 35,7 Jakob in Bethel). Terminus technicus ist: *wajjibæn šām NN mizbēaḥ l^e-JHWH*. Auch die alte Gideon-Überlieferung kennt diese Gepflogenheit des Altarbaus auf Grund einer Gotteserscheinung (Ri 6, 24). In der Auseinandersetzung mit dem Kanaanismus erhält Gideon den Auftrag, den Baal-Altar zu zerstören und einen JHWH-Altar zu bauen (*bamma'^arākāh*, in der rechten Ordnung, Ri 6, 26. 28). Im Bundesbuch (ähnlich im Deut) ist eine Anweisung über den Altarbau enthalten. Wenn es ein Steinaltar sein soll (im Gegensatz zum Altar aus Erde, Ex 20, 24), dann dürfen nur unbehauene Steine verwendet werden (Ex 20,25; Deut 27, 5–6). Von mehreren herausragenden Gestalten des AT wird der Altarbau berichtet, so z.B. von Mose nach der Amalekiterschlacht (Ex 17,15 E) und beim Bundesschluß am Gottesberg (Ex 24, 4 E, Altar zusammen mit 12 Masseben nach der Stämmezahl), von Josua auf dem Berge Ebal (8, 30), von den ostjordanischen Stämmen zum Zeugnis für ihre JHWH-Treue (Jos 22,10–11.16.19. 23. 26–29), von Samuel in Rama (1 Sam 7,17), von Saul (1 Sam 14, 35, möglicherweise im Zusammenhang mit dem herangewälzten [גלל] großen Stein, v. 33), von David auf der Tenne Arawnas (2 Sam 24,18 mit קום im *hiph*; 24, 21. 25 mit בנה) auf Geheiß des Propheten Gad zur Abwendung der Seuche vom Volk (vgl. 1 Chr 21, 22. 26), von Salomo (1 Kön 9, 25; 2 Chr 8,12), von Elia auf dem Berge Karmel (1 Kön 18, 32, Steine werden zu einem Altar gebaut בשם יהוה), von Manasse (2 Chr 33,16 Q), von Josua ben Jozadaq und Serubbabel ben Sealtiel (Esr 3, 2; v. 3 mit כון im *hiph*). In der Bileam-Balaq-Überlieferung des E ist der Bau von sieben Altären zur Vorbereitung der Gottesoffenbarung notwendig (Num 23,1.14. 29). Auch in einem der Richterbuchanhänge (21, 4) steht der Altarbau im Dienst der Kontaktaufnahme des Menschen zu Gott in bedrückenden Zeiten (vgl. 1 Sam 14, 35).

Das AT weiß vom Bau verschiedener Kultstätten, Altäre und Kultgegenstände zu berichten, die im Dienst der Verehrung anderer Gottheiten standen. Dieser Umstand gilt als verwerfungswürdig besonders im deuteronomistischen und chronistischen Geschichtswerk, sowie in der Prophetenliteratur (2 Kön 17, 9.10–12). Ex 32, 5 nimmt eine merkwürdige Zwischenstellung ein (vgl. Noth, ATD 5, z.St.). Der Kontext verwirft Aarons Handlungsweise, Ex 32, 5 hingegen scheint einen legitimen Altarbau zu meinen. Auch in 1 Kön 3, 2 wird der 'Höhenkult' Salomos und des von ihm regierten Volkes dadurch entschuldigt, daß der Tempel noch nicht erbaut war (vgl. 3, 3; Zusatz eines Späteren?, s. Noth, BK IX 1, 49). Ganz und gar nicht beifällig wird von Salomos Errichtung einer → *bāmāh* für den moabitischen Kemosch und den ammonitischen Milkom berichtet (1 Kön 11,7; s. auch 2 Kön 23,13). Für die Rehabeamzeit ist neben dem Bau von *bāmōt* der von → *maṣṣēbōt* und → *'^ašērīm* erwähnt (1 Kön 14, 23). Hier finden sich auch Lokalangaben, vermutlich vornehmlich für die beiden zuletzt genannten Größen, 'auf jedem hohen Hügel' und 'unter jedem grünenden Baum'. Ahab hat in Samaria einen Baal-Tempel gebaut (בית und בנה), in dem er einen Altar für (ל) Baal aufstellte (קום im *hiph;* 1 Kön 16, 32. 33). Was es mit dem Altar auf sich hatte, den der Priester Uria auf Geheiß und nach den Angaben des in Damaskus vor Tiglat-Pileser weilenden Königs Ahas im Jerusalemer Tempel baute, ist nicht ganz deutlich (2 Kön 16,11). Im Blick auf 2 Kön 16,14 und 2 Chr 28,16–27, bes. 23, muß man wohl doch an einen illegitimen Altar denken. Besonders Manasse hat sich nach dem dtr Geschichtswerk in der Einrichtung von Götzenkult hervorgetan (2 Kön 21, 3–5; 2 Chr 33, 3–5.15.19, בנה im Zusammenhang mit *bāmōt*, *mizb^eḥōt* für das 'ganze Himmelsheer' in den zwei Vorhöfen des Tempels, zusammen mit קום im *hiph*, עשה und שים im *hiph* Baalsaltäre, Ascheren, Pesalim u.a.m.). Jer und Ez beklagen den Abfall Jerusalems und Judas vom JHWH-Glauben durch den Bau der *bāmōt hattōpæt* (Jer 7, 31), der *bāmōt habba'al* (19, 5; 32, 35), eines *gab*, d.h. eines Wulstes am Altarsockel möglicherweise zum Zwecke der kultischen Prostitution

(s. KBL²) und einer *rāmāh*, einer 'Höhe' (Ez 16, 24–25).
Daß der Tempelbau (בנה mit *bajit, miqdāš, hēkāl*) im AT eine hervorragende theologische Bedeutung besitzt, ist nicht zu übersehen. Das gilt sowohl für die Berichterstattung über den Bau des salomonischen Tempels als auch für die Mitteilung über die Errichtung des zweiten Tempels nach dem Exil. Erstere ist quellenmäßig (dtr und chronist. Geschichtswerk) in bezug auf die Verwendung von בנה wesentlich umfänglicher als letztere (chronist. Geschichtswerk und nachexilische Propheten). Obwohl überlieferungsgeschichtlich wie auch sachlich die Zusammenhänge der sog. Nathansweissagung (2 Sam 7, 5. 7.11.13) schwer zu erhellen sind, ist doch deutlich, daß dieser Komplex und – wie es scheint – die gesamte Überlieferung vom salomonischen Tempelbau von der Doppelsinnigkeit des zu erbauenden בית ('Tempel' und 'Nachkommenschaft', d.h. Dynastie) leben. Davids Wunsch, JHWH bzw. seiner Lade einen Tempel zu bauen, wird um der Kriegstätigkeit Davids willen abgelehnt (1 Kön 5,17; 1 Chr 22, 8), statt dessen wird zugesagt, daß der זרע (2 Sam 7,13) das Gotteshaus bauen wird. In 1 Kön 5,17.19 wird ausdrücklich darauf Bezug genommen. Selbst wenn 2 Sam 7,13 sekundär sein sollte, ist der Gedanke der theologischen Begründung durch eine Verheißung in der Tempelbautradition fest verankert. JHWH allein erwählt Zeit, Ort und Person zum Tempelbau (1 Kön 8,16–20). An dieser theologischen Fundierung hat neben dem dtr das chronist. Geschichtswerk ausgesprochenes Interesse. David befiehlt Salomo, den Tempel zu errichten (1 Chr 22, 6), auf Grund der besonderen Zusage Gottes, mit der zusammen die Gabe von Verstand und Klugheit, das Gelingen des Werkes, das Mit-Sein Gottes Salomo durch die Vermittlung von David zugesprochen wird (jussivisch-applizierend 1 Chr 22, 9–12). Voraussetzung für den Tempelbau ist nach 1 Chr 28,10 (vgl. v. 2–6) die Erwählung Gottes (→ בחר), und mit der Zusage dieser sind Ermunterung und Tröstung verbunden. David übt sogar Fürbitte für Salomo (um ein *lēbāb šālēm*, 1 Chr 29,19). Salomo begründet die Größe des Bauwerkes mit der absoluten Größe seines Gottes (2 Chr 2, 4. 8), trotzdem besteht das theologische Grundproblem, ob dem Gotte Israels überhaupt ein Haus gebaut werden könne (schon 1 Kön 8, 27 dtr), und wer es sich getrauen dürfe, den Tempel aufzurichten, da die Himmel der Himmel JHWH nicht zu fassen vermögen (2 Chr 2, 5; 6,18). Die Spezialfacharbeiter und die Spezialbaumaterialien gelten als durch Gott vermittelt (2 Chr 2, 6–7). Mit Baubeendigung wird festgestellt, daß JHWH sein Wort bestätigt hat (קום im *hiph*). Der erbaute Tempel ist Zentrum der gesamten Kultgemeinde, Richtpunkt für die in der Ferne weilenden Glieder, nach dem sie beim Gebet sich ausrichten (1 Kön 8, 44. 48; 2 Chr 6, 34. 38). Bei der Tempelweihe vollzieht sich eine Gotteserscheinung ('wie zu Gibeon'), während der der Tempel geheiligt und als beständige Wohnstätte für Gottes Namen, Augen und Herz deklariert wird (1 Kön 9, 3; 2 Chr 7,12. 16).
Innerhalb der Tempelbauüberlieferung finden sich zahlreiche Einzelangaben über das Baugeschehen, die hier nicht gesondert aufgeführt werden sollen. Über Maße (1 Kön 6, 2–4), Materialien, Bauweise, einzelne Bauelemente und Baukörper (z.B. Wände, Anbauten, Vorhöfe, Innenausbauten usw., wobei immer nur das Funktionsfeld von בנה berücksichtigt ist!), über Spezialarbeiter, deren Tätigkeit (mit Nennung von Parallelausdrücken, wie etwa פסל, כון, עשה, אחז, יסד u.a.m.) erfährt der Leser erstaunlich viel (1 Kön 5, 31–32; 6; 7; und Parallelen in 2 Chr 3–4). An dieser einen Stelle sind auch Werkzeuge im Konnex mit בנה erwähnt (1 Kön 6,7 Hammer, Meißel, Eisengerät), wie überhaupt in diesen Kapiteln בנה außerordentlich häufig gebraucht ist und eine spezifizierte Bedeutung je nach den Spezialausführungen beim Bau des Tempels, seiner Teile und Untergliederungen erhält. Zum Ganzen s. BRL!
Für den Wiederaufbau des Tempels ist im chronist. Überlieferungsbestand ein sog. 'Kyros-Edikt' erhalten, das (im Verfolg der deuterojesajanischen Theologie) die göttliche Verfügung an Kyros proklamierte, den Jerusalemer Tempel zu bauen (והוא פקד עלי לבנות־לו בית 2 Chr 36, 23; Esr 1, 2–4; 6, 3–5, letzteres aram. gehalten). Für die Inangriffnahme der Bautätigkeit durch die Rückwanderer bedurfte es einer besonderen göttlichen Willenserweckung (העיר רוח לעלות לבנות Esr 1, 5). Nach Esr 4, 3 war es dem samaritanischen Bevölkerungsteil verwehrt, an dem Heiligtum mitzubauen. Die daraus resultierenden Schwierigkeiten und Verzögerungen werden hier auf den Widerstand der Samaritaner zurückgeführt, in Hag 1, 2 auf die verbreitete Meinung der Juden, daß die Zeit, den Tempel zu bauen, noch nicht gekommen sei. Auch in diesem Zusammenhang erfährt der Leser sehr viel einzelnes über Material, Maße, Bauweise usw. bei der Wiedererrichtung des Tempels in Jerusalem (Hag 1, 8; Esr 6, 3–5; Esr 4–6). Die theologische Bedeutung dieses zweiten Tempels wird von Sacharja dadurch stark unterstrichen, daß in seiner Ankündigung eine messianische Gestalt, der *ṣæmaḥ*, zugleich Priester und König, den Bau unternehmen wird (Sach 6,12–13), wobei nicht an den Kyros gedacht sein kann. Den Zusammenhang zur Esra-Stelle wahrt Sach 6,15, wonach die in der Ferne Wohnenden zum Bau am Heiligtum kommen werden. Bemerkenswert ist die wiederholt genannte prophetische Ermun-

terung und Stärkung, die den Bau während einzelner Phasen, z.B. zwischen Fundamentierung und Weiterbau offenbar begleiten muß (Sach 8, 9; Esr 5, 2). Daß die Wiedererrichtung von Tempel, Stadt und Befestigung Ausdruck des Heiles Gottes ist, wurde oben schon erwähnt (s. III. 3.; s. neben Kommentaren K. Galling, Studien zur Geschichte Israels im persischen Zeitalter, 1964, besonders II. Die Proklamation des Kyros in Esra 1, und VI. Serubbabel und der Hohepriester beim Wiederaufbau des Tempels in Jerusalem).

IV. Von der Wurzel בנה sind im Hebr. einige Nomina gebildet worden, die auch im Deutschen als Nomina zu übersetzen sind. Obwohl die nominale Derivation gerade dieser Wurzel durch das Ugar. (vgl. WUS, Nr. 534) schon für eine relativ frühe Zeit in Syrien-Palästina bezeugt ist, erscheinen die hier zu behandelnden hebr. Derivate in durchweg späten literarischen Zusammenhängen des AT.

1. *binjāh, binjān, *mibnæh* begegnen ausschließlich in dem dem Propheten Ezechiel zugeschriebenen Überlieferungsbestand, präziser in dem Tempelbauprogramm der Kap. 40–48, noch genauer in den Kap. 40–42. *mibnæh* ist nur aus der st. cstr.-Verbindung *k^e^mibnēh-ʿîr* zu erschließen und meint eine Baukomposition, die aus mehreren Baukörpern bestehend in der Zusammenschau als *ein* Bauwerk erfaßt wird (Fohrer-Galling, HAT z. St. „Stadtanlage", Zimmerli, BK z. St. „stadtartiger Bau"). Ähnliches scheint in einer phöniz. Inschrift gemeint zu sein (מבנת חצר בת אלם, KAI 60, 2; vgl. 65, 1), der Gesamteindruck, den einzelne aufeinander bezogene Baueinheiten auf den Betrachter machen. *binjāh* (Ez 41, 13) – ebenfalls ein hapax legomenon – bezeichnet einen Teilbau neben anderen, der als Einzelteil zur Gesamtanlage gehört (vgl. Zimmerli, BK z. St.). Das gleiche gilt für *binjān*, das in den genannten drei Ezechiel-Kapiteln 7 mal vorkommt. In 40, 5 wird es für die Mauer gebraucht, die im gleichen Vers als *ḥōmāh* erwähnt ist, meint jedoch nicht die Funktion der Mauer als Schutz oder Begrenzung, sondern die Mauer als Ergebnis baulichen Tuns mit einer bestimmten Höhe und Breite.

In 41, 12 (2mal) und 41, 15 wird das gleiche Nomen für ein eigenes ausnehmend großes, aber nicht näher umschriebenes Gebäude gebraucht, das dem Tempelhaus mit seinen Nebengelassen westlich vorgelagert ist (vgl. Zimmerli, BK XIII, 1038–1043; Fohrer-Galling, HAT I/13, 232–233. 264). Für die Beschreibung weiterer Nebengebäude des Tempelkomplexes wird in 42, 1. 5. 10 offenbar immer noch auf den in 41, 12. 15 genannten *binjān* verwiesen als auf einen Haft- und Fixpunkt, von dem aus sich die Beschreibung geographisch im Areal bewegen konnte (vgl. K. Elliger, Die großen Tempelsakristeien im Verfassungsentwurf des Ezechiel [42, 1ff.]: Geschichte und Altes Testament [Festschrift A. Alt] BHTh 16, 1953, 79–103). *binjāh* und *binjān* meinen somit Einzelbauten eines auf einem in sich geschlossenen Areal befindlichen Baukomplexes (*mibnæh*). Es hat den Anschein, als habe auch die einzige im Bibl.-Aram. belegte Form (*binjānāʾ*, det.) die gleiche Bedeutung (Esr 5, 4). Zwar ist mit ihr gewiß der Tempel gemeint, im Sinne des den Serubbabel und den Josua anfragenden Statthalters aber bezeichnet בנין das im Bau befindliche Einzelbauwerk, das erst noch ein Tempel (בית) werden soll. So wird wohl in dieser Differenzierung (Esr 5, 3 בית und 5, 4 dann בנין) nicht primär eine verächtlichmachende Herabsetzung des durch den Statthalter Vorgefundenen beabsichtigt sein, sondern zunächst die nomenklatorische Präzisierung des im Bau Befindlichen als Einzelbauwerk, das noch kein Tempel mit all seinen dazugehörigen Nebengelassen ist.

2. *tabnīt* ist in seiner Bedeutung ungleich schwerer zu erfassen als die in IV. 1. behandelten Derivate (vgl. die acht verschiedenen Bedeutungen bei KBL²). P bewahrt in ihrer Sinaitradition den Bericht darüber auf, daß Mose auf dem Gottesberg von JHWH detaillierte Anweisungen über die Herstellung des Heiligtums, der einzelnen Kultgeräte und des kultischen Dienstes empfing. JHWH läßt ihn dabei die Beschaffenheit der heiligen Gotteswohnstätte und all ihrer Geräte schauen (Ex 25, 9 [2mal]. 40). Hier gewinnt תבנית die Bedeutung von 'Modell', 'Entwurf'. So gewiß P die Farben für die Zeichnung des Erschauten vom bestehenden Jerusalemer Tempel bezogen hat (wobei es für diesen Zusammenhang gleichgültig ist, ob es der erste oder der zweite Tempel war), so daß תבנית im eigentlichen Sinne als 'Bauwerk' begriffen werden könnte, ebenso gewiß muß jedoch zugestanden werden, daß P im Erzählungsgesamt תבנית vom Jerusalemer Tempel abstrahiert, in das theophanär-visionäre Geschehen des Sinaiereignisses transponiert und nunmehr als 'Vorabbild' oder 'Urbild' oder eben als 'Modell' verstanden wissen will. Am ursprünglichsten scheint תבנית noch in Ps 144, 12 (Bauwerk eines Tempels bzw. Palastes) und in Jos 22, 28 gebraucht zu sein: Bauwerk des Altars Jahwes, das unsere Väter errichtet haben (עשה). Der zuletzt genannte Beleg ist in Partien des Josua zu Hause, die dem Gedankengut von P nahestehen (Noth, HAT I/7, 133–135). Freilich könnte an dieser Stelle der Erzählung mit תבנית eine leichte Nuancierung beabsichtigt sein, im Sinne von 'Abbild', 'Nachbildung', da der Altar als solcher nicht genutzt, sondern als Zeuge betrachtet werden soll (als Denkmal); indes ist im Vorhergehenden eindeutig vom Bau des Altars die Rede. Mit 'Nach-

bildung' muß תבנית aber in 2 Kön 16,10 übersetzt werden, obwohl dort auch 'Bauanleitung' nicht falsch wäre. 'Bauplan' heißt תבנית in 1 Chr 28, in dem Bericht über die Anweisungen, die David seinem Sohn Salomo zum Bau des Tempels und seiner Einrichtungen gegeben hat (v. 11. 12. 19), während *tabnīt hammærkābāh* in v. 18 wahrscheinlich mit 'Modell' oder 'Gebilde des Wagens' übersetzt werden muß (vgl. Rudolph, HAT I/21, 188). Freilich tendiert die Bedeutung von תבנית auch hier eher zur Angabe des beabsichtigten Wagenbaus als zur Mitteilung des fertiggestellten Wagengebildes. Vielleicht sollte man darum diesen Passus übersetzen mit '... sowie für den zu bauenden (geplanten) Wagen ...', dann bliebe תבנית im Bedeutungskontext der anderen Belege aus dem Kapitel. Bemerkenswert ist die Formulierung *w^e^tabnīt kol 'ašær hājāh bārūaḥ 'immō l^e^* ... (v. 12). Dabei ist sicher nicht an ein visionär erfaßtes Urbild gedacht, sondern wohl vielmehr an die feste Absicht und an die klare Vorstellung, die David über die Gestaltung des Tempel-Komplexes hatte (gegen Rudolph, a.a.O.). Daß diese Vorstellungen Davids letztlich von JHWH stammten, sagt 28, 19.

In den Bereich der Sakralkunst führt der Gebrauch von תבנית in dem späten Kapitel Deut 4. Dem Israeliten ist es versagt, seinen Gott irgendwie abzubilden, sei es in der Gestalt eines Menschen oder irgendeines Tieres (Deut 4, 16. 17. 18). תבנית tendiert durch die Interpretation des Kontextes hin zu der Bedeutung von 'Götzenbild', obwohl es zunächst nur die Abbildung irgendeines Lebewesens meint. Dabei ist an dieser Stelle nichts Näheres über die Art der Herstellung und über das Material gesagt. Die Abbildung als solche steht nicht unter Verdikt, nur wo sie zum *pæsæl* oder zum *sæmæl* wird, da ist sie 'Götzenbild'. Deuterojesaja beschreibt ausführlich den Verfertigungsgang solcher Götterbilder, bis eine *tabnīt 'īš* erstanden ist (Jes 44, 13). – Ezechiel sieht im Vorhofbereich des Tempels nach Eintritt durch eine Tür innen an der Wand allerlei Abbildungen (*kol-tabnīt* ...) von Gewürm und Tieren eingeritzt (*m^e^ḥuqqæh*), vor denen sich ein kultisches Zeremoniell abwickelt (Ez 8, 10). Selbst die Reliefdarstellung oder die Wandzeichnung gilt als תבנית, und hier bei Ezechiel speziell wieder als 'Götzenbild'. Das gleiche meint תבנית im Ps 106, 20, wo Ex 32 im Sinne der Abgötterei interpretiert wird (*tabnīt šōr*, Abbild eines Stieres).

Schließlich ist noch zu bemerken, daß Ezechiel 2mal תבנית in der Bedeutung von 'so etwas wie' (eine Menschenhand) verwendet. In 8, 3 beschreibt er mit diesem Ausdruck den Zugriff JHWHs, dem er selber ausgesetzt ist („und er streckte aus das Gebilde einer Hand"), in 10, 8 will er berichten, daß die in einer Theophanie erschauten Keruben 'so etwas wie eine menschliche Hand' besitzen. Beide Stellen versuchen, die alle menschliche Vorstellbarkeit durchbrechenden Wirklichkeiten der göttlichen Sphäre zu umschreiben. Die Beschaffenheit dieser 'personalen Instrumente' kann wie die einer Hand zur Darstellung gebracht werden. Die Funktionalitäten dieser Instrumente sind mit denen einer Hand vergleichbar. Es ist eine Hand, es ist aber wiederum nicht eine Hand, es ist eine תבנית יד. Dieser indefinite Charakter, den תבנית in diesem Zusammenhang bewußt herstellt, leitet sich natürlich von den urtümlicheren Bedeutungen her, die an der Wurzel *bnh/bnj* haften: 'Gebilde', 'Abbild', 'Nachbildung'.

Wagner

בַּעַל

I. 1. Etymologie und profane Verwendung – 2. Verwendung als Gottesbezeichnung in der Umwelt – II. Der kanaanäische Baal außerhalb des AT – 1. Gestalten und Charakter – 2. Gesellin – 3. Mythologie – 4. Kult – III. Baal im AT – 1. Bezeichnungen und Gestalten – 2. Historischer Abriß – 3. Gesamtbild – 4. Indirekte Angaben – 5. Theologisch-religiöse Bedeutung.

Lit.: *W.F. Albright*, in: Festschr. A. Bertholet, 1950, 1–14. – *Ders.*, Yahweh and the Gods of Canaan, London 1968, 108ff. – *H. Bacht, A. Baumstark, T. Klauser, F. Nötscher*, RAC I, 1950, 1063–1113. – *W. W. Baudissin*, RE II, ³1897, 323–340. – *Ders.*, Adonis und Esmun, 1911, bes. 24ff. – *Ders.*, Kyrios als Gottesname im Judentum I–IV, 1929, 389ff. – *H. Bauer*, ZAW 10, 1933, 86ff. – *L. Bronner*, The Stories of Elijah and Elisha as Polemics against Baal Worship, Leiden 1968. – *E. Dhorme*, AnSt 6, 1956, 57–61. – *H.J.W. Drijvers*, Ba'al Shamîn, de Heer van de Hemel, 1971. – *R. Dussaud*, Les découvertes de Ras Shamra (Ugarit) et l'A.T., Paris ²1941, bes. 97ff., 115ff. – *O. Eißfeldt*, Baal Zaphon, Zeus Kasios und der Durchzug der Israeliten durchs Meer, 1932. – *Ders.*, Kl. Schr. I, 1962, 1–12; II, 1963, 171–198; IV, 1968, 53–57. – *H. Gese*, RdM 10, 2, 3–232, bes. 119ff. (s. Register 472f.). – *J. Gray*, The Legacy of Canaan (VTS 5), ²1965, bes. 20ff., 163ff. – *H. Greßmann*, BZAW 33, 1918, 191–216. – *N.C. Habel*, Yahweh versus Baal, New York 1964. – *R. Hillmann*, Wasser und Berg. Kosmische Verbindungslinien zwischen dem kanaanäischen Wettergott und Jahwe, 1965. – *M. Höfner*, WbMyth I, 1965, 429f., 431, 480f. – *J. Hoftijzer*, Religio Aramaica, Leiden 1968 (s. Register). – *O. Kaiser*, Die mythische Bedeutung des Meeres in Ägypten, Ugarit und Israel (BZAW 78), ²1962. – *A.S. Kapelrud*, Baal in the Ras Shamra Texts, Kopenhagen 1952. – *H. Klengel*, JCS 19, 1965, 87–93. – *J. Kühlewein*, ThAT I 327ff. – *J.C. De Moor*, The Seasonal Pattern in the Ugaritic Myth of Ba'lu (AOAT 16), 1971. – *Ders.*, New Year with Canaanites and Israelites, 2 Hefte, 1972. – *M.J. Mulder*, Ba'al in het Oude Testament, 's-Gravenhage 1962. – *Ders.*, Kanaänitische Goden in het Oude Testament, Den Haag 1965, 25–36. – *U. Oldenburg*, The Conflict between 'El and Ba'al in Canaanite Religion, Leiden 1969. – *G. Östborn*, Yahweh and Baal in the Book of Hosea and Related Documents, LUÅ 51,6 Lund 1956. – *M.H. Pope, W. Röllig*, WbMyth I, 1965, 253–273. – *H.D. Preuß*, Verspottung fremder Religionen im AT, BWANT 92, 1971. – *E. Rößler*, Jahwe und die Götter im Pentateuch und im dtr. Geschichtswerk, 1966. – *H.H. Rowley*, BJRL 39, 1956–1957, 200–233. – *Ders.*, BJRL 42, 1960, 190–219. – *W.H. Schmidt*, Königtum Gottes in Ugarit und Israel (BZAW 80), ²1966. – *Ders.*, ZRGG 15, 1963, 1–13. – *R. Stadelmann*, Syrisch-palästinensische Gottheiten in Ägypten, 1967, 15ff., 32ff. – *J. Starcky*, Palmyre, Paris 1952, 85–106. – *R. de Vaux*, BMB 5, 1941, 7–20. – *Ders.*, in: Ugaritica VI, 1969, 501–517.

I. 1. Das gemeinsemit. Wort *ba'lu* (vgl. KBL³ 137) bedeutet 'Herr' und mit folgendem Genitiv oft 'Besitzer'. Einige Beispiele: akk. *bēlī* 'mein Herr', ugar. *b'lj* 'mein Herr'; akk. *bēl bīti* 'Besitzer des Hauses', *bēl eqli* 'Besitzer des Ackers', *bēl ṣēni* 'Besitzer von Kleinvieh'; phön. *b'l bqr* 'Besitzer einer Rinderherde', *b'l ṣ'n* 'Besitzer von Kleinvieh'; aram. *b'lj rkb* 'Besitzer von Streitwagen', *b'l ksp* 'Besitzer von Silber'; hebr. בעל השור 'Besitzer des Rindes' (Ex 21, 28), בעל הבור 'Besitzer des Brunnens' (Ex 21, 34), בעל הבית 'Besitzer des Hauses' (Ex 22,7). In diesem Sinne wird בעל auch im Respektsplural von einem einzigen Besitzer gebraucht (Ex 21,29; Jes 1,3).

Der Mann ist 'Besitzer' seiner Frau, weshalb *b'l* auch 'Gatte' bedeutet (z.B. PRU II Nr. 77; DISO 40 sub 2c; Gen 20, 3; Ex 21, 3. 22; Deut 22,22; 24, 4 u.ö.). Weiter ist er 'Herr des Hauses, Familienhaupt' (akk. *bēl bīti*; ugar. *b'l bt*), so wie der König 'Herr' ist (CAD 2,194) über Länder, Städte und Untertanen (z.B. ugar. CTA 1 [VI AB]: IV 6; 2 [III AB]: I 17; 6 [I AB]: VI 57; 15 [III K]: IV 28; PRU V Nr. 60,11.13.15.19). In weiterem Sinne kann *b'l* andeuten, daß man teilhat an einer Gemeinschaft. So nennt man einen Angehörigen der Stadtaristokratie *b'l* (DISO 40 sub 2d; Ri 9, 2; 20, 5; 1 Sam 23,11f.; 2 Sam 21,12 u.ö.) und den Teilhaber eines Bundes akk. *bēl adê* oder hebr. בעל ברית (Gen 14,13). Noch mehr abgeblaßt ist *b'l* in Verbindungen, welche eine Tätigkeit oder Eigenschaft umschreiben, z.B. akk. *bēl birkī* 'Läufer', *bēl dāmi* 'Mörder' oder ugar. *b'l ḥẓ* 'der Pfeilschütz' (PRU II Nr. 1, Vs. 3, s. Gaster, Myth, Legend and Custom, New York 1969, 671), *b'l knp* 'der Geflügelte' (CTA 36, 6), *b'l qrnm wḏnb* 'der Gehörnte und Geschwänzte' (Ugar. V, Ch. III, Nr. 1, Vs. 20, s. De Moor, UF 2, 1970, 350) und die damit übereinstimmenden hebr. Ausdrücke בעלי חצים (Gen 49, 23), בעל כנף (Spr 1,17, vgl. Pred 10, 20), בעל הקרנים (Dan 8, 6. 20).

2. In appellativem Sinne wird *bēlum* schon früh in Mesopotamien verwendet als Epitheton von verschiedenen Göttern, zuerst wahrscheinlich in einer Genitivkonstruktion, wobei der Genitiv den Herrschaftsbereich andeutet ('Herr von ...'), bald auch als absolutes Epitheton ('der Herr'), s. Tallqvist, Götterepitheta 40ff.; CAD 2,193f. In dieser Funktion ist das Wort dann stets anzutreffen. So ist der *Bēl-Ḫarrān* (= *b'l ḥrn*, KAI Nr. 218) 'Herr von Harrān' der Mondgott Sin; s. auch ugar. CTA 24 [NK], 41f. *hll b'l gml* 'Hilāl, Herr des Krummholzes'; KAI Nr. 24,16 *rkb'l b'l bt* 'Rākib-El, Herr des Hauses'; KAI Nr. 145,5 *ḥṭr mjskr ... b'l ḥrdt* 'H.-M. ... Herr der Schrekken'; für altarab. Zeugnisse z.B. Ryckmans, Les religions arabes préislamiques, Louvain ²1951, 46; Höfner 493f.

Als man einen Gott einfach mit dem Namen 'Herr' zu bezeichnen begann, ohne daß eine weitere Hinzufügung erwünscht oder notwendig erschien, geschah dies wahrscheinlich aus religiöser Scheu, den wirklichen Gottesnamen (→ אדון) auszusprechen. Wo und wann dies erstmals geschah, ist nicht mehr nachzuvollziehen.

Auf alle Fälle ist es verfehlt, den Namen Baals auf einem äg. Zylindersiegel des Alten Reiches aus Byblos zu suchen (so P. Montet, Byblos et l'Egypte, Texte, Paris 1928, 62ff.; Le drame d'Avaris, Paris 1941, 25; s. aber Goedicke, Mitt. d. Deutschen Archäol. Inst., Abt. Kairo, 19, 1963, 1–6; Albright, BASOR 176, 1964, 44f.; 179, 1965, 39).

In altassyr. Texten findet sich *Bēlum* als Name einer spezifischen Gottheit (H. Hirsch, BeihAfO 13/14, 1961, 22ff.). Seine Gestalt ist noch nicht näher bestimmbar, aber er wird deutlich von Adad und Aššur unterschieden. Vielleicht darf man ihn mit Enlil identifizieren (vgl. R. Frankena, Tākultu, Leiden 1954, 87). Seit der Kassitenzeit steht Bēl als 'der Herr' schlechthin in Babylonien meistens für den Nationalgott Marduk, der diesen Titel wohl von Enlil übernahm. Beide Götter zeigen u.U. gewisse Züge eines Sturmgottes, doch haben sie nie die eigentlichen Wettergötter (s. Edzard, Wb Myth I 135ff.) verdrängen können. Der Name Bēls findet sich später auch in nicht-akk. Quellen (KBL³ 126; KAI Nr. 264; Hoftijzer 26ff., 55).

Weiter kommt der Gottesname *b'l* vor in amor. PN von Mari, Tell al-Rimah und Chagar Bazar (Huffmon, APNM, 100.174f.; Walker, Iraq 32, 1970, 27ff.; Loretz, AOAT 3,19). Es ist jedoch nicht ganz sicher, daß *b'l* schon hier zum Eigennamen des Wettergottes geworden ist. Man könnte es auf Grund von Kombinationen wie ᵈIM *bēl Kallassu* und ᵈIM *bēl Ḫalab*, beide aus Mari, für unwahrscheinlich halten, daß das Ideogramm des Wettergottes damals schon als *b'l* gelesen wurde. Zwingend ist dieser Grund jedoch nicht, da auch Ugaritica V, Ch. I, Nr. 18, 4 ᵈIM *be-el* ḫur. sag *Ḫa-zi* für einfaches *b'l ṣpn* der alphabetischen Version liest. Weiter ist zu beachten, daß der Wettergott von Ḫalab in Ugarit nicht **hd* (*hdd*/*'dd*) *b'l ḫlb* heißt, sondern einfach *b'l ḫlb*. Schließlich bezeugen die ugar. Texte selbst, daß der Vater Baals in Tuttul in Nordmesopotamien beheimatet war (s.u.). Es ist also gut denkbar, daß die Amoriter Nordmesopotamiens und Nordsyriens schon im 18. Jh. v. Chr. den Wettergott *ba'lum* nannten.

Im 17. Jh. ist *b'l* in Ägypten einige Male als Element asiatischer PN belegt (Yeivin, JEA 45, 1959, 16ff.; Helck, ÄgAbh 5, 1962, 81; Stadelmann 13), aber wiederum ist unsicher, ob es sich um den Wettergott handelt. Seit dem 14. Jh. wurde dieser jedoch unter dem Eigennamen *b'l* auch in Ägypten verehrt. Vorher schon, etwa seit dem 18. Jh., war der asiatische Wettergott dem äg. Seth gleichgesetzt, aber eine klare Identifikation von Baal und Seth ist erst in der Ramessidenzeit bezeugt (Greßmann 198ff.; Helck, a.a.O., 482ff.; Stadelmann, 15ff., 32ff.; Zandee, ZÄS 90, 1963, 144ff.; Te Velde, Seth, God of Confusion, Leiden 1967, 109ff.).

Im 15. Jh. v. Chr. taucht der Name Baals sporadisch in PN der Schicht Alalaḫ IV auf (Al. T. 132, 3; 207, 26; vgl. WO 5, 64 bzw. UF 1, 39[26]; Kurznamen, die vielleicht den Gottesnamen enthalten). Die Amarnabriefe des 14. Jh.s zeigen eine ziemlich gleichmäßige Verteilung der mit *b'l* zusammengestellten PN über ganz Syrien und Palästina (Greßmann 195; Rainey, AOAT 8, 88). Dabei ist zu bemerken, daß die syllabische Schreibung des Namens zuweilen mit dem Ideogramm des Wettergottes (^{d}IM) wechselt. Dasselbe Ideogramm wird in den Amarnabriefen auch für die Wettergötter Haddu und Teššub verwendet. Auf Grund äg. Parallelen ist es jedoch absolut sicher, daß in EA 147, 13–15 (Tyros) das Donnern Baals beschrieben ist (in Z. 14 also *ki-ma* ^{d}*ba'la* zu lesen, s. auch CTA 4 [II AB]: VII 29–32 mit AOAT 16, 159. 162).

In Ugarit ist ^{d}IM meistens als *ba'lu*, vereinzelt aber auch als *haddu* gelesen worden (Gröndahl, PNU, 116f. 132f.). Daneben steht ^{d}U für *ba'lu* und *ba'lūma* (Respektsplural, entsprechend dem profanen Gebrauch, s.o. und Rainey, IEJ 19, 1969, 108f.; De Moor, UF 2, 1970, 219. 226; für Israel s.u.). Immer ist hier natürlich der Wettergott gemeint.

Es ist kaum einzusehen, daß Ägypter, Amarna-Schreiber, Ugariter, vielleicht auch Amoriter, ebenso wie später Phöniker, Punier und Israeliten (s.u.) den Wettergott oft schlechthin *b'l* genannt hätten, wenn dies nicht sein selbstverständlicher Eigenname, sondern ein ohne nähere Bestimmung nicht verständliches Epitheton gewesen wäre. Im westsemit. Raum hat man also, wenn *b'l* oder *b'lm* absolut gebraucht wird, seit spätestens der Mitte des 2. Jt.s v. Chr. nur mit einem einzigen Gott Baal zu rechnen, der wohl verschiedene Gestalten annehmen konnte und sicher in vielen lokalen Ausprägungen existiert hat, aber doch überall von derselben Gottesidee getragen wurde.

Wo hingegen *b'l* nicht absolut, sondern mit näher bestimmendem Genitiv gebraucht wird, ist es oft schwer zu entscheiden, ob *b'l* als Eigenname oder als appellative Würdebezeichnung eines anderen Gottes aufgefaßt werden soll. Die erste Möglichkeit ist nicht übereilt von der Hand zu weisen, denn auch andere Götternamen wurden oft mit Genitiven verbunden (einige ugar. Beispiele: *'ṯrt ṣrm*, *'ṯtrt ḫr*, *'ṯtrt šd*, *ršp gn*, *ršp ṣbɔ*). Man kann also *b'l X* ebensogut übersetzen 'Baal von X' wie 'Herr von X'. Darüber hinaus kann es als erwiesen gelten, daß *b'l* mit folgendem Genitiv öfters den Wettergott Baal schlechthin bezeichnet. In den Texten von Ugarit wechselt *b'l (mrjm) ṣpn* ganz normal mit *b'l(m)* und *hd* (Haddu). Da dieser Gott der Nationalgott von Ugarit war, ist auch der außerhalb der literarischen Texte manchmal bezeugte *b'l ɔgrt* doch wohl nur als lokaler Aspekt des großen Gottes aufzufassen.

Ebenso ist in der phön. Inschrift KAI Nr. 26 *b'l* offensichtlich gleich *b'l krntrjš*. Die Nebeneinanderstellung von KAI Nr. 78, 2 *l'dn lb'l šmm wlrbt ltnt pn b'l*, KAI Nr. 105, 1 *l'dn lb'l ḥmn wlrbt ltnt p'n b'l* (vgl. KAI Nr. 79, 1f.; 85, 1f.; 86, 1f.; u.ö.), RES Nr. 330, 1 *l'dn lb'l 'dr wlrbt ltjnt pn b'l* und KAI Nr. 137, 1 *l'dn lb'l wltnt pn b'l* lehrt, daß kein großer Unterschied bestanden haben kann zwischen *b'l šmm*, *b'l ḥmn*, *b'l 'dr* und *b'l* ohne jegliche Zufügung. Wenn man, wie es naheliegt, damit auch KAI Nr. 14, 18 *bt lb'l ṣdn wbt l'štrt šm b'l* noch vergleichen darf, so könnte man den Baal von Sidon hinzufügen. In diesem Zusammenhang ist weiter zu erwähnen, daß in einigen neupun. Inschriften Gelübde geleistet werden *lb'l* 'dem Baal', ohne jegliche nähere Spezifizierung, obwohl in Nordafrika damit sicher *b'l ḥmn* gemeint ist (RES Nr. 303. 326. 1545).

Immerhin werden öfters verschiedene Baale nebeneinander aufgezählt; so z.B. KAI Nr. 24, 15f. *b'l ṣmd* neben *b'l ḥmn*; KAI Nr. 78, 2–4 *b'l šmm* neben *b'l ḥmn* und *b'l mgnm*; KAI Nr. 162, 1 *b'l ḥmn* neben *bl 'dr* (= *b'l 'dr*); Borger, BeihAfO 9, 1956, 69: IV 10 ^{d}*Ba-al-sa-me-me* neben ^{d}*Ba-al-ma-la-ge-e* und ^{d}*Ba-al-ṣa-pu-nu*; RES Nr. 329 *b'l 'dn* neben *b'l ḥmn*. Auf den ersten Blick scheint das dem vorher zitierten Material zu widersprechen. Dennoch handelt es sich meistens nur um lokal vielleicht wichtige, im großen und ganzen aber ziemlich unwichtige Unterschiede, wie unten II. 1. noch zu zeigen ist. Man darf aber die Möglichkeit nicht ausschließen, daß sich unter den Namen dieser Art einige andere Gottesgestalten verbergen, m.a.W., daß *b'l* als Epitheton fungiert. Wie schwierig die Wahl u.U.

sein kann, geht aus KAI Nr. 47,1 *lmlqrt b'l ṣr* hervor. Muß man hier übersetzen 'dem Melqart, Herrn von Tyros' oder vielmehr 'dem Melqart, Baal von Tyros'? Ohne Zweifel wurde Melqart von anderen Baalen unterschieden (vgl. Borger, BeihAfO 9, 69: IV 10.14), wie wir aber gesehen haben, ist das an sich nicht ausschlaggebend. Wir wissen auch, daß Baal als der Wettergott in Tyros verehrt wurde (EA 147,13–15, s.o.; vgl. 1 Kön 16, 31f.; 18,16ff.). Wie Baal war Melqart mit Astarte verheiratet und wie er war er ein sterbender und wiederauflebender Gott (Lipiński, CRRA 17, 30ff.). Leider ist damit das Problem nicht gelöst, denn Josephus (c. Apion. I 118) redet von einem Tempel des Zeus (= Baal) neben einem anderen des Herakles (= Melqart) zu Tyros; und auch Cicero (De nat. deor. III 16) unterscheidet einen tyrischen Zeus von einem dort ebenfalls verehrten Herakles.

II. 1. Obwohl die äg. Zeugnisse (s.o. I. 2.), insofern sie Baal ausdrücklich erwähnen, nicht sehr aufschlußreich sind, zeigt Baal sich doch eindeutig als der Gott des Gewitters. Er ist ein kriegerischer Gott, der die *ktp*-Waffe schwingt, wie Baal im ugar. Mythus (CTA 6 [I AB]: V 3). Anat und Astarte werden als Gattinnen von Seth/Baal genannt. Auch der Passus EA 147,13–15 (s.o.) zeichnet Baal als Donnergott.

Übrigens sind außerhalb des AT (s.u. III.) nur näher qualifizierte Baale einigermaßen bekannt, z.B. *b'l 'dr*, **b'l bq'h*, *b'l ḥmn*, *b'l ḫlb*, **b'l krml*, *b'l krntrjš*, **b'l mrqd*, *b'l pn 'rṣ*, *b'l ṣdn*, *b'l ṣmd*, *b'l ṣpn*, *b'l šd*, *b'l šmm* (orthogr. Varianten blieben unberücksichtigt; die asterisierten Namen sind bisher in semit. Quellen nicht belegt). Oft wissen wir von solchen Baalen so wenig, daß es nicht möglich ist, ihre Charakteristika näher zu bestimmen. Wo die Lage aber günstiger ist, zeigen sich immer wieder die Züge des Wettergottes (nachweisbar für *b'l bq'h*, *b'l ḫlb*, *b'l krml*, *b'l ṣpn*, *b'l šmm*), der als Regenspender verantwortlich ist für das Gedeihen der Vegetation (nachweisbar für *b'l bq'h*, *b'l ḥmn*, *b'l krntrjš*, *b'l ṣpn*, *b'l šd*, *b'l šmm*). Deshalb wurde er auch immer wieder mit Zeus und Jupiter gleichgesetzt (nachweisbar für *b'l 'dr*, *b'l bq'h*, *b'l ḥmn*, *b'l krml*, *b'l mrqd*, *b'l ṣpn*, *b'l šd*, *b'l šmm*). Die Gattin dieser Baale ist durchweg eine Liebes- und Fruchtbarkeitsgöttin (nachweisbar für *b'l 'dr*, *b'l bq'h*, *b'l ḥmn*, *b'l ḫlb*, *b'l ṣdn*, *b'l ṣpn*, *b'l šd*, *b'l šmm*). Der Stier ist ihr Symbol (nachweisbar für *b'l bq'h*, *b'l ḫlb*, *b'l krntrjš*, *b'l ṣpn*, *b'l šmm*). Einige ihrer Namen können direkt aus der ugar. Mythologie abgeleitet werden (*b'l mrqd*, *b'l pn 'rṣ*, *b'l ṣmd*, *b'l ṣpn*, *b'l šmm*).

Schließlich muß festgestellt werden, daß diese 'lokalen' Formen vom Wettergott oft weit über die Grenzen der ursprünglichen Heimat hinaus verehrt worden sind. Der Wettergott von Ḫalab z.B. stand auch außerhalb des von Ḫalab aus regierten Staates Jamḫad in hohem Ansehen. So auch *b'l ṣpn*, dessen Kult sich von Antiochien in Nordsyrien bis nach Ägypten und von Marseille bis nach Jordanien ausgebreitet hat. Eine derartige Ausbreitung wäre kaum möglich gewesen, wenn man diese Baale überall als fremde Götter angesehen hätte. Vielmehr müssen wir es uns so vorstellen, daß es sich um beliebte Exponenten einer einzigen, ganz bestimmten Gottesgestalt handelte. Man könnte die vielen 'lokalen' Ausprägungen des Baaldienstes mit denen des katholischen Mariendienstes vergleichen: wie man von 'der Herr von Ṣapān, von Sidon, von Ugarit' sprechen konnte, so von 'Notre Dame de Paris, de Lourdes, du Nord', obwohl man immer nur Varianten einer einzigen Gestalt meinte.

Durch die Texte aus Ugarit ist *b'l ṣpn* bei weitem der bestbekannte aller Baale. Sein Wohnsitz war der *Ǧebel el-Aqra'* (1759 m), etwa 40 km nördlich von Ugarit. Von den Semiten wurde der Berg *Ṣapānu* (später → *Ṣāpōn*) genannt, von Nicht-Semiten *Ḫazi* (später Kasios). Heiligtümer des *b'l ṣpn* wurden rund um das Mittelmeer gestiftet, u.a. schon unter der 18. äg. Dynastie im Hafen *Prw-nfr* von Memphis.

Durch seine auffällige Lage war der Ṣapānu von vornherein ein idealer Orientierungspunkt für Seefahrer. Der Name könnte geradezu 'Ausguckposten' bedeuten. Das erklärt die außerordentliche Popularität des *b'l ṣpn* in den Hafenstädten. Er wurde jedoch auch in Jordanien verehrt (Eißfeldt, Baal Zaphon, 9f.), und es ist sicher nicht zu gewagt anzunehmen, daß es eine Zeit gegeben hat, in der ganz Kanaan sich geistig nach eben diesem Berge richtete, wodurch *ṣāpōn* in Palästina gleichbedeutend mit 'Norden' werden konnte.

In Ugarit war *b'l ṣpn* der Baal schlechthin und zweifelsohne der Nationalgott. Immerhin nennt die 'kanonische' Götterliste von Ugarit ihn erst an vierter Stelle, nach *ʾlʾb*, dem Vorvätergott, *ʾl*, Vater der Götter und Haupt des Pantheons, und *dgn*, dem Vater Baals. In anderen Listen jedoch ist Baal im Begriff aufzurücken auf Kosten dieser älteren Götter (De Moor, UF 2, 1970, 217ff.), wobei sein Vater Dagan, der in der ugar. Religion keine Rolle mehr spielte, oft 'vergessen' wurde.

Der wirkliche Name des ugar. Baals war Haddu (= Hadad, Adad), aber dieser Name wurde nur in den heiligen Texten verwendet. Unter eben diesem Namen war er schon in altbabyl. Zeit in ein Sohnesverhältnis zu Dagan gebracht worden (Dossin, CRRA 3,129). Es ist also keine ugar. Eigenheit, wenn Baal-Had dort öfters als *bn dgn* bezeichnet wird. Nach Ugar. V, Ch. III, Nr. 7,15 war dieser Dagan der Gott von Tuttul in Nordmesopotamien, was durch die Texte von Mari und Terqa bestätigt wird. Es ist wahrscheinlich, daß Baal-Had erst verhältnismäßig spät von dort in das altamoritische Pantheon Ugarits eindrang. Theologisch wurde dies durch die Annahme einer Ehe zwischen ihm und Anat, der Tochter von El (De Moor, AOAT 16,111) erklärt.

Die späte Aufnahme Baals in das ugar. Pantheon spiegelt sich vielleicht in der eigenartigen Spannung wider, die mehrmals zwischen Baal und der Familie Els zu spüren ist. El unterstützt seinen Sohn Jam in seinem Komplott gegen Baal (CTA 1 [VI AB]: IV; 2 [III AB]: III, s. AOAT 16,116ff.) und gibt Baal keine Chance sich zu verteidigen, wenn die Boten Jams seine Auslieferung fordern (CTA 2 [III AB]: I). Nur mit größter Mühe gelingt es Baal, die Zustimmung Els zu erzwingen, um einen Palast bauen zu dürfen (CTA 3 [V AB]: E–F; 4 [II AB]: I–V). Als Baal durch Zutun des Môt, eines anderen von El bevorzugten Sohnes stirbt (CTA 5 [I *AB]: VI), trauert El zwar, greift aber doch nicht ein; seine Gattin und ihre Söhne freuen sich über den Tod Baals (CTA 6 [I AB]: I 39–41). Bei mehreren Gelegenheiten hat Baal die Söhne von El und Aṯirat zu schlagen (CTA 2 [III AB]: IV; 6 [I AB]: V 1, VI 16ff., vgl. 4 [II AB]: II 24–26). In einem anderen Mythus (CTA 12 [BH]) ist es wiederum El, der die Ungetüme schafft, welche Baal tödlich verletzen. Selbst Anat und ʿAṯtart konnten sich zuweilen gegen seine Interessen wenden (CTA 2 [III AB]: 40, IV 28 und in der Legende von Aqhat).

Zweifellos ist *bʿl ṣpn* in Ugarit vor allem der Wettergott. Er herrscht über Wolken, Winde, Donner, Blitz, Regen, Tau und Schnee. In diesen semi-ariden Gebieten war das ganze Leben abhängig von einer genügenden Menge Niederschlag. Darum ist Baal der ʿAllmächtigeʾ (*ʾlʾjn*), der ʿErhabeneʾ (*ʿlj*), die ʿHoheit, Herr der Erdeʾ (*zbl bʿl ʾrṣ*), der König, über dem kein anderer stehen kann (CTA 3 [V AB]: E 41; 4 [II AB]: IV 44, VII 49f.), derjenige, der allen Lebewesen Wachstum gibt (CTA 4 [II AB]: VII 50–52). Wenn sein süßer Regen Acker und Saat erquickt, erheben sich die Häupter der Landleute (CTA 16 [II K]: III, vgl. AOAT 16, 99). Wenn seine Rückkehr auf die Erde angekündigt wird, träumt man von Öl- und Honigbächen (CTA 6 [I AB]: III), den Symbolen des Überflusses. Wenn er aber versagt, so daß das ausgetrocknete Land nicht gepflügt werden kann (CTA 6 [I AB]: IV 25–29) oder die Gewächse verdorren (CTA 19 [I D]: I 18, 30f., 61ff., vgl. 12 [BH]: II 44), so ist man selbstverständlich untröstlich (CTA 19 [I D]: I 34ff.). – Kein Wunder, daß man sich hier einen Mythus erschuf, der den Wechsel der Jahreszeiten zu erklären suchte (s.u. II.3.).

Baal ist auch ein kriegerischer Gott, ʿder Mächtigste der Heldenʾ (*ʾlʾj qrdm*). Er bekämpft Ungeheuer wie *ltn* (CTA 5 [I* AB]: I 1–3, vgl. Leviathan Jes 27,1), *tnn* (Tunnanu = Tannin, PRU II Nr. 1, Vs. 1) und *ʾklm* (CTA 12 [BH]), besiegt gefährliche Gegner wie Jam (CTA 2 [III AB]: IV; 4 [II AB]: VII 2–5) und Mot (CTA 6 [I AB]: VI 16ff.) und schlägt viele Städte (CTA 4 [II AB]: VII 6ff.). Oft hilft ihm seine ebenso gewalttätige Geliebte Anat beim Kampf (z.B. CTA 3 [V AB]: D 34ff.; 10 [IV AB]: II 23–25; s. Kapelrud, The Violent Goddess, Oslo 1969, 48ff.).

Wie so oft in der Religionsgeschichte wurde der kriegerische Aspekt mit dem der geschlechtlichen Liebe verbunden. Manche Texte aus Ugarit befassen sich mit den amourösen Affären des Liebespaares Baal und Anat (s.u. II.2.). Dennoch ist es nicht Baal, der den Menschen Kinder schenkt, sondern El ʿder Vater der Menschenʾ (*ʾb ʾdm*), sei es auch auf Fürsprache Baals (CTA 15 [III K]: II; 17 [II D]: I).

Obwohl Baal in Ugarit grundsätzlich anthropomorph dargestellt wird, hat er auch einige Male Gemeinschaft mit einer Kuh (CTA 5 [I* AB]: V 18ff.; vgl. CTA 10–11 [IV AB]; PRU V Nr. 124). Daraus darf man nicht schließen, daß die Leute von Ugarit Bestialität billigten (s. AOAT 16,188, Anm. 17), wohl aber, daß Baal als potenter Fruchtbarkeitsgott die Gestalt eines Stieres annehmen konnte. Daß er aber niemals ausdrücklich ʿStierʾ genannt wird, hängt wohl damit zusammen, daß es ihm noch nicht gelungen ist, den alten Stiergott El völlig aus seiner Rolle als Prokreator (*bnj bnwt*, s. UF 2, 1970, 313 und CTA 23 [SS]) zu verdrängen. Über Mythologie und Kult des *bʿl ṣpn* weiter unten, II. 3–4.

2. Da Anat in der Spätzeit Ugarits immer mehr der Astarte angeglichen wurde und mit dieser eine Doppelgöttin bildete (Gese 161f.; De Moor, UF 2, 228), ist es nicht verwunderlich, daß anderswo Astarte oder gar die beiden Liebesgöttinnen zugleich als Gesellinnen Baals auftauchen. Später wurden sie vereint in der einen Gestalt von Atargatis oder abgelöst von anderen Fruchtbarkeitsgöttinnen, wie Tinnit, Baʿalat, Belti, Aphrodite, Venus, zuweilen aber auch von einer mehr mütterlichen Gestalt, wie Aschera (→ אשרה), Hera oder Juno. Man kann also dem Baal nicht mehr als eine – eventuell aus zwei Personen bestehende – Göttin zur Seite stellen; gegenteilige Behauptungen sind bisher nicht stichhaltig (AOAT 16, 81f.).

Von Anat (*btlt*), Tinnit (*Virgo Caelestis*) und Atargatis (*Virgo*) ist es sicher, daß sie als jungfräuliche Gottheiten betrachtet wurden. Wahrscheinlich ist damit nicht gemeint, daß sie *virgines intactae* waren, sondern nur daß sie selbst niemals ein göttliches Kind zur Welt brachten (UF 1, 1969, 182. 224), was wohl damit zusammenhängt, daß sie als hermaphroditische Wesen betrachtet wurden (s. für Anat/Astarte UF 1, 171;

AOAT 16,132.193; für Tinnit Albright, Yahweh and the Gods of Canaan, 112f.).
Schwer zu deuten sind folgende Benennungen der Partnerin Baals: ugar. *ʿṯtrt šm bʿl*, phön. *ʿštrt šm bʿl*, phön. *sml bʿl* und pun. *tnt pn bʿl*. An sich sind *sml* ('Abbild') und *pn* ('Angesicht') jedoch klar. Der Name (*šm*) einer Gottheit ist öfters als sein äußerlich sichtbares Wesen, sein 'Anschein' zu verstehen (→ שם). Vielleicht darf man darum *sml*, *pn* und *šm* auffassen im Sinne von „*Alter Ego*", 'Ehehälfte' (vgl. כנגדו in Gen 2,18. 20; andere Meinungen z.T. bei W. Herrmann, MIO 15, 1969, 22f.; s. aber auch Dölger, Antike und Christentum I 93).
3. Baals-Mythen besitzen wir nur in ugar., heth. und äg. Überlieferung. Wenn aber den lokalen Baalgottheiten, deren Erscheinungsformen örtlich mehr oder weniger verschieden gewesen sein mögen, doch eine einzige Gottesidee zugrunde gelegen hat (s.o. I.2., II.1.), darf man erwarten, daß es wohl lokale Varianten dieser mythologischen Geschichten, nicht aber eine völlig verschiedene Mythologie unter den Baalsdienern Kanaans gegeben hat (vgl. AOAT 16, 52ff.).
Die umfangreichste mythologische Serie aus Ugarit besteht aus sechs von einem gewissen Ilimilku beschriebenen Tafeln (CTA 1–6 [VI AB, III AB, V AB, II AB, I* AB, I AB]). Etwas abweichende Fragmente desselben Mythus, aber von anderer Hand, sind CTA 7 und 8, Ugar. V, Ch. III, Nr. 3 und 4. Über die Reihenfolge der Tafeln CTA 4–6 besteht fast allgemeine Übereinstimmung, über die Reihenfolge und Zugehörigkeit der Fragmente CTA 1–3 divergieren die Meinungen. Nach einer neuen Theorie (De Moor, AOAT 16) sollen die Tafeln in der Folge 3-1-2-4-5-6 gelesen werden. Der Mythus würde dann in chronologischer Abfolge erzählen, wie durch die Erlebnisse und Taten Baals in der Urzeit der Gang des normalen klimatologischen, agrarischen und kultischen Jahres der Ugariter für immer bestimmt wurde (für andere Meinungen s. AOAT 16, 9ff.). Demnach findet man hier die mythologischen Vorbilder der Jahreszeiten (symbolisiert durch die Thronfolge Baal-Jam-Baal-Môt/ʿAṯtar-Baal), von den Höhepunkten im Leben des Bauern und Fischers, von den wichtigsten Festen und Riten und natürlich vom Ursprung des Kultzentrums. Wahrscheinlich wurde die Erzählung am herbstlichen Neujahrsfest rezitiert (s.u.). Für eine andere, sehr lückenhafte Version der Jam-Episode aus Ägypten, s. Stadelmann 127ff.
In einem anderen, leider fragmentarischen Mythus (CTA 10 [IV AB]) wird erzählt, wie Anat Baal aufsucht, während er im Gebiet des Hulesees Wildrinder jagt. Von ihrer Schönheit überwältigt, verspricht Baal ihr wunderbare Liebeswonne. Da Anat selbst aber nicht gebären kann (s.o. II.2.), fährt sie in eine Wildkuh hinein, die dem Baal nach der geschlechtlichen Vereinigung des Paares einen Stier gebiert. Weitere Fragmente derselben Art sind CTA 11, RS 22.225 und vielleicht PRU V Nr.124; ähnliche Erzählungen über Baal und Anat waren in Ägypten bekannt (Stadelmann 131ff.).
Nach CTA 12 [BH] schwängert El auf ihren Wunsch zwei Göttersklavinnen, die darauf in der Wüste wildstierähnliche Ungeheuer zur Welt bringen. Baal jagt sie, aber er wird verletzt und bleibt 'sieben, ja acht' Jahre fieberkrank im Morast liegen. Wahrscheinlich verdorrt während seiner Abwesenheit die Erde, bis seine Verwandten ihn endlich finden.
Für Bruchstücke weiterer Baalmythen aus Ugarit s. AOAT 16, 6f. Ein Fragment in heth. Sprache aus Boğazköy (ANET[3] 519) enthält einen kanaan. Mythus, nach dem Aschera den Wettergott zu verführen suchte (→ אשרה).
4. Für eine Beschreibung des Baalkultes liefert Ugarit wiederum das meiste Material. Bisher sind dort vier große Feste für Baal mehr oder weniger erkennbar. Am wichtigsten war das Neujahrsfest im Herbst (zum Ganzen s. De Moor, New Year with Canaanites and Israelites). Es wurde während der ersten sieben Tage des Monats *rʾš jn* ('das Erste des Weines', Sept.–Okt.) gefeiert. Der König organisierte Opfermahlzeiten zu Ehren Baals in Ugarit und auf dem Berge Ṣapān. Wahrscheinlich feierte man die Rückkehr Baals aus der Unterwelt und seine Inthronisation auf dem Ṣapān. Zugleich war es das Fest der Weinlese, an dem der neue Wein in großen Mengen getrunken wurde. Am ersten Tag opferte der König auf dem Tempeldach, wo man Laubhütten errichtet hatte (vgl. Jer 32, 29; Neh 8,16). Am selben Tage wurde dem El eine Weintraube geopfert. Nach CTA 3 (V AB): A 9–17 trank Baal den jungen Wein aus einem heiligen Becher, den sich keine Frau ansehen durfte. Wahrscheinlich spielte sich dieses Ritual des Weinkostens in jenen Kultvereinen von Baaldienern ab, die man *mrzḥ* nannte (für Ugarit: O. Eißfeldt, Ugaritica VI 187ff.; Miller, AnOr 48, 37ff.; für Sidon KAI Nr. 60,1; für Marseille KAI Nr. 69,16; für Palmyra: Hoftijzer 28f.).
Ähnlich wie im assyr. Neujahrsritual KAR Nr. 214 (vgl. Frankena, Tākultu 23ff.) werden im Ritual Ugar. V, Ch. III, Nr. 2, Vs. viele Götter zum Trinken mit Baal-Had aufgefordert. Dazu paßt, daß nach anderen ugar. Texten bei dieser Gelegenheit viel Wein unter die Götter verteilt wurde; auch Menschen und sogar Tote wurden reichlich bedacht. Wein, Brot und Fleisch für die sakralen Mahlzeiten entnahm man den jährlichen Abgaben. Bei der Mahlzeit bekränzte man sich und es wurde vor Baal gesungen, gespielt und getanzt.
Weitere, noch nicht ganz sichere Ereignisse am Neujahrsfest könnten gewesen sein: Verlesung

des großen Baalmythus; heilige Hochzeit zwischen El, Aṯirat und *Rḥmj* (vielleicht Anat), im Kult vermutlich von dem König, der Königin und einer Priesterin repräsentiert; offizieller Anfang der Purpurbereitung; viertägige rituelle Schlacht der Anat, mit abschließendem Ritus vom 'Regenmädchen', wahrscheinlich von einer Prinzessin aufgeführt.
Vermutlich haben auch andere Kanaanäer das herbstliche Neujahrsfest mit Baal-Had gefeiert (vgl. z.B. KAI Nr. 214, 21f.). Zum Teil liegt es sicher auch dem israelitischen Fest der Lese oder dem Laubhüttenfest zugrunde (חג האסיף, →סכה). Azitawadda nennt es *zbḥ jmm* 'Jahresopferfest' (KAI Nr. 26, A. III 1, C. IV 4, s. AOAT 16, 59 Anm. 45), ganz ähnlich 1 Sam 1, 21; 2, 19 (vgl. die jährlichen Abgaben, die vermeintliche Betrunkenheit der Hanna) und 1 Sam 20, 6 (mehrere Tage, anfangend mit dem Neumond – wie in Ugarit).
Die drei anderen Feste Baals sind nur in sehr vagen Umrissen erkennbar. Es sind: das Fest der Tempelweihe um die Zeit des Frühlingsäquinoktium, zugleich vielleicht Beginn des bürgerlichen Jahres (AOAT 16, 61f. 155); das Fest der Trauer um Baal, einen Monat später, vermutlich mit einem Ritus der ersten Garbe, mit Opfer auf dem Ṣapān und einer Prozession der Anat-Astarte (AOAT 16, 195f. 200f.); das Fest der Vernichtung Môts im Juni, vermutlich mit einem Ritus der letzten Garbe (AOAT 16, 212ff.).
Die übrigen kanaanäischen Quellen liefern außer zahlreichen Stiftungen von Tempeln, Stelen und Weihgaben nur wenig Material für eine Beschreibung des Baalkultes. Azitawadda opfert nicht nur am Neujahr, sondern auch zur Zeit des Pflügens und zur Zeit der Schnitternte (KAI 26, A. III 1f., C. IV 5). Auch die Opfertexte von Ugarit (aufgezählt UF 2, 188f.), Marseille (*b'l ṣpn*, KAI 69) und Karthago (wohl *b'l ḥmn*, KAI 74.75; CIS I 168–170. 3916. 3917) enthalten einiges über Opferarten, Opfermaterie und Abgaben an die Priester. Menschenopfer für Baal sind in Ugarit unbekannt. Griechische und lateinische Schriftsteller bezeugen sie aber u.a. für *b'l ḥmn*, der sich jedoch nach den pun. Inschriften mit Ersatzopfern von Tieren begnügte (KAI II 76f.; Gese 174f.; Teixidor, Syria 46, 1969, 321).
Nach dem AT sowie spätantiken und frühchristlichen Zeugnissen sollen im Kult der Baale und ihrer Partnerinnen äußerst obszöne Riten stattgefunden haben. In Ugarit ist davon wenig zu spüren. Wenn man vom Ritual CTA 23 [SS] absieht, wo es sich um die heilige Hochzeit Els handelt, bleiben nur noch die mythologischen Liebesszenen zwischen Baal und Anat übrig (s.o.). Da aber gewisse Szenen der Mythen im ugar. Kult symbolisch dargestellt wurden, könnte derartiges auch in diesem Falle angenommen werden. Jedenfalls ist es sicher, daß – ganz anders als in Israel – die Königin, die Prinzessinnen und andere Frauen (*ʾnšt* 'freundliche Mädchen') am ugar. Kult aktiv teilnahmen, was die Vermutung sakraler Prostitution nahelegt, aber nicht beweist.

De Moor

III. 1. Als Gottesname findet sich בעל 76mal im AT: 58mal in der Einzahl – immer mit dem Artikel – und 18mal in der Mehrzahl. Man hat lange gemeint, Baal mit dem Artikel sei nur Appellativ zur Bezeichnung verschiedener lokaler Numina, deren wahrer Name sonst unbekannt sei. Die Funde in Ras Schamra und an anderen Orten (s.o.) haben jedoch dargetan, daß Baal Eigenname einer bestimmten Gottheit sein kann. Die Determinierung von Baal durch den Artikel gehört zur Kategorie der Gattungs- und Eigenschaftswörter, die, auf bestimmte Individuen bezogen, als Eigennamen betrachtet werden können (Brockelmann, Synt. § 21c. ε).
Ob der Plural הבעלים (Ri 2, 11; 3, 7; 8, 33; 10, 6. 10; 1 Sam 7, 4; 12, 10; 1 Kön 18, 18; Jer 2, 23; 9, 13; Hos 2, 15. 19; 11, 2; 2 Chr 17, 3; 24, 7; 28, 2; 33, 3; 34, 4) – hin und wieder auch im profanen Gebrauch (s.o. I. 1.) – als 'Respektsplural' betrachtet werden darf (wie in Ugarit, s.o. I. 2.; vgl. GKa § 124i), ist fraglich. Zwar werden בעל und בעלים öfters *promiscue* gebraucht (vgl. Ri 2, 11 mit 2, 13; Ri 2, 13 mit 10, 6, 1 Sam 7, 4 und 12, 10; Ri 8, 33a mit 8, 33b; 1 Kön 18, 18 mit 18, 19ff.; Hos 2, 10. 18 mit 2, 15. 19; 2 Chr 23, 17 mit 24, 7; 2 Kön 21, 3 mit 2 Chr 33, 3), aber 'die Liebhaber' von Hos 2 und 'die Fremden' von Jer 2, 25 (vgl. 2, 23) zeigen deutlich, daß man mit הבעלים mehrere Gestalten meinte, obwohl man sich offensichtlich bewußt war, daß diese Gestalten dem einen Baal mehr oder weniger gleich waren (s.o. II. 1.). Gegen einen Respektsplural spricht auch, daß er öfters in bestimmten rügenden, dtr Formeln vorkommt, z.B. עבד את־הבעלים (Ri 2, 11; 3, 7; 10, 6; 1 Sam 12, 10), הלך אחרי הבעלים (1 Kön 18, 18; Jer 2, 23). Auch sonst haben die at.lichen Schriftsteller nichts weniger als Respekt dem Baal gegenüber gezeigt. In Jer 11, 13 (vgl. 3, 24; Hos 9, 10) wird בעל durch בשת 'Schändlichkeit' ersetzt (wohl nicht im Lakišostrakon KAI Nr. 196, 6, wie Michaud, Sur la pierre et l'argile, Neuchâtel/Paris 1958, 101 vorschlägt), wie auch in ursprünglich mit בעל zusammengesetzten Personennamen im Buche Samuel, z.B. אשבעל (1 Chr 8, 33; 9, 39) = איש־בשת (2 Sam 2, 8. 10. 12. 15; 3, 8. 14f.; 4, 5. 8. 12); ירבעל (Ri 6, 32; 7, 1; 8, 29. 35; 9, 1ff.; 1 Sam 12, 11) = ירבשת (2 Sam 11, 21); מרי(ב)בעל (1 Chr 8, 34; 9, 40) = מפיבשת (2 Sam 4, 4; 9, 6ff.; 16, 1. 4; 19, 25f. 31; 21, 7f.), vgl. Mulder, VT 18, 1968, 113f.
Es soll hier von vornherein betont werden, daß die at.lichen Schriftsteller eine prinzipielle Inter-

essenlosigkeit an Götzen im allgemeinen zeigen (vgl. z.B. Jer 10,1ff. oder Jes 44, 6ff.). Überdies hat man mit einer *interpretatio israelitica* zu rechnen (Mulder, NedThT 24, 1969, 414). Es war nicht die Absicht der biblischen Schriftsteller, ihre Leser genau über Wesen oder Einzelheiten der kanaanäischen Religion zu unterrichten. Sie neigten dazu, über Baal und seinen Dienst in pejorativem Sinne zu sprechen. Ein Beispiel ist nicht nur die Umänderung von בעל in בשת, sondern auch der Werdegang der Bezeichnung von Baal Peor im AT: als Baal Peor (Num 25, 3; Deut 4, 3; Hos 9,10; Ps 106, 28), als Peor (Num 25,18; 31,16; Jos 22,17), als בשת (Hos 9,10) und als אהב* (Hos 9,10; vgl. שקוץ Hos 9,10), wodurch die religiöse Scheu der Schriftsteller deutlich hervorgehoben wird (vgl. Mulder, Baʿal 133).

Aus dem Gesagten geht hervor, daß man zwischen älteren und jüngeren Zeugnissen genau zu unterscheiden hat. So können alte Erzählungen im Rahmen einer späteren, z.B. dtr Redaktion gefaßt sein, wie dies im Richterbuch (s.o.) der Fall ist. Parallele Perikopen in den Büchern der Könige und der Chronik zeigen ebenfalls Unterschiede, vgl. z.B. 2 Kön 21, 3 mit 2 Chr 33, 3. Überdies bieten die Chronikbücher midraschartige, aus der Feder später schreibender Schriftsteller stammende Mitteilungen, z.B. 2 Chr 17, 3; 24,7 (vgl. 2 Kön 12, 8); 28, 2 (vgl. 2 Kön 16, 3); 34, 4 (vgl. 2 Kön 23, 5f.). Auf die in späterer Zeit aufkommende Scheu, den Namen Baals zu verwenden, deutet auch der weibliche Artikel bei Baal in verschiedenen Texten der LXX (2 Kön 21, 3; Jer 2, 8; 12,16 u.ö.) und im NT (Röm 11, 4) hin. Man hat Baals Namen durch ἡ αἰσχύνη ersetzt (Dillmann, Monatsb. d. kön.-preuß. Akad. d. Wiss., Berlin 1882, 601ff.; Mulder, Baʿal 174ff.). Vielleicht sind diese und jene späteren pejorativen Bezeichnungen Baals bereits durch Propheten wie Hosea (2,18f.) und Jeremia (11,13) angeregt.

In der Einzahl kommt Baal beträchtlich häufiger vor als in der Mehrzahl (Ri 2,13; 6, 25ff.; 1 Kön 16, 31f.; 18,19ff.; 19,18; 22, 54; 2 Kön 3, 2; 10,18ff.; 11,18; 17,16; 21, 3; 23, 4f.; Jer 2, 8; 7, 9; 11,13.17; 12,16; 19, 5; 23,13. 27; 32, 29. 35; Hos 2,10; 13,1; Zeph 1, 4; 2 Chr 23,17). Aus vielen dieser Stellen ergibt sich, daß הבעל hier nicht als Appellativ verschiedener kanaanäischer Götter betrachtet werden kann, sondern nur als Name eines bestimmten Gottes, mit dem Israel seit dem Seßhaftwerden in Kanaan bis nach dem Exil in Berührung gekommen ist (anders Y. Kaufmann, The Religion of Israel, Chicago 1960, 133ff.). Ob sich hinter dem Namen Baal ein anderer, unbekannter Gottesname, z.B. Hadad (s.o. II.1.; Dussaud, RHR 113, 5ff.) verbirgt, enthüllt das AT nicht. Es bestätigt jedoch den Eindruck der ugar. Texte, daß es sich um Baal *par excellence*, den Wetter- und Fertilitätsgott, handelt, wenngleich auch in verschiedenen lokalen Ausprägungen und Nuancen.

Beispiele dieser lokalen Ausprägungen findet man in den mit geographischen oder sonstigen Elementen zusammengesetzten Namen Baals. Als Bezeichnung des Gottes sind vor allem Baal Peor, Baal Berit und Baal Sebub zu betrachten.

Baal Peor (Num 25, 3. 5 E; Deut 4, 3; Hos 9,10; Ps 106, 28) wurde beim Berg Peor, in Moab östlich des Toten Meeres, verehrt. Sein Kult war nach Num 25 charakterisiert durch sakrale Prostitution sowie durch das Essen eines Opfermahles, wodurch eine enge Beziehung zwischen dem Gott und seinen Verehrern entstand (צמד *niph*, Num 25, 3. 5; Ps 106, 28 oder נזר *niph* Hos 9,10). Dieser Baal wurde in einem Heiligtum verehrt, wie aus בית פעור (Deut 3, 29; 4, 46; 34, 6; Jos 13,20) hervorgeht (für andere Bezeichnungen dieses Baals s.o.). Das Heiligtum ist bisher noch nicht sicher lokalisiert worden (Noth, ZAW 60, 1944, 19ff.; Henke, ZDPV 75, 1959, 160ff.; Wolff, BK XIV 1, 213f.).

Baal Berit (Ri 8, 33; 9, 4) ist der Gott von Sichem. In Ri 9, 46 wird von El Berit gesprochen; es ist aber fraglich, ob man diesen Gott mit Baal Berit identifizieren muß oder ob man zwei Götter mit zwei Tempeln in Sichem vorauszusetzen hat (vgl. Mulder, Baʿal 136f.; anders Clements, JSS 13, 1968, 26 Anm. 3). Die genaue Bedeutung des Namens Baal Berit ('Bundesbaal') ist nicht einleuchtend genug geklärt, um die Funktion dieses Baal in Sichem durchschauen zu können (kritische Abwägung verschiedener Hypothesen bei Clements 21ff.) oder gar seine Bedeutung für die israelitische Religionsgeschichte erklären zu können (s. jedoch Nielsen, Shechem. A Traditio-Historical Investigation, Kopenhagen [2]1959). Als sicher darf man annehmen, daß der Bericht in Ri 8, 33, dieser Baal sei ein kanaanäischer Gott, zuverlässig ist. Dies wird bestätigt durch Ri 9, 27, wo von einem Dankfest nach der Weinlese im Heiligtum des Gottes die Rede ist (s.o. II.4.). Der Baal Berit war also gewiß auch eine Vegetationsgottheit und eine lokale Manifestation des Baals *par excellence*.

Baal Sebub wird als Gott einer philistäischen Stadt, Ekron, genannt (2 Kön 1, 2f. 6.16). Die einzige erkennbare Funktion dieser Gottheit ist die der Beratung und Hilfeleistung bei Krankheit oder Verletzung. Wahrscheinlich ist Baal Sebub ('Herr der Fliegen') eine absichtliche Entstellung von *bʿl zbl* oder *zbl bʿl* (letztere Kombination bekannt aus Ugarit, s.o. II.1.; für andere Meinungen s. Mulder, Baʿal 141ff.; Gaston, ThZ 18, 1962, 247ff.; Fensham, ZAW 79, 1967, 361ff. und → דבה).

Neben diesen drei Bezeichnungen des Baals kommt dessen Name öfters in geographischen Namen vor (ausführlich Mulder, Baʿal 144ff.): Baal Gad, Baal Hamon, Baal Hazor, Baal Hermon, Baal Meon, Baal Perazim, Baal Salisa, Baal Thamar, Baal Zaphon (s. auch Cazelles, RB 62, 1955, 332ff.), Bamoth Baal, (Gur) Baal (s. Lipiński, RSO 44, 83ff.), Kirjath Baal. In religionsgeschichtlicher Hinsicht ist diesen Ortsnamen sehr wenig zu entnehmen; das obige Verzeichnis zeigt aber, wie verbreitet der Baalskult in Palästina war.

2. Nach Num 25 (vgl. Rößler 94ff.) gab es schon vor dem Seßhaftwerden Israels in Kanaan einen Zusammenstoß zwischen JHWH und Baal. Auffallend ist, daß das AT aber niemals über einen Streit zwischen JHWH und El, dem Haupt des kanaanäischen Pantheons, berichtet. Wahrscheinlich hängt das damit zusammen, daß El mehrfach, zumal im Buche Genesis, mit JHWH identifiziert worden ist (→ אל; Eißfeldt, Kl. Schr. III 386ff.; Weidmann, FRLANT 94, 1968, mit Lit.). Man hat die Reibung zwischen El und Baal in den ugar. Texten (s.o. II. 1.) oft mit der zwischen Jahwe und Baal im AT parallelisiert, und sogar die Schlußfolgerung gezogen, JHWH sei identisch mit El (Oldenburg 164ff.). Doch viele der sich hier vorfindenden Fragen bedürfen noch einer Klärung.

In der Richterzeit wird sodann ein Streit zwischen JHWH und Baal angesetzt (Ri 6, 25ff., E). Gideon zerstörte nachts einen Altar Baals und die daneben stehende → אשרה. Weiter baute er JHWH, seinem Gott, einen Altar; sein Vater mußte ihn nachher vor der Bedrohung seitens der Leute der Stadt schützen: 'Ist Baal ein Gott, mag er für sich selbst streiten'.

Unter den Omriden fand dann ein größeres Treffen statt (1 Kön 18, 16ff.). Diese Erzählung wird 1 Kön 16, 31f. vorbereitet durch die Mitteilung, daß Omris Sohn, Ahab, sich Isebel, die Tochter des Sidonierkönigs Ethbaal, zum Weib nahm und gleichzeitig dem Baal zu dienen begann. Er errichtete dem Baal einen Altar im Hause Baals, das er ihm in Samaria gebaut hatte. Nach Josephus (Ant. VIII 317) handelt es sich hier um den Baal der Stadt Tyros, und man hat öfters, in Kombination mit der Beschreibung des Gottesurteils auf dem Karmel, angenommen, daß dieser Gott Melqart war. Aber einmal ist ungewiß, ob Melqart mit dem Baal von Tyros identifiziert werden darf (s.o. I. 2.), und sodann ist dem Bericht von 1 Kön 18 nicht zu entnehmen, daß der Baal des Karmel der Stadtgott von Tyros war. Zweifelsohne dürften gewisse Züge in der Schilderung der Szene auf dem Karmel dem Ritual Melqarts entsprechen (de Vaux, BMB 5, 1941, 7ff.), aber wo immer eine *interpretatio graeca* dieses Gottes vorliegt, fehlt jede Gleichsetzung des Baals vom Karmel mit Melqart-Herakles. Auch deutet nichts im Text ein 'reduziertes Scheiterhaufenritual' an (Galling, Gesch. u. AT, 1953, 109 gegen de Vaux). Schließlich zeigt 1 Kön 21, 25f. in einer theologischen Würdigung, daß der at.liche Schriftsteller das Handeln Ahabs als eine Fortsetzung des Kultes 'der Amoriter, die JHWH vor den Israeliten vertrieben hatte', ansah. Den Baal des Karmel als einen Fremdkörper betrachten zu wollen ist somit nicht sachgemäß, handelt es sich bei diesem Baal doch wohl um eine lokale Manifestation des seit alters bekannten Wettergottes (s. Alt, Kl. Schr. II 135ff.; Galling 105ff.; nach Eißfeldt, ZAW 57, 1939, 20ff. Baalšamēm; Übersicht anderer Meinungen: Rowley, BJRL 42, 1960, 194).

Die Ereignisse auf dem Karmel haben dem Baalsdienst aber keineswegs ein Ende bereitet. 1 Kön 22, 54 und 2 Kön 3, 2 berichten von der Verehrung Baals durch Ahabs Söhne, während 2 Kön 10, 18ff. die Ausrottung der Baalsdiener des Nordreiches durch Jehu beschreibt. Inzwischen war der Baalskult aber auch in Juda durch die Förderung Athaljas, der Frau Jorams und der Tochter Ahabs, wieder aufgeblüht. In 2 Kön 11, 18 wird mitgeteilt, daß das Volk des Landes in den Baalstempel zu Jerusalem eindrang, sein Bild niederriß und seinen Priester tötete. Unter den 'Greueln' von Manasse, die in 2 Kön 21, 1ff. aufgezählt werden, wird auch die Errichtung von Altären für Baal genannt. Die Reformarbeit des Josias schließlich sollte dem Baalskult in Juda ein endgültiges Ende bereiten (2 Kön 23, 4ff.; vgl. 2 Chr 34, 4). Durch Aufhebung aller dezentralen Kultstätten, wo die fremden Kulte immer gute Chancen gehabt hatten, gelang es ihm wenigstens, einen offiziellen Rückfall in den Baalismus zu verhindern.

Nicht wenig hat das Auftreten der Propheten dieser Reformbewegung Vorschub geleistet. Einen unmittelbaren Einfluß darauf hatte Jeremias. Aber auch die frühere Arbeit Hoseas im Nordreich wird nicht ohne Einfluß auf den Restaurationsversuch in der Zeit Josias geblieben sein. Die Gefahr eines Synkretismus der kanaanäischen Vegetationsreligion mit der JHWH-Religion war damals bei weitem nicht imaginär (vgl. hierzu auch G.W. Ahlström, Aspects of Syncretism in Israelite Religion, Lund 1963). Hosea hatte, obwohl er nur wenige Male das Wort בעל verwendet, fortwährend die in der Form eines Jahwismus versteckte Baalsreligion des Nordreiches getadelt. Seine Worte sind öfters dem Baalskult oder der Baalsmythologie entnommen, und seine Ehe (Hos 1 und 3) ist nicht nur Abbild der Liebe JHWHs zu seinem Volke, sondern sie gewährt auch Einsicht in die Lage des Volkes, das sich dem Baalskult hingegeben hatte.

Der Befehl an Hosea, „ein Hurenweib und Hurenkinder" zu nehmen (Hos 1, 2) hat manche Hypothesen ausgelöst. Gibt es hier ein Muster eines allgemein im Baalskult üblichen Fruchtbarkeitsritus, den Lukian (De Dea Syra, 6) und Herodot (Hist. I 199) beschreiben (vgl. auch Deut 23, 18f.; Spr 7, 13ff. und vor allem Ri 11, 34ff., das „Beweinen der Jungfrauschaft"; weiter z.B. Wolff, BK XIV.1 13ff., 107ff.) oder ist dieser Befehl einmalig, um die besondere Aufgabe des Propheten zu betonen? Im Hintergrunde anderer Aussagen (z.B. Hos 4, 13ff.) hat Rost die Praxis, daß junge Frauen sich Fremdlingen feilbieten und so 'Frauen der Hurerei' genannt werden können, als Initiationsritus bezeichnet (Rost, Festschr. Bertholet 451ff.). Man hat jedoch diese Praxis in seiner Allgemeinheit für Israel verneint (Rudolph, ZAW 75, 1963, 65ff.).

Wie Jeremia und Zephanja haben auch andere Propheten den Baalskult gerügt, ohne daß sie immer den Namen Baals explizit zu nennen brauchten. Ezechiel tadelt in herben Worten Jerusalems Untreue (vgl. Ez 16; 23 u.ö.), nennt aber kein einziges Mal Baal, auch dann nicht, wenn er über Jerusalems Götzendienst spricht (wohl Tammuz, Ez 8, 14). Nach dem Exil waren 'die Namen der Baale aus Israels Mund' entfernt (Hos 2, 19). Ob der Baalskult aber ganz verschwunden war, bleibt fraglich, zumal wenn man in Dan 9, 27; 11, 31 und 12, 11 Anspielungen auf ein im Tempel von Jerusalem für Baalšamēm errichtetes Kultobjekt sehen möchte (so Eißfeldt, ZAW 57, 1939, 24).

3. Betrachten wir nun das Gesamtbild der direkten Angaben bezüglich des Gottes Baal, wie das AT jenes vorführt, so geht erstens hervor, daß nirgends über ein Pantheon Baals gesprochen wird. Wohl stehen die Göttinnen → אשרה (Ri 3, 7; 1 Kön 18, 19; vgl. 1 Kön 16, 33; 2 Kön 23, 4) und → עשתרת (Ri 2, 13; 10, 6; 1 Sam 7, 3f.; 12, 10) in enger Beziehung zu diesem Gott (s.o. II. 2.), obgleich man der Meinung sein kann, daß הבעלים והעשתרות mitunter nur etwa 'Götter und Göttinnen' bedeuten, wie *ilāni u ištarāti* im Akk. (Caquot, Syria 35, 1958, 57).

Einmal werden dem Baal anstatt des Molochs Kinderopfer zugeschrieben (Jer 19, 5; s.o. II. 4. und Mulder, Baʿal 75ff.). Bezüglich des Kultes Baals wird gemeldet, daß ihm Altäre errichtet wurden (in Ofra, Ri 6, 25ff.; auf dem Karmel, 1 Kön 18, 26; in Samaria, 1 Kön 16, 32; in Jerusalem, 2 Kön 11, 18), sowie Tempel (Sichem, Ri 9, 4; Samaria, 1 Kön 16, 32; 2 Kön 10, 21ff.; Jerusalem, 2 Kön 11, 18). Bisweilen war der Kultort befestigt (Ri 6, 26), oder er befand sich auf einer → במה (Jer 19, 5; 32, 35; vgl. Num 22, 41; Jos 13, 17). Mitunter wird dem Baal auf Dächern geräuchert (Jer 32, 29, s.o. II. 4.). Aus bestimmten geographischen Namen ist auf Baalskult bei oder auf Bergen zu schließen.

Nach dem AT hat Baal viele Verehrer gehabt, schon in der Richterzeit (Ri 6, 25ff.; 8, 33; 9, 4 u.ö.), aber auch nachher, wie die Feststellung, daß nur 7000 Leute die Knie nicht vor dem Baal gebeugt hatten, eindrucksvoll unterstreicht (1 Kön 19, 18). Das Kultpersonal bestand aus Priestern (2 Kön 10, 19; 11, 18; vgl. הכמרים in Zeph 1, 4) und/oder Propheten (1 Kön 18, 19ff.; 2 Kön 10, 19), welche opferten, kultische Tänze aufführten (vgl. Baal Markod, RAC I 1077f.) und in Ekstase gerieten (vgl. die Mari-Propheten und die Wen-Amon-Erzählung, ANET 25ff.), überdies auch 'weissagten' (Jer 2, 8; 23, 13). Schließlich konnte der König dem Baal opfern (2 Kön 10, 25).

Außer den Altären gehörten → מצבות zum Baalskult (2 Kön 3, 2; 10, 26f.) sowie Bilder (2 Kön 11, 18; Hos 11, 2; 13, 2?; vgl. die goldenen Kälber, Ex 32, 1ff.; 1 Kön 12, 28ff.; der Stier war ein Symbol Baals, s.o. II. 1. und weiter Noth, BK IX 1, 283ff.). Eine אשרה stand neben dem Altar (Ri 6, 25; vgl. 1 Kön 16, 32f.; 2 Kön 17, 16; 2 Chr 33, 3). Auf dem Altar konnten → חמנים, Räucheraltäre, stehen (2 Chr 34, 4), welche man sich gern wie die kleinen, schlanken Kalksteinaltäre, die bei den Grabungen öfters zutage gekommen sind, vorstellt, und die als Aufsatzaltäre auf die Ecke eines größeren Brandopferaltars gestellt worden sind (Galling, RGG^3 I 254; vorsichtig Haran, VT 10, 1960, 118ff.).

Zur Bezeichnung kultischer Handlungen verwendet das AT verschiedene Wörter: → עבד 'dienen' (Ri 2, 11.13; 3, 7; 1 Kön 16, 31; 22, 54 u.ö.); → השתחוה 'sich beugen' (1 Kön 16, 31; 22, 54); → כרע 'niederknien' und/oder → נשק 'küssen' (ein Bild oder eine מצבה; 1 Kön 19, 18; Hos 13, 2).

Das Verb → זנה 'buhlen' wird öfters im unmittelbaren Kontext von Beschreibungen des Baalskultes gefunden (Ri 8, 33 und zumal Hos: 1, 2; 2, 7; 3, 3; 4, 10ff.; 5, 3; 9, 1; vgl. זנונים 1, 2; 2, 6; 4, 12; 5, 4 und זנות 4, 11; 6, 10). Das könnte auf sakrale Prostitution hinweisen (s.o. III. 2.). Einen Beweis dafür, daß es auch eine kultisch vollzogene 'heilige Hochzeit' bei den Kanaanäern gegeben hat (s.o. II. 4.), bietet das AT nicht. Dem Baal wird geräuchert (2 Kön 23, 5; 2 Chr 28, 4; Jer 7, 9; 11, 13.17; vgl. Hos 2, 15; 11, 2; auf Dächern Jer 32, 29), er wird um Orakel gebeten (2 Kön 1, 2ff.), bei ihm wurde geschworen (Zeph 1, 4), was den Charakter eines Glaubensbekenntnisses tragen konnte (Jer 12, 16). Feierliche Prozessionen werden genannt (Hos 2, 15; vgl. Deut 4, 3; Jer 2, 23; 9, 13: → הלך אחרי הבעלים). Auch wurde Baals Name angerufen (1 Kön 18, 24ff.; Hos 2, 19). Blutige sowie unblutige Opfer wurden dargebracht (1 Kön 18, 23; 2 Kön 10, 24; Hos 11, 2; auch 2 Kön 23, 5; Jer 7, 9; 11, 13.17), Stiere (Ri 6, 25; 1 Kön 18, 23ff.), aber auch Kinder (Jer 19, 5). Es gab Opfermahle, wodurch eine enge Beziehung zwischen Baal und seinen Bekennern zustande kam (Num 25, 3ff.; Ps 106, 28; Hos 9, 10). Festversammlungen sind bezeugt in Ri 9, 27 und 2 Kön 10, 19f. (für Feste in Ugarit, s.o. II. 4.). Vielleicht trug man im Kult eine besondere Kleidung (2 Kön 10, 22) oder andere Wertgegenstände (Hos 2, 10.15).

Nach dem AT ist Baal primär ein Fruchtbarkeitsgott, wie sich z.B. aus 1 Kön 18, Hos 2 usw. ergibt. Die größte Gabe, welche Baal geben kann, ist der Regen (zu 1 Kön 18 vgl. De Moor, AOAT 16, 95), ferner alles, was zum Leben notwendig ist (Hos 2). Auch das AT weiß, daß Berggipfel Wohnsitz dieser Gottheit sind (s.o.). Überdies weiß das AT, daß Baal Himmelsgott ist, weil er öfters mit dem Heer des Himmels, der Sonne, dem Mond und den Tierkreisbildern genannt wird (2 Kön 17,16; 21, 3; 23, 4f.; vgl. Jer 32, 29); ob er darum spezifisch mit Baalšamēm gleichgesetzt werden darf (Eißfeldt), ist zu bezweifeln. Vielleicht darf man der Szene des Gottesurteils auf dem Karmel entnehmen, daß das Verschwinden Baals während des Sommers und seine erwartete Wiederkehr im Herbst (s.o. II.1. und II.3.) im Kreise dieser Baalsverehrer bekannt war (1 Kön 18, 27; Colpe, AOAT 1, 23ff.; auch Hos 6,1ff. und dazu Wolff, BK XIV 1,150); doch darf man diese Angaben nicht überschätzen.

4. Den obengenannten direkten Angaben stehen noch indirekte zur Seite: Gerade aus den letzteren geht hervor, wie groß die Wirkung der kanaanäischen Religion gewesen ist. Dies gilt nicht nur für die literarischen und ideologischen Entlehnungen aus dem kanaanäischen Kulturbereich, der dem nomadischen der eingewanderten Israeliten weit überlegen war, sondern auch hinsichtlich der vielen nicht unwichtigen Theologumena der israelitischen Gemeinschaft. Zu den literarischen Entlehnungen kann man z.B. jene Texte rechnen, in denen JHWH mit ähnlichen Epitheta besungen wird wie Baal in den kanaanäischen Epen (s.o. II.1.; weiter Gray, Hillmann, Kaiser und Schmidt). Wie Baal in den ugar. Texten reitet JHWH auf den Wolken (*rkb ʿrpt*, vgl. Ps 68, 5, weiter 104, 3; Deut 33, 26); wie jener manifestiert dieser sich in Gewitter und Sturm (Ps 29; 18,14; 46,7; 77,19; 97, 4; 104,7 usw.). Ist dies schon wegen der oft buchstäblichen Übereinstimmung des Wortlautes eine deutliche Annektierung der Rolle Baals, so ist das noch stärker der Fall, wenn ganze mythologische Vorstellungen übernommen werden: wie Baal den *ltn*, den *bṯn brḥ*, *bṯn ʿqltn* und *tnn* bekämpft (s.o. II.1.), so JHWH den Leviathan (→ לויתן), den נחש ברח, נחש עקלתון und Tannin in Jes 27,1 (vgl. Ps 74,14; 104, 26; weiter Hi 3, 8; 40, 25). Psalmen wie Ps 29 und 68 könnten teilweise sehr wohl auf JHWH übertragene Lieder für Baal sein. Die Beispiele ließen sich leicht vermehren.

Daneben stehen mehr ideologisch-theologische Entlehnungen. So wird man das Königtum JHWHs jedenfalls der Form nach als Erbe Kanaans anzusehen haben (Schmidt; vgl. auch Maag, VTS 7, 1960, 129ff.; NedThT 21, 1966, 176f.), wie sehr auch diese Konzeption in der israelitischen Religion inhaltlich eine Konzeption *sui generis* geworden ist.

Wie weit diese Linien im einzelnen zu verfolgen sind, muß hier dahingestellt bleiben. Oft ist nicht einmal genau zu sagen, ob man bestimmte Züge auf Baal, El oder eine andere Gottheit zurückführen soll. Im allgemeinen darf man sagen, daß JHWH viele Charakteristika von El übernommen hat, daß Baal sich jedoch einer Integration in den Bereich JHWHs erheblich widersetzte, trotz mancher entlehnter Einzelheiten (vgl. Maag, NedThT 21,180ff.). Es gab nun einmal Züge, die einem Vollzug der Identifikation entgegenstanden, z.B. das jahreszeitliche Sterben und Wiedererstehen Baals.

5. Aus dem schon Gesagten ergibt sich, daß die theologische Bedeutung des kanaanäischen Wetter- und Fruchtbarkeitsgottes, seines Kultes und seiner Mythologie für den Jahwismus außerordentlich groß gewesen sein muß. Hinter den lokalen Differenzierungen seines Namens und Wesens, ist er der kanaanäische Gott *par excellence* gewesen, mit dem die nomadischen, sich zu JHWH bekennenden Stämme Israels seit der Auswanderung aus Ägypten bis zur Zeit nach dem Exil (vgl. z.B. Sach 12,11) in Berührung gekommen sind. In Palästina stieß eine Nomadenkultur aus der Wüste mit einer schon lange im Lande ansässigen, bäuerlichen Kultur zusammen. Ohne die Wüstenzeit für Israel idealisieren zu wollen, haben die Propheten doch öfters scharf den Unterschied zwischen Wüstenreligion und Kulturlandreligion gesehen (vgl. z.B. Hos 2,16f.; Ez 20,10ff.; Jer 35), mit dem der Zusammenstoß von JHWH mit Baal verbunden gewesen ist (vgl. die Schilderung des nomadischen Pols mit seinem historistischen Verständnis gegenüber dem sedentär-kanaanäischen Pol mit seinem naturistischen Verständnis bei Maag, NedThT 21,165ff.). Doch haben die erheblichen Unterschiede zwischen den aus der Wüste einwandernden JHWH-Verehrern und den seßhaften landwirtschaftlichen Baalverehrern nicht verhindern können, daß von den ersteren sich viele ziemlich schnell der ansässigen Bevölkerung assimilierten und vieles von ihren religiösen Sitten und Bräuchen übernahmen (vgl. das Laubhüttenfest, oben II.4.). Dies wurde der Anlaß eines Streites zwischen JHWH und Baal, in dem seitens Israels vieles aus der Baalsreligion in polemisches Licht gerückt wurde. Das Vermögen, sich zu assimilieren oder unter verschiedenen Namen zu erscheinen, hat zum Gedanken eines Baalpolytheismus führen können. Spätere Schriftsteller des AT haben es nicht unterlassen, diesen Gedanken dadurch zu erhärten, daß sie in verächtlichem Sinne über הבעלים, Götzen oder Götzenbilder gesprochen haben, um demgegenüber die Einheit JHWHs zu betonen. Selbst das Wort בעל, das ehemals auch für

JHWH verwendet werden konnte (בעליה, 1 Chr 12, 6, s. Noth, IPN 121), hatte solch einen schlechten Klang bekommen, daß es nicht nur vermieden, sondern später auch durch andere Wörter ersetzt wurde (s.o. III.1.). Hos 2,18f. ist zu entnehmen, daß in dem baalisierten JHWH-Kult selbstverständlich eben dieses Epitheton mit Vorliebe verwendet wurde.

Da der Baalskult auf die zyklischen Naturereignisse abgestimmt war, die große Bedeutung für die landwirtschaftliche Bevölkerung Kanaans hatten, kamen deren Fruchtbarkeitsriten den JHWH-Verehrern obszön (sakrale Prostitution) und deren Mythen naturvergötternd vor. Darum wurden diese religiösen Bräuche der Baalsreligion von den Propheten verfemt und jede Teilnahme daran seitens der JHWH-Verehrer verpönt. Elia und seine Kollegen fanden es leicht, Baal und seine Diener zu verhöhnen, weil sie um den einen, alles besagenden Unterschied zwischen Baal und JHWH wußten: dieser war nach israelitischer Auffassung Alleinherrscher über den ganzen Kosmos, seine eigene Schöpfung; jener aber war, auch nach seinen eigenen Verehrern, nur Herr eines Teilgebietes, dessen Erhalter er war. Zwar nannte man Baal in Ugarit den 'Allmächtigen' und 'den König, über dem kein anderer stehen kann' (s.o. II.1.), aber man betrachtete das selbst als fromme Übertreibung. Nach der Theologie Ugarits stand der Großkönig El über seinem Vasall Baal (s. AOAT 16,121), und Baal wurde durch andere Götter, wie Jam und Môt, erniedrigt und besiegt, eben weil sie mehr Macht über andere Bereiche der Schöpfung hatten als er. Die Kanaanäer konnten sich den Wechsel der Jahreszeiten und die Unterschiede zwischen guten und schlechten Jahren nur so erklären, daß Baal mitunter schwach, krank oder gar tot war. Dies war eine essentielle Voraussetzung ihrer Religion. Dem monotheistischen Jahwismus aber waren derartige Vorstellungen fremd.

Mulder

בער   בָּעִיר, בַּעַר

1. Die Wurzeln – 2. Brennen – 3. Wegschaffen – 4. Abweiden – 5. Unvernünftig sein.

Lit.: *D.N. Freedman*, The Burning Bush (Bibl 50, 1969, 245f.). – *J. L'Hour*, Une législation criminelle dans le Deutéronome (Bibl 44, 1963, 1–28). – *R.P. Merendino*, Das deuteronomische Gesetz (BBB 31) 1969.

1. Die Wörter, die die Konsonanten בער enthalten, ergeben sowohl etymologisch als auch bedeutungsmäßig ein recht verworrenes Bild. Es liegen wenigstens drei verschiedene Wurzeln vor: a) „brennen" (vgl. jüd.-aram., christl.-palästin. בער 'brennen', ugar. *bʿr*, vielleicht 'brennen', aber s.u., phön. 'brennen' (?) in dem unsicheren Beleg CIS I 86 A 6, moabit. מבער 'Altar' (W.L. Reed–F.V. Winnett, BASOR 172, 1963, 1–9), vielleicht auch arab. *baġara*, 'unstillbaren Durst haben', *waġa/ira* 'heiß, zornig sein'; b) 'wegschaffen, abweiden' (auch jüd.-aram., vgl. syr. *bʿr* 'erfragen, gelangen', *pa* 'durchsuchen, sammeln, Nachlese halten, vernichten'); c) 'unvernünftig sein', von בעיר 'Vieh' abgeleitet (vgl. arab. *baʿara*, 'misten', *baʿīr*, 'Kamel', syr. *beʿīrā*, 'Kamel', asarab. *bʿr*, 'Vieh', bes. 'Kamel', äth. *bĕʿĕrā*, 'Vieh, Ochs'). Die ugar. Belege sind nicht eindeutig. Driver (CML 163) verzeichnet nur die Bedeutung 'brennen', Aistleitner (WUS Nr. 559) gibt nur 'wegschaffen', jedoch in kausativen Stämmen 'antreiben', während Gordon meint, *bʿr* habe „mehrere Bedeutungen": 'verheeren' (UT 2114, 9, vgl. Jes 5, 5), 'zurückweisen, enttäuschen' (UT 2065, 21), 'leiten, führen' (CTA 14 [I K] 101.190: UT 1002, 52; in CTA 4 [II AB] IV 16 sollte die doppelte Bedeutung 'leiten' und 'scheinen' vorliegen?), ferner 'wegjagen' (vom Feind, RS 24. 247, s. UT Glossary 495).

2. In der Bedeutung 'brennen' kommt בער in einigen ziemlich leicht abgrenzbaren Traditionszusammenhängen vor. Rein konkrete Belege sind selten, vgl. jedoch Ri 15,14.

Erstens findet sich בער in Theophanieschilderungen. Der Strauch, worin sich JHWH dem Mose offenbart, brennt (בער), ohne vom Feuer verzehrt (wieder בער) zu werden (Ex 3, 2f., vgl. dazu Freedman). Im Deut-Prolog wird 3mal festgestellt, daß der Berg Horeb bei der Offenbarung JHWHs „im Feuer brannte" (בער באש Deut 4,11; 5, 23; 9,15). Ferner erscheint JHWH in Ps 18 in Rauch und Feuer und „mit brennenden Kohlen" (גחלים בערו v. 9, vgl. בערו גחלי־אש 2 Sam 22,13, Ps 18 anders → גחל).

Zweitens kommt בער oft in Verbindung mit dem Zorn Gottes vor, in Jes 30, 27 in einer theophanieartigen Schilderung: „Der Name JHWHs kommt von ferne, sein Zorn entbrennt" (בער אפו → אף). In demselben Abschnitt heißt es auch, daß „der Atem (נשמה) JHWHs wie ein Schwefelbach ist, der seine Feuerstätte (→ תפת) in Brand setzt (בערה בה)" (Jes 30, 33). Hier wird also die verzehrende Kraft des göttlichen Zorns betont. In Verbindung mit Zorn kommt בער noch Jes 42, 25; Jer 4, 4 (חמה); 7, 20 (אף וחמה); 21,12 (חמה); 44, 6 (חמה ואף); Ps 2,12 (אף); 89, 47 (חמה); Esth 1,12 vor; in mehreren Fällen wird betont, daß niemand den Brand löschen kann (Jer 4, 4; 7, 20; 21,12). Auch → קנאה kann als Subjekt dienen (Ps 79, 5). Ähnlich ist der Tag JHWHs (→ יום) 'brennend' (Mal 3,19).

Drittens findet sich בער als Bestimmung des Feuers, das JHWHs Strafe vollstreckt. Der Zorn

JHWHs entbrannte (חרה) gegen das murrende Volk in der Wüste, „und das Feuer entzündete sich (בער) an ihnen und fraß am Rande des Lagers" (Num 11,1); so wurde der Ort Thabeera (תבערה) genannt (die Erklärung ist wohl sekundär, möglicherweise liegt eine Ableitung von בער 'wegräumen', 'abweiden' oder von *ba'r*, 'Mist' vor). Der Abschnitt steht den Theophanieschilderungen nahe. Auch sonst kommt בער in Verbindung mit dem Gerichtsfeuer JHWHs vor, z.B. Jes 1, 31: der Starke und sein Tun werden zusammen brennen, ohne daß jemand löscht; Jes 9,17: die Schuld (רשעה) brennt wie Feuer und verzehrt alles Gewächs (bildlich für die Vernichtung); Jes 10,17: der Heilige Israels wird zur Flamme, die brennt und seine Disteln und sein Dorngesträuch frißt; Ps 106,18 mit Hinweis auf das Feuer, das Datan und Abiram vernichtete.

Als Ausdruck einer heftigen Gemütsbewegung bezeichnet בער nicht nur Zorn, sondern auch Kummer und Qualen. So heißt es Ps 39, 4 „Heiß wurde (חם) mein Herz in meinem Inneren, bei meinem Grübeln brannte (בער) es (wie) Feuer" als Ausdruck des seelischen Schmerzens (vgl. Berger, UF 2, 1970, 8), und Jeremia bekennt, daß wenn er schweigen und Gottes Wort nicht verkünden wollte, ein Feuer in seinem Herzen entbrannte, das er nicht aushalten konnte (Jer 20, 9).

Die *pi'el*-Form wird meist in buchstäblicher Bedeutung gebraucht: Ex 35, 3 (man darf am Sabbat kein Feuer anzünden), Lev 6, 5 (der Priester zündet Feuer auf dem Altar an, vgl. Neh 10, 35; Jes 40,16), Jer 7,18 (man zündet der Himmelskönigin Opferfeuer an), Jes 44,15 (das Holz dient zum Anzünden), Ez 39, 9 (man wird die Waffen der Feinde anzünden), ähnlich die *pu'al*-Formen vom Kohlenbecken Jer 36, 22, vgl. 2 Chr 4, 20; 13,11 (Lampen werden angezündet). Gelegentlich wird auch mit dieser Form das göttliche Straffeuer angedeutet (Ez 21, 4, vgl. Jes 50,11). Ebenso hat die *hiph*-Form meist buchstäbliche Bedeutung: Ex 22, 5 (wer ein Feuer auf dem Feld verursacht hat, soll Ersatz leisten), Ri 15, 5 (Simson zündet Fackeln an und verbrennt das Getreidefeld der Philistäer), Ez 5, 2 (ein Drittel der abgeschnittenen Haare soll von Ezechiel verbrannt werden), 2 Chr 28, 3 (Kinder im Feuer verbrennen → מלך); nur Nah 2,14 ist das göttliche Straffeuer gemeint.

3. Die Bedeutung „wegschaffen" tritt vielleicht am deutlichsten in 1 Kön 14,10 hervor, wo der Prophet Ahia gegen Jerobeam das Gericht ausspricht: „Ich werde Unheil (רעה) über das Haus Jerobeams kommen lassen und alles Männliche aus seinem Haus ausrotten (כרת *hiph*), groß wie klein, und ich werde hinter dem Haus Jerobeams her ausfegen (בער), wie man Kot ausfegt, bis zum Ende." Eine kürzere Variante richtet Elia 1 Kön 21, 21 an Ahab (vgl. auch 1 Kön 16, 3 mit *hiph*); auch hier stehen sowohl רעה als auch כרת als Parallelausdrücke zu בער, ähnlich auch 2 Sam 4,11: David will die Männer, die Isboset getötet haben, „aus dem Land wegschaffen". Hierher gehören auch 1 Kön 22,47 (Obj. *qᵉdēšîm*), 2 Kön 23, 24 (Obj. Beschwörer und Wahrsager), 2 Chr 19, 3 (Obj. die Ascheren), Deut 26,13f. (Obj. die Zehnten als geheiligte Gaben) und wohl auch Jes 4, 4 (רוח בער schafft Unreinheit und Blutschuld weg; kaum 'Geist des Brennens', s. Wildberger, BK X 151.159) und Num 24, 22 (Kain fällt dem בער anheim und wird in Gefangenschaft geführt).

Von ganz besonderem Interesse ist eine Reihe kasuistischer Gesetze in Deut, wo die Strafe abschließend durch die Worte „du sollst das Böse aus deiner Mitte wegschaffen" charakterisiert wird (L'Hour). In den ältesten Abschnitten (Deut 19,11–13; 21,18–21; 22, 22; 24,7) handelt es sich um Mord, Widerspenstigkeit eines Sohnes, Ehebruch und Diebstahl eines Menschen, was in der *mōt-jūmat*-Reihe Ex 21,12–17 ein Gegenstück hat (Merendino 336). Das Gebot 22, 22 ist um weitere Gebote für besondere Fälle erweitert worden (v.13–21. 23f. – in v. 25–27 fehlt die *bi'artā*-Formel). Dazu kommt 19,16–19 von einem falschen Zeugen; ferner gebraucht 21,1–9 die Formel von einem unbekannten Mörder, wobei aber – wie 19,11–13 – nicht „das Böse", sondern „unschuldiges Blut" Obj. ist. In 17, 8–13 geht es um das Nichtbeachten der priesterlichen Rechtsprechung; das Gebot ist ganz allgemein gehalten und ist kaum alt. Schließlich ist die Formel in einigen Gesetzen über Götzendienst angewandt worden: Deut 13, 2–6. [7–12] (13–17 ohne die Formel); 17, 2–7. Der grundlegende Gedanke ist offenbar die Reinhaltung der Stammes- oder Volksgemeinschaft: der Übeltäter muß ausgeschieden werden. Dieser Gedanke ist natürlich noch in den Bestimmungen über Götzendienst völlig am Platz.

Wahrscheinlich liegt hier eine alte Bannformel vor, die v. Rad (ThAT I[6], 1969, 263) mit dem Gebrauch von כרת in H und P („dieser Mann soll aus seinem Volk ausgerottet werden" Lev 17, 4. 9.14; 18, 29; 19, 8; 20,17; 22, 3; 23, 29 [H]; Num 9,13; 15, 30. 31; 19,13. 20; Lev 7, 20. 21. 25. 27 [P]) zusammenstellt. Es ist aber zu beachten, daß die כרת-Formel selbst die Strafe ausdrückt, während die בער-Formel (jetzt) der Strafangabe folgt. Bei כרת handelt es sich um Exkommunikation, bei בער um das Reinhalten der Gemeinde. Der Gedankeninhalt ist derselbe in Ri 20,13 (die Übeltäter in Gibea werden getötet und also das Böse weggeschafft) und in den oben erwähnten Belegen 1 Kön 22, 47; 2 Kön 23, 24; 2 Chr 19, 3.

4. Ganz unzweideutig heißt בער 'abweiden' im Gesetz Ex 22, 4: Wenn jemand einen Acker oder

einen Weingarten abweiden läßt (בער *hiph*) oder sein Vieh (בעיר) losläßt, so daß es den Acker eines anderen abweidet (בער *pi*), soll er Ersatz leisten. Eine ähnliche Bedeutung scheint an drei Jesaja-Stellen vorzuliegen, wo viele Ausleger an die Bedeutungen 'niederbrennen' (KBL) oder 'verwüsten' (GesB) gedacht haben. Jes 3,14 und 5, 5 ist das Obj. deutlich das als Weinberg dargestellte Israel, wozu nur die Bedeutung 'abweiden' paßt. Jes 6,13 handelt es sich um die im Bild vom gefällten Baum dargestellte Vernichtung Israels; auch hier paßt 'abweiden' besser als 'niederbrennen'.

5. בעיר heißt 'Vieh' und wird ganz konkret und alltäglich gebraucht (Gen 45,17; Ex 22, 4; Num 20, 4. 8.11; Ps 78, 48). Damit verwandt ist בער im Sinne von 'unvernünftig', 'dumm', das 5mal in weisheitlichen Zusammenhängen vorkommt. Ein *'îš ba'ar* weiß (ידע) nichts, ein Tor (כסיל) versteht (→ בין) nichts (Ps 92,7). Wer Zucht (תוכחת) haßt, ist בער, wer מוסר liebt, liebt דעת (Spr 12,1). Sowohl Weise als auch Toren (כסיל) und Unvernünftige (בער) sterben und vergehen (Ps 49,11). Hier fügt sich בער als ein Ausdruck für den Unweisen ganz in den Wortschatz der Weisheit ein. An zwei Stellen wird angedeutet, daß es dem בער an *menschlicher* Vernunft fehlt, nämlich Spr 30, 2 „Ich bin בער מאיש und habe nicht בינת אדם". Und Ps 73, 22 „Ich bin בער ohne Wissen (לא אדע), ein Vieh (בהמות) bin ich mit dir gewesen". Man ist also wie ein unvernünftiges Tier.

Das Verbum בער heißt einigemal 'unvernünftig sein' (3mal *qal*, 4mal *niph*). Jer 10, 8 wird die Götzenverehrung als Torheit (כסל) und Unvernunft (בער) dargestellt. Ps 94, 8 werden die Unvernünftigen (בער) und die Toren (כסיל) aufgefordert, zur Einsicht und zu Verstand zu kommen – es handelt sich um Leute, die das Allwissen JHWHs nicht anerkennen wollen. Jer 10,14 (= 51,17) werden die Götzenanbeter als unvernünftige Wesen (נבער) ohne Wissen (מדעת) dargestellt. Jer 10, 21 spricht von den unvernünftigen (נבער) Hirten, d.h. Führern des Volkes, die JHWH nicht gesucht (→ דרש) haben. Jes 19,11 sagt, daß die Ägypter töricht (→ אויל) sind und ihre Ratgeber unvernünftige (נבער) Ratschläge geben. Schließlich steht Ez 21, 36, daß JHWH das Vieh in seinem Zorn an *'anāšîm bō'arîm*, d.h. an barbarische und wilde Menschen (vgl. LXX ἀνδρῶν βαρβάρων), preisgeben wird.

Ringgren

בצע בָּצַע

I.1. Etymologie – 2. Belege – 3. Bedeutung – II. Abschneiden = Sterben – III. Die theologische Beurteilung des Gewinnes.

I.1. Im Akk. ist die Wurzel *bṣ'* nicht belegt; der auf P. Haupt zurückgehende Hinweis bei GesB beruht auf falscher Lesung. בצע findet sich im Arab. als *baḍa'a* 'schneiden (z.B. Fleisch in Stücke), in Stücke hauen, zerlegen, zerstückeln, zerschneiden'. Eingeengt zu der Bedeutung 'abschneiden (den Kopf oder den Lebensfaden) = enthaupten, köpfen, töten' trifft man das Verbum *bḍ'* im Altsüdarab. (z.B. CIH 353,13; 397,11; 407, 25; RES 3943, 2 und Ja 586, 22; 631, 31; 649,11.18. 35. 37; 665, 35). Auch das Nomen *bḍ'* 'Abschnitt, abgeschnittenes Stück Land = Gebiet, Territorium' (z.B. RES 3945, 6; 3607, 2; Ja 555, 3) liegt im Bedeutungsfeld des Verbums. Der Ortsname *bḍ'tm* dürfte dem heutigen Baḍ'a entsprechen (vgl. H. v. Wißmann, SBAW 246, 1964, 351) und gehört vermutlich wie die Präposition *bbḍ'* 'in der Nähe von' (Gl 1693,11) und 'gemäß' (Gl 1150, 4) zum Stamm *bḍ'*. Das äth. *bäḍ'a* mit der Variante *bäṣ'a* leitet sich mit der Bedeutung 'bestimmen, abschätzen' und dann speziell 'etwas absondern für Gott = weihen' von der Grundbedeutung 'schneiden, abschneiden' her. Zu vergleichen ist noch Tigrē *bäṣ'a* 'ein Versprechen geben' (Littmann-Höfner, Tigrē Wb. 301) und – der Grundbedeutung der Wurzel näherstehend – *bĕṣ'at* '(Leder)lappen', während Leslaus Bemerkung (Hebrew Cognates in Amharic, Wiesbaden 1959, 35), amharisch *bäṭṭa*, Ge'ez *bäṭḥa* „make an incision" sei „related to Hebrew בצע" (so schon Dillmann 544), doch recht fraglich erscheint.

Der Streit, ob das Verbum *bṣ'* im Ugar. belegt ist, kann durch die Veröffentlichung des fraglichen Textes CTA 5, I 20f. als entschieden betrachtet werden. Zwar haben C. Virolleaud, H. Bauer, T.H. Gaster, H.L. Ginsberg, G.R. Driver, A. Jirku, J. Aistleitner und W.F. Albright in Zeile 20/21 *hm šb' jdt jbṣ'* gelesen und sind dann zu der Übersetzung „siehe 7 Stücke sind zugeteilt" o.ä. gelangt, aber die Photographie der Tafel (CTA, Pl. XI) und ihre Nachzeichnung (CTA, Fig.18) lassen erkennen, daß zwischen *jdtj* und *bṣ'* ein Zwischenraum vorhanden ist, der vielleicht mit einem Worttrenner ausgefüllt war, der aber in jedem Falle die Worttrennung eindeutig festlegt. Es muß folglich, wie es C.H. Gordon seit UM vertrat, *hm šb' jdtj bṣ'* gelesen und übersetzt werden „siehe, meine 7 Teile aus der Schüssel (werde ich essen)". Der Stamm *bṣ'* ist also trotz Aistleitner WUS Nr. 562 im Ugar. nicht belegt. Auch das äg. *wḍ'* 'trennen, abtrennen', dann auch: 'streitende Personen trennen = richten' gehört sicherlich zum semit. Stamm *bḍ'* (vgl. W.W. Müller, Mus 74, 1961, 201 und W.A. Ward, ZÄS 95, 1969, 65f.). Fraglich dagegen ist die Zusammenstellung mit einer als **'bʌsʌ* erschlossenen tschado-hamitischen Wurzel „zerbrechen" (vgl. Jazykí Afríkí, Moskwa 1966, 28). Auch kuschitische Entsprechungen sind unsicher.

Aus den beiden Belegen von *bṣ'* im Nabatäischen im Papyrusfragment A 5 und B 7 (vgl. J. Starcky, RB 61, 1954, 161–181) läßt sich kein Schluß ziehen über die spezielle Bedeutung des Verbums im Nabatäischen. In A 5 ist die Lesung nicht ganz sicher. Als Bedeutung erwägt Starcky (170) '(um den Preis) streiten' oder '(die strittige Summe) teilen'. In B 7 läßt der schlechte Erhaltungszustand des Fragmentes den Zusammenhang, in dem das Verbum steht, nicht näher erkennen. In der neupun. Inschrift KAI 119 aus Leptis Magna findet sich in Zeile 6 die Wendung *wbṣ'm n'mm* vielleicht = „freundliche Beiträge", und wenig später *nbṣ'* oder *mbṣ'* vielleicht = „Beitrag leistend". Die Inschrift ist am Zeilenende zerstört, so daß der volle Sinnzusammenhang nicht mit Sicherheit zu erheben ist; über die möglichen Satzkonstruktionen vgl. KAI II 125f. Mit der gebotenen Vorsicht darf festgestellt werden, daß die Wurzel *bṣ'* neupun. belegt ist und in der Bedeutung sich von 'abschneiden, einen Gewinn machen' zu 'einen Beitrag leisten' weiterentwickelt hat, also *bṣ'* „Gewinn" durchaus im positiven Sinn verstanden wird.

2. Die hebr. Wurzel בצע findet sich insgesamt 39mal im AT. Die überwiegende Mehrzahl der Belege entfällt dabei auf das Nomen, während das Verbum im *qal* nur 10mal, im *pi* nur 6mal vertreten ist. Betrachtet man die Streuung des Vorkommens in den biblischen Büchern, so ist festzustellen, daß gut zwei Drittel aller Belege in der prophetischen Literatur anzutreffen sind.

3. Die Grundbedeutung des Verbums ist 'abschneiden', und zwar vermutlich schon frühzeitig als terminus technicus beim Teppichweben gebraucht (vgl. Dalman, AuS V 123f.); jedenfalls läßt sich vom bildhaften Gebrauch des Verbums, daß der Weber das fertig gewobene Stück vom Trumm abschneidet, am leichtesten die übertragene Bedeutung 'den Lebensfaden abschneiden' einerseits sowie 'ein Stück abschneiden, d.h. seinen Schnitt, Gewinn machen' andererseits ableiten. Die Bedeutung des Nomens ist fast ganz auf diese letzte Bedeutung abgestellt. *bæṣa'* bedeutet fast an allen Stellen 'das abgeschnittene Stück, der (unrechtmäßige) Gewinn'.

II. Die Vorstellung vom Tode als einem Abgeschnittenwerden ist im Hebr. z.B. auch Ps 88, 6 belegt, wo der Dichter davon spricht, daß JHWH der Toten nicht mehr gedenkt, weil sie von seiner Hand abgeschnitten sind (נגזרו; vgl. auch Jes 53, 8; Ez 37, 11; Kl 3, 54) oder Hi 21, 21, wo der Tod mit dem Abgeschnittensein (חצצו) der Zahl der Monate verglichen wird.

Die bildhafteste Stelle, an der בצע *pi* 'abschneiden' im Sinne von 'sterben' belegt ist, Jes 38, 12, hat J. Begrich in seiner Untersuchung „Der Psalm des Hiskia" (1926) klären können (31): „Das Leben des Sängers ist zu Ende gewebt. Jahwe hat es eben aufgerollt und tut gerade das Letzte, was der Weber noch zu tun hat, er schneidet die letzten Fäden durch." – Der hier feststellbare Gebrauch von בצע als terminus technicus des Weber-Gewerbes läßt sich auch noch im Mittelhebr. finden, wie E.Y. Kutscher, Tarbiz 16, 1944/45, 45 zeigen konnte. Deshalb darf auch an den übrigen Stellen, wo בצע 'abschneiden' im Sinne von sterben auftaucht, das Bild vom Weber vorausgesetzt werden, wenngleich auch andere Bilder wie das vom Abschneiden der Zeltstricke in Erwägung gezogen wurden.

So wird in den Sprüchen gegen fremde Völker Jer 51, 13 Babel angesprochen: „Dein Ende ist gekommen, die Elle des dich Abschneidens" (אמת בצעך, der Text ist nicht zu beanstanden!), und Hi 6, 9 wünscht sich Hiob, „daß Gott seine Hand wegziehe (יתר) und mich abschnitte (ויבצעני)", und ähnlich ist Hi 27, 8 in einer Glosse davon die Rede, daß Gott das Leben abschneidet (lies *pi jᵉbaṣṣa'*), d.h. dem Leben ein Ende macht.

III. Daß das AT nicht grundsätzlich gegen Gewinn und gegen Reichtum und Besitz als Ergebnis des Gewinnstrebens eingestellt ist, zeigt etwa die Geschichte von Jakobs Kunstgriff, um zu Herdenreichtum zu gelangen (Gen 30, 25–43), und Sir 42, 5 betont, daß der Kaufmann sich seines Verdienstes nicht zu schämen braucht.

Das Nomen בצע war ursprünglich wertneutral. Als Beweis dafür gibt es zwar keine Textstelle, die בצע als positives Gewinnstreben versteht, aber alle die Belege von בצע, die nicht im materiellen Sinne von Gewinn sprechen, lassen erkennen, daß der Wurzel ursprünglich nicht unbedingt Negatives anhaftet. So ist die Frage Judas seinen Brüdern gegenüber: „Was (welchen Gewinn מה־בצע) hätten wir davon, wenn wir unseren Bruder totschlügen?" oder die des Beters Ps 30, 10 Gott gegenüber: „Was nützt (מה־בצע) dir mein Blut?" und ähnlich Hi 22, 3 und Mal 3, 14 doch wohl Hinweis darauf, daß בצע 'Gewinn' nicht von vornherein unrechtmäßiges Sichaneignen ist. Wenn es Ex 18, 21 (E) innerhalb der Geschichte über die Neuordnung des Rechtsprechungswesens durch Mose auf Rat seines Schwiegervaters Ex 18, 13–27 bei der Charakterisierung der auszuwählenden Männer heißt, daß neben Gottesfurcht und Zuverlässigkeit die Verabscheuung von (unlauterem) Gewinn (שנאי בצע) als unentbehrliche Tugend des Richters anzusehen ist, so wird aus dem Zusammenhang deutlich, daß mit בצע der unlautere Gewinn, also die Bestechung gemeint ist. Die gleiche Bedeutung liegt 1 Sam 8, 3 vor, wo die Söhne Samuels, Joel und Abia, ganz ähnlich wie die Söhne Elis beschrieben werden, nämlich daß sie nicht in den Fußstapfen ihres Vaters gingen, sondern ihrem eigenen Vorteil nachgingen (ויטו אחרי הבצע). בצע wird in der Parallele erläutert, daß sie Bestechungsgeld annahmen und das Recht beugten. Auch hier wird wie Ex 18, 21 die Unsitte, durch Bakschisch dem Recht nachhelfen zu wollen, als frevelhafte Gewinnsucht dargestellt.

Noch stärker wird in dem späten Einschub Jes 33, 15b bei der Beantwortung auf die Frage, unter welchen Bedingungen man Anteil am Reich Gottes habe, betont, daß der Fromme nicht bloß den Gewinn von Bedrückungen haßt (מאס בבצע מעשקות), sondern sogar seine Hände vom Anfassen des Bestechungsgeldes schüttelt.

In der Gerichtsankündigung Jes 56, 9–12 werden die Anführer des Volkes dahin charakterisiert, ihr Fehler liege darin, daß sie nur am eigenen Vorteil Interesse haben; jeder jagt seinem (ungerechten) Gewinn nach איש לבצעו 56, 11bβ. Auch Jes 57, 17 ist wohl in diesem Sinne zu deuten, falls der überlieferte Text richtig ist: Gott zürnte Israel wegen der Schuld seines unrechtmäßigen Gewinnstrebens (בעון בצעו; Duhm: die Schuld seines Geizes, aber vgl. Torrey 436!). Ebenso wird Jer 6, 13 (identisch mit 8, 10) die Gewinnsucht des ganzen Volkes gegeißelt: „Sie alle sind auf Gewinn aus" כלו בוצע בצע, und der parallele Stichus erläutert: „sie alle üben Betrug".

Im Orakel über den König Jojakim Jer 22, 13–19 wird der typische orientalische Despot geschildert, der einzig auf seinen Gewinn aus ist (על־בצעך) und dabei weder Bedrückung noch Erpressung, ja nicht einmal Justizmord scheut.

Auch bei Ezechiel wird die Gewinnsucht angeprangert. Ez 22, 12f. werden die sündigen Israeliten gescholten, weil sie ihren Nächsten mit Gewalt übervorteilen. JHWH klatscht in die Hände, um aufmerksam zu machen, wie Gewinn gemacht wird inmitten des Volkes und welche Bluttaten geschehen. Ez 22, 27 werden die Beamten verurteilt, weil sie Gewinn machten durch Blutvergießen und Mord. Ez 33, 31 schließlich wird die Gewinnsucht der Exulanten gerügt. Man kommt zwar zum Propheten und hört ihm zu, aber man befolgt seine Worte nicht, Lüge und Gewinn werden groß geschrieben. „Als letzter Beweggrund der Habgier wird die Sicherung vor dem Unheil aufgedeckt" Hab 2, 9 (Elliger, ATD, 45). „Wie der Vogel, der so hoch wie möglich sein Nest baut, sich dadurch vor jedem Zugriff meint schützen zu können, so will sich die allen ‚Gewinn' ... zusammenraffende Weltmacht vor dem Unheil und damit vor Gott und seiner Strafe sichern" (Elliger, a.a.O.). Ps 119, 36 bittet der Beter: „Neige mein Herz hin zu deinen Zeugnissen und nicht zum Gewinn!"

In der Weisheitsliteratur schließlich wird darauf verwiesen (Spr 1, 19; 15, 27; 28, 16), daß die Jagd nach Gewinn lebenszerstörend wirkt, während dem, der ungerechten Gewinn und Geschenke haßt, Leben verheißen wird.

D. Kellermann

בָּקָר

I. 1. Etymologie und semitische Dialekte – 2. At.liche Belege – 3. Wortgruppe 'Rind' – 4. Wortverbindungen – 5. LXX – II. 1. *bāqār* als Haus- und Herdentier – 2. Arbeitstier – 3. Fleisch und Dickmilch – 4. *bāqār* in Handel, Recht und Verträgen – 5. Beutegut – 6. Friedensbild – III. 1. *bāqār* als Opfertier – 2. Bild und Darstellung.

Lit.: *F.S. Bodenheimer*, The Animals of Palestine, Jerusalem 1935. – *Ders.*, *haḥai be'arṣōt hammiqrā'* II, 355–362. – *G. Dalman*, AuS VI, 1939, 168–178, Index 380. – *K. Elliger*, HAT I/4, 1966, Wortregister. – *J. Feliks*, The Animal World of the Bible, Tel Aviv 1962. – *M.-L. Henry*, Das Tier im religiösen Bewußtsein des at.lichen Menschen (SgV 220/21, 1958). – *H. Kraemer*, PW Suppl. VII, Sp. 1161. 1163. 1164. 1165. 1170. – *O. Michel*, ThWNT IV 767–769. – *W. Pangritz*, Das Tier in der Bibel, 1963. – *R. Pinney*, The Animals in the Bible, Philadelphia 1964.

I. 1. בקר läßt sich etymologisch nicht exakt festlegen, eine Ableitung von בקר I *pi* 'untersuchen', 'sich kümmern' (vgl. M. Wagner, Die lexikalischen und grammatikalischen Aramaismen im at.lichen Hebräisch, BZAW 96, 1966, Nr. 45) ist unwahrscheinlich; die Belege stammen überwiegend aus dem westsemitischen Raum.

a) In einem Maribrief (ARM II Nr. 131, 39) wird gemeldet: „Die Truppen und das Vieh [*buqāru*] sind in gutem Zustand", d.h. die Truppen und ihre Versorgung mit Fleisch ist geordnet. Weitere Belege sind nicht bekannt (AHw 139a; CAD II 323 *buqāru*); doch vgl. *būlum* AHw 137 und *ṣēnum*.

b) Im Assyr. ist *buqāru* nicht nachgewiesen; doch vgl. *b/pug/qurru* (AHw 136: Fleischstück; CAD II 307: an edible organ of a sacrificial animal). KAR 154 Rs 11 begegnet *bugurra* als Opfer, SVAT 13, 34 Rs 1 mit Determinativ UZU als Opferfleisch von Rind (von Soden) oder Schaf (CAD). Mit *bakkaru* 'junges Kamel', 'junger Esel', vgl. hebr. *bekær*, besteht wahrscheinlich keine Verwandtschaft. Sachlich entspricht בקר akk. *lītu(m)* II, jünger *littu* I, 'Kuh' (AHw 557f.).

c) Im Nordwestsemit. ist *bqr* weder ugar. noch im Moabit. und Amurrit. belegt. Phön. *bqr* (DISO 41) erscheint in der Kilamuwa-Inschrift (825 v.Chr., KAI I 24.121, II 30–34) neben Schaf – Schafherde, Rind *('lp)* – Rinderherde *(bqr)*, Leinen – Byssus als Wohlstand und Besitz. Umstritten ist der Beleg der Inschrift II aus Larnax Lapethos (RES 1211, Z. 13): *smdt bqr* 'ein Gespann Rinder' (Friedrich, Phönizisch-punische Grammatik, Rom 1951, 21) oder [*k*]*tbt wsmrt bqr* '[la table de bronze] que j'ai ... écrite et fixée dans la mur.' Mhebr. *bāqār* 'Rind', *baqrūt* 'Viehstall', *baqār* 'Rinderhirt'.

d) Im West- und Ostaram. ist *bqr* und Derivate belegt, mand. sind *baqara* 'Hirte', 'Rinderherde' (Drower–Macuch 49) und *baqra* 'Herde', 'Koppel' (Lidz. Ginza 431) belegt.
e) Im Südwestsemit. vgl. arab. *baqar* pl. *buqūr*, *abāqir* 'Ochse', 'Rind', *ubqūr* 'Kuh', 'Ochse', vielleicht *baqqār* 'Ochsenzüchter'; vgl. auch LidzEph II 350. In den asarab. Inschriften begegnet *bqr* oft unter dem Beutegut: Kinder, Vieh *b'r* (Kamele, Rinder *bqrm*, Esel, Kleinvieh) RES 3945,19 = 649, 40f. Daneben kommt *bqr* als Opferabgabe vor CIH 540, 43. 89; 541,124 u.ö.

2. בקר ist im AT 183mal belegt: Gen 17mal; Ex 9mal; Lev 12mal; Num 50mal; Deut 10mal; Ri 1mal; 1/2 Sam 19mal; 1/2 Kön 14mal; Jes 5mal; Jer 4mal; Ez 6mal; Hos, Jo, Am, Jon, Hab, Ps je 1mal; Hi 4mal; Pred Neh je 1mal; 1/2 Chr 24mal. 61 Belege stammen aus der Priesterschrift, 12 gehen auf J; die Ez-Belege schließen sich P an, dagegen stammen Am, Hi und Pred aus der Weisheit. Bei den Propheten finden sich nur acht sichere Belege.
3. Zur Wortgruppe בקר 183mal gehören בהמה 188mal, מקנה 76mal, עגל 35mal, עגלה 12mal, פר 131mal, שור 79mal. בקר wird näher bestimmt durch זכר 4mal, je 1mal durch טוב und נקבה.
4. a) Als feste Verbindung erscheint צאן ובקר 32mal absolut, dazu 12mal in cstr.-Verbindungen oder nur durch Zahlwort oder verwandte Termini getrennt. In Mensch-Tier-Verbindung, Tierreihen oder auch in Opferreihungen tritt sie als Singular in Gegensatz zu den sie umgebenden Pluralbildungen und wird in cstr.-Formen (vgl. 1 Sam 15, 9; Jer 31,12; 2 Chr 32, 29; 1 Sam 15, 21; 1 Sam 30, 20) als syntaktische Einheit behandelt. In der Reihe Ex 10, 9 bei den Gegenüberstellungen von Gegensätzen bildet צאן gegenüber בקר eine eigene Gruppe; so faßt der erste Überarbeiter von P כבש und עז unter צאן zusammen (Lev 1,10; vgl. Elliger, HAT I/4 z.St.) und stellt צאן hier als eigene Gattung בקר gegenüber. Diese Verbindung צאן ובקר ist 13mal in Gen belegt, dagegen die Umkehrung בקר וצאן – insgesamt 25mal – nur 8mal bei P, dazu bes. auffallend 7mal im Deut (s.o.); die Umkehrung findet sich vor allem in Opfervorschriften (vgl. auch die 4 Chr-Belege), da bei Opferreihen das wertvollste Material immer zuerst genannt wird.
b) Die Folge כבש איל פר[ים] בן־בקר ist in Num 7,15–87 fest geprägt, außerdem auch im Opferkalender Num 28,11–29,17. – Die cstr.-Form פר בן־בקר (30mal) findet sich ausschließlich bei P und Ezechiel. In der Wendung בן־בקר kann בן als Determinativum (Oberhuber, VT 3, 1953, 2–45, hier: 34) verstanden werden, um die Zugehörigkeit zur Gattung (GKa § 128v Abs. 2) auszudrücken.
c) In der Verbindung מקנה בקר (Gen 26,14; 47,17; Pred 2,7; 2 Chr 32, 29) ist בקר ein unaustauschbarer Gattungsbegriff, wobei מקנה selbst die Kollektivfunktion übernimmt; anders Num 7, 88.
5. In der LXX wird בקר übersetzt mit: βουκόλιον 13mal, βοῦς 101mal, δάμαλις 12mal, κτῆνος und μοσχάριον je 2mal, μόσχος 33mal.

II. 1. בקר zählt wie alles übrige Vieh zum Familien- und Hausbestand, es macht den Besitz und Reichtum der Familie und des Stammes aus. In Palästina ist es erst in der späten Steinzeit nachgewiesen (vgl. Bodenheimer, Animal Life, 36f.; Thomsen, Reallexikon XI 142) und gleicht dem hageren arabischen Rind, das nur wenig Milch und Fleisch ergab. Das in Herden gehaltene Tier, das in drei Rassen auftritt, zu denen auch das Buckelrind gezählt wird, erscheint im AT zum erstenmal als Besitz Abrahams und Lots. – בקר beschreibt in einer Reihung mit anderen Tieren und mit עבדים (Gen 12, 16; 13, 5 אהלים; Gen 20,14; 32, 8; Pred 2,7), mit Tieren und עבדה (Gen 26,14; Hi 1, 3) und mit Silber und Gold (Gen 24, 35; 13, 5) ein materielles Gut. Mit Herdenreichtum, „Kleinvieh, Rinder, Esel, Knechte und Mägde, Eselinnen und Kamele", ließ der Pharao es Abraham gut gehen (היטיב) um Saras willen (Gen 12,16; literar. Zusatz des Jahwisten, der auf die Konsequenz in Gen 13 hinführen will [R. Kilian, Die vorpriesterlichen Abrahams-Überlieferungen, BBB 24, 1966, 13]). Lots Reichtum wird durch die nur hier belegte Kombination mit אהל benannt. Jakob kehrt mit säugenden Rindern (בקר עלות) nach Palästina zurück (Gen 33,13). Der Reichtum wird in alter Zeit nicht nach Geld, Ackerland oder Hausbesitz, sondern nach Vieh gezählt (vgl. Gen 12,16; 26,14; 30, 43; 46, 32; Deut 3,19; 1 Sam 25, 2; Hi 1, 3). Dabei nimmt in den Besitz anzeigenden Tierreihen צאן meistens die erste Stelle ein, dem בקר gewöhnlich folgt: eine weitere Erklärung für die Umkehrung in den priesterlichen Vorschriften, denen es nicht um Rindviehbestand, sondern um die Wertung der Opfertiere geht. Zur Zählung dient צמד als Mengenbegriff. Das Gesinde, das zur Nutzung und Wartung der Tiere nötig ist, wird an letzter Stelle genannt (Gen 12,16; 26,14), da der Sklave keine Rechtspersönlichkeit, sondern ein Rechtsobjekt und Vermögensbestandteil darstellt.
Gen 24, 35 J und Hi 42,12 halten Besitz und Reichtum nicht für selbstverständlich, sondern werten es als Segen JHWHs. So kann eine solche בקר-Reihung auch in einem Drohwort Jes 7, 21 begegnen oder der Frevel an anderem Hab und Gut schuldhaft sein (2 Sam 12, 24).
Die Gesamtheit seines Familien- und Hausbestandes ist angesprochen, wenn Joseph seine Familie in seiner Nähe wissen will (Gen 45,10). Da es um die Existenz der Familie geht, stellt Joseph dem Pharao nicht nur Vater und Brüder

vor, sondern auch צאנם ובקרם und alles andere dazu (Gen 47,1). – Der Existenz- und Lebensraum einer Familie und des Einzelnen ist betroffen, wenn das Vieh oder die Herde gefährdet ist: So versucht der Pharao die Israeliten zu binden, indem er צאן ובקר zurückhalten will (Ex 10, 24), während Mose die Entlassung in vollem Umfang verlangt (Ex 12, 32). – Nach Jon 3,7 ordnet der König von Ninive eine amtliche Bußfeier an, in die selbst das Vieh miteingeschlossen wird, weil es zur Haus- und Schicksalsgemeinschaft der Niniviten gehört und sich daher an der Fasten- und Bußaktion beteiligen muß. – In einem Drohwort Jer 5,14–17 spricht der Prophet von der totalen Vernichtung des Landes, seiner Bewohner und des Ertrages, wozu auch die Schafe und Rinder gehören (v. 17), weil sie zum Lebens- und Hausbestand notwendig sind. Jer 3, 24 scheint ein späterer Glossator den 'Erwerb' (יגיע) durch 'ihr Kleinvieh und ihr Großvieh, ihre Söhne und Töchter' interpretiert zu haben.

2. Zum Ackerbau diente das Rind als wichtigstes Arbeitstier. Elisa pflügte mit zwölf Gespannen, die er bei der Begegnung mit Elia verließ, um ihm nachzufolgen 1 Kön 19,19. 21. Nach 1 Sam 11, 5 kommt Saul gerade vom Felde heim, hinter Rindern (בקר) her. Hi 1,14 berichtet vom Pflügen mit Rindern (בקר הרשות).

So wird in Deut 21, 3 eigens betont, daß zur Sühnung eines Mordes und damit zur Wiederherstellung der Kultfähigkeit nur ein Rind dargebracht werden darf, welches noch nicht im Joch gegangen ist und noch nicht gearbeitet hat. Dem Rind wurde bei dieser eigenartigen Sühnehandlung das Genick gebrochen; so handelt es sich hier nicht um ein Opfer, sondern wegen Tötungsart und Wahl des Tötungsortes eher um eine „magische Prozedur zur Beseitigung einer Schuld" (G. v. Rad, ATD 8, 97).

Die Ladeerzählung überliefert, daß Rinder den Wagen der Bundeslade zogen, aber gefährdeten (שמט; vgl. 1 Chr 13, 9); בקר als Wagengespann war daher nicht so geeignet wie פרות עלות, die nicht von der Straße abwichen (vgl. 1 Sam 6,7. 10.12).

3. Doch der Wert des Rindes beruhte nicht nur auf seiner Arbeitskraft, sondern auch auf seinem Fleisch- und Milchertrag. בן־בקר dient zusammen mit Mehl, Weizengrieß, Brotfladen, weicher Butter und Milch zum Gastfreundschaftsmahl (Gen 18,7). Abraham bewirtet also, wie diese Grunderzählung darstellt, die drei vorüberziehenden Männer u.a. mit einem jungen Rind (בן־בקר), das als besonders zart und weich (רך וטוב) hervorgehoben wird. Neben Naturalien und Mehlspeisen erscheint בקר als Bestandteil des Königsmahles, bei dem David von seinen Helden (vgl. Heldenliste 2 Sam 5,11–6,12) in Hebron als König über Israel gefeiert wird.

Die Bedeutung eines solchen Mahles, das mit בקר besonders ausgestattet wird, gibt auch 1 Kön 1, 9 zu erkennen: בקר dient zusammen mit צאן und מריא zu einem Gemeinschaftsmahl, das Adonia zum Nachfolger Davids proklamieren soll. – Am Hofe Salomos war der tägliche Verbrauch von zehn Mastrindern (בקר בראים) und 20 Weiderindern (בקר רעי) üblich (1 Kön 5, 3). Genauere Angaben hierzu können jedoch nicht ermittelt werden. Wahrscheinlich wird mit diesen Zahlenangaben nur die großzügige Hofhaltung Salomos ausgemalt.

Jo 1,18 gehört בקר nicht zum Luxus einer üppigen Hofhaltung, sondern ist wie das Korn der Speicher und das Saatgut des Feldes für den Menschen lebensnotwendig; daher ist in der Not als Vorzeichen des nahenden Gerichtstages über Israel auch der Viehbestand gefährdet. → בהמה steht hier parallel zu dem danach genannten Herdenvieh בקר und צאן. In dieser Gegenüberstellung kann בקר wiederum nur die Gattung Rind bezeichnen, das wegen der Dürre der Weiden zuerst gefährdet ist. Auf die Klage der Israeliten in der Wüste über das Fehlen von Fleischnahrung (Num 11, 22 J) erhält Moses die Zusage göttlicher Hilfe, die ein Übermaß „der Erfüllung" bringen soll; damit will die Erzählung zum Ausdruck bringen, daß ein Wunder der „göttlichen Hand" geschehen und sogar Moses überrascht sein wird.

Der Genuß des Rindfleisches wird in Deut 14, 4 eigens erlaubt, so daß בקר also auch in einem rein profanem Sinne geschlachtet werden und zur Nahrung dienen kann. Ähnliche Belege ergeben sich aus 1 Kön 19, 21 und aus einem Anklageruf Jes 22,13. Neben dem Fleisch werden auch חמאת בקר (Deut 32,14) und שפות בקר (2 Sam 17, 29) verzehrt. Die Rinder von Basan (Deut 32,14) galten als besonders fette und stattliche Nutztiere. Neben dem Vieh auf der Weide (vgl. Jo 1,18) kennt man auch Mastvieh, das in Ställen gehalten wird (vgl. Hab 3,17).

4. Die Bedeutung des Rindes für Handel, Recht und Verträge erhellt z.B. in der Hungersnot, wenn Joseph Brot gegen Rinder austeilen läßt (Gen 47,17). – David setzt eigens einen Krongutbeamten über das Rindvieh (בקר) ein (1 Chr 27, 29). Für Silber kauft David dem Arauna בקר ab (2 Sam 24, 24).

Für Tierdiebstahl wird daher wegen der hohen Wertung auch eine besonders hohe Entschädigung gefordert, außerdem natürlich auch zur Bestrafung eines bewußt geplanten Rechtsbruches: fünf Rinder für eines (Ex 21, 37).

Schließlich wird auch bei Bundes- und Vertragsabschlüssen בקר verwendet, wenn z.B. Abraham mit Abimelech einen Bund schließt und ihm dabei צאן ובקר schenkt (Gen 21, 27); vgl. auch Gen 15, 8ff. – Saul zerstückt symbolhaft als Drohung ein Rind (בקר), um die Stämme zu gemeinsamem Handeln zu verpflichten (1 Sam 11,7).

5. בקר gehört zum festen Bestandteil des Beutegutes (→ בזז) und wird bis auf zwei Ausnahmen (Num 31, 33. 38. 44 und Hi 1,14) immer in der Folge mit צאן genannt (Num 31,28; 1 Sam 14,32; Gen 34, 28; 1 Sam 30, 20), 2mal zusammen mit חמרים (Num 31, 28; Gen 34, 28), 1mal mit האדם (Num 31, 28) und אתונות (Hi 1,14) und 1mal mit einem Sammelbegriff ... את אשר בעיר בשדה (Gen 34, 28). Auch hier gilt בקר als Gattungsbegriff im Vergleich zu אדם und צאן. Bemerkenswert ist die Doppelung in 1 Sam 14, 32: neben dem allgemeinen Gattungsbegriff בקר, der weder in Geschlecht, Alter oder Qualität näher gekennzeichnet ist, werden eigens בני בקר erwähnt und als Altersbezeichnung 'junges Rind' aus der allgemeinen Gattung hervorgehoben.
Als Gattungsbegriff erscheint בקר auch unter Banngut (1 Sam 15, 9.14.15. 21; 27, 9).
6. Jes 11,7 wird die Wiederherstellung des Friedens zwischen Mensch und Tier durch das Bild des einträchtigen Zusammenlebens der Tiere veranschaulicht. Der Löwe frißt wie das Rind Häcksel (vgl. Jes 65, 25). Die Daseinsbedingungen der gegenwärtigen Existenz werden überwunden und der paradiesische Anfangszustand neu erwartet.

III. 1. In den Opfergesetzen spielt בקר als Opfertier eine besondere Rolle; dabei sind Beschaffenheit und Tauglichkeit der Opfertiere für Priester und Laien von Bedeutung.
a) 16mal charakterisiert בקר תמים, ausnahmslos in priesterlichen Vorschriften, die erforderliche Qualität des Opfertieres. Dieses Attribut wird Lev 22,17–25 inhaltlich beschrieben: → תמים ist terminus der Opfersprache (Lev 1, 3.10; 3,1. 6. 9; 4, 3. 23. 28. 32 u.ö., vgl. Elliger, HAT I/4, 299 Anm. 6). Diese „Vollständigkeit" wird durch Ausschluß von sechs Fehlern gekennzeichnet 22, 22 (vgl. 21,18–20). Mit diesen Voraussetzungen findet בקר als Opfertier hauptsächlich bei drei Opferarten Verwendung:
Beim Brandopfer (עלה: Lev 1, 3; 23,18; Num 15, 3. 8. 24; 28,11.19. 27; 29, 2. 8.13; Deut 12, 6; Num 7,15. 21. 27. 33. 39. 45. 51. 57. 63. 69. 75. 81. 87; 2 Sam 24, 22; Ps 66,15; 1 Chr 21, 23) wird das ganze Rind verbrannt.
Beim Mahlopfer (זבח oder זבח שלמים: Lev 22, 21; 3,1; Num 15, 3. 8; Deut 12, 6; 16, 2; 1 Sam 15,15; 16, 2; 1 Kön 8, 63; 19, 21; 2 Chr 7, 5; 15,11; Num 22, 40; 1 Kön 19, 20; 2 Chr 18, 2) wird das Tier unter JHWH, Priestern und Opfernden aufgeteilt; vgl. das Rindermahlopfer Lev 3,1–5 und das Schafmahlopfer Lev 3, 6–11. Während das Rind beim Brandopfer nur männlich sein kann (daher zusätzlich זכר Lev 1, 3; 22,19), erlaubt das Mahlopfer auch ein weibliches Tier (נקבה Lev 3,1).
בקר לחטאת ist die Opfermaterie des Sündopfers (Lev 4, 3.14; 9, 2; Num 8, 8; Lev 16, 3; Num 15, 24; Ez 45,18), das mit seinem Blutritus vor allem (unwissentlich begangene) Vergehen gegen die Gebote (מצוה) sühnt.
קרבן 'Darbringung' faßt in P (vgl. Elliger, HAT I/4, 34 Anm. 2) das Brand- und Mahlopfer zusammen. קרבן בקר wird vor allem zur Sühnung für die Schuld des Hohenpriesters und des Volkes geopfert. Im Brandopfer wird das Tier als קרבן aus der Gattung בקר herausgegriffen (לקח) und zur Schlachtung (שחט) vor den Eingang des Begegnungszeltes gebracht (Lev 1, 3).

b) Dem Opferkalender entsprechend (Num 28f.) scheint sich eine feste Opferreihe ergeben zu haben, wonach בקר als wertvolleres Tier immer an erster Stelle genannt wird. Num 28f. setzt inhaltlich exilisch-nachexilische Texte voraus und ist nach Num 15,1–16 zu datieren; diese Sammlung kultisch-ritueller Anordnungen über die Beigabe von Speise- und Trankopfern Num 15, mit einer Parallelwendung (15, 2. 8) (עשה ליהוה עלה או זבח (שלמים, führt über Lev 1–7 hinaus neben Tier- und Speiseopfer auch Trankopfer ein. „Die Wertskala der Opfertiere steigt auf vom (männlichen) Schaf über den Widder zum Stier ..." (Noth, ATD 7, 1966, 101). Aber auch schon in älteren Opfertierreihen bildet בקר den Auftakt, vgl. Lev 1, 2 (Redaktor). Deut 12, 6 spricht in einer für das Zentralisationsgesetz typischen cstr.-Verbindung von בכרות בקר; ein Vergleich mit den Opferreihen für Sündopfer (Lev 4, 3; 4,14; 9, 2; 16, 3) erbringt die Bestätigung, daß bei den Hauptopfern Rinder (בקר) als Opfertiere genommen und פר בן־בקר (nach Schaf und Widder) als wertvollstes Opfertier angesehen werden. Im Gegensatz zu 4, 22–35 hat der erste P-Redaktor (Elliger: Po[1]) das Gesetz auch durch eine neue Bestimmung über das Sündopfer des קהל erweitert und dabei unter Beibehaltung der Opferprozedur den Farren (פר), „ursprünglich wohl jedes männliche Jungtier" (Elliger 69), für שעיר עזים umgesetzt und ihn wie in 16, 3 und 23,18 der Gattung בקר zugeschrieben.

c) In diesem Prozeß der Erweiterung alter Vorschriften entwickelte sich פר בן־בקר 'Farre der Gattung Rind' Lev 4, 3.14; 16, 3; 23,18; Num 7 (12mal), Ez 43,19. 23. 25 u.ö. zum Opferterminus der Gesetzessprache für das Hauptopfertier. Der verwandte Begriff עגל wird wahrscheinlich aus Kritik an den Kultorten Dan und Bethel von P bewußt vermieden worden sein; Lev 9, 3 erwähnt noch aus der älteren Schicht den Jungstier (עגל), im literarischen Zuwachs 9, 2 wird dies aber schon durch Hinzufügung von בן־בקר korrigiert, so daß der Jungstier in P schließlich ganz außer Gebrauch kommt. Ez und Gesetzesnovellen wie Num 15, 24 orientieren sich an dieser Gesetzessprache. Im Kontext des Zentralisationsgesetzes gewinnt בקר Deut 16, 2 eine theologiegeschichtliche Relevanz; denn in der Verbindung mit זבח פסח deutet es an, daß aus dem Passah als Familienfest ein offizielles Gemeinschaftsfest am Zentralkultort wurde. זבח ist meistens mit בן־בקר verbunden, d.h. durch die Schlachtung des Rindes mit einem anschließenden Mahl soll eine besondere Gemeinschaft ausgedrückt werden; so möchte z.B. Balak nach Num 22, 40 Bileam in seine Schicksalsgemeinschaft aufnehmen.

2. Nach 1 Kön 7, 44 par. 2 Chr 4, 15, auch nach 1 Kön 7, 25; (2 Chr 4, 3) und 2 Kön 16, 17 wurde das eherne Meer von zwölf Rindern getragen. Ornamente mit Löwen und Rindern waren am Wagengestell angebracht (1 Kön 7, 29). Diese Darstellungen fielen der Tempelzerstörung durch den Obersten der Leibwache Nebukadnezars zum Opfer (Jer 52, 20). – Zur Bedeutung des Rindes in Religionsgeschichte und Kunst vgl. den Überblick bei → שׁוֹר.

Beck

בֹּקֶר

I. Umwelt – 1. Ägypten – 2. Mesopotamien – II. Etymologie – 1. Die Wurzel – 2. Ableitung des Wortes – III. Belege – 1. Außerbiblisch – 2. AT – 3. Syntax – IV. Bedeutungen – 1. Tagesanbruch – 2. morgen (früh) – 3. Tag – V. „Hilfe am Morgen“.

Lit.: *C. Barth*, Theophanie (EvTh 28, 1968, 521–533). – *M. Bič*, Der Prophet Amos – ein Haepatoscopus (VT 1, 1951, 293–296). – *L. Delekat*, Zum hebr. Wörterbuch (VT 14, 1964, 7–9). – *H. R. Stroes*, Does the day begin in the evening or morning? (VT 16, 1966, 460–475). – *J. Ziegler*, Die Hilfe Gottes „am Morgen“ (Festschr. F. Nötscher, 1950, 281–288).

I. 1. Das gewöhnliche äg. Wort für 'Morgen' ist *dwꜣ(w)* oder *dwꜣ(j).t* (WbÄS V 422); ein selteneres Wort ist *bkꜣ* (WbÄS I 481; s.u.). Oft wird der Zeitpunkt näher fixiert als *tp-dwꜣ(j).t*, etwa 'Anfang des Morgens', was mit 'Dämmerung' oder 'Morgenfrühe' wiedergegeben wird. Auch diese Wendung – wie das Einzelwort – bezieht sich aber gewöhnlich auf den Sonnenaufgang. Eine Hervorhebung der Phase, die dem Aufgang der Sonne vorangeht, scheint dadurch nicht beabsichtigt zu sein. – Interessant ist die Zusammenstellung mit dem Verbum *dwꜣ*, 'preisen, loben' (WbÄS V 426), das, wenn ein Zusammenhang besteht, eigentlich „am Morgen preisen“ heißt.

Im religiösen Leben der Ägypter findet sich eine Orientierung nach der aufgehenden Sonne. Schon in vorhistorischer Zeit ist die Bestattung der Leiche mit dem Antlitz nach Osten spürbar, was sich mit dem A.R. völlig durchsetzt (RÄR 564ff.). So stellt der Osten die heilige Richtung und der Morgen die heilige Zeit dar, was sich mit der allmählich vorherrschenden Sonnentheologie immer mehr festigt.

Schon die gewöhnliche Anlage des Tempels zeugt durch die Einstellung der Längsachse in die Ost-West-Richtung – wenigstens als ideale Forderung – von einem Sich-Eröffnen gegen den Osten und den Morgen. Ein besonderes 'Morgenhaus' (*pr dwꜣ.t*) spielte im Morgenritual eine wichtige Rolle (H. Kees, RT 36, 1914, 1ff.; A. M. Blackman, JEA 5, 1918, 148ff.). Im Morgenhaus fanden die Reinigung und die Schmückung des Königs/Priesters statt.

Im täglichen Tempelritual nimmt der Morgendienst einen Sonderplatz ein (A. Moret, Le rituel du culte divin journalier en Egypte, Paris 1902; M. Alliot, Le culte d'Horus à Edfou, Kairo 1949, Kap. II, übers. in Kulte und Orakel im alten Ägypten, hrsg. G. Roeder, 1960, 72ff.). Unter den drei täglichen Ritualen stellt er als erster den ganz vorherrschenden Gottesdienst dar, der auch für die großen Festrituale vorbildlich gewesen ist. In diesem Morgendienst findet sich eine besondere Morgenanrede des Gottes, die schon in Pyr. belegt ist und allmählich zu einer Litanei herangewachsen ist: „In Frieden. Dein Erwachen sei friedlich. Du erwachest in Frieden usw.“ (dazu A. Erman, Hymnen an das Diadem der Pharaonen, APAW 1911, 15ff.; A. Barucq, L'expression de la louange divine, Kairo 1962, 86ff.). Eröffnung des Naos, Erwecken der Gottheit, Waschung, Bekleidung und Speisung des Gottes machen die Hauptmomente dieses Morgenrituals aus, das wohl ursprünglich ein Morgendienst des Pharao im königlichen Palast war. In diesem Ritual spielt der Sonnenaufgang zwar keine Rolle, aber soläre Züge finden sich zuweilen.

Als natürlicher Anfangspunkt des Sonnenlaufs wird der Morgen mit der Belebung der ganzen Natur besonders hervorgehoben. Der Jubel der neubelebten Natur stellt dabei ein beliebtes Thema dar, das besonders aus dem großen Atonhymnus wohl bekannt ist (AOT² 15ff.). Die kultische Funktion der Sonnenlieder „narrativer“ Form behandelt ausführlich J. Assmann, Liturgische Lieder an den Sonnengott I, 1969 (s. Reg. B. s.v. Epiphanie und Sonnenaufgang). Diese Hymnenform scheint primär kultisch zu sein und erst sekundär in funerären Kontexten aufzutauchen. Da sie oft den Titel *dwꜣ* 'Lob, Preis' trägt, könnte hier eine Brücke zwischen *dwꜣ* 'loben' und *dwꜣ* 'Morgen' vorliegen.

Bergman

2. Akk. *šēru* 'Morgen' hängt etymologisch mit → שחר zusammen und hat als gegensätzliche Begriffe teils *līlātu* oder *tamḫātu*, 'Abend', teils *urru*, 'Tag'. Der Morgen wird zusammen mit dem Hellwerden (*namāru*, AHw 769 mit Belegen) und mit dem Sonnenaufgang (*ina šēri kīma* ᵈ*Šamaš aṣê*, „am Morgen beim Sonnenaufgang“). Die Sonnenlieder zeugen mehrfach von der fröhlichen

Stimmung beim Sonnenaufgang, ohne daß freilich das Wort „Morgen" genannt wird, z.B. „Bei deinem Anblick werden erfreut sämtliche Fürsten, jauchzen die Igigu allesamt" (SAHG 240); „Die sich klar abhebenden Berge haben deine Glorie bedeckt, deines Strahlenglanzes voll wurden die Länder alle zusammen" (ib. 241); „Sobald bei deinem Aufgang der Feuerschein leuchtet, sind die Sterne des Himmels verdeckt, im Himmel bist (dann) du allein herrlich, niemand unter den Göttern ist vergleichbar mit dir (ib. 248).

Im (späten) Neujahrsritual des Anu aus Uruk (Thureau-Dangin, Rituels accadiens 89ff.) kommt ein Morgendienst für den obersten Gott vor. Die Götter versammeln sich vor ihm, der Gott wird gewaschen und gespeist. Offenbar spiegelt dieses Ritual den Morgendienst im Königspalast wider (A.L. Oppenheim, Ancient Mesopotamia 193).

Ringgren

II. 1. Die Wurzel בקר ist gemeinsemitisch, doch besteht über die „Grundbedeutung" und deren Verhältnis zu den verschiedenen „abgeleiteten" bzw. „übertragenen" Bedeutungen noch keine Klarheit. Nach Palache und Seeligmann (s. KBL[3]) wäre die Grundbedeutung in arab. *baqara* 'spalten, öffnen' zu erkennen. Hiermit könnte der Gebrauch von בקר als terminus technicus der Opferschau zusammenhängen; vgl. mhebr., jüd.-aram. '(die Eingeweide der Opfertiere) untersuchen', Mowinckel, Psalmenstudien I 146 zu בקר *pi* in 2 Kön 16,15; Ps 27, 4 und nabat. מבקרא (Priestertitel; dazu מבקר Vorsteher der Gemeinde in 1 QS und CD, s. KBL[3]). Ebenfalls wird von hier aus auch die oft belegte Bedeutung 'untersuchen, erforschen' begreiflich, vgl. bibl.-aram., syr. 'durchbohren, nachforschen'; mand. 'spalten, prüfen'; äth. *baqala* 'untersuchen, bestrafen'; hebr. בקר *pi* 'untersuchen' (Lev 13, 36), 'sich kümmern um' (Ez 34, 11f.), 'bedenken' (Spr 20, 25; Sir 11, 7). Etwas abseits steht akk. *b/paqāru* 'Anspruch erheben', vgl. babyl. *b/paqrū* 'Vindikation(sanspruch)', mit dem KBL[3] 145b das schwierige בקרת Lev 19, 20 erklären möchte. Zu den Derivaten von בקר gehört außer dem gemeinsemitischen → בקר 'Vieh' vermutlich auch das nur hebr. belegte *bōqær*, doch bleibt die semantische Beziehung in beiden Fällen dunkel.

2. a) Für *bōqær* bietet sich die Möglichkeit, vom Gedanken des Spaltens, Öffnens oder Durchbohrens zum Durchbrechen (sc. des Lichts), d.h. zum Tagesanbruch = Morgen eine Verbindung herzustellen (so GesB, KBL, KBL[3]). – *Für* diese Ableitung sprechen vielleicht die verwandten Wurzeln בקע 'spalten' (hebr., mhebr., jüd.-aram.; ugar. *bq'*; auch intransitiv, moab. בקע vgl. Mēša [KAI 181] 15 מבקע השחרת vom Anbrechen der Morgenröte an; dazu Jes 58, 8 יבקע כשחר אורך „dein Licht wird anbrechen wie die Morgenröte"; arab. *baqi'a* 'sich abheben, unterscheiden') und פקע 'spalten' (mhebr., jüd.-aram., christl.-palästin., syr., mand.; auch intr. arab. *faqa'a/faqa'a*). – *Gegen* diese Ableitung spricht, daß sie eine intr. Bedeutung von בקר voraussetzt, die das Verb gerade im Hebr. nie hat; zu der vermuteten, „eigentlichen" Bedeutung 'Tagesanbruch' könnte *bōqær* nur unter dem Einfluß verwandter Wurzeln gekommen sein, die einen intr. Gebrauch kennen. Negativ fällt auch die Tatsache ins Gewicht, daß außer dem Hebr. keine der semit. Sprachen (zu arab. *bukrat* s.u. c) ein *bōqær* entsprechendes Nomen aus בקר entwickelt hat.

Ein Spezimen semasiologischer Phantasie bei J. Levy, WTM I (1924): בוקר / בקר vom Stammwort בקר 'aufsuchen, unterscheiden' (sc. die durch das anbrechende Tageslicht erkennbar werdende Gegenstände); vgl. שחר Frühe, vom Stamme שחר suchen; ערב Abend, vom Stamme ערב vermischen.

b) Aufgrund der kultischen Bedeutung von בקר (Opferschau vornehmen, s.o. 1.) hat M. Bič die Vermutung ausgesprochen, es könnte *bōqær* ursprünglich den Akt der Eingeweideschau am Morgen bedeutet haben; erst sekundär wäre das Wort zur Bezeichnung für die Zeit dieser Handlung geworden (295). Aber schon für den regelmäßig morgendlichen Vollzug dieser Handlung fehlen die Belege, und auch sonst sind die textlichen Grundlagen dieser Ableitung von *bōqær* zu schmal.

c) Schon GesB, aber auch KBL[3] haben die Möglichkeit einer semantischen Beziehung von *bōqær* zu der gemeinsemit. Wurzel → בכר erwogen. Mit dieser Wurzel und ihren Derivaten ist fast allgemein der Gedanke an eine Erstgeburt bzw. Erstlingsfrucht verbunden (s. KBL[3] 125b), doch hat sich im syr. בכר und arab. *bakara* die vermutliche Grundbedeutung 'früh sein/tun' (s. GesB) erhalten; ihr entspricht arab. *bukra(t)* 'Morgen' (mod. syr. auch 'morgen', *cras*), *bākir* 'morgendlich' usw.; vgl. Blachère-Chouémi II 770f. Sollte auch *bōqær* im Sinne von 'Frühe' > 'Morgen' zu בכר gehören, so bliebe freilich die „defektive" Schreibung mit ק zu erklären. In Abwesenheit emphatischer Laute (ט, צ, ת u.a.) ist mit einer konsonantischen Dissimulation von כ zu ק (oder umgekehrt) nicht zu rechnen, doch könnte das ק in *bōqær* sehr wohl auch ohne einen bewußten Bezug auf die Wurzel בקר aufgekommen sein.

d) Eine weitere Möglichkeit der Herleitung bietet das äg. *bkꜣ* 'Morgen' (s. KBL[3] 145a; dagegen stellt Calice, Grundlagen der äg.-semit. Wortvergleichung, 1956, 61f., *bkꜣ* mit hebr. und aram. בכר 'früh sein' zusammen, während בקר mit arab. *baqara* 'spalten' verbunden wird). Daß das Hebr. mit *bōqær* allein dasteht, könnte seinen

Grund darin haben, daß hier ein in den andern semit. Sprachen unbekanntes äg. Lehnwort vorliegt, vgl. aber W. Baumgartner in KBL[1] XXIX. Lautbestand und Schreibweise von *bōqær* wären auch in diesem Fall immer noch voller Probleme.

III. 1. Im außerbiblischen Hebr. ist *bōqær* bis dahin nur ein einziges Mal belegt. Auf der Rs. des Ostrakons Nr. 4 von Lachisch (KAI 194, Z. 9) stehen die Worte כי אם . בתסבת [.] הבקר . Der unvollständige Satz kann höchstens durch Vermutungen ergänzt werden. Wenn das nur an dieser Stelle belegte Wort תסבת (Wurzel סבב) soviel wie 'Ablauf/Verlauf' bedeutet – möglich wäre auch 'Wende' –, so verspricht hier der Briefabsender, etwas Bestimmtes „am Morgen" zu tun („wenn es wieder Morgen wird" KAI, oder „im Verlauf des Morgens"; vgl. ANET[2] 322b: „[but I will send] tomorrow morning"). Der Ausdruck hat im AT keine genaue Analogie.

2. Im AT begegnet בקר 213mal (Lisowsky 276f.; die abweichende Zählung in KBL[3] (ca. 200mal) beruht z.T. darauf, daß die 13mal vorkommende Wendung בבקר בבקר nur als je 1 Beleg gerechnet wurde. Die Belege verteilen sich wie folgt: Pentateuch 80 (davon Gen: 19, Ex: 36, Lev: 9, Num: 12, Deut: 4), Vordere Propheten 52, Hintere Propheten 32 (davon Jes: 11, Jer: 2, Ez: 10, Dodekaproph.: 9), Ketubim 49 (davon Ps: 18, Hi: 7mal). Im Buch Ex hat das relativ häufige Vorkommen thematische Gründe (Ex 16 allein 10mal!). Die Statistik ergibt eine gleichmäßige Verteilung, erlaubt also keine Schlüsse hinsichtlich des Alters der literarischen Verwendung von בקר.

3. a) Ohne Artikel, ohne Präposition und ohne vorangehendes nomen regens wird בקר 17mal gebraucht (Gen 1, 5. 8. 13. 19. 23. 31; Ex 16,7; Num 16, 5; Deut 28, 67b; 2 Sam 23, 4; Hos 7, 6; Ps 5, 4a 2mal; 55,18; Hi 24,17; 38,12); gerade in diesen Stellen ist die Interpretation oft schwierig, s.u. IV. 1.2. Für Ps 5, 4b registriert KBL[3] 145a unter Berufung auf Mowinckel ein sonst nicht belegtes I בקר 'Schauopfer'; vgl. Bič.

b) Mit Präposition. Fast die Hälfte aller Vorkommen zeigt בקר mit ב und dem Artikel (בבקר 105mal, inkl. 13mal בבקר בבקר). An zweiter Stelle folgt die Präp. עד (עד־בקר 16mal; עד־הבקר 12mal; vgl. auch עד־אור הבקר 6mal). Die Präp. ל erscheint gewöhnlich vor dem Sing. (לבקר 18mal), seltener auch vor dem Pl. (לבקרים 5mal, determiniert Jes 33, 2; Ps 73,14; 101, 8; Kl 3, 23; undeterminiert Hi 7,18). Nicht besonders häufig tritt מן vor das Wort (מהבקר 3mal, daneben מן־בקר, מן־הבקר und מבקר je 1mal). Vgl. weiter לפנות הבקר (Ex 14, 27; Ri 19, 26; Ps 46, 6), בטרם בקר (Jes 17,14), מאז הבקר (Ruth 2,7; prb. l. מאור), באור הבקר (Mi 2,1) und בהיות הבקר (Ex 19,16).

Für den Gebrauch der Präpositionen vor בקר bezeichnend sind Wendungen wie מבקר לערב (Hi 4, 20); מן־הבקר עד־הערב (Ex 18,13f.); מערב עד־בקר (Ex 27, 21; Lev 24, 3; Num 9, 21) und מהבקר ועד־צהרים (1 Kön 18, 26; vgl. Mēša KAI 181,15 מבקע השחרת עד הצהרים).

c) Mit einem als nomen regens vorangestellten Substantiv erscheint בקר in אור הבקר (vgl. עד־אור הב׳ s.o. b), כאור ב׳ 2 Sam 23, 4; in באור הב׳ Mi 2,1 ist אור wohl Inf., s.u. IV. 1. a); כוכבי ב׳ (Hi 38,7), כענן־ב׳ (Hos 6, 4), אשמרת הבקר (Ex 14, 24; 1 Sam 11,11), מוצאי־ב׳ (Ps 65, 9), מראה הב׳ (Dan 8, 26), עלת/עולות הב׳ (4mal) und מנחת הב׳ (2mal; vgl. 2 Kön 3, 20).

d) Als Subjekt steht בקר nur in den Wendungen בקר היה (Ex 10,13), אתה בקר (Jes 21,12) und הבקר אור (Gen 44, 3), als Objekt nur Hi 38,12 (zweifelhaft Deut 28, 67b).

e) Ein beliebtes Motiv vor allem der erzählenden Partien des AT ist die Redensart 'früh aufstehen/aufbrechen', in dem בקר regelmäßig begegnet (בבקר → השכים 29mal, vgl. auch Jes 5,11; Spr 27,14; Hi 1, 5; קום בבקר 7mal).

IV. Auszugehen ist von den beiden gesicherten Bedeutungen „Morgen", d.h. Zeit des Sonnenaufgangs, und „morgen", d.h. morgen früh.

1. a) Aus Angaben besonders poetischer Texte geht deutlich hervor, daß mit בקר zunächst nicht so sehr ein Zeit*raum* als vielmehr ein Zeit*punkt* gemeint war: der *Tagesanbruch* (s. KBL[3] 1.), also der Moment, wo nicht mehr die Finsternis herrscht und auch nicht die Dämmerung (נשף 1 Sam 30,17; בעלות השחר Jon 4,7; wohl auch לפנות הבקר), sondern das *Licht* (→ אור). הבקר היה es wurde Morgen (Ex 10,13 vgl. Gen 1, 5ff.) heißt ebensoviel wie הבקר אור der Morgen wurde hell (Gen 44, 3). In אור הבקר (s.o. III. 3. c) sollte אור vielleicht generell (KBL[3] zu אור 3.: nur Mi 2,1) als Inf., d.h. als ein Geschehen verstanden und dementsprechend nicht mit „Licht", sondern mit „Hellwerden" übersetzt werden. Zeitlich fällt dies Hellwerden zusammen mit dem Aufgang der Sonne, vgl. בבקר כזרח השמש (Ri 9, 33) und בקר לא עבות יזרח שמש (2 Sam 23, 4b). Der Sonnenaufgang darf von hier aus als Synonym von בקר bezeichnet werden, vgl. Gen 32, 32; Ex 22, 2; 2 Kön 3, 22; Jon 4, 8; Ps 104, 22. Mit der Sonne ist das Licht (→ אור) als solches nicht identisch (vgl. Gen 1, 3f.), doch geht es von der Sonne aus, die insofern ihrerseits אור (Hi 33, 26; Hab 3, 4; Ps 136,7) bzw. מאור „Leuchte" (Gen 1,14–16 vgl. Ps 74,16) heißen kann. In einigen Fällen kann אור anstelle von בקר den Tagesanbruch bezeichnen (Zeph 3, 5; Hi 24,14; Ri 19, 26; Neh 8, 3). Ob mit בקר in diesem Sinn der Augenblick des Tagesanbruchs gemeint ist, kann nur aus dem Kontext erschlossen werden.

b) Der Gebrauch der Präpositionen vor בקר (vgl. die Übersicht unter II. 3. b) spielt dabei eine wichtige, allerdings nicht immer entscheidende

Rolle. – בבקר heißt gewöhnlich (z.B. in der Wendung השכים בבקר) 'am Morgen' = bei Tagesanbruch, aber häufig (bes. in בבקר בבקר) scheint dies Verständnis zu eng (s.u. 2.b; 3.b). – Auch לבקר bedeutet in den meisten Fällen 'am Morgen' = bei Tagesanbruch (Am 4,4; 5,8; Ps 30,6; 59,17; Esr 3,3; Ps 49,15 [verderbt]; in Jer 21,12 liest Rudolph לבקרים); gelegentlich könnte aber auch „*bis zum* Tagesanbruch" gemeint sein (Zeph 3,3; Ps 130,6; für eine weitere Bedeutung s.u. 3.b)! לפנות הבקר bezeichnet den kurzen Zeitraum unmittelbar *vor* Tagesanbruch, also „gegen Morgen" (Delekat 8, vgl. לפנות ערב Gen 24,63; Deut 23,12). – מהבקר meint in 2 Sam 2,27 „(erst) gegen Morgen" (KBL: erst am Morgen), in 1 Kön 18,26 jedoch (wie מבקר Hi 4,20 und מן־הבקר Ex 18,13f.) „*vom* Tagesanbruch *an*", nämlich bis zum Mittag עד־הצהרים bzw. bis zum Sonnenuntergang (עד־הערב, לערב, עד־ערב; zu ערב als Augenblick des Sonnenuntergangs, vgl. Deut 16,6). „*Vor* Tage" bezeichnet auch בטרם בקר (Jes 17,14). – Größte Vorsicht ist geboten, wo עד vor בקר oder הבקר steht. Die Präp. עד bedeutet 'bis', 'bis zu', häufig mit Einschluß des Zielpunktes (s. GesB). So meint עד־בקר, עד־הבקר und עד־אור הבקר in der Regel 'bis zum Tagesanbruch', diesen eingeschlossen, doch gibt es Fälle, wo er deutlich ausgeschlossen bleibt, weil der Zusammenhang offensichtlich nur auf die Dauer der Nacht abhebt (z.B. Ex 12,22; Lev 6,2; Ri 16,2; 2 Kön 10,8.9). Beachte weiter 3. b!

2. a) Ist בקר in der Bedeutung „Tagesanbruch" mehr oder weniger ausgesprochen auf die vorhergehende *Nacht* bezogen, so kennt das Hebr. daneben einen Gebrauch des Wortes, bei dem im Gegensatz dazu vom vorhergehenden *Tag* aus gedacht wird. בקר ist auch in diesem Fall zunächst nur ein Zeitpunkt, nämlich der nächstfolgende Tagesanbruch, also '*morgen früh*', dann aber auch ein Zeit*raum*, nämlich der nächste Morgen, womit gelegentlich der ganze nächste Tag, also im weitesten Sinn '*morgen*' gemeint sein kann. Von den unter III. 3.a) genannten Stellen kommen für diese Bedeutung sicher Ex 16,7 („morgen werdet ihr sehen") und Num 16,5 („morgen wird JHWH erkennbar machen"), wahrscheinlich auch Ps 5,4a.b in Frage (vgl. GesB und Delekat 7 gegen KBL und KBL³, die das „dissimulative" בקר nur in Num 16,5 i.S.v. „morgen" verstehen wollen). In Hos 7,6 ist (mit H.W. Wolff, BK XIV/1 z.St. und W. Rudolph, KAT XIII z.St.) an der traditionellen Übersetzung „am Morgen" festzuhalten, da hier deutlich Nacht und Tag (nicht: gestern und morgen) gegenübergestellt werden. Zu Ps 5,4 s. weiter unter IV.

b) Auch beim Gebrauch von בקר mit den *Präpositionen* ב, ל und עד ist in mehreren Fällen mit der Bedeutung 'morgen' oder doch 'morgen früh' (s. GesB) zu rechnen. Daß בבקר in der Redensart השכים בבקר (s.o. III.3.e; IV.2.a) 'am *frühen* Morgen' bedeutet – also *nicht* 'am *nächsten* Morgen' (so GesB und KBL³, 4.!) – ist hinreichend gesichert: השכים und קום besagen, für sich genommen, nur 'aufbrechen'/'aufstehen', während das „frühe", auf das es hier gerade ankommt, erst durch בקר ausgedrückt wird. Ist daneben auch die Zeitangabe „morgen" wichtig, so wird diese (vgl. 1 Sam 5,4 וישכמו בבקר ממחרת) hinzugefügt. Wohl aber heißt בבקר in Ex 7,15; 34,2aβ; 1 Sam 9,19 (wie בקר in Ex 16,7; Num 16,5) 'morgen früh'. Für die Bedeutung 'morgen' in Ps 90,14; 143,8 hat Delekat 8 keine überzeugenden Gründe aufgewiesen. Ebenso verlangt der Kontext weder in Jes 17,11 noch in Ez 24,18; 33,22 (vgl. W. Zimmerli, BK XIII/2 z. St.), בבקר mit 'am Tag darauf' zu übersetzen (Delekat 7). – Was לבקר betrifft, so weicht dessen Bedeutung in Ex 34,25 und Deut 16,4 von der gewöhnlichen ab: GesB übersetzt mit „bis an den folgenden Tag", KBL³ mit „bis zum andern Morgen"; לבקר umschließt hier aber nicht nur den Tagesanbruch, sondern den ganzen, ihm folgenden Morgen bzw. Tag (im Unterschied oder Gegensatz zum Vortag). Hierhin gehört auch Ex 34,2aα mit seinem היה נכון לבקר „halte dich für den kommenden Morgen bereit" (G. v. Rad, ATD 5 z.St.; vgl. C. Barth, a.a.O. 530f.). Zur distributiven Auffassung von לבקר in Am 4,4 ('jeden Morgen' s.u. 3.b). – Auch עד־בקר und עד־הבקר kann, wo es auf das Verhältnis zum Vortag abhebt, 'bis zum nächsten Morgen' bzw. 'bis morgen' bedeuten, vgl. Ex 12,10; 16,19f. 23f.; 23,18; 29,34; Lev 7,15; 19,13, aber *nicht* Num 9,15. 21 usw.

c) Steht der Bezug von בקר auf den vom Vortag her gesehen *nächsten* Tag in zahlreichen Stellen außer Zweifel, so legt sich ein Vergleich mit dem normalerweise für 'morgen' gebrauchten Wort, מחר bzw. ממחרת, nahe. Der Unterschied zwischen beiden Worten, der sie nie zu eigentlichen Synonymen werden ließ, scheint darin zu liegen, daß bei מחר generell an den *ganzen*, folgenden Tag, bei בקר dagegen speziell an dessen *Anfang* gedacht war: der Mittag (צהרים) gilt im allgemeinen als seine Grenze (Ps 55,18; Jer 20,16; Ex 16,21; 1 Kön 18,26; dazu Mēša [KAI 181] 15).

d) Im Anschluß an die Bedeutung 'morgen' muß noch die Möglichkeit erwogen werden, ob בקר in bestimmten Zusammenhängen auch soviel wie '*früh*', '*bald*' oder '*eilends*' heißen kann. Das שבענו בבקר חסדך in Ps 90,14 hatte schon *Luther* mit „Sättige uns frühe mit deiner Gnade" übersetzt; auch Calvin umschreibt בבקר in Ps 143,8 mit *tempestive vel celeriter*. Entsprechend gibt das römische Psalterium von 1945 בבקר in Ps 90,14; 143,8 mit *cito* wieder (Ziegler 282), und ruft Delekat 7f. in Erinnerung, daß es in den beiden Psalmen nicht um Hilfe *am Morgen*, sondern vielmehr um Hilfe *schon morgen*, also um möglichst *rasche* Hilfe gehe. Man wird trotzdem Ziegler recht geben müssen, wenn er gegen *cito* als Übersetzung von בבקר Einspruch erhebt: diese bloß „umschreibende Wiedergabe" entspricht dem Sinn des Wortes im Kontext genausowenig wie Delekats „morgen früh", das eine im Text so gar nicht vorhandene Gegenüberstellung und Spannung zwischen „heute" und „morgen" voraussetzt. Zu Zieglers Erklärung s. u. V.

3. a) Eine selbständige, allerdings sekundäre Bedeutung von בקר ist jedoch von Delekat 8 mit Recht hervorgehoben worden. Das Wort kann in einigen Fällen – wie es scheint, besonders in der poetischen Sprache – den *ganzen Tag* vom Morgen bis zum Abend (hier: exklusiv) bezeichnen. Werden בקר und לילה einander gegenübergestellt (להגיד אתה בקר וגם לילה Jes 21,12; בבקר חסדך ואמונתך בלילות Ps 92, 3), so entspricht dies genau den Begriffspaaren אור–חשך und יום–לילה (Gen 1, 5.14); vgl. die Gegenüberstellungen בקר–צלמות (Am 5, 8; Hi 24,17) und אור–צלמות (Hi 12, 22). Aus der engen Beziehung von בקר und אור (s.o. 1.a) erklärt sich die pars pro toto-Verwendung von בקר für die ganze Dauer der Tageshelle mühelos.

b) Eine andere Frage ist, ob das Wort auch in den distributiv zu verstehenden Wendungen לבקר לבקר, בבקר בבקר und לבקרים (KBL³: „jeden/alle Morgen", „Morgen für Morgen"; s.o. III. 3. b) die Bedeutung „Tag" haben kann. Delekat 8 behauptet dies für Jes 28,19; 50, 4 (בבקר בבקר), Jes 32, 2; Ps 73,14; 101, 8; Hi 7,18; Kl 3, 23 (לבקרים), ja sogar für Jer 21,12 und Am 4, 4 (לבקר „jeden Tag"; vgl. T.H. Robinson, HAT I/14 z.St., H.W. Wolff, BK XIV/2 z.St.); den engeren Sinn („jeden Morgen") möchte er nur in denjenigen Stellen finden, in denen es ausdrücklich auf die Morgenzeit ankommt (Ez 46,13–15; 1 Chr 9, 27; 23, 30; 2 Chr 13,11). Für die poetischen Stellen ergäbe sich die Bedeutung „Tag für Tag aufs neue" o. ä., so daß ein Pendant zu dem mehr prosaischen יום ביום, יום יום usw. vorläge, bei dem allerdings manchmal (!) auch die jeweils folgende Nacht mitgerechnet ist. Man wird die Richtigkeit dieser Behauptung nicht ganz bestreiten können, sich aber von Fall zu Fall fragen müssen, ob die Wiedergabe von בקר mit „Tag" nicht doch eine (vielleicht sachlich zutreffende) Paraphrase darstellt, vgl. Ziegler 282 zur Wiedergabe von בקר mit *cito, omni tempore* und *cotidie*.

V. „Hilfe am Morgen":

Nicht mehr in den Bereich der philologischen „Bedeutungen" (vgl. Delekat 9) von בקר gehört, was Ziegler über den Morgen als „eigentliche Zeit der göttlichen Hilfe" (282) herausgestellt hat. Seine These, der bis dahin nur Delekat a.(a.O.) grundsätzlich entgegengetreten ist, war durch H. Gunkel und F. Nötscher vorbereitet; im Blick auf Ps 46, 6; 90,14 und 143, 8 redet Gunkel vom Morgen als „Zeit des Glücks", Nötscher (1947) bereits vom Morgen als „Zeit des Glücks und der Erhörung", vgl. auch J. Lindblom zu Ps 17,15 (ZAW 59, 1942/43, 12f.). Zum Verständnis der These ist zu beachten, daß hier nicht etwa eine neue Deutung des Wort*sinns*, sondern der Versuch einer Erklärung des in bestimmten Zusammenhängen auffallend häufig wiederkehrenden Wort*gebrauchs* vorliegt. Der Gedanke, daß Gott „am Morgen" hilft, ist „in den Psalmen und psalmähnlichen Liedern des AT . . . entweder in die Form der gläubigen Aussage oder der vertrauensvollen Bitte gekleidet" (Ziegler 281). Die gemeinten Stellen sind insbesondere Ps 46, 6 (לפנות בקר); Kl 3, 23; Jes 33, 2 (לבקרים); Ps 90,14; 143, 8 (בבקר); Ps 88,14 (ובבקר); Ps 5, 4 (בקר); Ps 59,17 (לבקר); Ps 30, 6 (ולבקר); außerdem 2 Sam 23, 4; Zeph 3, 5 u.a. Nach Ziegler erklärt nicht der Tempelschlaf der Angeklagten (H. Schmidt 1928 und HAT I/15, 1934; vgl. Delekat 9: priesterliche Inkubation) oder das Morgenopfer (vgl. B. Duhm, KHC XIV, ²1922), sondern die nach Form, Gehalt und Begründung so nur im AT bezeugte Erwartung der Hilfe Gottes „am Morgen" den Wortgebrauch dieser Stellen.

Es bleibt das ungeschmälerte Verdienst Zieglers, auf den eigenartigen Gebrauch von בקר in den Psalmen aufmerksam gemacht zu haben. Im einzelnen sind gegenüber seinen Aufstellungen Vorbehalte anzumelden.

1. Unter dem Begriff der „Hilfe Gottes" sind völlig heterogene Elemente zusammengefaßt. Von aktueller „Hilfe" redet explizit doch nur Ps 46, 6 (vgl. allenfalls Ex 14, 30; 2 Chr 20,17). In Ps 5, 4a; 143, 8 und 90,14 (lies השמיענו statt שבענו?) geht es im Unterschied dazu um die *Erhörung* am Morgen (priesterl. Heilsorakel?). Von *Gebet* und Hilfe*ruf* am Morgen redet Ps 5, 4b und 88,14, von *Danksagung* am Morgen Ps 59,17. Wieder etwas ganz anderes ist die „jeden Morgen" neu wirkliche und neu zu erbittende Treue und Barmherzigkeit Jahwes in Kl 3, 22f. und Jes 33, 2. Von einem klar profilierten „Gedanken" bzw. einer allen angezogenen Texten gemeinsamen Vorstellung von der „Hilfe Gottes" kann unter diesen Umständen schwerlich die Rede sein (vgl. Delekat 9).

2. Auch die Zeitangabe „*am Morgen*" ist in den angezogenen Texten nicht eindeutig. לפנות בקר in Ps 46, 6 heißt weder „über Nacht" (vgl. Delekat 8) noch fällt es zeitlich mit dem „Morgen", d.h. Tagesanbruch zusammen. Ob die beiden בקר in Ps 5, 4 „am Morgen" bedeuten oder eher „morgen früh" (s.o. IV. 2. a), und ob das אערך־לך in Ps 5, 4b nicht doch auf ein Morgenopfer hinweist (vgl. Delekat 9 Anm. 1), bleibt zumindest diskutabel. Zu fragen ist auch, ob sich לבקרים in Kl 3, 23; Jes 33, 2 so speziell auf den *Anbruch* jedes neuen Tages bezieht (s.o. IV. 2. b), wie Ziegler voraussetzt. Allerdings steht in Ps 90,14; 143, 8; 88,14 בבקר „am Morgen",

aber der je verschieden nuancierte Wortgebrauch (s.o. 1. zu Ps 88,14!) erlaubt nicht einmal für diese Texte, von einem einheitlichen „Gedanken" zu reden.
3. Besonders problematisch ist nun aber die dreifache *Erklärung*, die Ziegler für das von ihm erhobene Phänomen der Hilfeerwartung „am Morgen" zusammenstellt. – Unzweifelhaft gibt es eine biblische (und menschliche!) *Symbolik* von Sonnenaufgang und Sonnenuntergang, Morgen und Abend, Tag und Nacht, Licht und Finsternis, und sicher hängt diese Symbolik mit realen Erfahrungen Israels (und des Menschen!) in seiner Umwelt zusammen. Die Zeit der Hilfe Gottes aus Naturvorgängen und -erfahrungen abzuleiten, liegt jedoch gerade dem at.lichen Denken fern; vgl. G. v. Rad, Das theol. Problem des at.lichen Schöpfungsglaubens (1936), ThB 8, 136–147. – Auch die Anknüpfung der Zeitangabe an den in Israel gebräuchlichen *Gerichtstermin* bereitet Schwierigkeiten. Sicher ist die Sprache des AT in mancher Hinsicht vom Rechtsleben Israels beeinflußt; aber eine bewußte oder auch nur faktische Analogie der Vorstellungen betr. die zivile Rechtsprechung und die Offenbarung JHWHs im Tempel (Heilsorakel) erscheint zweifelhaft (vgl. Delekat 9). – Große Vorzüge hat demgegenüber Zieglers Hinweis auf die *geschichtlichen Erfahrungen* Israels mit der Hilfe Gottes „am Morgen". Vieles spricht für eine Anspielung auf die Befreiung Jerusalems 701 v.Chr. (2 Kön 19, 35; Jes 37, 36) – vielleicht sogar zugleich auf das Schilfmeerwunder (Ex 14, 30) – in Ps 46, 6. Aber die „Hilfe" ereignet sich in beiden Fällen *vor* Tage (לפנות בקר), und nur die subjektive Erkenntnis der Hilfe folgt am Morgen (בבקר, 2 Kön 19, 35 = Jes 37, 36). Aber auch abgesehen davon wäre selbst dann, wenn eine Verknüpfung von Exodus- und Zionstradition hier tatsächlich vorliegen sollte, der Schluß auf ein in allen oder auch nur einigen von den angezogenen Texten wirksames Motiv der Heilserwartung nicht gerechtfertigt. Auch die weiteren, für das Motiv der Hilfe „am Morgen" angeführten Beispiele (1 Sam 11, 1–13; 2 Chr 20, 1–30; 2 Kön 3, 9–20) vermögen den Beweis nicht zu erbringen, denn sowohl in 1 Sam 11, 9 wie in 2 Chr 20, 16 steht an der entscheidenden Stelle nicht בבקר, sondern das sehr dehnbare מחר „morgen" (Ziegler: „morgen früh"!), und die Hilfe ist in beiden Fällen gegen Mittag, in 2 Kön 3, 20 dagegen während der Nacht zur Tatsache geworden. Bedenkt man schließlich, daß ein in geschichtlichen Erfahrungen begründetes Motiv der Hilfe „am Morgen" gerade dort *fehlt*, wo es am ehesten einen festen Platz hätte einnehmen müssen – in den Traditionen von den „Kriegen JHWHs" –, so wird die Erklärung der fraglichen Psalmenstellen auch von dieser Seite her unwahrscheinlich.

Hat Ziegler das Phänomen der Hilfeerwartung „am Morgen" nicht zureichend zu erklären vermocht, so muß nach einer besseren Erklärung gesucht werden. Weder H. Schmidts „Tempelschlaf" der ein morgendliches Ordal erwartenden Angeklagten noch Delekats (9) „Erfordernisse der Orakeltechnik" bieten eine für das ganze, vielschichtige Problem zutreffende Lösung. Sie wird, wenn je, dann nur im Gefolge einer genaueren Kenntnis des vor- und nachexilischen Tempelkultes in Jerusalem gefunden werden. Bei der dringend erwünschten Neubearbeitung des Problems sollte beachtet werden:
a) In der at.lichen Literatur gibt es *kein* Beispiel eines übertragenen oder spiritualisierenden Gebrauchs von בקר im Sinne von Glück, Heil, Hilfe o.ä. Die ältesten Belege dafür finden sich im älteren Mittelhebr., vgl. Levy, WTM I s.v. בוקר / בקר.
b) „Gegen Morgen", „am Morgen", „morgen (früh)" oder „jeden Morgen" wird im AT nicht darum Heil erwartet, weil diese Tageszeiten an und für sich heilbringend wären. Die Qualität des Anderen, Neuen und Zukünftigen gewinnt der Morgen erst im Kontext, d.h. im Kontrast zur Nacht bzw. zum (dunkeln) Heute.
c) Das „gegen Morgen" usw. erwartete Andere, Neue und Zukünftige ist im AT nicht ohne weiteres der Inbegriff des Heils und der Hilfe. Erst die neue Präsenz Jahwes in Erscheinung und Orakelspruch dürfte den Morgen zu der Zeit gemacht haben, wo der Bedrängte und wo „Israel" mehr als sonst auf Hilfe wartet.

Barth

בקש בַּקָּשָׁה

I. Zur Wurzel – 1. Etymologie und Vorkommen – 2. Bedeutung und Wortfeld – II. Allgemeiner Gebrauch – 1. Suchen im eigentlichen Sinn – 2. Suchen im übertragenen Sinn – 3. Suchen als Rechtsterminus – III. Theologischer Gebrauch – 1. Gott suchen – 2. Gott sucht – IV. Derivat *baqqāšāh*.

Lit.: *O. de la Fuente Garcia*, David busco el rostro de Yahweh (2 Sam 21,1), (Augustinianum 8, 1968, 477–540). – *H. Greeven*, ζητέω, ζήτησις, ἐκζητέω, ἐπιζητέω (ThWNT II 894–898). – *J. Reindl*, Das Angesicht Gottes im Sprachgebrauch des Alten Testaments (Erfurter Theologische Studien 23, 1970, bes. 164–174 und die entsprechenden Anmerkungen). – *C. Westermann*, Die Begriffe für Fragen und Suchen im Alten Testament (KuD 6, 1960, 2–30).

I. 1. בקש ist eine – wie es scheint – vornehmlich im syrisch-palästinensischen Raum gebrauchte semitische Wurzel, die bereits im Ugar. belegt ist (WUS [3]1967, Nr. 572, möglicherweise auch als Personenname gebraucht in der Zusammenordnung von *bn bqš*, vgl. Nr. 571). Im AT kommt sie mehr als 220mal vor. Sie begegnet ferner im Phön. (KAI, Nr. 14, 5, Sarkophag-Inschrift des 'Ešmun'azar) und findet in Qumran und in den nachbiblischen hebräischen Texten Verwendung. In all den genannten Sprachbereichen, vielleicht mit Ausnahme der bis jetzt bekannten Qumranschriften, bedeutet בקש 'suchen' im eigentlichen

Sinne des Wortes. Im AT und in den mittelhebr. Texten verbinden sich darüber hinaus mit der Wurzel Bedeutungserweiterungen und -übertragungen. In Qumran scheint (bis jetzt) von vornherein ein uneigentlicher und übertragener Gebrauch von בקש bevorzugt zu sein. Die überwiegende Mehrzahl der at.lichen Belege stellt Verbformen im *pi* dar, nur an drei Stellen ist das *pu* als Passivum des *pi* gebraucht. Das späte Buch Esth und eine Stelle in Esra verwenden eine von בקש abgeleitete aramaisierende Form, die nominale Funktion hat (בקשה) und die Bedeutung von 'Gesuch', 'Begehren', 'Wunsch', 'Bitte' besitzt. Obwohl בקש in mehreren at.lichen Büchern fehlt (Jo, Ob, Jon, Mi, Hab, Hag) und in anderen nur je einmal vertreten ist (z.B. Proto-Jes, Hi, Lev), kann die Streuung des Vorkommens im AT als breit bezeichnet werden. Sowohl ältere als auch jüngere literarische Zusammenhänge des AT kennen und gebrauchen diese Wurzel. Das gleiche ist auch für die verschiedenen Redeformen des AT zu sagen. Es gibt keine Gattung, die בקש bevorzugt.

2. Die eigentliche Bedeutung von בקש ist 'suchen', ein Vorgang, der eine personale Größe (in Spr 18,15 ist Ohr pars pro toto) als Subjekt und Personen oder Sachen als Objekt voraussetzt. Der Vorgang zielt auf das Finden des zwar vorhandenen oder als vorhanden vorstellbaren Objektes ab, das dem Subjekt zum Zeitpunkt des Suchvorganges nicht zuhanden, aber dringlichst erwünscht ist und den Suchvorgang initiiert. בקש hat es mit der Behebung von Defizitärem zu tun. Das zu Suchende kann zufällig zeitweilig abwesend sein, es kann sich bewußt verborgen halten oder noch nie zuvor entdeckt sein. Unter 'suchen' ist im AT wie auch sonst ein bewußtes, zielgerichtetes Tun zu verstehen, auf das zuweilen sehr viel Mühe (Spr 2, 4 wie beim Schürfen nach Silber), Klugheit und Phantasie verwandt werden muß. Je nach dem Grad der Intensität und der Verschiedenheit in der Modalität des Suchens modifiziert sich die Bedeutung von בקש ('ausfindig machen', 'forschen', 'aufsuchen', 'aussuchen', 'wünschen', 'sehnen nach', 'verlangen', 'fordern' usw.). Neben materiellen Dingen und Sachen können auch Abstracta Gegenstand des Suchens sein, so z.B. Streit, Ri 14, 4; Lüge, Ps 4, 3; Böses, 1 Kön 20,7; Gutes, Neh 2,10; Treue, Jer 5,1; Weisheit, Spr 14, 6; 15,14; Einsicht, Dan 8,15; Leben, Spr 29,10; Frieden, Ps 34,15; Wort Gottes, Am 8,12; Name Gottes, Ps 83,17; Vision, Ez 7, 26. Häufig ist Objekt zu בקש eine weitere eigene Tätigkeit, die durch den mit ל versehenen Inf. cstr. eines anderen Verbs zum Ausdruck gebracht wird, z.B. 1 Sam 14, 4 בקש יונתן לעבר. In dieser syntaktischen Verbindung nimmt בקש die Bedeutung von 'wollen', 'trachten nach', 'beabsichtigen', 'Ziel verfolgen', 'planen' an. Dieser Sachverhalt wird gelegentlich auch durch einen אשר-Satz (Dan 1, 8) oder durch ein de-verbales Nomen umschrieben (Dan 9, 3, לבקש תפלה). In all diesen Fällen gewinnt בקש den Charakter eines Hilfszeitwortes, das der zum Ausdruck gebrachten Tätigkeit eine voluntaristische und finale Färbung gibt. Es ist auch leicht verständlich, daß durch die abstrakten Objekte und die hilfsverbale Funktion von בקש der Übergang zu einem übertragenen Verständnis von 'suchen' leicht möglich wird. Mitunter impliziert die gebrauchte Verbform von בקש selber eine nicht mehr näher bezeichnete andere Tätigkeit, deren Eindeutigkeit sich aus dem Sinnzusammenhang ergibt. In Jer 5,1 ist nicht gemeint, daß אמונה gesucht und gefunden werden, sondern geübt und getan werden solle. Diese verkürzte Redeweise wird idiomatisch sehr oft für 'töten', 'töten wollen' in der Wendung (+ Suff.) בקש (את) נפש ('die Seele, das Leben jemandes suchen', d.h. 'nach dem Leben jemandes trachten') gebraucht, z.B. Ex 4,19; 1 Sam 23,15; Jer 19, 9 u.ö. Nur einmal muß diese Konstruktion positiv als Lebensförderung verstanden werden, Spr 29,10. Neben dieser verkürzten Redeform gibt es für 'töten wollen' auch die direkte Redeweise mit בקש und dem mit ל versehenen Inf. cstr. von מות *(hiph)* bzw. הרג (Jer 26, 21; Ex 2,15; 4, 24). Zuweilen kommt dieser eine andere Tätigkeit implizierende Charakter von בקש durch eine präpositionale Bestimmung zum Ausdruck (מן, אל, ל). In 2 Sam 3,17 suchen die Ältesten Israels nicht David schlechthin, um sich mit ihm zu treffen, sondern in der Absicht, ihn zum König zu machen, besser noch: ihn zum König über sich zu haben (הייתם מבקשים את־דוד למלך עליכם). Die jungen brüllenden Löwen fordern ihre Nahrung von Gott (מאל), Ps 104, 21. In dieser Bedeutungserweiterung zu 'wünschen', 'fordern', 'einfordern' funktionieren Elemente des Rechtlichen mit. Das trifft besonders deutlich zu bei der Rede vom 'Suchen des Blutes eines Menschen' (הלוא אבקש את־דמו מידכם 2 Sam 4,11), wo בקש den Sinn von 'rächen' annehmen kann. 'Suchen' und 'wünschen' können auch im Sinne von 'anwünschen' stehen. Man kann sich bei einzelnen Stellen fragen, ob dabei nicht sogar ein applikatives Moment zum Zuge kommt, z.B. 1 Sam 24,10; Ps 122, 9. Im kultischen Bereich geht בקש in Wendungen und Formulierungen ein, die die Bedeutung 'fragen', 'beten', 'bitten' fordern (Ps 27,8; Ex 33,7). Überhaupt meint die Redewendung 'das Angesicht Gottes suchen' ein wie auch immer geartetes kultisches Begängnis. Berücksichtigt man die Termini, die den Kontext oder das parallele Satzglied bestimmen und dadurch die Bedeutung von בקש mit definieren helfen, so zeigt sich eine erstaunliche Variabilität im Gebrauch von בקש. Als Parallelbegriffe begegnen → דרש,

→ רדף, → שאל, → פקד, → בחר u.a., im Kontext erscheinen Termini wie → ידע, → ראה, → צפה, → שמר, → דבר, → הגה, → אהב u.a. In sehr viel stärkerem Maße, als das sonst bei Verben zu beobachten ist, leiten sich Funktion und Bedeutung bei בקש vom Objekt her. Die vielen unterschiedlichen Objektverhältnisse in Sätzen mit בקש veranlassen den Übergang von der Grundbedeutung 'suchen' zu anderen Bedeutungen, z.B. Jes 40, 20 Holz zum Schnitzen 'auswählen'; Esth 4, 8 'eintreten für jemanden'; Sach 11,16 'sich kümmern um'. Freilich lassen sich die meisten Übertragungen auf die Grundbedeutung zurückführen und von dorther verständlich machen.

II. 1. 'Suchen' an sich als reine Funktion, die zusammen mit anderen Funktionen (wie etwa 'pflanzen' und 'ausreißen') menschliches Existieren definiert, erwähnt nur Pred 3, 6 zur Illustration aller Zeitgebundenheit bzw. allen Kairos-Bestimmtseins menschlichen Handels und Wandels (K. Galling, HAT I 18, ^{2}1969, 93f.; W. Zimmerli, ATD 16,169). Der allgemeine und eigentliche Gebrauch von בקש bewegt sich in den Funktionsgrenzen, wie sie auch aus dem Deutschen oder aus dem Englischen oder aus anderen Sprachen bekannt sind. Joseph wird von einem nicht näher bezeichneten Mann gefragt 'was suchst du?', er antwortet darauf: 'meine Brüder suche ich' (Gen 37,15.16; zunächst imperfektische, dann partizipiale Formulierung). Die Gegenstände des Suchens sind verständlicherweise sehr verschieden: verlorengegangene Eselinnen (1 Sam 9, 3; imperativische Formulierung, wobei eben die Möglichkeit angedeutet ist, daß man einen anderen vermittels eines Auftrages oder Befehls zur Suchaktion veranlassen kann; 10, 2. 14), entlaufene Knechte (1 Kön 2, 40), den entrückten Elia (2 Kön 2,16–17), Wasser (Jes 41,17) und Brot (bzw. Broterwerb Ps 37, 25; Kl 1,11. 19), Weideplätze (1 Chr 4, 39, für das Kleinvieh), Urkunden, die die Zugehörigkeit zu bestimmten Familien ausweisen (Neh 7, 64; Esr 2, 62), Leviten, die man zur Einweihung der Stadtmauer braucht (Neh 12, 27), Saul, der zum König gemacht werden soll, nachdem das Los auf ihn gefallen war (1 Sam 10, 21), den Fachmann, den Musiker (1 Sam 16,16 ... איש יודע), die Totenbeschwörerin (1 Sam 28,7), den Tröster im Unglück (Nah 3,7). Den präziseren Charakter des Aussuchens nimmt בקש an, wenn dem alternden David ein schönes Mädchen zu besonderen Dienstleistungen zugeführt werden soll (1 Kön 1, 2–3; grundsätzlich nicht anders Esth 2, 2). Hier kann בקש durchaus mit 'auswählen' übersetzt werden. Häufig impliziert der mit der Funktion des Suchens umschriebene Vorgang weitere Handlungen, die in der Bedeutung von 'suchen' schon inhaltlich mitschwingen. Das Suchen nach dem Täter, der den Baalsaltar und die Aschera vernichtet hat, impliziert dessen Bestrafung (Ri 6, 29). Sauls Suchen nach David zielt auf die Habhaftwerdung und Ausschaltung des Rivalen ab (1 Sam 23,14; 24, 3; 26, 2; 27,1 'fahnden', 'nachstellen'; 27, 4 'verfolgen'). Die nach dem Gefundensein des zu Suchenden intendierten Handlungen definieren das Suchen mit. Das trifft auch zu, wenn z.B. die Philister David suchen (2 Sam 5,17; 1 Chr 14, 8). Hier kann man sogar kriegerische Absichten mit dem Verb 'suchen' umschrieben finden. Gelegentlich wird diese dem Suchvorgang inhärente Absicht durch ein paralleles Verb näher bestimmt, etwa durch רדף ('jagen', 'verfolgen', Jos 2, 22; Ri 4, 22; 1 Sam 23, 25; 26, 20). Sehr deutlich vom Objekt her setzt sich der inhaltlich sich ausweitende Funktionsradius von בקש z.B. in der Wendung vom 'Suchen des Erbbesitzes (der נחלה)' in Ri 18,1 zusammen. 'Suchen' umfaßt hier alle Aktionen von der kriegerischen Auseinandersetzung mit den Vorbewohnern des Landes, über die Besiedelung bis hin zur Festigung des Besitzes. Ähnlich verhält es sich bei der Rede vom 'Suchen einer Ruhestatt (מנוח) für jemanden' in Ruth 3,1. Ganz abgesehen davon, daß es sich dabei vermutlich um einen Rechtsterminus handelt, umfaßt das 'Suchen' auch hier alle einzelnen Handlungen, die bis zur rechtlichen Sicherstellung der Ruth in der Gesellschaft führen. בקש stößt in dieser Eigenart, in seiner Bedeutungserweiterung sich selbst zu verlassen, in verschiedene Bereiche vor, so in den Bereich der Liebesbeziehungen zwischen zwei sich liebenden Menschen (HL 3,1–2; 5, 6; 6,1, 'ich suchte den, den meine Seele liebt', vgl. Hos 2, 9), in das Gebiet des Höfischen (Spr 29, 26, 'das Angesicht eines Herrschers suchen', natürlich in der unausgesprochenen Absicht, Bitten oder Anliegen vorzubringen oder Gunst zu erlangen) oder in das weite Feld des Religiösen (s.u.). Als Subjekt zu diesem בקש-Geschehen fungieren ausschließlich Personen, einzeln wie auch gruppenweise (Saul, David, Geschlechter, Stämme, Volk usw.), und dann auch Gott. Spr 18,15 (אזן als Subjekt) ist nur scheinbar eine Ausnahme (s.o.). Interessant ist an dieser Stelle die Benennung des Hörens als Suchfunktion.

Die drei Belege im *pu* meinen zunächst die passivische Bedeutung von 'suchen': Jer 50, 20, 'die Verschuldung Israels und Judas wird gesucht werden' (*j^{e}buqqaš*), sie ist aber nicht mehr vorhanden, weil JHWH sie vergeben hat. Das Gericht über Tyrus ist nach Ez 26, 21 so vollständig, daß die vernichtete Stadt vergeblich gesucht werden wird (*t^{e}buq^{e}šî*). In beiden Fällen (in Jer 50, 20 mit großer Wahrscheinlichkeit) kann das Passiv auch als Vertretung eines indefiniten Aktivs begriffen werden im Sinne von 'man wird suchen'. In Esth 2, 23 muß nach dem Kontext 'suchen' präziser als 'untersuchen' verstanden werden, an dieser Stelle dann auch passivisch (ויבקש הדבר).

2. Unter den vielfältigen Möglichkeiten, בקש in einem übertragenen Sinn zu gebrauchen, nehmen die Konstruktionen mit einem mit ל versehenen Inf. cstr. eines anderen Verbs nach einer Form von בקש einen relativ breiten Raum ein. Gibt der Inf. cstr. +ל syntaktisch ohnehin die Absicht zu einem Handeln an (vgl. Brockelmann, Synt. § 47), so wird dies durch בקש noch verstärkt. Bemerkenswerterweise überwiegen die Fälle, bei denen eine negative (die Existenz mindernde) Absicht zum Ausdruck gebracht werden will. Das ist häufig der Fall bei בקש + Inf. cstr. mit ל von מות *hiph* (Ex 4, 24[J] und Jer 26, 21 ohne ל) und von הרג (s.o.), sowie gelegentlich bei בקש mit להכות (1 Sam 19,10; 2 Sam 21, 2), mit להשמיד (Sach 12, 9; Esth 3, 6), mit לשלוח יד ב (Esth 2, 21; 6, 2; 4 QpPs 37 II 17f.). Dieser negative Aspekt steckt auch in dem 'aussein (בקש) auf das Abbringen von JHWH' (Deut 13,11). Die wenigen Stellen, in denen durch diese besondere Konstruktionsweise eine positive Absicht zum Ausdruck gebracht werden will, sind schnell aufgezählt. בקש mit dem Inf. cstr. von הלך (1 Kön 11, 22; Sach 6, 2), עבר (1 Sam 14, 4), בוא (1 Sam 23,10; 4 QpNah I 2), מצא (Pred 12,10: das bewußte Bemühen des Predigers um das Finden des richtigen Wortes), בכה (Gen 43, 30: der Wunsch des Joseph, eine Möglichkeit zu haben, um aus Bewegtheit über das Zusammentreffen mit den Brüdern weinen zu können), שמע (1 Kön 10, 24; 2 Chr 9, 23: der offizielle diplomatische Schritt des Aufsuchens eines Herrschers [בקש את פני שלמה], um seine Weisheit zu hören), ידע (1 QS V 11: Das Suchen und Forschen in den Gesetzen, um das Verborgene zu erkennen). Es ist schon in I.2. erwähnt worden, daß bei dieser Konstruktion ein starkes willentliches Element mitfunktioniert, das der so umschriebenen Handlung über den Charakter der bloßen Absicht hinaus den des Wünschens, des zielbewußten Wollens und Handelns verleiht.

Die negative Absicht, nämlich einen anderen Menschen zu töten, beschreibt weiterhin die verkürzte Redeweise vom בקש (את) נפש, die sich im AT fast 30mal findet, davon beinahe zur Hälfte bei Jer (z.B. 11, 21; 19,7; 44, 30 u.ö.) und verhältnismäßig oft im Psalter (Ps 35, 4; 38,13; 40,15; 54, 5; 63,10; 70, 3; 86,14). Allerdings findet sie sich sowohl in älteren als auch in jüngeren literarischen Zusammenhängen (Ex 4,19; Ps 38,13; 1 QH II 21). Innerhalb des Psalters begegnet diese Wendung fast ausschließlich in den individuellen Klageliedern, nur in Ps 63 sind neben Elementen der Klage solche des Vertrauens und des Dankes zu erkennen, so daß man auch von einem individuellen Danklied gesprochen hat. Immerhin stünde dies nicht außerhalb des Kontextes von Klage, Vertrauen und Dank für erwiesene Hilfe. Dieser Tatbestand berechtigt zu der Auffassung, daß die erwähnte Wendung typisch in die Klage des einzelnen hineingehört. Bei Jer (Ausnahme: Jer 4, 30) und auch bei einigen Psalmen wird partizipial konstruiert מבקשי (את) נפשי (und mit anderen Suffixen). Aus dem Kontext wie auch aus dem unmittelbaren Parallelglied der Aussage geht hervor, daß בקש in dieser Form das personifizierte Trachten nach dem Leben eines anderen meint, des Feindes, bzw. des Todfeindes. Neben dieser verkürzten Form gibt es noch die Langform בקש את נפש לקחתה (1 Kön 19,10.14; vgl. Ps 40,15 mit לספותה und Ps 63,10, wo המה לשואה der Redewendung vorausgeht). Es ist schwierig zu sagen, welche Form die ursprünglichere ist.

Zu den vielfältigen Möglichkeiten, בקש in einem übertragenen Sinn zu gebrauchen, müssen die oben (I. 2.) schon erwähnten Konstruktionen mit einem Abstraktum als Objekt gezählt werden. Die Bemühungen Israels, von JHWH abzufallen und fremden Göttern nachzulaufen, geißelt Jer (2, 33) im Bilde des Suchens nach Liebschaften. Auch hier ist nicht allein das Suchen an sich gemeint, sondern es ist stillschweigend der nach dem Finden getätigte Vollzug der 'Liebe' (= Abfall) im Visier dieser Formulierung (vgl. die oben II. 1. zu Ri 18,1 und Ruth 3,1 gemachten Ausführungen sowie Ps 34,15 בקש שלום). In diesem Zusammenhang darf an 'Gutes suchen' und 'Böses (bzw. mein Böses) suchen' (Ps 122, 9; 71,13. 24; 1 Sam 24,10; 25, 26; 1 Kön 20,7; Esth 9, 2) erinnert werden, in denen ein applikatives Element neben dem energetischen mitfunktioniert. Bei dem allgemeinen Gericht, das das Land trifft, wünscht Baruch für sich 'Großes' (גדולות), Jeremia kann ihm aber nur Lebensbestand von JHWHs Seite zusagen (Jer 45, 5, בקש im Sinne von 'wünschen', 'verlangen'), was auch wiederum Handlungen zur Sicherung des Wohlstandes einschließt (dagegen Esth 2,15 'nichts wünschen' לא בקשה דבר). In 1 Chr 21, 3 muß בקש mit 'fordern' übersetzt werden. Über die I. 2. (Ende) erwähnten übertragenen Bedeutungen hinaus könnte man noch an Dan 1, 8 denken, wo eine Form von בקש zusammen mit einem אשר-Satz soviel bedeuten muß wie 'um Erlaubnis einkommen': 'Daniel suchte bei dem Obersten der Hofbeamten um die Erlaubnis nach, sich nicht verunreinigen zu müssen' (Jerusalemer Bibel, deutsche Ausgabe). Bei der Erfragung von Weisheit und Einsicht findet der Großkönig Daniel und seine Freunde zehnmal klüger als alle seine eigenen Fachleute auf diesem Felde, Dan 1, 20. Aus dem Kontext heraus gesehen kann in בקש durchaus das Moment der Prüfung und des Vergleiches liegen, dem dann in der Ergebnisangabe die Formulierung mit מצא entspricht (vgl. Rechtsterminologie, s.u. II. 3.). Aber auch so liegt in der Benennung des Einholens kluger Gedanken vermittels der Wendung בקש דבר מהם ein übertragener Gebrauch von בקש vor. → בקש בינה (Dan 8,15) kann übersetzt werden mit 'sich um die Deutung (einer Vision) mühen'. Die Verfallenheit an den Wein drückt Spr 23, 35 sehr plastisch durch die Hinzuziehung von יסף *hiph* und עוד zu בקש aus (vgl. Ringgren, ATD 16, 95f. und andere Kommentare zur Stelle). So bestätigt noch einmal im Detail, welch starken bedeutungsmäßigen Veränderungen בקש unterworfen sein kann durch die kontextualen Beziehungen, in die es vom Objekt her oder von Infinitiven, die von בקש abhängen, oder von idiomatischen Besonderheiten her gespannt werden kann. Die Wurzel muß semasiologisch solchen Bedeutungsübertragungen und -erweiterungen gegenüber immer offen gewesen sein. Doch gilt wohl auch der andere Satz, daß sich alle Übertragungen auf die Grundbedeutung von 'suchen' zurückführen und von dorther verständlich machen lassen.

3. Es gibt im AT einige Sachzusammenhänge, in denen בקש nicht anders verstanden werden kann, denn als Rechtsterminus. 'Suchen' muß hier begriffen werden als 'einfordern'. Einer der frühesten Belege ist in der Geschichte von Davids Aufstieg zu finden (2 Sam 4,11), wo der Meuchelmord an dem Saulsohn Esbaal von David an den Mördern gerächt wird: 'und nun, ist es nicht so, daß ich sein Blut von eurer Hand suchen werde!?' Diese Rechtsvorstellung funktioniert auch in der Übertragung auf JHWH, der den Propheten Ezechiel (rechtlich) so bindet, daß er von Ezechiel das Blut des dem Gericht verfallenen Sünders einfordert, wenn dieser nicht von Ezechiel verwarnt worden ist (Ez 3,18. 20; 33, 8: ודמו מידך אבקש). Um die Rechenschaftsforderung scheint es auch in der verderbten (heute vielfach mit der LXX rekonstruierten) Stelle 1 Sam 20,16 zu gehen, die im Kontext des Berichtes über die beschworene Freundschaft zwischen David und Jonathan steht. Durch den erwähnten Schwur (v. 17) erhält die geschilderte Situation ohnehin den Charakter rechtlicher Abmachungen. In den gleichen Zusammenhang rechtlicher Vorstellungen gehören Ersatzforderungen, von denen z.B. in Gen 31, 39 (E, vielleicht sogar schon J) die Rede ist. In der Auseinandersetzung zwischen Jakob und Laban erklärt ersterer, daß er im Dienstverhältnis des Laban für alles aufgekommen sei, was aus der Herde durch Diebstahl oder wilde Tiere verlorengegangen ist ('du hast es von meiner Hand gefordert', מידי תבקשנה). In der Josephsgeschichte ist auf das Bürgschaftsrecht angespielt, Gen 43, 9. Juda bürgt vor seinem Vater Israel für den nach Ägypten zu Joseph mitzunehmenden Benjamin: 'von meiner Hand darfst du ihn einfordern, wenn ich ihn nicht zu dir zurückbringe ...'. Weiterhin muß auf den Gebrauch von בקש bei der Einforderung des dem Fordernden irgendwie Zustehenden oder rechtlich Beanspruchten hingewiesen werden. In das Kultrechtliche führt die Beanspruchung des Priesteramtes durch die Leviten (Korah) und die Bestreitung dieses Anspruches durch Mose, Num 16,10 (P) ובקשתם גם־כהנה. Auch die Eintreibung von Geliehenem wird mit בקש und der Präposition מן umschrieben, Neh 5,12. Nehemia selber hat auf die Einkünfte des Statthalteramtes verzichtet (לא בקשתי), Neh 5,18. Schließlich kann diese Rechtsvorstellung auch in der Poesie naturrechtlich auf das der Kreatur zu ihrer Existenz Zustehende übertragen werden, Ps 104, 21, die jungen nach Beute brüllenden Löwen, die von Gott ihre (ihnen zustehende) Nahrung fordern (ולבקש מאל אכלם). Typisch ist dabei die Formulierung mit בקש und der Präposition מן. Auf Ruth 3,1 ist oben (II. 1.) schon hingewiesen worden. בקש ist hier zusammen mit seinen Beziehungsworten ein sehr umfassender (komplexer) Rechtsterminus, in den sich verschiedene, freilich aufeinander bezogene Handlungen sammeln. Es muß weiter gefragt werden, ob die *pu*-Konstruktion von Esth 2, 23 (ויבקש הדבר) der Rechtsterminologie zugerechnet werden darf. Immerhin muß an dieser speziellen Stelle übersetzt werden: 'der Fall wurde untersucht', wobei das Untersuchungsergebnis durch das *niph* von מצא (*jimmāṣē'* bzw. *lō' jimmāṣē'*) wiedergegeben worden zu sein scheint. Möglicherweise deutet auch der zweite von den drei *pu*-Belegen (Jer 50, 20) in die gleiche Richtung, *jᵉbuqqaš 'et 'ᵃwōn Jiśrā'ēl* mit der negativen Feststellungsformel ואיננו, wobei im Parallelglied (*wᵉ'et-ḥaṭṭō't Jᵉhūdāh*), das von der gleichen *pu*-Form abhängt, dann tatsächlich das Untersuchungsergebnis mit לא und מצא formuliert ist. Jer 50, 20 weist hinüber zu dem theologischen Gebrauch von בקש (s. III.). Denkbar ist, daß in der Sentenz von Spr 29, 26 das 'Aufsuchen des Angesichts eines Herrschers' eine rechtssprachliche Formulierung darstellt (vgl. 1 Kön 10, 24; 2 Chr 9, 23). Es muß damit gerechnet werden, daß bei der theologischen Verwendung von בקש Vorstellungen genutzt worden sind, die ursprünglich in das Gebiet des Rechtlichen hineingehören (etwa im Aufweis der Schuld Israels, in der Einforderung des dem Gotte Israels Zustehenden usw.). Schließlich ist noch zu bedenken, daß in all den Stellen, bei denen in verkürzter oder erweiterter oder direkter Redeweise vom Trachten nach dem Leben eines anderen gesprochen wird, das Bemühen um einen Rechtsvollzug zum Ausdruck gebracht sein kann. Diejenigen, die z.B. Mose nach dem Leben trachteten (Ex 4,19), taten dies auf Grund einer Rechtsverletzung des Mose (Ex 2,11–15). Aus alledem geht hervor, daß בקש durchaus einen festen Platz in der Rechtsterminologie des AT einnimmt.

III. Die Funktionen des 'Suchens' werden im AT selbstverständlich auch mit Gott in Verbindung gebracht, sei es, daß Gott Objekt, sei es, daß Gott Subjekt eines Suchvorganges ist, d.h. בקש begegnet im theologischen Gebrauch. Auch hier gelangt man vom eigentlichen Verständnis zu übertragenen Bedeutungen. War die Parallelität von בקש zu דרש schon im allgemeinen Gebrauch aufgefallen, so muß auf sie für die theologische Nutzung dieser Wurzeln noch einmal ausdrücklich hingewiesen werden. Ob eine je spezifische Bedeutung die beiden Wurzeln voneinander abhebt (vgl. Reindl und Westermann), muß die Einzeluntersuchung ergeben. Sehr häufig ist ein promiscue-Gebrauch zu beobachten.

1. Die Redewendung vom 'Gott-suchen' erscheint im AT unter verschiedenen Formulierungen. Die einfachste lautet בקש (את־) יהוה (Ex 33,7) oder noch kürzer eine mit einem auf JHWH bezüglichen Objektsuffix versehene Form von בקש, z.B. מבקשיך, Ps 40,17. Für JHWH als Objekt kann eintreten der Name JHWHs (Ps 83,17), das Wort Gottes (Am 8,12), sogar die Thorah (Mal 2,7). Relativ häufig ist auch die Rede vom 'Suchen des Angesichtes Gottes' anzutreffen, בקש את־פני יהוה (2 Sam 21,1), wobei auch wiederum noch kürzer eine suffigierte Form von *pānīm* anstelle der st.cstr.-Verbindung möglich ist (Hos 5,15; Ps 27, 8). Es ist schwer zu sagen, welche der beiden Formulierungen ursprünglicher ist, ob die kurze indirekte vom 'Suchen Gottes' oder die mit Hilfe von פנים längere direkte vom 'Suchen des Antlitzes Gottes'. Letztere ist plastischer und unmittelbar verständlich. Sie ist in bezug auf den König so auch im profanen Bereich bezeugt: 'das Antlitz des Königs suchen', Spr 29, 26 (vgl. 1 Kön 10, 24; 2 Chr 9, 23), selbstverständlich um die Gunst des Königs zu erlangen. Dies ist kaum geistig-übertragen gemeint, sondern setzt die persönliche Bewegung des Aufsuchenden zu dem Aufzusuchenden voraus. Daß sich die Audienz in einem festen Zeremoniell vollzogen haben mag, ist zwar für diese wenigen Stellen nicht bezeugt, kann aber aus dem allgemeinen Wissen über das Hofzeremoniell im alten Orient wie im AT geschlossen werden. Ohne zu behaupten, daß der religiöse Gebrauch vom profanen abhängig ist, darf doch für das gegenseitige Verständnis angenommen werden, daß in beiden Bereichen die gleiche Vorstellung funktioniert. Religionsgeschichtlich gesprochen ist zu vermuten, daß im theologischen Gebrauch hinter der direkten Formulierung mit *pānīm* die Vorstellung von dem Aufsuchen der Götterstatue im Heiligtum steht. Im AT ist ein solches Verständnis wegen des Bilderverbots ausgeschlossen. Der Israelit sucht im Heiligtum nicht ein Gottesbild auf, er weiß sich vielmehr gewiß der unsichtbar vorgestellten Gegenwart JHWHs, sei es des Kommenden, des Gekommenen oder des Anwesenden. Die Redewendung meint ein wie auch immer zu verstehendes kultisches Begängnis an heiliger Stätte (Tempel, Heiligtum), an der ein 'Gott-suchen' direkt oder vermittelt möglich gewesen sein wird. Älteste Belege für diese längere und direkte Formulierung finden sich in 2 Sam 21,1 und Hos 5,15, sowie in den Psalmen (24, 6; 27, 8, falls diese für vorexilisch zu halten sind). Darüber hinaus gibt es eine Anzahl von Belegen, die in der Kurzfassung vom 'Gott-suchen' ebenfalls ein kultisches Begängnis meinen muß (auf Grund des Kontextes), so daß sich der Schluß nahelegt, daß zwar das Verständnis dieser Redewendungen vom kultischen Begängnis her das ursprüngliche sein wird, für die Formulierung aber von keiner der beiden Fassungen gesagt werden kann, daß die eine der anderen gegenüber ursprünglich ist. Die Kurzfassung begegnet ebenfalls in Hos 5, 6 und dort eindeutig für die Umschreibung einer kultischen Aktion; ähnlich verhält es sich mit Ex 33, 7 (J oder E?). 'Kultisches Begängnis' ist freilich noch zu allgemein gesagt, es lassen sich im AT an einigen Stellen präzisere Angaben machen (vgl. Reindl, Anm. 439, dessen Schematisierung als *ein* möglicher Vorschlag verstanden werden muß, man kann auch anderer Meinung sein!). Hos 5, 6 erwähnt ausdrücklich das 'Gehen mit Schafen und Rindern', 'um JHWH zu suchen', meint somit einen kultischen Akt, der mit einer Opferhandlung verbunden ist (vgl. 2 Chr 11,16; 15,15). Das Aufsuchen JHWHs im Heiligtum zu Jerusalem ist auch in Sach 8, 21–22 (23) gemeint. Die Situation der individuellen Klage in Ps 27, 7–14 (falls nicht die vv. 1–6 mit dazugehören) setzt die Anwesenheit im Tempel voraus (Klage mit Kultbescheid, Heilsorakel), so daß auch Ps 27, 8 an ein gottesdienstliches Ereignis denkt, das mit der Wendung 'Gottes Angesicht suchen' umschrieben wird. Der in 1 Chr 16 mitgeteilte Hymnus bezeichnet die das Lob Gottes Feiernden als die 'Gott Suchenden' (vv. 10. 11). Diese werden regelrecht durch Imperative zur Gottesdienstfeier aufgerufen (v. 11 דרש und בקש). Bei der Forderung von Bekehrung und der Beschreibung des Umkehrens wird dasjenige, das positiv getan wird bzw. getan werden soll, u.a. mit 'Gott-suchen' umschrieben (Deut 4, 29; Hos 3, 5; 5,15; 7,10; Jer 50, 4; 2 Chr 7,14; 15, 4; vgl. Jer 29,13). Zumindest bei Hos 3, 5 (vgl. v. 4!); Jer 50, 4, aber vielleicht auch in den beiden Stellen des chronistischen Geschichtswerkes (2 Chr 15, 4 zu vgl. mit v. 3) ist ein kultisches Begängnis nicht von vornherein auszuschließen, wenngleich eine Verinnerlichung des Gottesverhältnisses mit der Vorstellung von der Bekehrung zum Ausdruck gebracht sein will. Das vieldiskutierte Phänomen der Kultkritik in Altisrael (etwa durch Propheten) muß nicht notwendig im Sinne einer Kultablehnung

verstanden werden. Unter ‘kultischem Begängnis’ ist auch die in Ex 33,7 erwähnte Begegnung im ‘Zelt der Begegnung’ zu verstehen, ein Offenbarungshergang, der dort zwar vornehmlich im Zusammenhang mit Mose vorgestellt wird, aber eine für die Israeliten mögliche, durch Mose vermittelte Befragung JHWHs einzuschließen scheint. An die Seite dieses Belegs muß wohl auch 2 Sam 21,1 gestellt werden, jene Befragung JHWHs durch David, die ansonsten idiomatisch durch שאל → ביהוה (1 Sam 23, 2.4 u.ö.), z.T. mit Hilfe jenes Ephod (1 Sam 30,7.8), d.h. doch (Orakelbefragung) mit Hilfe einer kultisch-zeremoniellen Handlung zum Ausdruck gebracht wird. Einen Mißbrauch dieser Gepflogenheit stellte die Befragung von Totenbeschwörern und Wahrsagern dar, Lev 19, 31. In Mal 3,1 wird in einer Zukunftsankündigung das Kommen JHWHs in seinen Tempel zugesagt. Eine (kultische) Begegnung mit ihm wird dann möglich sein (יבוא אל־היכלו האדון אשר־אתם מבקשים), nachdem ein Läuterungs- und Reinigungsverfahren den rechten Opferdienst wiederhergestellt haben wird. ‘Kultisches Begängnis’ kann man wohl auch das Einholen der Thorah vom Priester nennen (Mal 2,7), der als ‘Bote JHWH Zebaoths’ Erkenntnis auf seinen Lippen und Weisung in seinem Munde bewahrt. Vom Thorah-Erteilen und -Einholen spricht auch Ps 24,1–5, v. 6 subsumiert: ‘so geschieht es bei dem Geschlecht, das ihn sucht (דרשו) und das dein Angesicht, o [Gott] Jakobs, aufsucht’ (in Anlehnung an die deutsche Ausgabe der Jerusalemer Bibel). Es ist die Frage, ob man in Am 8,12 (schon v.11 den Hunger und Durst nach dem Worte Gottes bzw. ‘zu hören die Worte Gottes’) die verzweifelten und vergeblichen Anstrengungen, לבקש את־דבר יהוה, auch so institutionell verstehen darf. Nicht institutionell begriffen werden will das Suchen Gottes in Jes 45,19. Dort wird grundsätzlich vom Offenbarsein Gottes in den Schöpfungs- und Geschichtsakten Gottes gesprochen (vgl. schon v.18). בקש gewinnt hier den Sinn von ‘Suchen nach Offenbarung’, von ‘Gotterkennen im Tun Gottes’. Die gleichen Fragen erheben sich bei den gleichen Formulierungen ‘Gott-suchen’ bzw. ‘das Antlitz JHWHs suchen’, mit denen das Phänomen der Bitte, des Gebets, der Fürbitte gemeint ist, z.B. die Fürbitte Davids für den erkrankten Sohn der Bat-Seba, 2 Sam 12,16 (mit der Präposition בעד), die durch Fasten unterstützt wird. Ähnlich ist in Esr 8, 21–23 die Bitte um gute Verrichtung eines Vorhabens durch Fasten dringlich unterstrichen (בקש מאלהים). Auch hier ist ein ‘gottesdienstliches Begängnis’ nicht von vornherein auszuschließen. Beten und Fasten stehen auch in Dan 9, 3 eng zusammen. Es bleibt fraglich, ob hier ein ‘privates’ Gebet denkbar ist. Weitere Belege für die Umschreibung der Bitte durch בקש + מן vor der Gottesbezeichnung bzw. dem -namen finden sich Ps 27, 4; 2 Chr 20, 4 (zweimal, einmal mit und einmal ohne מן). מן kann auch durch einen Genitivus objectivus ersetzt werden: Mal 2,15, מבקש זרע אלהים ‘Nachkommenschaft von Gott erwarten’ (der Vers ist ansonsten schwierig!). Daß בקש mit und ohne מן auch im profanen Bereich ‘bitten’ heißen kann, bezeugen Neh 2, 4; Esth 4, 8; 7,7. In Esth 4, 8 schwingt zusätzlich die Bedeutung von ‘eintreten für scil. das Volk’ (על־עמה) mit. Erhörung des Gebetes ist in Jes 65,1 durch מצא ausgedrückt, wie überhaupt der Erfüllungsbegriff zu בקש מצא ist, das Ziel des durch בקש ausgedrückten Handelns, vgl. Deut 4, 29; Jer 29,13. Hat sich schon Hos 5, 6.15 eine Ausweitung des Begriffes ‘Gott-suchen’ über Gottesdienstlich-Institutionelles hinaus auf eine Verinnerlichung und Vertiefung der Frömmigkeit hin angedeutet, die vor allem in der Erfüllung ethischer Verpflichtungen sich bewähren muß, so scheint dies in Zeph 2, 3 (3mal!) verbaliter deutlicher ausgesprochen zu sein. ‘Gottsuchen’ steht dort in Parallele zu dem Suchen von צדק und ענוה und dem Tun des משפט יהוה (vgl. Deut 4, 29; Jer 29,13; Jes 51,1).

Schließlich muß noch hingewiesen werden auf eine Gruppe von Belegen, in denen vor allem in der partizipialen Konstruktion mit den ‘Suchern JHWHs’ (aber nicht allein dort, durchaus auch mit ‘solchen, die JHWH suchen’, d.h. Konstruktion mit dem verbum finitum), noch stärker vom ursprünglichen Verständnis abrückend, ganz allgemein die Angehörigen des alten Bundesvolkes, die Israeliten, vielleicht die frommen Israeliten, gemeint sind. Ein solches Verständnis ist z.B. in Zeph 1, 6 möglich: „die JHWH nicht suchen, sich vielmehr von ihm abgewendet haben, die sich vor dem Heer des Himmels niederwerfen (usw.)“, sind die dem Gericht verfallenen Angehörigen des Gottesvolkes. Positiv gewendet begegnet dieses Siglum מבקשי יהוה (bzw. כל־מבקשיך und ähnlich formuliert) in den Psalmen (40,17; 69,7; 70, 5; 105, 3–4; 1 Chr 16,10–11) und auch sonst, z.B. Jes 51,1; 2 Chr 11,16; Esr 8, 22 (vielleicht schon Hos 3, 5). In dem antithetischen Parallelismus membrorum einer Weisheitssentenz werden die מבקשי יהוה den אנשי־רע (bzw. רוע) gegenübergestellt (Spr 28, 5, Spruchsammlung der ‘Männer Hiskias’, Entstehungszeit möglicherweise mittlere Königszeit), wobei die Frage entsteht, ob der Gegensatz innerisraelitisch als der zweier Gruppen verstanden werden soll oder noch allgemeiner als der zwischen Gottesanhängern und Gottesleugnern. An sich möchte man für eine allgemeinere Sentenz plädieren, die israelitisch-jahwistisch adaptiert worden ist.

Im AT ist ein vielfältiges Verständnis von ‘Gottsuchen’ bzw. ‘Angesicht Gottes suchen’ möglich, wobei mit einer differenzierten Skala von ‘kultischen Begängnissen' gerechnet werden muß. Die formelhaften Wendungen können aber ihre Bedeutung weiten und darin von dem ursprünglichen Verständnis abführen zu allgemeineren Umschreibungen der 'Gottsucher' als Israeliten. Der Rückbezug auf die ursprünglich kultisch gemeinte Situation ist jedoch auch bei dem abgeblaßten Gebrauch noch zu erkennen (vgl. Reindl).

2. Die Anzahl der Belege, in denen Gott selber als Subjekt eines Suchvorganges dargestellt wird, ist ungleich geringer. Immerhin fehlt diese Vorstellung im AT nicht. Mit dem 'Suchen, das Gott betreibt', wird sehr Verschiedenes zum Ausdruck gebracht. In der Saultradition, speziell der der Verwerfung Sauls, 'sucht sich (לו) JHWH einen Mann nach seinem Herzen' und bestellt diesen zum '*nāgīd* über sein Volk', 1 Sam 13,14 (בקש = erwählen, designieren). Auch der hilfsverbale Gebrauch von בקש mit einem nachfolgenden mit ל versehenen Inf.cstr. eines anderen Verbs zur Bezeichnung der Absicht findet sich in diesem Verwendungsbereich, z.B. Sach 12,9: 'ich will (אבקש) alle Völker vernichten, die gegen Jerusalem anrücken'. In Ps 119,176 wird in einer Bitte an JHWH die Erwartung des Beters ausgesprochen, daß JHWH ihn – der sich als verloren empfindet – (heim-)suchen möge. In dem Schuldaufweis des dem Gericht Gottes verfallenen Bundesvolkes, in einer Ständerede, in der die einzelnen Stände mit ihren Vergehen in das Gedächtnis der Hörer gerufen werden, läßt Ezechiel JHWH darüber klagen, daß dieser niemanden gefunden habe, der dazu imstande gewesen wäre, das Gericht zu verhindern durch das Aufrichten eines Dammes gegen die Sünde und durch die Wahrnehmung mittlerischer Funktionen (לפני), Ez 22,30 (ואבקש מהם איש ... ולא מצאתי), ein Gedanke, der Jer 5,1 (u.ff.) die gleiche Rolle spielt, nur daß JHWH dort die Hörer der Gerichtsankündigung auffordert, auf die Suche nach einem Mann zu gehen, der עשה משפט מבקש אמונה, während nach Ezechiel JHWH selber vergeblich gesucht hat (vgl. Zimmerli, BK XIII 1, z.St.). In Jos 22,23, einer späten von P gestalteten Stelle (vgl. Noth, HAT I 7 z.St.) wird in einem Streitfall zwischen ost- und westjordanischen Stämmen (Altarbau) JHWH die Entscheidung anheimgegeben, er möge die Angelegenheit 'untersuchen' (יהוה הוא יבקש), er möge nach Illegitimem fahnden und – falls notwendig – die entsprechenden Maßnahmen ergreifen. Mit der Untersuchung durch Gott hat es auch die Hiobklage in 10,6 zu tun (בקש mit ל und im Parallelglied דרש mit ל konstruiert), mit Feststellung von Sünde und Verschuldung. Die Gedanken erinnern an Ps 139, nur daß dort andere Verben den gleichen Tatbestand umschreiben (→ בחן, חקר und ראה). Pred 3,15 steht in einer Sentenz über die Determiniertheit aller Phänomene durch Gott, kraft deren Gott imstande ist, auch das 'Entschwundene' wieder aufzusuchen (vgl. Zimmerli, ATD 16,168.173.174; Galling, HAT I 18, [2]1969, 93–95; anders die deutsche Ausgabe der Jerusalemer Bibel: „Gott liebt [יבקש] den Verfolgten"). Einmal wird בקש auch im Sinne der göttlichen Forderung (Erwartung) gebraucht (Jes 1,12, 'wer sucht dies von eurer Hand?' – Opferkult –, JHWH erwartet anderes!). In den ezechielischen Abhandlungen zu dem Thema Hirt und Herde (Kap. 34, in sich nicht einheitlich, s. Kommentare!) wird in einem Wehe über die 'Hirten Israels' deren Unterlassung von Hirtenaufgaben gegeißelt (vgl. Sach 11,16), wobei auf die an den Hirten delegierte Suchfunktion angespielt ist, mit der das Verlorengegangene (Verirrte) gesucht werden sollte (v. 4. 6, in v. 6 mit dem parallelen דרש). Demgegenüber will JHWH selber die Hirtenfunktion ausüben und in dieser neben vielen anderen Handlungen auch das Verlorene suchen (v. 16). Vielleicht dürfen hierher noch einige wenige Stellen geordnet werden, in denen das Heilshandeln Gottes so dargestellt ist, daß Gott den Frommen auffordert, nach dem Gegner, dem Ankläger oder der Bedrängnis zu suchen, um festzustellen, daß sie nicht mehr vorhanden sind, weil Gott sie beseitigt hat, Jer 50,20; Jes 41,12; Ps 37,36. Zum Schluß sollte noch auf Pred 7,29 und 8,17 hingewiesen werden. Beide Stellen scheinen in einem inneren Zusammenhang miteinander zu stehen. 7,29 beschreibt den Menschen als den von Gott als ישר geschaffenen, zu dessen Menschsein aber das בקש vieler חשבנות gehört, das Streben nach Überlegungen, Berechnungen und Verkomplizierungen, durch das er aber in Widerspruch zu seinem Geschaffensein gerät. Trotzdem ist לבקש sein Schicksal, das aber vom לא יוכל למצא begrenzt ist, davon, daß er nicht zu finden, zu ergründen vermag, denn alles ist Gottes Werk (8,17), von Gott gesetzt und bestimmt. בקש hat in diesem Zusammenhang den Sinn von 'erforschen', 'ergründen' als einer menschlichen Funktion, die immer wieder den Menschen in Widerspruch zu seiner eigentlichen Bestimmung gelangen läßt, die aber durch die Determinationen Gottes immer wieder von Gott eingeholt wird.

Trotz der wenigen Stellen, in denen von Gott ein בקש-Geschehen ausgesagt wird, kommt eine breite Skala göttlicher Aktivitäten zur Darstellung: erwählen, das Heil suchen, entscheiden und untersuchen, fordern, erwarten, verlangen, als Hirte dem Verlorenen nachgehen, ja selbst das durch בקש zum Ausdruck gebrachte willentliche Element eines Handlungsablaufes fehlt nicht. Der Hauptakzent im theologischen Gebrauch von בקש liegt freilich auf dem Felde der Beziehungen zwischen Mensch und Gott, wo Gott als Zielpunkt von Suchvorgängen vorgestellt wird.

IV. *Baqqāšāh*, das 7mal im Estherbuch und 1mal bei Esra Verwendung findet (Esth 5, 3. 6.7. 8; 7, 2. 3; 9,12; Esr 7, 6) ist formal ein (aram.) Inf. *paʿel* mit sehr starker nominaler Rektion. Dieser Inf. ist in allen acht Belegstellen suffigiert. In Parallele zu בקשה steht mehrmals שאלה. Die Bedeutung ist 'Bitte', 'Wunsch', 'Begehren', 'Verlangen', 'Gesuch'. Inhaltlich wie formal ist es im Estherbuch stets der gleiche Redezusammenhang, in dem בקשה gebraucht wird. Die Formulierungen sind so stereotyp, daß man an eine bestimmte Form im höfischen Zeremoniell denken möchte, in dem בקשה seinen Platz hatte. Es meint jeweils die Bitte (das Gesuch usw.) eines Untergebenen oder Abhängigen an den König, an den Übergeordneten, einen bestimmten Wunsch erfüllt zu erhalten, dessen Erfüllung aber durchaus auch abgewiesen werden konnte. Das Vorbringen solcher Gesuche war nur bei bestimmten Gelegenheiten (Audienzen) möglich (vgl. Kommentare, bes. Bardtke, KAT XVII 5, 337f. und passim; Ringgren, ATD 16, 391f. und passim; Würthwein, HAT I 18, ^{2}1969, 185 und passim). Esr 7, 6 bestätigt dieses Verständnis von בקשה. Der Terminus wird zusammen mit נתן und עשה konstruiert ('gewähren', 'tun'), wenn von den Erwartungen des Bittenden her gesprochen oder gedacht wird. Der Gewährende (zumindest bei Esther) eröffnet die Möglichkeit zum Vorbringen des Gesuches durch die Frage: מה־בקשתך. Ob mit *baqqāšāh* (vielleicht zusammen mit *šeʾēlāh*) die am persischen Hof nach Herodot (IX 110.111) übliche unabschlagbare Bitte gemeint ist, die beim Königsmahl möglich war, läßt sich nicht mehr ausmachen (Bardtke hat auf diese Gepflogenheit, wie sie Herodot berichtet, aufmerksam gemacht). Immerhin begegnet dieses Wort im AT ausschließlich in literarischen Zusammenhängen, die in der Perserzeit spielen wollen. Die textliche Gestalt von Esr und Esther ist spät.

Wagner

בָּרָא

I. Umwelt – 1. Ägypten – 2. Mesopotamien – II. 1. Etymologie – 2. Belege – 3. LXX – III. Bedeutung – IV. Theologische Verwendung – 1. Für kosmische Größen – 2. Im geschichtlichen Bereich – 3. Für einzelne Personen – 4. Sonstige theologische Verwendung – V. Qumran.

Lit.: *F. Böhl*, ברא, bārā, als Terminus der Weltschöpfung im alttestamentlichen Sprachgebrauch (Alttestamentl. Studien, R. Kittel zum 60. Geburtstag, BWANT 13, 1913, 42–60). – *H. Braun*, ποιέω (ThWNT VI 456–483). – *E. Dantinne*, Création et séparation (Mus 74, 1961, 441–451). – *W. Foerster*, κτίζω (ThWNT III 999–1034). – *P. Humbert*, Emploi et portée du verbe bârâ (créer) dans l'Ancien Testament (ThZ 3, 1947, 401–422). – *Ders.*, Opuscules d'un Hébraïsant (Mémoires de l'université de Neuchâtel 26, 1958, 146–165). – *J. Körner*, Die Bedeutung der Wurzel bārā im AT (OLZ 64, 1969, 533–540). – *J. van der Ploeg*, Le sens du verbe hébreu ברא bārā (Mus 59, 1946, 143–157). – *N.H. Ridderbos*, Genesis 1_1 und $_2$ (OTS 12, 1958, 219–223). – *W.H. Schmidt*, Die Schöpfungsgeschichte der Priesterschrift (WMANT 17, ^{2}1967, 130f., 164–167, 182–185). – *C. Westermann*, BK I 1967, 120, 136–139.

Zu I.1.: *S. Morenz*, Ägyptische Religion (RdM 8, 1960), 167ff. – *M. Sandman-Holmberg*, The God Ptah, Lund 1946, 31ff. – *S. Sauneron–J. Yoyotte*, La naissance du monde selon l'Egypte ancienne (Sources orientales 1, Paris 1959, 17ff.). – *J. Zandee*, De hymnen aan Amon van Papyrus Leiden I 350, Leiden 1947.

I. 1. Die äg. Schöpfungsterminologie ist sehr reichhaltig und bunt. Aussagen über Weltschöpfung und Weltentstehung werden in auffälliger Weise verflochten, und ganz konkrete Tätigkeiten werden mit abstrakt aufgefaßten Vorgängen verbunden. So wechseln Ausdrücke für allerlei Handwerkertätigkeiten mit Vorstellungen von Entstehung durch Emanation und Geburt. Außerdem ist die Vorstellung einer Schöpfung durch das Wort geläufig.

Die beiden wichtigsten allgemeinen Schöpfungsverba sind *ỉrj* und *ḳmꜣ*, die gewöhnlich mit 'machen' bzw. 'schaffen' übersetzt werden. Sie stehen oft zusammen, z.B. Ptah „der das, was ist, gemacht hat (*ỉrj*), der das, was existiert, erschaffen hat (*ḳmꜣ*)". Das Verbum *ỉrj* deckt das ganze Bedeutungsfeld von 'anfertigen, herstellen' bis auf ein göttliches 'Erschaffen'; es heißt auch 'erzeugen': *ỉr-św*, 'sein (des Königs) Erzeuger'. *ḳmꜣ* kann auch die Selbstschöpfung bezeichnen (Zandee 38) und tritt übrigens als mit *ỉrj* gleichbedeutend auf. Als Obj. finden sich u.a. Licht, Feuer, Zeiten; auch *ḳmꜣ-św*, 'sein Erzeuger' ist belegt. Typisch für die Verwendung von *ỉrj* und *ḳmꜣ* als Paarbegriffe ist Totenb. 15 A III 7.8: Re ist „Herr des Himmels, Herr der Erde, der die oben sind (die Sterne) und die unten sind (die Menschen?) gemacht hat ... der die Länder gemacht und die Menschen erschaffen (*ḳmꜣ*) hat, der das Meer gemacht und den Nil erschaffen (*ḳmꜣ*) hat, der das Wasser gemacht und was darin ist belebt hat, der die Gebirge befestigt hat, der die Menschen und die Tiere hat entstehen lassen". „Himmel, Erde und alles, was zwischen ihnen ist" (Chassinat, Edfou I 133, 8), die Unterwelt, sowie Götter und Menschen, Tiere und Pflanzen sind Gegenstände des schöpferischen *ỉrj*; dasselbe gilt in paradigmatischer Weise dem Schöpfer selbst (Zandee 38). Eine interessante Zusammenstellung von innerem und äußerem Erschaffen zeigt die Wendung „was das Herz erschaffen (*ḳmꜣ*) und die Hände ge-

macht haben" (Belege WbÄS V 36, 2). Zu beachten ist, daß *ḳmꜣ* auch 'Metall hämmern, treiben' bedeuten kann und somit unter die Handwerkerverba eingeordnet werden könnte.
Andere allgemeine Schöpfungsverba sind *šꜣʿ* und *śḫpr*. *šꜣʿ* 'anfangen' wird gewöhnlich mit einem anderen Verbum konstruiert: Horus, der zuerst alle Dinge schuf (*šꜣʿ ḳmꜣ*; Lepsius Denkmäler IV 53a). Thoth ist „der was ist durch seinen Befehl begann" (Chassinat, Edfou II 16, 4f.). Der Schöpfergott ist auch *šꜣʿ ḫpr*, 'der zuerst Entstandene'. Die fortgesetzte Schöpfung wird dann gern durch *śḫpr* 'entstehen lassen' (WbÄS IV 240ff.) ausgedrückt (s. vor allem die äußerst entwickelte *ḫpr*-Theologie PBremner-Rhind 26, 21ff. und 28, 20ff.; übers. Sauneron-Yoyotte 48ff.
Andere Schöpfungsverba bezeichnen eigentlich Handwerkertätigkeiten; die konkrete Bedeutung tritt aber meistens zurück im Vergleich mit der allgemeinen Bedeutung 'schaffen'. So finden sich z.B. a) *nbj* (WbÄS II 241) 'bilden, herstellen', das ursprünglich das Schmelzen von Metallen bezeichnet, oft von Ptah gebraucht (Sandman-Holmberg 46f.); als Obj. finden sich Götter, Könige, Himmel und Erde, Glieder des Menschen (Zandee 38); b) *kd*, eigtl. 'Töpfe formen', 'bauen', besonders mit lebendigen Wesen: Göttern, Menschen, Tieren als Obj. – der Töpfer par excellence ist Chnum –; c) *ḥmw* 'verfertigen' besonders vom Zimmermann, z.B. Amun „der sich selbst verfertigt hat" (PLeiden I 350, II 26), Ptah „der die Erde nach den Plänen seines Herzens verfertigt hat" (PBerlin 3048 III 1; zu Ptah als Handwerker Sandman-Holmberg 45ff.). Später, in demselben Hymnus (VII 6–8), wird Ptah gepriesen als derjenige, „der die Götter und die Menschen und alle Tiere gebildet (*nbj*) hat, der alle Länder, Ufer und den großen Ozean gemacht (*ỉrj*) hat in seinem Namen 'Verfertiger der Erde' (*ḥmw tꜣ*)".
Zugleich wird aber die Schöpfung als Emanation aus dem Urgott verstanden, was teils durch das allgemeine *śḫpr* 'entstehen lassen', teils durch *wtṯ* 'erzeugen' (WbÄS I 381ff.) und *mśj* 'gebären' (WbÄS II 137f.) ausgedrückt wird (Morenz 170ff.). Die Emanationsvorstellung hat ihre klassische Ausgestaltung und ihre Fortsetzung in der heliopolitanischen Göttergenealogie erhalten: „Es waren ja ihre Kinder, die eine Menge Existenzformen in dieser Welt entstehen ließen, in den Gestalten von Kindern und Enkelkindern" (PBremner-Rhind 29, 5f., Sauneron-Yoyotte 48ff.). Der Urgott ist sogar *wtṯ św ḏs.f* 'der sich selbst erzeugte' (WbÄS I 381, 15). Es ist wichtig zu beachten, wie eng die Ausdrücke für Erschaffen und Erzeugen aufeinander bezogen sind.
Die Schöpfung durch das Wort (Morenz 172ff.) liegt schon in der sog. Götterlehre von Memphis (ANET 4ff.; Sauneron-Yoyotte 62ff.) vor. Die Schöpferworte von Ptah sind „vom Herzen gedacht und von der Zunge befohlen" (Z. 56f.). Eine heliopolitanische Sonderprägung dieser Lehre stellt die Vorstellung vom Götterpaar Hu ('Ausspruch') und Sia ('Erkennen') als Bewerkstelliger der Schöpfung des Atum (RÄR 318f. 715) dar. Es ist zu bemerken, daß die Vorstellungen von der Schöpfung durch das Wort oft eng mit Aussagen ganz anderer Art verbunden sind.

Bergman

2. Das gewöhnliche akk. Wort für 'schaffen' *banû* (AHw 103, CAD 2, 83ff.) heißt auch 'bauen' (z.B. ein Haus, eine Stadt, CAD 2, 85f.), 'herstellen, verfertigen' (z.B. eine Stele, ein Bild, ein Boot, CAD 2, 86f.) und 'erzeugen' (bes. im Ptz. *abu banûa* 'mein Vater und Erzeuger' CAD 2, 94f.). Im Sinne von 'erschaffen' kommt es mit Göttern als Subj. in verschiedenen kosmogonischen Zusammenhängen vor. Besonders lehrreich ist die Verbindung „mit den Händen erschaffen" (z.B. EnEl V 135 „die Erde, die deine Hände erschaffen haben", vgl. ANET[3] 502). Der Gegensatz ist 'vernichten' (*abātu*), wie aus EnEl IV 22 hervorgeht: Marduk erhält die Kraft, durch sein Wort zu erschaffen und zu vernichten. Von der Weltschöpfung wird das Wort mehrmals im EnEl gebraucht, z.B. III 121 „möge alles, was ich schaffe, unabänderlich sein"; IV 45. 47 Marduk schafft die Winde, IV 136; VI 2 mit *nikiltu* 'kunstvolles Werk' als Obj.; IV 145 Obj. der Himmel; VI 7 Obj. der Mensch. In der kosmogonischen Einleitung der bekannten Beschwörung gegen Zahnschmerz (CT XVII 50, AOT 133f.) heißt es: „Nachdem Anu den Himmel erschaffen (*ibnû*), der Himmel die Erde erschaffen, die Erde die Flüsse erschaffen, die Flüsse die Gräben erschaffen, die Gräben den Morast erschaffen hatten, erschuf der Morast den Wurm". Auch Götter, abstrakte Begriffe, wie Weisheit, Streit, Beschwörung, Gerechtigkeit, kommen als Obj. von *banû* vor (CAD 2, 88f.). Als Gottesepitheton ist *bānû* 'Schöpfer' mehrmals belegt (CAD 2, 94f., Tallqvist, Akk. Götterepitheta 68ff.), z.B. *bān kalâmi* 'Schöpfer des Alls', *bānû kibrāti* 'Schöpfer der Weltgegenden', *bān šamê u erṣeti* 'Schöpfer des Himmels und der Erde', *bānû nišê* 'Schöpfer der Menschen', aber auch *bānû kīnāti* 'Schöpfer der Rechtlichkeit', *bānû tērēti* 'Schöpfer der Vorzeichen', *bānû nīmēqi* 'Schöpfer der Weisheit'. Assur wird sogar *bānû ramānišu* 'der sich selbst erschaffen hat' genannt.
Im Zusammenhang mit der Schöpfung werden aber im EnEl auch andere Verba benutzt, z.B. *epēšu* 'machen' (VII 90 die Menschen, VII 89 die Weltgegenden, I 126 den Sturm), *bašāmu D* 'ge-

stalten' (V 1 den Standort der Götter), *izuzzu* Š 'aufstellen, entstehen lassen' (I 141 Drachen usw., VI 5 den Menschen, V 2.4 die Sterne).

Ringgren

II. 1. Die Wurzel ברא ist außerhalb des AT in älteren semit. Sprachen bisher nicht belegt. Möglicherweise ist sie verwandt mit dem altsüdarab. *br'* 'bauen', *mbr'* 'Bau', vgl. soq. 'gebären' (KBL³); pun. *br'* scheint einen Bildhauer zu bezeichnen (DISO 43: „graveur"). Ihrer Bedeutung nach schließt sich die Wurzel an den Gebrauch der gemeinsemit. Wurzel *bnj* in akk. und ugar. Schöpfungstexten enger an. Doch ist *bnj* sprachgeschichtlich kaum von einem postulierten gemeinsemit. *br'* abzuleiten (so J. Barth, ZA 3, 1888, 57; vgl. Körner 534f.). Wahrscheinlich hat das hebr. ברא die Grundbedeutung 'trennen' (Dantinne); vgl. die Ableitung von einer zweiradikaligen Grundwurzel *br* bei G. J. Botterweck, Der Triliterismus im Semit. (BBB 3, 1952, 64f.).
2. Im AT kommt ברא 49mal vor, und zwar ganz überwiegend in eindeutig exilischen oder späteren Texten: DtJes (17), Gen P (10), Trito-Jes (3), Ez (3), Mal (1), Pred (1). In den gleichen Zeitraum gehört auch die Mehrzahl der Psalmen-Belege (Ps 51, 12; 102, 19; 104, 30; 148, 5). Redaktioneller Arbeit in spät- oder nachexilischer Zeit sind Gen 5, 1; Ex 34, 10; Jes 4, 5; Jer 31, 22 und Am 4, 13 zuzuschreiben. Deuteronomistisch ist Deut 4, 32. Für eine vorexilische Ansetzung kommen lediglich in Betracht Num 16, 30 (2) und Ps 89, 13. 48 (auf keinen Fall Deut 4, 32; Jer 31, 22 und Am 4, 13, wie neuerdings Körner 535 wieder meint). Aber auch bei diesen Belegen ist die vorexilische Ansetzung umstritten (s. Komm.). Es kann demnach als sicher gelten, daß ברא erst in der Exilszeit in das at.liche Schrifttum als theologischer Begriff eingeführt worden ist. Seine Vorgeschichte ist unbekannt. Es mag sich um die Wiederaufnahme und Neuprägung eines alten Wortes gehandelt haben. Für die Annahme einer Herkunft aus der Kultsprache (Böhl; Humbert, Opuscules 161f.) könnten die Belege in DtJes, TritoJes und Ps sprechen; jedoch fehlen sichere Hinweise. Auffallend ist das Fehlen von ברא in Hiob und weitgehend in der Weisheitsliteratur.

Bernhardt

3. Die LXX übersetzt ברא 17mal mit κτίζειν (6mal Ps, 4mal DtJes, 2mal Ez, je 1mal Deut, Jer, Am, Mal, Pred), mit ποιεῖν 15mal (9mal Gen, 5mal DtJes, 1mal TrJes), sowie mit ἄρχειν, γεννᾶν, δεικνύειν, δεικνύναι (je 1mal), γίνεσθαι, καταδεικνύναι (je 3mal) und κατασκευάζειν (2mal). In Gen wird ברא außer mit ἄρχειν und γίνεσθαι (3mal) nur noch mit ποιεῖν (9mal) wiedergegeben, obwohl ποιεῖν häufiger Äquivalent für עשה ist (vgl. ThWNT VI 458) und nicht ausschließlich das Tun Gottes bezeichnet; dagegen wird κτίζειν in Gen nicht angewandt. In späteren Übersetzungen, die der Pentateuchübersetzung folgten, scheint ברא als göttliches Schaffen mehr auf κτίζειν eingeengt worden zu sein (vgl. ThWNT 3, 1026). Die hexaplarischen Übersetzungen wählen als terminus technicus κτίζειν.

Botterweck

III. Das Verbum ברא ist in seinem Anwendungsbereich streng begrenzt. Es dient ausschließlich zur Bezeichnung des göttlichen Schaffens und begegnet im AT überwiegend im *qal* (38mal), weniger oft im *niph* (10mal). Seltene Nominalbildung ist *b^erî'āh* (Num 16, 30). ברא soll als spezieller theologischer Terminus die Unvergleichbarkeit des Schöpferwirkens Gottes gegenüber allem sekundären Machen und Bilden aus vorgegebener Materie durch den Menschen begrifflich eindeutig zum Ausdruck bringen. Allerdings hat in poetischen Texten die parallele Verwendung von → עשה (Jes 41, 20; 43, 1. 7; 45, 7. 12. 18; Amos 4, 13), → יצר (Jes 43, 1. 7; 45, 7. 18; Amos 4, 13), → כון (Jes 45, 18), → יסד (Ps 89, 12) und → חדש (Ps 51, 12) in gewissem Umfange doch eine Nivellierung zur Folge.

IV. 1. Besonders deutlich wird das theologische Anliegen, das mit der Einführung von ברא als Bezeichnung für Gottes Schöpferwirken verbunden ist, im Sprachgebrauch des Schöpfungsberichtes Gen 1, 1–2, 4a. Die priesterschriftliche Redaktion hat hier eine vorgegebene ältere Überlieferung durch Zusätze und Änderungen interpretiert (s. im einzelnen Schmidt 160ff.). Der Text dieser Vorlage gebrauchte noch עשה, 'machen', für die Gestaltung der einzelnen Elemente der Schöpfung durch Gott. P hat dieser handwerklichen Schilderung der Schöpfungsvorgänge jeweils einen entsprechenden Befehl Gottes vorgeordnet, wie dies in der vorgegebenen Tradition nur in v. 26 bei der Erschaffung des Menschen der Fall war. Schon allein dadurch verlieren die mit עשה konstruierten Schöpfungsschilderungen der älteren Tradition ihre Selbständigkeit und werden lediglich zu Erläuterungen der mit dem Schöpferwort verbundenen Tat. Darüber hinaus hat P an besonders wichtigen Stellen, bei denen einem Mißverständnis des עשה der vorgegebenen Überlieferung unbedingt vorzubeugen war, ברא eingeführt. Dies geschieht zu Beginn des Berichts über die Erschaffung der Tierwelt (1, 21) und in der Schilderung der Erschaffung des Menschen (1, 27). Dem letztgenannten Schöpfungswerk kommt besondere Bedeutung zu. Deshalb begegnet in v. 27 ברא allein 3mal (vgl. auch 5, 2 und 6, 7). Schließlich hat P in seiner vorangestellten Überschrift (1,1) und in seiner zusammenfassenden Schlußbemerkung (2, 3. 4) ברא ausdrücklich auf die Schöpfung insgesamt bezogen und damit seine Auffassung von dem analogielosen Charakter des Schöpferwirkens Gottes für die ganze Perikope verbindlich gemacht. Es ist hervorzuheben, daß ברא von P mit keiner bildhaften Vorstellung verbunden worden ist. Es bezeichnet keine irgendwie beschreibbare Handlung, sondern drückt nur aus, daß durch Gottes Befehlswort voraussetzungslos etwas Neues, das vorher nicht existierte, ohne weiteres Eingreifen entsteht. „Er gebot – da wurden sie geschaffen" (Ps 148, 5).

Außerhalb von P wird ברא nur verhältnismäßig selten auf die Erschaffung kosmischer Größen angewandt. Meist finden sich entsprechende Belege im Kontext von Lobpreisungen der Majestät des Schöpfergottes (Jes 40, 26. 28; Am 4,13; Ps 89,13; 148, 5), während andere sich auf die Erschaffung der Menschheit beziehen (Deut 4, 32; Jes 45,12; ferner Ps 89, 48). Zwischen beiden Gruppen stehen Jes 42, 5 und 45,18, wo (wie bei P) die Erschaffung des Menschen als wichtigstes Schöpfungswerk herausgestellt wird. Entsprechend äußert auch Jes 45,12, daß JHWH die Erde 'gemacht' (עשה), den Menschen aber 'geschaffen' hat (ברא).

2. Insbesondere bei DtJes hat ברא auch geschichtliche Größen und Vorgänge zum Objekt. Theologisch ist diese Erweiterung des Anwendungsbereiches von großer Bedeutung, weil ihr die Erkenntnis zugrunde liegt, daß JHWHs Handeln in der Geschichte die Qualität des analogielosen Wirkens des Schöpfergottes zukommt. Allerdings verbindet DtJes dabei seine Schöpfungstheologie nicht mit einer allgemeinen Geschichtstheologie, sondern mit der alten Erwählungstheologie. So ist zwar die Menschheit insgesamt Gottes Schöpfung (45,12); aber unter den im Verlauf der Geschichte entstandenen Völkern kommt Israel allein das Prädikat zu, von JHWH geschaffen zu sein (43,1.7.15). So auch Mal 2,10. (Grundsätzlich ist diese Auffassung bereits in den Pentateuchquellen J und P durch die auf Israel zielende genealogische Verbindung von Schöpfung und Geschichte Israels vorbereitet). Durch die Verknüpfung mit der Erwählungstheologie bekommt die geschichtsbezogene Verwendung von ברא bei DtJes einen soteriologischen Charakter (vgl. v. Rad, ThAT II^5 252ff.). ברא bezeichnet nicht mehr nur ein Handeln JHWHs in ferner Urzeit, sondern auch in der unmittelbar bevorstehenden Zukunft. So wird die Wende des Schicksals der Exulanten als ein neuer Schöpfungsakt JHWHs interpretiert: עתה נבראו ולא מאז (48,7). Diese Neuschöpfung erstreckt sich auch auf natürliche Größen, wie die wunderbare Verwandlung der Wüste in fruchtbares, bewaldetes Land zeigt (41,18ff., ברא in v. 20). In welchem Umfange DtJes Gottes Schöpferwirken als Heilshandeln an Israel versteht, läßt die Verwendung von ברא in 54,16 erkennen: Feindliche Mächte können dem neugegründeten Jerusalem, der neuen Schöpfung, nichts anhaben, da auch die Waffenschmiede und die Kriegerscharen letztlich von JHWH 'geschaffen' worden sind.

Ein ähnlicher Sprachgebrauch findet sich auch außerhalb von DtJes. So kann עם נברא in Ps 102,19 in Parallele zu דור אחרון nur 'neugeschaffenes Volk' bedeuten. In nachexilischen Prophetentexten verschiebt sich das mit ברא bezeichnete Schöpferhandeln Gottes im geschichtlichen Bereich auf die Endzeit (Jes 4, 5; vielleicht auch die schwierige Stelle Jer 31, 22, s. Komm.). Bei TrJes schließt es die Neuschöpfung des gesamten Kosmos ein (65,17f.).

In die Darstellung der Vorgeschichte Israels ist ברא nur an zwei Stellen eingedrungen (Ex 34,10; Num 16, 30). Auch hier trägt das, was JHWH schafft, den Charakter des Wunderbaren, des gänzlich Neuen. Während Ex 34,10 („Wunder, wie sie noch nicht geschaffen worden sind") den Gesamtablauf der Erwählungsgeschichte allgemein im Blick hat, beschränkt sich Num 16, 30 (ברא בריאה) auf ein einzelnes Eingreifen Gottes, auf das Öffnen der Erde, die die Gegner Moses verschlingen wird. Diese Verbindung des Verbums mit einem Strafakt JHWHs ist einmalig.

3. Die Loslösung der Schöpfungsvorstellung von der Urzeit ermöglichte es dem weisheitlichen Denken, auch in jedem Individuum ein unmittelbares Werk des Schöpfers (*bōrē'*) zu erkennen (Pred 12,1). Verallgemeinert im Sinne einer creatio continua aller Lebewesen findet sich diese Auffassung Ps 104, 30. Den wichtigen Gedanken, daß auch die Nichtigkeit (Vergänglichkeit? → שוא) des Menschen in seiner Erschaffung durch Gott begründet ist, scheint ברא in der verderbten Stelle 89, 48 auszudrücken.

Auf ausländische Individuen wird ברא bei Ez bezogen. Mit dem יום הבראך dürfte der Tag der Geburt des Fürsten von Tyrus gemeint sein (28,13.15). Daß dabei nicht nur an den physischen Vorgang gedacht ist, sondern überhaupt an die schöpfungsmäßige Einordnung des Menschen bzw. menschlicher Gemeinschaften an einen bestimmten zeitlichen und räumlichen Ort, läßt Ez 21, 35 erkennen.

4. a) Die enge Verbindung von Schöpfung und Heilserwartung bei DtJes führt gelegentlich dazu, ברא auf bestimmte Erscheinungen des künftigen Heils zu beziehen. Nach Jes 45, 8 'schafft' JHWH den Zustand, in dem ישע und צדקה in reicher Fülle wachsen. Entsprechend sind auch die Danklieder auf den Lippen der bislang Trauernden JHWHs Schöpfung (Jes 57,19).

b) Eine Sonderstellung nimmt der Sprachgebrauch von Jes 45,7 ein. Wenn der Prophet hier betont, daß JHWH sowohl Licht und Frieden als auch Finsternis und Böses schafft, so steht dahinter wohl die Ablehnung des in der Perserzeit verbreiteten Dualismus (vgl. König, Jesaja 386f.; Fohrer, Jesaja III 85f.). Der Akzent der Aussage liegt jedenfalls auf der Erschaffung von Finsternis und Bösem durch JHWH; denn nur diese beiden Begriffe werden mit dem gewichtigen ברא verbunden, während Licht und Frieden lediglich Objekt zu יצר bzw. עשה sind. c) Über die Erschaffung von Heil und Verderben geht noch Ps 51,12 hinaus. Hier bittet der Beter – „unvergleichlich kühn“ (Kraus, BK 15, 388) – darum, daß Gott ihm ein reines Herz 'schaffen' möge. Damit ist auch das dem Schöpfergott gegenüber gemäße Verhalten des Menschen als allein Gottes Werk erkannt.

Bernhardt

V. In Qumran wird der Schöpfung vorwiegend gedacht in Kontexten, wo es um die Vorherbestimmung des menschlichen Schicksals geht. In der Kriegsrolle heißt es, daß Gott die Erde mit allen Einrichtungen, Natur und Menschen geschaffen hat (1 QM 10,12); offenbar hat er dabei jeder Erscheinung ihren Platz bestimmt. Die erste Spalte der Hodajot stellt fest, daß Gott die Erde durch seine Kraft erschaffen hat (1 QH 1,13, vgl. 13, 8: parallel steht הכין durch Weisheit) und daß er die Werke der Menschen kannte, bevor er sie geschaffen hatte (1 QH 1,7); ebenso hat er „einen Geist in der Zunge“ geschaffen und kennt ihre Worte im voraus (1 QH 1, 27). In den Hodajot wird auch festgestellt, daß Gott den Gerechten (צדיק) und den Frevler (רשע) geschaffen hat (1 QH 4, 38), und eine andere Stelle, die leider gebrochen ist, scheint zu besagen, daß er den Frevler zu einem bestimmten Zweck geschaffen hat (15,17). Das stimmt zu der Aussage im katechetischen Teil der Gemeindeordnung, wo es heißt, daß Gott den Menschen zur Herrschaft der Welt geschaffen (ברא) und ihm die zwei Geister bestimmt (שים) hat (1 QS 3,17); man kann aber auch sagen, daß er die beiden Geister geschaffen hat (ברא 3, 25).

ברא drückt also vor allem den Gedanken aus, daß alles grundsätzlich im Willen des Schöpfers seinen Ursprung hat und von ihm vorausbestimmt worden ist. In der Damaskusschrift ist בריאה 'Schöpfung' ungefähr mit 'Natur' gleichbedeutend: die Regel „ein Mann, ein Weib“ ist „Grund der Schöpfung“ (יסוד הבריאה, CD 4, 21; vgl. auch 12,15).

Eine Neuschöpfung der Welt wird vielleicht angedeutet in 1 QH 13,11f. לברוא חדשות und in 1 QS 4, 25, wo aber עשות חדשה steht (s. E. Sjöberg, StTh 4, 1950, 44ff.; 9, 1955, 135ff.).

Ringgren

בָּרַח בָּרִיחַ, בְּרִיחַ

I. Allgemein – II. AT – 1. Verb – 2. Adj. *bārīaḥ* – 3. *bᵉrīaḥ*, 'Riegel'.

Lit.: *K. Aartun*, Beiträge zum ugaritischen Lexikon (WO 4, 1967, 282–284). – *G.R. Driver*, Proverbs XIX.26 (ThZ 11, 1955, 373f.). – *C.H. Gordon*, The Authenticity of the Phoenician Text from Parahyba (Or 37, 1968, 75–80). – *C. Rabin*, BARIAH (JThS 47, 1946, 38–41).

I. Im mittleren und häufiger im späteren Akk. kommen vor ein Verb *barāḫu* (CAD 2,101; AHw 105), die Subst. *barīḫu* (ein glänzender oder durchscheinender Stein (?), CAD 2,110), ausschließlich in Personennamen *burāḫu* 'strahlend' (CAD 2, 326; vgl. AHw 139), und – ebenfalls nur in Personennamen – das Adj. *barḫu* mit derselben Bedeutung (CAD 2,110; vgl. AHw 107). Die etymologischen und semantischen Verhältnisse sind nicht klar. Als Bedeutungsfeld wird 'scheinen', 'strahlen' vermutet (vgl. CAD 2,110; AHw 105 unter Berufung auf syr. *barraḥ* 'durchsichtig machen' bzw. *eṯbarraḥ* 'leuchten'). Im Phön.-Pun. ist ein Verb *brḥ* im Grundstamm bekannt (Aḥiram-Inschrift, KAI 1, 2; die umstrittene Inschrift von Parahyba, Gordon 76; L. Delekat, Phönizier in Amerika, BBB 32, 1969, 7ff.), wahrscheinlich auch im Kausativstamm (Fluchtafel aus Karthago KAI 89, 4) und in einer deverbalen Nominalform ברחת (ebd., KAI 89, 6). Donner-Röllig interpretieren je nach dem Zusammenhang mit 'fliehen' (KAI 1, 2) bzw. 'verlieren' und 'Verlust' (KAI 89, 4. 6), während Gordons Vorschlag 'kontrollieren', 'beherrschen', sich dadurch empfiehlt, daß er für alle Stellen zu passen scheint (a.a.O.; dagegen DISO 43: 'fliehen'). Für das Ugar. bietet Gordon drei homophone Wurzeln (UT 19. 514–516 'fliehen', 'böse', 'Riegel'), die dem biblischen Befund parallel scheinen (vgl. Aartun 282–284, der aber nur die Bedeutung 'flüchtig' annimmt). RA 63, 1969, 84, Z. 8f. wird *ba-ar-ḫu* offenbar mit akk. *nu'û*, 'dumm, barbarisch' gleichgesetzt, was aber nur eine ungefähre Worterklärung darstellen mag. Die reicheren und semantisch breit gestreuten arabischen Belege (*baraḥa*, 'verlassen', 'abreisen', *barḥ*, 'Kummer', 'Leid') wurden auch zur Deutung der biblischen Vorkommen herangezogen (bes. Aartun 282ff.).

II. Im AT kommen das Verb ברח sowie die Nomina *bārīaḥ* und *bᵉrīaḥ* vor. Wegen der ungeklärten etymologischen und semantischen Zusammenhänge ist hier nicht eine gemeinsame Basis zu suchen oder vorauszusetzen, vielmehr müssen alle drei der Reihe nach behandelt werden.

1. Das Verb ברח kann im *hiph* rein berichtend von der Vertreibung von Menschen (1 Chr 8,13;

Neh 13, 28) oder beschreibend von Tieren (Hi 41, 20) gebraucht werden. – Der Großteil der Belege besteht aber in Formen des Grundstammes. Sie bedeuten zwar 'fliehen', aber kaum Flucht in drohendem Kampf oder in akuter Gefahr, sondern eher ein Ausweichen und Entweichen vor einer andauernden, unangenehmen, gefährlichen Situation, etwa Spannungen und Tragödien innerhalb der Sippe: von Hagar (Gen 16, 6. 8), Jakob (Gen 27, 43), David und Saul (1 Sam 20,1; 21,11 [vgl. Ps 57,1]; 23, 6; 27, 4; 2 Sam 4, 3), David und ungeratene Söhne (2 Sam 13, 34; 15,14; 19,10; 1 Kön 2,7 [vgl. Ps 3,1]; 2, 39). Öfters ist das politische Exil bedeutender Männer (1 Kön 11,17. 23. 40; 12, 2; vgl. Neh 13,10) oder eine Flucht in Panik gemeint (Jer 4, 29; 26, 21; 39, 4; 52,7). Jer 26, 21 ist die Ausführung mit ויבא, Jer 39, 4 und 52,7 mit ויצאו angegeben (vgl. 2 Sam 13, 37f.). Dan 10,7 gewinnt die Verbindung des Verbs mit einem Infinitiv mit Präposition den Sinn von „untertauchen" (ויברחו בהחבא; vgl. Neh 6,11). Heimlichkeit mag in der Bedeutungsrichtung liegen, scheint aber mehr durch die Umstände als im Wort selbst gegeben (z.B. Gen 31, 20–27; von Rabin 40 eher zu stark betont). Wendungen wie ברח־לך, gegebenenfalls mit einem vorausgehenden anderen Imperativ der Bewegung (z.B. Gen 27, 43; Am 7,12), sind wohl nur ein fülligeres לך־לך (vgl. Brockelmann, Synt 107f.). Num 24,11 verstärkt es den Befehlston im Sinne etwa unserer Redensart: „Mach dich aus dem Staub!" Bileam erwidert denn auch mit dem schlichten הנני הולך (Num 24,14).

ברח kann auch die Ausführung der Flucht meinen, also 'auf der Flucht sein', wobei es vor, nach oder zwischen Verben der Flucht, der Bewegung oder der Rettung stehen kann (Ri 9, 21; 1 Sam 91,12); vgl. Jes 22, 3: „Sie haben die Flucht ergriffen (נדדו) ...", darum מרחוק ברחו. (Das מן ist nicht zu korrigieren, sondern deutet den Standpunkt der Zurückgebliebenen oder Sprecher an.) – Jes 52,11–12 sind die dramatischen Vorstellungen vom ersten Exodus der Priesterschrift (Ex 12,11), des Deuteronomiums (Deut 16, 3) und der alten Pentateuchschichten (Ex 12, 31–36) für den neuen ausgeschlossen. Wenn Jes 48, 20 trotzdem für diesen das Ex 14, 5 (J) für den ersten gebrauchte ברח wiederkehrt, so wohl deswegen, weil es das Unglaubliche und Wunderbare der Rettung stärker betont als die Eile und das Fluchtartige.

Die Ortsveränderung geschieht naturgemäß meist von jemand weg (לפני), kann aber auch zu jemand hin geschehen, dem man sich anschließen will, weil man seine Partei ergreift (1 Sam 22, 20 ויברח אחרי דוד). So ist, wie schon angedeutet, gelegentlich als Ziel oder Erfolg von ברח die Rettung hervorgehoben (1 Sam 19,18 וימלט).

Spr 19, 26 wird man mit einfachem 'fliehen' oder 'verjagen' für יבריח kaum zurechtkommen. G.R. Driver, ThZ 11, 1955, 373f., stützt sich auf arab. Formen derselben Wurzel und schlägt vor: 'das Leben schwer machen', 'zu Tode ekeln'. – Bei Jona bedeutet ברח den ernsten Versuch des Propheten, sich Gottes Auftrag zu entziehen (Jon 1, 3.10; 4, 2; vgl. Hos 12,13 und Hi 27, 22). – Hiob beklagt sich mit dem Verb ברח über die Flüchtigkeit, die Kürze, das zu frühe Ende des Lebens (Hi 9, 25; 14, 2). Andererseits wird der Bösewicht seinem Schicksal nicht entrinnen (ברח) (Hi 20, 24; 27, 22). Es kann also u.U. die Nuance des Unausweichlichen, von Gott Gefügten am Wort haften. Im allgemeinen liegt, wenn die physische Bedeutung überschritten wird, etwas Bekenntnishaftes im Verb, vielleicht nicht zuletzt deswegen, weil es gewählter und feierlicher ist als die häufigeren → נרד und → נוס.

2. Möglicherweise mit dem Verb ברח zu verbinden ist eine noch nicht befriedigend erklärte Nominalbildung in Jes 27,1: על לויתן נחש ברח ועל לויתן נחש עקלתון. Hier interessiert, was *bārīaḥ* als Adjektiv in der ersten Apposition zu Leviathan bedeutet. Aus dem ugar. Zyklus über Baal und Anat ist ein paralleler, fast gleich aufgebauter Text bekannt (UT 67: I: 1–2): *ltn* ist im zweiten Glied nicht wiederholt, also handelt es sich auch Jes 27,1 um einen oder den einzigen Leviathan (vgl. unten Hi 26,13); als Apposition steht in beiden Gliedern *btn* (= פתן). Die Deutung des schwierigen ברח bleibt umstritten. KBL³ 149 und letzthin Aartun entschieden sich für 'flüchtig' (ברח = fliehen) und – wohl wegen der Bedeutungsverwandtschaft und des Kontextes – 'schnell'. Dies findet eine gewisse Stütze in der – sekundär verdeutlichenden und erleichternden? – Lesart בורח in 1 Q Is^{a}. Rabin 41 läßt sich von angeblichen gemeinsemit. Grundbedeutungen leiten und entscheidet sich für „convulsive" oder „tortuous" einerseits (wodurch der Parallelismus mit der zweiten Apposition נחש עקלתון gegeben wäre) oder „slippery" andererseits, nach den beiden gemeinsemit. Grundbedeutungen „to twist" und „to be hairless, smooth, bright" (vgl. oben zum Ass.-Babyl. und Syr.). Gordon, UT 19. 515, und Aistleitner, WUS 577, plädieren für „böse" auf Grund des Arab. (vgl. Aartun 283). Jes 15, 5 dürfte von Flüchtlingen die Rede sein. 1 Q Is^{a} bietet anscheinend wiederum ein Partizip, diesmal mit Suffix und mater lectionis (ברחוה vgl. BHS). Hi 26,13 meint vermutlich ein Sternbild und hilft schon mangels eines parallelen Gliedes nicht weiter (vgl. das Determinativ für Stern bei akk. *barāḫu*, CAD 2,101; AHw 105). Handelt es sich Jes 27,1 und Hi 26,13 um ein stehendes epitheton ornans, an dessen Inhalt schon in der vorbiblischen Tradition nicht mehr gedacht wurde?

3. *b^{e}rîaḥ* bezeichnet in der priesterschriftlichen

Schicht des Pentateuchs einen technischen Bestandteil am Wüstenheiligtum, waagrechte Querhölzer, die die senkrechten Bretter zusammenhalten (Ex 26, 26–29; 36, 31–34; vgl. 35, 11; 39, 33; 40, 18; Num 3, 36; 4, 31; s. Galling HAT 3, 135). Diese ihre Funktion wird zweimal paronomastisch durch meist für denominal gehaltene Verbformen ausgedrückt: 'verriegeln' (Ex 26, 28 והבריח; 36, 33 לברח). Aber unabhängig von jedem derartigen Zusammenhang scheint 1 Chr 12, 16 das *hiph* ויבריחו ähnlicher Natur und Bedeutung zu sein (vgl. Rudolph, HAT 21, 105; Myers, AB 12, 92). – Ohne besonderen theologischen Akzent steht בריח auch in der Bedeutung von Riegel am Tor befestigter Orte (vgl. Konkordanzen), synekdochisch für die gesamte Festungsanlage (u.a. Am 1, 5; 1 Kön 4, 13; vielleicht Jes 43, 14, jedoch vgl. dazu Dahood, Sacra Pagina 1, 1959, 275). Spr 18, 19 ist es übertragen auf die uneinnehmbare, d.h. unversöhnliche Hartnäckigkeit des Bruders, den man schwer beleidigt hat. In kosmischer Übertragung, mit wohl auf Effekt bedachter Umkehr der gewöhnlichen Reihenfolge, hat Gott dem Meer „Riegel und Tor(flügel)" als unüberschreitbare Grenzen gesetzt (Hi 38, 10). Auch die Unterwelt hat Schranken, die die Rückkehr unmöglich machen (Jon 2, 7; vgl. UT 1001: rev 8 und 19. 516: *brḥ ʼrṣ*; H. Gunkel, Schöpfung und Chaos, 1895, 36. 38; M. Dahood, Ugaritic Lexicography [Mélanges Eugène Tisserant 1 = Studi e Testi 231, Rom 1964], 85; Ders., Ugaritic-Hebrew Philology [BiOr 17, 1965], 28).

Gamberoni

בְּרִית

I. Etymologie – II. Bedeutung – III. Verwendungsbereich – 1. Verpflichtung – 2. Freundschaft und Wohlwollen – 3. Bundesschließen – 4. Bundesbruch – IV. 1. Bundeszeremonien – 2. Funktion – V. Bund und Gesetz – 1. Sitz im Leben – 2. Verwandtschaft mit altorientalischen Verträgen – 3. Darstellung des Bundes – VI. Die Bünde mit Abraham und David; die königliche Schenkung – VII. Der Bund und der Ursprung des apodiktischen Rechts – VIII. Die Theologie des Bundes – IX. Der Bund bei den Propheten – X. Der Ursprung des Bundesbegriffs.

Lit.: *K. Baltzer*, Das Bundesformular, WMANT 4, ²1964. – *J. Begrich*, Berit (ZAW 60, 1944, 1–11). – *E. Bikerman*, Couper une alliance (Archives d'histoire du droit oriental 5, 1950, 133–156). – *H.C. Brichto*, The Problem of "Curse" in the Hebrew Bible, Philadelphia 1963, 22–76. – *F.C. Fensham*, Maledictions and Benedictions in Ancient Near Eastern Vassal-Treaties and the O.T. (ZAW 74, 1962, 1–9). – *G. Fohrer*, Altes Testament – „Amphiktyonie" und „Bund" (ThLZ 91, 1966, 801–816. 893–904). – *R. Frankena*, The Vassal Treaties of Esarhaddon and the Dating of Deuteronomy (OTS 14, 1965, 122–154). – *J. Greenfield*, Stylistic Aspects of the Sefire Treaty Inscriptions (AcOr 29, 1965, 1–18). – *J. Harvey*, Le „Rîb Pattern", réquisitoire prophétique sur la rupture de l'alliance (Bibl 43, 1962, 172–196). – *D.R. Hillers*, Treaty Curses and the O.T. Prophets (BietOr 16) 1964. – *H.B. Huffmon*, The Covenant Lawsuit in the Prophets (JBL 78, 1959, 285–295). – *A. Jepsen*, Berith. Ein Beitrag zur Theologie der Exilszeit (Verbannung und Heimkehr, Festschr. W. Rudolph, 1961, 161–179). – *V. Korošec*, Hethitische Staatsverträge, LRST 60, 1931. – *E. Kutsch*, Gesetz und Gnade (ZAW 79, 1967, 18–35). – *Ders.*, Sehen und Bestimmen. Die Etymologie von ברית (Festschr. K. Galling, 1970, 165–178). – *O. Loretz*, ברית – Band – Bund (VT 16, 1966, 239–241). – *D.J. McCarthy*, Treaty and Covenant (AnBibl 21), Rom 1963. – *G. Mendenhall*, Covenant Forms in Israelite Tradition (BA 17, 1954, 50–76; deutsch ThSt 64, 1960). – *W.L. Moran*, The Ancient Near Eastern Background of the Love of God in Deuteronomy (CBQ 25, 1963, 77–87). – *Ders.*, A Note on the Treaty Terminology of the Sefire Stelas (JNES 22, 1963, 173–176). – *M. Noth*, Das alttestamentliche Bundschließen im Lichte eines Mari-Textes (GesSt 1957, 142–154). – *J. Pedersen*, Israel I–II, London 1926, 265–310. – *L. Perlitt*, Bundestheologie im AT (WMANT 36), 1969. – *Š. Porúbčan*, Il patto nuovo in Isaia 40–66 (AnBibl 8) 1958. – *G. Quell*, διαθήκη (ThWNT II 106–127). – *J.A. Soggin*, Akkadisch TAR *Berîti* und hebr. כרת ברית (VT 18, 1968, 210–215). – *B. Volkwein*, Masoretisches *ʿedut*, *ʿedwot*, *ʿedot* – „Zeugnis" oder „Bundesbestimmungen"? (BZ 13, 1969, 18–40). – *M. Weinfeld*, Deuteronomy and the Deuteronomic School, Oxford 1972. – *Ders.*, The Covenant of Grant in the O.T. and in the Ancient Near East (JAOS 90, 1970, 184–203). – *Ders.*, עצת הזקנים לרחבעם (Lešonenu 36, 1971–1972, 3–13). – *Ders.*, הברית והחסד (Lešonenu 36, 1972, 85–105).

Texte: *H. Bengtson*, Die Staatsverträge des Altertums, II–III, 1962–1969. – *R. Borger*, Die Inschriften Asarhaddons (AfO Beih 9), 1956, 107–109. – *E. Cavaignac*, Daddassa-Dattasa (RHA 10, 1933, 65ff.). – *E. Ebeling*, Bruchstücke eines politischen Propagandagedichtes aus einer assyr. Kanzlei. Epos auf Tukulti-Ninurta I. (MAOG 12, 2, 1938). – *J.A. Fitzmyer*, The Aramaic Inscriptions of Sefire (BietOr 19, 1967). – *J. Friedrich*, Staatsverträge des Hatti-Reiches in hethitischer Sprache (MVÄG 31, 1, 1926; 34, 1, 1930). – *Ders.*, Der hethitische Soldateneid (ZA NF 1, 1924, 161–192). – *A. Goetze*, Madduwattaš (MVÄG 32, 1, 1927). – *C.E. Jean*, Archives royales de Mari. II. Lettres diverses, 1950. Nr. 37. – *J. Kohler–A. Ungnad*, Assyrische Rechtsurkunden, 1913. – *J.N. Postgate*, Neo-Assyrian Royal Grants and Decrees (Studia Pohl, Ser. maior 1), 1969. – *E. von Schuler*, Hethitische Dienstanweisungen (AfO Beih 10) 1957. – *F. Thureau-Dangin*, Die sumerischen und akkadischen Königsinschriften, 1907, 10ff., 36ff. – *L. Waterman*, Royal Correspondence of the Assyrian Empire, Ann Arbor, 1930–1936, Nr. 1105. 1239. – *E.F. Weidner*, Politische Dokumente aus Kleinasien, die Staatsverträge in akk. Sprache aus dem Archiv von Boghazköi (BoSt 8–9), 1923. – *Ders.*, Der Staatsvertrag Aššurnirâris VI. von Assyrien mit Mati'ilu von Bit-Agusi (AfO 8, 1932–1933, 17–34). – *D.J. Wiseman*, The vassal-treaties of Esarhaddon (Iraq 20, 1958,

1–99). – *Ders.*, The Alalakh Tablets, 1953. – *Ders.*, Abban and Alalaḫ (JCS 12, 1958, 124–129).

I. Die Etymologie von ברית ist nicht völlig geklärt. Es wurden verschiedene Herleitungen vorgeschlagen:

1. ברית als feminines Subst. von ברה 'essen' (2 Sam 3, 35; 12,17; 13, 5. 7.10; Ps 69, 22; Kl 4,10) mit Bezug auf das die Bundeszeremonie begleitende Festmahl (z.B. E.Meyer, KBL; L. Köhler, JSS 1, 1956, 4–7). Vgl. griech. σπονδή ('Trankopfer') für 'Bund', das die beim Bundschließen verrichtete Zeremonie widerspiegelt. Die Nominalbildung würde שבית von שבה entsprechen; die formale Analogie könnte sogar weitergeführt werden, indem man בריה (von ברה), 2 Sam 13, 5.7.10) mit שביה (von שבה) vergleicht. ברה ist aber nicht das gewöhnliche Verb für 'essen', sondern ist eher mit Krankenkost (2 Sam 13, 5f.10) oder Speise als Trost (2 Sam 3, 35) verknüpft, weshalb diese Herleitung zweifelhaft ist.

2. ברית ist mit akk. *birīt* 'zwischen' identisch und entspricht der hebr. Präp. בין, die tatsächlich zusammen mit ברית vorkommt (ברית בין ... ובין; s. M.Noth, GesSt 142–154). Diese Erklärung setzt voraus, daß sich die Präp. *birīt* zunächst zu einem Adverb und dann zu einem Nomen entwickelt hat, was nicht ohne Vorbehalt angenommen werden kann. Die größte Schwierigkeit ist die Verbindung von ברית 'zwischen' mit der gleichbedeutenden Präp. בין, die eine Tautologie ergibt.

3. Neuestens hat Kutsch die Herleitung von ברה II 'ersehen', 'erwählen' (vgl. akk. *barû* 'schauen') vorgeschlagen. Nach ihm hat sich die Bedeutung des Verbs zu 'bestimmen', 'befestigen' entwickelt. Die Hauptstütze für diese Etymologie findet er im Wort חזות/חזה, das Jes 28,15.18 parallel zu ברית steht. Das Verb חזה hat, wie übrigens auch ראה zwar die Bedeutung 'erwählen' oder 'bestimmen' (Gen 22, 8; Ex 18, 21), aber die Verbindung von Erwählen, Bestimmen und Verpflichten, die tatsächlich in ברית (s.u.) liegt, ist nicht selbstverständlich.

4. Die wahrscheinlichste Erklärung scheint die Verbindung mit akk. *birītu* (so CAD 2, 254f.; AHw 129f.: *bi/ertum*), 'Band', 'Fessel' (vgl. talmud. בירית) zu sein. Dies wird durch die akk. und heth. Termini für Vertrag gestützt: sowohl akk. *riksu* als auch heth. *išḫiul* heißen eigentlich 'Band'. Die Vorstellung von einem bindenden Abkommen liegt auch arab. *'aqd*, lat. vinculum fidei, contractus zugrunde und spiegelt sich auch im deutschen 'Bund'. Diese Etymologie könnte die seit langem vorgeschlagene Lesart מאסרת הברית in Ez 20, 37 („Ich will euch in das Band des Bundes eintreten lassen") stützen. Die griech. Wörter für 'Bund' συνθήκη, ἁρμονία (Il 22, 255), συνθησία (Il 2, 339), συνημοσύνη (Il 22, 261) drücken auch ein Zusammenbinden oder -setzen aus. Das Bild des Bandes erklärt die Verwendung von Wörtern wie 'stärken', 'befestigen', um die Gültigkeit und Zuverlässigkeit eines Vertrags zu bezeichnen. So findet sich im Akk. *dunnunu riksāte* 'die Bande stark machen' (= den Vertrag gültig machen) oder *riksu dannu* 'starkes Band' (= ein gültiger und zuverlässiger Vertrag) und ähnlich im Aram. לתקפה אסר (Dan 6, 8). Der griech. Ausdruck für das Aufheben eines Vertrags ist λύειν 'lösen', was auch auf die Vorstellung vom Bund als eine Bindung hinweist.

II. Die ursprüngliche Bedeutung des hebr. ברית (wie des akk. *riksu* und des heth. *išḫiul*) ist nicht ein Vertrag oder eine Vereinbarung zwischen zwei Parteien. ברית enthält vor allem die Idee des Auferlegens oder der Verpflichtung, wie auch aus der oben gebotenen Etymologie hervorgeht. So wird eine ברית befohlen (צוה בריתו Ri 2, 20; Ps 111, 9), was bestimmt nicht von einem gegenseitigen Abkommen gesagt werden kann. Wie unten zu zeigen ist, ist ברית mit Gesetz und Gebot gleichbedeutend (z.B. Deut 4,13; 33, 9; Jes 24, 5; Ps 50,16; 103,18) und der Sinaibund in Ex 24 ist wesentlich ein Auferlegen von Gesetzen und Verpflichtungen für das Volk (v. 3–8). Dasselbe gilt für akk. *riksu* und heth. *išḫiul*. Die Formeln *riksa irkus*, bzw. *išḫiul išḫija-* kommen in Verbindung mit Geboten vor, die der König seinen Beamten, Soldaten oder Untertanen sowie Vasallen auferlegt (von Schuler; ABL 1105, Weidner, AfO 17, 257ff.). Eine derartige ברית mit Soldaten (vgl. den „heth. Soldateneid", ANET[2] 353ff.) findet sich 2 Kön 11, 4. Jojada versammelt die Befehlshaber, „schneidet ihnen einen Bund und läßt sie schwören" (ויכרת להם ברית וישבע אתם). Hier liegt ohne Zweifel ein Treueid vor in Verbindung mit der revolutionären Aufgabe, die die Soldaten auf sich nahmen. כרת ברית ל im Gegensatz zu כרת ברית את (Begrich 5) bedeutet eine Auferlegung von Bedingungen für die Vasallen oder die Untergebenen (vgl. Jos 9,15; 1 Sam 11,1f.). Dies schließt meistens ein Versprechen von seiten des Lehnsherrn ein, den Vasallen unter seinen Schutz zu nehmen, wie es z.B. Deut 7,1f. zum Ausdruck kommt: לא תכרת להם ברית ולא תחנם, was in der Tat heißt „ihr sollt ihnen nicht gnädige Bedingungen gewähren".

ברית als eine Verpflichtung muß mit einem Eid (→ אלה → שבועה) bestätigt werden (Gen 21, 22ff.; 26, 26ff.; Deut 29, 9ff.; Jos 9,15–20; 2 Kön 11,4; Ez 16, 8; 17,13ff.), was höchst wahrscheinlich durch einen bedingten Fluch geschah: „Das und das möge mir geschehen, wenn ich diese Verpflichtung verletze." Da der Eid der Verpflichtung bindende Kraft gibt, findet sich oft sowohl im AT als auch in den mesopotam. und griech. Quellen das Wortpaar ברית ואלה (Gen 26, 28;

Deut 29,11.13. 20; Ez 16, 59; 17,18) bzw. *riksu u māmītu/riksāte u māmītē* im 2. Jt. v. Chr., *adê māmīte* in neuassyr. Zeit, ὅρκος καὶ συνθήκη oder ὅρκος καὶ σπονδή in griech. Quellen. Dieser hendiadystische Ausdruck, der zuerst in hethit. Verträgen belegt ist, hat sich wahrscheinlich in der Mitte des 2. Jt.s herauskristallisiert, als internationale politische Beziehungen zwischen den altorientalischen Staaten hergestellt wurden. Obwohl die beiden Worte verschiedene Begriffe bezeichnen, einerseits Verpflichtung und andererseits Eid, wurden sie mit der Zeit so miteinander verschmolzen, daß man das eine oder andere von ihnen gebrauchen konnte, um dem Begriff 'Bund' Ausdruck zu geben. So konnte man z.B. statt „einen Bund schneiden" (כרת ברית) „einen Fluch schneiden" (כרת אלה) sagen (Deut 29,11, vgl. phön. כרת אלת KAI 27, 8), und statt „in einen Bund eintreten" (עבר/בא בברית) konnte man „in einen Eid eintreten" (עבר/בא באלה) sagen (Deut 29,11; Neh 10,13). Ähnlich kann man im Griech. für das Errichten eines Bundes σπονδὰς τέμνειν „einen Bund (wörtlich 'Trankopfer') schneiden" oder ὅρκια τέμνειν „Eide schneiden" gebrauchen.

Das gewöhnliche Wort für 'Bund' im Griech. ist σπονδή, die LXX aber übersetzt 267mal (von 287 ברית-Belegen) aus theologischen Gründen ברית mit διαθήκη, das eher 'letztwillige Verfügung', 'Testament' bedeutet und in gewisser Hinsicht die ursprüngliche Bedeutung von ברית wiedergibt. Die altlat. Übersetzung hat *testamentum*, Hieronymus dagegen *foedus* oder *pactum*.

III. Die Wörter für Bund im alten Orient sowie in der griech.-röm. Welt – die wahrscheinlich ihre politischen Formeln dem Osten entlieh (Weinfeld, Lešonenu 85ff.) – sind auf zwei Wortfelder verteilt: einerseits Eid und Verpflichtung, andererseits Liebe und Freundschaft. Wie oben gezeigt wurde, bezeichnen die Hauptausdrücke für 'Bund' im Hebr., Akk., Heth. und Griech. die Verpflichtung, die tatsächlich den Bund schafft. Andererseits ist jedes Abkommen zwischen zwei Parteien vom guten Willen oder vom gegenseitigen Verständnis, das das Schließen eines Vertrags erst ermöglicht, bedingt; deshalb können Bundesbeziehungen durch Wörter wie „Gnade", „Bruderschaft", „Friede", „Liebe", „Freundschaft" usw. ausgedrückt werden.

1. Neben ברית und אלה finden wir → עדות (und den Pl. *ʿēdōt/ʿēd^{e}wōt*) als Ausdruck für 'Bund'. Das geht deutlich aus Parallelausdrücken wie ארון הברית – ארון העדות, לחות הברית – לחות העדות hervor. עדות entspricht akk. *adû* (Pl. *adê*) und altaram. עדן (Emph. עדיא; Sefire-Vertrag). Diese werden immer im Plural gebraucht und sind in dieser Hinsicht dem hebr. *ʿādōt/ʿēd^{e}wōt* ähnlich. Letzteres steht meistens mit חקים und משפטים zusammen und sollte deshalb mit 'Bestimmungen', 'Vorschriften', übersetzt werden, was auch die korrekte Wiedergabe von akk. *adê* und aram. עדן zu sein scheint. Der Unterschied zwischen *ʿēdūt* und *ʿēdōt/ʿēd^{e}wōt* ist nicht ganz klar. Die dtr Literatur gebraucht *ʿēdōt/ʿēd^{e}wōt*, während P *ʿēdūt* vorzieht.

Andere Synonyme von ברית im Sinne von Verpflichtung sind:

a) → דבר, Hag 2, 5 הדבר אשר כרתי, Deut 9, 5 למען הקים את הדבר אשר נשבע zu vergleichen mit 8,18 למען הקים את בריתו אשר נשבע; Hos 10, 4 דברו דברים (s. Weinfeld, Lešonenu 18f.); Ps 105, 8 דבר parallel mit ברית, vgl. auch 1 Sam 20, 23. Akk. *awātu/amātu*, sum. *enim* und heth. *memiyaš* bezeichnen ebenso Bund und Bundesbestimmungen; ähnlich griech. ῥήτρη (Od 14, 393).

b) → עצה und → סוד Jes 30,1 (vgl. u. über נסך); Hos 10, 6; Sach 6,13 (עצת שלום mit ברית שלום gleichbedeutend); Ps 25,14 (סוד mit ברית parallel); vgl. עצת היחד in 1 Q S.

c) חזות/חזה Jes 28,15.18 (s.o. I.3.).

d) → תורה Hos 8,1 עברו בריתי ועל תורתי פשעו; Jes 24, 5; Mal 2, 8; Ps 78,10; 2 Kön 22, 23 (vgl. להקים את דברי הברית הכתבים על הספר in 23, 3 mit למען הקים את דברי התורה הכתבים על הספר in 23, 24).

e) אמרה, מצוה, חוק, משפט, פקדים zusammen mit דבר, תורה und עדות als Ausdrücke für das Wort und den Befehl Gottes (Lev 24, 8, vgl. v. 9; Deut 33, 9; 1 Kön 11,11; 2 Kön 17,11; Jes 24, 5; Ps 50,16; 103,18; 105,10). Daß eine alte Quelle wie Deut 33, 9f. in einem Zug ברית, אמרה, משפט und תורה gebraucht, zeigt, daß die genannten Synonyme alter Herkunft sind. Wie gezeigt wurde, steht ברית im ursprünglichen Sinn den Begriffen 'Befehl' und 'Verpflichtung' nahe.

f) מסכה Jes 30,1 entspricht dem griech. Wort für 'Bund' σπονδή 'Trankopfer' (s.o.) und kommt tatsächlich in Verbindung mit dem Abschluß eines Vertrags mit Ägypten vor.

g) אמנה (Neh 10,1; 11, 23) אמונה (Ps 89, 25. 34. 50; 98, 3 usw.) und אמת (Mi 7, 20; Ps 132,11; 146, 6 und besonders חסד ואמת), die dem akk. *kittu* (vgl. Moran, JNES 22), griech. πίστις (im Sinn von 'Vertrag') und lat. fides/foedus entsprechen. Akk. *dannatu* 'gültige Urkunde' scheint אמנה gleichzukommen. Das hebr. Verb → אמן sowie akk. *danānu* bezeichnen Stärke und Dauer und deshalb Gültigkeit und Zuverlässigkeit (Weinfeld, Lešonenu 10f.), vgl. ציר אמונים Spr 13,17 mit *našparu dannu* 'zuverlässiger Bote' (VAB 4, 276, 17f.).

h) מישרים Dan 11, 6 (לעשות מ״), was in LXX richtig mit ποιήσασθαι συνθήκας „um einen Vertrag zu machen" übersetzt wird. In den Maritexten ist *išariš dabābu* gleichbedeutend mit 'einen Vertrag machen' (Weinfeld, Lešonenu 11).

2. Der Freundschaftsaspekt kommt in den folgenden Synonymen zum Ausdruck:

a) → חסד (Deut 7, 9.12; 2 Sam 7,12; 22, 51; 1 Kön 3, 6; Ps 89, 25. 50; Jes 54,10; 55, 3 usw., vgl. Glueck 10ff. 16ff.) meist in Verbindung mit den Abraham- und David-Bünden, die zum Typ der Bundesgewährung (s.u. VI.) gehören. Es entspricht akk. *damiqtu/dēqtu*, das zusammen mit *ṭābtu* (s.u.) als Bundesterminus gebraucht wird (Moran, JNES 22). Sowohl im Hebr. als auch im Akk. kommt dieser Terminus oft im Plur. vor: חסדים (Jes 55, 3; 63,7; Ps 89, 50 usw.), akk. *damqāte*.
b) טובה/טובות (1 Sam 25, 30; 2 Sam 2, 6; 7, 28, s. Weinfeld, Lešonenu 10f.), vgl. akk. *ṭābtu/ṭābūtu ṭūbtu*, aram. טבתא (Moran, JNES 22).
c) → שלום (Jos 9,15; Num 25,12; 1 Kön 5, 26 usw.), vgl. akk. *sulummû* und *salīmu*, griech. εἰρήνη und lat. pax.
d) אחוה (Sach 11,14) entsprechend akk. *aḫḫūtu* und ברית אחים Am 1, 9, vgl. griech. συμμαχία, lat. societas.
Diese Ausdrücke werden oft zu Paaren kombiniert, was für die Bundesterminologie aller Zeiten und aller Kulturen charakteristisch ist. So entspricht חסד ואמת, das Gen 24, 49; 2 Sam 2, 6; Mi 7, 20 in Bundeszusammenhang vorkommt, akk. *kittu ṭābtu/damiqtu*, das auch einen Bund impliziert; הברית והחסד (Deut 7, 9.12; 1 Kön 8, 23 usw.) ist identisch mit aram. עדיא וטבתא im Sefirevertrag und akk. *adê ṭābtu*; ברית שלום (Num 25,12; Jes 54,10; Jer 33, 9; Ez 34, 25; 37, 26) entspricht in Ugarit akk. *riksu u salāmu* (2.Jt.) und *adê salīme* oder *adê sulummê* (1.Jt.); שלום וטובה (Deut 23,7; Jer 33, 9, s. D.R. Hillers, BASOR 176, 1964, 46) entspricht akk. *ṭūbtu u sulummû*. Zu dieser Kategorie gehören griech. φιλία καὶ συμμαχία, συνθήκη καὶ συμμαχία, φιλία καὶ εὐεργεσία und ὅρκος καὶ εἰρήνη (s. Bengtson, Indices).
3. Der gewöhnlichste Ausdruck für das Schließen eines Bundes ist כרת ברית „einen Bund schneiden". Dieselbe Wendung wird im Aram. (גזר עדיא; Sefire I A 7), im Phön. כרת אלת (Beschwörung aus Arslan Tas, KAI 27, 9) und im Griech. (ὅρκια τέμνειν „Eide schneiden") gebraucht. Der Ausdruck scheint von einer den Bund begleitenden Zeremonie, nämlich dem Zerschneiden eines Opfertieres (s.u. IV.1.) hergeleitet zu sein. Es ist aber ebenso möglich, daß 'schneiden' bildlich für 'entscheiden', 'bestimmen' steht, wie akk. *parāsu*, 'entscheiden', aram. גזר, lat. decidere. Die mit כרת ברית gebrauchten Präpositionen sind את, עם, ל und על. Der Ausdruck mit ל wird von einem Höheren, besonders einem Sieger, gebraucht, der einem Niedrigeren Bedingungen vorschreibt (Ex 23, 32; 34,12.15; Deut 7, 2; Jos 9, 6.7.11.15.16; Ri 2, 2; 1 Sam 11,1) oder Rechte und Privilegien gewährt (Jes 55, 3 usw.), auch von einem, der den Niedrigeren schwören oder ihn sich für etwas verpflichten läßt (Jos 24, 25; 2 Sam 5, 3; Hos 2, 20). (כרת ברית לאלהים Ez 10, 3; 2 Chr 29,10 ist später und unregelmäßiger Sprachgebrauch.) Derselbe Gedanke kann aber auch durch כרת ברית את ausgedrückt werden (Gen 15,18; 2 Kön 11,17; 17, 35; 23, 3; Jer 34, 8). כרת ברית עם bezeichnet einen gegenseitigen Vertrag (Gen 26, 28; Deut 5, 2; 1 Sam 22, 8). כרת ברית ל... עם (Hos 2, 20) weist auf einen gegenseitigen Vertrag zwischen zwei Parteien hin, der von einem dritten, meist Stärkeren gefördert oder auferlegt wird. כרת ברית על (Ps 83, 6) heißt gegen jemanden einen Bund schließen.
Nicht nur eine ברית, sondern auch ein דבר (Hag 2, 5), eine אלה (Deut 29,13) und eine אמנה (Neh 10,1) werden „geschnitten" – alle sind mit ברית synonym. Zweimal wird einfaches כרת ohne Obj. gebraucht, um den Begriff eines Bundesschließens zu bezeichnen (1 Sam 11, 2; 22, 8).
Andere Verben, die das Bundesschließen bezeichnen, sind:
a) שים ברית/עדות (2 Sam 23, 5; Ps 81, 6), das auch im aram. Vertrag von Sefire belegt ist (I A 7 שם עדיא) und akk. *adê šakānu* entspricht; b) נתן ברית (Gen 9,12; 17, 2; Num 25,12), wie akk. *riksa nadānu* (z.B. PRU IV 43, 47) und griech. ὅρκος διδόναι; c) ערך ברית (2 Sam 23, 5), akk. *riksa rakāsu* (ערך im Opfer- und Kriegszusammenhang wird im Akk. durch *riksu* ausgedrückt); d) הקים ברית (Gen 6,18; 9, 9.11; 17,7.10.19; Ex 6,4; Lev 26, 9; Deut 8,18; 2 Kön 23, 3; Jer 34,18, an späteren Stellen העמיד ברית Ps 105,10; Ez 17,14 (לשמור את בריתו לעמדה), was im Griech. z.B. in στῆσαι φιλίαν καὶ συμμαχίαν „Liebe und Freundschaft errichten", einen Bund machen (1 Makk 8,17) eine Parallele hat.
Die Verben שים, נתן, הקים enthalten in Verbindung mit ברית den Begriff 'errichten', 'einrichten'; vgl. dieselben Verben mit Bezug auf die Ernennung eines Richters, Königs, Propheten usw., ebenso akk. *šakānu, nadānu*. הקים wie auch *pi* קים bedeutet teils 'errichten' (Ruth 4,7 קים), teils 'erfüllen' (Ps 119,106; Esth 9, 21f.), für הקים s. Num 23,19; Deut 8,18; 9, 5; 1 Sam 1, 23; 3,12; 1 Kön 2, 4; Jer 29,10; 33,14; 34,18; bei קים überwiegt die Bedeutung 'erfüllen', bei הקים 'errichten'.
Ein anderer Ausdruck für Bundesschließen ist „in den Bund eintreten" (בא/הביא בברית/באלה, 1 Sam 20, 8; Jer 34,10; Ez 16, 8; 17,13; 20, 37; Neh 10, 30; 2 Chr 15,12), vgl. עבר בברית Deut 29,11. Vergleichbar ist akk. *ana adê erēbu* und auch griech. εἰσέρχεσθαι εἰς τὰς σπονδάς (Thuk V 36, 2) sowie lat. in amicitiam venire.
Die normalen Ausdrücke für das Einhalten des Bundes sind → נצר/שמר (Gen 17, 9.10; Ex 19, 5; Deut 33, 9; Ps 25,10; 78,10; 103,18) und → זכר (Gen 9,15; Ex 2, 24; 6, 5; Lev 26, 42; Ez 16, 60; Am 1, 9); dieselben Verben finden sich im Bundeskontext in akk. *adê/ṭābta naṣāru* oder *adê/ṭābta ḫasāsu* und aram. נצר טבתה (KAI 266, 8).

In Verbindung mit dem Erzväterbund kann ein besonderer Gebrauch dieses Ausdrucks beobachtet werden: שמר הברית והחסד ל (Deut 7, 9.12; 1 Kön 3, 6; 8, 23; vgl. נצר חסד ל Ex 34,7) und זכר ברית ל (Ex 32,13; Lev 26, 45; Ps 106, 45) beziehen sich auf das Einhalten bzw. Sicherinnern des Bundes zugunsten der Nachkommen der Erzväter (Weinfeld, Lešonenu 98f.; JAOS 187f.).

Andere Ausdrücke für das Einhalten des Bundes sind החזיק בברית (Jes 56, 4. 6) und נאמן בברית (zuverlässig, Ps 78, 37).

Da der Bund treu und aufrichtig eingehalten werden muß, ist die Bundesterminologie reich an Ausdrücken wie „mit ganzem Herzen und mit ganzer Seele" (2 Kön 23, 3 בכל לב ובכל נפש vgl. Deut 6, 5), „aufrichtig sein", Ausdrücke, die auch in heth. und assyr. Verträgen begegnen: *ina kūn libbi, ina gummurti libbi, ina ketti ša libbi* usw. Auch in griech.-hellenist. Verträgen findet sich diese Ausdrucksform μετὰ πάσης δὲ προθυμίας καὶ εὐνοίας (Bengtson III 528, 20 = Polyb. VII 9,1), καρδίᾳ πλήρει, ἐκ ψυχῆς (1 Makk 8,11ff.). Obwohl die letzteren Termini vom Hebr. her beeinflußt sein könnten (בלב שלם oder בכל נפש, בכל לב) macht das Vorkommen solcher Ausdrücke im Vertragsvokabular seit dem Hethiterreich es unmöglich, ihre Echtheit zu leugnen.

4. Der häufigste Ausdruck für das Verletzen des Bundes ist הפר ברית (→ פרר) 'den Bund brechen' (Gen 17,14; Lev 26,15. 44; Deut 31,16. 20; Ri 2,1; 1 Kön 15,19; Jes 24, 5; 33, 8; Jer 11,10; 14, 21; 31, 32; 33, 20f.; Ez 17,15.16.19), bedeutungsgleich mit dem akk. *māmīta parāṣu* und lat. foedus frangere/rumpere. In griech.-hellenist. Verträgen heißt die Verletzung σπονδὰς λύειν 'den Vertrag (auf)lösen'; LXX übersetzt הפר mit διασκεδάζειν. Ein anderes Wort für 'verletzen' ist עבר ברית 'den Bund übertreten' (Deut 17, 2; Jos 7,11.15; 23,16; Ri 2, 20; 2 Kön 18,12; Hos 6,7; 8,1), das akk. *etēqu* und griech. παραβαίνειν entspricht. עבר ברית ist für die dtr Literatur kennzeichnend, während P הפר vorzieht. Dem Ausdruck עבר ברית nahe steht פשע על (Hos 8,1), das an akk. *ana adê ḫaṭû* ('gegen den Bund sündigen') erinnert. Man sagt auch עזב ברית (Deut 29, 25; 1 Kön 19,10.14; Jer 22, 9; Dan 11, 30), vgl. akk. *riksa wuššuru* (PRU IV 36, 24). Seltenere Ausdrücke sind שקר בברית/ באמונה (Ps 44,18; 89, 34), das im Sefire-Vertrag (III 7) belegt ist (שקר בעדיא); שקר ל findet sich in einem Bundeskontext Gen 21, 23 אם תשקר ולניני ולנכדי und in Sefire (III 4) – vgl. auch אם לדוד אכזב Ps 89, 36 in Verbindung mit dem Davidbund. Hierher gehört auch עשה מרמה (Dan 11, 23), das in עבד מרמת in Sefire III 22 sein Gegenstück hat. In griech.-röm. Verträgen finden wir tatsächlich Klauseln über Betrug und Verrat, z.B. ἀδόλως καὶ ἀπροφασίστως, μήτε δόλῳ πονηρῷ lat. sine dolo malo usw. Andere Ausdrücke für Verachtung und Vernachlässigung des Bundes sind מאס/בזה ברית (2 Kön 17,15, vgl. Jes 33, 8 מאס עדים; Ez 16, 59; 17,18) mit der akk. Parallele *adê šêṭu*; שכח (Deut 4, 23. 31; Spr 2,17), das im Akk. als *adê mašû* belegt ist (BAss 2, 629,10); חלל (Mal 2,10; Ps 89, 35); שחת (Mal 2, 8); נאר ('entheiligen'?) Ps 89, 40 und כפר (Jes 28,18), das wie akk. *pasāsu* (vgl. *pašāšu*) 'aufheben' heißt (ursprünglich vielleicht die Fläche des Dokuments einreiben oder beschmieren, vgl. Gen 6,14). Andere weniger deutliche Termini sind שוב מן Ps 132,10, vgl. neuassyr. *tūrtu turru* (Wiseman Iraq 20,77f.; Borger ZA 54, 1961 ad loc.) und *ana kutalli târu* 'zurückwenden' (sich zurückziehen) in heth. Verträgen (Weidner, Polit. Dok. 42, 26; PRU IV 55,19) und שנה 'verändern' (Ps 89, 35) das akk. *enû* im Bundeskontext entspricht.

IV. 1. Obwohl der Bund vornehmlich durch den Eid bekräftigt wird, wird die Bundesverpflichtung meistens von einer Zeremonie begleitet. In Gen 15 (s. dazu N. Lohfink, Die Landverheißung als Eid, SBS 28, 1967) und Jer 34 hören wir vom Zerschneiden von Tieren und Herschreiten der Vertragspartner zwischen ihnen, eine Zeremonie, die die Strafe veranschaulicht, die den Verletzer des Bundes treffen soll (vgl. bes. Jer 34,18–20). Das erinnert an einen anderen Bundesritus, nämlich an das in mesopotamischen Quellen belegte „Berühren der Kehle" (*napišta lapātu*, EnEl VI 98), das ebenso die Strafe für den Übertreter veranschaulicht. Das Zerschneiden der Tiere ist aber nicht nur, wie es scheinen könnte, ein symbolischer Akt. In Gen 15, Ex 24, Ps 50, 5 und in den Dokumenten aus Mari und Alalaḫ sowie aus Griechenland, werden die herbeigebrachten Tiere als Opfer betrachtet und einem festen Ritual unterzogen. In Gen 15 werden drei dreijährige Tiere, ein Kalb, eine Ziege und ein Widder, geopfert (vgl. 1 Sam 1, 24, Qumran und LXX, s. Loewenstamm, VT 18, 1968, 500ff.). Die Opfer in Griechenland und besonders die Bundesopfer sind ebenso drei an Zahl (τρίττυς), meistens ein Widder, eine Ziege und ein Eber, und drei Jahre alt (Stengel, Griech. Kultusaltertümer, ³1928, 119.137). Aus den Maridokumenten geht hervor, daß die königlichen Beamten bestrebt waren, die Bundeszeremonie nach dem maßgeblichen Ritus zu vollziehen. So erfahren wir z.B. vom Repräsentanten König Zimrilims, daß man ihm bei einer Bundesschließung, die er zu überwachen hatte, eine Ziege und einen jungen Hund für die Bundeszeremonie anbot, daß er aber darauf bestand, einen Esel zu opfern oder zu töten, was der legitime Ritus zu sein schien (ARM II 37). Auf dieselbe Weise berichten griech. Bundesdokumente, daß die Opfer ἐπιχώριον, d.h. nach der lokalen Sitte dargebracht wurden, was dem ὅρκος νόμιμος zu entsprechen scheint. In

den Alalaḫurkunden wird das beim Bundesschließen dargebrachte Tier ausdrücklich genannt (Weinfeld, JAOS 90, 196f.).
Auch in Ex 24 wird die Bundeszeremonie von Opfern (עולות ושלמים) begleitet; diese werden aber nicht – wie in Gen 15 und Jer 34 – in Stücke geschnitten, sondern nur das Blut wird für die Zeremonie benutzt. Mose teilt das Blut der geschlachteten Tiere in zwei Teile, eine Hälfte wird auf den Altar gesprengt, die andere auf das Volk, d.h. auf seine Repräsentanten (Ex 24, 6–8). Die Blutzeremonie beim Bundesschließen ist auch Sach 9, 11 belegt und wird von Herodot (III 8) mit Bezug auf die arab. Stämme erwähnt. Ein anderer zeremonieller Akt, der den Bund bestätigt, ist eine feierliche Mahlzeit (Gen 26, 30; 31, 54; Ex 24, 11; 2 Sam 3, 20). Salz spielte bei diesem Mahl offenbar eine bedeutende Rolle; deshalb wird der Bund bisweilen ברית מלח genannt (Lev 2, 13; Num 18, 19; 2 Chr 13, 5), vgl. auch in einem neubabyl. Brief: „alle die Leute, die das Salz des Stammes Jakin geschmeckt haben" (ABL 747 rev. 6) und lat. foedus salitum.
Andere Zeremonien, die die Verpflichtung begleiteten, waren:
a) Trankopfer, die den griech. Ausdruck für Bund, σπονδή, veranlaßten und, wie wir sehen, auch in Jes 30, 1 (נסך מסכה) vorausgesetzt sind;
b) der Gebrauch von Öl und Wasser bei der Zeremonie (VTE 154–156; EnEl VI 98; Borger, Asarhaddon 43, 51).
c) das Berühren der Brust in den assyr. Quellen (VTE 154–156, Asarhaddon 43, 5) und in Israel das Legen der Hand unter die Hüfte (Gen 24, 2. 9; 47, 29 in Verbindung mit dem Versprechen von חסד ואמת oder einfach das Geben der Hand wie in Ez 17, 18);
d) der Austausch von Kleidern zwischen den Parteien (1 Sam 18, 3f.).
Der Bund wird bisweilen von einem äußeren Zeichen begleitet, das die Parteien an ihre Verpflichtung erinnern soll, wie z.B. die Errichtung eines Denkmals (Gen 31, 45f.; Jos 24, 26f. – vgl. das Aufstellen der στῆλαι beim Bundesschließen in Griechenland), das עד(ה) 'Zeuge' oder 'Zeugnis' genannt wurde. In anderen Fällen wird von einer physischen Verletzung des Körpers als Bundeszeichen berichtet (vgl. 1 Sam 11, 2). In Israel wurde die Beschneidung als Zeichen des Bundes (אות ברית) zwischen Gott und Abraham (Gen 17, 11) betrachtet. אות ברית kennzeichnet vor allem P, die auch den Sabbat (Ex 31, 16f.) und den Regenbogen (Gen 9, 17) als „Bundeszeichen" erklärt. Sabbat, Regenbogen und Beschneidung bezeichnen die drei großen Bünde, die Gott bei drei kritischen Etappen der Geschichte aufrichtet: bei der Schöpfung (Gen 2, 3; Ex 31, 16f.), der Wiederherstellung des Menschengeschlechts nach der Flut (Gen 9, 1–17) und der Entstehung des hebr. Volkes (Gen 17).

2. Bünde werden zwischen Einzelnen geschlossen (Gen 21, 22f.; 26, 23ff.; 31, 44ff.; 47, 29; חסד ואמת 1 Sam 18, 3; 23, 18), zwischen Staaten und ihren Vertretern (1 Kön 5, 26; 15, 19; 20, 34; vgl. auch 2 Sam 3, 13. 21), zwischen Königen und ihren Untertanen (2 Sam 5, 3; 2 Kön 11, 17); zwischen dem militärischen Führer und seinen Soldaten (2 Kön 11, 4 vgl. o. II.) sowie zwischen Mann und Frau (Ez 16, 8; Mal 2, 14; Spr 2, 17) (vgl. Begrich 3). Über den Bund mit Gott s.u. In übertragenem Sinne findet sich ein Bund zwischen Menschen und Tieren (Hi 5, 23; 40, 28; vgl. Hos 2, 20) und auch ein Bund mit dem Tod (Jes 28, 15. 18).
Im allgemeinen bezeichnet ברית ein Verhältnis zwischen zwei ungleichen Partnern. Der Mächtige gewährt dem weniger Mächtigen das Bundesverhältnis: die Israeliten den Männern von Gibeon (Jos 9), Nahas den Einwohnern von Jabes (1 Sam 11), Ahab dem Kriegsgefangenen Ben-Hadad (1 Kön 20, 34). Der weniger Mächtige bittet, daß ihm die ברית von dem Mächtigeren gewährt werde (Jos 9, 6. 11; 1 Sam 11, 1; 2 Sam 3, 12, 1 Kön 20, 34) (Begrich 2). Bei dem Bund zwischen Abraham und Abimelech (Gen 21, 27. 32) kann es zweifelhaft erscheinen, wer der Überlegene ist: Abimelech hat Abraham „Freundschaft erwiesen" (v. 23), aber zugleich erkennt er an, daß Abraham durch sein Bündnis mit Gott einen Vorteil hat (v. 22); Abraham gewährt ihm die Bitte um einen Bund (v. 24).
In gewissen Fällen wird der Bund durch Vermittlung von einem Dritten gefördert; vgl. griech. βραβευτής. Die Vermittlung des Bundes kennzeichnet besonders den Bund mit Gott, wobei der Gottesmann (Priester, Prophet usw.) als Mittler dient. So vermitteln Mose (Ez 24) und Josua (Jos 24) den Bund zwischen Gott und Israel. Auch der Priester Jojada erfüllt diese Funktion (2 Kön 11, 17), und zwar in doppelter Hinsicht; einerseits beim Bund zwischen Gott und dem König/dem Volk, andererseits zwischen dem König und dem Volk (anscheinend weil der König noch minderjährig war). Ein anderer Bund dieser Art wird Hos 2, 20 erwähnt, wo Gott einen Bund zwischen dem Volk und den Tieren der Erde aufrichten will (vgl. H.W. Wolff, Jahwe als Bundesmittler, VT 6, 1956, 316–320). Das Volk schließt einen Bund mit seinem König. So schloß David einen Bund mit dem Volk, als es ihn zum König machte (2 Sam 3, 21; 5, 3). Dasselbe wird von anderen Königen berichtet (2 Kön 11, 17). Zedekia schloß einen Bund mit dem Volk, eine Freilassung von Sklaven auszurufen (Jer 34, 8ff.). Als das Gesetzbuch unter Josia aufgefunden worden war, schloß der König mit dem Volk einen Bund, daß sie die Gesetze einhalten sollten (2 Kön 23, 3). Eine ähnliche Szene spielt sich am Landtag von Sichem ab, Jos 24, 25) (Pedersen 306f.).

Der Bund hat meist „ewige Gültigkeit": לדורות, ברית עולם, עד עולם, vgl. *adi dārīti*, *ūmē ṣûti* in akk. Rechtsurkunden und Formeln wie εἰς τὸν ἀπάντα χρόνον, εἰς τὸν αἰῶνα χρόνον in griech. Verträgen. Dies ist besonders auffallend bei den göttlichen Bünden (Gen 9,12; 17,7; Ex 31,16; 2 Sam 7,16. 25. 29 usw.), findet sich aber auch in profanen Verträgen, z.B. 1 Sam 20,15. Wie aus den altorientalischen und auch den griech. Urkunden ersichtlich ist, wurden aber die Bünde meistens erneuert, entweder infolge eines Bruchs der Beziehungen (vgl. die Erneuerung des Bundes mit Gott Ex 34; 2 Kön 11,17; 23,1–3) oder als eine regelmäßige jährliche Anordnung (vgl. z.B. Baghdader Mitt. 2, 1963, 59 IV 19 und für die klass. Quellen Thuk. V 18, 9).

Der Bund muß entweder auf Stein (bisweilen auf Metalltafeln), auf Ton (bes. in Mesopotamien) oder in einer Schriftrolle (Leder oder Papyrus) aufgezeichnet werden. Für die Steintafel gebraucht das biblische Hebr. לוח (akk. *lēʼu*), vgl. לחות הברית, während ספר jede Art von schriftlichen Urkunden bezeichnet (vgl. ספר הברית Ex 24,7). Zerbricht man die Bundestafeln, dann macht man den Bund ungültig (cf. akk. *ṭuppam ḫepû*), was das Zerbrechen der Tafeln durch Mose, Ex 32, erklärt.

V. 1. Wie schon angedeutet, war der Sinaibund hauptsächlich ein Instrument, wodurch dem Volk eine Reihe gesetzlicher Verordnungen auferlegt wurde. Die Entstehung, Eigenart und Modalitäten des Bundes sind öfter diskutiert worden. Mowinckel (Le Décalogue) untersuchte den Sitz im Leben und den Ursprung des Sinaibundes und kam zu dem Ergebnis, daß er eine jährliche Feier mit Theophanie und Gesetzesverkündigung widerspiegele. Seine Beweisführung gründete sich vor allem auf Ps 50, 5f. und Ps 81, wo eine Theophanie mit Bundesschluß und Dekalogformeln verbunden ist (Ps 81,10f.; 50,7. 18f.).

Alt (Ursprünge) berührte sich mit Mowinckel, als er meinte, durch eine Untersuchung vom Sitz im Leben des echtisraelitischen Gesetzes nachweisen zu können, daß das sogenannte apodiktische Gesetz (s.u.) am Laubhüttenfest zum Beginn des Erlaßjahres verlesen wurde (Deut 31,10–13). Diese periodische Versammlung band nach ihm die Gemeinde sakral zusammen und stellte „eine regelmäßig wiederholte Erneuerung des Bundes zwischen Jahwe und Israel" dar, was sich im Sinaibund widerspiegelte. Von Rad ging einen Schritt weiter (Formgesch. Problem). Indem er nach der Bedeutung der besonderen Struktur des Deuteronomiums (Geschichte 1–11, Gesetze 12,1–26,15, gegenseitige Verpflichtungen 26,16–19, Segen und Fluch 27–29) fragte, bemerkte er richtig, daß eine so eigenartige Verbindung von Elementen nicht eine Schreibererfindung sein könnte, sondern in einer gewissen Wirklichkeit verwurzelt sein müßte. Er folgerte daher, daß dieser Aufbau und der ähnliche Aufbau des Sinaibundes (Geschichte Ex 19, 4–6, Gesetz 20,1–23,19, Verheißungen und Drohungen 23, 20–33, Bundesschluß 24,1–11) den Vorgang einer Bundeszeremonie spiegelt, die mit einem Geschichtsvortrag begann, mit einer Gesetzverkündigung und einer eidlichen Verpflichtung fortfuhr und mit Segens- und Fluchformeln endete. Da nach Deut 27 (vgl. Jos 8, 30–35) die Segens- und Fluchformeln zwischen den bei Sichem gelegenen Bergen Ebal und Garizim rezitiert werden sollten, wies er auf Sichem als den Ort der periodischen Bundeserneuerung in Israel hin. Die Theorie scheint sehr einleuchtend, obwohl man zugeben muß, daß die periodische Bundesfeier noch dunkel bleibt und daß es keinen Beleg für ihre tatsächliche Ausführung gibt. Zwar kennt Deut 31, 9–13 jedes siebte Jahr eine Versammlung, um das Gesetzbuch zu verlesen, aber über eine Bundesfeier wird dort nichts gesagt.

2. Obwohl bisher kein wirklicher Beleg für ein Bundesfest gefunden worden ist, hat sich die Beobachtung von Rads, daß der literarische Aufbau von Deut und Ex 19–24 einen Bundesvorgang spiegelt, durch spätere Forschungen bewährt. Es hat sich herausgestellt, daß die Bundesform, so wie sie in diesen Texten dargestellt wird, jahrhundertelang im alten Orient gebräuchlich gewesen ist. Als erster verglich Mendenhall (BA) den Aufbau des israelit. Bundes mit Gott mit dem der heth. Verträge aus dem 14.–13. Jh. v. Chr. Er fand, daß der heth. Vertrag, dessen Form und Aufbau schon im Jahre 1930 von Korošec genau analysiert wurde, in seinem Aufbau mit dem biblischen Bund identisch sei. Die gemeinsamen Grundelemente sind: 1. Titulatur. 2. Historische Einleitung als Begründung für die Treue des Vasallen. 3. Bundesbestimmungen. 4. Verzeichnis der göttlichen Zeugen. 5. Segens- und Fluchformeln. 6. Verlesen des Vertrags und Aufbewahrung der Tafeln. Der in Ex 19–24 beschriebene Sinaibund hat tatsächlich einen ähnlichen, obwohl nicht völlig identischen Aufbau (vgl. auch Baltzer, McCarthy u.a.). So beginnt die göttliche Anrede in Kap. 19 mit einer historischen Einleitung, die die Gnade Gottes gegenüber dem Volk und seine Erwählung hervorhebt (v. 4–6), dann folgt das Gesetz (20,1–23,19), danach eine Reihe von Verheißungen und Drohungen (23, 20–33) und schließlich die Bestätigung des Bundes durch eine kultische Zeremonie und die Verlesung der Bundesurkunde (24, 3–8). Es muß zugegeben werden, daß die Analogie nicht ganz vollständig ist, da Ex 19–24 nicht ein Vertrag wie in den heth. Dokumenten ist, sondern eher eine Erzählung von einem Bundesschluß. Trotzdem dürfte die Erzählung nach dem Muster der Verträge geordnet sein. In Deut

ist das Vertragsmuster deutlicher. Das Buch, das von seinem Verfasser als ein organisches literarisches Werk (vgl. den Ausdruck ספר התורה הזה 'dieses Gesetzbuch') betrachtet wird und den Bund auf der Ebene von Moab darstellt, folgt dem klassischen Muster eines Vertrags im alten Orient. Im Unterschied zum Sinaibund in Ex, der keine Segens- und Fluchformeln enthält, hat Deut wie die Verträge, besonders die aus dem 1. Jt. v. Chr., eine ausführliche Reihe von Segens- und Fluchworten und nennt ebenso die Zeugen des Bundes: „Himmel und Erde" (4, 26; 30,19; 31, 25f.), die in den früheren Pentateuchquellen fehlen. Deut erwähnt auch ausdrücklich das Deponieren der Bundestafeln und des Gesetzbuches in der heiligen Lade (10,1–5; 31, 25f.). Die Lade (→ ארון) ist von manchen als der Fußschemel der Gottheit (die Cheruben bezeichneten den Thron) betrachtet worden, und an den Füßen der Götter sollte nach heth. Tradition die Bundesurkunde aufbewahrt werden. In Deut sowie in den heth. Verträgen findet sich auch der Befehl, das Gesetz periodisch öffentlich vorzulesen (31, 9–13); wie die heth. Verträge fordert auch Deut, daß der Vertrag vor dem König oder von ihm gelesen werden soll (17,18f., vgl. Weinfeld, Deuteronomy 64 A. 3).

Der historische Prolog des Deut (1–11) erinnert stark an die Einleitung der heth. Staatsverträge. Hier erzählt der Fürst die Entwicklung der Beziehungen zwischen ihm und dem Vasallen. Hier lesen wir z. B. von den Verpflichtungen und Versprechen des Oberlehnsherrn an die Vorfahren des Vasallen. Dieses Thema wird in Deut durch die wiederholten Erwähnungen der Verheißungen an die Erzväter (4, 37f.; 7, 8; 9, 5) vertreten. Anderseits kann der historische Prolog die Aufsässigkeit der Vorfahren des Vasallen und deren Folgen erwähnen; dieser Zug kommt auch in der historischen Einleitung des Deut zum Vorschein, wenn häufig von der Widerspenstigkeit der Wüstengeneration die Rede ist.

Der historische Prolog der heth. Verträge weist oft auf das dem Vasallen verliehene Land und dessen Grenzen hin – ein Thema, das auch in Deut ausgeführt wird (3, 8ff.). Wie der heth. Fürst den Vasallen auffordert, das gegebene Land in Besitz zu nehmen: „Sieh, ich gab dir das Bergland von Zippašla; bewohne es" (Madduwataš, MVÄG 32, 1927, Vs. 17.19. 46), sagt Gott in Deut: „Ich habe euch das Land gegeben, geht hinein und nehmt es in Besitz" (1, 8. 21). In diesem Zusammenhang warnt der heth. König den Vasallen vor dem Übertreten der gesetzten Grenzen. So sagt z. B. Muršiliš II zu Manapa-Dattaš: „Siehe, ich habe dir das Šeḫa-Flußland gegeben ... und dem Targašnalliš habe ich das Land Ḫapalla gegeben" (MVÄG 31, 1926, Nr. 3 § 3; 34/1, 1930, Nr. 4 § 10–11). Im Deut-Prolog heißt es ähnlich: „Siehe, ich habe euch das Land übergeben" (1, 8), „Ich habe Esau das Gebirge Seir gegeben" (2, 5), „Ich habe den Söhnen Lots Ar gegeben" (2, 9). Der Zweck dieser Mahnungen ist es, das Verbot gegen Überschreitung der festen Grenzen dieser Völker zu begründen.

Die Analogien wurden meist von heth. Verträgen geholt, da diese in ziemlich großer Zahl und in relativ guter Beschaffenheit bewahrt sind. Die wenigen uns bekannten Verträge aus dem 1. Jt. wie der aram. Vertrag von Sefire, der Vertrag Aššurniraris V. mit Mati'el von Bit-Agusi und der Vertrag Asarhaddons mit seinen östlichen Vasallen, unterscheiden sich nicht grundsätzlich von den hethitischen, und in der Tat scheint im Vertragsstil ungefähr 800 Jahre lang Kontinuität geherrscht zu haben. Das dürfte erklären, warum ein spätes Buch wie Deut Elemente aufweist, die auch in heth. Verträgen aus den 14.–13. Jh. vorkommen. Trotz der Kontinuität zeigt aber eine genaue Analyse gewisse wichtige Unterschiede zwischen den Verträgen des 2. Jt.s und denen aus dem 1. Jt. Das gilt für die politischen Verträge im alten Orient ebenso wie für die theologischen Bünde in Israel. Während die heth. Verträge und ähnlich der Sinaibund eine sehr kurze Liste von Flüchen haben, finden sich in den Verträgen des 1. Jt.s und dem Bund in Deut lange Fluchlisten. Ferner hat Deut 28 eine Reihe von Flüchen bewahrt, die eine exakte Parallele hat in einem neuassyr. Vertrag Asarhaddons mit seinen östlichen Vasallen in bezug auf die Krönung seines Sohns Assurbanipal (672 v. Chr. abgeschlossen). In diesem Vertrag finden wir eine Reihe von Flüchen, die in Inhalt und Reihenfolge mit den Flüchen in Deut 28 übereinstimmen (vgl. Wiseman Z. 419–430 mit Deut 28, 27–33). Es hat sich herausgestellt, daß diese Flüche ihren Ursprung in Assyrien haben, da ihre Reihenfolge durch die Hierarchie des assyr. Pantheons erklärt werden kann, während Deut keine befriedigende Erklärung bietet (Weinfeld, Bibl 46, 1965, 417–427). Es ist deshalb berechtigt anzunehmen, daß eine assyr. Fluchreihe in den Fluchabschnitt des Deut eingefügt worden ist. Man hat mit Recht vermutet (Frankena 152f.), daß der Verfasser des Deut bei der Formulierung des Bundes die assyr. Vertragsurkunden nachgeahmt hat. Dadurch wollte er ohne Zweifel darlegen, daß die Loyalitätsverpflichtung gegenüber den assyr. Herrschern jetzt durch eine Verpflichtung zu JHWH ersetzt worden ist, ein Umschwung, der wohl mit der Befreiung von der assyr. Herrschaft in Zusammenhang steht.

Der Wechsel der Lehnstreue von einem Lehnsherrn zu einem anderen erklärt auch einige andere Übereinstimmungen zwischen den neuassyr. Verträgen und dem Bund in Deut. So zeigt sich z. B. eine auffallende Ähnlichkeit in den Gesetzen über Abfall in Deut 13 mit den Warnungen vor Abfall besonders in den Asarhaddonsverträgen.

Wie in den Vasallenverträgen Asarhaddons warnt Deut 13 vor einem Propheten, der zum Abfall verleitet, und vor jedem Familienmitglied, das zum Treuebruch gegen den Lehnsherrn verleitet. Im aram. Vertrag von Sefire findet sich unter den Klauseln gegen Abfall eine Klausel über eine aufrührerische Stadt, die – wie Deut 13 – ihre Zerstörung mit dem Schwert befiehlt. Die Befehle sind in den beiden Quellen fast identisch im Wortlaut: Sefirevertrag: והן קריה הא נכה תפוה בחרב „und wenn es eine Stadt ist, sollst du sie mit dem Schwert schlagen"; Deut 13,16: הכה תכה את ישבי העיר ההיא לפי חרב „du sollst die Bewohner jener Stadt mit dem Schwert schlagen".

Die Ermahnungen zu Loyalität Gott gegenüber stehen in Form und Stil den entsprechenden Aufforderungen in den politischen Verträgen sehr nahe. Wie Moran gezeigt hat, meint „Gott lieben" in Deut tatsächlich Loyalität und in dieser Bedeutung kommt „Liebe" auch in den politischen Urkunden vor (→ אהב). Deut enthält zahlreiche Ausdrücke, die im diplomatischen Wortschatz des alten Orients ihren Ursprung haben. Ausdrücke wie „auf jmds Stimme hören", „vollkommen (תמים) sein mit", „nach jm gehen", „dienen", „fürchten" (verehren), „die Worte in sein Herz legen", „sich weder nach rechts noch nach links wenden" usw. finden sich in diplomatischen Briefen und Staatsverträgen des 2. und 1. Jt.s v. Chr. und finden sich besonders häufig in den Vasallenverträgen Asarhaddons, die mit Deut gleichzeitig sind. Die Aufforderung „Gott zu lieben von ganzem Herzen, von ganzer Seele und mit aller Kraft" (Deut 6, 5, vgl. den Bund Josias 2 Kön 23, 3. 25) scheint im Treueid des Vasallen zu seinem Lehnsherrn ihren Ursprung zu haben. So fordert der heth. Lehnsherr, daß seine Vasallen ihm mit ihren Heeren, Pferden und Streitwagen und von ganzem Herzen oder ganzer Seele dienen und ihn wie sich selbst lieben. Ähnliche Aufforderungen finden sich in assyr. und griech. Verträgen (Weinfeld, Lešonenu 88f.). Dasselbe wird tatsächlich in Deut vorausgesetzt, da מאד wie in LXX als 'Kraft' (δύναμις) zu verstehen ist; wie כח/חיל bedeutet מאד hier physische Kraft und materielle Hilfsmittel (Geld) und schließt also Geld bzw. Vermögen ein, wie es die aram. Übersetzer wiedergeben.

3. Die Darstellung des josianischen Bundes 2 Kön 23, 1–3 und des Bundes in Deut 29, 9–14 erinnert stark an die Beschreibungen der Vertragszeremonien in den neuassyr. Urkunden. So heißt es z. B. Deut 29, 9ff. „Ihr steht heute alle vor JHWH ... alle Männer in Israel, eure Kinder, eure Frauen ..., um in den eidlichen Vertrag einzutreten ... Doch nicht mit euch allein schließe ich diesen eidlichen Vertrag, sondern sowohl mit denen, die heute mit uns hier vor JHWH stehen, als auch mit denen, die heute (noch) nicht mit uns hier sind" (vgl. Deut 5, 2–4). Eine ähnliche Erklärung findet sich im Asarhaddonvertrag: „Ihr schwört, während ihr an diesem Ort des Eidschwörens steht ... von ganzen Herzen ..., daß ihr eure Söhne, die nach dem Vertrag kommen, den Eid lehren werdet" (Z. 385–390), und ähnlich: „Vertrag mit Ramatia ... mit seinen Söhnen ... seinen Enkeln ... jungen und alten, mit euch (allen) ..., die in den Tagen, die nach diesem Vertrag kommen, existieren werden" (Z. 1–7). Ein solcher Abschnitt über die ständige Gültigkeit des Bundes findet sich sowohl im Asarhaddonvertrag als auch im Deut zweimal, vor und nach den Bestimmungen.

Am Ende von Deut 29 lesen wir: „Und das künftige Geschlecht ... und der Fremde ... werden sagen: 'Warum hat JHWH diesem Lande solches angetan?' und man wird antworten: 'Darum, weil sie den Bund JHWHs verlassen haben'" (v. 21–24). Dieses Thema der Selbstverurteilung begegnet auch in den neuassyr. Texten in Verbindung mit Bundesbruch. So lesen wir in den Annalen Assurbanipals: „Die Leute von Arabien fragten einander und sagten: 'Warum hat solches Unheil Arabien getroffen?' und sie antworteten: 'Weil wir den gültigen Bund, der dem Gott Assur geschworen worden war, nicht eingehalten haben'" (Rassam-Prisma IX 68–72).

Der Unterschied zwischen dem deuteronomischen Bund, der das Bundesmuster des 1. Jt.s v. Chr. widerspiegelt, und den früheren Bünden, die nach dem Muster des 2. Jt.s aufgebaut sind, tritt klar zutage, wenn man die Bundeszeremonien in Gen und Ex mit denen in Deut vergleicht. Die Erzväterbünde, sowohl die profanen als auch die religiösen (Gen 15, 9ff.; 21, 22ff.; 26, 26ff.; 31, 44ff.) sowie der Sinaibund (Ex 24, 1–11) werden durch Opfer und heilige Mahlzeiten bestätigt, ebenso die Bünde aus dem 3. und 2. Jt. v. Chr. So hören wir auf der Stele des Eannatum von Lagaš (3. Jt.), die den Schluß eines Bundes mit den Ummaiten beschreibt, von Opfern oder Verzehren eines Kalbes (F. Thureau-Dangin, Sumerisch-akkadische Königsinschriften, 1907, 16f. Rs. I 37–40); in den Maribriefen wird das Töten eines Esels beim Bundesschließen berichtet (ARM II 37, 6–11) und nach Alalaḫ-Dokumenten wird einem Schaf der Hals abgeschnitten (JCS 12, 1958, 126, 41), was ausdrücklich als Opferhandlung bezeichnet wird. Im deuteronomischen Bund wie auch in den gleichzeitigen assyr. und aram. Vertragsurkunden wird der Bund durch einen Eid bestätigt, aber keine Mahlzeit erwähnt (s. bes. Deut 29, 9ff.). Auch wenn eine zeremonielle Handlung, wie das Enthaupten eines Widders, verrichtet wird, so wird doch ausdrücklich gesagt, daß dies kein Opfer sei, sondern die Strafe des Bundesbrechers dramatisierte (Vertrag des Aššurnirari V. mit Mati'ilu von Bit Agusi, AfO 8, 1932–1933, 24ff.; vgl. den Bund in Jer 34).

VI. Außer dem in Ex und Deut beschriebenen Bund zwischen JHWH und Israel, finden sich im AT zwei weitere Bünde, der Bund mit Abraham (Gen 15,17) und der Bund mit David (2 Sam 7 ברית = חסד, s.o. III.2.; vgl. Ps 89), die mit der Gabe des Landes bzw. der Königsherrschaft zu tun haben. Im Gegensatz zum verpflichtenden Typ des mosaischen Bundes gehören der Abraham- und der David-Bund einem verheißenden Typ an. Gott schwört dem Abraham, ihm und seinen Nachkommen das Land zu geben, und ähnlich verspricht er David, seine Dynastie zu errichten, ohne ihnen Verpflichtungen aufzuerlegen. Obwohl ihre Loyalität gegen Gott vorausgesetzt wird, wird sie nicht als Bedingung für das Einhalten der Verheißung erwähnt. Im Gegenteil, die Verheißung an David enthält nach der Formulierung der Vision Nathans (2 Sam 7) einen Satz, der die Bedingungslosigkeit der Gabe ausdrücklich feststellt: „Ich will seinen Königsthron auf ewig befestigen ... Wenn er sich vergeht, will ich ihn züchtigen ..., aber meine Gnade will ich ihm nicht entziehen" (v.13–15). Ebenso wird der Bund mit den Erzvätern als ewig gültig (עד עולם) betrachtet. Doch selbst wenn Israel sündigt und schwer bestraft werden muß, wird Gott noch eingreifen und helfen, weil er „seinen Bund nicht brechen will" (Lev 26, 43). Wie der Verpflichtungsbund in Israel dem Vasallenvertrag nachgebildet ist, so hat der Verheißungsbund die königliche Schenkung als Vorbild. Wie die königlichen Schenkungen im alten Orient, sind auch die Abraham- und David-Bünde Gaben, die einzelnen Personen geschenkt werden, die sich durch treuen Dienst an ihren Herren ausgezeichnet haben. Abraham erhält die Landverheißung, weil er Gott gehorcht hat und seinem Befehl gefolgt ist (Gen 26, 5; vgl. 22,16–18), und ähnlich wurde David mit der Gnade der Königswürde ausgezeichnet, weil er Gott mit Wahrheit, Gerechtigkeit und Loyalität gedient hatte (1 Kön 3, 6; 9, 4; 11, 4–6; 14, 8; 15, 3). Die hier gebrauchte Terminologie steht den assyr. Schenkungsurkunden sehr nahe. So lesen wir in einer Schenkungsurkunde Assurbanipals an seinen Knecht: „[Balṭāja] ..., dessen Herz seinem Herrn ganz ergeben war, stand vor mir in Wahrhaftigkeit, wandelte in Vollkommenheit in meinem Palast ... und 'hielt meine königliche Wache' (*maṣṣāru maṣṣarta*) ... Ich überdachte es (seine Freundschaft) und bestimmte (deshalb) seine Gabe". Gleiche Ausdrücke finden sich in Verbindung mit den Verheißungen an Abraham und David. Von Abraham heißt es: „er hielt die Obliegenheit mir gegenüber" (wörtlich „meine Wache" שמר משמרתי) (Gen 26, 5), „er wandelte vor Gott" (24, 40; 48,15) und er soll „vollkommen sein" (17,1). Davids Loyalität gegen Gott wird mit Ausdrücken beschrieben, die der assyr. Schenkungsterminologie noch näher stehen: „er wandelte vor Gott in Wahrheit, Loyalität und Aufrichtigkeit des Herzens" (1 Kön 3, 6), „er wanderte Gott nach von ganzem Herzen" (1 Kön 14, 8) usw.

Land und „Haus" (= Dynastie → בית), die Objekte der Abraham- und David-Bünde, sind die vornehmsten Gaben des Lehnsherrn in der heth. und syro-palästin. Welt, und wie die heth. Schenkungen sind auch die Schenkung des Landes an Abraham und die Schenkung des „Hauses" an David bedingungslos. So sagt z.B. der Hethiterkönig zu seinem Vasallen: „Nach dir werden dein Sohn und dein Enkel es besitzen, niemand wird es ihnen wegnehmen; wenn einer deiner Nachkommen sündigt, wird der König ihn bestrafen ..., aber niemand wird sein Haus oder sein Land wegnehmen, um es dem Nachkommen eines anderen zu geben" (vgl. dazu 2 Sam 7, 8–16).

Eine heth. Schenkung, die der Dynastiegabe an David ähnlich ist, findet sich im Erlaß des Ḫattušiliš betreffs seines Schreibers Middannamuwaš: „Middannamuwaš war ein Mann, der bei meinem Vater in Gnade stand (*kaniššanza* UKU-*aš*) ... und mein Bruder Muwatalliš war (freundlich) gesinnt (*kanešta*) gegen ihn, förderte ihn und gab ihm Ḫattušaš. Meine Gnade (*aššul*) wurde ihm gezeigt ... Ich verpflichtete mich zu den Söhnen des Middannamuwaš ... und bewahret ... und ebenso sollen es die Söhne meiner Sonne und die Enkel meiner Sonne bewahren. Und wie meine Sonne, Ḫattušiliš, und Puduḫepaš, die Großkönigin, den Söhnen des Middannamuwaš gewogen (*kanešta*) war, so werden meine Söhne und Enkel ... Und sie sollen nicht die Gnade meiner Sonne einstellen (*aššulan anda lē daliianzi*). Die Gnade und ihre Stellung soll nicht entfernt werden." (Götze, Ḫattušiliš 40–44.)

Wie hebr. טובה/חסד, akk. *ṭābtu/damiqtu* und aram. טבתא bezeichnen heth. *aššul* und *kanneššar* Freundlichkeit und Bundesbeziehungen. Wie im Fall Davids soll in der heth. Schenkungsurkunde das Versprechen gegenüber künftigen Nachkommen des ergebenen Knechts („des Manns der Gnade", vgl. חסידך (Ps 89, 20) 'bewahrt werden'. Die auffallendste Parallele zum Versprechen an David ist der letzte Satz: „sie werden nicht die Gnade verlassen ... ihre Stellungen sollen nicht entfernt werden." (*anda*) *daliia-* entspricht akk. *ezēbu* und hebr. עזב, das oft in Verbindung mit חסד oder חסד ואמת gebraucht wird, und *ueh-* 'wegwenden', 'entfernen' erinnert an hebr. סור, das 2 Sam 7,15 in einem der heth. Schenkung ähnlicher Satz: וחסדי לא יסור ממנו „und mein Gnade wird nicht von ihm weichen". Eine ähnliche Bildsprache findet sich in den assyr. Schenkungsurkunden wie z.B. im oben angeführten Text: „Ich bin Assurbanipal ..., der Wohltat („Gutes") erweist (*ēpiš ṭābti*) ..., der auf die Beamten, die ihm dienen, immer gnädig reagiert und Freundlichkeit zurückzahlt (*gimilli dumqi*) dem Verehrenden (*pāliḫi*), der seinen königlichen Befehl hält (*nāṣir amāt šarrūtišu*) ... NN ein Mann der Freundlichkeit und Güte (*bēl ṭābti bēl dēqti*), der von der Thronnachfolge bis zur Ausübung der Königsherrschaft seinem Herrn von ganzem Herzen diente. Ich erwog seine Freundlichkeit und verordnete seine Gabe ... Jeder künftige Fürst von den Königen meinen Söhnen ... Gutes und Freundlichkeit tun (*ṭābtu damiqtu ēpuš*) gegen sie und ihre Nachkommen. Sie sind Freunde und Verbündete (*bēl ṭābti bēl dēqti*) des Königs, ihres Herrn" (Postgate, Neo-Assyr. Grants 27ff. [Nr. 9]). Die Gabe kommt also als Belohnung für „Güte und Freundlichkeit", die der Beamte seinem Herrn, dem König, gezeigt hat, und wird selbst als „Güte und Freundlichkeit" (*ṭābtu damiqtu*) betrachtet. Wie der assyr. König, der von der Güte seines Knechts bewegt, seinen Nachkommen „Güte und Freundlichkeit" (*ṭābtu damiqtu*), verspricht, so verspricht JHWH den Nachkommen Abrahams: „Erkenne, daß JHWH dein Gott ... seinen gnädigen Bund hält (שמר הברית והחסד) denen, die ihn lieben und seine Gebote halten" (לאהביו ולשמרי מצותו, Deut 7, 9). Obwohl dieser Vers aus dem verhältnismäßig späten Deut stammt, geht die grundlegende Formel auf ältere Quellen wie Ex 20, 6 (vgl. Deut 5, 10) zurück: „der Gott ..., der Gnade übt (עשה חסד, vgl. *ēpiš ṭābti* oben) bis ins tausendste Geschlecht von denen, die mich lieben und meine Gebote halten" und auch „der Gnade bewahrt (נצר חסד) bis ins tausendste Geschlecht" (Ex 34, 7; vgl. J. Scharbert, Formgeschichte und Exegese von Ex 34, 6f., Bibl 38, 1957, 130–150). Die Güte (חסד) Gottes gegen David wird ebenso auf künftige Generationen ausgedehnt, wie aus 2 Sam 7, 15; 22, 51; 1 Kön 3, 6; 8, 23; Ps 89, 34f. ersichtlich ist. Wie der Beamte Assurbanipals *bēl ṭābti bēl damiqti* 'Freund und Verbündeter' (wörtlich „Mann der Freundlichkeit und Gunst") genannt wird, so werden auch Abraham und David als „die Liebenden" und „Freunde Gottes" bezeichnet. Die Versprechen an Abraham und David, die ursprünglich bedingungslos waren, wurden erst später in der Geschichte Israels als bedingt verstanden. Die Verbannung der Nordisraeliten schien den Anspruch auf eine ewige Gültigkeit des Abraham-Bundes zu widerlegen; deshalb wurde eine Neuinterpretation des Bundes notwendig, nämlich durch die Einfügung der Bedingung, daß der Bund nur dann ewig ist, wenn der Beschenkte seine Loyalität zum Schenkenden hält. Zwar wird schon in den älteren Quellen die Loyalität der Söhne der Patriarchen vorausgesetzt (Gen 18, 19), aber nie als Bedingung für die nationale Existenz, wie dies in Deut und in dtr Literatur der Fall ist.

VII. Obwohl Israels Gesetze und besonders das Deut nach dem Muster der Vasallenverträge aufgebaut sind, muß zugegeben werden, daß das „Gesetz" als solches dem rechtlichen und ethisch-moralischen Gebiet angehört, nicht dem politischen Bereich, der von den Vasallenverträgen vertreten wird. Es kann deshalb nicht wundernehmen, daß trotz der unbestreitbaren Beziehung zwischen Gesetz und Bund in Israel (das AT kann sich ein Gesetz ohne einen grundlegenden Bund nicht vorstellen) die Frage vom Ursprung des apodiktischen Gesetzes (s.o. V.1.) noch unentschieden ist. Das Hauptproblem ist der Ursprung des apodiktischen Stils, d.h. der Gebote in der zweiten Person (Sing. oder Pl.): „Tue (tut)" oder „tue (tut) nicht". Dieser Gesetzestil ist in keiner altorientalischen Gesetzessammlung belegt, weshalb Alt darin genuin israelitisches Recht sah. Gerstenberger (Verkündigung und Forschung 14, 1969, 28–44) bemerkte, daß der apodiktische oder wie er sagt prohibitive Stil (wohl besser: imperativischer Stil) in der Weisheitsliteratur und in einer Reihe alter Familiengesetze (Lev 18, vgl. Elliger, ZAW 67, 1955, 1–25) vorherrschend ist, und suchte seinen Ursprung im Ethos des vorstaatlichen Sippenverbundes, d.h. im patriarchalischen Milieu. W. Richter, Recht und Ethos, StANT 15, 1966, hat diese Beobachtungen durch einen Vergleich zwischen dem weisheitlichen Mahnspruch und der Apodiktik vertieft. Andere behaupten, daß Vertragsbestimmungen (in der 2. Person) der Ursprung des apodiktischen Rechts seien, während sich noch andere an Mowinckels, Alts und von Rads Theorie vom Kultfest, wo das Gesetz verlesen wurde, als dem Geburtsort des apodiktischen Gesetzes halten.

Dabei ist jedoch eine ganze literarische Gattung, die besonders in der heth. Kultur bewahrt ist, unbeachtet geblieben, nämlich die sogenannten Dienstanweisungen des heth. Reiches. Diese waren für Beamte, Grenzkommandanten (vgl. von Schuler), Militärpersonal (Alp, Belleten 11, 1947, 388ff.) und Tempelbeamte (Sturtevant-Bechtel, A Hittite Chrestomathy, Philadelphia 1935, 127ff.; ANET[2] 207ff.) bestimmt. Sie sind meist in der 2. Person (Sing. oder Pl.) abgefaßt und werden – was ebenso wichtig ist – als *išḫiul* 'Bund' bezeichnet. Was Typ und Struktur betrifft, sind sie mit den Verträgen identisch (von Schuler, Historia, Einzelschriften, Heft 7, 1964, 45ff.). Wie die politischen Verträge, werden diese „Anweisungen" durch den begleitenden Eid gültig, und tatsächlich finden wir zusammen mit den mit königlicher Autorität vorgeschriebenen Anweisungen eine von den Beamten verkündete Treuerklärung (von Schuler, Or 25, 209ff.; Otten, MDOG 94, 1963, 3ff.). Treueide dieser Art finden sich auch in späteren neuassyr. und neubabyl. Urkunden sowohl politischer (vgl. ABL 1105, 1239) als auch zivilrechtlicher Art (vgl. ABL 33; s. D.B. Weisberg, Guild Structure and Political

Allegiance in Early Achaemenid Mesopotamia, New Haven 1967).

Kennzeichnend für diese Urkunden ist die dialogische Form: der Befehl des Vorgesetzten wird wie eine Anrede abgefaßt: „Ihr sollt halten" usw. und die Erklärung der Annahme durch die Untergeordneten in der 1. Pers. Pl. „Wir wollen halten" (z.B. von Schuler, Dienstanweisungen 8–9, §1f.; ABL 1239 gg. 1105, VTE 1–493 gg. 494–512). Derselbe Dialogstil findet sich in einem Eid mit Handwerkern aus der frühen Regierungszeit des Kyros (Weisberg, Guild Structure 5ff.). Ein ähnliches Muster findet sich auch im Bund Gottes mit Israel: nachdem Mose das Gesetz auf dem Sinai vorgetragen hat, erklärt das Volk: „alle Gebote (über דבר als Bundesterminus s.o. III. 1.a), die JHWH bestimmt hat, wollen wir halten" (Ex 24, 3, vgl. v. 7 und 19, 8). Der Dialog findet sich ähnlich auch in Deut 26, 17–19 am Schluß des dtn Gesetzes und vor der Zeremonie zwischen den Bergen Ebal und Garizim (Deut 27). Das Hersagen der Flüche und das vom Volk geantwortete „Amen" erinnert an den „hethitischen Soldateneid", worin die Soldaten nach jedem vom amtierenden Priester vorgetragenen Fluch erklären „So sei es" (ANET² 353f.).

Die Analogie mit den heth. Anweisungen wird durch gewisse inhaltliche Parallelen bestätigt. Mehrere Gesetze im Bundesbuch, das zeitlich den heth. Tatsachen am nächsten steht, sind identisch mit den vom König gegebenen Anweisungen an die heth. Befehlshaber: „Tu das, was recht ist ... Wer eine Rechtssache hat, dem entscheide sie und bring sie in Ordnung" (Schuler, Dienstanweisungen 48, 28ff.; vgl. Ex 23, 1ff.; Lev 19, 15; Deut 16, 18). „Ein Fremdling, der im Lande weilt – versieh ihn" (Schuler 48, 36; vgl. Ex 22, 20f.). „Verzögere nicht (die Opfer)" (Sturtevant-Bechtel, Chrestomathy 164, 18; vgl. Ex 22, 28). Die heth. „Tempelanweisungen", die inhaltlich den priesterlichen Gesetzen im AT sehr ähnlich sind (s. z.B. J. Milgrom, JAOS 90, 1970, 204ff.), sind auch wie die biblischen Gesetze in der 2. Pers. (Sing. oder Pl.) abgefaßt.

Gesetzliche Verordnungen, die einem Volk auferlegt und durch einen Bund mit dem lokalen Gott bestätigt werden, sind uns aus dem 3. Jt. v. Chr. bekannt. Fürst Urukagina von Lagaš (24. Jh. v. Chr.) schloß einen Bund (*keš-da* 'Bund') mit dem Gott Ningirsu betreffs der von ihm vorgenommenen gesetzlichen Reformmaßnahmen. In der Tat werden alle babyl. Gesetzessammlungen mit göttlicher Autorität versehen. Gleich den Verträgen haben sie Segens- und Fluchformeln am Ende, sind auf Stelen eingeschrieben und werden im Tempel aufbewahrt (vgl. o. IV. 2.). Gesetz und Bund sind also in Israel vom Anfang an miteinander verbunden, und die in der israelitischen Gesetzgebung vorherrschende Anrede in der 2. Pers. kann nur durch die oben beschriebene Dialogsituation erklärt werden. Das Vasallenvertragsmuster, das den Aufbau des Deut beherrscht, scheint später hinzugekommen zu sein und ist dem Gesetz selbst nicht inhärent.

Obwohl der Mose-Bund dem israelitischen Gesetz ewige Gültigkeit gegeben zu haben scheint, mußte er trotzdem von Zeit zu Zeit erneuert werden. Josua soll beim Bund in Sichem das Gesetz verkündigt haben (Jos 24, 25), Josia läßt das Volk sich in einem Bund verpflichten „die Gesetze Gottes zu halten" (2 Kön 23, 1–3), Nehemia schließt eine אמנה mit dem Volk und verpflichtet sie „nach dem Gesetz Gottes, das durch Mose gegeben worden ist, zu wandeln" (Neh 10, 30), und ebenso schwört die Qumrangemeinde den Eid „alles, was durch Mose befohlen worden ist, zu tun" (1 QS I 3), was mit einer Segens- und Fluchzeremonie wie in Deut 27 verbunden ist. Es ist zu vermuten, daß der Bund nur nach einem Bruch oder einer Verletzung des alten Bundes erneuert werden mußte, aber es ist ebensogut möglich, daß im alten Israel (d.h. in der Königszeit) die Bundeserneuerung periodisch, jährlich (Mowinckel) oder alle sieben Jahre (Deut 31, 9–12, Alt), stattgefunden hat. Die jährliche Bundeserneuerung in Qumran ist nicht als die Fortsetzung eines alten Brauches zu betrachten, sondern gehört den Gesetzen der Vereine der hellenist. Zeit an (vgl. z.B. W. Erichsen, Die Satzungen einer äg. Kultgenossenschaft aus der Ptolemäerzeit, 1959). Dagegen geht die gemeinschaftliche Verpflichtung, eine bestimmte Sammlung von Regeln und Gesetzen zu beobachten, auf ältere Zeiten zurück (s.o.), obwohl die Sitte in der pers. (vgl. Nehemias אמנה) und hellenist. Zeit besonders gepflegt wurde; der Kult war allerdings nicht mehr eine Staatsangelegenheit, sondern wurde in die Hände verschiedener Sekten und Vereine gegeben (s. z.B. E. Ziebarth, Das griech. Vereinswesen, 1896; M. San Nicoló, Ägyptisches Vereinswesen zur Zeit der Ptolemäer und Römer I 1913; II 1915).

VIII. Schon lange vor der Entdeckung der Parallelität zwischen dem israelitischen Bund und dem altorientalischen Vertrag hat Eichrodt die Bedeutung der Bundesidee für die israelitische Religion erkannt. Er betrachtete den Sinaibund als einen Ausgangspunkt für das Verständnis der israelitischen Religion. Grundlegende Erscheinungen wie die Königsherrschaft Gottes, die Offenbarung, das Fehlen der Mythologie, die persönliche Haltung Gott gegenüber usw. sind nach Eichrodt auf dem Hintergrund des Bundes zu erklären. Die Entdeckung des altorientalischen Vertragsmusters hat in gewisser Hinsicht diese Hypothese bekräftigt. Die neue Entwicklung in der Erforschung des Bundes hob vor allem die Vorstellung von der Königsherrschaft Gottes hervor. Es wird jetzt klar, daß die Idee von Gott als König in Israel nicht in der Königszeit entstanden, sondern einer der ursprünglichsten Lehrsätze in Israel ist. In der Richterzeit widersetzten sich die Stämme dem Königtum, weil man JHWH als den wahren König von Israel betrachtete und weil das Ausrufen eines irdischen Königs Verrat gewesen wäre. Das wird klar ausgedrückt in Gideons Antwort an das Volk, das ihm die Königswürde anbietet (Ri 8, 22f.); noch auffallender ist Samuels Ablehnung der Bitte um einen König (1 Sam 8, 6f.; 10,17f.; 12,17). Als schließlich das Königtum in Israel eingeführt wurde, war es das Ergebnis eines Kompromisses. Die Königswürde Davids wurde als Gabe des großen Lehnsherrn betrachtet (2 Sam 7, s.o.). Der König und das Volk wurden also in gleichem Ausmaß als Vasallen Gottes, des wirklichen Lehnsherrn betrachtet (1 Sam 12,14. 24f.; 2 Kön 11,17). Es scheint, daß diese Lehnsherr-Vasallen-Psychologie in der politischen Realität der Richterzeit verwurzelt ist. Bekanntlich wurde Syrien-Palästina in der zweiten Hälfte des 2. Jt.s v. Chr. nacheinander von den zwei Großmächten Ägypten und Hethitern beherrscht. Der König von Ägypten wie auch der Hethiterkönig waren die Oberlehnsherren der Kleinstaaten des Gebietes. Das Land und die Königswürde der Kleinstaaten wurden als Lehnsschenkungen betrachtet, die ihnen gegen die Verpflichtung der Loyalität vom Großkönig gewährt wurden. Die Auffassung Israels von seinen Beziehungen zu Gott gründen auf ähnliche Vorstellungen. Die Israeliten glaubten, daß sie ihr Land und ihre Königsdynastie Gott als dem Lehnsherrn verdankten. Wie die Beziehungen zwischen dem Lehnsherrn und dem Vasallen in einer schriftlichen Urkunde vertraglich geregelt werden mußte, so sollte die Beziehung zwischen Gott und Israel in schriftlicher Form niedergelegt sein. Es kann deshalb nicht wundernehmen, daß die Bundestafeln eine so wichtige Rolle in der israelitischen Religion spielten. Wie schon erwähnt, mußten die Tafeln im Heiligtum zu den Füßen des Gottes deponiert werden, ein Vorgang, der uns durch die heth. Urkunden bekannt ist. Ferner scheint die schriftliche Urkunde – wie auf dem Gebiet des Rechts – die Gültigkeit der Beziehung auszudrücken. Wenn der Bund nicht mehr in Kraft ist, muß die Urkunde zerstört werden. So bedeutet die Verehrung des goldenen Kalbs den Bruch des Bundes, weshalb Mose, der Bundesmittler, die Tafeln zerbricht (Ex 32). In der Tat ist der Terminus für Aufhebung eines Vertrags in der babyl. Rechtsliteratur 'die Tafel zerbrechen' (*ṭuppam ḫepû*). Nach dem juristischen Muster kam die Erneuerung des Bundes durch das Schreiben neuer Tafeln zustande; daher mußten nach der Kalbepisode neue Tafeln verfertigt und der rituelle Dekalog in Ex 34,19–25 wiederholt werden (vgl. 23,10–19). Die Erneuerung eines Vasallenvertrags nach einem Bruch in den Beziehungen ist tatsächlich in den heth. Quellen bezeugt.

IX. 1. Diese neue Auffassung des Bundes erklärt gewisse grundlegende Erscheinungen in der prophetischen Literatur. Die Warnungen der Propheten sind oft in der Form eines Prozesses abgefaßt (Jes 1, 2ff.; Jer 2, 4ff.; Hos 4,1ff.; Mi 6,1ff.). Gott klagt in Gegenwart von Zeugen wie Himmel, Erde und Bergen (Jes 1, 2; Mi 6,1f.) sein Volk an; diese Zeugen erscheinen auch in altorientalischen Verträgen und in Deut. Politische Streitigkeiten im alten Orient bieten Parallelen zu prophetischen Anklagen. So klagt z.B. der assyr. König Tukulti-Ninurta, bevor er gegen den Mitanni-König Kaštiliaš in den Kampf zieht, diesen des Verrats und des Bundesbruchs an und liest dabei als Beweis den vor Šamaš abgeschlossenen Vertrag laut vor. Auf ähnliche Weise stellt die prophetische Gerichtsrede die Anklage Gottes dar, bevor er Israel wegen der Verletzung des Bundes vernichtet. Das kommt deutlich zum Ausdruck in Am 4, 6–11, wo eine Reihe von Flüchen, ähnlich denen von Lev 26, als eine Warnung vor dem endlichen Gericht bzw. vor der Begegnung verkündet wird (vgl. v. 12 „mach dich bereit, Israel, deinem Gott zu begegnen" – s. W. Brueggemann, VT 15, 1965, 1–15; anders Wolff, BK z. St.).
Die Verwünschungen in der israelitischen Prophetie erinnern uns an die Flüche der altorientalischen Verträge. Die in Jeremias Prosareden vorausgesagten Katastrophen haben Parallelen in der zeitgenössischen Vertragsliteratur. Die wichtigsten davon sind: 1. Leichen, die von den Vögeln des Himmels und den wilden Tieren des Landes gefressen werden (16, 4; 19,7); 2. Entfernen der fröhlichen Laute (7, 34; 16, 9; 25,10); 3. Verbannung (15,14; 16,13); 4. Verwüstung des Landes, so daß es eine Wohnung für Tiere wird (9,11); 5. Entehrung der Toten (8,1f.; 16, 6); 6. Kinder werden von ihren Eltern verzehrt (19, 9); 7. Trinken von vergiftetem Wasser und Essen von Wermut (9,14; 23,15); 8. Aufhören des Geräuschs der Mühlsteine und des Lichtes des Ofens (oder der Kerze, 25,10) (Weinfeld, Deuteronomy 138ff.).
Die Vertragsflüche wollten die Katastrophen darstellen, die den Vasallen treffen würden, wenn er den Vertrag verletzte. Dies erzielt man gewöhnlich durch literarische Vergleiche und dramatische Vorführungen der Strafe, die den Übertreter treffen wird. Diese beiden Kunstgriffe werden auch von den Propheten verwandt. Wie in den Verträgen sind die Vergleiche aus verschiedenen Lebensgebieten geholt, z.B. Am 2,13; 3,12; 5,19; 9, 9. Auch die Dramatisierung der Strafe steht den Verträgen sehr nahe. Im Sefirevertrag z.B. heißt es: „Wie dieses Kalb zer-

schnitten wird, so sollen Matiʿel und seine Adligen zerschnitten werden" (KAI 222 A 40), was an Jer 34,18 erinnert: „Ich werde die Männer, die meinen Bund übertreten haben ..., wie das Kalb machen, das sie entzweischnitten und zwischen dessen Stücken sie hindurchgingen" (weitere Parallelen bei Rudolph, HAT I/12, 205).

2. Sonst wird die ברית bei den älteren, vorexilischen Propheten selten ausdrücklich erwähnt (J. Lindblom, Prophecy in Ancient Israel, Oxford 1962, 329f.). Amos kennt die Erwählung, nennt aber nicht den Bund. Hosea zieht das Ehemotiv vor; jedoch spricht er zweimal vom Übertreten (עבר) des Bundes (6,7; 8,1). Micha, Nahum, Zephanja und Habakkuk erwähnen nicht den Bund – im Jesaja-Buch sind die folgenden Belege zu verzeichnen: 24, 5; 28,15.18; 33, 8.

Erst bei Jeremia bekommt der Bundesgedanke größeres Gewicht. Er spricht von dem Bund, den JHWH mit den Vätern geschlossen hat (34,13; vgl. 11, 8), und rügt das Volk, weil sie den Bund gebrochen haben (פרר), indem sie anderen Göttern gedient haben (11,10; vgl. 31, 32). In seiner Fürbitte für das Volk beruft er sich auf den Bund: „Erinnere dich (זכר) an den Bund, brich (פרר) ihn nicht" (14, 21). Er weiß aber auch von dem neuen Bund, den JHWH statt des gebrochenen Bundes mit Israel schließen wird (31, 31ff.). Dieser wird zwar im Tun der תורה bestehen, aber insofern vom alten Bund verschieden sein, als die Menschen aus innerem Antrieb den Willen Gottes erkennen und erfüllen werden. Grund des neuen Bundes ist die Vergebung der Sünden (v. 34).

Ezechiel spricht in der Allegorie Kap. 16 vom Bund, den JHWH mit dem jungen Israel schloß (v. 8), den Israel aber gebrochen hat (v. 59); jetzt will er aber einen neuen Bund schließen (v. 60. 62), aber nicht wegen Israels Treue (v. 61), sondern weil er selbst seines Bundes gedenkt (זכר v. 60). Auch sonst verheißt er einen neuen Bund (37, 26), der ein Friedensbund (34, 25; 37, 26) und ein ewiger Bund (16, 60; 37, 26; vgl. auch Jes 61, 8) ist.

DtJes spricht zweimal vom Knecht JHWHs als einer ברית עם, einmal von der Erneuerung des Davidbundes (55, 3) und einmal vom Friedensbund (ברית שלומי) JHWHs (54,10 mit Anspielung auf den Bund mit Noah).

X. Die Vorstellung von einem Bund zwischen einer Gottheit und einem Volk ist uns in anderen Religionen und Kulturen unbekannt. Es ist nicht unmöglich, daß einige alte Völker Bünde mit ihren Göttern hatten. Moab wurde z.B. „das Volk des Kemoš" (Num 21, 29) genannt, ebenso wie Israel „JHWHs Volk" (Ri 5,11 usw.) genannt wird, und beide könnten dieselben Beziehungen mit ihren Göttern gehabt haben. Ein Bund zwischen dem Volk Assur und Ištar ist vielleicht in einem assyr. Text (B Ass 2, 1894, 628–629, iii 6–10) enthalten. Jedoch scheint die Bundesvorstellung der israelitischen Religion eigen zu sein, denn nur hier wurde absolute Loyalität gefordert und die Möglichkeit mehrfacher Loyalität ausgeschlossen, wie sie in anderen Religionen erlaubt war, wo der Gläubige zu mehreren Göttern in Beziehung treten konnte. So entspricht die Vorschrift von ausschließlicher Treue zu einem König in den politischen Verträgen dem religiösen Glauben an eine einzige exklusive Gottheit.

Die Propheten, besonders Hosea, Jeremia und Ezechiel, beschrieben die absolute Loyalität mit dem Bild einer Ehe, die an sich auch als ein Bund betrachtet werden kann (s.o. und bes. Ex 16, 8). Obwohl die Vorstellung von ehelicher Liebe zwischen Gott und Israel im Pentateuch nicht ausdrücklich erwähnt wird, scheint sie latent vorhanden zu sein. Die Nachfolge in bezug auf andere Götter wird bedroht durch den Satz: „denn ich, JHWH, bin ein eifersüchtiger Gott" (Ex 20, 5; Deut 5, 9; vgl. Ex 34,14; Jos 24,19). Die Wurzel → קנא 'eifersüchtig' wird in der Tat Num 5,14 im technischen Sinn von einem Mann benützt, der auf seine Frau eifersüchtig ist. Ebenso wird für Untreue der Ausdruck זנה → אחרי 'huren nach' gebraucht. Ferner ist die Formel für die Bundesbeziehung zwischen Gott und Israel: „Ihr werdet mein Volk sein, und ich werde euer Gott sein" (Lev 26,12; Deut 29,12 usw.) eine gesetzliche Formel, die aus dem Gebiet der Ehe stammt und in verschiedenen altorientalischen Gesetzesurkunden belegt ist (vgl. Hos 2, 4). Die Beziehung des Vasallen zum Lehnsherrn und der Frau zum Ehemann lassen keinen Platz für doppelte Loyalität und sind deshalb passende Bilder für die Loyalität in einer monotheistischen Religion.

Die Vorstellung von der Königsherrschaft JHWHs scheint auch zur Entwicklung der Idee von Israel als Gottes Vasallen beigetragen zu haben. Zwar war die Vorstellung vom Königtum Gottes im ganzen alten Orient vorherrschend, doch gibt es einen wichtigen Unterschied zwischen der israelitischen und der außerbiblischen Vorstellung: Israel betrachtete JHWH als König lange vor der Einrichtung des Königtums, JHWH war also tatsächlich der König Israels und nicht – wie in den anderen Religionen – ein Abbild des irdischen Königs.

Weinfeld

ברך בְּרָכָה

I. Etymologie und Verbreitung – 1. Wortbildungen im Hebr. und deren Vorkommen im AT – 2. In anderen semit. Sprachen – II. *brk* in der Bedeutung 'segnen' o.ä. im AT – 1. Die *barūk*-Formel – 2. Das *pi'el* – 3. Andere Verbalstämme – 4. Das Nomen – III. *brk* = 'segnen' o.ä. – 1. In hebr. Inschriften – 2. Qumran – 3. LXX – IV. Der Segen in der Theologie des AT.

Lit.: 1. Allgemein zu 'Segen': *F. Asensio*, Trayectoria historico-teológica de la „Bendición" bíblica de Yahveh en labios del hombre (Gregoriana 48, 1967, 253–283). – *J. P. Audet*, Esquisse historique du genre littéraire de la „bénédiction" juive et de l'„Eucharistie" chrétienne (RB 65, 1958, 371–399). – *H. W. Beyer*, εὐλογέω (ThWNT II 751–763). – *E. J. Bickerman*, Bénédiction et prière (RB 69, 1962, 524–532). – *E. F. F. Bishop*, εὐλογητός (I. Goldziher Memorial I, Budapest 1948, 82–88). – *Sheldon H. Blank*, Some Observations Concerning Biblical Prayer (HUCA 32, 1961, 75–90). – *A. Charbel, Todah* como „sacrifício de Acção de Graças" (Atualidades Bíblicas [em memoria de J. J. Pedreira de Castro], ed. J. Salvador, Petrópolis 1971, 105–114, bes. 107–109). – *J. Chelhod*, La baraka chez les Arabes (RHR 148, 1955, 68–88). – *M. Cohen*, Genou, famille, force dans le monde chamitosémitique (Mémorial H. Basset, Paris 1928, 203–210). – *F. C. Fensham*, Malediction and Benediction in Ancient Near Eastern Vassal-Treaties and the OT (ZAW 74, 1962, 1–9). – *M. Fraenkel*, Berakah 'Segen' (Das Neue Israel 19, 1966, 177–179). – *W. Groß*, Jakob, der Mann des Segens (Bibl 49, 1968, 321–344). – *J. Guillet*, Le langage spontané de la bénédiction dans l'AT (RScR 57, 1969, 163–204). – *W. J. Harrelson*, in: IDB I, 446–448. – *J. Hempel*, Die israelitischen Anschauungen von Segen und Fluch im Lichte altorientalischer Parallelen (ZDMG 79, 1925, 20–110 = BZAW 81, 1961, 30–113). – *Ders.*, in: RGG² V 388–393. – *Ch. Z. Hirschberg*, in: Encycl. Biblica II 354–361. – *F. Horst*, Segen und Segenshandlungen in der Bibel (EvTh 7, 1947/48, 23–37), jetzt in: *Ders.*, Gottes Recht (ThB 12, 1961), 188–202. – *Ders.*, in: RGG³ V 1649–1651. – *P. van Imschoot* in: Bibel-Lexikon, ²1968, 1568f. – *E. Jenni*, Das hebräische Pi'el, Zürich 1968, bes. 216f. – *H. Junker*, Segen als heilsgeschichtliches Motivwort im AT, in: Sacra Pagina, hrsg. von J. Coppens u.a., I (BiblEThL XII–XIII), Paris 1959, 548–558. – *C. A. Keller–G. Wehmeier* in: THAT I, 1971, 353–376. – *B. Landsberger*, Das „gute Wort" (MAOG 4, 1928/29, 294–321). – *J. Marcus*, in: Univ. Jewish Encycl. II 391–393. – *S. Mowinckel*, Segen und Fluch in Israels Kult und Psalmendichtung (PsSt V), Kristiania 1924. – *Ders.*, Offersang og sangoffer, Oslo 1951, engl.: The Psalms in Israels Worship, Oxford 1962, cf. Register s.v. 'velsigne' bzw. 'blessing'. – *Ders.*, Religion und Kultus, 1953, 64–66. – *H. Mowley*, The Concept and Content of „Blessing" in the OT (BTransl 16, 1965, 74–80). – *H.-P. Müller*, Ursprünge und Strukturen alttestamentlicher Eschatologie (BZAW 109, 1969, 129–171). – *A. Murtonen*, The Use and Meaning of the Words *lᵉbārēk* and *bᵉrākāh* in the OT (VT 9, 1959, 158–177, 330). – *J. Pedersen*, Israel I–II, dän.: København ³1958, 140–164, engl.: London 1926, 182–212. – *D. Piccard*, Réflexions sur l'interprétation chrétienne de trois récits de la Genèse, in: Hommage à W. Vischer, Montpellier 1960, 181–190, bes. 188. – *J. Plassmann*, The Signification of Bᵉrākā, Paris 1913. – *J. M. Robinson*, Heilsgeschichte und Lichtungsgeschichte (EvTh 22, 1962, 113–141, bes. 118–134). – *J. Scharbert*, Solidarität in Segen und Fluch im AT und in seiner Umwelt (BBB 14), 1958. – *Ders.*, 'Fluchen' und 'Segnen' im AT (Bibl 39, 1958, 1–26). – *Ders.*, Heilsmittler im AT und im Alten Orient (Quaest Disp 23/24), 1964. – *Ders.*, in: LThK 9, 1964, 590–592. – *Ders.*, in: Bibeltheol. Wb., ³1967, 1240–1249. – *H. Schmidt*, Grüße und Glückwünsche im Psalter (ThStKr 103, 1931, 141–150). – *W. Schottroff*, Der altisraelit. Fluchspruch (WMANT 30, 1969, 163–198). – *S. Smith*, Note on Blessings (PEQ 81, 1949, 57). – *A. Stuiber*, in: RAC VI 900–908. – *W. Sibley Towner*, „Blessed be Yhwh" and „Blessed art Thou, Jhwh": The Modulation of a Biblical Formula (CBQ 30, 1968, 386–399). – *D. Vetter*, Jahwes Mitsein – ein Ausdruck des Segens (Arb. z. Theol 45, 1971). – *F. Vigouroux*, in: DB I 1580–1583. – *K.-H. Walkenhorst*, Der Sinai im liturgischen Verständnis der deuteronomistischen und priesterlichen Tradition (BBB 33, 1969, 160–170). – *G. Wehmeier*, Der Segen im AT (Theol. Diss. 6), Basel 1970. – *Cl. Westermann*, Frage nach dem Segen (Zeichen der Zeit 11, 1957, 244–253). – *Ders.*, Der Segen in der Bibel und im Handeln der Kirche, 1968. – *Ders.*, in: BHHW III 1758. – *Ders.*, in: EKL III 917–920.

2. Zu Gen 12, 1–3 par.: *L. Diez Merino*, La vocación de Abraham, Roma 1970. – *J. Hempel*, Die Wurzeln des Missionswillens im Glauben des AT (ZAW 66, 1954, 244–272, bes. 252f.). – *J. Hoftijzer*, Die Verheißungen an die drei Erzväter, Leiden 1956. – *R. Kilian*, Die vorpriesterlichen Abrahamsüberlieferungen (BBB 24, 1966, 1–15). – *R. Mosis*, Gen 12, 1–4, in: J. Schreiner, Die alttestamentlichen Lesungen, A/1, 1971, 73–83. – *J. Muilenburg*, Abraham and the Nations (Interpretation 19, 1965, 387–398) – *R. Rendtorff*, Gen 8, 21 und die Urgeschichte des Jahwisten (KuD 7, 1961, 69–78). – *J. Scharbert*, Heilsmittler 77–81. – *J. Schreiner*, Segen für die Völker (BZ NF 6, 1962, 1–31). – *O. H. Steck*, Genesis 12, 1–3 und die Urgeschichte des Jahwisten, in: Probleme bibl. Theologie (Festschr. G. v. Rad), hrsg. von H. W. Wolff, 1971, 525–554. – *H. W. Wolff*, Das Kerygma des Jahwisten (EvTh 24, 1964, 73–98), jetzt in: ThB 22, 1964, 345–373.

3. Zu Gen 49 u. Dt 33: *C. Armerding*, The Last Words of Moses (Bibl. Sacra 114, 1957, 225–234). – *C. M. Carmichael*, Some Sayings in Genesis 49 (JBL 88, 1969, 435–444). – *J. Coppens*, La bénédiction de Jacob (VTS 6, 1957, 97–115). – *P. C. Craigie*, The Conquest and Early Hebrew Poetry (Tyndale Bull. 20, 1969, 76–94). – *F. M. Cross jr.–D. N. Freedman*, The Blessing of Moses (JBL 67, 1948, 191–210). – *J. A. Emerton*, Some Difficult Words in Genesis 49, in: Words and Meanings (Festschr. D. Winton Thomas), ed. P. R. Ackroyd–B. Lindars, Cambridge 1968, 81–93. – *Th. H. Gaster*, An Ancient Eulogy on Israel (JBL 66, 1947, 53–62). – *E. M. Good*, The „Blessing" on Judah (JBL 82, 1963, 427–432). – *A. H. J. Gunneweg*, Über den Sitz im Leben der sog. Stammessprüche (ZAW 76, 1964, 245–255). – *H.-J. Kittel*, Die Stammessprüche Israels, Diss. Berlin 1959. – *J. L. Seeligmann*, A Psalm from Pre-Regal Times (VT 14, 1964, 75–92). – *E. Sellin*, Zu dem Judaspruch im Jacobsegen und im Mosesegen (ZAW 60, 1944, 57–67). – *R. Tournay*, Le Psaume et les bénédictions de Moïse (RB 65, 1958, 181–213). – *B. Vawter*, The Canaanite Background of Gen 49 (CBQ 17, 1955, 1–18). – *H.-J. Zobel*, Stammesspruch und Geschichte

(BZAW 95), 1965. – *Ders.*, Die Stammessprüche des Mose-Segens (Klio 46, 1965, 83–92).
4. Zu Lev 26, 3–13 u. Deut 28, 1–14: *D.J. McCarthy*, Treaty and Covenant (AnBibl 21, Rom 1963, 120–130). – *E. Mørstad*, Overveielser til Dtn 28 (NoTT 60, 1959, 224–232). – *Ders.*, Wenn du der Stimme des Herrn, deines Gottes, gehorchen wirst, Oslo 1960. – *J.G. Plöger*, Literarkritische, formgeschichtliche und stilkritische Untersuchungen zum Deuteronomium (BBB 26, 1967, 130–217). – *G. Seitz*, Redaktionsgeschichtliche Studien z. Deuteronomium (BWANT 93, 1971, 254–302).
5. Zu Num 6, 22–27: *J. Elbogen*, Der jüdische Gottesdienst in seiner geschichtlichen Entwicklung, [3]1931, 67–72. – *M.R. Lehmann*, „Yom Kippur" in Qumran (RQ 3, 1961, 117–124, bes. 120). – *L.J. Liebreich*, The Songs of Ascent and the Priestly Blessing (JBL 74, 1955, 33–36). – *J. G. Plöger*, Num 6, 22–27, in: J. Schreiner, Die alttestamentlichen Lesungen, B/1, 1969, 95–106. – *H. Ringgren*, Den aronitiska välsignelsen, in: Talenta quinque (Festschr. E. Gulin), Helsinki 1953, 35–45.

I. 1. Die hebräischen Lexika unterscheiden zwei Wurzeln: ברך I, von der das *qal* in der Bedeutung 'knien' (Ps 95, 6; 2 Chr 6,13) und das *hiph* = '(Kamele) knien lassen' (Gen 24,11) sowie das Nomen *bæræk*, 'Knie' (Sing. nur Jes 45, 23; Dual 24mal von J bis Chronist), belegt sind, und ברך II, für die die Lexika die Ableitungen und Bedeutungen registrieren: Ptz. pass. *qal bārūk* 'gesegnet', 'gepriesen' (17mal in Ps, nur 6mal bei den Propheten, sonst noch 48mal von J bis zum Chronisten), *niph* 'gesegnet werden, sich segnen' (Gen 12, 3; 18,18; 28,14), *pi* 'segnen, grüßen, preisen' (Gen J bis P 59mal; Ps 52mal; Deut 28mal; Chr 18mal, Num 14mal, Sam 14mal, sonst noch 48mal; fehlt in Ez, HL-Dan), *pu* 'gesegnet werden' (13mal von J bis Chronist, fehlt bei den Propheten), *hitp*, 'sich/einander segnen' (Gen 22,18; 26, 4; Deut 29,18; Jes 65,16 2mal; Jer 4, 2; Ps 72,17), das Nomen *b^e^rākāh* 'Segen, Lobpreis' (71mal von J bis Chronist, in Jes 1–39 nur 19, 24, sonst bei den Propheten 10mal seit Ez). Davon sind die Personennamen *bārūk* (außer Neh 3, 20; 10,7 und 11, 5 nur in Jer), *bārak'ēl* (Hi 32, 2. 6), *b^e^rākāh* (1 Chr 12, 3), *bærækjā(hū)* (für sechs verschiedene Personen) und *j^e^bærækjāhū* (Jes 8, 2) gebildet. Dazu kommt das Nomen *b^e^rēkāh*, das die Lexika mit 'Teich, Wasserreservoir, Becken' o.ä. wiedergeben (2 Sam 2,13; 4,12; 1 Kön 22, 38; 2 Kön 18,17; 20, 20; Jes 7, 3; 22, 9.11; 36, 2; Nah 2, 9; HL 7, 5; Pred 2, 6; Neh 2,14; 3,15f.), dessen Beziehung zu ברך I oder ברך II aber umstritten ist.

In den aram. Teilen des AT findet sich von ברך I das Nomen *b^e^rak* (Dan 6,11) mit der Nebenform *'arkubbâh* (Dan 5, 6), 'Knie' und Ptz. *p^e^'al bārek* 'niederkniend' (Dan 6,11), von ברך II Ptz. pass. *b^e^rīk* 'gepriesen' (Dan 3, 28) und *pa'el bārik* bzw. *bārēk* (Dan 2,19f.; 4, 31). Ein Nomen für 'Teich' o. ä. ist nicht belegt.

Ob ברך I und II etymologisch auf dieselbe Wurzel zurückgehen, bleibt fraglich (zu den verschiedenen Versuchen, die Etymologie zu klären, vgl. Wehmeier 8–17).

2. Die anderen semit. Sprachen helfen nicht weiter. Dort sind für die Wurzelkonsonanten *brk* annähernd dieselben drei Hauptbedeutungen 'Knie', 'Segen' und 'Wasserstelle' nachzuweisen. Im Akk. ist nur das Nomen *birku* bzw. *burku* 'Knie' belegt; die Bedeutungen 'Schoß', 'Genitalien' und 'Zeugungskraft' (*ša lā īšû birkē* = 'der impotent ist') sind nur Ausweitung der Hauptbedeutung bzw. Euphemismus (AHw 129, 140; CAD 2, 255. 330). In der Bedeutung 'segnen' berührt sich mit ברך II das akk. *karābu*, das die Lexika (AHw 445f.; CAD 8,192–198) mit 'beten, segnen, grüßen, weihen' wiedergeben. Davon sind die Nomina *karābum* und *ikribum* 'Gebet, Weihung, Segen' (AHw 369f. 445; CAD 7, 62–66; 8,192) gebildet. Während frühere Forscher *karābu* als Metathesis von *brk* erklärten, sind die neueren gegenüber dieser Annahme skeptisch und rechnen eher mit einer selbständigen Wurzel *krb*, zumal sie auch im Altsüdarab. ('weihen, opfern') vorkommt (vgl. Wehmeier 14f., Keller-Wehmeier 353).

Im Ugar. bedeutet *brk* einmal 'knien', 8mal 'Knie', 1mal 'Teich' und 13mal 'segnen' mit den Nuancen: 'Götter verleihen (einem Menschen) Kraft; sich verabschieden; jemanden einer Gottheit zum Segnen empfehlen' (*brk l*). In der Bedeutung 'segnen' steht *brk* öfter neben dem Verbum *mrr* = 'stärken, Kraft verleihen' (vgl. Wehmeier 18–26; J. Aistleitner, WUS 58f.; UT 376; Schottroff 178f.).

Im Phön.-Pun. ist nur das Verb *brk* 'segnen' nachzuweisen; das Nomen ברכה 'Segen' in KAI 147, 3 ist unsicher. Das Verb kommt in folgenden Satzschemata vor: a) *A* (immer eine Gottheit) *brk/jbrk (B)* = 'A segnet (B)', wobei das Verb gewöhnlich im *pi*, nur im Pun. sicher auch im *qal* steht und mit 'segnen' im Sinn von Glück, Lebenskraft, Erfolg verleihen oder dgl. wiederzugeben ist; dieser Satz bildet in zahlreichen Weiheinschriften die Schlußformel. b) *bḥjm mlqrt šrš jbrk* = 'mit Leben segne Melqart meine Nachkommen' (A.H. Honeyman Mus 51, 1938, 285–298, Z. 3). c) *A* (ein Mensch) *brk B l C* (Gottheit) = 'A empfiehlt B einer Gottheit zum Segnen' (KAI 50, 2f.). d) *A* (Götter) *jbrk' mṣ'j* = 'die Götter mögen segnen meinen Weg', d.h. sie mögen mein Unternehmen gelingen lassen (Poenulus 931 korr.). e) In einigen Weiheinschriften steht *jm n'm wbrk*; hier ist *w^e^bārūk* zu lesen und 'ein angenehmer und gesegneter/erfolgreicher/ (für Unternehmungen) günstiger Tag' gemeint.

f) Unsicher ist der Anfang der Karatepe-Inschrift (KAI 26 A I 1) *'nk 'ztwd hbrk b'l*; KAI übersetzt: „Ich bin 'ZTWD, der ein Gesegneter des Baal ist", was dem hebr. *b^e^rūk jhwh* entspräche. g) Alle anderen Texte, in denen Ptz. pass. *qal* oder *pu* gelesen werden könnte, sind unsicher; vgl. Wehmeier 26–47; Schottroff 179–182; KAI Bd. III S. 5; DISO 44. Eine dem hebr. *bārūk N.N.* entsprechende Formel ist nicht nachzuweisen.

In aram. Texten begegnen uns folgende Formen und Wendungen: Ptz. *peʿal*: a) *brjk N.N.* = 'gesegnet sei N.N.', b) *brjk N.N. qdm 'lh'* = 'gesegnet sei N.N. vor der Gottheit', c) *brjk N.N. l'lh'* = 'zum Segen empfohlen sei N.N. der Gottheit'. Diese Wendungen stehen in Grabinschriften und Graffiti aus Ägypten, in denen die Überlebenden den Toten oder diese sich selbst ein gnädiges Totengericht vor den Jenseitsgöttern wünschen, und in nabatäischen und palmyrenischen Weiheinschriften. In den Weiheinschriften von Hatra kommen zwei weitere Wendungen vor: d) *brjk 'lh'* 'der Gesegnete des Gottes' (KAI 243, 2) und e) *dkjr wbrjk N.N. qdm 'lh'* 'in Erinnerung gebracht und gesegnet vor dem Gott N.N. sei N.N.' (KAI 244 und 246). Die letzte Wendung zeigt, daß das 'Segnen' als ein rühmendes Empfehlen vor (*qdm*) oder gegenüber (*l*) der Gottheit gemeint ist. f) In Briefen finden wir die Grußformel mit *paʿel*, *A brk B (l'lh')* 'A segnet B vor der Gottheit' oder eher: 'A empfiehlt B rühmend (der Gottheit zum Segnen)' (am Anfang der Hermopolis-Papyri I–V; vielleicht auch Eleph.-Ostr. 70, conc. 3, wo aber J.N. Vinnikov in: Palest. Sbornik 4, 1959, 222, *brktk* als Nomen liest und übersetzt: „Dein Segen obliegt Jaho und Chnum"). g) Ein Papyrus in demot. Schrift enthält 7 mal hintereinander die Formel *jbrk'k' 'lh' N.N.* 'es segne (oder: segnet?) dich der Gott N.N.' (R.A. Bowman JNES 3, 1944, 219–231, Kol. VII 3–6). h) In einem Ostrakon aus Assuan kommt das Nomen *brkh* in der Formel vor *A brkh šlḥ l B* 'A sendet B Segen/Gruß'. Andere Wendungen wie *'lh' jbrk N.N.* 'die Gottheit segnet N.N.', 'eine Quelle segnet = teilt lebensspendende Kraft aus (*tbrk*)', *brjk šmh l N.N.* 'gepriesen ist der Name der Gottheit N.N.', bzw. *brjk 'lh'* 'gepriesen sei die Gottheit N.N.' (nur im Palmyr.) finden sich erst in nachchristlichen Texten (aram. Belege bei Wehmeier 49–65; Schottroff 182–188; J.N. Vinnikov in: Palest. Sbornik 4, 1959, 221f.; DISO 44; KAI Bd. III, S. 30).

In vorchristlichen hebr. Inschriften ist das Nomen *brkh* = 'Teich' (Siloa-Inschr. = KAI 189, 5) belegt.

In den nordwestsemit. Texten ist also bevorzugtes Subjekt des Verbs *brk* die Gottheit. Ist ein Mensch Subjekt, dann bedeutet das 'Segnen' zumeist eine rühmende Empfehlung an die Gottheit, einen anderen zu segnen, oder bloß eine Grußformel. Inhalt des Segens ist nach dem Zusammenhang langes Leben, Nachkommenschaft, Wohlstand, Erfolg, Kraft. Das Ptz. pass. der Grundform bedeutet den Besitz der glückspendenden und lebenfördernden Kräfte oder, mit *l* und *qdm* auf eine Gottheit bezogen, die in der Empfehlung angedeutete Angemessenheit des Segens von seiten der Gottheit. Demnach haben anscheinend die Nordwestsemiten immer die Gottheit als eigentlichen Spender des Segens verstanden, auch wenn sie sie nicht ausdrücklich erwähnen (vgl. Wehmeier 66). Die Gottheit als Objekt von *brk* ist vorchristlich bisher nur in Palmyra nachweisbar.

Im Altsüdarab. ist *brkt* und *mbrk* 'Zisterne, Wasserreservoir' sowie *brk* 'segnen' (mit der Gottheit als Subjekt), dagegen bisher nicht die Bedeutung 'Knie' belegt. – Die äthiopischen Lexika verzeichnen bei den Ableitungen der Wurzel *brk* die Bedeutungen 'segnen, Segen' und 'knien, Knie'. Die arab. Wörterbücher registrieren unter *brk*, ohne verschiedene Wurzeln zu unterscheiden, *baraka* 'knien' (nur von Kamelen), 'anhaltend regnen'; 2: 'einen Segen sprechen'; 3: 'segnen, glücklich machen, für jmd. beten'; 5: 'gesegnet, glücklich sein, sich Glück wünschen, sich Segen erbitten'; 6: 'gepriesen werden' (Gott als Subjekt), 'gesegnet, glücklich sein'; 8: 'eifrig einer Sache nachgehen, viel Wasser ausschütten (Wolken)'; 10: 'gesegnet sein, jmd. als gesegnet betrachten, Segen erlangen'; *barkun* 'eine Schar liegender Kamele'; *birkun* bzw. *birkatun* 'Teich'; *barakatun* 'Segen, Glück, Fülle, Fruchtbarkeit' u.a. Im Koran kommt fast nur Gott als Subjekt des Verbs *baraka* 'segnen' vor (vgl. Bishop); im arab. Volksglauben gilt aber der 'Segen' eher als eine unpersönliche Kraft, welche Fruchtbarkeit und Wohlstand bewirkt und durch den Vater bzw. Stammeshäuptling der Familie bzw. dem Stamm oder durch Heilige den Menschen in ihrer Umgebung vermittelt wird, ohne daß dabei Gott als Quelle oder Urheber erwähnt wird (Chelhod). Die Beziehungen, welche die arab. Lexikographen zwischen den Bedeutungen 'Schar kniender Kamele', 'Teich' und 'Segen' herzustellen suchen, beruhen auf Volksetymologie ohne wissenschaftlichen Wert.

II. 1. Wie bei ארר die *'ārūr*-Formel (→ ארר II. 1.), so nimmt im Gebrauch der Wurzel ברך die *bārūk*-Formel eine Sonderstellung ein. Das Ptz. pass. ברוך ist die einzige im AT belegte Form des *qal*; es wird in der der *'ārūr*-Formel analogen *bārūk*-Formel verwendet, zu der aber beträchtliche Unterschiede bestehen. Die Kurzformel *bārūk 'attāh* / *'attœm* bzw. *bārūk N.N.* ohne Zusätze kommt nur in jüngeren Texten vor, während die älteren Texte Zusätze haben nach folgenden Schemata:

a) *bārūk N. N. 'ašœr* ... (Verb im Perfekt): Mit einem Menschen als Subjekt nur 1 Sam 25, 33 (Abigail und ihre Klugheit). Mit Gott als Subjekt: Gen 14, 20; 24, 27 (J); Ex 18, 10 (E); 1 Sam

25, 32. 39; 2 Sam 18, 28; 1 Kön 1, 48; 5, 21; 8,15. 56; Ruth 4,14; Esr 7, 27; 2 Chr 2,11; Ps 66, 20; 124, 6 (ש statt אשר); Dan 3, 28 (aram. די); dem begründenden אשר entspricht in Ps 28, 6 und 31, 22 כי (vgl. c).
b) *bārūk N.N. lejhwh* o.ä.: Gen 14,19; Ri 17, 2; 1 Sam 15,13; Ruth 3,10; Ps 115,15.
c) *bārūk N.N. lejhwh 'ašær/kī* ... (Verb im Perfekt, wobei sich *'ašær* bzw. *kī* auf das Subjekt des Nominalsatzes bezieht): 1 Sam 23, 21 (כי); 2 Sam 2, 5; Ruth 2, 20 (אשר). Die Formel spricht immer eine Person in dankbarer Reaktion auf eine Wohltat, die sie von demjenigen erfahren hat, dem die Formel gilt, oder die dieser Dritten erwiesen hat, mit denen der Sprecher verwandtschaftliche oder freundschaftliche Beziehungen unterhält. Das Aussprechen der Formel ist ein Bekenntnis zur Solidarität mit demjenigen, dem die Formel gilt, oder zumindest, wie in den Fällen, wo die Formel im Munde von Nichtisraeliten dem Gott Israels gilt (Ex 18,10; 1 Kön 5, 21 = 2 Chr 2,11), eine respektvolle Anerkennung und dankbare Lobpreisung. Auch für Ri 17, 2 trifft diese Feststellung zu: Die Mutter spricht die *bārūk*-Formel zugunsten ihres Sohnes aus, weil sie ihrem Sohn dankbar dafür ist, das Verschwinden ihres Geldes aufgeklärt zu haben, und hebt damit den Fluch auf, den andernfalls, ohne daß sie es ahnte, ihr eigenes Kind getroffen hätte (vgl. אלה II.1.); so stellt sie die Solidarität mit ihm wieder her, die durch den Fluch gegen den Dieb zerstört war, und empfiehlt ihn JHWH (*lejhwh*). Die Formel hat, wie die *'ārūr*-Formel, ursprünglich keinen kultischen Sitz im Leben; einen solchen hat sie erst später erhalten (→ ארר II.1.). In den meisten Fällen erfolgt die Formulierung in der 3. Pers., nur bei besonders vertraulicher Anrede an eine einzelne Person in der 2. Pers. Sing. und gegenüber mehreren Personen in der 2. Pers. Pl.; ein sachlicher Unterschied ist dabei nicht festzustellen.
d) Die Begründung kann auch durch das Ptz. angedeutet werden; dann ergeben sich Sätze wie in Deut 33, 20 (*bārūk marḥīb gād* 'gesegnet, wer Gad weiten Raum gibt'); Gen 27, 29; Num 24, 9 (beide J), wo allerdings *bārūk* auf das Subjekt folgt (*mebārakækā bārūk* = 'die dich segnen, sind/seien gesegnet', parallel zur *'ārūr*-Formel). Auch in diesem Fall gilt die Formel Personen, die Dritten, hier den Angeredeten, mit denen sich der Sprecher eng verbunden weiß, Wohlwollen, Solidarität oder dgl. erweisen oder bekunden; nur ist der Satz hier nicht mehr unmittelbare Reaktion auf eine Guttat in der Vergangenheit, sondern eine Verheißung für solche, die künftig Israel oder einem seiner Glieder ihr Wohlwollen, ihre Solidarität oder Freundschaft bekunden.
e) Aber auch die verkürzte Formel *bārūk N.N.* wird nicht einem Beliebigen gegenüber, etwa beim Gruß für Fremde, angewendet, sondern nur gegenüber Personen, denen man zu besonderem Dank verpflichtet (1 Sam 26, 25) oder mit denen man auf Grund sozialer Bindungen oder gleichen Glaubens verbunden ist (Deut 33, 20; Ps 118, 26). Die Formel bedeutet dann ein Bekenntnis zu diesen Bindungen oder deren Bekräftigung.
Wenn in Jes 19, 25 JHWH die Formel *bārūk 'ammī* auch auf Ägypten und Assur anwendet, dann sagt er, daß einst seine engen durch den Bund gegebenen Beziehungen auch für Assur und Ägypten zutreffen werden und er sich dann zu ihnen ebenso als zu seinem Volk bekennen wird, wie er sich jetzt zu Israel bekennt. In der älteren Zeit scheint die Kurzformel im Sinn eines Bekenntnisses zur besonderen Solidarität mit einem Verwandten oder Stammes- und Glaubensgenossen so abgelegt worden zu sein, daß man nicht diesen direkt nannte, sondern den gemeinsamen Gott als den Gott des N.N. bezeichnete: '*bārūk jhwh*, der Gott Sems' (Gen 9, 26). Auf diese Weise wird Sem von seinem Vater nicht nur dem verfluchten Kanaan entgegengesetzt, sondern auch vor dem mit einem Segenswort (ohne *brk*!) bedachten Japhet ausgezeichnet.
Wenn die Kurzformel Ausdruck für das Bekenntnis zu einer engen Verbindung mit dem darin Genannten war, dann war sie auch geeignet für das Bekenntnis zum Bundesgott Israels. So kommt es zum Satz: *bārūk jhwh* o.ä., öfter erweitert um Beinamen JHWHs, um eine Wendung für 'ewig' oder dgl. (1 Chr 16, 36; Ps 41,14; 68, 20. 36; 72,18; 89,53; 106,48; 135,21; 144,1). Gelegentlich ist zwischen *bārūk* und *jhwh* das Personalpron. der 2. Pers. *'attāh* eingeschoben (1 Chr 29,10; Ps 119,12). Der Gottesname kann durch 'mein Fels' (2 Sam 22, 47), 'die Herrlichkeit JHWHs' (Ez 3,12?) oder 'sein herrlicher Name' (Ps 72,19: in einer zusätzlichen *bārūk*-Formel neben *bārūk jhwh*) ersetzt sein. In allen diesen Fällen handelt es sich um relativ späte und immer kultische Texte, in denen Gott nicht aus einem bestimmten Anlaß, sondern in der Liturgie oder im täglichen Gebet des Frommen gepriesen wird. Außer in dem umstrittenen Ez 3,12 stehen auch diese 'Benediktionen' immer in Texten, in denen JHWH gedankt wird und JHWHs Heilstaten an Israel oder dem einzelnen Frommen vorher erwähnt wurden, wenn auch in der Formel selbst der Begründungssatz fehlt. Demnach scheint der ursprüngliche Sitz im Leben, nämlich der lobpreisende Dank für erfahrene Wohltat, noch nachzuwirken. Hier liegt der entscheidende Unterschied zur אשרי-Formel, die einen ganz anderen Sitz im Leben hat (→ אשרי). Die *bārūk*-Formel kann später auch religiös völlig entleert und entwertet werden, z.B. wenn sie Leute aussprechen, die sich freuen, sich durch unrechtes Tun bereichert zu haben (Sach 11, 5).

f) In den bisher besprochenen Fällen ist als Modus des Nominalsatzes wahrscheinlich die konstatierende Behauptung, nicht der Wunsch anzunehmen. Eine solche Behauptung kann auch nichtformelhaft ausgesprochen werden; dann folgt auf *bārūk* die Kopula in der Präfixkonjugation (*j/tihjæ*: Gen 27, 33; Deut 7,14). 3mal ist aber auch ברוך in einem Wunsch belegt, wobei dann die Wortstellung umgekehrt ist: *j^e^hī N.N. bārūk* (1 Kön 10, 9: Subj. JHWH; Spr 5,18: Subj. die Ehefrau; Ruth 2,19: Subj. einer, der eine dritte Person, mit der sich die Sprechende eng verbunden fühlt, gefördert hat). Dieser Wortstellung, aber ohne Kopula, entspricht der Nominalsatz *N.N. bārūk* in 1 Kön 2, 45, wo aber das Subjekt des Nominalsatzes mit dem Sprecher der Formel identisch ist, weil er sich damit von einem Verfluchten distanzieren und anscheinend vor dem auf dem anderen ruhenden Fluch abschirmen will. Wegen des Zusammenhangs und der Übereinstimmung in der Wortfolge ist wohl auch hier der Wunsch als Modus anzunehmen: 'Aber der König Salomo sei *bārūk*'. Dann müßte man wohl auch Gen 27,29 und Num 24, 9 (vgl. d) als Wunsch übersetzen: 'die dich verfluchen, seien verflucht, und die dich segnen, seien *bārūk*'.

Wenn die *bārūk*-Sätze auch als konstatierende Behauptung zu verstehen sind, darf man sie doch nicht, wenn Menschen Subjekt sind, ohne weiteres als magisch wirkende Machtworte deuten, wie es meistens geschieht (Mowinckel, Pedersen, Hempel, für die älteren Texte auch Westermann). Man kann sich dafür nicht auf Gen 27, 33 berufen, denn hier ist die Formel nicht gebraucht, sondern es wird nur festgestellt, daß Jakob gesegnet bleiben soll, weil Isaak nun einmal das Mahl von Jakob entgegengenommen hat. Gegen den magischen Charakter der *bārūk*-Formeln spricht der Befund, wonach gerade die ältesten Texte einen Bezug zu Gott (ל) herstellen oder sie direkt auf Gott anwenden und sie eher als Lobpreis oder als dankbare Solidaritätserklärung denn als Zauberwort gebrauchen.

g) Wenn das Aussprechen der *bārūk*-Formel durch eine erfahrene Wohltat veranlaßt ist oder durch eine erwartete Solidaritätserklärung (s.o. d) bedingt wird, dann kann sie auch als Lohnankündigung für ein lobenswertes Verhalten (Jer 17,7: '*bārūk* der Mann, der auf JHWH vertraut') und neben der *'ārūr*-Formel als Sanktion für Gesetze Verwendung finden wie in Deut 28, 3–6. Dieser Text ist in genauer Analogie zu der entsprechenden Fluchsanktion (→ ארר II. 1. Sp. 441) gestaltet: Die *bārūk*-Erklärungen des 'Du' in der Stadt und auf dem Feld (v. 3) und des 'Du' bei 'deinem Kommen' und 'deinem Hinausgehen' (v. 6) rahmen die *bārūk*-Erklärung 'deiner' Lebensgüter (Leibes-, Feld- und Tierfrucht, v. 4) sowie des Erntekorbs und des Backtrogs (v. 5) ein. Hier gelten als *bārūk*, aber erst in der Zukunft und unter der Bedingung der Treue zum Bundesgesetz Jahwes, sowohl Menschen wie die ihnen gehörenden Lebensgüter.

h) Wie in den I. 2. e genannten phöniz. Texten könnte auch im AT ein Tag als *bārūk* deklariert werden. Jedoch finden wir eine derartige *bārūk*-Formel nur in negativer Wunschformulierung 'der Tag (der eigenen Geburt) sei nicht gesegnet' (*'al j^e^hī bārūk*, parallel zu 'der Tag sei verflucht' Jer 20,14). Auch eine lobenswerte Eigenschaft eines Menschen (die Klugheit: 1 Sam 25, 33, hier neben der *bārūk*-Erklärung der betreffenden Person selbst) kann durch die *bārūk*-Formel eine besondere Anerkennung finden.

i) Schließlich kann das Ptz. pass. im stat. constr. auf eine Person bezogen werden, die durch JHWH in besonderer Weise mit Wohlwollen bedacht wurde, das sich im Erfolg und Wohlstand manifestiert; das geschieht in der Wendung *b^e^rūk jhwh*, die uns sowohl als Vokativanrede (Gen 24, 31) wie als konstatierende Feststellung 'du bist/sie sind *b^e^rūk(ē) jhwh*' begegnet (Gen 26, 29; Jes 65, 23). Für die Semantik des Ptz. pass. *bārūk* lassen sich aus diesem formgeschichtlichen Befund folgende Schlüsse ziehen: Gott, Menschen, Dinge bzw. Güter, menschliche Eigenschaften und Tage können als *bārūk* bezeichnet werden. Man erkennt nicht deutlich, daß die at.lichen Tradenten das Ptz. in wesentlich verschiedenen Bedeutungen verwenden. Insbesondere in den Fällen a)–c) scheint es weniger um ein Segnen zu gehen, wie die übliche Übersetzung 'gesegnet' besagen würde, sondern eher um ein rühmendes, dankbares Lobpreisen, das sowohl Gott als auch Menschen gelten kann (Charbel). Das *l^e^jhwh* in b) und c) deutet dann an, daß das Rühmen vor JHWH im Sinne eines empfehlenden Rühmens der betreffenden Person geschieht, offenbar mit der Absicht, JHWH zu entsprechenden Konsequenzen in seinem Verhalten gegenüber dem Gerühmten zu veranlassen. Somit liegt zumindest bei a)–c) die Übersetzung '(dankbar) gepriesen/zu preisen, rühmend (JHWH) empfohlen/zu empfehlen ist N.N. (der/weil er das und das getan hat)' nahe. Das gilt natürlich besonders für die auf JHWH, seinen Namen oder seine Herrlichkeit bezogene Kurzformel e), die man schon immer 'gepriesen ist JHWH' o.ä. wiedergegeben hat. Diese Übersetzung trifft auch ohne weiteres in den Fällen unter h) zu. Aber auch bei den unter g) besprochenen Stellen gibt die Übersetzung 'gepriesen ist ...' einen guten Sinn: Der Gesetzestreue, Fromme wird 'in der Stadt und auf dem Feld', 'wenn er kommt und wenn er fortgeht' '(glücklich) gepriesen' von seinen Mitbürgern, im Gegensatz zum Gesetzesbrecher, dem alle Verwünschungen und Schmähungen nachrufen werden; dasselbe geschieht mit der 'Frucht seines Leibes, seiner Felder und Tiere', mit seinem 'Erntekorb und Backtrog', weil alle darüber staunen, wie sie gedeihen bzw. wie reichlich gefüllt sie sind. Hier fließt freilich die Bedeutung 'gesegnet' unauffällig mit ein. Als reines Verbaladjektiv 'einer, der im Besitz des Segens ist' (Wehmeier 130f.) ist *bārūk* nicht zu verstehen. Auch bei den übrigen Anwendungsweisen des Ptz. pass. überwiegt die Bedeutung 'gesegnet'; jedoch schwingt überall noch deutlich die Vorstellung mit, daß die betreffende Person Anerkennung, Ruhm, Lobpreis verdient, wie umgekehrt an den unter a)–c), e) und h) angeführten Stellen der Gedanke anklingt, daß die betreffende Person glücklich und im Besitz von Ansehen und Wohlstand, also im Besitz des 'Segens' ist. Vor allem hat sich aber ergeben, daß die *bārūk*-Formel, wenn sie nicht, wie in Sach 11, 5, zur bloßen Redensart entleert ist, immer eine Bekundung enger Solidarität mit demjenigen, dem sie gilt, oder ein Bekenntnis zur Gemeinschaft mit der betreffenden Person ist; so verwendet sie Gott gegenüber seinem Volk und seinen Frommen, vor allem aber Israel gegenüber seinem Gott. Als ein solches Bekenntnis ist sie etwa seit der späten Königszeit zum festen Bestandteil des Kultes geworden. Für die von Schottroff in Erwägung gezogene Herkunft der Formel aus dem Bereich der Nomadenkultur des Negeb oder des Sinai ist im AT kein sicherer Anhaltspunkt zu finden; die zur Stützung dieser These herangezogenen aramäisch-nabatäischen Texte sind wesentlich jünger als die ältesten at.lichen Textzeugen. Das häufige Vorkommen bei J, in den älteren Schichten des Deuteronomisten und in Ruth weist aber nach Jerusalem als der Heimat der Formel. Dann wäre es denkbar, daß das Vorkommen im AT und bei Nomaden bzw. Halbnomaden im Negeb-Gebiet doch nicht Zufall, sondern durch die engen Beziehungen des Stammes Juda zu seinen südlichen Nachbarn bedingt ist.

2. Der am häufigsten verwendete Verbalstamm ist das *pi*. Damit werden Sätze gebildet mit Gott, anderen überirdischen Wesen (nur Gen 32, 27. 30; Ps 103, 20f.), Menschen, Personenverbänden, anderen Geschöpfen oder Sachen (nur Ps 103, 22; Job 31, 20) als Subjekt und Gott, Menschen, Völkern, Tieren und Sachen als Objekt. Die Satzkonstruktion ist im allgemeinen dieselbe: *A brk B bᵉ* mit Angabe der Güter, oder des Namens dessen, in dessen Auftrag A spricht. Es ergeben sich jedoch merkliche Bedeutungsnuancen je nach Subjekt und Objekt. Man kann folgende Satzschemata unterscheiden:

a) *A* (superior) *brk B* (inferiorem): α) In den Erzvätererzählungen bezeichnet *brk* das Segnen der Kinder durch das Familienhaupt; man kann immer übersetzen: 'A segnet(e) B': J: Gen 27 (13mal); 49, 28; auch 24, 60, wo die Geschwister den verstorbenen Vater vertreten; E: 32,1; 48, 9.15. 20; P: 28,1. 6. In 24, 60; 28,1. 6 und 32,1 erfolgt das Segnen zur Verabschiedung von Kindern zu einer weiten Reise, sonst beim herannahenden Tod des Vaters. In 27,7 erfolgt das Segnen 'vor JHWH'; damit wird dem Segen eine besondere Tragweite und Feierlichkeit verliehen und die Sanktionierung durch Gott herausgestellt. Ein solcher Segen ist unabänderlich, auch wenn er erschlichen ist (v. 33). Der doppelte Akk. *A brk B bᵉrākāh* liegt der Formulierung von 27, 41 und 49, 28 zugrunde: 'A segnet B mit einem (besonderen, ihm angepaßten) Segen'. Auch wenn nur in 24, 60; 27, 29f.; 48,15f. 20; 49, 3–27 formulierte Segensworte mitgeteilt und nur in 27, 27; 32,1; 48,10.17 Riten (Kuß, Handauflegung) erwähnt werden, bedeutet hier *brk pi* offenbar immer ein unter besonderen Riten erfolgendes Aussprechen von Segensformeln, zu denen aber wegen ihres anderen Sitzes im Leben nicht die *bārūk*-Formel gehört; es geht um die Zusage von zahlreichen Nachkommen und deren Erfolge im Krieg, um Herrschaft über andere, um Wohlstand, Fruchtbarkeit der Felder, Ansehen und dgl. In 27, 28; 48,15. 20; 49, 25 finden wir zwar Gott erwähnt; es handelt sich dabei aber um Formulierungen von J bzw. E, nicht um altüberlieferten Wortlaut. Die alten, von den Erzählern übernommenen Segenssprüche nannten anscheinend Gott nicht. Das segnende Wort des Vaters war, vor allem wenn es sich um die Stammväter von Stämmen handelt, als solches wirksam, weil der Stammvater kraft seiner engen Verbindung zum Gott des Stammes in sich die Macht und Autorität zum Segen wirkenden Wort besitzt. Auch David segnet 'sein Haus', d.h. seine Familie (2 Sam 6, 20 = 1 Chr 16, 43). In 2 Sam 13, 25 ist der Segen Ersatz für das persönliche Erscheinen des Vaters bei einem Festmahl des Sohnes.

β) Nur selten 'segnen' die charismatischen Führer der israelitischen Frühzeit das Volk oder den Heerbann. Nach P segnet gelegentlich Mose gemeinsam mit Aaron das Volk (Lev 9, 23). Genaueres über ein Segnen des Mose weiß nur der Deuteronomist, wenn er den 'Mose-Segen' in Deut 33,1 einleitet: „Das ist der Segen, mit dem (doppelter Akk.) Mose die Israeliten segnete." Es folgt dann in v. 2–5 eine Kommemoration der Großtaten Jahwes und darauf eine Sammlung von Stammessprüchen, die mit Bitten an JHWH um Segen und zwei *bārūk*-Formeln (v. 20. 24) für einzelne Stämme vermischt sind. Hier sind Situation und Form des Segens dem Segen eines sterbenden Erzvaters (vgl. v. 1 mit Gen 27,7) nachgebildet (vgl. Gen 48, 9–49, 33). Von Josua heißt es in Jos 22, 6f., daß er die ostjordanischen Stämme bei der Entlassung in ihr Gebiet segnete, was wohl nur bedeutet, daß er sie mit guten Wünschen verabschiedete.

γ) Gelegentlich segnen hochgestellte Personen

einzelne treue Untergebene. In Jos 14,13; 2 Sam 19, 40 (zusammen mit einem Kuß) erfolgt das Segnen in einer Abschiedsszene. In Ex 39, 43 (P) segnet Mose zum Dank und zur Anerkennung für hervorragende Arbeit die Künstler, welche die heiligen Geräte verfertigten.

δ) Von den Königen segnen David (2 Sam 6,18 = 1 Chr 16, 2) und Salomo (1 Kön 8,14. 55 = 2 Chr 6, 3) das zum Kult versammelte Volk bei besonderen Gelegenheiten (Ladeüberführung, Tempelweihe). David tut das „mit (b^e) dem Namen JHWHs". In 1 Kön 8 par ist das Segnen ein feierlicher liturgischer Akt, der aus Gebärden, Doxologie, Vergegenwärtigung der Heilstaten JHWHs, Bitte und Paränese besteht. 2 Chr 31, 8 berichtet, daß Hiskia und die „Fürsten" zum Abschluß der Sammlung, welche die Kultreform ermöglichen sollte, „JHWH und sein Volk segneten", was wohl heißen soll, daß sie JHWH und dem Volk mittels der *bārūk*-Formel für die erfolgreiche Sammlung dankten.

ε) J und E erzählen von dem nichtisraelitischen Mantiker Bileam, daß man ihm die Macht zuschrieb zu segnen und zu verfluchen. Nach Num 22, 6 ist derjenige gesegnet, den er segnet, und ist verflucht, wen er verflucht (→ ארר). Statt aber Israel zu verfluchen, wie es der Moabiterkönig erwartet, segnet er Israel (Num 23,11. 20. 25; 24,1.10; Jos 24,10). Dieses Verfluchen bzw. Segnen geschieht in liturgischen Formen: Bileam läßt auf einer Anhöhe Altäre bauen und darauf Opfer darbringen; er selbst zieht sich in die Einsamkeit zurück und wartet auf den Bescheid Gottes. Er formuliert dann Sprüche, die an Erzväter-Segenssprüche erinnern (Num 23,7–10. 20–24; 24, 4–9. 17–24) und sowohl die bisherigen Großtaten JHWHs an diesem Volk als auch Israels zukünftigen Sieg und Wohlstand rühmen. Somit besteht das Segnen eigentlich in der Verkündigung von für Israel günstigen Seherworten (vgl. D. Vetter, Untersuchungen zum Seherspruch im AT, Diss. Heidelberg 1963). Bei J und E weiß der Seher, daß er nicht durch ein magisches Wort Segen oder Fluch wirkt, sondern daß ihn Gott nur einen Blick in die Vergangenheit und Zukunft Israels tun läßt. Demnach bedeutet „segnen" hier eigentlich „Glück ansagen" o. ä.

ζ) Daß ein Priester einzelne Fromme segnet, wird nur in 1 Sam 2, 20 gesagt. Hier wird auch der Wortlaut des Segens mitgeteilt: „JHWH gebe dir Nachkommen von der Frau..." Segnen heißt also, jemandem die Erfüllung seiner Erwartungen wünschen. Nach Lev 9, 22f. segnete bei besonderen kultischen Anlässen Aaron allein oder zusammen mit Mose das versammelte Volk mit erhobenen Händen. Nach 2 Chr 30, 27 hörte JHWH auf die Priester und Leviten, als sie unter Hiskia zum Abschluß der Bundeserneuerungsfeier „aufstanden und das Volk segneten". In Ps 118, 26 segnen die Priester die ankommenden Pilger, indem sie über sie die *bārūk*-Formel sprechen. Nach Num 6, 23 ist den Priestern aufgetragen, die Israeliten zu segnen, und es folgt auch gleich die Ritualanweisung mit dem entsprechenden Wortlaut (v. 24–26). Dieses Segnen wird in v. 27 als „den Namen JHWHs auf die Israeliten legen" umschrieben und mit der Verheißung versehen, daß dann JHWH wirklich segnen will. Segnen heißt demnach: das zum Kult versammelte Volk JHWH zum Segnen empfehlen. Die Priester sind sich also zwar auf Grund der Verheißung sicher, daß JHWH auf ihr Wort hin Segen wirken wird, aber sie wissen auch, daß sie über kein magisch wirksames Wort verfügen. Wenn Deut 10, 8; 21, 5; 1 Chr 23,13; Sir 45,15 sagen, JHWH habe den Stamm Levi oder Aaron dazu ausersehen, „mit (b^e) dem Namen JHWHs zu segnen", dann ist gewiß an ähnliche Segensformeln wie Num 6, 24–26 gedacht. In der großen Fluch- und Segensliturgie am Garizim in Deut 27 (vgl. Jos 8, 33) fällt den Priestern die Aufgabe zu, zusammen mit der einen Hälfte der Stämme „das Volk zu segnen", die Leviten aber sollen zusammen mit der anderen Hälfte der Stämme Flüche über die Verächter des Bundesgesetzes sprechen. Während die Flüche als *ārūr*-Formeln wörtlich formuliert sind, fehlen entsprechende Segensformeln; man wird aber an analoge *bārūk*-Formeln zu denken haben. – Wann der kultische Priestersegen aufgekommen ist, kann man nur schwer feststellen. Wahrscheinlich kam er in Übung, als der König die Hauptrolle im Kult an die Priester abgetreten hatte, etwa in der mittleren Königszeit. Magisches Machtwort ist er wohl nie gewesen, sondern er bestand immer in einem Gebet an JHWH um Segen für das Volk wie in Num 6, 23–27 oder in der *bārūk*-Formel wie in Ps 118, 26.

b) Das Schema *A brk B* wird auch in den Beziehungen zwischen Gleichberechtigten gebraucht. Solche Beziehungen setzt J im Ptz. *m^ebār^{e}kₑkā* Gen 12, 3; 27, 29; Num 24, 9 voraus. Gemeint sind Personen oder Stämme, die mit den Erzvätern und deren Nachkommen freundschaftliche Beziehungen aufnehmen und ihnen durch die *bārūk*-Formel oder Glückwünsche Solidarität und Anerkennung bekunden. Wie ein solches „Segnen" aussieht, zeigen Gen 14,19 (Quellenlage umstritten) und 48, 20 (E). Melkisedek segnet Abram, indem er in doppelter *bārūk*-Formel zuerst Abram dem El Eljon rühmend empfiehlt und dann El Eljon dafür preist, daß er dem Abram die Feinde ausgeliefert hat. Nach Gen 48, 20 werden Ephraim und Manasse so mit Segensgütern überhäuft sein, daß man künftig, wenn man jemanden segnen will, sagen wird: „Gott mache dich wie Ephraim und Manasse." In 2 Sam 8,10 = 1 Chr 18,10 besteht das Segnen darin, daß der König von Hamat dem David zu seinem Sieg gratuliert. In 1 Sam 13,10; 25,14; 2 Kön 4, 29; 10,15 bedeutet *brk pi* einfach „(be)-grüßen". Wie der Gruß lautete, wird nicht gesagt; er dürfte aber die Form eines Wunsches gehabt haben, wie in Ruth 2, 4, wo Boaz sein Personal mit „JHWH sei mit euch" begrüßt und die Leute seinen Gruß erwidern mit „JHWH segne dich". In Ps 129, 8 wird der Inhalt des Segensgrußes „mit dem Namen JHWHs" so angegeben: „Der Segen JHWHs sei über euch." „Segnen" heißt hier überall also: jemanden grüßen, indem man ihm den Wunsch zuruft „JHWH möge dich segnen" o.ä. Was in Ps 62, 5; Spr 27,14 genauer mit *brk pi* gemeint ist, 'segnen', 'freundlich begrüßen' oder 'rühmen', läßt sich schwer entscheiden. Wenn nach Sir 31 (34), 23 die Lippen der Mitmenschen einen gut erzogenen Menschen „segnen", dann ist wohl gemeint, daß man ihn rühmt, anerkennend von ihm spricht oder dgl.

c) Im Schema *A brk B* kann B mit A identisch sein; dann bedeutet der Satz „A rühmt sich selbst" (*napšō*). So in Ps 49,19 und wohl auch Ps 10, 3, wenn auch hier ein Objekt fehlt und MT unsicher ist.

d) Relativ selten ist das Schema *A* (inferior) *brk B* (superiorem). Wenn nach Gen 47,7.10 (E) Jakob den Pharao zu Beginn und am Schluß der Audienz „segnet", ist sicher ein an Gott gerichteter Segenswunsch gemeint. Dasselbe dürfte in 2 Sam 14, 22 mit dem Segnen Davids durch Joab der Fall sein. Wenn ein Schuldner den großzügigen Gläubiger (Deut 24,13) und ein dankbarer Untertan den huldvollen König „segnet" (Ps 72,15), dann heißt das sicher: er betet dankbar für ihn um Segen. Ein fürbittendes Gebet um Segen spricht nach 1 Kön 8, 66 das Volk zum Schluß der Liturgie für den König (vgl. Ps 20; 61,7ff.; 63,12) und erbittet sich sogar nach Ex 12, 32 (J) der Pharao von dem zum Gottesdienst versammelten Israel. Nach 2 Sam 21, 3 erwartet sich offenbar etwas Ähnliches David von den Gibeoniten, wenn ihr Anspruch auf Blutrache befriedigt ist: „Betet dann für das Erbe JHWHs." In 1 Kön 1, 47 kommen nach der Salbung Salomos die „Diener des Königs" zum alten David, um ihn zu „segnen". Was sie dabei aber sagen, ist ein Wunsch an Gott, er möge Salomo noch größer machen als David. Man kann also den alten König dadurch segnen, daß man für seinen Sohn um Gottes Segen bittet. Für den Vater David ist das ehrenvoll, wenn er einen Sohn hat, der ihn noch übertrifft. Nach Spr 30,11 können auch Kinder ihre Eltern segnen, aber *brk pi* wird hier nur mit Negation („die Mutter nicht segnen") parallel zu „den Vater verwünschen" gebraucht.

e) Interessante Beobachtungen macht man bezüglich der Verteilung des Schemas *A brk jhwh*. In vordeuteronomischen Texten kommt es nur in Gen 24, 48 (J) vor: Abrahams Knecht hat JHWH „gesegnet", der (אשר) ihn auf der Reise geführt hat. Der begründende Relativsatz läßt darauf schließen, daß *brk pi* bedeutet: aus Dankbarkeit die *bārūk*-Formel auf JHWH anwenden. Ähnlich wird *brk* vom Deuteronomisten in Deut 8,10; Jos 22, 33 verwendet. In Jos 22, 33 kann der konkrete Anlaß zum Sprechen der *bārūk*-Formel aus dem Zusammenhang erschlossen werden: die Freude darüber, daß der Streit mit den Oststämmen beigelegt ist. In Deut 8,10 steht ein begründender Relativsatz; er entspricht aber nicht mehr dem alten Sitz im Leben der *bārūk*-Formel, weil er nicht einen einmaligen Anlaß angibt, sondern die dauernde Dankbarkeit Israels für die Landgabe voraussetzt. Das dankbare Loben JHWHs geschieht hier regelmäßig im Kult an bestimmten Erntefesten. Sonst gibt es in der erzählenden Literatur dieses Schema nur noch beim Chronisten und das entsprechende aramäische Satzschema *A brk (pa'el) l^ejhwh* in Dan: 1 Chr 29,10. 20 (hier wohl unter aram. Einfluß einmal *l^ejhwh* neben normalem Akk.-Objekt); 2 Chr 20, 26; 31, 8 (s.o. a δ); Neh 8, 6; 9, 5; Dan 2,19f.; 4, 31. Bei Dan ist der Anlaß zum Lobpreis JHWHs ein aktueller, beim Chronisten ein kultischer. Jes 66, 3 tadelt solche, die „ein Scheusal (= Götzenbild) segnen", d.h. kultisch lobpreisen. Die Konstruktion mit einem begründenden Relativsatz kommt noch in Ps 16,7 vor: „Ich will (dankbar) JHWH preisen (d.h. hier sicher: ihm die *bārūk*-Formel zurufen), der mir Rat erteilt hat". Sonst steht *brk pi* zum Lobpreis JHWHs immer in Liedern, die für den Kult gedichtet oder für kultischen Gebrauch angepaßt wurden, in Selbstaufforderungen: Ps 103,1f.; 104,1. 35, in Fremdaufforderungen: Ri 5, 2. 9; Ps 66, 8; 68, 27; 96, 2; 100, 4; 134,1f.; 135,19f.; 145,10. 21, in einem Versprechen: Ps 26,12; 34, 2; 63, 5; 115,18. Es handelt sich dabei immer um formelhafte Wendungen ohne aktuellen Bezug. Die Bedeutung „JHWH preisen" für *brk pi* gehört also der nachexilischen Kultsprache an, während sie in älterer Zeit nur sporadisch in Fällen, wo die alte *bārūk*-Formel mit Begründungssatz angebracht war (Gen 24, 48), Verwendung fand. – Abgesehen von den unter i) zu besprechenden Euphemismen kommt *brk pi* mit Gott als Objekt in der Weisheitsliteratur nur Sir 35(32),13; 39, 35; 50, 22 und 51,12 vor, wo der Weise sich und andere auffordert, JHWH wegen seiner Schöpferweisheit zu preisen. – In die prophetische Literatur hat dieser Sprachgebrauch gar keinen Eingang gefunden. Die Vorstellung, daß man Gott „segnen" kann, war also nicht immer selbstverständlich. Zur Zeit des Jahwisten war es nur dann üblich, JHWH zu „segnen", wenn eine einmalige Situation einen Dank an JHWH nahelegte; später wurde das bei kultischen Anlässen gebräuchlich. Schließlich wurden Sätze wie „Ich will/wir wollen JHWH preisen", „Preiset JHWH" u.ä. zu rein liturgischen Formeln, bei denen niemand mehr erwartete, daß man einer solchen Beteuerung oder Aufforderung wirklich nachkam und man nun etwa die *bārūk*-Formel zu rezitieren hatte. Solche Formeln galten vielmehr selber schon als Lobpreis JHWHs, sie sind zu reinen Benediktionsformeln geworden, die gleichwertig neben dem ebenfalls rein formelhaften *bārūk jhwh* stehen.

f) Nur ganz vereinzelt segnet im AT ein Mensch eine Sache, segnen Sachen einen Menschen oder Gott und segnen überirdische Wesen Gott. Nach 1 Sam 9,13 pflegt Samuel „das Schlachtopfer zu segnen", bevor die Teilnehmer zu essen beginnen. Es ist wohl dabei an eine Bitte an Gott um Segen für die Teilnehmer am Opfermahl oder an einen Lobpreis Gottes zu denken. Wenn nach Hi 31, 20 „die Lenden" eines Armen den wohltätigen Hiob segnen, stehen die „Lenden" natürlich für die ganze Person. Nur in Ps 103, 20ff. werden die „Werke", die Engel und das himmlische Heer JHWHs aufgefordert, JHWH zu preisen, wobei einfach die liturgische Formel *bārᵃkū jhwh* auf die außermenschlichen Geschöpfe übertragen ist.

Wenn wir die Beobachtungen von a) bis f) zusammenfassen, ersehen wir, daß *brk pi* immer ein Aussprechen feierlicher Worte meint, die demjenigen, dem sie gelten, die Anerkennung, den Dank, die Ehrfurcht, die solidarische Verbundenheit oder das Wohlwollen des Sprechenden bekunden, die das Ansehen des Betreffenden vermehren und, soweit ein Mensch Objekt ist, ihm Glück, Erfolg, Mehrung der Lebensgüter wünschen. Nur in den ältesten Überlieferungsschichten der Patriarchenerzählungen finden wir noch Spuren magischen Denkens, demzufolge solche Worte, von einem Stammvater gesprochen, in sich die Kraft haben, die gemeinten Lebensgüter zu bewirken oder zu mehren (Westermann). Sonst dürfte *brk pi* mit Menschen oder Sachen als Objekt und Menschen als Subjekt immer als Empfehlung oder Bitte an Gott aufzufassen sein, den betreffenden Menschen glücklich zu machen. Ist Gott Objekt, dann wird man *brk pi* immer mit 'preisen' oder dgl. wiedergeben. Bei Menschen als Objekt kann man je nach Zusammenhang 'grüßen', 'beglückwünschen', 'danken', 'rühmen', zumeist aber 'segnen' übersetzen. Mit Ausnahme der wenigen Stellen, wo ein heuchlerisches Verhalten dahintersteckt, bedeutet *brk pi* immer eine Solidaritätserklärung, ein Bekenntnis zur Gemeinschaft mit demjenigen, der als Objekt genannt ist. Das ist auch für die Texte zu beachten, in denen Gott Objekt ist. Es geht darin nicht um die Bekundung der Unterwürfigkeit des Geschöpfes und um die Souveränität Gottes, sondern um den Dank und die dankbare Bekundung der innigen Verbundenheit mit dem Gott Israels.

Das trifft auch zu, wenn Gott Subjekt und der Mensch oder Dinge Objekt des Segnens sind.

g) Bei der Verwendung des Schemas *jhwh brk N. N.* fällt auf, daß die Vorstellung, Gott spreche eine Segensformel, nur selten, zumeist in späten Texten zu belegen ist und daß keine der Verheißungen an die Erzväter in Gen oder an David und Salomo beim Deuteronomisten als ein „Segnen" bezeichnet wird; der Segen wird immer nur *in* der Verheißung in Aussicht gestellt.

In sicher vorexilischen Texten ist ein Sprechen Gottes in Zusammenhang mit *brk* nicht erwähnt. Aber das „Segnen", das Jakob von dem geheimnisvollen „Mann" am Jabbok erbittet, ist sicher ein Sprechen von Worten, wahrscheinlich begleitet von bestimmten Gebärden (Gen 32, 27. 30). Eine Segensformel, nämlich die *bārūk*-Formel, folgt dem Satz „den JHWH segnete" in Jes 19, 25. Ein segnendes Sprechen Gottes im Gegensatz zum Fluchen menschlicher Gegner ist wohl in Ps 109, 28 (*brk* und *qll pi* ohne Objekt) gemeint. Ein Segnen Gottes mit Worten kennt P in Gen 1, 22. 28; 5, 2 und 9,1, wo Gott Lebewesen bzw. den Menschen segnet, und 35, 9 und 48, 3, wo Jakob gesegnet wird, und zwar mit stereotypen Formeln wie „Seid fruchtbar und vermehrt euch" bzw. „Ich mache fruchtbar und vermehre deinen Samen" oder dgl. In 17,16. 20; 22,17 (nach P überarb.); 25,11; 26, 24 (nach P überarb.?); 28, 3; Num 6, 24. 27 dagegen deutet der Zusammenhang keine göttlichen Segensworte an; hier ist überall ein unmittelbares Verleihen von Fruchtbarkeit, Reichtum, Ansehen oder dgl. gemeint. Dasselbe scheint bei allen anderen Tradenten des AT der Fall zu sein. Man kann überall „segnen" im Sinn von „Lebenskraft, Wohlstand, Fülle, Fruchtbarkeit verleihen" übersetzen: J: Gen 12, 2; 26,12; 49, 25; – E: Gen 48,16; – Bb: Ex 20, 24; – Deut: 1,11; 7,13; 14, 24; 15, 4. 6; 26,15; 28, 8; 30,16; – Deuteronomist: Ri 13, 24; 2 Sam 6,11f.; 7, 29; – Ruth 2, 4; – beim Chronisten: 1 Chr 4,10; 13,14; 17, 27; 26, 5; 2 Chr 31,10; – bei den Propheten: nur Jes 51, 2; 61, 9; – Ps: 5,13; 28, 9; 45, 3; 67, 2.7; 107, 38; 115,12f.; 147,13. In Hag 2,19 und Ps 115,12 steht *brk pi* im selben Sinn ohne Objekt. Empfänger des Segens sind das Volk Israel, seine Stammväter oder einzelne Israeliten. Außer bei den Stammvätern (bei J, E und in Jes 51, 2), die JHWH aus ungeschuldeter Gnade segnet, wird dabei immer vorausgesetzt, oder, wie in Ex 20, 24 und Deut, gefordert, daß die betreffende Person bzw. Israel den Segen durch Treue gegen Gott und sein Gesetz verdient. P kennt die ganze Menschheit, ja sogar alle Lebewesen als Empfänger des Segens. J sagt, daß Gott auch Nichtisraeliten segnet, wenn sie einen Israeliten oder einen Stammvater Israels aufnehmen und gut behandeln; dann segnet er „wegen (*big^{e}lal*) N.N." (Gen 30, 27. 30; 39, 5), er segnet überhaupt alle, die ihrerseits die Erwählten und deren „Samen" segnen (Gen 12, 3). In Anspielung an Gen 12, 3 sagt Sir 44, 21, Gott habe Abraham eidlich zugesichert, er werde „durch seine Nachkommen die Völker segnen". Daß der Segen Gottes im Verleihen von Lebenskraft und Gütern oder dgl. besteht, das deuten gelegentlich die Konstruktionen an: *brk b^e* = 'segnen mit/an etwas' (Gen 24,1; *b^{e}kol* = 'an allem, in jeder Hinsicht'; Ps 29,11: *b^{e}šālōm* = 'mit Heil'), *brk m^e'ōd* (Gen 24, 35) 'sehr segnen', *brk 'ad kōh* (Jos 17,14) = 'bis zu so einem Ausmaß' und mit doppeltem Akk. *brk N. N. b^{e}rākōt/āh* = 'segnen mit der Segensfülle/mit Segen' (Gen 49, 25; Deut 12,7; 33,1). Nur im Deut sind Wendungen üblich wie „segnen bei (*b^e*) jedem Werk deiner Hände", „bei (*b^e*) allem, was deine Hände anpacken", „bei (*b^e*) deinem ganzen Ertrag": 2,7; 15,10.18; 16,15; 23,21; 24,19. Nur in Ex 20, 24 und Ps 128, 5; 134, 3 wird ein Heiligtum als bevorzugter Ort des Segnens JHWHs erwähnt. Nie „segnen" fremde Götter. Wiederum ist auffallend, daß bei den Propheten, abgesehen von Jes 19, 25; 51, 2 und 61, 9 sowie Hag 2,19, JHWH kaum segnet.

h) Nur selten heißt es, daß Gott Sachen oder Tiere segnet. Bei J segnet anscheinend JHWH einmal die Felder (Gen 27, 27), wenn nicht etwa dort der doppelte Akk. gemeint ist: „das Feld, mit dem ihn JHWH gesegnet hat". In Gen 1, 22 segnet Gott die Tiere mit der bei P üblichen Mehrungsformel (s.o. g). In Gen 2, 3 und Ex 20,11 segnet er den Sabbat, wohl indem er ihm die Wirkung verleiht, dem Menschen, der ihn hält, den göttlichen Segen zu vermitteln. Das Tun und den nach dem Unglück noch verbleibenden Teil der Lebenszeit (→ אחרית) Hiobs segnet Gott nach Hi 1,10 und 42,12. Ferner segnet er die Wohnung bzw. die Flur des Gerechten (Jer 31, 23; Spr 3, 33), was auf den Feldern wächst (Ps 65,11), und die Nahrung (Ps 132,15). Als positive Sanktion für sein Gesetz sagt Gott denen, die es beobachten, zu, daß er segnen werde Brot und Wasser (Ex 23, 25: Bb), Leibesfrucht und Feldfrucht (Deut 7,13), das Land (26,15) und seinen Ertrag (33,11), überhaupt „alles, was deine Hände unternehmen" (28,12). Außer Gen 27, 27 und Ex 23, 25 reicht kaum einer dieser Texte in die Zeit vor Deut zurück. Die Vorstellung, daß Gott Sachen, Güter oder Tage segnet, war also in der älteren Zeit kaum und auch später nur wenig geläufig; vielleicht stammt sie, weil ברך *pi* in dieser Verwendung besonders in Zusammenhang mit Gesetzen belegt ist, überhaupt aus Gesetzessanktionen.

i) Die Wendung *A brk 'ælōhīm (wāmælæk)* in Hi 1, 5.11; 2, 5. 9 und 1 Kön 21,10.13 ist ein Euphemismus; ברך ersetzt hier → קלל *pi*, das ein Lästern, ein Herabsetzen durch verächtliche Rede bedeutet und den Erzählern, wenn Gott Objekt sein sollte, so skandalös klang, daß sie es euphemistisch zu umschreiben suchten. Demnach ist ברך *pi* genau das Gegenteil von קלל *pi*, das ein Fluchen und Verächtlichmachen sowohl mit Worten als auch durch Handlungen bedeuten kann.

3. Von anderen Verbalstämmen kommen im AT nur *niph*, *pu* und *hitp* vor.

a) Das *pu* entspricht als Passivform den Bedeutungen des *pi*. Der Sitz im Leben der *bārūk*-Formel liegt in Ri 5, 24 vor, wo gemeint ist, daß Jaël mit der erwähnten Formel gepriesen und mit einem ehrenden Ritus gefeiert werden soll (Wehmeier 175f.). Ähnlich verdient es nach Ps 113, 2 und Hi 1, 21 JHWHs Name, mit der *bārūk*-Formel gepriesen zu werden. Die beiden letzten Stellen sind als Wunsch formuliert (*j^{e}hī*); freilich ist dieser Wunsch schon selbst zur Formel erstarrt ähnlich wie die *pi*-Entsprechung *bār^{e}kū jhwh*. – Den Segensspruch eines mit besonderen Segens- und Fluchkräften begabten Mantikers setzt Num 22, 6 voraus: „Wen du segnest (mit einem Glück bringenden/verheißenden Wort), der ist gesegnet" (*m^{e}bōrāk*). Das *pu* bedeutet also das Belegtsein mit einem Segenswort, das von einer solchen zum Segnen besonders befugten Person auch wirklich Segen bringt. Darum fließen die Bedeutungen „mit einem Segenswort bedacht sein" und „mit glückbringender Kraft beschenkt sein" ineinander.

Dem *pi* mit Gott als Subjekt entspricht das *pu*, wenn es ein Gesegnetsein von Personen oder Sachen bezeichnet. Dabei wird JHWH als Urheber nur in Deut 33,13 („sein Land ist ein von JHWH gesegnetes"); 2 Sam 7, 29 (ähnlich 1 Chr 17, 27); Ps 37, 22 ausdrücklich genannt. Sicher ist er aber als Urheber des Segens gemeint, wenn es heißt, daß der Rechtschaffene und Gottesfürchtige (Ps 112, 2; 128, 4), „der mit freundlichem Auge, der von seinem Brot dem Elenden abgibt" (Spr 22, 9), „gesegnet wird" (*j^{e}bōrāk*). In Ps 128 definiert v. 2f. das in v. 4 behauptete Gesegnetsein: Einem solchen Mann geht es gut, er ißt vom Ertrag seiner Arbeit, hat eine blühende Frau und um den Tisch eine große Schar von Söhnen. Das *pu* bedeutet also das Erfahren der glückbringenden Kräfte, die von JHWH auf die Frommen bzw. auf die Erwählten (David) ausgehen.

b) Das *hitp* kommt in folgenden Zusammenhängen vor: Nach Deut 29,18 besagt es, daß jemand – hier allerdings unberechtigt und anmaßend – sagt: „Mir geht es gut, mir steht Heil zu" o.ä. Demnach muß es bedeuten „sich glücklich preisen, sich für gesegnet halten, sich mit dem Segen rühmen" oder dgl. Ähnlich ist Jes 65,16 zu verstehen. Hier steht parallel *nišba' bē'lōhīm* =

„schwören unter Nennung des Gottesnamens". Dann muß *hitbārek bēʾlōhîm* bedeuten „sich glücklich preisen/ für gesegnet halten unter Bezugnahme auf Gott", was konkret heißen könnte: „sich als *bᵉrûk jhwh*, als von JHWH Gesegneten betrachten, sich des Segens JHWHs rühmen". In Gen 22,18; 26,4; Jer 4,2 (hier wohl *bᵉkā* statt *bō* zu lesen) und Ps 72,17 wird *hitp* auch mit *bᵉ* konstruiert, aber unter Bezug auf die vorher genannte bzw. angeredete Person (Patriarch, Israel, König). In Ps 72,17 heißt es parallel: „Alle Völker werden ihn (den König) glücklich preisen" (*jeʾaššᵉrûhû* → אשרי). Dann ist auch in *wᵉjitbārᵉkû bō* ein anerkennender Bezug auf den König enthalten: Alle Völker werden sich des Segens rühmen unter Bezugnahme auf den König Israels, sie werden sich rühmen, am Segen des Königs teilzuhaben. In Gen 22,18 und 26,4 muß dasselbe gemeint sein: Die anderen Völker werden sich rühmen, am Segen Abrahams bzw. Isaaks und ihrer Nachkommen teilzuhaben. Darin liegt eine Solidaritätserklärung zu Israel und seinen Stammvätern oder zu seinem König.

c) Mit *bᵉ* wird ähnlich das *niph* in Gen 12,3; 18,18 und 28,14 konstruiert, aber der Sinn ist umstritten.

Zur Diskussion vgl. Wehmeier 177–179; Lit. 2: Schreiner, Junker. Passiver ('gesegnet werden/Segen erfahren durch N.N.': Junker und fast die ganze Tradition mit den alten Übersetzungen), medialer ('sich Segen verschaffen durch N.N.': Schreiner) und reflexiver Sinn ('sich unter Berufung auf N.N.' bzw. 'unter Hinweis auf das Glück des N.N. Segen wünschen', so bisher u.a. Scharbert) wurden in Erwägung gezogen. Diese Deutungen widersprechen einander nicht, wenn man bedenkt, daß in jedem Fall *brk niph* eine Solidaritätserklärung zu N.N. bedeutet, auf Grund deren die Völker auf den Segen JHWHs rechnen können. Man wird in Analogie zu der Konstruktion des *hitp* annähernd alle drei Sinngehalte einfangen können, wenn man etwa übersetzt: „... dann werden alle Völker der Erde sich unter deinem Namen/unter Berufung auf dich Segen zuschreiben." Hätten die Tradenten das Passiv 'gesegnet werden/ Segen erlangen' gemeint, dann hätten sie wohl das *pu* gewählt (so mit Recht Wehmeier 178).

4. Das Nomen deckt sich im Bedeutungsfeld annähernd mit den Verbalformen und findet sich in folgenden syntaktischen Konstruktionen:

a) ברכה als Subjekt: 'Segen' kann Subjekt eines Nominalsatzes und eines Satzes mit der Kopula היה sein. Ist es der 'Segen JHWHs', der 'in (ב) allem' ist, was einem Menschen gehört (Gen 39,5), der 'auf' (על) jemandem ist (Ps 3,9) oder 'jemandem zukommt' (אל Ps 129,8, wenn nicht auch hier על zu lesen ist), oder ist es 'Segen' schlechthin, ohne daß JHWH direkt genannt wird, der 'in' (ב) etwas ist (Jes 65,8), dann ist in der Regel 'Segen' die von JHWH ausgehende Kraft, die dem Menschen Glück und Wohlstand bringt. Sie kann als Besitz des Frommen ('dein Segen') betrachtet werden, der durch gute Werke 'zum vollen Maß' (תשלם Sir 7,32) gebracht werden kann. Segen in diesem Sinn 'macht reich' (Spr 10,22); er „erreicht" den, der seinen Vater ehrt (Sir 3,8f.). Er ist aber auch „in allem, was einem Menschen gehört" (*bᵉkōl ʾašœr ješ lō*: Gen 39,5); nach Sir 39,22 „strömt" der Segen Gottes „überreichlich wie der Nil" über die ganze Schöpfung aus. Wenn Sir 50,20 vom Hohenpriester Simon sagt, daß „auf (ב) seinen Lippen der Segen JHWHs war", dann denkt man zwar zunächst wohl an den aaronitischen Segen von Num 6,23–27, aber zugleich auch an die von JHWH auf das Volk ausgehende Segenskraft. Ähnlich dürften Spr 10,6 und 11,26 zu verstehen sein: Der 'Segen' sind hier einerseits die Segensworte, die die Mitmenschen „dem Kopf des Frommen" bzw. „dessen, der Getreide feilbietet" (*lᵉrōʾš*) zurufen, anderseits die dadurch ausgelösten und von Gott gewirkten und für den Betreffenden glückbringenden Kräfte. In demselben Sinn „kommt der Segen des Elenden über" (על) den Helfer (Hi 29,13) und „der Segen an Gutem (*birkat ṭôb*) über" gerechte Richter (Spr 24,25). „Der Segen der Rechtschaffenen", der „einer Stadt aufhilft" (Spr 11,11), ist gewiß nicht nur das segnende Wort, sondern auch die Segenskraft, die damit freigesetzt wird. In Deut 28,2 sind „diese Segen" (*habbᵉrākōt hāʾellœh*), die „über dich kommen und dich erreichen", zwar zunächst die folgenden *bārûk*-Formeln, aber auch die dadurch ausgelösten Segenspotenzen, die Israel glücklich machen. ברכה in diesem doppeldeutigen Sinn von Segenswort und Segenspotenz kann Grade haben. So können die Segensworte eines Stammvaters und die damit ausgelöste Segensfülle (*bᵉrākōt*) 'mächtiger sein' (*gābᵉrû ʿal*) als die normalerweise auf „Berge und Hügel ersehnte Segensfülle" (Gen 49,26), und kann ein Vater die Fülle der Segensmacht, über die er verfügt, in *einem* Segenswort auf einen einzigen Sohn konzentrieren, womit dann die anderen Kinder diesem unterstellt werden; ein solcher 'einziger Segen' ist unwiderruflich und unteilbar, wenn er 'vor JHWH' (Gen 27,7) ausgesprochen und freigesetzt ist (Gen 27,37f.). – Man wird an fast all diesen Stellen am besten bei der auch im Deutschen doppeldeutigen Übersetzung 'Segen' bleiben, muß aber wohl den Pl. in Gen 49,26 mit 'Segensfülle' o.ä. wiedergeben.

b) ברכה als Objekt: Die Doppeldeutigkeit ist auch zu beobachten, wenn ברכה Objekt ist. In der Wendung *A bārek B bᵉrākāh* ist, wenn Menschen Subjekt sind (Gen 27,41; 49,28; Deut 33,1), dem Zusammenhang nach das Segenswort gemeint, aber eben als ein Wort, das die glückbringende Kraft auch auslöst. In Gen 49,25 steht die Segensfülle im Vordergrund des Bewußtseins, die den Himmel zum Spenden des

Regens, das Grundwasser zum Tränken des Ackerbodens und „Brüste und Mutterleib" zum Gebären und Stillen der Kinder veranlaßt. Man wird in allen vier Stellen übersetzen: „A segnet B mit einem Segen ..." bzw. „mit der Segensfülle von ...". Ein Mensch bzw. Stamm kann „voll des Segens JHWHs sein" (Deut 33, 23). Wenn Josua „den Segen und den Fluch" zusammen mit „allen Worten der Thora ausruft" (Jos 8, 34), dann sind wohl nur die am Schluß des Gesetzeskorpus formulierten Segens- und Fluchsanktionen gemeint. Wenn aber JHWH seinen Segen „für euch" (Lev 25, 21) bzw. „in deinen Speichern und an allem, woran du die Hand anlegst" (Deut 28, 8) oder an einem Ort (Ps 133, 3) „aufbietet" (צוה), ist wieder an die von JHWH ausgehende Kraft gedacht. Wenn man den Priestern die vorgeschriebenen Abgaben entrichtet, dann „läßt man seinem Haus Segen zukommen" (הניח אל ביתך Ez 44, 30), und wenn man am Kult teilnimmt, „trägt man Segen von JHWH mit heim" (נשא ברכה מאת יהוה Ps 24, 5). JHWH „gießt (יצק) seinen Segen auf deine Nachkommen aus" (Jes 44, 3); wohin er kommt, „läßt er Segen zurück" (השאיר אחריו Jo 2,14), und er „kommt dem Frommen mit glückhaftem Segen entgegen" (יקדם ברכות טוב: Ps 21, 4). Auf Israels Haupt „leitet er Segen (נחה) und festigt ihn mit Segen" (Sir 44, 23). – Mehrdeutig sind Wendungen mit נתן, לקח und הביא. Mose „legt den Segen vor Israel hin" (נתן לפני Deut 11, 26f.; 30,1.19); er tut es, indem er ihm die Segens- und Fluchsanktionen des Gesetzes vorträgt und sein Volk so vor die Wahl stellt, ob es durch sein Verhalten Segen oder Fluch in Kraft setzt. Nach Deut 11, 29 soll Israel „auf den Berg Garizim den Segen und auf den Berg Ebal den Fluch legen" (נתן על הר). Formel und darin liegende Potenz sind eines. Die Leviten in Ex 32, 29 haben aber „Segen auf sich gelegt" nicht durch ein Wort, sondern durch ihre eifernde Tat. In Gen 28, 4 erwartet Isaak, daß Gott seinem Sohn Jakob „den Segen Abrahams gibt", womit nicht die Formeln des Abrahamsegens, sondern der Wohlstand Abrahams gemeint ist. Die Lebensgüter sind auch in Deut 12,15; 16,16f. gemeint, wenn Israel Fleisch zu essen und Getreide ans Heiligtum abzuliefern haben wird „entsprechend dem Segen, den dir JHWH gibt". Vollends ist Segen ein bestimmtes Gut, nämlich eine Quelle, in Jos 15,19; Ri 1,15. – Esau fürchtet (Gen 27,12), auf sich Fluch statt Segen zu bringen (הביא על) und denkt dabei sowohl an die Segensworte des Vaters, als auch an die Kräfte, die dadurch ausgelöst werden. Dagegen bringt Abigail in 1 Sam 25, 27 für David einen „Segen" in Form von Speisen, sie bringt ein „Begrüßungsgeschenk". – Wenn man Segen geben und bringen kann, dann kann man ihn auch 'an-' oder 'wegnehmen' (לקח). So ist auch der 'Segen', den Elisa von Naaman oder Esau von Jakob annehmen soll (2 Kön 5,15; Gen 33,11), sehr handfest; er besteht aus Silber und Kleidern bzw. aus Vieh. Dagegen ist der Segen, den Jakob Esau weggenommen hat (Gen 27, 35f., neben לקח noch אצל 'zur Seite legen'), zunächst das Segenswort des Vaters und erst sekundär die glückbringende Kraft, die darin steckt. – Wenn Fluch oder Segen 'kommen' und 'sich entfernen', je nachdem ob man das eine oder das andere 'liebt' (→ אהב, חפץ), dann sind Fluch- bzw. Segensworte und die darin liegende Potenz identisch (Ps 109,17). Ähnliches gilt für Wendungen wie „JHWH verwandelt dir den Fluch in Segen" (Deut 23, 6; Neh 13, 2); JHWH „verflucht (*'rr*) euch den Segen" (Mal 2, 2). Gedacht ist dabei an die Fluch- und Segenssanktionen des Gesetzes (Lev 26; Deut 28) ebenso wie an die in Kraft gesetzten Heils- oder Unheilskräfte. In Mal 3,10 aber bedeutet „den Segen entleeren" soviel wie: die Wolken zu befruchtendem Regen entleeren. – Unklar ist 2 Kön 18, 31 = Jes 36,16: Man kann *'aśū 'ittī b^erākāh* wohl nur „Schließt mit mir Frieden!" übersetzen.

c) Andere Verwendung des Nomens: Ein andere mit reichlichen Geschenken beglückender Mensch ist eine נפש ברכה, „eine Segen austeilende Person" (Spr 11, 25). – Eine Gegend, die sich durch Fruchtbarkeit auszeichnet, ist ein עדן ברכה, „ein durch Segen befruchtetes Eden" (Sir 40, 27), und ein Regen, der Fruchtbarkeit bringt, ist ein „Segen (wirkender) Regenguß" (Ez 34, 26). Ein Frommer ist „groß an Segensfülle" (רב ברכות Spr 28, 20). In diesen Fällen ist die von JHWH stammende segensreiche Kraft und das, was sie wirkt, der Wohlstand und die Fruchtbarkeit, dasselbe. Ähnliches wird dann von 2 Sam 7, 29; Sir 4,13; 44, 23 gelten. – Der durch die *bārūk*-Formel oder ähnliche Wendungen ausgesprochene liturgische Lobpreis Gottes ist gemeint, wenn JHWH „hoch über aller *b^erākāh*" ist (Neh 9, 5) oder wenn ein Ort „Tal der *b^erākāh*" heißt, „weil man dort JHWH pries" (2 Chr 20, 26). An die auf einen Frommen anzuwendende *bārūk*-Formel spielt wahrscheinlich Spr 10,7 an: „Die Erwähnung (זכר) der Gerechten geschieht für/zum Zweck des Segens (לברכה)." Dasselbe dürfte in Ps 37, 26 gemeint sein: Die Frommen sind „zum Segen" (לברכה ohne Verb). In dem Satzschema *A jihjæh b^erākāh* ist diese Bedeutung schon beim Jahwisten belegt (Gen 12, 2), taucht dann aber erst wieder in Jes 19, 24 und Sach 8,13 auf; ähnlich heißt es in Ps 21,7, daß Gott den König „als Segen hinstellt" (שית). Freilich bleibt in diesen Fällen unklar, ob der Betreffende selbst Subjekt der *bārūk*-Formel ist, wofür Jes 19, 24 sprechen würde, oder ob er in Analogie zum Fluch in Jer 29, 22 als Beispiel in Segensworten bzw. Lobpreisungen für andere dient. – Ganz unklar bleibt Ps 84,7.

III. 1. In vorchristlichen hebr. Inschriften kommt *brk II* nur in einem Ostrakon aus Samaria 2 mal vor (KAI 188, 1f.), wo aber wahrscheinlich der Eigenname Baruch zu lesen ist, und neuestens anscheinend die *bārūk*-Formel ברך אריהו ליהוה = 'Uria sei JHWH gegenüber gerühmt' o.ä., in einer Grabinschrift aus der Königszeit in der Nähe von Hebron, vgl. W.G. Dever, in: Kadmoniot 4 (1971) 90–92.

2. In Qumran sind die at.lichen Bedeutungen von ברך einigermaßen erhalten geblieben, doch zeichnet sich ein eigentümlicher Sprachgebrauch ab.

a) Bei der *bārūk*-Formel fällt im Vergleich zu den späten Texten des AT ein gewisser Archaismus auf. Er zeigt sich einmal in der Kombination der Formel für Gott und der für Menschen (vgl. Gen 14, 19f.): „Gepriesen sei der Gott Israels ... und gesegnet seien alle seine Diener" (1 QM XIII 2f.), zum anderen im Wiederauftauchen der alten Begründungssätze mit dem Verb im Perfekt: „Gepriesen sei Gott ..., der (אשר) das und das getan hat" (1 QH XI 27; XVI 8; fragm. 4, 15; 1 Q 34 bis 2, 3); „Gepriesen sei Gott, weil (כי) er ..." (1 QM XVIII 6; 1 QH V 20; X 14; XI 32). Freilich ist dabei die Tat Gottes für den Sprechenden kein ihn unmittelbar berührendes Geschehen mehr. Daneben begegnet uns die Formel mit anderen begründenden Angaben: mit ב („wegen seines heiligen Plans": 1 QM XIII 2), mit Ptz. („der zum Erkennen auftut": 1 QS XI 15; „der Gnade/den Bund bewahrt" 1 QM XIV 4. 8; vgl. ferner 11 QPs^a XIX 7; XXVI 13), mit besonderen Attributen („der Gott des Erbarmens": 1 QH XI 29; „mein Herr, groß an Rat": 1 QH XVI 8). Neu gegenüber dem AT ist die Anwendung der Formel auf den Zion: „Gepriesen ... sei dein Gedächtnis, Zion" (11 QPs^a XX 2).

b) Beim Verb ist neu das *hiph* mit Priestern als Subjekt und Speisen als Objekt; zu übersetzen ist wohl „über Brot/Most den Lobpreis sprechen, für Brot/Most danken" (1 QS VI 5f. und demnach auch Ptz. in 1 QSa II 19). – Das *pi* wird ähnlich wie im AT verwendet; aber nur Priester und der „Unterweiser" (משכיל) segnen die Gemeinde, die einzelnen Mitglieder und den „Fürsten", wobei immer eine dem aaronitischen Segen ähnliche Segensformel gemeint ist, in der Gott um Segen gebeten wird (1 QS II 1; Sa II 21; Sb I 1; V 20). Mit Gott als Objekt heißt auch in Qumran ברך *pi* „lobpreisen": 1 QS I 19; VI 3. 8; VII 1; 1 QM XIII 7; XIV 3; XVIII 6; 1 QH I 31; II 30; XIV 9; fragm. 4, 17; 10, 8; 22, 7; 38, 2; 1 Q 16, VIII 2. Gelegentlich wird das Verb mit ב = 'wegen' konstruiert (1 QS X 16). Neu ist die Wendung mit doppeltem Akk. ברך אל תרומת שפתים, „Gott preisen mit der Opfergabe der Lippen" (1 QS IX 26; X 6. 14), sowie die auf die Aufforderung, Gott zu 'preisen', folgende doppelte *bārūk*-Formel für Gott und Fromme (1 QM XIII 1ff.), so daß in ברך sowohl die Bedeutung „(Gott) preisen" als auch „(Menschen) segnen" steckt. Man hat also in ברך keinerlei Bedeutungsunterschied gemerkt, wenn es einerseits Gott, andererseits Menschen zum Objekt hat. Auch in Qumran 'segnet' zumeist Gott die Frommen unmittelbar durch Verleihung glückbringender Kräfte: 1 QS II 2; Sb I 3; III 25; 4 Q 177, 1–4, 10. Neu aber ist, daß Gott „durch die Hand (ביד) des *maśkīl* segnet" (1 QSb III 28; IV 23). – Das *hitp* kommt nur in 1 QS II 13 in ähnlicher Bedeutung wie in Deut 29, 18 vor: „sich (zu unrecht) des Segens (Gottes) rühmen." – Das Nomen meint den Segensspruch (1 QSb I 1; III 22) oder den Lobpreis Gottes (1 QH XVII 20) oder den Segen Gottes im Sinn von Fruchtbarkeit, Glück und Wohlstand; in letzterer Bedeutung kommt es im Sing. (1 QM I 9; XII 3. 12; XVII 7; XIX 4) und im Pl. vor (1 QS IV 7; 1 QH fragm. 21, 4; 1 QSb I 5; IV 3). Ein ganzes Segensritual zur Aufnahmefeier enthält 1 QS II 1–4, und ein solches für den liturgischen Segen über die Mitglieder der Gemeinde ist 1 QSb = 28 b.

3. Die *Septuaginta* übersetzt ברך II *pi* mit εὐλογεῖν; Ausnahmen: Ps 10, 3 = LXX 9, 24 (ἐνευλογεῖσθαι); Deut 10, 8 und 1 Chr 23, 13 (ἐπεύχεσθαι); Ps 100 (99), 4 (αἰνεῖν); Jes 66, 3 (βλάσφημος = *m^{e}bārek 'āwœn*) und der Euphemismus in Hi 1, 5 (κακὰ ἐνενόησαν πρὸς θεόν) und 2, 9 (λέγειν τι ῥῆμα εἰς κύριον). – Dem *pu* entsprechen die Passivformen von εὐλογεῖν außer in Spr 22, 9 (διατραφήσεται). – Für *niph* steht ἐνευλογεῖσθαι; für *hitp* wechseln εὐλογεῖσθαι mit ἐνευλογεῖσθαι; nur in Deut 29, 18 steht ἐπιφημίσεται, 'behaupten'. – Außer in Spr 10, 7 (*lib^{e}rākāh* = μετ' ἐγκωμίων) entspricht dem hebr. Nomen immer εὐλογία. Das Ptz. *bārūk* wird abwechselnd mit εὐλογημένος und εὐλογητός wiedergegeben; das letztere wird bevorzugt, wenn Gott gemeint ist. Nur in Jer 20, 14 steht für „dieser Tag soll nicht gesegnet sein" μὴ ἔστω ἐπευκτή. – Die konsequente Wiedergabe mit dem Stamm εὐλογ- zeigt, daß die Übersetzer anscheinend aus ברך ein Loben, Preisen, Beglückwünschen, ein Sprechen herausgelesen haben, mit dem jemand von einem anderen etwas Gutes, Rühmliches aussagt oder einem Menschen bzw. einer Sache etwas Gutes, nämlich Glück und Gedeihen, zusagt.

Dem entspricht auch der Sprachgebrauch in den deuterokanonischen Büchern („Apokryphen"). Die der hebr. *bārūk*-Formel analoge Wendung lautet hier εὐλογημένος *N. N.* oder εὐλογητὸς (ἐστι) *N. N.* Die zweite wird bevorzugt auf Gott angewendet (Tob 3, 11; 8, 5. 15ff.; 11, 14; 13, 18; Judith 13, 17; 1 Makk 4, 30; 2 Makk 1, 17; 15, 34; Dan 3 oft); sie kommt aber auch für Engel (Tob 11, 14 neben Gott) und für Menschen vor (Tob 13, 18; Judith 13, 18). Die erste steht meistens für Menschen und Engel (Tob 11,17 S; Judith 13,18 A; 14,7; 15,10), für Gott anscheinend nur, wenn abgewechselt werden soll (Judith 13,18; 1 Makk 1,17). Die Handschriften verwechseln aber die beiden Formen oft. Interessant ist, daß sich auch hier die alte Erweiterung mit einem Begründungssatz in der Vergangenheit findet, mit ὅτι Tob 3,16f.; 11,14; mit ὅς Judith 13,18; Tob 13,18; 2 Makk 1,17; Dan 3, 26f. Die Dativ-Erweiterung τῷ θεῷ findet sich in Judith 13,18. – Das Verbum εὐλογεῖν hat dieselben Bedeutungen wie das hebr. *pi*. Der Vater 'segnet' vor dem Tod (1 Makk 2, 69), zum Abschied (Tob 10,11) und bei der Hochzeit (Tob 7, 6; 11,17) seine Kinder. In Tob 9, 6, wo Tobias seine Braut 'segnet', könnte auch 'rühmen' gemeint sein. Daß ein Mann seine Frau oder Braut 'segnet', dafür gibt es im MT kein Beispiel. Sicher 'rühmen' ist in Judith 15, 9–12 gemeint, wo auch ein rühmendes Loblied auf die Heldin mitgeteilt wird. Mit Gott als Objekt bedeutet auch hier das Verb immer 'preisen' (Tob 4,19; 8,15; 11,15f.; 12, 6. 17f. 20. 22; 13,7.15.18; 14, 2. 6f. 15; 1 Makk 13, 47; 2 Makk 3, 30; 8, 27; 11, 9; 15, 29. 34); oft steht dabei im Zusammenhang ein formulierter Lobspruch. Singulär ist die Angabe der Richtung „zum Himmel hin" (1 Makk 4, 24. 55) und der Dativ τῷ κυρίῳ statt des Akk. (2 Makk 10, 38). Einmal ist Objekt des Lobpreises die verborgene Vorsehung (2 Makk 12, 41). – Das Passiv kommt selten vor, nur Tob 4,12 (die Patriarchen werden in ihren Kindern gesegnet) und Weish 14,7 (das Holz der Arche ist im Gegensatz zum Holz der Götzenbilder, das verflucht ist, gesegnet).

Das Nomen εὐλογία begegnet uns in den deuterokanonischen Texten nur selten: Tob 8,15 (Gott wird gepriesen ἐν πάσῃ εὐλογίᾳ); 9, 6 S (Gott schenkt 'den Segen des Himmels'); 11,17 S (das Brautpaar betritt das Haus ἐν εὐλογίᾳ καὶ χαρᾷ); Weish 15,19 (die Heiden verehren sogar Tiere, die τὸν τοῦ θεοῦ ἔπαινον καὶ τὴν εὐλογίαν αὐτοῦ entbehren). Die letztgenannte Stelle macht besonders deutlich, wie nahe sich „Lobpreis", „Glückwunsch" und „Segen" sind.

IV. Während unserem deutschen Wortfeld Fluch im AT eine ganze Reihe von Wurzeln (→ אלה, → ארר, זעם, קבב bzw. נקב und → קלל, vgl. J. Scharbert, Bibl 1958) entspricht, finden wir das, was wir als Segen bezeichnen, nur in der Wurzel ברך, die sich aber semantisch nicht mit „segnen" deckt, sondern Gruß, Glückwunsch, Dank, Lobpreis miteinschließt. Wenn wir von den Bedeutungen „Knie" und „Teich" absehen, können wir die theologischen Zusammenhänge, in denen ברך steht, etwa so umreißen:

1. Wie der Fluch dazu diente, sich von einem Menschen zu trennen, ihm die Solidarität aufzukündigen, wenn er gegen die fundamentalen ethischen Normen des Clans, der religiösen Gemeinschaft, des Volkes gröblich verstoßen hat, oder dazu, sich gegen übermächtige Feinde zu wehren, so dient der Segen dazu, die *Solidarität* mit Personen und Verbänden zu bekräftigen, zu denen man besonders enge soziale, verwandtschaftliche und religiöse Beziehungen hat oder sucht, denen man zu besonderem Dank verpflichtet ist oder deren Leistungen für die eigene Gemeinschaft oder für Freunde man anerkennt. Die Bekundung der Solidarität geschieht durch Aussprechen von Glückwünschen, durch geprägte Segens- und Anerkennungsformeln, unter denen die *bārūk*-Formel die gebräuchlichste ist, durch empfehlendes Rühmen und Bitten bei Gott, er möge die Betreffenden segnen. Auch der Gruß ist eine Bekundung von Solidarität und Wohlwollen und wird darum mit ברך ausgedrückt.

2. Wie der Fluch, so ist der Segen im *magischen Denken* verwurzelt, in der Vorstellung von der wirkmächtigen Kraft eines feierlich und unter geprägten Formeln ausgesprochenen Wortes. Davon sind aber im AT nur noch wenige Spuren greifbar, vor allem in vorjahwistischen Segensworten, die einem Stammvater oder einer Stammmutter gelten (Gen 24, 60; 49, 8–12). Seitdem der Jahwist solche Worte in seine theologische Geschichtskonzeption übernommen hat, hat der Segen wie der Fluch seinen magischen Sinn weithin verloren. Im AT ist der Segen fast immer auf Gott zurückgeführt oder mit ihm eng verbunden. Der Fromme war sich bewußt, daß er nur Segenswünsche aussprechen kann, deren Erfüllung allein bei Gott steht. Weil der Segen nur von Gott realisiert werden kann und die Knüpfung oder Festigung von Solidarität bedeutet, ist er davon abhängig, daß der zu segnende Mensch in der Gemeinschaft mit Gott steht, sie sucht oder ihrer würdig ist. Darum ist der Segen wie der Fluch widerrufbar und kann in Fluch verwandelt werden.

Zu dieser Feststellung steht Gen 27, 34–40 nicht im Widerspruch. Bei diesem Text ist zu bedenken, daß der Jahwist ja nur von den geschichtlichen Fakten seiner Zeit her, von der tatsächlichen Vorherrschaft „Jakobs" über „Esau", die Tradition von einem Segen Isaaks aufnimmt und erzählerisch gestaltet. Dann konnte er einen Widerruf des erschlichenen Segens gar nicht in Betracht ziehen. Auch vom logischen Ablauf des erzählten Geschehens her kam ein Widerruf nicht in Frage. Es ging um den Segen über den Erstgeborenen, dem seine Brüder unterstellt waren. Ein solcher Segen ist unteilbar. Er wurde außerdem „vor JHWH", also mit Gott als Zeugen gesprochen und ist darum sakral sanktioniert. Ein Widerruf des Segens käme in Frage, wenn nun Jakob verflucht würde. Jede Solidarität mit Jakob aufzugeben, was der Fluch zur Konsequenz hätte, war dem Vater nicht möglich. Folglich muß nach dem Axiom „Quod dixi, dixi" auch der erschlichene Segen in Kraft bleiben. Daß der Isaak-Segen unteilbar und unwiderruflich war, liegt also nicht an magischen Vorstellungen des Jahwisten oder seiner Quelle, sondern an der besonderen Situation und am Erzählungsziel des Jahwisten.

Aus der Verwurzelung im magischen Denken rührt die enge Verbindung von Wort und Kraft her. Beim Menschen bedeutet ברך fast immer ein Sprechen von Worten und Formeln, die, wenn die entsprechenden Bedingungen gegeben sind und wenn die Worte legitimerweise ausgesprochen wurden, eine Potenz freisetzen, welche der betreffenden Person Glück, Wohlstand, Erfolg, Ansehen, Fruchtbarkeit und dgl. bringt und sogar über dessen Familie hinaus auch all denen wieder Segen bringt, die mit dem Gesegneten freundschaftliche Verbindungen aufnehmen. Darum gehen im Nomen und im Verb ברך Segenswort und glückbringende Kraft eine unauflösliche Bedeutungseinheit ein und ist der *bārūk* der in Worten Gepriesene und der nach Ausweis des Erfolgs, der die Anwendung der *bārūk*-Formel angezeigt erscheinen ließ, von segenspendenden Kräften Erfüllte in einem.

3. Das Segnen hat mehrere, gewöhnlich dem Fluch analoge *Sitze im Leben*, die im Laufe der Zeit wechseln können.

a) Der älteste und konstanteste Sitz im Leben ist das Zusammenleben in Haus und Familie. Väter bzw. Familienhäupter segnen die Kinder, besonders bei der Hochzeit (Gen 24, 60; Tob 7,13), vor einer Reise (Gen 28, 6; 32,1) und beim Herannahen des Todes (Gen 27; 49). Aber auch Hausvater und Gesinde segnen einander (Ruth 2, 4). Dieser Sitz im Leben der Familie ist in den Patriarchenerzählungen vorausgesetzt, ist bis in die Makkabäerzeit in der erzählenden Literatur erwähnt und auch in der Weisheitsliteratur (Sir 3, 9) bezeugt. Er ist also immer durchgehalten worden.

b) Beim Fluch gehört zu den ältesten Sitzen im Leben das Recht. Er diente zur Abschreckung vor Diebstahl, Hehlerei und Fundunterschlagung, zur Zeugen- und Eidessicherung (→ אלה, → ארר). Eine Analogie dazu, etwa um einen Finder zur Ehrlichkeit, einen Zeugen zur Wahrhaftigkeit anzuspornen, gibt es beim Segen nicht. Einen Bezug zum Recht hat der Segen nur in Sanktionen für Rechtskorpora (Lev 26; Deut 28). Schon in altorientalischen Staatsverträgen finden sich gelegentlich Segenswünsche für vertragstreue Partner neben den Flüchen für potenzielle Vertragsbrecher, vgl. Fensham; Lit. 4. McCarthy; Kl. Baltzer, Das Bundesformular [2]1964, bes. 24f. → ברית); sie sind aber gegenüber den zur Regel gewordenen Flüchen sehr selten zu finden, sie sind kurz und allgemein formuliert, während die Flüche sehr umfangreich und drastisch sind. Auch in Lev 26 und Deut 28 sind die Segensformulierungen kurz und blaß, verglichen mit dem Fluch, und in Deut 27 fehlen Segensformeln, die den Fluchformeln entsprächen. Der Segen scheint also erst sekundär in die Gesetzessanktionen Eingang gefunden zu haben. Vertragserfüllung und Gesetzesbeobachtung galten als das Normale, das nicht eigens belohnt zu werden verdient. Segenszusagen wurden H in Lev 26 und dem Deuteronomium in Deut 28 vielleicht erst beigegeben, als die dort gesammelten Ordnungen nicht mehr als fraglos gültig respektiert wurden und als man darum um ihre Beobachtung werben mußte. Das dürfte auch der Hauptgrund dafür sein, daß der Segen bei den Propheten vor dem Exil gar keine Rolle spielt, während sie vom Fluch, wenn auch selten, reden. Die sittlichen und religiösen Forderungen, die sie erhoben, galten ihnen als so selbstverständlich, daß sie in ihrer Erfüllung kein Verdienst sahen, das Segenszusagen rechtfertigt. Das ändert sich erst, als auch die Propheten in und nach dem Exil um ihr Volk werben und darum ihm JHWHs Segen in Aussicht stellen mußten.

c) Der „Segen" war das geeignetste Mittel, um einem Menschen oder Gott Dank und Anerkennung auszusprechen. So wurde vor allem die *bārūk*-Formel geprägt für Personen, die einem selbst, einem Freund, dem eigenen Volk einen besonderen Dienst erwiesen, in einer Not oder Gefahr geholfen hatten. Dabei lag es von vornherein nahe, die verdienstvolle Tat als Anlaß für den Segen zu erwähnen und die betreffende Person JHWH zu empfehlen. Jedenfalls gehören die Erweiterungen der Formel mit ליהוה und mit einem begründenden *'ašœr*- oder *kī*-Satz zur ältesten Überlieferung. Die Formel wurde später abgewandelt und verkürzt und wurde so zu einer Kultformel zum Lobpreis JHWHs. Nach Ausweis von Dan, Judith, Tob, Makk und Qumran wurde die alte Gestalt der Formel aber in der Spätzeit des AT wiederentdeckt als eine Möglichkeit, besondere Leistungen und Verdienste eines Menschen zu würdigen oder Gott für Rettung aus persönlicher oder nationaler aktueller Not zu danken.

d) Auch mit Gott als Subjekt hat die *bārūk*-Formel ursprünglich ihren Sitz im Leben nicht im Kult, sondern in Dankesbezeigungen anläßlich aktueller Ereignisse. Dasselbe gilt für das *pi* mit Gott als Objekt. Dieser Gebrauch des Verbs war nur möglich, weil eben in ברך *pi* nicht „segnen" die vorherrschende Bedeutungskomponente war, sondern „rühmen, preisen, danken". Darum gebrauchte man das Verb mit Gott als Objekt nur, wenn man Gott für eine rettende, helfende Tat danken wollte. Erst später, etwa kurz vor dem Exil, gehen ברך *pi* und das Nomen ברכה im Sinn von Lobpreis Gottes in den Kult ein, wobei die entsprechenden Wendungen zur bloßen Formel werden ohne aktuellen Bezug zum

Dank für konkrete Hilfe in Not. Freilich bleibt auch jetzt der Gebrauch der mit ברך gebildeten Wendungen und Formeln, die „Benediktion", ein Bekenntnis zur Gemeinschaft mit und zur Dankbarkeit gegen Gott; nur geht es jetzt nicht um Dank für aktuell erfahrene Hilfe oder Rettung, sondern um Dank und Anerkennung für die Schöpfung, für Gottes gütige Vorsehung, für seine Israel dauernd gewährte Gnade.

In der Vorstellung, daß Gott segnet, ist ebenfalls eine gewisse Entwicklung festzustellen. Hierbei scheint man von Anfang an geglaubt zu haben, daß Gott kein Wort, keine Formel sprechen muß, um Segen bei Menschen und Gütern in Kraft zu setzen. Er wirkt einfach unmittelbar den Segen. Erst später, vor allem bei P, denkt man an Segensformeln, durch die Gott glückbringende Kräfte auslöst. Eine so klare Trennung zwischen Gottes rettendem Heilshandeln und Gottes Segnen, wie sie Westermann (1968, 19–22) vornimmt, ist kaum durchführbar. Gott segnet die Patriarchen, das Volk Israel sowie David und seine Dynastie auch damit, daß sie „die Tore der Feinde in Besitz nehmen" (Gen 22,17; 24, 60), daß der Stamm bzw. die Dynastie und der Thron erhalten bleiben (2 Sam 7, 29), daß JHWH die Feinde des bundestreuen Volkes vernichtet (Deut 28,7) und dem Volk Frieden gibt, so daß man sich niederlegen kann, ohne Feindeinfälle befürchten zu müssen (Lev 26, 6). Das ist ein Segen, der nicht nur, wie freilich in der Mehrheit der Belege, die von der ständigen Vorsehung Gottes durchwirkten Kräfte der Natur und des Lebens garantiert, sondern auch außerordentliche geschichtliche Situationen zu meistern hilft.

e) Daß der Segen etwas mit der Geschichte und nicht nur mit Natur und Schöpfung, wie Westermann annimmt, zu tun hat, zeigt die Bedeutung, die die israelitische Geschichtstheologie dem Segen zuschreibt. Die theologische Geschichtsbetrachtung ist zu einem festen Sitz im Leben für das Reden vom Segen geworden.

Bereits die Stämme der vorstaatlichen Zeit leiteten ihre Ordnungen, Ansprüche und Eigenarten auf einen Segen oder einen Fluch zurück, den der Stammvater gesprochen oder empfangen hat. Segen oder Fluch bleiben ein Erbe des Stammes, solange sich der Stamm zu den von den Vätern grundgelegten Ordnungen und zum Gott des Stammvaters bekennt (Scharbert, BBB 14, 1958). In diesem Clandenken der Stämme sind die meisten der in Gen und in Deut 33 enthaltenen Stammessprüche entstanden und einzeln überliefert worden. Als mehrere jener Stämme miteinander engere Beziehungen aufnahmen und vollends als die protoisraelitischen Stämme gegen Ende der Richterzeit und in den Anfängen des Königtums immer fester zum Volk Israel zusammenwuchsen, werden solche Stammessprüche bereits zu Sammlungen zusammengewachsen sein, wie sie uns in Gen 49 und Deut 33 vorliegen, aber auch die Segenssprüche, die einst nur einem bestimmten Verband galten, in die genealogischen Systeme so eingearbeitet worden sein, daß nun alle beteiligten Stämme als unter dem Segen Abrahams, Isaaks und Jakobs stehend erschienen; es werden aber auch neue Segenssprüche wie die in Num 23 und 24 entstanden sein, die nun Gesamtisrael galten.

Der Jahwist hat dann nicht nur die Geschichte der Stämme und des Volkes Israel, sondern die der ganzen Menschheit unter dem Gesichtspunkt Segen und Fluch gedeutet. Dabei stellt er vor die Erzvätergeschichte die Urgeschichte mit dem Fluch von Gen 3,17 und 4,11f. So sieht er die ganze Menschheitsgeschichte und die Geschichte Israels unter Fluch und Segen als gestaltende Kräfte gestellt, jedoch so, daß der Segen als Gottesgabe an Israel und an alle Völker, die sich mit Israel solidarisch erklären, gegenüber dem Fluch die Oberhand gewinnt. Der Wendepunkt ist dabei die Verheißung an Abraham in Gen 12, 2f., mit der die Macht des durch die Sünde ausgelösten Fluches gebrochen ist (vgl. Lit. 2: Wolff und Steck; der letztere in Auseinandersetzung mit Rendtorff, der die Wende bereits in Gen 8, 21 sieht).

Die elohistische Tradition sieht, allerdings ohne Urgeschichte, den Segen ebenfalls als eine von den Stammvätern ausgehende heilsträchtige Kraft in der Geschichte Israels; ob sie auch die Einbeziehung der Völker in den Israel geltenden Segen kennt, hängt davon ab, ob man Gen 22, 18 und 26, 4 ihr oder einem späteren Redaktor zuschreibt. Jedenfalls haben Jer 4, 2 und Ps 72, 17 den Gedanken übernommen, daß andere Völker an dem Israel geschenkten Segen Anteil bekommen können, wenn sie Israel bzw. seinen König als Segensträger anerkennen.

Der Deuteronomist spricht nicht ausdrücklich von einem Segen der Stammväter, wird aber ihn mit meinen, wenn er von den eidlichen Zusagen JHWHs an die Väter spricht (Deut 1, 8 u.v.a.) und wenn er den bereits an Israel wirksam gewordenen Segen auf den Gott der Väter zurückführt (Deut 1,11). Für ihn ist aber wichtiger der auf der Dynastie Davids ruhende Segen und die auf dem Bundesgesetz ruhende Segenssanktion (Deut 28). Diese beiden Arten von Segen haben Israel bisher die Garantie gegeben, daß JHWH sein Volk nicht verläßt, und lassen in der Notzeit nach 587 v.Chr. hoffen, daß nach der Umkehr des Volkes zu JHWH und seinem Gesetz Israel auch künftig nach dem erfahrenen Fluch wieder Segen empfangen wird.

P sieht die ganze belebte Schöpfung und die ganze Menschheit unter einem Segen des Schöpfers stehen (Gen 1, 22. 28; 5, 2; 9,1), glaubt aber für Israel und seine Geschichte noch einen besonderen Segen wirksam zu sehen, der mit dem

Fluch konkurriert, nämlich den von Lev 26, der von der Treue zum Gesetz abhängt und der durch die Priester im Kult dem Volk zugewendet wird (Num 6, 23–27). An diesem Israel speziell geltenden Segen kann nach P kein anderes Volk Anteil gewinnen. Der letzte Pentateuchredaktor hat diese verschiedenen Sichtweisen von Segen und Fluch kombiniert und harmonisiert und so dem Judentum und dem Christentum den Glauben an Fluch und Segen als von Gott ausgehende und durch das menschliche Verhalten gegenüber dem göttlichen Gesetz in Kraft gesetzte Potenzen weitergegeben, welche das Schicksal der ganzen Menschheit, der Völker und der einzelnen Menschen entscheidend beeinflussen.

f) Weil der Segen von Gott kommt, hat das Segnen des Volkes auch einen kultischen Sitz im Leben bekommen. Während das AT von den großen Gottesmännern der vorstaatlichen Zeit nur erzählt, daß sie bei bestimmten aktuellen Anlässen das Volk segneten (s.o. II. 2. a β), finden wir einen kultischen Segen erst bei David und Salomo; er scheint aber auch hier noch nicht allgemein üblich zu sein, sondern ist nur bei besonderen Kultfeiern (Ladeüberführung, Tempelweihe) üblich (s.o. II. 2. a δ). Dabei segnet zum Abschluß der Feier auch das Volk den König. Erst um die Mitte der Königszeit dürfte das Segnen des versammelten Volkes den Priestern reserviert worden und zum regelmäßigen Bestandteil der Liturgie geworden sein (s.o. II. 2. a ζ).

g) Das Segnen von Sachen (Speisen) ist zwar seit 1 Sam 9,13 belegt, bleibt aber im ganzen AT selten und meint eher eine „Benediktion" an Gott als Danksagung für die Speise. So ist es jedenfalls im nachbiblischen Judentum und im NT bezeugt. Wenn in Gesetzessanktionen und vereinzelt auch sonst die Felder, das Vieh, das „Werk der Hände" als gesegnet bezeichnet werden, dann in dem Sinn, daß in ihnen des gesegneten Menschen wegen Segenskräfte wirksam werden. Ähnliches gilt bei P für den Sabbat (Gen 2, 3).

Scharbert

בָּרַר בַּר, בֹּר, בֹּרִית

I. Etymologie und Umwelt – II. Im AT – 1. Verbum – 2. Adjektiv – 3. Substantive – 4. Zusammenfassung; religiös-sittliche Bedeutung – III. Gleichlautende Wörter – 1. *brr* II – 2. Getreide – 3. Freies Feld.

Lit.: *F. Hauck/R. Meyer*, καθαρός (ThWNT III 416–430). – *W. Paschen*, Rein und Unrein (StANT XXIV), 1970. – Weiteres → טהר.

I. Am wahrscheinlichsten geht ברר auf eine Grundbedeutung 'frei sein' zurück (GesB 119). Nach Lane, Arab.-Engl. Lex. I 178f. ist arab. *br'* 'frei sein, rein sein' (z.B. von Krankheit, von schlechten Eigenschaften) sehr gut bezeugt. Vielleicht gehört auch *brr* 'gütig, pietätvoll sein' hierher. Die im AT, in Qumran und besonders im Mittelhebr. und Aram. (Levy, WTM; Chald. Wb.) vorhandene Bedeutung 'aussondern, auslesen' scheint demgegenüber sekundär zu sein. Im Akk. hat das Adj. *barru* schon den Sinn von 'rein' (Metall); ähnlich bedeutet das Verb *barāru* 'flimmern' (AHw 106f.). Das hohe Alter von 'rein sein, glänzen' beweist ferner das Ugar. (WUS Nr. 593; für Nr. 594 gibt UT 'clear, pure' an). Im Altsüdarab. ist *brr* (kaus.) 'reinigen', im Äth. *berūr* 'Silber' (vgl. KBL³).

II. 1. Im AT hat das Verbum im *qal* die Bedeutung 'aussondern' bei Ez 20, 38 (pejorativ: „Die Abtrünnigen sondere ich von euch aus", ברותי מכם). Hierher wäre auch *bōrū* 'wählt aus' in 1 Sam 17, 8 zu ziehen, falls nicht die masor. Lesung *berū* doch richtig und von einer Basis *brh* 'bestimmen' (davon → *berīt*) herzuleiten ist (vgl. die Lexika und J. Pedersen, Der Eid bei den Semiten, 1914, 44f.). הברו *niph* findet sich Jes 52,11: 'haltet euch rein', oder 'trennt euch ab' (LXX ἀφορίσθητε). An das Reinigen des Getreides ist gedacht in Jer 4,11 (Inf. *hiph*, BLe 433dⁱ): „Glutwind, nicht zum Worfeln und nicht zum Säubern" (להבר). Das *pi* steht Dan 11, 35: „um zu scheiden (לצרוף), zu reinigen (לברר), zu läutern (ללבן)." Dieselbe Trias wiederholt sich im *hitp* Dan 12,10. In 2 Sam 22, 27 begegnet das Wortspiel (*niph* und *hitp*) „mit dem Reinen zeigst du dich rein, עם־נבר תתבר" – nach Blau (VT 7, 1957, 387) eine t-Form des *hiph*; in der Parallelstelle Ps 18, 27 steht die korrekte Form תתברר. Eine Änderung in die Wurzel *gbr* (so noch KBL³) erübrigt sich (vgl. G. Schmuttermayr, Ps 18 und 2 Sam 22 [StANT XXV, 1971] 100[10]). In Pred 3,18 haben wir einen Inf. *qal* mit Suffix vor uns (לברם האלהים). KBL³ 155 bietet mit '?' die Bedeutung 'auslesen' – die Konjektur von Ginsberg 'scheiden von' ist kaum überzeugend. Der Kontext spricht für 'prüfen' („damit Gott sie prüfe"); das läßt sich mit den sonstigen Bedeutungen 'aussondern, reinigen' verbinden; im übrigen ist speziell die Bedeutung 'prüfen', nach Lane I 274, für die arab. Wurzel *bwr* gut bezeugt (Brockelmann, Grundriß ..., § 272 Aa: med. gem. und med. *w/j* gehen mehrfach durcheinander). So nimmt KBL³ 111 eine eigene Wurzel בור 'prüfen' als Nebenform von *brr* an und beruft sich dabei auf Driver in JBL 55, 1937, 108. Dort ist unter Verweis auf Margoliouth auch Pred 9,1 'to explore' angeführt. Somit dürfte MT in Pred 3,18 und 9,1 in Ordnung sein.

Das Ptz. ברור (aram., syr. בריר) ist eindeutig belegt; seine Verwendung hält sich an die Bedeutung 'aussondern' (s.o. Ez 20, 38), daher die Wiedergabe mit 'auserlesen', LXX ἐκλεκτός

Neh 5,18; 1 Chr 7, 40; 9, 22; 16, 41. (So noch in Qumran CD 10, 4 אנשים ברורים, im Aram.: TgJer Deut 1, 23 גוברין ברירין, Deut 29,12 אומא ברירא). Nach 'rein' tendiert der Sinn bei Zeph 3, 9: שפה ברורה 'reine Lippe' (vgl. Jes 6, 5 'unrein an Lippen'), ferner Hi 33, 3: „lauter (Lauteres) reden meine Lippen" (beide Stellen in KBL[3] 148 ohne triftigen Grund von *brr* [155] getrennt eingereiht).

2. Das Adj. *bar* bedeutet durchweg 'rein'. Ps 19, 9: „Das Gebot JHWHs ist rein" (ברה). Ps 24, 4: „Unschuldig (→ נקי) an Händen und rein (בר) an Herz". Ps 73,1: „Die reinen Herzens sind" (ברי לבב). Hi 11, 4: „Rein bin ich" (בר הייתי; anders 33, 9 das synonyme זך אני). Sir 40, 21: „eine reine Stimme" (לשון ברה). Umstritten ist Spr 14, 4 (s. Kommentare). Vermutlich bedeutet 'reine Krippe' soviel wie 'leere Krippe' (אבוס בר), oder man liest אפס בר 'kein Getreide'. HL 6, 9 wird von der Braut gesagt, sie sei ברה ליולדתה. Die Kommentare übersetzen meist „ausgewählt, erkoren (ihrer Gebärerin)". Da aber für 'auserlesen' nur ברור belegt ist (s.o.), ist wohl auch hier 'rein' anzunehmen (Zorell, Lex. Hebr., 126, erinnert an arab. *barr* 'innocens, pius' und übersetzt 'unice cara'). Im folgenden v.10 begegnet die Phrase 'rein (klar, glänzend) wie die Sonne', die bereits im Ugar. vorkommt: *km špš dbrt* ('wie die Sonne, die rein ist'), akk. *kīma šamši zaki* (WUS 593), ebenso noch TgJer Ex 22, 2: בריר כשמשא.

3. Das abstrakte Subst. lautet *bōr* 'Reinheit', und zwar in der Formel בר כפיך (Hi 22, 30) und בר ידי Ps 18, 21. 25, parallel 2 Sam 22, 21, während v. 25 ברי bietet, was wohl gegenüber Ps 18 nicht ursprünglich ist. – Anders und vermutlich eine spätere Entwicklung ist *bōr* 'Lauge' (Reinigungsmittel aus der Asche von Seifenpflanzen) in Jes 1, 25 und Hi 9, 30. Etwa dasselbe meint ברית (Jer 2, 22; Mal 3, 2).

4. Die Basis *brr* (und ihre Derivate) ist im AT mit 35 Belegen vertreten. Für die angeführten Bedeutungsnuancen 'rein sein, aussondern, prüfen' läßt sich innerhalb des AT keine fortschreitende Entwicklung feststellen. Im gesamten Pentateuch gibt es keinen Beleg, und im dtr Geschichtswerk kommt, abgesehen vom eingeschobenen Lied 2 Sam 22, nur die erwähnte unsichere Stelle 1 Sam 17, 8 in Frage. Das kann Zufall sein, da in geschichtlichen Nachrichten 'reinigen' kaum eine Rolle spielt. Der elohistische Satz Gen 20, 5 „In Unschuld (תם) meines Herzens und Reinheit meiner Hände (נקין כפי) habe ich das getan", verwendet andere Begriffe. Somit scheint Jes 1, 25 das älteste Vorkommen zu sein, und zwar bereits in der Bedeutung des Reinigungsmittels *bōr* (die Konjektur 'im Schmelzofen', *kūr*, ist überflüssig). Aber auch für Ps 18 = 2 Sam 22 wird hohes Alter anzusetzen sein (Schmuttermayr, Ps 18 und 2 Sam 22, 17–24).

Von religiös-sittlichem Belang sind die Ausdrücke von der Reinheit des Herzens oder der Hände. Handwaschung wird ursprünglich eine Zeremonie im Sühneritus gewesen sein (Paschen 70), wie Hi 9, 30 (והזכותי בבר כפי), Jer 2, 22 (תרבי־לך ברית), Deut 21, 6 (ירחצו את־ידיהם) und die feste Phrase „Ich wasche meine Hände in Unschuld" (Ps 26, 6; 73,13) sowie Jes 1,16 (רחצו הזכו) noch erkennen lassen. Diese und die anderen Stellen zeigen aber auch, daß aus dem äußeren Ritus eine bloß bildliche Redeweise geworden ist, so daß Jer 4, 14 sogar vom Waschen des Herzens (כבסי לבך) reden kann; vgl. Spr 20, 9 זכיתי לבי. Ps 73,13 steht ארחץ בנקיון כפי parallel zu זכיתי לבבי, während v. 1 die ברי לבב angesprochen sind. 'Reinheit der Hände (des Herzens)' ist sicher nur noch ethisch und allumfassend gemeint. 'Herz' bezeichnet mehr die Gesinnung, 'Hand' das sittliche Tun. Aber beides wird nicht deutlich unterschieden, und in der „Torliturgie" Ps 24, 4 steht 'schuldlos an Händen' ganz parallel zu 'rein an Herz'. Äußerliche Reinigungsriten ohne sittliche Umkehr können die Schuld nicht wegnehmen (Jer 2, 22). Für levitische Reinigung und Reinheit ist der häufigste Fachausdruck → טהר, viel seltener זכך, was aber nicht ausschließt, daß auch diese des öfteren 'rein' im allgemeinen und moralischen Sinn bedeuten, z.B. Ps 51,12 לב טהור; Hi 17, 9; טהר־ידים; Spr 22,11 טהור־לב. Steht Ps 19, 9 die Aussage, daß das Gebot JHWHs lauter ist (ברה), so Ps 18, 31, daß sein Wort geläutert ist (צרופה), Ps 12,7 daß seine Reden rein sind (טהרות); siehe auch die übrigen Parallelausdrücke in Ps 19, 8–10 und 51, 4. 9, wo die kultische Terminologie auf Vergebung der Sünden übertragen wird. Die ungefähren Synonyme zu *brr* hat Paschen 19–26 besprochen.

Trotz des umfassenden Gebrauchs von טהר scheinen aber spätere Kreise, besonders unter den Weisheitslehrern, für moralische Reinheit lieber die nichtkultische Basis *brr* verwendet zu haben. In den Qumrantexten, in denen *brr* und seine Derivate bislang 12 mal belegt sind, werden diese ebenfalls nur für sittliche Reinheit gebraucht. Von 'Reinheit der Hände' ist die Rede in 1 QS 9,15: כבור כפיו; 1 QH 16,10: להבר כפי; 11 Q Ps^a 21,17 (= Sir 51, 20): כפי הברותי. Vgl. dazu 1 QS 1,12: „Ihr Wissen zu reinigen" (לברר דעתם); S 4, 20: „Gott wird reinigen" (יברר אל). Die dortige Mönchsgemeinde legte auf rituelle Reinigungen hohen Wert, betonte aber gleichzeitig die innere Herzensreinheit, z.B. 1 QS 5,13: „Sie werden nicht rein (לוא יטהרו), außer wenn sie von ihrer Schlechtigkeit ablassen." Die Basis טהר wird ganz wie im AT sehr häufig für levitische Reinheit, aber auch – besonders oft in 1 QH – für sittliche Reinheit verwendet (s. K.G. Kuhn, Konkordanz zu den Qumrantexten).

Der absoluten Lauterkeit der Worte und Satzungen Gottes entspricht es, daß er dem Menschen nach der (sittlichen) Lauterkeit seiner Hände vergilt (Hi 20, 30; Ps 18 [= 2 Sam 22], 21. 25. 27). Über „Reinheit" in der Tun-Ergehen-Anschauung der kultlyrischen Überlieferungen handelt Paschen 68–81.

III. 1. GesB und KBL[3] verzeichnen ein *brr* II mit der Bedeutung 'schärfen' (Pfeil) und verweisen auf arab. *barā* 'zuspitzen'. Sie berufen sich auf F. W. Schwarzlose, Die Waffen der alten Araber (1886) 295, der indes 'beschneiden, beschaben' angibt (Ḥariri 54, 1). Aus dem AT kommen in Betracht: Jer 51, 11: „Schärft die Pfeile" (הברו החצים) und Jes 49, 2: „Er machte mich zum scharfen Pfeil" (לחץ ברור). Bei der Bedeutung 'glätten, reinigen' bzw. 'glatt, blank' bräuchte man aber keine verschiedene Wurzel anzunehmen. Nach 1 QM 5, 14 ist der Griff des Schwertes קרן ברורה, 'glattes, blankes (?) Horn'. Aufgrund der Bedeutung 'zuspitzen' vermutet Paschen 20 für die Basis *brr* ein ursprüngliches Schallwort 'reiben, schaben', dann 'glatt, glänzend, rein machen'; sogar in *bōr* und *bōrīt* würde die ursprüngliche Vorstellung anklingen, da diese Stoffe beim Reiben Schaum erzeugen. All das ist freilich nur hypothetisch.
2. Gut bezeugt (vgl. KBL[3] 146) ist ferner das Subst. *bar* III = Getreide, arab. *burr*, im AT: Gen 41, 35. 49; 42, 3. 25; Jer 23, 28; Jo 2, 24; Am 5, 11; 8, 5f.; Ps 65, 14; 72, 16; Spr 11, 26; unsicher Spr 14, 4 (s.o. 'rein'). Die Ableitung von 'rein' liegt nahe, insofern gereinigtes, d. h. geworfeltes Korn gemeint ist. Allerdings wird es Ps 65, 14 und 72, 16 vom Getreide auf dem Feld gebraucht, wobei die Etymologie nicht mehr bedacht ist.
3. Nur Hi 39, 4 kommt *bar* IV = 'das freie Feld' vor. Im Arab. bedeutet *barr* das Festland, dazu das Verbum *bwr* 'unbebaut sein' (Lane I 274). Reichlich vertreten ist das Verbum *būr* 'unbebaut, öde sein' und das Subst. *bar* im Mittelhebr., Aram. und Syr. (vgl. Levy, WTM und KBL[3] 146), so daß für Hi 39, 4 ein Aramaismus anzunehmen ist (M. Wagner, Die lexikal. und grammatikal. Aramaismen im AT, 1966, Nr. 47). Bereits in Daniel begegnet oft חיות ברא (KBL[2] 1059). Fraglich bleibt, ob 'freies Land' mit der Basis *br'* 'abholzen, roden' zu verbinden ist. GesB, der für *brr* als Grundbedeutung 'frei sein' annimmt, leitet *bar* IV von dieser Hauptwurzel ab.

Hamp

בשׂר בְּשׂוֹרָה

I. Etymologie, Belege, Umwelt – II. Profane Verwendung – 1. Gute Botschaft im allgemeinen – 2. Mit *ṭōb* – 3. Traurige Nachricht – III. Theologisch-religiöse Bedeutung – 1. Kundtun der Heilstaten JHWHs – 2. Der Freudenbote – 3. Steigerung bei TrJes.

Lit.: *J. Barr*, Bibelexegese und moderne Semantik, 1965. – *M. Burrows*, The origin of the term 'Gospel' (JBL 44, 1925, 21–33). – *G. Dalman*, Die Worte Jesu, [2]1965. – *K. Elliger*, BK XI 33–35. – *G. Friedrich*, εὐαγγελίζομαι ThWNT II 705–707. – *G. Godu*, Evangile, DACL V 1, 1922, 852–923. – *D.J. McCarthy*, Vox bśr praeparat vocem „evangelium" (Verbum Domini 42, 1964, 26–33). – *J. Scharbert*, Heilsmittler im Alten Testament und im Alten Orient, 1964. – *U. Stiehl*, Einführung in die allgemeine Semantik, 1970. – *Cl. Westermann*, Das Loben Gottes in den Psalmen, [3]1963. – *P. Zondervan*, Het Word 'Evangelium', Theol. Tijdschr. 43 (1914) 178–213.

I. Im AT findet sich die Wurzel בשר insgesamt 30 mal, davon das Verb im *pi* 14 mal, im *hitp* 1 mal, als substantiviertes Ptz. *pi* 9 mal und als Nomen 6 mal. Die Tatsache, daß das Hebräische nur die Intensivform kennt, läßt vermuten, daß für den biblischen Befund keine etymologische, sondern nur eine semasiologische Bestimmung aus dem tatsächlichen Sprachgebrauch im Kontext möglich ist.
In der Umwelt ist die Wurzel gut bezeugt, wenn auch mit wechselndem s-Laut, wie das aber durch die vergleichende semit. Grammatik als normal ausgewiesen ist (Brockelmann, VG 50). Das Akk. hat die Formen *bussuru*/*passuru* bzw. *bussurtu* mit der Bedeutung 'Botschaft bringen' bzw. 'Botschaft' (CAD 2, 346f., AHw 142). Das Wort ist an sich neutral; das Nomen kann demgemäß als *bussurat lumnim* 'Unglücksbotschaft' und *bussurat dumqim* 'Botschaft von Gutem' oder *bussurat ḫadê* 'Freudenbotschaft' näher bestimmt werden (Belege s. CAD). In den meisten Fällen bezeichnen sowohl das Verb als auch das Nomen eine gute Botschaft. Dagegen bedeuten arab. *baššara*, altsüdarab. *'bšr* (Conti-Rossini 119), äth. *absara* und jüd.-aram. *bsr* nur 'gute Botschaft bringen'. Das ugar. *bšr* hat die Bedeutung 'frohe Botschaft bringen' bzw. in der t-Form 'empfangen' und als Nomen *bšrt* 'frohe Botschaft'. Die Belege verteilen sich auf drei Stellen: CTA 10 (IV AB) III 34f., wo Anat dem Baal die frohe Botschaft von der Geburt eines Stierkalbs bringt, worauf er sich freut (*šmḫ*); CTA 19 (I D) II 37 in einem gebrochenen Kontext, wo es sich offenbar um eine Siegesbotschaft handelt; und CTA 4 (II AB) V 26f., wo Anat dem Baal die Botschaft überbringt, daß ihm ein Haus gebaut werden wird.
Eine Verbindung zu *bāśār* 'Fleisch' ist weder im Hebr. noch in der Umwelt festzustellen. Darum bleibt ein Vorschlag von Barr unverständlich, von *b^eśōrāh*/εὐαγγέλιον eine Linie zu ziehen zu *bāśār*/ σάρξ = Inkarnation (162, Anm. 82).

II. 1. Im AT finden wir בשר und seine Ableitungen in drei literarischen Schichten vor. Der nichttheologische Gebrauch begegnet uns vor allem in den Samuel- und Königsbüchern. Wegweisend für die biblische Bedeutung ist die Verwendung der Vokabel in der Episode von der Meldung über den Tod Absaloms. Sie entbehrt nicht einer gewissen Dialektik und ist gerade deshalb instruktiv. Die laufenden Boten und der sie erwartende Adressat David haben vom Inhalt der Botschaft sehr verschiedene Vorstellungen: die Boten sahen im Tod des Empörers Absalom den willkommenen Anlaß für ihre Botschaft, bei David dagegen bestimmte das Vaterherz die Erwartung der Botschaft, und er hoffte auf eine Meldung vom Überleben Absaloms. Beide Parteien, die Boten sowohl (2 Sam 18,19. 20) wie David (2 Sam 18, 25. 26) drücken die 'frohe' Botschaft, die gebracht bzw. erwartet wird, durch zusatzlose Formen von בשר, מבשר, בשורה aus (über 18, 27 s.u.). Das gleiche liegt vor bei der Meldung vom Tod Sauls ins Philisterland (1 Sam 31, 9 = 1 Chr 10, 9) und an David (2 Sam 4,10) sowie bei der Entdeckung der Flucht der Aramäer (2 Kön 7, 9). Das Klagelied auf Saul und Jonathan hat in dem einen Stichos (2 Sam 1, 20) das absolut gesetzte Verbum, verdeutlicht aber durch den Parallelismus mit שמח und עלז, daß den Philistern die Meldung als Freudenbotschaft gelten mußte. Der gleiche Parallelismus mit שמח findet sich in der Anspielung über die Meldung der Geburt des Jeremia an seinen Vater (Jer 20,15). Ohne Zweifel hat בשר hier die Bedeutung 'Meldung eines freudigen Ereignisses'.

2. An je einer Stelle haben das Nomen (2 Sam 18, 27) und das Verb (1 Kön 1, 42) den Zusatz טוב(ה). Beide Male dürfte diese Tatsache in der Charakterisierung der psychischen Hochspannung der Adressaten begründet sein: David erwartete gerade von Ahimaaz, einem 'guten Mann', die von ihm erhoffte Botschaft; Adonia war bei seiner Selbsternennungsfeier durch das Echo der überraschenden Königsproklamation Salomos in Beklemmung geraten und erhoffte von Jonatan, einem 'wackeren Mann', Worte der Beruhigung hören zu können. Der Zusatz will also die Erwartung einer 'frohen' Botschaft unterstreichen, nicht der Wurzel die Differenzierung erst verleihen. Zweimal hat das Nomen die Bedeutung 'Botenlohn' (2 Sam 4,10; 18, 22). Auch diese Tatsache setzt die Assoziation 'frohe' Botschaft voraus.

3. An einer Stelle steht מבשר für einen Boten, der dem Priester Eli die Trauernachricht von der Niederlage Israels und dem Tod seiner Söhne überbringt (1 Sam 4,17). Berechtigt diese singuläre Verwendung zu dem Schluß, der bei KBL² vorausgesetzt ist, בשר sei auch im Hebr. ein neutrales Wort, und ob eine frohe oder traurige Meldung vorliege, sei nach den Zusätzen zu entscheiden? Oder ist Friedrich zuzustimmen, der als Grundbedeutung der Wurzel 'frohe' Botschaft annimmt (ThWNT II 705)? Wir werden so entscheiden müssen: Auch der außerbiblische Sprachgebrauch zeigt die Tendenz, mit der Wurzel בשר eine 'frohe' Botschaft zu verbinden, wie vor allem das Ugar. zeigt. Der tatsächliche Gebrauch im Bibl.-Hebr. setzt erst an dieser semant. Stufe an und führt sie weiter. Die Ausnahme kann als Abflachung verstanden werden und zwingt nicht, eine neutrale Grundbedeutung für das Hebr. zu postulieren (doch vgl. McCarthy 32).

III. 1. Die theologisch-religiöse Bedeutung ist nur für das Verb und das substantivierte Ptz. belegt. בשורה scheidet von jetzt an aus. Die Entfaltung im religiösen Bereich findet sich nuanciert in zwei fast genau abgrenzbaren Schichten: in den Psalmen und bei den Propheten.

Einen gewissen Übergang von den profanen Siegesmeldungen zur heilsgeschichtlichen, in JHWH gegründeten Siegesbotschaft stellt Ps 68,12 dar mit den angekündigten 'Siegesbotinnen in großer Zahl'. Der Text ist nicht unangefochten, doch lassen neuere Kommentare und Übersetzungen ihn unangetastet (Weiser, Kraus, Deissler, Zürcher- und Echterbibel u.a.). Die Siegesbotinnen sind wohl analog wie 1 Sam 18,7f. zu verstehen. Nicht eine Siegesmeldung an eine bestimmte Adresse steht in Frage, vielmehr ein frohes Kundtun der Heilstaten Jahwes, ein 'berichtendes Gotteslob' (Westermann 18). Von hier aus ist nur ein Schritt zu der Bedeutung, die בשר in kultischen Texten angenommen hat (Ps 40,10 und 92, 2 = 1 Chr 16, 23). Auch im Kult geht es nicht um eine Meldung, vielmehr um frohes Berichten der Großtaten JHWHs als Bekenntnis und zur Erweckung von Glaubensfreude.

2. Neue Farbigkeit erhält das Bild durch die dramatische Zeichnung des beim Untergang Assurs als Freudenboten über die Berge auf Jerusalem zulaufenden מבשר (Nah 2,1). DtJes hat das gleiche Bild, doch ist es bei ihm um so ausdrucksvoller, je mehr er es mit wesentlichen Heilszusagen verbindet. In Jes 52,7 geht es nicht nur um den Exodus aus Babylon (52,11f.), sondern um die Meldung, daß damit die Königsherrschaft Gottes angebrochen ist. Im ersten Stichos steht das substantivierte Ptz. absolut als 'Freudenbote', der zweite Stichos entfaltet in einem synthetischen Parallelismus, was mit der Gottesherrschaft gegeben ist: שלום, טוב, ישועה. In diesem parallelen Stichos ist das Ptz. nichtsubstantiviert, noch einmal wiederholt und steht mit dem Objekt טוב zwischen zweimaligem משמיע mit den Objekten שלום bzw. ישועה. Der Zusatz טוב steht nicht adverbial und keines-

wegs als Nuancierung da, vielmehr als zweites Element in dem Dreiklang Friede, Heil, Rettung. Ähnlich findet sich absolut gesetztes Ptz. in Jes 40, 9 (2mal) und 41, 27 mit der Bedeutung Friedens- und Freudenbote/botin. מבשר bezieht sich bei DtJes immer auf den Sieg JHWHs und den Anbruch des Heiles (vgl. McCarthy und Elliger 37f.).

3. Bei Tritojesaja haben wir wohl die höchste Steigerung der Bedeutung von בשר. Zunächst findet sich die Wurzel im Sinn des berichtenden Gotteslobs der huldigenden Scharen aus Saba usw. verwendet (Jes 60, 6). Mehr als Bericht, aber auch mehr als prophetische Zukunftsprognose liegt in Jes 61, 1, vor. In der Selbstdeutung seiner Sendung nennt der Prophet als erste Aufgabe: לבשר ענוים. Das Verb steht absolut und kann für die Gebeugten und Armen nur eine erlösende und keine neutrale Meldung bedeuten. Die Verkündigung eines Heilswortes, also einer frohen Botschaft Gottes, ist ein erstes Element im Wirken des Propheten neben dem Heilen, Befreien, Trösten, Erlösen usw. und ist selbst ein Heilsereignis. Der ereignishafte Charakter des in der ganzen Perikope Gesagten ist derart deutlich, daß man die Verkündigung des Propheten verstehen muß als ein „Ansagen . . ., welches das Ausgerufene auch herbeiführt" (Scharbert 202). Dadurch erhält בשר eine aktive Note. Mit der Ansage der frohen Botschaft beginnt diese sich zu realisieren, Jahwe selbst ist in seinem Wort gegenwärtig und wirksam.

Die bei Tritojesaja erreichte Höhe wäre vollständig, wenn hier – um ein Wort zur Nachgeschichte des Wortes zu sagen – die Grundlage für das neutestamentliche Leitwort εὐαγγέλιον gefunden werden könnte. Leider ist das Nomen בשורה in Jes 61, 1 nicht verwendet, und es ist unbekannt, welche vermittelnde aram. Vokabel Jesus bei seiner Formulierung von der „frohen Botschaft vom Reich" (Mt 4, 23) verwendet hat (vgl. DBS V 1621, Dalman I 84). Dennoch geht man wohl nicht fehl – in Anbetracht der Zitierung von Jes 61, 1 in Lk 4, 18f. (vgl. Mt 11, 5) und der Adaptation auf Jesus –, die Übertragung von בשר ins griech. Deponens εὐαγγελίζεσθαι (LXX) als Grundlage des Leitwortes εὐαγγέλιον anzusehen (ThWNT 707).

Abschließend läßt sich sagen: Der theologisch-religiöse Sprachgebrauch von בשר bestätigt in hohem Maße die schon für den profanen Gebrauch festgestellte Bedeutung 'eine *frohe* Botschaft bringen' und entfaltet das im Sinn der Heilsbotschaft.

Schilling (†)

בָּשָׂר

I. 1. Etymologie – 2. Belege, Anwendung – 3. Zur Bedeutung – II. Religiös-kultischer Gebrauch – 1. Vom Tier – 2. Vom Menschen – III. Anthropologisches – 1. Wesensbestandteil – 2. Verwandtschaftsdeutung – 3. Wesen und Wert – IV. Theologisches (Gott und *bāśār*).

Lit.: *F. Baumgärtel–E. Schweizer*, σάρξ B. Fleisch im A.T. (ThWNT VII 105–109). – *N.P. Bratsiotis*, 'Ανθρωπολογία τῆς Παλαιᾶς Διαθήκης I, Athen 1967, 52–59. 61–93. – *H. Goeke*, Das Menschenbild der individuellen Klagelieder, Bonn 1971, 204–231. – *J.L. Helberg*, A Communication on the Semasiological Meaning of Basar (De Outestamentiese Werkgemeenskap in Suid-Afrika, Pretoria 1959, 23–28). – *A.R. Hulst*, Kol-bāśār in der priesterlichen Fluterzählung (OTS 12, 1958, 28–68). – *H. Huppenbauer*, בשר „Fleisch" in den Texten von Qumran (Höhle I) (ThZ 13, 1957, 298–300). – *D. Lys*, Baśar. La chair dans l'Ancien Testament, Paris 1967. – *R. Meyer–E. Schweizer*, σάρξ C. Fleisch im Judentum. D. Religionsgeschichtliche Zusammenfassung (ThWNT VII 109–123). – *E.R. Murphy*, Bśr in the Qumrân Literature and *Sarks* in the Epistle to the Romans (Sacra Pagina II, Paris 1959, 60–76). – *J. Pryke*, "Spirit" and "Flesh" in the Qumran Documents and Some N.T.-Texts (RQu 5, 1964/65, 345–360). – *W. Reiser*, Die Verwandtschaftsformel in Gen 2, 23 (ThZ 16, 1960, 1–4). – *A. Sand*, Der Begriff „Fleisch" in den paulinischen Hauptbriefen (Bibl. Untersuchungen 2, 1967, 221–237). – *O. Sander*, Leib-Seele-Dualismus im AT? (ZAW 77, 1965, 329–332). – *J. Scharbert*, Fleisch, Geist und Seele im Pentateuch (SBS 19), 1966. – *O. Schilling*, Geist und Materie in biblischer Sicht (SBS 25), 1967. – *R. de Vaux*, Lebensordnungen II, ²1966. – *C. Westermann*, Leib und Seele in der Bibel (Zeitwende 38, 1967, 440–447).

I. 1. Hebr. בשר 'Fleisch' hat Verwandte in den meisten semitischen Sprachen. Zwar heißt arab. *bašar* 'Haut' (*bašarat* 'Rinde' KBL³), aber im Phön. und in den meisten aram. Dialekten ist die Bedeutung 'Fleisch' für בשר reichlich belegt (DISO 45, jüd.-aram. *biśrā'* oder *bisrā'*, syr. *besrā*, auch mand.). Der Zusammenhang von *bāśār* 'Fleisch' mit akk. *bišru* 'Kleinkind' (AHw 131a; CAD B 270a) und pun. *bšr* 'Kind, Abkömmling' (J. Hoftijzer VT 8, 1958, 288–292; DISO 45) ist umstritten. – Im Ugar. findet sich *bšr*, 'Fleisch, Körper' (WUS 60, häufiger jedoch *š'r* → שאר). Im Äth. kommt *bāsōr* als Lehnwort (Leslau, Contributions 13) und im Asarab. *bšr* 'Fleisch' (auch *kl bšrn* 'alles Fleisch' = Menschen, Conti-Rossini 119f.) vor. Bei dem Verb → בשר handelt es sich wohl nur um ein Homonym.

2. Das Nomen בשר, dessen Hauptbedeutungen 'Fleisch', 'Leib' sind, und das auch einmal im Pl. vorkommt (Spr 14, 30), erscheint im AT etwa 270mal (3mal im Bibl.-Aram.: Dan 2, 11; 4, 9; 7, 5). Es ist, mit Ausnahme von Jos, Am und Mal, in allen at.lichen Schriften belegt, am häufigsten im Pentateuch (138mal, davon 61mal

allein in Lev), Ez (24mal), Hi (18mal), Jes (17mal), Ps (16mal) und Jer (10mal); vgl. die Statistik bei Lys 15–19. Da das Wort also in allen Teilen des at.lichen Schrifttums (einschl. Sir) und in den Qumrantexten mit den angegebenen Bedeutungen vorkommt, bleibt jeder Versuch einer chronologischen Darstellung des Wortgebrauchs erfolglos.

Der Wortbestand zeigt, daß בשר nicht nur mit Bezug auf Menschen, sondern auch auf Tiere angewandt wird. Außer den Hauptbedeutungen weist das Wort eine Mannigfaltigkeit an Nebenbedeutungen auf. Die at.lichen Belege lassen sich grundsätzlich in profane, religiös-kultische und theologische gliedern.

3. Ausgehend vom profanen Gebrauch lassen sich die Belege auf folgende Haupt- und Nebenbedeutungen verteilen:

a) 'Fleisch', weithin synonym zu → שאר (Mi 3, 3) und im Unterschied zu → עצם (Hi 10,11), → עור (Hi 10,11), → דם (Jes 49, 26) usw.: 1. Fleisch vom lebenden Menschen (2 Kön 5,10; gesund 2 Kön 5,14; vgl. Hi 33, 25; faulend, hinschwindend Num 12,12; Hi 33, 21; Spr 5,11; Hi 19, 20; Sach 14,12; Jes 17, 4; Ps 109, 24; in seinen früheren gesunden Zustand wiederkehrend Ex 4,7; vgl. 2 Kön 5,14). 2. Fleisch von Tieren (Gen 41, 2. 3. 4. 18. 19).

b) Fleisch als Nahrung: 1. Tierfleisch als Nahrung des Menschen (Num 11, 4. 13. 18. 21. 23; Jes 22,13; roh 1 Sam 2,15; gebraten Jes 44,16. 19), als Nahrung von Raubwild (Ex 22, 30); 2. menschliches Fleisch als Nahrung der Raubtiere (Gen 40,19; 1 Sam 17, 44; 2 Kön 9, 36; Ez 39,17f.); 3. Menschenfleisch als Nahrung der Menschen, entweder hyperbolisch, um die äußerste Not zu veranschaulichen (Lev 26, 29; vgl. Deut 28, 53. 55; Jer 19, 9) oder im übertragenen Sinn von der Ausbeutung der Armen durch die Großen (Mi 3, 3), vom Mißbrauch der menschlichen Herde durch einen harten Hirten (Sach 11,16), von der hirtenlos gewordenen menschlichen Herde, die sich selbst frißt (Sach 11, 9), von der angedrohten Selbstzerfleischung der Feinde Israels (Jes 49, 26), von der Zerfleischung im Bürgerkrieg (Jes 9,19), vom Toren, der „sein Fleisch frißt" (Pred 4, 5), ferner in der Bedeutung 'jemanden vernichten' (Ps 27, 2) oder 'verleumden' (Hi 19, 22).

c) 'Körper, Leib', das Körperliche in seiner Gesamtheit, als Synonym zu → גוף, גויה, aber auch zu → נבלה und im Unterschied von שאר (so Spr 5,11): 1. von lebenden Menschen (Ex 30, 32; Lev 16, 4; Num 19,7; Ez 11,19; vgl. 36, 26; Hi 6,12, gesund Dan 1,15; Spr 14, 30, krank Hi 7, 5; Spr 5,11; vgl. auch Ps 38, 4; 63, 2); 2. von toten Menschen, d.h. Leiche, so parallel zu נבלה Ps 79, 2, und zu רמות Ez 32, 5, von einem toten Knaben 2 Kön 4, 34; 3. von lebenden (Hi 41,15) oder toten Tieren (Lev 17,11; vgl. Lev 17,14).

d) Fleischlicher Körperteil neben anderen Bestandteilen des Körpers: häufig in Verbindung mit עצם und עור (beides mit בשר Kl 3, 4); auch mit כסל 'Lende' (Ps 38, 8), משמן 'Fettigkeit' (Jes 17, 4), גיד 'Sehne' (Ez 37, 6. 8; Hi 10,11), שערה (Hi 4,15), דם 'Blut' (Jes 49, 26; Ez 39,17f., vgl. den jüngeren Ausdruck בשר ודם Sir 14,18), ברך 'Knie' (Ps 109, 24), רגל 'Fuß', עין 'Auge', לשון 'Zunge', פה 'Mund' (Sach 14,12) u. ä.

e) Für die angenommene ursprüngliche Bedeutung 'Haut' könnte man vielleicht Ps 102, 6; 119, 120; Hi 4,15 und Ex 4,7 anführen; an allen diesen Stellen kann man aber auch 'Fleisch' übersetzen. Das gilt aber nicht in anderen Fällen, wo die beiden Begriffe nebeneinander stehen und klar zu unterscheiden sind (Lev 13, 2ff.; Hi 10,11; 19, 20 usw.).

f) Euphemistisch für 'Schamgegend', 'Scham' (Ex 28, 42; vgl. Lev 6, 3; 16, 4), für 'Penis' (Lev 15, 2. 3. 7; Ez 16, 26; 23, 20), für 'Scheide' (Lev 15,19) u. ä.

g) Ausdruck für Verwandtschaft. Als Grundstelle für die sog. Verwandtschaftsformel (Reiser) gilt Gen 2, 23 (עצם מעצמי ובשר מבשרי). So in der Bedeutung 'mein leiblicher Verwandter' (Gen 29,14; 2 Sam 19,13f.; vgl. Ri 9, 2; 2 Sam 5,1; 1 Chr 11,1; die gleiche Bedeutung auch ohne עצם Neh 5, 5; oder mit שאר Lev 18, 6; 25, 49; בשר allein in der Bedeutung 'mein leiblicher Bruder' Gen 37, 27), erweitert 'Angehörige' (Jes 58,7).

h) כל־בשר 'alles Fleisch', das etwa 40mal vorkommt, hat folgende Bedeutungen: 1. 'der ganze Körper' des Menschen (Lev 13, 3; Num 8,7) oder des Tieres (Lev 4,11; vgl. 17,14); 2. 'alle Lebewesen', Menschen und Tiere inbegriffen (Gen 6,17; 9,11. 15ff.; Num 18,15; Ps 136, 25; Dan 4, 9; Sir 40, 8); 3. 'alle Menschen', 'die ganze Menschheit' (Jes 40, 5f.; 49, 26; Jer 25, 31; 45, 5; Ez 20, 4. 10; Jo 3,1; Sach 2,17; Ps 65, 3; 145, 21; Hi 12,10; 34,15; Sir 1,10; 14,17); 4. 'jeder Mensch' (Jes 66,16. 23f.; Jer 12,12), 'irgendein Mensch' (Deut 5, 26); 5. 'alle Tiere', die ganze Tierwelt (Gen 6,19; 7,15f. 21; 8,17; Sir 13,16; 17, 4).

i) 'Mensch' wie → אדם oder → נפש (Lev 13,18. 24; Ps 56, 5; vgl. Ps 78, 8; Dan 2,11).

k) 'Fleischlich' (Ez 11,19; 36, 26; Hi 10, 4; 2 Chr 32, 8), vielleicht als Abstr. 'Leiblichkeit' Spr 14, 30.

II. An zahlreichen Stellen wird בשר in einem religiös-kultischen Kontext gebraucht, und zwar in verschiedenen Vorschriften, Ermahnungen u. ä., wo entweder vom *bāśār* des Tieres oder des Menschen die Rede ist. An diesen Stellen, die meist P angehören, handelt es sich im ersten Fall um Speise- oder Opfervorschriften u. ä., im zweiten um Reinheits-, Weihungs- oder Bekleidungsvorschriften sowie um die Beschneidung.

1. a) Grundsätzlich ist im AT das Essen von Tierfleisch erlaubt (vgl. Gen 9, 3), doch gewöhnlich aß man nur davon bei festlichen Gelegenheiten, bei Bewirtung und besonders bei Opferfeiern. Üblich war, das 'rohe Fleisch' (בשר חי 1 Sam 2,15) von Rind (Ex 29,14; Num 18,17f.; 1 Kön 19, 21), Schaf (Ex 29, 32; Num 18,17f.; Deut 16, 2) oder Ziege (Lev 16, 27; Num 18,17f.) zu braten (Ex 12, 8; 1 Sam 2,15) oder zu kochen (1 Sam 2,13). Man aß בשר neben Brot (Jes 44,19) usw. und trank dabei Wein (Jes 22,13). Eine sprichwörtliche Redensart liegt Ez 11, 3. 7. 11; 24,10 vor: „Sie ist der Topf, wir sind das Fleisch."

b) In seinem Bund mit Noah nach der Flut gab Gott dem Menschen als Nahrung „alles, was sich regt und lebt" (Gen 9, 3; vgl. 1, 29), doch mit der entscheidenden Einschränkung, בשר בנפשו דמו nicht zu essen (Gen 9, 4). Dieses allgemeingültige Verbot des Blutgenusses bringt bezeichnenderweise das Blut (→ דם) mit der 'Seele' (→ נפש) in engsten Zusammenhang, unterscheidet aber klar zwischen נפש und בשר. Es fordert unbedingt, daß man beim Schlachten des Tieres das Blut auf die Erde auslaufen läßt oder vergießt (ausdrücklich Lev 17,13; Deut 12,16. 24), wenn man das Fleisch essen will. Dies wird im Pentateuch öfter wiederholt und immer neu formuliert, in dem Bestreben, es nicht nur einzuprägen, sondern es auch zu erklären und zu begründen. So wird am Anfang des Heiligkeitsgesetzes das Fleischverbot folgendermaßen begründet: „Denn die נפש des Fleisches ist im Blut, und ich habe es euch für den Altar gegeben, um euch damit Sühne zu schaffen" (Lev 17,11). Das Blut gehört JHWH und ist ihm allein vorbehalten; er nimmt es als Opferblut an und läßt dadurch für jeden Kultteilnehmer, der sonst wegen seiner Sünde sterben müßte, stellvertretende Entsühnung erwirken. Um jedem Mißverständnis vorzubeugen, schließt die Verpflichtung auch den Fremdling im Volk ein (Lev 17,12) und erstreckt sich auf jedes 'Fleisch', auch auf das nicht opferfähige Wild (v.13). Schließlich wird durch die zweimal wiederholte Begründung כי נפש כל־ בשר דמו ... הוא (v.14) die allgemeine Gültigkeit des Blutverbots am schärfsten unterstrichen. Die gleiche, aber knapper formulierte Begründung findet sich auch Deut 12, 23 mit einer ethischen und zugleich humanen Färbung. So begegnet statt der dürren Austilgungsdrohung (Lev 17,10.14) der mehr innerlich verpflichtende Aufruf: „Nur halte daran fest, daß du das Blut nicht essest" (Deut 12, 23), verbunden mit der Verheißung, daß es demjenigen, der JHWHs Wohlgefallen sucht, wohl ergehen wird (v. 25). Ebenso auffallend ist aber die Tendenz, die Verweigerung vom Blutgenuß auszugleichen durch die Erlaubnis, Fleisch überall und ausnahmslos zu essen (12, 23; vgl. schon 12,15. 20ff. und v. 27), „so viel dich gelüstet ... entsprechend dem Segen, den JHWH, dein Gott, dir verliehen hat" (Deut 12,15).

c) Im einzelnen untersagten die Speisevorschriften den Fleischgenuß: 1. von allen unreinen Tieren (Liste Lev 11; Deut 14, 3–21); 2. von allen reinen Tieren, die entweder verendet oder von Raubwild zerrissen waren (Ex 22, 30; vgl. Lev 11, 39f.; 17,15f. und Deut 14, 21, wo dieses Fleisch den Fremden überlassen wird); 3. von einem gesteinigten Rind, weil es den Tod eines Menschen verursacht hat (Ex 21, 28) und 4. von dem, was mit etwas Unreinem in Berührung gekommen ist (Lev 7,19). Ein maßgebend religiös-ethischer Charakter wird auch bei diesen Speisevorschriften in der jeweils abschließenden eindringlichen Mahnung zur Reinheitserhaltung sichtbar, die zugleich in eine Heiligkeitsaufforderung mündet. Diese Aufforderung wird entweder von JHWH selbst (Ex 22,30; Lev 11, 43ff.; 22, 8f.) oder in seinem Namen (Deut 14, 21) gesprochen. JHWHs Heiligkeit, auf die immer wieder als Grund der Speisevorschriften hingewiesen wird (Lev 11, 44 u.ö.), bildet den Beweggrund jeder Verpflichtung auf individuelle Reinheit und Heiligung. Bemerkenswert ist dabei die häufige Betonung der Zugehörigkeit zu JHWH (Lev 11,44; Deut 14,21), die persönliche, durch Gehorsam und Treue bedingte Einstellung jedes Gottesvolksangehörigen gegenüber JHWH und seinen Geboten (Ex 22,30; vgl. Lev 11,43ff.; 22, 8f.; Deut 14, 21). Bei dem als unrein bezeichneten Fleisch handelt es sich oft um Fleisch von Tieren, die im heidnischen Kult eine gewisse Rolle spielen. So trugen die Speisevorschriften dazu bei, eine Trennungslinie zwischen Israeliten und Heiden zu ziehen, die seit dem Exil größere religiös-ethische Bedeutung gewann. So wendet sich ein nachexilischer Prophet gegen die Götzendiener, die in Verbindung mit Götzenkult verbotenes Fleisch essen (Jes 66,17; vgl. 65, 4). Ezechiel besteht vor JHWH auf seine gewissenhafte Befolgung auch der Speisevorschriften: „Ich habe niemals von einem verendeten oder zerrissenen Tier gegessen, und es ist niemals Greuelfleisch in meinen Mund gekommen" (Ez 4,14). Daniel und seine Glaubensgenossen am heidnischen Hof zu Babel verzichten auf den Genuß der königlichen Speise, um gesetzestreu zu bleiben und sich nicht zu verunreinigen (Dan 1, 8ff.). Ob mit der „königlichen Speise" (פת־בג המלך Dan 1, 8; vgl. Judith 12,1; Tob 1,12; 2 Makk 5, 27–7, 40) auch das Götzenopferfleisch gemeint wird, läßt sich nicht feststellen; auffallend ist überhaupt, daß es im at.lichen Gesetz kein ausdrückliches Verbot für solches Fleisch oder für das Fleisch der von Heiden geschlachteten Tiere gibt. Vielleicht deckten die allgemeinen Speisevorschriften auch solche Fälle.

Über ein dreiwöchiges „Trauerfasten" (→ אבל) mit Verzicht auf Fleischgenuß als Vorbereitung auf einen Offenbarungsempfang berichtet Dan 10, 2f. In solchen Fällen tritt die im AT immer vorhandene Tendenz zutage, durch gewisse Askese in unmittelbare Beziehung zu Gott zu gelangen. Im Vordergrund steht der Gedanke, daß Fasten (im AT oft erwähnt → צום → ענה) als religiös-ethischer Akt die Dämpfung der Begierde erzielen kann, weil der Genuß von reichlicher Kost – und Fleisch gehört dazu (vgl. Ri 6,19) – das innige Verhältnis zu Gott stört und die Treue zu ihm gefährdet (vgl. Jes 22,13; Spr 23, 20). Zwar darf ein jeder nach Deut 12,15ff. entsprechend dem Segen, den JHWH ihm verliehen hat, überall schlachten und „ganz nach Herzenslust" Fleisch essen, wenn es ihm gelüstet, doch schon dabei werden gewisse Einschränkungen gemacht (Deut 12,16. 23). Aber auch die Erzählungen Ex 16 (vgl. v. 3. 8.12) und Num 11 (vgl. die häufige Verwendung von בשר v. 4.13. 18. 21. 33) deuten an, daß die maßlose Begierde nach Fleisch (vgl. bes. Num 11,18ff.) und nicht einfach der Hunger des Volkes das Murren und die Widerspenstigkeit gegen JHWH verursachten (so auch Num 11, 20). Ein ähnliches Beispiel bietet ferner 1 Sam 2,12ff., wo die Elisöhne von den Opfernden rohes Fleisch forderten, um es zu braten und zu genießen, und also aus Fleischgier gegen JHWH frevelten.

d) Im kultischen Leben diente das Fleisch von Tieren als 'Opferfleisch' (בשר הקרבן Ez 40, 43), das als 'heiliges Fleisch' (בשר קדש Jer 11,15; Hag 2,12) galt. Opferfähig war im allgemeinen das Fleisch aller reinen Haustiere und einiger reinen Vögel. Dabei bezeichnete man nach der jeweiligen Art des Opfers das Tier als פר bzw. שעיר החטאת (Lev 16, 27), איל המלאים (Ex 29, 31) und dessen Fleisch als בשר המלאים (Ex 29, 34), בשר זבח תודת שלמים (Lev 7,15), בשר זבח השלמים (Lev 7, 21) oder einfach בשר הזבח (Lev 7,17). Bestimmte Arten des Opferfleisches durfte niemand essen, es sollte außerhalb des Lagers verbrannt werden: das Sündopfer (Ex 29,14; Lev 4,11; 8,17; 9,11; 16, 27) bzw. die „rote Kuh", deren Asche zur Herstellung des Reinigungswassers diente (Num 19, 5). Ferner verbrannte man das vom Opfermahl übriggebliebene Fleisch entweder nach dem ersten Tag (Ex 29, 34; Lev 7,15; 8, 32) oder am dritten Tag (Lev 7,17), denn solches Fleisch galt jetzt als unrein (פגול Lev 7,18). Auch das Fleisch, das mit etwas Unreinem in Berührung gekommen ist, muß verbrannt werden (Lev 7,19).

In anderen Fällen wurde das Opferfleisch jedoch gegessen, entweder nur von der Priesterschaft oder auch von den Laien. So durften nur die Priester vom Opferfleisch des Einsetzungswidders (Ex 29, 31) essen, und zwar beim Opfermahl am Eingang des אהל מועד (Ex 29, 32; Lev 8, 31), nachdem es „an heiliger Stätte" gekocht worden war (Ex 29, 31). Ferner durften nur die Priester von dem von ihnen als Sündopfer für gewöhnliche Leute dargebrachten Opferfleisch essen, das als 'hochheilig' (קדש קדשים Lev 6, 22) galt, so daß jeder, der es berührte, 'heilig' wurde (Lev 6, 20). Auch 1 Sam 2,13 erwähnt „das Recht der Priester an dem, was das Volk opferte". Als solches Recht der Priester galt auch das Fleisch aller reinen Erstlinge (→ בכור), die man im Heiligtum darbrachte (Num 18,15) und das, was als Freikauf der Erstgeburten von Menschen und unreinen Tieren gegeben wurde (Num 18,15.18). Nachdem der Priester seinen Anteil vom Fleisch des שלמים-Opfers erhalten hatte, durfte auch der opfernde Laie mit seinen Angehörigen seinen Anteil davon beim Opfermahl essen, insofern er rein war (Lev 7,19), denn dieses Fleisch war בשר מזבח השלמים, das JHWH gehörte (Lev 7, 20f.); jeder, der unrein war und davon aß, sollte aus dem Volk getilgt werden (Lev 7, 20f.). Ferner wurde in der ersten Passahnacht das auf dem Feuer gebratene Fleisch des Passahtieres gegessen (Ex 12, 8), wobei man aufpassen mußte, nicht dessen Knochen zu brechen (Ex 12, 46). Auffallend ist auch, daß Deut 12 den Laien mehr Vorrechte einräumt, indem es ihnen das Opferfleisch überläßt (v. 27), jedoch mit der Aufforderung, dabei die Leviten nicht zu vergessen (v. 19). Wie ein von Gideon vorgesehenes Gastmahl mit gekochtem Fleisch in ein Brandopfer verwandelt wurde, schildert Ri 6,19ff. und 1 Sam 2,12ff. erzählt vom Mißbrauch der Elisöhne der priesterlichen Vorrechte am Opferfleisch.

Einige der oben erwähnten Stellen, besonders diejenigen, die das Opfermahl als 'heiliges Fleisch', das JHWH gehört, bezeichnen, und die davon abhängigen Reinheitsforderungen an die Opferteilnehmer deuten auf den religiös-ethischen Wert des Opfers hin. Es ist eine Vorrichtung JHWHs, durch die er die sittlich verpflichtende Bundesgemeinschaft seines Volkes mit ihm manifestieren und fördern will (weiteres bei H.-J. Kraus, Gottesdienst in Israel, [2]1962, 145ff. und de Vaux II 297ff.). Die Propheten nehmen nicht gegen das Opfer an sich Stellung, sondern gegen dessen Veräußerlichung im Kult, die nur das Rituelle erfüllt, aber die religiös-ethische Grundlage dieser kultischen Wirklichkeit ihrer Zeit verachtet. Dadurch stellen sie den wahren Sinn des Opfers im AT und seinen religiös-ethischen Gehalt in den Vordergrund. So verwirft Hosea (8,13) Israels Opfer, die nunmehr nur noch ein Schlachten und Fleischessen sind und dem Willen des Bundesgottes nicht entsprechen, weil die innere Gesinnung fehlt. Auch Jeremia wendet sich gegen die falsche Auffassung, man könne durch das Essen von Opferfleisch JHWH näherkommen, obwohl die Taten des Volkes jede Gottesannäherung verhinderten. So läßt er JHWH seinem Volk mit einer gewissen Ironie zurufen: „Häuft nur eure Brandopfer zu euren Schlachtopfern und esset Fleisch" (Jer 7, 21). Das Essen von Brandopferfleisch (das ja eigentlich nicht gegessen werden durfte) deckt die Heuchelei der Opfernden auf, da scheinbar alles für JHWH, in Wirklichkeit aber ohne ihn geschieht und darum sein Mißfallen hervorruft. Ferner fragt JHWH Jer 11,15 (vgl. schon Jes 1,10ff.), was sein Liebling in seinem Haus zu suchen habe und ob 'heiliges Fleisch' Unglück abwenden könne. Auch Ps 50,13 stellt JHWH eine ähnliche Frage, die zugleich zum wahren Sinn des Opferkultes im AT hinführt: „Esse ich denn Fleisch von Stieren?" So verurteilt er die falsche Vorstellung, daß er überhaupt Opferfleisch brauche.

2. Im religiös-kultischen Leben ist auch vom

menschlichen בשר in der Bedeutung 'Körper' die Rede.

a) Eine große Anzahl der diesbezüglichen Stellen betrifft Vorschriften für Reinigung und Heiligung (de Vaux II 312ff.). So wird jeder Mensch, wenn auf 'der Haut seines Körpers' (בעור בשרו) irgendeine Hautkrankheit erscheint, vom Priester als 'unrein' (→ טמא Lev 13, 2ff. 10f. 14ff. 18. 24. 43) bzw. 'rein' (→ טהור Lev 13,13. 38f.) erklärt. In der geschlechtlichen Sphäre wird ein Mann unrein, der an einem Ausfluß aus seinem בשר (s.o. I. 3.f., anders Scharbert 49) leidet (Lev 15, 2. 3.7), sowie die Frau bei der Menstruation (Lev 15,19). Andere Vorschriften ordnen an, daß man den Körper in Wasser baden (→ רחץ) soll: so der Hohepriester vor dem Anlegen der heiligen Kleider (Lev 16, 4) oder seiner Festgewänder (Lev 16, 24); der Mann, der den Bock zu Azazel hinausgeführt hat (Lev 16, 26); derjenige, der Fell, Fleisch und Mist der Sündopfertiere (Lev 16, 28) oder der roten Kuh (Num 19,7f.) verbrennt; wer in Berührung mit unreinen Tieren kommt (Lev 22,6); wer von verendeten oder zerrissenen Tieren ißt (Lev 17,16), sowie jeder nach einer geheilten Hautkrankheit (Lev 14, 9), einem Ausfluß (Lev 15,13) oder nach einem Samenerguß (Lev 15,16).

Die Leviten sollen über ihren ganzen 'Körper' geschoren werden (Num 8,7); das Salböl für die Priester darf nicht auf den 'Körper' eines Laien ausgegossen werden (Ex 30, 32). Einschnitte an dem Körper zu machen, war Priestern (Lev 21,5) wie Laien (Lev 19, 28) verboten. Ferner sollen nach Ex 28, 42 die Priester beim Eintreten in das Allerheiligste oder beim Herantreten an den Altar 'das Fleisch der Blöße' (בשר ערוה), d.h. ihre Schamgegend, mit linnenen Hosen bedecken, „daß sie nicht Schuld auf sich laden und sterben müssen". Ähnliche Vorschriften geben Lev 6, 3 und 16, 4 über die Bekleidung des Priesters beim Brandopfer und des Hohenpriesters am Versöhnungstag, nur daß hier einfaches בשר gebraucht wird. Um sich vor JHWH zu demütigen, legte man ein Sackgewand (→ שק) über den bloßen Leib (על־בשר) an (1 Kön 21, 27; 2 Kön 6, 30). Auch den Reinigungsvorschriften für den menschlichen Körper kann man das religiös-ethische Moment schwer absprechen. Vielmehr darf man hierin ein Mittel zur Absonderung Israels von seiner profanen oder heidnischen Umwelt und zum Kennzeichen seiner JHWH-Zugehörigkeit erkennen; zugleich dienen sie zur Vorbereitung einer inneren Reinheit und Heiligkeit, wozu JHWH sein Bundesvolk berufen hat (Lev 19, 2; vgl. 11, 44f.; 20,7. 26; 21, 8 u.ö.).

b) Auffallenderweise kommt, wie sonst nie im AT, die Beschneidung (→ מול) der Vorhaut in Zusammenhang mit בשר vor, einerseits Gen 17,11.14. 23–25; Lev 12, 3 (בשר הערלה 'Fleisch der Vorhaut', wobei בשר wohl für das männliche Glied steht), andererseits Ez 44,7. 9 (ערל בשר 'unbeschnittenen Fleisches'). In Gen 17,10ff. wird die Beschneidung von בשר הערלה auf die Bundesschließung JHWHs mit Abraham zurückgeführt, soll aber in seiner Nachkommenschaft fortgesetzt werden. Dabei gewinnt dieser Akt der Beschneidung, die ja auch in der heidnischen Umwelt praktiziert wurde, eine neue, ausgeprägt religiöse Bedeutung, die JHWH selbst folgendermaßen definiert והיה לאות ברית ביני וביניכם (Gen 17,11). So wird die Beschneidung von בשר ערלה als Bundesverpflichtung ein entscheidendes Wahrzeichen (→ אות) der Absonderung Abrahams und seiner Nachkommenschaft von der heidnischen Umwelt und zugleich der Aufnahme in die Bundesgemeinschaft mit JHWH. Die Beschneidung ist also ein Bundeszeichen (אות ברית Gen 17,11), das den Bund JHWHs am בשר des einzelnen Bundesteilnehmers sichtbar macht (Gen 17,13; vgl. Sir 44, 20 und einige feine Bemerkungen bei Scharbert 50f. 55). Zugleich schließt sie jeden 'unbeschnittenen Fleisches' (ערל בשר Ez 44,7. 9) aus diesem JHWH-Bund bzw. Bundesvolk aus (vgl. Gen 17,14), indem sein unbeschnittenes בשר ערלה das Wahrzeichen der Zugehörigkeit zum Heidentum bildet. In Ez 44,7. 9 wird ערל בשר durch ערל לב ergänzt (vgl. hierzu Deut 10,16; Jer 4, 4; 9, 25f.), was darauf hinweist, daß die Beschneidung nicht nur ein äußeres Bundeszeichen ist, das sich nur auf den Leib beschränkt, sondern daß der ganze Mensch mit Leib und Seele gemeint ist und auch seine innere Gesinnung beansprucht wird. In diesem Zusammenhang kann man Ez 16, 26; 23, 20 (dabei בשר = 'Penis') anführen, wo nämlich zur Bezeichnung des Bundes- und Treuebruchs Israels (אשה) gegenüber JHWH (→ איש) bildlich von Hurerei Israels mit fremden Männern, die über גדלי בשר verfügen, die Rede ist.

III. 1. בשר ist wohl der umfassendste, wichtigste und häufigste anthropologische Terminus für die äußere, fleischliche Substanz des Menschen, wobei die beiden Hauptbedeutungen 'Fleisch' und 'Körper, Leib' in Betracht kommen.

a) Gewöhnlich bringt בשר die Gestalt des Menschen, d.h. das vorwiegend aus Fleisch bestehende Körperliche in seiner Gesamtheit zum Ausdruck, das überall im AT als Werk von Gottes Händen anerkannt wird (Jes 45,11f.; 64, 8; Ps 119,73; 138, 8; Hi 10, 8ff.; 31, 5 usw.). Auffallenderweise wird בשר aber im Bericht über die Erschaffung des Menschen (Gen 2,7) nicht direkt erwähnt, obwohl Gen 2 sonst בשר in seinen zwei Bedeutungen verwendet (v. 21. 23f.); dagegen kommen sowohl נשמה als auch נפש vor. בשר erscheint aber mit Anspielung auf Gen 2,7 an anderen Stellen (so Hi 34,14f.). Auf Grund der vorliegenden disparaten anthropologischen

Aussagen läßt sich feststellen, daß der menschliche Körper von Gott selbst mit עור 'Haut' und בשר bekleidet, mit → עצם 'Gebein' und גיד 'Sehne' zusammengefügt (Hi 10,11) und von → דם 'Blut' durchströmt ist. Er ist ferner von ihm mit לב 'Herz' (Ps 33,15), כליות 'Nieren' (Ps 139,13) usw. und vor allem mit נפש (Jer 38,16) versehen, so daß der ganze Mensch eine נפש חיה ist, solange im בשר der durch Gottes נשמה 'Odem' verliehene → רוח (vgl. Hi 34,14f.) weilt.

b) In der anthropologisch wichtigsten Bedeutung 'Körper, Leib' bringt בשר oft auch die gesamte äußere Existenz des Menschen zum Ausdruck. So fragt z.B. Hiob: „Ist mein Körper (בשר) von Erz?" (6,12), und wenn er an sein Unheil denkt, ergreift ein Erbeben seinen Leib (בשר Hi 21, 6). Der Psalmist klagt über seine körperliche Schwäche: „Mein בשר nimmt ab und wird mager" (Ps 109, 24) und sagt, daß infolge des Zorns Gottes nichts Gesundes an seinem 'Leib' ist (Ps 38, 4. 8). Der Prediger meint: „Das viele Studieren ermüdet den Leib" (Pred 12,12). Auf die Vernichtung der ganzen äußeren Existenz des Menschen deutet der Gebrauch von אכל (Jes 9,19; 49, 26; Sach 11, 9; Ps 27, 2) oder שבע (Hi 19, 22) in Verbindung mit בשר hin. Eine klare Unterscheidung zwischen dem Körperlichen und dem Seelisch-geistigen findet sich dort, wo בשר für das Äußere zusammen mit לב für das Innere vorkommt. Damit ist aber der ganze Mensch in seiner Doppelseitigkeit und seiner Psychosomatik gemeint. So muß man die Worte des Weisen inmitten des Herzens (לב) bewahren, denn sie sind Heilung für den ganzen Leib (בשר Spr 4, 20ff.), ebenso wie ein gelassenes Herz Heilung für den Leib ist (Spr 14, 30). Man muß Unmut von seinem Herzen bannen und so Übel von seinem Leib halten, sagt der Prediger (11,10), der auch davor warnt, durch den Mund (פה steht 5,1 parallel zu לב) Schuld auf den Leib zu laden (Pred 5, 5).

Genauso beachtenswert ist die ebenfalls klare Unterscheidung, die zwischen בשר und נפש gemacht wird, besonders dort, wo beide Begriffe zugleich verwendet werden, um den äußeren bzw. den inneren, seelischen Aspekt des Menschen zu bezeichnen. Dabei wird der Mensch wieder als Ganzes betrachtet, das sein Äußeres und sein Inneres umfaßt: Die נפש des Psalmisten dürstet nach Gott, und sein בשר schmachtet nach ihm (Ps 63, 2), seine נפש verlangt und schmachtet nach den Vorhöfen JHWHs, sein Herz und sein בשר jauchzen zu dem lebendigen Gott (Ps 84, 3), sein Herz freut sich und seine Seele (→ כבוד, vgl. F. Nötscher, VT 2, 1952, 358ff.) frohlockt, auch sein בשר wird in Sicherheit wohnen (Ps 16, 9). Der ganze Mensch mit Leib und Seele wendet sich also JHWH zu. Die klare Unterscheidung zwischen בשר und נפש läßt sich wohl sicherstellen in Hi 14, 22 (Einzelauslegung umstritten), ebenso wie in 13,14 und 12,10, wo außerdem כל־חי zu כל־בשר־איש und נפש zu רוח parallel stehen. Auch die wahrscheinlich sprichwörtliche Redewendung מנפש ועד־בשר (Jes 10,18, „ganz und gar", vgl. die von Sander vorgeschlagene unwahrscheinliche Deutung „von der Gurgel bis zum Genital") bezeugt zweifellos diese Unterscheidung, die im damaligen Volksbewußtsein verankert zu sein scheint. In den angeführten Belegen darf man diese Unterscheidung nicht übersehen, aber auch nicht als Seele-Leib-Dualismus im platonischen Sinn deuten; בשר und נפש sind vielmehr als zwei verschiedenartige Aspekte zu verstehen, die das Sein des Menschen als doppelseitiges Ganzes betreffen. Gerade diese betonte anthropologische Ganzheitsbetrachtung ist maßgebend für die Doppelseitigkeit des menschlichen Wesens, indem sie jede dichotomische Auffassung von בשר und נפש als unversöhnlich entgegengesetzt ausschließt und deren gegenseitigen organischen, psychosomatischen Zusammenhang erscheinen läßt. Dadurch verleiht sie auch dem Persönlichkeitsbegriff eine feste Geschlossenheit, die sich durch ein ausgeprägtes Einheitsbewußtsein äußert. Man denke dabei an die oben erwähnten Stellen, wo בשר auch als Ausdruck des Seelischen hervortritt und seelische Tätigkeit ausübt, wie sie sonst נפש oder לב eigen sind.

2. In diesem Zusammenhang muß man die oft hervorgehobene Gleichheit aller Menschen erwähnen, die dadurch begründet wird, daß alle Menschen etwas Gemeinsames haben. So wird vor allem auf den gemeinsamen Schöpfer (Jes 64,7 u.a.) hingewiesen oder auf die Abstammung vom Ersterschaffenen (Weish 7,1ff. → אדם), die Herkunft (Hi 33, 6), den Lebensein- und -ausgang (Hi 34,15; Weish 7, 5f.), die Geburt (Hi 31,15), die gemeinsame Natur (Hi 10,10ff.; Ps 33,15) u.ä. All dieses Gemeinsame kann im allgemeinen durch בשר 'Fleisch, Körper' ausgedrückt werden, das als der körperliche Bestandteil des Menschen seine greifbare Realität mit Nachdruck darstellt und die darauf beruhende menschliche Wesensgleichheit sowie auch die durch das Fleischliche bedingte Verwandtschaft der Menschen miteinander als Sammelbegriff veranschaulicht.

a) So erscheint בשר in der Bedeutung 'Mensch' als Synonym zu → אדם wertneutral Lev 13,18. 24 und herabsetzend Ps 56, 5; Dan 2,11 (aram.); vgl. Gen 6, 3; Jer 17, 5; Ps 78, 38 (s.u.).

b) Aufschlußreich ist ferner die häufige Redewendung כל־בשר, besonders dort, wo damit 'die ganze Menschheit', 'jeder Mensch', 'irgendein Mensch' (s.o. I.3.h) gemeint ist. Die Wendung erinnert übrigens an כל־נפש bzw. כל־נפש חיה, כל־נשמה und כל־חי, ist aber anders gefärbt (vgl. schon Gen 9,15f.) und kommt meist nicht im positiven Sinn vor; da im AT die negativen Eigenschaften der menschlichen Natur auf בשר bezogen werden, wird כל־בשר meistens herabsetzend gebraucht. Dadurch werden die Menschen – die ja alle בשר sind – in ihrem existenziellen Zusammenhang und ihrer allgemeinen Verwandtschaft miteinander vor Gott und in scharfem Gegensatz zu ihm gestellt. Wo immer כל־בשר als Redewendung auftritt (also mit Ausnahme von Lev 4,11; 13, 3; Num 8,7 u.ä.), steckt mehr oder weniger eindeutig der Gedanke dahinter, daß eben der die Menschen miteinander vereinigende בשר den Unterschied zu Gott ausdrückt und den Abstand von ihm unterstreicht. Er allein als allmächtiger Schöpfer und Herr waltet, richtet und entscheidet von oben majestätisch über כל־בשר als sein Geschöpf (weiter s.u.).

c) Manchmal schließt כל־בשר auch die dem Menschen untergeordneten Tiere mit ein, so daß es für die gesamte Kreatur steht (s.o. I.3.h). Schon Gen 1 (vgl. v. 24ff., wo die Tiere an demselben Tag wie die Menschen geschaffen werden) und 2 (vgl. v.19f., wo die Tiere ebenso wie der Mensch in v.7 'aus der Erde' gebildet werden) deuten auf eine gewisse Verwandtschaft zwischen Menschen und Tier hin, die sich auf das Äußere, das Fleischliche bezieht. Dabei stellt nicht nur Gen 1, 26b. 28 und 2,19f., sondern auch Gen 6,19ff. das Tier unter den Menschen. So geht aus dem Sintflutbericht hervor, daß nach dem Urteil Gottes das Verhalten des Menschen auch das Tier mitbelastet (Gen 6,12) und daß Gottes Entschluß über das Schicksal des Menschen auch das Tier mitbetrifft: „Das Ende allen Fleisches ist bei mir beschlossen, denn die Erde ist durch sie (d.h. die Menschen) voller Frevel; so will ich sie denn von der Erde vertilgen" (Gen 6,13). Aber auch beim Heilsbund mit Noah sind die Tiere in כל־בשר mit einbezogen, wobei כל־בשר bezeichnenderweise in Verbindung mit כל־נפש חיה auftritt (Gen 9,11. 15ff.).

d) Die im Sintflutbericht seltene Verwendung von כל־בשר mit Bezug auf die Tiere schließt einerseits die Menschen ausdrücklich aus (Gen 7, 21) und tritt andererseits mit מן auf (Gen 6,19; 7,15f.; 8,17), um den Ausschluß der nicht aufgezählten Tierarten anzudeuten.

e) Die durch בשר bedingte allgemeine Verwandtschaft der Menschen miteinander wird durch die sog. Verwandtschaftsformel (s.o. I.3.g) auf die Blutsverwandtschaft spezialisiert. In dieser Formel, die im gegenwärtigen Textbestand auf Gen 2, 23 zurückgeht, wird בשר wieder wertneutral gebraucht, denn hier fällt das Hauptgewicht auf die Verwandtschaft an sich. So drückt אדם, nachdem er seiner Wesensverschiedenheit vom Tier gewahr geworden ist und durch die Namengebung der Tiere ihre untergeordnete Stellung konstatiert hat, als → איש die konkrete und vorwiegend auf בשר bezogenen Zusammengehörigkeit mit der von ihm abstammenden אשה und ihre schon auf den ersten Blick erkennbare Wesensgleichheit aus: זאת הפעם עצם מעצמי ובשר מבשרי (Gen 2, 23). Ähnlich gebraucht man im AT diese treffende Formel, um eine vorhandene Blutsverwandtschaft hervorzuheben und die daraus folgenden Verpflichtungen zu unterstreichen (s. o.).

f) Einen besonderen Fall stellt → בשר אחד in Gen 2, 24 dar. Hier könnte man einen Hinweis auf die Einehe finden (vgl. Mal 2,14ff.; Spr 2,17), aber auch eine Anspielung auf den Vollzug der Ehe: Was vor der Erschaffung der אשה (Gen 2, 21f.) בשר אחד war, vereinigt sich wieder durch den Vollzug der Ehe in בשר אחד (Gen 2, 24), und das dadurch gezeugte בשר אחד legt über ihre vollzogene Vereinigung ein unleugbares Zeugnis ab. Vielleicht könnte man hier auch den Versuch einer Deutung der Verwandtschaftsformel sehen.

3. a) Die oben dargestellte doppelte Wertung des Menschen läßt die anthropologisch relevanten Aussagen deutlich erkennen; sie ermöglichen es, das Wesen und den Wert des Menschen sowie seine Stellung Gott gegenüber besser herauszuarbeiten. So sind für בשר kennzeichnend seine Geschöpflichkeit und seine unbedingte Abhängigkeit von Gott, sowie sein irdisches Wesen, seine Schwäche, Unzulänglichkeit und Vergänglichkeit. Wenn Gott, „in dessen Hand die Seele alles Lebendigen und der Geist allen Menschenfleisches ist" (Hi 12,10), „seinen Geist zurücknähme und seinen Odem an sich zöge" (Hi 34,14), „müßte insgesamt alles Fleisch verscheiden" (Hi 34,15), „was Lebensodem in sich hat" (Gen 6,17) und die Menschen, „die ja Staub sind" (Gen 3,19; vgl. Ps 103,14), „weil sie Fleisch sind, ein Hauch, der hinfährt und nicht wiederkehrt" (Ps 78, 39), „kehrten zum Staub zurück" (Hi 34,15; vgl. Gen 3,19). Alle Menschen müssen also sterben, weil sie 'Fleisch' ebenso wie 'Staub' sind. Dann wird „der Staub wieder zu Erde, der Geist aber kehrt wieder zu Gott, der ihn gegeben hat" (Pred 12,7). JHWH hat es so bestimmt (Gen 6, 3; vgl. 3,19). בשר 'schwindet hin' (→ בלה Kl 3, 4), 'vergeht' (→ כלה Hi 33, 21; Spr 5,11), 'löst sich auf' (מקק Sach 14,12), ist nicht 'ehern' (נחוש Hi 6,12), wird von der Ermüdung überwältigt (Pred 12, 12), 'nimmt ab' (כחש Ps 109, 24), und sein 'Fett' (משמן) schwindet (רזה Jes 17, 4). Alle diese charakteristischen Merkmale vom בשר, die sein Wesen, Schicksal und seinen Wert kennzeichnen, grenzen seine Situation vor Gott ab. Das bringt besonders anschaulich das Gleichnis Jes 40, 6f. zur Geltung: „Alles Fleisch ist Gras und all seine Pracht wie die Blume des Feldes. Das Gras verdorrt, die Blume welkt, wenn der Hauch JHWHs darüber weht" (vgl. Ps 103,15f.;

hierzu Bratsiotis 68ff. 73ff.). Es muß aber bemerkt werden, daß hier nicht nur ein Anklang von Schwermut über das Schicksal des כל־בשר in Erscheinung tritt, sondern auch eine gelinde Brise der Anerkennung, ja der Würdigung von בשר leicht hindurchweht, indem bei aller Vergänglichkeit des בשר auch auf seine schlichte und natürliche Schönheit und Zierde hingewiesen wird (חסד v. 6).

b) Manche Aussagen erlauben noch eine ethische Beurteilung von בשר, das sich auch „als ethisch anfällig" und „zur Sünde neigend" (Scharbert 77) zeigt. Für eine solche Bewertung kommen auch Pred 2, 3; 5, 5; 11,10 in Betracht. An diesen Stellen erscheint בשר als zu sittlichen Ausschweifungen geneigt und somit zur Sünde anfällig. Eine andere Richtung weist Gen 6,12, das als Ursache der Verderbtheit der Erde die allgemeine Verderbtheit allen Fleisches angibt. Gen 6,13 knüpft an die vorangehende Beurteilung von כל־בשר die Ankündigung von Gottes Beschluß: „Das Ende allen Fleisches (LXX charakteristisch: πάντες ἄνθρωποι) ist bei mir beschlossen, denn die Erde ist durch sie (d.h. die Menschen) voller Frevel." Also erweist sich כל־בשר – und nicht etwa כל־נפש – vor Gott als unwürdig und sündhaft, nicht nur weil er der Sünde verfallen ist, sondern auch, weil es der Urheber der Verderbtheit seiner Umwelt ist. Von ganz besonderer Bedeutung ist die immer noch problematische Stelle Gen 6, 3, wo JHWH angesichts des Verfalls der Menschen für seine Lebenszeit eine bestimmte Frist festsetzt: לא ידון רוחי באדם לעלם בשגם הוא בשר. Ob Gott dadurch seinen Geist schützen will „vor der allzu starken Gefährdung durch das Fleisch" (so Scharbert 80), läßt sich nicht sicher sagen. Unleugbar ist aber, daß hier die Sünde im engsten Zusammenhang mit בשר steht und daß, abgesehen von dem kosmischen Dualismus רוח יהוה – בשר (parallel אדם) auch noch der ethische zum Ausdruck kommt. Außerdem läßt sich mit Sicherheit behaupten, daß בשר als Bezeichnung des Menschen (so vor allem Ps 56, 5; 78, 39; sowie כל־בשר s.o.) und besonders als Gegensatz zu Gott (so Jer 17, 5; Hi 10, 4; 2 Chr 32, 8; ferner s. IV.), nicht nur alle die erwähnten Eigenschaften des בשר zur Geltung bringt, sondern neben der physischen auch seine ethische Unzulänglichkeit und Sünd-Anfälligkeit widerspiegelt. Eine positive Einstellung dem בשר gegenüber bietet ausnahmsweise Ez 36, 26 (vgl. 11,19), wo JHWH verheißt, dem wahren Israel ein „neues Herz" und einen „neuen Geist" zu verleihen, sowie das „steinerne Herz" aus dessen Leib (בשר) herauszunehmen und ihm ein „fleischernes Herz" (לב בשר) zu geben. Hier wird also לב חדש mit לב בשר als Gegensatz zu לב האבן gleichgesetzt, aber außerdem macht sich ein entscheidender Schritt zur Überbrückung der Kluft zwischen רוח und בשר erkennbar, indem רוח und בשר nicht als Gegensätze, sondern als positive Größen, sozusagen als Verbündete, nebeneinander stehen. Allerdings wird dies alles in die Zukunft versetzt. Immerhin wird auch die ethische Bewertung von בשר durch die hier anschließende Darlegung beleuchtet.

IV. Es ist bezeichnend für die Gottesvorstellung des AT, daß trotz der häufigen Anthropomorphismen בשר nie Gott zugeschrieben wird, wie es z.B. mit נפש geschieht. Vielmehr wird stets betont, daß Gott kein בשר ist und sich von jeglichem בשר schärfstens unterscheidet. Wo immer בשר in Beziehung zu Gott gebracht wird, geschieht dies nur, um den unermeßlichen Abstand und Unterschied, die völlige Abhängigkeit und den auffallenden Gegensatz von בשר Gott gegenüber zu unterstreichen. Dabei wird auf sein Wesen und seine Eigenschaften und insbesondere auf seine Erhabenheit, Ewigkeit, Allmacht, Güte, Heiligkeit, Vorsehung usw. hingewiesen, kurz, auf alles, was den Gegensatz zum Wesen und zu den Eigenschaften des Menschen ausmacht. Dieser Gegensatz wird im AT vor allem durch den Begriff רוח zum Ausdruck gebracht. Während בשר den Menschen im Unterschied zu Gott auszeichnet, wird Gott im allgemeinen durch רוח charakterisiert. Außer der schon erwähnten Stelle Gen 6, 3 sei hier vor allem Jes 31, 3 angeführt: „Ägypten ist Mensch und nicht Gott, seine Rosse sind Fleisch und nicht Geist." Diese Aussage stellt nicht nur אדם und אל sowie בשר und רוח gegeneinander, sondern setzt auch diese Gegensätze parallel zueinander, so daß אדם לא־אל synonym zu בשר לא־רוח steht. In diesem Sinn fragt Hi 10, 4 Gott: „Hast du denn Fleisches Augen, oder siehest du wie Menschen sehen?" (vgl. die Wiedergabe der LXX von בשר durch βροτός 'sterblicher Mensch'). Hier ist das mit עיני בשר parallel stehende ראה אנוש der Gegensatz des göttlichen Sehens. Ebenso ist in 2 Chr 32, 8 der 'fleischerne Arm' Gegensatz zu „JHWH unser Gott wird uns helfen". In Jer 17, 5 („Der Mann, der auf Menschen vertraut und Fleisch zu seinem Arm macht, während sein Herz von JHWH weicht") bilden אדם und בשר den Gegensatz zu יהוה. Ähnlich bezeichnet Ps 56, 5 den Menschen als Fleisch und stellt אלהים in Gegensatz zu בשר (vgl. auch Dan 2,11).

Mit Ausnahme von Ez 10,12, wo כל־בשר im übertragenen Sinn für die Gestalt der Cherubim steht, tritt בשר nie für ein himmlisches Wesen auf. Auch an בשר als Nahrung hat Gott absolut keinen Bedarf. Darum fragt er die Opferbringenden: „Sollte ich das Fleisch von Stieren essen und das Blut von Böcken trinken?" (Ps 50,13). Schon sein Engel (→ מלאך) lehnt die Gastgebung mit Fleisch völlig ab und verwandelt das dargebrachte Fleisch in ein Brandopfer (Ri 6,19ff.). Auch im übertragenen Sinn vermeidet

das AT, JHWH den Genuß von Fleisch zuzuschreiben (Deut 32, 42).
Die Erhabenheit JHWHs über alles בשר kommt oft zum Ausdruck. JHWH versichert, daß er der Gott allen Fleisches ist (Jer 32, 27), und als solcher wird er auch von seinem Volk huldigend anerkannt. Dabei schließt seine Herrschaft auch die im בשר sich befindende רוח mit ein (Num 16,22; 27, 16 יהוה אלהי הרוחת לכל־בשר; LXX, die וכל בשר liest, läßt den Dualismus zwischen sterblichem בשר und lebenbringendem רוח noch stärker hervortreten). Gott, der erhabene und allmächtige Schöpfer, läßt im בשר, das er ja gebildet hat (Hi 10,11, s.o. III. 1. a), seinen Geist, solange er will, weilen (Gen 6, 3, s.o.) und macht dadurch den Menschen lebendig. Und wenn er, „in dessen Hand der Geist allen Menschenfleisches ist" (Hi 12,10), seinen Geist zurücknimmt, muß alles Fleisch sterben (Hi 34,15). Ebenso kann er auch die Toten ins Leben rufen, indem er an deren dürren Gebeinen 'Fleisch' wachsen läßt und seinen Geist wieder in sie hineinbringt, wodurch sie wieder lebendig werden (Ez 37,1ff. – symbolisch auf die Wiederbelebung des Volkes angewandt). Er verfügt auch über Gesundheit und Krankheit und über den physischen Zustand des בשר überhaupt (Ex 4,7; 2 Kön 4, 34; 5,10.14; Ps 38, 4; Hi 2, 5; 33, 25; Kl 3, 4 usw.), genauso wie er das Schicksal von כל־בשר bestimmt (Gen 6,12f.17; 7, 21).
In seiner erhabenen Güte, die sich auch als allmächtige Vorsehung kundtut, ist Gott derjenige, „der allem Fleisch Speise gibt" (Ps 136, 25). Er sorgt dafür, daß die widerspenstigen Israeliten in der Wüste Speise (Fleisch und Manna) bekommen (Ex 16, 8.12; vgl. Num 11, 4.13.18. 21. 33) und läßt ebenso seinem Propheten von den Raben Fleisch bringen (1 Kön 17, 6).
Zu Gott „kommt alles Fleisch" (Ps 65, 3), und „alles Fleisch soll seinen heiligen Namen loben, immer und ewig" (Ps 145, 21), gleich wie der Fromme mit seinem 'Leib' zu ihm jauchzt (Ps 84, 3) oder nach ihm schmachtet (Ps 63, 2) und der Gerechte überzeugt ist, daß er auch „ohne sein Fleisch" Gott schauen wird (Hi 19, 26; Deutung umstritten, s. die Komm.).
Als der Vollkommene und Heilige kann Gott die Verderbtheit 'allen Fleisches' nicht ausstehen und kommt zum Entschluß, כל־בשר zu vernichten (Gen 6,13). Überhaupt hat er wegen der Sünde der Menschen ihre Lebensdauer auf 120 Jahre beschränkt, „da sie ja Fleisch sind" (Gen 6, 3). Daraus läßt sich der im AT oft bezeugte Glaube verstehen, daß jeder, der Gott schaut, sterben muß (Ex 19, 21; 20,19; Lev 16, 2; Num 4, 20; Deut 5, 24ff.; 18,16; Ri 6, 22f.; 13, 22; Jes 6, 5 usw.). „Denn wo wäre ein sterblicher Mensch (כל־בשר), der die Stimme des lebendigen Gottes aus dem Feuer hätte reden hören und am Leben geblieben wäre?" (Deut 5, 26). Ebenso versteht sich daraus die Bedeckung der Blöße (בשר) der Priesterschaft beim Herantreten vor JHWH, „daß sie nicht Schuld auf sich laden und sterben müssen" (Ex 28, 42; vgl. Lev 6, 3; 16, 4), ebenso wie die Tatsache, daß כל־בשר besonders dort verwendet wird, wo die Menschen dem erhabenen und heiligen Gott gegenübergestellt werden. Darum „schweige alles Fleisch vor JHWH, wenn er sich erhebt aus seiner heiligen Stätte" (Sach 2,17). Auch „erschauert aus Furcht vor ihm der 'Leib'" des Frommen (Ps 119,120), und bei der Vision „sträuben sich die Haare des Leibes" (Hi 4,15).
Wenn JHWH „Gericht mit allem Fleisch hält, überliefert er die Gottlosen dem Schwert" (Jer 25, 31), „denn JHWH geht mit Feuer und mit seinem Schwert ins Gericht mit allem Fleisch" (Jes 66,16). Während die Gemeinde der Gott-Treuen (כל־בשר) immer wieder kommen wird, um ihn anzubeten (Jes 66, 23b), werden die Leichen der Frevler „ein Abscheu für alles Fleisch sein" (Jes 66, 24b). Wenn er „Unheil über alles Fleisch" bringt (Jer 45, 5), „ist alles Fleisch friedlos" (Jer 12,12), denn dabei „soll sein Schwert Fleisch fressen" (Deut 32, 25). JHWH läßt alle Vögel zu einem grausigen Opfermahl auf den Bergen Israels einladen mit dem Aufruf: „Ihr sollt Fleisch essen, Fleisch von Helden sollt ihr fressen" (Ez 39,178f.). Nicht weniger furchterregend ist JHWHs Racheschwert gegen Jerusalem und Ammon (Ez 21). Im Bild eines Waldbrandes versichert er zunächst, daß alles Fleisch sehen soll, daß er ihn angezündet hat. Dann kündet er an: „Weil ich Gerechte und Ungerechte aus dir hinwegtilge, darum soll mein Schwert aus der Scheide fahren wider alles Fleisch von Süden bis Norden. Dann wird alles Fleisch erkennen, daß ich JHWH ..." (v. 9f.). Auch allen Völkern, die gegen Jerusalem zogen, „wird er das Fleisch faulen lassen" (Sach 14,12), und er versichert „Ich lasse deine Peiniger ihr Fleisch verzehren ... und alles Fleisch soll erkennen, daß ich, JHWH, dein Retter und Erlöser bin" (Jes 49, 26).
Im AT tritt aber auch JHWHs Begnadigung des בשר in Erscheinung. Schon bei der Flut läßt er כל־בשר nicht vollständig zugrunde gehen (Gen 6,19; 7,15f.; 8,17), um danach einen ewigen Bund mit dem geretteten כל־בשר zu schließen, so daß nie wieder 'alles Fleisch' durch das Wasser der Flut ausgerottet werden soll (Gen 9,11; vgl. v.15ff.). Ebenso läßt er das Wahrzeichen seines Bundes mit Abraham auf den בשר jedes männlichen Bundesmitglieds zeichnen (Gen 17,11.14. 23ff.). Und Ps 78, 38f. deutet die Heilsgeschichte: „Er aber in seiner Gnade und seinem Erbarmen, er vergab ihre Schuld und vertilgte sie nicht, ließ oftmals ab von seinem Zorn ..., denn er gedachte, daß sie Fleisch sind." Ferner versichert JHWH durch seinen Prophe-

ten dem wahren Israel ein „fleischernes Herz“ zu verleihen (Ez 11,19; 36, 26) und „daß die Herrlichkeit JHWHs sich offenbaren und ‘alles Fleisch’ es sehen wird, denn der Mund JHWHs hat es geredet“ (Jes 40, 5). Vor allem aber erscheint als Höhepunkt der Begnadigung die Verkündigung: „Danach wird es geschehen, daß ich meinen Geist ausgieße über ‘alles Fleisch’, und eure Söhne und Töchter werden weissagen“ (Jo 3,1).

N. P. Bratsiotis

בַּת

I. 1. Vorkommen – a) selbständig – b) in Personennamen – 2. Bedeutung im AT – II. Stellung und Wertung der Tochter – 1. Im Vergleich zum Sohn – 2. Verfügungsgewalt der Eltern – 3. Eigenrecht der Tochter – 4. Gefährlichkeit – 5. Bestimmungen des Heiligkeitsgesetzes.

Lit. → בן.

I. 1. a) בת ist ein allgemein semit. Wort, das einzig im Äth. nicht vorkommt (nur belegt in dem Ausdruck *benta ʿain*: die Pupille des Auges). Die Grundform ist *bant, bint* (BLe 618 l). Im Ugar. erscheint das Wort als *bt*, Pl. *bnt* (UT Gloss. Nr. 481), im Phön.-Pun. als *bt* (J. Friedrich–W. Röllig, Phön.-Pun. Gramm., Rom ²1970, 240; dort Belege), im Altaram. als (cstr.) *brt* (IEJ 8, 1958, 228–230), im Reichsaram. (nie im AT!) als *brh, br’*, cstr. *brt* (DISO 42), im Jüd.-Aram. (Targume und babyl. Schriften) als *beratta’* (dagegen im galiläischen Dialekt als *bœrtā’*). Auch im Syr. (*bartā*) und Mand. (*berata*), im Akk. (*bintu, bunatu, buntu*; selten und literarisch), im Arab. (*bint*) und Asarab. (*bnt, bt*) ist das Wort belegt.

An Synonyma sind zu erwähnen im Akk.: *mārtu* (*mer’atum, mērtu, māštu*); *apiltu, aplatu*: Erbtochter; *bukurtu, bukratu* (nur für Göttinnen). Im Äg.: *s3.t*, meist ohne Determinativ, bedeutet leibliche Tochter, besonders in genealogischem Zusammenhang (Tochter des ..., der ...), bezeichnet aber auch die mythische Tochterschaft einer Göttin oder Königin (so *s3.t Rʿ* als weibliches Gegenstück zum Königstitel). *s3.tj* = die beiden Töchter, das Kindespaar (WbÄS III 411f.).

b) Der einzige im AT sicher bezeugte, mit בת gebildete Personenname ist בת־שבע (2 Sam 11, 3 usw., siehe I. 2. e; zu בת־שוע vgl. KBL³). Im Altbabyl. kommen vor: Bitti-ᵈDagan, Bitatum (Th. Bauer, Die Ostkanaanäer, Leipzig 1926, 16), ᶠBitta-addi (D.J. Wiseman, The Alalakh Tablets, London 1953, Plate V 7, 2. 5. 6. 15. 22. 30. 34–36; Plate XXXVII 367, 4), Bitta-kubi (ebd. Nr. 278, 6) und Bitta-malki (ebd. Nr. 131). Aus Mari fehlen Belege. Assyr.: ᶠBiniti (K.L. Tallqvist, Assyrian Personal Names, Helsingfors 1918, 275; unsicher, viell. arab.). In Ugarit finden sich *btḫzli, btsgld, btšj, ᶠbitta-rapi’, ᶠbat-rapi’* und *ᶠbitta-ṣidqi* (F. Gröndahl, Die Personennamen der Texte aus Ugarit, Rom 1967, 55.119; s. dazu UF 1, 1969, 212, wo gezeigt wird, daß *bt-* nicht immer ‘Tochter’ ist). Aram.: בתזבינה und בתעדן (IPN 14; keine Belege aus Elephantine).

2. a) Die Bedeutungsskala von בת deckt sich weitgehend mit der von → בן. Zunächst ist בת die leibliche Tochter (Gen 11, 29; 19, 8; Ex 2, 5 u.ö.). Unser beide Geschlechter umfassender Begriff „Kinder“ wird in der Regel mit בנים ובנות wiedergegeben (Gen 5, 4 u.ö.; s.u. II.), womit in der poetischen Sprache ein Parallelismus erzielt wird (z.B. Jes 49, 22; 60, 4). Auch in der Redensart כאמה בתה „wie die Mutter, so die Tochter“ (Ez 16, 44) ist die leibliche Tochter gemeint.

בת אבי bzw. בת אמי bedeutet dagegen die Halbschwester (nur gleicher Vater bzw. gleiche Mutter, vgl. Gen 20,12; Lev 18, 9.11; 20,17; Deut 27, 22; Ez 22,11). בנות בניו (Gen 46,7) bezeichnet die Enkelinnen (vgl. Lev 18,10: בת בנו und בת בתו), aber auch das einfache בת kann diese Bedeutung haben (2 Kön 8, 26: Athalja, die „Tochter“ Omris). בנות אחיך (Ri 14, 3) sind schwerlich die Basen (gegen KBL³ 158), sondern die Töchter der Stammesbrüder; Gen 24, 48 heißt die Nichte בת־אחי. In Gen 37, 35 und Ri 12, 9 sind mit בנות die Schwiegertöchter gemeint. Ebenso redet in Ruth 1,13–15; 2, 2. 22; 3,1.16. 18 die Schwiegermutter ihre Schwiegertöchter mit „Tochter“ an. בת דדו (Esth 2,7) ist die Base.

b) בת kann auch ganz allgemein ‘(junge) Frau’ bedeuten. So sind die בנות אנשי העיר (Gen 24,13) die jungen Mädchen der Stadt. Gen 34, 8 wird Dina ihren Brüdern (nicht den Bürgern der Stadt! KBL³ ebd.) gegenüber als בתכם bezeichnet, und bei בנות אמך (Ez 13,17) und בנות עירי (Kl 3, 51) ist nicht an eine bestimmte Altersstufe, sondern nur an den weiblichen Teil des Volkes oder der Stadt gedacht. Mit den בנות ציון sind die Frauen Jerusalems gemeint (Jes 3,16f.; 4, 4; HL 3,10), während die בנות האדם (Gen 6, 2. 4) die Frauen des ganzen Menschengeschlechtes sind.

Weitere Beispiele, wo בת Mädchen, junge Frau oder Frau (im allgemeinen) bedeutet, sind Gen 30,13 (die Töchter des Volkes); Jes 32, 9 (par. נשים); Spr 31, 29; HL 2, 2; 6, 9; Dan 11,17 (par. בת הנשים). Ruth 2, 8; 3,10 (Boas zu Ruth) und Ps 45,11 ist בת vertrauliche Anrede.

c) Von daher erklärt sich die Verwendung von בת zur Personifizierung Jerusalems in den prophetischen und poetischen Schriften; so vor allem im Ausdruck בת־ציון: Jes 1, 8; 52, 2 (par. ירושלם); 62,11; Jer 4, 31; 6, 2. 23; Mi 1,13; 4,10.13; Zeph 3,14 (par. בת ירושלם); Sach 2,14; 9, 9 (par. בת ירושלם); Ps 9,15; Kl 1, 6; 2,1 (par.

תפארת ישראל). 4; 4, 22. Besondere Emphase und Anschaulichkeit erhält diese Wendung in der Form בתולת בת־ציון (2 Kön 19, 21 par.; Kl 2,13). Mit הר בת־ציון (Jes 10, 32 [text. emend.] par. גבעת ירושלם; 16,1) und עפל בת־ציון (Mi 4, 8) ist der Zion gemeint. זקני בת־ציון (Kl 2,10) bezeichnet die Ältesten, חומת בת־ציון (Kl 2, 8.18) die Stadtmauer von Jerusalem, שביה בת־ציון (Jes 52, 2) die gefangene Stadt. Hierher gehört auch der Ausdruck בת אמי (Jes 22, 4; Jer 4,11 u.ö.) für die Volksgemeinde.

Aber auch andere Städte und Völker können unter dem Bild einer בת personifiziert werden: בת־צר die Stadt Tyrus (Ps 45,13), (→ בתולה) בת־בבל und בת־כשדים die Stadt Babel (Ps 137, 8; Jes 47,1), בת־תרשיש die Stadt Tarsis (Jes 23,10), (בתולת) בת־צידון die Stadt Sidon (Jes 23,12), בת־אדום das Land Edom (Kl 4,21f.), (בתולת) בת־מצרים das Land Ägypten (Jer 46,11. 24); vgl. auch יושבת בת־מצרים (Jer 46,19) und ישבת בת־דיבון (Jer 48,18) die Bevölkerung von Ägypten/Dibon. Mit בת־יהודה (Kl 2, 2. 5) ist die Landschaft Juda gemeint.

d) Wie → בן (III.4.) drückt auch בת die Zugehörigkeit zu einer Stadt, einem Land oder einem Stamm aus: בנות חת Hethiterinnen (Gen 27, 46), בנות מנשה die Frauen Manasses (Jos 17, 6), בנות ישראל die Frauen Israels (Ri 11, 40; 2 Sam 1, 24), בנות־שילו die Frauen von Silo (R 21, 21), בנות מואב die Frauen von Moab (Num 25,1; hingegen Jes 16, 2 die Städte Moabs, s. f), בנות כנען die Frauen Kanaans (Gen 28,1. 6. 8; 36, 2), בת־לוי eine Levitin (Ex 2,1). Mit בנות ירושלם (HL 1, 5; 2,7; 3, 5.10; 5, 8.16; 8, 4) und בנות ציון (HL 3,11) sind die Frauen bzw. Mädchen Jerusalems angesprochen.

e) Auch eine moralische (bzw. physische) Eigenschaft kann mit בת ausgedrückt werden. So ist בת־בליעל eine nichtsnutzige Frau (1 Sam 1,16). בת־נדיב (HL 7, 2) ist als lobende Anrede zu verstehen: „Edelgeborene“, „Edelfrau“, wobei es sich nach dem Kontext eher um die äußere Erscheinung als um die Gesinnung handelt. בת־גדוד „Tochter der Bande“ (Mi 4,14) bedeutet (sofern der Text in Ordnung ist, vgl. BHS und KBL³ 170) wahrscheinlich eine kriegerische Stadt. Schwieriger ist die Deutung des Ausdrucks הבת השובבה (Jer 31, 22 von Israel, 49, 4 von Ammon). Neuere Ausleger sehen darin nicht einen Hinweis auf die Abtrünnigkeit, sondern auf die Heimkehr (W. Rudolph, HAT I 12, ³1968: Tochter, der die Heimkehr winkt; A. Weiser, ATD 20/21, ⁵1966: Tochter, die heimkehren darf).

Hier ist an den Frauennamen Bathseba zu erinnern: Tochter der sieben = Tochter der Fülle = „die Üppige“ oder „das Glückskind“ (vgl. zuletzt J.J. Stamm, VTS 16, 1967, 324). Ob Gomer *bat-diblajim* (Hos 1, 3) hierher gehört und ʻdas Zwei-Feigenkuchenmädchen', d.h. die Wohlfeile, bedeutet oder, da Feigenkuchen im Ischtarkult vorkamen (Jer 7,18), eine Ischtarverehrerin bezeichnet, ist zweifelhaft. Wahrscheinlich ist דבלים ein Personenname (nach Rudolph, KAT XIII/1, 50f. *Debal-Jam* zu lesen).

Auch das Alter wird oft mit בת ausgedrückt: בת־תשעים שנה die 90jährige Sara (Gen 17,17), בת־שנתה ein einjähriges (weibl.) Lamm (Lev 14,10; Num 6,14; 15, 27).

f) Schließlich lassen sich zahlreiche Beispiele nennen, in denen בת im übertragenen Sinn gebraucht wird. So können die (befestigten) Tochterstädte einer größeren Stadt בנות genannt werden (vgl. L. Delekat, VT 14, 1964, 9–11): Num 21, 25. 32; 32, 42; Jos 15, 45. 47; 17,16; Ri 1, 27; 11, 26; Neh 11, 25–31; 1 Chr 2, 23; 7, 28f.; 8,12; 18,1; 2 Chr 13,19; 28,18. Mit בנות מואב Jes 16, 2 sind die Städte Moabs gemeint, mit den „Töchtern Rabbas“ Jer 49, 2f. die ammonitischen Städte, mit בנות יהודה Ps 48,12; 97, 8 die Landstädte Judas.

Gen 49, 22 heißen die (Wein)ranken oder Schößlinge בנות. Ein dichterischer Ausdruck für „Töne“ oder „Lieder“ ist בנות השיר (Pred 12, 4). אישון בת־עין ist ein zusammengesetzter Begriff und bedeutet Ps 17, 8 „Augapfel“; Kl 2,18 hingegen (par. דמעה) könnten darunter Tränen verstanden werden.

Schwierig zu deuten ist der Torname בת רבים (HL 7, 5). Vielleicht verbirgt sich darin eine uns unbekannte Stadt, vielleicht ist auch ganz allgemein eine „große, volkreiche Stadt“ gemeint (so W. Rudolph, KAT XVII/2, 1966). בת־היענה (Lev 11,16; Deut 14,15) und בנות־יענה (Mi 1, 8; Hi 30, 29; Jes 13, 21; 34,13; 43, 20; Jer 50, 39) heißen die Schakale oder Strauße. In Mi 1, 8 sind diese Symbol des wehklagenden Heulens, sonst gewöhnlich Bild der Verlassenheit und Verwüstung. Bei בת־פוצי „Tochter meiner Zerstreuung“ (Zeph 3,10; = „meine Zerstreuten“) liegt wohl ein verderbter Text vor.

II. 1. Wie gering die Tochter im AT im Vergleich zum Sohn geachtet wurde, zeigt sich schon darin, daß בן nahezu 10mal so häufig vorkommt wie בת (nach KBL³ ca. 4850 בן, 585 בת). Obwohl für Kinder beiderlei Geschlechts auch בנים allein gebraucht werden kann (→ בן III.1.), steht dafür in der Regel בנים ובנות, allerdings ausnahmslos (ca. 110mal!) in dieser Reihenfolge. Der Segen vollkommener Frömmigkeit muß sich nach alter Vorstellung in einer größeren Zahl von Söhnen als von Töchtern niederschlagen (Hi 1, 2; 42,13; vgl. Ps 127, 3f.; 128, 3), und obwohl die Frau „Mutter aller Lebenden“ heißt (Gen 3, 20), ist die Weitergabe des Lebens doch weniger Sache der Töchter als der Söhne (Ex 1,16). Dennoch sind Söhne und Töchter gemeinsam Inbegriff der Segensfülle (Ps 144,12). In ihnen verlängert sich, bald beglückend, bald tragisch, das Leben der Eltern (Deut 28, 41; Jer 16, 2; 29, 6).

2. Die Verfügungsgewalt über die Tochter steht beim Vater. Die Tochter ist im elterlichen Haus eine gewinnbringende Arbeitskraft (Gen 24,15; 29, 9; Ex 20,10 par.), ein Vermögenswert, der veräußert werden kann und für den ein Brautpreis (*mōhar*) zu bezahlen ist (Gen 29,15–30; 34,12; Ex 22,15f.; Hos 3, 2). Töchter werden „gegeben" und „genommen" (Gen 34, 9.16. 21; Ex 2, 21; 6, 25; 34,16; Deut 7, 3; Jos 15,16f.; Ri 1,12f.; 21,1.7.18; 1 Sam 18,17.19; 2 Kön 14, 9 u.ö.). Trotzdem wäre es falsch, den Brautpreis mit einem Kaufpreis im Sinne der modernen Wirtschaftsordnung zu vergleichen, zumal er, wie Gen 31,15 andeutet, zumindest teilweise vom Vater der Tochter wieder als Mitgift gegeben wurde. Nach dem CH (§ 164) ist die Mitgift sogar höher als die Kaufsumme (vgl. zum Ganzen W. Plautz, Die Form der Eheschließung im AT, ZAW 76, 1964, 298–318). Wen der König besonders auszeichnen will, dem gibt er seine Tochter zur Frau (1 Sam 17, 25; 18,17ff.). Nach altem Recht kann der Vater die Tochter aber auch als Sklavin verkaufen (Ex 21,7).
Andererseits ist es ein „großes Werk", die Tochter gut zu verheiraten (Sir 7, 25). Dafür muß der Vater sie streng behüten und bewahren (Sir 7, 24; 42, 9–12). Für die Tochter, die im Hause ihres Vaters Unzucht treibt, sieht das dtr Gesetz die Todesstrafe durch Steinigung vor (Deut 22, 21). Wie nahe allerdings gelegentlich Bewahrung und Preisgabe liegen konnten, zeigt das Verhalten Lots gegenüber seinen beiden Töchtern, „die noch keinen Mann kannten" (Gen 19, 8; vgl. Ri 19, 24).
3. Neben der strengen Autorität des Vaters behält jedoch die Tochter ihre eigene persönliche Sphäre. Selbstbewußtsein spricht aus den Worten der schönen, stolzen Rebekka (Gen 24, 24). Das Vater-Tochter-Verhältnis entbehrt nicht der Herzlichkeit. Eindrucksvoll wird die Liebe zwischen Vater und Tochter z.B. in der Jephta-Erzählung (Ri 11, 34–40) oder im Gleichnis von dem armen Mann, der sein einziges Schäflein wie eine Tochter hält (2 Sam 12, 3), geschildert.
Im Gegensatz zum älteren Recht (Ex 23,17; 34, 23) läßt das dtr Gesetz auch die Tochter am Kult teilnehmen (Deut 12,12.18; 16,11.14). Der Vater ist besorgt, daß seine verheirateten Töchter nicht durch weitere Frauen aus ihrer Stellung verdrängt werden (Gen 31, 50). Hinterließ ein Mann keine Söhne, sondern nur Töchter, so waren diese erbberechtigt (Num 27,1–11; Jos 17, 3f.; vgl. auch Hi 42,15), durften allerdings nur innerhalb desselben Stammes heiraten (Num 36,1–12).
4. Mehr als der Sohn ist die Tochter mit sexuellen Tabus behaftet. Ihr unsittliches Verhalten führt deshalb auch zu katastrophaleren Folgen. Schon die Geburt einer Tochter bewirkt im Vergleich zu der eines Sohnes doppelte Unreinheit, weil man offenbar glaubt, „daß das weibliche Geschlecht dämonischen Einflüssen leichter zugänglich und stärker ausgesetzt ist als das männliche" (K. Elliger, HAT 4, 1966, 158). Daß die Tochter sich gegen die Mutter erhebt, gilt als Zeichen größter sittlicher Zerrüttung (Mi 7, 6). Über die Töchter von Fremdvölkern dringen Fremdkulte in Israel ein (Num 25,1f. 6; Deut 7, 3; Ri 3, 6; 1 Kön 11,1ff.; 16,31–33; Mal 2,11), und in Gen 6,1–4 bringen die בנות האדם durch ihre Schönheit sogar die בני האלהים (→ בן IV.2.c) zu Fall. In Ez 16, 44ff. (sekundär!) sind die als Töchter personifizierten Städte Samaria, Jerusalem und Sodom mit ihren Töchtern Inbegriff der Ausschweifung.
5. Unter den Verwandten, mit denen Geschlechtsverkehr verboten ist, wird im Gesetz Lev 18 ausdrücklich die Schwiegertochter (v.15), die Tochter der Vaterfrau, d.h. die Halbschwester (v.11; vgl. 20,17; Deut 27, 22; Ez 22,11; zu Lev 18, 9 vgl. Elliger, a.a.O. 231f. 240) sowie die Enkelin – und zwar sowohl die Sohnestochter wie (sekundär!) die Tochtertochter – aufgeführt (v.10). Es ist anzunehmen, daß ursprünglich auch die eigene Tochter genannt war (vgl. K. Elliger, ZAW 67, 1955, 2.7). Als besonders verwerflich gilt, die Tochter zur Kultprostitution anzuhalten (Lev 19, 29). Die Tochter des Priesters partizipiert in betonter Weise an der priesterlichen Heiligkeit (Lev 21, 9; 22,12f.).

H. Haag

בְּתוּלָה בְּתוּלִים

I. Umwelt – 1. Ägypten – 2. Mesopotamien – 3. Ugarit – II. Etymologie – III. Bedeutung – 1. Allgemeinbefund – 2. Hi 31,1 – 3. Im Gesetz – IV. Zusammenfassung unter Berücksichtigung von Jes 7,14.

Lit.: *O.J. Baab*, Virgin (IDB IV, 1962, 787f.). – *G. Delling*, παρθένος (ThWNT V 824–835). – *J.J. Finkelstein*, Sex Offenses in Sumerian Laws (JAOS 86, 1966, 355–372). – *E.S. Hartom–J.J. Rabinowitz*, *beṯûlāh* ... (EMiqr II, 1954, 381–384). – *B. Landsberger*, Jungfräulichkeit: ein Beitrag zum Thema „Beilager und Eheschließung". (Symbolae iuridicae ... M.David ... edid. J.A. Ankum ..., II, Leiden 1968, 41–105.) – *E. Neufeld*, Ancient Hebrew Marriage Laws, London 1944, 95. 100f. – *A. Strobel*, Jungfrau (BHHW II, 1964, 914f.). – *G.J. Wenham*, Betulah, 'a Girl of Marriageable Age (VT 22, 1972, 326–348). → עלמה

I. 1. Äg. Wörter für 'Mädchen, Jungfrau' sind *ʿdd.t* (WbÄS I 242), *rnn.t* (WbÄS II 435) und vor allem *ḥwn.t* (WbÄS III 53). Das letztgenannte Wort läßt sich schon in Pyr. belegen, u.a. auch in der Wendung „das Mädchen im Auge", d.h.

die Pupille. Es steht für 'Mädchen, Jungfrau' im allgemeinen Sinn, kann aber auch besonders das junge mannbare Weib bezeichnen. In Pyr. wird „die große Jungfrau" (*ḥwn.t wr.t*) 3mal erwähnt (682c, 728a, 2002a, vgl. auch 809c): Sie ist anonym, tritt als Beschützerin des Königs auf und wird einmal ausdrücklich als seine Mutter bezeichnet (809c). Interessant ist die Tatsache, daß Isis in einem Sargspruch, der ihre mysteriöse Schwangerschaft behandelt, als *ḥwn.t* angeredet wird (CT II 217d). In einem Text im Abydostempel des Sethos I. proklamiert Isis selbst: „Ich bin die große Jungfrau" (Calverley, Abydos I Pl. 9). Charakteristischerweise wird auch in der Geburtslegende Hatschepsuts die Königin Ahmose dem Amun als Jungfrau (*ḥwn.t*, Urk IV 218,17) und „das schönste aller Weiber" vorgestellt. In diesem Kontext ist zu bemerken, daß ihr Gatte als „junges Kind" bezeichnet wird, was anscheinend bedeutet, daß der junge König noch nicht die Ehe hat vollziehen können; die Königin, obwohl verheiratet, ist also Jungfrau (H. Brunner, Die Geburt des Gottkönigs, 1964, 27ff.). Damit kann die alleinige Vaterschaft des Amun nicht bezweifelt werden. In den darauffolgenden Jugendlegende wird Hatschepsut selbst als „ein schönes junges Mädchen" (*ḥwn.t*) beschrieben (Urk IV 246, 6f.).

Besonders in der Spätzeit treten gern Göttinnen, vor allem Hathor, Isis und Nephthys, als „(schöne) Jungfrau" auf. Als Jungfrau hat Hathor auch Jungfrauen in ihrem Dienst (P. Derechain, RÉg 21, 1969, 19ff.). Daß die Gottesweiber des Amun in Theben als dem Gott allein geweiht in Zölibat lebten, ist wohlbekannt (RÄR 578ff.). Über kultisch bedingte Jungfrauschaft berichtet ein ptolemäischer Papyrus. Von den beiden Weibern, die in den Rollen von Isis und Nephthys als Klageweiber agieren, heißt es ausdrücklich, daß sie Weiber eines reinen Leibes, deren Mutterleibe nicht geöffnet worden sind, sein sollen (P. Bremner-Rhind I 2f.). Zusammenfassend kann festgestellt werden, daß *ḥwn.t* gewiß keine biologische Jungfrauschaft, sondern vielmehr Jugendfrische und potentiale Mutterschaft in Verbindung angeben soll. Es gibt jedoch in den Texten sowie in der darstellenden Kunst wichtige Anknüpfungspunkte für die hellenist. Vorstellung von Ἶσις παρθένος und von der Virginität der Gottesmutter.

2. Akk. *batultu* (AHw 115, CAD 2,173f.) bezeichnet primär ein junges, mannbares Weib (vgl. CAD 2,174: „primarily an age group"). Nur gelegentlich wird hervorgehoben, daß es um eine virgo intacta geht (KAV 1 VIII 6, 21 [Landsberger 58]), sonst scheint immer 'junges (unverheiratetes) Mädchen' die vom Kontext gebotene Übersetzung zu sein (s. Landsberger 57f.). Als Gottesepitheton kommt *batultu* nicht vor.

3. Ugar. *btlt* ist Epitheton der Göttin Anat. Was darunter zu verstehen ist, ist nicht ganz klar. Offenbar ist Anat keine Jungfrau im modernen Sinne des Wortes, da sie ja mehrmals sexuellen Umgang hat (vgl. A. van Selms, Marriage and Family Life in Ugar. Literature, London 1954, 69.109). Entweder hebt das Epitheton ihre unveränderliche Jugend und Schönheit hervor (De Moor, UF 1, 1969, 224) oder es besagt, daß sie trotz allem keine Kinder gebiert (UF 1,182, vgl. ib. 224, wo gezeigt wird, daß die Behauptung, Anat habe ein Kalb geboren, falsch ist). D.E. Hillers hebt hervor, daß die Jungfrau Anat das Klageweib par excellence ist (AB 7A, 21). → בעל Sp. 714.

Bergman-Ringgren

II. Dem hebr. *b^{e}tûlāh* (auch mihebr.) entspricht ugar. *btlt* (s. I.3.), aram. *btwlh, btwlt'*, akk. *batūlu* mask., *batultu* fem. und arab. *batūl* (*batīl*) fem. Gewöhnlich stellt man die Wörter, die man mit Ausnahme von akk. *batūlu* mit 'Jungfrau' übersetzt, zu arab. *btl* 'abschneiden, absondern'. Dieser Etymologie steht zwar lautgeschichtlich nichts im Wege, doch stößt sie auf andere Schwierigkeiten: 1. Als indirektes Objekt der Absonderung (des Mädchens) werden Männer angenommen, wiewohl man für den altorientalischen Kulturkreis den Begriff der Absonderung weit eher auf eine verheiratete Frau beziehen möchte. (Daß die mittelalterlichen arab. Lexikographen für *batūl*, wofern es 'Jungfrau' bedeutet, die hier bezweifelte Etymologie ansetzen [s. Lane s.v.], ist verständlich, aber nicht verbindlich. Das Wort bedeutet 'Palmschößling, [-ableger], Gottgeweihte, Jungfrau'; die letztgenannte Bedeutung mag auf aram. oder hebr. Einfluß zurückgehen.) 2. Akk. *batūlu* 'junger Mann' und mand. *ptwl'* 'Junggeselle' sind von der angenommenen Grundbedeutung *batūlu* auch auf dem Umweg über *batūltu* nicht ableitbar. 3. In keiner Sprache bedeutet das Femininum ausschließlich (aram.), hauptsächlich (hebr.) oder überhaupt (akk. [und ugar.?]) 'Jungfrau'; fürs Hebr. s.u., fürs Ugar. s.o. I.3., fürs Akk. s.o. I.2.; zum Arab. s.o.

Bedenkt man ferner, daß beispielsweise weder παρθένος, noch *virgo* ursprünglich oder ausschließlich 'virgo intacta' ist, daß also in frühen Sprachstadien der Begriff der Jungfräulichkeit bei aller Bedeutung, die ihm in den frühen Sprachgemeinschaften zukommt, oft nur negativ ausgedrückt werden kann (z.B. akk. *ša zikaram la īdûma* [CH § 130, vgl. I.2.], ganz wie hebr. אשר לא ידעו משכב זכר [Nu 31,18] 'die nie Umgang gehabt hat/haben'), so empfiehlt es sich, ein gemeinsemitisches Grundwort *batūl(t)* der Bedeutung 'junges (Mädchen) im Pubertäts- und frühen Nachpubertätsalter' anzusetzen. Im Hebr. und Aram. nahm das Wort dann ganz allmählich die Bedeutung 'virgo intacta' an, eine im Mhebr. abgeschlossene Entwicklung, zu der das deutsche 'Jungfrau' eine instruktive Parallele bildet. Daß diese Bedeutungsverengung und -präzisierung gerade in der Sprache des Rechts erkenntlich ist (s.u. III. 3.), überrascht nicht.

III. 1. Von den 51 Malen, die בתולה im AT vorkommt, ist 3mal eindeutig 'Jungfrau' gemeint (Lev 21,13f.; Deut 22,19; Ez 44, 22) und 1mal sicher nicht ('Jammere wie eine בתולה, sackumgürtet, um den Gatten [בעל] ihrer Jugend', Jo 1, 8; diesem Urteil kann man sich nur durch die Sonderannahme entziehen, daß בעל nicht nur 'Gatte', sondern auch 'Verlobter' bedeutet). An zwölf Stellen, die fast alle der Dichtung angehören, steht es, Sing. oder Pl., zusammen mit בחור(ים), was soviel wie 'junge Leute' heißt; Virginität spielt keine erkennbare Rolle. Bei den Ausdrücken בתולת ישראל (Jer 18,13 + 3mal) und בתולת בת עמי, desgleichen ב״ב יהודה, ב״ב צידון ,ב״ב מצרים, ב״ב בבל ,ב״ב ציון und ב״ב צידון, Personifizierungen von Volk, Stadt oder Land, ist Jungfräulichkeit wahrscheinlich nicht mitgemeint; die Wendungen sind Erweiterungen oder spielerische Abwandlungen der häufigeren Zweiwortverbindungen בת, בת בבל, בת → יהודה בת עמי usw. Irgendein religiöser Tiefsinn ist in בתולת בת ציון u.ä. angesichts der häufigen Gegenstücke בתולת בת בבל u.ä. nicht zu suchen. Für die übrigbleibenden Stellen ist nicht auszumachen, ob die Verfasser Jungfräulichkeit verstanden haben wollen. (Der seltene Zusatz zu *betūlāh*: 'die nie Umgang gehabt hat' [Gen 24,16; Ri 21,12; ähnlich Lev 21, 3; vgl. F. Zimmermann, JBL 73, 1954, 98 (ff.), Anm. 4] kann einschränkend ['eine *betūlāh*, und zwar eine, die ...'] oder beschreibend ['eine *betūlāh*, d.h. eine, die ...'] sein und gibt daher für die Bedeutung des Wortes nichts ab.)

2. Mit בתולה Hi 31,1 ('Ich habe meine Augen in Pflicht genommen, nicht auf die/eine בתולה zu schauen') ist wahrscheinlich die Maid Anat gemeint, und zwar aus folgenden Gründen: 1. Es mag töricht sein, ein Auge auf ein (unverheiratetes) Mädchen zu werfen (das ist der Sinn des Zitats der Stelle in Sir 9, 5, ein Eintrag in einen Frauenkatalog), sündhaft (Hi 31, 3) ist es nicht. 2. Wäre in v. 1 eine Sterbliche gemeint, so wäre v. 9 ('Ließe mein Herz sich um eine [verheiratete] Frau [אשה] betören, hätte ich je an der Tür meines Genossen gelauert ...'; vgl. v. 11) daneben gegenstandslos, d.h. literarisch sinnlos. 3. 'Gott droben' (v. 2) wird nur noch einmal in Hiobs Reinigungseid angerufen – in v. (26–)28, der einzigen anderen Stelle, an der andere Gottheiten seine Alleinherrschaft bedrohen. 4. Ein Anatsynkretismus durchsetzt die Religion der elephantinischen Juden des 5. Jh.s, etwa die Zeit des Hiobbuches, und mag als Gefahr auch in Palästina empfunden worden sein; v. 1 wäre eine Reaktion auf diese Gefahr. 5. Endlich liegt vielleicht eine weitere, wenn auch ganz schwache Beziehung des Buches zur Anat, genannt *jmmt lꜣmm* (CTA 3 [V AB] III 9; sonst *jbmt*), im Namen von Hiobs ältester Tochter Jemima (42, 14; s. UT, S. 408 und G. Fohrer, KAT XVI 544).

3. Wie bereits erwähnt, finden sich die drei Stellen, an denen בתולה eindeutig 'Jungfrau' bedeutet, in den Gesetzen. Zwei handeln von den Ehepartnern der Priester, wobei die eine besagt, daß ein Priester nur eine Jungfrau oder eine Priesterwitwe (Ez 44, 22), die andere, daß der Hohepriester allein eine Jungfrau der eigenen Sippe (Lev 21, 13f.) heiraten darf; בתולה steht hier im Gegensatz zu Witwe, Geschiedener (Entehrter [?] und Dirne). In der dritten Stelle geht es um die Behauptung des Ehemanns, seine Frau sei nicht als Jungfrau in die Ehe getreten (Deut 22, 13–21). Die Eltern des Mädchens werden im Normalfall diese Behauptung dadurch zu widerlegen suchen, daß sie das Bettuch der Hochzeitsnacht mit den Blutspuren, Anzeichen der ersten Beiwohnung, dem Gericht vorweisen; es ist dabei anzunehmen, daß die Eltern das Tuch bei sich verwahrt haben. (Im jüdischen Palästina des 2. oder 3. Jh.s wurde das Laken manchmal im Verlauf der mehrtägigen Hochzeitsfeier wie im Triumph vor der Neuvermählten einhergetragen [bKetubot 16b]. Für entsprechende arabische Bräuche s. S.R. Driver, A Critical ... Commentary on Deuteronomy, 1895, 255 Anm.) Dieses Anzeichen heißt בתולים '(Zeichen der bis zur Hochzeit bestehenden) Jungfräulichkeit' (v. 14–20). Nach Landsbergers ansprechender Erklärung (S. 57f.) ist dies ein delikater Ausdruck abgeleiteter Bedeutung; ursprünglich heißt בתולים etwa 'Jugendalter'; vgl. Nomina derselben Bildung zur Bezeichnung von Lebensaltern: זקונים, עלומים, נעורים. (Der Talmud bedient sich daneben der Ausdrücke מפה של בתולים 'Laken der Jungfräulichkeit' [bKetubot 16b] und אותו סודר 'jenes Tüchlein' [ebd. 10a]. Lev 21, 13 heißt בתולים 'Jungfrauenstand'.) Die Behauptung des Mannes kann zu einem Fall peinlicher Gerichtsbarkeit führen: Kann er seine Klage nicht beweisen, wird er gezüchtigt, zahlt Buße, und die Lösung der Ehe, wahrscheinlich die geheime Absicht des Geredes, bleibt ihm auf immer versagt; kann er es aber, wird das Mädchen hingerichtet. (Es bedarf nicht vieler Worte, daß aus anatomischen und psychologischen Gründen, die auf seiten beider Partner liegen können, der Beweis ausbleiben, die Verklagte aber dennoch unschuldig sein kann.) Die außerordentliche Härte der Strafe wird damit begründet, daß das Mädchen 'einen Frevel (→ נבלה) in (d.h. an) Israel begangen hat, indem es, ein Mitglied seiner Familie, Unzucht getrieben hat' (v. 21; vgl. M. Noth, Das System der zwölf Stämme Israels, 1930, 104–106). Dieses Gesetz läßt natürlich keine Schlüsse zu auf Ex 22, 15f., wo von der

Verführung einer nicht „verlobten“ *b^e^tūlāh* die Rede ist. Ob da das Mädchen Jungfrau ist oder nicht, ob der Delinquent der erste oder der x-te Verführer ist, ist eine Frage, über die sich dem Text schlechterdings nichts entnehmen läßt. Eine besonnene Philologie wird כמהר הבתולת mit Landsberger (S. 62) ‘nach dem Kurs des Brautpreises für junge Mädchen’ übersetzen.

IV. Wie immer man *b^e^tūlāh* im einzelnen Falle verstehen mag, eine im eigentlichen Sinn theologische Bedeutung kommt diesem Wort nicht zu. In der Staffelung Lev 21,7aβ – Ez 44,22 – Lev 21,13–14aα.b kommt zum Ausdruck, daß es mit der Würde des priesterlichen Amts nicht vereinbar ist, daß seine Träger zurückgewiesene (גרושה ‘geschiedene’) Frauen (Lev 21,7aβ), dann, grob gesagt, bereits gebrauchte (darunter → אלמנה ‘Witwe’) Frauen (Lev 21,13f.), im mittleren Fall speziell von Laien gebrauchte Frauen (Ez 44,22) heiraten. Die Ezechielstelle – Priesterwitwe gestattet, Laienwitwe untersagt – macht evident, daß der Gesichtspunkt nicht ein anatomischer, sondern ein soziologischer ist. Das eigentliche Anliegen von Deut 22,13–21 aber ist nicht Jungfräulichkeit, sondern Unzucht; dem Moment der Jungfräulichkeit kommt nur eine prozessuale Funktion zu, indem der Verlust der Jungfräulichkeit als Beweis von Unzucht gilt.

Hier sei kurz auf Jes 7,14 wegen seiner Bedeutung in der Auslegungsgeschichte eingegangen: ‘Siehe, eine (die) junge Frau (→ עלמה) ist schwanger (wird schwanger werden); sie wird einen Sohn gebären und ihn Immanuel nennen’ (oder im Pl.: ‘junge Frauen sind schwanger’ usw.). עלמה bedeutet nicht ‘Jungfrau’, obwohl natürlich eine *‘almāh* ‘Jungfrau’ sein kann. Die Übersetzung ‘Jungfrau’ geht auf παρθένος der LXX zurück; nach R. Kilian, Die Geburt des Immanuel aus der Jungfrau. Jes 7,14 (K.S. Frank u.a., Zum Thema Jungfraugeburt, Stuttgart 1970, 9–35) könnte παρθένος LXX von einem äg. Mythos beeinflußt sein, nach dem ein Pharao von einer Jungfrau geboren wird (vgl. ZRGG 12, 1960, 99). Zum Nachweis einer judaisierten Wundergeschichte der alexandrinischen Gemeinde um 200 v. Chr. reicht der Stoff nicht; die LXX sagt schlicht: ‘Die Jungfrau wird schwanger werden (Futurum) und einen Sohn gebären’. Die Schwangerschaft liegt in der Zukunft (vgl. Ri 13, 3. 5); mit keinem Wort ist angedeutet, daß die Frau auch nach der Empfängnis Jungfrau ist (s. J. Bewer, JBL 45, 1926, 5–8; → את III.).

„Jungfrau“ und „Jungfräulichkeit“ haben nach Wort und Sache in der religiösen Vorstellung des AT und der Frühstgeschichte seiner Auslegung keine Bedeutung.

Tsevat

גָּאָה גֵּאָה, גֵּאֶה, גַּאֲוָה, גָּאוֹן, גֵּאוּת, גֵּוָה

I. Etymologie – II. Der at.liche Textbestand – 1. Belege – 2. *gēwāh* – III. Konkrete Bedeutung – IV. Übertragene Bedeutung – 1. Positiv – 2. Negativ.

Lit.: *G. Bertram*, „Hochmut“ und verwandte Begriffe im griechischen und hebräischen Alten Testament, WO 3, 1964/66, 32–43. – *Ders.*, ὕβρις ThWNT VIII 295–307. – *Ders.*, ὑπερήφανος, ὑπερηφανία ThWNT VIII 526–530. – *P. Humbert*, Démesure et chute dans l’Ancien Testament (maqqél shaqédh, Hommage à W. Vischer, 1960, 63–82). – *P.L. Schoonheim*, Der alttestamentliche Boden der Vokabel ὑπερήφανος Lukas I 51, NovTest 8, 1966, 235–246. – *H. Steiner*, Die Gē’îm in den Psalmen, Diss. Lausanne, 1925.

I. 1. Die Wurzel גאה ist außer im Hebr. vor allem im Aram. verbreitet: Syr. neben *pa* und *aph* besonders *etpa* ‘sich erheben, übermütig sein’ und in einer Reihe von Derivaten. Ähnlich ist das Vorkommen der Wurzel im Mand., wo ein *pe* und *pa* nur als Ptz. akt. neben dem *etpa* ‘glänzend sein’ sowie Substantivbildungen belegt sind. Jüd.-Aram. findet sich *pe* ‘hoch sein’ und *etpe* ‘erhoben sein, sich überheben’. Auch im Mhebr. ist die Wurzel öfters in diesem Sinne belegt. Im Nabat. ist גאה vielleicht in dem aus Eigennamen עבדאלגא und אמתאלגא zu erschließenden Gottesnamen al-Gā’ (vgl. WB Myth. 438) enthalten. Als Bedeutung ist dann ‘der Stolze, der Hohe, der Erhabene’ anzunehmen. Die mehrmals belegte Schreibweise עבדאלגיא könnte allerdings darauf hindeuten, daß es sich entweder um eine im Tal verehrte Gottheit (vgl. Dusares als Gebirgsgott) oder um einen lokal verehrten Gott handelt, der den Namen des Ortes (vgl. Cantineau, Le Nabatéen II 76) trägt (anders LidzEph III 268 und E. Littmann, Nab. Inscriptions, XIV 62f. 89). Auch Ṣafā’itisch ist גאה in dem Eigennamen *g’wn* (CIS V 5118, Oxtoby, Nr. 82) zu belegen. – Im Akk. ist *ga’ûm* ‘sich überheben’ einmal als kanaan. Fremdwort bezeugt; auch ein Adj. *ga’ûm* ‘überheblich’ ist belegt (von Soden, UF 4, 1972).

2. Auch das einmal CTA 17 (IID) VI 44 belegte ugar. *g’n* wird allgemein mit hebr. גאון im Sinne von Hochmut gleichgesetzt. In einem Gespräch zwischen Anat und Aqhat ist die Rede vom Weg der Sünde (*ntb pš‘*) parallel dazu vom Weg des Hochmuts (*ntb g’n*). Das ugar. *g’n* ist also nur im negativen Sinne von ‘Hoffart, Stolz, Anmaßung’ verstanden (vgl. S. Loffreda, Bibbia e Oriente 8, 1966, 103–116).

3. Die Wurzel גאה scheint auch im Pun. bekannt gewesen zu sein, so wohl Plautus Poenulus 1027 in dem Ausruf Hannos, der von Milphio freilich nicht übersetzt wird: *gune bel bal samen ierasan. gune bel* wird übereinstimmend als Ausruf: „grandeurs de Bel!“ (DISO 46), „exaltations of Bel“ (L.H. Gray, AJSL 39, 1923, 82 und M. Snycer, Les passages puni-

ques en transcription latine dans le „Poenulus" de Plaute, 1967, 144) verstanden. *gune* ist dann cstr. pl. von *g'n*, welches genau dem Hebr. גאון entspricht.
4. Nicht hierher gehört arab. *ǧāh* 'Würde, Rang, Ehre, Ruhm'; denn *ǧāh* ist pers. Lehnwort. Manche arab. Lexikographen erwägen, *ǧāh* von *wǧh* abzuleiten. Zu dieser Wurzel *wǧh* gehört Tigrē *ǧah* 'Ehre, Gunst, Vortrefflichkeit'; sie kann also auch nicht mit גאה in Zusammenhang gebracht werden.
5. Hingegen entspricht das äg. *qꜣj* 'hoch sein' (WbÄS V 1ff.) der Form und der Bedeutung nach der semit. Wurzel *g'h*; sie scheint auch im Kuschit. vorzukommen, vgl. bilin und agau *gui* 'aufstehen, sich erheben' (Reinisch, WB der Bilin-Sprache, 132). Möglicherweise liegt eine zweiradikalige Wurzel *g'* mit Gegensinn 'hoch, tief werden oder sein' zugrunde (vgl. A. Schwarzenbach, Die geographische Terminologie des AT, 1954, 33), so daß auch hebr. גיא 'Tal' ursprünglich mit גאה zusammenhängt.

II. 1. גאה *qal* kommt im AT an fünf verschiedenen Stellen insgesamt 7mal vor (Ex 15, 1. 21 in der mit inf. abs. erweiterten Form *gā'ōh gā'āh*) in der Bedeutung 'hoch, erhaben sein oder werden', wozu noch Sir 10, 9 im übertragenen Sinne 'sich überheben' zu stellen ist. Als Adjektivbildung ist *gē'æh* 8mal belegt. Auch bei dem 1mal Jes 16, 6 auftauchenden mask. Sing. *gē'*, vermutlich als sekundäre Sing.-Bildung zu *gē'im* aufgefaßt, handelt es sich sicher um einen Textfehler für *gē'æh* wie 1 QIs*a* und die Parallelstelle Jer 48, 29 zeigen. Durch 1 QIs*a* hat auch der Vorschlag von L. Rost (ZAW 53, 1935, 292), für גיא שמנים Jes 28, 1. 4. גאי pl. cstr. von *gē'æh* zu lesen, eine überraschende Stützung erfahren. Ebenfalls גאי ist nach dem Qere Ps 123, 4 anzunehmen, während das Ketib an eine nur hier begegnende hypertrophe Adjektivbildung *ga'ajōn* denken läßt. Als Substantivbildungen sind *gē'āh, ga'awāh, gā'ōn* und *gē'ūt* belegt. *gē'āh* kommt nur 1mal Spr 8, 13 in der Bedeutung 'Hochmut' vor. *ga'awāh* findet sich 19mal (abzüglich Hi 41, 7 und Spr 14, 3, wo statt *ga'awāh* wohl *gēwōh* zu lesen ist), dazu 6mal bei Sir (7, 17; 10, 6. 7; 13, 20; 16, 8), wobei die Bedeutung von 'Emporkommen' über 'Hoheit' zu 'Hochmut, Anmaßung' übergehen kann. Die gleiche Bedeutungsspanne hat das 49mal (dazu Sir 10, 12; 48, 18) belegte *gā'ōn*, sowie das mit acht Belegen zu nennende *gē'ūt*. Auch im Personennamen גאואל Num 13, 15 ist wohl die Wurzel גאה enthalten (s.u. IV. 1.). Bedenkenswert ist der Versuch von L. Wächter, die im AT belegten Verben שׂגא 'wachsen', *hiph* 'groß machen', und שׂגה 'groß werden', *hiph* 'groß machen', als ursprüngliche Šaf'el-Bildungen zu גאה aufzufassen (vgl. ZAW 83, 1971, 387f.). Dagegen empfiehlt es sich nicht, hebr. גוי Volk mit der Wurzel גאה zusammenzubringen (wie es H. Bauer, ZDMG 69, 1915, 566 versucht, indem er גוי nach גאה als 'die Aufbrechenden' = 'die Leute' deutet); denn der Verlust des א als mittlerem Radikal läßt sich kaum erklären (vgl. Th. Nöldeke, ZA 30, 1915/16, 167f.). – Auffällig ist, daß nahezu alle Belege im AT von Formen und Bildungen mit der Wurzel גאה in metrisch geformten Texten oder doch in gehobener Prosa vorkommen. Die Wurzel gehört also zum Wortschatz der Poesie, nicht zur Alltagssprache.
2. Schwierigkeiten bereitet das Wort *gēwāh*, das seiner aus dem Zusammenhang und durch die Wiedergabe in einem Teil der alten Versionen erschlossenen Bedeutung nach sinngleich mit *ga'awāh* ist, das aber seiner Form nach nicht sogleich mit der Wurzel גאה zusammengebracht werden kann. Nun sind die Belege im AT (Jer 13, 17; Hi 20, 25; 22, 29; 33, 17) nicht alle gleich gesichert.

Hi 20, 25 scheidet nach allgemeiner Ansicht von vornherein aus, weil hier mit LXX *gēwōh* 'sein Rücken' zu punktieren ist. Aber auch Jer 13, 17 scheint der Text nicht ganz sicher zu sein. Zwar ist die Annahme von N.S. Doniach (AJSL 50, 1934, 177f.), *gēwāh* bedeute „something within" = „deep inward grief, violent sorrow", nicht sehr überzeugend, aber bereits P. Volz, Studien zum Text des Jeremia, 1920, 117 schlägt mit guten Gründen vor, גלה Exulantenschaft zu lesen. Hi 22, 25 wird seit Ewald, Dillmann, Delitzsch u. a. *gēwāh* als Interjektion 'aufwärts' verstanden und dann allerdings im wörtlichen Sinne von der Wurzel גאה hergeleitet. Beer und KBL² schlagen vor, גוה in גאה zu ändern, während G. Fohrer (KAT XVI 352) רומת גוה „Stolz des Hochmuts" liest. In Hi 33, 17 übersetzen LXX und Syr., als stünde *gēwōh* im Text. Dieser Tatbestand könnte so zu deuten sein, daß die jetzige Punktation von גוה im masoret. Text, wie Hi 20, 25 eindeutig zeigt, künstliche Ausflucht zur Verbesserung schwieriger Textstellen ist.

Nicht einfacher wird jedoch das Problem dadurch, daß eine Form גוה auch im Bibl.-Aram. Dan 4, 34 im Sinne von Hochmut belegt ist, sowie daß גוה 1 QS 4, 9 gleichfalls als Hochmut zu interpretieren ist. In einer nur fragmentarisch erhaltenen Liturgie der drei Feuerzungen 1 Q 29 taucht in Fragment 13, Zeile 3 ein שר גוה auf, allerdings ohne genügenden Textzusammenhang, um eine Deutung des Ausdrucks zuzulassen.

Nun hat bereits J. Barth, Nominalbildung § 62b das Wort *gēwāh* als Kontraktion aus *g*e*'ēwāh* erklärt, aber im AT ist statt *g*e*'ēwāh* nur *ga'awāh* belegt. Neuerdings wird KBL³ *gēwāh* unter Hinweis auf mand. *giuta* entstanden aus **gi'wat* erklärt. Schwierig bleibt die Form גוה neben der gut belegten Bildung גאוה dennoch.

III. In der konkreten Bedeutung 'hoch sein oder werden' kommt das Verbum גאה Hi 8, 11 im Zusammenhang des Emporwachsens von Pflanzen, speziell des Papyrus, vor, oder Ez 47, 5, wo es bei der Schilderung des Tempelstromes heißt, daß das Wasser nach 4000 Ellen zu tief (eigentlich: zu hoch) war zum Durchschreiten. Im Zusammenhang mit Wasser findet sich das Subst.

גאוה Ps 46, 4 und גאות Ps 89, 10, wo allerdings das Hochaufwallen des Meeres nicht mehr nur konkret zu verstehen ist, sondern wo die Bedeutung bereits zu 'Aufbegehren, Übermut' hinüberpendelt. Vermutlich liegt an beiden Stellen mythologische Redeweise zugrunde. Auch Hi 38, 11 ist גאון als Höhe der Wellen in ähnlichem Sinne verstanden. Hi 37, 4 wird der Donner als Stimme der Erhabenheit (גאון) bei der Schilderung der Theophanie beschrieben, aber auch hier ist wohl nicht so sehr die konkrete Bedeutung im Vordergrund. Dagegen steht גאות Jes 9, 17 im konkreten Sinne von 'Hochaufragen, Emporsteigen', גאות עשן ist die Rauchsäule. In einer sekundären Glosse Hi 10, 16 bezeichnet das Verbum גאה, ganz gleich wie man die Schwierigkeit der Konstruktion des folgenden כשחל löst, das Hochheben des Kopfes und läßt so eine Bedeutungsentwicklung zum Stolzsein erkennen.

Die Jer 12, 5; 49, 19 = 50, 44 und Sach 11, 3 belegte cstr.-Verbindung גאון הירדן bezeichnet gewiß nicht das Anschwellen des Jordan, wie G.R. Driver, Festschrift Robinson, 1950, 59 mit Hilfe des Arab. annimmt, sondern der גאון des Jordan ist der mit üppiger Vegetation bewachsene Uferstreifen im südlichen Teil des Jordangrabens, der heute *ez-zōr* heißt (vgl. N. Glueck, AASOR 25/28, 1951, 238). Die „Pracht" des Jordan (W. Rudolph, HAT I/12, 84) ist das Dikkicht, in dem wilde Tiere (z. B. Löwen, Sach 11, 3; Jer 49, 19) leben und das deshalb dem Wanderer gefährlich erscheint (Jer 12, 5).

IV. 1. Im übertragenen Sinne kommen Bildungen der Wurzel גאה im Zusammenhang mit Aussagen über die Hoheit Gottes vor. Im Siegeslied der Mirjam wird JHWH als hoch erhaben (*gā'ōh gā'āh*, Ex 15, 1. 21) gepriesen, weil er Roß und Reiter ins Meer warf. Im gleichen Kontext ist von 'der Fülle der Hoheit' JHWHs (ברוב גאונך Ex 15, 7) die Rede. Aus Ps 93, 1 (JHWH ist bekleidet mit גאות) und aus der Aufforderung an Hiob Hi 40, 10, den Königsornat Gottes anzulegen (vgl. G. Fohrer, KAT XVI 519f.), wobei גאון an erster Stelle genannt ist, läßt sich entnehmen, daß bei der Vorstellung von JHWHs Königtum die Attribute גאון und גאות zur Umschreibung des prachtvollen und hoheitsvollmächtigen Auftretens eine wichtige Rolle spielen. Gottes גאוה erstrahlt über Israel (Ps 68, 35). Der Glanz der Erhabenheit (גאון) JHWHs verbreitet Schrecken (Jes 2, 19 [.10. 21]). In dem ursprünglich selbständigen Hymnus Deut 33, 2–5. 26–29, der jetzt die Stammessprüche des Mosesegens umrahmt, wird Deut 33, 26 Gottes גאוה auf den Wolken als unvergleichlich angesehen. Während der Frevler die Erhabenheit (גאות) JHWHs nicht sieht (Jes 26, 10), erschallt in der Golagemeinde der Jubelruf über die Hoheit (גאון) JHWHs (Jes 24, 14), vgl. noch Mi 5, 3, wo von der Hoheit (גאון) des Namens des Gottes Israels gesprochen wird. Hierher gehört auch Jes 12, 5, wo es heißt, daß JHWH Erhabenes (גאות) wirkt, und Deut 33, 29, wo JHWH als Israels Stolz (גאוה) bezeichnet wird.

Auch der Eigenname גאואל ist hier als hymnische Prädikation zu erwähnen. Der Name des Kundschafters des Stammes Gad גאואל בן־מכי (Num 13, 15) ist weder eine Caritativbildung zu יגאלאל (so F. Praetorius, ZDMG 57, 1903, 780), noch durch Dissimilation aus גאולאל (so E. König, Wb. s.v., ähnlich M. Noth, IPN, Nr. 321) entstanden. LXX Γουδιηλ ist doch wohl von der Namensform in v. 10 beeinflußt, und *gw'jl* im Syr. und גואל im Samaritanus wie das Guel des Hieronymus sind als phonetische Schreibungen des Namens גאואל aufzufassen, belegen also keine andere Namensform. Vor allem die mit der Wurzel גאה gebildeten Personennamen im Nabat. und Ṣafā'itischen (vgl. oben I. 1.) zeigen, daß es sich bei dem Namen גאואל keineswegs um eine isolierte Bildung handelt, wenn auch der grammatikalische Aufbau nicht ganz durchsichtig ist. Inhaltlich ist im AT etwa der Name יהורם vergleichbar.

Umstritten ist, wie das Schwören JHWHs beim גאון Jakobs (Am 8, 7) aufzufassen ist. Während H. W. Wolff mit J. Wellhausen dazu neigt, die Stelle ironisch zu verstehen: „Jahwes Schwur gilt ebenso unabänderlich, wie die freche Anmaßung Israels unverbesserlich erscheint" (BK XIV 2, 377), scheint mir W. Rudolph (KAT XIII 2, 264) insofern mit seiner Deutung dem Sachverhalt näherzukommen, als JHWH auch Am 4, 2 und 6, 8 bei sich selbst schwört und גאון als Attribut der Hoheit JHWHs keineswegs singulär ist. Am 8, 7 ist גאון wohl in erster Linie Selbstbezeichnung JHWHs, wenn auch der ironische Gedanke an die Überhebung und Anmaßung des Volkes mitschwingen könnte.

Im menschlichen Bereich sind Nominalbildungen der Wurzel גאה auch im positiven Sinne von Hoheit, Stolz noch ohne negativen Beigeschmack der Überheblichkeit an einigen Stellen belegt. Allerdings scheint dieser Gebrauch erst spät entstanden zu sein, jedenfalls sind alle hier zu behandelnden Belege nicht alt. Der älteste Beleg dürfte Jer 13, 9 sein, wo Jeremia den vergrabenen Hüftschurz mit der verdorbenen Zier (גאון) Israels vergleicht, wenn hier גאון in bonam partem zu verstehen ist. Nach Jes 4, 2 wird die Frucht des Landes zum Stolz (גאון) und zum Schmuck für die Entronnenen Israels. Ähnlich wird Ps 47, 5 und Nah 2, 3 (vgl. aber BHS) das Land als Jakobs bzw. Israels Stolz bezeichnet, und Jes 60, 15 wird die Verheißung ausgesprochen, daß Jerusalem zum ewigen Stolz (לגאון עולם), zum Grund der Freude für alle werden soll. Dieser Sprachgebrauch lebt fort, wenn גאון zum Ehrentitel der babylonischen Schulhäupter in nachtalmudischer Zeit wird (vgl. Artikel Geonim, Encyclopaedia Judaica 7, 1931, 271–283).

Wenn Babel als stolze Pracht (תפארת גאון) der Chaldäer bezeichnet wird (Jes 13,19), schwingt doch wohl bereits die Bedeutungsnuance des überheblichen Stolzes mit, wie ähnlich Jes 28,1. 3, wo der stolzen Krone (עטרת גאות) der Betrunkenen Samarias das Wehe zugerufen wird, oder wie Sach 10,11, wo Assurs Stolz (גאון) der Sturz angesagt wird (vgl. auch Jes 14,11).

2. In der Weisheitsliteratur wird verschiedentlich vor dem Hochmut gewarnt. Die personifizierte Weisheit kann deshalb sagen „Hoffart und Hochmut (גאה וגאון) und bösen Wandel und den Mund der Verkehrtheit hasse ich" (Spr 8,13). JHWH reißt das Haus der גאים weg (Spr 15, 25), den Thron der גאים wirft JHWH um (Sir 10,14), der Hochmut (גוה) wird abgehauen (Hi 33,17). Man weiß: Vor dem Zusammenbruch steht der Hochmut (גאון), und vor dem Fall hoffärtiger Sinn. Besser demütig sein mit Gebeugten, als mit Stolzen (גאים) Beute teilen (Spr 16,18f.). Der Abfall von Gott ist der Anfang der Überhebung (גאון Sir 10, 12).

Daß an einer Reihe von Stellen im Psalter für *gōjīm* vielmehr *gē'īm* zu lesen sei, wie H. Steiner annimmt (vgl. auch H. Herkenne, HSAT V 2, der dem Vorschlag Steiners für Ps 9, 6.16.18. 20. 21; 10,16; 59, 6. 9 folgt), und daß sich hinter den *gē'īm* eine bestimmte Gruppe, nämlich die Sadduzäer verbergen, ist nicht wahrscheinlich. Hochmut und Anmaßung sind Kennzeichen der Frevler. So werden sie in den Klageliedern des Psalters geschildert. Sie verfolgen die Armen in Hoffart (Ps 10, 2; lies *b^e^gē'ūt*); sie reden Vermessenes (Ps 17,10; vgl. 31,19); Hochmut (גאוה) ist ihr Halsgeschmeide (Ps 73, 6) und der Beter von Ps 140 klagt v. 6, daß Hochmütige (גאים) ihm heimlich Fallen stellen. Der Spott der Stolzen (Ps 123, 4 Ketib; Qere: der Spott der Stolzen der Unterdrücker) ist schwer zu ertragen. Die Menschen schreien wegen der Anmaßung der Bösen (מפני גאון רעים Hi 35,12) zu Gott, er möge den Stolzen, denen, die Hochmut üben, ihr Tun vergelten (Ps 94, 2; vgl. 31, 24 und Dan 4, 34). Sie sollen gefangen werden in ihrem Hochmut (Ps 59,13), ja das Herz des Hochmütigen ist bereits wie ein im Korb gefangener Vogel (Sir 11, 30). So kann der Beter bitten, der Fuß des Hochmuts (רגל גאוה) möge nicht über ihn kommen (Ps 36,12) und Sirach gibt den Rat, nicht auf dem Wege des Hochmuts (גאוה) zu gehen, denn beim Herrn und bei den Menschen ist Hochmut (גאוה) verhaßt (Sir 10, 6f.). Man weiß, daß des Menschen Hochmut sich umkehren wird in Demut (Spr 29, 23). Asche und Staub haben keinen Anlaß, sich zu überheben (יגאה Sir 10, 9).

In der prophetischen Literatur wird an einigen markanten Stellen die selbstsichere Haltung Israels als Inbegriff der Anmaßung als גאון gegeißelt. So verkündet Amos, daß JHWH Jakobs Anmaßung verabscheut (Am 6, 8). Was an anderen Stellen ausführlich als „Willkür, Unrecht, Luxus, militärisches Selbstbewußtsein" (H.W. Wolff, BK XIV 2, 327) geschildert wird, ist hier in den Ausdruck גאון zusammengefaßt. Hosea spricht davon, daß der überhebliche Stolz Israels als Zeuge gegen Israel selbst auftritt (Hos 5, 5 und als Glosse 7,10a). Auch Jesaja weiß, daß am Tage JHWHs alles Stolze (גאה) und Hohe erniedrigt wird (Jes 2,12; vgl. 13,11). Auch nach Zeph 3,11 werden die in Hochmut Frohlockenden entfernt. Der Übermut und hochfahrende Sinn hindert die Bewohner Samarias, ihre wahre Lage zu erkennen (Jes 9, 8). Jeremia weint wegen des Hochmuts (גוה) der Verstockten seines Volkes (Jer 13,17). In der Strafandrohung Lev 26,14–38 wird v.19 angekündigt, daß JHWH Israels protzige Kraft (גאון עזכם) brechen wird, indem er den Himmel über Palästina wie Eisen machen wird. Die gleiche Verbindung von גאון und עז findet sich bei Ezechiel 5mal (7, 24 vgl. BHS; 24, 21; 30, 6.18; 33, 28), allerdings in jeweils unterschiedlichem Zusammenhang. Das Ende der stolzen Kraft Israels wird 7, 24 und 33, 28 angesagt, während 30, 6.18 Ägyptens Macht als dem Untergang geweiht angesehen wird. Ez 24, 21 schließlich wird sogar der Tempel in Jerusalem als גאון עזכם bezeichnet. – Nicht nur Israels Stolz und Hochmut werden von den Propheten angeprangert, sondern in gleicher Weise wird auch die Überheblichkeit fremder Völker gegeißelt. Jes 16, 6 = Jer 48, 29 (vier Wörter mit der Wurzel גאה in einem Vers) wird der hoffärtige Übermut und das anmaßende Prahlen Moabs verurteilt. Wenn Moabs Stolz (גאוה) niedergetreten ist, dann gleicht es einem Schwimmer im Misttümpel (Jes 25,11). Gegen Ägyptens Stolz wendet sich Ezechiel auch 32,12. Jes 23, 9 (gegen Tyrus) wird verkündet, daß JHWH den Stolz alles Glanzes schänden wird und demütigen alle Vornehmsten der Erde. An dieser Stelle läßt sich noch einmal verdeutlichen, daß גאון erst im Übermut zur verderblichen Anmaßung wird.

Die Wurzel גאה hat also im Hebr. ein sehr weites Bedeutungsfeld. Von der Hoheit Gottes, über den berechtigten Stolz eines Menschen oder den Glanz einer Sache geht die Entwicklung bis hin zum anmaßenden Hochmut, zur Hybris.

D. Kellermann

גָּאַל גֹּאֵל, גְּאֻלָּה

I. 1. Etymologie, Belege – 2. Bedeutung – II. Profaner Gebrauch – III. Übertragene, religiöse Bedeutung – 1. Rechtliche Nuancen – 2. Mit *min.* – 3. Exodus – 4. DtJes – 5. *gō'ēl* außerhalb DtJes.

Lit.: *Chr. Barth*, Die Errettung vom Tode in den individuellen Klage- und Dankliedern des Alten Testamentes, Zollikon 1947. – *A. Jepsen*, Die Begriffe des „Erlösens" im AT (Solange es „Heute" heißt. Festschr. für R. Hermann, 1957, 153–163). – *A.R. Johnson*, The Primary Meaning of √גאל (VTS 1, 1953, 67–77). – *H.J. Kraus*, Erlösung (RGG[3] 2, 586–588). – *J. Pedersen*, Israel 1–2, Kopenhagen 1946, 263ff., 395ff. – *O. Procksch*, λύω, (ThWNT IV 331–337). – *H.H. Rowley*, The Marriage of Ruth (The Servant of the Lord, Oxford [2]1965, 169ff.). – *K. Rudolph*, KAT 17, 60–65. – *J.J. Stamm*, Erlösen und Vergeben im AT, 1940. – *R. de Vaux*, Lebensordnungen I, 48–50.

I. 1. Die Wurzel גאל scheint fast ausschließlich hebräisch zu sein. Nur amoritisch findet sich ein Eigenname *Gā'ilālum* (Huffmon APN 179). Die jüdisch-aramäischen Belege sind vom biblischen Sprachgebrauch abhängig (KBL). Die Grundbedeutung läßt sich somit nicht etymologisch erhellen. Johnsons Versuch, durch Einbeziehung der Belege, die eher als Nebenformen zu געל zu beurteilen sind, die Grundbedeutung 'bedecken' oder 'schützen' herzuleiten, überzeugt kaum. KBL nimmt als Ausgangspunkt die Bedeutung 'auf jem. oder etw. Anspruch nehmen', während Procksch von der Bedeutung 'einlösen' und Stamm von 'rückkaufen' ausgeht. Es scheint zweckmäßiger, vom wirklichen Sprachgebrauch auszugehen, als eine Grundbedeutung zu postulieren.

Belegt sind im AT das Verbum im *qal* und *niph*, das Ptz. akt. *qal* als Subst. 'Erlöser' und das abstr. Subst. גאלה (s.u.). Daneben kommt eine Wurzel גאל II als Nebenform zu → געל vor.

2. Das Verbum kommt auf zwei Gebieten zur Verwendung, einerseits im Rechts- und Gesellschaftsleben, andererseits mit Bezug auf Gottes erlösendes Handeln. Man geht meistens vom profanen Gebrauch aus, um damit die religiöse Bedeutung zu erhellen. Dagegen betont Jepsen mit Recht, daß die Trennung zwischen „profanem" und „religiösem" Gebrauch dem antiken Menschen kaum verständlich war und daß man mit einer den beiden Gebieten gemeinsamen Grundbedeutung, etwa 'wiederherstellen', sehr gut auskommt.

Der spätere hebr. Sprachgebrauch hat eine Neigung zum Begriff des Befreiens, so schon auf Münzen des ersten jüdischen Aufstandes (לגאלת ציון, Schürer GJV I 767). Aber schon im AT gehört das Verbum größtenteils zu den „Verben des Errettens" (Barth 124ff.). Parallel und fast synonym steht in erster Linie → פדה (Hos 13,14; Jes 35,10; Jer 31,11; Ps 69,19), daneben aber auch הושיע (→ ישע) 'erlösen' (Jes 60,16; Ps 106,10), הציל (→ נצל) 'retten' (Mi 4,10) und → עזר 'helfen' (Jes 41,14). Damit stimmt überein, daß mit מן angegeben werden kann, woraus man befreit wird: aus der Knechtschaft in Ägypten, aus dem Exil, aus Not im allgemeinen (Gen 48,16; Jer 31,11; Hos 13,14; Mi 4,10; Ps 72,14; 103,4; 106,10; 107,2).

II. Für den profanen Bereich geht man am besten vom Ptz. *gō'ēl* aus. *gō'ēl* wird der jeweils nächste Verwandte eines Menschen genannt; nach Lev 25,48f. der Bruder, Oheim oder Vetter, aber auch ein anderer Blutsverwandter, dessen Pflicht es ist, für den anderen einzutreten und seine Rechte zu wahren. Hinter diesem Gebrauch steht das starke Gefühl der Stammessolidarität: Nicht nur die Mitglieder einer Sippe, sondern auch ihr Besitz bilden eine organische Einheit (Pedersen 263ff.; Johnson 67f.), und jeder Bruch dieser Einheit gilt als unerträglich und muß wiederhergestellt werden.

Im AT werden folgende Einzelfälle erwähnt:

a) Wenn jemand ein Haus oder ein Grundstück wegen Verschuldung verkaufen muß, besteht ein Recht des Loskaufs (*g[e]'ullāh*), und der jeweils nächste Verwandte ist verpflichtet, das Verkaufte zurückzukaufen, um dadurch den Besitz der Sippe wiederherzustellen (Lev 25, 25–34, s. Komm.). Ein Beispiel bietet Jer 32, 6f., wo der Prophet das Feld seines Vetters Hanamel loskauft (in diesem Falle bevor der Verkauf zustande gekommen ist). Ein anderes Beispiel liefert das Buch Ruth: Boas ist der *gō'ēl* von Naëmi und Ruth (2, 20); aber es gibt einen noch näheren Verwandten, der das Vorrecht hat (3, 12; 4, 4). Dieser ist zwar bereit, das Grundstück zu kaufen, aber nicht dazu, Ruth zu heiraten (was offenbar auch zu den *g[e]'ullāh*-Verpflichtungen gehörte, 4, 4–6). Boas dagegen nimmt beides auf sich (4, 9f.). In diesem Fall sind die Rechtsverhältnisse ein wenig kompliziert und können nicht in allen Einzelheiten geklärt werden (s. dazu Rowley und Komm., bes. Rudolph 64).

b) Wenn sich ein Israelit einem Fremden als Sklave verkaufen mußte, galt ebenfalls das Recht des Loskaufs durch den *gō'ēl* (Lev 25, 47–54). Hier ist ein Bruch am Volksganzen zustande gekommen, der geheilt werden muß.

c) Wenn jemand ermordert worden ist, soll sein Tod durch den *gō'ēl haddām*, den Bluträcher, dadurch gerächt werden, daß der Mörder oder ein Glied seiner Sippe getötet wird (→ נקם, Pedersen 395ff.). Als Bluträcher gilt an erster Stelle der Sohn, dann andere männliche Verwandte. Er stellt durch die Rache das gestörte Gleichgewicht und die beschädigte Ganzheit wieder her (KBL: „löst die Schuld der Tötung ein"?). Vor dem Bluträcher darf der Totschläger in den Asylstädten Zuflucht nehmen (Num 35, 12. 19–27; Deut 19, 6. 12; Jos 20, 2. 5. 9). Ein konkreter Fall wird 2 Sam 14, 11 im Gleichnis dargestellt.

d) Ein Analogiefall zu a und b liegt in Lev 27 vor: Weihegaben, die der Gottheit geweiht worden sind, können in gewissen, näher angegebenen Fällen vom ursprünglichen Besitzer zurückerworben werden, wobei ein Aufschlag von 20% auf den Wert gemacht wird (v.13,15,19, 31). In anderen Fällen ist ein Rückkauf nicht möglich. Jepsen findet hier ein Wiederherstellen des ursprünglichen Besitzstandes. Aber da in analogen Fällen פדה gebraucht werden kann, ist es möglich, daß der Begriff des Lösens wichtiger ist.

e) Ein einziges Mal, Num 5, 8, erscheint der *gō'ēl* als Empfänger von Sühnegeld, auch hier natürlich in seiner Eigenschaft als verantwortliches Haupt der Familie (Sippe). Daneben zeigen einige Stellen, an denen *gō'ēl* im übertragenen Sinn gebraucht wird (Spr 23,11; Jes 50, 34; Kl 3, 58; Ps 119,154; Hi 19, 25), daß der *gō'ēl* als Helfer im Rechtsstreit auftreten sollte, um seinem Schützling sein Recht zu verschaffen. Wer keinen *gō'ēl* und keinen *rēa'* (→ רע) hinterläßt (1 Kön 16,11), hat niemand, der sich um seine Rechte und seine Ehre kümmert.

III. 1. Wenn man auch nicht, wie Jepsen richtig betont, den religiösen Sprachgebrauch aus dem „profanen" herleiten darf, so ist doch zuzugeben, daß Bedeutungsnuancen aus dem rechtlichen und wirtschaftlichen Bereich in den religiösen hinüberspielen. So schwingen rechtliche Kategorien mit an den oben unter e) angeführten Stellen: JHWH ist der *gō'ēl* der Waisen und Witwen und führt ihre Sache (→ ריב, Spr 23,11; ähnlich Jer 50, 34); er hat die Sache eines Betenden geführt (ריב) und sein Leben erlöst (errettet, גאל, Kl 3, 58 – im Vorhergehenden wurde die Todesgefahr durch בור und מים angedeutet 3, 53. 55 bzw. 54); er wird gebeten, die Sache des Betenden zu führen, ihn zu erlösen (גאל) und ihm Leben zu geben (Ps 119,154). Ferner soll der König nach Ps 72,14 das Leben der Armen aus Bedrückung erlösen (befreien, גאל). Parallel steht im vorhergehenden Vers, daß er ihr Leben rettet (הושיע). Natürlich handelt der König hier als Schützer ihres Rechts, obwohl das nicht ausdrücklich gesagt wird (zu Hi 19, 25 s.u.).

In einigen Fällen sind Nuancen aus dem Wirtschaftsleben nicht zu überhören. So heißt es Ps 74, 2, wo auf den Exodus angespielt wird, JHWH habe „seine Gemeinde erworben (→ קנה) und erlöst (losgekauft, גאל) und sie zu seinem Erbteil (→ נחלה) gemacht". Hier scheint es nicht um ein Wiederherstellen, sondern um ein Erwerben zu gehen (so auch Ruth 4, 5b), obwohl natürlich die Erzvätertraditionen den Rückkaufsgedanken begründen könnten (Stamm 37). Ferner sagt Jes 52, 3, daß Israel „nicht mit Silber" erlöst (losgekauft) werden soll, was impliziert, daß der Loskauf normalerweise *mit* Silber oder Geld geschieht. Nach Jes 43, 3f. gibt JHWH Länder und Völker für das Leben seines Volkes hin; das Verbum גאל steht aber hier schon in v. 1 (s. u. 4.).

2. Besonders lehrreich sind die Stellen, wo durch ein מן angegeben wird, wovon oder woraus der Betreffende erlöst wird. So an der vielleicht ältesten Stelle Gen 48,16 (E), wo Jakob im Hymnenstil Gott bzw. seinen Engel (→ מלאך) dafür preist, daß er ihn aus allem Unheil (רע) erlöst hat. Dabei deutet das Wort 'weiden' (רעה) in v.15 den Schutz und die Verantwortlichkeit eines Hirten an. Ebenso allgemein ist die soeben angeführte Stelle Ps 72,14: aus Gewalt und Bedrückung. Von Befreiung aus Feindeshand ist Jer 31,11 die Rede: JHWH wird Jakob loskaufen (פדה) und erlösen (גאל) aus der Hand des Übermächtigen und ihn in sein Land zurückkehren lassen. Dasselbe gilt von Mi 4,10: Israel wird in Babel von seinen Feinden gerettet (נצל) und erlöst (גאל) werden (Echtheit zweifelhaft, s. Komm.). Um Rettung aus verschiedenen Arten von Not handelt es sich Ps 107, 2: Gefahren auf Reisen, Gefangenschaft, Krankheit. Ps 69,19 spricht sowohl von Not im allgemeinen (צר־לי v.18) als von Feinden. Objekt des Erlösens ist נפש (parallel steht פדה): Es ist ein Gebet um Hilfe in einer Notlage, die als Todesgefahr beschrieben wird (v. 15f.). Damit streifen wir schon die Stellen, an denen von einer Rettung aus dem Tod oder dem Scheol gesprochen wird: Ps 103, 4, wo גאל mit Sündenvergebung verbunden ist (dafür wird einigemal auch פדה gebraucht, Jepsen 157), und Hos 13,14, wo es wieder mit פדה parallel steht und wo von Errettung aus Tod und Scheol die Rede ist (ob der Vers als positive Feststellung oder als negativ zu beantwortende Frage zu beurteilen ist, wirkt nicht auf den Sinn des Verbums ein). Dunkel ist Jes 63, 9, wobei aber soviel klar ist, daß es sich um Errettung aus Not handelt (par. הושיע) und daß גאל mit Verschonen (חמל) und Liebe (אהב) verbunden erscheint.

3. Um besondere Feindesnot geht es in den Stellen, wo es sich um den Exodus handelt (noch öfter wird mit Bezug darauf פדה verwendet, bes. in Deut und deuteronomisch beeinflußten Schriften, Stamm 18ff.). In Ex 6, 6 (P) verspricht JHWH, sein Volk aus dem Frondienst herauszuführen (הוציא), von der Sklavenarbeit zu erretten (הציל) und mit ausgestrecktem Arm zu „lösen" (גאל). Die Assoziation mit dem „profanen" Lösen aus Schuldsklaverei ergibt sich von selbst. Zu fragen bleibt nur, ob der Verfasser auch an die Wiederherstellung eines früheren Verhältnisses zwischen JHWH und Israel denkt, nennt er doch in v. 3f., 8 die Erzväter, mit denen JHWH schon früher in Verbindung getreten war (Stamm 38). Die anderen Texte, die auf den Exodus Bezug nehmen, führen die Erwählung nicht über die Befreiung aus Ägypten hinaus zurück: Ex 15,18 („dein Volk, das du erlöst hattest"), Ps 77,16 („du befreitest das Volk"),

106,10 (par. הושיע). Das Volk wird also aus der fremden Knechtschaft erlöst und zu Gottes Eigentum gemacht.

4. Von da aus wird die Verwendung von גאל bei DtJes verständlich. Die Befreiung aus der Gefangenschaft in Babel wird von ihm als ein neuer Exodus verstanden und demgemäß auch als ein גאל bezeichnet. Außerdem liegt hier in גאל auch die Idee der Wiederherstellung des gebrochenen Bundesverhältnisses. Jes 51,10 wird mit dem Wort גאולים deutlich auf die aus Ägypten Befreiten angespielt, und 48, 20 wird die Erlösung als Ausziehen aus Babel und Führung durch Wüsten (v. 21) beschrieben, also als ein erneuter Exodus. In 44, 22 wird die Erlösung (wie Ps 103) mit Sündenvergebung zusammengebracht. 44, 23 wird der Erlösungsakt als Verherrlichung JHWHs bezeichnet, die den Jubel der ganzen Natur hervorrufen soll. 52, 9 ist dieser Jubel der Königsjubel, der den heimkehrenden JHWH und sein erlöstes Volk begrüßt. 43,1 schließlich ist wieder vom wiederhergestellten Eigentumsverhältnis die Rede: „Ich habe dich erlöst, ich habe dich bei Namen gerufen, du bist mein". Bemerkenswert ist daneben, daß (ebenso wie in Kl 3, 58f.) die Erlösung Gegenstand eines mit אל־תירא eingeleiteten Heilsorakels ist.

Ferner erscheint bei DtJes das Ptz. *gō'ēl* 9mal als Epitheton Gottes, davon 7mal als Erweiterung der Botenformel כה אמר יהוה, 2mal in Verbindung mit אל־תירא (41,14; 54, 5). Einmal steht dieses Epitheton mit מושיע zusammen (49, 26), sonst ist die Verbindung mit dem Kontext recht locker: JHWH, der 'Erlöser', hilft seinem Volk (41,14; 49,7f.), besiegt Babel (43,14; 47, 4), ist König und ewiger Gott (44, 6), lehrt und leitet (48,17). Jes 60,16 ist von 49, 26 abhängig. Auf Grund der Gesamtanschauung von DtJes ist also *gō'ēl* zum stehenden Gottesepitheton geworden, das auch ohne direkten Zusammenhang mit einer im Kontext erwähnten Erlösung gebraucht werden kann.

5. Als Gottesepitheton kommt *gō'ēl* noch Ps 19,15 und 78, 35 vor, beidemal mit צור 'Fels' verbunden. Gott ist der zuverlässige Beschützer, der nie wankt. Interessant ist auch Jes 63,16, wo JHWH als Vater (→ אב) und *gō'ēl* bezeichnet wird. Hier klingt wohl auch die Vorstellung von nächster Verwandtschaft mit.

Umstritten ist schließlich Hi 19, 25: „Ich weiß, daß mein *gō'ēl* lebt". Aus dem Zusammenhang geht hervor, daß Hiob die Hilfe seines *gō'ēl* in einem entscheidenden Rechtsstreit erwartet, damit seine Unschuld endgültig festgestellt werde. Aber wer ist der *gō'ēl*? Da der Rechtsstreit hier im Zusammenhang ein Streit mit Gott ist, scheint es unwahrscheinlich, daß Gott gegen sich selbst als Verteidiger und Sachwalter auftritt, wenn nicht ein sehr lockerer Gedankengang vorausgesetzt werden darf. Andererseits beruft sich Hi 16,19f. auf einen Zeugen (עד) und Wortführer (מליץ) im Himmel (vgl. 9, 33; 33, 23), der ein anderer als Gott zu sein scheint. Er meint, daß so wie es im irdischen Rechtsstreit einen Verteidiger gibt, es auch in Hiobs Streit mit Gott einen geben muß, der für ihn eintritt, ohne daß klargemacht wird, wer dieser sein mag. Demnach läge hier ein ungenauer Ausdruck vor: Hiob will der Überzeugung Ausdruck geben, daß er letzten Endes freigesprochen werden muß, und kleidet diesen Gedanken in die Bildersprache des Rechtsstreits: Jemand muß ihn verteidigen, um seine Unschuld zu beweisen.

Zu Hi 19, 25 sind auch andere Auslegungen vorgeschlagen. Meistens wird der *gō'ēl* als Gott selbst identifiziert, was aber einen weniger logischen Gedankengang ergibt. Die Möglichkeit, daß nach sumerischem Vorbild der persönliche Schutzgott Hiobs gemeint wäre, scheitert wohl daran, daß diese Vorstellung sonst nicht in Israel belegt ist. Außerdem ist die Auslegung davon abhängig, wie man die folgenden, im Text schwer beschädigten Sätze auffaßt, s. Komm.

Ringgren

גָּבַהּ גֹּבַהּ, גָּבֹהַּ (?גָּבֵהַּ) גַּבְהוּת

I. Etymologie, Vorkommen und Bedeutung in der Umwelt – II. Verwendung im AT – 1. Anzahl und Streuung der Belege – 2. Allgemeine Bedeutung – 3. Verwandte und gegensätzliche Begriffe – III. Konkrete Bedeutung – 1. Verbum – 2. Mit על, מן und ב – 3. Nomen und Adjektiv – 4. Vorkommen in einigen Bezeichnungen für kanaanäische Kultstätten – IV. Übertragene Bedeutung und theologische Implikationen – 1. In Verbindung mit anthropologischen Begriffen (אף, רוח, עינים, לב) – 2. In anderen Zusammenhängen.

Lit.: *W. Baumgartner*, Beiträge zum hebr. Lexikon (BZAW 77, 1958, 30f.). – *G. Bertram*, ὕψος, ὑψόω (ThWNT VIII 600ff.). – *A. W. Schwarzenbach*, Die geographische Terminologie des AT, Zürich 1954, 6–11.

I. Die Annahme eines etymologischen Zusammenhangs zwischen der hebr. Wurzel גבה und dem akk. Wort *gab'u* 'Höhe' (so KBL[2] und GesB, aber nicht mehr KBL[3]) ist höchst problematisch. CAD und AHw nehmen zu Recht an, daß *gab'u* von der westsemit. Wurzel *gb'* (belegt im Ugar. und im Hebr. *gib'āh*, *gæba'* 'Hügel, Höhe') abzuleiten ist. Die Unwahrscheinlichkeit eines Wechsels vom konsonantischen *h* zu ' verbietet die Heranziehung der Wurzel *gb'* zur etymologischen und semantischen Erklärung der Wurzel גבה. Für die Selbständigkeit dieser beiden Wurzeln spricht auch das Nebeneinander von *gbh* und *gbʿ* im Ugar. (UT, Glossary 552) wie im Hebr. Ähnliche Bedenken erheben sich gegen die Annahme eines etymologischen Zusammenhangs zwischen גבה und גבב (vgl. im Hebr. *gab* 'Rücken, Augenbraue, Wulst, Felge, Schildbuckel', im Arab. *ǧubbat* 'Knochenwulst der Augenhöhle', KBL³ und GesB), denn ein Wechsel vom doppelten *b* zu *bh* in der Endsilbe ist nicht üblich. Allein vom Laut- und Schriftbild her gesehen wäre eine etymologische Beziehung zwischen der hebr. Wurzel גבה und der arab. *ǧabaha* (vgl. *ǧabhat* 'Stirn, Vorderseite, Schlachtfront', *'aǧbahu*, 'mit hoher Stirn', H. Wehr, Arab. Wörterbuch³, 1958, vgl. asarab. *gbht* 'Stirn'), die KBL³ und GesB andeuten, nicht unwahrscheinlich. Allerdings spricht dagegen die Grundbedeutung der arab. Wurzel *ǧabaha* 'begegnen, entgegentreten', denn eine semantische Beziehung zu der hebr. Wurzel גבה besteht allenfalls in ihrer übertragenen Bedeutung ('hochmütig sein'), nicht aber in ihrer konkreten Bedeutung ('hoch sein, Höhe'). Es ist deshalb nicht ratsam, die arab. Wurzel *ǧabaha* zum Ausgangspunkt der Untersuchung von גבה zu machen. Die gleichen Gründe sprechen gegen eine Inbeziehungsetzung von גבה und גבח 'stirnglatzig' (vgl. im Akk. *gubbuḫu* 'kahlköpfig'), denn גבח bedeutet primär 'kahl sein', גבה dagegen 'hoch sein', und zwar sowohl im Hebr. als auch in anderen semit. Sprachen. Eine Bedeutungsähnlichkeit läßt sich also in beiden Fällen nur sehr künstlich herstellen. Der Gebrauch der Wurzel גבה im Jüd.-Aram., in der Damaskusschrift und in den Qumran-Texten (KBL³, K. G. Kuhn, Konkordanz ..., 1960) ist vom at.lichen Sprachgebrauch abhängig. Unabhängig davon ist wahrscheinlich der Ausdruck קלה גבה 'hohe (d.h. laute) Stimme' des Königs im Aram. (Aḥiqar 107) und das aram. Ideogramm 'hoch' im Pehlevi (zu beiden s. DISO). In den Ugarit-Texten ist bis jetzt nur ein sicherer Beleg für *gbh* gefunden worden (UT, Glossary, 548a): *yʿdb yrḫ gbh* (mit El als Subj.) „er macht yrḫ (Mondgott oder Mond) hoch" (oder „erhaben"; RŠ 24. 258, 4–5).

Die dürftigen außerat.lichen Belege gestatten bestenfalls die Vermutung, daß die Wurzel גבה im Bereich der westsemit. Sprachen beheimatet ist. Daß sie dort die Bedeutung 'hoch sein, erheben' hat, kann als sicher gelten. Die gleiche Bedeutung im Hebr. ist durch den einzigen außerat.lichen Beleg erwiesen. In der Siloah-Inschrift Zeile 6 heißt es: „und einhundert Ellen betrug die Höhe (גבה) des Felsens über den Köpfen der Mineure" (KAI 189, 6).

II. 1. Die Wurzel גבה kommt im AT rund 90mal vor, davon nur 3mal im Pentateuch, und zwar ausschließlich in seinen jüngsten Schichten (Deut 3, 5; 28, 52 – dtr Texte; Gen 7, 19 P), 12mal in den Geschichtsbüchern (nur Sam, Kön und Chr), 8mal in den Psalmen, 16mal in der Weisheitsliteratur (Hi, Spr und Pred), rund 50mal in den Prophetenbüchern und 2mal in Esth. Berücksichtigt man den Umstand, daß גבה auch in den Psalmen und Prophetenbüchern vielfach in weisheitlichen Sprüchen und sprichwörtlichen Redewendungen vorkommt, dann ergibt sich aus dem statistischen Überblick, daß diese Wurzel im Wortschatz der Spruchweisheit am weitesten verbreitet und dort fest verankert ist. Die zeitliche Streuung der Belege ist ziemlich breit, so daß das Fehlen in den älteren Schichten des Pentateuch auf Zufall beruhen dürfte. גבה kommt vor in alten Erzählungen (1 Sam 9, 2), bei den vorexilischen Propheten (Am 2, 9; Zeph 1, 16; Jes 2, 11. 15. 17; Jer 2, 20 u.ö.), im exilischen Schrifttum (Ez 16, 50; 17, 22; Gen 7, 19-P u.a.m.) und in spätnachexilischen Texten (Esth 5, 14; 7, 9; Dan 8, 3). Das Verbum kommt nur im *qal* (23mal) und *hiph* (11mal) vor, das Nomen *gobah* ist 18mal, *gabhūt* 2mal und das Adjektiv *gāboah* 36mal belegt. Der cstr. *gᵉbah* ist 4mal belegt, nicht aber der entsprechende abs., so daß es fraglich bleibt, ob es sich dabei um eine andere cstr.-Form des Adj. *gāboah* handelt (so Baumgartner) oder ob ein anderes Adj. *gābēah* postuliert werden soll (so GesB und KBL², KBL³ läßt diese Frage unentschieden).

2. Die Bedeutung 'Höhe, hoch', die die allerdings spärlichen außerat.lichen Belege eindeutig erkennen lassen, liegt im AT dem Gebrauch der Nomina und Adjektive ebenso eindeutig zugrunde. Dementsprechend geht auch der Gebrauch des Verbums von der Grundbedeutung 'hoch sein, hoch machen' aus.

3. In parallelen Aussagen kommen synonyme oder verwandte Begriffe vor, die von folgenden Wurzeln abgeleitet sind: רום 'hoch sein, hoch reichen' (Ez 17, 22f.; 31, 10; Ps 113, 4f.; 131, 1; Hi 39, 27 u.ö.), קום 'aufstehen, sich aufrichten' (Jes 10, 33; קומה: 1 Sam 16, 7; Ez 31, 3 u.ö.), נשא 'heben, hochheben' (Jes 2, 11–17 – hier auch andere synonyme und gegensätzliche Begriffe; Jes 30, 25; 52, 13 u.a.), גאה 'hoch sein, hoch werden, sich überheben' (Zeph 3, 11; Jer 48, 29; Spr 16, 18 u.ö.), גדל 'heranwachsen, groß werden, groß sein' (Ps 131, 1; Ez 31, 2b. 3a), גבר 'überlegen sein' (Ps 103, 11 Text?), שגב 'erhaben sein' (Jes 2, 17b, vgl. 5, 16). Als gegensätzliche Begriffe begegnen im Wortfeld von גבה Wortbildungen von folgenden Wurzeln: שפל 'niedrig sein, niedersinken' (Jes 2, 11; 5, 15f.; Ez 17, 24; 21, 31; Ps 113, 5f.; u.ö.), שחח 'sich ducken' (Jes 2, 11. 17; 5, 15f.), עמק 'tief sein' (Jes 7, 11), כנע (*niph*) 'sich demütigen' (2 Chr 32, 26), ענה 'sich ducken, elend sein' (ענוה 'Demut' Spr 18, 12).

III. 1. Das Verbum dient vielfach zur Beschreibung der Größe, Höhe oder Höhenlage von Personen, Gegenständen, Orten und Naturerscheinungen. Es kann im speziellen Sinn von 'hochwüchsig sein, hoch wachsen, emporragen' verwendet werden, so Ez 17, 24; 19,11; 31,10.14 (Weinstock bzw. Baum). Es kann auch die hohe Lage eines Ortes bezeichnen: Jer 49,16 (mit קן 'Nest' als Obj.) = Ob 4 (ohne קן); Ps 113, 5 (Wohnung JHWHs) und Jes 7,11 (die obere Welt gegenüber dem Scheol) sowie den Höhenflug eines Vogels, so Hi 5,7, wobei גבה zur Steigerung des Inf. עוף 'fliegen' dient, und Hi 39, 27 (ohne עוף). Ez 21, 31 kommt das Verbum im *hiph* in einem Sprichwort vor: „Hoch mit dem Niedrigen, herunter mit dem Hohen" (vgl. Ez 17, 24). Als bautechnischer Ausdruck bezeichnet es in Verbindung mit בנה 'bauen' das Hochziehen der Mauern (2 Chr 33,14) bzw. der Türöffnung (Spr 17,19).

2. גבה mit מן bzw. על zeigt bei Vergleichen den Höhenunterschied an, so 1 Sam 9, 2; 10, 23 (מן); Ez 31, 5 (על). Sprichwörtlich ist der Vergleich zwischen dem Höhenabstand des Himmels von der Erde und dem qualitativen Unterschied zwischen Gott und Mensch bzw. zwischen den Plänen Gottes und des Menschen: Jes 55, 9; Hi 35, 5 (מן); Ps 103,11 (על), ähnlich Ps 113, 5f. In diesem sprichwörtlichen Vergleich steht das Verbum bereits an der Grenze zur metaphorischen Bedeutung. Durch nachfolgendes ב wird gelegentlich eine Näherbestimmung mit dem Obj. von גבה verbunden, z.B. Ez 31,10.14 (קומה 'Wuchs'), vgl. die gleiche Konstruktion ohne ב Ez 19,11.

3. Das Nomen *gobah* bezeichnet die Höhe der Menschen (Am 2, 9; 1 Sam 17, 4) und Bäume (Am 2, 9; Jes 10, 33; Ez 19,11; 31,10.14). Es wird wiederholt bei Angaben der Abmessungen des Tempels, seiner Räume und Einrichtungsgegenstände (Ez 40, 42; 41, 8. 22; 43,13 conj.; 2 Chr 3, 4) sowie der Räder des göttlichen Thronwagens (Ez 1,18) benutzt. Das Adj. *gāḇōah* kommt vor in Verbindung mit folgenden Begriffen: Berg (Gen 7,19; Ez 17, 22f. – parallel mit dem hap. leg. תלול 'ragend' und מרום 'hochragend' v. 23; 40, 2; Jes 30, 25 – zusammen mit גבעה נשאה 'herausragende Höhe'; 40, 9; 57,7 – in Verbindung mit נשא 'herausragend'; Ps 104,18), Wehrmauer (Deut 3, 5; 28, 52), Stadttor (Jer 51, 58), Wachturm (Jes 2,15), Zinne (Zeph 1,16), Baum (Ez 17, 24; 31, 3 mit קומה 'Wuchs'), Richtpfahl (Esth 5,14; 7, 9), Widderhörner (Dan 8, 3) und Wuchs eines Menschen (1 Sam 16,7 – קומה). Mit מן wird der Komparativ gebildet (1 Sam 9, 2). An der Grenze des metaphorischen Sprachgebrauchs steht die Rede von der Höhe des Himmels als einem Hinweis auf die Größe Gottes (Hi 11, 8; 22,12).

4. Das Adj. kommt in zwei Varianten der formelhaften Bezeichnungen für kanaan. Kultstätten vor. Teils steht es bei *gib'āh* 'Höhe' (Jer 2, 20; 17, 2; 1 Kön 14, 23; 2 Kön 17,10), teils bei → *har* 'Berg' (Jer 3, 6). Daneben gibt es eine Form mit dem Adj. *rām/rāmāh* an entsprechender Stelle (Deut 12, 2; Ez 6,13; 20, 28) und eine, die überhaupt kein Adj. hat (Hos 4,13; Ez 18, 6 u.ö.; 2 Kön 16, 4). Die zuletzt genannte Form dürfte die älteste sein. Möglicherweise stammt sie aus dem Nordreich, während die beiden anderen aus Juda stammen (Jer, Deuteronomist und Ez). In dem Gebrauch der verschiedenen Adjektive könnte sich der unterschiedliche Sprachgebrauch der judäischen Landbevölkerung und der Jerusalemer Tempelpriesterschaft spiegeln.

IV. 1. Die Körperorgane, die im Hebr. als Bezeichnungen für menschliche Gemüts- und Willensregungen dienen, kommen, sei es als Obj. des Verbums, sei es in Gen.-Verbindungen mit Nominalbildungen der Wurzel גבה, so oft vor, daß man die Wortbildungen dieser Wurzel zu den festen Bestandteilen der psychologischen Terminologie der Israeliten zählen muß. Das Verbum mit לב 'Herz' als Objekt kommt vor: Ez 28, 2.5.17; Ps 131,1; Spr 18,12; 2 Chr 26,16; 32, 25. Nominalbildungen stehen in Gen.-Verbindungen mit: לב 'Herz' (Spr 16, 5; 2 Chr 32, 26), mit עינים 'Augen' (Jes 2,11; 5,15; Ps 101, 5), mit רוח 'Atem, Geist' (Spr 16,18; Pred 7, 8) und mit אף 'Nase' (Ps 10, 4). Als synonyme Ausdrücke begegnen in parallelen Aussagen: רחב־לבב 'anmaßendes Herz' (Ps 101, 5), רום לבו 'sein Herz überheben' = 'hoch hinaus wollen' (Jer 48, 29; Ez 31,10) und עינים רמות 'hochfahrende, hochmütige Augen' (Spr 6,17; vgl. Jes 2,11; 5,15). Einander entgegengesetzt werden u.a.: גבה־רוח 'hochfahrender, überheblicher Geist' und שפל־רוח 'geduckter, demütiger Geist' (Spr 16,18f.), גבה־רוח und ארך־רוח 'langer Atem, Langmut' (Pred 7, 8). Nur einmal hat גבה mit לב als Obj. eine positive Bedeutung: „er (scil. Josaphat) war hochgemut auf den Wegen JHWHs" (2 Chr 17, 6). Von dieser Ausnahme abgesehen, qualifiziert גבה in den genannten Wortverbindungen das Trachten und Verhalten des Menschen gegenüber Gott und den Mitmenschen religiös und ethisch negativ (bes. drastisch Spr 16, 5 als תועבת יהוה) und ist dementsprechend mit 'hochfahrend, hochmütig, überheblich' o.ä. zu übersetzen.

2. In übertragener Bedeutung dienen die Wortbildungen der Wurzel גבה auch sonst oft zur Beschreibung solcher menschlichen Handlungs- und Verhaltensweisen, die religiös und ethisch als verwerflich beurteilt werden. In diesem negativen Sinn werden sie vor allem von den Propheten, der Spruchweisheit und Kultdichtung sowie in seltenen Fällen von der chronistischen Geschichtsschreibung verwendet. So bezeichnet das Verbum: die übermütigen Prahler, im Gegensatz zum „demütigen und geringen Volk" (Zeph

3,11f.), die luxuriös gekleideten Frauen Jerusalems (Jes 3,16), die Bevölkerung Judas, die auf JHWH nicht hören und ihm nicht die Ehre (כבוד) geben will (Jer 13,15f.). Ez 16, 50 faßt mit גבה und dem sinngleichen Ausdruck „Greuel verüben vor JHWH" das ganze Sündenregister Sodom/Jerusalems zusammen (vgl. v. 49). Ez 28, 2. 5.17 bezeichnet den König von Tyrus als גבה, weil er sich die Prädikate und Eigenschaften eines Gott-Königs anmaßt, 2 Chr 32, 25 den König Hiskia wegen seiner Undankbarkeit für die wunderbare Heilung und 2 Chr 26,16 den König Ussia wegen Usurpierung einer kultischen Funktion. Weitere Texte ähnlichen Inhalts s. IV.1. Ebenso wie das Verbum werden die Nomina und das Adjektiv in religiös und ethisch abwertendem Sinn gebraucht: als Bezeichnung für die Frevler (רשע Ps 10, 4), das widergöttliche Verhalten der Menschen überhaupt (Jes 2,11.12 cj. 17 – Gegenaussage dazu: „JHWH allein ist erhaben" נשגב), für das freche (עתק) Gerede der Menschen (1 Sam 2, 3) u.ä.m., s. IV.1.
In religiös und ethisch neutralem Sinn kommen Nominalbildungen der Wurzel גבה höchstens 3mal vor: Hi 41, 26 bezeichnet „alles Hohe" die Stellung in der sozialen Rangordnung. Was in Pred 12, 5 mit dem „Hohen" eigentlich gemeint ist, vor dem sich der Greis fürchtet, bleibt dunkel. Wahrscheinlich ist es etwas, was man in jungen Jahren begehrt, also wohl 'Ansehen, hohe gesellschaftliche Stellung'. Falls die Textkonjektur zu Ps 90,10 berechtigt ist, müßte das Nomen *gobah* hier die einmalige Bedeutung 'Höchstmaß, Maximum' haben. Der Verwendung der Wurzel גבה in den negativen, verurteilenden Aussagen über alles menschliche Streben nach Hoheit, über allen Hochmut, steht der Gebrauch derselben Wurzel in positiven Aussagen über die Erhabenheit Gottes gegenüber: Jes 5,15f. – JHWH ist 'erhaben' durch Gericht, in dem er die 'Hochmütigen' (עיני גבהים) erniedrigt (שחח, שפל v.15). Der Hymnus Ps 113, 5 preist ihn als unvergleichbar, weil er seine Wohnung in den Himmel 'erhob' (vgl. v. 4. 6). Doch sind auch sein erwählter Knecht (Jes 52,13 גבה parallel mit רום und נשא) und die Gerechten überhaupt 'erhaben' (Hi 36,7). Allerdings kann sich der Mensch selbst nicht mit 'Erhabenheit' kleiden. Gott fordert Hiob nur ironisch dazu auf, um ihm sein Unvermögen deutlich zu machen (Hi 40,10 parallel mit גאון). In bewußt geheimnisvoller Form schildert Pred 5,7 die Rangordnung derer, die Rechtsbeugung verhindern, auch wenn der Mensch dies nicht zu erkennen vermag, bis hin zum Allerhöchsten durch dreimalige Wiederholung des substantivisch gebrauchten Adjektivs *gāboah* (wobei die Ergänzung eines ausgefallenen Gliedes erforderlich ist).

Hentschke

גְּבוּל, גְּבָל, גְּבוּלָה

I. Umwelt – 1. Ägypten – 2. Mesopotamien und Hethiter – 3. Westsemiten – II. AT – 1. Etymologie, stammverwandte Wörter – 2. Bedeutung und Gebrauch – 3. Theologisches.

Lit.: *M. Dahood*, Biblical Geography (Gregorianum 43, 1962, 73–74). – *A. Erman–H. Ranke*, Ägypten und ägyptisches Leben, 1923. – *A.H. Grayson–E. von Schuler*, Grenze (RLA 3, 638–643). – *L. Koehler*, Der Berg als Grenze (ZDPV 62, 1939, 124–125). – *F.R. Kraus*, Provinzen des neusumerischen Reiches von Ur (ZA 51, 1955, 45–75). – *A. Saarisalo*, The Boundary between Issachar and Naphtali, Helsinki 1927. – *M. Sæbø*, Israels Land og grenser i det Gamle Testamente (For Israel og Evangeliet, Festschr. M. Solheim, Oslo 1971, 23–41, deutsche Übers. in ZDPV vorbereitet). – *F.X. Steinmetzer*, Die babylonischen *kudurru* (Grenzsteine) als Urkundenform (Studien zur Geschichte und Kultur des Altertums 11/4–5), 1922. – *E.F. Weidner*, Politische Dokumente aus Kleinasien. Die Staatsverträge in akk. Sprache aus dem Archiv von Boghazköi (Boghazköistudien 1/8–9), 1923.

I. 1. Äg. *tꜣš* 'Grenze' (WbÄS V 234ff.) bedeutet in späterer Zeit auch 'Gebiet'. Es begegnet u.a. in Verbindung mit Wörtern für Grenzstein, ferner mit Zusätzen wie „nördliche, südliche Grenze". Es bezeichnet sowohl die Grenze eines Ackers als auch die eines Gaues oder Landes sowie die Grenze einer Person (eines Königs, der Feinde). Geläufige Wortverbindungen sind „die Grenze reicht", „ist gesichert", „die Grenze festsetzen, erhalten, bewachen, erweitern, überschreiten". Ein anderes Wort für 'Grenze' ist *ḏr(w)* (WbÄS V 585ff.), das auch '(äußerstes) Ende', 'Ziel', zuweilen auch 'Gebiet, Bereich' bedeutet. Es bezeichnet u.a. das Ende des Himmels und der Erde und wird oft im übertragenen Sinn gebraucht: die Grenzen der Ewigkeit, die Grenzen des Wissens; ferner erscheint es in Ausdrücken für 'grenzenlos'. Bemerkenswert ist das Gottes- und Königsepitheton *nb r ḏr* 'Allherr', d.h. Herr bis zur äußersten Grenze.
Grenzsteine zwischen Feldern werden erwähnt, es wurden allerdings noch keine aufgefunden (Erman-Ranke 420). Die Grenzsteine von Waisen und Witwen soll man nicht verrücken (Amenemope 6). Gaugrenzen wiederherzustellen (Erman-Ranke 104) ist eine ordnende Tätigkeit, die mit der des Schöpfergottes zu vergleichen ist (Erman-Ranke 101f.). In El-Amarna sind 16 Grenzstelen des Stadtgebietes aufbewahrt; sie enthalten eine Proklamation, in der der König gelobt, das Gebiet nicht zu verlassen, also die Grenzen nicht zu überschreiten (RÄR 776).
Von den Grenzen des Landes handelt eine Stele von Sesostris III. in Nubien, auf der es heißt: „Ich habe meine Grenze festgesetzt, indem ich weiter als meine Väter ging ... Welcher meiner

Index der deutschen Stichwörter

Band I

Lieferung 8/9 (Spalte 897-1031
Register und Titel-
bogen zu Band I)

THEOLOGISCHES WÖRTERBUCH ZUM ALTEN TESTAMENT

In Verbindung mit
George W. Anderson, Henri Cazelles,
David N. Freedman,
Shemarjahu Talmon und Gerhard Wallis
herausgegeben von
G. Johannes Botterweck und Helmer Ringgren

wk

VERLAG W. KOHLHAMMER GMBH
STUTTGART · BERLIN · KÖLN · MAINZ

Inhalt von Band I, Lieferung 8/9

Band I ist mit Lieferung 8/9 abgeschlossen. Der Subskriptionspreis für jede Lieferung von vier Bogen beträgt DM 16,—. Für Lieferung 8/9 und beigegebene Einbanddecke beträgt der Subskriptionspreis DM 36,—. Einzellieferungen werden nicht abgegeben.
Hörern der an diesem Werk beteiligten Verfasser wird bei Vorlage eines vom Autor unterzeichneten Hörerscheins ein Nachlaß von 20% auf den Ladenpreis gewährt. Die Ermäßigung gilt nur für die bis dahin erschienenen Teile des Werkes und den gerade im Erscheinen begriffenen Band. Der Hörernachweis muß für die erste Lieferung jedes weiter erscheinenden Bandes ggf. neu erbracht werden.

Verlagsort Stuttgart. Umschlag: hace. Gesamtherstellung: W. Kohlhammer GmbH. Grafischer Großbetrieb Stuttgart 1973. Printed in Germany. ISBN 3-17-001129-4

Söhne diese Grenze, die meine Majestät gesetzt hat, erhält, der ist mein Sohn; er gleicht dem Sohne (Horus), der seinen Vater schützte und der die Grenzen seines Erzeugers erhielt“ (Erman-Ranke 594). Der König hat ferner an dieser Grenze eine Statue von sich aufgestellt, um den Widerstandswillen der Bevölkerung zu stärken.

2. Im Sum. gibt es mehrere Wörter für ‘Grenze’, nämlich *bulug*, *kisurra* und *zag*; das Akk. kennt *itû*, *kisurrû*, *kudurru*, *miṣru*, *pāṭu*, *pulukku* und *taḫūmu*. Die meisten Wörter bedeuten sowohl ‘Grenze’ als auch ‘Gebiet’, und es ist manchmal schwierig, die genaue Nuance zu bestimmen. *kudurru* bezeichnet im Mittelbabyl. auch den Grenzstein (s.u.), *pulukku* auch den Grenzpfahl (AHw 499, 879).

Die Angabe der nationalen Grenzen erfolgte im allgemeinen durch Nennung der Städte, die an der Grenze lagen und die oft zugleich mit Garnisonen für ihre Verteidigung versehen waren. Eine Urkunde, die vielleicht ursprünglich aus dem Enlil-Tempel von Nippur stammt (Kraus 68), beschreibt die Provinzgrenzen des neusum. Reiches mit Hilfe von Landmarken wie Städten, Dörfern, Heiligtümern, Bergen und Wasserläufen („Kanal“, Kraus 52).

Über Grenzstreitigkeiten berichten eine Inschrift des Entemena (Mitte 3. Jt. v. Chr.; E. Sollberger, OrNS 28, 1959, 326–350) und die sog. synchronische Geschichte (CT 34, 38–43; Grayson 640). Grenzsteine, auf denen Grenzabmachungen eingehauen wurden, dürften existiert haben (Grayson 639f.). Von klassischer Zeit an finden sich die sog. *kudurru*-Steine, die durch ihre Göttersymbole und Texte den Schutz des Eigentums garantierten; gelegentlich wurde das Grundstück auf dem Stein abgezeichnet (Grayson 639). Der Text eines *kudurru* endet nicht selten mit einem Fluch über den, der den Grenzstein versetzt (z.B. Steinmetzer 8ff.; vgl. auch U. Seidl, Die babylonischen Kudurru-Reliefs, Baghdader Mitteilungen 4, 1968, 1–220).

Im Heth. bezeichnet das Wort *arḫa-* sowohl ‘Grenze’ als auch ‘Gebiet’. Auch bei den Hethitern stand die Grenze des Reiches unter göttlichem Schutz. Bewahrung und Erweiterung der Grenzen war Pflicht des Königs. Grenzposten unter dem Befehl eines *ZAG-aš BĒLU* ‘Herrn der Grenze’ führten die Bewachung aus. – Der Großkönig setzte die Grenzen der Verwaltungsbezirke und der Vasallenstaaten fest (Weidner). Der Verlauf der Grenze wird durch topographische Angaben festgelegt (von Schuler 642). Es gibt sakralrechtliche Bestimmungen für die Tempelgebiete, die der Gottheit gehören und deren Grenzen nicht angetastet werden dürfen (vgl. Ex 19,12. 23). Das Privatrecht war genau garantiert. Die Grenzen werden in Landschenkungs- und Feldertexten exakt verzeichnet. Verbotsformeln erinnern an die at.lichen: „Überschreite nicht die Grenze, die ich dir setze, sondern bewahre sie“ (KBo 4,10 v.15; vgl. Deut 19,14).

3. Ugar. *gbl* ist 2 mal belegt (CTA 16 [II K] VI 59; 3 [V AB] VI 7); es wird gewöhnlich unter Hinweis auf arab. *ǧabal* mit ‘Berg, Felsen’ übersetzt (Koehler, Dahood). Im Phön. und Pun. findet sich *gbl* in den Bedeutungen ‘Grenze’ und ‘Gebiet’, z.B. KAI 14, 20 גבל ארץ ‘das Gebiet des Landes’ (vgl. Deut 19,3).

II. 1. Im Hebr. kommt die Wurzel גבל als Verb im *qal* in der Bedeutung ‘eine Grenze festsetzen’ (Deut 19,14) bzw. ‘begrenzen’ (Jos 18, 20), ‘grenzen an’ (Sach 9, 2) und im *hiph* mit Bezug auf die ‘Umgrenzung’ eines Kultbezirks (Ex 19,12. 23) vor. Nominalformen sind *g^{e}būl* und *g^{e}bûlāh*, die beide ‘Grenze’ und ‘Gebiet’ bedeuten, und es ist oft schwierig zu entscheiden, ob die eine oder andere Bedeutung vorliegt (vgl. Eißfeldt, Kl Schr 3, 662f.). Das fem. גבולה steht nur an einer Stelle im Sing. (Jes 28, 25: der Bauer sät Emmer „am Rande [seines Ackers]“), sonst immer im Pl.: ‘Gebiete’ (Num 32, 33; 34, 2.12; Jos 18, 20; 19, 49), aber auch in der Bedeutung ‘Grenze’ zusammen mit den Verben יצב (Deut 32, 8; Ps 74,17), סור *hiph* (Jes 10,13), שוג (Hi 24, 2, vgl. Koehler 124f.). Spezialbedeutungen von גבול liegen Ez 40,12 und 43,13.17 vor. In der ersteren Stelle bezeichnet es eine niedrige Mauer oder Abschrankung, die die Wachtkammer im östlichen Stadttor Jerusalems vom Tordurchgang abschirmt, in der letzteren ist es der erhöhte Rand um den Altar.

Die Wurzel גבל findet sich auch im Stadtnamen Gebal, akk. *Gubla*, Byblos (Ez 27, 9, vgl. S.H. Horn, ZAW 78, 1966, 75, M. Noth, ZDPV 60, 1937, 283f.); dazu das Gentilizium גבלי Jos 13, 5; 1 Kön 5, 32 (W. Eilers, ZDMG 94, 204[3]). Ps 83, 8 bezeichnet *G^{e}bāl* das Berggebiet von Edom (arab. *Ǧibāl* ‘Berge’, vgl. auch ארץ גבל in 1 QGenAp 21,11 bzw. הרי גבל 21, 29 (hier = בהררם שעיר Gen 14, 6, s. Fitzmyer, The Genesis Apocryphon, Rom [2]1971, 149.165).

Das Abstraktum *gablūt* kommt Ex 28, 22; 39,15 im Ausdruck שרשת גבלות vor; ferner gibt es *migbālōt* Ex 28,14. Diese Wörter gehören zur Wurzel גבל II, die mit syr. *g^{e}bal* ‘schlagen, schmieden’, aram. גבל ‘kneten’ und arab. *ǧiblat* ‘gut gesponnenes Tuch’ zusammengestellt wird. Nach Driver 254f. ist gemeint, daß die Glieder aneinandergebogen und dann zusammengeschweißt wurden. שרשת גבלות übersetzt er also „chains of welding“ oder „welded chains“. מגבלות dürfte eine ähnliche Bedeutung haben.

2. Ganz natürlich ist גבול besonders häufig in Abschnitten anzutreffen, wo es sich um Grenzziehungen handelt: Jos 66 mal, Ez 39 mal (vor

allem in 40–48), Num 25mal. In anderen Texten kommt das Wort ziemlich selten vor, etwas häufiger allerdings in den historischen Büchern.

Die Übersetzung 'Grenze' liegt nahe, wenn גבול als Subj. von היה steht mit den Präpositionen מן–עד, אל, ל: Gen 10,19; Num 34, 3ff.; Deut 11, 24; Jos 1, 4; 13,16. 30; 16, 5; 17,7. 9; 18,12; 19,10. 33; Ez 47,15.17; 48, 28. Mit גבול stehen oft auch Verben der Bewegung, die sozusagen die Grenze von Punkt zu Punkt führen: הלך Jos 16, 8; 17,7, יצא Num 34, 9; Jos 15, 3.11; 16, 6; 18,11.15.17; 19, 47, ירד Num 34,11f.; Jos 16, 3; 17, 9; 18,13.16; סבב *niph* Jos 15,10; 16, 6; 18,14; 19,14, עבר Jos 15, 4; 18,16.19, עלה Jos 15, 6. 7f.; 18,12; 19,11, פגע ב Jos 19, 22. 26, שוב Jos 19,12. 29. 34, תאר Jos 15, 9.11; 18,14. 17. Einige Verben wie ירד und עלה können aus topographischen Gründen gewählt sein. פגע ב wird nur gebraucht, wenn die Grenze an den Tabor und den Karmel „stößt". Die Grenzen folgen bisweilen natürlichen Geländeerscheinungen wie Flüssen, Seen, Meeren, Bergen und Tälern; sehr häufig bilden Städte und Dörfer Grenzpunkte, d.h. das Gebiet zwischen den Städten bildet die Grenze, nicht die Stadt selbst (Ez 47,15.17; 48,1, vgl. Saarisalo 131f.). Grenzorte, die der Verteidigung der Grenze gedient haben, scheinen die levit. Städte (Num 35,1–8; Jos 21) gewesen zu sein (s. Aharoni, The Land of the Bible, London 1967, 272f.).

גבול kann auf verschiedene Weise näher bestimmt werden:

a) nach den Himmelsrichtungen (immer 'Grenze'): גבול נגב (Num 34, 3; Jos 15, 2. 4), גבול ים (Num 34, 6; Jos 15, 4.12), גבול צפון (Num 34,7. 9; Jos 15, 5), גבול קדמה (Num 34,10; Jos 15, 5; Ez 45,7);

b) durch eine topographische Bestimmung ('Grenze'): גבול ארנון (Num 22, 36), גבול לים (Jer 5, 22);

c) durch den Genetiv eines Landes-, Volks- oder Stammesnamens, teils im Sinn von 'Grenze': גבול מצרים (1 Kön 5,1), גבול ארץ אדום (Num 20, 23; Jos 15,1. 21), גבול מואב (Num 21,13.15; 33, 44; Ri 11,18), גבול בני עמון (Num 21, 24; Deut 3,16; Jos 13,10), גבול הכנעני (Gen 10,19), teils im Sinn von 'Gebiet': גבול מצרים (Gen 47, 21; Ex 10,14.19; 2 Chr 9, 26); גבול מואב (Deut 2,18; Ri 11,18; Jes 15, 8), גבול האמרי (Num 21,13; Jos 13, 4; Ri 1, 36; 11, 22). Der Ausdruck בכל גבול ישראל heißt immer 'im ganzen Gebiet Israels' (Ri 19, 29; 1 Sam 11, 3.7; 27,1; 2 Sam 21, 5; 1 Kön 1, 3; 2 Kön 10, 32; 1 Chr 21,12), ähnlich בגבול ישראל 'im Gebiet Israels' (1 Sam 7,13; Ez 11,10f.; Mal 1, 5). In allen diesen Fällen ist das geeinte Reich gemeint; nur 2 Kön 14, 25 steht גבול ישראל für 'die Grenze (Nord-)Israels'. Im Vergleich zu ארץ ישראל ist גבול ישראל der häufigere Ausdruck.

Mit israelitischen Stammesnamen kommt גבול in den beiden Bedeutungen 'Grenze' und 'Gebiet' vor: גבול בני אפרים Jos 16, 5, גבול מנשה Jos 17,7, גבול בנימין 1 Sam 10, 2, גבול דן Ez 48, 2 usw., ferner mit Suffixen, die Stämme bezeichnen, z.B. Jos 13, 30; 17,10; 18, 5; 19,11.

d) גבול kann ferner durch einen Gen. bestimmt werden, der das 'Gebiet' als Eigentum von Personen oder Gruppen bezeichnet oder sonst charakterisiert: גבול ארצך Deut 19, 3 (Ez 47,15 Grenze), גבול נחלה + Suff. Jos 16, 5; 19,10; Ri 2, 9, גבול גורלם Jos 18,11, גבול עיר מקלטו 'das Gebiet seiner Freistadt' Num 35, 26f. Ps 78, 54 גבול קדשו 'der Bezirk seiner Heiligkeit', d.h. 'sein heiliger Bezirk' muß sich auf das Land Kanaan beziehen; parallel steht „der Berg (הר), den er mit seiner Rechten erworben hatte", weshalb Dahood 74 (mit LXX) גבול als 'Berg' auffaßt (so auch 1 Sam 13,18; dagegen spricht jedoch Ez 43,12). גבול רשעה (Mal 1, 4) 'das Gebiet des Frevels' ist ein Spottname Edoms.

e) Bei Stadtnamen scheint גבול immer 'Gebiet von' zu bedeuten: Ekron Jos 13, 3, Lodebar Jos 13, 26, Jaezer Jos 13, 25, Bet Horon Jos 16, 3, Bet Semes 1 Sam 6,12, Damaskus Ez 47, 5.17; 48,1, Hamat Ez 47,15.17, Hauran Ez 47,16, ferner Pl.-Formen mit Suffixen, die sich auf Städte beziehen: 1 Sam 5, 6; 7,14; 2 Kön 15,16; 18, 8; Ri 1,18; Jes 54,12; Ps 147,14.

f) גבול 'Gebiet' steht mit dem Namen eines Fürsten: Sihon Jos 12, 5, vgl. Num 21, 22f.; Og Jos 12, 4, vgl. Suffixform mit Bezug auf Pharao Ex 7, 27; 10, 4, den König von Edom Num 20,16f.

g) גבול steht als Gen. zu קצה: Ende des Gebiets, äußerste Grenze (Gen 47, 21; Num 20,16; 22, 36).

h) Ein merkwürdiger Ausdruck ist das 7mal belegte וגבול. Num 34, 6; Jos 15,12. 47 הים הגדול וגבול kann kaum „das große Meer und sein Küstengebiet" bedeuten (das würde וגבולו heißen), ebensowenig ist הירדן וגבול Deut 3,17; Jos 13, 23. 27 „der Jordan und sein Gebiet". Eher denkbar wäre die Übersetzung „und das große Meer zugleich (ו) als Grenze" bzw. „der Jordan als Grenze" (vgl. Holzinger KHC 6, 53; M. Ottosson, Gilead, Lund 1969, 116). Eine Siegelinschrift von ca. 1400 v. Chr. mit den Worten קץ וגבל, die Goetze mit Vorbehalt „Grenze und Gebiet" übersetzt (BASOR 129, 1953, 8ff.), hilft kaum weiter.

3. Wie überall im alten Orient hatte man in Israel großen Respekt vor den Grenzen, sowohl von Nationen und Stämmen als auch von Privateigentum. Abmachungen über Grenzen standen unter dem Schutz Gottes (M. Ottosson, Gilead, Lund 1969, 36–52) und Fluch erwartete jeden, der den Vertrag kränkte. Der Landesgott garantierte die Grenzen des Gebietes, wo seine Anbeter wohnten. Der häufige Gebrauch des Ausdrucks גבול ישראל deutet auf eine bewußte, am ehesten religiöse Auffassung von der Grenze des natio-

nalen Gebiets, dessen Herr und Gott JHWH ist. Als die Philistäer die Lade wegschicken, beobachten sie, ob sie „den Weg in ihr Gebiet" (דרך גבולו) einschlägt, um festzustellen, ob JHWH das Unheil unter ihnen angerichtet hat (1 Sam 6, 9) – das Gebiet der Lade JHWHs ist also mit dem Gebiet JHWHs identisch.

Die Macht JHWHs erstreckt sich aber auch über das Gebiet Israels hinaus (Mal 1, 5). Als Schöpfer hat er alles dirigiert. Er hat dem Chaoswasser eine Grenze gesetzt (Ps 104, 9), er hat den Sand zur Grenze des Meeres gemacht (Jer 5, 22); er hat die Grenzen der ganzen Erde festgelegt (Ps 74, 17) und die Grenzen aller Völker bestimmt (Deut 32, 8). Aus seiner Macht heraus kann er auch die Grenzen zwischen den Völkern versetzen und Israels Grenzen erweitern (Deut 32, 8). Bei der Verteilung der Stammesgebiete bestimmt JHWH durch Mose (Num 34) oder durch Loswerfen (Jos 14–19) die Grenzen. Jos 22, 25 heißt es, daß JHWH selbst die Grenzen festgelegt hat.

Was den Privatbesitz betrifft, so wird der Respekt vor den Grenzsteinen im Gesetz betont. „Du sollst nicht die Grenze deines Nächsten verrücken" (Deut 19, 14, vgl. den Fluch 27, 17) – im Kontext wird darauf hingewiesen, daß das Land eine Gabe JHWHs ist. Ähnlich heißt es in den Sprüchen: „Verrücke nicht die uralte Grenze, die deine Väter gesetzt haben" (Spr 22, 28). Derselbe Respekt vor altererbten Grenzen spricht aus Spr 23, 10, wo dasselbe Verbot durch eine Warnung vor Eindringen in die Felder der Waisen ergänzt wird unter Hinweis darauf, daß JHWH der Rechtshelfer der Waisen ist (vgl. Amenemope oben I. 1.). JHWH selbst schützt die Grenze der Witwe (Spr 15, 25). Hiob sagt 24, 2, daß die Frevler ungestraft Grenzsteine verrücken und Waisen, Witwen und Arme ihres Eigentums berauben. Hosea klagt die Fürsten Judas wegen Grenzverrückung an (5, 10). Welch ein schweres Verbrechen dies ist, geht auch aus Elias Reaktion nach Ahabs Bemächtigung des Weinbergs Nabots hervor (1 Kön 21).

Ottosson

גִּבְעָה → הַר

גָּבַר גֶּבֶר, גִּבּוֹר, גְּבִיר, גְּבוּרָה

I. 1. Umwelt, Grundbedeutung – 2. Vorkommen im AT (Statistisches) – II. Das Verb – 1. *Qal* – 2. *Pi* – 3. *Hitp* – 4. *Hiph* – III. *g^{e}būrāh* – 1. Sing. – a) als physischer Begriff und im Kriegshandwerk – b) Gottes Macht und sittliche Kraft – c) Gottes Macht und Name Gottes – d) Vergeistigung des Begriffes beim Menschen – 2. Pl.: Schöpfungs- und Heilstaten Gottes – IV. *g^{e}bīr, g^{e}bīrāh* – V. *gibbōr* – 1. Allgemeiner Gebrauch – 2. Die „Helden" Davids und David als „Held" – 3. Die Engel als „Helden" und Gott als „Held" – 4. Der Ausdruck „Gottheld" in Jes 9, 5 – 5. Bedeutungswandel – VI. *gæbær* – 1. Der Mann und das Männliche – 2. Die Vergeistigung des Begriffes – a) in der Formel *n^{e}'ūm haggæbær* – b) der neue Begriff in den Psalmen – c) im Buche Hiob – d) in Qumran.

Lit.: *G. W. Ahlström*, Aspects of Syncretism in Israelite Religion (Horae Soederblomianae 5, 1963), 61–85. – *P. Biard*, La puissance de Dieu (Travaux de l'Inst. Cath. de Paris 7, 1960, 1–104). – *H. Donner*, Art und Herkunft des Amtes der Königinmutter im AT (Festschrift J. Friedrich, 1959, 105–145). – *H. Fredriksson*, Jahwe als Krieger, Lund 1945. – *W. Grundmann*, δύναμις: Die Kraftvorstellung des AT (ThWNT II 292–300). – *H. Kosmala*, Hebräer – Essener – Christen, Leiden 1959, 208–239. – *Ders.*, The Term Geber in the OT and in the Scrolls (VTS 17, 1969, 159–169). – *B. Mazar*, The Military Élite of King David (VT 13, 1963, 310–320). – *G. Molin*, Die Stellung der *g^{e}bira* im Staate Juda (ThZ 10, 1954, 161–175).

I. 1. Die Wurzel גבר läßt sich in den meisten semit. Sprachen nachweisen, wenn auch nicht immer als Verb, so doch in Ableitungen. Im Ugar. sind Wörter von dieser Wurzel in den bisher entdeckten Texten noch nicht gefunden worden, wohl aber erscheint sie in dem Eigennamen *Gbrn* (UT, Gloss. Nr. 554). Akk. *gapāru, gapru* (AHw 281) begegnet nur selten in dichterischer Sprache. In allen Vorkommen, außer im Äth., wo das Verb 'tun, machen' bedeutet, liegt die Betonung auf der Kraft und Stärke, oft auch der Vortrefflichkeit und Überlegenheit, sowie der größeren Stärke als in anderen Fällen, wenn auch ein Vergleichsglied nicht immer ausdrücklich genannt wird, da es aus dem Sinn oder der Natur der Sache hervorgeht. So z. B. hat ein *gæbær* und mehr noch ein *gibbōr* (Intensivform) bestimmte beachtliche Eigenschaften, die ein anderer weniger oder nicht hat. Daher kommt es auch, daß gewisse Wortbildungen aus dieser Wurzel schließlich in weitgehendem Maße auf Gott bezogen werden.

2. In der hebr. Bibel findet sich das Verb *gābar* 24 mal, *gæbær* 65 mal, *gibbōr* 159 mal, *g^{e}būrāh* und *g^{e}būrōt* 64 mal, *g^{e}bīr* und *g^{e}bīrāh* zusammen nur 17 mal. Es gibt allerdings auch eine ganze Anzahl sinnverwandter Wörter, Verben sowie Nomina, wie z. B. von den Wurzeln → חזק, → כוח, → עזז, wie sich auch in den anderen semit. Sprachen eine große Zahl synonymer Ausdrücke findet. Zum Einzelnen s. u.

II. 1. Das Verb hat oft nicht nur den einfachen positiven Sinn von 'stark sein', sondern häufig auch, und zwar von Haus aus, einen komparativen Sinn. Dies erklärt auch, weshalb es, wenn Vergleiche ausdrücklich vorliegen, auch mit der Komparativpartikel מן verbunden sein kann (wie z. B. 2 Sam 1, 23; ähnlich Ps 65, 4). Diese

kann auch durch עַל ersetzt werden (Gen 49, 26;
2 Sam 11, 23; Sir 36, 27) oder durch בְּ (1 Chr
5, 2). Dann hat das Verb den Sinn 'stärker sein
als, übertreffen, jemand überlegen sein, die Oberhand haben' (עַל über den Gegner, בְּ unter den
Brüdern). In Ps 103, 11 und 117, 2 hat die Präposition עַל jedoch eine wörtliche (lokale) Bedeutung: „machtvoll waltet seine Gnade über uns".
Beispiele ohne jegliche Partikel: Ex 17, 11; Jer
9, 2; Kl 1, 16; Sir 39, 21. 34 (jedes Ding hat seine
Zeit, nämlich, wenn es aus seiner scheinbaren
Nutzlosigkeit heraus in den Vordergrund tritt
und große Bedeutung haben kann; s.a. unter
II. 4. *Hiph*). Die einzige Stelle, in welcher das
Verb ausdrückt, daß es mit der menschlichen
moralischen Kraft nicht viel auf sich hat, findet
sich im Gebet der Hanna (1 Sam 2, 9): „nicht
aus (eigener) Stärke überwindet der Mensch"
(vgl. auch den Bedeutungswandel von *gᵉbūrāh*
und *gæbær*).

2. Im *pi* hat גבר einmal die Bedeutung: 'mehr
Kraft (*ḥᵃjālīm*) anwenden' (Pred 10, 10), ein
andermal kausative Bedeutung: „ich will sie
stark machen, und sie werden Mut bekommen"
(Sach 10, 6f.), ebenso: „ich will sie stark machen
in JHWH, damit sie in seinem Namen wandeln"
(10, 12).

3. *Hitp*: 'sich größer machen als man ist, sich
überheben, hochmütig sein' (Hi 15, 25 mit ʾEl-
šaddai; 36, 9); in beiden Fällen handelt es sich
um die Überhebung gegenüber Gott; beachte im
Zusammenhang damit, daß es der *gæbær* Hiob
ist, der sich Gott gegenüber hochmütig erzeigt –
eine stilistische Feinheit des Verfassers des
Buches; s.u. VI. 2. c). Ferner: 'sich als stark erweisen' (Jes 42, 13 mit עַל im Kampf gegen den
Feind). Im späteren Hebr.: von einer Quelle, die
von sich aus immer stärker wird (Abot 2, 8).

4. *Hiph* לִלְשׁוֹנֵנוּ נַגְבִּיר: „durch unsere Zunge
(durch Zungenfertigkeit) haben wir uns stark
gemacht" (Ps 12, 5). „Ein festes Abkommen mit
der Masse des Volkes treffen" (Dan 9, 27). Das
hiph kommt auch im Text von Sir 39, 34 vor,
am Rande ist jedoch diese Form verbessert und
dem *qal* von 39, 21 angeglichen worden (s.
Smend, Weisheit des Jesus Sirach, hebr. Teil
S. 38).

Das Verb muß bisweilen auch freier übersetzt werden, zumal wenn es bildlich gebraucht wird, was
mehrfach geschieht, nur muß man im Auge behalten,
daß auch bei einer Umschreibung das Moment der
Stärke oder der Überlegenheit immer mitspielt:
'hervortreten', 'eine (die erste) Rolle spielen', 'wichtig sein', 'Bedeutung haben', 'von Nutzen oder ausgezeichnet sein', 'übertreffen', 'den Sieg davontragen'
usw., bes. im späteren Gebrauch (z.B. Sir 36, 27;
39, 21. 34).

III. 1. a) Entsprechend der Grundbedeutung des
Verbs גבר hat das abgeleitete Nomen *gᵉbūrāh* all-

gemein den Sinn von „Stärke", „Kraft", und
zwar zunächst die physische Stärke des Tieres
wie des Menschen, z.B. des Pferdes (Ps 147, 10a),
die in seinen Hinterbeinen, in den Schenkeln
(שׁוֹק) des Mannes liegt, (v. 10b), ferner des Leviathan oder des Drachen (Hi 41, 4, Pl. statt Sing.).
Die physische Stärke ist natürlich eine Gabe
Gottes (Hi 39, 19f.). Auch in Pred 10, 17 ist
gᵉbūrāh im Sinne von kraftvollen Männern zu
verstehen (vgl. Ri 8, 21) im Gegensatz zum
Knabenkönig und seinen schwächlichen Fürsten
(v. 16), die den Tag mit Essen und Trinken beginnen, anstatt ihren Aufgaben nachzugehen.
Das erste Mahl soll kein Trinkgelage (שְׁתִי) sein.
gᵉbūrāh steht hier im Gegensatz zum Trinken
und zur Trunkenheit (vgl. auch Jer 23, 9: ein
gæbær, den der Wein übermannt hat und also
kein richtiger *gæbær* mehr ist), obzwar das Wein-
trinken gelegentlich (aber aus anderen Gründen)
anempfohlen wird (kurz darauf 10, 19, auch
schon 8, 15). Das Deboralied vergleicht das Ergebnis der Gottesliebe mit der Kraftfülle des
Sonnenaufgangs (Ri 5, 31). In besonderem Maße
verkörpert sich *gᵉbūrāh* in einem König (2 Kön
18, 20); im Falle eines Krieges gibt nicht das
bloße Reden, sondern das Planen und die Kriegsmacht den Ausschlag (18, 20; Jes 36, 5). *gᵉbūrāh*
wird auch allgemein formelhaft gebraucht von
den Taten des Königs (1 Kön 16, 27; 22, 46;
2 Kön 10, 34; 13, 8. 12; 14, 15. 28). Die Kriegsmacht ist damit auch das Heer (Jes 3, 25).
gᵉbūrāh ist dann gleichbedeutend mit der kraftvollen oder klugen Durchführung eines Kampfes, mit Siegeskraft oder Sieg im Krieg (Jes 28, 6;
vgl. Pred 9, 11). *qōl ʿᵃnōt gᵉbūrāh* ist dann das
Siegesgeschrei, das Freudengeschrei über den
Sieg, zum Unterschied zu *qōl milḥāmāh*, 'Kriegsgeschrei', oder *qōl ʿᵃnōt ḥᵃlūšāh*, 'Wehgeschrei'
wegen einer Niederlage, oder *qōl ʿannōt* als gewöhnlicher Fest- und Freudenlärm des Singens,
Jubelns und Tanzens (Ex 32, 18f.).

b) Der König ist die Personifizierung der Macht,
und da Gott selbst ein Herr über alle Könige ist,
einschließlich der Oberkönige (aram.: *mælæk
malkajjāʾ* Dan 2, 37. 47; Esr 7, 12), was dann zum
rabbinischen Gottestitel *mælæk malkē hammᵉlā-
kīm* geführt hat, so erstreckt sich seine Königsmacht (Ps 145, 11), die höchste Herrschafts-
macht, auch über alle Geschlechter und Zeiten
(145, 11–13). Sie zeigt sich in seinem ewigen
Herrschertum (Ps 66, 7), in seinen Werken und
machtvollen Taten (מַעֲשִׂים, גְּבוּרוֹת Ps 106, 2;
145, 4; 150, 2 u.ö.), sowie in Recht (מִשְׁפָּט Ps
89, 14; vgl. Jes 42, 1–4), Gerechtigkeit und Güte
(חֶסֶד, טוֹב, צְדָקָה Ps 145, 7. 17 u.ö.; vgl. Ex 20, 6).
Seine *gᵉbūrāh* wird darum kundgetan und besungen (Ps 21, 14; 71, 18; 145, 4). Gottes wunder-
volle Kraft spiegelt sich in seinem Tun wider
(Jes 33, 13) und ist dem Menschen sichtbar in
den Schöpfungswerken, z.B. an den Bergen (Ps

65,7); auch sonstige physische Stärke bei den Lebewesen ist seine Gabe (Hi 39,19ff.). Aus der Tätigkeit des Menschen, der sein Tun in Krieg und Frieden mit der Hand und dem Arm, gewöhnlich dem rechten, verübt, werden die großen Taten Gottes auch auf die Hand (→ יד) oder den Arm (→ זרוע) Gottes übertragen (Ps 89,14). Das Bild „mit starker Hand und ausgestrecktem Arm" ist alt und wird sehr oft besonders von den Taten Gottes für Israel, entweder einzeln oder zusammen, oder mit vertauschten Adjektiven, gebraucht (z.B. Ex 3,19; 6,1; Deut 4, 34; 5,15; 6, 21; 7, 8; 9, 26; 11, 2; 26, 8; 34,12; Jer 21, 5; 32, 21 usw.). Zu erwähnen ist hier auch der Ausdruck *tā'oz jādᵉkā, tārūm jᵉmīnækā* in Ps 89,14, wo auch „der starke Arm" mit *zᵉrōa' 'im gᵉbūrāh* wiedergegeben ist. Bei dem Bild von der „starken Hand" ist zu beachten, daß für „stark" nicht die Wurzel גבר, sondern damit gleichbedeutend die Wurzel → חזק Verwendung findet, und zwar als Adjektiv. Auch das Nomen *ḥōzæq* wird in diesem Zusammenhang gebraucht (בחזק יד jedoch nur in Ex 13, 3.14.16). Im übrigen hat jedoch חזק die Wurzel גבר, zumal im Nomen, mit Bezug auf Gott nicht verdrängt, und *gᵉbūrāh* hat sich schließlich als Hauptbezeichnung für die Macht Gottes erhalten, während die Wurzel חזק auf bestimmte Machttaten beschränkt geblieben ist. Weitere häufige Ersatzausdrücke sind *kōaḥ* sowie *'oz* mit verschiedenen Ableitungen.

Das Wort *gᵉbūrāh* hat schon früh eine recht umfassende geistige Bedeutung angenommen, jedoch läßt sich nicht leicht sagen, wann dies geschehen ist. Wie schon angedeutet, wird Gottes *gᵉbūrāh* oft neben Recht und Gerechtigkeit, Gnade und Treue mitgenannt (z.B. Mi 3, 8; Ps 89,14f.). Sie ist ebenso auch mit Gottes Geist, Einsicht und Wissen, Rat und Verständnis verbunden (Jes 11, 2; Hi 12,13; Spr 8,14; Sir 42, 21), wobei alle diese Eigenschaften in seiner *gᵉbūrāh* aktiviert und durchgeführt sind, denn ohne sie wären sie alle nur theoretisch vorhanden.

Für eine allgemeine Gesamtdarstellung der Aussagen über Macht (Kraft, Stärke, Gewalt) Gottes im AT hat man natürlich nicht nur *gᵉbūrāh*, sondern auch alle sinnverwandten Wurzeln und deren Ableitungen sowie sonstige Umschreibungen seiner Macht heranzuziehen. Vgl. die unvollständigen und nicht sehr übersichtlichen Ausführungen Grundmanns über die Kraftvorstellungen im AT und im Spätjudentum: ThWNT II 292–300; ferner Biard.

c) Der Name Gottes JHWH wird erst groß in seiner *gᵉbūrāh* (Jer 10, 6; vgl. z.B. ferner → *gᵉdullāh* neben *gᵉbūrāh* 1 Chr 29,11 oder *godæl* neben *jādᵉkā haḥᵃzāqāh* und der am Schluß zusammenfassenden *gᵉbūrāh* Deut 3, 24; vgl. 11, 2). Auch sonst wird gelegentlich der Name JHWH mit seiner *gᵉbūrāh*, mit welcher er Himmel und Erde geschaffen hat und die gleichzeitig mit seiner Gerechtigkeit und Rechtschaffung usw. verbunden ist, in enge Beziehung gebracht (vgl. Ps 89,12–15). In seinem Namen hilft Gott und in seiner Stärke schafft er Recht (Ps 54, 3); der Name Gottes und seine *gᵉbūrāh* sind gleichwertig parallel. Gott selbst spricht: „Ich will ihnen meine Hand und meine *gᵉbūrāh* zeigen und sie werden erfahren, daß mein Name JHWH ist" (Jer 16, 21). Gott zeigt seine Macht in seinen Heilstaten; auch hier liegt sie in seinem Namen (Ps 20,7f.). Der Name Gottes wird mit seiner *gᵉbūrāh* identifiziert.

Es darf daher nicht Wunder nehmen, wenn in der rabbinischen Epoche, als der Name JHWH nicht mehr ausgesprochen wurde, das Wort *gᵉbūrāh* neben anderen Bezeichnungen auch als Ersatz für den Eigennamen Gottes gedient hat, denn damit konnte der Name und die Person Gottes, der alle großen Attribute hat, der auch der Herr und Herrscher über alle Menschen und das von ihm geschaffene All ist und seine Herrschaft zu allen Zeiten ausgeübt hat und ausüben wird, am besten ausgedrückt werden. Das uns bekannteste Beispiel für den Gebrauch von *gᵉbūrāh* (= δύναμις) als Gottesbezeichnung findet sich im NT. Jesus gebraucht den Ausdruck in dem Verhör vor Kaiphas (Mt 26, 24 u. Parall.), und es dürfte kein Zufall sein, daß Jesus gerade an die höchste Macht denkt, zu deren Rechten er sitzen wird, da sie ihm auch die Vollmacht gibt (ἐξουσία Mt 28,18); irgendeiner von den anderen Ersatznamen, deren es viele gab, hätte das Faktum von Jesu Vollmacht zweifellos nicht so deutlich gemacht. Jesu „Lästerung" bestand also nicht im Aussprechen des Gottesnamens, sondern darin, daß er sich Gott und seiner Macht gleichgesetzt hat. Die rabbinische Literatur gibt zahlreiche Beispiele für den Gebrauch von *gᵉbūrāh* als Gottesbezeichnung. (Grundmann 298 zitiert nur zwei aram. Stellen aus den Targumim; die Angabe der ersten muß heißen TJerušalmi Deut 33, 27, die andere Stelle ist unzureichend, da auch TJer 16,14f. zur Erklärung von Lk 22, 69 hätte angeführt werden müssen.) Die folgende Auswahl rabbinischer Zitate möge genügen: *mippī haggᵉbūrāh* SNum 15, 31 (§ 112); Šabb 88b; Erub 54b; Jeb 105b; Meg 31b; Hor 8a; ARN 37; *lipnē haggᵉbūrāh* Šabb 87a; *ligᵉbūrāh* Soṭa 37a; ARN 35; *bigᵉbūrāh* Taan 2a (mit besonderer Betonung der Kraft Gottes). Noch eine weitere Stelle muß hier erwähnt werden. Da Gott die Welt vermöge seiner *gᵉbūrāh* erschaffen hat (die Schöpfung gehört auch zu seinen *gᵉbūrōt*), und da seine *gᵉbūrāh* mit seinem Namen JHWH gleichbedeutend ist, so kamen die Rabbinen später zu der Aussage, daß Gott sie durch oder mit seinem Namen geschaffen hat (Men 29b, rabbin. Erklärung von Jes 26, 4). – Allerdings taucht der in 2 Pt 1,3 gebrauchte Ausdruck θεῖα δύναμις, die in dem Menschen wirkende göttliche Kraft (im NT sonst oft δύναμις θεοῦ = *gᵉbūrat JHWH* im AT) bereits bei Plato auf (Leg. 3,11, 691e) und wird dann auch im gleichen Sinne im Aristeas-Brief (§§ 157, 236, 252) weiter verwendet; daneben finden wir aber auch θεοῦ δυναστεία (§§ 132, 141, 194), wie in der LXX, nicht im NT. Von religionsgeschichtlichem Interesse wäre die Frage, wie es kommt, daß δύναμις in der LXX meistens die Wörter *ḥajil* und *ṣābāʾ* wiedergibt, aber nur selten *gᵉbūrāh*, das gewöhnlich mit δυναστεία übersetzt wird. Die Gleichsetzung von *gᵉbūrāh* mit δύναμις gehört anscheinend einer späteren Zeit an. Philo bezeichnet Gott einfach mit δύναμις (Det. Pot. ins. 83; ferner Vita Mosis 1,111; Mut. Nom. 29), begleitet das Wort aber jedesmal mit einem näher beschreibenden Adjektiv wie θεῖα, ἡ ἀνωτάτω καὶ μεγίστη oder ἡ ποιητική, da der griech. Leser sonst nicht verstanden hätte, was für eine δύναμις er meint.

d) Auch der Mensch, der von Gott nach seinem Bilde geschaffen ist, hat seine *gᵉbūrāh* von Gott und zwar, wie wir gesehen haben, zunächst in seiner physischen Kraft. Aber wie der Begriff von Gottes *gᵉbūrāh* schließlich auch die geistigen Qualitäten, die er in höchstem Maße besitzt, einbezieht und umfaßt, so nimmt auch der Mensch als Gottesgeschöpf Teil an seiner Macht (vgl. Ps 8, 6–10). In der Zeit der Weisheitsliteratur gilt natürlich die Weisheit als eine Art Oberbegriff, in welchem andere Qualitäten summiert sind. Eine reichhaltige Übersicht über alles, was die Weisheit einschließt, findet sich in den Sprüchen (8,12–21); in ihnen sind nicht nur materielle Gewinne aufgeführt, sondern auch die geistigen Eigenschaften, die der Begriff *gᵉbūrāh* in sich aufgenommen hat, darunter auch die Weisheit (→ חכמה) als Emanation Gottes selbst. Sie war schon ganz am Anfang im All und war bei der Schöpfung dabei (vgl. Gen 1, 2 mit Spr 8, 27f.). Alle Kraft hat danach ihre Wurzel in der Weisheit. Gott hat sie bereits vor der sichtbaren Schöpfung des Alls und des Menschen in die Welt gebracht, und sie wird darum auch dem Menschen ans Herz gelegt. Die Weisheit ist besser und mehr wert als bloße physische Stärke (Pred 9,16a), denn die Weisheit ist Stärke schlechthin. Der Mensch muß jedoch eingedenk bleiben, daß die Weisheit selbst, wo sie dem Menschen mitgeteilt ist, von Gott kommt (Sir 1,1). Damit wird die Abhängigkeit des Menschen von Gott unterstrichen. Was ist nun die entscheidende Hauptpflicht des Menschen aufgrund dieser Erkenntnis? Um des Geschenkes der Weisheit (Sir 1,10b) teilhaftig zu werden, ist Gottesfurcht die unerläßliche Grundbedingung und die Grundforderung an den Menschen. Die Furcht Gottes ist der Weisheit Anfang (Sir 1,12), sie ist die Wurzel (v.18) und die Krone der Weisheit (v.16); sie führt dann zur Liebe Gottes, was herrliche Weisheit selbst ist (v. 8b).
In einer Aufzählung von geistigen Qualitäten wie Weisheit, Rat und Verständnis erscheint die *gᵉbūrāh* in ihrer Mitte (Hi 12,13). In einer anderen Liste (Jes 11, 2) finden wir: Geist Gottes, Geist der Weisheit und der Einsicht, Geist des Rates und der Kraft (*gᵉbūrāh*), Geist der Erkenntnis und – die Gottesfurcht. Gerade an dieser hat Gott Wohlgefallen (v. 3). Auch nicht am physisch Starken hat er seine besondere Freude, sondern an denen, die ihn fürchten und auf seine Gnade warten (Ps 147,10f.). Im Stillsein, auf Gott vertrauen, darin liegt die Kraft des Menschen (seine *gᵉbūrāh*), nicht im Verlassen auf materielle Güter (Jes 30,15f.). Die Gottesfurcht, welche den Gehorsam gegenüber seinen Geboten einbezieht, beschließt die Reihe der geistigen Eigenschaften, welche dem Menschen den richtigen Weg weisen (vgl. Jer 9,12f.). Der Begriff *gᵉbūrāh* ist damit aus der physischen Sphäre herausgezogen und vergeistigt worden. Eine ähnliche Wandlung hat auch der Begriff *gæbær* durchgemacht (s.u. VI. 2.). Im Anschluß an diese theologische Wendung erscheint das Wort auch im aram. Teil des Buches Daniel (2, 20. 23) *gᵉbūrtāʾ* unmittelbar nach *ḥŏkmᵉtāʾ*: Gott besitzt sie und gibt sie Daniel.
2. Der Pl. *gᵉbūrōt* hat seine ursprüngliche Bedeutung, 'Machttaten, Sieges- und Heilstaten' behalten. Das Wort kommt in der Bibel 11mal vor (Deut 3, 24; Jes 63,15; Ps 20,7; 71,16; 90,10; 106, 2; 145, 4.12; 150, 2; Hi 26,14; 41, 4; vgl. ferner Sir 38, 6; 42,17; 43, 29). Alle sprechen von den großen Taten Gottes, ausgenommen in Ps 90,10, wo *gᵉbūrōt* in profanem Sinne gebraucht wird und das hohe Greisenalter bezeichnet. Eine zweite Ausnahme (Hi 41, 4) ist unter III.1.a erwähnt worden (vgl. Sir 43, 25, vom Walfisch?). Die Machttaten Gottes sind zunächst seine Schöpfungswerke, dann aber auch seine Taten dem Menschen gegenüber, und zwar die Taten in der Vergangenheit, zumal der Auszug aus Ägypten, und die weiteren Heils- und Rettungstaten, die auch für die Zukunft erwartet werden. Die *gᵉbūrōt*, die Gott in der Vergangenheit getan hat, werden verkündet und gepriesen, wie dies auch schon aus den besonders zahlreichen Psalmenstellen zu erwarten ist. Und wenn Gott einmal für das Volk nichts zu tun scheint, so wird er an seine *gᵉbūrōt* von früher erinnert (Jes 63,15ff.). Bisweilen werden die großen Taten Gottes, wo das Wort *gᵉbūrōt* nicht auftritt, auch als Wundertaten (*niplāʾōt* → פלא, → *mōpᵉtīm*) gekennzeichnet (z.B. Ex 3, 20; Ri 6,13; Ps 9, 2–4; 71,16–18; 105, 4–6, insbesondere das Schöpfungswerk, aber nicht nur dieses, Ps 136, 4ff.).

IV. *gᵉbīr* erscheint nur zweimal im AT, und zwar in dem Segen Isaaks für Jakob (Gen 27, 29. 37). Die Übersetzer geben das Wort gewöhnlich mit 'Herr (Herrscher)' wieder. Was es in Wirklichkeit beinhaltet, geht aus dem Kontext hervor. Esau, der Erstgeborene, hat sein Erstgeburtsrecht an Jakob verspielt, der nun den Erstgeburtssegen vom Vater bekommt. Jakob ist damit nach Isaak das Oberhaupt der Familie geworden, dem die Brüder nach dem geltenden Familienrecht Achtung und Gehorsam zollen müssen, was auch diverse Dienste einschließt (beachte die erklärenden Worte: *jištaḥ^a^wū* und *ja'abdū*). Von diesem Joch, unter welchem er seinem Bruder zum Gehorsam verpflichtet ist, wird sich Esau aber nach des Vaters Segen über Esau freimachen können.

g^e^bīrāh (vgl. Molin 161f., Donner, Ahlström 61–85) ist die Bezeichnung, die eine Frau gegenüber einem Mädchen trägt, das zu ihr in einem Dienstverhältnis steht, mit welcher die Frau auch angeredet wird, wie Hagar gegenüber Sarai (Gen 16, 4. 8. 9) oder das junge israelitische Mädchen gegenüber der Frau Naamans (2 Kön 5, 3; weitere allgemeine Belege finden sich Jes 24, 2; Ps 123, 2; Spr 30, 23). *g^e^bīrāh* dient dann auch als Hoheitstitel der (äg.) Königin (de Vaux, Lebensordnungen I 180), d.h., der Frau des Königs (1 Kön 11,19), sowie auch der Mutter des Königs (1 Kön 15,13 = 2Chr 15,16; 2 Kön 10,13; Jer 13,18; 29, 2, vgl. Ahlström). Übertragen wird es auch von der Stadt Babylon gebraucht, die sich die Herrin der Königreiche nannte (Jes 47, 5. 7, *g^e^bæræt*).

V. 1. *gibbōr*, mit Verdoppelung des mittleren Radikals, ist eine Intensivform (BLe 479j) und bedeutet daher eine besonders starke oder mächtige Person, die große Taten vollführt, vollführen kann oder ausgeführt hat, und die darin andere überragt. Die gewöhnliche Übersetzung ist daher 'Held', besonders im Waffenhandwerk. Grundsätzlich kann es aber ebenso auch im weiteren Sinne mit Bezug auf jedes besondere Maß von physischer Macht, Kraft, Gewalt und Pracht („Herrlichkeit") verwandt werden, z.B. auf den Löwen, welcher der kraftvollste Vertreter des Tierreiches ist (Spr 30, 30), oder die Sonne, die wie ein *gibbōr* ihre Bahn durchläuft (Ps 19, 6; vgl. Ri 5, 31). Auch das Geschlecht der Riesen, die Kinder der „Göttersöhne", die sie mit den schönen Menschentöchtern zeugten, waren *gibbōrīm* und „Männer von Namen", die gewaltige Taten vollbrachten (Gen 6, 4). Jeder, der ganz besonders bedeutend oder gewaltig ist auf irgendeinem Gebiet, ist ein *gibbōr*, wie z.B. Nimrod, „ein gewaltiger Jäger vor dem Herrn" (Gen 10, 9), der aber auch außerdem ein *gibbōr* auf Erden ist (v. 8). Sogar einer, der ein großer Trinker ist und sich darin hervortut, wird auch einmal, allerdings ironisch, in einem Wehespruch ein *gibbōr* im Trinken genannt, ein איש חיל im Mischen von Rauschgetränken (Jes 5, 22). Ein *gibbōr* kann auch ein Gewaltmensch und Übeltäter sein (Ps 52, 3–5; 120, 2–4), was aber nach der Auffassung der Psalmen nicht für den wahren *gibbōr* paßt. Bisweilen dient *gibbōr* auch zur Bezeichnung des Vornehmsten und führenden Mannes in einem offiziellen Beruf; so z.B. heißen die Haupthüter der Tore Jerusalems *gibbōrē hašše'ārīm* (1 Chr 9, 26); sicher waren sie gleichzeitig auch anerkannt tüchtige Männer (1 Chr 26, 6).

Mehrfach findet sich bei *gibbōr* auch die Genitivergänzung *ḥajil*. Bisweilen ist es schwierig, den richtigen Sinn für *gibbōr ḥajil* zu finden, da das Wort → חיל verschiedene Inhalte haben kann; es kann bedeuten: Stärke (allgemein, Krieger, Heeresmacht), Tüchtigkeit (im Krieg und im Beruf), Vermögen (Besitz), aber manchmal ergibt sich die Bedeutung aus dem Zusammenhang. Ein *gibbōr ḥajil* kann daher ein vermögender Mann sein (1 Sam 9,1; 2 Kön 15, 20), ein wohlhabender Grundbesitzer (Ruth 2,1), ein in jeder Beziehung tüchtiger Mann, besonders bei der Arbeit (Jerobeam 1 Kön 11, 28). In der Liste von den Familien, die sich unter Nehemia in Jerusalem ansiedelten, werden manche *gibbōrē ḥajil* genannt; einige Übersetzer sehen in ihnen „tüchtige Männer", andere „wehrfähige Männer" (Neh 11,14; 11, 6 hat in diesem Zusammenhang *'anšē* statt *gibborē*; 11, 8 hat den unverständlichen Ausdruck *gabbaj sallaj*, der wohl *gibbōrē ḥajil* zu lesen sein wird); wahrscheinlich darf man diese wohl in beiderlei Sinn verstehen.

Die weitaus häufigste Anwendung findet das Wort *gibbōr* im Kriegshandwerk, zunächst als Bezeichnung für den Krieger schlechthin, für den wehrpflichtigen oder waffenfähigen, sowie auch für den kampfgeübten Mann, der sich bereits durch Heldentaten ausgezeichnet hat; und zwar findet sich das Wort entweder allein (1 Sam 2, 4; Jer 46,12; 51, 30; Hos 10,13; Am 2,14; Zeph 1,14; Pred 9,11 u.ö.) oder erweitert mit ähnlichen Ausdrücken wie *'īš gibbōr* (1 Sam 14, 52), *gibbōr(ē) (ha-)ḥajil* oder *ḥ^a^jālīm* (Jos 1,14; 8, 3; 10,7; Ri 6,12; 11,1; 1 Chr 7, 5; 2 Chr 13, 3; 14,7); *gibbōr milḥāmāh* mit *'īš baḥūr* (2 Chr 13, 3) oder anderen synonymen Hinzufügungen wie *gibbōr maśkīl* (Jer 50, 9); *'am ('īš) (ham-) milḥāmāh* (Jos 8, 3; 10, 7; Ez 39, 20); *'anšē ḥajil lammilḥāmāh* (Jer 48,14) u.ä. Das aram. *gibbārā'* tritt in der Bibel nur einmal auf (Dan 3, 20). Der ganze Ausdruck *gibbārē ḥajil dī b^e^ḥajleh* besagt dort aber kaum mehr als „kräftige Männer in seinem Heer". Von allen Ableitungen von der Wurzel *gbr* ist *gibbōr* am häufigsten belegt; da die meisten Stellen sich auf das Kriegshandwerk beziehen, so zeigt dies deutlich, wie sehr Kriege im Lebensmittelpunkt des alten Israel standen.

2. Zu einer besonderen Gruppe von *gibbōrīm* gehören die „Helden Davids", von denen mehrfach die Rede ist (vgl. de Vaux, Lebensordnungen II 19f.; Mazar 301f.). Ein Teil von ihnen bildete gleichzeitig auch die Leibwache des Königs (משמעת 2 Sam 23, 23). Diese muß aus besonders starken und kräftigen Männern bestanden haben, welche – auch „Krethi und Plethi" genannt – aus den Kretern und Philistern (2 Sam 8, 18; ggl. 15, 18; 23, 23) genommen wurden, die

wohl höher und kräftiger im Wuchs waren als die Israeliten. Als Leibwache waren sie im *bēt haggibbōrīm*, 'Haus der Helden', untergebracht, das aber erst Neh 3,16 als in der Stadt Davids gelegen Erwähnung findet. Im Kriege waren sie die hervorragendsten Kämpfer (vgl. 2 Sam 10,7). Außer dieser Leibwache treten aber noch andere „Helden" auf, bei denen das Wort fast den Wert eines Titels oder Ranges hat. Es werden zunächst „die Drei" genannt (2 Sam 23, 8–12), die zu „den Dreißig" gehören. Danach werden die Heldentaten von zwei weiteren berichtet; der eine war das Haupt „der Dreißig", der andere das Haupt der Leibwache (23,18–23). Schließlich werden „die Dreißig" mit Namen aufgezählt (23, 24–39; die Liste hat aber 31 Namen, nicht 30, und zusammen sollen es 37 sein (v. 39), es sind aber im ganzen nur 36 (abweichende Angaben in 1 Chr 11,10–47; 27, 6). Alle werden „Helden" genannt (1 Chr 11, 26). Das HL weiß zu berichten, daß der König Salomo eine Leibwache von „60 Helden aus den Helden Israels" hatte (HL 3,7). Die „Helden Davids" werden noch im Erbfolgestreit als Parteigänger Salomos erwähnt (1 Kön 1, 8.10; 1 Chr 29, 24).

Es ist durchaus wahrscheinlich, daß David sich selbst für einen „Helden" hielt, zumindest war er im Volke angesehen wie ein „Held" (vgl. 1 Sam 17, 4ff.; 18, 6f.14–16). In einem Bericht wird bereits der junge David schon גבור חיל und Kriegsmann genannt (1 Sam 16,18). Am Ende des 2. Samuel-Buches befindet sich als Nachtrag ein Dank- und Siegeslied Davids an JHWH, daß er ihn aus der Hand aller seiner Feinde errettet hat, und darin heißt es (2 Sam 22, 26): „... mit dem vollkommenen (aufrichtigen) *gibbōr* geht er aufrichtig um." David spricht in diesem Lied ganz und gar von sich selbst.

Nun ist aber dieses Lied Davids in den Psalter aufgenommen worden (Ps 18), wo nun das Wort *gibbōr* durch das Wort *gæbær* ersetzt ist. Dies dürfte kein Schreibfehler sein. Obzwar das Lied in der Psalmensammlung auch mit dem Verfassernamen David versehen ist, so dient doch die Psalmensammlung im wesentlichen keinem historischen Zweck, sondern der Erbauung des einzelnen und der Gemeinde. Der Durchschnittsmensch in der Gemeinde ist ja wohl kaum ein *gibbōr*, aber er kann immer ein *gæbær* sein, obzwar das Wort *gibbōr* auch im geistigen Sinne Verwendung gefunden hat, so hat doch das Wort *gæbær* mit geistigem Inhalt in den Psalmen diese Stellung ganz übernommen (s.u.). Es muß hier auch darauf hingewiesen werden, daß David in der Überschrift zu den „letzten Worten" auch nur *gæbær* genannt wird (2 Sam 23,1), allerdings in einer alten übernommenen Formel (*n*e*'ūm haggæbær*, s. VI.2.a).

3. Gottes Engel werden *gibbōrē kōaḥ*, 'Helden von Kraft' genannt, weil sie Gottes Wort tun und seinen Befehl ausführen (Ps 103, 20, par. מלאכיו, vgl. 1QH VIII 11; X 33f.). So wird dann auch das Gericht Gottes von diesen Helden vollzogen (Jo 4,11), nachdem die Heiden aufgefordert werden, alle ihre Kriegshelden in die Schlacht im Tal Josaphat zu führen. Hier hat das Wort *gibbōr* noch deutlich die realistisch-kriegerische Bedeutung, wie sie auch dem Oberbefehlshaber *JHWH ṣ*e*bā'ōt* zukommt (Jer 32,18). Gott selbst kämpft mit seinen Heerscharen auf Israels Seite gegen Israels Feinde und rächt deren Missetaten, die sie an Israel verübt haben. Er hat auch einzelne Engel für besondere Aktionen zu seiner Verfügung. Er befindet sich im Besitze einer unvergleichbaren Macht, und er hat auch die kriegerische Macht in höchstem Maße inne. Er ist der *gibbōr* schlechthin. Er geht nicht nur aus zum Kampf wie ein *gibbōr*, feuert selbst den Kampfeifer an, stößt das Kriegsgeschrei aus und ist stärker (*jitgabbar*) als seine Feinde (Jes 42,13), sondern er ist auch in der Tat ein Kriegsheld, wie z.B. der Psalmist die Torhüter zur siegreichen Heimkehr des Ehrenkönigs aufruft (Ps 24,7–10): „... es ist JHWH *'izzūz w*e*gibbōr*, stark und mächtig, JHWH, ein *gibbōr milḥāmāh*, ein Kriegsheld." In Zeiten des Abfalls wird darum Israel aufgefordert, zum *'El gibbōr* umzukehren (Jes 10, 21). Die Bezeichnung *'El gibbōr* findet sich einige Male in der Bibel; das Epitheton *gibbōr* ist, grammatisch gesehen, hier adjektivisch gebraucht, und es haben sich bisweilen auch andere Adjektive hinzugesellt: *hā 'El haggādōl haggibbōr w*e*hannōrā'*, der der Gott der Götter und der Herr der Herren ist (Deut 10,17). Dieselbe Formel mit den drei Attributen tritt auch in dem großen Bußgebet nach der Gesetzesvorlesung unter Esra auf (Neh 9, 32). Bisweilen wird das letzte Adjektiv ausgelassen (Jer 32,18, dafür gleichbedeutend *JHWH Ṣ*e*bā'ōt*), bisweilen das mittlere Wort *gibbōr* (Deut 7, 21; Neh 1, 5; Dan 9, 4) und bisweilen die letzten beiden (Ps 77,14; 95, 3), aber immer bezieht sich die Aussage auf die große Kraft Gottes und seine Wunder- und Heilstaten, denn JHWH ist für sein Volk ein heilbringender *gibbōr* (Zeph 3,17).

4. *'El gibbōr* hat aber noch in einem anderen Zusammenhang Anwendung gefunden, nämlich als eine von den besonderen Auszeichnungen des kommenden Herrschers aus dem Hause Davids (Jes 9, 5). Die christliche Theologie hat darunter eine Weissagung auf ihren Messias verstanden, nicht zuletzt auch gerade wegen des Ausdruckes *'El gibbōr*, den man wohl mit Bezug auf einen menschlichen König für unpassend hielt. Er bedeutet, wie die anderen genannten Attribute, eine außergewöhnliche Qualitätsbezeichnung des neuen von Gott zu schaffenden Königtums, wie es noch nie dagewesen ist (v. 6). In der Tat ist der Ausdruck kaum mit „göttlicher Held" oder „Held Gottes" korrekt zu übersetzen, vielmehr ist er ein besonderer Titel, der dem unvergleichlichen kommenden König gegeben wird (vgl. Ps

2, 6–8; 89, bes. v. 20ff.; 110; zum Gesamtproblem s. Henri Frankfort, Kingship and the Gods, Chicago 1948; weitere Lit. bei H. Wildberger, BK X 362f. 382f.). Die Qualitäten, die mit diesen Ausdrücken aufgezählt werden, sind Gottes Prärogative und gehören zu seiner *g^e^būrāh*, die dem Namen Gottes gleichgesetzt wird. Der kommende König hat wunderbaren Rat (mit aller Einsicht und Erkenntnis), er wird Recht und Gerechtigkeit in einem ewigen Friedensreich üben. Gott selbst ist es, der dies will, und so wird der kommende König in und mit Gottes Namen herrschen (Jes 9, 6; vgl. 10, 20f.).

5. Eine Absage an alles, was in physischem oder sonst augenscheinlichem Sinne *gibbōr* genannt wird, findet sich beim Propheten Jeremia. Man soll sich nicht, wenn man ein *gibbōr* ist, seiner *g^e^būrāh* rühmen, und nicht seines Reichtums, auch nicht seiner eigenen Weisheit, sondern dessen, daß man Einsicht und Erkenntnis Gottes besitzt, der allein Gnade, Recht und Gerechtigkeit auf Erden übt. Daran hat Gott Wohlgefallen (Jer 9, 22f.). Darum wird der, der Gottesfurcht hat, Gottes Gebote achtet und sie gern erfüllt, glücklich gepriesen; Gottes Segnungen, die nicht zuletzt auch im Wohlstand bestehen, ruhen auf ihm. Der Segen Gottes erstreckt sich auch auf die Nachkommenschaft dieses Hauses, es ist ein Geschlecht der redlichen und geraden Menschen, das in Wahrheit den Namen *gibbōr* verdient (Ps 112). Hier ist eine starke Umbiegung des alten Begriffes *gibbōr* ins Geistige vor sich gegangen, wie sie eben auch mit *g^e^būrāh* und, wie wir noch sehen werden, mit *gæbær* geschehen ist. Der Ton liegt nicht mehr auf Physischem und Materiellem. Jedoch gibt es für eine solche mehr geistige Auffassung des Begriffes *gibbōr* im AT nur sehr wenige Hinweise, und die großen Taten des *gibbōr* blieben auch weiterhin im Vordergrund.

VI. 1. Ein *gæbær* ist weniger als ein *gibbōr*, was schon formal dadurch zum Ausdruck kommt, daß es in der einfachen, nicht in der Intensivform steht. Doch bedeutet *gæbær* auch nicht einfach ein Mensch, → אדם oder → אנוש, beide an sich ohne Geschlechtsangabe, auch nicht allgemein ein Mann, wofür das Hebr. des AT das Wort → איש hat. Im Aram. ist das Wort איש weithin bekannt, findet sich jedoch nicht im Bibl.-Aram.; dafür hat es das auch sonst im Aram. verbreitete *g^e^bar*, welches jedoch wie איש im Hebr. eben nur 'Mann' bedeutet (Esr 4, 21; 5, 4.10; 6, 8). Auch das Wort *gæbær* enthält natürlich das Element der Stärke, zunächst in einem allgemeinen Sinn. Ein *gæbær* ohne Kraft ist ein Widerspruch in sich selbst und ist schon so gut wie tot (Ps 88, 5f.). Ebenso ist auch ein betrunkener *gæbær* eine armselige Kreatur (Jer 23, 9). Nur einmal wird das Wort auf ein neugeborenes (männliches) Kind angewendet (Hi 3, 3), doch ist dies ein Kind mit besonderer Zukunft (s. u. VI. 2. c). Abgesehen von dieser einzigen Ausnahme sind die *g^e^bārīm* immer erwachsene Männer; Kinder zählen nicht mit ihnen (Ex 12, 37), und natürlich auch nicht die Frauen. Sie werden gesondert genannt (Jer 43, 6; 44, 20). Aber ein *gæbær* wird mit einem Weib verglichen, wenn er ein hilfloser Mensch ist und sich wie ein Weib benimmt und die Hände auf seine Lenden legt wie eine Gebärende und blaß-grün wird (Jer 30, 6). Wenn David die Leviten mustert, so werden die Männer von 30 und mehr Jahren *g^e^bārīm* genannt; wahrscheinlich sind sie auch die wichtigeren Männer aus den levitischen Familien (1 Chr 23, 3; vgl. 24, 4 und 26, 12); die jüngeren diensttuenden Leviten über 20 Jahre werden im gleichen Kapitel (23, 24. 27) noch nicht *g^e^bārīm* genannt. Im Heeresdienst heißen die jüngeren Leute, wahrscheinlich von 20 Jahren und darüber, *baḥūrīm* (Jer 49, 26; 50, 30 u.ö.). Es ist jedoch wichtig, daß ein Mann, auch wenn er jung ist, Frau und Kinder hat. Hat er keine Kinder, so wird er als kinderlos bezeichnet; Kinderlosigkeit gilt als ein schlechtes Omen: ein Mann kann kein *gæbær* sein – und es wird ihm im Leben nichts gelingen (Jer 22, 30) –, wenn er nicht auch im Kinderzeugen seinen Mann stellt; diese Fähigkeit ist von Anfang an ein wesentlicher Inhalt des Begriffes *gæbær*, der auch später niemals verlorengegangen ist. So kommt der Begriff *gæbær* dem Ausdruck → *zākār* sehr nahe. Jeremia prophezeit (31, 21), daß Gott etwas Neues auf Erden schaffen wird: „ein Weib, *n^e^qēbāh*, umwirbt (heftet sich an) einen *gæbær*". Die Stelle hat natürlich einen bildlichen Sinn, aber sie bezieht sich offensichtlich auf die Schöpfungsgeschichte des Menschen (Gen 1, 27f.), nach welcher Gott den Menschen als *zākār* und *n^e^qēbāh* geschaffen hat. Das Wort *n^e^qēbāh* bezieht sich direkt auf die geschlechtliche Aufgabe des Weibes, selbst wenn der Befehl Gottes zur Fortpflanzung nicht unmittelbar folgen würde. Nur gebraucht Jeremia das Wort *gæbær* für die männliche Person, nicht *zākār*, aber gelegentlich setzt er diese beiden Wörter parallel und gleichbedeutend nebeneinander (Jer 30, 6!). Etwas derber noch ist eine Stelle im Deboralied (Ri 5, 30: „Einen oder zwei *uteri* für jeden *gæbær*"). KBL entschuldigt die Derbheit damit, daß es Soldatensprache sei; das hinderte aber Debora nicht, das Lied mitsamt diesem Ausspruch, welcher der Mutter des Sisera und ihren weisen Edelfrauen in den Mund gelegt wird, zu singen (5, 1. 28f.).

Diesen sexuellen Nebensinn scheint das Wort *gæbær* schon seit den ältesten Zeiten gehabt und auch immer behalten zu haben, denn im rabbinischen Hebräisch ist es das übliche Wort für ein (kräftiges) *membrum virile*. Es wird weiter auch nicht mehr als das Wort für „Mann" verwendet, sondern es dient nur noch zur Bezeichnung des „Hahnes". Ein „Mann" ist dann in diesem späteren Hebräisch immer nur *'îš*, auch ein starker oder mutiger Mann, ähnlich wie wir das Wort „Mann" auch im Deutschen gebrauchen können. Der gleiche sexuelle Nebensinn des Wortes findet sich auch in der aram. Intensivform *gibbārā'*.

2. a) Im AT wird das Wort *gæbær* vielfach auch ohne Einbeziehung physischer Stärke oder der Manneskraft gebraucht, nämlich in bezug auf einen Mann, der in einem besonderen Verhältnis zu Gott steht. Das älteste Beispiel ist Bileam, der sich schlechthin als *gæbær* einführt und seine Rede mit *n^e'ūm haggæbær*, „Spruch (oder Orakel) des *gæbær*" beginnt (Num 24, 3f. und 15f.). Der Ausspruch ist aber in diesen Fällen nicht sein eigener, sondern Bileam bemerkt von sich ausdrücklich, daß er ein offenes (inneres) Auge oder ein geschlossenes (äußeres) Auge habe (s. hierüber die Wörterbücher), und daß er die Worte Gottes hört und schaut, weil er das Wissen des Höchsten hat. Die hebr. Propheten benützen diese Formel nicht, sie begnügen sich mit einem einfachen *n^e'ūm JHWH*. Die alte Formel findet sich jedoch noch einmal bei David, dessen letzte Worte mit *n^e'ūm Dāwid* und *n^e'ūm haggæbær* eingeführt werden (2 Sam 23,1ff.). Auch hier beginnt David mit der Bemerkung, daß der Geist JHWHs in ihm gesprochen hat und daß sein (Gottes) Wort auf seiner Zunge liegt (= aus Davids Munde kommt). David ist bereits ein alter Mann und Bileam wird auch nicht mehr jung gewesen sein; beide verkünden Gottes Wissen, wie auch sonst im AT die Formel *n^e'ūm JHWH* ausschließlich Gottes Orakel einleitet. Das dritte und letzte Beispiel findet sich in den Sprüchen (30,1), wo der *gæbær* wahrscheinlich ein alter Weiser ist und den Namen Agur trägt. Er berichtet über sich, daß er sich abgemüht habe und total erschöpft ist; er muß feststellen, daß er ein Dummkopf (oder Vieh) ist, kein Mensch, denn er hat von sich aus keine Einsicht, keine Weisheit gelernt, er hat kein göttliches Wissen und stellt zum Beweise der Unmöglichkeit, solches Wissen zu erlangen, einige Fragen, die kein Mensch beantworten kann. Aber er weist auf Gottes Aussagen hin, die Bestand haben, zu denen man von sich aus nichts hinzuzufügen braucht. Darin besteht das einzig wahre Wesen eines *gæbær*, das ein jeder erlangen kann, indem es zu einfachem Gottvertrauen führt (v. 5f.).

b) Das Wort *gæbær* bekommt einen weitgehend neuen Sinn: ein Mensch wird *gæbær* genannt, wenn er in einer engen Beziehung zu Gott steht, er hat Gottvertrauen und Gottesfurcht und tut, was Gott von ihm fordert. Die Formel *n^e'ūm haggæbær* im alten Sinne des göttlichen Ausspruches eines Weisen erlischt in der Bibel. Agur wird noch als *gæbær* im herkömmlichen Sinne genannt, aber sein „Wissen" ist nun schon von der neuen Art (vgl. auch Pred 8,1.16f.). Der Psalmist singt aus seiner neuen Erfahrung „ein neues Lied": „Selig ist der *gæbær*, der auf JHWH sein Vertrauen setzt", der Lust daran hat, den Willen Gottes zu tun, bei dem allein Gerechtigkeit, Gnade und Wahrheit ist (Ps 40, 5. 9–12). Um zu verstehen, worum es jetzt geht, ist es nötig, die *gæbær*-Stellen in ihrem Kontext zu sehen. Denselben Gedanken finden wir auch bei Jeremia (17,7) ausgedrückt: dieser *gæbær* ist gesegnet, wo hingegen derjenige, der sich auf Menschen verläßt und sich von JHWH abwendet, verflucht ist (v. 5); der ist nicht der richtige *gæbær*, der sein Herz von JHWH abwendet, er schafft nichts Gutes (v. 5f.). Ebenso werden die Gerechten über diese Art *gæbær* lachen, der sich anstatt auf Gott auf seinen Reichtum und die Stärke seiner Bosheit verläßt (Ps 52, 8–10). Selig der *gæbær*, der sich auf JHWH verläßt und ihn fürchtet (Ps 34, 9f.). Aber auch wohl ihm, den der Herr in seine Zucht nimmt und ihn aus seiner Tora belehrt (Ps 94,12). Im nachexilischen Judentum rückte dann die „Kraft der Tora", *g^ebūrat tōrāh*, mehr und mehr in den Mittelpunkt (s. ThWNT II 298f.). Zwar läßt Gott bisweilen zu, daß der *gæbær* in die Hände von Unterdrückern und ins Elend fällt (Ps 88, 5. 89, 49–52), aber dieser schreit Tag und Nacht zu Gott (88, 4) und weiß, daß er ihm helfen wird. Mit einem vollkommenen *gæbær* handelt auch Gott in vollkommener Weise (Ps 18, 26). Ps 37 beschreibt das Tun der Bösen und der Gerechten; die Bösen werden einmal ausgerottet, aber die Schritte des *gæbær* werden vom Herrn gefestigt; Gott läßt ihn nicht gänzlich fallen, sondern er stützt seine Hand (37, 23f.). In einigen Fällen gebrauchen die Psalmen auch das allgemeine Wort *'îš* anstelle von *gæbær* (z.B. Ps 1, 1), aber das beeinträchtigt die Tatsache keineswegs, daß das Wort *gæbær* nun den klar umrissenen Sinn des gottesfürchtigen und gottvertrauenden Mannes angenommen hat. Alle Stellen in den Psalmen schließen sich leicht zusammen und geben ein einwandfreies Bild des rechten Mannes vor Gott. Noch zwei Stellen verdienen eine kurze Betrachtung, und zwar in den Ps 127 und 128, die beide zusammengehören. Der erste spricht vom Kindersegen. Söhne sind ein Geschenk Gottes, sie sind wie Pfeile im Köcher eines Kriegshelden (*gibbōr*) – gemeint sind hier besonders die Söhne, die in der Jugendkraft gezeugt sind, und darum wohl dem *gæbær*, der einen vollen Köcher davon hat. *gibbōr* ist bildlich zu verstehen, und *gæbær* nimmt noch einmal Bezug auf die Zeugungskraft seiner Jugend (127, 4f.). Doch der nächste Psalm erklärt sofort diese und weitere Gaben als Segen Gottes für denjenigen *gæbær*, der Gott fürchtet und auf seinen Wegen wandelt (128, 1. 4). Viele Psalmen sind voll von Gedanken und Dingen, die den rechten und Gott wohlgefälligen Mann beschreiben, ohne jedoch jedesmal die Bezeichnung *gæbær* zu verwenden.

Das Buch der Sprüche hat eine Anzahl *gæbær*-Stellen, die aber kein einheitliches Bild geben, denn die Sprüche gehen auf verschiedene Quellen zurück. An den meisten Stellen wird das Wort in einem konkreten Sinn gebraucht, und die Aussagen beruhen auf Erfahrung und Beobachtung (6, 34; 28, 3. 21; 29, 5; 30,19). Die noch verbleibenden drei Stellen sind geistig verstanden (20, 24 = Ps 37, 23; 24, 5; 30,1 *n*e*'ūm haggæbær*).

c) Besonders aufschlußreich für den gewandelten Begriff *gæbær* ist das Buch Hiob, indem es die Problematik des rechten Verhaltens Gott gegenüber aufzeigt und schließlich Antwort gibt auf die Frage, worin sich ein *gæbær* als solcher vor Gott erweist. Das Wort erscheint hier im ganzen 15mal (3, 3. 23; 4,17; 10, 5; 14,10.14; 16, 21; 22, 2; 33,17. 29; 34,7. 9. 34; 38, 3; 40,7). Neben *gæbær* erscheinen im Buche Hiob auch die Bezeichnungen אדם, איש, אנוש, die viel zahlreicher auftreten, und zwar steht das Wort *gæbær* der Gruppe der drei anderen gegenüber. Das Buch Hiob bringt nicht nur die Geschichte der Reinigung Hiobs, sondern gleichzeitig stellt es auch klar, was der *gæbær* ist, bzw. was er nicht ist. Hiob hält sich selbst für einen rechten *gæbær*, zu dem er offenbar von Geburt an bestimmt ist (3, 3); er ist ein Mann, der nach seiner eigenen Aussage von Anfang an und immer ein vollkommenes Leben vor Gott geführt hat, und doch hat ihm Gott so übel mitgespielt. Weshalb soll dann der *gæbær* das Licht der Welt erblicken, wenn seine ganze Existenz so unmöglich gemacht wird, wenn er ohne die Anerkennung Gottes leben muß und keinen Ausblick in die Zukunft hat? Hiobs Freunde nennen ihn nicht *gæbær*, und wenn sie diesen Ausdruck auf Hiob verwenden, so doch nur, um die Bezeichnung ad absurdum zu führen. Wenn sie seine Geburt erwähnen, so sprechen sie von אדם oder אנוש oder dem Weibgeborenen (5,7; 15,7.14), und diese Worte gebrauchen sie auch sonst in ihren Reden. Sie machen sich lustig darüber, daß er sich von vornherein als *gæbær* bezeichnet (15,7–10) und sich als solcher auf seine Weisheit etwas zugute tut, denn Weisheit, Einsicht und *g*e*būrāh* gibt es ja nur bei Gott (12,12). Hiob gibt zwar zu, daß er auch nur ein Weibgeborener ist und daß er auch als *gæbær* das Endschicksal jedes Menschen teilt (14,1.10.12.14), und doch ist sein Fall verschieden von dem der anderen Menschen (9, 2): Gott muß ihm Recht schaffen (16, 21). Dies ist das letzte Mal, daß Hiob sich selbst die Wertbezeichnung *gæbær* zulegt. Seine Freunde gebrauchen bisweilen auch das Wort *gæbær* in ihren Reden, aber nur, um an der Selbstbezeichnung Hiobs Kritik zu üben. Den Beschluß macht Elihu: „Welcher *gæbær* ist wie Hiob, der Lästerworte trinkt wie Wasser" (34,7), „der da sagt, daß der *gæbær* keinen Nutzen davon hat, wenn er Wohlgefallen bei Gott findet" (34, 9). „Verständige Leute werden mir zugeben müssen, und der (wirklich) weise *gæbær* wird auf mich hören" (34, 34). „Hiob redet nicht mit Verstand und seine Worte sind ohne Einsicht" (34, 35). Hiob ist nicht, was man von einem *gæbær* erwarten sollte, und Elihu endet mit der Erklärung: die rechte Haltung ist Gottesfurcht; Gott sieht keinen an, der sich selbst weise dünkt (37, 26). Noch einmal wird Hiob aufgerufen, aber von Gott selbst, und mit der gleichen, aber nunmehr etwas ironischen Anrede: „Wer ist es, der da so einsichtslos redet? So gürte doch wie ein *gæbær* deine Lenden: ich will dich fragen, und du tu mir kund" (38, 2f.; die Anrede wird 40,7 wiederholt). Gott stellt Fragen, Hiob verstummt und bekennt, daß er nichts weiß, und tut Buße (40, 3–5; 42, 2–6). Hiob ist kein *gæbær*, für den er sich hielt, jedenfalls keiner, der sich durch seine vermeintliche Weisheit auszeichnet, und der auch nicht mit Gott rechten kann. Elihus Schlußwort bleibt zu Recht bestehen und wird von Gott schweigend bestätigt. Der wahren Weisheit letzter Schluß für den Menschen ist Demut vor Gott, und Gottesfurcht mit der Erfüllung seiner Gebote. Das Ergebnis des Buches Hiob stimmt hierin mit dem der Psalmen überein. Agur selbst wird zwar auch ein *gæbær* genannt, aber auch er weiß, daß er trotz allen Mühens Weisheit nicht gelernt hat, so daß er etwa zu heiligem Wissen gekommen wäre (Spr 30,1ff.; vgl. Pred 8,16f.). Gottes Wort ist lautere Wahrheit und hinter seinem Schild finden alle Zuflucht.

Die LXX übersetzt גבר fast durchweg sachlich richtig mit ἀνήρ, ausgenommen in 3, 3; 14,14 und 33,17. In den letzten beiden Stellen hat die LXX nur allgemein einen ἄνθρωπος gesehen, obzwar das hebräische Original die Situation ausdrücklich auf Hiob als *gæbær* bezieht. In 3, 3 hat der Verfasser ungewöhnlicherweise ein neugeborenes Kind mit *gæbær* bezeichnet und hat damit sagen wollen, daß das Kind schon von seiner Geburt an zu einem besonderen Mann bestimmt gewesen sei, jedenfalls soweit es sich um Hiobs Meinung von sich selbst handelt. Nun aber, da Hiob die Sinnlosigkeit dieser seiner Existenz sieht, wünscht er, daß seine Geburt, mit der sein elendes Dasein angefangen hat, nie zustande gekommen wäre. Die griech. Übersetzer haben aber die Geburt des Kindes nur als Geburt eines Kindes männlichen Geschlechts im Zuge der Denk- und Sprechweise der drei Freunde verstanden und haben dafür das Wort ἄρσεν (= זכר wie in Gen 1, 27) gewählt. Damit geht aber die Absicht des hebr. Verfassers, ein wichtiges Faktum in Hiobs eigener Betrachtung seines Lebens sinnvoll auszudrücken, verloren.

d) In der Theologie Qumrans ist dann das Wort *gæbær* in dem neuen Sinn terminus technicus geworden. Ohne hier auf die Stellung des Begriffes in der qumranischen Theologie im einzelnen einzugehen, muß doch zum Verständnis des ganzen darauf hingewiesen werden, daß die Qumran-Literatur die meisten in den Psalmen befindlichen Gedanken, die sich auf den *gœbœr* beziehen und die Erklärungen, die das Buch Hiob gibt, was *gœbœr* ist und was er nicht ist, aufgenommen und auf ihre Art verarbeitet hat. Die Schriften von Qumran gebrauchen, ebenso wie das Buch Hiob, איש (בני איש) zur Bezeichnung des gewöhnlichen Menschen, auch אדם (בן אדם), für den Menschen mit Betonung seiner Schwäche, Armseligkeit oder Vergänglichkeit insbesondere אנוש, בשר, oder ילוד אשה, während sie den aus den בני איש erwählten Menschen ständig mit גבר bezeichnen. Auch der qumranische גבר wird schließlich, wie Hiob, geläutert (1QS 4, 20; 1QH 5,16; 6, 8; vgl. Elihus erste Rede, bes. Hi 33,16–28), aber der vollkommene *gœbœr* wird erst am Ende der Tage, wenn Gott neue Dinge schafft, in Erscheinung treten (1QS 4, 23–25). Jeder, der in die Gemeinde aufgenommen wird, ist natürlich gehalten, den *gœbœr* mit Gutem zu verfolgen (10,18), denn er ist ja sein Genosse. Da das Wort ein feststehender und eindeutiger Begriff geworden ist, findet auch die weitverkannte Stelle in den sog. Dankpsalmen (1QH 3,7ff.) ihre Erklärung. Viele Exegeten des Textes, darunter auch Dupont-Sommer, M. Black und K. Schubert, sehen darin die Geburt des Messias, da der Text verschiedene Ausdrücke aus Jes 9, 5 und 11, 2 aufgenommen hat. Er verwendet aber nicht den Ausdruck *gibbōr*, geschweige denn den vollen Titel *'El gibbōr* (das Wort *gibbōr* ist in den Rollen sehr häufig, besonders in 1QM und 1QH, und bezeichnet dort meistens den Krieger, den Gewaltmenschen, oder auch die Engel), sondern lediglich das einfache Wort *gœbœr*. Der Verfasser der Hōdājōt beschreibt dort symbolisch die Schmerzen, unter welchen ein *gœbœr* geboren wird (vgl. auch die Ausdrücke im NT für die Wiedergeburt oder das Anziehen des neuen Menschen). Der Verfasser beginnt die Beschreibung in der 1. Person, und unmittelbar danach dankt er Gott, daß er ihn aus der Grube (שחת שאול) gerettet hat (s. hierzu die Annahme des Sünders und das Danklied des Geretteten Hi 33, 23–28; vgl. 33, 28 mit 1QH 3,19). Der Hōdājōt-Dichter gibt hier von seiner eigenen Erfahrung Bericht, und es ist durchaus möglich, daß er „der Lehrer der Gerechtigkeit" selbst ist, wie auch Ps 37, 23f. im qumranischen Pešer auf den gleichen Lehrer bezogen wird. Es versteht sich fast von selbst, daß die *g^e^būrat 'El* und die Weisheit Gottes in den Rollen sehr häufig erwähnt und gepriesen werden (vgl. Kosmala, Hebräer ..., The Term Geber).

Kosmala

גָּד *gad*

I. 1. Etymologie, Umwelt – 2. Bedeutung – II. Profaner Gebrauch – 1. Als Appellativum – 2. Als Personen- und Stammesname – III. Religiöse Verwendung – 1. Als Gottesname – 2. Als Epitheton in Ortsnamen – 3. Theologische Relevanz.

Lit.: *W. W. Graf Baudissin*, Kyrios als Gottesname im Judentum und seine Stelle in der Religionsgeschichte III, 1929. – *O. Eißfeldt*, Götternamen und Gottesvorstellungen bei den Semiten (ZDMG 83, 1929, 21–36 = KlSchr I 194–205). – *Ders.*, „Gut Glück!" in semitischer Namengebung (JBL 82, 1963, 195–200 = KlSchr IV 73–78). – *H. W. Haussig*, Wörterbuch der Mythologie I, 1965. – *M. Noth*, Mari und Israel (Geschichte und Altes Testament. Albrecht Alt zum 70. Geburtstag, 1953, 127–152). – *G. Wallis*, Glücksgötter (BHHW I 580).

I. 1. Das Nomen גד ist ein westsemit. Wort, das vielleicht von der Wurzel *gdd* = 'abschneiden' (asarab. 'zuteilen', 'entscheiden'; vgl. W.W. Müller, ZAW 75, 1963, 307) abzuleiten ist; es kann aber auch ein nicht deverbales Substantiv sein. Über das Hebr. hinaus begegnet es – z.T. als Kompositionselement von Namen – auch in den Mari-Texten (ARM I 3, 9ff.), im Ugar. (WUS 65) sowie in phön., pun., aram., nabat., palmyr., syr., mand., asarab., arab. und äth. Texten und Inschriften (IPN 126; KBL[3] 169).

2. Alle Belegstellen führen darauf, daß als Grundbedeutung „Glück" anzunehmen ist. Das bestätigen auch LXX und V, die das Appellativum mit τύχη bzw. felix übersetzen (vgl. Gen 30,11). Darüber hinaus dient das Wort aber auch als Eigenname für eine semit. Gottheit bzw. als Beiname von Lokalgottheiten (s.u. III.).

II. 1. Im AT wird ein profaner Gebrauch des Wortes eindeutig durch Gen 30,11 (K) belegt. Wie Baudissin (171) und Eißfeldt (Kl Schr IV 77f.) gegen Noth (IPN 126f.) nachwiesen, wird גד hier als Appellativ in der Bedeutung „Glück auf" gebraucht. Dabei besteht auch gegenüber Gunkel (GHK I/1[6], 334) kein Anlaß zu bezweifeln, daß die volksetymologische Erklärung des Erzählers das ursprünglich Gemeinte richtig wiedergibt. Somit ist anzunehmen, daß sehr früh – vielleicht noch in gemeinsemit. Zeit – vom „Glück" als einer Macht bzw. einem Schicksal gesprochen wurde, ohne dabei eine Identifizierung mit „Gott" zu vollziehen.

2. Eine solche Verwendung und Erklärung des Wortes wird bestätigt durch seinen Gebrauch als Bestandteil von Personennamen. So legen die Namen גדיאל (Num 13,10) und גדיו (Samaria-Ostraca KAI 184.185) die Übersetzung „(mein) Glück ist Gott (JHWH)" nahe, während in *gaddī* (Num 13,11) und *gādī* (2 Kön 15,14.17) das ī eine Deutung von *gad* als Gottesname aus-

schließt (Baudissin 171 Anm. 2). Von hier aus bietet es sich dann auch an, den Personennamen *gad* (1 Sam 22, 5) sowie den Stammesnamen *gad* (Gen 49, 19) als Repräsentanten des appellativen Wortsinns zu verstehen und als Hypokoristika, die die Ergänzung durch einen Gottesnamen voraussetzen (= „Gott NN verleiht Glück"), zu erklären. Der Stammesname *gad* nimmt somit, historisch gesehen, wahrscheinlich den Namen eines Stammesführers (analog Simeon und Manasse) auf (anders jedoch Mowinckel, BZAW 77, 149). Zum Stamme Gad vgl. besonders M. Noth, ZDPV 75, 1959, 14–73, und H.-J. Zobel, BZAW 95, 1965, 97–101.

III. 1. Erst in nachexilischer Zeit wird auch eine Gottheit Gad durch das AT (Jes 65, 11) sowie durch nabat., palmyr., safait. und andere jüngere Eigennamen (z. B. עזגד in Eleph. Pap.) bezeugt (vgl. PW VII 433–435; DBS VI 1096f., VII 1000; für mit *gaddā* zusammengesetzte aram. Namen in babyl. Urkunden des 5. Jh. v. Chr. s. K. Tallqvist, Ass. Personal Names 277a). Aus der in Jes 65, 11 vorliegenden Parallelisierung mit einer Gottheit Meni, die durch Belege aus der Umwelt als Schicksalsgottheit ausgewiesen ist (vgl. Fohrer, Das Buch Jesaja III, 1964, 264f.), ergibt sich, daß die Gottheit Gad als Glücksgottheit zu verstehen ist. So hat es den Anschein, daß sich eine Gottheit Gad erst relativ spät im 1. Jt. v. Chr. entwickelte, „als der alte Glaube an die als Personen aufgefaßten Götter dem an abstrakt gedachte Schicksalsmächte zu weichen begann" (Baudissin 171). Mit der Verehrung dieser Gottheit war demgemäß die Absicht verbunden, das Glück als menschliches Geschick zu erforschen und zu beeinflussen.
2. Im Unterschied zu dieser Verwendung für eine bestimmte Gottheit ist das in dem Ortsnamen בעל גד (Jos 11, 17; 12, 7; 13, 5) enthaltene Wort גד nur als Beiname zu dem Gottesnamen Baal zu verstehen, mit dem eine Lokalgottheit Syrien-Palästinas genauer bezeichnet wurde (Fohrer, Jesaja III 264). Analog zu בעל חצור, בעל פעור oder בעל צפון ist גד hier in appellativer Bedeutung gebraucht, ebenso wie auch in der Ortsbezeichnung מגדל־גד (Jos 15, 37).
3. Unabhängig von der Vokabel גד liegt der Begriff 'Glück' sinngemäß überall dort im AT vor, wo Wohlergehen und Erfolg als Folge des Eingreifens JHWHs erkannt werden. In nachexilischer Zeit wird der Inhalt des Glücks – so wie das Wort חיים immer mehr die Bedeutung 'Glück' gewinnt – über das bloße physische Dasein und seine Güter hinaus vor allem in der inneren Befriedigung des Herzens durch ein von der Gottesgemeinschaft bestimmtes Leben gesehen.

Schunck

גְּדִי גְּדִיָּה

I. Etymologie, außerbiblische Belege – II. Verwendung im AT – 1. Belege – 2. Einordnung – 3. Geschenk – 4. Mahl und Opfer – 5. Verbot, Böckchen in der Milch seiner Mutter zu kochen – 6. LXX.

Lit.: *G. Dalman*, AuS VI, 1939, 99f. 190. 197f. 200. – *D. Daube*, A Note on a Jewish Dietary Law (JThS 37, 1936, 289–291). – *Ders.*, Studies in Biblical Law, Cambridge 1947, 83f. – *G. R. Driver*, Canaanite Myths and Legends, Edinburgh 1956, 22f. 120–125. – *H. Kosmala*, The So-Called Ritual Decalogue (ASTI I, 1962, 31–61, bes. 50–56). – *M. Radin*, The Kid and its Mother's Milk (AJSL 40, 1923/24, 209–218). – *J. Wijngards*, Deuteronomium (BvOT II/III), Roermond 1971, 146ff.

I. Hebr. *gᵉdī* wird meist aus *gadj* (BLe 457 p') oder *gadaju* (V. Christian, Untersuchungen zur Laut- und Formenlehre des Hebräischen, Wien 1953, 130) als Nominalform *qatl* von einem Stamm tertiae infirmae erklärt; fem. גדיה. Die Etymologie ist ungeklärt, ebenso unsicher ist eine evtl. Verwandtschaft mit *gad* 'Glück', *gdd* 'abschneiden', 'zerteilen', *gez*, *gizzāh* 'Schur', *gzh* 'abschneiden', *gzz* 'scheren' u. a.
Für ugar. *gdj* ist die Bedeutung 'Böckchen', 'Zicklein' unbestritten (UT 560; WUS 631), obwohl nur sicher ist, daß es sich um ein Tier in einer Reihe anderer handelt, die dem Rescheph geopfert werden (PRU II 154); es muß ein kleines, nicht sehr wertvolles Tier sein, da als Gegenwert für 20 *gdm* nur '5 Krüge Öl und 5 Körbe Datteln (?)' zu zahlen sind (UT 1097, 3). Eine Unterscheidung von *gd* 'Moschustier (?)' (WUS 629) und *gdj* ist bei den wenigen Belegen fraglich (vgl. PRU II 184). In CTA 3 (V AB) II 2 wird die Göttin 'Anat mit dem Duft eines Böckchens *gdj* parfümiert, womit wohl ein unbekannter Opferritus gemeint war, der aber in Babylon wegen des üblen Geruches der Böckchen nur selten Verwendung fand (vgl. B. Landsberger, AfO X, 1935/36, 158). Die Belege CTA 17 (II D) VI 21 und CTA 20 I 4 sind textlich sehr unsicher. Auch die Rubrik vom siebenmaligen Kochen eines Böckchens *(g)d* in Milch *bḫlb* im Šaḥar-Šalim-Text (CTA 23, 14) ist nicht ganz sicher; s. u. II. 5. Ein altaram. *gadeh* ist in der Sefire-Inschrift II A, 2 (KAI 223 A) belegt; vgl. auch targ. aram. *gadjā'*, syr. *gadjā*. – Als Lehnwort im Neubabyl. bezeichnet *gadū* (vgl. CAD V 9; AHw 273) primär das einjährige Tier (alt-/mittelbabyl. *lalū*, *urīṣu*), gelegentlich auch das zweijährige Böckchen (jbabyl. *gizzu*) und ist vor allem in Kauf-, Tausch- und Schuldurkunden belegt (z. B. Ur-Excavation-Texts IV 111, 1; J. N. Strassmeier, Inschriften von Nabonidus 375, 12; 619, 11; 884, 4. 10 u. ö.).

Neben mand. *gadja'* (MdD 73b) und *Qam Gadja* für den Monat *Tabit* (vgl. E. S. Drower, The Mandaeans

of Iraq and Iran, Leiden 1962, 74. 84) und pehl. *gdj* (DISO 47f.; E. Ebeling, MAOG XIV/1, 1941, VII 3) begegnet *gd'* im Opfertarif von Marseille (CIS 165; KAI 69 Z. 9; ähnlich CIS 3915) gleichwertig mit *'mr* 'Lamm' und *ṣrb 'jl* 'Jungwidder'. Vgl. auch Plautus (Poenulus V. 1017) *palu mer gade tha*, was zu übersetzen ist „ein wundervolles Lamm, ein Böckchen bist du!" (anders L.H. Gray, AJSL 39, 1922/23, 82; M. Sznycer, Les passages puniques en transcription latine dans le „Poenulus" de Plaute, Études et Commentaire LXV, Paris 1967, 137f. 143).
Personennamen mit *gdj* sind seit ugar. *bn gdj* (PRU V 42), *Ga-ad-ja* (PRU III 133) auch als aram., neubabyl., palmyr., phön.-pun. und mand. PN belegt. Ob es sich bei diesem PN immer um das theophore Element → *Gad* (vgl. WbMyth I/I 438f.) handelt, wie M. Noth (IPN 126f.) annimmt, ist ungeklärt. Selbst ein latein. Siegel (LidzEph I 142) illustriert die Inschrift *GADIA* durch ein eingraviertes Ziegenböckchen. Vgl. auch die Beinamen 'Ασδρούβας ὁ ἔριφος, Hasdrubal Haedus (Livius XXX 42. 44), Διόνυσος ὁ ἐρίφιος und Διόνυσος ὁ αἰγοβόλος (vgl. PW V/1 1026. 1028).

II. 1. גדי ist im AT 17mal, evtl. mit Jes 5, 15 cj. 18mal belegt, davon 9mal als st. cstr. גדי עזים Gen 38, 17. 20; Ri 6, 19; 13, 15; 15, 1; 1 Sam 16, 20 und גדיי עזים Gen 27, 9. 16. In diesen Verbindungen bezeichnet *g^{e}dī* das Jungtier der Ziegen, das Ziegenböckchen, während es im st. abs. ursprünglich wie *śǣh* das Zicklein von Schaf oder Ziege, also Lamm oder Zicklein bezeichnet; vgl. auch die anderen Bezeichnungen für Jungtiere *ṭ^{e}lī*, *ṭālǣh* 'Lamm', *ja'^{a}rāh* '(blökendes) Zicklein', *kæbæś* 'junger Widder' u. a.

Jes 5, 17 *gārīm* wird bisweilen im Anschluß an LXX ἄρνες zu *g^{e}dājīm* conjekturiert (vgl. B. Duhm GHK ^{4}1922, 59). Wahrscheinlich ist aber *gārīm*, parallel mit *k^{e}bāśīm*, abzuleiten von akk. *gūrū*, *gurratu* 'Mutterschaf' (AHw 299), arab. *ǧarw*, syr. *gurjā* (G.R. Driver, JThS 38, 1937, 38f.; vgl. O. Kaiser, ATD 17, ^{2}1963, 50); anders H. Wildberger (BK 10/3, 1968, 178), der *gārīm* (aus *g^{e}dājīm* verlesen) als sekundäre Erklärung zu den nicht mehr verständlichen *mēḥīm* 'Fettschafen' streicht.

2. *g^{e}dī* gehört zur Kleinviehherde (*ṣō'n* Gen 27, 9; 38, 17; vgl. HL 1, 8); Jes 11, 6 steht *g^{e}dī* parallel mit *kæbæś*. In Form einer Gegenüberstellung wird es Jes 11, 6 mit dem Panther *nāmēr* und anderen wilden Tieren zur Veranschaulichung des kosmischen Friedens gebraucht. Wenn Simson Ri 14, 6 einen Löwen so leicht zerreißt (*šissa'*), wie man ein (zubereitetes) Böckchen in Stücke reißt und zum Mahle verteilt, so soll damit seine *rūaḥ*-gewirkte Heldenkraft demonstriert werden.
3. Als Geschenk für die vermeintliche Hure (*zōnāh*) oder Hierodule (*q^{e}dēšāh*) Thamar bietet Juda ein Ziegenböckchen an (Gen 38, 17. 20. 23 J, Eißfeldt L), für das er bis zur Einlösung Siegel und Stab als Pfand (*'ērābōn*) zurücklassen muß. Simson bringt ein Ziegenböckchen als Versöhnungsgeschenk für seine Frau mit (Ri 15, 1), doch ihr Vater läßt ihn nicht in ihr Gemach. Umstritten ist die Bedeutung von 1 Sam 16, 20 (wonach Isai seinen Sohn David mit 'fünf' [lies mit Wellhausen *ḥ^{a}miššāh* statt *ḥ^{a}mōr* 'Esel'] Broten, einem Schlauch Wein und einem Ziegenböcklein zu Saul schickt), ob es sich bei (Esel), Brot, Wein und Zicklein um ein Geschenk für den König handelt, wie meist angenommen wird, oder ob damit die Ausstattung eines Mannes mit Esel, Brot, Wein und Böckchen für den Heiligen Krieg bzw. den Heeresdienst gemeint ist, wie H.J. Stoebe (VT 7, 1957, 369) annimmt. Nach Tob 2, 12–14 erhielt Tobits Weib Anna zum Lohn für ihre Webarbeiten noch ein Ziegenböckchen hinzu.
4. Nach Gen 27, 9. 16 E (Eißfeldt J) richtet Rebekka zwei schöne Zicklein aus der Kleinviehherde so als Zungenschmaus (*maṭ'ammīm*) zu, daß Isaak sie als Wildpret (*ṣajid*) Esaus annimmt und dem listigen Jakob seinen Vatersegen spendet. Als Opfergabe oder für das Opfermahlfest führen die drei Wallfahrer zum Gott Bethel drei Ziegenböckchen, drei Laib Brot und einen Schlauch Wein mit (1 Sam 10, 3). Als Gabe (*minḥāh*) und Ganzopfer (*'ōlāh*) erscheint *g^{e}dī* Ri 6, 13. Gideon bereitet für den Boten JHWHs eine Gabe (*minḥāh*, 6, 18), ein gekochtes Ziegenböckchen und ungesäuertes Brot zur Bewirtung des Gastes. Als er aber das Fleisch und die Brotfladen auf den Felsen legt, verzehrt Feuer aus dem Felsen das Fleisch und das Brot (6, 19–21); so wird aus dem beabsichtigten Mahl für den Gast eine *'ōlāh* (vgl. R. Rendtorff, WMANT 24, 1967, 94. 194). Ähnlich verhält es sich bei der beabsichtigten Bewirtung des Gottesmannes Ri 13, 15–19: Manoah bereitet ein Ziegenböckchen und Brot für den Gast, doch dieser lehnt ab und verweist auf die Möglichkeit, ein Ganzopfer (*'ōlāh*) herzurichten (*'āśāh*) und es JHWH darzubringen (*'alāh pi* 13, 16); Manoah bringt dann auf dem Felsen für JHWH eine *'ōlāh* dar (13, 19), der ein Bearbeiter nach Rendtorff (WMANT a.a.O. 45. 174) noch die *minḥāh* hinzufügte.
5. Das Verbot „Du sollst ein Böckchen nicht in der Milch seiner Mutter kochen" ist 3mal überliefert Ex 23, 19; 34, 26; Deut 14, 21.

a) In Ex 23 und 34 findet sich das Verbot im weiteren Kontext von kultkalendarischen Bestimmungen zu den drei Wallfahrtsfesten (Mazzen, Ernte, Lese), Ex 23, 14–17 bzw. im Kontext eines Bundesschlusses am Sinai Ex 34 und in einer Reihe von Sonderbestimmungen über tierische Opfer (und Erstlingsfrüchte): das Blut des *zæbaḥ* soll nicht mit gesäuertem Brot geopfert werden (23, 18a *lō' – tizbaḥ*; 34, 25a *lō' tišḥaṭ*), das Fett des Fest(opfers) soll nicht bis zum Morgen übrigbleiben (23, 19b *ḥaggī* (= *zæbaḥ*?); 34, 25 *zæbaḥ ḥag happāsaḥ*) und schließlich soll ein Böckchen nicht in der Milch seiner Mutter gekocht

werden (23,19b = 34, 26b). Obwohl es sich 23,18a.b. 19b par um tierische Opfer handelt, spricht der Mangel an JHWH-Bezogenheit in 23,19b = 34, 26b gegen eine ursprüngliche Zusammengehörigkeit. Das Verhältnis von Ex 23,14ff. und 34,10ff. läßt sich kaum zugunsten einer Priorität von Ex 23 oder 34 entscheiden; die gleichzeitige Parallelität in der Reihenfolge und die Disparität im Detail sprechen eher für zwei verschiedene Ausgestaltungen einer gemeinsamen Grundlage (Jepsen, Beyerlin, Kosmala u.a.; vgl. den Überblick bei P. Laaf, Die Pascha-Feier Israels, BBB 36, 1970, 45ff.).
Das Verbot Deut 14, 21 dagegen steht im Kontext kultischer Speisebestimmungen: nach einem generellen Verbot, *tō'ēbāh* zu essen 14, 3, und Listen von reinen und unreinen Tieren, die zu essen erlaubt bzw. verboten sind 14, 3–20, sowie einem Verbot, ein Aas (*neḇēlāh*) zu essen, 14, 21a, folgt dann das mit Ex 23,19; 34, 26 wörtlich übereinstimmende Verbot; mit Deut 14, 22 setzt eine Neuordnung der Zehntabgabe ein. Bei der Redaktion wurde das Verbot 14, 21b wohl als ein Anhang zu den kultischen Speisebestimmungen aufgefaßt, was durch die *tō'ēbāh-* bzw. *neḇēlāh*-Bestimmung 14, 3. 21a vielleicht angeregt wurde.

Ein ursprünglicher Zusammenhang der Sonderbestimmungen über die tierischen Opfer Ex 23,18f.; 34, 25f. mit dem Passah läßt sich nicht nachweisen, etwaige Bezüge weisen in ein späteres Stadium der Passah-Überlieferung.
b) Das Verbot ist seit J. Spencer (De legibus Hebraeorum ritualibus et earum rationibus libri tres, Cambridge 1685, 270f. 298–308) mit einem Fruchtbarkeitsritus in Verbindung gebracht worden; Spencer berichtet die Theorie eines anonymen Karaiten, nach der Ernte habe man ein Böckchen in der Milch seiner Mutter gekocht und dann diese Milch über Felder und Früchte gesprengt, um ihnen größere Fruchtbarkeit zu vermitteln. Trotz fehlender weiterer Belege (vgl. den Überblick bei J. Frazer, Folk-Lore in the O.T. III, London 1919, 111–164 und Kosmala 50–55) erlangte diese Interpretation gegenüber einem Verständnis als Diät-Vorschrift den Vorzug. Daneben wurde aber auch auf die noch heute beliebte Sitte der jordanischen Beduinen hingewiesen, einem Gast als besondere Delikatesse ein in der Muttermilch gekochtes Böckchen zu reichen.
Durch den Šaḥar-Šalim-Text aus Ugarit CTA 23 ist neues Licht auf das at.liche Verbot Ex 23,19 par gefallen. Der Text stellt ein Opferritual mit Rezitationen eines El-Epos von der Zeugung der beiden Göttersöhne Šaḥar 'Morgenröte' und Šalim 'Abenddämmerung' dar. Mit der im Korpus geschilderten Repotentialisierung Els geht in der Rubrik Z.14f. das siebenmalige Kochen eines Böckchens und das siebenmalige Zugießen frischen Wassers parallel: 14 *'l. 'išt. šb'd. ġzrm. ṭb[ḫ. g]d. bḥlb. 'nnḫ. bḫm't* 15 *w'l. 'gn. šb'dm. dġ [ṣt. yṣq]t.* „Über dem Feuer sollen 7mal die 'jungen Männer' kochen ein Böckchen in Milch, ein Lamm (?, so Virolleaud, Cassuto u.a.; anders Aistleitner, Driver: 'Minze') in Butter und über dem Kessel soll 7mal [frisches Wasser ausgegossen werden] (Ginsberg, Driver)." Kosmala (55) ist versucht, die Rekonstruktion Drivers vom 7maligen Gießen frischen Wassers mit der Theorie des Karaiten in Verbindung zu bringen, dadurch habe man die Menge der (Milch-)Flüssigkeit erhalten oder steigern wollen, um damit das Feld zu besprengen und fruchtbar zu machen; er gesteht jedoch, daß davon nichts im ugar. Text stehe. Während Einhelligkeit über den siebenmaligen Ritus als Fruchtbarkeitsritual besteht, gehen die Anschauungen über den Sitz im Leben und die Verbindung mit dem at.lichen Verbot auseinander.
T.M. Gaster (Thespis, New York 1950, 225f.) denkt an ein Erstlingsfrüchtefest, das im Sternbild der Zwillinge gefeiert worden sei (409), J. Gray (The Legacy of Canaan [VTS V], Leiden 1957, 93ff.) erwägt ein Fest der Nomaden und Bauern im Anschluß an die Ernte vor dem fälligen Weidewechsel. H. Gese (Die Religionen Altsyriens [RdM 10, 2, 1970, 82]) meint, der Ritus mit der ausgiebigen Zitation des Hieros Logos in Anwesenheit von König und Königin solle vielleicht den Kindersegen des Hauses fördern.
c) Während G.R. Driver den im AT verbotenen Ritus mit dem Wochenfest im Juni in Verbindung bringt, setzt Kosmala den ugar. Ritus im „frühen Frühling" an und erinnert an das israelitische Passah zur gleichen Jahreszeit. Das im Anhang des Kultkalenders überlieferte Verbot Ex 23,19; 34, 26 sollte jedoch jede Verwechslung des Passah mit dem kanaan. Fruchtbarkeitskult ausschließen. Für das Passah wurde ein einjähriges männliches Lamm (Ex 12, 5) genommen, das weder in Milch noch in Wasser gekocht werden durfte (12, 9). So mag es sein, daß man nach der Seßhaftwerdung Israels jede synkretistische Verwechslung des Passah mit einem ähnlichen Fruchtbarkeitskult durch ein ausdrückliches Verbot ausschließen wollte; als es dann keine aktuelle Bedeutung mehr besaß, wurde es Deut 14, 21 bei den durch eine *tō'ēbāh-* und *neḇēlāh*-Bestimmung eingerahmten Speisebestimmungen angehängt.
6. Die LXX übersetzt *gedī* 13mal mit ἔριφος, was sonst nur noch je 4mal für *'ez* und *śā'īr* verwendet wird. Im Verbot, das Böckchen in der Muttermilch zu kochen, braucht LXX aber ἀρνός, was sonst 5mal für *merī'* und 4mal für *kæbæś* steht; jedoch findet sich in Anlehnung an den üblichen LXX-Sprachgebrauch bei Aquila, Cod. M. und A auch ἔριφος bzw. ἐρίφιος.

Botterweck

גָּדַל גָּדֵל, גְּדֻלָּה, גָּדוֹל, → מִגְדָּל

I. 'Groß' in den Sprachen der Umwelt – 1. Äg. – 2. Akk. – 3. Westsemit. – II. Vorkommen und Bedeutungen im Hebr. – 1. Allgemein – 2. *gādōl* – a) Bei Vorgängen – b) Als determiniertes Attribut – c) Alt und vermögend – d) Als Prädikatsnomen – e) Klein-groß – 3. Substantive – a) *gōdæl* – b) *gedullāh* – c) *rebū* – d) *gedōlōt* – 4. Das Verb *gdl* – a) *qal* – b) *pi* und *pu* – c) *hiph* und *hitp* – III. 1. Größe Gottes und seiner Werke – a) Zionstradition – b) In der Geschichte – c) Deuteronomistische Theologie – d) Tag JHWHs – 2. Von Gott verliehene Größe – a) Erzväterverheißung – b) Davidstradition – c) Führergestalten in Israel.

Lit.: *W. Grundmann*, μέγας (ThWNT IV 535–550). – *E. Jenni*, *gādōl* (THAT I 402–409). – *Ders.*, Das hebräische Pi'el, Zürich 1968, 29–33. 49.

I. 1. Ägypten kennt zwei Wörter für 'groß', *wr* (WbÄS I 326ff.) und *'3* (ebd. 161ff.). Das Verhältnis zwischen den beiden, die vielfach parallel nebeneinander stehen, ist nicht klar zu erkennen. Beide treten in allerlei polaren Formeln zusammen mit *nḏs* 'klein' u.ä. auf. Sowohl *wr* als auch *'3* decken ein weites Bedeutungsfeld. Beide können räumliche und zahlenmäßige wie auch zeitliche Größe angeben. So finden sich beide in Verbindung mit 'Meer' und 'Nil', letzteres mit Bezug auf den hohen Wasserstand. Bauten usw. können sowohl *wr* als auch *'3* sein. Was die zeitliche Verwendung anlangt – wobei oft mit 'älter' zu übersetzen ist – ist anscheinend *wr*, auf Götter bezogen, in gewissen festen Wendungen häufiger anzutreffen, z.B. Haroëris, 'Horus der Ältere', 'das große Klageweib' (Isis im Unterschied zu Nephthys als 'dem kleinen Klageweib'). In diesen Fällen kann man aber auch *wr* als 'erhaben, angesehen, vornehm' auffassen, eine Bedeutung, die übrigens auch *'3* zukommt. In allerlei Priestertiteln („der Große der Sehenden", „der Große der Fünf" usw.) kommt *wr* vor. *Wr.t* 'die Große' tritt häufig als Göttinnentitel auf, bezeichnet aber später – mit dem Artikel *t3* – die als weibliches Nilpferd erscheinende Göttin Toeris. Auch *'3.t* ist als Titel von Göttinnen zu belegen. Das äg. Vorbild des griech. Hermes-Titels τρισμέγιστος ist *'3 '3 wr* (s. P. Boylan, Thoth, Oxford 1922, 182).

Für die Bezeichnungen *nṯr '3* (von Re, Osiris, Pharao usw.) und *wr* (auf mehrere Götter bezogen), welche von H. Junker als Zeichen einer Art Urmonotheismus im alten Ägypten gewertet worden sind, s. die guten Ausführungen von J. Zandee, De Hymnen aan Amon van Papyrus Leiden I 350, Leiden 1948, 120ff. Hier werden mehrere Belege der parallelen Anwendung von *wr* und *'3* in Götterbenennungen angeführt. So ist Amun „der Große (*wr*) in Heliopolis, der Große (*'3*) in Theben" (P. Berlin 3055 XIV 1). Schon in Pyr. ist die Verbindung von *wr* und *'3* von Göttern zu belegen (1689c, 1690a, 2200b). Bei *pr* 'Haus' und *rn* 'Name' tritt ein Unterschied zwischen *wr* und *'3* zutage. *Pr '3* bildet schon im A.R. eine feste Verbindung für den königlichen Palast und wird wenigstens seit dem N.R. als Bezeichnung des Königs, „Pharao" (→ פרעה) gebraucht (WbÄS I 516). *Pr wr* dagegen ist ein Name des oberäg. Reichsheiligtums. *Rn wr* wird für die große Königstitulatur oder für jeden ihrer fünf Teile gebraucht, während *rn '3* für den Hauptnamen einer Privatperson steht.

2. Akk. *rabû* (Geg. *ṣeḫru*, *qallu*) entspricht sum. *gal* und bezeichnet (AHw 936f.) teils räumliche Größe, teils Rang und Alter. Im ersteren Fall kann es von Tieren, Pflanzen, Körperteilen, Gebäuden und Gebäudeteilen sowie von Schiffen, Waffen und Gefäßen gebraucht werden, ferner von einem Land oder Berg, einem Fluß (auch vom Hochwasser) und von Opfern, Riten und Festen. Übertragen wird es dann mit Bezug auf Sünde, Strafe und Zorn, auf Weisheit und Kräfte, auf Name und Ruhm, auf Niederlage und Schlacht sowie auf Wohltat und Hilfe gebraucht. Auf Menschen angewandt ist es oft mit 'älter' oder 'erwachsen' zu übersetzen z.B. *aplu* oder *māru rabû*, 'älterer Sohn', *rabû u ṣeḫru*, 'groß und klein', 'alt und jung'), wird aber oft auch benützt, wenn vom Rang der Hochgestellten und vor allem vom König (*šarru rabû*, 'Großkönig', Seux 298ff.) die Rede ist. Als Götterepitheton kommt es häufig vor (Tallqvist, Götterepitheta 169f. u. passim), z.B. *ilu rabû*, 'großer Gott' (Tallqvist 11), *bēlu rabû*, 'großer Herr' (ebd. 51–53), *qarrādu rabû*, 'großer Held' (ebd. 163f.), *šadû rabû*, 'großer Berg' (vor allem von Enlil, ebd. 221).

3. In den westsemit. Sprachen ist גדל nur ugar. belegt (jedoch nur in Listen u.ä., nicht in den erzählenden Texten: großes Gefäß, Großvieh und dgl.; s. WUS 64; UT Glossary Nr. 562). In den aram. Dialekten und im Phön. wird 'groß' durch רבי/רבב ausgedrückt (DISO 270f.). Diese Wurzel, die auch zahlenmäßige Größe bezeichnet, wird u.a. auf Tiere, Gebäude und Gebäudeteile, Herren, Götter, Könige und Menschen von Rang bezogen. Das Verb heißt auch 'wachsen', 'sich vermehren', 'zahlreich sein' und 'erwachsen sein'. (Zum Bibl.-Aram. s.u.)

Bergman-Ringgren

II. 1. Vielfach wurde גדל 'groß' von *gdl* 'flechten, zusammendrehen' abgeleitet (vgl. z.B. GesB; Levy, WTM; J.L. Palache, Semantic Notes on the Hebrew Lexicon, Leiden 1959, 18). Der konkrete Gebrauch von *gdl* 'groß' läßt jedoch keinerlei Anklang an die angenommene Grundbedeutung 'flechten, zusammendrehen' erkennen, so daß es sich eher um zwei ursprünglich verschiedene Stämme handeln dürfte (vgl. KBL³). – Die

Wurzel *gdl* 'groß' fehlt im Akk. Im Ugar. ist sie belegt, jedoch verwendet das Ugar. für groß neben *gdl* häufiger *rb* (WUS Nr. 632; UT Nr. 562). Außerdem findet sich die Wurzel einmal im Moabit. (*mgdlt*, vgl. DISO 142), in den aram. Papyri von Elephantine, hier jedoch nur in Personennamen, sowie in Ortsnamen einmal im Asarab. (*gdlm*, Conti Rossini 121) und öfter in der El-Amarna-Korrespondenz (→ מגדל). Ins Jüd.-Aram. dürfte גדל vom Hebr. her eingedrungen sein. Die Wurzel *gdl* 'groß' ist also auf jeden Fall westsemit., näherhin wahrscheinlich kanaan. Im Unterschied zu den auch in anderen semit. Sprachen belegten Wurzeln *rbj/rbb* meint *gdl* nie die Größe an Zahl, sondern immer die Größe der Dimension und des Maßes. Auch in Verbindung mit einem Kollektivbegriff (z. B. גוי; s. u. II. 2. a) hat *gdl* primär nicht die Vielzahl, sondern die Größe und das Ausmaß der geschlossen vorgestellten Einheit im Blick. Umgekehrt jedoch kann רבב/רבי auch im Hebr. nicht nur die Vielzahl, sondern auch die Größe bezeichnen. Im biblischen Aram. steht רבב/רבי für das hebr. גדל 'groß'.

Auf Grund der allgemeinen und formalen, inhaltlich unbestimmten Bedeutung kann das Wort ähnlich wie im Deutschen mit sehr verschiedenen Inhalten verbunden werden. Die Skala möglicher Bedeutungsbezüge reicht dabei von der konkret-dimensionalen Erstreckung (z. B. großer Stein) bis zur übertragen-abstrakten Bedeutung von Größe (z. B. große Freude; vgl. den Versuch einer systematisierenden Gruppierung der Verwendung vom Adjektiv *gādōl* nach den Bedeutungen der verschiedenen Bezugswörter in KBL³). Neben der Berücksichtigung der wechselnden Wortfelder muß daher auch bei גדל mehr als bei anderen Wörtern die Funktion in der syntaktischen Struktur des Satzes oder auch der nächstgrößeren Redeeinheit berücksichtigt werden, wenn seine Bedeutung erfaßt werden soll.

Im MT begegnet die Wurzel außer in Personen- (*Giddēl, Giddaltī, Gᵉdaljāhū, Jigdaljāhū*) und Ortsnamen (→ מגדל) sowohl als Verb als auch in verschiedenen nominalen Bildungen.

2. a) Das Adjektiv *gādōl* ist etwas über 520mal belegt, an etwa 320 Stellen als Attribut eines indeterminierten oder eines determinierten Nomens.

α) Etwa 90mal, also verhältnismäßig oft, verstärkt es das (indeterminierte) innere Objekt (Wurzelgleichheit von Objekt und Verb = figura etymologica, vgl. GK § 117q; Sinnverwandtschaft von Objekt und Verb bei verschiedener Wurzel; außerdem einige Stellen, an denen statt eines bedeutungsspezifischen Verbs ein allgemeines Tätigkeitsverb, z. B. עשה, steht).

Die Plage und die Niederlage, die Menschen oder Gott beibringen (מכה Jos 10, 10. 20; Ri 11, 33; 15, 8; 2 Chr 28, 5; 1 Sam 6, 19; 19, 8 u. ö.; vgl. מכה רבה Num 11, 33; 2 Chr 13, 17; vgl. auch Deut 25, 3, wo מכה רבה wohl nicht die Vielzahl der Schläge, sondern eine Prügelstrafe meint, die so groß ist, daß sie den Gestraften entehrt; מגפה 2 Chr 21, 14); der Ruin, in den ein Volk oder ein Staat gestürzt wird (שבר Jer 14, 17; vgl. Jer 4, 6); das Entsetzen und der Schrecken, von dem Menschen gepackt werden (חרדה Gen 27, 33; מהומה Deut 7, 23); die Vergeltung, die geübt wird (נקמות Ez 25, 17); der Zorn, den Gott oder Mensch über jemanden kommen läßt (קצף Sach 1, 15 u. ö.); der Mißmut, das Unbehagen, das einen überkommt (רעה Jon 4, 1; Neh 2, 10 u. ö.); die Furcht, die einer hat (יראה Jon 1, 10. 16); der Eifer, mit dem Gott eifert (קנאה Sach 1, 14; 8, 2); der Haß, den einer hegt (שנאה 2 Sam 13, 15); das Böse und Abträgliche, das man zufügt (רעה 2 Sam 13, 16; Jer 26, 19; Neh 13, 27 u. ö.); die Greuel (תועבות Ez 8, 6. 13. 25) und das Lästerliche (נאצות Neh 9, 18. 26), das man verübt; die Verfehlung und Sünde, die einer begeht (חטאה 2 Kön 17, 21); das Gastmahl, das jemand veranstaltet (כרה 2 Kön 6, 23; vgl. aram. עבד לחם רב Dan 5, 1; משתה Esth 2, 18 u. ö.); die Freude, derer sich jemand freuen kann (שמחה Jon 4, 6; 1 Chr 29, 9; Neh 12, 43 u. ö.); das Opfer, das einer feiert (זבח Ri 16, 23; Neh 12, 43 u. ö.); die Arbeit und Mühsal, die jemand auf sich nimmt (עבודה Ez 29, 18); das Werk, das Gott oder ein Mensch wirkt (מעשה Ri 2, 7 u. ö.; מלאכה Neh 6, 3); die Hilfe und Rettung, die ein Mensch oder Gott schafft (ישועה 1 Sam 14, 45; תשועה 1 Sam 19, 5; 2 Sam 23, 10. 12; 1 Chr 11, 14 u. ö.); der Reichtum, mit dem einer reich gemacht wird (עשר 1 Sam 17, 25; Dan 11, 2); die Beute, die man erbeutet (שלל Ez 38, 13); das Leichenfeuer, das man dem verstorbenen König abbrennt (שרפה 2 Chr 16, 14): all das kann גדול 'groß' genannt werden. – Öfter begegnet גדול als Attribut beim inneren Objekt im Zusammenhang mit lautlichen Phänomenen. Das Zetergeschrei und die Klage (זעקה Gen 27, 34; Esth 4, 1 u. ö.; קול 2 Sam 19, 5 u. ö.); das wehklagende Weinen (בכי Ri 21, 2; 2 Sam 13, 36; Jes 38, 3 u. ö.); die Totenklage (מספד Gen 50, 10); aber auch das akklamatorische Geschrei und der Jubel der Menge (תרועה 1 Sam 4, 5f.; Jos 6, 5. 20; Esr 3, 11. 13 u. ö.) und der bekennende Ausruf (קול Esr 10, 12) sind groß (warum nicht auch diese Akkusative adverbiell aufzufassen sein sollen – so GKa § 117s –, ist nicht einsichtig). Gelegentlich wird dabei גדול noch durch ein zugefügtes מאד verstärkt (z. B. Gen 27, 34).

An all diesen Stellen charakterisiert גדול zwar ein Nomen, dieses Nomen verstärkt jedoch seinerseits das Verb, so daß auch גדול adverbielle Funktion hat. Was also nach diesen Belegen als groß erfahren und ausgesprochen wird, ist Ereignis, Geschehen und Handlung.

β) Auch an den über 40 Stellen, an denen גדול als Attribut in einem präpositionalen Ausdruck mit ב (einmal mit ל Jer 11, 16) begegnet, hat es wie in Verbindung mit dem inneren Objekt adverbielle Funktion. Ein Teil der Wörter, die als inneres Objekt mit גדול verbunden werden, können ohne erkennbaren Bedeutungsunterschied des ganzen Ausdrucks auch präpositional gefaßt werden (קול Gen 39, 14; 1 Sam 7, 10; 28, 12 u.ä.; קצף Jer 21, 5; 32, 37 u.ö.; שמחה 1 Chr 29, 22 u.ö.; תרועה 2 Chr 15, 14 u.ö.). Häufig kennzeichnet גדול in präpositionalen Ausdrücken mit ב das göttliche Handeln (s.u. II. 1. c).

γ) An etwa 30 Stellen ist גדול Attribut eines Subjekts von היה im Sinne von 'werden, geschehen, eintreten, Geltung beanspruchen' oder anderer Verben, die den Eintritt eines Vorgangs oder einer Handlung bezeichnen können (z.B. נפל; בוא).

So kann ein großer Schlag und eine große Niederlage (מגפה 1 Sam 4, 17; שבר Jer 48, 3; 50, 22 u.ö.); ein großer Sturm (סער Jon 1, 4; רוח 1 Kön 19, 11; Hi 1, 19); ein großer Zorn (קצף 2 Kön 3, 37); ein großes Beben (רעש Jer 10, 22); ein großer Regen (גשם 1 Kön 18, 45); eine große Hungersnot (רעב 2 Kön 6, 25) eintreten, oder es kann der große Schwur Geltung beanspruchen (השבועה Ri 21, 5).

δ) An nahezu 30 Stellen tritt גדול attributiv zu einem Substantiv, das eine andere syntaktische Funktion als in den bisher besprochenen Fällen innehat, das aber einen Vorgang oder eine Tat beinhaltet.

Ein Gesicht, das einem Menschen begegnet (מראה Ex 3, 3; Dan 10, 8); die Trauer, die jemanden befällt (אבל Esth 4, 3); Überlegungen, die angestellt werden (חקרי־לב Ri 5, 15 cj. 16); ein Schlachten, das Gott abhält (טבח Jes 34, 6); eine Bedrängnis, in der sich Israel vorfindet (צרה Neh 9, 37) sowie eine Reihe anderer, bereits oben angeführter substantivisch bezeichneter Vorgänge, können durch ein beigefügtes גדול als außerordentlich gekennzeichnet werden.

Die bisher genannten Möglichkeiten machen nahezu zwei Drittel aller Stellen aus, an denen גדול attributivisch gebraucht wird. An all diesen Stellen kennzeichnet גדול nicht ein ruhend Vorhandenes, ein in sich stehendes Ding, sondern einen Vorgang, ein Tun, ein Geschehen. Das Geschehen, von dem jeweils die Rede ist, wird durch גדול dahingehend bestimmt, daß es das Maß des Gewohnten und Gebräuchlichen übersteigt. גדול meint hier also ein Ereignis, insofern es nicht im Fluß des gewöhnlich Ablaufenden untergebracht werden kann, sondern in dieses einbricht, es unterbricht oder es übersteigt. Diesen Sinn hat גדול besonders auch bei jenen Ereignissen, die auf Gottes Wirksamkeit beruhen (s.u. II. 1. c. d).

b) Determiniert findet sich גדול als Attribut zunächst gemäß der allgemeinen Regel der Determination immer dann, wenn von etwas im Kontext bereits genanntem oder sonst bestimmtem Großen die Rede ist. Öfter ist in diesem Fall die Determination durch ein Demonstrativpronomen oder einen Relativsatz unterstrichen oder durch ein Suffix bzw. einen Genitiv ausgedrückt (insgesamt etwa 80 mal). Eine Reihe von determinierten Substantiven mit attributivischem גדול bezeichnen jedoch nicht etwas im unmittelbaren Zusammenhang bestimmtes Großes, sondern ein schlechthin Großes, das in seiner Größe, jedenfalls grundsätzlich, einmalig ist. גדול wird so zum Element eines Titels oder Namens oder eines feststehenden Ausdrucks.

α) Als solche Titel kommen vor: Großkönig (המלך הגדול 1 Kön 18, 19. 28 u.ö.; vgl. Judith 2, 5). Für המלך הגדול kann, jedenfalls nordisraelit., auch מלך רב stehen (Hos 5, 13 cj; 10, 6 cj; mit Jod compaginis; vgl. H.W. Wolff, BK XIV/1², 1965, 134. 222 u.a.). Obwohl der Artikel fehlt, scheint der ganze Ausdruck, analog zu einem Eigennamen, determiniert aufgefaßt werden zu müssen (so auch Ps 47, 3? vgl. auch die Sefîre-Inschrift KAI 222, B 7 מלך רב = Großkönig? Anders KAI III² 253). – Ferner begegnet Hoherpriester (הכהן הגדול Hag 1, 1. 14 u.ö.) und Großfürst (השר הגדול Dan 12, 1, von Michael gesagt).

β) Wenn גדול ein einmalig Großes meint, das geographisch lokalisiert ist, nähert sich der Ausdruck dem Sinn einer Ortsbezeichnung: die große Eiche (2 Sam 18, 9); die große Kulthöhe (1 Kön 3, 4) und wohl auch der große Turm (Neh 3, 27). Hierher gehören noch die beiden mit *rab* zusammengesetzten Ortsnamen צידון רבה (Jos 11, 8; 19, 28): das große Sidon, Sidon-Hauptstadt und חמת רבה (Am 6, 2): das große Hamat, Hamat-Hauptstadt. רבה ist hier, obwohl ohne Artikel, sicher determiniert aufzufassen. – Besonders häufig begegnet גדול als Element einer geographischen Bezeichnung in 'das große Meer' Num 36, 6f.; Jos 1, 4; 9, 1; Ez 47, 15. 19. 28 u.ö.) und 'der große Strom' (Gen 15, 18; Deut 1, 7; 11, 24 – ergänze hier mit BHK הגדול; Dan 10, 4). Das große Meer – öfter auch einfach הים ohne גדול, einmal (Deut 11, 24) הים האחרון 'das hintere Meer' genannt – meint zunächst realgeographisch das Mittelmeer; der große Strom – sehr oft dafür הנהר ohne גדול – ebenso realgeographisch den Euphrat (הוא חדקל: Dan 10, 4 dürfte Glosse sein, vgl. O. Plöger, KAT XVIII 145). Beides bezeichnet die ideale (West- bzw. Ost- oder Nordost-) Grenze des verheißenen Landes.

γ) Jedoch sowohl die Eigenart des Meeres als bedrohlich chaotische und abgründige Macht und des Euphrat als Grenze des von Gott Israel zugewiesenen Lebensraumes, jenseits derer z.B. die Väter fremden Göttern dienten (Jos 24, 2. 14) oder von der her die religiöse Verderbnis des Volkes ihren Ursprung nahm (Jer 13, 1–11; vgl. W. Rudolph, HAT I/12³, 90–95; vgl. Jes 8, 6–8), als auch die konkrete Formulierung (eine gewisse Absolutheit, die durch Determination und גדול als Attribut erreicht wird) ermöglichen einen typisierten Gebrauch beider Ausdrücke. Die realgeographischen Orte Mittelmeer und Euphrat werden dadurch zu chiffrenhaft überhöhten, nicht mehr lokal, sondern qualitativ bestimmten „Orten", die vor allem in der Apokalyptik eine Rolle spielen: der große Strom als Ort der apokalyptischen Schau (Dan 10, 4); als Herkunftsort des Gerichts über die Erde (Apk 9,14); als Grenze des Landes, die zur Zeit des Gerichts für den Angreifer überschreitbar wird (Apk 16,12); das große Meer als der Abgrund, aus dem die vier großen, antigöttlichen Tiere ihre Herkunft und ihr Wesen haben (ימא רבא Dan 7, 2f.; vgl. Apk 13,1f.). – Hiermit verwandt ist der Ausdruck תהום רב (Gen 7,11; Jes 51,10; Am 7, 4; Ps 36,7; 78,15), 'das große Urmeer'. Trotz des fehlenden Artikels dürfte auch er determiniert sein (vgl. zur Determination der bisher mit רב ohne Artikel angeführten Stellen GK § 126 y). Jedenfalls ist der mythologische Charakter des großen Urmeers, das verderbenbringend (Gen 7,11; Jes 51,10) oder befruchtend und segnend (Am 7, 4; Ps 36,7; 78,15) die Menschenwelt mächtig bestimmt, offensichtlich.

δ) Sicher idealtypisch und nicht historisch-geographisch ist auch der Ausdruck „die große Stadt" (Ninive) aufzufassen (העיר הגדולה Jon 1, 2; 3, 2; 4,11 sowie Gen 10,12: Glosse, die ursprünglich auf Ninive zu beziehen ist? Vgl. H. Gunkel, Genesis [3]1910, 88 u.a.). Die große Stadt bezeichnet hier als repräsentatives Bild die heidnische Weltmacht (anders Jer 22, 8, wo das zerstörte Jerusalem als 'diese große Stadt' – mit Demonstrativpronomen – angesprochen wird). Auch dieser Ausdruck wird zu einer apokalyptischen Chiffre und meint dann die gottfeindliche Weltmacht (vgl. בבל רבתא Dan 4, 27; Judith 1,1; Apk 11, 8; 16,19; 17,18; 18,10.16. 18f.; vgl. auch Apk 17,15; 14,18). – Den Prozeß einer gewissen Typisierung wird man auch für den Ausdruck „die große (und furchtbare) Wüste" (המדבר הגדול Deut 8,15; vgl. המדבר הגדול והנורא ההוא Deut 1,19; המדבר הגדול הזה Deut 2,7) voraussetzen müssen. Von der großen Wüste ist hier nicht mehr als von der realgeschichtlichen Gegend der einstigen Wanderung, sondern in ihrer Qualität als Ort der Prüfung und Gottesbegegnung die Rede (vgl. auch Apk 12, 6.14; 17, 3).

In Ez 29, 3 wird התנין הגדול (cj. aus תנים; vgl. jedoch W. Zimmerli, BK XIII/2,703: תנים als Nebenform zu תנין) meist als bildhafter Ausdruck verstanden, der den Pharao mit einem Nilkrokodil vergleicht (vgl. z.B. Zimmerli, BK XIII/2,707f.). Jedoch häufen sich in den Fremdvölkerorakeln des Ezechielbuches, besonders in Ez 28 (gegen Tyrus) und in Ez 29–32 (gegen Ägypten) die kosmisch-mythologischen Elemente derart, daß auch התנין הגדול eher als mythologische Chiffre aufzufassen ist und etwa mit 'der große Drache' o.ä. übersetzt werden muß, also kaum ein schlichter Vergleich mit einem Tier sein kann. Auch daß der Ort des התנין הגדול nicht nur inmitten der Flüsse (בתוך יאריו: Ez 29, 3), sondern auch inmitten der Meere (בימים: Ez 32, 2) liegt, weist auf den mythologischen Charakter des Ausdrucks hin. התנין הגדול meint also in mythologischer Sprache die historisch-reale Weltmacht in ihrem gottwidrigen Wesen (vgl. ähnliche Vorstellungen und Ausdrücke in Jes 27,1; Hi 3, 8 LXX; Apk 12, 3. 9; vgl. auch Apk 12, 4.7.13–17; 13, 2. 4.11; 16,13; 20, 2).

In diesen determinierten Ausdrücken kennzeichnet also גדול (wie auch das artikellose רב) entweder die realgeschichtliche, realgeographische Einmaligkeit in bestimmten Titeln oder Ortsnamen oder das übergeschichtliche, grundsätzliche Wesen einer geschichtlich-realen Wirklichkeit in mythologischen oder apokalyptischen Chiffren.

c) Die formale Unbestimmtheit von גדול wird nun außer durch den Inhalt des Bezugswortes, dem גדול beigefügt wird, und außer durch den syntaktischen Stellenwert in der Konstruktion des Satzes oder des Ausdrucks auch noch durch eine Spezifizierung des Wortes selbst gefüllt. גדול kann ohne weitere Beifügung den Alten, Älteren, Ältesten – immer im Gegensatz zu קטן in der Bedeutung der Junge, Jüngere, Jüngste – meinen und in dieser Bedeutung substantiviert oder adjektivisch-attributiv (z.B. zu בן; בת; אח), immer indes determiniert gebraucht werden (z.B. Gen 27,1.15. 27; 44,12; 1 Sam 17,13f. u.ö., insgesamt etwa 15mal). An einer Stelle hat רב ohne Artikel, dennoch wohl determiniert, dieselbe Bedeutung (Gen 25, 23 in Opposition zu צעיר).

Ebenso kann גדול ohne weitere Beifügung die Vornehmen und Mächtigen, die Reichen und Angesehenen bezeichnen (insgesamt etwa 15mal). Die Männer, die die nähere Umgebung des Königs bilden, sind die Großen des Königs (Jon 3,7; 1 Kön 10,11). Auch רב kann in diesem Sinn verwendet werden (Esth 1, 8; Jer 39,13; 41,1; vgl. auch die verschiedenen mit רב gebildeten Titel von Würdenträgern des königlichen Hofes). Ebenso bezeichnet das aram. רברבן die Würdenträger des Königs (Dan 4, 33; 5,1. 3. 9f. 23; 6,18). – Wer in der Stadt oder im Volk Rang und Namen hat, gehört zu den Großen (2 Kön 10,16; Jer 5, 5; 52,13; Nah 3,10; Mi 7, 3 u.ö.). Wenn jemand reich oder bedeutend und angesehen ist, ist er ein איש גדול (2 Kön 5,1) bzw. eine אשה גדולה (2 Kön 4, 8). Die mächtigen Könige und Führer der Völker, in deren Rang David durch Gott erhoben wird, sind die Großen der Erde (הגדולים אשר בארץ: 2 Sam 7, 9 = 1 Chr 17, 8).

d) Als Prädikat eines Nominalsatzes oder eines Satzes mit היה in der Funktion einer Kopula steht גדול etwa 80mal, davon etwa ein dutzendmal als Attribut eines prädikativen Substantivs.

Dinge oder andere zum Menschen gehörige Wirklichkeiten sind bei einem Drittel aller Stellen Subjekt. Von Menschen wird גדול etwa ein dutzendmal prädiziert. Bemerkenswert ist, daß an keiner dieser Stellen גדול das Ziel oder die Kernaussage der Einheit ist.

Daß z.B. der Stein, der den Brunnen verschließt, groß ist (Gen 29, 2), daß es noch hoch am Tag ist (Gen 29,7), daß der Haß Amnons gegen Tamar größer ist als seine frühere Liebe zu ihr (2 Sam 13,15), daß Gibeon eine große Stadt ist, größer als Ai (Jos 10, 2), daß die Städte des Landes befestigt und groß sind (Num 13, 28), diese und andere ähnliche Feststellungen betreffen einen Umstand, der für die Erzählung gewiß wichtig ist, der aber nicht in ihrem Mittelpunkt steht. Daß der Frevel Kains von ihm selbst groß genannt wird, impliziert die Bitte um Milderung der Strafe (Gen 4,13); daß Israels und Judas Frevel (Ez 9, 9) oder die Sünde der Söhne Elis (1 Sam 2,17) groß ist, begründet das Gericht; nicht der Größe der Sünde selbst, sondern ihren Folgen gilt die Aufmerksamkeit. Daß Hiob ein großer und reicher Mann ist, größer als alle Leute des Ostens (Hi 1, 3), dient mit anderem zur Vorstellung der Person, die im Mittelpunkt des Folgenden stehen wird, ist aber nicht Thema des Buches. Mit einer ähnlichen Bemerkung werden Nabal (1 Sam 25, 2), Barsillai (2 Sam 19, 33) und Naaman (2 Kön 5,1) vorgestellt, ohne daß ihr Großsein in der folgenden Erzählung noch einmal erwähnt würde. Daß Mose in den Augen der Ägypter und des Pharao groß und angesehen war (Ex 11, 3), soll verständlich machen, warum die Ägypter ihren Schmuck an die Israeliten ausliefern (vgl. M. Noth, ATD 5,73), usw. Nirgends also, wo גדול von einem Menschen oder einer menschlichen Sache prädiziert wird, ist das Großsein eigentliches Thema der Redeeinheit.

Ganz anders verhält es sich jedoch, wenn גדול von Gott, seinem Namen o.ä. ausgesagt wird. Hier bildet in der Regel גדול den Kern der Aussage, der dann lediglich explizierend entfaltet wird, oder auch den angezielten Höhepunkt, auf den das Ganze zustrebt und der den Schlüssel für alles liefert (s.u. III.1.a.b.d).

e) Die Wendung מקטן ועד־גדול, 'vom kleinsten bis zum größten', begegnet mit ihren Abwandlungen etwas über 30mal und dient, wie ähnliche Paare konträrer Begriffe, zur Bezeichnung einer Totalität (vgl. P. Boccaccio, I termini contrari come espressione della totalità in ebraico, Bibl 33, 1952, 173–190; A.M. Honeyman, Merismus in Biblical Hebrew, JBL 71, 1952, 11–18; H.A. Brongers, Merismus, Synekdoche und Hendiadys in der bibel-hebräischen Sprache, OTS 14, 1965, 100–114). Meist stehen beide Wörter indeterminiert (ohne Artikel und ohne Suffix). An etwa der Hälfte aller Stellen sind sie durch מן־ועד miteinander verbunden. Bei etwa drei Vierteln der Stellen steht klein vor groß. Als Normalform der Wendung ist demnach מקטן ועד־גדול anzusehen. In dieser Normalform dient die Wendung immer zur Bezeichnung einer Gesamtheit von Personen, nie von Sachen. Die Reihenfolge klein–groß könnte ein gewisses Gefälle, eine Bewegung vom kleinen zum großen ausdrücken (vgl. die Präpositionen מן־ועד): Das geschilderte Geschehen macht nicht bei den Kleinen halt, sondern erreicht auch die Großen. Eventuell könnte ursprünglich auch ein Schluß a minori ad maius impliziert sein, so daß die Wendung mit: Wenn schon der Kleine, dann erst recht der Große, umschrieben werden könnte.

Ist die Wendung von einer verneinten Verbalform abhängig, so muß die Verbindung durch מן - ועד, die die gemeinte Gesamtheit positiv umfaßt, vermieden werden (1 Sam 30,19 liegt constructio ad sensum vor: 'es fehlte ihnen nichts' hat positive Bedeutung und duldet darum מן־ועד; Jer 50, 3; 51, 62 steht ein ähnlicher Merismus mit מן - ועד in einem negativen Satz, die gemeinte Totalität ist aber als logisches Subjekt positiv betrachtet). Statt dessen steht אן, das mit '(weder-) noch' wiedergegeben werden muß (Num 22,18; 1 Sam 22,15) oder einfache Syndese durch ו (1 Sam 20, 2; 25, 36; 1 Kön 22, 31; die Asyndese 2 Chr 18, 30 dürfte auf Textverderbnis zurückzuführen sein, vgl. BHK und W. Rudolph, HAT I/21, 255). – Sowohl die Determination durch den Artikel als auch die Setzung des Pl. oder beides zugleich tritt dann auf, wenn nicht allgemein und indifferent klein und groß als die äußersten Glieder einer kontinuierlichen, nicht weiter gegliederten Gesamtheit gemeint sind, sondern prägnant zwei von sich her einander entgegenstehende Gruppen, aus denen die Gesamtheit besteht: die Vornehmen und die Geringen im Volk (Ps 115,13; Jer 16, 6); die Anführer und die Mannschaften im Heer (2 Chr 18, 30; im Paralleltext 1 Kön 22, 30 ohne Artikel); oder auch die großen und kleinen Tiere (Ps 104, 25). Offensichtlich sind zwei Gruppen von besser Gestellten und Minderen im Blick an allen mit כ - כ konstruierten Stellen, an denen klein und groß immer durch den Artikel determiniert sind (Dt 1,17; 1 Chr 25, 8; 26,13; 2 Chr 31,15). Diese Verbindung durch כ - כ sowie die einfache Syndese durch ו (Jer 16, 6; Hi 3,19) betont die unterschiedslose Gleichheit der Gruppen, in die sich die gemeinte Gesamtheit gliedert: der Kleine, Unerfahrene, Jüngere, weniger Angesehene genauso wie der Große, Erfahrene, Ältere, Angesehene. – Die Gemeinsamkeit der beiden entgegengesetzten Gruppen wird an zwei Stellen durch die Verbindung mit עם hervorgehoben (Ps 104, 25; 115,13).

Wie die Determination durch den Artikel dürfte auch die Determination durch ein Suffix zu deuten sein (Jer 6,13 – die sekundäre Wiederholung des Textes in Jer 8,10 bildet die auffällige suffigierte Ausgestaltung der Wendung auf ihre Normalform zurück; Jer 31, 34; Jon 3, 5; vgl. Judith 13,13). Darüber hinaus könnte das Suffix eine gewisse Distanzierung von der gemeinten Gesamtheit ausdrücken: des Redenden von den Angesprochenen (Jer 6,13; auch Jer 31, 34?); des Jona von den bußwilligen Niniviten (Jon 3, 5); der gläubigen Judith von ihren verzagten Volksgenossen (Judith 13,13).

An sieben Stellen steht abweichend von der Normalform groß vor klein. Diese Reihenfolge dürfte kaum so zu deuten sein, daß sie das erste Glied, die Großen, besonders betonen will. Ausgeschlossen ist dieses Verständnis der Reihenfolge in 2 Chr 31,15, wo die Konstruktion mit כ – כ gerade die Gleichheit der beiden Gruppen zum Ausdruck bringt. Auch die Verbindung mit ו in Jer 16, 6 dürfte eher die Gleichheit beider Gruppen im gemeinsamen Todesschicksal betonen, so daß keine besondere Hervorhebung der Großen angenommen werden muß. Ebenso wird in 1 Sam 20, 2 die Verbindung durch או eine besondere Akzentuierung des ersten Gliedes, der großen Dinge, ausschließen. Die anderen vier Stellen mit der Reihenfolge groß – klein werden mit מן–ועד konstruiert. Durch diese beiden Präpositionen wird eine Bewegung, ein Gefälle zum zweiten Glied der Formel ausgedrückt, so daß also gerade auf 'klein' besonderes Gewicht gelegt wird, während die Großen eher selbstverständlich am jeweiligen Vorgang beteiligt sind. So stehen in Esth 1, 5 offenbar nicht die Vornehmen im Vordergrund, denn daß sie zum Mahl des Königs eingeladen sind, ist leicht begreiflich; vielmehr soll gesagt werden, daß sich die Gunst des Königs nicht auf die Großen beschränkt, sondern sich gerade auch auf die Geringen erstreckt. In Esth 1, 20 wird festgesetzt, daß die Männer bis zum Geringsten und Letzten im Hause vorstehen sollen. Ähnlich meint in Jon 3, 5 die Nachstellung von 'klein', daß alle Niniviten bis auf den letzten Mann das Bußkleid anziehen (vgl. Jon 3,7f.: die Menschen – was selbstverständlich ist – und sogar das Vieh – was außergewöhnlich ist und betont werden muß – sollen Buße tun). Auch 2 Chr 34, 30 betont die Nachstellung von 'klein' (abweichend vom Grundtext 2 Kön 23, 2), daß ganz Israel bis auf den letzten Mann, auch noch der Geringste, den man leicht außer acht lassen könnte, auf die Verlesung des Bundesbuches hört.

Am 6,11 begegnet 'groß und klein', singularisch und determiniert als Attribut zu Haus. Hier liegt wohl keine Abwandlung der meristischen Wendung vor (anders z.B. H.W. Wolff, BK XIV/2, 328), sondern es ist an zwei bestimmte Häuser, wohl an das Winterhaus und das Sommerhaus des Königs gedacht (vgl. Am 3,15). – Ebensowenig hat Gen 44,12 mit der Totalitätsbezeichnung klein – groß zu tun. Daß Josef mit der Untersuchung des Gepäcks beim Ältesten anfängt und beim Jüngsten, dem Lieblingssohn des Vaters endet, betont nicht, daß er das Gepäck aller durchsuchte, sondern dramatisiert den Vorgang und läßt das Geschehen beim Jüngsten seinen Höhepunkt finden.

3. Vom Stamm גדל werden außer dem Adjektiv גדול noch die beiden Substantive *gōdæl* und *g*^e^*dullāh* gebildet. Im MT ist *gōdæl* 13mal, außerdem noch Ex 15,16 cj., *g*^e^*dullāh*/*g*^e^*dūlāh* 12mal und ein weiteres Mal Sir 3,18 belegt. Als Substantiv wird außerdem der fem. Pl. von גדול verwandt (11mal).

a) *gōdæl* bildet keinen Pl. Es meint Größe im Sinne einer Eigenschaft, einer eher abstrakten und formalen Qualität, die einem Konkreten zukommt. *gōdæl* kann positive und negative Wertung tragen. – In Jes 9, 8 ist vom Hochmut des Herzens (גדל לבב parallel zu → גאוה) die Rede, aus dem heraus die Bewohner Samariens ihre überheblichen und selbstsicheren Reden führen. In Jes 10,12 begegnet derselbe Ausdruck (parallel zu רום עיניו) und kennzeichnet die Haltung des Königs von Assur, in der er prahlerisch seinen Auftrag eines Strafwerkzeuges Israel gegenüber in absolute Herrschaft aus eigener Vollmacht verkehren will. In Ez 31, 2.7.18 meint *gōdæl*, verbunden mit כבוד (v.18) und Schönheit (יפי v. 3.7f.) die Größe und Herrlichkeit des als Weltenbaum vorgestellten Pharao, die ihm Anlaß zu Hochmut und Sturz wurden. – Wenn also *gōdæl* einem Menschen zugeschrieben wird, ist immer auch die Überheblichkeit und das widergöttliche Rühmen des Menschen im Blick. – An allen übrigen Belegstellen bezeichnet *gōdæl* die Kraft und erhabene Größe Gottes, die in seinem Geschichtshandeln offenbar wird (Num 14,19: Deut 3, 24; 5, 24; 9, 26; 11, 2) und die im Hymnus gepriesen wird (Deut 32, 3; Ps 79,11; 150,2; s.u. II.c).

b) Was das allgemeinere und abstraktere *gōdæl* nur gelegentlich (Ez 31, 2.7.18) beinhaltet, macht die eigentliche Bedeutung von *g*^e^*dullāh* aus: Es meint die herrscherliche Hoheit, den Glanz um die Würde Gottes oder eines Menschen, der einen besonderen Rang bekleidet. Im Gegensatz zu *gōdæl* wird *g*^e^*dullāh* darum immer positiv gewertet. – In Esth 1, 4 bezeichnet es die glanzvolle Macht des Ahasveros (יקר תפארת גדולתו parallel zu עשר כבוד מלכותו), in Esth 6, 3; 10, 2 den Rang und die Würde, die Mardochai vom König verliehen bekommt; in Ps 71, 21 das Ansehen und die unbedrohte Stellung, die der (königliche?) Beter von Gott wieder zu erlangen hofft; in Sir 3,18 die irdische Größe, die Hoheit nach dem Maßstab der Welt (גדולת עולם), angesichts derer sich der Mensch gering machen soll, um vor Gott Erbarmen zu finden. In 1 Chr 29,11 steht *g*^e^*dullāh* in einer Reihe mit → גבורה Kraft, → תפארת Pracht, → נצח Glanz, → הוד Herrlichkeit, ממלכה Königtum und מתנשה Erhabenheit und bezeichnet das universale Herrschertum Gottes.

Auch im gestörten Text 2 Sam 7, 21 = 1 Chr 17,19 wird *hagg*^e^*dullāh* nicht die Großtat(en) bedeuten, die Gott um Davids willen getan hat, sondern daß Gott David und seinem Haus durch die Erwählung eine herrscherliche Stellung zugewiesen hat; עשה mit *g*^e^*dullāh* hat dann hier wie in Esth 6, 3 den Sinn von 'verleihen, zuweisen'. – In 1 Chr 17, 21 ist גדלות, von den Massoreten als Pl. von *g*^e^*dullāh* punktiert, wohl an das sekundäre *nōrā'ōt* von 2 Sam 7, 23 angeglichen; Chr hat wohl den auch in Deut 10, 21 u.ö. neben *nōrā'ōt* belegten femin. Pl. des Adjektivs *gādōl* gelesen (ähnlich auch 1 Chr 17,19c). – In Ps 145, 3 meint *g*^e^*dullāh* die königliche Pracht und Herrlichkeit Gottes. Das Wort begegnet im selben Psalm noch einmal (v. 6); MT und Hieronymus lesen hier den Pl., Qere und die anderen alten Übersetzungen den Singular. Der Pl. würde jedoch den Chiasmus der beiden einzigen durch ו verbundenen Verse des alphabetischen Psalms zerstören.

Somit fallen also die drei Belege für pluralisches *g^edullā* weg, so daß *g^edullāh/g^edūlāh* immer die Würde und herrscherliche Hoheit (Gottes oder eines oder mehrerer Menschen) bedeutet.

c) Das aram. *r^ebū* hat an den fünf Belegstellen im MT eher die spezielle Bedeutung von *g^edullāh* als die allgemeinere von *gōdæl*. Dan 4, 19 bezeichnet *r^ebū*, wie *gōdæl* in Ez 31, 2. 7. 18, die universale Größe und Vormachtstellung des als Weltenbaum vorgestellten Königs. Dan 4, 33 bezeichnet es, neben הדר 'Herrlichkeit' und זיו 'Glanz', direkt und ohne Bild die von Gott erneuerte Herrscherstellung Nebukadnezars. Dasselbe meint es in Dan 5, 18f., wo es mit מלכו 'Königtum', יקר 'Würde' und הדר 'Herrlichkeit' in einer Reihe steht. Nach Dan 7, 27 wird diese universale Vorrangstellung (*r^ebū* neben מלכו 'Königreich' und שלטן 'Herrschaft') dem Volk der Heiligen des Höchsten verliehen (vgl. 2 Sam 7, 23).

d) Der substantivierte femin. Pl. von גדול *g^edōlōt* bezeichnet in Ps 12, 3 die großen Dinge, die die Feinde des Beters prahlerisch und selbstherrlich aussprechen. In Dan 7, 8 meint sein aram. Äquivalent das lästerliche Reden des Mauls, mit dem das kleine Horn ausgestattet ist (ממלל רברבן; vgl. מליא רברבתא Dan 7, 11; Apk 13, 5). In Ps 131, 1 werden mit *g^edōlōt* die großen und erhabenen Dinge bezeichnet, deren sich der Beter im Vertrauen auf Gott in Selbstbescheidung begibt, in Jer 45, 5 das ausgezeichnete Geschick, die großen Dinge, die Baruch für sich nicht beanspruchen oder erwarten soll. Einmal steht *g^edōlōt* für die großen Taten des Elisa, die Wunder, die er wirkte (2 Kön 8, 4), an den übrigen Stellen (Jer 33, 3; Ps 71, 19; 106, 21; Hi 5, 9; 9, 10; 37, 5; außerdem noch 1 Chr 17, 19. 21 cj) für die großen das menschliche Planen und Begreifen übersteigenden Taten Gottes in Natur und Geschichte.

4. Das Verb *gādal/*gādel* (Joüon § 41f.) ist im MT insgesamt 121mal belegt: *qal* 54mal, dazu noch Gen 26, 13 cj גדול, außerdem findet sich 3mal (ohne Gen 26, 13) das einem Ptz. *qal* gleichzusetzende Adjektiv *gādēl* (BLe § 43 p); *pi* 25mal, dazu 1 Kön 11, 20 cj *watt^egadd^elēhū*; 1 Chr 17, 10 cj *wa'^agaddælkā* (vgl. LXX und die meisten Kommentare; anders W. Rudolph, HAT I/21, 130) und Sir 49, 11; *pu* 1mal; *hiph* 34mal. An einigen wenigen Stellen hat das hebr. רבה *qal* (Ez 19, 2; Kl 2, 22; Hi 33, 12) und *pi* (Ez 16, 7: 2mal) die Bedeutung von גדל. Das aram. Äquivalent für גדל (רבה) ist 4mal im *pe'al* und 1mal im *pa'el* belegt.

a) Meist werden Verbalsätze mit dem sog. Zustandsverb גדל *qal* nicht anders übersetzt und aufgefaßt als Nominalsätze mit *gādōl* als prädikativem Nomen. Jedoch besteht „bei Nominalsätzen mit adjektivischem Prädikat ... und bei Verbalsätzen mit finitem Vorgangsverb ... für das Hebräische ein Unterschied" (Jenni 26; vgl. auch D. Michel, VT 6, 1956, 55 zu *mālak/mælæk*). Während die nominale Form der Aussage mit גדול eine Stellungnahme oder Einschätzung zum Ausdruck bringt, durch die der Sprecher von sich aus den Zustand des Subjekts beschreibt, haben „die Verbalsätze" (mit גדל *qal*) „ein Sich-groß-Erweisen zum Gegenstand" (Jenni 32), haben also die Wirklichkeit und Wirksamkeit des Subjekts im Blick, wie es sich von sich her der allgemeinen Erfahrung darbietet. גדל *qal* meint also nicht den Zustand des Großseins, sondern den Vorgang des Sich-als-groß-Erweisens.

In diesem allgemeinen Sinn von Sich-als-groß-Erweisen steht גדל *qal* allerdings nur selten: vom Klagegeschrei (Gen 19, 13); von der Trauer (Sach 12, 11); vom Schmerz (Hi 2, 13); von Schuld oder Sünde (Kl 4, 6; Esr 9, 6); dazu noch: die Ägypter mit dem großen Glied (*gidlē bāśār* Ez 16, 26). An der Mehrzahl der Stellen hat גדל *qal* eine speziellere Bedeutung. 20mal meint es das Wachsen und Großwerden von Kindern (Gen 21, 8. 20; 25, 27; 38, 11. 14; Ex 2, 10f.; Ri 11, 2; 13, 24; Ruth 1, 13; 1 Sam 2, 21; 3, 19; 1 Kön 12, 8. 10 = 2 Chr 10, 8. 10; 2 Kön 4, 18; Ez 16, 7; Hi 31, 18) und einmal von einem Tier (2 Sam 12, 3). Das hebr. רבה *qal* hat in Ez 16, 7 2mal dieselbe Bedeutung. Das aram. רבה *pe'al* meint in Dan 4, 8. 17 (2mal) das Heranwachsen eines Baumes, der zum Weltenbaum wird (mit dem Beiton des Übermütigen und Überheblichen), in Dan 4, 30 das Wachsen der Haare und der Nägel. – An allen übrigen Stellen bedeutet גדל *qal* das Bedeutsamwerden, Einfluß-, Reichtum- und Macht-Gewinnen des Menschen (18mal) oder das Sich-als-mächtig-Erweisen Gottes bzw. seines Namens, seiner Kraft, seiner Werke (9mal; s.u. III. 1. b). Bei Menschen stellt גדל *qal* deren Mächtigwerden oder Mächtigsein selten lediglich neutral beschreibend fest (Pred 9, 2: der königliche Prediger; Gen 41, 10: Pharao in seiner königlichen Herrschaft), sondern meint entweder das eigenmächtige, unrechtmäßige, überhebliche Geltendmachen und zur-Wirkung-Bringen einer Größe, die Überlegenheit über andere verschafft (Jer 5, 27: die Gottlosen im Volk; Sach 12, 7: das Haus David; Dan 8, 9f.: das kleine Horn) und berührt sich damit eng mit dem innerlich transitiven Gebrauch von גדל *hiph* (s.u. c). Oder es spricht davon, daß ein einzelner durch Gottes Segen oder dadurch, daß Gott mit ihm ist, Größe und Ansehen erwirbt und betätigt (Gen 24, 35: Abraham; Gen 26, 13: Isaak; Gen 48, 19: Ephraim und Manasse durch den Segen Josephs; 2 Sam 5, 10 = 1 Chr 11, 9: David; 1 Kön 10, 23 = 2 Chr 9, 22: Salomo durch die ihm von Gott geschenkte Weisheit; Mi 5, 3: der messianische Herrscher – s.u. III. 2. b. c). – An allen Stellen also ist nicht an Größe als eine statische Beschaffenheit gedacht, sondern an den Vorgang des Großseins, an dynamische Wirksamkeit und Mächtigkeit.

b) גדל *pi* meint zunächst allgemein, jemanden oder etwas in den Zustand versetzen, der durch das Adjektiv *gādōl* beschrieben wird (vgl. Jenni 275). Die einzelnen Sinnfelder, in denen גדל *pi* angetroffen wird, entsprechen ziemlich genau denen von גדל *qal*. Einmal meint גדל *pi* die Aktivität, die eine Pflanze oder Kinder groß macht, d.h. Pflanzen o.ä. zum Wachsen bringt und die Kinder erwachsen macht. So läßt der Naziräer sein Haupthaar wachsen (Num 6, 5); der Regen, das Wasser einen Baum (Jes 44,14; Ez 31, 4); Gott oder Jona eine Staude (Jon 4,10). Söhne sind in der Fülle ihrer Jugend wie hochgewachsene Pflanzen (Ps 144,12: Ptz. *pu*; ein ähnlicher Vergleich ohne גדל Ps 128, 3; Sir 50,12). – Wenn גדל *pi* das Großziehen von Kindern bezeichnet, meint es nicht nur das bloße Davonbringen trotz der großen Kindersterblichkeit, sondern darüber hinaus auch: aus den Kindern „etwas machen", sie „etwas werden lassen", wie die 2mal belegte Parallele von גדל *pi* mit רום *pi* deutlich macht (רום *pi* ohne גדל im Kontext der Erziehung: Hos 11,7 cj; Spr 4, 8). Gelegentlich impliziert גדל *pi* den Gedanken einer Erziehung als Vermittlung von Weisheit und höfischer Bildung (2 Kön 10, 6; Dan 1, 5; außerdem 1 Kön 11, 8 cj.) und berührt sich damit mit anderen Verben, die die erzieherische Unterweisung bezeichnen können. Die Parallelen zu גדל *pi*: חיל (Jes 23, 4) und ילד (Jes 49, 21; 51,18; vgl. Jon 4,10: עמל und גדל *pi*; außerdem Num 11,11f. ohne גדל *pi*) zeigen, daß bei גדל *pi* auch an die Mühen gedacht sein kann, die das Gebären und Aufziehen von Kindern mit sich bringt. In diesen Mühen wird man auch öfter die fürsorgende Zuneigung des Erziehers mithören müssen. – An einer Stelle ist JHWH das Subjekt von גדל *pi* im Sinne von Erziehen (Jes 1, 2), an einer weiteren Stelle Subjekt von ästimativem גדל *pi* in der Bedeutung von Aufmerksamkeit schenken, beachten, als etwas Großes ansehen (Hi 7,17 – anders, aber kaum zu Recht, H.Wildberger, BK X 12). Das hebr. רבה *pi* hat an zwei Stellen ebenfalls die Bedeutung von Aufziehen, Großbringen (Ez 19, 2: die Löwin ihre Jungen; Kl 2, 22: Zion ihre Kinder).

11mal meint גדל *pi*, einem einzelnen Menschen Rang und Würde verleihen oder ihn darin bestätigen, ihn auszeichnen oder ihm eine besondere Aufgabe zuweisen. 3mal ist dies von einem menschlichen König gesagt (Esth 3,1; 5,11; 10, 2; dazu noch das aram. רבה *pa'el* in derselben Bedeutung: Dan 2, 48). An den übrigen Stellen ist es Gott, der einen Menschen in dem Sinne groß macht, daß er ihn in eine besondere Stellung bringt (s.u. III. 2. b.c). – Daß Menschen ihrerseits die Größe Gottes, die sie in seinem Handeln erfahren haben, anerkennen und preisend bekennen, wird 2mal mit גדל *pi* ausgedrückt (Ps 34, 4; 69, 31; deklaratives *pi'el*, vgl. Jenni 40–43).

c) Während also גדל *pi* die Herbeiführung des Zustands bezeichnet, der durch das Adjektiv גדול beschrieben wird, meint גדל *hiph* zunächst allgemein, den Vorgang veranlassen, den das finite Verb im *qal* bezeichnet: veranlassen, daß sich Größe als wirklich und wirksam erweist (vgl. Jenni 33–36). Das Subjekt von גדל *hiph* ist immer Gott oder ein Mensch, also immer eine Person, die eigener Aktivität fähig ist (Widder Dan 8, 4; Bock Dan 8, 8; Horn Dan 8,11 stehen bildlich für Personen oder personifizierte Mächte; 1 Sam 20, 4 ist korrupt). Eine Ausnahme hiervon stellt 1 Chr 22, 5 dar, wo der Tempel Subjekt von גדל *hiph* ist. Hier wird jedoch der Tempel als etwas aktiv Wirkendes angesehen, das aus eigener Wirkmacht seine weltweite Bedeutsamkeit und Größe selbst erweisen wird.

α) Von גדל *hiph* ist nie eine Person als Objekt (d.h. als Subjekt des veranlaßten Großseins) abhängig (das spricht gegen die von KBL u.a. für 2 Sam 7,11 vorgeschlagene Konjektur והגדילך), und nur an wenigen Stellen eine in sich bestehende, von anderem losgelöste Sache (Holzstoß Ez 24, 9; Gewichtstein Am 8, 5; eventuell kann hier noch genannt werden die Freude, Jes 9, 2, sowie die Weisung, Jes 41, 21, die Gott groß sein läßt, und seine Weisheit, Pred 1,16, die der Prediger groß sein läßt). Alle anderen vorkommenden Objekte zu גדל *hiph* bezeichnen etwas, das beinahe als ein Teil des Subjekts gelten kann oder doch als etwas direkt aus ihm Entspringendes und ihm bleibend Zugehörendes gedacht ist oder das ein integrierendes Moment der durch גדל *hiph* ausgedrückten Wirksamkeit des Subjekts ausmacht. Als solche „Objekte" kommen vor: mit Menschen als Subjekt: פה (Ob 12); mit Gott als Subjekt: שם (Ps 138, 2); חסד (Gen 19,19); ישועות (Ps 18, 51 = 2 Sam 22, 51); תושיה (Jes 28, 29); dazu noch 4mal adverbielles גדל *hiph* mit dem Infinitiv לעשות in der Funktion eines Objektes (Jo 2, 20f.; Ps 126, 2f.; in 1 Sam 12, 24 dürfte elliptisches לעשות anzunehmen sein. – Vgl. GK § 114, m und n). Mit diesen „Objekten" hat גדל *hiph* weniger einen transitiven als eher einen medialen Charakter und meint eigentlich, sich selbst in seinem Reden, in seiner Manifestation (שם), in der erwiesenen Gunst und Hilfe, im Tun und Wirken als groß erweisen.

β) Bei etwa der Hälfte aller Belegstellen für גדל *hiph* fehlt jedes Objekt, das Verb wird hier innerlich transitiv verwendet, d.h. das Subjekt des Veranlassens und das Subjekt des veranlaßten Vorgangs, nämlich die Größe zur Wirkung und Wirksamkeit zu bringen, ist dasselbe (vgl. Jenni 46–48). Das Subjekt des innerlich transitiven גדל *hiph* ist, von einer Ausnahme (1 Chr 22, 5:

Tempel) abgesehen, immer ein Mensch, und sein Sinn ist immer negativ. Innerlich transitives *hiph* von גדל meint immer, sich unrechtmäßig, überheblich und vermessen als groß gebärden, sich aufspreizen, über (על) andere triumphieren (15mal, davon 5mal ohne ausdrückliche Nennung dessen, demgegenüber das Großtun geschieht).

In diesem negativen Sinn von Großtun findet sich גדל *hiph* zunächst im Klagelied eines einzelnen (Ps 35, 26; 38,17; 41,10: hier ist עקב zu streichen; Ps 55,13; Kl 1, 9; Hi 19, 5 in der anklagenden Frage den Widersachern gegenüber) als ein Element der Beschreibung der Feinde und ihres Tuns. An diesen Stellen zeigt sich das Großtun der Feinde immer in Worten, die den Klagenden in dem Elend, das ihn bereits getroffen hat, verhöhnen und schmähen. Im Kontext finden sich Wörter wie: לחץ, חרף, כלם, שמח, צחק, אמר, מלים; außerdem direkte Zitate der Schmähworte. Das Großtun richtet sich nicht gegen Gott, sondern immer gegen den klagenden Menschen. Die Erwähnung des Großtuns dient aber wie die Schilderung der Not überhaupt als Motivation der erbetenen Hilfe Gottes. Das ist möglich, weil die Verhöhnung des elenden Menschen zugleich Gott, den Garanten und Grund des Rechts und der rechten, lebenermöglichenden Ordnung, verhöhnt (vgl. H. Gunkel, Einleitung in die Psalmen, 199f.).

Der Ausdruck begegnet sodann in prophetischen Gerichtsreden gegen östliche Nachbarvölker Israels (gegen Moab, Jer 48, 26. 42; gegen die Berge von Seir, Ez 35,13; gegen Moab und die Ammoniter, Zeph 2, 8), auch hier immer im Zusammenhang des Gespöttes und Hohns Israel gegenüber (im Kontext: שחק; חרף; חרפה; גדופה; נאצה; דברים; dazu Zitate der Schmähworte). Das Großtun dieser Feinde wird jeweils erwähnt, um das angesagte Gericht zu begründen, gehört also zur Schelte. Die Stilisierung des Scheltworts als Jahwerede sowie die grundsätzliche Solidarität Gottes mit dem geschmähten Israel, die in diesen Gerichtsworten vorausgesetzt ist, ermöglicht es, daß Gott 3mal die Schmähung Israels direkt als ein Großtun „gegen mich" bezeichnen kann (Jer 48, 26. 42; Ez 35,13). Daß das Großtun des Menschen immer konkret in großsprecherischem Höhnen und Schmähen geschieht, läßt darauf schließen, daß der Ausdruck gattungsgeschichtlich seinen ursprünglichen Ort im Klagelied gehabt hat (triumphierendes Höhnen und Schmähen gehört hier zur Charakteristik der Feinde des Beters – vgl. C. Westermann, Struktur und Geschichte der Klage im AT, ZAW 66, 1954, 62f.; H. Gunkel, Einleitung in die Psalmen 194f. 197. 199) und erst sekundär in prophetischen Gerichtsworten gegen bestimmte Fremdvölker verwandt wurde. Aus dem Motiv, das in der Klage Gott vor Augen gestellt wurde, um ihn zum helfenden Eingreifen zu bewegen, wurde die Begründung dieses bereits als gewiß angesagten Eingreifens.

Die apokalyptische Schilderung des großen Widersachers Gottes und seines Volkes ist die dritte Gattung, in der innerlich transitives גדל *hiph* im Sinne des Großtuns und sich vermessen Gebärdens begegnet. In Dan 8, 4. 8 bezeichnet es das Übermächtigwerden von Weltreichen, die keinerlei andere Herrschaft mehr neben sich dulden; in Dan 8,11. 25 den maßlosen und vermessenen Absolutheitsanspruch der Weltmacht, deren Gewalttätigkeit zugleich antigöttlich und antihuman ist: Sie achtet kein Recht eines anderen mehr, weder das des Menschen („skrupellos bringt er viele um") noch auch das Gottes („er stellt sich gegen den Fürsten der Fürsten"). Der Zusammenhang solcher apokalyptischer Vermessenheit der Weltmacht mit lästernden Reden, der in Dan 8 (sowie in Jo 2, 20, wenn hier nicht eher wie in Jo 2, 21 Gott Subjekt von גדל *hiph* ist) nicht mehr erwähnt ist, wird in Dan 11, 36f. (גדל *hitp*), der sachlichen Parallele zu Dan 8, ausdrücklich vermerkt. Daß sich der König über jeden Gott und schlechthin über alles erhebt, zeigt sich u.a. auch darin, daß er gegen den Gott der Götter „Erstaunliches redet" (vgl. auch Apk 13, 5).

γ) גדל *hitp* hat also in Dan 11, 36f. eine ähnliche Bedeutung wie innerlich transitives גדל *hiph*. Auch in Jes 10,15 bezeichnet התגדל den Absolutheitsanspruch der Weltmacht, die in ihrem Prahlen mit Gott nicht mehr rechnet. – Einmal steht גדל *hitp* mit Gott als Subjekt (Ez 38, 23 neben קדש *hiph* und ידע *niph*) und meint den Selbsterweis Gottes, in dem er seine Größe und Unvergleichlichkeit vor dem Forum der Völker so kundgibt, daß sie ihn erkennen (zu der in der Übersetzung kaum wiederzugebenden Unterscheidung von innerlich transitiven גדל *hiph* und גדל *hitp* vgl. Jenni 49).

III. 1. Die Rede von der Größe Gottes im AT entstammt zwei traditionsgeschichtlich völlig verschiedenen Bereichen. Dementsprechend lassen sich auch zwei verschiedene Gruppen sprachlicher Ausdrucksmöglichkeiten feststellen, die die Größe Gottes unter einem jeweils besonderen Blickpunkt und innerhalb eines jeweils besonderen Sinnzusammenhangs sehen und zur Sprache bringen. Der eine Bereich, in dem von Gottes Größe gesprochen wird, ist die Zionstradition, wie sie sich vor allem in den Zionsliedern und JHWH-Königs-Hymnen des Psalters findet. Der andere ist die im Glauben von Israel erfahrene und ausgesprochene Geschichtsmächtigkeit JHWHs, die in verschiedenen literarischen Komplexen des AT bezeugt ist und hinsichtlich ihrer Thematisierung unter dem Stichwort Größe Gottes in der dtr Theologie ihren konzentriertesten Ausdruck gefunden hat. Im Gang der at.lichen Überlieferung mischen sich beide Bereiche und beide Redeweisen von Gottes Größe und befruchten sich gegenseitig.

a) Der Hymnus Ps 48 beginnt ohne die eigentümlich israelitisch-hymnische Einleitung unvermittelt mit dem Ausruf: Groß ist JHWH. Dieser reine Nominalsatz spricht JHWH nicht an, sondern redet von ihm in der dritten Person, ist also nicht eigentlich Gebet zu Gott, sondern Proklamation unter Menschen. Das Prädikatsnomen גדול steht an erster Stelle vor dem Subjekt JHWH und trägt somit den Ton des Satzes. Ein solcher Nominalsatz mit גדול als Prädikat analysiert nicht wie ein Verbalsatz mit dem finiten Verb גדל eine Gesamterfahrung, sondern trägt eine Stellungnahme des Sprechers an die in Rede stehende Wirklichkeit heran (synthetische Aussage: Jenni 26–33).

An anderer Stelle im Aufbau des Hymnus begegnet der Ausdruck noch in einigen anderen Psalmen (96, 4; 145, 3; 147, 5 = 1 Chr 16, 25; variiert – der Heilige Israels als Subjekt – Jes 12, 6). An zwei weiteren Stellen ist das Prädikat erweitert zu אל גדול (Ps 86,10; 95, 3), einmal zu מלך גדול (Ps 47, 3). In Ps 135, 5 und Ex 18,11 findet sich der Ausdruck nach ידעתי: 'ich habe erkannt, ich bin gewiß', als eine Art Bekenntnisformel eines einzelnen (ידעתי als Einleitung einer Bekenntnisaussage noch in Ps 119,75.152 und häufig in den Hōdājōt von Qumran). In Ps 86,10 und Jer 10, 6 wird JHWH angeredet. Einmal steht das Subjekt an erster Stelle vor גדול (Ps 99, 2). Diese Wortstellung mit ihrer polemisch abwehrenden Betonung (JHWH und nicht ein anderer ist groß; vgl. auch הוא יהוה: Ps 48,15), die Formulierung in der zweiten Person sowie die reflektierende Frage: Wer ist groß, wenn nicht JHWH? (Ps 77,14) dürften sekundäre Abwandlungen der Grundform des Ausdrucks darstellen.

Die syntaktische Verbindung mit dem Kontext ist in Ps 48 und an den meisten anderen Belegstellen verhältnismäßig lose. Die relative Festigkeit des Ausdrucks in sich selbst sowie andererseits die lockere Verankerung im Kontext und die variable Stellung im Gefüge des jeweiligen Hymnus machen es wahrscheinlich, daß der Satz: „Groß ist JHWH!" ein eigenständiges Leben gehabt hat, bevor er Teil eines ganzen Hymnus wurde. – Als Sprecher könnte man an einen einzelnen denken (vgl. Ps 135, 5; Ex 18,11; Jes 12, 6; Ps 145, 3; Ps 77,14 und 86,10: hymnischer Einschub in einem Klagelied eines einzelnen). Als selbständiger Ausruf könnte der Satz jedoch ebensogut von der feiernden Versammlung insgesamt gerufen worden sein (vgl. das Pl. suffix Ps 48,1 sowie Ps 96, 4). Offensichtlich hat der Ausdruck seinen festen Platz in der kultischen Feier auf dem Zion (in unserer Gottesstadt, Ps 48,1; in Zion, Ps 99, 2; in deiner Mitte, Jes 12, 6; im Tempel unseres Gottes, Ps 135, 2). In dem Satz: „Groß ist JHWH!" dürfte also eine akklamatorische Formel enthalten sein, mit der die feiernde Gemeinde auf dem Zion sich zur Größe ihres Gottes bekannte (zur Form der kultischen Akklamation vgl. Th. Klauser, Akklamation, in: RAC I 216–233, dort weitere Literatur. – Die Existenz kultischer Akklamationen dürfte für den kanaan. Raum gesichert sein durch Ps 29, 9; Jes 6, 3; Ps 99, 3. 5. 9 u.a.).

Die Inhalte, die diese nominale Titulatur JHWHs erklären, weisen ebenfalls eindeutig auf die Zionstradition in ihrer vorjahwistischen Gestalt. Die auf dem Zion ausgerufene Größe Gottes beinhaltet vor allem ein universales Königtum über die ganze Erde sowie über alle Götter. Als die Gottesstadt, als der Nordberg, als der Mittelpunkt der Erde, durch den die Weltachse geht, als die Wonne der ganzen Erde ist der Zion die Residenz des großen Königs (קרית מלך רב Ps 48, 3 – oder des Großkönigs über Götter und Menschen? s.o. I.2.b). Hier ist JHWH als der עליון, als der Höchste, furchtbar und ein großer König über die ganze Erde (מלך גדול על־כל־הארץ Ps 47, 3. 8). Hier thront er auf seinem heiligen Thron und regiert über alle Völker (מלך ... על גוים Ps 47, 9). Ihm gehören die Schilde, d.h. die Könige der Erde (Ps 47,10; vgl. Ps 84,10; 89,19). Daß JHWH auf dem Zion groß ist, bedeutet, daß er über alle Völker erhaben ist (רם ... על־כל־עמים Ps 99, 2), daß er als der König der Völker (מלך הגוים Jer 10, 6f.) und der Herr der ganzen Erde (אדון כל־הארץ Ps 97, 5) alles regiert.

An mehreren Stellen ist noch deutlich zu erkennen, daß das Königtum des Gottes auf dem Zion über die Erde und über die Völker einen Vorrang vor den anderen Göttern einschließt. Als großer Gott ist JHWH nicht nur König über alle Welt, sondern auch und zuerst König über alle Götter (מלך ... על־כל־אלהים Ps 95, 3). Er ist nicht nur den Königen der Erde furchtbar (Ps 76,13), sondern auch und zuerst furchtbar über den Göttern (Ps 96, 4). Als der Höchste der ganzen Erde (עליון על־כל־הארץ) ist er erhaben über alle Götter (על־כל־אלהים mit עלה *niph*, Ps 97, 9). – Die Götter sind allerdings an fast allen Stellen, an denen JHWHs Größe als Herrschaft über sie interpretiert wird, aus den ursprünglich den obersten Gott umgebenden Gliedern eines Pantheon zu den Göttern der Heiden geworden, die keine Götter mehr sind; die einzigartige Vorrangstellung des höchsten und größten Gottes wurde zur Einzigkeit dieses Gottes schlechthin. Daß JHWH groß ist und furchtbar über alle Götter, ist so sehr wahr, daß diese Götter vor ihm Nichtse sind (→ אלילים Ps 96, 5; vgl. Jer 10, 6ff., beide Stellen dürften von der Götzenpolemik in DtJes beeinflußt sein). Die Götter, die sich vor JHWH niederwerfen, lassen die zuschanden werden, die ihren Bildern dienen (Ps 97,7), so daß JHWH allein der Gott ist, der Wunder tut, d.h. wirklich helfen kann (Ps 77,15) und es keinen Gott gibt wie ihn (Ps 86, 8).

Die auf dem Zion bekannte und gepriesene Größe JHWHs beinhaltet sodann, daß er der Schöpfer der Welt ist. Als der große Gott und König über alle Götter hat er die Tiefen der Erde und die Gipfel der Berge in seiner Hand, hat er das Meer gemacht und das trockene Land gebildet, ist er der Schöpfer der Menschen (Ps 95, 4–6). Während die Götter der Völker seiner Größe gegenüber Nichtse sind, die nichts zu tun vermögen, hat er die Himmel gemacht (Ps 96, 5). JHWH, größer als alle Götter, tut im Himmel und auf Erden, in den Meeren und in den Abgründen, was ihm gefällt: Er führt die Wolken herauf, macht Blitze und Regen und holt den Wind aus seinen Kammern (Ps 135, 6f.). Seine Größe trägt jene Weisheit in sich, die mit keines anderen Weisheit verglichen werden kann (Jer 10,7f.) und die unermeßlich ist (Ps 147, 5). Sie manifestiert sich in seinem Walten in der Schöpfung: Er bedeckt die Himmel mit Wolken, schafft der Erde Regen, läßt die Berge Gras hervorbringen, gibt dem Vieh seine Nahrung und den jungen Raben, die schreien, er gibt den Schnee, den Reif und den Hagel, er läßt die Wasser gefrieren und wieder tauen, er schickt seinen Wind und den Regen (Ps 147, 8f. 16–18).

Als universale Herrschaft umschließt die Größe Gottes zugleich mit der Schöpfermacht das Amt des universalen Richters, der Recht und Ordnung begründet und garantiert und das Chaos von der Menschenwelt abwehrt. JHWH, der in Salem seine Hütte hat und seine Wohnung auf dem Zion, dessen Name in Israel groß ist (Ps 76, 2f.), verkündet vom Himmel her das Gericht, so daß die Erde sich fürchtet und verstummt, wenn Gott zum Gericht aufsteht, um den Armen der Erde zu helfen (Ps 76, 9f.). JHWH, dessen Größe auf dem Zion gepriesen wird, liebt das Recht und hat die rechten Ordnungen begründet (Ps 99, 4). Seine Rechte ist voll von Gerechtigkeit, und über seine Gerichte freut sich der Zionsberg (Ps 48,11f.). – In diesen Zusammenhang gehört wohl auch das Motiv des Völkersturms. In den Türmen der Residenz des großen Königs erweist sich der Gott, der auf dem Zion thront, als Schutz, der die chaotische Masse der gegen den Zion anbrandenden Völker und Könige bannt und zurückweichen läßt (Ps 48, 4–8; vgl. Ps 76, 4–8).

Fraglich ist, wieweit hier bereits genuin israelitische Überlieferungen vom heiligen Krieg mit eingeflossen sind, jedoch ist das Völkerkampfmotiv so eng mit dem gesamten Komplex der Zionstradition verbunden, daß auch ohne direkte außerisraelitische Bezeugung angenommen werden kann, daß es vorjahwistischer Bestandteil der Zionstheologie ist. Sowohl das Königtum des obersten Gottes als auch sein Schöpferwirken und seine Gerechtigkeit begründende, chaosbannende Macht und richterliche Hoheit, die das „groß ist JHWH“ erklären, sind somit Erbe kanaanäischer, insbesondere Jerusalemer Traditionen (vgl. H. Ringgren, Israelitische Religion, 1963, 19. 61. 71–75. 147. 251; W.H. Schmidt, Alttestamentlicher Glaube und seine Umwelt, 1968, 116–171; dort weitere Literatur).

Man darf wohl annehmen, daß, wie die Inhalte, die die Größe des auf Zion verehrten Gottes auslegen und bestimmen, so auch die Form der Akklamation, in der diese Größe ausgerufen wird, aus dem vorjahwistischen Kult in Jerusalem stammt.

Diese Inhalte der Größe Gottes haben nun zwar alle in gewissem Sinn ihren Ort, nämlich den mit dem mythischen Zaphon identifizierten Berg Zion, aber sie haben nicht ihre Zeit, sondern sprechen aus, was immer gültig ist. Sie gehen also der Größe Gottes nicht voraus – etwa als deren Begründung – noch folgen sie aus ihr, sondern sagen im hymnischen Lobpreis nur genauer und im einzelnen, was die nominale Titulatur 'groß' allgemein und unentfaltet sagt. Man kann darum das Verhältnis der allgemein prädizierten Größe und ihrer einzelnen Aspekte nicht so umschreiben, daß Gott infolgedessen, daß er groß ist, dann auch König, Schöpfer, Richter ist; es gilt vielmehr: Insofern er groß ist, ist er König über Götter und Völker, insofern er groß ist, ist er Schöpfer des Alls und Richter der Welt und umgekehrt: Insofern er König, Schöpfer und Richter ist, ist er groß. Die Akklamation: „Groß ist Gott“ gibt also dem auf dem Zion verehrten Gott die oberste Stelle im Universum der Götter und der Völker, die er immer und grundsätzlich innehat als großer König, als Schöpfer der Welt und als universaler Richter. Den Charakter des Zeitlosen, immer Gültigen, den diese Gottesprädikationen ursprünglich hatten, haben sie im AT abgelegt. 'Groß' wurde zum Titel JHWHs, der keine anderen Götter neben sich kennt und darum im Gesamt einer Götter- und Menschenwelt keine Stelle mehr hat, auch nicht die höchste, sondern allem gegenübersteht. 'Groß' wurde zum Titel des Gottes Israels, der nicht Gott des mythisch verstandenen Weltbergs, sondern eines Volkes und seiner Geschichte ist.

b) Die Geschichte des Volkes Israel mit seinem Gott und die Erfahrung, die der einzelne in diesem Volk mit JHWH macht, ist der andere Bereich, in dem von Gottes Größe in einer zweiten, von der Zionstradition sehr verschiedenen Weise die Rede ist.

Der älteste uns überlieferte Hymnus Israels, das Mirjamlied, spricht von der Größe JHWHs: „Singet JHWH! Hocherhaben ist er, Roß und Reiter warf er ins Meer (Ex 15, 21; statt גדל

steht hier das sinngleiche → גאה). Von JHWHs Erhabenheit und Größe wird hier in einem reinen Verbalsatz gesprochen, dessen verbaler Charakter noch durch den zugefügten absoluten Infinitiv verstärkt wird (*gā'ōh gā'āh*). Das finite Verb schildert nun im Gegensatz zum zuständlichen Nominalsatz einen Vorgang, ein Geschehen, beschreibt also nicht JHWH in seinen Eigenschaften, sondern berichtet vom Ereignis seiner Erhabenheit. Im Gegensatz zur nominalen Titulierung: Groß ist Gott, mit der der Sprecher synthetisch sein Bekenntnis an das Subjekt heranträgt, wächst diese verbale Aussage der Erhabenheit JHWHs aus der gegebenen Erfahrung eines Ereignisses analytisch heraus (Jenni 27f. u. ö.). Durch die Wortstellung in der zweiten Hälfte des kurzen Liedes (Roß und Reiter an erster Stelle vor dem Verb) sind beide Liedhälften auch syntaktisch eng miteinander verbunden. Aus der Erfahrung der konkreten, in der Realität der Geschichte geschehenen Errettung am Schilfmeer geht Israel die Erkenntnis auf, daß JHWH der ist, der sich als erhaben und groß erwiesen hat und erweist.

Denselben ereignishaften und nicht schildernden, denselben nicht grundsätzlichen und allgemeinen, sondern aus konkretem Anlaß redenden Charakter weisen nun alle Stellen auf, an denen גדל *qal* mit JHWH als Subjekt belegt ist.

Nach Ps 35, 27, einem Klagelied eines einzelnen, wird die Errettung des Verfolgten dazu führen, daß die mit ihm Verbundenen erkennen und bekennen: „Als groß hat sich JHWH erwiesen (יגדל), der die Rettung seines Knechtes beschlossen hat" (zum Impf. am Satzanfang für eine vergangene Handlung vgl. D. Michel, Tempora und Satzstellung in den Psalmen, 1960, 132–137). – Ebenso wird nach Ps 40 die Errettung des Beters dazu führen, daß die, die JHWH suchen und sein Heil lieben, sagen: „Als groß hat sich Jahwe erwiesen (יגדל)." – Nach JHWHs Verheißung wird man in Israel das Strafgericht am prahlerischen Edom mit eigenen Augen erkennen. Aus dieser Erfahrung wird sich dann die Erkenntnis ergeben: „Als groß hat sich JHWH erwiesen (יגדל) über Israels Grenzen hinaus" (Mal 1, 5). – In Ps 92, 6 wird von JHWHs Werken gesagt, daß sie ihre Größe als wirklich und wirksam erfahren lassen (גדל *qal*). Weil JHWH David und sein Haus erwählt und weil er ihm Vorrang und Königtum gegeben hat (*g^edullāh*, s.o. I. 3. b), weiß David und spricht es im Gebet aus: „Darum und darin also hast du dich als groß erwiesen" (על־כן גדלת 2 Sam 7, 22). Wenn JHWH nun auch in Zukunft seinem Verheißungswort für immer Bestand verschafft und tut, was er gesagt hat, wird auch JHWHs Name für immer eben dadurch sich als groß erweisen (גדל *qal*, 2 Sam 7, 26).

Hierher gehören noch zwei Personennamen: *G^edaljāhū*, 'JHWH hat sich groß erwiesen' (2 Kön 25, 32ff. und Jer 39,13ff.; Jer 38,1; Zeph 1,1; Esr 10,18; 1 Chr 25, 3. 9). Diese Namenbildung (Perfekt-Nomen) ist eine speziell israelitische, in der Königszeit besonders häufige Erscheinung (IPN 21 und Anm. 2), die den Hauptton auf das prädikative Aussageelement legt (IPN 20). Ferner *Jigdaljāhū*, 'JHWH möge sich groß erweisen' (IPN 206).

Diese verbale Form der Rede von JHWHs Größe, die der gläubigen Geschichtserfahrung Israels entstammt, teilt also JHWH nicht eine Stelle im Aufbau des Universums der Götter und Menschen zu, sondern spricht von seiner unvergleichlichen Lebendigkeit und Wirkmacht in der Geschichte.

Im AT stehen nun allerdings beide Aussagereihen von Gottes Größe nicht getrennt nebeneinander, sondern die genuin israelitische Erfahrung JHWHs in der Geschichte unterläuft die ursprünglich mythische Redeweise von der Größe Gottes, ohne sie jedoch zu verdrängen, und ändert sie dadurch in ihrem Sinn.

Bevor Ps 104 in gleicher Weise wie außerisraelitische Hymnen die Schöpfungsordnung preist, ruft der Beter JHWH an: „JHWH, mein Gott, als groß erweisest du dich gar sehr" (גדל *qal* Ps 104, 1). Die hymnische Schilderung des Ewiggültigen in der Schöpfung wird zur Erzählung, die die Geschehnisse der Schöpfung als Großtaten JHWHs rühmt, die seine lebendige Größe zu erfahren geben. Ähnlich reiht Ps 147 an die Beschreibung der Schöpfungsordnungen die Offenbarung des Willens JHWHs an Israel an, deren Kenntnis Israel vor allen anderen auszeichnet (Ps 147, 19f.). Wie diese Tat wird sein Wirken in der Natur zum Erweis seiner Macht. Vor allem aber sind die Zionslieder und die JHWH-Königs-Hymnen durchsetzt mit Elementen des geschichtlichen Glaubensbekenntnisses Israels. – Auf dem israelitischen Zion weiß man von der Größe und Herrschaft JHWHs nun nicht mehr allein deswegen, weil man die Bannung des Völkersturms gegen den Zion kultisch rezitiert, sondern weil er in der Landgabe Völker und Nationen vor Israel wirklich vertrieben und für Israel dadurch ein Erbteil auserwählt hat (Ps 47, 4f.). Ps 48, der die vorjahwistischen Zionstraditionen verhältnismäßig unvermischt bietet, betont am Ende, daß alles dies, was die Größe des auf dem Zion thronenden Gottes deutet, von JHWH, dem Gott Israels, gilt: Der Gott, von dessen Größe der Psalm redet, ist JHWH, der Israel leitet (הוא יהוה Ps 48, 15). – Ähnlich betont Ps 99, 2, daß es nun JHWH, der Gott Israels, ist, der auf dem Zion groß ist (Inversion), und nach der Zitierung der alten Zionstraditionen ist hier die Rede von Mose, Aaron und Samuel, von der Antwort, die JHWH auf die Befragung durch seine Priester gab, so daß Israel seine Satzungen beobachten konnte (Ps 99, 6f.). Ps 76, der wie Ps 48 kaum genuin israelitisches Gut vorweist, weiß jedoch, daß die Größe Gottes nicht einfach auf dem Zion, sondern in Juda und

Israel bekannt ist und gerühmt wird und bezieht die Aussagen von der Größe Gottes auf dieses Volk (Ps 76,1): Der Gott auf dem Zion ist der Gott Jakobs (v.7); die Huldigung, die hier dargebracht wird, gilt JHWH (v.12). – In der Sprache des Mythos redet Ps 77,14–21 direkt vom Exodus Israels. Das Erbeben der Wasser, von dem der Mythos erzählt, geschah konkret in der Geschichte, als JHWH sein Volk durch Mose und Aaron führte.

Die innere Überwindung des mythischen Denkens und Redens von Gottes Größe zeigt sich besonders deutlich in Ps 135, 5ff. und Ex 18,11. In Ps 135, 5ff. wird die Akklamation: „Groß ist Jahwe" zum Glaubensbekenntnis des Israeliten (vgl. das einleitende ידעתי); daß JHWH es ist, der universale Herrschaft ausübt, weiß der Israelit, weil er von der Errettung aus Ägypten und der Erfüllung der Landverheißung weiß. – Ähnlich bekennt der Midianiter Jetro, daß JHWH groß ist, größer als alle Götter, weil Mose ihm von den Taten JHWHs an den Ägyptern und von der Errettung Israels aus ihrer Macht erzählt (Ex 18,11). Auch die Botschaft, die Salomo nach 2 Chr 2, 4 an Hiram richtet, dürfte diese nun israelitische Bekenntnisaussage enthalten: Das Haus, das Salomo baut, muß groß sein, denn: Groß ist unser Gott, größer als alle Götter.

Das verbal ausgedrückte Sichauswirken der Größe JHWHs, die Größe seines Geschichtshandelns wird also der nominalen Titulatur des Zionsgottes unterlegt, so daß diese Tat in den Nominalsatz „Groß ist JHWH" eingeht und ihn in seiner Form rechtfertigt, indem er seinen Inhalt modifiziert. Auf Grund der Geschichtstaten JHWHs kann Israel nicht nur von diesen Taten, sondern von JHWH selbst bekennen, daß er groß ist. Die aus dem vorjahwistischen Zionskult übernommene Akklamation teilt nun nicht mehr dem Gott, der auf dem Zaphon wohnt, eine Stellung an der Spitze eines Universums von Göttern und Menschen zu, sondern benennt auf Grund der erfahrenen Geschichtstaten JHWHs seine einzigartige und umfassende Wirkmacht in Geschichte und Natur.

c) Schon Ex 14, 31 (meist dem Jahwisten zugeschrieben) redet davon, daß die Tat JHWHs, mit der die Geschichte Israels als JHWHs Volk begann, eine große Tat war: Israel sah die große Machttat (היד הגדלה), die JHWH an Ägypten wirkte, so daß das Volk JHWH fürchtete und an JHWH und seinen Knecht Mose glaubte. – Besonders häufig aber spricht die dtr Theologie davon, daß die Herausführung aus Ägypten, die Offenbarung am Horeb und die Hineinführung Israels in das verheißene Erbland auf eine große, alles Gewohnte übersteigende Weise geschah. Die Formel, nach der JHWH Israel mit starker Hand und ausgestrecktem Arm (יד חזקה – זרוע נטויה) aus Ägypten herausgeführt hat, wird öfter durch Ausdrücke mit attributivem גדול erweitert. JHWH hat Israel herausgeführt mit starker Hand und ausgestrecktem Arm und mit seiner großen Kraft (Ex 32,11; Deut 4,37; 9,29; 2 Kön 17,36; Neh 1,10); mit großen, furchtbaren Taten (Deut 4, 34; 26, 8; Jer 32, 21); mit großen Prüfungen und Wunderzeichen (Deut 7,19; 29,2; Jos 24,17); mit der Größe seines Arms (גדל זרוע Ex 15,16 cj) oder einfach mit seiner Größe (גדל Deut 9, 26). Die anfängliche und grundlegende Offenbarung Gottes am Berg geschah in großem Feuer (Deut 4, 36; 5, 25), die Stimme der Offenbarung war eine große Stimme (Deut 5, 22). – In diesen Ereignissen hat JHWH Israel seine Größe so zu erfahren gegeben, daß sie nun von Israel gepriesen werden kann, indem seine Taten erzählend vergegenwärtigt werden (Deut 32, 3ff.; vgl. Ps 150, 2). – Die Priesterschrift nimmt die dtr Redeweise abgewandelt auf: JHWH hat Israel aus Ägypten befreit mit ausgestrecktem Arm und großen Gerichten (שפטים גדולים Ex 6, 6; 7, 4).

Ähnlich wird dann das gnädige oder strafende Wirken JHWHs zu anderen Zeiten der Geschichte als ein großes Geschehen charakterisiert, das JHWH auf große Weise wirkt. Er straft mit großem Zorn (אף Deut 29, 23. 27) und großem Grimm (חמה 2 Kön 22,13 = 2 Chr 34, 21) oder er erweist große Gnade (חסד 2 Kön 3, 6; Ps 57,11 = 108, 5; 86,13; 145, 8). Er errettet mit der Größe seines Arms (גדל זרוע Ps 79,11) und wirkt wie zu Moses Zeiten auch zur Zeit Samuels ein großes Werk (דבר גדול 1 Sam 12,16). – In der Sprache der dtr Exodustradition wird auch JHWHs Wirken bei der Schöpfung beschrieben. Wie er Israel aus Ägypten geführt hat mit starker Hand und ausgestrecktem Arm, so hat er auch Himmel und Erde gemacht mit großer Kraft (כח גדול) und ausgestrecktem Arm (Jer 27, 5; 32,17).

Die dtr Exodustheologie bringt jedoch keine Aussage hervor, die der Akklamation der Zionslieder: „JHWH ist groß" vergleichbar wäre. In dem Bereich der geschichtlichen Erfahrung der Größe JHWHs entsteht keine vergleichbare nominale Prädikation. Der Grund hierfür dürfte darin zu suchen sein, daß hier die Größe JHWHs sich in konkreten Geschehnissen der Geschichte von sich her zu erfahren gibt, und darum ein Nominalsatz als synthetische Aussage, in der der Sprecher im allgemeinen das Prädikat als seine Stellungnahme an die in Rede stehende Wirklichkeit heranträgt, nicht am Platze ist.

Wohl aber erscheint hier die Größe des Geschichtshandelns JHWHs als attributives גדול. Vom Gott der Geschichte Israels wird geredet als von dem großen und furchtbaren Gott (Deut 7, 21; Neh 1, 5; Dan 9, 4); dem großen Gott (Neh 8, 6); dem großen, starken und furchtbaren

Gott (Neh 9, 32); dem großen und furchtbaren Herrn (Neh 4, 8); dem großen und starken Gott (Jer 32,18); dem Gott der Götter, dem Herrn der Herren, dem großen, starken und furchtbaren Gott (Deut 10, 22). – In diesen vor allem in nachexilischen Gebeten belegten attributiven Bezeichnungen JHWHs werden seine furchtbaren und großen Taten gleichsam Bestandteil seines Namens, mit dem man ihn anreden kann, so daß dann auch dieser Name seinerseits groß ist (שם גדול Jos 7, 9; 1 Sam 12, 22; Jer 44, 26; vgl. Jos 7, 4: dtr?). Von diesem großen Namen, der starken Hand und dem ausgestreckten Arm JHWHs wissen nach 1 Kön 8, 42 = 2 Chr 6, 12 auch die Fremden. Nach Mal 1, 11 wird der Name JHWHs unter den Völkern vom Aufgang der Sonne bis zu ihrem Untergang groß sein, d.h. in seiner Größe anerkannt und verehrt werden.

d) Von der geschichtlichen Erfahrung der Größe JHWHs in seinen Taten her ist auch verständlich, daß der Tag JHWHs groß ist. Was immer vom Tag JHWHs, von seiner Herkunft und Bedeutung gesagt werden muß (→ יום), sicher ist jedenfalls, daß mit ihm JHWHs strafendes und zorniges Walten über die Menschen kommt. Groß ist der Tag JHWHs, weil er ein Tag des von JHWH verhängten Zornes, der Bedrängnis und der Angst ist (Zeph 1, 14ff.), ein Tag der Bedrängnis, wie es keinen sonst gibt. Wie die Taten JHWHs beim Auszug Israels aus Ägypten und wie JHWHs Name ist auch sein Tag groß und furchtbar (גדול ונורא Jo 2, 11; 3, 4; Mal 3, 23).

2. a) Nach der jahwistischen Abrahamsverheißung will Gott Abraham zu einem großen Volk machen (עשה לגוי גדול Gen 12, 2; היה לגוי גדול Gen 18, 18). Nach der Priesterschrift wird eben dies Ismael (נתן לגוי גדול Gen 17, 20), nach dem Elohisten sowohl Ismael (שים לגוי גדול Gen 21, 18) als auch Israel (שים לגוי גדול Gen 46, 3) verheißen. Israel soll „dort" in Ägypten dieses Ziel erreichen. – Außerdem wird Mose diese Verheißung von Gott angeboten (עשה לגוי גדול Ex 32, 10; Num 14, 12, beide Stellen dtr Zusätze). Ohne einen der Erzväter zu nennen, spricht Deut 4, 6f. von Israel als von einem großen Volk (גוי גדול). Der dtr Einschub in die alte Bekenntnisformel, die bei der Darbringung der Erstlinge gesprochen wurde (Deut 26, 5; vgl. L. Rost, Das kleine geschichtliche Credo, in: Das kleine Credo und andere Studien zum AT, 1964, 15. 18) nimmt die Formulierung von Gen 46, 3 auf und sagt, daß Israel „dort" in Ägypten zu einem großen Volk wurde.

Der Ausdruck, einen Mann zu einem großen Volk zu machen, wird weithin ohne nähere Differenzierung als Mehrungsverheißung verstanden, die zahlreiche Nachkommenschaft verspricht und als zweite Verheißung an die Erzväter neben die Verheißung des Kulturlandbesitzes tritt (vgl. z.B. M. Noth, Überlieferungsgeschichte des Pentateuchs 48; G.v.Rad, ThAT I^5, 182f.). גדול hätte dann an diesen Stellen die Bedeutung 'zahlreich, viel', und der ganze Ausdruck unterschiede sich nicht von jenem, daß die Nachkommenschaft zahlreich werden soll (זרע, nie mit גדל, öfter mit רבה Gen 12, 7; 13, 6; 15, 5 u.ö.; vgl. auch עם־רב Gen 50, 20; עם mit רבה Ex 1, 19). Eine stärkere Differenzierung der Väterverheißungen, wie sie bereits Westermann vorgeschlagen hat (C. Westermann, Arten der Erzählung in der Genesis, in: Forschung am AT, 1964, 18ff.), ist jedoch auch hier geboten.

An eine große Zahl von Nachkommen könnte man am ehesten noch Gen 17, 20; 21, 18 (Ismael) und Gen 46, 3; Deut 26, 5 (Israel) denken. Jedoch wird hier die Gegenwart, die zur verheißenen Zukunft in Gegensatz gesetzt wird, nicht so sehr unter dem Blickwinkel der kleinen Zahl als vielmehr dem der Bedeutungslosigkeit und Ohnmacht, der Gefährdetheit und Mittellosigkeit gesehen, so daß die mit גוי גדול benannte Zukunft eher den Rang, die Bedeutung und Gewichtigkeit des künftigen Volkes im Auge hat als die bloße Vielzahl seiner Glieder. – Offensichtlich meint גדול in Deut 4, 6f. nicht die große Zahl, die Menge des Volkes, sondern seine einmalige Würde und Bedeutsamkeit, mit der es auf Grund des besonderen Verhältnisses zu seinem Gott vor anderen Völkern ausgezeichnet ist.

Vor allem aber ist es unmöglich, in der jahwistischen Verheißung an Abraham Gen 12, 1–4a eine Mehrungsverheißung, eine Verheißung zahlreicher Nachkommenschaft finden zu wollen. Abraham soll vielmehr als der Gesegnete in der Universalität der Völkerwelt allen, die sein Gesegnetsein anerkennen, zum Segen werden. Diesem Ziel dient, daß Gott Abrahams Name groß macht (גדל *pi*, Gen 12, 3). Daß Gott Abraham zu einem großen Volk machen will, meint entsprechend, daß ihm bzw. dem Volk Israel, das durch ihn verkörpert wird, eine einmalige Stellung allen Sippen der Erde gegenüber verliehen wird. Es ist sehr wahrscheinlich, daß der Jahwist diese Verheißung nicht in den ihm vorgegebenen Traditionen vorfand, sondern sie – anknüpfend etwa an die Verheißung zahlreicher Nachkommenschaft und deren Überlegenheit über die Feinde (vgl. Gen 22, 17 u.ö.) – aus der Erfahrung des davidisch-salomonischen Großreichs und der Rolle, die Israel zu seiner Zeit in der Völkerwelt spielte, in den übernommenen Stoff der Abrahamserzählungen eintrug und die ausgezeichnete Stellung Israels im Sinne eines göttlichen Auftrags der Segensvermittlung an die Völker verstand (vgl. H.W. Wolff, Das Kerygma des Jahwisten, EvTh 24, 1964, 82–88). – גוי גדול meint also nicht primär die Vielzahl, sondern die Bedeutsamkeit und Wichtigkeit eines Volkes, in

Deut 4 und Gen 12 die universal anerkannte und universal bedeutsame Größe und Ausnahmestellung Israels gegenüber den anderen Völkern.

b) Mit der jahwistischen Verheißung an Abraham, ihn zu einem großen Volk zu machen, berührt sich eng, was Gott nach 2 Sam 7 = 1 Chr 17 für David und für Israel tut (vgl. H.W. Wolff, a.a.O., 83; zu den Zusammenhängen zwischen Davidtheologie und einzelner Themen des Jahwisten, insbesondere in Gen 2 und 3, vgl. E.Haag, Der Mensch am Anfang, 1970, 101–151). Gott verleiht David, wie es Abraham verheißen war (Gen 12, 3), einen großen Namen wie den der Großen auf Erden (2 Sam 7, 9; vgl. 1 Chr 17, 8), d.h. er gibt ihm einen Platz im Kreis der Großen der Erde. Ebenso verleiht Gott dem Volk Israel einen Namen (2 Sam 7, 23 = 1 Chr 17, 21 cj. *lō*), d.h. er zeichnet es vor den anderen Völkern aus. Er macht David groß (גדל *pi*: 1 Chr 17,10 cj. mit LXX und den meisten Kommentaren ואגדלך; anders W. Rudolph, HAT I/21, 130) und teilt sowohl David als auch dem Volk herrscherliche Würde und Macht zu (*g^e^dullāh*, 2 Sam 7, 21. 23; 1 Chr 17,19; s.o. I.3.b). – Wie in Gen 12, 2 wird also auch in 2 Sam 7 mit גדל die ausgezeichnete Stellung innerhalb der Völkerwelt gekennzeichnet, die Gott David bzw. seinem Volk zuweist.

Auch der verheißene Herrscher über Israel, der aus der Davidssippe stammt, wird durch die Kraft JHWHs und durch die Erhabenheit des Namens JHWHs seines Gottes ein universales Königtum erlangen und ausüben, so daß er groß sein wird bis an die Enden der Erde (גדל *qal*, Mi 5, 3). – Beim Gericht über die antigöttliche Weltmacht wird eine universale und ewige Herrschaft dem Volk der Heiligen des Höchsten gegeben (*r^e^bū* neben anderen Bezeichnungen königlicher Herrschermacht, Dan 7, 27).

c) Während in 2 Sam 7; Mi 5 und Dan 7 גדל bzw. רבה den herrscherlichen Vorrang Israels oder seines Königs gegenüber den nichtisraelitischen Völkern im Auge hat, meint es anderswo die Führerstellung, die Gott einem einzelnen im Volk Israel zuweist.

Durch den Übergang über den Jordan macht Gott Josua in den Augen von ganz Israel groß, d.h. er beglaubigt Josua in der Nachfolge des Mose als Führer des Volkes (גדל *pi*, Jos 3,7; 4,17). – Bei Samuel meint גדל *qal* über das natürliche Heranwachsen mit JHWH (1 Sam 2, 21) hinaus vor allem die Geltung, die Samuel in den Augen von ganz Israel dadurch erlangte, daß Gott seine Worte wahrmachte und ihn so als Führer in Israel bestätigte (1 Sam 3,19). – Ebenso kommt David zu Macht und Ansehen und erlangt das Königtum über Israel, weil JHWH mit ihm war (וילך דוד הלוך וגדול 2 Sam 5,10 = 1 Chr 11, 9; vgl. 2 Sam 5,12. – Nach G. Fohrer, Einleitung[10] 1965, 239, u.a. sind die Verse 2 Sam 5,10.12 der ursprüngliche Abschluß der Erzählung vom Aufstieg Davids; jedenfalls geben sie das Zentralthema und das Ziel dieser Erzählung an). – Über Salomo wird das Segenswort gesprochen, Gott möge seinen Thron größer machen als den Thron seines Vaters (גדל *pi*, 1 Kön 1, 37. 47). Gott macht Salomo in den Augen von ganz Israel groß (גדל *pi*) und gibt ihm eine Pracht des Königtums (הוד מלכות), wie keinem König vor ihm (1 Chr 29, 25; vgl. גדל *pi* bezüglich Salomo: 2 Chr 1, 1).

Ganz allgemein gilt vom König in Israel, daß seine Macht (כבוד) durch Gottes Hilfe groß (גדול) ist, daß es also Gott ist, der Glanz und Herrlichkeit (→ הוד והדר) auf ihn gelegt hat (Ps 21, 6). – Nach Dan 4, 33 empfängt sogar Nebukadnezar seine königliche Macht (*r^e^bū*) aus JHWHs Hand. – In der Art eines bekenntnisartigen, lehrhaft-allgemeinen Satzes sagt 1 Chr 29,15, daß es immer und grundsätzlich Sache Gottes als des universalen Herrschers ist, einen Menschen groß zu machen (גדל *pi*), d.h. ihn als Führer oder Herrscher einzusetzen und ihn in seiner Herrscherstellung zu befestigen.

Mosis

גָּדַף גִּדּוּף, גְּדוּפָה

I.1. Etymologie – 2. Bedeutung – II. Profaner Gebrauch – III. Religiöse Verwendung – 1. Gotteslästerung – 2. Abwehr der Gotteslästerung.

Lit.: *H.W. Beyer*, ThWNT I 620–624. – *S.H. Blank*, The Curse, Blasphemy, the Spell and the Oath (HUCA 23, 1950–1951, 73–95). – *M. S. Enslin* (BHHW 2, 1964, 1051). – *A. Lemonnyer*, DBS I 981–989. – *J. Scharbert*, BL, ²1968, 1016f. – *M. Wagner*, Die lexikalischen und grammatikalischen Aramaismen im alttestamentlichen Hebräisch (BZAW 96, 1966, 51a–c).

I.1. Die etymologische Erklärung der Wurzel גדף hängt davon ab, ob, wie Th. Nöldeke, S. Fraenkel und M. Wagner (s. dort) erwägen, ein aram. Lehnwort vorliegt und dieses wiederum mit arab. *ǧaḏafa* I.II 'werfen' identisch ist. Die lautgerechte Form des Hebr. müßte demnach גזף (C.H. Gordon, UT § 5.3) sein (vgl. asarab. *gḏf*). Im aram. Idiom hat √גדף (mit Derivaten) eine ursprüngliche und eine übertragene Bedeutung: a) ursprünglich 'fliegen' (Flügel schlagen?) גדפא 'Flügel', syr. auch 'rudern' (Ruder schlagen?), mand. *gadafa* (Steine, Anklage) 'werfen' (vgl. deutsch 'etwas vorwerfen'), b) im übertragenen Sinn 'schmähen', 'lästern'.

2. Im biblischen und nachbiblischen Hebr. herrscht die letztere Bedeutung vor (vgl. äg.

g3j, ḥwrw, w'3, šḥwr, šnṯ), zumal die Wurzel גדף überwiegend in der späteren at.lichen Literatur zur Anwendung gelangt; dagegen spräche lediglich 2 Kön 19, 6. 22. Die ursprüngliche Bedeutung der tätlichen Verletzung (Realinjurie) kommt dagegen nur selten vor (s.u.). LXX hat mit verschiedenen Wiedergaben den übertragenen Sinn der Beschimpfung (Verbalinjurie) hervorgehoben: βλασφημεῖν (2 Kön 19, 6. 22), καταλαλεῖν (Ps 44,17 = BS παραλαλεῖν), ὀνειδίζειν (Jes 37, 6. 23), ὀνειδισμός (Jes 43, 28; 51,7), παροξύνειν (Num 15, 30), παροργίζειν (Ez 20,27), μεγαλαυχεῖν ὑπερηφανία (Sir 48,18). κονδυλισμός (Zeph 2, 8, Mißhandlung) und δηλαϊστός (Ez 5,15, Verderben) greifen den ursprünglichen Sinn auf.

II. גדף gehört dem Begriffskomplex 'lästern' an; vgl. → קלל 'schmähen', 'geringschätzig behandeln', → נקב 'brandmarken'. Im profanen Gebrauch wird der Sinn durch die mehrfache Verwendung der Parallele → חרף ('reizen', 'schmähen') und deren Derivate erhellt: einem anderen Beschimpfung (כלמה, Ps 44,16f.), Schmähung oder Schande (בשת, ebd. → בוש) widerfahren lassen, die ihn in den Augen Dritter herabsetzen und seinen Ruf schmälern soll. In der Klage des einzelnen (Ps 44,16f.) wird dem Autor solche Schmach durch seine Feinde (→ אויב, מתנקם) zuteil und von ihm als Beschämung empfunden, während gleiche Schmach ein Volk (Israel) ebenfalls durch seine Gegner (Moab und Ammon Zeph 2, 8) erfährt. Der Dichter von Jes 51,7 möchte seine Gerechten über die ihnen von den Menschen zugefügte Unbill trösten, während Schmach der Ungerechten als gerechte Vergeltung empfunden wird (Ez 5,15, das widerspenstige Haus Israel, Jes 43, 28, die gottlosen Fürsten, die mit dem Bann bedroht werden).

III. 1. Besonders belastend ist die Gott von Menschen angetane Schmach, so z.B. von den Feinden Israels (2 Kön 19, 6. 22 = Jes 37, 6. 23), welche gegen JHWHs Volk frech ihre Stimme und ihren Blick erheben. In ähnlichem Sinn sind auch CD V 11f. (לשון גדופים) und 1QS IV 11 (gleiche Wendung), hier im Zusammenhang eines Lasterkatalogs, zu verstehen. Aber auch Israel selbst ist gegen eine derartige Verschuldung nicht gefeit; und zwar rührt sie dann aus einer bewußten Verletzung der Opferthora her (Num 15, 30), wofür die Austilgung aus dem Gottesvolk angedroht wird. Ähnliche Vergehen meldet ja 1 Sam 2,12–17; 3,13 (קלל). Besonders sträflich ist das Götzenopfer (Ez 20, 27), das Deportation zur Folge hat. Diese Unterlassungssünde ist offenbar eine tätliche Beleidigung. Das äg. Totenbuch verwendet für die einer Gottheit angetane Schmähung die Wurzel *š3t*, die gleichzeitig 'besudeln' bedeutet (125, 38?. 42). Ähnliche Bedeutung hat akk. *ṭapālu* D (z.B. Gilg VI 159).

Bei dem altorientalischen Wortverständnis (→ דבר) ist eine Läster- oder Schmährede an sich bereits eine reale Herabsetzung und wird schon von Menschen als eine Not erlitten, bei einem Gottlosen allerdings als eine aus Gottes Gerechtigkeit entspringende Bestrafung empfunden, denn die gegen einen Frommen oder das Gottesvolk gerichtete Schmähung kann einer Gotteslästerung gleichkommen.

2. Der direkten verbalen Gotteslästerung schien sich der Mensch des Alten Bundes wohl tunlichst enthalten zu haben, vielmehr kam es zu dieser indirekt durch die Unterlassungssünde der Zurückhaltung eines Opfers (Num 15, 30) oder durch das einem fremden Gott zugedachte Opfer (Ez 20, 27). Eine eigentliche Blasphemie verbot wohl die Furcht vor der Rückwirkung des gesprochenen Lästerwortes auf den Lästerer (vgl. Blank, 83–85). Diese Befürchtung brauchte man bei der Schmähung eines Menschen weniger zu haben, es sei denn, sein Gott bezöge diese auf sich selbst, um sie zu ahnden. Die Hoffnung darauf hat den leidenden Gerechten oder das Volk Israel in seiner Bedrängnis gestärkt und getröstet (Gen 12, 3; 27, 29; Num 24, 9; Sach 2, 12). Jedenfalls wird dort, wo von Gotteslästerung offen gesprochen wird, der Euphemismus (ברך, Hi 1, 5.11; 2, 5. 9 u.ö.) verwandt. Demnach war bereits belastend, Gotteslästerung zu erwähnen.

Wallis

גָּדֵר → חוֹמָה

גּוֹג מָגוֹג

I. Die Gog- und Magogtraditionen – II. Die literarischen Probleme von Ez 38–39 – III. Deutungsversuche der Namen – IV. Motivgeschichte der Gog-Magogtraditionen – V. Gog und Magog in eschatologischer und apokalyptischer Sicht.

Lit.: *J. G. Aalders*, Gog en Magog in Ezechiël, Kampen 1951. – *A. van den Born*, Études sur quelques toponymes bibliques (OTS 10, 1954, 197–214). – *L. Dürr*, Die Stellung des Propheten Ezechiel in der israelitisch-jüdischen Apokalyptik (ATA IX 1) 1923. – *S.B. Frost*, Old Testament Apocalyptic, London 1952, 88–92. – *G. Gerleman*, Hesekielsbokens Gog (SEÅ 12, 1947, 148–162). – *H. Gressmann*, Der Ursprung der israelitisch-jüdischen Eschatologie (FRLANT 6) 1905. – *Ders.*, Der Messias (FRLANT, N.F. 26) 1929, 118–134. – *W. Gronkowski*, Le Messianisme d'Ézéchiel, Paris 1930, 129–173. – *A.S. Kapelrud*, Joel Studies (UUÅ, 1948, 4) Uppsala 1948, 93–108. – *C.A. Keller*, Gog und Magog (RGG³ II 1683f.). – *A. Lauha*, Zaphon (AnAcScFen B XLIX 2) Helsinki 1943. – *H.-M. Lutz*, Jahwe, Jerusalem und die

Völker (WMANT 27) 1968. – *H.-P. Müller*, Ursprünge und Strukturen alttestamentlicher Eschatologie (BZAW 109) 1969. – *H.D. Preuß*, Jahweglaube und Zukunftserwartung (BWANT, V 7) 1968. – *F. Stolz*, Strukturen und Figuren im Kult von Jerusalem (BZAW 118) 1970. – *J.W. Wevers*, Ezekiel (The Century Bible) London 1969. – *W. Zimmerli*, Ezechiel (BK XIII) 1969.

I. In der Völkerliste Gen 10 werden aufgeführt die Söhne Japhets 'nach ihren Ländern, jeder gemäß seiner Sprache, gemäß ihren Geschlechtern, nach ihren Völkern' (10, 5). Die sieben Söhne Japhets sind: Gomer, Magog, Madaj, Javan, Tubal, Meschech und Tiras (10, 2), und unter den Söhnen Gomers trifft man Togarma (10, 3; vgl. 1 Chr 1, 5f.).
Ez 38–39 wird in einer Reihe von Prophezeiungen dargestellt, wie 'nach vielen Tagen', 'am Ende der Jahre' (38, 8) Gog vom Lande Magog, der Großfürst von Meschech und Tubal, an der Spitze eines großen Heeres von JHWH gegen das aus dem Exil heimgekehrte Israel geführt werden soll. Unter seinen Truppen befinden sich auch Gomer und Beth Togarma 'aus dem äußersten Norden', und außerdem Paras (Persien), Kusch (Äthiopien) und Put (Libyen?) (38,1–9). Gog ersinnt in Übermut böse Pläne und will nur um Raub davonzutragen gegen Israel ziehen. Der Prophet prophezeit aber gegen Gog und macht ihm klar, daß er nur gegen Israel hinaufziehen darf, damit JHWHs Ehre bekundet werde (38,10–16). Gog vertritt den von den früheren Propheten verkündeten Feind; mit seinem Kommen wird ein Erdbeben über Israel losbrechen und das Land zerstören (38,17–20); am Ende aber wird die Zerstörung auch Gog selbst treffen (38, 21–23).
Gog und seine Scharen werden auf die Berge Israels geführt und dort von JHWH vernichtet; die Leichen werden von Vögeln und Tieren gefressen (39,1–8).
Sieben Jahre wird es dauern, bis die Waffen des Heeres Gogs aufgebrannt sind, und nachdem Gog im Tale Abarim im Ostjordanlande sein Grab gefunden hat, wird es sieben Monate dauern, bis das Land von Leichen gereinigt ist. Endlich wird JHWH die Gefallenen als Opfermahl für Vögel und Tiere herrichten (39, 9–20).
Das alles geschieht, damit die Völker die Ehre JHWHs erkennen und verstehen, daß Israel seiner Sünde wegen bestraft worden ist. Israel selbst soll aber wissen, daß JHWH in alle Zukunft sein Gott sein will; es muß aber nach der Heimführung seine Schmach tragen und erkennen, daß JHWH sich sowohl durch die Verbannung als durch die Zurückführung als der Gott Israels gezeigt hat (39, 21–29).

II. Die Hauptstelle für die Gog-Magogvorstellung Ez 38–39 wird gewöhnlich als sehr stark überarbeitet betrachtet. In der früheren Forschung hat man gewöhnlich mit einer Zweiquellentheorie gearbeitet (noch Bertholet, HAT 13, 1936); typisch ist Gressmann (Der Ursprung, 181f.): eine ältere Quelle A bestehe aus 38, 10–16a. 18–23; 39, 9–20, während eine jüngere Parallelfassung B die Abschnitte 38, 3–9. 16b–17; 39, 1–8 umfasse. Beide Rezensionen seien nachexilisch. Dürr stellt in ähnlicher Weise eine Zweiquellentheorie auf (A: 38, 3–7. 9; 39, 1–8; B: 38, 8. 10–16. 17–23; 39, 9–20. 21–29), meint aber, daß beide Rezensionen von Ezechiel selbst herstammen (Dürr 96–98). In der neueren Forschung begegnet man einer Vielfalt von Auffassungen. Bei aller Verschiedenheit kann man gewisse oft wiederkehrende Züge erblicken: ein Kern – er sei ezechielisch oder nicht – habe durch mehrere Phasen Bearbeitungen und Zufügungen empfangen. Ez 38–39 könne demnach als eine Anthologie von mehr oder weniger verwandten Traditionen angesehen werden. Bei den Versuchen, den Kern von den späteren Ergänzungen abzugrenzen, gehen jedoch die Meinungen weit auseinander. Zimmerli will z.B. als ältesten Bestand die Abschnitte 38,1–9; 39,1–5. 17–20 betrachten (Zimmerli 933–938), während Lutz nur 39,1–5 und 39,17–20 als den Kern ansieht (Lutz 65–84); von Rabenau läßt den Grundbestand der beiden Kapitel auf 39,1–5 allein zusammenschrumpfen (WZ Halle-Wittenberg, Ges.-Sprachw., V 4, 1956, 677 und 681; s. die Forschungsübersichten bei Gronkowski 148–161, Kuhl, ThRu 20, 1952, 13f. und 24, 1956f., 28–31, Lutz 63–65 und die Kommentare).
Traditionsgeschichtlich muß der Werdegang von Ez 38–39 unter allen Umständen als eine allmähliche Zusammenhäufung von verwandten Motiven betrachtet werden. Wahrscheinlich haben einige Abschnitte ihren Ursprung beim Propheten selbst, einige sind später als deutende Glossen hinzugekommen (s. bes. Fohrer, HAT 13, 212–219). Der literarische Aufbau der Endredaktion ist vielleicht kaum so zufällig, wie es oft behauptet wird. Ein Wechselschema kann beobachtet werden, besonders in 38 (Gogs Aufgebot 38,1–9; Gogs Eigenmächtigkeit 38,10–13; erneuertes Aufgebot 38,14–16; JHWH straft Israel 38,17–20; JHWH straft Gog 38, 21–23 (s. Lutz 74–83 und von Rabenau, a.a.O. 676, der zeigt, wie dieser Wechsel auf offenbare Widersprüche führt). Diese literarischen Fragen sollen in dieser Verbindung nicht eingehender behandelt werden. Es handelt sich hier um eine theologische Beurteilung der gesamten Gog-Tradition, ungeachtet ob gewisse Teile dieser Tradition später und vielleicht auf ungeschickte Weise in den jetzigen literarischen Zusammenhang eingekommen sind.

III. Sowohl die Völkernamen in Gen 10, mit denen zusammen Magog genannt wird, als auch die Bezeichnungen für die Völker, die nach Ez 38 in die Heeresfolge Gogs gehören, haben – wenn es um die Deutung der Namen Gog und Magog geht – die Aufmerksamkeit der Forschung gegen Nordwesten, gegen Anatolien und die Gegenden nördlich von Mesopotamien, geführt. Das Bild ist einheitlich, wenn man von den sicher aus Ez 27,10 stammenden Söldnern aus Persien, Äthiopien und Libyen in Ez 38, 5 absieht (Zimmerli 948f., vgl. 643f.; anders Kapelrud 103):

Meschech ist mit ziemlicher Sicherheit in Phrygien, Tubal in Kilikien, Gomer in den armenischen Bergen und Togarma östlich von Kilikien anzusetzen (Ez 38, 2. 6; s. Zimmerli 652f., 788f. und 947–949); die meisten der übrigen Gen 10, 2–5 genannten Völker gehören – soweit sie bekannt sind – ebenso in diese Weltgegend (die Jonier, die Tarsis-Bewohner, die Kittäer, die Meder usw.; s. Gunkel GHK I 1[5], 152f. und Hölscher, Drei Erdkarten, 1949, 45–56).

Ist also die geographische Herleitung Gogs gegeben, so wird doch die Frage nach einer Deutung der Namen Gog und Magog sehr verschieden beantwortet. Eine alte Auffassung, die schon bei Josephus vorkommt, daß Gog die Skythen vertrete, lebt noch bei Wellhausen (Isr. Gesch., [3]1897, 149; vgl. W. Brandenstein, Festschrift A. Debrunner, Bern 1954, 64f.). Sonst geht die übliche Auffassung in neuerer Zeit auf Delitzsch u.a. zurück: Gog sei der lydische König Gyges (akk. *Gûgu*) um 670 v. Chr.; das Land Magog demnach Lydien (s. Herrmann, KAT XI 245, Zimmerli 942; weiter über Gyges bei Myres, PEQ 64, 1932, 213–219 und Berry, JBL 41, 1922, 224–232, der Gog = Gyges als Deckname für Anthiochus V. Eupator betrachtet). Andere bleiben in derselben Zeit, heften aber den Blick auf den Fürstenstamm *Gagi* im Gebiete nördlich von Assyrien, der in einem Assurbanipaltext genannt wird (Dürr 98f.; vgl. Herrmann, KAT XI 244 – Gagi ist übrigens Personenname, und zwar persischen Ursprungs). Wieder andere denken an eine Landschaft *Gaga*, die in einem Amarnabrief (I 38) bezeugt ist, und nach dem Kontext (Ḫanigalbat und Ugarit sind erwähnt) nördlich von Syrien gelegen hat, vielleicht um Karkemisch herum (Winckler, Altor. Forschungen II, 1, 1898, 167f.; Gressmann, Der Ursprung, 182f., Albright, JBL 43, 1924, 380–384; vgl. Dürr 98, der den Namen Gaga in den Amarnabriefen mit dem später in den Assurbanipaltexten vorkommenden Gagi gleichstellt). Unter den Forschern, die Ez 38–39 als unbedingt nachexilisch betrachten, versucht z.B. Messel Gog als einen Unterführer im Heere des jüngeren Kyros (um 400 v. Chr.) aufzufassen (Ezechielfragen, Oslo 1945, 125f.), und Winckler nimmt an, daß man den alten Namen Gog (von Gaga im Amarnabrief abgeleitet) als Decknamen für Alexander den Großen benutzt hat (Winckler, u.a.; Übersicht über die verschiedenen Auffassungen bei Rowley, Relevance of Apocalyptic, New ed., London 1963, 35–37; Zimmerli 940–942; Herrmann, KAT XI 244f.; Fohrer, HAT 13, 212f.; Wevers 284; Keller 1684). Bei den meisten Versuchen, den Namen Gog von historischen Verhältnissen aus zu erklären, wird die Bezeichnung Magog entweder als eine künstliche Bildung ('Land Gogs') aufgefaßt (Kraetzschmar, GHK III, 3, 1900, 255; Zimmerli 941; Keller 1684; KBL[1] u.a.) oder als eine 'Hebraisierung' eines akk. $^{m\bar{a}t}$*Gog* (= $^{m\bar{a}t}$*Gaga* in einem Amarnabrief) (Dürr 98f.; Herrmann, KAT XI 245 u.a.). Umgekehrt glauben einige, der Landesname sei das ursprüngliche und der Name Gog davon abgeleitet (König, Mess. Weissagungen[2 3] 1925, 261; Aalders 31; Wevers 284).

Diesen verschiedenen historischen Erklärungen der Bezeichnungen Gog und Magog stehen einige Versuche gegenüber, die die Namen als mythische Bildungen verstehen wollen: van Hoonacker (ZA 28, 1914, 336) denkt an eine Ableitung vom sum. *gug*, Finsternis, also Magog = Land der Finsternis und Gog = Personifikation der Finsternis. Andere haben eine Verbindung zu dem in Enuma Eliš auftretenden akk. Gott Gaga vermutet (s. Herrmann, KAT XI 244). Mehr allgemein spricht man von Gog als 'Führer und Vertreter der widergöttlichen Kräfte' (Lauha 71) oder behauptet, die historischen Namen seien nur 'Masken und Hüllen' für 'eine mythische Größe, die mit der wirklichen Geschichte nichts zu tun hat' (Staerk, ZAW 51, 1933, 20f.). Gressmann erkennt freilich später (Messias 124f.) die Gyges-These an, wenn es um die Herleitung des Namens geht, meint aber, daß hinter der Gestalt mythische Vorstellungen von den Riesen der Urzeit (Og = Gog?) und von gigantischen Heuschrecken liegen (Messias 127f.).

Durch textkritische Überlegungen suchen endlich einige das Problem teilweise zu lösen. Nach Gerleman ist Gog von einer vormasoretischen Version der Stelle Num 24, 7, die statt Agag Gog gelesen hat (vgl. LXX und samaritan. Pent.), in die Ezechielkapitel eingedrungen; Herkunft und Bedeutung des Namens sind unklar (Gerleman 157–162). Van den Born dagegen betrachtet den Ausdruck 'das Land Magog' als eine Marginalnote, die in den Text eingekommen ist; ursprünglich hat sie aber nur die Länder Gogs als ארץ המגדן 'Territorium des Makedoners', d.h. Alexander des Großen, deuten wollen (van den Born, 199f.).

IV. Die Versuche der Namensdeutungen weisen in zwei Richtungen: hinter der Gog-Magog-Vorstellung liegen historische Realitäten oder mythologische Vorstellungen. Wie so oft findet man die Wahrheit in der Mitte. Bei der Darstellung des großen Schlußkampfes Ez 38–39 hat man mancherlei Motive verwendet: auf der einen Seite hat man – ganz wie bei der Danielgestalt – eine 'historische' Größe, Gog, aufgegriffen, dessen Name zwar bekannt war, dessen geschichtlicher Haftpunkt sich aber in der dunklen Vorzeit versteckt. Diese Person hat man mit anderen historischen Größen, Ländern und Reichen, die fern und fremdartig sind, und deren Namen rätselhaft klingen, in Verbindung gebracht (Lauha 25). Auf der anderen Seite hat man diese geschichtlichen Elemente mit Motiven kombiniert, die zum Teil kultisch-mythologischen Ursprungs sind (vgl. Kapelrud 104), und die in anderen at.lichen Texten reich bezeugt sind. Der literarisch zusammengesetzte Charakter der beiden Kapitel macht es verständlich, daß so viele Motive zusammengekommen sind.

Die Hauptmotive in Ez 38–39 sind folgende: a) 'Der Tag JHWHs': Obwohl der Ausdruck selbst in Ez 38–39 nicht gebraucht wird, so ist die Vorstellung deutlich zu finden: der Tag, an dem JHWH seinen Zorn offenbaren will, Gericht halten und Strafe durch Vernichtung durchführen will. Diese Vorstellung hat ihren Ursprung im altisraelitischen Kult (→ יום und Mowinckel, Psalmenstudien II, 1922, 244–263; Lutz 130–

146; etwas anders bei Preuss 170–179 und Müller 72–85). Die Vorstellung vom Tag JHWHs kann in Ez 38–39 als übergeordneter Begriff betrachtet werden. Im Rahmen dieser Vorstellung ist eine Reihe anderer Motive zu betrachten, von denen mehrere in Ez 38–39 vorkommen.

b) Chaoskampf und Völkerkampf: Die ganze Kampfsituation in Ez 38–39 erinnert in vielen Zügen an die at.lichen Beschreibungen vom Kampf JHWHs gegen die Chaosmächte und an die davon abgeleiteten Schilderungen vom Kampf JHWHs gegen die feindlichen Völker (Chaoskampf: Nah 1, 4; Hab 3, 8; Jes 50, 2f. und viele Psalmenstellen; s. die Zusammenstellung Stolz 61–63 und vgl. Mowinckel, Psalmenstudien II, 45–50 und 255f. – Völkerkampf: Jes 14, 24–27; 17,12–14; Ps 2; 110; 68,13–19 usw.; s. die Zusammenstellung Stolz 86–88). Diese Kampfszenen sind sowohl Ez 38,18–23, als auch an anderen at.lichen Stellen mit Theophaniebeschreibungen verbunden. Der Kampf wird in Zusammenhang mit einer kosmischen Naturkatastrophe gesehen (s. Sach 14, 3f.; Jo 3,15f.; Jes 24,19–23; vgl. Müller 96; Lutz 123f. und Jeremias, Theophanie, [WMANT 10] 1965, 97–100). Die Doppelheit, die in den at.lichen 'Völkerkampftexten' beobachtet werden kann (in den Psalmen greifen die Völker selbst an, bei den Propheten werden sie oft von JHWH herbeigeführt – Stolz 90) kommt auch in Ez 38–39 vor: 38,1–9; 14–16 + 17 wird Gog von JHWH aufgeboten und ist JHWHs Werkzeug; 38,10–13 handelt er aber eigenmächtig (wohl von Jes 10, 5ff. beeinflußt, s. Eichrodt ATD 22, 368).

c) Der Feind aus dem Norden: Der Ausdruck ירכתי צפון (Ez 38, 6.15; 39, 2) und die ganze geographische Orientierung des Angriffes zeigen, daß der von anderen Stellen im AT bekannte Begriff 'der Feind aus dem Norden' oder 'das Böse aus dem Norden' hier im Blickfeld ist (vgl. Jer 1,13–15; 4, 6ff.; 6,1ff.; 6, 22; Joel 2, 20 usw., → צפון mit weiterer Lit.). Ez 38–39 hat die Vorstellung wohl vor allem von Jeremia hergeholt (Zimmerli 938f.). Der Begriff hat in der at.lichen Tradition eine historisch-geographische Drehung erfahren, ist aber sicher seinem Ursprung nach mythologisch-sagenhaft: die bösen, gottfeindlichen Chaosmächte haben im Norden ihren Ort, wovon sie losgelassen werden (Lauha 53–78, vgl. aber 84–89; Kapelrud 101–104; Ringgren, Isr. Religion, 1963, 264; vgl. auch Zimmerli 938f., Lutz 125–130 und Stolz 90–92, die einer mythologischen Deutung zurückhaltender gegenüberstehen).

d) Angriff der Völker auf Jerusalem: Daß Ez 38–39 vor allem auf einer Kombination dieser Tradition mit der unter c) erwähnten fußt, wird von vielen Forschern angenommen (Zimmerli 938–940; Ringgren, a.a.O.; Keller 1684; Herrmann, KAT XI 252 usw.). Die Vorstellung vom zurückgeschlagenen Feindesangriff auf Jerusalem hat vielleicht seinen Ursprung im vordavidischen Jerusalem (von Rad, ThAT II[5], 167f.), tritt aber in ihrer reinsten Form in Ps 46; 48; 76 hervor. Von der hier bezeugten im jerusalemischen Kult beheimateten Tradition (Kraus, BK XV 341) hängen wohl die prophetischen Schilderungen des Feindesangriffes auf Jerusalem ab (Jes 17; 29; Joel 2; 4; Sach 12; 14) (s. Kraus, BK XV 344; Lutz passim; Müller 96–101). Die nahe Verbindung zwischen Ez 38–39 und diesen Traditionen ist besonders deutlich Ez 38,12, wo der feindliche Angriff gegen 'den Nabel der Erde' gerichtet ist. Hiermit ist am wahrscheinlichsten Jerusalem gemeint (Stolz 166; Fohrer, HAT 13, 214), obwohl dadurch ein Gegensatz zu den anderen Stellen hervortritt, wo von 'Bergen Israels' als Kampfplatz die Rede ist (Zimmerli 955–957). Übrigens finden sich in den genannten at.lichen Schilderungen vom gescheiterten Feindesangriff auf Jerusalem eine Menge von Einzelzügen, die in Ez 38–39 wiederkehren.

e) Opfermahlzeit: Der Gedanke, daß die Gefallenen als eine Opfermahlzeit bereitet werden sollen (Ez 39,17–20, vgl. 39, 4f.), ist auch sonst im AT bekannt (Jer 46,10; Zeph 1,7f.; Jes 34, 5–8; vgl. Kl 2, 21f. – s. Grill, BZ, N.F. 2, 1958, 278–283 und die Kommentare).

Andere Motive könnten genannt werden: das Friedensmotiv in der Schilderung der Verbrennung der Waffen (39, 9f.; vgl. Jes 9, 5; Ps 46,10 u.a.; s. Eichrodt, ATD 22, 371); das Grab- und Talmotiv (39,11), das wohl ätiologischer Art ist (Zimmerli 965f.).

Ez 38–39 hat also den Charakter eines Mosaiks von wohlbekannten at.lichen Motiven; diese Tatsache kommt 38,17 und 39, 8 zum Ausdruck, wenn hier – wohl in späteren Zusätzen – die Gogbegebenheit als Erfüllung der Voraussagen der älteren Propheten hervortritt.

V. Es wird allgemein behauptet, Ez 38–39 stehe im Übergang von der Eschatologie zur Apokalyptik (Gerleman 151; Ringgren, Isr. Religion, 1963, 302f.; Frost 90; Zimmerli 945; Müller 99–101 u.a.). Diese etwas vage Bestimmung hängt mit der Unsicherheit in der Abgrenzung des wohl auf Ezechiel selbst zurückgehenden Kerns von den späteren Zusätzen zusammen (vgl. II.). Oft wird das Verhältnis so beurteilt, daß der ezechielische Kern traditionell-prophetischer eschatologischer Art sei, die Zusätze dagegen eine apokalyptisierende Tendenz verträten (s. bes. Fohrer, HAT 13, 216; Ringgren, a.a.O.). Das alles ist wohl eine Definitionsfrage. Faßt man Apokalyptik als Geheimlehre über Einrichtung des Kosmos, der Zeit und des Weltendes auf, ist Ez 38–39 nicht Apokalyptik. Grundsätzlich gehört Ez 38–39 in die Reihe at.licher Prophezeiungen, die nach dem Schema Strafe Israels – Züchtigung der Heiden – Wiederherstellung Israels aufgebaut sind. Die vielen Motivverbindungen bezeugen, daß Ez 38–39 in dieser Tradition steht. Das Neue, das Ez 38–39 von den anderen Propheten abhebt und das vielleicht die späteren apokalyptischen Periodenspekulationen ankündigt, ist der Gedanke von 'dem doppelten *eschaton*' (Frost 91), also „daß der Prophet nun auch einmal auf ein Nachnächstes, d.h. einen zweiten Schritt göttlichen Handelns, über den zunächst zu erwartenden ersten (die Sammlung der Zerstreuten) hinaus deutet" (Zimmerli 945). Dadurch bekommen auch die sonst geläufigen eschatologischen Ausdrücke מימים רבים (38, 8) und באחרית הימים (38,16) mit dem seltenen באחרית השנים (38, 8) zusammen einen prägnanteren Inhalt (→ אחרית; vgl. Müller 100f.). Wenn dieser Gedanke von Ezechiel selbst herrührt – und das ist wohl möglich (s. Zimmerli 945f.) –, hat er damit der Gog-Vorstellung und den damit verbundenen Motiven eine Sonderstellung in der prophetischen Eschatologie gegeben. Dadurch lag es auch nahe – besonders in den Zusätzen –, allem ein kosmisches und „ins Bizarre ausladendes" Gepräge zu geben.

Ein typisch ezechielisches Thema verbindet die verschiedenen Traditionen in Ez 38–39: Die Heraufführung und Niederwerfung Gogs geschieht allein, damit Israel und die Völker JHWHs Heiligkeit erkennen (Ez 38,16. 23; 39,7.[13]. 21–29). Damit hat man die Gogperikope in einen größeren ezechielischen Zusammenhang gesetzt (vgl. 20, 41; 28, 25; 36, 23 und 37, 28 – Zimmerli 957f.) und eine innere Verbindung der eschatologischen Gedanken des Buches angestrebt.

Die für Ez 38–39 charakteristische 'Fernerwartung' hat der späteren sowohl rabbinischen als christlichen Deutung die Möglichkeit gegeben, die Gogbegebenheit in eine stets fernere Zukunft zu verlegen (s. Strack-Billerbeck, Komm., 3, 831–840; ThWNT I 790–792; Keller 1684 und besonders für die mittelalterliche Erwartung N. Cohn, The Persuit of the Millenium, London 1970).

Otzen

גּוֹי

I. 1. Etymologie – 2. Bedeutung – II. 1. Gebrauch im AT – 2. Israel als *gōj* – 3. Spezifisch religiöse Entwicklung.

Lit.: *A. Bertholet*, Die Stellung der Israeliten und der Juden zu den Fremden, 1896. – *M. Birot*, Textes économiques de Mari III (RA 49, 1955, 15ff.). – *G. Buccellati*, Cities and Nations of Ancient Syria (Studi Semitici 26), 1967. – *A. Causse*, Du groupe ethnique au communauté religieuse, 1937. – *D.O. Edzard*, Mari und Aramäer? (ZA 56, 1964, 142–149). – *H.M. Lutz*, Jahwe, Jerusalem und die Völker (WMANT 27), 1968. – *A. Malamat*, Mari and the Bible: Some Patterns of Tribal Organization and Institutions (JAOS 82, 1962, 143–150). – *Ders.*, Aspects of Tribal Societies in Mari and Israel (Les Congrès et Colloques de l'Université de Liège 42, 1967, 129–138). – *M. Noth*, Die Ursprünge des Alten Israel im Lichte neuer Quellen (Arbeitsgemeinschaft für Forschung des Landes Nordrhein-Westfalen 94), 1961. – *G. von Rad*, Das Gottesvolk im Deuteronomium (BWANT III 11), 1929. – *L. Rost*, Die Bezeichnungen für Land und Volk im Alten Testament (Festschrift Procksch, 1934, 125–148 = Das kleine Credo 76–101). – *E.A. Speiser*, „People" and „Nation" of Israel (JBL 79, 1960, 157–163 = Oriental and Biblical Studies, 1967, 160–170).

I. 1. Es herrscht fast allgemeine Übereinstimmung darüber, daß hebr. גוי von dem in den Mari-Texten belegten westsemit. Wort *gāwum*/*gājum* hergeleitet ist (ARM IV 1,13.15; VI 28, 8; M. Birot, Textes économiques de Mari I 35; II 5. 45; III 32. 42,70; IV 22; V 20. 31. 53, vgl. auch den Personennamen Baḫluga(j)i(m), Huffmon, APNM 123,174,180). Nach von Soden heißt *gājum* 'Volk', während CAD V 59 die exaktere Bedeutung "group, (work-)gang" bietet. In der Ausgabe der Mari-Texte haben die Herausgeber gelegentlich das Wort mit „tribu" (ARM IV 1,13) oder „territoire" (ARM IV 1,15; VI 28 vgl. RA 47, 1953, 127) wiedergegeben; letztere Übersetzung wird aber von Noth und Malamat bestritten. Der Kontext der Dokumente ist nicht deutlich genug, um zu entscheiden, ob die betreffende Gruppe durch politische, territoriale oder rassische Merkmale bestimmt wird. Nach Noth handelt es sich um einen terminus technicus für halb-nomadische Völker, der in der Sprache der seßhaften städtischen Bevölkerung keine exakte Entsprechung hat. Malamat meint, *gāwum*/*gājum* beziehe sich im Grunde auf eine ethnische Einheit, wozu unter der königlichen Verwaltung ein geographisches Element hinzugekommen sei. In ARM VI 28, 7–9 habe das Wort eine militärische Nebenbedeutung.

2. Bei dieser westsemit. Herleitung ist die Grundbedeutung 'Volk' für hebr. גוי völlig gesichert, es bleibt aber unklar, ob die Begriffsbestimmung auf politischen, territorialen oder völkischen Überlegungen ruht und ob irgendein Element des sozialen Status mit inbegriffen ist (vgl. CAD). Das geht aus dem Sprachgebrauch des AT hervor, wo גוי ein unter politischem oder rassischem Gesichtspunkt betrachtetes Volk bezeichnet, obwohl עם viel häufiger gebraucht wird, um eine völkische Einheit zu bezeichnen. Speiser meint, עם bezeichne Blutsverwandtschaft und gemeinsame Abstammung, גוי dagegen territoriale Zusammengehörigkeit und gemeinsame Sprache. Dies ist ohne Zweifel eine erkennbare Tendenz

im hebr. Sprachgebrauch, die aber nicht mit völliger Konsequenz durchgeführt wird. In einigen Belegen, wo עם und גוי zusammen vorkommen (z.B. Ez 33,13; Deut 4, 6), ist keine grundsätzliche Unterscheidung zwischen den beiden beabsichtigt, beide Wörter werden synonym gebraucht. Trotzdem steht fest, daß im Hebr. eine Tendenz vorhanden ist, גוי als Bezeichnung eines Volkes in politischer oder territorialer Hinsicht zu verwenden, so daß die Bedeutung unserem Terminus „Nation“ nahekommt. עם behält dagegen immer eine starke Hervorhebung der Blutsverwandtschaft als eines vereinenden Elements.

Es ist möglich, daß גוי in Ez 36,13ff. (K Vrs גויך Q *gōjajik*) die verschiedenen Bevölkerungsgruppen in einem Lande ('Stämme') bezeichnet, aber wahrscheinlich ist die Singularform von K die richtige Lesart und das Wort hat die gewöhnliche Bedeutung 'Volk, Nation'. Malamat versucht in Jos 5, 6; 2 Kön 6,18 und bildlich in Jo 1, 6 einen spezifisch militärischen Gebrauch von גוי nachzuweisen; aber in allen diesen Fällen ist die militärische Färbung durch den Zusammenhang gegeben. Es ist zweifelhaft, ob das Wort an sich eine militärische Bedeutung hatte.

In zwei Fällen wird der Pl. גוים gebraucht als ein Teil eines Gebietsnamens, nämlich חרשת הגוים Ri 4, 2.13.16 und גליל הגוים Jes 8, 23. Wahrscheinlich hat in beiden Fällen der Name seinen Ursprung in der gemischten Bevölkerung der betreffenden Gegend (vgl. auch die Bezeichnung von Tid'al als מלך גוים Gen 14,1) und nicht in der politischen Aufteilung des Gebiets in selbständige Teile. Leider ist es nicht möglich, eine endgültige Entscheidung in dieser Frage zu treffen. Wenn die obige Annahme richtig ist, stützt sie die Meinung, daß גוי einen deutlichen ethnischen Aspekt enthält und nicht immer einen territorialen Staat bezeichnet.

II. 1. גוי wird sehr selten mit Possessivsuffixen gebraucht (7mal bei mehr als 550 Belegen). Die vorhandenen Belege gruppieren sich in zwei Abschnitte (Gen 19, 5. 20. 31. 32; Ez 36,13.14.15). In Gen 10 weisen die Suffixe auf die größeren rassischen Einheiten, von denen die Völker herstammen, zurück, in Ez 36 auf das Land, in dem das גוי wohnt (vgl. oben über K und Q). גוי wird nie mit auf eine Gottheit bezogenen Suffixen gebraucht, während ein solcher Gebrauch bei עם sehr häufig ist (עמי, עמך mit Bezug auf JHWH, Ex 3,7; 32,11 usw.). גוי erscheint auch nie im cstr. mit dem Namen einer Gottheit. Während Israel עם יהוה genannt werden kann (2 Sam 1,12; Ez 36, 20), fehlt der entsprechende Gebrauch von גוי. Vergleichbar ist auch der Ausdruck עם כמוש von Moab (Num 21, 29). Diese Zurückhaltung im Gebrauch von גוי in Verbindung mit einer Gottheit ist kaum zufällig und spiegelt zweifelsohne die stärkere politische Färbung von גוי im Vergleich zu עם.

גוי kommt häufig parallel mit anderen Wörtern als עם vor, vor allem ממלכה (Jes 60,12; Jes 1,10; 18,7. 9; Zeph 3, 8; Ps 46,7; 2 Chr 32,15), → משפחה (Gen 10, 5. 20. 31. 32; Jer 10, 25; Ez 20,32) und → לאם (Jes 34,1; Ps 44,15; 105, 44; 149,7). Damit ist das allgemeine semantische Feld angegeben, ohne daß die genannten Wörter völlig synonym wären. Da das AT keine systematische Lehre von der Nationalität enthält, gibt es auch keine genaue Definition von dem, was eine Menschengruppe zum גוי macht. Statt dessen leistet jeder der drei Aspekte Rasse, Regierung und Territorium seinen Beitrag zum allgemeinen Bild. Das Element einer durch Blutsverwandtschaft begründeten gemeinsamen Abstammung spielt immer eine wichtige Rolle in der Struktur eines גוי, wenn es auch im AT durch die Termini עם und משפחה stärker hervorgehoben wird. Israel leitete seinen Ursprung als ein גוי auf Abraham als Ahnvater zurück (Gen 12, 6; 17, 6; 18,18; vgl. die Möglichkeit, daß die Nachkommen Moses ein 'Volk' werden, Num 14,12; Deut 9,14). Ähnlich wird Israel der Vater eines גוי werden (Gen 17, 20). Dieser Gebrauch zeigt deutlich den ethnischen Aspekt, der mit dem Terminus verbunden ist.

Auch der Aspekt der Staatsbildung ist von Wichtigkeit, wie aus dem häufigen Gebrauch von גוי als Parallele von ממלכה hervorgeht. In solchen Fällen bildet jedes גוי ein besonderes von einem König regiertes Reich, obwohl natürlich der Grad der Selbständigkeit solcher Staaten von Fall zu Fall wechselte. Man hatte im alten Israel stark das Gefühl, daß jedes גוי von seinem besonderen מלך regiert werden sollte (Jes 14, 5. 18; 41, 2; Jer 25,14). So wurde das גוי-Sein der eigentliche Grund für Israels Bitte an Gott um einen eigenen König (1 Sam 8, 5. 20). Aber obwohl ein Volk normalerweise einen König haben sollte, um ein גוי zu bilden, weist nichts darauf hin, daß dies die einzige Regierungsform war, die zur Anerkennung führte. Israel betrachtete sich offenbar schon als ein גוי, noch bevor es ein Königtum besaß (s. u.). Eine selbständige Regierung war aber auf jeden Fall notwendig, und das war in der alten Welt normalerweise eine Monarchie. Eine solche Regierung ermöglichte dem גוי, seine Eigenart auszudrücken, sein Gebiet zu verwalten und zu verteidigen und seine eigenen Interessen anderen גוים gegenüber zu wahren.

Der dritte Aspekt eines גוי im AT ist der Besitz eines eigenen Gebietes (Jes 36, 20; Ps 105, 44; 2 Chr 32,13). Rost meint, daß גוי „die ganze Bevölkerung eines Landes“ bezeichnet, aber dabei legt er wahrscheinlich zu viel Gewicht auf den Besitz eines Gebietes mit besonderer Berücksichtigung der schon genannten Rassen- und Regierungsaspekte. Der Besitz eines Territoriums war vielmehr eminent wichtig für ein גוי. In Ez 35,10 hängt die Einteilung Israels in zwei גוים damit zusammen, daß es auf zwei Länder (ארצות) verteilt ist, und Ez 36,13–15 redet das Land als von seinem eigenen Volk bewohnt an (für den Sing. s.o.). Die Beschreibung der גוים (2 Kön 17, 29. 33), die von den Assyrern aus ihren Ländern geholt und nach Israel gebracht wurden, spiegelt deutlich die Situation dieser Völker vor ihrer Wegführung und nicht die Situation, in die sie gekommen waren. Es ist aber wahrscheinlich nicht unwichtig, daß Dtr hier von jenen Völkern mit Rücksicht auf ihren rassischen Ursprung redet und nicht mit Bezug auf ihren jetzigen Besitz eines Gebiets oder einer Regierung. Obwohl das AT keine genaue Definition eines גוי gibt, ist es offenbar, daß alle drei Aspekte Rasse, Regierung und Territorium relevant sind. In bestimmten Fällen konnte einer dieser Züge als allein wichtig betrachtet werden, es wäre aber irreführend, wollte man eine Definition auf einen einzelnen Aspekt gründen. Normalerweise werden bei der Bestimmung eines גוי alle drei Aspekte kombiniert, so daß גוי unserem modernen Begriff 'Nation' entsprechen würde.

Ein גוי kann aber nach dem AT seine Identität auch mit anderen Merkmalen zum Ausdruck bringen und als solches anerkannt werden. Vor allem ist der Gebrauch einer gemeinsamen Sprache ein solches Merkmal (vgl. Gen 10, 5. 20. 31). Auch die Verehrung eines Nationalgottes war für jedes גוי ein wichtiger Ausdruck seiner Gemeinsamkeit (vgl. Deut 12, 30; 29,17; 2 Sam 7, 23; 2 Kön 17, 29; 18, 33; 19,12; Jes 36,18; 37,12; Jer 2,11; 2 Chr 32,15.17). In einigen dieser letzten Belege ist vielleicht vom Nationalgott jedes einzelnen גוי die Rede, obwohl das nicht immer der wirklichen religiösen Situation entsprach. Deut 32, 8 spiegelt die alte Vorstellung, daß die גוים von Eljon auf die Söhne Gottes verteilt wurden, indem er einem jeden seine Grenzen anwies. Jede Nation sollte ihr eigenes Land und ihren eigenen Gott haben. Diese wohlgeordnete Situation stimmte aber nicht mit den politischen Realitäten der alten Welt überein; obwohl vorausgesetzt wird, daß jedes גוי seinen eigenen Gott hatte, wird nie versucht, ein גוי mit Rücksicht darauf zu definieren. Dasselbe gilt von der Sprache: obwohl angenommen wird, daß jedes Land seine eigene Sprache hatte (Gen 10, 5ff.), wird nie ein Versuch gemacht, dies als einen entscheidenden Faktor bei der Bildung eines גוי zu betrachten. Der Besitz eines Heeres war offenbar auch im Leben eines גוי von Bedeutung (vgl. Jos 5, 6; 10,13; 2 Kön 6,18); ein ausschließlich militärischer Gebrauch des Wortes liegt allerdings im AT nicht vor. Vielmehr wird der Besitz eines Heeres als eine natürliche Funktion der Staatsbildung angesehen.

2. Der allgemeine Gebrauch von גוי im Sinne einer einzelnen nationalen Einheit gibt schon eher einen Einblick in den Bedeutungszusammenhang mit Israel. Abraham erhält die Zusage, daß seine Nachkommen ein גוי werden sollen (Gen 12, 2; vgl. 17, 5; 18,18), und ihre Existenz als Nation ist eng an die gleichzeitig ergangene Verheißung des Landbesitzes geknüpft (Gen 12,7, vgl. 17, 8; 18,18). Obwohl die erweiterte Familie der Nachkommen Abrahams natürlich ein עם bilden, sind der Erwerb eines Gebietes und eine politische Struktur nötig, um wirklich ein גוי unter den übrigen גוים der Welt zu werden. Das AT sagt jedoch nie ausdrücklich, daß diese Forderungen wesentlich für Israels Existenz als גוי sind, wie es übrigens dies auch nicht mit Bezug auf andere Nationen tut. Deut 26, 5 datiert ganz unbestimmt den Anfang von Israels Existenz als ein גוי in die Zeit der Bedrückung in Ägypten, und E verlegt es zum formalen Bundesschluß auf dem Sinai (Ex 19, 6). Die erstgenannte Stelle hebt die numerische Größe des Volkes als Voraussetzung des גוי-Werdens hervor, während die letztere auf Israels einzigartige religiöse Stellung im Bundesverhältnis zu JHWH als konstitutiv für dessen גוי-Sein hinweist.

Die einzigartige Formulierung von Ex 19, 6 (E), wo Israel als ein גוי קדוש und eine ממלכת כהנים beschrieben wird, behauptet Israels religiöse Struktur als Staat.

*Ex 19, 6 wird meistens E zugeschrieben (G.Beer, O.Eißfeldt, J.Muilenburg, W.Beyerlin u.a.); M. Noth weist 19, 6 dagegen D zu; H.Cazelles lieber P unter Rückgriff auf D; G.Fohrer denkt an Jerusalemer Priesterkreise der ausgehenden Königszeit und H.Wildberger an eine Sondertradition.

Das Verhältnis von גוי קדוש und ממלכת כהנים wird verschieden erklärt: Die Verfechter einer sachlich inhaltlichen Parallelität verstehen Israel als ein Gemeinwesen, dessen Bürger Verehrer JHWHs sind (K.Galling, R.B. Scott), oder alle Priester sind (H.L. Strack), oder wie Priester JHWH nahen oder dienen (B.Baentsch, G.Beer), oder ihm näher stehen als die anderen Nationen (P.Heinisch, J.B. Bauer), oder als Priester oder Mittler unter den heidnischen Völkern wirken (H.Holzinger, H.Schneider, A.Clamer, M.Noth, G.Auzou). Andere wiederum fassen גוי קדוש und ממלכת כהנים mehr komplementär (W.Caspari, W.Beyerlin, W.L. Moran, H.Cazelles u.a.): Israel sei eine heilige Nation, die Gott im Heiligtum nahen dürfe, „weil ihr nationales Leben von Priestern abhängt ..., während die anderen Völker Könige haben" (H.Cazelles, DBS VII, 1966, 834). G.Fohrer (ThZ 1963, 359–362) lehnt die Vorstellung von einer priesterlichen Herrschaft über die heilige Nation ab: „Wie der *gôj* – die verfaßte und regierte Nation – heilig, ausgesondert ... sein wird, so der jeweilige Herrscher priesterlich, d.h. heilig in gesteigerter Weise ..." (362). Ex 19, 5 spricht nicht von einem allgemeinen Priestertum des Gottesvolkes. Dieses Verständnis findet sich erst im NT 1 Pt 2, 9 (vgl. Apk 1, 6; 5,10; 20, 6). Zu Ex 19, 6 vgl. die

Literatur bei J.H. Elliot, The Elect and the Holy (NTS 12, 1966, 50–59) und A. Deissler u.a., Der priesterliche Dienst I (Quaestiones Disputatae 46, 1970, 67–72).

Bo.

Da Israel erst unter David völlige territoriale Kontrolle über Kanaan und eine selbständige politische Stellung erreichte, kann seine historische Existenz als גוי erst von dieser Zeit an datiert werden. Daß der Terminus vom vordavidischen Israel gebraucht wird, ist deshalb ziemlich sicher ein Anachronismus, und es gibt keinen echten Beleg dafür, daß der frühe Zwölfstämmebund das Wort je von sich selbst gebraucht hätte. Trotzdem ist es für die Bedeutung des Wortes wichtig festzuhalten, daß Israel seit eh und je meinte, schon vor der Eroberung des Landes und der Einführung des Königtums ein גוי gewesen zu sein.

Als ein גוי von einem besonderen religiösen Charakter war sich Israel völlig bewußt, von anderen גוים verschieden zu sein und einzigartige moralische, politische und religiöse Verpflichtungen zu haben (Num 23, 9). Die Bitte, dieselbe politische Verfassung zu erhalten wie andere Völker, die das Königtum bereits hatten (1 Sam 8, 5. 20), wird als ein Leugnen der wahren Natur Israels aufgefaßt. Aber obwohl Israel sich selbst als עם יהוה (2 Sam 1,12; Ez 36, 20) beschreiben kann und JHWH oft Israel als sein עם anredet, gibt es keinen entsprechenden Sprachgebrauch in bezug auf גוי. Der Grund ist ohne Zweifel zum Teil in der politischen Teilung Israels in zwei Reiche nach dem Tode Salomos zu suchen. Die Bedeutung des Wortes גוי würde zur Folge haben, daß jedes der beiden Reiche, Israel und Juda, sich selbst als ein גוי betrachten würde. Erst in Ez 37, 22 erscheint das Zugeständnis, daß das einst geeinigte Reich Israel in zwei גוים und zwei ממלכות geteilt worden ist. Zusammen mit diesem Zugeständnis steht die Verheißung, daß die Teilung ein Ende finden wird. Die Erinnerung an das einst geeinigte Reich und die Überzeugung, daß die Teilung, wie von Dtr stark hervorgehoben wird, eine katastrophale Sünde war (1 Kön 16, 2.19. 26. 31 usw.), hat offenbar beim Geschichtsschreiber eine gewisse Abneigung hervorgerufen, von den zwei גוים Israel und Juda zu sprechen. Das zeigt deutlich Jer 33, 24, wo behauptet wird, daß JHWH zwei Familien (משפחות) erwählt habe, die aber nur eine Nation (גוי) bildeten.

In der nachexilischen Priesterschrift finden wir eine auffallende Zurückhaltung im Gebrauch von גוי in bezug auf Israel. Dies spiegelt ohne Zweifel der Anfang der Diaspora und die politischen Verhältnisse der Perserzeit wider, als Israel verschiedene Merkmale eines גוי fehlten. Im P-Bericht von der göttlichen Verheißung an Abraham wird also versichert, daß die Nachkommen des Patriarchen nicht ein 'Volk', sondern eine 'Völkermenge' (המון גוים) werden sollen (s.o. II. 2.) (Gen 17, 4; vgl. 35,11; Num 14,12). Ähnlich wird in P die Israel durch das Sinaiereignis gegebene Struktur als die einer Kultgemeinde (→ קהל) und einer Versammlung (→ עדה) beschrieben. Jedoch geht aus Ez 37, 22 hervor, daß es nach dem Exil Kreise in Israel gab, die die Hoffnung behielten, daß Israel noch einmal eine nationale Existenz als ein גוי gewinnen würde.

3. Bei dem Sprachgebrauch, aufgrund dessen Israel sich selbst als ein גוי bezeichnete, war es offenbar nicht möglich, daß das Wort einen völlig feindlichen Sinn annahm, obwohl sich eine Entwicklung in diese Richtung abzuzeichnen begann. Neben der abnehmenden Tendenz, Israel als ein גוי zu betrachten, finden wir einen Sprachgebrauch, nach dem das Wort eine immer stärker feindliche religiöse Bedeutung annimmt.

Schon ziemlich früh finden wir eine im Kult Israels ausgedrückte Tradition, daß gewisse גוים, die historisch und politisch undefiniert gelassen werden, eine politische Drohung gegen Israel und dessen gesalbten König bildeten (Ps 2,1. 8; 46, 5). Diese Tradition von einem Konflikt zwischen Israel und den Völkern wurde in der Jerusalemer Kulttradition bewahrt (Mowinckel, Johnson, Kraus, Lutz). Sie könnte ihren Ursprung in einer israelitischen Anpassung des mesopotamischen Chaoskampfmotivs gehabt haben (s. Mowinckel, Johnson, Kraus) und war mit der Hoffnung verbunden, daß die Völker ein Teil von JHWHs Erbe werden sollten (Ps 2, 8; 82, 8; vgl. Jes 2, 2–4; Mi 4,1–4). So wie das Motiv vom Konflikt JHWHs mit den Völkern gestaltet wurde, hat es einen stark politischen Akzent mit der Aussicht einer großen Erweiterung von Israel als גוי und der Beseitigung aller Drohungen. Trotzdem bildete es ohne Zweifel den Hintergrund für die prophetische Interpretation der Situation Israels und erhielt bei Jesaja eine direkt religiöse Verwendung. Neben diesem kultischen Motiv mit seinen politischen Konsequenzen finden wir in der dtr Bewegung das direkte religiöse Bewußtsein, daß die nichtisraelitischen גוים die Existenz Israels bedrohen. Hier wird darauf bestanden, daß Israel keinen religiösen oder politischen Vertrag mit den Völkern, die früher das Land besaßen, machen soll (Deut 7,1ff.). Israel soll nicht versuchen, diesen Völkern gleich zu werden (Deut 18, 9). Obwohl Israel eine starke Stellung unter den גוים einnehmen sollte (Deut 7,7; 9,14), ist darin eine Feindschaft gegenüber den anderen Völkern eingeschlossen, die darin begründet ist, daß ihre Religion JHWH nicht gefällt und eine Versuchung für Israel darstellt. Die negative Wertung der גוים wird noch stärker vom Deuteronomisten ausgedrückt, indem er den Fall des Nordreiches als eine Folge davon erklärt, daß Israel die Wege der גוים nachahmt (2 Kön 17, 8.11. 15. 33; vgl. 21, 2). Eine ähnliche negative Wertung der Völker findet sich in Ez 20, 32 (vgl. 2 Chr 28, 3). Nicht-israelitische Völker hatten sich als eine schwere politische Drohung gegen Israel erwiesen, indem sie den Fall des Nordreiches 721 v.Chr. und Judas 587 v.Chr. verursachten. Dies wurde dadurch erklärt, daß sie die einzigartige religiöse Stellung Israels durch die Versuchung zum Abfall untergraben hatten. Aber auch diese zunehmende Tendenz zur Identifizierung der nicht-israelitischen גוים mit den „heidnischen Völkern“ bedeutet nicht, daß גוי an und für sich 'Heidenvolk' hieße; Israel behielt die Überzeugung, daß es einmal *ein* גוי gebildet hatte, und bewahrte die Hoffnung, noch einmal *ein* גוי zu werden. *Ein* גוי zu sein war ein erwünschtes Ziel, und der Terminus an sich hatte keine negative religiöse Bedeutung. Es gibt im AT keinen Beleg für den späteren talmudischen Sprachgebrauch, nach dem der Sing. גוי einen einzelnen Nicht-Israeliten bezeichnen konnte. Ein solcher wird im AT einfach als ein איש beschrieben. Jedoch gab die Tendenz, die nicht-israelitischen Völker wegen ihrer Religion negativ zu beurteilen, zusammen mit Israels eigenem politischen Mißgeschick dem Wort גוי eine besondere Färbung. Betrachtet man dies zusammen mit der Vorliebe Israels, sich selbst lieber als ein עם und eine משפחה als ein גוי zu beschreiben – in Anbetracht der politischen Nebentöne von גוי –, so ist es nicht schwierig zu sehen, wie der Boden für den talmudischen Sprachgebrauch vorbereitet war, wo גוי und גוים einen spezifisch negativen Sinn erhielten.

Trotz den at.lichen Versicherungen, daß Israel auf dem Sinai (Ex 19, 6) oder durch den Exodus (Deut 26, 5) ein גוי wurde, was den Terminus direkt mit Israels Erwählungsglauben verband, identifizierte Israel seine Erwählung nicht mit dem Bewahren seiner Stellung als ein גוי. Als עם und משפחה konnte Israel das Volk JHWHs bleiben und infolge davon auch hoffen, noch einmal die Stellung eines גוי wiederzugewinnen.

Clements

גַּף, גֵּו, גַּו, גּוּפָה גְּוִיָּה

I. Etymologie – II. 1. Biblischer Befund – 2. Lebendiger Körper, Person – a) Mensch – b) Himmlische Wesen – 3. Toter Körper – a) Leichnam, Bestattung – Verbrennung – b) Kadaver – 4. *gēw, gaw, gap* (II) – III. Qumran – IV. LXX.

Lit.: *Fr. Baumgärtel – E. Schweizer*, σῶμα, ThWNT VII 1042ff. – *K. Bornhäuser*, Die Gebeine der Toten, BFChTh 26/3, 1921. – *E. Dhorme*, L'emploi métaphorique des noms de parties du corps en hébreu et en akkadien, Paris 1923 (= 1963), 7. – *L. Dürr*, Ps 110 im Lichte der neueren altorientalischen Forschung, 1929. – *A. Merx*, „Der Honig im Cadaver des Löwen“, Prot. Kirchenzeitung 17, 1887, 389–392. – *M. Philonenko*, Sur l'expression «corps de chair» dans le commentaire d'Habacuc, Sem 5, 1955, 39f. – *J. de Savignac*, Essai d'interprétation du psaume CX à l'aide de la littérature égyptienne, OTS IX, 1951, 107–135, bes. 131f. – Weitere Lit. → אדם, → איש, → בשר, → נבלה, → פגר.

I. g^{e}*wījāh* ist wohl eine im hebr.-syr. Raum (jüd.-aram., targ., samaritan. גויתא; syr. *gwājā*; mand. *giuta* 'Eingeweide' [MdD 89a], 'Leibeshöhle des Leviathan als Ort der Verdammten' [rG 394, 4 u.ö.], nabat. גויתה [RES 2126, 3] 'das Innere eines Grabmals') entstandene fem. Ausbildung der nominalen Wurzel *gw(w)*, die sich im übrigen semit. Sprachraum in verschiedenen Gestalten und Bedeutungen zeigt. Die Etymologie ist ungeklärt.

Im Akk. ist die Wurzel *gw(w)* nicht belegt, so daß ein Zusammenhang mit sum. *gú* 'Hals, Nacken, Kopf, Ufer, Vorderseite, gebeugt' (Deimel, SL III/1, 46; Delitzsch, SG 102; Landersdorfer, Sprachgut 65f.), ababyl. *kappu/gappu* (CAD 8, 185ff.) 'Flügel, Arm, Hand, Lungenflügel, Augenbrauen u.a.' und spätbzw. nbabyl. *gabbu* (AHw 272), das nach CAD 5, 5 (vgl. H. Holma, Die Namen der Körperteile im Assyrisch-Babylonischen, Helsinki 1911, 152) eine halbflüssige Masse des menschlichen und tierischen Körpers 'Gehirn' (?), aber auch 'Opferfleisch' bedeuten kann, sehr fraglich ist. Ein Zusammenhang mit akk. *gawum* 'Stamm '(→ גוי), so Fronzaroli, AANLR 19, 1964, 251 Anm. 21, ist nicht ersichtlich. Im Südsemit. begegnet die Wurzel dann in arab. *ǧawf* 'Höhlung, Inneres, Mitte, Bauch' (Lane 478; Wehr, Arab. Wb 134), *ǧifat* 'Leichnam', *ǧāfa* 'hohl sein', šhauri *egehe* und soq. *gehe* 'Brust' (Leslau, Contributions 14, Lex Soq 103), tigr. *gof* 'Inneres, Herz, Seele, Körper' (Littmann-Höfner, Tigr. Wb 594), wozu *gūpāh* 1 Chr 10, 12 für גויה 1 Sam 31, 12; aram. Hatra-Inschrift KAI 256, 7 und jüd.-aram. *gūpā'* DISO 52 zu vergleichen wäre (vgl. Driver, VTS I, 1953, 30). Zur Verbreitung der Wurzel in kuschit. und Chad-Dialekten vgl. J.H. Greenberg, The Languages of Africa, The Hague 1963, 53.

Die weitaus häufigste westsemit. Ausprägung liegt in den Formen *gaw* und *gew* (KBL^3 174; DISO 48; Wagner, Aramaismen 51d) und *gwj* I (DISO 49) vor, als Substantiv in der Bedeutung 'Inneres, Mitte' (vgl. Hi 20, 25), bereits in der altaram. Inschrift des Zakar von Hamath (KAI 202 B 3), 'Körperschaft' (phön.-pun. RES 1215, vgl. Hi 30, 5, anders M. Dahood, Bibl 38, 1957, 318f.), dann in Elephantine, jüd.-aram., palmyr., nabat., phön., pun. und christl.-paläst. mit Präfixen b^{e} und l^{e} als adverbiale Ortsangabe gebraucht 'inmitten von, im Innern, drinnen' (vgl. Gen. Apokr. II. 10). In der Bedeutung 'diesbezüglich' (9mal in der *tyb-libbi*-Formel; vgl. Y. Muffs, Studies in the Aramaic Legal Papyri from Elephantine, Leiden 1969, passim; 23mal in der Zeugenformel *shdi bgw*) und 'inclusive' (Driver, Aramaic

Documents 10, 2; Cowley, AP; Kraeling, Brooklyn Papyri, sub גו), so auch mand. *bgaua* 'inner part, therein' und *gauaia* 'inner, interior, esoteric' (MdD 74). Die urspr. Bedeutung 'Leib, Körper' scheint noch durch in *gw* III (DISO 48), wo im Kraeling-Papyrus 12, 24 offensichtlich die Bedeutung 'handmaiden, Sklavin' vorliegt. Dazu verweist E. Benveniste (JA 242, 1954, 308f.) auf iran. **gav(a)* 'Diener, Sklave' und elam. *kam-ba (-ti-ya)*. Zum Bedeutungsübergang 'Körper' – 'Sklave' vgl. mit J.J. Rabinowitz (Bibl 39, 1958, 77f.) griech. σῶμα – 'Sklave'. Zum etymologischen Zusammenhang von *gw*, *gaw*, *gᵉwījāh* vgl. auch Cross-Lambdin, BASOR 160, 1960, 24 Anm. 21.

Eine Verbindung mit äg. *g3b* (ab 19.Dyn.) 'Arm' > *gb3* (WbÄS I 154) oder *gbgb.t* (seit N.R. für das 'Daliegen der erschlagenen Feinde, Leichenhaufen' gebraucht; 165) ist ungeklärt.

II. 1. Im AT ist *gᵉwījāh* 13mal belegt, *gūpāh* 2mal, *gēw* 7mal (+ 4mal cj.), *gaw* 4mal und *gap* II 2mal. Die außerbibl. Semantik bestätigt sich.

2. a) *gᵉwījāh* bezeichnet den Menschen – wie → בשר oder → שאר – als Ganzheit, die allerdings nach dem näheren Kontext der natürlichen Beschaffenheit und Unversehrtheit entbehrt; *gᵉwījāh* kennzeichnet den Menschen in seiner existentiellen Schwäche, Bedrückung oder Angefochtenheit; vielleicht zeigt dies auch die fem. Form an, vgl. Dhorme 7. Das AT sieht den Menschen im Aspekt der *gᵉwījāh*, wenn er in aktueller Not, z.B. in den äg. Hungerjahren, nach dem Verlust von Geld (*kæsæp*) und Viehbesitz (*miqnēh habbᵉhēmāh*) schließlich noch seine *gᵉwījāh* 'seinen Leib', d.h. sich selber, seine Person in dieser notvollen und dem Untergang nahen Existenzlage in die Selbstversklavung geben muß und nach dem Notverkauf seines Landbesitzes (*'ᵃdāmāh*) den Status eines freien Vollbürgers verliert (Gen 47,18 J); vgl. die Situation *lāmmāh nāmūt lᵉ'ēnækā* 47,19a. – Neh 9,37 betet Esra, Gott habe Fremdkönige über Israel (*'ālēnū*) gesetzt, die über ihre Leiber (*gᵉwijōtēnū*) und über ihr Vieh nach Gutdünken gebieten (*māšal*), so daß sie in großer Not (*ṣārāh*) sind. Das allgemeine Personalsuffix in *'ālēnū* umfaßt die Körper, d.h. die Personen, und ihren Viehbesitz; im Kontext kennzeichnen Bedrückung, Willkürherrschaft und Not die genauere Existenz-Situation, so daß dieser Aspekt in *gᵉwījāh* impliziert ist: es ist die notleidende Person, der bedrängte Israelit selber. Sir verändert später diesen Aspekt dahin, daß es die *gᵉwījāh* selbst ist, die den unzüchtigen Menschen zum Sklaven der Weiber macht (47,19).

b) Ez 1,11 verhüllen die himmlischen Wesen, die Menschen gleich gestaltet sind, mit ihren Flügeln ihre 'Leiber' (גויתהנה; vgl. Zimmerli, BK XIII 5; BLe 253a'; GK § 91 *l*). Nach Jes 6 bedekken die Seraphe 'Antlitz' und 'Füße' (Scham). Möglicherweise hat *gᵉwījāh* Ez 1,11 die weitere Bedeutung von Person oder Gestalt. – Der 'Mann' mit dem Aussehen eines Menschen Dan 10 besaß eine *gᵉwījāh* (Dan sagt nicht *bāśār* oder *šᵉ'ēr*), die durch das Gewand scheint und 'wie Tarsis(-stein)' war; *taršīš*, Aq. χρυσόλιθος, wird als Beryll (A.Jeffery), Topas (M.Delcor) oder gelber Jaspis (N.W. Porteous) erklärt, womit sicher „die Lichtnatur dieses Himmlischen" (A.Bentzen HAT I/19) charakterisiert ist.

3. a) Ähnlich → פגר, akk. *pagru*, das den lebenden wie toten Körper bezeichnen kann, bezeichnet auch *gᵉwījāh* den toten Körper, den Leichnam oder das Aas: Ps 110, 6 heißt es vom siegreichen König, daß „er mit Leichen Täler füllt" (so mit Aq, Sym, Hieronymus, Briggs, Kraus, Dahood u.a.); zum Bild der mit Leichen gefüllten Täler vgl. B.Meißner, BuA I Abb. 54.167. 168; L. Dürr 22; J. de Savignac 131f.; vgl. auch Homer, Ilias XVI 71f. Als drastisches Motiv ist das Bild in der prophetischen Gerichtsankündigung belegt (Ez 31,12; 32, 5; 35, 8; vgl. Jes 5, 25; 34, 3; Jer 9, 21; Ez 6,13). Nah 3, 3 schildern *gᵉwījāh*, *pægær*, *ḥālāl* parallel den Untergang Ninives in apokalyptischem Kolorit; das Schlachtfeld ist mit Leichen so bedeckt, daß man darüber strauchelt. *gᵉwījāh* bezeichnet ausschließlich (*pægær* überwiegend) den toten Körper im Kontext von Schlacht und kämpferischer Auseinandersetzung; anders → נבלה (akk. *nabultu*), Leiche von Menschen und Tieren, übertragen Götzen. – 1 Sam 31,10.12 bezeichnet *gᵉwījāh*, *gᵉwījōt* die Leichen der im Kampf mit den Philistern Gefallenen, insbesondere Sauls und seiner drei Söhne; 1 Chr 10,12 liest *gūpāh*, *gūpōt*. Zur Unsitte, den erschlagenen Feinden die Köpfe abzuschlagen, gibt es zahlreiche orientalische Parallelen (vgl. Ackroyd z.St.). Die Leute von Jabes holten die Gefallenen vom Schlachtfeld, um sie zu bestatten.

Umstritten sind Text und Sinn von 1 Sam 31,12: MT spricht vom Verbrennen → שרף der *gᵉwījōt* und vom Begraben der *'aṣmōt* (→ עצם). Später kann *gᵉwījāh* auch 'Gebeine' bedeuten (Sir 49,15). Zahlreiche Gelehrte (S. Goldmann, A. van den Born, H.W. Hertzberg, R. de Vaux u.a.) vertreten die Ursprünglichkeit des *śārap* und denken an ein Anäschern der Leichen bzw. ein Verbrennen der Weichteile, um ein pietätvolles Begräbnis oder ein Aufbewahren der *'aṣmōt* zu ermöglichen. Kaum zutreffend ist das Verständnis von *śārap* als 'anoint', 'einbalsamieren' (P.R. Ackroyd). Andere (Klostermann, W.Rudolph, BHK³ u.a.) schlagen → ספד 'Totenklage halten' als ursprüngliche Lesart vor. Die Umwandlung der Totenklage in einen Verbrennungsakt würde dann eine nachträgliche schimpfliche Bestrafung Sauls für seine Verbrechen darstellen. Das Fehlen einer Verbrennungsnotiz in 1 Chr könnte dann eine bewußte Unterdrückung dieses verpönten und fremdländischen Brauches darstellen.

Die Bestattung der Toten hatte bei den Israeliten große Bedeutung. Nicht begraben zu werden galt als Not und Strafe JHWHs (Deut 28, 26; 2 Kön 9,10; Jes 14,19; Jer 7, 33; 14,16; 16, 4. 6; 19,7; 22,19;

25, 33; 34, 20; Ez 29, 5 u.ö.) und bedeutete Ruhelosigkeit in der Unterwelt. Stark ausgeprägt ist das Verlangen, bei den Vätern begraben zu werden (Gen 47, 30; 2 Sam 19, 38; 21, 14). Auch der getötete Feind wurde begraben (Jos 8, 29; 10, 26f.; 2 Kön 9, 34; Ez 39, 11–16). Neben den Familien- und Königsgräbern gab es die 'Grabstätte der gemeinen Leute' (2 Kön 23, 6 → קבר). Die Leichenverbrennung war im Alten Orient nur bei den Hethitern Brauch. Im AT wurden nur Verbrecher als zusätzliche Strafe verbrannt (Gen 38, 24; Lev 20, 14; 21, 9; Jos 7, 25); eine Ausnahme bildet Deut 21, 23. Die Verbrennung der Gebeine des Königs von Edom wird als Missetat Moabs kritisiert (Am 2, 1). (Vgl. BRL 237–241; Barrois II 274–323; de Vaux I 83–106).

b) Nach Ri 14, 5ff. reißt Simson einen Löwen in Stücke (*ješasseʿēhū* 14, 6); als er nach einigen Tagen die *mappælæt* des Löwen noch einmal besuchte, fand sich in der *gewījāh* des Löwen ein Bienenschwarm und Honig 14, 8. *mappælæt* findet sich sonst nur vom 'Fall Tyrus' (Ez 26, 15. 18. 27), vom 'gefällten Stamm' der Ägypten-Zeder (31, 13. 16) und vom 'Fall' des Ägypten-Krokodils (32, 10). Nach Spr 29, 16 schauen die Gerechten den 'Fall' und Untergang der Frevler. Ri 14, 8 meint es den 'erlegten' Löwen, während *gewījāh* kollektiv den Kadaver oder die Kadaverstücke bezeichnet, die offensichtlich schon verwesten (zum Bild vgl. Herodot V 114 – Schädel des Onesilos – sowie die Lit. → ארי).

4. *gēw* begegnet in der Bedeutung 'Rücken'. Dem Unverständigen und Toren gebührt die Rute auf den Rücken (Spr 10, 13; 19, 29; 26, 3; vgl. auch 14, 3 cj.). Der Gottesknecht wehrt sich nicht den Schlägen, die seinen 'Rücken' treffen, wie er auch seine Kinnbacke (*leḥī*) und sein Gesicht (*pānīm*) nicht verbirgt (Jes 50, 6). In 51, 23 kündigt DtJes an, daß nun für Israel die Zeit der schmachvollen Erniedrigung vorüber ist, in der es seinen 'Rücken' wie Erde als Straße für den Vorübergehenden machen mußte.

Dieser Zusammenhang von *gēw* mit Rute und Erniedrigung würde die Statue des Dagon und damit den Gott selbst (1 Sam 5) in ein pejoratives Licht rücken, wenn in v. 4, wie vorgeschlagen (KBL³), גוו 'sein Rumpf' zu lesen wäre. Zu dieser Konjektur besteht jedoch kaum Anlaß.

gēw und *gaw* zeigen die gleiche Bedeutung in dem Topos השלך אחרי גו 'hinter den Rücken werfen'. Gott wirft die Sünden (חטא) hinter seinen Rücken (Jes 38, 17), er vergibt sie. Der Mensch dagegen wirft Gott hinter seinen Rücken, wenn er Bilder gießt (1 Kön 14, 9), ihn vergißt (Ez 23, 35) und seiner Thora den Rücken kehrt (Neh 9, 26).

*gap*II begegnet nur im Sklavengesetz des Bundesbuches (Ex 21, 3f.) und spezifiziert den '*æbæd*' dahin, daß er ohne jede Habe 'allein' (= nur mit seinem Leib, *begappō*) nach Verlauf seiner Dienstzeit entlassen werden soll.

III. In Qumran stehen *leb*, *bāśār* und *gewījāh* parallel, eine Ausweitung zur echten Synonymität, die bereits Sir 37, 22f.; 41, 11 anklingt. So klagt der bedrängte Dichter „Geschwunden war die Kraft aus meinem Leibe (מגויתי)"; er sieht seine *leb* wie Wasser und sein *bāśār* wie Wachs verfließen (1QH 8, 32f.). Auch im Zusammenhang mit überirdischen Wesen kommt *gewījāh* vor: die Leiber (*gewījōt*) der Söhne der Himmelswesen (עירי השמים) waren groß wie die Berge (CD 2, 18f.; vgl. Gen 6, 1ff.). Neu ist die Verbindung גוית בשר (1 QpHab 9, 2; 4 QpNah 2, 6; vgl. R. Weiss, RQu 4, 1963, 436), deren griech. Äquivalent σῶμα τῆς σαρκός bereits in Sir 23, 17 (Leib des unzüchtigen Menschen) und äthHen 102, 5 (neutral: Leib) belegt ist; vgl. Kol 1, 22; 2, 11. Fraglich ist, ob es sich nur um eine „rhetorische Plerophorie" für 'Leib' (K. Elliger, BHTh 15, 1953, 202) handelt; die Interpretation von J.M. Allegro mit „fleshly natures" (JSS 7, 1962, 306) weist vielleicht in die richtige Richtung.

גו begegnet nur 11 QPs a XXII 7 (Zionslied) in der Bedeutung 'Mitte, Brust' als das Innere des Menschen (vgl. M. Delcor, RQu 6, 1967, 72f. 80).

IV. In der LXX werden die termini *gewījāh* (9mal), *gūpāh*, *gaw* und *gewa* mit σῶμα (vgl. E. Schweizer, 1043f.) wiedergegeben. Ri 14, 8 und Ps 110, 6 übersetzt sie *gewījāh* mit πτῶμα, das gelegentlich auch zur Wiedergabe von *mappælæt* und *pægær* Verwendung findet, und Ri 14, 9 mit ἕξις (so B, während A στόμα bietet, den Honig also im Mund des Löwen lagern läßt, wohl im Hinblick auf den Satz „Vom Fresser geht Speise aus" v. 14).

gap II findet seine Interpretation in μόνος, während *gew* den Übersetzern offensichtlich Schwierigkeiten bereitete, νῶος (Jes 50, 6), τὰ μετάφρενα (Jes 51, 23), ὦμος (Spr 19, 29), sonst verlesen oder überlesen.

Fabry

גָּוַע

In der Bedeutung 'verscheiden', 'umkommen' ist גוע eigentlich nur im Hebr. belegt. Eine *haph*-Form (הגע) kommt in der aram. Zakir-Inschrift mit der Bedeutung '(ein Denkmal) beseitigen' vor (KAI 202 B 16. 19, vgl. DISO 49). Arab. *ǧāʿa*, 'leer, hungrig sein' ist weiter entfernt (vgl. jedoch das mit 'sterben' verwandte engl. starve).

Das Verb kommt im Hebr. fast ausschließlich in der späteren Sprache vor (P, Hi, Kl, DtSach; Jos 22, 20 ist wohl Dtr). Außerdem begegnet ein Adj. oder Ptz. גוע 'tot' Sir 8, 7; 48, 5 und ein Nomen גויעה 'Sterben' Sir 38, 16.

Im Pentateuch ist גוע auf P beschränkt. In drei Belegen wird es zusammen mit מות gebraucht (ויגוע וימת Gen 25, 8. 17; 35, 29; vgl. auch 49, 33).

Zwei Belege beziehen sich auf das 'Umkommen allen Fleisches' in der Flut (Gen 6,17; 7, 21). Num 17, 27f. geht es um die Vorstellung, daß jedermann, der sich dem heiligen Zelt JHWHs nähert, sterben muß; parallel steht hier teils → אבד (v. 27), teils מות (v. 28). Num 20, 29 ist es einfach mit מות synonym: Aaron war gestorben. Dasselbe gilt von Kl 1,19 „meine Priester und Ältesten sind (vor Hunger) gestorben". Num 20, 3 geht es um das Sterben als Sündenstrafe, ebenso Jos 22, 20: Achan starb wegen seines עון. Ps 104, 29 drückt die Abhängigkeit des Menschenlebens von Gott aus: „wenn du ihren Odem (רוח) hinnimmst, verscheiden (sterben) sie". Sach 13, 8 steht גוע mit כרת zusammen: zwei Drittel der Bevölkerung werden ausgerottet werden und 'umkommen'; nur ein Drittel wird überleben. Ein wenig andersartig ist Ps 88,16: „ich bin elend (עני) und hinsiechend (*gōwēa'*) von Jugend an" (LXX und Syr. יגע 'matt, müde' ist wohl erleichternde Lesart).

Die acht übrigen Belege entfallen auf das Buch Hiob. Hier handelt es sich natürlich um gehobene Sprache, was aber den Gebrauch von מות nicht ausschließt (10mal in den poetischen Teilen und 3mal im Prolog); in 3,11 und 14,10 stehen die beiden Wörter sogar parallel: „Warum starb (מות) ich nicht bei meiner Geburt, 'verschied' nicht, als ich aus dem Mutterschoß kam?" (ähnlich 10,18, nur גוע) bzw. „Der Mann stirbt und ist dahin, der Mensch verscheidet – und wo ist er?" Alles Fleisch stirbt und kehrt zum Staub zurück, sagt Elihu 34,15, und 36,12 stellt er fest, daß die ungehorsamen Menschen sterben müssen (v.14 gebraucht מות im selben Sinn). In den übrigen Belegen (13,19; 27, 5; 29,18) ist גוע mit מות gleichbedeutend.

Zu diesem allgemeinen Bild tragen die Belege in Sir nichts Neues bei. 8,7 ermahnt den Weisen, nicht über einen Toten (גוע) zu jubeln, denn „wir werden alle dahingerafft (אסף); 48, 5 spricht von der Auferstehung eines Verstorbenen (גוע) vom Tode (ממות, par. משאול); und 38,16 handelt von Trauer über den Tod (גויעה) eines Verstorbenen (מת).

So drückt גוע die gewöhnliche at.liche Einstellung zum Sterben aus (→ מות), ohne daß diese Vokabel mit irgendeinem besonderen Gedanken verbunden wird.

Ringgren

גּוּר גֵּר, גֵּרוּת, מְגוּרִים

I. Etymologie – II. Der at.liche Textbestand – III. Die rechtliche Stellung des *gēr* – 1. Ursachen der Fremdlingschaft – 2. Die Stellung des *gēr* in der Königszeit – 3. Im Deut – 4. In P – 5. In prophetischen Texten – 6. Sonstiges – 7. *tōšāb* – IV. Das speziell Theologische.

Lit.: *E. Bammel*, Gerim Gerurim (ASTI 7, 1968/69, 127–131). – *A. Bertholet*, Die Stellung der Israeliten und der Juden zu den Fremden, 1896. – *E. Fascher–J. Gaudemet*, Fremder (RAC Lfg. 58/59, 1970, 306–347). – *K. Galling*, Das Gemeindegesetz in Deuteronomium 23 (Festschrift A. Bertholet, 1950, 176–191). – *W. Grundmann*, παρεπίδημος (ThWNT II 63f.). – *H. Hommel*, Metoikoi (PW 15,1413–1458). – *Th. M. Horner*, Changing Concepts of the 'Stranger' in the Old Testament (AThR 42, 1960, 49–53). – *F. Horst*, Fremde, II. Im AT (RGG³ II 1125f.). – *K. G. Kuhn*, προσήλυτος (ThWNT VI 727–745). – *J. A. O. Larsen*, περίοικος (PW 19, 816–833). – *T. Meek*, The Translation of Gêr in the Hexateuch and Its Bearing on the Documentary Hypothesis (JBL 49, 1930, 172–180). – *L. M. Muntingh*, Die Begrip „Gēr" in die Ou Testament (Nederduitse Gereformeerde Teologiese Tydskrif 3, 1962, 534–558). – *E. Neufeld*, The Prohibitions against Loans at Interest in Ancient Hebrew Laws (HUCA 26, 1955, 355–412, bes. 391–394). – *K. L. Schmidt*, Israels Stellung zu den Fremdlingen und Beisassen und Israels Wissen um seine Fremdling- und Beisassenschaft (Jud 1, 1945, 269–296). – *K. L. u. M. A. Schmidt–R. Meyer*, πάροικος (ThWNT V 840–852). – *G. Stählin*, ξένος (ThWNT V 1–36). – *J. de Vries*, Fremde, I. Religionsgeschichtlich (RGG³ II 1124f.). – *H. Wildberger*, Israel und sein Land (EvTh 16, 1956, 404–422, bes. 417–420). – L'Étranger, Recueils de la Société Jean Bodin 9 u. 10, 1958 (darin bes. J. Gilissen, Le statut des étrangers à la lumière de l'histoire comparative, 5–57; A. Dorsinfang-Smets, Les étrangers dans la société primitive, 59–73; J. Pirenne, Le statut de l'étranger dans l'ancienne Egypte, 93–103; G. Cardascia, Le statut de l'étranger dans la Mésopotamie ancienne, 105–117; A. Abel, L'étranger dans l'Islam classique, 331–351).

I. Die hebr. Lexikographie rechnet mit mehreren Wurzeln גור. Bei einer Untersuchung der Wurzel גור I 'als Fremdling weilen' ist die Frage von Wichtigkeit, ob גור II = Nebenform zu גרה 'angreifen' und גור III = Nebenform zu יגר 'sich fürchten' homonyme selbständige Wurzeln sind oder ob eventuell ein ursprünglicher Zusammenhang festzustellen ist, so daß nur von Spezialisierungen der gleichen Wurzel zu reden ist. Da im Altertum 'fremd sein' und 'feind sein' nur zwei verschiedene Erscheinungsformen der gleichen Person sein können, wird man die Möglichkeit einräumen, daß akk. *gerû* 'feindlich sein' (vor allem als Ptz. *gārû* 'Feind, Gegner' belegt; AHw 286) als Etymon zu hebr. גור gelten kann.

1. Im Ugar. bedeutet *gr ḥmjt ʾgrt* (CTA 32, 27f.) vielleicht einen, der sich in den Mauern Ugarits aufhält. Ähnlich könnte *gr btʾl* (CTA 19 [I D] III 153) den bezeichnen, der sich im Tempel etwa als Flüchtling aufhält. Dagegen ist die Verbform *wgr.nn* CTA 14 (I K) III 110 parallel IV 212 nicht mit Sicherheit zu deuten. Die Übersetzungsvorschläge reichen von 'umgeben' (Aistleitner) über 'verweilen' (Jirku), 'in Besitz nehmen' (Gordon) bis zu 'angreifen' (Driver). Kaum hierher gehört auch die Verbform *tgrgr* CTA 23, 66 (SS II 32).

2. Als moabit. Beleg für *gēr* wird gerne auf Meša'-Inschrift KAI 181, 14ff. hingewiesen, wo berichtet wird, daß Meša' die Stadt Nebo eingenommen und alles getötet habe: 7000 *gbrn wgrn wgbrt wgrt wrḥmt*. Daß hier neben Männern und Frauen mit *grn* und *grt* Klienten und Klientinnen gemeint seien (so KAI und S. Segert, ArOr 29, 1961, 240), scheint deshalb wenig wahrscheinlich, weil es kaum eine ganze Gruppe selbständiger Klientinnen gegeben hat. Vermutlich ist *grn* mit hebr. *gūr* in Zusammenhang zu bringen und hier auf Menschen bezogen mit 'Knaben' und *grt* mit 'Mädchen' zu übersetzen.

3. Als Beleg für גר im Sinne von Klient im Phön. wird auf CIS I 86 = KAI 37 verwiesen. In dem Verzeichnis der Ausgaben einer Tempelverwaltung in Kition aus dem 4. oder 3. Jh. v. Chr. werden *grm* neben *klbm* A, 16 und B, 10 genannt. Aus dem Zusammenhang läßt sich nicht einwandfrei entnehmen, welche Deutung für *gr* hier anzunehmen ist. Schon M. Lidzbarski (Handbuch) und neuerdings A. van den Branden (BMB 13, 1956, 92) weisen auf die Möglichkeit hin, *gr* wie in der Meša'-Inschrift im Sinne von hebr. *gūr* zu deuten, hier als catulus = junger Prostituierter. Als Stütze für diese Deutung kann darauf hingewiesen werden, daß in der ebenfalls aus Kition stammenden Inschrift CIS I 52 ein *klb'* als Sohn eines *gr* erwähnt wird. Daß freilich trotzdem das Wort *gr* im Sinne von Schützling, Klient vor allem einer Gottheit im Phön. und Pun. bekannt war, dafür zeugen die mit *gr* zusammengesetzten Personennamen wie *gr'*, *gr'hl*, *gr'šmn*, *grb'l*, *grhkl*, *grmlk*, *grmlqrt* und *grtmlq(r)t*, *grmskr*, *grskn*, *gr'štrt*, *grṣd* und *grṣpn*.

4. Auch das Aram. kennt die Wurzel *gwr*. Im Altaram. ist *gwr* allerdings nicht belegt; denn Sefire II C, 8 *'nh 'gr 'gr* ist weder mit KAI 223 von *gwr* III 'sich fürchten, Angst haben', noch mit Dupont-Sommer von *gwr* I 'sich als Schützling niederlassen' (so noch DISO 49) abzuleiten, sondern mit K.R. Veenhof, BiOr 20, 1963, 142–144, ist „ich miete dich" zu übersetzen, und als Wurzel ist *'gr* 'mieten' anzusetzen (vgl. auch R. Degen, Altaram. Grammatik, 1969, 19.109. 120). Ein Verb *gwr* ist demnach im Altaram. der Inschriften nicht zu belegen, wohl aber findet sich die Wurzel in den jüngeren aram. Dialekten gut bezeugt.

Im Thamudischen und Ṣafā'itischen sind die Eigennamen *Gwr*, *Tgr* und *Gr* anzuführen. Für das Nabatäische läßt sich auf CIS II 209 hinweisen. In einer Grabinschrift werden – vorausgesetzt, die übliche Lesung und Interpretation des schwierigen Textes wird anerkannt – neben der Stifterin *wśwh* ihre Schwestern, Töchter und *wgr(j)hm klh* „und alle ihre (Pl.) Klienten" genannt, in Zeile 6 sogar als männlich und weiblich unterteilt. In welcher Abhängigkeit oder in welchem Verhältnis die Klienten und Klientinnen zur Stifterin *wśwh* standen, bleibt im Dunkeln. Auch in palmyr. Inschriften ist ein Substantiv *gjr*/*gr* (CIS II 3972, 4; 3973, 8; 4035, 4 und 4218, 5) belegt. 3972 bittet der Stifter der Inschrift, er selbst und alle Söhne seines Hauses seien *gjr*-Schützlinge bei der Gottheit. 4035 bittet der Stifter für sein eigenes Heil und für das Heil seiner Söhne *wgrh* „und seines Klienten". 3973 wird berichtet, daß der Nabatäer 'Ubaida zwei Altäre errichtete und dabei dankbar des Zebīda *gjrh wrḥmh* 'seines Patrons und Freundes' gedachte. Man nimmt an, daß Zebīda in Palmyra für den nabat. Soldaten als Gastfreund auftrat (vgl. auch Cooke, NSI 305). 4218 schließlich wird dem, der es wagen sollte, das Grab zu öffnen, angedroht, daß er in Ewigkeit keinen *zr' wgr* haben solle. Man sieht hierin den Wunsch, daß dem Grabschänder Nachkommenschaft und Schutz und Patronat einer Gottheit verweigert wird. Man kann allerdings hier *gr* auch als Klient deuten und daran erinnern, daß 3972 die Söhne des Hauses neben dem Klienten genannt sind. Wenn der Klient gemeint ist, dann beweist diese Inschrift, daß es in Palmyra eine Ehre war, Klienten zu haben. Festzustellen ist, daß *gr* im Sinne von Fremdling, Klient und im Sinne von Patron in Palmyra vorkommt. Zu fragen wäre allerdings, inwieweit die Vorstellung vom *gr* von semitischem oder von römisch-griechischem Gedankengut her zu interpretieren ist.

Im Jüd.-Aram. (bes. im Jerusalemer Targum), im christlich-palästinischen Aram., im Mand. und vor allem im Syr. nimmt die Wurzel *gwr* die spezielle Bedeutung 'ehebrechen' an. Da z.B. für das Christlich-Palästinische für das Substantiv *gjwr* und *mgjr'* die Bedeutung 'Proselyt, Nachbar' noch belegt ist, vermutet F. Schwally, daß man als ursprüngliche Bedeutung „zur Nachbarin gehen" anzunehmen hat. „Hierbei ist eine Zeit angenommen, in der der einzelne nicht nur jedem anderen Clan gegenüber *ger* war, sondern schon in jeder anderen Familie" (Idioticon 17). Man könnte jedoch auch daran denken, daß der Fremde als Mensch ohne enge Bindung an die herrschenden moralischen Gesetze lebt und ihm daher am ehesten ein Ehebruch als Einbruch in das Verhältnis zweier Menschen zuzutrauen ist. Auch im Deutschen ist 'fremdgehen' ein Synonym für 'ehebrechen'.

5. Das Arab. zeigt insofern interessante Züge, als das Verbum *ǧāra* (med. *w*) 'abweichen, freveln', im 3. Stamm 'benachbart sein, angrenzen' und im 4. Stamm 'unter jem. Schutz stellen' bedeutet. Das Substantiv *ǧār* heißt häufig 'Nachbar', gehört aber offenbar zu den Wörtern mit Gegensinn und kann neben der häufiger belegten Bedeutung „Schutzgenosse" auch „Schutzherr, Patron" bedeuten (vgl. Nöldeke, Neue Beiträge zur semit. Sprachwissenschaft 73).

6. Im Südsemit. ist die Wurzel gut bezeugt. So

ist für das Asarab. (vgl. Müller, 39) einmal das Verbum *gr* CIH 548, 1 'sich als Schützling (in den Tempel) begeben' belegt. Der einzige Beleg für ein Substantiv *gr* Ry 507, 10 allerdings existiert nicht. Es ist *whgrhmw* 'ihre Seßhaften' zu lesen. In einer Reihe von Eigennamen kann die Wurzel *gwr* nachgewiesen werden. Im Äth. findet sich *gōr* 'Nachbar', *tagāwara* 'benachbart sein, angrenzen' und *g^{e}jūr* 'Fremdling'.

II. Klammert man גור II 'angreifen' und גור III 'sich fürchten' aus, dann sind für גור I *qal* 81 Belege (einschließlich Ri 5, 17 und Jes 54, 15b) übrig. Davon entfallen 22 Belege auf P und 13 auf Jeremia. Ein *hitpōlel* ist im MT 3 mal belegt: 1 Kön 17, 20 wird von Elia gesagt, daß er sich bei der Witwe von Sarepta als *gēr* aufhält (מתגורר); Jer 30, 23 ist doch wohl der Text nach 23, 19 in מתחולל zu ändern und Hos 7, 14 ist יתגודדו ('sich ritzen, Einschnitte machen', cf. BHS) zu lesen. Hinzu kommt als Konjektur Jer 5,7, wo umgekehrt יתגררו für יתגדדו zu verbessern ist (cf. BHS). Das Substantiv גר findet sich 92 mal, davon entfallen 36 Belege auf P (allein 21 mal in Lev) und 22 Belege auf Deut. Das selbständige Ptz. *gār* z.B. Ps 105, 12; 1 Chr 16, 19 und Hi 19, 15 ist – wie das arab. *ǧār* zeigt – die aram.-arab. Entwicklung aus **gawir*, während *gēr* den altkanaan. Lautbestand festhält (vgl. H. Bauer, Zur Frage der Sprachmischung im Hebräischen, 1924, 26). Daneben findet sich eine mit מ-Präfix gebildete Pluralform מגורים. Sie gehört zu den Pluralbildungen, die den Abstraktbegriff bezeichnen. So bedeutet *m^{e}gūrīm* 'Fremdlingschaft' (vgl. C. Brockelmann, VG II, § 29c) und ist 11 mal belegt, davon 6 mal mit ארץ; insgesamt 7 mal begegnet מגורים bei P und 1 mal bei Ezechiel (20, 38), dazu Ps 119, 54; Hi 18, 19; Thr 2, 22 und Sir 16, 8. Schließlich ist noch eine Abstraktbildung גרות Jer 41, 17 im Sinne von 'Gastlehen' belegt. Ob die Ortsnamen מעלה־גור 2 Kön 9, 27; גור 2 Chr 26, 7 und יגור Jos 15, 21 etwas mit der Wurzel גור zu tun haben, ist zweifelhaft. Wohl aber ist der im AT für drei verschiedene Personen belegte Eigenname גרא als Kurzform eines mit גר gebildeten Namens anzusehen.

III. Im AT nimmt der גר eine Zwischenstellung ein zwischen einem Eingeborenen (אזרח) und einem Fremden (→ נכרי). Er lebt unter Leuten, die nicht blutsverwandt mit ihm sind, und er entbehrt daher des Schutzes und der Privilegien, die üblicherweise durch Blutsverwandtschaft und Geburtsort vorgegeben sind. Sein Status und seine Privilegien hängen von der Gastfreundschaft ab, die im Orient seit alter Zeit eine große Rolle spielt. Während in der Frühzeit Israels der גר seiner Rechtsposition nach dem Metöken Griechenlands vergleichbar ist, wobei, z. T. durch bestimmte historische Ereignisse bedingt, mit גר der unter Israel lebende Kanaanäer oder der Flüchtling aus dem besiegten Nordreich bezeichnet wird, entwickelt sich der Begriff immer mehr – unter dem Vorzeichen der religiösen Integration – hin zum Proselyten, d. h. zum Nichtisraeliten, der dem Jahweglauben anhängt.

1. Die Gründe, weshalb jemand sich als גר, entfernt von seinem Clan und seiner Heimat, unter den Rechtsschutz eines anderen Menschen oder einer Menschengruppe begibt, sind vielfältig. Als häufigsten Grund erwähnt das AT die Hungersnot. So zieht Elimelech mit seiner ganzen Familie wegen einer Hungersnot nach Moab, um dort als Schutzbürger zu leben (Ruth 1, 1). Elia hält sich wegen einer Hungersnot bei der Witwe zu Sarepta auf (1 Kön 17, 20). Nach 2 Kön 8, 1 schickt Elisa die Frau aus Sunem mit ihrer Familie wegen einer drohenden Hungersnot ins fruchtbare Küstenland. Auch Isaak bleibt wegen einer Hungersnot als גר bei Abimelech von Gerar (Gen 26, 3; J). Und selbst Israels Aufenthalt in Ägypten ist darauf zurückzuführen, daß eine Hungersnot Josephs Brüder nach Ägypten trieb (Gen 47, 4; J), wie es ähnlich bereits von Abraham (Gen 12, 10) berichtet wird.

Außerdem können kriegerische Auseinandersetzungen Anlaß sein, daß jemand das Leben eines גר führen muß, wie es Jes 16, 4 von den Versprengten Moabs heißt, daß sie in Juda oder Edom als Schutzbürger Zuflucht suchen. Auch hinter der Nachricht 2 Sam 4, 3, daß die ursprüngliche Einwohnerschaft von Beeroth nach Gittajim geflohen ist, um dort als גרים zu leben, verbirgt sich wohl eine kriegerische Auseinandersetzung zwischen den kanaan. Einwohnern von Beeroth und den besitzergreifenden Benjaminiten. Die Rekabiter halten sich als גרים in Juda auf, um das nomadische Ideal aufrechtzuerhalten (Jer 35, 7). Daneben können individuelle Not oder Blutschuld jemanden veranlassen, als גר Schutz und Hilfe in der Fremde zu suchen. Auch der Levit konnte sich vor der Kultzentralisation als גר niederlassen, wo immer er einen Ort oder eine Person oder Gruppe fand, wo er seinen Beruf ausüben konnte (vgl. Ri 17, 7. 8. 9; 19, 1. 16, auch Deut 16, 11. 14).

2. Wenn, wie Galling meint, das Gemeindegesetz in Deut 23 in seinem Kern aus der letzten vorstaatlichen Zeit stammt, dann läßt sich feststellen, daß bei der Behandlung der Frage, ob Edomiter und Ägypter im Gegensatz zu Ammoniter und Moabiter in die JHWH-Gemeinde aufgenommen werden können, nicht ausdrücklich an גרים gedacht ist. Der גר gilt in alter Zeit doch wohl als Staatenloser und wird nicht vollberechtigt zum קהל gerechnet.

Der angebliche Mörder Sauls, der David die Todesnachricht überbringt, bezeichnet sich 2 Sam 1, 13 als Sohn eines amalekitischen גר. Aus dieser

Notiz läßt sich schließen, daß es dem גר durchaus möglich ist, Familie zu haben und daß er sogar zum israelitischen Heerbann Zutritt hat, wenn auch vermutlich nur als Söldner. Auch aus Jer 41,17 läßt sich für die Zeit Davids erschließen, daß der König einen Fremdling mit Landbesitz, wohl aus dem Krongut, betrauen konnte. Hier wird berichtet, daß Johannan mit seinen Leuten nach der Ermordung Gedaljas auf der Flucht nach Ägypten Station in der bei Bethlehem in Juda gelegenen גרות כמהם macht. Der nur hier vorkommende Ausdruck wurde von den alten Versionen nicht verstanden (vgl. P. Volz, Studien zum Text des Jeremia, 1920, 281 und BHS). Die übliche Deutung 'Herberge, Karawanserei' (vgl. W. Rudolph, HAT I/12, z. St. und A. Weiser, ATD 20–21 z. St.) trifft kaum die ursprüngliche Bedeutung von גרות. Wenn כמהם der Name des Gileaditers Kimham ist, den David an seinen Hof nach Jerusalem zog wegen dessen Vater Barsillai (vgl. 2 Sam 19, 32ff.; 1 Kön 2,7), dann dürfte A. Alt recht haben, daß גרות der Ausdruck für Gastlehen ist. „Die gērūt Kimhām wird also ein Gastlehen aus dem Krongut für diesen Günstling des Königs gewesen sein, und es ist nur erstaunlich, daß sich eine so ganz auf eine einmalige Situation zugeschnittene Ortsbezeichnung durch Jahrhunderte behauptet hat" (KlSchr III 359). In der Regel freilich konnte der Schutzbürger keinen Landbesitz erwerben und war damit auf den Rechtsschutz des Vollbürgers angewiesen.

Nach 1 Chr 22, 2 werden bereits unter David die Schutzbürger (גרים, der Text ist trotz J.P. Smith, JBL 25, 1905, 29 nicht zu beanstanden), d.h. doch wohl in erster Linie die Überreste der vorisraelitischen kanaanäischen Bevölkerung, als Steinhauer angestellt. Nach 2 Chr 2,16f. wird von Salomo berichtet, daß er diese Schutzbürger zu Lastträgern und Steinhauern machte. Wenn in den alten Pentateuchquellen Abraham (Gen 12,10; 20,1; 21, 23. 34), Lot (Gen 19, 9), Isaak (Gen 26, 3), Jakob (Gen 32, 5) und Jakob mit den Brüdern Josephs (Gen 47, 4. 9) als Fremdlinge gelten, so läßt das gezeichnete Bild erkennen, daß ein גר Besitz (Viehherden, Knechte und Mägde) haben kann. Lot, der sich als גר in Sodom aufhält, hat sogar ein eigenes Haus (Gen 19, 9). Andererseits zeigt gerade Gen 19, 9, daß der גר offensichtlich als Richter unerwünscht ist. Im Bundesbuch wird ausdrücklich gefordert, daß der גר nicht bedrückt werden soll (Ex 22, 20; 23, 9). Auch für ihn gilt das Sabbatgebot (Ex 23,12; 20,10).

3. Die Tatsache, daß der גר im Deuteronomium eine große Rolle spielt, dürfte damit zusammenhängen, daß zur Zeit der josianischen Reform im Jahre 622 das Problem der Schutzbürger einer besonderen Aufmerksamkeit bedurfte. Nach 2 Chr 15, 9 nehmen Emigranten aus dem Nordreich (aus Ephraim, Manasse und Simeon), die als Schutzbürger in Juda untergekommen sind, an der von Asa einberufenen Volksversammlung teil. Auch 2 Chr 30, 25 werden nordisraelitische Schutzbürger in Juda als Teilnehmer an der Passafeier des Hiskia (vgl. noch 2 Chr 11,13f.) erwähnt. Wenn neben Waise und Witwe Deut 14, 29; 16,11.14; 24,17.19. 20. 21; 26,13; 27,19 der גר genannt ist, handelt es sich vermutlich um Flüchtlinge aus dem Nordreich, die sich seit dem Untergang Samarias 722 im Südreich angesiedelt haben. Der גר hat es z.T. nur bis zum Tagelöhner gebracht (Deut 24,14). Zum besonderen Schutz gehört, daß die vergessene Garbe auf dem Felde (Deut 24,19), die Nachlese im Ölbaumgarten und im Weinberg (Deut 24, 20. 21) für den גר, die Waise und die Witwe bestimmt ist. Auch der Drittjahreszehnte (Deut 14, 29 = 26,12) gehört dem גר mit. Vor Gericht soll der גר gerecht behandelt werden (Deut 1,16; 24,17; 27,19). Besonders erwähnt werden das Sabbatgebot (Deut 5,14), die Wochenfestfeier (16,11) und das Laubhüttenfest (16,14; anders bei P Lev 23, 42). Während nach Deut 14, 21 der גר unbeschadet Aas essen oder weiterverkaufen darf, wird er nach Lev 17,15 aufgefordert, sich den Reinigungsriten zu unterziehen, falls er Aas gegessen haben sollte. Deut 10,18 heißt es, daß Jahwe den גר liebt und ihn daher mit Nahrung und Kleidung versorgt. Daraus wird weiter abgeleitet, daß auch die Israeliten den גר lieben sollen (Deut 10,19), wobei auf Israels eigene Fremdlingschaft in Ägypten hingewiesen wird. Der Levit ist גר (Deut 18, 6). In der Spezifizierung der Kultgemeinde nach ihren Ständen Deut 29,10 erscheinen die גרים als Holzhauer und Wasserschöpfer. Vermutlich ist dabei wie 1 Chr 22, 2; 2 Chr 2,16 an die vorisraelitische kanaanäische Bevölkerung gedacht. In der Fluchandrohung für den Fall des Ungehorsams Deut 28,15–46 wird v. 43f. als Strafe angekündigt, daß der גר immer höher steigen werde, so daß am Ende der גר das Haupt und Israel der Schwanz sein werde, d.h. die soziale Ordnung soll auf den Kopf gestellt werden. Wenn schließlich Deut 31,12 ausdrücklich auch der גר bei der feierlichen Gesetzeslesung anwesend gedacht ist, so heißt das, daß der גר zwar nicht unbedingt als vollwertiges Glied der Kultgemeinde verstanden, aber dem Anspruch des Gesetzes ausgesetzt wird.

4. Nicht nur in den alten Pentateuchquellen, sondern auch bei P werden Abraham (Gen 17, 8; 23, 4), Jakob (28, 4), Isaak (35, 27; 37,1), Esau und Jakob (36,7) als גרים gezeichnet (vgl. auch Ex 6, 4). Damit wird deutlich, daß einerseits auch bei P der Begriff גר durchaus noch im alten Sinne als Schutzbürger verstanden wird, daß andererseits der Erwerb des Landes Kanaan theologisch relativiert wird.

In priesterschriftlichen Texten gilt die Maṣṣotvorschrift Ex 12,19 für den גר wie für den Einheimischen. Auch Passa feiern kann und soll der גר – vorausgesetzt, er ist beschnitten – so wie der einheimische Israelit (Ex 12, 48f.). Sogar bei der Verordnung über das Nachpassa wird Num 9,14 ausdrücklich vermerkt, daß auch hierbei ein und dieselbe Satzung gelten soll für den גר und den Einheimischen. Um so auffallender ist es daher, wenn Ex 12, 45 der תושב von der Passafeier ausgeschlossen bleibt. Vermutlich ist dabei an den unbeschnittenen Ausländer gedacht. Auch bei der Feier des Großen Versöhnungstages wird der גר eingeschlossen (Lev 16, 29). Höchstens aus der Tatsache, daß der גר beim Laubhüttenfest (Lev 23, 43) nicht ausdrücklich miterwähnt wird, kann man schließen, daß hier dem Schutzbürger gegenüber eine andere Haltung eingenommen wird als sonst bei P. Wenn Lev 23, 42 ausdrücklich der Einheimische in Israel aufgefordert wird, das Laubhüttenfest zu feiern, darf man schließen, daß der Schutzbürger von der Feier ausgeschlossen bleibt. Die historische Begründung des Wohnens in Laubhütten (Lev 23, 43) läßt es verständlich erscheinen, daß die Laubhüttenfestfeier ohne den גר vor sich gehen soll (vgl. Elliger, HAT I/4, 323). Damit ist gegenüber Deut 16,14, wo der גר aufgefordert wird, am Laubhüttenfest teilzunehmen, eine vorsichtigere Haltung eingenommen.

Nach Lev 17, 8f. wird auch der Schutzbürger „hier wie sonst bei P im Gegenüber zum ‚Haus Israel' sicher nicht mehr der außerhalb seiner Sippe oder seines Stammes Lebende, sondern der Volksfremde, der aus irgendeinem Grunde aus seiner Heimat Verschlagene, der nun um Aufnahme in die Jahwegemeinde nachsucht" (Elliger, HAT I/4, 227), mit der Todesstrafe bedroht, wenn er illegitime Opfer, d.h. Opfer für fremde Gottheiten darbringt. Auch jeglicher Blutgenuß (Lev 17,10.12.13) ist wie dem Israeliten auch dem Schutzbürger streng verboten. In einem Nachtrag wird Lev 17,15f. für jeden Einheimischen oder Schutzbürger, der Verendetes und Zerrissenes gegessen hat, eine besondere Reinigung verlangt. Die Zulassung dieser Reinigung bedeutet einerseits, daß die alte strenge Vorschrift, nach der das Fleisch eines von einem Raubtier zerrissenen Tieres den Hunden vorgeworfen werden mußte (Ex 22, 30), eine wesentliche Erleichterung erfuhr, andererseits jedoch, daß die Erlaubnis, Aas dem Schutzbürger oder Ausländer zu geben (Deut 14, 21), eingeschränkt wird, insofern nun auch der גר den Reinheitsvorschriften unterworfen wird (vgl. Elliger, HAT I/4, 229). Wenn das Gesetz über den geschlechtlichen Umgang mit den bei der Heirat verbotenen Verwandtschaftsgraden (Lev 18, 6–17) und den Unzuchtssünden (18,18–23) in 18, 26 ausdrücklich für Einheimische und Zugewanderte (גרים) als gültig verstanden wird, so dürfte hier besonders die Kultfähigkeit des גר interessieren. Der גר ist weitgehend als Proselyt gesehen. Das gleiche gilt für Lev 20, 2, wo es heißt, daß jeder sich in Israel aufhaltende Israelit oder Schutzbürger, der von seiner Nachkommenschaft ein Kind dem Moloch opfert, hingerichtet werden muß. Auch bei den durch Verunreinigung durch Tote notwendig gewordenen Reinigungsriten mit der Asche der roten Kuh (Num 19) wird der גר eingeschlossen.

Während Deut 19,1–13 in dem Gesetz über die Asylie der גר keine Erwähnung findet, wird Jos 20, 9 und Num 35,15 hervorgehoben, daß die sechs Asylstädte auch als Zufluchtsstätte für den גר gelten. Auch in P gehört der גר zu den Personen, die nicht bedrückt werden sollen (Lev 19, 33). Zusammen mit dem עני, dem Armen, wird er Lev 19,10 aufgeführt, vgl. auch Lev 23, 22 und 25, 6. Daneben jedoch kennt eine Schicht innerhalb von P den גר, der es vielleicht durch Handel oder durch ein Handwerk zu Besitz und Vermögen gebracht hat (vgl. Elliger, HAT I/4, 359). Falls sich ein Israelit an einen Schutzbürger (גר) oder Beisassen (תושב) oder an einen Abkömmling der Sippe des Schutzbürgers als Sklave verkaufen muß, dann besteht Auslöserecht (Lev 25, 47f.).

Innerhalb der Opfergesetzgebung Lev 1–7 wird der גר nicht ausdrücklich erwähnt. Das mag daran liegen, daß die Gesetze z.T. aus alter Zeit stammen, in der der גר, wenn er zugewanderter Ausländer war, nicht kultfähig war. Wenn jedoch bei der Behandlung der Beschaffenheit der Opfer Lev 22,17–33 der גר Erwähnung findet und wenn Num 15 in Nachträgen zur Opfergesetzgebung der גר (Num 15,14.15 bis 16. 26. 29. 30) ausdrücklich neben dem Einheimischen als gleichberechtigt genannt wird und etwa die Sühnkraft des Sündopfers auch dem גר, der unter der ganzen Gemeinde der Israeliten lebt, zugesprochen wird, dann wird wieder sehr deutlich, daß in späten Schichten von P der גר der voll integrierte Proselyt ist. Für diesen Teil von P darf man dann alle Gesetze als ebenfalls für den גר gültig ansehen, auch dann, wenn er nicht ausdrücklich genannt ist. Und das bedeutet, daß der גר durch Beschneidung und Lebensweise als Proselyt in der Gemeinde seinen Platz hat.

5. Erstaunlich ist, daß der גר in der prophetischen Verkündigung eine sehr untergeordnete Rolle spielt. Amos und Hosea, Jesaja und Micha befassen sich nicht näher mit dem Problem des Schutzbürgers. Das ist um so auffallender, als gerade in der Botschaft dieser Propheten die Klage über das asoziale Verhalten, über die Bedrückung der Schwachen nicht verstummt. Erst bei Jeremia wird z.B. in der Tempelrede (7, 6; 22, 3) bei der Aufnahme der alten Forderung, die wirtschaftlich Schwachen anständig zu behandeln, auch des גר gedacht. Waise, Witwe und

גר sollen nicht bedrückt und vergewaltigt werden (vgl. auch Sach 7,10 und Mal 3, 5). – Die Emigration nach Ägypten aus Angst vor Nebukadnezar wird durch das Verbum גור (Jer 42,15. 17. 22; 43, 2; 44, 8.12.14. [28]) näher bestimmt. Nach Jer 43, 5 siedeln sich die aus dem Ausland Zurückgekehrten im Lande Juda als Schutzbürger an, vertauschen aber aus Furcht vor einer babylonischen Strafexpedition Juda gegen Ägypten.

Bei Ezechiel ist das Substantiv גר 5mal (14,7; 22,7. 29; 47, 22. 23) belegt, davon 3mal durch das Partizip von גור erweitert (14,7; 47, 22. 23). Dazu kommt noch ein Beleg für מגורים 20, 38. Ez 14,7 wird in der kasuistischen Gesetzeseröffnung, die ähnlich 6mal bereits im Heiligkeitsgesetz (Lev 17, 3. 8.10.13; 20, 2; 22,18) begegnete, der גר gleichberechtigt neben dem Israeliten genannt und also kultisch eingegliedert. Es geht um die Abkehr vom Götzendienst. Wahrscheinlich ist hier mit גר schon der Proselyt gemeint, der seiner Herkunft nach am gefährdetsten war, Götzendienst zu treiben. Nur Ez 20, 38 wird mit dem Begriff ארץ מגורים das Exilsland (vgl. שני התגוררם 'die Jahre ihres Exilsaufenthalts', CD IV 5) bezeichnet, an den übrigen Stellen bei P (Gen 17, 8; 28, 4; 36,7; 37,1; Ex 6, 4) dient dieser Ausdruck „zur Bezeichnung des den Vätern noch nicht ausgehändigten Verheißungslandes" (Zimmerli, BK XIII 456). Ez 22,7 ist der גר neben Witwe und Waisen und 22,29 neben Elenden und Armen zu den Personen gezählt, denen Unrecht getan wird. Besonders interessant ist der Zusatz Ez 47, 22f. Danach soll auch der גר, der Kinder zeugte, d.h. Familie hat, bei der neuen Landverteilung bedacht werden. Er soll im Bereich des Stammes, in dem er sich niederlassen will, Erbbesitz bekommen, also in diesen Stamm integriert werden. Damit ist ein Bedeutungswandel vollzogen. Der גר ist der Proselyt, der sich in Babylonien der JHWH-Gemeinde angeschlossen hat und der als gleichberechtigt gelten soll (vgl. Zimmerli, BK XIII 1218f.).

6. Im Kyros-Erlaß Esr 1, 2–4 wird der Jude, der sich in fremder Umgebung aufhält, als גר bezeichnet im Gegensatz zu den Männern seines Ortes, also Nichtjuden. Hier (Esr 1, 4) ist demnach mit גר nicht der Proselyt, sondern der Schutzbürger gemeint. – Kommentare und Übersetzungen nehmen an manchen Stellen, z.B. Jes 11, 6; Ps 5, 5 oder Kl 4, 15 für גור eine allgemeine Bedeutung 'sich aufhalten, verweilen' an. Jedoch läßt sich auch an diesen Stellen ein tieferes Verständnis gewinnen, wenn bei der Übersetzung von גור der Bedeutungsinhalt von גר im Hintergrund gesehen wird. So gewinnt Jes 11, 6 an Bildhaftigkeit: Der Wolf ist Schutzbürger des Lammes.

7. Es ist nicht einfach zu bestimmen, wodurch sich der תושב vom גר unterscheidet. תושב, die mit *t*-Präfix gebildete Nominalform von ישב, findet sich 11mal bei P (Gen 23, 4; Ex 12, 45; Lev 22,10; 25, 6. 23. 35. 40. 45. 47 bis; Num 35,15), sonst nur noch Ps 39,13 und 1 Chr 29,15 (1 Kön 17,1 ist mit LXX der Ortsname Tisbe zu lesen). Da gewöhnlich der תושב, der Beisasse, mit dem גר, dem Schutzbürger, zusammen genannt wird, wobei גר ותושב Gen 23, 4; Lev 25, 23. 35. 47 bis; Num 35, 15 offenbar als Hendiadyoin anzusehen sind, ist deutlich, daß beide Benennungen als eng zusammengehörig verstanden wurden. Das gilt auch für Ps 39,13 und 1 Chr 29,15, wo beide Wörter auf den Parallelismus membrorum verteilt sind. Auch wenn 2mal תושב durch das Partizip von גור näher bestimmt ist (Lev 25, 6. 45), sowie wenn im MT Lev 25, 47b die Kopula fehlt, läßt sich das nur so deuten, daß der Unterschied zwischen גר und תושב nicht immer erkannt wurde. Vermutlich bezeichnet תושב „unter wirtschaftlichem Gesichtspunkt denselben Mann, der nach seinem rechtlichen Status גר heißt, der also ohne eigenen Grundbesitz bei einem israelitischen Vollbürger ... untergekommen ist" (Elliger, HAT I/4, 293f.). In Lev 25, 6. 40 und Ex 12, 45; Lev 22,10 erscheint der תושב neben dem שכיר, dem Lohnarbeiter. Wenn Ex 12, 45 der Beisaß (תושב) und der Tagelöhner (שכיר) von der Teilnahme an der Passafeier ausgeschlossen werden, während der גר – sofern er beschnitten ist (Ex 12, 48) – nach Num 9,14 mitfeiern darf und soll, dann ist bei תושב sicher nur an Ausländer, also Nichtisraeliten und Nichtproselyten gedacht.

IV. 1. Nur einmal im AT wird JHWH als גר bezeichnet. Jer 14, 8 in einem von Jeremia vermutlich aufgenommenen und zitierten Volksklagelied wird JHWH gefragt „Warum bist du wie ein Fremdling im Lande und wie ein Wanderer, der nur zur Nacht einkehrt?" Die Dürre, die auf dem Volk lastet, bewegt das Volk zu Bittgang und zu der Bitte, JHWH möge sich als Helfergott erweisen. Palästina ist sein Wohnsitz, das er Israel als ארץ מגורים gab und in dem er nun selbst wie ein Fremder ist, den das Land nicht kümmert.

2. Israel wird aufgefordert, den Schutzbürger milde zu behandeln (Deut 10,19; vgl. Ex 22, 20; 23, 9), weil es selbst erfahren hat, wie dem גר zumute ist (נפש הגר Ex 23, 9). Israels Fremdlingsdasein in Ägypten (Deut 23, 8; 26, 5; Jes 52, 4; Ps 105, 23; 1 Chr 16,19) verpflichtet dazu, das Gebot der Nächstenliebe (Lev 19,18) auch auf den גר auszudehnen: „wie ein Einheimischer von euresgleichen soll euch der Schutzbürger gelten, der sich bei euch aufhält. Und du sollst ihn lieben wie dich selbst; denn Schutzbürger (גרים) seid ihr gewesen im Lande Ägypten. Ich bin Jahwe, euer Gott" (Lev 19, 34).

3. Der גר ist wie Waise und Witwe, neben denen er Ex 22, 20f.; Deut 10,18; 14, 29; 16,11.14; 24,17.19. 20. 21; 26,13; 27,19; Jer 7, 6; 22, 3; Ez 22,7; Sach 7,10; Mal 3, 5; Ps 94, 6; 146, 9 genannt wird, besonders schutzbedürftig. Israels Gott ist sein Schutzherr. Es ist Sünde, den גר zu bedrängen und zu vergewaltigen.

4. Von besonderer Bedeutung ist die Vorstellung, daß der Mensch hier auf Erden nur das Leben eines גר führt. So weiß der Psalmist Ps 39,13 darum, daß er vor JHWH nur גר und תושב wie alle seine Väter ist (Luther: „dein Pilgrim und dein Bürger"). Diese Vorstellung ist auch Ps 119,19 zum Ausdruck gebracht: „ein גר bin ich auf der Erde". Dabei ist zu fragen, wie בארץ zu verstehen ist. Vielleicht ist hier noch ganz konkret unter ארץ das Land Palästina zu verstehen und noch nicht allgemein die Erde. Jedenfalls zeigt Lev 25, 23, daß man in Israel wußte, daß JHWH allein Eigentümer des Landes ist und daher die Israeliten nur Erbpächter auf seinem Eigentum sein können, „denen genau wie einem Schutzbürger und Beisassen, den sie bei sich aufgenommen haben, keine letzte Verfügungsgewalt über den ihnen zugewiesenen Boden zusteht" (Elliger, HAT I/4, 354). 1 Chr 29,15 sagt David in einem Gebet vor versammelter Gemeinde, daß aller Reichtum von Gott komme, „denn Fremdlinge und Beisassen sind wir vor dir wie alle unsere Väter". Die Not des irdischen Daseins führt zu der Erkenntnis, daß Gott wie ein Patron dem Menschen Beistand und Hilfe gewähren muß, damit der Mensch nicht verlorengeht.

D. Kellermann

גּוֹרָל

I. Etymologie – II. Profane Verwendung – III. Theologischer Gebrauch – 1. Loswerfen „vor Jahwe" – 2. Losorakel – 3. Losordal – 4. Übertragene religiöse Bedeutung im AT – 5. Bedeutungswandel in Qumran.

Lit.: *J. Döller*, Die Wahrsagerei im AT (BZfr X 11/12) 1923. – *W. Dommershausen*, Das „Los" in der at.lichen Theologie (TrThZ 80, 1971, 195–206). – *F. Dreyfus*, Le thème de l'héritage dans l'AT (RSPhTh 42, 1958, 3–49). – *O. Eißfeldt*, Wahrsagung im AT (KlSchr IV) 1968, 271–275. – *K. Elliger*, Ephod und Choschen (VT 8, 1958, 19–35). – *T. Fahd*, La divination arabe. Études religieuses, sociologiques et folkloristiques sur le milieu natif de l'Islam, Leiden 1966, 138–149. – *I. Friedrich*, Ephod und Choschen im Lichte des Alten Orients (Wiener Beiträge zur Theologie 20) 1968. – *E. Grant*, Oracle in the OT (AJSL 39, 1922/23, 257–281). – *M. Haran*, The Ephod according to the Biblical Sources (Tarbiz 24, 1955, 380–391). – *A. Jirku*, Mantik in Altisrael, Rostock 1913. – *F. Küchler*, Das priesterliche Orakel in Israel und Juda (BZAW 33, 1918, 285–301). – *J. Lindblom*, Lot-Casting in the OT (VT 12, 1962, 164–178). – *A. Lods*, Le rôle des oracles dans la nomination des rois, des prêtres et des magistrats chez les Israélites, les Égyptiens et les Grecs (Mélanges Maspéro I, 1934, 91–100). – *J. Maier*, Urim und Tummim. Recht und Bund in der Spannung Königtum und Priestertum im alten Israel (Kairos NF 11, 1969, 22–38). – *H. G. May*, Ephod and Ariel (AJSL 56, 1939, 44–69). – *J. Morgenstern*, The Ark, the Ephod and the "Tent of Meeting" (HUCA 18, 1943/44, 1–17). – *F. Nötscher*, Zur theol. Terminologie der Qumran-Texte (BBB 10) 1956, 169–173. – *R. Preß*, Das Ordal im alten Israel (ZAW 51, 1933, 121–140. 227–255). – *K.H. Rengstorf*, The Concept of "Goral" in the DSS (Tarbiz 35/2, 1965f., 108–121). – *E. Renner*, A Study of the Word gôrāl in the OT, Heidelberg 1958 (Maschinenschrift). – *E. Robertson*, The 'Urīm and Tummīm; what were they? (VT 14, 1964, 67–74). – *F. Schmidtke*, Träume, Orakel und Totengeister als Künder der Zukunft in Israel und Babylonien (BZ 11, 1967, 240–246). – *J. Schoneveld*, Urim en Tummim (Orientalia Neerlandica, 1948, 216–222). – *A. Schulz*, Die Ordalien in Alt-Israel (Festschr. G. von Hertling) München 1913, 29–35. – *R. de Vaux*, Das AT und seine Lebensordnungen II, Freiburg ²1966, 182–187.

I. Mit גורל sind vermutlich kleine Steinchen gemeint, die beim Losvorgang benutzt wurden. Die Termini, die den eigentlichen Losvorgang beschreiben, legen eine solche Deutung nahe, da die Lose geworfen (ידה: Ob 11; Nah 3,10), zur Erde fallen gelassen wurden bzw. fielen (נפל: Ez 24, 6; Jon 1,7; Neh 10, 35; 11,1; 1 Chr 24, 31; 25, 8 u.ö.). Die Wortwendungen vom Geschütteltwerden und Hervorgehen der Lose (טול *hoph* Spr 16, 33; יצא Num 33, 54; Jos 19,1.17. 24. 32. 40; 21, 4; 1 Chr 24,7; 25, 9; 26,14) deuten an, daß diese vorher in einem Behältnis waren. Ein besonderes Aufbewahrungsgefäß wird aber nicht erwähnt. Für gewöhnlich fertigte man die Lose im Bedarfsfalle an oder trug sie bei sich in der Gewandtasche. Hier schüttelte man die Lose und „ließ sie hervorgehen". Auch ein Vergleich mit dem Arab. zeigt, daß als Material wohl Steinchen verwendet wurden: *ǧarila* 'steinig sein'; *ǧaral* 'steiniger Boden'; *ǧarwal* 'Kies, Steinchen' (Blachère-Chouémi 1452. 1967, vgl. GesB 135; KBL³ 195). Auf Grund religionsgeschichtlicher Parallelen kann man auch an kleine Holzstückchen denken; so benutzten die vorislamischen Araber Holzpfeile ohne Spitzen (vgl. J. Wellhausen, Reste arabischen Heidentums, ³1961, 132; Ez 21, 26; Hos 4,12). Außerdem sind Holz und Stein gut zu bearbeiten und waren überall gleich zur Hand. Nach 1 Chr 26,13–16 haben sicherlich Lossteine Verwendung gefunden, die markiert bzw. beschriftet waren mit Ostseite, Nordseite usw. (vgl. Lindblom 168). Im Spätägyptischen findet sich *grl* 'Los' als juristischer Ausdruck (GesB 135; nicht in WbÄS).

II. Im alltäglichen Leben griff man sicher öfter zum Los, vor allem, wenn es galt, eine unparteiische Entscheidung zu finden. Die Handhabung des Loses war zudem leicht, bedurfte kaum einer Interpretation und war vor Manipulation relativ sicher. Das Loswerfen geschah dabei innerhalb des profanen Bereiches. Es trug primär Zufalls- und Glückscharakter, selbst wenn man zuweilen die Überzeugung hatte, daß es Gott war, der in einem Einzelfall entschieden hatte (Spr 16, 33).

Die at.lichen Schriftsteller erwähnen häufig das Los im Zusammenhang mit der Verteilung von Sachen, vornehmlich wenn es sich um „Beute" im weitesten Sinn handelt. Der Klagende in Ps 22, 19 sieht, daß die ihn verfolgenden „Feinde" bereits mit seinem Tod rechnen. Sie haben seine Kleider an sich gerissen und verteilen sie als ihre Beute durch das Los. Nach Sir 14, 15 teilen die Nachkommen das ererbte Vermögen durch das Los auf (vgl. auch Spr 18, 18). – Hinter Spr 1, 14 steht die Tatsache, daß Diebe ihre Beute durch das Los zu teilen pflegten.

Das Loswerfen war auch im Kriegsrecht ein allgemein angewandtes Mittel. Nach Nah 3, 10, Ob 11 und Jo 4, 2f. verfügen die Sieger durch das Los über die Bevölkerung und ihr Hab und Gut. Ez 24, 6 könnte eine Anspielung sein auf die Wegführung der Jerusalemer Bevölkerung vom Jahre 587, die – vielleicht im Gegensatz zu der vom Jahre 597 – wahllos geschah. Hiob schließlich vergleicht die Herzlosigkeit seiner Freunde mit Menschen, die Personen wie Sachen behandeln. Wenn ihnen nämlich hilflose Waisenkinder als Pfand zugefallen sind, bringen sie es fertig, diese durch Verlosung zu veräußern (6, 27).

Durch das Los wurden auch Aufgaben und Dienstleistungen festgelegt. Die Leviten regelten auf diese Weise den Dienst an den verschiedenen Tempeltoren (1 Chr 26, 13–16), die Priester und Sänger ihren Dienst am Heiligtum (1 Chr 24f.). Unter Nehemia wurde durch das Los ein Turnus bestimmt, nach dem die einzelnen Familien das Brennholz für den Altar zu besorgen hatten (Neh 10, 35). Weiterhin ließ er beschließen, daß nicht nur die Geschlechtshäupter in Jerusalem selbst wohnen sollten, sondern auch ein Zehntel der übrigen Bevölkerung; diese zog z.T. aus freien Stücken, z.T. durch das Los genötigt in die Heilige Stadt (Neh 11, 1f.).

In Esther wird zweimal berichtet, daß der Judenhasser Haman das Los werfen läßt, um einen für den Judenpogrom günstigen Termin zu finden (3, 7; 9, 24). Die Terminbestimmung in 3, 7 läßt sich so vorstellen: Haman wirft für jeden Tag zwei Lose – ein negatives und ein positives –, bis schließlich beim dreizehnten Tag die bejahende Antwort erfolgt, und dann für jeden Monat, bis der Monat Adar getroffen ist.

III. 1. Besondere Beachtung schenkt das AT dem Loswerfen „vor JHWH". Israel ist nämlich überzeugt, daß Gott das Schicksal der Menschen in Händen hält und im Losentscheid unmittelbar und unmißverständlich seinen Willen offenbart (Heinisch, ThAT, 1940, 125). Das Losen wird somit für das at.liche Gottesvolk zu einem sakralen Akt. Man befragt JHWH in öffentlichen und privaten Angelegenheiten (z.B. Ex 18, 15; 33, 7; Ri 1, 1f. u.ö.). Das Los wird – neben Träumen und Prophetenspruch (vgl. 1 Sam 28, 6) – als Antwort und endgültiger Entscheid JHWHs betrachtet, gegen den es keine Berufung gibt. Ungewiß bleibt freilich, wie viele der zahlreichen Gottesbefragungen tatsächlich durch Losentscheid beantwortet wurden.

Den „priesterlichen" Verfassern in Jos 18, 19 und 20 kommt es wesentlich darauf an, die Landverteilung bzw. -verlosung als von JHWH selbst vorgenommen zu deklarieren. Sie verlegen sie darum an das Zentralheiligtum zu Silo, an den Eingang des Offenbarungszeltes und betonen des öfteren, Josua, der Priester Eleasar und die Familienhäupter hätten „vor JHWH" das Los geworfen (Jos 18, 6. 8. 10; 19, 51; 21, 1f. 8). Zur Landverlosung vgl. Num 26, 55f.; 33, 54; 34, 13; 36, 2f.; Jos 13, 6; 14, 1f.; 23, 4; 1 Chr 6, 39. 46. 48. 50; Ez 45, 1; 47, 22; 48, 29; Jes 34, 17. G. Dalman (AuS II 42) möchte für die Auslosungstechnik zwei Durchgänge annehmen. Im ersten sei die Gegend bestimmt worden, in der jeder Stamm sein Gebiet erhalten sollte (vgl. Jos 15, 1). Danach habe man entsprechend der Zahl der Sippen bzw. der Heerespflichtigen die Größe des Gebietes festgelegt. Dieses sei in einer zweiten Verlosung unter die einzelnen Sippen aufgeteilt worden (vgl. in Jos 18 und 19 die stereotype Formel: Das Los kam heraus für den Stamm ... nach seinen Sippen). Möglicherweise benutzte man dabei zwei Gefäße, aus denen die markierten Lossteine gezogen wurden. In dem einen Gefäß befanden sich die Steine mit den Gebietsbezeichnungen, in dem anderen die mit den Namen der einzelnen Sippen.

Nach Lev 16 soll der Hohepriester zwei Ziegenböcke „vor JHWH" am Eingang des Offenbarungszeltes – sicherlich in einem besonderen Ritus – darstellen. Dann soll er durch Auslosung den göttlichen Willen ermitteln, der den einen Bock für JHWH selbst und den anderen für den Wüstendämon Asasel bestimmt. Das Auslosungsverfahren hat man sich so vorzustellen: Man gibt zwei Lossteine mit den Namen oder Symbolen für JHWH bzw. für Asasel in ein Gefäß und schüttelt es vor dem ersten Bock. Der Losstein, der zuerst heraufkommt (עלה), bezeichnet diesen Bock für seinen besonderen Zweck. Der für JHWH bestimmte Bock wird als Sündopfer geschlachtet, während der andere mit der menschlichen Schuld beladen und weit in die Wüste getrieben wird, damit er dort mit der Sünde umkommt (vgl. Elliger, HAT I/4, 212f.).

In Ri 19–21 wird von der Schandtat der Leute

aus Gibea in Benjamin erzählt. Die Stämme Israels versammeln sich am Heiligtum zu Mizpa, um vor JHWH eine Entscheidung gegen Gibea-Benjamin zu treffen. Dabei spielt das Los eine Rolle. Die Kürze des Ausdrucks in 20, 9b läßt nicht erkennen, was eigentlich durch das Los bestimmt werden soll. Die Fortsetzung in v. 10 läßt vermuten, daß es sich um ein Auslosen der Kampf- und Versorgungstruppen handelt.

2. Weitere wichtige Anwendungen des Loses im sakralen Bereich sind das Orakel und das Ordal. Das Losorakel in Altisrael ist eine legitime, priesterliche Befragung JHWHs (A. Cody, An Bibl 35, 13f.). Dabei geht es weniger um die Ergründung der Zukunft als vielmehr darum, das eigene Handeln mit der Weisung Gottes in Übereinstimmung zu bringen. In Num 27, 21 z.B. wird Israel angewiesen, seine Feldzüge nach den Anordnungen JHWHs zu führen, die der Priester durch das Urim-Los einholt.

Urim steht hier als pars pro toto für das exklusiv priesterliche Los der *Urim und Tummim*. Nach dem gegenwärtigen Forschungsstand sind darunter ursprünglich zwei würfelförmige Steine zu verstehen, ein weißer und ein schwarzer Stein, welche die Antworten „Ja“ oder „Nein“ bedeuten (vgl. E. Lipiński, ʾŪrīm and Tummīm: VT 20, 1970, 495f.). Charakteristisch für Urim und Tummim ist demnach die alternierende Fragestellung. Der Materie nach dürfte es sich um einen Kalk- und einen Basaltstein gehandelt haben. Die beiden Termini selbst lassen sich nicht aus dem hebr. Wortschatz erklären. Israel hat sie von den im Lande ansässigen Völkern übernommen, aber wir wissen nicht, welcher Sprache sie angehören. Die Mimation beweist, daß sie sehr alt sind (A. Jirku, Bibl 34, 1953, 78ff.).

Später heißt es dann noch von Saul, er habe wegen der Philister JHWH befragt, doch dieser habe ihm keine Antwort gegeben, „weder durch Träume noch durch Urim, noch durch Propheten“ (1 Sam 28, 6). Die Bibel berichtet für die Zeit der Richter bis zur Ära Davids mehrmals von Gottesbefragungen. Es ist naheliegend – wenn auch nicht beweisbar –, daß gerade bei der Alternativbefragung Urim und Tummim als Orakelmittel benutzt wurden (Ri 18, 5f.; 20, 26ff.; 1 Sam 23, 2; 2 Sam 5, 19).

In 1 Sam 23 und 30 ist noch von einem anderen Orakelmittel, dem Ephod (אפוד), die Rede. In beiden Fällen bittet David den Priester Ebjatar, das Ephod herbeizubringen, damit er JHWH befragen kann.

Zum Ephod-Problem gibt es noch keine endgültige Lösung. Das hängt damit zusammen, daß der Ausdruck im AT verschiedene Dinge bezeichnet. Die Wortwurzel bedeutet sehr wahrscheinlich 'Kleid' im weitesten Sinn, also irgendeinen Stoff, der eine Person oder einen Gegenstand umgibt (Ri 8, 24–27; 17, 5). Für Ephod als Orakelinstrument bietet sich deshalb eine größere Tasche bzw. ein Behältnis an, in dem sich die Lossteine befinden. Eine solche zu divinatorischen Zwecken gebrauchte Lostasche, die aufrecht steht und hinter der man etwas verbergen kann, dürfte auch in 1 Sam 21, 10 gemeint sein, wenn es dort heißt: „Das Schwert des Philisters Goljat ... liegt hinter dem Ephod“. Später – in P – gehört das Ephod zur Amtstracht des Hohenpriesters. Es ist hier mehr ein Schulterkleid, bei dem aber die Brusttasche (חשן) mit den Urim und Tummim ein wesentlicher Bestandteil ist (vgl. W. Eichrodt, ThAT I, [8]1968, 64f.). אפוד בד heißt auch schon in ältesten Texten ein kurzes priesterliches Kleidungsstück, das man umgürtet (1 Sam 2, 18; 22, 18; 2 Sam 6, 14).

Die Befragung des Orakel-Ephods mit den Lossteinen ist also im Grunde nichts anderes als der Gebrauch von Urim und Tummim. Diese Schlußfolgerung wird erhärtet durch die Fragemethode, die David anwendet: Wird Saul herabkommen? Werden die Leute mich ausliefern? Soll ich sie verfolgen? Werden sie mich einholen? (1 Sam 23, 11f.; 30, 8). Die Fragen sind so gestellt, daß sie mit „Ja“ oder „Nein“ beantwortet werden können. Die angeführten Antworten sind sicher nur sinngemäß, der Orakelbescheid lautete einfach „Ja“.

3. Das Losorakel ist beherrscht von dem Glauben, daß Gottes Weisheit das gegenwärtige und zukünftige Handeln des Menschen bestimmt. Das Losordal hingegen bezieht sich auf das vergangene menschliche Tun und macht den allwissenden Gott zum Garanten der Rechtsfindung. Ordalpraktiken wurden auch in Israels Umwelt geübt (vgl. die heidnischen Seeleute in Jon 1, 7). Die kultischen Losordale der Bibel sind keine Privatangelegenheiten, sondern betreffen immer das Volksganze. Entweder geht es darum, einen Schuldigen zu entdecken oder aber umgekehrt einen Gottbegnadeten zu finden. Als Achan durch Veruntreuung von Banngut über sich und das ganze Heer Verschuldung gebracht hat, erhält Josua von Gott den Auftrag, den Rechtsbrecher durch das Los zu ermitteln (Jos 7, 13f.). Bei der Königswahl Sauls in 1 Sam 10, 20f. wird das gleiche Verfahren angewandt, indem nämlich der Kreis der zur Wahl Stehenden immer mehr verengt wird. In beiden Fällen bezeichnet der Terminus לכד den vom Los Getroffenen (vgl. Lods, 91ff.). Welche Auslosungstechnik aber im einzelnen gebraucht wurde und ob Urim und Tummim hier zur Anwendung kamen, darüber gibt der Text keine Auskunft. Das dritte kultische Losordal wird in 1 Sam 14, 41f. erzählt. Ähnlich wie Achan übertritt Jonathan während eines Feldzugs ein unter Fluch gestelltes Gebot und zieht so den Zorn Gottes auf sich und das Heer. Um nun denjenigen zu ermitteln, dessentwegen die Gottheit zürnt, nimmt Saul seine Zuflucht zum Losordal. LXX hat v. 41 erweitert, indem sie den Losvorgang interpretiert als mit den heiligen Losen Urim und Tummim vorgenommen. Anlaß dazu bot ihr das *tāmīm* in Sauls Ordalgebet, das

sie als *tummīm* las. Theologisch bedeutsam ist noch die Aufnahme des Losordals bei König und Volk. Saul meint, der Schuldige sei durch JHWH bezeichnet und müsse der für sein Vergehen vorgesehenen Strafe überantwortet werden. Das Volk erkennt zwar eine Schuld Jonathans an, plädiert aber für seine Nicht-Bestrafung auf Grund seiner besonderen Verdienste. Am Ende wird auch die vox populi zur vox Dei, da Jonathan „mit Gott" die Philister geschlagen hat. „Hier steht Bekundung des Willens Gottes gegen Bekundung des Willens Gottes" (H.W. Hertzberg, ATD 10, 93). Die Episode zeigt deutlich, wie unsicher man in dieser Zeit schon geworden ist in bezug auf das Erkennen des göttlichen Planes. Während das Losen im Alltagsleben der Israeliten immer eine gewisse Rolle spielte, wurde das feierliche Loswerfen vor JHWH und im Heiligtum allmählich durch die prophetische Predigt und die priesterliche Toraauslegung abgelöst (vgl. Hos 4,12; Sir 33, 3. Eißfeldt, Wahrsagung 272). Mit dem Exil scheint auch das Losorakel sein Ende gefunden zu haben, nach dem Talmud hörte es bereits schon mit Salomo auf (Mischna, Sota IX 12. Vgl. Robertson 69f.). Zur Zeit der Abfassung der Priesterschrift haben Urim und Tummim sicherlich bereits ihre ursprüngliche Funktion verloren und sind als Symbole für die richterliche Gewalt des Hohenpriesters in dessen Ornat mit einbezogen (Ex 28, 30; Lev 8, 8; Deut 33, 8; Esr 2, 63; Neh 7, 65; Sir 45,10).

4. JHWH hatte einst den einzelnen Stämmen und Familien seines Volkes durch das Los den Landbesitz zugeteilt. Von hier aus ist es leicht zu verstehen, daß der durch das Los zugefallene Landanteil selbst „Los" genannt wird. Die große JHWH-Tat der Landgabe wird so durch den terminus technicus in der Erinnerung festgehalten und der Grund für eine Vergeistigung des Begriffes gelegt (Renner, 39–71; Dreyfus, 13ff.). 'Los' in der Bedeutung 'Land, Gebiet(sgrenze)' findet sich in Jos 15,1; 16,1; 17,1.14.17; Ps 125, 3; Mi 2, 5.

In Ps 16, 5f. ist der Begriff Los auf das Lebensschicksal übertragen, das Gott in Händen hält. Der Beter kann auf JHWH vertrauen, weil er in ihm seinen tragenden Lebensgrund hat. Das kommt auch durch die Synonyme → חלק (Besitz), → חבל (Meßschnur) und → נחלה (Erbe) zum Ausdruck, die alle ursprünglich auf die Verlosung des Landes bezogen sind. Auch in Weish 2, 9 wird unter 'Los' (κλῆρος) das individuelle Lebens-'los' des schrankenlosen Genießers verstanden.

In dem prophetischen Gerichtsspruch Jes 57, 3–6 wird denjenigen, die Götzendienst treiben, eine entsprechende Strafe angedroht: Das Schicksal des Angeklagten wird sich dort erfüllen, wo er sündigte. Los als Schicksal schließt hier zugleich eine Vergeltung ein, die der Herr den Gottlosen zuteilt. Der Vergeltungscharakter des Loses kommt auch in dem Wehruf gegen Assur bei Jes 17,14 zum Ausdruck. Die plötzliche Vernichtung des feindlichen Heeres ist „das Los derer, die Israel geplündert und beraubt haben". – Nach Jer 13, 20–27 wird JHWHs strafende Vergeltung das buhlerische Weib Jerusalem treffen. Es wird für sein ehebrecherisches Treiben geschändet werden. Bei der belohnenden Vergeltung Ben Siras stehen die geistlichen Güter oder ganz allgemein der Segen Gottes im Vordergrund (Sir 11, 22). Die strafende Vergeltung wird weithin als drohendes Prinzip angekündigt (Sir 25,19). Dan 12,13 ist ein Zuspruch für Daniel selbst, der getrost seinem Lose am Ende entgegensehen darf, da ihm die Auferstehung zu ewigem Leben sicher ist. Die griech. Übersetzung bestätigt den eschatologischen Vergeltungsgedanken, wenn sie „Los" hier mit „Herrlichkeit" (δόξα) wiedergibt. Eine jenseitige, erfreuliche Vergeltung verspricht auch Weish 3,14 und 5, 5 den Gerechten.

Im altjüdischen Schrifttum wird der Begriff „Los" ebenfalls metaphorisch verwendet. In äth. Hen (37, 4; 48,7; 58, 5) wird z.B. die in Dan 12,13 begonnene Linie weitergeführt.

5. In den Qumrantexten wird גורל ausschließlich im übertragenen Sinn gebraucht. In der Bedeutung von Strafe und Lohn (Vergeltung) wird u.a. unterschieden zwischen einem גורל קדשים ('Los der Heiligen', 1 QS 11,7), einem גורל עולם ('ewiges Schicksal', 1 QH 3, 22) sowie einem גורל אור (Bestimmung zu einem Leben im Licht, 1 QM 13, 9) und einem גורל אף (Zorngericht, 1 QH 3, 27f.).

Das Wort erfährt außerdem einen Bedeutungswandel, der weder im AT noch in der rabbinischen Literatur nachzuweisen ist. So kann mit גורל eine Entscheidung, ein Beschluß gemeint sein, der ohne Losen gefaßt wird (1 QS 5, 3; 6,16. 18. 22; 9,7; CD 13, 4). Von daher wird es auch auf den durch die Entscheidung zuerkannten Rang (Amt) übertragen (1 QS 1,10; 2, 23; 1 QSa 1, 9. 20). Weiter bedeutet es die Gemeinschaft (Partei, Anhängerschaft), in der eine Entscheidung gültig ist: גורל אל = die Partei Gottes (1 QS 2, 2; 1 QM 1, 5; 15,1; 17,7); גורל אמת = die Anhänger der Wahrheit (1 QM 13,12); גורל בליעל = die Gefolgschaft Belials (1 QS 2, 5; 1 QM 1, 5); גורל חושך = die Männer der Finsternis (1 QM 1,11).

1 QM 1,13 (drei Lose; vgl. 17,16) und 1,14 (siebtes Los) sind undeutlich; vielleicht meinen sie eine militärische Formation (Nötscher, Qumrantexte 173).

Dommershausen

גָּזַל גָּזֵל, גֵּזֶל, גְּזֵלָה

I. Etymologie, Bedeutung – II. Der at.liche Sprachgebrauch – III. Das speziell Theologische.

I. Die Wurzel גזל ist nicht nur im biblischen und nachbiblischen Hebr., sondern entsprechend auch sonst im semit. Sprachbereich belegt, so im Ugar. (in Personennamen, s. WUS Nr. 641), Phön. (נגזלת 'weggerissen werden'), Aram. (z.B. syr.: *g^elaz* 'entreißen, rauben') und Arab. (*ǧazala* 'abschneiden') (vgl. GesB, KBL). Auf Grund der Belege kann für גזל die Grundbedeutung 'gewaltsam fortreißen' angenommen werden.

II. Im AT finden sich von גזל Verbalformen nur im *qal* und *niph* und die derivativen Nomina *gēzœl*, *gāzēl* und *g^ezēlāh*. Die Grundbedeutung 'gewaltsam fortreißen' belegt das AT vor allem an drei Stellen, in 2 Sam 23, 21 (par. 1 Chr 11, 23), in Mi 3, 2 und Hi 24, 9, wo von dem Entreißen eines Speeres aus der Hand eines Gegners, bzw. vom Wegreißen der Haut vom (Leibe der) Menschen, bzw. vom Fortreißen der Waise von der Mutterbrust die Rede ist. גזל, das teilweise seiner Bedeutung nach Begriffen wie → גנב, חטף, → פשט, → נהג und → בזז nahekommen kann, beschreibt deutlich das Wegreißen eines Objektes von einem dazugehörigen Eigentümer oder einem Ort durch Anwendung von Gewalt auf Grund einer dem Objekt bzw. dessen Besitzer gegenüber bestehenden Überlegenheit. Von daher kennzeichnet גזל dann meistens, wie jeweils aus dem rechtsthematischen Zusammenhang zu entnehmen und auch schon bei Mi 3, 2 und Hi 24, 9 ersichtlich, ein Gewalt äußerndes, eine Person oder Sache überwältigendes Tun im widerrechtlichen Sinne. Das äußert sich auch bereits dadurch, daß im Zusammenhang mit גזל häufig der Begriff → עשק 'bedrücken, erpressen', bzw. *'ōšœq* 'Bedrückung, Erpressung' begegnet (vgl. Lev 5, 23; 19,13; Deut 28, 29; Jer 21,12; 22, 3; Ez 18,18; 22, 29; Mi 2, 2; weiter Lev 5, 21; Ps 62,11; Pred 5,7).

So bezeichnet גזל einmal als ein ein bestimmtes Objekt bewegendes Tun – teils mit ausdrücklicher Angabe seiner Absonderung von dem zugehörigen Ort oder der zugehörigen Person (präpositional durch מן: Gen 31, 31; Deut 28, 31; vgl. auch 2 Sam 23, 21 (par. 1 Chr 11, 23); Mi 3, 2 und Hi 24, 9 oder durch den Akk.: Jes 10, 2, wenn hier nicht במשפט zu lesen ist) ein gewaltsames, unrechtmäßiges Entreißen bzw. Rauben von Menschen (Gen 31, 31: Töchter; Ri 21, 23: Frauen), Tieren (Deut 28, 31: Esel; Hi 24, 2: Herde; s. auch Mal 1,13 [Ptz. pass.]: das Geraubte [= Opfertier]) und Sachen (Gen 21, 25: Wasserquelle; Mi 2, 2: Äcker; Hi 20,19: Häuser), wobei bei der letzteren Gruppe der Ton besonders auf der gewaltsamen und widerrechtlichen Aneignung dieser Dinge liegt.

Im übertragenen Sinne charakterisiert es hier die Entziehung von Recht (Jes 10, 2; vgl. Pred 5,7) und ohne rechtlichen Akzent das Rauben von Schlaf (Spr 4,16) und das Fortnehmen bzw. Aufsaugen von Schneewasser (Hi 24,19).

Als gegen eine bestimmte Person gerichtetes und sie schädigendes Tun bezeichnet גזל zum anderen ein Berauben jemandes (Lev 19,13: des Nächsten; Ri 9, 25: der Vorüberziehenden; Spr 22, 22: des Geringen; Spr 28, 24: des Vaters und der Mutter; Deut 28, 29: du wirst beraubt sein) und insofern im Ptz. akt. den Räuber (Ps 35,10 des Armen), im Ptz. pass. den Beraubten (Jer 21,12; 22, 3 vom Bedrücker).

Ein Rauben im betonten absoluten Sinn (Raub begehen) bringt der Verbalbegriff in Verbindung mit innerem Objekt in Gestalt eines Nomens vom gleichen Stamm (figura etymologica) zum Ausdruck (*g^ezēlāh* Lev 5, 23; Ez 18,7.12.16. cj.18; *gāzēl* Ez 22, 29; vgl. Ps 69, 5).

Die derivativen Nomina *gēzœl*, *gāzēl* und *g^ezēlāh* beschreiben das Rauben, den Raub oder das Raubgut (Pred 5,7; Lev 5, 21; Jes 61, 8; Ps 62,11; Sir 16,13; Ez 33,15; Jes 3,14).

III. Die theologische Ausrichtung von גזל knüpft – wie schon sein Auftreten innerhalb der sozialen Anklage der Propheten, im Zusammenhang von Rechtssätzen, Gesetzes- und Verbotsreihen, in gebotsähnlicher Forderung bzw. Weisung zeigt – vor allem an den widerrechtlichen Aspekt an und bezieht sich dabei entweder mehr auf das Tun selbst oder auf den Täter oder auf den vom Tun Betroffenen. Im einzelnen ist eine theologische Akzentuierung in drei Hauptbereichen zu unterscheiden.

Im Bereich weisheitlichen Denkens gilt גזל, das hier offenbar primär als ein unsoziales, die Gemeinschaft zerstörendes Verhalten eingestuft und abgewehrt wurde (vgl. Spr 28, 24 und – wohl ägyptisch beeinflußt – Spr 22, 22), als ein die Vergeltung JHWHs nach sich ziehendes Tun (so nach den weisheitlichen Elementen in Ps 62,11ff.), bzw. – wie es die von den Freunden Hiobs vertretene Auffassung erkennen läßt – als typisches Kennzeichen des gottlosen Frevlers, den die vergeltende Gerechtigkeit Gottes treffen wird (Hi 20,19). Demgegenüber wird dann aber auch entsprechend der Position Hiobs in גזל ein zwar frevelhaftes, aber auf Grund der Erfahrung von der göttlichen Vergeltung unverständlicherweise nicht erreichtes, ja offenbar von Gott geduldetes und gebilligtes Verhalten gesehen (Hi 24, 2. 9), so daß schließlich der Prediger sogar ernüchternd dazu auffordern kann, doch den Raub von Recht und Gerechtigkeit als selbstverständlich hinzunehmen (Pred 5,7). Jesus Sirach behauptet dann jedoch wieder als unausweichliche Folge von גזל

ein Vergeltung übendes göttliches Strafgericht (Sir 16, 13).
Nach prophetischer Auffassung ruft גזל als gegen die dem göttlichen Schutz unterstehenden sozial Schwachen gerichtetes und sie ins Verderben stürzendes Handeln JHWH unmittelbar auf den Plan, um die Verantwortlichen durch sein Geschichtshandeln zu bestrafen (Jes 3, 14; 10, 2; Mi 2, 2; Ez 22, 29) und die Betroffenen zu retten (Jer 21, 12; 22, 3; vgl. dazu auch das Bekenntnis des unschuldig Angeklagten in Ps 35, 10). גזל ist zugleich Charakteristikum für den gottlosen Ungerechten, den JHWH zur Verantwortung ziehen und mit dem Tode bestrafen wird, wenn er nicht die Umkehr als einzig möglichen Weg der Rettung ergreift (Ez 18, 7. 12. 16. 18; 33, 15). So wie frevelhafter Raub als von JHWH gehaßt interpretiert wird (Jes 61, 8), so wird Geraubtes als untaugliche und von JHWH abgewiesene Opfergabe verdeutlicht (Mal 1, 13).
Im Bereich priesterlich-kultischer Theologie wird mit גזל die Situation des wegen seines Ungehorsams gegenüber den göttlichen Geboten und Satzungen vom Fluch JHWHs getroffenen Menschen beschrieben (Deut 28, 29. 31). Als Versündigung und Veruntreuung gegen JHWH, die nur durch Rückerstattung in Verbindung mit der Darbringung eines Schuldopfers gesühnt werden kann, ist dann גזל im Zusammenhang der priesterlichen Opfergesetzgebung verstanden (Lev 5, 21. 23). Im Heiligkeitsgesetz schließlich wird גזל als ein der von JHWH gewollten Heiligkeit Israels entgegenstehendes Tun generell verboten (Lev 19, 13).
Trotz der vielfältigen theologischen Akzentuierung von גזל sind die Aussagen ihrer inhaltlichen wie formalen Ausprägung und Gestalt nach in den verschiedenen Bereichen sehr ähnlich, so daß hier mit einer gegenseitigen Beeinflussung gerechnet werden kann.

Schüpphaus

גָּזַר גֶּזֶר, גְּזֵרָה, מַגְזֵרָה

I. Grundbedeutung – 1. Etymologie – 2. Spektrum der Belege – 3. Identität der Basis – II. Vortheologischer Gebrauch – 1. Plastische Funktion – 2. Kritische Rolle – 3. Der 'abgesonderte' Raum – III. Der 'abgetrennte' Mensch – 1. Verbannung – 2. Kollektive Trennung – 3. Trennung des einzelnen.

Lit.: *L. Delekat*, Zum hebräischen Wörterbuch (VT 14, 1964, 11–13). – *J. Gray*, The Legacy of Canaan (VTS 5, ^{2}1965), 98. – *J.L. Palache*, Semantic Notes on the Hebrew Lexicon, 1959, 19.

I. 1. Die Basis *gzr* kennt süd- und nordwestsemit., aber bislang keine ostsemit. Belege. Den jüngeren Dialektbereichen scheint eine semantische Differenz zu eignen, da dem arab. *ǧazara* 'abschneiden, schlachten' und dem äth. *gazara* 'beschneiden' ein mhebr.-aram. *gzr* 'entscheiden' gegenübersteht. Bei letzterem handelt es sich gleichwohl um eine Bedeutungsverschiebung sekundärer Art (vgl. Palache 19, der einen ähnlichen Wechsel bei akk. *parāsu* „separate > decide" beobachtet). In dem ugar. Ausdruck *'gzrjm* (CTA 23 [SS], 23. 58. 61) sieht J. Aistleitner, Die mythologischen und kultischen Texte von Ras Schamra, 1959, 59, die „Ebenbilder Jm's" (vgl. auch WUS 643). Dagegen denkt Gray 98, Anm. 7 an „the Morning and Evening Star 'cutting off', i.e. delimiting the day". Unabhängig von dieser unterschiedlichen Interpretation ist für das ugar. *gzr* die Bedeutung 'schneiden, zurechtschneiden' gesichert (zum Personennamen *gzrj* vgl. PNU 130). Das äg. *gśꜣ* (belegt seit M.R.) kann trotz des vergleichbaren Konsonantenbestands und einer gewissen Sinnverwandtschaft ('parteiisch sein' WbÄS V 205) kaum als semit. Lehnwort angesprochen werden. Näheres über die Wurzel *gzr* wird nur aus dem AT zu erheben sein.
2. Der jetzige Befund offenbart verbale und nominale Verwendung der Basis. Im *qal* begegnet גזר 1 Kön 3, 25. 26; 2 Kön 6, 4; Ps 136, 13 und Hi 22, 28, wozu wahrscheinlich noch Hab 3, 17 (wohl pass. *qal*, vgl. M. Dahood, Ugaritic-Hebrew Philology, Rom 1965, 21) und Jes 9, 19 (wohl keine besondere Wurzel, vgl. Delekat 13, Anm. 3; Gray 98, Anm. 7) kommen. In Jes 53, 8; Ez 37, 11; Ps 88, 6; Kl 3, 54; 2 Chr 26, 21 und Esth 2, 1 liegen *niph*-Formen vor. Als Nominalbildungen sind **gæzær* (Gen 15, 17; Ps 136, 13), g^e*zērāh* (Lev 16, 22; Ez 41, 12. 14. 15; 42, 1. 10. 13 [bis]; Kl 4, 7) und *magzērāh* (2 Sam 12, 31) belegt. Zum Ortsnamen Geser („abgesperrter Raum") vgl. KBL^3 180.
3. Nach Delekat 11–13 haben die Stellen Kl 3, 54; Ez 37, 11; Ps 88, 6; 2 Chr 26, 21; Hab 3, 17 und Jes 53, 8 eine sekundäre Korrektur erfahren: zugrunde liegt angeblich ein nunmehr nur noch Ps 31, 23 belegtes (und für Jon 2, 5 postuliertes) גרז mit der Bedeutung 'vernichten, verschwinden'. Eine Diskussion aller Belege erlaubt indes die Feststellung, daß גזר mit der Grundbedeutung 'schneiden' durchaus für eine Interpretation im Sinne von 'abschneiden, vernichten', wie auch von 'zurechtschneiden, entscheiden' offen ist.

II. 1. Die handwerkliche Tätigkeit des „Holzfällens" manifestiert 2 Kön 6, 4 (vom Instrument מגזרה 'Axt' ist 2 Sam 12, 31 die Rede). Einen Schritt weiter geht wohl Jes 9, 19 ('sich etwas abschneiden, um es zu essen'?). Das Vieh des Bedrängten ist nach Hab 3, 7 von den Hürden 'abgeschnitten, gerissen' (nicht bloß 'verschwunden'). Zur Besiegelung des Bundes ziehen ein rauchender Backofen und eine lodernde Fackel zwischen den Fleischstücken (גזרים) hindurch (Gen 15,17). Ps 136,13 spricht in etymologischer Figur vom 'Zerteilen' der Wassermassen beim Durchzug. Der 'Zuschnitt', die Gestalt der Elite Israels schließlich kam ehedem einem Edelstein gleich (Kl 4,7). Das profane Spektrum zeigt mithin alle Aspekte des konkreten Schneidens.

2. Der Urteilsspruch Salomos, des „exemplarischen Weisen" (von Rad), lautet darauf, das umstrittene Kind zu 'zerschneiden' (1 Kön 3, 25f.). Die Aktion soll das Problem lösen. In der Konsequenz dieser Funktion von גזר steht dann später die Hi 22, 28 und Esth 2,1 bezeugte, übertragene Bedeutung des 'Entscheidens'. Damit gewinnt die Wurzel גזר eine kritische Qualität.

3. Der mit den Verfehlungen Israels beladene Sündenbock wird in die Wüste entsandt, damit er die Schuld in eine 'abgesonderte Gegend' (ארץ גזרה) trägt (Lev 16, 22). Mit der Bezeichnung mag „unfruchtbares Land" (KBL^{3} 180) gemeint sein, vielleicht aber auch ein Gebiet, das strikt getrennt vom kultisch relevanten Lagerbereich liegt. Der selbständige Begriff גזרה erfaßt bei Ezechiel einen Teil des Tempelgeländes (41,12.14f.; 42,1.10.13), ist aber nach Zimmerli, BK XIII 1038 „wahrscheinlich" ein „Beschreibungswort", mit dem vielleicht „wie im griech. τέμενος ein dem gewöhnlichen Menschen nicht ohne Weihung zugänglicher Raum" bezeichnet sein könnte.

III. 1. Mit dem an Lev 16, 22 gewonnenen Aspekt verbindet sich das Verständnis von 2 Chr 26, 21, nur daß hier deutlicher die Aussonderung aus dem kultischen Bereich durch גזר angezeigt ist: der aussätzige Ussia ist vom Hause JHWHs 'ausgeschlossen' (נגזר). Der Gedanke an eine Art Exkommunikation liegt hier nicht fern: damit eignet der *niph*-Form zunächst ein sakralrechtlicher Bezug.

2. Ps 88, 6 beklagt vor JHWH das Schicksal der Toten, die „deiner Hand 'entrückt' (נגזרו)" sind. Die Zuordnung dieser Aussage zur voraufgehenden Prädikation „deren Du nimmer gedenkst" widerrät ebenfalls einer anderslautenden Ableitung: נגזר meint die vermeintlich durch den Tod erwirkte Trennung vom Gott des Lebens. Eine Zuspitzung von Bild und Idee kommt in dem Zitat Ez 37,11b, wohl einem Element der Volksklage, zum Vorschein. Im Rahmen der Vision des Totenfeldes begreifen sich die Deportierten in bildhafter Weise als „Abgeschnittene": in „allen drei Sätzen des Zitates ist voller Klage das hoffnungslose Welken, Vergehen, Abgehauenwerden zum Ausdruck gebracht" (Zimmerli, BK XIII 897). Klimax und absolute Verwendung von נגזר (der auf F. Perles, OLZ 12, 1909, 251f. zurückgehende Korrekturvorschlag KBL^{3} 180: נגזר נולנו 'unser Lebensfaden ist abgeschnitten' erübrigt sich; vgl. auch Zimmerli, BK XIII 887) akzentuieren das Bewußtsein der totalen Abtrennung von Land und Leben.

3. Vom Selbstbekenntnis des geschlagenen Volkes ist es nur ein Schritt zu der Prädikation über den Knecht JHWHs, nach der dieser aus dem „Land der Lebendigen" (ארץ חיים) 'herausgerissen' (נגזר) ist (Jes 53, 8a). Auch hier spricht die massive Diktion gegen eine Korrektur. Wie der עבד durch JHWH gerettet wird (10), so ergeht es auch dem Klagenden, dem das Wasser den Kopf überspült (Kl 3, 54): das Eingeständnis אמרתי נגזרתי 'ich sagte mir: ich bin verloren' (vielleicht eine „geläufige Wendung"; vgl. Delekat 11) bekundet letzte Ausweglosigkeit, bevor das Element der Erhörungsgewißheit eingebracht wird (55).

Görg

גחל גֶּחָלִים, גַּחֲלֵי־אֵשׁ, גַּחֶלֶת

I. 1. Etymologie – 2. Belege – II. Gebrauch im Alltag und in Redensarten – III. Theologische Bedeutung – 1. Im Kult – 2. Gerichtsworten – 3. Theophanie.

I. 1. Die Wurzel גחל ist nur in wenigen semit. Sprachen belegt. Mit einiger Sicherheit ist sie verwandt mit amhar. *gāla* 'rotglühend sein' (E. Ullendorff, An Amharic Chrestomathy, Oxford 1956, 129) und jemen. *ǧaihal* > *miǧhal* 'Schürholz' (Ch. Rabin, Ancient West-Arabian, London 1951, 26). Die Zusammenstellung mit כחל (KBL^{2} 430f.), akk. *guḫlu* (AHw 288, 296; CAD 5, 71.125) ist sicher falsch.

Ferner besteht Wurzelverwandtschaft (Lautwandel *l* > *m*) mit גחם (Gen 22, 24), vgl. arab. *ǧaḥīm* bzw. *ǧaḥmat* 'helle Flamme'; tigr. *gaḥama* 'verkohlen' (Wb 565b).

2. Im AT ist גחל nur in einigen Derivaten erhalten:

a) *gæḥālîm* – der Pl. eines zu erschließenden *gæḥāl* – ist 9mal belegt: 2 Sam 1mal, Jes 1mal (44,16 cj. ex 19!), Ez 2mal, Ps 2mal, Spr 3mal. – Die LXX übersetzt ἄνθρακες (Spr 26, 21 Sing.), in Spr 6, 28; 25, 22 ἄνθρακες πυρός.

b) *gaḥ*^{a}*lē* ist der Pl. cstr. eines sonst nicht belegten *gaḥal*. In Verbindung mit → אש ist es 5mal belegt: Lev 2mal, 2 Sam 1mal, Ez 2mal, Ps 1mal; 1mal in Verbindung mit רתמים (Ginster): Ps 120, 4. – Die LXX übersetzt ἄνθρακες πυρός und Ps 120, 4 ἄνθρακες ἐρημικοί.

c) *gaḥælæt* ist die einzige im Sing. überlieferte Form, vgl. BLe 607c. Sie ist 2mal belegt: 2 Sam 14,7; Jes 47,14. – Die LXX übersetzt im ersten Fall ἄνθραξ, im zweiten ἄνθρακες πυρός.

KBL³ 180 gibt einheitlich als Bedeutung an: 'glühende (Holz-)Kohlen' (vgl. aber noch KBL 179!) im Gegensatz zur nichtbrennenden Holzkohle (פחם) und beschränkt damit den Bedeutungsumfang auf eine bestimmte Entstehungsart.

II. 1. Im täglichen Leben spielt neben dem Feuer (→ אשׁ) aus schnell verbrennendem Holz die hieraus entstehende nachhaltige Glut eine große Rolle. Sie dient zum Schmelzen von Erz (Ez 24,11) und ist notwendig zum Backen und Braten; offenes Feuer würde nur alles verbrennen: „Die Hälfte habe ich im Feuer (במו־אשׁ) verbrannt, habe auf seiner Glut (גחליו) Brot gebacken und Fleisch gebraten" (Jes 44,19; vgl. 44,16). In den kalten Wintermonaten spendet sie spärliche Wärme (Jes 47,14; vgl. Jer 36,22f.) zumeist als einzige Wärmequelle in den Häusern, da offenes Feuer in geschlossenen Räumen zu gefährlich ist und Rauchabzüge erst relativ spät und nur vereinzelt eingebaut werden. Die hier im Alltag benötigte Glut entsteht ausschließlich aus verbranntem Holz (Jes 44,19; Ez 24,11) oder aus vorgefertigten Holzkohlen (Spr 26, 21; vgl. Lev 16,12 und für die Spätzeit M Tamid II 5; II 9 u.ö. sowie Dalman, AuS IV 4f.). Das führt dazu, daß גחלים und פחם gelegentlich synonym gebraucht werden können, wie die Verbindung גחלי־אשׁ (Lev 16,12; 2 Sam 22,13; Ez 1,13; 10, 2; Ps 18,13) nahelegt, vgl. פחם אשׁ bzw. פחמי־אשׁ Ps 11, 6 nach cj. Bickell. Bevorzugt wird die Glut von Ginsterkohlen, da der sehr harte Stamm besonders große und dauerhafte Hitze garantiert, weshalb in dieser Glut auch Pfeilspitzen geschärft werden (Ps 120,4).

2. Der tägliche Umgang und die Erfahrung mit der Glut finden ihren Niederschlag in Redensarten und bildhafter Ausdrucksweise. So kann man nicht auf der Glut gehen ohne sich dabei die Füße zu verbrennen (Spr 6, 28). Zum Streitentfachen gehört ebenso notwendig ein zänkischer Mensch wie Holz für das Feuer und Kohlen (פחם) für die Glut (לגחלים), Spr 26, 21. Gute Taten, die man dem Feind antut, sind wie Glut, die man auf sein Haupt lädt (Spr 25, 22). Die Wärme und Leben spendende Glut steht im Hintergrund der Metapher 2 Sam 14,7: „So wollen sie die Glut auslöschen, die mir übriggeblieben ist (d.h. den Sohn töten)."

III. 1. Im Kult wird die Glut beim Räucheropfer benötigt, das jeden Tag morgens und abends dargebracht wurde (Ex 30,7f.). Nach Lev 16,12 nimmt man dazu eine Räucherpfanne voll Kohlenglut vom Brandopferaltar, streut darauf wohlriechende Kräuter und bringt sie hinter den Vorhang. Die so entstehende Rauchwolke soll die durch die göttliche Gegenwart bzw. Erscheinung besonders gefährliche Deckplatte (über der Lade) unsichtbar machen und so den Hohenpriester vor der Erscheinung JHWHs schützen. Der hier beschriebene Vorgang rechnet noch nicht mit dem besonderen Räucheraltar von Ex 30,1–10, setzt vielmehr nur den einen Altar von Ex 27,1–8 voraus (Elliger, HAT I/4, 209f. 213).

2. In Aussagen über Gottes richtendes und strafendes Eingreifen hat neben dem Feuer (→ אשׁ) das Glutmotiv seinen festen Platz. Es bedeutet gegenüber dem verzehrenden Feuer noch eine Steigerung (etwa Ez 24,11) und signalisiert die Totalität der Vernichtung und die Endgültigkeit des Gerichts.

a) Der Erfahrungsbereich des Alltags ist der Sitz für die Gerichtsworte Jes 47,14; Ez 24,11 und Ps 120, 4: Die trügerische Zunge wird sich selbst vernichten wie mit geschärften Kriegerpfeilen und Glut aus Ginsterkohlen (Ps 120, 4). Die beiden Bilder sind als ein Hysteron-Proteron aufzufassen. So wird bereits stilistisch das Moment der Steigerung sichtbar: In der besonders wirksamen Glut aus Ginsterkohlen läßt JHWH die trügerische Zunge ihre tödlichen Pfeile gut schärfen, die, wiewohl anderen zugedacht, sie schließlich selbst treffen und vernichten werden (vgl. Gunkel 537ff.). JHWH wird alle Unreinheit vertilgen wie einen leeren Kessel, dessen Erz in der Glut dahinschmilzt (Ez 24,11). Am Ende ist kein Feuer mehr da, sich davor zu setzen, keine Glut mehr, sich zu wärmen (Jes 47,14b): Alles Leben erstirbt.

b) Eine Reminiszenz an Lev 16,12 in Verbindung mit Gen 19, 24 (s.u. c) stellt das Gerichtswort Ez 10, 2 dar: Der Linnenbekleidete soll in das Tempelhaus treten, seine Hände mit Glut (wohl vom Räucheraltar) füllen und sie über die Stadt streuen, um sie völlig zu vernichten. Das zu Ehren JHWHs entzündete Feuer wandelt sich in seine Zornesglut, die mit besonderer Vernichtungskraft die eigene Stadt zerstört. Und indem der Linnenbekleidete mit der Glut den Tempel verläßt, verläßt auch die Herrlichkeit JHWHs das Heiligtum und gibt es ebenfalls der Vernichtung preis (Zimmerli, BK XIII 233).

c) Entstammen die bisher behandelten Glutmotive dem Erfahrungsbereich des Alltags und basieren auf der Vorstellung einer aus Holz bzw. Holzkohlen entstandenen Glut, so steht hinter den Gerichtsworten Ps 11, 6; 140,11; Spr 25, 22 und der Theophanieschilderung Ps 18,13 = 2 Sam 22,13 (s.u. 3.) eine ganz andere Vorstellungswelt. Die Glut, die auf die Frevler herabfallen möge (Ps 140,11) bzw. die JHWH auf die Frevler herabregnen läßt (Ps 11, 6), ist ganz anderer Provenienz. Urbild dieser Vorstellung vom vernichtenden Eingreifen JHWHs ist die alte Erzählung von der Zerstörung Sodoms und Gomorrhas (Gen 19, 24): Feuer und Schwefel läßt JHWH auf die Städte herabregnen und vernichtet sie völlig. Realer Hintergrund ist wohl ein vulkanischer Ausbruch. Von hier aus bedeutet גחלים (Ps 140,11) soviel wie „glühende Steine" bzw. „glühende Lava" (vgl. schon Gunkel, GHK II/2, 41).

Der Text Ps 11, 6 ist verderbt. Allgemein durchgesetzt hat sich die Konjektur פחם אש bzw. im Anschluß an Bickell פחמי־אש. Mit Blick auf Ps 140,11 und das dort Gesagte wird man aber wohl richtiger גחלים bzw. גחלי־אש lesen.

Ein später Nachhall dieser Gerichtsvorstellung ist in Spr 25, 22 zu finden: Gute Taten, die man dem Feind antut, sind wie Glut, die man auf sein Haupt lädt (vielleicht nach äg. Vorbild, s. H. Ringgren, ATD 16,103; vgl. S. Morenz, ThLZ 78, 1953, 187–192; L. Ramaroson, Bibl. 51, 1970, 230–234).

3. Wenn JHWH selbst zum Gericht erscheint, geschieht das in gewaltigen kosmischen Theophanien (vgl. Ps 18, 8–16 = 2 Sam 22, 8–16; Ps 77,17–20; Jes 29, 6; u.a.). Neben den Feuermotiven (→ אש) Blitz, Rauch und fressendes Feuer hat auch das Glutmotiv hier einen festen Platz.

a) In der überlieferungsgeschichtlich sehr alten Gewittertheophanie Ps 18, 8–16 par. kommt es 2mal vor: v. 9 und 13.

„Rauch stieg auf aus seiner Nase, fressendes Feuer aus seinem Mund – Glut brannte vor ihm." (9) Das Glutmotiv betrachtet man allgemein als sekundäre Erweiterung (Kraus BK XV 138). In der Tat handelt es sich um eine kultische Hinzufügung: die Glut, die vor JHWH her brennt, ist nichts anderes als das in seine Zornesglut gewandelte, ihm zu Ehren im Tempel entzündete Feuer, das jetzt mit besonderer Vernichtungskraft das endgültige Gericht herbeiführt. Auch hier hat das Glutmotiv steigernde Funktion und ist veranlaßt durch Lev 16,12 in Verbindung mit Ez 10, 2. Diese Deutung liegt immerhin näher als anzunehmen, daß "whatever the fiery breath of His anger reached became coals, were kindled, and burned like coals" (Briggs ICC, Psalms I,142; ähnlich Nötscher, EB, Psalmen 43). Anders liegt der Fall im v. 13: „Im Glanze vor ihm fuhren Wolken dahin, Hagel und Glut." Das Glutmotiv gehört hier zum ursprünglichen Textbestand. Das erschwert eine Interpretation ganz erheblich, weshalb denn auch die Kommentatoren diesen Vers mit höflichem Schweigen zu übergehen pflegen. גחלי־אש ist dem Hagel gleichgeordnet. Die einfachste Deutung wäre „Hagel und Blitz". גחלי־אש hätte dann entweder synonymen oder die Vernichtungskraft des Blitzes steigernden Charakter (wie Ps 18, 9; Ez 24,11). Wahrscheinlich wird aber mit dem Glutmotiv die Gewittervorstellung verlassen und ein vulkanisches Element eingeführt (vgl. Ps 11, 6; 140,11). v. 13 ist dann eine Motivkomposition aus Elementen einer Gewittererscheinung und eines vulkanischen Ausbruchs. Diese Komposition ist aber bereits vorgebildet in jener grundlegenden Theophanie am Sinai (Ex 19), an die Ps 18, 8–16 auch theologisch anknüpft (vgl. Ex 19,16.19; 20,18. 21 – E mit 19,18; 20,18 – J).

Wie dem auch sei, in der die Grundfesten der Erde erschütternden Gerichtstheophanie konkretisiert sich JHWHs brennender Zorn und zeigt sich seine unwiderstehliche Macht. Im Glutmotiv sind beide Elemente enthalten: In den glühenden Kohlen oder Lavasteinen, mit denen JHWH ganze Städte zudeckt oder die er auf die Frevler herabschleudert, vergegenständlicht sich in besonderer Weise sein Zorn und in der dauerhaften Hitze der Glut zeigt sich die Endgültigkeit seines Gerichts, dem niemand entrinnen kann.

b) In späteren Texten kommt das Glutmotiv nur noch einmal vor, und zwar in der Berufungsvision des Ezechiel (Ez 1,13). Sie ist ganz nach traditionellen Elementen der Theophanieschilderung gestaltet; eine besondere Bedeutung des Glutmotivs ist hier nicht zu erkennen (Eichrodt, ATD 22,7; Cooke ICC, Ezekiel 15; Zimmerli, BK XIII 54f.).

Fuhs

גִּיחוֹן

1. Quelle in Jerusalem – 2. Paradiesfluß – 3. Wasserströme der Gottesstadt.

Lit.: *G.A. Barrois*, Gihon (Spring) (IDB 2, 1962, 396). – *Th.A. Busink*, Der Tempel von Jerusalem I, Leiden 1970, 81. 90. – *G. Cornfeld–G.J. Botterweck*, Die Bibel und ihre Welt II, 1969, Wasserversorgung. – *M. Dahood*, Psalms III (AB 17A), 1970, 119f. – *G. Driver*, Water in the Mountains! (PEQ 102, 1970, 83–91). – *K. Kenyon*, Jerusalem, Ausgrabungen 1961 bis 1967, 1968, 24. 27–31. 55f. 103–106. – *H.-J. Kraus*, Psalmen (BK XV, [3]1966). – *H. Lesêtre*, Gihon (DB III, 1903, 239–241). – *M. Saebø*, Sacharja 9–14 (WMANT 34, 1969, 300–305. 116. 121ff.). – *H. Schmid*, Jahwe und die Kulturtraditionen von Jerusalem (ZAW 67, 1955, 168–197. 187f.). – *J. Simons*, Jerusalem in the OT, Leiden 1952, 157–194. – *F. Stolz*, Strukturen und Figuren im Kult von Jerusalem (BZAW 118, 1970, 217). – *H. Vincent*, Jérusalem de l'Ancien Testament I, 1954, 260–264. – *Cl. Westermann*, Genesis (BK I, 1970, 293–298). – *W. Zimmerli*, Ezechiel (BK XIII, 1969, 1186–1201).

1. גיחון ist der Name einer Quelle Jerusalems, heute *'ēn umm ed-dereǧ* 'Stufenquelle', von Christen *'ēn sitt Marjām* 'Marienquelle' genannt. – Das entsprechende Verb גיח wird Hi 38, 8 vom

Hervorbrechen des Wassers aus dem „Mutterschoß“ und 40, 23 ähnlich mythisch gebraucht. Die Bedeutung ist demnach wohl „hervorsprudeln“.

Daß eine Quelle für eine Stadt von großer Bedeutung war, zeigt schon ihr eigener Name, läßt sich aber auch erschließen aus dem umfangreichen Stollensystem der Zugänge und Ableitungen im Ophel, die z.T. schon aus vorisraelitischer Zeit stammen (vgl. Simons 162–194). Diese haben wohl bei der Einnahme Jerusalems durch David eine Rolle gespielt (vgl. die verderbte Stelle 2 Sam 5, 8 mit dem als „Wasserschacht“ gedeuteten צנור – ähnlich Busink 81. 90). Kenyon 55f. schließt aus dem Vorhandensein eines alten Mauerturms oberhalb der Gichonquelle, man habe hier das Wassertor Alt-Jerusalems vor sich, das man in Friedenszeiten benutzte, im Kriegsfall aber verschloß. Laut 2 Kön 25, 4. 19a leitete offensichtlich ein Kanal den Abfluß der Gichonquelle an der Hügelflanke entlang, um den „Königsgarten“ zu bewässern. Hiskia schließlich errichtete die großartigste Tunnelanlage Jerusalems, um der Assyrergefahr vorzubeugen; er war es, „der den oberen Abfluß der Wasser des Gichon verstopfte und sie nach der Westseite zur Davidsstadt leitete“ (2 Chr 32, 30; vgl. auch v. 3f. und 33, 14). Hiskias Tunnel führte also die Wasser der Gichonquelle vom Kidrontal zum Tyropoiontal, wo sich der heutige Teich Siloah befindet – ursprünglich wahrscheinlich ein überdecktes Wasserreservoir. Von dort floß das Wasser in einem anderen unterirdischen Kanal entlang der Westflanke des Ophel nach Süden ab (Kenyon 103ff.). Die 1880 gefundene Siloahinschrift zeugt von der Freude der Tunnelgräber über den Erfolg ihrer Arbeit (KAI² 189).

Ort eines wichtigen Ereignisses war die Quelle bei der dort erfolgten Königssalbung Salomos (1 Kön 1, 33–40). Eine Begründung für die Ortswahl wird nicht gegeben. Somit handelt es sich wohl um alten Brauch, vielleicht schon aus jebusitischer Zeit. Mit der Salbung an der Quelle darf wohl ein ähnlich unerklärtes Motiv Ps 110, 7 zusammengebracht werden: „Aus dem Bach am Weg trinkt er; darum erhebt er das Haupt.“ Vielfach sieht man darin nur eine Stärkung des Königs im Kampf (vgl. v. 6). Da Ps 110 aber ein Thronbesteigungslied ist (v. 1. 3), könnte der Trunk auch zum Ritus der Feier gehören (Mowinckel, Psalmenst. II 101), wozu in Ugarit vielleicht eine Parallele vorliegt (CTA 19 [I D] 152). Trinken und Haupterheben könnten Ausdruck dafür sein, daß Gott den König stärkt und „erhebt“, wie es Ps 89, 20 von David, 92, 11 (mit Salbung); 3, 4; 75, 8 u.ö. ausgesagt wird. Wegen der ideellen Verwandtschaft von Ps 110 mit der Natanweissagung 2 Sam 7, 12–16 (Sohn, Gezeugtsein, Priestertum, ewige Herrschaft) hatte die Quelle als traditioneller Ort der Königssalbung also Bedeutung für die Thronfolge Davids und für seine Dynastie.

2. Während גיחון im MT 5mal als Name der Quelle vorkommt, bezeichnet es einmal Gen 2, 13 den zweiten Strom, der von → עדן ausgeht. Trotz der Anzeichen, daß man die Flüsse auch geographisch verstand (2, 11f.), scheint dieses Interesse nicht allein maßgebend zu sein. Ist schon גיחון kein rechter Flußname, so gilt das auch für den פישון (פוש 'stampfen, springen'). Gunkel, Gen (GHK) 8f. macht ferner darauf aufmerksam, daß der Tigris vor dem Euphrat anzeige, daß die anderen zwei Flüsse jenseits derselben im „mythischen“ Norden zu suchen sind. Jedenfalls soll durch sie angesagt werden, daß alle Wasser der Erde von עדן kommen. Deshalb ist zu überlegen, ob etwa Jerusalems Quelle mit dem gleichnamigen Paradiesesstrom gedanklich so zusammenhängt, daß der Zion als die Mitte der Welt gesehen wäre, woher alle Wasser als Bild eines Heiles von Gott kommen.

3. Das Zionslied Ps 46 zeigt, daß man vermutlich schon in alter Zeit von „Wassern“ in der Jahwestadt geredet hat (v. 5f.): „eines Stromes Arme erfreuen die Gottesstadt, die heiligste der Wohnungen des Höchsten“. Ob hinter dem fruchtbarkeitsspendenden Strom die Fruchtbarkeitsmacht des Gottes Šalem steht, ist unsicher (Stolz 217).

Rühmt Gen 2, 10ff. den Ort des Gottesgartens ob seiner Wasserfülle, die selbst noch die Erde mit ihren vier großen Strömen auszustatten vermag, und verherrlicht Ps 46 die Gottesstadt als Ort, der von Gottes Wasserströmen Leben erhält, so preist Ez 47 vor allem das Wunder, wie aus kleinen Anfängen eine Fülle des Segens sprießt (Zimmerli 1186–1201).

Es ist unverkennbar, daß Ez 47 mit dem Wasser, das „unter der Schwelle des Tempels hervor nach Osten fließt“ eine Idealisierung des גיחון darstellt. Dieses Wasser wird immer breiter und tiefer, macht sogar das Tote Meer gesund und bewirkt paradiesische Fruchtbarkeit (47, 9. 12). Nach Jo 4, 18 wird „im Hause JHWHs eine Quelle ‚entspringen‘, die das Akaziental bewässert“. Ps 65, 10 sagt, daß dieser Segen von Gott kommt. Auch hier ist die Beziehung auf Zion und den Tempel offenbar (v. 2. 5). Am Laubhüttenfest vollzieht man den Ritus des Wasserschöpfens (Sukka 4, 9: Billerbeck II 799–805). Mowinckel (Psalmenstudien II 100f.) hält diesen Brauch für „höchstwahrscheinlich uralt“. Er geht auf die Verheißung Jes 12, 3 zurück: „Ihr werdet Wasser schöpfen aus den Quellen des Heils“ (vgl. Ps 36, 9f.). Jes 55, 1 lädt JHWH die Dürstenden zu sich ein, wo v. 3b auch die Verheißung an David erwähnt wird. Untreue gegen JHWH aber ist dasselbe, wie wenn man „den Quell lebendigen Wassers verläßt“ (Jer 2, 13; 17, 13; Jes 8, 6).

Wie Jes 55, 1. 5 so bringt auch Sach 14, 8 einen universalen Zug in unser Bild. Danach fließt in Jerusalem ganzjährig eine Quelle, die ihr Wasser sowohl in das westliche als auch in das östliche Meer ergießt. Das bedeutet Heil für die ganze Erde, weil JHWH über die ganze Erde König sein wird (v. 9). Von Ez 47 unterscheidet sich die Aussage darin, daß der Tempel als Quellort nicht erwähnt (jedoch vorausgesetzt) wird, der Strom sich in zwei Richtungen teilt und der Bezug auf die Paradiesesströme deutlicher ist. Der lebenschaffende Strom von Jerusalem aus fließt das ganze Jahr, er soll „wie Wüste" gewordenes Land umkreisen, erneuern und fruchtbar machen. Dieser Unterschied wird noch deutlicher, wenn man mit Saebø 304f. drei Schichten unterscheidet: die Grundschicht v. 6. 7b, eine zweite Überlieferungsschicht mit ezechiel. Einfluß v. 8. 10aα. 11, und eine dritte Überlieferungsschicht v. 7a. 9. 10aβb, die in erster Linie von JHWHs Königsherrschaft und Jerusalems Erhöhung spricht. Da JHWH den Völkern Heimatrecht in Zion gibt, können sie mit Ps 87, 7 vom Zion sagen: „Alle meine Quellen entspringen in dir!" (wenn man beim MT bleibt, vgl. Kraus, BK XV 452f.). Solche Stellen, in denen endzeitliches Heil, weil Gott über alle Völker herrscht, und das Bild des Wassers vom paradiesisch verklärten Zion her miteinander verbunden sind, erlauben die Annahme, daß גיחון in seiner zweifachen Verwendung mehr ist als nur eine geographische Bezeichnung.

Wer Hinweise durch Wortanklänge gelten läßt, könnte noch die Stelle Jes 2, 2–5 von großartiger Universalität des Heils heranziehen, wo die Völker zum Zion „strömen" (נהר 2, 2 – Gen 2, 10ff.) und die Thora JHWHs von dort „ausgeht" (יצא 2, 3 – Gen 2, 10; Ez 47, 1). Diese Beziehung hat wohl schon der Sirazide gesehen, der LXX 24, 23–33 die Weisheit des Gesetzes durch einen immer mehr wachsenden Bach und das unergründliche Meer darstellt (30–32) und zum Vergleich die vier Paradiesesströme (samt dem Jordan) heranzieht (25–27). Er hat diese ausdrücklich mit Ez 47 und dem גיחון zusammengesehen, dem er somit eine theologisch bedeutsame Bildhaftigkeit beimißt.

Eising

גִּיל גִּילָה

I. Umwelt – 1. Ägyptisch – 2. Akkadisch – 3. Westsemitisch – II. 1. Wurzel – 2. Etymologie – 3. Bedeutung – III. 1. Textbestand – 2. Konjekturen – 3. Frequenz – 4. Verbalformen – 5. Konstruktionen – IV. 1. Synonyma – 2. Kontraste – 3. Alte Versionen – V. 1. „Profaner" Gebrauch – 2. Vorgeschichte – 3. „Sakraler" Gebrauch.

Lit.: *R. Bultmann*, ἀγαλλιάομαι (ThWNT I 18–20). – *F. Crüsemann*, Studien zur Formgeschichte von Hymnus und Danklied in Israel (WMANT 32), 1969, 19–80. – *P. Humbert*, Laetari et exultare dans le vocabulaire religieux de l'Ancien Testament (RHPhR 22, 1942, 185–214 = Opuscules d'un hébraisant, Neuchâtel 1958, 119–145). – *D. W. Harvey*, in: Israel's Prophetic Heritage. Essays in Hon. of J. Muilenburg, New York 1962, 116ff. – *L. Kopf*, Arabische Etymologien und Parallelen zum Bibelwörterbuch (VT 9, 1959, 247–287), 249f. 276f. – *J. J. Stamm*, Zum Personennamen Abigail (Hebräische Wortforschung. Festschr. für W. Baumgartner, 1967, 316ff.). – *C. Westermann*, גיל 'jauchzen' (THAT I 415–418).

I. 1. Der Reichtum an äg. Wörtern, die gewöhnlich mit 'Freude' und 'sich freuen' u. ä. übersetzt werden, ist erstaunlich (s. WbÄS VI 55 s.v. Freude, sich freuen, vgl. ebd. 84 s.v. Jubel, jubeln – es werden hier Hinweise auf etwa fünfzig verschiedene Wortstämme gegeben). Oft finden wir eine Häufung mehr oder weniger synonymer Bezeichnungen der Freude in den Schilderungen der Feststimmung, die bei den Hauptfeiern am Tempel erlebt wird. „Der Himmel ist in Feststimmung, die Erde in Frohsinn, die Tempel sind getragen von strahlender Freude, die Götter sind in Jubel, die Göttinnen jauchzen, die Menschen sind in Freude, wenn sie dieses ihr großes Denkmal sehen" heißt es im Isistempel zu Philae (H. Junker, Der große Pylon 110, 1ff.). Was hier mit 'Frohsinn' bzw. 'strahlende Freude' wiedergegeben wird, bedeutet eigentlich 'Malachit' bzw. 'buntes Glas', wird aber bildlich als Ausdruck für 'strahlende Freude' gebraucht, wobei 'Karneol' als Gegensatz, etwa 'Leid', gilt (WbÄS II 56 *mfkꜣ.t*, V 391 *ṯhn*). Einige Wendungen für 'Freude' enthalten das Wort 'Herz' (*ib*), wodurch die Freude im Inneren des Menschen verankert wird (*ꜣw.t-ib*, *wnf-ib*, *ndm-ib* usw.).

Für das wichtige Freudenmotiv in Zusammenhang mit Isis, die nicht nur als Klageweib, sondern auch als Göttin der Freude hervortritt, s. J. Bergman, Ich bin Isis, Uppsala 1968, 141ff.

2. Hebr. גיל gehört wohl nicht nur zufällig der gleichen Stammklasse an wie akk. *riāšum* (*râšu*); ein Teil der Verba mediae *ī* (*j*) gehört zur Bedeutungsklasse „körperliche Funktionen haben" (von Soden, Grundriß § 101 o), die auch von uns als psychische Vorgänge aufgefaßte Äußerungen mit umfaßt. *Râšu* (AHw 979f.) heißt also 'sich freuen, jauchzen' und unterscheidet sich von *ḫadû* 'sich freuen' (CAD 6, 25ff.) dadurch, daß es nicht mit *libbu* 'Herz', *kabittu* 'Leber' u. ä. verbunden wird. *Râšu* bezieht sich also (wie *šūlulu* von *alālu*, CAD 1, 331f.) auf die hörbar ausgedrückte Freude, *ḫadû* betont mehr das Gefühl und bezeichnet auch Wohlwollen, Belieben u. ä. *Ḫadû* wird oft mit *râšu* und *šūlulu* verbunden, z. B. EnEl II 112. 114 „Mein Vater, freue dich (*ḫadû*) und jauchze (*šūlulu*); du wirst Tiamat besiegen". Im *kalû*-Ritual wird Nisaba als die-

jenige, die die Felder jauchzen macht (der Kontext spricht auch von *ḫegallu*, 'Überfluß', Thureau-Dangin, Rituels accadiens 26), angeredet. Marduk schlägt einen Weg des Jubelns (*šūlulu*), der Freude (*rīšāti*) und der Huldigung nach Babel ein, die Leute begrüßen jubelnd (*šūlulu*) seinen Glanz (IVR 20 Nr. 1, 12ff.; s. BAss 5, 340f.). Die ganze Welt freut sich und jubelt beim Nennen des Namens Assurbanipals (Streck, Assurbanipal 260, 13). Sehr oft begegnen in Beschwörungen Wünsche wie: „Möge Enlil sich über dich freuen, möge Ea über dich jauchzen" (Ebeling, Handerhebung 64, 23); der Wunsch ist an einen Gott gerichtet und zielt darauf, ihn gnädig zu stimmen.

3. In den ugar. Texten begegnen außer *g(j)l* (s. u. II. 1.) auch *ḫd(j)* und *šmḫ*. Die beiden stehen parallel CTA 18 (III D) I 8f. (Kontext gebrochen) und 3 (V AB) V 28ff.: „Freue dich nicht, jauchze nicht" (ich werde dich schlagen). Was *šmḫ* betrifft, gilt die Freude einem Sieg (5 II 20; 3 II 26), dem Tod Baals (6 I 39), dem Wiederaufleben Baals (6 III 14), dem Bauen von Baals Tempel (4 II 28; V 82. 97; VI 35) und dem Leben und der Unsterblichkeit Kerets (16 I 14; II 99). In aram. und phön. Inschriften begegnet חדי (DISO 82), während שמח schwach belegt ist (punisch, DISO 308).

Bergman-Ringgren

II. 1. Die Wurzel גיל ist außerhalb des Hebr. nur für das Ugar. sicher belegt (CTA 16 [II K] I–II 15. 99: *ngln*, // *nšmḫ*); sie scheint demnach sowohl in den ostsemit. wie in den südsemit. Sprachen zu fehlen.

2. Die Grundbedeutung von גיל hat man durch Heranziehung formal ähnlicher Wurzeln im Arab. zu ermitteln versucht. Th. Nöldeke, J. Palache (s. KBL[3] 182) und P. Humbert (213 bzw. 144) verweisen auf Arab. *ǧāla* (*ǧwl*) 'sich drehen, umkreisen'; aus dem von ekstatischen Rufen begleiteten „Kreisen" von Kultteilnehmern oder Derwischen möchte Humbert für גיל die Bedeutung 'jauchzen' erklären. – In anderer Richtung geht L. Kopf, der גיל mit dem Arab. *ǧalla* (*ǧll*) in Verbindung bringt: dessen Bedeutung 'groß, hoch, erhaben sein' ergebe für גיל 'jauchzen' insofern eine glaubwürdige Etymologie, als auch anderen Verben des sich Freuens die Bedeutung 'hoch sein' zugrunde liege (z.B. רום, שמח). Keine von den beiden Ableitungen vermag zu überzeugen. Zur Wurzel *gl* vgl. ferner G.J. Botterweck, BBB 3, 1952, 32–36.

3. Aus der häufig parallelen, ja synonymen Verwendung von גיל, → שמח, → שיש / שוש, → רנן, → עלז, → רוע *hiph*, → פצח, → הלל u.a. ergibt sich für גיל als Bedeutung ein Tun, das Freude in spontanen, begeisterten Rufen zum Ausdruck bringt. Ob mit den einzelnen Verben bzw. Substantiven einmal je verschiedene Arten von Freudenrufen bezeichnet waren, ist nicht mehr erkennbar. Die übliche Wiedergabe von גיל mit 'jauchzen' oder 'jubeln' trifft den Sinn nur annähernd. Für die nachexilische Zeit ist mit weitgehender Synonymität der genannten Verben zu rechnen.

Zur Bedeutung von שמח und שיש/שוש s.u. III. 1. – Nach W. Rudolph (KAT XIII/1, 1966, 196) ergibt sich aus dem schwierigen יגילו Hos 10, 5 der „onomatopoetische" Charakter der Wurzel; גיל sei ein *verbum anceps*, das sowohl 'jubeln' wie 'gellend klagen' bedeuten könne. Allein aufgrund von Hos 10, 5 (גילו in Ps 2, 11 ist auch für Rudolph Textfehler) läßt sich dies schwerlich beweisen.

III. 1. Das Verb גיל begegnet im MT 45mal, die abgeleiteten Substantive גיל und גילה zusammen 10mal. Zu derselben Wurzel scheint auch (s. Stamm) der Personenname אביגיל 'mein Vater ist Jauchzen' (17mal) zu gehören. Die Qumranliteratur bietet sechs Belege für das Verbum, zwei für גילה (s. K.G. Kuhn, Konkordanz, 44c; Nachträge 187a). Das Substantiv גיל findet sich 1mal im Pap. Oxyrynch. VT 1, 1951, 51 Z. 7.

2. In 8 Fällen ist der MT unsicher: Hos 9, 1 (statt אל־גיל lies אל־תגל); Hos 10, 5 (statt יגילו lies יילילו?); Jes 9, 2 (statt הגוי לא lies הגילה); Mi 1, 10 (statt וגילו lies אל־תגילו אל־תגידו?); Ps 2, 11 (statt וגילו + בר lies ברגליו, s. BHK/BHS); Ps 43, 4 (statt שמחת גילי lies שמחתי אגילה); Hi 3, 22 (statt אלי־גיל lies אלי־גל); Jes 35, 2 (statt גילת lies גילה). Aufgrund der vorgeschlagenen Änderungen verschiebt sich die Statistik nur wenig (46 Verbal-, 8 Substantivformen, total 54).

3. Der Gebrauch von גיל und Derivaten ist über die biblischen Bücher ungleich verteilt: Propheten 25mal, Psalmen (mit 1 Chr 16, 31) 23mal, Spr 5mal, HL und Hi je 1mal, total 55. Die Wortgruppe fehlt demnach sowohl im Pentateuch wie in den übrigen Geschichtsbüchern, ebenso völlig bei Ezechiel und wahrscheinlich bei Jeremia (48, 33 sekundär). Vorexilische Entstehungszeit wird man mindestens für Hos 9, 1; 10, 5 (Text?); Jes 9, 2b; Hab 1, 15; 3, 18; Ps 21, 2; 45, 16; 2, 11 (?) einräumen. Aus nachexilischer Zeit stammt der Gebrauch bei DtJes (41, 16; 49, 13), TrJes (61, 10; 65, 18. 19), Jo (1, 16; 2, 21. 23) und Sach (9, 9; 10, 7) sowie in sekundären Stücken bei Jes (16, 10; 25, 9; 29, 19; 35, 1f.), Jer (48, 33) und Zeph (3, 17). In den übrigen Fällen (Ps 9, 15; 13, 5f.; 14, 7 = 53, 7; 16, 9; 31, 8; 32, 11; 35, 9; 43, 4 (?); 48, 12; 51, 10; 65, 13; 89, 17; 96, 11; 97, 1. 8; 118, 24; 149, 2; Spr 2, 14; 23, 24f.; 24, 17; Hi 3, 22 (?); Ct 1, 4) ist eine Ansetzung in vorexilischer Zeit problematisch.

4. Der Gebrauch des Verbums גיל (nur *qal*; 1QM 12, 13 und 19, 5 auch *hiph* aber mit intransitiver

Bedeutung, gegen KBL[3] 182a!) zeigt eine auffallende Beschränkung auf Formen, die eine präsentische oder futurische Handlung zum Ausdruck bringen:

Präsens (Gewohnheit, Zustand) 11mal: Jes 9, 2; Hos 10, 5; Hab 1,15; Ps 16, 9; 21, 2; 48,12; 89,17; 97, 8; Spr 2,14; 23, 24f.; vgl. Ugar. *ngln*, s.o. II.1; 1QM 17, 8; 1QH 9, 35.
Futurum (Zusage, Erwartung) 10mal: Ps 14,7; 35, 9; 53,7; Jes 29,19; 35,1f.; 41,16; 65,19; Zeph 3,17; Sach 10,7; mit Negation Ps 13, 5; vgl. 1QH 12, 22.
Kohortativ 6mal: 1. P. Sing. Hab 3,18; Ps 9,15; 31, 8; 1. P. Pl. Ps 118, 24; Jes 25, 9; HL 1, 4; vgl. 1QM 13,13.
Imperativ 8mal: Sing. fem. Jes 49,13; Jo 2, 21; Sach 9, 9; Pl. Ps 32,11; Jes 65,18; 66,10; Jo 2, 23; Ps 2,11 (Text?); vgl. 1QM 12,13; 19, 5.
Jussiv 8mal: 3. P. Sing. Ps 13, 6; 96,11; 97,1; 1 Chr 16, 31; Jes 61,10; 3. P. Pl. Ps 51,10; 149, 2; mit Negation Spr 24,17; Hos 9,1 (text. emend.); Mi 1,10 (text. emend.).

Einmalige, abgeschlossene Handlungen der Vergangenheit werden demnach mit גיל nicht ausgedrückt; nur גיל nahestehende Verben wie שמח, רוע *hiph*, שוש und רנן kennen diesen Gebrauch.

5. Im Satz stehen גיל und Derivate häufig absolut, d.h. ohne direkte Bezugnahme auf den Grund oder Gegenstand des 'Jauchzens', vgl. Hos 9,1; Hab 1,15; Jo 1,16; Sach 9, 9; Ps 14,7; 43, 4; 51,10; 53,7; 65,13; 96,11; 97,1; Spr 23, 24f.

Erfolgt eine solche Bezugnahme, so wird sie in der Regel mit ב (21mal), vereinzelt mit על (2mal) oder למען (Ps 48,12; 97, 8) konstruiert. Begründende כי-Sätze finden sich in Ps 13, 5; 16, 9f.; Jes 49,13; 65,18; Jo 2, 21. 23. Auch selbständige Sätze im unmittelbaren Kontext (z.B. יהוה מלך תגל הארץ Ps 97,1; vgl. 96,10f.; גילי מאד ... הנה מלכך יבוא Sach 9, 9) können das Motiv des 'Jauchzens' zum Ausdruck bringen.

Die Zusammenstellung der verschiedenen Konstruktionen von גיל bei Humbert (137) ist in mancher Hinsicht der Ergänzung und Korrektur bedürftig.

Subjekt zu גיל ist in der Regel der Mensch als einzelner oder in bestimmten Gruppen oder Gemeinschaften; in Zukunftsaussagen (Jes 35,1f.) und im hymnischen „Aufruf zur Freude" (Ps 96,11; 97,1; Jes 49,13; Jo 2, 21) auch bestimmte Bereiche der Natur, vgl. Ps 65,13. Gott als Subjekt nur Jes 65,19; Zeph 3,17 (Bezug: Jerusalem, das Gottesvolk); vgl. 1QH 9, 35; 1QM 3,11.

IV.1. Als „Synonyma" zu גיל dürfen seit der nachexilischen Zeit die Verben שמח, שוש, רנן, רוע *hiph*, הלל *pi*, עלז, פצח, שיר, זמר *pi*, ידה *hiph* und ihre Derivate gelten. Am häufigsten steht גיל parallel zu שמח 'sich freuen' (36mal; schon im Ugar.); שמח geht in der Mehrzahl der Fälle voraus (25mal, ebenso im Ugar. und 4mal in 1QM). Weniger häufig finden sich Parallelismen mit שוש 'sich freuen' (8mal) und רנן 'jubeln' (4mal; beide auch in 1QM), nur vereinzelt solche mit רוע *hiph* 'laut rufen' (Sach 9, 9), הלל *hitp* 'loben' (Jes 41,16), עלז 'frohlocken' (Hab 3,18), שיר 'singen' (Ps 13, 6), פצח 'jubeln' (Jes 49,13) und ספר 'erzählen' (Ps 9, 15).

Nach Crüsemann (47–58) haben die Verben שמח, גיל, שוש, רוע, רנן, עלז, פצח und צהל gemeinsam, daß sie Äußerungen der Freude „ohne artikuliertes Reden und Singen" bezeichnen; sie unterscheiden sich darin von den im imperativischen Hymnus bevorzugten Verben שיר, הלל *pi*, זמר, ידה *hiph*, זכר *hiph*, נגד *hiph* u.a., für die solches Reden gerade typisch ist. Es bleibt zu fragen, inwieweit dieser Bedeutungsunterschied in den genannten Parallelismen zu גיל eine Rolle spielt. – Im Vergleich zu גיל deckt שמח als umfassendes Wort für 'Freude' ein viel weiteres Sinnfeld.

2. Den Gegensatz zu גיל und seinen Synonyma markieren Worte, die Stimmungen, Laute und Gebärden der Trauer zum Ausdruck bringen, besonders → אבל 'trauern', → בכה 'weinen', → ספד 'klagen' und → צום 'fasten'. – Der Aufruf zur Freude über Jerusalem (שמח ,גיל) gilt in Jes 66,10 denen, die jetzt über es trauern (אבל). Ebenso wird der nach Jo 1,10 trauernde, vertrocknete Ackerboden (אדמה) zur Freude aufgerufen, Jo 2, 21. In Hos 10, 5 paßt der Kontrast zwischen גיל und אבל nicht zum Kontext (s.o. III.2.). Anstelle von בכי 'Weinen' und זעקה 'Klage' wird man nach Jes 65,18f. גילה und משוש hören; vgl. auch die Gegensätze in Ps 30, 6 (בכי-רנה), Jes 22, 2. 4 (בכי-עליזה); Ps 137,1. 3 (בכה - שמח); Jes 25, 8f. (גיל - דמעה) sowie Jo 1,13–16; 2,12–17. 23 (זעק ,ספד ,צום ,בכה u.a. – גיל). Ob in Mi 1,10 Wortspiele mit Ortsnamen (בכה - גיל) gemeint waren, ist wegen der Textverderbnis unsicher (s.o. III. 2.).

3. In der LXX finden sich dreierlei Übersetzungen von גיל: ἀγαλλιάομαι und Derivate 27mal, χαίρω und Derivate 10mal, εὐφραίνω und Derivate 5mal. Da dieselben Übersetzungen teilweise auch für שמח, שוש, רנן, עלז usw. gebraucht werden, kann von einer spezifischen Auffassung des mit גיל Gemeinten keine Rede sein. V versteht גיל (z.T. auch רנן, רום *pil* u.a.) als intensivste Art der Freudenäußerung (*exultare*), im Unterschied zu שמח (*laetari*), שוש (*gaudere*) usw.

V.1. Die Wortgruppe גיל spielt in bestimmten Gattungen des Prophetenworts und der Tempellyrik eine bedeutende Rolle (s.o. III.3.), doch ist ihr Gebrauch keineswegs auf diese Bereiche beschränkt. In zahlreichen Fällen gilt das 'Jauchzen' weder JHWH noch seinen Taten, sondern den verschiedensten Erfahrungen des „profanen" Lebens: Dem Einbringen der Ernte (Jes 16,10; Jer 48, 33; vgl. רנן, רוע *hiph* und שיר in Ps 65, 9. 14); dem Verteilen der Kriegsbeute (Jes 9, 2b), der Königin bei der Hochzeit (Ps 45,16); dem königlichen Bräutigam (HL 1, 4); dem Gedeihen der eigenen Kinder (Spr 23, 24f.); dem Triumph der Bösen (Spr 2,14) und der Weltmächte (Hab 1,15); dem Unglück des Frommen (Ps 13, 5) oder des Feindes (Spr 24,17); dem Glück des Elenden, sterben zu dürfen (Hi 3, 22; vgl. שמח und שיש, auch wenn גל statt גיל zu lesen ist, s. o. III. 2.).

Dieser „profane" Gebrauch von גיל (13mal) scheint ins Mhebr. nicht übergegangen zu sein (vgl. noch Sir 30, 22 im abgeblichenen Sinn von 'Fröhlichkeit' des Herzens), doch beweist er das Vorkommen der Wortgruppe in der Umgangssprache sowohl der vor- wie der nachexilischen Zeit.

2. Die vermutlich ältesten Belege für גיל (ugar. s.o. II.1.; Hos 9,1; 10, 5) scheinen auf einen Zusammenhang mit vorisraelitischen Kultbräuchen hinzuweisen. Nach dem Vorgang von W.C. Graham (AJSL 47, 1931, 237ff.), P. Humbert (207ff. bzw. 140ff.) und D.W. Harvey (116ff.) haben besonders H.W. Wolff (Hosea, BK XIV/1 163.197. 228) und W. Rudolph (Hosea, KAT XIII/1 171) eine feste Verknüpfung von גיל (und שמח) mit den kanaanäischen Fruchtbarkeitskulten behauptet. Nach Humbert wäre גיל ein „heidnisch" belastetes Wort, das erst nach langem Widerstand von seiten des Jahwismus Eingang in die kultische und prophetische Sprache der nachexilischen Zeit gefunden hätte. Die Argumente für diese Auffassung sind als ungenügend zu bezeichnen.

Das isolierte Vorkommen im Ugar. scheidet als Argument darum aus, weil gerade die Keret-Legende (Text 125–128) „keinerlei Zusammenhang mit Fruchtbarkeitsriten erkennen läßt" (O. Eißfeldt, Art. Ugarit, RGG³ VI 1105). – Für Hos 9,1 (אל־תגלכעמים, text. emend.) ist daran zu erinnern, daß hier – in prophetischer Umkehrung des hymnischen „Aufrufs zur Freude" – nicht die kultische Äußerung der Freude an sich, sondern diejenige im Zusammenhang des Baalskultes widerraten wird (vgl. Westermann 418). – Wegen der unsicheren Textgrundlage können auch aus dem יגילו על־כבודו in Hos 10, 5 keine weitreichenden Schlüsse gezogen werden.

3. Theologisch bedeutsam ist der Gebrauch von גיל vor allem da, wo sein Bezug auf JHWH bzw. auf dessen Taten, Verhaltensweisen oder Eigenschaften sichtbar wird. – Als Grund und Gegenstand des 'Jauchzens' werden genannt: JHWH selbst (Hab 3,18; Jes 29,19; 41,16; 61,10; Sach 10,7; Jo 2, 23; Ps 35, 9; 89,17; 149, 2; bei Einbeziehung von Angaben zu parallelen Verben auch Ps 32,11; 43, 4 text. emend.); JHWHs Hilfe (ישועה Ps 9,15; 13, 6; 21, 2; Jes 25, 9; indirekt auch Ps 51,10; 65,13; Jes 66,10; Jo 1,16), Treue (חסד Ps 31, 8) und Gericht (משפט Ps 48,12; 97, 8); das Erscheinen seiner Herrlichkeit (כבוד / הדר Jes 35,1f.) und „der Tag, den JHWH gemacht" (Ps 118, 24). Für Begründungen mit כי oder mit selbständigen Sätzen s.o. III. 4.

Trotz dieser zahlreichen Belege für den Gebrauch von גיל im Zusammenhang der Taten JHWHs (36mal, nur Pss und Prophetenbücher) kann keine Rede davon sein, daß גיל ursprünglich und eigentlich die „Freude über ein Handeln Gottes" bezeichne (vgl. Westermann 417). Ebensowenig läßt sich die These halten, mit גיל sei ursprünglich eine Freudenäußerung im Zusammenhang kanaanäischer Fruchtbarkeitskulte gemeint gewesen (Humbert u.a.). Die Wortgruppe gewinnt ihre positive oder negative Bedeutung durch den jeweiligen Kontext, in dem sie vorkommt. Nach Gründen für ihr Fehlen in großen Teilen der at.lichen Überlieferung wird anderweitig gesucht werden müssen.

Barth

גָּלָה גּוֹלָה, גָּלוּת

I. Belege, Bedeutung, Etymologie – 1. außerat.lich – 2. at.lich – II. Profaner Gebrauch – 1. Als Ausdruck für 'fort sein', 'fortgehen', 'fortführen' – 2. Als Ausdruck für 'offen sein', 'öffnen', 'entblößen' – a) sichtbar werden – b) hörbar werden – III. Religiöser Gebrauch – 1. Parallelbegriffe – 2. 'offen sein', 'öffnen', 'entblößen' in bezug auf – a) die Augen (Vision) – b) die Ohren (Audition) – c) ein Geheimnis – d) JHWH selbst – IV. Theologisches – 1. גלה und das Thema „Offenbarung Gottes nach dem AT" – a) Streuung des Begriffs – b) sein Beitrag zum Thema – 2. גולה als Bezeichnung der nachexilischen Kultgemeinde.

Lit.: *O. Betz*, Offenbarung und Schriftforschung in der Qumransekte, 1960. – *W. Eichrodt*, Offenbarung II. Im AT (RGG³ IV 1599–1601). – *Y.M. Grintz*, "Because they exiled a whole exile, to deliver to Edom" (*Ders.*, Studies in Early Biblical Ethnology and History, BethM 13, 1, 1969, 354–356 [neuhebr.]). – *H. Haag*, „Offenbaren" in der hebräischen Bibel (ThZ 16, 1960, 251–258). – *Ders.*, Offenbarung I. Im AT (BL² 1242–1248). – *R. Knierim*, Offenbarung im AT, Probleme biblischer Theologie (Festschrift G. von Rad) 1971, 206–235. – *A. Oepke*, ἀποκαλύπτω C. Offenbarung im AT (ThWNT III 573–580). – *E. Pax*, ΕΠΙΦΑΝΕΙΑ (Münchener Theol. Stud. I 10), 1955, 100–101. – *R. Rendtorff*, Offenbarung im AT (ThLZ 85, 1960, 833–838). – *Ders.*, Offenbarungsvorstellungen im Alten Israel (Offenbarung als Geschichte, hrsg. von W. Pannenberg, ³1965 = Kerygma und Dogma, Beiheft 1, 21–41). – *(G.) R(inaldi)*, *'zn* ('ōzen) (Bibbia e Oriente 9, 1967, 144). – *R. Schnackenburg*, Offenbarung II. In der Schrift (LThK² VII 1106–1109). – *H.C.M. Vogt*, Studie zur nachexilischen Gemeinde in Esra-Nehemia, 1966, 22–43. 157–158. – *S. Wagner*, I. Sam. 9,15: „Jahwe aber hatte das Ohr des Samuel geöffnet ...“ (Schalom, Festschr. A. Jepsen, 1971 = Aufs. u. Vortr. zur Theol. u. Rel.wiss., 51, 65–72). – *W. Zimmerli*, „Offenbarung“ im AT (EvTh 22, 1962, 15–31).

I. 1. Das Verb *glh* kommt außerhalb des AT im Ugar. und Phön. vor. Auch im Äg.-Aram., Jüd.-Aram., Syr. und Mand. sowie im Arab., Äth. und Akkad. (als Fremdwort) ist es belegt (KBL[3]). Ein davon abgeleitetes Nomen *ǧālijat* begegnet im Arab. und גלות im Jüd.-Aram.

Alle sechs Belege von *glj* im Ugar. gehören dem temp. narr. des Grundstammes an. Fünf von ihnen finden sich in der stereotypen Wendung *j/tglj* $š_2$*d ʒl wy/tbʒ qrš mlk ʾb šnm* (CTA 6 [I AB] I 34–36 u.ö.) „er/sie gelangte zum Berg Els und kam zur Halle des Königs, des Vaters der Jahre (?)“. Wie hier, so steht auch in der letzten Stelle CTA 16 [II K] VI 4 *glj* in enger Verbindung zu *bʾ*, das in den Z. 2–3. 5 insgesamt 4mal vorkommt und in der Z. 4 direkt neben *glj* steht: *tglj wtbʒ*. Während Gordon (UT Glossar Nr. 579) das Verb mit ‘to leave’ wiedergibt, den Parallelismus membrorum zu *bʾ* ‘kommen’ also unter Hinweis auf arab. *ǧalā* ‘auswandern’ nicht als synonymen, sondern antithetischen bestimmt (so T.H. Gaster, Thespis, 1950, 288), vertritt die Mehrzahl der Ugaritologen eine mit *bʾ* synonyme Deutung von *glj* als ‘sich begeben nach’ (Aistleitner, WUS), ‘gelangen’ (Jirku, Texte), ‘betreten’ (Eißfeldt, El, 1951, 30 u. Anm. 4), ‘eindringen’ (Ginsberg, Keret, 1946, 31; Driver, CML 146b), ‘ankommen’, ‘eintreten’ (Pope, El, 1955, 64–65), ‘(die Schwelle) überschreiten’ (Gray, Keret, 1964[2], 27) oder dgl.

Im Phön. ist das Impf. des Grundstammes von *glh* belegt. Die Aḥīrām-Inschrift verbindet es mit → ארן (KAI 1, 2) und die Jeḥawmilk-Inschrift mit מסתרו (KAI 10,14–15) als Objekt. In beiden Fällen meint *glh* das ‘Aufdecken’ oder ‘Öffnen’ eines Sarkophags bzw. eines Verstecks.

In den anderen semit. Sprachen bedeutet das Verb ‘öffnen’, ‘offenbar machen’ oder ‘auswandern’, ‘in die Verbannung gehen’, und die Nomina werden mit ‘Emigrantenkolonie’ bzw. mit ‘Exilierung’ oder ‘Exulanten’ wiedergegeben.

2. Im Bibl.-Hebr. ist das Verb etwa 180mal, im Bibl.-Aram. 9mal und im Qumran-Schrifttum 40mal belegt. Davon entfallen im Bibl.-Hebr. auf das *qal* 44, *niph* 30, *pi* 57, *pu* 2, *hiph* 38, *hoph* 7 und *hitp* 2 Belege. Im Bibl.-Aram. sind das *pe* 7mal und *haph* 2mal bezeugt. Das Nomen גולה kommt 42mal im hebr. AT und 2mal in der Qumran-Literatur (1 QM 1, 2. 3) und das Nomen גלות 15mal im hebr., 4mal im aram. Teil des AT und 1mal in Qumran (1 QpHab 11, 6) vor.

Die nach der Häufigkeit ihres Vorkommens geordneten Äquivalente der LXX für das Verb sind: *qal* ἀποκαλύπτω, αἰχμαλωτίζω, αἰχμάλωτος, ἀποικίζω, μετοικίζω, αἰχμαλωσία, αἰχμαλωτεύω, ἀνακαλύπτω, ἀνεγνωσμένος, ἀποκινέω, ἀποικία, εἰσακούω, ἑλκύω, ἐπιτάσσω, μετοικεσία, προστάσσω, παύω; *niph* ἀποκαλύπτω, ἀνακαλύπτω, ἐκκαλύπτω, ἀνοίγω, ἀπέρχομαι, ἐπιφαίνομαι, φανερός, ὁράω, αἰχμάλωτος, πρόσταγμα δείκνυμι; *pi* ἀποκαλύπτω, ἀνακαλύπτω, ἀπάγω, κατακαλύπτω, ποιέω; *pu* ἀποκαλύπτω; *hiph.* ἀποικίζω, μετοικίζω, μεταίρω, αἰχμαλωτίζω; *hoph* ἀποικίζω, κατοικίζω; *hitp* γυμνόω.

Aus dieser Übersicht erhellt einerseits die Vielfalt der Bedeutungsnuancen von גלה, anderseits aber auch die Tatsache, daß diese um die beiden Grundaussagen ‘entblößen’, ‘enthüllen’ und ‘auswandern’, ‘weggehen’, ‘in die Verbannung gehen’ kreisen. Wie Pope (El, 1955, 64) zu Recht bemerkt, gibt es keinen ernsthaften Grund für die Annahme zweier verschiedener Wurzeln גלה; denn wie sich Auswanderung oder Verbannung als Entblößung des Landes verstehen läßt, der Ausdruck des Enthüllens, Entblößens also die Grundbedeutung von גלה sein könnte (vgl. das Phön.; Haag, 251), so kann man auch umgekehrt argumentieren. Das hätte zur Folge, daß גלה zu den Verben der Bewegung gerechnet und auf das ugar. *glj* zurückgeführt werden müßte.

Die hebr. Nomina גולה und גלות, von der LXX in der Regel mit ἀπ- bzw. μετοικεσία oder αἰχμαλωσία wiedergegeben, bedeuten ‘Verbannung’ oder ‘die Verbannten’, gleichfalls das bibl.-aram. Nomen גלו ‘Verbannung’. Sie sind Ableitungen von der Wurzel גלה mit der Bedeutung ‘in die Verbannung gehen’ und tragen für die Festlegung der Grundbedeutung dieser Wurzel ebensowenig aus wie die Bezeugungen von גלה in den anderen semit. Sprachen.

II. Schon die Feststellung, daß die Grundbedeutung von גלה hinter den Ausdrücken ‘entblößen’, ‘enthüllen’ und ‘auswandern’, ‘in die Verbannung gehen’ gesucht werden muß, weist auf die vorrangig profane Bedeutung des Verbs hin und erklärt somit den überwiegend profanen Gebrauch im AT.

1. Als synonyme Wurzeln werden unserem Verb in Am 6,7 und Jes 49, 21 סור ‘weichen’ sowie in Jes 24,11 ערב ‘dahinschwinden’ zugeordnet. Auch die Feststellung Hiskias: „Meine Hütte ist abgebrochen (נסע *niph*) und weggeführt von mir“ (Jes 38,12) und die Schilderung des Gottlosenschicksals Hi 20, 28: „Fort geht der Ertrag seines Hauses, Zerrinnendes am Tage seines Zorns“ (anders Fohrer, KAT XVI 325) belegen die Bedeutung ‘fort sein’, ‘fortgehen’ für גלה, das entweder mit מן verbunden oder absolut gebraucht wird.

גלה מן mit gleichem Gehalt begegnet sodann bei der Namenserklärung Ikabods: „Fort ist die Herrlichkeit aus Israel“ (1 Sam 4, 21. 22), in Hos 10, 5: „sie (die Herrlichkeit) muß von ihm fort", in Kl 1, 3: „Juda ist fort aus Elend und harter Knechtschaft", in Mi 1,16: „sie werden von dir weggehen" und in der Wendung 'fortgehen aus seinem Land' (גלה מעל אדמתו 2 Kön 17, 23; 25, 21; Am 7,11.17; Jer 52, 27), wozu, wie in 2 Kön 17, 23, der Akk. des Ortes treten kann (so noch 2 Kön 24,15; Am 1, 5; mit אל Ez 12, 3). Absolut gebraucht, begegnet גלה 'fortgehen' noch Ri 18, 30 (Land), Jes 5,13 (mein Volk), Jer 1, 3 (Jerusalem), Ez 39, 23 (Israel), Am 5, 5 (Gilgal).

In der Rede Davids zu Ithai wird man „du bist fort 'von' deinem Heimatort" (2 Sam 15,19) und in Nah 2, 8 statt des *pu* das *qal* lesen müssen. Vgl. hierzu und zur Deutung von Spr 27, 25 die Komm.

Das *hiph* und *hoph* von גלה bedeuten ausschließlich '(in die Verbannung) fortführen' (so auch das *haph* Esr 4,10; 5,12) bzw. '... fortgeführt werden' und beziehen sich fast ausnahmslos auf die Fortführungen Israels und Judas (anders nur 2 Kön 16, 9: Damaskus; Am 1, 6: Gaza; 2 Kön 17,11: Vertreibung fremder Völker vor Israel durch JHWH).

2. Die Bedeutung 'offen sein', 'öffnen', 'entblößen' für גלה wird ebenfalls durch synonymparallele Verben, nämlich חשף 'entblößen' (Jes 47, 2; Jer 49,10), פקד 'heimsuchen' (Kl 4, 22), ראה 'sehen' bzw. 'gesehen werden' (2 Sam 22,16 = Ps 18,16; Jes 40, 5; 47, 3; Nah 3, 5; Hi 38,17; vgl. Ez 16, 37; 21, 29; Hos 2,12) und diesem ähnliche Wendungen, noch deutlicher aber durch die im antithetischen Sinn gebrauchten parallelen Verben חבה 'sich verbergen' (Jer 49,10), כסה 'bedecken', 'verhüllen' (Jes 26, 21; Spr 11,13; 26, 26) und סתר 'verbergen' (Jes 16, 3; Spr 27, 5; vgl. Jer 49,10: מסתריו) erwiesen. Sie wird auch belegt durch Jer 32,11.14, wo neben dem 'versiegelten' (חתום) der 'offene' (גלוי) Kaufbrief genannt wird.

a) Daß Offen-sein und Öffnen zugleich ein Inshelle-Tageslicht-Treten bedeutet, zeigt das Heilswort Jes 49, 9, das den Gefangenen „Geht hinaus" (צאו) und den in der Finsternis Weilenden „Kommt ans Licht" (הגלו) zuruft. Und Hi 12, 22 preist JHWH als den Gott, „der des Dunkels Tiefen aufdeckt und Finsternis ans Licht bringt". Als häufigstes Objekt für גלה *pi* (wozu das *niph* als Passivum dient) findet sich ערוה 'Scham', 'Blöße', wobei die Wendung 'die Scham aufdecken' entweder den Sinn von 'Unzucht treiben' (Ex 20, 26; Lev 18, 6–19; 20,11.17–21; Ez 16, 36. 37; 22,10), in Ez 23,18 durch das synonym-parallele גלה תזנות *pi* unterstrichen, oder von 'schänden' (Ez 23,10. 29) hat, wie es das dazu parallele 'sichtbar wird deine Schande' (Jes 47, 3) zeigt. Daneben findet sich in Lev 20,18 noch 'ihren Blutfluß' und in Deut 23,1; 27, 20 'die Decke seines Vaters aufdecken'. Als Bilder für Unzucht, Schande und äußerste Beschimpfung begegnet eine Reihe ähnlicher Wendungen in der prophetischen Literatur: Jes 57, 8 'das Lager', Hos 2,12 'die Scham', Jes 47, 2 'den Schleier aufdecken' und 'den Schenkel entblößen', Jer 13, 22 und Nah 3, 5 'die Schleppe hochheben'.

Weitere gegenständliche Objekte zu גלה *pi* 'aufdecken' sind 'die Fußgegend' (Ruth 3, 4.7), 'das oberste Kleid' des Krokodils (Hi 41, 5), 'die Grundmauern' Samarias bzw. 'das Fundament' einer Mauer (Mi 1, 6 bzw. Ez 13,14), 'die Gründe' des Erdkreises (2 Sam 22,16 par.), 'die Tore' des Todes (Hi 38,17) und 'die (zum Schutz Judas dienende) Decke' (Jes 22, 8).

In Verbindung mit אל bedeutet גלה *niph* entweder 'sich jemandem zeigen' (1 Sam 14, 8.11: Jonathan und sein Knappe – Philister) oder mit ל 'sich vor jemandem entblößen' (2 Sam 6, 20: David – Mägde). Wiederum enthalten diese Stellen, in der letzteren durch לעיני noch unterstrichen, das Moment des Sichtbar- und Gesehenwerdens. Das zeigt auch das *hitp* in Gen 9, 21, wo der entblößt inmitten seines Zeltes liegende Noah von Ham (v. 22) gesehen wurde, und in Spr 18, 2, wo den Tor kennzeichnet, daß er 'sein Herz entblößt', d.h. „seine Narrheit zur Schau" stellt (Ringgren, ATD 16).

b) Neben das Moment des Sichtbar-Werdens tritt in den Wortverbindungen, die vom Aufdecken von Vergehen und dgl. handeln, merklich das Moment des Hörens. Wenn vom Aufdecken der 'Schuld' (עון Hos 7,1; Hi 20, 27; Kl 2,14), 'Sünde' (חטאת Kl 4, 22), 'Bosheit' (רעה Spr 26, 26), 'Vergehen' (פשע Ez 21, 29) und des 'Bluts' der Erschlagenen (Jes 26, 21) die Rede ist, wird dabei stets eine, durch den Begriff 'Gerichtsversammlung' (קהל) in Spr 26, 26 ausdrücklich bezeugte Gerichtssituation vorausgesetzt, in der die verborgenen Verbrechen zur Sprache gebracht werden. Diesen Sachverhalt weist auch der mit dem Satz „denn dir habe ich aufgedeckt meine Sache" (→ ריב) begründete Wunsch Jeremias, er möchte die Rache an den Mitbürgern von Anathot schauen, insofern auf, als er an JHWH, den 'gerechten Richter', adressiert ist (Jer 11, 20; 20,12; anders Rudolph, HAT I/12).

Eindeutig ist an das Reden gedacht bei der Wortverbindung → גלה סוד (Spr 11,13; 20,19; 25, 9); denn das Enthüllen von Geheimnissen versteht sich als deren Ausplaudern durch einen, der in 11,13; 20,19 als Verleumder und in 20,19b als Schwätzer charakterisiert wird.

Das somit erzielte Ergebnis, daß גלה 'offen sein', 'öffnen' den doppelten Aspekt des Sichtbar- und des Hörbarwerdens beinhaltet, wird letztlich durch die Objekte עין 'Auge' und אזן 'Ohr' bestätigt. Der allerdings nur in religiösem Zusammenhang bezeugten Wendung 'die Augen öffnen' (III. 2. a) stehen im profanen Bereich mehrere

Belege für die Wendung 'das Ohr jemandes öffnen' im Sinn von 'jemandem etwas kundtun' (vgl. Rinaldi) gegenüber: 1 Sam 20, 2 Saul-Jonathan; 1 Sam 20,12.13 Jonathan-David; 1 Sam 22, 8 (bis!) Sauls Leute-Saul; 1 Sam 22,17 (Q) Priester-Saul; Ruth 4, 4 Boas-Löser, wobei die letzte Stelle noch deswegen von Belang ist, weil auf die Wendung 'ich will es dir mitteilen' die mit לאמר eingeleitete Anfrage an den Löser hinsichtlich des Grundstückserwerbs folgt (vgl. III.2.b). Mit der Bedeutung 'jemandem etwas kundtun', 'bekanntgeben' begegnet גלה ל noch Jes 23,1; Est 3,14.

III. Im vorigen Abschnitt haben wir zum Aufzeigen des spezifischen Bedeutungsgehalts von גלה bereits eine Reihe von Stellen mit herangezogen, die, strenggenommen, zum religiösen Gebrauch zu rechnen sind, weil in ihnen JHWH, Elohim oder dgl. als Subjekt von גלה fungiert. Es sind vor allem die Bezeugungen in der prophetischen Literatur, die vom Aufdecken der Scham oder von ähnlichem handeln (II.2.a), wozu auch Jer 33, 6 gerechnet werden könnte. Dazu kämen noch die gegenüber den Stellen mit menschlichem Subjekt zahlenmäßig stark zurücktretenden Aussagen, daß Gott Israel ins Exil geführt hat (2 Kön 17,11; Jer 29, 4.7.14; Ez 39, 28; Am 5, 27; Kl 4, 22; 1 Chr 5, 41). Alle diese Aussagen ordnen sich ohne weiteres den im profanen Bereich stehenden ein und deuten somit an, daß außer dem veränderten Subjekt-Objekt-Bezug kein funktionaler Unterschied zwischen dem profanen und religiösen Gebrauch von גלה besteht.

1. Was die Parallelbegriffe angeht, so begegnet als Synonym für גלה *niph* in Jes 56,1 בוא 'kommen'. Das ist insofern auffällig, als sonst nirgends im AT, wohl aber in den ugar. Texten ein solches Nebeneinander bezeugt ist (I.1.). In Übereinstimmung mit dem profanen Sprachgebrauch nennt Deut 29, 28 das 'Verborgene' als Gegensatz zum 'Enthüllten'. Desgleichen finden sich im religiösen Bereich Belege für den Bezug von גלה auf einige Verben für 'sehen', 'blicken', 'schauen': → ראה *qal* Num 22, 31; Jes 40, 5; *niph* 1 Sam 3, 21; → נבט *hiph* Ps 119,18; → חזה Num 24, 4.16, sowie für 'sprechen' und 'hören': Hi 36,10.11. Allerdings sind נבט und חזה in profanen Texten nicht neben גלה bezeugt. Neu ist auch die Parallelität zu → ידע *hiph* Ps 98, 2.

Aus dieser Übersicht geht hervor, daß der religiöse Gebrauch sich eng an den profanen anschließt. Darüber hinaus aber wird zumindest andeutungsweise schon jetzt sichtbar, daß גלה mit religiösem Bezug einen sich in der Wahl anderer Parallelbegriffe ausdrückenden neuen Sinngehalt bekommt, der ihm die Qualität eines at.-lichen Offenbarungsterminus verleiht.

2. Wie wir oben bemerkten (II.2.), beinhaltet גלה mit der Grundbedeutung 'offen sein', 'öffnen' sowohl das Moment des Sehens wie das des Hörens. Das kommt einer Übernahme des Verbs in den religiösen Sprachgebrauch insofern entgegen, als die Gottesoffenbarung sich nach at.licher Vorstellung in den Formen von Vision oder Audition oder gar von beiden gemeinsam vollziehen kann.

a) Als Kennzeichnung des Zustands visionärer Ergriffenheit finden wir גלה in den beiden jahwistischen Bileam-Liedern (Num 24, 4.16), wo von dem Seher gesagt wird, daß er 'die Vision Šaddajs schaut, hingesunken und entblößten Auges'. Obwohl in dem jeweiligen Vers außerdem noch das 'Vernehmen der Botschaft Els und das Wissen der Erkenntnis Eljons' genannt wird und man deshalb vermuten könnte, Bileam habe nicht nur ein Gesicht, sondern auch ein Gotteswort vernommen, weist doch der Inhalt beider Lieder diese Annahme zurück; denn sie stellen sich als Beschreibungen geschauter Bilder oder doch bildhafter Vorgänge, nicht aber als die Wiedergabe eines Gotteswortes dar. Ist hier El oder genauer: El Šaddaj der Urheber der Vision, so ist es in der J-Erzählung JHWH, der 'dem Bileam die Augen enthüllt, daß er den Engel stehen sieht' (Num 22, 31) und der dadurch das folgende Wechselgespräch zwischen dem Engel und dem Seher auslöst (v. 32–35). Im Unterschied zur reinen Vision der Lieder findet in der Erzählung also gleichsam eine Vermischung visionärer und auditiver Elemente statt.

Als Bitte kommt die Wendung 'die Augen öffnen' in Ps 119,18 vor: „Öffne mir die Augen, daß ich schaue die Wunder aus deiner Thora." An ein visionäres Geschehen ist dabei nicht gedacht. Der Beter wünscht sich „Belehrung" (Gunkel, Psalmen); er bittet darum, daß ihm das Verständnis der Thora, „Einsicht" und „Erkenntnis" (v. 66) in das geschriebene Wort eröffnet werden (H. Schmidt, HAT I/15). Sowenig das, worum es hier geht, Offenbarung ist, so gehört doch das Thema der Erkenntnis Gottes und seines Handelns zu ihrem engeren Umkreis. Der nachexilische Hymnus Ps 98 (Fohrer, Einl.[10] 315), wo die 'Wundertaten' (v.1) von v. 2: „JHWH hat kundgetan seine Hilfe, vor den Augen der Gojim hat er offenbart seine Gerechtigkeit" erläutert werden und in v. 3 festgestellt wird, daß 'die Enden der Erde' das alles sehen, begründet damit den Lobpreis, in den 'die ganze Erde' (v. 4) einstimmen soll. Offenbarung ist demnach ein Geschehen, das ausschließlich JHWH zum Subjekt hat. Sie ist inhaltlich bestimmt durch die Heilskundgabe Gottes in seinen Wundertaten, durch das Aufdecken seiner Gerechtigkeit. Sie verfolgt die Absicht, auch die Fremden zur Erkenntnis der göttlichen Majestät und damit zur Anerkenntnis JHWHs im gläubigen Lobpreis zu führen.

Schließlich seien hier noch die Stellen des aramäischen Teils des Dan-Buches angefügt, in denen גלה *pe* für 'enthüllen', 'offenbaren' gebraucht wird. Außer der hymnischen Wendung 2, 22: „Er ist es, der das Tiefste und Verborgenste enthüllt" (vgl. zu den Obj. II.2.), haben alle anderen Stellen רז 'Geheimnis' als Objekt (2, 19. 28–30. 47). Das Mittel, dessen sich Gott zur Enthüllung bedient, ist das Nachtgesicht (2, 19), das dem Daniel zuteil wird, um auf diesem Wege den König Nebukadnezar wissen zu lassen, was am Ende der Tage geschehen werde. Und dadurch, daß sich der König schließlich unter Aufnahme des Wortes Daniels zu dessen Gott bekennt (2, 47), treten auch hier die für Offenbarung als Vision bestimmenden Elemente zutage.

b) Ein zweiter, die auditive Seite des Offenbarungsgeschehens betonender Vorstellungskreis wird durch die Wendung 'das Ohr jemandes öffnen' umschrieben (1 Sam 9, 15; 2 Sam 7, 27 = 1 Chr 17, 25; Hi 33, 16; 36, 10. 15). Daß diese Wendung aus dem profanen Bereich stammt, ersieht man aus der „dominierenden Vorstellung" des Subjekts in den Sam-Stellen, die betont hervorhebt, daß es JHWH ist, der hier handelt (Brockelmann, Synt. § 48. 123). Objekt des Handelns JHWHs ist das Ohr Samuels (1 Sam 9, 15), Davids (2 Sam 7, 27 par.) und der Menschen (Hi-Stellen). Wie im profanen Sprachgebrauch (Ruth 4, 4) kann sich an das Prädikat noch לאמר (1 u. 2 Sam) anschließen, in Hi 36, 10 durch ויאמר, in Hi 33, 16; 36, 15 aber durch die parallelen Sätze ausgedrückt: 'sie in ihrer Zucht versiegeln' im Sinne von 'sie vom Unrecht abbringen und vor der Grube retten' (33, 17) bzw. 'ihn durch sein Elend erlösen'. Die durch den profanen Gebrauch unserer Wendung mit der Bedeutung 'jemandem etwas mitteilen, kundtun' aufgeworfene Frage, ob לאמר als 'und er sagte', das Ohr-Öffnen folglich als reiner Hörvorgang zu verstehen sei, oder ob es, wie häufig im AT, gleichsam als Doppelpunkt fungiere und demzufolge die Wendung nicht allein einen Hörvorgang, sondern einen „Apperzeptionsvorgang, ein Verstehen, ein Begreifen, die Auslösung eines konsequenzreichen Handelns, die Ermöglichung des Gehorsams" meine, hat Wagner (68) im Hinblick auf 1 Sam 9, 15 erörtert und zu Recht in letzterem Sinn entschieden (so auch Rinaldi: verstehen lassen). Vor allem die Hi-Stellen, auf die Wagner noch hätte verweisen können, sprechen sich eindeutig in dieser Richtung aus, weil sie das Ohr-Öffnen zugleich mit dem Gehorchen verbinden.

Das im Ohr-Öffnen bestehende Handeln JHWHs löst, wie gesagt, einen Gehorsamsakt des Menschen aus, der zu dem, was er dabei von JHWH vernommen hat, in Beziehung steht. Geht es in den Hi-Stellen um die Abkehr von der Sünde, so in 1 Sam 9, 15–16 um nichts Geringeres als um die Installierung des Königtums Sauls und damit des israelitischen Königtums überhaupt sowie in der Nathan-Verheißung um die göttliche Legitimation des dynastischen Prinzips bei der Thronnachfolge Davids. Daraus erhellt, daß die גלה אזן-Tätigkeit JHWHs einen Funktionszusammenhang in Szene setzt, „der unumkehrbar ist und weitgreifende Konsequenzen hat" (Wagner 69).

Überblicken wir das bislang Erarbeitete, so kann mit Recht festgestellt werden, daß die Wendung vom Ohr-Öffnen durch JHWH wegen ihrer Bedeutungsweite als Offenbarungsterminus angesehen werden kann. Er kennzeichnet sie als ein umfassendes Geschehen, das von JHWH durch das Auftun des Ohrs eines Menschen und durch Mitteilung eines Wortes an diesen eingeleitet wird und sich im gehorsamen Ausführen des Vernommenen verwirklicht. Offenbarung erfaßt den ganzen Menschen und ist aufs engste mit Geschichte verflochten.

Eine Kleinigkeit unterscheidet nun aber doch die bisher gemeinsam behandelten Sam-Stellen voneinander: Während in der ersten JHWH direkt zu Samuel spricht, vermittelt in der zweiten Nathan das JHWH-Wort; denn der Ausspruch Davids, JHWH habe ihm offenbart: „Ich will dir ein Haus bauen" (v. 27), schlägt auf das gleichlautende JHWH-Wort an Nathan von v. 11 zurück. Offenbarung, so darf verallgemeinernd gesagt werden, kann auch von einem dazu berufenen Menschen einem anderen zugesprochen und von diesem so angenommen werden, als sei das Wort ihm von JHWH direkt gesagt worden.

c) Eine andere, aus dem profanen oder genauer: weisheitlichen Sprachgebrauch uns schon bekannte Wendung, גלה סוד, begegnet in Am 3, 7. Sie hatte in der Spruchweisheit den Sinn 'ein Geheimnis zuchtlos ausplaudern'. Das paßt für die Am-Stelle nicht. Sie besagt, daß JHWH nichts ohne Unterrichtung der Propheten tut. Ihnen enthüllt er zuvor seinen Plan. So wahrscheinlich dieses Wort nicht von Amos stammt, sondern in die Nähe der dtr Theologie gehört (Weiser, ATD 24; Wolff, BK XIV/2; anders Robinson, HAT I/14), so wertvoll ist es doch für das sich darin aussprechende Verhältnis von JHWH-Wort und JHWH-Tat und die Bedeutung, die dabei den Propheten zukommt. Sie werden der Offenbarung gewürdigt. Auf Grund des ihnen zuteil gewordenen Wissens haben sie das göttliche Handeln anzukündigen (vgl. Kl 2, 14). Sie sind die Brücke, über die hinweg JHWH seine vertrauliche Verbindung mit seinem Volk herstellt.

d) Als spezifischer Offenbarungsterminus begegnet schließlich das *niph* von גלה, verbunden mit אל, ל, ב oder absolut gebraucht. Wiederum handelt es sich hierbei um eine Entlehnung aus dem profanen Bereich, wo es 'sich jemandem zeigen', 'sich vor jemandem entblößen' oder ähnlich bedeutet (II.2.a). Die Nuance des Sich-Zeigens könnte in Gen 35,7 (E; beachte נראה v.1) vorliegen. Denn die Begründung der Namensgebung El Beth-El, „dort hatte sich ihm Elohim gezeigt, als er vor seinem Bruder floh", weist auf Gen 28,10–22* (E) zurück, wo von dem Traumgesicht Jakobs und von seinem dann in 35,1ff. erfüllten Gelübde, nicht aber von einem ihm zuteil gewordenen Wort Gottes die Rede ist. Ganz betont könnte גלה hier das Hervortreten Gottes aus der Verborgenheit, sein Sichtbarwerden meinen. Doch ist damit nicht alles erfaßt. Weil diese Hinwendung Gottes zu Jakob sich in Gebetserhörung und Beistandsgewährung (35, 3) äußert und Jakob samt „seinem Haus" zum Dienst des neuen Gottes führt (35, 2. 4), bezeichnet גלה hier mehr als eine sinnfällige Gotteserscheinung. In der Zusage an Jakob, die den Fortgang der Geschichte Gottes mit Israel ermöglicht und bestimmt, artikuliert sich diese Offenbarung (vgl. Rendtorff 25; Zimmerli 16).

Eine solche umfassende Bedeutung hat גלה *niph* auch 1 Sam 2, 27; 3,7. 21. 1 Sam 2, 27 ist der Anfang einer durch כה אמר יהוה eingeleiteten Botschaft eines Gottesmannes an Eli (v. 27–36): „Ich habe mich doch deutlich dem Haus deines Vaters offenbart, als sie in Ägypten ... waren, und ihn aus allen Stämmen Israels mir zum Priesterdienst erwählt" (→ בחר). Der Abschnitt trägt Spuren einer dtr Überarbeitung (Eißfeldt, Einleitung[3] 374f. 402; Fohrer, Einleitung[10] 243). Darauf weisen u.a. der prophetischen Redeformen angelehnte Stil und das diesem Einführungssatz folgende, prophetischen Stücken nachgestaltete Drohwort gegen das Haus Elis hin. Gewiß gehört auch die bisher nicht beobachtete Verknüpfung von Gottesoffenbarung und Erwählung zum Priesterdienst dazu, weil wohl erst das Deut בחר als theologischen Terminus kennt. Für das Offenbarungsverständnis trägt die Stelle soviel aus, als sie die Berufung zum priesterlichen Amt auf Offenbarung zurückführt.

Prophetische Vorstellungen finden sich sodann in 1 Sam 3,7. 21. Während Samuel im Tempel von Silo schläft, „offenbart sich ihm das Wort (→ דבר) JHWHs". Inhaltlich ist es ebenfalls ein Drohspruch gegen das Haus Elis (v.11–14) und somit eine Parallele zu 1 Sam 2, 27–36. Offenbarung ist hiernach Begabung mit dem göttlichen Wort. Sie qualifiziert Samuel zum „Propheten JHWHs" in ganz Israel (v. 20) und läßt Silo zum bevorzugten israelitischen Heiligtum werden (v. 21). Ein Nachklang prophetischen Stils liegt in Dan 10,1 vor.

Aus der Verbindung von גלה *niph* mit einer Präposition oder Partikel kristallisiert sich schließlich das absolut gebrauchte *niph* als ein at.licher Offenbarungsterminus heraus. Das kann man schon an Jes 22,14 beobachten. Das gewiß von Jesaja herrührende Schelt- und Drohwort: „Wahrlich, dieser Frevel wird euch nicht vergeben werden, bis ihr tot seid!" wird eingeleitet durch den Satz: „In meinen Ohren hat sich JHWH Zebaoth offenbart." Mit der Wendung vom Ohr-Öffnen hat dieser Satz nichts zu tun; denn wie mit בשלו (1 Sam 3, 21) wird mit באזני der Ort der JHWH-Offenbarung, nicht aber das Objekt angegeben. Hier wirkt die profane Redeweise des absolut gebrauchten *niph* mit der Bedeutung 'sich entblößen' nach. Mit dem Satz „JHWH hat sich in meinen Ohren aufgedeckt, entblößt", wird die folgende Gerichtsankündigung als das verstanden, was JHWH selbst ausmacht. „Das aufs Geschehen zudrängende Wort der Androhung, das in den Ohren des Propheten hallt, ist hier als Ort des Offenbarwerdens ausgesagt" (Zimmerli 16). Mit den ihm zur Verfügung stehenden Mitteln hat der Prophet JHWH zur Sprache zu bringen, das zu verkündigen, was sein konkreter Wille ist.

Um Offenbarung als Willenskundgabe JHWHs geht es auch in den weiteren Stellen aus Dt- und TrJes. Jes 40, 5 ist der Schlußsatz der kleinen Einheit v. 3–4, die zur Bereitung eines Wegs für JHWH durch die Wüste auffordert, „damit die Herrlichkeit (→ כבוד) JHWHs sich enthülle und alles Fleisch es sehe". Im Offenbarwerden der Herrlichkeit JHWHs also liegt die Zweckbestimmung des Wegs, auf dem die Gefangenen aus Babylonien heimkehren werden; denn mit dem Aufruf zur Wegbereitung kündigt sich zugleich das Ende des Exils an. Wie demnach JHWH-Weg und Rückkehrerstraße identisch sind, so auch die Heimkehr der Exulanten und das Offenbarwerden des כבוד JHWHs. Offenbarung ist also ein von JHWH initiiertes wunderbares Geschehen, das sich in der geschichtlichen Wirklichkeit vor *aller*, auch der Heiden Augen vollziehen und deutlich machen wird, daß JHWHs Majestät über alle Verborgenheit triumphiert (vgl. Jes 52,10). – Jes 53,1 stellt die Frage: „Wer hat dem geglaubt, was uns verkündigt ward, und der Arm JHWHs, über wem hat er sich enthüllt?" 'Arm JHWHs' steht hier im übertragenen Sinn für die Kraft oder Macht Gottes, die sich in seinem Heilswirken an Israel ausdrückt. Enthüllung dessen, was JHWH für Israel tut, ist der Inhalt von Offenbarung. Das kann man, wie 52,15 zutreffend feststellt, 'sehen' und 'wahrnehmen', 'verkündigen' und 'glauben' (→ אמן *hiph*).

Auch Jes 56,1 spricht von dem bevorstehenden Offenbarwerden des Heils JHWHs: „Nahe ist das Kommen meiner Hilfe und die Enthüllung meiner Gerechtigkeit". Im Unterschied zu DtJes wird dieser Satz nicht zur Begründung der Hoffnung, sondern der „Mahnung zum 'Tun der Gerechtigkeit'" von v.1 benutzt, das im Halten des Sabbath (v. 2) kulminiert (Westermann, ATD 19). Noch direkter werden Offenbarung und Gesetz in Deut 29, 28, einem Vers aus den abschließenden Mahnreden, miteinander verbunden: „Was verborgen ist, ist noch bei JHWH, unserem Gott. Was aber offenbart worden ist, gilt uns und unseren Kindern ewiglich, damit wir alle Worte dieser Thora erfüllen" (vgl. Haag 253).

IV. 1. Wenn wir abschließend zusammenzufassen versuchen, was גלה für das Thema „Offenbarung Gottes nach dem AT" abwirft, so ist zunächst eine kurze Übersicht über die Streuung des religiös gebrauchten Begriffs hilfreich.

a) Im Hexateuch finden sich fünf Belege: drei bei J (nur in der Bileam-Erzählung!), einer bei E und einer im Deut. Von den Geschichtsbüchern entfallen auf das 1 Sam-Buch vier Belege, von denen einer dtr und zwei prophetischen Einfluß aufweisen. Die einzige Stelle aus 2 Sam steht ebenfalls prophetischen Vorstellungen nahe. Was die Prophetenbücher angeht, so ist גלה einmal bei Jesaja gebraucht. Die einzige Am-Stelle ist dtr beeinflußt. Neben zwei Belegen aus Dt- und einem aus TrJes stehen zwei Belege in nachexilischen Psalmen, drei bei Hiob und acht bei Daniel. Von diesen 28 Belegen entfallen also zehn auf die vorexilische, 16 auf die nachexilische Zeit und zwei sind dtr. Die Folgerungen aus dieser statistischen Übersicht liegen auf der Hand: גלה gehört nicht zu den für irgendeinen Autor oder für irgendeine Zeit typischen Begriffen. Wenn überhaupt, dann kann bei dem religiösen Gebrauch von גלה eine gewisse Nähe zum vorexilischen Prophetentum wahrgenommen werden, von wo her die Verwendung in E, den Sam-Büchern und dem dt-dtr Schrifttum erklärt sowie die in exilisch-nachexilischer Zeit konstatierte leichte Zunahme der Belege gedeutet werden kann. Bedenkt man noch, daß das Dan-Buch zur apokalyptischen Literatur gehört und daß etwa 50% der Belege von גלה im Qumran-Schrifttum dem religiösen Bereich zugehören, dann könnte das unsere Vermutung bekräftigen, daß גלה als Offenbarungsterminus erst im weiteren Verlauf der israelitisch-jüdischen Geschichte größere Bedeutung erlangte.

b) Hinsichtlich des Beitrags von גלה zum Thema „Offenbarung im AT" ist die durchweg gemachte Feststellung, daß sich der religiöse Gebrauch aus dem profanen ableitet, insofern von Belang, als nach at.licher Anschauung von Gottes Offenbarung nur „in 'profaner, säkularer Sprache'" geredet werden kann. Darin deutet sich ein Grundzug biblischen Offenbarungsverständnisses an (Wagner 66–67; gegen Rendtorff 23).

Sodann ist die Beobachtung wichtig, daß sich der sachlich und wohl auch literarisch älteste Beleg von גלה in der Beschreibung des Visionsempfangs Bileams findet. Weil Bileam selbst Ausländer ist und sein Gott nach Ausweis der Namen: El, Eljon, Šaddaj von Hause aus ins kanaanäische Pantheon gehört, könnte auch die Vorstellung von Gottesoffenbarung in visionärer Schau nichtisraelitischen Ursprungs sein. Natürlich läßt sich mit einer einzigen Stelle nichts beweisen. Dennoch deutet der Tatbestand, daß schon in der dazugehörigen J-Erzählung das visionäre Element zugunsten des auditiven zurückgedrängt wird (vgl. Zimmerli 16–17), in diese Richtung. Denn JHWH läßt sich sehen, erscheint, um etwas zu sagen. Auf dem Wort Gottes liegt für israelitische Anschauung aller Nachdruck.

Das vermag 1 Sam 9, 15 noch zu unterstreichen. Darin, daß diese Stelle mit zu den ältesten Belegen gehört, in denen גלה einen Offenbarungsakt JHWHs schildert, hat Wagner (67) gewiß recht und bestätigt damit in sachlicher Hinsicht die von Eißfeldt literarkritisch begründete Feststellung, daß die Erzählung 1 Sam 9, 1–10, 16 dem J des Hexateuch nahesteht (zuletzt Einleitung³ 366–367). Alles Gewicht liegt auf dem Wort, das JHWH Samuel hören läßt und das ihn mit der Salbung Sauls zum נגיד über das Gottesvolk beauftragt, um es aus der Gewalt der Philister zu retten. Zur Offenbarung gehört demnach einerseits das Sprechen JHWHs und das Vernehmen Samuels, anderseits aber genausogut auch die Ausführung dessen, was Samuel von JHWH aufgetragen wurde und worin sich der Heilswille Gottes gegenüber Israel ausspricht. Offenbarung ist hiernach definiert nicht als eine bloße Erscheinung, als ein Sichtbarwerden Gottes, sondern als eine aufs Geschehen zudrängende Äußerung Gottes, als ein Geschichte setzendes, den Geschichtsverlauf eröffnendes und sich in diesem Geschichtsverlauf verwirklichendes Gotteswort (vgl. Wagner 69).

Damit ist גלה zu einem theologisch gefüllten Begriff geworden, der das israelitische Offenbarungsverständnis jedenfalls in seinen Grundzügen auszudrücken vermag. Zugleich ist damit die weitere Verwendung der Verbalwurzel als Offenbarungsterminus in der prophetischen und dieser nahestehenden Literatur eröffnet. Weiterhin ist das aufs Geschehen zudrängende Wort, nun als Wort der Androhung, der Ort des Offenbarwerdens Gottes. Doch im Unterschied zur Sam-Stelle ist das Gotteswort nicht mehr nur eine direkte Anleitung zum Handeln der damit beauftragten Person, sondern viel stärker die Ankündigung des göttlichen Handelns selbst, gleichsam eine dem Volk durch den Propheten vermittelte Willenskundgabe Gottes, die die Absicht verfolgt, Israel die Folgen seines Tuns vor Augen zu führen und es, wenn möglich, auf den Weg des Gehorsams zurückzubringen.

Wie daraus einerseits die Möglichkeit erwächst, den Verlauf der Geschichte selbst ausdrücklich als Offenbarung JHWHs zu bezeichnen und daraus die Erkennbarkeit der Majestät Gottes, nun aber auch den Nichtisraeliten geltend, herzuleiten, so wird dadurch anderseits ein Gesetzesverständnis ermöglicht, das in der niedergeschriebenen Thora den offenbarten, für alle Zeit gültigen Gotteswillen findet. Beide Wege sind in der exilisch-nachexilischen Zeit beschritten worden und kennzeichnen somit das dieser Epoche eignende Offenbarungsverständnis.

Eine letzte Wandlung vollzieht sich in der apokalyptischen Literatur. Sie versteht, wohl in loser und noch dazu rein formaler Anknüpfung an älteste prophetische Vorstellungen, unter Offenbarung die dem Apokalyptiker in nächtlicher Vision vermittelte Enthüllung besonderer Geheimnisse (Dan-Stellen und Qumran: 1 QH 1, 21 u.ö.). Zu diesen geoffenbarten Geheimnissen gehört in der Qumran-Gemeinde vorab die das endzeitliche Geschehen enthüllende Auslegung des AT, womit also nicht die Thora, auch nicht die anderen Teile des AT, sondern allein deren Verständnis als Offenbarung gelten (vgl. hierzu z.B. 1 QS 1, 9; 8, 15; 9, 13 und Betz sowie Schnackenburg und Haag, BL 1246 f.).

2. Ein kurzes Wort muß noch über die theologische Wertung des Begriffs גולה durch den Chronisten angefügt werden (vgl. Vogt). Die oben (I. 2.) gegebene Bedeutung 'Exil', 'Exulanten' kennt und verwendet auch der Chronist. Zugleich aber verbindet er in Esr 9–10 den גולה-Begriff mit dem „Rest"-Begriff und weitet ihn in Abgrenzung von den Samaritanern auf die gesamte Jerusalemer Kultgemeinde aus. „Wer zu dieser von Gott erneut begnadigten und von Gott begründeten Kultgemeinde gehört, der wird zum 'Heimkehrer' und zum 'Rest'" (Vogt 158).

Zobel

Verzeichnis der deutschen Stichwörter

(Kursiv gesetzte Zahlen verweisen auf den Gesamtartikel bzw. auf Abschnitte, in denen das Stichwort eingehend behandelt wird)

Stellenregister

(Auswahl)

Genesis

Exodus

Leviticus

Numeri

Deuteronomium

Josua

1 Chronik

2 Chronik

Esra

Nehemia

21,10: 387
22: 12, 299
22,7: 585
22,10: 609
22,13: 44
22,14. 22: 417
22,19: 993
22,23: 207
22,25: 585
22,28–32: 559
22,30: 430
22,31: 13
23: 41
24,1–5. 6: 765
24,4: 284
24,7. 9: 567
24,7–10: 401, 912
25,3: 510
25,12: 607
26: 41
26,8: 127
26,12: 824
27: 41
27,4: 127, 215, 766
27,7–14: 764
27,8: 756, 763
27,13: 327
29: 725
29,1: 291, 681
29,3: 275
30,6: 752
30,9: 75
30,10: 734
31,15: 300
31,18: 579
31,23: 50
31,24: 343
32,10: 613
33,4: 344
33,4. 6: 362
33,5: 119, 125
33,8–15: 606
33,15: 624
34,2: 824
34,13f.: 119
34,22: 471
35: 41
35,13f.: 48
35,14: 207
35,22: 75
35,27: 949
36,7: 272
36,9f.: 1010
36,10: 172, 175
37: 37, 916
37,6: 173
37,11: 43
37,14: 37
37,21f.: 43
37,22: 828
37,23f.: 919
37,26: 832
37,28: 119, 125
37,36: 768
37,37: 225
38,12: 110
38,16: 75
38,22f.: 299
39,4: 729
39,13: 990f.
40: 41, 949
40,5. 9–12: 916
40,10: 848
40,11: 339
40,15: 760
40,17: 763
41: 346
41,9: 656
41,10: 612
42,4: 641
43,4: 1014
43,8: 267
44,2: 12
44,4: 425
44,24: 67
44,26: 617
45: 680
45,3: 686
45,5: 340
45,7: 302
45,8: 119, 300
45,12: 146
46: 496, 1010
46,3ff.: 173
46, (4.) 8. 12: 496
46,5: 972
46,6: 752
46,8. 12: 495, 499
47: 425
47,4f.: 950
47,5: 882
47,10: 60
48: 945, 950
49: 37
49,7: 610f.
49,8: 207
49,13. 21: 533
49,19: 823
50,3: 567
50,4: 428
50,5: 790
50,5f.: 793
50,7: 297
50,10: 272
50,13: 44, 256, 856
50,22: 413, 622
51,4. 9: 844
51,7: 94
51,8: 340
51,12: 777
51,21: 127
52,5–6: 119
52,7: 131
52,8–10: 916
52,9: 611
53,4: 154
53,5: 157
54,4: 369
56,5: 864
56,8: 153
56,14: 172
57: 41
57,11: 339
58: 450
58,7: 417
59,6: 159, 510
59,13: 281
59,13f.: 450
59,17: 752
61,7ff.: 823
61,8: 336
62,5: 823
63: 41, 759
63,5: 824
63,9: 223
63,10: 760
63,12: 823
65,4: 902
65,7–9: 166
65,9: 194
65,10: 1010
66,8: 824
66,18: 157
67,2: 489
68: 276, 725
68,5: 725
68,6: 312
68,12: 369
68,13–19: 963
68,17: 146
68,18b: 564f.
68,22: 465
68,27: 824
68,31: 45
68,36: 298
69: 41
69,2: 38
69,6: 472
69,14: 339
69,16: 669
69,21–29: 450
69,27: 38
69,28: 550
69,30: 39
69,36: 698
69,37: 111, 127
71,16: 517
71,21: 938
71,24: 578
72,8: 426
72,14: 888
72,15: 823
72,17: 59, 483, 829, 840
72,18: 516
73,14: 751
73,15: 510, 678
73,17: 621
73,20: 584
73,22: 731
74,2: 887
74,13–17: 165
75,8: 1009
76: 950
76,2f.: 947
76,9f.: 947
76,11: 95
77,9: 369
77,10: 389
77,15: 276
77,17–20: 460
78: 12, 195, 277, 667
78,1: 369
78,5f.: 13
78,8. 37: 318
78,14: 461
78,22: 327
78,25: 45
78,29f.: 148
78,32: 326
78,35: 274, 889
78,38f.: 866
78,49f.: 388
78,54: 547
78,57: 509
78,60: 137
80,2f.: 350
80,10: 425
80,11: 272
80,16. 18: 350
81: 793
82,1: 272
82,3f.: 31
82,6: 681, 788
82,8: 972
83,8: 898
83,12: 283
83,19: 517
84,7: 832
84,12: 179
85,6: 389
86: 41, 190f.
86,1–3: 41
86,8: 291
86,10: 517, 945
86,14–17: 41
86,15: 275
87,2: 127
87,4: 507
87,7: 1011
88,5f.: 913
88,6: 733, 1002f.
88,12: 24
88,14: 752
88,16: 979
88,19: 110
89: 343f., 679
89,3: 691, 697
89,7: 291, 302, 681
89,8: 277
89,9: 237
89,12–15: 906
89,13: 775
89,13. 48: 773
89,14: 905
89,15: 336
89,20: 800, 1009
89,21f.: 349
89,27f.: 19, 678
89,29: 318
89,34: 342
89,34f.: 801
89,36: 789
89,38: 318
89,40: 790
89,48: 775f.
90,10: 157, 895, 908
90,14: 750, 752
91,13: 417

Sprüche

66,10: 111, 127, 1016, 1018
66,15f.: 566
66,20: 207
66,24: 463

Jeremia

1,3: 1021
1,4: 364
2,2: 111, 113, 123, 125
2,2.5: 494
2,3: 471
2,4ff.: 806
2,5: 15
2,7: 433, 546
2,13: 503
2,14b.15 (16): 416
2,20.23.25: 123
2,21: 334
2,23f.: 123
2,25: 718
2,26ff.: 573
2,27: 18
2,30: 414
2,35–37: 385
2,36f.: 574
3: 509
3,1: 247
3,5: 389
3,6.13: 123
3,16–17: 401
3,18: 15
3,19: 18
3,21: 509
3,24: 739
3,24.25: 574
3,25: 16
4,2: 829, 840
4,7: 416
4,14: 158
4,14f.: 153, 156
4,22: 150
4,30: 760
5,1: 342, 756, 767
5,4: 149
5,6: 416
5,7: 983
5,14–17: 739
5,28: 385
5,31: 225
6,7: 503
6,13: 735, 936
6,14: 385
6,15: 579
6,20: 385
7: 635
7,1–3: 366
7,6: 311f.
7,17–20: 574
7,18: 123, 729
7,20: 386
7,21: 856
7,31: 667
7,33: 527
8,2: 123
8,10: 936
8,12: 579
8,16: 44
9,1: 508
9,2: 342
9,3: 207, 612
9,11: 623
9,18: 574
9,22f.: 913
10,1ff.: 719
10,6: 945
10,8: 731
10,10: 339
10,12: 132
10,14: 580, 731
10,21: 731
10,23: 87
11,3: 443
11,5: 345
11,8: 807
11,10: 807
11,12: 574
11,13: 718
11,15: 856
12,4: 225
12,5: 881
12,6: 209, 324, 724
12,8: 414
12,13: 574f.
12,15: 432
13,1–11: 932
13,9: 882
13,17: 880
13,20–27: 998
13,22: 1022
14,1–15,3: 575f.
14,4: 574
14,8: 990
14,9: 246
14,20: 16
14,21: 807
14,22: 298
15,3: 528
15,9: 168, 574
15,15ff.: 575
15,16–18: 620
15,18: 316
16,4: 528
16,6: 937
16,15: 15
16,18: 433
16,19–21: 557
16,20: 294, 302
17,5: 87, 443, 612, 864
17,7: 613, 817
17,12–18: 450
17,13: 574
17,18: 575
18,18–23: 450
19,3–5: 667
19,5f.: 667
19,7: 527
19,9: 756
19,13: 123
20,4: 505
20,4.6: 110
20,9: 729
20,11: 575
20,14: 818
20,14f.: 440, 443
20,14ff.: 575
21,12: 751
22,3: 311f.
22,8: 933
22,13–15: 698
22,13–19: 735
22,14–15: 696
22,28: 584
23,4: 216
23,9: 904, 913
23,20b: 228
23,23: 546
23,24: 245
23,28: 338
24,6: 699
25,5: 15
25,14: 968
25,15: 386
25,38: 416
26: 635
27,7: 673
28,6: 345
28,9: 548
29,5.28: 698
29,13: 766
29,22: 283, 832
30,6: 914
30,14: 123
30,21: 80
30,23: 983
30,24b: 228
31,3: 112f.
31,3f.: 123
31,4.28: 699
31,8: 556
31,8f.: 650
31,17: 226
31,19: 574
31,21: 914
31,22: 773, 776
31,29: 14
31,31ff.: 807
31,32: 15, 807
31,34: 936
31,35: 169
32,6f.: 886
32,8: 673
32,18: 276, 912
32,18f.: 14
32,20: 95
32,23: 546
32,29: 716, 725
32,35: 667
32,42: 556
33,6: 334, 1023
33,7: 699
33,24: 971
34: 790
34,13: 807
34,18: 450, 807
34,18–20: 790
34,20: 528
35: 726
35,7: 100, 984
35,7–10: 130
36,22: 729
36,29: 360
37,16: 503
38,11f.: 651
41,17: 983, 985
42–43: 547
42,5: 316f., 336
43,5: 989
44,6: 386
44,17: 123
44,29: 190
45,5: 760, 939
46,15: 44
46,24: 580
47,3: 44
48,1: 580
48,11–13: 574
48,29: 884
48,39: 575
48,47: 227
49,19: 413, 881
49,23: 575
49,31: 513, 612f.
50–51: 506
50,2: 580
50,3: 936
50,4: 764
50,5: 550
50,7: 471
50,10: 587
50,11: 44
50,12: 575
50,20: 758, 762, 768
50,25: 387
50,36: 149
50,38: 236
50,44: 881
51,5: 465
51,13: 734
51,15: 132
51,17: 580, 731
51,38: 416
51,47: 575
51,51: 575
51,59ff.: 506
51,59–64: 505
51,62: 936

Klagelieder

1,1: 514
1,2: 111, 127, 511
1,3: 1021
1,9: 225
1,19: 979
2,1: 401
2,2.5.8: 661
2,4: 386
2,4f.: 232
2,17: 372
3,1: 387
3,10f.: 413
3,22f.: 752

Ezechiel

Daniel

Hosea

2, 10: 123, 248
2, 10. 15: 724
2, 12: 1022
2, 16f.: 726
2, 18b: 248
2, 18f.: 727
2, 19: 248, 723
2, 20: 788, 792
2, 20ff.: 248
3, 1: 111
3, 5: 228, 766
4, 1: 333, 336
4, 1ff.: 806
4, 2: 281
4, 19: 572
5, 6: 764
5, 6. 15: 766
5, 9: 316
5, 10: 386
5, 13: 385
5, 14: 413
5, 15: 763f.
6, 1ff.: 725
6, 3. 5: 166, 173
6, 5: 370
6, 6: 385
6, 7: 510, 807
6, 8: 153, 155
7, 6: 749
7, 7: 255
7, 11: 385
7, 14: 983
8, 1: 807
8, 6: 294
8, 8: 661
8, 9: 123, 514
8, 13: 856
8, 14: 692
9, 1: 1014, 1017
9, 3: 433
9, 4: 539
9, 7: 149, 552
9, 10: 572
9, 11. 16: 616
9, 12: 88
10, 4: 282
10, 5: 1014, 1016f., 1020
10, 6: 572
10, 8: 153, 155, 667
10, 10: 146
11, 1f.: 18
11, 3f.: 385
11, 4: 83, 88, 123
11, 9: 245, 293, 387
11, 9a: 123
11, 10: 412
12, 1: 316
12, 8: 121
12, 10: 136, 297
12, 12: 153
12, 13: 780
13, 2: 88, 628
13, 4: 297
13, 7f.: 413
13, 8: 256
13, 14: 888
13, 15: 572
14, 5: 123
14, 9: 477f.

Joel

1, 6: 417, 433, 967
1, 10f. 17: 576
1, 10–12. 17: 580
1, 12: 88, 576
1, 18: 470, 531, 740
2, 2: 168
2, 3: 256, 460
2, 10: 169
2, 11: 953
2, 12–17: 642
2, 18: 433
2, 20: 944
2, 21: 944, 1016
2, 21–24: 532
2, 26f.: 576
4, 2: 433
4, 2f.: 993
4, 15: 169
4, 18: 266, 1010

Amos

1, 2: 412, 565
1, 9: 208
2, 9–11: 385
2, 10–12: 103
2, 13: 806
3, 1: 608
3, 2: 385
3, 7: 1026
3, 8: 412
3, 12: 415, 512, 806
3, 13–15: 692
3, 15: 694, 937
4, 2: 552, 882
4, 2b: 226
4, 4: 751
4, 6–11: 806
4, 13: 773, 775
5, 5: 153, 155f., 158, 1021
5, 7. 10–12: 385
5, 14: 490, 492
5, 15: 121
5, 18f.: 553
5, 19: 413, 806
5, 20: 166
5, 21–27: 385
6, 7: 1020
6, 8: 882
6, 11: 937
7, 4: 459
7, 9: 667
7, 9. 16: 492
7, 12: 779
7, 17: 99
8, 7: 882
8, 9: 168, 173
8, 10: 227
8, 11: 552
8, 12: 765
8, 14: 472
9, 7: 493f.
9, 9: 806
9, 11: 691, 699
9, 14–15: 699

Obadja

10, 12: 207
11: 993

Jona

1, 3. 10: 780
1, 7: 996
2, 5: 1002
3, 3: 301
3, 5: 331f., 937
3, 6: 79
3, 7: 531, 739
3, 7f.: 88, 937
3, 8: 531
3, 9: 387
4, 2: 275, 780
4, 7: 748
4, 8: 165, 748
4, 11: 88

Micha

1, 2: 75f.
1, 3: 565
1, 3–5a. 6: 565
1, 10: 1014
1, 11: 573
2, 1: 153f., 158, 166
2, 8: 611
3, 1: 385
3, 2: 121, 999
3, 5–8: 573
3, 6: 168
3, 10: 692, 698
4, 1: 228
4, 1–4: 972
4, 8: 556
4, 10: 505
4, 12: 624
4, 13: 66
5: 955
5, 2: 207, 498
5, 3: 561, 881
5, 4: 95
5, 7: 414
5, 13: 478
6, 1ff.: 806
6, 8: 88, 488
7, 5: 324, 612
7, 6: 872
7, 8f.: 178
7, 9: 178, 180, 388
7, 11f.: 556
7, 13: 436
7, 14: 514
7, 18: 215, 389
7, 20: 60, 333, 339, 787

Nahum

1, 2: 388
1, 4: 963
1, 6: 386
1, 11: 657
2, 1: 657
2, 3: 882
2, 8: 1021
2, 12f.: 416
2, 14: 729
3, 3: 976
3, 5: 1022
3, 10: 993

Habakuk

1, 3: 153f.
1, 3f.: 154
1, 5: 325
1, 5–7: 236
1, 11: 470
1, 14: 88
2, 3: 548
2, 4: 343
2, 5: 511
2, 6b–20: 307
2, 8. 17: 88
2, 9: 735
2, 12: 698
2, 17: 527
2, 18f.: 307
3, 2: 389
3, 2–15: 460
3, 3: 564
3, 4: 165
3, 7: 153, 1002
3, 8: 963
3, 9: 369
3, 17: 1002

Zephanja

1, 3: 531
1, 6: 766
1, 13: 698
1, 15: 168
1, 18: 460
2, 3: 766
2, 15: 612
3, 3f.: 415
3, 5: 166, 173, 178, 752
3, 5bβ: 576
3, 8: 460
3, 9: 217
3, 11: 576
3, 17: 112, 124, 912
3, 19: 576

Abkürzungen

I. Handbücher, Sammelwerke, Zeitschriften u. a.

AANLR	Atti dell'Accademia Nazionale dei Lincei, Rendiconti (Rom)
AASOR	The Annual of the American Schools of Oriental Research
AB	The Anchor Bible
ABL	R. F. Harper, Assyrian and Babylonian Letters 1–14, Chicago 1892–1914
ABRT	J. Craig, Assyrian and Babylonian Religious Texts, Leipzig 1895–1897
AcOr	Acta Orientalia (Kopenhagen)
ÄF	Ägyptologische Forschungen
AfO	Archiv für Orientforschung
ÄgAbh	Ägyptologische Abhandlungen
AGWG	Abhandlungen der Gesellschaft der Wissenschaften zu Göttingen
AHAW	Abhandlungen der Heidelberger Akademie der Wissenschaften
AHw	W. von Soden, Akkadisches Handwörterbuch
AJA	American Journal of Archaeology
AJSL	American Journal of Semitic Languages and Literatures
AKM	Abhandlungen zur Kunde des Morgenlandes
Al.T.	D. J. Wiseman, The Alalakh Tablets, London 1953
AN	J. J. Stamm, Akkadische Namengebung
AnAcScFen	Annales Academiae Scientiarum Fennicae
AnAeg	Analecta Aegyptiaca
AnBibl	Analecta Biblica
ANEP	J. B. Pritchard, The Ancient Near East in Pictures, Princeton ^{2}1969
ANET	Ancient Near Eastern Texts related to the Old Testament, hg. von J. B. Pritchard, Princeton ^{2}1955
AnLov	Analecta Lovaniensia Biblica et Orientalia
AnOr	Analecta Orientalia
AnSt	Anatolian Studies
ANVAO	Avhandlinger utgitt av det Norske Videnskaps-Akademi i Oslo
AO	Der alte Orient
AOAT	Alter Orient und Altes Testament
AOB	Altorientalische Bilder zum Alten Testament, hg. von H. Gressmann, ^{2}1927
AOT	Altorientalische Texte zum Alten Testament, hg. von H. Gressmann, ^{2}1926
AP	A. E. Cowley, Aramaic Papyri of the Fifth Century B.C., Oxford 1923
APAW	Abhandlungen der Preußischen Akademie der Wissenschaften
APN	K. Tallquist, Assyrian Personal Names, Helsingfors 1914
APNM	H. B. Huffmon, Amorite Personal Names in the Mari Texts, Baltimore 1965
ARM	Archives Royales de Mari
ArOr	Archiv Orientální
ARW	Archiv für Religionswissenschaft
ASAW	Abhandlungen der Sächsischen Akademie der Wissenschaften
ASGW	Abhandlungen der Sächsischen Gesellschaft der Wissenschaften
ASKT	P. Haupt, Akkadische und Sumerische Keilschrifttexte, Leipzig 1882
ASTI	Annual of the Swedish Theological Institute in Jerusalem
ATA	Alttestamentliche Abhandlungen
ATAO	A. Jeremias, Das Alte Testament im Lichte des alten Orients, ^{4}1930
ATD	Das Alte Testament Deutsch
AThANT	Abhandlungen zur Theologie des Alten und Neuen Testaments
AThR	The Anglican Theological Review, 1918ff.
AuS	s. Dalman
BA	The Biblical Archaeologist
BAH	Bibliothèque Archéologique et Historique (Inst. Fr. d'Arch. de Beyrouth)
BASOR	Bulletin of the American Schools of Oriental Research
BAss	Beiträge zur Assyriologie
BBB	Bonner Biblische Beiträge
BDB	Brown-Driver-Briggs, A Hebrew and English Lexicon of the Old Testament
BE	The Babylonian Expedition of the University of Pennsylvania
BethM	Beth Mikra. Jerusalem
BEvT(h)	Beiträge zur evangelischen Theologie
BFChTh	Beiträge zur Förderung christlicher Theologie
BHHW	Biblisch-Historisches Handwörterbuch, hg. von L. Rost–B. Reicke
BHK	Biblia Hebraica, ed. R. Kittel
BHS	Biblia Hebraica Stuttgartensis
BHTh	Beiträge zur historischen Theologie
Bibl	Biblica
BiblEThL	Bibliotheka Ephemeridum Theologicarum Lovaniesium, Gembloux
BiblRes	Biblical Research (Chicago)
BibO(r)	Bibbia e Oriente
BietOr	Biblica et Orientalia
BIFAO	Bulletin de l'Institut Français de l'Archéologie Orientale
BiLe	Bibel und Leben
BiLi	Bibel und Lithurgie
BIN	Babylonian Inscriptions in the Collection of J. B. Nies
BiOr	Bibliotheca Orientalis
BiTrans	The Bible Translator
BJRL	The Bulletin of the John Rylands Library, Manchester
BK	Biblischer Kommentar, begr. von M. Noth, hg. von S. Herrmann und H. W. Wolff
BL	Bibel-Lexikon, hg. von H. Haag

Blachère-Chouémi	R. Blachère–M. Chouémi–C. Denizeau, Dictionnaire Arabe-Français-Anglais
BLe	H. Bauer–P. Leander, Historische Grammatik der hebräischen Sprache, 1922
BMAP	E. G. Kraeling, The Brooklyn Museum Aramaic Papyri, 1953
BMB	Bulletin du Musée de Beyrouth
Bo	Tafel-Signatur der Boghazköi-Tafeln
BoSt	Boghazköi-Studien
BRL	K. Galling, Biblisches Reallexikon
Brockelmann	
– Lex Syr	C. Brockelmann, Lexicon Syriacum
– Synt.	C. Brockelmann, Hebräische Syntax
– VG	C. Brockelmann, Vergleichende Grammatik der semit. Sprachen
BSAW	Berichte der Sächsischen Akademie der Wissenschaften
BSGW	Berichte der Sächsischen Gesellschaft der Wissenschaften
BSO(A)S	Bulletin of the School of Oriental (and African) Studies, London
BSt	Biblische Studien
BThH	Biblisch-Theologisches Handwörterbuch zur Lutherbibel und zu neueren Übersetzungen, hg. von E. Osterloh und H. Engeland
BuA	s. Meissner
BvOT	De Boeken van het Oude Testament, hg. von Grossow, van der Ploeg u. a.
BWA(N)T	Beiträge zur Wissenschaft vom Alten (und Neuen) Testament
BWL	W. G. Lambert, Babylonian Wisdom Literature, Oxford 1960
BZ	Biblische Zeitschrift
BZAW	Beihefte zur Zeitschrift für die alttestamentliche Wissenschaft
BZfr	Biblische Zeitfragen
BZNW	Beihefte zur Zeitschrift für die neutestamentliche Wissenschaft
CAD	The Assyrian Dictionary of the Oriental Institute of the University of Chicago
CahTD	Cahiers du groupe Thureau-Dangin
CANES	E. Porada, Corpus of Ancient Near Eastern Seals, Washington 1948
CAT	Commentaire de l'Ancien Testament, ed. Delachaux et Niestlé, Neuchâtel
CBQ	The Catholic Biblical Quarterly
CChr	Corpus Christianorum
CH	Codex Hammurabi
ChrEg	Chronique d'Egypte
CIH	Corpus Inscriptionum Himjariticarum (= CIS IV)
CIS	Corpus Inscriptionum Semiticarum
CML	G. R. Driver, Canaanite Myths and Legends
ContiRossini	K. Conti Rossini, Chrestomathia Arabica meridionalis epigraphica
CRAI	Comptes-rendus de l'Académie des Inscriptions et Belles-Lettres
CRB	Cahiers de la Revue Biblique
CRRA	Compte rendu de ... recontre assyriologique internationale
CT	Cuneiform Texts from Babylonian Tablets in the British Museum
CT	A. de Buck, The Coffin Texts, 1935–1961
CTA	A. Herdner, Corpus des tablettes en cunéiformes alphabétiques découvertes à Ras-Shamra-Ugarit, Paris 1963
DACL	F. Cabrol–H. Leclercq, Dictionnaire d'Archéologie Chrétienne et Liturgie, Paris 1907 ff.
Dalman, AuS	G. Dalman, Arbeit und Sitte in Palästina, 1928–1942
DB	Dictionnaire Biblique
DBS	Dictionnaire Biblique, Supplément
DictTalm	M. Jastrow, A Dictionary of the Targumim, the Talmud Babli and Yerushalmi and the Midrashic Literature, New York, Berlin, London 1926; ^{2}1950
DISO	C. F. Jean–J. Hoftijzer, Dictionnaire des inscriptions sémitiques de l'Ouest, Leiden 1965
DJD	Discoveries in the Judaean Desert
DLZ	Deutsche Literaturzeitung
Driver	s. CML
DTT	Dansk Teologisk Tidsskrift
EA	J. Knudtzon, Die el-Amarna-Tafeln
EB	Echter-Bibel
EGA	R. M. Boehmer, Die Entwicklung der Glyptik während der Akkad-Zeit, Berlin 1965
EHAT	Exegetisches Handbuch zum Alten Testament
EMiqr	*Enṣiqlopēdiā Miqrā'īt*–Encyclopaedia Biblica (Jerusalem)
EncBibl	Encyclopaedia Biblica, London
EnEl	Enūma eliš
ERE	Encyclopaedia of Religion and Ethics
ErJB	Eranos-Jahrbuch
EstB	Estudios Bíblicos
EtBibl	Études Bibliques
ETL	Ephemerides Theologicae Lovanienses
EvTh	Evangelische Theologie
ExpT	The Expository Times
FF	Forschungen und Fortschritte
FrancLA	Studii Biblici Franciscani Liber Annuus (Jerusalem)
FreibThSt	Freiburger Theologische Studien
FRLANT	Forschungen zur Religion und Literatur des Alten und Neuen Testaments
GesB	W. Gesenius–F. Buhl, Hebräisches und aramäisches Handwörterbuch
GGA	Göttingische Gelehrte Anzeigen
GHK	Hand-Kommentar zum Alten Testament, hg. von W. Nowack (Göttingen)
Gilg	Gilgameš-Epos
GJV	E. Schürer, Geschichte des jüdischen Volkes
GKa	W. Gesenius–E. Kautzsch, Hebräische Grammatik, ^{28}1909
Gl	Zählung der altsüdarab. Inschriften der Sammlung E. Glasers
GLAS	H. v. Wißmann, Zur Geschichte und Landeskunde von Alt-Südarabien, (SBAW 246, 1964)
GLECS	Comptes rendus du Groupe Lin-

	guistique d'Études Chamito-Sémitiques, Paris
HAOG	A. Jeremias, Handbuch der altorientalischen Geisteskultur, ^{2}1929
HAT	Handbuch zum Alten Testament, hg. von O. Eißfeldt
Hatch-Redp	E. Hatch–H. A. Redpath, A Concordance to the Septuagint, Oxford 1897
HAW	Handbuch der Altertumswissenschaft
HNT	Handbuch zum Neuen Testament, begr. von H. Lietzmann, hg. von G. Bornkamm
HO	Handbuch der Orientalistik
HSAT	Die Heilige Schrift des A.T., hg. von F. Feldmann–H. Herkenne, Bonn
HThR	The Harvard Theological Review
HUCA	Hebrew Union College Annual
IB	The Interpreter's Bible
ICC	The International Critical Commentary
IDB	The Interpreter's Dictionary of the Bible
IEJ	Israel Exploration Journal
Int	Interpretation
IPN	M. Noth, Die israelitischen Personennamen (BWANT 3:10), 1928
IrishThQ	Irish Theological Quarterly
Ja	Zählung nach A. Jamme (vor altsüdarab. Inschriften-Nummern)
JAAR	Journal of the American Academy of Religion
JAOS	Journal of the American Oriental Society
JA(s)	Journal Asiatique
JBL	Journal of Biblical Literature
JBR	Journal of Bible and Religion
JCS	Journal of Cuneiform Studies
JEA	Journal of Egyptian Archaeology
JEOL	Jaarbericht van het Vooraziatisch-Egyptisch Genotschap, Ex Oriente Lux
JJSt	Journal of Jewish Studies
JNES	Journal of Near Eastern Studies
JPOS	Journal of the Palestine Oriental Society
JQR	Jewish Quarterly Review
JRAS	Journal of the Royal Asiatic Society of Great Britain and Ireland
JSS	Journal of Semitic Studies
JThC	Journal for Theology and the Church
JThS(t)	Journal of Theological Studies
Jud	Judaica
KAI	H. Donner-W. Röllig, Kanaanäische und aramäische Inschriften, I ^{2}1966, II ^{2}1968, III ^{2}1969
KAR	E. Ebeling, Keilinschriften aus Assur religiösen Inhalts
KAT	Kommentar zum Alten Testament, hg. von E. Sellin, fortgef. von J. Herrmann
Kautzsch	E. Kautzsch, Die Apokryphen und Pseudepigraphen des Alten Testaments
KAV	O. Schroeder, Keilinschriften aus Assur verschiedenen Inhalts
KB	Keilinschriftliche Bibliothek, hg. von B. Schrader
KBL^{2}	L. Koehler–W. Baumgartner, Lexicon in Veteris Testamenti Libros, ^{2}1958
KBL^{3}	Hebräisches und Aramäisches Lexikon zum AT von L. Köhler und W. Baumgartner. 3. Auflage, bearb. von W. Baumgartner, 1967 ff.
KBo	Keilschrifttexte aus Boghazköi
KHC	Kurzer Handcommentar zum Alten Testament, hg. von C. Marti
KirSeph	Kirjath Sepher (Jerusalem)
KlSchr	Kleine Schriften (von A. Alt, 1953–1959 bzw. O. Eißfeldt, 1962 ff.)
KUB	Keilschrifturkunden aus Boghazköi
KuD	Kerygma und Dogma
Lane	E. W. Lane, An Arabic-English Lexicon, London 1863–1893.
Levy, WTM	J. Levy, Wörterbuch über die Talmudim und Midraschim, ^{2}1924 = 1963
LexSyr	s. Brockelmann
LidzEph	M. Lidzbarski, Ephemeris für semitische Epigraphik, 1900–1915
LidzNE	M. Lidzbarski, Handbuch der nordsemitischen Epigraphik, 1898
Lisowsky	G. Lisowsky, Konkordanz zum AT
LRST	Leipziger rechtswissenschaftliche Studien
LSS	Leipziger Semitistische Studien
LUÅ	Lunds Universitets Årsskrift
LXX	Septuaginta
MAOG	Mitteilungen der Altorientalischen Gesellschaft
MdD	E. S. Drower–R. Macuch, Mandaic Dictionary, Oxford 1963
MDIK	Mitteilungen des deutschen Instituts, Kairo
MDOG	Mitteilungen der deutschen Orient-Gesellschaft
Meissner, BuA	B. Meissner, Babylonien und Assyrien, 1920–1925
MGWJ	Monatschrift für Geschichte und Wissenschaft des Judentums
MIO	Mitteilungen des Instituts für Orientforschung
MO	Le Monde Oriental
MPG	Migne, Patrologia Graeca
MPL	Migne, Patrologia Latina
MThS	Münchener Theologische Studien
Mus	Le Muséon
MUSJ	Mélanges de l'Université Saint Joseph, Beyrouth
MVÄG	Mitteilungen der Vorderasiatisch-Ägyptischen Gesellschaft
NedThT	Nederlands Theologisch Tijdschrift
NKZ	Neue Kirchliche Zeitschrift
Noth, ÜPt	M. Noth, Überlieferungsgeschichte des Pentateuch
Noth, ÜSt	M. Noth, Überlieferungsgeschichtliche Studien. I 1943
NoTT	Norsk Teologisk Tidsskrift
NovTest	Novum Testamentum. An international quarterly for New Testament and related studies
NRTh	Nouvelle Revue Théologique
NTS	New Testament Studies
OIP	Oriental Institute Publications, Chicago 1924 ff.
OLZ	Orientalistische Literaturzeitung

Or	Orientalia, Commentarii periodici Pontificii Instituti Biblici
OrAnt	Oriens Antiquus
OrNS	Orientalia. Nova series. – Rom 1932ff.
OrS	Orientalia Suecana
OTS	Oudtestamentische Studien
PAAJR	Proceedings of the American Academy for Jewish Research (Philadelphia)
PBS	Publications of the Babylonian Section of the University Museum, Philadelphia
PEQ	Palestine Exploration Quarterly
PJB	Palästinajahrbuch (Jahrbuch des deutschen evangelischen Instituts für Altertumswissenschaft des Heiligen Landes zu Jerusalem)
PN	s. Ranke
PNU	F. Gröndahl, Personennamen aus Ugarit, Rom 1967
PRU	Cl. Schaeffer, Le Palais Royal d'Ugarit
PW	A. Pauly–G. Wissowa, Real-Encyclopädie der classischen Altertumswissenschaft, 1894ff.
Pyr.	Pyramidentexte (nach der Ausgabe von K. Sethe)
RA	Revue d'Assyriologie et d'Archéologie orientale
RAC	Reallexikon für Antike und Christentum
RÄR	H. Bonnet, Reallexikon der ägyptischen Religionsgeschichte
Ranke, PN	H. Ranke, Die altägyptischen Personennamen, 1935–1952
RB	Revue Biblique
RE	Real-Enzyklopädie für protestantische Theologie und Kirche, ³1896–1913
RÉg(ypt)	Revue d'Égyptologie, Paris
REJ	Revue des Études Juives (Paris)
RES	Revue des études sémitiques
RES	(mit Nummer) Répertoire d'épigraphie sémitique
RevBibl	Revista Biblica
RGG	Die Religion in Geschichte und Gegenwart, ³1957–1965
RHA	Revue hittite et asianique
RHPhR	Revue d'histoire et de philosophie religieuses
RHR	Revue d'histoire des religions
RLA	Reallexikon der Assyriologie, hg. von E. Ebeling und B. Meissner
RoB	Religion och Bibel, Nathan Söderblom-Sällskapets årsbok
RQu	Revue de Qumran
RS	Revue sémitique d'épigraphie et d'histoire ancienne
RScR	Revue des sciences religieuses
RSO	Rivista degli Studi Orientali
RSPhTh	Revue des sciences Philosophiques et Théologiques
RT	Recueil de travaux relatifs à la philologie et à l'archéologie égyptiennes et assyriennes
RThPh	Revue de théologie et philosophie
RVV	Religionsgeschichtliche Versuche und Vorarbeiten
SAHG	A. Falkenstein–W. von Soden, Sumerische und akkadische Hymnen und Gebete, 1953
SAK	F. Thureau-Dangin, Die Sumerische und Akkadischen Königsinschriften (= VAB I)
SAT	Die Schriften des Alten Testaments in Auswahl, übersetzt und erklärt von H. Gunkel u. a.
SAW	Sitzungsberichte der Österreichischen Akademie der Wissenschaften, Wien
SBAW	Sitzungsberichte der Bayerischen Akademie der Wissenschaften München
SBM	Stuttgarter Biblische Monographien
SBS	Stuttgarter Bibel-Studien
SBT	Studies in Biblical Theology
SchThU	Schweizerische Theologische Umschau
ScotJT(h)	Scottish Journal of Theology
ScrHier	Scripta Hierosolymitana
SDAW	Sitzungsberichte der Deutschen Akademie der Wissenschaften
SEÅ	Svensk exegetisk årsbok
Sem	Semitica. Cahiers publiés par l'Institute d'Études Sémitices de l'Université de Paris
Seux	J. M. Seux, Epithètes royales akkadiennes et sumeriennes, Paris 1968
SG	F. Delitzsch, Sumerische Grammatik
SgV	Sammlung gemeinverständlicher Vorträge und Schriften aus dem Gebiet der Theologie und Religionsgeschichte
SHAW	Sitzungsberichte der Heidelberger Akademie der Wissenschaften
SL	A. Deimel, Šumerisches Lexikon, Rom 1925–1937
SMSR	Studi e Materiali di Storia delle Religioni, Rom
SNumen	Studies in the History of Religions (Supplements to NUMEN)
SNVAO	Skrifter utgitt av Det Norske Videnskaps-Akademi i Oslo
SPAW	Sitzungsberichte der Preußischen Akademie der Wissenschaften
SS	s. StSem
SSAW	Sitzungsberichte der Sächsischen Akademie der Wissenschaften
StANT	Studien zum Alten und Neuen Testament
St.-B.	H. L. Strack–P. Billerbeck, Kommentar zum Neuen Testament aus Talmud und Midrasch, 1923–1961
StOr	Studia Orientalia (Helsinki)
StSem	Studi Semitici
StTh	Studia Theologica
StudGen	Studium Generale
StZ	Stimmen der Zeit
SUNT	Studien zur Umwelt des Neuen Testaments
SVT	s. VTS
Syr	Syria
TCL	Textes Cunéiformes du Musée du Louvre
ThAT	Theologie des Alten Testaments (mit Verfassernamen)

THAT	Theologisches Handwörterbuch zum Alten Testament, hg. von E. Jenni und G. Westermann
ThB	Theologische Bücherei
ThLZ	Theologische Literaturzeitung
ThQ	Theologische Quartalschrift
ThR	Theologische Revue
ThRu	Theologische Rundschau
ThSt	Theologische Studien
ThStKr	Theologische Studien und Kritiken
ThWAT	Theologisches Wörterbuch zum Alten Testament
ThWNT	Theologisches Wörterbuch zum Neuen Testament
ThZ	Theologische Zeitschrift
TR	P. Lacau, Textes religieux
T(r)T(h)Z	Trierer Theologische Zeitschrift
TS	Theological Studies
TüThQ	Tübinger Theologische Quartalschrift
UCP	University of California, Publications in Classical Archaeology and Semitic Philology
UF	Ugarit-Forschungen
UM	C.H. Gordon, Ugaritic Manual, Rom 1955
Urk	Urkunden des ägyptischen Altertums, hg. von G. Steindorff
UT	C.H. Gordon, Ugaritic Textbook, Rom 1965
UUÅ	Uppsala Universitets Årsskrift
VAB	Vorderasiatische Bibliothek
VAS	Vorderasiatische Schriftdenkmäler der königl. Museen zu Berlin
VD	Verbum Domini
VG	s. Brockelmann
VT	Vetus Testamentum

VTE	Vassal Treaties of Esarhaddon, Iraq 20
VTS	Supplements to Vetus Testamentum
WbÄS	Wörterbuch der ägyptischen Sprache, hg. von A. Erman und H. Grapow
WbMyth	Wörterbuch der Mythologie, hg. von H.W. Haussig
WMANT	Wissenschaftliche Monographien zum Alten und Neuen Testament
WO	Die Welt des Orients
WoDie	Wort und Dienst (Bethel)
WTM	s. Levy
WUS	J. Aistleitner, Wörterbuch der ugaritischen Sprache
WZ+Ort	Wissenschaftliche Zeitschrift (der Universitäten der DDR)
WZKM	Wiener Zeitschrift für die Kunde des Morgenlandes
ZA	Zeitschrift für Assyriologie und Vorderasiatische Archäologie
ZÄS	Zeitschrift für ägyptische Sprache und Altertumskunde
ZAW	Zeitschrift für die Alttestamentliche Wissenschaft
ZDMG	Zeitschrift der Deutschen Morgenländischen Gesellschaft
ZDPV	Zeitschrift des Deutschen Palästinavereins
ZEE	Zeitschrift für Evangelische Ethik
ZNW	Zeitschrift für die Neutestamentliche Wissenschaft
ZRGG	Zeitschrift für Religions- und Geistesgeschichte
ZS	Zeitschrift für Semitistik
ZThK	Zeitschrift für Theologie und Kirche
ZZ	Die Zeichen der Zeit

II. Die Abkürzungen der biblischen Bücher und außerkanonischen Schriften

Gen Ex Lev Num Deut Jos Ri Ruth 1 Sam 2 Sam 1 Kön 2 Kön 1 Chr 2 Chr Esr Neh Esth Hi Ps Spr Pred HL Jes (DtJes, TrJes) Jer Kl Ez Dan Hos Jo Am Ob Jon Mi Nah Hab Zeph Hag Sach Mal Tob Judith 1–4 Makk Weish Sir Bar Jub MartJes AscJes PsSal Sib äthHen slHen AssMos 4 Esr syrBarApk grBarApk XIIPatr

Mt Mk Lk Joh Apg Röm 1 Kor 2 Kor Gal Eph Phil Kol 1 Thess 2 Thess 1 Tim 2 Tim Tit Phlm Hebr 1 Joh 2 Joh 3 Joh Pt Jud Apk

Für die Qumran-Texte werden die Sigla von Kuhns Konkordanz gebraucht.

III. Sonstige wichtige Abkürzungen

ababyl.	altbabylonisch
äg.	ägyptisch
akk.	akkadisch
amhar.	amharisch
A.R.	Altes Reich (Ägypten)
arab.	arabisch
aram.	aramäisch
asa. und asarab.	altsüdarabisch
assyr.	assyrisch
babyl.	babylonisch
christl.	christlich
cj.	conjectura
deut, dt	deuteronomisch
dtr	deuteronomistisch
Dyn.	Dynastie
Eleph. Pap.	Elephantine Papyri
f., ff.	folgender, folgende
fem.	feminin
Gloss.	Glossar
griech.	griechisch
hap. leg.	hapax legomenon
hebr.	hebräisch
heth.	hethitisch
hiph	*hiphʿil*
hitp	*hitpaʿel*
hoph	*hophʿal*
I	Itala
iran.	iranisch
israelit.	israelitisch
i.S.v.	im Sinne von
jemenit.	jemenitisch
Jh.	Jahrhundert
Jt.	Jahrtausend
kanaan.	kanaanäisch
kuschit.	kuschitisch
L	Vetus Latina
mand.	mandäisch
mask.	maskulin
masoret.	masoretisch
mesopotam.	mesopotamisch
massyr.	mittelassyrisch
mhebr.	mittelhebräisch
moabit.	moabitisch
M. R.	Mittleres Reich (Ägypten)
MT	Masoretischer Text
nabat.	nabatäisch
nbabyl.	neubabylonisch
niph	*niphʿal*
N.R.	Neues Reich (Ägypten)
palmyr.	palmyrenisch
Pent.	Pentateuch
pers.	persisch
phön.	phönizisch
pi	*piʿel*
Pl.	Plural
PN	Personenname
prb. l.	probabiliter legendum
Ptz.	Partizip
pu	*puʿal*
pun.	punisch
Rs.	Rückseite
S	Syrische Übersetzung (Peschitta)
safait.	safaitisch
samarit.	samaritanisch
sem. und semit.	semitisch
Sing.	Singular
st. abs.	status absolutus
st. cstr.	status constructus
Subj.	Subjekt
Subst.	Substantiv
sum.	sumerisch
s.v.	sub voce
syr.	syrisch
targ.	targumisch
text. crrpt.	verderbter Text
text. emend.	verbesserter Text
ugar.	ugaritisch
V	Vulgata
v. (vv.)	Vers(e)
vs.	versus
Vs.	Vorderseite
Wb(b)	Wörterbuch(-bücher)
Z	Zeile
z. St.	zur Stelle

Korrigenda

Sp. 1, Z. 20 v. o.: lies MVÄG
Sp. 1, Z. 14 v. u.: lies *Sainte*
Sp. 1, Z. 10 v. u.: lies MVÄG
Sp. 9, Z. 29 v. u.: lies Gen 49, 4
Sp. 12, Z. 28 v. u.: lies Deut 5, 3
Sp. 14, Z. 10 v. u.: lies 1 Kön 15, 4–5
Sp. 15, Z. 2 v. o.: lies (2 Kön) 23, 22. 37
Sp. 15, Z. 30 v. o.: lies (Jer) 23, 27
Sp. 29, Z. 14 v. o.: lies *van Leeuwen*
Sp. 31, Z. 1 v. o.: streiche 24, 14
Sp. 31, Z. 18 v. o.: lies חסר
Sp. 31, Z. 25 v. u.: lies Ps 113, 7
Sp. 35, Z. 3 v. o.: lies פריץ
Sp. 35, Z. 25 v. o.: lies (Ez) 18, 12
Sp. 37, Z. 17 v. u.: lies (Ps) 9, 14
Sp. 37, Z. 17 v. u.: lies (Ps) 35, 19
Sp. 38, Z. 1 v. o.: lies (Ps) 40, 15
Sp. 39, Z. 11 v. o.: lies (Ps) 69, 9
Sp. 39, Z. 18 v. o.: lies ואביון
Sp. 39, Z. 14 v. u.: lies (Ps) 9, 19
Sp. 40, Z. 1 v. o.: lies (Ps) 12, 2
Sp. 40, Z. 1 v. o.: lies (Ps) 86, 2
Sp. 40, Z. 2 v. o.: lies (Ps) 12, 2
Sp. 40, Z. 2 v. o.: lies (Ps) 104, 14 (statt 140, 16)
Sp. 40, Z. 27 v. o.: lies (Ps) 86, 2
Sp. 40, Z. 29 v. o.: lies (Ps) 109, 26
Sp. 40, Z. 31 v. o.: lies (Ps) 86, 16
Sp. 41, Z. 10 v. o.: streiche 3.
Sp. 41, Z. 27/28 v. o.: lies 86, 14–17 (statt 27)
Sp. 42, Z. 29 v. o.: lies שקדי
Sp. 42, Z. 11 v. u.: lies (1 QM) 11, 13
Sp. 42, Z. 5 v. u.: lies 1 QH 5, 22 (statt 15, 21)
Sp. 47, Z. 24 v. u.: lies Gen 37, 35
Sp. 48, Z. 23 v. u.: lies על
Sp. 49, Z. 32 v. o.: lies Jes 24, 7
Sp. 51, Z. 30 v. o.: lies Ez (statt Ex)
Sp. 54, Z. 18 v. o.: lies 79–91 (statt 19–81)
Sp. 62, Z. 30 v. u.: lies RSPhTh
Sp. 66, Z. 10 v. u.: lies 320
Sp. 82, Z. 22, 23, 26, 31 v. o.: lies GKa
Sp. 83, Z. 4 v. u.: lies (Hos) 11, 4
Sp. 86, Z. 2 v. o.: füge hinzu 1 Sam vor 16, 7
Sp. 86, Z. 15 v. o.: füge hinzu 2 Kön vor 23, 14. 20
Sp. 89, Z. 28 v. o.: lies (Spr) 15, 20
Sp. 99, Z. 25 v. o.: lies (Deut) 27, 17
Sp. 100, Z. 9 v. o.: streiche e
Sp. 100, Z. 29 v. u.: lies Neh 10, 36 (statt Jos 7, 1)
Sp. 101, Z. 26 v. u.: lies (Deut) 21, 1–8
Sp. 103, Z. 29 v. u.: lies (Deut) 31, 7 (statt 31, 10)
Sp. 111, Z. 30 v. u.: lies Ruth (statt Ri)
Sp. 123, Z. 21 v. u.: lies (Jer) 2, 20. 23. 25
Sp. 123, Z. 1/2 v. u.: lies untreuen
Sp. 125, Z. 23 v. u.: streiche 13.
Sp. 127, Z. 28 v. o.: lies 1 QS 1, 9f.
Sp. 128, Z. 16 v. u.: lies Nachexilisches
Sp. 129, Z. 11 v. o.: lies Inside
Sp. 133, Z. 2 v. u.: lies 1 Sam 2, 22
Sp. 134, Z. 28 v. o.: lies Deut 31, 14f.
Sp. 138, Z. 28 v. o.: lies GesB
Sp. 144, Z. 16/17 v. o.: lies 2 Kön 21, 6 [= 2 Chr 33, 6]; 2 Kön 23, 24; Jes 8, 19).
Sp. 147, Z. 14 v. u.: lies (Ps) 38, 16
Sp. 150, Z. 1 v. u.: lies 22, 15 (statt 7, 22)
Sp. 152, Z. 8 v. o.: lies Israel's
Sp. 160, Z. 12/13 v. o.: streiche 4. Der Blitz
Sp. 161, Z. 20 v. o.: lies WUS
Sp. 180, Z. 14 v. u.: lies Mi 7, 9
Sp. 181, Z. 33/34 v. o.: lies 1 QM 17, 6f.
Sp. 183, Z. 15 v. o.: lies AHw
Sp. 192, Z. 30 v. o.: lies (Deut) 1, 30f.
Sp. 207, Z. 17 v. u.: lies Mi 5, 2
Sp. 207, Z. 12 v. u.: lies 2 Sam 3, 8
Sp. 207, Z. 12 v. u.: lies Ps 35, 14
Sp. 207, Z. 9 v. u.: lies (Lev) 25, 25. 46
Sp. 207, Z. 3 v. u.: lies „meine Brüder“
Sp. 208, Z. 2 v. o.: lies Gen 19, 7
Sp. 208, Z. 4 v. o.: lies Num 20, 14
Sp. 208, Z. 13 v. o.: lies Hi 30, 29
Sp. 209, Z. 14 v. o.: lies 2 Sam 13, 3. 6
Sp. 209, Z. 25 v. o.: lies Ex 32, 29
Sp. 209, Z. 20 v. u.: lies Jer 12, 6
Sp. 209, Z. 16 v. u.: lies Hi 6, 15
Sp. 219, Z. 30 v. o.: lies (Ps) 81, 10
Sp. 222, Z. 16, 18 v. o.: lies MVÄG
Sp. 222, Z. 27 v. u.: füge hinzu 2 Kön vor 23, 3
Sp. 227, Z. 10 v. o.: füge am Ende der Z. hinzu Num 23, 10
Sp. 229, Z. 11 v. o.: lies Israel's
Sp. 231, Z. 22 v. o.: lies 2 Sam 12, 14
Sp. 231, Z. 11 v. u.: lies (Deut) 1, 42
Sp. 232, Z. 2 v. o.: streiche Num 26, 25
Sp. 232, Z. 4 v. o.: streiche Lev 26, 7
Sp. 232, Z. 4 v. o.: lies Deut 1, 42
Sp. 232, Z. 11 v. o.: lies Num 10, 35
Sp. 232, Z. 16 v. o.: lies 2 Sam 3, 18
Sp. 232, Z. 23 v. u.: lies 1 Sam 30, 26
Sp. 238, Z. 21 v. u.: lies De (de)
Sp. 240, Z. 1 v. o.: lies מלחמה
Sp. 240, Z. 26 v. o.: lies 2 Sam 7, 14
Sp. 243, Z. 1 v. u.: lies Ez (16, 8b)
Sp. 246, Z. 19 v. u.: lies (Hos) 2, 18
Sp. 249, Z. 30 v. o.: lies (Ri) 13, 3. 9. 13. 15. 16. 17ff.
Sp. 250, Z. 26 v. o.: lies Esr (3, 2)
Sp. 250, Z. 27 v. u.: lies (2 Kön) 4, 7–13. 16
Sp. 250, Z. 23 v. u.: lies 2 Chr 25, 7. 9
Sp. 252, Z. 5 v. o.: lies v. 9
Sp. 252, Z. 8 v. o.: lies 1 Kön 13, 18
Sp. 253, Z. 3 v. o.: lies Essenes
Sp. 378, Z. 14/15 v. o.: lies WbÄS
Sp. 411, Z. 7 v. o.: lies OIP
Sp. 415, Z. 26 v. o.: lies BWANT
Sp. 546, Z. 4 v. u.: hinter Jer 2, 7; füge hinzu: 23, 23
Sp. 779, Z. 22 v. u.: lies (1 Sam) 19, 12

Umschrifttabelle

א		ס	s	◌ָ	ā	◌ְ	e
ב	b (ḇ)	ע	‘	◌ָ	ŏ (qāmæṣ ḥāṭûp̄)	◌ֳ	o
ג	g (ḡ)	פ	p (p̄)	◌ַ	a	◌ֲ	a
ד	d (ḏ)	צ	ṣ	◌ֵי	ê	◌ֱ	æ
ה	h	ק	q	◌ֵ	e		
ו	w	ר	r	◌ִי	î		
ז	z	שׂ	ś	◌ִ	i	ugar. ’a	’
ח	ḥ	שׁ	š	וֹ	ô	ugar. ’i	ỉ
ט	ṭ	ת	t (ṯ)	◌ֹ	o	ugar. ’u	ủ
י	j			וּ	û		
כ	k (ḵ)			◌ֻ	u		
ל	l			◌ֶי	ǣ		
מ	m			◌ֶ	æ		
נ	n						